彭氏世系脈流

彭建方 編纂

文史哲出版社印行

彭祖像　1

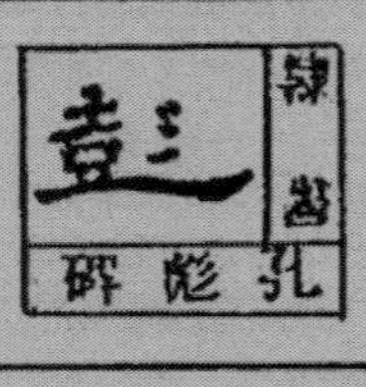

彭字溯源始於顓頊帝時代壴鼓邑也。該邑乃古代製造鼓類地方，宮廷鼓、戰征鼓、報晨鼓等等出產於此，故壴鼓邑人民生活水準比他地優裕。

古代民族游牧者眾，竊視壴鼓邑爲肥居，引來各處游勇素常成群結隊侵進劫掠，造成重大損失矣。

陶唐堯帝高瞻遠矚在朝議事席間徵問諸侯防衛壴鼓邑良策，斯時籛鏗上前請纓平游勇並築城防衛成功。堯帝封爵籛鏗爲武安君統治該城定名彭城號大彭氏國。

古體彭字方式是 模樣，原義上面有雙鈎在戰征時可鈎住戰車中央〇是鼓中心，下邊鼓座架平時可安置地面，擂鼓必有三通「彭彭彭」故右邊加三枝鼓槌連擊於鼓心，遂歷古傳今矣。

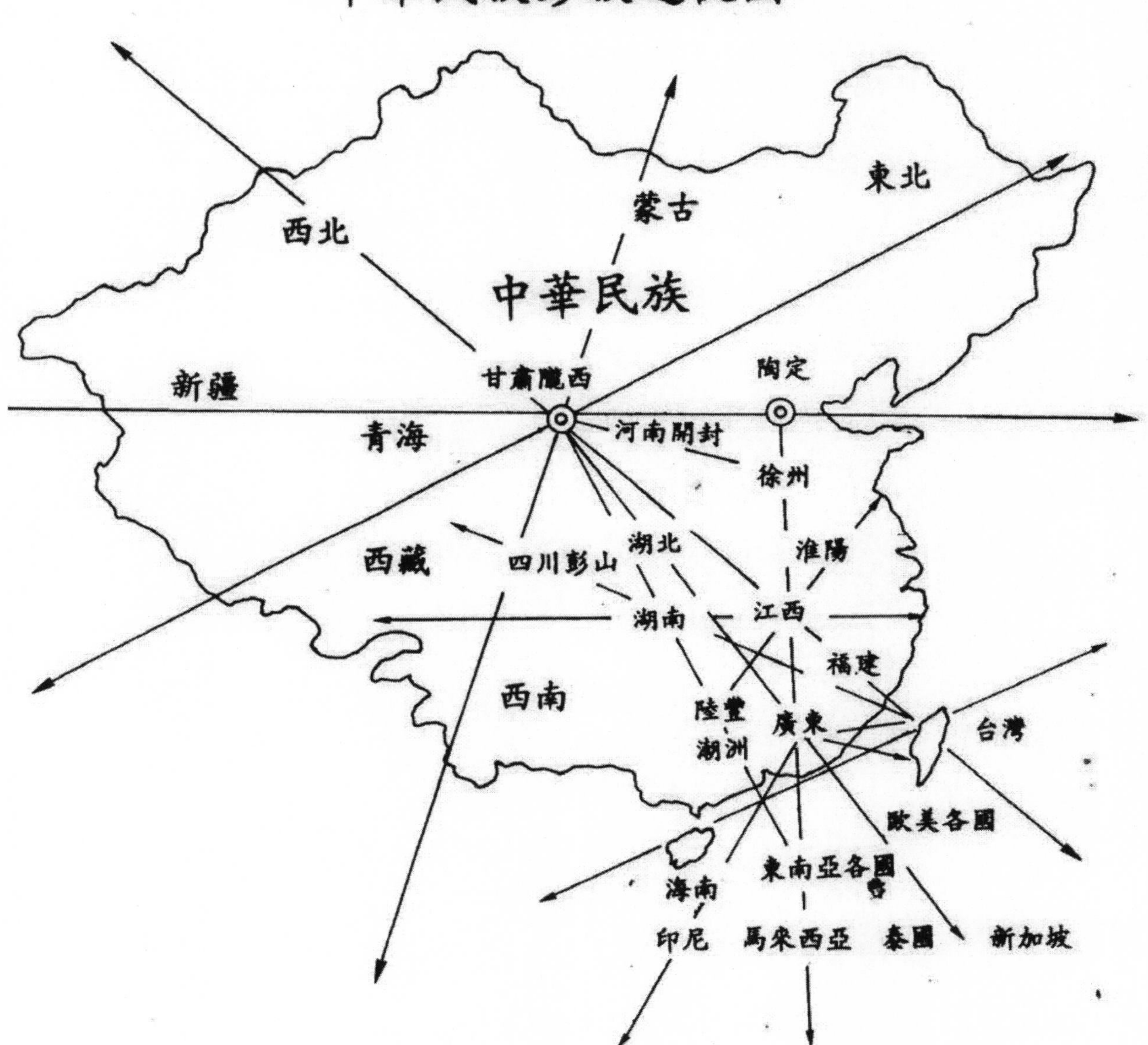
中華民族彭族遷徙圖
西北
蒙古
東北
中華民族
新疆
甘肅隴西
陶定
青海
河南開封
徐州
西藏
四川彭山
湖北
淮陽
湖南
江西
福建
西南
陸豐
潮洲
廣東
台灣
歐美各國
海南
東南亞各國
印尼
馬來西亞
泰國
新加坡

《彭氏世系脈流》序一

2015 年 7 月 2 日，筆者自巴塞隆納倦遊歸，接獲宗兄建方電郵，寄來《彭氏世系脈流》一書目錄與自序。全書千頁，起自中華彭氏肇始，下迄個人嫡系血緣，拜讀之餘，良深敬佩。

建方兄明年即屆九十，他以「彈指神功」，在完成編年歷史巨著《中華彭氏源流譜》《中華紀元年表》和春秋褒貶集成《千秋人物》書之後，又繼續完成本書，的確是龍馬精神，老而益壯。無疑地，本書不但是他對彭氏家族血緣的追本溯源，提出了科學的正本清源；也是他對慎終追遠的中華民族文化又一巨大貢獻。

參天之樹，必有其根，懷山之水，必有其源，而血緣是民族形成與凝固的主要因素。所謂血濃於水，歷代相傳而成血統。人生天地之間，起碼應知「所由出生」和「血緣譜系」。《彭氏世系脈流》的面世，不但滿足了彭氏子孫尋根問祖的要求，更對台灣少數數典忘祖的現代人心，產生了振聾啟聵的積極作用。進而言之，本書的面世，不但能加強彭氏家族的凝聚力，傳遞優秀家風，促進家道昌隆外，而且對歷史學、民俗學、人口學、社會學和經濟學的深入研究，以及提升民族榮譽感和社會安定和諧，維繫人心、輔翼世道，有著曠世久遠的歷史價值。

「姓」字的涵義是表達某一人群的血緣譜系，可上溯到傳說史話所記載的先輩「人群」、「氏族」、「胞族」、「部落」或「部族」。由遠古至今，凡人都有父母；所以都是「血緣譜系」可以上追溯到傳說史前的某一個「胞族」或「氏族」。這種 「理念」，無法通過傳說史話或考古發現獲得證明；但《彭氏世系脈流》一書，在這方面，做到了正統世次分明、派輩排行清析的正本清源功効，的確難能可貴。作為彭氏子孫，真是何其有幸? 在這裡，筆者要向作者建方宗兄，致上由衷無上的敬意和謝意!

宗末 **彭聖師**（慎思） 謹識

2015 年8月歲次乙未序於台北澹盧

美國教育博士、哲學博士
美國中華文化促進會會長
世界孔子文教基金會主席
原籍湖南湘陰客居台灣新北市

《彭氏世系脈流》序二

建方宗長是我敬仰的歷史學家、譜牒專家。我和他是在 2004 年 3 月廣西桂林召開的彭祖文化暨彭氏源流研討會初次相識的。他對中華五千年文明史、對姓氏譜牒文化的鑽研精神和淵博學識，給我留下深刻的印象。2009 年 6 月，首屆海峽百姓論壇在福州省博物館隆重召開，建方宗長伉儷和伯良宗長作為特邀專家出席會議，我們多次暢談了中華彭姓的源流、世系、遷徙、名賢和人文等課題，彼此加深了信任，增進了情誼。他的博學多才，他的認真執著，他的刻苦勤奮，他的和藹可親，都使我感受到熟悉這位良師益友的莫大榮幸！

建方宗長在年輕求學時，適逢七七抗日戰爭，戰事屹緊時，毅然投筆從戎。抗戰勝利復員後又輾轉去了臺灣。因他曾在中興大學學習農業專科，在臺灣專事農業開發、水土保持工作，擔任日月潭水土保持工作處主任。他工作勤勉，業績突出，受到蔣經國先生的賞識，調到輔導會，在橫貫公路擔任勝光工站主任、兼第六農墾隊隊長，負責橫貫公路水土保持及公路兩側農地開發，安置榮民。他勘察發現資源豐富七家灣寶藏土地，親自率領二百餘位榮民，克盡萬難，奮力拼搏，披荊斬棘，終於創建成名聞全台灣的武陵農場，立下不朽汗馬功勞。建方宗長被譽為武陵農場開山鼻祖，爾後他還被延聘到駐越南農技團擔任安江工作隊長，轄管湄公河三角洲十五個省，回國在行政院退輔會繼續從事森林撫育、木材利用和水土保持等工作，先後為泰國(泰王泰北山地計劃)、日本、印尼、馬來西亞、菲律賓等國農業調查開發，作出積極貢獻。不平凡的人生歷程，造就了他的剛毅、詳和、謹嚴、穩健的性格，鑄成了他熱情、勤奮、堅韌、拼搏的毅力，為他在屆齡退休後從事歷史和譜牒研究，取得輝煌業績奠定了堅實的基礎。我的案頭一直擺放著建方宗長編著的《中華民族紀元年表》和《千秋人物》兩部著作，一有資料檢索，從他的著作中信手拈來，十分方便，讓我愛不釋手！這可是建方宗長在退休後耗費一、二十多年心血，大量閱讀、搜集無數歷史資料，精心編纂而成。兩部著作跨越古今，千錘百煉，史料充實，考證詳細，體例嚴謹，脈絡清晰，堪稱是中華文明史的活字典，必定是傳世流芳的好作品。

建方宗長以耋耄九十高齡，孜孜不倦，在五千年的歷史長河中，淘選千絲萬縷的史跡，鑒識是非功過的人物，是要給我們一面歷史的明鏡，讓後人借鏡自省！“以銅為鏡，可整衣冠，以古為鏡，可知興替，以人為鏡，可明得失”，我們能從他的著作中學習賢能博學之士的高風亮節，威武不能屈，貧賤不能移，而絕不能做卑躬屈膝、終歸沒落的功利之人。閱讀建方宗長的著作，對修身、齊家，對人、對己、處事，助益良多，誠為珍貴。他的一片苦心躍然紙上，發人省思，感人至深。他的兩部著作，是對中華優秀傳統文化的巨大貢獻。

建方宗長在研究歷史的同時，還數十年如一日鑽研彭姓譜牒。他與伯良宗長既是同宗、同鄉，又是年齡相近的同好，時相往來，情同手足，這就為他們共同研究中華民族淵源、中華彭姓源流創造了有利條件。建方宗長即將發行的《彭氏世系脈流》，更是多年間經常奔波兩岸，或查閱、或購買各地省、市、縣誌和許多彭氏宗譜資料，以他在操作電腦上的彈指神功，長年伏案，日以繼夜，精心編輯，可以說是他竭盡心志、血淚交織而成的寶貴結晶。《彭氏世系脈流》將是我氏宗族最為珍貴的史書，必定能在編纂世界彭姓通譜的浩繁系統工程上發揮巨大作用。建方宗長勞苦功高，功德無量，永遠是彭氏族人學習的楷模。建方宗長即將壽晉期頤，我最為欣喜的是他玉躬矍鑠，仍能不輟筆耕，允稱盛世人瑞。我很高興懷著崇敬之心為他撰寫這篇序言，並將他的《彭氏世系脈流》推介給彭族宗親，讓他的精神永遠激勵大家，共同為振興彭氏宗族貢獻最大的力量。

彭嘉慶　　謹識於廈門
2015 年 11 月 27 日

中華彭祖文化發展中心名譽主任 海峽姓氏文化研究院副院長福建省姓氏源流研究會副會長福建省彭氏委員會會長

《彭氏世系脈流》序三

建方宗長為他撰寫《中華彭氏源流譜》的出版，來到我出版社，因而兩人結識。相繼宗長 又拿來他撰寫的《中華紀元年表〕》《千秋人物》，兩人一起討論、校對、排版、潤飾文字，交換 意見，靈犀一點通，兩人見解不約相同，可說志趣相投。他的著作頗受兩岸歡迎，一版、再版、 三版，均為敝社所出版。因此我們有緣結識，誠上帝所賜，殊非萍水相逢。

人之相知，貴相知心。我們有緣，他姓彭，與我同宗，同為彭祖後代，血緣關係，談起話來，更是倍感親切。論時局，談往事，促膝談心，有如親兄弟。建方宗長是湖南人，我是台灣人，千里來相會，人緣、血緣，一家親，關係非比尋常。

他寫的《中華彭氏源流譜》，幾十萬字四大本，文字冗長，族人看了不易解讀，對世系、 代別、昭穆派字，可能兩眼暈花，紊亂不清，尋根問祖，更是茫然不知所措。因之，他別出心 裁，將當前尚未曾出現過的《彭氏世系脈流》，以表列方式，按世系、代別、世次、血緣編列， 簡單醒目，族人可從其知道自己先祖血脈根源，曉世系、悉派別，長幼有序，知道自己的輩份， 貢獻頗大。

當今修譜，方興未艾，家乘、譜帖、族譜，各有所陳，然而多是對其家世、事績、官爵的 文字的陳述，但無法一目瞭解全貌，建方宗長提供新創意的「世次血緣」，以先祖一脈相傳血統 淵源，條理分明，清淅呈現，有其獨到之處，殊為可貴。

建方宗長擔任公務員屆臨退休前幾年，罹患老年人柏金森症，突然右手發抖不能寫字，公務員不能用手寫公文，如何處理業務，傍惶不知所措。皇天不負苦心人，天無絕人之路，上蒼保佑，辦公室新來一位德國留學農學博士，學成回國，派來他們單位同一辦公室。他會電腦，辦公文，寫報告，全是用當時大家認為最時髦的「電腦」作業，快捷又好，令人羨慕極了。他們兩人常一道出差，閒談中得知他手發抖不能寫字，要跟他學習電腦，幾個月苦心學習，終於有成，他可以用電腦從事文書工作了，解決他後半生公務員生涯難題。

明年他耋耄九秩高壽，他幾本巨著，全是他退休以後，獨坐斗室，長期「十指神功」不斷用電腦打字編輯而成。難得一見的，他在《千秋人物》及《彭氏世系脈流》中，穿插許多相關圖案像片，陪襯彰顯文字的內涵，增加可看度，精明毅力，非一般人可望其項背。

宗長寫的幾本巨著，全都是敝社出版的，兩人過從甚密，感情水乳交融，他每次要我在他 的新書寫幾句話，此次又期為他新著《彭氏世系脈流》作序，我都婉言謝絕。他說此次《彭氏 血緣源流》出版以後，可能是油盡燈枯，人生即將走入盡頭的最後一次要求，以後再也沒有機會來本社打擾，再來託負出版新的作品，希望我能寫幾句衷心肺腑之言，留作紀念，將來睹物思情，可以回味往日兩人情懷。言詞懇切，態度謙卑，真心可見，因我與宗長多年來的交情，樂為之序，是幸。

彭 正 雄 敬識
2015 年 08 月 29 日

文史哲出版社發行
台北市羅斯福路一段 72 巷 4 號
電話：02-23 51-1028

序言四

建方叫我為他新作〔彭氏世系脈流〕作序，寫幾句箴言話語，真是那壺不開提那壺，無牛捉得馬耕田，有點不是滋味！給我出了一個難題。

建方與我同輩，同年齡，同一個祠堂，同在湖南瀏陽官橋彭家塅長大，同樣劫後餘生，不期然偶然同在台灣相遇，真是上蒼庇佑，老天爺降福賜助！

他屆齡退休後，在家閑不住，一股子傻勁，不眠不休，花了近二十年功夫，搖筆桿子，學電腦，十指彈功，寫了〔中華彭氏源流譜〕、〔中華民族紀元年表〕，書香世界，頗出風頭，大陸上海等幾個有名圖書館，都有他的珍藏，視為瑰寶。

他的精力，永遠用不完，搖筆桿子上了癮，又寫了兩大本〔千秋人物〕，把天下所有的好壞人物，幾乎全搜集在一起，好壞與忠奸的分野，客觀因素一籮筐，好比傅某是抗戰時期的名將，國難當頭緊要關鍵時，他投向共產黨，國民黨的歷史定位他為〔叛徒〕，但大陸視他為〔陣前起義英雄〕，，兩個歷史上不同的定位，即使包黑子在世，也絕對沒法子去弄個涇渭分明？

天生古道熱腸，他寫那麼一大堆書還不過癮，他擔心年輕人沒有時間去看那些長而乏味、冗長文字〔中華彭氏源流譜〕，，又動腦筋，如何化繁為簡，迷你裙，越短越好，引導年輕族群瞭解自己的身世及文化內涵，把四大本的胖貴妃〔源流譜〕，濃縮成為簡單扼要，大家喜愛的迷你裙〔〔彭氏世系脈流〕，，用心良苦！

他一板一眼，決定的事兒，一股幹勁，未曾稍息，憑他孜孜不墜的精神，運用科學、搜證、推理、耐力，實事求是，替人生譜出很多美妙的樂章。

他當公務員時，患柏金森症，右手發抖，辦公沒法寫字，這是公務員最痛苦的事，適巧遇到從國外回來同一辦公室的學人，他會當時認為最時髦洋玩意電腦，他拜師學藝，幾個月即會用電腦敲榔頭打字，於今他的電腦〔十指神功〕相當厲害，這是他的毅力，環境所逼出來的。很快他考上電腦執照，退休後還在文化大學電腦班進修，才有功力撰寫幾本傑作。我受其影響，也學會一些電腦方面的皮毛，我們常相聚在一起，互相切磋電腦上的問題，樂趣無窮。

彭氏家族史，源遠流長，但〔家族史〕是進行式，新生命永續不斷誕生，必須期望後輩，青出於藍勝於藍，期能本著建方老哥的精神與傻勁，負起傳承使命，讓〔家族史〕發揚光大。

89 歲年邁的老人 彭勛甫 謹識

2015.7.19.

原籍湖南瀏陽官官橋
落籍台灣桃園平鎮

自 序

水有源，樹有根，人有本，本者，血緣也。「彭氏世系脈流」溯源求本，藉以求得彭姓族人各世系、血緣、派字、排行的根本源流，期使族人知道自己正統世系、輩份，與家族血緣關係。編者有感族譜、家乘、簡牒，文字冗長，繁文縟節，不容易解讀，因有撰編族人世次血脈源流之念。

當今社會，大凡人物世事，無不講究淵源，有疑慮，即追其本；人的血統，可去醫院檢驗 DNA，驗出血緣脈絡。今日社會時髦，流行飼養犬、貓之類，對動物亦講求血統，重視品種來源，好的品種，價錢高昂，其他如豬、馬、牛、羊、貓、雞牲畜之類，皆屬如是，此即顯現血緣的重要性。

職是之故，人的血緣何其重要，昔日先人修譜，如果沒有血緣，譜無從來，修譜最講究的就是血脈源流，族人如有在外尋花問柳納妾，或招蜂引蝶私生子女，祠堂族規，一概不得入譜。後人尋根問祖，無不是由血脈源流，依序探詢而來。祠堂修譜，更是神聖大事，聚集族間長老耆宿先賢、及有學之士相聚一堂，慎重其事，嚴審世系、血緣、出身、事蹟，三十年一小修，六十年 一大修，旨在延續祖先血統，子子孫孫，延綿永續不絕於世！長年累月不斷修編，此即血脈源流延續的表現。

〔彭氏世系脈流〕無累贅文字敍述，專著重族人世系、代別，依序排列，一目瞭然，知其本。今日社會一般人，只知本身、父母、兄弟、姐妹、伯叔、祖父、曾祖父血緣，再往上追索高祖父、遠祖父、鼻祖，則渺茫無知。故修譜如不談血緣，譜牒如何演繹出來，安有意義？

家族世系派別排行，始於殷人天干甲乙，明初朱元璋為子孫命名只用一個字，先定二十字，見到該「派」字，可知其世次，藉以區別宗室長幼輩份，簡單明瞭，容易推行。傳于縉紳，達于士庶。民間紛起倣傚，因而遍佈風行，以迄於今。

清乾隆四年西元 1739 年，湖南長沙「彭氏續宗譜」，認為「派」字昭穆，可以定尊卑，識長幼。尊卑定，則昭穆分。有尊者年少，卑者年長，不可紊亂；卑者貴，而尊者賤，不可逾越；卑者智，而尊者愚，不可欺瞞。一體遵行，見到「派」字，油然心敬，不分地域遠近，世序先後，不致秦越陌路人相視，不失祖宗一脈血緣網脈相傳親情，蟠冢積石，無論水系分支，終歸始系源流，認祖歸宗，祖德流芳，不數典忘祖。

世系、排行、派字，顯然有利家族世代血脈源流的識別，避免同名血脈混淆。撰編族人世次血脈源流，對家族人群，有區分血統組織管理功能。世代久遠，可為尋根問祖提供線索。遺憾的是同宗之中，同派名字重複太多，如見名不見人，無血緣探索，單獨難以辨別先祖世系，弄不清楚其人來自。當今譜牒中，有人利用顯赫同名先祖之名，將其歷史上豐功偉績，硬性插入自己譜牒之中，魚目混珠，真假莫辨。官名、方志、原名，往往各譜紀事不符，流傳後世，習以為真，增加後人困惑。

本人就己蒐集到的譜牒，按世次血脈源流，抽絲剝繭，正本清源，作有系統的綜合整理，找出各宗親血脈源流。〔彭氏世系脈流〕為一新的創作嘗試，拋磚引玉，盡其所能。只是彭氏子孫千萬，散居全世界各地，搜集譜牒不易，現編之血脈源流所表列族人，只是千萬分之一，諸多省份資料不足，遺珠厥如甚多，深感遺憾，尚祈各世系宗親提供族譜資料，俾資彌補美中不足，儘量求其完整。尚期後繼有人，千秋萬世，永垂不朽，是幸。

彭建方 謹識 2015 年農曆乙未 9 月 3 日

原籍湖南瀏陽官橋
客居台北市和平東路

彭氏世系脈流　目　錄

中華彭氏肇始

有巢氏

燧人氏

女媧氏

中華民族始祖 —— 伏羲氏女媧氏圖騰

這幅出自唐代畫家之手的「伏羲女媧圖」出土於新疆吐魯番阿斯塔那—哈拉和卓古墓群，雖然其著裝已受唐代流行的西域風格的影響，但描繪的卻是中國神話中人類始祖的形象。畫中的女媧伏羲都是人首蛇身，上身相擁，下身交繞。它表現的是中國有關人類起源的眾多神話傳說中，最主要的一個版本：上古時期，一場毀滅性的洪水過後，只剩女媧與同族兄長伏羲兩人，爲了人類的繁衍，他們只得同族兄妹交合，繁衍子孫。

女媧右手執規，伏羲左手拿矩，據說伏羲曾教導人們從事農、牧，漁業生產，女媧曾教導人們婚姻嫁娶的人倫禮法。他們手中的規和矩，既是生產工具，又是社會秩序的象徵。還有一種說法是，規主圓，矩主方，兩人以手中的規、開天闢地，正合古時天圓地方之說。

三足烏

太陽黑子在古人眼中，是住在太陽上的精靈，這隻尖喙利爪，生有三足的烏鴉，是太陽的象徵，所以太陽古時又被稱作「金烏」。

女　媧

女媧在畫中被置於伏羲的右側，而中國古代社會一般視右爲卑，雖然女媧是中國神話傳說中人類共同的母親，在三皇五帝中擁有特殊的地位，但從畫中女媧與伏羲的位置安排，所反映的顯然是父權社會中的男尊女卑。

雲　氣

雲中蘊雨，雨水滋潤大地，催生萬物，也被古人列爲生殖崇拜的對象，所以「雲雨」長久以來是暗示男女交合的雅詞。

交繞的蛇身

交繞的蛇身是古人對交合繁衍的表現，這種雙螺旋式的結構，與現代科學發現的人類最基本的遺傳物質 DNA（脫氧核糖核酸）的分子結構，極爲相似。

太　陽

太陽是大自然的中心，是萬物的生命之源。古人崇拜太陽，因爲它是天地間神奇力量的象徵。

星　辰

古人按星辰的移動規律，安排狩獵、游牧、農耕等生產活動。還通過它們的位置移動和明暗變化預兆人間的福禍，古人相信每一個人的生命，都有一顆對應的星星在天上維繫，一顆星的隕落，就代表著一個生命的消逝。

生殖崇拜

蛇多產多子，且每年蛻皮獲得新身，被古人視爲永生之物。中國人獨有的神龍圖騰，就以蛇身爲主體。蛇在中國自古以來就倍受尊敬，同樣也是生殖崇拜的象徵。

月　亮

陰柔的月亮是女性的象徵。母兔懷孕 28 天產小兔，28 也是女子月經周期的天數，生殖力極強的蟾蜍和花朵細密的桂樹都代表了旺盛的繁殖能力。古人把它們安置在月亮上，是將對母性生殖的期望都寄托在這個神秘的天體之中。古時家中的主婦帶領全家拜月，供奉多籽的瓜果，即是爲了祈求家族繁衍、子孫滿堂。

神農氏

炎帝

黃帝

五帝贤像

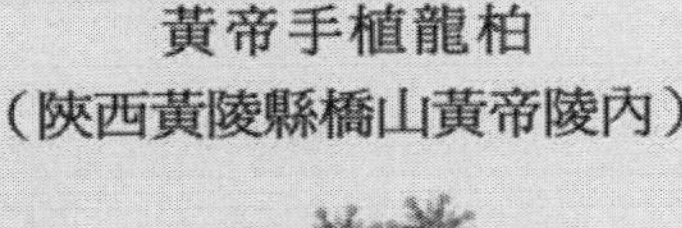
黃帝手植龍柏
（陝西黃陵縣橋山黃帝陵內）

彭祖

彭祖列像 其一

列仙傳彭祖像

徐州彭園
彭祖像

仙佛奇蹤彭祖像

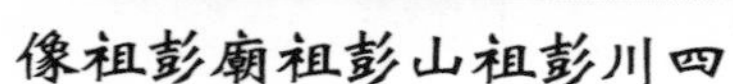

四川彭祖山彭祖廟彭祖像

清代彭祖像

彭祖列像 其二

神仙圖彭祖像

古史書彭祖像

古聖傳集彭祖像

彭祖觀井像

神仙傳彭祖像

彭 韋晏 姬邾 錢曹 籛朱 暨顏 黃熊 參季 偪連 鄅楚 陽荊 顧温 蘇董 鄒 廿六姓同根

中國姓氏之來歷，歷史悠久內容豐富，是吾中華民族特徵與遺產，由於每位中國人或華裔對姓氏非常重視，也是一種博古知今之歷史文化，更可當歷史社會學看待。

遠古時代母系社會，中華民族不講人倫關係，致使血族混淆，模糊不清，子女從母姓；焉得伏羲氏帝以正人倫建立姓制度，演變至農業社會興起，才變爲子女從父姓，這是由姓而氏之發展過程，「姓」是作爲辨別婚姻媾合，俾使血緣純潔。「氏」是子孫顯貴功德者稱氏，凡民有姓無氏。迨至周朝姓氏獲得同等通用矣。

中國姓氏據「中華姓府」之統計：一字姓三千七百三十姓，復姓二千四百九十八姓，三字姓一百二十七姓，四字姓六姓，五字姓二姓，總共中國有六千三百六十三姓，惟三字姓至五字姓當然是稀姓。中華民族姓氏有增無減發展。索古探源有以國名，食采封邑名，居住地名，先祖謚號或官職名等等爲後代姓氏，類別繁多，真是洋洋大觀，風采四溢也。

陸終公裔嗣世系考，乃摘自「百家姓探源」及「中國姓氏考略」資料爲準則，「辭海」爲配合編修而成，藉表闡揚同根諸姓祖先，崇念流傳四千餘載之各各史料，並使同根達人明晰本原肇始以昭報本矣。

陸終公傳下六子計長子名攀裔嗣蘇、溫、董、顧四姓，次子名惠連裔嗣黃、參二姓，三子名籛鏗裔嗣彭、姬、韋、錢、籛、暨六姓，四子名求言裔嗣鄅，偪、陽三姓，五子名晏安裔嗣曹、邾、朱、顏、晏、鄒六姓，六子名季連裔嗣連、季、楚、荊、熊五姓等等。同根裔人何等風采哉。

▲攀：陸終長子已姓，爵領昆吾夏伯侯，封於蘇今河南臨漳縣，子名忿生爲周朝司寇，百姓尊稱爲蘇公，子孫以蘇爲姓見「唐書世系表」。望出扶風。董氏出自已姓，叔安之裔董父事舜賜姓董，子孫以董爲姓，見「廣韻」。溫氏顓頊裔爲己姓，晉大夫卻至食采於溫望出太原，子孫爲溫姓，見「唐溫信碑」。顧氏出自已姓，顧伯夏，商侯國，成湯伐韋顧，顧之子孫以邑爲姓故有顧氏。見「宰相世系表」。溯本追源蘇、溫、顧、董等姓乃攀裔嗣。

史考同根篇

陸終公裔嗣世系考

一脈同根伯仲齊名垂奕世

軒轅黃帝公孫氏——昌意——顓頊——大稱——卷章——吳回——陸終

枝榮葉茂雲礽濟美尚流傳

攀	惠連	籛鏗	求言	晏安	季連
巳姓裔嗣	贏姓裔嗣	公孫姓裔嗣	妘姓裔嗣	曹姓裔嗣	芈姓裔嗣
顧蘇溫董	黃參	韋姬彭錢籛暨	偪鄅陽	晏邾曹朱顏鄒	熊季連楚荊

經歷四千三百載

彭江河編修

▲惠連：陸終次子贏姓，爵參明爲夏諸侯，封於黃國今河南省光州定城，今存黃國故城，子孫以黃爲姓。見「通志氏族略」。部份裔嗣以參爲姓史失考。

▲籛鏗：公孫姓陸終三子，爵武安君世稱彭祖，創氣功術，調鼎術，煉丹術，房中術等，娶四十九妻，傳五十四子。封地大彭豈鼓邑，開成古代文明大彭氏國。殷朝武丁四十三年王師伐大彭氏國。今徐州銅山縣，遺有大彭山脈，彭祖廟，彭祖樓，大彭集村，彭祖井等古跡。春秋時代孔聖猶言：「述而不作，信而好古，竊比我老彭」論語。

籛鏗三子濴，乃彭氏開宗始祖，裔孫元哲在少康中興時期封地豕韋，子孫以韋爲姓。另裔孫孚乃周朝作錢府上士，子孫因官名作錢姓。裔孫金秀之子儲認籛爲姓。另裔孫封于暨，子孫以暨爲姓。溯本追源彭、韋、姬、錢、籛、暨等姓乃籛鏗裔嗣。

▲求言：陸終四子妘姓，封于鄅古稱鄶邑，故別號鄶人，子孫念封地而姓鄅，鄶今河南密縣。見「姓氏考略」而偪、陽兩姓失考。

▲晏安：陸終五子曹姓，封于邾國今山東省鄒縣，曹挾子孫以曹爲姓，有以邾爲姓有去邑以朱爲姓，望出沛國。邾武公名夷父字顏世稱顏公，子孫遂以顏爲姓。見「公羊傳」。裔嗣有以晏爲姓。見「世本」。春秋邾婁國，穆公改號爲鄒，楚滅邾國子孫以鄒爲姓鄒乃晏安裔嗣

溯本追源曹、邾、朱、晏、顏、鄒。

▲季連：陸終六子芈姓食采于魯，子孫以季爲姓。周朝文王時，文王師鬻熊乃季連苗裔，後輔佐周武王封鬻熊曾孫熊繹于丹陽今湖北秭歸縣建立楚國舊號荊，故子孫有以荊或以楚爲姓。見「通志．氏族略」。傳至春秋齊國大夫連稱後代以連爲姓。

溯本追源連、季、荊、楚、熊乃季連後嗣

堯

前-2374～-2257

舜

生於姚墟，冀州人(今河北、山東、山西省)

禹
克勤于邦　烝民乃粒
歷數在躬　厥中允執
惡酒好言　九功由立
不伐不矜　振古莫及

大禹陵

中華民族

```
                        ┌三皇 ┌柏皇 ┌中央 ┌大庭 ┌粟陸 ┌驪連
│                        │二伏│氏・┴氏・┴氏・┴氏・┴氏　→下續│
│盤古 ┌天皇 ┌地皇 ┌人皇 ┌三皇├羲氏┤【三皇二伏羲氏，自公元前四四七七年│
│氏・┴氏・┴氏・┴氏・┤一燧│●姓│即位至無懷氏公前三二一八年等十八氏│
│←人類初始，開天闢地　　└人氏┤風　└共一二六０年，朝代下續炎帝神農氏】│
│                            ├郝骨氏                                  │
│                            └女媧，創設婚姻娶嫁制度，人類優生學始祖。│
```

伏羲氏，其裔咸鳥—承釐—厚炤—顧相—巴人，衍傳五胡十六國之成漢。

```
│驪連 ┌渾沌 ┌赫胥 ┌尊盧 ┌昊英 ┌有巢 ┌朱襄 ┌葛天 ┌陰康 ┌無懷氏          │
│氏・┴氏・┴氏・┴氏・┴氏・┴氏・┴氏・┴氏・┴氏・┼祝融 ┌少典　下續│
│　　綜核史料，無懷氏與祝融氏應屬同輩。　　　　　　└氏　┴氏　→炎帝│
```

中華姓氏炎帝神農氏源流系表

```
│第一代第二代第三代第四代第五代第六代第七代第八代第九代第十代十一少典氏│
│天　　地　　玄　　黃　　宇　　宙　　洪　　荒　　日　　月　　盈　昃輩序│
│　　第一代第二代第三代第四代第五代第六代第七代第八代第九代第十代炎帝│
│　　炎帝神農氏　　　　　　　　　　　　　　　　　　　　　　　　　朝代│
├──────────────────────────────────────┤
│中華 ┌三皇 ┌臨魁┬帝承┬帝明┬帝宜┬帝來┬帝裹┬節莖┬姜克┬榆罔（下略│
│民族│三：│公元│公元│公元│公元│公元│（帝│（路│（氏│名參盧│
│姓氏├炎帝│前三│前二│前二│前二│前二│居）│史：│族典│公元│
│炎黃│神農│０七│九九│九三│八八│八四│公元│炎居│：炎│前二│
│總始│氏　┤七年│七年│七年│八年│三年│前二│生節│帝器│七五│
│祖少│●姜│至前│至前│至前│至公│至公│七九│莖。│數傳│二至│
│典氏┤公元│二九│二九│二八│元前│元前│五年│節莖│而有│前二│
│妣有│前三│九八│三八│八九│二八│二七│至公│生戲│參盧│六九│
│蟜氏│二一│在位│在位│在位│四四│九六│元前│。戲│，是│八位│
│女安│七年│八０└六０│四九│在位│在位│二七│生器│為榆│五五│
│登，│至公├姜董權　│相傳│四五│四八│五三└。）│罔。│朝代│
│生長│元前├姜會魁　│越南└年。└年。│在位　　│待考│下續│
│子石│三０├姜門臨　│開國　　　　　│四三　　│。）│黃帝│
│年（│七八├姜邛　　│之君　　　　　└年。　　│　　└軒轅氏│
│炎帝│在位├姜柱　　└為帝明之子　　　　　　　└姜戲┬姜器→│
│）、│一四├姜起—慶甲—帝監—縉雲┬蚩尤，傳說兄弟八十一人└（小帝）│
│次子│０年└女娃（女）　　　　　│（一云：炎帝子邛之支庶│
│勗其│妣莽水氏聽詙，又曰奔水氏。└耆田後裔為蚩尤。）│
│（黃├勗其┬巨駆┬芒昧┬夷粟┬柏堅┬節　┬赫胡┬封胥┬依盧┬啟昆→下續│
│帝直│妣扶│妣蜀│妣碭│妣女│妣赤│妣鉅│妣摩│妣女│妣九│妣有　黃帝│
│系）└胥氏└山氏└伊氏└儀氏└水氏└閭氏└利氏└娥氏└方氏└蟜氏│
```

釋明：
一世公少典君：諱烈山氏，又號厲山氏，迺祝融氏之分派也。
妣有蟜氏安登（又曰任姒）。
生子長石年、次勗其。
二世炎帝：諱石年，又諱軌，號神農氏，迺厲山氏之長子也，生于太昊乙巳（民國前 5167 年、公元前 3256 年、炎帝比舃其年長四歲。）一百一十五年，崩于即位後壬辰一百四十五年，享壽一百六十八歲，葬于萬陽山。
帝母曰安登，遊華陽之常羊，感神首飛龍之祥而生帝。三辰而能言，五日而能行，七朝而齒具，三載而知稼穡。牛首人身，長八尺有七寸，形貌怪異，乃曰魁隗氏。育於姜水，故以姜為姓。代伏羲治天下，以火德王，故曰炎帝。都於陳（今開封府陳州。）遷曲阜（金屬山東袞州府。）民茹草木之實，食禽獸之肉，未知耕稼。帝因天時，相地宜，斲木為耜，揉木為耒，始教民藝五穀，而農事興焉！民有疾病，未知藥石，帝始味草木之滋，察其寒溫平熱之性，辨其君臣佐使之義。嘗一日而遇七十毒，神而化之，遂作方書，以療民疾，而醫道自此始。複察水泉甘苦，令人知所避就，由是斯民居安食力，而無夭札之患，天下宜之，故曰神農。帝作蜡祭，以赭鞭鞭草木，為日中之市，使民交易而退，各得其所。以火紀官。命赤冀為杵臼。命巫咸卜筮。命刑天作扶犁之樂。命屏風作種書。命白阜作地理紀。以理天下。時諸侯夙沙氏叛，不用帝命，其臣箕文，諫而被殺，帝益修厥德。夙沙之民，自攻其君，而來歸其地，於是南至交趾，北至幽都，東至暘谷，西至三危，莫不服從其化。崩於長沙（今湖南長沙府）之茶鄉（即茶陵州。）傳七世，曰帝臨魁（神農子，在位八十年。）帝丞（臨魁子，在位六十年。）帝明（帝丞子，在位四十九年。）帝宜（帝明子，在位四十五年。）帝來（帝宜子，在位四十八年。）帝裏（帝來子，在位四十三年。生子節莖，節莖生子克及戲。節莖、克、戲皆不在位。克子榆罔立。）帝榆罔（克之子，在位五十五年。諸侯尊軒轅為天子，而封帝於洛，神農氏遂亡。）
妣算莾水氏聽訞（又曰奔水氏。）
生子臨魁（傳稱炎帝有子十三人，今無可考。）
女娃（嘗游於東海，溺而不返，化為鳥，其狀如烏，文首白啄赤足，名曰精衛。常嘟西山木石，以填於東海。）
二世公少典國君諱舃其：廼厲山氏之次子也。生子女媧戊申（民國前 5164 年、公元前 3253 年）三年，薨于炎帝戊子一百四十年，享壽 161 歲；妣扶胥氏，生子巨駓。
三世公諱巨駓：廼舃其公之子也；妣蜀山氏，生子芒味。
四世公諱芒味：廼巨駓公之子也；妣遏伊氏，生子夷栗。
五世公諱夷栗：廼芒味公之子也；妣女儀氏，生子柏堅。
六世公諱柏堅：廼夷栗公之子也；妣赤水氏，生子節。
七世公諱節：廼柏堅公之子也；妣鉅閭氏，生子赫胡。
八世公諱赫胡：廼節公之子也；妣摩利氏，生子封胥。
九世公諱封胥：廼赫胡公之子也；妣女娥氏，生子依盧。
十世公諱依盧：廼封胥公之子也；妣九方氏，生子啟昆。
以上皆相繼為少典國君。
十一世公有熊君諱啟昆：廼依盧公之子也。由少典北遷於熊（河南開封新鄭縣。）因改國曰有熊，為人剛健中正；妣女蟜氏附寶，生子軒轅、子高。
舃其公，生於黃帝紀年前戊申五五六年、公元前三二五三年，至黃帝軒轅氏，逝於黃帝紀年一００年癸卯，公元前二五九八年，共十一代共六五六年，每代平均年齡為五十九年。上古者長命，或譜系漏列乎？
十二公黃帝諱軒轅：又諱伯荼，廼啟昆公之長子也。生于帝榆罔癸丑四十五年，崩于即位後甲辰一百年，享壽一百一十一歲，葬于橋山（在陝西延安府中都縣。）
帝母曰附寶，（彳生，同往字）祈野，見大電繞北斗樞星，感而懷孕，二十四月，生帝於軒轅之丘（在開封府新鄭縣。）因名軒轅，姓公孫，帝生而神靈，弱而能言，幼而徇齊，長而敦敏，成而聰明，國於有熊，故號有熊氏，長於姬水，故又以姬為姓。年十二嗣位時，神農氏世衰，諸侯相侵伐。炎帝榆罔弗能征。於是帝習用干戈，以征不軌，諸侯皆來賓從。榆罔侵陵諸侯，諸侯益叛。帝修德治兵，藝五穀，撫萬民，度四方，教熊羆貔貅貙虎，與榆罔戰於阪泉之野，三戰，然後勝之。先是有姜姓諸侯，曰蚩尤，作五兵，一曰弩、二曰殳、三曰矛、四曰戈、五曰戟，并刀劍等器，以暴虐天下，兼並諸侯。榆罔不能制，命居少顥，以臨四方。蚩尤益肆惡，出洋水，登九淖，攻榆罔於空桑，榆罔避居涿鹿。帝乃征師諸侯，與戰於涿鹿之野（今順天府涿州。）夢大風吹天下之塵垢，皆去。又夢執千鈞之弩，驅羊萬群。帝寤曰風為號令，執政者也。垢為塵土，土去，而后在也，天下豈有姓風名后者乎！執千鈞弩，異力也，驅羊萬群。能牧也，天下豈有姓力名牧者乎！於是依二占以求之，得風后於海隅，登以為相，得力牧於大澤，進以為將，後因箸占夢經十二卷。蚩尤做大霧，軍士昏迷，帝作指南車，以示四方。命應龍攻蚩尤，應龍畜水。蚩尤請風伯雨師，縱大風雨。帝仰天而歎，天遣玄女授以兵符，下一天女，長二三尺，而目在頂上，行走如風，見則大旱，赤地千里，其名曰魃，雨乃止。三十七戰，遂擒蚩尤，戮於中冀之野，血冒四布，滴入水，味變為鹹，今陝西慶陽有二鹽池，甯夏大小有二池，山丹衛有紅鹽池，皆其血所化，因其為亂害民，故令萬世食其血也。時有黃龍地螾見，大五六圍，長十餘丈，是為土瑞，故曰黃帝，以土德王，都涿鹿為天子，內行刀鋸，外用甲兵，制陣法，設旌麾，有不順者，從而征之。披山通道，其土地，東至於海。西至崆峒，南至於江，北逐葷鬻，合諸侯之符於釜山（在保定府安肅縣，）又殺（犭恙）（犭恙）之獸，使民無憂恐之疾。以雲紀官，用風后為當時，太常為稟者，蒼龍為土師，祝融為司徒，大封為司馬，后土為司李，夢兩龍授圖，齋戒往河求之，有大魚負圖‥（下略。）資料來源：上列古代世系原文，一世少典國君至黃帝譜系，依據公元九０二年、民國七年，劉氏總族譜，廣州市九曜坊粵華興蔭記印務局承印，第十八頁。

中華姓氏總始祖少典氏古今史籍摘要

公元九０二年、民國七年之劉氏總族譜中的古代世系。以少典氏第一代為少典國君，諱烈山氏，又號厲山氏，迺祝融氏之分派也。

路史前紀八，祝誦氏：「一曰祝龢氏，是為祝融氏也。文後註云：見姓苑等書、白虎群儒通義，以祝融為三皇。宋衷論三皇，亦數祝融，而出黃帝。梁武帝祠畫像述，先伏羲氏、次祝誦氏、次神農氏，乃及黃帝、顓帝，蓋有所本，豈得云帝浩之臣哉？洪臣相云：先儒說三皇不一；太史公采大戴禮，遷少昊而不錄，又經傳顓帝之後，黎為祝融，為莊子以祝融氏與伏羲神農赫胥同辭。白虎通既依史記遂以羲、農、祝融為三皇。至論五行，則又以祝融為南方之神，初非通論此，梁碑以祝融為祝誦，而介於羲、農之間，白虎之說也。」此祝融氏與黃帝第七代黎（重黎），又云祝融有別，至今各說不一，難以稽考。

史記少典註：集解譙周曰：「有熊國君，少典之子也。」皇甫謐曰：「有熊，今河南新鄭是也。」索隱少典者，諸侯國號，非人名也。又案：國語云「少典娶有蟜氏女，生黃帝、炎帝。」然則炎帝亦少典之子。炎黃二帝雖則相承，如帝王代紀中閒凡隔八帝，五百餘年。若以少典是其父名，豈黃帝經五百餘年而始代炎帝後為天子乎？何其年之長也！又案：秦本紀云「顓頊氏之裔孫曰女脩，吞鳥之卵而生大業，大業娶少典氏而生柏翳」。明少典是國號，非人名也。黃帝即少典氏後代之子孫，賈逵亦謂然，故左傳「高陽氏有才子八人」，亦謂其後代子孫而稱為子是也。譙周字允南，蜀人，魏散騎常侍徵，不拜。此注所引者，是其人所著古史考之說也。皇甫謐字士安，晉人，號玄晏先生。今所引者，是其所作帝王代紀也。

從上列史記少典註中說，以國語云「少典娶有蟜氏女，生黃帝、炎帝。」若以少典是其父名，豈黃帝經五百餘年而始代炎帝後為天子乎？何其年之長也！據劉譜以少典氏君，生子長石年（炎帝神農氏），次子勗其，勗其公第十一代為黃帝軒轅氏。衍傳炎、黃世冑，確屬合理邏輯思維推衍譜系。

國語卷十晉語四中載：「昔少典娶於有嬌氏，生黃帝、炎帝。」少典氏，妣有嬌氏女安登，生長子石年（炎帝神農氏）、次子勗其，勗其派下第十一代孫為黃帝軒轅氏。見中華姓氏源流通譜（99 年版）。後世引用國語，將黃帝與炎帝列為兄弟是訛誤也。

中華民族姓氏炎黃總始祖少典氏，生於黃帝紀年前丁亥 577 年、民國前 5185 年、公元前 3274 年（筆者據炎帝神農氏出生年加 30 年而來。）妣有蟜氏，女安登，生二子，長子三皇三炎帝神農氏、次子勗其。三十歲生長子三皇三炎帝神農氏至齊國姜太公為止，其間分支命氏有 117 個姓氏（單姓 73 個，二字複姓 44 個。）；齊國姜姓公族後有 130 個姓（單姓 68，複姓 62。）共計 247（一云 251。）個姓氏；據未署名之神農世在台諸姓淵源考，炎帝在台有 74 姓，以戶數多者在前依序為，許謝賴洪邱呂高柯盧方姜白紀丁駱甘陸章賀崔易穆解向左狄刑丘申齊蒲焦晏尚柴欒路佘竺厲郜封國逄強山浦麻薄台危井右巨后年農士青望羌檀大竹慶牙伯柱麗藥王帖淳、姜林、范姜。三十三歲生次子勗其，十一傳五帝一軒轅氏黃帝，現有使用姓氏除炎帝二四七個姓氏之外，餘為黃帝所衍生姓氏，世人皆稱炎黃世冑（子孫）之由來，其源有自。/

彭氏開派始祖少典至江西始祖構雲公世系脈流

開派始祖少典	少典－勗其－炎居－節並－戲器－祝鏞－共工－勾龍－噎鳴－啟昆－黃帝－昌意－顓頊－稱－卷章－吳回－陸終－彭祖(少典 18 世)
受姓始祖彭祖	老彭(彭祖、籛堅)(少典 18 世)－ －伯壽－振禧－俶康－養廉－獻－寧帆－夢熊－秉－可愛－積古－頌新－團－靖忠－奇瑞－道琮－繼崧－景數－愈崗－伯－欽保－度章－爾賢－榮施－端肅－列－東侯－才華－佐商－音－輝彩－圭－咸－祖壽－寶雲－士懷－治－類超－為達－自昭－程－昶－觀凝－丁－寅－能運－貴山－和美－友燮－略－大郎－榮－忽－仲爽－建夏－俊宜－西林－名－宏載－益開－元果－訓彝－敖－萬－嗣慎－時梁－君實－更－金和－紹更－宜吾－文台－令昭－珅－越－綬榮－斐然－佑奎－世瓊－維－懋勳－宣(少典 100 世)
淮陽始祖宣公	宣(少典 100 世)－聖－閎－脩－寶－端鑑－淮－極文－仕恭－慎－永昌－鬱－隆簡－沿－進－抗－赴－荏－樂－龍韜－君用－履真－坤元－明遠－景直－構雲(少典 125 世、黃帝 115 世、彭祖 108 世、宣公 26 世、構雲公 1 世)
江西始祖	構雲

少典－構雲公世系脈流

少典	黃帝	彭祖	先祖	諱 名 別 號	祖 妣 諱 字	備　考
1			少典			
2			勗其		赤水氏	
3			炎居			
4			節並			
5			戲器			
6			祝庸			
7			共工			
8			勾龍			
9			噎鳴			
10			啟昆		有喬氏	
11	1		黃帝	軒轅氏 公孫氏	西陵氏 方雷氏 丹魚氏 鬼方式	
12	2		昌意	庚、白陽	蜀山氏 洋子氏	
13	3		顓頊	高陽氏	鄒屠氏 勝潰氏	
14	4		稱	伯服	東成氏	
15	5		卷章	老童	根水氏	
16	6		吳回	祝融氏	東鷂雉氏	
17	7		陸終	鬼方氏之妹女嬇		
18	8	1	老彭	彭祖 籛鏗 彭翦	有郃氏等 54 妻妾	
19	9	2		香保	伯趙氏之女孫曰女閩	
20	10	3	伯壽	希祖	伊祁氏之女孫	
21	11	4	振禧		有窮氏之女	
22	12	5	俶康	政宇	祝鳩氏之女	
23	13	6	養廉		祝鳩氏有　氏	
24	14	7	獻	義朗	有仍氏之女孫	
25	15	8	寧帆		有　氏之女	
26	16	9	夢熊		公孫氏之女	
27	17	10	秉		斟鄩氏之女孫	
28	18	11	可愛		豢龍氏之女孫	
29	19	12	積古		軒轅氏女孫	
30	20	13	頌新		御龍氏之女	
31	21	14	團		御龍氏女孫	
32	22	15	靖忠		伊祁氏之女	
33	23	16	奇瑞		丹鳥氏之女	
34	24	17	道琮		仲氏之女	
35	25	18	繼崧		顧氏之女	
36	26	19	景敷		巫氏之女	
37	27	20	愈崗		伊氏之女	
38	28	21	伯	錫侯	巫氏之女孫	
39	29	22	欽保	辛	姚氏之女	
40	30	23	度章		有熊氏女孫	
41	31	24	爾賢		蔡氏之女	
42	32	25	榮施		有莘氏之女	
43	33	26	端肅		費氏之女	
44	34	27	列		費氏之女	
45	35	28	東侯		姬氏、姜氏	
46	36	29	才華		姜氏	
47	37	30	佐商		韋氏	
48	38	31	音	嗣徽	姒氏	

少典	黃帝	彭祖	先祖	諱名別號	祖妣諱字	備考
49	39	32	輝彩		鄧氏	
50	40	33	圭	伯藩(丙煌)	有崇氏	
51	41	34	咸	福康	南宮氏	
52	42	35	祖壽	紹賢	商氏	
53	43	36	寶雲		散宜氏	
54	44	37	士懷		鄂氏商氏	
55	45	38	治		姜氏	
56	46	39	類超		虞氏	
57	47	40	為達		蔡氏	
58	48	41	自昭		畢氏	
59	49	42	程		畢氏	
60	50	43	昶		造父之女	
61	51	44	觀凝		呂氏	
62	52	45	丁		唐氏	
63	53	46	寅	耀祖	姚氏	
64	54	47	能運	興周	有殷氏	
65	55	48	貴山		尹氏	
66	56	49	和美		滕氏	
67	57	50	友癸		杜氏	
68	58	51	略		蘇氏	
69	59	52	大郎	諱蘵	蘇氏秦氏	
70	60	53	榮	懷美	辛氏	
71	61	54	忽	國秉	熊氏	
72	62	55	仲爽	定父	熊氏	
73	63	56	建夏		蘇氏	
74	64	57	俊宜		黃氏	
75	65	58	西林		公孫氏	
76	66	59	名	世成	子車氏	
77	67	60	宏載		顏氏	
78	68	61	益開	生	李氏	
79	69	62	元果	般卷	李氏顏氏	
80	70	63	訓彝	侗	孟氏	
81	71	64	敖	榮軒	林氏	
82	72	65	萬		田氏	
83	73	66	嗣慎	謹齋	林氏	
84	74	67	時梁		闞氏	
85	75	68	君實		畢氏	
86	76	69	更	子瑞	孟氏	
87	77	70	金和		任氏	
88	78	71	紹更		姜氏	
89	79	72	宜吾	甸南	侯氏	
90	80	73	文台	諱悳正芝	孔氏	
91	81	74	令昭	明德	張氏	
92	82	75	珅	禹卿	周氏	
93	83	76	越	仲引	張氏	
94	84	77	綬華	紫陽	蕭氏	
95	85	78	斐然	成章	蒯氏	
96	86	79	佑奎	石孚	劉氏	
97	87	80	世瓊	瑞瑤	曹氏	
98	88	81	維	鳳藻	施氏	
99	89	82	懋勛	輔臣	韓氏	

少典	黃帝	彭祖	先祖	諱名別號	祖妣諱字	備考
100	90	83	宣	子佩玉徵	施氏	
101	91	84	聖	希賢俶成	劉氏	
102	92	85	閎	世閭士平	何氏	
103	93	86	脩	子陽進德	曾氏	
104	94	87	寶	楚書惟善	侯氏	
105	95	88	端鑑	玉明璉初	黃氏	
106	96	89	淮	翰林	鄔氏	
107	97	90	極文	繩武	胡氏李氏	
108	98	91	仕恭	仲鼎德之	龔氏	
109	99	92	慎	季聰敏言	穆氏	
110	100	93	永昌	君美伯淳	鄧氏	
111	101	94	鬱	鶴嵩	左氏	
112	102	95	隆簡	諱丙迪康	薛氏	
113	103	96	沿	億鈞	柏氏	
114	104	97	進	熙進德修	周氏穆氏	
115	105	98	抗	伉武陽素庵	周氏	
116	106	99	赴	仲適堯封	程氏 張氏	
117	107	100	荏	桐扶	淳于氏魏氏歐陽氏	
118	108	101	樂	子興福安	夏氏	
119	109	102	龍韜	德中	鮑氏	
120	110	103	君用	安富尊榮	何氏	
121	111	104	履真	復臨南薰	譚氏	
122	112	105	坤元	仲敬方直子義	黃氏	
123	113	106	明遠	鏡高毅儂	郭甯朱氏	
124	114	107	景直	美正品方	魏張鄧氏	
125	115	108	雲	構雲廷鑑	歐陽氏	

少典－構雲公子嗣脈流

世系								子嗣								
少典	黃帝	彭祖	宣	構雲	先祖	諱名別號	祖妣諱字	長子	次子	3	4	5	6	7	8	9
1					少典			石年	昮其							
2					昮其		赤水氏	臨魁	炎居							
3					炎居			明	節並							
4					節並			直	戲器							
5					戲器			釐	祝庸							
6					祝庸			哀	共工							
7					共工			節莖	勾龍							
8					勾龍			克	噎鳴	(子12	以地支	12名	之)			
9					噎鳴			參盧	啟昆							
10					啟昆		有喬氏	帝榆罔止	黃帝							
11	1				黃帝	軒轅氏	西陵氏方雷氏	1 昌意	2 玄囂	3 酉	4 祁	5 馮夷	6 滕	7 龍苗	8 葴	9 苟
						公孫氏	丹魚氏鬼方式	10 休	11 清	12 采	13 夷鼓	14 揮	5 縉雲	16 喬伯	17 姞	18 蒼林
							共生 25 子	19 禺陽	20 儇	21 詹人	22 衣	23 禺	24 纍祖	25 白民	女一華	
12	2				昌意	庚、白陽	蜀山氏 洋子氏	韓流	顓頊	悃						
13	3				顓頊		鄒屠氏 勝濆氏	1 騶明 10 稱	2 蒼舒 11 窮蟬	3 隤敳 12 犁	4 檮戭	5 大臨	6 龐降	7 庭堅	8 仲容	9 叔達
14	4				稱		東陳氏	卷章								

世系								子嗣								
少典	黃帝	彭祖	宣	搆雲	先祖	諱名別號	祖妣諱字	長子	次子	3	4	5	6	7	8	9
15	5				卷章		根水氏	重黎	吳回							
16	6				吳回	祝融氏	東鷗雉	陸終								
17	7				陸終		鬼方氏	樊	參明(惠連)	老彭(籛鏗)	永吉(求言)	安(晏安)	季連			
18	8	1			彭祖	老彭 籛鏗 彭祖 彭翦	49 妻(名詳下) 54 子	1 夜	2 完	3	4 韓	5 稽	6 頹	7 高	8 起	9 垦
								10 牟	11 桑	12 馴	13 東	14 杲	15 翼	16 餔	17 升	18 副
								19 階	20 農	21 略	22 志	23 目	24 書	25 竝	26 項	27 遂
								28 繚	29 呈	30 昭	31 攸	32 沮	33 恒	34	3 淼	36 商
								37 平	38 任	39 亓	40 夆	41 防	42 宇	43 共	44 烈	45 律
								46 騰	47 結	48 崑	49 巨	50 皈	51 闕	52 道	53 武	54 夷
19	9	2				香保	伯趙氏之女孫 曰女閩	伯福	伯壽							
20	10	3			伯壽	希祖	伊祁氏之女孫	振祉	振祥	振禧						
21	11	4			振禧		有窮氏之女	俶康								
22	12	5			俶康	政宇	祝鳩氏之女	養廉	季廉							
23	13	6			養廉		有　氏	鬳								
24	14	7			鬳	義朗	有仍氏之女孫	參正	矣池	寧帆	民求					
25	15	8			寧帆		有　氏之女	夢熊								
26	16	9			夢熊		公孫氏 有仍氏	秉	夐							
27	17	10			秉		斟鄩氏之女孫	可愛	可行							
28	18	11			可愛		豢龍氏	積古	莊漢	嚴真	木英	立吉				
29	19	12			積古		軒轅氏女孫	頌新								
30	20	13			頌新		御龍氏之女	團								
31	21	14			團		御龍氏女孫	謁忠	靖忠							
32	22	15			靖忠		伊祁氏之女	奇瑞								
33	23	16			奇瑞		丹鳥氏之女	道琮								
34	24	17			道琮		仲氏之女	繼崧								
35	25	18			繼崧		顧氏之女	景敬	景敷	景政						
36	26	19			景敷		巫氏之女	愈崗	惠崗							
37	27	20			愈崗		伊氏之女	伯								
38	28	21			伯	錫侯	巫氏之女孫	欽保	欽仲	欽仕	欽儀					
39	29	22			欽保	彭辛	姚氏之女	揆	度章							
40	30	23			度章		有熊氏女孫	爾賢								
41	31	24			爾賢		蔡氏之女	柏山	榮施							
42	32	25			榮施		有莘氏之女	端肅								
43	33	26			端肅		費氏之女	制	列							
44	34	27			列		費氏之女	東侯								
45	35	28			東侯		姬氏、姜氏	才華	暈	蓉郎						
46	36	29			才華		姜氏	佐商								
47	37	30			佐商		韋氏	音								
48	38	31			音	嗣徽	姒氏	耀彩	輝彩							
49	39	32			輝彩		鄧氏	圭								
50	40	33			圭	伯藩(炳煌)	有崇氏	咸	成							
51	41	34			咸	福康	南宮氏	遵	祖壽	九元						
52	42	35			祖壽	紹賢	商氏	寶雲								
53	43	36			寶雲		散宜氏	后農	士懷							
54	44	37			士懷		鄂氏、商氏	淇	治							

世		系						子							嗣	
少典	黃帝	彭祖	宣	搆雲	先祖	諱名別號	祖妣諱字	長子	次子	3	4	5	6	7	8	9
55	45	38			治		姜氏	類超								
56	46	39			類超		虞氏	為達								
57	47	40			為達		蔡氏	自昭	自明							
58	48	41			自昭		畢氏	程	科							
59	49	42			程		畢氏	袓								
60	50	43			袓		造父之女	觀凝	靜凝							
61	51	44			觀凝		呂氏	丁	甲							
62	52	45			丁		唐氏	寅								
63	53	46			寅	耀祖	姚氏	能運								
64	54	47			能運	興周	有殷氏	愚岑	百皇	貴山						
65	55	48			貴山		尹氏	和美	祥真							
66	56	49			和美		滕氏	友熒								
67	57	50			友熒		杜氏	文	韜	武	略	富	貴	發	達	
68	58	51			略		蘇氏	大郎	小郎							
69	59	52			大郎	諱趲	蘇氏 秦氏	榮								
70	60	53			榮	懷美	辛氏	忽								
71	61	54			忽	國秉	熊氏	仲爽								
72	62	55			仲爽	定父	熊氏	建周	建夏							
73	63	56			建夏		蘇氏	俊宜								
74	64	57			俊宜		黃氏	西林	東柏	義柏						
75	65	58			西林		子車氏 公孫氏	名								
76	66	59			名	世成	子車氏	宏載	繼名							
77	67	60			宏載		顏氏	益開								
78	68	61			益開	諱生	李氏	元果	元杲							
79	69	62			元果	殷卷	李氏 顏氏	訓彝	訓乘	(子 17	餘名闕	無傳)				
80	70	63			訓彝	侗	孟氏	敖	教	政	敬	(餘闕)				
81	71	64			敖	榮軒	林氏	百	千	萬						
82	72	65			萬		田氏	嗣恢	嗣慎							
83	73	66			嗣慎	謹齋	林氏	時梁								
84	74	67			時梁		闕氏	君實								
85	75	68			君實		畢氏	更	蒙							
86	76	69			更	子端	孟氏	金元	金和							
87	77	70			金和		任氏	紹更								
88	78	71			紹更		姜氏	寔吾	宜吾							
89	79	72			宜吾	甸南	侯氏	文台								
90	80	73			文台	諱悳正芝	孔氏	令昭								
91	81	74			令昭	明德	張氏	珅	琨							
92	82	75			珅	禹卿	周氏	越	趙							
93	83	76			越	仲引	張氏	綬榮	綬華							
94	84	77			綬華	紫揚	蕭氏	斐然								
95	85	78			斐然	成章	蒯氏	佑奎	佑張							
96	86	79			佑奎	石孚	劉氏	世瓊								
97	87	80			世瓊	瑞瑤	曹氏	紀	綱	維						
98	88	81			維	鳳藻	施氏	懋勳	績勳							
99	89	82			懋勛	輔臣	韓氏	宣								
100	90	83	1		宣	子佩玉徵	施氏	武	威	聖						
101	91	84	2		聖	希賢俶成	劉氏	業	閎							

世系								子嗣								
少典	黃帝	彭祖	宣	構雲	先祖	諱名別號	祖妣諱字	長子	次子	3	4	5	6	7	8	9
102	92	85	3		閦	世閶士平	何氏	修								
103	93	86	4		脩	子陽進德	曾氏	寶								
104	94	87	5		寶	楚書惟善	侯氏	端鍾	端鑑							
105	95	88	6		端鑑	玉明璉初	黃氏	淮								
106	96	89	7		淮	翰林	鄔氏	極文								
107	97	90	8		極文	翼、繩武	胡氏 李氏	仕恭	仕敏	仕忠						
108	98	91	9		仕恭	仲鼎德之諱伯	龔氏	慎								
109	99	92	10		慎	季聰敏言	穆氏	永昌	順昌							
110	100	93	11		永昌	君美伯淳	鄧氏	爵	鬱							
111	101	94	12		鬱	鶴嵩	左氏	隆簡	隆略	隆光						
112	102	95	13		隆簡	諱丙迪康	薛氏	長沂	沿	治						
113	103	96	14		沿	億鈞	柏氏	進								
114	104	97	15		進	熙進德修	周氏 穆氏	抗	拒							
115	105	98	16		抗	伉武陽素庵	周氏	超	赴	起	趙	趨				
116	106	99	17		赴	仲適堯封	程氏 張氏	蓊	荏							
117	107	100	18		荏	桐扶	淳于氏魏歐陽氏	欒								
118	108	101	19		欒	子興安興	夏氏	龍韜	龍文							
119	109	102	20		龍韜	德中	鮑氏	君德	君用							
120	110	103	21		君用	安富尊榮	何氏	履真								
121	111	104	22		履真	復臨南薰	譚氏	乾元	坤元	遷	裕					
122	112	105	23		坤元	仲敬方直子義	黃氏	明遠								
123	113	106	24		明遠	鏡高毅儂	郭甯朱氏	景直								
124	114	107	25		景直	美正品方	魏張鄧氏	構雲								
125	114	108	26	1	搆雲	雲廷鑑夢鯉	歐陽	東里 (涇)	南華 (治)	西華 (江)	北叟 (海)	中理 (滋)				

少典－構雲公紀略

世系			先祖			同父異母兄弟								王朝		壽年		在位		功名	備註
少典	黃帝	彭祖	先祖	諱名別號	祖妣諱字	1	2	3	4	5	6	7	8	年號	帝王	生	歿	起	訖	官位	
1			少典			少典								伏羲氏	少典	-3329	不詳			諸侯	農皇
2			勗其		赤水氏	石年	勗其							神農氏	石年	-3305	-3138	-3327	-3138	石年	神農氏
3			炎居			臨魁	炎居								臨魁	-3077	-2998	-3137	-3058		
4			節並			明	節並								姜明			-2997	-2949		
5			戲器			直	戲器								姜直			-2948	-2904		
6			祝庸			釐	祝庸								姜釐			-2903	-2856		
7			共工			哀	共工								姜哀			-2855	-2813		
8			勾龍			節莖	勾龍														
9			噎鳴			克	噎鳴	(噎	鳴生	12 子	以地	支命	名)		榆罔			-2752	-2698		
10			啟昆		有喬氏	參盧 (榆罔)	啟昆							榆罔	有熊						
11	1		黃帝	軒轅氏 公孫氏	西陵氏 方雷氏 丹魚氏 鬼方式	(以下未緒)	黃帝							榆罔	黃帝	-2728	2598	-2697	-2598		四妻 25 子女
12	2		昌意	庚、	蜀山氏		昌意	玄囂	西	祁	馮夷	滕	龍苗			-2681					

世系			先祖			同父異母兄弟								王朝		壽年		在位		功名	備註
少典	黃帝	彭祖	先祖	諱名別號	祖妣諱字	1	2	3	4	5	6	7	8	年號	帝王	生	歿	起	訖	官位	
				白陽	洋子氏		蒧	荀	休	清	采	夷鼓	揮								
							縉雲	喬伯	姞	蒼林	禺陽	儇	詹人								
							衣	禺	纍祖	白民											
13	3		顓頊	高陽氏	鄒屠氏 勝濆氏		韓流	顓頊	悃					金天氏 富陽氏	顓頊	-2534	-2436	在位	78 年		
14	4		稱	伯服	東成氏		駱明	蒼舒	隤敳	檮戭	大臨	龐降	庭堅	高陽氏	玄						
							仲容	叔達	稱	窮墠	犁										
15	5		卷章	老童	根水氏		卷章							高陽氏							
16	6		吳回	祝融氏	東鷁雉氏		重黎	吳回						高辛氏	嚳						
17	7		陸終		鬼方氏之 妹女嬇		陸終							高辛氏	堯、舜						
18	8	1	老彭	彭祖 籛鏗 彭翦	有郃氏等 54 妻妾		樊	參明	彭祖	永吉 (求言)	安 (晏安)	季連 (秀連)		陶唐氏	彭祖	-2338	-1050			受姓始 祖彭祖	歷堯舜夏 商殷西周 五朝
19	9	2		香保	伯趙氏之女 孫曰女閩		完		韓	稽	頹	高	起	夏	禹			-2205	-2198	司徒	
20	10	3	伯壽	希祖	伊祁氏之 女孫		伯福	伯壽	崑泉					夏	啟			-2197	-2189	司寇	
21	11	4	振禧		有窮氏之 女		振祉	振祥	振禧					夏	仲康			-2159	-2147	賢大夫	
22	12	5	俶康	政宇	祝鳩氏之 女		俶康							夏姒	相			-2146	-2119	司 馬	
23	13	6	養廉		祝鳩氏有 氏		養廉	季廉						夏	少康			-2079	-2058	掌 膳	
24	14	7	獻	義朗	有仍氏之 女孫		獻							夏	杼			-2057	-2041	掌 膳	
25	15	8	寧帆		有 氏之女		參正	矣池	寧帆	民求				夏	芒			-2014	-1997	牧 正	
26	16	9	夢熊		公孫氏之女		夢熊							夏	不降			-1980	-1922	賢 臣	
27	17	10	秉		斟鄩氏之 女孫		秉	夐						夏	扃			-1921	-1910	仙術 晚遊	四方不知 所終
28	18	11	可愛		豢龍氏之 女榮		可愛	可行						夏	廑			-1900	-1880	庖 正 (主廚)	
29	19	12	積古		軒轅氏女孫		積古	莊漢	嚴真	木英	立吉			夏	孔甲			-1879	-1849		
30	20	13	頌新		御龍氏之女		頌新							夏	發			-1837	-1819	官大夫	
31	21	14	團		御龍氏女孫		團							夏桀	姒履癸			-1818	-1767	無道勸 不聽	逃豳西安 府邠州
32	22	15	靖忠		伊祁氏之女		謁忠	靖忠						商	成湯			-1766	-1754	賢臣	
33	23	16	奇瑞		丹鳥氏之女		奇瑞							商	太甲			-1753	-1721	大夫	
34	24	17	道琮		仲氏之女		道琮							商	沃丁			-1720	-1692	善御	
35	25	18	繼崧		顧氏之女		繼崧							商	小甲			-1666	-1650	大夫	
36	26	19	景敷		巫氏之女		景敬	景敷	景政					商	太戊			-1637	-1563	車正	
37	27	20	愈崗		伊氏之女		愈崗	惠崗						商	太戊			-1637	-1563	青州牧	
38	28	21	伯	錫侯	巫氏之女 孫		伯							商	河亶甲			-1534	-1526	克邳伐 班方	
39	29	22	欽保	彭辛	姚氏之女		欽保	欽仲	欽仕	欽儀				商	河亶甲			-1534	-1526	多謀略 隨父	討班方封 班方伯

世系			先祖			同父異母兄弟								王朝		壽年		在位		功名	備註
少典	黃帝	彭祖	先祖	諱名別號	祖妣諱字	1	2	3	4	5	6	7	8	年號	帝王	生	歿	起	訖	官位	
40	30	23	度章		有熊氏女孫		揆	度章						商	祖辛			-1506	-1491	商祖辛時人	壽高136歲
41	31	24	爾賢		蔡氏之女		爾賢							商	沃甲			-1490	-1466	處士	
42	32	25	榮施		有莘氏之女		柏山	榮施						商	南庚			-1433	-1409	公清正,言行	謹慎不苟
43	33	26	端肅		費氏之女		端肅							殷	盤庚			-1401	-1374		
44	34	27	列		費氏之女		制	列						殷	小乙			-1352	-1325	邢都牧	征狄有功
45	35	28	東侯		姬氏 姜氏		東侯							殷	武丁			-1324	-1266	軍士從帝伐	鬼方
46	36	29	才華		姜氏		才華	暈	蓉郎					殷	武丁			-1324	-1266	智勇士	有奇能勇
47	37	30	佐商		韋氏		佐商							殷	祖甲			-1258	-1226	大夫,遂不仕	公諫勿聽
48	38	31	音	嗣徽	姒氏		音							殷	庚丁			-1219	-1199	士師	
49	39	32	輝彩		鄧氏		耀彩	輝彩						殷	武乙			-1190	-1195	見帝無道常	偶人棄官歸隱
50	40	33	圭	伯藩(丙煌)	有崇氏		圭							殷	帝乙			-1191	-1155	賢大夫呼翳	徒戎之戎有功
51	41	34	咸	福康	南宮氏		咸	成						殷	紂王			-1154	-1123	賢大夫諫君	不聽投水
52	42	35	祖壽	紹賢	商氏		遵	祖壽	九元					殷	紂王			-1154	-1123	衮州侯戰亡	西周武王諡愍公
53	43	36	寶雲		散宜氏		寶雲							西周	武王			-1122	-1116	司馬	
54	44	37	士懷		鄂氏 商氏		后農	士懷						西周	成王			-1115	-1079	司徒	
55	45	38	治		姜氏		淇	治						西周	成王			-1115	-1079	大夫	
56	46	39	類超		虞氏		類超							西周	康王			-1078	-1053	衮州伯	
57	47	40	為達		蔡氏		為達							西周	昭王			-1052	-1002	不仕	
58	48	41	自昭		畢氏		自昭	自明						西周	穆王			-1001	-947	大僕王	
59	49	42	程		畢氏		程	科						西周	穆王			-969	-955	隨造父遷居	趙
60	50	43	袒		造父之女		袒							西周	懿王			-934	-910	務州牧	
61	51	44	觀凝		呂氏		觀凝	靜凝						西周	孝王			-909	-895		
62	52	45	丁		唐氏		丁	甲						西周	夷王			-894	-879	從虢帥六師	伐太原獲馬千匹
63	53	46	寅	耀祖	姚氏		寅							西周	厲王			-878	-842	大夫	
64	54	47	能運	興周	有殷氏		能運							西周	厲王			-878	-842	從虢仲帥師	征淮夷不克徙齊
65	55	48	貴山		尹氏		愚岑	百皇	貴山					西周	宣王			-827	-782	大夫同尹吉	甫討西戎
66	56	49	和美		滕氏		和美	祥真						西周	幽王			-781	-771	司寇	
67	57	50	友癸		杜氏		友癸							東周	平王			-770	-720	師旅	
68	58	51	略		蘇氏		文	韜	武	略	貴	發	達	東周	平王			-770	-720	敏穎絕人博	古通經屢召不仕
69	59	52	大郎	諱趫	蘇氏 秦氏		大郎	小郎						東周	桓王			-719	-697	卿士	
70	60	53	榮	懷美	辛氏		榮							東周	莊王			-696	-682	喜修煉	居楚國工

世系			先祖			同父異母兄弟								王朝		壽年		在位		功名	備註
少典	黃帝	彭祖	先祖	諱名別號	祖妣諱字	1	2	3	4	5	6	7	8	年號	帝王	生	歿	起	訖	官位	
																				術徒	陵縣
71	61	54	忽	國秉	熊氏		忽							東周	莊王			-696	-682	積學能文行	止尤謹慎
72	62	55	仲爽	定父	熊氏		仲爽							東周	僖王			-681	-677	賢大夫後秦	滅楚徙居隴西
73	63	56	建夏		蘇氏		建周	建夏						東周	惠王			-676	-652	楚司寇	
74	64	57	俊宜		黃氏		俊宜							東周	襄王			-651	-619	晉大夫晉飢	乞糴納百里輸粟
75	65	58	西林		公孫氏		西林	東柏	義柏					東周	定王			-606	-586	掌百正	
76	66	59	名	世成	子車氏 公孫氏		名							東周	簡王			-585	-572		楚共王善卿
77	67	60	宏載		顏氏		宏載	繼名						東周	靈王			-571	-545	好讀書不樂	仕進
78	68	61	益開	生	李氏		益開							東周	景王			-544	-520	楚大夫	
79	69	62	元果	殷卷	李氏 顏氏		元果	元杲						東周	敬王			-519	-476	楚大夫立品	端方順親睦族
80	70	63	訓彝	侗	孟氏		訓彝	訓乘	子 17	餘 15	子闕	無傳)		東周	敬王			-519	-476	楚大夫	遂家於魯
81	71	64	敖	榮軒	林氏		敖	教	政	敬	(餘名	闕無	傳)	東周	貞定王			-468	-441	魯司空	遂家於魯
82	72	65	萬		田氏		百	千	萬					東周	威烈王			-425	-402	積學不仕	著書甚富
83	73	66	嗣慎	謹齋齊	林氏		嗣恢	嗣慎						東周	威烈王			-425	-402	大夫	
84	74	67	時梁		闞氏		時梁							東周	安王			-401	-376	聰穎有大志	12 能文未30 卒
85	75	68	君實		畢氏		君實							東周	烈王			-375	-369	不仕周室弱	諸候莫朝
86	76	69	更	子瑞	孟氏		更	蒙						東周	顯王			-368	-321	孟子弟子	食功食之志道
87	77	70	金和		任氏		金元	金和						東周	顯王			-368	-321	袞州守	
88	78	71	紹更		姜氏		紹更							東周	慎靚王			-320	-315	處士格遵祖	訓富詩書
89	79	72	宜吾	甸南	侯氏		實吾	宜吾						東周	赧王			-314	-256	官山陽令	遂家焉
90	80	73	文台	諱憙正芝	孔氏		文台							秦	紹襄王			-255	-247	不仕秦周鼎	兵戈擾攘
91	81	74	令昭	明德	張氏		令昭							秦	秦始皇			-221	-210	歌師遊閩會	武夷山頂
92	82	75	珅	禹卿	周氏		珅	琨						秦	秦始皇			-221	-210	先官後隱燒	詩書公諫
93	83	76	越	仲引	張氏		越	趙						西漢	秦二世			-207	-196	封梁王因病	未詣遇害
94	84	77	綬華	紫陽	蕭氏		綬榮	綬華						西漢	高祖			-198		大中大夫	避難淮陽
95	85	78	斐然	成章	蒯氏		斐然							西漢	文帝			-179	-157	穎慧博學避	難隱仕終
96	86	79	佑奎	石孚	劉氏		佑奎	佑張						西漢	景帝			-156	-141	隱士力學守	身衷禮法
97	87	80	世瓊	瑞瑤	曹氏		世瓊							西漢	武帝			-140	-87	博士	
98	88	81	維	鳳藻	施氏		紀	綱	維					西漢	昭帝			-86	-74	右將軍	光祿大夫
99	89	82	懋勛	輔臣	韓氏		懋勳	續勳						西漢	元帝			-48	-33	御史大夫	光祿大夫

世系			先祖			同父異母兄弟								王朝		壽年		在位		功名	備註
少典	黃帝	彭祖	先祖	諱名別號	祖妣諱字	1	2	3	4	5	6	7	8	年號	帝王	生	歿	起	訖	官位	
100	90	83	宣	子佩玉徵	施氏		宣							西漢	宣帝新莽	-63	西元 15			長平侯	
101	91	84	聖	希賢俶成	劉氏		武	威	聖					西漢	孺子			西元 6	7	魏郡太守嗣	長平侯
102	92	85	閎	世閭士平	何氏		業	閎						東漢	光武帝			44		入朝拜議郎	
103	93	86	脩	子陽進德	曾氏		修							東漢	永平			25	75	仕郡為功曹	
104	94	87	寶	楚書惟善	侯氏		寶							東漢	和帝			105		御史大夫節	度使太守
105	95	88	端鑑	玉明璉衤	黃氏		端鍾	端鑑						東漢	安帝			120		巴郡太守炤	南守參軍
106	96	89	淮	翰林	鄔氏		洪	淮						東漢	順帝			126	131	光祿勳	度州宰
107	97	90	極文	繩武	胡氏李氏		極翼	極文						東漢	桓帝			158	163	宜春侯左龍	韜上將軍
108	98	91	仕恭	仲鼎德之	龔氏		仕恭	仕敏	仕忠					東漢	靈帝			178	189	拜議郎	
109	99	92	愼	季聰敏言	穆氏		愼	兼	綺					魏	明帝			233	239	軍功授縣令	
110	100	93	永昌	君美伯淳	鄧氏		永昌	順昌						魏	元帝			260	263	衢州太守	中護軍
111	101	94	鬱	鶴嵩	左氏		鬱 2	爵 1						西晉	惠帝			290	306	秀才茂才舉	晉陽參軍
112	102	95	隆簡	諱丙迪康	薛氏		隆簡	隆略						東晉	元帝			318	321	司隸校尉指	揮使太守
113	103	96	沿	億鈞	柏氏		沿 2	沂 1	治 3					東晉	穆帝			357	361	縣令	
114	104	97	進	熙進德修	周氏穆氏		進							東晉	孝武帝			376	396	儒學博士	拜議郎博學力行
115	105	98	抗	亢武陽素庵	周氏		抗	拒						東晉	安帝			402	418	兵部尚書	左丞相
116	106	99	赴	仲堯	程氏張氏		赴 2	超 1	趙 4	起 3	趨 5			宋	孝武帝			454	464	晉陽參軍	開內侯
117	107	100	荏	桐扶	淳于氏張氏魏氏歐陽氏		荏 2	菕 1						梁	武帝			502	519	驃騎大將軍	鄴城都護
118	108	101	樂	子興安興	夏氏		樂							梁	文帝			547	550	陳留王追謚	文宣侯
119	109	102	龍韜	德中	鮑氏		龍韜	龍文						陳	武帝			557	559	授將仕郎	賀州府勳
120	110	103	君用	安富尊榮	何氏		君用 2	君德 1						陳	文帝			566	568	史部尚書	
121	111	104	履真	復臨南薰	譚氏		履真							隋	隋煬帝			605	616	握 瀛州刺史	龍州尹
122	112	105	坤元	仲敬方直子義	黃氏		坤元 2	乾元 1						唐	高宗			650	655	光祿大夫博	博學以友聞
123	113	106	明遠	鏡高毅儂	郭甯朱氏		明遠							唐	中宗			708	709	金紫光祿大	夫通文學好施捨
124	114	107	景直	美正品方	魏張鄧氏		景直							唐	中宗	677		709		太常博士禮	部侍郎窮精博學
125	115	108	雲	構雲廷鑑	歐陽氏		構雲							唐	玄宗	715	767			袁州刺使開	元23 進士禮部侍郎

炎黃世系

1	2	3	4	5	6	7	8	9	10	11	12	13	14	15	16	17	18	19	20	21	22	23	24	25	26	27	28	29	30	31	32	33	34	35	36	37	38	39	40
少典	石年	臨魁	明	直	釐	哀	節莖	克	榆罔																														
								戲	器	祝融	術囂	句龍	垂	伯夷	萬				依據	青山	敦睦	譜卷	一源	流圖	二頁	記載	：	句龍	官顓	項土	正，	子一	垂，	官帝	堯共	工，	垂		
														修					子二	伯夷	、修	·伯	夷子	一萬	，故	15	世共	【共	工】	，應	更正	為伯	夷、	修·	伯夷	子一	萬·		
		董	伯陵	鼓																																			
		權	靈恝	延																																			
				殳																																			
			互人																																				
		不浩																																					
		耑																																					
		卬	(蚩	尤是	其裔	)																																	
		柱	慶甲																																				
		起我																																					
少典	勗其	炎居	節並	戲器	祝庸	共工	術器																																
							勾龍	壹鳴	啟昆	黃帝	昌意	韓流																											
										(軒轅)		顓頊	駱明	鯀	禹	啟	大康																						
										(有熊)						均																							
										(姬姓)			蒼舒																										
													隤敳																										
									黃帝	25子	三子		檮戭																										
									1	昌意	韓流		大臨																										
									2	玄囂	顓頊		龐降																										

1	2	3	4	5	6	7	8	9	10	11	12	13	14	15	16	17	18	19	20	21	22	23	24	25	26	27	28	29	30	31	32	33	34	35	36	37	38	39	40
									3	酉	悃		庭堅	仲甄																									
									4	祁			仲容																										
									5	馮夷			叔達																										
									6	滕			窮蟬	敬康	句芒	蟜牛	瞽瞍	狂	舜	象																			
									7	龍苗			犁																										
									8	葴			稱	卷章	重黎	長琴																							
									9	荀						勾瓏	臨除																						
									10	休							未即																						
									11	清							嚚術																						
									12	采								名		字		封	地		賜	封	姓	氏											
									13	夷鼓							震佐							羅															
									14	揮					吳回	陸終	樊	有蘇				昆吾		蘇、	顧、	溫	董、	胡、	莒、										
									15	縉							參明					韓墟		□、	夷、	豢龍													
									16	喬伯							老彭					彭城		大彭	氏、	豕、	韋、	錢.				（老彭	即我	彭祖	49妻	54子	請於	下）	
									17	姞							永吉					鄭墟		妘、	鄔、	路、	福、	陽、	檜.										
									18	蒼林							安					邾墟		曹、	鄒、	莒、	斟、	邾.											
									19	禺陽							季連	附沮	穴熊			楚		羋、	熊.														
									20	儇								女修	大業	大費												註：	青山	敦睦	譜14	頁記	載：		
									21	詹人										大廉	仲廉			秦、	趙.							仲廉	其後	為秦	為趙				
									22	衣											懷文			黃								懷文	受封	黃氏					
									23	禺											箱											箱，	居梁	在馮	城夏	陽縣			

1	2	3	4	5	6	7	8	9	10	11	12	13	14	15	16	17	18	19	20	21	22	23	24	25	26	27	28	29	30	31	32	33	34	35	36	37	38	39	40
									24	纍祖										若木	調			徐								若木	費姓	·子	一調	，其	後為	徐	
									25	白民			窮蟬	敬康	句芒	蟜牛	瞽瞍	狂																					
													犁					舜	義均	虞禹																			
																			季釐																				
																			圭胡																				
																			負遂																				
																			廬蒲																				
																			衛甄																				
																			潘饒																				
																			番傳																				
																			鄒息																				
																		象																					
												悃											(居北	土是	為鮮	卑君)													
						(黃	帝	次	子)		玄囂	倍代	—	降居	縉淵								(降	居	縉	淵)													
												蟜極	帝嚳	棄	葉	台璽	叔均	不窋	鞠陶	公劉	慶節	皇僕	差弗	毀隃	公非	高圉	侯牟	亞圉	公祖	顫父	泰伯								
						玄囂	七子																								仲雍	季簡	叔達	周章	-	吳氏	始祖		
						1	倍代																											虞仲		其後	為虞		
						2	蟜極																								季歷	昌(姬)	伯邑						
						3	般																									仲	發	誦	釗	—	仲後	為西	虢
						4	重																											叔虞	燮	—	其後	為晉	
						5	該																											邘叔					
						6	修																											應叔		—	封應	侯邑	為姓

1	2	3	4	5	6	7	8	9	10	11	12	13	14	15	16	17	18	19	20	21	22	23	24	25	26	27	28	29	30	31	32	33	34	35	36	37	38	39	40
						7	熙																											韓侯					
																																叔鮮				—	其後	為管	氏
																																叔度	胡			—	其後	為蔡	氏
																																	旦	伯禽	—	周武王相	著周禮禮	行世後為	魯
																																	叔鄭		—	又名	圛即	榮	公
																																	叔處		—	裔	為	霍	氏
																																	康叔	牟	—	裔	為	衛	氏
																																	叔振	脾	—	裔	為	曹	氏
																																	叔武		—	裔	為	郕	氏
																																	陶叔						
																																	雍伯		—	裔	為	雍	氏
																																	叔繡		—	裔	為	滕	氏
																																	高	季孫	—	裔	為	華	氏
																																	原伯						
																																	郜子						
																																	郇伯		—	裔	為	郇	氏
																																	聃季		—	裔	為	沈	氏
																																	酆伯		—	裔	為	酆	氏
																																	伯廖		—	裔	為	廖	氏
																																叔			—	裔	為	東	號
																																耀	渠	—	周武	王封	于岑	裔為	岑氏
														堯	監	式			(堯	唐	氏	勳	八	子	明	名)													

1	2	3	4	5	6	7	8	9	10	11	12	13	14	15	16	17	18	19	20	21	22	23	24	25	26	27	28	29	30	31	32	33	34	35	36	37	38	39	40
															明				即	陶	放	子	長	監	餘	缺													
															丹朱	陵		(	又娶	散官	氏之	女曰	女皇	所生)															
														契	昭明	相士	昌若	亞圉	冥	振	微	報丁	報乙	報丙	主壬	主癸	天乙	太丁	太甲	沃丁									
																												外丙											
																												仲壬											
														摯	元																								
												般	味	台駘	奕				(奕官	帝堯	共工)																		
														允格					(允格	其後	為允	為格)																	
												重																											
												該																											
												修																											
												熙																											
					(黃	帝	第	**3**	子)		酉																												
					(黃	帝	第	**4**	子)		祁																												
					(黃	帝	第	**5**	子)		馮夷								(水官	死為	水神	渡河	溺斃	天帝	署為	河伯)													
					(黃	帝	第	**6**	子)		滕																												
					(黃	帝	第	**7**	子)		龍苗	吾融	弄明	白犬					(襲苗	受封	于蠻	為西	戎之	祖故	曰犬	戎)													
					(黃	帝	第	**8**	子)		葴																												
					(黃	帝	第	**9**	子)		荀																												
					(黃	帝	第	**10**	子)		休	魁							(在帝	位二	年崩	號有	鴻氏	受父	封于	右北	平采	亭因	為采	氏)	右	北	平	采	亭	因	為	采	氏
					(黃	帝	第	**11**	子)		清	摯																											
					(黃	帝	第	**12**	子)		采																												
					(黃	帝	第	**13**	子)		夷鼓																												
					(黃	帝	第	**14**	子)		揮	勃																											
					(黃	帝	第	**15**	子)		縉雲	驩兜	苗釐																										
												饕餮	肦						(為不	才子)																			
					(黃	帝	第	**16**	子)		喬伯								(在橋	山守	黃帝	陵遂	為橋	氏去	木為	喬氏)													
					(黃	帝	第	**17**	子)		嫙	伯							(封於	南燕	賜姓	曰姞)																	
					(黃	帝	第	**18**	子)		蒼林	始均							(為北	狄之)																			

1	2	3	4	5	6	7	8	9	10	11	12	13	14	15	16	17	18	19	20	21	22	23	24	25	26	27	28	29	30	31	32	33	34	35	36	37	38	39	40
				(	黃	帝	第	**19**	子	)	禺陽	廣都	牛黎					(	禺受	封于	任地	遂為	任氏	)															
				(	黃	帝	第	**20**	子	)	儇																												
				(	黃	帝	第	**21**	子	)	詹人							(	封於	詹國	遂以	為氏	)																
				(	黃	帝	第	**22**	子	)	衣																												
				(	黃	帝	第	**23**	子	)	禺	禺京																											
				(	黃	帝	第	**24**	子	)	槖祖																												
				(	黃	帝	第	**25**	子	)	白民																												

彭祖 49 妻

妻	妻姓氏	1	2	3	4	5	男	女	妻	妻姓氏	1	2	3	4	5	男	女	妻	妻姓氏	1	2	3	4	5	男	女
1	有郃氏	夜	完		韓	稽	5	1	18	有莘氏	項	遂	繚	呈		4		35	彤城氏						0	
2	庸成氏	頹	高				2		19	鄒屠氏						0		36	夏后氏	結	崑				2	
3	鬼方氏	起					1		20	上敬氏	昭					1		37	祝鳩氏	巨					1	
4	皇覃氏						0	1	21	有娀氏	攸	沮				2		38	有男氏	皈	闕				2	
5	蜀山氏	亹	牟				2		22	散宜氏						0		39	空桑氏						0	
6	東戶氏	桑	馴				2		23	握登氏						0		40	陶唐氏						0	
7	爽鳩氏						0		24	鳳鳥氏	恆		淼			3		41	蒼舒氏	道					1	
8	飛龍氏	東	杲				2		25	諏訾氏						0		42	共工氏						0	
9	散宜氏	翼					1		26	伊祈氏	商	平				2		43	斟鄩氏						0	
10	蜀山氏	餔					1		27	女莘氏	任	亓				2		44	牧正氏						0	
11	車正氏	升					1		28	青鳥氏	夅	防				2		45	有　氏						0	
12	居龍式						0	1	29	元鳥氏						0		46	窮桑氏						0	
13	青雲氏	副	階				2		30	有扈氏	宇					1		47	高辛氏						0	
14	古夷氏	農	略				2		**31**	庖正氏	共					1		48	公孫氏						0	
15	丹鳥氏	志	目				2		**32**	祝鳩氏	烈					1		49	夏后氏	武	夷				2	
16	啟統氏	書					1		33	有仍氏						0										
17	塗山氏	並					1		34	有虞氏	律	騰				2		合計	49 妻						54 子	

彭祖 54 子

1	2	3	4	5	6	7	8	9	10	11	12	13	14	15	16	17	18	19	20	21	22	23	24	25	26	27	28	29	30
夜	完		韓	稽	頹	高	起	亹	牟	桑	馴	東	杲	翼	餔	升	副	階	農	畧	志	目	書	竝	項	遂	繚	呈	召
31	32	33	34	35	36	37	38	39	40	41	42	43	44	45	46	47	48	49	50	51	52	53	54						
攸	沮	恒	庚	淼	商	平	任	亦	夅	防	宇	共	烈	律	騰	結	崑	巨	皈	闕	道	武	夷						

開派始祖少典世系脈流

彭建方

少典1	2	3	4	5	6	7	8	9	10	11	12	13	14	15	16	17	18	19	20	21	22	23	24	25
黃帝										1	2	3	4	5	6	7	8	9	10	11	12	13	14	15
少典	勖其	炎居	節並	戰器	祝庸	共工	勾龍	壹鳴	啟昆	黃帝	昌意	韓流												
												悃												
												安	安息											
												顓頊	駱明	鮌	禹	啟								
																均								
													蒼舒											
													隤敳											
													檮戭											
													大臨											
													龎降											
													庭堅											
													仲容											
													叔達											
													稱	卷章	黎									
															吳回	陸終	樊		己姓		顧蘇	溫董		
																	惠連		嬴姓		黃參			
																	籛鏗		公孫氏		韋姬	彭籛	錢暨	
																	求言		妘姓		偪鄔	陽		
																	晏安		曹姓		晏邾	曹朱	顏郳	
																	季連		芈姓		熊季	連楚	荊	
													窮蟬	敬康	句芒	蟜牛	瞽叟	舜	商均					
																			季釐					
																			圭胡					
																			負遂					
																			盧蒲					
																			衛甄					
																			潘饒					
																			番傳					
																			鄒息					
											玄囂	倍代												
												13	14	15	16	17	18	19	20	21	22	23	24	25
												蟜極	帝嚳	后稷	台璽	叔望	不窋	鞠陶	公劉	慶節	皇仆	差弗	毀榆	公非
														26	27	28	29	30	31	32	33	34	35	
														辟方	高圉	侯侔	晉圉	雲都	太公	組紺	諸盩	祖類	亶父	
													堯											
													摯											
													契	昭明	相土	昌若	晉圉	冥	振	微	報丁	報乙	報丙	主壬
														26	27									
														主癸	天乙	(即	成湯)							
												該												
												般昧	台駘											
													台格											
												重	修											
												揮	張											
												熙												
	石年	蒀	伯陵	鼓																				
				延																				
				殳																				
		耑																						
		卬																						
		桂																						
		起我																						
		臨魁	承	明	宜	來	裡	節莖	克	榆罔														
									戲	器	祝融	朮囂	句龍	垂	伯夷	萬								
															修									

黃帝長子昌意世次血緣

開派 11	12	13	14	15	16	17	18	19	20	21	22	23	24	25
黃帝 1	2	3	4	5	6	7	8	9	10	11	12	13	14	15
黃帝	昌意	韓流												
		顓頊	駱明	鯀	禹	啟								
						均								
			蒼舒											
			隤敳											
			檮戭											
			大臨											
			龐降											
			仲容											
			叔達											
			稱	卷章	吳回	陸終	樊		己姓		顧蘇	溫董		
							惠連		嬴姓		黃參			
							籛鏗		公孫氏		韋姬	彭籛	錢暨	
							求言		妘姓		偪鄔	陽		
							晏安		曹姓		晏邾	曹朱	顏鄒	
							季連		羋姓		熊季	連楚	荊	
					黎									
			窮蟬	敬康	句芒	蟜牛	瞽叟	狂						
								舜	商均					
									季釐					
									圭胡					
									負遂					
									廬蒲					
									衛甄					
									潘饒					
									番傳					
									鄒息					
		安	安息											
		悃												

黃帝次子玄囂世次血緣

開派 11	12	13	14	15	16	17	18	19	20	21	22	23	24	25	26	27	28	29	30	31	32	33	34	35
黃帝 1	2	3	4	5	6	7	8	9	10	11	12	13	14	15	16	17	18	19	20	21	22	23	24	25
黃帝	玄囂	倍代																						
		蟜極	帝嚳	后稷	台璽	叔望	不窋	鞠陶	公劉	慶節	皇仆	差弗	毀榆	非公	辟方	高圉	侯侔	晉圉	云都	太公	組紺	諸盩	祖類	亶父
				堯			劉累		(	75 氏	劉邦)													
				摯																				
				契	昭明	相土	昌若	晉圉	冥	振	微	報丁	報乙	報丙	主壬	主癸	天乙	(即成	湯)					
		該																						
		般昧	台駘																					
			台格																					
		重	修																					
		揮	弓正																					
		熙																						

35 世古公、亶父

35	36	37	38	39	40	41
亶父	泰伯					
	仲雍	季簡	叔達	周章		
				虞仲		
	季歷	昌	伯邑			
			發	誦	釗	
				叔虞	燮	
					抒	
				邦叔		
				應叔		
				韓侯		
			叔鮮			
			叔度			

35	36	37	38	39	40	41
			旦			
			叔鄭			
			叔處			
			叔康			
			叔鋒			
			叔武			
			陶叔			
			雍伯			
			叔綉			
			高			
			原伯			
			郇伯			

35	36	37	38	39	40	41
			郜子			
			聃季			
			酆伯			
			伯廖			
		仲				
		叔				
		耀	渠			

中華民族彭氏源流嫡系表（一）

神農氏王朝祖名	神農氏朝代		開派始祖		少典世代	開派	始祖	1世	少典	本源錄云：伏羲氏時諸侯，始本於烈山曰烈山氏（在湖廣德安府隨州）後遷厲山曰厲山氏（在隨州厲山）又曰少典氏或云少典國君，稱農皇，生西元前 3329 年壬辰歲，葬隨縣山：娶有嶠氏曰安登為妃。子二長石年次勗其（本脈）。
少典始於烈山曰烈山氏	不在帝位		世為諸侯	少典	1	少典	次子	2世	勗其	本源錄云：嗣少典國君，世為諸侯，以公孫為姓，二十一史三代世表「太史公曰：五帝三代之記尚矣，自殷以前，諸侯不可得而譜，周以來乃頗可著，孔子因史文、次春秋、紀元年、正時日月，蓋其詳哉」，娶赤水氏之女孫德訞為妃子一炎居。
長子姜軌（石年）	炎帝	一	次子	勗其	2	勗其	之子	3世	炎居	之子一節並。
長子姜臨魁	炎帝	二	之子	炎居	3	炎居	之子	4世	節並	之子一戲器。
姜承（慶甲）侄臨魁之子姜明	炎帝	三四	之子	節並	4	節並	之子	5世	戲器	之子一祝庸。
之子姜直	炎帝	五	之子	戲器	5	戲器	之子	6世	祝庸	之子一共工。
之子姜厘	炎帝	六	之子	祝庸	6	祝庸	之子	7世	共工	次子二長術器次勾龍。
之子姜哀	炎帝	七	之子	共工	7	共工	次子	8世	勾龍	長子二長噎鳴、次信。
哀帝生子節莖	不在帝位		之子	勾龍	8	勾龍	長子	9世	噎鳴	子十二以地支名之。
節莖生子克	不在帝位		長子	噎鳴	9	噎鳴	勗其九世孫	10世	啟昆	本源錄云：勗其九傳至啟昆，北遷於熊，故號有熊國君，啟昆為人剛建中正。娶有喬氏曰附寶，是為昊樞為妃，神仙通鑑云：附寶德性幽閒。子一黃帝（本脈）
克生子參盧即帝榆罔（止）	炎帝	八	勗其九世孫	啟昆	10	啟昆	之子	11世	黃帝 1世	姓公孫、名荼、號自然，當帝榆罔在位二十五年而生帝於軒轅之丘故名軒轅。生年計一歲（西（公）元前 2728 年即民國前 4639 年），帝生而神靈，弱而能言，幼而徇齊，長而敦敏，成而聰明，及冠青壯事炎帝榆罔為諸侯，嗣至蚩尤作亂，帝榆罔被逐失國，軒轅氏受命敉亂，歷三年苦戰始平，誅蚩尤，諸侯尊為天子而有天下，開物成務，文明漸起，盛世之治始，都於涿鹿之阿，先後在位一百年，為鑄鼎於荊山，鼎成越三日，遭逢大地震，山川易位，大地崩裂，帝及群臣、後宮與從之者七十餘人應地裂而陟葬，帝崩後七十日，其臣左徹等取帝日常習用之衣冠幾杖等物，葬之於陝西橋山所營葬之黃帝衣冠冢「黃帝陵」。壽一百三十一歲。（西（公）元前 2598 年合民前 4509 年）。娶四妻，計生二十五子，元妃、名星娥、西陵氏之女、子六長昌意（本脈）次玄囂、三酉、四祁、五馮夷、六滕、次妃、方雷氏、名女節，子六、排行七龍苗、八葴、九荀、十休、十一清、十二采。三妃彤魚氏名女已。子五、十三夷鼓、十四揮、十五縉雲、十六喬伯、十七姞。四妃鬼方式，曰嫫母，子八，十八蒼林、十九禺陽、二十儇、二十一詹人、二十二衣、二十三禺貔、二十四纍祖、二十五白民、女一華。

彭氏源流直系表，係依據中華民國九年（西元 1920 年）冬月，有江右族士，攜宗譜一冊草稿數本，來湘訪查宗親，遇遷湘始祖浚公即旭湖府君一世之卅五世嗣孫名述字好古號百鈞，述披閱江右族士譜稿，所錄宣公以上八十二世源流詳而且悉，述比鈔之，述宿銅塘學校參究經史子集及各支新舊族譜，查對清晰，訛者正之，闕者增之，溯本清源，追述祖跡歷八寒暑，完成「隴西彭氏源流圖」巨著共五卷二萬餘言。

民國三十五年（西元 1946 年）湘陰高新堂重新校刊，侄兒子珂（現住高雄）助校，見證伯父百鈞氏主編再版續修「青山彭氏敦睦譜」恩澤全球。

皇帝

中華民族彭氏源流嫡系表(一)之1

少典 12世	黃帝 2世	長子	昌意本源錄云：名庚、字白陽，黃帝在位十七年庚辰歲次（西（公）元前 2681 年）出生四川雅州滎經縣若水，卒年不詳，葬今直隸昌意城大名府城外。娶蜀山氏名女樞、子二長韓流又名乾荒，次顓頊（本脈），又娶洋子氏名阿女、子一悃。
少典 13世	黃帝 3世	昌意 次子	顓頊當少昊帝在位六十四年丁未，（西（公）元前 2534 年）生帝於四川雅州滎經縣若水，十歲佐叔父玄囂金天氏少昊己摯治理國事，二十歲即帝位，在位七十八年乙酉歲崩，壽九十九歲。娶鄒屠氏之女，子九長駱明，次蒼舒、三隤敳、四檮戭、五大臨、六龐降、七庭堅、八仲容、九叔達。又娶勝濆氏名女祿，子三、十稱（本脈）十一窮蟬、十二犁。
少典 14世	黃帝 4世	顓頊 十子	稱公，史記楚世家云：高陽生稱，蘇明九族譜後錄云：高陽氏之子曰稱。稱之子曰老童，史記集解譙周曰：老童即卷章，娶東成氏之女孫，子一卷章（本脈）。
少典 15世	黃帝 5世	稱 之子	卷章公，娶根水氏名驕福，漢書作嬌，綱鑑作女橋，子二長重黎（註：高辛氏命為火正官，諄耀天下，告命祝融。時共工氏作亂，帝命重黎誅而不盡，帝怒庚寅日誅重黎）次吳回。
少典 16世	黃帝 6世	卷章 次子	吳回公，鋼鑑補附紀云：黎與回於帝嚳高辛氏時（前 2435 至 2358 年）代為祝融。左傳云：重黎死其弟吳回嗣為祝融火正之官，能光融天下，娶東鶡雉之女孫曰：女華，子一陸終（本脈）。
少典 17世	黃帝 7世	吳回 之子	陸終公，本源錄云：陸終「精忠報國」，娶鬼方氏之妹曰女嬇，子六長樊、次參明、三老彭（本脈）、四永吉、五安、六季連。
少典 18世	黃帝 8世	陸終 三子 (老彭) 彭祖受 姓 始祖1世	陸終公三子老彭，本源錄云：籛鏗姓彭名祖，字宏晉，陸終第三子也，生堯癸亥（西（公）元前 2338 年）十一月癸亥朔壬子時，堯臣封於彭城，歷舜虞夏，商賢大夫、守藏吏，在殷為賢大夫，嘗述修古先王之道，推為博識耆老，至殷九百六十七歲而不衰。殷武丁四十三年王師併吞大彭氏國，乃去不知所之，復出，在周為柱下史，至西周昭王三年辛卯（西（公）元前 1050 年）夏農曆初三日病逝。崇壽 1289 歲。娶四十九妻，生五十四子，元娶有邵氏之孫曰女姬，子五長夜、次完、三㶁（本脈）餘詳青山彭氏敦睦譜。
少典 19世	黃帝 9世	彭祖 2世	老彭三子㶁，一名香保官，夏後禹時（西（公）元前 2205 至 2198 年）司徒，唐堯封父於彭城遂家焉，娶伯趙氏曰女閩，子二長伯福次伯壽（本脈）。
少典 20世	黃帝 10世	彭祖 3世	㶁公次子伯壽，字希祖、夏帝啟時（西元前 2197 至 2189 年）官司寇，執掌刑獄糾察，以西河叛帥師征降之。見四書備檢。娶伊祁氏之女孫，子三長振祉、次振祥，三振禧（本脈）。
21世	11世	4世	伯壽公三子，振禧、夏仲康時（西元前 2159 至 2147 年）官賢大夫，娶有窮氏之女，生子一俶康（本脈）。
22世	12世	5世	振禧公之子，俶康、字政宇、夏帝姒相時（前 2146 至 2140 年）官司馬。娶祝鳩氏之女，生子二、長養廉（本脈）次季廉。
23世	13世	6世	俶康公長子，養廉、為夏少康時（西元前 2079 至 2058 年）掌膳之官，娶祝鳩之女孫，又娶有鬲氏之女，生子一獻（本脈）。
24世	14世	7世	養廉公之子，獻、字義朗、夏帝后杼時（西元前 2057 至 2041 年）為掌膳之官，娶有仍氏之女孫，生子四長參正、次矣池、三寧帆（本脈）四民求。
25世	15世	8世	獻公三子，寧帆、官夏帝姒芒時（前 2014 至 1997 年）牧正，娶有鬲氏之女，生子一夢熊（本脈）。
26世	16世	9世	寧帆公之子，夢熊，夏帝不降時官（西元前 1980 至 1922 年）賢臣。娶公孫氏之女，生子一秉（本脈）又娶有仍氏之女，生子一夐。
27世	17世	10世	夢熊公長子，秉、公有仙術，晚遊四方不知所終，娶斟鄩氏之女孫生子二長可愛（本脈）次可行。
28世	18世	11世	秉公長子，可愛、夏帝廑時（西元前 1900 至 1880 年）官庖正。娶豢龍氏之女，生子五長積古（本脈）次莊漢、三嚴真、四木英、五立吉。
29世	19世	12世	可愛公長子，積古、時夏帝孔甲（西元前 1879 至 1849 年）好鬼神之事，肆行淫亂，不務修業，公遂不仕，娶軒轅之女孫，生子一頌新（本脈）。
30世	20世	13世	積古公之子，頌新，夏帝發時（西元前 1837 至 1819 年）官大夫，娶御龍氏之女，生子一團（本脈）。
31世	21世	14世	頌新公之子，團、夏履癸無道，諸侯多叛（西元前 1818 至 1767 年）公與伊尹，告以堯舜之道，履癸不聽，棄妻與子逃於豳今陝西西安府邠州。娶御龍氏之女孫生子二、長竭忠、次靖忠（本脈）。
32世	22世	15世	團公次子靖忠，商成湯時（西元前 1766 至 1754 年）大旱、湯禱於桑林之野，以六事自責，大雨數千里，公常誦其自責之言於勿衰。娶伊祁氏之女，子一奇瑞（本脈）。
33世	23世	16世	靖忠公之子奇瑞、商五任帝子太甲時（前 1753 至 1721 年）官大夫娶丹鳥氏之女子一道琮（本脈）。
34世	24世	17世	奇瑞公之子，道琮、官商六任帝子（前 1720 至 1692）沃丁時善御、娶仲氏之女子一繼崧（本脈）。
35世	25世	18世	道琮公之子，繼崧，商八任帝子小甲時（西元前 1666 至 1650 年）官大夫、娶顧氏之女，子三長景敬、次景敷（本脈）三景政。
36世	26世	19世	繼崧公次子，景敷、與費侯中衍友善（西元前 1637 至 1563 年）官商十任帝子太戊車正。娶巫氏之女，子二長愈崗（本脈）次惠崗。

37 世	27 世	20 世	景敷公長子，愈崗、商太戊時（西元前 1637 至 1563 年）官青州牧，娶伊氏之女，子一伯（本脈）。
38 世	28 世	21 世	愈崗公之子，伯、字錫侯、商時（西元前 1534 至 1526 年）十三任帝子河亶甲因姺人發動叛亂，大彭氏國再度受命，己丑歲次（西（公）元前 1532 年）令商官司寇彭伯率師克邳打敗姺人，五祀辛卯（西（公）元前 1530 年）伐班方，歸順商朝。娶巫氏之女孫，子四長欽保（本脈）次欽仲、三欽仕、四欽儀。彭伯，字錫侯，商官司寇，率師克邳，伐班方
39 世	29 世	22 世	伯公長子，欽保，名彭辛、公為人多謀略，先計後戰（西元前 1530 至 1507 年）商朝中軍禮將，偕父討班方，屢戰屢勝，封班方伯，父子皆有古名將風，娶姚氏之女，子二長揆、次度章（本脈）。彭辛，字欽保，商朝中軍禮將，商著名將，封班方伯
40 世	30 世	23 世	欽保公次子度章，商祖辛時人（西元前 1506 至 1491 年）享壽一百三十六歲終。娶有熊氏之女孫，子一爾賢（本脈）。註：生商太戊十二年乙卯歲次（西公）元前 1626 年，卒商祖辛十六年庚午歲次（西（公）元前 1491 年）。
41 世	31 世	24 世	度章公之子，爾賢，商沃甲時（前 1490 至 1466 年）處士。娶蔡氏之女子二長柏山、榮施（本脈）。
42 世	32 世	25 世	爾賢公次子，榮施，商南庚時人（西元前 1433 至 1409 年）公清正，在朝議事，非禮不言，行事，非禮不動。娶有莘氏之女，子一端肅（本脈）。
43 世	33 世	26 世	榮施公之子，端肅，時商道寖衰，耿都又有河決之害，殷王盤庚子旬自耻（西元前 1401 至 1374 年）遷都於亳，公隨之。今河南府偃師縣。娶費氏之女，子二長制、次列（本脈）。
44 世	34 世	27 世	端肅公次子，列，殷小乙時（西元前 1352 至 1325 年）從古公亶父征狄人有功，封邢都牧，娶費氏之女，子一東侯（本脈）。
45 世	35 世	28 世	列公之子，東侯，殷武丁三祀己未（西元前 1322 年）從帝伐鬼方。娶姬氏之女，又娶姜氏之女生子三長才華（本脈）次暈、三蓉郎。
46 世	36 世	29 世	東侯公長子，才華，殷武丁時人（前 1324 至 1266 年）有奇能勇。娶姜氏之女，子一佐商（本脈）。
47 世	37 世	30 世	才華公之子，佐商，殷祖甲時（西元前 1258 至 1226 年）官大夫，因祖甲滔亂，公諫之勿聽，遂不仕。娶韋氏之女，子一音（本脈）。
48 世	38 世	31 世	佐商公之子，音、字嗣徽，殷庚丁時（西元前 1219 至 1199 年）官士師。娶姒氏之女，子二長耀彩，次輝彩（本脈）。
49 世	39 世	32 世	音公次子，輝彩，殷武乙時人（西元前 1198 至 1195 年）公見帝無道；常為偶人，遂棄官隱。娶鄧氏之女，子一圭（本脈）。
50 世	40 世	33 世	輝彩公之子，圭、一名伯藩字丙煌，殷之帝乙時（西元前 1191 至 1155 年）同季歷伐始呼翳徒之戎有功，官賢大夫。娶有崇氏之女，子二長咸（本脈）次成。
51 世	41 世	34 世	圭公長子咸，字福康，殷紂王時（西元前 1154 至 1123 年）官賢大夫諫其君不聽，投水而死。葬陝西宜君縣城八十里，地名彭村，有墓戶種地看守墳墓，名商殷賢大夫彭祖咸公墓。註：【非堯帝所封彭城之彭祖】。娶南宫氏之女，子三長遵、次祖壽（本脈）三九元。
52 世	42 世	35 世	咸公次子祖壽，字紹賢，殷紂王時（西元前 1154 至 1123 年）官豫州伯，封兗州侯，係孟津河陣亡，西周武王（前 1122 至 1116 年）追諡愍公見封神演義。娶商氏首相容公之女子一寶雲（本脈）。
53 世	43 世	36 世	祖壽公之子，寶雲，官西周武王時（西元前 1122 至 1116 年）司馬。娶散宜氏大夫生公之女。子二長后農，次士懷（本脈）。
54 世	44 世	37 世	寶雲公次子，士懷，官西周成王時（西元前 1115 至 1079 年）司徒。娶鄂氏之女，子一淇、又娶商氏之女，子一治（本脈）。
55 世	45 世	38 世	士懷公次子，治、西周成王時（前 1115 至 1079 年）官大夫。娶姜氏之女，子一類超（本脈）。
56 世	46 世	39 世	治公之子，類超、西周康王時（前 1078 至 1053 年）官衮州伯。娶虞氏之女，子一為達（本脈）。
57 世	47 世	40 世	類超公之子，為達，西周昭王元年己丑（西元前 1052 年）夜觀月，有五色貫紫微，因知周道漸衰，遂不仕。娶蔡氏之女，子二長自昭（本脈）次自明。
58 世	48 世	41 世	為達公長子，自昭，為西周穆王時（西元前 1001 至 0947 年）大僕正。娶畢氏之女，子二長程（本脈）次科。
59 世	49 世	42 世	自昭公長子，程，為西周穆王御（西元前 0969 至 0955 年）隨造父徙居趙。今山西平陽府趙城縣。娶畢氏之女，子一袒（本脈）。
60 世	50 世	43 世	程公之子，袒，為西周懿王時（西元前 0934 至 0910 年）官豫州牧。娶造父之女，子二長觀凝（本脈）、次靜凝。
61 世	51 世	44 世	袒公長子觀凝，西周孝王時（西元前 0909 至 0895 年）大雨雷電，牛馬凍死，江漢冰，公曰此戾氣也，履霜之象已兆，於此可畏也夫。娶呂氏之女，子二長丁（本脈）次甲。
62 世	52 世	45 世	觀凝公長子，丁，西周夷王時，西元前 0894 至 0879 年）從虢公帥六師，伐太原之戎，至於俞泉，獲馬千匹，娶唐氏之女，子一寅（本脈）。
63 世	53 世	46 世	丁公之子，寅、字耀祖，西周厲王時（前 0878 至 0842 年）官大夫，娶姚氏之女子一能運（本脈）。
64 世	54 世	47 世	寅公之子，能運，字興周、西周厲王時（西元前 0878 至 0842 年）從虢仲帥師，征淮夷不克，徙於齊，今山東青州府昌樂縣。娶有殷氏之女，子三長愚岑、次百皇、三貴山（本脈）。

65 世	55 世	48 世	能運公三子，貴山、西周宣王元年（西元前 0827 年）甲戌，同尹吉甫討西戎、官大夫。娶尹氏之女，子二長和美（本脈）次祥真。
66 世	56 世	49 世	貴山公長子，和美，西周幽王時（前 0781 至 0771 年）官司寇、娶滕氏之女，子一友榮（本脈）。
67 世	57 世	50 世	和美公之子，友榮、為東周平王時（西元前 0770 至 0720 年）師旅，娶杜氏之女，子八長文、次韜、三武、四略（本脈）五富、六貴、七發、八達。
68 世	58 世	51 世	友癸公四子，略，東周平王時（西元前 0770 至 0720 年）公敏穎絕人，讀書輒數行同盡，博古通經，屢召不仕。娶蘇氏之女，子二長大郎（本脈）次小郎。
69 世	59 世	52 世	略公長子，大郎，諱趪、以字行，官東周桓王卿士（西元前 0719 至 0697 年）。娶蘇氏之女，又娶秦氏之女，子一榮（本脈）。
70 世	60 世	53 世	大郎公之子，榮，字懷美、東周莊王時人（西元前 0696 至 0682 年）舊譜載：公喜修煉術，徙居於楚。今湖廣荊州府江陵縣。娶辛氏之女，子一忽（本脈）
71 世	61 世	54 世	榮公之子忽，字國秉，積學能文，行尤謹厚，娶熊氏之女，子一仲爽（本脈）。
72 世	62 世	55 世	忽公之子，仲爽、字定父、東周僖王時人（西元前 0681 至 0677 年）官春秋時為楚文王令尹。賢大夫，後秦滅楚，遷其大姓於隴西，彭其一也。娶熊氏之女，子二長建周、次建夏（本脈）。註：釐王、僖王姬胡齊、王名帝位稱呼不同，姓名朝代相同。
73 世	63 世	56 世	仲爽公次子，建夏、東周惠王時（前 0676 至 0652 年）官楚司寇。娶蘇氏之女子一俊宜（本脈）。
74 世	64 世	57 世	建夏公之子，俊宜，東周襄王時（西元前 0651 至 0619 年）晉餓乞糴于秦，納百里奚之言，遂輸粟焉，襄王封公為晉大夫。娶黃氏之女，子三長西林（本脈）次東柏、三義伯。
75 世	65 世	58 世	俊宜公長子，西林、東周定王時（西元前 0606 至 0586 年）掌百正之官。娶子車氏之女，又娶公孫氏之女，子一名（本脈）。
76 世	66 世	59 世	西林之子，名、字世成，東周簡王時（西元前 0585 至 0572 年）官楚共王善御。娶子車氏之女，子二長宏載（本脈）、次繼名。
77 世	67 世	60 世	名公長子，宏載、東周靈王時人（西元前 0571 至 0545 年）公好讀書，不樂仕進，人稱春秋詩書文士。娶顏氏之女，子一益開（本脈）。
78 世	68 世	61 世	宏載公之子，益開，諱生、以字行，東周景王時人（西元前 0544 至 0520 年）官楚靈王大夫。娶李氏之女，子二長元果（本脈）次元杲。
79 世	69 世	62 世	益開公長子，元果，諱殷卷，以字行，東周敬王時人（西元前 0519 至 0476 年）公立品端方，順親睦族，仕楚為大夫。娶李氏之女，又娶顏氏之女，子十七長訓彝（本脈）次訓乘，餘名闕無傳。註：青山彭氏敦睦譜卷二源流圖 26 頁案衡山傳忠公曰……

80 世	70 世	63 世	元果公長子，訓彝，諱侗，以字行，東周敬王時人（西元前 0519 至 0476 年）官楚大夫，娶孟氏之女，子七長敖（本脈）次教、三政、四敬，五至七子名闕無傳。
81 世	71 世	64 世	訓彝公長子，敖、字榮軒，東周貞定王時人（西元前 0468 至 0441 年）仕魯為司空遂家於魯，今山東兗州府曲阜縣。娶林氏之女，子三長百、次千、三萬（本脈）。
82 世	72 世	65 世	敖公三子，萬，東周威烈王時人（西元前 0425 至 0402 年），績學不仕，著書甚富。娶田氏之女，子二長嗣恢，次嗣慎（本脈）。
83 世	73 世	66 世	萬公次子，嗣慎，字謹齋，排周威烈王時人（西元前 0425 至 0402 年）官大夫，娶林氏之女，子一時梁（本脈）。
84 世	74 世	67 世	嗣慎公之子，時梁，東周安王時人（西元前 0401 至 0376 年）公幼穎敏，有大志，甫十二能文章，年末三十而卒，惜乎不壽。娶闕氏之女，子一君實（本脈）。
85 世	75 世	68 世	時梁公之子，君實，東周烈王時人（西元前 0375 至 0369 年）周室微弱，諸侯莫朝，故公不仕。娶畢氏之女，子二長更（本脈）次蒙。
86 世	76 世	69 世	君實公長子，更，字子端，東周顯王時人（西元前 0368 至 0321 年）戰國時孟子弟子；以孟子傳食諸侯為泰，孟子告以食功食志之道。娶孟氏亞聖孟子之女，有淑行。子二長金元、次金和（本脈）。彭更，字子端，孟子弟子
87 世	77 世	70 世	更公次子金和，東周顯王時人（西元前 0368 至 0321 年）官兗州守備。娶任氏之女，子一紹更（本脈）。
88 世	78 世	71 世	金和公之子，紹更、東周慎靚王時人（西元前 0320 至 0315 年）公恪遵祖訓，富於詩書，知周道微弱，以處士終，娶姜氏之女，子二長寔吾、次宜吾（本脈）。
89 世	79 世	72 世	紹更公次子，宜吾，字甸南，東周赧王時（西元前 0314 至 0256 年）官山陽令，遂家焉，娶侯氏之女，子一文台（本脈）女一適姓闕。
90 世	80 世	73 世	宜吾公之子，文台，諱悳、字正芝，（西元前 0255 至 0247 年）時當秦周鼎革，兵戈擾攘之際，公故不仕。娶孔氏之女，子令昭（本脈）。
91 世	81 世	74 世	文台公之子，令昭，字明德，秦始皇帝二年丙辰中秋夜，西元前 0245 年，為歌師，公遊閩會先祖武、夷君兄弟於福建今武夷山幔亭峯，在建寧府崇安縣，仙樂競奏，唱人間好。有詩為證（天上人間兮，會合何稀，日落西山兮，夕鳥忘歸；百年一瞬兮，志與願遠，天官咫尺兮，恨不相隨。）。娶張氏之女，子二長珅（本脈）次琨。

92 世	82 世	75 世	令昭公長子，珅、字禹卿（西元前 0221 至 0207 年）時，官秦始皇帝僕射，帝令燒詩書百家語，公諫之勿聽，遂棄官隱。娶周氏之女，子二長越（本脈）次趙。
93 世	83 世	76 世	珅公長子，越、字仲引，生秦始皇元年乙卯（西元前 0246 年）二月於山東昌邑、金鄉，初事西楚霸王項羽。秦二世三年甲午（西元前 0207 年）西漢高祖劉邦兵擊昌邑，公以兵從漢，高祖元年乙未、官將軍、封建成侯，二年丙申拜魏相國，漢高祖五年己亥（西元前 0202 年輔高祖有功封梁王，都定陶（今山東曹州）西漢高祖十一年乙巳（西元前 0196 年）高祖擊賊陳豨；徵兵於梁，公因病未詣，使將兵詣邯鄲，帝怒責存心謀反，廢為庶民，遣西蜀，又聽信呂后讒言殺害卒於五月，時年五十一歲。葬大梁，史記有傳。娶張氏，誥封一品夫人，生卒闕，葬昌邑，今山東曹州城武縣。子二長綬榮、次綬華（本脈）。女一適齊相國平陽侯，曹參之子，御史大人。
94 世	84 世	77 世	越公次子，綬華，字紫揚，西漢商祖九年癸卯（西元前 0198 年）官大中大夫，因叔父趙字叔西與兄綬榮字紫振同時遇害，奔於淮陽陽夏隱居，生卒闕、葬陽夏。娶蕭氏，誥封淑人，相國酇侯何公之女，子一斐然（本脈）女一適姓闕。
95 世	85 世	78 世	綬華公之子，斐然，字成章，西漢文帝時人（西元前 0179 年至 0157 年）公穎慧好學，博覽羣書，因避難，以隱士終；生卒闕，葬淮陽陽夏，娶蒯氏，子二長佑奎（本脈）次佑張。
96 世	86 世	79 世	斐然公長子，佑奎，字石孚，西漢景帝時（西元前 0156 至 0141 年）公力學不倦，守身必衷禮法，隱居勿仕，生卒闕，葬淮陽陽夏。娶劉氏子一世瓊（本脈）女一適晉陽武城侯王離次子陽州刺史封武德將軍威。
97 世	87 世	80 世	佑奎公之子，世瓊，字瑞瑤，西漢武帝時（西元前 0140 至 0087 年）官博士；生卒闕葬淮陽陽夏。娶曹氏，子三長紀、次綱、三維（本脈）
98 世	88 世	81 世	世瓊公三子，維、字鳳藻，西漢昭帝時（西元前 0086 至 0074 年）官右將軍，誥贈金紫光祿大夫，生卒闕，葬淮陽陽夏，娶施氏，誥贈一品夫人沛群博士，子二長懋勳（本脈）次績勳。
99 世	89 世	82 世	維公長子，懋勳，字輔臣，西漢元帝時（西元前 0048 至 0033 年）官御史大夫，誥贈金紫光祿大夫，生卒闕，葬淮陽陽夏。娶韓氏，誥贈一品夫人，葬同夫山。子一宣（本脈）。女一適張□□

少典	黃帝	彭祖	宣公	淮陽始祖
100 世	90 世	83 世	1 世	懋勳公之子，宣，字子佩，號玉徵、行君一、西漢宣帝元康三年戊午（西元前 0063 年）正月初七日辰時生，始由治易經師事張禹，舉公為博士，遷東平太守，再薦公明經博古有威重可任政事，由是入朝官右扶風遷廷尉，出為太原太守。西漢成帝西元前三十年復入大司農光祿勳右將軍。哀帝即位，遷左將軍，西元前六年公辭職，西元前二年上迺召公拜光祿大夫遷御史大夫，次年轉大司空封長平侯、金紫光祿大夫，新莽天鳳二年乙亥（西元十五年）十月十五日辰時卒，壽七十有八，葬淮陽陽夏。配施氏，誥封一品夫人，生西漢宣帝神爵四年癸亥正月初十日子時，卒東漢世祖建武四年戊子三月初八日午時，壽八十有六，葬淮陽陽夏。子三長武、次威、三聖（本脈）女二長淑賢、次靜賢、俱適宦族名卿姓闕。
101 世	91 世	84 世	2 世	宣公三子，聖，字希賢、一字賢元、號俶成、行臣三，西漢建始四年壬辰（西元前 0029 年）生，初任魏郡太守嗣長平侯。卒西漢平帝元始四年甲子西元 0004 年。配劉氏，西漢淮陽王諱玄之女，子二長業、次閎（本脈）女一、適姓闕。
102 世	92 世	85 世	3 世	聖公次子，閎，字世閭、一字士平、號鏡瑩、行定二，少習歐陽書，東漢光武帝劉秀建武時（西元 0044 年甲辰），沛郡博士，桓榮薦門生彭閎入朝拜議郎，配何氏，子一脩（本脈）。
103 世	93 世	86 世	4 世	閎公之子，脩、字子陽、號進德、行鼎一、東漢光武帝劉秀建武時（西元 0025 至 0057 年）間，脩公年十五歲時父命巡郡路歸，中途遇盜公拔劍向盜曰：父辱子死，汝不畏死耶，盜驚曰：此童子義士也，毋逼之，遂遁去。東漢明帝永平時，仕郡為功曹，後作吳令，其後張子林作亂，從太守起兵討賊，飛矢交發，公蔽太守，中流矢而斃，賊素聞其恩信，即殺弩中公者，餘悉降散，言曰：咱為彭君故降，不為太守服也。居會稽毘，今常州晉陵縣，生卒闕，葬會稽毘陵配曾氏，子一寶（本脈），女二俱適姓闕。
104 世	94 世	87 世	5 世	修公之子，寶，字楚書，號惟善，行珍一，東漢和帝元興時（西元 0105 年）官御史大夫。配侯氏，子二長端鍾、次端鑑（本脈）女一適姓闕。
105 世	95 世	88 世	6 世	寶公次子，端鑑，字玉明、號璉初，行德二。東漢安帝永寧時（西元 0120 年）官巴郡太守。配黃氏，子一淮（本脈）女四俱適姓闕。
106 世	96 世	89 世	7 世	端鑑公之子，淮，字翰林、行宗二，東漢順帝永建時（0126 至 0131 年）任虔州宰，配鄔氏，子一極文（本脈）。女三俱適姓闕。
107 世	97 世	90 世	8 世	淮公之子，極文，字繩武、行純一，東漢桓帝延喜時（西元 0158 至 0163 年）官拜左龍韜上將軍，配胡氏，子一仕恭（本脈）女一適姓闕，繼配李氏，子二長仕敏，次仕忠，女二俱適姓闕。
108 世	98 世	91 世	9 世	極文公長子，仕恭、諱伯、字仲鼎、號德之、行心一，東漢靈帝光和時（西元 0178 至 0189 年）拜宣議郎，董卓欲殺盧植，公諫之曰：盧尚書海內人望，今先害之，恐天下震怖，卓乃止。公因董卓秉政專權，遂致仕。配龔氏，子一慎（本脈）。
109 世	99 世	92 世	10 世	仕恭公之子，慎、統記譜名季聰，字敏言，行金二，蜀後主劉禪帝建興時（0223 至 0237 年）由軍功授縣尹，配穆氏，子二長永昌（本脈）次順昌。
110 世	100 世	93 世	11 世	慎公長子，永昌，字君美、號伯淳、行景一，蜀後主劉禪帝景元時（西元 0258 至 0263 年）任衢州太守，葬衢州西城外。配鄧氏、子二長爵、次鬱（本脈）。
111 世	101 世	94 世	12 世	永昌公次子，鬱、字鶴嵩、行秀二，西晉惠帝時（西元 0290 至 0306 年）由茂才舉晉陽參軍，永嘉五年辛未（西元 0311 年）杜弢陷長沙，其黨人入宜春劫掠，公不屈被害。配左氏，子二長隆簡（本脈）次隆略，女二俱適姓闕。

112 世	102 世	95 世	13 世	鬱公長子，隆簡，諱丙、字迪康、行明一，東晉元帝大興時（西元 0318 至 0321 年）官司隸校尉，據江西聯譜 521 頁記載：長沙賊亂被害，配薛氏，子三長沂、次沿（本脈）三治、女一、適姓闕。
113 世	103 世	96 世	14 世	隆簡公次子，沿、字億鈞、行百二，東晉穆帝升平時（西元 0357 至 0361 年）官太常博士。配柏氏子一進（本脈），女一適姓闕。
114 世	104 世	97 世	15 世	沿公之子，進、字德修、號熙進，行順一，東晉孝武帝太元時（西元 0376 至 0396 年）拜議郎，公博學力行，遇事剛果，有古人風。配周氏，子一抗（本脈）女一，繼配穆氏，子一拒，女二俱適姓闕。
115 世	105 世	98 世	16 世	進公長子，抗、（中國人名大辭典載名伉錯誤更正）字武陽、號素庵、行壽一、居蘭陵，東晉安帝元興時（西元 0402 至 0418 年）舉孝廉至南北朝宋時累官兵部尚書左丞相以疾辭歸，配周氏，子五長超、次赴（本脈）三起、四趙、五趨，女二長適江西南昌府新進縣進士，官旌陽縣令許遜次子許莊。次女適姓闕。
116 世	106 世	99 世	17 世	抗公次子，赴、字仲適號堯封、行方二、宋孝武帝孝建時（西元 0454 至 0464 年）任晉陽參軍，配程氏、子一崙、女二，繼配張氏，子一荏（本脈）女一俱適姓闕。
117 世	107 世	100 世	18 世	赴公次子，荏、字桐扶，行和二，梁武帝天監時（西元 0502 至 0519 年）任鄴城都護，家京兆，今陝西西安府，元配淳于氏繼配魏氏、副歐陽氏，子一樂（本脈）女二俱適姓闕。
118 世	108 世	101 世	19 世	荏公之子，樂、字子興、號福安、行聰一，公驍勇絕世，梁武帝太清時（西元 0547 至 0549 年任東魏並州刺史擒裴寬有功官大都督，梁簡文大寶元年特進檢校太尉封陳留王，御賜玉帶，誥命贈檢校太保諡忠勇，勅封神勇將軍，立朝祀之，唐睿宗景雲二年辛亥（西元 0711 年）追諡文宣侯。家安定，今陝西平涼府。配夏氏，子二長龍韜（本脈）次龍文，女一淑華為齊武成帝夫人。
119 世	109 世	102 世	20 世	樂公長子，龍韜，字德中、行敏一，陳武帝永定時（西元 0557 至 0559 年）官賀州守勅授將仕郎，配鮑氏、勅授孺人，子二長君德、次君用（本脈）女二，俱適姓闕。
120 世	110 世	103 世	21 世	龍韜公次子，君用、字安富、號尊榮、行俊二，陳文帝天康時（西元 0566 至 0568 年）官史部尚書配何氏，子一履真（本脈）。
121 世	111 世	104 世	22 世	君用公之子，履真，字復臨、號南薰、行揆一，隨煬帝大業時（西元 0605 至 0616 年）官龍州尹擢瀛州刺史遂居瀛州河間，配譚氏子四長乾元、次坤元（本脈）三遷、四裕，女四俱適姓闕。
122 世	112 世	105 世	23 世	履真公次子，坤元、名仲敬、字方直、號子義、行福二唐高宗永徽五年甲寅（西元 0654 年）官光祿大夫，公品高學博，以孝友聞。配黃氏子一明遠（本脈），女三俱適姓闕。
123 世	113 世	106 世	24 世	坤元公次子，明遠，字鏡高、號毅儂，行英一，唐中宗景龍三年己酉（西元 0709 年）以子景直貴，例授吏部侍郎，誥封金祿大夫，公幼通文學，樂善好施，生卒闕，葬河間，元配郭氏、女一，繼配甯氏，女三，副朱氏，誥封一品夫人，生卒俱闕，葬俱合夫塋。子一景直，女一適姓闕。
124 世	114 世	107 世	25 世	明遠公之子，景直，字美正、號品方，行端一，生唐高宗儀鳳二年（西元 0677 年）丁丑，登唐中宗景龍二年（西元 0708 年）戊申進士第，官太常博士晉禮部侍郎，誥封金紫光祿大夫，蘇頲草其制曰：通理內融，含暉外靜，文尚典雅，學窮精博。卒闕，葬瀛州河間唐書有傳。配魏氏，女二、副張氏，女二，繼鄧氏，誥封一品夫人，俱葬合夫瑩，子一雲（本脈）女一俱適姓闕。
125 世	115 世	108 世	26 世	構雲，景直公之子，彭雲，字構雲、號廷鑑，別號夢鯉，行乾一，生唐玄宗開元三年乙卯（西元 0715 年）正月十五日辰時，公世居瀛州，自幼力學，登唐玄宗開元二十三年乙亥進士第任禮部侍郎，唐開元二十五年丁丑官江西袁州刺史，唐開元二十八年庚辰（西元 0740 年）避天寶之亂致仕，遷江右（民國十年江西譜載）公愛袁州風俗淳美，物產富饒，遂居宜春縣地名合浦，著通元經，述陰陽圖緯，不求聞達。清風高節，隱居於袁州城東震山，一名馬鞍山，其下巖壑幽深，公嘗隱釣於此，學者稱曰：介亭夫子，唐天寶二年癸未，袁州刺史李景、宜春縣令劉導奏聞於朝上，遣中使齊延邱以蒲輪禮徵三次始就召，應對稱旨，上欲官大學博士，不受爵祿，敕歸養遣中使房嘉送歸，御賜金帛副衣，誥封金紫光祿大夫，加廬陵郡贈號徵君，勅賜所居鄉曰：徵君鄉，諡文敏。事載明一統志。卒唐代宗大歷二年丁未（西元 0767 年）十一月二十九日辰時，壽年五十有三。配歐陽氏，誥封一品夫人加廬陵郡諱瑞香。生唐睿宗景雲二年（西元 0711 年）辛亥三月初三日寅時。卒唐德宗貞元十九年（西元 0803 年）癸未二月十六日申時。葬合夫塋同向。子五長東里（涇）次南華（治）三西華（江）四北叟（海）五中理（滋）本脈。女四俱適官族名卿姓闕。

江西彭氏

(1)江西始祖構雲公世系

引

蓋派行之設，明尊卑，定長幼·族若無派，則尊卑倒置，長幼不分，渙散莫統。江西始祖構雲公為一世，立字派，爰撰八十字，如第幾世，按字取名，以歸畫一，尊卑有序，長幼攸分，以昭雍穆，以聯族姓是為引

昭穆派序

一·江西構雲公宗祠譜牒派別（唐徵君構云公之三世孫伉、倜、儀支派遷徙顯爵列祖源派字，自 **1** 世至 **80** 世補註)

天地初開日　卲謀己善良　功深垂史策　茂績簡稱揚　偉傑邦家幸　賢才旅舍香　好古欣能述

佑我樂安康　俊哲承先緒　英豪裕後光　蜚聲標上苑　勳名世久長　科甲蟬聯起　庚堂鳳翽翔

有根書裏種　蘭桂慶騰芳

二·構雲公嗣思永公於北宋治平元年至四年(1064-1067)纂修首屆宗譜(從第六世至卅五世)，其昭穆派字：

雲□□□□彥師允文儒　仕思汝忠義　大公世遠長　怡謀開美利　孝友自崇先　榮華其尚志

三·清乾隆十六年(公元 **1751** 年)河南夏邑家屏公在江西任布政使時，在吉安徵君祠纂修第二次聯宗譜排行(從 **36** 至 **65** 世)

立朝涵瑞高　承家積慶裕　顯達秉光明　升聲同富貴　昌隆茂盛昭　保守本源繼

四·公元 **1996** 年至 **2000** 年第三次聯宗譜再續統一排行(贛湘粵閩桂蜀台七省聯宗修譜理事會訂定自第 **66** 世至 **125** 世)

衡元惟延博　蕃吉爾居希　萬福基在奉　興卓君之輝　豐泰凡夫久　英俊佳才遠

甫作求良兆　來運臻克奇　詩科魯林化　舉占孔傳威　國正民心順　司業永發丕

五·江西始祖構雲公嗣裔派字　**1** 世至 **23** 世止　(總編世別 **125** 至 **147** 世止)

乾坤興寶章　政師會倫召　祿郎臣為岩　享球金德尚　琢仲悠

江西萍城彭氏宗譜派序

彥師允文儒，仕思汝忠義；大公世運長，貽謀開美利；孝友自崇先，榮華其尚志；

立朝涵瑞高，承家積慶裕；顯達秉光明，升登同富貴；昌隆茂盛昭，保守本源繼·

江西萬載筆架洲翰英公系派序 (錄自江西聯修譜，自廿三世起)

叔(翰)尚存彥　希甫馬水天，紹古士宗日，相煥增錫洪，集熙培鍾溶，樹熏在鉉行，

本炳塾銘濃，　權照堅錦湛，　采熾坤欽涌·

江西萍鄉江仔邊系派序

龍潛在淵　其道用藏　鶴鳴于九　皋聲聞實　彰宜爾孝　孫人有志　大顯揚思

詒令名惟　明德馨香　天心克享　報以介福　備壽富熾　昌藏永保　丞嘗積之

厚流乃光

江西萍鄉腊市鎮皇崗克英公系派序 (錄自江西聯修譜，世代不明)

舊排行詩：　祥子一輩原始遷觀用永英魁以聯八宗九雲維憒十一世排光應傳十二世即從「世」字起另續新詩付后賢

續排行詩：世家元善啓源猷　樹立芳型裕遠謀　信好尚宜崇祖訓　文明蔚起振前修

江西萍鄉江仔邊系派序

龍潛在淵　其道用藏　鶴鳴于九　皋聲聞實　彰宜爾孝　孫人有志　大顯揚思

詒令名惟　明德馨香　天心克享　報以介福　備壽富熾　昌藏永保　丞嘗積之

厚流乃光

江西萍鄉腊市鎮皇崗克英公系派序 (錄自江西聯宗譜但世代不明)

舊排行詩　祥字一輩原始遷觀用永英魁以聯八宗九雲維憒

十一世排光應傳

十二世即從世字起另續新詩付後賢

續排行詩　　世家元善啟源猷　樹立芳型裕遠謀　信好尚宜崇祖訓
文明蔚起振前修

江西彭懋 (現住台灣)

揚昌祿耀國　世德法英祥　瑞起家興盛　景星慶玉堂

5000 年彭氏世系圖

江西贛南編制

黃帝--昌意--顓頊--稱公--老童--回公--陸終--籛鏗
<彭祖>為始祖 編為一世祖.

二世 滌公　三世 佰壽　四世 振禧　五世 俶康　六世 養康　七世 獻公　八世 寧帆　九世 夢熊
十世 秉 公　十一世 可愛　十二世 積古　十三世 頌新　十四世 團公　十五世 靖忠　十六世 奇瑞
十七世 道琮　十八世 繼崧
十九世 景敷　二十世 愈崗　二一世 佰公　二二世 欽保　二三世 度章　二四世 爾賢　二五世 榮施
二六世 端肅　二七世 列公　二八世 東候　二九世 才華　三十世 佐商　三一世 音公　三二世 輝彩
三三世 圭公　三四世 鹹公
三五世 祖壽　三六世 寶雲　三七世 士懷　三八世 治公　三九世 類超　四十世 為達　四一世 自昭
四二世 程公　四三世 昶公　四四世 觀疑　四五世 丁公　四六世 寅公　四七世 能雲　四八世 貴山
四九世 和美　五十世 友棨　五一世 略公　五二世 大郎　五三世 榮公　五四世 忽公　五五世 仲爽
五六世 建夏　五七世 俊宜　五八世 西林　五九世 名公　六十世 宏載　六一世 益開　六二世 元果
六三世 訓彝　六四世 敖公　六五世 萬公　六六世 嗣慎　六七世 時梁　六八世 君實　六九世 更公
七十世 金和　七一世 紹更　七二世 宜吾　七三世 文台　七四世 令昭　七五世 珅公　七六世 越公
七七世 綬華　七八世 斐然　七九世 佑奎　八十世 世瓊　八一世 維公　八二世 懋勳　八三世 宣公
八四世 聖公　八五世 閎公　八六世 修公　八七世 寶公　八八世 端監　八九世 淮公　九十世 極文
九一世 仕恭　九二世 慎公　九三世 永昌　九四世 鬱公　九五世 隆簡　九六世 沂公　九七世 希進
九八世 抗公　九九世 赴公　100 世 茬公　101 世 樂公　102 世 龍韜　103 世 君用　104 世 履真
105 世 坤元　106 世 明遠　107 世 景直　108 世 構雲　109 世 滋公　110 世 倜公　111 世 輔公
112 世 玕公　113 世 彥昭　114 世 師俊　115 世 國祥　116 世 新德　117 世 琱公　118 世 五正
119 世 百四　120 世 仲芳　121 世 秀夫　122 世 九萬　123 世 文忠　124 世 彥誠　125 世 百善
126 世 敬宗　217 世 明亮　128 世 福海　129 世 子浩　130 世 希昇　131 世 雲山　132 世 文仰
133 世 廷秀　134 世 應迥　135 世 登佰　136 世 國禧　137 世 大立　138 世 昌宿　139 世 彝堅
140 世 倫亻亦　141 世 攸進　142 世 敘廊　143 世 堂沂　144 世 紹安　145 世 金福　146 世 志斌
147 世 彭超、彭嵩、彭峰

考鑒江西贛南五千年 彭氏世垂絲圖

彭俊修 2014.11.3.

世祖 1 籛鏗 2 世祖 滐公 3 世: 佰壽 4: 振禧 5: 俶康 6: 養康 7: 獻公 8: 寧帆 9: 夢熊 10 秉公 11 可爱 12 積古 13 頌新 14 團公 15 靖忠 16 奇瑞 17 道琮 18 繼崧 19 景敷 20 愈崗 21 佰公 22 欽保 23 度章 24 爾賢 25 榮施 26 端肅 27 列公 28 東候 29 才華 30 佐商 31 音公 32 輝彩 33 圭公 34 鹹公 35 祖壽 36 寶雲 37 士懷 38 治公 39 類超 40 為達 41 自昭 42 程公 43 昶公 44 觀疑 45 丁公 46 寅公 47 能遠 48 貴山 49 和美 50 友棨 51 略公 52 大郎 53 榮公 54 忽公 55 仲爽 56 建夏 57 俊宜 58 西林 59 名公 60 宏載 61 益開 62 元果 63 訓彝 64 敖公 65 萬公 66 嗣慎 67 時梁 68 君實 69 更公 70 金和 71 紹更 72 宜吾 73 文台 74 令昭 75 珅公 76 越公 77 綬華 78 斐然 79 佑奎 80 世瓊 81 維公 82 懋勳 83 宣公 84 聖公 85 閎公 86 修公 87 寶公 88 端鐘 89 淮公 90 極文 91 仕恭 92 慎公 93 永昌 94 鬱公 95 隆簡 96 沂公 97 希進 98 抗公 99 赴公 100 茬公 101 樂公 102 龍韜 103 君用 104 履真 105 伸元 106 明遠 107 景直 108 構雲 109 滋公 110 倜公 111 輔公 112 玕公 113 彥昭 114 師俊 115 國祥 116 新德 117 琱公 118 五正 遷移於都 119 百四 120 仲芳 121 秀夫 122 九萬 123 文忠 124 彥誠 125 百善 126 敬宗,

轉吉溪<吉村彭屋>轉字輩了.明 福 子 希,雲 文 廷 應, 登 國 大 昌, 彝 倫 攸 敘, 堂 紹 箕 裘 英. 再轉新字輩了.淮陽 26 世構雲一世祖.

江西彭氏世次血緣

江西唐徵君構雲公世系，自唐宋元明清中國共和以來，枝繁葉茂，子孫遍全世界，科舉功名，名臣武將，桂冠雲集，高官顯赫，才華橫溢，鼎甲天下，為我彭氏族人之光·

江西萍鄉城為彭氏綿延發展的重心，元有六支，明有廿六支，清有廿九支·會合唐宋形成支族十三支，共有七十五支，都是構雲公子嗣·光以萍鄉分佈的範圍，萍鄉城四週有六十二支，東路廿二支，西路十五，內大西路六支，小西路九支，南路十支·城內遷北路、東路、西路十支，北路十五支·萍鄉城外十二支，宜春三支，安福一支，醴陵八支·居地分散，面積遼濶，人口眾多，支系紊雜，此乃構雲公隱居袁州宜春以來，子孫繁衍的盛世·

深感遺憾的，諸多名人哲士之後代，許多進士、舉人，正史或地方志記上，都有明確記載，然族譜上卻不盡詳盡，血緣網脈不清；此可能宋、元、明、清改朝換代之際，戰亂頻仍，為避殺戮，圖謀生計，離鄉別井，逃難所致·

萍鄉青山鎮彭家源村祚十公

35	36	37	38	39	40	41	42
祚十	根三	克昌	芳丹	廷吉	順鑫	長信	
		克盛	芳潤	廷蘭			
				廷光			
				廷枚	茂芬	長發	
						長仁	

41	42	43	44	45	46	47	48
長信	許和	炎祥	炳洋	勇			
				志			
				亮			
			炳凡	志紅			
				志華			
			炳池	招			
			炳惠	濤			
			炳恒	江			
				躲			
	莆英	均祥	錄				
		壽祥	林				
			春林				
			秋林				
		全珍	冬洋	杰			
			炳桂	偉			
			炳皇	洁			
			炳財				
			桂洋	波			
		福祥	永林	浦達			
			炳發	肖			
長發	生和	其樹	桂祥	華			
			斌祥	磊			
			文祥	婷			
		其鏡	放祥	銘			
			德祥	帥林			

41	42	43	44	45	46	47	48
		其余	建祥	莉			
			根祥	鑫			
		其惠	剛祥	倩			
			紅祥	榮峰			
			偉祥	逃			
		其證	鳳祥	春輝			
			金祥	鎮益			
長仁	海和	其昌	榮祥	啟洋			
	森和	其林	敏				
		其初	軍				
	春和	其立	丹				
			旻				
		立成	祥				
	望和	利生	冬祥	海武			
			寒祥	宇			
			正祥	滿			
				刑			
			建萍	威			

江西萍鄉上栗雞冠山鄉廟背村楫六公支系

㊱世楫一㊲克仁、克倫(德稠)

38	39	40	41	42	43	44	45
楫	六	公	嗣	克	仁	房	
文享	明育	萬福	福如	其林	天生		
			福招				
	明登	萬軒	福林	其發			
				其良			
		萬純	福祥	其來	祥發		
					祥生		
				其明	春生		
				其許			
				其佑	裔華		
	明祖	萬堿	谷蘭				
		萬毫					
		萬江	福啟	其海			
		萬明	福貴	其友	祥根		
			福美	其羊			
			福太	其牛			
				其換			
			福勝	其國			
				其學			
			福海	葉			
			福財	其鳳	裔森		
					裔林		
			福志	海龍			
	明仁	萬來	福金	兵			
				海			
			福銀	其春			
				連啟			
			福通	其連			
				其啟			
文炳	明灰	萬成	福朝				
			福價	其紅			
		萬山					
	明漢	萬谷	福根	其亮			
				其余			
			福香	其新			
				其兵			
			福階	出繼			
			福春				
		萬滿	福泉	峰			
				毛			
	明根	萬羊	福龍	其友			
				其富			
				其寶			
		萬品	福生	波			
	明月	萬忠	福能	其祥			
			福祖				
			福兵	後建			
		萬鈞	福秋	其滕			
				天生			
			福省				
			福清				
			福要				
	明祝	萬陸	福長	其瑾			
				其柏			
				其根			
				其尾			
			福榮	其科			
			福安	福細			
文桂	明占	萬春	福來	其勇	益名		
					科名		
		萬良					
		萬敏					
		萬仕	福文	其龍	祥生		
					祥成		
				其生			
				其標			
		萬由					
		萬常	福田	其德			
				其鏟			
			福才				
		萬恩	福明	其榮			
				其泉			
	明端	萬琰	福正	其珍	祥發		
			福告	其香			
		萬連					
	明息	萬泉	福開				
			福裕	其珍			
				其和			
				其彬			
			福全				
			福黎				
文發	明浩	萬仁	福成				
			福萍				
			福亮				
		萬賢	福佑	亭			
		萬文					
楫	六	公	嗣	克	仁	房	
文盛	明早	萬恒	福德	其方			
				其建			
			福良				
		萬騰	福其				
		萬興	福南				
			福建				
文軍	明理	萬行	福根	其初			
				其貴			
		萬興	福龍	其高			
			福金				
文才	明聖	萬文	福章	其祥			
				其銀			
		萬華					
	昌松	龍興	財發	洪牙			
			財文	彭洪			

38	39	40	41	42	43	44	45
		龍堂					
	萬滿	福松	春生				
		天福	興富	勝主			
				勝國			
		天戰					
	興連	明亮	萬河				
文炳	明佑	萬東					
		萬保	福聰	浩			
			福香	其輝			
				其高			
			福華	昂			
				高峰			
			福金	其雄			
	明享	萬祥	福德				
			福清				
	以漢	啟文	昌桂	輝堂	海友		
					海文		
					海軍		
					海兵		
楫	六	公	嗣	克	仁	房	
文本	明鳳	萬田	福波				
	明彥	萬發	福有	其聖	強國		
				其旺	強富		
			福良	其斌			
				其光			
				其明			
	明恩	萬招	福民				
			福才				
	明歡	萬長					
		萬有	福記	其海			
			福淼	漆			
				勉			
				軍			
		萬根	福成	其虎			
			福祥	其友			
				其志			
			福其	其俊			
			福海	其鳳			
			福幫	濤			
				涌			
		萬全	福臨	其芳			
				其鋒			
			福全	其春			
			福連	其文			
			福許				
			福國				
	明慶	方益	福秋	正			
良才	有源	祥高	光許	文計			
				文海			
	有享	祥仁	光禮				
		祥根	松柏				
	有江	祥許	竹連	文根			
				先海			
	有秋	祥桂	光美	文斅			
			光才	文勇			
				文江			
			光國				
		祥洪	光田	文虎			
			光發	文建			
			光有	文輝			
			光記	文鵬			
	有峰	祥明	光余	文生			

38	39	40	41	42	43	44	45
				文新			
			光堯	文國			
				文省			
			光柏				
良文	有松	祥佑	光密	文有			
				文才			
			光冬	文彬			
				文其			
			光生	文良			
	有富	祥瑞	光明	文藝	裔楊		
			光亮	文林			
			光文	文許			
	有貴	祥彬	連祥				
			光炎	文法			
				文雄			
			光材	保良			
	有春	祥鳳	光德	彭明			
				彭尾			
			光聖	文山			
				文忠			
			光華	文清			
				文波			
			光來				
良全	有和	祥連	光仁				
		永生	金根				

江西宜春春台鄉官園村勉仁公支系

30 世勉仁－31-36 世失考）－37 世桂公－38 世庭公

38	39	40	41	42	43	44	45
庭	仁十	有陸	星桂				
			星田	和春	運華	敏林	
					聖華	勇林	
					福華	安林	
				細春	德華		
	仁陸	學一	方四	坤一	恒昌	金根	
	43	44	45			淑根	
	恒昌	金根	長生			林根	
		淑根	波生			梦根	
			路生			晚根	
		梦根	軍生			細根	
	根昌	外根	彭生		根昌	外根	
	雲聖	有連	甫善	大春	夏華		
				小春			
			順善	新春	清華		
				建春	可華		
				紹春	釗華		
					文華		
				福春	杰華		
					成華		
				興春	顏華		
		有財	慶善	明春			
				永春			
			春善	晚春			
		學七	方聖	坤華	林昌	虹根	
					雲昌		
				坤雲	冬梅		
				坤富	來昌		
			方七	坤桂	文昌	彭根	
				坤有	聖昌	招根	

38	39	40	41	42	43	44	45
	43	44	45			波根	
	聖昌	波根	新生		國昌	嘉根	
					才昌		
					冬昌	建根	
						剛根	
					春昌	俊根	
					晚昌		
				坤連	桂昌	聖根	
					建昌	成根	
						龍根	
					友昌	聖根	
					華昌	洪根	
					寶昌	建根	
				坤生	明昌	輝根	
					艷昌	磊根	
					小昌		
		學玉	方六	坤福	發昌	木根	
						雲根	
						才根	
			方十	坤聖	德昌	友根	
						錢根	
					金昌	水根	
					細昌	桂根	
						發根	
	雲四	學濤	富善				
			義善	迅春	志華		
			輝善	加春			
				建春	凱華		
		學來	恒善	發春	承華	偉林	
						寬林	
		學財	永善	平春	連華		
				林春	有華		
				建春	建華		
			松善	紹春			
				冬春			
				秋春			
			茂善	有春			
	義陸	有發	文善	金春	財華	長林	
						發林	
					根華	偉林	
		接發	禮善	富春	水華	冬林	
					輝華	水林	
					新華	玉林	
					生華	桂林	
						寒林	
			高善	桂春	軍華	波林	
					小華	逃林	
					慶華	運林	
					晚華	祖林	
				保春	國華	凡林	旭生
						吉林	

江西宜春水江鄉滄溪村福三公支系

22	23	24	25	26	27	28	29	30	31	32	33	34	35	36	37	38	39	40	41	42	43	44	45	46
福三	尚敬	榮叟	萬彰	孝洪	敏贊	振誠	玟八	列宿	璧	端平	行政	奇倉	美珍	元化	會方	運楠	世育	宗堂	孔鍾	希成	虎生	道祥		
								侃宿	鈺	端嚴	亮正	奇淋	美韞									道明		
									佑	端表	鍾正	奇顯	美成									道軍		

22	23	24	25	26	27	28	29	30	31	32	33	34	35	36	37	38	39	40	41	42	43	44	45	46
												奇浚	美皇								孟春	道文		
												奇浪	美浪								孟國			
													美韶							希新	孟平	道武		
													美景									道崑		
										端仁	錦正	奇潤	美供								孟皇			
								俑宿	問	端良	欽正	奇波	美功								孟立			
												奇流	美彝							希仁	孟發			
												奇峰	美純					宗埂	孔民					
												奇溪	美剛						孔鈐					
								喜宿	望	端明	國正	奇賢	美像					宗序	孔辰					
											鈞正	奇源	美祿					宗杜						
										端星	錙正	(外	出)					宗地						
				孝淮	敏試	振鐸	玟四	原宿	嵩															
									端仁	錦正	奇潤	美供												
									問															

34	35	36	37	38	39	40	41	42	43	44	45
奇	美	元	會	運	世	宗	孔	希	孟	道	
奇倉	美珍	元化	會聞	運撓							
				運楣							
			會方	運松							
				運柏							
				運槐							
				運才							
				運梓							
				運楠	世育	宗堂	孔鉮	希成	虎生	道祥	
										道明	
										道軍	
									孟春	道文	
									孟國		
								希新	孟平	道武	
										道崑	
									孟皇		
									孟立		
								希仁	孟發		
						宗埂	孔民				
							孔鈐				
						宗序	孔辰				
						宗杜					
						宗地					
			會圖	運梧	世秩						
				運菁	世灼						
				運杰	世橘						
				運奧							
			會創	運冠	世斯						
				運量	世務						
					世枝						
					世彤						
			會甲	運思	世烈						
		元寅	會恩	運周							
		元義	會試	運熹	世煥						
					世炎	宗圭	孔鑾	希源			
							孔戈				
							孔允				
					世予						
					世丞						
				運金	世享	宗塾	孔鉅	希萍	孟來	道德	
								希有	孟才		
									孟勝		
									孟生		
								希福	孟水		
						宗梦					
						宗塢	孔珍	希汀			
								希沅			
			會進	運猷	世煌	宗塤					
					世耿						
					世烯	宗嶺					
						宗執					

34	35	36	37	38	39	40	41	42	43	44	45
奇	美	元	會	運	世	宗	孔	希	孟	道	
						宗洪					
				運典	世熻	宗竟					
						宗塾					
					世靈	宗芬					
						世樊					
奇淋	美韞	元章	會榜	運桂	世斕						
					世烽						
					世煒	宗圩					
					世甚						
		元熙	會雯	運虔	世侮	宗仆					
						宗祝	孔寅	希才	孟珍	道林	
								希興	孟啟		
									孟書		
									孟來		
								希道	孟龍	道海	
									孟文	道環	
							孔連	希禮	孟仁	道福	
									孟義	道金	
										道平	
										道兵	
									孟道	道展	
									孟德	道忠	
									孟友	道松	
										道建	
					世靈						
			會武	運尚							
				運特	世斐						
					世炬						
			會洲	運容	世零	宗念					
						宗塤					
			會蜻	運芬	世常	宗均					
					世追						
					世炬						
				運坊	世追	宗均					
						宗采					
						宗聖					
						宗同					
									孟禮	道鋼	
										道電	
									盉程	道繼	
									孟才	道根	
										道譜	
									孟華	道六	
								希福	孟冬	道宇	
										道濤	
									孟春	道耀	
	美略	元溟	會林	運柯	世任						
				運興	世烷						
					世燖						
		元瓏	會皆								

34	35	36	37	38	39	40	41	42	43	44	45
奇	美	元	會	運	世	宗	孔	希	孟	道	
			會化								
			會林								
	美盛	元旦	會乾	運攸							
奇顯	美成	元馨	會潘	運耀	世煌						
		元令	會海	運繼	世煬						
					世煦	宗縣					
						宗嚴					
奇浚	美皇	元霞	會攝	運旌	世學	宗張					
奇浪	美浪	元謀	會嘉	運托	世照	宗壕					
						宗墉					
	美昭	元揚	會廉	運鋼	世餐	宗聖	孔皆				
			會檢	運誕	世桑	宗采	孔锈	希漢	孟科	道長	
									孟榮	道國	
									孟發	道祥	
									孟才		
		元釗	會心	運衢	世潭	宗善	孔田	希豐	孟科	道芳	
									孟林	道龍	
									孟生		
									孟會		
							孔銀	希仁	孟忠		
									孟方		
									孟志		
								希海	孟德		
									孟貴		
									孟運	嘉孝	
	美景	元枚	會唐	運肅	世熊	宗析	孔志				
						宗論					
					世幼	宗界					
						宗青					
						宗壢	孔鎬				
					世焜	宗列					
						宗稟					
						宗環					
						宗圭	孔容	希聖	孟富		
									孟貴		
									孟才	道元	
									孟寶		
								希生	孟斌		
									孟文		
									孟武		
									孟鳳		
								希星	孟全		
									孟聖		
								希友	孟洪		
		元階	會同	運長	世烓	宗型	孔國	希斌			
							孔和				
					世恩						
			會典	運宜	世熔	宗發	孔福	希來	孟松		
								希連	孟柏		
							孔忠	希國			
							孔根	希文			
								希禮			
						宗福	孔友				
							孔發				
奇潤	美供	元兆	會船	運保	世炕	宗草	孔釘	希明	孟刑	道凡	
									孟秀	道桑	
									孟良		
							孔彭				
							孔鉆	希和	孟富		
				運焯	世炳	宗詹	孔鎬				
				運占	世炳	宗詹	孔釘	希發			
							孔釬				
				運佑	世東	宗煊	孔和	希文			
								希武			
							孔釗				
				運詩	世福	宗茂	孔釗				
							孔才	希竹	孟南		
									孟何		

34	35	36	37	38	39	40	41	42	43	44	45
奇	美	元	會	運	世	宗	孔	希	孟	道	
							孔宏	希華	孟友		
									孟根	道鵬	
						宗防					
						宗婉					
奇波	美功	元慶	會寅	運佳	世祈	宗謹					
					世兵						
奇流	美彝	元椿	會葵	運秦	世尊	宗俊	孔鈁	希潤	孟國	道理	
									孟華		
								希海	孟告		
								希河	孟譜		
								希湖	孟譜		
奇峰	美純	元鏡	會召	運玉	世焱	宗城	孔鈞	希太			
								希文	榮紹	道價	
										道來	
									榮見	道開	
										道華	
										道成	
						宗傷	孔鉦				
						宗堃	孔鉍				
						宗塌	孔質				
							孔銓	希彬	榮陽		
									榮宗	道光	
										道正	
									榮和	道太	
										道安	
									榮邦	道揚	
									榮和		
									榮康	道樂	
										道萬	
						宗埭	孔奇	希堯	孟富	道廣	
								希輝	孟國	道明	
										道俊	
									孟欽		
									孟新		
									孟長	道告	
奇溪	美剛	元殿	會銓	運烈	世炳	宗增					
				運榮	世熺	宗墹					
					世爍	宗壁					
						宗壇					
				運朝							
				運官	世焱	宗基	孔鑫	希全	孟福	道一	
										道二	
									孟波		
								希壽			
								希紹	孟生	道一	
										道和	
										道忠	
										道春	
									孟建	道亮	
										道聯	
									孟武	道偉	
奇賢	美像	元寬	會勝	運鶴	世增	宗坪					
						宗尚	孔秋				
							孔有				
							孔成	希東	孟福		
									孟君		
								希全	孟東		
									孟海		
								希床	孟建		
								希好	孟榮		
奇源	美祿	元瑤	會陸	運迎	世熔						
				運逵	世炎	宗明	孔鋮	希潭			
								希泔			
							孔及				
							孔銘				
					世無	宗堤	孔鑾	希忠	孟英		
							孔湖	希河	孟松	道宇	
									孟柏		

34	35	36	37	38	39	40	41	42	43	44	45
奇	美	元	會	運	世	宗	孔	希	孟	道	
						宗廛	孔鏈	希域	孟良	道繼	
										道偉	
										道志	
									孟友		
							孔兵	希盛	孟寧	道根	
										道育	
								希忠	孟英	道揚	
										道余	
										道義	
								希追			
								希融	孟根	道田	
										道良	
									孟和		
								希本			
			會侯	運逵	世無	宗麝	孔兵	希還	孟德	道文	
									孟福	道貞	
										道虎	
									孟球	道勇	
									孟堂	道飛	
								希瑤	孟春		
							孔鏜	希清	孟棋	道良	
										道生	
										道文	
							孔鑫	希清			
							孔營	希忠			
							孔鑫				
							孔銳	希禾	孟車	道將	
								希花	孟林	道利	
									孟洪	道兵	
										道金	
									孟良		
								希告	孟輝	道金	
									孟展		
									孟龍		
							孔銜	希望	孟根	道釗	
										道豐	

34	35	36	37	38	39	40	41	42	43	44	45
奇	美	元	會	運	世	宗	孔	希	孟	道	
									孟癸	道波	
									孟冬	道強	
										道敏	
								希石			
								希林			
			會侯	運逵	世愿	宗顯	孔炳				
							孔斜	希富			
								希海	孟豐	道新	
										道亮	
								希連	孟渾		
									孟春		
							孔鑥				
							孔湖				
				運逵	世叟	宗友	孔文	希德	孟連	道生	
									孟庭	道戶	
										道友	
								希良	孟佐	道根	
										道德	
									孟右	道成	
										道詳	
									孟全		
						宗保					
						宗塔					
						宗奎					
						宗池	孔乾	希勝	孟明	道相	
								希鳳	孟秋		
									孟明		
								希源	孟志		
									孟圭		
								希友	孟尚		
				運道	世清	宗竟					
						宗堯	孔豐				

江西宜春水江鄉滄溪村元芳公支系

血緣：31 世一嵩、32 世端統、33 世定正、34 世奇銘、35 世志貴、36 世元芳、37 世會科、

36	37	38	39	40	41	42	43	44	45	46	47
元	會	運	世	宗	孔	希	孟	道	俊	名	
元芳	會科	運械	世通	宗兆	孔曉						
				宗堠							
				宗舉							
				宗渝	孔猷	希淚					
						希湄					
		運贊	世通	宗德	孔彰	希聖	孟樂				
							孟慶	道建			
								道屏			
							孟生	道梅			
								道桂			
								道軍			
					孔倬	希賢	孟開	道輝	俊升		
								道純			
							孟通	道南	俊祝		
								道祥	俊斌		
									俊偉		
									俊僑		
								道清	俊敏		
								道云	俊旺		
								道群	俊金		
								道萍			
					孔猷	希文	孟鋼	道龍	俊華		
									俊平		
								道順			
								道生			
					孔球	希儒	孟初	道英	俊國		

36	37	38	39	40	41	42	43	44	45	46	47
元	會	運	世	宗	孔	希	孟	道	俊	名	
									俊飛	名勇	
								道鳳	俊志		
									俊明		
								道奎	俊球		
								道林			
							孟坤	道全	建英	名雄	
										名亮	
								道德	俊呂		
								道忠	俊軍		
							孟竹	(	贅劉	姓)	
		運年	世俊	宗坡	孔恩	希周	孟華	道平	俊海		
									俊舟		
								道根			
								道友			
								道全			
								道啟			
							孟盛	道財			
		運崧	世烘	宗桃	孔鋻	希滾					
					孔鈴	希銓					
			世燾								
		運皇	世爐	宗霆							
		運霖	世英	宗墅	孔生						
					孔共						
					孔潘						
				宗圮							
				宗坎							

36	37	38	39	40	41	42	43	44	45	46	47
元	會	運	世	宗	孔	希	孟	道	俊	名	
				宗育							
		運年	世浚	宗涂							
				宗坡	孔辰						
					孔材						
					孔章						
					孔嘉						
					孔承						
					孔生						
					孔華						
					孔恩						

36	37	38	39	40	41	42	43	44	45	46	47
元	會	運	世	宗	孔	希	孟	道	俊	名	
		運蒸	世熙	宗邦							
				宗廉							
				宗佛							
				宗堅							
	會魁										
	會倡	運金									
		運新									
		運修									
	會泰										

江西宜春市慈化鎮崔田念運植下汝泰支系

18	19	20	21	22	23	24	25	26	27	28	29	30	31	32	33	34	35	36	37			
念遠	資深	仕榮	珍	之裕	鎮	千一	耀	熙	金九	啟先	汝泰	琼	萬邦	祖暘	壽欝	克亮	茂恕	發棱	賢通	賢璧		

37	38	39	40	41	42	43	44	45	46	47	48
賢	廷	光	大	宗	公	德	長	懷	志	續	
遠	植	下	汝	通	公	嗣	賢	通	公	房	
賢通	廷瑩	光泰	大椿	宗煥	公投	德錢					
						德鈦	長明	懷東	志利		
									志兵		
							長衛	懷啟			
				宗烈	公萬	德釬	長生	懷虎			
								懷龍			
								懷鳳			
					公代	德鍊					
	廷灿	光時	大桃	宗炎	公搶	德鏢	長林	懷添			
						公業	德權				
							德心	長根	懷斯		
								長慶	懷凱		
						公里	德英				
							德卯				
		光堂	大棼	宗駁	公炎	德岸	會華				
					公金	德叔	長清	懷輝			
								懷鋼			
							長民	懷年			
							長福	懷慶			
		光渭	大楷	宗熬	公梦	德冼					
						德朔					
						德產					
	廷炎	光池	大檻	宗捆	公執	德休	長淇	懷開	志德		
							長渭				
							長安	懷友	志萍		
		光溶	大槍	宗燃	公發	德掏					
					公學	老澤					
				宗敏	公聖	德貫	長啟	懷勝			
							長壽	懷林			
								懷姣			
				宗燁	公未	德鐔	長桂				
							長有				
							長生				
							長華	懷庚	志成		
									志敏		
								懷萍			
								懷鑫			
					公勤	德貫	長啟	懷勝			
							長壽	懷林			
								懷姣			
						德流					
						德鉢					
					公載	德鈾					
遠	植	下	汝	通	公	嗣	賢	璧	公	房	
賢璧	廷錦	光淙	大松	宗炲	(六	子隨	母遷	廣西	六堂	墟)	
				宗炤							
				宗烺							
				宗奎							
				宗炬							

37	38	39	40	41	42	43	44	45	46	47	48
賢	廷	光	大	宗	公	德	長	懷	志	續	
				宗英							
			大柏	宗灿	義長		徙居	江西	泰和		
				宗煥	儒長	德全	長端				
				宗燔	公文	德珍	長科				
					公爵	德倫	長瑞				
					公湖	德隆	長鼎	懷生			
							長欽				
						德松	長鼎	憻生			
			大挺	宗貴		徙居	廣西				
		光源	大栗	宗文	公貴	德原	長焜	懷光	志錦		
									志綉		
								懷友	志前		
									志程		
							長庚		出外		
				宗耀	公發	德綱	長聲	懷福	志秋	續生	
										續根	
										續來	
							長家	懷榮			
								懷華			
						德紀	長和	懷富	志榮	續長	
										續萍	
										續義	
									志福	續林	
									志貴		
								懷貴			
					公財	德愛	長忠				
						德家					
						德祥					
					公迪	德書					
						德詩	長善				
							長壽				
						德禮					
						德樂	長接				
					公吉	德成					
						德文					
						德行	良生				
				宗旺	公冬	德玉	長全				
				宗宏	公成	德斌	長隆	懷鳳			
								懷凰			
								懷高			
								懷飛			
								懷喜			
							長虎	懷科			
							長順	懷仁	志明	續桂	
										續發	
								懷義	志柏	續鵬	
									志六	續萬	
										續里	
									志有	續程	
										續興	
									志煜	續旺	

37	38	39	40	41	42	43	44	45	46	47	48
賢	廷	光	大	宗	公	德	長	懷	志	續	
								懷智			
							長星	懷佐			
								懷佑			
							長財	懷禮	志海	續文	
										續武	
										續茂	
										續祥	
									志坤	續琳	
					公富	德周	長楊	懷生	志端		
									志林		
						德姬	長鳳				
						德水	長明				
						德茂	長高				
							長效				
							長粮	水發	志軍		
						德忠	長武	懷桶	志金	續檢	
										續根	
							長輝				
					公喜	德梅	長贊				
							長來	懷顯	志慶		
									志賀		
							長崇	懷金	志宇		
								懷財	志輝		
									志平		
								懷柳	志堯		
								懷銀	志亮		
									志華		
						德信	長平				
						德正	長國				
							長泰				
							長安				
							長永				
							長樂				
				宗富	公連	德昌	同生	遷居	湖南	攸縣	
					公柏	德材	長厚				
						德桂	長彩				
				宗煌	公益			遷居	湖南	瀏陽	
					公晉						
		光湜	大樹	宗發	公榮	德訓					
						德誥	長瑚	懷德	志山	續輝	
				宗厚	公懋	德材	長松				
							長柏	懷炎	志永		
									志遠		
							長樟				
							長標				
						德發	長株				
						德興	長梓				
				宗高	公照	德虎	長光				
							長裕				
					公明	德龍	長萬	懷煜	志萬	續椿	
									志年	續柏	
									志文		
						德喜	長廷	懷忠	志武		
						德林	長祿	懷泉	志堅		
									志毅		
								懷庚	志敏		
									志剛		
								懷浩			
						德田					
					公元	德鵬					
						德鷗					
						德鶴					
						德鴻					
						德鸝	長祝	懷林	志成		
								懷杰	志濤		
								懷寅			
								懷春			

37	38	39	40	41	42	43	44	45	46	47	48
賢	廷	光	大	宗	公	德	長	懷	志	續	
遠	植	下	汝	泰	公	支	系				
				宗明	公華	德鳳	長發	懷譜	志寶	續綱	
									志東	續金	
										續流	
										續寶	
									志芬	續成	
										續真	
									志春		
							長茂	懷厚	志禮	續啟	
										續斌	
									志樂		
									志安		
							長林	懷新	志連		
							長增	懷來	志生		
									志財		
									志繼		
						德凰	長生	懷明	志洪	續海	
										續冬	
									志庚		
									志桂	續院	
										續志	
										續友	
									志淼	續甘	
										續方	
									志光		
						德賢	長福	懷元	志堂	續來	
										續財	
				宗悠	公寬	德臻	長金	懷東	志檢		
									志波		
								懷南			
								懷西			
								懷北			
					公信	德來	長能	懷萍	志斌		
							長立	懷柏	志鐸		
								懷榮	志學		
									志閣		
								懷國			
					公敏	德萬					
					公惠	德善					
						德煜					
			大梁	宗唐	公行	德輝	長和	懷瑞	志偉		
									志業		
								南牙			
								懷永			
			大棠	宗順	公祖	德廣					
					公炳	德有					
				宗介	公保	德富					
				宗財	公海	德崇					
			大相	宗沐	公炎	德意	長森	懷強			
								懷勇			
								懷士			
							長磊	懷建			
								懷川			
								懷蜀			
							長森	懷紅			
								懷軍			
			大楠	宗虞	公道	德祿	長慈	懷烈	志長		
									志發		
								懷秒	志其		
									志祥		
									志家		
								懷高	志昌		
									志盛		
							長祥				
			大元	宗來	公鑫	德位					
						德佛					
						德庄					
		光洝	大樟	宗俊	公源	德南	長主	懷涓	聖林		

37	38	39	40	41	42	43	44	45	46	47	48
賢	廷	光	大	宗	公	德	長	懷	志	續	
									育林		
									九根		
									小根		
							長有				
					公福	德和	長禮				
							長高	懷陽			
						德合					
					公祿	德浩	長洋	懷珍			
					公壽	德映					
						德癸					
			大榜	宗恩	公台	德玉	長汪				
遠	植	下	汝	平	公	支	系				

29	30	31	32	33	34	35	36	37	38
汝平	鎡	萬瑤	凱環	壽感	克全	茂先	發祥	賢龍	廷瑞
									廷琳
									廷玖

37	38	39	40	41	42	43	44	45	46	47	48
賢龍	廷瑞	光浩	大李	宗燿	公高	德金	長沮	懷椿			
							長桀				
							長溺				
					公增	德文	長氾				
					公在	德龍	兄弟	均遷	湖南	攸縣	
						德鳳					
					公均	德鍾	長池				
							長沿				
							長溪				
						德鋼					
						德袁					
					公盛	德鏵	長江	懷亮	志榮	續文	
									志軍		
									志發		
							長淮	懷定	志根		
									志潤		
									志福		
							長河	懷東	志忠	續華	
								懷友	志成		
									志友		
									志貴	續發	
							長漢	懷明	志金		
									志秋		
							長泉				
				宗鐸	公城	德錄	長滄				
							長浪				
							長沂				
							長汝	懷村	志和	續財	
									志明		
									志榮		
							長溱				
				宗煒	公璋		兄弟	遷居	湖南	攸縣	
					公環						
					公坊						
				宗烽	公監	德後	長演				
					公坫	德益					
					公坩	德扶	長泊				
						德饋	長深	懷連	志文	續斌	
										續君	
									志強	續凱	
									志程		
									志發		
								懷金	志永	續譜	
									志遠		
									志昌		
									志盛		
								懷志	志禮		
							長淵	懷森	志壽		
									志濤		
								懷細	志新		
									志許		

37	38	39	40	41	42	43	44	45	46	47	48
賢	廷	光	大	宗	公	德	長	懷	志	續	
								懷玉	志學		
								懷榮	志亮		
			大振	宗熿	公附	德全	長活				
						德根					
		光湛	大极	宗熺	公堪	德鏈					
					公琦	德錦	長潑	懷文	志庚		
							長勇	懷興	志蘭		
									志桂		
									志騰		
									志芳		
								懷順	志有	續彬	
										續輝	
								懷煌	志福		
									志化		
								懷福	志林		
									志明		
							長沌	懷明	志瑞		
									志祥		
					公坎	德釭					
					公集	德尚	長混	懷啟	志檢		
					公壕	德錨	長漆	懷林	志龍		
									志呈		
									志祥		
								懷杰	志鳳		
								懷火			
								懷禮	志虎		
									志豹		
					公兆	德鹿	長溶				
					公塔	德銪	長登	懷勇			
							長錦				
							長綉	懷猛	志觀		
								懷強			
								懷發			
							長峰	懷剛			
								懷丁			
								懷財			
				宗圭	公塘	德星	長鳳	懷國			
								懷辰			
								懷景	志喜		
							長洵	懷仁	志峰		
								懷干			
								懷聖	志太		
									志江		
							長洧	懷景	志滿		
						德仁	長洋	懷振	志光		
									志明		
									志忠		
						德鏵	長濤				
						德錠	長波	懷南	志福		
								懷松			
								懷茂			
								懷富			
								懷昌			
					公墟	德鐺	長泉	懷武	志宇		
									志軍		
						德茲	長星	懷聞			
					公堪	德樂	長明	懷令	志庚		
									志茂		
				宗勛	公坷	德復	長涯	懷廷	志森		
									志水		
							長浊				
					公育	德嬰	長清	懷楠			
								懷柏	志生	續平	
										續林	
									志細		
								懷樹	志武	續震	
										續江	
										續山	

37	38	39	40	41	42	43	44	45	46	47	48
賢	廷	光	大	宗	公	德	長	懷	志	續	
									志成	續樟	
										續梓	
							長海				
							長波				
						德昌	長潘	懷前			
								懷后			
								懷通			
								懷達			
								懷理			
					公玠	德原	長湖				
							長涇	懷育	志林	續根	
									志根		
									志榮		
								懷輝	志文		
									志平		
								懷耀			
								懷海			
					公垣	德夷	長游	懷隆	志少		
									志柏		
								懷鳳	志品		
									志洋		
								懷成	志發		
								懷臨			
						德宣	長洋				
				宗黛	公交	德典	長有	懷材			
							長興	懷軍			
								懷海			
					公埸	德鎮	長征				
							長福				
							長壽	懷勇			
								懷林			
								懷剛			
						德晉	長征				
			大槐	宗廉	公堃	德艾	長洪				
					公主	德鐮	長浩	懷深	志龍		
									志鳳		
								懷琼			
								懷珍			
							長次				
				宗娣	公童	德錫	長汶	懷榮	志春		
								懷生			
						德鏡	長先	懷田	志春		
								懷化			
								懷滿			
						德奎	長沐	懷桑	志萌		
								懷根			
						德孚	長桂	懷錦			
								懷茂			
								懷松			
						德鉅	長永	懷鳳			
								懷仇			
								懷恩			
	廷琳	光汲	大楹	宗壙	公塤	德曾	長淞				
							長柏	懷竹			
								懷晃	志光		
								懷烈			
						德宏	長洙				
							長漳				

37	38	39	40	41	42	43	44	45	46	47	48
賢	廷	光	大	宗	公	德	長	懷	志	續	
				宗恢	公垂	德錯	長根	懷曲			
								懷丁			
							長烈	懷軍			
					公根	德鑫	長科	懷檢			
								懷思			
							長學	懷綱			
							長念				
					公堤	德鎗	長新	懷廣			
								懷寬			
				宗塘	公學	德釣					
					公棣	德鎬	長淮	懷煒			
								懷磊			
								懷擘			
								懷璨			
						德鐸					
					公界	德晃	長浚	懷璋			
						德鏵	長淼	懷安			
								懷文			
						德宗	長杰	懷恩			
							長如	懷祖	志鑫		
					公塹	德容	長耀	宇鑫			
						德惠	長其	懷光			
							長平				
							長友	懷潮			
								懷平			
						德星	長輝	懷穎			
								懷猛			
								懷翔			
			大桐	宗始	公善	德召	長潢	懷春	志斌		
									志鵬		
							長潤				
						德鈴	長棟	懷橋	志昌		
									志勛		
									志萍		
								懷友			
					公奎	懷鉢	長外				
						德求	長春	懷劍			
								懷洪	志民		
								懷海			
							長明	懷秋			
								懷財			
							長秋	懷成			
				宗烽	公幸	德生	長榮	懷鼎			
					公票	德鉛	長萬	懷驗			
								懷駿			
	廷玖	光淳	大櫟	宗馭	公淡	德鈁	長水				
							長定	懷文	志剛		
									志安		
								懷毅	志強		
									志貴		
							長章	懷清			
								懷斌			
							長河				
							長滬	懷來			

35	36	37	38	39	40	41	42	43	44	45	46
茂	發	賢	廷	光	大	宗	公	德	長	懷	
遠	植	公	嗣	汝	海	支	系				
	30	31	32	33	34	35	36	37			
	玉千	萬善	凱照	壽祖	克富	茂梓	發笔	出繼	歐陽		
						茂楠	發暹	賢亨	廷泉		
茂楠	發暹	賢亨	廷泉	光渙	大樺	宗燎	公砦	德鑫	長湘	懷高	志清

35	36	37	38	39	40	41	42	43	44	45	46
茂	發	賢	廷	光	大	宗	公	德	長	懷	
											志歡
										懷炳	
									長禮	懷珍	
										懷運	
									長洪	懷洋	

35	36	37	38	39	40	41	42	43	44	45	46
茂	發	賢	廷	光	大	宗	公	德	長	懷	
									長緒	懷安	
					大業	宗淼	公琰	德立	長壹	懷國	
									長廣	懷箭	
									長強	懷偉	
					大構	宗休	公環	德虎			
					大季	宗游	公瑾	德吳	長珍		
								德亮	長發		

30	31	32	33	34	35
玉灌	萬福	壽年	克馨	茂椿	發禧
					發福
					發儒
				茂槿	發貴
				茂梅	發禕
					發載
					發榑
					發任
		凱正	壽律	茂相	發祚

35	36	37	38	39	40	41	42	43	44	45	46
茂椿	發禧	賢璽	廷珂	光決	大樽	宗璽	公志	德笙	長興		
									長隆		
								德望			
							公成	德華	長譜		
								德茂			
	發福	賢堤	廷珣	光浥	大國	宗熠	公坤	德鐿	長滄	懷秋	
									長淑	懷仁	
										懷峰	
					大樁	宗慰	公桀	德洪	長淮	懷新	
										懷建	
								德式	長武	懷榮	
										懷平	
								德宜	長志	懷永	
										懷啟	
										懷桃	
								德仕	長澧	懷闖	
									長濤	懷勁	
						宗煤	公堅	德鈿	長妾		
									長勤	懷勇	
										懷宇	
								德鈴	長軍	懷寧	
										懷安	
								德錕	長贊		
									長敏	懷軍	
							公臻	德基	長軍	懷寧	
						宗通	公里	德銅	長茂	懷輝	
									長關		
									長忠		
								德桂	長春	懷炳	
									長平		
								德秋	長華	懷譜	
									長水	懷勝	
										懷玉	
			廷琢	光泊	大样	宗羲	公掩	德好	長林	懷茂	
			廷基	光桂	大梯	宗綱	公埸	德針			
								德業	長信	懷灿	
						宗烘	公執	德化	長華		

35	36	37	38	39	40	41	42	43	44	45	46
茂	發	賢	廷	光	大	宗	公	德	長	懷	
								德鉍	長冬	懷文	
										懷尉	
									長吳	懷科	
茂椿	發儒	賢襄	廷獻	光辟	大稀	宗鵬	公埧	德舒	長庚	懷學	
										懷建	
									長發	懷訓	
									長勝		
								德滿	長偉		
						宗鸝	公堆	德铠	長城		
				光巨	大榣	宗鵞	公赴	青生			
茂槿	發貴	賢周	廷晃	光通	大橫	宗冉	公平	德根			
								德生			
						宗未					
						宗方					
茂梅	發禕	賢疆	廷來	光聚	大柳	宗煬	公化	德庚			
								德明			
茂梅	發思	賢載	廷錦	光騰	大條	宗炯	公顯	德堂	長軍		
								德榮	長庚		
						宗駒	公炳	德其	長久	懷庚	
						宗馴	公段	德繼	長柱		
									長松		
						宗鴻	公墩	德旺	長安		
								德開	長林		
									長盛		
								德來			
				光典	大村	宗耳	公啟	德林	長平		
									長永		
					大楨	宗駢	公彩	德牙	長龍		
							公益	德平			
								德永			
				光洹	大台	宗展	公累	德定	長城	懷海	
										懷平	
								德民	長金		
						宗騫	公塘	路生			
								新建			
					大素	宗非	公北	德龍			
								德虎			
						宗亭	公發	德福	長譜		
								德壽			
							公財	德文			
								德根			
※			廷釗	光游	大棕	宗肅	公耆	德鑾	長龍	懷評	
								德端	長鳳	懷滿	
							公教	德淦	長添		
									長深	懷發	
※							公老	德鑾	長龍	懷評	
								德淦	長添		
									長深	懷發	
						宗鳳	公特	德釜	長新	懷生	
										懷棟	
										懷梁	
							公詩	德鋮			
							公赤	德來			
								公封	德鈎		
									德鋪		

44	45	46
長新	懷生	志真
	懷棟	志龍

35	36	37	38	39	40	41	42	43	44	45	46
茂	發	賢	廷	光	大	宗	公	德	長	懷	
								公維	德芹		
					大道	宗爐	公壽	德牢			
								德鳳	長征	懷朝	
茂梅	發槤	賢陞	廷銘	光法 光晉	大棐 大棕	宗焯 宗鳩	公玎	德金	長文		
									長武		
								德華	長城		
									長江		
			廷錄	光仲	大棲	宗鵬	公塹	德龍	長林		
									長來		
								德卯	長金		
		賢基	廷鋪	光贛	大樟	宗光	公煮	德錦			
			廷玷	光沔	大棵	宗熄	公明	德水	長旌		
									長真		
								德洪			
				光湯	大稼	宗烙	公春	德羅			
		賢型	廷宏	光潢	大銀	宗鵝	公廉	德陽			
					大櫃	宗務	公陵	德唐			
								德茂			
				光注	大樂	宗鴴	公又	德美	長仁	懷剛	
							公林	德啟	長洪		
							公量	德齊	長庚		
							公殿	德享	長科		
						宗炬	公浩				
					大朗	宗宣	公疆	德齋	長輝		
							公成	德武	磊晶		
								德文			
								德彬			
					大棺	宗反	公璽	德良			
			廷鈿	光斬	大路	宗皇	公埠				
							公墟	德成			
							公遺	德林	長立		
					大棘	宗昆	公萬	德圳			
				光濡	大雷	宗炳	公維	德軍	長虹		
									長風		
									長晶		
								德敏			
								德平	長彬		
								德勇			
					大彬	宗旋	公壇				
							公垛				
						宗鯖	公未				
							公樹	德敏	長飛		
				光煮	大楚	宗原	公珍	德觀			
								德根			
							公水				
							公細				
							公文	德海			
						宗驅	公石	德漆			
					大樊	宗明	公未	德火			
							公新	德福			
								德鈴			
							公來	德斌			
							公教				
				光英	大柱	宗灼	公發	德根			
					大棟	宗兆	公輝	德雄			

35	36	37	38	39	40	41	42	43	44	45	46
茂	發	賢	廷	光	大	宗	公	德	長	懷	
								德流			
								德厚			
								德興			
								德發			
					大椅	宗料	公周	德石	長財		
								德招			
							公壽	德武			
					大尤	宗熯	公升	志林			
						宗標	公堃	祿林			
								家林			
							公渡	濤牙			
						宗悠	公耀	德長			
								德槍			
							公貴	德福			
					大原	宗春	公聖	德財			
							公譜				
					大青	宗熙	公德	德來			
							公生	德遠			
								德近			
					大癸	宗熙	公放	德庚			
						宗異	公森	德譜			
							公禮	德文			
	發任	賢堡	廷敖	光溉	大棚	宗連	公茂	德建			
								德化			
32	33	34	35	36	37	38	公洪	德檢			
凱証	壽律	克文	茂相	發祚	賢毅	廷番					
						宗煊	公眉	德攸	長淮		
									長淙		
									長液		
								德錙	長連	懷紀	
										懷庚	
										懷福	
								德鍼	長光	懷金	
										懷興	
										懷梅	
										忙神	
										懷浩	
										懷自	
									長輝	懷定	
										懷武	
										懷高	
					大英	宗炳	公度	德鍬	長宏		
						宗羲	公報	德侯	長湛		
	45	46	47						長浙		
	懷棟	志煥	續梅					德欽	長汴		
		志義							長淋		
	懷桐	志灯	續坤						長湘		
			續凌						長浩		
			續城					德銘	長生		
			續填		大樅	宗煙	公寧	德喋	長洛	懷桂	
		志蠲	續均							懷林	
		志輝	續清				公辛	德胡	長源	懷優	
			續峰						長流		
		志煌						德象	長再		
								德蒲	長彬	懷省	
										懷青	志財

35	36	37	38	39	40	41	42	43	44	45	46
茂	發	賢	廷	光	大	宗	公	德	長	懷	
											志茂
										懷友	
										懷江	
				光淇	大揮	宗舟	公千	德厝	長潰		
									長福	懷家	
									長祿	懷國	志根
			廷交	光洧	大榛	宗高	公風	德攸	長渙		
								德錸	長緜		
		賢正	廷瑜	光涯	大梅	宗灿	公埧				
			廷璋	光浙	大模	宗燗	公固	德御	長泳	懷楝	
									長沾	懷梁	志煉
											志爐
				光洋	大緜	宗英	公卷	德遂	長治	懷春	志曾

35	36	37	38	39	40	41	42	43	44	45	46
茂	發	賢	廷	光	大	宗	公	德	長	懷	
									長沙		
						宗灯					
						宗享	公致	德陽	長沛	懷梧	
										懷桐	
									長酒		
									長勃	懷桃	志燦
					大棚	宗友	公塘	德辟	長洲		
						宗正	公台	德雷	長連	懷東	
		賢文	廷圭	光濂	大扶	家气	公壁	德匱	長隆		

江西萍鄉上栗縣梘木沖念祿公支系

33	34	35	36	37	38	39	40	41	42	43	44
文	韜	錦	清	柄	煥	增	銘	淑	林	輝	
念	祿	公	嗣	志	海	公	支	系			
		18	19	20	21	22	23	24	25		
		念祿	仁杰	九呈	善達	裕昆	肇發	志海	霖霄		
		26	27	28	29	30	31	32	33		
		孔相	大成	明理	恩堯	廷正	秉陽	應裕	文達		
						廷文	秉純	應候	文聯		
						廷杰	秉初	應鄉	文芳		
								應柏	文立		
							秉乾	應連	文正		
文達	韜輝	錦先	清善	柄潤	煥俊	增廣	銘華	淑生			
								淑饒			
							銘春	淑其	林回		
								淑貴	三喜		
								淑仔	單林		
						增林					
文聯	韜和	錦鳳	清泮	柄中	煥昱	增接					
						增章	銘發				
							銘節				
							銘來				
							銘盛	淑賢	林生	輝暉	
								淑彬	林春		
									林鳳		
									林繞		
									林發		
									林福		
								淑春	林家		
									林風		
							銘德	淑發	林發		
									林根		
				柄綸	煥笏	增接	銘至				
							銘潤				
			清淵	柄權	煥達	增賓	銘光				
				炳鋒	煥綢	增星	銘業	淑標	根林		
									根陂	輝劍	
										輝芬	
									林堂		
								淑招	林國		
								淑金	蘭林		
									北林		
						增日	銘先	淑禮	林海	輝根	
									林其	輝友	
							銘坤	淑珍	林告	彭波	
								淑才	林水		
									林松		
								淑初	林根		
								淑友			

33	34	35	36	37	38	39	40	41	42	43	44
文	韜	錦	清	柄	煥	增	銘	淑	林	輝	
							銘通	淑梅	林輝		
									林鳳		
						增云	銘養	淑飛	林么	輝輝	
									林友	樂亮	
									美林		
							銘純				
							銘聚				
						增明	銘琴	淑梅	林料		
							銘業				
							銘精	淑海			
								淑和	火根		
									海文		
								淑戶	友林		
									水根		
								淑根	海林		
									火根		
								淑晚	建根		
								滿牙			
							銘通				
						增釧	銘普	淑文	林秋		
						增貞	銘耀	淑蘭	林蘇	輝高	
										輝許	
									舒林		
									運林		
								淑桂	月林		
							銘濤	淑騰	林海	輝虎	
									右林	玉庭	
										樂廷	
									林友		
								淑芳	尚林		
								淑良	高林		
									尚林		
									愛林		
								淑余	海浪		
								淑志	林敏		
								淑玉	權林		
						增發	銘永	淑國	洪林		
								淑家	金生		
									起林		
									發林		
								淑未	江林		
									舍根		
								淑堂	豐富		
		錦全	清涌	柄干	煥琮	增顏	銘早	淑梅			
						增祥					
						增昌	銘鎬	淑文	林萍		
									林江		
								淑武			

33	34	35	36	37	38	39	40	41	42	43	44
文	韜	錦	清	柄	煥	增	銘	淑	林	輝	
								淑斌			
						增名					
						增庚					
				柄興	煥鼎	增芙	銘發	淑年	劍鋒		
									林材		
									林德		
					煥曜	增容	銘彪	淑禮	林文		
									林華		
									林海		
			清湛	柄玑	煥炳	增然					
				柄來	煥康	增淼	銘祥	淑高	伯林		
							銘彩	淑意	林梘	特龍	
								淑仁			
								淑贊			
								淑洪			
								淑文	林然		
									林叁		
							銘真	淑永			
								淑江	興林		
				柄主	煥許	增戊					
					煥川	增慶	銘享				
					煥通	增秋	銘余	淑波	金波		
									超生		
								海豐	雙林		
									對林		
									右林		
									雙林		
								海山			
		錦禧	清江	柄日	煥貞	增忠	銘運	淑庄	文林		
									全林		
									和林		
									國林		
								淑芳	其林	新龍	
									百初		
									百根		
									貴生		
							銘秀				
					煥型	增忠					
						增享					
					煥庭						
				柄社	煥庭	增享	銘秀	淑章	林松	輝良	在兵
		錦祥	清海	柄政	煥連	增福	銘和				
							銘純				
						增祿					
						增疇	銘倭				
							銘區				
							銘府				
							銘倜				
					煥琳	增芬					
						增芸	銘生				
						增華	銘介				
					煥湖	增光	銘坟				
							銘氣				
							銘番	淑鵬	林聰	輝生	彭彬
											彭星
										輝計	
									林友	輝辰	
									林桂	輝全	
										輝梘	
										輝喬	
								淑程	林某	輝松	彭利
											彭亮
										輝萍	
										輝庭	
									林倉	輝志	
										輝成	
										輝海	

33	34	35	36	37	38	39	40	41	42	43	44
文	韜	錦	清	柄	煥	增	銘	淑	林	輝	
								淑萬	林萍	南坤	
									林波	琳	
									林涌	海	
									林洪		
						增清	銘有				
							銘玢				
							銘介				
				柄楷	煥榜	增沅	銘德				
							銘埸				
							銘言	淑裕	林生	彭成	
										彭偉	
						增亘	銘典	淑棟	林蘭	輝文	在長
											在高
										輝武	在德
											在初
										輝國	在連
											在建
										輝富	
										輝貴	
									林桂	輝全	在清
										輝有	在啟
										輝發	茂古
										輝財	
										輝尚	
					煥奎	增貞	銘忠				
							銘祿	淑水	林初		
							銘循				
							銘敦				
							銘厚				
					煥珊	增立	銘規				
						增安	銘歡	淑炳	林柏		
									林寨	彭榮	
										彭裕	
							銘樂				
							銘有				
						增隆	銘箴				
							銘高				
							銘蟾				
				柄獻	煥堂	增寬	銘泰	淑富			
							銘見	淑飄	江平		
							銘沉		出繼		
					煥勛	增信	銘沅				
						增敏	銘潛				
				柄訓	煥秋	增耀	銘純				
						增詔	銘聰	淑會	平林	彭得	
										彭銀	
									文林		
									波林		
									尾林		
		錦祥	清河	柄圭	煥喜	增發	銘智				
							銘仁				
							銘男				
						增達	銘日				
							銘月				
							銘斗	淑亮	一林	輝清	
									二林		
						增潤	銘科				
							銘軍				
							銘聯				
							銘登				
							銘金				
							銘華				
							銘鈁				
				柄隆	煥文	增興	銘緒				
							銘仕				
							銘盘				
							銘印				

33	34	35	36	37	38	39	40	41	42	43	44
文	韜	錦	清	柄	煥	增	銘	淑	林	輝	
							銘倬	淑鑫	林梘	輝玖	
									柏林	鵬	
									某林	晉	
								淑針	林森	輝新	
									林從	輝友	
										輝來	
										輝許	
									林許		
						增周	銘倬				
						增緝	銘群				
						增燕	銘賢				
							銘群				
		(	先祖	世系	不詳	)	銘次	淑海	林虎	輝梘	
									紹林	樂平	
									波林		
									雨林		
		錦祥	清注	柄灿	煥名	增星	銘武	淑朗	林懷	輝文	曉雨
									林德	輝華	
										輝許	
									林珍	輝平	
									林勝	輝武	
							銘湯	淑芬	林金		
								淑林	林斌	見蘭	
									林祥	輝駿	
									林玖	輝平	
									林自		
								淑兵			
								淑樹	林海	輝告	
										輝現	
									林梘		
					煥受	增岐	銘新	淑善	林輝		
								淑賢	林華	輝超	
									林福	輝明	
								淑能			
							銘禾	淑漢	小梅		
							銘貴				
						增魁	銘棋	淑文	林啟	小蘭	
									林雨	輝東	
										輝許	
									林凡	輝亮	
								淑唐	林右		
					煥銓	增堯	銘西	淑坤			
							銘兵				
						增嵩	銘謙				
							銘受				
							銘益	建兵			
								建輝			
								建軍			
						增昆	銘經	淑蘭	林廣	輝早	
										輝秋	
									林冬	輝桃	
									林生		
									林文		
								淑高	林國	彭波	
									林梘	輝湖	
									林發	彭那	
									林蘭	彭安	
							銘海	淑金	林標	輝金	
										輝林	
									林生	彭益	
										輝通	
								淑德	林洪		
								淑和	林寨		
								淑明	林黨		
									偉		
							銘波				
							銘桃				
							銘浪				

33	34	35	36	37	38	39	40	41	42	43	44
文	韜	錦	清	柄	煥	增	銘	淑	林	輝	
						增喻	銘賜				
						增岷	銘祥	淑倫	林鶴		
									林松		
							銘邦	淑良	林清		
									林芝	輝波	
							銘存				
			清渠	柄柯	煥良	增祜	銘修				
					煥棟	增禧	銘威				
							銘佳				
						增發	銘謙	淑鑫	林紅		
								淑炳	林洪		
								淑田	林春		
									林炎		
								淑忠	林海		
							銘坤				
							銘良				
							銘坎				
					煥楣	增優	銘秋	淑華	金連		
								淑付			
							銘主	淑松			
								淑根			
				柄恭	煥楠	增美	銘君				
							銘臣				
							銘義				
	韜樂	錦松	清渭	柄蘭	煥容	增梅	銘春	淑喜			
								淑慶	益林	輝雙	
										輝有	亮
									裕林	輝武	
										輝全	春根
							銘金	淑良	梅林	輝萬	后萍
										輝年	
									松林	樂梘	
								淑田	林源		
							銘芳				
							銘伸				
						增蕊	銘鳳	淑發	來森	輝根	
										輝貴	
									友林	樂韜	
									左林		
									曉林		
									偉林		
				柄連	煥崇	增深	銘善	淑林	萍林	輝兵	
									秋林		
									忠林		
							銘記	淑周	發林		
									春林		
				柄宗	煥壁	增彬	銘蕊	淑梅	林聖	萍蘭	
								淑鳳	林生	輝武	
										輝義	
									包林	榮生	
									寬林		
									滿林	道生	
								淑皇	全林		
									秀林	輝禾	
									木林	輝根	
									輝林	彭園	
						增文	銛森	淑全	林喜	輝志	
										輝在	
									林珍	輝貴	
								淑銀	海林	輝紅	
										輝亮	
									漁林		
						增堂	銘權	淑忠	一林	彭飛	
									二林	樂輝	
									告林		
								淑星	衛林	輝福	
									國林		

33	34	35	36	37	38	39	40	41	42	43	44
文	韜	錦	清	柄	煥	增	銘	淑	林	輝	
									波林		
								淑仲	招林		
									江林		
				柄芳	煥堯	增松	銘哲	淑招	梘林		
									勇林		
							銘亮				
							銘惠				
							銘儀				
							銘寬				
					煥學	增亮	銘清	淑友	林桃	輝葵	星榮
								淑和	林生	輝海	
										輝洪	
									林財	輝文	
									林發	輝祥	
									林桂		
									林富		
								淑來			
								淑斌	林高	建輝	
										輝國	
										輝金	
									林隆	戰輝	
									林虎	輝國	
						增勝	銘乾	淑洪			
								淑漢	林祥		
							銘坤	淑洪	林其	輝喜	
						增疆	銘樞	淑平	林劍		
							銘田	淑教			
								淑堂			
					煥艾	增虎	銘炎	淑財	林洪	輝德	
										輝智	
										輝祥	
									林秒	輝勝	
									林生	輝柳	
								淑秀	聖林	輝龍	
									見林		
									少林		
									松林		
					煥學	增湯	銘裕	淑農	許根	輝祥	
									友根		
								淑許	林享	輝金	
								淑連	林洪	建科	
									林生		
									林根		
								淑德	林發		
									林根		
								淑華	伙林	輝麗	
									佑林		
							銘和	斌堂	彭榮		
									彭謙		
		錦梅	清涼	柄積	煥節	增福	銘東	淑木	軍		
							銘南	淑許	萍	輝淼	
									林果	劍	
								淑享	林光		
									林忠		
							銘丁				
						增欽	銘華	淑炎	華林	樂超	
									秋林		
									委林		
								淑禮			
								淑來	林懷		
									林通		
									林新		
							銘海	淑禮	松林		
							銘友	淑明	清林		
								淑會			
							銘余	淑金			
							銘安	淑梘	亮林		

33	34	35	36	37	38	39	40	41	42	43	44
文	韜	錦	清	柄	煥	增	銘	淑	林	輝	
								淑皇	美林		
								淑友			
							銘富				
						增照	銘池	淑良	林全	輝文	
										輝全	
									海林	輝武	
									許林	樂根	
								淑珍	松林	晶晶	
									淼林	輝龍	
									安林		
									春林		
					煥選	增侃	銘藻	淑融			
							銘堂	淑成	林許	偉	
									林富	軍	
									林才	芳	
									林立	斌	
								淑立	林根	輝建	
										輝林	
						增葵	銘丁	淑奕	林富		
								淑祥	林福	輝梘	
								淑計	林桃	水生	
									林聰	水利	
									林淼	水利	
										水根	
				柄聰	煥科	增海	銘谷	淑梘	林波		
								淑灿	林龍		
									林鳳		
								淑天	牡丹		
								淑喜	宣發		
							銘倉	紅波			
							銘富	淑茶	未林		
									偉林		
文芳	韜義	錦堂	清有	柄華	煥綸	增全	銘富	淑和			
								淑平	育林		
								淑洪	彭禮		
									林鳳		
								淑省	汲文		
								淑武			
								淑灿			
								淑春			
						增洪	銘良	淑雨			
							銘來	淑芬	宣黨		
								淑喜			
							銘芳	雪花			
							銘海	淑喜			
							銘蘇	彭清			
				柄珍	煥湘	增岸	銘求	淑凡	芳林	彭翔	
										彭程	
									長林		
								淑德	雪板		
								淑厚	飛林		
									偉林		
	韜仁	錦開	清才	柄光	煥錦	增權	銘谷	淑懷			
								淑義	春波		
									冬林		
								淑月			
							銘生	淑連	宣亮		
								淑見			
								淑計			
						增崇	銘成	淑懷	冬林		
							銘自				
文立	韜有	錦林	清葉	柄浩	煥莪	增康	銘開	淑文			
					煥本	增和	銘安	淑資			
								淑田	伙林		
									湖林		
									章林		
						增選					
						增熙					

33	34	35	36	37	38	39	40	41	42	43	44
文	韜	錦	清	柄	煥	增	銘	淑	林	輝	
					煥立	增選	銘正	淑攀	崇林	輝宏	
										輝德	
								根牙			
							銘安				
							銘壁				
							銘光	淑輝	風云		
							銘璽	淑祥	林富		
							銘績				
							銘琅				
念	祿	公	嗣	志	斌	公	房				
	18	19	20	21	22	23	24				
	念祿	仁杰	九星	善述	裕昆	肇發	志斌				
	25	26	27	28	29	30	31	32	33		
	振霄	孔贊	大謨	明文	勝堯	廷松	秉華	志福	文壁		
				明簡	壽堯	廷桂	秉良	應祥	文惠		
								應佑	義煥		
									文允		
	昂霄	孔邦	大福	明覺	國堯	廷相	秉清	應麟	文滔		
								應鸞	文宗		
								應鳳	文興		
文壁	韜經	錦余	清瑤	柄親	煥波	增春	銘姜	淑用	林杞	彭忠	
										彭劍	
										彭德	
									林華	輝文	
										輝武	
								椒盛			
							銘美				
							銘召				
					煥鴻	增得					
						增潭	銘象	淑財			
							銘云	淑財			
								淑發	桂林	輝勝	
										輝枝	
										彭輝	
						增得	銘國				
							銘云	淑讓			
								淑瑞	林記		
									林春		
			清河	柄專	煥雄	增冠					
					煥文						
					煥節	增佑					
					煥隱	增倡					
					煥福	增隆					
					煥綠	增信	銘開	淑堂	華勝		
									華文		
文惠	韜素	錦鋻	清詩	柄秦	煥鰲	增秀	銘煌	淑根			
文煥	韜紹	錦峰	清音	柄棹	煥炯	增峨	銘禮	淑海	林樹		
								淑河	林果		
									林苗		
								淑江			
							銘義	淑風			
								淑清			
								淑輝			
						增第					
			清順	柄宏	煥槐	增屺					
						增浣					
						增流	銘萬	淑左			
								淑滿			
							銘代	淑子	雙喜		
								淑才			
								淑見			
							銘香	金成			
								有成			
			清沸	柄緒	煥榆	增錦	銘清	乃文	鐵山		
									鐵江		
								乃武			

33	34	35	36	37	38	39	40	41	42	43	44
文	韜	錦	清	柄	煥	增	銘	淑	林	輝	
								乃鋒			
						增重	銘主	淑庭	土林		
									田林		
							銘清	乃文	鐵山		
									鐵江		
								乃武			
						增整	銘考	二成	峻林		
								一成	甘林		
							銘連	春生			
								建科			
							銘虎	海珠			
								海兵			
					煥榕						
					煥博	增廷	銘清	淑斌			
					煥杞	增季	銘國	淑桂			
								淑淼			
							銘根	淑忠			
								淑醫			
			清淵	柄任	煥梧	增木	銘新	淑根			
						增來					
	韜綬	錦制	清茂	柄葵	煥圃	坫錦	銘春	淑彬			
					煥翊	增綿	銘春				
							銘連	春生			
								建科			
						增肅	銘安				
						增亮	名春	淑裕			
							銘廷	冬良			
							銘積	淑裕			
								淑武			
								四連			
文允	韜績	錦云	清譜	柄華	煥長	增超	銘丹	淑正	林祥	輝友	
										輝富	
								淑譜			
								淑喜			
							銘才				
						增成	銘田	淑文	林輝	輝芳	
										輝武	
43	44						銘香	淑武			
輝友	在生					增育	銘享	淑才	林發	輝星	
	在林									輝志	
	在勝									輝成	
輝富	彭丁									輝生	
輝星	在勝								林庚	輝光	
	在輝			柄洵	煥彬	增清					
輝志	許生					增塏	銘常	淑罰			
	在記							淑丁	林啟	輝根	
	在文									輝林	
輝成	在忠								林貴		
	路生							淑義			
輝生	在清					增香					
輝光	在高					增志					
	韜續	錦麟	清泉	炳渠	煥泗	增利	銘友	淑松	林		
									林玉		
						增貞	銘許	淑未	林斌	龍蛟	
									林江		
								淑根	新林		
								海淼	忠林		
	韜組	錦堂	清府	柄翰	煥琬	增敬	銘斗	淑秋	林福		
									林根		
									見林		
								淑龍	林金		
									林發		
								淑滿	成林		
					煥若	增順					
		錦巽	清矣	柄萬	煥璃	增賀	銘室	淑花	萬萍		
							銘竹	淑鋒			
文允	韜縉	錦重	清洧	柄鳳	煥象	增皇	銘黨				

33	34	35	36	37	38	39	40	41	42	43	44
文	韜	錦	清	柄	煥	增	銘	淑	林	輝	
	韜厘	錦珠	清楷	柄標	煥斐	增徐	銘淼	淑年	建軍		
							銘騰				
			清錫	柄楫	煥先	增煽	銘謀	淑炳	友林		
									金林		
									來林		
						增介					
				柄檜	煥柳	增介					
				柄樞	煥辰	增技	銘清	淑祥	林波		
								淑萬			
						增徐					
			清錫	柄桓	煥柏	增炯	銘贊	淑松			
								淑二			
							銘根	檔金	彭林		
					煥橋	增煽	銘謀	淑丙	友林	遠萍	
									會林		
									米林		
				柄枋	煥先						
			清言	柄許	煥咸	增玖	銘發	淑萬	彭珍		
								淑友			
								尾			
							銘良	小紅			
								小萍			
	韜幼	錦岸	清周	柄壽	煥見	增洪	銘主	淑許	陳林		
									包蓮		
									包林		
		錦聞	清逢	柄炬	煥油	增科	銘遠				
						增華	銘秋				
							銘根				
							銘鏡				
							銘遠				
					煥謀	增揚	銘友	淑光	林和	輝文	
									林堂	輝挑	
									林九	輝東	
									林皇	輝根	
								淑蓮	林春	輝洪	
									林谷		
									林秒		
						增顯	銘福	淑祥	林海	樂亮	
									雪峰		
						增丁	銘昭	淑海	林萍		
							銘義	淑洪	林松		
									林許		
							銘仁	淑海			
								淑清	林晚		
									林許		
									林松	林生	
										冬萍	
						增回	銘挽	淑明	林生		
									林友		
								銘友			
								銘福			
								銘禮			
						增滿					
						增庶					
				柄治	煥圖	增疇	銘乾				
							銘送				
							銘發				
							銘湖				
							銘春				
							銘狗				
						增比	銘仁	淑虎	海林	樂煌	
									林秋		
						增元	銘龍				
						增輝					
						增海	銘見	淑富			
							銘署	淑聖	林木	輝偉	
									林根	輝林	
									林杞		

33	34	35	36	37	38	39	40	41	42	43	44
文	韜	錦	清	柄	煥	增	銘	淑	林	輝	
								淑現	少林		
							銘見	淑富	新林		
									建林		
					煥芝	增忠					
						增諸	銘務	金生	春輝		
								金龍	彭智		
								金萍	彭寧		
								金林	彭建		
								建忠			
								金軍			
						增金					
						增連					
				柄警	煥懿	增保	銘鏡	淑春			
								淑書	中根		
								淑維	林財		
									林成		
									林席		
								淑玄	林福	劍云	
										樂國	
								淑凡	金生	輝軍	
										輝明	
					煥來						
					煥喜						
					煥兵						
			清正	柄喬	煥羽	增福	銘琪	淑喜			
								淑友			
								淑廣	林云	輝告	
										輝柳	
				柄憲	煥烈	增黨	銘燕	淑伸	林貴	輝康	
									林德	友思	
								淑德	林富	輝許	
									林高	彭青	
									林山	旖	
									林美		
					煥猛	增盘	銘崇	淑和			
							銘輝	淑柏	福林	輝濤	
										輝其	
									林如	彭寧	
									林忠	彭斌	
									林海		
								淑林	林波		
									林森		
								淑茂	彭榮		
								淑樹	海萍		
								淑淼	海蛟		
							銘繼	淑松			
								淑許			
								淑远			
						增凰	銘堂	淑田	林告	輝亮	
										輝見	
									林海		
									林佑		
								淑信	林新		
									林聰		
									林紅		
								淑標	运林		
									林忠		
							銘后	淑斌	林坤	樂凱	
										樂友	
									林同	樂明	
									林風		
								叔洪	林友		
									林發		
							銘仁	淑虎	海林		
									林秋		
							銘瑞				
							銘福				
			清觀	柄裕	煥曉	增德	銘佑	淑洪	林柏	輝友	

33	34	35	36	37	38	39	40	41	42	43	44
文	韜	錦	清	柄	煥	增	銘	淑	林	輝	
									林友		
		錦由	清潮	柄鋒	煥能	增本	銘壽	淑良	志鋒		
								淑銀	見鋒		
								淑廷	海鋒		
							銘興				
						增堂	銘興	淑聖	金城		
								淑甫			
								淑模			
								淑廣			
								春生			
					煥紹	增安	銘金	淑平	佛生		
									樹生		
									火生		
								淑果	萬林		
									千林		
								淑梘			
								淑梁			
						增國					
					煥芯	增國	銘主				
							銘良	淑仁			
				柄旺	煥鶻	增凡	銘爵				
							銘橋				
							銘茂				
							銘禮	淑南			
								淑貴	秋生		
									金武		
								淑騰	林許		
								淑芳			
								淑立			
								淑志			
								淑城			
			清魁	柄时	煥情	增稔	銘資	淑森	林起	禮平	
				柄絢	煥敦	增梘	銘展				
						增洲	銘美	淑日	林南		
								淑月			
								淑德			
							銘槐	椒志			
								淑其			
					煥騰	增傳	銘章	淑彪			
								淑启			
	韜啟	錦屏	清譚	柄權	煥瑶	增緒	銘南	淑杞	林揚	輝平	
										輝胜	
							銘釗				
							銘有				
						增發	銘風	淑金			
								淑隆	启林	輝丁	
										輝才	
									林初	輝秀	
									林谷	輝發	
								淑虎	瑞林	輝騰	
									彭芳	彭鈡	
							銘蛟				
						增廷	銘隆				
						增洪	銘釗				
				柄軑	煥銀	增淑	銘輝	淑許	生林	輝仁	
										輝定	
								淑記	林生		
									良林		
									尾林		
						增爽	銘有				
						增姜	銘招	淑慶	其林	輝友	
										輝海	
									來林	輝平	
									發	彭毅	
					煥令	增見	銘益	淑富	榮林	輝駉	
									祝林		
									秋林		
				柄鈞	煥朋	增苗	銘科	淑林	林發	輝友	

33	34	35	36	37	38	39	40	41	42	43	44
文	韜	錦	清	柄	煥	增	銘	淑	林	輝	
										輝發	
										輝達	
				炳瑟	煥闈	增香	銘連				
							銘鈡	淑彪	享林		
									計林		
								淑启	洪林		
								淑甲			
				柄雅	煥壽	增埕	銘池	淑還	禾香		
								淑丁	彭橋		
						增苗	銘科	淑林	林發	輝有	
										輝發	
										輝達	
									武林		
							銘儒	淑禾	水明		
									桃林		
								淑球	双林		
							銘禎	淑葵	金生		
								淑梘			
								淑平			
	韜名	錦城	清賜	柄教	煥舒	增煌					
					煥暹	增煌					
						增象	銘對	淑丁	林生	輝聰	
										輝明	
									林福	紅粮	
										中粮	
									林享	輝春	
									林發		
									林玖	安萍	
	韜名	錦城	清主	柄真	煥晃	增榜	銘初	淑成			
								淑汉			
						增价	銘慶	淑能			
								淑美			
								淑春	輝計		
							銘發	淑享	林都	和蘭	
									林芳		
								淑祿			
							銘盛	淑元	富林	輝禮	
										輝俊	
										輝友	
										輝良	
								淑和			
							銘茂	淑權			
							銘仁	淑新			
						增貴	銘閑	淑后			
								淑權			
							人				
					煥署	增鈡	銘華				
							銘上	淑禮	關林		
									建林		
						增瑶	銘對	淑丁	林生	輝聰	
										輝明	
									林福		
									林享		
									林發		
									林玖		
					煥晃	增百	銘盛				
						增富	名還				
							名塔				
							名喜				
							名閑				
							名詢				
	韜銘	錦星	清淮	柄聲	煥亭	增儔	銘戊	淑百			
								淑來	小梘		
								淑九	宣兵		
					煥莉	增弦	銘濤				
			清萍	柄持	煥壕	增氣	銘床				
							銘清				

33	34	35	36	37	38	39	40	41	42	43	44
文	韜	錦	清	柄	煥	增	銘	淑	林	輝	
							銘所				
							銘水				
						增慶	銘堂				
						增曉					
						增梯					
				柄奎	煥門						
					煥琢						
					煥才						
					煥辟	增色	銘會	淑松	淑松	林朋	
						增善	銘海	淑益	生林	輝劍	
									秋林		
				柄稼	煥鑫		銘真				
					煥哀		銘友				
					煥育	增正	銘春				
					煥源						
					煥藻						
					煥曦	增爵	銘休				
							銘卯				
					煥瑚	增篤	銘久				
					煥璉	增暄					
							銘棟	彭西	彭鈅		
								彭蘇	彭帆		
								彭闖			
							銘杯	小春			
								淑明	彭凱		
							銘杞	淑桂	少林		
								淑廣	武林		
								淑富	紅春		
									紅林		
								新見			
								文胜	梦明		
									梦哪		
						增早	銘尾	淑武			
								淑昌	江林		
								淑國			
						增漢	銘模	淑利			
						增希	銘模	淑利			
					煥才	增鐸	銘柏	淑谷	利成		
									彭苗		
								淑合			
								淑都			
						增湛	銘柏				
							銘松	淑金	秋生		
								建平	萍妹		
								淑良	鳳林		
								淑文	雪林		
									平生		
								淑蘭	春波		
							銘長	淑堯	林輝		
									忠生		
								淑永	林波		
									彭浪		
								淑江	彭林		
								淑西			
					煥思	增祥	銘裕	淑聰	林長	輝平	
										輝光	
									啟林	雪飛	
									松林	雪腸	
								淑省	河林		
								淑現	海林		
								淑儉	小妹		
								淑移	友林		
									江萍		
							銘田	淑連			
								淑林			
						增慶	銘有	淑宋			
								淑右	少林		
							銘芝	淑烈	奉林		

33	34	35	36	37	38	39	40	41	42	43	44
文	韜	錦	清	柄	煥	增	銘	淑	林	輝	
									青林	彭單	
									有林		
								淑挑	樹林		
									林棍		
							銘根	香妹			
				柄奎	煥琢	增堯	銘瑞	淑根	晶林		
					煥釗	增賞	銘其	淑庭	長林	輝建	
									其林		
						增新	銘照	淑斌			
					煥昱	增耀	銘瑞	淑堯			
							銘富	淑勝	金鳳		
								淑軍	彭聰		
								紅生			
								衛林			
					煥金	增拾	銘照				
							銘桂	東波			
			清萍	柄拔	煥干	增月	銘元	淑連	彭忠		
								水生	海斌		
									彭超		
								海生	彭嘉		
								平生			
					煥箴	增純	銘禾	淑美	正林		
							銘丙	淑谷			
						增端	銘炳	淑谷	四林		
					煥嵐	增章	銘美	理生			
								銘晶	金生		
								銘福	淑知		
								淑科			
							銘其	銀生			
								淑建			
	韜名	錦衣	清典	柄泮	煥宗	增坤	銘奎				
							銘新	淑柳	啟林	輝亮	
										輝忠	
									享林	輝海	
										輝灿	
									招林	高萍	
									生林		
									春林		
					煥序	一	銘機				
				柄宗	煥序	增譜	銘新				
文滔	韜武	錦美	清賦	柄位	煥瑜	增達	銘生				
						增鑫	銘海	淑煌	林志		
									林淼		
							銘波	淑林	林桂		
								淑平	林虎		
									林樹		
									林山		
								淑煌			
							銘生	淑青	林江		
						增金	銘其	淑漢	林友	輝金	
										輝亮	
			清至	柄鍾	煥能	增晃	銘厚	淑根	柏林	輝友	
									伙林		
								淑亮	價林		
									茂林		
								淑山	金林		
									秋林		
								淑保	忠林		
									洪林		
							增芹	銘逮			
								銘旭			
				柄希	煥旌						
					煥施	增邦	銘建	淑祥	林友		
								淑光	林許		
									林洪		
									林福		
									林胡		
							銘旭	淑周	林春		

33	34	35	36	37	38	39	40	41	42	43	44
文	韜	錦	清	柄	煥	增	銘	淑	林	輝	
						增氣	銘告	淑萬			
								淑才			
		錦興	清梅	柄開	煥烈	增元	銘志	淑福	華林	輝義	
									林計	輝海	
							銘謨	淑主	許林	輝松	
										輝成	
								淑福			
							銘暄	淑發	林壽	輝福	
										輝聰	
								淑緒			
								淑享	林祥	輝根	紅梅
											紅丹
										輝金	
										輝皇	
									林秋	輝偵	
								淑春			
								淑明	林黨	輝波	
										輝濤	
									成林	含辛	
										含草	
									林槐	輝琳	

33	34	35	36	37	38	39	40	41	42	43	44
文	韜	錦	清	柄	煥	增	銘	淑	林	輝	
									和林	輝宇	
									春林	樂龍	
						增襄	銘鳳	淑堂			
							銘鴦				
							銘寬	淑堂			
								淑華	包林	輝漆	
										輝偉	
									德林	輝力	
									加林	輝彤	
									勝林		
									谷林	輝桅	
								淑海	林青	輝丁	
									林來	輝仁	
									林普	輝鎮	
									林柏	輝武	
								淑湖	美林	輝進	
									禾林		
								淑淼	拾林		
									堅林		
									強林		

35	36	37	38	39	40	41	42	43	44	45	46
錦	清	柄	煥	增	銘	淑	林	輝	在	鍾	
錦琮	清海	柄卿	煥舉	增球	銘烷	淑升					
	32	33	34	35		淑道					
	鸞	文宗	韜發	錦琮		淑基					
						淑域					
					銘宗						
				增高							
	清濱	柄仲	煥冬	增道	銘祥						
					銘增	淑春					
					銘申						
					銘根						
					銘其						
				增基							
				增域							
			煥季	增職							
錦瑞	清琦	柄茂	煥略	增隆	銘敦	淑理	建林	輝友	在龍		
								輝根	在章		
32	33	34	35						在國		
應風	文興	韜仕	錦瑞					輝萍	在亮		
								輝標	在彬		
		柄楓	煥考	增城	銘相	淑申	芳林	輝尚	在家	鍾萍	
										鍾林	
									在海	鍾明	
										鍾亮	
										彭蓉	
									在標		
					銘教	淑純	早林	輝就	在虎		
									在成		
			煥鮮	增祥	銘銑	淑毅	海林	小容	在敏		
	清滔	柄閣	煥忠	增沅	銘星	淑諒	木林	美珍			
						淑保	長林	輝戊	冬生	裔偉	
									建明		
									水根		
									后勇		
									冬勝		
						淑珍	松林	輝龍	在國	玲玲	
							柏林	輝喜	在根		
								輝祿	在亮		
									在貞		
							桂林	輝福	在武		
								輝壽	在梗		
								忠			
							其林	輝成			

35	36	37	38	39	40	41	42	43	44	45	46
錦	清	柄	煥	增	銘	淑	林	輝	在	鍾	
			煥周	增金	銘祝	淑貴	林風	輝記	在根		
								輝德	在文		
									后武		
								輝好			
							林啟	輝根	在金		
									在萍		
								輝友	在紹		
									在勇		
								輝萍			
								輝海	后根		
								輝國	在建		
									后霄		
				增武	銘止	淑員	享林	輝富	桂英		
								輝余	在龍		
								輝春			
								輝冬			
							其林				
						淑富	邰林	輝明			
								輝許			
				增彩	銘喜	淑珊	包林	輝萍			
	青韜	柄定	煥南	增循	銘榮	淑敖	學林	輝海	在喜		
									在慶		
					銘諫	淑江	祝林	輝虎	在良		
				增光	銘余	淑彤	風林	輝春			
			煥都	增寶	銘珍	淑慎	福林	輝成	在欽		
							裕林	輝放	在北		
								輝良	在金		
							元林	輝成	在銀		
			煥廷	增麟	銘宗	淑身	瑤林	輝崇	在初	鍾果	
									在梅		
									在丙	鍾松	
										鍾林	
						淑謀	保林	輝珊	在全		
									在友		
			煥蒸	增辰	銘昆	淑怡	鶴林	輝金	在俊		
									在亮		
					銘書	淑庄	發林	輝桂	在根	鍾先	
				增思	銘眷	淑陶	佐林	輝學	在家		
									在仁		
				增遠	銘沅	淑縉	佑林	愛紀	在友		
					銘魁	淑經	甫林	輝明			
						淑善	枝林	輝偉			
						淑思	永林	輝樹			

35	36	37	38	39	40	41	42	43	44	45	46
錦	清	柄	煥	增	銘	淑	林	輝	在	鍾	
							沐林	輝洪			
								輝愛			
						淑琪	華林				
							煌林	輝發			
							怒林	輝湖			
							忠林	輝武			
					銘傳	淑良	泗林				
							挑林	輝水			
						淑棟	楚林				
						淑和	清林	輝賢	在來		
								輝聖	在成		
								輝彬	在金		
							蘇林	輝良	在望		
						淑啟	喜林	輝科			
								輝煌			
								輝意			
錦瑞	清濤	炳台	煥身	增諾	銘從	淑斌	盛林	輝富	在根		
						淑安	柄林	輝保	在丁		
							財林	輝其	在建		
							余林	輝清			
								輝真			
							金林	輝文	在勇		
								輝義	在祥		
						淑身	三林	輝祥	在理		
					銘謙	淑年	全林	輝喜	在桃		
								輝波	在富		
							士林	輝加	在瑞		
							和林	輝忠			
瑞瑜	清云	柄翟	煥詔	增善	銘興	淑初	啟林	輝彬			
	34	35	36				和林	輝亮			
	韜仕	瑞瑜	清云		銘忠	淑棠	發林	輝龍	在岑		
							桂林	輝欽	在波		
								輝煌			
								輝良			
							根林	輝平			
							樹林	輝金			
						淑光	富林	輝鵬			
						淑伍	繼林	輝庭			
								輝盈			
	清洋	柄福	煥成	增創	銘揚	淑全	梗林				
							武林				
	清贊	柄模	茂盛	金隆	興邦	獻桂	海文				
							開文	高峰			
							小林	檢成			
							江成	仟沅			
					興國	獻松	森文	輝龍			
								輝武			
					興福	獻旺	傳明	淼秋			
錦泰	清才	柄育	煥然	增喜	銘貴	淑和	應林	輝高	在萍	鍾波	
	33	34	35						在松	鍾洪	
	文興	韜衍	錦泰							鍾建	
								輝鳳	在貴	鍾亮	
									在建	鍾根	
									在德		
									在勝	許青	
						淑仁	生林	輝喜	在銀	鍾章	
									在文	鍾洪	
										鍾建	
										鍾根	
									在良	鍾生	
									在國	裔忠	
							林瑞	輝堂	在金	辭香	
									在谷	鍾山	
										鍾苗	
								輝明			
							永林	輝明	在洪	劍梅	

35	36	37	38	39	40	41	42	43	44	45	46
錦	清	柄	煥	增	銘	淑	林	輝	在	鍾	
						淑義	發林	輝祥	在海		
									在有	鍾明	
										鍾科	
									在連		
								輝安	在福	鍾余	
							財林	輝文	在杞	鍾生	
							享林	輝華	在斌	雪云	
									在新	鍾楓	
									在洪		
									在忠		
							福林				
				增來	銘鏡	淑寬	棟柏				
						淑坤	松林	輝連			
								輝生			
								輝美			
								輝良			
								輝全			
						淑豐	竹林	輝許			
								輝海			
							友林	輝來			
								輝主			
							崇林	成文			
								海文			
							茂林				
						淑春	新林	輝平	在義		
								輝現	在成		
								輝貴	在春		
								輝紅			
							富林	輝友			
								輝發			
							桂林	建洪			
							風林	輝春			
								輝忠			
							艾林	輝根			
					銘玖	淑崇	德林	在全	廣力		
							未林				

(2)贛南北鄉於都縣仙下鄉吉村村 <吉溪彭屋>宗譜

第一世	生於西漢昭帝元平元年丁未歲 西元前 74 年正月初七辰時 宣公 昭理公長子, 字子佩, 號寶勝. 生於漢宣帝壬申（西元前 49 年）正月初九日, 於元帝甲戌（西元前 47 年）三月初一寅時師張珞習易經明陽陰, 于成帝辛卯年（西元前 30 年）拜扶風協書令轉司空後封長平侯, 歿:元始四年甲子歲西元後四年十月十五日辰時　生三子: 武 威 聖.
第二世	閎公, 宣公幼子 , 享思闔, 生於成帝庚寅年(西元前 31 年), 生二子 歙 欲. 于平帝元始甲子由淮陽遷今徵州婺源黃墩禦林橋. 15 歲生次子欲。
第三世	欲公, 閎公幼子, 字體略, 生於戌帝乙巳年（西元 16 年）, 官金紫光祿大夫, 娶丞相長女,生三子, 孜 教 政, 自微州婺源禦林橋遷利陽承慶坊.
第四世	政公, 欲幼子, 名抗, 字碧岩, 生於平帝癸亥年（西元 3 年）, 征赤眉有功任金吾行軍司馬, 葬彭家尖曰龍駒山, 生二子 崢 嶸.
第五世	嶸公, 政公幼子, 名鑒, 字宗廷, 生於東漢光武丁未年（西元 47 年）, 明經及第官拜朝散大夫, 葬利陽花果園上金星嶺, 生一子 黻公.
第六世	黻公, 嶸公之子, 名孟祥, 字仲文, 生東漢和帝壬寅年（西元 102 年）, 安帝時幷起居郎, 生二子 珍 瑨 自利陽遷武陵.
第七世	瑨公, 黻公次子, 名宏, 字伯炎 生於東漢順帝丙子年（西元 136 年）, 官壬給事郎, 生五子 記道 記程 記義 記德 記行.
第八世	記德公, 瑨公四子,名果, 生於桓帝丁未年（西元 167 年）, 生一子 思公　自武陵歸利陽.
第九世	思公, 記德公之子,名紹祖,字文昭, 生於東漢靈帝戊辰年（西元 188 年）, 葬上蘭潛龍山,生一子尚林.
第十世	尚林, 思公之子, 名簡敬, 生於蜀漢後帝延熙 14 辛未年（西元 251 年）, 生二子 德遠 德遊
第十一世	德游公, 尚林幼子, 字澤周 生於西晉武帝庚寅（西元 270 年）娶何氏, 生一子 崇明, 遷芝城庶福寺.
第十二世	崇明公, 德遊公之子, 名存涵, 字源宗, 生於晉淮帝丁卯年（西元 311 年）, 生二子 抗 揮
第十三世	揮公 崇明公幼子,字晉陽, 生於東晉帝辛卯年（西元 331 年）.官至中書令,生一子 升公
第十四世	升公, 揮公之子, 名丹雲, 字道真, 生於穆帝乙卯年（西元 355 年）, 生一子 都公
第十五世	都公, 升公之子, 字允華, 號福元, 生於東晉考武帝癸酉年（西元 373 年）; 官拜待中大夫 生三子 巨集義 宏和 巨集仁.
第十六世	宏和公,都公次子,名如鵠,字全敬,生於安帝庚子年（西元 400 年）, 官拜函事郎 生二子,昭理 昭忠.
第十七世	昭忠公, 宏和公幼子, 名鎮, 字偉淋, 生於南宋文帝乙酉年（西元 445 年）, 梁武帝朝舉孝廉, 拜金紫光祿大夫, 生三子 榮 撿 樂
第十八世	榮公, 昭忠公長子, 名源, 字其材, 生於齊太祖高帝己未年（西元 479 年）, 生三子 默 點 熙, 由武遷慮溪
第十九世	點公,榮公次子, 仲,字文昭, 生幹梁武帝, 乙未年（西元 515 年）,官任後同大台閣大夫, 生一子, 熾
第二十世	熾公, 點公之子, 字存理, 生於梁武帝甲子年（西元 544 年）, 至陳武帝乙酉年任泰直郎, 生一子 壯
第廿一世	壯公, 熾公之子, 字宗開, 生於陳武（文）帝甲申年（西元 564 年）, 官幷登仕郎, 生一子桓
第廿二世	桓公, 壯公之子, 名一豹, 生於陳後主甲辰年（西元 584 年）, 至隋文帝年間官拜左僕射, 生一子綱
	綱公, 桓公之子, 字獻常, 生於隋文帝庚申年（西元 600 年）, 自芝仍轉祖居利陽, 生一子 宏禮.
第廿三世	宏禮公, 綱公之子, 字文炳, 生於隋煬帝丙子年(西元616年), 至唐太宗辛卯十六歲, 佐上征漢東官拜武散騎郎, 進金紫光祿大夫 , 生二子 奭 爽. 後謫袁州宜春令, 至宋高宗紹興廿六年, 與饒合修宗譜, 故曰宜春彭氏.
第廿四世	奭公,宏禮幼子,字景直. 兵部待郎, 後轉禮部郎中, 居河澗瀛州, 又遷哀州宜春, 生一子 夢鯉<構雲> 又歸祖利陽,（無西元紀年）壽 103 歲.
第廿五世	夢鯉公, （無西元紀年）
第廿六世	進公, 構雲之子, 名茲 字聖信, 生於玄宗癸醜年（西元 713 年）, 至元宗天寶丙戌科（西元 746 年）進士, 任洪都進賢令, 又升吉州廬陵令, 歿葬其地名義龍山之南陵, 世家幹此居焉。配黃氏, 生三子 宗瓢 宗勉 宗勤.
第廿七世	宗勉公, 進公次子, 名倜, 字志全, 生於唐元宗丁醜年（西元 737 年）, 至代宋廣德甲辰科進士, 任袁州宜春縣令, 擢兵部尙書, 後解組遷廬陵隱源溪,生三子 駱 馴 驊
第廿八世	馴公, 宗勉公次子, 名輔, 字子正, 與兄駱胎 生於唐德宗甲子年(公 784 元年), 官金紫光祿大夫, 兼理信州長史, 生七子 言詩 言易 言典 言謨 言誥 言訓 言學
第廿九世	生於西元 836 年二月十五日 歿西元 933 年三月。言謨 馴公四子, 名玗, 字廷玩, 生於唐文宗丁巳年（西元 837 年）, 官拜金紫光祿大夫, 授左龍韜上將軍, 檢校行軍司馬大蔚, 封國侯, 旋封<安定王>葬潭州長沙縣善州鄉集賢裡, 生十一子彥紋 彥暉 彥昭 彥旼 彥晌 彥回 彥晟 彥淋 彥琛 彥規 彥澄。另生十三女.
第三十世	生於 862 年歿 980 年十二月在 934 與彥暉奉昭統兵十萬入江西。裕公, 言漠三子, 名彥昭, 生於唐昭宗無戊寅年（唐宣宗十二年西元 858 年）, 唐昭宗朝官拜靜江節度使,尚書令檢校駕部郎中, 太傅太保。（注：生師俊公時年 80 高齡）娶十妻, 生 15 子. 立道 立成 立學 立興 立印 立甠 立賢 立周 立朝 立仁, 立才 立晉 立鄴 <業> 立楷 立傑. 另生 13 女。師庠 璉 建 奭 遇 旺 孔 簡 服 旦 孟 亮 浩 範 俊. 享年 119 歲
第卅一世	生於 938 年 歿於 1029 年 享年 90 餘歲。立傑公, 彥昭公第十五子 師俊公, 行十五郎, 字元傑, 後雨世宗時<西元 957 年>任虔州<贛州>司法參軍<又稱押可將軍>, 生於後晉戊戌年<公無 938 年>歿于宋己巳年 西元 1029 年，享年九十一壽。享年 119 歲 葬龍崗敬老院右後山上, 生六子, 國潤 <郢>國鎮<邦> 國祥<邠> 國臣<郯> 國賢<郇> 國寶,<鄶>
第卅二世	
第卅三世	國祥 祖瑋允邠, 生歿未詳. 原葬暗坑阮家嶺巳巽向, 配郭氏 較葬未詳. 繼配張氏 生歿缺 原葬本裡<永豐?>車上虎形 夫婦後遷葬寧都懷德鄉 二十六都張江潭. 戲水鵝形 今日蔡江圩背. 土名鵝形灣 墓地被毀　生五子 十一郎振德 廬陵黃汾祖 十二郎遜德 在表湖楊梅祖, 十三郎（注：新德, ） 甯都廖源祖　十四郎允德 在樂安開源祖　十五郎美德 居孤源.
第卅四世	國祥三子　十三郎 <德新> 祖名瓚 字仕 官都押衙將官. 由永豐表湖絞居寧都懷德鄉<古黃陂>二十六都廖源村<今日蔡江鄉山犁逕. 奉父國祥公,母黃氏骸骨卜兆于蔡江圩背鵝形灣. 生歿未詳待查. 葵廖源楊梅仙.<源頭村>, 卯酉兼甲庚. 道光九年重修, 祖妣闕氏, 生歿缺, 葬二十六都廖源磜角坑, 巳亥兼乾巽. 雍正丙午重修. 墳山上依嵊頂為界, 下依直出田坎為界, 左右俱似直出嵊咀為界,　常年收山稅錢一百文. 生子 <王貞> <王告> 琄 珣.
第卅五世	琄公, 祖生歿待查, 葬寧都懷德鄉二十六都廖源, 蔡江山利逕苦株樹下, 今名柞樹下. 牛形, 醜山未向, 清乾隆甲申年廖姓於墳前建房當著朝山, 以拆去前一間並簽立合同,載之老譜. 妣黃氏, 又繼妣羅氏 生歿待查, 葬懷德鄉二十五都雷公磜乙山辛向. 生三子. 三郎 四郎 五郎 <名五正>從廖源遷入於都城.
第卅六世	祖, 五正公　又名十三郎, 從蔡江廖源山利逕遷移於都繁衍後, 五正 公名下有一子 名百四公進入仙下鄉吉村村<名:吉溪--吉村彭屋>═百四生四子: 仲芳 仲信 仲仁 仲和. 葬于都大華詩　為建當校被毀.... 詳見<吉溪第九修族譜.>
第卅七世	祖: 仲芳公, 生三子, 秀夫 德彰 德昭
第卅八世	祖 秀夫公, 生二子, 九萬 九成.
	以下沒有了。以宣公算起 金福名下　六十三世

江西南昌伉公嗣思忠公世系表　彭世和

世系							構雲派字	子系	先祖世系血緣									
少典	黃帝	彭祖	宣公	構雲	思忠	均衡												
125	115	108	26	1			天	子	構雲									
126	116	109	27	2			地	子	滋									
127	117	110	28	3			初	長子	伉									

世系							構雲派字	子系	先祖世系血緣									
少典	黃帝	彭祖	宣公	構雲	思忠	均衡												
128	118	111	29	4			開	長子	俊									
129	119	112	30	5			日	子	言籍									
130	120	113	31	6			詒	子	彥鏗									
131	121	114	32	7			謀	子	立德									
132	122	115	33	8			己	子	鶩									
133	123	116	34	9			善	子	扶									
134	124	117	35	10			良	子	東									
135	125	118	36	11	1		功	五子	思忠									
136	126	119	37	12	2		深	二子	范湯									
137	127	120	38	13	3		垂	子	子仁									
138	128	121	39	14	4		史	子	壯									
139	129	122	40	15	5		策	子	嵩									
140	130	123	41	16	6		茂	子	公正									
141	131	124	42	17	7		績	長子	義斌									
142	132	125	43	18	8		簡	子	璋									
143	133	126	44	19	9		稱	二子	國器									
144	134	127	45	20	10		揚	子	玉山									
145	135	128	46	21	11	1	偉	三子	均衡	均衡	均衡	均衡	均衡	均衡	均衡	均衡	均衡	均衡
146	136	129	47	22	12	2	傑		伯華	伯英	伯英	伯英	伯英	顯卿	榮卿	祥卿	祥卿	祥卿
147	137	130	48	23	13	3	邦		志諒	得	得	至	敏	甫		忠		
148	138	131	49	24	14	4	家		罡	昊	旻	權		彥		省元		
149	139	132	50	25	15	5	幸		玉星	棠春	斌	少川		良		伯		
150	140	133	51	26	16	6	賢		子忠	大經	義	榮		綿		大		
151	141	134	52	27	17	7	才		清		定	戴		延		侗		
152	142	135	53	28	18	8	旅		良		萬	萬		百		古		
153	143	136	54	29	19	9	舍		明		大	春		世		壽		
154	144	137	55	30	20	10	香		雲應		肅	詩		昌		士望		
155	145	138	56	31	21	11	好		成		朝	書		裕		章藥		
156	146	139	57	32	22	12	古		朝	應	議	千		先		文俊		
157	147	140	58	33	23	13	欣		宗	世	先	載		恢		奕		
158	148	141	59	34	24	14	能		孝	元	世	盛		大		祉		
159	149	142	60	35	25	15	述		友	仕	之	禮		緒		利		
160	150	143	61	36	26	16	佑		忠	光	功	樂		治		儀		
161	151	144	62	37	27	17	我		信	國	培	百	澤	國		昌		宗
162	152	145	63	38	28	18	樂		禮	興	元	年	延	本	國	光		經
163	153	146	64	39	29	19	安		義	常	昌	新	百	家	治	明		開
164	154	147	65	40	30	20	康		敏	超	會	佑	世	常	家	世	立	盛
165	155	148	66	41	31	21	後		勤	行	復	啓	士	同	昌	澤	;德	世
166	156	149	67	42	32	22	哲		公	定	修	承	秉	定	世	長	希	國
167	157	150	68	43	33	23	承		寬	志	盛	宗	天	佳	遠	興	文	泰
168	158	151	69	44	34	24	先		正	家	典	德	真	宗	源	家	正	慶
169	159	152	70	45	35	25	緒		直	學	學	繼		法	長	繼	學	學
170	160	153	71	46	36	26												

江西萍鄉東源鄉禹二公支系

19	20	21	22	23	24	25	26	27	28	29	30	31	32	33	34	35	36	37	38	39	40	41	42	43
禹二	海堂	奇琼	仲賀	煥	日耀	加爵	茂一	忠二	朝慶															
								忠八																
								孝九																
								廉七																
								愛五																
							茂七	孝三																
								廉四																
								愛二	朝英	豫叟														
								愛八																
						加順	茂四	忠五	朝灝	銘叟	瑞翁	萬鋒	時詔											
												萬澤												
												萬弼												
												萬琳												
												萬輔												

※

31	32	33	34	35	36	37	38	39	40	41	42
萬	時	以	三	四	五	宗	金	鴻	炳	桂	
萬鋒	時詔										
	時訓										

※

31	32	33	34	35	36	37	38	39	40	41	42
萬	時	以	三	四	五	宗	金	鴻	炳	桂	
萬澤	時望	以公									
		以卿	三春								

31	32	33	34	35	36	37	38	39	40	41	42
萬	時	以	三	四	五	宗	金	鴻	炳	桂	
			三夏								
			三秋	四海							
				四惠							
				四表							
				四隅							
	時方										
萬弼	時序	兗二									
		徐三									
		梁五									
		雍六									
		豫八									
		揚九									
	時用										
	時庠										
萬琳	時達										
	時道										
	時亨										
	時清										
萬輔	時習										
	時修	冀									
	時學										
	時琢	吉四	三极								
		刑化	三正	三正	四靈	五禮					
					五俊	宗襲	金守				
							金通				
					五瑚						
					五珪	宗顏					
						宗聖					
						宗孔					
					五臣	宗先					
						宗昔					
						宗教					
						宗前	金袖				
							金閔				
							金聲	鴻肇			
							金祆				
							宗尚				
			三瑞								
			三杰	四成	五瑚						
				四喜	五珪	宗顏					
						宗聖					
						宗孔					
				四德							
				四愛							
		洲十	三謨	四端	五臣	宗先					
						宗昔					
						宗教	金袖				
							金閔				
							金聲	鴻肇			
							金祆				
				四維							
			三讓	四景	五瑜	宗仁	金韜				
							金略	鴻乾			
								鴻坤			
							金綸	鴻翀			
								鴻重			
								鴻董			
								鴻唐			
						宗義	金棟				
					五杰	宗武	金順				
						宗文					
						宗才					
					五英						
					五位						
				四配	五琮						
					五璜						
					五典						
36	37	38	39	40	41	42	43	44	45	46	47

31	32	33	34	35	36	37	38	39	40	41	42
萬	時	以	三	四	五	宗	金	鴻	炳	桂	
五典	宗興	金裕	鴻齡	炳元	仙桂	培紅	樹憲	立采	明倫		
							樹國	立彩			
							樹育	立風			
						培艫	樹顯	立貫			
								立友			
								立蔚			
								立萍			
								立標			
								立芳			
							樹菁				
					種桂	培初	樹剛	立煥			
					植桂	培聲	樹垣				
							樹正				
							樹极	立隆			
								立晉			
								立花			
							樹蹈	立路			
								立滁			
								立柏			
								立高			
					丹桂	培佐	樹民	立漢			
								立偉			
								立田			
						培佑	樹平	立謀			
								立峻			
								立吉			
							樹砥	立輔			
								立儒			
								立天			
							樹癸	立風			
					蟾桂	培一	樹理	立前			
								立煌			
							樹披	立容			
							樹午				

38	39	40	41	42	43	44	45	46	47	48	49
						立彩	全倫	勇常	振山		
								孟常	振峰		
								強常			
						立風	田化	蓮常			
						立貫	修倫	炳常	振文	起榮	
									振武		
									振治		
									振國		
						立友	卿倫	海常	振濤		
							瑞倫	招常	振海		
								志常	振芬		
									振庭		
								補常			
						立萍	榆倫	全常	振鵬		
									振驃		
							槐倫	明常			
						立晉	水倫	家常	振蘇		
								芬常			
								木常			
							華倫	水常			
								好常			
						立花	貴倫	初常			
								德常			
						立路	秀倫	躍常			
								柱常			
						立峰	會倫	禮常			
								芝常	振紹		
								道常			
								聖常			
								福常			

38	39	40	41	42	43	44	45	46	47	48	49
						立柏	綉倫	日常			
						立高	加倫	湖常			
								珍常			
							虎倫				
						立漢	祥倫	根常	振萍		
									振仁		
							忠倫	義常	振耀		
							有倫	安常	振宣		
									振瑞		
						立偉	序倫	蔚常	振恒		
									振顯		
							道倫	生常	振艷		
									振輝		
								啟常	振洪		
									振光		
									振明		
								滸常			
							德倫	經常			
								興常	振雷		
								朝常			
							軼倫	蘭常	振茂		
							敦倫	清常	振亮		
								濤常			
								江常			
						立田	吉倫	伯常			
								林常	振東		
								來常			
								茂常			
						立謀	茂倫	桂常	振清		
									振義		
								仁常	振招		
									振軍		
								風常			
						立輔	常倫	自常	振友		
								文常	振波		
								委常	振德		
							廣倫	運常	振超		
								成常			
						立儒	國倫				
						立天	建倫	外常			
								宜常			
						立風	萬倫	健常			
							富倫	洪常			
								忠常			
							蓮倫	豐常			
							無倫	兵常			
							梅倫				
						立前	伯倫	和常	振根		
									振利		
								建常			
						立煌	從倫	國常	振斌		
								財常			

36	37	38	39	40	41	42	43	44	45	46	47
五	宗	金	鴻	炳	桂	培	樹	立	倫	常	
五瑄	宗榮										
	宗華	金報	鴻由								
			鴻曲	炳明							
			鴻訓								
			鴻能								
	宗富	金鼎									
		金保									
		金翼									
	宗貴	金來	鴻明	炳招							
				炳紋							
			海陞								
		金吉	鴻謀								
			源立								

36	37	38	39	40	41	42	43	44	45	46	47
五	宗	金	鴻	炳	桂	培	樹	立	倫	常	
			鴻永	炳寅							
				炳鈞	森桂						
				炳湖							
		金用	鴻春	炳青	重桂	培球	樹芳				
			鴻建	炳清	孟桂	增蕃	樹庄	立正	勇倫		
							樹蒂	立付	庭倫		
							樹癸				
					仲桂	培					
						培珉	樹菖	立裕	盖倫		
									夏倫		
								立案	善倫		
						培琳					
						培珍					
					季桂	培榴	樹敬	立生	秋倫		
								立勝	管倫		
								立人	儒攸		
						培棟	樹智	立己			
								立宇			
						培梅	樹禮	立國			
						培檻	樹生	立淼			
								立廈			
			鴻書	炳蓮							
		金紹	鴻怡								
			源簡								
			鴻禧								
		金辰	鴻安	炳章							
				炳祺							
				炳濤							
				炳杠							
			鴻定	炳蓮	校桂	培蓁	樹富	立忠	子倫		
								立斌			
					通桂						
					達桂						
					鳴桂	培臻	樹盟	立所	浩倫		
				炳濤	連桂	培才					
五璜	宗春	金玉	鴻杰								
			鴻吉								
			源觀								
			源翔								
			鴻信	炳節	冬桂						
					大桂						
					秀桂						
					禾桂	培鳳	樹恢	立志	欣倫	常譜	
									球倫		
									偉倫		
							樹宏	立芹	漢倫	常前	
									雙倫	常英	
								立貴	備倫	常根	
								立騰			
								立亮	端倫	常春	
							樹谷				
							樹錦	立新	寬倫		
									清倫		
									告倫		
									拾倫		
									晚倫		
							樹拔				
						培凰					
					尚桂						
				炳澤							
				炳祉							
				炳容							
				炳暴							
			鴻贊								
			鴻滿	炳添							
				炳蒼							
				炳華							
				炳心	復桂						

36	37	38	39	40	41	42	43	44	45	46	47
五	宗	金	鴻	炳	桂	培	樹	立	倫	常	
					邀桂						
		金灿	鴻遇								
			鴻圖	炳事	鎖桂	培瑩					
						培華	樹猷				
							樹照				
							樹循	立紹	初倫	常旭	
										常鵬	
									愛倫		
						培輔	樹洋				
						培豪	樹参				
						培英					
					碩桂	培琮	樹秀	立明	庚倫	常本	
										常俗	
									就倫	常兵	
										常浪	
						培福	樹達				
							樹主				
							樹□				
							樹疏				
					和桂	培科					
						培然					
						培杰	樹盘				
			鴻輝	炳理							
	宗泰	金德	鴻窩	炳誼							
			鴻波	炳酉							
			鴻階	炳赤							
				炳變							
				炳赫							
				炳耀							
			源位	炳隆							
				炳遙							
				炳易							
				炳陽							
				炳登							
				炳巨							
五璸	宗泰	金德	鴻英	炳樂	燕桂						
			鴻彥	炳喧	日桂	培季	樹稼	立清	壽倫	常磊	
										常晶	
									新倫		
					高桂						
					才桂						
					舉桂	培本	樹嘉	立功			
							樹滋				
							樹人	立業	增倫	常萍	
						培誠	樹泉	立政			
							樹典	立西			
							樹型	立韶	益倫	常軍	
										常文	
									敏倫		
								立愛			
					蕊桂	培乾	樹謀				
							樹善				
							樹敦				
							樹周	立金	開倫	常敏	
										常路	
									木倫		
							樹農				
						培育					
						培剛	樹坤	立勇			
							樹倬	立寶	來倫	常共	
				炳祥	月桂	培□	樹喬	立言			
					石桂	培申	樹僑	立行			
				炳有	馥桂	培徙					
						培健					
						培番	樹向				
							樹稠	立根	金倫		
									袁倫		
									科倫		

36	37	38	39	40	41	42	43	44	45	46	47
五	宗	金	鴻	炳	桂	培	樹	立	倫	常	
							樹郊				
							樹制				
				炳保	秋桂	培棠	樹鼎				
						培暘					
					添桂	培桃					
						培榛					
						培宸					
					宮桂	培志					
					從桂	培修					
			鴻林	炳遂	嘗桂	培李	樹圃	立財	秦倫		
					艷桂	培傴					
						培鰲					
				炳栗							
				炳梯	丕桂						
					鍾桂	培邦					
						培資					
		金瀾	鴻連	炳楚	榮桂						
				炳案							
			鴻漢								
			源爵								
五璸	宗春										
	宗臻	金茂									
		金魁									
		金榜	鴻和	炳松	潤桂	培大	樹熏	立学	云倫	常清	
										常啟	
										常煥	
										常東	
								立朝	正倫		
							樹藝	立洪	煥倫	常福	
									柿倫	常云	
										常飛	
								立冕	宇倫		
								立資			
								立德	啟倫	常廣	
										常芬	
						培俊	樹翰	立端			
								立國			
								立瑟	江倫	常友	
										常相	
										常元	
							樹朝	立榮			
						培卿	樹岐				
						培集	樹干	立琴			
								立襲	志倫		
						培冰	樹盘	立助			
							樹文	立百	仕倫		
									坤倫	常主	
										常慶	
									保倫		
									福倫	常伯	
										常端	
								立教			
					盛桂						
					有桂	培倡	樹基				
			鴻堅	炳權	發桂	培昌	樹楨				
			鴻善	炳材	神桂						
					春桂	培蘭	樹數	立慈	美倫	常建	
										常相	
					壽桂						
				炳椿	菊桂	培琨	樹疇	立荃	歡倫	常旺	
									要倫	常大	
										常華	
									少倫	常梦	
										常新	
									盟倫	新任	
										新榮	
								立美			
								立江	濤倫		

45	46	47
云倫	常東	振芳
啟倫	常廣	振鴻
	常芬	振強
江倫	常友	振章
		振華

36	37	38	39	40	41	42	43	44	45	46	47
五	宗	金	鴻	炳	桂	培	樹	立	倫	常	
					正桂						
					禮桂						
				炳桃	珠桂	垃倫	樹安				
					堂桂						
		金標	鴻美	炳見	日桂	培佳					
				炳甲							
			鴻慈	炳珊							
				炳琅							
				炳渭							
				炳筠	官桂	培王					
			鴻恩	炳君							
				炳干							
				炳球	釗桂						
					順桂						
					碧桂	培分					
			鴻覺	炳星	書桂						
					萱桂						
				炳產							
				炳笙	開桂	培生	樹再				
						培薰					
						培朝					
			鴻烈	炳唐	川桂	培得	樹監	立木	洪倫		
						培國	樹監	立彪			
								立水	奇倫		
									資倫		
				炳虞							
				炳夏	漢桂	培葆					
					熱桂	培根					
					進桂						
				炳高	恩桂	培純					
						培萬					
						培定					
						培盛					
				炳周							
				炳禮	楨桂	培國	樹監	立水			
			鴻瑞	炳早	自桂	培加					
				炳苞	姜桂						
			鴻秀	炳零							
				炳森	廣桂	培江					
						培辰					
						培章					
						培芬	樹層	立文	風倫		
								立獻			
								立聯			
				炳暉							
				炳照							
				炳斗							
				炳組							
			鴻柳	炳芯	進桂	培根					
						培允					
			鴻序	炳曜	晉桂	培賡					
		金銘	鴻賓	炳由	松桂						
					錦桂						
					俸桂						
			鴻云	炳良	豐桂	培玟					
				炳多	包桂	培振					
						培張					
					元桂	培鈺					
						培連					
						培高					
			鴻道	炳宙	蕪桂	培鈺	分				
						培連	兆				
						培高					
			鴻潮	炳琚	苞桂	培帳	樹邦	立基	山倫		
								立春			
				炳思							
				炳介							
			鴻高	炳喜	前桂	培交	分				

36	37	38	39	40	41	42	43	44	45	46	47
五	宗	金	鴻	炳	桂	培	樹	立	倫	常	
							祧				
			鴻清	炳台	關桂						
					全桂	培交					
				炳征							
				炳群							
				炳台							
				炳嘉							
				炳中							
				炳行							
			源輝	炳理	合桂	培清	樹獲				
							樹鳳	立承	生倫		
							樹堃				
							樹禧				
						培菜	樹息				
					雪桂	培煌	樹志	立富	星倫		
					名桂						
					白桂						
					顯桂						
					林桂	培心	樹修				
						培吉					
						培坤					
					苑桂	培康					
			鴻窩	炳宣	聲桂	培性	樹寶				
							樹珊				
				炳西	伏桂	培瑜	樹幗	立建	柳倫		
			鴻階	炳亦	雙桂	培元	樹橋	立東			
							分祧				
						培庭					
						培啟					
						培才					
			鴻位	炳隆	華桂	培遙					
						培梁	樹點	立彰	海倫	常列	
									裕倫	常銀	
										常金	
								立發	曉倫	常策	
									朝倫	常松	
										常勝	
									暉倫	常勇	
						培本	樹嘉	立功	望倫	常招	
										常財	
										常國	
										常書	
						培倫	樹安	立堂	航倫		
									當倫		
								立恩	軍倫		

45	46	47
海倫	常列	振江
		振昌
裕倫	常金	振勇
望倫	常招	振榮

江	西	宜	春	天	台	俊	騰	俊	禮	支	
42	43	44	45	46	47	48	49	50	51	52	53
	俊騰	行壽	炳仁	道生	壽財						
			炳義								
			炳禮	榮生							
			炳輝	根生	福財						
					春財						
					武財						
		元壽	炳生	運生	紹財						
			炳言	火生	有財						
					正財						
					梅財						
	俊禮	壽財	紹吉								
		福財	萍吉								
江	西	萍	鄉	五	陂	鎮	佑	啟	支	房	
34	35	36	37	38	39	40	41	42	43	44	
嘯灝	信初						接友	春生			
	本初	文秀						冬發	敬輝	紹連	
嘯清	志倚										
	志傅										
	志杰										

	志尊	迪子									
		振子									
		肯子									
		龍申									
		旭申									
		騂旺									
		鳳申									
		吉子	瑞蒼	際泰	元貞						
					元德						
					元朝	炳魁					
43	44	45	46			炳馨	榮芳				
光輝	泉發	建明	立氣				瑞芳				
		建強	婧				啟芳	清華			
耀輝	鐵石	建峰						清齡	光輝	泉發	
		建亮							宗輝		
祖輝	羅佑	震							耀輝	慶年	
金輝	小萍	琼	寧靜							鐵石	
	躍萍	佳							祖輝	羅佑	
	紹萍	風							金輝	小萍	
										躍萍	
										紹萍	
										偉萍	
江	西	萍	鄉	上	栗	金	山	周	支	下	
十	七	世	公	科	公	嗣	國	浩	支	房	
44	45	46	47	48	49	50	51	52	53	54	
國	正	天	心	順	官	清	明	自	安		
國浩	正福	天祿	心財	順松	官于	清來	明計	自佳			
								自好			
					官海	清啟	明根	小雷			
								小鼓			
		天錫	心林	順安	官鳳	清充	明浩	自法			
					官成	清松	明虎	自富	安樂		
					官平	清和	明龍	自桂			
							明淼	自成			
						清龍	在文				
						清華	彭玲				
					官連	清泉	明桂				
	正康	天運	心德	順香	官文	清田	明生	自友			
								自余			
								自青			
								自林			
							明福				
							明東	自成			
							明亮				
					官南	清田					
						清堂	明發	自國			
								自立			
							明桂	自偉			
	正壽	天成	心鏡	順益	官仁	清炎	明劍	彭軍			
	正八	天燕	心萬	順賢	官輝	清連	明友	自桂	安戶		
								自良	安財		
					官崇						
				順享	官海	清朝					

25	26	27	28	29	30	31	32	33	34	35	36
江	西	宜	春	洪	壙	橋	頭	祥	公	支	
祥公	沖虛	楚	翔遠	珏二	珏二	欽十	枋四	湖十	亘十	報五	
	沖日	促	鳴遠	重三							
				珏十							
			慶遠	重二	鏓	材七	漢三	煌六	陞一	鉉二	
										銘十	
						樹七	湯七	煌七	邦三	鐙六	
										錯七	
						枋一	漢佪	煌九	鐙四	池一	
						枋二	漢四	煌九	陞九	錯五	
						材十	漢七	星三	址十	錢一	
						材七	湯七	臮二	堤五	鍾五	
						材七	漢三	煌六	陞一	銘十	

						材九	漢三	煌六	陞一	鉉二	
						材七	湯七	臮二	堤五	鍾五	
						枋	漢四	炊七	址六	錢七	

35	36	37	38	39	40	41	42	43	44	45	46
報五	容六	津三	株七	料二	壙七	失十	緒	石牙	群根		
									外苟		
									秋成		
鉉二	汛十	松七	灼六	坷四	志十	潤十	展牙	福華	斌		
								外華			
								錦華			
							展發				
銘十	池三	桂十	兆九	熟七	鑄八	文牙	禮根				
						文亮	玉				
						文剛	俊				
					分四	國珠					
				埠七	鉛九	聖華	勇根				
						聖忠					
						聖明					
					桂春	海洪	益斌				
鐙六	淮三	業九	冥三	堵七	州三	活五	相七	長苟	冬根	小敏	
									小根	運祥	
										根明	
									福根	社冬	
錯七	澗五	桔六	肖二	勇九	鋅五	長生	源				
池一	榮五	召六	眉二	鋅二	美華	林生					
					有華	苟牙					
						伸良					
					忠華	陳勇					
					根華	陳云					
						陳剛					
錯五	沐五	榆十	煥一	業務	紹輝	軍成					
						軍為					
					右生	新根					
						長發					
						根發	容				
							賓				
					釬几	關牙	磊根				
				協五	鉛十	水根	益吾	海			
						友生	運				
	河六	堤五	鍾五	派	棋八	料九	光汗	賢桂	長發	孟	
										勇	
										促	
									新發		
									和根	柵	
							見生				
							少清				
							少凡	軍			
						龍和	光德	運桂	利明		
									聖明		
								信桂	愛明		
									小明		
								材桂	春明		
									云明		
							光海	平桂	少柵		
							光新	永桂			
								永和			
					板七	冬火	運生	成根	建華		
									材華		

35	36	37	38	39	40	41	42	43	44	45	46
							清生	文彬	喜華		
								玉兵	賀		
						莫五	皆二	紹亮	盟		
								紹明			
								紹光			
		左三	召二	單三	鑄六	禾和	香生	春洪	六根		
								春輝	志遠		
						三和	晚牙	展生			
								春華			
	淙四	棣五	炬四	埠五	緩一	文六	連生				
							宗德	云峰			
							冕生	桂平			
		標十	灼七	塾十	釬五						
錢一	涂一	抒二	式三	廷九	鋅三	材根	軍紅	成羊			
						有根	軍成				
							勇軍				
						發根	海波				
						平根					
鍾五	淙四	棣五	熟一	埠九	銹五						
					釬二	聖輝	蔥				
				滾九	官三	聖華	軍孟				
						軍華					
						君華					
					釬三	春桂	勇				
							云				
					鋅四	友才	德華				
						小紅	誠				
						國林	奮				
銘十	池三	根十	兆九	塾七	分四	永忠					
鉉二	汛十	松七	灼六	坦一	釬十	六根	箭平				
						友根	思美				
							健				
						樂根					
		炬七	堪十	鑄田	文華	輝					
					伢仔	建					
					友華						
鍾五	派一	桌三	煉八	殿十	釬五	賤桂	友根	春平			
								小兵			
								胡順			
							小平	秋平			
							春根				
							聖根				
						飽六	根仔	文華			
							和根				
							殿庚				
						其群	平				
							舉				
						其環	桃牙				
						林報	楊柵				
						來才	建國				

31	32	33	34	35	36	37	38	39	40	41	42
枋	漢四	炊七	址六	錢七	滇十	柘一	柘十	失緒			
錢七	滇十						榆七	莫四	失緒		
							標五	燐	失緒		
29	30	31	32	33	34	35	36	37	38	39	

珏十	欽八	枋五	湖六	火一	城四	金六	波九	椿五	火七	土九	
		材八	漢十	炊五	坎七	鉉六	淳十	棉九	焙八	坪三	
		枋五	洋七	炕六	堅五	鐮六	沃八	柚九	火八	坊十	
			湖六	焜四	均四	鐮四	涂三	棣七	重七	墑二	
	枋五	洋七	炕七	堅五	鐮六	沃八	柚九	炬七	埁二	學才	
										學文	
										學軍	
							村三	煐四	春才	展發	
			㚖十	型七	錯八	江二	梩二	棟一	垬二	鉛五	
	鍯四	相一	湖四	煌四	土一	鉉五	溪二	栲二	鉛五	埇三	
									員三	素八	
39	40	41	42	43		38	39	40	41	42	43
土九	失緒	展生	外根	晟			埇三	金鐸	高明	殿桂	
			志勇	國棟					高桂	來春	
			志兵				素八	一	金洪	外平	
坪三	金十	根華	細芽							秋平	
		南根	招						自才	新根	
坊十	鈿五	振生					土	水洪	平安		
		振良	桂根					水全			
			桂軍					春根	猪文		
		振洪	志善					秋根			
		振和				火三	城二	榮華	青云		
墑二	金華	和平	春云						小兵		
			李云					金華	根明		
		冬平	宜云					友發	兵		
			宜峰						東		
學才	紅根							煥四	耀生	建平	
學文	王孝									紹平	
	王衛								永忠	建軍	
展發	志剛								振根	海林	
鉛五	紹華	根發	新育							波林	
		冬根							春聖	外平	
	炳華	外生	健					壤十	來華	平	
			根飛						春秀		
			海兵				林六	失緒			
32	33	34	35	36	37	38	39	40	41	42	
潮一	炕三	基七	金十	溪七	桔九	煓五	墪四	鋿九	得行	城牙	
										城發	
		42	43							城飛	
		城牙	枝華						聖才	建軍	
			桂華							建勇	

29	30	31	32	33	34	35	36	37	38	39	40
重三	鍯九	垣二	洋十	火丸	堤八	鉠四	源十	技四	烰三	垣六	
	鍯十	桓一	潮一	炕三	基七	金十	游九	柖四	失緒	堀五	
39	40	41	42	39	40	41	42			土九	
垣六	銘九	展藝			鍨七	文輝	春發	榀四	煅九	寺七	
		展華					春林				
	鈖六	展平					春芳				
堀五	鍰六	得善	長秀	寺七		字華	增發				
		文生	紅秀				雪文				
		有才	飛			國華	桃秀				
土九	水根	紹軍	松								
		建軍									
	冬根	群平									

江西宜春三陽鎮石塘村壽塘十三世祥英公支系

13	14	15	16	17	18	19	20	21	22	23	24	25	26	27	28	29	30	31	32	33	34	35	36	37
祥英	彥高	得政	希	金榮	育才	思堯	貴興	再一	玉四	汝娜	洋	里四	火四	塘三	鍾四	湄五	棠十	德龍	冬祥	春生	志榮			
																					細榮			
																				金華	剛			
												里十	火台	堪一	鎬一	湄四	棣二	六	元祥	正仔	春林			
																				桂仔	外生			
																				方牙	建			
																				平根				
																			洪祥	安泉	林民			
																				安榮	運明			
																				安平	聰			
																				安貴	軍			
							榮興	秦三	金二	汝恭	賓一	椿五	煊八	堅九	銀二	江四	枸九	燭三	兆祥	中壽	正牙	春廣		
																						春根		
																					黑牙	細牙		
																					小毛	安		
																				早牙	漢峰			
																				年牙	漢保			
																澆七	棠七	順龍	泉祥	南生	新根			
																					劍峰			
															鍝十	沼十	楹九	灿九	禮祥	永壽	梨牙	春民		
																					洪牙	水生		
																					毛牙	林古		
																						細古		
																					彭軍	建		
																						偉		
														報二	釧十	江五	仟四	兵龍	金祥	生壽	林根			
																				良壽	建牙			
																					建林			
																				金壽	友根			
																		楠八	千祥	長壽	洪根	小華		
																						小剛		
																					根華	小青		
																				元牙	根才			
												椿七	煊九	璧四	鈺九	江一	枸一	燭一	有祥	禮壽	細根	平		
																						文		
																						震		
																					羅根	小軍		
																						細牙		
																					園根	林		
																		燭七	福祥	萬壽	金生			
																					林生	勇		
																					細生			
																			恒祥	和壽	鴻光			
																				林壽	源亮			
															鈺二	沼二	桷二	灯一	街一	文壽	汶六	階生		
																沼四	桷七	灯三	街三	鈄壽	汶三	春華		
																					汶康	運華		
																		灯五	街八	全壽	祥康	春榮		
																						運苟		
						思舜	華興	鏈一	金五	汝瑞	祥二	梓六	炘六	堅七	錢八	江八	仟三	爛三	日祥	金生	青云	磊		
																					青華	禮		
																					青春	衛		
										汝鳳	(	三兄	弟先	去江	西萍	鄉後	遷湖	南瀏	陽)					
										汝明														
										汝祥														
															(先	祖不	明)	安炎	瑞金	細牙	冬才			
																					春才			
																				淺牙	才根	磊		
																					光明			
																			泉牙					
																			友生					
																		文炎	茂才	志超				
																				志堅				
	彥高	得昌	塤	鎬	育朝	思學	寶興	台公	玉五	汝詹	洋一	木丁	元六	基六	鈐一	光四	標七	報八	炊二	洪壽	建林			
																				洮良				
																	棠五	運龍	和祥	才牙	云元			

34	35	36	37
細根	平	祖英	
	文	祖豪	
階生	冰		
	城		
	細牙		
汶六	春華	南根	衛軍
		云根	
		六根	小成
汶康	運華	亮云	
		亮根	
祥康	春榮	勇	
	運苟	兵	

13	14	15	16	17	18	19	20	21	22	23	24	25	26	27	28	29	30	31	32	33	34	35	36	37
																					漢明	健		
																				禾生	外艷			
																					外荀			
																				輝				
																				愛根	軍			
																				會生	勝			
															錢二	河八	杵	金龍	得祥	建平				
									玉七	汝萃	海三	招六	介七	塘四	鍾三	游八	棟八	生才	運華	細牙				
													莫五	邦九	鎬七	洋八	棟十	生友	六牙	春根				
																				林根				
																		志清	小紅	傳林				
																				玉林				
																			賤牙	軍林				
																			小	佳林				
																		竹花	清云					
																	學泉	生聖	友牙	思				
																		生輝	劍	海角				
																			洋					
																		生林	衛					
											海四	栖五	煌一	坎五	釵一	河十	其才	生茂	水牙					
																			水蓮					
																			三牙	曉平				
																			四牙	曉軍				
															鎬二	游九	學年	生來	清荀					
																			光云	鵬				
																			林	金成				
																				金龍				
													煌三	坎九	釵三	淪七	來牙	生華						
													煌七	浚三	鎦三	淪九	學進	長根	云					
																			金					
																		春云	彬					
																		云根	根					
																		小牙						
											海六	栖四	莫一	熂六	鈈一	游四	棣五	友二	朱牙	洋				
																洋七	學精	生大	云平	曉明				
																		生云	小平					
																			小云					
																			小毛					
														塘六	生二	沅四	學壽	加六	桃生	廣洪				
																				廣權				
															鎬九	湄六	學件	生桂	沈祥	聰				
																	學才	文龍	春方	曉輝				
																		茂龍	容輝	衛偉				
																				衛成				
																			香牙					
																			香華					

江西宜春市洪壙酒下村廿二世艮公支

22	23	24	25	26	27	28	29	30	31	32	33	34	35	36	37	38	39	40	41	42	43	44	45	46
公	祥	萬	仲	再	佐	維	嘉	文	日	如	國	克	春	在	元	永	定	生	丁	秀				
艮公	祥遠	萬魁	仲賢	再升	佐公	維鍾	嘉猷	容文	日誥	恩玉	國計	克柔	違春	在祗	元晨	永演	定觀	生得						
																		生平						
																	定表	生建						
												克昌	忱春	在運	元齊	永奘	定享							
																永基								
						維錠	嘉傳	開文	日臻	笙玉	國凰	克謹	賢春	在論	元科	永采	定樂							
																	定沖							
																永每	定堯							
																永昇								
																永聞								
															元甲	永科	定齊							
																永聆	定躬							
										城玉	國稱	克立	修春	在寵	元侶	永稽	定舟							
																永握								
																永欣								
																永羅	定殷							
													寬春	在興	元素	永威	定雄							
																永西								

22	23	24	25	26	27	28	29	30	31	32	33	34	35	36	37	38	39	40	41	42	43	44	45	46
公	祥	萬	仲	再	佐	維	嘉	文	日	如	國	克	春	在	元	永	定	生	丁	秀				
													協春	在箱	元浩	永雁	定鑾							
															元族	永睦	定魁							
																	定柱							
																永善	定均							
																永譽								
																永霖								
																永威								
																永稼								
					佑公	維鎦	嘉謀	有文	日俾	如玉	國灿	克合	萬春	在林	元恭	永臨	定暢							
																	定祥	生樹						
																		生倉						
																		生俊						
											國輝	克寬	秀春	在珍	元壽	永善	定皇	生芝						
											國煌	克文	信春	在金	元仲	永壁	定仲	生旗						
													正春	在濟	元洪	永茂	定院	生玟						
																	定泅	生羅						
																	定萬							
											國煥	克吉	上春	在魁	元方	永仁	定遠	生華	丁生					

32	33	34	35	36	37	38	39	40	41	42	43
如	國	克	春	在	元	永	定	生	丁	秀	
如玉	國煥	克吉	上春	在魁	元方	永仁	定遠	生華	丁生		
									丁春		
								生政	丁秉		
						永義	定長	生貿	丁豪		
						永義	定風	生曙	丁表	秀信	
										秀恩	
									丁升		
								生放	丁兆		
								生采	丁商		
								生迅	丁元		
						永賢	定師	生滿			
					元良	永盛	定肅	生導			
								生帆			
								生存			
								生科			
					元昌	永優	定國				
							定商	生宗			
							定澤	生南			
					元佳	永聖	定秀	生舜	丁亨		
									丁江		
							定章	生風	丁書		
									丁廣		
								生牧	丁軋		
			隆春	在中	元福	永章	定家	生洪	丁財	秀義	
									丁甲	秀德	
									丁臨		
									丁垂		
							定柄	生賢	丁甫	秀盛	
									丁樂	秀道	

32	33	34	35	36	37	38	39	40	41	42	43
如	國	克	春	在	元	永	定	生	丁	秀	
						永至	定榮	生興	丁川	秀才	
										秀金	
										秀同	
									丁平	秀美	
									丁正	秀廣	
						永感	定榮	生福	丁農	秀山	
									丁開	秀田	
									丁可	秀智	
									丁嚴	秀武	
			寅春	在書	元才	永云	定清	生志	丁厚		
						永彰	定民	生芙	丁博		
								生忠			
						永維	定從	生眉	丁遇	秀虹	
									丁丘		
									丁國		
				在富	元茂	永常	定和	生貴	丁川	秀平	
									丁復		
								生致	丁彥		
					元菁	永泰	定方	生遜	丁沖		
								生衍	丁為		
						永忠	定功	生師	丁金		
								生彬	丁鳳		
								生玉			

41	42	43
丁川	秀才	發家
	秀金	發族

31	32	33	34	35	36	37	38	39	40	41	42
日	如	國	克	春	在	元	永	定	生	丁	
日仁	天玉	國泰	克超	錦春	在松	元登	永盈	定信	生泰	丁舉	
										丁豐	
										丁東	
										丁帥	
										丁千	
										丁發	
						元道	永洪	定朝	生發	丁良	
					在興	元德	永來	定載	生朝	丁亮	
						元太	永唐	定鳳			
				明春	在成	元龍	永成	定祿	生盛		
							永律	定福	生星	丁承	
							永玉	定□	生杉	丁匡	
									生江		
									生柏		

40	41	42
生泰	丁舉	秀清
	丁豐	秀仁
	丁東	秀軍
生發	丁良	秀連

31	32	33	34	35	36	37	38	39	40	41	42
					在貴	元讓	永傳	定田	生水		
									生權		
					在義	元象	永仙	定佳	生學		
						元中	永定	定寬	生棠	丁雁	
						元載	永慎	定輸	生桂	丁原	
									生猛		
									生啟	丁銀	
					在發	元鳥	永翔	定心	生熊	丁軍	
				瑞春	在和	元友	永虞	定清	生宇	丁晉	
										丁麗	
										丁飛	
						元恩	永賓	定清	生員	丁暢	
										丁新	
									生麟	丁尹	
									生合	丁誠	
※						元雙	永馨	定偉	生孔	丁禹	

31	32	33	34	35	36	37	38	39	40	41	42
									生敏	丁謀	
									生慶	丁召	
									生均		
									生琦		
								定昆	生异		
							永美	定將	生坊		
									生英	丁治	
										丁卓	
									生奇	丁南	
										丁愛	
								定癸	生茴	丁志	
									生旺		
								定乾	生思		
									生日		
							永泰	定王	生國	丁廂	
									生勝	丁偉	
									生狄		
									生文		
								定讓	生如	丁寒	
									生禮		
									生村		
								定藍	生瑰		
								定建	生海		
					在禮	元善	永珠	定程	生致	丁彥	
								定喜	生致	丁彥	
						元明	永景	定芳	生琴	丁高	
						元升	永平	定京	生穩		
					在秀	元坤	永劍	定慶	生龍		
								定夺			
						元英	永仙	定效	生溫		
					在容	元華	永鳳	定祥	生善	丁卓	

31	32	33	34	35	36	37	38	39	40	41	42
										丁夏	
									生菖		
		國平	克成	德春	在風	元光	永貞	定崖	生遇	丁元	
									生吉		
									生秋	丁黃	
							永端	定俞	生明	丁馮	
										丁建	
									生李	丁主	
										丁山	
								定永	生靈		
			克慎	有春	在群	元敬	永堂	定昭	生泰		
					在云	元端	永芳	定協	生柳		
						元俊	永稱	定陶	生業		
									生鮮		
								定沃	生康		
								定寬			
								定荊			
		國御	克守	元春	在新	元智	永康	定交	生廉	丁兵	
								定卿	生青		
					在長	元殷	永足	定孟	生麒		
					在戶	元昊	永宜	定交	生廉	丁兵	
			克迪	仙春	在卷	元民	永容	定孟	生麒		
						元賓	永炤	定均	生枝		
									生映		
								定陛			
								定勇	生煌		
					在匡	元塞	永寬	定伯	生常		
									生成		
									生榜		

30	31	32	33	34	35	36	37	38	39	40	41
文	日	如	國	克	春	在	元	永	定	生	
富文	日禮	芳玉	國勝	克生	夫春	在密	元麟	永戟	定辛		
	日睿	亭玉	國才	克緒	寶春	在指	元士	永杰	定厚	生珠	
									定初	生強	
									定河	生虎	
									定閫		
								永蜀	定杭	生新	
									定坦		
									定蒲		
				克造	丕春	在主	元冬	永化	定隨	生啟	
									定漢		
						在勉	元洞	永知	定簡		
						在省	元冬	永酥			
						在連	克秋	永開	定淳		
華文	日讀	堂玉	國和	克容	紹春	在丹	元純	永雄	定儉	生佳	
									定彥	生培	
								永香	定助	生之	
									定序	生威	
							元定	永望	定旬	生薛	
							元煌				
						在本	元兌	永奠	定先	生席	
									定許		
									定遼		
									定革		
							元益	永平	定劍	生景	
									定象		
									定泊		
									定式		
								永程	定晉		
							元嵩	永世	定勤	生季	
									定悟	生法	
				克明	思春	在庫	元星	永增	定波	生府	
										生蒂	
										生榮	
					濟春	在譜	元足	永言	定原	生植	
										生弘	
									定恩	生月	

39	40	41
定波	生府	丁癸
	生蒂	丁全
定原	生植	丁宜

30	31	32	33	34	35	36	37	38	39	40	41
文	日	如	國	克	春	在	元	永	定	生	
士文	日成	仍玉	國愛	克卯	都春	在序	元最	永端			
							元暉				
						在郊	元龍				
			國農	克滿	生春	在實	元堂				
							元獅				
						在郊	元呈				
				克仕	天春	在仕	元宙				
						在淵	元慶				
							元華	永皇			
								永彪			
						在宗	元隆	永授			
							元甲	永甫			
							元爭	永志			
通文	日福	球玉	國積	克珠	永春	在超	元健	永牡	定年		
								永盒	定裕		
	日友	霜玉	國需	克杏	事春	在旦	元鳳	永明	定守		
									定布		
			國林	克配	邦春	在英	元時	永存	定承	生松	
										生玲	
							元成	永超	定估	生祖	
										生寶	
									定台	生育	
										生洋	
									定春	生坡	
									定墾		
						在士	元喜	永漢	定浩	生鋒	
									定臣	生調	
										生魯	
									定道	生豹	
									定太		
									定呂		
					家春	在明	元東	永同	定貴	生城	
										生軻	

29	30
嘉行	士文
	通文
	日友
	日炎
	可文

39	40	41
定承	生松	丁萬
定貴	生城	丁歷
	生軻	丁其
定議	生楊	丁全

30	31	32	33	34	35	36	37	38	39	40	41
文	日	如	國	克	春	在	元	永	定	生	
										生紀	
									定諒		
									定雁		
									定取	生宜	
								永發	定際	生樞	
									定陵	生慎	
										生全	
					哲春	在穀	元正	永同	定議	生楊	
										生昆	
									定麗	生恩	
										生果	
							元賢	永貴	定禹	生耀	
										生濤	
										生枝	
									定濤	生富	
										生煬	
							元交	永藉	定秉		
									定嚴	生明	
										生寬	
									定倫	生軍	
										生攻	
								永有	定寒	生評	
									定劍	生杰	
									定各	生輝	
									定防		
								永惠	定冀	生杜	
									定泳	生立	
										生定	
							元節	永彬	定洪	生屏	
					天春	在池	元順	永迪	定云		
									定博		
									定俅	生速	
	日炎	放玉	國恭	克永	前春	在俊	元復	永豪	定沈	生亮	
									定宛	生晨	
		潤玉	國賓	克思	聖春	在皋	元閏	永毅	定冕		
									定管		
							元裕	永晋	定維		
									定麥		
								永聯	定彤		
								永震	定鑫		
									定幟		
								永雇	定豐		
							元瑪	永鵬	定誼		
							元清	永歐	定馗		
							元瑩	永丘	定赴		
								永廣			
						在疏	元琍	永戌	定雍		
								永武			
								永茜	定列		
								永音			
						在歡	元杰	永秆	定趙		
								永旺			
								永韶			
						在洋	元首	永疆	定升		
								永晰	定豫		
								永裕	定訓		
									定懷		
								永粟	定准		
									定超		

39	40	41
定禹	生耀	丁云
	生濤	丁會

30	31	32	33	34	35	36	37	38	39	40	41
文	日	如	國	克	春	在	元	永	定	生	
								永號	定丹		
							元光	永昭	定則		
								永表	定誦		
							元朴	永旬			
			國麒	克相	慎春	在鈞	元琬	永羌	定謀		
								永只	定漁		
								永豹	定震		
									定君		
								永麒	定彩		
								永田			
				克風	祖春	在駿	元興	永福	定奔		
								永貨			
								永吳			
				克元	人春	在泉	元克	永群			
								永章			
							元新	永魁			
								永戰			
								永舒			
							元近	永文			
								永眾			
可文	白全	戴五	國運	克綠	相春	在華	元企	永鏞	定臻		
					養春	在竹	元張	永呈	定囊		
				克物	賓春	在解	元桃	永斯	定偉		
									定凌		
									定集		
								永臬	定漂		
								永虎	定登		
							元中	永夫			
								永尚			
							元讀	永正			
							元服				
英文	日言	巽玉	國權	克盛	建春	在琴	元攻	永耘	定資		
								永山			
							元升	永育			
煥文	日俊	福玉	國合	克綏	王春	在原	元安	永露	定衛	生茴	
										生舒	
								永崗	定富	生財	
										生貢	
								永陶	定力	生聞	
										生埔	
										生圍	
			國賓	克邑	知春	在升	元重	永竟	定寶	生閂	
										生郡	
					今春	在內	元瑞	永職	定楚	生木	
									定晉	生正	
					投春	在占	元宮	永庚	定寶	生漢	
										生花	
		常玉	國華	克全	土春	在承	元聖	永學	定卓	生武	
			國方	克睿	弼春	在貽	元為	永貢	定梦		
									定馮		
				克睿	圖春	在封	元孌	永愿	定典	生廣	
					衷春	在微	元震	永儀	定廷	生第	
									定裕		
									定連		

27	28	29	30	31
	維欽	嘉章	英文	日言

27	28	29	30	31
佑公	維奇	嘉烈	煥文	日俊

	31	32	33	34	35	36	37	38	39	40	41
文	日	如	國	克	春	在	元	永	定	生	
		郎玉	國瑞	克彥	威春	在圾	元潤	永鴻	定准	生高	
40	41	42							定基		
生舒	丁式			克荻	日春	在邊	元盈	永孟	定都	生馨	
生財	丁長								定暢	生先	
生貢	丁台	秀理								生組	
		秀高							定貢		
	丁喬			克儉	中春	在玉	元是	永善	定項		
	丁孔							永磊	定奉		
生圍	丁華					在得	元堂	永池	定勁	生基	
	丁凰									生利	
生門	丁民								定達		
	丁京								定埧		
生郡	丁列							永署	定澤		
生藝	丁許								定圻		
									定薊		
						在扶	在青	元晉	永泄	定陽	
										定沿	

	31	32	33	34	35	36	37	38	39	40	41
文	日	如	國	克	春	在	元	永	定	生	
										定茂	
		卿玉	國棟	克哲	帷春	在監	元輝	永丞	定演	生務	
			國固	克荒	紀春	在纓	元宏	永基	定毓	生藝	
										生綱	
										生材	
					環春	在惠	元有	永向	定迪		
						在猷	元云	永向	定迪		
	日儀	上玉	國材	克直	土春	在理	元仁	永落	定鄔	生曉	
									定邵		
									定社		
									定夷		
		盛玉	國相	克忽	伐春	在成	元仙	永幹	定邯		
									定悅		
									定運		
		灿玉	國官	克殷	遠春	在農	元師	永寶	定蓉	生初	

江西萍鄉麻山鎮廿五世仁杰公支系

22 宣仁 23 開八 24 雷山 25 仁杰 26 定紀、定經、定紳、定編、定縷、定縉 27-35(失考)36 朝瑞 37 令則 38 象天 39 涌念 40 襲昌

39	40	41	42	43	44	45	46	47	48	49	50
念	昌	善	泰	光	芳	兆	祖	順	義	堯	
涌念	襲昌	寶善	開泰	壽光	春芳	兆雄	祖信	順新			
							祖宜	順勇			
								順義			
							祖萍	順君			
							祖和				
			慶泰	學光	其芳	兆財	祖奇	順安	義根		
								順發			
								順宏			
							祖國	順軍			
							祖桂	順樂			
								順志			
								順永			
							祖仁	順觀			
				富光	桂芳	兆奎	鑫發	順宜	義忠		
									義安	堯清	
										堯剛	
								順昌	義萍		
									義源		
						兆連	祖勤	順奇	義良		
								順全	義江		
								順廷	義廣		
								順田	義峰		
								順堯			
								順存			
								順富	義雨		
					新芳	兆明	祖財	順忠			
						兆德	長發	順良	義軍		
								順國	莪軍		
								順有	義濤		
								順華	義仟		
								順和			
							祖命	順球	義東		
							祖煥	順紹			
								順剛			
								順峰			
							祖輝	順曉			
		寶善	順泰	春光	培芳	兆尖	祖明	順文			
								順韜			
			啟泰	章光	典芳						

39	40	41	42	43	44	45	46	47	48	49	50
念	昌	善	泰	光	芳	兆	祖	順	義	堯	
					清芳	兆初	祖群				
						兆芝	祖江				
							祖錦				
						兆香	祖勝				
							祖峰				
						兆秀	祖磊				
							祖桃				
			美泰	春光	義芳	兆賢	祖朋	順兆			
							祖輝	順元			
							祖鳳	順峰			
							祖炎	順根			
								順濤			
						兆林	祖長	順錦			
							祖泉				
					炳芳	兆清	祖章	順清			
								順柳			
							祖光	順芳			
							祖秀				
						兆生	祖任				
							祖勇				
						兆金	祖啟				
						兆錫	祖慶				
			開泰	桂光	延芳	兆良	祖發	順財	義李		
							祖建	順忠			
								順李			
			美泰	舜光	開芳	兆其	祖劉				
							祖勇				
							祖羅				
				計光	桂芳						
					谷芳						
					元芳						
				增華	瑞芳						
					祥芳						
				增連							
				增林							
			順泰	增財							
			啟泰	增錫							
誦念	裕昌	性善	和陽	錫光	秋芳	兆凡	祖國				
							祖根	順興			

39	40	41	42	43	44	45	46	47	48	49	50
念	昌	善	泰	光	芳	兆	祖	順	義	堯	
							祖冬	順田			
							祖桃	順維			
								順海			
							祖志	順特			
							祖春				
		羮善	報陽	慶光	怡芳	兆恒	祖祥	順亮			
							祖順	順輝			
						兆揚	祖煌	順帥			
							祖義				
							祖炳				
				輝光							
				雲光	呂芳	兆華	祖提	順登			
								順瑞			
							祖龍				
					秋芳	兆盛	志安				
							祖元	順雪			
克念	洪昌	光裕									
	其昌	光祥	扶肖	福光	輝芳	兆梅	祖昌	順高			
				楊光	瑞芳	兆發	祖德	順萍			
								順強			
								順恆			
							祖生	順堂	義汝		
								順德			
								順秋			
				文光	友芳	兆元	祖福	順航			
								順慶			
							祖壽	順世			
							建國				
							建平				

39	40	41	42	43	44	45	46	47	48	49	50
念	昌	善	泰	光	芳	兆	祖	順	義	堯	
						兆仁	祖橋	順斌			
							祖橋	順陽			
								順亮			
							祖云	順新			
								順波			
							祖華	順江			
								順河			
							祖富	順海			
						兆翻	祖全	順中			
							祖洪	順智			
						兆貴	祖純				
							祖偉				
						志云					
				六光	富堯	兆祥	祖輝				
							秀萍				
					盛芳	兆新	海明				
						兆和	祖良				
				秋光	永芳	兆龍	祖珍	順勇			
								順偉			
							祖芳	順通			
							祖樹	順敏			
						兆林					
						兆申	祖連	順新			
						兆南					
					桐芳	兆吉	祖國	順濤			
								順庚			
							放云				
							祖輝				
						兆富	順旺				

江西萍鄉福田廿二世宜義公支

23	24	25	26	27	28	29	30	31	32	33		42	43	44		42	43	44
才俊	子安	鼎元	恬靜	虎文	風奮	一和	維祚	崇海	應俊	汝篤		濟杰	世明	德意		濟英	世榮	德猛
										汝恭		濟英	世民	德富		濟良	世奇	德譜
							維桂	宗紹	應騰	汝礪			世萍	德強		濟雄	世開	德青
	子旭	毓春	世淡	光瑤	風池	象	維釗	宗賢	應榜	汝惠			世梅	德江				
									應機	汝初			世良	德勇				
									應標	汝繼								

33	34	35	36	37	38	39	40	41	42	43	44
汝	相		堂	金	涵	樹	學	以	濟	世	
汝惠	旭暉	煦	堂岐	金應	涵芹	樹用	學賢	以德	濟杰	世明	
									濟美	世彪	
									濟文	世劍	
									濟國	世忠	
										世華	
									濟忠	世貴	
										世譜	
			堂申	金爵	涵茚	樹園	學哲	以朴			
	相時	蒸	堂光	金鱗	涵汾	樹裁	學駿	以南	濟英	世民	
										世萍	
										世梅	
										世良	
										世榮	
										世偉	
									濟良	世德	
										世全	
										世奇	
									濟雄	世開	
										世航	
										世春	

33	34	35	36	37	38	39	40	41	42	43	44
汝	相		堂	金	涵	樹	學	以	濟	世	
		薰	堂元	金鶴	涵謀	樹憲	學禹	以純			
							學鑫	以立			
								以朴			
汝初	相續	焰	堂每	金業	涵融	樹參	學唐	以成	濟發		
									濟振		
									濟家	世聯	
										世江	
										世秋	
										世禮	
									濟聲		
							學儒	以炳	濟家		
							學夏	以根			
					涵剛	樹達	學林	以元			
							學森	以漢			
			堂塤	金披	涵汶	樹蕨	學論	以煦	濟文	世金	
									濟桂	世明	
										世兵	
									濟石	世武	
		煌	堂杰	金宣	涵潤	樹芃	學程				

33	34	35	36	37	38	39	40	41	42	43	44
汝	相		堂	金	涵	樹	學	以	濟	世	
						樹芩	學寶	以蓮			
	42	4	44					以發			
	濟榜	世平	德根			樹松	學董	以林	濟根		
			德鎮						濟來		
			德超						濟榜	世平	
		世明	德宏							世華	
			德偉							世明	
	濟春	世林	德萍							世生	
			德金		涵沂	樹葵	學蘊				
				金杰	涵泱	樹荃	學長	以花	濟秋		
				金辰	涵泳	樹桑	學瀆				
					涵波	樹榔	學耕	以文	濟振		
					涵溢	樹連	學余	以亨	濟春	世林	
										世水	
										世洪	
						樹桂	學訓	以講			
							學浩	以隆	濟發	世柏	
								以維	濟	世敏	
									濟云	世亮	
									濟玖		
									濟林		
					涵洋	樹金	學詳	以仁			
								以生			
							學詁				
				金挺	涵泉	樹蓁	學絡	以福			
							學友	以祿			
				金煥	涵方	樹蔭	學参	以昭			
						樹萸	學顏	以春	濟統	世良	
贛	萍	鄉	宣	義	公	嗣	汝	礪	公	支	
汝勵	相節	昆	堂獻	金堅	涵九	樹森	學孟	以羅	濟臣		
42	43	44	45				學修	以貞	濟康	世初	
濟康	世初	德順	可福					以寅	濟美	世騰	
			可發							世開	
濟美	世騰	德勝	可杰		涵海	樹庠	字殖				
	世開	德風	可良	金云	涵猷	樹聰	字韓				
濟清	世雄	德富	可鄭				字陶				
		德強			涵馨	樹惠	字衮				
		德雨			涵晉	樹琳	字顥	以康	濟清	世雄	
		德梅			涵璜	樹式	學酬	以寅			
濟生	世安	德林			涵峻	樹本	學丕	以杰	濟風		
		德良						以貴	濟延		
	世才	德明				樹標	字敬	以恭	濟松		
		德昌				樹梗	字淑	以禮	濟生	世安	
42	43	44	45							世才	
濟生	世榮	德曙								世榮	
		德春		金斌	涵道	樹棟	學余	以溫			
濟發	世明	德武	可珍					以虔			
濟熙	世乾	德華	可斌				學曾	以恩			
濟熙	世乾	德安	可輝				學足	以銓	濟忠		
濟星	世根	德清					學緒	以思	濟發	世明	
		德萍				樹松	學方	以德			
濟昭	世萍	德秋					學員	以光			

33	34	35	36	37	38	39	40	41	42	43	44
汝	相		堂	金	涵	樹	學	以	濟	世	
	世輝	德翔			涵裕	樹楠	學規	以顯			
	世偉	德裕						以楊			
濟開	世喜	德玉	可軍					以泰			
		德瑞	可民					以豫			
濟春	世高	德純	可聰		涵嵩	樹杞	學舤	以熔			
		德萍	可駿				學緯	以衡			
	世嵩	德運						以山			
		德桂			涵郁	樹槐	學易	以仁	濟熙	世乾	
		德秋					學古	以鴻	濟熙	世乾	
濟美	世逵	德芳						以福	濟星	世根	
		德放	可財						濟昭	世萍	
			可運							世輝	
		德順	可潮							世偉	
		德清				樹權	學仕	以霞			
						樹樟	學介	以成	濟開	世喜	
							學康	以成			
								以福			
汝篤	相彬	❶炳	堂榮	金楷	涵霜	樹白	學晨	以清			
	五子					樹棻	學辰	以澄			
	炳					樹積	學寅	以潛	濟偉		
	烜								濟維	世峰	
	杰									世海	
	烪								濟華	世興	
	熙						學展				
			堂昭	金星	涵洲	樹困	學淳	以姑			
								以含			
								以菡			
								以蓉			
					涵欣	樹魁	學閎				
					涵衷	樹灼	學農	以稼	濟文		
								以積			
			堂綿	金樽	涵漢	樹椿	學全	以儀	濟春	世高	
42	43	44	45							世嵩	
濟美	世清	德春	可桃							世國	
		德記	可勇			樹人	學益	以介	濟美	世達	
		德甲								世逵	
		德建								世清	
濟川	世分	德華	可建					以光	濟川	世分	
			可萍					以佳	濟美	世達	
		德良			涵漢	樹發	學耨	以榮	濟源	世華	
濟民	世道	德云							濟森		
濟源	世華	德忠	可瑛					以梁	濟釗	世軍	
			可敏					以楨	濟文	世奎	
		德炎	可嘉					以楠	濟藻	世勇	
濟釗	世軍	德剛								世炳	
		德良								世林	
濟文	世奎	德發							濟繁		
濟藻	世勇	德水							濟萍	世林	
	世林	德志								世建	
濟萍	世建	德浩					學來	以柏	濟銓	世德	
濟繩	世春	德章						以梁	濟繩	世春	
		德萍	可俊				學耕	以栗	濟石	世昌	
		德勇					學台	以松	濟蔭	世偉	
		德雄	可珂							世琦	
濟蔭	世偉	德粕							濟蓉	世萍	
濟蓉	世萍	德晃				樹喬	學富	以昱	濟翎	世祿	
		德杰								世明	
濟翎	世祿	德林								世福	
	世明	德金								世國	
		德堅								世永	
	世福	德懷									

33	34	35	36	37	38	39	40	41	42	43	44
汝	相		堂	金	涵	樹	學	以	濟	世	
		德桃									
	世國	德勇									
		德軍									

33	34	35	36	37	38	39	40	41	42	43	44
汝	相		堂	金	涵	樹	學	以	濟	世	
	世永	德峰									

江西萍鄉廿二世宣義嗣汝篤公支

22	23	24	25	26	27	28	29	30	31	32
宣義	才俊	子安	鼎元	恬靜	虎文	鳳鸞	一和	維祚	崇海	應俊
33	34	35								
汝篤	相彬	①炳	②烜	③杰	④煐	⑤熙				

35	36	37	38	39	40	41	42	43	44	45	46
	堂	金	涵	樹	學	以	濟	世	德	可	
❷烜	堂錦	金樽	涵漢	樹喬	學蒿	以昱	濟翹	世斌			
								世慶			
								世明	德耀		
									德進		
							濟翰	世林	德輝		
									德安		
								世建	德杰		
									德磊		
					學方	以暄	濟巡	世芳	德軍		
									德民		
						以暉	濟寰				
							濟剛	世波	德宇		
								世韜	德琨		
					學優	以昭	濟群	世來	德強		
					學有	以蚊	濟福	世國	德軍		
							濟祿	世民	德華		
								世英	德鄭		
								世雄	德亮		
								世千	德峰		
							濟壽	世約	德橋		
	堂茂	金銘	涵沖	樹典	學融	以文	濟康	世宣	德凱	可疆	
										可輝	
										可明	
							濟明	世璋			
								世隆	德征	可牛	
									德祜	可田	
								世觀	德銘		
									德怡	可威	
							濟修	世航			
								世輅			
								世揆			
						以霞	濟平	世桓			
						以云	濟平	世棻			
								世楷			
								世樞			
								世梁	德鵬	可蛟	
								世澄			
								世棪			
						以蒸	濟明				
							濟方	世橋	德海		
						以謙	濟先	世澄			
				樹惇	學睿	以晉	濟球	世蕃	德瑜		
									德琪		
								世明			
							濟璜	世昌			
							濟琅	世俊	德琪		
								世璜	德峰		
									德生		
								世雄	德華		
							濟棟				
							濟璋	世濤			
								世園	德澤		
							濟馮	世仁	德紅		
								世河			
					學澄	以升	濟督	世榮			

35	36	37	38	39	40	41	42	43	44	45	46
	堂	金	涵	樹	學	以	濟	世	德	可	
							濟博	世楊			
								世金			
						以軒					
						以航	濟督	世榮	德渝		
									德江		
									德丹		
	堂芪	金渠	涵春	樹立	學輟	以□					
			涵晃	樹翃	學町	以谷					
					學甾	以種					
				樹堅	學明						
❸杰	堂桂	金愣	涵讓	樹樞	學疇	以啟					
		金鐸	涵琨	樹臨	學耘	以君					
			涵璉	樹幟	學輜	以祥	濟德	世良			
								世杰			
			涵直	樹荷	學耘	以秸	濟興	世理	德文		
									德勝		
									德明	可啟	
									德永		
						以稌	濟明	世祥	德春		
									德潤		
									德冰		
								世石	德軍		
								世芪	德利		
						以粘	濟昌	世富	德發		
									德財		
								世榮	德福		
								世冬	德科		
									德優		
				樹菱	學鋤	以和	濟鴻				
						以利					
					學畺	以鴻					
			涵謙	樹賢	學畊	以稹	濟永	世國	德剛		
								世良	德強		
								世勝			
								世建	德亮		
							濟遠	世磊			
					學畯	以穗					
						以穗	濟永	世中			
								世華			
								世民			
								世亮			
						以和					
						以啟					
		金莊	涵湄	樹隆	學映	以稻					
			涵鈞	樹枌	學穠						
					學稠						
					學機						
❹煐	堂綉	金鈺	涵忠	樹凌	學高	以樵					
				樹桴	學清	以耕	濟炳	世華			
					學周	以漁					
			涵懿	樹雋	學復	以熊					
		金璠	涵霖	樹端	學文	以鑫	濟萍	世佳	德發		
									德福		
									德壽		
									德仁	可平	
					學詩	以忠	濟莘	世昌			
								世芳			
								世良			
								世寧	德英		
						以勝	濟群	世基	德勛	可宏	
									德廣		

35	36	37	38	39	40	41	42	43	44	45	46
	堂	金	涵	樹	學	以	濟	世	德	可	
									德釗		
					學禮	以政	濟寬	世英			
							濟球				
							濟美	世安	德軍		
									德抬		
				樹聲	學榕	以質	濟高	世潘			
								世仁	德利		
							濟臣	世善			
				樹遠	學成	以華	濟接	世斌			
			涵田	樹理	學英	以儉	濟求	世德	德大	可欽	
									德昌	可渺	
										可堯	
								世雄	德耀	可豐	
										可磊	
										可毅	
									德文		
		金蘭	涵雯	樹汴	學中	以濤					
	堂綱	金芝	涵清	樹梧	學琬	以芳	濟蔚				
				樹杼	學璇	以成	濟啟	世凡	德根		
									德優		
					學現	以施					
					學璋	以敬	濟華	世彪			
					學瑚	以恭	濟春	世萍			
						以德	濟春	世萍			
								世忠			
						以恭	濟全	世雷	德庭		
							濟斌	世靈			
			涵瀅	樹高	學富	以輝					
						以蔭					
				樹靄	學荃						
				樹樟	學芸	以輝	濟成	世振			
							濟義	世楚			
							濟漢	世玎			
		金芬	涵靄	樹勛	學海	以志	濟建	世維			
							濟瑞	世哲			
							濟勝	世榮			
								世丁			
							濟利	世磊			
				樹年	學璜	以召	濟勇				
			涵云	樹谷	學璜	以台	濟樂	世軍			
								世冬			
								世義			
					學琛	以招					
					學瑱	以蔭	濟杰	進宇			
							濟谷				
						以荃	濟堯	世波			
					學琦	以信	濟舒	世杰			
								世森			
					學睿	以藩	濟舒	世勤			
								世敏			
							濟團				
							濟戰	世豐			
								世宏			
						以藝	濟宇	世鷹			
							濟峰				
	堂緩	金官	涵睦	樹濃	學超						
				樹妍	學韜						
			涵照	樹干	學嬰						
					學輝	以尊	濟新	世聖			
							濟華	世介			
							濟放				
	堂絨	金笙	涵達	樹芍	學明						
		金笏	涵基	樹芝	學賢	以秦	濟梁				
							濟強				
						以志					
		金銜	涵洪	樹繩	學濤	以聲	濟愛	世剛	德明		
								世強			
								世軍			

35	36	37	38	39	40	41	42	43	44	45	46
	堂	金	涵	樹	學	以	濟	世	德	可	
						以振					
						以銘	濟和				
					學功	以勤	濟萍	世國			
								世勇			
		金筠	涵悅	樹蕊	學籍	以蓮	濟強				
					學竺	以禮	濟新				
							濟偉	世超			
							濟忠				
					學箕	以波	濟國				
		金范	涵敬	樹明	學誠	以振	濟民	世冰			
								世峰			
							濟清	世乾			
								世源			
		金鯊	涵愉	樹熏	學廉	以萱	濟波				
						以師	濟湃				
	堂緒	金誥	涵暾	樹崗	學奎	以賢					
						以華	濟虎	世正			
				樹疇	學修	以端	濟發	世春			
								世根	德正		
								世明	德龍		
								世萍			
								世美			
							濟富				
							濟貴				
							濟有	世紅	德浪		
								世安			
								世軍			
								世偉			
						以臨	濟榮	世禾	德成		
									德勝		
								世忠			
							濟銘				
						以應					
						以善					
				樹禾	學明	以澄					
						以盛	濟遠	世康			
						以真					
						以章					
						以軒					
						以志					
						以惠					
				樹楓	學易	以傳	濟材				
				樹黎	學宏	以慶					
						以風	濟明				
							濟萍				
							濟炳				
							濟芳				
							濟啟				
				樹徽	學修	以毅	濟雪	世浪			
	堂緒	金誥	涵晨	樹福	學善	以杰	濟前	世揚			
							濟國	世帆			
			涵晟	樹本	學多	以云					
						以根					
			涵昱	樹乃	學寬	以時	濟偉	世盛			
						以常					
			涵暄	樹儼	學音	以棠	濟烜				
						以宗	濟海	世躍			
						以原					
						以溟	濟根	世群			
								世輝			
								世斌			
							濟凱	世略			
								世藩			
							濟卓	世時			
						以清					
						以哲	濟楚	世國			
							濟基	世濤			
							濟玉	世建			

35	36	37	38	39	40	41	42	43	44	45	46
	堂	金	涵	樹	學	以	濟	世	德	可	
				樹昂	學剛	以梁	濟民				
							濟國				
						以唐	濟飛	世明			
						以周					
			涵普	樹慶	學多	以庭					
						以云					
						以根					
		金詔	涵曝	樹祁	學伊						
				樹孚	學庸	以北	濟廣				
			涵彝	樹初	學音	以富					
				樹樫	學忠	以桃	濟初	世初			
							濟勝	世輝			
								世么			
							濟雄	世容			
						以維	濟衡	世蓉			
				樹猷	學薰	以貴	濟疆				
							濟利				
					學林	以純	濟信	世開	德勇		
								世華	德豪		
							濟沖				
					學德	以貴					
					學鑫	以庚					
					學光	以庚					
			涵復	樹邵	學菜	以禧					
				樹郊	學芸	以漳					
				樹稻	學應	以淇					
					學隆						
					學中	以學	濟忠				
						以祖	濟鈞				
					學荃	以波	濟炎				
						以樂	濟軍				
				樹栲	學葦	以性	濟國	世應			
							濟林				
				樹意	學桃						
		金謨	涵曦	樹梁	學編	以明	濟龍	世放			
						以良	濟德	世云	德楓		
								世友	德晉		
							濟聲	世良	德崗		
									德豐		
								世萍	德宇		
						以康	濟源	世寶	德初		
									德東		
								世貴			
								世庄	德建		
							濟利	世威	德德		
									德磊		
								世根			
								世萍			
			涵蚊	樹秀	學徑	以矾	濟亨				
						以庄	濟椿	世輝	德宇		
									德航		
					學勉	以震	濟祥	世峰			
							濟云				
			涵畯	樹美	學湘	以緒					
					學運	以麗	濟松	世亮			
							濟柏				
							濟霖				
							濟柳				
						以禮	濟枝				
						以詩	濟楠				
							濟梓				
					學啟	以云	濟祥				
							濟棋				
			涵昀	樹□	學綸	以逵	濟緘	世根			
							濟泰	世偉			
								世科	德財		
							濟忠	世權			
								世規			

35	36	37	38	39	40	41	42	43	44	45	46
	堂	金	涵	樹	學	以	濟	世	德	可	
					學伸	以楠	濟朋				
							濟遠	世振			
							濟德				
						以和	濟根	世苗			
					學稠	以致	濟輝	世軍			
								世海			
							濟堂	世勇			
							濟林	世堅			
			涵煒	樹鶴	學襄	以庾	濟新				
							濟科				
							濟思	世陸			
								世練			
							濟義	世廖			
						以樺					
			涵昭	樹榮	學箴	以翔	濟強				
							濟年	世華			
						以思	濟承	世軍			
								世民			
						以裁					
						以健					
					學銘	以功					
						以光					
						以基					
						以郁					
					學監	以昂					
						以晃	濟民				
							濟華	世福			
								世海			
						以定					
		金諭	涵馥	樹籌	學篪	以偉	濟重				
						以俊	濟超	世福			
							濟敏	世彬			
								世偉			
					學質	以仁	濟明	世松			
								世劍			
						以廊					
❺熙	堂經	金伸	涵慶	樹微	學瓜	以哲	濟忠	世欽			
								世躍			
					學颭	以彰	濟忠	世清			
							濟萍	世康			
							濟順	世根			
	堂絢	金劍	涵川	樹藩	學稠	以梁	濟高				
				樹植	學粽	以善	濟光	世奇	德論		
								世明	德楊		
								世喜			
							濟連	世葵	德芝		
								世輝			
				樹型	學格	以善	濟財				
				樹鵠	學校	以昌	濟常	世平	德發		
									德福		
		金貼	涵淵	樹莘	學培						
			涵暉	樹邦	學均						
		金梯	涵九	樹言							
			涵溶	樹稚	學藝						
			涵澍	樹谷	學堯						
				樹粮	學芸	以至	濟長	世鵬			
							濟水	世策	德敏		
									德祥		
								世德			
							濟航				
		金墀	涵黃	樹清	學剛	以續	濟衍				
							濟共				
						以誠	濟望	世瀛			
								世觀			
					學劍	以融	濟筠	世豪			
								世鵬			
						以翔	濟時	世華	德濤		
									德宏		

35	36	37	38	39	40	41	42	43	44	45	46
	堂	金	涵	樹	學	以	濟	世	德	可	
									德偉		
								世杰			
			涵薰	樹基	學節	以慎	濟彪	世堅			
								世鈞			
							濟釗				
				樹華	學華	以仁					
						以禮					
						以智					
						以攸					
						以勤					
		金殿	涵芳	樹枚	學騮	以得	濟海	世勇			
				樹林	學駒	以發	濟極				
					學騏	以明	濟和				
					學驊	以清	濟容	世光			
			涵喜	樹杰	學聖	以榮	濟其	世可			
							濟群	世波			
							濟祥				
						以理					
			涵露	樹渠	學楨	以進	濟純	世偉			
					學楫	以智					
					學桄	以信	濟亨	世芳			
								世康			
								世海	德佳		
								世萍	德瀟		
				樹棠	學杭	以慈	濟盛	世章	德榮		
									德豐		
								世春	德權		
								世元	德利		
							濟洪	世玲	德啟		
							濟候	世駿			
								世杰			
								世豪			
							濟華				
							濟芳	世濃			
								世磊			
							濟光	世罕			
						以宜	濟晃	世科	德杰		
								世模	德輝		
			涵露	樹椝	學才	以奎					
						以晉					
						以普	濟勇				
			涵虛	樹倫	學谷	以勛	濟生	世祥			
								世勇			
				樹僖	學與	以桂					
				樹儀	學卿	以□	濟海				
					學華						
				樹俊	學錦						
					學斌	以明					
						以萍	濟勇				
						以忠	濟敏				
			涵湘	樹滐	學橋	以騏	濟聖				
							濟蔣				
						以驥					
						以駿	濟琼				
						以良	濟錧	世壹			
							濟泉				
				樹楷	學鉛	以偕	濟國				
				樹胥	學丹	以和	濟友				
					學銘	以宜	濟真				
			涵霖	樹誠	學禧	以華					
	堂廉	金錀	涵遜	樹嘉	學哲	以康	濟群	世飛			
							濟明	世凱			
							濟林				
						以海					
			涵澍	樹琳	學渠	以莊	濟康	世勇			
								世強			
							濟博	世林			
				樹浚	學錦	以松	濟堅	世劼			

35	36	37	38	39	40	41	42	43	44	45	46
	堂	金	涵	樹	學	以	濟	世	德	可	
							濟伸	世勉			
							濟基				
						以柏	濟鐵	世亮			
								世斌			
						以梅	濟業	世克			
								世祥			
							濟曉				
						以樟	濟經	世朮			
							濟緯	世克			
				樹群	學昌						
		金麟	涵光	樹泉	學楠	以翼	濟琛	世旌			
							濟浩	世波			
								世偉			
							濟漢				
							濟海				
							濟眾	世益			
								世新	德瑞		
				樹楨	學淵	以異	濟眾	世益			
								世新	德瑞		
			涵靄	樹義	學杰	以宏					
			涵韶	樹球	學遠						
				樹嵩	學沅	以齊	濟正	世偉			
						以亮					
						以實	濟賢	世宣			
							濟能				
				樹平	學謙	以防	濟禹	世啟			
							濟豐				
							濟泉				
				樹湖	學志	以励					
	堂廉	金鯤	涵膏	樹宣	學恒	以珍	濟華				
				樹松	學俊	以銘	濟剛	世行	德明		
								世周	德華		
									德榮		
							濟藩				
							濟和				
				樹崧	學俊	以是	濟北	世原			
								世晟			
							濟奇				
							濟特				
					學恍	以超	濟均	世杰			
							濟安	世超			
							濟斌	世國			
								世光			
								世輝			
					學愉	以恭					
					學恂	以謙	濟和	世龍			
			涵商	樹琼	學庚	以泉	濟律	世建			
								世偉			
				樹瑤	學典	以德	濟仲	世俊	德華		
								世奎	德明		
								世波	德磊		
					學誥						
				樹冗	學浚	以昆	濟方	世鍾			
								世崢			
				樹瓆	學群	以慶	濟建	世永			
								世華			
							濟益	世軍			
							濟安	世拓			
						以安	濟振	世金			
								濟義	世鑫	德磊	
								濟愚	世浩		
	堂廉	金鯤	涵蘭	樹琪	學乾	以蔚	濟宇	世勇			
								世猛			
							濟符				
							濟策				
				樹璜	學謨	以禮	濟彪	世躍			
							濟琛	世雷			
								世倫	德凌		

35	36	37	38	39	40	41	42	43	44	45	46
	堂	金	涵	樹	學	以	濟	世	德	可	
					學誥						
		金鲂	涵江	樹毓	學鈞	以榆					
						以仁	濟霽				
					學容	以約					
						以槐	濟昌				
			涵采	樹鏑	學芳	以羹	濟良	世萌			
							濟善	世韜			
								世略			
							濟德	世江			
								世軍			
								世奇			
							濟康				
					學芬	以時	濟唐	世波			
							濟開	世民			
								世權			
							濟來	世健			
				樹銘	學畯	以福					
			涵熏	樹恩	學銘	以節	濟時	世峰			
								世國			
							濟萍	世義			
								世奎			
						以筐	濟輝				
						以筠	濟呈				
							濟森	世泉			
								世奇			
							濟杰	世波			
							濟柏	世寧			
								世超			
							濟山	世忠			
								世磊			
	堂廉	金鲂	涵薰	樹恩	學鋒	以笏	濟怡	世忎			
							濟舟	志忐			
						以笵	濟危	世忎			
							濟青	世忐			
				樹蟾	學珍	以貫					
					學瑞	以貫					
				樹祜	學理	以永	濟花	世烈			
							濟桂				
					學濤	以慶	濟峰				
						以放					
						以紹	濟純				
						以運					
					學光	以建	濟輝				
							濟煌				
						以來					
						以德	濟優				
				樹貼	學嘉	以明	濟根				
							濟亮	世松			
								世晶			
						以敬	濟偉				
							濟華				
							濟奎				
						以保	濟丹				
						以運	濟雪				
							濟霜				
					學志	以連					
			涵明	樹萁	學希	以丕					
						以質					
			涵蓉	樹芾	學半	以積					
						以利	濟君	世仁			
							濟群				
							濟慶	世丞			
						以蓄	濟慶				
						以華	濟春				
							濟風	世鎏			
							濟安				
				樹菜	學麟	以蓬	濟波	世朋			

35	36	37	38	39	40	41	42	43	44	45	46
	堂	金	涵	樹	學	以	濟	世	德	可	
							濟旺	世友			
							濟偉	世杰			
							濟斌				
						以道	濟敏	世烈			
							濟亮	世譜			
						以迪	濟峰				
							濟江				
						以祥	濟侃				
				樹亥	學恩	以衡					
						以征	濟克	世雄			
						以循	濟衛				
							濟梁				
		金鰲	涵玫	樹積	學觀	以泉					
				樹祺	學分	濟安					
				樹祿	學榮						
			涵溶	樹岱	學孝	以全	濟斌	世海			
								世水			
							濟晃	世建			
							濟綱	世李			
								世進			
						以財	濟湖	世可			
							濟豐				
						以余	濟萍				
							濟根				
						以裕	濟波				
				樹峰	學友	以□	濟□	世璜			
							濟聖	世珊			
							濟忠				
							濟招	世淇			
								世磊			
							濟財				
				樹峨	學恭	以超	濟庚	世堅			
							濟民	世華			
							濟放	世勇			
								世建			
							濟水	世繼			
								世豐			
							濟瑞	世國			
			涵瑀	樹嚴	學廉	以重	濟航	世龍			
								世虎			
					學洛	以重	濟航				
							濟海	世鋼			
								世顯			
				樹仁	學政	以凱					
					學平	以英	濟強	世敏			
							濟維				
							濟峰				
							濟璜				
						以鍾	濟堅				
							濟科				
							濟勛				
							濟琪				
			涵景	樹籛	發閎	以隨					
						以璋					
						以萍					
						以哲	濟勇	世豪			
							濟平				
				樹祿	學堅	以誠	濟飛				
					學仁	以虎					
					學汾						
				樹節	學良						
				樹筠							
				樹笏							
				樹第							
				樹泡							
				樹符							
				樹箴							
			涵璋	樹策	學祺	以铮	濟虹				

35	36	37	38	39	40	41	42	43	44	45	46
	堂	金	涵	樹	學	以	濟	世	德	可	
						以鍾	濟根				
						以釗	濟成				
							濟偉				
							濟銓				
							濟健				
			涵琇	樹簪	學安	以輝	濟勇				
					學堅	以輝	濟濤				
						以柏	濟端				
							濟陽				
						以遠	濟勇				
							濟秋				
						以長	濟政				

35	36	37	38	39	40	41	42	43	44	45	46
	堂	金	涵	樹	學	以	濟	世	德	可	
							濟偉				
贛	萍	鄉	宣	義	公	嗣	汝	泰	公	支	
22	23	24	25	26	27	28	29	30	31	32	
宣義	才俊	子安	鼎元	恬靜	光文	鳳鸞	一和	維祚	宗海	應俊	
33	34	35	36	37	38						
汝泰	相朝	煥一	堂訓	涵瑩	止						
贛	萍	鄉	宣	義	公	嗣	汝	繼	公	支	
22	23	24	25	26	27	28	29	30	31	32	
宣義	才俊	子旭	毓春	世浹	光瑤	鳳池	象	維釗	宗賢	應標	
33	34	35	36	37	38	39	40				
汝繼	相華	耀	堂祖	金考	涵升	樹楨	學恒				

江西宜春慈化鎮金菊、柏樹祥卿公支

37	38	39	40	41	42	43	44	45	46	47	48
以	有	國	安	民	信	善	富	貴	志	遠	
27	28	29	30	31	32	33	34	35	36	37	
漢初	邦華	孟虎	常節	成貴	學文	孔話	益學	之路	大舒	以龍	
							益熬	之茂	大先	以珂	
							益鳴	之顯	大佩	以臻	
						孔論	益禧	之固	大榜	以炯	
以龍	有進	國和	安朝	民行	信旺	善山	富亮	貴文	志平		
									志和		
								貴永	志敏		
								貴新	志浩		
								貴園	志劍		
								貴滿			
							富華	貴舜			
								貴宇	志峰		
								貴宙			
							富成	貴寶			
								貴萬			
			安廷	民文	信波	善清	富標	貴昊			
			安大	民忠	信有	善煥	富穀	貴昉			
								貴旻			
		國華	安相	民春	信湖	善珍	富發	貴堯			
		國鶴	安忻	民錫	信德	善發					
						善倫					
						善炳	富長	貴洪	志經		
									志緯		
									志魯		
						善明					
						善滿					
					信禧	善年					
						善建	富林	貴團	志璋		
								貴陸	志表		
								貴渡			
						善通	富仲	貴禮	志發		
					信廣	善達					
						善道	富倉	貴生	志根		
								貴財	志根		
									志輝		
								貴友	志順		
								貴發	志明		
					信寶						
					信任	善進					
					信沅	善金					
						善義	富根	貴水	志風		
									志景		
								貴忠	志新		
									志仁		
				民芳	信菊						
					信祿	善啟					
					信彩	善字	富田	貴連	志法		
								貴縫	志財		
						善遠					
						善南	富鑫	貴根	志永		

37	38	39	40	41	42	43	44	45	46	47	48
以	有	國	安	民	信	善	富	貴	志	遠	
								貴平	志成		
									志寶		
								貴風	志貴		
									志斌		
								貴海	志譜		
							富晶	貴明	志有		
								貴林			
								貴滿			
						善忠					
						善來	富南	貴瘋			
								貴亮	志喜		
									志金		
					信法						
		國義	安灿	民梅	信遠	善甫	富貴	貴自			
								貴勇	志余		
								貴松			
							富丁	貴富	志民		
							富友	貴祥			
					信報	善祥	富明	貴寧	志年		
									志堯		
								貴福	志安		
									志泰		
									志建		
								貴和	志昌		
								貴斌			
								貴偉			
						善祺					
						善禱	富海	貴衛	志勇		
				民柳	信業	善亨	富啟	貴春	志瑞		
				民嵩	信祝	善朋	富連	貴啟			
								貴任			
	有周	國標	安良	民榜	信舉	善旺					
					信昉	善和	富寧				
							富祥				
							富來				
							富武				
				民服	信仲	善明	富國	貴秋			
						善星	富南	貴強			
					信珍	善寬	富生	貴根			
							富文	金根			
							富金				
					信勇	善根	富法	貴林			
						善平	富濤				
34	35	36	37	38	39	40	41	42	43	44	
益鰲	之茂	大先	以珂	有波	國揚	安耀	民時	信環	善秀	富崇	
27	28	29	30	31	32	33	34	34	35	36	
漢初	邦華	孟虎	常節	成貴	學文	孔誥	益鳴	之顯	大佩	以臻	
以臻	有天	國蘭	安謨	民謀	信家	善正	富文				
							富化				

37	38	39	40	41	42	43	44	45	46	47	48
以	有	國	安	民	信	善	富	貴	志	遠	
							富開				
				民美	信松	善昌	富洪				
					信柳	善武	富萬	貴青			
								貴包			
							富紫	貴啟			
							富千				
							富紅				
		國藹	安甲	民森	信長	善長					
以綱	有垟	國琼	安性	民富	信端	善桃	富后	貴洪			
33	34	35	36	37	38			貴湖			
孔論	益禧	之固	大榜	以綱	有垟	善梅	富德	貴河	年軍		
									年勇		
								貴深			
								貴海	年根		
									年邦		
									年訪		
				民祥	富濤	善浚	富榮				
							富華	貴寶			
								貴良			
							富財	貴林			
							富桂				
							富園				
							富發				
				民秀	信昌	善國	富南	貴增			
								貴明			
		國瑯	安惟	民昌	信立	善坤	富元	貴校			
				民隆	信行	善玖	富仲	貴章	年松		
									年根		
									年發		
								貴笔	年春		
								貴輝			
								貴松			
							富遠	貴好	年輝		
						善琈	富聖	貴和			
							富仃	貴亮			
								貴先			
						善瑲	富昌	貴友	年芳		
								貴武	年林		
									年正		
							富益	貴文	年福		
								貴國	年文		
								貴兵	年波		
									年偉		
					信茂	善聰	富書	貴還			
								貴冬	年剛		
						善珩	富棉	貴明	年華		
								貴福	年和		
								貴甫			
							富節	貴軍			
							富調	貴玉			
							富平	貴來			
	有熟	國珪	安廉	民福	信謹	善嶺	富東	貴長			

※

37	38	39	40	41	42	43	44	45	46	47	48
以	有	國	安	民	信	善	富	貴	志	遠	
28	29	30	31	32	33	34	35	36	37	38	
邦浩	孟富	常鑑	盛芳	學坤	孔蓮	益梓	之麒	大明	以賁	有儉	
以賁	有儉	國僘	安宏	民微	信有	善北	富良	貴水	年生		
		國仲	安財	民容	信昭	善晚					
						善從					
						善朝	富椳	貴長	年兵		
								貴亮			
								貴儀			

37	38	39	40	41	42	43	44	45	46	47	48
以	有	國	安	民	信	善	富	貴	志	遠	
								貴告			
								貴萬			
					信誼	善珗	富元	貴禮	年春		
						善珀	富明				
							富亮				
						善珞					
					信論	善玎	富光	貴振			
							富新				
							富正				
						善琉	富桂	貴林			
							富根	貴軍			
								貴牛			
							富年				
							富發				
			安節	民元	信訓	善珺	富高	貴生	年虎		
									年龍		
								貴廣			
								貴來			
						善玲	富茂	貴春	年容		
								貴勝			
						善璜	富几				
					信堯	善理	富中	貴星	小珍		
								貴德			
37	38	39	40	41	42	43	44	45	46	47	
						善瑭					
						善琦					
		國玻	安應	民照	信賢	善生	富有	貴鵬			
							富仁				
							富義				
			安禮	民蛟	信谷	善琨	富清	貴正	年樂		
								貴好			
						善瑞	富精	貴平	年壽		
									年金		
								貴元			
								貴牙			
								聖牙			
			安德	民其	信諄	善作	富彬	貴龍			
							富興				
				民象	信諒	善新	平雅				
							國牙				
				民象	信雪	善□	富仁				
28	29	30	31	32	33	34	35	36	37	38	
邦華	孟皋	常琼	成旺	學禹	孔益	益謀	之詞	大忠	以鼎	有霨	
39	40	41	42	43	44						
國河	安悠	民	信桐	善文	富建						
					富庚						
				善華							

※

37	38	39	40	41	42	43	44	45	46	47	48
以	有	國	安	民	信	善	富	貴	志	遠	
								貴和			
		國任	安舉	民麒	信林	善加					
	有恒	國俊	安劍	民仁	信蘭	善龍	富還	貴細	年寶		
							富近	貴永			
								貴成	年海		
			安潢	民義	信保	善飈	富水	貴珍	年文		
						善來	富國	貴發	年德		
								貴仁			
					信煌	善緣	富琮	貴科	年才		
									年來		

37	38	39	40	41	42	43	44	45	46	47	48
以	有	國	安	民	信	善	富	貴	志	遠	
								貴孟	玉章		
									玉麟		
								貴節	年龍		
								貴普	年冬		
								記華			
							富祥	貴象	年平		
								貴逃			
							富菊	貴洪			
					信楨	善成	富潤	貴芬	年丹		
									年溶		
									年貴	遠根	
								貴芳	年初		
								貴群	年綸		
									年緯		
							富饒	貴潤	年文		

37	38	39	40	41	42	43	44	45	46	47	48
以	有	國	安	民	信	善	富	貴	志	遠	
								貴增			
								貴南			
								貴玎			
			安瀇	民風	信萬	善綠	富美				
							富興	貴根	年舜		
									年明	遠法	
					信德	善發	富榮	貴生	年貴	遠來	
									年福		
									年才	遠新	
									年發		
					信道	善松	富象	貴福	文輝	遠健	
									武輝		
							富賢	貴祿			
							富章				

26	27	28	29	30	31	32	33	34	35	36	37
祥卿	景初	邦成	孟先	常榮	成周	文亮	孔汶	益皋	之鴻	大鄒	以鏞
									之鶴		

38	39	40	41	42	43	44	45	46	47	48	49

35	36	37	38	39	40	41	42	43	44	45	46
之	大	以	有	國	安	民	信	善	富	貴	
之鴻	大鄒	以鏞	有時	國諒	安定	民保	信波	善華	富文		
									富武		
						民來	信仁	善貴			
	大晉	以錨	有汾	國詵	安進	民通	信鄉	善禮	富展		
				國白	安榜	民典	信址				
						民瑤	信模	善發	富根		
							信細	善有	富斌		
								善忠			
				國體	安秀	民贊	信聖	善保	富榮		
									富萬		
				國賀	安聰	民合	信欠	善地	富鑫		
								善田	富君		
									富校		
									富景		
							信琪	善山	富生		
									富魁		
									富肖		
之鶴	大趙	以鏡	有須	國諄	安慶	民來	信福	善民	富科	貴林	
									富裕		
	大銘	有潛	國通	安佑	民開	信福	大寶				
						信武					
		有光	國祖	安祿	民先	信濤					

(3)江西萍鄉蘆溪梁蘆鎮年豐村盛五公支系

22 盛五 23 文信 24 永華 25 紹安 26 金紹 27 愛橋 28 八角 29 冑五 30 細輔 31 世彩 32 士任

31 世祿 32 士任

32	33	34	35	36	37	38	39	40	41	42	43
士	延	飛	志	春	貴	祥	光	培			
士任	延輝	飛龍	志壽	連春	端貴	潤祥	光慶	培招	元云	利萍	
										利軍	
								培年	順云	剛	
									德云	新	
							光風	培仁	小蘭	胡	
								培新			
						福祥	光榮	培元	明芬	建軍	
										建國	
									躍芬	林	
									萍芬		
									有芬		
								培堯	明	陽	
							光華	培炎	小萍	定成	
									小衛		
							光發	培武	開恩		
									開明		
								建萍			
							光泰	益文	敏		
					良貴	呈祥	光恒	培云	招元	輝明	
								培梅	紹元	溪	
									忠元	紅	
								培漢			
							光財	培根			
								培高	仲元		
								培林	永元		
						安祥	光濤	培永	明元		
								培成	春元		
									萍元		
								培明	斌		
						致祥	光元	培財	竹元	定軍	
									鋒元		
							光貞	培群	炎元		
士仁	廷璜	飛虎	桂壽	輝春	杰貴	增躬	光儲	培彩	富天		
						增信	光星	培甫			
								培卿	和平	輝	
									建平	泉	
									永萍		
									江萍		
								培旺	裕萍		
									裕豐		
								紅生	福萍		
									湘萍		
							光屯	斌文	元春	曉	
									元潤		

32	33	34	35	36	37	38	39	40	41	42	43
士	延	飛	志	春	貴	祥	光	培			
							光峰	培加	子萍	峰	
									紹萍	周	
									廣萍		
				佐春	明貴	增麗	光暘	培誠	永華	恩萍	
								培賀	主民	定波	
									合民	定洋	
										定春	
									新民	定鵬	
									建民		
								培程			
			萬壽	成春	騰貴	增象	光珠	培行	禮元	定長	
										定增	
							光遠	培全	有生		
								培福	啟元		
									宗元		
									木元	鋒	
										立	
					傳貴	增福	光聖	培嵩	文元	志明	
									紹元	志斌	
									維元		
					開貴	增年	光才	培右	列元	定濤	
									壽元	喜	
						增永	光輝	惠民	勇	登	
									衛		
							光耀	社民	江		
									芬		
								為民	軍		
									亮		
							光存	德民	新		
				達春	瑤貴	增文	光洪	培任	元初	永成	
								培升	文成	發根	
									元成	亮	
									建成	堅	
										沙	
									電成	恩軍	
			永壽	錦春	舜貴	增紀	光紛	培株	元親	定榮	
										定海	
										定恒	
									元芳	定君	
										定義	
								培枝	元泉	定皇	

41	42	43
元初	永成	熹
		濤

37	38	39	40	41	42	43	44
貴	增	光	培	元	定	平	
					定奇		
				元新	定學		
					定龍		
				元祥	定德		
	增成	光縫	培棚	元頌	定軍		
					定玉		
					定耀		
			培楨	元章	雪江	錫鵬	
					定武		
				元松	定勝		
					定文		
				元正	剛		
		光縱	培棣	元裴	建林	錫廣	
					康		
				元袠	磊		

37	38	39	40	41	42	43	44
貴	增	光	培	元	定	平	
		光級	培榮				
	增蓉	光役	培盛	金元	定益	凱	
堯貴	增緒	光今	培信	譜元	定山		
				躍元	定勝		
					定鋒		
				愛元	定忠		
				端元	定高		
				強元			
		光絨	培元	元亮			
		光紕	培忠	元輝	定華	劉鑫	
				元煌			
				元文	定來	碧龍	
					定根		
	增績	光業	培唐	元成			
				元武			

37	38	39	40	41	42	43	44
貴	增	光	培	元	定	平	
	增維	光全	培本	元芬	建		
					友		
				元萍	軍		
				元福	輝		
				元聲	俊		
				元國			
		光同	培良	建華	兵		
	增義	光紲	培伏	元華	定梅		
					定勇		
				國珍	定鴻		
					定敏		
				文華	定霞		
					定星		
				志華	師成		
				林華	秋雨		

37	38	39	40	41	42	43	44
貴	增	光	培	元	定	平	
				春勇			
			培奧	文明	定亮		
				水華	定茨		
				明華	定松		
					定常		
				新華	定高		
					定明		
				斌華	定萍		
				勇芬	忠		
			培枰	早華			
				炳華			
				秋華			
				清華			
日貴	增金	光疇	喜生	元達			
				元享	小明	錫平	
					小偉		
				元忠	定軍		
				元洪	定波		
			朝生	元奇			
				元林	定炎		
				元桃	定柳		
	增群	光國	義生	海泉	慶華		
					輝		
			智生	元建	縱		
				元清	曉		
					宇		
				元品			
		光紈	科生	建剛	定鴻		
				元山	磊		
				元順			
		光繪	泉生	自力			
		光總	景生	建國	定波		
		光綿	炎生	亮	融		
			更生	元芝	宏偉		
					宏明		
				元斌	定安		
				元強			
				元純			
			奇生	懷忠			
				治忠			
				振忠			
			齊生	大為			
	增壽	鳳昌	鼎臣	文科	瀚		
		凰昌	會生	建軍	天威		
			念生	強	君澤		
				穎	汝武		
			茂生	建彬			
	增喜	光裕	培梓	炳根	定海		
					定球		
					林		
		光珍	培樺	元榮	定順		
		光陶	培樓	元盛	定芳		
					定和	錫俏	
				元保	定才	錫城	
				元德			
				元明	定康		
					定良		
				元懷	定勛		
	增才	光綺	軍生	元騰	定勇		
					定珊		
				元貴	新家		
					定福		
				元欄			
				元秋			
		光呈	潤生	元健	亮亮		

37	38	39	40	41	42	43	44
貴	增	光	培	元	定	平	
				元文			
		光緘	群生	元健	堯萍		
				元福	甫		
				元友			
				元位			
		光編	庶生	元孟			
				元勇			
			怡生	剛			
			和生				
			春生	元歡			
			國生	海林			
		光彩	炳生	元來	定錦		
				元勇			
				光江	定旺		
			金生	建軍			
			富生	蔚春			
				元春			
晹貴	增芳	光前	培機	正元	定發	錫蔚	
						錫萍	
		光太	培森	仁元	定華	勇	
					定萍	巍	
					定奇	錫洲	
					定六		
			培榛	富元	定榮	錫芳	
						錫群	
					定輝	錫武	
					定躍	錫茂	
					定明	錫春	
					定光	錫威	
				盛元	定招		
					定軍		
					定紅		
		光榮	培杭	石元	定軍		
					定群		
				全元	星宇		
		光魚	培煌	建元	定剛		
廉貴	增鵬	光構	鳳齡	月生	泉周		
			鳳仁	來生			
		光經	偉倫	年生			
				秋生			
			佳倫	利平			
			太明	年軍			
			遠明				
		光緯	桃元	招兵			
				軍兵			
			樂生				
			樂平	小剛			
	增方	光而	鳳群	美華			
		光道	惠賢	長征			
				長飛			
			惠萍	易			
				超			
		光輪	金松	申元			
				國萍			
				細元			
			鳳存	友元			
		光芝	福生	明建			
				明發			
			主生	鋒			
芳貴	增凌	光琦	瑞梅	和平	春林		
					亮		
			吉梅	勇元			
				軍元			
	增名	光琳	柏梅	元發	定剛		
				元鑫	定強		

37	38	39	40	41	42	43	44
貴	增	光	培	元	定	平	
	增和	光祖	和梅	會元	定勇		
				冬元	定兵		
		光日	雪梅	品元	定峰		
				朝元	定輝		
				思元	定波		
			炎梅	本元	定高		
				根元			
		光正	永梅	軍元	定鷗		
		光三	培其	友元	定縣		
	增儀	光宗	培對	強平			
				強福			
			培宜	元濤			
		光永	培華	元林	定斌		
			培桂	來發	小勇		
	增趾	光恩	培根	元斌			
				元文			
				元勇			
			培發	元輝			
				元海			
			培信	益明			
		光談	培才	元帥			
			培崇	吉峰	成		
				梅峰	琪鈺		
			培來	元標	定一		
				元棟			
			培芳	義			
				龔			
能貴	筠榮	光明	魁生	志其	科		
				志文	敏		
			其昌	元剛			
	宗榮	文照	培升	志豐			
隆貴	樓榮	榮照	培林	亮			
			培成	均			
			培躍				
			培生				
	有榮	煥照	培賢	海良			
			培斌	海萍			
		梅照	培周	長益			
				純益			
			培健	鵬			
		水照					
		光文	輝				
	芝榮	吉照	培親	瑜			
				琦			
			培芳	川			
				濤			
			培明	科			
			培剛				
	林榮	冬青	正根				
	全榮	茂生	木朝				
		陀生					
	慶榮	吉華	琦				
			維				
			濤				
	開榮	小華	璞				
	欽榮	玉華	志堅				
			志萍				
遇貴	星祥	文才	炎林	禮萍	武斌		
					武杰		
				禮梅	小豐		
	樹祥	文理	秋林	余明	武平		
				永生	海		
				月明			
			如林	根春	鵬輝		
				根明			

37	38	39	40	41	42	43	44
貴	增	光	培	元	定	平	
	金祥	文瑞	文華	春萍	林		
			魚華	剛			
			菊華	元明			
				元亮			
			炎華	高			
				勇			
	夢祥	秋生	永林	元春	武走		
				元萍	龍		
			新林	元鳳			
			躍林	元芬			
				恒勇			
		風生	何林	元健			
		有生	福林	志剛			
				志萍			
			德林				
			冬林	景松			
		文仁	瑞林				
			有林				
		文洪	其林	小紅			
				小孟			
			學林	正			
			軍林	甜			
		文會	紫林				
	初祥	壽林	慶明				
			健明	良			

37	38	39	40	41	42	43	44
貴	增	光	培	元	定	平	
				軍			
			和明				
			偉明				
			紹明				
		文明	小林	斌			
				登			
			小云	勇			
				亮			
	紹文	國林	欣				
		國華					
		木生	林				
		文純	志敏				
			志華				
31	32	33	34	35	36	37	
世祿	士瑤	廷涯	春松	益升	德魏	升貴	
升貴	慶祥	光庚					
		光友	元明	兵			
				春			
			華明	波			
				發			
			華元				
	喜祥	光木	冬明	勇			
				恒			
			浮萍	招			

37	38	39	40	41	42	43	44
貴	增	光	培	元	定	平	
	康祥	光春	庚明				
			庚華				
冬貴	自成	光仁	高萍	建輝			
			細萍	峰			
			潤明	建標			
			秋明	凱			
		光彪	文斌				
			文林				
			文連				
	生成						
	明成	水泉	潤春				
		水金	軍				
		水榮					
31	32	33	34	35	36	37	
世祿	士瑤	廷涯	春松	有慶	德宏	求貴	
						雙貴	
求貴	增君	少琴	春				
			剛				
	增郡	光遠					
雙貴	增麟	光萍	培高				
		光清	培楚				
		光榮					

江西萬載縣白良鄉坑口村啓昭公支系

20	21	22	23	24	25	26	27	28	29	30	31	32	33	34			
啟召	萬盛	良宗	以文	處常	浪	德正	欄	慶高	修	貞本	銑	世萁	時陞	士宗			
													時樞	士璠	士琦		
													時抒	士招			
													時楨	士瑄	士珉		
										瑞本	錦	世英	時梅	士珠			
													時桂	士瑧			
													時林	士瑺			
													時奇	士玲	士璬		

33	34	35	36	37	38	39	40	41	42	43	44
時	士	繼	廷	續	爵	興	茂	才	思	國	
時陞	士宗	繼梢	庚澹	續晰	爵會	興前	茂輟	才洄	思梛	國爆	
										國烹	
									思掉		
									思椹		
									思榜		
									思櫺		
									思榷		
時樞	士璠	繼玉	廷祿	續萱	爵達	興至	茂鐳	才酒	思柿	國爍	
										國烟	
										國煲	
										國燚	
								才泊	思檜		
				續芳	爵仿	興浩	茂彩	才滄	思梗		
				續蒿	爵每	興世	茂播	才詔	思樓	國剡	
									思概	國黒	
							茂錫	才連	思暫	國熟	
								才諸	思炎		
	士琦	繼才	廷洼	續顔	爵志	興日	茂鏞	才沂	思科		
					爵獻	興极	茂廣	才濼	思柱	國振	
				續廉	爵道	興位	茂鈍	才洛	思林	國烯	
						興田	茂釘	才涼	思槽		
						興麗	茂鈦	才深	思橙		
								才汶	思卷	國熫	
									思榕		
							茂桐	才浩	思椤	國點	
									思椐	國榮	

42	43	44
思柿	國烟	用稟

33	34	35	36	37	38	39	40	41	42	43	44
時	士	繼	廷	續	爵	興	茂	才	思	國	
									思槽		
									思橦		
									思榛		
					爵儀	興唐	茂鉗	才淦	思杰	彭望	
									思槁		
			廷源	續綺	爵麟	興和	茂福	才淘	思本	國炮	
								才沐	思杜	國□	
						興定	茂鏘	才沈	思梘	國烘	
									思桓	國熕	
				續綸	爵昆	興南	茂松	才沆	思槿		
							茂鎮	才汴	思檬		
							茂鴿	才滇	思楹	立根	
							茂鉑	才沛	思楚		
								才沾	思榀		
				續維	爵鼎	興彬	茂銅	才泓	思构		
							茂錫	才泗	思權		
								才溜	思构		
					爵良	興友	茂鐠	才治	思楮	國焦	
				續紳	爵松	興典	茂奇	才涯	思連	國敦	
							茂鑒	才匡	思集	國棓	
						興論	茂鑾	才漾			
					爵信	興怡	茂針	才淥	思札		
								才澔	思榪		
								才灩			
					爵忠	興思	茂錞	才汯	思連	國耀	
									思集	國熹	

42	43	44
思梅	國炒	用甫
思柘	國炘	用塊
思棂	國烔	用壊
思梅	國炻	用培
		用垣
思樁	國烔	用壊
思棚	國耿	彭龍
思球	國烜	用增
思杍	國炔	用椿
思柏	國炕	用育
思柯	國爐	國埻
	國炔	用堵

33	34	35	36	37	38	39	40	41	42	43	44
時	士	繼	廷	續	爵	興	茂	才	思	國	
	國烜	用墉							思椿	國閣	
思橈	國坟	用坡							思械		
思相	國炲	用墘					茂錳	才淙	思朴		
思松	國炖	用塔						才澗	思榴		
		用恭							思椽		
	國炊	用埴				興詩	茂鏷	才濱	思榼		
		用堂				興梅	茂鍉	才渶	思𣝗		
思杻	國豆	用墉	廷嗣	續濤	爵貽	興壽	茂珠	才涞	思梅	國炒	
思框	國炫	用域					茂普	才泯	思檁		
		用堰				興言	茂服	才泳	思柘	國炘	
思柳	國梧	定軍				興迪	茂服	才淍	思根	國烔	
時抒	士玿	繼能					茂鋌	才渲	思梅	國炻	
								才溫	思桩	國烔	
							茂鍋	才清	思杏		
								才洧	思檀		
			廷誼	續儒	爵沂	興萃	茂鐸	才洋	思橋	國焻	
										國熺	
										國燃	
									思志	國熳	
										國燎	
								才泰	思构	國焊	
					爵睿	興備	茂鐐	才溟	思柵	國煉	
										國耿	
				續珪	爵鉞	豎	茂霖	才澤	思枝	國樺	
								才洵	思樫	國爀	
						興繹	茂魁	才灃	思前		
									思楣		
					爵藹	興澳	茂鐮	才津	思球	國烜	
										國逼	
					爵魁	興勛	茂華	才浛	思懋	國漢	
									思杍	國炔	
									思柏	國炕	
									思柯	國爐	
										國炔	
										國烜	
							茂鈺	才流	思梓	國爀	
							茂銚	才派	思橈	國坟	
								才澍	思相	用墘	
							茂鑌	才浙	思松	國炖	
										國炊	
										國熱	
							茂志	才浥	思杻	國豆	
				續炫	爵后	興烈	茂攀	才浦	思框	國炫	
										國燭	
										國煨	
										國熨	
							茂黃	才洁	思柳	國梧	
									思桃	國煜	
							茂鉷	才渟	思棒	國爔	
									思榆	國旺	
								才淪	思惠	國根	
								才沿	思棧	國灶	
									思棰		
									思楦	國煮	
										國烝	
								才浯	思棚	國熙	
										國燛	
									思楷	國塋	
									思樘		
						興匿	茂釧	才支	思粘	國燂	
										國燹	
			廷詵	續澄	爵完	興伍	茂族	才漾	思柵	國媛	
				續凰	爵籠	興信	茂候	才渾	思栓	國燠	
			廷環	續昌	爵氤	興乃	茂菊	才升	思朱		
									思標	國枼	

33	34	35	36	37	38	39	40	41	42	43	44
時	士	繼	廷	續	爵	興	茂	才	思	國	
	42	43	44						思樹	國燴	
	思杻	國豆	用墉							國葉	
	思框	國炫	用域				茂銓	才滿	思機	國亘	
			用堰						思恭	國熗	
	思標	國葉	用增							國粮	
	思機	國亘	用填							國煸	
	思恭	國粮	用善					才滾	思樅	國靈	
	思樅	國靈	用埏							國灶	
		國灶	用賢							國烤	
		國烤	用自							國穎	
	思德	國炻	用塘						思柏	國灼	
										國熔	
										國栗	
									思樺	國留	
										國燐	
										國糅	
									思爍	國焊	
							茂鋂	才悠	思栩	國通	
										國焱	
										國蒸	
									思檢	國聰	
									思楫	國煮	
					爵氲	興連	茂容	才松	思德	國炻	
						興佩	茂再	才普	思樵		
							茂鋒	才譜	思曷		
時楨	士瑄	繼典	廷琼	續慧	爵揮	興耕	茂鏷	才鴻	思未	國熙	
				續護	爵久	興鹿	茂□	才塋	思能		
							茂逢	才澈			
	士珉	繼身	廷就	續癸	爵峻	興隆	茂釙	才滙	思枋	國糊	
							茂銜	才兼	思栝	國為	
							茂處	才滉	思楓	國炧	
										國炎	
										國燙	
										國煥	
								才涇			
		繼廣	廷秀	續杰	爵真	興占	茂鋌	才湫	思寨		
						興茂	茂鑾	才漲	思樽		
								才湫	思杆		
時梅	士珠	繼鼎	廷韜	續繡	爵余	興潑	茂鈐	才溪	思科		
30	31	32	33					才殿	思排	國烷	
瑞本	錦	世英	時梅	續益	爵載	興暢	茂清	才伏	思极	國烴	
42	43	44								國焯	
思楓	國炧	用垣								國熵	
		用固								國熠	
	國炎	用墶		續彰	爵覺	興科	茂發	才旺	思棌	國靈	
		用埌								國炙	
	國燙	用墚				興運	茂端	才渭	思梭	國栽	
思极	國烴	用墦				興為	茂捷	才淮	思晃	國塋	
	國焯	小慶								國欸	
思棌	國靈	用坷							思杰	國炳	
	國炙	墒								國煆	
思晃	國塋	用墊							思桂	國焙	
										國烙	
時桂	士臻	繼光	廷廣	續培	爵沣	興喜	茂蹈	才潢	思新	國瑞	
時林	士瓃	繼茂	廷高	續義	爵瑞	興附	茂虑	才漳	思榭	國杰	
							茂澳	才淑	思椒	國羔	
								才澳	思棋	國燔	
										國燥	
										國熊	
									思榭		
								才濼	思柱	國振	
					爵順	興妙	茂鏡	才濤	思喜	國照	
			廷鵬	續棁	爵郎	興得	茂鋯	才滕	思梳	國灼	
								才滔	思里	國熏	

33	34	35	36	37	38	39	40	41	42	43	44
時	士	繼	廷	續	爵	興	茂	才	思	國	
				續立	爵全	興汶	茂銖	才汝	思旬	國燁	
			廷暉	續譜	爵龍	興菜	茂禎	才沃	思棟	國熳	
										國煴	
				續新	爵元	興桂	茂生	才汪	思延	國焮	
										國煉	
										國煣	
							茂鎖	才游	思棱		
								才皆	思楠	國煎	
								才楞			
						興聞	茂鐮	才洮	思桄	國熾	
										國煤	
										國煸	
時奇	士珨	繼江	廷訊	續衢	爵班	興譜	茂吉	才枋	思始	國煜	
									思椅	國峰	
43	44	45								國煌	
國煜	用聖	賢金					茂高	才舒	思云	國煇	
國峰	用壙	賢鈎					茂照	才美	思標	國灿	
國煌	用堅								思棟	國烈	

33	34	35	36	37	38	39	40	41	42	43	44
時	士	繼	廷	續	爵	興	茂	才	思	國	
	用坍	賢銖			爵甫	興富	茂萁	才拱	思棠	國灯	
國煌	用坩									國炙	
	用墰	賢釪								國煬	
		賢釣	廷訣	續雪	爵宇	興鱗	茂黃	才漶	思棕	國炲	
國煇	用場	賢鈺				興紋	茂鑒	才洪	思槐		
國灿	用垓					興軌	茂鐓	才淋	思槺		
	用均					興理	茂綠	才派	思櫝		
國烈	用其						茂錁	才洪	思楣		
國灯	用幸	賢鈴						才丙	思椽		
	用坪	賢錦							思橇		
	用坤		廷衛	續潮	爵德	興禮	茂詳	才潯	思檸	國燁	
國炙	用坥								思洪	國同	
	用垲									國燧	
國煬	用城								思彬	國爍	
國燁	用墐			續連	爵詎	興達					
國同	用境				爵合	興誥					

33	34	35	36	37	38	39	40	41	42	43	44
時	士	繼	廷	續	爵	興	茂	才	思	國	
時奇	士璥	繼灝	廷壽	續烓	爵峰	興四	茂鋼	才涵	思集		
								才湘	思杠		
									思親		
								才湔	思楊		
				續禧	爵祈	興工	茂鏋	才淳	思樛		
								才淖	思杉		
								才蒙	思櫓		

33	34	35	36	37	38	39	40	41	42	43	44
時	士	繼	廷	續	爵	興	茂	才	思	國	
								才潘	思杝		
		繼龍	廷元	續經	爵燿	興云	茂錩	才洳	思維		
							茂鉅	才里	思槐		
									思柁		
									思槊		

萍鄉青山鎮溫盤村仕濬公支

35	36	37	38	39	40	41	42	43	44	45	46
仕	世	啟	家	聲	揚	叔	有	龍	鳳		
仕濬	世諧	啟彎	家興	朝聲	揚文						
					揚萍	叔江					
						叔華					
					揚均	叔偉					
				良聲	揚信	叔濤					
				竣聲	揚龍	叔志					
					揚鳳	叔堅					
					揚金	叔科					
					揚興	叔素					
	世誨	啟鵬	家麟	行聲	揚國	叔建					
					揚德	叔華					
	世贊	啟鷂	家銜	和聲	揚麟	叔華	有國	龍磊			
							有志	龍鋒			
								龍劍			
						叔生	有發				
		啟昆	家帶	有聲	揚旗	叔財	有洪	龍堅			
								龍華			
								龍萍			
						叔和	有福	龍	鳳波		
								龍鍛			
								龍輝			
							有建				
	世浩	啟鄂	家和	訓聲	揚達	叔德	有紅				
							有旗				
					揚昌	叔益					
					揚南	平偉	蕾几				
						紅霞	曾越				
						白霞	周游				
						蔚霞	志鵬				
				明聲	揚國	叔祥					
						叔芳					
					揚輝	叔根					
					揚許	叔協					

35	36	37	38	39	40	41	42	43	44	45	46
仕	世	啟	家	聲	揚	叔	有	龍	鳳		
						叔波					
			家善	壽聲	揚純	叔萍	有招				
		啟鶉	家劍	歡聲	揚菜	叔炎	有全	龍剛			
							有明	龍華			
							有國	龍波			
							有根				
							有德				
						叔仁	有軍	龍中			
							有林				
					揚敏	叔曾	有萍	龍偉			
							有敏				
						叔云	有福				
							有興				
						叔禾	有根	龍霜			
			家錦	鴻聲	揚全	叔生	有全				
							有方				
				崇聲	揚純	叔伏	有輝	龍招			
							有軍	龍新			
						叔永	有勇				
							有發				
						叔建	有希				
					揚全						
				瑞聲	揚光	叔建	有剛				
							有勇				
							有偉				
						叔盛	有淼				
						叔強	有根				
							有□				
						叔安	有敏				
						叔國	有鐵				
							有耀				
				國聲	揚升	叔鳳	有力				
							有虎				

35	36	37	38	39	40	41	42	43	44	45	46
仕	世	啟	家	聲	揚	叔	有	龍	鳳		
	世謀	啟鶯	家仁	玉聲	揚銘	叔高	有昆				
							有斌				
						叔華	有雍				
						叔森	有嘉				
							有魏				
						叔強					

35	36	37	38	39	40	41	42	43	44	45	46
仕	世	啟	家	聲	揚	叔	有	龍	鳳		
						叔國					
						叔鋒					
					揚禮	叔華	有旭				
						叔虎					
					揚義	叔鵬					

江西萍鄉南路源頭鄉源頭友習公支

27	28	29	30	31	32						
友習	舍關	均裕	仕魁	聖黨	棆聯						

33	34	35	36	37	38	39	40	41	42	43	44
報琼	德光	無興	光輝	吉發	全福	南生	勃				
					景福	康林	建輝	宇翔			
							建□				
						康壽	斌	禹洋			
						康年					
			潤輝								
			秋輝	吉立	隆福	國保	元芳				
33	34	35	36	37	38	39	40	41	42	43	
報琼	德光	無興	光輝	吉發	全福	南生	勃				

33	34	35	36	37	38	39	40	41	42	43	44
							繼芳	水亮			
							相芳				
						海金	鑫				
	德祥	世興	連輝	如發	金福						
					銀福						
					銅福						
					鐵福						
				耀發							

宜春袁州區新田鄉仲暹公支

16	17	18	19	20	21	22	23	24	25	26	27	28	29	30	31	32	33	34	35	36	37	38	39
仲暹	元禮	載恒	鈍厚	德泉	源柳	遠亘	允增	文道	立庄	秀瑞	有亮	惟世	盛國	朝新	風華	洪發	家仁	飛鶴	兆鳳	克配	紹維		
36	37	38	39	40																	紹周		
克配	紹維	宗年	基員	烈仲																			
				列沖																			
	紹周	宗云	基永	烈舜																			

宜春袁州區新田鄉仲暹公支

30	31	32	33	34	35	36	37	38	39	40	41
仁	倫	榮	堂	孟	新	朝	金	樫	浩		
20	21	22	23	24	25	26	27	28	29	30	
以監	俊	堯	鎖	紹孔	江一	科五	元賓	德益	宗正	仁芳	
										仁華	
										仁蓮	
	倫	堯四	昺	輔堯	江二	科一	元棟	學一	宗舜	仁萬	
									宗枝	仁萱	
										仁荀	
	佐	堯七	鋭	輔舜	江四	科二	元梁	德蘊	宗盛	仁蕙	
	佑	堯九	愛	紹行	江八	科八	元松	德善	玉欽	仁灿	
仁芳	倫二	榮一	紹堂	孟珠	新盛	朝思					
				孟珺	新茂	朝武	金和				
							金富	樫庚	浩法		
									浩鴻		
				孟瑲	新虎	朝魁	金和				
				孟璋	新象	朝魁	金和				
				孟琮	新桃	朝選					
						朝金					
						朝寶	金聖	樫洪	浩輝		
								樫學			
					新順	朝高					
		榮二	新堂	孟璔	新富						
		榮四	鳳堂	孟順	新冬	朝勉	金友	樫初	浩江		
								樫建	浩龍		
								樫榮			
								樫兵			
			日堂	孟琣	新春	朝辛					
			福堂	孟珩	新風	朝才	金友	樫初	浩江		
	倫三	榮六	裕堂	孟玩	新龍	朝仙	金秀	樫林			
								樫文	浩平		
									浩生		

30	31	32	33	34	35	36	37	38	39	40	41
仁	倫	榮	堂	孟	新	朝	金	樫	浩		
								樫榮			
								樫兵	浩風		
仁華	倫清	華九	耀堂	孟理	新朝	朝元	金華				
					新接	朝元	金華				
	倫景	華一	龍堂	孟瑗	新高	朝來	金國				
				孟珽	新有	朝來	金國				
				孟兵	新榮	朝來	金國				
		華三	釁堂	孟珹	新福	朝泉	金光	樫平	浩亮		
									浩晶		
								樫良			
						朝華	金光				
					新泉	朝新	金光				
						朝和	金光				
						朝美	金光				
						朝明	金光				
			聚堂	孟玌	新財	朝連	金棟	樫梅			
							金來	樫楊			
							金春	樫梅			
								樫桂			
			金堂	孟玿	新懷	朝成	金鵬	樫柳			
					新良	朝成	金鵬				
							金煌	樫琼			
								樫欽			
							金文	樫勇			
		華六	春堂	孟高	新慶	朝端	金元	樫來	浩智		
						朝義	金發	樫軍	浩東		
								樫驕			
						朝祥	金滿	樫龍			
						朝元	金誠				
						朝清	金魁	樫亮			
					新沅	朝禮	金發	樫軍	浩東		
								樫驕			
	恭八	華四	晝堂	孟龍	新來	朝生	金芳	樫超			

30	31	32	33	34	35	36	37	38	39	40	41
仁	倫	榮	堂	孟	新	朝	金	樫	浩		
								樫寒			
							金勇				
							金輝				
						朝萬	金平	樫凱			
		華七	錦堂	孟琪	新清	朝龍					
				孟瓚	新譜						
仁蓮	倫琢	華二	升堂	孟瑞	新誠	朝德					
仁萬	倫一	榮五	黃堂	孟珍	新壽	朝中					
						朝友	金生	樫峰	浩虎		
								樫華	浩啟		
								樫財	浩偉		
							金茂				
仁萱	倫四	榮三	照堂	孟瑩	新書	朝均	金榮				
							金才				
							金大	樫春	浩順		
仁荀	恭十	華二	秀堂	孟珠	新文	朝發	金桂				
						朝元	金榮				
						朝廷					
	寬七	富七	秀堂	孟珖	新形	朝昌	金一	樫國	浩庚		

30	31	32	33	34	35	36	37	38	39	40	41
仁	倫	榮	堂	孟	新	朝	金	樫	浩		
									浩平		
								樫芳	浩來		
							金桂	樫開	浩軍		
								樫忠	浩蘭		
									浩勇		
									浩軍		
						朝鳳					
						朝桂	金華	樫發	浩耀		
									浩林		
				孟昌	新玖	朝國	金福				
						朝晚					
仁萬											
仁灿	恭一	榮八	義堂	孟瑚	新望	朝福					
			禮堂	孟璉	新厚	朝宗	金鵬				
				孟球	新光	朝吉					
				孟琅	新厚	朝慶					
	寬三	貴四	任堂	孟財	新壽	朝友	金茂	樫華			

宜春寨下帶塘秀甫公支

19 秀甫－20 景春－21 清河－22 朝用－23 玉輝－24 萬程、萬遠

23	24	25	26	27	28	29	30	31	32	33	34	35	36	37	38	39	40	41	42	43	44	45	46
玉輝	萬程	守用	崇蘭	恭行	署興	效仲	稱球	伍桔	日叔	論一	仁四	很四	鈴八	潮九	炬二	堅六	箕四	拯七	昕六	麗二			
																			昹六				
																			晃九				
																			旼九				
																		描七	晞五				
											儀三	健九	鈴五	潮三	煋八	坫七	箴三	求五	昇七	貞七			
																				冬一			
																			曄七	倩七			
																			昕十				
																			旼一				
																			兵二				
																			描九				
																			撣三				
																			君三				
														汲十	烟三	燉七	箐	二					
															桃二	坎一	箱二	九					
																	箱七	撣三	晟七				
																坪一	笠二	拯十	晞三				
																			晟二				
																		棪二	昉五				
																		撣一	晒五				
																	筵八	撣二	暄七				
																			異九				
																		楒四					
																堳四	氾三	拯五	昕五	售九			
																			晃三				
												俊一	鏡二	淀十	烑七	壚二	箐七	朴三	暄三				
																		抿一					
																		抨四					
																		思九					
													鋎一	洤六	灶七	壚八	筠一	思二					
															熉四	堤十	筠六	捻八					
													鋐二	涏九	燃七	堁六	笪一						
																	笪三						
																	笪五						
						渫四	武四	根一	鋐八	瀼七	燎九	壚一	箐十	抓九									
														君九									
														抿十									
														思七									
													筠四	抨六									
		守敬	章甫	恭仁	署卿	效鴻	稱偉	伍經	日好	謙二	瓏十	俊三	鋐十	涏三	烺九	塏三	箱四	炎一					
	萬遠																						

33	34	35	36	37	38	39	40	41	42	43	44
謙二	瓏十	俊三	鋐十	涎三	烺九	塯三	箱四	炎一			
								枝三	晾十		
								撣六			
								掀五			
								君一			
								擇五			
							箐	抵五			
鄭八	均一	度三	銀一	瀼十	燎五	燉六	篤三	撣七	暄四		
								扑五	昇四		
								振七			
							菁五	扑六	昇二		
									筠十	捻二	
										捻四	
									簇七	思五	
								墩九	筵六	君七	
									筵二	思一	
		魏二	銀三	准五	烜二	址七	筞五	栓三	昞六		
							篤一				
			鉛七	江八	燎一	堤一	箏二	拯六	昹十	售四	
										儷八	
									昰七		
									晁四		
									晾三		
					燎四	堤四	筵七	撣四	晟六		
										晟計	
								箐四	抨七		
							燎十	墩一	簇四		
									簇六	捻七	
										捻六	
									簇八		
					灯五	壚六	筠三	掀十			
								捃十			
								擇九			
					燃六	堁五	簇三	捻三			
							簇五	捻五			
								捻九			
							簇九	擯一			
							簇十	捻十			
								擯三			
	味五	秦六	丙一	潮八	洋六	坊四	箛十	辰九			
					良三	堦十	范六				
指八	味四	元四	包八	海三	炲四	堆三	箏五	換二	晾一		
32	33							枝五	昺四		
日聰	指八							扑十	暄一		
									昇七		
							箐二				
熊五	孫四	躋五	銑六	涯二	焜一	墻十	筒八	求九	昫四	偵九	
32	33								曄二	冬九	
日喜	熊五									倩二	
				漁二	炳七	型三	筥九	定二	昆四	仲八	
					42	43	44			侶一	
					昆四	侶一	讜三			侶十	
										偵八	
					熉七	墝二	筥二	求七	昇五	侶六	
									昫六	冬七	
									曄三	倩十	
										舍五	
									暉一	佼三	
							箴八	拯三			
						增十	箛四	振六			
								推三			
								扶四			
								栓一	昹三		
									晟一		

33	34	35	36	37	38	39	40	41	42	43	44
				魚七	弟三	坊九	笠七	描三	昰一		
							箏九	撣八	果二		
									暄八		
	味二	趨三	鈺七	涯八	焳七	玿八	簣一	椒四	昆八	仲七	
							42	43	44	偵一	
							昆八	仲七	讜二	僑四	
				亭五	焀五	堅四	箛九	振三	暉四	倩六	
									昕八	儷七	
									晁一		
		宋四	鐵三	淀二	炵七	坡二	箕十	振七			
								護二	暉五	儷六	
										佼二	
									昰八		
									晞九		
								描一	晞一		
									旼一		
萃二	味三	明二	箕三	潮一	弟七	□五	箕二	護一	暉九	儷五	
30	31	32	33						永五		
稱表	伍徙	日監	萃二						景五		
				襄三	灯三	坊七	筠一	抿二			
							筠五	思三			
							筠八	思十			
			鏡八	江四	燎七	堆十	篤二	掀三			
								抿三			
								擇二			
						墩十	筵五	技一	晾四		
									昉三		
								技八	昉二		
								君五			
								抿八			
		春四	銀八	洪六	軍八	代二	節九	推四	曄六	俊二	
										傣一	
									昰九		
信五	明一	給一	沛一	洮九	皆五	箏三	炎三	昺三			
29	30	31	32	33			炎七	晁五			
稱歡	伍紀	日賓	尊十	信五				晾七			
								晟九			
						箱八	掀一	昇三			
						筵四	掀六	昇五			
								晗三			
于11	□九	鋒三	洲五	灯八	果三	笪一					
近11	蠑八	鈉九	渙十	煥五	坦五	符十	扶五	暉二	售六		
29	30	31	32	33				暉八			
稱歡	伍紀	日賓	蕙五	于11				昹七			
稱歡	伍紀	日憲	楦五	近十				晁三			
			旭一	於一		笠八	炎六	昉六			
								昰六			
								晞四			
								晟三			
於一	元十	鈉六	淮六	焜十	城五	簣四	定八	昆七	仲六	詮一	
									儀一		
									侶九		
					墻八	箛五	振四	昫五	僑八		
									冬五		
								昰二			
						箴九	振十	昕七			
								昹四			
							扶三	晃八			
				焍九	坊二	節二	操一	晴一	佛五		
								昫九	俏一		
					炘十	堅五	箴四	求八	暉六	倩五	
										售三	
									旼五		
		鉋九	淮九	炆三	增八	箛七	定五	昆一	儀二	讜七	

33	34	35	36	37	38	39	40	41	42	43	44
										讜九	
									儀十		
								昆六	儀六		
									偵五		
									僑三		
								昇九	僑一		
							振二	昰四			
								晾二			
							推一	昇十	倩一		
								暉三	倩八		
								昹九			
						箕五	推二	曄一	冬三		
									冬六		
								暉一	倩三		
				顯信	址三	笠三	描十	昉四			
							炎五				
		鉛四	汲一	烊五	坦六	篥七	換三	晁六			
								景一			
		鉘二	洪五	炵三	堳二	筵一	扑八	暄五			
							抵六				
							擇三				
					堤六	筵九					
	義干	健六	鉺五	汲五	多六	坦輥	篥六	炎四	晗一		
								技二	昗二		
									昇六		
		種五	鐵一	汲三	熉四	坦十	筥一	求六	昀二	僑九	
										冬四	
皋五	瓏三	種一	鐵五	分三	燭六	堦六	箏八	技十	昉七		
		艮五	鐵七	沛九	冬四	堆五	箏廣	君四	晗七		
		俊九	錤	汾二	炘一	昉八	節八	挾二	八	冬十	
									曄四	佶八	
									曄七	儷四	
									昕四	佼一	
									昰三		
								描三	晾八		
					燭二	坡三	符八	拯九	晃五		
									旼三		
							軌九				
						堦九	軌二	護四	昕三	恬七	
					燭九	址四	箱五	抨十			
						堦四	箱九				
							筵十	掀四			
					熉三	堆九	符九	炎址	昉十		
								技七	喊八		

33	34	35	36	37	38	39	40	41	42	43	44
				江五	炬十	坎七	箏一	描四	昕二	倩九	
									昹一	儷十	
									晃七		
									旼二		
									昉九		
			宏一	□	桃五	垣九	箴一	拯四	晃四	佶十	
									昰五		
								描六	晃二		
									晞七		
							笠一	拯一	晃二	佼四	
								拯八	晃十		
									旼七		
	瓏二	杰四	鋒四	涎七	烺八	堳七	箱十	炎九	昉八		
								扑九			
								君二			
晃十	逮八	躋八	綿七	光三	炌一	埧一	筀二	抱一	普二	仟五	
								抱三	明二	仲一	
						頊四	簣三	授七	明三	仟七	
24	25	26	27	28	29	30	31	32	33	仟	
萬遠	守義	茂蘭	恭良	署祥	效堯	稱通	伍台	日泰	晃十	仲四	
										佀七	
									明七	偵四	
										僑五	
					炌四	頊五	筀四	抱二	普三	仟四	
31	32	33	34				筀五	椒一	昆十	儀四	
普三	仟四	誦一	格一							佀三	
										偵六	
									升八	僑十	
						頊八	筀八	授一	昆九	僑六	
									昆四	佀五	
										佛二	
									昇六	偵三	
										僑二	
								授八	明六	仲二	
										儀七	
										佀二	
								椒六	明五	仲十	
										儀九	
										偵二	

38	39	40	41	42	43	44	45	46	47	48	49
介九	項七	簣九	授六	普十	仟六	誦三					
					仟八	誦四					
				明四	仲三	通九					
焳一	城八	竽十	定一	昆三	仟十	通八					
						讜四					
					仲五						
					儀十						
				昆五	儀三						
					儀五						
					儀八						
					佀八						
					佛三						
				升二	佛四						
					冬二						
				昀三	僑七						
			提六	升三	佀四						
					佛一						
				昀一	佶一						
24	25	26	27	28	29	30	31	32	33	34	35
恭良	署祥	效堯	稱通	伍台	日泰	晃十	逮八	—	—	萬遠	守義

34	35	36	37	38	39	40	41	42	43	44	45
萬遠	守義	茂蘭									
	躋八	銅	浩五	烄四	城四	筥六	振五	昕一	情四		
									佶二		
								昕九	儷一		
									儷九		
				昆四	城十	呂八	扶六	昀七	冬八		
								昰四			
								晞六			
				焜三	坎二	策一	栓二	晃六			
								晞八			
							技四	晟五			
								昹二			
						范七	拯二				
							描八	晃一			
								旼六			
								晞二			
							扑一	暄二			
								昇一			

泰和縣高隴十六世時昌公支

16 時昌-17 原迪-18 安國-19 遵甫-20 和叔-21 壽可-22 明卿-23 天民-24 文彬-25 能高-26 日肅-27 廣器-28 萬壽、萬化、萬里、

廿八世萬壽公房

28 萬壽-29 洪遐 30 孚薇-31 汝通-32 祖登-33 世選-34 德原-35 懋寧-36 昭祥-37 振紹、振拓、振立、振基

33	34	35	36	37	38	39	40	41	42	43	44
世	德	懋	昭	振	衍	昌	道	理	誠	明	
世選	德原	懋寧	昭祥	振紹	衍作	昌庫	道梅				
						昌慶					
				振拓	衍芬	昌演	道洪				
							道德	理財	誠江	明芳	
										明斌	
									誠純	明東	
							道治				
						昌宜	道清				
							道法				
							道湘				
						昌家	道深				
						昌峇					
						昌寬	道添				
					衍芳	昌蔚	道傳	理淵	誠福	明文	
										明武	
										明德	
				振立	衍金	昌官	道濟	理德	誠佳	明亮	
								理煌	誠菓	明裕	
									誠恩		
							道河				
							道化				
						昌寶	道凡				
							道淇	理灯	誠榮	明鑿	
										明宏	
								理耀			
								理熾	誠豪	明強	
								理台	秋英	明滔	
							道沛				
							道淡	理煊	誠均		
									誠埔	明福	
										明壽	
									誠增	明永	
										明貞	
									誠英		
						昌完	道池	理洋			
						昌宥					
					衍玉	昌宥	道春				
							道云	理銓	誠堅	明祿	
										明禧	
										明埔	

33	34	35	36	37	38	39	40	41	42	43	44
世	德	懋	昭	振	衍	昌	道	理	誠	明	
									誠堡	明城	
										明旗	
									誠垒	明裕	
					衍珠	昌高					
						昌實					
				振基	衍恢	昌采	道章				
							道漢	理超	誠輝		
									誠斌		
						昌亮					
					衍淮	昌求	道湛	理炳	誠真	明弘	
								理晃			
						昌寮	道潤	理紋	誠金	明波	
							道泌				
							道縛	理紋	誠金	明波	
						昌眉	道泌	理員	誠建	彭偉	
					衍陽	昌吉	道俊	理紀			
							道汲				
						昌享	道洽	理紀	誠相	明炬	
									誠權	明坤	
									誠枝		
									秋云		
					衍郡	昌宸	道沽				
							道溶				
							道泳				
					衍田	昌亨					
						昌亮	道洙				
							道淋	理晃	誠芬	明煌	
									誠哲	明晶	
										明輝	
									誠芳	明盛	
									誠明	明順	
									誠豪		
					衍稷	昌真	道汲	理通			
								理節	誠嘉		
									誠本		
									誠杰		
				振業	衍棟	昌客					

廿八世萬化公房

16 時昌-17 原迪-18 安國-19 遵甫-20 和叔-21 壽可-22 明卿-23 天民-24 文彬-25 能高-26 日肅-28 萬化-29 洪詔 30 孚苔 31 汝恩-32 祖旦-33 世祥-34 德湘、德河

33	34	35	36	37	38	39	40	41	42	43	44
世	德	懋	昭	振	宏	昌	道	理	誠	明	
世祥	德湘	懋桃	(遷	四川	)						
	德河	懋榮	昭全	振銑	宏法	昌樹	道愛				
							道緩				
				振監	宏清	昌松	道壽	理軒	誠鑫	明勝	
									誠金	明利	
					宏法						
				振璋	宏簡	昌興	道性	理福			
								理器			
								理彬	誠秋	明文	
									誠釗		
									誠鑫		
									誠欽		
						昌發	道順	理器	誠首		

33	34	35	36	37	38	39	40	41	42	43	44
世	德	懋	昭	振	宏	昌	道	理	誠	明	
						昌茂	道魁	理趙	誠沖	明秋	
									誠國		
									誠海		
							道奉	理神	誠軍		
							道泰	理勤	誠洋		
								理明	誠淇		
									誠花		
								理金	誠慧		
							道奏	理忠	誠棟		
									誠梁		
						昌盛	道泰	理桂	誠彪	明星	
										明光	
									誠風	明望	

33	34	35	36	37	38	39	40	41	42	43	44
世	德	懋	昭	振	宏	昌	道	理	誠	明	
								理根	誠豐		
								理榮	誠亮		
							道春	理和	誠文		
								理平	誠浩		

33	34	35	36	37	38	39	40	41	42	43	44
世	德	懋	昭	振	宏	昌	道	理	誠	明	

廿八世萬里公房

16時昌-17原迪-18安國-19遵甫-20和叔-21壽可-22明卿-23天民-24文彬-25能高-26日肅-28萬里-29洪震 30孚夔 31汝達-32祖騰-33世璋-34德冠-35懋澄

33	34	35	36	37	38	39	40	41	42	43	44
世	德	懋	昭	振	宏	昌	道	理	誠	明	
世璋	德冠	懋澄	昭儒	振儒	宏本	昌昭	道來	理金	誠瑚		
									滿生		
									小平		
								理攀	云峰		

33	34	35	36	37	38	39	40	41	42	43	44
世	德	懋	昭	振	宏	昌	道	理	誠	明	
								理軍	誠江		
									誠廣		
				振菊	宏桂	昌紅	道滿	建新			
						昌純					

30	31	32	33	34	35	36	37	38	39	40	41
宗文	汝鎰	祖慶	(遷	四川	)						
宗著	汝峰	祖賓	世瑜	德選	懋誥	昭代	振椿	宏源			
			世珀	德建	懋志	昭浪	振盛	宏玑	倡伴		
39	40	41					振鴿	宏飋	倡璇		
基昌	道鈺	理源						宏彪	基昌	道鈺	
		理楨						宏勉			
		懋棕	昭瑞	振儒	宏埜	昌肅	道生				
							道仲	理先	誠斌	明玲	
										明欽	
									誠輝		
							道鈺				
					宏贊	昌紋	道煥				
						昌紅					
			昭玟	振健	宏漳	昌積	道先	理洪			
				振伊	宏汨	昌桂	道東				
						昌秋					

30	31	32	33	34	35	36	37	38	39	40	41
宗文	汝鎰	祖慶	(遷	四川	)						
世奇	德全	懋松	玿祜	振桀	宏薰	昌錠					
					宏炳	昌銀	道桂	理凌			
							道梅				
							道材				
							道柱				
32	33	34				昌鍾					
一鯉	世奇	德全				昌錠					
						昌錞					
				振撰	宏糖						
					宏炬	昌鑫					
				振仿	宏鋼						
				振賓	宏煒	昌熉	道錦				
							道鑣	理清			
								理盛			
							道章	理純	喜棟		
								理海			
						昌堯					
				振仟	宏倬	昌錞					

33	34	35	36	37	38	39	40	41	42	43	44
世	德	懋	昭	振	宏	昌	道	理	誠	明	
			昭祖	振循	宏燕	昌□	道鉝	理炎			
								理權			
							道錄	(遷	廣東	)	
			昭揮	振俸	宏照	昌鑼					
					宏烈	昌銘	道寶	理純	喜棟		
									平化		
									端棟		
								理到	誠海	明材	
										明耳	
									誠濤	明坤	
										明丘	
								理紅	誠蕉	明武	
										明陽	
									誠菊	明文	
										明鵬	
									誠芬	明安	
									誠藝		
									誠蘭		
									誠菲		
						昌銖	道賽	理仲	誠彩	明富	
								理天			
								理根			
							道真	理先	誠輝	明鋒	
								理倫	誠然		
									誠燕		

33	34	35	36	37	38	39	40	41	42	43	44
世	德	懋	昭	振	宏	昌	道	理	誠	明	
							道宣				
							道宸	理茂	誠亮		
				振俅	宏然	昌鏡					
					宏癸	昌惠					
					宏又						
					宏炘	昌惠					
						昌森	道富	理飛	誠劍		
									誠釗		
								小元			
								理龍	誠煒		
		懋梅	昭佑	振儼	宏光						
					宏熠						
			昭揚	振儀	宏瑞	昌適					
						昌達					
						昌游					
					宏灿	昌撰					
						昌通					
						昌進	道恩				
							道惠				
						昌固					
						昌述					
				振任	宏熊	昌錄	道與				
						昌福	道錫				
							道潢	理洪			
						昌祐					

33	34	35	36	37	38	39	40	41	42	43	44
世	德	懋	昭	振	宏	昌	道	理	誠	明	
						昌祊	道洪				
	德含	懋材	昭隆	振銓	宏仁						
					宏煜						

33	34	35	36	37	38	39	40	41	42	43	44
世	德	懋	昭	振	宏	昌	道	理	誠	明	
				振亮	宏璉	昌評	道喧				
					宏性	昌訓	道鑫	理新	誠旺		
				振亭	宏珊	昌謀					

34	35	36	37	38	39	40	41	42	43	44	45
德	懋	昭	振	宏	昌	道	理	誠	明	才	
德令	懋桂	昭祿	振人	宏惠	昌詩	道緝	理鈿				
						道綸	理告				
						道緯	理美	誠意	明祥	才乃	
										才意	
							理鈿		44	45	
						道妃			才意	華德	
						道綱					
			振家	宏恩	昌詠	道純					
						道繩	理仁				
							理智				
							理信				
							理旦				
							理明				
						道綉					
					昌誦	道紋	理和	誠垂			
							理享				
							理岩				
						道求					
						道燧					
		昭綸	振敏	宏大	昌金						
					昌錦						
					昌金	道佐					
						道仁					
						道儕	理根	誠南	高勇		
						道佩	壽沛	誠南			
								誠龍			
			振效	宏猷	昌生						
					昌鈐						
				宏奎							
			振叙	宏奕							
				宏契	昌錢						
			振教	宏美	昌針	道侈					
					昌生						
					昌錢						
					昌英						
		昭祺	振伯	宏龍	坦昌	道鏡	理英	誠蘭	明行		
								誠章	明德	才祥	
						道鐵	理湛	誠根	明俊	才森	
						道任	理混	誠茂	明東	才華	
										才輝	
									明高	才旺	
							理江	誠茂	明亮	才興	
										才龍	
							理俊				
						道方					
						道鎮	理澄				
					增昌	道錫					
					圭昌	道炳	理俊	誠柱	明福	才凱	
									明祿	才東	
										才勇	

34	35	36	37	38	39	40	41	42	43	44	45
德	懋	昭	振	宏	昌	道	理	誠	明	才	
									明壽		
									明才		
					墀昌	道方	理汶	誠堅	明權	才威	
					堦昌	道鋒	理誅				
							文相	誠章	明往		
				宏煥	填昌	道銘	理柱	誠珊	明光	才君	
						道銀	理棟	誠沐	明晉	才勝	
									明東		
									明金		
									明春		
									明生		
						道錕	理海	誠深	明興		
									明超		
									明九		
									明分		
						道鐮	理桂	誠三	明建		
							理松				
						道欽	理棟				
							理椿	誠樑	明群	才發	
									明勝		
									明忠		
							理海				
					培昌	道童	理啅				
					墝昌						
					基昌						
					坤昌	道鋤	理暉	誠財			
							理丙				
			振仲	宏煜	均昌	道銓	理清				
						道分	理清				
							理淡				
							理洲				
					城昌	道鑫	理添	誠益			
					圴昌	道锈	理江	誠朴	明賓		
			振仕	宏燾	堅昌	道鑒	理淇	誠樺	明鑫		
									明鈴		
								誠榜			
								誠楫	明地		
								誠源	明潮		
								誠校	明強		
							理江	誠權			
								誠榮			
								誠梯	明肅		
								誠椿			
								誠桂			
								誠扑			
				宏煌	和昌	道鎰	理海	誠柏			
								誠松			

33	34	35	36	37	38	39	40	41	42	43	44
世	德	懋	昭	振	宏	昌	道	理	誠	明	
世烈	德道	(遷	四川	)							
世熊	德邇	懋岩	昭俸	振楹	宏琳						

33	34	35	36	37	38	39	40	41	42	43	44
世	德	懋	昭	振	宏	昌	道	理	誠	明	
31	32	33	34		宏珍	昌鏡					
汝寬	祖坤	世烈	德道	振標	宏琼						

33	34	35	36	37	38	39	40	41	42	43	44
世	德	懋	昭	振	宏	昌	道	理	誠	明	
	祖晉	世熊	德遵		宏琳						
					宏琚						
					宏瑤						
			昭僑	振棋	宏紋	昌錫	道梁	理燮	誠奎	明新	
										明亮	
										明纓	
										明華	
										明芳	
										明芽	
										明輝	
42	43	44					道楨	理輝	誠智	明應	
誠奎	明新	才興						進燭	誠劍	明聲	
	明亮	才福								明氣	
		才祿							誠剛	明色	
	明纓	才壽								明通	
誠基	東明	才欽					道材	理福	誠基	東明	
	春明	才旺								春明	
誠凰	坤明	龍源								榮明	
誠珊	明裕	才偉							誠凰	坤明	
										月明	
										閏明	
									誠珊	明光	
										明裕	
										明釗	
									誠岩	明文	
									誠貴	健明	
										冰明	
								理祿			
								理禱			
						昌銓	道棟				
							道柱				
						昌監					
					宏瑞	昌鑒					
					宏縉	昌錦					
	德達	懋崎	昭卓	振倖	宏經	昌遙					
					宏采	昌遂	道松				
					宏弦	昌遴					
		懋岸	昭佳	振贅	宏紳						
					宏紺						
				振貢	宏緝						
					宏繁						
					宏綠	昌逢					
						昌迪					
				振賡	宏浩						
		懋尼	昭偉	振光	宏緩	昌發					
						昌迪	道溶				
							道鑫	明勝			
							道金	明利			
					宏綠						
世羆	德述	懋祜	昭秀	(遷	四川	)					
		懋嶙	昭兵	振淮	宏玟						
	德遐	德峻	昭碧	(三	兄弟	均遷	四川	)			
			昭琼								
			昭珂								

33	34	35	36	37	38	39	40	41	42	43	44
世	德	懋	昭	振	宏	昌	道	理	誠	明	
世熬	德遜	懋遇	昭梁	振綉	宏侈	昌侶					
					宏鏡						
					宏謨	昌侶					
						昌侃	道動	理龍			
								理明	誠慧		
									誠怡		
									誠銓		
								理亮			
							道裕				
						昌仕	道勸	理洪			
							道勤	理濟	誠建		
								理秀	誠瑜		
								理滿			
					宏欽						
			昭財	振裕	宏錦						
			昭海	振堅	宏恕						
	德逢	懋崗	昭洛	振城	宏慶						
				振和	宏忠						
					宏志	道友	理菊				
						道哲	理國				
							理鋒				
				振墀	宏恭	昌元	道泉	理強			
								理敏			
							道清	理勇			
						昌桂	道鈎	理慰			
							道杆	理振			
							道揖				
							道棵	理學			
							道极	長根			
					宏真	昌俊	道棟	理演			
							道梁	理波			
							道林	理浪			
							道森	理濤			
							道柱				
							道柏				
世燕	德進	懋喜	昭健	振祥	宏燮	昌錦	道彬	小寶			
								和平			
					宏煌	昌錦					
						昌鐮					
						昌監					
世裴	德采	懋泰	昭盛	振燧	宏錫						
31	32	33	34		宏銘						
汝俸	祖源	世裴	德采	振煥	宏圭	昌治	道逵				
							道焱				
						昌海					
						昌深					
						昌清					
					宏圮	昌渚					
						昌九					
						昌河					
		懋奏	昭言	振烺	宏佳	昌賤					
						昌源					
						昌濟	道梅	理溶			
							道松	理華			

33	34	35	36	37	38	39	40	41	42	43	44
世	德	懋	昭	振	宏	昌	道	理	誠	明	
								理東			
							道英	理聰			
							道柏	理欣			
							道歷	理輝			
						昌潤					
				振煋	宏住	昌湖					
						昌龍	道桂	理獻			
							道騰	理為			
							道芳				

33	34	35	36	37	38	39	40	41	42	43	44
世	德	懋	昭	振	宏	昌	道	理	誠	明	
						昌翔	道柳	理智			
							道明				
							道村				
						昌茲	道穎	理溪			
							道義	理滸			
							道琦				
						昌漢					
						昌浩	道文	理梁			
							道武				

31	32	33	34	35	36	37	38				
汝	祖	世	德	懋	昭	振	宏				
汝康	祖懿	世遜	德綸	懋璇	昭寬	振然	宏才				
汝庭	祖憲	世通	德經	懋演	昭芳	振惠	宏祚				
		世達	德綏	懋珍	昭桂	振克	宏泰	宏福	宏祜		
						振冠	宏祥	宏方			
					昭榮	振耀	宏飛				
					昭榜	振煥	宏廣	宏席			
				懋理	昭楫	振焱	宏龍	宏飛			
		世迅	德紳	懋泗	昭文	振榜	宏萬	宏芹	宏菜	宏求	宏芫
						振相	宏蘭	宏藹	宏錄		
						振柯	宏藻				
		世浼	德弦	懋沛	昭錠	振椿	宏名	宏善			
		世逑	德紋	懋清	昭永	振桃					
				懋洪	昭慶	振恩	宏鍾				
					昭序	振慈	宏欽	宏銓	宏鈞	宏鉅	
		世逢	德肅	懋梅	昭謨	振森					
						振林	宏曙				
						振棣	宏泥				
					昭諒	振棠					
						振扑	宏旺	宏明	宏暉	宏昆	
						振紀	宏星	宏晨			
						振楷	宏瞧	宏晶	宏香		
						振松					
				懋浴	昭訓	振棟	宏脊	宏昂			
汝宿	祖秩	世清	德福	懋端	昭淳	振仁	宏升				

31	32	33	34	35	36	37	38				
汝	祖	世	德	懋	昭	振	宏				
			德祥	懋龍	昭浴	振瑗					
					昭濤	振行	宏佑				
						振贊	宏仙				
					昭金	振璇	宏伯	宏伋	宏浚	宏信	
										宏英	
					昭浩	振興	宏傳	宏作			
						振珪	宏停				
汝望	祖慈	世凰	德兌	懋貢	昭愛	振初	宏科	宏旭			
						振祿					
					昭采	振福	宏珧	宏理	宏琳	宏瑚	
							宏番	宏璜			
汝宗	祖錦	世廷	德光	懋達	昭巽	振訶	宏浩	宏江	宏溥	宏淇	
汝魁	祖佑	世栗	德健	懋立	昭鏡	振甫	宏珪	宏璋			
						振梁	宏瑜				
				懋文	昭祥	振龍	宏松	宏柏	宏梅		
						振鳳	宏楫				
	祖伸	世樵	德有	懋元	昭志	振洋	宏興				
				懋魁	昭恩	振河	宏秀	宏季			
	祖佐	世景	德仰	懋賢	昭哲	振杰	宏可				
汝單	祖茂	世全	德論	懋芙	昭志	振賓	宏達	宏遠	宏健		
						振定	宏遠				
汝集	祖宇	世全	德章	懋居	昭遜	振綸	宏采	宏扳			
						振紋	宏楨	宏招	宏換		

33	34	35	36	37	38	39	40	41	42	43	44
世	德	懋	昭	振	宏	昌	道	理	誠	明	
世達	德綏	懋珍	昭桂	振克	宏泰						
					宏福	昌運	道際	理箭	誠佳		
							道陽	理淪	誠榮		
							道阶	理箭	誠佳		
								理策	彭俊		
					宏祜	昌達	道隆				
							道煜				
						昌逵	道煜	理析	誠斌		
						昌逢					
						昌遠					
				振冠	宏祥						
					宏方	昌遺					
						昌遜					
			昭榮	振耀	宏飛	昌祉	道奎				
							道灿	春元			
								理珩	誠贊		
									誠錕		
								理錢	誠錕		
						昌行					
			昭榜	振煥	宏廣						
					宏席						
		懋理	昭楫	振焱	宏龍	昌裕	道錦	理桂	誠春	明輝	
									誠軍		
									誠彬		

33	34	35	36	37	38	39	40	41	42	43	44
世	德	懋	昭	振	宏	昌	道	理	誠	明	
							道鐸				
							道鈞				
						昌址					
						昌誌					
						昌慈	道練	庚生			
								理元			
								理策	彭俊		
							道銘	理杜	誠霞		
							道鉅	理森	誠軒		
								理杰			
					宏飛						
世迅	德紳	懋泗	昭文	振榜	宏萬	昌魁	道煥	理沛			
					宏芹	昌氣	道煌	理奎	誠峻	明瑞	
					宏菜	昌光	道福	理湖	誠亮		
								理漢			
							道見				
							道盛				
					宏求	昌先	道炘				
					宏芫						
				振相	宏蘭						
					宏藹						
					宏錄	昌堯	道輝	理言	誠文	明亮	
									誠才		
									誠勝		

33	34	35	36	37	38	39	40	41	42	43	44
世	德	懋	昭	振	宏	昌	道	理	誠	明	
				振柯	宏藻	昌海	道淼	理能	誠森		
								理星	誠林		
世逸	德弦	懋沛	昭錠	振椿	宏名						
					宏善						
世述	德紋	懋清	昭永	振桃							
		懋洪	昭慶	振恩	宏鍾	昌計	道楷				
			昭序	振慈	宏欽	昌詒	道桂	理裕	誠武		
									誠榮		
						昌誠					
						昌諧					
					宏銓	昌永					
						昌諒					
					宏鈞						
					宏鉅						
世逄	德肅	懋梅	昭謨	振森							
				振林	宏曙	昌欲	道存				
				振棣	宏泥	昌熊	道泥	理祀			
			昭諒	振棠							
				振扑	宏旺	昌甫	道汏	理綠	誠泊		
									誠湘		
								理壽			
							道勇	理壽	文聘		
						昌志	道金	理袖	誠潤		
								理行			
								理祜			
								理初			
						昌恂					
					宏明	昌志					
					宏暉						
					宏昆	昌漢	道溶	理渡			
							道渡				
				振杞	宏星	真昌	道淚	理□			
								理祠			
								理祁			
							道渭	理祧			
								理裘			
				振楷	宏瞧	昌悠					
						昌忠	道湘	理霖			
					宏晶	昌惠	道油	理初	誠龍		
								理袍	誠化		
								理裴			
								理祖			
							道柳	理裴			
						昌忠					
					宏香	昌念					
						昌憩	道源	理旭	誠祀		
								理日			
								理東			
								理升	彭雅		
							道演	繼榮			
								朝暉			
								洪濤			
								巍巍			
				振松							
		懋浴	昭訓	振楝	宏脊						
					宏昂	昌恕	道海	理京	誠祝		
								理澤			
								理清			
								理漢			
							道江	理欣			
							道輕	理敏			
								理政			
							道滿	理沐			
							道濱	理博			
							道澤	彭政			

33	34	35	36	37	38	39	40	41	42	43	44
世	德	懋	昭	振	宏	昌	道	理	誠	明	
世清	德福	懋端	昭淳	振仁	宏升	昌詰	道鎮				
31	32	33	34	35		昌登	道鏡	理桂			
汝宿	祖秩	世清	德福	懋端				理源			
							道亮				
						昌祜					
						昌讓	道鋸				
							道鈞				
	德祥	懋龍	昭浴	振瑗	宏佳						
					宏位	昌祥					
					宏修						
			昭濤	振行	宏佑	昌祈	道清	理熾	誠岐	明洪	
							道名				
							道云				
						昌謀	道浴	理詮			
						昌海					
				振贊	宏仙	昌試	道鳴	理熾	誠岐	明濤	
									誠峰	明松	
						昌倜	道芬				
							道云				
						昌評	道德				
							道官				
						昌誘					
						昌調					
						昌評					
			昭金	振璇	宏伯						
					宏伋						
					宏浚						
					宏信						
					宏英						
			昭浩	振興	宏傅	昌儲	道汛	理如	誠福	明麗	
									誠祿		
					宏作	昌誥					
				振珪	宏停	昌誨	道浴	理詮	誠祿		
世凰	德兌	懋貢	昭愛	振初	宏科						
					宏旭						
				振祿							
			昭采	振福	宏珖						
31	32	33	34		宏理						
汝望	祖慈	世凰	德兌		宏琳	昌伍	道銘				
						昌德	道泉				
					宏瑚	昌衡	道裕	理祥	誠麒		
									誠麟		
									誠獅		
								理評			
								理云			
					宏番	昌海					
						昌云	道和	理佐	誠象	明偉	
									誠旺		
							道積				
						昌桂					
						昌樹					
					宏璜						
世廷	德光	懋達	昭巽	振詞	宏浩	昌任	道華				
31	32	33	34				道茂				
汝宗	祖錦	世廷	德光			昌儀	道榮	理壽			
								理松			
							道蔡	理璋	誠志	明遠	
								理菁	誠升		
							道薰				
						昌信					
					宏江						
					宏溥	昌佐					
						昌佑					
					宏淇	昌儉	道興				
							道莒				

33	34	35	36	37	38	39	40	41	42	43	44
世	德	懋	昭	振	宏	昌	道	理	誠	明	
							道芙				
						昌佩	道盛				
世顯	德經	懋拔	昭仕	振官	宏彬						
					宏材						
			昭位	振寶	宏椿						
			昭仙	振容	宏棟						
					宏棵						
		懋掬	昭作	振賓	宏林		31	32	33	34	
世栗	德健	懋立	昭鏡	振甫	宏珪		汝奇	祖瑚	世顯	德經	
					宏璋		汝魁	祖佑	世栗	德健	
				振梁	宏瑜			祖伷	世櫶	德有	
		懋文	昭祥	振龍	宏松			祖佐	世景	德仰	
					宏柏		汝單	祖茂	世全	德論	
					宏梅						
				振鳳	宏楫						
世櫶	德有	懋元	昭志	振洋	宏興	昌本					
		懋魁	昭恩	振河	宏秀						
					宏季						
世景	德仰	懋賢	昭哲	振杰	宏可	昌欽	道棣	理森	誠彩	明輝	
										明煌	
						昌釗	道棟	理清			
							道材	理法			
								理浚			
世全	德論	懋芙	昭志	振賓	宏達	昌依					
					宏遠	昌伸					
					宏健						
				振定	宏遠	昌儀	道清	理森	誠正	明德	
									誠主	明行	
									誠五		
								理含	誠百		
									誠丕	明行	
										明待	
						昌仰					
						昌侃	道沛	理鑫	誠珍		
							道洙	理焱	誠球		
									誠琳		

33	34	35	36	37	38	39	40	41	42	43	44
世	德	懋	昭	振	宏	昌	道	理	誠	明	
								理三			
							*	理至			
								理	誠珍	明文	
										明遠	
								理晶			
							道濟				
						昌代	道浹	理力	誠峻	明瑞	
					宏通	昌佳					
						昌佐					
					宏達	昌停					
						昌儒					
						昌作					
					宏逵						
				振宸	宏選	昌佩					
						昌俸					
					宏道	昌傅					
						昌傳					
				振實	宏述						
					宏遇	昌伯					
						昌仲					
					宏照						
	德訓	懋春	昭元	振教	宏熙						
				振啟	宏風	昌佑					
汝集	祖宇	世全	德章	懋居	昭遜	振綸	宏采	昌儲			
							宏扳	昌巽			
						振紋	宏棖	昌俊			
							宏招				
							宏換				

宜春洪塘鄉下仙塘時倩公支

16 明清-17 在茲-18 楨公-19 存仁-20 椿柏-21 以文-22 銓公-23 富、貴-24 學濟

22	23	24	25	26	27	28	29	30	31	32	33
銓		學	公	學	振	文	光	魁	維	世	
銓公	富										
	貴	學濟	銘公	榮貴	振緒	文吉	光宗				
							光祖				
							光寓				
							光義				
							光杰				
							光曦				
							光宏				
							光道				
						文仲	光漢				
							光容				
					振細	文蒼					
					振采						
					振綸						
				榮富							
				榮華							
				榮思							
				榮耀							
				榮壽							
			劉公	榮先	振鋼						
					振坤	文藻					
						文杰					
					振紀						
					振續						

22	23	24	25	26	27	28	29	30	31	32	33
銓		學	公	學	振	文	光	魁	維	世	
						振紱					
						振弦	文標				
			劍公								
			釗公								
			齊公								
			隆公								
			廣公								
			聖公								
		學文	*輪								
		學武									
		學洪									
		學全									
		學清									
		學源									
		學游									
銓公	斌公	學詩									
		學禮	景公	榮宗	振緒	文景					
				榮祖	振綱	文風	光乾	功魁			
								相魁			
								名魁			
			茂公	榮福	振鉞						
				榮升	振綏	文檀					
					振紱						
				榮名							

29	30	31	32	33	34	35	36	37	38	39	40
光	魁	維	家	世	忠	厚	元	宗	炳	城	
光宗	晉魁	維本	家拭	世富	懷忠	齊厚					
						秦厚					
					積忠						
			家柳								
			家珏	世友	盡忠	蔡厚					
		維涌									
光祖	高魁	維武	家辛								
光寓	占魁										
	芳魁	維倫									
		維任	家文	世睦							
				世隆	搶忠	英厚					
			家璋	世功	胥忠	載厚					
				世芳	志忠	徐厚					
						體厚					
						梗厚					
			家謀	世龍	誠忠	期厚	梅元				
						共厚					
					宣忠	蓼厚	蓼				
				世風	據忠	禹厚	華元				
						鄢厚					
						菜厚					
						甘厚					
						宏厚					
						黎厚					
					臻忠	豐厚					
					佐忠	介厚	攀元				
				世藩	發忠	蕉厚					
					輔忠	盧厚	聖元	光洪	炳仕		
						員厚	紹禮	宗賤			
							紹友	宗敏			
				世光	符忠	項厚					
					聯忠	息厚					
						庸厚					
				世祿	洽忠	黃厚					
						賈厚					
						惠厚					
			家猷	世民							
				世掌							
				世遺	家忠						
			家謨	世端	超忠	聘厚					
光義	懷魁	維崑	家杞								
			家棟								
			家楠	世連	表忠						
				世望	祈忠	越厚	坤元				
							秋元				
			家榆	世遠	敷忠						
					蘊忠						
				世修							
光杰	達魁	維熙	家弟								
			家季								
	士魁	維常	家梅	世象							
				世華							
			家彬	世俊	相忠	柏厚					
				世守	純忠	障厚					
						義厚					
						尹厚					
					師忠						
				世躬	躋忠						
		維寧	家壁	世礜	融忠	玉厚					
					顯忠						
					處忠						
					□忠						
				世欣	垂忠						
					圖忠						
					希忠						
					循忠						
					示忠						
					祿忠						
			家材	世泰	履忠	性厚	發元	萬發			
						本厚	學元	宗元			
							探元	宗林			

29	30	31	32	33	34	35	36	37	38	39	40
光	魁	維	家	世	忠	厚	元	宗	炳	城	
					秉忠	福厚	新元				
							高元				
						安厚	長元	今發			
								仁發			
								保發			
						祿厚	鑫元				
							安元	壽發			
								宗梅			
								宗勇			
								左發			
							後元	元發			
								生發			
						坤厚	紹元	宗綱			
								榮發			
								桂發			
						永厚	條元				
					和忠	寶厚	開元	宗發			
							云元	宗良			
	鶴魁	維藩	家材	世德	行忠	敦厚					
					效忠						
					精忠						
				世泰	展忠	性厚	發元	萬發			
						本厚	探元	宗林	炳葉	玷波	
									炳枝		
				世濟	守忠	載厚	仁元	層二	炳華		
								層五	炳祥	坫洪	
										坫發	
							智元				
						得厚	義元				
							補元				
						懷厚	良元				
						敦厚	金元				
						玉厚					
						常厚					
			家柱	世晉	懇忠	西厚					
						璜厚	芳元	宗列	炳純		
								家發			
							申元	宗生			
					滋忠	楚厚					
			家駒	世豐	諧忠	頓厚					
						翟厚					
						鳩厚	紹華	宗冬	炳老		
								宗夏	炳天		
								宗秋	炳地		
							紹文				
				世基	比忠	雍厚	永元	宗桂	炳來		
									炳生	城東	
										城華	
									炳福	城軍	
								宗華			
								宗仁	炳煜		
									炳敏		
								宗春	炳依	城龍	
										城勇	
									炳意		
							才元	宗云	炳綫		
									炳順		
									炳余		
								宗聖	炳日	城好	
								宗學	炳建	濤	
									炳義		
							一元				
				世其	原忠	道厚	文元	宗全	炳曉		
								宗來	炳浪		
						陸厚					
						渾厚	啟元	時發	炳耀		
									炳民		
								美發	炳群		
									炳平		
							順元	宗禮	炳院		

38	39	40
炳祥	坫洪	釤新
	坫發	釤波
		釤先

29	30	31	32	33	34	35	36	37	38	39	40
光	魁	維	家	世	忠	厚	元	宗	炳	城	
						淮厚	紹義	宗雄	炳順		
									炳紅		
								完大			
								宗忠			
					全忠	驥厚					
			家桃	世知	宗忠						
			維鳳								
光曦	翀魁	維□	家權								
			家度								
		維絢	家勝	性							
			家情								
		維猷	家金	世成							
	聞魁										
	華魁	維謨									
		維紳									
	聯魁	維浩	家儉	世策	倣忠						
					盟忠						
					取忠						
		維諧									
		維志	家泰	世蕃	弼忠	虎厚					
						單厚					
						沈厚					
						揚厚					
					殫忠	葛厚					
					倡忠	琴厚	紹祖				
					楊忠						
				世務	姣忠	紅厚					
					求忠	祥厚					
					常忠						
					憎忠						
				世用	讓忠						
					獻忠						
					恒忠						
			家厚	世積	謀忠						
				世永							
		維國	家興	世識							
			家隆	世數	存忠						
				世裕	取忠						
					明忠						
					盆忠						
				世試	榮忠						
光宏	斗魁	維韌	家杏	世欣							
				世奇							
			家乘								
			家吉								
		維發	家棣	世扶							
	延魁	維祺	家檠	世佑							
				世動	殊忠						
					權忠						
				世泰	應忠	夫厚	紹君	宗根			
								宗深			
							紹兵	宗亭			
							紹春	宗峰			
			家槐								
			家秀								
			家政								
	經魁										
光道	元魁	維輸	家桂	世晉	懇忠	西厚	芳元	宗列			
								宗發	炳純		
							申元				
						晉厚					
					滋忠	楚厚					
			家璋	世貴	肇忠	唐厚					
						鄭厚					
					褒忠	衛厚					
						許厚					
						任厚					
						郯厚	魁元	宗光	炳洪	城軍	
										城建	
									炳寧	城歡	
									炳得	城利	
									炳清	城亮	
					致忠						
				世和	移忠	宗厚	龍元				

29	30	31	32	33	34	35	36	37	38	39	40
光	魁	維	家	世	忠	厚	元	宗	炳	城	
							行元				
			家梁	世宗	根忠	仆厚					
					式忠						
					依忠	杷厚					
						蔣厚					
					輸忠						
					恭忠						
					渾忠						
					傳忠						
					辛忠	虞厚	彩元	文發	福才	新和	
										新貴	
										新軍	
										新國	
										新民	
									聖才	新華	
										桂生	
										聖牙	
										少生	
										建牙	
			家璋	世同	尚忠	顏厚	三元				
							任元				
							得元	宗元	炳痱	城坤	
									炳川		
									炳宜	城寧	
							進元	宗紹	炳波		
									炳濤		
							雨元	宗純	炳洲		
				世勻	作忠	營厚	天元				
							仲元				
							秀元	宗友	炳健		
									炳偉		
				世尊	作忠	溫厚					
						糜厚	秀元	宗炳	炳杰		
								宗會	炳良		
									炳涌		
								光福			
					耀忠						
	元魁	維翰	家棟	世鈞	持忠	宿厚	果元	自發	炳申		
									炳平		
								宗亮	炳旺		
							夷元	根發	炳言		
									炳會		
									炳輝		
								宗鳳			
								宗龍			
							紹正				
					隨忠	陳厚					
				世賢	矢忠						
				世春	存忠						
			家梁	世高	款忠						
				世宗	根忠	仆厚					
					式忠						
					依忠	杷厚					
						蔣厚	桂元				
					翰忠						
					萃忠						
					恭忠						
					渾忠						
					傳忠						
		維謀	家盈								
			家均	世美							
			家安	世英	遵忠						
					承忠	有厚	增元	宗建	炳好	城雷	
									炳佳		
								宗日	炳團		
									炳連		
								宗群	炳思		
							華元				
							清元	宗玉	炳強		
								宗艷	炳坤		
		維忠	家連	世行	范忠						
				世松	恪忠						
					執忠						
					心忠						

38	39	40
福才	新貴	男牙
	新國	軍牙
	新民	平有
聖才	新華	云牙
	桂生	平根
	聖牙	軍牙
	少生	紅牙
		國牙

29	30	31	32	33	34	35	36	37	38	39	40
光	魁	維	家	世	忠	厚	元	宗	炳	城	
				世雍	矩忠	遂厚					
						成厚					
						向厚					
			家南	世理	勤忠	周厚	林元				
							福元				
							純元				
							春元	全發	其文	剛	
										聰	
									其林		
					法忠						
				世模							
				世相	扶忠						
					貞忠	巩厚					
					慕忠						
			家治								
		維賢	家駟	世師	師忠						
				世善							
			家規								
			家矩	世爵							
				世發							
	仁魁	維肫	家會	世龍	為忠	魏厚					
						召厚					
						鼓厚					
			家楓								
			家起								
		維祥	家芹								
			家善								
		維禮									
		維讓	家修								
			家發	世鴻							
		維淵									
	武魁	維城	家珍	世才							
				世雍							
			家瑾								
			家慶								
	典魁	維健	家清	世憲	教忠						
		維真	家龍	世勝	贊忠	賴厚					
					綿忠						
				世長	集忠	簣厚	道元	宗平	勇		
									猛		
						羅厚	周元	宗言	炳松		
									炳聰		
								宗能			
						軫厚					
				世執	償忠						
					連忠						
				世明	型忠	肅厚	紹言	宗忠	炳衛	城玉	
								宗容	炳霞		
								宗漢	炳剛		
								宗衛	炳俊		
								宗晚			
							紹良	宗國			
								宗其	炳超		
								宗科			
							紹得	宗高			
								宗萬			
						八厚	紹發	宗聰			
							紹光	宗安			
								宗海	炳仃		
			家鳳	世惠	達忠	細厚					
				世業							
			家驥	世文	最忠						
			家忍	世麟	理忠						
					外忠						
					翹忠						
					襲忠						
			家讓	世煥	軼忠	生厚					
				世愿	龍忠						
				世慶	交忠						
				世起	松忠						
		維謙	家義	世思	類忠	風厚					
				世傳	情忠						
				世昌	族忠	鄧厚	生元	宗耀	炳文		
									炳根		

29	30	31	32	33	34	35	36	37	38	39	40
光	魁	維	家	世	忠	厚	元	宗	炳	城	
									永根		
								宗茂			
							國元	宗順	炳運		
								宗賢	炳剛		
									炳勇		
								宗外	會		
									峰		
								宗愛			
							辰元				
				世憲							
				世衍	俊忠	鳳厚					
				世舉	群忠	麟厚					
				世安							
			家孝	世履							
				世豫							
			家禮	世統	羅忠	鍾厚	用元	宗福			
								宗波	益洪		
								宗唐			
							輝元				
						舒厚	光輝				
							力亢				
							紹容				
						七厚	紹云	宗剛			
								宗兵			
			家忠	世升	益忠						
					經忠						
				世經	求忠	祥厚					
				世襲	求忠	偽厚					
				世純	芷忠						
			家弟	世安							
			家信	世珍							
		維溶	家雍	世環							
			家穆	世官							
				世櫝	明忠						
					叨忠	紹和	飛				
					瑟厚	紹進					
			家寶	世政	濟忠						
					匡忠						
					仍忠						
					愈忠						
				世助							
		維泳									
		維觀	家傳	世秩	馴忠						
				家教	世端						
光漢	首魁	維寅									
光容	梅魁										
	績魁										
光乾	功魁	維邦	家璜	世益	誨忠	虞厚	彩元	文發	福才		
									聖才		
									聖有		
									聖元		
								日發			
								有發			
								秀發			
							有元	其一	聖輝		
									聖連		
								全發	聖東		
									聖國		
									義生		
									金生		
									金華		
						商厚					
						吳厚	定元				
			家方								
			家琮								
			家笙								
		相魁	維訓	家柯							
				家棠							
				家馬							
				家楷							
		名魁									

(4)萬載筆架洲23世翰英(叔季)公支

叔翰尚存彥　希甫馬水天　紹古士宗日　相煥增錫洪　集熙培鍾溶

樹薰在鉉沂　本炳塾銘濃　權照堅錦湛　采熾坤欽涌

23	24	25	26	27	28	29	30	31	32	33	34	35	36	37									
叔	翰	存	彥	希	甫	馬	水	天	紹	古	士	宗	日	相									
翰英	尚斌	存正	彥實	希明	璽甫	萬□	求□	天機	紹菱	從古	士龍	宗旦	日隆	相鏈									
叔季													日立	相鏈	相和								
				希節	秀甫	馬皇	灌	天衢	紹禹	羨古	士祿	宗魏	日柏	相贊									
													日梓	相芳	相淡								
						馬是	滿	天隆	紹錢	起古	士功	宗明	日昆	相陽									
												宗瞶	日隆	相通	相漢	相取							
							溱	天重	紹旦	思古	士寅	宗厚	日渾	相昌									
				希載	德甫	顥	澄	天祿	紹美	復古	士元	宗植	日映	相虞									
													日耀	相夏	相晉								
													日純	相唐	相周	相魏	相齊						
								天右	紹英	信古	士瑾	宗周	日癸	相樫	相賢								
												宗文											
									紹芝	演古	士貞	宗瑞	日鍾	相舜	相文								
								天甫	紹壯	行古													
										衛古													
				希誠	良甫	山曾	磊	天本	紹季	解古	士賢	宗陽	日鳳	相佩									
													日鷹	相坤									
													日鶴	相委									
												宗圭	日富	相澄									
													日燭	相連									
					忠甫	學	堤	天意	紹彩	按古	士若	宗桂	日選	相名	相發								
											士章	宗魁	日達	相齡	相貴	相元	相遠	(遷	瀏陽	官渡)			
				希祥	貴甫	馬崇	沔	天秩	紹述	喬古	士臣	宗輩	日升	相敏	相學								
							濠	天浩	紹孫	昭古	士騰	宗玉	日景	相芝									
							莅	天鋼	紹德	盈古	士儀	宗寶											
												宗望											
					閶甫	馬享	濟	天賜	紹襄	鏡古	士逡	宗鉢											
												宗教											
									紹裔	釗古	士遴	宗歷	有年	應魁									
													大年	應高	國喬	召南							
					戀甫	駭	濤	天珂	紹儀	暌古	士祚	宗璜	日曆	相視	相覽								
								天佩	紹蓄	時古	士淩	宗質	日曙	相現									
				希能	青甫	馬呂	汴	天蓄	紹爨	尋古	士趟	宗盛	日宏	相禮	相義	相信							
										明古	士微	宗誼	日詔	相有	相善	相陶							
										覺古	士端	宗禧	日宙	相賜	相錦								
									紹譽	輩古	士從	宗詁	日現	相縫			(1776	年遷	湖南	益陽)			
										琦古	士鯤	宗行	日守	相安									
				希顏	益甫	駿	溥	天御	紹瑩	松古	士誠	宗耀	日照	相國									
												宗舜	日賢	相興	相旺	相興							
				希勉	明甫	馬旁	濡	天完	紹甲	青古	士恩	宗保	日鵬	相禧	相祁	相祺							
													日精	相福									
													日盤	相祉									
				希蘅	垣甫	馬匡	濂	天舜	紹印	桃古	士呈	宗述	日鳴	相紀									
											士玉	宗通						(遷	四川)				
												宗延	日集	相陽									
											士壁	宗逵	日崇	相崔	相淮								
											士瑩	宗進	日晟	相譽									
														相華									
				希淳	賢甫	敬	邑																
						驊	池	天鑒	紹官	綠古	士仁	宗懿	日皖	相達									
							清	天昕	紹寶	塾古	士宿	宗鐓	日瑤	相同									
						馬影	清爭	天峻	紹睬	裕古	士熹	宗南	日圭	相池									
													日桃	相极									
													日明	相泮									
														日盛									
							浪	天辰	紹宰	宏古	士遂	宗嶸	日禮	相瀧									
											士延	宗岳	日洧	相輝	相正	相儒							
													日清	相光	相鷺								
													日海	相連									
												宗倉	日泮	相益	相正								

23	24	25	26	27	28	29	30	31	32	33	34	35	36	37									
叔	翰	存	彥	希	甫	馬	水	天	紹	古	士	宗	日	相									
				希和	灿甫	馬耳	雷	天鈞	紹憲	以古	士宏	宗開	日灦	相星									
												宗漢	日梦	相續									
													日微	相繩	相維								
											士求	宗夏	日洙	相祥									
													日泗	相林	相客								
									紹寵	杏古	士安	宗秀	日波	相景									
													日浩	相時									
													日洹	相求									
												宗廷	日鴻	相勝									
													日瀧	相拱									
												宗璧	日湘	相奎									
													日楊	相導									
													日華	相攀									
													日銘	相菊									
													日高	相甫	相縉								
												祖壽											

37	38	39	40	41	42	43	44	45	46	47	48
相	煥	增	錫	洪	集	熙	培	鍾	溶	樹	
相鏈	煥明	增綠	錫華								
相鏈	煥高	增發	錫龍								
相和	煥貴	增秀	錫慶	洪譜	集芳	熙梅	培中				
				洪茂	集信	熙全	培德				
				洪財	集榮	熙鳴	培庚				
				洪源	集良	熙海	培元				
					集儉	熙海	培監				
					集恭	熙有	培謙				
					集讓						
					集金						
				洪吉	集溫	熙福	培春	鍾貴	溶輝		
									溶光		
								鍾福			
								鍾榮			
							培清	鍾亮			
			錫林	洪德	集恩	熙明					
				洪光							
				洪言							
	煥經	增漢	錫中	洪志	集靄	熙甲					
						熙沛	培有	鍾茂	溶智		
								鍾連	溶惠		
								鍾謙			
						熙澤	培貴	鍾建	溶恒		
									溶亮		
								鍾勇	溶道		
								鍾顯	溶遠		
								鍾平	溶通		
								鍾安	溶達		
						熙庸	培雲				
				洪興	集朝						
					集廷						
					集為	熙道	培金	鍾季			
								鍾如			
								鍾義			
					集福	熙學	培遠	鍾榮			
								鍾昌			
							培安	鍾盛			
					集成						
			錫定	洪鳴							
		增坤	錫鸞	洪福	集敬	熙敦	培財	鍾誠			
								鍾實			
				洪良	集獻	熙德	培啟				
						熙壽	培豐	鍾植			
								鍾育			
							培盛	鍾清			
			錫泰	洪昌	集玉	熙厚	培學	鍾穎	溶義		
									溶武		

37	38	39	40	41	42	43	44	45	46	47	48
相	煥	增	錫	洪	集	熙	培	鍾	溶	樹	
									溶彬		
						熙安	培益				
						熙泰	培慶				
							培原	鍾吉	溶和		
								鍾祥			
						熙義	培璜	鍾強			
					集圭	熙禮	培里	鍾光			
								鍾明			
							培來	鍾霖	溶福		
									溶壽		
						熙智	培菊				
							培林				
						熙信	培仁	鍾庶	溶甫		
				洪連	集祥	熙黃	培亮				
							培興	鍾立			
							培壁	鍾賢			
								鍾惠			
							培玉	鍾皎			
								鍾洁			
				洪捷	集弦	熙光	培長				
						熙龍	培岳	鍾宗	溶煥		
							培川	鍾政			
								鍾權			
				洪浚	集唐						
					集虞	熙虎	培善	鍾龍	溶祿		
								鍾虎	溶寬		
								鍾彪			
				洪清	集容						
					集夏	熙典	培青				
							培榮	鍾基			
					集周	熙敬	培根				
						熙楊	培美	鍾基			
相贊	煥甲	增仲	錫春	洪喜	集麗	熙雲	培勇				
						熙德	培健				
						熙福	培軍				
						熙根	培娟				
						熙華	培峰				
						熙秋					
						熙禮					
			錫文	洪盛	集芬						
					集早						
	煥從	增廣									
	煥豐	增福	錫戝	洪田							
		增壽	錫和	洪才	集敏						
		增喜	錫豐	洪日	集會	熙秀					
		增財	錫秀	洪書	集立	熙勇					
		增高	錫富	洪科	集云	熙輝					

37	38	39	40	41	42	43	44	45	46	47	48
相	煥	增	錫	洪	集	熙	培	鍾	溶	樹	
						熙煌					
						熙勝					
					集來	熙松					
				洪蟬	小春						
					雪春						
		增祿	錫金	洪鶴	集華	熙仁	培靈				
							培攀				
						熙武					
						熙龍					
					集友	熙利					
				洪三	集梅	熙金	培建				
						熙友	培善				
						熙財	培亮				
							培輝				
						熙冬	培兵				
							培林				
			錫榮	洪川							
相芳	煥黃	增鏡									
相淡	煥齡	增智	錫松	洪高	集芳						
					集容						
相陽	煥魯	增郎	錫炳								
			錫初	洪榮	集泰						
					集富						
					集雪	熙文	培曉				
						熙華	培威				
						熙會					
						熙柒					
				洪源	集時						
				洪發	集祿	熙建	培晴				
						熙安					
相通	煥穗	增添	錫鳳	洪炳	集鍾	熙炎	培衛				
							培祖				
							培國				
						熙仕	培建				
相漢	煥程	增及	錫康	洪恩							
		增喜	錫雙	洪友							
	煥稔	增石	錫富	洪林	集閏	熙樹	培根	鍾衛			
							培自	鍾俊			
								鍾友			
						熙竹	培德	鍾喜			
							培志	鍾惠			
							培仁	鍾梓			
					集情	熙茂	培勇				
						熙幼	培敏				
						熙文	培偉				
						熙玉	培蕊				
						熙業	培宸				
			錫貴								
		增考	錫才								
		增茂	錫譜	洪興	集正	熙本	培祥				
相取	煥香	增柏	錫春	洪盛	集水						
					集昌	熙衛					
相昌	煥毛	增里	錫海	洪池							
				洪清							
相虞	煥斗	增梅	錫邦	洪源							
				洪慶	集德	熙和					
					集道	熙鶴					
			錫宇	洪泰	集興	熙容					
					集福	熙泰					
		增桃	錫紹	洪喜							
		增松	錫鴻	洪聰	集意	熙禮	培初	鍾福			
								鍾祿			
					集厘	熙信					
				洪明	集泉	熙瑞	培先	鍾壽			
							培基				
					集履	熙仁	培喜	鍾夫			
								鍾開			
						熙寬	培茂				

37	38	39	40	41	42	43	44	45	46	47	48
相	煥	增	錫	洪	集	熙	培	鍾	溶	樹	
						熙渙	培興	鍾權			
								鍾大	溶海		
								鍾芋	溶輝		
							培財				
						熙彩	培植	鍾生	溶福	樹忠	
										樹平	
									溶發	樹美	
										樹麗	
									溶德	樹偉	
										樹敏	
									溶青		
						熙江	培恒	鍾有			
								鍾德	溶曉		
									溶揚		
							培吉				
						熙萬					
						熙云	培洪	鍾年			
								鍾月			
								鍾日	溶麗		
									溶正		
							培興				
							培全				
					集朝	熙林					
						熙時					
				洪睿	集奎	熙朝	培亮	鍾初	溶昌	樹根	
										樹培	
								鍾財			
						熙高	培望	鍾宏			
							培盛				
							培龍				
							培鳳	鍾興	溶南	樹民	
								鍾言	溶根	樹泉	
							培喜				
							培福				
				洪智	集質						
					集先	熙超					
						熙和					
						熙智	培讓				
						熙謀	培良				
				洪禧	集秀	熙盛	培本				
						熙福	培利				
							培雙	鍾林	溶平		
									溶松		
							培全				
					集裔	熙喜	培東	鍾外	溶明		
						熙壽	培西	鍾喬	溶騰		
		增梓	錫虾	洪大	集祥	熙茂	培軒	鍾興	溶南		
							培光				
						熙綠					
						熙翱	培德				
				洪吉	集貴						
				洪昌	集和	熙開	培大	鍾樹			
						熙桂	培英	鍾德			
						熙方	培玉				
				洪旺	集春	熙明	培發				
							培吉	鍾生			
						熙昭	培珍	鍾秋			
							培珠	鍾桂			
							培伯				
				洪元	集珍	熙連	培寬	鍾生			
			錫爵	洪興	集元						
				洪發	集茂	熙裕					
	煥彩	增振	錫儒	洪開	集興						
					集旺	熙佑					
						熙有					
				洪春	集賢	熙虎					
					集甫	熙生					
						熙貴	培道				

37	38	39	40	41	42	43	44	45	46	47	48
相	煥	增	錫	洪	集	熙	培	鍾	溶	樹	
							培農				
						熙富					
					集懷						
			錫業	洪吉	集魁						
					集森	熙發					
				洪發	集壽	熙興					
相夏	煥接	增成	錫瑞	洪謙							
相晉	煥瑩	增香	錫寶	洪財	集考	熙金					
					集英	熙燕					
		增祥	錫冠	洪發	集廉						
			錫履	洪海	集龍	熙年	培能	鍾茂			
							培榮				
							培勝	鍾春			
								鍾興			
							培義	鍾龍			
								鍾鳳			
			錫帶	洪貴							
		增陽	錫琮	洪鍾	集忠	熙秋	培升	鍾信			
						熙初					
			錫璸	洪玉	集溫	熙奉					
						熙動					
					集良	熙龍					
				洪瑞	集經	熙續	培德				
					集腋	熙人	培祿				
							培喜	鍾德			
							培祥				
						熙台	培福	鍾財			
								鍾庚	溶亮		
							培善				
							培壽	鍾發	溶輝		
								鍾才			
					集勛						
					集典	熙咸					
					集統	熙虾					
				洪彩	集大	熙志					
					集顯	熙貴					
		增治	錫吉								
		增睿	錫康	洪政							
			錫冕	洪書	集麒	熙龍					
				洪貞	集廣	熙梅					
			錫磐	洪己	集陶	熙寬	培升	鍾安			
						熙庚					
						熙松	培輝	鍾仁	溶光		
								鍾義	溶福		
								鍾禮	溶偉		
								鍾智	溶明		
					集德	熙敦					
					集綉	熙光					
						熙全					
						熙亮	培興				
					集昆						
			錫笏								
	煥壁	增齡	錫浩	洪祥	集貴	熙秀	培金	鍾勤			
								鍾儉			
							培銀	鍾斌			
								鍾霖			
			錫于	洪泰	集兆	熙廣	培云	鍾誠			
								鍾杰			
						熙德					
		增銘	錫詔	洪成	集才	熙邦	培謙				
			錫謨	洪端	集華	熙智	培仁	鍾敏			
							培義	鍾鳴			
								鍾亮			
						熙錦	培光	鍾發			
								鍾賢			
							培忠	鍾勇	溶偉		
		增至	錫春	洪裕	集蘭	熙汝	培根	鍾良			
								鍾厚			

37	38	39	40	41	42	43	44	45	46	47	48
相	煥	增	錫	洪	集	熙	培	鍾	溶	樹	
				洪榮	集來	熙端					
						熙達					
			錫元	洪厚	集吉	熙炳	培本	鍾興			
								鍾榮			
		增几	錫謀	洪爵	集升						
			錫笏	洪炎	集安						
					集康	熙聖	培基	鍾梁	溶文		
								鍾林			
								鍾木			
							培	鍾東			
								鍾江			
							培仁	鍾前			
								鍾軍			
相唐	煥星	增芩	錫虎	洪茂	集有						
相周	煥珊	增元	錫祿	洪德	集興						
				洪仁	集連						
				洪清	集栩	熙元	培育				
							培訓				
			錫峰	洪善	集發						
				洪吉	集喜						
			錫逵	洪珠	集慶						
		增泮	錫科	洪貴	集復	熙烈					
					集禮	熙照	培倉	鍾良			
							培榮	鍾平	溶輝		
								鍾傅			
							培福	鍾林			
							培保	鍾忠			
						熙祥					
						熙宇	培林	鍾軍			
								鍾云			
							培海	鍾敏			
								鍾順			
						熙洪					
						熙荒					
						熙宙	培志	鍾皖			
			錫紅	洪福	集祥						
					集盛						
				洪春	集益	熙盛					
						熙再					
				洪泰	集學	熙林	培德	鍾偉			
			錫有	洪興	集緒	熙茂					
			錫恒	洪來	集斐	熙生					
				洪亮	集波	熙貴					
			錫才	洪冬	集善	熙友	培冬	鍾聲			
				洪秋	集連	熙華					
			錫員	洪啟							
				洪壽							
				洪初	集德						
					集鑫						
					集金	培成	鍾文				
						培季	鍾儒				
							鍾輝				
						培榮	鍾良				
							鍾鵬				
						培昌					
		增榮	錫盛	洪科	集谷						
			錫興	洪需	集啟	熙林					
			錫茂	洪筠	集熹	熙垣					
						熙遠					
						熙鳳	培秋	鍾峰			
							培春	鍾濤			
							培富				
					集應	熙文	培高	鍾龍			
相魏	煥瑋	增浙	錫齡	洪興	集介						
相齊	煥椿	增惠	錫衿	洪受	集華						
					集美						
				洪湍							
			錫連	洪喜	集卿	熙榮					

37	38	39	40	41	42	43	44	45	46	47	48
相	煥	增	錫	洪	集	熙	培	鍾	溶	樹	
						熙濤	培康	鍾震			
							培新				
					集義						
				洪盛	集成	熙庚					
				洪椿	集海	熙清					
				洪昕	集超	熙賢	培福				
						熙良					
					集浦	熙沛	培祿				
				洪慶	集潮	熙澤					
						熙松					
					集癸	熙蓄					
						熙永	培安	鍾禮			
								鍾廉			
							培祥	鍾媛			
								鍾霞			
					集思	熙定					
				洪茂	集泉						
					集炎	熙源					
	煥興	增裔	錫朋								
			錫德	洪師	集高	熙恒					
						熙文					
						熙泉					
相樫	煥顯	增新		(遷	四川	)					
	煥坤										
相賢	煥禮	增景	錫富	洪輯	集源	熙梅	培興				
						熙松	培庚	鍾明			
						熙邦					
			錫貴	洪宇	集海						
					集同						
			錫華	洪運	集蕙	熙邦	培豫	鍾書			
								鍾炎			
						熙榜					
			錫昌	洪永	集茂	熙桃	培興	鍾炎			
							培鑫	鍾渺	溶椿		
								鍾云			
								鍾明	溶海		
							培貴	鍾友			
						熙柏					
		增刪	錫榮	洪忠	集煌	熙樹					
						熙棟					
				洪生	集輝	熙臣	培秀				
					集壽	熙榜					
		增訂	錫仲	洪盛							
	煥義	增高	錫恩	洪蘭	集吉						
			錫寵	洪珍	集仁	熙福					
					集義	熙濤	培庸	鍾發	溶輝	樹平	
					集智	熙煌					
					集信	熙達					
					集勇	熙城	培華	鍾源	溶根	樹興	
									溶鼎		
									溶盛		
							培興				
※			錫功	洪文	集禧	熙清	培蔭	鍾秀			
							培成				
							培心	鍾福	溶康	樹亮	
									溶生	樹紅	
					集昆	熙銓	培植	鍾祥			
							培懋				
							培根	鍾弘			
							培慶	鍾靈			
						熙緝	培之	鍾堯	溶福	樹彬	
							培炳	鍾杰	溶田	樹晨	
									溶海		
						熙敬	培桶	鍾秉	溶亮		
							培芳	鍾容			
				洪金	集祿						
				洪玉	集錦						
				洪敏	集宏	熙瀆					

37	38	39	40	41	42	43	44	45	46	47	48
相	煥	增	錫	洪	集	熙	培	鍾	溶	樹	
						熙蝦	培甸	鍾仁	溶南	樹良	
									溶源		
							培忠				
							培祿				
						熙堯					
						熙舜	培義				
			錫勛	洪吉	集祥						
					集云	熙泉	培堅	鍾聖	溶輝	樹平	
					集連	熙源	培離				
		增華	錫章	洪壽							
	煥信	增彩	錫壽	洪根	集敏	熙蔚					
					集財	熙厚	培喜	鍾學			
						熙懋					
					集利	熙森					
			錫康	洪成	集發	熙先					
		增輝	錫興	洪儒	集釗	熙標	培生				
						熙廷	培興				
			錫美	洪孟	集金	熙康					
		增煌	錫秀	洪興	集筠	熙發	培元	鍾臣	溶勝		
							培遠				
						熙明	培蒼	鍾型	溶初		
									溶春		
							培瑞	鍾壽	容發		
						熙坤	培秋	鍾有			
							培連				
						熙堂	培有				
						熙漢	培食	鍾壽	溶輝		
									溶敏		
									溶倩		
								鍾喜	溶賓		
						熙瓚	培德				
					集篤	熙仁					
					集軒	熙寶	培基				
							培清	鍾長	溶豐		
									溶珍		
			錫亮	洪才							
				洪有	集和	熙進					
						熙轅					
			錫瑚	洪怡							
		增植	錫源	洪達	集福						
			錫漢	洪選	集壽						
			錫滙	洪壽	集珠	熙學	培浩				
						熙日	培金				
						熙泉	培永				
		增耀	錫發	洪球	集永	熙榮	培旺	鍾源			
								鍾海	溶仁	樹偉	
									溶義	樹紅	
										樹華	
									溶禮	樹亦	
									溶智	樹云	
									溶信	樹瓊	
						熙貴	培金	鍾廷	溶望	樹明	
							培深	鍾霖	溶光	樹柄	
			錫墀	洪恩	集明	熙冰	培化	鍾德	溶真	樹敏	
									溶化		
							培良				
							培春				
						熙金	培享	鍾開	溶炎	樹林	
									溶江	樹青	
									溶民		
									溶盛		
								鍾朗	溶開	樹瑜	
									溶泰		
							培仁				
							培玄	鍾隆	溶政		
									溶星		
									溶景		
							培光				

37	38	39	40	41	42	43	44	45	46	47	48
相	煥	增	錫	洪	集	熙	培	鍾	溶	樹	
					集日	熙光					
						熙林					
						熙茂					
						熙盛					
						熙德					
					集星						
					集倫						
				洪典	集朗	熙森	培云	鍾泉	溶萍		
						熙煥	培起	鍾聞	溶青		
				洪式	集華	熙仁	培吉				
				洪殿	集富	熙義					
※			錫錦								
			錫封	洪信	集蘭	熙秋					
						熙應	培芹	鍾沂	溶福	樹成	
									溶如		
									溶東		
									溶壽		
					集瓊	熙質	培春	鍾昱			
				洪瑤	集許	熙道					
					集瑞	熙生					
						熙亮					
				洪臻	集田	熙露	培蘭				
						熙韵	培鍾	鍾龍	溶芳		
						熙濃					
相舜	煥旦	增湖	錫富								
		增鰲	錫文	洪新	(遷	安徽	)				
				洪貴	集茂						
		增涯	錫全	洪芷	集允	熙發	培春	鍾華			
								鍾偉			
							培平	鍾潮			
							培高				
							培盛				
				洪修	集慶						
		增亮	錫貴	洪方	集光						
				洪發	集華	熙發					
						熙明					
	煥宜	增興	錫達	洪清	集欽						
			錫通	洪德	集喜						
					集美						
			錫林	洪善	集炎						
		增發	錫連	洪章							
		增魁	錫元	洪庚							
相文	煥煌	增財	錫明	洪松	集喜						
			錫錦	洪璋	集思	熙華	培盛				
							培高	鍾森	溶龍		
								鍾晃	溶亮		
									溶波		
								鍾良	溶杰		
									溶東		
					集文						
				洪容	集玉	熙遠	培燭				
						熙炎	培斯	鍾惠	溶麗		
								鍾洪			
								鍾繼			
						熙奎	培景	鍾吉	溶成		
								鍾照			
							培谷				
						熙廣	培洪	鍾輝			
						熙亭	培長	鍾發			
				洪元	集滙	熙璋	培鑫	鍾云	溶仕	樹如	
										樹映	
										樹紅	
							培楨	鍾財	溶民	樹若	
									溶軍		
								鍾瓚	溶鑫		
								鍾輪	溶惠		
							培柏	鍾義	溶初		
									溶平		

37	38	39	40	41	42	43	44	45	46	47	48
相	煥	增	錫	洪	集	熙	培	鍾	溶	樹	
									溶塘		
								鍾林			
								鍾泉	溶萍		
								鍾匀	溶廣		
								鍾庚	溶洪		
							培善				
						熙型	培性	鍾亮	溶瑞	樹廣	
									溶海		
								鍾光	溶興		
								鍾前	溶昌	樹麗	
									溶盛		
								鍾文	溶華		
								鍾聖	溶偉		
							培梓	鍾文	溶明		
						熙國	培廣	鍾根	溶仁		
									溶亮		
							培德				
					集榮	熙義					
相佩	煥樂	增名									
相坤											
相委											
相澄	煥興										
	煥光	增年	錫彩								
			錫泉	洪林	集大						
					集榮	熙春					
						熙偉					
					集華						
			錫芹								
			錫文								
	煥譜										
	煥照	增水									
相連											
相名											
相發	煥業	增瑞	錫科	洪陽							
				洪祿							
				洪福							
				洪壽							
相齡											
相貴											
相元	(	1685	年經	商定	居湖	南瀏	陽官	渡)			
相遠											
相敏	煥辛	增錫	錫淇								
相學	煥意	增錦									
相芝	煥贊	增瑞	錫禮	洪循							
				洪彥	集吉						
			錫智	洪潤	集茂						
					集秀						
					集禮						
				洪壽	集發						
相視	煥高	增科	賜丹	洪冬	集興						
相覽	煥富	增佑	錫成	洪祿	集水						
相現	煥灝	增磊	錫桂	洪珠	集福						
					集生						
應魁	煥宗	增富	錫利	洪景							
	煥性	增儀	錫恩	洪高	集國						
					集夷						
					集世						
		增蘭	錫佳								
		增斐	錫椵	洪興	集貴						
			錫福	洪厚	集祿	熙恩					
						熙賢					
					集吉						
		增祜	錫壁	洪隆							
		增彩	錫康	洪昌	集茂	熙里					
				洪盛	集生	熙成	培金				
							培林				
			錫厚								
應高	煥合	增簇	錫微	洪諒	集海						

37	38	39	40	41	42	43	44	45	46	47	48
相	煥	增	錫	洪	集	熙	培	鍾	溶	樹	
			錫興	洪洲	集森	熙有	培保	鍾苟			
								鍾莉			
							培清	鍾良			
							培忠	鍾勇			
							培義	鍾兵			
							培生	鍾敏			
			錫旌	洪恩							
			錫干	洪富	集清						
					集云						
					集新						
					集興						
					集桂	熙興	培翔				
				洪耀	集庚	熙德	培亮				
							培禮				
					集申	熙盛					
				洪山	集福						
					集友	熙望					
				洪光	集炳						
					集源	熙煥	培高	鍾忠			
						熙明	培成	鍾平			
							培德	鍾有			
							培高	鍾忠			
							培榮				
國喬	煥修	增品	錫宣								
			錫惠								
			錫敷								
召南	煥簡	增玉	錫爵	洪修	集盛						
				洪美	集康	熙源	培凱				
			錫祿	洪通	集仁	熙泉	培雄				
						熙民	培琦				
					集義	熙達	培捷				
						熙鵬	培愷				
						熙林	培瑋				
			錫光	洪祥	集交	熙和					
				洪清	集能						
				洪善	集健						
				洪忠	集真						
				洪益	集梅						
			錫顯	洪德	集財	熙信	培敏	鍾蕙			
							培明				
							培亮				
				洪選	集廣						
				洪桂	集盛						
	煥緒	增榮	錫圭	洪炳	集聖	熙亮					
				洪豫							
				洪微	集君						
				洪梅							
		增寵									
		增光									
相禮											
相義											
相信											
相信											
相有	煥登	增珠	錫飛	洪惠							
			錫蕁	洪鑫							
		增豐	錫賀	洪監	集福	熙祥	培敏	鍾梁			
							培紅	鍾鵬			
							培會	鍾俊			
							培明	鍾東			
							培兵				
						熙開	培林				
相善	煥觀	增彪									
相陶	煥高	增掘	錫麟	洪興	集祿	熙義	培衛				
							培忠				
						熙定	培劍				
							培水				
							培輝				
							培北				

37	38	39	40	41	42	43	44	45	46	47	48
相	煥	增	錫	洪	集	熙	培	鍾	溶	樹	
						熙厥					
		增純	錫瑞	洪典	集才						
				洪財	集思	熙泰	培根	鍾志			
						熙云	培民				
				洪成	集富						
相賜	煥槐	增壽	錫愛	洪福	集蒸						
				洪才							
			錫懷	洪喜	集賢	熙晃					
					集義						
				洪祿	集源	熙元	培康				
							培健				
							培義				
						熙和					
相錦	煥榮	增龍	錫福	洪榜	集淦						
			錫琪	洪榮	集廣						
	煥華	增監	錫章								
相縫	(	1776	年遷	居湖	南益	陽)					
相安											
相國	煥錫	增朝	錫福	洪雍							
				洪嶂	集順						
					集鳳	熙有	培盛				
						熙茂					
		增后	錫康								
			錫癸	洪禹	集龍	熙發	培望				
						熙亮	培德				
							培琳				
						熙開	培輝				
					集云	熙林	菊香	勇賢	志秀		
					集雷						
相旺	煥所	增燾	錫貴	洪潤	集年						
					集明						
	煥寶	增義	錫甲	洪昌	集賢	熙光	培發				
							培基				
							培德				
							培克	鍾四			
								鍾康			
								鍾石			
							培昌	鍾曉			
						熙澤					
						熙培					
						熙培					
						熙達					
						熙霖					
						熙輝					
					集林	熙達					
					集森	熙乾	培本	鍾衛			
							培蔭	鍾海			
							培世	鍾勝			
						熙發	培源				
					集馨	熙遠	培祥				
					集松	熙榮	培厚				
				洪盛	集員						
					集貢	熙根					
						熙葉	培仁	鍾龍			
							培義				
							培禮				
				洪海	集祥	熙其	培師				
						熙茂	培春	鍾平			
								鍾秋			
							培滿	鍾芳			
							培乾				
							培坤				
				洪敬	集鍾	熙有					
					集熙	熙勇					
					集錦	熙達					
				洪王	集方	熙坤					
			錫登	洪瑩	集輝	熙道					
			錫貴	洪丙	集明	熙竹					

37	38	39	40	41	42	43	44	45	46	47	48
相	煥	增	錫	洪	集	熙	培	鍾	溶	樹	
相興	煥連	增輪	錫鴻	洪聲	集椿						
		增輝	錫輪	洪開	集貴	熙仁	培鍾				
					集連	熙義					
						熙智					
				洪壽	集義	熙信					
			錫奇	洪瑞	集森	熙禮					
		增煌	錫維								
			錫修	洪鍾							
				洪金	集泉						
					集為	熙福	培斌				
						熙海	培醒				
							培清				
		增慶	錫儒	洪林	集旺	熙福					
					集增	熙亮	培興	鍾生	溶鵬		
								鍾勇	溶惠		
									溶智		
						熙明					
						熙堂					
					集根	熙義					
						熙生	培明	鍾軍			
								鍾強			
							培冬				
			錫騰	洪順	集興	熙漢	培秋	鍾嘉			
					集德	熙順	培庚				
			錫茂	洪連	集光	熙財					
						熙龍	培廣	鍾平			
							培包	鍾星			
							培根	鍾芳			
							培平				
						熙德	培飛	鍾坤			
								鍾鴿			
			錫大	洪春	集禎	熙鳳	培榮	鍾龍			
								鍾樂			
							培強	鍾濤			
							培杰				
				洪清	集大						
					集來	熙運	培福				
							培春				
						熙泉					
						熙勇					
						熙敏					
	煥玲	增壽	錫蓉	洪云	集禧	熙芳	培桂	鍾穎			
							培洪	鍾思			
			錫封	洪炎	集龍	熙泰					
						熙祥					
				洪福	集康	熙盛					
						熙揚					
						熙平	培盛				
						熙銘	培彤				
				洪祿	集成						
			錫富	洪美	集仁						
			錫慶	洪喜	集禧	熙龍					
			錫燥	洪鈞	集盛						
				洪來	集耀						
					集翔						
					集武	熙葉	培江	鍾文			
							培亮				
						熙同	培宜				
							培春				
	煥濂	增智	錫松	洪有	集永	熙鵬	培建				
							培國				
					集永	熙冬					
					集昭						
					集均	熙萍					
					集福						
					集星	熙鳳	培剛				
							培強				
						熙安	培政				

37	38	39	40	41	42	43	44	45	46	47	48
相	煥	增	錫	洪	集	熙	培	鍾	溶	樹	
						熙細	培軍				
							培雪				
					集高						
			錫梧	洪承	集選	熙鴻					
				洪先	集照	熙全	培光	鍾鵬			
							培輝	鍾俊			
								鍾博			
							培義				
						熙興					
				洪后	集良	熙益	培秋	鍾戈			
							培冬				
							培林				
				洪聲	集森						
				洪耀	集金	熙鵬	培曉				
						熙田	培洪				
						熙壽	培斌				
						熙萬	培偉				
						熙祥	培莅				
						熙林	培新				
			錫海	洪士	集生	熙相					
						熙春	培剛				
							培勇				
						熙冬	培本				
					集綠						
					集煌	熙源					
				洪瑞	集一	熙述					
					集忠						
				洪壽	集鵬	熙繼					
相禧	煥到	增平	錫細	洪泉							
相祁	煥志	增庚	錫朋	洪原							
		增甲	錫仁	洪駿	集南						
					集冬	熙磊					
						熙堅					
				洪媧	集開						
		增丙	錫林	洪丙							
		增王	錫義								
			錫禮	洪聰	集富						
					集雷						
		增丁	錫信	洪根	集榮	熙才	培凌				
						熙發	培斌				
						熙來					
						熙勝					
			錫壽								
	煥敏	增秀	錫隆	洪發	集貴						
			錫浩	洪連	集福						
		增鳳									
		增裕	裕學								
			錫軒	洪高	集齡	熙招					
						熙冬					
					集喜	熙萍	培威				
						熙毛					
					集祿	熙勝					
						熙亮					
					集會						
					集生						
		增源	錫柱								
			錫宏								
		增珍	錫全	洪潤	集發	熙洪	培軍				
						熙云	培蘭				
						熙華	培發				
							培專				
						熙文	培福				
							培勇				
						熙和					
					集財						
相祺	煥照	增怒	錫盛	洪直	集經						
					集典						
相福	煥寬	增京	錫發	洪普							

37	38	39	40	41	42	43	44	45	46	47	48
相	煥	增	錫	洪	集	熙	培	鍾	溶	樹	
			錫紅	洪喜							
		增順	錫祥	洪禮	集仁	熙興	培富				
							培貴				
						熙旺	培根				
						熙發	培偉				
			錫康	洪善							
			錫厚	洪修							
			錫孫								
		增斌									
	煥裕	增年	錫珍	洪聲	集先						
	煥溫	增潤	錫懋								
		增科	錫海								
相祉	煥智	增逢	錫龍	洪祐							
				洪瑞	集鋼						
					集春						
相紀											
相陽											
相崔	煥松	增逢	錫章	洪適	集福						
					集章	熙望					
				洪突	集生						
		增通	錫伯	洪忽	集財						
	煥章	增遺	錫和	洪達	集祿	熙亮	培春				
							培冬				
						熙鴻	培勝				
						熙義					
						熙林					
相淮	煥柏	增麟	錫仁								
相譽	煥棟	增喜	錫金								
相華	煥梁	增身	錫富	洪范							
				洪義							
			錫貴	洪康							
	煥榛	增寶	錫才	洪永	集考	熙孟	培斌				
							培德				
						熙曜	培強				
						熙軍	培文				
						熙章					
				洪泳	集忠	熙云	培亮				
						熙斌					
						熙輝					
				洪均	集節	熙勇	培誠				
						熙民					
						熙偉					
			錫能	洪友	集成	熙友					
			錫技	洪盛							
			錫藝	洪茂							
	煥杞	增經	錫泳	洪呈							
			錫標								
相達	煥吾	增文	錫和	洪嘉	集群	熙林	培輝				
							培敏				
							培芳				
						熙榮					
						熙友					
						熙興					
					集漢						
					集財	熙望					
			錫全	洪柏	集恩	熙發					
	煥祥	增富	錫順	洪舒	集根	熙高	培贊				
			錫芳	洪連	集虎						
		增貴	錫井	洪坤	集忠	熙高	培贊				
	煥拔	增哲	錫亮	洪森	集興	熙云	培盛				
			錫壽	洪梓							
			錫連	洪波	集生	熙冬					
					集明						
					集龍						
	煥章	增淇	錫珍	洪佑							
				洪吉	集桂						
		增厚	錫元	洪啟	集清	熙彬					
						熙恒					

37	38	39	40	41	42	43	44	45	46	47	48
相	煥	增	錫	洪	集	熙	培	鍾	溶	樹	
				洪美	集梅	熙濤					
				洪催	集林						
					集運	熙勇					
					集維	熙杰					
			錫恩	洪釗	集瑞	熙輝					
						熙翔					
					集保	熙軍					
					集三	熙宇					
		增瑞	錫茂	洪學	集林						
	煥魁	增盛	錫照	洪賓	集寬						
				洪懋	集炳	熙正	培奮				
							培發				
							培圖				
				洪成	集云						
			錫華	洪綉	集桃	熙道	培禮	鍾勇			
						熙應	培義				
						熙明	培德				
					集柏						
				洪彩	集椿	熙平					
				洪金	集松	熙光	培興				
				洪洋	集柏	熙湘					
			錫輝	洪竹							
相同	煥月	增道	錫春	洪盤	集權	熙鵬					
				洪心	集珠	熙敏					
					集新	熙清					
					集平	熙珍					
				洪深	集樹	熙軍					
						熙敏					
					集春	熙利					
						熙偉					
					集桂	熙勇					
						熙冬					
相池	煥忠	增耀	錫禧	洪初	集福	熙乾					
						熙元					
			錫澤	洪元	集明	熙亮	培麗				
					集亮	熙龍	培武				
						熙平	培嬌				
						熙榮					
						熙云					
相极	煥筠	增蘊	錫楨	洪寬	集榮	熙來					
						熙建					
					集德	熙虎					
					集平	熙文					
			錫惠	洪寬	集廣						
	煥喜	增宣	錫植	洪寬	集云	熙京					
相泮	煥琪	增發	錫梅	洪范	集發	熙友	培寅				
						熙廣					
					集生	熙亮					
相智	煥接	增發	錫梅	洪鎖	集光						
					集牙						
					集全						
			錫芬	洪義	集根						
相瀧	(	1758	年遷	居陜	西漢	英縣	)				
相正	煥富	增發	錫照	洪順	集生						
			錫昆	洪和	集茂						
			錫祥	洪澤	集云						
		增剛	錫韶	洪祥	集綠	熙照	培景	鍾光			
								鍾榮			
				洪明	休壽						
		增毅	錫錦	洪通	集仁	熙明					
					集智	熙秀					
			錫宏	洪松	集泉	熙章	培振	鍾君			
						熙德	培振	鍾君			
							培旺				
						熙錦	培興				
				洪瑞	集明	熙容	培亮				
					集元	熙容	培程				
							培清				

37	38	39	40	41	42	43	44	45	46	47	48
相	煥	增	錫	洪	集	熙	培	鍾	溶	樹	
						熙錄	培錦				
							培東				
						熙銘	培涌				
					集勛	熙雯	培倉				
							培崗				
						熙云	培昆				
						熙霖	培宏				
					集耀	熙雯	培嵩				
	煥尊	增惠	錫齡	洪貴	集長	熙福	培元				
				洪喜	集義	熙啟					
			錫程	洪序	集梅	熙源	培驛	鍾斌			
							培驊				
							培駿				
				洪春	集喜	熙如					
					集華	熙忠					
				洪先	集景	熙清					
	煥芝	增疇	錫乾	洪講	集珍	熙國	培根				
							培深				
							培茂				
							培樹				
					集鏡	熙定	培景				
							培星				
				洪銘	集生	熙蘭					
				洪渲	集清	熙邦	培慶				
							培云				
					集泉						
			錫隆	洪諳	集松	熙明					
						熙亮	培暉				
				洪金							
		增高	錫彥	洪炳	集坤						
		增仁	錫爵	洪萃	集成	熙仁	培根				
							培亮				
						熙議	培輝				
							培耀				
						熙禮	培勇				
						熙智	培垒				
						熙信					
				洪章	集祥						
				洪耀							
			錫泉	洪柱	集東	熙望	培萍				
相儒	煥彩	增有	錫介	洪秀							
	煥香	增裕	錫益	洪乾	集福	熙財	培興				
							培旺				
相光	煥珊	增壁	錫金	洪蔚	集章	熙信	培豐	鍾亮			
					集翔	熙俊					
						熙咸					
		增永	錫昂	洪科	集謙	熙任	培星				
							培高				
							培典	鍾銘	溶敏		
								鍾錦			
								鍾鎮			
							培坤	鍾錦			
						熙仁	培古				
相鸞	煥好	增蔚	錫繩	洪章	集文	熙巨	培陽	鍾華			
						熙光	培冬				
						熙明	培平				
						熙銅	培榮				
						熙全					
相連	煥學	增祿	錫珠	洪開	集輝						
					集楨						
					集憲						
相益	煥潤										
相星	煥田	增富	錫珍								
		增材	錫珠								
相續	煥成	增貴	錫金								
相繩	煥錦	增祚	錫寶	洪旺							
		增譽	錫福	洪生	集永						
		增功	錫成	洪壽	集啟	熙霖	培偉				

37	38	39	40	41	42	43	44	45	46	47	48
相	煥	增	錫	洪	集	熙	培	鍾	溶	樹	
			錫鍾	洪發							
			錫飛								
相維	煥鍾	增光	錫財								
相景	煥拔	增壕	錫胡	洪林							
相時	煥根	增權	錫盛	洪振							
				洪松							
相求	煥珠	增恭									
相性	煥桂	增寵	錫本	洪士							
				洪相							
湘拱	煥起	增文									
相奎	煥楷	增摺									
相導	煥斤	增旭	錫發	洪興	集生	熙勇					
			錫章	洪怡	集福	熙耀					
					集順	熙照					
					集興	熙龍					
					集財						
					集啟						
					集冬						
				洪秀							
相攀	煥桃	增流									
相菊	煥楨	增復									
		增授									
	煥仁										
相甫	煥喜	增壽									
相縉	煥吉	增冬									
相祥	煥貴	增紅	錫齡								
		增桃	錫享								
	煥福	增知	錫鳳	洪春	集仁						
					集盟	熙文					
				洪炎	集發	熙景	培廣				
							培海				
			錫亮	洪吉	集建	熙達					
					集根	熙鵬					
	煥周	培聚	錫寬	洪明							
			錫恭	洪厚	集炎	熙平	培松				
						熙韜	培基				
						熙乾	培惠				
						熙旺					
						熙漢					
						熙載					
	煥屏	增成	錫榮	洪戊							
			錫開	洪盛	集云	熙能					
						熙榮					
				洪庚	集宏	熙東					
				洪財	集明	熙柏					
						熙望					
				洪喜							
		增龍	錫坤								
		增鳳	錫壽	洪光	集章	熙照					
				洪金	集龍						
				洪輝							
				洪灿	集龍	熙定					
						熙勝					
						熙洲					
					集甫	熙富					
						熙京					
						熙聯					
				洪林	集蘭	熙亮					
					集桂						
					集騰						
相林	煥映	增義									
		增禮	錫喜								
相客	煥規	增估	錫和								
			錫成								
			錫方	洪壽	集啟						
		增仁									

萍東洋谷壙祖壽公支

35 祖壽 36－41 失考 42 永章 43 臣升、臣秀、臣勝、臣貴

43	44	45	46	47	48	43	44	45	46	47	48
臣升	斯文	文成						文新	才明	勇	
臣秀	斯元	文春	生明	婷						江	
				宇					紹明		
				君					根明		
			友明	林華				文細	見明		
				勝華							

43	44	45	46	47	48	43	44	45	46	47	48
臣勝	斯林	文明	余國					文元	勇萍		
臣貴	斯招	文興	見春				斯連	文斌	偉		
			見林					根云	鑫		
			見賓								
	斯田	文忠	見軍								
			見輝								

永新縣在中鄉濠溪村廿五世子靖公支

25 子靖 26 仕崇 27 思性 28 鎰、容、鈞、銓、蘊中

26 仕忠 27 海

26	27	28	29	30	31	32	33	34	35	36	37
仕	思			高		汝		士	志	祖	
仕崇	思性	鎰	遜	九高	曉	汝翱	篁	鉀	志轃	嘉貞	
				萬高	曠	汝芳	土調	志秀			
				崇高	材	汝世	圭	士鼎	志祥		
									志乃		
							環	士升	志右		
					樓	汝善	珀	士晃	志云		
									志滲		
						汝義	王景	士暹	志溱		
						汝美	王當	士高	志沆		
							王常	士文	志淳		
				岩高	時	汝元	就	士梁	志緣		
								士愈	志紀		
						汝亨	鷺	士塑	志亮		
								士悠	志鏡		
		容									
		鈞	逯	嵩高	曠	汝芳	竺	士調	志琇	凌漢	
				崇高	材	汝茂	珪	士鼎	志祥	祖恒	
									志礽	祖惜	
										祖懷	
							環	士升	志右	祖謙	
					樓	汝善	珀	士晃	志云	祖泰	

26	27	28	29	30	31	32	33	34	35	36	37
仕	思			高		汝		士	志	祖	
										祖學	
									志滲	祖熾	
						汝義	景	士暹	志溱	祖見	
										祖允	
										祖奉	
						汝美	瑁	士高	志沆		
							瑺	士旻	志淳	祖招	
				岩高	時	汝元	鷺	士梁	志緣	祖挺	
										祖拔	
										祖握	
								士愈	志紀	祖裕	
						汝亨	鷺	士塑	志亮	祖邦	
										祖節	
								士悠	志鏡	祖軒	
		銓	送	達高	松	汝傳	省	應麒	志偉	祖怡	
								應麟	志憪	祖權	
			達	節昌	富榮	日洪	正檜	仲安	火煋	士賢	
仕忠	海	蘊中	得顆	疇	出采	春三	霖	成遠	世官	祖賢	

36	37	38	39	40	41	42	43	44	45	46	47
祖	德	定	景	成	斯	文	振	朝	廷	富	
嘉貞	德文										
	德憲	定涵	景晨	成河	斯瑩	文汲	振孝	朝欽	廷峰	富鑫	
									廷云		
						文欒	振節	朝陽	廷穎		
							振義	朝華	廷娟		
								朝海	廷熙		
								朝順	廷廣		
								朝國			
				成海	斯欒	文修	煥玉	朝云	廷煌		
						文道	振新	頁里	廷晟	富露	
									廷光		
									廷雁		
						文德	振德	朝兵	廷德		
								朝廷			
		定毓	景昌	成綠	斯芬	文彬	振宗	瑞央	廷光	富雄	
					斯蕙	文彩	振銘	朝榮	廷聰		
								朝龍	廷瑩		
								頁鳳	廷鵬		
				成綏	斯芳	文槐	振銀	朝球	廷光		
					斯蓮	文樹	振桂	朝元	廷仁		
									廷義		
								朝亨	廷榮		
									廷軍		
									廷仕		
					斯芙	文瑞	振灿	朝興	廷飛	富文	
										富武	
									廷虎		
									廷勇		
									廷軍		

36	37	38	39	40	41	42	43	44	45	46	47
祖	德	定	景	成	斯	文	振	朝	廷	富	
						文珍	振祥	朝建	廷東		
								朝國	廷青		
								朝周	廷軍		
									廷夏		
							振輝	朝流	廷文		
								朝英	廷武		
凌漢	鴻勳	定爵	景昂	成書	斯棟	夏妹	振平				
					斯良	文飛					
						文海	振真				
						文林					
					斯華	文輝	振健				
						文勝	振康				
						文忠					
					斯材	文虎	振杰				
祖恒	德朝	定澗	景祥	成壽	斯先	文可	振海	朝珍			
					斯元	文彪	振林				
						文高	振明				
祖惜	德韓	定池	景顯	成德	斯泰	文福	振富	細玉	廷龍	秋梅	
									廷鳳	富華	
							振貴	朝東	廷迎	富奇	
									廷忠	富意	
								朝相	廷武		
								朝西	占慧		
								朝勇	素春		
	德化	定滸	景信	成發	斯義	文選	振梁	朝飛	廷劍		
								朝發	娟娟		
								朝達	丹蕾		
							頭姬	仁娥	廷松		
									鐵梅	富贛	

36	37	38	39	40	41	42	43	44	45	46	47
祖	德	定	景	成	斯	文	振	朝	廷	富	
		定淵	景仙	成寶	斯仁	文祿	振龍	香英			
	德轅	定渭	景慶	成珠	斯選	文奇	振平	朝文			
								朝齊			
							振安	銀童			
							振吉				
							振慶	朝沖			
祖懷	德昭	定滙	景崗	成美	斯祥	文彬	振炎	朝姜	廷云		
								朝義	廷華		
							振冬	朝干	廷興		
									廷望		
									廷好		
						文道	振述	朝智	廷建		
								朝勇	素瓊		
					斯祿						
					斯禮	文樑	振華	朝勝			
								朝華	廷佳		
			景昆	成輝	斯杰	文林	振興	朝偉			
							振家	朝特			
								朝超			
					斯勳	文樹	振國	朝鵬			
			景崙	成章	斯祿	文喜	振偉	朝杰			
							振建	朝崧			
				成降	斯禎	文翰	振信	朝英			
			景嵩	成尊	斯廣	文光	振云	朝忠	廷紅		
								朝慶			
						文太	振躍	朝文			
祖謙	德露	定鴻	景槐	成級	斯述	文義	振發	朝春	廷運		
								朝龍	廷歡		
								朝泰			
		定淇	景樟	成賓	斯疊	文章	振日	朝龍			
							振衛				
						文學	振軍	朝忠			
							振毛				
							振浩				
							振海				
			景楓	成寶	斯宣	文明	振泰				
				成家	斯益	賽花	振浙				
祖泰	德敏	定亨	景遠	成光	斯証	文金	振元	金媛	廷富		
									廷貴		
									廷發		
		定貞	景達	成虎	斯沛	文仁	振福	朝凱			
								朝靖			
						文儀	振祿	笑容			
			景迪	成芬	斯怡	文信	振才	朝文			
							振光	朝希			
			景遂	成鶯	斯俚	文選	玉鳳	朝川			
						文善	振宇	朝安			
						文通	振光	朝正			
							振明	朝欣			
							振亮	朝中			
				成麟	斯繼	文端	振秋				
			景運	成鳳	斯香	文一	振東	朝龍			
							振南	朝鳳			
							振北	朝飛			
祖學	德整	定任	景崎	成發	斯光	文質	振茂	朝云	廷漢		
祖熾	德板	定連	景龍	成正	斯進	文煥	振業	朝迪	廷漢		
									廷貴		
									廷隆		
								朝遠	廷斌		
								朝運	廷光		
祖見	德預	定回	景泰	成誠	斯禮	文亮	振新				
		定追	景春	成訓	回玉	文緒	振清	朝廷			
							振興	朝尚			
							振強				
						良嫵	振武				
祖允	德項	定達	景富	成義	斯嘯	文保	振光	桂英	廷紅		
							振文	朝明			
							振榮	朝波			

36	37	38	39	40	41	42	43	44	45	46	47
祖	德	定	景	成	斯	文	振	朝	廷	富	
			景云	成河	斯梁	文馥	振新	天波			
							振建	天濤			
		定遷	景煥	成葵	斯珠	文連	振國	朝昊			
						文達	振杰	朝晨			
								朝昆			
						文根	振軍				
							振昌				
			景煒	成祥	斯吟	文光	振海	朝根			
							振寶	朝濤			
							振汝	朝福			
						文寶	振龍				
	德頌	定近	景寧	成詩	斯根	庚媛	振孝	朝輝	廷哲		
祖奉	德茂	定和	景振	成彬	斯杰	文兵					
						文龍					
					斯華	文林					
					斯喜	文強					
祖招	德遠	定傳	景秀	成槐	斯良	文順	振川				
祖挺	德灿	定相	景繆	成章	斯杰	文細	振泗				
祖拔	德炯	定鏈	景藺	成明	斯英	龍香	振粮				
							振國				
						文斌	振奮				
							振發				
祖握	德盛	定槐	景昌	成閏	斯龍	文明					
						文華					
祖暘	德暘	定梅	景修	成棟	斯仁	文慶	振先	朝沖			
								朝降			
							振云	朝逑			
							振福				
							振富				
						九香	振康	朝侹			
						文鋒	小花				
					斯義	文健	振麗				
						文明	振發				
						文中					
						文興					
				成柱	白玉	文國	冬梅	玲芳			
	德的	定桂	景信	成英	斯道	文祿	菊媛	朝慶			
						文福	振遠				
						春香	美蓉				
					回蓮	文榮	振春	朝桃			
							振夏	朝梅			
							振秋	朝杏			
								朝梓			
							振平	朝殿			
祖邦	德寅	定代	景瑞	成材	斯高	文寶	振湖				
							振海				
							振洋				
祖節	德官	定先	景繡	成遠	斯彩	春英	振軍	朝濤			
								朝波			
祖軒	德夫	定佳	景試	成發	斯炳	文東	秋鳳				
		定攸	景論	成統	斯旭	文漢	振新				
						文發					
					冬媛	文冬					
						文赫					
	德天	定邦	景詒	成達	斯聞	文行	振開				
							振合				
			景講	成道	斯開	文祥	振林	美英			
							振森				
						文細	振伍				
			景訓	成綱	斯明	文華	振波				
							振□				
						文先	振江				
							振軍	美青			
							振民				
						文光	振東				
							振南				
		定國	景祥	成紹	斯美	文德	振北				
							振貴				

36	37	38	39	40	41	42	43	44	45	46	47
祖	德	定	景	成	斯	文	振	朝	廷	富	
						文輝	振業	朝華			
							振宗	燕群			
						文亮	振希				
						文仁	振友				
							振誼				
					斯羔	文灿	振平	萍萍			
						文福	振陜				
			景謀	成緒	斯善	文英	振澤	朝君			
			景誠	成經	斯羨	文良	振云	朝翔			
						文行	振生	朝飛			
		定伏	景誥	成照	斯羲	文勇	振武				
祖賢	德喜	定榮	景旻	三音	斯延	文纘	振林				
							振賢				
							振生				
						文啟	振眾				
祖怡	德泉	定祥	景晟	成河	斯美	發祥	振奮	朝娟			
	德節	定慶	景瑞	成龍	斯仁	文祥	社英	朝明	廷建		
							進香	朝財	廷豹		
						文述	社英	朝明	竹梅		
					斯義	文吉	振邦	朝燁	廷豐		
						敏敏	振文	朝昌			
							振輝	朝平			
							振達				
							振中				
					斯禮	文邦	振明	朝寧			
							振福	朝榮			
					斯智	文丹	金良	曉婷			
							金華	朝超			
								朝楓			
							振良	朝明			
							清良	朝云			
					斯信	文富	振邦	燁梅			
	德胡	定先	景稠	成金	斯倡	發祥	振強	朝棟			
								朝華			
							振奮	朝林			
							振明	朝豪			
							振云	朝軍			
							振球				
							振良				
							振芳				
					斯鳳	發祥	振良				
祖權	德善	定茂	景熹	成選	斯燕	文虎	振國	朝桂	雪梅		
			景煦	成章	斯海	文樑	振華	朝勝			
								朝華	廷佳		
	世許	家蔚	進翰	士儒	開漢	林苟	建生	偉平			
								偉軍	超		
					開清	肇武	曉琴	慶			
							學琴	藝			
							寶琴	安			
						肇坤	衛琴				
							灿琴				
	世譽	家芪	進漢	士俊	開甲	肇先	人干	文瑞	蔚良	起華	
								文昌	蔚民		
									蔚群		
						肇禧	人望	文群	蔚悅		
							人仰	文廣	蔚怡		
								文闊	蔚懷		
								文前			
	世強	家葵	進洪	士發	開麟	肇林	人龍	文立			
								文亮			
	世許	家茂	進沾	士琨	開達	肇喜	人杰	文光	華光		
									林光		
									森光		
								文榮	振光		
									國光		
								文德	祥光		
								文修	明光		
									亮光		

36	37	38	39	40	41	42	43	44	45	46	47
祖	德	定	景	成	斯	文	振	朝	廷	富	
			進源	士琮	開蒼	肇禎	人俊	文郁	小明	萱萱	
	世記	家菖	進徑	士琬	開紹	肇熊	人林	文華	繼光	清文	
							人盛	文武	強光		
								頁秀	輝光		
	世課	家答	進滌	士興	開祥	肇彬	人馨	文忠	根善		
							人慶	文彬	勇光		
									文光		
								文虎	水光		
		家崧	進汲	士珠	開相	肇元					
						肇盛	人真	文秀	俊俊		
								武秀			
							人勝	金秀			
								建秀			
					開炳	肇興	人祥	鎮國			
					吉朵	升開	進順	人生	益華		
								瑞生	建東		
									建西		
							進發	書生	昌華		
									少華		
								春生	怡華		
								香生	志琴		
							進達	燕生	亮華		
								元生	尖華		
					宜朵	姬仔	桂香	芝玲	毅		
								芝球	艷蓉		
								芝瓏	偉		
									全		
							冬苟	芝華	毅		
								芝芳	龍		
								芝云	琤		
							細苟	相生	貳		
									靖		
								芝明	琨		
								桂陽	堅		
								芝高			
						水開	進福	芝蘭	松華	志強	
									春華		
									光華		
								芝斌	龍		
							進高	福生	濤		
									斌		
						大開	傳朵	冬生	偉強		
									偉斌		
						二開	家朵	國生	建華		
									榮華		
								設和	偉華		
									偉文		
							林苟				
							運苟	龍珠	偉榮		
									偉欽		
								善珠	偉東		
								國珠	偉超		
								飛珠			
						喜開	進明	欣宇			
						玉開	云苟	湖生			
								建云			
								建國			
						泗里	明生	新華	艷飛		
								睃華			
							光生				
						三開	細元	初生	慧		
								伏生	貞華		
士賢	益	應魁	景謀	成仁	斯杏	文菊	振鳳	朝新	廷富	富英	
					斯禮	文山	振忠	朝新	廷鈞	富華	
									廷城	富煌	
										富翔	
			景訓	成欽	斯文	文一	振棟	賢娥	廷義	富忠	
										富魯	

36	37	38	39	40	41	42	43	44	45	46	47
祖	德	定	景	成	斯	文	振	朝	廷	富	
									廷祥	富建	
										富國	
										富民	
				成榮	斯材	文正	振榜	朝庭	春蘭	富吉	
								朝迪	冬蘭	富翔	
										富雄	
								朝明			
								朝達	廷華		
					斯貴	文照	振國	朝明	廷明	富華	
								朝勝	廷春		
								朝云	海英		
								朝桂	廷武		
								朝清	廷華		
							晨輝	朝松			
							振旗	朝伏	廷亮		
								朝桂	廷龍		
									廷強		
								朝紅	廷平		
								朝軍	廷華		
		應曉	景詢	上炳	斯美	文炳	生姬	朝仔	廷華		
								朝明	廷寶		
						文槐	振發	朝慶	廷虎	富莉	
									秋鳳	富廣	
			景誥	成寅	斯琪	文清	春姬	朝喜	廷龍	富盛	

36	37	38	39	40	41	42	43	44	45	46	47
祖	德	定	景	成	斯	文	振	朝	廷	富	
									廷虎	富斐	
		應輝	景相	成清	斯光	頁姬	振榮	朝飛	廷玲		
								朝武	廷霞		
		應官	景讓	成美	斯烟	文星	伏姬	成娥	廷洪	富俊	
									廷海	富俏	
						文德	振愷	朝真	廷龍	富盛	
							振宗	朝祿	廷昆	富中	
									廷鵬		
									廷志	富丹	
							振興	朝科	廷鵬		
									廷程		
								朝岳	廷應		
							振松	朝兵	廷軍		
								朝仁	廷澤		
								朝義	廷芳		
			景和	成梅	斯榮	文元	振樹	朝棟			
			景凰	成百	斯春	文選	振桂	朝光	廷華		
								朝虎	廷輝		
					斯桂	文良	振章	朝昇			
			景貞	成桀	斯育	文朝	振華	伏娥	廷貴		
				成傳	斯寶	文喜	振信	朝慶			
								朝輝			
							振明	朝飛			
							振富	朝俊			

萬載黃茅鎮北岸十九世俊公支

19	20	21	22	23	24	25	26	27	28	29	30
俊	秀	明珂	文達	廣嶽	受洪	瑤晃	盛槐	仁耀	瑞秀	其昌	
			文進	廣德	受本	瑤龍	盛任	仁魁	瑞□	正生	
						瑤治	盛民	仁松	瑞菊	其明	
									瑞英	其美	
			文璉	廣允	受南	瑤達	盛五	仁和	瑞芳	其禮	
			文連	廣傳	受昌	瑤道	盛棟	仁睦	瑞華	其霖	
			文暹	廣運	受訓	瑤章	盛初	仁雷	瑞氣	其良	

29	30	31	32	33	34	35	36	37	38	39	40
其	登	科	耀	宗	祖	福	壽	永	熾	昌	
其昌	登凰	科興	耀松	宗春	祖敏	福元					
						福寶	壽正	永仍	熾綿	昌萍	
						福淼	壽星	永瑞	熾勤	昌發	
										昌揚	
										昌光	
						福新	壽來				
						福超					
				宗發	祖進	福波	壽龍	永仍			
			耀柏	宗喜	祖寬	福有	壽發	永美	熾遠	昌清	
								永煥	熾綿	昌萍	
						福清	壽財	永成	熾延	昌清	
						福鋕					
				宗愛	祖綿	福禧					
				宗善	祖立	福從	壽財	永成			
		科祥	耀槿	宗綱	祖輝	福彝	壽庚				
						福茂	壽梅	永瑞	熾業	昌泰	
										昌昭	
									熾安	昌銘	
						福昆	壽結	永盈			
				宗綸	祖榕	福照					
						福定					
						福恭					
		科諒	耀梧	宗棵	祖榮						
				宗奉	祖義	福性					
				宗煥	祖仁						
		科試	耀接	宗瑜	祖典						
					祖謨						

29	30	31	32	33	34	35	36	37	38	39	40
其	登	科	耀	宗	祖	福	壽	永	熾	昌	
					祖訓						
					祖浩						
					祖詳						
				宗灿	祖先	福康	壽金	永輪	熾遠	昌清	
			耀桃	宗璜	祖繩	福興					
						福蓮					
						福禮					
						福价					
正生	登能	科旺	耀瑞	宗福	祖珠	福					
	登宗	科祿	耀臣	宗義	祖富						
		科茂	耀發	宗萬	祖貴						
					祖雙						
					祖全						
		科發	耀昌	宗先	祖胡	福祿					
						福德					
其明	登試	科仁	耀允	宗□	祖林	福駿					
			耀長	宗垂	祖柴	福佳	壽淮	永翔	熾華		
									熾富		
			耀春	宗驢	祖村	福履	壽元				
		科榮	耀暄	宗驥	祖鶴	福頂					
			耀里	宗雯	祖鳶	福誕					
				宗茂	祖煥	福能					
其禮	登國	科許	耀理	宗超	祖洲	福火					
			耀倫	宗梅	祖接	福近					
			耀謨	宗有	祖容	福膺					
						福受					
			耀烈	宗蘭	祖遠	福召					
						福川	壽流				
							壽漾				
	登朝	科謀	耀勛	宗經	祖嵩	福贊	壽森	永興			
					祖朋						
				宗德	祖雅	福厚	壽福				
					祖頌	福利	壽照				
					祖詩	福芹	壽初				
							壽和	永隆	熾發		
					祖書	福裕	壽俊				
				宗材	祖嘉						
				宗瑾	祖馨	福海	壽先				
			耀彩	宗賢	祖英	福龍					
						福勝	壽光	永棟	熾彬	昌鋐	

29	30	31	32	33	34	35	36	37	38	39	40
其	登	科	耀	宗	祖	福	壽	永	燬	昌	
									燬賦	昌涼	
										昌遠	
									燬文		
						福彬	壽籛	永國	燬江		
								永祥	燬濤		
							壽餘	永勣	燬春	昌倩	
									燬崗		
						福壽	壽后				
							壽長				
					祖吉	福康	壽喜				
							壽祥	永財			
						福先	壽增	永茂			
						福文	壽順	永正	燬色		
									燬才		
						福蔚	壽亩				
						福萬	壽有	永連			
					祖發	福田	壽敏				
						福崑					
					祖新	福祥	壽庚	永淵	燬仁	昌鴻	
										昌興	
									燬輝	昌煜	
									燬成	昌偉	
										昌祿	
								永源			
								永本	燬廣		
									燬逸		
							壽焜				
							壽德	永南			
								永定	燬虎		
									燬亮		
									燬勝		
								永厥	燬兵		
									燬武		
							壽坤	永涌	燬全	昌啟	
									燬富	昌東	
									燬桂		
									燬友	昌海	
				宗文	祖禧	福華	壽康	永祥	燬魯		
									燬鈺		
								永泰	燬鋒	昌仲	
										昌儒	
									燬鍊	昌倫	
									燬錯	昌仁	
							壽林	永智	燬庚	昌駿	
								永勇			
							壽康	永探			
								永曠			
							壽新	永順	燬銘	昌璘	
	38	39	40						燬美	昌輝	
	燬鎰	昌琪	傳鑫						燬鎰	昌琪	
			傳淼							昌秀	
								永傳	燬欽	昌林	
										昌湧	
									燬隍	昌瓊	
										昌□	
										昌理	
							壽嵩				
						福季	壽生	永星			
								永斗	燬壽	昌五	
										昌星	
							壽開	永斗	燬壽	昌星	
								永培	燬怛		
							壽价	永德	燬賢		
									燬秀		
								永元			
					祖江	福富	壽寶	永庚	燬繁	昌廣	
										昌慶	

29	30	31	32	33	34	35	36	37	38	39	40
其	登	科	耀	宗	祖	福	壽	永	燬	昌	
							壽義	永晏	燬住		
									燬生	昌	
									燬瑩	昌鳶	
									燬茂	昌紋	
									燬勝		
				宗瑞	祖盛						
					祖綏						
				宗詳	祖□	福茂					
					祖升						
				宗祚	祖先	福猛	壽培				
					祖成	福魁					
						福勇					
						福罔					
					祖基	福強					
					祖華	福恒					
			耀珍	宗儀	祖諧						
					祖和	福報					
				宗型	祖云						
				宗式	祖明	福容					
				宗箴	祖洪						
		科倫	耀微	宗茂	祖琴	福臨	壽吉				
					祖簣	福春					
38	39	40		宗林	祖蘭	福源	壽萬	永盛			
燬芳	昌宏	傳紀						永和	燬芳	昌宏	
		傳律						永海			
								永森	燬茂	昌貴	
								永承	燬盛	昌榮	
						福瑞	壽彬	永華			
						福珍	壽明				
							壽衍				
					祖梅	福秀	壽鑑				
							壽起				
						福盛	壽招				
							壽茂				
		科論	躍亮	宗顯	祖淵	福道	壽謙				
							壽賢	永達	燬來		
									燬源		
									燬旺		
							壽貞				
					祖融	福接	壽弦				
							壽長				
					祖譽	福寬					
						福敏					
				宗桓	祖盟	福友	壽富	永初	燬雅		
								永椿	燬璋	昌陵	
									燬波	昌云	
							壽全	永蘭			
					祖嬰	福衡					
						福江					
				宗佩	祖	福貴	壽嵐	永安	燬明		
				宗駿	祖循	福紹	壽綿				
			躍玉	宗融	祖鰲	福欽	壽淵	永昌	燬權		
									燬興		
			躍鳳	宗儒	祖招	福重	壽陽				
				宗政	祖充	福金					
						福榜					
		科訓	躍洪	宗慶	祖杰						
					祖橫						
					祖遂						
					祖衡						
		科諫	躍熙	宗翰	祖薌	福泰					
						福沂					
					祖器	福喜	壽海				
				宗旭	祖蕭	福璋	壽文				
					祖緒	福添	壽安	永英	燬旻	昌蘭	
									燬賢	昌霖	
										昌珍	

29	30	31	32	33	34	35	36	37	38	39	40
其	登	科	耀	宗	祖	福	壽	永	熾	昌	
									熾榮		
									熾華	昌保	
									熾富		
									熾貴		
									熾綿		
					祖金	福洲	壽安				
						福民	壽瓊				
						福宜					
					祖佑	福洋					
			耀鏡	宗鎮	祖鸞	福藩					
					祖湘	福峻	壽盤	永益			
					祖陶	福星					
						福初	壽孟	永晉	熾誠	昌炳	
										昌健	
					祖蛟	福東					
				宗銓	祖鵬	福山					
					祖瑤	福進					
					祖麟	福榮					
						福鍾					
						福開	壽皇	永豐			
			耀寶	宗皋	祖惠	福光	壽鑫	永聖	熾斌	昌期	
										昌洪	
										昌桂	
										昌美	
								永賢	熾飲	昌闇	
										昌閣	
										昌閔	
								永禎	熾金	昌錡	
									熾胡		
									熾良		
								永理	熾志	昌偉	
										昌勝	
									熾惠		
									熾忠		
							壽榮	永琨	熾泉	昌郴	
									熾儀		
									熾椿	昌龍	
									熾和		
								永恩	熾秋		
									熾稠		
							壽華	永儀	熾美	昌建	
									熾景	昌鵬	
									熾發		
									熾祥		
									熾欣		
							壽東	永洲	熾琴	昌耀	
									熾歆	昌焱	
								永平	熾瑟		
								永綢	熾彪		
					祖炎	福泉	壽琴	永伯			
								永琳			
								永清			
				宗瑩	祖芳	福裳	壽富	永錦	熾琚		
									熾孟		
									熾琅		
								永峰	熾鈺		
									熾珏		
						福煊	壽貴				
						福前	壽梓	永綉	熾珮	昌聞	
									熾璋	昌琳	
										昌志	
									熾煊	昌擁	
									熾琨	昌俊	
				宗瑤	祖棟	福端	壽煥	永定			
								永財			
							壽維	永亮	熾誼		
								永俊			

38	39	40
熾斌	昌期	傳元

29	30	31	32	33	34	35	36	37	38	39	40
其	登	科	耀	宗	祖	福	壽	永	熾	昌	
					祖揖	福樺	壽維	永光			
					祖菲	福堃					
				宗澗	祖椿	福自	壽財	永賢	熾飲	昌闇	
										昌閣	
										昌閔	
					祖啟						
					祖川	福來					
					祖連	福椿					
					祖芬	福廣	壽財	永賢			
		科練	耀先	宗漢	祖儀	福隆	壽椿				
							壽山	永箴	熾价	昌安	
										昌鑲	
										昌洁	
									熾獻	昌繽	
										昌陽	
										昌奎	
										昌壁	
										昌晶	
									熾映	昌煌	
									熾群	昌秀	
										昌糾	
									熾斌	昌縉	
										昌紳	
									熾東	昌搏	
										昌飛	
								永衡	熾萍	昌贛	
									熾陵	昌禹	
								永筵	熾錡	昌彥	
										昌錫	
									熾芃	昌嵐	
									熾偉		
									熾易		
						福昌	壽南	永章	熾新	昌西	
							壽孟	永球	熾動	昌黎	
							壽柏	永庭			
								永桃	熾績	昌亮	
										昌乘	
									熾煥	昌民	
										昌萬	
									熾曦	昌群	
									熾宣	昌權	
									熾治	昌喬	
									熾園		
						福云	壽松	永唐	熾瑩	昌芳	
										昌平	
								永虞	熾莞		
								永商	熾炎		
									熾藏	昌勤	
								永固	熾暉	昌薇	
									熾山	昌湘	
									熾方		
						福晟	壽源	永榮	熾發		
								永禧			
					祖崧	福皆	壽春				
							壽芬				
							壽鳴				
							壽雁	永廉	熾錢	昌庚	
							壽鶴				
							壽鵠				
						福鑫	壽端	永仁	熾祥	昌文	
										昌盟	
										昌斌	
									熾光	昌勝	
							壽章	永義	熾耀	昌晟	
									熾前	昌旭	
							壽南	永廉	熾錢		
							壽鵬	永襄	熾先		

38	39	40
熾獻	昌繽	傳云
		傳偉
	昌陽	傳玲
	昌奎	傳珍
熾映	昌煌	傳有
		傳發
熾群	昌秀	傳嘉
熾斌	昌縉	傳譜
	昌紳	傳爾

29	30	31	32	33	34	35	36	37	38	39	40
其	登	科	耀	宗	祖	福	壽	永	熾	昌	
									熾財		
							壽繁	永讓	熾和		
					祖暄	福庭	壽仁	永懷	熾思	昌敏	
						福高	壽仁	永荷			
							壽稱	永懷	熾本	昌蔭	
							壽勛				
						福達	壽氏	永懷	熾蓮	昌浩	
						福科	壽嘉	永懷	熾壽	昌輝	
							壽寧				
							壽哲				
							壽齡				
					祖亮	福銓	壽賓	永吉			
							壽清	永悠	熾九		
							壽輝	永松	熾雄		
								永欣			
								永春	熾耀		
				宗頤	祖鍾	福智	壽豐	永遠			
								永全	熾海	昌訓	
										昌聖	
									熾闊	昌聖	
								永發	熾鐸	昌海	
									熾懷	昌	
							壽年	永新	熾順		
					祖曙	福星	壽昌	永珍	熾贊	昌禮	
						福洋	壽琤	永忠	熾明	昌街	
									熾譽	昌良	
										昌薈	
								永孝	熾亮	昌仁	
									熾勇		
									熾根		
									熾宏		
						福信	壽彥				
						福桂	壽邁	永才	熾根		
					祖懷	福信					
						福增					
						福模	壽蒲	永才	熾根		
						福桃					
						福蔭					
					祖楷	福儒					
						福謙	壽延				
					祖懋	福基	壽崇				
						福綏	壽崗	永陵	熾勇		
							壽岩				
					祖旺	福疇	壽禧				
		科贊	耀典	宗泗	祖庵	福長	壽梯	永育	熾蔭		
							壽楨				
				宗壁	祖玳	福繩	壽遠	永日			
					祖送	福繩					
					祖修	福繩					
				宗舒	祖肇	福培	壽隆	永葵			
							壽記	永芝			
					祖源	福綿	壽禋	永圩	熾蕩		
						福稘	壽稠	永圩	熾陶		
				宗陶	祖寧	福諫					
					祖程	福牟					
					祖賞						
					祖端	福彩					
					祖安	福牟					
其禮	登福	科調	耀武	宗朝	祖森	福和	壽常	永政			
								永迪			
						福存	壽當				
							壽棠	永老	熾平	昌勇	
										昌猛	
									熾自		
									熾力		
	登福	科調	耀祥	宗禮	祖延	福淦					
	登祥	科證	耀倖	宗昆	祖彥	福銘					
					祖池	福翔					

29	30	31	32	33	34	35	36	37	38	39	40
其	登	科	耀	宗	祖	福	壽	永	熾	昌	
					祖河						
					祖杭	福豐	壽潭	永碩			
			耀仲	宗崙	祖謙	福營	壽孫	永江			
						福南	壽貽	永江			
						福賓					
						福儉					
						福言					
				宗順	祖揚	福園	壽科	永軒	熾克	昌迪	
									熾報	昌連	
									熾家		
									熾聲		
									熾望		
							壽祖	永莊	熾劍	昌湖	
										昌南	
									熾健	昌湘	
									熾弘	昌贛	
							壽程	永安	熾廣	昌斌	
						福安					
						福財	壽芳	永元	熾傳	昌青	
									熾堯		
									熾遠		
							壽唐	永貴	熾耀		
								永笙	熾民		
						福至					
				宗懷	祖佳	福馨	壽經	永庭	熾峰		
						福聲	壽庭				
						福啟	壽經	永明	熾城		
						福馨	壽朝				
					祖田	福群	壽洪	永瓜	熾黨		
								永瓞	熾群		
						福振	壽泰	永延	熾良		
								永詢	熾良		
						福儀					
					祖魁	福磬	壽猷				
							壽斌				
			耀庚	宗杰	祖珍	福仍	壽涌				
							壽峻	永馨	熾錦	昌其	
										昌友	
									熾綉		
								永香	熾諭		
							壽欽	永敦	熾懿		
									熾范		
						福寅	壽崟	永緊	熾諫		
								永卿			
								永近	熾翔		
								永嘉			
						福到	壽				
						福利	壽昆	永輝	熾銜		
							壽倉	永貽	熾志		
									熾慧		
								永厥	熾萬		
									熾代		
								永孫	熾祜		
									熾裕		
								永謀	熾毓		
								永高	熾登		
							壽崧	永贏	熾劍		
								永煌	熾衡		
						福梅	壽宵				
							壽岳	永繁	熾頤		
								永倡	熾穎		
				宗云	祖翰	福豫	壽鎰	永習			
								永旦			
							壽銓	永翠	熾如		
									熾意		
								永涵			
								永冷			
					祖宏	福堯	壽生	永潮	熾清		

29	30	31	32	33	34	35	36	37	38	39	40
其	登	科	耀	宗	祖	福	壽	永	熾	昌	
								永浪			
				宗湘	祖紳	福怡	壽楷				
						福緣	壽贊	永厚	熾詳		
					祖紋	福聚	壽模				
							壽扑				
					祖亭	福傳	壽霞	永蠡			
								永斯			
								永衍			
								永蔓			
					祖餘	福保	壽彩	永杰	熾美		
								永深	熾君		
								永長			
								永遠			
							壽喜	永彰			
								永聰			
							壽高	永億			
								永聰			
							壽聖	永揚			
								永傳			
						福在	壽桂	永馥			
						福家	壽藍				
						福三	壽賓	永碧			
								永緣			
								永葱			
					祖裕	福哲	壽浩				
						福劭	壽蕩	永勝			
								永萍			
								永藩			
								永久			
								永紅			
							壽旌	永敢			
								永寬			
							壽旗	永譜			
								永訓			
				宗譚	祖科	福鳳	壽萱				
							壽從	永綏			
								永靖	熾鋼		
								永芳	熾鏗		
						福凰	壽廣	永外			
					祖海	福維	壽泉	永灿			
						福余					
				宗成	祖照	福經					
						福熙	壽麒				
							壽麟				
							壽余				
						福兆	壽莅	永明	熾杰		
									熾凱		
								永竹			
								永田			
					祖看	福諒					
				宗新	祖庠	福填					
		科誥	耀福	宗舟	祖銓	福宏					
						福中	壽生	永金			
其霖	登壽	科齡	耀清	宗松	祖茂	福來					
				宗柏							
				宗猷	祖望	福蘭					
			耀海	宗官	祖順	福崇					
其良	登宗	科進	耀規	宗英	祖貨	福燕					
			耀模	宗椿	祖慶	福冀	壽騰				
						福胎					
						福謀					
						福敏	壽國				
			耀綱	宗益	祖雪	福懿					
		科□	耀坟	宗致	祖諒						
	登台	科達	耀垣	宗葵	祖智	福知					
						福祇					
						福成	壽晨	永升			
								永煦			

29	30	31	32	33	34	35	36	37	38	39	40
其	登	科	耀	宗	祖	福	壽	永	熾	昌	
				宗和	祖闖	福好	壽暉	永照			
							壽煌	永益			
					祖慎	福池	壽厥				
							壽安	永恒			
							壽定				
							壽好				
						福群	壽鎮	永發			
							壽興				
							壽旺				
						福僊	壽時	永才			
							壽際				
							壽芳				
							壽椿				
							壽鑫				
					祖旗	福儉	壽健				
						福崇	壽蘭				
							壽遠				
						福敬	壽設				
					祖憒	福志	壽文				
							壽武				
			耀潮	宗蒼	祖禮	福瑤	壽玉	永好			
							壽壁				
		科泣	耀范	宗試	祖德	福旌					
				宗緒	祖星	福迎	壽忠				
							壽厚				
							壽仁				
							壽愛				
					祖生	福維					
						福持					
					祖春	福林					
					祖有	福庭	壽彪				
				宗清	祖桂						
					祖銘						
					祖隆	福尤	壽闖				
					祖微	福蓉	壽逢				
			耀璜	宗實	祖秀	福遠	壽林				
		科遇	耀谷	宗煩	祖忠						
			耀育	宗華	祖霖						
				宗接	祖本	福明	壽稀	永葆			
							壽任				
							壽和				
						福亮	壽健				
其暘	登榮	科遇	耀籍	宗培							
28	世	昌	育	公	由	清	江	遷	來		
仲節	承紹										
	承道	如璉	本湘								
			本譚	世漢	際會	熙才					
					際翔	熙源					
					際章	熙茂					
				世淮							
				世瓊	際春	熙學	坤泰	洪景	昌宇	傳炫	
										傳元	
									昌宙		
								洪星	昌茂	傳升	
								洪慶			
								洪云	昌生		
			本江	世象							
			本法	世瑾							
				世玩							
			本流	世瑾							
				世告							
	承侄										
	承甫										
34	世	坤	成	公	湖	南	雙	峰	遷	來	
					坤成	永智	泰暉	清山	詩雲		
								清海	詩光		
								清梅	詩平		

29	30	31	32	33	34	35	36	37	38	39	40
其	登	科	耀	宗	祖	福	壽	永	熾	昌	
								清紅			
							泰曙				
							泰熙				
							泰晴	(遷	廣西	)	

29	30	31	32	33	34	35	36	37	38	39	40
其	登	科	耀	宗	祖	福	壽	永	熾	昌	
							泰明	遷	湖南	株洲	
							泰瓊				

萍鄉長金里彭家橋長同卅五世昭成公支

36	37	38	39	40	41	42	43	44	45	46	47
暄珠	基宜	錫英	揚榮	德林	桂生	家仁	積機	慶宏	裕洪	顯茲	
									裕清	顯姜	
										顯益	
									裕海		
									裕法		
							積茂	慶宇	裕淮		
								慶宗	裕洛		

36	37	38	39	40	41	42	43	44	45	46	47
								慶寅			
								慶宣			
昭珠	基定	錫黃	揚華	德福	教生	家繼	積茂				
						家頌					
						家喬	積殿	慶寧	裕波		
									裕浩		

蘆溪縣東麻田鄉石溪村許家源十七世鼎秀公支

17	18	19	20	21	22	23	24	25	26	27	28	29	30	31	32	33	34	35	36					
鼎秀	輝甫	云從	務拱	立是	迪高	遵信	峻觀	刑遂	金銓	友明	述明	永南	先海	榮學	惟命	日崇	王牒	永慶	大京					
																	庭獻	世光	靜行					
	良甫	云岩	務本	立	迪	遵謀	峻嶺	利	金容	友丹	鈺祖	振南	先章	榮道	元正	文明	羽寒	繼良	遺達					
																	羽遷	永喬	慈照					
																		永林	慈連					
																		永茂	慈德	慈盛				

36	37	38	39	40	41	42	43	44	45	46	47
大京	星桂	鶴齡	如桂	日揮	增祥	高駿	初康	玉芳			
靜行	蓋軒	果能	如愉	日義	增饋	高祥	仁康	隆章			
								隆泉			
							伏康				
							運康				
							其證	鳳祥	春輝		
								金祥	鎮益		
					長	海和	其昌	榮祥	洋	濤	
						森和	其林				
							其初	軍			
						春和	其立	丹			
							立成	祥			
						望和	利生	冬祥	海武		
								寒祥	宇祥		
								正祥	一刑		
遺達	振端	家喜	如榮	日有							
				日財							
				日能							
慈照	振春	家彩	開勝	炳生	東萍	鵬祥					
慈連	振高	家魁	忠淵	日若	增斌	高鑫					
						高健					
					增慶	高翔					
						高偉					
					增漢	高剛					
					增林						
		家修									
		家馥	如漢	日喬							

36	37	38	39	40	41	42	43	44	45	46	47
		家金	如邦	日升	增年						
				日松	增元	高輝					
						高峰					
					增榮						
				日高	增華						
		家敦	如恕	日文	桂萍						
				日萍							
		家聲	忠堅	日宏	荔						
				日楊	禮賓						
				日以							
			忠球	日義							
			忠琦	日侃							
				日儀							
慈德	振馨	家本	如殿	日剛	增仁	高朝					
						高暉					
			如景								
	振槐	家耀	如俊	日堅	增益						
					增萍	高彬					
					增群	洁洁					
					增峰	羽希					
慈盛	振堂	家杞	如辰	日冬							
		家柱	如衛	日凡	增志						
				日本	增明	高望					
		家錫	如意	日良							

萍鄉市排上鎮三十世處順公支

29	30	31	32	33	34	35					
圖南	處順	世偉	維美	(	徙外	)					
			維貞	仕賢	受添	銘					

29	30	31	32	33	34	35					
					遇添	錚	鏡	釗	鋒	鐓	
					于添						

34	35	36	37	38	39	40	41	42	43	44	45
添		履	其	積	篤	慶	茂	德	高	顯	
受添	銘	履觀	其棠	積彩	篤芳	慶福	裕桃				
							茂質	德良	高波		
								德群	高怡		
								德奎	高鋒		
									高劍		
					篤環	慶仁	茂光	德龍	高國		
								德虎	高勇		
								德琪	高華		

34	35	36	37	38	39	40	41	42	43	44	45
添		履	其	積	篤	慶	茂	德	高	顯	
								德林	高豪		
									高烈		
							茂質				
							茂華				
				積玉							
				彬林							
						楚勝	後裔	要求	入譜		
						慶澄	茂陽	德宗	高豐	顯鑫	

34	35	36	37	38	39	40	41	42	43	44	45
添		履	其	積	篤	慶	茂	德	高	顯	
									高年		
									高春	顯龍	
遇添	錚	履坤	其楨	積勳							
				積隆							
				積雄							
				積輝							
			其榮	積馨							
				積章							
				積獻							
				積達							
				積魁							
				積丹							
				丹林							
			其行	積才							
				積體	篤明	慶正	茂波				
							茂勇				
						慶單					
			其義								
	鏡	履頤	其幹	積淑	篤啟	慶景					
						慶起	茂瑞	德真			
				積錦	篤庸	慶景	茂新				
							茂放	德運			
							茂運	德斌			
					篤啟						
					篤吉						
				積云	篤元	慶昂					
					篤緒	慶添	茂福	德添			
							茂財				
						慶昂					
				積新	篤緒	慶根	茂晨	德浪			
								德政			
								德勇			
							茂景	德根			
								德政			
						慶存	茂顯	德威			
							茂晃	德晟			
							茂昱				
						慶鑫	茂炅				
						慶全	茂文	德琦			
							茂升	德柯			
						慶田	茂弁	德儀			
					篤麗	桂發					
					篤理						
			其楠	積韶							
				積欣	篤承	慶泰					
						連生					
					篤亮	慶旺	茂海	德豐			
						慶來					
			裕祥								
	錫	履興	其清	積象	篤繁	記開					
						慶忠					
						慶普					
						慶基	茂雪	德中			
						慶春	茂華	德成			
							茂兵				
			其藹								
			其盛								
			其翔								
			其續								
			其芳								
			其真	積祿	華桂						
					篤印	慶良	茂傳	德水	高振		
									高宇		
						連榮					
						連富					
						慶政	茂聖	德科			
								德球			
							茂哲	德堅			

34	35	36	37	38	39	40	41	42	43	44	45
添		履	其	積	篤	慶	茂	德	高	顯	
							茂奇	德啟			
								德武			
				和福	篤親	慶蘭	茂斌	德萍			
							茂云				
					篤宣	慶貴	茂光	德建	高相		
								德云			
								德水			
						慶節	玉相				
							茂堯				
							茂發	德政	高樵		
								德波			
								德濤			
					開桂						
					德桂						
					篤景	慶氣	茂德	德豐			
							茂真	德蓬			
							茂輝				
							茂象	德程			
								德萬			
						慶全					
						慶舉	茂奎	德云			
							茂仕	德利			
						慶志	茂建				
							茂新	德偉			
					篤山	慶和	茂培	德鑫			
						慶方	茂春	德明			
								德華			
							茂才	德明			
								德友			
							茂玉				
							茂雄	德露			
						慶遠	茂林	德平			
							茂江	德才			
							茂高	德文			
			其盈	積福	篤義	慶舉					
					篤居	連瑞					
					篤陽	慶遠					
					篤坤	慶烈	茂萍	德億			
						慶為	茂常				
						慶才	茂敏				
							茂沅				
			其瑛	甲林							
				香林							
				積壽	篤梅	連純					
						慶吉	茂紅	德高			
						連生					
				積宗	篤復	慶暉					
						慶吉					
						慶元					
					篤芬						
				篤印	慶昌	茂瓊	德祖				
						茂念					
					慶輝	茂思	德松				
							德全				
						茂偉					
				篤功							
				篤珍	慶虎	茂想					
			積財	元桂							
				篤林	慶年	茂桃	德天				
						茂杏					
					慶霞	茂波					
				篤云	慶緒	茂峰					
						茂勝					
				篤秀	慶佑	茂剛					
					慶淵	茂芳					
			士林								
			炎林								
	履復	其芳	積達	篤能	慶松	茂勝	德坤				

34	35	36	37	38	39	40	41	42	43	44	45
添		履	其	積	篤	慶	茂	德	高	顯	
						茂謀					
			積英	篤廉	慶冬	茂迪					
						茂任					
					慶民	茂啟					
					慶立	茂檢					
						茂頌					
				篤欽	慶群	茂旺					
					慶英	茂萍					
				篤華	慶石						
					慶竹	茂根					
					慶豐	茂來					
				篤萍	慶旺	茂橋					
			積富								
			積緯								
			積英	篤佑	慶功	茂富					
					慶富	茂良					
					慶歡						
			積富	篤騰	慶開	茂松					
					慶樂	茂從					
						慶新					
				積富	篤恒	慶真	茂興				
						慶萍					
						慶基	茂雪	德中			
						慶春	茂華	德成			
							茂兵				
						慶良	茂傳	德水	高振		
									高宇		
遇天	釗	履恒	其圭	積豪							
				積翔							
		履豫	其效	積宗	篤功	慶蟄					
					篤芬	慶行	茂志	德亮			
						慶迪	茂有	德建			
							茂生	德庚			
							茂偉				
						慶發	茂華	德李			
							茂民				
							茂云				
	鋒	履震	其發	積初	篤宜						
					篤光	慶升	茂理	德軍			
						慶堅	茂林				
						慶云	茂劍				
					篤昌	慶啟					
						慶康	茂軍				
	鐓	履咸									
		履晉	其信	積喜							
				積德	篤業	慶文					
						慶啟					
					篤芳	慶斌					
						慶敏					
				積升	篤冬	慶哲					
					篤青	慶功					
					篤冬	慶汝					
					芳						
		親元									
		履謙									
子添	鏞	履泰	其惠	積繕							
				積棉	篤灼	慶龍	茂檢				
						慶輔	茂璇				
			其倫	積纓							
				積高	篤勤						
					篤揚	慶蘇	茂群	德發			
							茂連	德良			
		履煥	其煌	積華	篤輝	慶先	茂基	德泰	高森	顯文	
									高炳		
									高真		
									高林		
								德宇	高民		
								德參	高波		

34	35	36	37	38	39	40	41	42	43	44	45
添		履	其	積	篤	慶	茂	德	高	顯	
									高華		
									高桂		
								德仕	高景		
								德梧	高春		
								德祿	高俊		
							茂宇				
						仲開					
					篤城	慶家	茂竹	德昌			
								李永			
							茂桃				
						模開					
					篤祜	慶毅	茂友	德萍			
							茂根	德梓			
								德桂			
							茂年	德建			
								德友			
							茂玖				
						慶希	茂云				
						慶祝	茂福	德水			
							茂銜				
						菩開					
						慶祥	玉琪				
							茂玲	德軍			
				積華	癸申	慶華	茂林	德贛			
							茂發				
						慶年	茂接				
						慶軍	茂豐				
							茂云				
						慶嘉	茂新				
						慶輝	茂龍				
							茂虎				
			基聰	積良	篤魁	慶道	茂芳	德院			
							茂騰	德春			
						慶崇	茂同	德包			
								德凌			
							玉德				
						慶義					
					篤厚	慶云	茂英	德實			
								德敦			
				積道	篤光	慶端	茂踐	德蘇	高雄		
							茂滿				
							茂楚	德材			
							茂端	德雷			
							茂洗	德圭			
						慶春	茂勛	德國			
							茂烘	德根			
								德華			
						慶平	茂高	德洗			
							茂億				
						慶秋	茂丁				
				積璋	篤禮	慶初	茂任	德威			
							茂江				
						慶爾	茂連				
							茂南				
						慶參	茂鑫				
						慶肆	茂寒				
						慶東					
						慶祿	茂芝				
						慶起	茂年				
					篤實	慶東	茂劍				
						春開					
						慶清	茂果				
							茂前				
					篤毅						
			其芬	積璋	篤琪	慶義	茂洪	德浩			
							茂清	德敏			
								德航			
							茂海	德浚			

34	35	36	37	38	39	40	41	42	43	44	45
添		履	其	積	篤	慶	茂	德	高	顯	
					篤榮	慶怡	茂新	德維			
								德強			
							茂利				
							茂謀	德揚			
			其先	積遠	篤恭	慶海	茂剛				
							茂磊				
				積瑩	篤敏	慶光	茂理	付乃			
								德供			
							茂洗	德冬			
							茂偉	德春			
					篤恭	慶蘇					
					篤濤	慶安					
					篤誼	慶明	茂根				
						慶敏	茂勇				
						慶洪	茂星				
			其規	積明	篤浩	慶國	茂龍	德偉			
								德兵			
							茂勤	德申			
							茂光	德森			
							茂佳				
				積學	篤富						
				積靄	篤謀	慶謀	茂芳	德乾			
						慶永	茂林	德松			
							茂正				
				積茂							
				積盛	篤選	慶開	茂裕				
							茂蕃				
							成菊				
						慶培	茂沂	德偶			
							茂謀	德義			
				積義	篤辛	慶苗	茂蒙				
						慶庶	茂作				
							茂選				
						慶耕					
						慶樂					
			其尊	積茂	篤逵						
					篤群	慶深	茂奎	德爰			
							茂朗	德躍			
							茂扑				
						慶豹	茂彩	德衡			
								德盈			
			其瑞	積番	篤衡						
					篤瀾	慶雄					
					篤茂	慶拱	茂胤				
						慶英					
				積漢	篤晃	慶檢					
					繩生						
		履豐	其秩	積善	篤勛	壽開					
						慶志	茂秀	德軍			
						慶萬					
						慶開					
						慶壽					
						慶貴					
					篤文						
					篤云	慶裕	茂橋	德吉			
						慶琪	茂齡				
							茂躍				
							葳銳	德靚			
					宗文						
					俊文						
				積昌	篤質	慶芳	茂修	德波			

34	35	36	37	38	39	40	41	42	43	44	45
添		履	其	積	篤	慶	茂	德	高	顯	
						慶傳	茂玖	德資			
								德志			
							茂陸				
							茂柏				
					篤正	慶傳	茂愛	德秉			
								德堅			
							茂國				
							茂強				
					篤信	慶生	茂宏	德開			
							刪	德禮			
					篤陶	慶國	茂堅				
						慶寶	茂謙				
			其修	積賢	篤復	慶顯	茂龍				
						慶梅					
					篤儀	慶南	茂利	德濤			
							茂時				
							茂日				
						慶嶺	茂建				
							茂年				
						慶運	茂榮				
							茂清				
							茂武				
			其曜	積忠	篤理	慶信	茂信				
						慶寧					
						慶節	茂南				
							茂根				
					周文						
			其新	積恒	篤中	慶甲	茂梅	德申			
								德仁			
							茂真	德光			
							茂任	德芒			
					光開	慶亮	茂川	德武			
							茂玲	德峰			
					有聞						
					篤奎	慶城	茂書	德戎			
							茂仁	德佳			
							茂輝	德浩			
		履升	其玉	積芬	增魁	秀開					
					篤志	慶逸	茂建	德文			
								德生			
							茂波	德如			
					篤泉	慶達	茂全	德躍			
					增忠						
					篤宗	慶榮	茂虎	德超			
							茂杰	德昱			
					增奇						
					增琳						
					篤籌	慶癸	茂戰	德堅			
							茂伏				
							茂優				
							茂優	德強			
						慶金					
						慶記	茂年				
							茂希				
					增華						

(05)萍鄉彭家橋沽塘廿四世金帥公支系

12	13	14	15	16	17	18	19	20	21	22	23	24	25	26	27	28	29	30	31	32	33	34		
												金帥	溪源	敬	時隆	文錦	天衢	萬程	希化	嘉業	光祈	楠		
																				嘉堯	光袍	廷鰲		
																				嘉儒	光冀	權	炳	
																	天街	萬趨	希盛	嘉麟	光學	椒	梗	糊
																					光覺	規	槳	
																文會	天保	萬種	希聰	嘉規	光祐	斗		
														政	時遠	文林	(	明嘉	靖年	間遷	居湖	南瀏	陽)	

34	35	36	37	38	39	40	41
楠	宗	堂	鍾	清	榮	長	
32	世	嘉	業	公	房		
楠	宗開	堂博	鍾陰	清蓮	榮凌	丙長	
				清遐	榮南		
					榮叙		
				清逢	榮唐		
					榮長		
		堂拜	鍾笔	清登	榮兗		
			鍾華	清昆	榮梯		
			鍾財	清聚	榮庶		
		堂高	鍾聲	清范	榮峰		
					榮嶺		
				清知	榮倉		
					榮崇		
					栄岐		
				清康	榮企		
					榮崗		
					榮喜		
					榮高		
				清和	榮岳		
					榮嶺		
				清年	榮魏		
				清建	榮徵		
					榮岩		
			鍾馥	清風	榮評		
					榮濤		
					榮英		
				清圭	榮炭		
					桂		
				清川	榮苛		
				清普	榮壽		
					榮湘		
				清賦	榮翔		
					榮藻		
					榮池		
		堂明	鍾心	清樓	榮六		
					榮衛		
					榮嶺		
楠	宗開	堂明	鍾甫	清慵	榮梅		
					榮淋		
				清廷	榮椿		
					榮庚		
					榮貴		
		堂悠	鍾剡	清旌	榮官		
					榮宥		
				清旗	榮開		
					榮發		
				清□	榮秋		
			鍾霖	清訓	榮景		
				清誨	永泉		
					兆泉		
					冬泉		
					紹泉		
				清注	榮廷		

34	35	36	37	38	39	40	41
楠	宗	堂	鍾	清	榮	長	
					榮奎		
					榮放		
					榮界		
			鍾模	清紀	榮和		
					榮行		
					榮興		
					榮金		
				清綱	榮明		
					榮富		
					榮光		
					榮定		
				清雋	榮洪		
					榮良		
					榮清		
			鍾玖	清輝	榮觀		
					榮芹		
				清益	榮軒		
					榮泉		
				清予	榮周		
		堂久	鍾愛	清基	榮鼓		
				清體	榮和		
					榮正		
			鍾瑩	清節	榮發		
					榮炎		
				清離	榮銘		
					榮利		
					榮水		
				清岐	榮射		
					榮連		
			鍾岩	清蔡	榮洛		
				清蜀	榮森		
				清萱	榮豐		
			鍾玖	清癸	榮全		
				清慎	榮才		
				清哲	榮模		
					榮候		
					榮奎		
				清郊	榮桂		
					榮毛		
					榮凌	丙長	

39	40	41	42	43	44	45	46
榮	炳	培	紅	新			
榮南	丙炎	培祿	正春	新益			
			正勇				
			正良				
		培明	紅波				
			紅濤				
榮叙	丙連	培建	杰				
	丙國	培水					
榮唐	秋生	水聖	建				
			禮				
		培林	鳳				

39	40	41	42	43	44	45	46
榮	炳	培	紅	新			
	丙忠	枚					
	告生	培良					
	丙和	培明	多銓				
榮長	炳春	培友	如銓				
		培根					
榮袞	炳春	培發	勇				
			維				
		培進	樂				
	炳泉	培協	亮				
		培良	鵬				
			強				
	炳和	培忠	軍				
			明				
			輝				
		培建	洁				
		培潤	沙				
榮梯	炳輝	培根	銓涂				
		任華	正華				
			正豐				
		建平	銓興				
	炳木	培華	銓亮				
	炳湘	培麟					
榮庶	炳祿	培云	全勇				
			全華				
		培軍	艷				
		培良	銓根				
		亮華	月				
	炳壽	培萍	莉				
		培如	珊				
		培春	銓真				
	炳其	黎					
榮峰	炳怡						
	炳祥						
	炳山						
	炳恒						
	炳孚						
榮嶺	炳海	培華	洪考				
		培林	全堅				
		培清	慶				
		培記	芳				
榮倉	炳明	培初	繼明	潤林			
			栓芳	佳麗			
		培日	栓華				
		培長	全忠				
			全良				
	炳旺	培慶	全川				
榮崇	炳桂						
	炳早	其林	偉				
榮岐	炳文	建軍	珊				
		光明	全峰				
榮企	炳瀚	培明	正國				
			正午				
		培光					

39	40	41	42	43	44	45	46
榮	炳	培	紅	新			
	炳熙	培花	銓國	凱			
			銓東	超			
			銓鴻				
		培群	銓彬				
			銓軍				
			銓偉				
	炳書	培聖	益明				
			水明				
		培德	銓平				
		培放	銓萍				
		培林	銓苛				
	炳清	培建	銓初				
			銓杰				
		培春	希				
		培運	振宇				
榮企	炳德	培海	銓豐				
		培云	銓健				
	炳斛	銓安					
		培育					
榮崗	炳麟	培林	懷				
	炳開	培偉	晨南				
	炳國	旌軒	瑾琳				
榮喜	炳德	小橋					
榮高	炳斗	培民	依婷				
		培軍					
		培躍					
榮岳	炳光	培豐	全輝	潤航			
			全均				
			全偉				
	炳希	培根	全潤				
		國華	玉琴				
榮嶺	炳生	培林	滔				
		培紹	全法				
		培國	思祥				
榮巍	炳瑞	培建			台灣	屏東	
		培川	全正		台北		
		培國	全武	潤清			
			振武	潤陽			
				潤好			
		培民	群				
	炳文						
榮徽	炳漢						
榮岩	炳未						
榮評	炳斗						
	炳□	培輝	全勇				
		培均					
榮英	炳聖	培建	全發	凱心			
		培和	全平				
		培國	全義				
			全練				
		培林	杰				
		培文	宜				
		培紅	亮				
	炳望	培友	志勇				
		培發	全勇				
	炳秋	培根	航				
榮炭	炳清	培良	海明				
		培華	全高				
		培煌	宇全				
榮桂	炳全	培生	宇球				
		培春	宇超				
榮苛	炳梅	紹黃	祥偉				
		紹明	祥萍				
	炳才	培春					
		培軍					
	炳喜						
榮壽	炳忠	培安	全				
		培良	芳				

39	40	41	42	43	44	45	46
榮	炳	培	紅	新			
		培芬					
榮湘	干發	小青					
	紹友	冬					
	海	希					
榮翔	炳芝	培道	招				
			行				
		培軍					
榮藻	炳春	培善	科				
			偉				
		水根	全兵				
榮池	炳珊	培初	康				
		建初	杰				
榮嶺	炳材	建萍	軍				
		建忠	云				
		村明	星				
榮宥	炳早	建德	祥				
		文廣					
		培廣					
榮開	炳春	桂明	全洪				
			全亮				
		海明	全輝				
			全良				
	炳根	海兵					
		海波					
榮發	炳秋	建華	艷秀				
		培富	全放				
			全聖				
		培春	全莞				
榮景	炳其	友明	小軍	佳豪			
		全明	銓華				
榮衛	炳貴						
	炳華						
	炳川						
	煩范						
榮秋	運華						
	竹華	培堅					
	檢華	軍					
		康					
	春明	濤					
榮福	炳仿	文萍	香				
	炳新	培春					
永泉	炳友	偉欣					
		明菲					
	志明						
	炳德	新華	海濤				
		旭華	海麗				
秋連	建友	運華					
	建豐	林					
	建良						
兆泉	炳建	衛兵	柳				
		江兵					
	炳木	培放					
冬泉	輝明	培兵					
		培芬					
	方明	培根					
	細明	汝祥					
紹泉	華明	磊					
	冬華	培煌					
榮廷	炳富	俊華					
紹奎	建木						
	建文	培亮					
		培明					
	建方	培望					
		培全					
榮放	水明	培良					
	漢明	震					
	聖明						
榮界	炳和	培柳					

39	40	41	42	43	44	45	46
榮	炳	培	紅	新			
	炳委	喜良					
榮和	炳華	培瑞	全				
		培仁	霜				
	炳聖	培林	洁				
		培連	葉				
	春方	磊					
榮行	炳根	波					
		勇					
	炳兆	江華					
榮興	炳正	培平	慶				
	炳秋	培華	江林				
	炳放	軍					
	炳紅	培亮					
		培兵					
榮金	炳輝	培杰					
	炳林	波					
榮明	紹華	翔宇					
	炳良	祥					
	炳生	勇					
	炳輝	科					
榮光	炳云	羅明					
		國運					
	炳文	培聖					
榮定	炳元	愛華					
	炳聖	林洁					
	炳全	鵬					
榮洪	招輝	正					
榮良	根華	竟					
	運生						
榮清	建						
榮觀	炳秀	培云	全財				
		培清	師				
		培慶	全峰				
	炳根	建					
		波					
		亮	佳				
榮芹	炳林	培林	全華				
		培聖	全堅				
		培春	星				
	炳光	旭萍	芹				
		培富	敬				
		培春	泉				
		秋華	露				
榮軒	炳章	培增	紅				
		培聖					
	炳春	小梅					
	和平	培炎					
榮泉	筱萍	博					
	學林	晶					
	學萍	苗					
	秋萍	上青					
榮周	竹林	勝良					
		慶良					
	永林	純					
	富林	春良					
	學林	聖明					
	秋林						
榮鼓	炳初	培開	全德	春秀			
			全林				
			全森				
		培均	林華				
榮和	炳志	培良					
		培全					
		培豐					
		培亮	全其				
榮正	炳麒	培芬					
	炳麟	培許					
		培江					

39	40	41	42	43	44	45	46
榮	炳	培	紅	新			
	炳□						
榮發	炳和						
	炳泉						
	炳林						
榮炎	根華						
	文華						
榮射	炳華	培祥	建鋒				
	炳壽	培忠	科鋒				
榮連	炳財	培德	竹				
		培遠	洁				
		培華	嬌				
榮銘	炳元	培安	蘭涵				
		培偉					
	炳建	培任					
		培彩					
榮利	炳紹	培永	劉芳				

39	40	41	42	43	44	45	46
榮	炳	培	紅	新			
	炳啟	張湖					
	炳根	美玲	沈根				
榮水	炳輝	培慶					
	炳周	培堅					
	炳頤						
榮華	炳和	培亮					
	炳全	小紅					
	炳林	波					
		軍					
榮炎	炳根	攀					
	炳文	紹鋒					
		紹平					
榮洛	炳玉	培松	全專				
		培方	全增				
榮森	炳亮	香平					
	炳聖	斌					

39	40	41	42	43	44	45	46
榮	炳	培	紅	新			
	炳合	培航					
		培雷					
榮豐	炳放	啟南	先鋒				
	炳全	培建	康				
		培遠	邦				
榮全	炳記	惠美					
榮桂	炳良	培育					
		培稻					
	冬良	培秋					
榮才	炳富						
榮毛	炳良	杏					
	春良						

嘉堯公房

24	25	26	27	28	29	30	31	32	33	34	35	36	37	38	39	40	41	42	43	44	45	46	47	48
金帥	溪源	敬	時隆	文錦	天衢	萬程	希化	嘉堯	光袍	廷鰲	宗浩	堂投	鍾華	清球	榮甫	耀章	俊良	鐵	嘉棟					
																	建良	勇勤						
																		翊華						
															榮達	丙玉	虎							
																	麒							

嘉儒公房

29	30	31	32	33	34	35	36	37	38	39	40
天衢	萬程	希化	嘉儒	光冀	權	宗益	堂道	鍾琪	清美	榮連	
										榮泉	
										榮喜	
									清絲	榮慶	
									清杞	榮蟬	
										榮報	
										榮金	
					炳	宗韞	堂朝	鍾貽	清授	榮華	
										榮富	
										榮貴	
										榮擎	
										榮向	
										榮吉	
							堂魚	鍾鷺	清順	榮花	
									清涵	榮早	
										榮柳	
										榮其	
									清啟	榮南	
							堂喜	鍾悼	清錢	榮漢	
										榮虔	
							堂沐	鍾靈	清居	榮恩	
				光佑	標	宗烟	堂百	鍾齡	清潘	榮鑫	
										榮春	

29	30	31	32	33	34	35	36	37	38	39	40
								鍾山	清洲	榮華	
							堂靄	鍾秀	清裘	榮增	
						宗熹	堂繆	鍾芳	清石	榮文	
										榮鑫	
										榮恒	
										榮紅	
										榮香	
								鍾壹	清怡	榮屏	
										榮仁	
									清寶	榮盛	
									清寬	榮興	
					棠	宗義	堂接	鍾官	清歲	榮泉	
										榮昌	
										榮田	
										榮龍	
							堂南	鍾菊	清英	榮鑒	
								鍾菊	清府	榮圃	
										榮秀	
				光冀	柄	宗溫	堂魚	鍾經	清謀	榮庭	
										榮魁	

39	40	41	42	43	44	45	46
榮	炳	明					
榮連	炳墻	繼明	初平	森			
			初云	鋼			
				亮			
			國平				
榮泉	炳和	繼明	亮				
	炳壽	聖明	濤				
		愛					
	光華	財明	江				
		沈華	磊				
		友明	鋼				
		啟明	橋				
榮喜	炳包	秋明	永				
		冬明					
榮發	炳福						
榮富	德安	明					

39	40	41	42	43	44	45	46
榮	炳	明					
		年					
		軍					
	炳林	麗霞					
		茜					
	炳海						
榮蟬	炳長	增輝	濤				
		建輝	安萍				
		建春					
		增亮					
榮慶	炳永	增明	鋒鋼				
			鋒偉				
		水平	浩				
	勇						
榮報	炳友	增純	峰				
		志群					
		志明					

39	40	41	42	43	44	45	46
榮	炳	明					
	炳泉	勇軍	婷				
		勇良					
	炳榮	梘明					
榮金	炳富	洪堅	英				
		洪波					
		洪林					
	丁華	振根					
		增林					
	集華	新宇					
榮恩	炳喜	元	景				
榮華	全福	小平	建安				
		國平	檢梅				
		優平	鈺和				
榮擊	炳義	根和	理				
榮向	炳造	新華	宗裴				
		平華	海林				

39	40	41	42	43	44	45	46
榮	炳	明					
		文華	玲那				
	炳鈞	培送					
		偉華					
榮吉	炳南	根和	理				
	炳萬	智					
	炳億	安華	宇航				
榮早	炳松	檢明	勤				
		志鋼	佳慧				
榮柳	炳王	軍					
		勇					
榮南	炳福	誠					
	春華	或					
	桂明	楓					
榮魁	炳文	培德	檢				
	炳忠	培海	小莉				
		培華	沙				
榮庭	炳封	水萍	根				
榮鑫	炳源	培勝	雪				
	炳發	麗花					
		麗軍					
		麗峰					
	樹蘭	勇					
榮春	炳清	培林					
榮虔	炳章	培生	全軍				
			全兵				
	炳生	冬華	兵				
榮泉	海明	祖權	高				
		林權	李				
榮昌	洪其						
	炳升	忠發	思貞				
		炎桃					
榮漢	炳石	培發	分				
		培明	真				
		培友	超				
		培文					
		培泉	泉亮				
			泉和				
	炳堯	水根	思連				
		培元	玖良				
		培初					
	炳洪	培塘	錢云				
		培富	錢波				
		培玖	錢建				
		培偉					
	炳仁	培秋	鵬				
榮田	炳其	培發	初				
		焙良					
		培富	林				
榮龍	炳花	培新	良				
		培方	蹬				
		培根					

39	40	41	42	43	44	45	46
榮	炳	明					
		培文	望				
	炳花	恒	陽				
			朝				
		敏	稻				
		勇					
	告花	培懷	峰				
		培奎	林				
	冬花	江萍	堅				
榮增	炳洪	培亮					
	炳德	培軍					
榮圃	炳喜	在輝	錢華				
			錢美				
榮秀	炳亮	根明	諱				
			順				
	喜華	春暉					
		華平					
	炳章	旺					
榮豎	羅華	志強					
	關平	建軍					
		建明					
榮華	江						
榮盛	炳全	建宜	順根				
		建萍	羅林				
	炳連	泉飛	海				
	炳根	勤勇					
		年萍					
榮貴	炳文	培芳	水根				
榮仁	炳炎	培永	錢明	豐明			
			春華	海軍			
			秋華	麒			
				麟			
			冬華	德勝			
		培云	玖勝	欣			
			建明	安			
	炳漢	梅生	全海				
			全云				
		培木	合平				
			全金				
		培順	和明				
		文華	全豐				
			全桃				
		友發	全凡				
			元清				
榮興	炳招	漢平	全林				
		俊平	開志				
		超平	光議				
		建良	金				
		建青	錢放				
榮紅	炳珊	天明	松				
	炳球	文明					
		建明					

39	40	41	42	43	44	45	46
榮	炳	明					
榮文	炳璜	同生	全萍	芳芳			
		桂明	溪林	意			
			水根	字			
				濱			
			軍輝	敬			
			聖輝				
	炳啟	德明	高平				
			高豐				
		友明	順根				
	炳華	培田	洪	運林			
		培蘭	水根				
			記生				
		培青	友根				
			全偉				
榮鑫	炳忠	培新	初華	云林			
				祥			
			良華	波			
			全華	普			
		培付	新華				
			忠華				
		培記	軍華				
			雪華				
			清華				
榮屏	炳登	培鳳	全明				
	炳友	培勤	安全				
		培發	利勤				
	炳如	共明	衛發				
		運良	棟				
		國民	英				
		文明	怡林				
榮香	炳連	培生	全萍				
		培勝	啟華				
			全偉				
		培海	議豐				
			錢樂				
	炳根	培德	全斌				
		培良	全衛				
			全勤				
		培友					
		培福					
		培華					
榮恒	炳琪	根華	嬌				

嘉麟公房

29	30	31	32	33	34	35	36	37	38	39	40
天衢	萬程	希化	嘉麟	光學	椒	宗晉	堂箱	鍾富	清半	榮開	
					梗	宗位	堂席	鍾旺	清右	榮閣	
										榮仕	
										榮慶	
										榮茂	
									清典	榮華	
										榮勝	
					糊	宗田	堂地	鍾振	清泰	榮桃	
										榮梅	
										榮炎	
										榮向	
								鍾藏	清高	榮耀	
										榮晨	
										榮禎	

29	30	31	32	33	34	35	36	37	38	39	40
										榮秋	
										榮	
								鍾良	清國	榮連	
										榮和	
									清昌	榮台	
							堂暢	鍾歡	清教	榮來	
										榮富	
										榮蘇	
								鍾卷	清毫	榮泉	
										榮賢	
									清云	榮林	
									清桃	榮才	
									清瑞	榮芳	
										榮奇	

29	30	31	32	33	34	35	36	37	38	39	40
				光覺	規	宗達	堂籌	鍾堆	清繼	榮即	
								鍾昆	清勤	榮約	
										榮俊	
					槳	宗奎	堂門	鍾裁	清必	榮連	
										榮海	
									清還	榮田	

29	30	31	32	33	34	35	36	37	38	39	40
									清玉	榮義	
									清以	榮生	
						宗游	堂統	鍾醒	清定	彬生	
								鍾就	清宗	榮秀	
										榮濤	

39	40	41	42	43	44
榮	炳	培	祥		
榮連	炳全	培福	祥峰		
		培錄	偉		
		培壽	祥敬		
	炳奎	培優	祥江		
		培良			
		培偉			
	炳云	培勤	珂		
	炳炎	慶平			
		李波			
榮和	炳庚	培明	強		
		培林	祥善		
榮晨	炳清	耀華	振洪		
		建萍	海洪		
榮耀	炳文	培純	祥波		
榮禎	炳凡	培永	祥庚		
	炳和	培軍	祥福		
榮秋	炳章	培勇			
	炳俊	利			
榮全	炳其	培堅			
	炳如	培康			
	炳維	思奇			
榮桃	炳雪	培善	勤		
		培水			
	炳師	培林			
榮梅	炳利	培勉			
榮炎	炳鑫	培海	福平		
			獻		
		培荷	鴿		
		培亮	恒洪		
			增		
榮向	炳望	勇			
	炳田	科			

39	40	41	42	43	44
榮	炳	培	祥		
榮台	炳安	(遷	台灣	)	
	炳德	水明	強		
			盛		
		培根	陽		
	炳年	建輝	祥鵬		
	炳謙	培寧			
		培志			
	炳均	培建			
榮賢	萍放	波			
	萍發				
榮斌	炳怡				
	炳強				
榮約	顯國	鈞			
		鋼			
		建			
榮俊	炳林	培水			
	炳明				
榮財	炳輝	磊			
		毅			
	炳祥	猛			
榮林	放明	麗敏			
榮來	炳建	培海			
	炳凡	莉			
榮富	炳龍	天慶			
	炳毅				
	炳勝				
榮蘇	炳堅				
	炳國				
	烦華				
榮奇	炳強				
	炳建				
	炳豐				

39	40	41	42	43	44
榮	炳	培	祥		
榮慶	炳根	軍			
		生			
		文			
	炳玉	焙新			
		培華			
榮茂	炳發	培南	啟萍	志勇	
			啟龍	志輝	
			啟周	小軍	
		培春	啟奎		
			啟祥		
	炳生	培觀	艷珍		
		培國	月		
			聖		
	炳才	培陞	德益	星	
榮華	炳權	培發	輝		
			林		
	炳模	培根			
		培云			
		培良			
榮勝	炳芳	培秋			
榮仕	炳光	培放	嬌		
		培芳	奇		
	炳清				
榮生	炳其	建開			
		建國	洋		
	炳啟	建萍			
		培良			
		培聖			
	炳國	建科			
榮即	炳祿	優成	勝國	文	
				海波	
			正福	城	

39	40	41	42	43	44
榮	炳	培	祥		
			江萍	練	
			安全	詩奇	
			向揚		
		培和	鋒		
			濤		
榮連	炳華	培磊			
		培檢			
榮海	炳根	培波			
	炳光	濤			
榮田	炳亮	明明			
榮義	炳福	建繼	托古		
		建志			
	炳全	春華			
彬生	炳福	建全			
		建華			
		建海			
榮秀	炳建	培安			
		培根			
	炳良	群華			
	炳和	培江			
		培金			
榮濤	炳國	路			
		新			
	炳東	巧			

嘉規公房

29	30	31	32	33	34	35					
天衢	萬程	希化	嘉規	光祜	斗	宗旦					
35	36	37	38	39							
宗旦	堂星	鍾惠	清輯	榮庄	榮選	榮癸	榮棟				
35	36	37	38	39							

	堂艾	鍾尊	清淩	榮瑞	榮德	榮福	榮耀				
			清亮	榮軒	榮樓	榮南	榮厚	榮連			
			炎瑞	冬生							

39	40	41	42	43	44
榮	炳	培	祥		
榮庄	炳龍	愛珍			
	炳星	佑生	松勁		
		聖全	瑜		
		聖良	勁		
			富		
榮選	炳泉	石根			
		正根	運華		
			運生		
		祖根			
榮癸	炳華	和平	海峰		
			海杰		
		培文	京		
炳德	炳德	放田	江		
		放軍	檢		
		久平	俊		
		文平	甜		
		平良			

39	40	41	42	43	44
榮	炳	培	祥		
	躍華	斌			
		金			
	文明	建平	亮		
		建亮			
	平文	運嬌			
榮棟	炳良	希開	泉曾		
			泉勇		
		希林	泉顯		
		希華	泉雙		
			泉軍		
榮樹	定良	利峰	豪		
		利軍			
	海良	科			
		真			
	優良	兵			
	文良	強勇			
榮德	桂蘭				

39	40	41	42	43	44
榮	炳	培	祥		
榮福	發明	金飛			
		可			
	年明	世峰			
		世平			
	文模	望			
		紅			
榮耀	友明	希			
	初明	金根			
		朵			
	啟明	宇			
冬生	竹群				
榮軒	保理	豐			
	炳文	琦			
		濤			
	炳皇	茜			
榮樓	炳祖	培華			
		培忠			

39	40	41	42	43	44
榮	炳	培	祥		
	炳煥	鋒			
		發			
	德良	曉明			
		小波			
		小凡			
榮南	炳良	海聖			
	炳年	招明			
	炳時	福			
榮厚	富生				
榮連	開明	仲飛			
		軍飛			
	國明	俊飛			
	聖明	建飛			
		建國			
		建濤			
	根明	波			
		衛			

萍鄉市福田鎮連陂村上滸卅三世元茂公支

33	34	35	36	37	38	39	40	41	42	43	44
元		修	祖	錦	准	樹	照	育	鎮		
元茂	鴻	聖修	祖裔	錦番							
魁秀			祖德	錦璉	准浩	樹瑩					
				錦鳳							
				錦衣							
				錦鯤							
			祖祿								
		敬修	祖錫								
			祖印	錦璧	准清	樹和					
					准洙						
					准源						
					准涵	樹泰	照明	育棠			
							照臨				
							照恭				
							照榮				
					准莅						
					准潮						
					准浦	樹斗	照真	育秀			
						樹新	照嚴	育仁			
								育義			
							照暘	育禮			
				錦端	准信	樹海	照五	育善	鎮遠		
								育香	鎮芳		
								育偶			
								育亨	鎮榮		
									鎮華		
									鎮富		
							照茲				
							照貴	育興			
							照賓	育卓	鎮金		
							照青				
						樹紫	照炳				
							照成				
						樹翔	照麟	育沂	鎮忠		
									鎮茂		
							照禮	育濱	鎮信		
							照有				
							照臻				
					准惠	樹球	照遠				
							照庭				
							照儀				
							照儔				
				錦鵬	准泮	樹敦					
						樹梅					
						樹楠					
					准治	樹梓					
						樹奕					
						樹階	照游				
					准浪	樹深	照澄				
						樹沾					
					准浚						
				錦蓮	准韓	樹恩	照謙				
						樹儒	照台				
						樹鶯	照欣				
						樹誠	照怡	育位			
								育祿			
								育名			
								育壽			
							照保	育廉			
							照存				
						樹謨	照彩				
					准豐	樹玉	照本				
						樹馨					
					准韶	樹年					
						樹英					
						樹丹					
			祖光	錦紳	准濟	樹邦					

33	34	35	36	37	38	39	40	41	42	43	44
元		修	祖	錦	准	樹	照	育	鎮		
				錦上	准濤	樹屏					
						樹垣	照暉	育才			
							照煌	育章			

35	36	37	38	39	40	41	42	43	44	45	
修	祖	錦	准	樹	照	育	鎮	清	材	煥	
		錦上	准涂	樹支							
				樹績	照林						
			准星								
			准龍								
			准嘉	樹霖	照祺						
					照寬						
					照仁						
				樹禎							
				樹滋	照藜	育賢					
				樹東							
			准維								
		錦江	准淇	樹崧							
				樹嚴							
				樹金	照淵	育文	鎮昌				
						育斌					
			准濂								
			准洪								
			准溱								
			准楷	樹瑚	照暄	育智					
			准衡								
哲修	祖命	錦琳	准盛								
			准厚								
			准尊	樹聰	照齡						
		錦琅	准生	樹升	照芳	育新					
					照奇						
					照達						
					照華						
			准凰	樹甘							
				樹高							
				樹中							
	祖佑	錦裳	准□								
		錦云	准堯								
			准舜								
		錦陽	准瀾								
			准渝								
			准泌								
		錦紋									
庭修	祖浩	錦璦									
	祖恩										
	祖訓	錦柱	准潤	樹崇	照美	育均	鎮玉				
							鎮龍				
						育平	鎮寶				
						育恩	鎮彩				
				樹先	照堂	育康					
						育惠					
		錦蘭	准紅	樹安	照經						
			准純								
			准瀛								
			准湘								
			准淮								
			准雍	樹黃							
			准信	樹海	照五	育亨	鎮榮	清見	材華	煥發	
										煥云	
									材生	煥盛	
								清儀	材桓	煥濤	
							鎮華				
							鎮富	清桃	材峰		
					照賓	育卓	鎮金	清倫			
								清德	材萍		
									材法		

35	36	37	38	39	40	41	42	43	44	45	
修	祖	錦	准	樹	照	育	鎮	清	材	煥	
									材祥		
								清忽			
				樹翔	照麟	育沂	鎮忠	清高	材梘		
								清旺	材印	煥球	
										煥璋	
									材堅	煥忠	
										煥斌	
									材廣	煥臻	
									材萬		
懋修											
				樹泰	照明	育棠	鎮存	清放	材希		
								清安	材庚		
								清平			
								清根			
				樹新	照陽	育禮					
						育源	鎮銘	清抗			
							鎮林	清杰			
				樹海	照五	育善	鎮遠				
						育香	鎮芳	清春	材民	煥科	
						育賓	鎮信	清云	材輝		
									材曉		

35	36	37	38	39	40	41	42	43	44	45	
修	祖	錦	准	樹	照	育	鎮	清	材	煥	
									材曉		
								清福			
								清維	材馮		
				樹誠	照怡	育儉	鎮希	清農	材春	煥啟	
								清安			
								清穎			
						育名	鎮芳	清強			
						育凡	鎮初	清文			
							鎮康	清仁			
								清軍			
							鎮星	清凱			
					照保	育廉	鎮武	清科			
					照存	育達	鎮志	清考			
								清計			
							鎮友				
							鎮建				
							鎮萍	清浪			
								清滔			
						育干	鎮其				

39	40	41	42	43	44	45	46
樹	照	育	鎮	清	材	煥	
樹謨	照彩	育祿	鎮文	清建	材鵬		
					材奇		
				清富	材軍		
				清漢	材奉		
				清聖	材高		
				清吉			
			鎮洪	清言			
				清軍			
			鎮操	清慶			
樹績	照林	育文	鎮東	清祥			
			鎮北	清喜			
		育全	鎮春				
			鎮秋				
樹霖	照寬	育林	鎮余	清山	材義		
				清飛	材林		
				清海			
				清有			
樹滋	照黎	育賢					
		育丙					
樹金	照淵	育文	鎮昌	清良	材見		
					材國		
				清庚	材志		
					材勇		
				清祿	材騰		
					材強		
				清和	材云		

39	40	41	42	43	44	45	46
樹	照	育	鎮	清	材	煥	
					材涌		
				清明	材聖		
			鎮連	清桂	材劍		
		育斌	鎮新	清健			
				清志			
樹瑚	照暄	育智	鎮福	清干	材峰		
					材眾		
					材智		
				清賀	材普		
					材利		
				清波	材龍		
			鎮興	清瑞	材民		
					材福		
				清輝	材程		
					材委		
				清其	材余		
					材金		
			鎮春				
			鎮滄	清亮	材豐		
				清杭			
	照美	育均	鎮玉				
			鎮龍				
			鎮乾	清曉	材有		
				清好	材亮		
		育平	鎮寶				
			鎮南	清華	材建	煥琛	

39	40	41	42	43	44	45	46
樹	照	育	鎮	清	材	煥	
					材穎		
				清奇	材禮	煥坤	
				清國	材泰		
					材升		
					材花		
			鎮能	清本	材敏		
					材暉		
				清萍	材旺		
				清林	材文		
					材武		
			鎮江				
			鎮瑞	清甫	材洪		
		育思	鎮彩				
			鎮保	清柏	材水	煥金	
				清楊	材元	煥運	
				清丙	材連		
				清元			
			鎮水	清東			
	照堂	育康	鎮柏	清愛	材貴		
				清生			
				清海	材合		
		育惠	鎮勇	清益			
				清零	材樹		
				清強			

萍鄉市萍北福田鎮蘆壙廿七世秀遠公支

27 秀遠 28 方偉 29 亨 30 之望 31 志四 32 宋仁 33 泰 34 克舜 35 搶讚 36 定魁 37 世達

36	37	38	39	40	41	42	43	44	45	46	47
定	世		治	模	炳	堉	啟	家	華	國	
定魁	世達	劍	治隆	有模	炳星	堉蔭	啟純				
						堉柄					
						堉傳					
						堉謀					
						堉村					
				宏模	炳晟	堉森	啟乾	家宗	華建	國治	
									華相		
								家聖	華令		
								家緒	華魁		
							啟富	家聖	華萍	國從	
									華官		
								家美	華中		
								家榮	華楝		

36	37	38	39	40	41	42	43	44	45	46	47
定	世		治	模	炳	堉	啟	家	華	國	
									華梁		
								家國	華勇		
							啟玉	家其	華获		
									華思		
									華濤		
								家瑞	華波		
							啟拓	家許			
			治蒂	早模	炳時	堉能	啟年				
						堉放	啟音				
						堉汶					
			治蒼	柳模	炳煇	堉窺					
						堉蓮	啟堂	家虎	華云	國順	
		鐿	治安	善模	炳圭						

36	37	38	39	40	41	42	43	44	45	46	47
定	世		治	模	炳	堉	啟	家	華	國	
			治蒸	煥模	炳蔚	堉藍	啟初	家江			
								家海			
								家祥			
							啟連	家可			
							啟和				
							啟梁	家以			
			治崇	治模	炳芳	堉林					
					炳捷	堉□	啟德				
							啟承				
							啟羅	家萍			
								家華	華優		
								家建			
								家連			
								家設			
						堉楚	啟毛				
						堉晉					
					炳衢	堉關					
					炳附						
					炳智						
					炳羲						
					炳藏	堉余	啟舍				
							啟聖	家尤			
							啟忠	家規			
								家矩			
						堉聖	啟銀				
				齊模	炳晨	堉靈					
		鐸	治章	應模	炳體	堉銘	啟優	家潤	華春		
							啟秋				
							啟根	家鄉	華軍		
							啟東	家宏			
								家亮			
							啟格	家春	華能		
								家勝	華禮		
								家旺			
							啟杰	家財			
						堉昆					
						堉葭	啟順	家明	華曉		
								家倫	華駿		
						堉英	啟紀	家潤	華夏		
						堉束					
						堉常	啟龍	家計			
							啟馬	家堅			
							啟精	家農			
							啟神				
			治采	運模	炳慧	堉稅					
						堉性					
						堉華					
						堉朵					
						堉襄	啟梅	家道	華軍		
								家德			
					炳燭	堉架					
			治融	瞻模	炳緣	堉納	啟從	家毅			
								家財	華略		
						堉遺	啟從	家勇			
				它楷	炳教						
					炳敷						
					炳文						
					炳政						
					炳戒						
		銑	治馨	曦模	炳楨	堉展					
						堉樓	啟祥	家曉			
							啟解				
							啟林				
	世達	鏜	治祥	象模	炳厚	堉術	啟芸				
							啟術	家首	華均		
									華春		
								家都	華增		
			治禧	衍模	炳光	堉英	啟春	家兆	華龍	國云	

36	37	38	39	40	41	42	43	44	45	46	47
定	世		治	模	炳	堉	啟	家	華	國	
									華芳	國根	
									華均	國其	
										國祥	
									華萍	國佳	
									華清	國協	
							啟周	家昌	華民	國茜	
								家全	華輝	國木	
									華虎	國煉	
							啟先				
							啟芝	家紅	華煒	國敏	
									華均		
						堉風	啟育				
						堉見	啟飾	清昌	華其	國宇	
					炳瑜	堉光	啟河	家從	華詳		
									華明		
									華云	國萍	
							啟江	家軍	華岸		
									華偉		
							啟海	家和	華兵	國量	
									華群	國濤	
								家睦	華元		
								家團	艷萍		
								家結	華荃		
							啟松	家眾			
					炳盛	堉友	啟陳	家宿	華忠	國招	
								家□	華亮		
								家鴻	華許		
							啟艾	家頤	華民	國波	
									華亮	國強	
									華海	國正	
							啟由	家研	華群	國勢	
									華建		
									華斌	國許	
							啟解				
							啟族	家束	華初	國梘	
								家梁	華利		
									華勇		
							啟花	家聖	華永		
								家毫			
						堉兼	啟快	家智	紅艷	國善	
							啟桐	家慧	華春	國良	
									華波		
									華崖		
								家義			
								家喻			
							啟輝	家聰	華旺		
									華存		
									華偉		
								家明	華保		
							啟花	家安			
								家導	華德		
							啟志	家明			
								家海	華誠		
					炳葦	堉專	啟蒙				
							啟友	家瑞			
						堉基	啟譜				
							啟財	家百	華萬		
								家年	華事		
								家皆	華成		
								家老	華功		
						堉統	啟嵩	家千	華雷		
							啟貴	家萬	華照		
					炳柱	堉加	啟心	家芳	華犀		
							啟居	家仁	華□		
								家義	華堅		
							啟荷	家舍	華希		
									華峰		
								家玉	華協		

36	37	38	39	40	41	42	43	44	45	46	47
定	世		治	模	炳	堉	啟	家	華	國	
								家响	華保		
								家堂	華淨		
								家耕			
					炳豐	堉識					
					炳聲	堉郊	啟祿	家有			
								家功	華萍	國譜	
									華詳		
							啟成	家梘			
						堉忽	啟反	家河	華洁		
						堉尋	啟善	家經	華槐		
									華金		
								家煉			
								家仲	華根		
								家緒			
							啟羨	家生	華榮		
									華□		
									華季		
								家治	華海		
								家妙	華彬		
									華亮		
						堉翔					
			治祺	用模	炳官	堉翱	啟兵	家禮			
								家武	華亮		
								家有	華水		
							啟春				
							啟根				
					炳清	堉藝	啟約	家躬			
								家逢	華向		
									華強		
								家其	華秋		
								家盛			
							啟春				
							啟冬	家源			
					炳香	堉裕					
					炳喬						
		皇	治璠	萬模	炳菽	堉庠	啟禾	家蘆			
								家壙			
								家祖			
				丙模	炳瑤	堉隽					
				實模	炳作	堉伊	啟甲				
			治琮	顯模	炳禎	堉成	啟工				
							啟純	家離			
								家鄉			
								家祖			
					炳曙	堉郎	啟雨	平蘭	華春		
									華冬		
							啟孩				
							啟森	家員	華勇		
									華敢		
							啟芷	家遠	華理		
							啟優	家敏	華建		
									華財		
							啟海	清梅	華湖		
									華南		
							啟應				
						堉含	啟流	家新	華可		
								家招	華宏		
						堉法					
						堉夙	啟鳳	家奎			
						堉朱					
						堉嚴					
						堉蒔	啟軒	家歡	華亮		
									華庚		
									華芝		
					炳恭	堉彰					
					炳序	堉烈	啟茂				
							啟云				
						堉子	啟茂				

36	37	38	39	40	41	42	43	44	45	46	47
定	世		治	模	炳	堉	啟	家	華	國	
							啟愛	家春			
						堉紹	啟愛	家春			
					炳昭	堉眾	啟周	家生	華黎		
								家意			
							啟康	家興	華高		
								家隆	華永		
					炳炎	堉萱					
						堉居	啟友	家圓			
							啟應				
				映模	炳田	堉似	啟慎				
						堉衷					
				可模	炳華	堉賓	啟合				
							啟好	家光	華里		
									華金		
								家輝	華斌		
								家根			
							啟竹	家真	華中		
								家高			
						堉業	啟軒	家豐	華建		
								家衣	華市		
									華文		
									華檢		
								家足	華云		
								家食			
							啟剛				
							啟鳳	家桑			
							啟國	家添			
								家毫			
						堉策					
						堉桓	啟慈	家春	華根		
									華勇		
								家風			
								家德	華強		
							啟悅	家四	華濤		
								家通			
								家八	華祥		
									華景		
								家達			
							啟谷	家勤			
								家誼			
						堉芳	啟進	家真	華協		
							啟濤	家烈			
							啟財	家火	華波		
									華勇		
								家正	華元		
									華鋒		
								家大			
							啟冬	家光			
							啟紹	家明			
					炳俊						
					炳川						
					炳澄						
					炳烜						
				裕模	炳愛						
					炳湖						
					炳倉	堉詳	啟德	家錦	華健		
									華康		
								家綉			
							啟才	家麟			
				圓模	炳淋	堉臻					
						堉典					
						堉主					
						堉深	啟冀	家龍			
							啟懷	家虎			
						堉湄					
						堉篤	啟樹	家尾			
					炳九	堉功					
						堉構					

36	37	38	39	40	41	42	43	44	45	46	47
定	世		治	模	炳	堉	啟	家	華	國	
					炳燎						
		銓	治郅	立模	炳促						
					炳向						
					炳嘉						
					炳逢						
				珍模	炳琳						
					炳節						
				樹模	炳榮	堉家	啟志	家濤			
							啟紹	家烈			
						堉萬	育林	家俊			
							啟金				
							啟森				
						堉代	啟鈞	家超			
							啟潤	家維			
						堉富	啟德				
							啟鶴				
						堉貴	啟玉	家周			
			治郭	特模	炳澍	堉泰	啟朝	家信	華威		
								家興	華超		
								家榮	華君		
							啟德	家夏			
								家碩	華德		
								家玉	華泓		
							啟桃	家奮	華麟		
								家圖			
						堉岳	啟后	家橫			
								家龍	華慶		
								家壽	華江		
									華昊		
							啟墳	家沖	華劍		
								家鋒			
							啟朕	家新	華堅		
								家房	華通		
							啟衛	家點	華通		
							啟衛	家點	華君		
									華斌		
							啟煉	家莖			
							啟升	家都			
								家采			
								家調			
							啟紹	家佛			
					炳流	堉岐	啟召	家本			
								家真	華檢		
							啟文	家功	華迎		
									華春		
									華喜		
								家勞	華臨		
									華門		
							啟科	家心	華壽		
									華命		
								家意	華長		
								家達			
								家成			
							啟葉	家輔			
								家成			
					炳楓	堉耕					
			治郃	晴模	炳浙	堉垒	啟若	家朋	華軍		
					炳灿						
			治郁	里模	炳稼	堉其	啟光	家高	華梁		
								家[illegible]			
							啟漠	家峰			
						堉梁	啟式	家壽	華稱		
									華心		
								家梁	華如		
								家祥			
								家余	華意		
					炳勻	堉前	啟畢	家玉			
							啟案	家榮			

36	37	38	39	40	41	42	43	44	45	46	47
定	世		治	模	炳	堉	啟	家	華	國	
							啟喬	家祝			
							啟眉				
					炳預	堉夏					
					炳超	堉通	啟明	家金	華教		
								家斌	華君		
							啟寒	家慶			
								家祥			
								家勇			
							啟嚴				
							啟智	家旺			
						堉達	啟大				
				極模	炳鏞	堉萬	啟梁	家心	華仁		
								家順			
							啟舉	家光			
								家青			
								家明			
						堉祖	啟瑞	家字	華清		
									華金		
								家安			
						堉平	啟鮮	家路			
							啟愛				
						堉河	啟初	家遠			
							啟聖	家火			
								家日			
							啟維	家何			
						堉軍	啟朝				
							啟世	家道			
							啟戰	家譜			
				騰模	炳循	堉滄	啟發	家幸			
						堉冰	啟新	家美	華鵬		
						堉郎	啟恩	家福			
					炳禎	堉輝	啟女	家日			
								家月			
							啟省	家亮			
					炳紅	堉記	啟廣	家滿			
					炳贊	堉萍	啟協	家亮			
								家萍			
						堉府	啟峰	家順			
							啟文	家余			
						堉基	啟東				
						堉明	啟祝	家玉			
							啟想	家義			
							啟付	家道			
								家德			
							啟肴	家炳			
								家政			
					炳梯	堉仁					
					炳行	堉芹	啟友	家雷			
							啟紹	家歷			
							啟萬				
							啟段	家風			
					炳恢	堉獻	啟建	家行			
								家快			
							啟何	家樂			
			治郁	鳳模	炳泉	堉庭	啟中	家瑞			
							啟南	家彩			
								家盈			
							啟西				
							啟北	家益			
		錦	治核	忠模	炳蓉	堉企	啟結	家廉			
							啟荃				
					炳芾						
					炳□	堉坤	啟助	家驊			
						堉章	啟亮				
							啟光				
			治堅	期模	炳須						
					炳阜	堉高	啟初	家穎			
								家言			

36	37	38	39	40	41	42	43	44	45	46	47
定	世		治	模	炳	堉	啟	家	華	國	
					炳淵						
					炳匡						
					炳煌	堉福	啟忠	家欣			
								家榮			
							啟和				
						堉俊	啟如				
							啟意				
							啟祥				
	世遴	鎧	治良	相模	炳常						
				式模	炳際	堉哲	啟約	家開	華光	國根	
									華招		
									華申		
					炳閣						
					炳綉						
			治端	介模	炳里	堉矩	啟華	家兄	華聖		
									華冬	國亮	
										國建	
									華前		
								家召	華甫		
								家再	華春	國宗	
									華揚		
								家細	華波		
									華武		
							啟越	家慶	華長		

36	37	38	39	40	41	42	43	44	45	46	47
定	世		治	模	炳	堉	啟	家	華	國	
									華遠		
								家義	華梘		
						堉點	啟申	家壽	華呈		
									華民	國建	
										國西	
						堉溫	啟洄	家永	華勇		
								家輝	華貞		
			治奇	汝模	炳信	堉曉	啟泰	家夫	華沙		
								家運	華俠		
								家氣			
							啟康	家河			
								家江			
								家海			
								家清			
			治舒	則模	炳瑰						
					炳蕫	堉贊	啟貢	家招			
								家財			
							啟沖	家進			
								家寶			
					炳初						
					喬造	堉寬	啟偉				
							啟安				
							啟里				

萍鄉荷堯鎮泉陂村長金里十九世祥祖公支

17	18	19	20	21	22	23	24	25	26	27	28	29	30	31	32	33	34								
		祥祖	啟譜	層綱	善升	念良	家貴	邦純	金宣	有熉	天廂	先倫	永嘩	習欣	宗鑑	學里	如柏	如梅							
																學惕	如楨	如楷	如尚						
																學懌	如城								
																學暉	如款								
																學恒	如梓	如椿	如辰	如軾	如標				
																學榗	如相								
															宗鎮	學懷	如樟	如榴	如杞						
														習詔	宗錦	學怡	如棟	如桂	如柄	如梁	如模	如檀	如檐	如茂	
													永皖	習詮	宗涵										
															宗鈅										

39	40	41	42	43	44	45	46
紹	國	承	顯	德	保	權	
紹東	國鼎	承幅	顯身	德池	保民	權強	
						權輝	
					保安	權亮	
					保金		
					保賢	權樂	
					保軍	權水	
				德思	保斌		
					保烙		
				德伊	保炮	權瑜	
						權琦	
					保炊		
				德粽	保鑾		
			顯員	德復	保龍	權揮	
						權鋒	
					保洪	龍綱	
					保傳		
					保根		
			顯井	德偉	保平	權杰	
					保邯		
				德精			
			顯侗	德信			
			顯同	德巽	保軍		
				德詔	保年		
					保聖		
	國絡	承幅	顯雕	德富	保元	權超	
					保林	權國	
			顯橋	德軻	保連	權軍	
						權振	

39	40	41	42	43	44	45	46
紹	國	承	顯	德	保	權	
					保花	權賢	
					保勻		
					保和		
					保良		
				德旭			
				德豹			
				德韵	保群		
					保華		
			顯幌	德部	保輝	權汝	
			顯惟	德陪	保炬		
				德辭	保燃		
				德竭	保煉		
				德端	保炳		
					保灯		
				德毅	保灶		
			顯鎬	德歆	保余		
紹哲	國徒	承濟					
	國壯	承鯨					
	國珍	承開	顯杭	德芽	保源	權威	
						權勇	
					保平	權意	
					保靈		
					保純	權往	
			顯斯	德槐	保繼	權軍	
					保根		
					保明		
					保友		
				德來	保可		

39	40	41	42	43	44	45	46
紹	國	承	顯	德	保	權	
			顯垣	德台	保生	權汪	
						權靈	
					保和	權析	
					保晃		
				德星	德恩	保波	
					德知	保洲	
						保亮	
					保德		
			顯犀	德建	保同		
				德亮	保鋒		
				德志	保昌		
				德幟	保沖		
					保科		
38	39			德安	保裕		
振美	紹升			德情			
紹升	國麟	承晉	顯龍	德霖			
				德云			
紹豐	國特	承慶	顯碧	德麒	保熾		
					保炷		
			顯錢	德銘	保向	權萍	
					保雷		
			顯嚴	德匡			
紹規	國寶	承蔭	顯蛟	德麟	保燎		
				德驥	保熔		
					保焙		
				德泗	保熒		
			顯書	德音	遷	台灣	
			顯余	德竟			

39	40	41	42	43	44	45	46
紹	國	承	顯	德	保	權	
				德童			
				德俊			
			顯鹿	德琨			
			顯霖				
			顯彪				
紹萎	國化	承固	顯鳳	德勇			
紹東	國烙	承幅	顯雕	德富	保元	權超	
					保林	權國	
			顯橋	德軻	保連	權謀	
38	39	40	41		保建	權軍	
振涯	紹雨	國物	承菊			權振	
	紹西				保花	權賢	
振澡	紹音	國延	承祈		保匀		
	紹奇	國向	承勛		保和		
	紹履				保良		
	紹威			德旭			

39	40	41	42	43	44	45	46
紹	國	承	顯	德	保	權	
				德豹			
				德韵	保群		
					保發		
			顯幌	德部	保輝	權汝	
			顯惟	德陪	保炬		
				德辭	保燃		
				德竭	保煉		
				德瑞	保炳		
					保灯		
				德毅	保灶		
			顯鎬	德歆	保余		
紹哲	國徙	承濟					
	國壯	承鯨	顯杭	德芽	保源	權威	
						權勇	
					保平	權意	
					保靈		

39	40	41	42	43	44	45	46
紹	國	承	顯	德	保	權	
					保純	權住	
	國珍	承開	顯斯	德槐	保繼	權軍	
					保根		
					保明		
					保友		
				德來	保可		
			顯垣	德台	保和	權汪	
						權靈	
					保紅	權祈	
					保晃		
				德星	保田	權廣	
			顯坤	德恩	保波		
				德知	保洲		
					保亮		
			顯昆	德賓			
				德軍	保初		

34	35	36	37	38	39	40	41	42	43	44	45
如	悅	立	培	振	紹	國	承	顯	德	保	
如柏	悅光	立波	培葦	振益	紹笠	國報	承云	顯軍	德魏		
								顯波			
								顯涵			
				振渴							
			培英	振洙	紹馥	國衡	承微	顯魁	德初		
								顯均	德康		
				振昌							
				振濟	紹禾	國會	承銀	顯廉			
								顯洁			
								顯聰			
				振游							
				振兆	紹凰	國祿	承秋	顯瞬	德福	保迎	
									德輝		
							承禮				
							承美				
							承珠	顯沼			
								顯桂	德發		
									德偉		
								顯建	德苗		
									德全		
								顯灘			
								顯啟	德勝		
									德惚		
			培萇	振渙							
				振漓							
				振涪							
				振浦	紹奉	國降	承堅				
如梅	悅璇	立壙	培芩	振松	紹票						
				振泗	紹准	國翠					
			培賁	振渾	紹佳	國騰	承侃	顯諺			
								顯財	德悸	保垒	
									德華		
								顯純	德恫		
								顯長	德洋		
			培香	振諸	紹同						
					紹牖	國季					
						國聯	承錫				
							承桎				
							承鵠	顯沃			
								顯萍	德金		
								顯演			
								顯浙			
								顯津			
							承柚				
						國极					
					紹純						
					紹推						
					紹猷	國倪	承梏	顯德	德焱		

34	35	36	37	38	39	40	41	42	43	44	45
如	悅	立	培	振	紹	國	承	顯	德	保	
									德鑫		
								顯勛			
							承權	顯滿	德粲		
					紹周	國檣					
						國嬰					
						國修					
					紹檢						
					紹疇						
					紹聰						
					紹團	國頒					
					紹祉						
如樟	悅珩	立坊	培貴								
			培莞	振江							
				振全							
			培芸	振溈	紹皋						
					紹圭	國翕	承許	顯柏	德隗		
									德堅		
								顯康	德福		
								顯滂	德榮		
								顯滂	德□		
									德禮		
								顯福	德波		
								顯云	德斗		
									德曾		
								顯軍			
							承虛				
							承舒	顯冬	德慷	保梘	
								顯官	德豐		
								顯修			
								顯忠			
							承縱				
						國商					
						國歆					
					紹觀						
				振淮	紹壁	國任	承編	顯珠	德云	保生	
										保竹	
									德忠		
									德兵		
							承懋				
					紹裘	國瞻	承安	顯安			
						國含	承作				
							承芝	顯漳			
						國紋					
						國煥	承盈	顯潼	德林		
									德汗		
									德斌		
								顯花			

34	35	36	37	38	39	40	41	42	43	44	45
如	悅	立	培	振	紹	國	承	顯	德	保	
							承端	顯沱			
								顯涪			
								顯洪			
					紹青	國求	承相				
						國醴	承遠				
							承芝				
						國勝					
				振湍	紹秋	國期					
						國僮					
					紹久						
					紹楚						
				振洗							
				振河							
			培蘢								
	悅樓	立擇									
		立垠	培蒙								
			培翟								
			培辟								
			培苗	振洋							
				振滔							
			培莆								
			培若								
			培莖								
			培莨	振綠							
				振滸	紹臨	國繩					
			培□								
		立墟									
		立場									
		立峻	培菊								
			培果								
	悅玫										
	悅琉										
如榴	悅祖	立址	培葛								
			培芳	振淘							
			培荔								
	悅弟										
如杞	悅旋	立課	培艾								
			培藉								
			培花								
		立標	培茭								
			培成								
			培綠								
			培荇								

29	30	31	32	33	34	35	36	37	38	39	40
先	永	習	宗	學	如	悅	立	培	振	紹	
先倫	永嘩	習欣	宗？	學懌	如城	悅合	立埂	培薔			
								培蕈			
								培荐			
								培華			
				學暉	如款	悅瑕	立熻	培薇			
								培虎			
								培姜			
				學恒	如梓	悅珂					
						悅生					
						悅暄					
						悅柬					
						悅居	立戎	培禹	振淯		
								培庚			
						悅琢					
						悅隶					
						悅垂					
						悅秦					
						悅皆	立墩	培藤	振居		
					如椿						
					如辰						

29	30	31	32	33	34	35	36	37	38	39	40
先	永	習	宗	學	如	悅	立	培	振	紹	
					如軾						
					如標						
				學憎	如相						
				學怡	如檀						
					如檐						
					如茂						
					如棟						
					如桂						
					如柄						
					如梁						
					如模						
				學怡	如檀	悅坑					
						悅爭					
					如檐						
					如茂	悅堯	立域	培葵	振育		
								培笙			
						悅檀					
						悅諜					
						悅路	立光	培蒼	振洽	紹展	

33	34	35	36	37	38	39	40	41	42	43	44
學	如	悅	立	培	振	紹	國	承	顯	德	
學怡	如棟	悅路	立育	培春	振流	紹樗	國瑛	承耀	顯高	德友	
										德根	
										德福	
										德求	
										德亮	
									顯貴		
								承煥			
								承勝	顯干		
									顯濯	德強	
								承映	顯源	德任	
										德永	
									顯秋	德國	
									顯鵬	德純	
										德紅	
									顯勤	德恃	
										德平	
									顯豪	德彬	
								承源			
								承友			
							國材				
					振湄						
					振溪						
					振渥						
	如桂	悅圭	立納	培薊							
			立坰	培蓄	振潘						
					振測						
					振裕						
				培汾	振注	紹省					

35	36	37	38	39	40	41	42	43	44	45	46
悅	立	培	振	紹	國	承	顯	德	保	權	
				紹戶							
			振答								
			振澧								
			振溱	紹里	國瞬						
					國隍	承均					
						承淵	顯淑				
							顯紅				
							顯光				
						承梁					
						承松	顯招				
							顯華				
						承仁					
						承輝	顯全				

35	36	37	38	39	40	41	42	43	44	45	46
悅	立	培	振	紹	國	承	顯	德	保	權	
							顯根				
							顯花				
			振湘	紹義	國槍						
				紹清	國嵐						
				紹科	國賢	承于					
						承志					
				紹繁	國馭	承協					
						承勤	顯滙				
					國訓	承良	顯敏				
							顯溪				
						承淇					
				紹耕	國政	承全	顯霞				
							顯況				
						承和	顯潦				
						承貴					
					國恢	承俊	顯汾	德良			
							顯鴻				
							顯溶				
							顯湃				
							顯強				
							顯洛				
							顯威				
							顯平				
							顯浩				
						承仁					
						承芝					
					國咸	承文					
					國善	承浩	顯澹	德勇			
							顯其	德發			
							顯沿				
							顯渙				
				紹采							
				紹尊							
				紹鵠							
		培茶	振淋								
		培螢	振漂								
			振洵								
			振洹								
		培芹	振沂	紹賢	國登	承薪	顯沸	德芳			
							顯雄				
			振光	紹翩							
				紹隆	國燃						
			振海	紹芬	國需	承軌					
					國稀	承舞	顯澤	德章			
							顯詢				
						承全	顯霞				
							顯祝				
			振淑	紹奇	國饒	承賡	顯洵				
							顯紅	德江			
							顯涉				
						承是	顯滋				
							顯檢				
					國彰						
				紹霞							
				紹敷	國仲	承富	顯文				
				紹表							
				紹足							
				紹驚	國珉	承敬	顯德				
							顯漱				
						承繼	顯漂				
						承和	顯潦				
			振襄	紹長	國初	承芬	顯明	德恪			
							顯順	德聰			
							顯諒				
							顯森				
						承任					
						承純					
						承裕	顯彪				

35	36	37	38	39	40	41	42	43	44	45	46
悅	立	培	振	紹	國	承	顯	德	保	權	
					國忠	承清	顯國				
						承華	顯潤				
						承端	顯均				
						承溪	顯泊				
							顯涤				
						承杰	顯勇				
						承玖	顯峰				
							顯樂				
						承平	顯姣				
							顯理				
						承艷	顯祥				
						承月					
						承峰	顯洳				
						承勇					
				紹捐	國普						
				紹嘉							
			振源	紹曾	國麟						
				紹通	國常	承楨	顯渤				
							顯瓊				
							顯波				
							顯新				
							顯兵				
							顯溝				
							顯堯				
						承竹					
						承貴					
						承華					
						承亮					
						承洪					
						承春					
					國文						
				紹渠	國椿						
					國梗						
				紹昆							
				紹觀	國楹	承林					
						承發	顯洮				
							顯鉡				
						承明					
					國棒						
					國琪	承州	顯邦	德威	保聖		
								德愉			
								德明			
						承臥	顯昌				
				紹軍							
				紹晃							
				紹緘							
				紹尊							
				紹和							
				紹童	國灘						
					國欽						
				紹坤							
				紹衣	國賽						
		培蘭	振洪								
			振浪								
			振淙								
			振皆								
			振瀋								
			振書								
			振湯								
			振淵								
悅紹	立坦	培頻									
		培萁									
		培蒓									
		培籌	振浮	紹廉	國封	承篤					
				紹梗	國澄						
			振濤								
			振深	紹箴	國陵						
				紹言	國允						

35	36	37	38	39	40	41	42	43	44	45	46
悅	立	培	振	紹	國	承	顯	德	保	權	
		培莆	振漪	紹仙	國盈						
			振援								
悅紹	立墀	培菁	振禹	紹微	國辰	承介					
					國良						
					國締	承迪	顯云	德慳			
								德發			
								德展			
							顯發	德森			
			振提								
			振溶	紹亢	國禪						
					國曹						
				紹敕							
				紹銀							
				紹心							
				紹睦	國祧						
				紹伯							
				紹岳							
			振滬								
			振滄								
			振誘								
			振渝								
		培庄									
		培菽	振汾	紹業	國篇	承永					
					國建	承介					
						承鑄	顯達	德寧	保煅		
									保煌		
								德靖	保炎		
								德翊			
								德颯	保考		
								德萍	保鋒		
							顯祥	德春			
								德華			
							顯堯	德根	保廉		
							顯和	德輝			
								德均			
							顯云	德祥			
								德樟			
							顯賓	德旅			
							顯亮	德強			
							顯良				
						承勉					
		培藜	振胡	紹碧							
			振長	紹逢							
				紹剛							
				紹歸							
		培葱	振沆	紹章	國喜	承寰	顯模	往開	保焜		
									保廷		
								往煥	保陸		
									保茜		
						承普					
						承慰					
						承卓	顯菜	德富	保超		
							顯周				
							顯國	德貴			
							顯樊	德盛			
								德濤			
								德歡			
						承求	顯灿	德富			
								德恢			
							顯裕	德財			
							顯農				
							顯秋	德順			
							顯牢	德柳			
							顯嘉				
							顯富				
						承斗	顯流	德奎			
							顯漾	德巽			

35	36	37	38	39	40	41	42	43	44	45	46
悅	立	培	振	紹	國	承	顯	德	保	權	
							顯涇				
							顯滙	德林			
					國雅	承緩	顯洪	德生			
							顯浦	德翔			
							顯桃	德良			
						承達	顯潭	德庚			
					國屏	承云	顯清	德勝			
							顯彬	德磊			
					國惠	承亨	顯林	德秋			
								德概			
								德高			
							顯輝	德波			
								德慣			
					國全	承春					
			振潮	紹南	國俊	承彝	顯鵬				
							顯豐	德云			
								德悟			
						承讀					
						承迷	顯壯				
						承戒	顯新	德清			
								德明			
							顯祥	德兌			
								德詔			
							顯斌	德鋼			
								德泉			
					國能						
					國美						
					國毅	承恩	顯加	德容			
								德隆			
							顯台	德鴻			
					國祝	承華					
						承白					
	立階	培萱	振星	紹基	國霖	承順	顯孫	德沖			
					國揚	承教					
				紹仁	國清	承書	顯忠	德嘉	保林		
								德恭	保忠		
								德和	保東		
									保勝		
								德揚	保祥		
									保興		
									保玖		
									保豐		
							顯國	德光	保華		
									保良		
								德輝	保震		
									保堅		
								德志			
								德偉	保寅		
									保辛		
悅瑠	立阶	培蕎	振星	紹仁	國清	承俗	顯堂	德環	保森	權其	
						承稟	顯鈿				
				紹翔	國勛	承森	顯栽				
						承桃					
				紹郁	國斌	承膏	顯遷				
				紹梯	國聚	承前	顯和	德豐			
				紹安	國鴻	承興	顯貞	德接			
			振云	紹續	國霜						
					國耀	承尉					
				紹黻	國松	承祜					
					國衡	承藜	顯羔	德還	保良		
							顯波	德湊	保辰		
								德軍	保駿		
								德鎮	保梵		
							顯容	德廣			
					國境	承彬	顯明				
							顯滴				
							顯軍				
						承歡	顯冬	德賓			

35	36	37	38	39	40	41	42	43	44	45	46
悅	立	培	振	紹	國	承	顯	德	保	權	
							顯余	德聖			
							顯潼				
						承烈	顯果	德勇			
							顯炎	德意			
								德揚			
							顯文				
						承啟	顯涼				
					國黃						
					國照						
					國告						
			振津	紹且							
				紹宇							
		培芮	振涯								
	立台	培市	振涌								
			振漣	紹烈	國棟	承儒	顯室	德侶			
								德惜			
							顯寰	德恒			
						承志	顯曦				
							顯暉				
					國梁	承福	顯豁				
							顯宛				
						承庚	顯寮				

35	36	37	38	39	40	41	42	43	44	45	46
悅	立	培	振	紹	國	承	顯	德	保	權	
						承文	顯虹				
				紹晏							
			振洫								
		培薌	振堂								
		培蕃	振法	紹群							
				紹寵	國韶						
			振汝								
		培莞	振渭								
		培漣	振浩	紹鑫	國頌						
					國位						
				紹湍							
				紹稷	國友	承玖					
						承來					
						承富					
						承桃					
					國泉	承春					
			振濃	紹朴							
			振會	紹翰							
			振平	紹鮮							
			振澤								

萍鄉、湘東區荷堯鎮泉陂村十九世禮祖公支

13	14	15	16	17	18	19	20	21	22	23	24	25	26	27	28	29	30	31	32	33	34				
						禮祖	啟謨	層成	善顯	慈良	家賁	邦統	金宜	有奎	天序	先意	永錫	習志	宗釗	學恢					
																				學亨	如棋	悅民	悅雕	悅琦	
																				學欣	如柿	悅笔			
																				學性	如桃	悅英			
																			宗珏	學愼	如槎	悅眉			

34	35	36	37	38	39	40	41	42	43	44	45
如	悅	立	培	振	紹	國	承	顯	德	保	
如秤	悅昆	立坊	培貴	振沼	紹臣	國烘	承柱				
							承教				
							承浪	顯枝			
								顯惠			
							承沛				
						國俊					
					紹兼						
					紹周	國獻	承霞				
							承琴	顯碧			
								顯航			
			培暮	振漲	紹鼎	國瑞					
						國蒙	承羑	顯緩			
如槐	悅愉	立堪	培蕎	振汪							
			培堯	振洧	紹從	國柄	承指	顯定	德岑	保根	
							承諱				
							承用				
							承台				
					紹輸	國梯	承燕	顯堂			
					紹桑						
					紹甘	國篡	承長				
				振匀	紹垂	國敬	承堂	顯帥	德岳		
									德奇		
			培蕉	振內							
		立階	培純	振帛							
				振拔	紹肫						
			培充	振泯	紹揚	國洋	承伯				

34	35	36	37	38	39	40	41	42	43	44	45
如	悅	立	培	振	紹	國	承	顯	德	保	
					紹博						
			培昆								
			培苟								
		立虎	培黃								
			培渠	振沿							
				振沈							
				振由							
				振心							

35	36	37	38	39	40	41	42	43	44	45	46
悅	立	培	振	紹	國	承	顯	德	保	權	
悅旬	立采	培葵									
	立兆	培菡	振冷	紹貰	國由						
			振及								
			振降								
			振任	紹皋							
	立珂	培典	振消								
			振云	紹頻	國壁						
				紹拜	國繼						
	立均	培科	振淇	紹遺	國政	承奏	顯柯	德全	保福		
									保利	權賓	

39	40	41	42	43	44	45	46
紹	國	承	顯	德	保	權	
紹遺	國政	承奏	顯依	德聖	保任	權濟	
						權寅	
						權蓉	
					保健	權許	
						權淳	
		承鋼	顯宗	德高	保仙		

39	40	41	42	43	44	45	46
紹	國	承	顯	德	保	權	
					保超		
					保徇	權迭	
					保涵		
				德官	保柄		
			顯仁	德明	保盈	權浣	
				德皓	保剛		

39	40	41	42	43	44	45	46
紹	國	承	顯	德	保	權	
				德旺	保寧		
			顯懷	德炯	保右		
		承應	顯偶	德發	保明	權沛	
				德炎	保茂	權泳	
					保論	權深	
					保任	權洋	

39	40	41	42	43	44	45	46
紹	國	承	顯	德	保	權	
			顯祝	德惠	保貴	權洋	
					保良		
					保險		
			顯湘				
		承貢	顯元	德福	保勇		
		承享	顯京	德秋	保來		
				德志			
				德如	保鍾		
				德輝	保聖		
				德俊	保福		
紹柱	國腴	承賜	顯揚	德均	保亮		
				德和	保俗		
				德合	保秋		
			顯崇	德永	保后		
					保修	權益	
					保友		
				德廣	保伙		
				德剛			
				德海			
紹官	國餝	承式	顯駒	德金	保富	權洁	
					保儀	權權	
					保杖	權沐	
				德球	保輝		
					保熙		
					保垒		
			顯松	德廷	保佼		
				德鳳	保其		

39	40	41	42	43	44	45	46
紹	國	承	顯	德	保	權	
					保軍		
					保衛		
					保群		
紹友	國華	承都	顯蒸	德中	保合		
					保甫		
					保還		
			顯荷	德流	保珠		
			顯榮	德砥	保政		
				德柱			
			顯宏	德松	保棟		
				德柏			
				德挺			
				德拔			
		承術	顯光	德煥	保左	權崢	
					保宜	權榮	
					保右	權歲	
					保斌	權月	
						權文	
					保友	權武	
				德彻	保業		
				德各	保精		
					保于		
			顯青	德江	保春		
					保根		
			顯銘	德寒	保助	河南	
		承鵲	顯自	德萍	保山		
			顯安	德連	保雨		

39	40	41	42	43	44	45	46
紹	國	承	顯	德	保	權	
					保欲		
				德兵	保來		
			顯國	德昌	保鳳		
				德紅	保博		
			顯正	德勇	保滿		
				德衛	保慶		
		承川	顯天	德洋	保誠		
		承驥	顯新				
		承本	顯財	德昆			
			顯喜	德正	保雪		
				德良	保里		
				德晃	保勇		
				德友	保勇		
		承魁	顯福	德利			
			顯壽	德美			
			顯祿	德益			
		承升	顯云	德訓	保遵		
					保炭		
	國賓	承圃	顯道	德鑾			
				德騏			
				德深	保汾		
		承翥	顯義	德謀			
				德遠			
		承訓	顯旌	德慮			
			顯陽	德固			

35	36	37	38	39	40	41	42	43	44	45	46
悅	立	培	振	紹	國	承	顯	德	保	權	
悅旬	立均	培科	振沐	紹迎	國兆	承鄖	顯清	德嶠	保洪		
									保明		
								德崎	保勛		
								德嶇	保峰		
								德志	保山		
		培眉	振止								
			振生								
			振荐								
			振沼	紹參	國伏						
			振涼	紹然	國詹						
					國衛						
		培及	振蒙	紹弼	國超	承易					
					國琴						
					國溫	承效					
					國殿	承巽					
		培從	振業								
		培華	振岑								
			振芳	紹耆	國几	承顏	顯幟	德俄			
								德政			
	立密	培思									
		培友	振受								
	立庸	培萃	振萱	紹恭	國阜	承魯	顯華	德聖			
				紹讓							
		培蘊	振云	紹兼	國志	承進					
						承鉿	顯菊				
							顯惟	德傳	保華	權奇	
										權奮	
									保芍	權大	
									保芙	權爽	
									保蓉		
						承譽	顯廷	德宴			
		培萃	振茴	紹皆	國榮	承邦	顯宇	德華			
								德夢			
							顯宙	德慕			
							顯東				
			振洞	紹享	國冥	承軔	顯旗				
				紹成	國滕	承年	顯南	德蔓			

35	36	37	38	39	40	41	42	43	44	45	46
悅	立	培	振	紹	國	承	顯	德	保	權	
								德麻			
							顯西				
							顯北				
			振瀚	紹利	國順	承欣	顯援				
							顯龍	德右	保隊	權契	
										權奏	
							顯芬				
							顯波				
							顯笏				
						承皓	顯寬	德耀	保阡	權煥	
									保陌	權奎	
									保阮	權樊	
							顯痕	德效	保陽	權奕	
									保階	權葵	
									保陸	權華	
									保葦		
								德果	保隴		
						承藻	顯岐	德言			
								德詩	保隅		
								德澤	保升		
							顯喜	德譚	保陛		
								德淳			
								德海			
						承守	顯祥	德誦	保發		
									保其		
						承翱	顯興	德若	保邦		
								德識			
								德咏	保邢		
								德訪			
							顯詞	德訣	保郵		
									保邵		
								德商	保都		
								德享	保郴		
									保鄱		
※							顯功	德奕	保寺		
									保圳		
									保堅		

35	36	37	38	39	40	41	42	43	44	45	46
悅	立	培	振	紹	國	承	顯	德	保	權	
								德產	保苛		
							顯程	德亥	保均		
								德訕			
								德羽			
								德昭			
							顯宗	德謙			
								德功			
								德男			
							顯蓉	德劬	保坊		
									保坷		
								德勉			
								德勤			
						承才	顯譜	德廣	保坤		
						承操	顯鴻	德昭	保坡		
								德援	保苗		
									保垒		
									保基		
								德換	保棠		
								德授	保堯		
							顯隆	德掇			
						承覺	顯楣	德揆	保提		
								德過			
								德艾			
							顯葵				
							顯痕	德交	保段	權溪	
									保營		
						承遇	顯堅	德茂	保塘		
								德茯			
								德藏	保增		
								德莨	保犀		
							顯連	德菽	保稔		
									保陶		
								德的			
								德葡			
								德萄			
								德波			
							顯暉				
							顯意	德菩	保葵		
								德薩			
						承績	顯朝	德封	保哲		
								德葆	保強		
							顯喬	德佳	保祥		
								德贊	保豐		
								德朝	保杰		
								德良			
								德豐			
							顯陶				
							顯科	德元			
								德慈			
							顯百	德葦			
								德葵			
							顯金	德葭			
							顯美	德時			
悅民	立孚	培富	振宏	紹毅	國笏	承酷	顯華	德攸	保龍	叔達	
悅雕	立平	培憲	振療	紹盧	國旭	承創	秀蘭	德毅			
	立磴	培芝	振涓	紹順	國知	承牒	顯尚	德吾			
							顯省	德龍			
							顯吼	德業			
							顯呂				
					國褒						
					國重	承笙	顯晉	德淳			
								德泊			
							顯祥	德治			
								德忠			
								德庶			
							顯計	德群	保釗		
							顯韓				
悅琦	立圻	培藝	振漸								

35	36	37	38	39	40	41	42	43	44	45	46
悅	立	培	振	紹	國	承	顯	德	保	權	
			振蘭	紹紫	國豹	承邵	顯芝	德先			
								德至	保列		
								德泮			
								德滄	保剛		
									保聰		
								德河			
					國定	承谷	顯衢				
							顯扉	德光	保東		
								德普	保澠		
									保藻		
									保農		
									保俊		
									保岩		
									保漱		
								德照	保辰		
									保□		
									保密		
								德洪	保寅		
									保宴		
								德廊	保迎		
									保迪		
								德庄	保達		
									保道		
							顯豪				
						承淆					
						承告					
						承圓					
						承御					
				紹陽	國武	承唯	顯剛	德沸	保放		
									保模		
						承杏	顯博	德達	保良		
									保紅		
								德照	保其		
									保青		
									保江		
							顯蝪	德涉	保謀		
									保堅		
						承臚	顯甘	德壽			
								德喜	保宜	龍帥	
									保諦		
								德生			
							顯由	德浣			
								德淌			
							顯申	德澠	保險		
								德貴	保讓		
								德祿			
								德慈			
							顯旺	德溉	保濤		
								德滔			
						承克	顯榮	德意	保竹		
									保訪		
								德溶	保諺		
								德健			
								德溪	保寒		
								德汀			
								德淮			
							顯美	德星			
								德奕			
						承綉	顯韜	德滌	保諫		
							顯胡	德浩	保緒		
								德夥			
							顯屏	德安			
								德諺			
								德竹			
								德訪			
							承彩	顯奎			
								顯照			
								顯良	德讓		

35	36	37	38	39	40	41	42	43	44	45	46
悅	立	培	振	紹	國	承	顯	德	保	權	
									德諒	保浩	
							承筀	顯停			
							承署	顯文	德沃	保鋼	
								顯鶴	德決	保忠	
									德沿	保祥	
				紹涵	國崇	承招	顯般				
							顯繼	德吟	保潛		
									保潦		
									保濯		
								德谷			
						承穎	顯侗				
						承炬	顯籠				
						承騎	顯立	德愉	保楚		
									保定		
								德固			
								德圖			
						承戀	顯望	德含	保官		
									保宗		
								德宏			
								德虎	保憲		
								德知	保寵		
								德泗			
							顯佑	德恒			
								德漳			
							顯爾	德彩			
					國牧	承披	顯純	德模	保寶		
							顯明				
							顯和				
				紹倉	國干	承京	顯發	德云	保甲		
									保乙		
								德梁	保丁		
								德林	保丙		
								德軍			
						承英	顯和				
						承欽	顯注				
							顯淳	德識			
							顯讓				
						承愿	顯諒	德淼			
							顯諺				
							顯訪				
						承雨	顯誼				
							顯諦	德宜			
								德果			
							顯識				
		培舜	振洁	紹朔	國晃	承威					
						承明	顯洁				
							顯冬				
				紹鷹	國霄	承華	顯根	德注			
							顯萍	德贊			
			振惠	紹翩	國岱	承欽					
				紹方							
				紹閭	國珣	承愿					
					國涌						
		培芥	振貴	紹炎	國篤	承絡	顯材	德明	保密		
									保社		
								德朗	保祥		
									保濤		
								德袒			
								德券			
							顯鳳	德兌	保福		
								德寧	保勇		
							顯盈	德寅	保祺		
									保佑		
								德寬			
						承思	顯聯	德賢			
								德祿			
						承翠	顯啟	德宜			
			振洪	紹存	國祈	承起	顯申	德禹			

35	36	37	38	39	40	41	42	43	44	45	46
悅	立	培	振	紹	國	承	顯	德	保	權	
							顯壥				
							顯戰				
悅笔	立豪	培蕉	振尘	紹受	國緘	承續					
						承鑫					
						承厚	顯畜	德竊	保冠		
							顯育	德竊			
						承勛	顯玄	德帘			
							顯亥				
						承明	顯雍				
悅英	立代	培苞	振凌	紹持							
		培芯	振煌	紹咸	國雍	承輔	顯桃	德騁	保梅		
					國癸	承枝	顯獻	德驃			
								德驥			
				紹光	國郴	承美	顯橋	德奴			
							顯許	德駱			
							顯光	德駢			
							顯冬	德驗			
								德鬃			
				紹圖	國稠	承美					
				紹遜							
		培葵	振東	紹晨	國接	承服	顯桃				
		培明	振能	紹峻	國侯	承載	顯彩	德馳			
		培蔚	振浣	紹益	國中	承	顯球	德韓			
								德韜			
								德村			
					國額	承祚	顯慶				
					國敍	承清	顯朝	德杏			
								德极			
								德杞			
							顯繼	德杞			
								德杭			
					國衍	承志	顯遠				
						承果	顯豐	德晉			
						承緒	顯祿				
			振洛	紹則	國虔	承初	顯愧	德現			
								德玟			
							顯庄				
							顯如	德珏			
							顯孟	德海			
							顯耀				
			振洁	紹凌	國癸	承握					
					國栗						
					國繞	承笏	顯芝	德琅			
								德瑜			
							顯書				
					國駐						
				紹哲	國聰	承酌					
						承理	顯紅	德枋	保果		
									保棗		
							顯竺	德標			
								德奈			
					國班	承恤	顯德	德璠			
							顯則	德璞			
								德瑾			
							顯福	德瑺			
							顯濤	德璜			
								德琛			
						承鵑	顯民	德瑞			
								德琮			
				紹眉	國杜	承于	顯恒	德駿			
							顯堂				
							顯期	德馭			
								德珂			
								德玳			
							顯祥	德柏			
							顯棠	德務			
						承浩					
						承宇	顯高	德珧			

35	36	37	38	39	40	41	42	43	44	45	46
悅	立	培	振	紹	國	承	顯	德	保	權	
							顯沖				
							顯涼	德衍			
								德			
							顯維				
					國甫	承蘇	顯恭	德珊			
					國祠	承方	顯根				
							顯杰	德班			
								德琉			
							顯彬				
						承貴	顯來	德璋			
							顯寶				
					國轔	承保	顯煥				
						承妙	顯備				
		培蘭	振泊	紹阡	國陶	承衡	顯荷	德軔			
							顯學	德隆			
		培安	振塘	紹泰	國儲						
					國韜	承翠					
		培惠	振凱	紹麗	國蔚	承交					
						承玉					
				紹耿	國根	承從	顯饒				
				紹見	國彤						
				紹笙	國杖	承根	顯林	德馴			
							顯群	德驢			
				紹與	國造	承生	顯銅	德駒			
								德駝			
							顯鐵	德駘			
						承印	顯虛	德駟			
								德駕			
				紹用	國催	承模	顯運	德騎			
								德馭			
								德駄			
		培荷	振晃	紹鵬	國沖	承時	顯芳				
							顯汝				
					國豫						
				紹起	國包	承歲	顯明	德機			
							顯沼	德柄			
					國郢	承泳	顯枚				
							顯均	德香			
							顯發				
						承司	顯宜	德杖			
							顯榮				
							顯軒				
					國沾	承占	顯瑞	德格			
						承存	顯良	德枸			
							顯亮	德柵			
							顯優	德柳			
								德檸			
							顯虎	德梯			
								德欄			
							顯美	德枷			
							顯志	德栩			
							顯純				
						承鵬	顯清	德伏			
								德桁			
							顯威				
							顯貴				
						承厘					
					國猷	承選	顯國	德樁			
						承緯	顯校				
							顯華				
							顯松				
					國來	承澤	顯豹	德校			
					國撫	承輒	顯木	德束			
							顯平				
							顯中				
						承倫	顯建				
			振揖	紹浩	國斗	承音					
		培蔣	振溥	紹乾	國尘	承昂	顯王	德柚			

35	36	37	38	39	40	41	42	43	44	45	46
悅	立	培	振	紹	國	承	顯	德	保	權	
					國勛	承樞	顯永	德柑			
								德櫛			
							顯萍	德柯			
							顯坤				
							顯有				
					國穆	承泰	顯風				
							顯飛				
							顯科				
						承儀	顯海				
							顯文				
					國霸						
			振曹	紹育	國巽						
		培萍	振章	紹奕	國明						
				紹禁	國模	承促	顯招	德祿			
							顯和	德拓			
		培唐	振沅	紹酬	國唐	承善	顯介				
							顯安	德桔			
							顯斌	德楨			
								德網			
		培尚	振員	紹直	國仁	承練	顯靈				
*						承縚					
		培苫	振瀛	紹復	國初						
				紹星							
悅眉	立甬	培通	振柒	紹豐	國秋	承發	顯斬				
						承福	顯峰				
					國滿						
			振習	紹百	國道						
			振魚								
		培擁	振澄	紹嚴	國高	承芳	顯義	德宗	保健		
									保強		
								德定	保罕		
									保敏		
								德寅	保彥		
								德宣			
								德宦	保齋		
							顯猷	德□	保寶		
								德實			
								德寄			
							顯美	德宸			
								德剛			
					國奠	承純					
			振發	紹肤	國富						
				紹留	國斟	承安	顯秀				
							顯盖				
					國生	承晶	顯晶	德仔			
								德輝			
							顯首	德旺			
		培蓉	振安	紹富	國強	承義	顯善	德密			
								德邦			
							顯翔	德塞			
							顯奎				
培董	振謨										
	振添	紹當	國命	承仁	顯力	德斯					
						承德	顯羚				
						承益					
		培衡	振漢	紹蕃	國膳	承林					
			振龍	紹因	國雁						
		培辰	振演	紹其							
				紹訓							
		培蘭	振澆	紹官	國騎	承華	顯計				
		培兼	振濡	紹呈	國防	承來					
					國倡	承海	顯祥				
					國純	承基					
		培求	振洲	紹皇	國監	承碩	顯明	德瓊			
								德價			
							顯春	德昆			
						承汝	顯智				
		培繁	振漬	紹謦							

35	36	37	38	39	40	41	42	43	44	45	46
悅	立	培	振	紹	國	承	顯	德	保	權	
				紹羅							
		培藏	振噴	紹晝							
		培堅	振康	紹題							
				紹納							
				紹申							
				紹暢							
			振翁	紹握	國正	承湖					
						承澆	顯高				
							顯華				
						承洪	顯友				
				紹常							
			振豪	紹效	國平	承濟	顯秋				
						承津					
						承沐					
						承經					
						承沼					
				紹名	國安						

35	36	37	38	39	40	41	42	43	44	45	46
悅	立	培	振	紹	國	承	顯	德	保	權	
				紹巽	國靈	承浴	顯珠				
						承新					
						承潤					
		培修	振隆	紹不							
				紹席							
				紹山							
				紹標	國楫	承虎					
						承龍	顯啟				
							顯良				
			振滙	紹彪	國孝						
					國部						
					國粒	承波					
			振灌	紹寒	國牟						
					國廣						
				紹田	國杰						

萍鄉湘東區 22 世達祥公支

達祥公，號泰祥，徙居湖南湘潭市、隻峰縣蛇形山鎮

21	22	23	24	25	26	27	28	29	30	31	32
	遠祥	觀文	用信	永琢	尚英	魁緒	以謙	宗教	御云		
						魁綉	以相	宗聖	鳳龍	維祖	光斗
							以政	宗曾	沖霄	維旗	光耀
					克英						
					祿英						

27	28	29	30	31	32	33	34				
魁	以	宗	御	維	應	世	家				
魁緒	以謙	宗教	御云	維袖	應廉	御云	維袖				
						世瑞	家淑				
魁綉	以相	宗聖	鳳龍	維祖	光斗						
					光揚	世誼	家狩	家嚴	家陞	家聯	無緒
						世宏	家明	家訓	緒止	)	
					光麒	世煥	家駒	家祿	緒止	)	
						世材	家□	元沛	元東	元继	緒止
						世賁	家聰				
						世睿	家騎	家驥	家駿		
					應麟	世惠	家韶	家誠			
						世隆	家銘	家虎	家園	家唯	家慎
								家光			
						世各	家仰	家配	家杏	家非	家枚
						世顯					
					光宗	世澤	家齡	家蟾	家臻		
						世楓					
						世愧					
						世棟					
						世梁					
					光唐	世鳳	家鏡	家錫	家汾	家鈺	家釧
						世瑤	家鑠				
						世仉	家均	家鐸	家鑠		
						世范	家銓				
				維袷	應龍	世域	家順				
					應奎	世其	家釗				
					應蒲	世獻					
				維梯	應時	世重					
						世選	家的	家樹	家靜		
						世庸	家敬	家周			
				維泗	光昌	世壁	家容	家咎			
						世武					
					光熙						
				維典	墻生						
					光照						
					光秩	世彩	家禪				
					光薄	世儀	家升	家液	家岑		
				維邦	光□	世孚					
					光渭	世芬					

27	28	29	30	31	32	33	34				
魁	以	宗	御	維	應	世	家				
						世含					
					光沂	世杰					
					光灁	世偉	家韶				
						世倬					
					光洁						
					光洙	世瑩	家連	家國			
				維神	應角	世輔	家鰲	家鯨			
						世輅	家理	家璠	家嶼	家瑗	家瑗
	以政	宗曾	沖霄	維旗	光耀	世德	家健				
							家仞				
							善延				
							善熙				
						世典					
		宗旦	步云	（遷	四川	成都	溫州	等地	）		
			30	31	32	33	34	35			
					應璇	世烈	家綬	元清			
			善行	啟雍	鴻榮	貴猷	樹明	立理			
							樹萍	立寶			
						全猷	樹望	立里			
							樹冬	立萍			
								立河			

34	35	36	37	38	39	40	41	42	43	44	45
家	元	善	啟	鴻	銘	樹	立				
家健	元棂	善煜	啟昌	鴻飛	銘常	樹崇	立鵬	石元	小龍		
									小虎		
						樹亮	立楨	芳陟	衛生	炳金	
									衛安	帥	
								綿延	建竹	勃	
									建明	冰	
						樹棠	立鵠	芳陞			
					克猷	樹南	立喚	芳坤			
						樹泉	立功	芳秋	建國	谷	
						樹紋	立盤	羅發	軍		
									明		
								康發	運明	醫	
									文明		
									冬明		
					銘鼎	樹玉	立杰	芳枝			
								芳序			
						樹功	立天	芳典	明波		
									明林		
								芳忠			
							立瑢	芳自	獻春		
									獻田		

34	35	36	37	38	39	40	41	42	43	44	45
家	元	善	啟	鴻	銘	樹	立				
								松梅			
						樹轡	立唐	若萍	維		
								和萍			
						樹溶	立祿	美雄	輝		
									滔		
						樹政	立常	誠			
			啟坤	鴻雪	綏猷	樹雄	立升	芳全			
				鴻辭	涇猷	樹材	立申	明發			
								日發	峰		
									鎮		
									勇		
						樹盤	立實	芳騰	偉開		
									巧玲		
								芳明			
家仞	元天	善焯	啟佩	鴻紋	泮猷	樹壽	立望				
					濤猷	樹移	立仰				
	元植	善燭	啟廉	鴻陸	銘璜	樹言	立憲	芳明	型譜		
			啟廉	鴻陸	銘璜	樹言	立憲	芳明	型譜		
							立璋	芳明	望詩		
							立扶				
							立卷	芳中			
						樹潮	立作	浩林	波		
								拔群	凱		
								召凡			
								召云	能國		
						樹敏	立佳	芳國	奏鳴		
									小澍		
									微粒		
						樹唐	立綱	芳仆	鳳		
								芳中	型機		
								芳志	型輝		
									型明		
								芳遠	型規		
							立良	永忠	型強		
						樹藹	立虎	申根			
								雪南			
						樹序	立業	芳新	勇		

34	35	36	37	38	39	40	41	42	43	44	45
家	元	善	啟	鴻	銘	樹	立				
								芳敏	振雄		
							立均	芳勤	型祖		
							立仁	芳愛			
								芳學			
								芳庚			
							立健	芳波			
								芳瑤			
						樹覺	立棟	曉鳴			
							立軍	芳雷			
								芳石			
							躍軍	蔓霞			
				鴻灦	日猷	樹奎	立舉	芳劍	型峰		
								芳鶴	型坡		
					嚴猷	樹寶	立忠	芳萍	型媛		
								芳華	型凌		
								芳清			
								芳偉	型威		
				鴻漠	甲榮	樹飛	立新	芳述	建斌		
							立霞	芳建	宇庭		
									勁松		
								芳遠	新萍		
									江萍		
								甲芳	劍		
				鴻	銘	樹	立	芳	型		
							立要	芳金	軍		
									林		
								芳能	鋒		
									鋼		
							立錦	芳炳	建萍	軍	
								芳中	良平	豪	
									鐵平		
									秋平		
								芳主	青	龍華	
						樹閑	立考	芳德	高平		
									炎平		
						樹景					

宜春市天台鎮太尉村坵卅一世旭存公支

31	32	33	34	35	36	37	38	39	40	41	42
旭存	桂林	保健	遠康	拜乾	溯坤	仁定	義能	盛滿	寬堂	財進	以財
43	44	45	46	47	48	49	50				
懷福	贊四	理政	俊臣	國正	庠二	景財	發風				

42	43	44	45	46	47	48	49	50			
						庠四	景三	發七			
				桀臣	國強	庠九	景貴	發十			
		贊五	昌政	接臣	浩三	文一	盛七	長壽			

46	47	48	49	50	51	52	53	54	55	56	57
臣	正	庠	景	發	春	生	洪	裕	榮	建	
俊臣	國正	庠二	景財	發風	春連	道生	洪金	裕群	榮林		
									榮松		
								裕成			
							洪國	裕紹			
								裕波			
						觀生	洪昌				
						來生	洪忠	裕志			
								裕新			
								裕偉			
							洪文	裕家			
							興秋				
					春堯	秀生	洪義	裕勇			
								裕建			
		庠四	景三	發七	春禮	梅生					
						炳生	洪一	裕義	榮從	建武	
									榮根	建普	
								裕和			
							洪二				
							洪四				
							洪七				
						全生	洪六	裕盛	榮林	建祿	

46	47	48	49	50	51	52	53	54	55	56	57
臣	正	庠	景	發	春	生	洪	裕	榮	建	
									榮軍		
								裕財	榮芳	建福	
									榮金	建輝	
								裕金	榮明	建勛	
									榮峰		
								裕前	香化		
						金生	洪三	裕富	榮華		
						桂生	洪十	裕章	榮勇		
									榮偉		
桀臣	國強	庠九	景貴	發十	春一	准生	洪貴	裕化	榮廣	建文	
								裕光	榮文		
									榮武		
								裕德	榮渥		
							洪發	裕連	榮財		
						丁生	洪財	裕明	榮清		
								裕根	榮輝		
									榮貴		
							洪盛				
						有生					
					春生	財生					

46	47	48	49	50	51	52	53	54	55	56	57
臣	正	庠	景	發	春	生	洪	裕	榮	建	
						乙生					
						和生	洪細				
							洪化	裕平			
								裕純			
								裕容			
							洪裕	裕軍	廉榮		
								裕秋	榮濤		
							洪元	玉英			
						冬生	洪庚	裕發	路榮		
								裕國	榮起		
									榮強		
								裕良	榮廉		
									裕炳		
							洪云	裕清			
								裕喜			

46	47	48	49	50	51	52	53	54	55	56	57
臣	正	庠	景	發	春	生	洪	裕	榮	建	
							洪革	裕貴			
								裕仁			
接臣	浩三	文一	盛七	長壽	春洪	學生	洪水	裕建	榮化		
							洪運	裕江			
								裕芳			
					春明	祖生	洪梅	裕林	紹榮		
									紹軍		
								裕富			
								裕年			
								裕松			
							洪章	裕欲			
								裕玉			
							洪桓	小裕			

萍鄉市蘆溪縣南坑大嶺村大沖 33 世華音公支

33	34	35	36	37	38	39	40	41	42	43	44
華音	國占	錫富	湘仁	經連	學洹	福生	家梓	遠樂			
								遠志			
							家會				
				經模	學含	傳楔					
						傳楗	富章	雪云	恢光		
								桐云			
								強云			
							順章	真			
								承			
		錫貴	湘承	經堅	學浣	開生	發章	彭偉			
						喜生	雪章	彭超			
						明生	王中	駱鵬	亢		
				經常	學瀧	傳榮	建章	遠車			
							仁章	遠龍			
							瑞章	亢明			
							勤章	遠富			
								遠斌			
					學峰	傳家	文章	遠京			
							恒章				

33	34	35	36	37	38	39	40	41	42	43	44
							鐵章	遠有			
							聖章	遠開			
					學涂	榮生	金章	遠貴			
							道章	遠國			
							存章	遠江			
							鳳章	遠飛			
							新章	遠紅			
							琴章	遠爾			
					學浴	傳杆	群章	玲玲			
								丹丹			
				經構	學徙	其生	丁章				
							日章				
							貴章				
						炳生	大章				
					學漩	周生	庚章	遠良			
						水生					
					學誕	其生	正章				
							萍章				
					佑乾	戊英					

萍鄉市蘆溪縣南坑鎮新尤楓下村卅二世華泰(達生)公支

32	33	34	35	36	37	38	39	40	41	42	43
達生	景馨	國壽	錫賢	湘興	經富	學九	傳祝	家明	遠生		
華泰									戰平		
									經平		
								家佑	遠發		
								家仁	遠濤		
									遠民		
								桃英	梅蘭		
					經芪	學力	傳偉	茶英			
							傳柳				
					經仁	學波	傳復	家連	遠明	恢國	
									遠秋	恢建	
										建平	
									遠清	恢勇	

32	33	34	35	36	37	38	39	40	41	42	43
										恢維	
									遠林		
									遠芳		
									遠蘭		
									遠香		
								家云	遠福	恢豐	
									遠忠		
									遠春		
									遠偉		
								家謙	遠曉		
								家恒	遠東		
									遠敏		

萍鄉市蘆溪縣南坑鎮大嶺村旻公嗣卅六世景萬公支

32 甫申 33 失考 34 失考 35 失考 36 景萬 37 國佑 38 錫云 39 湘月 40 經頌 41 學章、學發、學嶷

41	42	43	44	45
學	傳	家	遠	恢
學章	傳武	家選	遠濤	
	傳清	家安	卉	
	傳文			
學發	傳萬	家冬	遠可	恢清
			遠新	恢洪
			遠雪	恢中

41	42	43	44	45
學	傳	家	遠	恢
				恢勇
			遠立	恢輝
		家儺	桂珍	
			文珍	
			福珍	
			秋珍	

41	42	43	44	45
學	傳	家	遠	恢
		家桂	遠斌	甜
			遠鮮	恢譜
			遠文	
學嶷	傳峰	家盛	遠康	恢蘆
			遠建	恢萍
			遠云	威萍

41	42	43	44	45
學	傳	家	遠	恢
				武汗
		家中	遠發	恢海
			遠福	恢亮
			遠木	
			遠秋	

萍鄉市蘆溪縣南坑鎮瑞泉村 36 世景禧公支

36	37	38	39	40	41	42	43	44	45	46	47
景禧	國鶴	錫文	湘祥	經吾	學申	傳楓	家烴				

36	37	38	39	40	41	42	43	44	45	46	47
						傳札	庚和	遠瑞	恢紹	宏波	

36	37	38	39	40	41	42	43	44	45	46	47
							家烷	遠培	恢躍		
									恢利		
									恢平		
			湘享	經思	學基	傳檸	家冬	遠壽	思其		
								遠家			
								遠榮			
							家秋	遠海	啟林		
									啟紅		
					學裘	德行					
						樹行	家清	遠盼			
							正英	金華			
								光華			
			湘球	經念	學肇						
					學梅	傳械	家烽				
							榮和	遠發	恢新	宏鵬	
								遠明	恢忠		

36	37	38	39	40	41	42	43	44	45	46	47
									恢華		
								遠庭	恢斌		
									恢堅		
		錫芳	湘珍	經德	學春	傳梯	義和				
							禮和				
							貴和				
							有權				
						傳梳	智和				
							仁和				
							信和	遠平	恢城		
					學年	傳構	全和	遠橋	恢君		
						傳棉	家明	遠勇			
								遠劍			
			湘琳	經遺	學連	傳根	海庭	遠銘	恢旺		
						傳楷	洋和				

萍鄉市蘆溪縣南坑鎮長豐鄉長湖頭彈子坑景零公嗣 33 世賢貞公房

33	34	35	36	37	38	39	40	41	42	43	44
賢貞	景零	國鋼	錫然	湘馨	經豈	學球	傳康				
					經鎮	學洲	傳通				
							傳枳				
						學汘					
						學氾	傳通	家有	遠青		
		遠先	錫泳	湘林	經芳	學仁	傳祖	家芪			
						學壽	傳聖	家松	遠亮		
								桂英			
				湘竹	經炳	學文	傳香	家中	遠劍		
			錫沐	德紹	經壽	學林	傳恩	家明	遠賢		

33	34	35	36	37	38	39	40	41	42	43	44
								家良	遠勇		
								家萍	遠澤		
							傳應	家申			
								家泉			
								家根			
					經山	學桂	傳龍	家福	遠生	恢濤	
										恢波	
								雪英			

蓮花縣浯塘始祖九萬公嗣 36 世景星公支

由田東遷萍鄉市蘆溪縣南坑鎮大穎村田瓏閭

36	37	38	39	40	41	42	43	44	45	46	47
景	國	錫	高	經	學	傳	家	遠	恢		
景星	國仁	錫瀚	興高	經銓	學敏	傳相	家然	遠堅			
								遠坊			
							家熙	遠			
								遠基			
								遠恭			
				經銘	學海	傳槐	家熹	遠垣			
								遠垠			
								遠斌			
							家照	遠波			
								遠培			
								遠宅			
					學源	傳楨	文章	遠均	恢釗		
									恢鋒		
								遠坦	萍		
								遠堂	恢鋼		
							云章	遠境	恢錦		
	國義	錫漢	銀高	經輝	學波	傳啟	家永				
							家立				
					學濤	傳淵	學建				
	國禮	錫清	湘近	經錫	學淑	傳梓	家協	遠群			
							家少	遠鎏			
							家頂	雅媚			
							家松				
						傳朴	家銀	遠異			
					學浚	傳橙	家利	金			
							家根				
							家文				
						傳遺	學萍	遠俊			
							學前	璐			
							學洁	傳國	紅艷		
								傳樂	家宏		
								傳德	家科		
									家帥		
							學淳	樂英			
								文英			
							學沸	傳律	靜		
							學滄	傳維	家浩		

36	37	38	39	40	41	42	43	44	45	46	47
景	國	錫	高	經	學	傳	家	遠	恢		
								傳佳			
								傳博			
							學澄	傳松			
							桃香				
				經鐵	學洗	傳華	家炯	遠忠	虹		
								遠義			
					學潭	傳楢	家贊				
						傳瑛	家炳				
							家愛	遠奇			
								遠林			
							家燕	遠雄			
						傳柜	家康	遠國			
								遠萍			
							家云	遠邦			
								遠宏			
						傳析	家連	遠志			
							家國	遠鳳			
							家輝	遠明			
								遠鴿			
							家虎	遠剛			
				經錕	學浦	傳樟	家燕	遠泰	恢湘		
									恢根		
						傳菊	家炬	遠志	柳		
								遠安			
							家燁	遠斌			
							家軍	玲			
								文			
							家相	遠武			
						傳癸	家煦	遠春	恢芝		
									恢亮		
								遠華			
								遠元			
							家建	遠坤			
								家敏			
					學全	傳思	家耀	遠云	恢勇		
									恢鍾		
							家發	遠林			

36	37	38	39	40	41	42	43	44	45	46	47
景	國	錫	高	經	學	傳	家	遠	恢		
							家團	遠奇			
					定秀	傳姝					
		大華	桂高	經昌	學□	傳楚	家元	遠光			
								庭			
								紹			
								玲			
							家輝	遠國			
							家芳	遠豐			
					學溼	傳棕	家鑫	遠福			
							家森	旺旺			
							家淼				
							家焱				
							家賁				
					學勇	傳揮	家燻	遠愛			
								遠陽			
								遠優			
							家吉	遠林			
								遠輝			
								遠立			
							家鮮	遠強			
						傳勇	家倫	遠鵬			
							家遠	霜			
				長光	學汝	傳橋	家尾	國秀			
							家煜	遠志			
							家煥	遠萬	恢龍		
									恢維		
									恢濤		
								遠年	恢磊		
									恢劍		
								石林			
								清遠	志萍		
						接才	秋發				
							家煒	遠榮			
								遠發	恢堅		
								遠富	恢軍		
								遠貴	恢勇		
					學尤	傳桂	家炫	遠長	麗杭		
								遠江			
							家習	遠龍			
								遠清			
							家金	遠飛			
						傳恁	家炤	遠北			
								遠嘯			
						傳桓	家強	遠華			

36	37	38	39	40	41	42	43	44	45	46	47
景	國	錫	高	經	學	傳	家	遠	恢		
							家良				
					學沛	傳檬	家□	遠榮	恢華		
									恢亮		
									恢忠		
			有高	經鋒	學沂	傳棋	家燭	遠良	正鷹		
								遠行			
								遠忠			
						傳楢	家炳	遠建			
								遠慧			
	國智	大乾	雪高	長風	學名	傳杞	家然	遠煥	恢智		
									恢源		
								遠明	恢亮		
								遠深			
							家燮	遠新	恢翰		
							家裕				
						傳稠	潤香				
					學育	傳鼎	家喜	遠川			
							家繼	遠剛			
								遠波			
							家秀	慧嬌			
							家玉	遠政			
							家敬	遠昌			
						傳□	家善	遠洪			
							家子	遠若			
								遠亮			
							家偉	遠根			
							麗平				
						傳婷	家木	嫻			
							家林	遠			
		錫深	相福	經英	學淵	傳豐	家斌				
							家明				
						傳奇	家志				
					學江	傳雪	家凱				
							家禮				
						傳九	家良				
							家暉				
						傳平	家琦				
						傳文					
						傳貴					

宜春市慈化鎮璋段30世椿松公支

29	30	31	32	33	34	35	36	37			
	椿松	日潮	希堯	彥榮	再鼎	紹宗	佳彥	繼肇	繼懋	繼財	
						紹番	佳祿	繼旦			
							佳壽	繼高			
						紹與	佳堯	繼禹	繼稷		
						紹炎	佳儒	繼謨	繼烈		

37	38	39	40	41	42	43	44	45	46	47	48
繼	起	元	文	章	昭	翰	苑	詞	志	緣	
繼肇	起裔	元初	文浩	星章	昭林	貴翰	富苑	和詞	志鵬		
									志林		
					昭允	寶翰					
						樹翰	庚苑	詞峰	志成		
									志春		
								詞林	志軍		
									志超		
						金翰	選苑				
							金苑	詞輝	志書		
					昭甫	榜翰					

37	38	39	40	41	42	43	44	45	46	47	48
繼	起	元	文	章	昭	翰	苑	詞	志	緣	
				宗章	昭秀	云翰					
						生翰	銀苑	詞譜			
繼懋	起正	元琪	文廣	近章	昭裕	享翰	富苑	云詞	志東		
繼財	起智	元官	文華	來章	昭益	石翰					
						包翰	來苑	詞瓊			
							明苑				
							月苑				
						美翰	懷苑				
							龍苑	詞瑤			
							海苑				
						桂翰	兵苑				
							科苑				
繼旦	起貴	元洋	文仲	本章	昭鑫	義翰	成苑	詞生	志勇	續耀	
									志平		
								詞有			
								詞福	志翔		
									志益		
								詞斌	志江		
								詞祿	志雄		
								詞和			

37	38	39	40	41	42	43	44	45	46	47	48
繼	起	元	文	章	昭	翰	苑	詞	志	緣	
						洪翰					
繼高	起順	元禧	文考	貿章	昭財	河翰	寬苑				
						海翰					
						波翰					
	起孚	元虎	文訓	奉章	昭闓	梅翰	灿苑	詞海			
								詞明			
								詞輝			
						香翰	水苑	詞文	志敏		
									志興		
								詞武			
								詞義			
					昭海	正翰					
				有章	昭遇	鍾翰					
	起誠	元相	文懋	成章	昭交	廣翰	根苑	詞列			
							新苑				
							清苑	詞銘			
繼禹	起興	元梅	文星	建章	昭喜	全翰					
					昭愛						
					昭妙	富翰	南苑				
							貴苑	詞林	志珊		
				庠章	昭新	輝翰					
						盛翰					
				序章	昭粮	東翰					
						西翰					
						北翰					
					昭滿	南翰	貴苑	詞林	志隆		
	起玟	元杰	文望	灿章	昭瓏	國翰					
						喜翰	富苑				
							長苑	詞勇			
								詞華	志生		
							興苑				
					昭明	拾翰					
						德翰					
						文翰	林苑	詞祥	志勛		
								詞志			
							益苑				
							自苑	詞波			
						光翰					
		元勛	文忠	富章	昭成	菊翰					
	起龍	元亮	文信	彥章	昭育	貴翰					
						秋翰					
						林翰	明苑	詞軍	志民		
								詞毅			
							庚苑	詞剛			
								金興			
							平苑	彭浩			
							紅苑				
				瑤章	昭訓	秀翰					
						遠翰					
						耀翰	發苑	詞富	志英		
								詞貴			
							財苑	詞振			
							連苑				
		元功	文習	雪章	昭黼	春翰					
						秋翰					
	起通	元縉	文峰	奎章	昭香	理翰	綱苑				
							春苑	詞敏			
								詞飛			
							福苑	詞仁			
							冬苑				
繼稷	起寬	元圭	文林	瑜章	昭瀚	復翰					
						祿翰					
		元聲	文彬	典章	昭洪	興翰	大苑				
							正苑				
							宗苑	詞義	志明		
									志瑜		
							春苑				
							九苑				

37	38	39	40	41	42	43	44	45	46	47	48
繼	起	元	文	章	昭	翰	苑	詞	志	緣	
							高苑				
				尚章	昭廷	德翰	清苑	詞建			
							軍苑				
				滿章	昭江	炳翰					
		元焄	文根	洪章	昭德	高翰					
						化翰					
				賢章	昭先	誘翰	文苑	詞清	志振		
									志文		
								詞新			
								詞勝			
				德章	昭佶	蔭翰	光苑				
				道章	昭元	添翰	包苑	詞富	志發	續春	
								詞德	志生		
							記苑	詞發	志武		
								詞根			
								詞明			
								詞成			
							文苑				
		元朗	文森	維章	昭恭	誥翰	盛苑	詞平			
								詞桂	志庚		
									志禮		
								詞禮			
								詞滿			
	起懷	元煌	文顯	琴章	昭長						
		元炳	文定	春章	昭能	廷翰	紅苑	詞望			
							龍苑				
							連苑				
			文宮	俊章	昭揚	泰翰	觀苑	詞亮			
								詞明			
		元仕	文光	理章	昭佐	祖翰	檢苑	詞建			
								詞成			
							德苑	詞文			
								詞武			
							福苑	詞輝			
							祿苑	詞奇			
繼淙	起鵬	元昭	文治	淞章	昭菜	成翰	華苑	詞海			
								詞星			
						田翰	春苑	詞榮			
								詞波			
				啟章	昭榜	庚翰	平苑				
							偉苑	詞化			
繼謨	起優	元瑾	文法	長章	昭文	萬翰	梅苑	林詞	志明	續輝	
									志堅	續炳	
									志波		
								金詞			
								偉詞			
							菊苑				
							崇苑	水詞	志生		
									志濤		
								輝詞	志平		
								名詞	志江		
				長章	昭斌	禧翰	石苑	文詞	志建		
								后詞			
								裔詞			
				耀章	昭勇	清翰	克苑	德詞	志林		
								福詞	志義		
								平詞			
							振苑	來詞			
								和詞			
							家苑	輝詞			
								思詞			
							申苑	良詞			
						友翰	苑輝	華詞			
							苑南				
							苑松				
							苑金				
						連翰	貴苑	庚詞			
								喜詞			

37	38	39	40	41	42	43	44	45	46	47	48
繼	起	元	文	章	昭	翰	苑	詞	志	緣	
							庚苑	柳詞			
							泉苑				
					昭名	桂翰	春苑	發詞	志國		
						發翰					
						金翰					
		元玑	文鷺	林章	昭武	泉翰	江苑	詩詞	志灝		
									志淦		
								書詞	志浦		
							沂苑	禮詞			
繼烈	起裕	元璸	文凰	泉章	昭八	叁翰	學苑	詞勇	志偉		
								詞敢			
								詞強			
						玖翰	國苑	詞平			
								詞浪			
		元琮	文鴻	云章	昭邦	忠翰	福苑	詞有			
								詞會			
								詞為			
						虎翰	蘇苑	詞輝			
							郭苑	詞煌			
						龍翰	敏苑				

宜春慈化新塘村天堂山發連系

40	41	42	43	44	45	46	47	附註			
	發連	洪盛	丹財	喜壽				發連先祖世系不詳何時從福建徙居江西宜春慈化不詳復無家譜可考現按 1993 慈化彭氏支譜編列			
				喜祿	初根	志后					
					發根	志裔					
						志興					
					長根	志旺					

(06)江西萍鄉市達祥公支系

22	23	24	25	26	27	28	29	30	31	32	33
遠祥	覲文	用信	永琢	尚英	魁緒	以謙	宗教	御云	維袖	應廉	
					魁綉	以相	宗聖	鳳龍	維祖	光斗	
						以政	宗曾	沖霄	維旗	光耀	
				克英	魁松						
					魁楠						
					魁柏	以清	宗宵				
							宗漢	扳云	維梯	光揚	
										光麒	
										應蚊	
								愛云			
							宗颾	望云			
						以素	宗□	奮云	維梯	光宗	
										光唐	
									維袷		
									維□		
									維祧		
						以和	宗吉	紅生			
								蒲生			
								兵生			
								翅云			
								雄云	維泗		
								肅云	維典	光溥	
									維邦	光洙	
				祿英							

達祥公嗣尚英公房

28	29	30	31	32	33	34	35	36	37	38	39
以	宗	御	維	應	世	家	元	善	啟	鴻	
以謙	宗教	御云	維袖	應廉	御云	維袖					
					世瑞	家淑					
以相	宗聖	鳳龍	維祖	光斗	世爵	家祜					
						家祉					
				應樞	世祿	家震					
					世奉	家縱					
					世巽	家眷					
				應箕	世寶	家謀					
				光揚	世誼	家狩				無緒	
						家嚴				無緒	
						家陡				無緒	
						家聯				無緒	
					世宏	家明				緒止	
						家訓				緒止	
				光麒	世煥	家駒				緒止	
						家祿					
						家華	元通	善通	啟叨		
					世彬	家□	元沛			緒止	
							元東			緒止	
							元繼			緒止	
						家騮	元椿	善賞	啟曙	鴻照	
							元治	善鄰	啟東	鴻求	
										鴻澤	
								善士			
					世賁	家聰	元髡				
							元二				
					世睿	家騎	元長				
						家驥	元一				
						家駿	元蘊	善勝	啟涌	鴻燮	
							元旺				
							元景	善芳	啟悠		
									啟清		
									啟澄		
									啟文	鴻勛	
							元黃		啟章	鴻壽	
										鴻運	
										鴻才	
				應麟	世惠	家韶	元徭	善佐			

28	29	30	31	32	33	34	35	36	37	38	39
以	宗	御	維	應	世	家	元	善	啟	鴻	
								善洲			
								善攻			
						家誠	元炎	善官	啟洛	鴻開	
										鴻撕	
									啟敦	鴻駢	
										源驥	
									啟流		
							元□	善邯			
								善稅			
								善鄲	啟壹	鴻學	
							元廷	善歡	啟玉	鴻能	
								善緣	啟後	鴻泳	
								善令			
								善丕	啟甚	鴻湟	
										鴻鳴	
										鴻材	
									啟宦	鴻森	
							元英				
					世隆	家銘					
						家虎	元構				
							元梧				
							元椅				
						家圜					
						家唯					
						家慎					
						家光					
					世各	家仰	元幢	善勉	啟櫟	鴻膏	
									啟風		
								善主			
								善向			
								善同			
								善必			
							元甲	善金	啟洪	鴻瑞	
								善彝	啟單	鴻宴	
							元致	善酌			
							元伊	善權	啟珍	鴻本	
								飛古			
								善桓			
						家配					
						家杏					
						家非					
						家枚	元勁	善授	啟前	鴻仁	
										鴻智	
										鴻信	
									啟秀		
									啟享		
									啟霓		
									啟賢	鴻義	
									啟豐	鴻禮	
								善荷			
								善謳			
					世顯						
				光宗	世澤	家齡	元遂	善份	啟嶺	鴻霖	
									啟岌	鴻芬	
										源尉	
							元占	善佑	啟园	鴻霈	
										鴻霖	
										鴻電	
										鴻商	
						家蟾	元洲				
						家臻					
					世楓						
					世愧						
					世棟						
					世梁						

28	29	30	31	32	33	34	35	36	37	38	39
以	宗	御	維	應	世	家	元	善	啟	鴻	
				光唐	世鳳	家鏡	家境				
						家錫	元匰	善稔			
						家汾	元抽	善丕			
							元爾	善諏			
							元云	善佑	啟樊		
									啟狀	鴻旺	
							元遐	善寓	啟章	鴻欒	
						家鈺	元種				
							元桃				
							元杭	善篤			
						家釧	元敏	善適	啟論	鴻矣	
					世瑤	家鑠	元同	善質			
							元稔				
							元雷	善撫	啟諺	鴻裕	
							元程	善提	啟諺	鴻裕	
								善拾			
							元沼				
							元臨	善俅			
					世仉	家均					
						家鐸	元豐				
						家鑠	元亘	善五	啟蕃	鴻禧	
							元來	善千	啟蕃	鴻禧	
							元翥	善有	啟蕃	鴻禧	
						家鐸					
						家鑠					
					世范	家銓	元華	善減	啟恤	鴻樂	
							元醇	善澄	啟良	鴻厤	
									啟咏	鴻正	
										源棣	
								善宛	啟周	鴻泉	
									啟宏	鴻丹	
									啟發	鴻霓	
										鴻實	
									啟才	鴻秋	
									啟宏	鴻海	
								善誘	啟康	鴻恒	
									鴻丹		
									啟敬	鴻恒	
								善毅	啟林	鴻桓	
							元本	善棠	啟求	鴻俱	
									啟深	鴻賓	
										鴻于	
										鴻云	
										鴻通	
										鴻泰	
							元均	善頌	啟諗	鴻儀	
								善繪	啟音	鴻育	
								善寵	啟囿		
								善貞			
								善課			
			維袷	應龍	世域	家順					
				應奎	世其	家釗	元翰				
				應蒲	世獻						
			維梯	應時	世重						
					世選	家的					
						家樹					
						家靜					
					世庸	家敬					
						家周	元允				
							元拎	善養			
			維泗	光昌	世壁	家容					
						家昝					
					世武						
				光熙							
			維典	墻生							
				光照							
				光秩	世彩	家禪					
				光薄	世儀	家升					

28	29	30	31	32	33	34	35	36	37	38	39
以	宗	御	維	應	世	家	元	善	啟	鴻	
						家液					
						家岑	元海	善炎	啟文		
									啟泮		
								善章	啟貞	鴻福	
										鴻藏	
								善仁	啟琳	鴻斌	
										鴻美	
										鴻銘	
										鴻祿	
			維邦	光□	世孚						
				光渭	世芬						
					世含						
				光沂	世杰						
				光瀾	世偉	家韶					
					世倬						
				光洁							
				光洙	世瑩	家連	元里	善琢	啟生		
									啟純	鴻文	
							元求	善弼	啟宇	鴻連	
								善良	啟福		
						家國					
			維神	應角	世輔	家鰲	元肱	善潮	啟陽	鴻裁	
										鴻軒	
						家鯨	元琨	善泉	啟門	鴻轅	
										鴻詡	
									啟林	鴻渚	
										鴻尊	
									啟和	鴻轍	
							元敝	善普	啟明	鴻申	
										鴻佑	
										鴻壽	
							元軒				
					世輅	家理	元亨	善滋	啟唐	鴻干	
									啟梃		
									啟梅	鴻松	
										鴻毛	
							元音	善激	啟象	鴻毛	
						家璠	元廩	善賓	啟乾	鴻翼	
							元毫	善勝	啟盤	鴻艇	
						家嶼	元彬	善溢	啟仙	鴻輝	
									啟傳		
						家瑗	元襄	善霽	啟扉	鴻諤	
										鴻花	
									啟暉	鴻陶	
										鴻香	
										鴻行	
								善澮	啟貴	鴻□	
										鴻祀	
										鴻斯	
									啟晤	鴻陣	
									啟旰	源池	
									啟晰	鴻郇	
									啟專	鴻賀	
										鴻郃	
								善潛	啟嘆		
									啟曌		
						家瑗	元襄	善治	啟弼	鴻浦	
								善沾	啟畿	鴻灿	
									啟均	鴻文	
									啟藩	鴻案	
										鴻拚	
										鴻覚	
										鴻年	
										源熙	
									啟疇	鴻詞	
										鴻宇	
										鴻理	
										鴻昌	

28	29	30	31	32	33	34	35	36	37	38	39
以	宗	御	維	應	世	家	元	善	啟	鴻	
										鴻烈	
							元章	善洽	啟秤	鴻仲	
										鴻郭	
										鴻隨	
								善源	啟霞	鴻匡	
									啟祥	鴻振	
										鴻逋	
										鴻頡	
									啟皇	鴻遺	
										鴻臧	
								善浚	啟孫	鴻郢	
								善溶	啟祝	鴻□	
										鴻全	
										鴻跡	
										鴻笙	
								善涵	啟承	鴻翎	
										鴻豳	
								善深	啟見	鴻航	
										鴻般	
							元亨	善泗	啟蜴	鴻□	
									啟□	源迹	
							元□	善滂	啟沐	鴻卒	
										鴻裘	
									啟□	鴻因	
								大英	啟誠	鴻逾	
									啟洵	鴻紳	
									啟泳	鴻勤	
									啟□	鴻請	
									啟諭	鴻諄	
								善洪	啟諄	鴻遙	
								善潢	啟心	鴻慈	
								普法	啟棻	鴻□	
										鴻珍	
									啟遨	鴻琪	
								善霖	啟訾	鴻鋌	
								善沛	啟鄂	鴻光	
								善預	啟降	鴻富	
				應璇	世烈	家綬	元清	善行	啟雍	鴻桊	
以政	宗曾	沖霄	維旗	光耀	世德	家健					
						家仞					
								善延			
								善熙			
					世典						
	宗旦	步云	（遷	四川	成都	溫州	等地	）			
		30	31	32	33	34	35				
				應璇	世烈	家綬	元清				
		善行	啟雍	鴻桊	貴猷	樹明	立理				
						樹萍	立寶				
					全猷	樹望	立里				
						樹冬	立萍				
							立河				

34	35	36	37	38	39	40	41	42	43	44	45
家	元	善	啟	鴻	銘	樹	立	芳	型	裕	
家健	元棖	善煜	啟昌	鴻飛	銘常	樹崇	立鵬	石元	小龍		
									小虎		
						樹亮	立楨	芳陟	衛生	炳金	
									衛安	帥	
								綿延	建竹	勃	
									建明	冰	
						樹棠	立鵠	芳陞			
					克猷	樹南	立喚	芳坤			
						樹泉	立功	芳秋	建國	谷	
						樹紋	立盤	羅發	軍		
									明		
								康發	運明	醫	
									文明		

34	35	36	37	38	39	40	41	42	43	44	45
家	元	善	啟	鴻	銘	樹	立	芳	型	裕	
									冬明		
					銘鼎	樹玉	立杰	芳枝			
								芳序			
			啟廉	鴻陸	銘璜	樹言	立憲	芳明	型譜		
							立璋	芳明	望詩		
							立扶				
							立卷	芳中			
						樹潮	立作	浩林	波		
								拔群	凱		
								召凡			
								召云	能國		
						樹敏	立佳	芳國	奏鳴		
									小澍		
									微粒		
						樹唐	立綱	芳仆	鳳		
								芳中	型機		
								芳志	型輝		
									型明		
								芳遠	型規		
							立良	永忠	型強		
						樹翥	立虎	申根			
								雪南			
						樹序	立業	芳新	勇		
								芳敏	振雄		
							立均	芳勤	型祖		
							立仁	芳愛			
								芳學			
								芳庚			
							立健	芳波			
								芳瑤			
						樹覺	立棟	曉鳴			
							立軍	芳雷			
								芳石			
							躍軍	蔓霞			
				鴻瀾	日猷	樹奎	立舉	芳劍	型峰		
								芳鶴	型坡		
					嚴猷	樹寶	立忠	芳萍	型媛		
								芳華	型凌		
								芳清			
								芳偉	型威		
				鴻漠	甲榮	樹飛	立新	芳述	建斌		
							立霞	芳建	宇庭		
									勁松		
								芳遠	新萍		
									江萍		
								甲芳	劍		
							立要	芳金	軍		
									林		
								芳能	鋒		
									鋼		
							立錦	芳炳	建萍	軍	
								芳中	良平	豪	
									鐵平		
									秋平		
								芳主	青	龍華	
						樹閑	立考	芳德	高平		
									炎平		
						樹景	立錦	芳炳	建平	軍	
										豪	
								芳主	青		
								芳桂	海		
								芳榮	勇		
								芳彬	敏		
						樹丸	立照	芳庚	正國	志勤	
						樹宜	立照	芳庚	國遠	志峰	
									龍國	志勇	
									煥源		
									鼎國	志誠	

34	35	36	37	38	39	40	41	42	43	44	45
家	元	善	啟	鴻	銘	樹	立	芳	型	裕	
								芳盛	建明	海峰	
									建中	禮	
									振福		
									振榮		
			啟堃	鴻洧	敷猷	樹升	立祿				
			啟演	鴻鵠	玉猷						
					銘東	樹錫	立蟬	芳祥	型波		
								芳建	瓊		
								芳節	型武		
								芳傳	媛		
								芳滿	型祖		
								芳祖			
				鴻翔	貴猷	樹圖	立裕	芳春	康健		
					銘清	樹楨	立穩	建蘇	國強		
								建國			
								建輝	王路		
						樹團	立中	豐安	強		
						樹堃	立中	豐波	堅		
				鴻鵠	彩猷	樹祉					
				鴻廬	兆容	樹藩	立誠	芳格	建丸		
									建峰		
								芳奎	建華	行	
										戰	
									建煌		
								芳南	建林		
						樹屏	立梅	芳賢	型杰		
								芳偉	型武		
							立煌	芳照	型明	裕春	
										裕庚	
									型遠	娣	
							立仁	芳甫	建波	小裕	
									建萍		
								芳天	型鵬		
									型驥		
		善延	啟嶽	鴻逵	烈猷	樹祖	立仁	芳義	型斌		
								芳萍	型楚		
									型文		
		善熙	啟毓	鴻篇	沛猷	樹新	立趾	芳敏	志剛		
				源頌	培猷	樹護	立冠	春景			
							立桂	賀峰			
								亮新			
							立志	建光			
								永鑫			
				鴻臻	琦猷	樹謨	益民	小禮			
			啟臻	鴻緒	坡猷	建明	洪文	儺民			
							洪林	康			
			啟搶	鴻泰	岳猷	樹魯	余良	儺林			
						樹理					
			啟育	鴻如	隱猷	樹芽	光榮	芳益			
								芳利			
							細樂	芳送			
								芳禮			
							細芝	芳強			
								芳軍			
							康明	芳達			
							雪明	俊			
						樹根	愛國	博			
							和平	軍			
			啟趾	鴻便	起猷	樹兆	立坤	芳迪	建文		
								芳源	型輝		
							立龍	芳敬	型謀	裕炎	
										裕盤	
								芳樂	型鵬		
									型程		
									型萬		
									型里		
								芳勤	型節		

34	35	36	37	38	39	40	41	42	43	44	45
家	元	善	啟	鴻	銘	樹	立	芳	型	裕	
							立志	芳亮	型規		
									松鶴		
							立汪	芳亮	型海		
								芳愛	型柏		
								芳升	淼		
									寄		
								芳新	嘉		
	元定	善耀	啟珧	鴻翔	禹猷	樹合	立遠	仁波			
					顯猷	樹務	包發	衛東			
								志祥			
							觀李	芳			
							立明	林			
					堯猷	樹順	立隆	桂芳			
					允猷	樹雨	立虎	芳志			
				鴻遠	衛猷	樹財	新萍				
				鴻績	至猷	樹鈺	錢	江益			
							勢	亭			
		善蒸	啟時	鴻新	繼猷	樹杰	中花	型偉	型峰		
		善熊	啟君	鴻江	資猷	樹日	立春	芳明	庚祥		
								芳元	禮		
								芳林			
							立群	芳洪	賽		
									波		
							立熊	芳全			
							立洪	芳萍			
					麗猷	樹回	立福	芳鑫			
			啟專	鴻園	放猷	樹植	立濱	紹存	根		
								紹林	許		
								紹書			
							立堅	紹龍	型峰		
								芳選	型亮		
								芳澤	雨思		
						樹嵩	立河	凌			
								勇			
							香民	紹斌	浩		
								紹東			
					銘芳	樹遨	立陵	婷			
						樹遂	立萍	峰			
						樹遼	宜萍	飛			
							少萍	曼莉			
						樹來	立軍	亮			
					怡猷	樹進	立健	李根			
						樹海	萍祥	知己			
							靜安	嘉偉			
								鴻昌			
						樹邁	立高				
							立全				
							立友				
						樹周	立和	忠			
								祥			
							立云	許林			
							啟明				
							福萍				
						樹亮	晉頻	明輝			
					廉猷	樹求	芳亮	禮洪			
						樹編	立純	建華			
						樹編	立純	建華			
							立明	芳			
						樹勤	杰	海峰			
							濤				
							勇				
					澄	樹鱗	立仁	卓			
	元魁	善榮	啟域	鴻籍	芸猷	樹陽	立燕	禮萍			
						樹簽	立怡	禮玉			
						樹遠	立燕	禮年			
家侃	元柱	煒	啟垓	鴻庶	尚猷	樹欽	立鉗	芳鵬	延壽		
								芳貽	含		
								芳信	勃		

34	35	36	37	38	39	40	41	42	43	44	45
家	元	善	啟	鴻	銘	樹	立	芳	型	裕	
								芳羽	盼		
							立炎	芳召	江		
								芳財	政		
								芳德	漆		
									永		
							立政	芳萍			
							干琪	芳池			
						樹鸞	立榮	志發	禮		
								友良			
						樹安	炎明	建琳	堅		
			堤	鴻錚	皇猷	樹昌	立蔭	芳矩	暉		
				鴻金	猷	樹明	立奎	芳樂			
							立橡	濤			
							立逵	芳喬	帥		
								芳華			
							長萍	虎			
								福			
							江萍	建			
				鴻衙	忠泉	樹群	立海	艷純	型冰		
						樹鈞	立鈺				
			堡	鴻茲	獻猷	樹繁	立全	志模	船		
									耿		
家祐	元宴	善志									
	元學										
	元香			28	29	30	31	32	33	34	
家祉	元聲	善愈		以相	宗聖	鳳龍	維祖	光斗	世爵	家祐	
	元榆	善憲								家祉	
	元馨	善康						應樞	世祿	家震	
	元樓	善屬							世奉	家縱	
		善格							世巽	家眷	
家震	元賦							應箕	世寶	家謀	
家縱	元敕	善灌									
家眷	元詡	善炫									
		善恢									
		善舉									
家謀	元康	善夫									
		善硅									
※			啟垌	鴻贊	念猷	本英	斯螽	劍雄	剛		
									嘯		
								建勇	敏		
			啟壯	鴻國	兼猷	樹其	立贈	芳遠	型樂		
								芳舒	靖		
							立金	芳良	型萍		
								芳林			
								芳倍	型晶		
			啟蔚	鴻閑	洋猷	樹甲	立恒	芳堯	型海		
				鴻錢	宛猷	樹榮	立閣	芳綉	石堅	海斌	
										華萍	
								芳源	抗美	剛	
										亮	
									文朝	律	
									艷萍	根良	
							立范	芳葛	和平	超	
									建萍	均	
									友萍	康	
								芳仁			
							立玖	德招	尚池	肅	
									春池	晶	
									冬池	友	
								美招	根林		
						樹萬	立朽	石安	建中	江	
									建輝		
								芳發	建良		
									水根		
							斯螽				
					許猷	樹貴	立勤	芳祿			

34	35	36	37	38	39	40	41	42	43	44	45
家	元	善	啟	鴻	銘	樹	立	芳	型	裕	
							立言	芳祿			
					銘猷	樹文	立冰	芳仁	中福		
									中之		
					言猷	樹源	立恒	芳堯	型海		
						樹考	立封	芳祥	型能	裕容	
								芳略	型才	裕德	
							立議	芳春	利祥		
							立理	芳云	薇		
								芳萍	型剛		
								芳明			
							立所	芳明	型良		
									型森		
						樹財	立英	芳金	利紅		
									國全		
									芳春		
									芳明	珊	
									芳軍	利佳	
			啟筆	鴻閭	執猷	樹巋	立賢	芳竹	型魁	建民	
										建國	
									瑞年	家冬	
									瑞忠	芝芳	
									瑞元	建軍	
										建祥	
							立昌	芳梅	桂花	玉立	
									冬花	軍	
									年花	柳紅	
									文桃		
					兼猷						
			啟奧	鴻閑	敬猷	惠云	立鵬	鳴			
							立雄	根			
							立志				
			啟黃	鴻盛	更猷	樹笔	立象	芳佑	型根	軼	
									型森		
								芳桂	型本		
									型水		
							立祿	芳根	型傳		
								芳明	型忠		
								芳萍			
			啟萍	鴻祥	吟猷	樹齡	立明	忠輝			
			啟容	源盟	徐猷	樹墻	玉忠	芳竣			
			啟芩	鴻盼	式猷	樹監	友明	萍華	典		
								德科			
								德春			
								召群			
						樹余	漢民	升根			
							漢泉				
				鴻志	琦猷	樹海	鐵漢	芳忠			
								芳平			
							鐵生	芳斌			
								芳期			
							鐵明	芳國			
								芳堅			
								芳軍			
							鐵	芳偉			
						樹益	立明	相勇			
			啟藍	鴻聲	申猷	樹杏	立德	芳蕾			
							立志	沖			
							立年	維申			
					辛猷	樹敏	思明	芳靜			
							樹謙	堯東			
								建華			
							樹根	濤			
					己猷	樹安	立根				
							立橋				
						樹福	立鵬				
							立明				
			啟春	鴻姿	升猷	樹胎	走超	盧松	鵬飛		

34	35	36	37	38	39	40	41	42	43	44	45
家	元	善	啟	鴻	銘	樹	立	芳	型	裕	
									長青		
			啟凡	鴻閭	豐猷	樹吉	立琦	瑞祥	淩吉		
					慶猷	樹遐	立迅	竹亢	江		
								包亢	軍		
									勇		
					呂猷	樹威	富發	芳明			
								芳軍			
								芳林			
								芳真			
							包發	菖平			
						樹川	禮萍				
			啟莽	鴻啐	銘淵	樹天	立嚎	芳明			
								芳志			
								芳軍			
							立俊	李明			
							立輝	芳中			
							立特	烽			
				鴻麟	□猷	樹寸	鐵成	洋			
							鐵華	微			
							鐵軍	芳			
							鐵斌	吉			
							樹圓	鐵雄			
							樹欣	正明	劍		
									剛		
								光明	華		
								輝			
			啟莘	鴻閏	銘光	樹隴	石明	建安			
								建林			
							文明	友			
					銘賢	樹人	立道				
							立青	芳熊			
					銘前	放云	朝陽				
							朝葵				
22	23	24	25	26	27	28	29	30	31	32	
遠祥	觀文	用信	永琢	尚英	魁緒	以謙	宗教	御云	維袖	應廉	
33	34	35									
世瑞	家淑	元譪									
家淑	元譪	善列	啟雙	鴻吾	和猷	樹正	立竟	志堅	型奎		
								志剛			
								志強			
							立玉	方廣			
								方戩			
							立林	方濤			
								方高			
							立建	方章			
							立陽	方偉			
							立科	方癸			
		善量									
	元封	善稻	啟岱	鴻續	巩猷	樹敬	立德	方義	輝安	裕斌	
										裕勇	
								方志	輝良	高明	
									輝才		
								方桃	輝泉	志軍	
									輝明		
									輝林	林強	
										志剛	
										志堅	
									輝優	勇	
		善略	啟鮮	鴻猷	竟猷	樹光	立磐	小劍	璱		
								小祥	禹		
							立文	建國			
							其林	方勝			
							雪萍	黨			
							立軍	輝洪			
								鳳尾			
					剛猷	樹光					
					學猷	樹軍	立庚	方丁			

34	35	36	37	38	39	40	41	42	43	44	45
家	元	善	啟	鴻	銘	樹	立	芳	型	裕	
						樹成	香連	方華			
								方安			
						樹文	立為	方清			
					臣猷	樹盛	立平	方春			
							立洪	方建			
								方陸			
						樹佑	濤				
							建輝				
			啟稪	鴻質	化猷	樹模	立彰	方泉	國峰		
								方林	利軍		
							立桃	方祖	水根		
								方戰			
						樹春	立分	方奎	林		
								燕文	型杰		
							立發				
							兵發	里明			
				鴻需	作猷	樹秀	根發	方聖	型檢		
									型猛		
								方偉			
								方軍			
							德華	方松	根英		
					微猷	樹廣	立細	方軍			
								方明			
							愛明				
							冬明				
							立運				
						樹梨	立貴	海民	型望		
								海軍	文祥		
							立遠	學明			
								學鋒			
					壯猷	樹枚	羅佑	方年			
							細花				
							小明				
						樹林	立奇	方勛			
							繼遠	方軍			
							立山	柏高			
				作梅	舒猷	樹蒼	立英	紅奇			
								紅戰			
							立愛	方禮			
						樹橋	立壽	方斌			
							立桂	方明			
								方亮			
							立文				
							立兵				
						樹球	立建	方檢			
								方偉			
							立林	方海			
							立如				
							立紅				
					瑞猷	樹懷	光榮	方艷			
								方明			
							立厚	方里			
								方勇			
							立茶				
							立濤				
		善生	啟平	鴻鐳	濟猷	樹揚	立活	方宗	型萍		
									型正		
							友富	再揚	型強		
									型良		
								明揚	型根		
									型新		
								桂楊	型平		
									型可		
						樹梧	友發	方華	型江		
							恩壽	方運			
								方軍			
							冬云	亮國			
						樹檢	慶云	禮楊	型勇		

34	35	36	37	38	39	40	41	42	43	44	45
家	元	善	啟	鴻	銘	樹	立	芳	型	裕	
									型飛		
								小楊	型明		
								石楊	祝艷		
							祥云	運楊	建洪		
								勝楊	國洪		
								海楊	型旺		
								方平	型乾		
								方文	型斌		
						樹演	先云	方建			
						樹桐	國政	方林			
								方政			
						樹方	立游	方世			
家浚	元欽	善則	啟任	鴻慮	爵猷	樹深	新全	方敬	型禮		
								方建			
							立瑞	方華			
							立堂	政維			
			啟今	源斯	厚猷	樹隆	細全	樂明	型敏		
								樂紅	型紅		
					高猷	樹箕	立庚				
							庚亮	方劍			
							庚全	方芳			
					明猷	樹算	庚云	方川			
							立常	方淼			
							立桂				
		善歸	啟謦	鴻及	敏猷	樹阮	立繼	志輝			
							立仁	方彪			
			啟節	鴻贈	汕猷	樹規	立氣	方估			
								方包			
						樹矩	立簣	方許	型志		
								方桃	方竿		
								方經			
								方云			
								方林			
							立真	方建	型晉		
									型啟		
								方斌			
								方華	型根		
							立富	方桂	型超		
								方雪			
						樹員	立容	方模	型慎		
									型虎		
								方文			
								方中			
								方鋒			
					典猷	樹材	立儀	方國	型丹		
								方田	型敏		
							立糜				
						樹桂	立民	方為			
								方國			
								方純			
								方紅			
								方平			
								方陸			
		善矩	啟式	鴻崔	堅猷	樹厚	立間				
							立遠	方芬	型逮	裕	
		善型	啟撫	鴻至	贊猷	樹松	立佐				
						樹竹	立爵	方春	型敏		
								方振	型沖		
								方高	型維		
								方寶	型俊		
							立凡	方勝	型民		
								方桂	型棋		
								方秋	型瑞		
								方達			
						樹梅	立陳	方華	型軍		
								方伏	型申		
					汲猷	樹奇	立華	方青	型鴻	裕楊	
									型萍	裕初	

34	35	36	37	38	39	40	41	42	43	44	45
家	元	善	啟	鴻	銘	樹	立	芳	型	裕	
									型華		
									型禮		
									型泉		
						樹桐	立譽	方嶺	型祿	磊	
										裕壽	
									型才		
								方明	型勇		
								方任	世群		
							立祿	方芥	型健	裕益	
						樹梓	立斌				
							立泉				
							立章	方業			
								方增			
								方芬	型善		
								方樂	型慰		
								方仁			
						樹漆	立美	方遠	型濤		
								方云	型德		
				鴻繆	勻猷	樹榛	立生	方輝	型朝	裕偉	
									型海	裕新	
								方深	型虎		
					冷猷	樹光	立涵	方玉	型興	裕	
									型隆		
								方珍	型春		
									型廣		
									型夏		
									型炎		
								方薈	型安		
									型輝		
							立松	方任	型模		
									型鎮		
								方范	型敏	裕高	
								方海	型梓		
								方江	型東		
									型南		
							立深	方燕	型書	裕菊	
										裕唐	
									型恩		
									型圖		
						樹丹	立煥	方祥			
								方鎮	型金		
									型草		
						樹振	立純	方綿			
								方橋			
							立紜	方政	型磊		
							立□	方國	型華		
									型于		
								方贛	型昌		
								方熊	型豫		
								方萍	型鍾		
									型鳴		
								方輝			
								方策			
					滬猷	樹貫	立歡	方新	型桂		
					模猷	樹楹	立伴	為均			
							立佑	方育	莎		
						樹構	立酒	方紅	型箭		
								方全			
								方棋	型嘉		
								方圓	型逸		
									型炳		
						樹杜	立項	方聲			
								方龍			
						樹仿	立□	方景			
							立富	方基			
							立法	冬萍			
		善刑	啟嵐	鴻鏇	頤猷	樹厘	立料	方趙			
						樹李	丙生	方良	型萍		

34	35	36	37	38	39	40	41	42	43	44	45
家	元	善	啟	鴻	銘	樹	立	芳	型	裕	
								方春			
								方桂			
					唐猷	樹乘	立國	方庚			
								秋明			
								運明			
						樹交	立懷	方軍			
							立明				
				鴻表	鼎猷	樹趙	立全	方林	型洛		
								方云	型陽		
								方連			
						樹修	立洪	方竹	水亮		
									型金		
								方新	型兵		
								方新	型鵬		
								方彬			
		善若	啟絪	鴻□	升猷	樹京	立相	方搖	型禮		
									型金		
								方全			
								方瑞			
								方勤			
							立干	方軍			
					辰猷	樹世	立培	會林			
								會國	型磊		
							禾全	方祥			
								方敏	型兵		
							雙全	桃春			
				鴻尾	孚猷	樹善	立仁	方亮			
								方平			
							立其	遠峰			
								遠波			
		善苑	啟純	鴻瑩	范猷	樹申	蘇中	志禮			
				鴻鈞	元猷	樹吉	立志	方萍			
								方明			
							立云	方萍			
								方建			
		善藝	啟喜	鴻瑤	咸猷	樹長	立箕	方蘭	型渝		
						樹發	立躬	方才	型維		
								方德	型宇		
								方樓	型柳		
						樹其	立斐	方中	型伏	裕明	
								方厚	型貴		
									型經		
									型強		
								方芝	型正		
							立召	桂萍	型海		
						樹祥	立有	方林			
								方生	型豐		
								方全	型猛		
						樹和	立祥				
					晉猷	樹蓄	林元	方華			
								方榮			
							立漢	方林			
					蓋猷	樹由	瑞發	朝輝			
							萍	智鵬			
							瑞新	方真			
							瑞良				
				鴻差	師猷	樹恩	立和	方池	周萍		
								方雪			
								方桂			
							立相	開明			
							立純	方榮			
				鴻錨	丕猷	樹諒	遠斌	禮羅			
			啟沃	鴻錠	瓜猷	樹淵	立前	方田			
								方偉			
							立文	方俊			
						樹日	立鋪	方金	型雨		
								方桂	型成		
								方富	齊惠		

34	35	36	37	38	39	40	41	42	43	44	45
家	元	善	啟	鴻	銘	樹	立	芳	型	裕	
								方林			
					颬猷	樹堂	立花	方樹	型亮		
					棉猷	樹巽	建勝	方松			
						新轉	建軍	禮鋒			
						新福	建曾	麗			
							建群	蔣益			
								得益			
								慶益			
							建發	方文			
								方龍			
							建達				
							立崗				
							立頗				
				榞禹	廷猷	樹流	立蘭	繼方	水安		
									偉		
							許發	述根	明建		
						樹夏	炎發	方勁			
								方均	菊柳		
							端發	方毅			
						樹掌	立芬	玉良			
							建華	曉偉			
			啟膏	鴻典	輝猷	樹任	立志	遙云	唯福		
						樹道	國強	小龍			
				鴻模	輔猷	樹興	立林	云彪	昇		
								勃			
							立球	鐵牛	佰韜		
							立清	方華			
							立訓	方浩			
					相猷	樹潢	立均	方沖			
							立海				
							立建				
					成猷	樹濤	海林	良根			
								良軍			
					賢猷	樹熙	江萍				
						樹望	晉雄				
							朝暉				
						樹增	立攀				
							屹峰				
			啟頌	鴻焱	施猷	樹北	立炎	方猷			
								方明			
							立新	方桃			
						樹蔭	立群	亮			
							立政	方昭			
					育猷	樹齊	國清	方東			
							建國	方茜			
				鴻善	迪猷	樹林	立金				
						樹敏	立永				
							立友				
					純猷	樹源	立劍	方堅			
								方勇			
							立楚	方峰			
								方斌			
							立振	許艷			
							立高	方佳			
					槐猷	樹堅	立非	方益			
						樹油	立根	方浩			
								方棋			
							立良				
							立奎				
						樹光	江沙				
						樹宜	江艷				
				鴻遠	善猷	樹義	立斌	方鋒			
							立文	方科			
							立亮	方霞			
				鴻友	粹猷	樹茲	立云	方軍			
								方龍			
							立茲				
							立放	方萍			

34	35	36	37	38	39	40	41	42	43	44	45
家	元	善	啟	鴻	銘	樹	立	芳	型	裕	
								方協			
							立胡	方友			
							立根	方建			
							立中				
							立軍				
					明猷	新才	立江				
					哲猷	樹祿	立鋒				
							立勇				
						啟才	立運				
							立華				
						冬才	立萍				
			啟緘	鴻明	國猷	樹清	立功	方浩			
				鴻旋	近猷	樹楚	立元	方宜			
							竺元	方年			
								方純			
							泉元				
							立元	方明			
							庚元	方純			
						樹業	立年	毅軍			
								毅華			
						樹极	福元	方剛			
							建元	方良			
							建國				
							建明				
							建輝				
						昌發	立曉	方管			
						惠發	芬明	方奇			
								方勇			
							石明	方珂			
						煥發	烈				
					熙輝	樹明	立軍	方影			
							立仁	麗軍			
						樹維	建國				
							立忠				
						樹良	立貴	方波			
							立均				
					陸猷	其以	立榮	方祥			
						慎發	長青				
							葚明	子達			
						樹源	長纓	芳萍			
						寶發	志國	望			
							利軍				
						新發	劍鋒				
					銘德	樹逸	京良				
					慧猷	樹瑾	顯明				
					銘懷		芳萍				
					銘盈	樹年	昭辛				
						樹元	東海				
						樹康	南山				
						樹友	中興				
				鴻吉	茂猷	樹聲	紹明	志紅			
							紹昆				
					銘榮	蓮花	軍發				
		善谷	啟子	鴻景	江猷	樹平					
			啟環	鴻秋	聲猷	樹奇	立癸	希云	型亮		
								冬發			
								庚發			
						樹知	志炎	樂斌	煜豪		
								樂祥			
							志云	月發	型強		
						樹沿	志德	方連	型林		
						樹康	志發	方平			
								方才	型虎		
								方權			
						樹桃	志國	洪萍			
								江萍			
							志其	方軍			
								方平			

34	35	36	37	38	39	40	41	42	43	44	45
家	元	善	啟	鴻	銘	樹	立	芳	型	裕	
							志正	方輝			
								方偉			
		善美	啟翠	鴻發	書猷	樹元	立新	秋輝			
								發春			
						樹利	立花	軍			
							立盛	長			
							立軍				
			啟敦	源鎰	禮猷	樹亨	立富	方優			
			啟椿	鴻所	榮猷	樹悠					
					芬猷	樹騰	立仁	方萍	鵬		
									輝		
								方慶			
								方建	宏風		
								方芝			
							立權	方華			
								方超			
						樹防	立忠	方兵	敏		
								方雪	型竹		
								方全			
								方偉			
							立福	麗			
							立明	增光			
								敬建			
		善遠	啟瑩	鴻壽	祥猷	樹貴	立奇	方燕			
		善迂	啟巨	鴻舒	台猷	樹冬					
		善充	啟宜	鴻銓	桃猷	樹哲	中華				
							瑞華				
		善齊	啟攀	鴻仃	鳴猷	樹留	理發	方萍			
								方輝			
							云發				
							冬發	勇			
							建發	江			
								郊			
							相發	帥			
		善度	啟嶙	鴻鐵	南猷	樹懋	立勇	拆			
				鴻甲	勛猷	樹南	立光	開榮			
								開國			
							立梅	建紅			
							立伏	滔			
		善彰	啟豫	鴻鈍	光猷	樹初	立秋	相林	洪亮		
									雪亮		
								方蘇	放春		
								易明	禮佑		
							立伐	中山	志鵬		
								中萍			
								中云			
								中明			
					止猷	樹生	立交	茶山	許鑫	李福	
										李龍	
									許明	福良	
									許林	福鵬	
								茶國	志宏		
									志濤		
							立瑞	茶勁	新立	戰軍	
										戰紅	
									新奇		
									許亮		
								榮來	建濤		
								榮迪	建洪		
									建波		
								榮建	志鋼		
									志良		
							立威	迪亮	宏峰	裕中	
									玉峯		
									高峰		
						樹香	立漢	芳國	迪勇	威	
									迪峰	謙	
										謹	

34	35	36	37	38	39	40	41	42	43	44	45
家	元	善	啟	鴻	銘	樹	立	芳	型	裕	
								茂勝	道林		
								伏勝	鍾		
								王良	洋		
						樹彩	立醒	國富	庚		
							立義	國華	學龍		
								戰萍	向萍		
									福根		
								國萍			
							立柏	國紅			
						樹其	立羅	建國	真望		
								建華			
								建文			
							立鳳	方軍			
		善彰	啟芹	鴻鈴	渭猷	樹祖	立斌	斌			
					淮猷	樹勛	惠明	永			
								安			
							淑松	建			
								波			
					尹猷	樹帶	立春	方年	新權		
									鳳西		
						樹訓	立明	方維			
				鴻奎	諄猷	樹輪	立國	方啟			
								方建			
								方華			
							立芬	方建			
								方興			
							立增	方才			
			啟高	鴻根	漣猷	樹輪					
				鴻鎧	炳猷	樹楫	立存	方俊			
						樹高	秋萍				
					系猷	樹彬	立華				
						樹栗	立洪	方柔			
							立放				
		善兼	啟舟	鴻望	銘寶	關發					
			啟予	鴻眉	達猷	樹奎	立維	九楊	型泉		
			啟三	鴻鉍	銘翔	樹泉	立劍				
						思明	立准				
							立策				
		善芝	啟勻	鴻成	善猷	樹眾	冬花	仲兵			
								國兵			
			啟田	鴻貼	聯猷	樹強	立震				
		善癸	啟強	鴻云	鐵猷	樹棕	立生	方竹	型兵		
								方均			
					堂猷	樹容	谷萍	許根			
				鴻高	猛猷	樹芝	立訓	方勁			
								方唐			
							立富	碧波			
								方爭			
						樹明	立榮				
							立萍				
		善俑	啟宏	鴻宴	喜猷	樹鯨	立奎	紹群			
						樹木	立榮	方萍			
								方榮			
							立全	方根			
							立新	亮			
						樹	立責				
							立福	方恒			
						樹坤	立清	方春			
			啟神	鴻繩	藉猷	樹璋	立淇	方志			
						樹常	立民				
						樹喜	立文				
							立龍				
						樹能	立虎				
						永壽	立鳳				
						樹清					
		善謀	啟繁	鴻圖	烟猷	定昌	志成	羅全	輝萍		
								關全	毅		
						迎昌	立江	方海	鵬		

34	35	36	37	38	39	40	41	42	43	44	45
家	元	善	啟	鴻	銘	樹	立	芳	型	裕	
								方奎	雄		
								方炎	思維		
								方淼			
					聯徽	俊昌	立郭	伯涵	宗元	堅	
										勇	
									丁元	鋼	
										明	
							雙				
							桃				
						福昌	立郭	仲涵	輝云		
									全明		
									繼春		
								叔函	愛連		
									愛桃		
						盛昌	立綏	明輝	宗萍	科	
									新萍	偉軍	
										柏	
									文萍		
							立廷	明輝	新萍	柏	
							立樂	方根	武		
									文		
					金徽	正昌	長發	伯云	全南		
						丙陽	連發	羅保	桂南	文中	
										新明	
								中保	國平	亮	
										敏	
									國全		
									國華		
							寶發	冬云	仲海	志萍	
										志青	
									仲明	禮材	
								光榮	包明	禮強	
									小明	帥	
								慈云	發明		
							啟發	芳云	世中		
									建國		
									建華		
					炎徽	樹容	茂花	迪輝	洪全	利兵	
										利華	
										利云	
									均全		
							仲花	澄輝	愛全	根	
									衛	帥	
									許	紅	
									全		
							紹花	如	正全	友	
									奮牛	小豹	
								方年			
					祥徽	桐花	理錫	益云	建元	良	
									建林	鳳	
									建輝	遠	
									建明	軍	
										華	
								方林	建峰	澤宇	
									迪平	洞宇	
							金錫	方蘇	定源	祥	
										彬	
										勇	
									定花	禮根	
										嬌	
									定輝		
								方良	海竹		
									海平		
									海鶩		
								金榮	海中	余	
									海平		
					增徽	源昌	正常	松寒	廣平	偉貞	
									啟平	偉斯	

34	35	36	37	38	39	40	41	42	43	44	45
家	元	善	啟	鴻	銘	樹	立	芳	型	裕	
									保平	偉堯	
								松竹	和平	偉明	
									益平	偉強	
									余平		
							立嚴	松青	柏平	志軍	
										志強	
									福萍	放	
							立優	松和	學萍	慶華	
										慶國	
									建萍	理	
									德萍	斌	
									宗萍		
								松南	壽萍	根明	
							立茶				
							立亮				
		善謀	啟恒	鈞	思勤	樹鰲	立道	方宇	型建		
									型堅		
								方丹	型春		
									型明		
						樹蕃	立遠	方遠	檢發		
								方萍	橋發		
									久發		

34	35	36	37	38	39	40	41	42	43	44	45
家	元	善	啟	鴻	銘	樹	立	芳	型	裕	
									丁發		
								方淼	型祥		
					銘球	樹云	立磐	開先	喬平	夏輝	
									選平	華軍	
									利平	石磊	
								征遠	型勃	裕雨	
						樹鎮	立儀	方繼	壽萍	裕軍	
								方福	----	裕續	
								國榮	望萍		
									易豐		
							友蘭	方燕	型良		
									型兵		
				金梯	綉平	灿賢	立世	方波			
						稻香	立貴	方國			
								方衛			
						鈍庵	立森	方灼			
						樹基	岳干	饒萍			
								饒明	東隆		
							立恒	方里			
								方勝			
						樹朝	立平	方誠			

38	39	40	41	42	43	44	45
鴻	銘	樹	立	方	型	裕	
	玉屏	石安	立寬	方川	日賓	波亮	
					東實	格林	
				繼才	必平		
				繼國	型建		
					型停		
			覲年	方義	金國		
					金文		
				繼群	福春		
					福明		
				繼可	聖林		
				繼平	治國		
				繼光	招明		
					耀明		
				繼仁	玉峰		
				繼忠	嬌		
					偉		
				繼明	德		
			慶伯	繼常	正儀		
				繼理	正華		
			立炎	繼高	型義		
			立軒	仁國	型恩		
		頤真	鶴松	濟寧	凌軍		
				齊偉	型政		
					型奕		
				濟淳	實軍		
				濟平	波平		
				濟釗	雅		
			湘松	曉亮	程		
			楚松	方果	雯		
				方憶	諧		
			蜀松	方領			
	書紳	孟達	立術	開敏			
				明敏			
		圖九	新華	暉良			
				春華			
			立王				
			立仲	蔓里			
	巽	淇元	乾光	中保	許萍	禮深	
					許泉	禮根	
					許生		
				清美	天平		
					海平		

38	39	40	41	42	43	44	45
鴻	銘	樹	立	方	型	裕	
				清文	中平	裕羅	
			立信	方定	型刪		
					型鳴		
					型美		
				海明	根明		
	離	錦云	立泰	繼康	俊波		
			天俊	繼平	禮佑		
			慶祝	繼秋			
				繼學	型茜		
			慶福	繼鑫			
	坤	福九	立全	小虎			
			立年	方明	型林		
			立中	方仁			
				方池			
				方育			
	錢蓀	致中	學年	荷珍	茜		
				明輝	呂華		
				建良			
		樹胡	慶祥	群菊	型亮		
		樹夫	立彤				
鴻業	垂	兆光	立林	元寶	型良		
			立仁	進福	根良	裕坤	
					來民		
				進祿	型建		
					建華		
				方才	型亮		
		樹禮	立光	方盒	型根		
					型云		
				方忠	型禮		
					型平		
				方如	型銘		
		樹龍	立勛	方許	型裕		
					型銘		
					型鋒		
				方猷	型林		
				方德	型年		
		樹慕	樺光	方平	編		
	垂紳	樹修	立景	方繼			
				方池			
			思中	方照			
				方鋒			
		樹的	立宜	方彬			

38	39	40	41	42	43	44	45
鴻	銘	樹	立	方	型	裕	
				方忠	祖德		
					祖貴		
				方海			
	垂緒	嘉祥	彩章	煥良	江明		
					江華		
		樹賢	立益	方勇	麗		
36	37	38		志剛			
善謀	啟菽	鴻翥		志堅			
鴻翥	銘祥	樹高	□	方花			
		樹攸	春梅	方華			
				方欣			
		樹元	亢林	方誥	建		
				方炎	根		
				方桃	友		
				方慶			
		樹芬	鑫懷	仁鋒			
			浩明	方禮			
鴻來	銘金	樹圭	立超	開花	大光	婷	
					大明	慧	
					大冬	宇	
					大慶		
					洪亮		
		樹詔	立名	開全	紹萍	裕根	
					紹凡	裕益	
				開佳	紹斌	裕林	
					紹珍	裕景	
					紋文	裕協	
		樹成	立愈	開福	紹全		
					紹輝		
					紹菊		
				開桂	紹林		
				開德	紹偉		
				方遷	紹東		
					紹華		
鴻玉	銘模	豫昌	立竹	方云			
				方偉			
	銘楹	樹官	立孔	方中	型盆		
		樹昆	立門	方全			
			立祥	方仲			
				方品			
			立稻	方其			
				方德			

38	39	40	41	42	43	44	45
鴻	銘	樹	立	方	型	裕	
			立云	方召			
	銘浩	樹耀	----	方波			
	銘沾	樹莓	包云	方勝			
		樹花	立亮	方根			
			立國	方建			
				方生			
	銘訓	樹潮	慶懷	彬奎			
			海懷	智益			
			定懷	芳歡			
		樹潯	立建	方超			
			立雪	方林			
源庶	汪猷	樹福	立灿	方保	建國		
				桂	型明		
		樹梁	立定	方國			
				方奎	鐵煇		
					檢煇		
		樹菽	立崇	方全	型福	祿柏	
				方庚	型權		
					型明		
		樹表	立鳳	方遠	型洪	祿明	
				方明	型海		
				方如	連給		
					連輝		
			立泉	方景	偉明		
		樹藝	立得	建明	海彬		
				方學	型蜂		
				宇明	型理		
		樹徐	啟慶	連發	庚良	祿道	
				和安	型明	祿雕	
	靄猷	樹歲	立福	方清	型建	裕華	
						裕國	
					型林	裕波	
					型球	裕兵	
					型輝	裕彪	
				方春	宇紅		
		樹培	遠和	方雪	型福		
				方洪	型卿		
				方裕	型慶		
				方松	型霜		
				方柏	型紫		
			立楠	高明	新才		
				曾明			
				祖明			
				伏明	型磊		
				科明			
			立杞	方亮	建波		
				方申	型軍		
				方蘇	型政		
				方均	型鑫		
	清猷	樹近	立阮	方長	型宇		
				方蛇			
			立謀	方亮	型希		
				方林	型霞		
				方東			
		樹治	立桐	方新	水勤		
				方平			
				方鳳			
		樹幹	立夫	方金	型振		
				方雄	型宇		
		樹勛	立序	方思	國鋒		
					曉事		
	照林	樹葵	立琛	方叔	浙生		
					浙成	裕波	
					建生	裕媛	
					平生	裕清	
					宣生	裕錮	
					佑生	裕堅	
				方規	星輝	裕磊	

38	39	40	41	42	43	44	45
鴻	銘	樹	立	方	型	裕	
					星萍		
				方松	型斌	裕智	
					型江	菡	
					型安	智勤	
				方茂	秋蘭		
		續言	立极	方波	繼祥	裕相	
			立海	方寧	型茗		
				方鴻			
鴻祿	銘蘭	樹勞	立珩	方文	型林	海波	
						海建	
					楚林	娜	
						女子	
					思林	海福	
						海嬌	
					艷林	裕雪	
				方祥	建宇		
					宇杭		
			立才	方全	鳳林		
					輝林		
					招林		
		樹咸	立遷	定生	型堅		
				林生	型祥		
	宏猷	樹葱	立圓	文發	繼紅	裕勇	
	繩猷	鍾昌	壽云	學勛	正益		
				學林	鵬		
				立敬	華鋒		
	勻猷	樹幟	松云	明庚			
			柏云	立福			
			常云	方群			
銘球	諾猷	樹熏	永林	方忠			
				祖安	型柏		
				方新	紫勇		
				定祥	子暉		
			仁林	方檢	柳		
				友良	刪		
					乎		
				方良			
		樹昌	立竹	文軍	型鵬		
				文中			
36	37	38	立恒				
善謀	啟翰	介春	立義	奎			
介春	銘恭	樹几	立貴	方松	亮明		
					利明	小軍	
					昭明		
					永明		
					光明		
		樂群	立模	方天			
		自存	立民	方茂	型鋒		
					堅		
				方兵	浩		
	銘閣	保危	立肅	方相	型德		
					型星		
				永平	型梓		
				永全	型輝		
			立思	永益	型銘		
				永亮	型陰		
					型光		
		華昌	立章	永安	慧群		
				永良	型福		
					型永		
				永強	型桑		
		佑值	立鋒	永昆	型昭		
					型衍		
			力文	方世	型流		
				方奇	明琳		
			漢文	方昌			
	銘珍	執圭	立威	群宏			

38	39	40	41	42	43	44	45
鴻	銘	樹	立	方	型	裕	
				建萍	琨		
		叔輝	立祥	方哥	作琳		
				文豪	申		
				正宇			
		季輝	立高	建平	子雪		
					檢峰		
				建青	型平		
				建庄	百峰		
			立卓	方建			
				福平			
	銘泉	光遠	立國	王明			
	銘慎	季龍	立鼎	宏			
				建			
			昌文	松祥	榮		
				永祥			
			禮文	戰團			
			介文	慶益			
				國益			
鴻鋸	汾猷	永昌	連桂	方流	宏發		
36	37	38		方清	型達		
善周	啟瘦	鴻鋸			型連		
善言	啟明	鑫		方海	型水		
		鴻琪			型龍		
		源緩		方詳	型亮		
		青昌	立飛	方躍	型林		
				文斌			
鑫	訣猷	樹鵬	立朝	建國			
鴻琪	允猷	樹址	立墉	槐生			
				云生	望長		
	贊猷	樹肅	立沅	方龍	型建		
			立利	方明	型朝		
鴻緩	渤猷	樹岌	立嶂	方達	型包	旭	
					型發	羅根	
					金鳳		
					金發		
	起佑	樹生	立桃	方法			
				方艷			
			立榮	麗			
		樹友	立知	方寧			
		樹仁	立宗	田力			
				若萍			
	友德	樹彪	立宏				
	起良	樹昌	立建	方帥			
35	36	37	38				
	善昕	啟翔	源嶺				
	善冕	啟元	鴻經	鴻崇			
		啟峨	鴻翊				
	善曙	啟程	鴻昌	鴻鍉			
		啟頌	鴻盾				
	善曦	啟棠	鴻帝				
	善愷	啟梯	鴻壽				
		啟梧	鴻鍛	鴻皇			
	善的	啟榕	鴻泉	鴻鏘			
		啟塘	鴻英				
	善昉	啟眉	鴻泥	鴻睦			
		啟僚	鴻裴				
	善卓	啟台	源臣				
鴻齡	萱猷	樹喜	——	——	型仁		
鴻經	勛猷	樹薯	立藩	方平	型竹		
					揚		
				方敏			
鴻崇	魏猷	樹麗	立穆	方明	型君	裕濤	
					型偉		
					型春		
		樹杞	立久	方彩	型福		
					型發	裕萍	

38	39	40	41	42	43	44	45
鴻	銘	樹	立	方	型	裕	
			立志	光生	亮		
		樹杰	立洪	方云	型紅		
					型勝		
				方軍			
		樹郊	立平	志凱	嘉偉		
				志勇	博		
			立鵬	方志			
				方國			
			立群	勇航			
				勇忍			
			立昭	方毅	利峰		
			立庄	巍			
		樹杰	立良	方年			
				方友			
				方存			
		樹洮	立勤	方初	型康		
				志樂			
		樹芙	立梅	方強			
			立云	方	型濤		
				彪	兵		
				良			
		樹鼎	池可	萍			
				軍	彬		
				彪			
	靖猷	樹池	立興				
	艮猷	樹璠	立登	方春	型鋒		
					型鳳		
				方圭	型伏		
				方能	型亮		
					型華		
			立和	方云	型泪		
				方偉			
	頌猷	樹葭	立倹	斌輝	中亮		
					國亮		
			立興	方輝	型洪		
				方國			
				方球			
	情猷	樹質	立朝	方騰	虹		
				方樹			
				方貴			
源翊	銘書	樹國	立清	益國	朝暉		
				雙桃			
			立午	抗美	姍姍		
				光軍	欽		
			立月	仁方			
				宋			
			立屏	利勞	金城		
				丁芳			
			立崙	軍	佳		
				波	泓		
				濤			
				虎			
			立陽	麗日			
				新程			
	銘盤	樹苔	立星	建方	朝軍	裕發	
					朝虎		
		樹庄	立臣	國良	剛		
					朝		
				國其	江		
鴻昌	嵐猷	樹東	立□	方平			
鴻鍉	承猷	樹村	立任				
鴻盾	槐猷	樹騰	立瓊	方林	型佳		
				方庚			
			立保	方林	型佳		
	佐猷	樹靜	立冠	方全			
				方蓮			
			立衣	方平	型毛		
鴻帝	緒猷	樹旦	立繼	石福			

38	39	40	41	42	43	44	45
鴻	銘	樹	立	方	型	裕	
				禮福			
鴻壽	玩猷	祖林	立禮	禮根			
			立鳳				
	灘猷	樹思	竹生	明華			
				方躍			
			竹軍	方濤			
		樹泰	立堅	明春			
				明桂			
			立存	明光			
			立忠	明亮			
			立偉	明嘗			
		樹思	立明				
			立斌				
		樹郁	立宗				
			立帥				
			立新				
		樹信	立勇				
		樹建	立宋				
鴻鍛	梧猷	樹義	光佑	小敏	王路		
					小華	姍	
					小輝		
				桂生	小鳳	波	
					小勤	帆	
					小清	江	
鴻皇	年猷	樹杏	立鳳	夏萍			
		樹軍	宜輝				
鴻泉	儒猷	樹龍	全生	方朝			
鴻鏘	銘鐸	樹仟	立譯				
		樹候	道國	方玖			
				方東			
			立生	方毛	型攀		
				方宏			
			立瑞	肅萍			
			道存	方往	型望		
					志干		
			道靖	方偉			
				方東			
		豪才	道年	方萍			
				方許			
		樹塘	道奎	方禮			
鴻英	享猷	文珍	立云	方樂			
			立純				
	志猷	樹村	立任				
	新猷	樹華	立安				
鴻泥	國猷	樹宗	石虎	建			
				龍			
			海云	志祥			
				志應			
鴻睦	楫猷	樹坑	石奇	方春			
			春奇	方穎			
			園奇	禮			
				賽			
			方奇				
			軍奇				
鴻裘	棕猷	樹竦	羅云	漢純			
			石云	龍輝			
				波			
			中云	玉金			
			芝云	高紅			
鴻臣	盛猷	樹保	萬生	方竹			
				方斌			
			金生				
鴻求	园猷						
	洛猷	樹茧					
源澤	啟猷						
鴻燮	迪猷	樹緙	國云	海豐			
			存云	彭旺			
				彭沖			

38	39	40	41	42	43	44	45
鴻	銘	樹	立	方	型	裕	
			佑云	彭江			
				彭林			
			水林				
		樹如					
		樹冠	國忠	彭文			
				彭華			
			國祥	彭深			
			國萍	彭仕			
			國純				
源助	元猷	樹玉	立聖	芳勝	型文		
					型武		
				芳萍			
				方強			
		樹徐	立中	芳琪			
			立華	芳洲			
				方揚			
			立和	方俊			
			立鳴				
		樹作	立賢	方斌			
		樹松	立明	芳華			
			立志				
			立富	芳義			
			立貴	芳根			
			立相				
	德猷	樹英	立楊				
			立洲				
		樹才					
	壯猷	樹茂	立鵬				
		樹林	立翔				
			立材				
		樹禎	立學				
		樹祥	立成				
鴻壽							
鴻運							
鴻才	緒猷	蘭香	立繼	芳承			
鴻開	銘猷						
	銘臣	樹梯	立昌	方建	彭銘		
					彭冬		
					利發		
					友發		
				方清	春發		
					長發		
				方堯			
				方錦	桂發		
					九發		
					彭發		
					彭波		
				方林	權發		
				方明	禮發		
			立美	方卿	中堯		
					中舜		
				方仁	中禹		
			立盈	方全	彭勇		
				方桃	彭堅		
				方林	彭洋		
				方林	彭洋		
				方益	彭強		
					彭敢		
			立奎	方波			
				方維	曉鋼		
鴻駢							
鴻驥	銘誼	樹麟	開龍				
鴻學	崇猷	樹勝	立全	彭剛			
	兼猷	樹瀾	立招	方慶			
鴻能							
鴻泳	守猷	樹鋒	俊宏	彭燁			
			俊春	振庭			
	規猷	樹方	立明	彭吳			

38	39	40	41	42	43	44	45
鴻	銘	樹	立	方	型	裕	
			立漢	方濤	彭旺		
				方波	彭興		
				思明			
	宴猷	樹桃	立奇	彭亮			
			立楚	良青			
				彭□			
	安猷	樹節	向萍				
			向軍				
			向林				
		樹萍	江明				
鴻湟							
鴻鳴	鏡猷						
鴻材	修猷						
	惠猷	樹清	彭安				
			彭湖				
			彭有				
	祭猷						
鴻森	矩猷	樹招	建云	方冬			
				方奎			
			振國	方萍			
				方華			
鴻膏	錫猷	樹斌	光連	芳軍			
				芳權			
			立萍	彭學			
				彭朝			
	美田						
	陛猷	樹貽					
		樹海					
		樹芹	明生	彭剛			
	昂猷	樹兮	立和	檢明			
				方林			
			士均	檢發			
				庚平			
		樹斌	年生	方萍			
				偉萍			
				海萍			
鴻瑞	銘萁	樹綿	頌萍				
			巧萍	禮萍			
			安萍	泗水			
			念萍				
		樹延	建朱	彥霖			
			建希				
		樹迪	素林	彭登			
			春林				
			松林	彭波			
鴻宴	銘萁	樹瓜					
鴻本	祖猷	樹彬	立蛟	方志			
				方建			
				方根			
			立述	彭科			
				彭興			
鴻仁	麒猷						
	承猷	樹國	建萍				
			建軍	彭麒			
鴻智	銓猷	小云					
源信	乾猷						
	歷猷	戰明					
		放明					
		德明	彭檢				
		友明	彭洋				
	享猷						
	滋猷	理民	彭康				
			彭中				
鴻義	震猷						
	輔猷	樹民	立敏	彭樺			
			立志				
鴻禮	徒猷	樹民	志暉				
鴻霖	秉猷						

38	39	40	41	42	43	44	45
鴻	銘	樹	立	方	型	裕	
鴻芬	馥猷						
鴻尉							
鴻霈							
鴻霖	恢猷	佑中	思新				
鴻電	華猷	樹滋	啟良				
			啟全				
鴻商	鶴猷						
鴻旺	羽猷						
鴻樂	恢猷	佑中	思明	文福			
鴻矣							
鴻裕	穗猷	樹鈿	建壯	彭敏			
鴻裕	穗猷	樹鈿	建雄				
鴻禧	恒猷	樹陽					
鴻禧	集猷	樹陽					
鴻禧	源猷	樹實					
鴻樂	恢猷	佑中	思明	文福			
鴻麻	歌猷	樹樟	素雄	彭升			
	豐猷	樹樟	素雄	彭炎			
鴻正							
鴻棣	海猷	樹龍	立展				
			立將				
鴻泉	鳳猷						
	建民	志翔					
鴻丹	猷文	春林					
	放冬	彭翔					
	美生						
鴻霓	深猷	樹升	彭亮				
		樹安	立國				
	鳳猷						
鴻實	放竹	彭忠					
	放明						
鴻秋							
鴻梅	猷芝	志強					
鴻恒	自冬	彭建					
		彭策					
	自生	彭勇					
鴻恒	自民	光亮					
		光遠					
	海猷	樹鳳	立望				
		樹祥	立順				
鴻俱	接猷	樹熏	立林	禮秋			
			海發	禮宣			
			水發	光永			
鴻賓	士猷	樹英					
		樹雄					
		樹豪					
		樹崖	安民	彭冬			
				彭震			
鴻于	祜猷	樹虎	忠花	彭葵			
	云猷	樹謀	立春	偉林			
			立清	彭鴻			
	蟄猷						
	星猷	正文	瑞高	彭奇			
			啟根				
		振文	花根				
	近猷	樹貴	勝發				
鴻云	翰猷	樹周	立烽	彭波			
			立光	光忠			
			立明	方飛			
				方泉			
			立朋				
			立福				
			立安	方君			
			立萍	彭杰			
	定猷						
	鳳猷	樹舟	萍喻				
	暢猷	建萍	彭強				
鴻通	會猷	關生	海明				

38	39	40	41	42	43	44	45
鴻	銘	樹	立	方	型	裕	
			海波				
			海華				
	迪猷	開生	甲林				
		啟生					
	芳猷	小軍					
		小偉					
		小強					
鴻泰	財猷	樹田	林峰				
	常猷						
	榜猷	樹陽					
		樹海	松林				
			松山				
鴻儀	占猷						
	田猷						
鴻育	花猷						
鴻福							
鴻藏							
鴻斌	汝猷	樹武					
	甲謀	樹斌					
		樹敏					
鴻美	志謀						
鴻銘	解謀	樹桓					
		樹全					
	德謀	樹云	立高				
		樹其					
		樹觀					
鴻祿	其謀	樹松					
	勇謀	樹柏					
鴻文	猷寨						
鴻連	猷勇						
源裁	絮猷	樹數					
	萬猷	樹數	立佑				
			立競	芳林	型年		
				芳傅			
鴻纖	法猷						
	輪猷						
鴻轅	銘動	樹璜	立旺	芳總			
				春秀	型生	裕磊	
					型高		
	旦猷	樹琛	立日	芳秋	型務		
				芳止	型華		
					型波		
				芳理	型松		
				芳堯	型江		
				芳良	型玉		
			立杰	芳炎	江漆		
		樹珂	立逢	芳梘	型海		
					型濤		
				芳洲			
			立衢	芳志	型羅		
		樹瑞	立忠	芳輝	敏		
	欣猷	樹環	立意	芳耀	型華		
					型偉		
				芳峰	型軍		
				芳悅	型章		
			立璉				
		樹珩					
		樹球					
		樹琻	立云	芳騰			
			立煥	芳龍			
	湯猷	樹瑛	立曾	芳桃	型萍		
				芳萍	型紹		
					型波		
				芳龍	型禮		
				芳爐			
		樹玕	立閔	芳斌	型林		
				芳遺	型虎		
		樹琥	立峰	芳春			

38	39	40	41	42	43	44	45
鴻	銘	樹	立	方	型	裕	
				芳冬			
				芳華			
	翕猷	樹瓊	立雄	芳枝			
				芳昌			
			立鷹	芳陽			
				芳會			
			立翔				
			立翱	芳西			
		樹□	立宗	芳波			
				芳洪			
			立福				
			立壽				
			立往				
鴻詡	金猷	樹璋	立梭	芳前			
				芳偉	型純		
					型文		
					型民		
				芳花			
				芳篤	型林		
			立魯				
			立幹	芳中	型柏		
					型柳		
			立吾	芳頌	型勇		
				芳楊	型輝		
				芳兆	型彬		
鴻渚	招猷	樹瓊	立攀	芳宇	型平		
			立台	芳楊			
	技猷	樹瑛	立桔	芳堯	型禮		
					型福		
				芳美	型根		
					型軍		
					型正		
				芳合	型朝		
				芳光			
			立奇	芳余			
				芳騰	型發		
			立康	芳扶	型敏		
				芳持			
		樹瑰	立□	芳璃	型楊		
				芳玻			
			立祥	芳衛			
		樹琨	立剩	芳球	型堅		
				芳雷	型爐		
				芳電	型維		
			立全	芳禹			
				芳舜	型協		
				芳堯	型冬		
				芳周			
			立寧				
			立冀	芳希			
				芳望			
				芳游			
			立祥	芳道			
				芳甫			
				芳庭			
鴻遵	技猷	樹珍	立述				
			立究	芳福	型禮		
				芳壽			
			立邦				
			立森	芳啟			
		樹常	立金	芳桔	型波		
				芳春			
				芳伏			
			立桂	芳冬			
				芳叔			
			立礦	芳鈺			
			立波	芳亮			
				芳志			

38	39	40	41	42	43	44	45
鴻	銘	樹	立	方	型	裕	
	扶猷	樹璨	立隆				
		樹瓊					
		樹珠					
	持猷	樹瓏					
		樹總	立余	方國	型云		
	挾猷						
	澍猷	樹珊	立础	芳維	型遠		
				芳勇	型珊		
				芳雄	型貴		
					型明		
				芳來	型福		
				芳春	型虎		
				芳高			
			立昌	芳庚	型貴		
				芳石			
				芳友	型輝		
				芳文	型偉		
				芳如	型祥		
					型林		
				芳純			
			立峰				
			立綱	芳祖	型康		
					型詳		
				芳華			
				芳題	型福		
					型亮		
		樹瑚	立隆				
		樹璠					
	微猷	樹璃	立豫	芳晋			
				芳平	型晨		
		樹階	立荊				
			立若	芳純			
				芳維			
			立球	芳花			
		樹玢	立成	芳兵			
			立萍	芳雨			
				芳政			
			立和	芳華			
			立軍				
	毅猷	樹林					
		樹玎	立揚				
		樹黎	立良	芳軍	型超		
				芳勇			
				芳堅			
				芳萍			
			立政	芳斌			
				芳峰			
				芳強			
			立經	芳云			
				芳宇			
			立龍	芳宏			
				芳鋒			
		樹生	立榮	芳紅			
				芳偉			
			立斌	芳志			
			立福	芳益			
				芳其			
			立清	芳佳			
				芳鵬			
		樹質	立祖	芳洋			
			立華	芳優			
				芳健			
			立建	芳安			
			立群	芳順			
			立寒	芳泰			
				芳意			
		樹寅	立萍	芳翔			
			立虎	芳毅			

38	39	40	41	42	43	44	45
鴻	銘	樹	立	方	型	裕	
	定猷	樹琪	立宣	芳林	型巧		
				芳遠	型忠		
			立輝				
		樹夫	立康	芳純			
				芳靖			
				芳淵			
		樹玥	立遠	芳苛			
				芳杰			
				芳望			
			立萍	芳敏			
		樹瑛					
		樹泉	立梅	芳林			
	定猷	樹泉	立分				
			立萍	芳華	型水		
	任猷	樹瑚	立鈺	芳盛	型明		
			立億				
			立萬				
			立安	芳洪			
			立均	芳玎			
				芳質			
鴻轍	松猷	樹玻	立慮	芳虎	型高		
					型偉		
				芳遼	型建		
					型濤		
			立教	芳灼	型春		
				芳奎	型億		
				芳明			
				芳海	型閏		
			立育				
		樹玫	立晴	芳中	型華		
					型峰		
				芳清	型輝		
					型榮		
				芳楚	型瑋		
				芳解	型金		
		樹光	立契				
			立象				
		樹琛	立莘				
		樹瑤					
		樹琅	立像	芳芬	型仁		
					型萍		
		樹琉	立詳	芳元	型中	裕敏	
					型華		
				芳冬	型云		
					型兵		
					型芳		
				芳竹	型江		
			立孝	芳詳	型軍		
				芳池			
				芳恒	型濤		
				芳亳	型帥		
			立弟	芳柏	型鄧		
					型金		
			立廉	芳漢	型清		
					型明		
				芳云			
				芳高			
				芳萍			
		樹理	立綿	芳琛	型斌		
鴻申							
鴻佑							
鴻壽							
鴻干	邵猷	樹柳	立傳	芳潮	型忠	裕振	
					型虎		
鴻松	秉猷	樹馨	立庚	芳居	型建	裕博	
					型春		
				芳潮			
		樹春	立萎				

38	39	40	41	42	43	44	45
鴻	銘	樹	立	方	型	裕	
鴻毛	稅猷	樹生	立晃	芳林	型烱		
					型根		
				芳良			
鴻翼	卓猷	樹荃					
鴻艇	矜猷						
鴻輝	嫩猷	樹療					
	戰猷	樹壽					
源諤	基猷	樹給	立周	芳順			
				芳存			
鴻花	琪猷	樹人					
鴻陶	偟猷	樹乾	立禮	芳央			
			立兆	芳調	型萍	裕戰	
				芳生	型中	裕鳳	
						裕虎	
						裕超	
					型金		
				芳明	型芳		
				芳理	型劍		
鴻香	焰猷	樹緒	立呐				
			立求				
			立東	芳明			
				芳存	型魯		
					型珊		
				芳全	型虎		
				芳萍	型號		
				芳彬	型高		
		樹春	立衍	芳劍			
			立器	芳忠	型春	裕鋒	
					型洪		
				芳文	型教		
					型偉		
				芳林	型勇		
					型慶		
				芳建	型志		
鴻行	耿猷	樹微					
鴻□	許猷	樹□					
鴻祀	厥猷	樹剛	立先				
	茧猷	樹□	立從	芳愛			
鴻斯							
鴻陣	記猷	樹					
	崑猷	樹終	立狩				
		樹尘	立文	芳松	型海		
				芳明	型明		
					型春		
	級猷	樹含	立規	芳品			
			立矩				
			立圓				
	慶猷						
鴻池	燕猷	樹腆					
		樹陵					
鴻汀							
鴻郇	畹猷	樹□	立榮	芳軍	型貴		
鴻賀							
鴻郜							
鴻浦	有猷	樹績					
		樹志					
		樹戌					
		樹几					
		樹愁					
		樹倦					
	魁猷	樹民					
		樹尋					
		樹緯					
		樹飈	立懷	芳國			
		樹陂	立清	芳懷			
			立洪	芳福			
				芳貴			
		樹收					

38	39	40	41	42	43	44	45
鴻	銘	樹	立	方	型	裕	
		樹濯	立健	芳泉			
				芳亮			
				芳偉			
			立銳	芳輝			
				芳明			
				芳仲			
			立鋒	芳毶			
				芳初			
			立全	芳棵			
			立鉆				
			立霖	芳航			
			立礦	芳帆			
	雙猷	樹般	立淼				
	基猷						
	第猷	樹約	立泉	芳梅	型華		
				芳聖			
	余猷	樹音					
	賓猷						
鴻灿	樹陌	立根	芳忠	型文			
				型雪			
			芳均				
			芳志				
	照猷	樹院					
鴻文	首猷	樹瀛					
	祿猷	樹□	立伏				
			立賓	芳香	型軍		
					型敏		
					型新		
				芳高			
			立革	芳柏			
			立炳	芳荼			
	無猷						
	模爽	樹珀	立雄				
			立書	芳高			
	模望	樹瀛	立猷	芳樽			
鴻案	仁猷	樹陵	立巍	芳凡	型磊		
				芳強			
	水猷						
鴻翀							
鴻覚	水猷	樹限					
鴻年	諒猷						
鴻熙							
鴻詞	其說	樹隄	立憤	芳海			
				芳萍	型登		
				芳福			
		樹特	立本	芳萍			
			立務	芳潮			
				芳星			
		樹悅					
	葛猷						
鴻宇	銘猷	樹隨	立婁				
			立剛	芳建			
				芳科			
			立亮	芳檢			
			立輝				
		樹霄					
		樹康	立岩				
			立明				
			立峰				
			立國				
鴻理	興猷						
	調猷						
	萼猷						
鴻昌	流猷	樹□	立朝	芳生			
				芳義			
	堂猷						
	頻猷	樹□	立明				
鴻烈	稟猷	樹用	立松	芳勇			

38	39	40	41	42	43	44	45
鴻	銘	樹	立	方	型	裕	
			立建	芳智			
		樹才	立林	芳洋			
				芳虎			
			立紅				
	硬猷	樹兼	立建	芳禮			
			立忠				
			立良				
		樹宏	立萍				
		樹豪	立萍				
		樹杰	立輝				
		樹敏	立金				
			立華				
		樹道	立仕				
			立晨				
		樹才					
	銘陽	樹聖	立華				
			立繼				
		樹紅					
		樹威	立能				
		樹學					
鴻仲	擊猷	樹炎					
	蘭猷	樹昂					
	蟬猷	樹精					
	平章	樹罔					
		樹炎	立友				
		樹陪	立明	芳廣			
				芳可			
			立國	芳欣			
鴻郭	慶猷	樹桓	立斌	芳炎	型萍		
					型鵬		
				芳青	型馨		
鴻隨	祝猷	樹梁					
	銳猷	樹權	立圖	芳往	型戰		
					型捷		
			立旌	芳福	型晶		
				芳裕	型繆		
			立發				
鴻匡	諶猷						
	葭猷						
	課猷						
	葺猷						
鴻振	諏猷	樹廷	立尾				
			立科				
		樹美					
		樹純	立夢	芳長	型羅		
		樹福					
	荃猷	樹先	立德	芳禮	型建		
				芳相	型水		
				芳石	型峰		
				芳安	型兵		
				芳根	型志		
					型勇		
					型勇		
鴻逋	斗猷	樹瀛	立室	芳庭			
				芳閏			
鴻頡	綠猷						
	樂猷	樹悅	立內	芳嘉			
			立香	芳嵩			
鴻遺	□猷	樹烈	立開	芳何	型庚		
			立枝	芳祖	型國		
				芳宗			
				芳流			
		樹在					
鴻臧	侯猷	樹庚	立萌				
			立開				
			立山				
	猷	樹億	立特	芳徽	型威	裕賢	
		樹昌	立黨	芳龍	型凌		

38	39	40	41	42	43	44	45
鴻	銘	樹	立	方	型	裕	
			立續	芳新	型曉		
					型春		
				芳仁	型輝		
					型軍		
		樹防	立黨				
			樹茂	立霆	芳剛		
				立蓬	芳勇		
		樹崇	立珏	芳乾	型正		
				芳元	型興		
				芳亨			
				芳利			
				芳貞			
			立玎	芳球			
				芳倮			
鴻郢	責猷	樹屭	立侶				
			立徨				
鴻□	勤猷	樹同	立角	芳文	型軍		
					型斌		
				芳魯	型聰		
			立元				
			立房	芳冬			
				芳裕			
				芳業			
		樹達	立危	芳開	型覺		
				芳罔	型根		
				芳山	型水		
			立斗	芳優			
		樹綜					
		樹□	立胃	芳茂	型倓		
					型輝		
			立奎	芳林	型開		
					型鵬		
				芳德			
		樹侯					
	揆猷						
	宜猷	樹滅	立惠	芳國			
			立冬	芳邊			
				芳顏			
鴻迹	揆猷	樹守					
		樹翎	立婁	芳羅	型頌		
					型根		
					型建		
				芳萍	型清		
					型仁		
					型超		
				芳林	型羅		
					型偉		
				芳金			
鴻笙	奮猷	樹燔	立珍				
鴻翎	勰猷						
	加猷						
鴻湘	馥猷						
	疇猷	樹長					
鴻航	旺猷	樹崔	立招				
		樹倆	立興	芳俊			
		樹香	立望	芳許			
				芳揚			
			立清	芳譚			
鴻般	留猷	樹香					
鴻□	□猷	樹洋					
鴻迹	初猷						
	蔡猷						
鴻卒	隶猷	樹絢	立頌	芳鉭			
				芳明			
		樹崇	立輝	芳會			

38	39	40	41	42	43	44	45
鴻	銘	樹	立	方	型	裕	
			立正				
			立春				
鴻袠	宣猷	樹蘇	立龍	芳勤			
				芳招			
			立彪	芳波			
				芳萍			
				芳君			
		樹全	立監	芳亮			
				芳尤			
			立甫	芳宇			
鴻因	昊猷	樹紡	立本	芳雄			
				芳林			
				芳敬			
				芳任			
				芳陽			
			立細	芳云			
				芳偉			
鴻諭	趙猷	樹雙	立昂				
	巍猷	樹紐	立龍				
			立春				
			立萍				
	來猷	樹山	立金	芳益			
			立忠	芳民			
				芳文			
			立來	芳運			
				芳偉			
鴻紳	泰猷	樹右	立光				
			立維				
			立洋				
			立輝				
	頂猷	樹左	立詳				
		樹約	立兵	芳俊			
			立寒				
鴻勤	智猷	樹銘	立蘇	芳清			
				芳洋			
鴻濤	建猷	樹洁	立品		型林		
	玉猷	樹志	立禮	芳群			
				芳華			
		樹綸	立軍				
	菊猷	樹干	立建				
			立純				
			立文				
鴻諄	黃猷	樹盛	立才	芳衛			
				芳維			
	梁猷	樹綈	立發	芳連			
				芳萍			
				芳淼			
				芳偉			
				芳武			
	播猷	樹維	立萍				
鴻遙	光猷	樹鵠	立才	芳定			
				芳林			
鴻慈	隆猷	樹聖	立華				
		樹中	立明				
			立輝				
		樹桃	立忠				
		樹華	立龍				
			立青				
		樹冬	立佑				
		樹海	立迨				
			立輝				
	煥猷	樹年					
		樹春	立維				
		樹全					
鴻□	靈猷	樹節	立航	芳云	型根		

38	39	40	41	42	43	44	45
鴻	銘	樹	立	方	型	裕	
					型發		
				芳其	型劍		
			立仁	芳主	型炎		
					型泉		
				芳友			
				芳志			
	覺猷	樹聲	立翼	芳軍	型華		
				芳正	型敏		
				芳智	型偉		
					型明		
				芳慶	型駿		
				芳竹			
			立全	芳炳	型峰		
				芳林	型旺		
			立魁	芳如			
				芳聖			
			立分				
		樹心	立根	芳炎	型軍		
				芳油	型銘		
				芳偉			
鴻珍	性猷	樹屁	立生	芳勇			
			立政	芳偉			
		樹奐	立中				
			立明				
			立希				
		樹榮	立奎	芳健			
			立順	芳志			
			立蘇	芳波			
			立國				
鴻鈺	求猷	樹恒	立朝	芳合			
			立主				
			立忠				
			立彪				
		樹高	立忠				
		樹冬	立萍				
			立國				
鴻光	賡猷	樹筠	立志	芳水			
			立氣	芳江			
			立庚				
	綠猷	樹縵	立發	芳海			
				芳波			
		樹羊	立云	芳敏			
			立富				
			立龍				
			立明				
			立忠				
			立國				
	艾猷	樹兵	立贊				
			立秋				
鴻富	招猷	樹□	立明	芳波			
		樹云	立虎				
			立國				
			立鵬				
鴻榮	貴猷	樹明	立理				
		樹萍	立寶				
	全猷	樹望	立里				
		樹冬	立萍				
			立河				

萍鄉市腊𨑨鎮盧前村愈家坊廿二世吉叟支系

22	23	24	25	26	27	28	29	30	31	32	33
吉叟	志陞	立遵									
		立達	朝晃	涵政							
				涵理	瑞耘						
				涵雍	瑞□						

26	27	28	29	30	31	32	33	34	35	36	37
涵	瑞	高	承	家	積	慶	裕	顯	達		
涵雍	瑞□		承梁	家正							
				家月							
				家崇							
			承善	家禹	積籠	慶冥	裕郭	顯福	達光		
								顯祿			
								顯壽			
								顯喜			
							裕涇				
						慶芝	裕元	顯明	達譜		
								顯群			
								顯良			
				家衍	積桃	慶壯	裕存	顯桂			
								顯彥			
							裕仲	顯春			
								顯秋			
					積遷	慶則	裕建	顯國			
							裕偉				
							裕清				
						慶拔	裕榮	顯光			
								顯蹟			
							裕吉				
							裕夫				
				家來	積堅	慶鳳	裕堯	顯笙			
								顯建			
								顯石			
				家翱	積喬	慶雨	裕星	顯亮			
							裕紅				
							裕箕				
						慶干	裕兵	顯高			
								顯上			
							裕連	顯震			
								顯遠			
							裕種	顯平			
								顯安			
						慶怡	裕軍	顯大			
							裕璽				
							裕宏				
							裕仿				
						慶清	裕安	顯成			
							裕利	顯鷗			
							裕益				
			永煌	家腆	積統	慶課					
						慶瘭	裕新	顯軍			
							裕財	顯波			
				家肋	積白	慶□	裕富	顯生	達亮		
								顯和			
								顯華			
							裕貴	顯模			
	瑞添	高久									
		高瑰									
		高時									
		高熊	承梅								
		高望									
	瑞諧	高交									
		高照	承桂								
			承樹	家飄							
			承几								
			承圭	家洁	積寒	慶炳	裕相	顯基			
							裕俊	顯立			

26	27	28	29	30	31	32	33	34	35	36	37
涵	瑞	高	承	家	積	慶	裕	顯	達		
						慶貞	裕劍				
							裕偉				
					積菖						
		高寧									
		高春	承庶								
		高載	承藎								
			承財	家臻							
			承旺	家玫							
				家瑚							
				家類							
				家味	積秋	慶志	裕屏				
						慶能	裕學				
							裕勤				
					積飛						
		高寅	承裕	家愛	積馴	慶昆	裕升				
						慶仲					
			承竿								
			承堪	家池							
			承亮								
		高初	承晨	家飛							
			承郭	家銓	積弼						
					積系	慶炎	裕友	顯虎			
								顯龍			
							裕發	顯真			
							裕志				
							裕坦	顯康			
					積頌						
				家棋							
				家麗	積禪	慶親					
					積回	慶豐	裕懷				
						慶增	裕高				
							裕旺				
						慶庚	裕菲				
	瑞庭	高介	承勉								
			承組								
			承臣								
			承蓉								
			承玲	家緩							
				家函							
		高蔚	承饒	家造							
涵泰	瑞唐										
涵黨	瑞功	高瑩	承場								
			承鐮								
	瑞依										
	瑞松	高年									
涵路	瑞聲										
涵源	瑞權	高瓏	承暢								
		高庄	承瑛								
		高抬	承動	家蛟	積考	慶菖	裕鋼				
				家麟	積黃	慶廣	裕倩	顯武			
								顯微			
							裕珊				
							裕夏				
					積樓	慶廣	裕倩	顯武			
								顯微			
							裕珊				
							裕夏				
				家麒	積商	慶湘	裕官	顯化			
							裕陂				
						慶菽	裕宏				
						慶練	裕助				
							裕秒				
		高馨									
	瑞槐	高壽	承單	家凝	積新	慶蘇	裕旭	顯碩			
								顯雋			
						慶颺	裕蓄	顯勇			

26	27	28	29	30	31	32	33	34	35	36	37
涵	瑞	高	承	家	積	慶	裕	顯	達		
							裕國	顯斌			
							裕炯				
							裕春				
		高勳	承順								
			承懋								
			承剩								
			承鰲	家翀							
	瑞模	高斤	承相	家彪	積鵬	慶溪	裕華	顯斌	達武		
						慶郊	裕祥	顯銘			
			承接								
			承露	家滿	積頒	慶贊	裕爍				
					積泮	慶賀					
						慶賽	裕勝				
							裕烘				
					積綿	慶鑒					
						慶灿	裕召				
			承先	家風							
	瑞樞	高燔	承宗								
		高爝	承賡	家沼	積駒	慶高	裕桂	顯長			
							裕雪	顯煜			
						慶裕	裕晃	顯煌			
							裕云				
							裕邊				
						慶清	裕炫				
						慶灼	裕華				
						慶槐	裕烽				
						慶瑞	裕焰				
					積孚	慶府	裕煥				
						慶如	裕鍵				
							裕廣				
						慶東	裕言				

26	27	28	29	30	31	32	33	34	35	36	37
涵	瑞	高	承	家	積	慶	裕	顯	達		
						慶海	裕宜				
		高煌	承首	家鶴							
		高烘	承陳	家頤	積體	慶光	裕亘				
							裕耀				
						慶里	裕鑒				
			承謙	家浦							
			承模	家波							
		高榮	承首	家鶴							
涵慶	瑞幟	高章	承基								
			承醪	家筏	積孤	慶港	裕聞				
						慶梓	裕魯				
							裕泰				
							裕齊				
						慶桔					
			承旦								
			承岐								
	瑞梁	高慈	承齡								
			承吉	家椎	積衢	慶模	裕林	顯春			
								顯榮			
							裕勇	顯素			
							裕育	顯堅			
						慶德	裕聰	顯琿			
							裕捷	顯洲			
								顯瀾			
		高周	承鈺								
		高□	承曙								
			承芰	家孟	積銀	慶灝	裕亮				
						慶峧	裕登				
						慶維	裕更				

26	27	28	29	30	31	32	33
涵	瑞	高	承	家	積	慶	
	瑞梁	高鑾	承升				
			承猷				
		高春	承蕚				
		高綏	承點				
		高郎	承丹				
	瑞榷	高然	承受				
			承清				
			承旺				
			承呈				
			承玉				
			承谷				
		高嘉	承乾				
			承冬				
			承敦				
		高兆	承峰				
			承舉				
		高盈	承藹				
			承秀				
	瑞材	高彰	承里				
			承吾				
		高昕	承管				
		高蒿	承風				
			承緒				
			承番				
		高同	承姓				
涵慶	瑞櫟	高融	承午				
			承南				
			承藻				
			承宜				
		高輝	承蕃				
			承香				
		高心	承才				
			承獻				

26	27	28	29	30	31	32	33
涵	瑞	高	承	家	積	慶	
			承康				
			承豐				
			承瑩				
			承英				
		高立	承其				
			承生				
			承呈				
			承起				

29	30	31	32	33	34	35	36
承	家	積	慶	裕	顯	達	
承猷	家仁	積義	慶禮				
承丹	家慧	積滄	慶雪				
			慶冰	裕經			
				裕緯			
			慶豐	裕希			
		積瀛	慶潮	裕凱			
			慶鯨	裕旋			
			慶鴟	裕素			
			慶礁	裕奕			
			慶島	裕釗			
承受	家儀	積鑒					
	家黽	積畣	慶森	裕草			
			慶迪	裕栓			
			慶威	裕晁			
	家衷	積綸	慶晃	裕馗			
				裕固			
承清	家和	積拯	慶泰	裕頌			
				裕祝			
			慶鼎	裕緬			
		積益	慶滇	裕感			
		積謙					
承呈	家觀	積黼	慶塢	裕耿	顯志		

29	30	31	32	33	34	35	36
承	家	積	慶	裕	顯	達	
			慶圻	裕洽	顯緣		
				裕狹	顯民	達龍	
					熉材		
					顯亮		
					顯發		
				裕崗	顯聖		
		積黻	慶艮	裕才	顯勇		
					顯勉		
				裕干			
			慶坦				
			慶坻				
		積弁	慶乙	裕朝			
				裕礦			
			慶覽	裕展			
承玉	家愷	積流	慶章	裕巨	顯龔		
				裕匡	顯龐		
		積質					
		積金					
	家韶	積郅					
		積都					
	家當	積詞					
		積阡	慶和	裕濤			
				裕賽			
			慶睦	裕比			
承谷	家當	積讓	慶莉	裕協			
承乾	家疇						
	家修	積官	慶發	裕青	顯喬		
				裕波	顯叙		
	家祉	積倉	慶粵	裕猛			
			慶皖	裕簡			
				裕紀			
				裕瑜			
			慶鄂	裕勁			

29	30	31	32	33	34	35	36
承	家	積	慶	裕	顯	達	
			慶浙	裕計			
承數	家煌	積鋌	慶黔	裕以			
				裕益			
承乾	家疇	積磷	慶福	裕陶			
				裕渤	顯耘	達鑠	
						達照	
					顯耕		
					顯耦		
				裕拓	顯稼		
					顯稱		
					顯秩		
				裕排	顯阜		
				裕吝	顯鼎		
			慶臻	裕奎	顯仲		
					顯允		
					顯勃		
				裕受	顯帆		
		積恭	慶輪	裕龍	顯憒		
					顯熾		
					顯念		
			慶軿	裕密	顯蘇		
					顯培		
				裕周			
			慶軒	裕沅	顯彬		
					顯郴		
			慶轅	裕昭			
				裕璜			
				裕琿			
		積啟	慶迪	裕善	顯荀		
				裕坡	顯喜		
				裕省			
			慶苗	裕申	顯委		
				裕由	顯萃		
				裕甲	顯莪		
			慶軸	裕碧	顯演		
					顯浪		
				裕盤	顯適		
				裕兆	顯應		
				裕倚	顯近		
		積多	慶星	裕靜	顯對		
				裕座	顯振		
					顯指		
			慶錦	裕茲			
				裕苛			
	家祉	積克	慶霞	裕芹	顯鏗		
				裕中			
			慶霏				
		積從	慶治	裕謀	顯粟		
				裕軔			
				裕巒			
				裕滄			
		積辰	慶企	裕愿	顯階		
					顯院		
			慶巽	裕民	顯親		
				裕持	顯寰		
					顯宇		
				裕馴	顯奇		
		積崗	慶早	裕敢	顯卓		
				裕毅			
		積風	慶田	裕都			
			慶德				
			慶浪	裕覃			
承冬	家為	積降	慶突	裕成			
			慶阡	裕勉			
				裕尚			
			慶陣	裕功			
			慶阱				

29	30	31	32	33	34	35	36
承	家	積	慶	裕	顯	達	
	家谷	積舜	慶夫	裕毗			
				裕略			
		積文	慶良	裕晉	顯增		
				裕理			
			慶美	裕可			
			慶偉	裕魁			
承峰	家徽	積昕	慶佩	裕金	顯必		
					顯吏		
	家顴	積篤	慶兌	裕業			
				裕獻			
	家枚	積場	慶婆	裕遠	顯點		
28	29				顯杰		
高兆	承峰			裕國			
	承舉		慶	裕永	顯新		
					顯祈		
				裕長	顯純		
	家與	積塤	慶才	裕峰			
		積垣					
		積培	慶弋	裕鄉			
				裕戰			
			慶之	裕節			
				裕儉			
		積填					
承舉	家建	積墩	慶素	裕熙	顯蓬		
承藹							
承秀	家萬	積篙	慶平	裕告	顯暢		
28	29			裕安	顯仕		
高盈	承藹				顯王		
	承秀			裕康			
	承里			裕歡			
	承管			裕樂			
	承頤		慶庚	裕享	顯葩		
	承姓			裕亨			
承里	家嚴	積陶					
		積思	慶雙	裕德			
				裕夫	顯黎		
				裕沛			
				裕竺			
			慶疊	裕蘭	顯濟		
					顯扎		
承管	家溫	積符	慶基				
	家潭	積懷					
		積時	慶靄	裕鄧			
		積泰	慶綏	裕曙			
				裕晨			
			慶縷				
			慶繼				
承順	家回	積思					
		積諾					
		積必	慶任	裕笏			
			慶鵬				
			慶凡	裕吉			
				裕步			
			慶坤				
	家裕	積天	慶林	裕京			
			慶化				
承姓	家彻	積琴	慶連	裕梯	顯舟		
承午	家昂	積遑					
		積雅	慶斗	裕圃	顯峰		
				裕菁	顯峻		
			慶凱	裕猶			
			慶多	裕豪	顯朝		
					顯代		
				裕杰			
		積斯	慶順	裕海			
				裕洋			
		積岑					

29	30	31	32	33	34	35	36
承	家	積	慶	裕	顯	達	
		積冶					
	家彬	積潤	慶彥	裕福	顯思		
					顯迪		
					顯樂		
				裕祿			
				裕壽			
			慶或	裕純			
				裕洁			
承南	家癸	積典	慶堃				
		積虞	慶均	裕琳	顯揚	達優	
						達福	
承藻	家錚	積霖	慶占	裕富			
			慶余	裕發	顯勤		
			慶云	裕庄	顯濤		
					顯敬		
			慶國				
			慶邦				
		積楫	慶達	裕植	顯學		
				裕丕			
				裕操			
				裕權			
				裕布			
			慶奎	裕浪			
				裕訣			
				裕淵			
			慶昌	裕金			
		積琨	慶伊				
		積同	慶楨	裕郡	顯坡		
					顯維		
		積立					
		積州	慶萌	裕雪			
				裕霜			
			慶陽				
			慶純	裕華			
承宜	家瑤	積灿	慶秋	裕科	顯憲		
					顯廣		
					顯堯		
				裕昂	顯尚		
			慶松	裕舒	顯蒙		
				裕釣	顯亮		
		積日	慶戀	裕光	顯滇		
			慶霍	裕立	顯晃		
			慶亮	裕敏			
			慶升	裕琪	顯昆		
			慶收	裕卓			
				裕季			
	家登	積性	慶芳	裕生	顯湘		
				裕昌			
			慶矩	裕航			
				裕靚			
			慶向				
		積世	慶福	裕躍	顯英		
				裕煌			
			慶道				
		積慮	慶柏	裕彰			
		積石					
	家第	積諧					
		積金	慶波	裕顯			
		積徽	慶建	裕昆			
			慶范	裕里			
				裕和			
			慶虎	裕板			
				裕笛			
			慶彬				
	家曉	積辛	慶遠	裕桂			
		積淼					
承蕃	家盤	積川					
	家訓	積澄	慶鄧	裕檢			

29	30	31	32	33	34	35	36
承	家	積	慶	裕	顯	達	
				裕庚			
				裕蓋			
			慶景				
			慶竹				
	家垂	積悃	慶山	裕然	顯美		
	家求	積欄					
	家效	積枋					
承香	家賞	積帆					
	家堪	積窮	慶晴	裕同			
	家鼐	積說	慶壙	裕初	顯賢		
					顯貽		
				裕盛	顯意		
				裕萍			
			慶芬	裕喬			
			慶夯	裕研			
				裕頌			
	家硯						
承才	家導	積蕙	慶官	裕芬			
				裕遼	顯林		
				裕尊			
			慶鳩	裕適	顯飛		
				裕第			
				裕渡			
				裕歌			
				裕軍	顯研		
	家博	積堆	慶辰				
			慶高	裕良	顯哲		
				裕建			
				裕鳴	顯敢		
			慶協	裕芳			
				裕青	顯超		
			慶振	裕江			
				裕河			
			慶仁	裕東			
		積萊	慶迪	裕欣			
	家任	積攀	慶明	裕謙			
				裕滿			
				裕靖			
			慶漢	裕報			
			慶忠	裕幸			
				裕爽			
			慶康	裕蒲			
				裕蓉			
			慶菊				
	家欽	箮蕊	慶輝	裕郃			
				裕帥			
				裕司			
				裕昊			
			慶西	裕邦			
			慶規	裕懷			
	家阼	積鬢	慶愛	裕教			
				裕克			
承獻	家化	積力	慶重	裕懇			
	家偉	積鄉	慶儀	裕典			
				裕豐			
				裕專			

29	30	31	32	33	34	35	36
承	家	積	慶	裕	顯	達	
		積葩	慶努	裕紹			
			慶磊	裕望			
			慶秦	裕腊			
				裕俯			
			慶勇	裕勇			
		積為	慶言	(字	淑平	)	
			慶射	(字	伏平	)	
		積質	慶書	裕能			
	家杰	積貽	慶安	裕運	顯鵬		
				裕潮	顯森		
				裕群	顯洁		
承康	家晉	積恩	慶虎	裕表			
			慶恒	裕郊			
			慶連	裕慈			
承豐	家宗	積妙	慶根	裕旺			
		積枝	慶盤	裕點	顯華		
					顯中		
		積周	慶奈	裕田			
			慶奔	裕宮			
			慶整	裕閣			
			慶體				
		積鮮	慶本				
	家勇	積發	慶樂	裕呼			
			慶饒	裕總			
		積斌	慶敏				
		積良	慶仲				
			慶季				
	家尊	積安	慶豁	裕譜			
			慶欲	裕慷			
				裕概			
承荚	家型	積班	慶日				
			慶月				
		積序	慶丹				
	家恂	積林	慶益				
		積洪	慶艾				
			慶芷				
	家蘭	積社	慶勝	裕舸			
			慶啟				
		積坤	慶棟				
			慶壯				
		積規	慶丙				
承生	家易	慶恩	裕更	顯曙			
				顯惕			
		慶㕑	裕迎	顯資			
		慶云	裕				
			裕孟				
			裕迷				
		慶可	裕蓬	顯校			
			裕荷	顯炎			
			裕近				
	家星						
	家扶						
	家耕						
承呂	家秉	積名					
		積備					

29	30	31	32	33	34	35	36
承	家	積	慶	裕	顯	達	
	家合	積繁	慶端	裕款			
				裕佳			
			慶黎	裕皎			
			慶海	裕試			
		積厚	慶剛				
			慶柔				
	家浩	積光	慶強	裕彩			
		積花					
		積啟	慶軍	裕界			
		積鶴					
承起	家洲	積馥	慶鑫	裕汪			
				裕溈			
				裕浴			
			慶品	裕敬			
			慶晶	裕孔			
				裕汨			
		積馨	慶志	裕肖			
				裕央			

26	27	28	29	30	31	32	33
涵淵	瑞梧	高硅	承教				
			承義				
			承佐				
	瑞桐	高裁					
		高監	承沅	家鹿			
				家圖	徙湘	攸縣	
瑞同	高熹	承彩	家齊	積恢	慶策	裕興	
		33	34	35		裕禮	
		裕興	顯花	達輝			
			顯彩	達鋒			
			顯浪				
			顯番				
			顯學				
			顯果	達熾			
		裕禮					
涵揚	瑞干	高珊					
		高伍	承厚				
		高瞻	承嵐				
			承宇				
		高裔	承育	家主			
				家芷			
		高紋					
涵富	瑞旭	高壺					
		高怡	(遷	湖南	攸縣	)	
		高似					

萍鄉市安源區五陂下鎮紅旗分場卅三世啓六公支

33	34	35	36	37	38	39	40
啟	榮	士	如	榮	炳	培	
啟六	映輝	士佾	如珠	榮瓏	漬誠	培福	
			如珏	榮郁	炳兆	培岷	
					炳逡	培方	
					炳宙	培樟	
						培岐	
			如圭	榮點	炳皇	培棟	
					炳相	培庚	
					炳高	培彥	
						培金	
					炳皇	培杰	
						培楨	
						培椿	
			如璽	縉	炳誠	培祜	
					炳懋	培蒲	
				榮榜	炳暑	培荃	
			如珠	榮壽	炳熙	培乃	
						培芝	
						培祉	
				榮靈	炳亮	培方	
			如鈺	榮郁	炳宙	培峻	
					炳宇	培楷	
				榮麟	炳皇	培杰	
		士俊	如珍	榮登	炳富	培斗	
						培峻	
				榮德	炳衢	培岷	
				榮茂	炳高	培庸	
						培金	
					炳富	培斗	
				榮和	炳光	培峰	
					炳竣	培楹	

39	40	41	42	43	44	45	46
培	錦	汝	承	為	若	啟	
培福	錦聯	汝潮	承菽	為馮	若狗		
				為次	若紉		
					若錢		
				為決	若鉗		
				為凌	若釘		
			承壽	為資	若鑄		
				為准	若銀		

39	40	41	42	43	44	45	46
培	錦	汝	承	為	若	啟	
				為湊			
	錦效	汝歆	承木	為哲	若米	紹興	
				為洁			
			承育	為模	若鏗		
					若銷		
					若鎖		
			承谷	為朴	若鋤		
				為機			
				為杆	若鍋		
				為扛	若锈		
					若銼		
				為杜			
			承竹	為總	世遠	啟鳳	
			承層	為杖	雪萍		
			承木	為春	若錨	紹良	
					若鍛	紹俊	
培岷	錦列	汝津	承千	為登			
				為癸			
			承佑	為足	若嘯		
		汝采	承李	為昆	若龍		
				為升	若枚		
	錦肿	汝安	承干	為錦	若芬		
				為欽	若芳		
			承源	為昆			
				為耀			
培方	錦抒	汝今	承放	為箭			
				為杜	若志		
	錦恩	汝相	承榮	為紛			
				為組			
培峻	錦列	汝飛	承枕	為協	若皓		
					若打		
				為矗	若宇		
				為斤	若勞		
					若草	紹洪	
				為力	彭洁		
	錦直	汝生	承德	為烈	彭芳		
			承國	為沖			
				為望			
			承苡	為遠	若波		
			承起	為自			
			承潭	為有	若平		
					若習		
培樟	錦善	汝旃	承伯	為年	若羅	紹華	
						紹村	
					若暑	紹梓	
						紹林	
					若罢		
					若置		
					若罩		
					若罰		
					若蜀		
				為瓦	若疃	紹枕	
					若咱		
					若响		
培岐	錦罴	汝騰	承雨	為芬	若間		
			承府	為象	若杏		
		汝珍	承九	為塞			
				為寨			
			承元	為賽			
			承養	為進	梅玲		
			承爽	為富			
				為寘			
				為察			
	錦效	汝嵌	承趾	為聊	若鑫		
				為聯	若嘯		
				為聘	若璇		
			承履	為承			

39	40	41	42	43	44	45	46
培	錦	汝	承	為	若	啟	
			承倫	為達	若法		
			承宏	為圭	若幸		
			承可	為旌	若震		
				為錢	若零		
培楝	錦霽	汝翼	承軒	為衡	若稍	紹飛	
					若程		
					若稀	紹建	
				為光	若稅		
					若稚		
	錦霏	汝棒	承鉛	為洪	若朝		
				為侍	若燕		
				為佳			
			承儉	為市	若禮		
				為交	彭嬌		
				為光	若初		
				為京	彭慧		
				為亩			
				為享			
				為充	若補		
			承業	為干	若祺	紹金	
					若天		
			承毅	為午	若寸		
					若乃		
				為海	若社		
			承仁	為用	若稠		
				為甩	若穩		
				為鋼	若鳳		
				為周			
培祜	錦勤	汝森	承脛	為碣	若張		
			承就	為新	若亮		
			承證	為拙	明大	紹萍	
				為鐵	若盛	紹波	
					若茹		
			承注	為鈴	美紅		
				為鉛			
				為鉚			
		汝謀	承數	為文	若情		
培蒲	錦幅	汝仲	承賢	為岩			
			承艇	為戈	若銑		
					若鏵		
			承芝	為享	若租	彭姿	
					若秧		
					若積		
		汝翼	承昔	為法	若秒	紹龍	
					若種	彭丹	
					若秋	紹明	
					若科		
				為冬	若穢	紹南	
					若秩	紹志	
					若稱		
					若秘	紹恩	
					若移		
培庚	錦習	汝潮	承覽	為良	若華		
				為發			
				為金			
		汝梁	承威	為湖	若利		
				為泊	若群		
	錦抒	汝箱	承洪	為繼			
		汝調	承辛	為保	若龍		
					若清		
					若三		
培彥	錦載	汝基	承佳	為冬	彭嘉		
				為椿	彭鍾		
		汝貢	承接	為炳	若高		
				為剛	若恩		
				為墻	若智		
	錦恩	汝几	承銘	為啟			
				為善			

39	40	41	42	43	44	45	46
培	錦	汝	承	為	若	啟	
			承根	為斌			
				為其			
			承冬	淑華			
				淑芳			
			承森	彭凡			
培金	錦連	汝調	承辛	為夫	若光	紹雪	
					若冬		
					若國		
培杰	錦隆	汝水	承恒	為飛			
		汝辛	承橋	為軍			
				為運			
			承亭	為水			
培楨	錦沾	汝旺	承初	為闡	若柏		
				為勉	若檢	雨微	
					若樹	紹江	
				為閑	若權		
					若柿		
				為閃	若朴		
					若枚		
		汝升	承邑	為鍾	若木	紹楊	
				為聖	若邱	麗葵	
					若都		
			承集	為乒	若伍		
				為乓	若伏		
					若優		
培椿	錦云	汝詳	承棕	為腆	若伐	紹剛	
					若互	玉清	
46	47	汝弼	承系	為貢	若洞	教和	
教和	世程		承楚	為參	楷件	紹珠	
		汝陳	承管	為近	若張		
			承穎	為家	若傳		
		汝材	承梅	為冊	若學		
培乃	錦明	汝樺	承勇	為魯	彭娣		
				為洲	若道		
		汝調	承辛	為樓	若芽	紹亮	
	錦璇	汝豪	承鼎	為文	艷青		
				為武	若斌		
				為斌			
		汝華	承吾	為群	楷瑞	紹鳴	
					若彪	紹焱	
			承云	為拱	若寶	紹紅	
					若定	紹緣	
培芝	錦銘	汝凡	承建	為勤			
			承康	為倫			
			承初	為承			
	錦麟	汝兆	承橘	為之	若元		
			承辛	為梁	楷揮		
					若指		
			承壽	為示	若和		
					若睦		
		汝修	承武	為執	若水	紹英	
					若光	紹安	
				為青	若萍	紹其	
					若明	紹接	
					若雷	紹建	
		汝金	承照	為桂	若懿		
				為月	若宇		
				為永	紫微		
培社	錦慎	汝欣	承滿	為阮	荇漢	紹新	
						紹	
				為滾	若樟	紹軍	
	錦洳	汝申	承解	為安	玉竹		
培方	錦中	汝貴	承涌	為响	若根		
				為雄	彭雙		
	錦千	汝仲	承炎	為澹	若春	彭珂	
					若庚		
	錦習	汝潮	承稟	為慶	若賀		

39	40	41	42	43	44	45	46
培	錦	汝	承	為	若	啟	
				為羲			
				為洪			
培荃	錦如	汝戊	承港	為仁	若志		
				為輝	若豪		
			承年	為一	若澤		
				為二	若奇		
				為三			
	錦恕	汝胡	承類	為年	若波		
					若杭		
				為權			
				為春			
				為雪	銀婉		
				為和			
			承岑	為解	若紹		
				為新	楷洪		
					洪海		
閱峻	錦列	汝飛	承錦	為冶	若鍾		
					若鋼		
					若銅	紹西	
				為雅	若鋅	紹新	
					若錫	紹鵬	
					若鎢	紹冬	
培楷	錦霈	汝叟	承紉	為哥			
				為弟			
		汝相	承亩	為豎	若照		
		汝迎	承蕊	為豐	若武		
				為師			
				為串			
			承苒	為臨			
培杰	錦脉	汝珍	承獎	為欽	若將		
		汝眉	承包	為河	妮娜		
				為沫			
		汝滌	承產	為汁	若閱		
				為汀			
培斗	錦敖	汝炎	承波	為祺			
			承錦	為甲	若方	紹沂	
						紹洪	
					若旅	紹沼	
培峻	錦烈	汝采	承梓	為宣	若松		
					若柳		
				為實	若桔		
				為官	若皎		
		汝金	承准	為室	若枕		
					若怯		
				為宮			
				為客			
		汝引	承仰	為寅	若怙		
					若怖		
					若快		
				為寄	彭丹		
				為寞	若性		
				為宿	小鳳		
培岷	錦翀	汝田	承金	為川	若樺		
					若小		
		汝滇	承歡	為久	若周		
				為升	若昕		

39	40	41	42	43	44	45	46
培	錦	汝	承	為	若	啟	
				為乏	若封		
				為樂	若望		
				為丘			
	錦麟	汝財	承石	為結			
			承萍	為米			
		汝民	承窗	為乘			
		汝恢	承謁	為奧	若濤		
				為重	若雅		
				為禹	若思		
		汝貴	承哈	為仕	若王		
				為科	若里		
培庸	錦道	汝良	承舫	為臣	若多	紹海	
						紹計	
						紹紅	
					若少	紹聖	
						紹洪	
培金	錦邁	汝校	承炯	為絲	彭春		
				為再	若仁		
				為金	若超		
					若起		
培斗	錦璇	汝豪	承海	為且	若鴻		
				為可	若磊		
				為菊	若晶		
		汝盧	承柳	為助	若灰		
				為互	若去		
					若梁		
			承策	為萬	若甲		
			承耕	為瀧	若成	紹芳	
					若戊	紹芬	
					若戍	紹芷	
				為富	若快		
					若懷		
				為高	若天		
					若夫		
				為祥	若啟		
					若兵		
培峰	錦善	汝旗	承云	為六	若宗	彭瑤	
					若宋		
					若安		
			承迪	為源			
				為水			
	錦浩	汝庸	承染	為勇	若澎	紹禮	
					若彤	彭瓊	
					若彩	思珂	
				為恍	若哈	彭璇	
					若咯		
					若哆		
				為懷	若金		
		汝膺	承積	為因	若起		
				為團	為丹		
培楹	錦麟	汝戟	承越	為圍	若帆		
					若幃		
				為园	若賬		
			承兌	為圖	若赴		
				為固	若越		
		汝滇	承粮	為俊	若海		

39	40	41	42	43	44	45	46
培	錦	汝	承	為	若	啟	
	錦□	汝炎	承掩	為宜			
				為審			
				為宙			
			承治	為震			
				為穎			
培□	錦□	汝安	承源	為昆	楷俊		
				為耀	堯雅		
		汝笙	承幗	為人	艷珍		
				為小	楷根		
			承龍	為在	舒揚		
			承飛	為壯	玉婷		
				為將	學禹		
				為狀	玉峰		
			承鳳	為泳			
				為游			
		汝分	承民	為杰	雅莉		
				為照	雯莉		
			承孔	為堅	若群		
				為杰	若鈞		
				為勇	彭佳		
			承厚	為杭			
				為枕			
		汝共	承御	為澄	若毅		
				為沛			
			承鳴	為汏			
				為沙			
培□	錦□	汝乾	承宗	為育	若鎮		
					若鑼		
				為盲	若錐		
					若□		
			承睦	為朋	若錦		
					若錠		
			承祝	為按	若鋸		
				為搞	麗娜		
				為携	若追		
			承谷	為結	若錳		
				為細	若鎳		
					若鎊		
				為綠	若僚		
				為紅			
		汝胄	承仕	為效	彭益		
				為政	彭招		
				為教			
			承綠	為綴	若進	紹江	
			承環	為所	若兼		
					楷鋃		
				為欣	若錡		
					若鍘		
				為斯	彭鳳		
				為芪			

萍鄉水美洲廿五世泰旺公支

25	26	27	28	29	30	31	32
泰旺	尚受	學易	有敬	福盛	正玫	汝證	
32	33	34	35	36			
素標	宗灿	曰孔	潤	觀茂			
37	38	39	40	41	42	43	
炳義	培積	承瓏	先錡				
			先包				

37	38	39	40	41	42	43	
			先杞	志維	錫杰		
					錫芳	慶傳	
						慶洪	
					錫毛	慶良	
					錫濤	慶樹	
					錫福	羅萍	

37	38	39	40	41	42	43	
					錫芳	慶理	
炳贊	培栓	承宣	先唐				
			先辛				
			先華				
			先秋				
			先冬	志春	錫帥		

萍鄉市福田鎮長塘村壙村卅四世正甫公支

33	34	35	36	37	38	39	40	41	42	43	
	正	君	奇	來	勝	元	宗	經	成	學	
	正甫	君旦	奇立	來儀	勝菘	元明	祥宗	窮經	長成	學益	學泰
									庚成	學深	學文
									生成		
								風經	祖成	學生	學依
										學炳	
					勝榮	元喜	桂宗	忠經	信成	學木	學文
									光成	學桃	學友
										學芬	
								堂經	梘成	學田	學招
								錫經	頂成	學法	學全

	34	35	36	37	38	39	40	41	42	43	
	正	君	奇	來	勝	元	宗	經	成	學	
					勝榮	元喜	桂宗	堂經	柏成	學生	
									秀成	學人	
					勝富	元利	培宗	易經	際成	學業	
									思成	學興	學程
									有成	學盛	學壽
										學連	學忠

41	42	43	44	45	46	47	48
經	成	學	濟	世	安		
窮經	長成	學益	濟榮	世國	安庚	波	
					安新		
					安華		
			濟川	世富	安申		
					安明		
					安德		
					安勝		
				世祥	安林		
			濟生	世桃	安彬	江邦	
				世平	安正		
				世明	安潤		
					安勝		
				世純	安永		
					安輝		
				世群	安娜		
			濟財	世和	安庚		
				世萍	安風		
				世勝	安微		
				世利			
		學泰	濟賢	世竹	建華		
				世存	安華		
					安金	亮邦	
					安平		
				世茂	安建	彭麗	
				世海	安吉		
				世春	安富		
					安利		
			濟華	世梘	安里		
			濟明	世柏	安勇		
				世友			
				世清			
			濟福	世德	茶花		
				世招	海燕		
			濟方	世晃	安易		
				世奇			
		學謙	濟和	愛萍	安華		
			濟壽	世萍	安萍		
					安明		
					安敏		
			濟來	世剛	安峰		
				世剛			
			濟生	世海	安峰		
			濟文				
	庚成	學深	濟福	世財	安達	軍邦	
					安運	列邦	

41	42	43	44	45	46	47	48
經	成	學	濟	世	安		
						林邦	
						沖邦	
					安年	敏邦	
				世全	安迪	小玲	
				世桂	安開	科邦	
						彬邦	
					安友	游邦	
					安新	宇邦	
						柳邦	
					安文		
				世德	安仁		
				世俶	安忠		
					安林		
			濟祿	世華	安建	彭虹	
				世章	安志		
					安柯		
				世放	安勇		
					安華		
					安波		
			濟壽	世明	億安		
					啟安		
				世議	安偉		
			濟喜	世峰	安亮		
		學文	濟純				
	生成						
風經	祖成	學生	濟明	世根			
				世波			
			濟勤	世勝			
			濟模	世响			
				世冬			
		學依	濟花	世兵	寶麗		
				世輝	安笑		
				世海			
		學炳	濟開	世發			
				世洪			
忠經	信成	學木	濟敏	世林			
				世兵			
				世偉			
			濟萍	世萍			
				世祥			
			濟建	世軍			
			濟河	世婷			
		學文	濟華				
			濟春				
			濟根				
	光成	學桃	濟萍				

41	42	43	44	45	46	47	48
經	成	學	濟	世	安		
		學友	濟光				
		學芬	濟梘				
堂經	梘成	學田	濟和	世斌	利瑤		
			清生	世敏	利強		
			煥明	世滔			
	苟成	學招	聖明	和平	安安		
				水平	安久		
					安優		
			德云	世路			
				世建			
			德根	志福			
				志解			
錫經	頂成	學法	濟根	國良			
			濟放	根良			
			濟芳	建良			
		學全	觀明				
			觀興				
			友興				
堂經	柏成	學生	濟泉	龍祥	益勝		
				鳳祥			
				呈祥	益平		
	秀成	學人	包生	炎豪	彭亮		
易經	際成	學業	濟純	世全	友民		
				世波			
	思成	學興	濟和	羅華			
		學程	濟安	和平	彭周		
				建材			
				秋生			
			濟文	興軍			
	有成	學盛	濟田	世良			
				世彬			
		學壽	濟軍	世啟			
			濟明	世望			
			濟萍	世光			
		學連	炳根	彭亮			
			濟根	彭佩			
		學忠	濟才	彭勇			
				彭維			
			濟發	彭奎			
			濟紅	彭果			
			濟康				

江西萍南妙泉上迎公支

44	45	46	47	48	49	50	51
之	文	光	啟	承	先	立	
之璉	文定	光祖	啟華	承章	先戰	政鋼	
42	43	44		承烈	先模	立峰	
四房	國翰	之璉			先湖	立雷	

44	45	46	47	48	49	50	51
之	文	光	啟	承	先	立	
					先平	立柯	
					先和	立鑫	
					先友		

44	45	46	47	48	49	50	51
之	文	光	啟	承	先	立	
				承杰	先明	立超	
				承杰	先軍	昆鋌	
					先勝		
				承松	先炎	立琪	

44	45	46	47	48	49	50	51
之	文	光	啟	承	先	立	
					先洪		
				承朝	麗娟		
					麗萍		
	文康	光榜	啟禮	承恭	先輝		
					先翔		
				承喜	先鶴		
				承發	先磊		
				承財			
			啟秋	承健			
				承功			
				承業			
	文明	光耀	啟光	承建	先波		
					先方		
					先瑞		
				承慶	先斌		
					先政		
					先超		
	文金	光仁	啟濤	承潮	先翰		
				承暉			
		光禮	啟沅	承軍			
				承華			
				承銘			
		光富	啟泉	承健			
				承俠			

44	45	46	47	48	49	50	51
之	文	光	啟	承	先	立	
				承佳			
	文潮	光全					
		光盛					
		光星	啟閭	承耀			
	文升	光永					
		光彩					
		光塘					
	文榮	光華	啟江	承民			
		光桂	啟生	承君			
				承惠	先仁		
					先義		
				承友	先久		
					先旺		
				承聖	先登		
				承利	先佳		
	文發	光琳	啟貴				
			啟富				
			啟溫	承榮			
				承富	先平		
					先勇		
				承貴	先拓		
			啟良				
			啟恭	承放	先君		
				承明			

44	45	46	47	48	49	50	51
之	文	光	啟	承	先	立	
			啟儉	承杰	先翔		
				承標			
			啟讓	承方			
				承貴			
				承良			
			啟寬	承根	思		
				承年			
				承秋			
	文瑞	光明	啟旺	益蘭			
			啟發	小春			
			啟云	承發			
	文金	光仁	啟濤	承濤	先瀚		
				承暉			
		光里	啟源	承軍			
				承華			
				承銘			
		光富	啟泉	承健			
				承俠			
				承佳			
之連	文湖	光星	啟閭	承耀	先雅		
	文榮	光桂	啟生	承君			
		光華	啟江	承民	先欣		

永新縣才豐鄉龍安橋廿二世孟輝公支

22	23	24	25	26	27	28	29
孟輝	譜義	鳳詳	元俊	欽兆	資益	諱通	元壹
30	31	32	33	34	35		
德權	邦潭	仕梨	從煌	定志	國注		

35	36	37	38	39	40	41	42
國	上	學	成	孝	友	傳	
國注	上文	學云	成美	孝計	友棟	傳剛	
						傳強	
				叫妹	友清		
					友日		
					友偉		
		學聖	成善	孝月	友泰	麗芳	
					友富	琴芳	
					友民		
					友安		
					友強		
				孝日	友列		
		學□	光榮	孝桂	舒雅		
			六蓮	孝斌	友真	永貞	

35	36	37	38	39	40	41	42
國	上	學	成	孝	友	傳	
					友正	永芳	
				孝云	友華	傳康	
		學炎	夢炎	孝水	友津	傳敏	
						傳亮	
					友月	傳賽	
			賢蓮	孝建	友志		
	上士	學余	夢德	孝成	友先	傳軍	
		元妹	寶英	金媛	友仁	傳峰	
					友星		
					友□		
					友文		
	上達	學德	夢朝	孝宜	友華		
					友榮		
		學舜	夢祿	孝良	友軍		
	上榮	學深	夢福	孝春			
				孝珍			
			夢壽	孝文	友水		
					友仲		

35	36	37	38	39	40	41	42
國	上	學	成	孝	友	傳	
				孝龍	友福		
					友將		
			夢菊	孝梁	先鳳		
				孝柱			
				孝模	友奇		
		超彰	夢發	孝來	友斌		
				孝祖			
		學壽	夢忠	孝海			
	開麟	學賢	夢才	孝仙	友璐		
					友輝		
				孝宗	麗麗		
		學鳳	夢祖	孝坤			
			夢云	孝勇			
				孝波			
	開鴻	學華	夢華				
			夢宗				
			夢仁	麗麗			

宜春市天台鎮久集池口塘廿一世秀可公支

21 秀可 22 長益 23 萬庠

22 端曾 23 萬鍾、程萬、扶萬、萬瑤、萬齡

23	24	25	26	27	28	29	30	31	32	33	34
萬庠	公贊	東榮	立綱	彭松	清義	興一	宣教	鳴雷	運昌	孟二	
									運景	孟四	
							宣孔	鳴煥	運隆	孟三	
萬鍾	堯贊	東華	立紀	彭柏	清文						
萬程	元贊	東震	立林	彭榮	清武						
萬扶	□贊	東勉	立功	彭華	清綉						
萬瑤	德贊	東升	立常	彭胡	清香	興二					
萬齡	舜贊	東暉	立勛	彭連	清甫	與三					
	僖贊	東巽	立顯	彭英	清錄	興四	宣賢	鳴祥	運發	孟六	
					清程						
	儒贊	東明	立卿	彭道	清富						
		東朝	立政	彭瑤	清貴						
		東曦	立才	彭桂	清智						
		東旭	立富	彭乾	清鍸						

23	24	25	26	27	28	29	30	31	32	33	34
		東和	立貴	彭坤	清奇						
		東平	立倫	彭聖	清儉						
		東艮	立儀	彭賢							
		東易		彭昭							
		東曙		彭像							
		東曉		彭梅							
		東湖									
		東表									
		東融									
		東袁									
		東海									
		東香									

33	34	35	36	37	38	39	40	41	42	43	44
孟	信	淋	朝	懷	曰	開	其	家	思	盛	
孟二	信八	淋二	朝朋	懷義	曰敏	開梅	其勇	家德	思來	盛旺	
									思芳	盛起	
										盛剛	
									思采	盛海	
										監陽	
									思行		
								家雄	思桃	盛朝	
									思淇		
								家崇	思光	盛航	
									思輝	盛雨	
		淋六	朝本	懷和	曰恭	開國	其凰	家純	思能	盛兵	
42	43	44								盛元	
思山	盛唐	為根			曰寬	開成	其維	家緒	思山	盛唐	
	盛平	為用								盛平	
	盛愛	為忠								盛愛	
		為專								盛耀	
	盛耀	為未						家安	思雄	盛紹	
									思涌	盛波	
										盛耀	
孟三	信三	湘六	朝榮	懷濤	曰洋	開榜	其前	家瑞	思喜	盛龍	
										盛恩	
									思海	盛每	
								家康	思萬		
									思敏		
			朝富	懷福	曰瑩	開科	其綿	家忠	思宜	盛堅	
									思共	盛來	
									思連	盛尚	
									思見	盛河	
									思生		
	42	43	44						思余		
	思龍	盛秀	為波				其能	家乾	思龍	盛秀	
		盛蘭	為兵							盛蘭	
									思虎	盛軍	
										盛雄	
									思進	盛曉	
										盛晉	
									思堯	盛象	
										盛招	
						開志	其森	家明	思資	盛鈴	
										盛檢	
							其麟	家恩	思運	盛德	
										盛其	
									思年	盛虎	
									思紹	盛高	
									思晚	盛遠	
							其學	家啟	思量	盛江	
									思日	盛洪	
									思安		
								家云	思彬		
							其坤	家健	思廣	盛聰	
								家志	思意		
								家耀	思賢	盛章	
									思變	盛亮	
								家冬	思國	盛傳	
						開新	其松	家硯	思炎		
									思陸		
									思東		
							其柏	家裕	思林	盛義	
										盛維	
										盛全	
									思清	盛毅	
										盛豐	
				懷豐	曰惠	開典	其魁	家良	思根	盛遇	
									思月	盛洁	
			朝俊	懷國	曰清	開佑	其春	家仁	思達		
							其秋	家武	思通		
								家專			

33	34	35	36	37	38	39	40	41	42	43	44
孟	信	淋	朝	懷	曰	開	其	家	思	盛	
	孟四	信九	朝耀	懷忠	曰隆	開尉	其煥	家云	思益	聖昌	
									思杉		
			朝龍	懷云	曰高	開逢	其良	家盛	思鵬		
									思軍		
							其由	家福	思泰		
									思奏		
		淋二	朝星	懷仁	曰賢	開棣	其遠	家官	思真	聖飛	
										聖合	

35	36	37	38	39	40	41	42	43	44	45	46
淋	朝	懷	曰	開	其	家	思	盛	為	國	
湘十	朝福	懷尉	曰興	開云	其新	家餘	思有	聖貴	為強		
								聖浙			
				開鑑	其長	家孟	思財	聖根	為江		
								聖六	為光		
								聖先			
							思春	聖友	為銀		
								聖中			
				開錦	其訓	家權	思南	聖國	為錦		
									為長		
								聖清			
			日順	開元	其洪	家寶	思尊	聖才	為南	國磊	
									為飛	國蘭	
									為紅		
								聖華	為駿		
							思德	聖真			
								聖東	為根		
						家玉	思炎	聖端	為真	國根	
			日聖	開和	其瑤	家員	思平	聖思			
								聖飛			
					其光	家弟	思金				
							思瑞				
				開經	其玖	家林	思云	聖桂			
				開美	其玢	家升	思孟	聖濤			
							思剛	聖增			
							思強				
		懷高	曰有	開銘	其滌	家賢	思福	聖林	為亮		
								聖云	為昆		
								聖群			
						家財	思信	聖外	為軍		
								聖宜			
								聖強			
				開盛	其發	家隆	思明	聖乾	為連	國文	
							思煌	聖秋	為維		
									為建		
						家茂	思風	聖成	為章	國平	
										國金	
									為松		
									為華		
								聖尊			
					其萬	家清	思中	聖福	為民	國成	
									為兵		
								聖和	為洪		
								聖善	為國		
							思愛	聖皇	為飛		
									為清		
									為全		
								聖上			
								聖到	為昌		
						家濟	思善	聖歡			
						家風	思富	聖梅	為勇		
								聖發	為良		
								聖芳	為珍		
							思相	聖初			
								聖春			
							思煜	聖珍			
				開貴	其純	家泰	思玉	聖仁	為才		

35	36	37	38	39	40	41	42	43	44	45	46
淋	朝	懷	曰	開	其	家	思	盛	為	國	
									為來		
									為儉		
								聖文	為濤		
							思銀	聖鵬			
							思發	聖學	為浪		
									為友		
						家新	思煬	聖懷	為若		
							思齊	聖厚			
								聖凡			
							思鏞	聖邦	為堅		
							思乾	聖康	為鋼		
									為淨		
							思存	聖朴			
							思庭	聖恒	為彰		
				開來	其康	家祥	思文				
							思武				
							思舜	聖玖			
						家平	思道	聖前	為平	永玲	
								聖明	為丹		
									為晚		
								聖占	為勇		
									為成		
								聖開	為陽		
									為易		
								聖連	為耕		
									為杰		
							思權	聖丁	為云		
								聖科			

33	34	35	36	37	38	39	40	41	42	43	44
孟	信	淋	朝	懷	曰	開	其	家	思	盛	
孟六	信六	淋七	朝桂	懷光	日浩	曰森	其華	家壽	思大		
								家坊	思松		
					曰象	開滿	其祥	家金	思高		
								家運			
						開材	其和	家全	思載		

(07)萍鄉市湘東鎮陽干村江仔邊21世宗可公

龍潛在淵 其道用藺 鶴鳴于九 臯聲聞實 彰宜爾孝 孫人有志 大顯揚思 治令名惟
明德馨香 天心克享 報以介福 備壽富熾 昌藏永保 丞嘗積之 厚流乃光

21宗可、22開先(失考)、恭先、孚先(失考)

21	22	23	24	25	26	27	28	29	30	31	32
宗可	開先	(	失考	)							
	恭先	鐵虎	聖海	天祈	應枝	春葵	國賓	廷壁			
								廷蘭			
						春萱					
						春蕙	國□				
							國賢	廷爵	登樞	洹	介豐
									登榜	淵	本豐
										涓	定豐
								廷祿	登相	溢	羽豐
											耀祖
											耀龍
				天琳							
				天作							
			九海	天福	應根	春繼	國清				
						春荐	國瑛	廷翰			
					應諒	春陸	國作	廷烈			
				天祿							
				天禧							
				天祚							
	孚先	(	失考	)							

28	29	30	31	32	33	34	35	36	37		
	廷	登		豐	翥	世		洪	發		
					和美	世駿	林	洪紀			
					鸞翥	世騏	容	洪綱	物發		
						世青	屺	洪鈺	開發		
					鶴翥	世階	峰				
							卒	洪鈿	辛發	亮發	福發
								洪錕	根發		
							皇	洪淳			
								洪鈐	豫發	恒發	
				緯豐	鳳翥	世馱	嵐				
						世馮					
						世驥					
國賢	廷祿	登相	裔	羽豐	大鵬	世冕	山成	洪欣	書發	年發	
								洪謀	蟠發		
							岑	洪壁	桂發	錦發	品發
									九發	詞發	廣發
								洪來	雙發		
							巍	洪文			
								洪秩	騈發	堅發	綴發
									步發		
							岱	洪逐	生發		
							普	洪美	鴻發		
							敖	洪誥	可發	完發	寬發
									朝發	原發	
								洪海			
							泉	洪翰	常發		
						世榮	崔	洪聲	芳發		
								洪彬	毓發	挺發	森發
									銘發		
								洪孚	培發	裴發	□發
									志發	詳發	
							昆	洪鸞	維發		
								洪麟	捷發	長發	董發
									月發		
							堯	洪鑣	□發	永發	莞發
									芹發	紹發	
								洪敏	卯發	才發	崇發
						世元	山峨	洪卓	魁發		
					(	梅軒	)	洪耀	衣發	戊發	貼發

28	29	30	31	32	33	34	35	36	37		
	廷	登		豐	翥	世		洪	發		
								洪干	雍發		
							山支	洪思	康發		
							昭	洪佐	正發	蕊發	
							峻	洪綏	曙發	田發	
								洪舉	庚發	贊發	
								洪宴	端發		
								洪合	猷發	繼發	賞發
						世松	山宏	洪照	鄉發		
								洪際	建發		
								洪本	同發		
							山斗	洪禧	延發	丁發	怡發
								洪綏	咸發	海發	
								洪奎	衡發		
								洪□	滕發	峰	
						世超	崙	洪泰	俊發	蓮發	锈發
								洪疇	菁發		
								洪持	酉發		
							豈	洪梯	秋發	德發	烟發
							山臯	洪特	亭發	貴發	章發
								洪仞	贊發		
								洪明	科發		
							嵋	洪玉	慶發		
						世全	崘	洪吉	茸發		
								洪恒	椿發	啟發	
								洪標	再發	若發	
								洪邦	棠發	敕發	
						世華	山美	洪鈞	爽發		
						樹丹		洪佑	乾發	經發	官發
		登相	溢	耀祖	占鰲	世騰	莪	洪道	源發		
								洪庭	瑩發		
							崇	洪景	映發	彩發	寅發
									揚發	趙發	禮發
						世權	崗	洪晴	新發		
						世春	嶟	洪寓	翰發	起發	
								洪效	既發		
								洪濤	圖發		
								洪英	屏發	荃發	
				躍龍	德	世勛	岌				
				在田	横		元				
							巨				
						世曦	立	洪祜	敦發		
					德深	世捷	榮	洪續	枝發		
					德儀	世昕	微	洪卯	榮發		
					德謙	世拔	山尼	洪誠	榜發		
					德寬	世劍	球	洪悅	申發		
								洪□	旺發	斌發	
								洪錦	友發		
							告	洪連	初發		
								洪全	義發		
					德光	世發	山涵	洪生	五發		

21	22	23	24	25	26	27	28	29	30	31	
宗可	恭先	鐵虎	九海	天福	應根	春荐	國瑛	廷翰	曙		
					應諒	春陸	國作	廷烈			
28	29	30	31	32	33	34	35	36	37		
國瑛	延翰	登榮	濟	秉豐	大	世喜	彥	洪輔	占發	曙映	紹貞
國作	延烈	登奎	海	仲	大	世忠	建	洪壽	梅發	曙良	啟華
						世連	山雋	洪俊	襟發	曙桃	評于
											選于

								洪明	宗發		
								洪暉	祿發		

							山肴	洪壯	鍾發		
									梓發		

37	38	39	40	41	42	43	44
發	曙	于	九	泉	聲	聞	
物發	曙和						
開發							
辛發	曙山	全于	煥九				
		長于	瑋九				
			正九				
			檢九	泉吉			
				泉壽			
		友于	署九				
		花于	梅九				
亮發							
福發	曙内	思于	華九				
			萍九				
根發	曙靈	年于					
		炎于					
		富于	祥九				
		聖于	福九	泉榮			
			良九	泉軍			
				泉建			
			輝九	泉屹			
		開于	花九	泉惠			
			忠九	泉綱			
			孝九	燕玲			
			衛九	燕露			
			文九	燕鳴			
書發							
年發							
蟠發	曙畊	義于	云九	泉鑫			
			忠九	泉虎			
			漢九	泉何			
			富九	泉贊			
			騰九				
	曙源	羨于	樂九	泉振			
				泉華			
			交九				
			召九	泉依			
			億九	泉英			
			占九	泉帥			
		羲于	衡九	泉陶			
			艷九	泉泰			
桂發	曙航	鷺于	香九	泉燕	聲正		
			添九	泉濤	聲昊		
錦發	曙選	福于					
		門于					
		宗于					
		經于	正九				
			新九	泉青	聲招		
			祿九	泉敏	聲江		
品發	曙懋	能于	孫	泉任			
		案于					
九發	曙騫	權于					
		來于	貴九	泉夫	聲平	弭林	
					聲根	聞兵	
					聲海	聞軍	
						聞江	
			連九	泉來	聲正		
				泉如	聲根		
	曙椎	綉干	花九	泉云	聲祥		
				泉盟	聲峰		
					聲鏗		
				泉忠	聲芳		
					聲華		
詞發	曙麻	賢于	兆九	泉存			
廣發	曙晴						
	曙長	庶于	運九	泉群			
			泉任	聲根			

37	38	39	40	41	42	43	44
發	曙	于	九	泉	聲	聞	
			泉存	佳茜			
	曙蘭						
	曙國	初于	德九	泉昔			
		嘉于	軍九	泉琳			
				泉峻			
			優九	泉俊			
				泉庠			
			雄九	懿焉			
				泉貳			
		信于	購九	泉勇			
			友九	泉茂			
				泉祥			
雙發	曙逢	榮于	年九	泉福	聲令		
			宗九				
			全九	泉春	聲勇		
					聲兵		
					聲軍		
			榮九	泉賓	聲鈞		
				泉佑	聲鍾		
				泉志			
				泉咏			
			連九	泉台			
				泉怡			
			何九	泉驊	聲志		
					聲直		
				泉奎	聲金		
				泉崎			
		運于	登九	泉北	聲華		
				泉鈞			
				泉峰			
			國九	泉剛			
			石九	泉金			
				泉穎			
		崇于	發九	泉戬			
		星于	其九	泉琳	聲華		
					聲根		
				泉評	聲疆		
					聲風		
			明九	泉田	聲赴		
			春九	泉彬			
				泉強			
			相九	泉亮			
			良九	泉飛	聲普		
				泉安			
		言于					
雙發	曙起	連于	彬九	水連	聲高		
					聲娜		
			楨九	泉棋	聲根		
				泉凌	聲娜		
				泉芬	聲羅		
				泉平			
				泉伏			
		統于	依九				
		寅于	鵬九	泉管	聲譜		
			璜九	孫	聲樺		
		騰于	和九	泉紛	聲文		
				泉良	聲凭		
					聲波		
			于九	泉德	聲健		
				泉禮			
			意九				
			春九	泉廉	聲麟		
				泉頻	聲武		
				泉疆	聲奇		

37	38	39	40	41	42	43	44
發	曙	于	九	泉	聲	聞	
			合九	泉濟	聲顆		
				泉寒	聲佳		
			桃九	泉靖	聲利		
				泉洪	聲柳		
				泉瑋	聲冬		
	曙耀	佑于	文九	泉炎	聲族		
				泉春	聲向		
			順九	泉青	聲華		
					聲委		
			月九	泉冬			
		成于	廓九	泉洪	聲甫		
				泉路	聲祥		
				泉衛			
				泉歡			
			日九	泉迪			
				泉查			
駢發	曙觀	圃于	萍九	泉宇			
			新九	泉劍			
		龍于	尹九	泉榮			
				泉屏			
			交九	泉興			
				泉營			
堅發							
綴發							
步發	曙泉						
	曙寅						
	曙丁						
生發	曙遠						
	曙旭	丙于	菊九	泉橋			
				泉逄			
			新九	泉逄			
	曙祖	良于	凱九				
			剛九				
			調九				
			閎九				
			將九				
		延于					
鴻發	曙思	奉于					
		峰于	國九	泉萌	聲佳		
					聲彪		
				泉瑩			
				泉鈞			
			琪九	泉明	聲建		
					聲忠		
					聲斌		
			信九	泉杰			
		珊于	志九	泉瑋			
				泉瓏			
		環于	民九	泉釗			
			才九	泉兵			
			德九				
可發	曙構	幸于	凱九	泉宏			
			耕九	泉風			
			朝九				
			征九				
		仲于	旺九				
		侗于	致九				
			魏九				
		俗于	聰九				
		集于	祥九				
完發	曙勤	其于	凌九				
寬發	曙晃	雪于	制九	泉正			
				泉節			
			導九	泉芳			
		其于	偉九				

37	38	39	40	41	42	43	44
發	曙	于	九	臯	聲	聞	
		壽于	端九				
			建九				
朝發	曙卓	合于	珊九		湖南	長沙	
		谷于	知九				
	作貞	海于	冰九				
			琰九				
原發	曙藹	億于	明九				
			諒九				
		耀于	凭九				
			華九				
		群于	李九				
	曙聯	俐于	健九	臯鑫			
			友九				
			潮九				
		振于	沖九				
			鋒九				
		運于	禮九				
	曙芙	建于	銓九				
			專九				
		炎于	濱九				
			勇九				
		庭于	横九				
		楚于	瑋九				
		迎于	潛九				
常發	曙泰	基于	杰九				
		福于	敦九				
			擴九				
			冬九				
			郭九				
			元九				
		厚于	萍	臯堅			
			芳九	臯委			
			建九				
			柏九	臯雄			
		仕于	良九	臯禎			
芳發	曙初	緩于	曙其				
	曙庭	前于					
	曙彰	裁于	富九	臯晉	聲嘯		
			漢九				
			敏九	臯楚			
			其九				
		堂于	錫九				
		緩于	凡九	臯根	聲斌		
				臯云	聲振		
				臯艷	聲怡		
				臯偉			
	曙韶	光于					
毓發	曙凱	春于	積九	臯勛	聲康		
				臯梁	聲昀		
					聲攀		
				臯維	聲帥		
			唐九	臯			
			億九	臯陶	聲斌		
					聲海		
				臯職			
				臯鳳			
毓發	署煥						
	曙緩						
挺發	曙李	蔚于	亮九	臯明	聲察		
					聲良		
			成九	臯桂	聲陽		
			洪九	臯花	聲龍		
					聲鳳		
					聲福		
				臯忠	聲李		
				臯達	聲潮		
森發	曙福	田于					
		高于					

37	38	39	40	41	42	43	44
發	曙	于	九	臯	聲	聞	
		忠于	平九				
			祥九				
			龍九	臯特			
			君九				
銘發	曙國						
	曙光						
	曙金	德于	建九				
	曙海						
	曙曉	冬于					
		豐于					
培發	曙蓮	庚于	萍九	臯劍			
				臯檢			
			智九	臯戩			
仲發							
裘發							
□發							
志發	曙秀	秋于	平九	臯龍	(遷	粵)	
			紹九	臯娟			
			愛九	臯洋			
			廣九				
	曙秀	增于	建九	臯志			
			水九	臯檢			
		秋于	惠九				
			蔚九				
詳發	曙華	偕于	漢九	臯銘			
				臯含			
			江九	臯晃			
維發	曙烘	旺于	榮九	臯民	聲平	聞新	
					聲生	聞進	
					聲根	聞意	
				臯勝	聲明	聞亮	
				臯潛	聲春		
					聲秋		
捷發	曙瀛	昌于	鳳九	臯評	聲笑		
				臯開	珊妮		
				臯慶	聲波		
	曙清	泰于	蘭九	臯榮	聲柳	聞晶	
					聲友		
					聲德		
長發	曙基	-	衍九				
董發	曙林	榮于					
月發	曙晨	崇于	祺九	臯輝	聲江		
				臯華	聲海		
			順九	臯朝	聲泉	武漢	
				臯耀	聲文		
				臯漢	聲揚		
				臯武	聲欣		
□發	曙堂	龍于	筠九	臯君	聲豐		
				臯彬	聲華		
				臯睦			
		秀于	楨九	臯冬			
				臯瓊	聲炎	聞閣	
					聲逢	聞海	
					聲林	聞恭	
					聲作		
					聲文		
				臯挽	聲樺		
			松九	臯水	聲敏		
			析九				
			相九	臯琪	聲開	聞斌	
					聲煥	聞鑿	
					聲萍	聞莉	
			堂九	臯信	聲展		
					聲勛		
				臯楚	聲琴		
				臯宴	聲正		
				臯協			
				臯占			

37	38	39	40	41	42	43	44
發	曙	于	九	臯	聲	聞	
			高九	臯恒	聲彬		
				臯羽	聲娟		
			煌九	臯勇	聲李		
				臯國	聲留		
				臯均			
		琮于	森九	臯強	聲爍		
				臯鴻	聲劍		
		亨于	耀九	臯和	聲旅		
				臯淳	聲軍		
			作九	臯汗	聲海		
				臯衛			
			星九	臯貴	聲霖		
				臯勤	聲婷		
				臯建			
			晚九	臯魏			
		芳于	連九	聲根			
			水九	聲根			
永發	曙暉						
覺發	曙霞	源于	初九	臯昌	聲望	聞勇	
						聞智	
						聞龍	
				臯譜	聲泉	開奇	
						聞正	
					聲煥	聞頗	
						聞相	
						聞德	
					聲明	聞寶	
						聞堅	
					聲端	聞峰	
			前九				
			謀九				
			清九	臯來	聲偉		
					聲宏		
		瑞干	昌九	臯蓉	聲良	聞勇	
						聞華	
						聞軍	
					聲桂	聞鋒	
						聞金	
					聲安	聞譜	
				臯	聲琳	聞奕	
					聲疆	聞洁	
		滕于	葭九	臯萌	聲炎		
					聲亮	聞寶	
					聲根		
					聲偉		
				臯欽	聲來		
				臯芳	聲建		
				臯余	聲鈞		
					聲銓		
	曙瑞	盛于	暢九				
		霖于	禎九	臯裕	聲梅	聞禮	
					聲斌	聞仁	
					聲輝		
				臯才			
				臯桂	聲合		
					聲建	聞康	
		迪于	續九				
		祿于	善九	臯穗	聲恒		
				臯庭	聲祥		
					聲和		
				臯建	聲根		
				臯義	聲慧		
			忠九	臯靖	聲博		
			許九	臯純	聲維		
				臯應	聲譜		
				臯禹	聲禹		
			來九	臯順	聲淼		

37	38	39	40	41	42	43	44
發	曙	于	九	皐	聲	聞	
				皐周	聲諒		
				皐姜	聲三		
	曙璜	蛟于	裔九	皐奇	聲華	聞堅	
						聞敏	
					聲麟	聞淨	
				皐聖	聲其		
					聲波		
				皐梅	聲銓		
					聲椿		
				皐輝	聲冠		
		敬于	柏九	皐根	聲華		
					聲紅		
				皐萍			
			任九	皐龍	聲琪		
芹發	曙梅	明于	林九				
		懋于					
		廉于					
		文于					
		人于					
	曙嵐	和于	盈九	皐輝	聲明		
				皐芝	聲鋒	聞根	
					聲波		
				皐純	聲軍		
					聲勇		
				皐煥			
				皐萍	聲濤		
			德九	皐根	聲勉		
				皐琳	聲思		
				皐智			
紹發	曙春	云于					
	曙儀	魁于	菊九	皐瑞	聲波		
				皐鳥	聲禮		
				皐兀	聲華		
				皐封	聲強		
				皐瑋	聲榮		
		全于	桃九	皐任	聲桂		
			和九	皐評	聲楓		
				皐翔			
				皐襄			
			順九	皐鴻	聲枝		
				皐免			
				皐林			
	曙升	亮于	鍾九	皐利			
		財于	槐九	皐延			
				皐凭			
		昭于					
		荃子					
		涵于	炎九	皐發			
		章于					
卯發	曙玉	先于	田九	皐欽	聲亮		
					聲主		
			恩九	皐強	聲華		
					聲斌		
				皐洪	聲伍		
					聲旗		
	曙棉	孚于	棠九	皐梅	聲姜		
				皐評	聲揚		
				皐奎	聲穎		
				皐軍	聲戩		
				皐和	聲超		
				皐如			
			于九	皐驊	聲益		
				皐哲	聲委		
才發	曙賜						
崇發							
魁發							
衣發							
良發							

37	38	39	40	41	42	43	44
發	曙	于	九	皐	聲	聞	
貽發							
雍發	曙傳						
	曙淮						
康發	曙熊	貞于	宗九	皐祥			
		昌于	宗九	皐才	聲勝		
					聲文	躍庭	
				皐明	聲根		
				皐忠	聲鶴		
				皐群	聲洁		
				皐祥			
				皐奎	聲正		
	曙慶	昕于	成九	皐葵	聲忠		
				皐碧			
			林九	皐俊	聲瓊		
	曙涵	香于	蒲九	皐柏	聲勇		
				皐良	聲敏	聞宇	
				皐模	聲鋒	聞怡	
				皐杏	聲露		
					聲勃		
			希九				
			明九				
			韓九	皐炳	聲毫		
			芬九	皐哲			
				皐鵬			
正發	曙昭	石于	營九				
			桂九				
			梅九	皐芝	聲均		
					聲華		
				皐訐	聲娜		
				皐超	聲波		
				皐萍	聲偉		
		椿于	和九	皐毅	聲璠		
				皐雪	聲峰		
				皐志	聲光		
		庚于	欒九	皐發	聲鷹		
			雙桃	皐圖			
		德于					
	曙嘉	祖于	欒九	皐奮	聲巍		
				皐強	聲祈		
	曙彩	湖于	恩九	皐克	聲雪		
				皐寧	聲瑤		
				皐偉			
蕊發	曙頤	開于	丁九	皐林	聲桃	聞益	
					聲輝	聞杰	
				皐云	聲發	聞香	
					聲桂	聞建	
					聲召	聞堅	
				皐泉	聲啟	聞瑜	
					聲明	聞師	
					聲夢		
				皐芹	聲自	聞明	
						聞偉	
					聲林		
			盛九	皐球	聲揚	聞文	
					聲遠	聞林	
					聲晃	聞庭	
						聞明	
					聲文	聞李	
				皐億	聲檢		
					聲海		
				皐壽	竹清	聞鑫	
			生九	皐鳴	聲島	聞軒	
					聲台	聞駿	
						聞澤	
				皐興	聲福	聞東	
					聲泉	聞汕	
				皐忠	聲材	聞亮	
					聲奎	聞武	

37	38	39	40	41	42	43	44
發	曙	于	九	皐	聲	聞	
					聲奎		
		積于	忠九	皐傳	玉蘭	聞全	
				皐桂	聲開	聞釗	
						聞劍	
					聲財		
					聲華		
					聲偉		
			壽九				
			喜九				
		尊于	信九	皐福	聲青	聞京	
					聲山	聞歐	
		花于	慈九	皐偉			
	曙純	鼎于	彰九	皐先	聲軍		
					聲明		
				皐芝	聲良		
				皐甫	聲生		
			思九	皐友	聲根		
				皐涵	聲皓		
					聲祥		
			馳九	皐疇	聲斌		
				皐猛	聲超		
					聲振		
				皐維	聲慶		
		秋于	荷九	皐梯	聲豐		
					聲堅		
				皐均	聲金		
			兆九	皐煥	聲萍		
				皐聰	聲亮		
			正九	皐純	聲妮		
				皐紅			
				皐海			
		馥于	稻九	皐初	聲歡		
				皐增	聲貴		
			光九	皐來	聲欣		
				皐群			
			桂九	皐永	聲林		
				皐敏			
			庭九	皐勇			
				皐芬			
			棉九	皐義			
	曙宜	寶于	文九				
			芝九	皐達	聲江	聞辰	
					聲建		
				皐遠	聲磊		
			正九	皐連	聲根		
				皐接	聲雷		
				皐浩	聲武		
			立九				
			高九				
			撫九	皐行			
				皐敏			
				皐偉			
			戰九	皐建			
		升于	香九	皐長	聲友		
				皐樂			
				皐億	聲廷		
				皐佑	聲娟		
			俊九	皐萍	聲軍		
					聲紅		
					聲明		
				皐小	聲剛	聞波	
				皐正	聲鵬		
					聲闖		
			華九				
			慈九	皐健			
				皐協			
				皐發			
				皐委			

37	38	39	40	41	42	43	44
發	曙	于	九	臯	聲	聞	
			迪九	臯雪	聲林		
				臯根			
	曙題	乾于	德九	臯修	聲春		
				臯馳	聲華		
					聲民		
				臯孟	聲祥		
					聲禮		
		甲于	澄九	臯鴻	聲萍	聞神	
				臯美	聲見		
					聲鋼		
				臯輝	聲育		
				臯勤	聲渺		
			均九	臯喜	聲福		
					聲丹		
曙發	曙榜	生于	任九	臯云	聲衛		
					聲南		
				臯芬			
				臯義	聲豐		
				臯均	聲威		
				臯純	聲磊		
			兆九	臯明	聲初		
					聲云		
				臯士	聲明		
				臯輝	聲鵬		
			奎九				
		歡于	炳九	臯本	聲平		
				臯良	聲根		
					聲旺		
					聲國		
				臯筱	聲華	聞晉	
					聲遠		
			炮九	臯視	聲紅		
				臯本	聲文		
				臯南	聲琴		
田發	曙南	善于	春九	臯永	聲江		
				臯華	聲勇		
				臯貴	聲江		
				臯富	聲偉		
			冬九	臯元	聲勉		
				臯健	聲露		
			智九	臯斌			
庚發	曙滕	珍于	長九	臯豐	聲春	聞真	
					聲林		
				臯林	聲華		
				臯信	聲國		
				臯庚	聲艷		
				臯銘	聲玲		
				臯勛	聲美		
			揚九	臯福	聲君	聞琛	
					聲銘		
					聲庚		
					聲濤		
					聲希		
				臯平			
				臯壽			
		鳳于					
	曙明	貴于	崇九	臯明	聲建		
				臯斌	聲曉		
				臯良	聲旺		
				臯營	聲意		
			唐九	臯祥	聲曉		
				臯義	聲濤		
		富于	尹九	臯南	聲李		
				臯柏	聲梁		
					聲杰		
			福九	臯昌	聲林		
					聲正		
				臯亮	聲敬		

37	38	39	40	41	42	43	44
發	曙	于	九	臯	聲	聞	
				臯平	聲剛		
		年于					
		爵于	富九	臯德	聲軍		
				臯海	婷		
				臯升			
			庚九	臯長	聲敏		
			國九	臯毅	聲琪		
				臯亮	聲永		
			奇九	臯新	聲芳		
				臯秋			
		國于	華九	臯石	聲江		
					聲壽		
			永九	臯九	聲霞		
				建九	臯新		
贊發	曙茂	蓉于	開九	臯榮	聲全	聞友	
					聲良		
				臯東	聲桂		
					聲年		
				臯昌	聲來		
			生九	臯萍	聲林	聞豪	
					聲海		
					聲明		
					聲文		
				臯奎	聲軍		
					聲平		
				臯許	聲祥		
			秋九	臯如	聲堅		
			菊九	臯梅	聲勇		
				臯元	聲亮		
				臯思	聲靜		
			桂九	臯德	聲友		
				臯意	聲波		
			云九	臯群	聲照		
				臯培	聲錚		
			慈九	臯庭	聲芳		
				臯訪			
		材于	實九	臯鵬	聲金		
				臯其	聲藝		
			仇九	臯令	聲勇		
					聲洪		
				臯翔	聲莉		
				臯營			
		順于	思九	臯聖	聲江		
			丁九	臯志	聲壽		
				臯全	聲奇		
				臯葛			
				臯理			
			運九	臯健			
				臯燁			
	曙彬	昕于	佑九	臯明	聲亮		
					聲正		
				臯銘	聲云		
				臯洪	聲優		
			純九	臯林	聲均		
			年九	臯輝	聲禮		
					聲華		
				臯光	聲峰		
				臯順	聲波		
		友于					
		德于	菊九	臯昌	聲英		
				臯飛	聲晶		
				臯俊			
			仁九	臯均	聲萍		
				臯樹	聲輝		
				臯柏			
				臯啟			
		新于	石九	臯訪			
			文九	臯霞			

37	38	39	40	41	42	43	44
發	曙	于	九	臯	聲	聞	
			國九	臯勇			
				臯建			
	曙唐	敦于	疇九	臯志	聲震		
					聲建		
				臯偉			
			堅九	臯懷	聲琪		
				臯碧	聲荷		
				臯濤	聲曉		
端發	曙星	根于	燕九	臯引	聲均		
		苞于	曉九	臯韵			
			利九				
	曙鎮						
猷發	潤光	遷善					
繼發	曙觀	安于	景九				
			福九	臯彩			
賞發	曙永	緩于					
		防于	定九	臯軻			
		上于	健九	臯融			
		監于	康九	維昭		居美	
			仲九	臯擎			
			季九				
		慈成	朋九	臯業			
		之于	梁九	臯宇			
鄉發	曙燾	美于	順九				
建發	曙齡	瑔于	淵九	臯芸	聲伐	聞圃	
				臯芙	聲誠	聞強	
					聲林	聞堅	
					聲銘		
					聲凡		
		瑛于	穗九	孫			
同發	曙麗						
	曙祥						
延發	曙天	慶于					
丁發	曙颸	蒙于	望九				
怡發	曙暉	豫于	滋九				
			庶九				
			青九				
咸發	曙文	繩于	萍九	臯陽			
	曙瑩	繩于					
	曙積	繩于					
海發	曙陽	耀于	祝九	臯海			
			祺九				
			祥九				
			楨九				
			建九				
	曙震	謨于	棠九	臯□			
				臯瑋			
			華九	臯震			
	曙荷	肇漢	念九				
		畊于	孫	臯瑋			
衡發	曙滇	芳于	開九	臯欣			
滕發	曙祜	鑫于					
		葵于					
		繼于	春九				
		芬于	淩九	臯清			
			招九				
	曙紹						
首發	曙堅	輝于	遜九	臯清			
			達九	臯柳			
			遂九	臯添			
			遐九	臯輔			
			巡九	臯杏			
亩發	曙覺	啟賢	運九	臯思			
				臯朝	壽星		
				臯華	聲政		
暢發							
楚發							
祖發	曙松	——	遜九	臯靖			

37	38	39	40	41	42	43	44
發	曙	于	九	皋	聲	聞	
俊發	曙錕	慈于	仁九	皋信	聲陶		
					聲逵		
					聲亮		
				皋敏			
		泉于	義九	皋明	聲全		
					聲忠		
					聲君		
					聲科		
				皋發			
				皋富	聲武		
					聲東		
				皋貴	聲鵬		
					聲程		
				皋奇	聲綱		
					聲逵		
			勝九	皋斌	聲斌		
				皋裁	聲鋒		
			開九	皋菲	聲杰		
				皋援	聲安		
			忠九	皋奇	聲麗		
				皋襲			
蓮發	曙五						
锈發	曙中	華于	兆九	皋仁	聲東		
				皋幟	聲星		
				皋切	聲國		
				皋金			
	曙逵	圭于					
菁發	曙光						
	曙層	——	初九	皋昌			
				皋寧	聲敏	聞憲	
					聲猛		
					聲祥		
				皋盟	聲壽		
					聲豐		
酉發	曙景	陽于	倫九	皋運	聲畬		
				皋貴			
				皋建	聲君		
秋發	曙江	引于	炎九	皋涼			
			康九	皋蘇			
				皋水			
			星九	皋前			
德發	曙鵠	歡于	勝九	皋友	聲毶		
				皋明			
烟發	曙堂	傳于	芬九	皋炎	聲斌		
				皋明			
				皋平	聲恒		
			鳳九	皋折	聲桂		
				皋鍵			
			龍九	皋瑋	聲莉		
			云九	皋宏	聲浩		
				皋幟	聲晉		
	曙辛	南于					
		財于	長九	皋訪			
				皋聯			
			信九	皋弘			
				皋亮			
		安于	奎九	皋濤			
			圭九	皋金			
			郭九	皋鶵			
				皋磊			
			偉九				
亭發	曙乎	琨于	菊九	皋田	聲波		
				皋量	聲禮		
				皋祥	聲金		
貴發	曙乎	濤于	仇九	皋年	聲東		
					聲明		
章發	曙祿	聖于	恢九				
			檢九	皋			

37	38	39	40	41	42	43	44
發	曙	于	九	皋	聲	聞	
			經九	皋招			
贊發	曙暇	台于	昔九	皋暉			
			哲九	皋宣			
				皋可			
			至九	皋運			
				皋天			
科發	曙唐						
	曙湘						
慶發	曙生	堂于	桂九	皋發			
			明九	皋嬌			
			偉九	皋嘉			
			兵九				
		高于	勝九				
			利九				
		丁于	附九	皋溪			
			夫九				
			欽九				
茸發	曙鑫	聯于	升九	皋純	聲欽	聞瑾	
					聲敏		
					聲典		
				皋義	孫	聞奇	
				皋貽	聲竑		
			佑九				
			丁九	皋友	聲東		
		金于	星九	皋益	聲友		
					聲華		
				皋建	聲玲		
			亮九	皋萍	聲麟	聞秋	
					聲雅		
					聲寬		
				皋良			
				皋慈	聲濤		
			云九	皋茶			
		新于	才九	皋瑜	聲光		
				皋純	聲濟		
				皋疇	聲云		
			勛九				
		冬于	銘九				
			桃九	皋盟	聲華		
					聲俊		
				皋陶	聲喬		
				皋琴	聲枚		
				皋典	聲諫		
				皋倫	聲影		
					聲垒		
			模九				
			可九				
			繁九	皋春			
	曙美	清于	瑩九	皋華	聲越		
				皋金			
				皋包			
	曙薪	科于	慶九	皋鴻	聲峰		
			樹九	皋鵬	聲陶		
				皋春			
				皋海			
		桂于					
		合于					
		聖于	凡九	皋明	聲華		
					聲江		
				皋南	聲明		
				皋良	聲福		
				皋委	聲燕		
				皋志	聲良		
		利于	思九	皋日	聲根		
椿發	曙東	首于					
		銘于	瑚九				
			瑜九	皋斌	聲堅		
					聲豪		

37	38	39	40	41	42	43	44
發	曙	于	九	皋	聲	聞	
				皋遠	聲檢		
				皋芬	聲磊		
					聲劍		
				皋新	聲毅		
				皋琪			
			龍九	皋勉	聲簡		
				皋冬			
		謀于	仁九	皋堯	聲鋒	聞誠	
					聲波		
				皋祥	聲康		
				皋凌	聲祺		
		楠于	華諫	皋泳	聲亮		
			朮九	皋曉	聲星		
		益于	斌九	皋勤			
			賦九	皋朴			
啟發	曙衡	錫于	芝九	皋弼	聲永		
					聲周		
				皋昭	聲金		
					聲濟		
				皋綱	聲群		
			滿九	皋教	聲倩		
				皋育			
				皋若			
				皋嘉			
再發	曙麟	佑于	銓九				
		西于	萍九	皋勇			
		永于					
若發	曙精						
棠發	曙謙	葭于	桂九	皋戈	聲鋼		
				皋為	聲政		
				皋卓	聲堅		
		恩于	新九	皋彬	聲浙		
		法于	冬九	皋逸			
			接九	皋鄭			
			萍九	皋紹			
		梅于	和九	皋光			
				皋宜			
敕發	曙耀	友于	運九	皋勤			
				皋儉			
			云九	皋准			
				皋克			
			放九	皋丞			
				皋祖			
			冬九	皋政			
			秋九	皋惠			
		思于	平九	皋鏵			
			春九	皋楨			
			沛九	皋軻			
			翔九	皋博			
		貴于	越九	皋燕			
			仕九	皋濃			
				皋灘			
	曙為	仁于					
		譜于					
	曙炎	麟于	笙九	皋宗			
			劍九	皋水			
		泉于	根九	皋榕			
		喜于	偉九				
	曙益	秋于	洪九	皋謀			
				皋略			
			生九	皋策			
				皋衡			
			移九	皋舉			
			斌	皋深			
				皋瀚			
爽發							
乾發	曙友	前于	庚九	皋清	聲斌		
				皋文	聲來		

37	38	39	40	41	42	43	44
發	曙	于	九	臯	聲	聞	
				臯回	聲洪		
					聲振		
				臯強			
				臯偉	聲華		
			桂九				
		前于	丁九	臯余	聲海		
				臯和	聲禮		
				臯申	聲波		
				臯良	聲林		
				臯春	聲明		
			田九	臯勇			
				臯哲			
				臯冬			
經發	曙弗						
	曙廬						
	曙定						
源發	曙業						
	曙年						
	曙融						
	曙鈴						
瑩發							
映發	曙冬	財于	迪九				
			全九	臯煥	聲將		
					聲偉		
				臯良	聲鵬		
				臯華	聲林		
			云九	臯芬			
				臯和	聲奇		
					聲林		
				臯建	聲庭		
					聲協		
				臯福	聲哲		
				臯萍	聲航		
			林九	臯強			
				臯奇			
		清于	朝九	臯巩	聲博		
				臯晉			
	曙桂	林于	伏九	臯庭	聲欽		
			連九	臯紅	聲璐		
				臯鋼			
		良于	德九	臯烈	聲睿	長沙	
				臯明	聲均		
				臯奇	聲錦		
				臯運			
				臯益			
			紹九	臯茂	聲宇		
				臯菊	聲彩		
			純九	臯新	聲婷		
				臯萍	聲榮		
			斌	臯鑫			
		梅于	葵九	臯漢			
彩發	曙忠	團于					
		見于					
寅發	曙杞	鴻于	儀九	臯文	聲肅		
					聲天		
				臯鳳	聲水		
				臯純			
			協九	臯俊	聲蒙		
				臯浩	聲濤		
				臯告			
				臯永			
			禮九	臯盟	聲禮		
				臯柳			
			桃九	臯明			
			振九	臯翔			
				臯鵬			
		荷于	連九	臯輝			
				臯明			

37	38	39	40	41	42	43	44
發	曙	于	九	臯	聲	聞	
				臯水			
			生九	臯軍			
				臯含			
			村九	臯峰			
				臯亮			
			勛九	臯平			
	曙根	映于	碧九	臯烈	聲鑫		
				臯維			
			咏九	臯曦			
			建九	臯偉			
		勝于	舟九				
			泉九	臯凱			
		廣于	玖九				
	曙宗	梅于	志九				
揚發	曙模	意于	彬九	臯春			
			群九	臯金			
				臯雨			
			萍九				
			勤九	臯峰			
			文九	臯建			
			耀九	臯嬌			
		海于	利九				
趙發							
禮發	曙屏	才于	堅九	臯龍			
				臯鳳			
			明九	臯文			
				臯湖			
		冬于	華九	臯倩			
		國于	晚九				
			猛九				
			攸九				
	曙恒	全于	放九	臯星			
			見九				
			義九				
			軍九				
		愛于					
新發	曙元						
翰發	曙光	蘭于	木九	臯品	聲登		
				臯芝			
	曙歡	微于	國九	臯江	聲軍		
				臯黎	聲衛		
				臯會			
	曙春	遺于					
		山于	奇九	臯恒	聲荷		
			林九	臯松			
			良九	臯楚			
			年九	臯博			
			兩九	臯偉			
			耀九	臯金			
	曙碧	譜于	庚九	臯評	聲景		
				臯鈞	聲東		
					聲濤		
起發	曙棕	利于	萍九	臯鵬			
			茶九	臯佳			
晛發	曙錫	勞于	長九	臯軍			
			存九				
			夭九	臯威			
			分九	臯吉			
		碧于	根九				
			雪九				
			芳九				
			恒九				
		定于	山九				
			艷九				
圖發							
屏發	曙高						
荃發	曙高	极于	輝九	臯娟			
			宮九	臯淩			

37	38	39	40	41	42	43	44
發	曙	于	九	臯	聲	聞	
			華九	臯敦			
			民九	臯銘			
			遠九	臯議			
		桂于	煥九	臯鑫			
			建九	臯敏			
			德九	臯柯			
			啟九	臯毅			
敦發	曙雪	全于	民九	臯鴻			
			發九	臯江			
			軍九				
		鳳于	和九	臯檢			
			云九	臯建			
			友九	臯濤			
		群于	裕九				
		新于	顯九				
		秋于	剛九				
			偉九				
	曙佑	述于	賀九				
			華九				
		樂于	凌九				
			峰九				
	曙善	茂于	帝九				
		斌于	磊九				
枝發	曙樽	長于	輝九				
榮發	曙藩	洪于	凱九	臯令			
			郭九	臯浩			
			椿九	臯瑤			
		建于	水九	臯梅			
		思于	明九	臯丹			
			戈九	臯晴			
			梁九	臯化			
		桂于	清九	臯騫			
				臯江			
			潮九	臯粮			
			培九	臯旺			
	曙斗	政于	冬九	臯明	聲亮		
				臯華	聲祥		
				臯林	聲發		
				臯宏			
			根九	臯勇			
				臯花			
			良九	臯軍			
				臯連			
			萍九	臯斬			
			海九	臯鵬			
		德于	喜九	臯汝			
			銘九				
	曙珊	惠于	高九	臯洪			
			運九	臯春			
			定九	臯杰			
		仁于	生九	臯發			
			林九	臯威			
			祥九	臯媛			
			年九				
			明九	臯茜			
		美于	瓊九	臯亨			
			正九				
			躍九				
		文于	堅九				
			芳九				
	曙玖	烈于	佳九	臯博			
			木九	臯莉	住佳	木斯	
			斯九	臯月			
			市九				
		毅于	盛九	臯建			
			運九	臯林			
			候九				
			燁九	臯晴			

37	38	39	40	41	42	43	44
發	曙	于	九	臬	聲	聞	
榜發	曙武	光于	福九	臬林			
			欣九				
			民九				
		石于	歡九				
		芒于	建九				
	曙帥	寒于	燁九				
		小于	芬九				
申發	曙成	端于	億九	臬煒			
			仕九	臬志			
			釗九	臬洪			
			愛九	臬准			
		和于	春九	臬兵			
			戈九	臬偉			
			清九	臬敏			
斌發	曙何	芒于	思九	臬鳳			
			皇九	臬帆			
			秀員	臬芬			
		連于	志九	臬祥			
			衛	臬政			
				臬軍			
			演九	臬健			
			榮九	臬陽			
	曙友	利于	祥九				
		雪于	萍九				
		良于	峰九				
		喜于	水九				
		猛于					
友發	曙國	仁春					
初發	曙德	政于					
		均于					
	曙耀	斌于					
	曙藝	穎于					
義發	曙輝	學于					
	曙爛	翔于					
	曙明						
石發	曙分	宣于					
		康于	建九	臬勤			

37	38	39	40	41	42	43	44
發	曙	于	九	臬	聲	聞	
				臬盛			
		仁于	和九	臬芙			
			億九				
			斌九				
	曙榮	放于	萍九	臬維			
				臬標			
			義九				
	曙萍	信于	輝九	臬江			
		禮于	祥九	臬稻			
				臬偉			
			建九				
			貞九				
			袁九				
		希于	民九				
			紅九				
		樂于	占九				
	曙蔭	義于	江九	臬曉			
			東九				
			宏九				
占發	曙映	紹貞	智九	臬昭			
梅發	曙良	啟華					
襟發	曙桃	評于	勤九				
		選于					
	曙菊	貴于	惟九				
		冬于					
	曙梁	啟于	江九				
			華九				
		萌于	錫九				
		高于	梁九				
		雅于	彪九				
	曙林	榮于	珍九				
		彬于					
		禧于					
	曙明	庚于	即九				
			諒九				
	曙花	鈞于	哲九				
		暉于					
		寬于	祥九				

37	38	39	40	41	42	43	44
發	曙	于	九	臬	聲	聞	
		富于					
宗發	曙明	君于	艷九	曙明	三子	均遷	
		晰于	武九	遷湘	攸縣	皇圖	
		強于	慶九	嶺鎮	皇圖	嶺村	
	曙豈	勇于	良九				
		智于					
	曙會	椿于	至九	遷湘	攸縣		
		剛于	照九				
祿發	曙國	疆于	峰九				
			驊九				
	曙賢	芳于					
	曙盟	良于					
	曙勤	博于					
	曙放	翼于					
		昱于					
	曙高	倩于					
旌發	曙財	丁于	昌九				
			封九				
		春于	杰九				
			堅九				
		朗于	健九				
			陶九				
否發	曙忠	蘇于					
	曙濟	寰于					
		裕于					
和發							
鍾發	曙香	孫	智九	臬文			
				臬岷			
				臬升			
	曙連	若于	鳴九	臬徐			
梓發	曙松	林于	博九				
		年于	明九				
		俐于	聰九				
		世于	晃九				
		謐于					

宗可嗣遷安福縣錢山鄉里家村 39 世**嘉祥房**

1918 年戊午嘉祥公陪母吳氏月英及攜同兒女從萍鄉市湘東鎮江邊村遷住江西安福錢山鄉東源村居住

39	40	41	42	43			
嘉祥	光連	解生	金偉				
			保衛				
			小衛				
	起連	玉仁	小金	業濤			
				小寶			
				炳媛			
				花媛			
	慈連						
	全連						

39	40	41	42	43			
	會連						
	花連	炳仁	衛龍				
			萍				
		海仁	青				
			麗麗				
		建仁	霜霜				
		紅仁	艷艷				
	富連	新文	娜				
			俊				

39	40	41	42	43			
		知文	杰				
			佳				
		仕文					

宜春市新田鄉里光村下泉 23 世**天周公支**

23	24	25	26	27	28	29	30	31	32	33	
天周	茂春	世禎	永興	佳奇	延珂	子敖	金煌	玉珪	瑞宴	長信	
				祥奇	延芬	子敬	金□	玉國	瑞寄	長禮	
	茂秦	世福	永隆	鸞奇	延憲	子敏	金炫	玉振	瑞賓	長麒	
										長麟	
										長金	

33	34	35	36	37	38	39	40	41	42	43	44
長	為	文	龍	學	家	紹	章	田	新	暉	
長信	為德	柳文	逢龍	學育	家庫	紹聖	上萬	生田	新峰	茂暉	
									新武		
								活田			
								九田	新周	灿暉	
										凱暉	

33	34	35	36	37	38	39	40	41	42	43	44
									新善		
									新清		
							上友				
長禮	為漢	棟文	鳳龍	學件	家謀	紹高	慈章	福田			
								富田	新華	光暉	
										金輝	
									新立	江暉	
									新信		
								聖田	新江	榮暉	
									新冬	斌暉	
									新虎	運暉	
						紹恋	時章				
						紹珊	云章	星田	新宇		
								舜田	新聖		

33	34	35	36	37	38	39	40	41	42	43	44
									新卓		
				學伸	家齊	紹齡	綺章	壽田	新曉	衛暉	
									新春	遠暉	
									新芳		
					家運	紹會	上油				
				學福	家琳	紹遠	懷章	斌田	新林		
									新玉	聖暉	
									新滿	俊暉	
					家兵	習全	上鳳	武田	新松		
									新竹		
							文奎	定田			
長麒	為均	榜	仁龍	學性	家吉	習如	上群	輝田	新葱		
								付田			
						習堯	上億	宗田			
								脉田			
	為動	榛文	起龍	學貞	家瓊	紹增	上志	均田	新滿		
									新安		
								帥田	新桃		
								磊田			
							上壽	長田	新健		
								袁田			
	為昭	棋文	連龍	學備	家詌	紹酋	上權				
							上輝	波田	新磊		
								濤田			
								勇田			
							上全				
				學尊	家珍	紹酋	上權	清田	新宗	太暉	
									新塔		
				學述	家贊	習萱	上從	學田	新灿		
								未田	新超		
								洪田			
								鄉田			
	為昭	青文	海龍	學知	海珠	紹秀	上根	云田	新桃		
							上春	云田			
								軍田			
								谷田	新發		
								仲田	新勇		
								頌田	新金		
				學美	家贊	紹秀					
						紹品	上鴻	仕田	新聰		
								琿田			
								誼田			
								浩田			
								錦田			
							上桂				
							上軍	思田			
						紹勇					
						紹會					
						紹萱					
		杜文	松龍	學操	家模	紹勇	上容	海田			
						紹會	上其	歡田	新大		
									新加		
							上來				
		植文	財龍	學煥	家文	紹先	上福	劉生	新良	銀暉	
							上建	江田			
							上學	件田			
							上尾				
				學鴻	家儀						
					添春						
					安春						
					定春						
					江春						
			桀龍	學祥	高春	習模	上瑞				
						習冬					
						習祥					
	為治	桁文	福龍	學根	家合	習兵	上桂	津田			
						習瑞	上師				
							上桂				
							上松	容田			

33	34	35	36	37	38	39	40	41	42	43	44
							上宇				
				學咏	家俞	習師					
						習象					
						習林					
						習森	上田	瑞田	新譜		
							上忠	璋田			
								萍田			
	為波	榮文	萬龍	學梅	家厚	習連	上冬	茂田			
						習仁	上昊	華田	新寶		
								忠田	新亮		
		華文	德龍	學愛	家組	紹浩	上禮	萬田	新春		
							上本	芬田	新美		
								益田			
							上龍	金田			
								水田			
								虎田			
							上榮	鏡田			
				學瑞	家驪	紹瓚	上元	京田			
								組田			
						習滿	上富	義田			
								子田			
								志田			
								夢田			
				學財	家銘	紹正	上高				
							上合	才田	新耀		
									新光		
								效田	新科		
								德田	新錢		
		貴文	運龍	學來	家逢	習詩	上和	林田			
							上標	林田			
	為水	迎文	在龍	學動	家傳	紹全	貢章	雨田			
						紹爵	萃章	來田	新浩		
								進田	新浩		
							上閩	友田	新漢	大毛	
									新禹		
									新瑤		
						紹梅	上科				
							上甲	來田	新浩		
						紹悅	鳴章	豐田	新慶	啟暉	
										歡暉	
									新祝	生暉	
										軍暉	
									新喜	文暉	
									新來	外暉	
										瑤軍	
									新柱		
								喜田	新凱	繁暉	
									新榮		
									新沅	葱暉	
									新進	希暉	
										望暉	
									新金		
						紹發	書章	內田			
								玉田			
								外田	新生	敏暉	
									新龍		
						駋聖					
		祥文	高龍	學禮	家屏	習慶	上星				
							上華	桂田	新疆	景暉	
									新相		
								昌田	新懷		
									新偉		
							上穎	桂田	新相		
		富文	占龍	學新	家達	紹中	上能	六田	新柏	根暉	
										容暉	
										春暉	
							上吉	六田	新奇		
				學詩	家紳	紹輝	上俊	蘭田	新雄	成暉	
										健暉	

33	34	35	36	37	38	39	40	41	42	43	44
									新純	展暉	
									新杰		
									新波		
									新強		
					家瑜	紹支	上俊				
							上桀	良田			
								嘉田	新海		
									新博		
									新紅	航暉	
									新鵬		
						上卿	藍田				
							美田				
						上國	台田	新廣			
							左田	新達			
						上善	良田	新禮	亮暉		
				家墇	紹覺	上卿	美田	新斌			
								新宜	澍暉		
								新昌	嘉暉		
				家景	紹覺	上卿					
				家駿	紹興	上運	會田	新學			
								新程			
長金	為忠	本文	靈龍	學純	家寶	紹根	上賓	炳田	新堂	聖育	
									新彩		
						紹元					
						紹舒	上全	緒田			
							上順	廣田	新波		
						紹質	上信	金田	新境		
								春田	新境		
								美田	新境	海暉	
										均暉	
							上達	書田	新堯	其暉	
										林暉	
									新磊	森暉	
					家興	紹禹	殿章	保田	新義	文暉	
										華暉	
										財暉	
										學暉	
										平暉	
									新堅	兵暉	
										來暉	
									新坤	鵬暉	
				學易	家華	習專	上全	明田			
								尾田			
						習性	上發	連田			
						習情	上德	耀田	新根		
								順田			
								安田			
						習佑	上林	國田	新平		
								堅田	毛牙		
					家吉	習道	上林				

33	34	35	36	37	38	39	40	41	42	43	44
							上云	祥田	兵		
									勇		
								招田			
								義田			
	為善	材文	大龍	學原	家□	習駒	上富	文田	新暉	云暉	
								庚田	新平	國暉	
									新德	春暉	
									新國	坫暉	
										寶暉	
								裕田			
								佑田	新忠	光暉	
								志田	新發	學暉	
										軍暉	
									新根		
							上桂	友田	新才		
					家業	紹亮	上道	彩田	新勇		
							上得	彩田	新勇		
							上義	坤田	新建		
								泰田	新歡	聯瑞	
					家貴	紹行	上仁	滿田	新洪	金暉	
										銀暉	
									新建		
									新城		
									新軍		
			安龍	學修	家豆	紹懷	上盛	在田			
								觀田	金藍		
				學陶	家旺	紹基	上茂	龍田	新仁	飛暉	
										峰暉	
									新明	順暉	
									新未	羅暉	
										紅暉	
										清暉	
								鳳田	新茂	德暉	
									新聖	明暉	
									新富	根暉	
									新貴	建暉	
										冬暉	
						習厚	上文	愛田	新宇		
								冬田			
								秋田			
								余田			
						豐六	上羅	羅田			
								貢田			
							上正	成田	新年		
				學動							
				輝九							

上高縣田心鎮江南村 32 世德偉公支

33	34	35	36	37	38	39	40	41	42	43	44
武韶	宋瑤	政云	許二	仙七	敖二	禮六	銘五	硏四	紜四	柏二	
										柏八	
						敖三					
						敖四	禮四	陵三	鈴二	桐四	
						禮八	尚八	硏八	鈁三	桐一	
						敖五	禮三	---	---	----	
					梓久	禮七	求木	硏十	經六	茶八	
							綿五	硄	綸	情一	
										楻四	
										槿三	
							錦五	光一	綸四	煌九	

40	41	42	43	44	45	46	47	48	49	50	51
						貴	坊	英	賢	奇	
銘五	硏四	紜四	柏二	宗五	玉姝	貴牙	坊五	英富	賢義		
									賢禮		

40	41	42	43	44	45	46	47	48	49	50	51
						貴	坊	英	賢	奇	
							坊九	英瑞	賢利	奇軍	
									賢才	奇偉	
									賢真	奇忠	
									賢理	奇鋁	
							坪一				
						貴珠					
						貴林					
				宗八	銀貴	炳林					
						海珠					
						游六	培三	英龍	賢明		
								英虎	賢年		
							培七				
					發貴	細立					
			柏八	健三	登五	海四	琦六	英駿			
					毛毛	落三	坷八	英才			

40	41	42	43	44	45	46	47	48	49	50	51
						貴	坊	英	賢	奇	
							琦五	英偉			
						王猫	坎七				
						喜林	增十	英志	賢宇		
							坛五				
						沼九	坊四	英全	賢福	奇林	
									賢滿	奇聰	
								英新	賢春		
							坊八	英金	賢德		
								英鵬			
								英秋	賢武	奇宇	
									賢平		
									賢惠	奇鋁	
									賢德		
						英佬	坊十				
							坪二	英勝			
						門神	坛三				
							坛七	英鵬			
						木招	坛九	英林	賢博		
									賢武		
								英真	賢翔		
							增六	英廣	賢偉		
								英北			
禮四	陵三	鈴二	桐四	信五	慶佬	祥一	增五	英高	賢龍	奇凱	
									賢虎		
				例五	景二	洋壹	增二	英丙	賢友		
								英宏			
						洋四	增八	英鴻	賢國		
								英福	賢球		
									賢茂		
								英冬	賢文		
								英秋	賢鋒		
								英云	賢吉		
									賢次		
									賢永		
						洪一	增五				
							培八	英何	賢學		
							均九	英牙			
								英何			
								英雪			
								英梅			
								英水			
					學春						
						江二	均一	英勇	賢俊		
								英賢			
								英明			
							均三	英賢			
								英萍			
							坷十	英革			
								英文			
								英慧			
						江五	坷五	英錦			
								英武			
								英偉			
尚八	研八	鈁三	桐一	思一	言一	海三	培十	英浩			
								英盛	賢仲		
									賢堯		
								英年	賢和		
									賢兵		
								英良			
								英烈			
							振祥				
					言八	炮精	均八				
							坷三	英雷	賢凱		
								英漢			
				彭□	思八	木拐	增九				
							城二				
							均五	英浩	賢河		
						矮仔	增七	英元	賢福		

40	41	42	43	44	45	46	47	48	49	50	51
						貴	坊	英	賢	奇	
									賢滿		
									賢春		
									賢慶		
							城一				
							培四	英政	賢云		
						游三	坷一	英浪			
								英發	賢杰		
熬五	禮三	—	—	—	—	—	增四	英成	賢高		
								英功	賢斌		
									賢章		
								英寶	賢輝		
									賢志		
求木	研十	經六	茶八	健一	寅春	江六	城三				
							培五	英昌			
								英盛	賢忠		
							坛二				
							坛四	英勝			
								英福	賢忠		
							坛六	英凱			
						海八	坷六	英東			
								英豐			
							奇一	英固			
								英興			
			樫四	健六	朝周						
					祥周						
			棟二	連二	輝一						
					輝八	秋牙					
						清一	奇七	英輝			
								英建			
							奇八				
						三牙					
					庚發						
				健四	景五	閏牙	坛一	英海			
								英梘	賢生		
						福牙					
						喜牙					
						壽牙					
					慶志						
					灯八						
					輝七						
綿五	硄一	綸一	情一	□五							
				宗四							
				思三							
			楻四	宗二							
				宗十							
				□二	景十	雷象					
			槿三	□六	耀六	金泉	培二	英吉	賢德	奇敏	
									賢平		
									賢昌		
							培六	英眾	賢繁		
								英瑞	賢俊		
								英厚			
						火妹					
				灯六							
				挺林	灯九	洪九	培九	英欣	賢亮		
								英云	賢金		
						海九	均二	英瑾			
				健八	祥周	洪七	培一	英發			
								英富			
						海六	均六	英長			
								英發			
								英其			
								英祥			
							坛七				
						游八	坛八				
							均十	英南			
							琦一	英榮			
								英華			

40	41	42	43	44	45	46	47	48	49	50	51
						貴	坊	英	賢	奇	
								英富			
								英貴			
					吉周						
					灯七						
					德周						
					燀六						
				連一	明周	海五	坷五	英斌			
								英禹			
					見周	爆二					
						爆五					
						爆九					
錦五	光一	綸四	煌九	□十	言五	德初					
						清一	奇四	英才	賢臣		
									賢宗		
								英明	賢發		
								英雄			
								英成			
					言十	鴻初	均七	英勇	賢海		
									賢湖		

40	41	42	43	44	45	46	47	48	49	50	51
						貴	坊	英	賢	奇	
								英豪	賢強		
								英杰			
							坷二	英庚	賢美		
								英平	賢磊		
								英紅			
								英志			
							坷九	英波			
					景六						
					耀五						
					耀十						
				健六	盛州						
					灯四	春苟	坷四	英俊	賢能		
									賢坤		
								英毅	賢哲		
					灯十						
					龍州						
					鳳州						
					義洲						

萍鄉市彭家沖東洲 20 世名仲公支

15	16	17	18	19	20	20	21	22	23	24	25	26	27	28	29	30	31	32	33	34			35	36
						名	世	文	初	源	魁	玉	大	均	朝	興	云							
						名仲	世德	文元	孟初	逢沅	茂魁	玉瑜	大謨	均微	朝懋	興高	云虗	尹中	日瑩	光耀				
												玉珀	大讓	均慎	朝惠	興宗	云茂							
																	云嘯							
																	云岐							
																	云從							
																	云友							
																	云盧	尹聖	日發	光英	光兼			
							世范	文連	仲初	溪源	耀魁	玉鑾	大乾	均泰	朝遜	興賢	云俊	尹商	日照	光智				
																			日曄	光育	光邑			
																		尹原	日朝	光斗	光體			
																			日暉	光書				
																			日海	光添				
																			日新	光位	光大	光典		
																	云行	尹謀	日平	光烈				
																		尹啟	日軒	光漢	光華	光煦		
																	元文	君麒	日興	光易	光能			
																	云飛	尹芬	日昌	光繡				
							世薰	文信	季初	履沅	勝魁	玉珂	大俸	均相	朝祖	興奎	云發	尹義	日謙	光景				
																		尹昌	日蒸	光溏				
																		尹正	日孔	光淮				
																	云芳	尹聖	日玲	光淵				
																			日世	光澄				
																		尹俊	日晷	光履				
																			日高	光昭	光卓	光德		

34	35	36	37	38	39	40	41	42	43	44	45
光	金	枝	永	茂	寶	樹	增	芳	基	承	
光耀	金希	枝	永祿	茂萬	寶三	樹明	增財				
							增輝				
			永年	茂茸	寶木	樹全					
			永瑞	茂輝	寶福	樹平					
					寶田	樹香					
光英	金鳳	枝奇	永沅	茂茵	寶呈	樹申	增隆	芳萍	基海		
									基耀		
					寶仙	樹祥	增林	芳明	基虎		
									基杰		
								芳□	信基		
								芳奇	基鑫		
光兼	金蛟	枝音	永仕	茂薛	寶荃	樹華	增榮	芳全	基富	瓊	
									基裕	承瑞	
					寶符						
			永粹	茂茵	寶昌	樹亭	增騰				
						樹瑩	增容	芳升	基尚		
					寶春	樹嚴					
					寶庠	樹椿	增發				

34	35	36	37	38	39	40	41	42	43	44	45
光	金	枝	永	茂	寶	樹	增	芳	基	承	
			永儒	茂光	寶和	樹興	增年	芳智	基翰		
									基□		
		枝楞	永鈺	茂荃	寶□	樹生					
						樹栗					
						樹梅	增□	芳梅	基昌		
								芳世	基善		
								芳興	基星		
									基科		
								芳棵	基鴻		
							增理	芳輝	成群		
								芳亮	基祥		
							增雪	芳錦			
								芳旺			
							增慶				
				茂薈	寶節	樹運					
						樹昭	增桂	芳良	基發		
								芳清			
							增福	芳連	基剛		

34	35	36	37	38	39	40	41	42	43	44	45
光	金	枝	永	茂	寶	樹	增	芳	基	承	
									基猛		
								芳春	基和		
								芳桂	基策		
						樹點					
				茂苕	寶元	樹涵					
				茂莉	寶林	樹熙	增群	芳建	基略	承恩	
										承德	
									基謀		
								芳明	基維		
								芳利	基旺		
								芳泉	基賢		
					寶芨	樹濤	增仁	芳承	基彪		
								芳鷲	基俊		
								芳光	基嘉		
								芳裕	基湘		
								芳云	基娥		
							增芳	芳阡	基友		
									基盛		
								芳震	基財		
				茂萛	寶策	樹蓮	增沅	芳達	基猷		
								芳道	基華		
								芳忠	基康		
								芳勝	基娟		
								芳偉			
						樹恩	增芝	芳啟	基武		
		枝穗	永本	茂□	寶□	樹栗	增萍	芳玉	基根		
									基淼		
								芳鼎	基生		
光智	金望	枝桁	永敦	茂	寶芬	樹中	增鴻				
						樹正	增玉				
						樹覃	增馗				
						樹冬	增路				
						樹則					
				茂全							
光育	金禹	枚中	永获	茂福							
			永英								
			永鵬	茂崇	寶芳	樹光					
						樹舜					
					寶劍						
			永桂								
		枝榕									
光邑	金佩	枝物									
	金堂	枝楹	永澤								
			永遭								
			文文								
		枝梢									
		梢心									
		枝殘									
光斗	金麒	枝柿	永付	茂龍							
				茂桂	寶瑩						
					寶動	樹梅	增輝	芳偉			
							增勝	芳晶			
						樹明	增鋒				
	金鳳	枝柄	永鎮	茂芝	寶熊	樹善	增亮	芳主			
							增鵬	芳帥			
							增昭	芳政			
							增萬	芳朝			
					寶罴	樹高					
						樹良	增億	芳仁			
		枝台									
		枝敬	永菡	茂昆	寶荐						
					寶煦						
					寶然	樹冬					
						樹菊					
		枝樂	永愛								
			永楠								
光體	金祥	枝濃									
	金鳴	枝臬									

34	35	36	37	38	39	40	41	42	43	44	45
光	金	枝	永	茂	寶	樹	增	芳	基	承	
	金彪	枝棵	永親								
		枝提	永垂								
			永喜								
	金邦	枝栲	永隆	茂笙							
	金誥	枝干	永綿								
			永享								
			永林	茂菽							
				茂莩							
				茂菌							
				茂莘							
		枝式	永林	茂尉							
				茂舜							
		枝一	永淨								
			永馨								
		枝康	永芯								
			永盈								
光書	金容	枝發	永吟								
			永咏								
			永睦								
			永陽								
		枝材	永義								
			永梯	茂純	寶魚	樹民	增金				
						樹鵬					
光添	金英	枝權									
		枝衡									
		枝倚									
	金葦	枝枸									
		枝安	永信								
			永延								
			永仁	茂鋒							
光位	金生	枝崗									
		枝岑	永革								
	金鳥	枝崇	永常								
			永逢								
光大	金松	枝泗	永材	茂庚	寶熙	樹繁	增松	茂琪			
								茂亮			
							增岐	芳琮			
							增宏	芳津			
						樹藻					
						樹萍	增厚	芳嵩			
							增膺	芳昆			
						樹芬	增柏	茂嵐			
							增明	茂□			
							增余	茂斌			
						樹蘭					
						樹蕃	增芳				
					寶燕						
					寶杰						
		枝江									
		枝洙									
		枝河									
		枝漢									
	金柳	枝長									
		枝淡									
		枝觀									
		枝田	永梁	茂基	寶杰	樹庄	增長	芳璨			
								芳津			
							增芳	芳琦			
							增剛	芳琨			
							增強	芳睿			
							增智	芳瓏			
							增猛				
						樹葵	增勇				
							增軍				
							增品				
							增模				
光典	金堂	枝梗	永源	茂崇							
				茂巒	寶烈	樹茲	增琪				

34	35	36	37	38	39	40	41	42	43	44	45
光	金	枝	永	茂	寶	樹	增	芳	基	承	
							增碧				
							增聰				
						樹莘	增瑾				
						樹莉	增舟				
						樹吉	增晶				
				茂煦							
			永全	茂道	寶焦	樹違	增代				
						樹球	增康				
						樹冬					
	金屋	枝倫	永岩	茂撐							
				茂馨	寶蒸	樹忠					
						樹希					
	金門	枝鍔	永岌								
			永率								
	金殿	枝樟	永煥	茂斌	寶林	樹健	增代				
						樹軍	增梆				
						樹偉	增安				
	金人	枝本	永欽	茂搏							
				茂撫							
			永佑	茂撫	寶點	樹茁	增福				
光國	金昆	枝煙	永科								
光烈	金珀	枝枚	永香	茂暢	寶發						
					寶云						
					寶佑						
光漢	金玳										
光華	金瑜	枝沃	永鍾	茂賓	寶育						
				茂德							
				茂富	寶元						
				茂桂							
				茂雙	寶龍	樹崇					
				茂泉							
				茂江	寶晃	樹斌					
		枝蕃	永張								
			永崗	茂璞	寶學	樹峰					
					寶春	樹嘉					
						樹儲					
						樹策					
					寶提	樹星					
						樹月					
						樹光					
					寶秋	樹國					
						樹圖					
						樹節					
						樹橋					
					寶良	樹斗					
						樹映					
				茂景	寶咏	樹柏					
						樹偉					
			永維	茂蕃							
	金星	枝明	永祈								
			永祚								
			永祉	茂仁							
				茂禮							
				茂智	寶權	樹鐵					
						樹鋼					
		枝盈	永彰	茂璜	寶國	樹金	增娟				
							增敏				
							增娣				
						樹全	增仁				
						樹春	增楚				
					寶期	樹啟					
					寶斌	樹摸	增鋼				
						樹池					
				茂瑰	寶志	樹鵬					
						樹臬					
					寶瑞	樹翔					
				茂夫	寶登	樹堤					
						樹專					

34	35	36	37	38	39	40	41	42	43	44	45
光	金	枝	永	茂	寶	樹	增	芳	基	承	
					寶宣	樹峻					
			永釗	茂山	寶天	樹榜					
						樹漆					
						樹勉					
						樹遠					
				茂宗	寶宋	樹謀					
				茂堅	寶維						
					寶涵						
					寶唐	樹勇					
						樹賢					
					寶卓						
			永麟	茂□							
				茂當	寶清						
			永湖	茂賓	寶安	樹權	增頌				
						樹維	增譜				
						樹華					
					寶明	樹湘	增皇				
						樹軍					
					寶則						
					寶會	樹發	增奇				
						樹信					
					寶石	樹任					
						樹球					
					寶良	樹旺					
	金瀕	枝棠	永齡	茂先	寶國	樹義	增勇				
							增智				
				茂俊	寶隅	樹譜	增榮				
						樹度	增清				
					寶亮	樹烈					
						樹衍	增祿				
					寶權	樹晴	增竹				
						樹先	增綿				
						樹業					
				茂郁	寶邱	樹慶	增富				
					寶瑤	樹樂	增濤				
						樹安	增志				
						樹秋					
			永芬	茂敬	寶球	樹滌	增啟				
							增述				
						樹緒	增偉				
						樹梯	增勰				
				茂能	寶恩	樹助	增純				
						樹接	增安				
						樹盛	增貴				
					寶岳	樹述	增必				
				茂萌	寶坊	樹維					
				茂晴							
				茂商							
				葳列							
			永端	茂財							
				茂菁	寶萍	樹相	增南				
						樹笔	增煌				
						樹楚	增晗				
						樹洁	增桃				
							增旺				
						樹展	增發				
						樹聯					
					寶慶	樹國					
						樹常	增楚				
						樹亮					
					寶效	樹球					
						樹冬					
				茂啟	寶佳						
					寶光	樹豐					
			永暄	茂乾							
				茂儀	寶群	樹雨					
						樹蒼					
						樹松					

34	35	36	37	38	39	40	41	42	43	44	45
光	金	枝	永	茂	寶	樹	增	芳	基	承	
					寶湖	樹炎					
						樹風	增鑫				
					寶琦	樹寒	增巧				
						樹勁					
		枝柯	永璠								
			永興	茂發							
				茂恒	寶和	樹衡					
						樹淮					
		枝豐									
	金鸞	枝楠	永貞	茂堯	寶年	樹和	增升				
						樹龍	增余				
							增勝				
						樹鳳	增鵬				
						樹安	增彪				
					寶福	樹林	增華				
							增芳				
						樹森	增平				
						樹木	增亮				
				茂舜							
				茂湯							
				茂禹	寶輝	樹紅	增達				
							增良				
						樹威	增朝				
					寶皇	樹田	增輝				
						樹康	增順				
							增維				
						樹炎	增敏				
							增紅				
						樹清	增稻				
						樹忠	增圖				
			永誠	茂岐	寶玉	樹平	增梅				
							增群				
						樹輝	增光				
						樹高	增艷				
					寶全	樹艷	增柏				
							增優				
						樹國					
					寶勝	樹竹					
						樹選					
						樹頌					
			永盤	茂韶	寶葵						
			永完	茂春	寶殿	樹祥					
						樹軍					
						樹芳					
					寶庭	樹建					
					寶發	樹新					
					寶秦	樹放					
						樹若					
				茂廷	寶信	樹歡					
						樹修					
		枝杞	永瑤	茂黍	寶□	樹日	增瑞				
						樹升	增軍				
						樹天	增紅				
				茂楚	寶仁	樹云	增奕				
							增釗				
						樹文					
						樹德					
光煦	金瑰	枝洁									
	金相										
光易	金山	枝英									
		枝勁									
		枝生									
	金模	枝萱									
		枝萌	永岐								
			永庚								
	金吾	枝桃	永養								
			永協								

34	35	36	37	38	39	40	41	42	43	44	45
光	金	枝	永	茂	寶	樹	增	芳	基	承	
			永震								
			永湄								
			永來								
		枝條	永陳	茂譜	寶舒	樹林	增繁				
						樹良	增鋒				
							增輝				
			永愛								
			永蒓	茂樹	寶劉	樹仁	增名				
							增昇				
		枝麗	永功	茂璃							
				茂基	寶紅	樹廣	增超				
				茂蒼							
				茂湖	寶忠	樹岸					
					寶冬						
					寶定						
			永河	茂昌	寶紅						
				茂云	寶樂						
			永亨	茂干	寶模	樹彥					
						樹猶					
				茂隆	寶章	樹科					
					寶序	樹勇					
						樹覃					
					寶昌	樹業					
				茂余	寶茂	樹棚					
						樹思					
					寶聲	樹典					
			永日								
			永池								
			永體	茂航	寶同						
				茂祖	寶陽						
				茂洁	寶文						
					寶濤						
	金浩	枝錦	永算								
			永吾								
			永開	茂荷							
				茂馥							
				茂洪							
				茂桂	寶生	樹立					
		枝蒂	永友	茂益	寶林	樹巧					
						樹多					
				茂康	寶奎	樹篤	增漢				
						樹策					
					寶祥	樹協					
						樹豪					
					寶達	樹常					
			永仁	茂田							
				茂越							
				茂龍	寶學						
光能	金堆	枝條									
		枝菲	永茹	茂盛	寶善	樹培	增兆				
							增航				
						樹誠	增俠				
						樹演	增模				
						樹浩					
				茂欽							
				茂鏡							
			永遠								
光肅	金載	枝承	永攀	茂福							
			永靜	茂啟							
				啟華	寶興	樹蘇	增道				
						樹國					
						樹禮					
					寶香	樹潮					
						樹玲					
						樹利					
					寶柏	樹峙					
						樹智					
					寶玳	樹普					

34	35	36	37	38	39	40	41	42	43	44	45
光	金	枝	永	茂	寶	樹	增	芳	基	承	
						樹皇					
					寶松						
				茂祿							
光景	金仕	枝文	永皆	茂吉	寶周	樹珍					
		枝信	永熏	茂貴	寶鳳	樹和					
	金純	枝壽	永先	茂林	寶書	樹高					
					寶錄	樹初	增高	茂聖			
					寶言						
					寶憲	樹修	增和	芳薪	基明	承開	
									基勝	承放	
								芳茹	基若		
									基慕		
								芳蕊	基舒		
				茂彩	寶益	樹材					
			永龍	茂云	寶仁	樹立	增含	芳明	基祥		
							增正	芳舒	基兆	承豪	
									基平	承蘭	
								芳國	基原	承貴	
									基升		
									基昆		
						樹鳳	增弘	芳開	基安	承斌	
						樹欣	增久	芳清	基桂	承善	
										承良	
								芳俊	基德	承長	
										承其	
									基志	承發	
										承祥	
									基陽		
								芳厚	基金	承劍	
									基騰	承敏	
									基碧	承樂	
										承明	
									基輝	承福	
									基煌	承文	
										承武	
							增馨	芳初	基勇		
									基猛	承升	
									基剛		
									基強		
								芳超	基鰲		
								芳趣	基香	承松	
										承柏	
									基華	承茂	
									基秋	承聖	
									基實		
							增佳	芳申	基縱	承永	
									基馳	承繼	
									基翱		
				茂舟	寶科	樹元	增福	芳芹	基坤	承猛	
							增春	芳連	基乾		
					寶蔚						
					寶晶	樹清					
						樹英					
						樹秋	增慶	芳輝	基文		
								芳聖	基韜		
								芳闖	基武		
								芳年			
								芳桂	基略		
								芳欽			
							增華	芳華			
							增明	芳美			
							增申	芳亮			
						樹美					
					寶堯	樹冬					
光溏	金棟	枝皆	永鶴	茂懷	寶膺	樹豐	增潤	芳覺	基軍		
									基嶸		
								芳律			
	金梁	枝輝	永飛	茂其	寶森	樹荷					

34	35	36	37	38	39	40	41	42	43	44	45
光	金	枝	永	茂	寶	樹	增	芳	基	承	
						樹旗	增淵				
							增修	芳模			
			永春	茂長	寶一	樹斗	增剛	芳池	基方		
							增薪				
							增可	芳晟			
					寶天	樹棹	增滬				
							增海	芳異			
								芳鄉			
						樹杞	增來	芳波	基贛		
								芳濤	基萍		
								芳湃			
					寶求	樹乘	增乘	芳祖	基廷		
							增秉	芳有			
								芳為			
					寶行	樹明	增拓	芳昊	基磐		
								芳杲			
								芳旭			
							增釗				
							增志	芳發			
							增興				
光淮	金新	枝崗	永端	茂庭	寶朝						
					寶祿						
光淵	金萬	枝汝	永惠	茂訛	寶良	樹德					
				茂江	寶來	樹靈					
				茂明	寶聯	樹性					
				茂黃	寶開						
光澄	金德	枝紅	永翔	茂鳳	寶信	樹峰	增歡				
							增榮				
							增樂				
						樹正	增敏				
			永鳴	茂齊	寶思	樹發	增廉	芳華			
		枝松	永形								
			永驥	茂清	寶明						
			永見								
			永音	茂傳	寶朋	樹龍	增上				
						樹國	增奇				
						樹漢	增凡				
						樹維	淼				
				茂美							
		枝柏	永迎	茂丹	寶林	樹遠	增軍				
						樹近	增根				
						樹運	增萍				
						樹達					
				茂友	寶權	樹之	增日	芳吉			
								芳祥			
							增正	芳安			
								芳泰			
光履	金福	枝輸	永烘	茂庄	寶玑	樹慮	增繼				
				茂基	寶眉						
				茂章							
			永華								
			永璜								
光召	金福	枝彰	永能	茂豐	寶榮	樹檀	增海	芳萍			
							增仁	芳鄉			
					寶成	樹榜	增坤	芳全	基躍		
								芳林	基成		
								芳德	基發		
								芳亮	基勝		
						樹棣	增梅				
							增芳	芳勇			
								芳志			
								芳庭			
							增良	芳庚			
								芳春			
						樹振	增理	芳濤			
								芳軍			
								芳奇			
							增鳳				

34	35	36	37	38	39	40	41	42	43	44	45
光	金	枝	永	茂	寶	樹	增	芳	基	承	
				茂懷	寶光	樹彬	增輝	芳忠	基海		
								芳孝	基南		
									基春		
								芳仁	基含		
								芳義	基林		
	金蘊	枝蘊	永□	茂芸	寶扳	樹棟	增勛	芳正			
							增浩	芳浩			
						樹鋼	增維				
						樹潮	增傳	芳聖			
							增銳				
			永□	茂片	寶隶	樹志	增玖				
						樹基	增其				
		枝藻	永燮	茂蘅	寶垚	樹棹	增杰	芳彬			
						樹奇					
				菽藩							
				茂芬							
				茂薊	寶群	樹雄	增敏				
						樹勛	增年				
						樹坤	增舉				
光卓	金謀	枝昆	永成	茂蔚	寶林	樹修	增鎮				
						樹功	增熟	芳丁			
								芳其			
								芳主			
								芳優			
								芳良			
				茂容	寶球	樹茲	增健	芳維	基和		
								芳祿	基萍		
								芳武			
						樹盤					
						樹人	增光				
						樹培	增昌				
					寶琳						
				茂葵							
			永性	茂滿							
			永康	茂奎							
			永豐	茂茨							
		枝蘭	永桂	茂溫							
		枝芸	永鋼								
		枝萍	永裕	茂條	寶铮	樹豐					
						樹勤					
		枝森	永玿	茂英							
				茂菠							
				茂偽							
		枝瑤	永鋒	茂連	寶铮	樹風	增益				
						樹勤					
				茂蓄							
				茂董	寶塘	樹義	玉庭				
						樹仁	越				
				茂藜	寶乾	樹理	港				
							益				
						樹智	增科				
					寶勤	樹野	增晃				
					寶章	樹娜					
				茂啟	寶坤	樹信	增豪				
						樹海	增杰				
							增利				
						樹佳	增奇				
	金譽	枝華	永虎	茂萇	寶星						
				茂水							
				茂童	寶璜	樹云	增荃				
						樹明	增國				
		枝模	永煌	茂祿							
光德	金祿	枝藜	永達	茂荊	寶琬	樹坤	增勇	菽臣			
								芳式			
	金舞	枝桐	永宗	茂萼	寶珉	樹杰	增耀	芳真	基隆		
								芳正			
								芳道	基祖		
								芳德			

34	35	36	37	38	39	40	41	42	43	44	45
光	金	枝	永	茂	寶	樹	增	芳	基	承	
							增彬	芳鄔			
						樹橋	增林	芳日			
							增國	芳仁			
							增泰	芳道			
							增慶				
			永桓	茂熏	寶琮	樹華	增期	芳萍	基南		
							增鉦	芳遠			
								芳同			
								芳忠			
						樹相	增輝	芳良	基新		
									基權		
								芳和	基平		
								芳明	基昌		
								芳青	基青		
							增艷				
							增亮				
				茂燕	寶璽	樹棟	增明	芳宜			
							增正	芳洪			
								芳正			
						樹健	增泰	芳咸			
					寶瑯	樹按					
					寶邦	樹清	增思	芳連			
							增通				
							增達				
							增湖				
						樹冬					
					寶邦	樹源	增詳	芳譜			
							增萬	芳海			
								芳啟			
							增吉	芳朝			
								芳正			
				芳章	寶□	樹欄	增維	芳湖			
							增承	芳岩			
								芳庭			
							增先	芳志			
								芳忠			
							增啟	芳雙			
								芳場			
							增后	芳榮			
					寶行	樹橋	增洪	芳海			
								芳隆			
							增考	芳石			
						樹柏	增福	芳丹			
				芳旦	寶□						
			永邦	茂藹	寶珍	樹樑	增迪	芳連			
							增思	芳群			
						樹栲	增敏	芳劍			
				茂兼	寶秀	樹模	增潤	芳磊	基村		
								芳沖			
							增彤	芳舟			
							增仕	芳柳			
							增海	芳許			
						樹清	增祿	芳林			
						樹桔	增許	芳菊			
							增希				
							增英	芳民			
								芳振			
						樹峰	增健	芳國			
								芳鳳			
							增振	芳年			
							增鮮				
				茂苞	寶番	樹榛	增潮	芳斌			
								芳健			
							增政	芳麒			
								芳軍			
							增望	芳繼			
								芳運			
								芳清			

34	35	36	37	38	39	40	41	42	43	44	45
光	金	枝	永	茂	寶	樹	增	芳	基	承	
						樹相					
					寶興	樹梓					
						樹樟	增呂				
					寶琪	樹□	增達				
						樹芸	增道				
						樹珍					
				茂葮	寶湖	樹哀	增望				
							增鄉				

34	35	36	37	38	39	40	41	42	43	44	45
光	金	枝	永	茂	寶	樹	增	芳	基	承	
						樹范	增度				
							增碧				
							增國				
						樹泉	增峰				
					寶連						

宜春市洪塘鄉北壇村上甘竹 20 世湧公支

20	21	22	23	24	25	26	27	28	29	30	
湧	勤德	效文	瑩	俊禮	沂六	梅林	旭遠	仁義	孟仲	學一	學六

30	31	32	33	34	35	36	37	38	39	40	41
學一	政一	墩三									
		墩四									
		墩七	埲六	鑑三							
				鑑四	海六	松八					
						富春	西聖				
							生聖	招貴	彭錕		
								瓊祥			
							晚聖	彭輝	彭隆		
								瓊峰			
				鑑九							
學六	政五	焨八	埲八	鑑一	榮耀						
					榮貴						
					榮富	梧六	元聖	振榮	少平	立杰	
									少東		
									少文	立豪	
						梧七					
						松七	元才				
				鑑六							

30	31	32	33	34	35	36	37	38	39	40	41
				鑑八	榮聖	松一	元榮	振華	發生	彭武	
										彭鑫	
									永生	彭健	
										彭康	
									幼生		
								振昌	長生	彭偉	
									冬生	彭亮	
									建生		
								振輝	福生	彭凱	
							元華	振德	福華		
									友華	浚康	
								振貴	彭斌		
								振和			
								振平	彭軍		
							元富	振剛	新林		
							元泉	振祥	彭維	子琦	
							元茂	振施	禹志		
							元和	振聖	建剛		
								振富	彭麟		
								振文			
								振洪	健強		

宜春市仙台澗山 24 世寅珍、寅銀公支

23	24	35	36	37	38	39	40	41	42	43	44
	寅珍	—	—	—	群堂	生才	福全	世裕	早生	永明	
		(25至	37世	失考)					云生	永建	
									春林		
									紹林		
									瓊林		
								世謀	發根		
									幼林		
								世忠	學林		
							桂全	世國	海江		
									海龍		
								世云			
								世根			
	寅銀	開元	福見	上癸	和文	安華	根華	兵			
								勇			

23	24	35	36	37	38	39	40	41	42	43	44
				成癸	發文	安富	廣生	小慶	周		
							啟華	小平			
								冬平			
								和平			
						安龍	培林	金發	友華	冬生	偉
											輝
										春生	樂
										兵生	瓊
										建生	
								萬發	癸華	年生	衛軍
											晉軍
										九生	
							培煌	財發	國華	連生	文
										竹生	武

萍鄉市湘東鎮前街 35 世旭華公支

35	36	37	38	39	40	41	42	43	44	45	46
旭華	—	—	—	錦秀	光忠						
					光宗	有寅					
						有貴	菊發	世雄	輝明		
									超明		
								世林	建明		
								世洪	宇翔		
							秋發	東明			
								愛明			
								小明			
							水發	世金			
								世明	婷		
									佳		
								世勤	磊		
	世魁	若天	掌珠	家珍	正榮	大炎	志明	剛			

35	36	37	38	39	40	41	42	43	44	45	46
							冬萍				
							光華	明濤			
								朝輝	瑞荃		
							光林	明輝			
								明發	金鑫		
							光富	明勇	爾毫		
					正發	大亮	光華	明波			
								樹林			
							光富				
	世佐										
	世選										

萍鄉市湘東鎮五四村王家道 35 世山錫公支

34	35	36	37	38	39	40	41	42	43	44	45
	山錫	鳴凰	學虎	錦元	呈祥	光聖					
						光明	家興	德發	梅連		
								德財			
							家德				
							家旺				
						光發	家發	國良	金華		

							家財	江萍			
								衛群	正豪		
							家榮	益萍	彭洪		
								益安	榮昌		
								益忠	彭沙		
								斌根			

萍鄉上栗縣東源鄉河口泉 34 世興崇公支

34	35	36	37	38	39	40	41	42	43	44	45
	恭儒	仕福	繼榮	官蘭	日興	盧猷	應連	和連	和祥	積元	慶民
			繼發	官棋	日高	忠喜	春連	吉祥	積庚	慶方	裕蓄
										慶建	
										慶日	裕磊
										慶正	

34	35	36	37	38	39	40	41	42	43	44	45
								慶祥	積福	慶勇	
									積良	慶輝	
										慶萍	
									積財	慶江	

分宜縣西同 16 世登瀛公支

13	14	15	16	17	18	19	20	21	22	23	24	25	26	27	28	29	30	31	32	33	34	35	36	37
			登瀛	原四	均可	顯聊	仁壽	子才	麒	敏	瑛	俞	容	譽	大中	臯	陛							
																	陞							
															大科	奎	漆							
																煌	圻							
																煜	堂							
											玲	信	鍛	廷義	大秋	嶸	起							
															大程	峻	陵							
										學文	瑄	佐	龠	廷延	大馨	炷	選							
											珪	杰	鎰	廷誠	大和	熺	荃							
														廷誼	大盛	穎	重							
												銅	欽	謙	大華	匡	恒							
																	埰							
																	培							
												仰	鈞	治	大任	襄	維怡							
															大令	京	維筠							
																衮	維起							
															大才	一	維城							
								方才	麟	敞	佩	鶴	士達	廷松	大觀	伯祥	墀							
											琥	鴻	士遠	繩昌	大慶	震徫	埴							
															大廈	震昆	坊							
												鵾	士昌	繩魯	大員	喜	城							
													士連	繩庶	大欽	炲	至							
																	墉							
											璀	蛟	士光	繩武	大節	煒	璽							
				原几	季三	真二	仁孝	之治	才備	聰	冠	之翰	光福	紹溪	梓	一	基							
																藻	堪							
																蔡	址							
												舜	興禮	文華	光祖	紹昌	桂							

30	31	32	33	34	35	36	37	38	39	40	41
	錫	源	柱	光	紹	承	開	有	兆	恩	
陛	錫藩	源洪	桂仲	光祿	紹聞	承紡					
					紹懷	承紡					
						承衡					
						承禨					
	錫命	源淑	柱伯	光肇	紹歆	承蓬					
				光啟	紹剛	承遠					
陞	錫聰	源清	柱位	光典	紹羲	承業					
	錫寧	源壁	柱桂	光祚	紹舉	承襄					
			柱榮	光福	紹英	承暄	開兆	有臻			
							開吉				
					紹蘭	承昀	開湄	有程	兆楠		
								有種	兆材		
								有櫰			
						承暄					
						承衮					
						承芳					
						承襄					
			柱材	光冀	紹任	承烈					
					紹仕	承顯					

30	31	32	33	34	35	36	37	38	39	40	41
	錫	源	柱	光	紹	承	開	有	兆	恩	
						承謨					
		源斗	柱楷	光禮	紹祀	承啟					
漆	錫志	源盛	柱龍	光魁	紹城	承緒	開宏	有枝			
							開宗	有造			
								有為			
						承俞					
						承維					
						承紅	開松				
							開柏				
							開茂	有道	兆梁		
									洮羲		
									兆衫		
									兆今		
									兆施		
									兆祗		
圻	源思	源提	柱昕	光錟	紹儀	承毅	開椿	有景	兆文	思江	
									兆昌		
								有貴			
						承毅	開椿				

30	31	32	33	34	35	36	37	38	39	40	41
	錫	源	柱	光	紹	承	開	有	兆	恩	
							開梅	有貴	兆昌		
					紹傳	承需					
堂	錫忠	源滄	柱倫	光厚	紹昌	承風	開蘭	有輝	兆福		
							開桂	有兆	兆福		
							開馥	有兆			
						承會	開昶	有節			
								有筠			
							開藻	有鳳	兆震		
								有凰			
								有風			
起	金闕	逢光	柱林	光垣	紹芹	承驎	開彪				
陵	錫珠	逢恩	柱綱	光祧	紹游	承球	開葱	有堯			
							開籠				
							開蓬	有堯			
								有舜			
						承琳	開芬				
					紹湃	承琅					
			柱紀	光萃	紹桂	承珠	開藩	有續	兆朋		
							開藹				
				光翰	紹晉	承琳					
				光軒	紹斌	承珠					
選	錫瑤	源冲	柱辰	光昉	紹來	承新	開和	有桂	兆年	恩耕	
39	40	41	42							恩讀	
兆年	恩耕	啟健								恩業	
	恩讀	啟建								恩茂	
								有槐			
								有楨	兆年		
									兆平	恩賴	
										恩祖	
										恩選	
										恩德	
荃	錫宰	源遂	柱梁	光儀	紹和	承仁	開信	有善	兆忠	恩蘭	
40	41	42						有富	兆忠		
恩蘭	啟志	永平							兆恕	恩賜	
		永安								恩賢	
		永富							兆恩		
		永柱							兆惠		
恩賢	啟暉							有德	兆惠		
	啟前	永暉				承義	開文				
	啟裕	永宜					開濤	有勳	兆衡	恩日	
	啟后									恩月	
恩日	啟燊						開書				
	啟梓						開易				
恩月	啟樂	永博					開禮	有勳			
	啟陶							有猷	兆衡		
	啟然							有穎			
								有謀			
							開曠				
						承忠	開坤	有穎	兆衛	恩人	
										恩杰	
39	40	41	42							恩地	
兆柏	恩越	啟蒙	永寧							恩靈	
		啟智	永靜			承信	開楨	有成	兆松		
		啟秀	永芬						兆柏	恩越	
									兆梓		
								有馨			
							開桃	有馨			
							開柳				
					紹為	承督	開曠	有勤	兆義	恩游	
									兆羔		
				光爾	紹延	承璉	開集	有傳	兆羔		
				光信	紹遇	承潘	開榴	有莘			
							開桐				
							開棣	有莘			
							開榆				
	錫宰	源遠	柱棠	光暹	紹觀	承渝	開鴻	有論	兆鳳		
								有語	兆凰		

30	31	32	33	34	35	36	37	38	39	40	41
	錫	源	柱	光	紹	承	開	有	兆	恩	
									兆□		

32	33	34	35	36	37	38	39	40	41	42	43
源	柱	光	紹	承	開	有	兆	恩	啟	永	
				承諗	開陶	有行	兆富	恩阡	啟發	永登	
										永海	
									啟祥		
									啟致	永壯	
									啟富		
							兆貴	恩阡			
								恩陌	啟祥	永康	
								恩陪			
							兆胥	恩陪	啟光	永峰	
						有鍾					
					開甲	有鍾	兆綱	恩閑	啟必		
									啟邦		
									啟英		
							兆紀	恩周	啟能		
									啟做		
									啟定		
									啟雄		
							兆綑	恩閱	啟安		
									啟蒙		
							兆溫	恩閥	啟國		
									啟杰		
				承誼	開鴻						
					開凰	有書	兆盛	恩綢			
						有肇					
			紹觀	承謙	開彥	有吉	兆藩	恩廈	啟征		
									啟勤		
						有祥					
					開秀						
	定栗	光藻	紹祿	承訓	開富						
					開貴						
				承志	開國						
		光瓏	紹桂	承星	開興	有豐	兆蒲	恩金	啟文		
									啟斌		
									啟雙		
								恩銀	啟全		
					開昌						
				承晟	開昌						
		光瀾	紹柳	承昌	開芳						
				承湧	開芳	有庸	兆昆	恩汶			
								恩路			
					開來	有庠	兆仲				
			紹梁	承濱	開智						
			紹柏	承濤	開義	有庸	兆飛				
						有庠					
						有廊	兆紹	恩敏			
							兆翰	恩捷			
						有序					
					開信	有致	兆言				
					開智	有序	兆昆				
							兆仲				
							兆苑				
		光茂	紹朱	承慶	開柄	有壽					
						有年					
						有齡					
					開烺	有齡	兆林	恩考	啟佐		
		光滿	紹榮	承文	開秀	有祥	兆潘				
							兆灌	恩夏	啟治		
								恩廊	啟治		
								恩庭	啟儉		
								恩度	啟治		
									啟家		
							兆治	恩誼	啟佑	永矢	
										永志	
									啟新	永成	

32	33	34	35	36	37	38	39	40	41	42	43
源	柱	光	紹	承	開	有	兆	恩	啟	永	
									啟人	永遠	
							兆蒲				

30	31	32	33	34	35	36	37	38	39	40	41
	錫	源	柱	光	紹	承	開	有	兆	恩	
	錫宰	源遴	柱方	光彬	紹莘	承茂	開繡	有槐	兆仁	恩文	
										恩詩	
			柱祥	光順	紹怡	承芙	開龍	有徵	兆存	恩傳	
							開虎				
							開獅				
					紹悅	承容	開虎				
					紹愉	承茵	開獅				
					紹恬	承莘	開聲	有熙	兆存		
									兆仁		
									兆來	恩章	
										恩華	
									兆儀		
							開麟	有熙			
								有緒	兆儀	恩國	
										恩書	
										恩家	
							開秀				
			柱祥	光寓	紹伶	承蔚	開榆				
			柱鰲	光序	紹貢	承銘	開美				
重	錫章	源濱	柱槐	光曾	紹效	承□	開牡	有昆	兆銅	恩劉	
										恩辰	
										恩卿	
							開蓮	有福	兆銑	恩仗	
										思義	
										恩施	
									兆銓	恩財	
										恩介	
										恩寰	
										恩誼	
								有祿	兆欽	恩含	
										恩祥	
										恩受	
							開菊				
							開茶				
							開芹				
		源宴	柱鯖	光佑	紹祈	承綱	開燥	有守	兆敬		
								有寅	兆敬		
									兆叙	恩希	
										恩望	
									兆述	恩努	
										恩力	
										恩探	
										恩到	
								有宇	兆步	恩簣	
										恩极	
										恩珊	
										恩取	
						承紀	開炘	有曜	兆浙	恩源	
										恩遠	
								有晅	兆浙		
									兆贛	恩分	
										恩朗	
						承索	開祥	有梠	兆豐	恩研	
									兆實	恩移	
								有梠	兆城		
									兆珍		
									兆惜		
						承□	開學				
恒	錫祥	源達	柱得	光焮	紹恭	承煜	開清				
							開淡				
	錫福	源菁	柱標	光焙	紹嗣	承寵	開春	有顏			

39	40	41
兆步	恩极	啟別
	恩珊	啟緻

30	31	32	33	34	35	36	37	38	39	40	41
	錫	源	柱	光	紹	承	開	有	兆	恩	
							開秋				
						承渥	開猷				
							開獻				
						承寬	開秋				
						承智	開熙	有材			
							開照				
埰	錫福	源富	柱桃	光炲	紹程	承緩	開耀	有懷			
						承松	開輝				
							開耀	有懷			
						承祥	開馨				
培	錫駒	源冰	柱杏	光復	紹春	承語	開沅	有松			
								有梅	兆斌	恩李	
										恩白	
						承評	承河	有玲			
								有瓏	兆文	恩江	

39	40	41	42
兆斌	恩李	啟橋	
兆文	恩江	啟源	永學

32	33	34	35	36	37	38	39	40	41	42	43
源	柱	光	紹	承	開	有	兆	恩	啟	永	
源吉	柱朝	光昌	紹庭	承榮	開泰						
					開福	有儀	兆瑞	恩勤			
							兆嘉	恩勤			
								恩儉			
							兆喜				
					開祿	有恒					
						有哲	兆芬				
					開莫						
					開祥						
					開禧						
				承材	開明	有象	兆徽	恩拣	啟先		
							兆武	恩秦			
						有耀					
					開云						
					開朗	有章	兆德	恩驥	啟超	永芒	
									啟凡		
							兆功				
							兆武				
						有華	兆功	恩驥			
					開朋	有國	兆駝				
				承楨	開云	有耀					
				承模	開順	有仁	兆位				
							兆祿	恩議	啟思		
							兆壽	恩議	啟惟		
						有信					
						有俊	兆鎮				
					開穎	有惠	兆番	恩部			
								恩郝	啟造		
									啟遷		
						有慶					
						有志	兆袓	恩禹	啟峥		
								恩治			
								恩水	啟嶸		
					開顏	有芬	兆芬	恩圭	啟品		
									啟行		
								恩侗			
								恩貴	啟藝		
									啟兼		
								恩在	啟修		
						秉離					
					開顯	有信	兆位	思恩	啟思	永葆	
										永青	
										永春	
								恩惠			
				承梓	開霽	有苹	兆麂	恩滿	啟德		
									啟才		
									啟備		
								恩廷			
		光袓	紹德	承命	開節	有順	兆霑	恩改			

32	33	34	35	36	37	38	39	40	41	42	43
源	柱	光	紹	承	開	有	兆	恩	啟	永	
				承含	開祚	有明	兆順	恩謙	啟澄		
									啟洁		
					開祧						
					開祜						
				承念	開第	有安	兆顏	恩謙			
							兆順				
						有杰	兆吉	恩智	啟湖		
								恩仁	啟江		
								恩勇			
							兆祥				
						有名	兆祥	恩勇			
					開魁	有美	兆桂	恩行	啟劉		
									啟禹		
									啟錫		
									啟子		
									啟樸		
							兆槐	恩進	啟王		
									啟維		
									啟韓		
									啟愈		
							兆楷	恩善	啟柳		
									啟宗		
									啟元		
							兆槿	恩行			
								恩善			
						有文	兆棠				
							兆梅	恩祜	啟飛	永光	
									啟翔	永明	
								恩祺	啟云		
								恩禧	啟守		
									啟□		
									啟正		
							兆嵩	恩禎			
								恩祥	啟斌		
									啟綿		
								恩緒	啟綢		
						有澡	兆棠	恩禮	啟佛		
									啟亮		
						有寶	兆禎	恩明	啟巧	永佳	
									啟妙		
					開元						
				承任	開芾						
					開菁	有佶	兆霞				
					開蔚	有順					
						有佶	兆露	恩改			
							兆霞				
							兆霖	恩改			
								恩革			
								恩擊			
								恩碩			
								恩果			
		光晨	紹同	承□	開曦	有昌	兆笙				
							兆簫				
							兆笛	恩道	啟心		
								恩學	啟心		
									啟靈		
									啟美		
								恩翰	啟繕		
							兆笙	恩香			
						有簀	兆星	恩香			
					開昉						
					開黻	開昉	有棱	兆簫	恩秀	啟猛	
									啟看		
								恩畔	啟祖		
									啟鞭		
									啟效		
								恩映	啟務		
									啟達		

32	33	34	35	36	37	38	39	40	41	42	43
源	柱	光	紹	承	開	有	兆	恩	啟	永	
								恩鈴	啟遺		
								恩峰	啟賢		
									啟風		
			紹紳	承宣	開遜	有棠	兆旭	恩鄉	啟姚		
					開運	有棠					
					開袁	有虞					
				承宜	開造						
				承容	開迎	有虞	兆曜				
		光暄	紹玉	承先	開棆						
原利	柱伸	光斌	紹章	承歡	開臻						
					開芩						
				承欣	開芩	有民					
源宸	柱鼎	光曦	紹箕	承教	開進						
			紹述	承慧	開進						
					開修						
30	31	32			開儉						
維怡	錫詁	源宸		承勳	開寅	有根	兆挹	恩量	啟騰	永喜	
									啟龍	永攀	
									啟蛟		
									啟鳳		
					開勤						
					開儉						
			紹敏	承猷	開暄	有紀					
					開暄	有紀					
						有進	兆旺	因俊	啟杜		
									啟甫		
					開球						
					開珠						
					開琪						
					開昌						
				承翔	開島						
					開峰						
			紹裘	承本	開榮	有林	兆康				
							兆序				
						有柏					
					開華						
				承源	開華	有柏					
	柱名	光榮	紹駒	承美	開煜						
					開燔	有蘊					
						有蔚					
						有萱					
				承奎	開煜						
	柱名	光榮	紹駒	承美	開煜						
					開燔	有蘊					
						有蔚					
						有萱					
				承奎	開煜						
		光天	紹騄	承謹	開紛						
					開紜	有耿	兆程	恩善			
								恩好			
						有聞					
						有聯					
			紹驊	承瓊	開煜	有興	兆凡	恩方			
				承琚	開煜	有興					
						有旺					
				承瑤	開灼						
			紹騮	承瑛	開燔						
					開有						
					開孛						
				承容	開孛	有繁	兆徽	恩生			
				承琯	開紛	有蔚	兆洗	恩勇			
								恩良			
		光极	紹驅	承瑄	開棟						
					開根						
					開棉						
				承椿	開根	有軒					
	柱貴	光清	紹鵬	承流	開珍						

32	33	34	35	36	37	38	39	40	41	42	43
源	柱	光	紹	承	開	有	兆	恩	啟	永	
		光樞	紹鴻	承灝	開金	有評	兆忘				
							兆趣				
							兆濃				
					開江						
			紹鴿	承淵	開喜						
				承志	開黃						
源智	柱華	光然	織職	承曦	開引						
	柱昌	光煦	紹璐	承述	開德	有蓉	兆稔				
							兆稠	恩展			
		光燾	紹魴	承秉	開永	有才	兆春	恩誠	啟鈴		
								恩寔			
		30	31	32			兆秋	恩懷			
		維筠	錫桂	源智				恩念			
								恩故			
								恩士			
								恩情			
					開琳	有業	兆振	恩得	啟郊		
								恩鳳	啟孟		
								恩凰	啟唐		
					開敬	有則	兆嵐	恩勝			
								恩王			
								恩閣			
							兆當	恩序			
				承觀	開基	有芙	兆稔	恩合	啟采		
									啟問		
								恩鴻			
								恩圖			
						有蓉					
					開業	有智	兆敏	恩覲	啟靜		
								恩勞			
								恩致			
								恩富			
						有曦	兆敏				
						有禹	兆美	恩元	啟善		
									啟良		
						有旭	兆章	恩書			
							兆達	恩應			
						有昆	兆欣	恩蘇			
							兆發	恩蘇			
				承得	開能						
源寅	柱振	光邕	紹□	承楡	開挹	有岐	兆為				
					開振						
源嵩	柱模	光載	紹劍	承偉	開達	有嵐	兆覺	恩冀			
30	31	32	33	34	35		兆吾	恩君			
維起	錫谷	源寅						恩篤			
維城	世祿	源嵩						恩信			
	錫瑩	源永	柱平	光浩	紹卿			恩紅			
墀	錫圮	源魁	柱旗	光最	紹芝			恩有			
埴	錫琛	源貢	柱梃	光齡	紹聖						
源西	柱常	光輪	紹彌	承耀	開菓	有希	兆晨				
							兆光				
						有望					
	柱樺	光輔	紹統	承炳	開蒿	有成					
						有之					
						有訩					
					開茵	有恒					
						有是					
						有功					
				承耀	開果	有希	兆晨				
							兆光				
						有望					
		光輻	紹商								
			紹尊								
		光軔	紹統								
			紹緒								
源貢	柱梃	光齡	紹經	承龍	開芙	有鋒	兆煥	恩或			
					開蓉	有鋒					

32	33	34	35	36	37	38	39	40	41	42	43
源	柱	光	紹	承	開	有	兆	恩	啟	永	
						有鐸	兆生	恩伯			
								恩居			
								恩易			
							兆氣	恩辭			
			紹綸	承泉	開菖						
					開蕃						
			紹綾								
		光瓊	紹因	承霖	開卷						
		光瑜	紹綱	承施							
			紹紀								
			紹偉								
			紹練	承旗	開基	有时	兆詩				
							兆杜				
						有朋	兆賢				
						有膠	兆甫				
				承旗	開蒔	有魚	兆圍				
							兆圃				
源贈	柱含	光璉	紹昆	承振	開煦						
				承援							
				承橅							
				承梃	開熊	有翰	兆造				
							兆熟				
					開羆	有翰					
		光升	紹景				30	31	32		
			紹量					錫琛	源贈		
		光粲	紹量				坊	錫灁	源汏		
		光黎					城	錫珂	源梅		
		光遂	紹晨				至	錫書	源泰		
源汏	柱惠	光瑤	紹綾	承暘					源秦		
	柱桶	光林	紹昌	承昭			墉	金碧	源標		
			紹前	承明					源梓		
				承昌	開拓	有精	璽	錫璋	源薄		
源梅	柱攀	光華	紹椿						源汾		
	柱慶	光含	紹椿					錫華	源游		
源泰	柱實	光昀	紹垚	承順							
源秦	柱宏	光瞳	紹辛	承棠							
		光敢	紹榮	承棠							
				承棣							
源標	柱安	光曛	紹崇								
		光皓	紹浪								
		光螭	紹清								
			紹漣								
源梓	柱定	光淦	紹海	承鳳	開榮	有見					
		光曜	紹誅	承凰							
		光暄	紹馨	承鳳							
				承憑							
				承凱	開棠						
					開莉	有遠					
						有卓					

30	31	32	33	34	35	36	37	38	39	40	41
	錫	源	柱	光	紹	承	開	有	兆	恩	
璽	錫辛	源薄	柱楨	光珏	紹休	承嘉	開聰	有國			
							開職	有國			
				光珠	紹煐	承賓	開伯	有泉	兆賀	恩錦	
										恩罔	
									兆慶	恩鈐	
							開仲	有祜	兆頌	恩揚	
		源汾	柱邦	光煊	紹燮						
	錫華	源游	柱桃	光會	紹烦	承欽	開彌				
						承鈐	開彌				
							開陀				
							開佛				
						承錦	開佛				
				光莘	紹熊						
					紹炳						

30	31	32	33	34	35	36	37	38	39	40	41
	錫	源	柱	光	紹	承	開	有	兆	恩	
					紹全	承鋐					
			柱才	光棟	紹丹	承鉉					
				光松	紹孛						
					紹丹						
					紹英						
			柱蕘	光儒	紹鯉	承衍	開林	有發			
								有高			
						承衛	開林	有高	兆朗	恩孔	
										恩融	
							開儀	有森	兆朗		
									兆涌		
								有竹	兆精	恩巍	
									兆勵	恩峨	
									兆圖		
									兆治		
						承銜	開效	有金	兆王	恩法	
									兆昌		
									兆齡		
								有勇	兆藝	恩古	
										恩今	
									兆城	恩完	
									兆出		
									兆真	恩愈	
									兆才		
								有武	兆鵬		
									兆程		
						承朮	開荊	有裕	兆修		
									兆齊		
									兆樂		
								有裨	兆盛	恩究	
									兆世	恩宜	
									兆含		
									兆家		
									兆歡		
						承衢	開賡	有篙	兆前		
									兆波		
								有筏	兆推		
									兆俊		
								有竿	兆浪		
			柱蓬	光謙	紹寬						
		源浸	柱奎	光劍	紹霈	承財					
						承珍					
						承廣					
						承進					
					紹霦						
					紹爵	承珍					
				光銓	紹震						
					紹霽						
				光錞	紹霖						
				光鐸	紹霞	承平	開財	有坊			
					紹靄						
					紹扈	承元					
						承享					
						承利					
						承貞					
						承生	開吉				
			柱嵩	光旭	紹祜	承賚					
					紹鑫						
					紹祜	承賜					
				光昕	紹俊	承昆	開星				
							開晃				
						承崙					
						承崗	開昆	有聰	兆齎	恩愛	
										恩我	
									兆雪	恩新	
										恩中	
									兆云		
								有戩			

30	31	32	33	34	35	36	37	38	39	40	41
	錫	源	柱	光	紹	承	開	有	兆	恩	
					紹杰	承飛	開昺	有戩	兆元	恩原	
						承昇					
					紹偉	承甲	開晃				
				光曙	紹贊	承祜	開志				
						承襲	開志				
					紹贊	承箕	開願				
							開惠				
							開忠				
						承象	開悠	有因			
							開恩				
							開慈	有因			
						承賜					
			柱崐	光鎮	紹光	承乾	開友				
						承坤					
					紹建	承坎					
					紹琪						
					紹獻	承鶴	開發				
				光含	紹學	承啟					
					紹器	承裴	開森				
					紹河	承徵					
						承敉					
						承敖					
					紹鳶						
					紹庸	承徵					
				光宏	紹頂						
				？	紹祊	承善	開神				
						承良	開神				
							開州				

30	31	32	33	34	35	36	37	38	39	40	41
		世	元	思	起	家	定	廣	宏	啟	永
基	銘	世富	元禮	思鳴	起壯						
					起蔚	家鷹					
						家貴					
						家言					
						家凰					
						家龍					
						家芬					
堪	鈞	世桂	元興	思謨	起蛟	家進					
				思誠	起麟	家樑	定因	廣福			
						家清	定國				
							定瑞	廣福			
								廣仁	宏享		
						家棟					
						家材					
						家萱					
				思誠	起明	家樹	定泰				
							定福	廣茂			
					起月	家彬					
	釗	世松	元祜	思誥	起鳳	家貴					
						家裴					
				思語	起周	家卒					
						家語	定珍				
						家豪					
						家騏	定元	廣興	宏元		
								廣茂			
					起興						
址	鐌	世椿	元和	思智	起沛	家紱					
						家筠	定財				
			元享	思堯	起傳	家駒	定祿	廣榮	宏有		
					起肇	家來	定凰				
							定祥				
							定貴				
							定仁				
					起朋	家盛	定富				
							定昌				
						家祥	定貴	廣行			

30	31	32	33	34	35	36	37	38	39	40	41
		世	元	思	起	家	定	廣	宏	啟	永
						家謨	定昌				
					起祥	家茂	家酉				
						家諒					
			元達	思進	起芳	家紳	定喜	廣全			
					起俊	家馴	定紀	廣林			
							定明	廣芝	宏貞		
								廣俊	宏貞		
								廣芳			
							定利	廣芙			
				思福	起禎	家堂	定財				
							定發	廣蓉			
						家全	定明	廣芝	宏禎		
								廣俊	宏禎	啟之	
										啟上	
										啟閬	永好
								廣芳			
					起裕	家財	定順				
						家志	定享	廣杰	宏利	啟學	永劍
											永海
										啟乃	永香
											永財
										啟身	永寶
											永鋒
											永從
											永擊
									宏安	啟寶	永麾
											永花
		40	41	42							永寒
		啟寶	永麾	輝煌					宏宗	啟寶	
		啟為	永勵	輝銘					宏光	啟為	永勵
											永自

30	31	32	33	34	35	36	37	38	39	40	41
		世	元	思	起	家	定	廣	宏	啟	永
										啟福	永安
							定食	廣華	宏開	啟席	
									宏啟	啟席	永光
										啟位	永芒
										啟端	永四
											永射
										啟詳	永寧
											永宇
									宏大		
								廣芸	宏啟		
								廣芹	宏大	啟力	永間
						家吉	定榮				
							定紹				
							定正	廣盈	宏來		
								廣蓉			
								廣瀾	宏學	啟武	
								廣峰	宏來		
							定震				
								廣才	宏明	啟后	

25	26	27	28	29	30	31	32	33	34	35	36
舜	興禮	文華	光祖	紹昌	桂	址	一	一	恩發	起萬	家亮
							象	元藻	恩堯	起遠	家豐

西門塘邊19世尚達公支

18	19	20	21	22	23	24	25	26	27	28	29
	尚達	琢	仲寬	悠久	東震	雙伯	相三	詔九	元芳	帝彩	光禧

28	29	30	31	32	33	34	35	36	37	38	
帝	與	世	申	日	開	有	兆	思	啟	永	
帝彩	光禧	世昌	申文	日亨	開陳						
					開富						
					開祥						
			申鶴	日誠	開昆	有言					
			申敏	日明	開月	有章	兆仁	思先	啟壽		
									啟思		
							兆羲				
						有賢	兆忠				
					開丙						
		世宏	申懷	日耀	開森	有炳					
						有煊	兆芬				
					開宴	有煊	兆芬				
					開孟	有順	兆禮				
							兆先				
			申燮	日贊	開桃						
					開知						
			申廉	日秀	開鵬	有祥					
					開鵑	有言					
					開鴿						
			申介	日森	開德	有諭	兆伯	思世			
								思雞			
								思事			
								思文			
								思墨			
							兆仲	思元			
								思攀			
								思壇			
								思翰			
							兆叔	思勇			

28	29	30	31	32	33	34	35	36	37	38	
								思紹			
						開禁	有論				
帝臣	興園	世琳	申虞	日純	開往						
				日勤	開造						
				日復	開瀾						
					開梅	有根					
						有樹	兆瑞	思孟			
								思浩			
								思然			
					開穎						
		世琅	申恩	日鳳	開鳳	有來	兆詩				
							兆書	思秦	啟瀾		
							兆易				
				日善	開懋	有富	兆松	思生	啟紫	永立	
										永志	
										永勤	
									啟燕	永好	
									啟東	永奮	
									啟南	永學	
									啟飛		
							兆柏	思福	啟慶	永安	
										永邦	
									啟后	永定	
										永國	
									啟成		
									啟樹		
								思祿	啟秀		
									啟若		
									啟學		
									啟材		
									啟邊		
								思壽	啟塘		
							兆梅				

28	29	30	31	32	33	34	35	36	37	38	
						有貴	兆發	思優	啟章		
					開泉						
				日道	開泉						
		大勇	申懋	日騰	開初						
			申學	日冬							
				日喜							
			申燕	日歡							
				日義							
帝清	興堂	世梧	申寶	日星							
				日禮							
			申輔	日和							
				日閏							
	興慶	世寬									

26	27	28	29	30	31	32	33	34	35	36	37
		帝	與	世	申	日	開	有	兆	思	
應鳳	元柏	帝宗	與灝	世高							
				世善	申廷	日謀					
			興爐	世貴	申細	日庚					
				世新							
				世景	申俊						
					申當						
				世清							
		帝安	興韶	世英	申襟	日麒	開根				
						日省	開盛				
							開根				
							開熊				
				世勤	申萬	日麟	開根				
					申襟						
					申源						
					申正	日枋					
			興樂	世盛	申庸	日簡					
						日庚					
						日栽					
				世發	申起	日滿					
					申右	日滿					

			與浪	世志	申崗	日斗					
						日射					
					申裕	日射					
					申能						
		帝宏	興榮	世明	申糾	日寅					
				世福							
				世經	申秤	日華					
					申斛	日沾					
						日來					
						日會					
	元棟	帝耀	興彰	世履	申德						
				世萬	象						
					申旱						
			興得								
			興有	世萬	象						
					申旱						
			興惠								
	元珍	帝光	興仁	世美	申珠	日暄					
				世蓮	申平	日意					
					申福	日齡					
					申珠	日暄					

23	24	25	26	27	28	29	30	31	32	33	34
訓	相	詔	應	元	帝	與	世	申	日	開	
訓四	相四	詔五	應龍	元茂	帝槐	興芹	世際	申鳴	日鼎		
									日章		
									日方		
									日樹		
							世俊	申曉	日對		
									日恭		
									日照		
									日清		
								申云	日文		
							世能	申進	日晶		
									日安		
								申迪	日安		

萍鄉市栗金山鎮鳳鳴村彭家嶺 39 世啓騰公支

38	39	40	41	42	43	44	45	46	47	48	49
	啟	榮	華	富	貴	國	正	天	心	勝	
	啟勝	榮茂	華璉	富壽	廣和	貴和	國瑞	政情	天友	心端	
									天生	心亮	
								正禮	天根	心建	
										心國	
									天啟	心湖	
										心富	
									天明	心強	
										心武	
									天勝	心橋	
										心良	
									天戰	心軍	
						貴書	國財	正春	天神		
								天奇	心文	彭勝	
										彭亮	
								天清	心友	彭浩	
								天強	心虎	彭輝	
									心伯	彭雄	
							正德				
						國煌	正根	天益			
								天應	心建		
								天彩			
								天德			
						國其	正文	天成	心波	勝勇	
										勝佳	
									心生	勝桂	
										勝港	
									心志		

38	39	40	41	42	43	44	45	46	47	48	49
	啟	榮	華	富	貴	國	正	天	心	勝	
								天金	心江		
						國平	正來	天仁	心良		
									心田	勝風	
									心美	勝亮	
							正仁	天發	心勝		
							正國				
						國崇	正良				
							正秋	家富	心明		
				富泰	貴祿	國祥	正喜	天如	心來		
								天湖	心明		
									心龍		
								天坤	彭嬌		
							正堂	天勝	心華		
								天友	心梘		
								天發	心亮		
								天財	福根		
								天開	心紅		
							正田	天文	心強		
								天海			
						國旺					
						國來					
			華瓏	富美	貴高	國東					
						國彬					
						國興					
					貴清	國達	正龍	天財	心統		
								天桂	心國		
								天科			
							正番	天仁	心平	勝豐	

38	39	40	41	42	43	44	45	46	47	48	49
	啟	榮	華	富	貴	國	正	天	心	勝	
									心全	勝金	
								天道	心華		
									海波		
								天谷	心旺		
								天福	心勇		
									心南		
								天冬	心□		
			華珠	富鄰	貴時	國順	正風	天義	心和	勝勇	
									心來	勝山	
										勝生	
									心長	彭俊	
									心田	勝兵	
									心滸	勝雷	
									心偉	勝浪	

38	39	40	41	42	43	44	45	46	47	48	49
	啟	榮	華	富	貴	國	正	天	心	勝	
						國珍	正明	天丁			
								天輝			
								天維			
								天良			
							正旺	天龍	心柏	勝根	
									心林	勝友	
									心福	勝昊	
								天鳳	心富	勝交	
									心貴	勝軍	
							正和	天秋	心年	勝子	
									心旺		
								天禾			
								天谷	心福		
									心良		

萍鄉市長平鄉南山下 39 世瑞瑀公支

42	43	44	45	46	47	48	49
真	光	錫	國	正	天	心	
真熏	光湖	錫慶	國番	—	天兵	彭安	
		錫深	國探	正祥	天運		
				正勤	天秋		
				正竹	天軍		
				良生	彭林		
			國艾	何生	天良		
				偉生	天計		
			國友	正告			
		錫全	國川	正風	天旭	心誠	
					天群		
			國晃	正龍	天華	心羅	
					天懷		
					天冬		
					天偉		
				正虎	响到		
	光照	錫文	國茂	正何	天竹		
				正許	天開		
					天亮		

42	43	44	45	46	47	48	49
					天招		
				正財	天祥		
			國長	正洪	天輝	心忠	
					天風	心杰	
					天責		
				正和	天桃		
					天海		
				正任	天江		
				正清			
	光琳	錫繼	國辛	正良	天仁	彭杏	
				正田	天萍	彭希	
					衛萍		
					友萍	彭濤	
			國其	正朝	天啟	彭路	
				芳連			
	光宇	錫武	國接	水生			
				正根	天疆		
					在福		

(08)江西萬載雙橋鄉昌田村麻沖廿三世繼凱公支系

22	23	24	25	26	27	28	29	30	31	32	33
	繼凱	嘉德	兆麟	來鳳	虞貴	聯飛	允善	承熙	揚芳	池升	景會
34	35	36	37	38	39	40	41	42	43	44	
茂勳	維綢	崇煥	禹大	松貴	紹動	興古	士達	宗盛	錦英	洪輝	

43	44	45	46	47	48	49	50	51	52	53	56
錦英	洪輝	樹棠	炳禧	均定	錫江						
					錫湘						
					錫漢						
					錫浪						
					錫淋	汝春	材林	輝敏			
								輝安			
								輝忠			
							材株				
							材炳				
						汝芳	材均				
			炳謙	均定							
				均財							
	洪郁	樹祥	炳余	均基	錫芳						
					錫璜						

43	44	45	46	47	48	49	50	51	52	53	56
					錫祿	汝德					
						汝金	材裕				
							材發	輝有			
								輝來			
				均章							
				均席							
				均敬							
				均華	錫國						
					錫桀						
					錫正						
				均寶							
				均誠	錫芬	汝和	材福	輝良	堂清		
								輝龍	堂威		
								輝洪			
							材啟	輝建			
							材茂	輝玲			
						汝苟					
						汝才					

45	46	47	48	49	50	51	52
樹	炳	均	錫	汝	材	輝	
樹云	炳選	均安					
		均豐	錫信	汝謀	材壽	輝忠	
51	52					輝成	
輝光	堂明			汝泉	材金	輝光	
					材沅	輝梓	
			錫造	汝壽	材國	輝成	
					材泰	輝壽	
					材民	輝益	
					材安	輝健	
					材康		
				汝全			
				汝北	材這	輝勇	
						輝祥	
					材梁		
					材秋	輝磊	
					材望		
			錫云	汝財			
				汝發	材勇	輝明	
						輝亮	
					材會		
					材清		
			錫慶	汝松	材林	輝平	
						輝勇	
				汝興	材美	輝文	
					材滿		
			錫中	汝福	材偉	輝光	
						輝偉	
					材興	輝恒	
						輝煌	
					材盛	輝俊	
			錫考	汝奎	材運	輝禮	
					材廣	輝榮	
					材灯	輝陽	
					材友	輝望	
					材吉		
				汝竹	材平	輝陵	
					材年		
					材陞		
				汝成	材榮	輝璋	
					材華	輝田	
						輝壽	
					材富		
					材貴		
	炳善	均山					

45	46	47	48	49	50	51	52
樹	炳	均	錫	汝	材	輝	
	炳錫	均溫	錫招	汝文	材外		
					材明	輝禮	
						輝云	
					材軍		
					材寶		
				汝華			
		均良					
		均恭					
		均儉	錫福	汝鳳	材裕		
					材洪		
					材莉		
				汝生	材學		
					材祥		
				汝春	材進		
					材偉		
		均浪					
	炳賜	均元	錫生	汝源	材平	輝旺	
					材程	輝光	
					材洪	輝靈	
				汝湖	鋒		
				汝鳴	材武		
					材德		
					材科		
		均榮					
		均海	錫方	汝保	材石	輝盛	
						輝材	
						輝茂	
					材光		
					材宗		
					材□		
				汝任			
		均良					
		均煌					
樹慶	炳永	均義					
		均智					
	炳遠	均仁					
		均禮					
		均信	錫根	汝毛			
			錫明	汝早	材翔		
				汝萬	材和		
43	44	45		汝貴	材憐		
錦琦	洪熙	樹華		汝四			
樹華	炳成	均玉					
		均有					

45	46	47	48	49	50	51	52
樹	炳	均	錫	汝	材	輝	
		均堂	錫泉	汝鑫	材德	輝博	
51	52				材興	輝生	
輝生	堂輝					輝軍	
						輝文	
					材茂	輝玉	
						輝毛	
				汝賢			
			錫煌				
			錫光	汝祥	材文	輝戰	
						輝勝	
						輝自	
						輝然	
			錫云				
		均鳳	錫明	汝源			
			錫煌				
	炳德	均啟	錫鳴	汝炎			
				汝燚			
			錫源				
			錫華	汝燚			
		均佑	錫榮	汝興			
50	51	52		汝梯	材招	輝國	
材招	輝國	堂軍				輝福	
		堂平				輝芳	
	輝福	堂明	錫華				
			錫富	汝方			
				汝园			
				汝國			
				汝慶			
				汝鎮	材勝	輝昭	
					材則		
					材元		
			錫貴	汝云	材裕		
				汝震	材程		
				汝諾	材嶸		
			錫年	汝堯	材繁	輝建	
					材榮	輝智	
						輝會	
					材昌	輝紹	
					材盛		
		均慶	錫洪				
			錫壽				
		均秀	錫源				
			錫壽				
	炳煌	均原	錫興				

45	46	47	48	49	50	51	52
樹	炳	均	錫	汝	材	輝	
		均吉	錫庚				
		均福	錫懷	汝洪			
		均祿					
		均需					
樹超	炳發	均連	錫章				
	炳傳	均貴	錫芹				
			錫槐	汝材	材培		
	炳學	均貴					

45	46	47	48	49	50	51	52
樹	炳	均	錫	汝	材	輝	
		均才	錫慶				
			錫連	汝良	材良	輝琳	
						輝勇	
					材春	輝龍	
					材木	輝暉	
		均壽	錫林				
樹連	炳外	均福	錫懷	汝洪			
	炳學						

45	46	47	48	49	50	51	52
樹	炳	均	錫	汝	材	輝	
	炳煥						
樹熏	炳煥	均壽	錫丹				
			錫桂	汝發	材玲		
					材毛		
					材斌		
					材慶		
		均泰					

萬載縣康樂鎮連新村 24 世挺公支

23	24	25	26	27	28	29	30	31	32	33	34
	挺公	淑載	受爵	朝佐	福源	文煥	宗	甫	憲祿	斗南	意成
35	36	37	38	39	40	41					
自新	廣永	奇發	文禮	廷扑	登熠	增志	增猷				
					登炎	增詩	增書				
自顯	慶泰	奇達	海	廷棠	登	增堅					
				廷樂	登燧	增爵					
					登變	增城					
					登介	增郁					
自振	慶錫	奇彥	---	廷會	登榮	增坊	增壯	增揖	增才		
				廷模	登煥	增元					
					登董	增琪					
					登熾	增柏	增松				
					登□	增縉	增廣				

40	41	42	43	44	45	46	47	48	49	50	51
登	增	鍾	治	權	烘	坦	錦	涵	相		
登熠	增志	鍾斯	治里	權義	烘春	坦凍	錦金	涵桂			
			治珊	權甫	烘湖	坦龍					
	增獻	鍾斯									
		鍾賢	治麒	權昌	烘枚						
			治麟	權景	烘枚						
					烘森						
			治獅	權修	烘松	坦照					
						坦長	錦興	涵平			
						坦明					
					烘柏	坦有	錦正	涵初	相貰		
								涵秋			
							錦云	涵冬			
								涵志			
						坦木					
					烘杍						
				權祿	烘楝	坦興					
						坦啟	錦根	涵歡			
							錦樹	涵佳			
					烘才						
					烘梁	坦泉					
						坦根	錦坤	涵沐			
							錦任	涵佳			
								涵勇			
							錦湖	涵輝			
					烘模						
			治榜	權星	烘材						
			治桂	權量	烘林	坦保	錦林				
							錦發	涵雄			
					烘材						
		鍾杰	治任	茂權	烘初	坦金	錦火	涵北	相桃		
								涵□	相□		
								涵廣			
						坦海					
						坦祥					
					烘有	坦吉					
					烘生						
					烘開						
					烘盛						
					烘發						
					烘興						
登炎	增詩	鍾麓	治慶	權啟	烘敏	坦甫					
						坦火					

40	41	42	43	44	45	46	47	48	49	50	51
登	增	鍾	治	權	烘	坦	錦	涵	相		
						坦友					
						坦外	錦水	涵松			
							錦良	涵平			
				權盛	烘治						
					烘熙	坦根	錦壽	涵良			
							錦生	涵盛			
								涵興			
							錦盛				
					烘泰						
				權珠	烘泰						
				權科	烘光						
					烘典						
	增書	鍾梅	治吉	權先	烘新						
		鍾麓									
		鍾典	治友	權進	烘通	坦由	錦云	涵益	相科		
									相平		
								涵才			
							錦明	涵根	相峰		
								涵剛	相龍		
								涵軍			
						坦略					
						坦林					
						坦金					
						坦亮	錦茂	涵華			
						坦梅	錦富				
							錦財				
							錦德				
							錦宇				
						坦七	錦榮	涵志			
								涵斌			
							錦輝	涵波			
							錦海				
							錦平				
							錦亮				
					烘南	坦壽	錦結	涵曉			
								涵義			
							錦發	涵平			
					烘北	坦金	錦平				
					烘達	坦妹	錦泉				
							錦煥	涵榮			
							錦光				
			治仁	權進							
				權達	烘新						
					烘東	坦保					
						坦發	錦和	涵翔			
						坦何	錦才				
							錦荀				
							錦細				
					烘成						
				權逵	烘德	坦所					
						坦春					
						坦彬	錦煥	涵新			
							錦寶				
					烘盛	坦苟	錦南	涵濤			
								涵斌			
							錦北	涵鳳			
								涵飛			

40	41	42	43	44	45	46	47	48	49	50	51
登	增	鍾	治	權	烘	坦	錦	涵	相		
				權迪	烘金						
			治秀	權清	烘珠	坦生	錦良				
						坦根	錦平				
						坦東	錦水				
							錦相				
						坦春	錦祥				
						坦毛					
						坦財	錦偉				
							錦民				
				權湖	烘就						

35	36	37	38	39	40
自顯	慶泰	奇達	海	廷棠	登□
				廷樂	登燧
					登变

40	41	42	43	44	45	46	47	48	49	50	51
登□	增堅	鍾銘	治江	權復							
		鍾寃	治淮	權流							
		鍾類	治漢	權壽	烘原						
登燧	增爵	鍾陟	治學	權福							
登变	增城	鍾喬	治學								
			治從	權修							
			治孔	權露							
			治孟	權有							
			治林	權修							
				權露							
				樹來							
				權協	烘貞						
					烘長						
					烘典	坦仁	錦闖	涵斌			
						坦義	錦江				
							錦河	涵揚			
								涵柳			
							錦湖	涵楓			
							錦海	涵樟			
								涵杉			
							錦流				
							錦濤	涵松			
							錦無				
							錦畏				
						坦禮	錦龍	涵灿			
							錦騰				
							錦虎				
							錦耀				
						坦忠	錦闖				
							錦關				
							錦過	涵力			
								涵量			
							錦赴				
							錦瓊				
					烘折	坦孝	錦樓				
							錦台				
				權洪							
				權有							
登介	增郁	鍾貞	治書	權力	烘長	坦蕩	錦漫				
							錦遙				
						坦信	錦路				
						坦智	錦道	涵光			
							錦元	涵輝			
							錦途				
							錦通				
							錦達				
		鍾貴	治祿	權聖	烘爽						
				權賢							

35	36	37	38	39	40			
自振	慶錫	奇彥	□	廷會	登榮			
				廷模	登煥	登董	登熾	登□

40	41	42	43	44	45	46	47	48	49	50	51
登榮	增坊	鍾選	治豐	權禧							
			治台								

40	41	42	43	44	45	46	47	48	49	50	51
登	增	鍾	治	權	烘	坦	錦	涵	相		
		鍾簡	治琅	權禧							
				權重							
				權衡							
			治杰								
		鍾裁	治台	權殿	烘標						
		鍾九	治旺	權殿							
				權台							
				權方							
				權良							
				權艮							
				權震	烘暉						
				權乾							
				權巽							
	增壯	鍾授	治洛	權壁	烘暉						
					烘暲						
			治學	權預	烘昭						
			治廣	權裔	烘校	坦根	錦啟				
		鍾愈	治基	權親	烘川						
					烘里						
		鍾遴	治健	權聚							
	增揖	鍾顥	治交	權佐	烘校						
					烘橥						
					烘株						
					烘棕						
				權慧							
				權道							
		鍾觀	治合	權道							
	增才	鍾仰	治來	權運							
				權邵							
				權較							
		鍾賞	治杰	權重							
登煥	增元	鍾技	治經	權微	烘山	坦金	錦聖				
			治得	權道	烘生						
		鍾山	治文	權添	烘樓	坦莫	錦文	涵新	相輝		
								涵忠			
								涵武			
								涵榮			
				權昌	烘槐	坦根					
						坦偉	錦玉				
				樒絕	烘樟	坦華	錦勇				
							錦斌				
			治章	權台	烘楷	坦春					
						坦秋	錦軍				
							錦云				
					烘星	坦榮					
登董	增琪	鍾柱	治錙	權高	烘祿	坦輝	錦生				
							錦茶				
登熾	增柏	鍾麒	治元	權甲	烘曜	坦萬	錦偉				
							錦德				
							錦輝	涵清			
			治生								
	增松	鍾麒									
		鍾驥	治生	權平	烘喧	坦平	錦榮				
						坦良					
				權旱	烘晟	坦美	錦平				
							錦福				
					烘行	坦新					
						坦才					
						坦華					
登□	增縉										
	增廣	鍾梅	治敏	權春	烘材	坦榮	錦里				
						坦文					
						坦建					

25	26	27	28	29	30	31	32	33	34	35
淑雍	受榮	朝杰	壽源	從敬	邦貴	經明	綱	澳	典文	澄虎
36	37	38	39	40	41	42	43	44	45	46

25	26	27	28	29	30	31	32	33	34	35
辛樞	盛達	濟	廷智	科	增藹	鍾保	治禮			
							治春	權根	烘平	坦波
										坦斌
									烘耀	
								權妹		
							治秋			
						鍾佐				
						鍾佑				
淑顯	受華	朝俊	康源	棣萼	宣	汶	琢	鳴顯	有成	自煒

36	37	38	39	40	41	42	43	44	45	46
慶禎	奇邁	琢	廷梅	登燰	增義	鍾麒	治岐			
							治閔			
				登灼						
				登煜	增福	鍾貝				
					增祿	鍾貝				

						鍾斌				
				登燎	增裕	鍾秀				
						鍾英				
					增啟	鍾奠				
				登燔	增規	鍾玉	治清			
							治吉			
					增矩	鍾珍	治吉			
						鍾玉				
					增淮					
					增淮					
					增純	鍾甲	治寬	權琴		
				登烽	增憲	鍾璧	治瑤			
			廷楨	登炬						
				登紅						
				登烯						
				登鳥						
			廷楷	登炳						
				登聚						
			廷南	登灼						

萍鄉麻山鎮善州村 23 世萬公支

23	24	25至	39世	40	41	42	
萬	鯤	(失	考)	殿安	錫泰	必須	

42	43	44	45	46	47	48	49
必	鍾	治	樹	熙	增	航	
必須	鍾芹	治康	樹棠				
			樹柏	熙和	增年		
					增基		
	鍾疇	治水	樹根	熙元	增盛		
					增水	航星	
		治疇	樹根				
			樹桃	熙勇	增豐		

42	43	44	45	46	47	48	49
必	鍾	治	樹	熙	增	航	
				熙志			
			樹彪				
		治升	樹懋	熙凡			
				熙云	增人		
					增通		
					增昌		
				熙忠	增旺		
					增祥		
				熙紹	增壽	航壽	
			樹忠	熙結	增達		

42	43	44	45	46	47	48	49
必	鍾	治	樹	熙	增	航	
				熙國	增世		
				熙盛	增其		
				熙賢	增業	航門	
					增長	航臨	
					增發		
					增萬		
			樹恩				
			樹惠				

蓮花縣升坊鄉浯壙一村 23 世九萬公支

23	24	25	26	27	28	29	30	31	32	33	34
九萬	友羽	鳳高	理性	處英	未享	君仕	學涂	繼芽	鐵		
				處用	標	君烈	學垠	繼芪	斗		
		鳳岐									
		鳳章									
		鳳升									
	友城										

33	34	35	36	37	38	39	40	41	42	43	44
仁恩	安球	家萬	修元	國恩	建球	家庚			炳朋	熙恩	
		家方	修華			家新				國恩	
棉恩	冠球	家林				家才	慶功	維祖	愛	雨蘭	
		家訓			建成	彭真					
		家洪		雨蘭	志江	家繼					
熙恩	炎球	家義			志龍	家連					
					志亮						

33	34	35	36	37	38	39	40	41	42	43	44
世泣	守遇	忠勛	教至	發仁	祥事	衍樹	南玉	煥妹	小華		
								元祥	小明		
						衍臚	忠玉	左元	小軍		
									季軍		
								清元			
								回元	少軍		
世游	守閔	忠堯	孝謹	發瑾	祥桂	衍陞	慶	天喜	成昌	之瑞	
										之桂	
世柱	守恭	忠柯	孝勸	發監	業	衍符	慶福	桂苑	開元	之平	
										之強	
								南苑	春來	之建	
	守瑛	忠光	孝熙	發學	祥棋	衍貴	建清	友元	海君		
								春元			
								友龍			
					祥林	衍茂	慶鈞	維貴	守星		
					祥伏	衍洁	慶權	友山	守虎		
				發志	祥雪	衍林	慶監	維山	守龍		
				發會	祥國	衍綸	慶美	炳元	志雄	帥帥	
									志堅		
		忠孝	孝祖	發源	祥佑	衍煥	慶發	發田	金朋		
									鋼朋		
									銀朋	小兵	
									鐵朋		
									錫朋		
	守瑛	忠亮	孝揚	發□	祥言	衍明	慶三	維森	小明	仁恩	
42	43	44	45	42	43	44			怡朋	棉恩	

35	36	37	38	39	40	41	42	43	44	45	46
忠	孝	發	祥	衍	慶	維					
忠賢	孝傲	發志	祥曉	于朝	慶□	維后	格蘭	志羿			
	孝放	發誼	祥芳	衍真	慶煌	維瑞	鵬強				
							文德	建明			
						維錦	林德	清明			
					慶彩	維秒	達	大清	元生	王甲	
										寶甲	
								宣德	保生	甲喜	
	孝政	發斤	祥谷	衍輝	慶趾	維清	德明	康華			
								康榮			
							文德	建民			
	孝撒	發注	祥儒	衍璜	慶震	維錄	彭溪	之堅			
								之樂			
							福華				
					慶慧	吉旦	彭程	之令			
					慶城	求旦	彭建				
				衍璜	慶蕊	維壽	彭井				
			祥奎	衍楚	慶烈	明聖	明生				
							鵬生	之雄			
							建生	之英			
							國生	之豪			
							伏生				
						湘聖	鳳生				
							森生				
					慶成	維初					

35	36	37	38	39	40	41	42	43	44	45	46
忠	孝	發	祥	衍	慶	維					
					慶志	維真					
					慶多	象聖	石				
							麟				
							英				
						訢聖					
					慶恭	昔旦	龍飛				
忠國	孝徵	發華	祥溫	衍銀	慶譜	泉才	小康				
							小建				
					慶華	樂錫	祥發	秋元	彭華		
									彭建		
								庚元			
								三元			
					慶語	良錫	棟方	國灿			
								明灿			
						林錫	金才	彭真			
					慶調	維我	夢文	相林			
					慶注	仙福	夢恩	永思			
					慶洗	維芪	奇恩	漢元	建東	惠青	
								坐元	建新	恒青	
								國元	建雄	長青	
									建武	例青	
									建禧	康青	
						維丹	奇峰	逢元	建朋		
									建鵬		
									建波		
									建輝	清青	
					慶翔	維蕩	其珍	湘元	建平	小青	
										桂青	
		發慶	祥暉	衍珍	慶胥	維富	奇策	良洪	初華		
				衍蕃	慶宗	萬福	慕恕	曉明	清魏		
								曉亮	午陽		
								曉堂			
						多福	夢仁	曉林			
	孝烈	發芪	祥良	衍孚	慶詔	維命	雙林	繼龍	光明		
									光輝		
				衍金	慶誥	維潭	宇福	元發	光虎		
									志飛		
							丙生				
					慶誠	維海	德佑	新發	國正		
								偉發			
								天發			
					慶惠	維河	五里	元生	光利		
								涉含	卓星		
忠衡	壽仁	發元	喜全	衍炎	慶會	彬桂	勇劍				
							曉劍				
							偉劍				
		發豪	祥受	衍銘	慶盛	暑桂	智劍				
							康劍				
忠諫	孝魁	發鈞	祥趾	衍藻	慶榮	維汶	玉溪	金菌			
				衍芝	慶周	維周	良溪	曉武			
							孔逸	毓斌			
							金溪	康斌			
						嚴則	渭溪	子斌			
								銀斌			
嘉吉	遠大	發益	祥黃	衍禹	慶福	維遠	康福	生桂	小文		
								香桂	小平		
					慶章	維揚	長仔	生林	雄偉		
								富念	仕林		
34	35						高福	生才	春漢		
守榜	忠詔								冬漢		
忠詔	孝祀	發陽	祥煥	衍章	吉仔	興國	小波				
	孝弦	發恩	祥舒	衍福	相發	錫茂	玉星	之亮			
			祥克	衍德	慶喜	宣田	小勇				
						吉理	天寶	潤海	志英		
								石益	志新		
	孝敦	發明	祥藻	衍睦	慶賢	維常	博	鳳山	光中		
							云	頁仔	梅先		
							南	白芪	光明		

35	36	37	38	39	40	41	42	43	44	45	46
忠	孝	發	祥	衍	慶	維					
						維煌	洛	治平			
								治強	志明		
									志光		
								治安			
				衍泗	慶光	維振	慎	明德			
								鏡德			
			祥翠	衍泮	慶君	維廉	尤	召元	小惠		
								信元	振華		
									安華		
						維景	子呈	清德	光華		
								水德			
							全呈	榮德			
						維屏	明呈	春光			
	孝敬	發誠	祥亮	衍樹	慶裕	元亨	正甫	志強			
								志發			
				衍楝	慶安	豐亨	桂祥	之明			
								之亮			
						金城	載生	輸文			
								錦文			
	孝政	發堪	祥晰	衍善	慶恩	維鎮	境倩	生芪	國亮		
									冬亮		
									秋亮		
			祥煥	衍歡	慶虞	奎田	國南	志斌			
				衍河	慶芳	千田	國元	小飛			
							冬元	小翔			
			祥新	衍恬	慶照	發田	正超	志光			
								志克			
							德超	志勇			
							義超	志泉			
				衍珠	慶壽	芝田	三雄				
				衍玉	慶福	芳田	善超				
					慶祿	富田	順超				
			祥達	衍培	慶喜	新民	高暉				
							明暉				
							光暉				
		發銓	祥徵	衍士	慶植	情田	天翔	志虎			
			祥宿	衍超	慶規	高田	季德	森生			
								淼生			
								圭生			
							發德	松生			
								鳴生			
							培德	斌生			
								暉生			
						大田	新德	建生			
								康生			
忠上	元梅	發椿	定采	衍署	慶從	維綱	彭瑞	忠煥	文華	有才	
									新華	有亮	
									回華	有來	
									義華	有根	
							德壽	春換	少華		
				衍輔	慶春	維虎	德錄	成煥	秋華		
									仔華		
				衍署	慶善	維正	彭吉	金煥	龍華		
									冬華		
									南華		
			祥瑞	衍平	慶賀	維松	發聖	壽生	冬生		
									春生		
									明生		
		發煌	祥大	衍祖	慶錄	維芬	彭段	忠福	志平	彭軍	
									志新		
									志元	彭成	
										彭文	
									志清	彭江	
									志春		
								忠才	志飛		
									志勇		
									志堅		
					慶福	維賢	善復	海煥	新林		

35	36	37	38	39	40	41	42	43	44	45	46
忠	孝	發	祥	衍	慶	維					
								中龍	志西		
									志冬	彭列	
									志永		
		發椿	祥志	衍陶	慶星	維竹	元福	忠明	志偉		
									志華		
									志暉		
									國華		
							彭家				
忠上	文選	發光	國□	衍訓	慶盛	維炎	准恩	回德	于華	偉	
									明生	家文	
						維列	禮恩	開思	小明	偉偉	
									冬明		
									鐵明		
		發甸	祥呈	衍禧	慶開	維蘇	子正	文煥	志虎		
									志雄		
									志水		
			祥珍	衍樂	慶惠	炳桂	普正	根煥	春玲		
									冬玲		
							國正	光煥	光武		
								丁煥	光文		
								冬煥	光晶		
			祥球	衍濤	慶英	維貿	彭齡	忠鵬	健生		
				衍祚	慶杰	清平	源正	斌煥	建中		
								銀煥			
							維明	春妹	小林		
									小尚		
			祥珍	衍棋	慶德	柏平	良正	淵民			
							春正	彭濤			
								彭峰			
			祥杰	衍任	慶行	元桂	新正	林煥			
					慶恙	丹桂	加正				
	孝政	發銓	祥宿	衍聲	慶璋	美田	宗德				
							頁德				
			祥際	衍器	慶敬	皇初	義德	小平			
							運德	小根			
		發諫	祥鴻	衍聰	慶承	龍田	以德	之良			
								之明			
							元德				
							生德				
		發調	祥炳	衍隆	慶緒	維艮	相德	聖恩	大發		
									全發		
									艮發		
						維卿	進德	哲民	發忠		
								春民	文忠		
									武忠		
						維灯	明德	光明	彭靜		
						維寵	兄德	永民	正華		
				衍任	慶台	良田	龍翔	崇民			
								春民			
								正民			
								祖民			
						觀田	鳳翔				
							鸞翔	忠孝			
								忠文			
							高翔	忠武			
								忠烈			
					慶孝	民田	半翔	成勇			
						祿田	本德	文民			
			祥杰	衍秀	慶烈	保田	令德	公民	忠華		
								小民			
							怡德	新民			
						井田	大德	建民			
								全民			
							再德	彭思			
							全德	彭威			
							后德				
			祥照	衍浩	慶貽	谷田	先德	清民	步遠		
									澤遠		

35	36	37	38	39	40	41	42	43	44	45	46
忠	孝	發	祥	衍	慶	維					
	孝敷	發浩	祥功	衍龍	慶美	維有	翔□	之英			
								之龍			
								之鳳			
								之虎			
	孝敏	發讜	祥銑	衍堯	慶學	維書	德仁	之光	光大		
								之強	光亮		
					慶茯	維澤	光甫	之新			
								之亮			
						維芳	八甫	之平			
							九甫	之亮			
			祥仁	衍□	慶和	維瑗	清甫	江南	罡罡		
							聖甫				
			祥智	衍欽	慶卓	文玉	當甫	志發	光凱		
				衍廖	慶炳	成玉	晉甫	建清	南壄		
								之勛			
		發諶	祥達	衍培	慶喜	新民	高暉				
							明暉				
							光暉				
忠詔	孝敏	發穗	祥甫	衍鈺	慶成	維特	天強	之龍			
			祥昆	衍鑑	慶清	伏旦	燕甫	之祥			
								之瑞			
								之云			
							杜甫	立成			
								立清			
					慶圭	月旦	春培				
							德培				
					慶沃	清旦	彭聲				
						正旦	璋甫	之堅			
								之軍			
							大毛	之德			
					慶清	次旦	谷甫				
						曉旦	湘甫	廉成			
							吉甫	彭□			
								昱暉			
					慶瑜	平旦	新甫	運成	光暉		
									光建		
								德成			
							毅甫	英成	光志		
					慶緣	全旦	金甫	德元			
								圭元			
							銀甫	保元			
				衍鏞	慶增	令旦	康甫	克明			
								克正			
							純甫	彭放			
					慶德	明旦	鐵甫				
						燁旦					
						平旦	菊甫	彭文	彭尤		
								彭全	彭朔		
	孝敏	發穗	欅義	衍澤	慶純	元旦	濟光	志龍	光模		
								志虎			
				衍絡	慶上	安吉	南甫	秋元	光影		
									光美		
								華元	光華		
								康元	光文		
									光武		
								光元	光渾		
								曉元	光強		
									光勇		
	孝敬	發城	祥亮	衍樹	慶裕	尤享	正甫	志強			
								志發			
				衍棟	慶安	半享	桂華	之明			
								之亮			
						金城	載生	輸文			
								錦文			
				衍廉	慶廉	維增	令旦	祥甫	彭操		

27	28	29	30	31	32	33	34	35	36	37	38
處用	標	君	子琪	繼榮	紹	世滸	守成	忠言	孝定	發先	

				斷芬	經	世緣	守簡	忠亮	孝治	發端	
										玉瑤	
										發進	
									大和	發惠	
									孝揚	發桂	
										發槐	
								忠國	孝徵	發華	
							守榜	忠峻	承啟	發止	
								忠勛	孝致	發仁	
								忠詔	孝敷	發誥	
									國俊	作森	
									簡文	作恭	
										作礪	
									朝坤	作政	
									東坤	作敏	

37	38	39	40	41	42	43	44	45	46	47	48
發	祥	衍	慶	福	福	祖	士	家			
發先	祥承	衍蘭	慶維	福德	昔柳	老輝	彭濤				
							彭文				
					昔祥	復輝					
發瑞	祥占	衍茂	慶明	維里	彭祉	親賢	灿元	國慶	修華		
								仁慶	年華		
								昔慶			
							求元	新慶	林華		
								付慶	彭斌		
								福慶	永華		
							次元	回慶			
							恩元	小森			
						愛賢	福元	小冰			
								小剛			
	祥吉	衍番	慶光	維翰	景福	祖佑	士元	家劍			
								家亮			
							士民				
							士標				
							士華				
							士仁	家豪			
					景禧	祖培	業綸				
							新昆				
					洪福	祖植	新云				
						祖武	士文				
						祖德	士良				
						祖訓	士勇				
						祖義	彭菲				
	祥福	衍積	慶鍾	作堂	種福	象賢	業平	家曉			
							邦平	家沖			
							澤平	家成			
						復賢	光兆				
							光禧				
					幸福	國賢	日平	晶文			
							升平				
玉瑤	祥柏	衍盛	慶豐	維達	聖福	貴賢	美元				
							付元				
							強元				
		衍清	慶瑞	維淩	天福	天賢	光春	彭松			
			慶文	維詔	海福	湘賢	樂元				
							光榮				
							忠榮				
							聖榮				
							寶榮				
				德連	老玉	寶賢	回榮	彭輝			
發進	祥進	衍桂	慶烈	吉明	頁嬌	小寶					
發惠	祥隆	衍乃	慶晰	治谷	長福	光明	云云	振鈺			
			慶璜	怡訓	春華	芝元	甫明	江江			
							忠明				
	祥音	衍善	慶照	福田	君林	芝新					
						芝海					
	祥德	衍彥	慶康	月桂	清嬌	子亮					
			定生	福成	民強	志堅					
						志勇					

37	38	39	40	41	42	43	44	45	46	47	48
發	祥	衍	慶	福	福	祖	士	家			
					國強	先濤					
				福海	富強	燕華					
發桂	祥衢	衍度	慶岳	維□	方朋	新嬌	家望				
發槐	祥嘉	衍仁	慶煌	敦謀	求朋	之德					
						之慶					
				敦本	宜朋	福恩	仔球	家信			
							忠球				
							天球	家喜			
							國球				
						洪翔					
		衍禮	慶孔	維五	友相	根恩	林樂	彭明			
				維從	堅之	壽恩	全樂	堯成			
							中樂	彭明			
							昔樂	彭偉			
							虎樂				
				維藩	高朋	德芪	大求				
	祥信	衍振	慶習	維剛	貝貝						
發華	祥溫	衍瑚	慶諤	維元	彭道	清元	建華				
35	36	37		維騰	許聖	天元					
忠國	孝徵	發華		維致	后聖	明元	志忠	明亮			
				維雨	良聖	樂元					
						喜元	先真				
							垂華				
						強元	國華				
		衍宛	慶謀	維寅	彭德	回芪	晨陽				
							晨冰				
						回盛					
						回興					
						回隆					
					彭綳						
		衍琳	慶諧	維月	康明	大漢	志華				
							曉華				
						天漢					
			慶詮	維安	彭仁	樂恩	星球	彭星			
				維定	彭智	修元	建文	家兵			
							建武				
				維官	宇朋	大龍	新民				
					金朋	春元	毛毛				
						秋元					
			慶漠	瑞昔	康德	天天					
						地地					
						烈烈					

34	35	36	37	38	39	40	41	42	43	44	45
守榜	忠峻	承啟	發止	祥功	衍至	明迪	漢吉	德培	大平		
									中平	燕明	
									小平		
					衍際	蘭迪	武吉	根如	金良		
				祥家	衍典	梅迪	德秀	春培	小華	劍康	
							芪吉	栽培	小平	劍鋒	
					衍之	桂迪	正吉	宇培	秋華		
									冬華		
						富迪	晉吉	宇培	林生		
									冬生		
						相迪	根吉	金培	瑞生		
									正生	中華	
									香生		
									康生		
					衍先	求迪	瑞吉	風培			
	忠勛	孝致	發仁	祥事	衍樹	南玉	煥妹	小華			
					衍驢	忠玉	生元				
							清元				
							回元	少軍			
	忠詔	孝敷	發誥	祥功	衍龍	慶美	翔	之莫	志遠	士林	
										光壽	
	44	45							志高	之壽	
	士林	修發						之龍	光前	祖清	
									光裕		

34	35	36	37	38	39	40	41	42	43	44	45
								之鳳	光榮		
								之虎	冬華	嘉譜	
		國俊	作森	述范	家聲	福純	少華				
						壽純	少林				
		國簡	作恭	述樂	家附	淼純	燕兵	輝灿			
						昔純	燕昔	輝平			
								輝清			
								輝良			
			作礪	述驤	天純	燕才	嘉玲				
						燕明	新生				
							鋒生				
						燕強					
						燕春					
				述辭	家齊	寧純	少榮				
		朝坤	作政	述孟	家驥	溫純	燕益	家興	海文		
					兆驥	慶綸	燕美	漢才			
							□美	漢東			
							少美	漢華			
							成美	漢云			
					兆駿	松友	昔娥	明初			
		東坤	作敏	述恩	其凰	炳燮	吐瑞	樹聰	艷強		
					其□	炳□	積瑞	忠如	志強		
								壽	淼強		
							松瑞	壯錦	邦邦		
								仕華	計計		

34	35	36	37	38	39	40	41	42	43	44	45
								玉華			
								艷華			
								貴華			

處停公支下

26	27	28	29	30	31	32	33	34	35	36	37
理鍾	處停	生儒	昌聖	盛楞	海南	日明	清元	仁達	萬章		
					洞南	日泰	箕山	學遠	萬隆		
					見南	日輪	燕俸	飏昆	萬灰		
									萬秋		
									萬和		

代清	瑞益	建華	詩文			左列	人氏	先祖	不明		
	金益	斌元	建商	金林		原是	彭姓	族人	佣人		
			建樹			後歸	屬姓	彭但	無世		
			建慶			代派	別之	分			
			建忠	籲峰							
			建元								
冬林	山芪	志新	靖華								
		元新	少華								
		建新									

江西 25 世鳳岐公支

26	27	28	29	30	31	32	33	34	35	36	37
理恂	外己	楞	君爆	子湖	繼旭	禧	昌述	守泰	忠富	孝述	
										孝迹	
										孝來	
										孝混	
									忠盛	孝逢	
理容	外道	渠	君秋	子衙	繼儒	開仁	世彻	守明	忠明	孝述	
									忠義	孝適	
										孝進	
										孝述	
									忠論	孝建	
									忠諭	孝還	
理鈺	處道	渠	君秋	學萱	繼香	仁	世微	守閏	忠儀	孝源	

26	27	28	29	30	31	32	33	34	35	36	37
										孝梁	
	處能	檄	君□	子宣	繼甜	催	世復	守會	忠晶	孝易	
										孝諧	
									忠昔	孝惠	
									忠恒	孝許	
									忠民	孝漠	
										孝濤	
									忠恒	孝楝	
								守善	忠晉	孝誠	

36	37	38	39	40	41	42	43
孝述	發劍	茲生	新德	萬泉	軍	威生	
				保泉	冬		
					強		
			明德	斌泉	劍波		
				新泉	劍偉		
				福泉	劍東		
					劍福		
孝迹	發銀	全發	志偉	兵	繼華		
			福德	花泉	元華		
				國雪	正華		
				桂漢	軍華		
					劍華		
				運漢	龍華		
孝來	發鏡	全連	盛德	坤泉	征華		
孝混	發諧	桂發	正德	良平	江		
			年德	良□	嘉瑞		
孝逢	發韓	長松	振先	求齋	新華	志飛	
						志武	
					冬華	志發	
孝述	鼎生	全元	樞慶	開甲	秋華	程	
				汝甲	桂華		
					建華	靚	
					睿華	灝	
			祿慶	新甲	福寶	志君	
						志清	
					銀寶		
				炎甲	國泰		

36	37	38	39	40	41	42	43
孝適	開生	回芪	天德	金城	英俠		
					飛俠		
					主俠		
	培生	述芪	天福	清華	熙文		
孝進	發墩	吉元	瑞慶	庚明	文斌		
			回慶	進先	天寶	康康	
						輝輝	
					金寶	青松	
孝述	發進	森元	玉慶	春明	少華	濤	
					少波	剛柔	
					少停		
	鼎生	祝元	金水	夢賢	根華		
					衛華		
孝建	恩生	新民	吉慶	春嬌	剛		
孝還	發坤	祿元	光慶	三明	建君		
					書		
			文慶	森明	建平	洪	
					建新	松	
					建華	海	
					建武		
	發光	開芪	錫慶	勝利	磊		
				建新	博		
				新和	桂		
				曉陵	豪		
孝源	發或	二桂	清連	春華	強仔	海兵	
						海軍	
					來仔	龍	
					金仔	海惠	

36	37	38	39	40	41	42	43
孝梁	發模	三桂	芳桂	承達	根勝	金金	
					根蘭	正東	
孝易	發輝	相林	金順	明珍	劍		
孝諧	發煌	金林	全明	金泉	小青		
					小武		
	發变	監林	金灿	新華	偉偉		
				中華	進偉		
				國華	俊偉		
				仁華			
孝惠	丙生	監林	炎德	清華	建文		
				元華	松		
孝許	新生	元林	文先	濤			
孝謨	元生	相林	炎先	小華			
				光華			
	喜生	森林	柏先	龍			
				鳴			
			金光	海峰			
孝濤	發逢	順林	昔田	黎平			
				建平			
				繼平			
孝煉	外生	欽林	松先	昔發	桂春	無暇	
				昔福	小雄		
					小波		
孝誠	發培	衍慶	全元	昔玉	瑞		
				昔華	亮		
			金元	求嬌	小武		

江西26世理鍾公支

24友習25鳳章26理鍾

27	28	29	30	31	32	33	34	35	36	37	38
處		君	學	繼	正	昌	回	學	孝	發	
處靜	极	君望	學堂	孔連	周	仲方	元云	忠叙	孝芳	發馨	
		君弼	了芳	繼黃	元正	昌發	回祜	學華	孝椒	發訓	
處達						昌儒	守緣	學新	孝訓	發斌	
處伏									孝樓	發潤	
伏停									接光	伋接	
								學鳳	孝鳴	發壽	
										發疇	
										發貞	
		君弼	學芳	繼黃	黃正	昌佰	回成	學明	孝廸	發治	
							回毅	學修	文寶	發計	
									孝林	發計	
	樞	君愛	學穎	繼策	于旋	昌連	回般	學仁	文進	發群	
處達	棟	君寵	子桃	繼怜	鳳	城	夢麟	攀元	鳴琪	發春	
								攀輝	鳴志	發榮	
										發柱	
								學灿	鳴鵬	發千	

27	28	29	30	31	32	33	34	35	36	37	38
處		君	學	繼	正	昌	回	學	孝	發	
										發貞	
										發榜	
									鳴嚎	發香	
			學桃	繼于	----	鵬飛	學義	湖星	鳴發	發成	
									鳴藻	發銓	
										發鉉	
									鳴盛	發昆	
						鵬立	學端	忠极	鳴成	發源	
										發昆	
										發學	
處停	生儒	昌聖	威愣	見南	日輪	燕傣	飈昆	學秋	東坤	作敏	
								萬春	芪銀	旭初	
									朝貴	作康	
										作梅	

37	38	39	40	41	42	43	44
發	祥	其	宗	德	志	才	
發馨	祥正	開吉	宗信	宗德	志濤		
		衍龍	宗昌	明德	志新		
				良德	永濤		
發訓	祥享	衍防	厚德	利琪			
			壽德	志良			
				正良			
				國良			
發斌	祥照	堯恩	明德	文良			
			光德	雄良			
			年德	麟良			
			九德	建良			
				梅良			
發潤	祥	衍瑜	聖德	光華	佳文		
					佳亮		
			志德	竹福			
發樓	祥富	長恩	富德	國棟			
			余德	國華			
發壽	祥德	衍富	福德	金華	劍峰		
				正華			
				江華			
	祥鵬	普恩	運德	維龍			
			仁德	天華	小華		
發疇	桂禎	桂泉	新德	志華	振達		
				光華	振飛		
			湯德	晉華			
				干華			
發貞	祥鵠	天恩	吉德	青華			
				春華			
				建華			
發治	祥臣	衍怪	春祥	衍桂	宗仔	少華	
						少勇	
						少文	
					裕仔	少清	
						少鋒	
						少英	
			文祥	福柱	柏仔	少龍	
						少虎	
			立祥	元桂	新發	少武	
						少光	
發計	祥胡	冬生	木祥	保南	軍		
					偉		
發計	祥瑜	衍斯	林祥	來明	新仔	志堅	
					天生		
				友明	文生		
發群	祥欽	金思	才進	龍			
	祥珠	銀思	冬嬌	金先	建兵		

44	45
少華	文兵
	文軍
少勇	文慧
	文平
少文	文濤
少清	梅濤

37	38	39	40	41	42	43	44
					福先		
					根先		
發春	祥舒	衍良	安定	年嬌	小強		
		衍恭	安富	華龍	森桂		
					國桂		
				甲龍	國桂		
	祥珠	宗澤	安平	云龍	松齊	笑一	
						廣一	
發榮	祥華	衍平	維卿	仙龍	昱澤		
發柱	祥富	衍頁	安元	金龍	振西		
				銀龍			
				寶龍			
		衍紅	振卿	興龍	婷		
	祥貴	衍哲	仁卿	玉龍			
發千	祥恩	衍題	安才	文龍	沖		
					鋒		
		衍銘	安才	明龍	小林		
					少林		
發貞	祥志	衍球	安南	建龍	年		
			安康	康龍			
發榜	祥恕	衍瑤	安回	香龍	勇		
				喜龍	地主		
				天龍	帥		
				仔龍	仔弟		
				志龍			
				昔龍	鑫		
				未龍			
發香	祥金	衍址	百強				
			安榮	水龍	雄		
發成	祥北	衍榮	春年	德麟	鴻星		
			秋年	德華	紅		
				德龍			
			紀年	德安			
發銓	祥明	衍濤	柱年	龍生	慶		
				建生	攀		
發鉉	祥善	衍春	松年	菊生	玲		
			炳年	昊			
發昆	祥作	衍羽	祿秀	光華	益民		
				玉華	毅立		
					金發	飛娟	
發源	祥云	衍清	全秀	秋華	康建	少仁	
			柱香	文華	毅武	劍鋒	
發昆	祥林	衍立	福秀	桂華	林飛	丹	
					志文	龍	
				菊華	志飛	況勇	
					志中	剛	
					志明		

37	38	39	40	41	42	43	44
發學	祥云	衍站	珍秀	桐華	宋仔	少華	
						少文	
作敏	述頻	其琅	玉瑞	仕元	小強	玲偉	
				仕聰	祖華	玲春	
					祖榮	光平	
						洪	
					祖奇	玲成	
					祖強		
旭初	卿供	相唐	炳然	麟榮	禾生	金鍺	
作康	庄達	其灿	炳南	維理	銀生	良才	
						艷才	

37	38						
作梅	先巍						

38	39	40	41	42	43	44	45
先巍	其彬	炳遠	維遠	黃生	美才		
					民才		
					清才		
		炳甲	維成	秋姑	松華	長生	
	其彰	炳輝	維尊	天恩	訴才	東華	
					元才	江華	
					來才	灿華	
						海華	
					天才	裕華	
						豐華	
			昔榮	建生			
		炳皇	維榮	門生	飛才	冰華	
						福華	
					根才	金華	
						建華	
		慶桂	維會	明生	友才	樹華	
					進才		
					明才		
庄信	其彪	炳爛	維質	木生	秋亮		
					秋明		

37	38	39	40	41	42	43	44
發	祥	其	宗	德	志	才	
東衢	炳惠	相齊	炳桂	水榮	鐵生	福才	
						寶生	
					國生		
					志生		
					鑫生		
通衢	任惠	相巍	炳香	干榮	斌生		
	杰惠	相赴	炳舍	金榮	乳生		

37	38	39	40	41	42	43	44
發	祥	其	宗	德	志	才	
					林生		
				昔林	度生		
禹浪	象	其昌	慶甲	維明	頂生	柳才	
						建才	

31世笑南公房

31	32	33	34	35	36	37	38
笑南	歸蛟	金友	法盛	崇壽	志云	作勃	
				崇祿	志泰	作岳	

37	38	39	40	41	42	43
作	述	如	裕	祥	海	良
作勃	述提	如哇	裕棠	禮祥	強海	
				庫祥	肖海	
					永海	

37	38	39	40	41	42	43
作	述	如	裕	祥	海	良
			裕文	樹祥	國海	杜良
						美良
				根祥	連海	
					志海	友戊
						匯良
			裕友	衛祥	忠海	
				冰祥		
			裕亭	存祥	德海	
					西海	玉良
						福良
			裕享	長祥	北海	
					東海	梅良

37	38	39	40	41	42	43
作	述	如	裕	祥	海	良
					龍海	
作岳	述黃	如佩	裕玉	玉祥	海欽	
				桂祥	海洁	
					海沛	
					海鵬	
			裕喜	新祥	海地	曉良
					海明	
					海燕	
				繼祥	海牛	
					海苗	

27	28	29	30	31	32	33	34	35	36	37	38
處停	弄璋	國址	篤厚	發榮	資達	華美	新貴	彭富	之敬	元文	
										金文	
										銀文	
										財文	
										寶文	
		貫文	良早	克儉	資惠	祥英	新榮	洪林	火		

37	38
元文	艷華
金文	友發
銀文	之發
	振發

27	28	29	30	31	32	33	34	35	36	37	38
生儒						寒英	新昌	洪生	燕才	惠華	
昌聖											
盛棋											
芳											
灿賀											
光耀											
益增											

江西27世處伏公房

26	27	28	29	30	31	32	33	34	35	36	37
理鍾	處伏	生俊	昌倫	盛松	芳芬	阜八	大六	得友	倫實	且春	
		生仁	承繼	盛梧	青蓮	阜玉	大二	芽苗	東慈	希聖	
			昌杰	盛椿	清葵	阜松	光祥	光泰	金炎	煥周	
							祥光	志棕	秉儉	武周	
										文园	

36	37	38	39	40	41	42	43	44	45	46	47
		朝	衍	惠	維	恩	開				
且春	秋	金盛	衍湊	惠鎰	維祖	興恩	水開	梅			
							佳開	文耀			
		以盛	衍浩	惠年	德芪	天恩	家域				
					昔芪	小恩					
						建恩					
						兵恩					
						地恩					
希聖	信良	慶會	克明	職初	維邦	極	美才	拖華			
						木開	武才				
							松才				
	高照	項朝	惠岳	淼芪	棟恩						
武周	伏照	映朝	衍福	金芪							
				惠台	祥恩	秋開	小健				
							小金				
			衍漸	惠告	銀娥	忠開					
				惠善	鐵恩	智開					
				惠源	淼恩	金開					
					德恩	年開					
斌园	勝照	圖朝	衍漸	維享	復恩	新開					
文周	勝照	星朝	衍儲	惠潤	維勤	龍	林開				
							清開				
							良開				

36	37	38	39	40	41	42	43	44	45	46	47
		朝	衍	惠	維	恩	開				
		禹朝	衍秀	惠池	維昌	丙恩	莉鋒				
					維盛	忠恩	仕文				
							仕華				
				惠政	維□	格恩	兵開				
							天開				
						炎恩	忠開				
	隨照	禹朝	衍靄	惠積	維榮	文恩	國開				
						午恩	菲菲				
						海恩					
						柏恩					
				惠芹	維蘭	元恩	龍開	生財			
							桂開				
		逢朝	衍偶	惠操	維偉	水恩	柏開				
					維柳	福恩	林開				
				惠藻	維棠	松恩	開				
							火開				
							炎開				
		鳴朝	衍題	惠錫	維衢	考恩	華開				
	益桂	誦朝	衍更	惠純	訢芪	石恩					
						灿恩					
	露秀	興朝	衍緯	惠業	兵芪	慶恩	石開				
							少開				
							國開				
				惠桐	庚芪	云恩					
			衍積	惠福	維立	全	國生	榮才			
								龍才			
							傳生	寶才			
								進才			

江西26世 理銓公支

25	26	27	28	29	30	31	32	33	34	35	36
鳳章	理銓	處憲	羽儀	蓮壙	橫濱	景軒	瑞南	斗明	虎臣	仕偶	
		北山	起虞	少山	魁字	藍生	返以	續	實孝	仕□	
							希偶	北平	顯堂	掏繼	
		外憲	伸祈	虞	少山	魁字	籃生	返以	讀	實存	
										岸登	
								希偶	北平	顯堂	

35	36	37	38	39	40	41	42	43	44	45	46

35	36	37	38	39	40	41	42	43	44	45	46
仕偶	發和	晉夫	星祖	朝棟	仁安	長生	國林	康生			
							國清				
		敦頭	星贊	掌珠	惠開	生芪	建鐵	星星			
								星旁			
							建安	泰華			
								珍華			
								金華			
								北華			

35	36	37	38	39	40	41	42	43	44	45	46
	台望	敦義	星贊	堂珠	富開	愛民	進興				
						齊民	振興				
						安民	濤濤				
						建民	自成				
							俊杰				
		俊崇	臚斗	云均	金鏡	梅開	火龍				
仕□	水照	仁卿	順生	菊英	宗林	新富	玉仔	志鵬			
							玉雪	灝生			
						新振	志華	文明			
							年華	之濤			
							冬華	最晨			
			瑞生	連英	宗儀	新仁	四龍				
實存	水照	義卿	四秀	源英	宗才	樹根	小兵				
							棟良				
			接生	花英	宗恩						
岸登	雅延	立卿	新初	正英	宗炳	年生	愛元				
							四元	金生			
							六元				
顯堂	掏繼	潤卿	瑤初	芪英	宗達	回根	華清	國壽			
							華彬	國相			
							華林	國亮			
							華東	國權			
							福恩	子和			
				福英	宗德	長桂	華棟	澤鑫			
							華明	澤林			
								澤欽			
					宗顏						
				善英	宗良	桂會	華仕				
					宗薰	益會	華新				
			瑞初	樂金	宗聖	長富	芪林				
							芪松				
							芪柏				
						元桂	芪森				
							芪榮				
				喜全	宗志	明清	松濤				
						亮清	臣濤				
					金志	水清	少平				
							建平				
						三清	晉軍				
					志強	康清	興平				

32	33	34	35	36	37	38	39	40	41	42	43
	鳳山	國屏	瑞臨	崇觀	錦秀	新發	治文	曉飛	彭峰		
									彭剛		
									彭強		
				奇觀	全秀	庚春	宗先	陽生	曉軍		
									曉明		
30	31	32		日觀	念秀	恒春	松先	正德	保華		
少山	魁字	魁字							新華		
籃生	鳳山	希偶	榜变	關慶	觀秀	丁春	秋先	大生			
								明生	志峰		
									小峰		
								盧生			
							超全	宗和	永清	江濤	
					吉卿	玉初	俊英	宗賢	長清		

27	28	29	30	31	32	33	34	35	36	37	38
北山	仲	命甫	爾光	頡公	克配	山	瑞光	元慶	可觀	珍待	
								潤慶	高觀	青秀	
									成觀	丙祥	
									棠觀	瑞秀	
									面觀	桃秀	
										林秀	
	仕器	命甫	爾光	海升	雅仁	侯尊	武賢	詔墓	聊元	正茂	
								禮堂	坤元	九芪	
										祖芪	
									聊元	正芪	
安公	培溪	革行	秀毓	克聖	漢飛	政防	建安	月桂	元祖	文生	
								斯琢	錦祖	邦士	
						殿臣	泉安	席賓	顯榮	林祥	
					林飛	昔偶	正安	述夫	樹芳	純	
									尚芳	惟	
								豁貫	彭回	田福	
								吉甫	寶林	秀照	
									福照	克俊	
										克位	
									秀照	啟春	

37	38	39	40	41	42	43	
珍待	莫香	紹先	書生	元開	正光		
					正華		
	桂香	肇先	天生	志龍	武松		
				志強			
	待香	斯林	長生	冬開	志勇		
				建國			
青秀	全壽	樹先	慶生	金軍			
				鐵軍			
		樂先	慶海	隆生			
		建先	國洪				
丙祥	德壽	振先	文生	勇軍			
瑞秀	吉壽	金泉	龍生	少云	紅岩	可生	
						奇生	
					紅松		
					紅竹		
				少剛	紅強		
桃秀	毛春	恭先	雄生	國灿			
林秀	寅春	壽先	無生	回生	保元		
		桂先	林生	曉飛			
		鳳生	加和	福強			
				福軍			
		親先	火龍	少強			
				少平			
文生	家瑞	三才	傳忠	志成	頌君		
					軍君		
				志龍	衛君		

37	38	39	40	41	42	43	
				志雄	文君		
邦士	回生	積秀	錫樂	求忠	志彪	少星	
林祥	天生	玉春	昔山	丙仔			
				樹仔			
				玉仔	彭金		
			洪芪	樹清	建新	彭祿	
					建忠	彭冰	
				回清	建平		
			庚富	奉仔	輝輝		
					兵兵		
				新仔	永強		
				縣仔	德亮		
純	新命	念先	定芝	梅開			
				梅義			
惟	配命	達先	伏仙	文豐	科生		
					小林		
田福	星瑞	生林	錦玉	初芪	蘇龍	少輝	
		丙華	林玉	銀芪	彭晉		
	昆慶	炳元	寶玉	小毛	建勇		
					建軍		
秀照	克穎	逢春	新春	新瑞	志剛		
					志新		
					志堅		
			占春	春瑞	國振		
				清瑞	國華		
					維華		

37	38	39	40	41	42	43	
				秋瑞	振華		
福照	克俊	陽春	玉瑞	龍興			
				云興			
		長春	松瑞	施坤	建華		
	克倍	桂春	發興				
秀照	克□	啟春	發興	元生	文建		
				文生	少華		
					新華		
正茂	華秀	步先	桃南	樂仔			
				建華			
		金先	正南	勇生			
		伴先	德南	建泉			
				兵泉			
		炳先	石南	東泉			
				春泉			
			香南	高泉			
				正泉			
	生秀	敬先	錫南	金泉			
				國泉			
			春南	強泉			
				仁泉			
				明泉			
				福泉			
			東南	軍泉			
				生林			
九芪	文秀	松先	吉南	泉林			

37	38	39	40	41	42	43	
				桂林			
				炳林			
	炳秀	守先	桂南	樂泉			
				玉泉			
				庚泉			
				生泉			
	懋秀	泰先	淑南	高泉	彭明		
				學泉	彭保		

37	38	39	40	41	42	43	
	文秀	服先	壽南	新泉	彭德		
			雲南	志泉	彭棟		
	榮秀	梅先	新南	香泉	志明		
				柱泉	楊灿		
	桂秀	延先	輝南	云泉	小江		
				光泉	軍生		
		金先	子南	光華	兵生		
		明先	克歐	光明	志東		

37	38	39	40	41	42	43	
				光中	志海		
祖芪	吉秀	仁先	義南	國泉			
				海泉	志龍		
				中泉	峰生		
正芪	懿秀	龍先	香南	之泉			
				平泉			
			夢南	芝泉			
				香泉			

江西浯一村三分 26 世理鉉公支

24	25	26	27	28	29	30	31	32	33	34	35
	鳳章	理鉉	處敷	楠	魯君	子建	省	大綠	濟	國華	
										國湖	
						子成	相	大經	海	崇觀	
				植	篤君	子仲	銘	士經	昌洛	學聖	
										觀正	
			處徵	梭	君雁	學諧	梧	大誉	昌權	觀任	
										觀義	
									昌達	觀僖	
										觀俸	
					君鷗	學諭	映青	士巍	昌后	觀特	
			處敏	奈	君懸	子璉	官	大維	昌位	觀直	
			處徵	樊	君毓	子□	稔	士年	昌聖	觀泰	
					君□	子□		大世	昌霞	觀楊	
					君勛	子雷	尚建	治張	昌融	觀祥	
									昌□	觀頌	
		理鍔	處進	羽議	道	學良	繼復	翼大	會宗	附鳳	
友習	鳳	理□	處育	士乘	君衍	子闖	繼源	釗	應林	禎璇	
							繼隆	懷	祝仁	禎虎	
										禎瑗	
友誠	鳳鼐	暢	處通	揚	君稠	學祝	夫旭	日定	世錫	文林	
								日宦	世鏡	壯	
(	24	世至	33 世	先祖	失考	)			時傳	榮華	
(	21	世至	33 世	先祖	不明	)				秀	
高志	幼聰	瑤	萬哲	君紹	馬治	仕敏	霖	世質	富幫	忠云	
22	23	24									
秀	友端	高志									
	友信										
	友仁										

33	34	35	36	37	38	39	40	41	42	43	44
濟	國華	化原	作述	發銑	祥獻	衍海	初慶	彥文	俊奇		
									俊濤		
								彥武			
								彥華			
		寬	作簡	發崧	祥	衍豐	有慶	元生	志軍		
									劍軍		
									送軍		
				發嵐	師祖	祥吉	衍恒	福慶	少剛	洪強	
			作霖	師祖	祥發	衍基	光泉	天生	勇		
	國湖	翔	丙灿	鼎	鍾番	衍金	怡聖	水灿	子武		
									子新		
									子文		
								木灿			
								東灿			
							怡祥	彭如			
海	崇觀	仰	琪	發卒	祥煦	衍庚	新慶	炎生			
昌洛	學聖	振藻	承恩	□	紹相	連享	鄧生				
							孟生				
							勇生				
	觀正	華藻	鏞	安瀾	紹愈	元恩	發開	維生	高味		
						錫恩	福開	維超	海軍		
								維德	蓉		
						成恩	冬開	清華	小濤		
								建輝	濤		
							裕山	劍峰			
			銀	川瀾	紹禮	炎恩	水根	中專			
								中兵			
						善恩	東義				

33	34	35	36	37	38	39	40	41	42	43	44
							東平				
					大茂	東恩	小平	維俊			
						新恩	海平	慧穎			
						志恩	文平				
							軍平	靈鑫			
		章藻	鐸	向榮	守巳	元旦	丙山	新生	誠		
									權		
					修巳	干恩	丁山	龍彪	劍		
									英		
						禮恩	光山	志華			
								桂華			
						寶瑜	德山	偉華			
				則榮	成巳	普恩	武彪				
						長恩	霖山	文武			
								文強			
						寶瓊	仁山	文彪	柏建		
								武彪			
						深恩	文峰				
						柱恩	新華	龍峰			
						哲恩	云彪	鑫濤			
						賢恩	錦堂	珍鳳			
								桂鳳			
		玉藻	橋	崗瀾	紹錫	積恩	桂發	菊梅	勝武		
			樹	宗王	伏旦	陽恩	華山	慧鋒			
							珍山	慧權			
						玉恩	騰山	凱			
							德山	文武			
								文平			
							細山				
						星恩	友山	少林			
								武林			
							喜山	建標			
							友喜	玉峰			
							喜友				
				挽瀾	福芪	瑞恩	昔林				
						國恩	昔呂	楊洋			
							昔平				
							昔義				
			榜	鎮瀾	富旦	伏恩	文開	小平			
					待旦	忠恩	清山				
							清平				
				芳瀾	紹富	全恩	精華	志勇			
								志強			
							火華				
						根恩	勇華				
				芬瀾	全昌	富恩	志華				
							志飛				
					忠旦	薪恩	華				
							龍				
					萬旦	方志	翔宇				
昌權	觀任	忠凝	康芪	秋發	炳堯	福恩	高本	強海			
							高朮	強河			
					炳舜	元芳	勇生				
						林芳	怡生	佳平			
							文生	少平			
							秋生	平平			
						春芳	梅生				
				犹發	有王	祖武	抒義	鑫			
							抒堂				

33	34	35	36	37	38	39	40	41	42	43	44
							抒名				
	觀義	忠郎	孝寶	清發	春南	水仔	鐵生				
昌達	觀僖	汝揖	譜謙	干才	德昌	國珍	望	斌彬			
						裕珍	凡凡				
				伯亮	馬錄	干先	洁				
						續先	瀅				
					景驊	軍					
						益文					
						文瑞					
					景騮	金珍	愫愫				
			藩猷	宏才	富昌	香珍	晶晶				
							莎莎				
						花珍					
						連珍					
						彭珍					
		耀先	承烈	鍾才	梅先	笙芳	嵩				
							克				
							珂				
						德芳	超				
							元				
						明芳	堅				
	觀倖	耀遠	傳生	輝方	寶昌	相珍	天相				
							吉人				
昌后	觀特	忠暢	孝裕	仁元	玉蓮	漢平	苟仔	志虎	峰		
								進忠	金飛	威	
		忠成	孝循	發文	祥湛	福瑞	元桂	生發	少明		
			孝話	發進	祥灿	福翔	仔先	文信			
昌聖	觀泰	忠桂	蒲生	炔慶	德善	祖文	仁豪	峰			
							文豪				
					瑞善	水嬌	愛雄				
				增慶	丙善	永年	福安	三林			
							炳安				
							新安	林生			
								海生			
							仁安	露			
							桂安				
		忠琪	冬生	喜慶	新王	瑞年	榮功				
							榮輝				
			潤生	法慶	美聖	光年	劍生				
							明生				
				寶慶	開聖	光年	偉生				
							剛生				
						祿年					
						裕年					
昌霞	觀楊	忠珍	介卿	瑞執	開生	伴松	慶安	維新	志偉		
									志軍		
								維民	振文		
									晶文		
								維春	志明		
昌融	觀祥	希賢	福林	壁聯	潤林	樹□	慶福				
						樹森					
						樹松					
昌□	觀頌	希綫	九林	緣巷							
				開連	祥林	樹供	慶德	漢忠			
								漢永			
						樹庭	慶安				
							慶享				
會宗	附鳳	廷榜	寧黃	白駒	勉行	首青					
						首生					
				松甫	力行	星九	清源	發年	大鵬		
			盛珍	萼川	善元	金配	耀先				
						星承	錫令	金煥	保元	忠新	
									星生	五新	
						金配	晚令	水煥	夢雄	和平	
					宗元	玉配	銓令	天煥	彭勇		
							秀令	生煥	保明		
	43	44			明元	銓配	秋令	珍煥	芬生	中華	
	中華	晚松							毛毛	金明	
					霖元	銓配					

33	34	35	36	37	38	39	40	41	42	43	44
				振川	偕元	克遜					
			魯輝	達卿	選元						
					仲元	首進	貞令	開煥	冬年	海華	
										金華	
				端卿	四元	首良	復令	禮煥	棟年	念文	
										念華	
				瑞卿	初元	首云	鶴令	開煥	良年	松明	
										水明	
									龍良	艷灿	
										艷平	
				燮卿	均元	首瑞	冬令	長煥	夢南	海平	
					啟元	首年	山令	夢強			
		廷標	祥昭	德光							
				芪光	庚元	首經	發秀				
						首綸					
			政齊	細光	元□	壽康	福秀	映煥	發乾		
									全乾		
			盛盤	仕光	仁福	順芪	慶烈				
							慶政	鳳秀	春全		
				志纘	仁發	順明	武秀	德泉	正年	大鋒	
				九桂	仁美	順立	龍秀	冬煥	竹年	鵬強	
										鵬寧	

35	36	37	38	39	40	41	42	43	44	45	46
廷楨	錫章	偉卿	純熙	克步	綿令	回煥	甲年	志華			
		擴能	康元	克忠	高令	萬煥	寶年	樹新	丁興		
33	34	35				炳煥	相年	榮灿	光達	思軍	
	附鳳	廷楨			龜令	的煥	桂年	建新	彭偉		
					迴令	晰煥	杜年	祿新	彭助		
						壽煥					
			培元	敬賢	文令	倫煥	安年	共新	丁超		
									丁萍		
					武令	耀煥	昔年	福新	丁鋒		
								喜新	丁凱		
								文新	丁輝		
		志伸	灿熙	敬修	柏令	外煥	繼年	曉平	光英		
			蒻熙	敬承	頤令	特煥	富年	光華	彭祺		
									彭軍		
					年令	文煥	全年	富新	立軍		
廷榜	魯輝	達	迭元	登首	月令	天祥	德年	桂灿	光星	天亮	
						文祥	星年	加灿	光華	銀亮	
									光樹	金亮	
										彭正	
							勝年	兵灿	貴明		
									三明		
				首昆	旭令	彩煥	國年	丙榮	志明	小雄	
										國雄	
									正明	龍飛	
										強飛	
								桂榮	開明	華雄	
	45	46	47						虎明	建平	
	無灿	中明	彭鏡						曉明	先鋒	
		高明	彭康						超明	春芪	
	鏡灿	墨溪						榮灿	光德	建華	
		純茜							有明		
	明灿	瑩晰						顯煥	春年	無灿	
		嘉喜						忠煥	大年	鏡灿	
										明灿	
					開令	達煥	松年	桂芝	金華		
						承煥	忠年	之騰			
						玉煥	友年	俠芝	天華		
								冬芝	根華		
									樹華		
							明年	芝世			
								芝雄			
							財年	瑞芝			
					富令	怡煥	橋年	仁元	宏文		
									宏志		
								天元			

35	36	37	38	39	40	41	42	43	44	45	46
							發年	彭芝	光文		
									光武		
								彭岩	光國		
						美煥	豐年	文灿	灿明	彭輝	
										彭青	
									海明		
									有明	彭欲	
									東明		
							萬年	甲灿	珍明	天鵬	
									偉明		
									勇明	天祥	
							丁年	春灿	彭新		
									英明		
									小明		
							祖年	樂昌	彭雄	游緯	
									彭威		
							全年	解昌	大夫		
									晉夫		
						字煥	清年	清元			
							康年	德元			
							兵年				
						聚煥	昌年	森灿	海龍		
						煥□	福年	正高			
						源煥	恩年	正平			
						宗煥	加年	中平			
					福令	友煥	高年	彭磊			
					壽令	升煥	長年	彭奇			
						義煥	富年	功芝	恒星		
忠唐	孝信	發澄	祥芳	衍龍	頌仔	福嬌	光明				
				衍鵬	積勛	生標	建新				
	孝志	發話	祥蘭	衍麟	慶調	雄光	華南	朝暉	世名		
		發同	祥鵬	衍謨	慶湘	維獻	丙灿	支友	中華		
									少華		
								未根	兵兵		
					慶濱	維靚	樂林	秋元	光暉		
								金元	光明		
									光華		
									光弟		
								根元	麗英		
								冬元	光建		
忠庚	孝送	發襟	祥儒	衍溜	慶英	庚芪	國灿	娟			
忠國	孝相	發香	祥杰	衍禮	慶禹	維吉	新灿	春桂	德珍		
45	46				慶婉	維新	賓	啟泰	光賢	春文	
春文	修華									春仔	
					慶瑞	維新	玉娥	正泰	光珍	維明	
									小珍	朋朋	
									香珍	鑫明	
忠雍	孝熙	發新	祥盛	衍誠	慶琅	維振	東暉	楚華			
							東生	玲			
						維桂	軍生	雄			
忠琳	孝貴	發信	祥綿	衍源	員秀	伏朵	小龍				
	孝福	發仁	祥盈	衍清	水秀	新朵	水仙	小華			
								大毛	志強		
									志軍		
								報仔	黃毛		
忠海	孝富	發亭	祥思	衍五	友發	三朵	小鵬				
						四朵	小偉				
						五朵					
						冬朵					
						秋朵	小雄				
							小釗				
忠□	孝連	發吉	祥降	衍秀	龍朵	東華					
					華朵						
					中朵						
					國朵	建華					

35	36	37	38	39	40	41	42	43	44	45	46
					林朵						

37	38	39	40	41	42	43	44	45	46	47	48
世波	發乾	玉寶	文琳	家浪	元德						
(開	基祖	至33	世失	考)	元鉦	發芪	香瑞				
34	35	36	37		元錦	國芪	黃嬌	國仔	彭輝		
時傳	榮華	超先	世波						彭弟		
				家謙	元錫	長芪	桂華	發仔	彭勇		
								彭飛			
			士漢	文烈	家仁	元麟	錫芪	秋瑞	水仔	彭根	
									金仔	彭康	
										彭健	
							春芪				
						元四	雨芪	春瑞	大雄		
									大生	明金	
								冬瑞	求仔	芳利	
										國利	
						樹生	伏芪	元瑞	慶仔	彭雄	
									龍仔	彭偉	
		玉衡	文烈	家仁	元鹿	洪芪					
					元鑒	福芪	金瑞				
							祥瑞	松仔	小寶		
		玉成	文能	昌乾	元其	三芪					
					元贊	丁芪	安瑞	新仔	彭輝		
									彭弟		
								鳳仔			
								國仔			
							吉瑞	國雄			
								國桃			
								國良			
		定玉	文□	家倫	桂先						
					信生						
24	25	26	27	28	29	30	31	32	33	34	
高志	坊騰	瑤	萬霄	君昭	馬治	仕毓	霖	世質	富黨	忠云	
35	36	37	38	39	40	41	42	43	44	45	
孝葵	發漳	祥眾	衍秀	慶芳	維智	讀	之鏻	光緣	寶華	飛生	
22	23	24								翔生	
秀	友瑞	高志							冬華		
	友信		(徙	居雲	南建	水)			秋華	晉生	
	友仁	仁至							金華	國桂	
				慶鄰	維禮	調	之學	光祥	灿峰		
									灿明	棟廣	
									灿喜	英邦	
										英政	
									灿林		
				慶輝	維仁	流	之篤	光松	金明		
				慶生	維義	浪	之問	光棋	灿華	苗生	
									灿良	定閏	
21	22至	33世	34	35	36	37			灿元	小勝	
源龍	(失	考)	秀	五昌	向榮	添華				金勝	
					真榮	高華					
龍旗	1949	隨軍		龍昌	西岳						
去台	灣後	改名		許昌	專榮	慶華					
文龍					志榮						
					新榮						

萍鄉市上栗縣赤山鎮韶陂村（馬欄口）36 世君葵（春生）公支

36	37	38	39	40	41	42	43	44	45	46	47
君葵	元文	兆瑞	錦茂	日風	偵芳	政良	祥發	世榮	德千		
春生									德輝		
								世慶	德波		
						政輝	秋發	世光			
								世杰	德柳		
							福發	世東			
								世明			
								世安			
								世洪			
						政新	炳發	世清	德勇		
									德志		
						政明	德發	世中	德濤		
								世國	德羽		
				日鳳	春芳	政德	其發				
							運發				
							榮發	世恒	德科		
								世啟	德順		
					思芳	政榮	球發	世亮	德發		
		兆達	錦星	日萬	蘭芳	政忽	才發	世永	德洪	瑞昌	
									德萍	杰昌	
										建昌	
									德芳		
							魁發	世明	德強	景昌	
									德勇		
								世根	德智		
									德政		
								世冬	德富		
									德孟		
									德年		
								世仁	玲		
						政孚	友發	世萍	德春		
								世周	德慶		
								世全	德春		
							渭發	世田	德剛	昌斌	
								世清	德峰		
							如發	世萍	德輝		
								世忠	德樂		
							明發	世林	德亮		
								世金	德鑫		

31	32	33 至	36 世	37	38	39	40	41			
							壯萍				
							建萍				
							建軍	彭伍	波	鋒	潘
								智	亮	斌	洋

上栗縣赤山鎮黃田村 32 世君玉公

31	32	33 至	36 世	37	38	39	40	41			
	君玉	(失	考)	車齡	子壽	本生					
						鳳生	曉林				
							堅				
							勇				

萍鄉上栗縣赤山鎮 32 世君云公支

31	32	3 至	38 世	39	40	41	42				
	君云	(失	考)	梅忠							
				梅香							
				梅清	紹華						
					中達						
					紹國						
					紹雷						
					紹生	和桂					
						建鋒					
						建新					
						建華					
						建發					
						建輝					
						建立					
						建望	彭斌	金	坤	程	歡

上栗縣赤山鎮黃田村 29 世林云公

29 林雲－30 福明－31 文明－32 禮需－33

32	33	34	35	36	37	38	39	40	41	42	
		義烈	桂俊	和平	富林	錫浩	汝壽	仁生	建平	彭勇	
		相朝	熙永	青壽	運林	錫調			衛平	彭鋼	
		相云	桂翔	和聲	樹林	錫訓		月生	紹平	金	
		義煥	熙旦	菊壽		錫論			友平	磊	
		相彩	桂泉			錫田			根平	濤	
		義核	熙廷			錫誠				杰	
		義吉	桂桐			錫浩			戰平	思奇	
		相策	熙和					包生	芳平	峰	
		義保	桂周						俊平	志	
		相該	熙登					秋生	躍平		
									福平		
							金壽				
							梅壽				
							秋壽	田生	世華	彭雷	
										偉	
									友華		

萍鄉市上栗縣赤山鎮楓樹嶺村卅二世君云公支

(32 君云、33 至 36 世失考、37 輪長、38 廷元、連元)

38	39	40	41	42	43	44	45	46	47	48	49
廷元	尚萬										
	尚友										
	尚虎										
連元	文志	天佑	成宗	貴壽	連福	彬元	長嘉	顯國	達明	海明	
									達龍	海龍	
							長吉	顯仁	達清	清華	
									達兵	文兵	
									達金	秉濤	
								顯甫	達華	建華	
								顯順	達昌	華昌	
						彬行	長國	顯鑫	----	秉華	
								顯維	發維		
								顯雄	達初	秉鋒	

38	39	40	41	42	43	44	45	46	47	48	49
										秉劍	
										秉華	
					觀福	彬琪	長發	顯建	---	秉劍	
				春壽							
				秋壽							
				冬壽							
			成祥	新壽							
				四壽	永福	開榜					
						國榜					
						立榜	長吉				
						相榜					
	文學										
	文運										

萍鄉市上栗縣赤山鎮田月山下 35 世惟梅公支

35 惟梅 36 君 37 生 38 乾 39 聖 40 元 41 壽 42 正 43 奎 44 綱 45 官 46 日 47 月根、春榮、文成、月恒

46	47	48	49	50	51	46	47	48	49	50	51
日	月根	耀財	祖海					耀楷	祖芳	宗華	
			祖河						祖生	宗強	

46	47	48	49	50	51	46	47	48	49	50	51
		國萍	祖榮					耀明	祖華	响	
			祖富						祖東		

46	47	48	49	50	51	46	47	48	49	50	51
	春榮	殿華	建華	勇				炳生	祖明	宗亮	
			建明	波						宗劍	
			建萍	驍					祖萍	宗豪	
		殿炎	建清	冬					祖斌		
			建福					耀富	祖建		
			強萍					耀云	祖勝	宇	
	文成	春萍							祖義		
		奇萍							祖綱		
		紹春	祖安	宗良				耀華	祖江		
			祖林					祖忠	程		
		耀清	祖鳳					光生	益萍	龍華	
		良生	杰						紹萍	偉	
		耀甫							建華	林	

46	47	48	49	50	51	46	47	48	49	50	51
		耀福	祖越						根華	軍	
		耀其	波						良萍	檢華	
		健						武生	正其	堅	
		建萍							富其	亮	
		耀周	潤良	德良	冬良			耀光	清萍		
		金華						時樹	祖良	毛毛	
		文華	松						祖其	澎	
		會來					月恒	耀平			
								耀祖	祖根	均	

江西分宜縣壙下里袁嶺北十八世公支

14	15	16	17	18	19	20	21	22	23	24	25	26	27	28	29	30	31	32	33					
				和	原			玉		進		正	必	文	廷	希	茂	定	維					
				和松	原彰	伯溫	支信	玉連	元	進良	謨	正明	必途	文秀	廷標	希傣	茂蕨	定受	維修					
																	茂葛	化邦	丙炎	維吉				
											誥	正俊	必選	文昌	廷杰	希壇	茂檳	定固	維圵					
											諭	正華	遠	文萱	廷伸	希愈	茂模	定固	維鍾	維鑒	維鉛	維銀	維鈐	維雍
															廷香	希宣	茂樞	維銑						
												正任	必云	文方	廷煥	希張	茂芹	定立						
																	茂藻	定繼						
					原禮	貴海	伯淵	玉榮	祿	進凰	調	正榜	必逸	文克	廷睦	希愿	茂順	定帷						
												正仙	必運	文元	廷璠	希備	茂石	定岳						
																希飛	茂勤	定潞						
																	茂魏	定□	維東					
																		定雷	維惠	維養				
																	茂釪	定濃	維安					
															廷鴻	希甘	茂財	定永	維翰	維陵				
																	茂鮮	定杕	維壁					
																		定杭	維眾					
																希垓	茂□	定峰	維巩					
																希圭	茂橋	定□	維芳					
																	茂機	定霞	維齡					
															廷漢	希采	茂鈺	定軒	維裘					
														文拯	廷威	希禹	茂鈞	定生	維英					
															廷溶	希賈	茂司	定增	維德					
																希邑	茂楊	定烑	維塥	維鎮				
																		定旦	維森					
											浪	正作	必熹	文輝	廷樂	希義	茂懷	定任	維梘	式辰				
																	茂□	定驎	維勤					
																		定翼	維景	維麟				
												正倡	必成	文桃	廷起	希□	茂游	定概	錫斗					
				和公	原典	美倡	伯恭	玉徽	金貴	進超	讓坤	正儼	必巡	文英	廷佩	希斐	茂光	定仁	維豐					

33	34	35	36	37	38	39	40
維	錫	純	其	如	來	明	
維修	錫寬	純迪	興鄭	如富	來榮		
					來華		
				如福			
		純迹	其牟	如真	來富		
				如善			
				如美			
		純大	其志	如仁			
				如義			
				如禮			
	錫浚	純逵	其昌	如意	來幸		
					來福		
					來菁		
			其或	如昌	來桂		
			其秉	如軍	來葆		
				如耀			
				如滿			
		純明	其典	如熾			
丙炎	錫宏	純雨					
維售	錫懋	純仲	其培	如舍	來文		
					來學		

33	34	35	36	37	38	39	40
維	錫	純	其	如	來	明	
				如銀			
	錫業	純政	其誠				
		純實					
維圵	錫求	純介	其紛	如山	來騰	明暉	
					來涌	明煌	
					來涌	明煌	
					來遂	明白	
		純疇	其吟	如嶙	來遂		
				如峋	來蛟		
				如蜿			
	錫琳	純廷	其同	如鍾			
				如麟	來昆		
					來玉		
				如毓	來斌		
				如秀	來禧		
	錫琅	純廷	其問	如鶴	來园		
					來志		
			其郁	如鵬	來道		
					來遠		
				如鴻	來通		

33	34	35	36	37	38	39	40
維	錫	純	其	如	來	明	
					達來		
					來訪		
		純格	其生	如寶	來俊		
					來進		
			其卓	如珍	來軍		
			其亮	如雷	來□		
		純波	其斌	如賓	來祿		
				如友			
			其丞	如瓊	來□		
				如瑤			
				如珏			
			其麟	如嵩			
				如巍			
		純遂	其通	來瑛			
				如書	來璋		
	錫固	純艾	其休	如經			
			其佛	如孟	來智		
				如鍾	來秀		
				如叔			
				如季			

33	34	35	36	37	38	39	40
維	錫	純	其	如	來	明	
		純茀	其沖	如蜓	來遙		
					來睦		
					來巡		
			其哲	如昆	來胤		
					來瓊		
維鍾	錫尾	純煇	其縹	如元	來貴	明俊	
						明杰	
	錫泌	純諧	其廖	如耀	來芬	明朗	
39	40					明星	
明俊	德盛				來芳	明軍	
						明輝	
						明剛	
					來辰	明勇	
						明強	
維鑒	錫漣	純勉	其紋	如會			
維鉛	錫溶	純年	其□	如凰	來理		
					來成		
					來功		
維銀	錫□	純葉	其崇	如猛	來國	明道	
						明德	
					來慶	明偉	
				如名	來美		
				如副	來好		
維鈴	錫寶	純瑞	其禎	如麟			
				如道			
				如健			
			其偉	如腹	來仁		
					來義		
				如精			
				如倫			
維雍	錫□	純良	其德	如石	來訓	明仁	
						明義	
					來海	明禮	
						明智	
					來有		
					來方	明忠	
						明信	
				如永	來鼎	明大	
						明亮	
					來泰	明輝	
					來晉	明照	
					來益		
維銑	錫鳳	純懿	其清	如顏			
		純能	其組	如陵			
				如威	來其	明慎	
					來祥	明斌	
				如信	來利	明瑤	
					來思		
					來化		
		純積	其惠	如妙	來德		
	錫凰	純矜	其容	如夢	來桃		
		純義	其佐	如琳			
				如琅	來李		
維鏜	錫倫	純襲	其熊	如琪	來柱		
			其信	如騰			
			其義	如龍			
				如虎			
				如耀			
	錫臻	純登	其宗	如峰			
			其祖	如得			
				如才			
			其煌	如愿			
		純照	其鵬	如珠			
				如湖			
維棉	錫步	純暇	其誘	如崗	來寶		
維統	錫瑜	純念	其綸	如曾			
維繁	錫璋	純篤	其鳴	如寬			
維琅	錫品	純朋	其裕				

33	34	35	36	37	38	39	40
維	錫	純	其	如	來	明	
			其振	如致	來洪		
					來堅		
				如桂	來宜		
				如迎	來明		
維連	錫堯	純樂	其命	如冬			
				如珊			
			其重				
		純枝	其居	如登			
				如政			
維勝	錫尚	純恩	其擁	如聰			
維東	錫鴞	純序	其人	如國	來中		
					來衛		
				如治	來軍		
				如邦	來民		
				如安			
			其業	如朋			
				如剛			
		純秩	其法	如淵			
維惠	錫來	純生	其珍	如靈			
			其珠				
維養	錫白	純淵	其淵	如玉			
			其博				
		純驟	其良	如英			
			其師				
			其益				
			其友				
維安	錫鏡	純管	其如	如員			
			其莫	如先			
			其若	如科			
維翰	錫翼	純貴	其余	如要	來學		
			其驃	如宜	來武		
				如展			
				如遠	來精		
				如景			
			其修	如程			
				如嚴			
				如格			
維陵	錫枸	純逵	其改	如客			
	錫杼	純山	其忠	如泰			
		純川	其初	如光			
			其主				
			其笙	如箭			
維壁	錫垒	純平	其榮	如宇	來捷		
				如宙			
				如保			
				如清			
			其本	如豐			
				如衣			
維眾	錫文	純止	其生	如穎			
			其根	如眾			
維巩	錫青	純高	其龍				
			其鳳				
			其呈	如輝			
		純祇	其繼	如愛			
			其往				
			其來				
		純珱	其開				
		純琛	其海	如洪			
			如湖				
			如河				
			其江				
維芳	錫朱	純彪	其敢				
			其作				
		純云	其強				
			其促				
維齡	錫澤	純祥	其前	如江			
				如岳			
	錫操	純安	其果	如浩			

33	34	35	36	37	38	39	40
維	錫	純	其	如	來	明	
維裘	錫君	純治	其經	如學	來善		
					來立		
				如修			
	錫休	純丞	其有	如弘			
				如剛			
		純武	其財	如奮			
				如發			
			其朋	如認			
			其致	如強			
				如建			
維英	錫洁	純綉	其發	如團			
				如結			
				如友			
			其德	如誼			
			其長	如進			
				如步			
維德	錫宏	純創	其和	如高	來嵩		
				如開	來黎		
				如創			
	錫仞	純嘉	其豪	如求	來勤		
					來松		
				如前			
			其言	如博			
				如學			
		純武	其壯				
			其語	如途			
維才	錫裕	純語	其超	问軍			
			其群				
維昭	錫□	純親	其然	如行	來頂		
				如根			
				如貞			
				如秋			
		純餽	其樂	如今			
				如知			
				如擴			
				如忠			
維鎮	錫乾	純風	其勤	如勇			
				如衛			
			其慈	如平			
維森	錫志	純修	其洪	如寶			
維梘	錫勇	純湖	其仁	如誠			
			其智	如實			
			其雍				
維辰	錫忠	純琳	其琢	如恒			
			其成				
			其器				
		純珩	其緊	如竹			
			其凰	如松			
				如茂			
維勤	錫均	純斌	其國				
	錫能	純煥	其繁	如群			
			其華	如盛			
			其富				
			其貴				
維景	錫勁	純有					
		純精	其洪				
		純共	其錦				
		純湘	其英				
			其雄				
維麟	錫烈	純瑷	其松	如余			
			其柏	如多			
		錫勳	純玲	其緩			
			純珍	其象			
維概	錫斗	純集	其尊				
		純錦	其敬				
		純久					
		純清	其規				
維豐	錫福	純開	其康	如瑞	來衡		
				如端			

蘆溪縣銀河鄉天渚江村 34 世民五公支

34	35	36	37	38	39	40	41
民	安	萬	年	孟	仲	子	
民五	安七	萬禮	年飛	孟獅	仲達	子蔚	
					仲朝	子蒸	
					仲景	子升	
					仲高	子美	
					仲榮	子安	
		萬永	年品	孟盛	仲仁	子陽	
					仲禮	子超	
						子寧	
				孟良	仲義	子華	
						子福	
						子財	
						子友	
				孟新	仲利	子壽	
						子春	
				孟魏	仲興	子未	
					仲斌	子順	
					仲慧	子鑫	
				孟超	仲獻	子沅	
					仲恩	子運	
						子祥	
						子仁	
				孟燕	仲元	子禾	
					仲享	子懋	
					仲貞	子榮	
						子連	
					仲康	子明	
					仲寧	子富	
						子建	
		萬蘭	年享	孟當	仲鳴	子柄	

40	41	42	43	44	45	46	47
子	貴	宗	榮	接	紹	至	
子蔚	貴平	宗均	榮善	接梅	紹福	至江	
					紹勇		
				接平	紹超		
	貴就	宗澤	榮曉	接清	紹芳		
				接東	紹芬		
	貴修	宗潤	榮順	接芬	紹豐		
				接明	紹星		
				接蘭	紹兵		
	貴強						
子蒸	貴希	宗群	榮炎	接沅	紹華	彭博	
					國華	至斌	
				接仁	紹和	至博	
					紹平	致瑜	
			榮惠				
			榮觀				
			榮群	接方	紹濤		
				接友			
	貴全	宗忠	榮云	接年	紹波		
		宗厚	榮忠	接銘			
				接林	紹戰		
				接潤	紹齡		
				接桂	紹文		
				接院	紹軍		
					紹學		
				接美	炤成		
					紹輝		
		宗秀	榮良	接安	紹均		
				接漢	紹譽		
			榮其	接聖			
			榮亮	接全	紹冬		
		宗辰	榮和	接學	紹彰	至苗	
				接勇	紹柳		
	貴大	宗育	榮武	接明	紹林		
					紹包		
			榮成	接朋	紹包		

40	41	42	43	44	45	46	47
子	貴	宗	榮	接	紹	至	
				接翰	紹暉		
				接興	紹樊		
				接潤	紹□		
			榮菊	接鶴	紹松		
				接福	紹艷		
			榮輝	接運	紹春		
				接新	紹聰		
			榮益	接明	紹晚		
				接林	紹軍		
				接發	紹波		
			榮昌	接厚	紹芳		
		宗選	榮鼎	接金	紹衛		
				接度	紹武		
				接廉	紹蘇		
		宗景	榮文	接曉	紹俊		
				接良	紹智		
				接耀	紹洁		
				接萍	紹桃		
		宗敏	榮年				
子升	貴仁	宗年	榮立	接民			
			榮友	接科			
			榮小				
	貴恩	宗萬	榮秋	接林	紹希		
				接萍	紹清		
					紹基		
子美	貴達	宗道	榮金	接才	紹云		
					紹盛		
子安	貴相	宗望	榮泰	接昭	紹堅		
				接琳	紹建		
				接宜	紹聰		
		宗澤	榮貴	接根	紹偉		
					紹君		
				接云	紹春		
				接林	紹川		
子陽	貴興	宗楚	榮國	接偉			
			榮昌	接正			
			榮清				
	貴右						
子超	貴高	宗楚					
	貴琳	宗雄	榮學				
子寧	貴輝	宗雄					
子華	貴江	宗盛	榮浩	接清	紹峰		
				接躍	紹慶		
	貴瑞	宗述	榮祥	接冬			
				接昌			
	貴春	宗彬	榮金	接華	紹鵬		
			榮海	接海			
				接其			
			榮高	接紅			
				接才			
	貴秋	宗梅	榮海	接軍			
				接其			
	貴順	宗立	榮義	接敏			
	貴友	宗誠	榮耀	接生	紹來		
				接發			
				接炎	紹春		
				接義	紹維		
			榮林	接有	紹亮		
				接仁			
				接輝	紹民		
				接財			
				接	紹金		
					紹萍		
		宗達	榮甫	接金			
				接春	惠琪		
				接良	惠敏		
				接海			

40	41	42	43	44	45	46	47
子	貴	宗	榮	接	紹	至	
子福	貴連	宗福	榮光	接江			
			榮運	接國			
			榮堯	接群			
				接勇			
		宗建	榮萍	接采			
		宗文	榮化	接			
		宗元	榮富	接海	紹林		
					紹均		
				接來	紹超		
				接署			
		宗有					
	貴祥	宗明					
子財	貴盛	宗云	榮才				
		宗華	榮開				
			榮群	接來			
			榮滿				
		宗紹	榮福				
	貴裕	宗得	榮元				
		宗堅	榮連	接倫			
子友	貴文	宗萍					
	貴參	宗鳳	榮壽				
子壽	貴開	宗球	榮泉	接祥	紹聰		
				接元	紹娟		
	貴廣	宗昌	榮英				
	貴來	宗根	榮福	接文	紹寶		
					紹佳		
				接壽			
			榮江				
			榮煥	接開			
				接義			
			榮相	接后			
	貴榮	宗林					
		宗啟					
	貴福	宗全	榮連				
			榮廷				
			榮生	接伏			
子春	貴科	宗恩	榮桃	接亮			
		宗朝	榮冬				
			榮吉	接波			
				接懷			
			榮章				
			榮清	接周			
				接棋			
	貴祿	宗左					
		宗笙	榮發	接升			
			榮亮	接欽			
			榮科				
			榮垣				
	貴崇	崇良	榮根	接暉	紹華		
					紹萍		
					紹軍		
				接珍	紹春		
	貴顯	宗桂	榮連	接前			
		宗谷	榮初	接斌			
			榮盛	接益			
	貴斌	宗申	榮邦	接耀	紹芳		
				接忠	紹芬		
			榮炳	接平	紹峰		
				接軍	紹瑜		
		宗徠	榮梅	接光	紹群		
					紹富		
				接邦	紹誠		
				接南			
	貴洪	宗銘	榮招				
子未	貴蘭	宗鋼	榮封				
		宗堯	榮定				
子順	貴從	宗秋	榮定	接瑜			

40	41	42	43	44	45	46	47
子	貴	宗	榮	接	紹	至	
		宗科	榮安				
子鑫	貴從			接			
子沅	貴義	宗后	榮南	接廬			
			榮球				
		宗品	榮忠				
			榮冬				
			榮文				
		宗愛	榮均				
			榮斌				
子運	貴五						
子祥	貴泰	宗教	榮端				
子仁	貴三	宗禮	榮賢	接誠			
	貴行	宗根	榮田				
			榮平				
		宗佑	榮惠	接影			
			榮良				
			榮洪				
	貴和	宗來					
		宗春	榮河	詩茹			
			榮長				
		宗順	榮鳳				
子禾	貴紹	宗南	榮鋒				
子懋	貴元	宗繁					
		宗維	榮典	接瑜			
				接宏			
				接濤			
			榮吉	接龍			

40	41	42	43	44	45	46	47
子	貴	宗	榮	接	紹	至	
		宗緒					
		宗純	榮菊	接頻			
		宗洁					
		宗紓					
	貴棌	宗廷					
		宗盟					
		宗繩	榮年				
	貴山	宗全	榮球	接君			
		宗安					
		宗泰					
		宗平	榮鈴	接江			
			榮太	接揮			
子榮	貴茂	宗富	榮洁				
子連	貴華	宗才	榮海	接和	紹亮		
				接建			
				接耀	紹勇		
					紹鵬		
				接國			
				接錫	紹君		
				接友			
				接秋			
			榮壽	接慈			
				接晚			
		宗貴	榮江	接馮			
			榮吉	接鳳			
			榮本	接號			
			榮彪	接歡			

40	41	42	43	44	45	46	47
子	貴	宗	榮	接	紹	至	
	貴鳳	宗滿	榮明				
	貴九	宗瑞	榮河	接紹			
				接奇			
				接偉			
			榮富	接桂			
			榮池	接為			
			榮忠				
			榮晚	接善			
子明	貴金	宗國	榮財	接化			
			榮晚	接亮			
			榮堅	接明			
		宗忠	榮曉				
子富	貴民	宗凱	榮君				
		宗惠					
		宗員	榮彬				
子建	貴光	宗節					
		宗芳					
		宗雪					
子柄	貴喜	宗來	榮照				
			榮建				
		宗德	榮禮				
		宗榮	榮愛				
			榮前				
			榮后				
		宗連	榮萍				

萬載許溪始遷萍鄉宣風鎮嶺下里 12 世元祥公

12	1	14	15	16	17	18	19
元祥	宏廣	開貴	立寶	春邦	夏喜	秋萬	
19	20	21	22	23	24	25	
冬梅	光彩	裕霖	美大	厚貴	坤豐	吉殿	
26	27	28	29	30	31	32	
魁元	存瑚	管齡	延仁	長禮	運猶	國璋	
33	34	35	36	37	38	39	
大儒	民半	安彩	萬蛟	年衛	孟華	仲羨	

40	41	42	43	44	45	46	47
子	貴	宗	榮	接	紹		
子昭	貴聖	宗祥	榮森	接聖	紹建		
					紹成		
				接水	紹清		
				接火			
		宗初	榮森				
		宗厚					
	貴聞	宗東	榮招	接根			
				接斌			
				接文			
				接忠			
		宗定	榮招				
	貴陞	宗前	榮植	接發			
	貴灿	宗定	榮招				
	貴暉	宗瑞	榮受	接華	紹毅		
子顯	貴蘭	宗法	榮福	接划	紹火		
	貴營	宗慶	榮兵	接耀			
			榮水	接鋒			
子麟	貴騰	宗木					
	貴明	宗余	榮長	接貴	紹浪		
				接根	紹利		
	貴訓	宗余	榮長				
	貴魁	宗壽	榮有	接仁	紹平		
				接攔	紹忠		
	貴禾	宗炳	榮添				
	貴公	宗炳	榮添				
子龍	貴芳	宗高	榮林	接春	紹芬		
				接和	紹明		
				接冬	紹亮		
				接愛	紹金		

40	41	42	43	44	45	46	47
子	貴	宗	榮	接	紹		
				接賓	紹濤		
	貴松	宗鑫	榮發	接海			
				接坤			
			榮財	接云			
	貴鴻	宗炎	榮春				
		宗友	榮連				
		宗□					
		宗休	榮群	接薪			
			榮全	接海			
			榮高	接榮	婷		
			榮頂				
	貴煌	宗世	榮鵬	接哨			
			榮勃	接城			
			榮翔	接鳴			

萬載林場子嗣

		36	37	38	39	40	41
萬載	林場	萬定	年高	孟綏	仲復	子寶	
萬載	許溪	萬一	年啟	孟冬	仲灰	子貴	
					仲先	子興	
					仲緒	子輿	
		萬定	年高	孟級	仲選	子意	
宜春		萬蘭	年景	孟渠	仲卒	子威	
官洲	上	萬禮	年漢	孟蓮	仲明	子繼	
白沙	布			孟季	仲球	子珍	

40	41	42	43	44	45	46	47
子	貴	宗	榮	接	紹		
子寶	貴軒	宗顯	榮美				
		宗石					
		宗包	榮波				
			榮陶				
		宗林					
子貴	貴濤	宗琳	榮廣				
			榮珍				
			榮慶	接春	紹庚		
				接福			

40	41	42	43	44	45	46	47
子	貴	宗	榮	接	紹		
	貴清	宗信					
	貴溼	宗親					
	貴澄	宗義	榮均				
子興	貴海	宗伏	榮田				
小輿	貴溪	宗歐	榮照				
子意	貴發	宗庚	榮富				
		宗光	榮國				
			榮柏				
			榮輝				
子威	貴全	宗壽	麗紅				
		宗發	榮根				
			榮桂				
	貴佐	宗水					
	貴保	宗堅					
	宗椿	宗道					
	貴民	宗庚					
	貴喜	宗先					
子繼	貴林	宗保					
		宗裕					
		宗山	榮忠	接發	紹平	杰	
					紹輝	柳	
					紹文	海	
					紹鳳		
				接茂	紹華	先	
					紹偉	維	
				接亮	紹賓		
				接生	紹勇		
					紹波		
				接貴	紹華		
					紹明		
		宗云					
		宗汶	榮清	接福	紹新		
	貴福	宗開	榮開	接財	紹細		
				接明	紹博		
					紹光		
		宗成	榮茂	接財	紹萍	宗	
					紹平		
		宗昭	榮昌	接泉	紹峰		

40	41	42	43	44	45	46	47
子	貴	宗	榮	接	紹		
				接斌	紹超		
					紹群		
				接新			
			榮興	接雷	紹義		
				接壽			
			榮譜				
	貴財	宗冬	榮生	接建	聯		
			榮耀				
			榮安	接忠	紹斌		
				接根	紹川		
		宗賢	榮旺				
	貴祿	宗冬	榮啟	接長			
				接良	紹柳		
				接廷	紹江		
				接春	紹明		
					紹亮		
		宗泉	榮寬	接文	紹才	蓉	
					紹福	濤	

40	41	42	43	44	45	46	47
子	貴	宗	榮	接	紹		
					紹東	許	
				接平	紹劍		
				接民	紹俊		
					紹周		
		宗連	榮鑫	接林	紹球		
					紹堅		
				接輝			
				接年			
			榮火	接紹	紅池		
				接軍			
		宗和	榮盛	接沅	紹剛		
				接傳	紹為		
				接志			
			榮發	接忠			
				接方	紹芳		
				接新			
				接廷			
			榮明	接彬	紹廷		

40	41	42	43	44	45	46	47
子	貴	宗	榮	接	紹		
				接周	紹鶴		
				接安	紹萍		
		宗田	榮祥	接紹	紹軍		
				接奇	紹純		
				接恩	紹健		
					紹崇		
				接冬	紹裕		
				接票			
	貴生	宗賢	榮旺	接華			
子珍	貴旺	宗珍	榮平	接聖			
				接根			
			榮安	接明			
			榮發	接根			
			榮德	接福			
				接義			
		宗仁	榮古	接維	義		
				接漢			
				接堅			

贛縣田村鎮坳溪 30 世欽斗公支

31	32	33	34	35	36	37	38
盛	年	然	大	人	文	應	
積盛	璋年	義然	寧大	大璉	文柱	應發	
						應彩	
						應隆	
					文榜	應才	
				大享	文橋	應旺	
					文檜	應順	
		卓然	宋大	人琢	文梅	應烘	
	球年	上念	宏大	大銓	文峰	應洪	
			官大	人鏜	文芳	應兵	
					文菲	應芳	
				人銘	文芸	應倉	
			宅大	人鋒	文英	應富	
					文庄	應林	
					文葱	應槐	
					文蕪	應棫	
		上葱	寵大	人錫	文洪	應柱	
		上志	容大	人釗	文瑤	應棟	
				人鑣	文景	應部	
				人錢	文容	應和	
	舜年	上仁	遇文				
			遇昌				
			遇祥				
		上彩	正大				
			宗大				
			洪大	人祥			
			戰大				
			光大	人杰			
				人儀			
				人禮			
				人信			
				人祥			
				人棟			
				人亮			
				人福			
				人祿			
				人壽	文忠	應林	
						應龍	
			明大	人連			
			才大	人楷			
			元大				
		上林					
		上清	集大	人椿			
				人開			
				人蘭	文振	應禎	
						麟運	
			福大				
			祿大	井枯			

31	32	33	34	35	36	37	38
盛	年	然	大	人	文	應	
				人智			
	書年	上慶	魁大	人聖	文彬	應恬	
						應歡	
	祖年	上宰	春榮	錫盛	文莫	應生	

37	38	39	40	41	42	43	44
應	運	生	宏	開	景	宗	
應發	□運	生福	宏浪	開浪	學良		
應彩	衛運	生棣	宏順	開達			
				開吉			
	循運	生崇	宏昊	蘭英	景曉		
					景偉		
應隆	街運	生彬	宏吞	開桃	景福		
				開提	景廣		
				開棟	景享		
應才	從運	生松	宏成	開萬	景華		
					景恩		
					景飛		
		生柏	宏榮	開經	景惠		
			宏華	開潤	景意		
					景志		
					景宗	崇光	
					景惠		
				開河	景芳		
		生根	宏皓	開蘭	景明	宗譜	
						宗青	
					景連		
		生椿	宏庚	開萬	景恩		
應旺	微運	生程	橋生	開寶	同玉		
			宏猷	開坤	同池	宗林	
			宏鳳	開寶	同玉		
	彷運	生科	宏鳳	開綸	同明		
					同榮		
				開坤	同池	宗林	
				開寶	同玉		
				開壽	同旺		
應順	徊運	生稱	宏瑤	開貴	同萬		
應祜	裕運	生寶	宏貴	開良	景發		
					景富		
				開善	景炳		
				開欽	景生		
				開儉	廣明		
		生漢	宏貴	開善	景炳		
應烘	博運	生花	宏延	開皇	景東		
					景岷		
	高運	生麟	逵泉	開源	景發		

37	38	39	40	41	42	43	44
應	運	生	宏	開	景	宗	
	明運	生祥	宏奎	開源	景發		
	久運	生葵	宏達	開標	景光		
應洪	暹運	生成	宏吉	開福	景富		
					景貴		
					景華		
			宏昌	開儀	景華		
					景輝		
				開皇	景林		
				開□	同堂		
				開標	同明		
				開洗	同文		
應兵	嘉運	生權	宏□	開仁	景橋		
					景山		
		生棟	宏祥	開麟	景發	宗勇	
					景祥	宗保	
						宗平	
					景蘭		
					景貴		
			宏福	開瑞	同灿		
			宏祿	開麒	同輝		
			宏禎	開珍	同彬		
					地林		
應芳	奇運	生桃	宏祈	開進	春萌		
			宏祚	開運	景昌		
			宏禧	開道	景德		
					景芳		
應倉	鴻運	生珠	宏輝	開科	景順	宗榮	
						宗發	
						福東	
					景德	宗生	
						宗平	
					景茂	宗顯	
	□運	生璉	宏炳	開春	同祥	宗保	
				開泰	同忠	宗福	
		生湖	宏美	開廉	同財	宗光	
					春華	長森	
	潘運	生浪	宏橋	開基	同榮		
		生平	石橋	開茂	同清		
		生琳	宏斗	開盛	同華		
應富	蘭運	生其	宏伐	開基			
			宏俱	開泰	景升		
				開發			
	菊運	生鳳	宏僖	開鴻	景揚	宗鑫	
					景明		
				開浩	景駟		
					景海		

43	44
宗榮	有東
	有升

37	38	39	40	41	42	43	44
應	運	生	宏	開	景	宗	
				開晨	霖		
應林	祈福	生澤	宏順	開發			
應槐	祥運	生賓	宏任	開銀	同洲		
				開昌			
應棫	芳運	生質	宏伯	開芳	同盟		
					同亮		
				開禮	祥光		
					祥惠		
				開躍	建華		
		生賢	宏准	開明	景星	宗平	
						宗田	
			宏信	開華	彭飛		
					彭躍		
			宏佳	開軍	久發		
	祠運	生唐	宏倫	開發	景亮		
				開祥	景光		
	提運	生貢	宏才	開光	景飛	宗平	
		生員	宏躍	開亮	尚志	宗洋	
					尚忠	宗海	
			宏桂	開旺	景美		
				開興	景霖		

37	38	39	40	41	42	43	44
應	運	生	宏	開	景	宗	
				開熙	祥偉		
			宏估	開源	水石		
				開濤			
				開鋧			
應柱	華運	生祥	宏富	開基	景標	宗啟	
					景春	宗文	
					景珍	宗武	
				開莘	景福		
					景壽		
				開瑞	景山		
					景良		
					景林		
				開發	景明		
				開模	景偉		
				開盛	景清		
		生財	宏汶	開未	景茂	宗發	
						宗達	
			宏山	開萬			
				開金			
		生烏	宏明	開森			
應棟	貴運	生瑞	宏鈞	開禎	同明	貴生	

37	38	39	40	41	42	43	44
應	運	生	宏	開	景	宗	
			宏錦	開福	景來		
				開禎	景森	宗芳	
					林發		
			宏欽	開佐	景德		
				開佑	芳華		
				開橋	同忠		
				開德	彭軍		
應部	鑣運	生浪	宏亮	開順	景昌		
					景庚	宗力	
				開富	景春	宗銘	
						宗羊	
					景眾	宗山	
應和	昌運	生發	宏寶	開連			
		生富	宏泰	開連	同	宗明	
						宗亮	
				開輝	景華	宗堂	
			宏煥	開蘭	羅生	宗鴻	
					景飛		
		生興	宏武	開蘭			

江西贛縣田村鎮坳溪 33 **嗣元公支**

32	33	34	35	36	37	38	39	40	41	42	43	44	45
	嗣元	汾											
		躍	祖年										
			延年	銓	澄	祠公	煜	宗鏡	百富	汝廉	仲宗	祁公	珍公
			安公	循英	元禎	化公	復善	應綸	宗舜	奇彩	裔公	卓文	夾清
			茲	鋭	營	鑒	絨						
							生賓	承顯	先榛	宏連	開波	麗明	
											開泉	王發	
								承頂	先調	檢生			

附　　　註

一. 表列延年公兄弟、子嗣、世系錯誤.

二. 經考證延年公為構雲公第 18 世,血緣為:
構雲－滋－侗－輔－玕－彥昭－師奭－德顯－壽－嗣元－次(仕載宣義)－顯－昌－期－忠義－偉－躍－延年

三. 兄弟為: 祖年(舜典)、延年(舜章、震峰)、椿年(舜仁)

四. 延年公六子: 銓、鎡、鋭、鉞、　、鑑

江西贛縣田村鎮富竹村下龍 32 世**舜年公支**

32	33	34	35	36	37	38	39
舜年	上仁	遇文					
		遇昌					
		遇祥					
	上彩	正大					
		宗大					
		洪大	人祥				
		戰大					
		光大	人杰				
			人儀				
			人信				
			人祥				
			人棟				
			人亮				

32	33	34	35	36	37	38	39
			人福				
			人祿				
			人壽	文忠	應林		
					應龍	寶珠	
		明大	人連				
		才大	人楷				
		元大					
	上林						
	上清	集大	人椿				
			人開				
			人蘭	文振	應禎		
					應遠		
				文興	應祥	開運	

32	33	34	35	36	37	38	39
					應何	麟運	
		福大					
		祿大	井枯				
			人智				
38	39	40	41	42			
麟運	生春						
	生泰	宏先	開華				
			開標				
	生奉	宏瑞					
		宏昌	開洋	景烽			
			開林	景輝			

江西贛縣田村鎮夏都村 35 世**坤佳公支**

35	36	37	38				
坤佳	正禮	名山	愈元				
			愈魁				

38	39	40	41	42	43	44	45
愈元							
愈魁	昌琪	盛瀾					
		戰淆					
		戰漢					
	昌珍						
	昌珠	盛淵	紹湖				
			紹相				
		盛源	紹福				
			紹相				
		盛江	紹林				
			紹榜				
		盛混	紹標	述作			

38	39	40	41	42	43	44	45
			紹楨	述傳			
				述位			
				述俱	興綸	宗鴻	
					光倫	宗鶴	
						宗鵠	

43	44	45	46	47	48	49	50
興綸	宗鴻	倫凰	忠褚				
			忠裕				
		倫佩	忠禮	厚麒			
				厚麟			
			忠祈				
			忠□				
			忠杞	堂桂	彭輝	輝明	
					彭剛		
				堂松	彭偉		

43	44	45	46	47	48	49	50
				德如			
				彭勇	彭超		
				彭明			
			忠福	堂彬			
				堂椿	修清		
				堂棕			
				堂林			
	宗鶴	倫鳳	忠祥				
	宗鵠	倫鳳	忠祿	厚源			
				厚流			
				堂清	正平	明炬	
					余生		
					遂生		
		倫夙	忠祚				

萬載縣茭湖鄉茭湖村上保村民組 32 世書年公支

32	33	34	35	36	37	38	39
書年	上慶	魁大	人聖	文彬	應恬	福運	
						和運	
					應歡	吉運	
						星運	
38	39	40	41	42	43	44	
福運							
和運							
吉運	生璉	天興	錫照	汝猛			
				汝蘭			

32	33	34	35	36	37	38	39
			錫雄	汝程			
				汝耀			
			錫泉				
			錫長	汝桂			
				汝芳			
			錫年				
			錫增				
星運	生珍	天能	錫泉	汝浪			
		天興					

32	33	34	35	36	37	38	39
	生璉						
	生珠	天益	錫紅	汝高			
				汝騰			
			錫日	汝前			
				汝光			
			錫充				
			錫萬				

萬載縣黃茅鎮荷樹村坐樹組 32 世祖年公支

21	22	23	24	25	26	27	28	29	30	31	32	33	34	35	36	37	38	39	40	41	42	43	44	45
											祖年	上宰	春榮	錫盛	文莫	應生	財運	生昌	天炳	錫芳	枚昆			
																		生龍						
																	□運	生昌	天喜	錫平				

江西萍東泉江堰西沖 33 世上岐公支

32	33	34	35	36	37	38	39
	上岐	啟清	恢宏	帝先	仿松	仁惠	
39	40						
元吉	道亨	琪亨					
元端	瑜亨						
元魁	瑞亨						

40	41	42	43	44	45	46	47
道亨	紹忠	順臣	金榮	開隆	鳳生	顯江	
						顯泉	
			金魁				
			金品	開桃	玉萍	顯勇	
					庚萍	顯浩	
				漢民	志國	顯姬	
				安民			
			金聲	開森	榮華	顯義	
						顯勇	
				端華			
			金奕	開定	互生	顯波	
						顯海	
					助生	顯洋	
						顯根	
					維忠	文祥	
				開亮	建輝	顯強	
					桂輝		
					文輝	顯婷	
					泉輝	顯建	
					增輝		
			金環	衛國	永華		
					楊華		
			金鎰				
			金芬	德國	裕中		
		義臣	金典	開桂	茂聖	顯萍	
					茂旺	建新	
						建強	
			金伴	開福	啟明	煥文	

40	41	42	43	44	45	46	47
					啟芳	堅勇	
			金秋				
			金漢	開洪	建模	顯磊	
					建忠	顯劍	
					建群		
		祥臣	金虞	開輝	新康	顯優	
					志林		
			金潤	開發	福志	進萍	
		賢臣	金啟				
			金慰				
			瑞清	長發	紫林		
					根林		
			金利	新國	衛林		
					坤林		
			金春	定國	勇峰		
					志富		
				隆輝	彭珉		
				文斌	曉敏		
			傳臣				
琪亨	顯臣	廬臣	金銓	根元	昌華		
					繼華		
				互助			
		錫臣					
		新臣					
瑜臣	鼎忠	宗臣	金香	水生	裕民	顯康	
					裕華	顯杰	
				正生	新民	彭艷	
					志民		
				南生	華萍		
		九臣					
	慶忠						
	永忠						
	德忠						
	魏忠	堯臣	金滿				
		斌臣	金保	樹華	裕敏		

40	41	42	43	44	45	46	47
					裕亮		
				炳華	裕軍		
				林華	裕良		
				园華			
		愛臣	金良	春明			
				建明			
		鵬臣	金球	毅敏	裕中		
					裕東		
				衛民	朝暉	志成	
					永暉		
				澤華	福萍		
				仲華	佑洪		
			金璋	建華	勇輝		
				崇華	裕剛		
			金□	根華	江峰		
					江勇		
				清華	裕進		
				光華	裕興		
				幼華	思寧		
瑞享	朝忠						
	發忠	清臣					
		怡臣					
		杰臣	金樹	紹南	光前		
				富南	裕輝		
					裕江		
	柔忠	俊臣	金印	愛華	志剛	顯穎	
					建南	裕斌	
						裕正	
						裕勇	
					忠南	裕苒	
			金增	曉南	裕嬌		

宜春市慈化鎮武東村鎮水壙正年公支

33	34	35	36	37	38	39	40	41	42	43	44
上	大	人	文	應	運	生	天	錫			
上監	聞大	人宗	文仕	應寬	芪運	生孟	天財	錫富			
								錫發			
							天亮	錫友			
								錫敏			
						生裕					
						生發	天珍	錫來	汝根		
								錫文			
			文高	應統	廉運	生林					
			文賢	應院	祥運	生榮					
						生華					
						生則					
						生貴					

33	34	35	36	37	38	39	40	41	42	43	44
上	大	人	文	應	運	生	天	錫			
			文重	應鴿	才運	生興	天輝	錫波			
								錫濤			
							天平				
			文烈	應達	錦運	生萬	天兵	錫導			
							天文				
							天波				
			文喜	應春	有運	生朝	天柏				
						生亮	天奎				
							天明	錫浩			
								錫偉			
						生福	天光				
							天強				

33	34	35	36	37	38	39	40	41	42	43	44
上	大	人	文	應	運	生	天	錫			
			文辛	應高	喜運	生	天海	錫漢	汝福		
									汝兵		
								錫林			
								錫根			
								錫森			
							天斌	錫普			
								錫生			
								錫平			
							天財	錫文			
								錫發			
							天良	錫檢			

33	34	35	36	37	38	39	40	41	42	43	44
上	大	人	文	應	運	生	天	錫			
上貢	南大	人鍾	文林	應滿	春運	生湖	天芪	錫源			
								錫君			
							天壽	錫平			
							天盛				
						生海	天福				
							天星	錫民			
							天高	錫聰			
							天照				
	位大	人質	文亮	應賦	彬運	生華	天興				

萬載后街22世東海公支

31	32	33	34	35	36	37	38	39	40	41	42
開	堂	汝	壽	維	祺	綏	芝	以	福		
開亭	九堂	汝歷	壽松	維紹	祺祿						
				維鳳							
				維其							
			壽信	維毓	祺榮						
				維滿							
				維三	祺宜	綏家					
						綏詩					
				維洪	祺華						
			壽言	維成							
		汝楫	壽清	維嗣							
			壽元	維齒	祺福						
		汝直	壽康	維良							
			壽爵	維歡	祺上	綏青					
				維安	祺遠						
			壽逢	維道	祺開	綏族					
				維馨	祺芬	綏和	芝安	以忻			
							芝國	以婷			
				維清	祺松	綏泰	芝西				
				維慶							
				維德	祺躍	綏富	芝明	以隆			
							芝勇				
						綏發					
			壽泰								
			壽華	維敷	祺永	綏詩	芝洪				
	莘甫	汝輸	壽崗	維□	祺志						
				維疇	祺言	綏猷	芝光	以興	福昭		
							芝宗	以旺	福星		
									福錦		
								以繁	福高		
									福銹		
		汝旭	壽澤	維申	祺修						
			壽民	維坤	祺吉	綏盛	芝結				
							芝肩				
							芝求				
		汝廣	壽興	維友	祺琢	綏聖	芝躍	以榮	福發		
							芝祖				
							芝騰	以鵬			
							芝達				
		汝坦	壽南	維漢	祺學						
					祺玉						
					祺奎	綏紅	芝城				

31	32	33	34	35	36	37	38	39	40	41	42
開	堂	汝	壽	維	祺	綏	芝	以	福		
						綏乾	芝實				
					祺觀						
					祺先						
	汝容	壽照	維慶	祺龍	綏國						
					綏民	芝團	以重				
						芝井					
						芝其					
	汝賀	壽峰	維春	祺膏							
			維仁	祺聰							
			壽民	維滋	祺發	綏上					
					祺義						
		汝淇	壽輝	維益							
			壽泉	維喜	祺明	綏萬					
					祺尚						
					祺灿						
					祺友	綏網	芝輝	以盛			
							芝齊	以康			
					祺高	綏志	芝助				
							芝進				
							芝辰				
				維善	祺煥						
				維邦	祺秘						
					祺佳						
			壽春	維宣	祺盛	綏強	芝煌	以昌			
					祺恩	綏隆					
			壽山	維擇	祺安	綏長					
						綏遠	芝精				
							芝互				
							芝發				
		汝云	壽年	維吉	祺稼						
	英山	汝叔	壽祚	維芝	祺光						
			壽平								
			壽運								
			壽高	維中	祺華						
			壽文								
			壽學								
			壽永								
			壽臻								

萍鄉市東源鄉竺塘村定可公支

19	20	21	22	23	24	25	26	27	28	29	30	31	32	33	34	35	36	37	38	39				
			定	宗	彥	從	孟	昌	聖	持	襲	惟	世	開	采	祖	兼	佳						
			定可	宗遠	彥澄	從傳	孔瓊	昌楣	聖鳳	持簡	襲附	惟忍	世臣	開瑩	采軾	祖武	兼高	佳同	芳遠	繼遠	繼遠	徙湖	南茶	陵
						孔楨	孟珊	昌柄	聖韜	持操	襲琳	惟涇	世佯	開泰	采鯨	祖虔				(	芳遠	為八	甲宗	派)
															采鯇	祖齡	兼玟	佳騏、佳驥、佳陶、佳余、佳驊、佳騮						
																	兼賓	佳駒、佳來、佳肅、佳霜、佳癸、佳驤						
															采□	祖得	兼琨	佳驪、佳章						
											襲郁	惟淪	世署	開來	采熬	祖滿	兼君	佳旁						
															采魴	祖利	兼玲	佳是、佳馭						
																祖貞	兼瓏	佳駝、佳我						
															采鯖	祖述	兼登	佳□、佳皇						

19	20	21	22	23	24	25	26	27	28	29	30	31	32	33	34	35	36	37	38	39				
			定	宗	彥	從	孟	昌	聖	持	襲	惟	世	開	采	祖	兼	佳						
																	兼介	佳奚、佳全						
																	兼倉	佳兆、佳戌、佳□、、佳□						
																	兼總	佳馱、佳覃						
												惟海	世英	開升	采鰷	祖寬	兼□	仕驪						
																	兼錄	佳□						
										持節	襲恕	惟松												
												維綱												

24	25	26	27	28	29	30	31	32	33	34	35
彥	從	孟	昌	聖	持	襲	惟	世	開	采	
彥澄	孔程	孟鐸	昌枝	勝廣	持婺	襲由					
				勝璽	持征	襲騫	惟尊	世麒			
								世麟			
						襲邹	惟方	世□	開陽		
									開桂	采草	
										采蘩	
										采荇	
								世中	開銑	采有	
									開韓	采蕙	
										采芷	
									開基		
								世謨	開召		
							惟美	世□	開炳		
									開燭		
									開灿		
								世汝			
						襲曾					
						襲思					
					持孜	襲滌	惟詔	世純			
							惟誥				
						襲壽					
						襲爵	惟桃	世袍	開序	采芹	
										采藻	
									開學	采芙	
										采蓉	
										采蓮	
										采荷	
							惟顯	世里			
								世助			
								世姐	開庠	采庠	
								世祜			
							惟耀	世佑			
								世衿			
					持敦	襲覆	惟恢				
						襲員	惟通	世洪	開婉	采菁	
										采我	
							惟達	世愿			
						襲檣	惟從				
							惟祚				
			昌檜	勝儒	持頤						
					持豐	襲□					
				勝隆	持頂	襲淙					
					持枚						
				勝郁	持桃	襲熊	惟計	世良			
							惟侔	世海	開霞		
	孔菱	孟銓	昌矩								
			昌夷	勝遠	持浩	襲栾					
						襲縱	惟首				
							惟語	世宗			
								世廉			
							惟贊				
					持臨						
					持觀	襲鳴					
						襲尼	惟詳				
						襲意					
			昌卷								
			昌袁								
			昌榕								

34	35	36	37	38	39	40	41	42	43	44	45
采	祖	兼	佳	廷	士	舒	初	元	亨	利	
采草	祖典	兼霧	佳侶	廷邪	士綰	舒芫					
					士介	舒茂	初柏	來元	亨冬		
					士綏	舒艾					
						舒芸					
						舒茹					
					士級	舒光					
					士綠						
		兼麗	佳値								
			佳博								
		兼儒									
		兼君	佳卒								
			佳桃	廷麟	士緩						
					士綸	舒芬					
					士完	舒芥	初蘭				
				廷海	士紋	舒苔	初福	會元			
								通元	亨根	利波	
									亨田	利明	
									亨關		
			佳安	廷邦	士求	舒苹	初久	香元			
	祖較	兼奴									
		兼冬									
采蘩	祖模	兼陳	佳偏	廷邸							
				廷山							
				廷元							
				廷包							
				廷邴							
				廷邦							
				廷合	士紛						
			佳育	廷善	士紱						
				廷明	士緝						
					士綫						
					士紲						
				廷句	士紿						
				廷安	士綿	舒仁	初振	松元	亨舉	利宜	
				廷茶							
				廷后	士綽						
					士緄						
			佳俯	廷邾							
		兼翁	佳佗	廷弄							
				廷句							
				廷周							
			佳占	廷□	士紓	舒荀					
						舒合					
						舒荏					
						舒莆					
						舒朝	初浩				
						舒清					
			佳賀	廷若							
		兼龜	佳傴	廷成	士織						
				廷郊	士戊						
					廷亥	士紜	舒萌				
						士絞					
			佳俊	廷叩							
				廷帝	士紹						
					士綺						
					士繒						
					士梓	舒紫	初茂				

34	35	36	37	38	39	40	41	42	43	44	45
采	祖	兼	佳	廷	士	舒	初	元	亨	利	
				廷邮							
				廷宜	士貳	舒鱗	初蓄	利元			
					士會	舒莛	初彬	---	亨曉		
				廷分	士緹						
					士高						
					士給	舒因					
		槺屯	佳僻	廷庯	士紳						
				廷臣							
				廷郭							
				廷郯	士統						
					士緞						
					士米						
					士絡	舒茈	初如	炮元			
					士縷						
			佳良	廷居	士采						
					士繼	舒華	初富	振元	亨俊	利春	
	44	45								利林	
	利春	貞廷					初起	珊元			
								柏元	亨佑	利良	
				廷里	士玄						
				廷虎	士綻						
				廷秤							
			佳放								
			佳京								
采荇	祖馴	兼出	佳台	廷邮							
				廷采							
				廷郅	士令						
				廷邱							
				廷禹	士緋						
					士志						
					士繕						
			佳集								
			佳□								
			佳儐	廷部							
				廷都							
		兼霆	佳搘								
采有	祖年	兼采									
		兼站	佳叔								
			佳僖								
			佳箱								
采蕙											
采芷	祖壄	兼背	佳祿	廷眉							
			佳侈								
采芹	祖膏	兼霍	佳僭								
			佳票	廷郛							
			佳帝								
		兼合	佳億								
			佳備								
		兼誎	佳吾	廷隣	士定						
	祖升										
采藻	祖容	兼云	佳修								
			佳俸	廷祁	士冬	舒校					
		兼弘									
		兼雯									
		兼圢	佳僑	廷鄭	士緩	舒報	初湘	天元	亨軍		
									亨勇		
								壽元	亨海		
								啟元	亨濤		
								支元			
				廷郝	士糜	舒榜	初肇	軍元	亨志		
									亨海		
									亨波		
				廷郗							
		兼□									
		兼習									
	祖方	兼霏	佳偶								
			佳幸								
			佳宛								

34	35	36	37	38	39	40	41	42	43	44	45
采	祖	兼	佳	廷	士	舒	初	元	亨	利	
			佳見								
		兼沾	佳冥	廷泰	士練	舒果	初高				
							初建				
					士巽	舒規					
						舒村					
			佳赤	廷邵	士繹	舒根	初森	秋元			
					士纓						
					士楓						
				廷郊	士群	舒枝					
				廷邯	士雅	舒楠	初有				
							初根				
							初仕				
							初木				
				廷鄱	士元	舒椿	初益				
							初明				
							初建				
						舒楠	初安				
				廷襄	士均						
					士杰						
					士清						
				廷鄒							
				廷鄢	士席						
					士庚	舒樺	初裕	和元	亨峰		
								波元	亨國		
								林元	亨志		
				廷來	士儀	舒杞	初運	宏元			
							初綱				
			佳仲	廷卿	士繁	舒森	初中				
				廷郁	士重	舒核	初華	滔元			
								陝元			
			佳依	廷郢	士鄶						
					士締						
					士希						
					士相	舒社	初院	榮元			
								華元			
							初肥	富元			
								方元			
								水元			
								全元			
							初華				
							初花	勇元			
								日元			
				廷鄲							
				廷必							
				廷鄭							
			佳夫	廷鄎	士探	舒杍	初林	海元			
								甲元			
							初亮				
							初庚	葵元			
								丙元	亨林		
							初汝	泉元			
								椿元			
							初海	庚元			
								棕元			
							初葵				
					士樂	舒格					
					士聚	舒瑞	初仁				
							初萍				
	祖才	兼果	佳倫								
			佳供	廷郡	士番	舒柳	初金	輝元			
							初廣	羅元			
				廷品							
				廷□							
			佳侮	廷邻	士度	舒柏	初壽				
							初聖	瓊元			
								鵬元			
							初明				
						舒栓	初義				

34	35	36	37	38	39	40	41	42	43	44	45
采	祖	兼	佳	廷	士	舒	初	元	亨	利	
				廷贊	士年	舒材	初純	彬元			
								未元			
							初佳	敏元			
								雪元			
						舒□	初輝	梘元			
							初國	芬元			
							初建	沖元			
				廷郛	士命	舒枇	初招	根元			
							初桃				
						舒杷					
						舒蓄	初琪	鑫元			
	祖任										
	祖儉										
采芙											

34	35	36	37	38	39	40	41	42	43	44	45
采	祖	兼	佳	廷	士	舒	初	元	亨	利	
采蓉											
采蓮	祖昶	兼英									
		兼發	佳佩								
		兼霧	佳平								
		兼志									
		兼調									
采荷											
菜藜	祖廣										
采菁											
采莪											

37	38	39	40	41	42	43	
佳	廷	士	舒	初	元	亨	
佳同	廷翁	士頡	舒程	初程	熊元		
					范元		
				初許	明元	亨根	
				初友			

37	38	39	40	41	42	43	
	廷憲	士顥	舒杏				
	廷寂	士顴	舒基	初灿	波元	亨凱	
					培元	亨穎	
		士頻	舒基	初冬	軍元		
		士顏	舒折	初良	月元		

37	38	39	40	41	42	43	
			舒林	初庚	俊元		
					珂元		
				初華			

37	38	39	40	41	42
佳	廷	士	舒	初	
佳騏	廷鸚	士令	舒筠	初開	
			舒簣	初生	
				初華	
			舒后	初榮	
佳驥	廷周	士航	舒筳	初旭	
			舒富		
佳□	廷鴿	士昊	舒廉	初吉	
佳余	廷鷁	士里	舒箏	初龍	
			舒筐	初行	
				初義	
				初義	
				初貴	
				初道	
			舒第	初金	
				初能	
				初□	
				初□	
				初全	
佳余	廷鷁	士里	舒荀	初登	
				初來	
				初宣	
				初同	
				初合	
				初世	
			舒均	初祿	
				初文	
				初升	
				初昭	
				初煥	
				初壽	
			舒葯		
		士船	舒策	初方	
				初偕	
				初戌	
				初田	
			舒籍	初見	
				初高	
				初明	
				初安	
				初平	
			舒菁	初純	
			舒董	初寶	
				初玉	
		士太	舒虎	初盛	

37	38	39	40	41	42
佳	廷	士	舒	初	
				初光	
		士艇	舒君	初晉	
			舒范	初鼎	
				初泰	
				初益	
			舒□	初震	
			舒籃	初臨	
				初萃	
				初星	
			舒籌	初乾	
				初咸	
				初豐	
		士孚	舒簇	初祥	
				初李	
				初桃	
				初芬	
				初芳	
			舒簡	初修	
				初膳	
				初德	
			舒完	初李	
			舒加	初坤	
				初財	
				初和	
				初全	
				初兵	
				初萬	
				初金	
			舒太	初泰	
佳驊	廷鴿	士星	舒管	初人	
				初鳳	
				初廷	
				初志	
			舒秋	初定	
			舒童	初年	
	廷鵰	士般	舒葵	初綿	
				初善	
				初香	
			舒筅	初辰	
				初賓	
佳騮	廷□	士□	舒庶	初泉	
				初良	
				初拱	
				初煌	

37	38	39	40	41	42
佳	廷	士	舒	初	
		士船	舒帚	初斌	
				初萌	
			舒苔	初恭	
				初寬	
				初信	
				初敏	
				初惠	
		士玉	舒隆	初鴻	
			舒云	初美	
				初照	
				初椿	
		士般	舒以	初譜	
				初紋	
			舒花	初得	
			舒科	初景	
				初慶	
				初云	
				初國	
		士舟	舒苞	初賀	
	廷鴞	士舟	舒荃	學連	
				高連	
			舒罵	禹蓮	
				昌蓮	
				照蓮	
				浦蓮	
				東蓮	
			舒尚	敬蓮	
				谷蓮	
				俊蓮	
				河蓮	
			舒笙	星蓮	
				金蓮	
			舒昔	茱蓮	
				潘蓮	
				為蓮	
				朱蓮	
				習蓮	
			舒荃	慶蓮	
				增蓮	
				愛蓮	
				茂蓮	
				許蓮	
佳駒	廷寅	士舟	舒封		
			舒篙	初添	

37	38	39	40	41	42
佳	廷	士	舒	初	
			舒軌		
		士□			
		士□			
佳□	廷鶴	士舟			
		士□			
佳□	廷咸	士彩			
		士舟	舒選		
佳霜	廷□	士見			
		士咸			
		士符			
		士富			
	廷青	士孟	舒簡		
佳癸	廷鳥	士弗			
		士白			
		士風	舒箢		
			舒篙		
		士船			
佳驤	廷吉	士念			
		士辛			
		士艤			
	廷廣	士厥			
佳麗	廷鵑	士艘	舒楨	初繼	
		士曾	舒騰		
			舒篆	初谷	
		士廬			
		士泗			
佳章	廷鷗	士雙	舒隶	初徙	
				初艾	
				初盤	
	廷民	士涵	舒宏		
		士藻	舒庭	初福	
				初生	
		士皇			
佳是	廷訝				
佳馭	廷詔				
佳駝	廷計				
	廷詢				
佳我	廷詬				
佳顴	廷尘	士舡			
	廷獐	士扁	舒賓	初會	
				初濤	
佳皇	廷麋	士奚	舒箴	初春	
	廷鹿	士艫	舒福	初蓄	
				初茗	

37	38	39	40	41	42
佳	廷	士	舒	初	
			舒莨	初容	
			舒芩	初思	
			舒兆	初發	
				初占	
				初本	
			舒□	初力	
			舒葵	初庚	
				初任	
			舒清	初由	
	廷鹿	士昌	舒加		

37	38	39	40	41	42
佳	廷	士	舒	初	
			舒辰		
			舒緒		
			舒紹	初祥	
				初東	
		士益	舒茳	初賢	
			舒箋		
			舒逢	初寅	
				初譜	
			舒章		
		士良	舒貢	初早	

37	38	39	40	41	42
佳	廷	士	舒	初	
				初洪	
		士習	舒籠	初申	
				初永	
			舒質	初浚	
				初京	
佳奚	廷尘	士復			
	廷鹿				
佳全	廷香	士紅			
佳兆	廷豗	士舫	舒亮	初述	
		士享	舒調	初樹	

37	38	39	40	41	42
佳	廷	士	舒	初	
佳□	廷塵	士當	舒思		
佳駿	廷鹿	士藍	舒岱		
			舒寬		
			舒承		
佳夷	廷盛	士楊			
		士喜	舒直	初告	
			初順		
		士午	舒渠	初標	

41	42	43	44	45	46
初	元	亨	利	貞	
初開	王元	亨生			
初生	五元	亨桃	利云	貞清	
		亨星			
初華	發元	亨福	利輝	貞華	
				貞風	
	同元				
初榮	庚元	亨關	利君		
初旭	正元	亨湘	利益		
初吉	安元	亨東	利生	貞來	
				貞先	
初龍	明元	亨桂	利群		
初行	新元	亨春	利炳	貞明	
45	46			貞聖	
貞明	飛科			貞聖	
	飛勇		利和	貞泉	
初義	三元	雛花	利周		
			利國	貞權	
	炳元	亨華	利清	貞亮	
			利榮	貞才	
	財元	亨味	利招	貞磊	
			利珂		
			利永	貞益	
45	46	亨余	利開		
貞根	飛虎		利勇	貞根	
			利春		
初貴	文元	亨泰	利百		
		亨光	利中	貞華	
		亨中	利江	貞歸	
	生元	亨寶	利本	貞富	
				貞貴	
		亨樹			
		亨林	利華	貞友	
初金	榮元				
初能	福元				
	壽元	亨仁	利榮	貞海	
初全	仁元				
	美元				
初登	招元	亨華	利萍		
		亨平	利波		
			利濤		
			利歡		
初同	豐元	遷湘	攸縣	龍下	
	務元		同	上	
初文	富元				
	貴元				
初升	優元	亨自	利任		
	呂元				
初昭	坤元	亨義	利建	貞明	
				貞亮	
			利萍	貞毅	
			利芳	貞堅	
			利波		
		亨禮	利安		
			利定		
			利永		

41	42	43	44	45	46
初	元	亨	利	貞	
		亨智			
		亨信	利江		
	正元				
	運元				
	丙元	亨幸			
	冬元				
	訓元				
初煥	戊元	亨道	利民	貞偉	
			利庚	貞林	
				貞行	
			利華	貞正	
		亨迪	利萍		
			利宇		
	敷元	亨葵	利建	貞真	
				貞康	
		亨千			
	副元	亨彩			
		亨明	利巩		
	應元	亨賓			
初壽	賡元	亨云	利萍	貞闖	
			利華	貞峰	
			利輝		
初萬	謀元				
初階	清元				
	才元				
初田	宋元	亨九	利君		
		亨兩			
		亨國	利龍		
		亨華	利禮		
		亨奇			
初見	良元				
初高	奇元	亨柏	利斌		
			利國		
		亨召	利勇		
		亨開	利峰		
			利桃		
初明	高元				
	芝元				
	逢元	亨樹	利勇		
		亨輝	利開		
		亨付			
初安	堅元				
初平	林元	亨冬			
		亨雄	利平		
			利分		
			利群		
			利運		
		牛元			
		湖元			
		廖元			
初純	泗元	亨華	利文	貞懷	
				貞桃	
			利紅	貞波	
			利花		
			利鳳		

41	42	43	44	45	46
初	元	亨	利	貞	
			利香		
初五	開元	亨廷			
		亨宋			
	成元	亨丁	利忠	貞云	
			利華	貞國	
				貞長	
			利福	貞風	
			利貴	貞洋	
		亨秀			
		亨發	利庚		
	戶云	亨和	利云	貞群	
			利木		
		亨春			
	億元	亨友	利海		
	百元	亨才	利芳	貞飛	
				貞亮	
			利水		
			利志		
	萬元				
初光	鍾元	亨德	利民	貞庚	
				貞紹	
45	46		利國	貞益	
貞紹	飛龍			貞理	
貞益	飛斌			貞呈	
	飛梨			貞獻	
			利和	貞少	
				貞友	
初晉	龍元	亨開	利志	貞芳	
			利連		
			利文	貞鳳	
		亨椿			
	鳳元	亨繼	利郭		
		亨偉	利軍	貞鴻	
				貞鵬	
			利杰	貞奇	
		亨漚	利榮		
			利松		
初鼎	丙元	亨月			
初泰	春元	亨項	利泉		
初益	雪元				
	潤元				
	冬元	亨新	利乾		
	甲元				
	桐元	亨水			
		亨庚	利林		
			利江		
初震	乾元	亨博	利新	貞輝	
				貞華	
		亨厚	利水	貞寧	
	夫元	亨平	利安	貞超	
			利春		
			利況		
		亨瑜	利東		
			利宣		
		亨久	利強	貞望	

41	42	43	44	45	46
初	元	亨	利	貞	
初震	鑫元	亨迪	利庚		
			利東		
		亨建	利豐		
	奎元	亨醫	利剛	貞政	
			利昌		
		亨爾	利堅		
		亨人			
	波元	亨高	利啟		
			利國		
初萃	斌元	亨庄	利峰		
			利輝		
		亨細			
		亨滔			
初臨	三元	亨根	利福		
		亨志	利戀		
		亨芳	利祥		
		亨鎮	利几		
初星	銀元				
	連元	亨國			
		亨炎	利華		
		亨視			
	隊元				
	梓元				
初乾	祥元	亨泰	利新	貞華	
				貞海	
			利鮮	貞福	
				貞林	
			利彬	貞极	
		亨盛	利光	貞維	
			利洪		
			利宇		
		亨良			
		亨和	利僑		
		亨林	利紅		
			利勇		
	經元	亨民	利敏		
		亨耀			
		亨放	利建		
		亨清	利石		
	彬元				
初豐	群元	亨澄			
		亨湖	利初	貞庚	
				貞粮	
			利德		
			德藝		
		亨祿	利友		
			利偉		
		亨壽	利高		
		亨國	利同		
	賢元	亨友	利輝	貞浩	
			利紅		
			利偉		
	華元	亨新	利忠		
		亨佳	利行		
	至元	亨才			

41	42	43	44	45	46
初	元	亨	利	貞	
		亨江			
		亨軍			
	少元	亨建	科		
	謙元	亨根			
初祥					
初桃	根元				
初芬					
初芳					
初修	晶元	亨新	利木	貞江	
			利存	貞曉	
			利玉		
			利軍		
初金	德元	亨大			
		亨新			
	金元	亨鋒			
	冬元				
	福元	亨長	利旺		
		亨起			
初定	葆元	亨兆			
初泉	蘭元	亨友	利春		
	順元				
	殿元				
初良	寶元				
	吉元				
初共	丑元	亨甲			
		亨益			
		亨鳳			
	庭元	亨昭	利勃		
		亨純	利川		
		璜	利岳		
初煌	見元				
	秋元				
初善	星元	亨運			
初香	菊元	亨根	利達		
		亨細	利超		
		亨尾			
初辰	桂元	亨教	利善		
	森元				
	拔元				
	象元				
	亨元				
初盟					
初恭	魁元	亨華	利輝		
			利羊		
	錫元				
	蜀元				
初寬	第元				
	丁元				
初敏	上元	亨富			
		亨監			
		亨存	利平	貞康	
			利亮	貞建	
		亨新	利德		
			利豐		
初惠	全元				
初鴻	敦元	亨晃	利人		
			利民	貞寅	
		亨安			
	日元	亨蔚	利富		
		亨建	利明		
		亨清			
		亨秀	利海		
	偉元	亨良			
		亨中			
		亨實			
初美	義元	亨文	利新		
		亨紅	利普		
		亨蘭			

41	42	43	44	45	46
初	元	亨	利	貞	
		亨來			
	和元	亨仕			
		亨維	利春		
		亨禮	利冬		
初照	禮元	亨平			
		亨庚			
		亨冬			
		亨輝	利強		
初椿	廉元				
	喜元	亨鈿			
		亨銓			
		亨鍾			
初紋	炎元	亨輝			
初得	趙元	亨衛			
		亨峰			
初慶	良元	亨根			
初景					
初云					
初庚	輝元	亨龍			
		亨中	利維		
		亨志			
		亨水			
	裕元	亨青			
	丙元	亨山			
	仕元	亨紅			
		亨炎			
學連	喜元				
	科元				
	長元	亨朗			
高連	觀元				
	遴元				
信連	啟元				
	立元	亨裕			
	於元				
	道元	亨宇	利卿		
	銅元				
照連	本元	亨效			
		亨放			
		亨和	利群		
			利林		
		亨富	利仁		
			利民		
		亨情			
		亨召	利軍		
	榜元	亨鳳			
	有元	亨明	利安		
		亨亮	利祥		
蒲連	生元	亨書	利斌		
			利強		
		亨清	利根		
		亨菊	利滔		
	晉元	亨鑫			
	德元	亨吉	利萍	貞軍	
			利清		
			利泉		
		亨金	利勇		
		亨秋	利銘		
			利建		
		亨斌	利淼		
東連	加元	亨龍			
敬連	孚元				
谷連	金元				
河連	建元	亨詳	利日		
			利光		
			利□		
	升元	亨云	利明		
金連	包元	亨昌	利平		
榮連	載元				

41	42	43	44	45	46
初	元	亨	利	貞	
潘連	超元				
為連	花元				
	方元	亨芝	利輝		
			利煌	貞華	
			利藤		
			利達		
朱連	愛元				
習連	玉元	亨芳			
		亨春			
玷連	根元				
愛連	京元	亨通	利萍	貞陽	
		亨道	利波	貞航	
			利清		
初谷	淵元	亨來			
		亨付	利民		
		亨斌			
	桃元	亨江			
	標元	亨益			
		亨稻			
		亨波			
初艾					
初盤					
初福	建元				
	勝元				
初生	友元				
	庚元				
初永	炳元	亨銘			
		亨林			
初會	中元				
	華元	亨福	利峰		
	國元	亨斌	利超		
		亨紅	利招		
初春	趣元	亨平	利根		
			利福		
		亨云			
	源云				
	和元	亨建	利萍		
			利明		
初恩					
初容	羅元	亨楨			
		亨沛			
		亨澄			
		亨軍	利清		
	艮元	亨啟			
初友	鶴元	亨華	利庚		
		亨芳	利忠		
		亨木	利勇		
			利強		
		亨國			
初庚	超元	亨同	利金		
初王	周元	亨得	利海		
			利江		
初由	鵬元	亨根	利兵		
			利洪		
		亨仁	利灰		
	鵠元	亨春			
		亨平			
		亨軍			
	舵元				
初祥	堯元	亨明	利溹		
		亨鎮			
	舜元	亨安	利根		
		亨喜	利勇		
初東	富元	亨廣			
初賢	唐元	亨湖	利松		
		亨月	利濤		
		亨法	利永		
	喜元	亨有			

41	42	43	44	45	46
初	元	亨	利	貞	
初早	全元				
	聖元	亨金	利平		
			利芳		
	友元	亨才			
		亨水			
		亨保			
	來元	亨發			
	中元	亨胡	利兵		
			利軍		
		亨來			
	良元	亨福			
		亨火			
初洪	盈元	亨軍			
	瑋元	亨宇			
初譜	芳元	亨楊			
初永	炳元				
初述					
初瑞	平元	亨勇			
	中元				
初順	左元	亨雪			
		亨峰			
	右元	亨新			
初標	兆元				
	公元				
初浚	問元				

(09)宜春市下浦鄉厚田村徐陂下 25 世福公支

25 世福公後嗣 26－30 世失緒

31	32	33	34	35	36	37	38
道	志	彩	祥	安	裕	春	
循道	杰俊	星彩	利祥	紹安	裕坤		
				拔安	裕華		
				善安	裕申		
			考祥				
			壽祥	來安	裕梅		
			致祥	吉安	裕才		
					裕泉		
				金安	裕華		
				國安	裕泰		
					裕岐		
		振彩	----	禮安			
				照安	裕成		
					裕林		
浚道	志鳳	金彩	思明	吉祥	森安		
					忠安	晉春	
						松春	
						逢春	
					體安	永春	
						黎春	
		銀彩	湛明	珍祥	慶安	雨春	
					德安	富春	
		鶴彩	順明	欽祥	節安	蘭春	
						盛春	
						庚春	
					以安	方春	
						元春	

31	32	33	34	35	36	37	38
道	志	彩	祥	安	裕	春	
		壽彩	福明	輝祥	水龍	懷春	
						發春	
順道	杰義	盛彩	樹明	學祥	懷安		
					定安	早春	
						梅春	
						光春	
						秀春	
		緯彩	生明	貢祥	軍安	雙春	
				里祥			
				高祥	良安	效明	
					抬安	桂春	
					明安	振明	
				文祥	長安	承明	
					叙安	學明	
					紅安		
					炳炎	為明	
						趙明	
						迎春	
德道	祖鳳	祖二	龍明	和祥	日安	全春	
					品安	根春	
						建春	
					世安		
					端安	德春	
						恒春	
			鳳明	凡祥	石安	震春	
						雯春	

31	32	33	34	35	36	37	38
道	志	彩	祥	安	裕	春	
					久安	霖春	
					而安	云春	
					平安		
		相二	艷春	俊祥	坎安	有春	
						萬春	
					振安	才春	
						來春	
					更安	福春	
		善彩	禮明	健祥	實安	泉春	
			笔明				
			瑞明	定祥	居安	懷春	
						生春	
		未彩	黎明				
			清明	超祥	來安	聖春	
						新春	
				后祥			
				新祥			
				保祥			
			雨明				
			振明				
			才明				
			芝明				
			來明	秀祥	根安	全春	
						志春	
				旨祥			

37	38	39	40	41	42
裕申	子昌	吉生	江新	勇	
41	42			東	
東	安		江才		
			繼忠	任重	
裕梅	子生	聯晉			
		聯仁	環		
		聯儀	忠		
	子康	聯根	新		
		聯洪	榮		
		聯斌			
裕才	子仁				
	子聖	春生	其江		
			其平		
裕泉	子桂				
	子來	壽生	文		
		仁生			
裕泰	子有	自力	少斌		
			少勇		
		更生	少軍		
		志聖			
		志華	琦		
		志洪			
晉春	子俊	柳云	志誠		
			志堅		
			志偉		
松春	子油	運生	其軍	勛	
			建軍	博	
			小軍	舟	
逢春	子云	孫文	建		
		孫華	凱		
		孫杰	托		
		孫磊			
	子華	孫濤	其斌		

37	38	39	40	41	42
			其勇		
永春	子高	待			
	子方	考			
黎春	子發	來云	其超		
雨春	子綱	柏云	建國	劍	
藍春	祖華	春華	東曉		
			東向	羿	
			東軍		
庚春	子民	峰云	健		
		斌云	鈺杰		
方春	幸里	文輝			
	幸俊	文波	其龍		
		文海	其強		
		文濤			
懷春	子一				
	子二	江生	艷軍		
			艷林		
		新生	成		
	子三	孫大	立平		
			得生	浪	
			余粮	金	
			惠生	明	
			電生	武	
				東	
發春	子洪	建兵	聰		
		建冬			
	子和	建明			
	子清				
	子華	根牙			
梅春	早云	文生	志平		
		會生	律		
		發牙			
		才牙			
光春	子林	其生			
		來生	路		

37	38	39	40	41	42
秀春	子才	建勇			
		建軍			
	子輝	建發			
		建洪			
	子國	建林			
雙春	子迪	美生	松		
		義	夢		
		輝	兵		
		茶生			
效明	小平				
	儀林				
桂春	福根	晉輝			
振明	金根	敏江			
	友根	敏浩			
	運華	銘鼎			
承明	外朝	磊			
		晶			
	家朝				
學明	運生	健			
	春根	成真			
	春生				
為明	待考				
趙明					
迎春	菊生	紹華	宇		
		紹輝			
	運生				
根春	子林	鑫			
		磊			
	子健	偉			
		東			
	子洪	洋			
建春	子兵				
	子輝				
	子慶				
	代生				

37	38	39	40	41	42
德春	平根	俊			
		旭			
	子平				
	子軍				
	子榮				
恒春	子江	一波			
	子山				
震春	子晉	云			
		平			
	子陽	浩宇			
		浩華			
霽春	藻	紅濤			
霖春	萍	博			
云春	偉杰				
萬春	子來	永軍	成		
	子才	紹華			
	子生	德華			
		泉華			
才春	子聖	紹軍			
		紹清			
	秋生				
	子平	慶			
		旭東			
來春	子文	快生			
		啟生			
	子華	亮			
	礦生	濤			
泉春	子軍	孫波			
懷春	子和	仁生	健		
	子才	新生			
		新華			
生春	子華	孫平	盟		
		孫明			
	子聖				
	子榮				

37	38	39	40	41	42
志春	清				
全春	兵				

37	38	39	40	41	42
新春					
聖春					

37	38	39	40	41	42

寧都縣對坊鄉寺背元坑口 14 世明文公支

14	15	16	17	18	19	20	21
明文	二郎	福郎	七郎	19 郎	百二郎	盛公	千三郎
22	23	24	25	26	27	28	29
公遠	長久	文富	重仁	愛華	惟斌	名玉	必輝
30	31	32	33	34	35	36	37
春作	處增	美時	貞蒲	子仁	以琴	仁遠	存儒
38	39						
心佩							
心先							
心佩	允舜						

38	39	40	41	42	43	44	
心佩	允舜						
	允明						
	允譜	承茂					
		承芳	亦林				
			亦樟				
			亦桂	世洪	式金		
			亦桃	世源	式鍾	光芳	
					式鏵	光薄	
					式鑾	光堅	
			亦杰				

38	39	40	41	42	43	44	
			亦李	世浩	式鈿		
					式銖		
				世海	式鋥	光寶	
					式鐮		
					式銓		
	允時						
心先	允堂	承六	亦隆	世金	式州		
		承寶	亦春	世瑞	式浩	光欽	
					式華	光金	
	允時						

萍鄉蘆溪縣鎮江霞村輔背 23 世震遠公支

23	24	25	26	27	28	29	30	31	32	33	34
震	文	茂	友	宗	山	臣	壽	觀	齡		
震遠	文海	茂文	友遜	宗□		（失考）		監觀	建齡		
				宗仁	仁山	禹臣	添壽	祿觀	卓齡		
									樹齡		
				宗三	魁山	堯臣	永壽	寧觀	昌齡		
							明壽	美觀	懷齡		

23	24	25	26	27	28	29	30	31	32	33	34
震	文	茂	友	宗	山	臣	壽	觀	齡		
				宗六	環山	接臣	萬壽	瑞觀	珠齡		
								滿觀	鳳齡		

32	33	34	35	36	37	38	39
齡	元	慶	發	道	祖	德	
建齡	鳳元	慶初					
		慶堯					
	鴻元	慶輝	春發	妾道	祖嵩		
				連道	祖武		
				煥道	祖理		
	增元	慶崇	錫發	能道			
		慶滿	榮發	永道	祖萍	德軍	
						德敏	
					祖生	德明	
卓齡	賀元	慶新					
		慶茂	勝發	彭嬌			
			云發				
		慶邦					
		慶鵬	堅發				
		慶鳳					
	潤元	慶群	軍發				
		慶國	維發				
		慶會	劍發				
		慶榮	勇發				
		慶文	良發				
	紹元	慶雄	群發				
	永元	慶華	成發				
		慶根	硬發				
		慶武					

32	33	34	35	36	37	38	39
齡	元	慶	發	道	祖	德	
樹齡	境元	慶剛	勤發				
		慶毅	才發				
昌齡	有元	慶泉	建發	磊道			
			國發				
			家發				
		慶云	生發	軍道			
		慶濤	聖發	堅道			
懷齡	生元	慶惠	永發				
			煥發				
	仁元	慶明	彭利				
		慶勝	彭國				
珠齡	典元	慶豐	源發	文道			
				萍道			
				寧道			
			樹發	琪道			
				芳道			
				義道			
		慶清					
鳳齡	昇元	慶洪					
		慶曾					
		慶康	榮發	群道			
			富發	敏道			
				蔚道			
		慶耀	勇發				

32	33	34	35	36	37	38	39
齡	元	慶	發	道	祖	德	
			強發				
		慶恒	峰發				
		慶萍	芸發				
		慶亮	國發				
			紅發				
	純元	慶端					
		慶昭	強發				
	順元	慶譜	有發	健道			
			忠發	玉道			
			聖發				
		慶庭	悅發				
		慶浩	琴發				
	迪元	慶豪					
		慶杰					
	鈞元	慶秋					
		慶勛	雋發				
			俊發				
		慶穎					
	道元	慶安					
		慶懷					
		慶維					
	培元	慶恩					

萍鄉市上粟縣東源鄉文埠村 35 世星吾公支

36	37	38	39	40	41	42	43	44	45	46	47
維	德	標	元	壽	東	光	茂	年	人	文	
維馥	德深	標二	殿元	益壽							
				祠壽	東泓	方光	茂富	丙年	人小		
									人燾		
								丁年	人闖		
		標三	成元	發壽	東亮	耀光					
						番光	茂昌				
							茂佑	秋年	人深	紹文	
										友文	
									人昌	群文	
									人忠	文成	
								冬年	人耀	文軍	
									人生		
									人兵	文強	
								水年	人萍		

36	37	38	39	40	41	42	43	44	45	46	47
維	德	標	元	壽	東	光	茂	年	人	文	
								胡年	人容		
							茂時				
							茂祿	梅年	人冬	學文	
									人忠		
									人旺		
								榮年	人學		
					東葵	瑞光	開泰				
							開甲				
							茂時	水年	人泉	福文	
										裕文	
									人春	益文	
									人茂		
					東波	進光					
						大光					

36	37	38	39	40	41	42	43	44	45	46	47
維	德	標	元	壽	東	光	茂	年	人	文	
						麗光					
					東兆	自光	茂恩				
							茂泰				
						武光	茂和	期年	人芳	春文	
								永年	人桃	松文	
									人安	建文	
								晚年	人華		
									人水	志文	
									人發	遠文	
						金光					
						文光					
						明光	茂炳	春年	人發		
									人飛		
								青年	人吼		
								德年	人亮		
							茂來	開年			
								招年			
					東汝	含光					
						純光	茂四	-----	人軍		
							茂五	耀年	人歡		
								桂年			
								勝年	人議		
								發年			
						山光	茂一				
							茂二				
						國光	茂三				
						普光	茂增	和年	人承	貞文	
									人接		
									人新	招文	
									人加		
									人人		
							茂人	生年	人根		
									人紹	萍文	
					東增	接光	茂兆	官年	人氨	咏文	
		46	47					茂年			
		咏文	蔚波					衡年	人惠	為文	
										火文	
									人怡	建文	
										力文	
									人完	姚文	
								吉年			
								袖年	人汝	珍文	
									人漢		
								章年	人慼	云文	
										雨文	
									人恩		
									人思		
									人戀		
			定元	位壽	東菜						
					東日	連光					
						寶光					
						崇光					
						祿光					
						富光					
						年光					
					東監	信光					
						雪光	茂介				
							茂香				
							茂楝				
							茂蒲	考年	人武	宇文	
									人藝		
									人偉		
								其年	人愛		
									人宏		
								寅年	人譜		
								發年			
						玉光					

36	37	38	39	40	41	42	43	44	45	46	47
維	德	標	元	壽	東	光	茂	年	人	文	
						志光					
						珍光	茂文	漢年	人湘		
							茂財				
							茂玩	昆年			
							茂志				
					東源						
					東洲	盛光	茂性	陽年	人元	全文	
		46	47							健文	
		全文	蔚林						人包		
		健文	蔚桃					升年	人台		
									人壙	國文	
							茂心				
							茂敏	卯年	人增	軍文	
									人壽	勇文	
						安光	茂涵	模年			
								振年			
							茂資	訓年	人炎	生文	
										才文	
										華文	
						輝光					
					東監	宏光	茂益	育年	人福	志文	
						郊光	茂效	進年	人柳	良文	
										园文	
										滿文	
									人放		
									人燕		
							茂云	球年			
								作年			
						欽光	茂品				
							茂節				
							茂高	壁年			
								寶年	人碧	成文	
									人綠	清文	
								璽年			
							茂欽	灘年			
			會元	龍壽	東洋	蘭光	茂林				
							茂文				
							茂紅				
							茂新	來年	人鳳	文頻	
										文財	
										文逃	
					東洪	春光					
						海光					
						和光					
					東浪	平光	茂萬	解年	人萎		
								木年	人鋼		
								學年			
							茂方	金年	人強		
							茂聖	春年	人斌		
					東階	石光					
						料光					
						品光					
						輝光					
						平光					
						几光					
				欽壽	東勇						
					東純	羅光					
						仁光					
						福光	茂盛	細年	人凱		
						才光	茂虛				
							茂珍				
					東林						
					東書						
			受元	恒壽	東藻						
					東蘭	三光	茂濤	發年			
								秋年	人師	瓊文	
									人表	智文	

36	37	38	39	40	41	42	43	44	45	46	47
維	德	標	元	壽	東	光	茂	年	人	文	
							茂福	春年			
								華年	人聰		
									人明	水文	
										屏文	
							茂泉	達年	人文	秋文	
									人涼		
					東浩	恩光	茂根	胡年	人和	江文	
									人財		
						容光					
						煥光	茂柱	冬年	人四		
									人川		
									人成	鑫文	
									人都		
						旦光					
						報光					
					東藩	灿光	茂基	花年			
								余年	人秋	春文	
										偉文	
						德光					
						旦光	茂有				
							茂基				
							茂才				
							茂來	來年	-----	萍文	
							茂啟				
							茂海	明年			
								理年			
								林年	人招		
									人輝		
									人燕		
					東光	德光	茂有	廣年	人划	萍文	
										宜文	
								來年			
				必壽	東准	正光	茂江	文年	相人	和文	
									人庚	波文	
										浪文	
								勝年	人求	印文	
								鳳年	人廣		
						熾光					
						頂光					
						晴光					
					東華	奇光	茂輝	云年	人侃		
						斗光	茂祥				
							茂輝				
							茂德				
							茂達	壽年	人胡	國文	
									人紅	攀文	
						鐸光	茂凰	寬年	人鵬		
							茂明	禮年	人國		
									人逃		
								視年	人海		
							茂坤	勇年			
								江年			
					欒煜	甲光	茂园	建年	人暉		
									人貞		
								信年	人廠		
						卯光					
						章光					
						奎光	茂基	宏年	人卓		
								衛年			
								园年			
							茂本	康年	人彬		
				集壽	東贊	敖光					
						群光					
						科光					
						題光					
					東惠	熙光	茂	堅年	人清	江文	
								鍾年	人鋒	海文	
									人頻	河文	

36	37	38	39	40	41	42	43	44	45	46	47
維	德	標	元	壽	東	光	茂	年	人	文	
					東森	峰光	茂為	希年	人勇		
						烈光					
						題光					
				祥壽	東初	學光	茂承	會年	人健		
						儒光	茂仁				
							茂義				
						合光	茂國				
							茂相				
							茂堂				
							茂常	輝年	人德		
					東山	斌光					
						瑚光	茂啟	祖年	人政		
									人邦		
								雪年	人鍾		
									人梁	欽文	
										優文	
								永年	人友	親文	
								台年	人科		
						琛光					
					東愛						
					東澍						
			仕元	樟壽	東注	慶光					
						彩光					
					東福						
					東金	華光	茂芬	百年	人生	文明	
										文有	
							茂花	千年	人泉	聖文	
							茂英				
							莀芝	同年	人泉		
									人球		
									人富		
				梓壽	東福	彩光	茂芹	萬年			
								坤年	人宣		
								聖年	人德		
									人群		
								閣年	人旺		
維馨	德深	標六	棟元	候壽	東海	建光					
						達光					
					東涓	長光	茂觀	啟年	人漸	冬文	
									人福	清文	
									人華	康文	
									人禮		
						貴光	茂財				
							茂炎	高年	人祥		
									人發		
								友年	人暉	梘文	
				安壽	東瀚	秋光	茂泰	申年			
								永年			
							茂金	許年	人任		
								裕年			
								早年			
								政年			
					東官	實光	茂能	谷年			
				待壽	東淇	洋光	茂寬	----	人發	華文	
										根文	
					東濱	閨光	茂志	分年	人令		
									人陵		
								荷年			
	德洪	標四				（失緒）					
	德清	標八	新元								
			孟元	義壽	東賢	貴光					
					東柱	永光	茂清	宜年			
								安年	人林		
								外年			
							茂凡	富年	人朝		
								忠年			
								效年			
								貴年			

36	37	38	39	40	41	42	43	44	45	46	47
維	德	標	元	壽	東	光	茂	年	人	文	
								萍年			
								暉年			
							茂勇	建年			
								文年			
								衛年			
			仲元	忠壽	東梁	承光					
						謨光					
						客光					
						賓光					
				志壽	東科	松光	茂鳳	期年			
						賜光					
						流光					
						騰光					
						翰光	茂蕃				
					東寶	慈光					
						鳴光					
						庚光	茂安	永年	人播		
									人議		
		標一	(	失緒	)						
		標二	(	失緒	)						
		標七	(	失緒	)						
		標六	(	失緒	)						
	德潤	標一									
		標五									
維輜	德潤	標一	首元	潘壽	東論						
					東美						
					東活						
					東法						
				貞壽	東瀟						
					東浸						
					東廣						
					東行						
					東瑾	住光					
						仕光					
			聯元	勝壽							
				春壽	東貴	風光	茂榮	首年			
								永年			
								佳年	人申	永文	
			46	47						德文	
			永文	蔚高					人鳴	財文	
			德文	蔚根						富文	
				蔚明					人冬	林文	
										金文	
									人萍	羅文	
						元光					
						秀光	茂源	愛年			
								聰年			
								文年	人志		
							茂政	福年			
								祿年	人瑞		
									人勝		
							茂端	豐年	人禮	根文	
										雕文	
									人義	可文	
										桃文	
									人起		
									人艷	長文	
							茂瑞	森年	人海		
									人湖		
								許年			
								起年			
						炳光					
				逢壽	東彩	元光	茂垣	德年	人余		
								去年			
								友年			
								春年	人余		
								福年	人坡		

36	37	38	39	40	41	42	43	44	45	46	47
維	德	標	元	壽	東	光	茂	年	人	文	
							茂象				
							茂玖	龍年	人桂		
									人發	起文	
										清文	
									人跟		
				敬壽	東輔	炳光	茂佑	松年	人根	輝文	
									人主	禮文	
			46	47						杰文	
			文見	蔚亮				材年	吉人	文見	
			文勝	蔚歡						文勝	
										文華	
									人民	敏文	
										雷文	
									人良	理文	
							茂祥				
							茂祝				
							茂仕				
							茂金				
							茂台	提年	人清		
									人日		
								南年	人軍		
								江年	人賓		
									人委		
			芳元	(	失緒	)					
	德潤	標五	照元								
			祿元	田壽	東江						
					東瑜						
					東志	銀光	茂仕	庚年	人臻		
									人榮		
		標九	福元	榮壽	東深	喜光	茂朋	石年	人建	文斌	
					東洋	鑒光	茂生	豐年	人友		
									人置		
									人甲	偉文	
					東治	有光	茂定	少年	人鍾	成文	
									人荒		
								庚年	人啟		
									人聞		
							茂戍	義年	人見		
						近光	茂允	金年	人偉		
								明年	人爍		
								小年			
							茂連	得年	人濱		
								水年			
			的元	得壽	東學	廷光	茂林	新年			
							茂祥	兵年			
								超年			
				新壽	東坤	籍光					
					東和	定光					
						石光	茂長	晟年			
							茂昂				
							茂萍				
							茂國				
							茂建				
維馨											
維昌											
維全	德源										
	德沛	標七									
		標十	秋元	品壽	東友	昆光	茂智	菊年	人存		
						岱光	茂奇	海年	人松		
								國年	人波		
		標三	萬元	堯壽	東雙	仰光	茂廷	自年	人雪		
								付年			
								閏年			
			朝元	璜壽	東清	開光	茂英	代年			
		標三									
		標五									

萍鄉市赤山新店田心蘆溪古城 11 世仕名公支

10	11	12	13	14	15	16	17	18	19	20	21	22	23	24	25	26	27	28	29	30	31
	仕名	臣忠	層三	敬光	連可	諭元	瑾揚	瑜容	宋庭	培蘭	御候	耀榮	祉惠	吉翹	學尚	源梁	有盟	維新	紹先	永年	長興
																		維龍	紹光	永安	長榮

31	32	33	34	35	36	37	38	39	40	41	42	43	44	45	46	47	48	49	50	51	52	53
長興	樂善	鳴	從善	在原	錫福	增齡	文卿	報四	定生													
		虎	從吉	在郊	錫慶	增榮	文星	楚三	元三	天魁	仁蛟	月宗	石連	普昌	竹壽	如瑤	積浩	厚珍	福財	可剛		
																				可輝		
																			福明	可勇		
															包壽	如瓊	積和	厚芬				
																如琳	積茂	厚維				
																		厚炳	福云			
																		厚炎	福雲	可盛		
										榮四	仁二	金二	延春	鳳珠	招壽	萬發	積聖	厚來	福根			
																			福強			
														紹松	接壽	光發	積良	厚朮	福壽	可亮		
																			福才			
																			福輝			
																	積其	厚秋	福國	可遠		
																			福安	可芳		
																			福慶			
																明發	積瑞	厚林				
																		厚春	福彬			
																			福鑫			
																		厚美				
																		厚正	福珍			
																	積華	厚炳	福斌			
																		厚菊				
																		厚炎				
														紹桐	國壽	仁發	積和	厚德	福文	可路		
																			福友			
																			福群			
															正壽	雙發	積起	厚根	福懷	可勇		
																				可剛		
																			福民	可堅		
																龍發	積朝	厚維	福榮	可峰		
																			福開			
																			福輝			
																	積根	厚清				
																	積潤	厚壽				
																		厚春				
																		厚冬				
長榮	樂道	豹	從昌	在都	錫金	增富	文興	彬一	開三	榮13	仲九	位立	見舒	傳枝	人壽	茂發	積潤	厚光	福普			
																	積鳳	厚友	福軍			
																	積木	厚明				
																		厚斌				

安福縣湘源 11 世仕宣公支

11	12	13	14	15	16	17	18	19	20	21	22
仕宣	省公	層四	敬先	積甫	纘元	淮峨	彥城	宗梁	能傳	先佣	廉仁
23	24	25	26	27	28	29	30	31	32	33	34
倫文	士增	彥成	元松	有周	政讓	臏賢	唯賓	全斐	廷五	景貫	仰中
35	36	37	38	39							
重垂	孝岐	友存	大享	振昂	振杰						

39	40	41	42	43	44	45	46	47	48	49	50
振	乃	錫	吉	蔚	煥	寶	鼎	象	積	厚	
振昂	乃堅	錫全	吉輝	蔚呈	煥思	寶河	鼎興	象興	積榮	厚林	
									積新	厚峰	
	乃彬	錫董	吉璇	蔚珥	煥暄	寶則	鼎祿	象良	積華	厚兵	
										厚亮	
									積明		
									積山		
							鼎信	象全	積鵬	厚吉	
										厚祥	

39	40	41	42	43	44	45	46	47	48	49	50
									積洪	積水	
									積火		
						寶親	鼎高	象景	積同	厚聯	
									積盟	厚接	
									積交		
						寶其	鼎升	象藍	積祿	厚新	
								象桂			
						寶民	鼎昌	象誠	積立		
									積名		
								象實			
		錫其	吉彥	蔚志	煥瑒	寶照	鼎龍	象鳴	積建		
	乃心	錫欽	吉繩	蔚銜	煥杰	寶德	鼎申				
				蔚熙	煥焦	寶壽	鼎富	象成	積強		
								象玖	積江		
振杰	乃象	錫操	吉隆	蔚鵬	煥譯	寶沅	鼎慶	象義	積桂		
									積萍		

萍鄉市大安里園背、倉沖、醴陵 11 世仕芳公支

11	12	13	14	15	16	17	18	19	20	21	22
仕芳	貴一	層一	資深	世甫	致元	汲鍾	申叔	宗成	能量	安偉	煒善
23	24	25	26	27	28	29	30	31	32	33	34
禮聞	士鋼	宇成	長令	達忠	政名	世昭	御選	受愿	文韜	景星	仰岐
35	36	37	38	39	40	**41**	42	43			
重訓	孝任	友嘉	大蒸	振森	乃震	**錫占**					

41	42	43	44	45	46	47	48	49	50	51	52
錫	吉	蔚	煥	寶	鼎	象	積	厚	福	可	
錫占	吉仁	蔚聰	煥灝	寶賢	鼎悟	象鑫	積餘				
							積菖	厚德	福云		
	吉義	蔚善	煥清	寶苔	鼎義	象國	積來				
							積紅				
				寶川	鼎珧	象泉	積福	厚劍			
							積根	厚龍			
							積財				
							積榮				
						象桂	積喜				
						象珍	積慶				
			煥涵	寶城	鼎昏	象冬	積明				
							積輝				
							積良				
						象春	積毅				
							積剛				
		蔚衍	煥峻	寶監	鼎蕩	象規	積石	厚安	福興		
								厚森			
					鼎堯	象奚	積云	厚科			
							積林	厚武			
								厚梅			
	吉智	蔚烙	煥興	寶朗	鼎杜	象梅					
		蔚煜	煥呈	寶森	鼎理	象麒	積恩	厚明	福林		
									福利		
								厚文			
								厚根			
						象增					
		蔚鹿	煥星	寶銅	鼎全	象獎	積發	厚星	福安		
								厚萍			
								厚紋			
								厚忠			
								厚春			
								厚華			
								厚昌			
		蔚鐸	煥繼	寶鋼	鼎銅	象南	積康	厚菊	福軍		
									福波		
									福泳		
								厚林	福峰		
								厚鳳			
								厚龍			
								厚華			
	吉真	蔚真	煥波	寶鴻	鼎求	象監	積康	厚華			
	吉勛	蔚仲	煥淮	寶根	鼎乾	象理	積方	厚波			
							積華	厚發			
								厚輝			
							積冬	厚群			
							積潤	厚裕			
							積萍				
		蔚會	煥溶	寶爵	鼎升	象裕	積發				
							積清				
							積根				
				寶點	鼎堅	象有					
						象枚	積振				
					鼎通	象隆	積和	厚福			
								厚波			
							積江				
					鼎達	象光	積興				
					鼎年	象日	積芳				
		蔚孟	煥溪	寶瑞	鼎揚	象鵬	積明				
				寶倫	鼎梅	象鶴	積文				

41	42	43	44	45	46	47	48	49	50	51	52
錫	吉	蔚	煥	寶	鼎	象	積	厚	福	可	
							積福				

32	33	34	35	36	37	38	39	40	41
文韜	景云	仰成	重明	孝達	友墳	大寬	振七	乃梁	錫灿
							振悅	乃正	錫誥
							振濤	乃文	錫觀
							振吾	乃講	錫亮
									錫效
	景行	仰功	重經	孝廉	友益	大宥	振廷	乃庸	錫洋
									錫謨
									錫誥
								乃個	錫道
									錫琉

41	42	43	44	45	46	47	48	49	50	51	52
錫灿	吉進	蔚鉿	煥芝	寶瑜	鼎農	象宜	積泉	厚斌	福躍	可林	
										可渺	
									福進		
								厚福	福萍		
									福貴		
								厚樺	福勇		
						象宿					
						象穷					
						象安					
					鼎稷	象家	積松	厚發			
								厚云			
							積權	厚轉			
								厚春			
						象騫	積宋	厚良			
							積林	厚標			
							積軍	厚峰			
							積友				
							積裕	厚強			
							積才				
						象鳳	積明	厚萍	福梓		
								厚松	福林		
									福□		
							積光	厚忠	福暢		
								厚輝			
								厚堅			
							積月	厚辛			
								厚和			
								厚芳			
							積日	厚劍			
								厚榮	福燾		
								厚貴			
						象錦	積能	厚興	福韜		
								厚文			
								厚軍			
							積仁				
							積環				
					鼎元	象朋	積發				
					鼎云	象那					
			煥董	寶珍	鼎申	象新					
			煥來	寶乾	鼎相	象茂	積生	厚富			
								厚貴			
							積經	厚杰			
							積庚				
							積榮				
				寶魁	鼎祥	象禹					
						象膺	積新	厚興			
								厚旺			
						象升					
					鼎升	象傳	積中	厚發			
							積國				
				寶興	鼎成	象連					
	吉耀	蔚衛	煥苕	寶明	鼎园	象奇	厚春	福軍			
							厚友				

41	42	43	44	45	46	47	48	49	50	51	52
錫	吉	蔚	煥	寶	鼎	象	積	厚	福	可	
							厚园				
				寶賢	鼎珊	象洪					
						象雄	積琳				
							積樺	厚江			
								厚博			
							積漢				
						象金					
						象桐					
				寶仁	鼎慶	象台					
						象開	積庚	厚俊	福春		
									福奇		
								厚杰			
					鼎范	象霧					
					鼎麒	象蘭	積裕	厚鴻			
								厚翰			
								厚智			
							積海	厚利			
								厚偉			
							積青	厚鋒			
						象勝	積祿	厚	福輝		
									福鴻		
							積超	厚湘			
								厚蘭			
						象森	積生	厚明	福正		
								厚軍	福正		
								厚波			
					鼎間	象年	積朝	厚松	福新		
									福萍		
								厚生			
							積玉				
							積善				
						象玖	積金				
							積沖				
							積春	厚發			
								厚國			
					鼎清	象紀	積潤	厚輝			
								厚慶			
							積光	厚萍			
							積發	厚文	福強		
								厚蘭			
								厚軍			
							積明				
錫觀	吉為	蔚霞	煥嵩	寶彩	鼎深	象主					
			煥岳	寶彪	鼎建	象遠	積招	厚文	福沖		
								厚輝			
			煥嵐	寶影	鼎鳳	象發	積根				
							積滙				
					鼎和	象友					
						象妙	積劍				
			煥崗	寶形	鼎泉	象豐	積發	厚全			
								厚東			
							積粮	厚浪			
					鼎晃	象建	積華				
							積友				
							積云				
							積忠				
							積偉				
						象乾	積廟	厚強			
							積香				
						象恒	積勛	厚波			
							積禮				
					鼎澗	象富	積明	厚禮			
							積其	厚果			
							積炎				
						象貴	積區	厚忠			
							積軍	厚娥			
							積良	厚富			
					鼎梯	象良	積煌				

41	42	43	44	45	46	47	48	49	50	51	52
錫	吉	蔚	煥	寶	鼎	象	積	厚	福	可	
							積勇				
						象輝	積許				
				寶彬	鼎宜	象全	積花	厚軍			
						象東					
				寶修	鼎及	象家					
錫亮	吉楷	蔚說	煥元	寶乾	鼎兵	象博					
					鼎鼎	象鍾					
		蔚樂	煥文	寶坤	鼎鋒						
					鼎吉						
					鼎善						
					鼎良						
				寶定	鼎成	象□					
					鼎棟						
					鼎梁						
					鼎材						
錫效	吉齡	蔚漢	煥銘	寶元	鼎鎮						
					鼎城	象錦					
				寶生	鼎茂						
		蔚文	煥胶	寶瓊	鼎文	象發					
						象增					
						象財					
				寶梅	鼎發	象章					
						象武					
						象軍					
					鼎其	象明					
						象文					
						象利					
						象琴					
					鼎祥	象根					
					鼎高	象萍					
						象波					
					鼎富	象潤					
				寶聯							
		蔚富	煥麟	寶云	鼎懿	象燁					
						象寬	積華				
							積前	厚聰			
							積程	厚楚			
							積遠	厚壽			
							積大				
錫洋	吉貢	蔚奉	煥景	寶清	鼎六	象菊	積福	厚國			
							積文				
							積兵				
錫謨	吉造	蔚桂	煥育	寶駒	鼎汶	象文	積昌	厚峰			
							積模				
						象生	積清				
							積玉				
錫誥	吉晴	蔚魁	煥靖	寶松	鼎茂	象春	積粮				
錫竟	吉謨	蔚茵	煥楠	寶爾	鼎朮	象忠	積長	厚柯			
							積恩				
							積利				
						象孝	積武				
							積春				
						象節					
						象義					
						象仁	積龍				
							積虎				
錫琉	吉潭	蔚金	煥花	寶能	鼎衍	象財	積安	厚真			
							積忠				
							積魁				
							積勝				
							積雄				
						象源	積宗	厚冬			
								厚雙			
							積江				
							積才				
							積棟				
							積紅				
						象茂	積開				

41	42	43	44	45	46	47	48	49	50	51	52
錫	吉	蔚	煥	寶	鼎	象	積	厚	福	可	
							積旺				
						象盛	積康				

41	42	43	44	45	46	47	48	49	50	51	52
錫	吉	蔚	煥	寶	鼎	象	積	厚	福	可	

萍鄉市蘆溪縣麻田鄉大安熊嶺村 11 世仕榮公支

12	13	14	15	16	17	18	19	20	21	22	23	24	25	26	27	28	29	30	31	32	33	34	35	36
祖德	層二	佳叟	文啟	紹元	海明	鐿元	宗信	志宇	瞻監	照明	禎定	士義	玉成	庸行	世顯	志朝	陽東	騰承	列琥	鳳八	景棟	仰瞻		
																	興東	騰階	有勢	龍七	景庸	仰恩		
																					景香	仰吉		

34	35	36	37	38	39	40	41	42	43	44	45
仰	重	孝	友	大	振	乃	錫	吉	蔚	煥	
仰瞻	重信	孝銘	友輔	大川	振誠	乃緒	錫卿	吉淮	蔚深	煥財	
										煥福	
										煥袓	
										煥云	
										煥美	
								吉士	蔚煮	煥讓	
										煥驥	
								吉英	蔚蕚	煥謙	
								吉言	蔚萬	煥模	
										煥禧	
									蔚藻	煥鱗	
										煥鰲	
										煥鮮	
									蔚菁	煥熙	
								吉藹	蔚賞	煥避	
								吉甫	蔚瀟	煥紛	
									蔚半	煥成	
									蔚浩	煥斌	
										煥典	
										煥爛	
					振忍	乃積	錫元	吉獅	蔚留	煥章	
							錫兆	吉臨	蔚維	煥泉	
									蔚秦	煥庭	
									蔚齡	煥淘	
									蔚耀	煥桂	
										煥魁	
									蔚魏	煥炎	
							錫諧	吉豐	蔚燕	煥清	
							錫三	吉觀	蔚林	煥金	
						乃維	錫謀	吉庠	蔚椿	煥恭	
					振咏	乃紹	錫魁	吉初	蔚興	煥發	
							錫勛	吉連	蔚篆	煥珊	
					振吟	乃繼	錫規	吉從	蔚程	煥麟	
									蔚鴻	煥笏	
						乃綸	錫球	吉盛	蔚城	煥恒	
									蔚榮	煥瑞	
仰恩	重體	孝行	友信	大兆	振家	乃安	錫祿	吉峋	蔚仕	煥詔	
									蔚偉	煥昂	

34	35	36	37	38	39	40	41	42	43	44	45
仰	重	孝	友	大	振	乃	錫	吉	蔚	煥	
								吉璝	蔚良	煥澄	
							錫琪	吉璋	蔚淑	煥晟	
						乃性	錫福	吉柔	蔚彪	煥教	
										煥前	
								吉師	蔚仁	煥震	
										煥崇	
							錫常	吉泉	蔚賓	煥晁	
							錫釗	吉珠	蔚信	煥新	
									蔚份	煥禎	
										煡華	
										煥昌	
										煥照	
						乃賢	錫健	吉琨	蔚售	煥德	
									蔚贊	煥和	
										煥英	
									蔚騰	煥美	
									蔚佑	煥暢	
					振裕	乃貴	錫艷	吉玲	蔚儒	煥達	
					振寬	乃基	錫鈞	吉璨	蔚輕	煥文	
										煥經	
								吉璦	蔚雅	煥曉	
										煥連	
								吉琯	蔚敏	煥維	
									蔚斐	煥勛	
										煥鍾	
										煥信	
仰吉	重輝	孝力	友聖	大福	振揚	乃祿	錫珍	吉光	蔚倫	煥光	
								吉謹	蔚佑	煥唐	
							錫茂	吉□	蔚名	煥齊	
							錫斗	吉魁	蔚福	煥谷	
										煥全	
						乃功	錫恩	吉降	蔚升	煥群	
										煥模	

44	45	46	47	48	49	50	51
煥	寶	鼎	象	積	厚	福	
煥彩	寶進	鼎宗	象康				
			象考				
	寶謨	鼎安	象和				
			象雨				
			象毓				
			象芬				
		鼎寰	象模	積堂			
	寶瑋	鼎采					
		鼎宴					
		鼎宜	象榮	積仁	彭克		
			象明	積奇	厚昆		
		鼎實					
	寶璞	鼎富					
		鼎官					
		鼎定					
		鼎饔					

44	45	46	47	48	49	50	51
煥	寶	鼎	象	積	厚	福	
煥福	寶琪	鼎愈	象勛	積源			
	寶琳						
煥袓	寶玖	鼎熙	象力	積昌	厚琴	福根	
					厚棋	福軍	
					厚畫	福忠	
		鼎燾					
煥云	寶球	鼎寬	象煦	積信			
	寶琯	鼎和	象燕				
煥美	寶番	鼎圭	象質	積瑞	厚良	福林	
					厚忠		
					厚文		
					厚平		
					厚明		
			象權	積珍	厚生		
					厚喜		
				積璝			

44	45	46	47	48	49	50	51
煥	寶	鼎	象	積	厚	福	
	寶圭	鼎俞	象蒸	積義			
				積忠	厚堅		
		鼎修	象熹	積恩			
		鼎備	象烈	積福			
				積祿			
				積陰			
		鼎儀	象壯	積發	厚鈞		
					厚輝		
		鼎俊	象珍	積芳	厚光		
					厚龍		
				積慶			
		鼎杰	象焦	積達	厚前		
煥讓	寶均	鼎績	象劭	積明			
				積受	厚近		
					厚清		
				積祥	厚堅		

44	45	46	47	48	49	50	51
煥	寶	鼎	象	積	厚	福	
					厚炎		
		鼎維	象京	積文	厚禎		
				積新			
		鼎鋒	象孟	積招			
				積華			
		鼎締	象昌	積軍			
煥驥	寶息	鼎引	象聖	積忠			
			象勛	積忠			
			象勤	積清			
煥謙	寶廷	鼎輔	象恩	積榮	厚堅		
				積華	厚忠		
				積富	厚輝		
			象高	積貴	厚亮		
	寶煌	鼎復	象菊	積忠	厚銘		
			象全				
			象禾				
			象萍	積星			
煥模	寶煒	鼎鱗	象茂	積實			
				積鶴			
	寶煊	鼎鐸	象艾	積琴			
			象萌	積峰			
			象芳				
			象茂	積忠			
煥禧	寶燕	鼎鱗	象儉	積軍			
	寶蕙	鼎錕	象發	積亮			
	寶蒸	鼎鐿	象堅	積常			
			象才	積高			
			象	積海			
		鼎堯	象蘭	積新			
			象華	積勝			
			象安				
	寶焦	鼎均	象升				
			象日	積海			
				積炎			
			象天	積勇			
			象竹				
	寶烈	鼎鈁	象輝				
			象耀				
煥	寶瓊	鼎勛	象珍				
			象琳	積正			
				積光			
煥鰲	寶蓮	鼎聲	象敏	積麒			
			象啟	積麒			
	寶玑	鼎菜	象川				
			象江				
	寶瑜	鼎澆	象泰	積文			
	寶崇	鼎均	象勇	積武			
	寶慎	鼎怡	象炳	積賢			
	寶琇	鼎巨	象敏				
煥鮮	寶容	鼎輸	象偉	積浩	厚偉		
				積源			
				積善			
				積忠			
			象俊	積波			
			象杰	積德			
				積章			
				積貢			
			象信	積勇			
				積躍			
	寶喜	鼎盛	象淵	積煦	厚延		
					厚漢		
					厚新		
				積喜			
				積熙	厚智		
					厚慧		
				積然	厚儲		
			象淳	(去	台灣)		
			象涵	積勇			

44	45	46	47	48	49	50	51
煥	寶	鼎	象	積	厚	福	
	寶吉	鼎煌	象松				
	寶含	鼎新	象靖	積興	厚彬		
				積華			
		鼎完	象聖	積康			
	寶環	鼎翹	象汶	積岷	厚金		
			象瑩	積永			
				積孟			
			象汝	積鵬			
			象渝	積勝			
煥熙	寶繹	鼎志	象仁	積發			
				積明			
				積華			
				積年			
煥避	寶旭	鼎純	象德	積輝			
				積增			
				積佳			
			象高	積萍	厚強		
				積源			
煥紛	寶珪	鼎徐	象輝	積長	厚德		
				積輝	厚富		
				積萍			
				積忠			
				積友			
				積申			
煥成	寶慎	鼎恕	象旭	積政			
煥斌	寶位	鼎棋	象歐				
煥典	寶露	鼎駕	象彬	積武			
				積明			
		鼎符	象和	積啟	厚滲		
				積壽	厚哲		
	寶霓	鼎簇	象文	積奉			
				積鑫			
				積輝	厚發		
			象武	積云	厚波		
				積花			
				積富			
		鼎簡	象財	積躍			
	寶云	鼎籌	象來	積程			
				積樂			
		鼎筠	象光	積金			
				積玉			
		鼎范	象萍	積滿			
				積堂			
		鼎咸	象新				
	寶霧	鼎順	象建	積開			
			象忠	積棋			
			象乾				
		鼎熙	象軍	積剛			
			象國	積濤			
			象華				
			象昆				
		鼎隆	象冬				
			象偉				
		鼎緒					
煥爛	寶機	鼎漢	象東				
			象麒	積科			
			象麟				
		鼎生	象貞				
			象平				
	寶規	鼎新	象連	積龍			
			象瀏				
			象株				
	寶渠	鼎保	象淋				
	寶棻	鼎輝					
	寶梁	鼎明	象福				
煥銅	寶銅	鼎福	象云	積脉			
			象安	積衛			

44	45	46	47	48	49	50	51
煥	寶	鼎	象	積	厚	福	
煥泉	寶釗	鼎明	象海				
	寶財	鼎儀					
	寶和	鼎堅					
		鼎清					
		鼎紅					
		鼎良					
	寶友	鼎荐					
		鼎輝					
煥庭	寶細	鼎啟	象萍				
煥淘	寶鈺	鼎松	象杰				
煥桂	寶忠	鼎紹					
煥魁							
煥炎	寶鑫	鼎愉	象悅				
	寶錕	鼎發					
		鼎市					
		鼎金					
煥清	寶興	鼎汶	象振				
		鼎秋					
	寶錫	鼎泳	象志				
煥金	寶熔	鼎新					
		鼎枚	象琪				
		鼎文					
		鼎華					
煥恭	寶恒	鼎群	象春	積興	厚發		
			象水				
煥發	寶魁	鼎奉	象銓				
			象根				
煥珊	寶烽	鼎梅	象銓	積強			
			象永				
			象均				
			象友				
			象朋				
		鼎桂	象鍾				
			象銀				
			象發				
煥麟	寶喜	鼎庄	象二	積清			
				積海			
煥笏	寶修	鼎封	象棋	積澄			
				積洪	厚功		
	寶朝	鼎蒼	象林	積源	厚勛		
				積江			
		鼎薯	象材	積洋			
			象松				
			象楊				
			象模				
	寶宙	鼎荀	象振	積潑			
				積泳			
		鼎荐	象椿				
			象樺	積浪			
煥恒	寶梅	鼎菖	象桔	積波			
			象格				
煥瑞	寶江	鼎慶	象建	積浩			
			象凡				
煥詔	寶超	鼎昆	象村	積鏞	厚芳	福□	
					厚旭		
					厚昱		
			象耀				
			象聯				
	寶昱	鼎岐	象怡	簣環	厚萍		
			象聰	積譜			
			象情				
	寶城	鼎倉	象恂	積鋼	厚波		
				積鍬	厚昀		
		鼎柯	象愈	積錦	厚斌		
					厚軍		
				積鎂	厚濤		
	寶婺	鼎且	象欣	積南			
				積熔			

44	45	46	47	48	49	50	51
煥	寶	鼎	象	積	厚	福	
				積誠	厚輝		
				積錨	厚春		
		鼎嶺	象惠	積廣			
				積模	厚清		
				積健	厚韶		
				積鍼	厚安		
				積濤			
			象念	積鑠	厚轉		
				積鍬	厚明		
				積鉀			
煥昂	寶籌	鼎岳	象懷	積錢			
				積銳			
煥澄	寶珊	鼎英	象總	積銅			
				積朋	厚林		
				積銘	厚亮		
				積叟			
				積華			
				積忠			
				積鉛			
			象清	積敦	厚國		
				積釗			
				積來			
				積繆			
				積獎			
				積秋			
煥晟	寶資	鼎峨	象鑫	積鐲	厚澤		
				積全			
				積辛			
			象忠	積根			
煥教	寶圭	鼎嶼	象必	積富	厚發		
	寶壁	鼎富	象發	積秀	厚增		
			象維	積貴	厚康		
	寶棠						
	寶伯	鼎洮	象恒				
煥前	寶后	鼎嶇	象潤	積華			
	寶森	鼎含	象海	積國			
			象忻				
		鼎峽	象恒				
	寶慶	鼎修	象寧	積云			
煥震	寶宴	鼎峋	象禹	積昌			
煥崇	寶山	鼎銘	象吉	積柏			
煥晁	寶瑾	鼎韶	象招	積高	彭麟		
				積亮	厚有		
				積文	彭耀		
				積□			
		鼎慶					
煥新	寶和	鼎固	象嚴				
煥禎	寶壽	鼎鑫	象堅	積安			
			象建				
	寶信	鼎炎	象板				
	寶崇	鼎文	象清				
			象連				
煥華	寶杰	鼎武	象華				
煥昌	寶發						
煥照	寶玉	鼎高	象東	積玉			
			象軍	積抬			
			象春				
			象昌	積梅			
煥德	寶龍	鼎嶇	象富				
煥和	寶行	鼎琴	象緊				
			象向				
		鼎棋	象添	積虎			
			象國				
		鼎棋	象添	積虎			
			象國				
		鼎書	象永				
			象緒				

44	45	46	47	48	49	50	51
煥	寶	鼎	象	積	厚	福	
			象洪				
			象新				
			象高				
		鼎玖	象癸				
		鼎拾	象彩				
煥英	寶稅	鼎凌	象忠				
		鼎壽	象乾				
			象坤				
煥美	寶爐	鼎畫	象峰	積龍			
			象炳				
			象申				
			象成				
煥暢	寶興	鼎軒	象建				
			象錦				
		鼎孟	象波				
		鼎有	象彬				
			象茂				
		鼎緒	象高				
		鼎輝					
		鼎發					
煥達	寶同	鼎漂	象光	積強			
		鼎慷	象夢	積隴			
煥文	寶源	鼎壁	象德				
	寶本	鼎峻	象浩				
		鼎華	象茵	積平			
			象泗	積招			
				積春			
		鼎耆	象見				
			象句				
			象樹				
			象金				
燠經	寶魁	鼎聖	象龍				
		鼎輝	象玉	積繼			
			象福	積生	厚波		
				積秋	厚勇		
				積光			
				積文			
				積紹			
煥曉	寶椿	鼎南	象舜	積發	厚金		
				積文			
				積合			
			象全	積煌			
			象新	積峰			
				積毅			
煥連	寶柏	鼎祥	象桂	積漢	厚新		
					厚秋		
				積慶			
				積華			
				積永			
			象	積彤			
				積丹			
			象巩	積旭			
				積啟			
			象春	積勇			
				積波			
煥維	寶節	鼎春	象海	積潤			
				積己			
			象浩	積錢			
			象平				
		鼎華	象清				
		鼎樞	象琴				
煥勛	寶葉	鼎良	象忠	積萍	厚鳴		
				積森			
				積福			
			象炎	積風			
煥鍾	寶番	鼎明	象梅				
煥信	寶枝	鼎朝	象來	積林			

44	45	46	47	48	49	50	51
煥	寶	鼎	象	積	厚	福	
煥光	寶健	鼎存	象朝	積招	厚美	福亮	
					厚球		
					厚竹	福林	
					厚舟		
					厚濟		
					厚基		
			象蓉	積璋	厚科		
				積俊	厚真		
			象財	積番	厚林		
					厚峰		
		鼎勛	象榮	積源	厚炎		
					厚鐵		
				積萍	厚琪		
		鼎環	象霞				
	寶鑾	鼎晉	象苞				
		鼎智	象莩				
			象宜				
		鼎恒	象萼				
		鼎暉	象暉	積華	厚光	福強	
						福勇	
					厚榮	福成	
					厚軍		
					厚國		
					厚來		
	寶和	鼎旦	象茹	積剛			
煥唐	寶德	鼎晁	象樂	積根	厚發		
				積春	厚武		
				積鑫			
				積良			
	寶珊	鼎復	象安	積海			
			象連	積根	厚發		
煥齊	定輝	鼎奎	象藹	積輝			
煥谷	寶元	鼎國	象來				
煥全	寶鳳	鼎權	象境	積仁	厚斌		
				積義	厚輝		
				積利			
				積玲			
				積信			
煥群	寶禧	鼎呈	象斌	積熊	厚望		
				積峰	厚軼		
				積長	厚金		
					厚城		
				積發	厚發		
				積其	厚喜		
				積祥			
		鼎□	象義	積亮			
			象來	積欣			
煥模	寶勛	鼎昭	象榮	積江			
				積華			
	寶鎮	鼎堅	象旭	積龍			
			象日	積鳳			
			象升				
		鼎明	象嚴	積偉			
	寶監	鼎暉	象平				
			象安				
			象吉				
	寶懋	鼎昂	象芳				
	寶存	鼎光	象增				
			象輝				

萍鄉市蘆溪縣彭家坊村、石壙、雅懷壙 26 世立璽公支

26	27	28	29	30	31	32	33	34	35		
立璽	光正	洪道	先備	騰秋	祖禧	友發	瑤皇	卿全	從善	外善	
							開桂	可全	寶善		
							玉堂	元爵	繼美		
								元祿	純善		
								元位	良善		
							先修	騰程	祖疇	學勛	
							程遠	御玻	學點		
								御珀	學鰲		
								御珆	學熾		
								詞海	鵲珩		
					祖經	友諒	朝東	華桃	原泰		

26	27	28	29	30	31	32	33	34	35		
					祖紀	友仁	升濟	卓椿	健	儒	
								卓杞	熾乾		
								卓南	廷		
								卓材	位	僖	
								卓杆	儔		
						友儀	昇罕	華構	象乾		
	光祥	洪某	先旺	騰明	祖汝	魯八	某公	才全	廷善		
								福全	佳善		
					祖達	魯欽	某公	壽全	泰善		
					祖誼	魯安	某公	裕全	元善		

35	36	37	38	39	40	41	42	43	44	45	46
從善	張□										
外善	張熛										
寶善	張書										
	張番										
	張遂										
	張炳										
繼美	張耀	薄生									
	張灿	日熊									
	張肅										
純善	張煜	日□									
	張鬧	日恭									
		日寬									
		日敏									
		日惠									
		日昌	觀興								
	張煦										
良善	張燮	日儉	觀庶	樹德							
		日讓	觀光	樹大							
				樹高							
		日敬	觀恒	樹和	為斌	忠元	磊貞				
				樹泉	為裘	忠貴					
						忠云					
			觀慶								
			觀正								
祖疇	友直	程高	御璟	學杰	司浩	韵菁	觀洵				
							觀液				

35	36	37	38	39	40	41	42	43	44	45	46
					司既	韵淪					
						韵蒲					
					司諫	韵芹	觀渲				
							觀畏				
							觀□				
							觀衍				
							觀合				
						韵汾					
						韵莘					
					司議	韵淮	觀浪				
						韵泗					
				學勛	司證	韵涵	觀滽	樹豫			
								樹校			
								樹枝			
								樹碧			
						韵灝					
						韵怡	觀澳	樹稼			
								樹瑞			
								樹楓			
							觀湛	樹機	為離		
								樹榆	為炎		
								樹杍			
								樹楷			
							觀能	樹楓			
								樹松			
						韵豪					

39	40	41	42	43	44	45	46	47	48	49	50
		韵清	觀河	樹鉞							
			觀濤								
			觀柔								
學勛	司注	韵浤	樹愷	為順	仁忠						
					義忠	道貞	堪球	保秋	國亮		
								保紋	琦琦		
								保萍	國雷		
							堪廣	保峰			
								保楝			
								保剛			
							堪璋	保樺			
							堪豪	保經			
					禮忠						
				樹揆							
				樹藻	為頌	智忠	湖貞	堪秋	保球	國明	
								堪桃	保豐	彭淇	
									保桂		
								堪運	保衛		
									保鐵		
									保輝		
						信忠	仁貞	堪水	保成		
							璜貞	堪雷			
						孝忠	斌貞	堪洪	保華		
								堪萍	保綢		
							明貞	堪旼	保樫		
									保穎		

39	40	41	42	43	44	45	46	47	48	49	50
								堪春	洪晟		
								堪榮			
			觀嬴	樹譽	為成	濟忠	奇貞	堪美	保招		
									保遲		
							財貞	堪聯	保雷		
									保琿		
								堪曉	輝蘭		
								堪貴	保躍		
								堪軍	圳為		
				樹煊							
				樹締	為舒	情忠					
				樹鑒	為城	濟忠					
		韵閑	觀潼	樹詔							
				樹植	為璜	明忠	廉貞	堪正	保洋	國勤	
										國聰	
									保文		
			觀浩	樹豁	為潘	清忠	恒貞	堪天	保相	國漢	
							性貞	堪國	保林	國濂	
										國洁	
									保樹	國清	
									保森	國滿	
									保枝		
								堪星	保松		
									保柏		
								堪順	保盛		
	司誼	韵琴	觀記	樹聰	為坊	精忠					

39	40	41	42	43	44	45	46	47	48	49	50
						思忠					
					為表						
					為亮						
					為輝						
			觀泳	樹晉	為喬						
					為揖						
					為琮						
					為矩						
					為鵬	誠忠	球貞	堪云	保蘭		
									保平		
							貳貞				
							三貞	堪俑			
								堪岷			
							義貞	堪踊			
								堪珺			
							武貞	堪筱	婷娟		
								堪友	保永		
									保春		
								堪華			
								堪平	保晶		
							聖貞	堪良	保茵		
								堪中	保浩		
								堪紋			
								堪均	彭航		
				樹秩							
				樹慧							
			觀詮	樹蕙	為范	致忠					
				樹槐							
				樹績							
				樹嚴							
			觀湘	樹谷	為袞	如忠					
						開忠	菊貞	堪根			
							南貞	堪逵			
				樹栗	為洪						
			觀啓	樹召							
				樹概							
				樹棱							
				樹樫							
			觀調	樹暾	為興	性忠					
						維忠	九貞	堪明	保粮		
									保均		
									保魏		
								堪連	保亮		
								堪犀	保萌		
							飛貞	堪和	保榮		
								堪秋	保驊		
								堪文	保綢		
								堪林	保從		
								堪志	保濤		
							祥貞	堪興	保民		
								堪會			
								堪芬			
				樹羲	為浚						
					為駿	謀忠					
					為森						
					為菁	福忠	進貞	堪洪			
							豐貞	堪椿			
								堪仲			
				樹昕							
		韵譜	觀湄								
			觀開								
			觀滲								
			觀□								
	司調	韵□	觀逢								
			觀北	樹梧							
	司誕	韵陶	觀渙								
			觀□								
			觀朱								
		韵吭									

39	40	41	42	43	44	45	46	47	48	49	50
		韵凝									
		韵宣									
學點	司詮	韵鯨				37	38	39			
	司讀	韵弦	觀洵			程遠	御玻	學點			
			觀滸	樹洲							
			觀高								
			觀淅								
		韵皇	觀溆								
			觀淞								
			觀漢								
		韵瓊	觀祟	樹稼	為藻						
				樹稼	為豫						
			觀浐	樹分	為瑞	忠善	接貞	堪東			
							壽貞	堪茗			
							昭貞	堪楗			
							紅貞	堪鵬			
							瑤貞	堪禹			
							挺貞	堪鎧			
			觀淇	樹稱	為桂						
學鰲	司詞	韵球	觀榮	觀榮	樹勝						
		韵瑤									
學熾	司諭	韵匏	觀澗	樹勝							
			觀泌								
			觀美	樹杭	為瑤	開忠					
						定忠					
						真忠					
						蘭忠					
						春忠	森貞	堪閔			
							民貞	堪堅			
			觀涤								
			觀澄								
	司海	韵珩	觀正								
			觀厚	樹樟							
				樹雄							
		韵颺	觀瀛	樹梅	為炎	忠普	衡貞	堪湘			
						忠勛	禮貞	堪鍬			
朝東	華桃	原泰	大銓	韵颺			桃貞	堪芳			
31	32	33	34					堪耘			
祖經	友諒	朝東	華桃			忠均	豪貞	堪錦			
								堪凱			
							杰貞				
						忠文	連貞	堪斌			
							合貞	康豐			
						忠萍	泰貞	堪贛			
							衡貞	堪湘			
							嵩貞	堪川			
							昆貞	堪江			
						忠奇	懷貞				
							文祥				

立璽公嗣祖四房紀公

31	32	33	34	35	36	37	38	39	40	41	42
祖	友	升	卓		咏	日	觀	樹	為	忠	
祖紀	友仁	升濟	卓椿	健	咏基	日鈴					
					咏坤	日珍					
					咏城	日鑾	觀榮	樹臬	為美		
								樹標			
					咏塤	瑤魁					
					咏垓	白銳					
					咏坡						
				儒							
			卓杞	熾乾	復科						
			卓楠	廷	復祖	日奇					
						日惠	觀澧				
			卓材	位	咏台						
					咏垣						
					咏階	日鑲	觀□				
						觀濰					
						日鈁	觀激	樹聲			

31	32	33	34	35	36	37	38	39	40	41	42
祖	友	升	卓		咏	日	觀	樹	為	忠	
							觀黃	樹誠			
							觀有	樹桓			
						日吾	觀彪	樹暄			
								樹蒲	為年	周忠	
					咏北	日鏈					
						日銹					
						日番					
						日求	觀朝	樹忠			
							觀景				
							觀漾	樹生			
							觀沖				
					咏墀	日鍵	觀容				
							觀靖				
							觀分				
							觀田				

35	36	37	38	39	40	41	42	43	44	45	46
	咏	日	觀	樹	為	忠	貞	堪	保		
僖	咏堅	日銘	觀浚	樹謀	為堯	純忠					
						文忠	榮貞	堪勵			
							金貞	堪糠			
							萍貞	堪菝			
			觀鴻								
			觀□	樹仁	為舜						
				樹義	為禹	祿忠	名貞				
				樹階							
			觀治	樹豐	為甫						
			觀泰	樹藏	為殷						
					為松						
					為樞						
		日劍	觀薄	樹勛	為德	顯忠	桂貞	堪外	保明		
						輔忠					
						大忠	蘭貞				
							秋貞	堪瑞	保敏		
								堪壽	保軍		
									保義		
								堪會	清萍		
					為慎	大忠					
						全忠	恩貞	堪利			
								堪招			
					為寶	和忠	德貞	堪建	保海		
									保純		
								堪立	保學		
								堪新	保元		
								墳忠	麒		
								堪桂	保堅		
						柏忠	廷貞	堪宇			
							盈貞	堪聖			
							義貞	堪甲			
								堪申			
						彬忠	虎貞	堪清			
								堪吉			
							壽貞	堪剛			
					為簡	秀忠	蒲貞	堪紹	保梁		
								堪月	保宇		
									保斌		
			觀瀾	樹模	為剛	懷忠	遠貞	堪評			
								堪驊			
						文忠	云貞	城福	艷花		
							銘貞	堪蘇			
							文貞	堪淳			
								堪敏			
								堪□			
							海貞	堪銳			
								堪奇			
								堪霖			
						乾忠					
				樹坤	為明	冬忠	芳貞	堪勇			

35	36	37	38	39	40	41	42	43	44	45	46
	咏	日	觀	樹	為	忠	貞	堪	保		
						日忠	幸貞	堪雄			
						可忠	淑峨				
						愛忠	富貞	利純			
					為懷						
			觀滉	樹芬	為全						
					為權	建模					
					為國						

33	34	35	36	37	38	39	40	41	42	43	44
昇	華	象	咏	日	觀	樹	為	忠	貞	堪	
	卓杆	僖	咏培	日鈞	觀洋						
					觀尋						
					觀海						
			咏墻	日鑣	觀會	樹秋					
					觀艷	樹紅					
					觀瀚						
					觀深						
		僖	咏增	日修	馬潭	樹櫟	為祿	忠驊	慶貞		
								忠民	喜貞		
								忠梅			
								忠明	建貞		
									笙貞		
								忠揚	樺貞		
昇罕	華構	象乾	巨來	日鵬	觀襄						
				日鸚	觀沂	樹烈	為椿	忠生	增貞	堪剛	
30	31	32	33						楸貞	堪監	
		友儀	昇罕						□貞		
					觀汕						
			臣功	日毅	觀□						
					觀晉						
				日浙	觀澍	樹大					
			臣漳	日楣	觀涂	樹芝	為命				
							為華	忠良	蓉貞	堪淋	
									軍貞	堪鍵	
									紋貞		
									洪文		
						樹番	為純	忠紋	生貞		
						樹熙	為書	忠財	孟貞	堪幗	
									利貞	堪寧	
									強貞	堪聰	
							為章				
							為聖				
					觀濟	樹俊	為得				
							為鳳	忠壽			
								忠得	根貞		
								忠福	啟貞		
									爭貞		
							為凰				
						樹幟	為永	忠裕			
					觀沛	樹屏	為吉				
							為峻				
							為庭				
							為陵				
							為根	忠濤			
								忠會	彬貞		
									超貞		
									涌貞		
								忠友	雙貞		
								忠立	裕貞		
									引貞		
							為年				
					觀泗	樹□					
					觀汾	樹藝					
					觀汾	樹襄	為福				
					觀治	樹玉					
				日伶	觀淪	樹崇					
					觀漣						
					觀溥	樹旺					

33	34	35	36	37	38	39	40	41	42	43	44
昇	華	象	咏	日	觀	樹	為	忠	貞	堪	
					觀溥						
					觀泮						
				日彤	觀求						
				日殷	觀衍	樹嵩					
						樹理	為融	忠片	燕貞	堪威	
										堪武	
									學貞		
									祖貞		
									鏵貞		
									軍貞		
								忠漢	余貞		
									戈貞	康旗	
									新貞		
									炎貞		
									真貞		
							為冬				
					觀溱						
					觀澄	樹臨					
					觀清						
				日鬢	觀洛	樹高					
					觀淋						
					觀沅						
			合堅	日庸	觀洞	樹嚴					
				日勤							
				日朴							
				日萃	觀典						
				日褒	觀型						
			合重	日隨	觀政						
				日沖							
				日旆	觀澤						
			合勤	日者	觀聖	樹康					
						樹貴					
				日籌							
				日貞							
				日彥							

37	38	39	40	41	42	43	44	45	46	47	48
日	觀	樹	為	忠	貞	堪	保				
日彥	觀家	樹本	為國	慶忠	福貞	堪桂	保□				
				賢忠							
				琪忠	益貞	堪祥	保鑫				
						堪龍	保磊				
						堪芸	保佑				
					鳳貞	堪歸					
					群貞	堪瑩					
			為保	盛忠							
				堅忠	貴貞	堪林	保良				
							保鏵				
							保云				
						堪詔	保江				
					美貞	堪生	保龍				
					細貞	堪啟	保益				
						堪財					
				全忠							
				瑞忠							
			為和	忠兵	元貞	堪見	保鈞				
						堪暑					
					華貞	堪德					
						堪民					
					梅貞	堪濤					
						堪君					
				忠光	國貞	堪錮					
						堪庚					
			為高	忠南	重貞	堪永					
					漢貞	堪有					
						堪吉					
			為玉	忠山	光貞	堪梅					
					炳貞	堪洪					

37	38	39	40	41	42	43	44	45	46	47	48
日	觀	樹	為	忠	貞	堪	保				
				忠西							
				忠和							
		樹有	為干	忠求	得貞	堪鈞					
						堪玲					
					輝貞	堪勇					
					勝貞	堪鋒					
					萌貞	堪菠					
					平貞	堪劍					
		樹新	為功								
			為秀								
			為德	忠輝	招貞	堪裕					
					現貞	堪健					
						堪躍					
					吼貞	堪亮					
						堪麗					
					均貞						
					园貞						
				忠華	萍貞	堪玻					
					和貞	堪珉					
					文貞	堪荐					
						堪玲					
					驊貞						
				忠光	艷貞						
				忠炳							
				忠正	士貞						
			為忠	忠亮	勇貞						

35	36	37	38	39		35	36	37	38	39	
象	咏	日	觀	樹		象	咏	日	觀	樹	
	鶴張	日楹					咏墉	日咨	觀光		
		日屐							觀溶		
		日楷						日澈			
		日朝	觀凌	樹理			咏坪	日昕			
	鶴鳴	日倫					咏坦	日維			
		日柄						日頌			
		日綢						日雅			
	召裘	日韓									
		日序									
		日灢	觀准								
			觀湖								
		日慶									

立璽公嗣光祥公房

25	26	27	28	29	30	31	32	33	34		
	立璽	光祥	洪芋	先旺	騰明	祖汝	魯八	某公	才全		
									福全		
						祖達	魯欽	某公	壽全		
						祖安	魯安	某公	裕全		

33	34	35	36	37	38	39	40	41	42	43	44
某	全	善	張	日	觀	樹	為	忠	貞		
某公	才全	庭善	張福	日成	觀明						
					觀岩						
			張貴	日濟	觀春						
	福全	佳善									
某公	壽全	泰善	張維	日求							
				日拔	觀福	樹喜	為聖	忠波			
						樹明	為昌				
某公	裕全	元善	張冬	日發	觀奏	樹慶					
					觀成	樹綿	為奇	忠建	貞漢		
								忠茗	貞杰		
						樹馨	為云	忠德			
								忠文	貞博		
									小寶		
								忠鈞	貞珂		

33	34	35	36	37	38	39	40	41	42	43	44
							為根	忠富			
							為炳	忠敬			
						樹龍	為毅	忠蓉	貞亮		
								忠湘	貞程		
							為芳	忠欽			

33	34	35	36	37	38	39	40	41	42	43	44
							為劍	忠玻			
							為萍	忠有			
							為福	忠峰			
								忠勇			

宜春市慈化鎮伯塘紅盛 34 世聰五公支

34	35	36	37	38	39	40	41
聰	明	盛	智	恭	寬	信	
聰五	明璋	盛顯	智舜	恭仁	寬仁	信棠	
						信梅	
					寬昭	信久	
						信應	
					寬潤	信卿	
				恭禮	寬恩	信交	
					寬起	信書	
						信述	
				恭信	寬猷	信祥	
			智良	恭衡	寬洪	信邦	
						信有	
					寬淮	信琳	
						信瑞	
	明瑚	盛通	智堯	恭義	寬渙	信成	
				恭華	寬蘭	信謹	
						信從	
						信全	

40	41	42	43	44	45	46	47
信	敏	惠	清	芬	俊	志	
信棠	敏芳	惠暢	清友	財芬	俊賢	志海	
					俊聖	志勇	
					俊昌		
信梅	敏蘭	惠有	清喜	祥芬	俊福	志林	
					俊華	志有	
	敏騰	惠善	清仁				
	敏忠	惠廣	清林				
			清學	龍妹	俊富	志軍	
					俊裕		
			清泉	亮芬	俊長	志平	
					俊庚	志祥	
				水芬	俊仁	志新	
				校芬	俊龍		
					俊鳳		
	敏和	惠風	清桂				
			四苟				
			五牙				
			清冬	禮芬	俊萍		
				矯芬	俊少		
					俊浩		
				滿發			
信久	敏鳳	惠貝					
		惠玉	清蘭				
			清濤	金芬	俊勇		
				啟芬	俊保		
					俊有		
				先芬	俊果		
					俊良		
				南芬			
			清平	景芬			
				神芬			

40	41	42	43	44	45	46	47
信	敏	惠	清	芬	俊	志	
信應	敏松	惠佐					
		惠佑					
	敏柏	惠局	清炎	德芬	俊杰		
					俊雄		
		惠正					
信卿	敏玲	惠愛					
信交	敏能	惠郁	清發				
			清坤	勝芬			
				利芬	俊茂		
				前芬	俊庚		
信書	敏聲	惠善					
信述	敏誰	惠明					
		惠聰					
信祥	敏田	惠連					
信邦	敏爵	惠月					
		惠春					
	敏成	惠光					
信有	敏賜	惠珠					
信琳	敏佳	惠洪	清勇	化芬	俊禮	志寶	
					俊財	志永	
					俊照		
				任生			
				七生			
				自生	俊府	志軍	
					俊桂		
					俊样		
			清晨				
		惠秀	清堪				
			清河	火芬	俊觀		
					俊譜		
		惠動	清須				
	敏協	惠吉	清沂	少香	俊軍	志喜	
						志譜	
					俊平		
	敏清	惠贊	清照				
			清波	瓊芬	俊京		
				文芬	俊楓		
				斌芬			
		惠啟	清揚	吉芬	彭俊		
				星芬			
				高芬			
				照芬			
信瑞	敏功	惠房	清庚				
			清倫	仁芬	俊發	志觀	
					俊六	志兵	
						志沖	
				義芬	俊財	志龍	
					俊海		
				智芬	俊東		
					俊云		
				信芬	俊春		
	敏效	惠璋	清和				
信成	敏桂	惠相	清林	育芬			
		惠龍					
信謹	敏道	惠祖					

40	41	42	43	44	45	46	47
信	敏	惠	清	芬	俊	志	
		惠顯					
		惠淼	清生	桂芬	俊杰	志龍	
					俊榮	志輝	
						志宇	
					俊貴		
		惠金	清財				
			清快				
			清日				
信從	敏善	惠享	清泰				
			清貴				
			清山	財芬			
			清炎				
			清福				
			清海				
		惠秋					
		惠冬	清榮	松芬	俊有	志歡	
						志勝	
					俊育		
				柏芬	俊義		
				根芬	俊立		
	敏抬	惠國					
		惠松	清洪	桃芬	俊德		
				柳芬	俊智		
					俊理		
				楊芬	俊健		
				梅芬	俊海		
				祥芬	俊祿		
信全	敏彥	惠壽	清亮				
			清譜	樹芬	俊輝	志平	
						志文	
			清健				
			清保				
		惠貴	清溪				
			清浪				
	敏桃	惠來	清湖				
			清祿	外芬	俊林	志幸	
					俊華		
					俊安		
					俊明		
		惠滿	清高				
			清春				
			清發	有芬	俊彬		
				福芬	俊誠		
					俊從		
			清雨	紅芬	俊祥		
				秋芬	俊炎		
					俊錦		
				杰芬			

江西萍東易家灣壙 35 世志喬公支

35	36	37	38				
志喬	良四	文輝	福高				
		文勛	海高				
		文華	壽高				
	良六	文二	才高	騰高			

37	38	39	40	41	42	43	44
文	高	湖	生	發	開		
文輝	福高	湖德	春生	文宗	開洪	堅	
					亮洪		

37	38	39	40	41	42	43	44
文	高	湖	生	發	開		
				才宗	長洪		
文勛	海高	湖恩	和生	硬發	振梅	長	
					金梅	可	
					水梅	堅	
				財發	鋒		
				聖發	望		
				瑞發	會萍	梓	
		湖元	其生	云發			

37	38	39	40	41	42	43	44
文	高	湖	生	發	開		
		湖亮	菊生	炳發	雪波		
文華	壽高	湖行	正生	輝云	接華	海軍	
文二	才高	湖壽	生昌	明春	家平	化林	
					長根		
	騰高	富義	生秀	明才	永紅		
				明生	永聖		
				明發	滿意		

萍鄉市雞冠山鄉梓木村 35 世昌仁公支

35	36	37	38				
昌仁	祥連						
	文連	發元	興明				
	福連						
	春連						
光連	發書	興義	興端				
松連							
華連							
開連							
壽連	興余	興元	興發				

38	39	40	41	42	43	44	45
興	高	隆	遠	長			
興明	高富	隆順	遠貴	長文	金		
				長禮	艷紅		
					黨		

38	39	40	41	42	43	44	45
興	高	隆	遠	長			
				長根	秋生		
				長海			
				長清			
	高水	隆壽	遠連	長財			
				長發			
	高祿	隆輝	遠福	長貴	海	義	
						勇	
			遠洋	長全	和		
					武		
				長財	明		
					根		
					聖		
				長聖	軍		
興義							

38	39	40	41	42	43	44	45
興	高	隆	遠	長			
興端	高平	倫稅	遠稅	遠清			
				遠根			
				遠全	長福		
					長發	檢檢	
					海波	登豐	
						顯光	
					海平	權權	
					長環	仁貴	
					福平		
興余	高信	倫生					
興元							
興發							

江西萍東下九洲(居蘆竹沅長溪村)30 世廷會公支

29 廷會 30 嗣源 31 仁慈 32 之飛 33 順泰 34 士經 35 立天 36 步天 37 發貴、登貴

36	37	38	39	40	41	42	43
天	貴	文	鍾	春	昌	成	
立天	發貴	學文	鍾謨	應春	珍春	善成	
		盛文	鍾福	財春	吉昌	華成	
	登貴	玉文	鍾武	德春	舜昌	得成	
						吾成	
						元成	
						辛成	
			鍾興	石春	元昌	典成	
			鍾琪	占春	漢昌	明成	

36	37	38	39	40	41	42	43
天	貴	文	鍾	春	昌	成	
						敏成	
						道成	
						全成	
						美成	
					鳳昌	遂作	
			鍾麟	喜春	煥昌	榮成	
		枳文	鍾灿	長春	恒昌	冰成	
						集成	

36	37	38	39	40	41	42	43
天	貴	文	鍾	春	昌	成	
						玉成	
			鍾煌	定春	迪昌	濤成	
步天	性貴	賓文	鍾友	連春	言昌	邦成	
		龍珠	必高	明財	秋發	建存	
		林珠	必聞	鳳財	長發	甲發	

42	43	44	45	46	47
成	大	德	協		
善成	正大	德遠	協璇		
		德勝	協鈺		
		德福			
華成	榮輝	德仁			
得成	大富	友萍	杰建		
			杰林		
吾成	大勝	輝志	卿		
		清志	正元		
			正林		
		文萍	斌		
		正德			
元成	大其				
辛成	大貴	德萍	躍		
		德和	夢霞		
		德華			
		德春			
典成	大恭	健祥	超俊		
	大寬	利君			
	大信	博			
	明生	茜			
明成	大善	德蘭	超敏		
	大和	建國	續		
		德安	靖		

42	43	44	45	46	47
成	大	德	協		
		建春	旺		
			磊		
		建平	賽		
		明發	林		
		冬發	汝祺		
		強發			
	大發	朝輝			
	大仁	德江	俊		
		秋華	海		
		春華	宇婷		
	大文	若			
敏成	大勇	軍	杰		
		亮			
	大義	偉			
		宏			
		奇			
	大友	敏			
	大平	永根			
	和平	斌			
		峰			
	顯明	華			
	建萍	磊			
道成	合榮	小亮			

42	43	44	45	46	47
成	大	德	協		
全成	曉林	渤			
美成	大榮	科			
	大躍	芳			
	曉華	艷敏			
	根華	德譜			
遂成	大衡	慶德	協高		
		建德			
		祖德			
	大明	□德			
諫成	大良	沈德	協明		
			協紅		
			協輝		
			協□		
			協華		
		富德	協國		
		勝德	杰		
榮成	模生	德祥	麗佳		
冰成	德輝	新華	婷		
		新明	偉		
		新文			
	文輝	新武			
集成	迪輝	友			
玉成	光輝	德水			

42	43	44	45	46	47
成	大	德	協		
	明輝	斌			
	丁輝				
濤成	忠輝	慶生	協騫		
			協群		
		惠生	協波		
		早生			
		來生			
		赦生			
邦成	梅生	德華			
		德榮			
建存	羅明	全良	蕾		
		友良			
		金良			
		冬良			
	關生	桂良	智		
		勝良			
甲發	大勝	宇			
		中			
	大興	豐			
		湘軍			
	大天	永健			

江西萍東上九洲 34 世相彩公支

34	35至	39世	40	41
相彩	(失	考)	雪龍	
			雪賓	

40	41	42	43	44
雪	子	生	明	
雪龍	子文	水生	明耀	譜

40	41	42	43	44
雪	子	生	明	
	子元	雄飛	明亮	敏
				斌
			明堅	毅
			明芳	麗煌
		雄鵬	喜明	麗春

40	41	42	43	44
雪	子	生	明	
			東明	堅
		雄鳳	志勇	
			志明	
雪賓	子泉	章生	建明	
		冬生	有明	

40	41	42	43	44
雪	子	生	明	
			貴明	

宜春市南廟鄉(雙田組、高頭組)14 世安衡公支

14	15	16	17	18	19	20	21	22	23	24	25
安衡	飛公	立庵	桂生	廷璋	琮璜	仕瞻	晃亮	凌回	麋志	瑞明	
25	26	27	28	29	30	31	32	33	34	35	
自元	邦佐	元柏	金鳳	寅秀	再富	幕溪	秀甫	顯卿	鳴岐	國用	
									秩叙	懷萬	
								明卿	久元	龍云	
									中清	衍山	

35	36	37	38	9	40	41	42	43	44	45	46
國用	鼎元	景剛	祥占	思洪	正國	如松	紹昌	上林	會發	金鈺	
						如標	紹才	上和	金發	建新	
								上皆			
				思恒	啟國	如槐	紹昆	上金	運發		
									運化		
								上典	志忠	義濤	
				思化	晉國	如林	紹春	上洪	愛發	印普	
										金根	
								上連			
								上輝	海發	勇聖	
									有發	義樂	
									晚發		
							紹來				
			遠明	思桂	善國	如恒	紹星	上云	志剛	義兵	
								上義	志林	義鑫	
									志根		
			象占	思騰	運國	如泉	紹德	上漢	榮發		
									忠發	義遠	
									群發		
								上淮	明發	建運	
									水發		
								上海	彭衙		
懷萬	克皆	鄉云	后裕	道忠	炳善	端生	紹輝	上清			
								上高			
						根生	紹貴	上衛			
								光冬			
							紹富	上祖			
								上裕			
							紹友				
							紹明	上波			
			仁裕	仕忠	昌善	復群	紹恩	上田	志良	建國	
									志行	建軍	
										建明	
									志友		
				煥忠	論善	均生	紹南	上勇			
							紹高	上文			
								上武			
					日善	秋生	紹榮	上國	志炎		
							紹禹	上丁	志勇		
								上萬			
	漢超	壽堂	寶裕	盛忠	有善	福生	紹斌	新民	洪仁		
								裕民	小林		
								惠民			
								凌民	貴仁		
						春生	紹余	國新			
								國平			
							紹早				
				萬忠	功善	冬生	紹業	伯順	志榮		
									志化		
								叔其	志雄		
								上斌	志亮		

35	36	37	38	9	40	41	42	43	44	45	46
								上軍	志燕		
								上忠			
						華生	紹裘	光榮			
							紹忠	光慶			
							紹林	光健			
								光愉			
							紹桂	光佳			
						留生	紹堯	上才	龍仁		
								上志			
								上謀			
							紹輝	思陽			
							紹平	上瓊			
								光勇			
					昂善	程生	滿泉				
						道生	溫泉	凌智			
								光琦			
							春泉	光柱			
					朗善	學生	紹祖	上河	濤仁		
									壠仁		
								上才	志春		
									志冬		
								上富			
								上萍			
						松生	紹瑞	上明			
								上瑛			
					榮善	長生	紹美	運平			
							紹金	光雅			
							紹君	光盼			
								光城			
							紹芳	鈺江			
		卜堂	久裕	德忠	怡善	漢化	紹成	光仲			
							紹國				
							紹泉	光孟			
							紹杰				
							紹紅				
						吉生	紹武	光旭			
		錫堂	富裕	斌忠	文善	愛生	紹化	上泉	志文	彭威	
										義遠	
									志武	義明	
									志斌		
								上輝	志健		
							紹炎	光照			
								光浩			
								光偉			
		晃堂	廣裕	星忠	愉善	漢化					
	彩昭	步堂	自貴	佑忠	進善	體群	紹維	上炎	志遠		
								上福	善仁		
							紹剛	上行	輝仁		
									建仁		
								上進	強仁		
						付松	紹祥	上友			
				吉忠	揚善	芝松	紹茂	上杰	群輝		
									兵發		
							紹金	上桂	呂仁		
								上標			
		玉堂	龍貴	碧忠	啟善	才修	紹化	上良			
				在忠	高善	炳群	紹行	根化			
								才化	俊仁		
								友化			

35	36	37	38	9	40	41	42	43	44	45	46
								生化	磊仁		
							紹懷	軍化			
								海化			
				積忠	郁善	錫群	紹根	上化	志森	建兵	
									志斌	建發	
									志軍		
									志禮		
								上國	志魁		
									志偉		
								上意	志根		
									志明		
								上茂	志友		
								上平	志波		
									志旭		
							紹煌				
			良貴	碩忠	輝善	萬秀	紹活	上軍			
							紹炳	上堯			
								上來			
								上由	國慶		
						寓生	紹修	光娟			
							紹奎	光芒			
								光剛			
				磐忠	最善	水生	紹堂	光定			
								光鋒			
							紹永	光景			
				節忠	攀善	新生	紹基	小裕			
							文浩	上富			
								上貴			
		翠堂	耀貴	全忠	聯善	梅生	紹宗	上郁			
							紹兵	上水			
								上木			
			年貴	大忠	彰善	殿林	紹性	春化			
								學化			
								冬化			
		黃堂	賢貴	錦忠	依善	桂生	紹清	小健			
								小康	志福		
			信貴	焱忠	維善	辰生	紹良	小玲	志勇		
								小瓏	志謀		
									志強		
							紹冬	小平	志堅		
								小安			
								小毓			
							紹謙	小秀			
龍云	漢松	起發	紹基	茂連	壽章	德來	云祥	春生	晉中		
									晉軍		
								聖生	光明		
					壽山	德發	金祥	起生			
								桂生	效仁		
								建生			
						德和	禮祥	光吉			
			紹元	清秀	保堂	德盛	梅祥	光斌			
				才秀	保成	德全	義祥				
							意祥				
							增立				
					保健	德英	建祥				
	秀成	如濤	春發	盛友	細宗	斗申	祖才	彭勇			
						斗成	祖元	初生	茂仁		
									聖仁		
								文生			
							祖英	龍生	彭敏		
								鳳生	彭輪		
								呈生			
								祥生			
						斗化	祖德				
			財發	盛松	保崇	斗海					
					銀崇	斗山	祖芳				
						斗元					

35	36	37	38	9	40	41	42	43	44	45	46
		如禮	貴發	盛文	福崇	斗光	祖生				
							祖安				
							祖化				
						斗桂	祖平	彭欽			
								彭健			
							祖江				
				丁林	文昌	開發	啟祥	根聖	彭清	彭成	
									志文		
								滿聖	叔仁		
									季仁		
				摺林	文財	清發	有祥	竹生	學平		
33	34	35							金平	義崇	
明卿	中清	衍山				秀發	右祥	菊生	運平		
衍山	國八	繼進	禮忍	洪淩	大年	全盛	紹榮	艷林			
							紹光	左林			
							紹桂	檢林			
								保林			
						全祥	杰化	加林			
						全春	廣化	近林			
								遠林			
							才化				
						全由	德化	洋林			
								少林			
								運林			
						全德					
						全昌	均化	楨林			
							建化				
					大任	全周	盛化	桃林			
								電林			
							順化	軍林			
							桂化	峰林			
							鋼化	興林			
		德輝	以忍	金升	大順	全善	運化	建平			
								建波			
						全行	友化	財平			
								元平			
								茂平			
						全友	榮化	建林			
								建勝			
		拔濟	高忍	生茂	大坤	全炳	運平	建新			
							運軍	建慶			
							運桂				
				生壽	大來	全會	運生	光亮			
		明道	義發	壽庭	大成	全元	小寧	光波			
			禮發	富庭	大良	錢均	金明				
							金玲				
							金輝				
							金波				
		加德	新發	順能	德揚	友生	學初	啟化	志軍		
									志文		
							學俊	松化			
							學暫				
					書伍	上全	國強	盛生			
								水生	彭松		
								鳳生			
							國化	紹東			
								紹春			
						日安	財壽	發生	忠志	彭強	
									元志		

萍鄉市蘆溪縣蘆溪鎮葛溪村 19 世家文公支

19	家文										
20	維祥										
21	嗣文										
22	樹照										
23	文芳	文武									
24	子官	自官	五官	寅官	金官	冬官					
25	萬洪	萬益	萬云	萬茂	萬林	桂林	德林	茂林	端林	瓊林	
	萬階										
26	文田	文茂	文峰	文富	文全	文聖	文元	文光	文炳	文彩	
	文裕										
27	光升	光友	光梅	光林	光發	光新	光榮	光華	光輝	光鴻	
	光鵬	光鶴	光鳴	光有	光明	光祺	光懷				
28	紹春	紹勇	紹軍	紹均	紹豐	紹斌	紹輝	紹君	紹誠	紹南	
	紹貴	紹榮	紹昌	紹才	紹濂	紹麟	紹麟	紹林	紹斗	祝林	
	芬林	紹春	紹炳	紹忠	紹明	紹德	紹發				
29	漢從	漢葉	婷	漢緯	春生	冬生	瑞生	啟明	漢萍	漢英	
	啟軍	漢章	漢良	漢林	漢濤	漢倫	漢生	連生	漢福	漢建	
	漢和	文華	雪華	漢霖	漢霖	漢剛	漢桂	漢戰	先秋		
30	振錕	振林	振艷	振博	振偉	振萍	振鵬	振鵬	振揚	秋文	
	清文	立明	洪濤	江濤	洪林	容東	震	振峰	振可	習主	
	國華	榮幸									
31	琴										

萍鄉市安源區高坑鎮反江大門前 17 世公善公支

17	18	19	20	21	22	23	24	25	26	27	28
公善	世修	遠光	長望	貽堯	謀端	開智	有義	珂七	仁佑	熿祥	謂川
29	30	31	32	33	34	35	36	37	38		
瑤琦	思彪	角二	云三	桂	以洪	茂林	廷灿	師達	應文		
									云文		
						茂楝	廷耀	占鰲	致能		

37	38	39	40	41	42	43	44	45	46	47	48
師	文	道	高	美	奎	盛	環	發	顯		
師達	應文	道年	秋高	美官	銘奎	國盛	冬佑	向華			
				美在	榮奎	財盛	和平	永輝			
						發盛	復環	豫軍			
								彭斌			
							啟環	永忠	顯祥		
								永國			
							明環	彭華			
								彭專			
						萬盛	海環	建軍			
							友環	小花			
						金盛	生環	淑萍	顯林		
							德環	永林			
							志環	永強			
								永亭			
							正環	彭科			
							建環	彭亮			
							斗環				
						春盛	紹環	永鋒			

37	38	39	40	41	42	43	44	45	46	47	48
師	文	道	高	美	奎	盛	環	發	顯		
							貴環	彭瓊			
					鳳奎						
	云文	道章	吉高	美亨	根奎						
					碧奎						
					杰奎						
					善奎						
					文奎						
					斌奎						
		道祥	關高	美增	初奎	德盛	開泉	梅花			
		道縉	登高	美東	森奎						
					深奎	顏盛	治國				
					春奎	清盛					
						細盛	永泉	彭堅			
								彭雄			
					海奎	松林	小軍				
						文明	高舉				
						友明					
占鰲	致能	道成	云高	美暄	善奎	普盛	啟泉	金富			
							海泉	富萍	顯希		
					斌奎	金生	友泉	良發	顯新		
								建發	顯斌		
								忠發	顯軍		
								閏發	顯思		
								春發	顯麗		

安福縣錢山鄉書樓村 20 世文初公支

21	22	23	24	25	26	27	28	29	30	31	32
汝芳	岡便	震方	相瑷	箐	熊	孔憲	振懷	世瑞	應乾	莆蘭	
		巽見	(遷	四川	成都	)					
		勵	孚巽	璽	讓卿	孔容	翠筠	古泉	沖翼	周德	
									敬遠	金怠	
										作舟	
										作壽	
								杉泉	義夫	豫沖	
								思泉	長秋	培光	
			炯	孚健	壽林	(	遷湖	南)			
			卓	孚侃	誠卿	璋孫	菊軒	東升	定郊	發勝	
										發桂	
										發秀	
			昷	孚佑	篁	熹	震孫	瑞壽	問誥	其需	

31	32	33	34	35	36	37	38	39	40	41	42
莆蘭	公果	偉昂	啟恕	叫英	彬生	小平					
周德	景庥	訓棠	慕台	世五	善	繼珍	華祝	棟材			
								克香	鐵球	小琴	
									金球		
							山祝	元善			
								會善	忠厚	午生	
								益善	德厚	朝暉	

31	32	33	34	35	36	37	38	39	40	41	42
									偉生	卓	
		訓芳	御台	湘秉	鄭符	敬承	交贊	尹生	聚盆		
									寶盆		
						樂賢	運生	健□	程		
								繼生	熙		
								文生			
				熊秉	森郊	習勤	行慎	虎	成華		
							叔慎	永環	凱華		
								坤環	凱文		
								云環	凱芳		
				彝秉	熙良	金振					
					慈良	玉振	繼文	偉欽			
					概涵						
			晉台	乾秉	明足	希閔	道生				
							再生				
						賢閔	集金	辛生	慧珍		
								冬生			
								立生			
						發閔					
					財足	震宜					
						砍宜	智英	巫順	興德		
						七鳳					
						九猴					
					亦足	慶余					
						菩余	與可	日輝	文峰		

31	32	33	34	35	36	37	38	39	40	41	42
									武峰		
								星輝	廣廣		
							象可	春生	誥		
								斌生			
						積余	求可	金生	文蘇		
									文蘭		
								和生	文良		
								任生	俊		
				剛秉	尊美	綬斟	楚榮	育申	曉江		
									曉剛		
									曉霞		
						學斟	堯榮	既申	曉亮		
								賚申	曉坤		
								協申	曉霖		
									曉雯		
						操斟	荐榮	軍志	曉東		
								明志	曉俊		
								雄志			
				文秉	桂芬	俠民	秋霞	范毅			
				個臣							
			春台	其昌							
			貢台	武臣	桃生						
				賢臣	嶺梅						
					占梅	耀輝	叫英	蘿生	年生		
		課埧	儀鳳								
金怠	逢謙	達遷	靜炎	音靈	專持	伯樂	天慎	亮生	坤		
								剛生	濤		
						仲樂	仁信	永發	珠生		
						季樂	義信				
							忠信	永年	一生		
									二生		
									三生		
								永仕	頭英		
作舟	齊月	魯翻	台閣	輔丞							
				贊丞	錫爵	金榮	興調	二生	勝生		
				美丞							
				弼丞							
			崇閣	壽堯							
				矩川	振謙						
					能謙	榮光	虎文				
						迪光	燮理	樹滋			
								德滋	小龍	旭聲	
										霞聲	
									小行	標聲	
										浩聲	
								務滋			
								本滋	永忠	才華	
									遠忠	洲華	
									三忠	昊杰	
							承理	望生			
							文理				
						輝光					
					保馨						
				阜林							
			慶安	鏡前	濟美	尊秀	理遜	映玉	龍輝		
								映良	哨		
						冬秀	謙遜	鐵城	瑞文		
									瑞武		
									瑞華		
								銅城	佳貝		
								錫城	佳文		
						接秀	馮遜	新建			
					福美	恭行					
					成美	春芳					
				任前	俊美	干宇	運靈				
							致祥	承英	文漢		
									武漢		

31	32	33	34	35	36	37	38	39	40	41	42
						覺宇					
					聖美	葵秀					
						拔秀					
						善大	集祥	全球			
						倫秀					
作壽	周健	雅立	瑞巨	成徙	恩甫	洪發	建設	水蓮			
					香生						
			良巨	有徙	新美	芋香					
						土地					
豫沖	齋果	進元	長昌								
		綏新	會意	志清	遺玉	假生					
29	30	31			端玉	小寶					
杉泉	義夫	豫沖		志靈	華玉	純生					
					保玉	學文	淼生	文強			
							冬生				
							七生				
							友生				
			德意	承立							
				頂立	德修						
					茂修	長生	光明	佳			
							紅明	暉			
							發明				
			成意	舜昌	揚名						
					顯名	友文	益平	洪朝			
							益民	洪橋			
							益軍				
培光	宇元	元奎	士林	廣勤	樹怡	建國					
						勝國	春生	斯			
							冬生	軍			
								志			
							秋生	兵			
							伍生	奇			
							成生	聰			
				業勤	秀椿						
					秀懃	乾坤					
					伴芬	柏葵					
					漢芬						
					騰芬						
				信恒							
				志宣	體親						
					尊親	榮桂	金英	愛紅			
發勝	緖祖										
	綬祖	通元	庭華	謨典	宜周	顯揚	伯	晶			
							仲	存			
							叔	紗			
							季				
發桂	紅祖	遠元	堂華	誥典	定周	聲揚	夜生	壽林			
發秀	綿祖	達元	章華	怡典	監周	辛桂	云生	粵			
							子生				
							巳生				
				訓典	興周	光前	玉生	連生	愛紅		
								桂生			
								子生			
其需	松亭	時昻	念剛								
			性剛	思綿	其珍						
					海珍						
			壽棋	長綿	月明	會源	紀新				
							紀祥				
						會志	紀勝				
							紀偉				
						會忠	真珍				
				行錦	俠珍						

萍鄉上栗縣桐木鎮吉家坊27世應一公支

28	29	30	31	32	33	34	35
子	文	貞	元	朝	廷	學	
子清	文英	武貞	元鶴	朝舉	廷晃	學棟	
					廷槐	學鏞	
				朝德	廷柯	學宗	
						學信	
						學近	
						學來	
					廷湠	學寶	
				朝定	廷招	學川	
		略貞	元佑	朝節	廷年	學芬	
					廷日	學新	
					廷月	學優	
						學華	
						學隆	
				朝鴻	廷模	學琪	

28	29	30	31	32	33	34	35
子	文	貞	元	朝	廷	學	
		秀貞	元邱	朝行	廷商	學棠	
					廷饒	學棣	
子祥	仕友	懋貞	元才	朝拔	廷魁	學象	
						學溥	
					廷譽	學波	
					廷彰	學芝	
						學芹	
					廷揚	學瑞	
				朝翰	廷璜	學益	
				朝璽	廷柏	學曾	
					廷□	學傳	
					廷碩	學游	
				朝望	廷純	學恩	
	樘友	蔓貞	元占	朝洋	廷蒸	學良	

28	29	30	31	32	33	34	35
子	文	貞	元	朝	廷	學	
			元椿	朝萬	廷星	學懿	
						學論	
						學順	
					廷瑞	學愛	
						學博	
						學波	
						學恩	
	普友	(	遷湖	南長	沙善	化)	
	達友						

34	35	36	37	38	39	40	41
學	永	昌	天	生	玉		
學棟	永泰	昌才	天發	生友			
				生明			
				生計			
			天然	生文			
				生啟			
				生雨			
			天書	生蘭			
				生林			
學鏞	(	遷廣	西)				
學宗	永昆	昌純	天資	生海	玉桂		
					玉明	禮金	
						禮凌	
			天兩				
			天華	生森	玉喜		
			天富	生黨			
			天貴				
	永洪	昌萬	天良	生福	玉久	厚林	
				生告	玉萍	樹祥	
					玉偉		
					玉波		
					玉剛		
	永清	昌祿	天聰	生炳	玉金		
					玉榜		
				生貴	玉青	厚榮	
					玉禮	樹林	
						樹洪	
					玉桃		
				生財	玉秋	厚金	
					玉根		
				生新			
		昌林	天香	生森			
				生秋			
學信	永智	昌襟	天亮	生許	玉東	樹林	
					玉華	厚林	
					玉紅		
			天成	生其			
				生友	玉峰		
					玉為		
		昌祥	天秩	生平	玉鳳		
					玉蘇		
			天錫	生春			
			天和				
			天金	生桃			
				生明	玉祥		
				生芳			
			天仁	生美	玉來		
				生六	玉勇		
				生谷			
				生禮			

34	35	36	37	38	39	40	41
學	永	昌	天	生	玉		
			天知	生春			
				生來	彭海		
				生文			
			天禮	生年	玉雨		
		昌梅	天舍	生明	玉祥		
				生芳			
				生桃			
學近	永佑	昌梓	天喜	生根	玉富		
				生林	玉建		
學來	永驄	昌譜	天明	生祥	玉成	樹坤	
						樹生	
					玉舍		
					玉才		
					玉來		
					玉萍		
				生和	珍鋼		
					玉柏		
			天興	生聖	玉水		
				生成	利紅		
					玉黨	樹明	
					玉貴	樹田	
					玉茂	樹記	
			天才	生佛	玉海		
					玉許		
				生梅	玉林	后發	
				生富	玉根	樹波	
						樹偉	
					玉春	彭榮	
					玉柏		
				生華	平	羨玲	
					宏	星星	
				生神	□鋒		
					東鋒		
				生忠	軍		
學川	永來	昌國	天記	生建			
				生波			
			天財	生亮			
			天明	穆維			
			天友	佳			
學象	永喜	昌習	天華	生南			
				生洪			
		昌魚	天祥	生海			
				生根	未波		
				生清	樂福		
學懿	承良	昌菊	天福	生兵			
			天祿	生禮			
				生義			
				生桃			
學論	永進	昌柏	天亮	生林			

34	35	36	37	38	39	40	41
學	永	昌	天	生	玉		
學順	永蓄	昌雁	天德				
		昌河	天文	生富	玉長		
					玉根		
				生友	玉建		
				生誠	彭瑤		
			天金	生長	玉啟		
					玉林		
				生發	玉梅		
					玉祿		
				生明	玉洪		
					玉珍		
				生良	玉斌		
				生林			
學愛	永銘	昌歲	天谷	生森	佳佳		
				生洪			
	永友	昌日	天木	生龍			
				生鳳			
				生輝			
			天啟				
			天常	生文			
				生亮			
			天記				
		昌德	天富	生來	彭湖		
				生許			
				生春			
學芬	永炳	昌典	天根	生文			
				生武			
		昌	桃美				
		昌謀	天語	生萍			
			天舍	生月			
學新	永全	昌富	天國	生財			
			天虎				
			天萍				
學優	永興	昌閥	天語	彭檢			
			天國	彭送			
			天輝	彭松			
				彭結			
			天兵				
		昌斌	天長	生水			
				生文			
			天海	生林			
			天萍	生紅			
			天代	彭勇			
			天有	霜美			
學華	永規	昌長	天林				
		昌發	天青				
		昌根					
		昌樹	彭偉				
		昌聖					

34	35	36	37	38	39	40	41
學	永	昌	天	生	玉		
		昌舍					
	永模	昌檢	天星				
		昌柏					
		昌相					
學隆	永貴	昌友	彭林				
			彭波				
學琪	永建	昌聰	天元	生文	玉騰		
					玉苗		
				生富	玉鵬		
					玉正		
				生貴	玉遠		
				生福	玉龍		
					玉斌		
		昌明	天其				
學棠	永緒	昌宗	天勝	彭淼			
		昌題	天棠	建成			
			天火	生湖			
			天發	彭建			
			天懷				
學棣	永馥	昌豪	天尚	生禮	彭洪		
				生義			
				生來			
				生才			
				生富			
學溥	永余	昌升	天彬	生道	北成	彭明	

34	35	36	37	38	39	40	41
學	永	昌	天	生	玉		
				生明	北海	松林	
						樹林	
					北文	松華	
					北□	中雄	
					北良		
			天輸	生友	玉柏		
					玉平	彭超	
						彭濤	
					玉許		
					玉全		
					玉明		
		昌南	天階				
學波	永調	昌裔	天良	生成	玉蘭	樹輝	
						樹勇	
					玉根	樹里	
						樹云	
				生德	玉艷		
					玉波		
			天貴				
			天冀	生根	玉琳		
				生許	玉衛		
				生計	玉軍		
					玉偉		
			天申	生晃	玉林		
					玉超		

34	35	36	37	38	39	40	41
學	永	昌	天	生	玉		
		昌仁	天樹	生炎	玉祥		
學芝							
學芹							
學瑞							
學益							
學曾							
學傳							
學游							
學恩	永標	昌云	天有	生和	玉海		
				生標	玉生		
			天湖	生龍			
				生根			
				生東			
		昌還	天主	生良	玉林		
				生華	玉祥		
				生海	樂金		
				生平			
			天根	生民			
				生兵			
		余善	人伴	其知	彭波		
					彭浪		
					彭兵		
學良							
學懿							

安福縣泰山鄉黃竹村車溪 23 世智清公支

22	23	24	25	26	27	28	29
樂安	智清	燎	松棋	崇行	彤	守性	珠
30	31	32	33	34	35	36	37
紹道	君候	天□	日曉	廣	游	宗芳	義春

37	38	39	40	41	42	43	44
義春	高洲	細古					
		組古					
	福洲	慶相					
		求	桂蘭				

37	38	39	40	41	42	43	44
	祿洲	鸞生	芝蘭				
		明立	金蘭	恭政	志榮	小琴	
					志華		
					志富	淑蓮	
					志貴		
				寬政	志宏	濤	
					志新	松	
					冬生		
					元生		

37	38	39	40	41	42	43	44
			銀蘭	信政	文生		
					武生		
				敏政			
				惠政	政生		

宜春市洪江鄉洪江村月山下 26 世宗賢公支

26	27	28	29	30	31	32	33	34	35	36	37
宗賢	濟勇	鳳峙	基	軾	仕官	純	飛	祈祥	星錦	會龍	來英
38	39	40	41	42	43	44	45	46			
兆杰	是運	之非	錦合	源來	六昌	敏	從龍	桂英	琮英		

36	37	38	39	40	41	42	43	44	45	46	47
龍	英	兆	是	之	錦	源	昌	華		生	
從龍	桂英	兆照	是□	之□	錦光	源珍	積昌	煥月	冬梅		
								志華	紹林		
		兆勛	是垂	之附	錦定	源耀	生昌	德華	紹青		
									宜起		
								細華	紹文		
								后華	彭轉		
							炳昌	云華	紹輝		
							文昌	立富	紹雄		
								立桂	長青		
								立義			
					錦林	源珏	東昌	禮平	彭軍		
			是佐	之是	錦秦	源法	其昌	禮才	彭尾		
								禮生	彭忠		
	琮英	兆熙	是貞	之隕	錦廉	源質	騰昌	光華	會明	鋼	
									林生		
								云平	祥		
									容		
						源發	賢昌	立言	發輝	斌	
									梅輝		
									竹輝		
									計輝		
								立業	小忠	禮	
									軍輝	堅	

36	37	38	39	40	41	42	43	44	45	46	47
龍	英	兆	是	之	錦	源	昌	華		生	
									來輝		
						源來	六昌	敏			
			是貽	之隨	錦茂	源春	水昌	國軍			
			是庚	之□	錦馥	源唐	德昌				
							祖昌	坤			
							紹昌				
				之際	錦東	源海	福昌	國華	小兵		
									維		
							后昌	光來	柳		
								光榮	文		
				之陲	錦照	源興	召昌	建生	歡		
						源臣	竹昌	禮華	晶		
		兆熹	是鐮	之陶	錦仕	源試	義昌	立仁	雄輝	勇	
										亮	
									小輝	長生	
									宜平	波	
									光輝	盼	
								立信	光平	桂軍	
										軍生	
										兵生	
		兆烈	是銑	之阿	錦炳	源□	恒昌	立忠	東		
						源盛	永昌	立云	輝		
					錦□	源昆	梅昌	立九	新		
								立文	紹		
		兆燾	是賓	之清	錦華	源全	金昌	增華	衛來		
									桃		
							斗昌	建華	連輝		
								自華	均		

36	37	38	39	40	41	42	43	44	45	46	47
龍	英	兆	是	之	錦	源	昌	華		生	
								效華	云		
								新華			
					錦文	源藏	有昌	召華			
						源聚	連昌	文華	健		
								國華			
							云昌	椿華			
						源池	桂昌	軍華	根輝		
								群華	勇		
								冬華	海波		
								忠華			
								紹華			
							泉昌	裕華	星林		

36	37	38	39	40	41	42	43	44	45	46	47
龍	英	兆	是	之	錦	源	昌	華		生	
								裕文	星波		
								裕春			
						源福	劍昌	光俊	紹冬	平	
										安	
									紹軍	歡	
									紹武		
									紹文		
							倫昌	光里	紹春		
									紹紅		
								光瑞	小均		
								滿古			

萍鄉桐木圳口 22 世珊公支

22	23	24	25	26	27	28	29
珊	彥良	興綢	貞	光國	鳳鷺	一中	日安
30	31	32	33	34	35	36	37
君聖	崇點	相周	忠仁	正倫	大風	天佑	錫一
							錫四

38	39	40	41	42			
鴻元	喜樟	南秋	桂東	騰有			
鴻猷	禧梅	南馥	桂賢	騰試			
		南御	桂良	騰誥			
				騰諭			

	禧楓	南新	桂蕊	騰光			
				騰富			
	禧權	南發	桂節	騰春			
			桂東	騰有			

40	41	42	43	44	45	46	47
南	桂	騰	芳	純	武	元	
南秋	桂東	騰有	芳連	純其	武萍	元明	
						元偉	
					武南	先忠	
					武銀	桃	
						文	
					武祥	勇	
					武年	元豪	
南馥	桂賢	騰試	芳斌	純香	武昌	后望	
				純自	武福		
			芳楨	純卿	武財	源水	
					武友	傲	
					武生	后遠	
					武長		
				純統	武明		
					武亮	逸祥	
			芳照	純富	武建		
				純福	武鍾		
				純林	武兵		
					樂福		
				純根	勇		
					武田		
	桂忠	騰星					
		騰謨	芳晚	純輝	武生	后吉	
				純奇	樂有		
				純耀	武柳		
					武維		
				純馬	武松		
					武錦		
		騰慶	芳谷				
		騰讓	荿珩	純料	武桶	后祥	
						后良	
					武來		

40	41	42	43	44	45	46	47
南	桂	騰	芳	純	武	元	
				純皇	武金	后銘	
					武龍		
					武根		
				純有	龍		
	桂厚	騰城					
		騰祥	芳欽	純偉	武國		
					武省		
		騰譜					
		騰山	芳萬	純武	樂財		
		騰月					
		騰琦	芳清	純合			
			芳盛	純合			
		騰賡	芳余				
			芳梁	純鞠	樂安		
				純熙			
	桂達	騰贊					
		騰江	芳志	純亮			
			芳林	純未			
				純成			
		騰洪					
		騰深	芳文	純明	樂贛		
				純水	樂湘		
		騰發	芳仁	純愛	武俊		
					武立		
				純□	樂禮		
			芳禮	純啟			
南御	桂良	騰誥					
		騰諭					
南新	桂蕊	騰光	芳春	純文	武良	元波	
						元帥	
						元為	
						元發	
					武堤	元成	

40	41	42	43	44	45	46	47
南	桂	騰	芳	純	武	元	
						元國	
			芳秋	純華	武光	元海	
						元湘	
		騰富	芳發	純祿	武明	元文	
						元平	
					武安	元祥	
					開盛	元剛	
					武秋	元志	
			芳遠	純壽	武佳	元春	
					武有	元統	
					武發		
				純財	武連	元校	
						元建	
					武全	元師	
						元斌	
					武珍	元彪	
			芳維	純喜	武林	元秋	
						元萍	
						元偉	
					小武	沛	
南發	桂節	騰春	芳任	純益	樂歡		
					鑫		
	桂東	騰有	芳連	純其	武干	元明	
						元偉	
					武南	先忠	
					武銀	桃	
						文	
					武祥	勇	
					武年		

45	46	47
武明	元文	裔萍
武林	元秋	遠皓

安福縣錢山芝橋 21 世學禮公支

16	17	18	19	20	21	22	23	24	25	26	27	28	29	30	31	32	33	34	35	36	37	38		
					學	吾	武	紹	迪	臣	厚	統		元	惟	志	發	達	元	宗	錫	人		
					學禮	一吾	憲武	紹高	迪光	巨弼	极厚	統緩	倉	師元	惟兆	志宰	發賢	達文	元理	宗熙	錫綿	人驥	人騰	
																					錫章	人騄	人駒	
															惟慶	志宦	發立	達彩	元育	宗麟	錫冬	人景		
															惟善	志祿	發嘉	達基	元股	宗國	錫庥	人得		
																				宗海	錫光	人宴		
																				宗叔	錫惠	人文		
																	發璜	達崗	元貞	宗選	錫祥	祝山		
											迪先	載君	极元	普	帥周	以康	發純	達邦	元良	宗柔	錫范	人初		
																			元忠	宗魯	錫禧	人求		

16	17	18	19	20	21	22	23	24	25	26	27	28	29	30	31	32	33	34	35	36	37	38		
					學	吾	武	紹	迪	臣	厚	統		元	惟	志	發	達	元	宗	錫	人		
																			元智	宗池	錫沼	人儒		
																	發琦	達用	元福	宗仁	錫魁	人軾		
																					錫命	人綠		
															惟喜	光明	榮以	戴倫	性存	汝霖	以康	顯達	顯廷	
																					振珏	明熙		
																					珍玉	子熙		
																						維熙		
																						美		
																					瓊玉	如深		
																					福云	有清		
																					爾玉	貴熙		

38	39	40	41	42	43	44	45
人	貴	光	武	利			
人驤	貴顯	之光	國生	安翔			
				安彪			
			民生				
	貴遜	炳光					
		緒光	學武	利智			
				利德			
	貴爵						
人騰	貴奕	福光	淑慎	志剛	彥		
					博		
				志明	杉		
					林		
		壽光					
	貴麟	嵐光					
		國光	輝武	小葦	子寒		
			振武	小波			
人騋	貴達	義光	偃武	利軍	超超		
				利文	淋淋		
		德光	軍武	利松	根新		
					小新		
				利維	澤新		
人駒	貴德	錫光	冬武	樹林	彬華		
					小華		
				柏林	麗華		
				玉林	金文		
				文林	龍		
人騏	貴廷	和光	秋平	利清	鍾林		
				水平			
				炎平			
			洪武	利金			
				南英			
			應武	利平			
		思光	金武	喜兵			
			步武	建群			
				建平			
				建輝			
人驊	貴廊	福生	倫武	利新	淑平		
					淑振		
		榮光	強武				
		觀光	翔武	利民	榮華		
				利勇	丹丹		
				利彬			
	貴相	星光	克武	利晉	益平		
					益清		
					益鋒		
	貴定	用光	斌武	金鮮			
				小平	潭思		
				安平			
人驕	德揚	斗光	義武	利華	維維		
		下侊	愛武	軍華			
人慕	貴開	如慶	金華	月高	新民	磊	
				忠高	小明		
				云高	海明		
					利明		
					承明		

38	39	40	41	42	43	44	45
人	貴	光	武	利			
				青高	江明		
			金發	日高	叫生	小彬	
					樹生		
			金榮	星高	捌斌	浣	
					桂武		
					細武		
			金富				
			金貴	信高	利文	維	
					海文		
					武文	燕琴	
					四文		
					光文		
				峰高	利平		
					富平		
					維平		
		吉慶	金和	朱生			
				年春			
	貴運						
	貴文	成光					
		景慶	金友	軍志	逢兵		
			金奎	鐵室	積平		
					積林		
人景	貴長	程光	高武	衛			
			俊武	華			
			衛				
			華				
			新晉				
			新軍				
	發志						
	志泰						
人得	貴康	友慶	光裕	冬春	遷湘	醴陵	
				玉春	志強	程	
						峰	
					志勇	健	
			光后	柱幫	金平	溪	
					立平		
人宴	福文	傳述	清云	純凡	仲高		
					仲冰	鶴菲	
				錦凡	鍾安		
				鐵凡	仲塤	柳平	
					仲虎	鶴鳴	
				金凡	仲春	鶴鵬	
					仲夏	利文	
					仲秋	鶴清	
					仲冬	鶴松	
人文	貴開	倫音	永年	發生	小清		
				瀛生			
				君凡			
	貴應	衍慶	裕后	定邦	鐵生	鵬	
	貴存	新慶	積后	尊賢	海文		
					海波		
祝山	貴先	凡慶	自力	娜娜			
			自量				
		炳生	自強				

38	39	40	41	42	43	44	45
人	貴	光	武	利			
		凡陵	自勝				
			自利				
			自勇				
人初	文操	和桂	作述	武榮	鐵老		
					鐵平		
					利平		
				能榮	旗		
					新		
				定傑	偉		
				乾榮	明		
				坤榮			
人求	良壽	桂蘭					
		桂騰	宗述	增平			
			衛述	志強			
				志金			
			彬述	志軍			
				志文			
		桂芳	國述	志峰			
			興述	志兵			
			業述	志程			
人儒	維芳	餘慶	祥后	安邦	玉寶		
					玉石		
					鐵鋼		
	北遠	如德	賤生				
			財戍	水平			
				和平			
				桂平			
		夢年	七生	智旗			
				智華			
				智文			
人軾	貴魏						
人緣	蘭芳	福慶	計生				
			毅	曉明	馬豪		

31	32	33	34	35	36		
惟喜	光明	榮以	戴倫	性存	汝霖		

36	37	38	39	40	41	42	43
汝霖	以康	顯達	才壽				
			全壽				
			位壽	永年	福燕		
		顯廷	林壽				
			怡壽				
	振珏	明熙	宗泉	愛華	福清		
					福文		
				志華	星		
				桂華	超		
				荏華	建		
				樂華			
	珍玉	子熙	貧生				
			海泉	春輝			
				春安			
				衛生			
		維熙					

36	37	38	39	40	41	42	43
		美	立務	植柏	丙平		
					丁平		
				桂柏	志清		
					志勇		
				林柏	靈		
				桂柏	清		
	瓊玉	如深	建業				
			宏業	松柏	小平	斌	
					昇平		

36	37	38	39	40	41	42	43
				接柏	清平	超	
	福云	有清	長林	其祥	鉞		
				發祥	雙		
				忠祥	榮		
			茂林	有祥	鐇		
					利蕃		
					柱蕃		
				蔭祥	小平		
					桂平		

36	37	38	39	40	41	42	43
	爾玉	貴熙	祝寶				
			祝業	橡生			
				回生			
				秋元	仕清		
					仕林		
					仕兵		

江西萍東華云覃田 26 臣弼公支

26	27	28	29	30	31	32	33
臣弼	極厚	統緩	倫	師元	惟喜	志福	

33	34	35	36	37	38	39	40
發端	達庶	原位	宗漢	錫欽	仁德		
					仁亭		
					仁晚		
					仁犁		
					仁花		
發廣	達榮	原位	宗義	錫寬	仁鴐		
					仁鴨		
					仁□		
					仁鴻		

38	39	40	41	42	43	44	45
仁	貴	思	其	本	淮		
仁德	貴丙	思桂	其順	本文	淮斌		
				本建	淮舟		
仁亭	貴正	思澆	其全	本鳳			

38	39	40	41	42	43	44	45
仁	貴	思	其	本	淮		
				本員			
			其文	本高			
				本光			
		思廷	其才	本招			
			其生	本華			
				本均			
			其發	本新			
仁晚	貴端	思和	其明	本群			
			其光	本義			
			其凡	本濤			
			其平	本立			
		思祝	其飛	本城			
			其虎	本檢			
仁犁	貴同	思啟	其初	本基	淮春	陽宇	
					淮福		
			其福	本云	淮波		
		思新	其昌	本水	淮華		

38	39	40	41	42	43	44	45
仁	貴	思	其	本	淮		
仁花	貴春	思元	有生	本金	淮強		
				本運	淮安		
仁定	貴芳	思福	其開	本善	維新	陽科	
					維祝	陽亮	
仁鴨	貴芬	思成	其華	本榮	維斌		
					維梅		
					維□		
				本清	維生		
				本福			
				本強			
仁□	貴生	思龍	其丙	本庚	維群		
					維英		
仁鴻	貴生	思冬	其祥	本人			
				本品			
			其仕	本強			
			其建	本歡			
			其清				

萍鄉蘆溪縣麻田鄉沈子村 33 世發萬公支

33	34	35	36				
發萬	達峰	元芳	盛輝				
			光輝				
		元芬	清暉				

36	37	38	39	40	41	42	43
輝	席	仁	昌	思	奇		
盛輝	席朝	仁才	龍昌	思良	聖文	永勝	
					杰軍	國本	
		仁義	貴林	思友	子輝	家偉	

36	37	38	39	40	41	42	43
					子良		
				思華	喬		
				思濤	權		
				思平	航		
			冬生	思聖	鳳		
				思罔			
光輝	席漢	仁米	才昌	冬香			
清輝	席鳳	仁積	貴各	茂和	奇賢	本堅	
					奇勇	家發	

36	37	38	39	40	41	42	43
					奇春		
					奇俊		
				洪生	秋平		
				松明	奇進		
			貴志	思桂	紹軍	毅	
					紹文		
				思維	強		

萍鄉蘆溪縣宣風鎮開石源 27 世仁沖公支

27	28	29	30	31	32	33	34	35	36	37	
仁沖	以成	立茂	鼎震	清富	才三	良一	奉一	楨一	日光	長祥	
										吉祥	

37	38	39	40	41	42	43	44	45	46	47	48
長	裕	魁	官	昌	德	初	紹	細	榮		
長祥	裕松	桃魁	府官	信昌	立德	梅蘭					
						平年	其容	軍			
								偉			
						利蘭					
		復魁	雙官	義昌	嘉德	惠初	紹涵				
							紹歡	細祖			
								細斌			
								細根			
						團初	其湖	細敏			
								其瑜			
						煜初	壽生	細文			
								細勇			
		殿魁	午官	成昌	明德	樹初	有生	錫浩			
								錫炳	榮俊		
					厚德	梅初	紹全	細炎	榮開		
									榮成		
						梧初	紹全	細球	榮寶		
						橋初	揚生	錫忠	榮祥		

37	38	39	40	41	42	43	44	45	46	47	48
長	裕	魁	官	昌	德	初	紹	細	榮		
						謬初	紹斌	耀江	榮云		
									榮輝		
									榮海		
									榮軍		
							連生	耀期	榮峰		
								輝林			
					尚德	美初	有生				
						谷初	博生	趙云			
								琥城			
							劍萍	根生			
								湘軍			
		定魁	招官	禮昌	隆德	谷初	其耀	錫明			
								錫建			
								錫辛			
							其林	增文			
								增云			
								增萍			
					陸德	錫初	其堯	錫芳			
								錫環			
						鶴初	其亮	增春			
								增發			
								增壽			

37	38	39	40	41	42	43	44	45	46	47	48
長	裕	魁	官	昌	德	初	紹	細	榮		
							其訓	錫秋			
								金文			
		至魁	秋官	榮昌	茂德	田初	紹增	松林			
								運林			
					光德	炳初	其云				
							紹宗				
							紹福	亮早	城		
								亮生			
					康德	日初	石生	錫君	榮棟		
								錫明	榮軍		
								錫潤			
							水生	錫春	清林		
								錫芳			
							其權	錫萍			
								錫海			
								錫珍			
吉祥	裕明	有魁	新官	勝昌	遺德	鳳初	其春	錫永			
								錫福			
								錫強			
					善德	壽初					
						煥初	其明				
							其云				
						玄初	其華				
	裕校	奎亭	起文	迪光	元生	明和					
						明太	其壽	健鵬			
					順生	明才	其畩	新軍			
							其信	發萍			
								江萍			
					金生	明英	其勇	健標			
							其榮	彭康			
							其耀	彭強			
								彭健			
								彭建			
								彭偉			
								彭靖			
								柳軍			
								柳昆			
						明會					
						明南					
						明益					
				前光	秋生	明亮	其聖	彭隴			
							其裕	彭聰			
					郁生	宗明	其黃				
					志生	海亮	其林				
							其波				
						忠亮	其紅	彭宇			
							其文	彭環			
					根生	球亮	志剛				
			蔚文								
				慶光	厚生	玉林					
						梅林	彭剛				
						會林	彭院				

37	38	39	40	41	42	43	44	45	46	47	48
長	裕	魁	官	昌	德	初	紹	細	榮		
						小林	彭維				
					仁生	芳林	梅峰				
						海林					
					保生						
					如生	金林	彭晶				
						銀林					
				進光	有財	開華					
						建華					
						齊華	其軍				
						元華					
				義光	文生	明根	其林				
						明金	其發				
					冬生						
					崇生	水金	建萍				
						和平					
			人文	勇光	梅生	學譜					
						明招					
				正光	竹生	云耀	學明				
					財生	云	志波	建輝			
				善光	春生	根華	志林				
					全生	明安					
						明輝	海清				
						明鳳					
						明建					
				維光	水生	明林	其會				
							其兵				
						明招	其發				
						明紹	其堅				
						明安					
					木生						
				錫光	恩生						
					秀生	忠智					
						忠永					
					貴生	明良					
朝思	慶壽	榮魁	全吉	長生	聖德	有初	長征	健斌			
								健勇			
							小征	健波			
								萍征			
								福征			
								云征			
					貴德						
	增壽	鳳齡	同光	水昌	祖德	勇初					
	永壽	凰齡	洪吉	建昌	崇德	洪初					
		回齡	財吉	信昌	啟德	炎初					
						根初					
						堯初					
					慶德	高利					

安福縣錢山鄉嚴湖村 20 世季安公支

20	21	22	23	24	25	26	
季安	繼寧	子忠	仲權	弘規	禮信	琛亂	
27	28	29	30	31	32	33	
銳公	湊公	之麟	士寶	天勝	輯瑞	攀柳	

34	35	36					
明煋	見本	其銹					
		其鑾					
		其愕					
	經本	其鉤					
		其鎚					

34	35	36					

36	37	38	39	40	41	42	
其銹	啟運	嘉柱	可賢	金泉	仕文		
					仕武		
				銀泉	仕龍	帥杰	
				銅泉	仕鑫		
					仕強		
				鐵泉	仕良		
				錫泉	仕戴		

36	37	38	39	40	41	42	
					仕柳		
				鑷泉	仕偉		
				鈾泉	仕雄		
	啟週						
其鍔							
其鉤	啟瑞						
	啟坦						
	滿古						
其鎚							

萍鄉市蘆溪縣蘆溪鎮江霞村 28 世傳憲公支

28	29	30	31	32	33	34	35
傳憲	啟治	有兆	文明	鼎梅	龍珠	重遠	成山
36	37	38	39	40	41		
步霄	榮貴	益發					

37	38	39	40	41	42	43	44
貴	發	鍾	汝	樹	炳	均	
榮貴	益發	鍾□	汝芳	樹泉			
		鍾顯	汝平	樹昆	炳維	均文	
						均崗	
		鍾包					
	連發	鍾杰	汝全				

37	38	39	40	41	42	43	44
			汝珠	樹□	炳和	均勇	
						均波	
					炳維	均文	
					炳平	均剛	
				樹吉	炳建	均軍	
						均贍	
					炳長	均峰	
						均山	
					炳富	均容	
			汝安	潤珍	炳根	均彪	
					炳勝	有文	

37	38	39	40	41	42	43	44
		鍾林					
	德發	鍾仁	汝才	樹財	炳玉	均仁	
						均道	
					炳安	均好	
						均茂	
					炳祿	均康	
					炳鵬	均青	
					炳仲		
					炳閣	煜鍇	
			汝彬	樹財			

萍鄉市蘆溪縣蘆溪鎮江霞村 29 世學四公支

29	30	31	32	33	34	35	36	37	38	39	40
學四	紹達	匡南	憲源	寬一	維洲	山	松齡	際善	增祥		
							柏齡	際翔	耕成		
									日成		
									純成		
									仰成		
							梁齡	際恒	文成		
									煥成		
									勛成		
									月成		
									義成		
									丕成		
									湘成		
								際怡	吉昌		
									增惠		
							桂齡	際洲	增楓		
									增泰		
								際賢	增忠		
							舜齡	際順	增棋		
						明體	彬齡	際昌	增加		
						聯春	株齡	際周	增墉		
						忠宏	梅齡	際勝	增池		
									增良		
			憲源	憲二	文三	淵	長松	永立	鳳輝		
									鳳樟		

29	30	31	32	33	34	35	36	37	38	39	40
							茂松	永年	瑞榮		
									瑞年		
									瑞富		
								永安			
								永科	瑞吉		
									瑞元		
								永常			
							春桂				
							秋桂				
							元楚				
				寬二							
				寬三	文六	回澤	元槐	際漠	增益		
							元梅	際綸	水滋		
									協邦		
									水生		
								際綏	必拔		
								際經	理強		
							元楨	際暄			
								際羲	增益		
								際昕	增呈		
						容	元藻	際網	增新		
	紹遲	匡盛	性源								
			啟論								

38	39	40	41	42	43	44	45
增祥	舜卿	汝涵	樹君	炳茅	均鋼		
				炳昌	均歡		
				炳仁	均財		
					均高		
			樹乾	炳松	均輝		
			樹明				
		汝珍					
耕成	鉀瑞	汝顏	樹群	柄球	均中		
					均民		
		汝忠	樹達	炳申	均萍		
		汝剛	樹功	炳昌	均亮		
日成	象环	汝穎	樹邦	炳旭			
				炳昌	昊罡		
			樹國				
			樹家	炳跃	雨彬		
				炳勃			
				炳程			
			樹庭	炳堅	均夏		
	佐韶	汝良	樹森	炳洋	均成		
				均高	均淵		
			樹祥				
		汝云	樹信				
			樹安	炳強			
				炳濤			
				炳恒			
			樹道				
	善崇	汝容	樹葵	炳輝			
			樹萍	柄碩			
	功崇	汝興	樹庸	炳康	均安		

38	39	40	41	42	43	44	45
			樹如				
	善崇	汝章					
純成	鉀祥	汝宾	樹松				
			樹森	炳曉	均佛		
			樹林	炳沼	均堅	銘磊	
					均俊		
				炳江			
		汝仁	樹荣				
			樹儀				
			樹魁	炳東	均毅		
				炳佐	均琪		
				炳佑	均科		
		汝琨	樹業	炳南	均重		
					均托		
				炳增			
				炳軍			
		汝才	樹伯	炳斌	均寬		
				炳理			
仰成	文欽	报發	樹仁	炳荣	均招		
	和山	全彥	樹富	炳琪	均勇		
					均賢		
文成	始臻	伦彥	樹德	炳金	均荣		
				炳生	均波		
				炳均			
煥成	茂臻	其彥	樹庭	炳忠	均元		
					均萬		
					均順		
				炳民	均利		
					均环		

38	39	40	41	42	43	44	45
				炳生	均文		
		他彥	樹高	炳華	均启		
					均佛		
			樹新	炳連	均佛		
					均勇		
勛成	還臻	斌彥	樹菊	炳康	均德		
					均才		
				炳崢	均可		
				炳浩			
月成	學臻	祥彥	樹茂	炳泰	均陸		
				炳光	均友		
				炳遠			
				炳永			
		涵彥	樹璋	炳喬	均乾		
					均敏		
義成	采臻	剛彥	樹福	炳勇			
				炳棟			
			樹星				
			樹高	炳軍			
				炳輝			
			樹佛	炳峰			
				炳堅			
丕成	細臻	繽彥	樹庄	炳獻	均頻		
				炳為	均明	謝濤	
	裕臻	純彥	樹詩	炳壽	均有		
					均華		
				炳福	益軍		
				炳財	均亮		
				炳周	均勇		

38	39	40	41	42	43	44	45
					均生		
					均超		
				炳貴			
		伸彥	樹球				
		佛彥	樹仁	炳萍	均益		
					均明		
				炳絲	新科		
				炳輝	均登		
湘成	亮臻	汝濤	樹忠				
	翼華	汝球	樹應	炳博			
			樹友				
			樹萍				
			樹清	炳勇			
		汝安	樹輝				
吉昌	庭獻	甲元	云壽	炳德	均磊		
					均超		
				炳竹			
				炳黎	均浩		
			云祿	炳瑤	均玉		
					均萍		
		來瑞	云瑞	炳元	均國	銘波	
					均民	銘星	
增惠	清揚	汝郁	樹光	炳坤	均明	銘橋	
						銘良	
					均健		
				炳芦	均泰		
				炳連			
				炳九	均溪		
			樹鑫	炳燽			
		汝雋	樹壽	炳升	均明	銘橋	
					均舜	天琛	
				炳高	均杰		
					均斌	汉程	
			樹楨	炳林	均新	銘萍	
					均权	強萍	
增楓	葆琴	失緒	樹炎	炳瑞	均堅		
				炳明	均均		
增泰	岳齋	汝生	樹汉	炳友	均波		
				炳冬	均軍		
				炳明	均良		
					均佛		
			樹如	炳根	均彬		
增太	福初	汝仙	樹益	炳森	均萍		
		汝思	樹彬	炳煌	均模	銘星	
					均椿		
					均高	銘笠	
					均良		
			樹和	炳煊	均崗		
					均陵		
					均隆		
			樹聲	炳標	均東	銘勃	
				炳丰	均欽	銘蓬	
增忠	鈡江	吾勛	樹伦	炳环	均胜		
					均波		
	聲揚	義安	樹衡	烯希			
				烯蜴	均民		
					均利		
			樹煌	炳旺	均萍		
	客舟	汝勛	樹超	炳金	均庚	銘明	
					均元		
		汝博	樹豪	炳明	均炎	銘昇	
					均桃		
					均國	銘堅	
			樹杰				
增祺	葆初	雋良	樹祥	炳達	均勇	銘政	
					均理		
				炳生	均東		
					均亮	銘疆	
增加	庆思	汝星	樹遠	炳春	均萬		
			樹峰	炳建	均佛		
	逢恩	汝澄	樹曉	炳國	均亮		
				炳年	均斌		

38	39	40	41	42	43	44	45
	逢恩	汝包	樹貴	炳春			
	宗耀	汝逢	樹圣	和生	均勇		
				耀生			
				順生	均阳		
				國生			
				委生	均健		
增庸	維星	启發	華汉	炳芳	均明	銘萍	
					均亮	銘軍	
						銘力	
					均洪	銘佛	
				炳順	均德	銘佳	
					均光	銘勃	
				炳財	均和		
增池	建科	海順	樹坊	炳發			
				炳德	均情	銘華	
					均桂	銘國	
					均連	銘佛	
				炳福	均松	銘石	
			樹	炳梅	均知	銘新	
				炳圣	均洪		
					均華		
			樹椿	炳細	均福	銘湘	
						銘永	
			武生	炳招			
				炳昌	均冬	銘庚	
					均南	銘勇	
						銘波	
				樹明	均正	銘利	
		海貴	樹航	炳冬	均和	銘跃	
						銘萍	
						銘建	
			樹航	炳新	均華	銘明	
						銘連	
			樹坊	炳發	均文	銘友	
						銘錫	
						銘俊	
					均春	銘光	
					均六	銘子	
				炳昌	均娄	銘明	
						銘龙	
					均罗	銘斌	
					均圓	銘敏	
						銘軍	
					均友	銘奇	
					均建		
			樹紅	炳有	均安	銘希	
				炳瑞	均干		
			樹舱	森發			
				升發			
				德發			
		海瑞	樹局				
			樹乾	炳忠	均民	銘軍	
					均國		
					均萬	銘云	
				炳思			
				炳泉	均剛	銘濤	
						銘波	
					均俊	銘浩	
				炳埸	均風	銘海	
					均凰	銘強	
					均其		
					均余		
					均建		
增良	裕章	汝潘	樹貴	炳容	均梅	銘建	
				炳煌	均文		
					均平		
					均清		
				炳森	均和		
				炳炎	均濤		
				炳炅			
		汝郁	樹庚	炳旗	均泉	銘疆	
						銘強	

38	39	40	41	42	43	44	45
				炳財	均鋒		
	裕謙	錫芬	輝明	炳奇	均增		
		錫泉	之孙	炳堆	均玉		
	裕成	錫皇	生和	炳云	均冬		
		錫珠	樹柏	根□	均軍		
				建□			
				細□	均科		
				启□			
			樹明	炳順	均□		
					均友		
				炳愛			
				愛明			
		錫珠	樹育	炳跃	均宇		
				炳清	均武		
					均承		
風輝	定榜						
	定福						
風璋							
瑞荣							
瑞年							
瑞富	鈡溥						
	鈡潢						
瑞吉	國順						
瑞元	國輔						
	國風						
	國禎						
鳳梧							
瑞連							
九成							
自成							
風梧	定文	汝華	樹才	炳新	均南		
	定才						
瑞連	庆善	貴思	水生	炳亮			
九成	道生						
	阳生	汝恭	樹萬	炳崗			
				炳郁			
				炳蕙			
	春生	汝淵					
	庚生	癸朱	樹忠				
			樹峰				
自成	日勛	癸年	新明	炳興	均光		
		汝立			均林		
	伯勛	癸清	新和	炳隆			
				炳揚	均發		
				炳輝	均明		
瑞元	國輔	學征					
		余征					
		保征					
		貴征					
		祥征					
瑞吉	國順	嘉征	云庆	炳水	均富	銘林	
					均安	銘德	
						銘國	
					均煥		
					均輝		
				炳文	均財	銘勇	
						銘福	
					均壽	銘摟	
		汝洪					
		汝衡					
		汝均	樹謀	炳庭	均和	銘福	
						銘云	
					均連	銘忠	
				炳全	均祥	銘萍	
						銘中	
						銘年	
						銘佛	
					均仁	銘文	
					均胜	銘喜	
						銘兰	
			樹元	炳根	均冬	銘強	
					均跃	銘勇	

38	39	40	41	42	43	44	45
						銘堅	
					均明	銘建	
					均萍	銘旗	
					均桂	銘力	
						銘剛	
			樹順	炳亮	均平		
				炳文	均華	銘峰	
					均明	銘俊	
			樹芳	炳發	均福	銘明	
					均章	銘志	
					均文	銘華	
					均云	銘絨	
			樹壽	炳生	均云	銘鋒	
					均文	銘跃	
				炳禮	均成		
				炳春	均華	銘濤	
				炳輝	均安		
					均佛		
	鈡奇	汝正	錫怀	炳明	均美	銘才	
						銘京	
						銘忠	
						銘萍	
					均模	銘堅	
					均愛	銘發	
				炳發	均金		
					均秋		
			錫財	炳煌	球國	銘華	
					从國	銘星	
					均國	銘輝	
				炳生	胜國	銘連	
					启國		
		庆衡	錫和	景升	均福	銘勇	
					均萍	銘力	
						銘佛	
					均友	銘文	
			樹義	炳耀	水生	銘峰	
						銘堅	
					均泉	銘琴	
			樹祿	炳云			
				炳常	均萍	銘力	
					均鵬	銘斌	
				景生	均明		
			樹湖	景新	均桃		
					均解		
					均壽	銘亮	
						銘丰	
	鈡奇	庆秋	錫駝	炳章	仁壽	銘汉	
						銘□	
						銘安	
			錫堂	炳伦	春壽		
					冬壽		
					團壽		
			錫乾	炳奇	均生	銘力	
			錫恩	炳成	福壽	庚萍	

38	39	40	41	42	43	44	45
						年萍	
					志壽	秋萍	
						武萍	
	鈡行	水振	樹章	炳茂	均萍	銘輝	
						銘怀	
						銘新	
					均建		
				炳群	均萍		
					均國		
			樹才	炳招	均宏	銘虎	
					其江		
				炳怡	均平	銘宏	
						銘力	
					均根	銘林	
					均冈	銘欒	
					均孟		
			樹輝	炳亮	均謗		
					均鳴		
					均芳		
					均云		
			樹平	炳吉	均見		
					均谷		
	鈡濟	汝同	樹琪	炳容	均丰		
			樹容	炳魁	均宏		
					均生		
			樹环	炳程	均坤	銘長	
					均裕	銘斌	
				炳庭	均霖		
					均勇		
				炳德	均开		
				炳肇	均胜		
				炳光	均濤		
					均明		
			樹瑤	炳為	均□		
					均权		
					均軍		
				炳真	均建		
					均新		
				炳日	均明		
				炳泰	均德		
					均茂		
				炳國	均輝		
			樹鵠	炳萍	均博		
				炳龙			
				炳建			
	鈡极	汝邵	樹輝	炳启	均飛		
				炳亮	均劍		
	斐□	祥生	樹申	炳英	均軍		
	鈡榜	汝盛	樹珍	炳誠	均輝		
					均松		
					均佛		

38	39	40	41	42	43	44	45
			樹貴	柄良	均怀	銘穎	
						銘春	
						銘珊	
					均謀		
				炳全	均勇		
			樹清	柄建			
			樹全	柄云			
				炳凌	均荣		
				炳安	均丰		
			樹明	炳來	均峰		
			樹元	炳發	均波		
					均海		
	潤光	汝材	村崇	炳亮			
	怀深	汝根	村川	炳忠	均堅		
				炳汉	均林		
	宜軒	汝厘	启新				
	玉琪	汝元	启萍				
			启安	炳璋	均劍		
				炳爭			
				炳番	均睿		
			启衡				
			启全				
	鈡准	汝強	樹包	炳聞	均輝		
				炳壹			
	盛公	性元	君玉	裴一	聯和	書齡	
			瑞玉				
		44	45	46	47		
		書齡	際光	增來	鍾恩		
	根齡	際治	地國	鍾元			
		启論	忠恕	裴綜	聯冬	根齡	
		汝來	樹祥	余斌	均瑜		
	鈡恩		生祥	柱雪	均峰	銘明	
		汝惠	樹福	國萍	均友		
		汝壽	桂祥	炳來	均明		
			永祥	炳忠	文明		
				炳仁	均圣		
				炳江	均建		
					均軍		
				炳□	均方		
	鈡元	汝春	樹坤	炳□			
			樹金	炳桃			
		汝林	樹盛	炳芬	均□	銘萍	
						銘森	
				炳解	均炎	銘智	
					均遠		

萍鄉市長平鄉明星村 30 世一聖公支

30	31	32	33	34	
一聖	一謹	永選	友聞	應乾	
35	36	37	38	39	
茂山	奇緯	金達	顯佑	錫友	
				錫利	

40	41	42	43	44	
梓盛	國榮	正招	天秋	彭宇	
				彭晉	
	國儀	正良	宏亮	心豪	
			天強		
		正冬	天輝		
			天軍		
			天海		

40	41	42	43	44	
		正華	天斌		
		正明	天波		
			天剛		
		正萍	天嬌		
	國光	錧甥			
		德根	天華		

38	39	40	41	
顯佑	錫利	梓財	國雄	國貴
41	42	43	44	
國雄	正春	天云		
		天根	彭林	
國貴	正富	天良	彭輝	

宜春慈化鎮沖下村龍壙組 32 世桂芳公支

32	33	34	35	36	37	38	39
芳	魁	福	喜	光	月	仁	
桂芳	春魁	福壽	喜義	光躍	月盛	仁萬	
						萬學	
		福元	喜俊	光富	月岗	仁清	

32	33	34	35	36	37	38	39
芳	魁	福	喜	光	月	仁	
						仁和	
						仁泉	
						仁和	

32	33	34	35	36	37	38	39
芳	魁	福	喜	光	月	仁	
			喜培	光發	月高	仁銓	
					月河	仁起	
		福遠	喜伶	光來	月銘	仁元	

32	33	34	35	36	37	38	39
芳	魁	福	喜	光	月	仁	
						仁發	
						仁才	
						仁才	
						仁東	
						仁盛	
						仁全	
	春厚	福達	喜厚	光瑩	月鵬	仁銘	
			喜和	光純	月道	仁羅	
			喜曲	光芪	月道	仁明	
						仁飛	
			喜伶	光亮	月遠	仁鳳	
				光厚	月新	仁遠	
	春生	福近	喜成	光發	月旺		
					月喜		
					月炳		
					月和		
					月鳳		
					月暉	仁舜	

38	39	40	41	42	43	44	45
仁	義	智	賢	秀			
仁萬							
萬學							
仁清							

38	39	40	41	42	43	44	45
仁	義	智	賢	秀			
仁和	義廷	智明					
	義同	智才	賢明	秀良			
				秀能			
		智德	賢華				
			賢文				
		智字	賢明				
仁泉	義漢	智禮	賢能				
仁和	義供	智軍					
		智平					
		智洪					
仁銓	義生	智德					
	義東	智亮					
仁起	義桂	智友					
仁元							
仁發	義福	智森	賢華				
			賢明				
	義光						
	義祥	智慧	賢龍				
			賢飛				
			賢午				
		智生					
		智未					
		智發					
仁才	義祥						

38	39	40	41	42	43	44	45
仁	義	智	賢	秀			
	義克						
	義群	智文	賢煒				
仁才							
仁東							
仁盛							
仁全	義生	智生					
		智文					
		智光					
		智敏					
	義文						
	義祥						
	義盛						
仁銘	義爭	智根	賢祥				
			智武				
仁羅							
仁明							
仁飛	義宗	智清					
仁鳳							
仁遠							
仁舜	義少	色才					
		毛牙					
	義明						
	義來						
	義發						

宜春市水江鄉小洞村 28 世世美公支

28	29	30	31	32	33	34	35
世	宗	奕	萬	朝	興	德	
世美	宗朝	奕魁	萬堂	朝丕	興榮	德財	
			萬東	朝秀	興和		
				朝享	興林		
					興九		
					興旺		
	宗廷	奕奇	萬高	朝品	興辰		
				朝富	興賞		
		奕支	萬豐	朝林	興順		
					興廣	德福	
		奕康	萬含	朝科	興光	德庚	
						德寶	
						德業	
					興來		
					興詞	德芳	
				朝記	興明	德瑞	
						德榮	
						德仁	

28	29	30	31	32	33	34	35
世	宗	奕	萬	朝	興	德	
						德義	
					興壽	德生	
					興福	德禮	
						德智	
						德洪	
			萬化	朝鳳	興來		
	宗國	奕標	萬波	朝凰	興連	德昭	
		奕照	萬松	朝達	興清	德輝	
						德壽	
		奕略	萬枚	朝春	興富		
				朝龍	興崇	德鳳	
						德茂	
						德高	
						德良	
	宗邦	奕和	萬一	朝德	興亮	德貴	
						德全	
				朝待	興輝		

28	29	30	31	32	33	34	35
世	宗	奕	萬	朝	興	德	
			萬二	朝行	興發	德秀	
		奕科	萬三	朝端	興祥	德揚	
						德有	
					興全	德有	
		奕程	萬六	朝裕	興鑫		
				朝喜	興忠		
			萬七	朝全	興彬		
				朝財	興招	德春	
						德荷	
	宗春	奕欽	萬信	朝松	興	德榮	
						德耀	
						德華	
		奕監	萬茂	朝華	興鳳	德耀	

34	35	36	37	34	35	36	37
德	學	發	遠	德	學	發	
德財				德有	學義		
德福	學洋				學壽	發明	
德庚	學田	發平		德春	學耀	發波	
		小平				發于	
	學平	發堂			學坤		
		發主			學迪		
	學科				學來		
	學檢				學禮		
德寶				德荷	學乾		
德業					學春		
				德榮	學標		
德芳	學榮	發海			學章		
		發文		德耀	學余		
		發計		德華	學忠		
	學富	發東			學良	小禮	
		發權		德耀	學余		
	學貴	發仁	祥根				

德瑞	學武	發佐					
德榮							
德仁							
德義	學金	發佐					
	學朝	發佑					
德生	學洪						
德禮	學文	發生					
		發林					
		發財					
	學斌	發春					
	學祥	瑞秀					
德智	學仕						
	學建						
	學祿						
德洪	小枚						
德昭							
德輝							
德壽							
德鳳							

德茂							
德高							
德良							
德貴	學高						
德全	學元	發全	祥發	遠軍			
				遠正			
			祥德				
			祥友				
			祥富				
			祥仕				
	學茂	發祥	祥明				
		發國					
	學監						
德秀							
德揚	學升						
德有							

(10)萍鄉萍北仙責嶺38世應坤公支

38	39	40	41	42			
應	茂	奇	金	顯			
應坤	茂榮						
	茂柏	奇榮	金聲	顯盛	顯福	顯壽	
				顯康	顯寧		
		奇華	金福	顯朝	顯崇		
			金祿	顯松			
			金發	顯江			
		奇富	金台	顯文	顯章	顯龍	
				顯貴			

42	43	44	45	46	47	48	49
顯	錫	國	正	天	心		
顯盛	錫芙	國象	正復	天愛	心才		
顯福	錫芙						
顯壽	錫芙						
顯康	錫文	國象					
		國喜	正復	天愛	心才		
					心文		
				天生	心萍		
					心瑞		
			正發				
		國善	正國	天秀	心望		
				天偉	心聖		
				天木	心謀		
					心濤		
		國齊	正元	天美			
				天意			
				天根			
		國茂					
	錫政	國大					
		國樵	正亮	天凡			
				天仁	心怡		
					心建		
				天禮			
			正甫	天芳			
	錫華	國安					
		國靖	正建	天美			
				天意			
顯寧	錫愛	國豐	正榮	天俊	心飛		
					心翔		
		國強					
		國昌	正泉				
		國民	正甫				
		國清					
		國慶					
	錫惠	國忠	正銓				
		國道	正欽				
			正欽				
			正材	天陸	心模		
				天雄			
		國民					
		國傳	正益	天仁	心斌		
				天玉	心忠		
				天炎			
				天芳			
				天來			
		國德	正熊				
			正堂	天祥			
				天海			
				天許			
			正昌	天模			
				天信			
				天良			
		國禹	正諧				

42	43	44	45	46	47	48	49
顯	錫	國	正	天	心		
			正珙				
			正堪				
顯貞	錫佳	國忠					
		國道					
		國傳					
		國德					
		國禹					
顯朝	錫惠						
	錫常						
	錫倫						
	錫玑						
顯崇							
顯松	錫芬						
	錫函						
	錫球						
顯江	錫盛	國增					
		國程					
		國道					
		國章					
	錫玉						
	錫卿	國升	正連				
			正庚	天佑			
			正育	天旺			
				天賢			
		國桃	正球	天云	心普		
				天鳳	心江		
				天紹			
				天梅			
			正謀	天勇			
				天輝			
			正方	天水			
			正慶				
			正有	天聰			
		國龍	正緒	天勇			
				天萍			
			正運	天軍			
				天民			
				天文			
	錫邦						
顯文	錫馨	國廣	正茂	天安	心科		
					心佑		
				天才	心海		
				天福	心波		
					心正	順軍	
			正全	天建			
				天祿	心信		
	錫昌	國舉	正能	天明	心朴		
				天鵬	心維		
				天清	心書		
				天英			
				天高			
			正成	天芳	心丁		
					心見		
				天和	心桂		
		國保	正長	天奇	心橋		
				天馮			
		國銀	正任	天小	心安		
				天智			
				大觀	心章		
				天潤			
			正錦	天平	心宇		
			正建	天波			
				天定			

42	43	44	45	46	47	48	49
顯	錫	國	正	天	心		
			正偉	天雪			
		國材	正壽	天富	心峰		
				天云	心峰		
				天忠			
	錫題	國達	正星	天喜	心金		
					金木		
					心和	順揚	
					心保		
					心根		
					心貴		
			正斗				
	錫煥	國右	正福	天裕	心田		
	錫仲	國茲	正崇	天云	心青		
					心開		
					心水		
				天生			
			正文	天生	心鵬		
顯章	錫芝	國誠	正武	天根	心瓊		
				天明	心銘		
			正賢	天勝	心適		
			正登	天富	心峰		
				天貴	心貴	順林	
					心靜		
				天才	心懷		
				天友	心良		
				天萍	心宇		
				天樹			
		國春	正金	天文	心海		
					心河		
				天明	心安		
					心華		
				天龍	心德		
				天成	心萍		
					心偉		
			正矩	天實	心忠		
				天華	心根	順良	
				天年	心劍		
					心俊		
		國永					
		國升					
		國全					
		國熙					
顯章	錫永	國芹					
	錫咸	國萃	正興				
顯龍	錫軒	國清	正斌	天和	心汗		
				天緒	心福		
				天平	心建		
					心禮		
					心波		
				天木			
				天緒	心金		
					心波		
			正菊				
		國光	正	天峰	心樂		
				天竹	心勇		
			正模	天懷	心亮		
				天洪			
				天明			
		國澄	正廣	天廣	鄉萍		
					鄉文		
			正芳				
		國汰	正財	天瑞			

42	43	44	45	46	47	48	49
顯	錫	國	正	天	心		
				天青	心輝		
				天運			
			正和	天德	心冰		
					心換		
				天峰			
	錫皆	國治	正梅	天煥			
				天輝			
				天冬	心可		
			正德	天順	心輝		
				天水			
				天喜			
			正年				
			正炳	天佐	心泰		
			正春	天德			
顯龍	錫皆	國菊					
		國況	正炳	天佐	心泰		
				天德			
		國堯	----	天高			
		國寶	正雄				
			正忠				
	錫瑚	國酒	正涤	天曉			
			正遂	天雨			
		國登	正豐	天高	心舒		
			正行				
			正瑛	天杰	心科		
				天紅			
			正北	天劍			
				天斌			
		國潭	正迪	天維			

42	43	44	45	46	47	48	49
顯	錫	國	正	天	心		
			正坤				
			正繼				
			正健	天福	心丹		
		國隆	正漢	天豪			
			正銘				
		國汪	正瑞	天善			
			正家	天亢			
	錫增	國泊	正卓	天雪			
		國此	正厚	天峰	心波		
				天竹	心勇		
					心輝		
			正模	天懷			
				天洪			
				天明			
			正輝	天鳳			
				天芳			
		國洮					
		國洽	正根	天佑	心紅		
					心發		
顯龍	錫桂	國經	正炳				
		國濟	正安	天來			
		國溢	正義	天斌			
			正俠	天芳			
			正萍				
		國浴	正樹	天書			
				天金			
			正勇				
			正偉	天波	心聖		

42	43	44	45	46	47	48	49
顯	錫	國	正	天	心		
				天濤			
			正仁	天秀			
				天紅			
	錫葵	國潤					
		國澍	正章	天春	心鋒		
				天亮			
顯貴	錫模						
	錫瑞	國緯	正華				
	錫珠						
	錫喬	國風	正華				
		國桐					
		國萱	正建	天沖			
				天強			
			正禮				
			正云				
			正林	天稻			
				天勇			
			正冬				
			正六				
			正七				
		國亨	耀瑾				
		國光	正云				
			正良				
			正維				

宜春市新田鄉百竹村塘 22 世祥十公支

22	23	24	25	26	27	28	29	30	31	32	33
祥十	世榮	以輝	偉瑞	廣筠	云宵	大瓊	天福	仁五	顏四	曾十	
								仁堯	顏一	曾一	
										曾四	

32	33	34	35	36							
曾十	思舜	孟十	尼一	峻二	峻四						
曾一				峻四							
			尼二	峻一							
			尼六	峻三	峻六						
		孟聖	祖五	堯六							
		孟純	尼十	堯一							
		孟良	尼七	德三							
曾一	思一	孟一	仲一	克一	克三	克四	克文	明二			
			仲仁	克二	克十	明六					
			仲七	克八	明一	明四	遜六				
曾四	思達	孟九	仲耀	遜臣							

35	36	37	38	39	40	41	42	43	44	45	46
尼一	峻二	角三	輝七	墀一	鈅八	湄三	棣八	思成	勇初		
								連生			
								細連	嘉慶		
								文根	亮		
									福		
								發根			
								均生			
				章一	鈅八	湄七	棣八	思成	勇初		
	峻四	饒臣	軍一	墀四	鉚五	涓七	更昌				
		舜臣	星八	圩一	召三	清三	日昌				
					鈐一	氏一 淞一	席昌	阶成	國初	秀	
									聖初	根開	
									外牙	正開	
										平古	
										晚生	

35	36	37	38	39	40	41	42	43	44	45	46
								來成	洪初	慶	
				邦二	鉉四	浩五	速昌				
						化十	逍昌				
				坷九	鏜四	洲六	棣十 讓昌	發生	仁初	丁開	
										才開	
									平初	慶開	
									桂初	福開	
							虞昌	自成	建初		
									文初		
		湯臣	煥六	柔六	銘七	勇五	材昌				
					鉚四	沅一	籍昌				
					鉚八	㞕四	籍昌				
		佐臣	炬三	坎二	錕七	化五	褚昌				
					鋾十	淞六	桑七	宜成	海初	聖開	
									姚初	國開	
								福	江初	祖龍	
										祖鳳	
							棣九	全成	勇初		
			煌六	貢十	鏜九	法八	胥昌				
				禹	鈺十	渭三	祖昌	全明	富初		
									松初		
								日成	湮林		
								松龍	娟初		
								愛平			
								國平			
						游十	展昌	煌成			
								西成			
						渾七	谷昌	萬成			
								穩成			
								上成			
					炳六	游五					
尼二	峻一	角八	煥二	紛四	錕二	湮九	梗八	灼二			
				坎六	鉥	涓十	梗八				
							条				

35	36	37	38	39	40	41	42	43	44	45	46
						沅八	趙昌				
							魁昌	勝成			
				墀八	鉚九	淞五	魁昌	勝成			
				墇二	金函	浦九	桑十				
						奎二	樓十	細才	志國	慶長	
										慶伋	
									志明	慶其	
									志均	慶祥	
						洲一	樓八	桂成	利初		
									緒初		
								友成	申初		
							棣三				
尼六	峻三	角四	玉彩	堣五	金陵	渭	育昌	步成	步成		
								草昌			
		宋臣	煌一	墅七	釧四	縉六	相五	新華	江初		
									河初		
								國華	海波		
									海濤		
								文華	海淇		
								安華	海潮		
								有華	海良		
			珵彩	堣三	鋑二	湄二					
	峻六	虞臣	煌九	墅一	鈅四	湄六	陸昌				
							棣六				
						洲四	樓三	學成	嘉初		
							歸昌	喜成	慶勇		
								未成			
		謹臣	煌二	坦四	鏜一	法一	蓉昌				
							詞昌 吳昌	灶四	桂初	修開	
							蘇昌	既成			
					釧五	湄一	桂昌	德成	裕波		
								平安	裕江		
									宜初		
		間臣	煌八	顫二	鑑三	七	駱昌	畫成	日初	招開	
										子開	
									月初	友新	
									明初	慶紅	
								障成	發初	慶萬	
									行初		
								六成	德牙	慶開	
								典成	盛初	慶峰	
									兵初		
									見初	慶志	
										慶發	
								驅成			
			煌三	柔五	鏜六	沆三	桓十	爐十	文牙	禾牙	
										健牙	
							樓七				

34	35	36	37	38	39	40	41	42	43	44	45
孟聖	祖五	堯六	綿宗	聯羽	基三	炳八	渾八	均昌	升成		
									長根		
								令昌			
孟純	尼十	堯一	錦四	聯八	堣一	鈺十	渭三	祖昌	金明	富初	
										松初	
									田成	雪林	
									松龍	娟初	
									愛平		
									國平		
								生昌			
							游五				
							游十	展昌	煌成		
									西成		
							渾七	谷昌	萬成		
									穩成		
									上成		
				聯十	墅六	鈺五	渾二	未生	建國		
									細見	士成	

34	35	36	37	38	39	40	41	42	43	44	45
								偉昌	隴成		
								景昌	千成		
									嬌成		
				聯綿	基七	丙三	游四	榔九	良成	劍峰	
									子生		
							渾二				
				聯肅	基七	鈺三	游六	在昌	會平	榮	
									連平	發牙	
									新平		
孟良	尼七	德三	營三	奎二	墇五	銖五	法六	楊八			
			營五	奎一	墀五	錕五	浩六	春昌	熺二		
								周昌	熺八		
								遂昌			
				奎四	紛三	鉛二	江八	辛昌	熺二		
								春昌			
								炎昌			
						鉚三	涓六	彖六	丑成	仁初	
							法七	洋昌			
					坎五	錠六	清一	桓二			
							吳六	椒六			
						錕八	清五	道昌	熺十		
							化七	道昌	熺十		
					墀六	銘九	吳二	遂昌			
								祥昌			
							涓一	桓二			
							沆一	陶昌			
						陶七	涓四	桓二			

36	37	38	39	40	41	42	43	44	45	46	47
德三	營五	奎六	坷六	陶十	□	楠八	灶五	----	均開	建勇	
34	35	36				追昌					
孟良	尼七	德三				祿昌					
					涓三	杍六	培四				
							灶二	新發	小林		
								發生	軍林		
							灶三	旺牙	亮		
								晚牙			
							灴九	明初	肖輝		
								波初			
								春華			
					浦二	杍六					
						棟六	煉三	旺牙	亮		
								晚牙			
					戽五	緒昌					
					沆六	祿昌	灶九	新化	健牙	生根	
									后開		
									成開		
								國初	花開		
									花平		
						緒昌					
				鉑九	羽六	梗七	灯六	活初	新征		
								凡初	招南		
								保初	耀開		
								勇初	江明		
									江輝		
								標初	勇開		
								福初	自開		
								思初			
								恩初			
						棕七					
						柚八	停成	龍初			
						魯昌					
						荀昌					
						桓昌	七成	才初	小軍		
								小平			
								宜平	朱紅		
								見春	仕行		
								林生			

36	37	38	39	40	41	42	43	44	45	46	47
					戹九	柚六	工七	某生			
							懷成				
						楝四	灯二	飛初	孟開		
							灯五	均初	兵開		
								瑞初	陳勇		
								早初	寬牙		
									穩牙		
							德化	春林	柏良		
						譜是					
						桑三					
						棣一	福生	外初			
								見初	兵開		
								會袑			
					沆七	梢三	燔六	堯五			
					沱三	條七					
						桓六	謀成	少林			
								少華			
					沱十	奎昌					
		奎七	章六	鉚六	戹八	堂昌					
				銖十	晉五	堂昌					
		壁二	柔四	錠十	□三	楊一	內成				
				鏜二	戹七	盈昌					
						繆昌					
						相四	龍成	豪初			
		壁一	紛十	陶二	經十	盈昌					
		聯七	奉十	陵一	洁十	明昌	竹成	文廣			
							桂生	清平			
							均成				
							睦成				
		哲彩	柔十	鏜二	浦十	桔一					
克一	皆六	蘭三	堸	錠二	浦一	棕六	炉一	細初	愛平		
							炉二	來初	金牙		
30	31	32	33	34	35	36		長初	良		
仁堯	曾一	思一	孟一	仲一	克一	仲一	右	少紅	兵		
								坤初			
克二	皆二	蘭一	塤四	鎔	沉二	椿二	聖成				
							商成				
							灼七	平發	山開		
									泉開		
								平牙	斗開		
								平云			
		蘭四	塤八	錠二	河	材六					
				錕三	沉十	杞七					
	皆四	蘭五	塤一	鉡一	演一	桐九					
					演三	桐五	燭五				
			塤六	锈二	演三	桐三					
						桐五					
						樹一					
						祉昌					
						椿二					
			塤十	鉡二	沉大	祉昌					
克三	皆四	桂一	堸五	鉡七	江一	貞昌					
					江九	祿昌					
						逾昌					
						達昌					
						板十	來成	文初	啟開		
								平初	曾軍		
				锈六	演六	桐二	煬一	坪二	新開	楅盛	
										水盛	
									冬開	海盛	
									細開	剛	
									江開	洋	
									偉開		
						桐七					
						永昌					
						洪昌	煬一	平五	冬開	海盛	
					江七	洪昌	煬一	性初	冬開	海盛	
		桂九	墩二	鉡十	河七	篤昌					

36	37	38	39	40	41	42	43	44	45	46	47
						敖昌					
						趣昌					
				锈五	河七	篤昌					
				鍘九	漾五	敖昌					
			坿七	錠四	江六	楠一					
	淑四	桂十	墩九	釜三	漾八	陛昌					
				鉉八	深五	掠四	灼四	仲初	目開		
									勇開		
			坷三	費二	汾五	命昌	耀八	林初	武開	秋根	
									盛開	秋平	
								桂初	聖開		
									蘭開		
						客昌	灼四	仲初	目開		
									勇開		
						乳昌					
						泳昌					
		芳十	墨	鍘一	汾四	椒七	耀四	坪十	宋開	孟盛	
										木盛	
										清盛	
									少開	富盛	
									思開	佰盛	
									仁開	勝	
					浦三	椒七					
			圩四	鑽八	涓八	遜昌					
				金泗	涓八	遜昌					
			坦一	鈐三	浦七	掠三	灯四	根初	犂開		
							迪成				
				銘十	浦七						
					法二	掠三					
				銖八	勇	榮昌					
克四	皆三	蘭八	墨四	紛五	漾六	朔昌					
					□七	□昌					
			墨十	鑽三	氏五	椋五					
			坋七	鉑十	淞七	楊十					
						良昌	云成	德均			
								茂初			
						信昌	世成				
							全成	振初			
			坷七	鏜八	洲五	相六	文成				
							忠成	丙初			
								龍初			
							思成	光初			
							前成	汲			
								安			
							學均	瑞			
								歡			
		坦七	鈿二	沽七	汝昌	平成					
						准成					
					忠昌	均成	昇初				
						晉均	加琦				
						小金					
					志忠	軍					
						斌成					
						松					
克文	皆十	桂六	墩三	釜五	汾十	隆昌					
					浩九	祿昌					
				鉉二	氏四	椋十					
						楊七					
明二	淑三	桂四	墨三	銘四	沉一	著昌					
				鍘六	□四	滌五					
						蔣昌					
			坿一	釜二	寅九	通昌	燔五	早生	江開		
									清開		
								仲連	江開		
									北開		
					清四	椋九					
				鍘四	江三	通昌					
						達昌	燔五	早生	江開		
							煉二	水生	忠開		

36	37	38	39	40	41	42	43	44	45	46	47
									均開		
								春生	現開		
								仲洪			
							春德	仲均	洪慶		
								洪平			
								洪成			
						椋九					
克二	皆一	苔六	坩九	錋五	涇四	遂昌	耀一				
35	36					緒昌					
仲仁	克二					達昌					
	克十					瓏昌	耀一				
	明六					迎昌					
克十	瀧七	芳九	坋二	錋二	深十	梈一	煉五	田初	新健		
									聖健		
								偉君			
								富生			
								志生			
						繁昌	煉五				
				銘三	沱八	賀昌					
				鉑一	沱八	景昌	習成	自力	實開		
								更生	順		
明六	瀧九	橋二	坦二	鉑四	澧六	宋昌	余成	長初			
						海昌	永成	富初			
						德昌	永化				
							建方	梅初			
							余成	長初			
	濱三	芳四	坎四	金朮	氐九	秦昌					
						楝五	元成	學初	堅開		
			坦十	金朮	深九	秦昌	灶八	桂初	平根	盟	
									發根		
								來初	明開		
								根初	琦		
							唐成	冬化	旺開		
									祝開		
								文牙	月明		
	漢八	橋一	圩五	鉚一	晉四	杜昌	未成	學初	金開		
								仁生	亮開		
									兵開		
								春生	聖開		
								平生	玉開		
						夢昌	外成	育初			
							市成	丁初			
			坦二	鉑四	寒	頌昌					
		英十	柔八	錕十	沱七	渭昌					
						瑞昌	許成				
							相成	梅初			
								新生			
							聖成	宜初			
								袁初			
						富昌	加成	外生			
								細外	宜兵		
								洪初			
							啟生	勇初			
							飛成	客初			
								易初			
						桂昌	自成	炯初			
						晚昌	一成	祝初			
				鈴八	湧九	集昌	园成	和根			
								冬生	會開		
									百牙		
								見生	旭		
								晚初			
				銘五	滑八	渭昌	就成	新初	軍開	李牙	
									神開		
							九成	偉初	滿開		
								永初	生開		
									建開		
							兵成	均初	慶開		

36	37	38	39	40	41	42	43	44	45	46	47
									升開		
							壽成				
				鏜五	湧九	其昌	黃成	金初	网開		
							丁成	長初			
35	36							愛初			
仲七	克八							國初			
克八	瀧二	蘭十	墩八	鉼九	河三	建昌					
					沘三	建昌					
						全昌	灼六				
				銹八	清十	連昌	春元	均九	富開	瑞盛	
									形開	化盛	
									迎開		
								坪一	安生	江九	
								乃初	建生	新未	
									運生		
									志開		
								桂初	春洪		
									慶開		
				鉉五	汾二	祥昌	和成	均十	春開	洪平	
						林昌	灶十	新初	早開	清	
						鴻昌					
						南昌	福成	忠初	通開	新盛	
								來初	連均	發盛	
									連平		
									水平		
							灶三				
							先成	慶初	偉開		
								飛初	細軍		
								友初	發開		
								冬開	小兵		
									小林		
						彩昌					
				鏗	浩十	鼎昌					
						接昌					
						貴昌					
						閨昌	灶七				
							生成	子生	仲開		
								度四			
							達成	安仳	福開		
								長林	勇		
								長化	發開		
								豐初			
			坿二	鉻十	汾七	億昌	焞九	德初	大開	福盛	
									友開		
									對開		
									現開		
									耀開		
									國開		
								次初			
		騰二	墩六	銹四	演二	桐八					
				釜七	演五	桐一	德成				
							燭二				
							語成				
							土成				
明一	淑一	蘭七	堀二	鉼八	澍十	利昌 逢昌	頂成	養初	從開	勇	
									志生	云	
										鋒	
									金開		
								文初	添開		
				銹三	演四	桐六	全成	支初			
					演七	祺昌	言成	正初			
								支初			
				銹四	演十	桐四	業成				
							冬成				
明四	淑十	騰六	垧五	錠五	涇五	俊昌	仕成	化初	發根		
							耀十	方初	日開	緒盛	
										波盛	

36	37	38	39	40	41	42	43	44	45	46	47
									德開	福平	
									辰開		
									和平		
								現初	將開	飛盛	
										洲盛	
										細毛	
									傳開		
								灼八			
							煉一	現元	玉開		
									志開		
								福云	日開		
									本開		
								金云	福林		
					淏十	星昌	色成	釗波	加開	小梅	
									信開		
						梗十	灼八				
						饒昌					
					錠七	涇八	乾昌	云成			
								燔一			
							坤昌	鍾成			
							遂昌	華成	發初	會生	
									少初	加開	
								灼九	正初	賢開	
										洪開	
									景初	兵開	
									啟初	遠開	
									日初	深開	
								灶六	春初	升開	
										代開	
									春生	長開	
									晚生	福開	
								灯七	紅牙	幸開	
							楊三	華成	發初	會生	
									少初	加開	
			垚七	鉻六	江四	首昌	學成	開初	晏開	檢牙	
										网牙	
									樂開		
							燭三	均五	龍開	成盛	
										林盛	
									全開	見盛	
										兵盛	
								桂初	鳳開	根盛	
									旗開		
									持開		

46	47
會生	律
加開	紀盛
升開	福盛

37	38	39	40	41	42	43	44	45	46	47	48
						和成	均八	華開	和全	均旺	
										國旺	
									和平	軍紅	
									和生	軍發	
									和友	軍文	
									和義		
						巧成	坪四	連開	春平	志勇	
									啟盛		
					繼昌	文成	均四	云開	羅盛	春旺	
									活盛	戰輝	
									下盛		
									秀盛		
								桂開	見盛	軍洪	
						煬五					
					績昌	煬四	均七	仁生	友盛		
									健盛	袁康	
									秋盛		
									金盛		
								啟云	國盛		
									鍾盛		
									火盛		
							坪三				

37	38	39	40	41	42	43	44	45	46	47	48
							坪八	宋開			
						煬七	金初	光開	兵盛		
								一開	健國		
								金開	一飛		
								平開			
								宏開			
								義開			
						謀成	生初	午開	雪盛		
								朝開	龍盛		
								思開	兵		
								波開	早清		
								相開			
					喜昌	能成	坪九	金生	宜盛		
								桂生	發盛		
									洪盛		
								福生	春盛		
								為開			
							坪六	文生	正		
								業開			
						燱一					
					德昌	燱七					
					安昌	煒					
					貞	燱七					
						灼三	平均	羅生			
						言六	塅七				
		坷四	鈽七	清九	馥昌	耀文	少華	國根			
						焙五					
					郁昌						
					祉昌						
				化九	曾昌	煒					
					禮昌	金成	平初	勇			
							新初				
						現成					
			銖四	玐十	西昌						
					學昌	燔七					
					和昌	煉十	連初	濤			
							細苟	江			
								六			
							合平	星			
							堯四				
						會成	財牙	亮開			
								兵開			
							祖生				
					湧生	李昌					
	芳三	圩七	鉉一	漾九	元昌	道成	外生	富平			
						武成	發初				
							均六				
				汾九	邁昌	彩成	均初	志平			
							文牙	江牙			
							其生				
							佑生				
						兵成					
				浩二	莊昌						
			鈐九	浩七	來昌						
				訛四	蓬昌						
					華昌	灯三	根牙				
							德桂	越			
							均華				
							均垶				
						陛成					
						冠成					
					邁昌						
					成昌						
				調五	蓬昌	燔九	坵八	琪開			
				詁五	成昌	年玉	福初				
			銶三	泜三	選昌						
					條一	鼓成	根牙				
						開成	援初				
				浦五	征昌						

37	38	39	40	41	42	43	44	45	46	47	48
					椋三	爐一	均初				
							禾牙				
							晚牙	望開			
							健初	檢開			
				戽三	有昌	明成	文牙				
					庄昌						
					沉昌						
					董昌	爐四					
						茂成	境一	濤牙			
							坤初				
						盧昌	爐四	境一			
						黎昌	茂成	坤初			
		埘十	鉉十	河八	恒昌	和成	友初	聖開	小玲		
								右開			
							云初	福根			
							元初	林開			
					遜昌	和成					
						燔二	根初	德開			
						燔十	志初	豪開			
							桂云	成開			
				經一	久昌	煬九					
						熺八					
						耀五	宗初	均平			
								均林	松		
						灼五	運初	忠開			
					進昌	煬九					
					遨昌						
					銀昌	德成	宗初	均平			
								均林	松		
							曾初	鉛鉢			
								金椿			
								加開			
							成初	天開			
								福開			
					誦昌	灼五	堡五	忠開			
					芳昌	灶一	衛初	林開			
								盛開			
				深七	裘昌	席成	祥初	日開			
							其生				
	苔八	圩六	鉉七	戽六	棟十	九華	福生	金泉			
							秋生	福根			
							蘭生				
							禾生	真			
							清生				
					桔七	爐九	冬生	光開			
								海泉			
							西生	君開			
							南牙	春根			
							兆初				
						九華					
			鍗十	法三	吉昌	通成					
						爐九	冬生	光開			
								海泉			
							西生	君開			
							南牙	春根			
							九初				
			鉥五	沱五	許昌	桂成	桃初				
					栯四	桂成					
						來春	禮初	程			
							春林				
						緒成	吉初				
							海初				
						烽三	波初				
						燃七	群初				
							飛初				
							千元				
			陶八	沱五	龔昌						
					樓四	金生	東初				
							南初				

37	38	39	40	41	42	43	44	45	46	47	48
		埘九	鉑三	勇十	桑八						
			鍼六	勇十							
				洲九	乃昌	良生	長生	兵			
							水生				
							會初				
					章昌						
			鈅一	浩二	相一	良生	長生	兵			
							水生				
							會初				
						連成	平生	堅			
							小均				
						標成	琳初				
						烽一	晉鋒				
						曉成	瓊初				
					平昌						
					化昌						
				潤六	平昌	化成	波初				
						新成	冬初				
						三	小珠				
		坎三	鉑七	法三	孫昌	根成	新牙	天開			
							文初	勇軍			
								勇平			
							禾初	兵牙			

36	37	38	39	40	41	42	43	44	45	46	47
遜六	濱九	騰三	堀六	金八	清八	裕昌	友成	春華			
								生華	仲開	松	
										亮	
									文開	志清	
										志磊	
								兵化	艷		
									紅		
									招娣		
									優		
									蘭		
									波開		
								招初	峰開		
32	33	34	35	36				運化	啟開		
曾四	思達	孟九	仲耀	遜臣		才昌	友成				
遜臣	海八	英三	澶八	鈿一	湄八	義昌	愛發	熊			
		場五	澶三	鈿十	湄八	義昌	愛發	熊			
	海九	英一	圩十	錠八	清	會昌	煉四	桂從	偉開		
									瓊開		
				銘四	經三	運昌	熺四	仲聖	聖牙	波牙	
									忠開		
							燔三				
				陶四	經三	運昌	熺四				
							燔三				
		場六	墅五	鈿五	晉一	相四	初成	安初			
								樂初			
					洲八	相四					
						法昌	育成	年初			
								同初			
						季昌	國蘭	愛均			
					法四	陶倡					
						鳳昌					
						典昌					
	海十	英七	貢二	鑑一	勇七	棣二	紹成	羅初			
								堅初			
						棣七	善成	燕初			
							國成	亮初			
								葱初			
						家昌	活成				
							兵成	晉軍			
							再牙				
							右生				
						澧八	樓一	府成	學初	慶武	
									要初	文開	

36	37	38	39	40	41	42	43	44	45	46	47
						法一	友昌	兵成	晉軍		
				鑑十	渭十	國昌	云均	查初			
						問昌	云德	形初			
							登成				
							紅成				
						壽昌	子成				
						祖昌	居成				
					渾一	運昌	桂生	勇			
							樂成				
							山成				
				鑑六	浩三	架五	文兵	德才			
							新牙	浩			
		埸二	澶六	鈿七	澧四	全昌	保成	黎初			
								駒初			
							力成	歡			
							君偉				
					渾六	賴昌	新均				
						生昌	新均				
							占均				
							慶均	玲科			
							安成				
						細昌	考成	夢牙			
							長成				
		埸八	□五	函九	淞四	松昌	無成				
		埸一	□十	鈺四	洁五	相八					
						宇昌	豐成	鳳初			
								地初			
						椰一	志成	天初			

36	37	38	39	40	41	42	43	44	45	46	47
							發古	群			
						朝昌	云成	德均			
								茂初			
							富成	淮初			
								亮初			
							南成	昌初			
								吾初			
							回成	寬			
							坛成	健			
						架四	來牙				
						志昌	屬龍	春初			
							玲生				
							均桂				
							佳成				
						聖昌	秋波	小鳳			
							紅波	錦			
							谷成				
		埸九	埲三	鈅九	湄八	商昌	愛平	熊			
		埸十	墅九	鉄九	澧九	樓六					
						相七	偉成	運古			
							冬成	新牙			
							金生				
			貢一	鏜七	湄十	冬昌	德牙	松初			
						愛昌	才成	江			
								偉			
						交昌	桂生				
			埲四	鈺九	潤二	有十	偉聖				
							偉利	鋒初			

奉新縣正年公嗣 28 世奇祿、奇壽公支

21	22	23	24	25	26	27	28	29	30	31	32
裕	灼	珪	元濆	伉	世昌	洁康	奇祿	福星	俊興	永咸	
										夾元	
									俊連		
							奇壽	積福	俊福	有相	
							本善	應琦	標萬	舜六	
								應璋	秀萬	定忠	
									輝忠	日魁	
										日開	
										日書	
									輝忠	日華	
										日章	
								萬	瑞忠	日財	
									英忠	日望	
祈	珍	淵	廷風	承斯	樂田	星啟	以	開發	永龍	元榜	

20	21
仲榮	裕
仲琮	祈

31	32	33	34	35	36	37	38	39	40	41	42
永	萬	朝	文	大	聲	名	修	德	立	道	
永咸	萬龍	朝錦	文茂	大頌	聲騰	名亮	修云	德寬	立孺	道敏	
			文瑞	大財	聲廷	名高	修祿	德淼			
		朝廷	文穆	大禮	聲行	名星	修玉	德歐	立興		
夾元	萬奇	朝樟	文采	大球	聲泉	名河	修竹	德生	立健		
							修垣	德春			
								德冬			
					聲仕	名漢	修程				
			文永	大順	聲林						
					聲棣	名興					
						名全	(居台灣)				
					聲旺	名魁	修林	德懷			
有相	運益	元接	佳鵬	大富	聲文	名旭	修仁	德云			
							修義	德攀			
							修禮	德清			
								德華			
							修昌				
			佳和	大明	聲玉	名標	修閱	德明			
								德暉			

31	32	33	34	35	36	37	38	39	40	41	42
永	萬	朝	文	大	聲	名	修	德	立	道	
					聲虎	名杏	修兵	德艷			
							修勇	德			
							修勇	德			
			佳祥	大桃	聲玉	名□	修長	德氏			
							修友	德寧			
							修根	德江			
						名元	修波	德輝			
							修炳	德遠			
							修清	德福			
		元揮	佳成	大彩							
				大風	聲鏞	名漢	修望	德章			
						名節					
		元振	佳明	大廷	聲賢	名友	修志				
						名盛					
			佳貴	大通	聲全	名光	修桂	德勝	立順		
								德和	立超		
				大遠	聲發	名棣	修壽	德銀			
							修祿	德真			
							修福	德清			
								德新			
						名棠	修選	德華			
								德娟			
			佳玉	大雄	聲炎	名信					
				大生	聲森						
	元榜	達禮	昌福	大柏	聲桂	名輝					
						名德	修何	德蘭	立發		
								德英			
							修海	德竹			
								德明			
						名標	修還	德華	立□		
									立亮		
							修業	德根			
			昌名	大照	聲友	名列					
						名士					
						名光	修文	德連			

31	32	33	34	35	36	37	38	39	40	41	42
永	萬	朝	文	大	聲	名	修	德	立	道	
								德珍			
								德新	立強		

31	32	33	34	35	36	37	38	39	40	41	42
永	萬	朝	文	大	聲	名	修	德	立	道	
								德鳳			
								德安			

江西奉新縣仲榮、仲宗公支系

28	29	30	31	32	33	34	35	36			
本	應	萬	忠	日	時	先	大	聲			
本善	應琦	標萬	舜六	國錦	悅有	振興	大光	聲粲	聲彥		
	應璋	秀萬	定忠	日亮	時族	先傳	大遴	聲利			
				日昌	時寶	先仁	大經	聲耀			
							大倫	聲良	聲恭		
						先信	大喜	聲輝			
						先惠	大盛	聲和			
			輝忠	日魁	時泰	先平					
					時明	先灼					
				日開	時松	先壁					
				日書	時望	先爵					

28	29	30	31	32	33	34	35	36			
本	應	萬	忠	日	時	先	大	聲			
			輝忠	日華	時浪	先富					
					時波	先目					
				日章	時良	先貴					
			瑞忠	日財	時富	先樟					
						先棟					
						先梧					
			英忠	日望	時來	大銘					

36	37	38	39	40	41	42	43
聲	名	修	德	立	道		
聲粲	名禧	修金	德森	立生			
				立華			
聲彥	名傳						
	名富	修慎	德松	立桔			
				立清	道森		
					道林		
		修性					
		修勤					
	名貴	修番					
		修恒					
		修清					
		修懷					
	名財						
聲利	名輝	修福					
		修祀					
聲耀	名拱	修敬	德萬				
			德華	立淼	道形		
				立良	道龍		
		修园	德葆	立燕	道國		
					道強		
				立友	道勇		
			德荃	立發	道鯤		
				立浪	道賢		
				立亮			
		修城	德頻	立雄	道輝		
				立斌	道博		
			德萱	立云			
				立紅			
				立敏			
聲良	名業						
	名風	修正					
	名桑	修己	德利	立啟			
				自云			
				自峰			
			德忠				
聲恭	名炳	修友	德軍				
	名遷	修睦					
聲輝	名友	修孔	德愛				
		修學	德萱				
		修佑	德輝	立興	道平		
聲和	名耀	修俊	德堂	立波			
			德華				

33	34	35	36	37	38	39	40

先	大	聲	名	修	德	立	
先平	大因	聲達	名行	修萍	德燕		
					德先		
				修金			
			名文				
			名侮				
	大成	聲富	名風				
			名輝				
			名烘				
			名昆	修銀	德未		
				修根	德松		
			名灿				
			名煜	修胡	德斌		
先灼	大和	聲彩	名燧				
			名俶				
	大云	聲發	名告				
			名煜				
	大茂	聲廷	名煬	修珍			
			名爛	修蘭			
				修蓮			
先壁	大玉	聲稷	名育	修友	德秀		
					德長	立誠	
					德永	立欣	
					德毅	立鵬	
				修網			
				修賓			
			名煥				
	大忠	聲壽					
		聲報					
		聲財	名教				
			名祿	修進	德祈		
					德□		
		聲桂					
先爵	大壽	聲祿	名榮				
先富	大美	聲萬	名德	修禮			
				修堤	德忠	立瑜	
						立瑋	
					德良	立璐	
					德洪		
				修樹			
			名响	修珍	德欽	立深	
			名金	修騰	德鈺	立璇	
					德欽		
			名志	修貞	德釗	立利	
						立琨	
						立琳	

33	34	35	36	37	38	39	40
先	大	聲	名	修	德	立	
			名喜				
		聲和	名河	修保	德滔	立斌	
			名耀	修福	德平	立榮	
						立華	
					德高	立偉	
					德园	立亮	
			名生	修發	德香		
			名漢	修盛			
			名海	修元			
			名樹	修材	德根	立友	
						立峰	
					德江	立沖	
						立滔	
					德華	立童	
					德億	立翔	
先目	大傳	聲桃	名福	修方			
先貴	大良	聲吉	名業	修云	德席	立琴	
					德華		
先樟	大煥	聲發	名遠	修國	德梁	立旺	
					德業		
					德榮		
先棟	大煌	聲生	名遠				
			名達	修國			
			名通				
先梧	大烔	聲柏	名芳	修期			
				修林	德勇		
				修光	德亭		
			名桂	修機	德友		
					德鈞		
先采	大銘	聲朴	名補				
		聲森	名福				
			名禮	修平	德仕		
				修進	德云		
					德偉		
		聲林	名寶	修根			
				修善	德紅		
					德斌		
				修安	德波		

奉新縣羅市鎮北岺村來茅支

35	36	37	38	39	40	41	42	43	44	45	46
萬	忠	日	時	先	大	聲	名	修	德	立	
□萬	成忠	日宏	時和	先順	大啟	聲驊	名彪				
	玉忠	日文	時照	先菇	大梁	聲福	名財				
		日書	時拮	先珍	大和	聲鈺	名恭	修國	德根		
33	34	35	36				名儉	修湖	德超		
本善	應璋	□萬	成忠						德軍		
								修進			
								修洗			
							名慶				
							名榜	修寧			
				先福	大秀	聲旺	名濕	修蘭			
				先興	大彩	聲龍	名科	修光	德勝		
									德利	立云	
			時星	先爵	大林	聲銘	名興	修章	德先	立平	
										立安	
						聲達	名顯	修垣			
							名魁	修仁			
					大桂	聲煥	名波				

35	36	37	38	39	40	41	42	43	44	45	46
萬	忠	日	時	先	大	聲	名	修	德	立	
							名浪	修梅			
		中貴	時升	先煌	大寬	聲傳	彭寧	修翔			
							長宏	修宣			
							長征	修凱			
					大順	聲應	名禮				
							名書	修濤			
	輝忠	日魁	時泰	先平	大鵬	聲寬	名立				
							名堅				
							名清	修旺			
						聲恭					
					大成	聲富					
					大□	聲達	名信				
							名忠	修平			
							名行	修學	德霞		
									德昌		
									德麗		

宜春洪塘鄉北壇村上甘上 20 世仲高公支

20	21	22	23	24	25	26	27	28	29	30	31
仲高	崇二	祥六	昌八	和九	周四	孔三	顏四	曾十	思八	稷一	進一

30	31	32	33	34	35	36	37	38	39	40	41
稷一	進一	釧四	計二	栖八							
				栖九	禾生	明生	德華	清云			
							德金	殷彬			
								彭冬			
			光五	智高							
				壽高							
				桂五	煇八	基六	德華				
							德桂	林生	炳發		
							德安	包庚	紹金	彭謙	
										彭浪	
									紹彬		
									紹建		
								文勇	彭平		
								來牙			
							育華	國良	黑牙		
								國平	正庚		
									桂庚		
						煌八	德發	文榮	冬庚		

30	31	32	33	34	35	36	37	38	39	40	41
								文甫	洪庚		
								文亮	彭偉		
								文輝	彭勇		
									彭慶		
				森三							
			洋三	梓三	元五	福堂	包生	國義	就勇		
					元六						
				梓六							
				森六							
				栖三							
				栖七							
			泳九	梅六							
				梅十	元二	基七					
						基九	德志	紹華	彭松		
									彭東		
								寶發	彭洪		
								棋王			
								寶瑞			
						榮聖					
				柳八							

萬載縣潭埠陂田 26 世效措公支

清康熙年間仁先公攜國璋、國珍、國球、國瑤四子由陂田徙居湖南醴陵白免潭

26	27	28	29	30	31	32	33	34	35	36	37
效	而	先	國	宏	永	有	道	斯			
效措	而強	仁先	國璋								
			國珍								
			國球								
			國瑤								
		義先	國儒	宏萬	永科	有毅	有凱				
			國良	宏達	永錦	有霖					
				宏通	永均	有星					
			國榮	宏嵩	永茂	有珠	有琇	有聰			
					永蓮	有瑒					
					永芳	有瑚	有玢				
				宏獄	永偉	有普	有開				
					永倬	有開					
				宏峰	永建	有梅	有樹	有棠			
					永遠	有柱					
					永逵	有和					
			國華	宏朝	永玖	有松			道□	斯升	
						有楝			道展	斯敬	
									道順	斯茂	
									道歆	斯瀅	

26	27	28	29	30	31	32	33	34	35	36	37
效	而	先	國	宏	永	有	道	斯			
										斯萬	
						有杞			道祥	斯爵	
					永珊	有綸			道德	斯評	
										斯庭	
									道興	斯瑞	
									道坊	斯森	
						有統			道和	斯集	
									道職	斯發	
					永城	有享			道吉	斯彥	
									道鐵	斯元	
									道紳	斯生	
									道馥	斯珊	
					永鏗	有端			道宏	斯中	
										斯庸	
										斯為	
										斯上	
						有謀			道傳	斯怡	
						有訓			道純	斯秀	
									道絢	斯瑄	

26	27	28	29	30	31	32	33	34	35	36	37
效	而	先	國	宏	永	有	道	斯			
										斯珩	
						有誥			道清	斯芳	
									道河	斯數	
						有紹			道雯	斯曾	
										斯贊	
										斯寬	
										斯衢	
									道用	斯奎	
										斯淪	
									道電	斯琪	
					永璠	有功			道喜	新立	
				宏翰	永賞	有瓏			道學	斯義	
									道勳	斯義	
					永貴	有容			道珩	斯維	
					永衡	有堯			道京	斯繼	
					永全	有聚			道接	斯生	
					永圓	有□			道平	斯繼	
				宏乾	永琭	有傳			道運	斯壁	
					永寧	有常			道長	斯年	
									道內	斯春	
										斯德	
						有明			道聖	斯開	
						有云			道紳	斯洁	
						有鳳			道梅	斯合	
										斯王	
									道溪	斯周	
			國相	宏祿	永遷	有通			道眉	斯美	
						有迷			道眉		
					永廣	有騰			道辛	斯河	
				宏禧	永恭	有典			道接	斯生	
	而端	俊先	國琪	宏德	永弼	有平			道渠	斯扶	
	而成	乾先	國仕	宏崇	永接						
		坤先									
	而重	□先	國柱								
			國賢	宏定	(	遷湖	南衡	州)			
			國琮	宏橋	永煥						
					永星						
				宏□	永燃	有為					
			國拔	宏正							
				宏游							
				宏泰							
				宏江							

26	27	28	29	30	31	32	33	34	35	36	37
效	而	先	國	宏	永	有	道	斯			
				宏日							
			國擅	宏海							
				宏波							
			國財	宏□		(	遷湖	北江	華縣	)	
				宏昊		(	遷湖	北江	華縣	)	
				宏明		(	遷湖	北江	華縣	)	

29	30	31	32	33	34	35	36	37	38	39	40
國	宏	永	有	道	斯	崇	蔚	起	開	瑞	
國儒	宏萬	水科	有毅	道湯	斯安	崇錦	蔚榮	起波	開慶	瑞興	
									開祥		
									開飛		
								起濤	開火		
							蔚泉	起□			
			有凱	道良	斯堂	崇泗	蔚華	起千	開瑛		
									開玉		
									開坤		
									開玲		
									開瑭		
國良	宏達	永錦	有霖	道連	斯偉	榮間					
					斯印						
				道冬	斯紐	告崇					
						崇凱					
					斯卿	崇燕					
	宏通	永均	有星	道禾	斯余	崇財					
						崇炳					
國榮	宏嵩	永茂	有珠	道珉	斯車	崇湘	蔚清	起平			
				道玟	斯春	崇河	蔚成				
							蔚華				
							蔚忠	起路			
			有琇	道遵	斯標	崇竹	蔚涌	起玲			
					斯炬	崇守	蔚憑	起庭	開峰		
								起贊	開誘		
									涵旺		
								起誌			
								起深			

32	33	34	35	36	37	38	39
有	道	斯	崇	蔚	起	開	
有毅	道涌	斯安	崇錦	蔚榮	起波	開慶	
38	39					開祥	
開慶	瑞興					開飛	
					起濤	開水	
						開火	
				蔚泉	起□		
有凱	道良	斯堂	崇泗	蔚華	起千	開瑛	
						開玉	
						開坤	
						開玲	
						開瑭	
有霖	道連	斯偉	榮間				
		斯印					
	道冬	斯紐	告崇				
			崇凱				
		斯卿	崇燕				
有星	道禾	斯崇	崇財				
			崇炳				
有珠	道珉	斯車	崇湘	蔚清	起平		
	道玟	斯春	崇河	蔚成			
				蔚華			
				蔚忠	起路		

32	33	34	35	36	37	38	39
有	道	斯	崇	蔚	起	開	
有琇	道尊	斯標	崇竹	蔚涌	起玲		
		斯炬	崇守	蔚憑	起庭	開峰	
					起贊	開誘	
						涵旺	
					起誌	涵勇	
					起深		
				蔚朝	起錦		
					起秀	涵威	
					起學		
				蔚盛			
		斯揩	崇炳	蔚弘	起文		
					起勛	涵通	
					起勃		
有聰	道恢	斯亮	崇立	蔚堅	起裴	開鈹	
有瑒	道融	斯英	崇月	蔚錦	起福	開初	
						開耀	
					起嚴	開如	
						開華	
					起善	開崗	
						開琛	
				蔚接			
				蔚后	起報		

32	33	34	35	36	37	38	39
有	道	斯	崇	蔚	起	開	
					起郵		
	道顯	斯才	崇福	蔚接	起庚	開珊	
						開勇	
					起春	開黎	
					起葉	開偉	
有瑚	道充	斯□	崇東	蔚達	起能	開鎔	
						開梁	
					起林		
				蔚建	起能		
		斯隣					
			崇田	蔚昆	起才	開明	
	38	39				開云	
	開升	保賢				開榮	
	開燕	瑞科			起澤	開學	
	開林	瑞渾			起洋	開升	
	開永	瑞翌				開燕	
	開廉	瑞浪			起□	開楓	
	開鹿	瑞概			起為	開紫	
					起志		
				蔚洵	起吉		
	道舒	斯風	崇端	蔚煉	起標	開俊	
					起常		

32	33	34	35	36	37	38	39
有	道	斯	崇	蔚	起	開	
有玢	道桴	斯萬	崇懋	蔚廉	起瀚	開林	
						開永	
						開軍	
有普	道高	立斯	崇儒	蔚睦	起泉	開禮	
						開義	
						開廉	
						開恥	
	道全	福斯	崇點	蔚何	起玟	開淮	
						開澤	
	道維	厚斯	崇開	蔚睦	起泉	開禮	
						開義	
						開廉	
						開恥	
		勃斯	崇吉				
	道振	發斯	崇正	蔚豪	起周	開清	
						開法	
					起銘	開通	
						開達	
					起慷	涵璋	
				蔚炬	起斌		
					起劍		
		炎斯	崇朝	蔚常	起高	開熔	
						開爐	
						開智	
					起親	開惠	
			崇雛	蔚伏	起芬		
					起日	開葉	
					起霜	開鹿	
					起霧		
					起雷		
					起電		
				蔚橋	起霆	開芽	
		新斯	九員	蔚偉	朝書		
有開							
有開	道彰	鍾斯	崇發	蔚才	起康	開福	
						開祿	
		秀斯	崇春	蔚宣	起任		
					起晴		
					起天		
		魁斯	崇廣	蔚星	起諒	開敏	
						開芳	
				蔚宜			
		又斯	崇山	蔚潰			

33	34	35	36	37	38	39	40
道	斯	崇	蔚	起	開	瑞	
道本	斯徽	崇行	蔚明	起鵠	開云	賢水	
			蔚睿	起瑞	開日	瑞鵬	
30	31	32	33		開月	賢譜	
宏峰	永建	有梅	道本		開星		
		有樹	道心		開晨		
				起維	開淮		
	斯致	崇庚	蔚斌	起湘	開源	賢高	
					開坤	賢興	
						賢福	
						賢壽	
					開洲	賢勇	
						賢盛	
						賢乾	
					開憑	瑞道	
					開德	駿瑞	
					開諒	瑞光	
					開仕		
					開濱		
				起勤	開杏	賢強	
						瑞富	
					開任	賢照	

33	34	35	36	37	38	39	40
道	斯	崇	蔚	起	開	瑞	
					開庚		
					開泰		
					開欣		
				起儉	開德		
					開智		
					開涌		
			蔚晨	起詒	開成	賢軍	
						賢芳	
					開哲		
					開福	瑞和	
					開梁		
	斯敏	崇州	蔚□	起根	開擁		
					開護		
			蔚鍠	起春	開志		
					開兵	瑞智	
		崇綸	蔚煌	起法	開緣		
		崇淇	蔚鎮	起琳	開晏		
道心	斯淮	崇連	蔚銓	起一			
		崇震	蔚興	起桂	開東	賢興	
						賢旺	
				起芳	開大		
					開小		
				起騰	開米		
					開泉		
			蔚銓	起一	開東		
					開根	賢麟	
					開云		
					開離		
				起新			
		崇科	蔚躍	起日			
				起升	開超		
				起月	開新		
				起恒			
道金	斯吉						
道玉	斯吉	崇立	蔚枋	起冬	開惠		
				起秋			
				起優			
		崇見	蔚炳	起冬	開惠		
			蔚洋	小英	開紅		
			蔚謙	起較			
				起軾	開闖		
					開游		
					開宇		
					開宙		
			蔚枋				
	斯在	崇嵩	蔚賢	起□	開前	賢坤	
						賢璋	
					開裕	賢勃	
					開春		
					開明		
			蔚蘭	起琮	開新	賢明	
			蔚揮	起瑩	開業	賢成	
					開營		
					開管		
					開宮	賢文	
						賢才	
					開相		
					開師		
			蔚換	起浩	開□		
		崇緒	蔚杰	起昆	開忠	賢臣	
					開良		
					開幸		
					開福		
				起華	開謀	端輝	
					開猷		
			蔚晃	起茲	開光		
				起壽	開錠		
					開梅		

33	34	35	36	37	38	39	40
道	斯	崇	蔚	起	開	瑞	
				起宣	開常		
				起浩	開圖		
				起超	開端		
			蔚實	起超	開端		
	斯康						
道生	斯康	崇躍	蔚勝	起性			
				起發			
道泰	斯濤	崇財	蔚增	起春			
			蔚福	起飛			
		崇初	蔚坤	起汶	開宗		
					涵鴻		
				起彬			
			蔚錫	起添			
			蔚濟	起檢			
		崇仲	蔚球	起輝			
	斯沉	崇財					
		崇儉	蔚松	起波			
			蔚然	起旺			
			蔚康				
道春	斯彩	崇豪	蔚汶	起秋	涵建		
			蔚新	起勇			
道奉	斯漢	崇榜	蔚琳	起理	開冬		
			蔚瑞				
		崇棟	蔚彬	起洵			
				起□			
			蔚杭	起秀	涵威		
				起根			
道美	斯慶	崇仕	蔚樟	起祥	開岷		
				起群			
		崇熙	蔚障	起聞	開澄		
			蔚瑤	起評	開劍		
				起峙	開武		
				起鍾			
			蔚庭	起積	開謙	瑞宇	
					開虛		
					開謹		
					開慎		
				起抒	開利		
					開軔		
		崇坎					
	斯授	崇坎	蔚淇	起丕	開煉	賢進	
						賢□	
					開煥	賢秋	
			蔚源	起振	開選		
道□	斯升	崇春					
		崇秋					
道展	斯敬	崇林	蔚松	起楓	開勇	凱瑞	
					開興	瑞斌	
					開旺		
				起夭	開斌	智瑞	
					開強		
					開衛		
道順	斯茂	崇善	蔚土	起璋	開發	擁賢	
					開友	漢瑞	
			蔚秀	起權	開洪	斌賢	
					開萬	潤賢	
					開親		
					開州		
					開然		
				起坤	開汶	升賢	
					開銘	勝賢	
		崇風	蔚先	起權			
		崇明	蔚享	起璋			
道歆	斯瀅	崇信	蔚根	起和	開衢		
					開□		
					開衍		
					開徠		
	斯萬	崇師	蔚椿	起親			

33	34	35	36	37	38	39	40
道	斯	崇	蔚	起	開	瑞	
			蔚標	起和			
				起宋	開杰		
					開照		
道祥	斯爵	崇然	蔚俊	起超	開尚		
			蔚岷				
		崇貽	蔚岷	起青			
				起堅			
				起平			
道德	斯評	崇龍	蔚泉	起暉			
		崇盛					
	斯庭	崇盛	蔚泉	起暉	開沈		
					開能		
				起化	開瓏	瑞春	
道興	斯瑞	崇章	蔚吉	起化	開瓏		
道坊	斯森	崇啟	蔚泉	起暉			
道和	斯集	崇壽					
		崇譜	蔚林	起秋			
				起光			
道職	斯發	崇壽	蔚佐	起海	開年		
			蔚佑	起江			
				起河			
道吉	斯彥	崇隆	蔚魁	起云	開聖		
道鐵	斯元	崇隆					
道紳	斯生	崇戰	蔚金	起春	開堅		
					開文		
				起福			
				起紹			
				起平			
			蔚銀	起宜	開兵		
				起鳥	開龍		
				起山			
			蔚梅	起洪			
				起勃			
道馥	斯珊	崇洪	蔚魁	起云	開聖		
道宏	斯中	芝崇	蔚照	起棋	開棕		
					開桂		
				起措			
		佳崇	蔚傳	起弘	開永	昌賢	
	斯庸	晒崇	蔚劉	起蒼	開安		
				起竹	開益		
					開碧		
					開琴		
				起翠	開濤		
				起柏			
			蔚照	起昔			
	斯為	斐崇	蔚啟	起來	開云		
					開□		
				起弘	開永	昌賢	
	斯上	新崇	蔚金	起順	開輝		
					開煌		
				起有	開荃		
		北崇	蔚楚				
道傳	斯怡	癸崇	蔚根	起敬			
			蔚劍	起森			
道純	斯秀	言崇	蔚嵐	起莘	云開	春賢	
						林賢	
					明開		
					佑開	通賢	
						瑞高	
					建開		
			蔚上				
		必崇	蔚桂	起友	開輥		
		信崇	蔚森	起怡	開頻		
					開□		
					開軍		
			蔚東	起書	開榮	全賢	
						根賢	
					開允	譜賢	

33	34	35	36	37	38	39	40
道	斯	崇	蔚	起	開	瑞	
					開清		
				起觀	開梗		
				起潭	開霞		
		王崇	蔚正	發興	明開		
道絢	斯瑄	吉崇	蔚如				
	斯珩	焯崇	蔚祈	起惠			
			蔚祜	起思			
				起聰			
				起惠			
				起恁			
道清	斯芳	部崇	蔚能	起群			
道河	斯數	其崇	蔚敏	起河			
		善崇					
		坎崇	蔚亮				
			蔚光				
道崇	斯南	湖崇	蔚惠	起玖			
				起瓏			
			蔚忠	起旭			
				起何			
道雯	斯曾	恒崇	蔚嵩	起寅			
			蔚嵩				
			蔚昆	起培	開民	初賢	
						生賢	
					開聞	長賢	
						德賢	
					開相	清賢	
						華賢	
					開庭	君賢	
					開彬		
		桂崇	蔚倫	起培			
	斯贊	標崇	蔚寧	起恭	開和	招賢	
					開泰	思賢	
					開容		
					開錦		
		楷崇	蔚宏	起長	開梓		
				起平			
				起錢	開旋		
					開凱		
				起軍			
			蔚官	起趙			
	斯寬	枋崇	蔚哲	起富	開力		
				起梁	開團		
				起盈	涵蘭		
		柏崇	蔚才	起環	開華	勝賢	
						愛賢	
					開湖	煉賢	
					開烽		
	斯衢	祀崇	蔚楨	起猷	開平	春瑞	
					開根	瑞亮	
					開耕		
					開凱		
				起譜	開葦	明賢	
					開宏		
					開荷	瑞根	
		杠崇	蔚梁	起鎔	開泰		
					開茂		
				起鈞	開欣		
					開京		
				起寬	開鵬		
					開程		
		杍崇	蔚智	起壹	開睿		
				起貳	開愛		
					開勤		
					開儉		
					開春		
				起叁	開豐		
				起肆			
				起伍			

33	34	35	36	37	38	39	40
道	斯	崇	蔚	起	開	瑞	
				起陸	涵祥		
			蔚傳	起祁	開美		
					開滿		
				起梓			
				起濤			
				起祠			
道用	斯奎	珏崇	蔚怡	起呡	開庭		
				起亮			
				起祥	開金		
		鉅崇	蔚功	起岷	開庭	瑞澤	
		堃崇	蔚怡				
	斯滄	□崇	蔚淳	起猷	開平	春瑞	
					開耕	瑞亮	
					開相		
					開凱		
道電	斯琪	聖崇	蔚利	起源	開懷		
					開孟		
					開谷		
				起鴻	開敏		
					開權		
		賢崇	蔚梅	起淋	開明		
					開暉		
				起芬			
				起淑	開剩	軍賢	
						瑞斌	
					開溶	賢濤	
					開澄		
					開金		
				起沂	開貴		
				起炎	開牛		
		典崇	蔚和				
			蔚利				
			蔚程				
			蔚梅				
		謨崇	蔚杰	起暢	開□	力賢	
					開宜		
				起伶	開园		
		云崇	蔚碧				
			蔚琮	起群			
				起增	開耀		
				起掌	開龍		
					開騰		
			蔚旬	起越	開伍		
					開嘉		
				起炳	開雯		
					開霽		
				起昌			
				起茂	涵偉		
				起泰			
		霞崇	蔚□	起凰	開概		
					開河		
					開奇		
				起鯖			
			蔚慎	起才	涵巍		
					涵俊		
					開瑞		
					開保		
				起佑	開鈺		
					開鈴		
			蔚勤	起超	涵強		
			蔚儉	起忠	開璦		
				起興			
			蔚興	起劍			
				起峰			
	斯提	攸崇	蔚康	福生			
	斯祧	湖崇	蔚彪	起程			
				起鈺			
道喜	斯立	崇水	蔚澄	起鵬	開政		

33	34	35	36	37	38	39	40
道	斯	崇	蔚	起	開	瑞	
					開策		
				起烟	開福		
					開生		
				起才	涵緯		
				起樘			
				起玖			
道學	斯義	崇喜	蔚發	起典	開蘭	應賢	
		崇贊	蔚茂	起科	開祺		
					開塤		
				起和	涵富		
道勤	斯義	崇□	蔚丹	起昶	開芬		
					開芳		
				起騫	開葆		
					開菠		
				起后	涵濤		
				起思	涵科		
				起□	涵立		
				起荃			
道珩	斯維	崇益	蔚枬	起尚	開砝	華賢	
		崇興	蔚修	起度	開明	智賢	
						惠賢	
					開遠		
					開盛	前賢	
						進賢	
			蔚恒	起望	開來	瑞衛	
				起傳	朝菘	瑞逵	
		崇桂	蔚迪	起馳	開驍		
				起鶚	開優		
					開淼		
				起泗	開焱		
				起駒			
				起海			
				起俊			
	斯盛	崇學	蔚仁	起輝	開馨		
					開夢		
					開□		
	斯光	崇添	蔚峰	起明	開倉	松賢	
					開曉	榕瑞	
			蔚蟾	起紳	開飛		
				起壠	開煌		
		崇當	蔚池	起煌	開直		
					開磊		
	斯預	崇旺	蔚池				
道球	斯應	崇嘉	蔚松	起榮	開亮	超賢	
					開根	梓賢	
					開毅	驥賢	
						翼賢	
					開著		
				起后	開玉	京賢	
					開麒		
					開麟		
			蔚權	起勇	開放		
				起闖			
				起逵			
			蔚棠	起九			
				起桑			
道京	斯繼	崇欽	蔚浦				
道接	斯生	崇盛	蔚金	起春	開堅		

33	34	35	36	37	38	39	40
道	斯	崇	蔚	起	開	瑞	
					開文		
				起福			
				起紹			
				起平			
			蔚銀	起宜	開兵		
				起鳥	開龍		
				起山			
			蔚梅	起洪			
				起勃			
道平	斯繼	崇欽	蔚浦				
道運	斯壁	崇時	蔚思	起財	開榮	松賢	
					開華	材賢	
					開貴		
					開盛		
				起福			
				起和	開富		
					開呂		
道長	斯年	崇生	蔚吉	起根			
道内	斯春	崇享	蔚教	起福			
				起全	開權		
				起兵			
				起瑃	涵億		
				起鋒			
				起粮	涵欣		
	斯德	崇享					
		崇有	蔚桔	起根			
		蔚昌	起光				
			起銑				
			起鋭				
		蔚銘					
道聖	斯開	崇超	蔚旦	起振	開槐		
				起諱	開維		
					開攀		
				起誼			
				起贊			
			蔚悠	起仁	開涌		
					開少		
				起羲	開富		
					開裕		
				起禮	開琪		
					開榮		
					開瑞		
				起智	開瑛		
					開琮		
				起信			
				起忠	欣榮		
道紳	斯洁	崇林	蔚吉	起根			
道梅	斯合	崇忠	蔚芬	起洲			
			蔚包	起釗	開科		
				起鈁	開情		
				起強	開猛		
					涵豐		
				起建	開龍		
				起廣			
			蔚立	起龍			
				起鳳			
		崇惠	蔚荏				
	斯王	崇思	蔚賡	起升	開越	涵發	

33	34	35	36	37	38	39	40
道	斯	崇	蔚	起	開	瑞	
					開順		
道溪	斯周	崇澄	蔚河	起頻	開華		
					開寬		
				起順	開國		
				起願			
				起顒			
		崇宣	蔚光	起東	開俊		
				起旭	開□		
				起萬	開翅		
					開翔		
				起德	開效		
					開麟		
					涵華		
	斯理	宗崇	蔚善	起照	開奕		
					開芳		
				起躍	開嵩		
					開嶂		
					開堯		
道余	斯深	崇桓	蔚柱	起鑫	開展		
					開朗		
道眉	斯美	崇傳					
道辛	斯河	崇桂	蔚富				
		崇財	蔚亮				
			蔚龍				
道接	斯生	崇盛	蔚金	起春	開照		
					開文		
				起福			
				起紹			
				起平			
			蔚銀	起宜	開兵		
				起鳥	開龍		
				起山			
			蔚梅	起勃			
道渠	斯扶	崇美	蔚榮	起怡			
				起超	開漢	賢輝	
						賢躍	
			蔚琅	起財	開明		
					開云		
					開榮		
			蔚珊	起荏	開永		
			蔚忻	起近	開祖		
				起奔	開穩		
					開建		
				起淼			
				起迎			
			蔚林	起明	開勛		
				起琴			
				起群			
		崇陸	蔚錫	起遠	開輝		
				起祥	開彬		

分宜縣漳源儒元嗣 15 世淵公支

15	16	17	18	19	20	21
淵	定邦	煥	至宣	均毓	純英	罷承
22	23	24	25	26	27	28
宙衡	開滙	世熊	歷金	緩緩	執官	樹宣
29	30	31	32	33	34	35
賢牙	文秀	扶陸	—	—	—	—

36	37	38	39	40		
—	—	—	—	藹相	福相	和相
				吉相		

40	41	42	43	44	45	46
藹相	厚傳	富光	學甫	高翔	光渭	萬義

40	41	42	43	44	45	46
					盟昌	宗義
	興傳	輝光	如甫	鵬翔	聯昌	長義
						發義
福相	道傳	寶光	義甫	鵬萬	余才	
					量才	

40	41	42	43	44	45	46
		斗光	新甫	忠翔	運才	梓強
					鳴材	
				忠萬	言才	
					躍才	
		觀光				
和相	敬傳	裕光	根甫	日翔		
				月翔	梓軍	
				同翔		

40	41	42	43	44	45	46
			茂甫			
	繼傳	孝清	亮輝	鵬程	勝才	
					銀才	梓旋
		敬清	為甫	桂生		
			仍甫			
		恭清	振云	朋珍	升昌	財義
						富義
					家才	彭舟

40	41	42	43	44	45	46
					有才	
吉相	習傳	彩光	龍甫	芙新		
	浩傳	迪光	雁甫	增萬	國才	
	仕俊	正光	德勝			
			長勝			
			永勝	志伊		

分宜縣漳源儒元嗣 15 世衛公支

15	16	17	18	19	20	21至
衛	衡	簡	泉	鳳	阮紹	(失
33世	34	35	36	37	38	39
考)	前連	宗仁	江郡	承帝	連昇	日景

39	40	41	42	43	44	45
日景	寅初	獻瑞	均平	義茂	建新	吉才
			和平	貽謀	立新	利才
	達初					
	旭初					

39	40	41	42	43	44	45
日保	寅初					
日師	仁古					
	勝古					
	高奎	友順	茂生	勤謀	毛生	章才

分宜縣漳源儒元嗣 15 世忠念公支

15	16	17	18	19	20	21
忠義	偉	邦定	國郊	忠鎮	仲元	彬
22	23	24	25	26	27	28
昆發	洪錦	忠	良辰	一	世結	家琮
						廷琮

28	29	30	31	32	33	34
家琮	樂伊	繁科	應瑞	萬祥	南鴻	祖豐
					長鴻	嬀豐
					駿鴻	四鰲
						四鯤
					窖鴻	
				萬春		

28	29	30	31	32	33	34
			應選	萬琪	鶴上	即達
廷琮	樂尹	嗣科	應選	萬琪	鶴上	即照
						即登
						即俗
					倫上	即光

34	35	36	37	38	39	40	41	42	43	44	45
租豐	利衛	晶文	光森	升云	增秀	思慶	富祥				
						咸慶	貴祥	萬昌	榮茂	彭超	
									華茂		
									永茂	彭存	
									金根		
								泉昌	發茂		
						吉慶	呈祥	福昌	彭松		
									彭希		
								安昌	彭光		
									彭榮		
					瑞翁	同慶					
					維楚	篤慶	冬生				
							艾官				
					奇潘	垂業					
						才慶	許龙				
						保慶	从龙	繼昌	春茂	生根	
									松茂	安根	
							優龙	仁昌	柏茂	彭亮	
						烈芳	文龙	克昌	悟茂	智宇	
									秋根		
						余芳	善還				
						勤芳	慶龙				
						賢芳	來古				
						騰芳					
						桂芳					
						南芳					
28	29	30	31	32	33						
嬀丰	芥卫	浩度	松臣	結檔	長胜						
四鰲	文緯	汝珠	失考	失考	仁星	祥池	願三	平昌	彭歡		
									彭軍		
								慶昌			
						贅池					
	文紳	汝琢	光堂	启昆	毓岱	撫辰	付鵬	左牙	優茂		
					毓海	螽官					
						蘇辰	靜涵	順昌	智茂		
								其昌	季茂		
							鳴時	遂昌	盛茂		
							鳴風				
					毓陶	韓辰	儉仔				
					毓舟	柳辰	慧涵	義昌	遂茂	邦新	
				启□	毓嵋	燮	維綱	壽章			

34	35	36	37	38	39	40	41	42	43	44	45
					毓俊	楹官					
						蓮生	詳發				
						梅生					
						來奇					
					毓崧	蒲辰	長發	俊昌	裕茂		
								光昌	家茂		
								樹昌	彭博		
								茲昌	森茂		
							財發	樂昌	譜茂		
								育昌	森茂		
						思□	碧三	介生			
						天□	菇三	移昌	國茂		
							義三	喜昌	續茂		
						善□	壽三	伯昌			
								仲昌			
								叔昌	發茂		
								季昌			
				启星	毓峋	炽叔	芝三	荣昌	繼茂		
								譽昌			
					添孙						
			錦堂	启祿	厚生						
					春先						
	文凌	法先	宜楷	瑧齡	寅清	九壽					
					儒遜						
			宜模	有言	保口	祐古					
						發官					
			宜梁	遐齡							
			增秀	慶夫	炳輝	执中	良弼	貴昌	金茂		
									奔茂		
						享伦	蒦弼	瑞昌	昌茂	慶新	
四鯤	義公	大膺	作茂	家德	為敏	承恩	豎山				
					道敏	學橋	祝山	新昌	兩生	子威	
								勤昌	平茂		
		大康	日勤	家桀	笏	玉	得三	金多			
							民三				
							丁三	文昌	韓茂		
								武昌	麗寶		
									麗珠		
									彭華		
								輝昌			
						秋生					
					笈	豫	焱生				

34	35	36	37	38	39	40	41	42	43	44	45
							延生	鳥仔	大茂		
					葴	秋生	聘三	立昌			
								特昌			
				家瑞	均	寅生	維章	迟昌	大茂		
	文紹	大度	知懋	圣光	信志						
					有志						
				廣充	要志						
					用志	深忠	新秀				
					善志						
			尔懋	齊充	記志	茲恩	景山	廣昌	进茂		
	檔麦	邊河	失考	有山	伦長	長生	保常	咸昌	智茂	洁新	
									曉茂		
				連山	繼長	連生	护常	再昌	前茂		
	文結	忠三	失考	失考	失考	清和	輝龙	德昌	禮茂	彩新	
										龙新	
										鳳新	
						合和	云龙	德昌	長茂	福新	
										祿新	
										壽新	
										喜新	
										才新	
						用和	建龙	德昌	富茂	綿新	
	克圣	彭昕	起賡	載福	書年	文興	貴為	茂昌	勇茂		
								洪昌	良茂		
								日昌	星茂		
					洪年	垂興	發為	启昌	望茂		
								善昌			
								紹昌			
								華昌			
								愛昌			
				遐福	賀年	武興	荣為	雨昌	南茂	鳳新	
									貴茂	起新	
									騰茂	連新	
									方茂		
									秋茂		
		彭曦	斌	泉滙	复先	企忠	勇為	承昌	林茂	維新	
				慶藩	文宗	企虞	人為	宜昌	佛茂		
								京昌	昕茂		
					繼远	企寬	和為				
							桂生				
				錫保	紹远	企起	詑堂	國昌	忠茂		
									信茂		
					鑒緒	煥生	有為	國昌	文茂	騰新	
									行茂		

34	35	36	37	38	39	40	41	42	43	44	45
						企家	小為	生昌	美茂		
									麗茂		
							政為	為昌	根茂		
				誠公	蔚宗	企恭	勉為	吉昌	洪茂		
								建昌	連茂		
								家昌	萬茂		
								學昌	愛茂		
									武茂		
		暄	复担	慶齡	紹賢	怀荣					
					紹奎	團生					
					紹團	茂荣	善為	悠昌	安茂		
								春生	安茂		
								亦昌			
					紹錢	生茂					
						怀堂					
						翕堂					
						錦堂					
					阳公	煥堂	集成	桂英	繼生	高新	
即光	失考	失考	失考	超祥	文翰	年官					
						賤官					
					書翰	高堂	明為	龙昌	宏茂		
									圖茂		
								鳳昌	嫵茂		
									媚茂		
								裕昌	篤茂		
即照	克吉	失考	失考	失考	屏翰	肯堂					
						舜發					
					祥起	滿堂	美成				
						華堂					
					灿輝	腊生	繼發	世昌	來茂		

萬載縣黃茅鎮荷樹村 32 世祖年公

32	33	34	35	36	37	38	39	40	41	42	43
祖年	上宰	春榮	錫盛	文莫	應生	財運	生昌	天炳	錫芳	枚昆	
							生龍				
						□運	生昌	天喜	錫平		

(11)江西其他彭氏

江西寧都彭氏

寧都有一支本吉水族．明時由吉徙于南昌．蓋十五師之後也．兵火之餘．譜牒己燼．竟其先世名次．其在國初．有若諱士望．號躬奄者．前代宿儒也．抱高樂道．不求顯達．作詩文渾噩雄邁．有幽並老將氣．時寧都魏伯子兄弟以文鳴海內．號曰「三魏」．江濤海浪無以敵．然必就正于躬奄．延致于家．遂為寧都人．有集行世．子庠士崇泰．孫揆．康熙壬子孝廉．今為吉水學博仁文書院山長．學行醇優．皆克世其家．(轉錄清彭家屏著彭氏溯源紀略)

江西吉安嚴溪彭氏　(節錄中華姓氏譜)

江西吉安嚴溪金陵彭氏，不屬構雲公世系，光緒 22 年西元 1896 年刊行的江西吉安「嚴溪彭氏三房二修支譜」，是進士彭飛雄纂修的．南唐江西御史彭嵩自金陵遷居嚴溪，一至十五世系如下：

世別	先 祖	紀　　　　事
1	嵩	字維岳，號如山，世居金陵．五代晉天福間任江西御史中丞，南唐時李昇時，馬殷以楚王叛，據湖南邻江西．李王派遣重臣握兵防鎮，都是彭嵩兒子．因仕宦而居吉安各邑，他長子仁楨、季子仁誨的後裔．金陵彭氏之名，自此開始，子六：仁楨、仁揆、仁美、仁浩、仁耀、仁海．
2	仁 楨	字日休，五代時授銀青光祿大夫，檢右散騎衛、吉州司功參軍兼御史大夫、上柱國．子三：慕德、慕　、慕慶．
	仁 揆	字日進，右軍，同時襲鎮將．
	仁 美	字日新，衛前兵馬司使，兼平礱平鎮將．
	仁 浩	字日深．
	仁 耀	字日換，衛前兵馬司克軍使親兵兼前行．
	仁 海	名瑄，字日益．南唐團軍正將，拜銀青光祿大夫、檢校國子監博士兼監察御史、上柱國、行安福都副史，出鎮时礱團正將，封淮陽侯，終於任所，葬龍口，後稱彭相公墳．子一：慕蘭．
3	慕 德	字文正，行念一．陰授吉州刺史，李主入宋，遂家居西街九曲巷．子三：奇、成、敏．
	慕	字文昇，名載郡祀，派居不詳．
	慕 慶	字文周，行念五，事南唐李主，為安福團練兵馬使，遂家邑西檀州，隱居不仕．子二：郊、乳．
	慕 蘭	名熙，字允平，行念八，蔭封安成伯、銀青光祿大夫、兼衛前兵馬司前軍招討使．宋太祖開寶八年，南唐亡，他義不更仕，擇里隱跡，遇異人教說：「遇鮎則止，必有興焉．」他家嚴溪，果如其言．子三：伯熊、伯寮、伯羔．
4	奇	字仲素，子五：
	成	居青原西市．
	敏	居安成新樂鄉．
	伯 熊	名榮，宋咸平進士，任益州判官，因興舉義兵征討王均叛亂，升鎮益州御使．居袁州宜春縣嚴營，即嚴坪．子一．
	伯 寮	名安，宋仁宗康定進士，任平南節度使，子一．
	伯 羔	名愚，隱居不仕，贈奉政大夫，自嚴溪徙居十八都嚴湖，子一．
5	宋	仕忠，奇長子，居廬陵山口．
	烈	郊長子，字丕承，徙居東田，官湖廣，子一：復，宋熙寧庚戌進士，任柳州推官．終潭州通判，後乏傳．
	照	郊次子，子六：季子瑤，為城東五十二都城田各團基祖．
	勛	郊三子，居吉水，生歿葬不詳．
	熙	郊四子，為安成鳳林、河北祖．後子孫徙居西里十六都小山，十四都書樓各團基祖．
	涉	郊五子，居廬陵山口祖．
	褒	乳子，為成檀州祖，後子孫徙居南王屯、檀州、荊山、城北城同、城西南村、東谷、廬陵大灣、城東白美各團基祖．
	繼 祖	伯熊子，字承之，號虎峰．子二：有允，仍留居嚴坪，很久才析居馬溪，宋仁宗慶曆四年西元 1044 年遷居西里十七都故里為基祖．
	儉	伯寮子，嚴溪祖．
	紹 祖	伯羔子，為嚴湖祖
17	賓 興	明初一世祖賓興，是宣公 38 世孫，彭嵩公 17 世孫，元末兵燹，嚴溪彭氏舉家遭戮，斯時賓興公才八歲，與兄復興逃離幸免於難，明初矢志報仇，險阻困頓，危如絲髮，任職京衛，夜不帖枕多載，彭家全賴他克復舊業，貽傳子孫．他的功勳，後人奉為嚴溪明朝不遷之祖，特稱一世．他名尹，行三，元至正七年西元 1347 年生，明永樂 15 年西元 1417 年卒.葬本里．子二：武陵、遠陵，女五．

江西安福彭時、彭華　(節錄中華姓氏譜)

江西安福狀元彭時，與會元彭華，都是才華橫溢，同一支系．明史上彭時為一代賢相，可是彭華卻有諸多遺憾．同是巍科盛名，封爵賜謚，但彼此有霄壤之別，一成一敗，一榮一枯，區別在關鍵霎那明智決策之間，方顯英雄本色，切忌投機取巧．雖有人取得時勢紅極一時，但終究身敗名裂．歷史終有明鑑判別．(兩人平生事蹟在本譜文獻內有詳細記載)，這支家族人物概況，略陳如下：

世別	先　祖	紀　　　　事
23	悅　翁	字仲山，號筑岩．守道不仕，以名節自持，子一：芳遠，人撫胞兄祥翁三子．
24	芳　遠	悅翁之子，撫胞兄祥翁三子．
25	古　清	芳遠長子，原名根，字容膝．洪武年間，由梅樹下遷居中溪，未久，凍坑周國叟招納為婿，寄居東溪．元仁宗延祐七年西元 1320 年生，月洪武 16 年西元 1383 年卒，葬灌橋社背．子二：務威、務倫．
	復　安	芳遠三子，字甫．明洪武年間，由梅樹下遷居智溪．長兄古清以詿被捕．他清自代，不允，再三堅請，於是代行，事白，卒於京師．子三：性善、容靜、同升．
26	務　威	古清長子，一名欽，以子琉貴，封翰林院編修、廣西按察使．以孫時貴，晉贈光祿大夫、太子太保、吏部尚書、兼翰林院學士．元至正 26 年西元 1366 年八月五日生，明永樂九年西元 1411 年四月六日卒．葬灌橋．子六：琇、琚、琉、瓛、瑄、理．琉，永樂 16 年戊戌西元 1418 年科進士、廣西按察使．瓛，廪生．
	務　倫	古清次子，一名鑒，以子璧貴，封文林郎．明洪武三年西元 1370 年生，宣德三年西元 1428 年卒．葬灌橋．子八(僅知七人)：璟、球、瑜、璧、璨、瓏、璉．
	同　升	復安三子，一名高．字蒼山．以子貫貴，贈刑部主事．以孫華貴，晉贈光祿大夫、太子少傅、禮部尚書兼翰林院學士．元至正 26 年西元 1366 年生 明正統 12 西元 1447 年卒，葬官山屋後．子六：義、遜、德(明成化二年丙戌西元 1466 年科進士，任南京大理寺卿)、進愚、進哲、貫．
27	琇	務威長子，明邑庠生，子一璇．
	琚	務威次子，字毓義．明太學生．以子時貴，誥贈光祿大夫、太子太保、吏部尚書兼翰林院學士．明洪武 22 年西元 1389 年生，成化 16 年西元 1480 年卒，葬灌橋．子三：�、時、復．
	璧	務倫子，字毓高．明永樂 18 年庚子西元 1420 年科舉人,任天台縣訓導，調山西垣曲縣，升廣東四會縣教諭．子四．
	貫	同升子，字進唯，號一齋．明正統元年丙辰西元 1436 年進士．官刑部主事、浙江巡按．誥贈光祿大夫、太子少傅、禮部

		尚書、兼翰林院學士·明永樂六年西元 1408 年生，天順四年西元 1460 年歿：子四：禔，益陽縣典史；彥充，明天順元年丁丑西元 1457 年科進士，官禮部儀制司員外郎；華；禮，成化八年壬辰西元 1472 年進士，任官太仆寺卿、工部右侍郎、左副都御史·
	暶	贈貴州道監察史，子三·
	時	琚次子·(請參閱文獻專文)
	華	貫之子·(請參閱文獻專文)
29	頎	暶之子·字廷魁,號靜軒.1459 年舉人,官南京貴州河南道監察御史.廣東按察司僉事,署掌都察院事,子五.
	頊	暵之子.贈南京都察院都事,子一.
	頤	時之子.字延慶.明蔭國子監生,官寺丞.子二: 崧, 峑.
	顆	琚三子復子.明太學生,官龍溪縣丞.

江西遂川江背彭氏

江背彭姓始祖平仕公,構雲公子茲嗣裔,北宋政和元年辛卯西元 1111 年科舉人,授湖廣荊州教授使,考滿榮歸,自雩日分居,拓基江背,至今近九百年,傳世 36 代,子孫逾二萬人,遍居江背等 15 鄉鎮. 江背還有自廬陵遷入彭氏子孫,以及清康熙 13 年西元 1674 年延年公後裔,自廣東興寧遷入遂川草汾落戶.

構雲公 42 世嗣孫彭傳煜於 1999 年 11 月編有「江背彭氏族譜」.

江西貴溪彭氏

江西貴溪清道光 11 年辛卯西元 1831 年彭氏宗譜，彭越子凌七隱居昌邑生季，季之後存生昭理，昭理生宣，宣生二子，長日閎，次日閟，閎由淮陽遷婺源·聚落貴溪藕湖、中湖、永和、北鄉等地彭氏，自稱出自鄱陽祖，彭姓首位狀元汝礪六世孫漁子杞，首遷藕湖，再遷仙源塘·譜稱貴溪八族均由漁之二、三、四子樘、楠、楨三房所分·惟該譜將汝礪誤為東里九世孫龟年之子，亦或思永之後，其實二者均錯，故譜稱「鄱譜不足信也」·說明宗源模糊乃歷史遺留，貴溪族人正考證中·據 2001 年江西八省聯宗譜載：構雲公長子東里九世鯀龟年確有汝嘱、汝昉二子，是否因讀音相同所誤？貴溪稱汝礪子為加君邈、君遠，由此說明這一個汝礪顯屬構雲公五子中里公派下德顒(又名允顒)長子吉公三世孫思超之子·超生五子：長汝發熙寧進士，子孫居饒城(今波陽)，三曰汝礪，治平乙巳狀元，由弟汝方子明佩承嗣，裔遍歷陽，其漁一支約於宋遷貴溪·汝方乃思超四子，熙寧經魁、知衢、婺二州，死於方腊之亂·據說贛東以波陽為發源地，均出自淮陽祖宣公之後·其正確性有待查考·

彭華年譜簡表 (1432~1508)

朝代紀年	干支	紀元	紀要
明宣德 7 年	壬子	1432	彭華生於江西安福縣山庄鄉大智村
正統元年	丙辰	1436	彭華父貫字進唯,號一齋,中正統丙辰科進士.
8 年	癸亥	1443	彭華 11 歲時,同鄉劉球被害,「步趨聖賢之途,根本道德之實」的賢者被殺,十分憤恨.
12 年	丁卯	1447	彭華 15 歲參加郡試中秀才
13 年	戊辰	1448	彭華族兄彭時中正統戊辰科狀元.
14 年	己巳	1449	彭時受命入閣
景泰元年	庚午	1450	彭華 18 歲參加鄉試中舉人.
4 年	癸酉	1453	彭華兄彥充參加鄉試中舉人.
5 年	甲戌	1454	彭華 22 歲參加甲戌科會試中會元,即翰林庶吉士.
6 年	乙亥	1455	彭華受職翰林院編修,參與撰修「寰宇通志」
元順元年	丁丑	1457	彭時再次入閣,彥充中天順丁丑科進士.
2 年	戊寅	1458	彭華參與撰修「大明一統志」
5 年	辛巳	1461	歷時四年「大明一統志」編成.
成化元年	乙酉	146	彭時升兵部尚書.並主持應天鄉試.彭華弟彭禮(彥泰)中成化乙酉科舉人.
2 年	丙戌	1466	彭華升侍讀,擔任經筵日講官,為皇帝講史傳經.
4 年	戊子	1469	彭時改任吏部尚書.
6 年	庚寅	1470	彭華撰修完成「英宗實錄」
8 年	壬辰	1472	彭華任殿試受卷官;彭時任讀卷官.兄弟同朝任考官.
9 年	癸巳	1473	彭華升侍讀學士,詹事.
11 年	乙未	1475	彭華 43 歲受命兼翰林學士,進通議大夫.
14 年	戊戌	1478	彭華充會試副總裁(總裁是戶部尚書劉吉),取元梁儲.
18 年	壬寅	1482	明憲宗皇對彭華及其父母賜「誥命」贊彭華「操履端純,才學宏邃」(1993 年大智村出土「奉天誥命」殘碑可辨認「奉天承運」「宜人伍氏」「學士之母」「成化十八」字)
19 年	癸卯	1483	廣東新會舉人陳白沙(字獻章)奉詔上京,彭華與之親密往還,言談投機.
20 年	甲辰	1484	彭華充會試總裁.斯時有一權貴子弟在取之列,但號發現朱墨卷互異,屬他人代考.彭華置人進退於不不顧,決定除名,量才錄取儲灌為會元,以維護科考制度嚴肅性.
21 年	乙巳	1485	彭華 53 歲升吏部左侍郎兼學士,被選入閣,參預機務.
22 年	丙午	1486	彭華 54 歲升禮部尚書,加封太子少保,謹身殿大學士.
23 年	丁未	1487	春,萬貴妃暴病身亡,八月憲宗崩.彭華受權臣排擠日甚.
弘治元年	戊申	1488	彭華辭官,但未獲蒙准.
2 年	己酉	1489	彭華托疾歸里.
3 年	庚戌	1490	彭華避禍暗離安福老家南去,過湖南澧洲,旋娶黎太夫人,無官一身輕.
4 年	辛亥	1491	黎太夫生一子取名大紀(字湖生),六年生第二子名小紀(字南生).華公有意將兩個兒子的字合併,以示湖南所生.
7 年	甲寅	1494	彭華挈婦攜雛離開湖南澧州,到廣東新會訪陳白沙先生.
9 年	丙辰	1496	彭華公為躲避奸臣加害離鄉由湖南去廣東羅定鳥柏定居,毫無音訊, 安福大智親人疑以為他已不在人世.時年 64 歲.
11 年	戊午	1498	彭華在廣東羅定州治之南,今羅定市羅平鎮北替,築樓而居.
13 年	庚申	1500	朝廷派系鬥爭緩和,彭華居羅定身份日漸為知曉,後人稱其地為「彭華樓」.
正德元年	丙寅	1506	與彭華有嫌隙的焦芳入閣焦芳同宦官劉瑾狼狽為奸,彭華心存疑慮.
2 年	丁卯	1507	宦官劉瑾擅權亂政,榜示 53 朝臣為奸黨,派人追緝彭華,他以彭華樓報死,衣冠充殍,大辦喪事,佯葬雙東(即「百足吐珠」作假墳),實潛逃龍岩(今羅定市羅鏡小村).
3 年	戊辰	1508	劉瑾假傳聖旨,勒令匿名告他的朝官三百餘人在奉天門跪下曝晒,當場晒死三人,致病者無數彭華公聞訊,激憤過度而逝,享壽 76 歲.

湖南彭氏

先祖脈流

『開派始祖』(開派始祖少典 1 世至陸終 17 世，僅名字無派字)

少典－扁其－炎居－節並－戲器－祝庸－共工－勾龍－噎鳴－啟昆－黃帝－昌意－顓頊－稱－卷章－吳回－陸終－

『受姓始祖』(開派始祖 **18** 世至 **71** 世)

老彭－　－伯壽－振禧－俶康－養廉－獻－寧帆－夢熊－秉－可愛－積古－頌新－團－靖忠－奇瑞－道琮－繼崧－景數－愈崗－伯－欽保－度章－爾賢－榮施－端肅－列－東侯－才華－佐商－音－輝彩－圭－咸－祖壽－寶雲－士懷－治－類超－為達－自昭－程－昶－觀凝－丁－寅－能運－貴山－和美－友棻－略－大郎－榮－忽－仲爽－建夏－俊宜－西林－名－宏載－益開－元果－訓彝－敖－萬－嗣慎－時梁－君實－更－金和－紹更－宜吾－文台－令昭－珅－越－綬榮－斐然－佑奎－世瓊－維－懋勳－

『淮陽始祖』(開派始 **100** 世至 **125** 世)

宣－聖－閎－脩－寶－端鑑－淮－極文－仕恭－慎－永昌－鬱－隆簡－沿－進－抗－赴－荏－樂－龍韜－君用－履真－坤元－明遠－景直－

『江西始祖』(開派始祖 125 世至 204 世)

構雲－滋(中理)－倜－輔－玕－彥昭－師奭－允顒(德顒)－文壽－嗣興(儒興) －仕明(湖南瀏陽官橋彭家塅系)－思治－汝王－長－熊－護－余遠－君佐－宏行－信卿－景雲－方賢－奇善－文華、文松(青茂)、文柏(明宗)－思正－紹連－廷倫－時珍－書房－偉倫－興其－忠明－啟儒、啟鏞(裕后祠)－

昭穆派序

一・開派始祖少典(開派始祖少典 1 世至陸終 17 世，僅名字無派字)

少典、扁其、炎居、節並、戲器、祝庸、共工、勾龍、噎鳴、啟昆、黃帝、昌意、顓頊、稱、卷章、吳回、陸終。

二・受姓彭祖(開派始祖 18 世至 71 世)

彭祖、　、伯、振、俶、養、獻、寧、夢、秉、可、積、頌、團、靖、奇、道、繼、景、愈、伯、欽、度、爾、榮、端、列、東、才、佐、音、輝、圭、咸、祖、寶、士、治、類、為、自、程、昶、凝、丁、寅、能、貴、和、友、略、大、榮、忽、仲。

三・隴西仲爽公(開派始祖 72 世至 100 世)

仲、建、俊、西、名、宏、益、元、順、敖、萬、嗣、時、君、更、金、紹、宣、文、令、珅、越、綬、斐、佑、世、維、懋、宣(君)

四・淮陽宣公(開派始 100 世至 125 世)

君、臣、定、鼎、珍、德、宗、純、心、金、景、秀、明、百、順、壽、方、和、聰、敏、俊、揆、福、英、端、乾(天)。

五・江西構雲公世系派別(開派始祖 125 世至 204 世)

天地初開日　詒謀已善良　功深垂史策　茂績簡稱揚　偉傑邦家幸　賢才旅舍香
好古欣能述　佑我樂安康　俊哲承先緒　英豪裕後光　蜚聲標上苑　勳名世久長
科甲蟬聯起　庚堂鳳翥翔　有根書裏種　蘭桂慶騰芳

六・湖南瀏陽官橋彭家塅明宗(文柏)公世系派別(開派始祖 148 世－207 世・構雲公 24 世－83 世)

明思紹廷時　登芳興忠啟　世應開雯運　觀光士業叢　維常施以德　乃我依乾坤
積久怡輝祝　精繁衍緒同　國盛家聲旺　子肖孫賢能　環宇唯吾族　才學冠群倫

湖南瀏陽官橋彭家塅文松(青茂) 文柏(明宗)公世系

血脈

少典－勗其－炎居－節並－戲器－祝庸－共工－勾龍－噎鳴－啟昆－黃帝－昌意－顓頊－稱－卷章－吳回－陸終－老彭(彭祖)【少典 1 世、黃帝 8 世、彭祖 1 世】－　－伯壽－振禧－俶康－養廉－獻－寧帆－夢熊－秉－可愛－積古－頌新－團－靖忠－奇瑞－道琮－繼崧－景敷－愈崗－伯－欽保－度章－爾賢－榮施－端肅－列－東侯－才華－佐商－音－輝彩－圭－咸－祖壽－寶雲－士懷－治－類超－為遠－自昭－程－昶－觀凝－丁－寅－能運－貴山－和美－友癸－略－大郎－榮－宣－聖－閎－修－寶－端鑑－淮－極文－仕恭－慎－永昌－鬱－隆簡－沿－進－抗－赴－荏－樂－能韶－君用－履真－坤元－明遠－景直－1 構雲【少典 125 世、黃帝 115 世、彭祖 108 世、宣公 26 世】－2 滋－3 倜－4 輔－5 玕－6 彥昭－7 師奭－8 德顒(允顒)－9 壽(文壽)－10 嗣興(嗣邦、嗣興、嗣簡、嗣慶、嗣元、嗣藹、嗣嚴七兄弟)－11 仕明－12 思治－13 汝正－14 長－15 熊－16 護－17 余遠－18 君佐－19 宏行－20 信卿－21 景榮－22 方賢－23 奇善－24 文華、文松、明宗(文柏)－25 思正－26 紹連－27 廷倫－28 時珍－29 書房－30 偉倫－31 興其－32 忠明－33 啟儒、啟鏞(裕后祠)

文華		(留	居江	西祖	居地	)									
文松		(字	青茂	由江	西遷	湖南	瀏陽	官橋	彭家	塅嗣	啟高	又轉	遷瀏	陽南	鄉)
文柏		(字	明宗	由江	西遷	湖南	瀏陽	官橋	彭家	塅)					

江西始祖構雲公廿三世孫奇善公三子：文華、文松(青茂)、文柏(明宗)，明朝初年洪武年間，兵燹馬亂，文松(青茂)公偕子思泉、文柏(明宗)公偕子思正(亦名思政)，由江西豐城縣瓦子街，播遷湖南省瀏陽市西鄉江家渡，南行七、八里石子塅、簀聲塅對岸老虎山下(今彭家塅大覺寺一帶)，插草為標，上齊梅村灣坳上，下齊馮姓大塘，前齊河心，後齊善沖，落腳生根，開基創業．子孫繁衍，枝繁葉茂，聚族而居，形成現今之湖南瀏陽西鄉官橋「彭家塅」之地．

文松子思泉公歿葬彭家塅塘灣嘴，墳墓現今仍在，瀏陽南鄉支系子孫，每屆清明時節，均前來彭家塅祭祖掃墓，西元 2003 年八月並將思泉公墳整修重墓，碑鐫「來瀏陽二世祖考彭公思泉、祖妣彭母李氏合墓」，碑文：「古黃帝 108 世構雲公徵君，唐玄宗時因官從河間瀛洲至江西廬陵(宜春)，一千二百多年來，子孫千萬，遍及大江南北及海外各國．元末潭洲(長沙)失守，瀏人被誅戳幾盡，明皇帝朱元璋即位，詔書移民，文松公偕弟文柏，從江西臨川白水寨之金堆，卜居瀏西普蹟之南七、八里虎形山下築巢，插草為標，劃地定居，後來子孫繁衍，屋舍連亘，故其地曰彭家塅．九世祖啟高公，於清初分居瀏陽南鄉澄潭江上游硤石坑，餘者仍留居彭家塅，散居瀏南黃洞、樟槽、碧溪等地，聚成巨族，今屆中華國號太平，為思祖追宗溯源凝聚，特立此碑」，對聯「承先啟後流芳百世，繼往開來永垂千秋」、「四海來龍無限好，五洲去脈氣象新。」

明宗公子思正公，歿葬彭家塅大覺寺虎形山上，1960 年文化大革命，大覺寺、裕后祠、彭家廟被毀，先祖墳墓無人祭掃，虎形山山坡，幾被夷為平地，地形地物變更，面目全非，大覺寺宇不復存在，思正公墓地何處，更屬茫然不知．

湖南瀏陽官橋彭家塅之上，泥灣裡之下虎形山建有「大覺寺」，彭家塅江邊建有氣勢雄偉宮殿式「裕后祠」、「彭家廟」．後來大覺寺擴充為彭氏族校，規模宏大，彭氏賢達哲仕，多由此孕育而生，編者士賢(建方)、及先父光球(子述)公，都曾在該校任教．西元 1960 年代，政治制度丕變，破四舊，古物無存，空留遺址。彭家塅附近裕后祠被燬，其他尚有德公祠、昌公祠、虎公祠、南公祠，無一幸存。

大覺寺(彭氏族校)

思泉、思正公兄弟在湖南瀏陽西鄉官橋泥灣下、彭家塅之上游，虎形山合建「大覺寺」，時間不明，祀產在啟高公支譜上記載產契有：

大覺寺廟門大路下老秧田一坵，老秧田上小田一坵，老秧田下四方坵田一坵，四方坵下三角眼田一坵，上齊大路，下齊水圳，左齊圳，右齊河心直出，共毗連田四坵，計種四斗；由水圳背後黃泥坵田一坵，黃泥坵腳下長坵田一坵，長坵田下船河田一坵，從河心直出，毗連田三坵，計種貳斗；大覺寺壕基腳下磘宕眼田一坵，塘衝口上夾嘴田一坵，夾嘴大路上彎坵田一坵，共毗連田三坵，計種三斗；灣坵田當上接泥灣道口上，毗連田六坵，計種三斗；從河心直出，左齊山岸，右齊泥灣，出水圳為界，上齊諸天祀田埂為界，此批。

應德公嗣彭士泰(湘仁)於西 2003 三年冬發現大覺寺建寺石碑，年代太遠，風雨侵蝕，字跡斑剝模糊，僅就可辨認內容恭錄如次：

「介聞威靈顯赫，千秋俎豆維新，神德無私，眾姓馨香永結，我境大覺寺者，光垂邑…乘名重鄉村….諸天尊神，每逢聖誕，動少公資…是糾集同仁，為慶祝香火之需，庶其神歡而人樂也，茲議公同放生，毋得私相覬覦，將來子母駢琦…可制膠腴美產，凡同心協力則名……」．

石碑上刻有捐獻香燭錢名字：彭佳祿、彭之華、彭九洲、彭鵬高、彭明哲、彭成周、彭楚厚、彭德昭、彭德昭、彭同仁、彭我懷、彭澄榜、彭觀瀾、彭之光、彭風池、彭日昇、彭生福、彭淮王、羅德尊、劉恒立、劉永洪、周興旺、傅明顯、劉宏太、劉維善、傅三元、傅國賢、尤顯定、周良泌、六名會二名，以上各捐穀七斗

五升・咸豐九年己未 1859 年 10 月 15 日石工黃新田糾眾敬刊・

明宗公子思正公，歿葬彭家塅大覺寺虎形山上，1960 年文化大革命，大覺寺、裕后祠、彭家廟被毀，虎形山被夷為平地，地形地物變更，面目全非，大覺寺宇不復存在，思正公墓地何處，更是茫然不知・

裕后祠

西元 2002 年秋，明宗(文柏)公哲仕彭士泰(湘仁) 、彭士俊，在彭家塅鄭美山崽屋後，發現殘缺不全裕后祠奠基石碑，年代久遠，碑上鐫刻文字模糊，稀落尚可辨識文字主要意旨如下：湖南瀏陽彭家塅裕后祠祠址，係忠明公家居遺址，清道光十三年癸巳歲西元 1833 年，由子嗣捐奉興建祖祠・ 捐資奉獻名錄：

一・ 世英公支房開淮、開沛公各捐銀三兩。

二・ 世太公支房應科公，捐上棟祖堂坔地一契，雯商捐前棟地一契。

三・ 世祿公支房開承公，捐祠西序門外階道下水溝一契。

四・ 雯槐公捐祠門首照牆前池塘一契。

五・ 世吉公支房開命、開錦兄弟，合捐上棟金牆後基地一契。

六・ 雯謙公捐錢八十八串……。

七・ 道光十四年西元 1834 年續捐建祠先祖有：文春、文正、文星、文鴻、文雅、文商、文廉….。

裕后祠為「世」字派先祖於西元 1833 年所建，大覺寺約建於西元 1500 年代，文松(青茂)、文柏(明宗)公來湖南瀏陽彭家塅約十五世紀前後・

彭家廟

彭家廟位於彭家塅江邊上，建廟時間不明，據原駐管理寺廟人彭少求之子彭永年回溯往事稱，他父親守廟時，原廟門朝東方，意外廟宇神像被燬，民國十七年戊辰西元 1928 年，由彭家塅梅村灣彭梅先(光熙)公等倡導修復，彭家廟改朝南方・

明宗(文柏)公昭穆派序源流

世系							昭穆派別							先祖							
少典	黃帝	彭祖	仲爽	宣公	構雲	明宗	彭祖	仲爽	宣公	雲一	雲二	雲三	明宗	少典	黃帝	彭祖	黃帝	仲爽	宣公	構雲	明宗
1														少典							
2														勗其							
3														居炎							
4														節並							
5														戲器							
6														祝融							
7														共工							
8														勾龍							
9														噎鳴							
10														啟昆							
11	1														黃帝						
12	2														昌意						
13	3														顓頊						
14	4														稱						
15	5														老童						
16	6														吳回						
17	7														陸終						
18	8	1					祖									彭祖					
19	9	2																			
20	10	3					伯									伯壽					
21	11	4					振									振禧					
22	12	5					俶									俶康					
23	13	6					養									養廉					
24	14	7					獻									獻					
25	15	8					寧									寧帆					
26	16	9					夢									夢熊					
27	17	10					秉									秉					
28	18	11					可									可愛					
29	19	12					積									積古					
30	20	13					頌									頌新					
31	21	14					團									團					
32	22	15					靖									靖忠					

世系							昭穆派別							先祖							
少典	黃帝	彭祖	仲爽	宣公	構雲	明宗	彭祖	仲爽	宣公	雲一	雲二	雲三	明宗	少典	黃帝	彭祖	黃帝	仲爽	宣公	構雲	明宗
33	23	16					奇									奇端					
34	24	17					道									道琮					
35	25	18					繼									繼崧					
36	26	19					景									景敷					
37	27	20					愈									愈崗					
38	28	21					伯									伯					
39	29	22					欽									欽保					
40	30	23					度									度章					
41	31	24					爾									爾賢					
42	32	25					榮									榮施					
43	33	26					端									端肅					
44	34	27					列									列					
45	35	28					東									東侯					
46	36	29					才									才華					
47	37	30					佐									佐商					
48	38	31					音									音					
49	39	32					輝									輝彩					
50	40	33					圭									圭					
51	41	34					咸									咸					
52	42	35					祖									祖壽					
53	43	36					寶									寶雲					
54	44	37					士									士懷					
55	45	38					治									治					
56	46	39					類									類超					
57	47	40					為									為達					
58	48	41					自									自昭					
59	49	42					程									程					
60	50	43					袒									袒					
61	51	44					觀									觀凝					
62	52	45					丁									丁					
63	53	46					寅									寅					
64	54	47					能									能運					
65	55	48					貴									貴山					
66	56	49					和									和美					
67	57	50					友									友榮					
68	58	51					略									略					
69	59	52					大									大郎					
70	60	53					榮									榮					
71	61	54					忽									忽					
72	62	55	1				仲											仲爽			
73	63	56	2				建											建夏			
74	64	57	3				俊											俊宜			
75	65	58	4				西											西林			
76	66	59	5				名											名			
77	67	60	6				宏											宏載			
78	68	61	7				益											益開			
79	69	62	8				元											元果			
80	70	63	9				訓											訓彙			
81	71	64	10				教											教			
82	72	65	11				萬											萬			
83	73	66	12				嗣											嗣慎			
84	74	67	13				時											時梁			
85	75	68	14				君											君實			
86	76	69	15				更											更			
87	77	70	16				金											金和			
88	78	71	17				紹											紹更			
89	79	72	18				宣											宣吾			
90	80	73	19				文											文台			
91	81	74	20				令											令昭			
92	82	75	21				珅											珅			
93	83	76	22				越											越			
94	84	77	23				綬											綬華			
95	85	78	24				斐											斐然			
96	86	79	25				佑											佑奎			
97	87	80	26				世											世瓊			

世系							昭穆派別							先祖							
少典	黃帝	彭祖	仲爽	宣公	構雲	明宗	彭祖	仲爽	宣公	雲一	雲二	雲三	明宗	少典	黃帝	彭祖	黃帝	仲爽	宣公	構雲	明宗
98	88	81	27				維											維			
99	89	82	28				懋											懋勳			
100	90	83	29	1					君										宣		
101	91	84	30	2					臣										聖		
102	92	85	31	3					定										閎		
103	93	86	32	4					鼎										脩		
104	94	87	33	5					珍										寶		
105	95	88	34	6					德										端鑑		
106	96	89	35	7					宗										淮		
107	97	90	36	8					純										極文		
108	98	91	37	9					心										仕恭		
109	99	92	38	10					金										慎		
110	100	93	39	11					景										永昌		
111	101	94	40	12					秀										鬱		
112	102	95	41	13					明										隆簡		
113	103	96	42	14					百										沿		
114	104	97	43	15					順										進		
115	105	98	44	16					壽										抗		
116	106	99	45	17					方										赴		
117	107	100	46	18					和										荏		
118	108	101	47	19					聰										樂		
119	109	102	48	20					敏										龍韜		
120	110	103	49	21					俊										君用		
121	111	104	50	22					揆										履真		
122	112	105	51	23					福										坤元		
123	113	106	52	24					英										明遠		
124	114	107	53	25					端										景直		
125	115	108	54	26	1				乾	雲	天	乾								構雲	
126	116	109	55	27	2					□	地	坤								玆	
127	117	110	56	28	3					□	初	興								倜	
128	118	111	57	29	4					□	開	寶								輔	
129	119	112	58	30	5					□	日	章								玕	
130	120	113	59	31	6					彥	詒	政								彥昭	
131	121	114	60	32	7					師	謀	師								師奭	
132	122	115	61	33	8					允	己	會								德顒	
133	123	116	62	34	9					文	善	倫								文壽	
134	124	117	63	35	10					儒	良	召								嗣興	
135	125	118	64	36	11					仕	功	祿								仕明	
136	126	119	65	37	12					思	深	郎								思治	
137	127	120	66	38	13					汝	垂	臣								汝正	
138	128	121	67	39	14					忠	史	為								長	
139	129	122	68	40	15					義	策	岩								熊	
140	130	123	69	41	16					大	茂	享								護	
141	131	124	70	42	17					公	績	球								余遠	
142	132	125	71	43	18					世	簡	金								君佐	
143	133	126	72	44	19					遠	稱	德								宏行	
144	134	127	73	45	20					長	揚	尚								信卿	
145	135	128	74	46	21					貽	偉	琢								景榮	
146	136	129	75	47	22					謀	傑	仲								方賢	
147	137	130	76	48	23					開	邦	悠								奇善	
148	138	131	77	49	24	1				美	家		明								明宗
149	139	132	78	50	25	2				利	幸		思								思正
150	140	133	79	51	26	3				孝	賢		紹								紹連
151	141	134	80	52	27	4				友	才		廷								廷倫
152	142	135	81	53	28	5				自	旅		時								時珍
153	143	136	82	54	29	6				崇	舍		登								書房
154	144	137	83	55	30	7				先	香		芳								偉倫
155	145	138	84	56	31	8				榮	好		興								興其
156	146	139	85	57	32	9				華	古		忠								忠明
157	147	140	86	58	33	10				其	欣		啟								啟鏞
158	148	141	87	59	34	11				尚	能		世								世英
159	149	142	88	60	35	12				志	述		應								應德
160	150	143	89	61	36	13				立	佑		開								開涵
161	151	144	90	62	37	14				朝	我		雯								雯樑
162	152	145	91	63	38	15				涵	樂		運								運恕

世			系				昭	穆	派	別				先							祖
少典	黃帝	彭祖	仲爽	宣公	構雲	明宗	彭祖	仲爽	宣公	雲一	雲二	雲三	明宗	少典	黃帝	彭祖	黃帝	仲爽	宣公	構雲	明宗
163	153	146	92	64	39	16				瑞	安		觀								觀
164	154	147	93	65	40	17				高	康		光								光球
165	155	148	94	66	41	18				承	俊		士								士賢(建方)
166	156	149	95	67	42	19				家	哲		業								業揚、伯麗、沁揚
167	157	150	96	68	43	20				積	承		叢								建良、志良、廷姍
168	158	151	97	69	44	21				慶	先		維								雅喻、洪亮
169	159	152	98	70	45	22				裕	緒		常								
170	160	153	99	71	46	23				顯	英		施								
171	161	154	100	72	47	24				達	豪		以								
172	162	155	101	73	48	25				秉	裕		德								
173	163	156	102	74	49	26				光	後		乃								
174	164	157	103	75	50	27				明	光		我								
175	165	158	104	76	51	28				升	蜚		依								
176	166	159	105	77	52	29				登	聲		乾								
177	167	160	106	78	53	30				同	標		坤								
178	168	161	107	79	54	31				富	上		積								
179	169	162	108	80	55	32				貴	苑		久								
180	170	163	109	81	56	33				昌	勳		怡								
181	171	164	110	82	57	34				隆	名		輝								
182	172	165	111	83	58	35				茂	世		祝								
183	173	166	112	84	59	36				盛	久		精								
184	174	167	113	85	60	37				昭	長		繁								
185	175	168	114	86	61	38				保	科		衍								
186	176	169	115	87	62	39				守	甲		緒								
187	177	170	116	88	63	40				本	蟬		同								
188	178	171	117	89	64	41				源	聯		國								
189	179	172	118	90	65	42				繼	起		盛								
190	180	173	119	91	66	43				衡	庚		家								
191	181	174	120	92	67	44				元	堂		聲								
192	182	175	121	93	68	45				惟	鳳		旺								
193	183	176	122	94	69	46				延	翥		子								
194	184	177	123	95	70	47				博	翔		肖								
195	185	178	124	96	71	48				蕃	有		孫								
196	186	179	125	97	72	49				吉	根		賢								
197	187	180	126	98	73	50				爾	書		能								
198	188	181	127	99	74	51				居	裡		環								
199	189	182	128	100	75	52				希	種		宇								
200	190	183	129	101	76	53				萬	蘭		唯								
201	191	184	130	102	77	54				福	桂		吾								
202	192	185	131	103	78	55				基	慶		族								
203	193	186	132	104	79	56				在	騰		才								
204	194	187	133	105	80	57				奉	芳		學								
205	195	188	134	106	81	58				興			冠								
206	196	189	135	107	82	59				卓			群								
207	197	190	136	108	83	60				君			倫								
208	198	191	137	109	84	61				之											
209	199	192	138	110	85	62				輝											
210	200	193	139	111	86	63				豐											
211	201	194	140	112	87	64				泰											
212	202	195	141	113	88	65				凡											
213	203	196	142	114	89	66				夫											
214	204	197	143	115	90	67				久											
215	205	198	144	116	91	68				英											
216	206	199	145	117	92	69				俊											
217	207	200	146	118	93	70				佳											
218	208	201	147	119	94	71				才											
219	209	202	148	120	95	72				逵											
220	210	203	149	121	96	73				甫											
221	211	204	150	122	97	74				作											
222	212	205	151	123	98	75				求											
223	213	206	152	124	99	76				良											
224	214	207	153	125	100	77				兆											
225	215	208	154	126	101	78				來											
226	216	209	155	127	102	79				運											
227	217	210	156	128	103	80				臻											

世		系					昭	穆	派	別				先						祖	
少典	黃帝	彭祖	仲爽	宣公	構雲	明宗	彭祖	仲爽	宣公	雲一	雲二	雲三	明宗	少典	黃帝	彭祖	黃帝	仲爽	宣公	構雲	明宗
228	218	211	157	129	104	81				克											
229	219	212	158	130	105	82				奇											
230	220	213	159	131	106	83				詩											
231	221	214	160	132	107	84				科											
232	222	215	161	133	108	85				魯											
233	223	216	162	134	109	86				林											
234	224	217	163	135	110	87				化											
235	225	218	164	136	111	88				舉											
236	226	219	165	137	112	89				占											
237	227	220	166	138	113	90				孔											
238	228	221	167	139	114	91				傳											
239	229	222	168	140	115	92				威											
240	230	223	169	141	116	93				國											
241	231	224	170	142	117	94				正											
242	232	225	171	143	118	95				民											
243	233	226	172	144	119	96				心											
244	234	227	173	145	120	97				順											
245	235	228	174	146	121	98				司											
246	236	229	175	147	122	99				業											
247	237	230	176	148	123	100				永											
248	238	231	177	149	124	101				發											
249	239	232	178	150	125	102				丕											

世系派別對照

世系代別					構雲公系				湖南青山		湖南瀏陽								江西		椿年子壽公系	湘贛合族派字
少典	黃帝	彭祖	宣公	構雲	字(一)	字(二)	字(三)	字(四)	湲公	玖穎	明宗(文柏)	文松(啟高)	躍龍志高	彭家灣永安	蕉溪彭家大屋	蕉溪彭家灣派	永興世系派字	彭家樓派	平江世系	宜春池口四地		
125	115	108	26	1	雲	乾	天	雲														
126	116	109	27	2	滋	坤	地	□														
127	117	110	28	3	儀	興	初	□														
128	118	111	29	4	彝	寶	開	□														
129	119	112	30	5	嵩	章	日	□														
130	120	113	31	6	彥	政	詒	彥	政													
131	121	114	32	7	師	師	謀	師	文													
132	122	115	33	8	允	會	己	允	志													
133	123	116	34	9	文	倫	善	文	罡													
134	124	117	35	10	儒	召	良	儒	伯													
135	125	118	36	11	仕	祿	功	仕	再													
136	126	119	37	12	思	郎	深	思	守													
137	127	120	38	13	汝	臣	垂	汝	仁													
138	128	121	39	14	忠	為	史	忠	思													
139	129	122	40	15	義	岩	策	義	文													
140	130	123	41	16	大	享	茂	大	公											秀		
141	131	124	42	17	公	球	績	公	汝				志							益		
142	132	125	43	18	世	金	簡	世	希				仁							萬	椿年	
143	133	126	44	19	遠	德	稱	遠	應				士							贊	壽	
144	134	127	45	20	長	尚	揚	長	興				雷	再	添		祖			東	考	添
145	135	128	46	21	怡	琢	偉	怡	子				子	仕	滄		德			立	肇	滄
146	136	129	47	22	謀	仲	傑	謀	允				源	應	萬		流			松	祥	萬
147	137	130	48	23	開	悠	邦	開	添				均	廷	德	正	芳		佑	清	厥	德
148	138	131	49	24	美		家	美	原		明	文	惟	志	世	安	遠		起	興	志	世
149	139	132	50	25	利		幸	利	世		思	思	景	泰	日	昇	謨		天	宣	丕	日
150	140	133	51	26	孝		賢	孝	光		紹	紹	萬	伯	崇	平	訓		昌	鳴	彰	崇
151	141	134	52	27	友		才	友	玉		廷	延	福	方	宗	國	自		永	運	人	宗
152	142	135	53	28	自		旅	自	仲		時	時	崇	伏	應	文	開		傳	孟	才	應
153	143	136	54	29	崇		舍	崇	灶		登	□	單	日	啟	章	原		經	信	蔚	啟
154	144	137	55	30	先		香	先	啟		芳	芳	國	榮	賢	可	萬		德	湘	起	賢
155	145	138	56	31	榮		好	榮	以		興	興	朝	華	良	立	譜		澤	朝	望	良
156	146	139	57	32	華		古	華	從		忠	忠	廷	富	榮	身	承	以侃	新	懷	重	榮
157	147	140	58	33	其		欣	其	必		啟	啟	添	貴	華	禮	念	欣	以	日	南	華
158	148	141	59	34	尚		能	尚	勝		世	世	順	金	克	樂	興	能	和	開	湘	克
159	149	142	60	35	志		述	志	永		應	應	鍾	玉	紹	維	尚	述	為	其	國	紹

世系代別					構雲公系				湖南青山		湖南瀏陽								江西		椿年子壽公系	湘贛合族派字
少典	黃帝	彭祖	宣公	構雲	字(一)	字(二)	字(三)	字(四)	浚公	玖穎	明宗(文柏)	文松(啟高)	躍龍志高	彭家灣永安	蕉溪彭家大屋	蕉溪彭家灣派	永興世系派字	彭家樓派	平江世系	宜春池口四地		
160	150	143	61	36	立		佑	立	正		開	開	清	懷	先	世	學	佑	世	家	之	先
161	151	144	62	37	朝		我	朝	本		雯	昌	樹	仁	志	則	應	我	貴	思	上	志
162	152	145	63	38	涵		樂	涵	清	光	運	運	耀	行	道	詩	士	樂	敦	盛	瑞	道
163	153	146	64	39	瑞		安	瑞	源	家	觀	觀	坤	義	學	書	賢	安	學	為	家	學
164	154	147	65	40	高		康	高	錫	有	光	光	孝	萬	遠	啟	盛	康	紹	國	運	遠
165	155	148	66	41	承		俊	承	福	道	士	士	友	世	煥	後	朝	學	先		維	煥
166	156	149	67	42	家		哲	家	延	忠	業	業	培	永		人	發		賢		光	宏
167	157	150	68	43	積		承	積	慶	孝	叢	宏	基	昌			科				元	光
168	158	151	69	44	慶		先	慶	景	承	維	承	永	賢			第				本	前
169	159	152	70	45	裕		緒	裕	運	先	常	先	遠	能			金				忠	代
170	160	153	71	46	顯		英	顯	隆	青	施	善	興	俊			玉				孝	貽
171	161	154	72	47	達		豪	達	開	山	以	必	扶	秀			滿				世	謀
172	162	155	73	48	秉		裕	秉	瑞	大	德	倡	鳳	忠			堂				緒	美
173	163	156	74	49	光		後	光	毓	田	乃	才	傳	孝							孔	善
174	164	157	75	50	明		光	明	兆	唐	我	華	易	純							長	裔
175	165	158	76	51	升		輩	升	盛	宋	依	宜	學	良							承	昆
176	166	159	77	52	聲		聲	聲	雄	哲	乾	秀	柱	朝							先	繼
177	167	160	78	53	同		標	同	孝	元	坤	發	史	端							啟	緒
178	168	161	79	54	富		上	富	作	溫	積	孝	振	顯							後	久
179	169	162	80	55	貴		苑	貴	忠	良	久	友	家	慶							振	長
180	170	163	81	56	昌		勳	昌	邦	恭	怡	定	聲	佳							紀	品
181	171	164	82	57	隆		名	隆	家	儉	輝	源	善	道							立	重
182	172	165	83	58	茂		世	茂	式	誠	祝	長	果	與							綱	圭
183	173	166	84	59	盛		久	盛	用	正	精	本	懷	長							修	璋
184	174	167	85	60	召		長	昭	尚	和	繁	向	前								齊	埼
185	175	168	86	61	保		科	保	克	謙	衍	為	哲								平	瑋
186	176	169	87	62	守		甲	守	紹	修	緒	仁	心								治	材
187	177	170	88	63	本		蟬	本	先	齊	同	立	田								樹	儲
188	178	171	89	64	源		聯	源	英	治	國	枝	裕								德	楨
189	179	172	90	65	繼		起	繼	賢	平	盛	從	后								揚	榦
190	180	173	91	66			庚	衡	益	敬	家	少	昆								芳	棟
191	181	174	92	67			堂	元	振	業	聲	祖	溪								式	梁
192	182	175	93	68			鳳	惟	仁	清	旺	芳	源								詒	
193	183	176	94	69			翥	延	智	廉	子	道	開								有	
194	184	177	95	70			翔	博	兼	里	肖	逄	代								穀	
195	185	178	96	71			有	蕃	賅	仁	孫	儲	序								繼	
196	186	179	97	72			根	吉	德	為	賢	國	述								述	
197	187	180	98	73			書	爾	功	美	能	用	古								永	
198	188	181	99	74			裏	居	並	世	環	名	冠								臧	
199	189	182	100	75			種	希	重	守	宇	達	群								積	
200	190	183	101	76			蘭	萬	述	相	唯	振	英								善	
201	191	184	102	77			桂	福	古	傳	吾	幫									篤	
202	192	185	103	78			慶	基	懷	祖	族	剛									慶	
203	193	186	104	79			騰	在	宗	德	才	誠									福	
204	194	187	105	80			芳	華	經	宗	學	篤									祿	
205	195	188	106	81				興	傳	功	冠	能									爾	
206	196	189	107	82				卓	絃	錫	群	益									康	
207	197	190	108	83				君	頌	福	倫	智										
208	198	191	109	84				之	教	永		吉										
209	199	192	110	85				輝	凜	綿		祥										
210	200	193	111	86				豐	冰			惠										
211	201	194	112	87				泰	淵			久										
212	202	195	113	88				凡	道			康										
213	203	196	114	89				夫	包			仕										
214	204	197	115	90				久	性			盛										
215	205	198	116	91				英	命			延										
216	206	199	117	92				俊	瞻			廣										
217	207	200	118	93				佳	仰			浩										
218	208	201	119	94				才	鴻			義										
219	209	202	120	95				逵	基			運										
220	210	203	121	96				甫	衍			宗										
221	211	204	122	97				作	緒			耀										
222	212	205	123	98				求	垂			揚										

世系代別					構雲公系				湖南青山		湖南瀏陽									江西		椿年子壽公系	湘贛合族派字
少典	黃帝	彭祖	宣公	構雲	字(一)	字(二)	字(三)	字(四)	淩公	玖穎	明宗(文柏)	文松(啟高)	躍龍志高	彭家灣永安	蕉溪彭家大屋	蕉溪彭家灣派	永興世系派字	彭家樓派	平江世系	宜春池口四地		
223	213	206	124	99				良	蔭													
224	214	207	125	100				兆														
225	215	208	126	101				來														
226	216	209	127	102				運														
227	217	210	128	103				臻														
228	218	211	129	104				克														
229	219	212	130	105				奇														
230	220	213	131	106				詩														
231	221	214	132	107				科														
232	222	215	133	108				魯														
233	223	216	134	109				林														
234	224	217	135	110				化														
235	225	218	136	111				舉														
236	226	219	137	112				占														
237	227	220	138	113				孔														
238	228	221	139	114				傳														
239	229	222	140	115				威														
240	230	223	141	116				國														
241	231	224	142	117				正														
242	232	225	143	118				民														
243	233	226	144	119				心														
244	234	227	145	120				順														
245	235	228	146	121				司														
246	236	229	147	122				業														
247	237	230	148	123				永														
248	238	231	149	124				發														
250	239	232	150	125				丕														

〔彭氏派序〕新題

摘錄「彭氏通訊」2000 年七月一日版 彭繼清撰編

新舊派：　世明宗翼永　元廷弘肇景　文承楚善　武續南英　昭繼信述　奕葉長庚

新　派：　再立新緒　后裕前光　吉安源遠　溪州流長　衡廬啟瑞　雲梦發祥　家聲丕振　世澤宏昌　孝友規范　忠勇衛邦　耕學為本　仁義作綱　文采顯耀　德業隆彰　萬代永綿　福壽恒康。

湖南衡山保公房

衡山保公房彭姓家族的字行輩分來說,現僅就幾份家譜中的簡略記載摘錄於後：清順治七年（1650 年）彭而述修、1919 年彭有康總修的《彭氏七修族譜》中記載,

湖南衡山彭姓保公房輩分字行是祖宗培植厚.蘭樹立庭芳.立德通經學.詩書緒以長。

本房輩分字行　光承選締澤.代有士名揚.忠孝維國政.相傳繼永昌。

濠頭房是:　智勇仁為達.福從大德生.前卿共自遠.繼善必其誠。

賀家仲房是:　友子大曰鼓.芳應均恩成.世啟家盧遠.名揚祖宗榮。

湖南武岡

祖仁汝文子　德再景祖宗　仁汝文子應　有宏仕大□　佳育永昌達　隆盛承先澤　光榮百代昭　傳裔維厚德　國撥輔升

先祖世次派別排行對照表

開派少典	125	126	127	128	129	130	131	132	133	134	135	136	137	138	139	140	141	142	143	144	145	146	147	148	149	150	151	152	153
黃　帝	115	116	117	118	119	120	121	122	123	124	125	126	127	128	129	130	131	132	133	134	135	136	137	138	139	140	141	142	143
受姓彭祖	108	109	110	111	112	113	114	115	116	117	118	119	120	121	122	123	124	125	126	127	128	129	130	131	132	133	134	135	136
構雲世次	1	2	3	4	5	6	7	8	9	10	11	12	13	14	15	16	17	18	19	20	21	22	23	24	25	26	27	28	29
明宗世次																								1	2	3	4	5	6
江西聯修	雲	□	□	□	□	彥	師	允	文	儒	仕	思	汝	忠	義	大	公	世	遠	長	貽	謀	開	美	利	孝	友	自	崇
江西宗祠	天	地	初	開	日	詒	謀	己	善	良	功	深	垂	史	策	茂	績	簡	稱	揚	偉	傑	邦	家	幸	賢	才	旅	舍
構雲派字	乾	坤	興	寶	章	政	師	會	倫	召	祿	郎	臣	為	岩	享	球	金	德	尚	琢	仲	悠						
明宗派字																								明	思	紹	廷	時	登

先祖	構雲	中理	倜	輔	玕	彥昭	師奭	德顯	文壽	嗣興	仕明	思治	汝正	長	熊	護	余遠	君佐	宏行	信卿	景榮	方賢	奇善	明宗	思正	紹連	廷倫	時珍	書房

開派少典	154	155	156	157	158	159	160	161	162	163	164	165	166	167	168	169	170	171	172	173	174	175	176	177
黃帝	144	145	146	147	148	149	150	151	152	153	154	155	156	157	158	159	160	161	162	163	164	165	166	167
受姓彭祖	137	138	139	140	141	142	143	144	145	146	147	148	149	150	151	152	153	154	155	156	157	158	159	160
構雲世次	30	31	32	33	34	35	36	37	38	39	40	41	42	43	44	45	46	47	48	49	50	51	52	53
明宗世次	7	8	9	10	11	12	13	14	15	16	17	18	19	20	21	22	23	24	25	26	27	28	29	30
江西聯修	先	榮	華	其	尚	志	立	朝	涵	瑞	高	承	家	積	慶	裕	顯	達	秉	光	明	升	登	同
江西宗祠	香	好	古	欣	能	述	佑	我	樂	安	康													
構雲派字																								
明宗派字	芳	興	忠	啟	世	應	開	雯	運	觀	光	士	業	叢	維	常	施	以	德	乃	我	依	乾	坤
先祖	偉倫	興其	忠明	啟鏞	世英	應德	開涵	雯樑	運恕	觀常	光球	士賢 竹懷 元方 甫方 鳳奇	業揚 伯麗 沁揚	建良 志良 廷姍	雅崙 洪亮									

明宗公嗣裔啓鏞啓儒公脈流

溝雲	25	26	27	28	29	30	31	32	33	34	35	36	37	38	39	40	41	42	43	44
派別	幸	賢	才	旅	舍	香	好	古	欣	能	述	佑	我	樂	安	康	俊	哲	承	先
明宗 1	2	3	4	5	6	7	8	9	10	11	12	13	14	15	16	17	18	19	20	21
派別	思	紹	廷	時	登	芳	興	忠	啟	世	應	開	雯	運	觀	光	士	業	叢	維
明宗 (文柏)	思正	紹連	廷倫	時珍	書房	偉倫	興其	忠明	啟鏞	世英	應德 (共三兄弟)	開涵 開灦 開濤 開濱 開澍 開沛	雯樑 雯楊 雯桃	運乾 運益 運尊 運恕	觀策 觀 觀冕	光樫 光球(子述) 光潛 光桅 光煥(順鵬) 光珍	士賢(建方) 士博 士取 士名 鳳奇 士順 早興 士升 武陵 松林 士泉 人豐 水蓮 俊仁 秀荷 秀芳 碧霞	業揚 伯麗 沁揚 文勝 勝西 育恆 業勤 業成 燦軍 永忠 彭革 喜揚 彭壯 建南 素純 育紅 豫湘 豫花繼紅 艷恆 永紅 永學	卓雅 卓文 志敏 彭磊 懿軒 思培 彭銳 建良 志良 廷姍	曾雅崙 曾洪亮
												開澍	雯按	運信	觀憑	光閣 光聞 光閭 光果 光闞 光閿 光闉 光哃 光閔 (達道堂)	士都 士邑 士秀 士德 士連 士育 士泰 士騰 士凰 士田 士佑 士興 士立 勤利 松林 衛民 明其 升其 新民 仲先 士鶴 士壽 士祿 士福	業俊 向宏 向東 立志 立忠 能建 花富 岳輝 建輝 玉奇 業廸 業洪 業漂 佳友 新求 業輝 仲輝 冬生 樹其	志堅 志強 曉利 文國 軍民 崇龍 繼輝 擁軍 彭勇 志剛 志富 林華	凱文際舟 宇其彭哲 子洋定建 維康
												開沛	雯科	運豹	觀載 觀登	光資 光耕 光耘 光耔	士達 士申 士沛	德仲 連山 耀其 頌德 水平 樹庚 樹冬 業其 業仁	廣宏 彭禮 彭港	彭禹
									啟儒	世吉 世祿 世遠 世明 世泰	應川	開堯	雯懋	運爌	觀度 觀濂 觀庠 觀序 觀 五桂堂	光濼光瀏光 瀁光浤光潔 光法光普光 鏡光農光渚 光陞光燹光 鑫光 光 光廞	士鷥士藩士黛士凱 士林士笏士元士奇 士荃士黃士萬士芳 士萌士孚士覺士學 士譽士饗士趙士量 士偉士暐士駿士暉 士官士任士仁士倫 士樹士伸士良士杰 士虔士忠秋羅雪喬 秋明降君	業天業乾業主業永業 優業久業江湘平業超 業群業周業聰業明業 湘業波業陽業遠業裘 紀俊紀倫業渠業億業 修業健業務業本業立 業鈞錫山業成業凱業 豐業明業松業炳建榮 業精業惠業煌	國強國富 松林經偉 振國在田 利潔力行 彭隆旭東 從平從正 直期放成 幸偉德建 啟淮新橋 志強志剛 尚武彭源 彭方彭凱 果克果林 崇鼎崇文 崇傑崇凱 崇軒崇立 文華建平 彭牛彭海 勇敢勇軍 立新	炬軍成峰 高峰迪峰 彭振彭其 彭多彭暉 彭登康定 康平
														運煒	觀 觀泉 觀崙 觀鋆 觀蔚 五福	光清光富光 其光嗣光喜 光晰光薰光 熹光烈光磊 光環光依	士根士維士剛士炳 士愛士發士恒士豪 士毫士膏士聰士敏 士銳士鍊士超士逵 士祥士良士毓士 士璡士修士映士乾 士幹和坤和乾士吾	業選業貴業良業林業 紹業其業求業明業可 業忠業向業維業君業 君業積業湘業峰業輝 業大業興業武業文岳 義岳禮玉祺湘杰湘雄 湘民	崇強崇秋 崇文崇伏 崇春崇赫 崇永崇政 崇曉崇東 崇帥崇忍 崇德崇申	維順維輝 維細維舟 彭靜

溝雲	25	26	27	28	29	30	31	32	33	34	35	36	37	38	39	40	41	42	43	44
派別	幸	賢	才	旅	舍	香	好	古	欣	能	述	佑	我	樂	安	康	俊	哲	承	先
明宗1	2	3	4	5	6	7	8	9	10	11	12	13	14	15	16	17	18	19	20	21
派別	思	紹	廷	時	登	芳	興	忠	啟	世	應	開	雯	運	觀	光	士	業	叢	維
															堂				崇金崇樹 國平小高	

24	25	26	27	28	29	30	31	32	33	34	35	36	37	38	39	40	41					
1	2	3	4	5	6	7	8	9	10	11	12	13	14	15	16	17	18					
明	思	紹	廷	時	登	芳	興	忠	啟	世	應	開	雯	運	觀	光	士					
明宗	思正	紹虎																				
文柏	)	紹連	廷偉																			
			廷倫	時珍	書房	偉倫	興其	忠明	啟儒	世英				(過繼	啟鏞	公為	嗣)					
										世吉	應傑											
									六子		應川	開學										
									世英			開益										
									世吉			開賢										
									世祿			開堯	雯憲									
									世遠				雯偲									
									世明				雯老									
									世泰				雯懋	運煜								
														運炯								
														運煒	觀	光清						
																光富						
																光其						
															觀泉	光滐						
																光						
																光晰						
															觀崙	光薰						
																光熹						
																光烈						
															觀鋆	光磊						
																光環						
																光依						
															觀蔚	光葵						
																光寅						
																光黎						
																光俊						
														運熿	觀度	光灤						
																光瀏						
																光瀁						
																光浤						
															觀濂	光滐						
																光法	士覺	士學	士譽	士饗		
																	秋羅	雪嬌	秋明	降		
															觀庠	光普						
																光鏡						
															觀序	光農						
																光緒						
																光陞						
																光霙						
																光鑫						
															觀	光						
																光廠						
										世祿												
										世遠												
										世明												
										世泰												
明宗	思正	紹連	廷倫	時珍	書房	偉倫	興其	忠明	啟鏞	世英	應□											
文柏											應□											
											應德	開沛	雯科	運豹	觀載							
															觀登							
												開澍	雯按	運信	觀憑							
												開濱										
												開濤										
												開涵	雯樑	運乾	觀旺	光呈						
															觀譜	光台						
															觀鶴	光逵						
																光旨						
																光呂						
																光紅						
															觀辰	光文						
														運益	觀細	光織						
																光邦						
														運尊	觀登	光志						
																光堯						
																光露						
																光寅						
												(如	心堂)	運恕	觀萊	光槤	士訓	水蓮	士升	人豐	佩元	
																光桅	早興	立方	松林	季荷	秀芳	秀霞
															觀常	光球	士賢 (建方)	士博	士取	士名	鳳奇	

24	25	26	27	28	29	30	31	32	33	34	35	36	37	38	39	40	41					
1	2	3	4	5	6	7	8	9	10	11	12	13	14	15	16	17	18					
明	思	紹	廷	時	登	芳	興	忠	啟	世	應	開	雯	運	觀	光	士					
															觀冕	光潛	(幼	殤)				
																光煥	士泉	俊仁				
																光珍	清					
													雯楊									
													雯桃	運瑞	觀枋	光常						
																光彪						
													雯科									
												開澍	雯按	運信	觀感	光閣						
																光聞						
																光闆						
																光果						
																光闖						
																光閿						
																光闔						
																光						
																光						
																光啊						
																光閔						

世英公房

明宗(文柏)－思正－紹連－廷倫－時珍－書房－偉倫－興其－忠明－啟鏞－世英(啟儒公之子過繼啟鏞公為嗣)

11	12	13	14	15	16	17	18	19	20	21	22
世	應	開	雯	運	觀	光	士	業	叢	維	常
啓	**鏞**	**公**	**嗣**	**運**	**恕**	**公**	**房**	(楊	眉)		
世英	應德	開涵	雯樑	運恕	觀筴	光樘	士訓	業勤	志敏		
								業成	志平		
								燦軍	彭磊		
									彭靜		
									懿軒		
								銀輝			
							水蓮				
							士升	建南	思培		
								繼紅			
							人豐				
							佩元				
						光桅	早興	育恆	彭銳		
									彭敏		
								艷恆			
							立方	永忠			
								永紅			
								永學			
							松林	彭革			
							秀荷				
							秀芳				
							雪霞				
						存貞					
					觀常(紹春)	光球(子述)	士賢(建方)	業揚			
								伯麗	志良	雅崙	
									建良	洪流	
								沁揚	廷姍		
							士博				
							士取	文勝			
							(元方)	豫湘			
								豫華			
							士名	勝西	卓雅		
									卓文		
							(甫方)	素純			
								育紅			
							鳳奇	雪生	朱瑛		
								朱明	朱博楊		
								小強	朱亦欣		
								燕申	王曉宇	王書瑤	
						仕貞					
					觀冕	光潛					
						光煥	士泉				
							俊仁				
						光珍	清	彭壯			
瀏	**陽**	**官**	**橋**	**南**	**芬**	**坪**					
世英	應德	開涵	雯樑	運乾	觀旺	光呈	士如	積英			
								必華			
							士信	五民	建橋	佳佳	
									建梅		
							士連	瑞紅	彭朋		
								十鋼			
								彭權	彭柏		
									作林	彭依	

11	12	13	14	15	16	17	18	19	20	21	22
世	應	開	雯	運	觀	光	士	業	叢	維	常
							崇義				
							利華				
					觀譜	光台	士益	端琴			
					觀鶴	光逵	鳳清				
							科英				
							來華				
						光旨					
						光呂	士友	清政	曉清		
									曉明		
							士美	陽生	旺旺		
								純糧	彭林		
						光紅	仲春	春全	獻為		
									敬松		
					觀辰	光文	士金	加強			
								順強			
世英	應德	開涵	雯樑	運益	觀細	光檅	士具	之亮	席林		
									君林		
									筱林		
									秧環		
								文叔	保糧	輓清	
									郭林	彭靜	
									容蓮		
								正華	其林	學軍	
										彭杏	
								湘科	春苗		
									冬娥		
								若斌	志林		
									志明		
						光邦	士告	彭慕			
							國華				
世英	應德	開涵	雯樑	運尊	觀登	光志	士梯	長興	彭惠		
							士曾				
							士才	有根	彭均		
									燕平		
								各仁	彭卓		
									彭星		
								愛桃			
						光堯	彭桶				
						光露	士希	文林			
						光寅	海波	桂芝			
							紅湖	水金			
								運雲			
							江濤				
								彭元			
世英	應德	開涵	雯□	運瑞	觀枋	光常	士億	乾健	小平		
									小玲		
									小娥		
								乾坤	彭鋼	彭師	
									彭輝	星星	
									小紅		
								能述	彭再	文君	
										姍姍	
									彭德	彭清	
									孟龍		

11	12	13	14	15	16	17	18	19	20	21	22
世	應	開	雯	運	觀	光	士	業	叢	維	常
								彭進	彭旺		
								育芳			
						光彪	士維	慶招	加興	建軍	
							祥林		愛國	明文	
									艾華		
								建台	強文		
									彭軍		
								月蘭			
								水清			
								和平			
世英	應德	開涵	雯□	運□	觀	光	士光	業恭	定軍	杜娟	
										銀娟	
								業寬	建兵	彭純	
									良兵	運存	
										志國	
									宏興	彭成	
										彭蘭	
									建渠	湘軍	
										湘其	
									翠英		
									姣英		
								業信	霞亮	義兵	
										義群	
									彭利	彭輝	
世英	應德	開	雯□	運	觀	光林	菊秋	法清			
							士煥				
							德華	自成	水根	柳輝	
								自立	湘杰	湘宏	
							再華	明波	彭滔		
								彭娜			
							士煥	林凱	咏崗	壯英	
									清明		
									愛洪		
								春山			
								升和			
								正泗			
								春庚	志偉		
							士之	法明	章杰		
								忠明			
								春連			
世英	應德	開	雯□	運	觀	光	士祥	章凡	學軍		
									學文		
									學英		
世英	應德	開	雯□	運	觀	光引	士保	初興	彭偉		
									春宏		
									春輝		
							士連				
世英	應德	開	雯□	運	觀	光亮	士娥				
							士越				
							士健	業定	志華	彭勇	
										彭丹	
									玉希		
								業騰	銀華		
									菊華	彭歡	
										小溪	
									廷華		
									利華		
									放明		
									葭偉		
							士恒	延年	彭規		
								鵲輝			
								勉之			
								先輝			
								自立	彭浩		
世英	應德	開沛	雯科	運豹	觀載	光資	美華				
						光耕	士達	德仲	廣宏	彭禹	
							連山				
						光耘					
							士申	秋其			
								頌德	彭禮		
									劉維		
								永平	彭港		
世英	應德	開	雯□	運	觀	漢仁	士申	國民	彭聰		
									彭進		
								年生	彭帆		
世英	應德	開	雯□	運	觀	光逍	士禎	連方	建軍	牡丹	
										彭漢	
									建輝		
									建華		
									月娥		
								南方			

11	12	13	14	15	16	17	18	19	20	21	22
世	應	開	雯	運	觀	光	士	業	叢	維	常
								建方			
								桂方	金生	文虎	
									彭娟		
								春美			
								玉枝			
世英	應德	開	雯□	運	觀	光英	士沐	業勤	正全	玲利	
									淑華		
									愛之		
								業鄉			
世英	應德	開澍	雯按	運信	觀憑	光閣	士都	新民			
								升其	志堅	凱文	
									志宏		
								明其	志強	樂意	
								秀清	樂意		
						光聞	士邑	仲先	衛民	彭娟	
									松林	曉利	
									芝蘭		
									社清		
									文方		
								彩連			
								妙連			
							長一				
							玉梅				
							雪梅				
						光閭	士秀	勤利	文國	際舟	
									軍民	宇其	
						光果					
						光闕	士德				
							士連	新求	博中	彭哲	
									菊華		
									妙華		
								佳友	彭艷		
									彭慧		
								良秋			
								銀秋			
								順秋			
						光閿	士立	業標	崇龍		
								業洪	繼輝	美華	
										偉平	
								業迪			
								玉奇			
								菊珍			
								秀珍			
							士興	建輝			
								岳輝			
								月娥			
								鷹娥			
							士佑	花富	擁軍	子洋	
								能建	彭勇		
									美香		
								慶南			
								愛廷			
								伏元			
								細平			
							士田	金華			
						光闔	士凰	立忠	志剛		
								立志	志富		
							士騰	向東			
								向宏			
								春清			
							交希				
							燿珍				
							翠珍				
						光	士泰	竹青	艷桃		
							湘仁		梅方		
									果元	維康	
										釗鈺	
							士育	竹清			
						光啊	士福	業俊	淑平		
									芳勤		
							士祿	業輝			
							士壽	仲輝			
									冬生		
								中華			
								彭君			
							香貞				
						光閔	士鶴	樹其	林華		
									定建	彭潤	
								桂香			
									映清		

11	12	13	14	15	16	17	18	19	20	21	22
世	應	開	雯	運	觀	光	士	業	叢	維	常
									彩芊		
									香清		
								瑞林			
瀏	**陽**	**鎮**	**頭**	**鎮**	**四**	**方**	**沖**				
世英	應德	開涵	雯	運	觀	光臣	士忠	海仁	章章		
								力仁	偉偉		
瀏	**陽**	**官**	**橋**	**郭**	**家**	**垻**					
世英	應德	開涵	雯	運	觀	曉秋	士□	業華	長安	偉帆	
									肇麟	偉航	
										亞梅	
									肇琴	金漢	
										皖儀	
									肇妮	修奇	
										尚潔	
									肇敏	山大	
										思敏	
							士□				
							士灝	伯永	彭立	湘龍	
									彭新	杰龍	
									彭敏	美多	
								仲良	豫生		
									玉英		
									玉平		
								季來	謙濤		
									慧濤	彭惟	
								幼鳴	彭倩		
									彭杰		
								再輝	文娟		
									彭汪		
								淑雲	來欣		
									來燕		
									英格		
							士林	輝章	彭芳	思涵	
									彭靜	彭姍	
								卓君	彭彥		
								鳳雲			
								芝香			
								蘭芳			
								召君			
						光□	克誠	合明	大斌	向寧	
										志學	
									大中	彭掙	
										彭湖	
									大和	達明	
									大志	陸庭	
									大芳		
									大內		
									彭偉		
									彭慧		

11	12	13	14	15	16	17	18	19	20	21	22
世	應	開	雯	運	觀	光	士	業	叢	維	常
								凈熙	大鵬		
								玉興			
								瓊熙			
								受熙			
世英	應德	開涵	雯	運	觀	揚生	建輝	文斌			
								文香			
							興輝	文華			
								文利			
世英	應德	開涵	雯	運	觀	光秧	楠生				
							大年				
							茂奇				
							玉梅				
							聰華				
							菊金				
							香林				
瀏	**陽**	**官**	**橋**	**清**	**潭**	**灣**					
世英	應德	開涵	雯	運	觀恩	光其	士現	樂川	君煌		
								月芝	海生	朱紅	
									朱穎	鄧旭	
								月蓮	首楠		
									首東		
									首鋼		
								艷輝	群贊		
							士民	衛平	彭珞		
								固平	彭韜		
								愛平	王劍		
									王勇		
						光紅	士定	業宏	彭亮		
									樹生	陽生	
										防洪	
								業強	丙炎	彭娟	
									小洋	彭滔	
										彭玄	
									建根	湘經	
									利利		
									平珍		
									月忠		
								業坤	修興	紅基	
										湘輝	
									學明	彭能	
										彭娜	
									早伶		
									雙伶		

明宗(文柏)嗣啓儒公世系脈流

世吉公房

明宗(文柏)－思正－紹連－廷倫－時珍－書房－偉倫－興其－忠明－啟儒－世吉

11	12	13	14	15	16	17	18	19	20	21	22
世	應	開	雯	運	觀	光	士	業	叢	維	常
世	**吉**	**公**	**嗣**	**運**	**爌**	**公**	**房**	**(五**	**桂**	**堂)**	
世吉	應川	開堯	雯懋	運爌	觀度	光濼	士鷟	子桂	國強	子炬	
						(漢溪)				成蜂	
			四子	五子						讚君	
			運煜	觀度					國富	高峰	
			運炯	觀濂						金花	
			運煒	觀庠						素峰	
			運爌	觀序					青蓮	映芳	
				觀						芬芳	
										培柳	
									福蓮		
								彭靖	秋生		
									菊香		
									賽花		
									湘花		
								華桂	松林	文娟	
										艷平	
									經緯	彭昕	
									梅香	湯迎	

11	12	13	14	15	16	17	18	19	20	21	22
世	應	開	雯	運	觀	光	士	業	叢	維	常
										湯灿	
									靈芝		
							士藩	業升	振國	彭莎	
								業鋼	在田	輝	
									樹全	蕙蘭	
									鳳姣		
								業桂	利榮	彭佳	
									利霞		
						光瀏	士凱	玉金			
						(常卿)	士林	秀存			
								麗華	自強	敬晏	
										敬沂	
										霆芝	
									慧玲	安傑	
										安忠	
										安華	
								福華			
								桂芝			
								杏華			

11	12	13	14	15	16	17	18	19	20	21	22
世	應	開	雯	運	觀	光	士	業	叢	維	常
								杏芝			
								儷文			
							士笏	業天	尚武	彭振	
							(笏生)			彭輝	
									學文		
									悅良		
							士元	業乾			
							熊生	正義			
								真秀			
								小鳳			
							士奇	業主	新橋		
							鼎生		美玲		
									美平		
									美連		
						光濊	士鶱	子朝	啟淮	彭其	
						(禹臣)				小艷	
									德經	彭剛	
										雙利	
									放成	彭敞	
								杏三	直期		
									愛軍		
									愛桃		
						光浤	士荃	國維	建懷	偉昌	
						(湘帆)				偉林	
								降仙			
							士黃	在權	從正		
									彭芬		
							士萬	業永	從平		
									密芳	彭丹	
								清華			
								秀花			
							士芳	業優	紅霞	恩宇	
									紅梅		
									海霞		
								業久	旭東		
									彭娟		
								業江	彭英		
								降元	唐經		
							士萌	湘平	彭隆		
							馭雲				
							建芝				
							瑞清				
					觀濂	光溁	士孚	業勤	力行	迪峰	
								振南		迪寧	
									輝期	志良	
										寧峰	
										偉玲	
									彭聲		
								業興			
								業培	建平		
									文華		
									春桃	李康	
								業矛			
						光法(植人)	士覺(禎迪)	業超	洁		
								業群	崇立		
								業周	良		
世吉	應川	開堯	雯懋	運燻	觀濂	光法(植人)	士學(祥玉)	業聰	崇軒		
									韻潔		
								業明	崇凱		
									婉娟		
								業湘	崇杰		
									婉華		
								慧玲	書辰		
									書涵		
							士譽(祜珊)	業波	敏華		
								毛玉	伍張		
								毛新			
							士釁(奇士)	業陽			
								彭向			
							秋羅	南托	曉希		
									曉欣		
								瑜多	李文	袁卿	
									曉昂		
							雪喬	周可	周山		
									周羽		
								周午	周同		
									周南		
								周平	李嬌	小貞	

11	12	13	14	15	16	17	18	19	20	21	22
世	應	開	雯	運	觀	光	士	業	叢	維	常
									李倩	創瑞	
								周力			
							秋明	曉倫	陳樂		
								曉紅	丁斌		
								曉芹	文佳		
							降君	旭欣			
								郁湘	真漢		
								雅湘			
							復元				
						學貞					
						玉貞	龍				
						四貞					
						五貞	婁章	紫楊			
								振華			
								連生			
						慈貞	子仲				
							子遂				
							子康				
						敬貞					
						芷貞					
						鳳貞	瑞嵩	羅張			
								曼娥			
							良欽	意凱			
								意明			
							佐君	躍進			
								-			
					觀庠	光普	士趙	業遠	崇鼎	彭多	
					芝荅	清安	子鴻			彭輝	
									彭卓		
									才敏		
									芙蓉		
								健芝			
								順德			
							士量(秋湖)				
								業裘(子健)	果林	彭登	
										彭慧	
										彭謬	
									果克	康定	
										康平	
									安玲	張獻	
										張凡	
									小娟	劉雯	
								紀俊	彭凱		
									彭微	彭浡	
								紀倫	彭方	彭程	
										彭博	
								紀德	趙偉	添催	
									趙軍		
									趙燕		
								以文			
							士偉	子銓	百鍊		
									朝暉		
								業渠	彭羽		
								竹平	耀仁		
									耀林		
									報輝		
							玉一	有才			
								有全			
								茂生			
								雪林			
							□福	先高			
							靜松				
							肖松	海斌			
								勝凱			
								棟斌			
								映輝			
						光鏡	士章	業馗	明先	彭剛	
										彭勃	
										彭程	
									炎湘		
									水湘	彭闖	
									武漢	彭棟	
										彭濤	
									樂湘	彭卓	
								業堅	建華	國新	
								陽生		國疆	
									建中	湘英	
										湘林	
									建社	萬利	

11	12	13	14	15	16	17	18	19	20	21	22
世	應	開	雯	運	觀	光	士	業	叢	維	常
									建立	彭曉	
										彭澎	
							士俊	業修	自維		
								業務	雙紅		
								業本	統明		
									輝明		
							士暉	佳正	秋良		
									翼平		
									漂良		
									艷芝		
									燕舞		
									陸平		
									彭灿		
								祥生	董湘		
									花蘭		
								瑞生	建波		
									洪波		
									冬波		
									靈芝		
								正其	彭海		
									彭靜		
								正文	森林		
									百元		
								安文	彭銳		
								亮清			
					觀序	光農	士官	業鈞	直秧	彭牛	
					伯俊	漢庭				彭志	
									躍進		
									金和	利平	
									玉翠		
								業成	獻忠		
									金藍		
								瑞芝			
							士仁	業凱	國輝	彭檢	
							友義			彭娜	
									覺輝		
								業豐			
								業明	勇軍		
									勇敢		
								明英			
							士倫	業松	學文	彭杰	
									彭香		
						光緒	士富	藻兒			
						雪松	士樹	(過	繼光	霙)	
							翠章				
							啞巴				
							新華	(過	繼光	霙)	
							滿妹				
						光陞	士任	錫山	國良	彭林	
						細七	玉生			彭惠	
									國富	彭斌	
										彭敏	
									國成	志超	
										彭坤	
									國灿		
						光霙	士樹				
							新華				
世吉	應川	開堯	雯懋	運熿	觀序	光鑫(金球)	士伸(勛甫)	業精	群英	卜彭彭	
									琪	胡騰躍	
								業惠	海	甜心	
									紅玲	何微	
								業煌	翊庭		
								淑琴	張星輝	張銳	
									張星龍		
									張寒梅	谷鴻	
								湘瀏	陳勇峻		
									陳勇浩		
								湘玲	李文皓		
									李文心		
					觀	光	士良	業炳	彭成	湘平	
										湘輝	
								業煌	崇檢	彭超	
									崇輝	彭莎	
								三秀			
							士杰				
						光廠	士忠	建榮			
								艾蒲			
								碧華			

11	12	13	14	15	16	17	18	19	20	21	22
世	應	開	雯	運	觀	光	士	業	叢	維	常
							士樹				
							漢清				
							星亮				
世	**吉**	**公**	**嗣**	**運**	**煒**	**公**	**房**	**(五**	**福**	**堂)**	
世吉	應川	開堯	雯懋	運煒	觀	光清	士根	正其	崇強	維煒	
									清蓮	維輝	
									杏之	靜	
								業加			
								陽春			
								尚春			
								利清			
							士維	(過	繼光	)	
						光富	士炳				
							士剛				
							士愛				
						光其					
						菊清					
					觀泉	光潆	士維	業貴			
								業良	秋生	順佳	
								凱明		彭靜	
								業林	建伏		
								成明	建春		
						光	士發	業昭	崇黑		
									立新		
									蘭芳		
									彭昕		
									小蘭		
							妙之				
						光晰	士恒	(又	名仁	富)	
						順禎					
						佑清					
						南貞					
						滿貞					
					觀崙	光薰	士銳	業明	曉陽		
									翠松		
								業可			
								業忠	曉東		
								佐鈞			
								曼君			
								穗利			
								偉玲			
						光熹	士豪				
							士膏				
							雪藩				
							雪雲				
						光烈	士聰				
							士敏	業其	崇水		
									江華		
								業求	崇政		
									彭燦		
								瑞君			
								佑君			
								喜貞			
							士銳	(過	繼光	薰)	
							士鍊				
							福貞				
							細貞				
					觀鎏	光磊	鏡如				
							鏡湘				
							鏡藍				
						光環	士祥				
							良洪	向陽			
								維剛			
						光依	士毓	諄之	彭帥		
								積錢			
							士	湘毫			
								顧峰			
							士璉	紅玲			
								紅偉			
					觀蔚	光葵	士修				
						光寅	士映				
						光黎	士乾	業輝	崇忍		
								業大	崇德		
								業興	崇申		
								業武	崇金		
								業文	崇根		
								如意			
							士幹				
							大姑				
							四姑				

11	12	13	14	15	16	17	18	19	20	21	22
世	應	開	雯	運	觀	光	士	業	叢	維	常
							細姑				
							滿姑				
						光俊	和坤	岳義	國平		
								岳禮	小高		
							和乾				
							士吳	玉琪			
								湘杰			
								湘維	勇華		
								湘明	茂華		
								玉梅			
彭	**家**	**塅**	**江**	**邊**	**永**	**祿**	**堂**				
世吉	應	開	雯	運	觀咸	光戶	士景	丙全	春來	彭尚	
										彭利	
									耀先		
									耀煇		
								翠英			
								翠藍			
								月英			
								月明			
								月蓮			
								月娥			
								必芝			
						士悟	照雲	勇明			
								樹庚			
								春蓮			
								小平			
							良蘭				
							瑞蘭				
							瑞華				
						士籽	丙如	衛民	金鳳		
									湘平		
								席林	彭彪		
								先之			
							友其	新輝	金龍		
								文輝	彭攀		
						士弘	孟解	金鋼			
							佑元	彭強			
							放軍	先露	建軍		
									建宏		
							育民				
							申民				
							喜蓮				
							偉之				
						士棟					
						士信	(居	台北	市)		
					光懷	德升	賓仁	丙炎			
								絲禹			
							梅四				
						士賓	國奇	志勇			
								彭佩			
							瑞香				
						桂清					
						瑞英					
						杏仁					
世吉	應□	開□	雯□	運□	觀越	光長	士仙	少和	在田	彭淼	
										彭斌	
									明亮	俊杰	
									明之		
								業仲	曉鈞		
									曉宏		
								成珍			
								玉珍			
							存一				
							存二				
世吉	應□	開□	雯□	運□	觀□	光全	士吉	業傳	漢江	永紅	
								業志	樹庚	小花	
										維□	
									社民	小毛	
								春奇	順林	清煉	
									良輝		
									蘭秀		
								禹梅			
								玉春			
								福清			
世吉	應□	開□	雯□	運鏡	觀晨	光璣	士銀				
							彩葭				

11	12	13	14	15	16	17	18	19	20	21	22
世	應	開	雯	運	觀	光	士	業	叢	維	常
世吉	應□	開□	雯□	運□	觀純	光承	士欽	業洪	水華	彭勤	
									雪輝		
									雪霞		
									秋娥		
世吉	應□	開□	雯□	運□	觀怡	光正	士華	業建	友仁	彭艷	
									友義		
									友禮		
									彭英		
								桂連			
								之香			
								元秀			
								細香			
							士福	汝香			
							士壽	斌其	仁波		
								彭水			
世吉	應□	開□	雯□	運□	觀湖	光曉	士銘	業端	桂勇		
									國利		
								陽生	輝勇		
									建新		
								葭友	宏利		
									羅林		
世吉	應□	開□	雯□	運□	觀□	光初					
						光裕	士奇	建成	應明	子軒	
								建華	覺明	彭佳	
									愛之		
								建祥			
								谷金			
								米銀			
								杏華			
世吉	應□	開□	雯□	運□	觀康	光辛	少懷	谷雲	文林		
									文波		
								竹秋	海英		
								愛武	慧娟		
世吉	應□	開□	雯□	運□	觀培	光贊	華南				
							端秀	聰明	春艷		
								如意			
						光定	國斌	建文	孟君		
								建強	彭派		
								清葭			
								艷葭			
						光陽	在興	志勇			
								金湘			
							愛之				
世吉	應□	開□	雯□	運□	觀□	光己	士運	聖立	神廣		
									神輝		
								潘其			
								山林	彭依	彭暢	
								福臨	彭章		
世吉	應□	開□	雯□	運□	觀□	光□	士熬	業豐	水華	建輝	
										艷輝	
世吉	應□	開□	雯□	運□	觀□	光□	士文	業金	美香		
									丙生		
								建明	利仁	陽平	
									雙喜	禹新	
								慕洲	德成	進先	
								友珍			
								益華			
								元清			
世吉	應□	開□	雯□	運□	觀□	長仁	國華	樹羅	鐵中	新宇	
								樹恒	江平		
									和平		
									彬彬		
									優妹		
								妙英			
								銀之			
世吉	應□	開□	雯□	運□	觀銑	光曾	士智	業成	定中	靈芝	
								厚仁			
四	美	堂		瀏陽	官橋	梅村	灣				
世吉	應□	開□	雯□	運□	觀□	光□	士交	業軒	瑞生	章理	
										羅坤	
										良全	
										利華	
									翠英		
								業樹	玉民	存忠	
										存志	
										巧	

20	21	22	23	24
瑞生	章理	紹輝	慧龍	
		紹林	慧文	
順林	松全	彭博		
		彭誠		
	松青	曉敏		

11	12	13	14	15	16	17	18	19	20	21	22
世	應	開	雯	運	觀	光	士	業	叢	維	常
										華	
										銀	
								龍奎	順林	松全	
										松表	
									遠山		
									升亮	范典	
									貝良	彭聰	
										彭令	
									蘇幹	彭珍	
										志安	
									妙華		
							士珍	立本	連生	順其	
										耐寒	
								業宏	伏秋	立成	彭遠
											彭根
										啟平	鐵
									明遠		
									世岳	文建	
										彭幹	
										秋蓮	
										西蓮	
									迪侯	桂珍	彭斌
										遠輝	
										小容	
										小琴	
										麗平	
									瑞藍		
									瑞蓮		
									瑞華		
								業新	丙興	春生	長林
										秋生	楊林
										社生	彭良
											彭林
									華山	金成	彭博
											張成
										銀成	澤軍
											彭帆
									慶芝		
								業□		如升	若明
								業正	美秋	祥順	彭堅
											彭敏
										果四	水希
											水平
										俊桃	
										放明	
										杏武	
									淑藍		
									友秀		
								業純	新華	正湘	彩芳
											俊芳
										正輝	博文
										尊	
										蓮	
										秀	
										社	
									國華	彭其	
										彭平	
									民華	紅波	
										紅萍	
									玲利		
									玲水		
								異生	彭佳		
									彭桂		
世	**吉**	**公**	**嗣**	**運**	**尚**	**公**	**房**				
世吉	應□	開□	雯□	運尚	觀鸛	光范	(全	推匠	)		
							士隘	業敏	興仁	彭林	
									行付	澤球	
										利沙	
									中華		
									青春	澤球	
									順華		
									婷珍		
									喜珍		
									桃香		
								玉蓮			
							士陲	自烈	小平	為坤	
										玉坤	
									安民		
									伶芝		
									湘蓮		

11	12	13	14	15	16	17	18	19	20	21	22
世	應	開	雯	運	觀	光	士	業	叢	維	常
							士陛				
							士院	潤兒			
								月蓮			
								布蘭	彭滔		
							清				
							秀				
養	**福**	**堂**		**(瀏**	**陽**	**官**	**橋**	**梅**	**村**	**灣)**	
世吉	應□	開□	雯□	運□	觀□	光□	士長				
							士林	業勤	學良	啟明	佳惠
										宏網	彭和
										折青	
									富生	青山	孟凡
									迪君	向前	彭滔
										樂田	旭旭
										彭希	
								業宏	彭其	定香	
										華英	
									降先		
									嫦娥		
									瑞瑞		
四	**順**	**堂**		瀏陽	官橋	梅村	灣坳	上善	沖		
世吉	應□	開□	雯□	運□	觀□	光蓋	士鳳	業仁	玉林	定軍	
									聰明	朝暉	
									雪貞		
									冬蘭		
									月娥		
								冬秀			
								羅真			
								菊蓮			
							士善	正杰	順鵬	彭綱	
										彭利	
									順祥	彭招	
									順其	彭敏	
									姣玲		
							士霞	樹生	加菊		
									尾俄	彭博	
									金秋		
									米容		
							士元	--	建龍		
								建華	應軍		
									應明		
									秀清		
厚	**存**	**堂**		瀏陽	官橋	梅村	灣坳	上善	沖		
世吉	應□	開□	雯□	運□	觀□	光付	士府	業掙	崇丙	維其	湘平
											小平
											金平
										維華	大坤
											彭芳
										維護	彭靜
											文成
										維貴	思維
										菊香	
							士義	業湘	--	維多	
								業積	秀蘭		
							士護	紹和	繼	維強	福綱
											向紅
							士宏	保田	崇真	荷仁	文衛
											清蓮
											桂花
										建明	
										許春	彭勇
											彭龍
										立新	彭紹
									谷藍		
									玉珍		
						克光	和春	寶義	迪平	又紅	
										又專	
									玉珍		
									小珍		
								岳禮	小高	蘭平	
										蘭穆	
								孟容			
								孟仁			
								孟芝			
瀏	**陽**	**官**	**橋**	**梅**	**村**	**灣**	**寶**	**塔**	**灣**		
世吉	應□	開□	雯□	運□	觀□	光□	士□	業仇	友來	建伙	
										彭仁	
										彭細	

11	12	13	14	15	16	17	18	19	20	21	22
世	應	開	雯	運	觀	光	士	業	叢	維	常
										建藍	
									友廣	彭年	
										彭燕	
								業新	正明	愛桃	
										桂珍	
										仁蘭	
									彭蕙		
									甘梅		
									美華		
瀏	**陽**	**官**	**橋**	**善**	**沖**	**白**	**水**				
世吉	應□	開□	雯□	運□	觀桂	德亮	哲君	彭豐			
								彭霞			
							根其				
					觀清	光長	四春	忠和			
						光虎	士禮	業桶	紅欣		
								國輝	文斌		
									棟林		
								湘士	彭秦		
								湘度			
								湘菊			
							士億	森林	繼紅		
									彭滔		
								湘年	湧波		
									彭灿		
								羅貞			
								水貞			
							海瀾	湘國	彭玲		
							根華	利利			
								彭敏			
							桂芝				
						光桂	世龍	湘雄	彭波		
									彭惠		
								湘杰	彭卜		
									彭良		
								湘西			
							士萬	耀軍	曉紅		
								再軍	曉玲		
								湘芝			
								金芝			
								元清			
							士勝	良輝	彭義		
								良期	彭引		
									水貞		
							連三	業德	瑞其	銀奎	
										銀伍	
										春花	
										梅香	

11	12	13	14	15	16	17	18	19	20	21	22
世	應	開	雯	運	觀	光	士	業	叢	維	常
									彭愛		
									玉清		
昌	**公**	**祠**		瀏陽	官橋	梅村	灣四	方沖			
世吉	應□	開□	雯□	運□	觀六	光全	秋仁	業見	柳紅		
									亮紅		
								業均	彭斌		
									水芳		
								業林	彭鋼		
									彭丹		
								志湘	利花		
									彭蒙		
								業尾	雨豪		
							桂姑				
						光丹	士良	元紅	伯勳	彭根	
									建軍	海松	
										彭□	
						光□	士佳				
							子敖	業招	德存	彭耀	
										彭滿	
							士義	壽林			
							士清	子純			
								小尾	彭輝		
									彭娟		
					觀喜	光晉	士升	業封	彭勇		
								陽春			
								容珍			
瀏	**陽**	**官**	**橋**	**達**	**莊**	**小**	**石**	**灣**	**四**	**方**	**沖**
世吉	應□	開□	雯□	運□	觀□	子招	鳳清	彭鐸			
							彭建	彭書			
								彭湘			
							幹清				
							月梅				
							秀湘				
						伍生	立輝				
							艷輝				
						少其	士清	彭興			
								彭芳			
							綱要	彭麗			
								彭婷			

世明公房

明宗(文柏)－思正－紹連－廷倫－時珍－書房－偉倫－興其－忠明－啟儒－世明

11	12	13	14	15	16	17	18	19	20	21	22
世	應	開	雯	運	觀	光	士	業	叢	維	常
世吉	應□	開□	雯□	運滴	觀墉	光晴	士週	彭冬			
				(介福)				金方			
							士華	伯南	正杰		
								伯強	鑫珂		
								招三			
								秀武			
						光丙	士曙				
							士勇	忠明	彭勤		
									彭雙		
								忠其	彭軍		
									彭丹		
								忠華	司敏		
								伏平			
							士宗	彭宏	彭露		
								彭輝	號廷		
							子敬	先桃			
							精和	經玲			
								春來			
						良秋					
						艷方					
					觀蒸	光迪	士壽	業林	佑興	沅野	
									江嬋		
									江斌		
								業生	江華		
									江波		
								如蘭			

11	12	13	14	15	16	17	18	19	20	21	22
世	應	開	雯	運	觀	光	士	業	叢	維	常
								玉之			
								孟輝			
								俊蘭			
								月桃			
								仲花			
								孟蘭			
							士池	業奇	崇國		
									崇強		
								業偉	崇康		
								必芐			
								月元			
								小玲			
						光構	士沼	兆雲	華興		
									春花		
						光杰	士海	小年	彭歡		
									彭水		
								雀南			
								愛蘭			
								秀蘭			
					觀律	光奠	士濱	檢才	成龍		
								運軍	彭衛		
							士明	厚明	彭姣		
							升仁		彭曉		
								映梅			
								映紅			
								映清			

11	12	13	14	15	16	17	18	19	20	21	22
世	應	開	雯	運	觀	光	士	業	叢	維	常
						光黨	松林	特明	彭露		
								芝蘭			
							樹庚	彭遙			
								彭波			
							妙連				
							慶蘭				
							玉蘭				
							伏蘭				
世吉	應□	開□	雯□	運祿	億如	光棟	美質				
							美彬	統珍			
								菊華			
						光寅	士碉	國輝	彭正		
							正傑	淑香			
								水平			
								在蘭			
								鳳輝			
						光伏	士雄	彭強	彭威		
									彭惠		
								井連			
								佩玲			
								果玲			
							士厚	湘宏	利宏		
							和平				
							聰明				
						光枚	士濱	樹宏			
								樹香			
								玲秋			
							士強	鐵軍			
								理軍			
							士旦	海庚			
							樂仁				
							構華				
世吉	應□	開□	雯□	運祁	觀荇	光通	士福	美林	長全		
									紅梅		
								立勤	彭抬		
									彭析		
								立新	彭芳		
							愛梅				
							娥蓮				
世吉	應□	開□	雯□	運□	觀巡	光异	士羅	仁桂	立強	彭呂	
									立柱		
									立中		
								仁富	彭鵬		
								業希	桃香	彭旭	
									向陽		
								連秀			
								玉香			
						光武	士粮	業道	建洪		
									五洪	彭彪	
									七洪		
									七林		
									秀桃		
									建桃		
									必桃		
								業個	福庚	勝利	
								永年		建偉	
									建剛		

11	12	13	14	15	16	17	18	19	20	21	22
世	應	開	雯	運	觀	光	士	業	叢	維	常
									六毛	湘淮	
										湘如	
									剛金	湘洪	
										湘江	
									小平		
									小林		
									五毛		
								粉方	杏華	彭坤	
										彭沙	
							士英				
							士焘	正新	白露	香蘭	
										銀輝	
									伯安	文君	
										文閣	
									伯雲	敏章	
									伯良	奇偉	
										文倩	
								希友	建清	利平	
							士焘	希友	建清	利元	
									艷芳		
									艷凰		
								翠連			
								梅芳			
世吉	應□	開□	雯□	運吉	觀怡	光异	士浩	業德	崇龍	良奎	
							席林			良武	
										春花	
										梅香	
									愛清		
									玉清		
					觀秀	光宗	士洪	業堅	崇強	建明	
								保田	海湖	許春	
										立新	
										月明	
										建明	
									崇柱	巧雲	
世吉	應□	開□	雯□	運臨	觀斗	光浮	士虎	業敬	崇炳	菊湘	
									炳炎	維其	
										維華	
										維富	
										維桂	
						光交	士秀	業田	在聰		
					觀星	光雲	士壽	海秋	崇茂		
									銀湘		
									彭佩		

19	20	21	22	23
士粮	福庚	勝利	彭俊	
		建偉	彭芳	

19	20	21	22	23
業德	崇龍	良奎	樹林	
		良武	湘貴	
業堅	崇強	建明	維畏	彭响
				彭容
	海湖	許春	彭勇	
			雲龍	
		立新	彭超	
		建明	清連	
			桂花	

20	21	22	23
炳炎	維其	湘平	
		小平	
		金平	
	維華	延坤	
炳炎	維華	彭芳	
	維富	彭盡	
		彭群	
	維桂	思維	

世泰公房

明宗(文柏)－思正－紹連－廷倫－時珍－書房－偉倫－興其－忠明－啟儒－世泰

11	12	13	14	15	16	17	18	19	20	21	22
世	應	開	雯	運	觀	光	士	業	叢	維	常
世泰	應□	開□	雯□	運□	觀□	光□	士今	業常	(殤)	藍英	
								業桐	克勤	覺明	
								業成	禹生		
									輝洪		
									彩洪		
									金湘	彭軍	
									軍仕	雪強	
										偉強	
									苄之		
									愛之		
									林清		
									順之		
								業銘			
							士齊				
世泰	應□	開□	雯□	運□	觀□	光□	慶興	申明	再斌	發祥	
										伏清	
									海斌	彭超	

11	12	13	14	15	16	17	18	19	20	21	22
世	應	開	雯	運	觀	光	士	業	叢	維	常
										彭靜	
									銀斌		
世泰	應□	開□	雯□	運□	觀□	光□	文慶	金求	崇玉	湘乾	
									興中	湘臨	
									姣毛		
									順利		
									五毛		
									六毛		
									偉華		
世泰	應□	開□	雯□	運□	觀□	光腴	士芍	業顏	先和	練武	
								永生		練紅	
										練軍	
									后之		
									平輝		
									艷輝		
								和清	章檢	彭容	

11	12	13	14	15	16	17	18	19	20	21	22
世	應	開	雯	運	觀	光	士	業	叢	維	常
										彭英	
									燿剛	彭望	
										彭姣	
									年春	彭揚	
										彭歡	
							士芍	和清	亮廷	彭鈞	
									利芝		
									翠元		
								金秀			
							士林	業國	端蒲		
									檢全		
								業菊	彭偉		
									如意		
									紅艷		
								業華			
							士宗	業林	志剛		
									金輝		
									金之		
								業珍	中元		
									金玉		
									彭佳		
							士秋	水華	彭展		
								金生	彭美		
									彭敏		
世泰	應□	開□	雯□	運□	觀□	光□	士民				
							士春	恢先	枚林	金桃	
							長春			瑞之	
									彭滔		
								樹桃	彭廷		
									彭灿		
世泰	應□	開□	雯□	運□	觀□	光昑	士艾	業海	志高	彭亮	
										彭水	
									志成	彭雙	
										彭珍	
									玲利		
									芐之		
									艷明		
									自元		
								業湖	彭立	西文	
									志富	彭灿	
									翠娥		
								淑美			
								叔連			
								庚連			
世泰	應□	開□	雯□	運□	觀□	光胶	法明	業奇	衛民	彭豐	
										彭平	
									秋林	國強	
									春林	彩芐	
							士奈	更華	彭容		
							德明		彭蘭		
								甫華	彭杰		
								革成			
								水仙			
世泰	應□	開□	雯□	運□	觀□	光膳	士明	金羅	彭露		
								翠蘭			
								年珍			
								千平			
							士勛				
							士義	自成	彭柔		
								業仁			
								樹青			
								席珍			
							廷秀				
							華珍				
世泰	應□	開魁	雯廉	運和	觀證	光常	士劭	業振	崇堃	國良	
		萬一							立冬	興良	
										科良	
									崇本	安成	
										順成	
									崇富	成華	
										落成	
										在香	
										愛之	
									崇金		
							士鉛	業健	崇英	益志	
										軍其	
										治淮	
									桂香		
							士紹	業鉅	崇斌		

21	22	23		21	22	23
國良	新建	禹寒		成華	春來	
		戀康			彭曉	
	忠建	斯渺		落成	彭膚	
興良	曉惠			益志	彭豐	
科良	友坤				彭汝	
	彭敏			軍其	文滔	
安成	彭超			治淮	彭丹	
	彭娜				彭砂	
順成	彭露					

11	12	13	14	15	16	17	18	19	20	21	22
世	應	開	雯	運	觀	光	士	業	叢	維	常
世泰	應□	開□	雯□	運□	觀□	光任	士勤	業志	崇德	順龍	
										正新	
									崇喜		
									海清		
									恢先	計希	
										和平	
									幼先	勇波	
										水波	
										臨波	
								丙卿	崇喜	孟成	
										迪清	
										枚秀	
										冬秀	
世泰	應□	開□	雯□	運□	觀□	光□	士□	業厚	崇儉	金鳳	
									順佳		
									佳其		
								業淮			
								業堅			
								業銀			
								業福	正求	凱軍	
										其軍	
										燿軍	
									巧英	吉桃	
世泰	應□	開□	雯□	運□	觀□	光灿	士宦	菊林			
								業林	友富	彭豐	
									必桂	彭渺	
										彭芳	
									滿桂	彭雄	
										彭珊	
									滿意	彭玉	
									保剛	禹雄	
								業仁	文洪	曉東	
										朝霞	
									文桂	利君	
								業奇	小寧	彭禹	
									彭利		
								水清			
								孟南			
							士谷	業延	甫仁	維常	
										瑞清	
世泰	應□	開□	雯□	運□	觀□	光常	士劭	業宙	崇新	海龍	
										勝利	
										前進	
										姣連	
										鳳輝	
										雀輝	
										果元	
									彭乾		
									彭妙		
世泰	應□	開□	雯□	運□	觀□	光□	士首	業駿	陽春	妙芝	
									明亮	智靈	
										智勇	
										彭英	
									潤身	漢湘	
										美文	
										美連	
									朝希		
									新希		
世泰	應□	開□	雯□	運□	觀□	慶隆	士品	豐良			
								杏方			
								杏紅			
世泰	應鰲	開第	雯幹	運昌	觀蹈	光丁	士宜	立早	剛強		
									勇輝		
									金輝		
								業良	彭志		
									彭花		
								桃秀			
						光丙	士俊	業懷	建中		
								象明	建□		
									建立		

21	22	23
順龍	金林	
	小利	
正新	學良	
	佩良	
孟成	小娟	
	小艷	
迪清	彭雙	
	彭艷	

21	22	23
凱軍	彭贊	
	彭斌	
其軍	彭慧	
	彭昭	
燿軍	彭蟬	

20	21	22	23
崇新	海龍	彭彪	
		小芬	
	勝利	彭佳	
		彭鈴	
	前進	方柏	

20	21	22	23
明亮	智靈	彭碰	
		彭書	
		彭省	
潤身	漢湘	彭健	
		彭薇	

11	12	13	14	15	16	17	18	19	20	21	22
世	應	開	雯	運	觀	光	士	業	叢	維	常
									彭脩		
								彭响	彭維		
									秋香		
								佳友	建軍		
								廣軍			
								滾珍	彭威		
									彭艷		
						光丙	士俊	鳳清			
						光癸	士令	業玉	彭剛	彭堯	
						光癸	士令	業玉	水清		
									菊清		
									明清		
								子成	彭堅	彭艷	
								子良	牡丹		
									進平		

11	12	13	14	15	16	17	18	19	20	21	22
世	應	開	雯	運	觀	光	士	業	叢	維	常
								妙芝			
								茶之			
								細香			
							士俊				
							士樹	清林	海洋		
								業華			
								金平			
							士徐	建波			
								艷輝			
								艷紅			
							士孝				
							翠芳				

明宗(文柏)第三代祖紹虎公支系世次血緣明宗(文柏)－思正－紹虎、紹連－

11	12	13	14	15	16	17	18	19	20	21	22
世	應	開	雯	運	觀	光	士	業	叢	維	常
世□	應□	開□	雯□	運鈞	觀富	光忠	孟元	彭偉			
								彭甜			
							孟輝	彭維			
								彭波			
						光厚	宏輝	審湘			
							哲輝	彭博			
							育輝				
							昭輝				
				運和	觀燎	光表	金湘				
							高明				
							樹祥				
							金梅				
						光宜	孟華	洪波			
								彭玲			
							建華	彭朵			
						少階					
						少文	建湘				
							陰之				
							愛之				
				運洪	觀甫	少斌	正坤				
							香明				
							雪明				
							艷明				
							利明				
				運幹	觀幹	觀號	在華	彭玲			
							正華	彭藝			
								彭峰			
							欒如	彭洋			

11	12	13	14	15	16	17	18	19	20	21	22
世	應	開	雯	運	觀	光	士	業	叢	維	常
								彭玉			
							小平	文兵			
								彭艷			
					觀雲						
				運桂	先知						
					幼之						
					水羅	曉東					
					耀清						
					妙方						
					慕香						
				運鈞	觀洋						
				桂華	觀海	彭輝	佳穎				
						彭彪	佳超				
					菊秀						
世□	應□	開□	雯□	運□	觀□	光強	士軍	彭斌			
							士民	彭偉			
世□	應□	開□	雯□	運承	觀梅	光尋	翠英	芙蓉			
					(	少海	)	百花			
							湘連				
				運戊	觀來	彭娟					
					慶芝						
					桂花						
					巧花						
				運美	(	1940	年後	遷株	洲)		

湖南瀏陽彭家塅文松(青茂) 公南鄉子嗣

湖南瀏陽沙溪河口新修彭氏支譜增立字派

清咸豐五年歲次乙卯西元 1855 年仲夏穀旦

蓋自禮讓之風起，而長幼之序明誠哉，辨名定分之宜講也然，或世代相傳，名字混亂，則所謂序昭穆，別源流，以似續引伸於勿替者，果安在哉．故我房新修支譜，將派行印刷成牒，俾後人隨世命名，按排取字，不特可免混同之患，實可為久遠之謀矣．其詞曰：

汝永名聲振，文人萬邦興；家傳敦孝友，樹立顯朝廷；

善良民之慶，厚道德乃成；繼錫能長遠，祖業應大增。

開派始祖少典	142	143	144	145	146	147	148	149	150	151	152	153	154	155	156	157	158	159	160	161
受姓始祖彭祖	125	126	127	128	129	130	131	132	133	134	135	136	137	138	139	140	141	142	143	144
江西始祖構雲	18	19	20	21	22	23	24	25	26	27	28	29	30	31	32	33	34	35	36	37
湘瀏沙溪河口																				
湘瀏沙溪派名	汝	永	永	聲	振	文	人	萬	邦	興	家	傳	敦	孝	友	樹	立	顏	朝	廷
開派始祖少典	162	163	164	165	166	167	168	169	170	171	172	173	174	175	176	177	178	179	180	181
受姓始祖彭祖	145	146	147	148	149	150	151	152	153	154	155	156	157	158	159	160	161	162	163	164
江西始祖構雲	38	39	40	41	42	43	44	45	46	47	48	49	50	51	52	53	54	55	56	57
湘瀏沙溪河口																				
湘瀏沙溪派名	善	良	民	之	慶	厚	道	德	乃	成	繼	錫	能	長	遠	祖	業	應	大	增

1	2	3	4	5	6	7	8	9	10	11	12	13	14	15	16	17	18	19	20	21	22	23	24
構雲	滋	倜	輔	玕	彥昭	師奭	德顯	壽	嗣興	仕明	思治	汝正	長	熊	滬	余遠	君佐	宏行	信卿	景榮	方賢	奇善	文華、文松、文柏(明宗)

1	2	3	4	5	6	7	8	9	10	11	12	13	14	15	16	17	18	19	20	21	22	23	24	25
文	思	紹	廷	時	芳	興	忠	啟	世	應	開	昌	運	觀	光	士	業	宏	承	先	善	必		

1	2	3	4	5	6	7	8	9	10	11	12	13	14	15	16	17	18	19	20	21	22	23	24	25
文	思	紹	廷	時	芳	興	忠	啟	世	應	開	昌	運	觀	光	士	業	宏	承	先	善	必		
文松	思泉	紹貴	廷佛	時塘	國芳																			
青茂					蘭芳																			
					蕙芳																			
					騰芳	興武																		
						興曜																		
				時田																				
				時丘	慶芳																			
					楊芳	興法	忠仕	啟賦	世組	應玟														
										應曲														
								啟桂	世成															
							忠泰																	
						興達	忠賢																	
							忠魁	啟志	世滔	應黃	開新													
											開舜													
										應碧	開立	昌俊												
												昌貴												
												昌道												
									世略	應班														
										應玑														
										應珀														
								啟華	世功	應通	開宗	昌宜												
										應達														
										應選														
										應道	開祖													
										應迪														
										應連	開坤	昌嗣	運鶴											
													運朋											
											開先													
											開后	昌湘	運棣	觀戾										
														觀蕃										
														觀順										
													運桂	觀上										
													運華											
											開科	昌善	運標											
													運輝	觀一										
														觀二										
													運軒											
													運期											
													運思											
													運保	觀有										
												昌信	運交	觀寶	光海									
															光泰	士冬								
															光慶									
														觀宏										
														觀寅										
														觀安	光愷	士成								
																士發	業其	宏賓						
																	業賓							
																	業富							
													運林											
													運懷	觀容	光仁	士庶								
															光義									
													運益											
													運后	觀宇										
														觀定	光旦									
														觀富	光富	士友	業華	宏文						
										應遵														
									世科	應逄	開綏													
											開寧													
										應逵														
							忠杰																	
文松	思泉	紹貴	廷佛	時丘	楊芳	興敬	忠佐	啟常	世遐	應琦	開試													
					朝芳						開淞													
					寅芳						開百													
					正芳						開朝	昌受												

1	2	3	4	5	6	7	8	9	10	11	12	13	14	15	16	17	18	19	20	21	22	23	24	25
文	思	紹	廷	時	芳	興	忠	啟	世	應	開	昌	運	觀	光	士	業	宏	承	先	善	必		
					掌芳					應珊	開柳	昌遂												
				時滿								昌茂												
		紹富								應琥														
										應差														
										應珍														
									世齡	應瑚	開榮	昌德	運高											
													運照											
													運興											
													運隆											
											開華	昌盛	運洪											
													運清	觀升										
														觀德	光福									
															光昭									
													運發											
												昌智												
												昌珍	運量											
													運光											
													運杰											
													運寬											
													運菽											
												昌乾												
												昌秀												
											開希													
											開壽													
											開早													
											開菊	昌彬												
												昌祥												

文松－思泉－紹貴－廷佛－時丘－楊芳－興敬－忠佑－啟高－世金、世榜、世題、世選、世達－

10	11	12	13	14	15	16	17	18	19	20	21
世	應	開	昌	運	觀	光	士	業	宏	承	
世金	應魁	開仁									
		開義									
		開禮									
	應斗	開清									
		開耀	昌波								
			昌濱								
			昌朗								
			昌星								
		開榜									
	應熬	開蹈	昌星	運梁							
				運祥							
				運恒							
			昌典	運華							
				運榮							
		開創	昌材	運真							
				運發							
			昌膩	運祥							
				運光							
				運興							
			昌輔								
			昌廉								
			昌豐								
		開基	昌舒								
			昌簡								
			昌山	運林							
			昌蘇								
		開甲	昌實								
			昌慶								
		開元	昌健	運前							
			昌庭	運周							
				運歆							
			昌化	運年	觀香						
				運喜							
				運厥							
		開泰	昌貴	運楝	觀寶	光泰	士積	業良			

10	11	12	13	14	15	16	17	18	19	20	21
世	應	開	昌	運	觀	光	士	業	宏	承	
								業			
							士慶				
							士先	業啟			
			昌旭								
			昌吉	運良							
				運香							
			昌國								
			昌瑞								
世榜	應爵										
	應位										
	應拔	開祥	昌聞								
			昌質								
			昌胜								
			昌科	運賢	觀鎰						
			昌平								
			昌期								
		開潢	昌顯	運隆							
				運洪							
			昌壽	運梁							
				運南							
				運和							
				運法							
				運楊	觀接						
			昌綱	運熹							
				運亨							
				運方							
				運千							
			昌輝								
		開瑞	昌漢								
			昌明								
			昌美								
		開真	昌德								
			昌能								
世題	應雯										
	應欣	開仕	昌成								

10	11	12	13	14	15	16	17	18	19	20	21
世	應	開	昌	運	觀	光	士	業	宏	承	
			昌定	運蘭							
		開性	昌言	運榜							
				運標							
				運樑	觀擁	光盛	士華	業權	宏廣		
								業平	宏初		
								業善	宏亮		
									宏雨		
				運求	觀護	光茂					
	應朝	開懷	昌連	運莪	觀春	光告					
						光秋					
						光中					

10	11	12	13	14	15	16	17	18	19	20	21
世	應	開	昌	運	觀	光	士	業	宏	承	
						光倫	士昆	業喜			
						光清					
			昌久								
			昌名								
			昌禎								
			昌節								
			昌發								
世選											
世達	應龍	開監	昌蕃	運嘉	觀林	光漢					

1	2	3	4	5	6	7	8	9	10	11	12	13	14	15	16	17	18	19	20	21	22	23
文	思	紹	廷	時	芳	興	忠	啟	世	應	開	昌	運	觀	光	士	業	宏	承	先	善	必
文松	思泉	紹貴	廷佛	時塘	國芳																	
(青茂)					蘭芳																	
					蕙芳																	
					騰芳	興武																
						興曜																
				時田																		
				時丘	慶芳																	
					楊芳	興法	忠仕	啟賦	世組	應玟												
										應曲												
								啟桂	世成													
							忠泰															
						興達	忠賢															
							忠魁	啟志	世滔	應賁	開新											
											開舜											
										應碧	開立	昌俊										
												昌貴										
												昌道										
									世略	應班												
										應玑												
										應珀												
								啟華	世功	應通	開宗	昌宜										
										應達												
										應選												
										應道	開祖											
										應迪												
										應連	開坤	昌嗣	運鶴									
													運朋									
											開先											
											開后	昌湘	運棣	觀戾								
														觀蕃								
														觀順								
													運桂	觀上								
													運華									
											開科	昌善	運標									
													運輝	觀一								
														觀二								
													運軒									
													運期									
													運思									
													運保	觀有								
												昌信	運交	觀寶	光海							
															光泰	士冬						
															光慶							
														觀宏								
														觀寅								
														觀安	光愷	士成						
																士發	業其	宏賓				
																	業賓					
																	業富					
													運林									
													運懷	觀容	光仁	士庶						

1	2	3	4	5	6	7	8	9	10	11	12	13	14	15	16	17	18	19	20	21	22	23
文	思	紹	廷	時	芳	興	忠	啟	世	應	開	昌	運	觀	光	士	業	宏	承	先	善	必
															光義							
													運益									
													運后	觀宇								
														觀定	光旦							
														觀富	光富	士友	業華	宏文				
										應遵												
									世科	應逢	開綬											
											開寧											
										應逵												
							忠杰															
文松	思泉	紹貴	廷佛	時丘	楊芳	興敬	忠佐	啟常	世遐	應琦	開試											
					朝芳						開淞											
					寅芳						開百											
					正芳						開朝	昌受										
					掌芳					應珊	開柳	昌遂										
				時滿								昌茂										
		紹富								應琥												
										應差												
										應珍												
									世齡	應瑚	開榮	昌德	運高									
													運照									
													運興									
													運隆									
											開華	昌盛	運洪									
													運清	觀升								
														觀德	光福							
															光昭							
													運發									
												昌智										
												昌珍	運量									
													運光									
													運杰									
													運寬									
													運荿									
												昌乾										
												昌秀										
											開希											
											開壽											
											開早											
											開菊	昌彬										
												昌祥										

1	2	3	4	5	6	7	8	9	10	11	12	13	14	15	16	17	18	19	20	21	22	23
文松	思泉	紹貴	廷佛	時丘	楊芳	興敬	忠佑	啟高	世金	應魁	開仁											
											開義											
											開禮											
										應斗	開清											
											開耀	昌波										
												昌濱										
												昌朗										
												昌星										
											開榜											
										應熬	開弼	昌星	運梁									
													運祥									
													運恒									
												昌典	運華									
													運榮									
											開創	昌材	運真									
													運發									
												昌膩	運祥									
													運光									
													運興									
												昌輔										
												昌廉										

1	2	3	4	5	6	7	8	9	10	11	12	13	14	15	16	17	18	19	20	21	22	23
												昌豐										
											開基	昌舒										
												昌簡										
												昌山	運林									
												昌蘇										
											開甲	昌實										
												昌慶										
											開元	昌健	運前									
												昌庭	運周									
													運歆									
												昌化	運年	觀香								
													運喜									
													運厥									
											開泰	昌貴	運楝	觀寶	光泰	士積	業良					
																	業					
																士慶						
																士先	業啟					
												昌旭										
												昌吉	運良									
													運香									
												昌國										
												昌瑞										
									世榜	應爵												
										應位												
										應拔	開祥	昌閩										
												昌質										
												昌胜										
												昌科	運賢	觀鎰								
												昌平										
												昌期										
											開潢	昌顯	運隆									
													運洪									
												昌壽	運梁									
													運南									
													運和									
													運法									
													運楊	觀接								
												昌綱	運熹									
													運亨									
													運方									
													運千									
												昌輝										
											開瑞	昌漢										
												昌明										
												昌美										
											開真	昌德										
												昌能										
									世題	應雯												
										應欣	開仕	昌成										
												昌定	運蘭									
											開性	昌言	運榜									
													運標									
													運樑	觀擁	光盛	士華	業權	宏廣				
																	業平	宏初				
																	業善	宏亮				
																		宏雨				
													運求	觀護	光茂							
										應朝	開懷	昌連	運莪	觀春	光告							
															光秋							
															光中							
															光倫	士昆	業喜					
															光清							
												昌久										
												昌名										
												昌禎										
												昌節										

1	2	3	4	5	6	7	8	9	10	11	12	13	14	15	16	17	18	19	20	21	22	23
												昌發										
									世選													
									世達	應龍	開監	昌蓄	運嘉	觀林	光漢							

文松－思泉－紹貴－廷佛－時丘－楊芳－興敬－忠佑－啟高－世達－應龍

11	12	13	14	15	16	17	18	19	20	21	22		11	12	13	14	15	16	17	18	19	20	21	22
應	開	昌	運	觀	光	士	業	宏	承	先			應	開	昌	運	觀	光	士	業	宏	承	先	
應龍	開監	昌蓄	運嘉	觀林	光漢	士積	業芸	宏源	承清	先初						觀洋								
									承發	先和						觀極	光化							
								宏洋	承貴	先淼						觀由								
									承根							觀秋	光靜			宏統	承樹			
									承祺	先海											承果			
								宏溟	承溟	先立							光寵							
									承海	先位							光軒							
									承義	先珍				昌萬	運籌	觀彝	光韻							
									承學								光錫	士敏	業紹	宏祿	承彪			
							業藴	宏溪													承彥			
								宏潮	承志											宏忠	承美			
									承英										業棉	宏喜				
							業萱												業柏	宏彩				
							業葵													宏彫				
						士谷	業蘭												業竹					
							業瑾	宏義											業余	宏文				
							業苹	宏欽	承啟									士枚						
					光漢	士科	業技									觀省	光輔		業桂	宏福	承學			
							業芬													宏壽				
							業本													宏法				
							業棠	宏鼎									光斗							
								宏龍	承意							觀正	光炯	士財	業連	宏禹	承意			
									承佳											宏武				
								宏慶												宏賽				
			運規																	宏完				
			運模	觀永	光戍	士器	業耒	宏斌	承檢							觀瑞	光烈							
					光楠											觀慶								
					光煜										運渠	觀瀛	光釗	士元						
				觀熔														士端	業新					
				觀槐	光第	士吉	業富												業實	宏輝	承欽			
							業皇													宏猶				
							業紅	宏開												宏耀				
							業松												業純	宏幫	承志			
				觀輝	光裕																承和			
					光梓	士陽														宏庄				
				觀洧	光沅	支義	業法											士廉						
				觀灼	光遠													士桓	業成	宏順	承盟			
					光桂															宏圖	承虎			
					光映	士長	業軍											士良						
							業政											士真	業建					
				觀奎	光翥	士平	業章												業全	宏欽	承仁			
					光本												光倫	士多	業創	宏國	承淼			
			運升	觀蒿	光善																承許			
					光熊													士升	業修	宏章	承翰			
				觀銓																宏端	承學			
								宏建																
			運梧	觀進	光乾													士谷						
					光													士章						
					光義										運章	觀治	光墟	士殷	業明	宏有				
					光臨	士榆	業唐	宏勝	承炳											宏盛	承芳			
								宏光												宏偉				
								宏宗												宏厚				
							業達										光坤	士毛						
				觀鏞	光性										運炎	觀淇	光凝	士理						
				觀海														士琢	業榮					
			運煌	觀鋒	光灿	士福	業權	宏光											業華	宏山				
					光焯													士琨						
					光榮													士瓏	業文	宏偉				
				觀銘	光申	士林	業成	宏圖										士瑞	業紅					
					光														業偉					

11	12	13	14	15	16	17	18	19	20	21	22
應	開	昌	運	觀	光	士	業	宏	承	先	
			運衡	觀仁	光耿	士基	業美	宏臣			
								宏霞			
				觀述	光舉	士鴻	業禮	宏欽			
								宏桂			
							業華	宏林			
								宏勝			
								宏偉			
						士庄	業祥				
				觀泮	光楫						
	開勛	昌熾	運綸	觀測	光蒙						
		昌耀	運經	觀頤	光葆						
					光華	士田	業軒	宏國			
							業學	宏文			
						士洪	業成	宏欽			
								宏糧			
					光蓉						
			運紓	觀瑜	光盘	士新					
					光啟	士明	業亮				
					光灼						
					光皋	士冬	業成				
							業良				
						士秋	業文				
				觀瑤	光森	士統	業至				
					光翡	士福	業桃				
						士鈺					
				觀琢	光銀	士初					
						士水					
				觀珍	光爐	士皇					
							業紅	宏文			
						士伴	業桂	宏惠			
					光峋	士明	業海				
						士國	業北				
					光岫	士元	業政	宏耳			
							業明				
							業善				
						士全	業亮				
						士昆	業森				
							業保				
						士義	業武				
				觀壯	光昆	士新					
					光源	士成	業榮	宏祥			
						士田					
		昌晉	運虔	觀水	光來	士財	業和	宏桂	承強		
								宏順			
							業慶	宏遠			
							業从	宏柏			
						士林					
						士友	業智				
							業厚				
							業仁	宏春			
							業盛	宏財			
								宏良			
							業福	宏沅			
						士權					
			運舟	觀中	光含	士政	業長	宏全	承盛		
							業保	宏富			
							業佑	宏輝			
						士余					
						士精					
					光倫	士聰	業金	宏志			
							業友	宏方			
								宏強			
							業育	宏卓			
					光作	士華	業余	宏立			
					光伸	士冬	業元	宏見			

11	12	13	14	15	16	17	18	19	20	21	22
應	開	昌	運	觀	光	士	業	宏	承	先	
			觀營	光炳							
				光遠	士枚	業福					
						業桂					
		運紳	觀周	光曉							
			觀標								
	昌炳	運融	觀能	光亨							
				光壽	士仁	業華					
						業堂	宏亮				
					士國	業發					
						業廣					
				光湖	士良	業春	宏友				
						業明	宏傳				
						業盛	宏水				
						業成					
			觀理	光全	士葵	業敬					
					士英	業偉					
			觀恒								
		運康	觀恒	光煌	士清						
		運儀	觀國	光瑾	士良						
					士美						
				光載	士進						
				光柱	士漢	業貴	宏亮				
					士寒						
					士冬						
					士義						
				光瑗							
			觀象								
開猷	昌純	運宗	觀梯	光岐	士多	業坤	宏武				
						業進					
				光閆							
				光岭	士明	業初					
				光峰							
						業銘	宏田				
						業鈺					
					士佳						
					士						
			觀旒	光景	士儒	業沅	宏興				
							宏旺				
							宏發				
				光炳	士優	業成					
					士值						
					士乘	業賢					
						業俊					
			觀檢								
		運初	觀信	光廉							
				光治	士群	業績	宏洪				
						業序	宏瑗				
				光誠	士泰	業曉					
						業暑					
					士康						
				光訓	士錯	業杰					
				光贊	士						
					士鋒						
			觀鑫								
		運堯	觀恂	光宇							
				光宣	士義						
					士理						
				光紅	士根						
					士威						
					士富						
		運美	觀伊	光進	士榮						
			觀淮	光連	士富						
				光尊	士發	業富					
			觀友	光達	士華	業柏					
					士璃						

11	12	13	14	15	16	17	18	19	20	21	22		11	12	13	14	15	16	17	18	19	20	21	22
應	開	昌	運	觀	光	士	業	宏	承	先			應	開	昌	運	觀	光	士	業	宏	承	先	
						士初	業欽								運球	觀均	光早	士煥	業檢					
			運咸	觀趙														士炳	業政					
				觀枚															業興					
				觀鄉	光富	士坤	業余										光輝	士保	業淼					
				觀齊	光明	士華	業初												業權					
						士桂	業成											士學	金連	宏志				
					光沅	士章											光晨							
						士加											光潦							
					光武	士榮	業朵										光弟	士建	業謀					
						士和													業勇					
		昌宣	運豪	觀濤	光旭												光曦	士富						
					光仁													士湖						
		昌浚	運矚	觀道	光昕	士俊	業功	宏德						昌宏	運孚	觀博	光實							
								宏順									光名							
					光普											觀星	光嵐	士倫	業成					
					光家	士章	業鏗	業嘉											業鏗					
				觀迪														士信	業法	宏光				
				觀岳															業富					
				觀逵														士慶	業初					
				觀鼎														士禮	業鑫					
			運東	觀蒲	光濟	士賓	業初	宏芳											業培					
								宏海									光榮							
							業善									觀暘	光照	士恒	業林					
							業皇											士厚	業欽					
						士泉	業信										光用							
						士桂										觀培	光桃							
						士蒲	業盛									觀灡	光發	士明	業謀					
				觀和	光炬													士德	業超					
					光坤	士博	業勤											士美						
					光謙	士根												士完						
				觀德	光海													士煌						
				觀恩	光庭	士斗	業耒										光鑠	士和	業盛					
																		士春						
																觀游	光祥							
																觀肪								
														昌采	運廣	觀鵬	光傅							
															運謀	觀福								

11	12	13	14	15	16	17	18	19	20	21		11	12	13	14	15	16	17	18	19	20	21	
應	開	昌	運	觀	光	士	業	宏	承	先		應	開	昌	運	觀	光	士	業	宏	承	先	
應龍	開監	昌蓄	運嘉	觀林	光漢	士積	業芸	宏源	承清	先初						觀洋							
									承發	先和						觀極	光化						
								宏洋	承貴	先淼						觀由							
									承根							觀秋	光靜			宏統	承樹		
									承祺	先海											承果		
								宏溟	承溟	先立							光寵						
									承海	先位							光軒						
									承義	先珍				昌萬	運籌	觀彝	光韻						
									承學								光錫	士敏	業紹	宏祿	承彪		
							業蘊	宏溪													承彥		
								宏潮	承志											宏忠	承美		
									承英										業棉	宏喜			
							業萱												業柏	宏彩			
							業葵													宏彫			
						士谷	業蘭												業竹				
							業瑾	宏義											業余	宏文			
							業莘	宏欽	承啟									士枚					
					光漢	士科	業技									觀省	光輔		業桂	宏福	承學		
							業芬													宏壽			
							業本													宏法			
							業棠	宏鼎									光斗						
								宏龍	承意							觀正	光烱	士財	業連	宏禹	承意		
									承佳											宏武			
								宏慶												宏賽			
			運規																	宏完			
			運模	觀永	光戍	士器	業耒	宏斌	承檢							觀瑞	光烈						
					光楠											觀慶							
					光煜										運渠	觀瀛	光釗	士元					

11	12	13	14	15	16	17	18	19	20	21		11	12	13	14	15	16	17	18	19	20	21	
應	開	昌	運	觀	光	士	業	宏	承	先		應	開	昌	運	觀	光	士	業	宏	承	先	
				觀熔														士端	業新				
				觀槐	光第	士吉	業富												業實	宏輝	承欽		
							業皇													宏猶			
							業紅	宏開												宏耀			
							業松												業純	宏幫	承志		
				觀輝	光裕																承和		
					光梓	士陽														宏庄			
				觀洧	光沅	支義	業法											士廉					
				觀灼	光遠													士桓	業成	宏順	承盟		
					光桂															宏圖	承虎		
					光映	士長	業軍											士良					
							業政											士真	業建				
				觀奎	光翥	士平	業章												業全	宏欽	承仁		
					光本												光倫	士多	業創	宏國	承淼		
			運升	觀蒿	光善																承許		
					光熊													士升	業修	宏章	承翰		
				觀銓																宏端	承學		
								宏建															
			運梧	觀進	光乾													士谷					
					光													士章					
					光義										運章	觀治	光墟	士殷	業明	宏有			
					光臨	士榆	業唐	宏勝	承炳											宏盛	承芳		
								宏光												宏偉			
								宏宗												宏厚			
							業達										光坤	士毛					
				觀鏞	光性										運炎	觀淇	光凝	士理					
				觀海														士琢	業榮				
			運煌	觀鋒	光灿	士福	業權	宏光											業華	宏山			
					光焯													士琨					
					光榮													士瓏	業文	宏偉			
				觀銘	光申	士林	業成	宏圖										士瑞	業紅				
					光														業偉				
			運衡	觀仁	光耿	士基	業美	宏臣								觀營	光炳						
								宏霞									光遠	士枚	業福				
				觀述	光舉	士鴻	業禮	宏欽											業桂				
								宏桂							運紳	觀周	光曉						
							業華	宏林								觀標							
								宏勝						昌炳	運融	觀能	光亨						
								宏偉									光壽	士仁	業華				
						士庄	業祥												業堂	宏亮			
				觀泮	光楫													士國	業發				
	開勛	昌熾	運綸	觀測	光蒙														業廣				
		昌耀	運經	觀頤	光葆												光湖	士良	業春	宏友			
					光華	士田	業軒	宏國											業明	宏傳			
							業學	宏文											業盛	宏水			
						士洪	業成	宏欽											業成				
								宏糧								觀理	光全	士葵	業敬				
					光蓉													士英	業偉				
			運紓	觀瑜	光盘	士新										觀恒							
					光啟	士明	業亮								運康	觀恒	光煌	士清					
					光灼										運儀	觀國	光瑾	士良					
					光皋	士冬	業成											士美					
							業良										光載	士進					
						士秋	業文										光柱	士漢	業貴	宏亮			
				觀瑤	光森	士統	業至											士寒					
					光翡	士福	業桃											士冬					
						士鈺												士義					
				觀琢	光銀	士初											光瑗						
						士水										觀象							
				觀珍	光爐	士皇							開猷	昌純	運宗	觀梯	光岐	士多	業坤	宏武			
							業紅	宏文											業進				
						士伴	業桂	宏惠									光閏						
					光峋	士明	業海										光岭	士明	業初				
						士國	業北										光峰						
					光岫	士元	業政	宏耳											業銘	宏田			
							業明												業鈺				
							業善											士佳					
						士全	業亮											士					
						士昆	業森									觀旒	光景	士儒	業沅	宏興			
							業保													宏旺			
						士義	業武													宏發			
				觀壯	光昆	士新											光炳	士優	業成				
					光源	士成	業榮	宏祥										士值					

11	12	13	14	15	16	17	18	19	20	21		11	12	13	14	15	16	17	18	19	20	21	
應	開	昌	運	觀	光	士	業	宏	承	先		應	開	昌	運	觀	光	士	業	宏	承	先	
						士田												士乘	業賢				
		昌晉	運虔	觀水	光來	士財	業和	宏桂	承強										業俊				
								宏順								觀檢							
							業慶	宏遠							運初	觀信	光廉						
							業从	宏柏									光治	士群	業績	宏洪			
						士林													業序	宏瑗			
						士友	業智										光誠	士泰	業曉				
							業厚												業暑				
							業仁	宏春										士康					
							業盛	宏財									光訓	士錯	業杰				
								宏良									光贊	士					
							業福	宏沅										士鋒					
						士權										觀鑫							
			運舟	觀中	光含	士政	業長	宏全	承盛						運堯	觀恂	光宇						
							業保	宏富									光宣	士義					
							業佑	宏輝										士理					
						士余											光紅	士根					
						士精												士威					
					光倫	士聰	業金	宏志										士富					
							業友	宏方							運美	觀伊	光進	士榮					
								宏強								觀淮	光連	士富					
							業育	宏卓									光尊	士發	業富				
					光作	士華	業余	宏立								觀友	光達	士華	業柏				
					光伸	士冬	業元	宏見										士璃					
						士初	業欽								運球	觀均	光早	士煥	業檢				
			運咸	觀趙														士炳	業政				
				觀枚															業興				
				觀鄉	光富	士坤	業余										光輝	士保	業淼				
				觀齊	光明	士華	業初												業權				
						士桂	業成											士學	金連	宏志			
					光沅	士章											光晨						
						士加											光潦						
					光武	士榮	業朵										光弟	士建	業謀				
						士和													業勇				
		昌宣	運豪	觀濤	光旭												光曦	士富					
					光仁													士湖					
		昌浚	運躧	觀道	光昕	士俊	業功	宏德						昌宏	運孚	觀博	光實						
								宏順									光名						
					光普											觀星	光嵐	士倫	業成				
					光家	士章	業鏗	業嘉											業鏗				
				觀迪														士信	業法	宏光			
				觀岳															業富				
				觀逵														士慶	業初				
				觀鼎														士禮	業鑫				
			運東	觀蒲	光濟	士賓	業初	宏芳											業培				
								宏海									光榮						
							業善									觀暘	光照	士恒	業林				
							業皇											士厚	業欽				
						士泉	業信										光用						
						士桂										觀培	光桃						
						士蒲	業盛									觀瀾	光發	士明	業謀				
				觀和	光炬													士德	業超				
					光坤	士博	業勤											士美					
					光謙	士根												士完					
				觀德	光海													士煌					
				觀恩	光庭	士斗	業耒										光鑠	士和	業盛				
																		士春					
																觀游	光祥						
																觀肪							
														昌采	運廣	觀鵬	光傳						
															運謀	觀福							

湖南瀏陽躍龍鴨塘志仁志道公系

血緣

構雲－滋－倜－輔－玨－彥章－師導－允相－文畯－儒生－仕職－思宜－汝　－忠完－義郁－大秉－公先－世俞－德明－逑－夔－志仁、志允、志和、志道－

派別

志仁士雷子 源均惟景萬 福崇單國朝 廷添順鍾清 樹耀坤孝友 培基永遠興
扶鳳傳易學 柱史振家聲 善果懷前哲 心田裕后昆 溪源開代序 逑古冠群英

湖南瀏陽躍龍鴨塘系世系脈流

少典	126	127	128	129	130	131	132	133	134	135	136	137	138	139	140	141	142	143	144	145	146	147	148	149	150
彭祖	109	110	111	112	113	114	115	116	117	118	119	120	121	122	123	124	125	126	127	128	129	130	131	132	133
1	2	3	4	5	6	7	8	9	10	11	12	13	14	15	16	17	18	19	20	21	22	23	24	25	26
構雲	東里	仲	佐良	廣	高顯	發元	秀瑞	抗	世昌	亀年	汝厲	文													
											汝昉	亦	淵材	思聖	志	乘	敬仁								
																秉	敬義	昌盛							
															意	栗	敬禎								
																	敬祥								
																	敬福								
																	敬祿								
																	敬裕								
													澄材	思永	俞	宋	敬德	簡臣	大受						
																		寅臣	大器						
																	敬平								
																	敬宗	赤臣	大常						
																			大中						
																萊	敬禮								
															恕	束	敬智								
															忠	柬	敬朝								
																梨	敬廷	明臣							
																		華臣							
																本	敬中								
																	敬信								
												齊													
								振																	
								擇																	
								拾																	
								格																	
							秀章	樓																	
								扳	世漩																
							秀英																		
						春元	秀蓉	檢																	
								招																	
								扼	世祥	芝年	汝器	安													
											汝泉	容													
												定													
							秀莅	拄																	
				登	高昭	壽元																			
			遂良	稽	高發	才元	秀荷	桅																	
								提	世吉	德年															
										立年	汝壽	衣													
												交													
						聯元																			
					高從	鶴元	秀芝																		
			善良																						
			仁良		遷	居	湖	南																	
	南容																								
	西華																								
	北叟																								
	中理	伉	達	蟾	彥榮	師旰																			
	滋					師昌	允元	文象	儒昶	仕才	思俞	汝理	忠經	義存	大叔	公右	世招	遠興	長瞻	貽玟	福一	斗祥			

義存公

16	17	18	19	20	21	22	23	24	25	26	27	28	29	30	31	32	33	34	35	36	37	38	39	40	41
大叔	公右	世招	遠興	長瞻	貽玟	福一	斗祥	允紋	景德																
									景明	孝慶																
										孝仁	友綱	受椿	功銘	勉俊	一中	子襄									
															一和										
															一鳴	子賢	應升	碧四							
																		廣二							
																		怗六							
																		廷九							
																		中立	祚十	桂五					
																				柯七					
																				材八					
																				楨十					
																				楹二					
																				根三	克昌				
																					克盛				
																				椿五					
																				楫六	克仁				
																					克儀				
																					克倫				
																			祚甫						
																子貴									
																子賓									
														勉仁												
													功爵													
									景暉																
							斗先																		
							斗恭																		
					貽責	福三	尚敬	榮叟	萬彰	孝洪														
										孝浩														
										孝源														
										孝淮	敏試	振鐸	玟四	拱宿											
														原宿	一嵩	端龍									
																端統	定正	奇青							
																		奇銘	美華						
																			志貴	元芳	會科				
																					會甲				
																					會昌				
																					會泰				
																			美富						
																			美橙						
																端奉									
																端確									
															一岳										
													玟六												
											敏諷														
								俊叟																	
							尚斌																		
							尚文																		
							尚武																		
	公朗	念璋																							
		念遠	資深																						
			貴深																						
		念祿	仁遠																						
			仁桀																						

遠公

構雲－中理(滋)－伉－遠、遵

4	5	6	7	8	9	10	11	12	13	14	15	16	17	18	19	20	21	22	23	24	25	26	27	28
遠	中	彥和	師杰	允履	文利	以霖																		
						以會																		
						儒積	仕齡	思早	汝念	忠億	義銜	大谷	公藻	世宴	遠鳴	保仁	念九							
																	念十							
																	念馨							
																	念香							

4	5	6	7	8	9	10	11	12	13	14	15	16	17	18	19	20	21	22	23	24	25	26	27	28
										忠幹														
				文欽																				
				文華																				
				艾養																				
			明善																					
		師勤	明廣	洪啟	以孝																			
					以敏	廷正	于欽	實業	元祥	存麒	功												
									克翔															
						廷洪	于睦	永士	元龍	存旭													
					以几	廷郎																	
		師行																					
	彥讓	師武	明遵																				
		師剛	允耀	文實	儒型	廷昭	于智	星士	元朝	存綱													
							于才	頊士	元祥	存祚													
							于勇	昊士															
						廷昉	迪德	沉道	仲榮	彥嘉	天佑												
										繼明													
									仲珍	慶光													
										繼光													
									仲寶	彥楨													
										彥圖													
							進德	時道															
								可道	平叔	祖賢													
									平保	祖英													
						仕迎	思質	汝級	忠進	義洪	大蔚	公望	世顏	遠正	長枚	高	繼通						
																		繼文						
																		繼修						
													公碩	世民	禹二	海堂								
																勉堂								
											大堯												
							思襄																
	彥謙																						
正	禮	克明																						
遵	圖南																							
																			*	應龍	奇士	正言		
																						正行		
																						正信		

業常公

構雲－中理(滋)－倜－�－豫－彥玖－師騏－允乘－文雅－儒經－仕敬－思修－汝益－忠源－業常－大奎、大慶－

構雲－中理(滋)－倜－輞－豫－彥順

構雲－中理(滋)－倜－輞－兌

15	16	17	18	19	20	21	22	23	24	25	26	27	28	29	30	31	32	33	34	35	36	37	38	39
義常	大奎	公模	世建	遠略	長玖	貽臣	謀廣	開厚	美丹	利同	孝壯	友藏	自宜	崇道	先賁	榮泉	華持	佑啟	嘯清	志倚	迪子			
																					肯子			
																					吉子			
																				志傅				
																				志桀				
																				志僔				
																			嘯灝	信初				
																				本初	文秀			
		公明																						
	大慶	公科																						

彥章公

構雲－中理(滋)－倜－輔－玨－彥章－師導－允相－文晙－儒生－仕矇－思賓－汝焫－忠完－義郁－

15	16	17	18	19	20	21	22	23	24	25	26	27	28	29	30	31	32	33	34	35	36	37	38	39	40	41	42
義郁	大湘	公升	世增	遠儼	長允	貽富	謀聞	聞興																			
								開爵	美鏞	利祥	孝清	友英															
						發	乾					友輪	自明	龍池													
							艮							奉池													
				德顯										日池													
				遠應	長義	發								崇池	意齋												
															先洁	啟所											
																述亭											
																康崖											
																相廷											
																榮陽	惟和	霞齡									

																		壽先	明聚								
																			惠卜								
																			明清								
																			承西								
															謙齋												
															楚齋												
															荊齋												
															建齋												
										處																	
										禮																	
										凌																	
							貽貴																				
						長克																					
						長綉																					
			世達																								
			世建																								
			世遠																								
	大秉	公先	世俞	德明	述	斌	志昌	程	政	祥	沖虛																
											沖曰																
											沖和																
											沖漢																
								直	新橋																		
							志忠	瑜	澄	祥英																	
										祥輔																	
							志顯																				

構雲－中理(滋)－倜－輔－玨－彥章－師導－允相－文晙－儒生－仕曚－思賓－汝鏴－忠完－義郁－大秉－公先－世俞－德明－述－夔－(志仁、志允、志和)、志道－仁四－進士－贊雷－子美－宏源－均平－惟玉－景福－萬源－福麒－崇大－單瓏－國榮－朝文－廷爵－添用－順朝－鍾泗－清枚－樹先－耀乾－坤祥

39	40	41	42	43	44	45	46	47	48	49		39	40	41	42	43	44	45	46	47	48	49	50	51	52
順朝	鍾泗	清枚	樹先	耀乾	坤祥	孝禮	友田												友義						
							友承									耀芝	坤友	孝金	友學						
						孝禧	友庭										坤杰	孝彬	友恭						
							友藏										坤緒	孝金							
							友炘											孝彬							
						孝安	友錦											孝魁							
					坤訢	孝智	友劍									耀升	坤岳	孝廉	友廣						
						孝親	友發												友慶						
							友銘											孝先	友福						
					坤遠	孝發	友甲												友貴						
						孝杰	友積												友玉						
					坤萬	孝豪	友雲										坤益	孝舜	友交						
			樹彩	耀宗	坤壽	孝大	友直												友葵						
					坤上	孝恩	友鳳											孝忱	友茂						
							友凰									耀鵬	坤標	孝敬	友孚						
							友麒							清枚	樹文	耀榜	坤護	孝追	友菊						
							友珅									耀元	坤芳	孝述	友美						
					坤才	孝思	友善											孝顯							
					坤萱	孝顯	友書												友敏						
							友伍											孝槐	友瑟						
							友鑫										坤翰	孝植	友謙						
							友求										坤朗	孝楠	友賢						
							友運												友賓						
					坤芩	孝本	友來												友貴						
				耀建	坤興	孝普	友懋												友貞						
							友狄											孝椿	友實						
							友菊												友賡						
					坤隆	孝全	友志											孝松	友貢						
						孝厚	友德										坤幹	孝枚	友壽						
					坤雲	孝昭	友錫												友堅						
							友清	培剛	基浪										友放						
							友伸	培全	基維								坤韓	孝樞	友章						
		清權	樹棠	耀祥	坤台	孝貴	友寅										坤榦	孝楨	友安						
							友興											孝材							
							友發										坤幹	孝權	友鉅						
		清柄	樹龍	耀俊	坤壁	孝遜	友杰												友銑						
					坤笙	孝達	友俊											孝槐	友銘						
						孝逵	友倫											孝桂	友初						
							友佩												友錕						
							友倬						鍾湖	清模	樹德	耀宸	坤毓	孝致	友家						
				耀德	坤澤	孝純	友群							清櫊	樹烈	耀煌	坤復	孝春	友冬						
							友達												友貴						
		清懋	樹熏	耀拔	坤合	孝覲	友升												友端						
							友付						鍾漣	清相	樹政	耀魁	坤豐	孝明	友桂						
						孝高	友發											孝清	友敦						
							友儒								樹時	耀成	坤騰	孝普	友邦						
							友騰									耀邦	坤紹	孝楨	友迪						
					坤贊	孝喜	友升							清彬	樹繁	耀寶	坤操	孝廣	友信						
						孝高												孝偉	友澍						
						孝覲													友榮						
			樹本	耀國	坤慶	孝裕	友東								樹芬	耀觀	坤德	孝敘	友賡						
							友秋												友端						

39	40	41	42	43	44	45	46	47	48	49		39	40	41	42	43	44	45	46	47	48	49	50	51	52
							友申									耀庚	坤鈺	孝樺	友詒						
				耀興	坤太	孝著	友東											孝謀	友思						
						坤慶													友詒						
					坤華	孝冬													友連	培兵	基米				
				耀選	坤岱	孝允	友文														基利	永博			
							友俊														基寨	永濤			
					坤鰲	孝山	友光													培強	基淼				
						孝河	友幹														基樹				
							友良									耀先	坤鑄	孝德	友榮	培龍	基景				
						孝清	友仁														基煒				
							友用												友華	培正	基聃				
							友才												友富	培杰	基興				
			樹盛	耀良	坤乾	孝梓	友琴												友貴						
							友瑟									耀臧	坤芬	孝奇	友發	培華					
							友興	培敏								耀泮	坤芬								
				耀后	坤景	孝譜	友菊	培炳	基鑫					清樾	樹觀	耀來	坤焯	孝疇	友庚	培定	基玲				
						孝談	友純	培炎												培貞	基龍				
								培立													基虎				
					坤陶	孝敷	友朋	培暉	基敏											培文	基熊				
								培豐									坤煜	孝紀	友順	培增	基欣				
						孝敦	友渠	培庚												培華					
								培興										孝禧	友清	培中	琪均				
							友艮	培清													琪霈				
								培華	基紅											培蘭					
							友杰	培立											友順						
								培山	基仁					清渠	樹琳	耀度	坤亮								
							友巽										坤誥								
							友水	培國	基仲							耀庭	坤亮	孝緒	友安	培春					
								培飛	基冬										友枝	培宵					
						孝徵												孝綱							
						孝孜	友其	培良						清朗	樹晃	耀湘	坤誥	孝發	友鋼	培慶					
							友永	培干											友勇						
	鍾江	清楹	樹魁	耀照	坤布	孝恭	友生	培波											友明						
							友生	培堯										孝其	友強						
							友漢												友佳						
					坤富	教敬	友良					順賢	鍾濤	清植	樹灿	耀麟	坤遠	孝益	友富	培興	基德				
		清英	樹高	耀定	坤境	孝傳	友乾								樹煌	耀明	坤福	孝庄	友林						
							友坤	培良											友巽	培運	基勇				
								培標	基聰											培忠	基露				
								培建	基平											培飛					
								培仁												培良	基兵				
							友斌	培覺												培其	基珂				
				耀賓	坤端	孝儀	友鑫	培贊	基強	永興		順朝			過	繼	添	用							
									基武	永旺		順泰	鍾洋	清梁	樹柏	耀彩	坤槐	孝先	友交	培炳					
				耀寰	坤崇	孝儒	友茂	培凱	基紅										友信	培桂					
									基明										友仁						
								培玄											友樹	培映					
						孝作	友霖	培光	基宏	永謙			鍾池	清楓	樹喜	耀賢	坤種	孝哉	友炳	培杰					
									基俊										友定						
		清標	樹發	耀山	坤繩	孝貴	友定	培波											友根						
							友安	培□				順文	鍾注	清杏	樹鶴	耀質	坤喜	孝發	友爭						
								培威									坤壽								
						孝長	友倫	培豐																	
								培華																	
			樹長	耀鈞	坤其	孝紅	友成																		
					坤盛	孝成	友文	培恒																	
							友揚																		
						孝仁	友平																		
							友勤																		
						孝華	友權																		

單瓏公系　志道－仁四－進士－贊雷－子美－宏源－均平－惟玉－景福－萬源－福麒－崇大－單瓏－國福－

34	35	36	37	38	39	40	41	42	43	44	45	46	47	48	49						
※	國福				(過	繼單	熊公	為子)													
單琥	國梁	朝純	廷堯	添秀	順略	鍾潤	清棋	樹有	耀彩	坤范	孝文	友發									
												友富	培華	基輝	永勇						
															永金						
														基剛	永怡						
														基浪	永峰						
													培橋	過	友						
													培煌								
													培杰	基湘							
													培明								
												友慶		過	孝						
											孝昭	友慶	培明	基洪							

單熊公系

志道－仁四－進士－贊雷－子美－宏源－均平－惟玉－景福－萬源－福麒－崇大－單熊－國福(單瓏之子過繼為)－

34	35	36	37	38	39	40	41	42	43	44	45	46	47	48	49							
單熊	國福	朝立	廷凰	添相	順榜	鍾治	清	樹調	耀榮	坤明	孝俊	友亮	培樹	基湘								
	(國	福為	單瓏	之子	過繼	為單	熊嗣	)					培枚	基峰								
											孝珍	友亮										
												友余	培森	基梦								
												友志	培龍									
													培熊	基棒								
												友祿	培科	基楝								

39	40	41	42	43	44	45	46	47	48	49		39	40	41	42	43	44	45	46	47	48	49
順榜	鍾治	清	樹調	耀昌	坤富	孝仁	友王	培海	基棋											培舟		
				耀光	坤智	孝舒	友明	培仁											友維	培永		
								培和												培遠		
								培興												培興		
							友德	培鑄											友護	培露		
						孝維	友毅	培陽										孝思	友川	培旭		
								培月											友映	培楚		
								培孟											友麟	培波		
						孝藩	友蘭	培檢	基放										友昭			
								培金											友輝	培智		
								培祥												培德		
								培家									坤□	孝依	友忠	培伏	基恒	
							友生													培樂	基強	
						孝蘭	友良	培福												培紅		
							友祥	培志										孝文	友亮	培宏	基峰	
							友文														基山	
							友星													培輝	基毅	
							友前	培敏									坤長	孝彬	友良			
					坤銓	孝丞	友道	培嘉								耀順	坤震	孝枚	友政			
								培鳳											友通			
							友仲												友人			
						孝魏	友旦	培忠											友和			
							友深	培磊									坤佳	孝枚				
						孝國	友飛											孝凱	友泉	培金		
							友華	培勤											友林			
	鍾浴	清楨	樹釗	耀相	坤亮	孝元	友江									耀袓	坤桃	孝林	友樹			
							友賽												友春			
							友偉								樹滿	耀以	坤順	孝福	友香			
	鍾沛	清橋	樹輝	耀呈	坤爍	孝嚴	友成	培其											友玉	培建		
								培輝	基彪									孝視	友生	培洪	基祥	
							友信														基輝	
							友揚													培文		
						孝郁	友生	培龍										孝初	友香	培滔		
														清				過	繼	鍾	治	

構雲	22	23	24	25	26	27	28	29	30	31	32	33	34	35	36	37	38	39	40	41	42	43	44	45	46
鴨塘	1	2	3	4	5	6	7	8	9	10	11	12	13	14	15	16	17	18	19	20	21	22	23	24	25
派序	志	仁	士	雷	子	源	均	惟	景	萬	福	崇	單	國	朝	廷	添	順	鍾	清	樹	耀	坤	孝	友
少典	146	147	148	149	150	151	152	153	154	155	156	157	158	159	160	161	162	163	164	165	166	167	168	169	170
彭祖	129	130	131	132	133	134	135	136	137	138	139	140	141	142	143	144	145	146	147	148	149	150	151	152	153
夔	志仁	仁□	榮甫	政雷	子誠	長卿	均受	惟圭	景貴	萬銘	福鏡	天才	彭郭	良能	守富	一國	大先								
							均政	惟安	景誠	萬英	福印	崇琢	彭瑩	良新	守標	一貴	大瑚								
(	遷湖	南瀏	陽西	鄉大	塘坳	)											大璉								
																	大琥								
																	大瑾								
															守槐	一富	大圭								
											福壽	崇岳	彭亢	良梓	守法	一臣	大圭								
														良楠	守純	一隆	大城								
										萬高	福綸	崇瑤	彭吉	良興	守珍	一達	大才								
								惟璋	景林	萬虎	福均	天能	彭粱	良河	守勤	一泰	大永								
														良義	守田	一榮	大現								
												天孝	彭茗	良橋	守容	一魁	大隆								
									景隆	萬先	福不	天鯨	彭彩	良棠	守音	合茂	大蘭								
												天崔	廷堯	紹泉	守倫	合善	大騰								
	志允																								
	志和																								
	志道	仁四	進士	聲雷	子美	宏源	均平	惟玉	景福	萬源	福麒	崇大	單瓏	國榮	朝文	廷爵	添德	順賢	鍾濤	清植					
																	添用	順朝	鍾泗	清枚	樹先	耀乾			
																					樹彩				
																					樹文				

志道公

構雲	41	42	43	44	45	46	47	48	49	50	51
志道	20	21	22	23	24	25	26	27	28	29	30
鍾	清	樹	耀	坤	孝	友	培	基	永	遠	興
		樹彩	耀宗								
			耀芝								
			耀升								
			耀鵬								
		樹文	耀榜								
			耀元								
			耀建								
鍾泗	清權	樹棠	耀祥								
	清柄	樹龍	耀俊								
			耀德								
鍾泗	清懋	樹薰	耀拔								
		樹本	耀國								
			耀興								
			耀拔								
			耀選								
鍾泗	清懋	樹盛	耀良								
鍾湖	清模	樹德	耀宸								
	清檲	樹烈	耀煌								
鍾漣	清相	樹政	耀魁								
		樹時	耀成								
			耀邦								
	清彬	樹鰲	耀寶								
		樹芬	耀觀								
			耀庚								
			耀先								
			耀后								
鍾江	清楹	樹魁	耀照								
	清英	樹高	耀定								
			耀賓								
			耀寰								
	清標	樹發	耀山								
		樹長	耀鈞								
		樹型	耀減								
			耀洋								
鍾江	清梃	樹觀	耀來								
			耀來								
	清渠	樹琳	耀度								
			耀庭								
	清朗	樹晃	耀湘								
鍾濤	清植	樹灿	耀麟								
		樹煌	耀明								
鍾洋	清梁	樹柏	耀彩								
鍾池	清楓	樹喜	耀賢								
鍾注	清杏	樹鶴	耀質								
鍾調	清棋	樹有	耀彩								
鍾治	清	樹調	耀榮								
			耀昌								
			耀光								
鍾浴	清楨	樹釗	耀相								
鍾沛	清橋	樹輝	耀呈								
			耀順								
			耀袒								
		樹滿	耀以								

構雲	41	42	43	44	45	46	47	48	49	50	51
志道	20	21	22	23	24	25	26	27	28	29	30
									永明		
							培學	基仁	永浩		
						友義	培德	基強	永科		
			耀芝	坤友	孝金	友學	培生	基佑	永林	遠杰	
									永漢		
				坤杰	孝彬	友恭	培春	基福	永富		
								基祿			
								基壽			
					孝親	友發	培揚	基澍	永成		
								基國	永帥		
							培貴	基芳	永寅	遠開	
							培添	基付	永強	遠熙	
								基炎			
							培光	基華			
								基建			
								基偉	永波		
							培余	基炎			
						友銘	培朝	基林			
							培賢	基鵬			

構雲	41	42	43	44	45	46	47	48	49	50	51
志道	20	21	22	23	24	25	26	27	28	29	30
鍾	泗	公	房								
鍾泗	清枚	樹先	耀乾	坤祥	孝禮	友田	培橈	基臣	永紅		
						友承	培權	基高	永輪		
					孝禧	友庭	培杰	基炎	永志		
								基喬	永清		
						友藏	培松	基湘	永興		
									永昌		
								基輝			
							培秧	基佳	永波		
							培桴	基強	永磊		
									永旺		
								基建			
								基樊			
						友炘	培桓	基樹	永剛		
								基水	永成		
								基河	永登		
					孝安	友錦	培柄	基成	永桓		
								基發	永加		
				坤斯	孝智	友劍	培興	基華			
							培仕	基湘			
							培加	基樹			
								基湘			
							培四	基林			
								基昌			
				坤遠	孝發	友申	培榮	基袞	永豐	遠開	
										遠猛	
										遠勇	
								基盛	永利		
									永芬		
								基玖	永庚		
								基拾	永慶		
									永尚		
							培華	基河	永國		
									永輝		
									永林		
							培福	基福	永樂	遠珍	
								基仁			
								基錫	永立		
									永滿		
					孝杰	友积	培湖	基昌	永其		
				坤萬	孝豪	友雲	培茂	基光	永勝		
								基榮			
	清枚	樹彩	耀宗	坤壽	孝大	友直	培桂	基趾	永亮	遠仁	
									永立		
									永厚	遠暉	
				坤上	孝恩	友風	培祿				
						友鳳	培福	基成			
						友麟	培玉	基兵			
						友坤	培清	基興			
				坤才	孝思	友善	培復	基富	永貴	遠建	

構雲	41	42	43	44	45	46	47	48	49	50	51
志道	20	21	22	23	24	25	26	27	28	29	30
							培智	基林	永詳		
								基忠			
					孝先	友福	培文	基特			
						友貴	培菊	基俊	永發		
									永友	遠杰	
									永來		
									永偉		
							培盛	基本	永清		
							培倬	基正	永興		
						友玉	培俊	基長	永康		
							培保	基源	永秋	遠蘭	
							培順	基煌			
								基柱			
							培武	基明	永波		
				坤益	孝舜	友交	培儉	基許	永向		
								基喬			
						友葵	培恭	基澎	永林		
							培儉				
							培湘	基金			
							培裕	基源	永特		
								基澎			

構雲	41	42	43	44	45	46	47	48	49	50	51
志道	20	21	22	23	24	25	26	27	28	29	30
								基峰			
					孝忱	友茂	培謙	基慶			
								基洪			
							培禧	基慶			
			耀鵬	坤標	孝敬	友孚	培壽	基秋	永為		
								基儉			
							培高	基遠	永輝		
								基煥			
							培鶴	基祿			
		樹文	耀榜	坤護	孝追	友菊	培林	基華	永軍		
									永誠		
								基國			
							培陽	基濤			
			耀元	坤芳	孝述	友美	培啟	基國	永贊	遠前	
									永炎		
								基鈞	永義	遠興	
								基喜			
							培秋	基昌			
				坤緒	孝金						
					孝彬						
					孝魁	友紳	培堯	基础			
							培寶	基稳			
			耀升	坤岳	孝廉	友廣	培忠	基奠			
								基定			
						友慶	培明				
							培哲				
								基松			
							培庚	基琪	永中		
								基思	永蕾		
					孝顯	(繼)					
				坤萱	孝顯	友書	培賢	基昌	永長		
								基林	永溪		
							培藝	基才	永旭		
						友伍	培風	基成	永平		
						友鑫	培璜	基國	永松		
							培玫	基興	永文		
									永龍		
							培雄	基其			
								基亮			
							培發	基揚			
								基坤			
						友求	培閣	基生	永義	遠杰	
								基富	永波		
						友運	培生	基其	永利		
								基輝	(撫出)		
							培慶	基湘	永明		
							培儉				
				坤苓	孝本	友來	培從	基祥	永汝		
							培循	基建	永檢		
								基學			
							培后	基運			
								基良			
							培清	基恒			
								基林			
			耀建	坤興	孝善	友懋	培亮				
						友狄	培禮	基清			
							培斌				
						友菊	培松	基明			
							培興	基學			
							培秋				
							培斌	(撫	出)		
				坤隆	孝全	友志	培林				
							培長				
					孝厚	友德					
										遠波	
									永富	遠兵	
							培鸞	基明	永發	遠登	
									永松		
								基亮	永建		
									永加		
								基爭			
							培樹	基岳	永強		
						友發	培先				
							培勇				
							培均				
鍾泗	清柄	樹龍	耀俊	坤壁	孝遜	友杰	培忠				
							培孝	基衛			
							培仁				
				坤笙	孝達	友俊					
					孝逵	友倫	培祥	基生	永桃		

構雲	41	42	43	44	45	46	47	48	49	50	51
志道	20	21	22	23	24	25	26	27	28	29	30
							培裕	基魯	永敏		
								基羽			
								基仁			
								基林			
						友佩	培禧	基霞	永科		
								基華	永東		
									永前	遠嘉	
							培祈				
							培祜	(繼)			
						友倬	培祜	基其	永申	遠林	
										遠灿	
								基順	永豐		
									永旭		
								基柄			
								基偉	永浩		
			耀德	坤澤	孝純	友群	培樹	基幹			
							培壽				
							培鑫	基汝			
								基湘			
						友達	培龍				
							培水				
							培迪	基盟			
鍾泗	清懋	樹薰	耀拔	坤合	孝觀	友升	(繼)				
						友付	培炳	基昌	永臻		
								基勇	永興		
					孝高	友發	培學	基春	永贊		
							培先	基宏	永定		
								基斌	永翟		
							培喜	基興	永飛		
								基平			
								基湘			
						友儒	培光	基陽	永琳		
				坤雲	孝昭	友錫	培益	基波			
							培軍				
						友清	培剛	基浪			
						友伸	培全	基維			
鍾泗	清權	樹棠	耀祥	坤台	孝貴	友寅	培清				
							培貞				
							培林				
						友興					
					孝觀						
		樹本	耀國	坤慶	孝裕	友東	(過	繼孝	著)		
						友秋	培仁	基勇			
							培根	基水			
						友申	培華	基淦			
							培田	基剛			
							培蘭	基芳			
							培希	(撫出)			
							培沅	基兵			
							培林	基浪			
			耀興	坤太	孝著	友東	培清	基枚			
				坤慶	(過	繼耀	國)				
				坤華	孝冬	(嗣孫)	培海	基亮	永桂		
			耀拔	(過	繼樹	熏)					
			耀選	坤岱	孝允	友文	培生	基華			
								基湘			
						友俊	培仙	基凡	永揚		
				坤鰲	孝山	友光	培鑫				
							培海	(過	繼孝	冬)	
							培欽	基明	永冬		
					孝河	友幹	培順	基惠	永龍		
							培安	基求	永明		
								基富	永鋒		
								基德			
						友良	培康	基志			
								基偉	永輝		
					孝清	友仁	培俊	基宇	永昌		
						友用	培亮	基文	永康		
								基章	永祥		
								基華	(撫	出)	
								基國			
						友才					
鍾泗	清懋	樹盛	耀良	坤乾	孝樟	友琴	培覺	(嗣孫)	永波		
						友瑟	(出	繼孝	槐)		
						友敏	培運				
							培亮	基波			
							培松				
					孝槐	友瑟	培勇	基昌			

構雲	41	42	43	44	45	46	47	48	49	50	51
志道	20	21	22	23	24	25	26	27	28	29	30
						(嗣子)		基波	(撫	出)	
				坤翰	孝植	友謙	培飛		(遠	遊)	
								基爍			
						友騰	培鴻	基珍	永武		
								基波			
								基新			
				坤贊	孝喜	友升					
					孝高	(繼)					
								基清			
								基武			
							培發	基龍	永文		
									永軍		
						友貴	培福	基文			
						友貞	培福	(繼	友貴	)	
							培民	基丙	永凱		
							培海	基冬	永根		
								基立			
							培樹				
					孝椿	友實	培騰	基洪	(過	繼培	
								基純			
							培林	基洪	永元		
						友賡	培根	基發	永榮		
					孝松	友貢	培龍				
							培建	基暉	永武		
								基偉	永浩		
							培正	基萬			
								基果			
							培里	基兵			
								基佳			
				坤幹	孝枚	友壽	(撫	出)			
						友堅	(撫	出)			
						友放					
				坤韓	孝樞	友章	培正	基正			
								基廉			
				坤榦	孝楨	友安					
					孝材						
				坤幹	孝權	友鉅	培運	基珍			
							培偉	基林			
						友銑			(撫	出)	
					孝槐	友銘	培勇	基興			
					孝桂	友初			(撫	出)	
						友錕	培公				
鍾	**湖**	**公**	**房**								
鍾湖	清模	樹德	耀宸	坤毓	孝致	友家	培國	基興	永建		
									永立		
								基佑	永恒		
	清檷	樹烈	耀煌	坤復	孝春	友冬	外孫	基偉			
						友貴	培文				
							培明	基正			
						友端	培興				
							培盛				
							培躍		(遠	遊)	
					孝楠	友賢	培風	基仁	永強	遠龍	
						友賓	培蛟	基漢	永志		
								基申			
								基聰	永豐		
							培喜	基陽	永豐		
					孝清	友敦	培運	基新			
		樹時	耀成	坤騰	孝普	友邦	培水				
							培樹	基正			
			耀邦	坤紹	孝楨	友迪	培山	基滔			
								基露			
							培建	基海			
	清彬	樹鰲	耀寶	坤操	孝廣	友信	培建	基長			
								基田			
								基興			
					孝偉	友澍					
					友榮	培進	基運				
							基學				
							基新				
						培立					
						培洋	基秋				
						培尉					
		樹芬	耀觀	坤德	孝叙	友賡					
						友端	培陽	基成			
							培奇				
			耀庚	坤鈺	孝樺	友詒	培鑾	基開			
								基創			
								基基			

構雲	41	42	43	44	45	46	47	48	49	50	51
志道	20	21	22	23	24	25	26	27	28	29	30
								基業			
							培登	基昌	永坤		
							培新	(撫	出)		
							培義	基照			
					孝謀	友思	培鑫	基新	永真		
								基火			
								基源			
						友詒	(過	繼孝	樺)		
						友連	培兵	基米			
								基利	永博		
								基寨	永濤		
							培強	基淼			
								基樹			
			耀先	坤鑄	孝德	友華	培正	基聃			
						友富	培杰	基興			
						友貴					
						友興	培敏				
			耀后	坤景	孝諧	友菊	培炳	基鑫			
					孝談	友純	培炎				
							培立				
					孝						
鍾	**漣**	**公**	**房**								
鍾漣	清相	樹政	耀魁	坤豐	孝明	友桂	培鑫	基華	永喚		
							培運	(出	嗣)		
							培興				
					孝敦	友艮	培清				
							培華	基紅			
						友杰	培立				
							培山	基仁			
						友巽	(出繼	賢公)			
						友水	培國	基仲			
							培飛	基冬			
					孝徵	(撫孫)	培槐	基昌			
					孝孜	友其	培良				
						友永	培干				
鍾	**江**	**公**	**房**								
鍾江	清楹	樹魁	耀照	坤布	孝恭	友生	培波				
							培堯				
						友漢					
				坤富	孝敬	友良					
	清英	樹高	耀定	坤境	孝傳	友乾	培順	基曉			
						友坤	培良				
							培標	基聰			
							培建	基平			
							培仁				
						友斌	培覺				
			耀賓	坤端	孝儀	友鑫	培贊	基強	永興		
								基武	永旺		
								基文			
			耀寰	坤崇	孝儒	友茂	培凱	基紅			
								基明			
							培玄				
					孝作	友霖	培光	基宏	永謙		
								基俊			
						友茂		(	出繼	孝儒	
	清標	樹發	耀山	坤繩	孝貴	友定	培波				
						友安	培?				
							培安				
					孝長	友倫	培豐				
							培華				
		樹長	耀鈞	坤其	孝紅	友成					
				坤盛	孝成	友文	培恒				
						友揚					
					孝仁	友平					
						友勤					
				坤陶	孝敷	友朋	培暉	基敏			
							培豐				
						友渠	培庚				
							培貞	基龍			
								基虎			
							培文	基熊			
				坤煜	孝紀	友順	培增	基欣			
							培華				
鍾江	清梃	樹觀	耀來	坤煜	孝禧	友清	培中	基鈞	去	台灣	
								基霞			
							培蘭薪曄				
						友順	(	過繼	孝紀	)	

構雲	41	42	43	44	45	46	47	48	49	50	51
志道	20	21	22	23	24	25	26	27	28	29	30
	清渠	樹琳	耀度	坤亮				(過繼	耀庭)		
				坤誥				(過繼	耀湘)		
			耀庭	坤亮	孝緒	友安	培春				
						友枝	培宵				
					孝綱		(繼士	光房	坤長)		
	清朗	樹冕	耀湘	坤誥	孝發	友鋼	培慶				
						友勇					
						友明		(撫	出)		
					孝其	友強					
						友佳					
鍾	濤	公	房								
鍾濤	清植	樹灿	耀麟	坤遠	孝益	友富	培興	基德			
		樹煌	耀明	坤福	孝庄	友林					
						友巽	培運	基勇			
							培忠	基露			
							培飛	(撫	出)		
							培良	基兵			
							培其	基珂			
鍾	洋	公	房								
鍾洋	清梁	樹柏	耀彩	坤槐	孝先	友交	培炳				
						友信	培桂				
						友仁					
						友樹	培睞				
鍾	池	公	房								
鍾池	清楓	樹喜	耀賢	坤种	孝哉	友炳	培杰				
						友定					
						友根					
鍾	注	公	房								
鍾注	清杏	樹鶴	耀質	坤喜	孝發	友爭					
				坤壽							
鍾	渭	公	房								
鍾渭	清棋	樹有	耀彩	坤范	孝文	友發	培橋	基偉			
					孝華	友權					
		樹型	耀滅	坤芬	孝奇	友發	培華				
			耀泮	坤芬	(繼	耀滅)					
鍾江	清梃	樹觀	耀來	坤焯	孝疇	友庚	培定	基玲			
								基浪	永峰		
							培橋	(過	繼友	發)	
							培煌				
							培杰	基湘			
							培明	(過	繼友	慶)	
						友慶		(過	繼孝	昭)	
					孝昭	友慶	培明	基洪			
鍾	治	公	房								
鍾治	清	樹調	耀榮	坤明	孝俊	友亮	培樹	基湘			
							培枚	基峰			
					孝珍	友亮	(過	繼孝	俊)		
						友余	培森	基梦			
						友志	培龍				
							培熊	基棒			
						友祿	培科	基棟			
			耀昌	坤富	孝仁	友王	培海	基棋			
			耀光	坤智	孝舒	友明	培仁				
							培和				
							培興				
						友德	培鑄				
					孝維	友毅	培陽				
							培月				
							培孟				
					孝藩	友蘭	培鎵	基放			
							培金				
							培祥				
							培家	(撫	出)		
						友生	(過	繼孝	親)		

構雲	41	42	43	44	45	46	47	48	49	50	51
志道	20	21	22	23	24	25	26	27	28	29	30
					孝蘭	友良	培福				
						友祥	培志				
						友文					
						友星	(撫	出)			
						友前	培敏				
				坤銓	孝丞	友道	培嘉				
							培舟				
						友維	培水				
							培遠				
							培興				
						友護	培饍				
					孝思	友川	培旭				
						友映	培楚				
						友麟	培波				
						友富	培華	基輝	永勇		
									永金		
								基剛	永怡		
						友昭					
						友輝	培智				
							培德				
				坤韞	孝依	友忠	培伏	基恒			
							培樂	基強			
							培紅				
					孝文	友亮	培宏	基峰			
								基山			
							培輝	基毅			
				坤光	孝彬	友良					
					孝郁	友生	培龍				
							培風				
						友仲					
					孝魏	友旦	培忠				
						友深	培磊				
					孝國	友飛					
						友華	培勤				
鍾	**浴**	**公**	**房**								
鍾浴	清楨	樹釗	耀相	坤亮	孝元	友江					
						友賽					
						友偉					
鍾	沛	公	房								
鍾沛	清橋	樹輝	耀呈	坤爍	孝嚴	友成	培其				
							培輝	基彪			
						友信					
						友揚					
			耀順	坤震	孝枚	友政					
						友通					
						友人					
						友和					
				坤佳	孝枚		(過	繼坤	震)		
					孝凱	友泉	培金				
						友林					
			耀袓	坤桃	孝林	友樹					
						友春					
		樹滿	耀以	坤順	孝福	友香	(過	繼孝	初)		
					孝視	友生	培洪	基祥			
								基輝			
							培文				
					孝初	友香	培滔				

志仁公嗣大先房

構雲	40	41	42	43	44	45	46	47	48	49	50
鴨塘	19	20	21	22	23	24	25	26	27	28	29
大	**先**	**房**									
尚貞	朝倫	承志	祖兆	德霞	百山	世溥	洪群	宗明	功廣		
								宗輝			
			祖揚	德雲	百官	世承	洪龍	宗瑞			
								宗林			
			祖惟	德鰲	百昭	世順	洪發	宗良	功勇		
									功軍		
							洪康	宗利			

構雲	40	41	42	43	44	45	46	47	48	49	50
鴨塘	19	20	21	22	23	24	25	26	27	28	29
								宗揚			
								宗福			
								宗佑			
							洪福	宗初	功現	永云	
										永進	
							洪林				
						世勝	洪壽	宗奄	功樹		
									功林		

構雲	40	41	42	43	44	45	46	47	48	49	50
鴨塘	19	20	21	22	23	24	25	26	27	28	29
							洪華				
							洪其	宗福	功勇		
									功海		
						世和	洪福	宗禮	功勇		
									功根		
								宗仁	功愷		
								宗斌			
						世謙	洪洋	宗華	功雙		
								宗明	功林		
								宗國			
								宗建			
	朝佐	承江	祖彬	德鵲	百慶	世瑞	洪冬	宗國	功華		
									功根		
							洪明	宗梁	功徽		
大	**瑚**	**房**									
尚顯	朝灿	承山	祖達	德長	百旦	世緒	洪倉	宗先	功仁		
								宗信	功義		
	朝緣	承偉	祖作	德有	百登	世視	洪慧				
							洪德				
	朝呈	承鼎	祖兆	德陽	百登	世旭	洪艷	宗凱			
								宗淼			
					百安	世厚	洪根	宗順			

構雲	40	41	42	43	44	45	46	47	48	49	50
鴨塘	19	20	21	22	23	24	25	26	27	28	29
									功昊	永福	
									功明	永壽	
						世惠	洪昌	宗敏			
							洪日	宗致			
						世勝					
						世期					
						世望					
					百順	世義	洪沅				
							洪渙	宗倫	功全		
								宗偉	功仁		
									功義		
						世芳	洪浚	宗儲	功亮		
								宗儒			
								宗仁	功奇		
									功勛	永勝	
									功覺		
								宗佳	功魁		
								宗伊	功建		
							洪洵				
					百隆	世禎	洪潭	宗馨			
						世越					
大	琥	房									
尚折	朝沅	承龍	祖顯	德應	百松	世珏					
尚成	朝□	承升	祖恩	德亮	百梁	世棹	洪昌	宗生			
								宗剛	功亮		
								宗權	功露		
				德彬	百坤	世捐					
		承來	祖宪	德光	百鰲	世代					
			祖敏	德象	百晨	世修	洪發	宗貴	功輝		
									功真		
	朝庄	承郁	祖□	德彩	百庄	世桂	洪國	宗初	功民		
									功真		
								宗興	功安		
			祖聰	德芳	百周	世穎	洪耆	宗凡	功培		
					百玉	世顯	洪鯤	宗奇			
					百輔	世碩	洪興	宗洪			
								宗利			
					百泰	世□	洪鯨				
							洪楚	宗鑫			

構雲	40	41	42	43	44	45	46	47	48	49	50
鴨塘	19	20	21	22	23	24	25	26	27	28	29
					百康	世皇	洪剛	宗義			
								宗文			
					百泰	世字	洪庭	宗灼	功妙		
								宗安			
								宗仍			
								宗學			
					百清	世欽	洪梅				
							洪建				
					百海	世申					
						世凱	洪新	宗贇			
								宗晴			
大	**璉**	**房**									
尚升	朝清	承柯	祖興	德秀	百發	世泰	洪昌	宗教	功欽		
							洪明	宗啟	功升	永發	
							洪照	宗攸			
								宗考	功志		
									功禮		
									功信		
							洪春	宗數	功欽		
							洪景	宗考	功旭	永興	
										永旺	

構雲	40	41	42	43	44	45	46	47	48	49	50
鴨塘	19	20	21	22	23	24	25	26	27	28	29
							洪賢	宗林			
			祖謀	德科	百右	世智					
	朝瑞	承邵	祖柏	德來	百智	世炳	洪月	宗發	功勝		
							洪梯	宗球			
大	**瑾**	**房**									
尚星	朝柱	承泮	祖利	德品	百甫	世學	洪鼎				
							洪志	宗文			
				德典	百□	世樹					
					百慶	世潤	洪達	宗岸			
								宗安			
								宗申	功波		
尚映	朝瓏	承洛	祖俊	德容	百金	世元	洪其	宗發	功聖		
									功友		
								宗螢			
						世享	洪金	宗志			
								宗堯	功艮		
									功彬		
								宗富	功勤		
						世利	洪潤	宗遠	功高	永鋒	
										玲	
									功尚	永冬	
									功嵩		
				德定	百桂	世蔚	洪綺	宗查			
								宗班			
								宗心			
	朝琥	承江	祖伶	德伶	百俊	世良	洪蘭				
							洪義				
							洪金				
						世檢	洪任				
					百軍	世芳	洪松				
			祖代	德鳳	百興						
					百寅	世華	洪雷				
			祖信	德祿	百仲	世謙	洪滾	宗文			
							洪沃				
	朝獅	承裕	祖及	德善	百禎	世爐	洪敏	宗霞			
				德華	面祉	世輝	洪禮	宗灿	功翼		
								宗賽	功維		
									功己		
						世耀					
						世煒					

構雲	40	41	42	43	44	45	46	47	48	49	50
鴨塘	19	20	21	22	23	24	25	26	27	28	29
						世炯					
大	**圭**	**房**									
尚丁	朝伸	承番	祖烘	德縏	百永	世龍	洪梅	宗榮	功文		
								宗富	功武		
								宗貴			
							洪泰	宗林	功成	永威	
									功清		
							洪和	宗文	功有	永才	
								宗明	功順	永曼	
								宗樹	功良		
							洪慶	宗烈	功后		

構雲	40	41	42	43	44	45	46	47	48	49	50
鴨塘	19	20	21	22	23	24	25	26	27	28	29
						世昌	洪鈞	宗盛	功良	永梅	
									功杰		
									功斌	永存	
	朝舜	承與	祖來	德有	百俊						
			祖光	德亮	百祿	世選	洪昭	宗武	功明	永學	
									功志	永錢	
									功為		
									功新	永珍	
									功德		
					百復	世純	洪全	宗臣	功長	永高	

構雲	40	41	42	43	44	45	46	47	48	49	50
鴨塘	19	20	21	22	23	24	25	26	27	28	29
									功久	永芳	
								宗富	功獨	永康	
							洪冬	宗福	功仁	永興	
										永旺	
									功義	永昭	
										永德	
									功禮	永久	
				德發	百茂	世芳	洪道	宗熙	功清	永其	
									功福		
						世謦	洪恒	宗香	功強		
									功軍		
								宗林	功穩		
			祖召	德望	百祺	世宣					
						世璇	洪舉	宗照	功水	永俊	
										永慧	
									功□	永林	
					百禧	世凡	洪查	宗檢	功艷		
									功水		
尚寅	朝行	承瓏	祖柱	德有	百惠	世文	洪長	宗樹	功輝		
			德相	德田	百茂	世常	洪清	宗耀			
				德耀	百騰	世友	洪瑞	宗優	功滔		
				德祿	百沅	世連	洪春	宗攻	功玲		
								宗衛			
					百語	世清					
		承璊	祖相	德星	百道	世春	洪視	宗琦			
	朝宗	承琼	祖蒸	德信	百鎮	世廣	洪炳	宗耀	功湘	永松	
									功宏	永林	
					百祥	世達	洪雪	宗騰	功成		
				德寬	百鳳	世發	洪富	宗曉	功明		
					百寅	世松	洪振	宗□	功守	永旭	
										永昶	
									功環		
					百宏	世祥	洪王	宗道	功祝	永佳	
					百棕	世喜	洪堅	宗平	功棟		
								宗娥			
						世佑	洪動	宗全	功耀		
						世福	洪吉	宗海	功光		
								宗淪	功興		
								宗學	功建		
			祖煒	德敏	百發	世移	洪瑞	宗蔚	功平		
									易		
						世斗	洪禧	宗裴	明		
								宗秋	功花		
						世轉	洪裕	宗相	功朗		
								宗勤			
						世星	洪明	宗車	征		
								宗泉			
					不祿	世恩	洪揚	宗家	功富		
									功利		
								宗順	功勞		
								宗文			

構雲	40	41	42	43	44	45	46	47	48	49	50
鴨塘	19	20	21	22	23	24	25	26	27	28	29
						世叨	洪章				
							洪慶	宗龍			
								宗軍			
					百松	世德	洪金	宗桂	功良	永奔	
						世球					
						世意	洪秋	宗興	功林		
					百梓	世瑚	洪樂	宗欽			
								宗桃	功軍		
									功仲		
				德全	百豐	世蕊	洪戴	宗國	功敏		
								宗富	功容		
						世葭	洪奇	宗正	功興		
							洪美	宗濤			
						世薄	洪乾	宗奇	功祥		
								宗家	功艮		
									功文		
								宗岳		※	
						世庄	洪光	宗其	功贊		
								宗意			
						世藩	洪嘉	宗金	功福		
								宗銀	功祿		
								宗財	功萬		
								宗寶			
								宗進			
		承璞	祖浚	德開	百文	世謨	洪相	宗成	功艷		
									功輝		
									功萍		
			祖栖	德用	百成	世齊	洪勝	宗仁			
								宗義			
							洪忠	宗敏			
								宗蘭			
						世道	洪葭	宗強	功河	永德	
									功江		
					百萬	世順	洪梁	宗長	功灿		
									功美		
								宗樹			
								宗奇			
					百瑚	世鳳	洪俊	宗樹	功峰	永興	
									功志		
					百開	世益	洪桂	菊	功逸		
							洪注	宗仁			
								宗義	功邁		
									功向		
								宗禮	功芳		
								宗智	功曉		
								宗信	功□		
				德美	百明	世貴	洪冬	宗建	功貴	永興	
								宗國	功富	永家	
								宗奇	功國		
								宗華	功晨	永業	
									功瑞		
								宗定	功全	永旺	

構雲	40	41	42	43	44	45	46	47	48	49	50
鴨塘	19	20	21	22	23	24	25	26	27	28	29
										永興	
					百和	世成	洪光	宗文	功芝		
									功紅		
		承瑞	祖壽	德洪	百美	世揚	洪欽	宗富	功勤	永浩	
									功軍		
								宗清			
			祖照	德九	百賢	世長	洪菊	宗桃			
							洪寅	宗榮	功明	永演	
			祖烈	德六	百學	世忠	洪儒	宗凱	功忠	永笑	
									功孝		
								宗興			
								宗義	功勛	※	
									功康		
							洪寬	宗煌			
								宗億	功學	永康	
									功為		
							洪均	宗連	功旺	永溪	
					百應	世其	洪桂	宗仕	功利	永成	
									功全		
							洪潤	宗猷	功明	永蘭	
										永竹	
										永菊	
				德三	百馥	世教	洪科	宗雪	功得		
									功卿		
							洪魁	宗運	功勛		
								宗華			
								宗清			
							洪發	宗秋	功亮		
									功□		
								宗輝	功來		
								宗樂	功堯		
				德恒	百永	世佳	洪庭	宗華	功明	永貴	
									功成		
									功仁		
								宗高	功書		
大	**城**	**房**									
尚禮	朝爾	承祺	祖昌	德朝	百台	進春	洪棟	宗樹			
							洪和	宗庭			
			祖杰	德高	百芳	世鴻	洪松	宗沅	功華	永長	
		承禧	祖壽	德林	百元	世慶	洪順	宗友	功成	永發	
									功萬		
								宗谷	功法		
								宗億	功昌		
									功貴		
			祖文	德湘	百銓	世良	洪余	宗國	功保		
									功孝		
									功龍		
								宗春	功建		
									建俊		
								宗義	功表		
									功平		
						世袁	洪初				
							洪倉	宗富	功明	永新	
										永良	

構雲	40	41	42	43	44	45	46	47	48	49	50
鴨塘	19	20	21	22	23	24	25	26	27	28	29
									功付		
									功成	※	
								宗發			
							洪仁	宗友	功谷		
								宗福			
					百昭	世森	洪庚	宗漢	功太		
						世魁	洪申	宗斗	功美		
									功禮		

構雲	40	41	42	43	44	45	46	47	48	49	50
鴨塘	19	20	21	22	23	24	25	26	27	28	29
									功成	永禎	
							洪谷	宗福			
								宗華	功友	永波	
									功孝		
									功樹	※	
									功發	永亮	
										永啟	
						世根	洪崇	宗良	功欽	永金	
										永福	
								宗治	功海		
								宗田	功友		
									功正		
								宗財	功標		
								宗謀	功文		
						世祥	洪榮	宗禮	功法		
							洪華				
					百鈴	世聲	洪丁	宗林	功亮		
									功偉		
							洪和	宗桃			
					百茂	世洵	洪升	宗來	功德	永權	
									功幸		
							洪道	宗來	功球	永祥	
						世鵬	洪全	宗福	功亮		
									功根		
							洪漢	宗萬			
						世秦	洪森	宗國	功許		
							洪友	宗長	功田		
							洪佳	宗國	功強		
							洪來				
				德橋	百友	世純	洪福	宗萬	功梘	永紅	
			祖清	德振	百貴	世連	洪欽	宗美	功斌		
									功軍		
								宗國	功武		
									功強		
								宗佳	功召		
					百萬	世保	洪金	宗旺	功成	永炎	
										永聖	
								宗運	功科		
						世舉	洪文	宗政	功良		
						世鳳	洪明	宗聖	功余		
									功全		
								宗付	功平		
								宗和	功開		
							洪友				
						世章	洪武	宗精	功俊	永長	
									功優		
									功海		
									功禮		
					百明	世怡	洪山	宗炎	功聖		

構雲	40	41	42	43	44	45	46	47	48	49	50
鴨塘	19	20	21	22	23	24	25	26	27	28	29
								宗春	功林		
									功孝		
							洪福	宗榮	功文	永良	
									功義		
									功道		
								宗華	功乾		
									功坤		
								宗富			

構雲	40	41	42	43	44	45	46	47	48	49	50
鴨塘	19	20	21	22	23	24	25	26	27	28	29
								宗貴	功宏		
							洪友	宗許	功璜		
									功萍		
								宗秋			
					百富	世發	洪元	宗春	功聖	永新	
							洪光	宗順	功明	永富	
										永貴	
				德揚	百亮	世財	洪富	宗球	功慶	永文	
					百來	世期	洪昭	宗萬	功成		
								宗清	功明		
			祖和	德梁	百臣	世余	洪紹	宗孝	功龍	永道	
									功義		
		朝瑜	承祥	祖輝	德明	百高	世揚	洪福	宗梅	功付	
										功成	
										功國	
										功佛	
							洪祿	宗義	功明	永福	
大	**才**	**房**									
尚清	朝賢	承秀	祖富	德維	百仁	世興	洪冬	宗輝	功雨		
									功彬		
								宗芝			
							洪秋				
					百禮	世祥	洪泰	宗清	功林		
									功東		
								宗固	功登		
				德緒	百義	世華	洪海	宗科			
								宗針			
			祖壽	德保	百文	世佳	洪海	宗科			
								宗針			
					百言	世祿	洪成	宗陽	功樹		
									功艷		
									功愛	※	
								宗祥	功慶		
									功惠		
								宗更	功姣		
						世友	洪興	宗炎	功仁		
									功利		
								宗曉	功勇		
						世德	洪銀	宗良			
						世松	洪瑞	宗彪	功濤		
						世財	洪灝	宗林	功純		
								宗剛	功泪		
									功穎		
								宗安	功晉		
				德盛	百武	世萬	洪華	宗禮	功建	永勇	

構雲	40	41	42	43	44	45	46	47	48	49	50
鴨塘	19	20	21	22	23	24	25	26	27	28	29
										永債	
									功美		
								宗興	功冰		
									功泉		
									功艷		
								宗春	功樹		
									功玲		
								宗統	功升		
									功偉		
					百魁	世熙	洪雲	宗文	功平	永雙	
										永春	
										永建	
大	**永**	**房**									
尚道	朝封	承綫	祖富	德舉	百仁	世光	洪問	宗友	功浩	永依	
						世保	洪聞	宗琼	功德	永發	
			祖亮	德萬	百禮	世彬	洪發	宗保	功宏		
									功國		
			祖清	德貴	百厚	世從	洪銀	宗延	功友	永先	
									功大		
						世得	洪財	宗富	功勤	永蘭	
		承繪	祖沅	德倫	百榕	世書	洪尾	宗煉			
						百揚	世裕	洪盛	宗梅		
								洪祥	宗要		
								洪萬	宗材	功英	
								洪俊	宗國		
									宗強	功銀	
			祖光	德林	百祺	世貴	洪先	宗杰	功湖	永久	
							洪善	宗榮	功球	永青	
										永杰	
										永珊	
									功德		
									功順		
									功行	永芳	
										永娜	
						世常	洪玉	宗志	功平		
									功燃		
	朝型	承發	祖英	德揚	百弟	世維	洪曜	宗喬	功禮	永丹	
						世美	洪昭	宗高	功仁	永興	
									功義	永債	
				德槐							

構雲	40	41	42	43	44	45	46	47	48	49	50
鴨塘	19	20	21	22	23	24	25	26	27	28	29
		承綬	祖智	德彩	百湄	世珍	洪秋	宗仁	功定		
							洪福	宗軍			
								宗平			
				德蛟	百清	世遠	洪春	宗成	功元	永富	
									功魁	永旺	
									功偉	永旭	
										永昶	
										永豐	
大	**現**	**房**									
尚昆	朝榜	承組	祖福	德聲	百茂	世禧	洪遠	宗籬	功其	永興	
								宗明	功海	永鵬	
									功廣	永啥	
								宗欽	功漆		
大	隆	房									
尚乾	朝訓	承杰	祖益	德本	百慎	世明	洪秋	宗熙	功亮		
									功明		

構雲	40	41	42	43	44	45	46	47	48	49	50
鴨塘	19	20	21	22	23	24	25	26	27	28	29
							洪昌	宗祥	功文		
						世和	洪壽	宗發	功麒	永國	
									功麟	永國	
									功維	永泰	
									功盛	永琴	
								宗登	功斌		
									功輝		
						世旺	洪富	宗常	功勒		
								宗秀			
						世定	洪桂	宗福	功湘	永強	
									功逮	永勝	
								宗禧	功名	永德	
						世興	洪泰	宗盈	功林		
				德星	百松	世雄	洪清	宗雨			
								宗雲	功平	永昌	
								宗電	功望		

構雲	40	41	42	43	44	45	46	47	48	49	50
鴨塘	19	20	21	22	23	24	25	26	27	28	29
大	**蘭**	**房**									
興奇	旺伍	啟英	正倫	德霖	建高	嗣金	洪華	宗孝	功芳	永峰	
										永成	
								宗義	功蘭		
							洪春	宗忠	功稱	永旭	
										永麗	
									功沅	永家	
										永梅	
									功平	永華	
										永浪	
										永玲	
									功宏	永強	
										永曉	
						嗣正	洪永	宗信	功明	永建	
										永友	
									功輝	永聰	
									功希		
								宗伯	功慧		
									功彩	永依	
									功艷		
								宗清	功雲		
			正直	瑞魁	建王	嗣照	洪名	宗谷	功章	永亮	
										永英	
										永蘭	
									功成	永兵	
									功清	永苗	
								宗禧	功榮	永秋	
										永貞	
									功華	永媛	
										永艷	
									功富	永美	
								宗吾			
				瑞康	建江	嗣相	洪錫	宗淇	功先	永林	
										永菲	
									功民	永松	
										永坤	
大	**騰**	**房**									
興繕	旺義	啟周	正鎰	瑞福	建財	嗣慶	洪貴	宗明	功發	永麗	
										永亮	
									功萬		

構雲	40	41	42	43	44	45	46	47	48	49	50
鴨塘	19	20	21	22	23	24	25	26	27	28	29
									功家		
							洪鈞	宗興			
								宗旺			
		正信	瑞朝	建松	嗣壽	洪惟	宗長	功統	永根	遠紅	
									永輝		
								功明	永平	遠亮	
								功春	永紅		
									永連		
									永坪		
									永尾		
			瑞學	建陶	嗣高	洪興	宗喜	功課	永集		
									永慧		
									永麗		
			瑞廷	建春	嗣瀛	洪開	宗仁	功長	永旭		
									永日		
									永月		
						洪虎	宗統				
					嗣江	洪友	宗華	功揚	永興	遠量	
										遠藝	
									永旺	遠興	
										遠希	
									永發	遠立	
										遠望	
									永達	遠密	
				建全	嗣發	洪厚	宗富	功惟	永華	遠軍	
								功明	永國	遠志	
									永良		
								功成			
			瑞樟	建風	嗣運	洪滿	宗麟	功華	永德		
								功亮	永厚		
									永姣		
									永星		
							宗上	功明			
							宗呈	功城			
							宗祥	功堡			
								功容			
							宗美	功勝	永柳		
								功利			

湖南瀏陽常豐堂世次血緣

孟玑、伏玑、季玑

轉摘錄湖南瀏陽常豐堂「嘉慶 21 年（公元 1816 年）丙子歲仲冬月　合族敬書」

構雲－滋－倜－輔－璸－彥韜－師陶－允方－文繡－儒圭－仕東－思肇－汝合－忠漢－義敷－大典－公弼－化龍－瑞祉、孟玑、伏玑、季玑－添麒、添瀧、添鹿、添琥、添嶸、添鏵、添富、添桂－

1	2	3	4	5	6	7	8	9	10	11	12	13	14	15	16	17	18	19	20	21	22
添	滄	萬	德	世	日	崇	宗	應	啟	賢	良	榮	華	克	紹	先	志	道	學	遠	煥

明初，化龍公子孟玑、伏玑、季玑三兄弟，各圖鴻遠，季玑自江西江右盧陵徙居湖南湘陰，伏玑與孟玑則自江西江右盧陵徙居湖南瀏陽，孟則擇新陂而家焉，今湖南瀏陽永安市彭家衝皆其後也·而我伏玑公則落業水源琥形屋場，公後添麒、添瀧、添鹿、添琥、添嶸、添鏵、添富、添桂·瀧公由水源遷上北鄉新安鋪，餘不可考·而我常豐則添富公之裔也·

公於明成化元年公元 1465 年自水源徙居常豐里·配李懋公第三女，生子一名，滄膺，九品散官·滄生，萬仁·贈修職郎，萬毅，萬禮，萬智，智食廩餼，萬貴，萬暘，今水源皆暘公裔也·仁配張氏聶氏，俱贈孺人·生子，才德，膺省祭，茂德，壽德，壽膺例貢，任江右贛州贛縣縣丞·莀德，安德，福德、端德·莀安福端四公，俱再傳失詳·惟才茂壽三公，木深枝茂，後嗣繁衍，祀三公者·祠宇峙立，至今稱三房焉·夫譜以傳信非以傳疑·玆於我氏之祖，遠之則斷自雲公，中之則斷自伏玑公，近之則斷自添富公·富公而上語而不詳，匪略也，懼誣也，富公而下，詳而弗略，親親也，亦傳信也，信者著之，疑者闕之，慎始之義，不當如是乎·玆值創修譜牒，謹述源流，錄於篇首，我後仁人孝子，其應有感於斯·

湖南瀏陽常豐堂支系源流

少典		黃帝		彭祖		仲爽		宣公		構雲					
1	少典														
2	勗其														
3	居炎														
4	並節														
5	器戲														
6	庸祝														
7	共工														
8	勾龍														
9	噎鳴														
10	啟昆														
11		1	黃帝												
12		2	昌意												
13		3	顓頊												
14		4	稱												
15		5	老童												
16		6	吳回												
17		7	陸終												
18		8		1	彭祖										
19		9		2											
20		10		3	伯壽										
21		11		4	振禧										
22		12		5	俶康										
23		13		6	養廉										
24		14		7	獻										
25		15		8	寧帆										
26		16		9	夢熊										
27		17		10	秉										
28		18		11	可愛										
29		19		12	積古										
30		20		13	頌新										
31		21		14	團										
32		22		15	靖忠										
33		23		16	奇端										
34		24		17	道琮										
35		25		18	繼崧										
36		26		19	景敷										
37		27		20	愈崗										
38		28		21	伯										
39		29		22	欽保										
40		30		23	度章										
41		31		24	爾賢										
42		32		25	榮施										
43		33		26	端肅										
44		34		27	列										

少典		黃帝		彭祖		仲爽		宣公		構雲					
45		35		28	東侯										
46		36		29	才華										
47		37		30	佐商										
48		38		31	音										
49		39		32	輝彩										
50		40		33	圭										
51		41		34	咸										
52		42		35	祖壽										
53		43		36	寶雲										
54		44		37	士懷										
55		45		38	治										
56		46		39	類超										
57		47		40	為達										
58		48		41	自昭										
59		49		42	程										
60		50		43	昶										
61		51		44	觀凝										
62		52		45	丁										
63		53		46	寅										
64		54		47	能運										
65		55		48	貴山										
66		56		49	和美										
67		57		50	友熒										
68		58		51	略										
69		59		52	大郎										
70		60		53	榮										
71		61		54	忽										
72		62		55		1	仲爽								
73		63		56		2	建夏								
74		64		57		3	俊宜								
75		65		58		4	西林								
76		66		59		5	名								
77		67		60		6	宏載								
78		68		61		7	益開								
79		69		62		8	元果								
80		70		63		9	訓彝								
81		71		64		10	敖								
82		72		65		11	萬								
83		73		66		12	嗣慎								
84		74		67		13	時梁								
85		75		68		14	君實								
86		76		69		15	更								
87		77		70		16	金和								
88		78		71		17	紹更								
89		79		72		18	宜吾								
90		80		73		19	文台								
91		81		74		20	令昭								
92		82		75		21	珅								
93		83		76		22	越								
94		84		77		23	綬華								
95		85		78		24	斐然								
96		86		79		25	佑奎								
97		87		80		26	世瓊								
98		88		81		27	維								
99		89		82		28	懋勳								
100		90		83		29		1	宣						
101		91		84		30		2	聖						
102		92		85		31		3	閎						
103		93		86		32		4	虔						
104		94		87		33		5	寶						
105		95		88		34		6	端鍾						
106		96		89		35		7	洪						
107		97		90		36		8	翼						
108		98		91		37		9	仕敏						
109		99		92		38		10	季聰						
110		100		93		39		11	景昌						

少典		黃帝		彭祖		仲爽		宣公		構雲					
111		101		94		40		12	鬱						
112		102		95		41		13	隆簡						
113		103		96		42		14	沂						
114		104		97		43		15	希廣						
115		105		98		44		16	拒						
116		106		99		45		17	超						
117		107		100		46		18	荏						
118		108		101		47		19	樂						
119		109		102		48		20	龍韜						
120		110		103		49		21	君用						
121		111		104		50		22	履真						
122		112		105		51		23	仲德						
123		113		106		52		24	明遠						
124		114		107		53		25	景直						
125		115		108		54		26		1	構雲				
126		116		109		55		27		2	滋				
127		117		110		56		28		3	倜				
128		118		111		57		29		4	輔				
129		119		112		58		30		5	璸				
130		120		113		59		31		6	彥韜				
131		121		114		60		32		7	師陶				
132		122		115		61		33		8	允方				
133		123		116		62		34		9	文繡				
134		124		117		63		35		10	儒圭				
135		125		118		64		36		11	仕東				
136		126		119		65		37		12	思肇				
137		127		120		66		38		13	汝合				
138		128		121		67		39		14	忠漢				
139		129		122		68		40		15	義敷				
140		130		123		69		41		16	大典				
141		131		124		70		42		17	公弼				
142		132		125		71		43		18	化龍				
143		133		126		72		44		19	瑞祉 伏玐 孟玐 季玐				

派序

少典	黃帝	彭祖	仲爽	宣	構雲	湖南瀏陽、江西宜春各族派別排行對照							
						瀏陽永安彭家衝淳口彭家灣	瀏陽永淳安口彭家沖彭家灣	湘贛合族後之統一新派行	湖南瀏陽蕉溪彭家大屋	湖南瀏陽蕉溪彭家灣	湖南瀏陽蕉溪高岸	江西宜春池口等四地	
1													
11	1												
18	8	1											
72	62	55	1										
100	90	83	29	1									
125	115	108	54	26	1								
126-139	116-129	109-122	55-68	27-40	2-15								
140	130	123	69	41	16							1	秀
141	131	124	70	42	17							2	益
142	132	125	71	43	18							3	萬
143	133	126	72	44	19							4	贊
144	134	127	73	45	20	1	再	添	添		祖	5	東
145	135	128	74	46	21	2	仕	滄	滄		德	6	立
146	136	129	75	47	22	3	應	萬	萬		流	7	松
147	137	130	76	48	23	4	廷	德	德	正	芳	8	清
148	138	131	77	49	24	5	志	世	世	安	遠	9	興
149	139	132	78	50	25	6	泰	日	日	昇	護	10	宣
150	140	133	79	51	26	7	伯	崇	崇	平	訓	11	鳴
151	141	134	80	52	27	8	方	宗	宗	國	自	12	運
152	142	135	81	53	28	9	伏	應	應	文	開	13	孟
153	143	136	82	54	29	10	日	啟	啟	章	原	14	信
154	144	137	83	55	30	11	榮	賢	賢	可	萬	15	湘
155	145	138	84	56	31	12	華	良	良	立	譜	16	朝
156	146	139	85	57	32	13	富	榮	榮	身	承	17	懷
157	147	140	86	58	33	14	貴	華	華	禮	念	18	日
158	148	141	87	59	34	15	金	克	克	樂	興	19	開

少典	黃帝	彭祖	仲爽	宣	構雲	湖南瀏陽、江西宜春各族派別排行對照							
1						瀏陽永安彭家衝淳口彭家灣	瀏陽永淳安口彭家沖彭家灣	湘贛合族後之統一新派行	湖南瀏陽蕉溪彭家大屋	湖南瀏陽蕉溪彭家灣	湖南瀏陽蕉溪高岸	江西宜春池口等四地	
11	1												
18	8	1											
72	62	55	1										
100	90	83	29	1									
125	115	108	54	26	1								
159	149	142	88	60	35	16	玉	紹	紹	維	尚	20	其
160	150	143	89	61	36	17	懷	先	先	世	學	21	家
161	151	144	90	62	37	18	仁	志	志	則	應	22	思
162	152	145	91	63	38	19	行	道	道	詩	士	23	盛
163	153	146	92	64	39	20	義	學	學	書	賢	24	為
164	154	147	93	65	40	21	萬	遠	遠	啟	盛	25	國
165	155	148	94	66	41	22	世	煥	煥	後	朝	26	
166	156	149	95	67	42	23	永	宏		人	發	27	
167	157	150	96	68	43	24	昌	光			科	28	
168	158	151	97	69	44	25	賢	前			第	29	
169	159	152	98	70	45	26	能	代			金	30	
170	160	153	99	71	46	27	俊	貽			玉	31	
171	161	154	100	72	47	28	秀	謀			滿	32	
172	162	155	101	73	48	29	忠	美			堂	33	
173	163	156	102	74	49	30	孝	善				34	
174	164	157	103	75	50	31	純	裔				35	
175	165	158	104	76	51	32	良	昆				36	
176	166	159	105	77	52	33	朝	繼				37	
177	167	160	106	78	53	34	端	緒				38	
178	168	161	107	79	54	35	顯	久				39	
179	169	162	108	80	55	36	慶	長				40	
180	170	163	109	81	56	37	佳	品				41	
181	171	164	110	82	57	38	道	重				42	
182	172	165	111	83	58	39	興	圭				43	
183	173	166	112	84	59	40	長	璋				44	
184	174	167	113	85	60	41		琦				45	
185	175	168	114	86	61	42		瑋				46	
186	176	169	115	87	62	43		材				47	
187	177	170	116	88	63	44		儲				48	
188	178	171	117	89	64	45		楨				49	
189	179	172	118	90	65	46		幹				50	
190	180	173	119	91	66	47		棟				51	
191	181	174	120	92	67	48		梁				52	

湖南瀏陽市中和彭家樓廿七世廷華公支系

27	28	29	30	31	32	33	34	35	36	37	38	39	40	41	42	43	44	45	46	47	48	49	50
	世	宗	奕	萬	朝	興	憲	學	瑞														
廷華	世祿	（	遷居	廣西	桂林	）																	
	世榮	宗宏	奕顯	萬祥	朝舉	興旦	憲坤	學成	瑞成	達春	茗遠												
						學習	憲恩	學榮	發福	春玉													
									發祿	達輝													
		宗元	奕紳	萬科	朝東	興陵	德炳	學役	發來	惠明	清華												
							德厚	學英	瑞成	達春	茗遠												
					朝南	興見	德經	學顯	瑞華	達禮	遠林												
										達江													
			奕縉	萬全	朝升	興喜	憲平	學友	紹文														
					朝亮	興登	憲秋	學南	瑞生	松林													
			奕純	萬安	朝旺	興標	憲浪	學章	瑞明	帆													
					朝相	興南	德傳	學面	瑞中	達云	遠強												
											遠盛												
									瑞華														
						興芳	憲崇	學而															
								學坤	瑞新	達超													
								學南															

湖南長沙青山濙公(旭湖郡侯)世系

血緣派字

少典－昜其－炎居－節並－戲器－祝庸－共工－勾龍－噎鳴－啟昆－黃帝－昌意－顓頊－稱－卷章－吳回－陸終－老彭－　－伯壽－振禧－俶康－養廉－獻－寧帆－夢熊　－秉－可愛－積古－頌新－圖－竭忠－奇瑞－道琮－繼崧－景敷－愈崗－伯－欽保－度章－爾賢－榮施－端肅－列－東侯－才華－佐商－音－輝彩－圭－威－祖壽－寶雲－士懷－治－類超－為達－自昭－程－昶－觀凝－丁－寅－能運－貴山－和美－友燮－略－大郎－榮－忽－仲爽－建夏－俊宜－西林－名－宏載－益開－元果－訓彝－敉－萬－嗣慎－時梁－君實－更－金和－紹更－宜吾－文台－令昭－珅－越－綬榮－斐然－佑奎－世瓊－維－懋勳－宣－聖－闕－脩－寶－端鑑－淮－極文－仕恭－永昌－鬱－隆簡－沿－進－抗－赴－萑－樂－龍韜－君用－履真－坤元－明遠－景直－構雲－中理－偶－輔－珏－濙－鄹、鄭、鄙、袞、圖、道－

世系派字圖表

開派少典總編世別 **130** 至 **223** 世(濙公 **1** 世至 **94** 世）　摘錄湖南彭氏源流通譜

文伯穆伯獎如僑，如元季下綴以方達括，上承於伯琦璩揚琮旁偏以玉是，皆派所肇端，以紀親疏，以別同異施行，自邇初無定規，積日累時，乃編為派緒，我青山彭氏亦何莫不然著籍，凡千百數十年，傳序已五十世，昭穆次序，歷無混淆，派字在15世前者．不獨本宗盡同，即五大分宗異者亦少，惟自18世以後，丁元季兵亂之時，祖先輩咸同仇禦侮，相地卜居譜別宗分派字，始因之而異，皆時為之也．至30世後，得提倡宗法之人，序世情殷保宗念切，由是派字又多趨嚮從同焉．本居合九世派下為一編，自應統一，派字原別者，不強吻合，後來者不令分歧，庶幾睹而聞名，便知為我族類豈不懿歟。

湖南濙公昭穆派字圖

依據民國 38 年西（公）元 1949 年 10 月
完成湖南青山彭氏族譜統一派字

江西先祖		少典	黃帝	彭祖	宣公	構雲	派字	濙公	白茅城	團螺山	智源洞	五穀神	道塘山	構雲世代	雲公派字	遷湘先祖	統一派字	新市黃柏	少典	黃帝	彭祖	宣公	構雲	雲公	遷湘先祖	
																世代			世代	世代	世代	世代	世代	派字	濙公世代	濙公派字
景直子	構雲	125	115	108	26	1	天	（派字統一自31世「正」始）																		
五子	滋	126	116	109	27	2	地		惟	詩	惟	照	良	26	賢	21		惟	187	177	170	88	63	蟬	58	先
次子	偶	127	117	110	28	3	初		單	書	時	遠	單	27	才	22	東坡	時	188	178	171	89	64	聯	59	英
次子	輔	128	118	111	29	4	開		光	傳	漢	玉	時	28	旅	23	永	昭	189	179	172	90	65	起	60	賢
長子	珏	129	119	112	30	5	日		金	德	登	貴	慶	29	舍	24	勝	念	190	180	173	91	66	庚	61	益
之子	濙	130	120	113	31	6	詒	1	正	德	山	盛	泰	30	香	25	一	祀	191	181	174	92	67	堂	62	振
遷湘先祖濙公（旭湖公）									思	禮	磬	邦	奎	31	好	26	三	以	192	182	175	93	68	鳳	63	仁
長子	鄹	131	121	114	32	7	謀	2	仕	義	廣	英	昌	32	古	27	五	玉	193	183	176	94	69	翥	64	智
長子	鄹	鄭	鄙	鄒	圖	道	（計六字）		啟	啟	徐	祚	士	33	欣	28	應	尚	194	184	177	95	70	翔	65	兼
長子	子高	132	122	115	33	8	己	3	承	隆	啟	永	志	34	能	29	天	序	195	185	178	96	71	有	66	賅
長子	罡祖	133	123	116	34	9	善	4	上	昌	嘉	世	成	35	述	30	學	庠	196	186	179	97	72	根	67	德
長子	介	134	124	117	35	10	良	5	正	少典 160	黃帝 150	彭祖 143	宣公 61	36	佑	31	正	正	197	187	180	98	73	書	68	功
長子	再榮	135	125	118	36	11	功	6	本	161	151	144	62	37	我	32	本	本	198	188	181	99	74	裹	69	並
長子	仁宗	136	126	119	37	12	深	7	清	162	152	145	63	38	樂	33	清	清	199	189	182	100	75	種	70	重
長子	守暹	137	127	120	38	13	垂	8	源	163	153	146	64	39	安	34	源	源	200	190	183	101	76	蘭	71	述
長子	思善	138	128	121	39	14	史	9	錫	164	154	147	65	40	康	35	錫	遠	201	191	184	102	77	桂	72	古
長子	文德	139	129	122	40	15	策	10	福	165	155	148	66	41	俊	36	福	明	202	192	185	103	78	慶	73	懷
之子	公雋	140	130	123	41	16	茂	11	延	166	156	149	67	42	哲	37	延	經	203	193	186	104	79	同	74	宗
之子	汝通	141	131	124	42	17	績	12	慶	167	157	150	68	43	承	38	慶	大	204	194	187	105	80	芳	75	經
之子	希廣	142	132	125	43	18	簡	13	景	168	158	151	69	44	先	39	景	業	205	195	188	106	81		76	傳
長子	應龍	143	133	126	44	19	稱	14	運	169	159	152	70	45	緒	40	運	揚	206	196	189	107	82		77	絃
長子	興海	144	134	127	45	20	揚	15	隆	170	160	153	71	46	英	41	隆	隆	207	197	190	108	83		78	頌
長子	子政	145	135	128	46	21	偉	16	開	171	161	154	72	47	豪	42	開	開	208	198	191	109	84		79	教
三子	允堅	146	136	129	47	22	傑	17	瑞	172	162	155	73	48	裕	43	瑞	瑞	209	199	192	110	85		80	凜
長子	添弼	147	137	130	48	23	邦	18	毓	173	163	156	74	49	後	44	毓	毓	210	200	193	111	86		81	冰
四子	原繕	148	138	131	49	24	家	19	兆	174	164	157	75	50	光	45	兆	兆	211	201	194	112	87		82	淵
三子	世宜	149	139	132	50	25	幸	20	盛	175	165	158	76	51	蜚	46	盛	盛	212	202	195	113	88		83	道
次子	光憲	150	140	133	51	26	賢	21	維	176	166	159	77	52	聲	47	維	維	213	203	196	114	89		84	包
三子	玉浚	151	141	134	52	27	才	22	孝	177	167	160	78	53	標	48	孝	孝	214	204	197	115	90		85	性
次子	仲果	152	142	135	53	28	旅	23	作	178	168	161	79	54	上	49	作	作	215	205	198	116	91		86	命
長子	鑫	153	143	136	54	29	舍	24	忠	179	169	162	80	55	苑	50	忠	忠	216	206	199	117	92		87	瞻

長子	啟志	154	144	137	55	30	香	25	邦	180	170	163	81	56	勳	51	邦	邦	217	207	200	118	93		88	仰
之子	以吾	155	145	138	56	31	好	26	家	181	171	164	82	57	名	52	家	家	218	208	201	119	94		89	鴻
次子	從明	156	146	139	57	32	古	27	式	182	172	165	83	58	世	53	式	式	219	209	202	120	95		90	基
之子	必院	157	147	140	58	33	欣	28	用	183	173	166	84	59	久	54	用	用	220	210	203	121	96		91	衍
次子	勝珪	158	148	141	59	34	能	29	尚	184	174	17	85	60	長	55	尚	尚	221	211	204	122	97		92	緒
次子	永伸	159	149	142	60	35	述	30	克	185	175	168	86	61	科	56	克	克	222	212	205	123	98		93	垂
次子	正緒	160	150	143	61	36	正	31	紹	186	176	169	87	62	甲	57	紹	紹	223	213	206	124	99		94	蔭

開派少典		130	131	132	133	134	135	136	137	138	139	140	141	142	143	144	145	146	147	148	149
黃　帝		120	121	122	123	124	125	126	127	128	129	130	131	132	133	134	135	136	137	138	139
受姓彭祖		113	114	115	116	117	118	119	120	121	122	123	124	125	126	127	128	129	130	131	132
淮陽宣公		31	32	33	34	35	36	37	38	39	40	41	42	43	44	45	46	47	48	49	50
江西構雲		6	7	8	9	10	11	12	13	14	15	16	17	18	19	20	21	22	23	24	25
青山潑公		1	2	3	4	5	6	7	8	9	10	11	12	13	14	15	16	17	18	19	20
排　行		政一潑	文一鄹	志一子高	行貴罡祖	能一介	亨一再榮	貞一仁宗	周一守暹	中一思	賢文	公	汝	希	應	興	子	允	添	原	世
文德	五穀神																			朝	明
	道塘山																			紹	萬
文琮房	東　坡																	以字行	以名行	萬	墠
	田　坪																				
	塡　江																				
開派少典		150	151	152	153	154	155	156	157	158	159	160	161	162	163	164	165	166	167	168	169
黃　帝		140	141	142	143	144	145	146	147	148	149	151	151	152	153	154	155	156	157	158	159
受姓彭祖		133	134	135	136	137	138	139	140	141	142	143	144	145	146	147	148	149	151	151	152
淮陽宣公		51	52	53	54	55	56	57	58	59	60	61	62	63	64	65	66	67	68	69	70
江西構雲		26	27	28	29	30	31	32	33	34	35	36	37	38	39	40	41	42	43	44	45
青山潑公		21	22	23	24	25	26	27	28	29	30	31	32	33	34	35	36	37	38	39	40
排　行												正	本	清	源	錫	福	延	慶	景	運
文德公房	永定衛	惟	單	單	單	單	單名鳴一作大	時	鶴國	夢賢	兩古										
	長水嶺		昌	單	單	勝	新	程													
	五　原	光	玉	仲	單	啟	以	從	必	勝	永	正	本	清	源	錫	福	延	慶	景	運
	白茅城	惟	單	光	金	正	思	仕	啟	承	上										
	思城堂 團螺山 黃柏新市	惟	時	昭	念	祀	以	玉	尚	序	庠					遠	明	經	大	業	揚
	智　源	惟	時	漢	登	山	磬	廣	徐	啟	嘉										
	五穀神	照	遠	玉	貴	盛	邦	英	祚	永	世										
	道塘山	良	單	時	慶	泰	奎	昌	士	志	成										
文琮公房	東坡	單金旁	單水旁	永	勝	一	三	五	應	天	學	正	本	清	源	錫	福	延	慶	景	運
	田　坪																				
	塡　江																				
世　別		41	42	43	44	45	46	47	48	49	50	51	52	53	54	55	56	57	58	59	60
團螺山		詩	書	傳	道	德	禮	義	啟	隆	昌										
派　名		隆	開	瑞	毓	兆	盛	雄	孝	作	忠	邦	家	式	用	尚	克	紹	先	英	賢
世　別		61	62	63	64	65	66	67	68	69	70	71	72	73	74	75	76	77	78	79	80
派　名		益	振	仁	智	兼	賅	德	功	並	重	述	古	懷	宗	經	傳	紘	頌	教	凛
世別		81	82	83	84	85	86	87	88	89	90	91	92	93	94						
派　名		冰	淵	道	包	性	命	瞻	仰	鴻	基	衍	緒	垂	蔭						

湖南長沙青山潑公世系源流（一）

次第		次子	之子	之子	之子	之子	之子	之子	長子	國君	之子	長子	次子	十子	之子	次子	之子	三子	三子	次子	三子	之子	長子	之子	三子	之子	長子	長子	長子	之子	之子	次子
先祖	少典	勗其	炎居	節並	戲器	祝庸	共工	勾龍	噎鳴	啟昆	黃帝	昌意	顓頊	稱	卷章	吳回	陸終	老彭		伯壽	振禧	俶康	養廉	獻	寧帆	夢熊	秉	可愛	積古	頌新	團	靖忠
世代	1	2	3	4	5	6	7	8	9	10	11	12	13	14	15	16	17	18	19	20	21	22	23	24	25	26	27	28	29	30	31	32
黃帝											1	2	3	4	5	6	7	8	9	10	11	12	13	14	15	16	17	18	19	20	21	22
彭祖																		1	2	3	4	5	6	7	8	9	10	11	12	13	14	15
次第	之子	之子	之子	次子	長子	之子	長子	次子	之子	次子	之子	次子	之子	長子	之子	之子	次子	之子	長子	次子	之子	次子	次子	之子	之子	長子	長子	之子	長子	長子	之子	之子
先祖	奇瑞	道琮	繼松	景敷	愈崗	伯	欽保	度章	爾賢	榮施	端肅	列	東侯	才華	佐商	音	輝彩	圭	咸	祖壽	寶雲	士懷	治	類超	為達	自昭	程	昶	觀凝	丁	寅	能運
世代	33	34	35	36	37	38	39	40	41	42	43	44	45	46	47	48	49	50	51	52	53	54	55	56	57	58	59	60	61	62	63	64

湖南－長沙－青山潑公

黃帝	23	24	25	26	27	28	29	30	31	32	33	34	35	36	37	38	39	40	41	42	43	44	45	46	47	48	49	50	51	52	53	54
彭祖	16	17	18	19	20	21	22	23	24	25	26	27	28	29	30	31	32	33	34	35	36	37	38	39	40	41	42	43	44	45	46	47
次第	三子	長子	之子	四子	長子	之子	之子	之子	次子	次子	長子	之子	長子	之子	長子	長子	長子	三子	次子	次子	之子	長子	次子	之子	次子	之子	之子	長子	長子	次子	之子	長子
先祖	貴山	和美	友癸	略	大郎	榮	忽	仲爽	建夏	俊宜	西林	名	宏載	益開	元果	訓彝	敖	萬	嗣慎	時梁	君實	更	金和	紹更	宜吾	文台	令召	珅	越	綬華	斐然	佐奎
世代	65	66	67	68	69	70	71	72	73	74	75	76	77	78	79	80	81	82	83	84	85	86	87	88	89	90	91	92	93	94	95	96
黃帝	55	56	57	58	59	60	61	62	63	64	65	66	67	68	69	70	71	72	73	74	75	76	77	78	79	80	81	82	83	84	85	86
彭祖	48	49	50	51	52	53	54	55	56	57	58	59	60	61	62	63	64	65	66	67	68	69	70	71	72	73	74	75	76	77	78	79
次第	之子	三子	長子	之子	三子	次子	之子	之子	次子	之子	之子	長子	之子	長子	次子	長子	次子	之子	長子	次子	次子	之子	長子	次子	之子	次子	之子	之子				
先祖	世瓊	維	懋勳	宣	聖	閎	脩	寶	端鑑	淮	極文	仕恭	慎	永昌	鬱	隆簡	沿	進	抗	赴	荏	樂	龍韜	君用	履真	坤元	明遠	景直				
世代	97	98	99	100	101	102	103	104	105	106	107	108	109	100	111	112	113	114	115	116	117	118	119	120	121	122	123	124	125	126	127	128
黃帝	87	88	89	90	91	92	93	94	95	96	97	98	99	100	101	102	103	104	105	106	107	108	109	100	111	112	113	114	115	116	117	118
彭祖	80	81	82	83	84	85	86	87	88	89	90	91	92	93	94	95	96	97	98	99	100	101	102	103	104	105	106	107	108	109	100	111

湖南長沙青山滐公世系派別源流（二）

次第	之子	五子	次子	次子	長子	之子	長子	長子	長子	長子	長子	長子	長子	長子	長子	之子	之子	之子	長子	長子	長子	三子	長子	四子	三子	次子	三子	次子	長子	長子	之子	次子	之子
先祖	構雲	滋	倜	輔	玨	滐	鄹	子高	罡祖	介	再榮	仁宗	守暹	思善	文德	公雋	汝通	希廣	應龍	興海	子政	允堅	添弼	原繕	世宜	光憲	玉竣	仲果	鑫	啟志	以吾	從明	必院
少典	125	126	127	128	129	130	131	132	133	134	135	136	137	138	139	140	141	142	143	144	145	146	147	148	149	150	151	152	153	154	155	156	157
黃帝	115	116	117	118	119	120	121	122	123	124	125	126	127	128	129	130	131	132	133	134	135	136	137	138	139	140	141	142	143	144	145	146	147
彭祖	108	109	100	111	112	113	114	115	116	117	118	119	120	121	122	123	124	125	126	127	128	129	130	131	132	133	134	135	136	137	138	139	140
宣公	26	27	28	29	30	31	32	33	34	35	36	37	38	39	40	41	42	43	44	45	46	47	48	49	50	51	52	53	54	55	56	57	58
構雲	1	2	3	4	5	6	7	8	9	10	11	12	13	14	15	16	17	18	19	20	21	22	23	24	25	26	27	28	29	30	31	32	33
派別	天	地	初	開	日	詒	謀	已	善	良	功	深	垂	史	策	茂	績	簡	稱	揚	偉	傑	邦	家	幸	賢	才	旅	舍	香	好	古	欣
滐公						1	2	3	4	5	6	7	8	9	10	11	12	13	14	15	16	17	18	19	20	21	22	23	24	25	26	27	28
排行						政	文	志	行	能	亨	貞	周	中	賢	公	汝	希	應	興	子	允	添	原	世	光	玉	仲	灶	啟	以	從	必
次第	之子	之子	次子	次子	四子	五子	長子	三子	次子	之子	長子	之子																					
先祖	必院	勝珪	永仲	正緒	廷本	清馥	源道	錫志	福鴻	延杞	慶平	景蒂																					
少典	158	159	160	161	162	163	164	165	166	167	168	168	170	171	172	173	174	175	176	177	178	179	180	181	182	183	184	185	186	187	188	189	190
黃帝	148	149	150	151	152	153	154	155	156	157	158	159	160	161	162	163	164	165	166	167	168	168	170	171	172	173	174	175	176	177	178	179	180
彭祖	141	142	143	144	145	146	147	148	149	150	151	152	153	154	155	156	157	158	159	160	161	162	163	164	165	166	167	168	168	170	171	172	173
宣公	59	60	61	62	63	64	65	66	67	68	69	70	71	72	73	74	75	76	77	78	79	80	81	82	83	84	85	86	87	88	89	90	91
構雲	34	35	36	37	38	39	40	41	42	43	44	45	46	47	48	49	50	51	52	53	54	55	56	57	58	59	60	61	62	63	64	65	66
派別	能	述	佑	我	樂	安	康	俊	哲	承	先	緒	英	豪	裕	後	光	蜚	聲	標	上	苑	勳	名	世	久	長	科	甲	蟬	聯	起	庚
滐公																															59	60	61
排行	勝	永	正	本	清	源	錫	福	延	慶	景	運	隆	開	瑞	毓	兆	盛	維	孝	作	忠	邦	家	式	用	尚	克	紹	先	英	賢	益
次第																																	
先祖																																	
少典	191	192	193	194	195	196	197	198	199	200	201	202	203	204	205	206	207	208	209	210	211	212	213	214	215	216	217	218	219	220	221	222	223
黃帝	181	182	183	184	185	186	187	188	189	190	191	192	193	194	195	196	197	198	199	200	201	202	203	204	205	206	207	208	209	210	211	212	213
彭祖	174	175	176	177	178	179	180	181	182	183	184	185	186	187	188	189	190	191	192	193	194	195	196	197	198	199	200	201	202	203	204	205	206
宣公	92	93	94	95	96	97	98	99	100	101	102	103	104	105	106	107	108	109	100	111	112	113	114	115	116	117	118	119	120	121	122	123	124
構雲	67	68	69	70	71	72	73	74	75	76	77	78	79	80	81	82	83	84	85	86	87	88	89	90	91	92	93	94	95	96	97	98	99
派別	堂	鳳	翥	翔	有	根	書	裏	種	蘭	桂	慶	騰	芳																			
滐公	62	63	64	65	66	67	68	69	70	71	72	73	74	75	76	77	78	79	80	81	82	83	84	85	86	87	88	89	90	91	92	93	94
排行	振	仁	智	兼	賅	德	功	並	重	述	古	懷	宗	經	傳	絃	頌	教	凜	冰	淵	道	包	性	命	瞻	仰	鴻	基	衍	緒	垂	蔭

湖南長沙青山滐公(旭湖郡侯)世系派字排行 （三）

少典	131	132	133	134	135	136	137	138	139	140	141	142	143	144	145	146	147	148	149	150	151	152	153	154	155
彭祖	114	115	116	117	118	119	120	121	122	123	124	125	126	127	128	129	130	131	132	133	134	135	136	137	138
構雲	7	8	9	10	11	12	13	14	15	16	17	18	19	20	21	22	23	24	25	26	27	28	29	30	31
滐序	2	3	4	5	6	7	8	9	10	11	12	13	14	15	16	17	18	19	20	21	22	23	24	25	26
政	文	志	罡	伯	再	仁	守	思	文	公	汝	希	應	興	子	允	添	原	世	光	玉	仲			
1	2	3	4	5	6	7	8	9	10	11	12	13	14	15	16	17	18	19	20	21	22	23	24	25	
滐	鄹	子高	罡祖	介公	再榮	仁宗	守遺	思明	文璨	獻	汝隆	希河	應澄	天定	子賢	允叔	福	蔭清	名勝	繼宗	志海	瓏	正信	忠	
																						琥		祥	
																						啉		瑞	
																								修	
																								傑	
							守道	思齊	文琮	公美	汝楫	希川	應聰	興廣	子肇	拱辰	晉侯								

湖南－長沙－青山滐公

少典	131	132	133	134	135	136	137	138	139	140	141	142	143	144	145	146	147	148	149	150	151	152	153	154	155
彭祖	114	115	116	117	118	119	120	121	122	123	124	125	126	127	128	129	130	131	132	133	134	135	136	137	138
構雲	7	8	9	10	11	12	13	14	15	16	17	18	19	20	21	22	23	24	25	26	27	28	29	30	31
湲序	2	3	4	5	6	7	8	9	10	11	12	13	14	15	16	17	18	19	20	21	22	23	24	25	26
政	文	志	罡	伯	再	仁	守	思	文	公	汝	希	應	興	子	允	添	原	世	光	玉	仲			
1	2	3	4	5	6	7	8	9	10	11	12	13	14	15	16	17	18	19	20	21	22	23	24	25	
湲	鄹	子高	罡祖	介公	再榮	仁宗	守遺	思明	文璨	獻	汝隆	希河	應澄	天定	子賢	允叔	福	蓤清	名勝	繼宗	志海	瓏	正信	忠	
																						琥		祥	
																						啉		瑞	
																								修	
																	|節高|							
	構雲	6	7	8	9												坤大								
	湲公	1	2	3	4												濟川								
		湲	鄹	鄹	子高				文琇																
			鄱		子達				文德	公雋	汝通	希廣	應澄							(無嗣)					
					子敖								應己							(無嗣)					
			圖		子祿								應龍	興饒						(無嗣)					
			道		子懋									興湖						(無嗣)					
				鄭	子俊									興海	子雲	允璽									
					子傑											允綽									
					子秀										子謄					(失傳)					
				鄱	子仁										子啟	允初									
					子義										子政	允信				(無傳)					
					子禮											允堅	添貴			(無傳)					
					子信												添弼	原仁		(出王)					
				?	俊林													原智	世安	光仁	玉亮				
				圖	子民																玉淮				
				道	字有																玉權				
					子多																玉通				
																					玉湝				
																					玉澧				
																				光鑾					
																			世凝						
																			世容						
																			世寶						
																		原信	世靈	光河	玉清				
																					玉江				
																					玉漾				

21	22	23	24	25	26	27	28	29	30	31	32	33
16	17	18	19	20	21	22	23	24	25	25	26	27
子	允	添	原	世	光	玉	仲	灶	啟	以		
子政	允堅	添弼		世宣								
			原德	世宥	光富							
					光貴							
				世寄	光榮	玉一						
						玉瓚						
						玉鎮						
						玉濟						
					光華	玉滔						
				世定	光宏	玉彪						
					光明	玉隆						
						玉魁						
						玉輝						
						玉良						
					光教							
			原繕	世饗	光琬	玉純						
						玉環						
						玉瀅						
				世宗								
				世宜								
			原琛	世宏	光永	玉溶						
						玉渚						
						玉漾						

21	22	23	24	25	26	27	28	29	30	31	32	33
16	17	18	19	20	21	22	23	24	25	25	26	27
子	允	添	原	世	光	玉	仲	灶	啟	以		
					光傑							
					光慶							
					光獻							
	允誠	添輔	(無	嗣)								
		添霖	原享	世榮	維善							
子政	允堅	添弼	原信	世靈	光河	玉清						
						玉江						
						玉漾						
				世宣								
			原德	世宥	光富							
					光貴							
				世寄	光榮	玉一						
						玉瓚						
						王鎮						
						王濟						
					光華	玉滔						
				世定	光宏	玉彪						
					光明	玉隆						
						玉魁						
						玉輝						
						玉良						
					光教							

21	22	23	24	25	26	27	28	29	30	31	32	33
16	17	18	19	20	21	22	23	24	25	25	26	27
子	允	添	原	世	光	玉	仲	灶	啟	以		
			原繕	世饔	光琬	玉純						
						玉環						
						玉瀅						
				世宗								
				世宜								
			原琛	世宏	光永	玉溶						
						玉渚						
						玉漾						
					光傑							
					光慶							
					光獻							
	允誠	添輔			(無嗣)							
		添霖	厚亨	世榮	維善							
子政	允堅	添needed	原信	世靈	光河	玉清						
						玉江						
						玉漾						
				世宣								
			原德	世宥	光富							
					光貴							
				世寄	光榮	玉一						
						玉瓚						
						王鎮						
						王濟						
					光華	玉滔						

21	22	23	24	25	26	27	28	29	30	31	32	33
16	17	18	19	20	21	22	23	24	25	25	26	27
子	允	添	原	世	光	玉	仲	灶	啟	以		
子	允	添	原	世	光	玉						
				世定	光宏	玉彪						
					光明	玉隆						
						玉魁						
						玉輝						
						玉良						
					光教							
			原繕	世饔	光琬	玉純						
						玉環						
						玉瀅						
				世宗								
				世宜								
子	允	添	原	世	光	玉						
			原琛	世宏	光永	玉溶						
						玉渚						
						玉漾						
					光傑							
					光慶							
					光獻							
	允誠	添輔			(無嗣)							
		添霖	厚亨	世榮	維善							

子政公系永定衞房

血緣：潫－鄒－子高－罡祖－介－再榮－仁宗－守暹－思善－文德－公雋－汝通－希廣－應龍－興海－子政－允誠－添霖－厚亨－世富

雲24	25	26	27	28	29	30	31	32	33	34		
潫19	20	21	22	23	24	25	26	27	28	29		
原	世	光	玉	仲	灶	啟	以	從	必	勝		
原亨	世富											
	世貴											
	世榮	惟善										
		惟賢	崇	儀								
			明									
			慶	英	鸞	倫	賓					
					鳳							
					昂	佐						
						佑						
					昱	潤						
				雄	必富	憲道						
				景								
				端								
				鼎	錄			(失考)				
					鎮			(失考)				
					鏜	琢						
			訊	儉	輔			(無嗣)				
					軏	璧				29		
						璽				勝		
					軥			(無嗣)				
					輗	瑜						
						琨						
					軒	珂						
						琛						
						瑋						
		惟玉	思					(失傳)				
			文									
		惟禮	昇	俊	翎	叙		(失考)				
						睿						
				傑								
			暹	倫	翔	稷		(失考)				
					翬			(失傳)				
					翰			(失傳)				
					翱	程						
						种						

子政公系長水嶺房

血緣：潫－鄒－子高－罡祖－介－再榮－仁宗－守暹－思善－文德－公雋－汝通－希廣－應龍－興海－子政－允誠－添霖－厚亨－世富

雲24	25	26	27	28	29	30	31	32	33	34	35	36
潫19	20	21	22	23	24	25	26	27	28	29	30	31
原	世	光	玉	仲	灶	啟	以	從	必	勝	則	
原亨	世富	維山	達昌	傑	秀	勝法	新宇	程逮	之燦	維屏	則芍	
								程魁	之章	維爵	則英	
										維翰	則蘧	
											則明	
											則敬	
								程雲	之德	維瑜	則茂	
										維紳	則芳	
									之成	維新	則蕢	
											則菖	
										維炳	則薦	
										維道	則芹	
						啟	以	從	必	勝	則	
							龍所	程綽	之美	維玷	則芸	
										維玷	則芸	
										維區	則蓉	
									之尾	維善	則菖	
									之足	維文	則萬	
							啟爾	程球	之彥	維慶	則兼	
			*				*					
		惟良	遺昌	俯								
				伸								
	世貴											

子政公系劉公堂房

血緣：湠－鄒－子高－罡祖－介－再榮－仁宗－守暹－思善－文德－公雋－汝通－希廣－應龍－興海－子政－允誠－添霖－厚仁－世崇

雲24	25	26	27	28	29	30	31	32	33	34	35	36
湠19	20	21	22	23	24	25	26	27	28	29	30	31
原	世	光	玉	仲	灶	啟	以	從	必	勝	永	正
原仁	世崇	光隆	玉溥	仲繼	體	啟梅	以初	從年	必貢			
								從學	必甲	勝柏	永濱	
										勝林	永滔	
											永浚	
										勝柄	永漢	
											永菈	
										勝柱		
									必智	勝梁	永立	
										勝明	永貴	正華
												正鳴
												正芳
												正幅
												正輝
										勝瀆	永太	正保
												正似
											永貴	
									必慧	勝櫄	永渭	
											永青	正鈞
						啟	以	從	必	勝	永	正
										勝檍		
										勝樸		
								從問	必富	勝乾		
										勝坤		
						啟松	以允					
							以智					
							以慧	從顏				
								從孟	必有	勝楚		
										勝齊	永華	正銘
												正澐
												正聰

雲24	25	26	27	28	29	30	31	32	33	34	35	36
湠19	20	21	22	23	24	25	26	27	28	29	30	31
原	世	光	玉	仲	灶	啟	以	從	必	勝	永	正
										勝友		
										勝章		
									必明			
								從正				
								從益				
								從伊				
原智	世安	光仁	玉亮									
			玉淮	仲演								
				仲旺	谷	啟位	以孫	從文	必政	勝登	永宏	正油
												正柳
												正梅
												正松
												正濤
30	31	32	33	34	35	36	37	38	39			
25	26	27	28	29	30	31	32					
啟	以	從	必	勝	永	正	本	清	源			
			必定	勝廷								
				勝成								
				勝朝								
				勝禮	永樂	正組						
						正綜						
						正惠						
						正澤						
					永華							
					永興							
					永貴							

子政公系劉公堂房

血緣：湥－鄹－子高－罡祖－介－再榮－仁宗－守暹－思善－文德－公雋－汝通－希廣－應龍－興海－子政－允誠－添霖－厚智－世安

搆云	25	26	27	28	29	30	31	32	33	34	35	36			30	31	32	33	34	35	36	37	38	39	40
湥	20	21	22	23	24	25	26	27	28	29	30	31			25	26	27	28	29	30	31	32	33	34	35
原	世	光	玉	仲	灶	啟	以	從	必	勝	永	正			啟	以	從	必	勝	永	正	本	清	源	
原智	世安	光仁	玉亮															必定	勝廷						
			玉淮	仲演															勝成						
				仲旺	谷	啟位	以孫	從文	必政	勝登	永宏	正油							勝朝						
												正柳							勝禮	永榮	正組				
												正梅									正綜				
												正松									正惠				
												正濤									正澤				
																				永華					
																				永興					
																				永貴					
			*				*				*						*				*				
			至權																			源讓			
			玉通	仲	鏡																本組				
																				永宋					
					鉞															永宥	正淯	本棟			
					鍾	啟岐	以敬	從啟	必騰	勝光	永奄	正淇										本例			
												正湖						必獻	勝武	永宸	正渭	本廷			
												正源									正汲				
											永宣	正清			本龍	清玉					正洄				
																清慈					正汶	本遲			
																清惠					正漣				
																清江					正洲	本俊			
																清浩						本忠			
																清科						本皋			
																清洋						本遠			
																清喜						本近			
															本學						正潢	本得			
															本進							本道			
												正澥								永寓	正賢	本耀			
												正漢									正明				
												正檳									正傑				
												正洋						必第	勝景	永宗	正隆				
												正淑									正宏	本超			
											永宜				無	嗣					正昌				
									必超	勝文	永凝	正湘			本元					永宦	正綱				
															本信						正禮				
															本智						正國	本渭			
												正洋										本彬			
										勝鐸	永定	本盛										本深			
												本禮								永官	正常				
												本義									正華	本旺			
												本宗			源良						正富				
															源儉					永賓					
											永宴										正注				
											永寶									永遂					
						啟教	以信												騰謨						
							以化												勝讀						
							以貴												勝訓	永選	正池				
							以賢														正雲	本聘	清連		
					鐶																	本徵	清晁		
				仲梗		早	逝															本傳	清尚		
				仲棣		早	逝																清擢		
			玉滸																				清蔭		
			玉澧																				清松		
		仁鑾																			正春	本舉			
原智	世凝	光旭	玉奇	仲樞																		本端			
			玉鳳	仲機	仁																正學				
					義	啟富	以財	從恭	必乾	勝文	永邦										正樂	本莊			
				仲謨							永國											本謨			
			玉潮	仲枋						勝益										永逢					
			玉深	仲極						勝章										永遜	正民	本恭	清香		

搆云	25	26	27	28	29	30	31	32	33	34	35	36			30	31	32	33	34	35	36	37	38	39	40
湠	20	21	22	23	24	25	26	27	28	29	30	31			25	26	27	28	29	30	31	32	33	34	35
原	世	光	玉	仲	灶	啟	以	從	必	勝	永	正			啟	以	從	必	勝	永	正	本	清	源	
									必龍														清純		
									必衛													本度			
								從敬													正興				
						啟貴	以儒	從清													正書				
								從濱	必存	勝照	永燭	正琮									正字				
											永光	正瓊							勝謹	永遐	正國				
								從洪	必魁	勝經	永萃	正璥			本忠					永超	正心	本敦	清甚		
															本德							本化			
												正泰									正箣	本翠			
										勝維										永冕	正意				
						啟榮															正志				
						啟華	以仕	從汝	必選	勝衍	永道	正德			本桂						正恕				
												正元									正忍				
												正邦								永廷	正直	本多			
												正郛			本芝							本豐	清華		
															本蘭							本寬			
															本蕙							本廓			
										勝印	永逵	正魁										本軒			
											永蓮	正仕									正大	本有	清勉		
								從泗															清黽		
							以俸	從演	必達	勝宇	永鐸	正倫									正品				
							以倚	從漢	必啟												正格				
									必賢											永遵	正誼	本寬	清堃		
									必舉														清彥		
									必逵											永建	正一	本欽			
									必遠	勝讚									勝諒	永進					
										勝註	永達									永迎					
											永述	正江								永迦					
												正河								永廸	正奎	本昶	清椿		
																						本曙			
																						本照			
																					正榜				
																	從淮	必英							
			*					*							*					*					

29	30	31	32	33	34	35	36	37	38	39	40			29	30	31	32	33	34	35	36	37	38	39	40
24	25	26	27	28	29	30	31	32	33	34	35			24	25	26	27	28	29	30	31	32	33	34	35
灶	啟	以	從	必	勝	永	正	本	清	源				灶	啟	以	從	必	勝	永	正	本	清	源	
禮	啟文	以賢	從惠	必廷	勝常									奇	啟科	以訓	從譜	必位							
			從忠	必釗	勝龍	永高	正遠	本增										必仙							
								本墺	清詠	源勇							從詳	必倫	勝棠	永璋	正融				
								本垣	清訓												正佳	本旺	清壹		
						永基	正奇	本桂														本晰	清祉		
								本材	清詢	源洧												本盱	清祺		
									清記													本昂			
							正裡													永琪	正彬				
					勝儒	永瓏	正淳														正梅				
							正湖														正桃				
							正溶														正模				
					勝冀	永感															正柳				
				必錫	勝閑	永倫	正芳														正楊	本榮			
						永宗	正湘														正楠	本元			
						永仁	正洪															本亨			
						永俊	正渭															本秀			
							正游														正相				
							正洸														正榜				
			從志	必遠	勝衡															永珪	正嵩				
					勝微																正杰				
					勝徵															永瑞	正仙				
					勝衍																正佩				
	啟武																				正伸				
	啟斌	以魁	從策	必庸	勝黃																正佑				
					勝武	永蘭													勝虞	永珍					
						永桂														永億					
						永騰	正秀													永詳					
							正揚		過繼	永科									勝周	永言	正朝				
					勝祿	永科	正揚	本賢													正廷				
								本哲												永孝					
			從箴	必銓	勝韜	永儒	正乾											必偉	勝林						
							正昆												勝馮						
							正權											必偲	勝宋	永輝					

29	30	31	32	33	34	35	36	37	38	39	40
24	25	26	27	28	29	30	31	32	33	34	35
灶	啟	以	從	必	勝	永	正	本	清	源	
							正利				
				必錦	勝奎	永春					
		以英									
	啟敏										
					勝才	永茂	正瓏	本兆	清輝		
						永青	正乾				
							正巽				
							正兌				
							正選				
						永富	正虎	本乾			
								本崑			
								本臣			
						永祿	正璠				
							正嶼	本立	清太		
								本道			
								本圓	清望	源寶	
									清明		
									清高		
							正璋	本和	清理		
								本善	清俊		
							正湖				

29	30	31	32	33	34	35	36	37	38	39	40
24	25	26	27	28	29	30	31	32	33	34	35
灶	啟	以	從	必	勝	永	正	本	清	源	
						永煌	正信				
							正偕				
							正美				
					勝弼	永鑑					
				必傳	勝朝	永秀	正唐				
							正棣				
							正華				
							正芳				
							正茂				
							正英				
							正萼				
							正儒				
			從誠	必顯							
				必俊	勝玟						
					勝榮						
					勝華						
					勝富						
				必秀							
			從謀								
	啟和	以謙	從言	必詢	勝玉	永振					
					勝寶	永伸	正秀				

搆云	25	26	27	28	29	30	31	32	33	34	35	36
湲	20	21	22	23	24	25	26	27	28	29	30	31
原	世	光	玉	仲	灶	啟	以	從	必	勝	永	正
原智	世凝	光旭	玉堂	仲樽								
				仲極								
				仲震								
				仲巽	甫	啟瞻	以魁					
							以邦	從益	必瑀	勝賢	永順	
											永盛	
					周	啟湘			必珪			
						啟陰			必珊	勝富	永祖	
						啟縣	以謙			勝貴		
						啟巡	以詔			勝榮	永苐	
						啟捕					永壽	
						啟廳					永康	
						啟案					永泰	正元
												正亨
												正利
										勝華		
								從盅	必玔	勝庠		
										勝序	永拔	
											永良	
										勝應	永益	
											永盂	
											永孟	
											永盈	
											永盛	
												正敦
									必璟			
									必璞	勝廷		
										勝皋		
										勝春	永仁	正楊
												正桂
											永義	正松
												正柏
											永禮	

29	30	31	32	33	34	35	36	37
24	25	26	27	28	29	30	31	32
灶	啟	以	從	必	勝	永	正	本
						永祥	正意	
							正恕	
							正懋	
						永禧		
					勝康			
			從盟	必珏	勝經			
				必珈	勝綸	永佐		
						永熙		
						永光		
					勝紹			
				必圯	勝繆			
			從盈	必琳	勝達			
					勝進			
				必琢	勝攀			
				必厰	勝先			
					勝玉			
					勝清	永惟		
				必玖				
		以國	從孟	必璜	勝遜			
					勝迴			
				必珍	勝迎	永林		
						永權		
						永相		
						永梅	正郡	
				必珞	勝還	永柱	正茂	
							正萬	本榮
							正芝	
							正華	
					勝遜			
					勝近			
					勝珍			
				必琪				
				必玿				
			從盛					

子政公長水嶺房

血緣：湲－鄹－子高－罡祖－介－再榮－仁宗－守暹－思善－文德－公雋－汝通－希廣－應龍－興海－子政－允誠－添霖－厚亨－世富

搆云	25	26	27	28	29	30	31	32	33	34	35	36	37	38	39	40	41	42	43	44	45	46	47	48	49
湲	20	21	22	23	24	25	26	27	28	29	30	31	32	33	34	35	36	37	38	39	40	41	42	43	44
原	世	光	玉	仲	灶	啟	以	從	必	勝	永	正	本	清	源	錫	福	延	慶	景	運	隆			
原亨	世富	惟海				(失傳)																			
		惟壽				(無嗣)																			
		惟仁	景昌	倪																					
				俊																					
		惟良	遺昌	仁																					
				俯	澄																				
					澮																				
				伸	濮																				
					浩																				
				佐	智																				
					貴																				
				何																					
				任																					
			遜昌																						

搆云	25	26	27	28	29	30	31	32	33	34	35	36	37	38	39	40	41	42	43	44	45	46	47	48	49
濴	20	21	22	23	24	25	26	27	28	29	30	31	32	33	34	35	36	37	38	39	40	41	42	43	44
原	世	光	玉	仲	灶	啟	以	從	必	勝	永	正	本	清	源	錫	福	延	慶	景	運	隆			
			義昌																						
			選昌																						
		惟山	永昌	海		(	失傳	)																	
				道	翎翰	(	失傳	)																	
			文昌			(	無嗣	)																	
			進昌	偉		(	無傳	)																	
			達昌	信	沖																				
				傑	秀	勝法	新宇	程逮	之燦	維榜	則菁	發棟	德超												
													德廣												
													德酉												
													德歡												
												發樑	德仙												
													德大	繩璟											
														繩記		(	出嗣	堯)							
													德堯	繩記		(	承德	大子	為嗣)						

30	31	32	33	34	35	36	37	38	39	40			30	31	32	33	34	35	36	37	38	39	40	41	42
25	26	27	28	29	30	31	32	33	34	35			25	26	27	28	29	30	31	32	33	34	35	36	37
原	世	惟	之	維	則	大	發	德	源	錫			原	世	惟	之	維	則	大	發	德	源	錫		
						發忠													大剛	發霖	德有	繩深			
						發沅											維紳	則芳	大智						
					則芝														大勳						
				維屏	則枉		(	無傳	)									則菱	大道	發勉					
					則芍	大仕														發儒					
																				發容	德鞠				
																					德秋	源甫			
			之章				(	出嗣	魁)												德會				
		程魁	之章	維爵	則英	大田	(繼	程逮	子之	章為	嗣)								大國	發積	德施				
				維翰	則芬													則莪	大盛	發達	德風				
					則遽	大占															尊依	繩睦			
						大模														發國					
						大椿												則苞	大禹						
						大楠													大毅	發秀					
					則明	大桴														發嶽					
						大糖														發科	德安				
						大楷													大本	發嵩					
					則敬	大雅														發山	德聞				
						大楨	發晃	德修											大典	發良	德精				
								德峻												發恭	德視				
							發政													發譎					
							發鼎													發悠	德敦				
							發文														德視				
						大榜															德精				
						大基															德施				
						大權	發高	德壽									維經								
								德位									維坤	則忠							
								德祿	(	出繼	發瑹							則夔	大里						
								德名	雅										大明						
									榜									則經	藻	大降					
									基										菘	大龍					
									枘										茼						
								德尚											萁						
							發瑹	德祿											莆						
							發澤												教						
						大柄										之成	維新	則蕢	大邑						
		程廸	之乾																大順						
		程雲	之鳳																大光						
			之德	維瑜	則蘭	大受	發陪	德尊	繩聯	錫凱									大升	發祥	德池				
									繩睦												德來				
						大材														發竭					
						大成	發太	德嘉											大品						
								德永											大用						
					則藝													則蓮	大福						
					則茂	大漢													大位	發寅					
						大琳												則芮							
						大點												則芸	大梅						
					則荷	大祿													大松						
						大進												則蘋							
						大明											維區	則蓉	大詳						
						大榜	發雲	德聲											大訓						
					則莒	大經	發億									之尾	維善	則莒	大發						
						大余													大餘						
						大廷													大興						
					則菽	大殿												則莘							
						大春	發登											則蕭							
				維炳	則芃													則芥							
					則薦	大志	發月									之足	維文	則萬	大瑋						
							發膏												大瑞						
						大瑞													大琮						
				維道	則蓁	大貴	發騰											則莒	大來	發見					

30	31	32	33	34	35	36	37	38	39	40			30	31	32	33	34	35	36	37	38	39	40	41	42
25	26	27	28	29	30	31	32	33	34	35			25	26	27	28	29	30	31	32	33	34	35	36	37
原	世	惟	之	維	則	大	發	德	源	錫			原	世	惟	之	維	則	大	發	德	源	錫		
							發鰲													發幹					
							發濃													發桂					
					則芹	大恩														發益					
						大書														發監					
				維世	則蕙	大傾														發絢					
						大海	發奎	德寬											璋	發朗	德茂				
	龍所	程洋																		發朝	德錦				
		程綽	之美	維楹													維忠								
				維玷	則藉											之悅									
														啟爾	程球	之彥	維慶	則兼	大全						

子政公劉公塘房

血緣：湠－鄹－子高－罡祖－介－再榮－仁宗－守暹－思善－文德－公雋－汝通－希廣－應龍－興海－子政－允堅－添弼－厚仁－世寅、世賓、世崇

搆云	25	26	27	28	29	30	31	32	33	34	35	36	37	38	39	40	41	42	43	44	45	46	47	48	49
湠	20	21	22	23	24	25	26	27	28	29	30	31	32	33	34	35	36	37	38	39	40	41	42	43	44
原	世	光	玉	仲	灶	啟	以	從	必	勝	永	正	本	清	源	錫	福	延	慶	景	運	隆			
原仁	世寅																								
	世賓																								
	世崇	光義	玉潛	信																					
			玉信																						
			玉中																						
		光隆	玉溥	仲繼	佃																				
					佶																				
					體	啟梅	以初	從年	必貢	勝玉	永洛														
					備	啟蒙					永壽														
					俐						永志														
				仲稷	後	啟柏	以鳳				永達	正澥	本欽	清謚											
			玉映										本樂												
			玉春	仲璋	伊							正修													

30	31	32	33	34	35	36	37	38	39	40			30	31	32	33	34	35	36	37	38	39	40		
25	26	27	28	29	30	31	32	33	34	35			25	26	27	28	29	30	31	32	33	34	35		
啟	以	從	必	勝	永	正	本	清	源	錫			啟	以	從	必	勝	永	正	本	清	源	錫		
				勝金													勝材								
			必科														勝棣	永雲							
			必元	勝森												必智	勝梁	永立	正禮	本桂					
		從學	必甲	勝松																本相					
				勝柏	永濱	正維													正明						
				勝權	永沛	正松											勝棟								
						正柏											勝明	永貴	正華						
						正椿	本和												正鳴						
				勝林	永滔	正惠													正芳						
						正立													正幅						
						止王													正輝						
						正湖											勝湖	永鳳	正學	本宇					
						正發	本壽													本宜					
					永浚	正友														本定	清案				
						正高														本信					
						正亮														本義					
						正夏													正得						
						正至													正沅	本雲					
						正思											勝瀆	永太	正保						
				勝柄	永江	正興													正似	本杰	清淦				
						正鳳															清賢				
						正凰												永貴							
					永濱											必慧	勝櫰	永渭							
					永漢	正任												永青	正鈞						
						正位											勝橞								
						正連											勝櫟	永潛							
						正菁												永泭							
					永菹	正體												永灛							
						正榜												永洴							
						正祥									從問	必富	勝乾	永洛							
						正光												永春							
				勝柱	永浩	正開												永言	正家	本吉					
						正漢	本煥													本昌					
							本章	清乾									勝坤								
						正華								以科											
					永淮								啟英	以試	從會	必先									
			必第	勝榮	永湯	正光										必輝									
						正明							啟松	以允	從思										
						正青								以智											
						正道	本松							以慧	從顏										
							本枝								從孟	必有									
					永特											必明	勝楚								
					永峰												勝齊	永華	正銘						
				勝榕	永相														正澐						
					永和														正聰						
				勝友	永濬												勝康	永金							

30	31	32	33	34	35	36	37	38	39	40			30	31	32	33	34	35	36	37	38	39	40		
25	26	27	28	29	30	31	32	33	34	35			25	26	27	28	29	30	31	32	33	34	35		
啟	以	從	必	勝	永	正	本	清	源	錫			啟	以	從	必	勝	永	正	本	清	源	錫		
					永洺													永玉							
				勝章	永巴												勝立	永復							
		從正	必淩														勝位	永暢							
		從益																永茂							
		從伊	必仙															永達							
			必臯														勝傳	永佩							
		從尹	必緒															永發	正壹	本律	清廷	源達			
啟林	以魁	友盛	必宗	勝文	永禮															本臯					
				勝武															正名						
				勝成	永修														正家						
					永信																				
					永身																				

子政公山底房

血緣：湙－鄹－子高－罡祖－介－再榮－仁宗－守暹－思善－文德－公儁－汝通－希廣－應龍－興海－子政－允堅－添弼－厚智－世安、世凝

搆云	25	26	27	28	29	30	31	32	33	34	35	36	37	38	39	40	41	42	43	44	45	46	47	48	49
湙	20	21	22	23	24	25	26	27	28	29	30	31	32	33	34	35	36	37	38	39	40	41	42	43	44
原	世	光	玉	仲	灶	啟	以	從	必	勝	永	正	本	清	源	錫	福	延	慶	景	運	隆			
厚智	世安	光仁	玉亮																						
			玉淮	仲檳																					
				仲旺	谷	啟位	以孫	從文	必政	勝能															
			玉滸							勝和															
			玉灃		鐶	啟列				勝立															
			玉權							勝登	永宏	正油													
		光鑾										正柳													
												正梅													
												正松													
												正濤													
									必定	勝廷															
										勝成															
										勝朝															
										勝禮	永榮	正組													
												正綜													
												正惠													
												正澤													
											永華														
											永興														
											永貴														
			玉通	仲	鑽																				
					鉞																				
					鍾	啟岐	以敬	從啟	必騰	勝光	永菴	正淇													
												止湖													
												正源													

30	31	32	33	34	35	36	37	38	39	40			30	31	32	33	34	35	36	37	38	39	40		
25	26	27	28	29	30	31	32	33	34	35			25	26	27	28	29	30	31	32	33	34	35		
啟	以	從	必	勝	永	正	本	清	源	錫			啟	以	從	必	勝	永	正	本	清	源	錫		
					永宣	正清	本龍	清玉												本臯					
								清惠												本遠					
								清江												本近					
								清浩											正潢	本得					
								清科												本道					
								清慈										永寓	正賢						
							本學												正明						
							本進	清洋											正傑	本耀					
								清喜								必第	勝景	永宗	正隆						
						正澥													正宏	本超					
						正漢																			
						正濱													正昌						
						正洋												永宦	正綱						
						正淑													正禮						
					永宜														正國	本渭					
			必超	勝文	永凝	正湘	本元													本彬					
							本信													本深					
							本智	清潤										永官	正常						
								清純											正華	本旺					
						正洋													正富						
				勝鐸	永定	正河	本盛												正金	本祥	清鈞				
							本禮														清銑	源常			
							本義													本吉	清權	源恆			
							本宗	清堂	源良									永賓	正美	本組	清有				
									源儉									永宴							
									源讓									永寶	正榮						
							本組												正斑	本湖	清明	源發			
						正淮	本茀	清芝														源達			
								清蘭														源興			
								清秀					啟教	以信											
						正湳								以化	從法	必樂	勝易								
						正油										必壽									

30	31	32	33	34	35	36	37	38	39	40			30	31	32	33	34	35	36	37	38	39	40		
25	26	27	28	29	30	31	32	33	34	35			25	26	27	28	29	30	31	32	33	34	35		
啟	以	從	必	勝	永	正	本	清	源	錫			啟	以	從	必	勝	永	正	本	清	源	錫		
					永宋	正浩								以貴	從元	必相	勝鈺								
						正溢											勝璞								
						正容											勝鑑								
					永宥	正洧	本棟										勝鎰	永桂							
							本例											永槐							
						正溪									從玉										
			必獻	勝武	永宸	正渭	本廷								從安										
						正汲								以賢											
						正洄																			
						正汶	本遲																		
						正漣																			
						正洲	本俊																		
							本忠																		

子政公山底房

血緣：湠－鄹－子高－罡祖－介－再榮－仁宗－守暹－思善－文德－公雋－汝通－希廣－應龍－興海－子政－允堅－添弼－厚智－世安、世凝

搆云	25	26	27	28	29	30	31	32	33	34	35	36	37	38	39	40	41	42	43	44	45	46	47	48	49
湠	20	21	22	23	24	25	26	27	28	29	30	31	32	33	34	35	36	37	38	39	40	41	42	43	44
原	世	光	玉	仲	灶	啟	以	從	必	勝	永	正	本	清	源	錫	福	延	慶	景	運	隆			
原智	世凝	光旭	玉奇	仲樞																					
			玉鳳	仲機	仁																				
					義	啟富	以財	從恭	必乾	勝文	永邦														
				仲模							永國														
										勝益															
										勝章															
									必龍																
									必衛																
								從敬																	
						啟貴	以儒	從清																	
								從濱	必存	勝照	永燭	正琮													
											永光	正瓊													
								從洪	必魁	勝經	永萃	正璥	本忠												
													本德												
												正泰													
										勝維															
						啟榮																			
						啟華	以仕	從汝																	
								從泗	必選	勝衍	永道	正德	本桂												
												正元													
												正邦													
												正虎	本芝												
													本蘭												
													本蕙												
										勝印	永逵	正魁													
											永蓮	正仕													
							以俸	從演	必達	勝宇	永鐸	正倫													
							以倚	從漢	必啟																
									必賢																
									必舉																
									必逵																
									必遠	勝讚															
										勝註	永達														
											永述	正江													
												正河													
												正注													
											永遂														
										勝謨															
										勝讀															
										勝訓	永選	正池													
												正雲	本聘	清連											
													本徵	清眺											
													本傳	清尚											

30	31	32	33	34	35	36	37	38	39	40			30	31	32	33	34	35	36	37	38	39	40		
25	26	27	28	29	30	31	32	33	34	35			25	26	27	28	29	30	31	32	33	34	35		
啟	以	從	必	勝	永	正	本	清	源	錫			啟	以	從	必	勝	永	正	本	清	源	錫		
								清擢							從淮	必英									
								清蔭					啟文	以賢	從惠	必廷	勝常								
								清祝							從忠	必釗	勝龍	永高	正遠	本增					
						正春	本舉	清桐												本墣	清詠	源勇			
								清松												本城					
								清秀												本垣	清訓				
							本端											永基	正奇	本材	清詢	源洧			
						正學															清記				
						正樂	本莊												正裡						
							本謨										勝儒	永瓏	正淳						
						正命													正湖						
					永逢														正溶						
					永遜	正民	本恭	清香									勝冀								
								清純								必錫	勝閑	永倫	正芳						

30	31	32	33	34	35	36	37	38	39	40			30	31	32	33	34	35	36	37	38	39	40		
25	26	27	28	29	30	31	32	33	34	35			25	26	27	28	29	30	31	32	33	34	35		
啟	以	從	必	勝	永	正	本	清	源	錫			啟	以	從	必	勝	永	正	本	清	源	錫		
							本度											永宗	正湘						
						正興												永仁	正洪						
						正書												永俊	正潤						
						正字													正游						
				勝謹	永遐	正圖													正洸						
					永超	正心	本敦	清甚							從志	必遠									
							本化						啟武												
						正笏	本翠						啟斌	以魁	從策	必庸	勝武	永蘭							
					永冕	正意												永桂							
						正志												永騰	正秀						
						正恕													正揚						
					永廷	正直	本多										勝祿	永科	正揚	本賢					
							本豐													本哲					
							本寬								從箴	必銓	勝韜	永儒	正乾						
							本廓													正昆						
							本軒													正權						
						正大	本有	清勉											正利						
								清黽								必錦	勝奎	永春							
						正品	本盈							以英											
						正格							啟敏												
					永遵	正誼	本寬	清堃			奇		啟科	以訓	從諧	必位									
								清彥								必仙									
					永建	正一	本欽								從詳	必倫	勝棠	永璋	正融						
				勝諒	永進														正佳	本旺					
					永迎															本晰	清祉				
					永迦															本盱	清祺				
					永廸	正奎	本袒	清椿												本昂					
							本曙	清河										永琪	正彬						
								清能											正梅						
							本照												正桃	本高					
						正榜													正模						
						正柳											勝才	永茂	正瓏	本兆	清暉				
						正楊	本榮											永青	正乾						
						正楠	本元												正巽						
							本[illegible]												正兌						
							本秀												正選						
						正相												永富	正虎	本乾					
						正榜														本崑					
					永珪	正嵩														本臣					
						正杰												永祿	正璠						
						正寶													正璵	本立	清太				
					永瑞	正仙														本道					
						正佩														本圓	清望	源寶			
						正伸															清高				
						正佑													正璋	本和	清理				
				勝虞	永珍															本善	清武				
					永億																清雲				
					永詳																清俊	源來			
				勝周	永言	正朝													正湖	本敬					
						正廷										必傳	勝朝	永秀	正唐						
					永孝														正棣						
			必偉	勝林															正茂						
				勝馮	永興														正英						
			必偲	勝宋	永輝														正萼						
					永煌	正佔	本良												正儒						
						正偕									從誠	必顯									
						正美										必俊									
				勝弼	永鑑											必秀									
															從謀										
													啟和	以謙	從言	必詢	勝玉								
																	勝寶	永伸	正秀						

27	28	29	30	31	32	33	34	35	36	37	38			30	31	32	33	34	35	36	37	38			
22	23	24	25	26	27	28	29	30	31	32	33			25	26	27	28	29	30	31	32	33			
玉	仲	灶	啟	以	從	必	勝	永	正	本	清			啟	以	從	必	勝	永	正	本	清			
玉潮	仲枋																	勝榮	永苐						
玉深	仲極	太字																	永壽						
玉堂	仲樽																		永康						
	仲極																		永泰	正元					
	仲震																			正亨					
	仲巽	甫	啟瞻	以魁																正利					
				以邦	從益	必瑀	勝賢	永順										勝華							
								永盛								從用	必珋	勝庠							
						必珪												勝序	永拔						
						必珊	勝富	永祖											永良						
							勝貴																		
							勝應	永益											永椿	正順					

27	28	29	30	31	32	33	34	35	36	37	38			30	31	32	33	34	35	36	37	38			
22	23	24	25	26	27	28	29	30	31	32	33			25	26	27	28	29	30	31	32	33			
玉	仲	灶	啟	以	從	必	勝	永	正	本	清			啟	以	從	必	勝	永	正	本	清			
								永盂												正翰					
								永盈												正浩					
								永盛										勝春	永仁	正楊					
								永祥	正意											正桂					
									正恕										永義	正松					
									正懋											正柏					
								永禧											永禮						
								永孟									必珞	勝還	永柱	正茂					
							勝康													正萬	本榮				
					從盟	必珏	勝經													正芝					
						必珈	勝綸	永佐												正華					
								永熙										勝逖							
								永光										勝近							
							勝紹											勝珍							
						必己	勝繆										必琪								
					從盈	必琳	勝達										必玿								
							勝進	永麒								從盛	必璋	勝逵							
								永麟										勝連							
						必琢	勝攀											勝逢	永鳳						
						必尹	勝先												永凰						
							勝玉												永儒						
							勝清	永惟									必珂	勝遠	永秀						
						必玖													永皋	正貴					
				以國	從孟	必瓚	勝遜												永樫	正富					
							勝迴													正貴					
						必珍												勝通	永承	正榜					
						必璟	勝迎	永林												正槐					
								永權												正林					
								永相											永先						
								永梅	正郡										永朝	正橋					
									正敦											正棋					
						必璞	勝廷	永隆										勝選	永啟	正均	本開				
								永桂	正修												本閔				
									正魁										永華	正遠					
									正南											正述					
									正偉										永吉						
							勝皋	永楝	正先	本枝							必班	勝遐							
										本紹								勝道							
										本士															
										本聰	清州														
									正芳																
								永玟	正倬																
									正伍																
									正運																
									正仕																
								永明	正運																
		周	啟湘											啟巡	以詔										
			啟陰											啟捕											
			啟縣											啟廳											
														啟案											

搆云	25	26	27	28	29	30	31	32	33	34	35	36			30	31	32	33	34	35	36	37	38		
淩	20	21	22	23	24	25	26	27	28	29	30	31			25	26	27	28	29	30	31	32	33		
原	世	光	玉	仲	灶	啟	以	從	必	勝	永	正			啟	以	從	必	勝	永	正	本	清		
原智	世寶	光伯	玉珊	仲新	眾	啟予															正晛				
					欽																正眦				
					柴	啟予	以安	從諫	必虎	勝麟	永禹										正鳳				
											永玉	正榜							勝相						
												正箕						必珩	勝槐	永芝					
												正瑝								永芳	正房				
											永文								勝桂	永蘭					
											永武									永董					
										勝宣	永堯	正賢							勝彬						
												正科							勝霖						
												正第						必鵬	勝禮						
												正仕							勝智						
										勝芳	永蓬	正甲							勝信						
												正聯						必熊	勝世	永典					
												正思								永古	正家				
											永道										正桂				
											永廸										正茂				
											永遠										正盛				
											永達										正美				
							以春	從繩	必僎	勝龍	永炎									永新					
											永景	正玟								永治					
												正珷								永述	正恭				
										勝鳳	永奇										正寬	本和			
											永仲	正敏										本貴			
												正美									正信				

搆云	25	26	27	28	29	30	31	32	33	34	35	36			30	31	32	33	34	35	36	37	38		
湙	20	21	22	23	24	25	26	27	28	29	30	31			25	26	27	28	29	30	31	32	33		
原	世	光	玉	仲	灶	啟	以	從	必	勝	永	正			啟	以	從	必	勝	永	正	本	清		
											永泰										正敏				
				仲森																	正惠				
				仲樫	傳	啟建															正富				
						啟廸														永尊					
						啟魯														永錫	正麒				
						啟時	以鼎	從命	必玉	勝橋											正麟				
										勝松											正鶴				
										勝柏	永陽								勝類	永鴨	正吉				
											永明									永清					
											永昇									永鑑	正核				
											永光	正財								永訓					
												正賦								永誥					

29	30	31	32	33	34	35	36	37	38	39			29	30	31	32	33	34	35	36	37	38	39		
24	25	26	27	28	29	30	31	32	33	34			24	25	26	27	28	29	30	31	32	33	34		
灶	啟	以	從	必	勝	永	正	本	清				灶	啟	以	從	必	勝	永	正	本	清			
						永享														正北					
						永壽														正凱					
					勝述	永惇	正模												永泗	正名					
							正楷													正金					
							正柄													正玉					
							正品													正青					
							正梅										必遇	勝聰	永慶						
						永齡	正格											勝朝	永有	正夏					
							正林	本書											永存	正春					
							正楹													正倫					
							正松													正伸					
							正植													正仕					
							正樹													正催					
					勝甫	永謙	正弼											勝國	永庸	正典					
							正明	本綱											永康	正直	本菊				
							正彬														本蓮				
							正縈														本藻				
							正端														本葵				
							正瑞														本茭				
						永秀	正輔														本棻	清握			
							正軾	本松									必遂	勝琮	永沂						
								本樟										勝惪							
								本桂									必廸	勝睿	永年						
							正轍	本柏											永申						
							正輅												永立						
							正光												永安						
							正軒												永泰	正得					
						永傑	正鶴													正煌	本灝				
							正潮														本淮				
							正鵠														本渭				
							正惪													正燿					
							正鳴													正然					
							正鸞													正炳					
							正泰												永交	正煇	本澍	清松			
							正椿															清柏			
							正桃															清橘			
					勝惠																	清桂			
任	啟金	以名	從受	必巡	勝志	永宗														正燦					
						永周														正烱					
						永洪	正膏	本崇												正灼	本溱	清槐			
								本甫									必逵	勝思	永清						
								本黑											永河						
							正印												永湖	正槐					
							正心											勝懋	永澥	正栗					
					勝忠	永渭														正樂					
					勝恕	永昌												勝光	永瑞	正容	本漢	清林			
						永遐	正南												永旦						
					勝態	永湘													永玳						
					勝舉	永滌	正啟											勝榮	永旦	正錦					
						永澍	正檠											勝星	永岐	正初					
						永沶														正貴					
						永濤													永涵						
						永濟	正梁												永屺						
							正案												永崑						
			從王	必選	勝有	永楚	正鏗											勝華							
							正銓											勝宏	永言	正錞					
							正銘	本桂	清富	源吉										正鉞	本堅				
									清友										永謨	正鈇					
								本桐												正鈑					
								本相											永乃	正習					
						永震													永謙						
						永命	正鑠												永諧	正鍊	本經				
					勝明	永禧														正樹					
						永茂														正權					

29	30	31	32	33	34	35	36	37	38	39			29	30	31	32	33	34	35	36	37	38	39		
24	25	26	27	28	29	30	31	32	33	34			24	25	26	27	28	29	30	31	32	33	34		
灶	啟	以	從	必	勝	永	正	本	清				灶	啟	以	從	必	勝	永	正	本	清			
						永保															本純				
					勝文	永佳															本紺				
						永催	正焄		清澥	源靜	錫度										本組				
							正朝														本廷				
							正式													正鎰					
							正羽	本珅												正習					
								本理											永諾						
								本璣											永誌						
							正玨														本綸				
						永仕	正雷														本綱				
							正霄								以昇										
														啟緘											

27	28	29	30	31	32	33	34	35	36	37	38	39	40			33	34	35	36	37	38	39	40		
22	23	24	25	26	27	28	29	30	31	32	33	34	35			28	29	30	31	32	33	34	35		
玉	仲	灶	啟	以	從	必	勝	永	正	本	清	源	錫			必	勝	永	正	本	清	源	錫		
玉鼎	仲櫻	奭	啟上	以高	從順	必昇	勝垕	永錫	正道	本人	清敬									本人	清貴	源廣	錫臣		
											清瓏											源喜			
											清賢											源壽			
											清貴	源有	錫光							本莪	清富				
												源新									清祿				

29	30	31	32	33	34	35	36	37	38	39	29	30	31	32	33	34	35	36	37	38	39	40	41	42	43
24	25	26	27	28	29	30	31	32	33	34	24	25	26	27	28	29	30	31	32	33	34	35	36	37	38
灶	啟	以	從	必	勝	永	正	本	清	源	灶	啟	以	從	必	勝	永	正	本	清	源	錫			
						永銘	正遠	本光		源初															
							正達	本明	清鸚																
						永鉦	正建	本玉	清潤	源塵									本遜	清溪	源進	錫大			
							正琥	本新	清高							勝愍									
						永鎰	正遜	本香							必生										
								本鶴							必良	勝龍									
								本榮	清孟							勝鳳	永傑	正榮							
									清傑									正華							
							正選	本芝										正富							
								本茂										正貴							
								本華	清盛									正發							
									清瑞								永位	正東							
							正逵	本蘭	清榮									正西							
								本馨	清金								永三								
									清銀	源益							永四								
										源錦							永先								
							正暹						以學												
							正進						以勒	從誥	必聰										
							正道								必俊	勝禮									
							正遺	本聰								勝祿	永鳳								
								本貴	清明							勝惠									
								本福						從盟	必忠	勝魁									
		以留	從耕	必泰	勝祖	永賢										勝琦	永俊	正壽							
						永甲									必通										
						永慎	正瓏							從暹											
							正琥						以儉												
						永科	正祖					啟仁													
							正麒	本聰	清美		歛	啟	以炎	從基	必鋐	勝瓏	永棕	正清							
									清高									正海							
									清韻									正照							
									清婉									正均							
									清流									正誠							
							正麟										永枚								
						永第	正獅	本立	清孝								永柳	正昆	本大	清太					
									清順	源發										清美					
								本寅												清元					
								本智												清河					
								本親												清發					
							正象													清道	源義				
							正鳳														源羲				
							正凰														源美				
							正彪										永柯	正勳	本饒	清華					
							正鶴	本紅											本宏						
								本福	清書	源達								正燮	本玉						
																			本誠						
																			本珅						
				必昌															本拔						
			從倫	必璉	勝高													正烈	本基						
					勝銓														本喜						
								本華											本龍						
								本直	清桂									正烈							
					勝鶴										必御	勝麒	永杲	正燦							
				必鎧	勝	永枋	正炘											正炳							
							正煥									勝倫	永棟	正猶	本垣	清彩					
							正端	本堝	清鎮								永榔								

29	30	31	32	33	34	35	36	37	38	39	29	30	31	32	33	34	35	36	37	38	39	40	41	42	43
24	25	26	27	28	29	30	31	32	33	34	24	25	26	27	28	29	30	31	32	33	34	35	36	37	38
灶	啟	以	從	必	勝	永	正	本	清	源	灶	啟	以	從	必	勝	永	正	本	清	源	錫			
									清海	源澤						勝魁	永杲								
										源滉							永採	正煐							
								本埕	清浣									正燭	本在	清榮					
									清筵											清華					
							正燈													清富	源進				
							正燾														源運				
						永英	正焨												本堅						
							正炩	本申											本堤						
								本坦											本坊						
							正朮	本棌	清玉									正煙							
									清榮									正蒸							
								本場	清繕								永櫃	正熙	本遙	清愈					
							正炆	本增												清滿	源相				
							正烱														源資				
							正烻	本瑤	清東												源經				
									清越											清姜					
									清濃										本琢	清泰					
								本壥												清溪					
								本地										正燮	本殿	清禮					
								本墀												清義					
					勝明	永輝	正炤													清性	源疇	錫中			
							正先															錫庸			
						永櫂	正炡														源騏	錫乾			
							正熰														源槐				
							正煒												本壥	清人					
						永檻														清彰					
						永相														清得					
						永楨	正輝													清運					
							正熙												本境						
						永櫄	正熾												本現						
					勝朝	永相	正煋												本瑚						
							正煌												本璉						
							正灼										永榛	正炤	本珙	清道					
							正盹												本理						
					勝慧	永檀	正輝	本發											本珠						
							正烜											正炫							
							正點	本坊										正焌							
								本城										正煌	本牆						
								本堤											本坊	清若					
								本光												清遠					
								本地												清和					
									清鑑								永桁	正元							
								本幾										正得							
								本鈞										正厚	本洋						
						永樞	正煜	本垂	清平										本雲						
									清照	源鏡									本霄						
										源鑑	錫純							正儀							
								本奉								勝榮	永青	正饒							
								本宜							必錠	勝澤	永起								
								本注								勝略									
								本望								勝黃									
							正烽									勝義									
							正烱									勝珷	永相	正達							
				必	勝麟	永榆	正煜						以燕	從執	必錫	勝振									
						永權	正剡	本魁	清元							勝偉									
						永棣	正光								必鈴	勝佐									
							正恕	本彰								勝沅									
								本語								勝亨									
						永樽	崇	本開					以蒸	從珅	必鉞										
					勝滔	永松	正烜								必志	勝泰	永彬								
							正延										永杻								
							正煋	本繕									永權								
					勝佩	永福	正煌										永楹								
							正輝										永植	正明	本洵						
						永懋	正燦												本華						
							正熾											正順	本富	清溪					
							正煊													清江					
						永樞	正耀	本琮											本貴	清和					
								本立												清泉					
								本恆												清馥					
							正慎													清聲					
							正勒													清芸					
						永楚	正里						以熀	從埜	必鈞	勝亮	永瑤	正烈	本其						
							正晉											正炕	本瑾						
							正才												本琳						
							正皋												本瑛						
				必鏡	勝焄												永瓏	正灼	本寅						
					勝臣	永桂	正燽											正紫							
							正熿	本聲										正熙	本倚						
							正煐	本慶	清昇									正俊							

29	30	31	32	33	34	35	36	37	38	39	29	30	31	32	33	34	35	36	37	38	39	40	41	42	43
24	25	26	27	28	29	30	31	32	33	34	24	25	26	27	28	29	30	31	32	33	34	35	36	37	38
灶	啟	以	從	必	勝	永	正	本	清	源	灶	啟	以	從	必	勝	永	正	本	清	源	錫			
									清昱									正玟	本洛						
						永檻												正珍							
						永枝	正維										永霍								
							正原									勝悳	永銀	正黃							
						永樟												正順	本春						
						永椅													本致						
					勝華	永懷	正順											正舉							
						永先											永密	正育							
							正煉				歛	啟	以焰	從培	必政	勝貞	永先	正焌							
							正昆											正熜	本修	清林	源安				
						永澗														清松	源道				
						永潤															源玟				
						永珷	正海	本青											本垣	清槐	源明				
								本元						從瑜	必召	勝貴	永逢	正炖							
								本明										正煜	本綏						
					勝俊	永敖	正傑										永名	正煌	本承	清澮					
							正耀												本方						
							正五												本琠						
							正岐	本溪										正煒	本群						
						永任	正葉	本壽											本懷						
								本星										正燿							
								本獻	清樂	源發								正煥							
							正進											正灼	本從	清達	源澤				
						永柃	正熆																		
							正榮													清富					
							正熊												本照						
						永梵												正焜							
						永枘	正炵										永榱								
							正	本璨	清榮						必錡	勝獻									
									清華	源興						勝問									
								本琮								勝安									
								本琇								勝寧									
							正熾							從悳	必卿										
							正焜								必開	勝榮									
						永	正景									勝道									
							正烽									勝容	永植	正皆							
							正燃											正新							
							正灰											正玟							
					勝雲	永桄	正爵										永鸚	正喜	本升	清祥	源深	錫玖			
						永均	正召	本立													源福				
																					源貴				
																				清鋶	源貴				
																				清佳	源宏				
																					源興				
																	永樹								
															必賢										
													以熉												

27	28	29	30	31	32	33	34	35	36	37	28	29	30	31	32	33	34	35	36	37	38	39	40	41	42
22	23	24	25	26	27	28	29	30	31	32	23	24	25	26	27	28	29	30	31	32	33	34	35	36	37
玉	仲	灶	啟	以	從	必	勝	永	正	本	仲	灶	啟	以	從	必	勝	永	正	本	清	源			
	仲金																								
	仲奎																								
	仲楊																								
	仲樸																		正寅	本槐					
	仲侃																			本椿					
玉沖	仲恭	佐	啟應	以歷	從元	必奇	勝珍	永鎮	正玟											本楊					
									正珷										正彩						
									正成										正和						
							勝連												正棕						
							勝珉	永朝	正瑤										正遺						
									正訓										正亮	本森					
									正慎								勝玟								
								永壽							從成										
								永滿	正孔					以智											
									正倫					以策	從仁	必發	勝己								
									正鳳						從賓	必蛟	勝瓊								
									正夢								勝珠	永清							
						必仲												永懷	正易						
						必登	勝珊	永韜											正先						
								永略	正岐										正松						
							勝琳	永經	正棕	本椿	清泉					必	勝瑜								
								永常	正明								勝瑞								
									正光	本材							勝瑕	永海	正望						
										本杞									正琩						
										本棟						必虹	勝瑛	永沾							
										本彬	清泉							永法							
								永綱									勝前								
								永倫									勝炎								

27	28	29	30	31	32	33	34	35	36	37	28	29	30	31	32	33	34	35	36	37	38	39	40	41	42
22	23	24	25	26	27	28	29	30	31	32	23	24	25	26	27	28	29	30	31	32	33	34	35	36	37
玉	仲	灶	啟	以	從	必	勝	永	正	本	仲	灶	啟	以	從	必	勝	永	正	本	清	源			
								永禮	正耀	本樹															
										本樾															
										本棣															
				*					*					*					*						
	仲謙	存	啟言																						
		億																							
		攸																							
		鈍	啟東	以能	從邦	必詳																			
						必顯																			
						必鑑																			
				以讓	從玉	必賢	勝俊	永志																	
								永星	正義																
							勝傑																		
					從通																				
				以廣	從叨	必朝	勝祖																		
玉泗																									

子政公－竹堂房

血緣：湊－鄹－子高－罡祖－介－再榮－仁宗－守暹－思善－文德－公雋－汝通－希廣－應龍－興海－子政－允堅－添豨－厚信－世靈

搆云	25	26	27	28	29	30	31	32	33	34	35	36	37	30	31	32	33	34	35	36	37	38	40	41	42
湊	20	21	22	23	24	25	26	27	28	29	30	31	32	25	26	27	28	29	30	31	32	33	35	36	37
原	世	光	玉	仲	灶	啟	以	從	必	勝	永	正	本	啟	以	從	必	勝	永	正	本	清			
原信	世靈	光河	玉清	仲義	仁	啟後	以選	從儉	必信	勝通	永兆	正應		啟祖	以通										
												正習	本漢		以進	從御	必增	勝慧	永泗	正釴	本均				
											永昌										本站				
											永隆										本坽				
											永裔									正鑑					
										勝達	永在								永濬	正鎬	本城				
											永俊										本域				
											永位										本垣				
											永上										本墩				
											永吉										本堬	清茂			
										勝道	永厚									正銘					
											永遐									正鏞					
											永福									正鏕					
											永祿									正鑲					
										勝遠	永發								永涵	正鋒					
											永朝									正銳					
											永大									正鈇					
											永科									正鉞					
											永甲								永游	正鉤					
										勝逵	永祥									正錡	本載				
							以登														本權				

25	26	27	28	29	30	31	32	33	34	35					25	26	27	28	29	30	31	32	33	34	35
啟	以	從	必	勝	永	正	本	清	源	錫					啟	以	從	必	勝	永	正	本	清	源	錫
						正鑠														永潤	正鋗	本堦	清然		
						正鍍																	清幹		
					永泌	正釗																	清昫		
			必鉛																	永浧	正欽				
			必銀																		正錕	本坦			
			必益																勝慧						
	以達	從得																必鵬							
		從行																必鵾							
		從閔	必鳳	勝賢	永和	正錢	本墀	清炯	源椿							以道									
								清輝	源樹	錫光					啟興	以科	從信	必欽	勝能						
							本圻												勝韻	永乾					
						正鐸														永朝					
						正錫	本坊	清照	源村											永翰					
									源發							以祥									
							本基								啟旺	以禮	從俊	必元	勝周	永佳					
					永清														勝泰						
				勝智	永江	正錦												必亨	勝唐	永作					
						正鏡														永任	正鑼	本澤	清烘		
					永漢	正鏜																本致			
						正銑															正鋂				
						正鏃	本圭														正錞				
							本堦														正鎰				
							本墻	清幹												永禮					
							本壇												勝虞	永可					
					永浩	正鈞	曙本	清熠										必利							
							旭本									以聰	從勝	必道							
						正鈊										以金	從國								
						正鑄											從朝								
				勝貴	永淮	正鹹										以銀	從慶								
						正鋼																			

27	28	29	30	31	32	33	34	35	36	25	26	27	28	29	30	31	32	33	34	35	36	37	38	39	40
22	23	24	25	26	27	28	29	30	31	20	21	22	23	24	25	26	27	28	29	30	31	32	33	34	35
玉	仲	灶	啟	以	從	必	勝	永	正	世	光	玉	仲	灶	啟	以	從	必	勝	永	正	本			
	仲源														啟羔	以升	從海								
	仲榆																從沛								
玉江	仲德											玉漾													
	仲銘	璣	啟美	以泰	從棠					世宣	光萬														
					從棣	必兆	勝諄				光淮														
							勝林				光顯														
							勝珍	永聰	正麒		光海	玉金	仲楫	侔	啟斗	以洪	從欽	必誥							
									正鳳									必讚	勝先	永釗	正宗				
									正凰																
								永明																	
						必瑞																			
						必仲																			

湠公嗣圖公房

湠公第五子圖公，唐末轉徙平江縣正後塘，居西鄉樂田里，歿葬石岩山之陽．元末，翰林直學士梧所兄弟三人，亦由江西廬陵來訪同系，未歸亦隱居平江縣君子巷．子六，因同是廬陵彭姓，同宗各祀其祖，於是在平江三支合祀，成為廬陵到平江彭氏先後始遷祖．

三支在平江城北街合建宗祠，稱「述古堂」，到民國 37 年西元 1948 年，人丁繁衍，多達萬餘，從甲到癸，分十房，輪流辦酒薦祭祀家廟．據六修宗譜記載丁口安排如下：

甲祭	惟慶房	該嗣裔多，居高坪、沿汨羅河而居．	己祭	公房	散居梅仙里．
乙祭	惟慶、惟度房	大多居縣城和北鄉．	庚祭	公房	散居北鄉．
丙祭	朝用後裔	多居梅仙，耕讀為生．	辛祭	公房	散居各方．
丁祭	良柱後裔	世居西鄉茶山里．	王祭	朝用後裔	散居昌(城)、汨羅等地.
戊祭	圖公房	世居西鄉近汨羅．	癸祭	梧所後裔	散居各地.

少典	130	131	132	133	134	135	136	137	138	139	140	141	142	143	144	145	146	147	148	149	150	151	152	153	154
彭祖	113	114	115	116	117	118	119	120	121	122	123	124	125	126	127	128	129	130	131	132	133	134	135	136	137
構雲	6	7	8	9	10	11	12	13	14	15	16	17	18	19	20	21	22	23	24	25	26	27	28	29	30
湠序	1	2	3	4	5	6	7	8	9	10	11	12	13	14	15	16	17	18	19	20	21	22	23	24	25
圖派																									
先祖	湠	圖	子民	罡漢																					
				罡宗	伯箕	仁安	文延	公旦	汝顯	希賢															
										希聖	應江														
											應明	天佑													
												天興	子仁	允美	添爵	才恒	伯懷	興武							
																		興發							
																		興文	萬明						
																			萬詩						
																			萬才						
																			萬書						
																			萬德						
																			萬禮						
																			萬義						
																			萬號						
																			萬清	金鳳					
																				金鑾					
																				金凰	添壽	宣			

少典	148	149	150	151	152	153	154	155	156	157	158	159	160	161	162	163	164	165	166	167	168	169	170	171	172
彭祖	131	132	133	134	135	136	137	138	139	140	141	142	143	144	145	146	147	148	149	150	151	152	153	154	155
構雲	24	25	26	27	28	29	30	31	32	33	34	35	36	37	38	39	40	41	42	43	44	45	46	47	48
湠序	19	20	21	22	23	24	25	26	27	28	29	30	31	32	33	34	35	36	37	38	39	40	41	42	43
圖派																									
先祖	萬清	金鳳																							
		金鑾																							
		金凰	添壽	宣	經明	思成	祖元	德懋	信道	述言	紹進	宗典													
												宗章													
												宗模	風際	定訓	見錄										
															見錦	功溥	修桂	懋炤	培春						
																			培均						
																			培墀						
																			培保						
																		懋炯							
																	修松								
																	修杞				出嗣	功潤			
																	修樑								
																功潤	修杞								
															見銘										
															見錫										
														定詵											
													風雅												
												宗範													
											紹運														
											紹逢														
											紹通														

少典	148	149	150	151	152	153	154	155	156	157	158	159	160	161	162	163	164	165	166	167	168	169	170	171	172
彭祖	131	132	133	134	135	136	137	138	139	140	141	142	143	144	145	146	147	148	149	150	151	152	153	154	155
構雲	24	25	26	27	28	29	30	31	32	33	34	35	36	37	38	39	40	41	42	43	44	45	46	47	48
潑序	19	20	21	22	23	24	25	26	27	28	29	30	31	32	33	34	35	36	37	38	39	40	41	42	43
圖派																									
											紹達														
										述行															
										述慎															
										述謹															
									信復																
								德周																	
								德遠																	
						經述																			
				鎮																					
				泉																					
				龍																					

潑公嗣裔圖公(湖南平江高坪房)24世上珍公來台灣子嗣

開派少典	152	153	154	155	156	157	158	159	160	161	162	163	164	165	166	167	168	169	170	171	172	173	174
受姓彭祖	135	136	137	138	139	140	141	142	143	144	145	146	147	148	149	150	151	152	153	154	155	156	157
江西構雲	28	29	30	31	32	33	34	35	36	37	38	39	40	41	42	43	44	45	46	47	48	49	50
潑公派序	23	24	25	26	27	28	29	30	31	32	33	34	35	36	37	38	39	40	41	42	43	44	45
潑公派別	仲	灶	啟	以	從	必	勝	永	正	本	清	源	錫	福	延	慶	景	運	隆	開			
圖公派字	佑	起	天	昌	永	傳	經	德	澤	新	以	和	為	世	貴	教	學	紹	先	賢			
		上珍	魯玉																				
			伯超																				
			兼能																				
			碧英	禹拜																			
				君友	仁者																		
					經邦	湘蘭																	
						作求	純之																
							德芝																
							鑑衡																
							顧四	玉光	鼎卿	韜帆													
										濤琪													
										溪泉													
										季泉	意堅	浩然											
												浩忠											
									詠洲	良初													
										憩伯	湛斯												
											露斯	阜康	念湘										
													懷湘										
											取斯	質文											
											魯斯												
									人臣	宣藩	蟖冠	令聞											
												譽聞											
											筱春	濟仕	永年										
													玉樹										
										沐銘													
						超廷	竹溪	左衡	醒初	厚安	甫林												
											佛保												
											竹蔭												
									頃波	俊義	擴懷												
											柱中	懷湘											
												家湘											
												一湘											
											盪懷												
									農山	程	牧人	魁雄											
												自雄											
										貫一	化仁												
											誇仁												
										煥章	可仁												
										治安	安仁												
									趣園	起榮	漢濱												
											漢祥												
										答庥	織雲												
									勤陶	亦鳴	福生												
										并歐	立中												
										意存	榆												

開派少典	152	153	154	155	156	157	158	159	160	161	162	163	164	165	166	167	168	169	170	171	172	173	174
受姓彭祖	135	136	137	138	139	140	141	142	143	144	145	146	147	148	149	150	151	152	153	154	155	156	157
江西構雲	28	29	30	31	32	33	34	35	36	37	38	39	40	41	42	43	44	45	46	47	48	49	50
浚公派序	23	24	25	26	27	28	29	30	31	32	33	34	35	36	37	38	39	40	41	42	43	44	45
浚公派別	仲	灶	啟	以	從	必	勝	永	正	本	清	源	錫	福	延	慶	景	運	隆	開			
圖公派字	佑	起	天	昌	永	傳	經	德	澤	新	以	和	為	世	貴	教	學	紹	先	賢			
											偉榆												
											榮榆												
											蔭榆												
									文彬	横素													
										栽培													
										買鄰													
										欽林													
										遮林													
									臥松	正傳	運方	拯民											
											應祥												
							立軒																

浚公嗣裔亘公房

公子一峻林，峻林子一德懋，兩代單傳·德懋生二子：長子文思，為第五世祖，次子文杰，遷居巴陵，失考·文思獨子明曜，大振家聲，生二子：光廷、光華(無後)·光廷子二：騰雲、騰霄·勤苦耕作，白手成家，在范湖嶺自創新宅，生子三：長子九成，舉人，次子九威，三子九咸·

該系人才輩出，德樹，世居高坪，舉人·昌鳳，世居縣城，乾隆九年舉人，入祀君子祠，著有「未信文集」·珙，明邑庠生，歿後在石塘為神·起瓊後裔正蒙，孝廉，學問文章有根柢，著述甚多·定甲，清都司，武舉人·梧所有子六，十三世孫其位，年八十四歲，著述入「四庫全書」提要·梧所支裔孫思永，有才名·另外，高坪彭姓四大房，子孫最盛·君友、君拜，創建灣內大華堂宗祠，有功家族公益事業·

	峻林	德懋	文思	明曜	光廷	騰雲																			
						騰霄																			
					光華																				
			文杰																						

浚公散居各地嗣裔

一· 湖南湘陰浚公子鄑公，傳到十七世孫重禮，明初自長沙遷居湘陰樹沖豐倉，為始遷祖·有四子：德隆、德昂、德元、德亮，分為四房·

二· 湖南湘陰乙山審問廳，浚公次鄭公，從長沙青山大田鋪遷居湘陰乙山·傳十六世孫伏，明初自乙山遷審問廳，為本支祖·

三· 湖南長沙安樂鋪，與銅瓦橋兩房合修宗譜·

四· 湖南寧鄉浚公第十九世孫蔭清，自長沙青山大田鋪，遷居湘陰·三傳至明末清初志海，生三子：長子龍，遷寧鄉雙市，次子虎，徙台田，三子鳳，仍湘陰·龍生四子：正仁、正義、正禮、正信·正義徙居長沙，正信徙居益陽·正仁、正禮兩支仍居寧鄉·

五· 湖南寧鄉浚公後裔彭正信，有五子：朝忠、朝祥、朝瑞、朝修、朝杰·朝祥、朝瑞譜已另修·朝修、朝杰子孫他徙未合·此為正信房下大房朝忠一支·

六· 湖南湘陰團螺山，即螺峰，隸屬長沙九世祖，支譜始自清雍正時，到十九世彭原上，在明洪武初由青山　　徙居湘陰北鄉智源洞·子膳之裔也從遷·原上之子明，成為智源洞彭家沛支祖·至大松之子廿一世彭成富，由智源洞遷新市，入贅曹門，居住新市上街鋪園，生子二：世璊、世祿，分為居鄉居市兩房·廿六世彭以服，號龍橋，由新市遷居八里墩，落業麻塘沖彭家壠·龍橋子法玉、顯玉，徙居團螺山謝家塘·不久，顯玉遷居四都黃伯墩·從此，房分兩支，團螺(即螺峰)彭氏成為土著·

浚公蘭州房

世別	先　祖	紀　事
1-10	彭守道	蘭州青山支派始祖，浚公山第八世·生子彥聖(賢)，名思宗，始居梔子港，又名梔子橋·彥聖生子仕高，名文瑜·文瑜子二：公振、公良·公良無考·公振生汝得，汝得生希寧、希寶·希寶無傳·希寧生應辰、應辛·應辛子天浩，無傳·應辰生天淮、天海·天海無傳·天淮生子敏，字德高·德高生子允明、允慶、恭行、慶二·允明無考，恭行，字公贊，以子貴，明代誥贈武略將軍，歿葬梔子橋·子二：長子成一，字應祥、次子成二，字壽輝·
11	彭成二	字壽輝，守道(字明義)11 世，浚公第 18 世孫·生於元文宗天曆二年西元 1329 年·元季兵亂，兄弟攜眷自梔子橋出走湘陰，再奔岳陽，渡長江前去·成一不知所終，成二從軍，允任曲楊左下頭目·元順帝至正 18 年西元 1358 年，自嚴州歸附朱元璋·跟隨胡院判取蘭溪、克婺、紹興、蕭山等地·21 年克山陰埧，23 年參加鄱湖大戰，打敗陳友諒，取湖廣·曾選充飛熊衛小旗，隨總兵官徐達克取秦州，開江等埧，還出哨通州·明洪武二年西元 1369 年接應北平、通州，回京選充總旗·三年，隨徐達遠征進定西，過 180 渡，再取興元·四年，選充西安護衛·五年，征進甘肅亦集乃等地·八年，升本衛右所百戶，欽授流官昭信校尉敕命一道·十年，授世襲敕命一通·廿二年，升西安右護衛左所副千戶·廿三年，調蘭州衛后千戶所·廿五年，征進西部罕東等地，在四川蘇州操守·廿六年，到世襲誥命，封武略將軍·享年 66 歲·子二：順、斌·
12	彭　順	字萬里，成二長子，浚公 19 世·明洪武 28 年西元 1395 年襲父職，任蘭州衛後千戶所副千戶·永樂八年西元 1410 年北隨駕，殺敵有功·十年，升正千戶·宣德元年西元 1426 年，調任四川寧番衛·七年，遵例取回衛所管事·享壽 89 歲·他讀書禮賢下士，剛介不阿·蘭州人稱他為太尉·父歿將其葬在西城七里圃子灣，手植松柏成林，求文建碑墓前·又在蘭州城內買地置它·明時，子孫世代在此居住·生子五：讞、瑜、琇、炎、玘·瑜、玘三人無考·側室郭、劉、汪，均有子，祔葬·
	彭　斌	字繼祖，萬里同母弟·博學篤義，教導犹子讞，嚴如己子·不幸早卒·曾孫彭澤官，誥贈光祿大夫、柱國、太子太保、都察院左都御史·子三：瑄、理、璊·
13	彭廷用	名讞,萬里千長子，浚公 20 世，父卒，襲任正千戶，積書千餘卷·祖宗根源派籍基趾，全部出自他的遺錄·因而彭澤編「會宗譜」，得有憑藉考據·子一鎧，早卒·立弟琇次子釗為嗣·彭琇，子五：鑒、釗、鑄、鏞、鉞·鑒、鏞、鉞乏傳·彭釗襲職，封武德將軍，贈明威將軍、蘭州衛揮僉事·子四：濬、澍、江、滸·彭濬，字濟周，襲職，誥封武德將軍·明武宗正德八年西元 1513 年，隨游擊將軍間勛征剿四川廖麻子等，直到火紅山等處，斬獲首級五顆·十年，升蘭州衛指揮僉事，誥授明威將軍·十五年，推軍政掌印·
14	彭　錠	字世賢，號朴菴·彭斌孫·浚公 21 世·斌有三子：長子瑄，字廷玉·天性至孝，為宗族鄉黨敬仰，尤其長于繪畫，卜居蘭州東關·子孫從此開始徙居城內·以孫彭澤官，贈光祿大夫、柱國、太子太保、都察院左都御史·子六：鐘、欽、錠、鎮、鐸·鐘、欽、鐸無傳·錠心純行古，孝友姻親，一族相賴·祖墳被本所刁軍董富誣訟占去，錠力辨多年，備嘗艱辛，終得地歸復，讓兄欽之子深以子孫世守·族中屯田為劫豪侵占，他也力請復舊· 錠常以未編纂到「長沙通譜」為憾，而由子彭澤完成·他之子彭澤官，敕封為工部都水清吏司主事·卒後，又以彭澤官，加贈光祿大夫、柱國、太子太保、都察院左都御史·子二：澤、沖·
15	彭　澤	錠長子，敕封為工部都水清吏司主事，錠卒，又加贈光祿大夫、柱國、太子太保、都察院左都御史· 子二：澤、沖· 「明史記載」彭澤出任徽州知府時，將要嫁女，整治漆器數十個，派屬吏送到老家·錠見到大怒，催促把它燒掉，然後陡步到徽州·澤驚訝出迎，示意手下趕緊接下錠的行裝，錠怒說：「我負它走了數千里，你不能背它走幾步嗎？」進入公堂後，當場在堂下杖責彭澤，杖打完畢，他拿著行裝徑自歸去·錠教子極嚴，因此彭澤能成為一代名將·

仲文公世系

據渝忠縣彭家華所編的《崇仁堂彭氏通譜》237 頁“千九公傳”中曰；征君始自河間，遷袁州宜春,子孫繁衍，東南為著姓，下及十六世曰仲文，泰和人。宋天聖間〈西元 1022~1023~1032 年〉官茶陵令，因家黃堂。〈此處仲文公的世次任州守時間家黃堂與多譜吻合。〉但是接著載；鹹淳〈西元 1265→1274 年〉樓主彭徐潭所提之問切合實際，值得認真探討之，我認為九公之疑，實應改為茶陵州守仲文之疑。〉間曰思賢者,以進士官禦史……元順帝至元初〈西元 1335 年後〉千九郎攜子客長沙，繼游湘鄉樂其山水遂買田大陂頭，由茶陵徙居之。

湖南、貴州兩地同祖仲弼、仲文公世系脈流對照表

少典	黃帝	彭祖	仲爽	宣公	江西構雲	仲文公系	湖南衡東灣頭洲系	湖南衡東縣黃子堂	湖南衡山縣沙泉系	貴州大方坡腳世系	貴州大方鼠場下街	貴州大方鼠場上街	貴州大方白布新場	貴州大方縣東關系	衡東石潭新虎吉公		
140	130	123	69	41	16	1	仲弼	仲文	仲文	仲文	仲文	仲文	仲文		文友		
141	131	124	70	42	17	2	惟忠	思賢	思賢	思旦	思旦	思旦	思旦		彥信		
142	132	125	71	43	18	3	遇	汝礪	汝礪	汝敏	汝敏	汝敏	汝敏		國寶		
143	133	126	72	44	19	4	楠	千十一郎	千十郎	定	定	定	定		寶		
144	134	127	73	45	20	5	吉老	仁杰	仁高	明述	明述	明述	明述				
145	135	128	74	46	21	6	呂	添祥	添瑞	方仕	方仕	方仕	方仕				
146	136	129	75	47	22	7	成孫	楚珍	楚金	勷隆	勷隆	勷隆	勷隆				
147	137	130	76	48	23	8	庭貴	潮偉	仁存	文賦	文賦	文賦	文賦				
148	138	131	77	49	24	9	與智	有良	善	祖聖	祖聖	祖聖	祖聖				
149	139	132	78	50	25	10	彥晦		淑	嗣龍	嗣鼎	嗣沅	嗣乾				
150	140	133	79	51	26	11	吉顯		景	鑾	本勝	本鈺	利道				
151	141	134	80	52	27	12	公居		惟斌	月宗	元倫	元向	時輔				
152	142	135	81	53	28	13	子章		郁年	治玄	榮漢	玄真康真	子鏞				
153	143	136	82	54	29	14	恕忠		榮科	正唐	文顯	文道文達	文威文高				
154	144	137	83	55	30	15	雲騰		怡	進常	義霄	俊子佩子仁子	欽佩徙雄				
155	145	138	84	56	31	16	文忠		叙典	坤	仕諤				東		
156	146	139	85	57	32	17	湖汪漢淵		良翰	伏奇	大秀		坤潤		楚		
157	147	140	86	58	33	18	仲		占魁	自宴	月輪						
158	148	141	87	59	34	19	道		祖	世龍	魁官魁泰	尚		思	書		
159	149	142	88	60	35	20	思宏澤遠		宗	應科	登	良		源	地		
160	150	143	89	61	36	21	守		培	仕富	維	思	開	文	南		
161	151	144	90	62	37	22	啟單明		植	子桂	聲	念	以	壽	邦		
162	152	145	91	63	38	23	祖		后	雲	大	光	大	貴	禮		
163	153	146	92	64	39	24	宗		蘭	紹	遠	祖	賢	啟	義		
164	154	147	93	65	40	25	世		樹	德	詩	澤	佳	志	家		
165	155	148	94	66	41	26	仕		在	大	書	照	煌	希	支		
166	156	149	95	67	42	27	林		庭	開	華	明	天	顯	開		
167	157	150	96	68	43	28	軒		芳	壽	國	月	貴	達	由		
168	158	151	97	69	44	29	英		立	益	基	益	德	立	一		
169	159	152	98	70	45	30	賢		德	如	佑	倫	世	新	本		
170	160	153	99	71	46	31	中		通	松	啟	從	際	尚	同		
171	161	154	100	72	47	32	楚		經	泰	尊	孝	昌	忠	望		
172	162	155	101	73	48	33			學	明良昌	祥	友	明	恕	發		
173	163	156	102	74	49	34				含會	瑞				英華		

四川彭氏顯示仲文公世次血緣

彭忠東　2014.9.8.

(仲文公為少典 140 世、彭祖 123 世、宣公 41 世、構雲公 6 世)

先祖世系代別					1	2	3	4	5	6	7	8	9	10	11	12	13	14	15	16
少典	彭祖	宣公	構雲	四川大雅公世系	川武勝縣新學鄉朝標	川武勝飛龍長安白坪	川武勝太山鳴鐘沿口	川武勝縣萬善鎮	川武勝縣烈面鎮	川岳池縣喬家鎮	川岳池縣石埡鎮	川廣安區前鋒鎮(1)	川廣安區前鋒鎮(2)	川廣安區代市三溪長五	川廣安區代市鎮	川廣安悅來楊坪馬垻	川廣安區協興太安鎮	川廣安廣福化龍朝陽	川廣安區濃洄鎮東岳鄉	川廣安區濃洄協興六欽
133	116	34	9		壽	嘉	壽	壽	壽	嘉	嘉	壽	壽	壽	壽	壽	壽	壽	壽	壽
134	117	35	10		嗣興	嗣簡	嗣斌					嗣興	嗣興						嗣興	
135	118	36	11		仕昉	仕旰	國才					仕昉	仕昉						仕昉	
136	119	37	12		思齊	思功	九公					思齊	思齊						思齊	
137	120	38	13		汝說		逵					汝說	汝說						汝說	
138	121	39	14		聞聽		述					聞聽	聞聽						聞聽	
139	122	40	15		光遠		琮					光遠	光遠						光遠	
140	123	41	16		宏		仲					宏道	宏道						宏道	

先祖世系代別					1	2	3	4	5	6	7	8	9	10	11	12	13	14	15	16
少典	彭祖	宣公	構雲	四川大雅公世系	川武勝縣新學鄉朝標	川武勝飛龍長安白坪	川武勝太山鳴鏞沿口	川武勝縣萬善鎮	川武勝縣烈面鎮	川岳池縣喬家鎮	川岳池縣石埡鎮	川廣安區前鋒鎮(1)	川廣安區前鋒鎮(2)	川廣安區代市三溪長五	川廣安區代市鎮	川廣安悅來楊坪馬垻	川廣安區協興太安鎮	川廣安廣福化龍朝陽	川廣安區濃洄鎮東岳鄉	川廣安區濃洄協興六欽
					道		文													
141	124	42	17		蘊倫		思賢					蘊倫	蘊倫						蘊倫	
142	125	43	18		像山		汝勵					像山	像山						像山	
143	126	44	19		景顏		一郎					景顏	景顏						景顏	
144	127	45	20		梦驥		仁杰					梦驥	梦驥						梦驥	
145	128	46	21		壽初		天祥					壽初	壽初						壽初	
146	129	47	22		學		楚珍					學	學						學	
147	130	48	23		男富		潮信					男富	男富						男富	
148	131	49	24		魁五郎		從瑛					魁五郎	魁五郎						元六郎	
149	132	50	25		子訓		帷貴					子訓	子訓						子壽	
150	133	51	26		添松		添雲					添松	添松						鯤	
151	134	52	27		仲達		富					仲達	仲達						獄	
152	135	53	28		能濟		永梓					能濟	能濟						春	
153	136	54	29		照		星					照	照						必容	
154	137	55	30		萬琪		應浩					萬琪	萬琪						萬瑜	
155	138	56	31		福祥		大方					福海	福海						世福	
156	139	57	32		仁秀		學宦					仁義	仁義						大冊	
157	140	58	33		國清		中和			善		國堯	國堯						永龔	
158	141	59	34		正		以象			繼		朝	朝						興鵠	
159	142	60	35		應	愈	朝		國	先		一	一	在		永		尚	宗堯	天
160	143	61	36		君	國	永		朝	君		字	字	玉		世		一	祖林	星
161	144	62	37		朝	金	宗	啟	登	志		水	水	學		維		成	惠	玉
162	145	63	38		泰	朝	必	守	水	增		詩	詩	雲		昌	宗	玉	迪	宗
163	146	64	39		仕	廷	達	明	仕	榮	朝	元	元	永	益	泰	元	國	家	良
164	147	65	40		成	天	榮	在	禮	世	興	萬	萬	開	尚	興	永	開	聲	富
165	148	66	41		有	生	昌	顯	承	永	有	代	仁	朝	辰	隆	昌	元	振	貴
166	149	67	42		定	大	世	民	大	昌	仁	昌	義	宗	宗	刻	洪	啟	美	永
167	150	68	43		鴻	德	代	盛	家	安	德	文	誠	大	祖	正	開	永	彰	華
168	151	69	44		基	星	期	天	興	成	良	明	心	興	萬	家	家	昌	樹	長
169	152	70	45		何	全	文	遠	福	福	善	光	地	仁	世	高	章	朝	棟	國
170	153	71	46		自	家	章	開	壽	德	益	百	忠	壽	永	宗	先	廷	梁	正
171	154	72	47		肇	傳	純	萬	重	久	久	世	厚	昭	興	呈	澤	有	積	賢
172	155	73	48		惟	孝	祖	代	來	學	長	福	廣	祖	隆	宪	定	仕	善	才
173	156	74	49		向	友	武	文	久	位	富	祿	福	德	國	祖	國	子	啟	輔
174	157	75	50		書	世	敏	昌	榮	顯	貴	壽	田	善	泰	福	繼	德	綿	家
175	158	76	51		中	代	勉	茂	華	忠	永	華	富	樹	皇	祿	紹	志	遠	和
176	159	77	52		尋	啟	廣	國	富	良	隆	長	貴	廣	恩	壽	文	顯	存	孝
177	160	78	53		經	文	前	朝	貴		昌		傳	賢	大	天	光	宗	心	友
178	161	79	54		典	明	基	繼	有		尚		家	因	時	華	遠	邦	肇	楊
179	162	80	55		須	祖	遠	世			宪		遠	孝	懷		志		禎	春
180	163	81	56		詳	宗	字	才			榮		科	廉	地		久		祥	光
181	164	82	57		閱	根	深				世		名	為	財		長		乘	明
182	165	83	58		詞	基	山				代		發	家	長				規	海
183	166	84	59		章	厚	遠							正					傳	洋
184	167	85	60		務	子	應							文					奕	世
185	168	86	61		顯	孫	多							有					祀	代
186	169	87	62		明	培	福							輔					簡	顯
187	170	88	63		才	植	壽							國					書	文
188	171	89	64		高	勤	宜							君					增	章
189	172	90	65		科	富	鴻							明					琳	清
190	173	91	66		捷	貴	財							祿					琅	定
191	174	92	67		發	恭	歡							世					建	熙
192	175	93	68		時	儉	振							光					譜	潮

先祖世系代別					1	2	3	4	5	6	7	8	9	10	11	12	13	14	15	16
少典	彭祖	宣公	構雲	四川大雅公世系	川武勝縣新學鄉朝標	川武勝飛龍長安白坪	川武勝太山鳴鐘沿口	川武勝縣萬善鎮	川武勝縣烈面鎮	川岳池縣喬家鎮	川岳池縣石埡鎮	川廣安區前鋒鎮(1)	川廣安區前鋒鎮(2)	川廣安區代市三溪長五	川廣安區代市鎮	川廣安悅來楊坪馬垻	川廣安區協興太安鎮	川廣安廣福化龍朝陽	川廣安區濃洄鎮東岳鄉	川廣安區濃洄協興六欽
193	176	94	69		至	守	啟							顯					儲	治
194	177	95	70		級	榮	令							福					龠	敦
195	178	96	71		聯	華	聚							澤					斯	仁
196	179	97	72		升	禮	樂							喜					謨	啟
197	180	98	73		永	讓	交							長					烈	德
198	181	99	74		遠	敦	泥							存					壯	芳
199	182	100	75		逢	詩													紀	
200	183	101	76		隆	書													綱	
201	184	102	77		世	為														
202	185	103	78		長	恒														

仲文公世系考

彭和陵　2015.6.16.

泰和月池彭氏族譜記載九公上世祖源的表述是：

本派家乘載“惟孝公行狀”及景文《愛敬堂記》雲：進賢令諱滋，公之子孫有居長沙者。唐昭宗（889 年-904 年）時馬殷僭叛，始由長沙居廬陵。宋仁宗景祐（1034 年）改元，公以朝奉郎偕其子遷泰和（白下）街口。自滋至公凡一十一世，滋以後、公以前皆不可考，寧缺而不敢妄承。

很明顯，九公上世祖源在月池族譜裏是不可考的，即沒有在科學的考證情況下，外遷各地九公後裔之族譜所記載的八個祖源，均為“妄承”的產物。所以祖嘉公是毫無根據的，違背了始祖地族譜記載的根本性原則。那些長篇大論堅持九公是嘉公後裔的觀點，是對世系判斷犯下了根本性錯誤，選錯了基準。均是無效工作，白忙乎也。對此類文字我很久就不予理睬了，毫無價值可言。

在堅持九公上世祖源錯誤傳承的基礎上來討論其五代孫仲文的身世，也將會得出錯誤的結論。

複《對“茶陵始祖仲文公是北宋中前期人”看法》

彭和陵　2006.9.26

A·關於（一）、原文“九公進賢令，諱茲之孫有居長沙者- - - - 。”此文中的“孫”是泛指，即孫輩們，可是孫，也可是曾孫- - - - -。你錯把此句理解為狹隘的“孫”了。若古文中有“子孫”兩字，豈僅指兒和孫，不可指曾孫及以下孫輩。它是指後代而言。我文當然同樣是指九公為其子孫了。這實質上是一個常識問題！

B·關於（二），“慶源錄”中宋景佑（1034-1038 年）朝奉郎初居白下之街口，九公避馬殷亂是唐季的光啟龍紀年間（885——889 年），“慶”文中明敘九公攜子，公至小 20 歲。何至到宋景佑（1034-1038 年）仍在世。此“佑”應是“祐”，實為“唐景福”字訛。試想：玗公至茲公才四代，九公至茲卻有十一代。同曆馬殷亂，七代孫九公與其祖玗公同在，可能嗎？“慶”文中的落款日期是：宋慶曆四年（1044 年），這個“明載”宗長有何實據否定。

C·關於（三），你講九公是唐末人是可能的，實質上他就是唐末跨五代人。你既認同九公的生期，如何接著又謂“宋景佑（1034-1038 年）朝奉郎初居白下之街口”，九公活了 160 歲以上嗎？

你舉得《崇仁堂》和“納雍譜”離茶陵始祖地均很遠，那時交通不便、資訊不靈、年代久遠、攀強附會因人而異、傳印、傳抄多次，出錯和與事實相悖的可能性極大。到目前為止，茶陵鄰地的彭譜我看了十八、九套，均認同九公不可能是茲公十一代孫，只是現無鐵證來證明九公的身世。我正在這方面努力，已有眉目。

記得你把勘測之測量“座標”運用到族譜世系的分析中，你何不在仲文公的支系中，肯定一個座標或基準。你既認定仲文公是南宋人、或主要是南宋人，就應以此為座標，推翻嶽飛為汝西曆題的挽聯之證據；推翻湘省志、潭州（長沙）府志和茶陵州志三級均記載的“仲文天聖八年擢茶陵州知”之證據。

你是否知道：構雲公的後裔中有三個“思賢”、二個“思永”、N 個延年公嗎？雲遮霧障，不要被前人由於各種原因而誤記得東西所迷糊。更要記住：九公從長沙避“亂”而來，一遷再遷，都會有意隱去一些，又要“影射”一些流下來。這就要看我們後人誰為賢者，識清九公的避亂時的英明之舉，還九公的真“像”。

D·關於（四）、“黃子堂譜”裏幾句引言，絕非泛泛之辭，而是歷數代有識之士研究的總結。在叢多的泰和派族譜中均有此言，只是程度上和水準上的差異。請您多看看紀年表、源流篇和文藝篇，字裏行間有許多的蹊蹺，若領會一、二將大有益脾！

“朝奉郎”官稱始於宋代，而非唐或五代。此何謂九公為“朝奉郎九公”或“朝奉郎九”也？

《江西彭氏聯譜》（2005 年）載：泰和九公一派非玗公三子彥昭之後，而是長子彥武公之後。俊修宗長看到此，不知又作何思想？！

茶陵州守仲文（彥秀）公的源流與時間的探討與考鑒

彭俊修　2005.10.19.

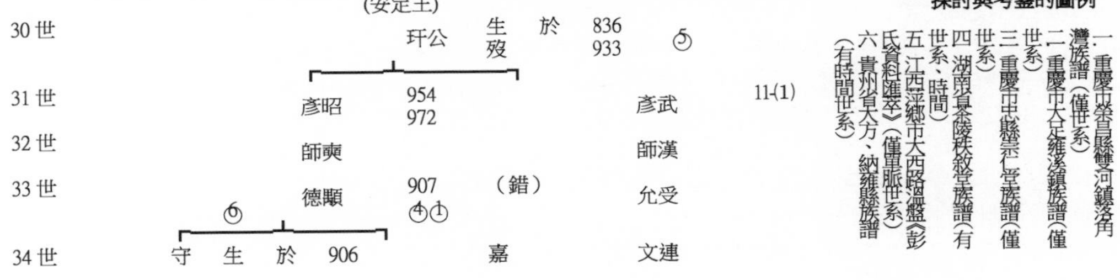

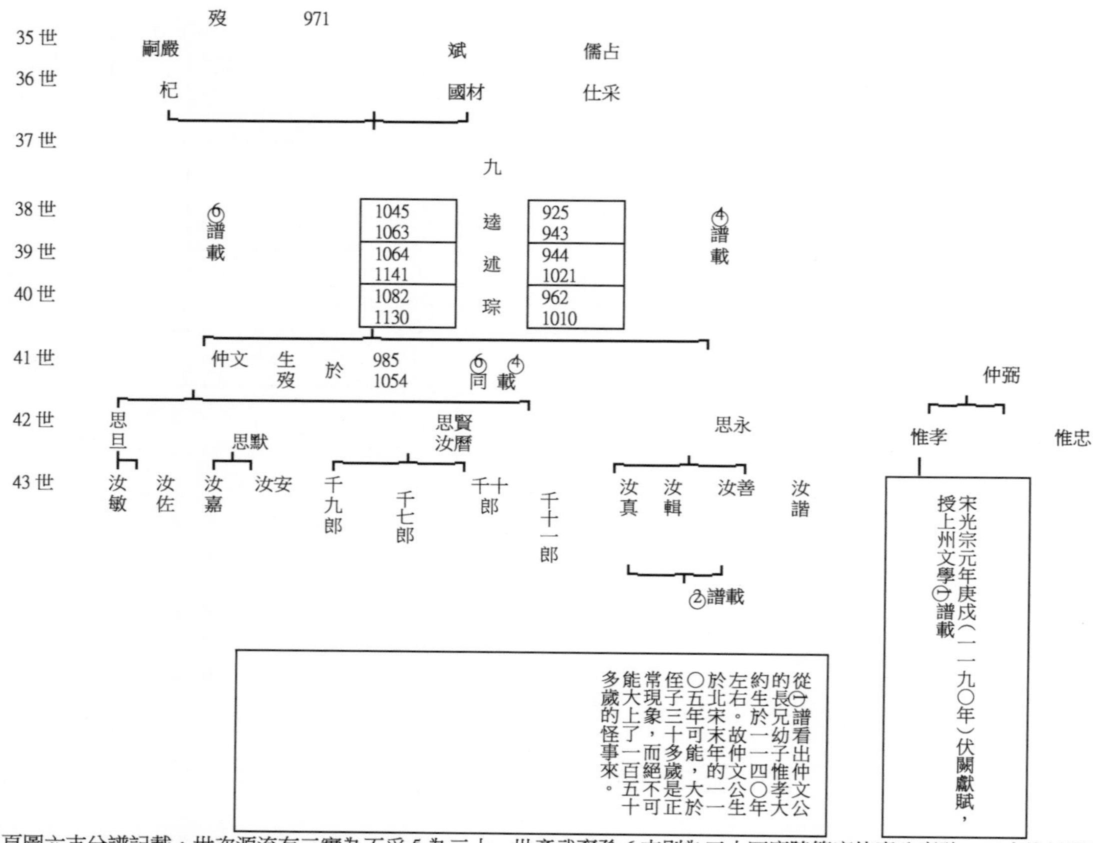

一、據上頁圖六支分譜記載，世次源流有三實為不妥⑤為三十一世彥武裔孫⑥支則為三十四廣陵節度使壽公裔孫，二支均見單脈祖名世次，可信度難考。另外四支可見世系譜文祥錄，可信度相對高一些。

二、從④⑥二支的 38、39、40 世三世祖名洽好差兩個甲子一二〇年時間出生、月、日、時均同。41 世仲文公則完全一致，則⑥支譜出現比上三世祖都大的現象。④支所錄雖然時間合理，但作為德顯公的六世孫僅小十八歲逵公亦是奇怪現象。

三、④譜卷首第 3 頁，有仲文公“慶源錄”一文追述（北）“宋景佑（1034-1038 年）朝奉郎九公，初居白下之街口，則文之始祖也。”（自署為五世孫）如果仲文公生於北宋初九八五年，則剛好六十來歲，（落款時間為慶曆四年 1044 年）不符慶源錄之實，至少應一百幾十年之後的追述，父、祖父、曾祖父已去逝，高祖九公即為宋初朝奉郎、五世孫仲文應為北宋末出生，南宋初的茶陵州守方妥。

四、惠潮始祖延年公（生一〇〇九年，歿一〇九五年）與宋朝奉郎九公同為江西構雲公的十二世孫，如果仲文公生於北宋初的九八五年豈不比延年公還長廿四歲，為什麼會是構雲十六世孫呢？如此上溯九公則不配北宋朝奉郎之實。

仲文公到勸善公的世系問題

彭和陵 彭徐譚　2007.10.30.

我祖籍祁東，為勸善公次子從瑛公二十一世孫。因歷史原因，我從瑛公子孫皆姓徐。六百多年來，祁邑內外我瑛祖開宗衍派，瓜瓞綿綿，徐氏已成望族。

家譜記載，我瑛祖以勸善公為本生父，以從瑚公為同胞兄。所以，祁邑土橋彭、徐二姓同宗同源，血脈宗一，班行輩字一樣。家譜對勸善公一瑛公之後的世系記載詳細準確，歷代先祖生歿配葬，一清二楚。但勸善公之前，只記載了“公乃楚珍公四子”（後經證實，是楚珍公長子）這麼簡單的一句話。其餘，勸善公在茶陵秩堂的先祖世系從略。

最近，在論壇見到和陵宗親有關始祖勸善公的大作，許多疑問，豁然開朗。還得知了勸善公乃仲文公之後，仲文公又為九西元孫，這樣一些十分重要的，有關自已直系先祖的資訊。我非常高興，也十分感謝為尋根溯源付出辛勤勞動的諸位宗親朋友。 不過，我依然對仲文公到勸善公的世系存在一些疑問。

其一、《宋奉政大夫知茶陵州事彭公仲文墓誌銘》記載，仲文公生於大宋雍熙二年（西元九八五年）。家譜記載，勸善公生元至元三年（西元一三三七年），仲文公與勸善公相隔三五二年。按茶陵秩堂譜載：仲文公到勸善公的世系為仲文一思賢一汝曆一千十一郎一仁傑一天祥一楚珍一勸善。總計只有八代人。代距超過了五0年，不符合生育規律。

其二、和陵宗親的大作《茶陵始祖仲文公是北宋中前期人》，邏輯緊密，說服力強。但關於仲文之孫，汝曆南宋紹興二年（一一三二年）去世，並推斷仲文公七0歲去世，時隔七七年後其第五個孫子去世，非常符合情理，有所懷疑。仲文公歿于至和元年（一0五四年），《宋奉政大夫知茶陵州事彭公仲文墓誌銘》也撰于大宋至和元年。該墓誌銘有“男孫六人”，“五曰汝曆，娶東山陳氏”的記載，也就是說汝曆在仲文公去世的一0五四年已經到了娶妻的年齡，而直到七七年之後才去世，以當時人的壽命，恐怕很難享年這麼高。

其三、仲文一思賢一汝曆一千十一郎一仁傑一天祥一楚珍一勸善這一世系是否缺代？如果不缺代，那麼仲文就有可能只是北宋晚期人，而不是北宋中前期人，仲文的高祖父九公是北宋景祐年間遷泰和而不是在晚唐因馬殷叛，長沙亂，避居遷泰和的。 以上疑問，還請高手解答。

楚珍公生於一三二0年，仲文公生於九八五年，以仲文一思賢一汝曆一千十一郎一仁傑一天祥一楚珍的世系記載，代距長達有五五·八年，更難讓人信服。　西元二00七年十月廿九日

正是需要您這樣的高手參與研討，弄清歷史疑案！能否告知通訊方式？

樓主彭徐潭所提之問切合實際，值得認真探討之，我認為九公之疑實應改為茶陵州守仲文公之疑才恰當，據渝忠縣彭家華所編的，《崇仁堂彭氏通譜》二三七頁“千九公傳”中曰：征君始自河間，遷袁州宜春，子孫繁衍，東南為著姓，下及十六世曰仲文，泰和人，宋天聖間〈一０二三｜一０三二年〉官茶陵令，因家黃堂，〈此處仲文公的世次,任州守時間，家黃堂與多譜吻合。〉但是接著載：鹹淳〈一二六五｜一二七四年〉間曰思賢者，以進士官禦史……元順帝至元初〈一三三五年後〉千九郎攜子客長沙，繼遊湘鄉，樂其山水，遂買田大陂頭，由茶陵徙居之。據此有兩點說明：

一、思賢者仲文次子也，為何仕宦足相差有二00餘年，此思賢之父非北宋天聖間任茶陵令仲文公，只能視為北宋末年的仲文公之同名者.

二、千九公乃思賢公之孫，汝曆公之幼子，他年邁鐫子客長沙，繼遊湘鄉買田大陂頭，僅時距約七、八十年，也符合實際。

從衡山彭傳忠作于清嘉慶時的《彭氏源流序》可以看出如下資訊：

一、從千十一郎到勸善的世系應該不會缺代。千十一郎有兄弟四人，老大千十一郎，老二千十郎，老三千七郎，　老四千九郎，均有後人傳世。從千十一郎到勸善五代人，其字輩是千、仁、添、楚、朝。千十一郎的三個弟弟，後人字輩也均為仁、添、楚、朝。千字四房後人所修族譜對千、仁、添、楚、朝的字輩排行沒有疑義。

二、千字四兄弟應該生活在南宋晚期到元朝初期。我的始祖勸善公生於西元一三三七年，其父楚珍公生於西元一三二０年。由此可以推斷，楚珍公的父親添祥公應出生於元朝（西元一二七一年以後），添祥公的父親仁傑公也可能出生於元朝（西元一二七一年以後），最早也是南宋晚期出生。仁傑公的父親千十一郎應是宋末元初人。從千十一郎的四弟千九郎的後人記載來推斷，也能得出同樣的結論。《彭氏源流序》載：“明永樂時官衡山教諭曰朝湧，與朝浪及任湘邑教諭曰貴十郎，為楚南之子，添澤之孫，仁俊四代孫即千九郎五代孫。”千九郎的玄孫生活在明永樂時期，他們與我的始祖勸善公為同輩兄弟，勸善公為長房長孫，年齡大他們二三十歲是可以理解的。勸善公的四弟朝信也在明永樂時期生活過。這些都足以證明千、仁、添、楚、朝的字輩是正確的，且朝字輩基本生活在明朝初年，千字四兄弟生活在宋末元初。彭俊修宗親在上面引用的：“元順帝至元初〈西元一三三五年後〉千九郎攜子客長沙，繼遊湘鄉，樂其山水，遂買田大陂頭，由茶陵徙居之。”可以說明千九郎是元朝人，至少大部分時間生活在元朝。千九郎的三個哥哥最早也不過出生於南宋，不可能是北宋人。

三、千字四兄弟的父親不是《宋奉政大夫知茶陵州事彭公仲文墓誌銘》記載的汝曆。這個汝曆是北宋人，他不可能在南宋晚期生兒子。

四、千字四兄弟生活的時代是一個兵荒馬亂、改朝換代的時期，蒙古人攻佔了江南，漢人的生活是很悲慘的。千字四兄弟可能對自己的子孫隱瞞了他們的家族歷史，或者他們也對自己的家世不是很清楚，而假託他們是北宋奉政大夫知茶陵州事彭公仲文的後人。

宋朝奉郎九公　　彭俊修　2012.5.25.

宋朝奉郎九公應該沒謎可猜，多譜均載為構雲公十二世孫無疑。

（1）構雲→（2）滋→（3）倜→（4）輔→（5）玗→（6）彥昭→（7）師奭→（8）德顒→（9）嘉→（10）嗣斌→（11）國材→（12）九→（13）逵→（14）述→（15）琮→（16）**兄仲弼、弟仲文**→（17）惟孝、思賢→（18）謙、汝曆→（19）傑、千→（20）吉老、仁佳

附：《中湘彭氏六修族譜》（光裕堂）卷五源流圖九

派別	紀　　事
33	師奭子德庸，母諸葛氏生，字子昂，行一，五代時太尉玗與楊行密戰敗徙楚王入湖南諸子或隨之或分仕他國惟太尉第三子彥昭居永豐沙溪而隱源無彭矣至是子昂公複還隱源山口大興第宅今古往場地基猶存舊有臨清禦書閣大郎橋卒葬新淦縣五十七都魚塘口小龜山壬山丙向今屬峽江縣西九都配李氏沒葬合夫塚同向，子五吉、壽、堯、嘉、喜
34	德庸長子吉，字慶夫，行一，仕金陵自山口遷居鄱陽至元孫汝礪中宋治平狀元汝方為宋忠臣即為鄱陽派祖，子二君邈、君遠 德庸次子壽，字德夫，行二，于唐昭宗帝祝二年丙寅（譜載: 生於西元 906 年）生於南唐仕至廣陵節度使　亨壽六十五歲卒葬本裏五十九都石隴湯坑乾山巽向後散處廬陵即為山口為白玨為豐塘為長塘坪為漳源為文江之旺儔坳等派祖配李氏封夫人沒葬合湯坑，子七嗣邦、嗣興、嗣簡、嗣藹、嗣嚴、嗣慶、嗣元 德庸三子堯，字欽夫，行三，（有譜載: 生於梁開平二年戊辰西元 908 年）官大理評事以孫應求貴贈刑部尚書居隱源山口後為禾川曆陽等派祖 子一程 德庸四子嘉，字和夫，行四，官靜江錄事後居倉下即為永豐雍和門派祖，子三:安、完、斌 德庸五子喜，字中夫，行五，官武寧軍錄事為豫章豐塘派祖
35	嘉公長子安公、次子完公，均未詳。　嘉公三子斌，字聞伍，居永福鄉同完遷平田，子四大材、美材、國材、廷材
36	斌公長子大材，官江州都判居安福。　斌公次子美材，居永福鄉同完竹山 斌公三子國材，字安邦，行三，居永福鄉同完竹山，子一省安。　斌公四子廷材，居永福鄉同完彭坊
37	國材子省安，一名九，宋時官朝奉郎景福（西元 892 、3 兩年, 注：但多譜載為景祐 1034 一 1038 年）間遷太和街口是為月池派祖，子三暹、達、逵
38	省安長子暹，宋迪功郎　省安次子達，未詳　省安三子逵，字少庵，行三，宋承事郎，子一述
39	逵公之子述，宋承事郎，子五宗、理、瑞、玉、項
40	述公長子宗（琮），字庭瑞，宋朝奉郎，子二仲弼、仲文　述公次子理，字庭升，任桂陽主簿 述公三子瑞，字庭宰，宋時舉人任宜廣縣令　述公四子玉，字庭源，鄉進士　述公五子項，字金山
41	宗公長子仲弼，一字汝弼，宋承事郎卒葬踏龍天柱岡配倪氏沒葬龍門徑口，子二惟忠、惟孝 宗公次子仲文，由進士令清江擢茶陵知州致仕因擇茶之黃堂而居焉。是為遷茶陵祖。子四 思進、思賢、思永、思默
42	仲弼長子惟忠，生沒未詳，子二 一遇 一謙 仲弼次子惟孝，（注：據惟孝公生 1135, 卒 1207 年. 有譜載:在宋光宗紹熙元年西元 1190 年獻賦）伏闕獻賦，授上州文學
43	惟忠長子一遇，字必達，官龍安簿尉，子三：楷 椿 楠 惟忠次子一謙，字必恭，授登仕郎，子一：傑
44	一遇長子楷，字道夫，授承務郎 一遇次子椿，字壽夫，授將仕郎 一遇三子楠，字才夫，史館校勘授登仕郎 一謙之子傑，字後夫，宋鹹醇（西元 1265 一 1274 年）無庚子年（西元 1240 年庚子是嘉熙四年）興人官縣丞，子一吉老
45	傑公子吉，字叔子，任臨江府教授，子一呂
46	吉老子呂，字景望，濂溪書院教授，子一仁孫
47	呂公子仁孫，字及翁，元（西元 1271 一 1368 年）汴梁總管府知事，子一迎
48	仁孫之子迎，原諱謹，避字子章，行一，子一致遠 按：省安公以上曆派久遠無論矣，自省安而下，其間之可疑者，頗多。如省安之遷太和。當在唐景福時，蕭用道序月池譜載：彭氏先世，以馬殷亂來自長沙王儼序月池桃源。譜載：朝奉郎省安，避馬殷亂，徙太和街口。夫馬殷之亂，在唐昭宗龍紀時，昭宗壬子改元景福，下距宋嘉佑百有餘年，而舊刻在仁宗景祐間，省安初居白下街口，景祐仁宗三次改元之年號也，考茶陵譜載：仲文以天聖八年，（西元 1030 年）由太和官茶陵；仲文者省安公之元孫也，天聖仁宗初，禦極改元之年號也。編年在景祐之先，豈仲文既官茶陵，而五派祖猶在始遷太和乎？其間訛舛錯謬，各譜相沿姑就，其顯者正之，其可疑者節之，非略也，所以崇信而致慎耳。

注：以上《中湘彭氏六修族譜》（光裕堂）卷五源流圖九　為四川宜賓屏山縣二０一０年元月三日彭屏宗長生前從 163 郵箱中傳來的世系圖。

此原文轉錄中“派”　字實為世系數，“ 派”乃兄弟支分為派別，用於此處理應改為多少“世”才方妥貼。

考:三十七世 國材子省安，一名九，宋時官朝奉郎景福（西元 892 、 3 兩年，但多譜載為景祐 1034 一 1038 年）間遷太和街口是為月池派祖。據四十二世惟孝公【（注：惟孝公胞弟惟孝公生 1135，卒 1207 年. 有譜載:在宋光宗紹熙元年西元 1190 年伏闕獻賦。）　是在世為官間，】及孫四十四世孫一傑，宋鹹醇無庚子年（西元 1240 年庚子是嘉熙四年）官縣丞，　,以及四十七世孫仁孫，之子迎，原諱謹，避字子章，行一，（元朝西元 1271 一 1368 年）汴梁總管府知事，六世人仕宦在二百年間是符合情理的，豈能仲文以天聖八年，（西元 1030 年）由太和官茶陵；“豈仲文既官茶陵，而五世祖猶在始遷太和乎？”問得合理。實則是彼仲文用了此仲文官茶陵之官爵；惟忠公系巳見端倪。九公以上並非無祖矣！

注:四十七世仁孫（元朝從西元 1271 一 1368 年）任元汴梁總管府知事，與五世祖子傑（西元 1240 年庚子是嘉熙四年）官縣丞。幾乎是同時代人了，可能麼？

【如省安之遷太和。當在唐景福時，蕭用道序月池譜載：彭氏先世，以馬殷（馬殷 896 一 929 年；907 年稱楚王）亂來自長沙王儼序月池桃源。譜載：朝奉郎省安，避馬殷亂，徙太和街口。夫馬殷之亂，在唐昭宗龍紀時，昭宗壬子改元景福，下距宋嘉佑百有餘年，而舊刻在仁宗景祐間，省安初居白下街口，景祐仁宗三次改元之年號也，考茶陵譜載：仲文以天聖八年，（西元 1030 年）由太和官茶陵；仲文者省安公之元孫也，天聖仁宗初，禀極改元之年號也。編年在景祐之先，豈仲文既官茶陵，而五派祖猶在始遷太和乎？其間訛舛錯謬，】

【　　】此段文字乃清嘉慶五年（西元 1800 年）構雲公三十六世孫傳忠公之語。

見：彭和陵二 00 七年九月九日重刊傳忠公《彭氏源流序》載 惟孝公系巳見端倪。向上溯與向下溯均符合人類世次繁衍規律，九公以上並非無祖，多譜早已有如此載錄。在千九公傳中有這麼一句“……下及十六世日仲文，泰和人，宋天聖（1024 一 1032 年）間,官茶陵令,因家黃堂。鹹淳（1266 一 1274 年）間曰思賢者以進士官侍御史。”父子仕宦竟然會相距兩百多年間麼？以前我曾巳說過。

這不是“景福”　與“景祐”　一字之差，實則是九公五世孫仲文公租用了仲文公（生於西元九八五至卒 1054 年）北宋年間,官茶陵令的官爵與生、卒年之謬。所以九公之謎，應改為仲文公之謎，才是真正的實質之所在。

家屏公“湖廣茶陵之彭”　彭俊修　2011.9.9.

一、此是約三百多年前出生的家屏公（公乃康熙六十年辛醜西元一七二一年進士。）在乾隆（1736 一 1795 年）年間所寫序文，巳敍述到了構雲公有第三十九世胤芳公，而已成人遷徙陝西羌州。今有人大言不愧地自署為構雲公的，第三十六世孫至第三十九世孫者可能麼？尤其延年公裔孫更應自知，能比胤芳公輩份還要高麼？僅千年間能出現十余世人的代距差麼？第三十九世胤芳公他的裔孫，約該又有七、八世之多了吧。

二、“是十二世朝奉郎諱九者，出於太和月池派，亦師奭公後也。”此語十分太重要了，並非九公祖上世系不清，家屏公在乾隆年間所敘並非無據，世次數清楚與多譜無別，宋仁宗（1023 一 1056 年）時的，八個帝號景祐也在其間，不能因個別譜不詳或佚載而不認老祖宗。

“亦師奭公後也，”此語縮小了九公之父的尋找範圍，否定了江西萍鄉彭濟南的直系祖系，即：九公直系祖為彥武公之裔的錯訛。師旺公之說也予否定了。及其九公祖了八個祖之誤的說法，也肯定了九公為構雲公，是十二世孫下了定章的。師奭公一子德顒，顒公五子：吉、壽、堯、嘉、喜。本人管見在吉、壽、堯、喜四公裔系中，本人未見構雲公十一世有名國材者。

只見多譜（指：湖南《秩敘堂彭氏三屆合修族譜》；貴州納雍、大方《彭氏族譜》；渝·《忠縣彭氏志》；渝·大足雍溪《彭氏七修族譜》；等）世系有載：嘉公有子三：安、完、斌。斌公有四子：大材、美材、國材、廷材。國材一子：九。

四年前有人在湖南《青山彭氏敦睦譜》中摘錄寫到：（在玕公欄下記載：“輔公四子，玕，一名四生：字叔寶，號國勳，別號國材，行章四。登唐懿宗鹹通……。”玕公有一別號“國材”。此前我曾數次閱讀過，然竟未能“捉拿”到眼！好厲害得“國材”呀！

“國材有十一子，第九子是彥琛（楨），他是九公嗎？”）

走此路行得通麼？敢從十二世上升為六世與七世直系祖彥昭公平起平坐稱兄道弟麼？敢從北宋初年（西元九六０年後約一０一０年）出生的朝奉郎諱九者，能倒退出生約兩輪多花甲的，唐懿宗鹹通（西元八六０→八七四年）年間的歷史可行麼？開歷史的倒車可能麼？

三、至於“次仲文，拜茶陵太守，以官為家，子姓繁衍”，此茶陵太守仲文公，如果真正出生於西元九八五年，則是與九公同在世上同時代之人，有資料顯示此仲文竟比九公年長二十餘歲，所以，更不可能會是朝奉郎諱九公之五世孫了。九公後裔尤宜慎重反省之！

四、因元朝中期的楚珍公出生於 1320 年，他的七世祖，便是九公之五世孫仲文公，約應出生於北宋徽宗年（1101 一 1125 年）間，又因為仲文公他的兄長仲弼公之子，親侄兒惟孝公（出生於 1135 年,）望慎重考鑒吧！重複公之所言:“後之修譜者，其詳考之。”

辛辛苦苦跑譜牒，攝影不作細考研。仲文七世傳楚珍，二公相距太久遠。

代距五五點八年，六世晚育史無前。九公資料攬不盡，明明有父不去認。

身世之迷更難解，只待馬月猴年間。修譜不可蛇吞象，後果只待自思量。

注：如果仲文出生於雍熙乙酉西元九八五年，七世孫楚珍出生於元延祐庚申西元一三二０年，兩公相距巳達三三五年是不可能的，至少約應有十二、三世孫才妥當。

湖南醴陵世系

湖南醴陵浦口鎮蓼田湖世明公

構雲－滋公－倜－輔－玕－彥昭－師奭－德容－壽－嗣興－昉－思齊－汝說－聞聰－光遠－大任－蘊經－世明－開應－喬－士宗－九－象棟－京－秀－周仕－訪－又重－修－杰才－遜－婺昌－慧公－修瑞－乘風－爾瑞、爾珍、

36	37	38	39	40	41	42	43	44	45	46	47	48	36	37	38	39	40	41	42	43	44	45	46	47	48
爾	文	光	世	代	承	先	德	武					爾	文	光	世	代	承	先	德	武	耀	中	華	振
爾瑞	文錕	光瀛											爾珍	文鍾	光濟	世梁	代興	承英							
		光洲	世柳															承壽							
		光河																承俊							
		光洛																承謀							
		光藩	世科															承獻							
			世棚														世樂								
			世槐														世榔	代川							
			世爵															代學							
	文鉅	光漢	世梃															代懷							
			世原															代芽							
		光洞																代皋							
	文鉉	光														世杰	代營								
		光洙	世福													世本	代桃								
			世祿													世其									
			世喜												光洋	世樞									
爾琳	文錦															世煦									
	文鏈	光	世	代敏	承發	先材										世燮									
						先臨										世灼									
						先旺										世燽									
						先逢										世喜	承芳								
			世槲														承法								
			世標													世棠									
			世楹												光汲	世機	代高								
			世樹	代士													代烜								
			世杰	代宏	承勳	先華	德直									世桂	代升								
					承廉	先業	德仁										代奎								
					承富	先和	德禮										代志								
							德補									世柱									
							德常									世榜									
				代榮											光滌	世楠	代炫	承烈	先榜						
				代琦	承貴														先慶						
	文鎔	光洞	世藻	代高													代貞	承沿	先賢	德裕					
			世平															承章	先仁						
			世魁	代綉															先學						
				代玫															先貴						
				代珧															先開						
				代灿															先器						
爾珍	文鍾	光濟	世榮	代良														承前	先萬						
				代炷															先古						
				代賓	承家														先留						
				代明															先名						
			世梁	代成	承能	先發	德純											承康	先平						
						先攀											代炳	承馨							
爾珍	文鍾	光滌	世楠	代照	承式	先泰							爾珍	文鍾	光湘	世桃									
					承耀	先國										世條	代魁	承祖	先第						
					承正														先朝						
					承明														先啟						
			世楨	代熹	承鐸	先良									光湘	世桃									
					承巍	先哲										世條	代魁	承祖	先第						
						先豪													先朝						
						先昌													先啟						
						先則									光清	世栗	代疇								
						先篤											代郭								
					承鏘	先能										世柄	代敬								
						先杰											代玲								
						先信											代真								
						先告											代廉								
						先尊											代旺								

36	37	38	39	40	41	42	43	44	45	46	47	48	36	37	38	39	40	41	42	43	44	45	46	47	48
爾	文	光	世	代	承	先	德	武					爾	文	光	世	代	承	先	德	武	耀	中	華	振
						先育									光洁	世柯									
					承名	先題										世梯									
						先										世甲									
						先鳴										世桴									
					承器	先麟									光潤	世意	代光	承宗	先科	德茂					
						先趾														德富					
						先呈														德位					
						先祥													先定						
					承佐														先進	德增					
				代君	承平	先士											代鵬								
						先鍾											代舒								
						先亢											代震	承							
						先福										世英	代修	承和	先容	德友					
						先海													先開						
					承吉	先才												承前							
						先覺												承莫							
						先靜												承明							
						先光											代彰								
					承藝	先瑞											代壁								
						先藩											代祝								
						先交											代晙								
						先照											代賢								
						先交										世杏	代選								
						先照											代超	承芳	先椿						
						先馳										世彩	代其	承運	先立	德琼					
						先軍											代弼	承本	先怡	德順					
					承禧	先圭												承華	先禮						
			世楫	□	承貴													承瑞	先鈞	德新					
			世杠	代荐	承儒	先至													先儀						
				代忠	承美	先務													先裁						
					承鍾	先重											代益	承亮							
					承椿	先匡																			
	文錫	光海	世棟	代輝											光浩	世權	代燔								
				代勛	承寶												代烽								
			世相	代范													代燁								
				代殷	承修												代兼								
					承敕											世橫	代煥								
					承醇												代熾	承孝							
				代制														承時							
			世材													世松	代為	承衡							
			世樺	代匯													代鴻	承茂							
			世梧	代鶯														承春	先能						
			世連																先武	德番	武鵬				
		光清	世松	代列														承							
				代藼	承基													承仙	先才	德興					
					承增												代昱								
					承墩	先榮	德福	武力								世梗	代燭								
							德生										代然								
				代燕													代焯								
				代蒸													代爍								
			世彬	代同	承喜											世棣	代燧	承緒	先齊						
				代連	承仕	先富													先誠						
				代略	承庚	先衡	德萬												先淋						
			世椒	代茂															先肴						
				代隆														承書							
				代佳														承通							
				代斗														承杏	先銓						
				代新															先習						
		光池	世楷																先銘						
			世柏																先監	德秋					
			世卷												光淇	世杞									
		光泗	世霖	代周	承焞	先祿	德豫									世梓									
				代文	承乾	先儒										世業									
				代武										文鐵	光淮	世楓	代鳶								
			世年	代助													代盛								

36	37	38	39	40	41	42	43	44	45	46	47	48	36	37	38	39	40	41	42	43	44	45	46	47	48
爾	文	光	世	代	承	先	德	武					爾	文	光	世	代	承	先	德	武	耀	中	華	振
				代澤													代泰								
				代持													代職								
				代猷	承其	先國	德運	武波									代祥								
								武立								世尊	代熏								
						先愛											俊								
						笕衡	德萬	武忠	耀文								代根								
									耀根							世榻	代臣								
				代源	承鄉												代訓								
		光浩	世權	代龍	承金	先學											代馨								
						先登										世檀	代典								
						先高	德祿										代昌								
							德壽										代維								
					承玉												代焰								
				代榮																					
	文錞	光濤	世鼎												光潤	世櫻	代駿	承宪	先印	德綏					
			世程															承章	先文	德斌					
		光湛	世伏																先韜						
			世禧																先鈺	德襄					
			世惠	代英													代賢	承煥							
			世□													世彩	代其	承志	先恢	德元	武清				
		光渲	世親																	德光	武瑞				
			世李																		武拔				
			世齊															承德	先舉	德慶					
		光涤	世龍	代善	承	先選	德育													德暄					
					承中	先猷														德鎮					
						先芬														德永					
						先傳														德庚					
						先滋	德達												先蔡	德新					
					承三	先治	德佑											承仁							
							德謙							文錫	光四	世霖	代文	承淑	先霧						
							德宣												先豐	德明	武榮				
		光潤	世意	代鵬	承霖	先祝															武連				
						先初	德顯														武成				
							德友														武桃	耀南			
					承財	先梅	德彬											承調	先卓	德俊					
						先應	德周													德榮					
							德和										代武	承魁							
							德玄											承余							
						先年	德勇											承啟							
							德蓮									世權	代燔	承哲							
				代舒	承慶	先安	德同											承功							
							德用											承奇	先桂						
						先用								文享	光淮	世楓	代鳶								
				代修	承前	先開	德森										代盛	承斗	先揚						
					承莫	先志	德讓	武光										承尊							
					承明	先爵												承忞							
						先庚	德泉	武烈									代泰	承懋							
						先亮	德久											承規	先緣						
						先慧	德寧										代職	承文	先甲	德發					
			世櫻	代彰	承訓	先達												承定	先純						
				代璧	承祥	先題	德孝	武銘										承□	先懷						
						先正	德忠												先友						
						先發	德文	武升										承茂	先美						
								武清											先彝						
						先行											代祥	承淡							
						先甲	德發											承熙							
					承清	先彪										世尊	代薰	承完							
					承美	先茂	德洋											承祿							
						先耀	德芳											承安							
						先豹												承峨							
				代祝													代俊	承嘉	先奇						
	文亭	光淮	世尊	代俊	承嘉	先給								文監	光洵	世模	代貞	承	先賢	德裕	武威	耀湘			
						先紋																耀瑞			
				代振	承芬	先喬																耀祖	中炎	華連	振良
						先招	德喜																		振西

36	37	38	39	40	41	42	43	44	45	46	47	48	36	37	38	39	40	41	42	43	44	45	46	47	48
爾	文	光	世	代	承	先	德	武					爾	文	光	世	代	承	先	德	武	耀	中	華	振
					承芳																			華平	
					承苗																			苹付	
					承化																			苹春	
		光淮	世榻	代臣	承琼	先華																		苹金	
						先貴	德祥														武衛				
							德余	武孝												德貴					
					承錦	先瑞														德發					
						先林														德春					
						先云	德隆													德彩					
						先基	德乾												先仁	德成					
					承福														先器	德淑	武敦	耀朋	中亮		
			世發	代訓	承累	先聲																	中金		
						先貴	德霖												先留	德佳	武林	耀華	中波		
							德祥																中良		
					承雯																		中文		
					承顯																		中山		
					承洋																	耀國			
					承春	先章	德余															耀榮			
				代馨	承全	先崇													先平	德榮					
						先建													先泰	德敦	武魁	耀華			
						先民																耀貴			
			世檀	代典	承謙	先玟	德蘭															耀榮	中光	華清	振威
						先書																	中秋	華學	
						先福	德華																	華軍	
					承藏	先慎																耀富	中明	華禮	
						先財																	中發	華偉	
						先隽																	中伏		
						先惠															武揚	耀川	中生	華建	
				代昌	承碧																	耀樓	中良		
					承楊	先源	德田															耀國	中江		
				代維															先國	德海	武加	耀華			
				代炤	承濟	先協																耀春	中明		
	文監	光泰	世考	代蔡	承忠	先中																	中偉		
						先紱																耀庚	中梁		
					承教	先蔚															武超	耀彥	中祥	華毛	
					承賢	先綱														德思	武友				
						先紀															武林				
					承節	先受													先良	德美	武初				
		光洵	世模	代蔡	承甫	先培															武興				
						先余														德盛					
				代南	承氣														先昌	德祖					
					承象															德和					
				代祭	承達															德水	武興				

38	39	40	41	42	43	44	45	46	47	48	49	50	38	39	40	41	42	43	44	45	46	47	48	49	50
光	世	代	承	先	德	武	耀	中	華	振			光	世	代	承	先	德	武	耀	中	華	振		
光洵	世模	代貞	承	先良	德盛									世楨	代熹	承祥	先趾	德瑞	武韜	耀華	中清	華祥			
				先昌	德祖																中軍	華柳			
					德和																中純	華濤			
					德水	武南														耀桂	中明	華良			
					德揚																中建	華鋼			
				先篤	德鳳																	華志			
				先告	德純																中德	華林			
					德潤																	華安			
					德慧																中奇				
					德綱	武才														耀文	中濤	華棋			
						武林															中波				
				先藩	德良	武忠	耀明														中磊				
							耀均												武琼	耀年	中華				
							耀供													耀存	中平				
						武萍	耀華														中建	華理			
							耀庚														中新				
				先照	德孝	武庚	耀云												武英	耀庚	中發	華萍			
					德祥	武兵	耀安														中富	華維			
						武冬	耀水												武略	耀洪	中朝				

38	39	40	41	42	43	44	45	46	47	48	49	50	38	39	40	41	42	43	44	45	46	47	48	49	50
光	世	代	承	先	德	武	耀	中	華	振			光	世	代	承	先	德	武	耀	中	華	振		
					德修	武春	耀福	中良													中安				
								中國													中豐				
							耀金													耀平	中亮				
	世楨	代熹	承澤	先題	德紀															耀安	中國				
					德經	武文	耀貴	中啟											武襄	耀萍	中磊				
								中水	華濤										武新	耀其	中原	華崗			
									華亮												中春	華根			
							耀發	中雙													中良				
							耀富	中扶												耀和	中強				
								中壽	華根								先呈	德壁	武懋	耀節	中周	華軍			
									華桂												中其	華堅			
								中國														華翔			
					德綸																	華清			
					德球	武翔	耀忠	中桂	華江											耀宗	中亮	華根			
								中桃	華建												中良				
									華杰											耀光	中堅				
						武奇	耀生	中友	華財												中強				
						武燕														耀富	中傳				
						武蘭														耀春	中泉				
				先趾	德鄰	武昌	耀盛													耀冬	中濤				
						武和													武騰						
					德瑞	武韜	耀瑩	中鵬	華榮	振坤									武	耀申	中建				
									華斌												中勇				
								中惠	華勝											耀才	中東	華里			
							耀華	中佑	華明	振宇											中西				
									華冬											耀良	中芳				
								中清	華英											耀照	中強				
	世楨	代熹	承澤	先呈	德壁	武全	耀其	中球	華林					世楨	代熹	承澤	先紳	德桂	武發	耀庭	中友	華陶			
								中洪													中興	華勤			
							耀雪	中勝											武堂						
							耀林	中軍											武華						
								中國									先海	德才	武森	耀發	中真				
							耀貴	中根													中華				
							耀年	中水										德高							
							耀兵	中田									先才	德全	武隆						
							耀文	中華											武盛						
						武兼	耀和	中合											武茂						
								中健										德基	武斌						
							耀潮	中勉										德要	武庠	耀虎					
																	先匡	德祺	武秀	耀球					
						武錫	耀金	中磊												耀生	中建				
							耀銀	中雙												耀毛	中雨				
							耀高	中忠													中浩				
						武孚	耀卡	中超												耀剛	中林				
							耀勃												武和	耀江	中愛				
						武謙	耀柏	中峰												耀洪	中樹				
							耀水										先傳	德輔	武勛	耀波					
							耀曉	中啟												耀平					
					德奎	武宏														耀國	中敏				
						武生														耀消					
						武先	耀平	中穎											武丁	耀勇	中濤				
							耀小	中寒												耀鋼	中宇				
						武明	耀洪	中晴													中練				
						武初	耀恒	中軍												耀和	中亮				
						武輝	耀云	中航												耀平	中浩				
							耀純													耀毛	中博				
							耀俊													耀軍	中程				
					德連	武云	耀輝	中奇											武云	耀輝					
						武雪	耀海	中帥												耀陽					
							耀根	中戰									先猷	德一	武朝						
							耀忠												武友	耀友					
							耀偉										先治	德宣	武枚	耀海					
						武芳	耀海													耀財					
						武兢	耀洪	中丁												耀平					
								中江									先開	德森	武桓	耀俊	中禮				

38	39	40	41	42	43	44	45	46	47	48	49	50	38	39	40	41	42	43	44	45	46	47	48	49	50
光	世	代	承	先	德	武	耀	中	華	振			光	世	代	承	先	德	武	耀	中	華	振		
				先祥	德輝	武金															中信				
					德安															耀貴	中仁				
					德定																中智				
				先士	德厚	武丞	耀光												武田	耀軍	中運				
							耀月										先爵	德弗	武財	耀良	中根				
							耀福	中騏	華春	振一									武運	耀林	中文				
										振二	遠用									耀秩	中旺				
									華秋	振明								德聖	武虎	耀華	中福	華林			
				先紳	德桂	武發	耀庭	中群	華建	振勇										耀貴	中炎				
				先爵	德盛	武鳳	耀春	中伏	華磊								先仁	德元	武生	耀云	中華	華軍			
								中陸											武申	耀貴	中根	華雙			
							耀明	中偉													中良				
							耀法	中兵							代[illegible]	承祺	先監	德秋	武良	耀建	中文				
							耀堂	中毛								承文	先甲	德發	武冰	耀明					
					德傳	武發	耀中	中根												耀庚					
							耀毛	中良												耀點	衛明	中旭			
							耀云	中兵												耀金	中燕				
						武全	耀霞	中華													中連				
							耀成	中波											武財	耀國	中明				
								中亮													中亮				
							耀平	中得													中星				
							耀金	中凱												耀云	中龍				
					德泉	武炎															中靖				
				先鈺	德喜	武樂	耀亮														中宇				
				先慧	德久	武華	耀許												武業	耀軍	中芝				
							耀春									承春	先章	德秀	武忠	耀云	中文				
						武春														耀華	中飛				
						武林	耀可													耀桂	中承				
				先題	德孝	武鑫	耀祥													耀禮	中云				
							耀聖	中譽													中豐				
				先正	耀忠	武鈴	耀炳	中勇												耀財	中劍				
							耀良	中點											武良	耀富	中春				
							耀華	中鵬												耀生					
							耀煌	中純											武國	耀滔					
				先正	德忠	武模	耀斌	中鋼											武根	耀記					
				先彪	德尊	武伏														耀軍					
						武明	耀根								代典	承藏	先慎	德副	武涤						
					德芳	武連	耀偉	中建											武迪	耀虎	中鴿				
				先初	德有	武國	耀包													耀國					
							耀秋													耀巾					
						武軍	耀兵													耀偉					
						武云	耀彪									承臧	先慎	德盧	武枚	耀云					
				先鈞	德親	武根	耀良													耀華	中程				
					德仁	武生	耀海	中旭													中果				
				先仁	德和	武枚	耀金													耀富					
					德炎													德言	武漢	耀輝	中宇				
					德正	武勝	耀祥	中芳												耀明					
							耀根											德啟	武來	耀林					
							耀毛											德清	武松	耀南	中胤				
						武明	耀良													耀北	中鵬				
							耀煇											德華	武秋	耀才	中廣				
							耀煌	中亮													中明				
							耀生														中滿				
					德元	武清	耀富	中生								承謙	先玟	德義	武才	耀華	中悅				
						武生	耀云	中來	華國											耀軍	中峰				
									華才												中勇				
			承謙	先玟	德義	武清																			
						武斌	耀良																		
			承琼	先華	德和	武仁																			
					德庚	武花	耀文																		
			承茂	先美	德由	武南																			
						武堯	耀軍																		
						武金																			

24	25	26	27	28	29	30	31	32	33	34	35	36	37	38	39	40	41	42	43	44	45	46	47	48	49
子英	志恭	玉升	毓先	耀彩	思亨	清元	文照	炳煌	茂春	仁運	兆龍	全福	展桂	金林	效										
														金輝	世宇										
												全祿	展全	艷兵	鋒										
															果										
														海燕	瑞										
													展才	華軍											
													展德	俊											
												全壽	展余	志敏											
														曉敏	欽嘉										
													展洪	再軍	麗										
														云											
													展國	亮											
													展林	志剛											
														毅											
												全喜													
										濟堂	繩武	禮成	金堂	响根	志剛										
														三華	武										
													海全	占良	玲										
														忠良	球										
														冰良	其										
													楷文												

湖南醴陵東鄉黃沙洲子英公

子英公乃桂高長子・又名英，字還祖，號藹庭・明貢生，洪武卅一年舉人，材選授江南直津縣知縣，改調常熟知縣，由江西廬陵同下徙居湖南醴陵黃沙洲，入東鄉十一都民籍・元至甲申年正月四日寅時生，永樂庚子年四月十二日辰時歿・葬黃沙香爐形・配劉氏・繼配丁氏，夫婦合葬，一子志恭・

血緣　構雲－滋公－倜－輔－玕－彥昭－師奭－德顒－文壽－儒邦－仕臯－思瑾－汝謨－忠開－知新－大　－必元－正子－君章－成扶－元可－行安－桂高－子英－志恭－齡－龕－廷表－在正－胥－景良－惟幄－九鶯－直源－前逢－正吾－彥希－玉升－先－彩－思光－貴元－思庭、思光、思學

41	42	43	44	45	46	47	48	49	50	51	52	53	41	42	43	44	45	46	47	48	49	50	51	52	53
思	明	文	炳	茂	羽	錫	禮	展					思	明	文	炳	茂	羽	錫	禮	展				
思庭	明元	文桂	炳華	茂全	羽楊	錫隆	禮南	建偉	志				思庭	清文	文照	炳福	花猷	仁其	錫煌	禮香	展生	金旭			
二房									巧				二房							禮洪	國戉				
							禮庚	海波	露莎												耀生	虎			
							禮炎												錫早	定國	麗華				
				茂葉	羽興	錫斌	裕湘	展勝	响									仁甲	錫洋	禮志	繼穩	龍			
								展利													繼建				
								展佑	學											海軍	繼常	振			
									武											海珍	洲				
						錫興	裕生	展和	雪軍												姜				
									雪明									仁祿	建國	志偉					
				茂成	羽林	錫鳳	禮堂	建躍	錦濤										建民	志益					
							禮凡	飛躍	柳藝											志雷					
							禮新											仁茂	錫階	俊青	展軍	文星			
							禮才	剛													贊軍				
				茂龍	羽其	錫慶	裕斌	文勝	金											俊明					
							裕華	木根												俊國	志炎				
								展良												俊武	鈞玉				
							裕輝	志軍												鐵飛					
								志安										仁芳	錫省	安林	明				
							裕友													志國	成				
					羽和	錫恩	禮建	祥												偉林	贊				
							許平	帥										茂和	仁甲	錫炎	禮勝	展昭	成成		
					羽其	錫來	國榮	躍軍	思禹									養子				珍			
							國富	許根												錫林	禮和				
								展細												錫元	海兵				
								忠佑													海云	國毛			
							國憲	明													海生	國強			
					羽元	錫酬	建余	樂												錫申					
				茂龍	羽貴	錫員	禮輝	國軍	香帥							文照	炳苦	茂光	壽仁						
							禮成	家良											壽友	錫漸	志發				
							禮強	快										茂芳							
							禮偉	堅										茂云							
		文圖	炳康	茂達	春恩	起新	禮富	展兵										茂祥							
						錫其	禮華	展再	根								炳開	茂案	壽全	錫高	禮明	躍林			
						錫庚	禮雲	展國	金桃												禮昭	文	金隆		
								新民	金亮												建國				
								木林											壽生	錫權	芳芝				

41	42	43	44	45	46	47	48	49	50	51	52	53	41	42	43	44	45	46	47	48	49	50	51	52	53
思	明	文	炳	茂	羽	錫	禮	展					思	明	文	炳	茂	羽	錫	禮	展				
							禮才	偉生	濤									茂萱	壽仙	錫初	禮鐵	威			
							禮發	許生	金此												偉軍	笑			
								文生	金炎								炳云								
							禮生	建國	金雨								炳煌	茂益							
								建強	庭									茂春	仁運	兆龍	全福	展桂	全林		
							禮桃	展明	彪														全輝		
								展輝														展財	華軍		
							禮壽	展林														展德	俊		
三房			※			※			※												全祿	展全	艷兵		
思光	締元	瑞敖	炳恒	長林																			海燕		
				壽山	裕明	展秋	金樂														全壽	展余	志敏		
				啟龍	裕番	展文	金奇																小敏		
						展全												茂修							
						展良														金壽	展法	再軍			
				啟南	理平	展清																雲			
				長林	福海	錫財	裕來	展南	雪龍												展國	亮			
									雪俊	勇											展林	志剛			
									雪虎	亮												毅			
							裕根	展云	衛國								茂德	濟堂	繩武	金堂	响根	志國			
								展華	建軍	雨霄											三華	武			
									建國											海全	戰良	武			
						錫友	裕貴	展明	清和	龍亳											忠良	球			
								海明	金偉												冰良	琪			
								展文												概文					
								展番	金來				四房			※			※			※			
									金根				思學	貴元	大珍	炳江	涌南	蔚文	錫貴	黨凡	展球	金波			
							裕炎	展懷	文革													金亭			
							裕發	展榮	全幸												展平	曼	龍祥		
							裕軍	勝													珍偉	餾			
								敏											錫洪	禮明	忠林				
		瑞敖	炳仁	德林	清山	錫云														禮軍	忠于	玉			
						錫如															忠勇	晚			
						錫庭	理許														忠良	亞			
						錫福	裕球											蔚武	錫輝	秀連	建				
						錫全	許明	展安								炳乾	春南	蔚林	錫仁	禮安	學軍	維			
			炳照	昌林	春山														錫興	玉凡	（遷	雲南	）		
					文山										大珍	炳忠	慶南	蔚益	錫田	裕隆	展六	建雄			
					仁山																展仁				
					晉山	啟明	裕濱	石祥							大文	炳和	鎮南	蔚龍	錫勛	禮兵	展秋	磊			
								增輝	金磊												建軍	良			
								志崇										蔚和	錫運	禮才	曉明				
				伯林	石山	錫彩	裕明	金生	小林											禮飛	秋				
		理鵬	炳烯	慈林	仁康	錫山												蔚光	錫文	禮正	展木	檢			
						錫梅	理毛													禮清	海生	寧梦			
							理華														偉生	欣平			
						錫勝	冬生													禮桔	勇奇				
						錫霞	理福	桂泉	（贅	婿李	明祥）							蔚祥	錫香	禮桃	燕華	（招	婿）		
									新華											禮懷	球				
									新偉												芳				
							理春	建文	利果											禮金	露				
								建武	利云											禮陵	山	紅衛	雙陵		
					仁壽	錫禹	理余	展鈞	金城													建波			
								展奇	金都													建軍			
							理德	展建										蔚亭	錫群	禮平	欣宇	遷	長春		
							理勝	展翅												學平	欣月				
						錫亮	毅夫												錫常	禮高	瑞				
					仁林	錫佑	理明	展國													磊				
							理花	展超												慶力	其				
							理偉	展林									秀南	蔚起	錫古	禮純	展輝				
								展秀												禮良					
		瑞鵬	東曾	喜勝	運章	錫禧	理國	東奇	木											禮金					
								東彪	軍						大文	炳清	發南	蔚亭	錫純	禮純	禮乾	云			
					運高	錫和	理文	展良	金余									（撫	）		禮坤	堅			
							理武	志遠	金明												衛紅	浚			
								志軍	金單											錫蔡	海金	志強			

41	42	43	44	45	46	47	48	49	50	51	52	53	41	42	43	44	45	46	47	48	49	50	51	52	53
思	明	文	炳	茂	羽	錫	禮	展					思	明	文	炳	茂	羽	錫	禮	展				
							裕全	友紅														志國			
						錫華	保云	展高	金毅											錫桃	禮平				
								展龍	金巧											錫冬	展煌				
							水金	展告	金欽												禮金	青			
							伏生											蔚起	錫育	禮生					
				光南	尉鵬	菊欽	國興													花田					
						錫鈎	鐵珊																		
					尉福	啟元	阻龍	吉祥																	
						啟德	理志																		
					尉喜	鳴商	理泉	展華																	
							理祥																		

湖南醴陵淥口鄉上洲村（丁家坊）周泰公

汝養公之子，原名泰，字讓三，宋宣和辛丑科進士，知潭州常豐縣知事，建炎四年以金變城死之，贈中奉大夫，晉贈大中大夫，元符己卯年八月十四日生，葬常豐縣南門外五十里栖霞嶺．配張氏，正安紹藝公之女，贈常豐縣君，元符庚辰年四月初一日子時生，紹興癸丑年五月十八日卯時歿，卒與合葬，一子名有言．遷居湖南醴陵南鄉丁家坊，現隸屬淥口鄉上洲村．

血緣：　構雲－滋公－倜－輔－玕－彥昭－師孔－允照(榮德)－文浪－儒蓁－仕陽－思勝－汝養－周泰－有言

14	周泰																							
15	有言	業楝																						
16	以祥	以法																						
17	紹朋	始民																						
18	高山	高友																						
19	賢義	賢禮	賢倫																					
20	永和																							
21	大文	大武																						
22	發富	發貴	發財																					
23	開泰	開禧	開運	開先	開光																			
24	林堂	綠堂	映堂	慶堂	茂堂																			
25	加善	秀善	加芳	加貴	秀珊	加良	秀瑚	加美	加奇	加吉	加利													
26	子成	子貴	子陽	子春	子凰	子龍	子虎	子元																
27	賡昌	賡功	賡正	賡宗	賡祖	賡光	賡考	賡試	賡秀	賡元														
28	思溪	思有	少朋	思思	思義	思會																		
29	祥南	祥開	祥運	祥西	祥源	祥臨	祥雲	虹南																
30	俊安	俊夫	俊蒼	俊性	俊心	俊勝	俊騰	俊昆																
31	皆珠	義祥																						
32	承正	承繩	承喜																					
33	隆昭	隆懷	隆性	可繼	可恭																			
34	遇鼎	遇景	遇賢																					
35	俊宣	玉宣																						
36	三奇	三古	三俊	三畏	三略	三元	三才																	
37	壽年	皇作	壽榮	皇思	干庭	皇皆	壽朝	皇僚	壽宗	皇能	壽松	皇口	干國	皇村	壽山	皇永	壽亭	壽祖	壽鼎	皇鼎				
38	學照																							
39	萬鵬																							
40	福高	楚高																						
41	文隆	佳菊	鴻逵																					
42	長美	申旦	開端	敬修	復亨	尚賓	樹林	滿吉	早秋	道垣	生雲	養源	敦仁	培堯	喧梅	開達	茂達	茂全	桂雲	望元	光生	申生		
43	錫春	錫海	純懿	象清	達善	春台	達祿	亨集	積玉	芳信	楊生	俊清	冬三	春財	正文	春連	日昇	壽庭	花連	廣聖	理桃	炳乾		
	秀蒲	桂興	友德	友連	友年	友成	世魁	世康	金玉	德生	金才	桂蘭	秋生	冬學	冬連	冬發	冬貴	祖連	祖開	祖生	祖佑	丁發		
	桂林	冬林	桂甫																					
44	文秋	建華	建偉	建國	長壽	南方	雪梅	新田	仁壽	洪主	許生	友雲	冬連	裕斌	木金	若芝	新堯	桂生	竹生	慶雲	佑生	德生		
	懷德	長發	長喜	益鵬	秋桂	四桂	富貴	金伏	新發	連發	炳生	金雲	金全	建軍	建明	金華	春	菊生	海泉	愛國	許春	炎生		
	運平	建平	香平	燕平	偉平	玉連	玉發	真吉	許林	金蘭	金年	芝桃	步青	步庭	步香	步春	四生	國生	雪生	禮壽	海賓	雲華		
	國財	揚春	祿恒	開樹	連生	冬久	春桃	志全	全貴	林桂	雨春	月南	月兵	月友	月雲	明德	月壽	月付	木林	匊生	財生	南生		
	德甫	德財	正春	愛中	德文	德忠	玉泉	友雪	永財	成生														
45	小丹	小珊	志剛	志成	志武	志新	花林	金林	碧生	碧才	碧泉	文啟	德昌	德山	德南	德遠	楊林	明清	秋萍	秋果	秋桃	質炎		
	毛中	建國	漸兵	許兵	明海	運德	仁雪	仁球	仁迪	亮	燕先	燕泉	燕加	燕成	秋雲	建輝	毛生	久珍	通南	平南	建明	建園		
	鐵園	衛明	衛國	衛中	許強	革春	祥	英	勇軍	桂苹	文	芝	桂林	建林	劍	志威	力	米納	志強	莉娜	智謀	智恒		
	雲華	雲財	雲全	凱軍	龍瑞	木生	石生	成生	知	鳳仙	紀新	梅希	金海	金文	金龍	金玉	建秋	福秋	金苹	建	建軍	建苹		
	建康	建輝	建武	春泉	建國	開喜	桂喜	少金	少忠	建秋	建林	建虎	建偉	樹山	樹貽	開蘭	運芝	運招	福毛	雪貴	國永	守為		
	守君	守群	美波	美根	鐵種	新華	廣如	芝良	漢文	漢軍	漢林	漢春	漢滔	漢初	漢群	漢庭	漢武	志明	建良	志文	志武	志平		
	毛林	廣林	清林	建軍	建平	志周	春全	春華	春亮	春富	春茶	春玉	春燕	建化	建球	建偉	理納	理堅	菊全	秋雲	國生	末全		
	順賓	建軍	小春	友雲																				
46	濟仁	金狀	仁杰	進泉	志高	志斌	志堅	德軍	建科	建年	許良	建良	志軍	明	星星	新科	志勇	志敏	濤	洪亮	浩	建龍		
	佳麗	建林	江	龍	少	豐	國慶	雙燕	龍	啊純	啊三	啊四	啊晉	啊魏	啊強	建	國輝	國華	丹	挽	文	國民		
	燕	志	楝	忠	波	旺輝	霄柳	芳	祥	慶	亮	鐵生	其	輝	威虎	威龍	山山	雙優	銀雪	磊	鑫	敏		

	文強	文明	玉明	玉和	建國	建輝	建林	海軍	海明	海秋	准	洪迪	建成	建良	建軍	勇	鋼	鐵	林	義	衛	波		
	汪	丹丹	艷	剛	智	斌	四海	良	容	亮	明	興旺	遷	依琪	磊	慧敏	子豪	軍	戰	志堅	志剛	江濤		
	江征	添	志	再	堅	宇	佳	江滔	勇全	勇強	炬	勇江	勇欒	勇定	勇虎	焱	宇霞	博	斯維	勇	燕	桃		
	解	祥	志	莎	宇	瑜	安	四海	思念	亮	波	建	俊	洁	志偉	衛軍	衛強	告明	禮生	莉莎	勇	帥		
	強	建軍	建德																					
47	志刪	志軍	鵬	莉	華	夏	玉姣	文強	成	俊	雷	丹	晴	文琪	洁	亞強	達	旺	敏	海根	海波	海強		
	閏根	永	海建	滔	鑫	達奎	友明	志	俊	慧														

38	39	40	41	42	43	44	45	46	47	48	49	50	38	39	40	41	42	43	44	45	46	47	48	49	50
學照	萬鵬	福高	文隆	長美	錫春	文秋	小丹													秋果	浩				
							小珊													秋桃	建龍	洁			
					錫海	建華	志剛														佳麗				
							志成											達祿	若芝						
						建偉	志武												新堯						
						建國	志新											亨集	桂生	質炎	建林	亞強			
		楚高	佳菊	申旦	純懿	長壽	花林	濟仁	志剛											毛中	江	達			
								金狀	志軍												龍				
						南方														建國	沙				
					象清	雪梅	金林	仁杰	鵬												豐				
									莉										竹生	漸兵	豐				
							碧生	進良	華											許兵	國慶				
								志高	夏											明海	雙燕				
								志斌	玉姣											運德	龍				
							碧才	志堅	文強										慶雲	仁雪	啊純				
						新田	碧泉	德軍	成											仁球	啊三				
									俊												啊四				
					達善	仁壽														仁迪	啊亞				
						洪主	文啟	建科	雷												啊魏				
								建年	丹											亮	啊強				
								許良	晴									積玉	佑生	燕先	建				
								建良											德生	燕泉	國輝				
						許生	德昌	志軍	文琪												國華				
							德山	明												燕加	丹				
							德南	星星													挽				
							德遠	新科											懷德	燕成	文				
						友雲	楊林	志勇										芳信	長發	秋雲	國民	真			
								志敏											長喜						
							明清	濤										楊生	益鵬						
					春台	冬連													秋桂	建輝	燕				
						裕斌													四桂	毛生	志				
						木金	秋苹	洪亮											富貴	久珍					
						金伏	建偉												金年	鳳仙	建成				
					俊清	新發	通南	棟												紀新					
							平南	忠											芝桃						
						連發	建明	波										桂興	步青	梅希	建良				
							建園	旺輝													建軍				
							鐵園	霄柳												金海	勇				
					冬三	炳生	衛明	芳													鋼				
							衛國	祥												金文	鐵				
							衛中	慶											步庭	金龍	林				
					春財	金雲	許強	亮												金玉	義				
					正文	金全	革春	鐵生											步香	建秋	衛				
					春連	建軍	祥													福秋	波				
						建明	英													金苹	汪				
					日昇	金華	勇軍	其											步春	建	丹丹				
					壽庭	年春	桂苹	輝									道垣	友德	田生	建軍	艷				
							文	威虎												建苹	剛				
				開端																建康					
			鴻逵	敬修															國生	建輝	智				
				復亨																建武	斌				
				尚賓														友連	雪生	春泉	四海				
				樹林																建國	良				
						芝	威龍											友年	禮壽	開喜	容				
					菊生	桂林	山山													桂喜	亮				
					海泉	建林	雙優														明				
					愛國	劍													海賓	少金	興旺				
					花連	許春	志威															鑫			

38	39	40	41	42	43	44	45	46	47	48	49	50	38	39	40	41	42	43	44	45	46	47	48	49	50
						炎生	力															達奎			
					廣聖	運平	米納															友明			
						建平	志強													少忠	遷				
						香平	莉娜														依琪				
						燕平	智謀											友成	雲華	建秋	磊				
						偉平	智恒												國財	建林	慧敏				
				滿吉	理桃	玉連	雲華	銀雪												建虎	子豪				
								磊												建偉					
							雲財	鑫									牛雲	□	揚春	樹山	軍	林西			
								敏														喜存			
							雲全	文強													戰	其樂			
						玉發	凱軍	文明												樹貽	志堅	亞麗			
			彩苹	早秋	炳乾	真吉	龍瑞	玉明	旺												志剛				
								玉和	敏							明海	養源								
							木生	建國	海根								敦仁	世魁	祿桓	開蘭	江濤				
								建輝	海波												江征				
								建林	海強											開樹	運芝	添			
					秀蒲	許林	石生	海軍	閏根												運招				
								海明	永												福毛				
								海秋	海建									世康	連生	雪貴	志				
						金蘭	成生	准	滔										冬久	國永	再				
							知	洪迪										金玉	春桃						
						志全	守為											明德	漢初	焱					
							守君												漢群	宇霞					
							守群												漢庭	博					
					德生	全貴	美波	堅											漢斌	斯維					
							美根										冬發	月壽	志明	勇					
						林桂	鐵鍾	宇											建良	燕					
					金才	□	新華	佳												桃					
				培堯	桂蘭	雨春	廣如											月付	志文						
				喧梅	秋生	□	芝良	江滔											志武						
		逸高	文華	開達	冬學	月南													木林	志春					
						月兵														志平					
						月友												冬貴	菊生	毛林	解				
					冬連	月雲	漢文	勇全												廣林	祥				
								勇強													志				
							漢軍	炬												清林	莎				
							漢林	勇江											財生	建軍	宇				
								勇樂													瑜				
							漢春	勇定												建平	安				
							漢滔	勇虎											南生	志周					
						明德	漢初	焱						萬齡	登高	光德	茂達	祖連	德甫	春全	四海				
							漢群	宇霞												春華	思念				
							漢庭	博												春亮	亮				
							漢斌	斯維													波				
					冬發	月壽	志明	勇												春富	建				
							建良	燕												春茶	俊				
								桃											德財	春玉					
						月付	志文													春燕					
							志武										茂全	祖開	正春	建化	洁				
					志全	守為														建球					
						守君														建偉	志偉				
						守群												祖生	愛中	理塔	納				
				德生	全貴	美波	堅													理塔	堅				
						美根												祖佑	德文						
					林桂	鐵鍾	宇										桂雲	丁發	德忠	菊全	衛軍				
				金才	□	新華	佳														衛強				
			培堯	桂蘭	雨春	廣如														秋雲	告明				
			喧梅	秋生	□	芝良	江滔													國生	禮生				
	逸高	文華	開達	冬學	月南															末全	莉沙				
					月兵												望元								
					月友												光生	桂林	玉泉	順賓	勇				
				冬連	月雲	漢文	勇全											冬林	友雪	建軍	帥				
							勇強														強				
						漢軍	炬										申生	桂甫	永財	小春					
						漢林	勇江												成生	友雲	建軍	志			

38	39	40	41	42	43	44	45	46	47	48	49	50	38	39	40	41	42	43	44	45	46	47	48	49	50
							勇樂															俊			
						漢春	勇定														建德	慧			
						漢滔	勇虎																		

24	25	26	27	28	29	30	31	32	33	34	35	36	37	38	39	40	41	42	43	44	45	46	47	48	49
子英	志恭	玉升	毓先	耀彩	思亭	清元	文照	炳煌	茂春	仁運	兆龍	全福	展桂	金林	效										
														金輝	世宇										
												全祿	展全	艷兵	鋒										
															果										
														海燕	瑞										
													展才	華軍											
													展德	俊											
												全壽	展余	志敏											
														曉敏	欽嘉										
													展洪	再軍	麗										
														云											
													展國	亮											
													展林	志剛											
														毅											
												全喜													
											濟堂	繩武	禮成	金堂	响根	志剛									
														三華	武										
													海全	占良	玲										
														忠良	球										
														冰良	其										
													楷文												

湖南醴陵東鄉黃沙洲子英公網脈

子英公乃桂高長子・又名英，字還祖，號藹庭・明貢生，洪武卅一年舉人，材選授江南直津縣知縣，改調常熟知縣，由江西廬陵同下徙居湖南醴陵黃沙洲，入東鄉十一都民籍・元至甲申年正月四日寅時生，永樂庚子年四月十二日辰時歿・葬黃沙香爐形・配劉氏・繼配丁氏，夫婦合葬，一子志恭・

血緣　構雲－滋公－偶－輔－玕－彥昭－師奭－德顒－文壽－儒邦－仕臬－思瑾－汝謨－忠開－知新－大　－必元－正子－君章－成扶－元可－行安－桂高－子英－志恭－齡－畬－廷表－在正－胥－景良－惟幄－九鷺－直源－前逢－正吾－彥希－玉升－先－彩－思光－貴元－思庭、思光、思學

41	42	43	44	45	46	47	48	49	50	51	52	53	41	42	43	44	45	46	47	48	49	50	51	52	53
思	明	文	炳	茂	羽	錫	禮	展					思	明	文	炳	茂	羽	錫	禮	展				
思庭	明元	文桂	炳華	茂全	羽楊	錫隆	禮南	建偉	志				思庭	清文	文照	炳福	花猷	仁其	錫煌	禮香	展生	金旭			
二房									巧				二房							禮洪	國戉				
							禮庚	海波	露莎												耀生	虎			
							禮炎												錫早	定國	麗華				
				茂葉	羽興	錫斌	裕湘	展勝	响									仁甲	錫洋	禮志	繼穩	龍			
								展利													繼建				
								展佑	學											海軍	繼常	振			
									武											海珍	洲				
						錫興	裕生	展和	雪軍												姜				
									雪明									仁祿	建國	志偉					
				茂成	羽林	錫鳳	禮堂	建躍	錦濤										建民	志益					
							禮凡	飛躍	柳藝											志雷					
							禮新											仁茂	錫階	俊青	展軍	文星			
							禮才	剛													贊軍				
				茂龍	羽其	錫慶	裕斌	文勝	金											俊明					
							裕華	木根												俊國	志炎				
								展良												俊武	鈞玉				
							裕輝	志軍												鐵飛					
								志安										仁芳	錫省	安林	明				
							裕友													志國	成				
					羽和	錫恩	禮建	祥												偉林	贊				
							許平	帥										茂和	仁甲	錫炎	禮勝	展昭	成成		
					羽其	錫來	國榮	躍軍	思禹									養子				珍			
							國富	許根												錫林	禮和				
								展細												錫元	海兵				
								忠佑													海云	國毛			
							國憲	明													海生	國強			
					羽元	錫酬	建余	樂												錫申					
				茂龍	羽貴	錫員	禮輝	國軍	香帥							文照	炳苦	茂光	壽仁						
							禮成	家良											壽友	錫漸	志發				
							禮強	快										茂芳							
							禮偉	堅										茂云							
		文圖	炳康	茂達	春恩	起新	禮富	展兵										茂祥							

41	42	43	44	45	46	47	48	49	50	51	52	53	41	42	43	44	45	46	47	48	49	50	51	52	53
思	明	文	炳	茂	羽	錫	禮	展					思	明	文	炳	茂	羽	錫	禮	展				
						錫其	禮華	展再	根								炳開	茂案	壽全	錫高	禮明	躍林			
						錫庚	禮雲	展國	金桃												禮昭	文	金隆		
								新民	金亮												建國				
								木林											壽生	錫權	芳芝				
							禮才	偉生	濤									茂萓	壽仙	錫初	禮鐵	威			
							禮發	許生	金此												偉軍	笑			
								文生	金炎								炳云								
							禮生	建國	金雨								炳煌	茂益							
								建強	庭									茂春	仁運	兆龍	全福	展桂	全林		
							禮桃	展明	彪														全輝		
								展輝														展財	華軍		
							禮壽	展林														展德	俊		
三房			※			※			※												全祿	展全	艷兵		
思光	締元	瑞敖	炳恒	長林																			海燕		
				壽山	裕明	展秋	金樂														全壽	展余	志敏		
				啟龍	裕番	展文	金奇																小敏		
						展全												茂修							
						展良														金壽	展法	再軍			
				啟南	理平	展清																雲			
				長林	福海	錫財	裕來	展南	雪龍												展國	亮			
									雪俊	勇											展林	志剛			
									雪虎	亮												毅			
							裕根	展云	衛國								茂德	濟堂	繩武	金堂	响根	志國			
								展華	建軍	雨霄											三華	武			
									建國											海全	戰良	武			
						錫友	裕貴	展明	清和	龍毫											忠良	球			
								海明	金偉												冰良	琪			
								展文												概文					
								展番	金來				四房			※			※			※			
									金根				思學	貴元	大珍	炳江	涌南	蔚文	錫貴	黨凡	展球	金波			
							裕炎	展懷	文革													金亭			
							裕發	展榮	全幸												展平	曼	龍祥		
							裕軍	勝													珍偉	餾			
								敏											錫洪	禮明	忠林				
		瑞敖	炳仁	德林	清山	錫云														禮軍	忠于	玉			
						錫如															忠勇	晚			
						錫庭	理許														忠良	亞			
						錫福	裕球											蔚武	錫輝	秀連	建				
						錫全	許明	展安								炳乾	春南	蔚林	錫仁	禮安	學軍	維			
			炳照	昌林	春山														錫興	玉凡	（遷	雲南	）		
					文山										大珍	炳忠	慶南	蔚益	錫田	裕隆	展六	建雄			
					仁山																展仁				
					晉山	啟明	裕濱	石祥							大文	炳和	鎮南	蔚龍	錫勛	禮兵	展秋	磊			
								增輝	金磊												建軍	良			
								志崇										蔚和	錫運	禮才	曉明				
				伯林	石山	錫彩	裕明	金生	小林											禮飛	秋				
		理鵬	炳烯	慈林	仁康	錫山												蔚光	錫文	禮正	展木	檢			
						錫梅	理毛													禮清	海生	寧梦			
							理華														偉生	欣平			
						錫勝	冬生													禮桔	勇奇				
						錫霞	理福	桂泉	（贅	婿李	明祥	）						蔚祥	錫香	禮桃	燕華	（招	婿）		
									新華											禮懷	球				
									新偉												芳				
							理春	建文	利果											禮金	露				
								建武	利云											禮陵	山	紅衛	雙陵		
					仁壽	錫禹	理余	展鈞	金城													建波			
								展奇	金都													建軍			
							理德	展建										蔚亭	錫群	禮平	欣宇	遷	長春		
							理勝	展翅												學平	欣月				
						錫亮	毅夫												錫常	禮高	瑞				
					仁林	錫佑	理明	展國													磊				
							理花	展超												慶力	其				
							理偉	展林									秀南	蔚起	錫古	禮純	展輝				
								展秀												禮良					
		瑞鵬	東曾	喜勝	運章	錫禧	理國	東奇	木											禮金					

41	42	43	44	45	46	47	48	49	50	51	52	53	41	42	43	44	45	46	47	48	49	50	51	52	53
思	明	文	炳	茂	羽	錫	禮	展					思	明	文	炳	茂	羽	錫	禮	展				
								東彪	軍						大文	炳清	發南	蔚亭	錫純	禮純	禮乾	云			
					運高	錫和	理文	展良	金余									（撫	）		禮坤	堅			
							理武	志遠	金明												衛紅	浚			
								志軍	金單											錫蔡	海金	志強			
							裕全	友紅														志國			
						錫華	保云	展高	金毅											錫桃	禮平				
								展龍	金巧											錫冬	展煌				
							水金	展告	金欽												禮金	青			
							伏生											蔚起	錫育	禮生					
				光南	尉鵬	菊欽	國興													花田					
						錫鈎	鐵珊																		
					尉福	啟元	阻龍	吉祥																	
						啟德	理志																		
					尉喜	鳴商	理泉	展華																	
							理祥																		

24	25	26	27	28	29	30	31	32	33	34	35	36	37	38	39	40	41	42	43	44	45	46	47	48	49
子英	志恭	玉升	毓先	耀彩	思亭	清元	文照	炳煌	茂春	仁運	兆龍	全福	展桂	金林	效										
														金輝	世宇										
												全祿	展全	艷兵	鋒										
															果										
														海燕	瑞										
													展才	華軍											
													展德	俊											
												全壽	展余	志敏											
														曉敏	欽嘉										
													展洪	再軍	麗										
														云											
													展國	亮											
													展林	志剛											
														毅											
												全喜													
										濟堂	繩武	禮成	金堂	响根	志剛										
														三華	武										
													海全	占良	玲										
														忠良	球										
														冰良	其										
													楷文												

湖南醴陵淥口鄉上洲村（丁家坊）周泰公

汝養公之子，原名泰，字讓三，宋宣和辛丑科進士，知潭州常豐縣知事，建炎四年以金變城死之，贈中奉大夫，晉贈大中大夫，元符己卯年八月十四日生，葬常豐縣南門外五十里栖霞嶺·配張氏，正安紹藝公之女，贈常豐縣君，元符庚辰年四月初一日子時生，紹興癸丑年五月十八日卯時歿，卒與合葬，一子名有言·遷居湖南醴陵南鄉丁家坊，現隸屬淥口鄉上洲村·

構雲－滋公－倜－輔－玗－彥昭－師孔－允照(榮德)－文浪－儒蓁－仕陽－思勝－汝養－周泰－有言

14	周泰										
15	有言	業棟									
16	以祥	以法									
17	紹朋	始民									
18	高山	高友									
19	賢義	賢禮	賢倫								
20	永和										
21	大文	大武									
22	發富	發貴	發財								
23	開泰	開禧	開運	開先	開光						
24	林堂	綠堂	映堂	慶堂	茂堂						
25	加善	秀善	加芳	加貴	秀珊	加良	秀瑚	加美	加奇	加吉	加利
26	子成	子貴	子陽	子春	子凰	子龍	子虎	子元			
27	膺昌	膺功	膺正	膺宗	膺祖	膺光	膺考	膺試	膺秀	膺元	
28	思溪	思有	少朋	思思	思義	思會					
29	祥南	祥開	祥運	祥西	祥源	祥臨	祥雲	虹南			
30	俊安	俊夫	俊蒼	俊性	俊心	俊勝	俊騰	俊昆			
31	皆珠	義祥									
32	承正	承繩	承喜								
33	隆昭	隆懷	隆性	可繼	可恭						
34	遇鼎	遇景	遇賢								

35	俊宣	玉宣																						
36	三奇	三古	三俊	三畏	三略	三元	三才																	
37	壽年	皇作	壽榮	皇思	干庭	皇皆	壽朝	皇僚	壽宗	皇能	壽松	皇口	干國	皇村	壽山	皇永	壽亨	壽祖	壽鼎	皇鼎				
38	學照																							
39	萬鵬																							
40	福高	楚高																						
41	文隆	佳菊	鴻逵																					
42	長美	申旦	開端	敬修	復亨	尚賓	樹林	滿吉	早秋	道垣	生雲	養源	敦仁	培堯	喧梅	開達	茂達	茂全	桂雲	望元	光生	申生		
43	錫春	錫海	純懿	象清	達善	春台	達祿	亨集	積玉	芳信	楊生	俊清	冬三	春財	正文	春連	日昇	壽庭	花連	廣聖	理桃	炳乾		
	秀蒲	桂興	友德	友連	友年	友成	世魁	世康	金玉	德生	金才	桂蘭	秋生	冬學	冬連	冬發	冬貴	祖連	祖開	祖生	祖佑	丁發		
	桂林	冬林	桂甫																					
44	文秋	建華	建偉	建國	長壽	南方	雪梅	新田	仁壽	洪主	許生	友雲	冬連	裕斌	木金	若芝	新堯	桂生	竹生	慶雲	佑生	德生		
	懷德	長發	長喜	益鵬	秋桂	四桂	富貴	金伏	新發	連發	炳生	金雲	金全	建軍	建明	金華	春	菊生	海泉	愛國	許春	炎生		
	運平	建平	香平	燕平	偉平	玉連	玉發	真吉	許林	金蘭	金年	芝桃	步青	步庭	步香	步春	四生	國生	雪生	禮壽	海賓	雲華		
	國財	揚春	祿恒	開樹	連生	冬久	春桃	志全	全貴	林桂	雨春	月南	月兵	月友	月雲	明德	月壽	月付	木林	匊生	財生	南生		
	德甫	德財	正春	愛中	德文	德忠	玉泉	友雪	永財	成生														
45	小丹	小珊	志剛	志成	志武	志新	花林	金林	碧生	碧才	碧泉	文啟	德昌	德山	德南	德遠	楊林	明清	秋萍	秋果	秋桃	質炎		
	毛中	建國	漸兵	許兵	明海	運德	仁雪	仁球	仁迪	亮	燕先	燕泉	燕加	燕成	秋雲	建輝	毛生	久珍	通南	平南	建明	建園		
	鐵園	衛明	衛國	衛中	許強	革春	祥	英	勇軍	桂苹	文	芝	桂林	建林	劍	志威	力	米納	志強	莉娜	智謀	智恒		
	雲華	雲財	雲全	凱軍	龍瑞	木生	石生	成生	知	鳳仙	紀新	梅希	金海	金文	金龍	金玉	建秋	福秋	金苹	建	建軍	建苹		
	建康	建輝	建武	春泉	建國	開喜	桂喜	少金	少忠	建秋	建林	建虎	建偉	樹山	樹貽	開蘭	運芝	運招	福毛	雪貴	國永	守為		
	守君	守群	美波	美根	鐵種	新華	廣如	芝良	漢文	漢軍	漢林	漢春	漢滔	漢初	漢群	漢庭	漢武	志明	建良	志文	志武	志平		
	毛林	廣林	清林	建軍	建平	志周	春全	春華	春亮	春富	春茶	春玉	春燕	建化	建球	建偉	理納	理堅	菊全	秋雲	國生	末全		
	順賓	建軍	小春	友雲																				
46	濟仁	金狀	仁杰	進泉	志高	志斌	志堅	德軍	建科	建年	許良	建良	志軍	明	星星	新科	志勇	志敏	濤	洪亮	浩	建龍		
	佳麗	建林	江	龍	少	豐	國慶	雙燕	龍	啊純	啊三	啊四	啊晉	啊魏	啊強	建	國輝	國華	丹	挽	文	國民		
	燕	志	棟	忠	波	旺輝	霄柳	芳	祥	慶	亮	鐵生	其	輝	威虎	威龍	山山	雙優	銀雪	磊	鑫	敏		
	文強	文明	玉明	玉和	建國	建輝	建林	海軍	海明	海秋	准	洪迪	建成	建良	建軍	勇	鋼	鐵	林	義	衛	波		
	汪	丹丹	艷	剛	智	斌	四海	良	容	亮	明	興旺	遷	依琪	磊	慧敏	子豪	軍	戰	志堅	志剛	江濤		
	江征	添	志	再	堅	宇	佳	江滔	勇全	勇強	炬	勇江	勇樂	勇定	勇虎	焱	宇霞	博	斯維	勇	燕	桃		
	解	祥	志	莎	宇	瑜	安	四海	思念	亮	波	建	俊	浩	志偉	衛軍	衛強	告明	禮生	莉莎	勇	帥		
	強	建軍	建德																					
47	志刪	志軍	鵬	莉	華	夏	玉姣	文強	成	俊	雷	丹	晴	文琪	洁	亞強	達	旺	敏	海根	海波	海強		
	閏根	永	海建	滔	鑫	達奎	友明	志	俊	慧														

湖南醴陵渌口鄉上洲村（丁家坊）周泰公支系網脈

38	39	40	41	42	43	44	45	46	47	48		38	39	40	41	42	43	44	45	46	47	48
學照	萬鵬	福高	文隆	長美	錫春	文秋	小丹												秋果	浩		
							小珊												秋桃	建龍	洁	
					錫海	建華	志剛													佳麗		
							志成										達祿	若芝				
						建偉	志武											新堯				
						建國	志新										亨集	桂生	質炎	建林	亞強	
		楚高	佳菊	申旦	純懿	長壽	花林	濟仁	志剛										毛中	江	達	
								金狀	志軍											龍		
						南方													建國	沙		
					象清	雪梅	金林	仁杰	鵬											豐		
									莉									竹生	漸兵	豐		
							碧生	進良	華										許兵	國慶		
								志高	夏										明海	雙燕		
								志斌	玉姣										運德	龍		
							碧才	志堅	文強									慶雲	仁雪	啊純		
						新田	碧泉	德軍	成										仁球	啊三		
									俊											啊四		
					達善	仁壽													仁迪	啊亞		
						洪主	文啟	建科	雷											啊魏		
								建年	丹										亮	啊強		
								許良	晴								積玉	佑生	燕先	建		
								建良										德生	燕泉	國輝		
						許生	德昌	志軍	文琪											國華		
							德山	明											燕加	丹		
							德南	星星												挽		
							德遠	新科										懷德	燕成	文		
						友雲	楊林	志勇									芳信	長發	秋雲	國民	真	
								志敏										長喜				
							明清	濤									楊生	益鵬				
					春台	冬連												秋桂	建輝	燕		
						裕斌												四桂	毛生	志		

38	39	40	41	42	43	44	45	46	47	48		38	39	40	41	42	43	44	45	46	47	48
						木金	秋苹	洪亮										富貴	久珍			
						金伏	建偉											金年	鳳仙	建成		
					俊清	新發	通南	楝											紀新			
							平南	忠										芝桃				
						連發	建明	波									桂興	步青	梅希	建良		
							建園	旺輝												建軍		
							鐵園	霄柳											金海	勇		
					冬三	炳生	衛明	芳												鋼		
							衛國	祥											金文	鐵		
							衛中	慶										步庭	金龍	林		
					春財	金雲	許強	亮											金玉	義		
					正文	金全	革春	鐵生										步香	建秋	衛		
					春連	建軍	祥												福秋	波		
						建明	英												金苹	汪		
					日昇	金華	勇軍	其										步春	建	丹丹		
					壽庭	年春	桂苹	輝								道垣	友德	田生	建軍	艷		
							文	威虎											建苹	剛		
				開端															建康			
			鴻逵	敬修														國生	建輝	智		
				復亨															建武	斌		
				尚賓													友連	雪生	春泉	四海		
				樹林															建國	良		
						芝	威龍										友年	禮壽	開喜	容		
					菊生	桂林	山山												桂喜	亮		
					海泉	建林	雙優													明		
					愛國	劍												海賓	少金	興旺		
					花連	許春	志威														鑫	
						炎生	力														達奎	
					廣聖	運平	米納														友明	
						建平	志強												少忠	遷		
						香平	莉娜													依琪		
						燕平	智謀										友成	雲華	建秋	磊		
						偉平	智恒											國財	建林	慧敏		
				滿吉	理桃	玉連	雲華	銀雪											建虎	子豪		
								磊											建偉			
							雲財	鑫								牛雲	□	揚春	樹山	軍	林西	
								敏													喜存	
							雲全	文強												戰	其樂	
						玉發	凱軍	文明											樹貽	志堅	亞麗	
			彩苹	早秋	炳乾	真吉	龍瑞	玉明	旺											志剛		
								玉和	敏						明海	養源						
							木生	建國	海根							敦仁	世魁	祿桓	開蘭	江濤		
								建輝	海波											江征		
								建林	海強										開樹	運芝	添	
					秀蒲	許林	石生	海軍	閏根											運招		
								海明	永											福毛		
								海秋	海建								世康	連生	雪貴	志		
						金蘭	成生	准	滔									冬久	國永	再		
							知	洪迪									金玉	春桃				
						志全	守為										明德	漢初	焱			
							守君											漢群	宇霞			
							守群											漢庭	博			
					德生	全貴	美波	堅										漢斌	斯維			
							美根									冬發	月壽	志明	勇			
						林桂	鐵鍾	宇										建良	燕			
					金才	□	新華	佳											桃			
				培堯	桂蘭	雨春	廣如										月付	志文				
				喧梅	秋生	□	芝良	江滔										志武				
		逸高	文華	開達	冬學	月南												木林	志春			
						月兵													志平			
						月友											冬貴	菊生	毛林	解		
					冬連	月雲	漢文	勇全											廣林	祥		
								勇強												志		
							漢軍	炬											清林	莎		
							漢林	勇江										財生	建軍	宇		
								勇樂												瑜		

38	39	40	41	42	43	44	45	46	47	48		38	39	40	41	42	43	44	45	46	47	48
							漢春	勇定											建平	安		
							漢滔	勇虎										南生	志周			
						明德	漢初	焱					萬齡	登高	光德	茂達	祖連	德甫	春全	四海		
							漢群	宇霞											春華	思念		
							漢庭	博											春亮	亮		
							漢斌	斯維												波		
					冬發	月壽	志明	勇											春富	建		
							建良	燕											春茶	俊		
								桃										德財	春玉			
						月付	志文												春燕			
							志武									茂全	祖開	正春	建化	洁		
					志全	守為													建球			
						守君													建偉	志偉		
						守群											祖生	愛中	理塔	納		
				德生	全貴	美波	堅												理塔	堅		
						美根											祖佑	德文				
					林桂	鐵鍾	宇									桂雲	丁發	德忠	菊全	衛軍		
				金才	□	新華	佳													衛強		
			培堯	桂蘭	雨春	廣如													秋雲	告明		
			喧梅	秋生	□	芝良	江滔												國生	禮生		
	逸高	文華	開達	冬學	月南														末全	莉沙		
					月兵											望元						
					月友											光生	桂林	玉泉	順賓	勇		
				冬連	月雲	漢文	勇全										冬林	友雪	建軍	帥		
							勇強													強		
						漢軍	炬									申生	桂甫	永財	小春			
						漢林	勇江											成生	友雲	建軍	志	
							勇樂														俊	
						漢春	勇定													建德	慧	
						漢滔	勇虎															

湖南醴陵浦口鎮**超祿**(國璋)超爵(國珍)**超鏞**(國球)支系

27	28	29	30	31	32	33	34	35	36	37	38.	39	27	28	29	30	31	32	33	34	35	36	37	38	39
開	啟	祖	本	萬	再	慶	榮	昌	述	信	孔		開	啟	祖	本	萬	再	慶	榮	昌	述	信		
26	**世**	**超**	**祿**	(國	璋)	**公**															昌庚	述佛			
開毓	啟珍	均祖	本財	萬貴	再陽	慶珊	榮新	昌貴	述紅													述軍	信枚		
									述禮										慶楮	榮與	昌伦	述堯	信松		
		賢祖	本富	萬榜	再照	慶	榮連	昌春	述成	信喜	孔義											述胜			
			本良	萬煌	再福	慶	榮		昌美	述球	信來										昌梧	述淼	信蘭		
					再祿	慶堂	榮桃	昌文													昌池	述家			
								昌智														述將			
								昌明									萬武	再裕	慶全	榮華	昌和	述升			
					再壽		榮興	昌秋	述偉	信成											昌奎				
			本貴	萬瓏	再華	慶高	榮學	昌彪					開華	啟連	風祖	本材	萬远	再昆	慶禮	榮先	昌華				
				萬風	再余	慶選	榮全	昌平													昌云	述芳			
							榮禎	昌業	述楚							本順	萬瑞	再均	慶庸	运梅	昌蒲				
								昌志	述湘								萬自	再東	慶祿	榮信	昌林	述仁			
						慶運	榮富	昌良	述雄													述國			
				萬和	再賢	慶美	榮來	昌平	述東							本明	萬享	再耀	慶云	榮和					
							榮秋	昌亮					開洪	啟和	昌祖	本泰	萬芳	再璋	慶秋	榮霞	昌達				
							榮麗	昌陵								本榜	萬其	再香	慶釗	榮富	昌杰				
							榮軍								富祖	本喜	萬盛	再秋	慶友	榮河	運清				
				萬相	再文	慶云	榮源													榮宴	昌狹				
				萬鴻	再梅	慶華	榮兵	昌涼												榮海	昌財				
				萬有	再盛	慶福	榮和	昌新	述思											榮清	昌來				
								歡秀					**26**	**世**	**超**	**爵**	**(國**	**珍)**	**公**	**房**					
			本壽	萬春	再貴	慶期							開振	啟華	國桂	乾元	萬福	再華	慶祿						
					再富	慶梧	榮清	昌來									萬德	再云	慶初	云財	昌海	述明	信磊		
開華	啟棟	伦祖	本琦	萬材	再祥	慶芳	榮德	昌信	述生	信有	孔征											述生			
						慶芬	榮柄	昌釗	述初	信源											昌余				
						慶藻	榮鵠	昌會	述輝	信潤									慶喜						
								昌全	述祥									再富	慶壽	云森	昌建	述勇			
								昌維	述強												昌國	述剛			
							榮璋	昌緒	述義	信成												述力			
										朮杉								再貴	慶云	云炳	昌來				
								昌纓	述芳												昌瑞	述其			
								昌統	述禮	信致											昌軍				

27	28	29	30	31	32	33	34	35	36	37	38.	39	27	28	29	30	31	32	33	34	35	36	37	38	39
開	啟	祖	本	萬	再	慶	榮	昌	述	信	孔		開	啟	祖	本	萬	再	慶	榮	昌	述	信		
							榮澍	昌紹	述銘	信軍										云連	昌耀	述文			
									述鋁	信富												述明			
									述祿	信國											昌紀	述敢			
								昌緩	述昆	信雲												述旭			
									述	信霖												述敏			
						慶菽	榮豫	昌希	述臣												昌根				
			本理	萬從	再發	慶怀	榮煥	昌	述原	信芳											昌良	述裕			
				萬戶	再喜	慶餘	榮湖	昌其	述	信										云海	昌楊				
								昌明	述清									再隆	慶皆						
								昌欽	述源					啟富	國瑞	本幸		萬盛	再彬	慶安					
							榮源	昌升	述波										再文	慶富					
									述江											慶如	云家				
								昌山										萬錦	再浩	慶貴					
						慶仁															昌睦	述如	信柳		
						慶觀															昌生	述庚			
						慶祿															昌才				
				萬福	再花	慶裕	云東	昌文	述勇									世蘭	發錄	弟貴	昌全	述志			
									昌武													述誠			
									昌貴												昌繼	述武			
				萬田	再材	慶根	云京	昌和	述輝													述文			
								昌林													昌烈	述敏			
								昌軍														述威			
						慶文															昌明	述山			
				萬綱	再思	慶富	雲全	昌盛	述建													述剛			
								昌明	述順											弟海	昌文	述高			
									昌煌												昌法	述明			
琦璋	維光	欽鳳	永祥	開法	世修	俊錄	弟漢													弟友	昌武	述旺			
							弟涌														昌全	述漢			
							弟湄												興錄	弟桃	昌明				
							弟全													弟清	昌文				
							弟相												聖錄						
							弟澄	昌瑤	述華	信科								世效	茂錄						
								昌瓏	述忠	信雲	孔根					永厚	開錄	世桃	金錄						
											孔偉								秀錄	弟祥	昌良				
							弟文	昌生													昌文				
								昌友	述輝												昌武				
							弟澍													弟周	昌庚	述洪			
							弟清												喬錄	弟煌	昌木				
	維耀	欽爵	永興	開大	世發	繼錄	弟勝	昌友	述平	信林											昌炎				
										信良											昌明				
								昌云	述山											弟鳳	昌兵				
							弟福	昌庚	述武										曾錄	弟發	昌云				
									述文										香錄						
								昌桂											維錄						
								昌芝	述波					維湘	鐵朝	永茂	開鳳	世迪	裕錄	弟云	昌柏	述旺			
								昌柏	述麗											弟忠	昌秋	述根			
								昌良	述雪												昌全	述軍			
						朮錄															昌和	述明			
						壽錄	弟忠	昌炳	述紅												昌盛	述一			
								昌運														述軍			
							弟樹	昌來	述勇													述三			
									述祥												昌桂	述良			
							弟文															述純			
							弟發	昌滔													昌富	述其			
					世友	福錄	弟如	昌軍													昌云				
							弟滿	昌許												弟懷					
奇璋	維耀	欽爵	永松	開和	世清	嘉錄	弟清	昌麒												弟銀	昌書				
	維華	欽昌	永信	開福	世東	長錄	弟順	昌云	述中	信全									培錄						
									述海	信軍									恒錄						
										信亮									家錄	弟云	昌發	述晒			
	維璜	其凡	顯成	錫村	國霞	正興							開義	啟魁	述祖	本學	萬升	再喧	慶尊	雲貴	昌兩	述雲	信偉		
						正付																述良	信山		
						正亭	天運	昌明	述海														信芳		
							天賢	昌榮	述順									再彬	慶有	雲付	昌福				
									述南	信明											昌壽	述旭			

27	28	29	30	31	32	33	34	35	36	37	38.	39	27	28	29	30	31	32	33	34	35	36	37	38	39
開	啟	祖	本	萬	再	慶	榮	昌	述	信	孔		開	啟	祖	本	萬	再	慶	榮	昌	述	信		
										信友											昌維	述科			
							天永	昌華	述林	信輝									慶孚	雲賓	昌付	述雄			
										信民											昌祥	述佳			
									述江											雲煌	昌友	述智			
							天興	昌田	述根	信美											昌如	述旭			
									述招	信早								再輝	慶南	昌龍	述吉				
								昌漢	述友											昌國	述亮	信科			
								昌法	述石	信樂									慶如	雲儀	昌雲				
										信喬											昌桃	述根			
26世超庸（國球）公房																				雲宗	昌根	述香			
開義	啟華	承祖	本道	萬安	再佑	慶南												再謙	慶雲	雲萬	昌安	述兵			
	啟魁	述祖	本學	萬銓	再沐	慶元	雲瑞	昌其	述林	信陟											昌武				
									述福										慶相						
								昌東	逋軍										慶泉	雲右	昌花				
									述新											雲明	昌海	述平			
								昌春														述波			
							雲先														昌林	述安			
							雲盛	昌南	述軍												昌飛				
									述民										慶和	雲漢	昌仁	述明	信濤		
									述隆													述軍	信芳		
								昌雲	述春												昌業	述如			
								昌庭	述燕													述偉			
								昌連													昌華	述海			
						慶庠	雲耀														昌科				
						慶咸												再科	慶芳	雲海	昌喬	述林	信喜		
						慶豐	雲冬	昌炳	逋軍													述泉			
									述金												昌明	述海			
						慶谷															昌連				
						慶增	雲富	昌根										再琼	慶宜						
							雲貴	昌年											慶家	雲春	昌桂	述兵			
						慶森	雲潘	昌忠	述桃	信鵬									慶主	雲凱	昌協				
									述李	信芳											昌如	述清			
								昌□	述英												昌迪	述平			
				萬升	再暄	慶氣	雲華	昌文	述海	信楊							萬恒	再昭	慶文						
										信劍					發祖	本純	萬貫	再德	慶浩	雲度	昌桂				
																				雲諸	昌銘	述根	信思		
								昌時	述許	信烈												述來	信聰		
									述輝	信忠											昌麗	述光			
									述良													述明			
									述袖											雲野					
							雲和	昌炎												雲緒					
						慶蕁	雲貴	昌全	述軍											雲許					
						慶有									芳祖	本源	萬鍾	再承	慶來						
						慶久	雲日	昌來	述軍	信宇									慶桃	雲宗					
									述金	信堅										雲法					
							雲森	昌政	述妙	信呂										雲東	昌記	述善			
										信林												述根			
									述勇												昌水				
								昌林	述江	信維											昌生	述水			
									述龍	信前										雲德					
								昌如	述國										再持	慶雲	雲丁	昌金	述年			
									述建									再升	慶佑	雲虎	昌偉				
								昌田	述波	信忠										雲和	昌華				
									述樂	信平										雲喜	昌運				
								昌雲	述江								萬監	再峨	慶春	雲和	昌來				
									述根											雲平	昌明				
									述波								萬方	再湖	慶忠						
					再禧	慶忠	雲偉	昌全	述聖	信軍							萬鐸	再東	慶法						
										信其						本茂	萬祿	再炎	慶隆	雲許	昌斌				
								昌右	述其								萬爵	再奕	慶雲	雲富					
								昌義										再雄	慶山	雲秋	昌軍				
						慶合	雲	昌遠										再	慶梅	雲發	昌湖				
						慶壽	雲	昌年									萬涵	再永	慶法						
						慶襄	雲圃	昌其	述強	信敏									慶財						
										信禮								再云	慶春	雲財	昌旭				

27	28	29	30	31	32	33	34	35	36	37	38.	39	27	28	29	30	31	32	33	34	35	36	37	38	39
開	啟	祖	本	萬	再	慶	榮	昌	述	信	孔		開	啟	祖	本	萬	再	慶	榮	昌	述	信		
									述林										慶軍	雲縫					
								昌耕	述法	信浩						本猷	萬楹	再蕚	慶輝	雲貴					
						慶桂	雲	昌山											慶陽	雲華					
					再剛	慶皆	雲啟	昌威	述平	信明								再峰	慶海						
								昌南	述東	信陽									慶洪						
									述平	信震									慶金						
							雲華	昌兵	述勇									再祜	慶湖						
									述波									再佑	慶雄						
						慶南												再圭	慶章						
						慶煦	雲建	昌軍	述偉							本靜	萬良	再毓	慶文	雲秋	昌軍				
								昌旭	述滙												昌友				
						慶找														雲生	昌洪				
					再煌	慶維	雲福											再水	慶光						
						慶雲	雲升										萬奎	再谷	慶付	雲華					
							雲郭	昌志	述泉										慶堂						
								昌連	述軍								萬光	再麟	慶賀						
									述里								萬臻	再滿	慶義	雲早	昌東				
								昌平	述虎										慶玖						
						慶隆	雲才												慶貴	雲春					
						慶汾	雲祿													雲龍					
					再江	慶新	雲宜	昌兵	述彬										慶連						
							雲忠	昌輝	述良								萬高	再富	慶仁						
							雲庚								輝祖	本粹	萬秋	再福	慶						
						慶微	雲升															昌盛	述衡			
						慶國																	述政			
						慶富	雲濤	昌壽	述建												昌德	述飛			
		芳祖	本源	萬鍾	再承	慶森										本修	萬春	再祿	慶閣	雲傳					
					再富	慶芝													慶棠						
				萬九	再琼	慶虬	雲若	昌平											慶藻						
						慶梅	雲名	昌余	述強								萬斌	再欽	慶逢	雲宇	昌才	述堅	信田		
									述軍													述牛			

29	30	31	32	33	34	35	36	37	38	39	40	27	28	29	31	32	32	33	34	35	36	37	38	39	40
祖	本	萬	再	慶	雲	昌	述	信				開	啟	祖	本	萬	再	慶	雲	昌	述	信			
				慶瀾	雲廓	昌復												慶提	雲騮	昌本	述申	信勇			
						昌受	述華														述才				
							述建	信秒											雲順	昌根	述華				
						昌猷														昌許	述軍				
						昌雲	述忠	信波												昌吉	述祥				
							述壽	信航											雲懷						
							述生												雲珂	昌柏	述新				
					雲壽																榜喜				
					雲再															昌生	述檢				
					雲暉														雲瑚						
					雲竹	昌茂	述賦											慶門	雲象	昌友	述康				
						昌貴	述江														述德				
																				昌金	述兵				
				慶源	雲璸	昌法	述林	信來											雲年	昌來					
							述泉	信柳												昌佑					
								信根											雲繼						
							述淼												雲諧						
						昌富	述軍	信力									再匡	慶初	雲盛	昌友	述球				
							述新													昌全	述兵				
						昌先													雲錫	昌勇					
						昌生														昌志	述楊				
						昌全	述平	信雙													述峰				
							述記	信晨										慶開	雲海	昌余	述良				
					雲唐															昌連	述建				
					雲桃	昌文															述芝				
						昌武														昌金	述友				
						昌成	述春	信剛												昌新					
							述兩	信仁											雲德	昌生					
								信孟											雲春	昌豐	述成				
				慶忠	雲波	昌其	述賓													昌潮	述龍				
							述翰												雲炳						

29	30	31	32	33	34	35	36	37	38	39	40	27	28	29	31	32	32	33	34	35	36	37	38	39	40
祖	本	萬	再	慶	雲	昌	述	信				開	啟	祖	本	萬	再	慶	雲	昌	述	信			
						昌良	述明												雲秋						
					雲丁	昌告	述建											慶冬	雲端	昌聖	述君	信宇			
							述偉														述豐				
				慶提	雲華																述為	信勇			
					雲騮	昌本	述初	信江													述桃				
				慶冬	雲端	昌德	述雲										再彝	慶福	雲桂	昌花	述銓				
							述牧	信立												昌兵					
							述生												雲海	昌龍	述敏				
					雲根															昌友	述力				
					雲樓	昌水	述林												雲連	昌高	述亮				
					雲茂	昌偉	述優													昌和					
							述路													昌谷					
						昌建													雲華	昌明	述林				
					雲源	昌渺									本堯	萬書	再鴻	慶蓀	雲朝	昌炎	述勇				
						昌峰															述祥				
				慶芬	雲武	昌桂	述平										再兵	慶爵							
						昌賓	述洪										再夔	慶文	雲麒	昌林					
						昌平	述姣													昌其					
					雲水	昌禮	述文										再可	慶咸	雲海						
							述明												雲康	昌慧					
						昌洪														昌輝	述來				
					雲右	昌軍															述偉				
					雲付	昌建														昌水	述建				
						昌忠													雲鵬	昌旺	述進				
				慶桂	雲隆	昌芳	述敏												雲谷						
						昌軍	述稻												雲德	昌庚					
					雲斌	昌鳳														昌良					
						昌偉														昌生	述旭				
				慶和	雲球	昌國	述聖														述香				
						昌細	述軍									萬孚	再聲	慶農	雲濤	昌明	述平				
		萬川	再豫	慶民														慶瑞							
			再鑫	慶有	雲開	昌根	述華											慶餘							
						昌來											再采	慶閭							
		萬同	再錫	慶章	雲翔	昌國	述兵											慶疇							
						昌輝	述蕃											慶甫							
						昌偉	述喜											慶聚							
						昌雄												慶聯							
					雲華											萬山	再炎	慶曾	雲麟	昌清	述先				
					雲貴	昌華	述琳												雲人						
			再納	慶辰	雲富	昌華	述爐												雲伯	昌李					
						昌根														昌宗					
					雲春	昌炎	述平												雲就	昌根	述發				
						昌喜												慶用	雲煦	昌力					
					雲生	昌尾													雲勳	昌續					
						昌樂													雲洪						
				慶江	雲全	昌機	述波											慶朝	雲甫	昌記	述進				
							述浪													昌堯					
						昌佐														昌林	述軒				
					雲良	昌平	述純										再槐	慶楓	雲才	昌魁	述誠				
						昌蘭														昌發	述舟				
						昌如															述進				
			再彝	慶福	雲桂	昌花	述檢												雲陶	昌金	述旭				
			再槐	慶楓	雲陶	昌金	述聰								本謀	萬康	再忠	慶家	雲全	昌其	述庚				
						昌啟											再恕	慶豐	雲和	昌有	述彬				
					雲春														雲水	昌生	述藩				
					雲寵											萬經	再開	慶森							
				慶饒	雲育	昌兵	述綱											慶發							
						昌佑												慶桂							
				慶升	雲文	昌告									本寅	萬昆	再祥	慶賽							
						昌兵												慶珊							
	本誠	萬楊	再谷	慶吉	雲英	昌全										萬望	再雲	慶宏							
		萬如	再乾	慶方	雲生	昌記										萬程	再浦	慶耀	雲祿	昌法	述生	信良			
					雲貴															昌全	述君	信攸			
		萬藻	再右	慶丞	雲水	昌玲															述耕				
					雲海	昌旺														昌連					

29	30	31	32	33	34	35	36	37	38	39	40	27	28	29	31	32	32	33	34	35	36	37	38	39	40
祖	本	萬	再	慶	雲	昌	述	信				開	啟	祖	本	萬	再	慶	雲	昌	述	信			
		萬美	再常	慶懷															雲庸	昌生	述國	信兩			
	本淵	萬隆	再生	慶樹	雲臣	昌福	述輝													昌雪	述豐				
							述良												雲顯						
							述明	信玲											雲秩	昌雲	述要				
						昌壽	述漆													昌仁	述帥				
					雲華	昌軍	述濤													昌禮	述春				
							述涓										再求	慶輝	雲熙						
						昌祿													雲仲						
						昌進												慶煌	雲湘	昌才	述跌				
				慶松																昌禾	述軍				
				慶梅	雲彬	昌喜	述軍														述勇				
						昌全										萬甲	再寶	慶嵐							
						昌連								※			※			※			※		
				慶楊	雲香	昌孝	述新							瑩祖	本運	萬典	再瑞	慶添	雲林	昌華	述江				
					雲江	昌盛	述科														述海				
							述波													昌雲	述波				
			再餘	慶榜	雲泉	昌生														昌盛	述兵				
						昌海	述智										再豪	慶嘉							
							述慧											慶翟							
				慶錫	雲法	昌付	述引									萬瑾	再棠	慶齊	雲貴	昌富	述亮				
					雲耕	昌信	述華													昌任	述文				
							述雲														述武				
			再梧	慶雲												萬翰	再溶	慶法	雲水	昌偉					
				慶桂	雲國	昌法	述毛												雲竹	昌盛					
					雲桃	昌平														昌建					
				慶舉	雲怡	昌許													雲桃	昌旺					
					雲清	昌東	述文										再瑜	慶福	雲南	昌明	述君				
							述武												雲騰						
							述記											慶祿	雲桂						
					雲佑	昌江	述龍							烈祖	本豐	萬登	再璉	慶驥	雲明	昌祥					
						昌春									本道	萬觀	再珊	慶雲							
					雲南	昌桂												慶高	雲福	昌住	述桃				
						昌餘															述建				
						昌偉														昌軍	述芳				
烈祖	本道	萬觀	再珊	慶欣											本亨	萬祺	再松								
			再玑	慶金	雲輝	昌文											再余								
						昌武										萬劍	再友	慶惠	雲祥	昌軍					
雯祖	本定	萬青	再坦	慶銘	雲富	昌波	述良												雲生	昌波					
							述衛												雲勇						
			再堅														再正	慶凝							
			再基														再齡	慶付	雲明	昌水					
			再陔	慶桃	雲富	昌立														昌軍					
						昌粵													雲祥	昌海					
			再勛	慶釗													再厚	慶貴							
				慶春													再尤	慶凝	雲法						
			再墀	慶鈞												萬南	再盛	慶廉	雲長						
				慶炳	雲紀	昌歡													雲發	昌軍					
						昌偉														昌明					
					雲佑														雲友	昌木	述平				
					昌根												再蒲	慶章							
			再城	慶鑫														慶秋							
				慶瑚	雲亮	昌京												慶生	雲祿	昌根					
				慶珊	雲軍	昌勇											再越	慶明	雲福	昌國					
						昌園														國明					
	本俊	萬鈞	再賢	慶英	雲有	昌桃	述軍										再桂	慶龍	雲華	昌敏					
							述峰													昌旭					
						昌樹	述來												雲富	昌純					
						昌晃	述良										再開	慶雲	雲清	昌桃					
						昌南										萬欽	再柏								
					雲春	昌富	述濤										再連	慶笙							
						昌干											再利								
						昌均										萬怡	再裕								
				慶柏													再思								
				慶岐													再甲								
				慶仙												萬綸	再志								

29	30	31	32	33	34	35	36	37	38	39	40	27	28	29	31	32	32	33	34	35	36	37	38	39	40
祖	本	萬	再	慶	雲	昌	述	信				開	啟	祖	本	萬	再	慶	雲	昌	述	信			
			再搶	慶祉													再振								
				慶情	雲德												再楊								
		萬皇	再蘭	慶端	雲國	昌桂											再啟								
						昌才											再雲	慶龍							
						昌偉									本翼	萬化	再裔	慶金							
		萬鎮	再庭	慶聞	雲炎													慶華							
					雲棠												再守	慶胡	雲福	昌金	述建				
					雲彬	昌球	述繼													昌右	述烈				
							述濤														述江				
						昌任													雲虎	昌偉	述鰲				
			再峰	慶梅	雲軍	昌來														昌余					
			再純	慶經															雲龍	昌海	述山				
	本亨	萬祺	再遠																	昌法	述強				
			再彬																	昌友					
			再興	慶高														慶護	雲甫	昌輝	述旺				
			再付																	昌喜					
	本翼	萬化	再晉	慶運	雲霞	昌己											再森	慶法	雲良	昌炎					
						昌元														昌勇					
				慶福															雲付	昌亮					
				慶壽														慶房	雲和						
				慶雲	雲兵	昌建													雲均						
					雲林													慶告	雲安						
			再維	慶六	雲庚	昌勇													雲樂						
				慶玉	雲富	昌國	述龍											慶漢	雲瑤						
				慶萬	雲煌	昌輝										萬鰲	再珠	慶秀	雲德	昌平					
						昌合													雲水	昌水					
					雲香	昌神													雲尤	昌根					
				慶開																昌華					
		萬謨	再浩	慶意															雲堂	昌林					
				慶盛																昌生					
				慶和	雲秋	昌明													雲桃	昌立					
					雲科															昌義					
				慶溥	雲忠	昌洲														昌光					
					雲生	昌輝													雲俊	昌告					
						昌軍														昌贊					
				慶春	雲連														雲舟	昌聖					
					雲細													慶美	雲桂	昌龍					
					雲曉														雲輝	昌芳					
				慶昭	雲喜	昌根														昌洪					
					雲亮	昌建													雲敏	昌忠	述成				
			再馨	慶樹	雲碧	昌洪												慶虎	雲申	昌文	述軍				
					雲芳	昌磊															述偉				
				慶仁	雲常															昌武	述維				
					雲豐	昌根													雲會	昌立					
					雲春	昌軍														昌紀					
			再道	慶位															雲付	昌大					
				慶如	雲峰														雲清	昌華					
		萬紹	再哲	慶水															雲秋	昌谷					
				慶才	雲發														雲軍	昌峰					
					雲花	昌北														昌梅					
						昌軍												慶士							
				慶有	雲根	昌兵										萬榜	再桂	慶廉							
						昌軍												慶貴	雲和						
					雲波												再培	慶煌							
				慶佑	雲清	昌儉										萬田	再品	慶山	雲春	昌波					
					雲福															昌明					
			再富	慶啟	雲虎	昌益													雲華	昌旭					
					雲余	昌明												慶龍	雲金						
					雲軍													慶虎	雲安	昌來					
				慶鳳															雲生						
				慶騰	雲豐	昌盛												慶文	雲胡	昌亮					
			再森	慶法	雲生	昌友														昌勇					
						昌德												慶志	雲波						
		萬田	再品	慶洪	雲平										本鏡	萬衍	再玖	慶餘	雲建	昌細					
					雲良														雲告	昌抗					

29	30	31	32	33	34	35	36	37	38	39	40	27	28	29	31	32	32	33	34	35	36	37	38	39	40
祖	本	萬	再	慶	雲	昌	述	信				開	啟	祖	本	萬	再	慶	雲	昌	述	信			
		萬永	再熙	慶油	雲密	昌虎														昌昂					
					雲偉															昌覺					
				慶金												萬雲	再峰	慶良	雲光	昌法	述林	信亮			
				慶炎	雲林																述武				
			再發	慶熉	雲理															昌金	述良				
				慶苗	雲華													慶釀	雲明						
			再英															雲正	昌文					
			再緒																昌武	述聰				
		萬浩	再恍	慶敏													慶科	雲學	昌才	述根				
				慶早	雲招																述鏡				
				慶書	雲江															昌其					
				慶軍	雲國														雲林	昌喜	述屋				
			再璠	慶雨	雲金														雲江	昌文	述生				
				慶才	雲良	昌														昌禾					
					雲波														雲輝	昌虎					
				慶如	雲桃															昌軍					
			再意	慶揚														雲佑						
				慶連	雲昆														雲軍						
					雲鵬	昌忠										萬瑤	再祝	慶福							
			再宜	慶明	雲彬												再質	慶初	雲發	昌林					
					雲來															昌峰	述滔				
			再榮	慶芳	雲黔															昌波	述堅				
	本鏡	萬衍	再楨	慶洲	雲運	昌和	述賦													雲彬	昌生	述呂				
							述靖													昌良	述強				
					雲華	昌國	述桔														述根				
					雲貴	昌凱	述強												雲任	昌禹	述建				
							述亞														述力				
			再郁	慶金	雲洪															昌平	述勇				
					雲發	昌禮	述軍											慶善	雲海	昌桂	述建				
							述响														述呂				
					雲成	昌桂	述祥													昌其					
						昌良	述年												雲福	昌勇					
					雲正													慶先							
			再亮	慶仁	雲文	昌平	述雄											慶集							
							述波											慶田							
						昌放	述求										再照	慶友	雲清						
							述力											慶新	雲福	昌迪					
						昌常	述冰										再實	慶林	雲良	昌煌					
			再主	慶雪	雲記	昌洪														昌朮					
						昌如														雲運	昌珊					
						昌德															昌真					
			再玖	慶才														慶豐	雲紅						
				慶餘	雲初	昌六	述廣										再揚	慶壽	雲定						
						昌華												再提	慶培	雲祥	昌志					
					雲建	昌有														雲紅						
				慶紅	雲富	昌春						開元	啟福	賢祖	本禮	萬高	再忠	慶春							
						昌李											本明	萬壽	再象	慶有	雲楮	昌稀	述明				
					雲明	昌文															昌平	述祥				
						昌武															昌移	述良				
				慶雲																昌絟	述奇				
			再慈	慶開	雲群	昌波							啟祿	文祖	本華	萬明	再美	慶照	雲梅						
						昌樂												再周	慶棠	雲峰	昌穆	述興	信明	孔玖		
				慶春	雲昆																		信春			
					雲紅																	述章	信航			
				慶啟	雲云												萬顯	再福	慶德	雲貴	昌和	述才	信成	孔芳		
					雲勇															昌稅	述源	信文	孔安		
				慶庄	雲波	昌桃												慶雲	雲楷	昌明					
					雲浩										本前	萬朋	再熙	慶昌	雲和						
				慶南	雲勇										武祖	本山	萬龍	再仁	慶祥							
					雲安																				
					雲武																				
				慶援	雲陽																				
				慶主																					
炳祖	本英	萬育	再卓	慶益	雲英																				
					雲秋																				

29	30	31	32	33	34	35	36	37	38	39	40	27	28	29	31	32	32	33	34	35	36	37	38	39	40
祖	本	萬	再	慶	雲	昌	述	信				開	啟	祖	本	萬	再	慶	雲	昌	述	信			
				慶全	雲鵬	昌武																			
		萬鵬	再廣	慶彩																					
				慶星	雲林																				
		萬協	再權	慶福																					
	本芳	萬象	再功	慶偉	雲麒	昌雲	述良	信魯																
							述勇	信希																
							述軍	信超																
							述連	信明																
						昌華	述興	信新																
					雲麟	昌全	述波																	
						昌木	述聰																	
		萬吉	再會	慶笏																					

湖南醴陵浦口鎮保豐村水口**應聰公**

達吾公之子，生配歿葬不詳．子一建郎．

構雲－滋公－倜－輔－玕－彥昭－師奭－德容－壽－嗣元－仕載－延年－銳－滄－桂坤－五郎－永(念三)－漢龍(子順)－思恭－慈仁－景福－盛子－君德－子美－萬一－思德－仲寬－石庵－素烈－井泉－碧峰－仰雲－達吾－應聰－建郎－應聰--

35	36	37	38	39	40	41	42	43	44	45	46	47	35	36	37	38	39	40	41	42	43	44	45	46	47
奇	元	兆	維	志	文	清	獻	名	揚	述	信	孔					志	文	清	獻	名	揚	述	信	孔
建郎	元德	兆鐸	維桂	志俊	文高	清謀	南融											文廷	清	獻倉	名	揚科			
						清海	南謨														揚鎮	述盛	信林	孔茶
					文倫	清綠	獻琥	名泉													名宣				
							獻學	名奇	揚德	述春	信灿									獻崇	名竹	揚運	述棣	信君	
											述有	信輝													信海	
											述菊	信星												述元		
							獻駿																述來	信揚	孔軍
				志偉	文星	清森	獻純	名春														名福	揚曙	述再	信樂	
				志俁	文輝	清賢	獻巳	名照	揚生													名其				
									揚杰	述規	信生	孔偉									名杖				
												孔濤									名象				
											信陵	孔志								獻任	名耀				
											信美										名吉				
							獻彰														名綱				
							獻達	名峰										文秀	清煥	獻成	名朝				
							獻有	名江	揚旭	述矩											名善				
										述詞	信平	孔橋					志傳	文南	清玉	名題	揚燮	述福	信英	孔依	
											信夠	孔澎													
											信南	孔勇													
										述宏	信軍	孔衛													
											信武														
								名初																	
						清治	獻翔	名怡																	
								名恬	揚坦	述微	信孚	孔慶													
										述威	信文	孔芳													
									揚培	述仕	信仁	孔杰													
								名括	揚杏																
									揚木																
						清照	獻奎	名宏																	
								名佳																	
							獻鼎	名高																	

註：應聰、廛昌公為構雲公第卅四世．應聰公與應昌公為共曾祖父碧峰公之曾孫輩堂兄弟．延年公後裔．

湖南醴陵浦口鎮保豐村水口**應昌公**

耀寰公之子，二子：奇芳、奇聯．

構雲－滋公－倜－輔－玕－彥昭－師奭－德容－壽－嗣元－仕載－延年－銳－滄－桂坤－五郎－永(念三)－漢龍(子順)－思恭－慈仁－景福－盛子－君德－子美－萬一－思德－仲寬－石庵－素烈－井泉－碧峰－仰南－耀寰－應昌－奇芳、奇聯－

構雲	33	34	35	36	37	38	39	40	41	42	43	44	45	46	47	48	49	50	51	52	53	54	55	56	57	58
派名	耀	應	奇	元	兆	維	志	齡	其	克	成	若	述	信	孔											
	耀寰	應昌	奇芳	元俊	兆華	維和	志開	財齡	其連	克卒	泉成	若榮	述桂	信祥												
													述平													
													述秋	信列												

構雲	33	34	35	36	37	38	39	40	41	42	43	44	45	46	47	48	49	50	51	52	53	54	55	56	57	58
派名	耀	應	奇	元	兆	維	志	齡	其	克	成	若	述	信	孔											
														信傲												
											財成	若華	述毛	信真												
													述國	信浩												
														信浪												
											盛成	若富	述亮													
										克價	保成	若其	述劍													
												若斯	述磊													
												若輝	述森													
								貴齡	其生	克偉																
										克印																
										克甲																
			奇芳	元相	兆福	維世	志元	槐齡	其義	克軒	文成															
										克昂	春成															
											貽成															
										克廣																
							志勛	祖齡	其偉	克春	龍成															
									其俊	克洪	汝成															
									其杰	克冬	圣成															
									其如	克和	賓成															
							志春	城齡	其仁	克春	源成															
											濤成															
						維德	志閣	釗齡	其魁	克順	璋成															
									其英	克美	昌成															
									其輝	克桂																
								錫齡	其芳	克承																
										克明																
									其萬	克祥	連成	若財														
												若廣	述生													
												若余	述德													
												若盛														
												若東														
									其華	克綬	樹成															
											建成	若明	述國													
													述峰													
												若金	述能													
												若生														
												若亮	述慧													
												若新	述強													

37	38	39	40	41	42	43	44	45	46	47	48	49	37	38	39	40	41	42	43	44	45	46	47	48	49
兆	維	志	齡	其	克	成	若	述	信	孔	嘉		兆	維	志	齡	其	克	成	若	述	信	孔		
兆福	維德	志閣	錫齡	其華	克繩	□成	若威	述發					光祿	維論	志道	豐齡	其慶	克名	勛成	若錫					
								述家											綉成	若斌	述華				
			銓齡	其茂	克茂	福成	若群	述明	信翔											若生					
								述生										克仁	文成	若秋	述亮				
								述安												若春	述亮				
							若軍													若繩	述林				
					克本															若冬	述明	信軍			
					克德													克濟	順成	若賓					
兆祿	維順	志立	茂齡	其庸	克移	和成														若澄	述環	信雷			
			華齡	其智	克喜	富成	昌洪	述生	信才												述昌	信芳			
							昌盛	述金												若柱	述文				
								述有											錦成	若林	述龍				
								述良													述虎				
							昌生												璜成	若千	述德	信超			
					克移																述義	信馳			
		志嘉	賀齡	其玉	克金												其盛	克禮	然成						
				其蘭	克壽	訓成													銓成						
						生成											其裁	克祥	啟成	若生	述文				
						秀成												克善	來成	若明					
				其桂	克遠															若桂					
		志成	慶齡	其全	克光	希成	若發													若發					
							若花													若華					
							若云											克荷	清成						

37	38	39	40	41	42	43	44	45	46	47	48	49	37	38	39	40	41	42	43	44	45	46	47	48	49
兆	維	志	齡	其	克	成	若	述	信	孔	嘉		兆	維	志	齡	其	克	成	若	述	信	孔		
						東成	若斌										其羅	克金	鼎成	若富					
						隆成	若發													若隆	述忠	信磊			
			瑞齡	其深	克萬	貽成	若閏	述平												若忠					
								述云											樹成	若貴	述國	信勇			
								述石													述云	信軍	孔衛		
					克智																	信芳			
				其東	克容															若生					
					克樹													克濟	彩成						
					克竹														香成	若代					
					克清	繼成														若生	述玲				
	維論	志道	鼎齡	其炳	克性																述文				
					克光	隆成	若發											克階	光成						
					克廷														育成						
			豐齡	其慶	克名	友成	若濤	述明	信勇								其鳳	克存	千成	若國	述清	信斌			
								述東														信勇			
								述西	信文													信武			
								述桂													述明	信波			
							若倫	述古														信証			
						美成	若金	述福										克倫	智成	若茂	述權	信峰			
								述般	信庚	孔儉										若明	述文				
										孔引										若龍	述勇				
						培成	若松													若富	述君				
							若愚	述春	信巷	孔明									青成	若秋	述忠	信祥			
光祿	維論	志道	豐齡	其鳳	克芳	化成										建齡	其昆								
			濟齡	其元	克中												其倉	克貴							
				其永	克連	志成											其嵐								
				其桂	克標	開成											其乾	克榮							
						附成										受齡	其崇	克瑞							
						奕成												克恒							
					克儒	桂成												克□							
						神成								維盛	志泰	福齡	其湖	克貞							
						花成												克吉	贊成	若接	述平	信勇			
						功成													梁成						
					克林	福成													盛成	若祿	述發	信引			
						仕成															述財	信明			
						雪成																信軍			
						玖成															述中				
					克芷																述冬				
			溪齡	其洪	克森																述明				
					克衡														習成	若貴	述花				
					克平																若明				
		志德	善齡	其松	克忠	玉成															述生				
					克孝	學成											其章	克開	光成	若富	述明	信軍			
						儒成															述年	信根			
						集成	若東															信光			
							若炳														述奇	信忠			
							若根															信偉			
							若蘭														述文	信接			
							若梅												靜成						
					克廉	道成	若桂	述魁	信斌	孔滔									彩成						
									信國										秋成						
						庸成									志文	敬齡	其韶	克純	美成	若軍					
						全成														若平					
						春成	若明	述龍											石成	若其	述道				
								學良													述冬				
								衛澤											學成	若芳	述忠				
		志深	茭齡	其達	克宗															若明	述壽				
					克銓															若梅	述秋				
					克欽	華成															述生				
			興齡	其鐸	克深														青成	若鳴	述春				
				其徵	克威	宗成	若花	述華												若蘭					
							若云													若模	述萬				
							若林													若熊	述桂				
				其琴	克貞	源成	若飛													若賢	安				
							若燕													若甫					

37	38	39	40	41	42	43	44	45	46	47	48	49	37	38	39	40	41	42	43	44	45	46	47	48	49
兆	維	志	齡	其	克	成	若	述	信	孔	嘉		兆	維	志	齡	其	克	成	若	述	信	孔		
						運成	若清												寶成	若邦	述香				
					克善																述佛				
					克明													克昌	道成	若云	述仁	信賢			
				其先	克彰	炎成	若福														述和	信龍			
							若信															信青	孔堯		
							若虎															信軍			
		志文	敬齡	其韶	克昌	道成	若云	述和	信建									克繼							
									信輝								其文	克政	烈成						
							若祥	述祿	信忠								其茂	克倩							
									信虎	孔億						列齡	其吉	克迪	濤成						
							若德	述湘	信祝	孔引									鳴成						
								述振	信輝							輝齡									
									信再						志廉	鍾齡	其林								
						憲成	若龍	述熏						維昆	志華	山齡	其琳								
								述虎							志容	開齡	其棟	克謙							
							若虎	述標										克甲							
								述棣										克禎							
							若平											克和							
						砥成	若飛		信德	孔彥							其梁	克奎							
									信鶴	孔斌							其柏	克華	慶成	若秋					
									信雷	孔南								克富							
									信芥	孔彪				維垣	志仕	蕙齡	其貫	克祥	錦成	若財	述初				
							若美	述尼	信虎	孔寶											述平				
									信生	孔光									新成	若連	述祥				
										孔春											述良	信柳			
								述德	信光													信苗			
							若茂	述厚	信根	孔丹											述忠	信根			
									信明	孔偉											述明	信國			
									信林	孔樹												信軍			
									信若										榮成						
									信生	孔志									富成						
							若良	述好									其鎮	克孚	福成						
						春成	若杰	述仁										克后	有成	若軍					
					克從	南成	若文													若年	述枝				
						玉成	若銘														述盼				
						景成	若純												繼成						
兆隆	維茂	志祥	東齡	其華	克孝								兆昌	維爵	志乾	恒齡	其光	克堂	鳳成						
	維邦	志鴻	聲齡	其培	克生	華成	若軍	述平											富成	若云	述教				
							若建								志煌	昭齡	其計	克才	寶成						
							若侮											克香	題成						
			彩齡	其獻	克桂	章成	若華	述華											福成						
							若嘉											克生	盛成						
							若連										其典	克云	正成						
							若覺									儒齡	其昭	克恭	昌成						
					克源	藝成										魁齡	其端	克來							
						國成									志豪	鋒齡	其漢	克彬	羅成						
						均成									志信	雅齡	其麟	克勻	雲成	若發					
						提成												克全	貴成	若軍	述林				
						香成								維英	志亨	鈞齡	其翰	克揚	名成						
						春成											其浚	克牧	保成						
			照齡	其榜	克發	郭成	若明										其洪	克樹	海成						
						光成	若雪									极齡	其美	克康	啟成						
							若秋												友成	若水	述生				
							若偉											克茲	科成	若進	述稻				
						學成															述記				
						隆成												克槐	壽成						
					克林	仁成												克桂	敬成						
						炳成														若凱					
				其煥	克椿	玉成													完成	若師	述明				
						云成															述禮				
						碧成	若富									銘齡	其清	克棠	立成	若宜					
						雪成													信成	若清					
						裕成											其源	克純	可成	若鑫					
						圖成														若農					
					克桴	清成												克模	以成	若水					

37	38	39	40	41	42	43	44	45	46	47	48	49	37	38	39	40	41	42	43	44	45	46	47	48	49
兆	維	志	齡	其	克	成	若	述	信	孔	嘉		兆	維	志	齡	其	克	成	若	述	信	孔		
						龍成												克梧	守成						
						壽成												克樽	作成						
						國成												克梯							
						沐成												克用	義成						
				其楚	克榛	樹成												克海	漢成						
						憤成	若全	述祥	信伴									克勉	華成						
					克楠	周成												克襄	許成	昌紅	述華	信晴			
					克藩	能成													以成	昌求	述龍	信莉			
				其浩	克桃	團成																信亮			
					克有	祥成															述虎				
					克榕	安成											其淑	克豫	自成						
					克楷	美成											其潤	克楷							
				其澄	克芬	彬成																			
			鎮齡	其榮	克柔	文成	若堯	述光	信宇																
							若霞	述平	信忠																
				其澍	克樟	根成	若虛	述濤																	
								述偉																	
								述鵬																	
				其溥	克構	豫成	若忠	述星																	
								述慧																	
							若蘭	述普																	
							若輝	述建																	
							若懷																		
							若琼																		
				其廉	克杞	國成																			
					克望	章成	若良	述軍	信志																
								述波	信亮																
								述敏	信力																
								述抄	信芝																
								述偉																	
						孝成	若模	述金																	
							若春	述勇																	
							若輝	若全																	
						家成																			
	維廷	志仁	裕齡	其齡	克茂	高成														若林					
				其蘭	克師	貴成	若德	述時	信生										卷成	若故					
									信仁								其興	克凫	啟成	若福					
								述清												若新					
								述隆	信成								其海	克匡	平成	若簫	述告				
				其芳	克福	富成	若玖	述棠	信呈											若蔡					
								述田	信麟								其啟	克廉	繆成	若澀					
									信祥								其春	克粒	立成	若全					
			昌齡	其桂	克雷	焦成	若區	述珍	信岩											若才					
									信菊	孔華	嘉則				志善	乾齡	其瑞	克桂	賢成	若贊					
										孔明	嘉志						其英	克源	祿成	若仁					
								述粹	信忠	孔輝					志恭	坤齡	其琼								
								述東									其瓏								
							若欄	述端	信香	孔君	嘉杰			維云	志玲	文齡	其佑	克云	財成	若桂	述招	信陵			
										孔華	嘉波								元成						
									信庚	孔云									茂成	若林	述軍				
										孔雙											述江				
								述富						維藩	志豐	懋齡	其金	克修	瑞成	若樹					
								述春	信平	孔年										若仁					
						堯成													山成	若泉					
						柯成	若簣	述生	信明	孔發										若昌					
								述主	信富	孔德										若有					
										孔洪										若奇					
									信秋	孔剛									濃成	若和					
							若墀	述慎	信良	孔紅									浦成	若蘭					
									信中	孔文								克才	庚成	若東					
									信新	孔紅								克桂							
								述錄	信桂	孔華								克盛	竹成	若海	述忠	信林			
										孔良									寅成	若明	述啟				
										孔根											述細				
									信運								其蕃	克華							

37	38	39	40	41	42	43	44	45	46	47	48	49	37	38	39	40	41	42	43	44	45	46	47	48	49
兆	維	志	齡	其	克	成	若	述	信	孔	嘉		兆	維	志	齡	其	克	成	若	述	信	孔		
								述德	信德	孔花								克端	繼成	若盛	述明				
								述申	信明	孔軍									湖成	若啟	述明				
									信朋										玖成	若來	述德				
							若玉	述明	信初	孔娥											述祥				
								述申	信進	孔聰										若余	述迪				
									信堅										財成	若付					
					克奧	湯成	若玳	述龍	信泉	孔國										若良	述虎				
									信華	孔暉											述奇				
										孔勇								克祥	森成	若水	述枝				
									信思	孔君							其光	克山	發成						
									信芳							椿齡	其昆	克廉	牛成	若華	述木				
								述虎	信良	孔智											述麗				
									信清											若水	述林				
									信忠	孔振									友成	若虎					
					克苑															若琼					
					克前	塞成	若館	述告											富成	若根					
	維藩	志嵩	嚴齡	其程	克誠	海成	若根												潤成	若生	述根				
						昭成	若記									煥齡	其梅	克恒	潤成	若春	述城				
							若水													若石					
							若德													若冬	述超				
						和成	若木														述帥				
							若平										其穆	克怡	坤成						
							若慶												廷成						
							若生	述根											海成	若根					
					克勝	源成	若新									盛齡	其昌	克徐	揚成						
							若良												水成						
							若南																		
							若生	述亮																	
								述靈		※				※			※			※			※		
								述根		35	36	37	38	39	40	41	42	43	44	45	46	47	48		
						慶成				奇聯	元杰	兆康	維海	志宏	鳳齡	其富	克富	春成	若濤						
						根成	若林	述斌											若波						
							若生											秋成	若龍						
							若記											軍成							
						隆成									彩齡	其錄	克發	海成	若連						
					克仁	芳成	若華												若康						
							若雪								爵齡	其壽	克盛	平成							
							若生											華成	若虎						
						桂成	若良					兆乾	維豪	志明	桂齡	其運	克秀	响成							
						璉成	若明										克云	建成							
							若中	述祥								其來	克才								
						壽成											克連	法成							
				其程	克茂	居成	若明	述根									克發	福成							
								述港																	
							若春																		
							若芝																		
							若材																		
					克傳	烊成	若林	述桃																	
							若紅																		
						煌成	若月	述生	信明																
						竹成	若海	述忠																	
						財成	若艷																		
						田成	若云	述庚																	
							若劍																		
				其武	克輔	煥成	若根																		
							若模																		
						燔成																			
						純成																			
			煥齡	其梅	克蒲	達成																			
					克恒	瑞成	若金	述輝																	
								述良																	
								述運																	

湖南醴陵插嶺關(悮頭洲生沖)辰保公

勉才(逸才)公次子・字繩，明大學生・洪武年間由江西豐城石里，徙居湖南禮陵插嶺關，入南鄉六都民籍・元至正癸未年三月初八日生，永樂癸巳年五月初七日歿，葬金陵瓏茶背塘・配趙氏，至正戊子年十一月廿日生，永樂甲辰年九月初八日歿，夫婦合葬・子三：儒禮、學禮、崇禮・

血緣　構雲－滋公－倜－輔－玗－彥昭－師奭－德容－壽－嗣元－仕凱－顯－汝昌－期－忠念－照－永年－大錦－公河－秀榮－遠耀－長增－貽修－洪疇－開敬－勉才(逸才)－辰保－儒禮、學禮、崇禮｜

28	29	30	31	32	33	34	35	36	37	38	39	40	41	42	43	44	45	46	47	48	49	50	51	52	53
崇	紹	芳	言	相	柱	嘉	文	之	承	秉	尚	壽	輝	永	振	家	聲	大	光	增	世	德			
崇充	紹紀	芳	言樘	相臣	柱	嘉謹	文裴	之經	承體	秉瓏	尚明	壽醇	輝	永芬	振德	家誠	聲揚	大陵	光猗						
崇禮																	聲全	大春	光紅						
																	聲付	（出	嗣）						
													燎	永暹	振德	家獻	聲文	大元							
																		大義							
																	聲武	大兵							
																		大旺							
																家讓	聲撫	大凱							
																	聲憲	大麗							
																家道	聲亮	大鑫							
																	聲桂								
																	聲祥	大超							
																	聲偉	大珊							
																家連	聲岳	大陽							
																	聲九								
									承淇	秉奉	尚槐	壽圖	召	永錫											
														永芬	（出	嗣）									
														永祥											
													熸	永康	振榮	家衍	聲筠	大生	光明	增勇					
												壽達	育	永吉	振有										
				相國	材	嘉懋	文蔚	之租	承宗	秉德	尚長	壽榮	煥	永科	振光	家修	聲溥	大銘	光廉						

38	39	40	41	42	43	44	45	46	47	48	49	50	51												
秉	尚	壽	輝	永	振	家	聲	大	光	增	世	德													
		壽榮	煥	永科	振光	家修	聲溥	大銘	光民																
									光宗	增棟	世														
											世														
								大春	光融	增吉															
									光早	增志															
										增忠	世元														
											世田														
										增建	世庚														
											世金														
									光跡																
							聲崇	大任	光前																
									光謙																
								大治	光任																
									光日																
									光勇																
									光嘉																
									光震																
								大銓	光利																
									光忠	增南															
										增辰	世德														
											世明														
									光輪	增來	世明	德林													
												德高													
											世文	德定													
										增平	世勇														
											世斌														
										增佳															
									光滿																
							聲廣	(出	嗣)																

41	42	43	44	45	46	47	48	49	50	51			41	42	43	44	45	46	47	48	49	50	51
輝	永	振	家	聲	大	光	增	世	德				輝	永	振	家	聲	大	光	增	世	德	

41	42	43	44	45	46	47	48	49	50	51			41	42	43	44	45	46	47	48	49	50	51
輝	永	振	家	聲	大	光	增	世	德				輝	永	振	家	聲	大	光	增	世	德	
			家仁	聲水	大展	光炬	增旬	世庚	德文										光清	增鈞			
								世毛	德仁								聲樹	大章	光朗	增南	世高	德忠	
									德桂												世良		
								世偉	德申										光清	(出	嗣)		
							增福	世中	德國									大遷	光曉	增岩	世祥		
								世軍	德佳										光盛	增秋	世中	德陽	
							增明												光騰				
						光澤	增余	世林	德賢										光炎	增春	世國		
									德輝									大輝	光墟				
						光表													光嵐				
				聲明	大斗	光史	增華	世新											光生				
							增和	世安										大臨	光清	增霞	世剛	德明	
							增忠														世金		
							增群	世江								家佐	聲廣	大健	光本	增武			
								世禮												增龍			
						光閣														增泰	（出	嗣）	
			家僖	聲純	大韵	光復	增林	世濤												曾玲			
					大芾	光緝	增文	世明	德苗										光慈	增泰	世秋	德尾	
								世清														德新	
					大烈	光緝	(出	嗣)													世明	德華	
						光榮	增竹	(遷	雲南	)												德峰	
							增發														世清	德安	
							增和	世偉													世南	德平	
						光天	增質	世湘													世云	德春	
							增文	世良													世林		
								世軍											光誠				
							增桂	世冬										大雅	光彩	增文	世倖	德富	
								世平														德財	
						光忠															世炎		
					大升	光復	(出	嗣)											光偏	（出	嗣）		
						光毓	增概	世堯	德庚										光占	增南	世平		
								世立										大謨	光偏	增霞	世勇		
								世仁												增海	世芸	德書	
								世敏												增良	世龍		
							增偉	世家													世江		
					大韶	光陶											聲繼	大安	光清	增楚			
					大霞	光濡													光華	（出	嗣）		
						光陶	（出	嗣）										大信	光華	增波	世茜		
						光彪	增龍	世勇					灿	永造	振閔	家瓚	聲達	大鍾	光桂	增財	世均		
								世斌													世紅		
							增文	（出	嗣）											增源	世勇		
							增武	世文										大方	光石	增明	世亮		
							增祥													增云			
					大郁	光尚	增云	世邦	德峰											增運			
								世萍								家玳	聲化	大有	光秋	增興	世滔		
						光許														增旺	世謙		
						光仁	增虎	世浩												增發	世馳		
								世腊												增達	世騰		
							增國								振平	家璋	聲滄	大冬	光萬	增勇			
		振宇	家俊	聲隆	大蒸	光熙	增琮												光代	增梘			
							增學													增有			
							增雄	世明	德寧										光富	（出	嗣）		
								世昌	德帥										光貴	增敏			
								世良	德珍							家璠	聲澄	大秋	光百	增憲			
						光照	增梅												光事	增天			
						光淑														增山			
						光萬	增耀												光大				
						光品													光平	增仁			
						光盈	增華	世風											光昌				
							增細	世雨									聲澈	大均	光富	增喜			
			家倬	志孚	大離	光申	增純	世冬												增歡			
							增和	世福								家珩	聲崇	大創	光秋	增持	世云		
							增啟													增喜	世華		
							增桂	世江												增壽			
							增偉	世庚												增福			

41	42	43	44	45	46	47	48	49	50	51
輝	永	振	家	聲	大	光	增	世	德	
						光迪	增鈺	世華		
							增輝			
			家偉	聲遐	大后	光瑞	增海	世國		
								世波		
							增高	世林		
							增武	世妙		
							增主	世鵬		
								世宇		
							增春	世星		
						光炎	增林			
							增國	世友		
							增良	世學		
						光元	（出	嗣）		
					大英	光元	增發			
						光建	增方			
			家儒	聲標	大華	光文	增軍	世慶		
							增輝			
					大圖	（出	嗣）			
			家瑛	聲遠	大圖	光文	增壽	世群		
								世國		
		振樂	家畦	聲濤	大云	光明	增亮			
						光華				
		振奎	家理	聲濟	大敏	光法	增榮	世根	德志	
							增烈	世彥		
				聲滌	大斌	光林	增波			
						光秋	增軍	世佳		
							增月			
					大杞	光琪	增平			
				聲潺	大樹	光江	增輝			
					大力	光雪	增紅			
						光涼	增灿			
			家班	聲慶	大仁	光勁	增金			
						光枚	增玉			
				聲慈	大署	光苹				
				聲和	（出	嗣）				
				聲政	大全	光海				
						光仁				
					大敬	光雅				
						光樂				
			家驤	聲和	大優	光龍	增光			
						光虎	增萬			
						光忠				
烽	永和	振徽	家卒	聲鴻	大異	光致	增榮			
							增華			
							增慈	世根		
							增富	（出	嗣）	
							增貴			
						光海	增富			
					大翼	（出	嗣）			
					大遺	光新	增江			
				聲同	大瑞	光云	增鳥	世浩		
							增迪			
							增金			
							增冬			
						光許	增林			
							增暙			
							增志			
						光汀	增軍	世鈺		
							增江			
					大奎	光年	增閣	世侃		
						光金	增偉	世歡		
							增立	世昊		
							增勇			
					大干	光良	增炎	世瑤		
							增鋼	世彬		

41	42	43	44	45	46	47	48	49	50	51
輝	永	振	家	聲	大	光	增	世	德	
	永年	振基	家瑗	聲湛	大是					
					大枯					
					大機					
				聲溢	大祉					
					大福					
			家璇	聲源	（出	嗣）				
				聲洽	大輝	光淼	增雯	世浩		
						光志	增武			
							增連	世琳		
							增忠			
						光堯	元艷			
						光舜	增琥			
							增程			
						光政	增楓			
						光標	增敏			
	永銘	振文	家琛	聲揚	大宇	光德	增昌	世軍		
								世華		
						光劍				
						光國				
					大譽	（出	嗣）			
					大智	（出	嗣）			
				聲宣	大智	光桂	（遷	雲南	支邊	）
				聲鴻	大翼	光明	增輝	世鋼		
							增明	（出	繼姑	母）
							增桃	世波		
				聲亨	大造	光連	增虎			
						光友	增林			
							增程			
					大學	光勇	增驊			
							增敏			
						光猛	增奇			
							增兵			
						光康	增廣			
						光強	增淼			
							增龍			
					大安	光成	增波			
							增山			
						光業	增宇			
			家番	聲明	大敦	光彪	增苗			
							增木			
				聲齋	（出	嗣）				
				聲富	大業	光發	增水			
							增林			
							增寧			
						光忠	增全			
					大敦	（出	嗣）			
				聲全	大堂					
					大文	光右				
						光春	（隨	母下	堂）	
					大武					
				聲含	大杰	光旭	增明			
						光升	增艷			
					大聖	光斌	增莎			
						光毛	增運			
						光軍	增令			
					大祥	光華	增昌			
							增隆			
						光富	增茂			
						光貴	增盛			
							增福			
			家棻	聲普	大譽	光華	增文	世貴		
							增武	世京		
							增友	世萍		
			家苑	聲齋	大冀	光武	增平	世暢		
						光庭	增良	世泉		

41	42	43	44	45	46	47	48	49	50	51		
輝	永	振	家	聲	大	光	增	世	德			
			家庄	（出	嗣）							
		振邦	家藻	聲美	大統							
			家茂	聲麗	大良	光成	增武					
						光輝	增偉					
				聲絢	（出	嗣）						
			家葦	聲研	大孝	光享	增迪	世輝				
							增虎	小芳				
					大日	（出	嗣）					
				聲平	大日							
				聲勻	大告	光權	增輝					
						光雪						
				聲遂	大訪	光純	增勇					
						光桃	增芝					
						光韶	增雙					
						光衛	增青					
					大主							
					大甲	光火						
				聲健	（出	嗣）						
			家薰	聲絢	大福	光武	增明					
							增國					
							增良					
						光明	增勇					
							增憲					
						光平	增健					
							增侃					
						光海	（出	嗣）				
						光全	增任					
							增林					
			家菼	聲淡	大年	光根	增勝					
							增武					
							增軍					
						光水	增敏					
						光云	增勇					
						光飛	（出	繼姑	母）			
					大明	光仁	增國					
						光冬	增利					
						光春	增雙					
						光圓	增林					
						光六	（出	繼丁	光華	）		
						光七						
						光軍						
				聲渥	大春	光中						
				聲贊	大流	光炎	增立	世勇				
							增軍	世碧				
							增因	世強				
							增全	世艷				
					大俊	光欽	增仁					
							增義					
						光華	增秋					
							增林					
						光云	增甲					
							增加					
					大杰	光許	增佐					
							增賢					
							增澤					
						光仁	增楚					
							增勇					
					大任	光遠	增敏					
					大清	光明	增鋒					
						光亮						
				聲發	大猷	光理	增炎					
							增良					
				聲昭	大湖	光斌	增輝	世金				
								世偉				
							增明	世丹				

41	42	43	44	45	46	47	48	49	50	51
輝	永	振	家	聲	大	光	增	世	德	
							增浪			
						光佑	增毛			
							增林			
						光春	增伏			
						光生	增海			
					大愚	光木	增林	世蘭		
							增豐	世明		
					大盈					
				聲甄						
				聲垂	大齊	光徵	增堅	世徵		
						光闖	增孚			
						光勉	增敏			
						光由	增宇			
					大根					
					大邑	光昔				
						光相				
						光鑫	增西			
					大芝					
				聲奐	大松					
					大柏					
					大田	光秋				
						光伏	增新			
					大移	光華	增恢			
							增徵			
				聲欽						
			家蘭	聲順						
				聲秀						
				聲咸	大千	光琰	增賢			
					大曙	光懷	增明			
						光亮	增波			
						光艷				
						光平				
					大權	光來	增鵬			
					大宜	光軍	增純			
						光于				
			家藝	聲望	大梧	光虎	增陽	世亮		
							增輝	世強		
						光放				
						光友	增許			
				聲漁						
				聲煉						
		振道	家庄	聲熬	大年	光培	增良	世明		
							增龍	世靚		
						光錫	增林	世豐		
							增國	世志		
							增文			
				聲鑄						
				聲起	大毛	光建	增觀			
						光華	增虎			
						光清	增秋			
					大師	光勇				
					大炎	光林				
				聲主						
			家萓	聲迪	大友					
					大庚	光輝	增晴			
					大主	光建	增永			
						光明	增蓉			
							增娟			
						光偉	增琦			
						光大	增諒			
				聲高						
				聲余						
				聲香						
				聲維	大秋	光鋒				
				聲吟	大金	光定				

41	42	43	44	45	46	47	48	49	50	51			41	42	43	44	45	46	47	48	49	50	51
輝	永	振	家	聲	大	光	增	世	德				輝	永	振	家	聲	大	光	增	世	德	
						光冬	增芳								振聲	家蔭	聲篤	大熊					
					大海	光招	增剛											大辰	光遠				
						光揚	增麗												光毅	增征			
						光誠	增桑													增懷			
					大漢											家凡	聲忱	大考	光杰	增思	世忠		
					大湖	光連	增強														世永		
						光前														增春	世炎		
			家蘊	聲培	大余														光日	增建	世凡		
					大聖	光貴	增偉													增豐			
							增鵬												光明	增飛			
						大春	光富	增可											光輝	增江	世樂		
							光真	增臯												增濤			
						大文	光秀	增高										大定	光炎	增維	世堅		
							光華	新巧												增勇	世雙		
				聲晰	大才														光枚	增黔			
					大雪	光友													光亮	增國			
				聲仰															光灿	增民	世歌		
			家芳	聲卷	大屯															增偉			
					大謀														光日	增冬			
					大玉	光明														增軍			
						光烈	增朋											大付	光岳	增賀	世葳		
						光忠	增敏												光軍	增秋	世媛		
						光懷														增敏			
					大左	光平	增立												光保	增平			
						光新	增奇											大華	光榮	增靓			
						光曉	宅園												光華	增壽			
					大右	光立	增文												光富	增路			
						光秋														增剛			
			家蒸	聲綿	大辰	光宇	增斌	世熠											光樓	增玉			
			家葆	（出	嗣）												聲通	大瑩	光曜				
			家云																光暉	增泰			
			家衍	（出	嗣）														光曄	增翼			
		振起	家慕	聲熏														大陽	光曦	增勇			
				聲健	大昭	光綿	增亮										聲原	大長					
						光德												大應					
				聲海	大策	光厚	增寶											大火	光秋	增林			
							增金												光春	增猛			
						光高	增勇												光冬	（出	嗣）		
							增猛										淑貞	大生	光玉	增德			

湖南醴陵浦口鎮水口騎貞公

騎真公為直宇公之子，育三子：亨選、亨達、亨運．由江西遷居湖南醴陵市浦口鎮寶豐．

構雲－滋公－倜－輔－玕－彥昭－師奭－德容－壽－嗣元－仕載－延年－銳－滄－桂坤－五郎－永(念三)－漢龍(子順)－思恭－慈仁－景福－盛子－君德－子美－萬一－思德－仲寬－石庵－簡直－西河－碧雲－秀東－直宇－騎真－

34	35	36	37	38	39	40	41	42	43	44	45	46	47	36	37	38	39	40	41	42	43	44	45	46	47
騎	享	芳	文	廷	裕	正	大	光	明	昌	述	信	孔				裕	正	大	光	明	昌	述	信	
騎真	享選	芳鳳	文耀	廷榮	裕章	正恒	大亮	光福												光美					
								光祿												光甲	明俊				
								光梅													明仲				
								光德	明才	昌順	述清										明進	昌軍	述慶		
								光喜									云章	正秀	大學	光仁					
								光俊												光華					
								光智												光貴	明友	昌全	述盛		
								光現	明高	昌發	述紹	信華											述秋		
												信斌										昌根	述芳		
											述南	信洪													
					卿章	正元	大和	光梅	明毓	昌桂	述英	信民													
										昌年	述文														
									明秀	昌富	述綸	信榆	孔偉												
									明監	昌云	述根	信鵬	孔仁												
											述平	信光													
									明兆																
						正儒	大杰	光昭																	
								光漢	明華	昌萬	述財	信平													

34	35	36	37	38	39	40	41	42	43	44	45	46	47	36	37	38	39	40	41	42	43	44	45	46	47
騎	享	芳	文	廷	裕	正	大	光	明	昌	述	信	孔				裕	正	大	光	明	昌	述	信	
												信林	孔勇												
												信明													
												信軍													
								光齊																	
								光明																	
				廷華	仕章	正大	大芳	光裕																	
						正開	大蓮	光南																	
								江成	明才	昌德	述普	信園													
									明發	昌有	述生														
											述全														
											述秋	信峰													
												信波													
											述冬														
						正勛	大春	光連																	
								光翹																	
								光雪																	
								光洪																	
								光宣	明善	昌義	述來	信春													
										昌海	述良	信平													
		芳明	清耀	廷揚	存章	正福	大貞	光照	明發	昌軍	述云														
											述生														
								光敬	明桃																
				廷漢	魁章	正亮	大書	光忠																	
								光祥																	

35	36	37	38	39	40	41	42	43	44	45	46	36	37	38	39	40	41	42	43	44	45	46	47	48	49
亨	芳	仕	譽	賢	光	文	永	明	域	述	信	芳	仕	譽	賢	光	文	永	明	域	述	信			
亨達	芳桂	仕茂	譽顯	堯賢	光斗	文盛	永福	明發	盛域												述德				
								明桂	九域	述官									明儒	招域	述平	信國			
										述品											述林	信賓			
									梅域												述炎	信良			
									林域												述由				
			譽永	卓賢	光仁	文華														才域	述欽	信華			
						文興	永長	明生													述桃				
								明秋													述金				
								明清													述祥				
		仕盛	宗生	啟賢	光云	文貴	永昌	明友	冬域										明喜	麒域	述毫	信武			
							永連	明德	其域												述亮	信雪			
									木域												述求	信俊			
								明舉	竹域	述國	信露										述波				
									桂域											麟域	述致				
					光明	文瑞	永年	明逵	樹域												述為				
								明壽	度域												述再				
							永豐	明冬													述來				
								明田												獅域	述明	信敏			
								明啟	季域													信磊			
									尚域												述戰				
						文發	永復	明其												象域	述軍	信專			
								明春													述科	信禮			
						文奇								鼎相	開賢	光秀	文質	永思	明希	紅域					
						文華														根域					
						文定											文端	永田	明友	喜域					
						文庚	永錄												明付	斌域					
							永才	明貴											明康	龍域					
				和賢	光沂	文輔	永定	明華	相域						俊賢	光照	文芳	永亨							
								明富									文才	永元							
							文梁											永山							
							文益											永加							
							文崇										文茂	永順							
	芳輝	仕國	鼎成	思賢	光東	文博	永生	明福	榮域	述賓	信建							永貞							
										述甲	信武							永梅							
										述根	信珊			鼎順	禹賢	光正	文桃	永庚	明理						
										述興	信文								明成						
											信田								明才	國域					
										述明	信蔡							永隆							

35	36	37	38	39	40	41	42	43	44	45	46	36	37	38	39	40	41	42	43	44	45	46	47	48	49
亨	芳	仕	譽	賢	光	文	永	明	域	述	信	芳	仕	譽	賢	光	文	永	明	域	述	信			
									華域	述秋	信偉							永春	明南	來域	述建				
									富域	述素	信晌									虎域					
										述海						光垒	文德	永發	明富	根域	述略				
										述六	信勇										述韜				
											信江								明生						
									貴域	述良	信金								明星						
											信明							永貴	明顏						
										述來	信章								明武	建域	述平				
						文海																			
					光和	文斗	永東	明剛																	
				在賢	光華	文俊	永和	明俊	志域	述若	信海														
											信連														
										述清	信武														
										述良	信午														
					光珍	文秀	永德	明建	孝域	述彬	信波														
										述進	信敏														
										述庚	信師														
										述輝	信顏														
									相域																
						文燮	永昭	明傳	岱域	述波															
									海域	述衡															
										述衡															
										述衞															
									迪域	述光															
										述志															
									雪域	述威															
				杰賢	光富	文高	永章	明□	敬域	述炎	信平	孔陽													
										述祥	信國														
										述根	信建														
											信芳														
											信金														
										述生	信勇														
											信亮														
					光茂	文善	永全	明文	平域																
								明華	峰域																
								明桂	明域																
							永富	明福	斌域																
					光武	文廣	永清	明岩	煥域	述山															
									萌域	述平															
						文豫	永先	明南	海域																
								明斌	佑域																
		仕祥	鼎祿	志賢	光烈	文彬	永春	明喬																	
							永安	明藻																	
						文雍	永	明美																	
						文集	永	明藩	平域	述琳															
									佑域	述莎															

35	36	37	38	39	40	41	42	43	44	45	46	47		38	39	40	41	42	43	44	45	46	47	48	49
亨	忠	昌	國	正	天	心	順	官	清	述	信	孔		國	正	天	心	順	官	清	述	信	孔		
亨運	蘇忠	運昌	國監	正乾	天章	心田	順昌							國盛	正乾	天喜	心麒	順原	官仁	清友	述全	信東			
						心年	順東											順勇							
							順點											順進							
							順金											順福							
							順川	官富										順祖							
								官秀	清炳	述根				國發	正國	天祿	心揚	順安	官正	清云					
						心常	順清													清華	述劍				
					天林	心恕	順景	官昌	清富	述文	信兵	孔遙							官林	清堂	述發	信波			
											信舟											信友			
											信輝										述輝	信亮			
						心榮	順興	官喜	清德	述武	信勇					天壽	心照	順從	官其	清金	述中	信波			
							順隆	官福	清泉	述度											述生	信誠			
								官泉										順家	官興	清庄					
							順斌	官壽	清家											清福					
									清炎	述希						天和	心華	順高							

35	36	37	38	39	40	41	42	43	44	45	46	47		38	39	40	41	42	43	44	45	46	47	48	49
亨	忠	昌	國	正	天	心	順	官	清	述	信	孔		國	正	天	心	順	官	清	述	信	孔		
										述旺	信文							順堂	官柏	清貴	述科	信溪			
					天象	心棟	順柏	官付	清南	述秋	信海	孔明													
												孔亮													
											信烈														
							順和																		
						心良	順羅	官浩	清盛	述初															
										述生															
										述貴	信來														
							順九																		
					天志	心元	順松																		
							順桃																		
							順顯																		
						心權	順連	官文	清卷	述明	信林														
								官興	清香	述炎	信波														
								官端	清懷	述貴	信魁														
											信劍														
										述騰															
							順科	官才	清增	述方															
								官貴	清懷	述鳳															
										述凰															
							順鵬																		
					天喜	心麒	順才																		
							順原	官仁	清正	述聖	信明	孔波													
											信旺														
											信發														
											信軍														
											信來	孔豐													
										述根															
									清友	述德	信初	孔福													
											信崇	孔啟													

湖南醴陵石屏**庚公**系排行

彭氏通訊十期湖南安仁彭連源 2003 年六月十二日提供

構雲																						
庚公	文	之	在	中	永	發	其	祥	賢	良	定	國	家	運	益	昌	培	鈞	鴻	植	炳	增
	錫	濟	樹	煌																		

註：庚公自 1369 年從江西安福松田遷居湖南醴陵石屏

湖南醴陵清水江高灣組**安生公**

美初公三子．字臨寧，號德普，由花石松山江遷居湖南醴陵高灣，歿葬本里灣裡州荷花形．配陳氏，夫婦合葬，一子仲富．傳至四十世敦和，遷居江西萍鄉市南禮坪入長豐二保二團一甲入籍．

構雲－滋公－倜－輔－玗－彥昭－師俊－鄫－文輪－儒詔－仕祿－思雯－汝正－忠達－義岩－大濱－公玟－世聰－遠通－長紋－貽明－朝佑－廷秀－美初－安生－仲富－

構雲	24	25	26	27	28	29	30	31	32	備註
	美初	安生	仲富	志寬	朝湖	上賢	滸			醴南加木滲壙祖，布居醴陵加木滲村和城市幾戶．
						上明	鳳	祖發	廷璋	大房祖散居湖南醴陵清水江文山村、江西萍鄉南坑趙家沅一帶
									廷珍	二房祖散居湖南醴陵肖水江高和，懷化有少數戶．
									廷寧	三房祖散居湖南醴陵清水江段光組，和東橋邊山一帶．
									廷珂	四房祖居江西萍鄉排卜大路里、木橋、市區數戶．
									廷佩	五房因後人在江西萍鄉境內轉遷他鄉，失去聯系．
									廷珠	六房散居湖南醴陵加木嶺醴陵城、江西萍鄉市區一帶．
									廷球	七房散居湖南醴陵清山洛構三田口、醴陵城一帶．

湖南武崗世系

原世系血緣派序

(一)

祖仁汝文子(第六代為單名)

再景祖宋　仁汝文子　應有宏仕大　佳育永昌達　隆盛承先澤　光榮百代昭

傳裔維厚德　國撥輔升朝　正良啟遠慶　銘祥錫元高　崇積恩周繼　廣裕登臻堯

(二)

祖仁汝文子　德再景祖宗　仁汝文子 應 有宏仕大□　佳育永昌達　隆盛承先澤　光榮百代昭

傳裔維厚德　國撥輔升朝　正良啟遠慶　銘祥錫元高　崇積恩周繼　廣裕登臻堯

1	2	3	4	5	6	7	8	9	10	11	12	13	14	15			16	17	18	19	20
構雲	滋	伉	遠	中	彥浪	克乾	信啟	以賞	廷昉	進德	可道	平叔	祖拳	仁俊	仁旺	仁珍					
													祖賢								
												平保	祖英								

祖拳公

14	15	16	17	18	19	20	21	22	23	24	25	26	27	28	29	31	32	33	34	35	36
世	仁	汝	文	子	德	再	景	祖	宗	仁	汝	文	子	應	友	宏	添	國	思	大	洪
祖拳	仁俊	汝通	文亮	子貴	德	再賢	景富	祖龍	宗杰	仁通	汝富										
											汝貴	文令									
												文利									
三子	三子	三子										文春	子純	應登	之賢	啟泰					
仁俊	汝通	文亮														永泰					
仁旺	汝壽	文志												應仕							
仁珍	汝興	文海											子金								
											汝榮										
									宗星												
								祖虎													
							景榮														
							景華	祖壽													
								祖興													
								祖先	宗英												
									宗土												
									宗清	仁柏	汝龍										
											汝鳳										
											汝鵬	文星	子勝								
													子琳	應亮	友聞	宏禮					
																宏財					
															友倫	宏泰					
																宏順					
															友禮	宏林					
																宏先					
															友智						
															友玉	宏云					
												文朗									
												文憲									
												文璋									
									宗麗												
							景寬														
						再禮															
						再仲															
				子榮																	
				子明																	
		汝壽																			
		汝興																			
	仁旺	汝興	文志																		
			文海	子森	龍	再洲															
						再洪	景杰	祖千													
								祖錢	宗成	仁炳	汝滿	文珙	子昆								

14	15	16	17	18	19	20	21	22	23	24	25	26	27	28	29	31	32	33	34	35	36
世	仁	汝	文	子	德	再	景	祖	宗	仁	汝	文	子	應	友	宏	添	國	思	大	洪
					喜								子旻								
					亮								子升								
													子軍								
													子昊	應山							
														應全							
														應倉	友聯	宏恩					
																宏光					
																宏彩					
																宏美					
																宏安					
															友奎	宏猷					
																宏寬					
														應全							
								祖萬													
								祖貫													
							景柏														
							景椿														
							景英														

31	32	33	34	35	36	37	38	39	40	41	42	43		31	32	33	34	35	36	37	38
宏	添	國	思	大	洪	昌	達	有	德	昌				宏	添	國	思	大	洪	昌	達
啟泰	添福	國珍																		宗翰	
		國璽	思聖	大年	洪鍾														洪鑲		
					洪鈺														洪瑛		
					洪鎮	賚貴	獻珙											大本			
							獻成	有擧	德文	昌貴	朝良	岩岩						大任			
												勇勇						大康			
											達名	小旺				國璉					
											國美					國琦					
										昌紀				宏禮	仕清	大剛	佳瑞	郁英	永祥	昌賢	達品
									德武	昌榮	仲先	俊波									達前
												俊勇									達奎
											智和	愛勇									達江
											三平							郁蘭			
										昌學	橋橋	祥林						郁忠	永號	昌惠	
											智康										
											橋順										
										昌賢	長富										
											來來										
								有元													

32	33	34	35	36	37	38
仕	大	佳	郁	永	昌	達
仕清	大剛	佳惠	郁明	永華	昌副	達榮
						達配
					昌亮	達奎
						達勇
					昌來	達河
						達云
					昌去	達文
						達品
		佳未	郁朗	永才	昌平	
					昌奎	
				永龍	昌勇	
				永倫	昌立	
			郁六	永先	昌書	
					昌定	
				永清	昌亮	
					昌有	
					昌平	
				永坤	昌路	
					昌克	
仕元	大賢	佳安	郁文	永成	昌福	達憲
						達祥
						達之

32	33	34	35	36	37	38
仕	大	佳	郁	永	昌	達
						達德
						達賢
					昌祿	達勇
						達才
						達官
						達糾
					昌壽	達高
						達長
					昌喜	達靜
					昌發	
				永忠	昌孝	
					昌付	
					昌倫	
					昌高	
				永品	昌國	
					昌法	
			郁武	永榮	昌良	
					昌虎	
				永華	昌林	
	大興	佳相	郁俊	永福	昌良	達海
				永祿	昌興	達倍
				永明	昌勇	達剛

32	33	34	35	36	37	38
仕	大	佳	郁	永	昌	達
						達強
						達智
					昌華	達玉
					昌富	達權
				永文	昌富	達權
		佳泰	郁軒	永昌	昌勇	達波
						達涌
						達平
		佳朗	郁云	永忠	昌達	達虎
					昌榮	
				永開	昌明	達超
						達玉
					昌周	達孟
					昌禮	
					昌奎	
				永和	昌義	
				□	昌能	達江
						達超
			郁系	永賢	昌平	
					昌吉	
					昌愛	
					昌敏	

32	33	34	35	36	37	38
仕	大	佳	郁	永	昌	達
			郁回	永碧	昌委	
					昌德	
				永文		
		佳春	郁庚	永旺		
			郁琪	永正	昌玻	
					昌立	
					昌紅	
			郁良	永高	昌輝	
		佳臣	郁亮	永光	昌倫	
					昌藍	達兵
					昌奎	
					昌米	
				永財	昌榮	
					昌玉	
				永達	昌必	
					昌偉	
					昌智	
					昌富	達懂
			郁興	永朝	昌愛	
					昌德	
					昌美	

31	32	33	34	35	36	37
宏	仕	大	佳	郁	永	昌
宏財	仕仁	大萬	佳祥	郁祥	永忠	昌國
						昌賢
				郁華	永林	昌惠
						昌進
宏泰	仕順	大德				
		大年	佳榮			
			佳順	郁喜	永福	
		大明	佳龍	郁成	永良	昌雷
					永春	
					永差	
				郁玉	永輝	
				郁云	永平	
					永貴	
				郁進		
				郁財	永紅	
					永海	
					永河	
		大興				
	仕玖	大科				
		大貴	佳林	郁奎	永健	
					永康	
				郁華	永付	
				郁賢		
				郁田		
	仕苗					
宏順	仕旺	大勝	佳妹			
			佳翠			
			佳三			
			佳四	郁蕃		
				郁光	永富	
					永輝	
			仕年			
		大祥	佳國	郁開	永華	
					永彪	
					永品	
					永勝	
				郁達	永體	
					永勇	
					永倫	昌法
			佳娃			
			佳元			

32	33	34	35	36	37	38
仕	大	佳	郁	永	昌	達
	仕興	大伍	佳元	郁錢	永學	昌勇
					永奎	
					永常	
			佳貴	郁鎖		
			佳學	郁品		
				郁富		
				郁良		
				郁達		
	仕明	大榮	佳育	郁玉		
			佳照	郁高	永超	
					永忠	
宏林	仕忠	大剛	佳法	郁坤	永正	昌仁
						昌米
						昌篩
				郁珍		
		大章				
		大輪	佳琪	郁強	永芳	昌文
						昌武
	37	38			永倫	昌法
	昌仁	達孝		郁文	永智	昌學
	昌米	達忠				昌穩
	昌篩	達明				昌進
						昌世
					永德	昌住
						昌笛
						昌凱
			佳強			
	仕孝					
宏云	仕撓	大住				
		大文	佳慶			
			小佳			
		大安				
		大恩	(	遷雲	南個	舊)
	仕祥	大春				
	仕元	大昌	佳啟	郁敏	永江	
					永祥	
				郁本		
				郁選		
				郁美		
		大林				
		大位	佳清	郁輝	永參	
				郁勇		
				郁俊		
				郁玻		
			佳開	郁興		
				郁合		
				郁軍		
			佳品	郁光		
				郁增		
			佳益	郁克		
				郁席		
宏恩	仕柏	大德	佳佑	二		
		大良	佳佐	育快		
宏光	仕卿	大邦	佳林	育凱	永堯	
					永國	
				育林	永繼	
					永祥	
			佳舜	育灿	永寬	
				育龍	永轅	
				育鳳	永太	
					永榮	
			佳福	育成	永貴	
				育佩	永勇	
			佳禹	育江	永攀	
			佳信	育柱		

32	33	34	35	36	37	38
仕	大	佳	郁	永	昌	達
				育村		
		大國	佳華	育選	永學	昌伶
						昌壯
					永澤	
			佳富			
			佳義	育華	永躍	
				育路		
				育偉		
		大周	佳禮	育祥	永彪	
		大用	佳恒	育倫	永雷	
				育和		
			佳朋	育菊		
			佳懷	育熙	永韜	
					永略	
				育發		
		大剛	佳業	育令	永早	
				育煉		
				育信	永福	
			佳本	育松	永雙	
				育太		
			佳明	育云		
				育帥		
			佳化	育品		
				育印		
			佳將	育千		
	仕相	大昌	佳齊	育俊	永龍	昌遙
						昌格
					永流	昌戰
					永快	昌在
						昌穩
					永欒	
				育明	永高	昌淮
						昌很
					永洪	昌友
						昌庭
				育良	永春	昌园
						夢园
					永勇	
					永平	
					永庚	
				育忠	永輝	昌廷
					永賽	
					永廣	
					永壯	
				育喜	巧碧	
				育均	永華	
					永富	
				育遠	永旭	凌云
						凌星
					勝舉	昌陽
					永磅	
					永磅	
					永蓁	
		大榮	佳全	育微	永雍	
				育富	永發	
				育貴	永苗	
			佳忠	育呂	永久	
				育松	永超	
				育洪	永正	
				育號		
				育業		
			佳正	育海		
				育淮		
		大舜	佳仁			
			佳龍	育好	永翠	

32	33	34	35	36	37	38
仕	大	佳	郁	永	昌	達
				育沖		
	仕賢	大壽	佳會	育萬		
			佳俊	育昭		
				育超		
		大祿	佳雄	育師		
				育田		
				育賢		
				育多		
宏彩	仕華					
	仕朝	大友	佳和	育長		
				育享		
				育雷		
		大全	佳良	育貴	永禮	
				育谷		

32	33	34	35	36	37	38
仕	大	佳	郁	永	昌	達
			佳遠	育來		
		大富	佳才	育立		
				立應		
			佳俊	育剛		
宏安	仕杰	大青				
		大乾	佳興			
	仕仙	大貴	佳發	育喜		
			佳學	育濤		
				育海		
宏憲	仕乾	國興				
		大先	福順			
			佳興	育穩		
				育坐		
			佳云	育春	永生	

32	33	34	35	36	37	38
仕	大	佳	郁	永	昌	達
			佳祥	育光		
		大益				
	仕坤	國安				
		大彬	佳啟	育考	永勇	
					永發	
				育淵		
			□	育啟	永貴	
					永寶	
			□	育喬	永孝	
					永臣	
					永強	
			□	逌耀	永發	

應倉公溯源與流衍

貴州省水城縣野鐘鄉常明村彭子頭開基祖應倉公，清代乾隆 33 年西元 1768 年，由湖南保慶府武崗州沈家坪後溪田質入黔，至今已 230 多年・應倉公為彭祖 130 世裔孫，彭祖第九子向公之後裔，其下衍生九代，加上軒轅六代，共計 145 代・

倉公上溯歷經江蘇徐州、隴西、淮陽、江西、湖南武崗，約四千余年，其間彭祖 69 世孫春霖公與彭越，是同胞兄弟・春霖公為我分支始祖，佐助劉邦平定天下有功，封供官侯開國元勳・

構雲公 15 世 拳公係江西吉安泰和縣人，號成仲，累官安順府太守職，卸任落籍楚南武崗州沈家坪，為我湖南武崗沈家坪始祖・

拳公第 15 世孫應倉公入黔，開基創業，現有子孫四千多人・

註：一・本文節摘 2004.2.15.彭氏通訊第十二期貴州水城自稱為彭祖 136 世構雲 35 世世孫彭郁良撰文

二・文中世代請參考「中華彭氏源流譜開派始祖少典世系派別排行源流」・

三・經考應倉公可能為構雲第 28 世孫

湖南永順縣彭氏

世麒公血緣網脈

世麒公，為顯英長子，字天祥，又名美仁・明弘治五年襲官永順宣慰使，因征戰有功，奉敕進階昭勇將軍；又屢建奇功，授龍虎將軍，奉敕加升湖廣都司都指揮使・成化丁酉年三冊九日生，嘉靖壬辰年九月初七日歿，在位 16 年，享年 56 歲，葬壽德山謚忠毅・配張氏，子 14・

① 1. 明輔

② 2. 明弼(居永順白砂車龍坪)

③ 3. 明臣：二子：宗儒(為那吉土祖)、宗仁(為那春村祖)・居湖南永順縣東坪、保坪・

④ 4. 明卿：子三：宗學、宗萬、宗序，居永順縣顆沙鄉・

⑤ 5. 明相：子孫居永順大明鳳栖・

⑥ 6. 明良：居永順高坪福昂子溪・

⑦ 7. 明佐：生三子：宗夏為城祖、宗商為永順顏家坪高坪梧海祖、宗聖為卓福對山祖・

⑧ 8. 明倫：永順勺哈祖・

⑨ 9. 明義：永順北湖九沖岩溪祖・

⑩ 10.明信：孫居蒙苡・

⑪ 11.明時：(不詳)

⑫ 12.明道：修道成仙

⑬ 13.明智：子孫居湖南龍山縣各地・

⑭ 14.明瑞：隱居龍山洗絡集賢・

血緣 構雲 －滋公－倜－輔－玗－彥昭－師裕－允林－文勇－儒猛－仕義－思宅－汝福－安國－勝祖－萬潛－天寶－謀源－仲－世雄－宣－顯英－世麒－明輔－明弼、明臣、明卿、明相、明良、明佐、明倫、明義、明信、明時、明道、明智、明瑞

明卿公房

構雲	23	24	25	26	27	28	29	30	31	32	33	34	35	36	37	38	39	40	41	42	43	44	45	46
派名	世	明	宗	翼	永	紹	萬	啟	肇	景	文	承	楚	善	武	繼	新	緒						
	世麒	明卿	宗學	翼化			(另	詳支	譜)															
				翼扶			(另	詳支	譜)															
		三子		翼騰	永忠		(另	詳支	譜)															
		宗學			永芝	紹鳳	萬忠	啟武	肇周	景南	文壽	承玉	楚其	善登	武順									

構雲	23	24	25	26	27	28	29	30	31	32	33	34	35	36	37	38	39	40	41	42	43	44	45	46
派名	世	明	宗	翼	永	紹	萬	啟	肇	景	文	承	楚	善	武	繼	新	緒						
		宗萬										承萬	楚祥	善展	武吉									
		宗序													武勝									
															武江									
															武成									
															武兵									
							萬孝			(另	詳支	譜)												
							萬富			(另	詳支	譜)												
							萬貴			(另	詳支	譜)												
							萬學	啟龍		(另	詳支	譜)												
								啟鳳		(另	詳支	譜)												
								啟漢	肇柏	景星	文紳	承柱	楚鏞	善盛	武富	繼春	南華	緒光						
																		緒明						
																	南修	緒強						
																		緒勝						
															武志	繼洪	新江	緒龍						
																		緒彪						
														善有	武清	繼澤	新法							
																繼凡	新浩							
															武忠	繼輝	新海							
																	新							
																	新洲							
													楚錦	善旺	武珍	繼章	新淋							
																	新源							
																繼耀	新清							
																	新淮							
																繼彬	新漢							
																	新勇							
											文紹	承基	楚槐	善興	武榮	繼恒	南越							
																繼漢	新奇							
																	新春	緒京						
																	新明	緒川						
																	新成	緒慶						
																	新才	緒緄						
															武發	繼順	新澤							
																	新洪							
															武貴	繼玉	新超							
																	新陞							
																繼忠	新潤							
																	新培							
												承朮	楚垣	善炳	武俄	繼發								
													楚旺	善文	武官	繼川	南紅							
																繼龍	南錫							
															武宦	繼彪	南寧	緒德						
																繼愛	南天	緒行						
																	南海							
															武家	繼潤	南芳	緒衍						
																繼明	南洋							
																	南式							
												承德	楚坤	善耒	武圭	繼安	新波							
																	新濤							
																繼祥	新國							
																	新邦							
																繼奎								
															武位	繼榮	新家							
																	新勝							
																繼富								
																繼貴								
			宗學																					
			宗予																					

明臣公房

構雲	23	24	25	26	27	28	29	30	31	32	33	34	35	36	37	38	39	40	41	42	43	44	45	46
派名	世麒	明	宗	翼	永	元	廷	弘	肇	景	文	承	楚	善	武	繼	新	緒						
		明臣	宗儒																					
			宗化	翼揚	永慶	元明	廷梅	弘滙	應其															
									應林	志貴	文秀													

構雲	23	24	25	26	27	28	29	30	31	32	33	34	35	36	37	38	39	40	41	42	43	44	45	46
派名	世麒	明	宗	翼	永	元	廷	弘	肇	景	文	承	楚	善	武	繼	新	緒						
											文學													
									應信															
					永吉																			
					永康																			
			宗儀	翼高	永盛	元納	廷佐	弘康	肇應	景先	文孝													
											文德													
											文星													
											文伎													
									肇桂	景高	文相													
											文成													
									肇權	景燈	文舉													
											文清													
									肇松	景末	文科													
											文榮													
											文在													
										景然	文升													
										景兆	文進													
										景熬	文紳													
								弘澄	肇亮	景燃	文世													
										景炳	文鳳													
											文典													
										景輝	文祥													
											文忠													
										景煌	文明													
										景壽	文興													
									肇柏	景星	文魁	承歲	楚彬	善教	武仕	繼成								
														善政	武楷	繼商								
																繼仕								
															武模	繼才								
														善敏	武玉	繼其								
													楚恒	善寶	武章	繼榮								
															武登	繼德								
																繼昌								
												承玉												
											文林	承倫	楚河	善昭	武日	繼文								
																繼鳳								
															武品	繼潤								
			宗仁	翼前	永武	元庚	廷寶	弘聯																
								弘科	肇相	景坤	文興													
											文杰	承廣	楚富	善有	武臣									
															武占									
													楚貴											
													楚榮											
								弘及																
								弘弟																

湖南永順縣廿四世明輔公支系

24	25	26	27	28	29	30	31	32	33	34	35	36	37	38	39	40	41	42	43	44	45	46	47	48
明	宗	翼	永	元	廷	弘	肇																	
明輔	宗漢																							
	宗舜	翼雲																						
		翼南	永年	元錦																				
				元锈	廷椹	弘賢	肇權																	
							肇貴																	
							肇勝																	
						弘榮																		
						弘華	肇麒																	
							肇麟																	
					廷林																			
				元□		住湖	南桑	植彥	家村															
		翼萬																						
		翼程																						
	宗憲		住湖	南龍	山縣																			
	宗政	翼□																						
		翼翔																						
		翼學	永泰	元頂	廷俊	弘濤	肇榕																	
							肇相																	
						弘泗																		
						弘浚																		
					廷杰																			
					廷偉																			
					廷儀																			
					廷仕																			

24	25	26	27	28	29	30	31	32	33	34	35	36	37	38	39	40	41	42	43	44	45	46	47	48
明	宗	翼	永	元	廷	弘	肇																	
				元升																				
			永和	元蘭																				
				元信																				
		翼漢	永垣	元鎮	廷爵	弘治	肇樅																	
							肇吳																	
							肇菊																	
							肇材																	
							肇株																	
							肇舜																	
						弘涇	肇松																	
							肇桂																	
							肇梧																	
							肇檜																	
					廷祿	弘源	肇權																	
							肇柄																	
							肇連																	
					廷壽	弘淋	肇株																	
							肇林																	
							肇堅																	
						弘浚	肇橙																	
							肇椿																	
						弘澳	肇楹																	
							肇椅																	
							肇根																	
							肇梓																	
	宗器	翼舉	永銘	元道	廷德	弘武	肇龍																	
							肇鳳																	
							肇倫																	

明智公房

明智公係永順土司師裕公位下龍虎將世麒公第十三子・由湖南永順縣老司城遷居湖南龍山縣・**血緣** 構雲－滋公－倜－輔－玕－彥昭－師裕－允林－文勇－儒猛－仕義－思宅－汝福－安國－勝祖－萬潛－天寶－謀源－仲－世雄－宣－顯英－世麒－明智－宗禹－

湖南永順縣廿四世明輔公支系

24	25	26	27	28	29	30	31	32	33	34	35	36	37	38	39	40	41	42	43	44	45	46	47	48
明	宗	翼	永	元	廷	弘	肇																	
明輔	宗漢																							
	宗舜	翼雲																						
		翼南	永年	元銻																				
				元锈	廷椹	弘賢	肇權																	
							肇貴																	
							肇勝																	
						弘榮																		
						弘華	肇麒																	
							肇麟																	
					廷林																			
				元□		住湖	南桑	植彥	家村															
		翼萬																						
		翼程																						
	宗憲		住湖	南龍	山縣																			
	宗政	翼□																						
		翼翔																						
		翼學	永泰	元頂	廷俊	弘濤	肇榕																	
							肇相																	
						弘泗																		
						弘浚																		
					廷杰																			
					廷偉																			
					廷儀																			
					廷仕																			
				元升																				

24	25	26	27	28	29	30	31	32	33	34	35	36	37	38	39	40	41	42	43	44	45	46	47	48
明	宗	翼	永	元	廷	弘	肇																	
			永和	元蘭																				
				元信																				
		翼漢	永垣	元鎮	廷爵	弘治	肇樅																	
							肇吳																	
							肇菊																	
							肇材																	
							肇株																	
							肇舜																	
						弘涇	肇松																	
							肇桂																	
							肇梧																	
							肇檜																	
					廷祿	弘源	肇權																	
							肇柄																	
							肇連																	
					廷壽	弘淋	肇株																	
							肇林																	
							肇堅																	
						弘浚	肇橙																	
							肇椿																	
						弘澳	肇楹																	
							肇椅																	
							肇根																	
							肇梓																	
	宗器	翼舉	永銘	元道	廷德	弘武	肇龍																	
							肇鳳																	
							肇倫																	

28	29	30	31	32	33	34	35	36	37	38	39	40	41	42	43	44	45	46	47	48	49	50	51
世	宗	奕	萬	朝	興	憲	學	瑞															
世祿	(	遷居	廣西	桂林	)																		
世榮	宗宏	奕顯	萬祥	朝舉	興旦	憲坤	學成	瑞成	達春	茗遠													
					學習	憲恩	學榮	發福	春玉														
								發祿	達輝														
	宗元	奕紳	萬科	朝東	興陵	德炳	學役	發來	惠明	清華													
						德厚	學英	瑞成	達春	茗遠													
				朝南	興見	德經	學顯	瑞華	達禮	遠林													
									達江														
		奕緇	萬全	朝升	興喜	憲平	學友	紹文															
				朝亮	興登	憲秋	學南	瑞生	松林														
		奕純	萬安	朝旺	興標	憲浪	學章	瑞明	帆														
				朝相	興南	德傳	學面	瑞中	達云	遠強													
										遠盛													
								瑞華															
					興芳	憲崇	學而																
							學坤	瑞新	達超														
							學南																

湖南龍山縣彭氏

農車鄉馬蹄寨四岔坪才庫公

才庫公諱富，宋大理評事・福塘派，由江西江右吉安府泰和縣金龜塘圳上，同弟才貴於大中祥九年遷湖南新化縣溫塘・(興騰公(1719－1776)由新化縣新塘岔坪遷龍山縣農車鄉(清時為董甫里)馬岔坪)・

血緣：(1)構雲－？－才庫－利－文福－仕聰－思忠－時遠－師惠－英才－章記－華郁－國泰－維元－必明－谷遜－三郎－友崇－均學－仲椿－伏科－永言－大品

34	35	36	37	38	39	40	41	42	43	44	45	46	47	48	49	50	51	52	53	54	55	56	57	58
大	興	仁	義	禮	智	信	祖	澤	昭	貽	訓	忠	孝	注	家	班								
大品	興騰	仁善	義科	禮冠	智南	信	祖根	澤芳	昭俊															
									昭治															
								澤清	昭文															
									昭利	(遷	馬蹄	寨新	基坪	)										
							祖化	澤元	昭															

									昭															
									昭															
								澤信																
								老三		(遷	花橋	)												
					智松	信道	祖美	澤述	昭友															
									昭富															
									昭志															
				禮超	智健	信倖	祖芳	澤銀																
								澤富	昭華															
									昭輝															
					智典	信發	祖喜	澤風	昭發															
				禮韜	智有	信才	祖榮	澤林	昭凱															
									昭旋	貽清														
										貽政														
									昭勝															
									昭勇															
		仁壽	義主	禮貴	智元	信忠	祖義	澤生																
								澤化			(住	四岔	坪)											
						信怒	祖旺	澤明	昭輝		(住	民安	鎮)											
								澤亮			(住	武漢	市)											
							祖江	澤仁	昭軍															
									昭義															
							祖河	澤貴	昭斌															
									昭齊															
									昭惠															
					智利	信書	祖全																	
					智真	信弦	祖文	澤勝	昭賓															
								澤利	昭															
									昭															
								澤華			(住	四岔	坪)											
				禮齊		(遷	永順	撫字	坪)															
				禮廷		(遷	永順	撫字	坪)															
				禮富		(遷	永順	撫字	坪)															
			義武			(遷	永順	撫字	坪)															

茨岩塘鎮螃蟹口廷相公

32	33	34	35	36	37	38	39	40	41	42		32	33	34	35	36	37	38	39	40	41	42	43	44	45
玉	文	承	楚	善	武	繼	南	英	昭	后		玉	文	承	楚	善	武	繼	南	英	昭	后			
玉成	文舉	承福	楚坤	善楠	武斌	繼雙	南堯	英剛				玉成	文秀	承貴	楚靠	善相	武仲	繼才	南均	緒斌					
長子								英彥				次子								緒彪					
							南鋒	緒相								善梁	武漢	繼雄							
							南禹	緒松										繼豪	沈南						
				善治	武雄	繼緒	南浩	英超	后霖										新龍						
							南波	緒練										繼杰	新培						
							南月	英柱											新強						
							南江	英科	后富								武治	繼高	新佳						
								英魁											新國						
								緒山										繼東	新濤						
							南勇	英武	后瑞										新成						
								英舉										繼南	新振						
				善彩	武健	繼忠	南林	緒奇											新坤						
								緒茂										繼盛	新亞						
							南美	緒竣				玉成	文才	承文	楚熙	善政	武定	繼成	南磊						
							南肇					三子							南蛟						
							南爵											繼偉							
						繼烈	南國	英翔						承楚	楚鼎	善瑜	武鋒	繼輝	南鑫						
								英禕											南宏						
							南頗								楚藩	善崇	武英	繼華	新平						
			楚忠	善友	武海	繼岸												繼周	新時						
						繼明	新利												新代						
				善銀	武洋	繼剛	南椿	新福										繼勝							
							南樟						文甲	承林	楚緒	善潤	武任	繼凱	新洲						
						繼祥													新泉						
						繼炳	新泉											繼渤	新潮						
						繼勇	新旺												新策						
		承祿	楚洋	善順	武學	繼銀											武安	繼裘	新博						
					武奎	繼鳳													新灿						
						繼龍	南洋								楚壽	善雄	武周								

32	33	34	35	36	37	38	39	40	41	42		32	33	34	35	36	37	38	39	40	41	42	43	44	45
					繼才	南竹																			

湖南龍山縣水田埧鄉下比寨廷富公支系網脈												湖南龍山縣隆頭莫古送裔孫華金公支系網脈										
32	33	34	35	36	37	38	39	40	41	42		38	39	40	41	42	43	44	45	46	47	48
玉	文	承	楚	善	武	繼	新	英	昭	后		御	榮	華	肇	美	祖	昌	大	承	宗	
景山	文清	承灿	楚甲	善鼎	武仲	繼沌	新明					御春	榮炳	華金	肇明	美成	祖富	昌金	大順	承發	宗祥	
						繼勝															宗波	
					武梓	繼華	新杰													承明		
						繼遠	新龍													承洪		
					武云	繼富	新華											昌旭	大軍			
						繼璋	新江												大賢			
						繼艾											祖珍	昌松	大國	承達		
						繼燕													大勝			
				善達	武南	繼凱	新本											昌平	大忠	承新		
							新萬												大文	承立		
							新保									美南	祖貴	昌發	大金	承		
						繼岸	新家												大銀			
			楚甲	善進	武生	繼興	新堯											昌玉	大清	承波		
							新舜												大根	承彪		
			楚寅	善文	武佳	繼金	南桂										祖鳳	昌有				
					武仁	繼雙	新國										祖凰	昌文	輝			
				善權	武奇	繼鳳	新凱										祖義	昌壽	大生			
						繼凡	新勝											昌良				
							新旭											昌愛	大立			
						繼承									肇亮	美玉	祖沛	昌貴	大成	承學		
					武義	繼翠	新君													承躍		
				善基	武岳	繼美	南文										祖旺	昌茂	大軒			
							南斌												大愛			
						繼國	新森											昌銀	大地			
							新林											昌健	大江	承成		
																美琳	祖應	昌林	大發	承乾		
																			大順	承坤		
																				承仁		
														華銀	肇有	美金	祖照	昌文	大進	承志		

33	34	35	36	37	38	39	40	41	42	43	44		33	34	35	36	37	38	39	40	41	42	43	44
文	承	楚	善	武	繼	南	英	昭					文	承	楚	善	武	繼	南	英	昭			
文灿	承勛	楚璉	善洋	武星	繼成	南斌	英茂	昭君	裕興											英強	后旺			
								昭文	經海												后發			
									經波											英勇	后彬			
							英福	后武													后君			
						南雙	英祥	后文													后春			
					繼明	南貴	英華	昭富												英平				
								后宏								善甲	武柏	繼鑾	南勛	英群				
							英全	昭彬												英志				
								昭明												曉英				
					繼昌	南友	英柱	昭俊					文榜	承照	開楚	宗澤	武興	繼占	南山	英鞠	昭勇			
							英志														昭清			
							英萬												南海	英成	昭春			
							英勝														昭武			
			善獻	武俊	繼勝	佑生	英沛	后興					文熏				武林	繼槐	南清	英華				
				武干	繼才	孟生	英國											繼椿	南明	富龍				
						南貴	英述	后強					文科	承文	楚富	善富	武軍	繼才	南金	英盛				
							英松												南友	英強				
							英盛												南明					
							英平							承武	楚銀	善福	武俊	繼林	南松	英文				
文書	承斌	楚桃	善華	武海	繼榮	南芳	英國	后君												英平				
							英友													英武				
					繼清	南英	英龍												南海	英春	后賢			
						南斌	英發						文興	承鈺	楚才	善興	武清	繼英	南玉	英仲	昭祥			
		楚构	善高	武品	繼清	南英															昭勝			
															楚祿	善英	武貴	繼福	春宏					
																			春彬					

湖南小支世系

湖南瀏陽市中和彭家樓廿七世**廷華公**支系

28	29	30	31	32	33	34	35	36	37	38	39	40	41	42	43	44	45	46	47	48	49	50	51
世	宗	奕	萬	朝	興	憲	學	瑞															
世祿	(	遷居	廣西	桂林	)																		
世榮	宗宏	奕顯	萬祥	朝舉	興旦	憲坤	學成	瑞成	達春	茗遠													
					學習	憲恩	學榮	發福	春玉														
								發祿	達輝														
	宗元	奕紳	萬科	朝東	興陵	德炳	學役	發來	惠明	清華													
						德厚	學英	瑞成	達春	茗遠													
				朝南	興見	德經	學顯	瑞華	達禮	遠林													
									達江														
		奕縉	萬全	朝升	興喜	憲平	學友	紹文															
				朝亮	興登	憲秋	學南	瑞生	松林														
		奕純	萬安	朝旺	興標	憲浪	學章	瑞明	帆														
				朝相	興南	德傳	學面	瑞中	達云	遠強													
										遠盛													
								瑞華															
					興芳	憲崇	學而																
							學坤	瑞新	達超														
							學南																

湖南瀏陽小河鄉嚴坪村**可華公**支系網脈

構雲	32	33	34	35	36	37	38	39	40	41	42	43	44	45	46	47	48	49	50	51	52	53
	可華	世標	文興	應最	朝龍	挺才	盛祥	海有	俊先	福山												
										祿山												
									俊民													
								萬有														
							盛甲															
							盛鼎	湖南	俊先	東山	雙軍											
				應芳	朝贛	挺玉	盛昆	德華	俊元	玉山												
										才山												
										妙山	志軍											
								德富														
								德全														
							盛綸	德青	俊章													
									俊成	石山												
									俊其													
									俊高													

湖南瀏陽荷花辦事處黃洞村**添泰公**

構雲	28	29	30	31	32	33	34	35	36	37	38	39	40	41	42	43	44	45	46	47	48	49
派名	添	正	美	天	顯	大	光	明	先	志	洪	輝	福	自								
	添泰	正興	美聖	天福	顯達	大武	光祖	明芳	先鰲	志仁	洪盛	輝佑										
	文林										洪喜	輝來										
										志勇												
										志朝												
						大榜	光明	明富	先來	志文												
										志香												
									先發	志洪												
										志福	洪極	輝斌	福初	自華								
													福明									
													福成									
													福秋									
												輝孝	福清	自龍								
														自琪								
													福新									
									先輔	志新	洪泰											
										志貴												
										志林												
										志有												
								明貴	先其	志禮	洪桂	輝紹	福珍	自祥								
													福生	自長	樹珍							
														自興								
														自呂								
													福和	自萬	全發							
														自信								
														自億								
														自節								
												輝緒	福海	自其	綸常							
															彩輝							
												輝純	福海									
													福林	自發	全芳							
												輝倫	福慶	正連								
													福仁									
												輝綱	福盛	自釗								
													福琪	自明								
									先桃	志先												

構雲	28	29	30	31	32	33	34	35	36	37	38	39	40	41	42	43	44	45	46	47	48	49
派名	添	正	美	天	顯	大	光	明	先	志	洪	輝	福	自								
							光能	明瑞	先榮	志興												
										志發												
										志財												
										志癸												

湖南瀏陽神虎沖**自銀公**

構雲	28	29	30	31	32	33	34	35	36	37	38	39	40	41	42	43	44	45	46	47	48	49
派名	自	文	允	大	沐	壽	子	興	廷	開	景	運	世	德	高	常	顯	心				
	自銀	文旦	允蘇	大輝	沐恩	壽品	子華	興富	廷綿	開鏡	景真	運久	世芬	德仁	高祥	常金	顯江					
																	顯武					
															高益	常鶴	顯明	心志				
																	顯富					
																常啟	顯海					
																	顯棠					
																常庚	顯許					
																常初	顯姣					
														德仁								
										開照	景晉	運譚	世寶	德松								
														德炎	高漢	常動	顯林					
																更生						
															高洁	志剛						
													世純									
													世庚	德智	高峰	常富	顯羨					
																常貴	顯強					
																常余	顯良					
															高厚							
									廷緒	開遠	景烘	運光	世洁									
													世綜									
												運賦	世冥	德珍	高人							
														德瑤								
														德琮	高法							
										開邇	景求	運隆	世蘭									
													世容	德言	高成							
													世峰	德疇	高友	常義						
													世苔	德輝	高友	常仁	顯揚	心勝	傅林			
																	顯明	心利				
				大楠	豐恩	壽義	子經	興發	廷旻	開鎮	景略	運榮	世鈞									
													世松	德美	高仰							
															高拔							
												運輝	世傅	德修	高桐	常椿						
														德釗	高梧							
															高松							
														德晶								
														德禎								
														德坦								
													世志									
													世元									
													世柏									
											景尚											
							子論	興尹	廷壽	開賢	景攀											
						壽命	子明	興益	廷蘇	開桂	景宗											
											景林											
											景齊											
						壽詔	子才	興宗	廷英	開建	景秀	運笙	世馨	德元	高友	常洪						
																常茂	顯秋	心檢				
																		心田				
																	顯林	心隆				
															高交	常啟						
																常消	顯根	心利				
																	顯清	心亮				
																		心枚				
														德盛								
														德利	高照							

34	35	36	37	38	39	40	41	42	43	44	45	35	36	37	38	39	40	41	42	43	44	45
子	興	廷	開	景	運	世	德	高	常	顯	心	興	廷	開	景	運	世	德	高	常	顯	心
		廷訓	開衢	景標	運譜	世棠	德安	高桐	常祺						景微	運祿	世先	德全	高福			
									常林	顯良									高來	常早	顯光	
									常福	心枚											顯強	
				景濃	運定	世騰											世端					
						世隆											世揚	德才	高仁	常輝	顯美	
						世監	德久	高理	常倫	禹婷												
									常新												顯利	
			開玉	景縫	運珊	世新	德求	高華	常甫	顯許									高信			
							德徇							開任	景員	運科	世澤	德樞	高新	常靜		
					運珍	世浩	德賢	高標	常初	顯欽								德根	高啟	常意		
									常梓	顯福	心鳳								高法	常亮		
											心明								高棠	常倫		
							德運	高縫									世則					
								高象	常松								世經					

34	35	36	37	38	39	40	41	42	43	44	45	35	36	37	38	39	40	41	42	43	44	45
子	興	廷	開	景	運	世	德	高	常	顯	心	興	廷	開	景	運	世	德	高	常	顯	心
									常欽	顯富					景撫	運欽	世春	德炯	高忠	常成	顯聰	
										顯余								德運	高厚	常義		
									常炳	顯貴			廷高	開泰	景謨	運啟	世精	德基	高淼	常連	顯榮	
										顯真											顯華	
									常忠	彭砂									高輝	常美	顯求	
									常元	顯威										常利		
									常桃	顯玄									高鶴	常賢	彭紅	
							德森	高雷												常德		
								高鸞	常廣	顯運										常義		
									常道	顯佳									高磊			
									常方	顯珊								德榮	高軒	常華	顯永	
									常合	顯海											顯照	
							德壽	高和	常清	顯達										常慶	顯才	
										顯良										常忠	顯洪	
									常書	顯祿											顯芳	
								高其	常吉	顯志										常孝	顯波	
										顯南										常友	顯長	
									常迪	顯明										常全	艷輝	
								高林	常科	顯文								德邁	高彥	常仁	顯成	
										顯武										常和	小完	
									常余	顯紅							世祥	德淼				
								高迪	常明									德佳				
								高橋	常意	顯文							世財					
									常宜	顯旺				開炯	景□	運斌	世詮	德驥	高光	常炎	顯明	
							心亮														顯松	
							心洪													常根	顯平	
子旺	興祿	廷獻	開愚	景嵩	運寬	世葉														常蘇	顯華	
						世有													高幟	常義	顯流	
						世富														常炎	顯武	
				景崇	運調	世長	德龐	高松											高坤	常禮		
								高鈺	常佳	顯濤									高希	常梘		
									常伸	顯旺									高乾	常成		
								高鈞	常全	顯波				開本	景崑	運端	世攀	德貴	高鑫			
									常奇	顯強									高堯			
									常許	顯姣									高仁			
								高鏡	常慶	顯壽									高義			
										顯長							世襄	德丙	高近	常俄	顯發	心文
									常仁	顯芝											顯武	
								高鋒	常坤								世杞	德丹	高栓	常言	顯水	
							德鴻	高明												常棋	顯桐	
							德操													常林	顯芝	
						世強												德玉				
					運匡	世承	德發	高本	常花									德葵				
							德隆	高元	常平	顯玲								德智				
									常春								世紀	德音	高權	常珍	顯根	
								高財	常發										高梓	常芝	顯龍	
									常友												顯鳳	
								高詢	常亮	顯斌										常福	顯汀	
									常明											常曉	顯佳	
								高蘭	常美									德旦				
			開迷	景崙	運濤	世及	德傳	高森	常添	顯義	心敏							德洽	高潮	常春	顯富	
											心國									常江	顯棠	
										顯禮	心琼									常海	顯香	
										顯智	心旺						世用	德星	高賢			
									常善	顯福	心祥					運沅	世忠	德明				
									常訓	顯鋒							世綸	德賓				
										顯亮								德良	高袖			
									常剛	顯信									高梅			
									常賢	顯容							世熙					
								高植									世焱	德剛				
								高樞	常達	顯飛					景岐	運思	世海	德鷲	高逢	常明	顯強	
									常興												顯彪	
									常多	顯星										常星	顯志	
									常財	顯鳴											顯謀	
									常運	顯冰										常運	顯忠	
							德令											德驗				
							德立								景崗	運廣	世輔	德沛	高壽	常松		
									常樹								世庚					
								高言	常武								世來	德風				
								高方	常龍								世良	德美	高林	常明		
						世晉												德松	高思	常旭		
						世圖	德木									運襄	世濂	德彥	高旺			
							德渥	高樹	常全	顯敏							世清	德選	高武			
									常富	顯靜									高文	常征		
									常桂	顯依									高法	常超		
								高山	常德											常賢		
								高清	常偉								世弼	德強	高壽	常會		
			開炳	景夷	運辰	世鎮	德拔	高聖	常建								世功	德煌	高柳			
								高兌	常棵										高槐	常乾		
								高武	常平								世求	德珍				
		廷元	開瑞	景益	運豐	世彰	德吾										世沂	德潤	高俊	常立		

34	35	36	37	38	39	40	41	42	43	44	45	35	36	37	38	39	40	41	42	43	44	45
子	興	廷	開	景	運	世	德	高	常	顯	心	興	廷	開	景	運	世	德	高	常	顯	心
							德漂	高發	常南	顯紅								德富	高灿	常健		
					運意	世俊	德琪	高福											高流	常康		
								高相	常孝	顯林					景森	運懷	世雄	德經	高陽	常和		
									常志	顯忠									高台	常利		
										顯湖								德懋	高松	常道	顯□	
									常龍	顯江										常德	顯磊	
									常彪	顯意										常義	顯維	
									常理	顯燕								德隆	高焱			
									常虎								世效	德隆	高平	常義	顯容	
							德崇	高富	常淼										高照			
							德成	高密	常桂								世省					
		廷魁	開潛	景純	運受	世賢	德福	高梧	常清	顯亮						運韜	世辞					
									常海								世堯	德政	高勁			
					運邦	世益	德吾	高財	常堅										高衛			
									常強										高國			
								高啟	常斌								世灿	德祥	高宇	常晴		
								高宇	常婷									德密	高山	常澎		
								高韵	常极											常啟		
						世麒									景南	運經	世省	德雨	高林	常利		
				景安	運達	世銘	德建	高升	常松										高連			
								高桂	常林								世濟	德霞	高法			
									常祖										高才			
								高力	常柏										高忠			
						世貞											世存	德春	高斌	常忠		
						世坤													高洪	朝輝		
				景范	運謀	世深	德川													朝陽		
							德巍	高成	常禮										高維	常文	顯龍	
							德流													常智	顯強	
					運農	世瑞	德戴	高攀											高賢	常禮	顯乾	
						世康	德哲	高余	常偉											常厚		
				景彬	運趨	世桃	德讓	-	常科	顯芳					景豪	運歆	世儀					
							德儒	高全	常開	顯文							世鹿	德渚				
							德道	高□	常智	顯濤												
		廷瑜	開忱	景瞻	運欣	世鳳	德伸	高桂	常梓											常新	顯旺	
									常樟											常意		
				景春	運連	世嗣	德鵬												高尚	常海		
		廷猷	楚	景曾	運尚	世克	德江	高運	常成									德錦	沅水	常政		
					運松	世邁	德立	高鶴	常初	顯清									高進	常委		
								高鵬											高覺	常勇		
							德連	高鳴												常志		
							德懷												高華	常丹		
							德善	高晏	常梗										高賽	思敏		
								高虎									世純	德芴				
								高年	常順								世欽	德佑	高麟			
						世鑫	德述									支費	世桃	德武	高根	常榮	顯波	
					運津	世建	德友	高景	常雄									德江				
								高湘	常英			江朝	廷紹	開榜	景敖	運合	世梅	德誠	高海			
						世綿	德進	高華	常杰										高方	常斌		
						世遵	德意													常鳳		
					運芝	世圭	德泮	高華	常林				廷升	開沅	景妍	運照	世遨	德宣	高仰	常清		
						世甄	德麟	高朗											高湖			
							德本	高欽	常呆									德春				
								高國	常豪								世丁	德途	高許	常和		
									常志											常祿		
								石玉	常婷											常來		
		廷勝	開禧	景謙	運才	世本	德漂	高培	常怡							運楓	世根	德鈞				
									常偉									德好	高宇	常緒		
							德清	高全	常龍										高黨	常建		
								高家	常根										高章			
									常波					開培	景湯	運初	世光	德奠	高順			
						世珍	德廷	高洪	常利										高春			
									常亮										高玄	常水		
							德伐	高鳳	江城											常林		
								高斌	常蘇								世新	德峻	高朗	常根	顯勝	
								高宪	常豆											常意		
						世虎	德元	高龍	常流	顯霞									高如	常臣		
									常武	顯強									高松	常富		
									常勇											常貴		
						世美	德茂	高杏	常來								世敏	德照				
									常強									德族				
			開常	景昭	運復	世教	德宗	高現	常文	顯貴								德玉				
								高海	常法	顯明		芝福	定欽	蘭尚	貴光	維德	廣秀	大椿	吉成	常春	顯根	
									常財	顯燕											顯明	
									常教	顯軍										常運	顯科	
						世道	德坤	高松	常忠	顯佳											顯旭	
									常立	顯灿								大松				
									常旺									大柏				
							德文								貴豐							
						世炮	德義	高富	常珊	顯□		景逼										

湖南瀏陽南鄉珊田段萬里公

孝微公長子，明洪武年間，由江西豐城遷居湖南瀏陽大瑤山田段·

構雲－滋公(中理)－倜－輔－玗－彥昭－師奭－德容－壽－嗣興－昉－思齊－汝說－聞聰－光遠－大任－蘊綸－

世相－遠顏－梵－定翁－謀立－開秋－美南－利淵－孝微－萬里－原榮－位賢－以清－執中－

37	38	39	40	41	42	43	44	45	46	47	48	37	38	39	40	41	42	43	44	45	46	47	48
昌	良	大	學	先	人	瑞	如	金	顯	心	傳	昌	良	大	學	先	人	瑞	如	金	顯	心	
	27	28	29	30	31	32	33	34	35	36				大芳	學鳳	先純	人振	瑞槐	如南	金開	顯奇		
	萬里	原榮	位賢	以清	執中	明珍	雙槐	正倫	必富	際景											顯海		
										際升										金玉	顯財		
										際名									如佳	金和			
						明亮	金山	正華	必勝	際書							人炳	瑞掌	如淼	金蟬			
										際明							人喬	瑞晴	如金	金各	顯沅		
36	世	際	景	公	房															金寬	顯舉		
昌祁	良鎬	大順	學坤	先鳳	人福	瑞聲	如軒	金松	顯林	心文											顯洪		
			學坎	先拔	人開	瑞	如富	金發	顯紹	心田										金棚	顯都		
								金順	顯榮	心圭	傳清						人緒	瑞統	如波	金香			
											傳春						人柱	瑞金	如銀	金田	躍文		
										心同											永勝		
										心余											春生		
									顯立											金芳	顯珍	心隆	
									顯高												顯柱		
									顯彬	心池										金煌	顯清	心超	
									顯明	心源											顯蛟		
								金忠	顯求	心槐											顯許		
									顯成	心海							人誼	瑞望	如邱	金洪	顯江		
							如貴	金成	顯德	心磊											顯文		
										心明	傳琪				學琴	先品	人香	瑞東	如仁	金蘭	顯付		
		大化	學震	先民	人琮	瑞成	如盛	金仁	顯劍	心兵										金秋	顯智		
								金義	顯統	心龍	傳峰									金厚			
										心付	傳印					先禮	人德	瑞奇	如江	金龍	顯付		
							如財	金仁	顯榮	心科											顯柏		
				先桂	人亮	瑞光	如谷	金瑤	顯欽	心琅										金山	顯良		
										心禮										金聖	顯成		
									顯秋	心波						先智	人告	瑞秋	如祝	金坤			
								金林	顯發											金浪			
									顯佑									瑞金	如漢	金明	顯法		
								金良	顯平											金流			
								金炎	顯禮									瑞應	如漂	金興			
							如秀	金祥	顯珍	心隆										金旺			
									顯許				良柱	大本	學性	先雋	人普	瑞唐	如家	金水			
									顯金					大經	學讓	先連	人達	瑞祿	如金	金許			
								金甫	顯付	心明									如法	金山	顯初	心清	
										心亮											顯秋	心啟	
						瑞榮	如寶	金吾	顯初											金飄	顯蘭		
									顯	心許				大魁	學洪	先文	人祥	瑞明	如均	金海	顯燕	心全	
				先誠	人向	瑞梅	如庚	金柳	顯武										如鋒		顯高	心祥	
		大和	學仁	先恒	人椿	瑞松	如鵠	金提	顯桂									瑞清	如玉	金聲	顯質		
		大魁	學洪	先文	人祥	瑞清	如玉	金本	顯友					大典	學智	先柏	人煥	瑞發	如田	金湖	顯光		
									顯法												顯宇		
									顯黨									瑞山	如有				
									顯忠										如洪				
									顯谷										如奎	金維	顯好	心娈	
							開來	金禮	顯彬												顯才		
									顯和	心力					學敏								
									顯錦						學棋	先崇	人松	瑞榜	如謙	金先	顯富		
						瑞有	開欽	金流	顯品	心旺										金淼	顯許	心良	
										心源												心楓	
									顯鑫	心文											顯成		
										心義										金榮	顯科	心	
										心知												心玖	
								金輪	顯祥	心洪											顯堂		
										心珍											顯秋		
									顯為												顯灿		
									顯國	心波										金和	顯鋒		
									顯湖	心浪											顯光		
						瑞騰	子林													金余	顯文		
						瑞潮	如凡	金從													顯彪		
								金德	顯余										如發	金賢	顯祥		
								金友	顯赫									瑞祥	如炎	金虎	顯鵬		
								金法													顯鶴		
						瑞佛	如鏡	金儀	顯安											金芝	顯兆		
									顯科									瑞益	如昭	金華	顯文	心平	
									顯欽												顯武		
						瑞龍	如銀	金純	顯坤												顯彬		
									顯根									瑞梧	如信	金球	顯林		
								金鳳	顯海												顯讓		
								金洪											如本	愛清	顯湘		
							如銘								學坊	先萬	人高						
	良鈞	大受	學楠	先洵	人周	瑞佐	如東										人照						
							如堂	金貴	顯京								人朗						
								金玉	顯新								人金						

37	38	39	40	41	42	43	44	45	46	47	48	37	38	39	40	41	42	43	44	45	46	47	48
昌	良	大	學	先	人	瑞	如	金	顯	心	傳	昌	良	大	學	先	人	瑞	如	金	顯	心	
						瑞能	如成	金奎	顯江								人華	瑞沂	如建	金皇			
							如虎	金彩	顯波										如義	金國			
							如升	金凡	顯清	心浩				大极	學純	先鑒	人藻	瑞循	如紀	金富	顯鏡	心廣	
							如科	金明												金美	顯茂		
				先珪	人章	瑞啟	如正	金元	顯華												顯卿		
			學桂	先桃	人根	瑞謙	(遷	江西	安福	)							人尊	瑞喬	如紀	金余	顯武	心明	
		大典	學智	先柏	人煥	瑞發	如根								學道	先德	人勛	瑞來	如蛟	金彪	顯義		
							如端													金茂	顯文		
							如田	金春	顯明	心來											顯禮		
										心知											顯智		
									顯亮	心意										金旺	顯信		
										心成							人品	(出	外)				
									顯佳						學周								
								金紹	顯柱														
36	世	際	升	房																	顯平	心寒	
昌偉	良法	大周	學有	先柳	人愛	瑞聰	如定	金斗	顯洪													心露	
								金虎	顯相												顯輝	心芳	
									顯松										如錫	金俄	顯德	心豐	
								金郎														心盛	
								金泉														心意	
							如芳	金強	顯建										如鑒	金洪	顯林		
								金龍	顯春												顯文		
								金武										瑞邦	如璜	金日	顯棠		
		大培	學來	先本	人適	瑞泉	如坤	金海												金國	顯波		
							如殿												如琨	金立	顯旭		
	良文	大照	學普	先裕	人款	瑞關	如作	金良	顯鳳											金桔			
									顯凰							瑞曜	人清	瑞萬	如榮	金連	顯應		
								金香												金清	顯震		
				先俊	人秋	瑞權	如初	金洪											如南	金城	顯文	心煜	
								金忠													顯武		
						瑞蘇	如華													金生	顯強		
							如頂														顯盛		
	良武	大溟	學垣	先謀	人騏	瑞月	如佐	金開									人輝	瑞湖	如善	金珍	顯國		
							如國													金立	顯盛		
							如意	金美												金玲	顯梧		
							如明													金瓏			
						瑞星	如乾											瑞富					
							如清										人炎	瑞基	如春	金耀			
						瑞輝	如檢	金林												金懷			
							如繼												如愛	金萬			
							如萬												如和	金磊			
						瑞富	如森	金梅								先唐	人綱	瑞柏	如儀				
							如林												如林	金浪			
						瑞貴	如學	金森										瑞鑫	如國				
								金斌											如庚				
36	世	際	名	公	房													瑞桂	冬榮	金文			
之儒	良輔	大愷	學田	先俊												先興	人畔	瑞文					
				先桂														瑞武	如楓	金亮			
		大韶	學勤	先達	人道	瑞棠														金兵			
			學庄	先雄	人朝	瑞倫	如松	金明												金祥			
	良清	大平	學葵	先上	人材	瑞鶴	如克	金南	顯初									瑞官	如丁	金芝	顯思		
								金亮	顯望										如提				
								金德											如兵				
								金品	顯用									瑞員					
							如賢	金庄	顯利								人翼	瑞武	如松				
						瑞鴻	如豪	金星								先維	人定	瑞華					
							如九	金旦										瑞兵					
								金波										瑞元	如紹	金成	顯聰		
							如德	金意												金全			
							如茂													金良	顯吾		
				先亮	人能	瑞湘	如銳	金富	顯宗	心其								瑞錫	如才	金華			

37	38	39	40	41	42	43	44	45	46	47	48	37	38	39	40	41	42	43	44	45	46	47	48
昌	良	大	學	先	人	瑞	如	金	顯	心		昌	良	大	學	先	人	瑞	如	金	顯	心	傳
							如鳳	金國				昌裕	良仁	大流	學文	先明	人貴	瑞發	如貴	金蘭			
								金超												金鳳			
					人浪	瑞標												瑞祥	如福	金貴	顯法	心奇	
之明	良臣	大綱																		金桃			
		大林																瑞芳	如春	金達			
		大常	學書	先立	人進	瑞國	如禧	金華	顯賞	心善									如潤				
										心良									如桂				
								金偉	顯祥									瑞皋	如松				
							如望	金潛	顯化	心海									如壽				
									顯偉								人授	瑞龍	如林	金輝			
									顯倫								人年	瑞科	如營				
						瑞琪	如榮	金秋	顯斌						學略	先升	人建	瑞鎬	如仿				
									顯球						學忠	先賢	人清	瑞義	如同				
								金科	顯明	心旭									如麟				
									顯松										如文				
								金利	顯春										如冬				
					人順	瑞基										先呈	人鳳	瑞彬	(遷	湖南	安仁	)	

37	38	39	40	41	42	43	44	45	46	47	48	37	38	39	40	41	42	43	44	45	46	47	48
昌	良	大	學	先	人	瑞	如	金	顯	心		昌	良	大	學	先	人	瑞	如	金	顯	心	傳
						瑞積	如森	金偉	顯福									瑞槐					
								金珠	顯雨						學正	先典							
								金明	顯建							先漠							
						瑞理										先湖							
	良弼	大忠	學連	先初	人紹	瑞佳										先滄			(遷	湖南	安仁）		
	良友	大紋	學仲	先謨												先海							
				先該												先汀							
	良棟	大貴	學浦	先康	人東							昌祖	良智	大湯	學詩	先桂	人農	瑞謙	如奇	金初			
				先由	人姜	瑞軒	如波	金楊									人楨	瑞琮	如明	金柏	顯仁	心旺	
								金柄										瑞發	如興	金秋	顯祥	心光	
				先攀	人晃																顯禮	心華	
				先朗	人昆																顯福	心波	傳林
	良翼	大神	學泉	先浩																	顯祖		
				先劍																	顯文	心國	
之年	良佐	大儲	學楊	先和																		心輝	
				先中															如觀				
				先高															如鳳	金桶			
		大賓	學饈	先智	人揆															金球	顯榮		
	良材	大鏞	學洪	先進	人發	瑞紹	如喜	金學	顯良												顯富	心仁	
					人富																顯貴	心里	
					人貴														如成				
					人升													瑞榜	如海	金權	顯林		
					人裕																顯聖		
				先杰																	顯平		
																				金玉			
																				金鼎			
																				金和			

37	38	39	40	41	42	43	44	45	46	47	48
昌	良	大	學	先	人	瑞	如	金	顯	心	傳
				先照	人宏	瑞邦	如蘭				
							如朗				
							如陵				
						瑞香	如柏	金席	顯成	心洪	
										心其	
								金福	顯珍	心章	
								金煌	顯明	心國	
										心武	
									顯懷	心亮	
									顯和		
							如丙	金源	顯學	心文	
										心華	
									顯長	心羊	
						瑞能	如光				
							如祥				
				先朝	人興	瑞仕	如蘭	金德			
					人璜	瑞乾	如發				
					人庶	瑞庚					
						瑞申	如昭	金仁	顯福	心良	傳開
										心富	傳初
							如謨				
							如欽				
							如啟				
							如成				
					人發	瑞后	如財	金壹			
								金明			
								金許	顯		
					人騰	瑞鵠	如月	金寶	顯花	心開	
									顯躍		
									顯國		
							如龍				
							如虎				
							如相	金福			
								金德	顯亮		
								金仁	顯麒		
								金義			
							如會	金煌	顯良		
					人高	瑞生	如日	金元	顯明	心平	
			學禮	先和	人俊	瑞平					
						瑞謀	如凰				
							如鵬				

37	38	39	40	41	42	43	44	45	46	47	48
昌	良	大	學	先	人	瑞	如	金	顯	心	
36	世	際	明	公	房						
昌祥	良獻	大家	學瑞	先騰	人義	瑞永	如友				
				先茂	人智						
				先盛	人信	瑞本	如聖				
							如發	金龍			

	31	32	33	34	35	36	37	
	本奇	德明	福明	勝桂	清廉	應鸞	學富	

37	38	39	40	41	42	43	44	45	46	47
學富	顯文	選杰	世渭	國賢	宏祥	開盛				
						開象				
						開祿				
						開點	家福	運富	濟良	
									濟友	
							家惠	運池	濟美	心偉
									濟軒	心科
									濟香	心峰
									濟田	
									濟晃	心乾

湖南瀏陽**賁興公**支系網脈

3	4	5	6	7	8	9	10	11	12	13	14
萬昂	金澤										
	金鑑	得民									
		得清	人俊	友談	學信	宗成	大箴				
							大訊				

3	4	5	6	7	8	9	10	11	12	13	14
			人獻								
			人寶	友星	學敬	宗福	大保	長憲	昭賁	聞美	
									昭賓	韶美	

3	4	5	6	7	8	9	10	11	12	13	14
	1	2	3						昭資	繕美	
	貴興	思誠	萬昂							士美	
			萬祥						昭貿	才美	
		思明	萬禮							綬美	
			萬義							嶼美	
			萬林					長寧	昭為	鳳美	
			萬通							雛美	
								長安	昭峻	瑜美	
										珍美	
										珠美	
									昭傑	璧美	
										德美	
									昭在	珖美	
										琳美	
										琨美	
										干美	
									昭位		
								長宜	昭道	譁美	
										綸美	
										全美	
									昭遠	超美	
										群美	
										拔美	
										萃美	
										亨美	
										中美	
									昭通		
									昭達	浸美	
										漣美	
									昭遂	裘美	
										恢美	
								長宷	昭宬	璞美	
										璠美	
										瑷美	
										珽美	
										琊美	
									昭汎		
									昭任	仍美	
										咸美	
				友謙	學忠	宗商	大剛				
							大紀				
							大經	長淮	昭球	佑美	
									昭琳	晙美	
									昭瑞	休美	

3	4	5	6	7	8	9	10	11	12	13	14
										倫美	
										偲美	
										性美	
										仫美	
									昭璿	旋美	
										渿美	
										興美	
					學恭						
				友謙							
		人宿									
		人輔		友諒	學顏						
					學魯	宗瞬					
						宗仁	大祥				
							伯生	長聰	昭炎		
									昭儀	寰美	
										定美	
										寬美	
								長聽	昭銘	耀美	
										晃美	
										滉美	
										觥美	
								長聆	昭英	專美	
										凝美	
										松美	
								長衫			
							大譽	長允	昭柱	輝美	
										勇美	
										煜美	
										煌美	
							大學				
							大舉				
						學會	宗法				
							宗源				
				友論							
				友諫							
				友詣	學會						
				友詮	學庸						
		得攢									
	金鑽										
	金誼										

湖南瀏陽文家市河口**以隆公**網脈

構雲－滋公－倜－輔－玕－彥昭－師遇－允邵－文堅－儒玩－仕政－思宗－汝抗－子著－元亨－時仁－景伊－若林－吉甫－以隆

20	21	22	23	24	25	26	27	28	29	30	31	32	33	34	35	36	37	38	39	40	41	42	43	44
以	孔	奎	壽	象	宗	汝	永	名	聲	振	先	人	萬	邦	年	家	傳	敦	孝					
以隆	孔模	奎綉	守春	象	宗貴	汝學	士源	名世	聲亮	振山														
										振昆														
										振畬														
										振蒿														
										振岐														
									聲純	振銓														
										振鈞														
										振錫														
										振鍾														
										振錦														
					宗照	汝福	永正	名標	聲琳	振國														
						汝祿	永華	名題	聲扣	振坤														
						汝佑	永尚	名響	聲獻	振岳														
										振崇														
										振兢														
								名賢	聲棟	振海														
										振山	先撥	人望	萬松	邦晟	年興	家國	傳喜	敦和						
																		敦球	孝鵬					
																		敦平	孝鵝					
																		敦波	孝鴻					
																			孝鶴					
																家祿	傳煜	敦濤						
													萬麟	邦立	桂興	家潑	傳本	敦啟	孝平					
													萬庭	邦祁	趣興	家川	傳明	敦禮						
																		敦新						
																	傳四							
																	傳令							
												人表	萬簧	邦春	浦興	家編	傳節	敦懷						
																		敦超						
																		敦梅						
																	傳卜	敦揚						
																		敦浪						

20	21	22	23	24	25	26	27	28	29	30	31	32	33	34	35	36	37	38	39	40	41	42	43	44
以	孔	奎	壽	象	宗	汝	永	名	聲	振	先	人	萬	邦	年	家	傳	敦	孝					
																	傳建	敦環						
																		敦偉						
																	傳皇							
																	傳良	敦普						
															好興	家才	傳東							
																	傳教							
																	傳軍	敦文						
														邦啟	納興	家連	傳根	敦啟	教來					
															財興	家猶	傳林	敦來						
																	傳申	敦偉						
													萬棒	邦常	蓼興	家湖	傳厚	敦斌						
																		敦真						

30	31	32	33	34	35	36	37	38	39	40	41	42	30	31	32	33	34	35	36	37	38	39	40	41	42
振	先	人	萬	邦	興	家	傳	敦	孝				振	先	人	萬	邦	興	家	傳	敦	孝			
							傳水	敦亮													敦柏				
振昆	先策	人懷	萬章	邦林	赴興	家寶	傳岳	敦秋	孝成											傳美	敦武				
			萬安	邦琅	讓興	家龍	傳發	敦國	孝文												敦輝				
									孝友												敦曙				
									孝純									華興	家意	艾平	敦虎				
								敦美	小蘭									榜興	家全	傳新	敦湘				
		人英	萬俘	邦符	鈺興	家政	傳奕	敦全	孝來												敦亮				
						家數	傳章	敦金	孝宏										家舉	傳健	敦永				
									孝發											海文					
								敦皇												學文					
								敦付											家宇	波濤	如如				
						家敏	傳驥	敦名	孝坤												亭亭				
							傳浩	敦鈺	孝賢					先步	人紀	萬錫	邦位	世興	家譜	永華					
									孝良										家信	春耕					
								敦久	孝陵				振崘	先培	人昂	萬洗	邦庠	慶興	家沛						
									孝國										家濤	傳全	敦許				
						家教	傳琨	敦祥	孝斌												許松				
									孝濤								邦華	度興	家鈺	傳文	敦貴				
								敦計	金秀											傳湖	敦丙				
								敦平	孝江											僟平					
						家敦	傳方	敦流	孝平	友台									家族	傳幸	敦煌				
										友旃										傳紅	敦輝				
									孝義	友權						萬凝	邦甸	懋興	家林	傳光	敦明	孝中			
									孝奉												敦成				
									孝鴻								邦彝	駿興	家豐	傳鴻					
								敦祿	孝文	友傳										傳鷸	敦友				
			萬亨	邦困	開興	家賦	傳旺	敦良	孝義									胥興	家恬	傳廉	敦未				
							傳懷	敦學											家憲	傳智	敦坷				
							傳發													傳揚	敦銀				
					良興	家耀	傳梓	敦付													敦煒				
				邦直	聯興	家禮	傳金	敦堅	雙兒											傳祥					
								敦榮	孝根											傳勇					
								敦皇	孝廖										家怡	傳烽					
								敦方											家門	傳華					
							傳清	敦玉	孝檢						人湘	萬壽	邦旦	與興	家惟	傳謀					
									孝水											傳棟	敦才				
								敦貴	孝劉											傳松					
				邦時	義興	家林	傳全	敦發	玲玲											傳宏					
								敦木								萬鏡	邦諸	瑞興	傳付	敦全	孝武				
				邦几	求興	家洪	傳芝	敦光	孝順											敦貴	孝梗				
								敦亮	孝波											敦友					
							傳慶													敦發					
				邦卓	緣興	家明	傳春	敦其	三鳳											敦富					
							傳瑞	士奇								萬雍	邦池	日興	家成	傳報	江南				
								士偉							人嘉	萬椿	邦岱	柏興	家財	傳生					
						家榮	傳友	敦松											家付	傳發					
							傳根														敦來				
			萬椅	邦綱	易興	家金	傳亮													傳根	敦葵				
	先定	人熙	萬程	邦析	風興	家全	傳明	敦根									邦賓	柳興	家銓	傳文	敦高	孝龍			
								敦波													敦啟	孝榮			
					庠興	家美	傳攸															孝輝			
			萬冠	邦柱	果興	繼孫	傳遠	敦海														孝平			
					宜興	家美	傳湘	曉玲													敦建				
							傳躍	仔霞													敦厚	孝貴			
		人藻	萬玖	邦宏	善興	家梁	傳庸	敦習												傳武	敦友				
						家宜	傳榮	敦輝													敦和				
					彥興	家咸	傳書	敦根	孝敏											傳意	敦友				
								敦榮													敦凡				
						家儒	傳谷	敦文	孝榮								邦珍	監興	家谷	傳標	聰聰				
								敦武												傳啟	文文				
		人真	萬正	邦聞	竺興	家光	傳東	敦旺												傳成					
				邦疇	爵興	家淞	傳木	敦良									邦玫	渠興	家藩	傳東	敦禮	孝嵩			
								敦岱														孝波			
			萬實	邦晃	品興	家幼	傳友	敦明													敦義				
							傳仁	方華													敦全				
		人庄	萬英	邦琨	勁興	家茂	傳水	敦榮								萬樞	邦璧	鼎興	家申	傳珍	敦和				

30	31	32	33	34	35	36	37	38	39	40	41	42	30	31	32	33	34	35	36	37	38	39	40	41	42
振	先	人	萬	邦	興	家	傳	敦	孝				振	先	人	萬	邦	興	家	傳	敦	孝			
								敦啟													敦林				
							傳真	敦武								萬醇	邦藩	猶興	家昂	傳玫	敦良				
								敦爍							人藩	萬川	邦韶	甲興	家福	傳俊	敦貴	孝暉			
							傳寶	敦滔														孝成			
								敦亮										焱興	家皇	傳坤	敦文				
							傳聖	敦旺													敦武				
							傳秋	敦輝											家頤	素娥	敦揚				
						家征	傳富	敦來										丙興	家立	傳豪					
								敦平											家寬	傳文	敦項				
				邦堅	總興	家多	傳波	敦莽									邦澤	必興	家方	傳嵩					
振嵩	先達	人蛟	萬芬	邦棟	冰興	家溉	傳沐	敦平												傳宣					
			萬匡	邦星	德海	聖欣	傳林		(遷	岩前	斗米	沖)					邦輅	以興	家成	傳繁	敦光	孝禮			
							傳麗														敦輝				
							傳江													傳衍	敦綉				
			萬債	邦象	思潮	家樂	紹連	敦海	(遷	文市	河口	)								傳信	敦榮				
						對初	紹蘭	敦兵													敦錦				
振岐	先疇	人林	萬屏	邦柯	檀興	家郁	傳懷	敦斌												傳勇	敦耀				
					己金	家庄	傳愛														敦前				
					簡興	家永	傳洪										邦疇	筠興	家學	傳壽	敦長	孝德			
					堯興	家祥	傳奉	敦裕													敦淵				
								敦年										震興	家林	傳希	敦富	孝忠			
							傳檢															孝國			
						家日	傳早															孝光			
							傳谷													傳偉	敦善				
						家愛	傳福														敦吉				
						家平	傳根													傳美	敦成				
				邦玖	庄興	家厚	傳謀	敦祥													敦明				
							傳芬	敦武										懷反	禮仁	行數	義良				
					植興	家忠	傳驥	敦群											祝仁	行廣	義忠	孝發			
							傳書	敦龍													義占				
							傳亮	敦武											祺仁	行衍	敦計	孝良			
								敦旭														孝新			
							傳南	敦林													敦谷				
								敦濤													敦友				
					鵬興	家計	傳榮													行招	金城				
	先占	人樹	萬宗	邦彥	厥興	家桓	傳湘												祥仁	行之	義招	孝根			
						家沅	建中	敦豪	(遷	四川	省)							懷高	裕仁						
			萬從	邦光	林興	家杞	傳介	敦詩	孝能				振銓	文彬	人孝	萬依	邦藩	鶴興	家耀	傳梓	長根				
							傳琛	義甫	孝連					文獻	人吉	萬林	邦體	庸興	家棠	傳揚	敦常				
				邦杰	雁興	家鐸	傳彭	敦林	孝發									華興	家世	傳金	敦根				
								敦學	孝德												敦亮				
								敦維	孝初											傳海	敦衛				
								敦文	孝晴												敦驢				
						家錟	傳家	南波	孝琨											傳學	敦磊				
								洪波	孝石							萬順	邦辰	習興	家定	傳甦					
								聲波	孝錕							萬利	邦都	卷興	家從	水成	敦日				
						家玲	傳成	敦明	孝達				振錫	文祁	人仕	萬是	邦荃	孝興	家布	傳遠					
								敦海												傳意					
								敦年											家權	傳勇					
						家矩	傳安	敦煌	孝兵										家仲						
				邦筠	佐興	家綱	傳瞻									萬愷	邦光	竹興							
							傳人	敦根								萬騏	邦依	余興	家信	傳林	敦程				
							傳述	敦皇												傳榮					
					載興	家錫	傳木	敦平												傳亮					
					寵興	家年	傳鼎	敦茂											家泰						
							傳資	敦納	孝德										家偉	傳忠					
							傳晉													傳谷					
					鰲興	家幹	石梁	瀏帆	(遷	湘醴	陵)									傳美					
							石琼	瀏濤	(遷	湘醴	陵)									傳宣					
					環興	家凱	傳革	敦武						文禮	人檜	萬宗	邦動	匹興	家海	傳輝					
								敦肯					振錦	文澄	人位	萬旦	邦述	蒼興	家根	冬梅					
				邦愷	元興	家蔚	傳紫	孝牟	孝矮										家美						
			萬煦	邦勛	元興														家細						
			萬釗	邦朴	政興	家焄	傳儀	敦韶					振鍾	文弟	人湖	萬明	邦丙	澍興	家冬	傳景					
			金和	玉蓮	懷春	益仁	行順													傳秋	來妹				
						吉仁	行典	義素	素發	友建			振坤	文龍	人友	萬財	邦春	承興	家禮	傳璜	敦啟				
										友武											敦方				
									孝洪				振兢	文鳳	人謨	萬禮	邦則	錦興	家超	傳全					
									孝友											傳禮	敦來				
									孝平												敦根				
									孝付										家林	傳桂	敦友	孝波			
								義法	孝春													孝浪			
								義友	孝根												敦好	孝仁			
									孝年												敦平				
							傳鳳	敦根											家早						
							傳義	敦海											家九						
								敦林										震興	家斌						
					高興	家謙	傳友	敦建											家景						
								敦斌									邦育	松興	家水						
					郁興	家桂	傳和	敦模	孝洪								邦外	昌興	凱明	廣東	敦明				
									孝友											廣西	敦建				

30	31	32	33	34	35	36	37	38	39	40	41	42	30	31	32	33	34	35	36	37	38	39	40	41	42
振	先	人	萬	邦	興	家	傳	敦	孝				振	先	人	萬	邦	興	家	傳	敦	孝			
								敦梧					振海	文遠	人遵	萬谷	邦綮	道興	家吉	傳職					
								敦棋												傳波	亭亭				
							傳仁	敦榮									邦綬	榮興	家頤	傳連	敦福	孝柏			
								敦成													敦祿	孝冬			
							傳科	敦良											家恉	傳許	敦元				
								敦偉												傳江	敦啟				
						家槐	傳聖	敦鳳													敦超				
							傳智	敦國												傳木	敦根				
								敦輝												傳海	敦躲				
							傳視										邦緒	本興	家鵝	傳聖	敦洪				
							傳都	敦賢													敦劍				
振崇	文馨	人韜	萬庠	邦釗	衡興	家月	傳檢	敦嶸											家凡	美珍	敦桂				
							傳偉	敦龔										立興	家厚	傳朋	金藍				
			萬黎	邦隆	偉興	家蘭	傳輝												家除	傳波	敦明				
							傳兵														敦光				
	文榮	人達	萬受	邦洪	輝興	家北	傳勇	敦根					振鈞	文鋒	人佐	萬眷	邦虞	德興	家炳	傳水	敦虎	孝生			
							傳德	敦期													敦明				
							傳耀	敦玲													敦珍				
			萬臻	邦式	霖興	家強	傳發	敦兵											家言	傳國	敦斌				
							傳根	敦波										澍興	家林	傳有	敦億	孝國			
								敦文													敦洪				
							傳謀	敦斌										勃興	家才	傳平	敦波				
							傳梓													傳理					
							傳科	敦浩												傳成					
							傳紅										邦寅	隆興	家初	傳芬	敦明	孝林			
		人遙	萬絹	邦松	海興	家蒙															敦全	孝紅			
					湖興	家新															敦輝				
		人炳	萬井	邦持	珊興	家康	傳宇											望興	家復	傳龍	敦燕	孝斌			
							傳智															孝林			
						家亮																孝山			
						家棟	傳健										邦固	琳興	家揚	傳方					
							傳磊													傳英	敦平	孝根			
			萬飄	邦國	謀興	家維	傳軍														敦海	孝勇			
							傳成												家招	傳好	敦根				
							傳明													傳新					
						家懷	傳兵												家乾	傳江	敦位				
							傳友														敦法				
						家甫	傳波													傳忠	敦森				
						家科	傳雷													傳國	敦啟				
						家紅	傳榮														敦信				
							傳美														敦久				
						家輝	傳修	敦斌	孝湘												敦長				
								敦標										義興	家昊	傳來	敦龍	孝海			
								敦兵													敦榮				
							傳齊	敦告											家松	傳喜	敦忠	孝新			
							信品	敦方													敦立				
								放亮													敦水				
							傳連	敦水												傳欣	敦鋒				
								敦成													敦梘				
							傳榮	敦任											家高	傳友	敦谷				
							傳吉	敦余													敦建				
								敦慶													敦新				
					瑣興	家友	傳會	敦松							人鑒	萬玑	邦顯	俄興	家稅	傳褚	敦梯	孝元	友松		
						家義	傳發	敦友	孝真													孝水	友檢		
									孝兵													孝成			
								傳秋	敦叔													孝根			
								傳建	敦林											傳復	敦愷				
									敦美												敦恢				
						家皇	傳欽	敦富											家監	傳祉	敦梘	孝偉			
								敦裕	孝都												敦成				
								敦珊	孝新												敦立				
							傳林	敦榮											家友	傳祥	敦紅	孝武			
								敦育											家壽	傳祺	敦恒				
							傳平	敦仁													敦新				
								敦義													敦海	孝龍			
						家永	傳根	敦伯														孝鳳			
								敦才									邦能	崇興	家發	傳松	敦年				
								敦平													敦水				
								敦偉													敦偉				
							傳億	敦漢												傳柏	敦介				
						家德	傳付	敦福													敦科				
								敦雷										允興	家富	傳祝	敦體				
							傳學	敦園													敦平				
							傳旺														敦美				
							傳良	敦珍													敦林				
							傳德										邦巩	奎興	家益	傳庄	敦岐				
					攻興	家鋒	傳懷	敦松	孝兵												敦紹	孝松			
									孝波													孝柏			
								敦宏													敦茂	孝戰			
								敦文												傳最	敦方				
						家偉	傳鳳	敦丙													敦文				

30	31	32	33	34	35	36	37	38	39	40	41	42
振	先	人	萬	邦	興	家	傳	敦	孝			
							傳兵	敦維				
								敦續				
								敦絲				
								敦綸				
						家檢	傳海	敦梘				
			萬良	邦亨	禮興	家春	傳位	敦波				
							傳佐					
							傳億					
					垂興	家炯	傳煒					
						家同	傳柯					
						家岡	傳末					
				邦純	藻興	家最	傳政	敦初	孝超			
							傳備	敦毛				
							傳放	敦普				
							傳敬					
				邦恒	敏興	家鶴	傳桂	敦秋				
						家鵑	傳高	敦輝				
							傳清	敦淼				
							傳京					
		人杰	萬安	邦精	丙興	家科	傳偉	敦金				
								敦明				
						家柏	傳玖	敦友				
								敦秋				
			萬虎	邦和	秀興	家葆	傳吾					
							傳玉	敦福	孝軍			
								敦運				
							傳胖	敦和				
								敦普				
			萬榮	邦谷	潤興	家駿						
						家期	傳梓	敦旺	孝國			
								敦發				
								敦金				
					恒興	家英	傳針	敦水				
							傳根	敦金				
								敦偉				
							傳富					
							傳干					
							傳細					
							傳尚					
					懿興	家泮	傳銓	敦斌				
								敦文	孝磊			
								敦武				
							傳銑	敦慶	孝臣			
								敦重				
							傳銘	敦金				
							傳族	敦耕				
								敦建				
								敦鋒				
							傳淼	敦志				
								敦彥				
					常興	家南	傳伴	敦鑫				
		人偉	萬志	邦得	昔興	家美	傳五					
	文濤	人坤	萬苯	邦斌	掌興	家寅	傳慶	敦建	孝林			
								敦義	孝忠			
			萬基	邦翰	葵興	家相	傳發	敦根				
		人寬	萬成	邦慶	耀興	家達	傳浩	敦民	孝宏	婷婷		
									孝之	友琦		
								介如	孝志			
							傳新	敦德	孝暉	友瓚		
									孝章			
						家庭	傳忻	敦旺	孝理			
									孝宇			
								敦成				
					綏興	家述	傳彬	敦品	孝煦			
									孝余			
								敦務	孝玉			
						家迪	傳桂	敦毅	孝印			
								敦平	微微			
								敦偉	孝俊			
									孝濤			
						家遠	傳倫	敦權	孝喜			
					擴興	家通	傳亮	敦坤				
							傳光					
							傳建					
							傳廣	敦曉				
				邦憲	梓興	家遂	傳清	敦永				
								敦楚	孝新			
									孝發			
						家鈞	傳松	敦珊	孝雲			
								敦壽	孝亮			
								敦元	孝成			

30	31	32	33	34	35	36	37	38	39	40	41	42
振	先	人	萬	邦	興	家	傳	敦	孝			
					柚興	家裕	傳學	敦糧	孝順			
								敦希	孝賢			
								敦吾				
								敦堂	孝福			
			萬常	邦發	堯興	家同	傳柯					
					倫興	家旭	傳優	敦新				
								敦志				
								敦禮				
							傳續	敦松	孝弊			
									孝利			
								敦余	孝波			
								敦啟				
							傳后	敦亮				
							傳完	敦聰				
							傳偉					
					萃興	家義	傳澍	敦良				
								敦志				
			萬午	邦理	南興	家全	傳和	敦山				
								敦樹				
				邦節	暑興	家俄	傳柏					
						家學	傳國					
						家秋	傳發					
							傳輝					
			萬富	邦英	鳳興	家理	傳友	敦林	孝成			
									孝紅			
								敦付				
								敦江				
							傳德	敦啟	孝海			
								敦波				
振國	文宗	人觀	萬翥	邦南	中興	家正	傳仁	敦丙	孝桂			
									孝紅			
									孝芳			
						家錦	傳義	敦榮	孝臣	友德		
					和興	家聲	傳南	敦鑫	孝純			
									孝維			
									孝續			
								敦發	孝光			
									孝榮			
									孝輝			
									孝煌			
								敦附	孝學			
		人猷	萬彝	邦量	晉興	家修	傳錫	敦仁				
				邦霖	廉興	家齊	傳豐	敦信	孝波			
			萬申	邦維	稅興	家學	傳坤	敦理	孝強			
									孝宜			
								敦喻	孝民			
									孝芝			
								敦克	孝檢			
									孝洪			
									孝嘉			
								敦勝	孝庚			
								敦良	孝陽			
					讓興	家慶	傳珊	敦林	孝亮			
						家洪	傳柏	敦藍	孝文			
								敦富				
								敦友				
								敦海				
							傳合	敦桂				
					東興	家祿	傳壽	敦初				
								敦九				
						家坤	傳達					
				邦弼	祿興	家盛	傳質	敦慶	孝和			
						家瑞	傳貴	敦裕	孝水			
								敦富	孝龍			
									孝馬			
						家肇	傳斌	敦來	孝剛			
								敦賢	孝昊			
								敦明	孝澎			
			萬審	邦策	藍興	家柳	傳谷	敦林				
								敦喜				
								敦檢				
								敦萬				
							傳輝	敦宇				
							傳佑	敦品				
			萬妙	邦宣	銳興	家財	傳兵	敦來	孝明			
					秋興	家室	傳金	敦發				
								敦友	孝榮			
									孝梘			
								敦山	孝兵			
									孝溹			
								敦桂				

30	31	32	33	34	35	36	37	38	39	40	41	42
振	先	人	萬	邦	興	家	傳	敦	孝			
								敦槐	孝江			
									孝海			
							傳柏	敦象				
							傳杞	敦求	孝波			
									孝剛			
								敦祥				
							傳檜		孝繼			
				邦倫	銓興	家鈺	傳謀	敦男	孝長			
						家鑫	傳信	敦善	孝東			
								敦本	孝鵬			
								敦晃	孝程			
								敦建	孝瑜			
								敦敏				
							傳德	敦文	新宇			
								敦和	孝國			
							傳驊					
							傳杰	敦志	孝家			
								敦遠				
振岳	文瑞	人政	萬衡	邦巨	溥興	家亨	傳達					
							傳都	敦成				
								敦清				
						家超	傳友	敦桂				
						家珍	傳仕	敦海				
								敦岳				
				邦荐	花興	家楝	傳洪					
							傳真	敦星				
	文舉	人松	萬諒	邦主	攸興	家淳	傳松					
					達興	家柱	傳檢					
	文珍	人述	萬善	邦進	來興	家良	傳和	敦元	孝海			
									孝濤			
									孝洲			
								敦更				
						家旺	傳金	敦明				
								敦高				
							傳光	敦亮				
			萬創	邦積	沛興	家恕	傳寶					
			萬榜	邦获	洋興	家江	傳梘	敦利				
						家伐	傳檢	敦麗				
						家盤	傳長	敦強				
							傳全					
							傳偉					
				邦座	紹興	家谷						
		人軒	萬朝	邦斛	源興							
					淵興							
			萬蟄	邦羊	華興	家滄						
				邦敖	仕興	家受	傳榮					
			萬取	邦臣	盛興	家望	傳祖	敦初				
								敦純				

30	31	32	33	34	35	36	37	38	39	40	41	42
振	先	人	萬	邦	興	家	傳	敦	孝			
	文選	人志	萬育	邦民	荐興	家佑	傳佳	敦計				
		人瞻	萬熹	邦庸	達興	家禧	傳煌	敦發				
								敦明				
			萬由	邦曉	順興	家善	傳分	敦健				
					余興	家善	傳宜	敦旺				
			萬夫	邦叔	城興	家珍	傳友	敦輝				
								敦波				
		人甲	萬書	邦濟	聚興	家崇	傳秀	敦友	孝承			
			萬敦	邦撫	秀興	家英	傳略					
							傳之	敦謖				
							傳或	敦露				
							傳優					
							傳鄰	敦宇				
							傳偉	敦涓				
						家晉						
						家美						

湖南瀏陽大瑤丁家洲二十世**添祥公**支系

20	21	22	23	24	25	26	27	28	29	30
添祥	宗信	廷甫	仁華	汝楨	學明					
					學亮	尚信	忠仁	成澍	志魁	安國
										安常
										安廷
									志享	安選
								成俊	志避	安松
					學義	尚侶	忠信	成賢	志教	安潛
				汝器	學群	尚文	忠秀	成凰	志文	安清
										安明
							忠英	成韜	韜全	安法
								成鳳	志庠	安潮
										安□
		廷洲	仁玉	汝錦	學奇	尚賢	忠煌	成曾	志維	安祿
									志億	安帝
							忠柱	成定	志期	安謀

29	30	31	32	33	34	35	36	37	38	39
志	安		兆	世	德	高	常	顯	心	傳
志魁	安國	昆徽	兆舜	世品	德興	高才	常興	顯余	心佛	
				世楷	德聞	高賢	常鶴	顯	心仙	傳旺
										傳忠
									心仁	傳庚
									心樹	
									心友	
			兆略	世松	德庸	高亭	常友	顯南	心伶	傳友
										傳建
								顯桂	心明	

29	30	31	32	33	34	35	36	37	38	39
志	安		兆	世	德	高	常	顯	心	傳
									心德	
							常慶	顯富		
								顯發		
							常善	顯佳		
				世迪	德望	高槐	常厚	顯文		
								顯桂		
	安常	超薇	兆罢	世纓						
				世聰	德發	高余				
						高喜				
						高保	常成	顯榮		
							常慶			
							常佳			
						高紀				
						高萬	常洪			
	安廷	慎薇	兆□	世軒	德坤	高漢	常福	顯平	心晶	
							常壽	顯紅		
								顯南		
							常喜	顯來		
				世乾	德運	高風	常寧	熉輝		
								顯光		
							常明	顯娥		
						高雲	常杰	顯春	心銘	
									心正	
							常吉	顯莉		
志享	安選	杰巍	兆閣	世操	德古	高陵	常文			
							常義			

29	30	31	32	33	34	35	36	37	38	39
志	安		兆	世	德	高	常	顯	心	傳
							常厚			
						高光	常志			
						高柏	常禮			
						高健	常信			
						高奎	常忠			
						高慶	常星			
							常亮			
			兆襄	世多	德富	高谷	常文	顯輝	心潮	
							常楚	顯偉		
							常國	顯真		
志避	安松	治徵	兆華	世成	德懷	田常	常南	顯輔		
			兆祥	世惠	德產	高伸	常沅	顯淼		
				世業	德趨	高望	常親	顯成	心應	
							常法			
			兆順	世從	德餘	高興	常正	顯鳳		
								顯凰		
								顯根		
							常真	松柏		
								松林		
								顯偉		
						高雪	常友	顯根		
								顯鋼		
							常成	顯晶	心洁	
							常水	顯侶		
							常吾			
				世基	德華	高源	常龍	顯輝	心潮	
								顯仁		
						高純	常秋	顯虎	心新	
								玉虎		
								三虎		
							常付	顯貞		
							常慎	顯波		
							常求	顯周		
			兆良	世鼎	德厚	高榮	常能	顯某		
								顯晶	心洁	
					德蔚	高崇	常乾	顯耀	心民	
								顯海	心娟	
								顯湖	心星	
				世和	德洪	高成	常吉	顯長		
				世柯	德彰	高億	常海	顯□	心維	
						高呂	常新	顯林		
						高東	志遠			
						高廣	常映	庚成		
							常檢	顯嘉		
							常春	顯國		
						高林	志成			
					德調	高銘	常初	顯富		
							常淪	顯扶		
							常淼	顯樹		
							常欽	顯利		
								顯平		
							常忠	顯湖	心星	
							常和	顯秋		
							常輝			
				世潤	德昀	高逵	常福	顯江		
							常其	顯權		
								顯斌	心平	
志遐	安揚	永徽	兆瑞	世亮	德育	高峰	常春	顯清	心明	
								顯祝	心喜	
								顯虎	心建	
							常祿	顯寬	心亮	
									心剛	
						高多	常付	顯斌	心平	
								顯福		
								顯志		
							常庚	顯龍		
								顯虎		
					德輝	高來	常新	宏春		
								顯文	心良	
							常明	顯欽	心禹	
								顯偉		
志逢	安翥	賢徵	兆坤	世教	德普	高仁	常凱	顯強		
				世慈	德璜	高益	常松	顯國		
								顯如	心輝	
								顯漢		
								顯平		
志教	安潛	琴薇	兆謀	世煊	德禮	高秋	常基			
							常福	波連		
志松	安良	德薇	兆山	世良	德萬	高友	常茂	顯良	心富	
							常佳	顯檢		
								顯偉		

29	30	31	32	33	34	35	36	37	38	39
志	安		兆	世	德	高	常	顯	心	傳
						高漢	常財	顯波		
							常富			
						高林	常名	顯庚		
							常斌			
							常和	顯森	心波	
									心羅	
							常洪			
						高來	常發	顯長		
							常滿			
							常億	顯尚		
志文	安清	攀薇	兆琳	世鎮	德福	高山	常初	顯祥		
								顯浴	心田	傳偉
									心祿	
								顯禎	心仁	傳斌
								顯佑	心武	
							常開			
							常榮	顯禮	心餘	
							常華	顯成	心松	
									心柏	
							常春	顯禧	心根	
									心富	
							常法	顯明	心奇	
									心貴	
								顯輝	心豪	
				世皇	德蒼					
					德洪	高贊	常明	顯迪	心洪	
								顯俊	心智	
								顯作	心朗	
									心偉	
								顯欽	心旺	
								顯鴻	心亮	
						高友	常富	煩峰	心維	
							常清	顯池		
						高元	常國	顯仁	心啟	
								顯義		
		雄薇	兆朋	世廉	德潤	高昇	常南	顯桂	心志	
									心浪	
							常成	顯虎	心建	
								顯法		
								顯來	心俊	
								顯春	心紅	
	安明	覺薇	兆玖	世高	德荷	高謀	常藩			
							常蒂	顯梓	心呂	
							常茂	顯炬	心水	
						高拔	常芝	顯國	心庚	
				世厚	德玌	高復	常斌	顯清	心亮	
								顯柏	心國	
									心光	
							常志	顯敬	心成	
						高照				
					德云	高榜	常斌	顯禎	心池	傳峰
									心傳	傳芳
									心隆	傳□
									心桂	
									心英	傳佳
							常鳳			
							常谷	顯成		
								顯輝		
								顯文		
							常友	顯根		
								顯裕		
韜全	安法	聰薇	兆鏡	世同	德俊	高定	常國	顯友		
							常兵	顯順		
							常成	顯如		
							常樹	顯雨		
						高明				
						高初	常華			
		象薇	兆璦	世豐	德勝	高攀	常福	顯餘		
								顯清	心亮	
							常壽			
志庠	安潮	言薇	兆寬	世柳	德容	高美	常義	顯才		
						高付	常生	顯良		
								顯滸		
						高全	常華			
							常科	顯強		
					德維	高發	常樹	顯長		
								顯桃		
							常桂	顯江		
							常國	顯淼		
							常虎	顯靈		
							常秋	顯輝		

29	30	31	32	33	34	35	36	37	38	39
志	安		兆	世	德	高	常	顯	心	傳
				世桃	德春	高騰	常順	顯法		
							常仁	顯禮		
					德隆	高洪	常奎			
							常漢	顯湖		
	安潮	有薇	兆鍾	世雁	德義	高玉	常國	顯江		
志維	安祿	用薇	兆賢	世彰	德新	高永	常奎	顯	心發	
									心家	
								顯仁	心致	
								顯良	心富	
志億	安帝	潤薇	兆友	世仁	德國	高林	常奎			
							常逢			
						高建	常才			
				世貴	德階	高燕				
						高根				
					德發					
					德明					
		憲徽	兆海	世堯	德猷	高如	常長			
					德招	高文				

29	30	31	32	33	34	35	36	37	38	39
志	安		兆	世	德	高	常	顯	心	傳
						高武				
					德祥	高昆				
志期	安謀	嘉薇	兆建	世正	德美	高欽	常國			
						高志	常友			
							常文			
						高忠	常武			
				世山	德勝					
				世鳳	德富	高峰				
						高羽				
						高立				
				世全	德清	高俊				
					德成	高明				
						高亮				
		睦薇	兆選	世明	德友	高軍				
					德余	高麗				
					德順	高吉				
					德法	高祥				

湖南瀏陽大瑤升田廿四世遂良公支

24	25	26	27	28	29	30	31	32	33	34
遂	華	仕	翔	宗	叨	占	大	開	世	德
遂良	華拾	仕貞								
		仕遇								
		仕逢	翔龍							
			翔鳳	宗德	叨文	占魁	大林			
						占鰲	大柏	開仁	世運	德龍
									人繼	
								開義		
								開禮		
								開智		
								開信		
								開亭		
								開興		
						占榜				
					叨武	占科	大順			
						占元				
						占堯	大角	遷	湖南	長沙
							大成			
							大財			
							大和			
							大海			
					叨龍	占哲				
						占璉				
						占理				
						占和				
						占珞				
					叨虎					
					叨豹					

34	35	36	37	38	39	40	41	42	43	44
德	高	常	顯	心	傳					
德龍	高友	常丙	顯光	心國	傳發					
				心華	傳豐					
		常生	顯華	心明	傳苗					
				心和	傳敏					
				心海						
		常石								
		常星	(出	嗣)						
	高春	常鋪	顯要	心亮	傳奇					
			顯和							
			顯伍							
	高政	常和	顯榮	心明	傳奇					

34	35	36	37	38	39	40	41	42	43	44
德	高	常	顯	心	傳					
				心波						
			顯周	心亮						
				心知						
				心發						
		常清								
		常分	顯松	心娟						
				心進						
			顯柏							
			顯長							
	高席	常保	顯紅	心才						
				心線						
			顯聖							
		常輝	顯初	心根						
		常虎								
	高從	常新	顯明	心田	傳和					
				心美	傳武					
				心加						
				心海	傳民					
			顯初	心義	傳有					
					傳紅					
				心檢						
				心發						
				心平						
	高美	常禮	顯國	心繼						
			顯九	心平						
		常告								
		常思	顯加	心虎						
			顯龍	心龍						
				心樹						
	高全	常桂	顯升	心偉						
				心付						
			顯湖	心新						
		常初	顯政							

湖南瀏陽楊花鄉觀音閣**明宇公**支系

①構雲－中理－倜－輔－璋－彥華－師盅－允回－萬甫－大訓－存仁－斗西－千十－景星－時義－日嘗－堯佑－益禮－壽琮－宗五－聞－功敏－存信－惟本－仲范－大貴－尚賢－愛哉－明宇－

構雲	29	30	31	32	33	34	35	36	37	38	39	40	41	42	43	44	45	46	47	48	49	50
派序	明	祖	仕	世	應	昌	名	會	承	慶	澤	孝	友	同								
	明宇	祖賢	仕奇	世機	應煊	昌壤	名昆	會鰲	承德	慶璋	澤安	孝德	友仁	同輝								
										慶魁												
	二子	三子	一子	二子						慶法												
	祖賢	仕奇	世機	應煊						慶河												
	祖齡	仕美		應熇			名伸	會庭	承明	慶泉												
		仕俊								慶貞	澤欽	孝炳										
												孝光	友榮									
					應熇	昌直	名嵩	會園	承付	慶蘭	澤潤	孝璋	友平	同花								
													友新	同磊								
													友國									

構雲	29	30	31	32	33	34	35	36	37	38	39	40	41	42	43	44	45	46	47	48	49	50
派序	明	祖	仕	世	應	昌	名	會	承	慶	澤	孝	友	同								
													友美									
											澤樹	孝珀	友成	同興								
													友松	同義								
												孝敏	友佳	同強								
													友建	同進								
													友明									
												孝石	友永									
													友兵									
			仕美	世正	應耀	昌墀	名芳	會忠	承福	慶禮	澤和	孝根	友襟	國武								
													友初	國良								
			五子											國宗								
			世正							慶倫	澤昭	孝繆	友武									
			世杰									孝豐	友瑛									
			世本									孝建	友禮									
			世柱							慶發	澤槐	孝德	友誨									
			世槐										友浪									
												孝光	友威									
											澤桂	孝友	友光									
													友國									
				世杰	應煇	昌池	名望	會友	承烈	慶熙	澤膏	孝友	友勝	同發								
													友余									
													友佳	同明								
														同新								
									承發	慶笏	澤相	孝富	友成	同軍								
									承基	慶傍	澤鴻	孝選	友國	同亮								
												孝玄	友洪	同波								
							名題	會周	承景	慶年	澤生	孝佑	友泉	同榮								
											澤周	孝得	友鳳									
										慶庭	澤柳	孝明	友玲									
							名家	會春	承謨	慶瑞	澤年	孝松	友季									
								會龍	承安	慶菊	澤興	孝祿	友鳳									

32	33	34	35	36	37	38	39	40	41	42		32	33	34	35	36	37	38	39	40	41	42
世	應	昌	名	會	承	慶	澤	孝	友	同		世	應	昌	名	會	承	慶	澤	孝	友	同
								孝福												孝松	友梅	同海
								孝喜														同榮
							澤華	孝弟	友賢	同武											友樟	同貞
										同斌						會慶	承禎	慶成	澤樹	孝志		
									友良	同文										孝恩	友余	同啟
										同德												同智
									友君										澤復			
							澤富	孝禮	友錢	同華									澤握			
								孝忠					應台	昌瑜	名佳	會葵	承啟	慶海				
							澤貴	孝柏	友義									慶漢	澤秋	孝國		
							澤萬	孝柏	(出	嗣)										孝秦		
								孝忠											澤流	孝光	友武	
								孝宏												孝軒		
						慶福	澤斯	孝祥												孝成		
						慶簡	澤棋	孝友											澤香	孝恢		
								孝細	友豐										澤冬			
						慶森	澤斌	孝根	友福	同其								慶淮	澤紹			
									友國										澤維			
							澤義	孝順	友國										澤恩	孝傅		
									友佳	同力									澤培			
						慶林	澤治	孝沅	友初	同明								慶朗	澤長	孝忠	友紅	
								孝松	友樟												友團	
								孝柏	友枝	同林									澤成	孝林		
								孝志	友科										澤順			
								孝思	友余	同啟									澤安			
										同智									澤民			
						慶聚	澤林	孝順	友佳	同林		世本	應燮	昌琳	名標	會衡	承載	慶余	澤茂			
									友華	同飛						會輔	承家	慶寰	澤霖	老忠	(出	嗣)
									友明	同力										孝友	友道	
								孝付	友志												友理	
									友知											孝供	友平	
						慶茲	澤榮	孝信	友其							會光	承祜	慶蘭	澤春			
									友欽										澤淵			
						慶和	澤周												澤□	孝純	友仁	國光
						慶壽	澤東	孝傅	友俊	同榮											友和	
									友紹												友才	
									友見				應冠	昌儒	名國	會觀	承梁	慶芝	澤稀	孝義		
									友欽	同富								慶鐵	澤水			
									友順										澤紅			
							澤檢	新華	友利									慶開	澤桂			
		馮琼	名震	會年	承友	慶林	澤治	孝元	友初	國清								慶啟	澤獅	孝華	友亮	
									友禎											孝付	友義	
									友俊											孝龍	友志	
									友技											孝仁		
								孝清											澤泉	孝武		
								孝藩												孝飛		
						慶柏	澤汪	孝魁	友敢											孝恩	友亮	

32	33	34	35	36	37	38	39	40	41	42
世	應	昌	名	會	承	慶	澤	孝	友	同
								孝道	友根	
									友苗	
						慶□				
						慶裕	澤榮			
世柱	應灿	昌泰	名實	會旺	承武	慶兆				
六子						慶禎				
應灿						慶祿	澤勛	孝任	友錢	
應照								孝俊	友滔	
應山								孝佑		
應灼						慶荷				
應炯						慶鶴				
應煒		昌平	名祥	會高	承□	慶篤	澤岳	孝鵬	友祥	
	應照	昌萬	名才	會韶	承讓	慶濤	澤磊	孝誼	友廣	
								孝祥		
								孝訏		
							澤東	孝敏		
						慶澡	澤晰	孝桂		
							澤欽	孝成		
							澤仁			
		昌代	名順	會時	承命	慶貞	澤明	(出	嗣)	
							澤朗	孝良	友金	
								孝富	友彬	
						慶榮	澤淵			
						慶武	澤朋	孝榮		
						慶炎	澤怡	孝力	友文	
								孝志	友維	
							澤桂	孝如	友苗	
				會令	承令	慶克	澤桃	(出	嗣)	
							澤陶	孝佑	友金	
									友平	
						慶翰				
						慶兆	澤桃	(入	嗣)	
							澤輝			
						慶□				
						慶荷	澤昌	孝義		
								孝建		
						慶清	澤盛	孝成		
				會詳	承潤	慶年	澤沒	孝其	友銘	
									友銀	
								孝平	友春	
									友佳	
						慶喜				
					承源	慶康	澤台			
						慶科	澤啟			
							澤瑞	孝新	友誠	
								孝思	友武	
				會卒	承樓	慶光	澤仁	孝乾		
							澤義	孝洪		
								孝根		
							澤禮	孝順	友財	
							澤信	孝旺		
								孝真		
								孝賢		
	應煒	昌發	名有	會謀	承卿	慶海	澤球	孝成	友根	
								孝明	友苗	
							澤強	孝忠	友和	
			名仕	會遠	承玉	慶儀				
						慶侃				
						慶儼	澤生	孝山	友金	
						慶再	澤詳	孝順	友銀	
						慶僖				
			名思	會鳳	承科	慶貴	澤治	孝仁	友欽	
								孝義	友敏	
								孝根		
								孝知		
								孝全		
						慶善	澤霞			
							澤棠	孝秋	友文	
								孝斌	彭新	
								孝福		
							澤林			
							澤華			
							澤祥	孝平		
							澤恩	孝強		
						慶甘	澤道	孝芳		
						慶皇				
						慶南	澤凡	孝榮		
							澤順	孝旺		
								孝亮		
							澤柏			
					承光	慶湖	澤培	孝珍		
							澤意			

32	33	34	35	36	37	38	39	40	41	42
世	應	昌	名	會	承	慶	澤	孝	友	同
								孝運	友德	
						慶裘	澤周	孝明		
								孝富		
							澤春			
						慶鴿	澤生	孝要		
								孝良		
					承渙	慶友	澤華	孝雙	友彪	
								孝防		
						慶富	澤欽	孝教		
								孝紅		
								孝繼		
						慶富	澤春			
							澤歡			
							澤敬			
						慶綿	澤國			
						慶新	澤告	孝庭	友紅	
								孝康		
						慶芳	澤裘	孝思	友蘇	同開
						慶華	澤	孝慈	友勢	
						慶聖	澤寶	孝仁	友順	同肢
									友忠	
						慶臨	澤江	孝根	友良	
								孝禮		
							澤河	孝全	友智	
								孝清	友坤	
	應山	昌慶	名樞	會勤	承信	慶衍	澤黨	孝寅		
								孝華		
								孝桂		
		昌源	名杏	會泉	承梅	慶宗				
			名清	會泉	承上	慶彰	澤統	孝和	友國	
							澤恩	孝成		
								孝財		
							澤恩	孝泉		
								孝源		
		昌譜	名柏	會永	承付	慶壽	澤和	孝震		
						慶令	澤癸	孝杉		
				會咏	承榮	慶彩				
						慶篤	澤吾	孝波		
						慶益	澤友	孝雨		
							澤成	孝麟		
	應灼	昌仁	名愉	會端	承啟	應坤	澤端	孝萬	友富	
								孝明	友貴	
	應炯	昌熾	名有	會騰	承梯	慶咸	澤梅	孝福		
								孝欽		
								孝富	孝強	
								孝鳳	孝育	
							澤南			
						慶壺	澤明	孝鋁		
							澤光			
					承義	慶鷥				
						慶啟	澤沅	孝其		
							澤鋒	孝利		
						慶梁	澤鳳	孝龍		
						慶國	澤鳳	(出	嗣)	
							澤東	孝波		
							澤西			
							澤樹	孝才		
					承丘	慶學				
						慶維	澤學	孝桂		
							澤文			
							澤江			
				會創	承陽	慶蘇	澤松	孝計		
							澤賓	孝程		
							澤用	孝端		
							澤希	孝丁		
								孝才		
							澤賢	孝雄		
				會熙	承頌	慶付	澤開			
						慶球	澤坤			
			名純	會鄉	承杓	慶益	澤崇	孝祥	友成	
								孝華	友志	
								孝佳	友苗	
									友葉	
								孝富		
							澤煌	孝國	友斌	
								孝洪	友果	
								孝余		
								孝春		
					承耀	慶山	澤肢	孝河		
								孝權		
							澤求	孝林		
						慶本	澤海	孝賢		

32	33	34	35	36	37	38	39	40	41	42		32	33	34	35	36	37	38	39	40	41	42
世	應	昌	名	會	承	慶	澤	孝	友	同		世	應	昌	名	會	承	慶	澤	孝	友	同
						慶耀	澤勤	孝維											澤江			
							澤椰	孝坤						昌上	名顯	會勝	承湘	慶祥	澤增	孝亮		
					承久	慶繆	澤滾	孝春										慶葵				
							澤洪	孝梓								會和	承禧	慶和	澤槐	孝財		
								孝彬											澤秋	孝星		
						慶依												慶金	澤藍	孝忠		
						慶華	澤响													孝富		
		昌興	名烟	會道	承赦	慶隆	澤波	孝全											澤桂	孝國		
							澤平	孝迪											澤田	孝利		
								孝清										慶淦	澤星			
							澤柏												澤回	孝恩		
							澤澎	孝娜													友洪	
							澤斌	孝恩													友明	
							澤健	孝權												孝順	友雄	同平
					承康	慶梅	澤鋼	孝風													友定	
						慶敏	澤見	孝益												孝如	友桂	同虎
							澤芳	孝樹														同彪
							澤福														友平	同務
							福成	孝創														同力
							澤務														友道	
							澤端	孝鑫												孝武	友益	
							澤浴	孝啟							名鉅	會漆	承堅	慶炎	澤仁	孝忠	友德	
						慶武	澤鋼	(出	嗣)											孝桂	友桂	
							澤鐵	孝翠												孝洪		
							澤銅	孝桂										慶英	澤民	孝普	友來	同慶
							澤鋁	孝雄														同冬
							澤錫	孝波													友進	同城
			名期	會君	承財	慶麟	澤友	孝欽					世槐	昌載	名敬	會德	承經	慶金	澤煦	孝仁	友樹	
								孝方											澤賢	孝禮	友源	
					承錫	慶楚	澤柱	孝東												孝鵬	友德	
		昌遠	名位	會衡	承修	慶雲	澤孝	孝根							名立	會立	承維	慶璜	澤淮	孝宇	友財	
						慶斌	澤民												澤清	孝峰	友順	
						慶松	澤奇													孝鵬	友清	
					承對	慶元													澤浦	孝宇	友財	
						慶美														孝燕		
			名志	會萬	承谷	慶友	澤雄	孝成	友偉											孝秋	友良	
								孝欽									承紀	慶瑞	澤元	孝廣		
							澤安	孝輝												孝清		
						慶矣	澤珍	孝兵	友亮											孝良		
						慶同	澤和	孝廣							名儒	會先	承錦	慶芳	澤明	孝忠		
							澤平	孝明							名澍	會暹	承贊	慶勛				
								孝強					慶熠	昌遇	名顯	會學	承淮	慶泉	澤梅	孝純	友金	同榮
						慶晃	澤尤	孝億					應烺	昌生	名球	會文	承瑋	慶樟	澤豐	孝樹		
					承仁	(出	嗣)												澤洪	孝勇		
					承桂	慶精	澤元	孝權						昌麟	名照	會銘	承清	慶情	澤波			
							澤杏	孝利														
							澤華	考龍														
							澤流	孝虎														
								孝聰														
						慶仁	澤聖	孝彬														
							澤志	孝田														
						慶秋	澤達	孝永														
	應三	昌黎	名冬	會歸	承永	慶梅	澤韜	孝彬														
							澤應															
							澤強	孝星														
仕俊	世模	昌堅	名緞	會波	承諒	慶雲	澤長	孝張	友偉													
						慶洲	澤鈞	孝躍														
		昌忠	名重	會泗	承杞	慶幼	澤奇	孝先	友汗													

構雲	29	30	31	32	33	34	35	36	37	38	39	40	41	42	43	44	45	46	47	48	49	50
派序	明	祖	仕	世	應	昌	名	會	承	慶	澤	孝	友	同								
	明宇	祖齡	仕仁	世梁	應興	昌祥	名華	會財	承豆	慶廣	澤強											
											澤□											
										慶覺	澤涓											
										慶江												
										慶明												
							名早	會禮	承竹	慶槐	澤榮	孝義										
											澤芳	孝榮										
											澤林											
											澤武	孝果										
											澤仁	孝杰										
					應光	昌恒	名文	會寶	承越	慶拾	澤昌	孝力										
											澤奇	孝谷										
											澤類											
											澤意											

湖南岳陽臨湘漆家灣**萬甫公**支系

彭俊修 2012.1.29.

《世彭會訊》第 22 期，第 19 至 21 頁)

【岳陽臨湘漆家灣彭氏萬甫公支系始遷祖本初公，字萬甫，先世南昌鐵樹觀人，五代後唐同光元年（923）攜子大訓、堯訓、仕訓遷嶽州府臨湘縣漆家灣。本初卒後，三子皆移居巴陵，分別落業塘田、黃泥塘東岸、團頭港。其後繼續分遷，舉凡沔陽、平江、監利、臨湘之彭氏，大抵皆出其後。1933年六修族譜。至1948年，已傳34代，共15600餘人。總祠在岳陽楊林鄉。萬甫公上世有待厘清】

江西省《彭氏源流聯譜》聯譜中252頁載：允回之子萬甫，此為湖南岳陽彭氏之始遷祖，該族一修於西元1758年；二修於1774年；三修於1818年；四修於1846年；五修於1871年；六修於1933年；七修於1989年。七次修譜皆無萬甫公以上世系。

〔聯譜中原文: 允回之子萬甫，後唐同光二年〈西元924年〉由江西臨江，因官遷湖南嶽州，以後子孫另詳支譜〕。七修《彭氏族譜》 上卷一冊，〔第一世，諱本初，字萬甫。其先住江西洪都府鐵柱觀（不是鐵樹觀人，）

一、卷首交待第一世萬甫公諱本初，其先居住江西洪都府〔今南昌市〕鐵柱觀，唐庄宗元年〔西元九 923 年〕攜三子迁湖南嶽州府臨湘縣落業漆家灣。

二、長房大訓於西元 1082 年由漆家灣遷往岳陽縣公田鎮塘田。次房堯訓遷至岳陽縣甘田鄉東岸茶埠頭。三房仕訓遷岳陽縣新牆鎮三合鄉。

2006 年十一月廿七日在雲陽縣“彭詠梧小學” 的掛牌儀式及祭奠‘一一、廿七’ 重慶渣滓洞死難烈士五十七周年紀念大會中，有了彭詠梧烈士〈譜名彭慶邦，小說《紅岩名彭松濤》江姐江竹筠烈士的丈夫〉的祖系，也是將萬甫公承梭在允回公名下為子，其依據則源于江西省《彭氏源流聯譜》。烈士彭慶邦僅為構雲公的 37 世孫，當時，即有續譜宗賢提出質疑說:我族的構雲公的三十幾世孫，是在清乾隆〈西元 1736 至 1795 年〉間，他族至今尚有三十幾世孫？為啥會出現十世左右的大落差呢？足見為訛譜。

湖南待考世系

類 別	地　區	紀　　要
湲公湘陰	湘陰	湲公(構雲六世孫)第三子鄧公傳至 17 世孫重禮,明初自長沙遷居湘陰樹沖樹倉. 重禮四子:德隆、德昂、德元、德亮. 血緣：構雲－茲－倜－輔－玨－湲－鄹、鄭、鄧、　、圖、道
	湘陰團螺山即螺峰	長沙青山九世祖,支譜始自清雍正,到 19 世彭原上,明洪武初由青山徙居湘陰北鄉智源洞,子膳之裔從遷.原上之子明,成為智源洞祖.至大松之子,21 世彭成富由智源洞遷新市,入贅曹門,居住新市 上街鋪園.生二子:世瑛、世祿,分居鄉、市兩房.26 世彭以服,號龍橋,由新市遷八里段,業麻塘沖彭家壠.迺逅橋橋子法玉、顯玉,徙團螺山謝家塘.後顯玉遷四都柏段,自此分兩支,團螺彭氏成為土著.
	湘陰乙山宙問廳	湲公次子鄭公,從長沙青山大田鋪遷居湘陰乙山,傳 16 世孫伏,明初自乙山遷宙問廳.
	寧鄉	湲公 19 世孫蔭清,自長沙青山大田鋪遷湘陰.三傳至明末清初志海,生三子:龍,遷寧鄉雙市、虎,徙台田、鳳,仍居湘陰.龍生四子:正仁、正義、正禮、正信.正義徙益陽.正仁、正禮兩支仍居寧鄉. 正信五子:朝忠、朝祥、朝瑞、朝修、朝杰.朝祥、朝瑞譜已另修.朝修、朝杰子孫他徙未合,此為正信房下大房朝忠一支.
長沙	長沙安樂鋪銅瓦橋	湲鈛 25 世孫綿本、先源.湲公 8 世孫守一支下安樂鋪與銅銅互橋兩房合修宗譜.
		彭與明元代簌江西吉安府萬安縣遷居潭州星沙(今長沙縣)明道都曹家沖.
		構雲公三世倜公,自江西宜春徙廬陵,傳至德遠,明初自廬陵遷湖南湘潭 92 都下石灘.
湘潭	湘潭中湘	構雲公嗣十數傳至省安,北宋時由山口遷泰和縣月池,省安 13 傳至致安,遷湘七都九甲西祝沖成為開派祖.生三子:鈞謨、鈞祖、鈞楚.分三房.
	湘潭中湘高橋	構雲嗣彭滸,明洪武時任官長沙,卒葬湘潭高橋,以此為家.曾孫六:瀧、麟、深、海、奉、鳴.分六房
	中湘植樹栗	構雲公嗣仲文,北宋時自廬陵遷茶陵黃堂,數傳至志仁,明永樂四年(1406)自黃堂遷湘潭桔州,為開基祖.
	中湘花石	構雲公嗣土志安、玉、貴,明永樂時自江西安福遷湖南湘潭,分別在花石七星塘彭家灣、九洲灘、白龍坪置產.志安五傳至融、和、清、珠.成為四房.
	湘潭灣頭(灣埠)	師奭公由隱原山口徙安福塘頭,傳至德遠(智通)於明初宦游湘潭,卜古中湘西南鄉張字下石灘 92 都灣頭,清編為 14 都 10 甲,民國改都昌鎮,又名南四區.宅畋,乃田派衍五房,分建兩祠.
	湘潭中路鋪房	友子大曰鼓,芸應均思成,世應家廬遠,名揚祖宗榮。
	楊子坪房	江右貽謀遠,秋堂繼起興,後來宜萃芳,各位振而升。
	林子沖房	盛世明良會,忠臣起若雲,衡湘金玉秀,積慶肇元勳。 盛世明良會,忠臣起若雲,衡湘金玉秀,積慶肇元勳。
郴州		構雲嗣旺三,明洪武二年以千戶奉調守御桂陽,定居郴州鳳德鄉嚴塘.
湘鄉	湘鄉官埠橋	構雲嗣志文,明永樂十年自廬陵山口遷湖南上湘屯一坊官埠橋為始遷祖.
	湘鄉松江	構雲公嗣裔彭茲起.
	湘鄉燕堂	構雲公 16 世孫仲文,江西泰和人,宋仁宗天聖年間官茶陵佑府,因家於.此度宗咸淳年間(1265-1274),嗣彭思賢以進士官侍御史,生宣義即汝历.汝历生千九郎,名機,行千九(吳楚間多以族兄弟次其行,千九兄弟有四,他次居第三,故稱千九郎尤著).元順帝至元初,攜子至長沙,既遊湘鄉,欒山水之美,於是置田大陂田,由茶陵徙居,子孫從此為湘鄉人,機公為始祖,奉為欽大賓,二世祖仁佳,居木石房彭家灣
	湘鄉鮎魚垻	始祖彭友明,元代人,自何地遷入不詳.
	湘鄉龍田	元末明初,彭欒旺遷居,成為始遷祖.
	湘鄉上湘北門	明洪武時彭明夷自江西遷上湘北門花園,成為始遷祖.傳至五世分為清、淮兩房.
	湘鄉谷水	始遷祖彭才富,約明初自江西遷居谷水,後代分八房繁衍,丁廣人眾.
	湘鄉白龍	彭鉷為遷湘始祖,現為湘鄉市月山鎮,也稱”白龍彭氏”班序:鉷朝思廷良一文,登聲光宗定國封,祿位榮隆徽厚澤,英才盛起建奇勛,聲華永振長平第,瑞藻增揚太付芬.
	湘鄉福亭	遷湘始彭謙,名開讓,號翕受.元至正 14 年生,明洪武 28 年由豫章江鈿吉水遷湘鄉,落屯黃蓮坪,安居建業,開辟八房宗派,子二:時由甲、時若.
醴陵		構雲嗣奇芳、奇聯,清康熙自廬陵轉輾於江西龍泉、湖南桃源、湘潭等地,到廿八年定居醴東 20 都王庄境水口梓樹下.兩人成為水口始遷祖.
沅江		彭福慶、流慶、華慶三兄弟於明洪武六年自江西吉水縣遷湘南沅江七都桑林塘.
益陽		始祖彭慶宗世居江西安福,明永樂初父遷湘,後定居資陽香爐山.
寧鄉	寧鄉泉沖	彭廷磊五世孫思明,清乾隆初自寧鄉十都黃材遷居泉沖,成為泉沖始祖.
	寧鄉約溪	約溪因約諸水合注於此得名.亦說傍溪而居者有儉約之風因而命名.彭宗陶,字仿唐從何地遷來不詳,世居於此,始祖貴一、貴二.貴一子二:邦達、榮達.邦達子道和,道和子以文,以文子仁翔,仁翔子伯奉,生子三:仲楊、仲時、仲旺.仲楊子二:紹松、紹梅.紹松生三子;紹梅生四子.仲時子二:紹柏、紹杞.清嘉慶同治時捐款有大、二、三、四房.
邵陽	邵陽大沖	始遷祖彭梦春,明初自江西遷湘鄉谷水,再遷寶慶(邵陽)邵陵縣,為大沖鼻祖,分汶、瀧、潮、滔、洗、浩六支,家譜又稱(重修隱源老譜),顯示不忘廬陵老家原籍.後來大沖彭氏即是誠敬堂彭氏.
岳陽		先祖江西南昌鐵柱觀人.五代後唐同光元年(923)嗣裔彭本初,字萬甫,攜子大訓、堯訓、仕訓,遷居湖南岳州府臨湘縣漆家灣.本初,三子移居巴陵,分別落業塘田、黃泥塘、東岸、團頭港.子孫分遷沔陽、平江、監利、臨湘.大訓派下有牌樓屋、甘田寺沖、甘田磚屋、李家河、萬家垸、樓西灣、姜家灣、監利分鹽新創垸、沔陽包家創、監利彭家垸、槍湖、臨湘三漢街支系.

湖南衡陽衡西何隆顯明公賜福堂（彭玉麟）世系脈流

少典	148	149	150	151	152	153	154	155	156	157	158	159	160	161	162	163	164	165	166	167	168
黃帝	138	139	140	141	142	143	144	145	146	147	148	149	150	151	152	153	154	155	156	157	158
彭祖	131	132	133	134	135	136	137	138	139	140	141	142	143	144	145	146	147	148	149	150	151
構雲	24	25	26	27	28	29	30	31	32	33	34	35	36	37	38	39	40	41	42	43	44
顯明	1	2	3	4	5	6	7	8	9	10	11	12	13	14	15	16	17	18	19	20	21
派序	顯	有	思	宗	祖	惟	待	福	德	興	良	才	啟	億	兆	永	見	萬	朝	勳	大
先祖	顯明	有義																			
		有忠																			
		有信																			
		有仁	思商	宗堯																	
	四子			宗虞																	
	有仁			宗盛	祖德	惟越	待宧	福會	德元	興孝											
	有義									興弟	良珠										
	有忠										良學										
	有信									興偉	良才	才立									
												才炳									
												才圭									
												才□									
											良翰	才成									
												才昱	啟象	億松(彭封)	兆冬(玉麟)(雪琴)(剛直)	永恩	見綏	養源			
																		萬澄	(止)		
																		淵如	朝檀	小兵	
																	見綏(履安)	忠伯	朝本		
																		萬澍(澤垓)	朝柄(馭群)	如真	
																			朝楨	勳紅	
																			朝傑(俊時)	勳伽(尤伽)	
																		萬洪(于逸)	朝棐	勳業	
																		萬貽(哲貽)	朝啟		
																			楊武	志宏	
																				志剛	
																	見緒	谷波	尉農	軍鋒	
																			朝保(明農)	勳誠(誠晴)	
																	見紳	(止)			
															兆萱(玉麒)	永勤					
														億柏	兆煌						
														億桂							
														億楷	兆思						
															兆焜	永元					
																永翔	見科	萬熙	朝棠		
																			朝案	勳鑫	大聰
																		萬煦	朝渠	勳森	大偉
																				勳淼	
																永翻	見穠				
																	見程	萬俠	朝彥	勳茂	
																		萬佐	朝韓	勳隆	
																			朝慶	勳芝	
																			朝樓	勳金	
																				勳利	
																			朝洪	勳玉	
																			朝武	勳志	
																			朝耀	勳林	
																			朝偉	勳定	
																		萬倚			
																		萬健	朝憲	勳智	
																			朝勇	勳誠	
																			朝猛	勳環	
																		萬佑	朝徫	勳薇	
																				勳超	
																			朝安	勳娟	
																			朝文	勳杰	
																	見稠				
														億模							
													啟瑚	億權							
														億梧							

少典	148	149	150	151	152	153	154	155	156	157	158	159	160	161	162	163	164	165	166	167	168
黃帝	138	139	140	141	142	143	144	145	146	147	148	149	150	151	152	153	154	155	156	157	158
彭祖	131	132	133	134	135	136	137	138	139	140	141	142	143	144	145	146	147	148	149	150	151
構雲	24	25	26	27	28	29	30	31	32	33	34	35	36	37	38	39	40	41	42	43	44
顯明	1	2	3	4	5	6	7	8	9	10	11	12	13	14	15	16	17	18	19	20	21
派序	顯	有	思	宗	祖	惟	待	福	德	興	良	才	啟	億	兆	永	見	萬	朝	勳	大
													啟瑛	億根							
														億桐	兆輝						
															兆定						
												才耀									
												才全									
												才多									
											良善	才粹									
												才茂									
												才萬									
												才美									
												才武									
												才智									
											良德	才耕									
												才捷									
												才思									
											良彥	才藻									
												才展									
												才毛									
										興稷	良斌										
											良文										
											良武										
											良福										
											良祿										
									德聖	興儒	良佐										
											良輔										
											良位										
										興禹	良能										
											良志										
										興益	興益										
								福魯	德榮	興安	良述										
											良明										
										興讚	良鼎										
										興寧											
									德貴												
									德相												
								福魚	德珍												
									德昇	興鵬	良弼										
											良盛										
											良魁										
											良爵										
							待望	福宗	德樂	興仁											
										興讓	良臣										
											良相										
									德壽	興楚											
										興漢											
									德化												
									德恕												
								福宏	德儒	興點	良鴻										
											良佩										
											良玉										
										興貢											
										興煌											
										興華											
										興煥											
										興燦											
									德遠												
									德燦												
							待賓														
							待寵														
					祖道																
			思羽																		
																	?	佐臣	聲鸞	念湘	安傑
																					安智

彭玉麟撰書湖南長沙彭氏宗祠試館記

星沙省垣三泰街彭氏祠堂，唐郡侯旭湖府君裔孫所建以祀郡侯，其祔祀皆其後顯焉，宗祠故趾面南，近因肆纏迫狹基趾墊隘共謀遷之，乃即故趾更面西，地益陜窄，夾塏規模宏壯又即左編餘基，並增購市宅為試館，余以奉　命巡閱至湘，泊船獨橘洲，老太麗崧出啟見示余曰美哉，此一舉而兩得者也．余聞祠堂有牽引雜集扳援附和者，名為收族非麗澤取益之道祠堂建而各宗其宗義也，試飯闢而共親其親仁也，友曰：一舉而兩得焉，雖然萃處而互相觀摩，則有取資之益，倘非為無益至違乎！子子羣居之戒，則又不可不慮，是在，實則誣祖，是誠不可也，然同姓之親分，介然畛劃域，分遠之同於路人，亦非親親之誼，況齒刊庠上庠擔簦鼓篋其者，皆俊秀

寸也·旅館棲徨無定，顧不得與同之，彥旦暮聯硯席交懽亦董斯事者之，預籌而遠慮，其麗崧精核，其必計及此矣為記。　　光緒紀元歲次旗蒙大淵獻嘉平上澣衡陽玉麟撰並書

附註： 清乾隆廿一年丙子(1756)廿八世嗣孫育萬廿九世嗣孫溶監等糾族建祠於湖南省長沙市三泰街·

清光緒元年乙亥(1875)，衡陽太子太保諡剛直，玉麟會通長沙舉人申甫等，糾合湖南各府州縣族眾捐建試館·『該館始於中華民國二年癸丑(西元 1913 年)，成立小學，癸未重經市府正式備案，顏曰：長沙私立述作初級小學，有備案表保存』在湖南省垣三泰街彭氏郡侯家廟左側，即祀唐安定王叔府君，顏曰湖南彭氏試館，「中華民國二十七年戊寅(西元 1938 年)，試館遭日軍炸毀，復建工程浩大，財力人員不繼，迄未復建」·

湖南湘鄉雙峰九溪（彭德懷）支系

構雲－滋－倜－輔－玗－彥昭－師奭－允顒－文壽－儒邦(嗣邦)－仕憲－思賢－汝襄－以功－雄飛－大年－公偉－世符－禧祖－啟論－正雷－景祥(泰祥)－汝賢－邦佑－宗智－孟龍－添敬－思聰－自誥－漢靈－興爽－朝式－世憑－代之－忠遂－良朝－臣坤－正勝－安恭－民言(正雷)－清宗(彭德懷)

彭德懷世系血緣係經湖南瀏陽彭建偉宗長親往湘潭尋找彭德懷世系老譜，廣州彭海康宗長提供彭德懷家譜影本，四川彭強(字棟)宗長提供「偉人故鄉彭氏家族」相關資料，編者又多方從書刊雜誌彙整其資料成一彭德懷家族簡譜·

廣州彭海康宗長 2006.12.3.電話，及彭俊修 2007.2.1.來信：嗣邦公子嗣「達祥公(1324 生)與泰祥」，泰祥公無嗣，達祥公則子孫繁衍甚多·泰祥不是景祥，而是彭偉佐主編「贛湘粵閩桂蜀台彭氏聯宗譜」時徵求意見，說泰祥即是景祥，經景祥公後裔同意的說法·誠如彭玉麟公說：「攀緣附和者，名為收族，非麗澤取益之道」·不宗其宗，不祖其祖者，不應為之·

依據湖南湘鄉雙峰九溪彭氏首修族譜，「正雷，配龔氏，景祥公之父，景祥公自元至正三年由吳西吉水由江右徙遷湘鄉古四十八都，即今廿五都之九溪灣六石屋場·本族道光印譜，以所知者景祖公為始祖，宗始景祥禮從義斷，固無怪其然也，但未詳景祥公之所自出，大抵年湮代遠，苦于無所稽考耶·假如公之生配歿葬記載詳明，果系□公為景祥之父，則本族之譜當始□公，而不始景祥矣·」

(泰祥)景祥公父有曰層壁，又有曰民言(正雷)，各譜記載不一·

據彭氏族譜卷五「來湘九溪開派始祖景祥」記載，彭景祥，生於元大德五年(1301)，其至正三年(1343)遷湘，落籍湖南湘鄉老四十八都，今地名九溪灣六石屋場·最先祖為彭忠遂(彭德懷以上第六代祖)，生于清康熙卅五年(1696)，約 1723~1735 年由湘鄉九溪遷居湘潭烏石峰下泥坪·

彭德懷三代祖彭邦佑，元至正廿三年癸卯四月十四日寅時生，明永樂十八年子八月十三日亥時，年五十八，葬廿五都九溪灣大坟山·第四代祖彭宗智，天順七年終，葬廿六都　庄港子口對岸山·第七代祖彭思聰，第八代祖彭自誥，仍居廿六都，九代祖彭漢靈，十代祖彭興爽，生歿葬均闕，十三代祖彭代之·至十四代祖彭忠遂有如下記載：「清康熙卅五年丙子九月十六日午時生，乾隆卅一年丙戌十二月初七日午時歿，葬湘潭縣斑竹黃泥坪大山園內」，由是推算 1662~1795 年方定居湖南湘潭縣玟竹塘黃泥坪，毗鄰湘鄉烏石寨下，直至彭德懷誕生·

景祥公嗣裔賢裔邦佐公徙安化，智裔添明公徙雲南，明公子姓徙雲南僑谷水·光緒末經查宗佑公子姓，派「旭、訊、直、用」四房，流離轉徙，散居湖南新化、安化交界之新開田·

湖南湘潭烏石峰下於嘉慶六年(1801)建祠，青磚青瓦，四面磚圍牆，前牆兩角立小門樓，由拱門而入，正大門樓為牌坊式，中間高兩邊低，檐牙高啄，正中磚砌尖頂，豎寶瓶，銪藝術意味，門樓有三層·正大門樓正中楷體大書【彭氏宗祠】，進大門有個大天井，兩邊迴廊，圓柱承載；中為大廳，四柱上承，逕直走有一小天井，最裡面為享堂，額書【九溪堂】(又名和宗堂)，左懸宏鐘，右臥圓形巨鼓，享堂內供奉景祥公下列祖列宗神主牌位·

「祠堂記」：古者世祿之家始有廟，士、庶人祭于寢·自朱子本伊川影堂之意而創為祠，則意酌古今之宜，為士、庶盡仁孝之地也·我族自乾隆間，族先輩庭達、有能諸公，以所置公屋祗薦歲事族以揚公，每歲冬至，糾集子弟，講明禮讓，一時雍雍肅肅，秩然有序·越嘉慶六年辛酉，族名遠林，周楚賢望協族，以公屋之小，非先靈所樂處也·遂於壬戌歲糾工竃材，卜吉于划船塘之陽而建祠焉·維時經之營之，當事者忘其艱辛，同心同德，劻勷者不遺餘力，故不二年而遂落成·由此規模宏敞，不慮其局促也；犖飛鳥革，不慮其闇淡也·上有室以藏主，中有堂以將事，前有樓閣以壯觀瞻·我祖處之當亦有心曠神怡者也·抑又思之方事之，舉原議聖、賢兩房各派錢四百串，後以事功之大，費小不敷，遂易而為捐，以成之·雖則多寡不敵，而其尊祖敬宗之心則一也·迄于今，以肅祀事，以講禮法，以序昭穆，以敦孝友·君子觀于斯舉也，亦足以維聖教也；豈止僾然如見，概然如聞已乎！是為記·　　和宗堂合族謹誌

派 字

構雲	22	23	24	25	26	27	28	29	30	31	32	33	34	35	36	37	38	39	40	41	42	43	44	45
景祥	1	2	3	4	5	6	7	8	9	10	11	12	13	14	15	16	17	18	19	20	21	22	23	24
派序	景	汝	邦	宗	孟	添	思	自	漢	興	朝	世	代	忠	良	臣	正	安	民	清	康	際	運	

湘潭烏石峰滋本堂彭氏

清咸豐元年(**1851**)，元澍、元濟二公創修輯譜，名曰「滋本堂」，祠堂建於湘潭烏石鎮獅龍村老虎塘·明夷公，字志仁，構雲公廿五世，富六郎次子，明洪武年間，攜子經商，由江西遷湖南上湘北門花園，後人分佈湘鄉、湘潭、寧鄉等地·

血緣

構雲－滋－倜－輔－玗－彥昭－師奭－德顒－嘉－嗣邦－文允－頊－致堯－十二－聖－堯徵－舜天－禹龍－孔－子蘭－朝僖－廷瑾－封八郎－富六郎－明夷－允昇－鎮(字玉支)－仲祥(構雲公廿八世)

派字

云28	29	30	31	32	33	34	35	36	37	38	39	40	41	42	43	44	45	46	47	48	49	50	51	52	53	54	55	56	57
仲祥1	2	3	4	5	6	7	8	9	10	11	12	13	14	15	16	17	18	19	20	21	22	23	24	25	26	27	28	29	30
仲	文	承	士	啟	祖	方	元	中	良	盏	德	開	洪	業	家	聲	應	運	昌	顯	揚	輝	世	澤	孝	友	振	宗	光
58	59	60	61	62	63	64	65	66	67	68	69	70	71	72	73	74	75	76	77										
31	32	33	34	35	36	37	38	39	40	41	42	43	44	45	46	47	48	49	50										
作	善	祥	先	集	通	經	道	益	揚	楚	材	功	懋	永	錫	慶	肇	時	康										

世系血緣

少典	146	147	148	149	150	151	152	153	154	155	156	157	158	159	160	161	162	163	164	165	166	167	168
黃帝	136	137	138	139	140	141	142	143	144	145	146	147	148	149	150	151	152	153	154	155	156	157	158
彭祖	129	130	131	132	133	134	135	136	137	138	139	140	141	142	143	144	145	146	147	148	149	150	151
構雲	22	23	24	25	26	27	28	29	30	31	32	33	34	35	36	37	38	39	40	41	42	43	44
景祥	1	2	3	4	5	6	7	8	9	10	11	12	13	14	15	16	17	18	19	20	21	22	23
派序	景	汝	邦	宗	孟	添	思	自	漢	興	朝	世	代	忠	良	臣	正	安	民	清	康	際	運
正雷	景祥	汝聖	邦元																				
			邦昌	宗聰																			
				宗鵬	孟曉																		
					孟廉																		
				宗鶴																			
		汝賢	邦佑	宗仁																			
				宗智	孟龍	添敬	思榮																
							思聰	自誥	漢靈	興爽	朝式	世輝	代揆	忠珠	良宦	臣旦							

少典	146	147	148	149	150	151	152	153	154	155	156	157	158	159	160	161	162	163	164	165	166	167	168
黃帝	136	137	138	139	140	141	142	143	144	145	146	147	148	149	150	151	152	153	154	155	156	157	158
彭祖	129	130	131	132	133	134	135	136	137	138	139	140	141	142	143	144	145	146	147	148	149	150	151
構雲	22	23	24	25	26	27	28	29	30	31	32	33	34	35	36	37	38	39	40	41	42	43	44
景祥	1	2	3	4	5	6	7	8	9	10	11	12	13	14	15	16	17	18	19	20	21	22	23
派序	景	汝	邦	宗	孟	添	思	自	漢	興	朝	世	代	忠	良	臣	正	安	民	清	康	際	運
												世憑	代之	忠選									
														忠遂	良華								
															良榮								
															良富								
															良才								
															良朝	臣宗	正璽	安邦	民渙	清華			
																		安仁	民河	清貴			
																			民淮	清美	康長	際兵	運旺
																							運南
																						際泉	運華
																							小芳
																			民濟	清彬			
																			民注	清儀			
																				清樹			
																				清財	康春	際高	運晨
																						際民	
																						際東	
																						際方	運忠
																						際科	運銳
																				清霖			
																			民榮				
																	正渭						
																	正亮						
																	正亨						
																臣光	正堃	安義					
																		安知					
																	正元	安順					
																	正章	安真					
																	正茂						
																臣坤	正勝	安友	民言	清源			
																		安孝	民續	清湘	康柏	際京	
																						際亮	
																						際建	
																		安弟					
正雷	景祥	汝賢	邦佑	宗智	孟龍	添敬	思聰	自誥	漢靈	興爽	朝式	世憑	代之	忠遂	良華								
															良榮								
															良富								
															良才								
															良貴								
															良朝	臣坤	正勝	安友					
																		安孝					
																		安弟					
																		安恭	民言 (行端)	清宗 (德懷)	康龍	際東	運佳
																			(祥順)			際宇	
																						際磊	
正雷	景祥	汝賢	邦佑	宗智	孟龍	添敬	思聰	自誥	漢靈	興爽	朝式	世憑	代之	忠遂	良朝	臣坤	正勝	安恭	民言	清源	康綱		
																					康志	際岳	運鵬
																						際安	
																					康仁	際強	

少典	146	147	148	149	150	151	152	153	154	155	156	157	158	159	160	161	162	163	164	165	166	167	168
黃帝	136	137	138	139	140	141	142	143	144	145	146	147	148	149	150	151	152	153	154	155	156	157	158
彭祖	129	130	131	132	133	134	135	136	137	138	139	140	141	142	143	144	145	146	147	148	149	150	151
構雲	22	23	24	25	26	27	28	29	30	31	32	33	34	35	36	37	38	39	40	41	42	43	44
景祥	1	2	3	4	5	6	7	8	9	10	11	12	13	14	15	16	17	18	19	20	21	22	23
派序	景	汝	邦	宗	孟	添	思	自	漢	興	朝	世	代	忠	良	臣	正	安	民	清	康	際	運
																						際江	

少典	146	147	148	149	150	151	152	153	154	155	156	157	158	159	160	161	162	163	164	165	166	167	168
黃帝	136	137	138	139	140	141	142	143	144	145	146	147	148	149	150	151	152	153	154	155	156	157	158
彭祖	129	130	131	132	133	134	135	136	137	138	139	140	141	142	143	144	145	146	147	148	149	150	151
構雲	22	23	24	25	26	27	28	29	30	31	32	33	34	35	36	37	38	39	40	41	42	43	44
景祥	1	2	3	4	5	6	7	8	9	10	11	12	13	14	15	16	17	18	19	20	21	22	23
派序	景	汝	邦	宗	孟	添	思	自	漢	興	朝	世	代	忠	良	臣	正	安	民	清	康	際	運
																						際濤	
																		安惠					
																	正秀	安澤					
																		安潤					
																		安潮					
																臣文	正定	安福					
																		安祿					
																		安壽					
																臣宗							
																臣光							
																臣樟							
								自貴															
								自秀															
								自銀	漢坤	興宗													
									漢乾														
									漢震	興貫													
										興崇													
									漢兌														
								自蒼	漢信	興鑒													
									漢清	興鉞													
							思春	自守															
								自南	漢爵	興元													
										興舉													
										興譽													
										興籫													
										興趾													
										興尾													
								自北															
								自西	漢憲	興祖													
										興高													
										興柯													
						添奉																	
					孟虎																		
					孟清																		
					孟檻																		
				宗信	孟慶																		
				宗文	孟鑒																		
					孟興																		
			邦佐	宗旭	孟隆																		
				宗直	孟敬																		
				宗訊	孟德																		
				宗用	孟泰																		

少典	141	142	143	144	145	146	147	148	149	150	151	152	153	154	155	156	157	158	159	160	161	162	163	164	165	166	167	168	169
黃帝	131	132	133	134	135	136	137	138	139	140	141	142	143	144	145	146	147	148	149	150	151	152	153	154	155	156	157	158	159
彭祖	124	125	126	127	128	129	130	131	132	133	134	135	136	137	138	139	140	141	142	143	144	145	146	147	148	149	150	151	152
構雲	17	18	19	20	21	22	23	24	25	26	27	28	29	30	31	32	33	34	35	36	37	38	39	40	41	42	43	44	45
九溪						1	2	3	4	5	6	7	8	9	10	11	12	13	14	15	16	17	18	19	20	21	22	23	24
派序	公	世	祖	啟	璧	景	汝	邦	宗	孟	添	思	自	漢	興	朝	世	代	忠	良	臣	正	安	民	清	康	際	運	
先祖	公偉	世符	禘祖	啟論	層璧	景祥	汝賢	邦佑	宗智	孟龍	添敬	思榮																	
						泰祥						思聰	自誥	漢靈	興爽	朝式	世憑	代之	忠遂	良華									
																				良榮									
																				良富									
																				良才									
																				良朝	臣宗	正璽	安邦						
																							安仁						
																						正渭							
																						正亮							
																						正亨							
																					臣光	正坔	安義						
																							安知						
																						正元	安順						

少典	141	142	143	144	145	146	147	148	149	150	151	152	153	154	155	156	157	158	159	160	161	162	163	164	165	166	167	168	169
黃帝	131	132	133	134	135	136	137	138	139	140	141	142	143	144	145	146	147	148	149	150	151	152	153	154	155	156	157	158	159
彭祖	124	125	126	127	128	129	130	131	132	133	134	135	136	137	138	139	140	141	142	143	144	145	146	147	148	149	150	151	152
構雲	17	18	19	20	21	22	23	24	25	26	27	28	29	30	31	32	33	34	35	36	37	38	39	40	41	42	43	44	45
九溪						1	2	3	4	5	6	7	8	9	10	11	12	13	14	15	16	17	18	19	20	21	22	23	24
派序	公	世	祖	啟	璧	景	汝	邦	宗	孟	添	思	自	漢	興	朝	世	代	忠	良	臣	正	安	民	清	康	際	運	
																					臣坤	正勝	安友	民言	清源				
																							安孝	民續	清湘				
																							安弟						
																							安恭	民言	清宗 德懷	康龍	際東	運佳	
																											際宇		
																											際磊		
																										康綱			
																							安惠						
																						正秀	安澤						
																							安潤						
																							安潮						
																					臣文	正定	安福						
																							安祿						
																							安壽						
																					臣梓								
													自貴																
													自秀																
													自銀	漢坤	興宗														
														漢乾															
														漢震	興貫														
															興崇														
														漢兌															

彭德懷事略

彭德懷，原名彭得華，號石穿，宗祠派名清宗，湖南省湘潭縣人，公元1896年出生，家境清寒，六歲喪母，遭繼母虐待，獨自離開家庭往外獨自謀生當牧童，曾作過煤礦廠當拉風箱童工、鞋匠學徒、硝酸廠雜工・

1914年十七歲參軍，十八歲升排長，1922年入湖南陸軍軍官講武堂，任湖南魯滌平部隊第二師連長、代營長・1927年任國民革命軍三十五軍營長。翌年江西湖南紅軍起義，參加鄧萍策劃，率部於七月廿二日發動平江起義，建立蘇維埃政權，改稱紅五軍，擢升軍長。毛澤東、朱德遭國民黨精銳部隊圍擊時，奮不顧身，馳往解圍脫困。1931年紅五軍改編為第三軍團，七月攻長沙，擄獲槍炮彈藥機械戰利品甚多・隨後返平江。1931年中國共產黨舉行第一次蘇維埃代表大會，彭德懷當選中央執行委員兼軍事委員會副主席。1934年一月十日擢升第一軍團前鋒部隊總指揮，領導長征，1935年九月任陝甘部隊司令員，1937年抗日戰爭期間，部隊改編為國民政府八路軍，擔任總指揮。1940年八月策劃對日展開陣地對壘震世之百團大戰，重創日軍，然八路軍亦損失慘重・日軍潰敗總部震驚，撤換日陸軍參謀長等人員。1945年八月十五日日本宣佈無條件投降。

1946年任西北軍區司令員，統領西北野戰軍，與國民政府胡宗南精銳部隊對抗，延安革命聖地二度易手，幸終能保衛・1949年六月解放陝西西安，迫胡宗南退守寶雞市，八月解放蘭州，長驅直入新疆省，殲滅鍾松三十六師團，宜川戰役，殲斃胡宗南愛將劉戡，毛澤東主席感於彭德懷功績，揮毫詩書：「山高路遠坑深，大軍縱橫馳奔。誰敢橫刀立馬，唯我彭大將軍・」藉以褒揚。1949年十月一日北京天安門宣佈中華人民共和國成立，彭德懷任人民解放軍副總司令、國務院副總理等職。1950年十月朝鮮半島戰爭爆發，全國各地青年奮起志願參加抗美援朝，彭德懷任抗美援朝人民志願軍總司令，與美國等十七個聯合國部隊作戰，擊破聯軍統帥麥克阿瑟將軍跨越鴨綠江美夢，19536年七月韓戰停戰回國・1954年九月升任國防部長、兼國務院副總理、國防部委員會副主席等職。1955年榮授元帥軍銜。

1959年月八中全會盧山會議，彭德懷向毛澤東主席上萬言書，反對三面紅旗政策・九月十七日被免除國防部長職務。1962年九月十中全會，彭德懷再次提八萬字建言，義正詞嚴，補充上次建言之不足。殊料一九六五年一月被毛澤東主席罷免國防副主席暨副總理等職。1966年文化大革命，十二月在四川省被四人幫紅衛兵揪鬥。1967年八月與劉少奇，一起遭到殘酷無情尖銳刻薄批鬥。1970年九月十七日審查彭德懷報告，被開除黨籍，剝奪公民權利終身。1974年十一月廿九日下午二時卅五分在北京，因病癌細胞擴散肺部及腦部，含恨九泉，享壽七十有六歲，一代英豪，墳落西沉，全民哀禱。

1979年十一月中共中央為彭德懷平反，昭雪前冤，恢復一生忠心報國榮譽，並召開追悼會追思，表彰一生功績。

強弓硬弩挽天回　談笑揮鞭敵壘摧
開國不辭身蹈火　援朝何慎鬼成堆
盧山苦雨千松泣　湘水寒冰萬馬哀
一事元戎應笑慰　長天今已霧雲開

湖南雙峰縣九溪景祥支系網脈

景祥公，字泰祥，生配歿葬不詳．明洪武年間，由江西遷居湖南雙峰縣蛇形嶺，彭德懷支派．

血緣 構雲－滋公－倜－輔－玗－彥昭－師奭－德顒－文壽－儒邦－仕宪－思賢－汝襄－以功－雄飛－大年－公偉－世符－禧祖－啟論－層璧－泰祥(景祥)－

21	22	23	24	25	26	27	28	29	30	31	32	37	38	39	40	41	42	43	44	45	46	47
層璧	景祥	汝聖	邦昌	宗鵬	孟曉	添慧	思孔					臣	正	安	民	清	康	際	運	愈	昌	其
	泰祥						思義	自淮	漢宙	興銀			正鳳	安銘	民池							
										光威			正高	(子	四遷	四川)						
						添量							正韜	安鈕	民親	清武		(遷	他鄉)			
					孟廉	添香								安鏡	民德	清富	康有	際文	運聰	愈坤	昌軍	
		汝賢	邦佑	宗智	孟龍	添敬															昌華	
						添明														愈學	昌龍	
				宗信	孟慶	添亮													運至	愈青		
			邦佐	宗旭	孟隆	添遜														愈正		
				宗直	孟敬														運平	愈春	昌文	
				宗訊	孟德	添美														愈光	昌國	
				宗用	孟泰	添瑞															愈芳	
																					愈喜	
32	33	34	35	36	37	38	39	40	41										運安	愈豐	昌梅	
朝松	世奚	代炳	忠祿	良憲	臣方															愈友		
			忠職	良恭	臣輝													際達	運龍	愈杰	昌發	
					臣澆															愈維		
				良東	臣旺	(遷	四川)													愈榮		
				良南	子三	(遷	四川)													愈成		
		代灼	忠茂	良仁	臣榮														運祥	愈高	昌鳳	
					臣興															愈旺		
				良能		(遷	四川)													愈華		
				良伯	臣華															愈達		
				良促	臣矩	(遷	四川)											際招	運發	愈湯	昌輝	
			忠盛	良任	臣乾															愈亮	昌明	
					臣朝										民俊	清龍	康才					
				良佑	臣梅									安鏞	民皓	清喜	康鳳	際服	運德	愈園		
					臣桎														運楨	愈友	昌娟	
				良借											民洋	清有	康桂	際思	運華	愈軍		
				良偉	臣元														運才	愈強	昌梅	
				良信	臣光	(遷	四川)														昌艷	
				良俊	臣銓	(遷	四川)														昌招	
																					昌琼	
																				愈勝	昌榮	
																				愈德		
																			運良	愈金		
																				愈銀		
																清福	康寶	際格	運春	愈明	昌富	
																					昌華	
																				愈華		
																				愈剛		
															民深	清儀	康順	際安	運福			

37	38	39	40	41	42	43	44	45	46	47	36	37	38	39	40	41	42	43	44	45	46	47
臣	正	安	民	清	康	際	運	愈	昌	其	良	臣	正	安	民	清	康	際	運	愈	昌	其
							運章													愈森		
					康旺	際韜	運昌	愈和											運利	愈祥		
							運盛													愈山		
							運來												運武			
							運華											際泰	運和	愈灿		
						際德	運有												運平	愈麟		
	正略		民旺	清盛														際達				
			(遷	廣西	義寧										民浦	清漣	康任					
	正賢	安崇	民賓	清萬												清云	康來					
			民發	清樹	康祿	際訓	運貴	愈彬	樹招						民浚	清微	康延	際光	運蕃	愈高		
								愈慶					正榜	安侶	民漢	清瑞	康菊	際財	運旺			
								愈福											運秋	愈坤		
								愈福	(招	贅)										愈春		
						際雲	運雄	愈安										際距	運喜	愈濤		
								愈振												愈浪		
								愈添												愈滿		
								愈星											運文	愈祥		
				清順	康全	際乾	運還	愈富											運軍	愈勝		
								愈其										際富	運桂			
							運強	愈雲										際發	運求	愈前		
						際坤	運其	橋妹								清珩	康本	際財	運旺			
					康祥	際義	運成	愈華											運秋	愈坤		
								愈林												愈春		
						際禮	運亮	愈征							民訴	清良						
								愈明						安倜	民發	清貴	康云	際興	運瑞	愈發	昌杀	
							運才	愈龍													昌達	
							運德	愈輝												愈明		
							運友								民湖	清明	康強	際元	運正	愈軍		

37	38	39	40	41	42	43	44	45	46	47	36	37	38	39	40	41	42	43	44	45	46	47
臣	正	安	民	清	康	際	運	愈	昌	其	良	臣	正	安	民	清	康	際	運	愈	昌	其
							運光									清楊	康玉	際功	運初	愈貴	昌榮	
							運有													愈		
					庸華	際孟	運思	炳秀								清楓	康中	際杰	運祥			
							運輝												運修			
							運和												運超			
							運仁											際榮	運展			
							運雲											際樂				
						際賢	運祿											際寧	運先			
							運生												運斌			
							運梅											際寧	運求			
臣榮	正桂	安仰	民湘	清福	康威														運勇			
					康猗													際緒	運豐			
	正樹	安修	民漣	清聰													康文	際元	運連			
			民治	清芳	康惠	際炳	運輝	愈翔							民浩	清科	康告	際定	運鏞	愈葵		
							運偉											際新	運癸	愈興		
							運威													有效		
						際擁	運勝	愈彪											運糧	愈快		
							運愈	愈龍											運輝	愈芳		
							運超	愈勺											運豐			
						際元	運和	愈東										際芳	運德	愈隱		
							運平	愈南									康化					
				清錦	康身	際午	運逵	愈錦						安任	民洋	清真	康念	際勛	運華	(出	外)	
							運志	愈求										際虞	運齡	愈強	昌靜	
							運署	愈貴												愈勇	昌湘	
						際萼	運河	愈海											際時	運鴻	(外	出)
								愈洋									康禮	際隆	運封	愈靈	昌欣	
						際謨	運道	愈滔								清誠	康喜	際承	運岐	愈達	昌世	
						際時	運彩	愈磊												愈國	昌宇	
							運俊	愈鑫													昌宙	
							運叨	婷								清實	康明	際陽	運龍	愈來	昌榮	
							運群														昌順	
			民濱	清堅	康思	際恒	運世	愈華	昌晶												昌永	
							運鈞	愈輝											運慶	愈奇	昌樊	
								愈□										際榮	運賢	愈豹		
						際楚	運炳	愈廣	昌軍											愈彪		
							運貴	愈根										際華	運志	愈石	昌盛	
						際瑜	運集	愈體												愈其	昌蕾	
								愈育								清泉	康孚	際永	運麒	愈源	昌慶	其閏
							運菊	愈立													昌祥	
								愈歸													昌懷	
						際琨	運正	愈雄													昌評	
								愈明											運□	愈慶		
							運冬											際星	運材	敬豐		
						際運	運美	愈喜											運連	愈龍	昌瀟	
							運金													愈虎		
						際生	運達	愈強												愈豹		
							運本	愈勇								清飲	康庚	際干	運均	愈鳴		
				清闊	康恩														運健	愈嶸		
			民湯	清本	康世															愈巍		
				清式	康綜	際添	運湘	愈燕										際權	運力	(住	山西	大學
							運新	愈盛											運春	(住	太原	大學
							運和	愈茂									康秀	際質	運學	(居	上海	市)
				清周	康紹	際業	運繼											際復	運	(居	湘潭	縣)
						際田	運勝											際林	運	(居	岳陽	縣)
							運強								民淳	清柱	康建	際浦	運用	愈海		
						際源	運黎												運悟	愈湘		
							運興	(招	贅)											愈黔		
						際池	運昌												運如	愈紅		
							運少											際生	運恒	愈彬		
				清得	康道	際轅	運新	愈佳										際全	運芳	愈紅		
							運中	愈蓉									康財	際禧	運欽	愈隆	昌盛	
							運國	愈福												愈福		
						際超	運光	愈升												愈朋		
							運英	愈麟											運有	愈勃		
				清庥	康駿	際厚	運勛												運長	愈槐		
						際謀	運忠	愈強							民濤	清鰲	康耀	際鏡	運繁	愈英	昌盛	
						際功	運高	愈琪										際晉	運亨	愈輝	昌榮	
							運歡	愈盼												愈柳	昌華	
							運愛	愈念												愈杰	昌霞	
							運朝													愈達	(出	
						際良	運標	愈勤											運如	愈江		
					康泰	際明	運灿	愈江												愈飛		
								愈繁	昌鑫										運斌	愈平		
									昌晶									際介	運洽	愈成		
						際青	運昆	愈榮	昌品											愈青		
								愈富	昌森								康麟	際浦	運發	愈波		
							運富	愈龍	昌南									際超	運友			
								愈虎											運忠			
						際舒	運泰	愈明	昌正						民洙	清藍	康人					

37	38	39	40	41	42	43	44	45	46	47	36	37	38	39	40	41	42	43	44	45	46	47
臣	正	安	民	清	康	際	運	愈	昌	其	良	臣	正	安	民	清	康	際	運	愈	昌	其
									昌治								康梦	際亮	運光	愈曉		
								愈云	昌中											愈仁		
								愈興											運文	愈娟		
			民涵	清室	康旦	際氣	運連	愈旗											運仲			
						際力	運求	愈主								清秋	康卓	際仕	運掌			
							運蓮	愈英									康照	際緒	運來	愈湖		
						際向	運時	愈領										際杰	運森	愈興		
						際名	運福	愈日												愈才		
								愈月											運桂	愈發		
						際聚													運林	愈申		
					康春	際冬	運漢											際棠	運鴻	愈仙		
						際夏	運春	愈尚											運光	愈良		
								愈書										際余	運桓	愈龍		
							運秋												運連			
						際有	運漢												運軍			
						際來	運業								民洛	清干	康年					
				清圭	康吉	際唐	運祉	愈解	昌雅								康道	際成	運榮	愈英		
								愈放	昌祥										運武	愈偉		
								愈軍	昌慧								康材	際乾				
							運求	愈新	昌珊									際華	運雨	愈祥		
							運掌	愈清	昌煜											愈翔		
								愈祿											運和	愈杰		
							運錫	愈宏	昌彬									際靖	(子	遷妻	底)	
								愈偉										際光	運昌			
						際霓	運余	愈慶	昌質										運昊			
						際材	運新										康滅	際春	運濟			
							運立	愈湘											運發			
								愈平											運華			
				清峻	康匆	際美	運照	愈亮											運時			
					康麒	際羨	運壽	愈興									康猗	際新	(均	出外)		
					康王	際武	運鴻	愈濤											運乾	愈光		
					康學	際彝	運雙	愈忠										際宣	運鳳	愈海	昌平	
						際鶴	運玉	愈杰											運德	愈吉		
						際新	運豪													愈順		
							運勝													愈澤		
					康論	際照	運喜	愈維										際賓	運龍	愈航		
							運選												運健	愈榮		
						際炎	運芳	愈賢											運南	愈君		
							運芬	愈嘉									康定	際儀	運极	愈發	昌豐	
						際良	運癸													愈財	昌盛	
						際慧	運己													愈喜	昌茂	
							運裕												運華	愈雄	日平	
					康癸	際儀	運造	愈高									康貴	際富	(遷	華容)		
								愈樂														
						際仕	運興	愈勇														
								愈發	昌意													
					康耀	際丹	運繁	愈英	昌監													
							運嵩	愈凱	(出	外)												
					康梅	際星	運揭	愈生	昌覃													
								愈秋														
							運宏	愈勇														
							運松	愈祁														
						際堅	運輝	(出	外)													
							運愚	愈龍														
								愈志														
						際時	運起	愈欣														
						際護	運威	愈琴	昌琴													
						際展	運巨															
臣興	正松	安侯	民連	清貴	康桂	際湘	運江															
							運理															
							運海															
						際達	鑫															
						際來																
				清春	康秋	際鴻	運愚															
					康德	際明	運榮															
						際中	運擇															
						際喜																
						際昆	運磊															
					康友	際其	運華															
						際森																
						際林	運卓															
					康喜	際富	運發	愈根	昌盛													
								愈林	昌倩													
								愈炎														
								愈祥														
臣宗																			運國	愈明		
臣其	正體	安清	民俊																運華	愈凱		

	朝班	世慶	代壽	忠賢	良瑞	臣良			
			正全	安學	民秀	清樓	康桂	際志	
							康仁	際翔	
								際鈺	
		添香	思巍	自贛	漢忠	興萬			

	27	28	29	30	31	32	33	34	35	36	
	添敬	思聰	自浩	漢靈	興爽	朝式	世凭	代之	忠隧	良朝	
			自銀	漢坤	興宗	朝文	世良	代遠	忠宪	良	
				漢震	興崇	朝體					
			自蒼	漢清	興鉞	朝虎					
		思春	自南	漢爵	興譽	朝正					
					興賞	朝大					
						朝國					
						朝安					
						朝寬					
					興孔	朝信					
						朝教					
					興尾	朝鼎					
			自西	漢敵	興祖	朝紀					
	添明	(遷	雲南)								

37	38	39	40	41	42	43	44	45	46	47	36	37	38	39	40	41	42	43	44	45	46	47
臣	正	安	民	清	康	際	運	愈	昌	其	良	臣	正	安	民	清	康	際	運	愈	昌	其
			民玉															際孺	運冬	愈菊		
			民伋															際蛟	運良	愈思		
																			運文			
																		際豹	運豪			
	正光	安民	民珍	清泉												清書	康麒	際谷	運斌	愈兵		
			民魁	清福															運武			
			民春	清壽														際昌	運軍	愈偉		
				清仁															運香			
																		際允	運財			
臣采	正鏗	安仁	民灘	清美	康長	際兵	運旺											際順	運華			
							運南												運富			
						際泉	運華										康忠	際鳳	運閑			
			民注	清財	康春	際高	運晨												運秋			
						際民												際璠	運丙			
						際忠													運陽			
						際冬										清有	康誠	際雄	運逢			
						際萬	運忠											際其				
						際科	運銳						正光	安民	民珍	清泉	康世	際涂	運軒	愈燕		
			民榮	(子	遷南	京)													運鋼			
臣光	正璽	安義	潮宗	(遷	外)													際祿	運良			
	正章	安真		(住	湖南	長沙)													運鐵	愈盛		
	正茂			(住	湖南	長沙)												際廣	運強	愈玲		
臣坤	正勝	安友	民言	清源	康志	際岳	運鵬										康秋	際禮	運國	愈成		
						際安													運明			
						際強									民槐	清福	康華	際春	運波			
					康仁	際江												際達	運譜			
						際濤												際平	美霞			
		安孝	民續	清湘	康白	際冬											康慶	際衛	運財			
						際									民春	清壽	康成	際益	運來			
						際健											康盛	際賢	運根			
		安恭	民言	清宗	康龍	際東	運佳											際訓	運富			
				德懷		際宇										清仁	康庄	際能	運護			
						際磊													運軍			
					康綱	(將	軍銜	北京)														
臣其	正倫	安達																				
		安遠	(出	外)																		
		安通																				
	正作	安清	民俊	清東	康定	際新																
						際育																
					康忠																	
			民玉	清有	康誠	際雄	運逢															
					康紹	際猛	運紹															
						際其	運嶼															
			民發	清元	康理	際隆	運克	愈聰														
臣閑	正策	安俸	民鳳	清陽	康務	際恒									民載	清升	康城	際承	運族			
					康本	際仁	(遷	安康	市)										運艷			
				清隆	康升	際輝	運乾							安海	民湘	清輝	康達	際良	運江			
						際慧	運堃												運永			
						際								安蛟	民接	清裕	康懷	際秋				
					康明	際富	運祿						正禹	安組	民富	清山	康求	際安	運輝			
							運全											際良	運亮			
			民彩	清迎	康德	際忠	運志											際間				
						際誠	運勇											際友				
					康榮	際富	運人										康發	際坤	運靈			
						際華	運杰											際行	運芳			
						際優	運地											際珍	運翠			
						際良	運愉										康壽	際強	運楊			
		安有	民喜	清芳	康斗	際發	運龍	愈新											運軍			
							運虎											際明	運旋			
			民福	清石	康華	際強	運飛										康達	際純	運廣			
							運科												運州			
						際盛												際立	運裕			
				清岩	康建	際高	運嵩										康慶	際湘				
					康健	際陽	運求										康桃					
						際光									民石	清惠	康海	際群				
臣培	正禮	安國	民浦	清選	康候	際永	運志										康河	際仁				
						際裕	運熊	愈齊										際東				
							運金									清友	康也	際冬				
						際寒	運仲	愈軍										際良				
							運本	愈海									康強	際軍				
						際日	運偉	露									康新	際民				
							運勇										康卓	桂姣				
						際和	運建										康事					
		安有	民壽	清續	康達											清修	康盛	際棉				
			民喜	清芳	康斗	際發	運龍	愈新									康超					
							運虎							安道	民峨	清厚	康漢	際成	(遷	四川)		
			民福	清世	康華	際強	運飛										康福	際冬	運濃			
							運科											際春	運明			

	32	33	34	35	36	37	
	朝虎	世誠	代冠	忠珀	良遠	臣閑	
						臣培	
						臣烈	
						臣訓	
						臣誥	
						臣圭	

37	38	39	40	41	42	43	44	45	46	47	36	37	38	39	40	41	42	43	44	45	46	47
臣	正	安	民	清	康	際	運	愈	昌	其	良	臣	正	安	民	清	康	際	運	愈	昌	其
						際盛												際夏				
				清岩	康建	際高	運嵩										康合	際平				
			民勝	清樹	康健	際陽	運求											際筠	支賡			
						際光										清純	康楚	際宇	運輝			
	正樂	安邦	民位	清松	康來	際興	桂華												運友			
臣烈	正巽	安櫂	民秀	清香	康秋	際祥	運良								民端	清杰	(遷	台灣	)			
	正離	安和	民楔	清旭	康華	際裕	運冬	愈亮							民仙	清科	康強					
							運紅								民瑞	清耀	康長	際新	運棉			
臣訓	正韶	安仁	民君	清堯	康金	際志	運宗										康修	際市	運			
						際承	運族												運乘			
							運艷										康勝	際鵬				
						際義	運誼											際業				
					康暑	際華									民島	清秀	康璜	際華	運新			
						際新										清芳	康前	際光	運喜			
				清楠	康春	際江													運東			
						際川										清盈	康前	(同	上)			
						際□										清漣	康盛	際壯	運春			
						際雄										清黄	康勝	際冬	運梅			
			民崇	清德	康冬	桂英								安道	民嶺	清興	康秀	際霞	運兆			
				清本	康春	際喜										清奇	康祝	際輝				
					康陽							臣誥	正嵩	安己	民匯	清堯	康森	際程				
					康雨												唐云	際景				
	正武	安衡	民岳	清環	康南	際瑞	運辰	愈俊										際珍				
								愈朝									康春	素				
							運戊										康冬					
							運申									清連	康金	哲				
							運濟					臣圭	正世	安響	民鶴	清富	康勝	際慶	運發			
						際生	運恒	亞亭										際善	運達			
							運群															
						際照	運松															
						際禹	運菊	丹														
							運勤															

構雲	27	28	29	30	31	32	33	34	35	36	37	38	39	40	41	42	43	44	45			
	添	思	自	漢	興	朝	世	代	忠	良	臣	正	安	民	清	康	際	運	愈			
	添敬	思春	自南	漢爵	興礐	朝正	世福	代巡	忠顯	良堯	臣方	正耀	安甸	民賓	清富	康材	際秋	運竹	愈江			
																		運松	愈轉			
																康祥	際中	運煜	愈勇			
																			愈猛			
																			愈剛			
																		運煌	愈強			
																		運炎				
																康新	際陶	運楝				
																		運梁				
														民主	清生	康連	際固	素珍				
																	際光	玉珍				
														民忠	清菊	康貴						
															清枚	康球						
																康奇	際貴	運洲				
															清亮	康松						
																康學						
															清隆	康增	桂元	運財				
																康連						
														民信	清陽	康泰	際世	運俊	愈益			
																康貴	際皇	運為				
										良禹	臣仁											
											臣義		(遷	四川	)							
											臣信		(遷	廣西	)							
								代言	忠乘	良斌			(遷	四川	)							
									忠良	良麟			(遷	四川	)							
						朝大							(十	代孫	遷湖	南湘	潭)					
						朝國	世勝	代輔	忠月	良秀												
						朝安	世愛	代瑜	忠學	良恩												
										良福												
									忠礐	良忠			(遷	四川	)							
									忠舉	良智	臣右											
									忠勇	良念	臣衡											
						朝順	世舜	代琢	忠誥	良楝	臣寬		(出	遠門	)							
										良樹			(遷	四川	)							
										良桂			(遷	四川	)							
									忠誨	良梅			(遷	四川	)							
							世禹	代知	忠計	良槐	□	正定	安本	民華	清和	康載	際慶	運來				
									(遷	四川	)						際永	運世				
										良杞			(遷	四川	)							
											臣鳳	正修	安佶	民綜	清桂	康華	際威					
																康明	際湘					
															清松	康輝	際秀					
																康忠	際杰					
															清來	康林						

構雲	27	28	29	30	31	32	33	34	35	36	37	38	39	40	41	42	43	44	45			
	添	思	自	漢	興	朝	世	代	忠	良	臣	正	安	民	清	康	際	運	愈			
											臣虎	正修	安佶	民健	清淦	康瑤	際蘭					
																康永	際來					
																康道						
						朝寬	世憲	代玉	忠興	良福	臣己		(遷	四川)								
									忠典	良貞	臣安		(遷	四川)								
										良佑	臣物	正立	安修	民光	清瓏	康告	際文	運財	愈斌			
																			愈滔			
																		運千				
																康詩	際求	運堅				
																康言	際善	運池	愈期			
																		運輝				
																	際莪	運根				
																康道	際承	運連	愈明			
																	際材					
															清輝	康求	際永	運裕	愈強			
																			愈勇			
																		運良	愈端			
																	際鄉	運余	愈倫			
															清風	康美	際連	運楚				
																		運磐				
																	際清	運□				
																	際惠	運美				
																	際冬					
									忠輿	良洋			(遷	廣西)								
								代主	忠淳	良緣			(遷	四川)								
									忠語	良祖			(遷	山西)								
										良育			(遷	四川)								
										良軒			(遷	四川)								
							世罕	代珏	忠樂	良近			(遷	四川)								
										良迪	臣富	正生	安身	民廣	清求	康仁	際陽					
												正先	安家	民綿	清求	康道						
								代珍														
						朝信							(出	遠方)								
						朝鼎							(遷	四川)								
						朝紀	世涌	代啟	忠招	良善	臣王	正文	安仁	民敵	清海	康浩						
																康臨						
													安義	民康	清人	康棋						
												臣道	正民	安泰	民澤	清竣	康松	(出	遠方)			
														安源	民富	清杰	康茂					
									忠梁	良蕙	臣逄											
										良芳			(遷	四川)								
									忠柱	良益	臣迪											
										良華	臣禮											
									忠權	良蘭	臣逸											
											臣誥											
										良蕃	臣讀											
									忠棋	良榮	臣春		(遷	湖北)								
										良萬			(遷	湖北)								
							世滾	代吉	忠柄	良萱	臣述											
										良茹	臣鳳		(遷	四川)								
										良菊	臣儀											
											臣陽											
											臣旭											
										良荷			(遷	四川)								

37	38	39	40	41	42	43	44	45	46	47	48		37	38	39	40	41	42	43	44	45	46	47	48
臣	正	安	民	清	康	際	運	愈	昌	其			臣	正	安	民	清	康	際	運	愈	昌	其	
臣右	正朋	安志	民開	清咎	康財	際籌	運先						臣逄	正發	安達	民陽	清財	康華	際谷	運中	愈義	昌堅		
							運良															昌德		
				清嵐	康來	際連	運妙	愈堅													愈暑	昌富		
								愈強												運福	愈大	昌展		
							運能	愈高													愈雅	煜		
				清椿	康讓	際期	運鏗														愈廊	昌鵬		
							運錦														愈清			
					康其	際明	運磐								安廉	民發	清宇	慶寧						
						際光	若藍										清宙	康珍	際國	運益				
				清梅	康來											民藍	清旦	康獻						
					康桃												清學	康本	際國	運益				
臣考	正元	(徙	桂)																際英	運晃				
臣衡	正宦	安宅	民聰	清友	康梅	桂元	運財													運慶	愈榮			
				清球	康發	際堯	運池													運昌	愈華			
						際舜	小玲													運澤				
						際以														運東				
臣方	正方	安甸	民忠	清菊	康貴	際裕	運星											康候		(遷	山西)			
							運輝											康獻	際申	運清	愈忠	思		
							運才														愈根	樂		
						際良															愈富	玲		
						際美	運高													運利	愈平			

37	38	39	40	41	42	43	44	45	46	47	48		37	38	39	40	41	42	43	44	45	46	47	48
臣	正	安	民	清	康	際	運	愈	昌	其			臣	正	安	民	清	康	際	運	愈	昌	其	
				清梅	康球	際壽	運東	益													愈溪			
						際祿	運應														愈斌			
						際喜	運仲													運廣				
							運華													運厚	愈敘			
						際福	姣													運生	愈光			
					康奇	際貴	運洲														愈明			
				清亮	康松	際桃	運駿										清翟	(出	外)					
					康學	(遷	綏寧	)								民圭	清寬	康候	際黃	運生	愈熾	昌能		
				清隆	康譜	際禮	運珊														愈然	昌才		
						際知	運迪															昌俊		
						際信	咏														愈烈	昌敏		
					康連	際義															愈炳	昌沛		
					康受	際剛	運人															昌浩		
						際強	運浩													運熏	愈曉	珍芝		
							運洁														愈民			
						際特	運來											康城	際良	運貴	愈賀	昌紅		
			民開	清來	康來	際連	運和	愈愚														昌倉		
																					愈存	昌研		
																						昌沛		
																					愈仁			
																			際物	運楊	愈興	昌祿		
																			際源	運實	愈牽			
																			際富	運恕	愈涌			
																			際交	運甲	愈黨			
							運乙	愈春													愈貴			
							運丙	愈意											際占	運桃				
								愈春												運學				
				清茂	康玲	際斯	運來	愈激	昌景										際璝	運完	愈伏	昌墩		
				清茂	康云	際辰	運開	愈強	昌璠								清銘	康地	際春	運財	愈香			
									昌安											運富	婷			
								愈民	昌浩									康人	際璝	運完	愈連	昌琼		
									昌鴻								清銓	康順	際檢	運加	愈干			
								愈榮	昌璞												愈波			
								愈林								民觀	清堅	康丙	際春	運世	愈干			
						際用	運企	愈勇	昌柱												愈政			
								愈雄	昌梁											運來	愈洲			
								愈長													愈斌			
					康躋	際悠	運新	愈晃	昌良											運福	愈東			
								愈蘇													愈強			
				清詐	康祿															運菊	愈南			
臣逢	正曉	安遠	民本	清福	康擇	際洪	運喜	愈石													愈鋼			
					康遇	際琛	運德	愈兵												運榮				
							運谷	愈維											際昌	運申	愈建			
							運米	愈軍													愈利			
			民繕	清田	康吟	際恒	運福	愈斌										康籌	際德	運灿	美美			
						際箂	運壽	愈雙										康隆	際裕	運福	愈興			
			民勉	清紫	康常	際湘	運祥													運初	愈發			
							運財													運壽	愈紅			
							運芝	牡丹						正華	安秀	民翰	清堂	康奠	際楠	運事	愈冬	衛林		
					康新	際達	運伶														愈春			
					康德	際裕	運清														愈香	昌盛		
						際厚	運榮															昌青		
							運貴						臣迪	正鳳	安昌	民俊	清貴	康林	(遷	湖南	南縣)			
						際雲	運倩									民續	清壽	康魁	際來	運耀	愈顆			
			民導	清羽	康閑	際根	運平	僡艷									清舉	康香	際威	運全	愈輝			
						際富	運紅	愈陽												運升	愈軍	昌芬		
	正亮	安遺	民友	清典	康堯	際華	運先	愈孝	昌惠												愈新			
								愈財	昌智											運娥	愈華			
							運延	愈美	昌民								清鏡	康香	際善	運福	愈偉			
							運年	愈麗									清棋	康魁	際盛	玉蓮	愈期	昌厚		
								愈圭	昌榮					正凰	安寧	民彩	清枚	康連	際眾	運富	愈青	鳳姣		
									昌理									康華	際求	運揚	愈國			
									昌盛											運良	愛華			
									昌源									康富	際王	運祥	愈東			
								愈貴	昌福										際池	運亨	愈兵			
								愈得	昌祿												愈波			
									昌偉											運吉	愈輝			
								愈才	昌壽												愈証			
									昌立												愈鐵			
							運洪	愈榮	丹												愈紅			
							運時														愈興	昌貴		
							運新	愈林											際敦	(遷	贛銅	鼓縣)		
							運連	愈飛					臣逸	正物	安際	民演	清淋	康為	際黃	運貞	愈世			
								愈偉											際農	運達	愈間			
							運慶	愈情										康淙	際伏	運達	愈間			
						際春	運黃	愈心										康湖						
								愈恕										康漣	際黃	運貞	愈事			
							運星	愈陶									清曉	康吉	際生	運甓	愈豐	昌富		
								愈侃													愈貴	昌燕		

37	38	39	40	41	42	43	44	45	46	47	48		37	38	39	40	41	42	43	44	45	46	47	48
臣	正	安	民	清	康	際	運	愈	昌	其			臣	正	安	民	清	康	際	運	愈	昌	其	
				清松	康有	際初	運田	愈意											際可	運治	愈麗	昌祿		
臣高	正魁	安瓏	(遷	廣西)														康□	際堯	運澤	愈緯			
臣禮	正書	安堯	民林	清旭	康盛	際仁	運成														愈綸			
						際義	運華													運壽				
							運軍												際財	運財	愈紅			
						際雄	芬芬														良			
臣逸	正君	安興	民綜	(遷	湖北)														際明	運陽	愈強	昌強		
		安健	民臣	清答	康有	際星	運朝	愈貴													愈斌	昌盛		
							運怡	愈躍	昌聯											運墻	愈墻	昌堅		
							運端															昌剛		
	正物	安陣	民濱	清如	康宇	際均	(出	遠方)														昌巍		
					康寧	際□	運賜	愈海	昌國											運年				
								愈世								民湘	清藍	康華	際眾	運才	愈強	昌青		
							運福	愈財											際道	運祚	愈善	昌文		
								愈乘														昌龍		
						際平	運枚	愈喜													愈暢	昌武		
				清為	康海	際疇	運掌	愈定	昌義	其江											愈達			
						際沐	運德	愈雄	昌興									康福	際祝	運源	愈麟	昌和		
								愈權	昌旺												愈意	昌氣		
								愈時														昌森		
						際周	運道	愈景											際成	運源	愈意	昌舉		
	正寅	(遷	居湖	北)															際喜	運芳	愈洪	昌暉		
	正物	安際	民檳	清唐	康惠	際雲	(遷	湘攸	縣)											運年	愈軍	昌盛		
						際靄	運鑫	愈良	(遷	贛)										運生	愈春			
							運森	愈食	昌福											運正	愈燕			
							運初	愈足										康祿	際求	運堯	愈良	昌咏		
						際露	運燮	愈言	昌鳳												愈揚	昌鑫		
									昌凰													昌富		
								愈喜	昌配												愈云			
					康志	際開	運隆	愈圭	昌強												愈立			
									昌富												愈立			
								愈璋	昌彪												愈致			
									昌時															
									昌洁															
								愈懷	昌盛															
								愈琦	昌政															
					康德	際照	運田	愈高	昌富															
臣誥	正國	安能	民來	清裕	康桓	際眾	運初	愈泰	昌超										際盛	運良	(遷	贛安	福)	
								愈志	昌明										際元		(遷	贛安	福)	
									昌盛								清瞻	康潘	際心	運宜				
									昌星									康桃	際國	運長				
								愈揚	昌友										際家					
									昌英										際新					
							運菊	愈得	昌幸								清宙	康強	際來	運初				
									昌種									康其	際石	運立				
						際發	運郡	愈富	昌大										際錄	運國				
								愈民	昌利										際唐	咏梅				
								愈材	昌武										際有	運平				
				清睿	康承	際如	運斯	愈邦	昌保										際雄	娜枚				
								愈湘					臣浩	正有	安澤	民洪	清紫	康秀	際潤	運光	小文			
							運明	愈見												運年	愈潤			
							運華	愈南											際池	運智	愈思			
							運交	愈岳													愈敏			
				清祈	康漢	際蘇	運志	愈林										康弗	際東	運春	愈仙			
							運芬	愈安												運炎				
					康候	際源	運均													運洪				
							運夏												際志	運如	愈發			
					康西	際富	運星													運才	愈慶			
							運桂													運材	愈宜			
				清凰	康恩	際譜	運枚	愈良												運嚴				
																	清連	康椿	際陽	運水	愈勝			
					康增	際蒲	運連	愈盛	娟											運寒	愈群			
	正維	安楷	民定	清學	康修	際榮	運發										清偉	康昔	際誠	運年				
							運華	愈興											際篤	運忠	愈星			
								愈福										康本	際誠	運年				
								愈貴										康新	際篤	運歸				
	正有	安澤	民深	清全	康克	際羽	運丹	愈志	(遷	台灣							清慧	康品	際學	運如	愈勇			
					康齋	際草															愈勝			
						際藍									安湘	民疆	清河	康豪	際來	運繼				
						際后													際華	運聯				
					康時	際遐	運丹	愈志									清雍	康旦	際棉	運兵	愈定			
				清宇	康田															運武	愈得			
					康乾	際申	運鑫	愈文	(遷	江西	安福	連村)				民繼	清謙	康仲	際作	運明				
								愈翰	(遷	江西	安福	連村)								運成				
							運暢		(遷	江西	安福	連村)						康申	際議					
							運財		(遷	江西	安福	連村)				民爵	清池	康業	際文	運晚				
							運金		(遷	江西	安福	連村)								運強				
					康頭	際水	運思		(遷	江西	安福	連村)							際伏	運余				
					康善	際仁	運江		(遷	江西	安福	連村)							際玉	運華				

37	38	39	40	41	42	43	44	45	46	47	48		37	38	39	40	41	42	43	44	45	46	47	48
臣	正	安	民	清	康	際	運	愈	昌	其			臣	正	安	民	清	康	際	運	愈	昌	其	
							運河		(遷	江西	安福	連村)							際衡					
							運海		(遷	江西	安福	連村)							際心					
						際和			(遷	江西	安福	連村)				民義	清葵	康豫	際明	運琪				
					康履	際茂	玉容		(遷	江西	安福	連村)								運梁				
							運洪											康類	際寒	運致	愈蔭			
					康年	際瑛	運松									民柏	清浪	(遷	湖南	安化	)			
						際琼	衛華									民橈	清祥	康吾	際乘	運望	愈棟	昌堅		
					康谷	際升	運強										清聚	康俊						
							運力										清亮	康訓	際修	運德	愈興			
			民聚	清月	康瀛	際會	運宇														愈春			
						際文	小陽						※				臣王	康浩	際訊	運麒	(徙	外)		
						際冬	運安													運麟	愈其	昌軍		
							運洪												際時	運芝	愈華	昌燕		
					康厚	際玉	瑜														愈其	昌軍		
						際美	運木														愈斌	昌呂		
						際來	運發														愈民	昌娣		
						際方															愈亮			
					康書	際時	伶麗														愈偉			
						際聚	旭利													運生	愈臣	昌玉		
						際有	運寶											康臨	際誠	運鈞	愈玉			
						際起													際禮	運隆	愈華	昌勛		
			民德	清廉	康权	際平	運余															昌民	其浪	
							運財														愈進			
					康章	際樂	運泉														愈國	昌紅		
							運和															昌自		
						際星												康祺	際海	運財	愈福			
					康賞	際望														運源	灿			
※				清芬	康健	際谷														運茂	愈祿			
	*			*			*			*									際江	運球	柳柳			
	正華	安秀	民翰	清堂	康奠	際楠	運事	愈冬	衛林											運文				
								愈春												運紅	琼琼			
								愈香	昌盛											運河				
									昌青									康茂	際榮	運鴻				
	*			*			*			*										運斗				
臣讀	正倫	安元	民松	清泉	康濟	際河	運旦	愈威	昌勝											運升	愈碧			
							運斗	愈善	昌選										際監	運泉	愈白			
								愈榮													愈富			
							運羅	愈豐	昌志										際寧	運初				
								愈茂									清寬	康阜	際炎	運辰	愈端	鵬		
						際升	運廣	愈露													愈陽			
				清風	康鳳	際昌	運喜	愈陽													愈健			
							運年	愈湘												運暑	愈長	昌晶		
					康成	際光	運有	愈慶	鶴雲													昌亮		
						際節	運有	愈國													愈固			
				清玉	康坤	際平	運程	愈榮	昌有												愈強			
								愈華	昌夏											運慶	愈穎			
								愈富	欣											運鴻	運喜	愈鐵		
								愈貴	昌秋									康御	際權	運卉	愈斌	日愷		
					康盛	際鎮	運樂	雪加	贅李	壽石									際璇	運求	愈盛			
									昌輝												愈新			
						際仙	運開	愈智	昌輝												愈卓			
									昌画												愈撥	昌利		
				清作	康祿	際寶	運枉	愈亮													愈群			
								愈旭												運□	愈練			
							運根	愈華									清琅	康暉	際余	運長	愈檢			
	*			*			*			*										運青	冰冰			
臣述	正科	安儒	民秀	清輝	康圭	際岩	運連	愈建											際順	運集	愈翻			
吉房						際德	運虎	愈意												運成	愈翔			
							運龍							正翰	安詩	民稠	清貽	康期	際尤	運長	愈發			
				清撥	康怡	際貴	運安	愈業									清梧	康年	際虎	運承	翠藍			
							運壽	愈華											際湘	運頌	愈倫			
																					愈超			
					康冬	際裕	運紅	愈炎											際裕	運先	愈輝			
					康秋	際昌	運青													運進	愈煌			
							艷芳									民光	清輝	康福	際盛	運新	愈舒			
					康和	際明	運潤											康壽	際躍	運星				
						際發	運湘												際明	運衛				
			民宇	清輝	康端	際登	運和	愈糧												運平				
								愈兵												運亞				
							運華	愈定									清來	康連	際幸	運建	愈軍			
							運喜	愈剩												運剛				
			民星	清潮	康夫	際慶													際倍	喜玲				
				清亭	康夫	際常	運余												際巷	運國	娟			
						際洪	運和													運兵				
					康庠	際慶													際秋	運黨				
	正世	安喜	民貽	清節	康炳	際家	運期	愈富								民致	清衡	康枚	際虎	運承	桂清			
								愈貴									清眾	康枚	際虎	運承	貴珍			
						際樂	運桂								安教	民彩	清發	康呈	際鍾	運銓	愈輝	昌政		
					康闊	際成	運富	琼琪											際會	運金	愈強			

37	38	39	40	41	42	43	44	45	46	47	48		37	38	39	40	41	42	43	44	45	46	47	48
臣	正	安	民	清	康	際	運	愈	昌	其			臣	正	安	民	清	康	際	運	愈	昌	其	
						際考	運強	湘思												運玉	愈喜			
				清修	康功	際青	運江	愈栓									清富	康厚	際蓄	運征	愈紅	(贅		
							運富	愈意												運八	愈冬			
							運秋	愈威											際肖	運昆				
				清養	康寧	際寶	運能													運明				
							際林										清懷	康為	際清	運強	愈固			
		安慶	民程	清琼	康貴	際英	運財	愈英												運弩	樂清			
								愈豪											際湘	運乾	愈軍	昌樂		
							運寶	愈前												運坤	愈勝			
								愈芬										康德	際樹	運蘭	愈開			
							運福	愈固											際海	運利	愈亮			
					康華	(遷	湖南	華容	縣)												愈榮			
					康祝	際首	運午														春楊			
							運望	愈朝													文陽			
								愈光												運來	愈才			
							運冬	愈曦						*			*			*			*	
						際隆	運瓜	愈杰	昌喜															
臣述	正翰	安教	民稠	清懷	康德	際海	運金	愈健											際貴	運君	愈振			
							運家													運連				
						際腊	運喜	淑											際迷	運全				
							運幸	艷												運喜				
							運昌											康樹	際懷	(遷	湖南	華容)		
					康友	際煌	運夏	愈年								民麒	清周	康籌	際合	運香				
							運秋	愈長											際里					
						際楊	運幸	愈平										康鴻	際枚	運春				
						際健	運梅												際陽					
							運洪										清道	康滔	際桂					
					康和	際勛	運祝	愈岱										康米	際衛	錦庭				
					康樂	際耕	運才												際武					
					康復	際新	運喜												際舉					
					康讓	際祧	運才						臣鳳	正毓	安玉	民竹	清富	康喜	際藩	運開	愈強	立軍		
						際強	運贊											康連	際佳	(遷	江西)			
		安里	民望	清順	康盛	際光	運勝	愈文											際雨	運春	愈慧			
								愈武										康樂	際端	運修	愈禮			
							運利	愈雙													愈慶			
							運堂	愈成										康里	際炎	運圭	愈長	昌恒		
					康成	際匣	運契	愈宇													愈春	昌盛		
								愈朝													愈青			
						際發	運業	愈勇												運冬	愈端	雨		
					康雨	際薰															愈明	昌偉		
				清享	康技	際方	運陽													運如	愈陽			
					康余	際堯	運巍											康雍	際藩	運開	愈剛			
						際主	運崔												際得	運星	春暉			
							運卒												際時	運青	愈明			
						際斌	運峙														愈盛			
		安倫	民凰	清河	康亭	際秋	運鈞	愈長													愈岳			
								愈才												運新	文輝			
						際時	運東	愈良	昌茗											運夏	愈聯			
							運北	愈錢						正騰	安晃	民瀧	清陽	康宙	際廣	運松				
								愈金							安耀	民蓉	清初	康余	際金					
						際超	運錫	愈興											際青					
							運升	愈基										康淑	際雪					
							運磚	愈剛											際新					
							運霞	愈昌										康仲	際雙					
							運江	枚暉									清遂	康綿	際冷	運立				
					康操	際來	運均													運富				
							運平									民壽	清松	康田	際志	運麟				
					康籌	際彬	運福	愈陽								民華	清學	康與	際平	運秋				
							運冬	愈榮										康有	際田	運升				
							運紅	愈嫩											際春	運貴				
								愈軍										康雪	際几	運青				
							運金												際端	運芬				
							運仁												際新	運升				
臣儀	正清	安志	民魁	清茶	康嗣	際枚	運溪	愈鯤												運恕				
								愈鵬											際求	運光				
							運幸												際誦	運夏				
						際雨	運德													運冬				
				清浩	康福	際雨	運馥							正清	安辟	民禮	清連	康枚	際科	(	出外)			
	正漢	安辟	民初	清源	康梭	際種	運達	愈義	昌國										際秋	(	出外)			
									昌防								清渝	康寧	際茶	運建				
								愈余	昌兵										際華	運彬				
									昌祧											運森				
								愈秋	昌軍										際富					
								愈明	昌平										際貴	運國				
								愈志									清溪	康運	際寒	運衛				
							運永	愈期											際鎮	運衛				
							運貴												際成	運育				
			民祈	清池	康祿	際忠	運乾	愈永											際坤	運國				
							運定	愈冰							安啟	民追	清風	康保	際綺	波林				

37	38	39	40	41	42	43	44	45	46	47	48
臣	正	安	民	清	康	際	運	愈	昌	其	
								愈沛			
						際惠	運平				
			民祚	清河	康棣	際允	運代	愈林	昌槐		
									昌格		
								愈樹	昌材		
									昌嘉		
							運令	愈祝	昌林		
						際降	運春	愈桂			
								愈梓			
							運桃	愈材			
								愈偉			
					康柏	際夏	運冬	愈象			
								愈杰			
							運伏	愈誘			
								愈港			
								愈筶			
								愈峰			
							運貴	愈勁			
								愈□			
							運雙				
					康榜	際華					
						際緒	(遷	湖南	寧鄉)		
						際枚					
				清溪	康林	際幸	運述	愈澤	昌平		
								愈善	昌思		
								愈方			
						際明	運發	愈期			
							運籌	愈金			
					康柱	際寶	運陽	愈盛			
					康梓	際譜	運忠	愈全			
						際芳	運紅	娟			
				清風	康律	際慈	運秋	愈尚	昌旺		
									昌強		
							運宗	愈重			
						際譜	運素	愈均			
							運江	愈民			
				清純	康雨	際志	運高	愈沖			
								愈磊			
							運勝	愈樂			
							運麟	愈鳳			
							運冬	愈江			
					康金	際來	運轉	愈強			
					康璉	際強	(遷	湖南	常德)		
			民綉	清錦	康寅	際安	運正	(遷	湘南		
							運常	(遷	湘南		
						際林	艷青	(遷	湘南		
				清綿	康竹	際華	運強	(遷	湘南		
				清流	康原	際端	運伏				
							運存				
							運兵				
						際友	運長	愈洋			
						際美	運庚	愈亮			
								愈諒			
							運暉	愈石			
								愈磊			
						際會	運華				
						際獲	志敏				
						際英	運伍				
					康候	際友	運春				
					康健	際陰	桂敖	愈意			
								緯權			
						際陽	運鑫				
						際長	運乇				
							運晶				
						際曉	運如				
					康隆	際飛	運江	佳			
							運韶				
						際蘭	運羅				
						際椿	運鈞				
						際若	運志				
							運民				
					康枚	際冬	運波				
						際伏	運浪				
					康耐	際先	運成				
							運咸				
				清輕	康寧	際時	運茶	(遷	湘南	)	
								愈清	昌立		
							運俊	愈建	昌貴		
								愈益			

37	38	39	40	41	42	43	44	45	46	47	48
臣	正	安	民	清	康	際	運	愈	昌	其	
	正淮	安茂	民義	清節	康平	際從	運樂	愈財			
								愈慶			
					康開	際新	(遷	湖北)			
						際貴	(遷	湖北)			
			民寶	清疇	康客						
			民章	清庄	康喜	際永					
		安芳	民墻	清俊	康勝	際南	運三	愈山	昌亞		
								愈忠	昌強		
								愈欣	昌添		
								愈青	貝芹		
							運七	愈虎			
				清穗	康浩	際虞	運付	愈陽	建湘		
								愈芹			
							運桂	愈鐵			
								愈枚			
	正接	安服	民繞	清明	康斌	際英	運籌	曉花			
							運志	愈事			
							運欣	娟			
							運冬				
					康偉	際承	運祥	愈涵			
								愈垒			
								愈霞			
							運民	愈群			
							運祝	丹			
				清揚	康琢	際則	運欽	愈鳳	昌茂		
									昌斌		
							運冬	愈鐵	昌玉		
									昌昆		
						際從	運所	愈株			
								愈騰			
						際全		(遷	湘南)		
						際文	運華	(遷	湘南)		
							運友	(遷	湘南)		
							運富	(遷	湘南)		
							運科	(遷	湘南)		
						際模	運貴				
							運錦				
				清膏	康思	際秋					
			民緒	清穆	康強	際洋	運午	愈生			
				清亮	康慶	際路	運和	愈糧			
							運言				
						際通	運姜				
						際庚	運紅				
						際耀	運春				
				清渠	康晃	際開	運鈞	愈里			
							運民	愈朋			
								愈森			
							運慶	愈良			
							運雙	愈錦			
								愈陽			
								愈惠			
						際柏	運兵	愈禧			
							運宜	愈禧			
					康文	際世	運基	愈思			
							運楚				
						際盛	娟				
					康悠	際邦	運先	浩			
						際枚	運德	愈明			
							運長				
						際書					
						際谷	婷玉				
						際端	運存				
					康合	際時	運美				
							運麗				
						際成	運名				
							運軍				
						際信	運詳				
							運良				
						際美	辰娣				
						際周	運祥				
						際彬	芳				
	正江	安鶴	民祜	清恒	康日	際斗	運張	愈銘			
							運其	愈旺			
			民禧	清受	康暉	際時	運鴻	愈晃	昌秋		
								愈志	昌祈		
									昌開		
								愈美	昌康		
					康滿	際澤	運初	愈思	昌民		
							運富	愈蟾			

37	38	39	40	41	42	43	44	45	46	47	48		37	38	39	40	41	42	43	44	45	46	47	48
臣	正	安	民	清	康	際	運	愈	昌	其			臣	正	安	民	清	康	際	運	愈	昌	其	
						際蒲	運秋	愈寧	昌菊											運仁	愈軍			
								愈順	昌瑤											運松	愈圭			
							運昌											康藏	際夏	運新				
							運鑫	愈德	昌湘										際抗	運清	愈鵬			
								愈東	昌彩											運新				
						際虎	運鈞	愈劍										康蓮	際斯	運生	愈□			
								愈高											際德	運明				
						際元	運雄	愈深	昌榮											運培				
								愈貴	昌武										際祥	運良				
							運騏	愈飛											際鑫	運紅				
						際碧	運英	愈崢	昌基											運月				
							運澍	愈嶸										康粗	際明	運興				
					康榮	際中	運籌	愈正	昌富											運中				
									昌貴											運華				
							運家	愈渤	昌騰										際月	運安				
								愈望	昌明											運仁				
									昌亮										際炎	運義				
							運店	愈青										康健	際成	運榮				
							運銘	愈洲	昌承										際陽	運和				
								愈忠	昌茂								清海	康任	際生	運棋				
									昌盛										際昭	運龍				
								愈春	昌聯										際利	運秋				
								愈斌	昌譜									康仁	際卿	運寅	愈新			
					康寶	際籃	運陽	愈根													愈高			
								愈華											際濃	運裕				
							運財	愈樹									清榮	康楠	際詢	運定	愈祁			
							運奇	愈枝													愈儉			
								愈果												運平	愈雙			
			民裕	清□	康發	際谷	運柏	愈孌	昌文												愈雄			
								愈世												運樂				
					康惠	際墀	運其	愈龍											際詩	運連				
						際序	運澤	愈汪	昌新											運川				
									昌龍									康松	際議	運育	愈田			
									昌華										際訓	運燕	愈種			
									昌斌												愈勇			
						際序	運澤	愈友	昌卯										際誠	運雙				
									昌波											運飛				
								愈蒲	昌竹									康材	際伸	運喜	愈稻			
									昌操												愈偉			
							運瓜	愈和										康林	際裕	運鴻				
							運原													運鈞				
			民佑	清袒	康照	際澤	運生	愈貴	昌福										際先	朝霞				
									昌壽								清華	康節	際連	運轉	愈良	(遷	望城	
						際潮	運鴻	(遷	湘望	城)			臣揚	正民	安煥	民有	清佐		(遷	南京)				
							運鈞	(遷	湘望	城)			臣旭	正斗	安淳	民本	清余		(遷	湖南	華容)			
					康梅			(遷	湘望	城)					安涇	民秦	清球	康成	際盛	運壯				
					康柏			(遷	湘望	城)						民蟾	清紅	康成	際嘉	運良	愈勝			
					康卿			(遷	湘望	城)											愈凱			
		臣先	民亮	清富	康求	際益	運德	(遷	湘望	城)									際冬	運豪				
					康株	際如		(遷	湘望	城)									際明	運英				
					康桃	滿秀	運書	(遷	湘望	城)					安河	民思	清登	康宙	際預	運善	愈質			
					康梧	際余	運來	(遷	湘望	城)											愈彬			
				清漣	康樟	際如	良	(遷	湘望	城)											愈利			
						際玉	運華	(遷	湘望	城)											愈劍			
				清遂	康楠	際培	運新	愈東	(遷	望城							清端	康俊	際預	運豐	愈平			
							運建	(遷	湘望	城)								康輝	際興	運至				
							運文	(遷	湘望	城)								康躍	際祝	運金	愈修			
							運武	(遷	湘望	城)										運剛	愈贛			
					康桃	際南												康鳳	際興	運至				
					康權	際坤	運樂										清溪	康緣	際思	曉模				
							運盛											康寅	際樂	運岩				
				清漣	康梓	際文	運博													運磊				
							運韜												際蜀	小雅				
						際道	運理												際建					
							運桃								*			*			*			
						際德																		
						際章	婷婷																	
			民亨	清壽	康文	際炳	運玉																	
					康定	際玫	運向	愈英			27	28	29	30	31	32	33	34	35	36	37			
						際	運榮	愈系			添亮	思銘	自湖	漢鼎	興虎	朝禎	世槐	代受	忠朮	良鶴	正堯			
							運培	愈衍										代禹	忠德	良材	(徙	外)		
			民峰	清渠	康壽	際新	運維													良外	臣華			
							運偉													良臣				
				清敷	康成	際才	運冬													良松	(徙	蜀)		
						際喜	運雪													良柏	(徙	蜀)		
						際民	運有											代爰	忠俊	良命	(徙	蜀)		
						際秋														良友				
				清里	康榮	際田	運冬													良言				
					康紹																			

37	38	39	40	41	42	43	44	45	46	47	48		37	38	39	40	41	42	43	44	45	46	47	48
臣	正	安	民	清	康	際	運	愈	昌	其			臣	正	安	民	清	康	際	運	愈	昌	其	
				清人	康榮	際田	運春																	
				清友	康林	際設	運中																	
						際開	銀枚																	
					康文																			
					康紹	際田	運雙																	
		*			*			*																
臣鎮	正容	安柏	民典	清南	康旭																	昌成	其輝	
					康交	際儒	運仕	愈福													愈壽	昌思	其篤	
								愈章														昌祖		
				清西	康坤	際歸	運松	愈新													愈祿	昌富	其武	
						際宗	運龍	愈平														昌財	其文	
		安梧	發貴	清行		(遷	湖南	耒陽	縣)												愈喜	昌志	其欽	
				清登		(遷	湖南	耒陽	縣)														其禮	
臣照	正斌	安楚	民瑛	清汗	康杰	際腴	運積	愈暢	昌財											運新	(遷	湘源	江)	
								愈輪	昌祥	其龍										運榧	(遷	湘源	江)	
										其俊									際彥	運豪	愈衍	昌光	其慶	
									昌深													昌交	其亮	
								愈朝	昌葉														其星	
									昌茂													昌輝	其瑤	
							運程	愈源	昌華												愈文	昌建	其浪	
								愈金	昌德												愈桃	昌勇		
									昌枚													昌玲		
						際春	運慶	愈長										康純	際蘭	運明	愈連	昌鴻		
							運生	愈福														昌亮		
				清山	康俊	際玉	運紹	愈慶												運和	愈申	昌軍		
								愈小	玲							民錫	清松	康華	際胎	運慰	省英	玲麗		
								愈中											際陽	運恕	愈綏			
								愈宣											際暉	運惠	愈級			
					康鑄	際慈	運壽	愈社	昌輝	其承									際曜	運桂	愈強	昌亮		
									昌建										際曉	運椒	愈杰	昌明		
		安泰	民璉	清高	康濟	際森	運鴻	愈繁	昌民	其波						民舜	清萬	康來	際里	運怡	愈家	昌吉		
										其祥							清東	康扇	際瑾	運真	愈穗	昌勇		
									昌仁	其雄												昌青		
									昌友	其海											愈炳	昌盛		
									昌清	其沖											愈霞	昌喻		
									昌洪													昌偉		
									昌竹										際升	運勛	愈谷	昌衛		
								愈積	昌文	蘭香												昌華		
									昌旗	林承											愈昌	昌民		
									昌成											運柏	定	昌榮		
								愈吉	昌華	其青							清桂	康秀	際富	運璞	愈勝	昌豐		
									昌安													昌盛		
									昌兵												愈光	昌才		
								愈初	昌勝	其俊												昌美		
									昌球												愈強	昌來		
									昌伏									康來	際里	運怡	愈斌	昌清		
								愈貴	昌星	其偉												昌平		
									昌之						安民	民禮	清祖	康韌	際實	運福	愈雙	昌孝		
									昌永												愈洋	昌猛		
																		康遂	際實	運壽	愈麟	昌綱		
						際澧	運乾	愈復	昌連	其江												昌強		
										其斌												昌建		
								愈植												運升	愈靖			
				清順	康道	際陽	運颷	愈麟	昌強												愈偉			
									昌建											運貴				
								愈洋	昌猛							民慈	清德	康純	際威	運鈞	愈剛			
									昌旦												愈偉			
		*			*			*												運弘	繼嵐			
臣忠	正達	安義	民富	清皇	康德	際穆	(出	外)											際泰	運楊	愈新			
						際科	(遷	湖南	株洲	)								庚儉	際求	運春				
						際秩	(出	外)												運冬				
					康星	際穗	運求	愈璋	燕											運福				
								愈林	昌波									康暌	際來	運輝	愈洲			
						際稱	運瑞	愈雨	昌奇											運來	愈泉			
				清淳	康元	際春														運茂	愈錦			
						際芙															愈程			
			民與	清泰	康旦	際端	運堂	愈雄										康虎	際□	運華	愈明			
							運兩	愈桂											際榮	運清	愈綿			
							運富	愈詳													愈波			
					康茂	際端	運如	愈慶												運需	愈玲			
			民貴	清來	康點	際枚	運峰	愈真												運連				
					康洪												清發	康樓	際修	運根	愈勝			
					康仁	際枚	運雙	愈陽													愈杰			
								愈琴												運咸	星			
				清寅	康連	際維										民詹	清鵬	康國	際眉	運龍	愈棉			
					康述												清輝	康疆	際洪	運軫	愈恕	昌興		
		*			*			*									清泰	康漢	際福	運和	德鑫			
臣元	正迎	安尚	民科	清葳	康蛟	際善	運凡	愈世	昌倩												愈磊			
								愈修												運誼				
							運國	愈榮									清道	康旦	際咏	運良	愈敏			

37	38	39	40	41	42	43	44	45	46	47	48
臣	正	安	民	清	康	際	運	愈	昌	其	
							運福	愈林			
		安順	民魁	清池	康膀	際發	運初	愈健	昌如		
							運鈞	愈永	昌興		
								愈根			
								愈成			
						際華	運祿	愈發	昌譽		
									昌瑾		
					康桃	際貴	運松	愈喜	昌遠		
								愈廷	昌進		
						際沖	運庚				
							運柏	愈福			
							運林				
	正游	安誨	民舉	清有	康增	際生	運漢	愈英			
					康永	際享	運龍	愈綿			
					康萬	際蒸	運壽	愈綿			
					康寧	際虞	運先				
						際福	運主	愈璜			
								愈玄			
							運紅	愈興			
									昌永	其意	
									昌根		
			民飛	清贊	康本	際於	運紅				
			民芳	清棋	康融	際勛	運華	愈亮			
				清和	康端	際秋	運三	愈印			
								愈田			
							運修	愈成			
								愈建			
								愈功			
							運族	愈俊			
							運譜				
				清定	康余	際亢	運仁				
							運義				
						際清	運道				
						際洋	運江				
							運山				
							運海				
					康定	際咸	運德				
						際儀	運幸				
						際星	運昌				
							運遜				
		*			*			*			
臣元	正選	安咏	民錦	清義	康譽	際棠	運乾	愈智	昌永		
								愈華			
								愈雄			
					康馨	際棠	運坤	愈文			
								愈德			
						際桑	運銻	愈剛			
					康聲	際修	運喜	愈超			
							運慶	愈群			
	正周	安讀	民秀	清庄	康舟	際龍	運秀	愈修			
						際虎	運青				
							運勇				
		*			*			*			
臣晚	正明	安寧	民宧	清輝	康巩	際成	運森				
							運林				
				清平	康梧	際梯	運奉	愈歸			
								愈輝			
							運先				
							運思	麗			
					康浩	際柏	運輝				
							運兵				
							運軍	愈財			
							運丁				
						際椿	運孝	愈來			
								愈煌			
			民宗	清森	康升	際富	運發				
					康适	際菊	運思				
							運沛				
			民慧	清緒	康翹	際枚	運來				
						際伍	運貴				
						際金	運癸				
							運輝				
						際升	運譜				
					康□	際惠	運仲				
						際宗	節				
			民周	清炎	康灝	際清	運章	愈來			
						際東	運龍				
						際雍	運金				
							運銅				
					康淑	際勇	霞妮				
						際剛	曉丹				

37	38	39	40	41	42	43	44	45	46	47	48
臣	正	安	民	清	康	際	運	愈	昌	其	
							運陽	愈微			
		安詩	民騰	清陀	康勝	際亭	運駒	愈煜	昌科	其玉	
										其望	
								愈炳	昌益	其芽	
							運第	愈昆	昌英	其芬	
										其博	
								愈顥	昌准		
									昌家		
									昌國		
			民正	清贊	康勝	際亭	運翥	愈煥	秀瑛		
								愈煉	昌偉		
									昌繁		
							運容	愈清	昌榮	其杰	
									昌富		
								愈端	昌華		
									昌貴		
							運達	愈海	昌炎	其信	
						際峙	運泉	愈煌	昌繼	其枚	
								愈桃	昌聯	其良	
			民宜	清讓	康紹	際樂	運平	愈續			
				清珍	康騰	際太	程				
						際平	運軍				
					康紹	際	運平	愈續			
			民宙	清樹	康河	際豐	運艷				
							運輝				
						際群	運利	(出	外)		
					康海	際緒	運裕				
					康本	際讀	運勝				
							運財				
						際斌	運起				
						際瑞					
						際武					
				清鴻	康桐	際文	運沿	愈祚			
							運源	愈嶺			
								愈珊			
							運袁	愈恬			
						際文	運移	愈樂			
								愈存			
						際時	運慎				
				清龍	康鹿	際瑜	運賢	志芳			
							運照	愈強			
							運盛	保蘭			
						際珍	運和	枚芳			
							運鴻	丹			
						際球	運樂				
						際珠	運書	愈光			
								愈禮			
								愈軍			
								愈超			
							運黃	雙梅			
							運糧				
					康中	際珀					
		安壽	民豪	清勛	康述	際晚	運來	愈英			
				清芬	康池	際雄	運年	愈端			
							運柏	嵐			
							運春	愈桂			
						際叔	運仁	愈龍			
						際連	運和				
							運平				
					康吉	際叔	運義				
					康全	際橋	運喜	愈意			
								愈鑫			
							運陽	愈群			
							運祝	愈冬			
							運和	愈雄			
								愈彪			
						際雪					
						際華					
						際昆					
					康輪						
			民星	清菲	康虞	際雨	運彬				
							運桂				
			民瑞	清風	康理	際明					
						康仕					
						康竹					
						康福	際林				
							際波				
				民健	清鍾	康浩	際雲				
							際陽				
						康楚	際俊				

37	38	39	40	41	42	43	44	45	46	47	48		37	38	39	40	41	42	43	44	45	46	47	48
臣	正	安	民	清	康	際	運	愈	昌	其			臣	正	安	民	清	康	際	運	愈	昌	其	
						際強						27	28	29	30	31	32	33	34	35	36	37		
				清緒	康□	際成	運強					添祥	思斌	自金	漢陽	興運	朝欽	世亨	代詳	忠恒	良虔			
				清綉	康池	際海	運雄												代祉	忠乾	良發			
							運健														良富			
						際新	運珠														良榮			
							運杰														良吉			
		安洋	民立	清雨	康鈞	際文	運金														良慶			
							運火													忠坎	良先			
						際富	運永												代禮	忠仁	良宗			
						際貴	運久						思良	自舜	漢晴	興吉	朝富	世吉	代祖	忠桂	良迪	臣仕		
							運峰																	
			民揚	清武	康鈞	際華	運木						巨宗	正榮	安宗	民玉	清奇	康泰	際吟	運陵	愈枚	昌風		
							運玉													運祚	愈友	昌樂		
							運水														愈儉	昌武		
							運奇													運御	愈廣	清芝		
							運土														愈京			
							運兵											康台	際申	運注	愈才			
		安海	民前	清岩	康來	際榮	運君													運義				
			民裕	清	康米	際華	運臣													運仰	愈新			
			民復	清恒	康益	際鼎	運冬														愈雄	昌時		
							運鴻													運識	愈新			
						際成	運宏														愈雄	昌時		
						際有	運昌														愈清			
			民新	清嶺	康權													康棋	際諳	運初	愈良	昌賢		
		安棟	民襟	清雄	康海	際仁	運全														愈申			
			民倉	清雄	康亦	際華														運紅	愈備	昌林		
						際盛															愈咸			
			民南	清雄	康海	際杰	運賢								安紋	民望	清聯	康樓	際浪	運燕	愈田			
		安高	民文	清暢	康寧	際輝														運虎				
						際強													際由	運玉	愈軍			
					康鄉	際長														運加	愈咸			
		安紋	民望	清聯	康樓	際浪	運燕	愈田											際平					
							運虎											康年	際伏	運動				
						際由	運玉	愈軍											建趙					
							運加	愈咸											際幸	亞敏				
							運立	愈攀												亞娟				
		安高	民琼	清璃	康爵	際意	運至	愈立										康枚	際林	運洋				
								愈華										康海	際和	運峰				
						際恕	運仙	愈豐											際洪	運丹				
				清綉	康福	際貴	運雙	愈榮								民身	清濃	康淑	際和	運根				
							運奇	愈秋											際運	珊				
		安珍	民英	清暉	康浩	際品	運春	愈盛										康泉	際良	運鑄				
				清淑	康新	際欄	運良	愈強	昌楚											運鑫				
							運法	愈富											際虎	娜				
		*			*			*											際龍	運亞				
臣有	正久	安余	民富	清章	康龍	際友	運生	(遷	廣西)									康本	際凡	運智				
							運德	(遷	廣西)										際仁	運茂				
					康喜	際權	運金	(遷	廣西)										際斌	運靜				
						際興	運寧	(遷	廣西)								清俊	康預	際民	運堅				
						際勝	運杰	(遷	廣西)										際林					
							運良	(遷	廣西)									康連	際來					
							運昌	(遷	廣西)									康月	際求					
臣懋	正柳	安曄	民元	清琳	康才	際先	運林										清人	康沛	際國	運雨	(遷	武漢)		
						際初	運志												際立	運錦	(遷	武漢)		
						際民	運榮											康平	輝		(遷	武漢)		
臣曾	正玉	安攸	民湖	清湘	康泉	際漢												康安	際遠		(遷	武漢)		
		安時	民財	清晨	康桂	際祝	運樹										清朝	康寧	際宏		(遷	武漢)		
				清秀	康槐	際豐	婷維											康泰	際雄		(遷	武漢)		
			民軒	清福	康友	際余	莫艷											康潤	際偉		(遷	武漢)		
					康潤	際思	運平								*			*			*			
							運湘						臣閔	正作	安兆	民煥	清和	康蓮	建芳					
						際河	運發						臣玖	正超	安理	民義	清明	康日	際青	運達	愈乾			
		安衍	民類	清撰	康溪	際進	惠平														愈豐			
						際來	運斌												際美	運升	愈谷	昌果		
				清萼	康永	際長	運高	愈俊													愈軍			
							運佳	愈幸												運夏	愈富	操		
								愈福													愈文			
						際興	運嶺														愈海			
							運品	愈誼												運初	愈志			
							運青													運財	愈昆			
						際科	運常													運明	瑛			
						際富	小華												際富	運冬	愈堅	昌樂		
						際建	運秀														愈希			
				清源	康松	際良	運澤														愈衛			
							運兵										清風	康蓮	際西	運生	愈前	昌雄	其賢	
						際明	運新															昌偉	飛鳳	
						際洋	運偉														愈斌	昌豐		
									昌銘				臣贇	正嵩	安勛	民藻	清俊	康秋	際裕	運世				
								愈國	昌卓											運平				

37	38	39	40	41	42	43	44	45	46	47	48
臣	正	安	民	清	康	際	運	愈	昌	其	
								愈富	昌良		
								愈南			
						際訓	運端	愈東	昌勝		
								愈伏			
							運仁	愈和			
							運升	愈輝			
						際富	運樹	愈光			
								愈華			
						際勝	運余	愈盛			
		安信	民瞻	清材	康友	際富	運皇				
臣茹	正湄	安利	民全	清覆	康寧	際甫	運生	愈堅	昌盛		
								愈良			
						際桂	運發	愈詳			
							運青	愈豐			
							運洪	愈譜			
						際陽	運興	愈志			
								愈飛			
				清雲	康藝	際中	運和	愈軍			
							運青	愈任			
						際清	運國	愈鑫			
						際美	運翔				
			民今	清祿	健雲	際永	嬋娟				
						際長	運成				
						際松					
						際青					
					康雲	際忠					
					康俊	際偉					
					康如	際明					
			民彩	清連	康正	際壽	運更				
						際雲	運勇				
						際良					
				清河	康玉	際喜	運預				
				清得	康福						
				清韵	康求	際平	運華				
						際定	運兵				
						際財					
						際輝					
					康吉	際發					
				清道	康雲	際瀚					
		*			*			*			
					康財	際					
					康志	際義					
						際亮					
			民貴	清潭	康忠	際雄					
	正芙	安家	民德	清涼	康案	際福	運芳	愈芬			
								愈芝			
							運有	愈益			
	正蓉	安咎	民泰	清奇	康泉	際良	運梁				
						際武	運強				
						際紅					
			民陽	清澄	康厚	際勝	運濤				
						際利	運星				
							運亮				
						際了					
				清江	康明	際偉	(遷	湖南	株洲	)	
		*			*			*			
臣喜	正湘	安漣	民勛	清順	康滿	際有	運鋼				
							運強				
						際財					
					康福	際發					
						際富					
			民溪	清恬	康炎	際龍					
					康有	際健					
					康財	際全					
						際億					
				清表	康有	際如	(遷	湖北	)		
					康福	際盛	(遷	湖北	)		
					康德	際森	(遷	湖北	)		
			民竪	清鑫	康壽	際發	志斌				
						際和	丹花				
				清修	康林	際明					
					康點	際巧					
				清璋	康旦	際知					
						際輝					
						際德					

37	38	39	40	41	42	43	44	45	46	47	48
臣	正	安	民	清	康	際	運	愈	昌	其	
						際初	運聯				
		安禧	民蔚	清洁	康興	際青	運兵				
		安行	民藻	清魁	康海	際秀	運柞	愈民			
							運松	愈成			
							運桂	愈健			
							運志	葉群			
臣恩	正智	安恭	民才	清載	康銀	際仲	運新	(遷	湘攸	縣)	
						際化	運勛	(遷	湘攸	縣)	
						際停	運佩	(遷	湘攸	縣)	
			民亮	清正	康太	際近		(遷	湘攸	縣)	
				清富	康太	際近	(遷	湘攸	縣)		
				清貴	康真	際石	(遷	湘攸	縣)		
				清雲	康海	際近	(遷	湘攸	縣)		
					康健	際遠	(遷	湘攸	縣)		
						際道	(遷	湘攸	縣)		
臣詔	正槐	安騰	民發	清和	康庄	際義	運光	愈英			
							運文	愈雄			
							運松	愈豪			
臣祁	正大	安定	民京	清劭	康元	際明	運倡	愈秋			
							運惠				
						際治	運貴				
						際富	運冬				
							運財				
	正英	安雅	民濱	清譜	康葵	際美	運和				
							運平				
			民寶	清譜	康壽	際友	運旺				
						際孚					
						際玄					
					康蔡	際炎	運和				
							運平				
						際新					
		安咎	民開	清濤	康生	際龍					
				清涵	康來	際成	琳利				
						際軍	運生				
					康仁	際龍	鶯鶯				
				清浪	康生	際旭	芳				
						際日	運時				
							運亮				
						際升					
					康元	際貴	運根				
						際如	運新				
						際文	運強				
				清經	康仁						
臣發	正澤	安逮	民求	清愛	康高	際仁	運申				
						際和	運洪				
						際伏	小舟				
						際春	小思				
					康清	際年	運如				
							運秋				
臣仕	正榮	安邦	民觀	清孝	康健	際極	運絮	愈块			
								愈懷			
					康浩	際余					
			民翰	清忠	康荃	際石	運金	愈譯			
							運玉	愈十			
							運堂	愈華			
						際何	運壽				
						際海	運富				
							運貴				
						際塘	運桂				
					康芬	際磊	運滿	愈勝			
			民察	清弟	康浩	際慶	運慈	愈來			
							運意	愈輝			
								愈驟			
						際虞	運懇	愈光			
							運愉	愈玲			
							運懿	愈正			
						際壽	運恕				
							運心				
						際延	運惠	愈超			
								愈越			
							運悲	愈真			
							運想				
							運忍				
				清時	康起	際茂					
					康永						
					康遠						
					康桂						
				清榮	康准						

37	38	39	40	41	42	43	44	45	46	47	48
臣	正	安	民	清	康	際	運	愈	昌	其	
					康志	偉露					
臣翔	正續	安基	民蕬	清囊	康仙	際根					
臣升	正芴	安道	民諄	清終	康榮	際東	運和	愈雄			
							運梁				
							運豐				
						際南					
						際西	運良				
							運國				
						際北	運壽				
			民渝	清風	康夏						
		*			*			*			

31	32	33	34	35	36	37	38	39	40	41	42
				佐	宗旭	孟隆	添遜	思禮	自政	漢通	興禮
	朝鏡	世華	代湘	忠炎	良才	臣明	正聘	安虎	民祿	清啟	
					良林	臣正					
			代福	忠克	良瓏	臣文	正富	安光	民譜	清酬	
								安明	民進	清時	
										清榮	
										清尚	
	朝珊	世瓏	代禎	忠才	良鳳		(遷	陝西)			
					良舞		(遷	陝西)			
					良成		(遷	陝西)			
				忠孝							
			代翔	忠汶	良里	臣易	正浙	安有	民輔	清卿	
									民烈	清裕	
								安枝	民學	清春	
										清兮	
									民讀	清章	
										清文	
										清武	
					良智		(遷	廣西)			
					良案		(遷	廣西)			
			宗	訊	公	世	系				
	朝全	世智	代禮	忠志	良珍	臣聰					
				忠文	良輝	臣高					
					良余	臣豪	(遷	廣西)			
					良貴	臣選					
			宗	用	公	世	系				
	朝相	世義	代德	忠承	良福	臣堯					
					良祿		(遷	廣西)			
					良壽						

37	38	39	40	41	42	43	44	45	46	47	48
						際正					
					康鑄	際平					
						際鋒					
				清麟	康德	際時					
				清呈	康見	際愛	運豪				
							運竣				
						際鄧					
					康華	際聰					
				清翔	康忠	際輝					
						際勝					
				清齊	康愛	財喜					
					康桂						
			民述	清柏	康主	際雲	運站				
					康時	際付					
			民議	清桃	康坤	際中					
						際亮					
						際勇					
				清柳	康中	際內					
臣高	正仁	安泉	民宇	清陽	康炳	際良	運龍				
						際雄	運輝				
					康達	際順	運思				

37	38	39	40	41	42	43	44	45	46	47	48
臣	正	安	民	清	康	際	運	愈	昌	其	
				清啟	康田	際响	運永				
						際高	運德				
							運賢				
						際希	運坤				
							運穩				
						際晃					
				清酬	康靖	際好					
				清軒	康軒						
		*			*			*			
臣文	正	安祥	民梓	清言	康培	際漢	運國	愈玩			
								愈群			
							運動				
				清仁	康植	際治	運禮				
						際桂	運陽				
							運輝				
						際獻	運田				
						際貽					
				清成	康旺	際強					
				清就	康旺	際重					
					康森	際順					
					康三	際福	運屏				
						際美	運周				
						際良					
				清裕	康林	際高	霞				
						際強	運敏				
				清春	康興	際財	運磊				
							運維				
						際榮					
						際貴					
				清兮	康迪	際軒					
			民讀	清章	康繁						
					康榮						
					康富						
				清文	康泰	際瑞					
					康安						
					康健						
				清武							
臣聰	正海	安發	民澧	清周	康錫	際宗	情寄				
						際豐	運來				
					康善	際象					
						際志					
					康襄	際和					
				清易	康泰	際滿	向美				
					康友	際益					
				清朝	康彬	際開					
						際滔					
					康軒	際候					
						際大					
					康缺	際水					
				清春	康金						
					康縣						
					康功						
			民光	清星	康濤	際蘭					
						際芳					
					康疇	際能					
	正湖	安九	民富	清桂	康余	際高	運庭				
							運業				
							運公				
					康滿	際春	運長	愈詳			
							運升				
	正湘	安井	民楚	清啟	康安	際為	運淋				
					康賢	際現	春賽				
				清翰	康龍	際細	運開				
			民國	清渭	康健	際財					
				清漠	康恩	際代					
				清潮	康再	際芳					
臣堯	正書	安林	民洪	清家	康衛	際坤	運思	愈理			
			民清	清帶	康勛	際王	運岳				
						際訪	運芬				
臣貴	正起	安生	民宋	清定	康鏡	際定					
						際愛					
					康六	際放	運輝				
						際甲	運陽				
						際樹	運鐵				
						際星	運岩				
					康竹	際明	運喜				

37	38	39	40	41	42	43	44	45	46	47	48
臣	正	安	民	清	康	際	運	愈	昌	其	
							運聚				
						際文					
					康過	際還	運昆				
							際波				
							運仲				
							運暉				
						際金					
						際銀					
		*			*			*			
臣選	正江	安元	民德	清嘗	康三	際龍	運祖	愈全			
							運宗	愈意			
							運年	愈情			
							運青	愈波			
					康五	際孝	運高	愈遜			
							運田				
							運旦				
							運時				
							運有				
						際弟	運程	愈伯			
							運堂				
						際忠	運江				
							運遠				
						際信	運韶	愈通			
							運邦	紅霞			
		*			*			*			
								愈銀			
				清村	康熟	際高	運書				
					康電	際德	運摧				
						際坪	運邁				
				清枳	康教	際躍	運良				
							運平	愈快			
						際吉	（贅	廖本	根）		
				清詳	康國	際房	運春				
							運椅				
					康則	際橋	運羸				
			民元								
臣貴	正超	安陜	民發	清第	康澍	際賢	運喜	愈德	昌興		
					康竣	際莪	運益	愈培	昌沖		
								愈寒			
								愈練			
							運躍	愈首	昌盛		
									昌中		
								愈著			
					康溪	際瀛	運紅	密	（贅）		
							運義	羨			
					康洛	際熙	運會	愈強			
							運雨				
						際寧	運光	愈教			
					康濟	際先	運時	愈雄			
							運桂	愈宗			
								愈勝			
							運育	愈起			
								愈點			
			民正	清甲	康浩	際玉	運龍	愈文			
							運虎				
							運彪				
			民慶	清璋	康圭	際光	運東				
							運南				
		安湖	民德	清堂	康綉	際近					
					康球	際財	運華	愈瞻			
						際連	運貴				
							運漢	愈歡	昌燕		
						際遠	運勇				
					康琨	際唐	運明				
							運亮				
						際虞	運彪				
							運豹				
					康環	際為	運魁	愈蘭	瑤		
								愈桂			
								愈騰			
								愈芳			

37	38	39	40	41	42	43	44	45	46	47	48
臣	正	安	民	清	康	際	運	愈	昌	其	
						際全	運梅				
						際南	運耒				
						際先					
				清主	康椅	際楚					
			民遠	清華	康名	際校	運鈞	婷			
						際福	運鴻	愈聲			
			民政	清圭	康諶	際清	運四				
						際賢	運龍				
					康項	際茂	運其	愈秀			
		安億	民灿	清梅	康庭	際命	運紅	愈前			
						際獻	運催				
							運正				
					康財	際善	運華	愈忠			
							運科	愈海			
				清楊	康琼	際橋					
					康戊	際任	運艷				
				清標	康與	際新	運文				
							運和				
					康舉	際丙					
						際錫	運征				
					康建	際連	運軍				
					康吾	際玉	運開				
				清桃	康堯	際軍	運義	愈偉			
							運龍	愈明			
						際晃	運愛	愈珍			
							運啟	愈隆	昌繁		
							運光	愈揚			
				清理	康珍	際連	運賢				
							運雄	愈利			
						際慎	運臣	愈萼			
								愈瑛			
							運榮	愈純			
							運平				
							運流	愈普			
							運輝				
							運洪				
							運專				
							運斌				
						際禧	運安				
						際豪	運開				
			民德	清理	康珠	際堯	運宗	愈楠			
						際舜	運勘				
						際興	運耿				
						際賢	運建				
						際藩	運聖				
						際龍	運奇				
			民愛	清榜	康大	際少	運同	愈新			
							運義	愈勇			
							運敬	愈志			
							運修				
						際順	運瑜				
					康仲	際尚	運疇	腊			
							運光				
					康坤	際往					
					康正	際玉	運明				
							運金				
				清伍	康桂	際細	運躍				
			民美	清言	康早	際大	運臥	愈海			
							運紫	愈兵			
					康晚	際芬	香敖	愈俊			
			民吉	清湘	康景	際云	運宗	愈權			
								愈鋒			
			民周	清槐	康又	際任	運喜				
							運期				
						際蒙					
				清照	康翼						
				清江	康達	際厚	色琴				
							平卿				
					康吉	際群					
						際平					
						際小					

延年公世系

興爾奕世衍　昌熙朝國士　商賢隆德行　訓誥守家聲　鹹務詩書教　惟懷慈孝榮
義言謙有道　恩愛樂相親　心善澤斯厚　庭和利可興　勤儉為肖子　富貴必依循

附注：自宋朝彭祖延年震峰公起至“興”字為 21 世，再傳代到“循”字為 80 世，餘此類推。

詩序

一本宗宜敬　誠知創自因　商賢隆德行　訓誥守家聲　鹹務詩書教　惟懷慈孝榮
義言謙有道　恩愛樂相親　心善澤斯厚　庭和利可興　勤儉為肖子　富貴必依循

注：此詩系鑾公派下，前清廣西進士彭獻壽集延年公家訓及浦口村居好詩中吉祥之字構成。用通韻以 21 世“一”字開始，80 世“循”字結尾。

受章公海豐縣輩序詩 瑞茂堯舜（接下）

禹湯文武及成康　依序傳來譜系彰　燕翼詒謀前有創　鳳鳴葉占後其昌
圭山世業欣恒守　吉水家聲喜遠揚　肇祖商賢垂澤厚　興隆宗派衍南方

注：此詩若以延年公計，25 世為“禹”字開始，80 世以“方”字結尾。若以受章公派下計，則 17 世為“禹”字開始，72 世以“方”字結尾。

大埔縣輩派序詩　元(12 世)惠彰世　國吾德其　應宏以光　永還始彭　邦家安定　維振則思　紹膺有守用造萬祈(43 世)

潮安縣輩派序詩　鳳凰煥彩　文章顯揚　禎祥王國　世澤榮綿

銳公寶安縣輩派序詩　子(23 世)文啟兆廣昌瓊　慶世榮千廷耀國薰(36 世)

東莞綢尾輩序詩　水(22 世)尤大世熙　德應昭廷敬(31 世)

良景公前坪鄉輩序詩　正(29 世)仕高仁能　此詩以 29 世「正」字開始，以 33 世「能」字結尾

思邈公福建省輩序詩　駿(10 世)績應運啟源圖椒衍瓜綿培植本根延祖澤匡時宏蘭芬桂茂蕃滋枝葉振謀

1	2	3	4	5	6	7	8	9	10	11	12	13	14	15	16	17	18	19	20
少典	勗其	炎居	節並	戲器	祝庸	共工	勾龍	噎鳴	啟昆	黃帝	昌意	顓頊	稱	卷章	吳回	陸終	老彭		伯壽
21	22	23	24	25	26	27	28	29	30	31	32	33	34	35	36	37	38	39	40
振禧	俶康	養廉	獻	寧帆	夢熊	秉	可愛	積古	頌新	團	靖忠	奇瑞	道琮	繼崧	景敷	愈崗	伯	欽保	度章
41	42	43	44	45	46	47	48	49	50	51	52	53	54	55	56	57	58	59	60
爾賢	榮施	端肅	列	東侯	才華	佐商	音	輝彩	圭	咸	祖壽	寶雲	士懷	治	類超	為達	自昭	程	昶
61	62	63	64	65	66	67	68	69	70	71	72	73	74	75	76	77	78	79	80
觀凝	丁	寅	能運	貴山	和美	友燮	略	大郎	榮	忽	仲爽	建夏	俊宜	西林	名	宏載	益開	元果	訓彝
81	82	83	84	85	86	87	88	89	90	91	92	93	94	95	96	97	98	99	100
																			1
敖	萬	嗣慎	時梁	君實	更	金和	紹更	宜吾	文台	令昭	珅	越	綬榮	斐然	佑奎	世瓊	維	懋勳	君(宣)
101	102	103	104	105	106	107	108	109	110	111	112	113	114	115	116	117	118	119	120
2	3	4	5	6	7	8	9	10	11	12	13	14	15	16	17	18	19	20	21
臣聖	定閎	鼎脩	珍寶	德 端鑑	宗 淮	純 極文	心 仕恭	金 慎	景 永昌	秀 鬱	明 隆簡	百 沿	順 進	壽 抗	方 赴	和 茬	聰 樂	敏 龍韜	俊 君用
121	122	123	124	125	126	127	128	129	130	131	132	133	134	135	136	137	138	139	140
22	23	24	25	26								9	10	11	12	13	14	15	16
				1	2	3	4	5	6	7	8								
揆 履真	福 坤元	英 明遠	端 景直	乾 (構雲)	坤 (茲公)	興 (倜公)	寶 (輔公)	章 (玗公)	政 (彥昭)	師 (師奭)	會 (德顯)	倫 (壽公)	召 (嗣元)	祿 (次公)	郎 (顯公)	臣 (昌公)	為 (期公)	岩 (忠念)	享 (偉公)
141	142	143	144	145	146	147	148	149	150	151	152	153	154	155	156	157	158	159	160
17	18	19	20	21	22	23	24	25	26	27	28	29	30	31	32	33	34	35	36
	1	2	3	4	5	6	7	8	9	10	11	12	13	14	15	16	17	18	19
球 (佐公)	延年 金 舜章	益 德	永 尚	一 琢	本 仲	宗 悠	宜 中	敬 古	誠 (受章) 吾	知 堯	創 舜	自 禹	因 湯	商 文	賢 武	隆 及 周	德 成 孔	行 康 孟	訓 依 儒
161	162	163	164	165	166	167	168	169	170	171	172	173	174	175	176	177	178	179	180
37	38	39	40	41	42	43	44	45	46	47	48	49	50	51	52	53	54	55	56
20	21	22	23	24	25	26	27	28	29	30	31	32	33	34	35	366	37	38	39
誥 序 承	守 傳 道	家 來 統	聲 譜 世	成 系 衍	務 彰 心	詩 燕 傳	書 翼 修	好 始 齊	惟 誠 謀	德 正 前	慈 裕 有	孝 后 創	榮 光 鳳	義 前 鳴	言 治 葉	兼 平 占	有 和 後	道 善 其	恩 德 昌
181	182	183	184	185	186	187	188	189	190	191	192	193	194	195	196	197	198	199	200
57	58	59	60	61	62	63	64	65	66	67	68	69	70	71	72	73	74	75	76
40	41	42	43	44	45	46	47	48	49	50	51	52	53	54	55	56	57	58	59
愛 商 圭	樂 智 山	相 遠 世	親 天 業	心 人 你	善 合 恒	澤 一 守	斯 六 吉	厚 同 水	庭 實 家	和 現 聲	利 喜	可 遠	興 揚	倫 肇	勤 祖	為 商	尚 賢	子 垂	富 厚

201	202	203	204	205	206	207													
77	78	79	80	81	82	83													
60	61	62	63	64	65	66													
貴興	必隆	依宗	循派	衍	南	方													

延年公嗣海豐受章公派下字輩

此詩若以延年公計二十五世為禹字始
以受章公派下計則十七代為字開始

延年系	25	26	27	28	29	30	31	32	33	34	35	36	37	38	39	40	41	42	43	44
派 別	禹	湯	文	武	及	成	康	依	序	傳	來	譜	系	彰	燕	翼	詒	謀	前	有
延年系	45	46	47	48	49	50	51	52	53	54	55	56	57	58	59	60	61	62	63	64
派 別	創	鳳	鳴	葉	占	後	其	昌	圭	山	世	業	欣	恆	守	吉	水	家	聲	喜
延年系	65	66	67	68	69	70	71	72	73	74	75	76	77	78	79	80				
派 別	揚	遠	肇	祖	商	賢	垂	澤	厚	興	隆	宗	派	衍	南	方				

延年公嗣子順公派字詩

（取材廣東豐順子順公系彭氏族譜）

延年系	21	22	23	24	25	26	27	28	29	30	31	32	33	34	35	36	37	38	39	40
派 名	輿	爾	奕	世	衍	昌	熙	朝	國	士	商	賢	隆	德	行	訓	誥	守	家	聲
延年系	41	42	43	44	45	46	47	48	49	50	51	52	53	54	55	56	57	58	59	60
派 名	咸	務	詩	書	教	惟	懷	慈	孝	榮	義	言	謙	有	道	恩	愛	樂	相	親
延年系	61	62	63	64	65	66	67	68	69	70	71	72	73	74	75	76	77	78	79	80
派 名	心	善	澤	斯	厚	庭	和	利	可	興	勤	儉	為	肖	子	富	貴	必	依	循

延年公派下六大房通用輩序詩

此時係鑑公派下，前清廣西進士彭獻壽集延年公家訓及浦口村居好詩中吉祥之字構成．用通韻以廿一代由一字開始

延年系	21	22	23	24	25	26	27	28	29	30	31	32	33	34	35	36	37	38	39	40
派 別	一	本	宗	宜	敬	誠	知	創	自	因	商	賢	隆	德	行	訓	誥	守	家	聲
延年系	41	42	43	44	45	46	47	48	49	50	51	52	53	54	55	56	57	58	59	60
派 別	咸	務	詩	書	好	惟	德	慈	孝	榮	義	言	兼	有	道	恩	受	樂	相	親
延年系	61	62	63	64	65	66	67	68	69	70	71	72	73	74	75	76	77	78	79	80
派 別	成	善	澤	斯	厚	庭	和	利	可	興	倫	勤	為	尚	子	富	貴	必	依	循

潮安縣浮洋市彭厝輩序詩

延年系	23	24	25	26	27	28	29	30	31	32	33	34	35	36	37	38	
派 別	鳳	凰	煥	彩	文	章	顯	揚	禎	祥	王	國	世	澤	榮	綿	

元正公大埔縣安樂土鄉輩序詩

延年系	12	13	14	15	16	17	18	19	20	21	22	23	24	25	26	27	28	29	30	31
派 別	元	惠	彰	世	國	吾	德	其	應	宏	以	光	永	還	始	丕	邦	家	安	定
延年系	32	33	34	35	36	37	38	39	40	41	42	43								
派 別	維	振	則	思	紹	賡	誚	守	用	造	萬	祈								

延年公嗣福建思邈公派下 應珠公古田南洋鄉輩序詩

延年系	12	13	14	15	16	17	18	19	20	21	22	23	24	25	26	27	28	29	30	31
派 別	應	運	啟	鴻	圖	椒	衍	衣	綿	培	植	本	根	延	祖	澤	匡	時	宏	駿
延年系	32	33	34	35	36	37	38	39	40	41	42	43								
派 別	續	蘭	芬	桂	茂	蕃	滋	枝	葉	振	勝	謀								

銳公子魁公寶安縣爐勝塘輩序詩

延年系	23	24	25	26	27	28	29	30	31	32	33	34	35	36		
派 別	子	文	啟	兆	廣	昌	瓊	慶	世	榮	廷	耀	國	薰		

鑑公東莞楊綢尾輩序詩

延年系	22	23	24	25	26	27	28	29	30	31						
派 別	水	尤	大	世	熙	德	應	昭	廷	敬						

良景公前坪鄉輩序詩

（取材廣東豐順子順公系彭氏族譜）

延年系	29	30	31	32	33											
派 別	正	仕	高	仁	能											

雙林公從外洋遷至揭陽霖田興創赤步村始祖族號詩

延年系	21	22	23	24	25	26	27	28	29	30	31	32	33	34	35	36	37	38	39	40
派 別	殿	殷	維	四	德	傳	述	道	光	隆	應	運	成	均	濟	聲	名	輔	助	崇

揭陽縣赤步村白山鄉書號詩

延年系	21	22	23	24	25	26	27	28	29	30	31	32	33	34	35	36	37	38	39	40
派 別	家	國	學	文	先	英	華	映	日	天	聖	朝	開	大	典	錫	爾	福	長	綿

廣東澄海東隴輩序詩

延年系	14	15	16	17	18	19	20	21	22	23	24	25	26	27	28	29	30	31	32	33
派 別	允	德	維	三	世	克	光	宗	親	福	仁	孝	昌	又	啟	功	業	必	同	天

廣東大埔縣茶陽鎮安樂鄉輩序詩

延年系	24	25	26	27	28	29	30	31	32	33						
派 別	曾	開	賢	有	自	進	上	日	光	華						

廣東普寧圓峰山輩序世詩

延年系	13	14	15	16	17	18	19	20	21	22	23	24	25	26	27	28	29	30	31	32
派 別	法	桂	名	春	宰	永	瑞	元	維	振	起	學	雄	高	聲	清	奕	世	華	論
支系代	33	34	35	36	37	38	39	40												
派 別	己	業	建	當	朝	長	俊	毫												

廣東豐順縣文元公派下五大房字輩 (文字為第廿一代)

延年系	21	22	23	24	25	26	27	28	29	30	31	32		
派 別	文	輝	讚	錦	奕	玉	喜	兆	裕	吉	昌	盛		

漢用公派：　祥周公祥懿公祥瑤公等各派共用　祥字為廿二代

延年系	22	23	24	25	26	27	28	29	30	31	32			
派 別	祥	雲	朝	清	榮	華	達	賢	維	文	武			

漢銘公派宏芝派下適用　施字為第廿四代

延年系	24	25	26	27	28	29	30	31	32	33	34	35	36	37	38	39	40	41	42	43
派 別	施	就	慶	榮	東	開	振	啟	英	聰	豐	華	光	國	運	世	代	定	興	隆

漢用公派：　維尚公維文公維錫公等共用　帝字為第廿三代

延年系	23	24	25	26	27	28	29	30	31	32	33	34	35	36	37	38	39	40	41	42
派 別	帝	維	祥	錦	蒸	雅	化	作	朋	昇	傳	家	方	大	盛	定	國	必	新	興
支系代	43	44	45	46	47	48	49	50	51	52	53	54	55	56	57	58	59	60	61	62
派 別	俊	秀	才	安	勉	忠	良	業	顯	成	清	光	揚	懋	建	志	述	善	高	深

漢用公派：　連祥公(協春堂)派用　(祥字為第廿五世)

延年系	25	26	27	28	29	30	31	32	33	34	35	36	37	38	39	40	41	42	43	44
派 別	祥	承	慶	榮	清	雲	開	治	台	興	仁	義	光	世	德	禮	智	信	昌	隆
延年系	45	46	47	48	49	50	51	52	53	54										
派 別	浦	口	為	木	本	吉	水	定	根	源										

漢用公派：　會忠公派用　(會字為第廿二世)

延年系	22	23	24	25	26	27	28	29	30	31	32	33	34	35	36	37	38	39	40	41
派 別	會	秀	先	生	進	學	文	武	全	宗	德	振	光	明	家	興	永	隆	昌	仁
延年系	42	43	44	45	46	47	48	49	50	51	52	53	54	55	56	57	58	59	60	61
派 別	仁	義	必	訓	成	華	彩	定	榮	彰	春	宜	修	其	祥	吉	兆	享	廷	芳

構雲公嗣廣東南雄上溯(溯溪)支子嗣派字輩份

南雄上溯	28	29	30	31	32	33	34	35	36	37	38	39	40	41	42	43	44	45	46	47	48	49	50	51
派字輩份	朝	翔	順	賢	肇	尚	文	學	嘉	言	孔	彰	士	遵	成	憲	大	道	經	邦	世	德	作	求

註：上列世系代數，係依據廣東南雄上溯彭成才提供其為宣公 **69** 世演繹推算出來·

錢公系

	22	23	24	25	26	27	28	29	30	31	32	33	34	35	36	37	38	39	40	41	42	43	44	45	46	47	48	49	50	51	52	53	54
大埔縣		元	惠	彰	世	國	吾	德	其	應	宏	以	光	永	遠	始	丕	邦	家	安	定	維	振	則	思	紹	膺	有	守	用	造	萬	祈
潮安縣		鳳	凰	煥	彩	文	章	顯	揚	禎	祥	王	國	世	澤	榮	綿																
雲南四川		南	山	崇	長	髮	睿	聰	昭	茲	來	許	光	耀	漢	中																	
安縣		子	文	啟	兆	廣	昌	慶	世	榮	延	耀	國	薰																			
東莞楊綢尾	水	尤	大	世	熙	德	應	昭	延	敬																							
良景前坪								正	仕	高	仁	能																					

椿年公之子【壽公】世系派序

壽考肇祥　厥志丕彰　人才蔚起　望重南湘　國之上瑞　家運維光　元本忠孝　世緒孔長
承先啟後　振紀立綱　修齊平治　樹德揚芳　式詒有穀　繼述永臧　積善篤慶　福祿爾康

前卅二派，係清乾隆卅五年庚寅西元 **1770** 年初修時，素安公用一世「壽」字，六世志字渾括各派演義成文，至民國十四年(**1925**)乙丑五修譜牒，復續 **32** 派，共成 **64** 派，從此後賢繼起，踵而續之，行見本支百世矣。

民國十四年西元 **1925** 乙丑歲仲冬月　　廿二世孫廣房　運乾謹識

延年 椿年公世系排別派字對照表 (一)

開派少典	黃帝	受姓彭祖	淮陽宣公	江西構雲	江西派(一)	江西派(二)	延年世系	延年派字	延年派字	椿年派字	壽公派字	天祿派字	受章派字	漢用派字	元正	應珠	普寧圓峰	澄海東隴	震峰	雙林	揭陽	豐順文元	會忠	祥周	維尚維文	宏芝	連祥協春	大埔茶陽	浮洋市	良景	閩思邈	湖南瀏陽	東莞	子魁寶安	南雄上溯	廣西益公		
125	115	108	26	1	天	雲		乾	乾																													
126	116	109	27	2	地	滋		坤	坤																													
127	117	110	28	3	初	儀		興	興																													
128	118	111	29	4	開	彝		寶	寶																													
129	119	112	30	5	日	嵩		章	章																													
130	120	113	31	6	詒	彥		政	政																													
131	121	114	32	7	謀	師		師	師																													
132	122	115	33	8	己	允		會	會																													
133	123	116	34	9	善	文		倫	倫																													
134	124	117	35	10	良	儒		召	召																													
135	125	118	36	11	功	仕		祿	祿																													
136	126	119	37	12	深	思		郎	郎																													
137	127	120	38	13	垂	汝		臣	臣																													
138	128	121	39	14	史	忠		為	為																													
139	129	122	40	15	策	義		岩	岩																													
140	130	123	41	16	茂	大		享	享																													
141	131	124	42	17	續	公		球	球																													
142	132	125	43	18	簡	世	1	金	延年	金																						簡						
143	133	126	44	19	稱	遠	2	益	益	德	壽																					稱						
144	134	127	45	20	揚	長	3	永	永	尚	考																					揚						
145	135	128	46	21	偉	怡	4	一(興)	文	琢	肇																					偉						
146	136	129	47	22	傑	謀	5	本(爾)	德	仲	祥																					傑						
147	137	130	48	23	邦	開	6	宗(奕)	宗	悠	厥	天																				邦				澤		
148	138	131	49	24	家	美	7	宜(世)	日	中	志	子																				家				鏗		
149	139	132	50	25	幸	利	8	敬(衍)	盛	古	丕	用	禹																			幸				章		
150	140	133	51	26	賢	孝	9	誠(昌)	受	吾	彰	孔	湯																			賢				志		
151	141	134	52	27	才	友	10	知(熙)	漢	堯	人	敬	文																			才				年		
152	142	135	53	28	旅	自	11	創(朝)	達	舜	才	克	武	創																		旅				錦		
153	143	136	54	29	舍	崇	12	自(圖)	本	禹	蔚	欽	及	自	元																應	舍				昌		
154	144	137	55	30	香	先	13	因(土)	伯	湯	起	甫	成	因	惠	應	法														運	香				際		
155	145	138	56	31	好	榮	14	商	秉	文	望	大	康	商	彰	運	桂														啟	好				會		
156	146	139	57	32	古	華	15	賢	子	武	重	堯	依	賢	世	啟	名	允													鴻	古				熙		
157	147	140	58	33	欣	其	16	隆	南	及	南	君	序	隆	國	鴻	春	德													圖	欣				朝		
158	148	141	59	34	能	尚	17	德	紹	成	湘	禹	傳	德	吾	圖	宰	維													椒	能				益		
159	149	142	60	35	述	志	18	行	希	康	國	汝	來	行	德	椒	永	三													衍	述				顯		
160	150	143	61	36	佑	立	19	訓	新	依	之	榮	譜	訓	其	衍	瑞	世													衣	佑				揚		
161	151	144	62	37	我	朝	20	誥	多	序	上	煌	系	誥	應	瓜	元	克													綿	我				世		
162	152	145	63	38	樂	涵	21	守	久	傳	瑞	培	彰	守	宏	綿	維	光				文									培	樂				育		
163	153	146	64	39	安	瑞	22	家	麗	來	家	鍾	燕	家	以	培	振	宗	興	殿	家	輝		祥							植	安	水			賢		
164	154	147	65	40	康	高	23	聲	元	譜	運	洵	翼	帝	光	植	起	親	爾	殷	國	讚	會	雲	帝				鳳		本	康	尤	子		才		
165	155	148	66	41	俊	承	24	咸	維	系	維	楷	詒	維	永	本	學	福	奕	維	學	錦	秀	朝	維	旋		曾	鳳		根	俊	大	文		為		
166	156	149	67	42	哲	家	25	務	祥	彰	光	炳	謀	祥	還	根	雄	仁	世	四	文	奕	先	清	祥	就	祥	開	煥		延	芬	世	啟		宰		
167	157	150	68	43	承	積	26	詩	錦	燕	元	垂	前	錦	始	延	高	孝	衍	德	先	玉	生	榮	錦	慶	承	賢	彩		祖	桂	熙	兆		輔		
168	158	151	69	44	先	慶	27	書	蒸	翼	本	銘	有	蒸	丕	祖	聲	昌	昌	傳	英	喜	進	華	蒸	榮	慶	有	文		澤	茂	德	廣	朝	安		
169	159	152	70	45	緒	裕	28	好	雅	詒	忠	淑	創	雅	邦	澤	清	又	熙	述	華	兆	學	達	雅	東	榮	自	章		匡	藩	應	昌	翔	邦		
170	160	153	71	46	英	顯	29	惟	化	謀	孝	松	鳳	化	家	匡	奕	啟	朝	道	映	裕	文	賢	化	開	清	進	顯	正	時		昭	瓊	順	定		
171	161	154	72	47	豪	達	30	德	作	前	世	煥	鳴	作	安	時	世	功	國	光	日	吉	武	維	作	振	雲	上	揚	仕	宏		廷	慶	賢	國		
172	162	155	73	48	裕	秉	31	慈	朋	有	緒	堂	葉	朋	定	宏	華	業	士	隆	天	昌	全	文	朋	啟	開	日	禎	高	駿		敬	世	肇	振		
173	163	156	74	49	後	光	32	孝	昇	創	孔	鉅	占	昇	維	駿	論	必	商	應	聖	盛	宗	武	昇	英	治	光	祥	仁	績			榮	尚	乾		
174	164	157	75	50	光	明	33	榮	傳	鳳	長	清	後	傳	振	績	己	同	賢	運	朝		德		傳	聰	台	華	王	能	蘭			廷	文	綱		
175	165	158	76	51	蜚	升	34	義	家	鳴	承	棣	其	定	則	蘭	業	天		成	開		振		家	豐	興	豐	國	國	芬			耀	學			
176	166	159	77	52	聲	聲	35	言	方	葉	先	焜	昌	國	思	芬	建			均	大		光		方	華	仁	華	世	世	桂			國	嘉			
177	167	160	78	53	標	同	36	兼	大	占	啟	堅	圭	必	紹	桂	當			濟	典		明		大	光	義	光	澤	澤	茂			薰	言			
178	168	161	79	54	上	富	37	有	盛	後	後	銓	山	新	膺	茂	朝			聲	錫		家		盛	國	光	國	榮	榮	蕃				孔			
179	169	162	80	55	苑	貴	38	道	定	其	振	沛	世	興	諒	蕃	長			名	爾		興		定	運	世		綿		滋				彰			
180	170	163	81	56	勳	昌	39	恩	國	昌	紀	模	業	俊	守	滋	俊			輔	福		永		國	世	德				枝				士			
181	171	164	82	57	名	隆	40	受	必	圭	立	制	欣	秀	用	枝	毫			助	長		隆		必	代	禮				葉				遵			
182	172	165	83	58	世	茂	41	樂	新	山	綱	坊	恒	才	造	葉				崇	綿		昌		新	定	智				振				成			
183	173	166	84	59	久	盛	42	相	興	世	修	錦	守	安	萬	振							仁		興	興	信				勝				憲			
184	174	167	85	60	長	召	43	親	俊	業	齊	永	吉	勉	祈	勝							義		俊	隆	昌				謀				大			
185	175	168	86	61	科	保	44	成	秀	欣	平	森	水	忠		謀							必		秀		隆								道			
186	176	169	87	62	甲	守	45	善	才	恒	治	熾	家	良									訓		才		浦								經			

開派少典	黃帝	受姓彭祖	淮陽宣公	江西構雲	江西派(一)	江西派(二)	延年世系	延年派字	延年派字	椿年派字	壽公派字	天祿派字	受章派字	漢用派字	元正	應珠	普寧圓峰	澄海東隴	震峰	雙林	揭陽	豐順文元	會忠	祥周	維尚維文	宏芝	連祥協春	大埔茶陽	浮洋市	良景	閭思邈	湖南瀏陽	東莞	子魁寶安	南雄上溯	廣西益公		
187	177	170	88	63	蟬	本	46	澤	安	守	樹	基	聲	業									成		安		口								邦			
188	178	171	89	64	聯	源	47	斯	勉	吉	德	錫	喜	顯									華		勉		為								世			
189	179	172	90	65	起	繼	48	厚	忠	水	揚	泰	揚	成									彩		忠		木								德			
190	180	173	91	66	庚		49	庭	良	家	芳		遠	清									定		良		本								作			
191	181	174	92	67	堂		50	和	業	聲	式		肇	光									榮		業		吉								求			
192	182	175	93	68	鳳		51	利	顯	喜	詒		祖	揚									彰		顯		水											
193	183	176	94	69	翥		52	可	成	揚	有		商	懋									春		成		定											
194	184	177	95	70	翔		53	興	清	遠	穀		賢	建									宜		清		根											
195	185	178	96	71	有		54	倫	光	肇	繼		垂	志									修		光		源											
196	186	179	97	72	根		55	勤	揚	祖	述		澤	述									其		揚													
197	187	180	98	73	書		56	為	懋	商	永		厚	善									祥		懋													
198	188	181	99	74	裏		57	尚	建	賢	臧		興	高									吉		建													
199	189	182	100	75	種		58	子	志	垂	積		隆	深									兆		志													
200	190	183	101	76	蘭		59	富	述	澤	善		宗										享		述													
201	191	184	102	77	桂		60	貴	善	厚	篤		派										廷		善													
202	192	185	103	78	慶		61	必	高	興	慶		衍										芳		高													
203	193	186	104	79	騰		62	依	深	隆	福		南												深													
204	194	187	105	80	芳		63	循		宗	祿		方																									
205	195	188	106	81			64			派	爾																											
206	196	189	107	82			65			衍	康																											
207	197	190	108	83			66			南																												
208	198	191	109	84			67			方																												

延年公嗣源流鑑、銳公譜名生歿對照表 (二)

少典	黃帝	彭祖	宣公	構雲	延年	先祖	生歿(西元)			鑑	公	世	系			銳	公	世	系		鑠				
142	132	125	43	18	1	延年	1189 1275	延年	延年	延年	延年	延年	延年	延年	延年	延年	延年	延年	延年	延年	延年	延年			
143	133	126	44	19	2	鑑	1220	鑑	鑑	鑑	鑑	鑑	鑑	鑑	鑑	銳	銳	銳	銳	銳	鑠				
144	134	127	45	20	3	諒	1246	諒	諒	諒	諒	諒	諒	諒	諒	淪	淪	鑰	鑰	鑰	;澤				
145	135	128	46	21	4	棋	1269	校	棋	棋	棋	棋	棋	棋	棋	秀實	秀實	桂坤	桂坤	桂坤	梅				
146	136	129	47	22	5	德隆	1286	德清	德隆	德隆	德隆	德隆	德隆	德隆	德隆	五郎	□	五郎	六郎	六郎	自然				
147	137	130	48	23	6	傑夫	1310	宗慶	傑夫	傑夫	傑夫	傑夫	傑夫	傑夫	傑夫	永瓚	遠瓚	永瓚	天祿	天祿	兆起				
148	138	131	49	24	7	日華	1335	伯富	日華	日華	日華	日華	日華	日華	日華	子順	漢龍	子開	子安	子安	禮貴				
149	139	132	50	25	8	益盛	1354	克禮	益盛	益盛	益盛	益盛	益盛	益盛	益盛	思恭	貽恭	允成	用斌	用斌	大秀				
150	140	133	51	26	9	受章	1371	仲榮	受章	受章	受章	受章	受章	受章	受章	慈仁	慈仁	慈廉	孔敬	孔敬	克立				
151	141	134	52	27	10	漢銘	1397	祖祈	漢銘	漢銘	漢用	漢用	漢用	漢用	漢用	景福	景福	景商	敬宏	敬宏	四鳳				
152	142	135	53	28	11	高	1415	世璣	高	高	賢達	賢達	賢達	賢達	仕達	盛子	美盛	益旺	克堅	克堅	先六				
153	143	136	54	29	12	維忠	1432	協	維忠	維忠	本禮	本禮	本禮	本信	守信	君德	鈞玉	所獨	欽浩	欽浩	君益				
154	144	137	55	30	13	伯祥	1455	科	伯祥	伯祥	伯雍	伯雍	伯雍	伯颻	伯富	子美	俊杰	貴	甫橋	甫棟	日雲				
155	145	138	56	31	14	秉芳	1479	敬台	秉堅	秉堅	峰	峰	峰	秉穆	康	萬	德崇	廼顯	大美	大進	文生				
156	146	139	57	32	15	祖齡	1499	以侃	宥	宥	華	華	華	清	文節	思明	定福	澤瑜	堯伯	堯茅	桂芳				
157	147	140	58	33	16	名漢	1525	廷華	淮	淮	逍	逍	遙	志遺	監周	仲勛	積善	性堅	君肅	君炳					
158	148	141	59	34	17	諫	1551	世俊	益強	益強	紹賢	紹賢	紹嘉	恂	理育	景行	啟充	刪正	禹億	禹集					
159	149	142	60	35	18	良躬	1577	宗秀	良璣	良璣	鎬	鎬	鍊	三樂	耳黃	振南	惟宗	志康	汝聯	汝德					
160	150	143	61	36	19	朝僮	1604	奕瑄	際泰	朝綰	作新	玉南	濬新	純	士程	敦直		頤年	榮桂	榮甲					
161	151	144	62	37	20	學奇	1627	萬泗	用赤	用參	多謀	不易	松	應明	永群	念義		錦蘭	煌	煌乙					
162	152	145	63	38	21	洲	1661	朝英	宗經	宗堯	挠	元彩	文高	荊玉	懿望			英昌	芋員	培農					
163	153	146	64	39	22	利仁	1697		愈烈	俞荐	麗琬	廷坤	夢煜	啟英	裕祥			際堃	鍾浪	鍾存					
164	154	147	65	40	23	明升	1731		堯庚	友熾	雍元	雪瑞	姚元	開耀	祥英			會資	進鵬	洵春					
165	155	148	66	41	24	秋英	1773		舜勝	雲寶	維尚	俊傑	象良	乾和	春秀				清和	火獅					
166	156	149	67	42	25	成德	1807		禹仁	榮金	閏祥	連祥	應賢	天祿	辛運				國全	炳聰					
167	157	150	68	43	26	就雲	1828		湯業	陳文	錦山	承春	升嬌	星斗	富盛				秋銘	孝唐					
168	158	151	69	44	27	應科	1856		文喜	坤岳	蒸東	慶寶	西成	汝樹	貴亮										
169	159	152	70	45	28	維操	1888		武(貴)	水併	雅來	榮相	永德	達煥	文正										
170	160	153	71	46	29	新鈞	1916		及聖	大章	化蕁	清智	凌雲	進一	啟明										
171	161	154	72	47	30	樹芳	1940				作霖	紹賢	國樑	愈魁											
172	162	155	73	48	31	世亮	1964				明維	開宗													
173	163	156	74	49	32						昇平														
174	164	157	75	50	33																				
175	165	158	76	51	34																				
176	166	159	77	52	35																				

延年公世系世次、派序、脈流

彭伯良 2015.4.(炎黃彭氏簡易譜 P148)

少典世代	黃帝世代	彭祖世代	宣公世代	構雲	子序祖名	構雲	景直	彥韜	始祖	金門	徒台金始祖	少典世代	黃帝世代	彭祖世代	宣公世代	雲公世代	構雲	彥昭	延年世代	天祿	徒台派字
125	115	108	26	1	景真之子構雲	天	之子構雲	彥華	延年	天祿		165	155	148	66	41	俊	36	28 錦標	19	楷
126	116	109	27	2	長子東里	地	五子中里	彥昭	世代	子安		166	156	149	67	42	哲	37	29 正雄	20	炳
127	117	110	28	3	之子仲	初	次子偶	彥晞		世代		167	157	150	68	43	承	38	30 士弘建晟	21	垂
128	118	111	29	4	長子佐良	開	次子輔	分支				168	158	151	69	44	先	39		22	銘
129	119	112	30	5	長子廣	日	四子玕	世代				169	159	152	70	45	緒	40		23	淑
130	120	113	31	6	之子高顯	詒	三子彥昭	1				170	160	153	71	46	英	41		24	松
131	121	114	32	7	長子發元	謀	子	2				171	161	154	72	47	豪	42		25	煥
132	122	115	33	8	長子秀湍	己	子	3				172	162	155	73	48	裕	43		26	堂
133	123	116	34	9	次子根振	善	子	4				173	163	156	74	49	後	44		27	鉅
134	124	117	35	10		良	子	5				174	164	157	75	50	光	45		28	清
135	125	118	36	11		功	子	6				175	165	158	76	51	蜚	46		29	棣
136	126	119	37	12		深	子	7				176	166	159	77	52	聲	47		30	焜
137	127	120	38	13		垂	子	8				177	167	160	78	53	標	48		31	堅
138	128	121	39	14		史	子	9	1 延年			178	168	161	79	54	上	49		32	銓
139	129	122	40	15		策	子	10	2 鑑公			179	169	162	80	55	苑	50		33	沛
140	130	123	41	16		茂	子	11	3 諒公			180	170	163	81	56	勳	51		34	模
141	131	124	42	17		績	子	12	4 棋公			181	171	164	82	57	名	52		35	烈
142	132	125	43	18		簡	子	13	5 德隆			182	172	165	83	58	世	53		36	坊
143	133	126	44	19		稱	子	14	6 傑夫			183	173	166	84	59	久	54		37	錦
144	134	127	45	20		揚	子	15	7 華公			184	174	167	85	60	長	55		38	永
145	135	128	46	21		偉	子	16	8 益盛		徒台金始祖	185	175	168	86	61	科	56		39	森
146	136	129	47	22		傑	子	17	9 受章		輩派字	186	176	169	87	62	甲	57		40	熾
147	137	130	48	23		邦	子	18	10 漢用	1	天	187	177	170	88	63	蟬	58		41	基
148	138	131	49	24		家	子	19	11 仕達	2	子	188	178	171	89	64	聯	59		42	錫
149	139	132	50	25		幸	子	20	12 守信	3	用	189	179	172	90	65	起	60		43	泰
150	140	133	51	26		賢	子	21	13 柏富	4	孔	190	180	173	91	66	庚				
151	141	134	52	27		才	子	22	14 崑山	5	敬	191	181	174	92	67	堂				
152	142	135	53	28		旅	子	23	15 崙庄	6	克	192	182	175	93	68	鳳				
153	143	136	54	29		舍	子	24	16 肖倫	7	欽	193	183	176	94	69	翥				
154	144	137	55	30		香	子	25	17 理育	8	甫	194	184	177	95	70	翔				
155	145	138	56	31		好	子	26	18 耳黃	9	大	195	185	178	96	71	有				
156	146	139	57	32		古	子	27	19 士程	10	堯	196	186	179	97	72	根				
157	147	140	58	33		欣	子	28	20 永郡	11	君	197	187	180	98	73	書				
158	148	141	59	34		能	子	29	21 昭韻	12	禹	198	188	181	99	74	裹				
159	149	142	60	35		述	子	30	22 瑞教	13	汝	199	189	182	100	75	種				
160	150	143	61	36		佑	子	31	23 盛厚	14	榮	200	190	183	101	76	蘭				
161	151	144	62	37		我	子	32	24 春福	15	煌	201	191	184	102	77	桂				
162	152	145	63	38		樂	子	33	25 進丁	16	培	202	192	185	103	78	慶				
163	153	146	64	39		安	子	34	26 統生	17	鍾	203	193	186	104	79	騰				
64	154	147	65	40		康	子	35	27 阿相	18	洵	204	194	187	105	80	芳				

延年公世系脈流

1	2	3	4	5	6	7	8	9	10	11	12	13
延年	銓	澄	樗	朝封								
			杰	焜								
延年				煌								
六子			植	永星								
銓				永旺								
鎡				永封								
鋭				永明	綠堂	啟祿	高后					
鉞		江	更	宗強	祖祥	子善						
			(嗣祖)			子美						
鑑						天興						
						天祿	仁貴	思聰				
								思明				
								思睿				
								思智	定華			
									定隆	琛	成金	
											成念	

1	2	3	4	5	6	7	8	9	10	11	12	13
											成玉	
											成富	
											成貴	
										寶		
										珠	成才	
										琥	成祿	
											成禎	
											成璉	
									定瑞			
									定賢			
						天爵						
						天職						
						天元						
				宗桀								
				宗興								
			湟									
	鎡	濬	棫	炳								

				燦								
*				持鮮	孔學	月持	仲隆	要我	恒升			
									恒昱	慶吉		
										慶豐	景青	
											景盈	
											景泰	
											景升	
										慶祥		
	鋭	滄	桂坤	五郎	念三	子順	思敬					
					(永)	(漢龍)	思恭	慈慶	時慶	雲軒	簡崇	
								慈廣				
延年	鋭	滄	桂坤	五郎	念三	子順	思恭	慈定				
					(永)(	漢龍)		慈義				
								慈仁	景福	盛子	君和	
											君德	
											君玉	
											君美	
											君瑞	
											君達	
							思敏					
						子開	允成	慈廉	景商	弘留		
						(漢輝)				應霄		
										益		
						漢鷲						
					念四							
					念五	伯福						
					(天祿)	子安	用乾					
					(宗夔)		用吉					
							用斌	孔教	敬宏			
									敬亮			
									敬甫			
								孔仁				
								孔學	敬禮			
						伯效	汝統	仲瑞				
								仲明				
							汝綱	仲球	天馨	以本		
										以道		
										以教		
										以化	長春	
									天槐			
									天祥	以觀		
										以翰		
										以訓		
										以諒		
									天權	以俊		
										以維		
										以躍		
										以雅		
									天桂	允江	見山	
								乃章	日榮	清盛	上景	
											上星	
											上慶	
											上雲	
									日華			
							汝紀	仲瑚				
								仲璉				
								仲圭				
延年	鋭	滄	桂坤	五郎	念五	伯效	汝紀	仲璋				
					(天祿)			仲環				
								仲琦				
							汝經	仲璧				
								仲璘				
							汝綸	仲珍				
								仲珠				
							汝緒	仲璵				
								仲厓				
								仲瑛				
								仲瑞				
								仲玉				
	鉞	湟	有麟	頤								
				順								
		澤	梅	自然	兆鳳							
	(鑅)				兆蛟							
					兆起	禮榮						
						禮華						
						禮富						
						禮貴	大秀	克立	四鳳	先六	君益	
								克連				
								克功				
								克業				
							大榜					

				先孔								
			桂	迪然								
	鑑	諒	校	德清	宗夔							
			(文盛)		宗慶	伯齡	玉	仲桂	世隆	繼先		
			(秀鸞)							繼祥		
										繼芳		
										繼魁		
										繼哲		
									世輔	繼昌		
										繼宗		
									世興	繼思		
						伯富	克仁					
							克義					
							克禮	仲榮	禎	瑛		
										容		
										宣		
										璉		
									祥			
									福	璘		
										璋	昆賢	
											昆能	
											昆臣	
											昆課	
										琮		
延年	鑑	諒	校	德清	宗慶	伯富	克禮	仲榮	福	瓚		
			(文盛)							璐		
			(秀鸞)							瑾		
									裕	灼	珪	
										煌		
										耀		
									祖	瑞	協一	
											協二	
										璣	協六	
											協七	
										珠	協三	
											協四	
											協五	
									祿	滾		
										涘		
								仲先	德咸	祖	寬	
									德盛			
									德成			
									崇三	祥七		
										祥八		
										祥十		
									崇四			
								仲耀	法開			
								仲宗	祈	珍	安	
											淵	
									祇			
									祛			
								仲祖				
								仲高	崇一			
									崇二			
							克智					
							克信					
							克溫					
							克良					
							克恭					
							克儉					
				德興	宗貴	昌	祖光					
							祖信					
						鏗	祖穆					
							祖美					
			棋	德隆	傑夫	亮	益華					
			(文錦)			清	益昌	伯蘭				
			(秀鳳)		三子			伯蕙	宗德			
					日亮				宗茂			
					日清				宗傑			
					日華				宗念			
									宗志			
									宗廸	海		
延年	鑑	諒	棋	德隆	傑夫	清	益昌	伯蕙	宗廸	深		
			(文錦)							淵		
			(秀鳳)							湧		
								伯寬				
								伯明	宗仁			
									宗義	祖成	法政	
						華	益茂	月溪				
						(日華)		達軛				
								奇中				
							益盛	受章	漢卿	仲達		
										仲可	仁忠	

	益盛	受章	受進	受春							彥忠	
	三子	六子	三子						漢擧			
	受章	漢卿	有賢	(不明)					漢弼			
	受進	漢擧	思賢						漢用	成達	宗禮	
	受春	漢弼	本賢							賢達	本仁	
		漢用									本禮	
		漢銘									本信	
		漢宗								貴達		
	(另	譜載	賢達	二子	峰、	城)				仕達	守恭	
											守寬	
											守信	
											守敏	
											守惠	
											守德	
									漢銘	達	維通	
											維廣	
										富		
										高	惟忠	

											惟成	
											惟茂	
											惟智	
											惟政	
									漢宗			
								受進	有賢	念一	法淳	
											法涓	
											法渲	
											法清	
											法淵	
											法憐	
											法游	
										念二	法遊	
											法佑	
								受春				
									思賢			
									本賢			
			積善									

延年公 12－23 世嗣孫

12	13	14	15	16	17	18	19	20	21	22	23	24
成金												
成念												
成玉												
成富												
成貴												
成才												
成祿	瑛											
	智											
	信											
成禎	仁											
	義											
成璉	軒											
	輅	德光	應瑞									
			應笔									
		德立	應賢	萬珍	永祥	連生						
					昌祥							
					興祥							
					旺祥							
		德孚	應柯									
			應鵬									
		德純										
	軺											
景清	本由											
	本田											
	木義	近相	學成	成弼	可華							
				成煥								
		近懷										
景盈												
景泰												
景升												
君和	文甫	子政	宗成	福壽								
				石瑤								
				福榮								
		子昌	誌誠									
	崇甫	德興										
		中興										
君德	章甫	德賢	崇義	孔義								
				孔方								
			崇禮	孔倫								
		子賢	崇德	晉日								
				晉三								
			崇質	仲敏								
		德玉	仕榮	阿扁								
				阿酉								
				阿凱								
				仲文								
				仲真								
			仕華	幼孫								
				阿細								
				阿老								
			仕富	仲政								
				仲信								
			仕貴	黑古								
		德馨	(失	考)								
		德宗	永全	岩	六一							
					普貴							
		德忠	永忽	景暘	天福							
					天祥							
					日麟							
					日員							
				景和	己生							
				景原	土生							

12	13	14	15	16	17	18	19	20	21	22	23	24
			永安	景升	錢							
					鎰							
					鏠							
				景明	鋌							
					欽							
					鎚							
			永富	景通								
				景達								
			永泰	景□								
			永貴	景善	綜							
				景傳	鈕							
				景睦								
			永順	景雲	鎬							
					銓							
					悠							
					製							
				景星								
	章易	萬一	思泰	仲恭	紳							
	(子美)				紘							
					綱							
					維							
					纘							
					綉							
					纓							
			思遠	仲玲								
				仲正	月峰	坦齋	善士	法玉	應擧			
							哲士					
				仲瑜								
				仲理								
			思昺	仲齊	日嶙							
					日較							
					日軒							
				仲琦	石泉	竹堂						
						清堂	永士	大一	伯峰			
					日輪							
				仲輝	日輅							
			思明	仲勛	景行	振南	敦直	念義	梅峰	定垣		
				(仲欣)					仁峰			
									立峰			
				仲實	景開	剛烈	朝堂	(不	明)			
							敦善	古潭	昆山	奮南	延器	
									昆崗	斗華		
										翰華	燮元	
											華元	
											宗元	
										映華		
										錦華		
								古思				
								古松				
						善士	華唐	以順	翠松	士仁	廷捷	
							華林	秀梅	玉振	永超	廷岳	
									玉繩	永伯		
										元超	廷璋	
										永桂		
							華池	漩溪	玉鉉	斗瞻		
										具瞻		
										君瞻		
									東鉉	繹如	廷綉	
											廷清	
									文郁	亦然	廷輔	
						小二	盛潭	百一				

								百二	竹林			
									竹堂	萬六		
									竹川	景華		
										景標		
									竹庄	汝儒		
									竹台			
					景全	文敏	巍山	東揚				
								東郊	贊一	會三		
									懷東	一	史臣	
								東崖	聖育			
									升玄	仕炳	星雲	
											仁昌	
										仕嘉		
										仕明		
										仕豪		
										仕漢		
							昆山					
					景添	隱林	居朴	古山	鳴崗	起莘		
						溪叟	軒台	純軒	省忠	元璋		
								約軒				
						龍溪	連池	環溪	衷益	養特	巨阜	
											萬如	
											萬富	
											萬興	
									聲遠			
								環崗	勛鼎	予臣	廷棟	
											廷玉	
											廷召	
									定一	韜任	廷瞻	
											廷忝	
											廷睦	
										希聖	廷峰	
											廷聘	
											廷康	
									衷一	養特		
									必亨			
									永裕			
					景佑							
					景堅							
					景新							
					景行	(過	繼仲	勛為	嗣)			
				仲明	勤篤	英源						
						英烈	竹堂	清環	最雲	京楚	文皇	
											文山	
											文光	
								奇峰	輝廷	昌祿	乃生	
											乃章	
										明俊	孚佑	
											于常	
											于逵	
											于益	
											于達	
											于亮	
											于相	
											于承	
									梅廷			
						順烈						
				仲凱								
	章易	萬一	思德	仲寬	＊暘							
(	子美	)			＊昂							
					＊曜							
					＊晧							
					竹堂	初山						
						廉干						
						錄紿	南川	惠忠				
								碧潭	東洪	就雲		
								碧蘭	耀先	如賢		
								耀先				
							恂厚	碧衢	秀源	丹輝	惠疇	
											晨衷	
										勛雨		
										旭嚴		
										繼顏	烱鞏	
									秀踊	(出	碧溪	
								碧溪	秀踊	旭嚴		
									喬禹			
							侃齋					
					石庵	素烈	井泉	碧峰	仰雲	達凡		
										達吾	應聰	
										達炳		

									仰南	耀寰	應昌	
						素直						
						簡直	順德	(不	明)			
							西河	碧雲	秀東	耀庭	完秀	
											水秀	
											讓秀	
										鳴宗	孚丸	
											鼎秀	
											奎任	
											解藩	
											文虎	
											有九	
											四俞	
											青選	
											青祖	
											青年	
										直宇	騎真	
									文燦			
							清善	省吾	榮先	泗英		
								瀾玄	抱初			
									如先	永明	獻廷	
										永南	獻荊	
											獻昆	
										永成	獻谷	
									業昌			
									迪先	永卿		
										永賢		
										永寧		
										永球	獻岐	
											獻峻	
											獻岳	
						英善						
						素照		(遷	湖南	醴陵	)	
						克成						
					思齋	北溪	簿泉	仰豐	輝欽	厚裔		
				(	齋	)	西林					
							儀豐					
				仲玉	＊喧							
					＊晦							
					＊曙							
					彭喧	雲霖	石川	近剛	秀庄	際時		
				(	簡默	)			秀武			
									秀春	純	辛尹	
											君荐	
									秀宇	端簡		
						廷芳						
					彭晦							
					彭曙							
				仲璇	＊春							
					＊星							
					＊才							
					溪南	東山	琴剛	竹山	金台	獻猷		
							樂軒	石溪	永喬	仕順		
							(	另子	失聯	)		
							梅剛					
					溫良	靜溪	玉泉	(20	-23	失考	)	
							(19	-26	失考	)		
						明恕	東岩	翠廷	永崗	士顯		
							(	無明	)			
							(	無明	)			
							(	無明	)			
							西嶺	清雲	前崗	百乳		
					庭然	誠齋	華峰	淵泉	仰泉	瑞芳		
								德川	燕吾	志銳		
				仲衡	晟	念五	梅峰	若海	翠樓	奕聖	其純	
					(時)			若川				
								若泉				
								若冷				
						隱山	新陽	若藍				
								若山				
								若祖	泰穆	弼袞	英穆	
										秀芳	其澤	
								若祖	秦穆	尚表		
										尚湖		
									仰純	世達		
								若聖				
							丹陽		(僑	居南	洋)	
							正陽	春台	道亮			
									漢暨			
									如芝			

									季成			
									繩武			
								新台	恪初	翔梧		
							燕山	玉林	輝翰	杜立	良友	
							正陽					
					昭							
					晟							
					旼	廷德	柏陽	懷廷	仕賢			
							竹波	月堂	仁吾			
									德吾	承選	其和	
											其英	
											其璜	
											其昆	
										承疇		
										承宏		
										承運		
						廷稱						
						廷堯						
						廷有						
						廷琛						
						廷升						
					曰晉							
				仲瑛	(	失傳)						
				仲器	世光	廷溪	近川	寬仁	應和			
									森和			
									彩和			
	章易	萬五	思顯									
	(子美)		思本	仲敬	世祀							
					世瑛							
					世成	祖由	桃園	惟精				
								惟乾	接祖	有仁	藍石	
						祖彪	桃園	(承	繼祖	由)		
							桃山	惟一				
								惟正	榮庭	約如	城	
							桃元	惟隆				
								維邦	伯先	配元		
										朴謹		
										受鎮		
									醒先			
									錦先	萬九		
										承錦		
										仕如		
										熙敬	發任	
											發韜	
											發杰	
											發奇	
										齡九		
									六預			
							桃軒	梅林	匡恒	授爵		
										授政		
										授康		
								梅涯	會欽	受穆		
										受簡		
										受悅		
					世杰							
				仲璋	世靖	祖祐	朴賓	石溪	鳳山	元富		
			思順	仲璉	世源							
					世常							
君玉	俊杰	明德										
		洪福										
		師保										
		卯保										
	允杰	玉山										
	允信	真福	榮蔭	積定								
	(英杰)		榮受	積環								
		德宗	定福	積善	啟充	惟宗	政					
							宣					
							深					
							珪	幽				
						惟忠	法銘	讚	伯龍	祖昌	兆欽	
										祖富		
										祖盛		
									伯鳳	廣	秀綾	
										府	秀經	
											秀綸	
											秀綱	
											秀紀	
											秀緯	
										庠	宗易	
											宗政	
											宗禮	
								旺	伯鴻	裘		
										裝		

										宸		
									伯鵬	忠		
										恕		
										懋		
									伯鶩	表		
									伯鍔	法炤		
										法繹	豐	
											理	
											清	
											福	
											鑑	
											觀	
											弘	
										法維		
										法綏		
										法絨		
										法繼	聖	
										法繯		
							法鐙	瑾	伯璋			
									伯璘			
									伯滴			
									伯政			
									伯昭			
									伯祥			
									伯珠			
								俊	伯恭			
								善				
								迪				
					啟兖	志發	福					
							祿					
							壽					
							完					
						志善	瑱					
							瓊					
							珏					
							瑞					
						志清	名振					
				積富								
				積明								
				積禧								
			定壽	積厚								
				積勝								
				積賜								
				積茂								
		德榮	清福									
			洪壽	積瑞								
				積正								
		德順	定准	德順								
			定繩									
		仕杰	靜養	宗榮	積富							
		(細滿)			積寧							
					積祿							
				宗華	積成							
					積交	啟先	維新	芳				
								華				
								英				
						啟光	維敏	旒				
							旗					
				積成								
				積旺								
君美	廷甫	壽山	文亮									
			文受									
		晉細	文玉	仲華	茂	秉禮						
		(亞細)			紀							
					信							
				仲榮	富							
					福							
					貴							
				仲宏	彭淵	日鳳	有權	華亭	鼎臣	德雲	盛文	
											淑文	
							有純	華台	慶如	濤雲	榮山	
										登雲		
						日升	佛隍					
*							佛朝	肇涯	仰易	慈信		
* *					京	貴	(不	明)				
*						道	大英					
							阿忠					
							有昂					
				仲寧	彭淵	日鳳	有純	華台	慶余	濤雲	榮三	
										登雲		
							有權	華亭	鼎臣	德仁	盛文	
			文福	仲貴								
				仲清	鷺	日樂						
						日榮						

					鳳	日隆	有興	元材	(失	傳)		
								元順	(失	傳)		
								元德	文亮			
									文美			
									石貴			
						日崇	有瓊	元舉	文漢			
									文龍	雲輝		
										仲輝		
										聯輝		
								元鐸	仰伯	廷宇		
								元科	文聰	廷瑞		
										廷翰		
										廷輔		
									文英			
									文壽			
									文明	鳳集		
									文福	廷亨		
										御宰		
							有弦	梅軒	仰梅	廷樞	彩卿	
								新軒				
							有綱	(不	明)			
							有敬	(不	明)			
							有美	(不	明)			
						日海	有紀					
						日堂	有為					
							有仁	元儒				
								元吉	養賢	興喬		
									養素			
								元器				
							有能					
					龍							
		晉得	(不	明)								
	廷貴	龔保	晉八									
			文旺									
			福榮									
		崇信	晉八									
			文旺	仲廣								
				仲節								
				仲列								
			福榮	仲美								
	廷福	貴安	晉受									
君瑞	子文											
	子義											
	子受											
君達	子成	福全	(失	傳)								
(碩德)		福慶	紳	文廣	守添							
(均遠)		(	營基	)	普鎮	富	朝相	德華	玉坤	大存		
						勛				大禮		
						仲松				大智		
		(富	勛	仲松	兄弟	子嗣	誰屬	不明)		大仁		
										大任		
								德英				
							朝宰	德進				
								德祿	玉柏	達松		
										達桂	世耀	
											世旺	
											世祿	
											世華	
					用貴	仰松						
				文玖	升吉	朱洪	朝烈	德敏	純義	應朋		
								德富				
		福真										
	洪貴											
	子理	福廣										
		福友										
	子寧	福興	斌									
			麥壽									
	子恭											
	銓	琛忠	俊	本寬	子亮	應元	昆台	魯瞻	其滄	東明		
		璿忠								東賜		
		琬忠							其淵			
		琰忠						岱瞻	其滿	東象		
		(上	四人	嗣誰	屬不	明)				東軒		
										東鎮		
										東映		
										東史		
										東啟		
										東乾		
										東升		
										東璉		
										東來		
										東山		
										東圓		
									其泮			

									其濱			
									其沛			
							倉台					
							寶台	(不	明)			
	鑾	隱軒										
	(篤學)	南軒	應明	文學	月台	德從	少奇	尚珍	以朴	溫簡		
	(	儒士	)							彩卿		
										楚卿		
										衛卿	象儀	
											象真	
							紹所	尚新				
								尚魁				
							復所	尚登	以樟			
									以楨		失聯	
									以彬			
								尚科	以楠			
									以樹		失聯	
										維颰		
									以松			
									以柏	其賢		
									以楠	其煌		
										其從		
								尚登	以楨			
							少奇	尚珍	以朴	溫簡		
						德鳳						
					立齋							
					文淵							
			文善	英彥	景生	黃俊						
					溫恭	德照						
			尚玉	可貴	朴士	程我	正凡					
							錦凡	步雲	以吉	永發		
							居凡			永旺		
							我凡		以敬	永清		
			(上	四人	子嗣	誰屬	不明	)		永富		
								攀雲				
								聚雲	以輝	永榮		
										永玖		
										永華		
										永彩		
										永先		
								會雲				
								仰雲				
		廷軒										
	鑒	穎軒	居士	滿郎	朝龍							
	(上舍	)			朝德	永初	明俊					
		慧軒	潛	府	政道	愛田	耀宇	尚朋	—	—	泰生	
簡崇	雲窗	范經	油穆	炳越	文質	乾蘭						
						坤鳳						
						艮和						
						明甫						
長春	仕予											
	仕理											
	仕奇	日啟										
		日向										
		日厚	益茂	學仁								
				宗仁								
				新仁								
				任仁								
			益瑞									
	仕先											
見山	蔡野	允升	學	達成	日松							
上景												
上星	與成	翰階										
		翰發	定春	顯爵	炳輝							
					炳耀							
					炳榮							
				顯祿								
	與高											
	興祿											
上慶												
上雲												
君益	日雲	文生	桂生									
			桂芳									
昆賢												
昆能	永清	月寶										
		月忠										
		月和	循政									
			星政	斗烈	仁廣							
					仁揚	章顯	禮通	德仁				
								德貴				
							禮序	德捷				
				斗光								
		月玉										
		月英										

	永通											
	永四											
昆臣												
昆課												
珪	元潰	伉	世昌	法康	奇壽	積福	俊旺					
					奇祿	福星	俊昌					
							俊興					
							俊賢					
							俊連					
協二	和	敬禮	以誠	世琦	有慶							
協六												
協七	科	敬台	以乾	明華								
				開華								
			以佐	漢華	世章	宗從						
			以侃	廷華	世祿	完堯	奕瑄	萬滄	朝英			
								萬泗				
								萬注				
						宗元						
						完宏	奕純					
							奕經					
							奕紳					
							奕紹					
							奕縉					
							奕瓏					
					世榮	宗宏	奕顯	萬科	朝海	興傳		
協七	科	敬台	以侃	廷華	世俊							
				雲華	世貴	宗相	奕鳳					
							奕明					
						宗明						
						宗光						
					世文							
					世英							
					世美							
協三												
協四												
協五	敬周											
	敬孟											
寬												
安	惟溪	元珍	化	本善	應琦	標萬						
					應璋	越萬						
						方萬						
						旭萬						
						通萬						
			劍	好善	應玉							
淵	廷風	承斯	樂田	星啟	以楨	開華						
法政	清光											
	清泉	儒	效桓	而弘	英先							
					緣先							
				而均								
				而繩								
				而祖								
			效晃									
			效日									
			效昭									
		任	效振									
			效揎									
			效捷									
			效晉	而強	仁先	國璋						
						國珍						
						國球						
						國瑤						
					義先							
					禮先							
				而端	俊先							
					達先							
					迪先							
					貴先							
					智先							
				而威								
				而重								
			效揚									
		信										
		倫										
法政	清泉	伸										
漢	**卿**	**公**	**房**									

1	2	3	4	5	6	7	8	9	10	11	12	
延年	鑑	諒	棋	德隆	傑夫	日華	益盛	受章	漢卿	仲達		
										仲可	彥忠	
											仁忠	

彥忠											
仁忠	伯明										
	伯聰	瑤	東園	紘							
			日華	綺	西湖						

			(東麓)		環崗	懷江	偕車	時泰	伯和			
									伯賀			
									伯裘			
									伯照	宗桂	帝祥	
											盛祥	
										宗傳		
										宗華		
									伯對			
									伯獻	德芝	參高	
*									宗傳			
*									宗華			
								時昌				
								時豫				
								時恒	伯殿			
									伯史	宗優		
										宗繩		
										宗善	象儒	
											象玉	
											象仁	
											象照	
											象日	
										宗順		
										宗偃		
									伯順			
			日新	綵								
			(東泉)	縉	一初	大節	載廣	佳				
				(縉新)				佩	肇華	具莊	富彩	
											英彩	
								儲	成祖			
									成彥			
									成胤	孫芳	志琨	
											志睿	
											志球	
											志琮	
										孫蘭		
										孫蓮		
									成祥			
									成麟			
								侃				
							載度					
							載序	際寧	啟燕	興彩	友元	
											友春	
											友利	
											友順	
									啟西			
									啟東			
									啟深			
									肇周			
									肇輔			
								世鴻				
								世動				
								世席				
								世變				
							載庠					
							載應	呈瓏				
								呈琥	成伋			
									成休	孫琅	達德	
										孫璉		
										孫珍		
										孫琳		
									成佳			
								呈闉				
					一信							
					一通							
					一變							
					一匡							
				綱新								
				統新								
				紀新	一蘭	大禹						
				(竹山)		大夏						
						大祿						
						大祚						
						大爵	載鉉	善長	桂芳			
									端正			
									元濂			
									元渡			
									元宗			
									育天			
								善通	肇恩	發珍		
										德珍	超慧	
											超澄	
											超東	
											超彩	
											乾福	

										玉珍		
										玉良		
										玉定		
										玉禮		
										玉泰	月仁	
											星仁	
		音寶										
		廷珠										
		一傳										

漢用公房

1	2	3	4	5	6	7	8	9	10	11	12	
延年	鑑	諒	棋	德隆	傑夫	日華	益盛	受章	漢用	成達	宗禮	
										賢達	本仁	
											本禮	
宗禮												
本仁	伯倫											
	伯綱											
	伯紀											
	伯寬											
本禮	伯初	秉勳										
	伯益	秉熙	彬	高	最	萬鎰	愈新	宗達	兆雲	灶		
								宗標	兆哀	祥彥	新	
									兆節	祥居	長妹	
											二妹	
											阿興	
											阿俊	
										祥貴		
										阿滿		
									兆連	祥傑		
									兆康	祥華		
										祥英		
							挺新	宗解	兆晉	阿壽		
									兆陞	祥龍		
										祥重		
										應廷		
								宗穎	兆俊	祥振		
									兆高			
							啟新					
							漢新					
							又新					
							求新					
					果							
			智	良	明所	萬庄						
						萬金						
						萬春						
						萬選	毅可	子文	兆千	祥標	雲清	
											雲慶	
										祥禹	雲峰	
											雲鵬	
											雲程	
											雲元	
										祥萬		
										祥周		
										祥懿		
										祥瑤	雲彩	
											雲程	
										祥睿		
									兆軼	祥攀	雲漢	
											雲輝	
											雲敬	
											雲明	
										祥蘭		
										祥蔚		
									兆重	祥鑒	雲章	
											雲材	
										祥榮	雲耀	
										祥宦		
									兆相	祥木		
									兆良	祥考	雲昇	
											雲東	
											王福	
										祥發		
									兆直	祥輝		
										祥泰		
									兆謙			
									兆輔			
								聖睿	兆莊	祥文	雲著	
											雲揚	
										祥偉	觀保	
										祥雲		
									兆度	祥聖		
										祥鳳		
										祥貴		

									兆福	祥佩	雲昭	
											雲光	
										祥範	雲新	
										祥義	雲道	
											雲振	
											雲槐	
											雲朝	
											雲聚	
							東川	上舉	兆祥	祥寬		
										祥厚		
									兆振	祥艷		
										祥豐		
										祥鑾		
									兆傑	祥茂		
									兆斌			
									兆英	祥興		
								南仲	兆器			
						萬達	建序					
							建良	有慶	巘明	定榮		
										定荐		
									嵊明			
									嵫明			
									嶧民			
								有萬	岳明			
									嵩明			
								有璧	崑明	定世		
										定雲		
										定高		
									峻明			
									崴明			
									浩明			
									徽明			
								有虞	岑明	觀娘		
									峯明			
									呇明			
									蒼明			
								有華	嶂明			
									崇明			
									岐明			
									岸明			
								有珍	明奠	阿雲		
									惶明			
									嶐明			
									崨明			
						萬全						
				強								
				鼎	宜秀	萬滾	美新	世廣	兆熾	祥遠	阿庚	
									兆虞	祥美	觀秀	
										祥崑	雲上	
											雲瑞	
											雲騰	
										祥珍	雲高	
											雲魁	
											雲英	
										祥善		
										祥俊		
										祥錦		
										祥禮	阿秀	
									兆點	祥麟		
										祥熙	雲茂	
											雲翠	
											雲秀	
											雲日	
								世隆	兆漢			
									兆鑑			
									兆嘉	祥帛		
									兆成	祥佑		
									兆佐	祥瑞		
								世東	兆智	祥隆		
			智	良	豸	萬旺						
						萬金						
						萬選	毅可	子文				
								聖睿	兆莊			
									兆度			
									兆福			
									兆龍	祥義	雲道	
											雲振	
											雲槐	
											雲朝	
											雲聚	
							鎮東					
						萬達						
						萬全						
				強								

				鼎	宜秀	萬滾	芝新	其相	子溪	祥清	雲全	
											雲舉	
											雲略	
											雲華	
								立大	子海	祥貴		
								步相	子秦	祥金		
									子齊	祥寶		
									兆彩	祥正		
									兆元	祥漢		
										祥昇		
										祥傑		
										祥敏		
										祥仕		
							芝新	世成				
						萬膺	祖新					
							宗新					
						萬庚						
						萬序						
				晟								
				昇								
			環									
			瓊									
			敬									
		秉勛										
		志球	子兆	松觀	公文	永康	益宣	居桓	奇祥	善著	作忠	
	伯端	琳										
		璨										
		琛										
	伯雍	峰	華	逍	紹賢	鏞						
				(南溪)		鎬	益新	不易	元彩	廷坤	雲瑞	
						約所	維新	多秀				
								多學				
							政新	多益				
								多資				
								多助				
								多諒				
							日新	多際	允鰲	廷球		
									禑			
							福新					
						進宇	作新	多重	掏			
									擱			
									揄			
									胄			
									揵			
									拘	廷叔		
									(韜美)	廷旭		
										廷明		
								多福	振褒	騰壁	義瑞	
									誘			
									俾			
									秉			
								多進	據			
									聚			
								多謀	援	麗璣		
										麗瑝		
										麗珊		
										麗琰		
									抁	麗琚	良元	
									(允連)		封元	
											召元	
											占元	
											必元	
										麗球	秦元	
											尋元	
											杏元	
											昇元	
											奪元	
											雋元	
										麗琬	豐元	
											雍元	
											希元	
											選元	
											錫元	
											雍元	
									撕	廷金	奎春	
										廷旅	文煥	
											作周	
											慶生	
										廷華	玉宏	
									博	麗琛		
										麗讚		
										麗璉		
								多譽	掘			
									揚			

							益新	多亮	元彩	廷坤	雲瑞	
								多庸				
								多明				
							自新	多恕				
						漢廷	學新					
							尚新					
							繼新					
							鼎新	多文				
								多誥				
								多見	芹			
									蒿			
									藩	麗炆	溫元	
											恭元	
											良元	
											得元	
											勝元	
											雲元	
											漢元	
										麗炘		
										麗熖		
										麗炬		
									蓬			
									藹			
								多勳				
							統新					
				南泉								
						錠						
				遙								
			子輝	迢	紹宗	希調						
						希道	義新	荐	朝宗	麗桂		
										麗梓		
										麗輔		
										麗樓		
										麗楊		
										麗杖	興元	
											旺元	
											發元	
									朝聘			
								臨				
								翼				
							巽新	世卓				
								世登				
								世框	朝順			
									文漣	麗梅	燦瑞	
											祖瑞	
											輝瑞	
											烈瑞	
									文河			
							世新					
							化新					
				遞								
				適								
		城										
	伯昌											
	伯盛	韜										
本信	伯凱	秉穆	清	志遺	性	三仁						
		雪庄	雲峯			三德						
						三畏						
						三省						
						三樂	紳	自城				
							繼					
							謹					
							純	應明	荊玉	啟英	上宗	
										啟勝		
									楚玉			
								明遠	世林			
									世福			
									世用			
					恂	三畏						
						三省						
						三樂	紳					
							繼					
							懂					
							純	應明	荊玉	啟英	上宗	
											上球	
											上波	
											開耀	
										啟騰		
									楚雲			
								期遠	期遠			
						三輔	韜	方進	尊泰	捷浪	上佩	
											上儀	
											上鳳	
											上席	

										啟秀		
									敷五			
								方道				
								方遂				
					恪							
					恒	三友						
						三傑						
						三才						
				志通	憒	三科						
						緯						
						緣	席寵	世受	啟浩			
									啟儀			
									啟廣			
									啟木			
									啟遠			
								世燦				
								世權				
							昌後					
						觀璋						
					懦							
				志遂	怡							
					悱							
					恤							
				志遠	惇							
					恬							
					悌							
					快							
					惶							
		秉科										
		秉和										
	伯猷	秉崇										
		秉嵩										
守恭	伯瑄											
	伯瑛											
守寬	伯新											
守信	伯富	寧										
		康	文會	繼周								
		(崑山)		希周								
				尚周								
			文節	帥周								
				贊周								
				世周								
				監周								
				京周	韶川	康餘	士立	永揖	茂松	瑞熙		
										瑞樸		
									茂端			
									茂養			
			文彩									
			文華	定周	儀鳳							
					仕鳳	賡堯						
						賡舜						
						賡禹						
						賡稷						
						賡義	啟璋	鎬	逢恩(宏源)			
									宏鴻(宏潢)	瑞岳	煌	
											燈	
										瑞棟		
										瑞桃		
										瑞楊		
							啟	永烈	茂達	瑞安	堯德	
											堯道	
											堯光	
											堯輝	
					仁鳳							
			崙庄	京周								
				帥周								
				贊周								
				世周								
				監周								
				京周	韶川	康餘	士立	永楫	茂松			
									茂端			
									茂養			
				肖倫	理育	耳黃	土程	永邵	昭韻	瑞龍		
										瑞球		
										瑞模		
										瑞教		
									懿望	裕祥	祥珠	
											祥雲	
											祥如	
											祥秦	
											祥標	
										欽玉		

										欽豐		
				斗岸	丹舒	弼南	士迴	永日	茂穆	瑞宴		
										瑞龍		
										瑞郎		
									茂乾			
									茂康			
									茂玉			
									茂略			
							士熙					
							士超					
							士剛					
					韶川	康餘	士立	永揖	茂松			
									茂端			
									茂養	瑞紫		
										瑞連		
		安										
		善										
		慶										
		順										
		靜										
		積										
	伯貴	(過	繼守	惠為	嗣)							
守敏												
守惠	伯貴	弘文	魁									
			鼎									
			國	有定	光揭	嘉謨						
			(與山)			嘉讓	述章					
							述倫					
							述晃	呈和	文清			
									文濱			
									文浪	會堯		
										會瓊		
										會忠		
									文泗			
								呈錦				
								自鮮				
						嘉讚						
					光海							
					光潮							
守惠	伯貴	弘文	震峰	思竹	光遂							
					光遠	嘉宏	觀用					
							觀吉					
							述泗					
							述材					
							上珍	必聰	振武	發盛	捷相	
											捷梅	
											捷月	
										發盟	捷桃	
											捉侃	
											捷槐	
											捷獻	
										發喬		
									振中	發監		
										發康		
										發神		
										發偉		
									振德	開文	鳳芝	
										開章	玉芝	
											財芝	
											大芝	
											期芝	
											金芝	
										開耀	祥芝	
											智芝	
											亮芝	
											捷進	
										開秀	仰芝	
									振崇	定榮	捷庚	
										定煌		
										定艷		
										定韶		
										定燧		
									振忻	定焞		
										定禪		
								必丹	振翼	定乾	捷聘	
											捷耿	
											捷聯	
											捷梁	
											捷楝	
										定坤	捷裕	
											捷衿	
											捷帝	

											捷霞	
											捷從	
											捷佑	
											捷團	
											捷圓	
											捷慶	
									振華	定鸞	捷升	
											捷亮	
											捷雲	
										定都	捷飛	
										定海		
										定湘	捷霖	
										定濱	捷鳳	
											捷揚	
											捷常	
											捷龍	
										定灝	捷懿	
											捷君	
										定濤	捷好	
											捷香	
										定齊	捷卯	
											捷龍	
										定漢	捷香	
									振元	定國		
										定淦		
										定波		
										定江		
								必麗	逢慶	定富		
										定爵	捷勇	
											捷助	
										定邦		
									逢報	定興	捷上	
										定科		
										定哲		
										定洪		
										定旺		
										定才		
									逢春	定鶚		
										定鵝		
									逢新	定基	捷福	
											捷祿	
											捷辛	
										定堂	捷全	
											捷成	
											捷貴	
										定熟		
									逢舉	定烈	捷恩	
								呈鐙				
								呈鉞				
								呈杞				
								呈錚				
								呈誌				
								呈鉉				
								呈鐵				
								呈				
								呈鈞				
								呈京				
								呈厲				
							上獻					
*							述居					
*							述光					
*							述效					
						嘉完						
					光運							
					光選							
			雲峰									
			極									
		弘武	屏山	啟南	實裡	奕鑑	贊碩	必佑	熙榮			
		弘道	萬春	東沂	醒衷	孝正	述俊	德齋	詹遠			
			萬載									
			萬壽									
			萬昌									
			友山	東沂	儀若	積厚	述雲					
							述尊					
							述建	耀清				
								耀華				
								耀玉				
							述盛	耀日				
								耀德				
								耀芝	詹鳳			
守德	伯琥	東棠	鎮崗	古雲	庸蕸	書昇	超康	傑新	熙賢	月芳		
										月箭		
										月彩		
	伯瑞											

	伯璉											
	伯琪											
	伯順											
	伯球											
	伯璿											
	伯理											
	伯琮											

漢銘公房

1	2	3	4	5	6	7	8	9	10	11	12	
延年	鑑	諒	棋	德隆	傑夫	日華	益盛	受章	漢銘	達	惟通	
											惟廣	
										高	惟忠	
惟廣												
惟忠	伯徽											
	伯祥	秉理	名潤									
		秉權										
		秉芳	祖齡	漢	謨	良知						
					誦	良能	(遷	台灣)				
					誥	我韞						
					諫	良躬	朝箴					
							朝殿	學灝				
							朝第					
							朝簪	王寅				
							朝慧					
							朝檀	學奇	巫			
									洲	安仁	象升	
											秀升	
											振升	
											文升	
											捷升	
											富升	
											上升	
											明升	
										利仁		
										輔仁		
										顯仁		
										志仁		
										純仁	宏迢	
											宏士	
											宏新	
											宏光	
										全仁		
									洞	安義		
										允中		
										高俊		
										國安		
										泰安		
										舉安		
										鰲安		
								學凌	宗利			
								學湞	宗凰	安祿		
										安福	戊娘	
											辛妹	
											天賜	
								學洴	宗賜			
						良佐	朝聘					
							朝耿					
							朝職					
							朝睦					
					訓							
			祖傳									
			祖聰	宗程								
				宗全								
				沆								
		秉堅	愛榕									
			宿									
			傳上									
			宥	淮	益強	良璣	朝縉					
							朝紳					
							朝組					
							朝纓					
							朝綰	用聯				
								用集				
								用參	宗覺			
									宗奇			
									宗堯	俞荐	友新	
											友奇	
											友熾	
										俞龍		
									宗懷			
									宗標			
									宗厚			
								用聚				

							朝綵	學文	宗燧			
									宗燿	元雄	友安	
											友全	
											友畢	
											友瑚	
										元寶		
										元秀		
										元鼇		
										元菇		
									宗昭			
								學秀	宗選			
									宗勳	俞恭		
										俞芳	友楨	
											友麟	
									宗長			
									宗倍			
								用愛				
							朝絹					
							朝緩					
							際泰	用赤	宗經	俞成		
										俞章		
							秀上	用臣	宗經	俞烈	堯庚	
											友澄	
											友清	
										俞成		
							(	俞成	五子	去台	灣)	
						良瑪						
惟忠	伯祥	秉堅	宥	淮	益通							
				汝								
				泗								
				澤								
			宿									
			宰									
		秉蘭	西山									
			宗儀									
		秉華	洞									
			□									
			□									
			□									
惟成	伯良											
惟茂	伯宏											
惟智	伯器											
惟政	奎											
		※				※				※		
益宣	居桓											
有弦	梅軒	仰梅										
永康	益宣	居桓										
?			大三郎	忠俊	復初	胤	達章					
?	開敬	勉才	星保									
			辰保	儒禮								
				學禮								
				崇禮								
			斗保									
			紀保									
?		存裕	顏馨	希禮								
				希信								
				希貞	道明							
?			屏山	啟南	實裡	奕鑑	贊碩	必佑				
?		大珍	—	—	—	萬進	毅可	子文				
								聖睿				
?								憲仁	參和	永亮		
										新亮		
										昆亮		
										欽亮		
										公亮		
										輔仁	大進	
											恒升	
											連升	
											命升	
											翰升	
										顯仁	榮升	
											旦升	
										志仁		
										純仁	宏九	
											宏乾	
											宏嵩	
										全仁	書升	
											翔升	
											彥升	
									洞	安義		
										允中		
										高俊		
										安泰		
										安居		

										安國		
										舉鰲		
									宗利			
									成娘			
									辛娘			
									天賜			
									宗賜			

受 進 公 房

1	2	3	4	5	6	7	8	9	10	11	12	
延年	鑑	諒	棋	德隆	傑夫	日華	益盛	受進	有賢	念一	法淳	
			(文錦)								法涓	
			(秀鳳)								法渲	
											法清	
											法淵	
											法憐	
											法游	
											法遊	
											法佑	
									思賢			
									本賢			
法淳												
法涓												
法渲												
法清												
法憐												
法游												
法遊												
法佑												
法淵	伯一	應珠										
		應璧										
		應燦										
		應球	法宥	觀海	永遂							
					永達							
					永享							
					永耀							
				觀裕	威							
					儀							
				觀松	文	永寧	益瑄					
							益進					
							益元					
							益睿					
							益智					
						永康	益宣	居垣	奇勳			
									奇峯	善揚		
										善朋		
										善斌	元秀	
											元昌	
									奇茂			
									奇富			
									奇祥			
								際垣	奇盛			
									奇貴			
									奇優			
									奇瑞			
									奇文			
									奇才			
								居洪	奇龍			
									奇鳳			
								居翰	奇燧			
									奇燦			
									奇燈			
							益和					
						永泰						
						永慶	益厚					
					卷	永通						
					煥	永麟						
						永響	益相	居友	學文	智寬	開昇	
						永弟						
					伸	永鼎						
						永耐						
	伯二											
	伯三											
法憐												
法游	舜昌	子元	雲	梅所	斗輝							
					端週							
			法露	蘭所								
				壽慶	毓羅	占可	穎兆	錢莫				
								弘錫				
								弘才				
							露兆	弘吉	橋森	悅賢		
										橋林		
									弘康	橋桂		

									弘昌			
								俊兆				
								慶兆				

							道可					
							立可					

延年公 23－34 世嗣孫

23	24	25	26	27	28	29	30	31	32	33	34	35
煌												
堯金												
堯德												
堯道												
堯光												
堯輝												
泰生												
藍石	安節	發林	昌衍	開運								
城												
發杰	昌平											
榮三	尚德											
	尚略											
盛文												
象儀												
象真	寅配	希玉										
		希周										
		希雲										
		希桂	道章									
			星章									
			端章									
			成章									
			丙章									
			瑞昌									
			迎光									
			月郎									
			海郎									
			仁昌									
			兩三									
			再郎									
			梅昌	來寶								
志琨	冠英											
	時英											
	學英											
	巽英											
	名英											
志睿												
志球												
志琮	命英											
	顧英											
	欽英											
	穀英											
彩卿	孟全	鳳	生	奕成								
				文順								
述德	雲高	維旺										
	雲發											
	雲賢											
雲道												
雲振												
雲槐												
雲朝												
雲聚												
友新												
友奇												
友熾												
上宗												
上球												
上波												
開耀	乾勝											
	乾文											
	乾志											
	乾和	天佑	榮昌									
			榮傑	(過	繼天	祿)						
		天祿	大振	(幼	殤)							
			榮傑	星慶								
				星魁								
				星斗								
				星紅								
		龍	蘭香									
			其香	(幼	殤)							
			蘭芳									
	乾順											
萬如	京瑞											
	良瑞											

23	24	25	26	27	28	29	30	31	32	33	34	35
萬富	熙瑞											
	岐瑞											
	雲瑞											
	奕瑞											
萬興	文瑞											
	靈瑞											
	玉瑞											
	祥瑞											
廷器	殿明											
	殿海	啟能										
		啟賢										
		啟如										
	殿省	啟安										
		啟玉										
		啟翰	相朝									
	啟進											
廷瞻	壽康	芝盛										
		芝葳										
		茂朋										
廷忝												
廷睦												
廷峰	壽北											
	壽玲	芝香	如璜									
			如玑									
			如琰									
			如瓊									
			如琴									
		芝台										
		芝樓										
	壽松											
	壽剛											
	壽柏											
廷聘	壽嵩											
	壽衡	芝忠										
		芝田										
		芝勛	如鴻									
			如梁									
			如耀									
			如桂									
		芝穆										
	壽泰											
	壽華	芝超										
		芝敬										
		芝軒										
		芝浩										
		芝植										
	壽恒											
	壽岳											
廷康												
廷棟												
廷玉												
廷召												
廷捷												
廷岳												
廷璋	殿文											
	殿陶	啟達										
		啟華										
		啟鎬										
	殿良											
	殿輝	啟方										
		啟顯										
		啟標										
	殿球											
廷彩	殿略	啟秀										
		啟成										
		啟尚	宏朝									
		啟忠										
	殿俊											
廷賜	殿勛											
	殿麟											
廷綉	殿德											
	殿發											
	殿珍											

廷潘												
廷輔	殿麟											
文皇												
文山												
文光												
乃生												
乃章												
孚佑												
于常												
于逵												
于益												
于達												
于亮												
于相												
于承												
應聰	建郎											
應炳												
應昌	奇芳											
	奇聯											
世耀												
世旺												
世祿												
世華												
帝祥												
燮元	殿賓	啟周	立朝	洋元	輝弼							
					輝漢	讚和						
				瑞元								
				文元	輝雲	讚欽						
					輝明	讚龍						
						讚和						
					輝清	讚魁						
					輝秀	讚榮						
				華元								
				完元								
		啟泰	纘朝									
	盛賓	啟寬	勳朝									
		啟信	俊朝									
演九	殿標	啟清	定朝									
			仕朝									
			永朝									
			輔朝									
	殿卿	啟魁										
	華賓	啟昌										
		啟耀										
		啟彩										
京興	殿璵	啟豐										
		啟煌										
	殿欽											
豐元												
雍元												
希元												
選元												
錫元												
烱章												
碧溪												
星仁	孟純											
	孟顯											
	孟武											
	孟亢											
	孟翼											
仁昌	孟基											
	孟策											
一聖	謹	永還										
參高	高逵											
宗政												
宗禮												
作忠	錦儒											
騎真	亨選											
	亨達											
	亨運											
以樹	維沛											
	維智											
失聯	維瑞											
	維颷											
以楨	一	海郎	興發	添榮								
				定元								
失聯				于元								
				興有								
				子銘								

				寶初								
				贊臣								
				贊修								
				壽榮								
				亨懷								
				清懷								
				善初								
				光熊								
		希玉	星章									
			端章									
			成章									
			丙章									
			瑞昌									
			迎光									
			月郎									
			海郎									
			仁昌									
			雨三									
			再郎									
			梅昌	來寶								
		希周	(希	玉希	周希	雲希	桂兄	弟子	嗣誰	屬不	明)	
		希雲										
		希桂										
?	永安	友聞	應昌									
			應乾									
			應坤	茂璜	奇鷺							
					奇鳳							
史臣	孟喜											
	孟相											
晨衷	永錫											
	耀錫	若浪	文玉									
			玉和	生旺								
				生亮								
				生發								
烱草	斌錫	若滔	東纘									
			東足									
		若廷										
		若沐										
		若浩										
	明錫											
	極錫											
	敷錫											
完秀												
水秀												
讓秀												
孚丸												
鼎秀												
奎任												
解蕃												
文虎												
有九												
回俞												
青選	欽邻	芳原	必用	瑟經								
青相												
青年												
獻廷	定干	克振	仕賢									
			仕福									
		克翰										
		克昌										
		克繼										
		克和										
		克受		(上	六人	子嗣	誰屬	不明)				
獻荊												
獻昆												
獻谷	定興											
	定宏											
	定中											
獻岐	定節	克經										
		克恭										
		克標										
	定聯											
	定靈											
	定謙											
獻峻	定宰	克馨										
		克純										
		克貞	士柱									
			士祠									
			士標									

		克盛										
	定容											
	定實											
獻岳												
辛尹	奕猶	達堯										
		達舜	仕俊									
			仕成									
君喜												
?	聲輔											
?	－	－	－	龍雲								
其純	俊清	子綱	日明									
			日輔	學文								
				學賢								
				學榮								
				學華								
其穆	為興											
	為祥											
	為斌	文召	日海									
			日興									
	為成											
	為德											
其澤	凱榮											
	東臣											
	符臣											
良友	端臣											
	秀臣											
	乾臣											
	坤臣											
其和												
其賓												
其瑾												
其昆												
發任												
發韜												
發杰	昌典											
	昌彩											
	昌泰											
	昌孚	可威	文明	統正	振緒							
					恒緒							
				經正								
				倫正								
				韜正								
				略正	恒緒							
				延正								
				定正								
				樂正								
			文瑄	從正	標緒	廣發						
						潤發						
				岐正								
				書正								
			文輝									
			文漢									
		可儀										
		可超										
	昌振											
	昌愷											
發奇												
榮山	尚德											
	尚略											
彩卿	孟全	鳳傳	奕成	世振								
				世拔								
				世朝								
				世提								
			文順									
			奕順									
兆欽												
秀綾												
秀經	應和	儀	守榮	奇選	昌立	朝士						
					昌球							
					昌隆	朝祖						
						朝宗						
						朝睦						
						朝萬						
						朝用	奕	珍珪	儒明	繼方	和寧	
										繼成	和富	
											和全	
											和順	
									儒連			
									儒三			

								珍琠				
								珍璈				
								珍璬				
								珍璵				
							助上					
							恩上	珍瑋				
								珍珏	儒熙	繼利	鳳章	
											鳳華	
											鳳茂	
										繼興	和貴	
											和玉	
							敏上					
							允上	珍瑄				
								珍琄	儒札	繼鍗		
										繼臨		
										繼福		
								珍三				
		侃	守魁	奇倖								
				奇偉								
				奇仕								
				奇俊	昌輝	朝舉	修上	珍乾	儒□	繼添		
										繼癸		
										繼興		
										繼業	耀祥	
											耀欽	
						朝瑞						
						朝檄						
					昌道							
		佖										
		僖										
一豐												
一璉												
一福												
一鑑												
一觀												
一弘												
史臣	孟喜											
	孟相											
星雲	孟純											
	孟顯	殷揚										
		殷捷										
		殷乾										
	孟亢	殷聘										
	孟翼											
仁昌	孟基	殷和										
		殷福										
		殷錫										
		殷青										
	孟策											
萬如	京瑞											
	良瑞											
萬富	熙瑞	俊杰										
		俊仕										
		俊達										
		俊崇										
		俊佳										
	岐瑞											
	雲瑞	俊超										
		俊拔										
	奕瑞											
萬興	文瑞	俊賢										
		俊有										
	靈瑞											
	玉瑞											
	祥瑞											
廷瞻	康壽	芝盛										
		芝茂										
		芝朋										
廷峰	壽北											
	壽玲	芝香	如璜									
			如玑									
			如琰									
			如瓊									
			如琴									
		芝台										
		芝樓										
	壽松											
	壽剛											
	壽柏											
廷聘	壽嵩											

	壽衡	芝忠										
	壽衡	芝田										
		芝勛	如鴻									
			如梁									
			如耀									
			如桂									
		芝穆										
	壽泰											
	壽華	芝超										
		芝敬										
		芝軒										
		芝浩										
		芝植										
	壽岳											
廷捷												
廷岳												
廷璋	殿文											
	殿陶	啟達										
		啟華										
		啟鎬										
	殿良											
	殿輝	啟方										
		啟顯										
		啟順										
		啟標										
	殿球											
廷彩	殿略	啟秀										
		啟威										
		啟尚	宏朝									
		啟忠										
	殿俊											
廷賜	殿勛											
	殿燐											
廷綉	殿德											
	殿發											
	殿珍											
廷潘												
廷輔	殿燐											
永錫												
耀錫	若滾	文玉										
		文和	生旺									
			生亮									
			生發	廷章								
烔鞏	斌錫	若滔	永纘									
			東足									
		若廷										
		若浩										
	明錫											
	極錫											
	敷錫											
彩卿	孟全	風傳	奕成	世振								
				世拔								
				世明								
				世提								
榮山	尚德											
	尚略											
孚丸	師河											
	健行											
	仲行											
青選	欽邻	芳榮	必用	張經								
獻廷	定干	克振										
		克翰										
		克昌	仕賢									
			仕福									
		克繼										
		克和										
		克受										
獻谷	定興											
	定雲											
	定中											
發杰	昌典											
	昌彩											
	昌泰											
	昌孚	可成	文明	統正	振緒							
					恒緒							
				經正								
				滔正								
				略正								
				延正								

				定正								
				樂正								
			文瑄	從正	標緒							
			文輝									
			文漢									
		可儀										
		可超										
	昌振											
	昌愷											
獻岐	定邦	克經										
		克恭										
		克標										
	定聯											
	定顯											
	定煥											
獻峻	定幸	克馨										
		克純										
		克貞	士柱									
			士祠									
			士標									
		克盛										
	定克											
	定賓											
辛尹	奕猶	達先										
		達舜	仕俊									
			仕成									
其純	俊臣	子綱	日明									
			日輔	學文								
				學賢								
				學榮								
				學華								
			日禮									
英穆	為興											
	為祥											
	為斌	文召	日海									
			日興									
	為成											
	為德											
其澤	凱榮											
	東臣											
	符臣											
良友	端臣											
	秀臣											
	乾臣											
	坤臣											
象升												
秀升												
振升												
文升												
捷升	旋飛											
	旋凌											
富升	旋麗											
	旋朗											
	旋桂											
	旋恭											
上升	旋耀											
明升	旋盛	成學										
		成國										
		成元										
		成筥										
		晉寧										
		晉[illegible]										
		晉球										
	旋芝	成器										
		成勳										
	旋香	成德	就雲	應祿								
				應龍								
				應潭	維斗	新藤	民生					
							細牛					
							德祥					
							文才					
					維約	維謙	晉梯	日生				
								日貴				
								日咸				
								日光				
							新谷					
							新米	裕強				
								裕華				

								裕安				
				應橋	維番	新展	錫坤	建川				
							玉蘭					
							玉英					
							玉嬌					
							玉梅					
							玉霞					
				應麟	維邦	新興	志福	世明				
								世晴				
							志庭					
							志年					
							志春					
							志康					
						新展						
						新賀	志爭					
							志員					
						新烱	旭林					
							惠廉					
							容香					
					維晉							
			就華	應龍	維翰	新居	成禮	康民				
						新悅	成森					
							成丁					
					維屏	新裁						
					順正							
					象妹							
					喜妹							
				應倉	維榦	忠君						
					維存	新勝						
					遜麻							
					金麻							
					銀麻							
					三多							
					梅英							
			就玉	應潭	維斗	新藤						
					維約							
					維謙	晉梯						
						新谷						
						新米						
						油妹						
						禾麻						
			就瓊	應科	維操	□						
						新鈞	樹芳	世亮				
						(思俊)		世偉				
								世娟				
								晉萍				
								文洁				
							九如	康富				
								康盛				
								康妮				
							順芝	佳恩				
								佳				
							順發					
							順昌					
							蘭邦	林瑞達				
								淑貞				
								叔斌				
								叔錦				
								淑婷				
							蘭芳	銘恩				
								銘惠				
							秀花					
							麗華					
							秀英	偉明				
							秀容					
						石平	順昌					
					維晉	甜妹						
						夠妹						
						味妹						
					維邦							
					王妹	滿勤						
						習麻						
					習妹	晉甘						
						晉禮						
						晉廬						
					妙妹	六妹	道合					
							道深					
					□							

日升	旋喜											
	旋堯											
	旋田											
	旋天											
大進												
恒升												
連升												
命升												
翰升												
榮升												
旦升	祥文	紹興	佐清									
			佐瀛									
宏九												
宏乾												
宏嵩												
書升												
翔升												
彥升												
新												
長妹												
二妹												
阿興												
阿俊												
雲清												
雲慶												
雲峯	阿才											
雲鵬	朝謹	清增										
雲程												
雲元												
雲彩												
雲程	朝和											
	朝助											
	朝露											
	朝寶	清水										
		清德										
		清增										
		清台										
		清賢										
		清雲										
		清琳										
雲漢												
雲輝												
雲敬												
雲明												
雲章												
雲材												
雲耀												
雲昇												
雲東												
雲福												
雲著												
雲揚												
雲保												
雲昭												
雲光												
雲新												
雲道												
雲振												
雲槐												
雲朝												
雲聚												
阿庚												
阿秀												
雲上												
雲瑞												
雲騰												
雲高												
雲魁												
雲英												
阿秀												
雲茂												
雲翠												
雲秀												
雲日												
雲全												
雲舉												
雲略												
雲華												
雲瑞												

義瑞		
良元		
封元		
召元		
占元		
必元		
秦元		
尋元		
杏元		
昇元		
奪元		
雋元		
豐元		
雍元	維尚	
	維文	
	維連	
	維錫	
	維福	
	維鍊	
	維應	
	維疆	
奎春	維靜	德興
		德李
		德旺
		德轉
		德足
	維定	康祥
		坤祥
		開祥
		寬祥
	維超	謹祥
		習祥
		武祥
		武祥
	維光	金祥
	維聲	祿祥
	維來	
作周	維彩	酉祥
		清祥
		正祥
		龍祥
慶生	維好	贊祥
		就祥
		禮祥
		新祥
		東祥
		睦祥
		騰祥
	維郎	帝祥
		賜祥
		寶祥
		英祥
	維清	
	維岳	
溫元		
恭元		
良元		
得元	仍文	
	仍行	
	仍忠	
	仍信	
勝元		
雲元		
漢元		
興元		
旺元		
發元	東勝	
	戊龍	
	三俊	
燦瑞		
祖瑞		
輝瑞		
烈瑞		
上宗	乾裕	
	乾榜	
	連科	
上球	乾鳳	
上波		
開耀		

上佩	
上儀	
上鳳	
上席	
祥珠	
祥雲	
祥如	
祥泰	
祥英	
祥標	
捷相	
捷梅	
捷月	
捷桃	
捷侃	
捷槐	
捷獻	
鳳芝	秉恭
	秉敬
	秉禮
玉芝	
財芝	秉統
	秉丙
	簌周
大芝	
期芝	
金芝	
祥芝	
智芝	
亮芝	
捷進	
仰芝	
捷庚	
捷聘	秉浩
捷耿	
捷聯	
捷梁	
捷棟	
捷裕	
捷衿	
捷帝	
捷霞	
捷從	
捷佑	
捷團	
捷圓	
捷慶	
捷升	秉春
	秉院
	秉閣
	秉方
	秉[illegible]
捷亮	秉師
	秉學
	秉茂
捷雲	
捷飛	
捷霖	
捷鳳	秉一
捷揚	
捷常	
捷龍	
捷懿	
捷君	
捷好	
捷香	
捷卯	
捷龍	
捷香	
捷勇	
捷助	
捷上	
捷福	
捷祿	
捷辛	
捷全	
捷成	
捷貴	
捷恩	

象升												
秀升												
振升												
文升												
捷升												
富升												
上升												
明升												
宏迢	旋高	慶元										
		慶萬										
		慶禮										
	旋忠											
	旋昭											
宏士												
宏新												
宏光												
戊娘												
辛妹												
天賜												
友新												
友奇												
友熾												
友安	輝生											
	雪生											
友全												
友舉												
友瑚												
友楨												
友麟	雲琪											
堯庚												
友澄												
友清												
大進												
恒升												
連升												
命升												
翰升												
榮升												
旦升												
宏九												
宏乾												
宏嵩												
書升												
翔升												
彥升												
法淳												
法涓												
法渲												

法清												
法淵												
法憐												
法游												
法遊												
法佑												
元秀												
元昌												
開昇	石英	陳榮	阿埔	金和	阿鼎							
					晉賢	一龍						
					立賢	義雄						
						國昌						
					崇修	俊雄						
						俊喜						
				阿全								
				陳福								
				陳祿								
				陳新	添丁	坤火						
						茂林						
						茂吉						
					添秀							
					添貴	文正						
				陳合	明豐							
					正明							
				陳城								
				陳在								
				陳發	國楨							
					國榮							
				陳有								
	石海	阿意										
		阿勇										
		阿生	丁旺	瑞昇	協和							
					文東							
					增榮							
					海源							
				庚秀	國欽							
					秋連							
					榮貴							
					榮進							
				昇田	光明							
			丁財									
		阿傳	廖春妹									
		阿河										
悅賢												

喬森公派 27 世祖澄佑(春佑)公派下祖籍廣東省長樂縣梅林鄉曲水村馬江採

33	22	23	24	25	26	27	28	29	30	31	32
	喬森	悅賢	章行	慶清	水意	澄佑	廷日	錦泉	坤進	慶登	旅日
									坤彩	增光	
										炳文	
									坤唐	增寶	
										木興	
								錦開	坤祥	(海	外)
									坤琳		
									坤煥	增炫	
										增勳	
									坤連		
									坤蘭	增鴻	
										國基	
									坤海		
								錦乾			
								錦章	坤練		
									坤淦		
									坤綾		
							廷松	錦城	坤相		
									坤獅		
									坤雄		
								錦台			

33	22	23	24	25	26	27	28	29	30	31	32
	喬森	悅賢	章行	慶清	水意	澄佑	廷日	錦泉	坤進	慶登	旅日
									坤彩	增光	
										炳文	
									坤唐	增寶	
										木興	
								錦開	坤祥	(海	外)
									坤琳		
									坤煥	增炫	
										增勳	
									坤連		
									坤蘭	增鴻	
										國基	
									坤海		
								錦乾			
								錦章	坤練		
									坤淦		
									坤綾		
							廷松	錦城	坤相		
									坤獅		
									坤雄		
								錦台			

洞元公派 26 世祖研龍公派下祖籍廣東省惠州府陸豐縣埔口

20	21	22	23	24	25	26	27	28	29	30	31
廷然	文高	夢緯	洞元	莊西	炳興	秀龍					
						華龍					
						辛龍					
						研龍	鼎福	廷獻	明欽		
									光輝		
								廷坤	雲章		
									德章		

20	21	22	23	24	25	26	27	28	29	30	31
								火金	雲明		
									雲輝		
									雲城		
								金生	盛明		
									盛榮		
						成龍					

漢卿公派下 23 世祖富彩公派下祖籍廣東省惠州府陸豐縣吉康都五雲洞田螺

10	11	12	13	14	15	16	17	18	19	20	21	22	23	24	25	26	27	28	29	30	31	32	33
漢卿	仲可	仁忠	伯聰	瑤	東泉	縉	一初	大節	戴廣	佩	肇華	啓莊	正彩										

21	22	23	24	25	26	27	28	29	30	31	32
肇華	啓莊	正彩									
		英彩									
(遷	台祖)	富彩	蘭英								
			疆英								
			標英								
			臣英								
			和英	興源	福昌	崇德	登喜				
							福生				
					福右	松木	阿前	阿金	慶賢		
				四子		(崇木)			慶文	德涼	
				福昌						勝輝	
				福右					正房	傑	
				福旺						宏泉	
				福來					慶通		
									慶豐		
									慶發		
									慶財		
								阿本			
								增□	晉嵢		
									晉梓		
								炎生	至賢		
								清水			
							統貴	新樹	盛水		
								青樹	啓榮		
						崇華	貴寶				
						崇秀					
						崇尾					
					福旺	崇運	福生				
						崇送	連水	謙裕	輝泉		
									輝雲		
									輝明		
							進水	雲清	建懷		
									春懷		
						崇保	細苟	盛郎	仁良		
							(玉麟)		仁修		
								錦添	燕雄		
									明威		
									增欽		
									增家		
									增忠		

21	22	23	24	25	26	27	28	29	30	31	32
									增珍		
							順蘭	雙全			
								雙慶			
								雙發			
								雙庭			
							滿蘭				
						崇錢	阿海				
				興祥	福春	崇發	仁尚				
							禮義				
				六子			禮榜				
				福春			智田				
				福安		崇富	潘霖				
				福泰			潘其				
				福盛			潘增				
				福進			潘造				
				福傳		崇添					
						崇石	榮枝				
							榮華	貞義			
								貞釗			
					福安	崇喜	意滿	鴻增			
						崇清					
						崇滿					
					福泰	崇萬					
						崇金					
						崇水					
						崇相					
						崇千					
						崇有					
					福盛	崇新					
						崇胞					
						崇立					
					福進	崇顏					
						崇建					
						崇華					
					福傳	崇番	生				
						崇坑	武丁				
						崇火					

漢卿公派下 24 世祖春華公派下　祖籍廣東省惠州府陸豐縣吉康都東坑鄉上屋祠

10	11	12	13	14	15	16	17	18	19	20	21	22	23	24	25	26	27	28	29	30	31	32	33
漢卿	仲可	仁忠	伯聰	瑤	東泉	紀	立竹	大爵	載鉉	善通	肇恩	德珍	超慧	春華	有強	長秀	仁才						

21	22	23	24	25	26	27	28	29	30	31	32
肇恩	德珍	超慧	春華	有強	長秀	仁才					
						雲才					
						壽才					
						添才					
						巧才	來潭	廷昌			
								廷國			
								廷安			
							來讓	廷桶			
								廷相			
								良雄			
							來錦	廷鳳			
								廷本			
							來榮	廷寬	清標		
									廷瑞	清泉	
										清淋	
						立才					
						遠才					
					房秀	德才	來景				
						招才	來增	廷坤			
								廷統			
								廷松			

21	22	23	24	25	26	27	28	29	30	31	32
								廷河			
								廷連			
						元才	來景	廷陞	清龍		
									金球	正益	
										正義	
									金日	正興	
										正隆	
									金鉛	正東	
									金振	正南	
								廷度			
								廷淡	金科		
									金禮		
						貴才	來茂				
							來佑				
							來波	盛鼎	昭勳		
								盛南	執中		
								盛琳			
								盛淇	衡道		
									清逸		
								盛光	明裕		
								盛深	子魁		

21	22	23	24	25	26	27	28	29	30	31	32
								盛棹			
						日才	來習				
					新秀	福才					
						進才	建興	生明	振光		
						慶才	來隆	廷朗	清燈	炳焜	
									清鎮	堯焜	
										昭明	
										文生	
								廷順	清鏡	健雄	
										健明	
									清琳	健華	
										健忠	
								廷球	清南		
									清森		

21	22	23	24	25	26	27	28	29	30	31	32
								廷宏			
							來萬	廷水	清梅		
								廷台	乾喜		
							來善	廷鼎	清有		
									清燕	健信	
						熖才	阿井	蘭香	清一	康倫	
									清次	詩文	
									清廉		
									清孟		
									清烱		
								沐堂			
							燿相	振全			
								振達			
				有戍							

漢用公派二十世祖有珍公支派 祖籍廣東省惠州府陸豐縣吉康都五雲洞田螺塘

1	2	3	4	5	6	7	8	9	10	11	12	13	14	15	16	17	18	19	20	21	22	23	24
延年	鑑	諒	棋	德隆	傑夫	日華	益盛	受章	漢用	賢達	本禮	伯益	秉熙	智	良	明所	萬達	建良	有珍	崲明	定業	林保	

20	21	22	23	24	25	26	27	28	29	30	31
有珍	崲明	定業	林保								
			雲凌	金勝	春□	煥光	阿彬				
						煥沐	阿淡				
						煥浪	瑞球				
							延吉				
							高志				
						煥泉	道洲	永明			
								智良			
								智君			
							鏡淵	紹宗			
							政雄	俊華			
								俊明			
							正南				
					春漢	汶楨	榮勳				
							榮祿				
						汶土	榮鏡	佑孟			
								佑德			
							明鏡				
						煥金	榮垣	佑勇			
								佑賢			
							榮展	惠鳳			
							榮芳				
							榮達				
						煥清	榮達				
						煥亮	榮泓				
							榮桂				
							榮煌				
				水龍	春耀						
					春烈						
				添鳳	春元						
					春坤						
					春火						
					春秀						
				水龍							
				添鳳							
				添旺	春海	欽嗣	德華				
						木榮	德琛				
							德鑫				
						杜榮	國崇				
							國原				
						和榮	耀璋				
							耀瑋				

20	21	22	23	24	25	26	27	28	29	30	31
					阿清						
						憲嗣	耀璁				
						定嗣					
		定賢	天進	仁宗							
				添發	養	慶霖					
						慶豪					
					磚						
					魁	慶梅					
						繼周					
						繼慶					
					榮泉	敬青					
						敬堯					
						唐堯					
					海						
					松	秀英					
					樹	進財					
						進乾					
						進閎					
						進華					
						進輝					
				添枝							
		定惠	天傳	來旺							
				來添	仁德	鑾順					
						榮坡					
					仁增	乾珍					
						乾金					
				來基	阿河						
					澄建						
					澄統						
					秋香						
			天喜	朝海							
				朝南							
				朝豕							
				朝秀							
				朝春	清興						
				朝昌	清火						
					清旺						
				朝枝	李水						
					金水						

維尚公派廿六世祖錦智公支派廣東省惠州府陸豐縣吉康都五雲洞

24	25	26	27	28	29	30	31	32	33	34	35
維尚	攸祥	錦智	蒸輝	雅立	化生						
				雅仁	化沐	作茂	福發	昇鑑			
								源水			
							福漢	昇增			
								昇泉			

24	25	26	27	28	29	30	31	32	33	34	35
								昇德			
							福壽	昇進			
							福添	昇郎			
								忠文			

漢用公派廿二世祖祥文公支派 廣東省惠州府陸豐縣吉康都五雲洞田螺塘

1	2	3	4	5	6	7	8	9	10	11	12	13	14	15	16	17	18	19	20	21	22	23	24
延年	鑑	諒	棋	德隆	傑夫	日華	益盛	受章	漢用	賢達	本禮	伯益	秉熙	智	良	明所	萬達	毅可	聖睿	兆莊	祥文		

22	23	24	25	26	27	28	29	30	31	32	33
祥文	雲著										
	雲揚	朝亮	清海	李恩	華才	富新	慶瀨	金火	佳宏		
									佳明		
								來春			
								金和			

22	23	24	25	26	27	28	29	30	31	32	33
								天來			
							添榮	金和	佳枝		
									佳勝		
							細昌	增松			
			清香	有頭							

				阿炳							
				阿天							
				顒荀							
		朝荐	清進	傳添							
				傳福	德旺	天送					
					德梅						
					金明	阿妹					
						阿細	開榮	發興			
								福全			
						運琳	定隆				
							坤業				
						運華	開富				
							萬海				
							萬源				
							萬堂				

					增水						
			清玉	傳盛	阿水						
					阿祿	定輝					
						阿輝					
						阿任	文炫				
					石來	建妹					
						炳妹	河桂	仁賢			
								仁福			
					阿安	雙琳	文政				
							文達				
						雙松	文銘				
							文輝				
							文琦				

漢用公派廿二世祖廷祥公支派　廣東省惠州府陸豐縣吉康都五雲洞田螺塘

1	2	3	4	5	6	7	8	9	10	11	
延年	鑑	諒	棋	德隆	傑夫	日華	益盛	受章	漢用	成達	
12	13	14	15	16	17	18	19	20	21	22	
宗禮	妙榮										
	妙稽	秉福									
		秉才									
		秉裕	(	靈水	坑祖	)					
	妙賢	秉曜									
		秉政									
		秉謙									
		秉誠	襌	約	少隱	懷居	寢穀				
							肩周				
							維烈	居萬			
								居素			
								居成			
								居義			
								英賢			
								居廣			
								希賢			
								居所	雲卿		

1	2	3	4	5	6	7	8	9	10	11	
									豐成		
									雲瑞		
									雲科		
									雲葉		
									雲周		
								守籍			
								守恭			
								守敬			
								守英			
								居偉			
								聖敬			
								守仁			
								守先			
								季臣			
								冠賢			
							君賜				
							就芝				
						振居					

21	22	23	24	25	26	27	28	29	30	31	32
雲瑞	廷珍										
	廷超										
	廷祥	德乾									
		德穎	勝發								
			勝富	會雲							
				會開	景統	榮炎	意保	朝龍	煥亮		
								朝棟			
								朝殿			
								朝賢			
								朝登	應彰		
									應彬		
									應昭		
									應維		
						榮枝	意連				
							意坤	朝鼎			
								朝煥			
								朝榮			
								朝源			
							意南	朝江	宏富		
									成標		
									成清		
							意海	朝河			
								朝德	茂隆		
									茂喜		
									茂郎		
								朝慶	茂紫		
								朝信			
								朝富			
								朝谷			
								朝新			
								朝琳			
							意東	朝松	茂林		
								朝欽			
							意滿				
						榮祿	意見	朝枝			
							意謙	朝恭			
								朝鏡			
								朝修			
								乾滿			
							意泉				

21	22	23	24	25	26	27	28	29	30	31	32
									煥發		
							意財				
							意田	朝鑑	應松		
									應發		
									應財		
						榮傳	意順	朝柑	阿春	卿學	
					景生	榮水					
						榮福					
						榮勝					
				會日	景明	榮和					
						榮華	意達				
							意玉				
							意石				
						榮振	六妹	春輝	應德		
									應衡		
									應賢		
									應章		
								春耀	勝昌		
									勝達		
						榮瑞	意通				
							意廣				
							意坑				
			勝貴								
		德文	勝華	惠傳	添順						
					振順	琳海	阿喜	慶耀	錫欽		
									堃泰		
							阿全	新耀			
								炳耀	盛水	春龍	
										春爐	
									源作	春淵	
								榮□			
								榮安			
						新有	雙全	增勳	文清	武富	
										武貴	
										通來	
										進來	
									仲賢	光渠	
									仲森		
									仲年		
								增福			

			勝選	惠昌							
				惠隆	仁順	金連	阿興	貴芳	亨鑫		
									亨淇		
									亨洪		
							錦堂				
							文勳				
						金石	番妹	茂松	亨水		
									亨煌		
									亨彰		
									亨煤		
									亨森		
							木興	英松	亨樹		
									亨標		
								秀春	建台		
								煥坤	亨貴		
								國光	之健		
			勝鐸	惠遠	水保	阿上	戊妹	澄輝	春梅		
									春進		
									春土		
									春金		
						海山	德昌	火坤	榮欽		
									木進		
									木勝		

									木蘭		
								榮發	木爐		
									木雄		
									木宏		
								火城	木海		
									木鏡		
									木火		
									木成		
									木興		
									木慶		
								西岳	木欽		
									木田		
								春榮	木湧		
									木連		
									木郎		
									木堂		
									勳		
									木錦		
					忠榮						
				惠番							
				惠興							

廿二世祖祥麟公支派

廣東省惠州府陸豐縣吉康都東坑鄉黃坭嶺

22	23	24	25	26	27	28	29	30	31	32	33
祥	雲	朝	清	榮	華	富	貴	權	振		
祥麟	雲貴	朝慶	清長	阿才	華廷	阿吉	天送	火興			
								潤興			
							阿妹	琳源	村錦		
									村榮		
								阿燦	村旺		
									源海		
								阿塘	村明		
									村樑		
									村祥		
								木郎	村南		
									村成		
									村湖		
									昭益		
								添發	村潭		
									永慶		
							坤源				
				進興	統養	萬傳	阿丁	里進	淑惠		
									淑珠		
							阿松	金隆	進興		
									阿平		
									阿雄		
								金喜			
							阿開	阿金	阿妹		
						萬清	阿亮	金明			
								金安			
								金傳	阿生		
								金成			
								金水			
								金南			
						萬盛	阿沐	亨福			
								火林	椿蓉		
									春櫻		
									惠美		
							阿妹	源水			
						萬榮	德松	森光			
								錦源			
								錦泉			
								錦坤			
								錦相			
							德源	鴻元			
								煜光			
							德華				
				陳生	華德						
				阿王	阿賜						
				阿秋							
			清捷	觀妹							
				進興							
			清雙								
		朝榮	清和	金齡	鄭五妹	傳添	錦財	逢源	讚緒		
									讚生		
									讚明		
								瞻源	讚進		
									讚德		

22	23	24	25	26	27	28	29	30	31	32	33
祥	雲	朝	清	榮	華	富	貴	權	振		
									漢宏		
									漢仁		
									漢恭		
									詹恩		
					立基						
				李秀							
				阿廷	立基	水來					
						阿火					
						阿河					
		朝華	阿送								
		朝光	清文								
			清雅	新喜	華連	戊生	松發				
					華水	來春					
					華浪						
				榮興	華海	阿貞	有其	正德	縫桄		
								正業			
								正金			
							翱英	正隆	逢源		
							時勷	正璿			
								是札			
								正鑅			
							文勷	鉦熹			
								正康			
								正松			
							國勷	正鑅			
							焆勷	正金			
						阿標	阿煥	政源	水榮		
								政淵	增錦		
									增強		
									增尚		
								政書			
								政亮			
							重英	政崇	耀德		
								政旺			
							群英	政富			
								政貴			
						阿紅	樂乎	政浩	松福		
									松祿		
									松壽		
								正輝	阿富		
									阿貴		
								坤煌			
								政台			
								政光			
							重金	茂田			
								正學			
								政堂			
							廷英	政欽			
								政錡			
						阿榜	紹英				
							宏英	炡應			
								集裕			
							蘭勷				
							國田	政寬			

22	23	24	25	26	27	28	29	30	31	32	33
祥	雲	朝	清	榮	華	富	貴	權	振		
								政芳			
							楠爋	正善			
				榮昌							
			清志								
祥麟	雲仕	朝榜	清龍	榮蘭	華添	阿興	炳春				
							炳漢				
							紅春				
							貴春				
						阿旺	阿秀	鼎煌			
								清義			
								聰明			
							阿台				
							阿喜	新財			
								新明			
								新豐			
								新福			
								新發			
								新漢			
	雲蓋	朝恩	清義	阿英	來富	傳華	趙妹	阿海	信吉	文星	
									信雄		
									信德		
									金鐘		
								添水			
								添木			
								阿土			
			清生	慶龍							
				慶鳳	來旺						
					來春	鼎盛	立員	國華			
								文宏			
							立松	東城			
								崇城			
								煥城			
								宏順			
							立郎				
							立祥				
							立鋒				
							新權				
							家宏				
							永森				
				永算							
				慶照							
				慶明	來福						
					來鳳	進昌					
					來發	進富	順年				
						進雲	順德				
							順財	文壽			
					來滿	進華	順和	紹南			
								紹章			
								紹焜			
								紹彥			
							順松	紹鈞			
							順德				
					來滿	進賢	順登	貴來			

22	23	24	25	26	27	28	29	30	31	32	33
祥	雲	朝	清	榮	華	富	貴	權	振		
								桂榮			
								貴霖			
							順財				
							順泉				
						進六	順德	紹焜			
			清榮	阿連							
			清前	廷禎	阿盛	傳福	阿月	蒼吉	進財		
									慶豐		
							阿貳	欽祥	清華		
									清源		
								慶安			
						水實	阿財	秋明			
								秋陽			
							添喜	武郎			
								漢雄			
						金和	照瀛	阿春			
								淑真			
								淑惠			
						金城	阿苔	春木			
								兆松			
								木榮			
							水養				
						阿明	添木	士奇			
							安松	俊豪			
								俊雄			
							安昌	玉郎			
								阿助			
							安祥				
							安春				
							安康				
					阿新	阿水	進興	木祥			
							雲生	文達			
								文貴			
								賢駐			
							照男	國全			
								坤國			
						萬傳					
						萬安	櫻碧	美惠			
							華增				
							金海				
							建清				
						萬元	功明				
							錦標				
							錦榮				
					阿德						
			觀送	阿喜							

廿二世瑞通公支系

廣東省惠州府陸豐縣吉康都

19	20	21	22	23	24	25	26	27	28	29	
德番	永輝	茂訓	瑞通	宏達	運來	阿旺					
						添福	連勝	榮昌	煥光		
									煥錦		
									煥扶		
									煥桂		

								榮火	煥志		
									煥佑		
									煥君		
								榮征			
								榮枝	煥霖		
								榮鑑			

廿七世文元公支系

廣東省惠州府陸豐縣西華山

27	28	29	30	31	32	33	34	35	36	37	38
文	輝	讚	錦	奕	玉	喜	兆	裕	隆	昌	
文元	輝雲	讚欽	錦應	奕傳							
				奕盛							
五子			錦信	奕廣	玉杞	瞻英	新華	裕炘			
輝雲	讚欽						新和				
輝明	讚龍						新德				
輝□	讚和						新龍				
輝清	讚魁					金源	新爐	裕堂			
輝秀	讚榮							裕謙			
								裕祥			
							新波	裕宏			
								裕雄			
							新萬	裕熹			
								裕煒			

27	28	29	30	31	32	33	34	35	36	37	38
文	輝	讚	錦	奕	玉	喜	兆	裕	隆	昌	
								裕楷			
							信義				
							新勝				
					玉森	石喜					
					玉相	喜桔	新德				
							新龍				
							新興				
						石喜	國彬				
							國豐				
				奕寬							
				奕鵬	玉淡	阿成	鼎潮	裕良			
							松正	志玄			
								士勳			

27	28	29	30	31	32	33	34	35	36	37	38
文	輝	讚	錦	奕	玉	喜	兆	裕	隆	昌	
							松鳳	志宏			
								志敏			
								志伸			
								志清			
							松登				
						喜助					
				奕傳	玉淡						
					玉滾						
					玉沂	喜杜	兆明				
							兆金				
							兆峰				
						喜榮	兆星				
							兆賢				
						喜全	兆晃				
							兆錦				
			錦洪	奕科	玉康	榮達	正清				
							正明				
							正岡				
							正朗				
						仲達	烽麟				
							炬焱				
							柊森				
						孟達	權煥				
							權義				
						白碧					
						百崇					
						榮禎					
					金土	仲達					
					玉柳	喜溪	劭明				
							劭德				
						武光					
						武文					
						武魁					
						武軒					
				奕盛	玉平	清城	榮和				
						清洄	兆意				
							兆秀				
							兆勳				
							兆龍				
					玉須	清景	兆鳳				
							葉堂				
							兆盟				
						清增	兆謙				
							兆煌				
					木桃	爐炎					
						爐達	桂祥				
						榮豐					
					玉蘭						
					玉墩	喜添	兆龍				
						喜明					
				奕殿	玉桯	義弘	振龍				
							鎮樑				
					木桂	文茂					
						政章					
					玉梅	喜浩	正文				
							正明				
						森榮					
					玉木	茂松					
						宏隆					
				奕進	水沐	東郎	兆仁				
					秀沐	勝義					
						國良					
						喜玄					
					裕新	文龍					
					玉成	志強					
				奕榜	玉樞	一郎	仁貴				
						喜松					
						喜年					
				奕燕	玉聰	秀春					
					兆郎	喜萬					
						喜運					
						喜均					
						喜清					
					德煌	喜鳴					
						喜璋					
					德沐	喜昌					
						喜乾					
文元	輝明	讚龍	錦實	奕相	玉僅	喜建	武雄	明志			
							煥達				
							文亮				
							文權				

27	28	29	30	31	32	33	34	35	36	37	38
文	輝	讚	錦	奕	玉	喜	兆	裕	隆	昌	
						喜新					
					喜寶	(	旅居	日本	)		
					喜松	獻德					
						獻能					
						獻忠					
					玉國	和成	文楨				
							文炫				
				奕城	玉泉	喜明					
				奕青	玉本	喜貴	德金				
							建文				
							建知				
						喜霖					
					玉淇	喜伙					
						喜明					
						喜輝					
						喜男					
					玉兆	喜正					
						喜忠					
						喜標					
						喜全					
				奕岳	招妹	金海	建中				
					甜妹						
			錦賓	奕火	玉瑞	喜王	添貴				
						喜沐	徐彭勳				
							彭徐志				
					玉西	喜鏡	兆楨				
							兆榮				
							兆鵬				
							兆煌				
						喜統	兆鋒				
							兆椿				
						金本	兆民				
							兆謙				
							兆基				
						金露	兆仁				
						金球					
						喜鍊					
				奕發	玉田	喜棟	煥豐				
							金豐				
							兆熙				
						貞松	兆聲				
							兆禎				
					玉伸	喜光	兆豐	裕芳			
								裕弘			
							兆扶				
					玉近	喜灶	添榮				
							清華				
							兆銘				
							兆宏				
						喜裕	兆琳				
							兆欽				
					玉來	喜壽	清豐				
							兆椿				
							兆斌				
						喜德	雙榮				
							兆堂				
							兆鳳				
						喜桂	兆祥				
						喜台					
					玉超	正雄					
					玉業	秀郎					
						秀泉	韋傑				
						秀衡					
						秀明					
					玉銅	喜謙	兆鴻				
						正雄					
						俊雄					
						清瑞					
						喜星					
				奕開	玉東	喜崇	兆通				
							兆輝				
						喜慰	兆君				
							兆強				
						喜能					
						喜會					
					玉南						
					玉山						
			錦賽	奕潭	玉墻	喜增	兆寶				
							兆鴻				
							兆勳				
							兆麒				

22	23	24	25	26	27	28	29	30	31	32	33
祥	雲	朝	清	榮	華	富	貴	權	振		
							兆麟				
						喜朝	兆鄉				
							兆民				
						森雄	兆宏				
						達郎					
				奕留	玉昂	－	兆麒				
				奕旺							
				奕忠	金管	喜松					
						喜雄					
						喜森					
						喜祥					
			錦宜	奕標	玉丕	喜台	兆堂				
							兆旺				
					玉杰	喜賜					
						征雄					
					玉閑	喜亮	兆芳				
							兆鋒				
						英雄					
						喜俊					
						榮輝					
					玉井	文雄	兆煥				
					玉浪	義雄					
						喜慶					
						義星					
						喜林					
						喜電					
					玉門	喜有					
						喜益					
						喜良					
						喜正					
						喜昭					
				奕樣	玉仁	喜勝	兆淇				
							兆龍				
					玉本	喜鍾					
						喜堯					
						喜柱					
						喜爋					
					玉炳	喜潤					
						喜炤					
						喜金					
						喜洪					
					玉桃	喜燃					
						喜洲					
					玉遠	喜保					
					玉鏡	喜執					
				奕	玉藤	喜環					
						喜專					
						喜衡					
						志誠					
					玉婎	喜煥					
						喜淼					
						喜濂					
					玉判	喜榮					
						雙富					
文元	輝明	讚和	錦生	奕昌	玉茂	阿知	裕勳	進財			
							枝南	長貴			
								長清			
								長興			
								長明			
								長增			
						喜炎	－	長增			
					玉算	喜稱	金榮	仕玄			
								仕政			
						□	阿綱	裕俊			
								裕標			
								裕桂			
					玉琴	新妹	大安	來勝	文龍		
									文虎		
					玉宗	喜趙	兆爐				
							兆宏				
						喜樓	水榮				
					玉吝						
					玉志	喜來	兆標				
						喜湧	兆宏				
							兆銘				
							兆誠				
						喜榮					
				奕福	玉永						
					玉珠	喜春	裕添	建章			
								榮德			
						喜簡	懿全				

22	23	24	25	26	27	28	29	30	31	32	33
祥	雲	朝	清	榮	華	富	貴	權	振		
						喜隆	懿全	福展			
								中軒			
								勛嶽			
							懿坤				
							懿汴				
							懿煥				
							懿秋				
							懿柔				
						喜鈞	懿憲	(旅	居日	本)	
							懿德	(旅	居日	本)	
						喜霖					
			錦晉	奕泉	玉鑑	喜橋	兆鵬				
							兆嘉				
							兆華				
							兆佐				
						喜助	兆安				
							兆佑				
						喜郎	兆基				
					玉坡	啓三					
						喜達					
				奕送	玉煊	安雄	兆星				
						清久	兆平				
							兆輝				
						秀郎					
						喜有					
						喜緣					
			錦香	奕根	玉禮	展宏	斯彥				
							彥碩				
					玉蘭						
					金彰						
文元	輝清	讚魁	錦佐	奕祥	玉湖	喜谷					
				奕祿	玉鄰	義榮	新順				
							文君				
					玉洋						
					玉照	喜旺					
					玉常	喜垣					
						喜生					
			錦佑	奕海	玉任	德雲	裕強				
							裕水				
							裕傳				
							裕蘭				
							裕通				
						德貴	裕圈				
							裕桶				
						德集	裕添				
							兆章				
						德財	兆泉				
							兆淋				
						德滿	兆火				
							兆郎				
			錦前	奕煌	玉木	昌雄	清金				
							清旺				
							仁謙				
						光政	賢標				
							清坤				
							賢輝				
					玉秋	昌勝	東周				
							雙全				
							阿連				
							忠仁				
						昌德	政明				
							政國				
						昌業					
						昌富					
				奕煥	玉壇	春德	裕炳				
							兆全				
							兆球				
					玉隆						
					玉威	春梅	兆球				
							兆樓				
							兆椿				
						春財					
						春桓					
						春義					
						春章					
						春安					
					玉廷	春錦	瑞英				
						春沐	兆煒				
							兆棋				
							兆良				
						春熠					

22	23	24	25	26	27	28	29	30	31	32	33
祥	雲	朝	清	榮	華	富	貴	權	振		
					玉松	振海	兆楨				
							兆儀				
							兆源				
				奕燈	玉增	永吉					
				奕彩	玉萬	春香	修義				
							孟修				
					玉維	喜春	兆嘉				
							兆宏				
				奕煙	綱榮	喜愛					
						喜盛					
						喜旺					
					玉洋	德嚴	維宏				
							維誠				
							億榮				
文元	輝秀	讚榮	錦增								
			錦松								
			錦水	奕枝	玉軒	喜樓	兆樟				
						喜滿	兆盟				
					玉山	清水	兆宏				
						榮吉					
						恩雄					
				奕棠	玉春	喜橋	兆華				
							兆龍				
							兆松				
						喜汀	兆汪				
							兆炳				
					玉瑩	喜祥					
					玉瑾	喜明					
						喜生					
						喜輝					
						喜福					
				奕金	玉樹	喜相					
						喜忠					
						喜亮					
					玉壁	喜德					
						喜城					
					玉球	喜燥					
						喜煌					
						喜锈					
					玉瑜	喜沅					
						喜鋐					
						喜榕					
						喜貴					
						喜展					
					玉瑤	喜俊					

22	23	24	25	26	27	28	29	30	31	32	33
祥	雲	朝	清	榮	華	富	貴	權	振		
						喜傑					
				奕動	玉養	喜台					
						喜清					
						喜福					
						喜燕					
			錦鼎	奕可							
			錦貞								
			錦富	奕乾							
				奕坤	玉財	喜榮					
						喜偉					
						喜豪					
					玉聰	德桂					
						德港					
						德岳					
				奕振	玉春	范舞					
						范燎					
					玉超	喜炮					
						喜福					
						喜建					
						喜祥					
					玉坪	喜垣					
						喜煌					
				奕淮	玉汶	喜鈴					
						喜鈞	明源				
							日炤				
							國珍				
						喜銘					
						喜炎					
					接興	喜游	兆君				
							兆卿				
						喜欃	兆鴻				
						喜回					
						喜家					
					玉錘	喜爐	兆岳				
							兆朋				
						喜歸					
						喜雄					
						喜郎					
						尊一					
					玉桂	喜邦					
					玉灶	喜瑞					
						喜有					

廿八世永寅公支系

廣東省惠州府陸豐縣吉康都五雲洞徑下村

27	28	29	30	31	32						
阿廟	永月		(居	大陵	)						
	永寅	初厚	成鏞	康民							
		初篤	成功	康偉							
			成洲								
	永托		(居	大陵	)						

廿一世祖元智公支系

廣東省潮州府陸豐縣吉康都

19	20	21	22	23	24	25	26	27	28	29	
永輝	明文										
	明蘭	元智	應德	天保	桂興	阿長	增來	清森	明政		
								榮幸			
								盛華			
								展華			
					順興	阿丁					

19	20	21	22	23	24	25	26	27	28	29	
									明忠		
							水生	清華			
						阿義					
				天福							
			應萬	阿二							

十五世連彩公支系

廣東省喜應州鎮平縣高思鄉反州府

15	16	17	18	19	20	21	22	23	24	25	26
連彩	友文	纘新	德元								
		纘炘									
		纘書									
	煥文	纘梁	焞元								
		纘達	熢元								
			熾元								
	麒文	纘炘	德元								
	麟文	纘泗	貞元								
			泰元								
			利元	新妹	德生	天榮	雲興				
						天來	雲興	圓妹	一修		
								雙輝			
							富欽	裕國			
								裕平			
								裕民			
						送妹	雲興				

15	16	17	18	19	20	21	22	23	24	25	26
							金玉				
							開源				
					清水						
			潤元								
			馥元								
			毓元								
	獅文	纘盛	炳元								
		纘英	炳元								
		纘起									
		纘榮									
	象	纘堂									
	朝文	纘政	應元	清	石生	天喜					
						天寶	新餘	慶樓			
								慶忠			
								慶佐			
								慶漢			

							相餘				
						天河	新昌	慶耀			
								慶聰			
							新仁	慶欽			
								慶歡			
								慶火			
								慶鏡			
							新松				
							新里	慶隱			
						天雲	新發	慶鑑			
								慶錠			
								慶光			
							新海	慶議			
						天堂	新業				
							新振				
							新成				
							新讓				
					澄生	少文	新福	昭堂			
								明傑			
							新鳳	鳴堂			
						天息	辛田	重光	(旅	日)	
							金俊				
					李生						
					福生	天炎					
					祿生						
					壽生	天進	新滴	慶順			
								慶林			
								慶湖			
							新酋	慶恭			

								慶木			
							新良	慶維			
						天坤					
		纘泗									
		纘堂									
		纘廷	潤元	清榮	琳生	天喜					
					春生	天桂	新奇	郁枝			
							新珍	慶福			
								慶宏			
								慶恍			
								慶志			
								慶鑫			
							新煥	慶彥			
								慶修			
								慶斌			
							新嘉	慶毅			
								慶堯			
								慶戊			
							新德				
						天增	新謙				
					李生						
				清華							

廿五世春芝公支系

廣東省惠州府陸豐縣五雲洞

21	22	23	24	25	26	27	28	29	30	31	32
太仟	同山	廣聞	懷参	春芝	俊榮						
					俊寅	玉登	鏡輝	秀吉			
							鏡琳	松秀			
								秀德			
								秀枝			
							鏡源				
							鏡泉	秀榮			
								秀財			
							鏡運	秀城			
								秀墻			
								秀璃			
								秀金			

21	22	23	24	25	26	27	28	29	30	31	32
								秀旺			
								閃鋈			
						添龍	鏡雲	永盛			
							鏡生	仁貴			
								仁富			
								永豐			
							鏡澄	正德			
								及佑			
							鏡平	東海			
								及裕			
							義雄	凱基			
						靜山	鏡清				

二十世篤生公支系

廣東省惠州府陸豐縣吉康都

20	21	22	23	24	25	26	27	28	29	30	31
篤生	明金	廷木	學粹	維水							
				維顯	水生	石來	房	雲枝	朝堂	崇呈	
									朝賢	首元	
									朝龍	仨瑛	
										仁美	
								雲祥	朝東		
									朝正		
									朝國		
									朝亮		
									朝光		
								雲城	朝文	順興	
										順吉	
									朝民	裕雄	
									朝和		
									朝平		
									朝忠		
									朝萬		
									朝清		
									朝仁		
							阿有				
							阿滿	天生	朝攘		
									朝蓮		
								阿雲	朝清		

20	21	22	23	24	25	26	27	28	29	30	31
									朝永		
									朝達		
								雲茂			
								雲廷	志誠		
									志銘		
							阿德	添財			
						湖海	石松				
						湖財	德琳	盛炎			
								濱海			
								貞有			
								日鴻			
							德火	瑞鑑	殿樑		
									殿王		
								瑞鵬			
								瑞銘			
								瑞文			
							德輝				
						湖金	德喜	瑞光			
								六郎			
							德松				
							德貴				
						湖統					
						湖亮					

廿五世立宗公支系　廣東省惠州府陸豐縣五雲洞東坑鄉田心谷

25	26	27	28	29	30	31	32	33	34	35	
立宗	蘭茂	堃華	錦雲	森露							
			清貴	江弘							
				東山							

25	26	27	28	29	30	31	32	33	34	35	
				獻瑩							
		堃泉									

廿二世德祿公支系　廣東省惠州府陸豐縣五雲洞東坑鄉田心谷

22	23	24	25	26	27	28	29	30	31	32	33
德祿	玉明	達桂	世耀								
			世旺	復仁	永傳	能福	有春	新發			
								新順	雲松	金龍	
									雲昌	金輝	
									雲添	金安	
										金輝	
										金賢	
								新財	正義		
									正明		
									正金		
									正筆		
							有玉	新雲			
								新興	雲欽		
									雲龍		
									雲漢		
						能富					
						能盛					
				復義	永習	能盛	友紅				
							友目	新田	國城		
							友輝	新清			
								河妹	金圍		
							友梅	新火			
								三妹	根	玉松	
										玉麟	
							友谷				
							友立				
						能壽	阿米	新裕	坤松	圳源	
										圳煌	
										圳修	
										圳櫄	
							阿和	新基	慶發		
								新來	明樹		
						能有	阿勤	新添	進成		
									進興		
									進源		
								新全	進榮		
								新秀	正平		
								新炎	進嚴		
								新南	進東		
									正平		
							有錦	新信	雲昌		
									雲謀		
								新桐	雲海		

22	23	24	25	26	27	28	29	30	31	32	33
									雲欽		
								昌行	曉堂		
							有君	新月			
								新光			
							有勳				
						能有	有乾	新忠			
								新古			
							有進	新麟	獻龍		
									子煌		
								俊雄	永欽		
							有財	新發			
								新日			
								新龍			
								新明			
							友福				
							有祿	新開			
								新安			
								德勝			
			世祿	復發	永敬						
					永富						
					來古	能全	阿杰				
							皮水	新喜	炳輝		
									炳順		
								新賢	連胡		
									連山		
							阿盆				
							阿發	新梅			
						能壽					
					阿四						
				復智	永松	能祿	石寶	新亮	煊龍		
									坤麒		
									坤麟		
									坤榮		
									坤昌		
									坤盛		
						能寶					
						能樹					
					永來						
				世華							

廿三世洞元公支系　廣東省惠州府陸豐縣五雲洞東坑鄉田心谷

20	21	22	23	24	25	26	27	28	29	30	31
廷然	文高	夢緯	洞元	莊恩							
				莊西	登貴	華龍	鼎蘭	廷芳	清榮	明山	
								文正	清本	三全	
										仁德	
										金山	
								喜煥	欽文		
									志文		
								添煥	清本		
								祥煥	森海		
									文立		
							鼎訓	定煥			
								松煥			
								阿紅			
								永廷			
							鼎安	富增			
						辛龍	鼎傳				
							鼎發				
						秀龍	廷龍				
							廷翰				
						辛龍					
					炳興	秀龍					

20	21	22	23	24	25	26	27	28	29	30	31
						華龍					
						辛龍					
						研龍	鼎滿	廷獻			
								廷坤			
								火金			
								金生			
						成龍	鼎春	錦煥	明來		
									明德		
								欽煥	明基		
									世明		
								鎮煥	明水		
									明財		
								金煥	正紀		
								仁煥	明宏		
									明興		
									明增		
							豐春	煥坤	俊豪		
								煥富			

註：

此資料係依據延年公各不同支系現有譜牒記載綜合彙整而來，遺珠漏失，自在意中，其中難以辨正者，派名、字、號、別名，生歿葬年月日，及平生事蹟紀實，諸多譜牒記載不一，混淆難分，考證不易，不無重複或錯誤之處，發現者，敬煩自行更正，並盼將資料作有系統整理，分別按派名、字號、別名、生歿葬年月日、平生事蹟、特殊紀要、血緣、現居地等資料，詳述賜知，俾便續編時追補。

延年公世代疑雲

緣 起

彭伯良、彭建方　2004 年 3 月

延年公官爵顯嚇，地位崇高，學問淵博，名揚四海，為我彭氏最受敬仰崇拜先祖之一，子孫遍佈全中國，以及新加坡、馬來西亞、泰國、越南、菲律賓等東南亞、歐美一帶．彭氏華僑，多為其嗣，影響至深且遠．然其世代不明，究為構雲公12 世、15 世、17 世、18 世，彭氏族譜記載互異，各說不一，論述紛紜，莫衷一是，不卜何者為真諦正統．

彭伯良宗長耄耋之年，白髮蒼蒼，不辭辛勞，冒著酷暑嚴寒，大陸台灣各地奔波，與編者蒐集古今彭氏族譜、四庫全書、廿四史、廿五史、及各不同歷史文獻，交相對照，多方求證，遍訪彭氏賢能識士，將有關文獻及各方論著意見，彙整編成「延年公世代釋疑」，承馬來西亞「世界彭氏宗親聯誼總會」於 2004 年三月刊印專輯，公諸於世，廣開言路，集思廣益，博採眾議，希望彭氏子孫，共同以治史客觀平實心理與眼光，尋找古典史據，深入探討，求真求實，以昭後人．今復在湖南長沙取得延年公嫡親兄弟椿年公之子壽公西元 1770 年五修族譜珍貴資料，更為難得，均匯入本文中，提供族人參考．

本篇主旨，冀期取得共識，有統一世系，環宇族人，眾皆知血緣，曉世系，識派別，明輩份，長幼有序．伯良宗長與編者，垂暮之年，青山難在，綠水將涸，生命即將走入盡頭，際茲油盡燈枯，心蕊萎熄前夕，耿耿拳拳胸懷，以史學家研究彭氏族譜之心，薄獻棉力，希望對我彭氏族人有點貢獻，竭誠歡迎指教(彭伯良與彭建方共撰，於 2003.11.27.寄「世界彭氏宗親聯誼總會秘書處」，承該會垂青厚愛，於 2004 年三月專輯公諸族人，共同探討)．

延年公世代問題演繹

延年公世代問題，彭伯良宗長與建方曾花不少心思時間，四處蒐尋資料，統計分淅，冀期尋求正確史實答案．

一．2003.11.27.建方將「延年公世代釋疑」寄馬來西亞「世界彭氏宗親聯誼會永久秘書處」，承蒙彭錦聰主任賜助，於 2004 年以「彭氏源流研究專輯」專刊發佈，供全體族人審閱．

二．世彭六會於 2004.11.18. 武夷市討論本案時作下結論：「有關彭祖至宣公，構雲公至延年公世系所存在疑點，還沒有釐清真相之前，應繼續存疑，並繼續搜集資料，根據史實深入研究，最後再由專家學者共同商訂…….」．

三．2006 年 3 月 13 至 16 日世彭會在桂林召開彭氏學術研討會，題案中討論〔延年公世代〕問題，主席匆下結論，【彭延年，字舜章，號震峰，生于 1009 年，卒于 1095 年，是構雲公 12 世孫(還有 14 世、15 世、17 世、18 世之說，留待後考)】．非延年公嗣裔者，多不表贊同。

1. 這次會議各方提供文稿，彭世軒五千年簡譜，多數族人多予批評，絕大多數不表認同，未經週詳充份探討，主席即以「林紘論述延年公著述、震峰公傳、潮州府志、揭陽縣志」所作結論，認定延年公為構雲公 12 世，備註後考。主席霸道遽下結論，失卻原來學術研討會意旨．
2. 會中只研究北宋延年公，而不提南宋延年公史實，有可議之處？
3. 只准主張延年公為 12 世者冗長半小時宣讀文稿，而不讓反對者幾分鐘發言，溝通意見，主席即行宣佈散會，失卻公允。不遠千里而來參加〔學術研討會〕，有何意義？
4. 未開會前，盛傳先有某些人主張延年公為 12 世者，先行舉行秘密會前會議，沙盤推演，誰先發言，那些附議，表決時，全體舉手贊成，此種預謀詭計強調 12 立張之嫌，太過明顯．
5. 上古數百年前彭氏老族譜，及全國各省所編譜牒，絕大多數記載延年公為構雲公 18 世，豈都是抄襲訛傳錯失，尤其廣東、福建諸譜，多數記載延年公為構雲公 18 世，為何突然改為 12 世，所持理由牽強狐疑，令人費解．
6. 延年公如確是構雲公 12 世，則 12 至 18 世中間六世，原記載之先祖，應歸屬何一先祖世系，錯在什麼地方？　應有明確說明，對現今族人及後代子孫，有所交待．
7. 桂林學術研究會議，過程草率，大家無機會充份交換意見，有失學術研究宗旨，疑義尚多，有待繼續搜尋史料，追縱考證。
8. 「桂林會結論」與「世彭會通知」，伯良、彭飛、建方、志雄等諸多族人，未敢苟同，當場多持不同意見：

　　第一，　桂林會議討論此案，時間過於倉促，未能充份溝通意見；

　　第二，　我等搜集諸多有力史實證據，未經深入探討相互討論，「結論」有瑕疵。

世彭會要族人遵守，過於武斷，這是學術研究，歷史上的問題，非一朝一夕可以得到答案，尤有甚者，世彭會並非行政機關、軍隊，豈能憑一紙命令式要人遵守，即可解決問題？以後如發現新證據，又如何補救．

四．世彭會訊「世彭會秘書處」2006.7.1.通知：「今後各地族譜及世彭總譜的編修，都必須遵照所達成共識編寫，不應再存有異議．已出版的族譜，亦應修正」．

彭氏譜牒記載延年公世代一覽表

譜　　牒	編譜年代	構雲世代	延　年　公　出　生	延　年　公　歿　卒
椿年公子壽公五修族譜	1770	18	(譜內僅有代別而無文字記載)	(譜內僅有代別而無文字記載)
江西族譜	1829	18	南宋孝宗淳熙 16 年己酉 1189.3.17.子時	南宋恭宗德祐元年乙亥 1275.8.3.辰時
廣東分派福建支系譜序	1829	18	節摘台灣新竹南寮天祿公系彭氏族譜轉載廣東分派福建支系譜序文中有延年公 18 世之說明，其中未	

譜　　牒	編譜年代	構雲世代	延　年　公　出　生	延　年　公　歿　卒
			註明延年公生歿年月日	
湖南瀏南沙溪河口彭氏支譜	1855	18	南宋孝宗淳熙 16 年己酉 1189.3.17.子時	南宋恭宗德祐元年乙亥 1275.8.3..辰時
湖南長沙青山彭氏敦睦譜	1856	18	南宋孝宗淳熙 16 年己酉 1189.3.17.子時	南宋恭宗德祐元年乙亥 1275.8.3..辰時
台灣彭茂松公派族譜	1958	18		
台灣彭氏大族譜	1965	18	(未載生歿年月日)	
湖南新化彭氏總祠四修通譜	1994	18	譜載 16 世偉公長子躍,生子二,祖年椿年(無延年)	
中華彭氏源流譜	1999	18	南宋孝宗淳熙 16 年己酉 1189.3.17.子時	南宋恭宗德祐元年乙亥 1275.8.3..辰時
福建彭氏族志真榮公系	1995	17	北宋真宗祥符 2 年己酉 1009.3.17.子時	(未記載歿卒年月日)
湖南善化坪山彭氏族譜	2002	17		
廣東豐順縣子順公系譜	1996	12	北宋真宗祥符二年己酉 1009.3.17.子時	北宋哲宗紹聖二年乙亥 1095.8.3.辰時
贛湘粵桂蜀台彭氏聯宗譜	2000	12	北宋真宗祥符二年己酉 1009.3.17.子時	北宋哲宗紹聖二年乙亥 1095.8.3.辰時
中華民族源流炎黃彭氏簡易譜	2014	12	北宋真宗祥符二年己酉 1009.3.17.子時	北宋哲宗紹聖二年乙亥 1095.8.3.辰時

註：北宋延年公 1009.3.17.~1095.8.3.　　南宋延年公 1189.3.17～1275.8.3

由上表「各譜編纂時間」得知，主張延年公為構雲公 12 世者，為 1996 年以後新編譜，正確性有待追考．

同【延年】之名者

史書譜牒，同姓，同姳，甚至同一宗祠，同一派字，同年生，名字相同者，不勝枚舉，紀述事續，張冠李戴。以「彭延年」命名者，依據歷史及現有譜牒記載已發現者，有三十餘人之多，多未說明籍貫生歿年月日，混淆不清，北宋、南宋時期有四位「彭延年」，事略均較接近．依據「欽定四庫全書」廣東通志記載文字略述如下：

同 名 者	紀　　要
彭延年（一）	文淵四庫全書廣東通志卷 26 載：皇祐年任知循州軍州事，經查皇祐為北宋年號約西元 1049 至 1053 年間，證諸第一位彭延年北宋江西廬陵人．
彭延年（二）	欽定四庫全書史部地理類，都會群縣之屬廣東通志卷 26、31 記載：北宋仁宗皇祐元年己丑西元 1049 年進士，任知循州軍州事． 台灣彭氏大族譜第 64 頁記載：登宋治平元年西元 1064 進士. (推論此彭延年為南宋時人)
彭延年（三）	文淵閣四庫全書廣東通志卷 61．浦口彭延年「浦口村居好，柴門鎮不扃；晴嵐深染翠，寒笋嫩抽青；酒筆驅吟倦，林風引睡醒；東堂清且泚，待創碧蓮亭．」
彭延年（四）	文淵閣四庫全書山西通志卷 66．　山西徐溝人，明宣德四年己酉科鄉試舉人
彭延年（五）	湖南長沙青山彭氏敦睦譜卷四源流圖第 9 頁記載：偉，字溥權，子五：長躍，字襄佐，一字吉峯，號伏庵．行五十，任大理寺評事加奉政大夫．配周氏，封宜人，子四： 舜仁：諱德，字椿年，號仲正,福建邵武府教授．配羅氏，子一綱，字達全，任江西臨江府教授． 舜典：諱榮，字祖年，號思永，登宋仁宗天聖五年丁卯進士第，官御史中丞戶部侍郎，致仕贈金紫光祿大夫．封隴西開國侯．配晏氏，贈夫人，子二：衛、衍． 舜謨：諱耀，字壽年，號延光，任南京寺丞，徙居青草湖．配鍾氏，子三：□□□….. 舜章：諱華，字延年，號震峯，行四．治易經，登宋孝宗淳祐四年甲辰進士第，受六道誥命，初任福建福州府知府，次任大理寺評事，三任秘書郎，四任寺丞，宋神宗元豐四年辛酉五任廣東潮洲刺史，遂卜居揭陽，
	官溪都浦口村．欽賜梅江都官石徑田百畝，並徭差，例授金紫光祿大夫，宋孝宗淳熙 16 年己酉三月十七日子時生，宋恭宗德祐元年乙亥八月初三日辰時卒，壽八十有七，葬浦口村口山口向. 元配黃氏，繼配許氏，俱生卒葬闕．子六：銓、鎡、鋭、鉞、　、鑑．
彭延年（六）	山西徐溝人，明宣德四年己酉科鄉試舉人(文淵閣四庫全書山西通志卷六十六)
彭延年（七）	2003 年一月廿九日潮州信息網姓氏趣談：「“彭不薄金”以宋代河南省夏邑有一姓金員外落難彭姓秀才，隨子彭延年與彭鶴年兄弟同住其家，彭延年初任福州推官，次任大理寺卿評事，三任秘書郎，四任大理寺少卿，五任潮州刺史，守潮后平寇有功，升大匡寺正卿．息影于浦口村….」內容荒謬，毫無史實根據，純屬無稽之談，導致後人錯覺．經查「河南省夏邑縣彭氏大族譜」軼事「彭不薄金」，係指悠久公而言並非彭延年．
彭延年（八）	潮州浦口彭延年，粵閩台及海外族人指先祖即此延年公，介於西元 1053 年與 1249 年間，屬南宋時代，依推理演繹，延年公應是南宋時代人．
彭延年（九）	「宣德四年己酉(西元 1249 年)科鄉試舉人」，山西徐溝人，時為南宋年代，非廣東揭陽人，亦非所指的延年公．
彭延年（十）	所指彭延年並非「彭不薄金」之子，斯是小說故意捏造虛擬故事，故弄玄虛，實無其人．
彭延年(十一)	2003.1.29.潮州信息網姓氏趣談：「“彭不薄金”以宋代河南省夏邑有一姓金員外落難彭姓秀才，隨子彭延年與彭鶴年兄弟同住其家，彭延年初任福州推官，次任大理寺卿評事，三任秘書郎，四任大理寺少卿，五任潮州刺史，守潮后平寇有功，升大匡寺正卿．息影于浦口村….」內容荒謬，毫無史實根據，純屬無稽之談，導致後人錯覺．經查「河南省夏邑縣彭氏大族譜」軼事「彭不薄金」，係指悠久公而言，並非彭延年．

註：

有云延年公與宋歐陽修有表親關係，出生年代相近(歐陽修生於北宋真宗景德四年丁未西元 1007 年六月廿一日寅時，有些譜載延年公生於 1009 年 3 月 17 日)，兩者年代相近，認證延年公為北宋時人．傳云兩人為姻親，但史無記載，又訛傳兩人交惡，歐陽修故意不將延年公豐功偉績納入相關譜牒及歷史文獻．經查考歐陽文忠公傳略詩集，未見記述有延年公與歐陽修交往任何文字，所傳是否屬實，有待進一步稽考．古今史學家常有評論族譜，多數修譜，故意誇耀先祖，浮撰功績，誤導後人，實為不智．

延年公為構雲公 18 世史證

類　別	史　事　紀　實
一.有譜可考者	有譜可考者有： 1．西元 1770 年湖南長沙椿年公子壽公五修族譜(椿年公與延年公為嫡親兄弟)． 2．西元 1829 年江西彭氏族譜(彭氏廣東分派福建譜序中有明顯記載)、 3．西元 1855 年湖南瀏南沙溪河口彭氏支譜、 4．西元 1856 年湖南青山彭氏敦睦譜，明確史證，應無庸置疑． 5．西元 1958 年台創基始祖「彭茂松公派族譜」中「廣東始祖傳流世系表」記載「延年公為宣公 43 世」，亦即為構雲公 18 世． 6．「福建彭氏族譜」明顯記載延年公為構雲公 18 世孫．(彭家慶提供) 7．台灣彭氏大族譜(1971 年編)
	湖南青山敦睦譜卷四「源流圖」第八、九頁記載：…… 【嗣元】，諱士善，字承長，號元亨，北宋壬戌(962)年徙居亟西州府分宜縣漳源，葬本處寺岡金龍窟□山□向．配劉氏，葬金陂□山□向．子一【次】，字宣義，葬本里樟樹下蛇形右眼穴□山□向．配劉氏，葬八都太尉廟前□山□向．子四：頤、順、頌、【顯】．顯，諱教，字遂忠，原字宜教．配戴氏，合葬本里澤上□山□向．子三：曇、【昌】、景．昌，字興高，葬本里下源塘背東山□向，配謝氏，葬社下蕉桐坑□山□向．子四：覺、安、【期】、稽．期，字子春，葬本處東嶺□山□向．配劉氏，葬桃源龍坑□山□向．子三：淵、衛、【忠念】．忠念，字君實，登南宋高宗時(1127-1130)會元，官朝議大夫，配李氏，封恭人，子二：昭、【偉】．偉，字溥權．子五：長、【躍】、宇、嶢、佐．一字吉峰，號伏庵、行五，十任南宋大理寺評事，加奉政大夫，配周氏，封宜人，子四：舜仁(椿年)、舜典(祖年)、舜謨(壽年)、【舜章(延年)】．舜章，諱華，字延年，號震峰，行四，治易經，登南宋孝宗淳祐四年(1244)甲辰進士第，受六道誥命，初任福建福州府知府，次任大理寺評事，三任秘書郎，四任寺丞．南宋理宗景定二年辛酉(1261)五任廣東潮州刺史，遂卜居揭陽縣，官溪都，浦口村，欽賜梅江都官石徑田百畝，並免徭差，例授金紫光祿大夫，南宋孝宗淳熙十六年己酉(1189)三月十七日子時生，南宋恭宗德祐元年乙亥(1275)八月初三日辰時卒,壽八十有七，葬浦口村□山□向．元配黃氏繼配許氏俱生葬闕．子六：銓、鎡、銳、　、鑑． 「湖南青山敦睦譜」【延年公二兄，名舜典，字祖年，號思永．登南宋寧宗開禧三年丁卯(1207)進士第，官御史中丞戶部侍郎，致仕贈金紫光祿大夫，封隴西開國侯】．依祖年公 1207 年進士推論，其為延年公之兄，應生於延年公之前，絕不可能生於所云延年公 1009 年之後，兩者相差近二百年，堪足證明延年公生於 1189 年較為真實． 查「青山敦睦譜」為現時發現最老之彭氏族譜，依上述血緣推算【延年】公為構雲公 18 世顯而可見： ① 1 構雲－2 茲－3 倜－4 輔－5 玕－6 彥昭－7 師奭－8 德顒－9 壽－10 嗣元－11 次－12 顯－13 昌－14 期－15 忠念－16 偉－17 邦躍－18 祖年、延年、椿年。
	「**瀏南沙溪河口彭氏支譜**」記載： 咸豐五年歲次乙卯仲夏月穀旦(西元 1855 年)三瑞堂卷一源流世系 17 頁： 16 世偉公，長子邦耀，初授大理寺評事，加授奉議大夫，配周氏，夫婦生歿葬未詳，生子三(即 17 世邦躍公有三子)：祖年、延年、椿年. (1)長子祖年：字仲正,任邵武儒學教授,配朱氏,生歿葬均不詳,生子一應綱. (2)次子延年：字仲至,號震峯,宋淳熙己酉三月十七日子時生,居廬陵浦口淳祐癸卯領鄉薦.　甲辰科進士,授六道誥封,初任福建推官,大理寺評事,三任秘書郎,四任寺評,五任潮州刺史.欽賜一品,告老歸田,遂居潮州揭陽縣,壽八十七歲,德祐乙亥年八月初三日辰時歿,葬溪都浦口村浮邱山,配許氏夫人,宋淳熙壬子年五月十三日卯時生,與延年公合葬.續娶黃氏,生歿葬未詳.子六：銓、鎡、銳、鉞、　、鑑．後諸未緒． (3)三子椿年：紀事不詳，其子壽公遷湖南長沙，1770 年編有「彭氏五修族譜」記載祖年、　延年、椿年為兄弟為構雲公 18 世． 少典一世之 41 嗣孫日新公為構雲公一世之 17 世裔孫，南宋嘉定五年壬申西元 1212 年徙居　安遠． 少典一世之 142 世構雲一世之 18 世裔孫思旻(日新公之三子)生於南宋理宗淳祐二年壬寅西元 1242 年． 少典一世之 143 世思旻之子，即構雲公一世之 19 世，均超出生南宋度宗咸淳元年西元 1265 年．
	「**湖南望城縣民國 14 年乙丑(西元 1925 年)仲冬月彭氏五修族譜**」(椿年公之子壽公世系)卷三： 1．躍公為構雲公 17 世，其子三：祖年、延年、椿年，譜內明顯記載，祖年為構雲公 18 世，　安能獨說延年公為構雲 12 世． 2．長子祖年，任邵武府儒學教授． 3．躍公次子延年，宋純祐癸卯舉人,登甲辰進士初任福建推官,次任大理寺評事,三任秘書郎,　四任寺丞,　五任潮州刺史告歸,是為潮州之祖未叙. 4．躍公三子椿年，元代(西元 1277 年)官授武職，由江右來衡州府酃縣等四都之銅口灣落業，生子一**壽**，字應貴，元大總戎,至明洪武二年己酉(西元 1369)年四月徙長沙坪山落業，於乾隆 35 年庚寅初修譜，壽公徙居長沙坪山為一世祖，開衍八大房世編，今裔孫彭定國為壽公一世之 24 世孫.
	【刺史源流譜系考】皇明嘉靖六年(西元 1527 年)丁亥歲冬至前一日賜進士第陝西右參政奉敕督糧吉水瀧江宗人彭桓景武書【刺史源流譜系考】壽公之第四子曰嗣元，徙居分宜縣之漳源，而來潮郡【延年公則壽之十世孫】，又潮、惠諸彭之鼻祖也．
	「**福建彭氏族譜**」 西元 1829 年江西彭氏族譜中彭氏廣東分派福建譜序中，有明顯記載延年公為構雲公 18 世．台灣新竹南寮彭氏祖祠於西元 1965 年出版彭氏大族譜中，亦有記載． 祖年、延年公嗣裔遷閩南祖世系福建彭氏族志記載血緣：(1)構雲－②滋－③倜－④輔－⑤玕－⑥彥昭－⑦師奭－⑧德顒－⑨壽－⑩嗣元－⑪次－⑫顯－⑬昌－⑭期－⑮忠念－⑯偉－⑰邦躍－⑱祖年、延年、椿年
	【台灣彭氏大族譜】1971 年台灣彭氏大族譜.P56 ~ 62(續修族譜序)等資料,傳述延年公為構雲公一世之 18 世者有： (一)刺史源流譜系考　(二)吉康彭氏淵源集　(三)吉唐彭氏家傳事跡 Page.6.記載：宣公 1 世之 13 世嗣孫隆簡(鬱公長子),生三子,曰 14 世.披閱曰隆簡公,官馬步軍指揮使,東晉元帝大興(西元 318-321 年)時之官職.次子沂，即沿公本脈,該譜系 11 頁記載：構雲公 1 世之 11 世嗣孫次公，是嗣元公 10 世之子，即次公字宣義……. 次公生四子：長頤、次順、三頌、四顯． 西元 1928 年湖南青山彭氏敦睦譜續修記載：宣公 1 世之 13 世嗣孫隆簡公，子三:沂、沿、治．餘同台灣彭氏大族譜．

類　別	史　事　紀　實
	披閱該青山敦睦譜卷四源流圖 8-9 頁,嗣元(其他同)子一次，字宣義(以下同)子四：頣、順、頌、顯(宜教)·
二.史辯可證	一．壽公五代後周太祖廣順二年壬子歲西元 952 年任廣陵節度使，延年公 1189 年生，年差 237 年，又壽公與延年公相隔十代，以 30 年一代計算差 300 年，就延年公為構雲公十八世論，兩者相符，如延年公為構雲公十二世，壽公為構雲公九世，兩者相隔四世，一世 30 年論，則相差 120 年，858 年加 120 年為 978 年，延年公應在 978 年左右出生，而延年公在 1189 年生，1189 年減去九 78 年等於 211 年，豈延年公多活了二百多歲，不無疑問． 二．西元 1855 年湖南瀏南沙溪河口彭氏支譜：江西始祖構雲公之九世孫壽公之長子嗣邦(十世)，生於五代後晉出帝開運元年甲辰西元九四四年四月十五日，又壽公之次子嗣興公之三子明(十一世)，於北宋太宗雍熙四年丁亥西元 927 年進士，另嗣孫齊公(十二世)，於北宋大中祥符元年西元 1008 年姚榜進士，再壽公之四子嗣慶、五子嗣元，於西元 1022 年與 1023 年先後徙居分宜縣，此外有十五世孫忠念公，字君實，於南宋高宗元年西元 1127 年會元朝授朝奉大夫． 四．觀今宜鑑古，史書記載江西始祖構雲公六世彥昭公至九世壽公，僅五十餘年時光，歷經五代後梁、後唐、後晉、後漢、後周等五個短促昏亂王朝和十五個皇帝，宦海浮沉，風雲難測，為避免株連滅族大禍，背井離鄉，遠走異域，隱居山林，如師爽公至邦躍公支裔，兵禍及身而遠走他鄉，俟至局勢澄平巳數十寒暑，為不忘祖先傳承血統，多口述傳抄家乘，筆誤在所難免，時久雲煙，大多錯在朝代帝君名號，與六十甲子輪貫有關，加以歷朝變法頻繁，焚書坑儒，文字獄，文革災難禍患綿連，歲月如流，時光消逝，了無痕跡可資尋循補述． 三．2004 年冬彭伯良宗長回湘省親，訪尋獲得椿年公之子壽公 1770 年五修族譜，誠如瑰寶，　至珍且貴，其中世代交代清淅，明顯記載構雲公 17 代孫躍公三子：「祖年、延年、椿年」，此足證明延年公為構雲公十八代孫，可謂史實俱在，確切無訛．
三.古文物確鑿	1.【**彭族簡史兼序前修譜今建祠**】：彭凌雲著， 明顯記載宜公一世之 25 孫景宜公…..宜公之 43 世孫為延　年公(按先祖血緣輩份，即構雲公一世之 18 世嗣孫) 2.「**彭氏淵源集**」蘭公謹識， 山西宗祠記錄(見彭會資主編的益公彭氏族譜第七頁，並抄錄於後可供參考)．，其中明顯記載『延年公為構雲公第 18 氏』．廣東譜牒多有轉載，豈可突然一夕轉變，一躍而為構雲公 12 世，提出一些顧左右而言他，提出一些無直接明顯歷史記載史書，作為託詞． 3. 唐朝丘吳(江西)開基始祖構雲公流源 (彭家慶提供資料) 4.【**江西廬陵吉水分宜傳流詩**】 詩中明顯示延年公為構雲公之 18 世嗣孫 (1)該詩詞應為千年以前作品，惜未署名作者名字，但凡彭氏族譜幾乎都有恭錄，應非後人揑造，安能污衊不實． (2)詩詞中明顯記載構雲公嗣孫血緣名字，下面數字為構雲公嗣裔「世代別」，有軌跡可尋，豈可抹刷否認． (3)詩詞中【躍公，既為構雲公 17 世】，延年公為躍公之子，堪足證明延年公為構雲公 18 世． (4)依照時詞表列演繹，延年公世代血緣如下，無庸置疑． 構雲－玆－倜－輔－玕－彥昭－師爽－德顒－壽－嗣元－次－昌顯－昌－期－忠念－偉－邦躍－祖年、延年、椿年 (5)上述各節，足以證明延年公與其弟西元 1892 年湖南長沙椿年公之子壽公「信述堂彭氏五修族譜」　世代相符合，亦與下面第五頁各地族譜記載延年公為構雲公 18 世無異． (6)該詩詞至少數百年前所作，安能說千年譜牒是訛傳？

避	難	江	西	祖	構	雲	，	隱	居	不	仕	號	徵	君	；
					1										
玆	與	倜	輔	登	春	榜	，	安	定	王	玕	太	尉	聞	；
2		3	4								5				
太	保	彥	昭	官	一	品	，	領	兵	十	萬	樹	功	勳	；
		6													
數	傳	師	爽	德	顒	貴	，	壽	統	廣	陵	節	度	軍	；
		7		8				9							
更	有	嗣	元	詩	句	在	，	次	公	生	顯	派	支	分	；
		10						11			12				
昌	期	忠	念	偉	與	躍	，	誥	贈	屢	屢	墓	畔	燓	.
13	14	15		16		17									

記載延年公為構雲公 18 世彭氏譜牒

譜　牒　名　稱	時間	主　編	會　編　人
一．湖南長沙椿年公子壽公彭氏五修族譜	1770		
二．江西彭氏族譜(廣東分派福建譜序)	1829	彭聰敏	台灣新竹南寮譜載天祿公江西 1829 年彭氏族譜序
三．湖南瀏南沙溪河口彭氏支譜	1855	彭文馨	文松、文柏、文茂、文河、文杰
四．湖南長沙青山彭氏敦睦譜	1856	中一堂	高新堂校刊
五．台灣彭茂松公派族譜	1958	彭洶英	新竹南寮宗祠彭洶英等十六人
六．台灣彭氏大族譜	1965		
七．重慶市潼南縣桂林鎮彭氏族譜	1995		
八.．彭氏源流通譜	1998	彭伯良	
九．重慶市崇仁堂彭氏族譜	2004	彭家華	彭惠民 彭浩仁 彭明鴻 彭德善
十．福建彭氏族志			
十一．廣西鹿寨縣彭氏族譜	2005	彭志雄	
十二．中華彭氏源流譜	1999	彭建方	顧問彭伯良

譜 牒 名 稱	時間	主 編	會 編 人
十三．彭海康宗親 2005.7.17. 提供資料古廬吉水分宜傳流之圖證明江西始祖構雲公一世，延年公為 18 世		彭海康	
十四.據廣東通志三十一記載：潮州彭延年，卷六十一記載：浦口彭延年五言律詩： 浦口村居好，柴門鎮不扃，晴嵐深染翠，寒笋嫩抽青，酒筆騐吟倦，林風引睡醒，東堂清且泚，待創碧蓮亭．			

佐證延年公爲構雲公 18 世史料

彭氏淵源集

藍公謹識　山西宗祠記錄

緬我彭氏之先，本自黃帝胎息．吾宗始而昌意，而顓頊，生玉祝融氏，生六子，最季者曰陸終，陸終生子六，三曰籛鏗，為商賢大夫，有功封于彭城，子孫因以為姓，孔子詩稱竊比者．公娶四十九妻，生五十四子，壽年八百，歷商周秦，千有餘年，其枝派蕃衍，渺遠難記．溯其近可稽者，自宣公，字子佩，事漢成帝，任光祿勳右將軍，至漢哀帝，擢為大司空，公封長平侯．公以王莽專權，乃上印綬乞骸骨歸里，居淮陽，故以淮陽為郡．配施氏，封郡國夫人，生三子，三曰聖，任魏郡太守，避王莽亂，居隴西，故郡．又稱隴西云．聖之子曰業，業之子曰修，以孝聞仕郡，為功曹．修之子曰沂，任洛陽令．沂之子曰拒，任魏司業，復居水右．拒之子曰赴，任晉陽參軍．赴之子曰荏，任城都護．荏之子曰樂，仕北齊為佐命功臣，封陳留王．陳留王之子曰景直，事唐中宗，為禮部佐侍郎，其子曰構雲 **1**，修之八世孫也，隱居不仕．唐天寶中，奉詔至京，三十年，命以為官，辭不受，遣中送房嘉送歸，賜束帛副衣，敕其鄉曰昭軍鄉，即今袁州合浦是也．構雲之子曰茲 **2**，唐憲宗登進士第，任洪州豫章令．茲子曰倜 **3**，唐文宗登進士第，任宜春令，居廬陵山口，配郭氏，其子曰輔 **4**，唐懿宗登進士第，官至金紫光祿大夫，信州刺史．輔子曰玕 **5**，字叔寶，生于周文宗開成丙辰，歷宋梁後唐，仕至金紫光祿大夫，佐龍韜上將軍節度使，行軍司馬，檢校大夫，封安定王，配夏侯氏，封讓國夫人，繼配郭氏，封原國夫人，生十一子，五曰彥昭 **6**，朝議大夫，請江軍節度使，封太保太傅、尚書令檢校、駕部郎中，賜金魚紫袋．明宗應順元年，奉詔統兵，與兄彥暉公入江西袁、吉、撫州，遂檢量一道軍州．至漢乾祐三年，徙居廬陵沙溪，壽 119 歲，配九妻，生十五子、十三女，其九子師奭公 **7**，字元卿，生九子，俱登科，號為九子登科，又名九子知十州，是廬陵山口、吉水、分宜、廣東潮陽、揭陽、海陽、興寧、長樂、海豐、永安等處之始祖也．其子名德顯 **8**，字子昂，不仕．德顯之子，名❾壽 **9**，字德夫，號潛，生唐朝宣帝天佑．至廣陵節度使，生五子，四曰嗣元 **10**，諱士善，居廬陵山口、袁州分宜縣．五傳至忠念公 **15**，宋朝受朝奉大夫，配李氏，生二子，次曰偉公 **16**，誥贈奉議大夫（漏缺其子躍 **17**），三子，次曰延年公 **18**，號震峰，送景德進士第，累官五遷，任大理寺少卿，因諫訐旨，摘潮州軍事，尋加大理寺正卿，祀潮州名宦，誥封正議大夫，隱居揭陽浦口村，等等，村居詩五首，配黃氏、許氏，俱誥封夫人，入粵開籍之始祖也．

註：

一．「彭氏淵源集」原載光緒戊申年(1908)春月谷旦．重刊「彭氏族譜宗枝部本」，封面標明「太明朝天下天啟二年(1622)陸川縣文里村彭祠遣下置書，十三代孫際誠訂」．「誠記錄旹民申年(或民國九年庚申，或民國廿一年壬申)」

二．本文摘錄自 2003 年【廣西陸川、博白、浦北益公系彭氏族譜】，註釋更改文字，因編幅所限，未全照錄．

三．文中『嗣元，諱士善，居廬陵山口袁州分宜縣．【五傳至「忠念」】』係指【嗣元、次、顯、昌、期、忠念】．

四．文中『次曰偉公誥贈奉議大夫，生三子，次曰「延年」號震……』，其中漏缺列【⓰偉公子躍，躍公子延年】

五．據【廣西陸川、博白、浦北益公系彭氏族譜】註釋：蘭公，即是蘭史．「山西宗祠記錄」，山西宗祠在廣東省化州，為延年公第六子鑑公後裔所建．

六．由上文記載足可證明「延年公為構雲公 18 世」

構雲世代	1	2	3	4	5	6	7	8	9	10	11	12	13	14	15	16	17	18
延年血緣	構雲	茲	倜	輔	玕	彥昭	師奭	德顯	壽	嗣元	次	顯	昌	期	忠念	偉	躍	延年

彭氏先祖源流

十九世孫源鍾洛果編 (福建彭嘉慶資料)

我彭原出彭祖錢鏗。西元前黃帝公孫氏，居於軒轅之丘，(今湖南新鄭縣西北）立國有熊。正妃螺祖生子昌意（肇其）昌意生顓頊（永贊），顓頊生老童（卷章），老童女嬌生子，長曰重黎，為辛氏火正命曰祝融,童次子吳回我祖也,吳回（祝融）生陸終,陸終娶鬼方,懷孕三年,一乳而生六子,長子參明,次子樊,三子錢鏗封于彭城，以國為姓，即大彭．殷商諸侯國也，彭城即今之江蘇省銅城縣銅城之西，仍有一座大彭山，目前江蘇省徐州市公園之彭彭園內，建有彭塑像，塑像前紀載：八商賢大夫錢鏗，曆頁至商，年八百歲，少好恬靜，善導引行氣，精於調雉羹，封于大夫,因其道可祖，故謂之彭祖。塑像後面為彭園碑記，其側有唐薛能詩彭祖樓七律一首：

新晴天狀濕融副，徐園灘聲上下洪；極目澄清無限量，入懷卻好可鄰風；
身防潫倒師彭祖，妓雍登臺愧謝公；誰教此樓落惠我，萬家殘照在河東。

彭祖錢鏗年高七百六十一歲，為彭姓始祖。陸終四子永吉，五子曰安，是為曹姓，其後別氏曰，皆其後也，季連終之六子是為芊姓，其後別姓曰熊楚，是其苗裔，考試稱昔我皇伯父昆吾。錢鏗生三子名宣，宣有三子，長子武任右將軍，次子威南郡太守，從翟義起兵討王不克死。子子聖，魏郡太守，娶淮陽王之女嗣立長侯，子二：長子閎，治陰陽書，光武拜桓榮為博士，榮曰，臣不如同門生彭閎，因拜為義郎。聖次子業，任東郡太守嗣立侯，遭王奔篡立國除。業子名修字子陽，年十六隨父郡吏，路歸遇盜，曰此童子義士也，逐謝去。永平中任郡功曹，修生三子長曰治，次子沂為洛陽尹，修三子公。沂有生二子長抗，次拒字文陽，仕魏司業，子五起、肖、趟。拒之次子字仲適，任進陽参軍，生一子曰茬，城都蘆，子曰樂，任北齊酋命功臣，封陳晉王，子景直，事唐中宗，任禮部侍郎，生一子❶(1)構雲，生玄宗開元乙卯五月十五，隱居不仕，天寶中被召至，再赴南京十三年，遣中使房嘉送歸，加賜束帛副衣，號其鄉曰徵君鄉，今袁州合浦是也·配楊氏，葬東原，子五東裏、南容、西華、北叟俱失考·惟❷茲詳，下為江西廿蘆陵吉水之始祖焉。

②茲，構雲公之子，字世臣，憲宗朝登進士第，任洪卅進賢令配李合葬東原，子三長子伉，字維嵩，唐文宗朝與弟儀仝登進士第，有合浦賦青雲詩，官至大理寺評事。次子❸③倜（即我祖）字紛亂賢，唐德宗貞元七年登進士第，官宜春令，窮柄姿官，隱居廿陵五十九都，隱原出口，即今之古住場是也，七郭氏合葬本都佐蘆鐵芒,碣旗形令字穴封金華二峰,子三。儀茲之三子維獄,與兄伉同登進士,唐文宗朝,早夭。

倜有三子，長子次子❹輔字國相，唐懿宗朝登進士第，相公坪田裏，系排形,前有復船案，後有雙槳。迎五子十一孫個個坐專城，子生五子。倜三子霽登唐懿宗朝進士第。

④輔，為倜之次子生五子，長子璋又名虛。登唐僖宗朝進士官至檢校司空，袁卅刺史。次子玨，登唐僖宗朝進士第，官至金紫光祿大夫鎮遏使，三子彬，登唐僖宗翰進士第，官武昌軍節度使，行軍司馬，四子❺字叔寶,唐文開成丙辰曆朱梁,後唐仕至金紫光大夫,左龍韜上將軍,節度使行車司馬,特進檢校太尉,封定安王，明宗長與四年，壽九十八，葬長沙縣善化鄉集賢裏，後歸葬吉水折桂鄉峰口極源，風吹羅世口形,兌山卯向,配復侯氏,封譙國夫人,葬桌源,繼娶郭氏,封原國夫人,葬沙溪,沙台橫笛形,坎山午向,子十一人。輔五子瑊，為唐吉州刺史，後仕楚為象州刺史。

⑤玗，生十一子，長子彥武為武平軍，左廂都押衙，馬步軍都指揮使，封開國侯·玗次子彥暉，為光祿大夫，靜江軍右廂都押衙，彬州刺使·玗之三子❻彥昭（我祖也）朝散大夫,靜江軍節度使，太保太傅尚書令，檢校駕部郎中，賜金魚紫袋閔宗應順元年奉詔統兵十萬，與兄彥暉入江西袁吉撫州，遂檢量一道軍州鄉三十一部, 小佘原蟠龍形,兌山卯向,配大小闕氏合葬砂溪北岸,立旗形株稠企伏兔形,乾山巽向,九妻十五子十三女。玗四子彥文，為朝議大夫，靜江軍節度使掌書記。幹五子彥蛔，為兵部尚書，武安軍先鋒兵馬使，改工部淌書。玗六子彥晟，為辰州刺史,兵部尚書。玗七子為光祿大夫，檢校吏部尚書，守岳州刺史。玗八子彥旬為邵州長史,禮部尚書。玗九子彥琳為朝議大夫刑部尚書。玗之十子彥規為武安軍右押，衙都局使,道州刺史，太子賓客。玗之十一子彥澄，為駕州刺史工部尚書。

⑥彥昭公九妻十五子、十三女，長子師癢字元序，大厥氏生，官至唐州推宦，蔡州祿事，參軍砂溪，北岸祖。昭次子師遇，字元達，小厥氏生，宦至昭信守軍，招信縣承小溪山口及鏡祖。昭三子師簡，字元略,肅氏生，羅城香江祖。昭四子師望，字元明，小厥氏生，安祖彭山祖。昭五子師服，字元功蔡氏生，乳養居廖源早世。昭六子師孔字元道,大厥氏生,隴頭雙簷祖。昭七子師璉字元日,張氏生,沙溪社園中街。昭八子師旦字元清，大厥氏生，吉水隴頭祖。彥昭九子師奭❼

⑦師奭，字元召，諸葛氏生，（我祖是也）公生長京師，留心經史志歸隱原山口三十二歲卒,配諸葛氏,吳氏合葬本都,山口北山,五龍喜珠形,即今威德靈侯正殿亭,子一❽德顒。昭十子師孟籽元賢，韓氏後蘭源祖。昭十一師亮，元憲，龍氏生沙溪院背祖。昭十二子師浩，字元翰，張氏生赤岸長潭祖。昭十三子師建，字元立，張氏幾天赤長岸潭祖。昭十四子師範，字元訓，孔氏生，折桂鄉南坑祖。昭十五子師俊，字元傑，龍氏生，官至虔州司法，參軍，今表湖黃畔東羅、雙櫓、沙溪、水源、樂安、蘭源甯都、廖源、馬原、大田步諸處諸處祖。

⑧德顒，字子昂，子，早喪父母，賴繼母吳氏，撫養訓誨，五代時太尉與楊行密戰，敗從楚王于湖南，諸子或隨之，或分任他國，惟三子彥昭公，居永豐沙溪而隱，原山口無彭矣。至是大郎復遷隱，原山口大與第宅，用永和燒碧琉璃瓦，內多孔雀屏及牡丹花，大郎迎父母喪，合葬本都北山五龍喜珠形·配李氏，葬新淦縣五十七都，刀石後貴坑黑府廟前，魚塘口小山，于丙向，今屬夾江縣西九都。

德顒公五子：長子吉，字慶夫，居都陽，五世孫汝宋狀元及第；次子❾⑨壽，丙，廣陵節度使，娶李氏，壽六十有五，葬石礱湯坑·子五：嗣邦、嗣興、❿嗣元、嗣岩。顒三子堯，字欽夫，曾孫思永，登天聖五年進士第，知潮州府，仕至戶部侍郎。顒四子嘉，字信夫。五子喜，字正大，居豐塘，十九世孫正甫，為湄刺史，監左莊庫事，次郎方向。

⑩嗣元公，諱士善，字元亨，先居廬陵山口，宋初徒居袁州分宜縣之漳源，葬本處寺罔下，今龍堀·娶劉氏，葬本處金坡山·子一名⓫⑪次，字宜義，葬本裏樟樹下蛇形右眼穴·娶劉氏，葬八都太尉廟前,，四長臣止，三頌止·四子字宣教，娶戴氏，夫妻合葬本裏澤上·子三。⓬⑫顯，字秀興，長子也。景字興仁，次子，九世應雷，字震卿，號艮堂，為象州知州，⑬三子昌，字興高，葬本裏山源塘背，娶謝氏，葬社下蕉桐坑·子四：長子覺，次子安，四子稽，俱失詳。⑭三子期，字子春，葬本處東山，娶劉氏，葬桃源壟坑，子三，三衛俱失詳，第三子⓯⑮忠念，字君宴，授朝奉大夫，娶李氏，生子二，長子照失詳，資助子⓰偉生五子。

⑯偉，忠念二子也，生有五子，長曰邦定，次邦實，四邦基，俱失詳，五子邦介，獨三子⓱⑰邦躍，號匡山，誥贈大理寺評事，加贈奉議大夫，娶周氏贈恭人生三子。長子**祖年**，字正仲（我祖也），任郡武府儒學教授，子二，長應綱，任臨江府教授，次受字爾修子一，應承，⓲⑱**延年**次子，字舜章，號震峰，別號竹甫，生祥符二年乙酉三月十七子，由江西廬陵籍登宋進士第，受六道誥，初任福州推官，次任大旦寺評事，三任秘書郎，四任大理寺少卿，五任潮州府知府，平倭寇有功，召掌大理理寺卿,詣厥職，欽賜一品服色充使契正使，致仕誥賜紫金帶，一龍食田百，元佑紹聖時，屢疊誥賜襲衣金帛鈔弊，仕潮事功俱載潮志，永祀潮府名宦祠，壽八十有七，卒紹聖乙亥八月初三辰·配許氏，誥封高楊夫人，繼黃氏誥封江夏夫，合葬揭揚孚丘山，子六為潮州始祖。**椿年**三子舉明。

應承之子曰澤，澤子曰啟，子曰念五，又名廿五，五子直夫，諱百福，百福生三子，長子足翁，諱奉，為江蘇江寧縣西南橫塘始祖。次子呂忠，泗有子二，慶公即我祖，開基霞碧，南箕系也，支詳在外載。

註：上述「彭氏先祖源流」是上古文獻，世代血緣無缺，更足以證明延年公為構雲公 18 世。

構雲世代	1	2	3	4	5	6	7	8	9	10	11	12	13	14	15	16	17	18
延年血緣	構雲	茲	倜	輔	玗	彥昭	師奭	德顒	壽	嗣元	次	顯	昌	期	忠念	偉	躍	延年

唐朝丘吳(江西)開基始祖構雲公源流　　福建彭嘉慶

一世祖構雲：　號遷檻，別號夢鯉，景直之子，唐元宋開元 23 年乙慶進士第，袁州刺史,唐天寶三次召京辭之，後送歸為徵君鄉·配歐陽氏，封一品夫人，生五子：東裏、南華、西華、北叟、中理。(壽 93)四女。

二世祖中理：　諱玆字世臣，構雲五子，唐憲法宗元和元年丙戌進士，官江西南昌府進賢縣令，敕授文林·配李氏，敕授孺人·生三子：伉、倜、儀·壽 96

三世祖倜：　字維賢，號越卿，玆次子，唐德宗員元六年庚午號史伉同榜進士，官江西袁州府宜春縣令，後誥封金紫光祿大夫·配郭氏，敕授孺人誥封一品夫人，生三子：�、輔、軸，四女，(壽 80)(夫人壽 87)。

四世祖輔：　字國相，號宣成，行寶二，系倜公次子，唐武宗會昌四年甲子進士第，官信州長史敕金紫光祿大夫·壽 75,五子 13 孫,個個坐牆城，配李氏，敕授一品夫人，生五子：玨、瓊、璋、玕、瑊·　二女，壽年 77。

五世祖玕：　字叔寶，號國勳，別號國材，長公四子，唐懿宗鹹通七年乙酉登進士第，平亂有功，官升鎮南軍節度使，唐昭宣帝天佑三年丙寅淮南數萬陷洪州，命公平之守洪州刺史，進爵隴西開國候·唐長興三年壬展封安定王，壽九十八歲，葬江西吉安府吉水縣折桂鄉二九都·
原配夏候氏，譙國夫人，繼配郭氏，封原夫人·生 11 子：彥武(旺)、彥暉、彥旼、彥晌(昫)、彥晫(　)、彥晠、彥晽(淋)、彥昇(琛)、彥規(曉)、彥瞪(澄)，13 女。(六尚書)

六世祖彥昭：　玕公三子，唐昭宗朝散大夫，靜江軍節度使，太保，太傅，尚書，令檢校駕部郎中，徙居廬陵沙溪，享年 119 歲·配九妻：大厥氏，小厥氏，肖氏，蔡氏，張氏，諸葛氏，龍氏，孫氏·
生 15 子：師庠、師璉、師建、師奭、師遇、師旺、師孔、師簡、師服、師旦、師孟、師亮、師浩、師俊、師範。

七世祖師奭：　字元召，彥昭公九子，葛諸氏生，公生長京師，留心經史，志為隱原山口，配講葛氏，吳氏，生一子德顯　。

八世祖德顯：　字子昂，師奭子，諸葛生，早失母，賴繼母吳氏撫養訓誨·配李氏，五子：吉、壽、堯、嘉、喜。

九世祖壽：　字慶夫，次子，更名潛，官廣陵節度使·娶李氏·生五子：嗣邦、嗣興、嗣簡、嗣元、嗣嚴。

十世祖嗣元：　諱善，字元亨，光居盧陵山口，系壽四子，宋初徒居袁州分宜縣之漳源，立有始祖祠，要劉氏生二子，長子長早世，次子名次

十一世祖次：　字宣義，嗣元次子，要劉氏生四子：頤、順、頌、顯　。

十二世顯：　字宣教，次公次子，娶載氏生三子：曇、景、昌。

十三世昌：　字興高，顯三子，配謝氏生四子：覺、安、期、稽。

十四世期：　系昌三子，字子春，取劉氏生三子：淵、衛、忠念。

十五世忠念：　字君實，期公三子，授朝奉大夫，配李氏生二子：照、偉、公在袁州府分宜縣漳源立有支祠。

十六世祖偉：　系忠念公次子，配宋(鍾)氏，生五子：邦定、邦實、邦躍、邦基、邦介。

十七世祖邦躍：號匡山偉大公三子，初授大理寺評事，加授奉議大夫·配周氏，贈恭人·生三子：祖年、延年、椿年。

十八世祖祖年：字正仲，躍公長子，任郡州武丹儒學教授，生一子應(長沙譜名壽)，其裔孫江西省袁州分宜漳流。

十九世起～二十七世，其中九世譜載失說，故也未詳·只載祖名及子名矣·

廿一世祖應承：生一子，曰譯；

廿二世祖譯之：子啟。

廿三世祖啟公：

廿四世祖啟：　生一子曰念五,

廿五世祖念五：又名二十五公，生一子直夫·

廿六世祖直夫：諱有福，生二子：足翁，呂忠。

廿七世祖足翁：諱百福，長子，為江蘇江寧縣西南橫塘始祖。

廿八世祖呂忠：百福公次子，子慶公，洪武初扒軍入泉，後入德化開拓霞碧南箕系始祖也。

註：「唐朝丘吳(江西)開基始祖構雲公流源」一文，將各世代先祖交代清清楚楚，18 世祖祖年公為延年公兄長，安能說延年公不是構雲公 18 世·

漫談延年公　　彭建方

一·歷史上〔延年〕同名者甚多：

北宋延年公，江西盧陵人，據欽定四庫全書史部地理類都會群縣之屬廣東通志卷 26 記載：北宋仁宗皇祐元西元 1049 年進士任知循州軍州事·有譜載延年公係北宋真宗大中祥符二年己酉歲西元 1009 年三月十七日生，歿於北宋哲宗紹聖二年乙亥西元 1095 年八月初三日時·

南宋延年公，南宋孝宗淳熙 16 年己酉歲西元 1189 年三月十七日子時生，南宋恭宗德祐元年乙亥歲西元 1275 年八月初三日辰時歿·

據廣東通志 31 記載：潮州彭延年，卷 61 記載：浦口彭延年以上五言律：〔**浦口村居好，柴門鎮不扃，晴嵐深染翠，寒笋嫩抽青，酒筆驗吟倦，林風引睡醒，東堂清且泚，待創碧蓮亭**〕，足資證明延年公為南宋人·

二·壽公五代後周太祖廣順二年壬子歲西元 952 年任廣陵節度使，延年公 1189 年生，年差 237 年，又壽公與延年公相隔十代，以 30 年一代計算，差 300 年，就延年公為構雲公 18 世論，兩者相符，如延年公為構雲公十二世，壽公為構雲公九

世，兩者相隔四世，一世 30 年論，則相差 120 年，858 年加 120 年為 978 年，延年公應在 1978 年左右出生，而延年公在 1189 年生，1189 年減去 978 年等於 211 年，豈延年公多活了 200 多歲，不無疑問．

三．西元 1855 年湖南瀏南沙溪河口彭氏支譜：江西始祖構雲公之 9 世孫壽公之長子嗣邦(十世)，生於五代後晉出帝開運元年甲辰西元 944 年四月十五日，又壽公之次子嗣興公之三子明(11 世)，於北宋太宗雍熙四年丁亥西元 927 年進士，另嗣孫齊公(12 世)，於北宋大中祥符元年西元 1008 年姚榜進士，再壽公之四子嗣慶、五子嗣元，於西元 1022 年與 1023 年先後徙居分宜縣，此外有 15 世孫忠念公，字君實，於南宋高宗元年西元 1127 年會元朝授朝奉大夫．

四．觀今宜鑑古，史書記載江西始祖構雲公六世彥昭公至九世壽公，僅 50 餘年時光，歷經五代後梁、後唐、後晉、後漢、後周等五個短促昏亂王朝和十五個皇帝，宦海浮沉，風雲難測，為避免株連滅族大禍，背井離鄉，遠走異域，隱居山林，如師奭公至邦躍公支裔，兵禍及身而遠走他鄉，俟至局勢澄平已數十寒暑，為不忘祖先傳承血統，多口述傳抄家乘，筆誤在所難免，時久雲煙，大多錯在朝代帝君名號，與六十甲子輪貫有關，加以歷朝變法頻繁，焚書坑儒，文字獄，文革災難禍患綿連，歲月如流，時光消逝，了無痕跡可資尋循補述．

五．修譜如治史，影響至深且遠，以治史慧眼，必須客觀公正，求真求實，不偏不倚，小心求證，嚴謹探索．彭伯良宗長與編者，為查考「延年公世代」，奔走台灣大陸各地圖書館，拜訪彭氏賢能哲士，搜尋不同族譜，校對查考，考證廿四史、廿五史、清朝欽定四庫全書等各種史料，證實延年公為江西始祖構雲公十八世裔孫，於南宋孝宗淳熙十六年己酉西元 1189 年三月十七日子時生，南宋恭宗德祐元年乙亥西元 1275 年八月初三日辰時歿，享壽 87 歲．

彭伯良宗長為審慎考證求實，1999.12.25.至 28，專程由台灣去江西萬載，拜訪「贛湘粵桂蜀閩台七省聯宗譜編纂委員會」彭偉佐理事長等修譜諸宗長，共同鑑定延年公世代．彭偉佐宗親所示族譜，大多是西元 1949 年大陸解放後簡體字支(家)譜，五本殘缺不全解放前舊譜，其中僅一本記載延年公為宋祥符己酉年三月十七日生，宋恭宗德祐乙亥年卒．

六．認延年公為構雲公 12 世者，截至目前為止，尚未見明確史實依據可供佐證憑考，然上海圖書館、湖南圖書館尚珍藏有「西元 1770 年湖南善化(長少)坪山彭氏族譜(椿年公之子壽公世系)」、「西元 1855 年湖南瀏南沙溪河口彭氏支譜」、「西元 1856 年湖南長沙青山彭氏敦睦譜」，譜中均明確記載延年公為構雲公 18 世，史實諸在，明證可考，同時依據延年公先祖血脈源流演繹，再核對黃帝紀年表，揆諸史料鑑定，延年公並非生於北宋真宗大中祥符二年己酉公元 1009 年三月七日，亦不是構雲公 12 世．觀今宜鑑古，任何史書記載，必須有據可尋．惜少數譜牒或專文論者，未能客觀翔實評量歷代寶鑑，審慎參考古本彭氏古譜，誤認延年公為構雲公 12 代．姑不論延年公為構雲公 12 世、抑 18 世，深切期盼彭氏後代子孫，尤以延年公後裔，及史學族譜研究者，客觀謹慎，再深入廣泛蒐尋資料，小心求證，深入探討，以求其真．考證公認確定後，再行補述開派始祖少典、黃帝、受姓彭祖．江西始祖構雲公世代。

七．歷經考證，博覽族人 1949 年以來新近編纂家乘譜牒，與幸存古本老譜交相對照，北宋、南宋兩朝代有二位延年公，都是江西廬陵人，出生、學官、致仕、卒歿葬地、配偶，但有差異，惜未詳細述明，而年歲差距三個甲子，計 180 年，由上述即可知之．至於其他同名為「彭延年」者，根據現有搜集的族譜資料，有三十餘位「延年」之名者．

八．強調延年公為構雲公 12 世者之論證，多是旁敲側擊，無一正史史證，似有待進一步深入審慎探討追考的必要，務必以史實為據，參閱歷代古本彭氏老譜史書，求其真諦．

１．彭伯良宗長為延年世代問題，數度去大陸各地查訪，1999 年冬，親自攜帶「青山敦睦譜」古本老譜，專程由台灣去江西萬載「贛湘粵閩桂蜀台彭氏聯宗譜」修譜局， 專程拜訪江西七省修譜理事長彭偉佐宗親，兩人澈夜就古代彭氏譜牒研究探討、交換意見，盤桓四天，彭偉佐宗長當時確認「青山敦睦譜」為真實難以獲得之歷史資料，認同延年公為構雲公 18 世為有力憑證，可作為族人編譜典範．可是嗣後彭偉佐思考迷亂，受人蠱惑，聽信讒言，否定自己前認定，不依據史實，將延年公列為構雲公 12 世，此乃日後延年公世代諮議亂源之由來。

２．伯良、建方為尋求延年公史證，歷經搜尋四庫全書、廿五史、資治通鑑等古史文獻，仍難尋出延年公為構雲公 12 世之直接確切證據．

九．其他佐證：

1. 宣公一世之 14 世嗣孫「沿」，字億鈞，行百二,東晉穆帝升平時(西元 357 年至 361 年)人，官常博士．配柏氏子一進，是 13 世隆簡次子．
2. 2005.7.17.彭海康宗長來長沙提供資料世篇 80-81 頁，北宋 10 世嗣元公是構雲 1 世之 9 世壽公五子：
3. 10 世諱士善先居廬陵山口，宋初遷居袁州分宜縣之漳源，娶劉氏，子一次，生二子：沿、汾.
4. 11 世躍公(嗣元公長子)諱沿，字匡山，號伏庵，誥授大理寺評事，加贈朝議大夫，配周氏，贈恭人，生三子：祖年、延年、椿年.
5. 11 世汾公(嗣元公之次子)，字宜教，卒葬梓樹下蛇形，妣劉氏，葬八都太尉廟前，生四子：順、□、頌、顯.
6. 依據電腦網路紀載，可說全部普遍記述「彭延年為構雲公十八世」孫，族人可上網查詢．
7. 數百年前江西、福建等各地老譜譜序、詩詞、文獻，均明顯記載延年公為構雲公 18 世，豈各都有差錯？

十．延年公世代問題，眾說紛紜，以構雲公 12 世、15 世、17 世、18 世，皆有之，孰是孰非，尚未定論，依據 彭伯良宗長與建方幾年來多方蒐證，以現有資料考證憑論，延年公為構雲公 18 世較為可考，但究竟延年公為構雲公那一世，仍待族人蒐尋史實依據，共同深入探討，求真求實．

認證延年公爲構雲公第 12 世史證 (轉錄各譜及專文論述)

(1)「刺史延年公家傳實錄」　張書鯉

一・應該是汝方公四世孫，名大雅(非侄天雅)，號大極翁，為蜀安撫史・

二・僅敘述至延年公八世孫，伯齡公一子玉，伯富公(皆為宗慶公之子)，有九子克字輩排名，伯斅公(宗夔公子)有六子，汝字輩排名・此距延年公已 500 餘年，九世孫之後的祖名，應是後裔子孫牽強附會上去的・例如：我族原譜，從宣公世孫修公以下，就寫到第十四世，治、沂、沿三公寫為修公之子，之後，又兩處斷代至廿五世景直公，僅有十世祖名，僅交待樂公六世孫名景直・可想其錯訛程度，如今此現象亦不少・八世克智公，生於 1220 年，汝綱公亦八世，但其中子仲球卻生於成化丁未年西元 1487 年・如無紀元年可考，怎能知道出了錯訛・又子開公之子，並非允成公；我族法任公一百多年後的通公，卻也寫成了法任公之子・另有五世祖宗能不列入世次嗎？尤其應注意銳公行三，鑑公行六，親兄弟僅差八歲，九百多年間，能出現十世約三百多年的大落差嚜！如果兄弟倆是南宋人才七百多年，又怎樣解釋得明白呢？

(2) 宋潮州刺史延年公傳略　林紘　拜撰

震峰彭公者,江西廬陵人也。諱延年,字舜章。其先漢長平侯宣,居淮陽。九世孫樂（編者注：宣公至構雲公原十五世,後經考錄為二十五世,故應改為十九世孫樂）,仕北齊佐命功臣,封陳留王,居安定。樂之六世孫景直,仕唐為禮間侍郎,居河澗。子構雲,避天寶之難,遷江右,又四世為後唐安定王玗,居廬陵之山口。安定王,子 11 人皆檢校、太傳、太保、六曹尚書、諸鎮刺史。孫二十七人,相繼登進士第為顯宦。曾孫德顒,為廣陵節度使,生五子：長吉、次壽、三堯、四嘉、五喜,皆李氏出。吉字慶夫,居鄱陽,五世孫汝礪,治平間狀元,官至吏部尚書。次汝方進士,知衢州,賊陷城,罵賊而死。壽字德夫,為廣陵鹽倉大使。堯字欽夫,曾孫思永登天聖五年進士,慶曆間知潮州府,仕至戶部侍郎。嘉字信夫。喜字正夫,居豐塘。震峰,即廣陵鹽倉大使壽之後也。世居廬陵,數傳至公。父諱躍,號匡山,後以公貴,贈大理寺評事,加贈奉議大夫；母周氏,贈恭人。生公昆季三人,長祖年,任邵武府教授,子應綱,臨江府教授,俱以文學著。次即公。季椿年,舉明經。公之生也,祥符二年巳酉（1009 年）三月十七子時。匡山公先一夕夢,箕星下堂宇,取而抱之,懷覺異之,以為得子必顯,即應公也。

公幼勤學善文,六經子史,研究甚精,于《易》有獨契,嘗曰：“《易經》不須注,但熟讀則見,互相發明,無不相通而皆一,乾元亨利貞之道,文淮先秦兩漢,六朝以下弗屑也,聲詩以李杜為宗。”歐陽文忠公,見公所賦詩,稱讚不巳,謂必名今傳後無疑也。

後果領鄉薦登進士第。時上召問,據經以對,欲擢館閣而未果,最後召至隆儒殿,殿在邇英苑中, 人且疑大用,未幾特授福州府推官,勤於案牘,未明求衣,尤詳聽覽,雖窮民賤胥,鹹得輸其情理。有系重囚,而囑州守置酒宴者,公卻之,繼且諭之,皆悔懼,由是咸修其職。嘗有鵲集鳴堂前,其聲哀,令隸隨之去,得鄰側之盜二雛食者,治之,鵲始飛去。有勢家橫裏中,州守不敢問,公怒置於理籍,所奪田若千畝,歸之民。郡多暴柩,以理論葬。郡多僧尼,悉令婚配。禮倘氣輕生,與人訟,輒自飲毒死,誣人殺之,公讞白其故,活者甚眾,而俗亦為之改。值歲旱,郡遣吏視苗傷,吏輒承臨司風旨,不敢多除稅,公受檄複案歎曰：“旱勢如是,民食巳絕,倒廪賑之,猶懼不克濟,尚可責以賦耶！”行數日盡除之。會朝廷遣賑貸,公為言民間利病,使者歸薦之,遂擢大理寺評事。

持法堅正,又務原人情。泗州船兵赴汴,坐盜米死者數十人,公議以為米來遠,盜者非一日,如必議臟於所販米之州,則殺人多矣,複之免死五人。儂智高反,掠嶺南,諸州吏棄城者數十人,皆麗於法,公議所守者城固兵足用也。嶺南兵與城不足恃,奈何以常法置之死,上亦憐之,數十人皆免。時有司以天下讞獄失出失入者同坐,公駁之曰：“先王重入而輕出,恤刑之至也,今一旦均之,羣法吏自是不復與生,非好生治民之意也。”會青苗法行,公因奏事,遂言祖宗之制,原無輕改,語極剴切,上慰勞甚久,命直秘閣俸以承支。會修英廟實錄,命公檢討故事,與廣陵孫洙,俱以博學,數被禮遇朝廷,每有疑義,輒就二人咨訪之,上嘗從容語及知人之難,公曰：“堯以知人為難,終享其易,願觀詩書之所任使,無速於小功近利,則王道可成也。”尋遷大理少卿,奉命錄囚,畿內多所平反,有馬保兒者,報父仇抵罪,公上書謂君父之仇必報,反復累百言,保兒遂得免死。有後母誣子不孝者,力為昭雪伸冤辨枉。全活甚眾。熙寧九年（1076）春二月,詔公督漕,內侍李某者,奏請沿汴置鋪,挽漕舟歲可省卒六萬,詔公與李侍會議,公發八難,李皆不能複。公因言陛下幸察用臣,不宜過聽小人,妄有所變,更以誤國計,於是侍言不復用,而漕亦無所廢。其後江淮旱蝗,公請遺使巡行未報,乃請問曰：“宮中半日不食如何？”上慨然乃遣使倉賑恤,流民歸而複業者三千餘戶。又奏除鹽逋課,數萬江淮之民始終蒙其惠焉。時王安石用事亦重公,諷之曰：“子少親我,即階顯列矣！”公笑而不答,安石銜之,遂出公知潮州。

方入境,至梅州界上,饑民嘯聚,公曰：“吾赤子也。”遣將招諭,得丁壯萬餘。時民皆以青苗之法告困,公惟視民所欲,不強以必從。諸道奉三司檄下責羨財,公獨以賦數民貧為對。潮故額茶鹽二價,歲共為錢二萬緡,後屢增至八萬,開告訐緡以求羨,公曰：“希賞以擾,二民吾不為也。”卒如故額。其白　有雲：“興利民之惠有限,不擾民之惠無窮。”事遂寢。元豐二年（1079 年）海夷入寇,潮循二州受禍尤慘。公策曰：“擊來船一,較去船十。夫來船朋倭而力聚,去船脅從而眾。分擊來船者,鋤根消萌,擊去船者,雖勝之,民巳殘矣。”遂下令分將擊來船。凡柘林碼頭營之堵截無出,公奇劃者前後斬獲甚多。元豐四年（1081 年）邕州余黨史一郎,誘交趾複寇循州,尋入潮之赤砂、澳大、金門等處,時廣東轉運使王罕行部在潮,與公協謀　賊,王總舟師,公掌陸師,遂夾攻破之。五年壬戌（1082 年）,大水堤崩,溺民田舍,民至棄家舍業以避,公為之修築,計若干裏,民遂複業其所。處置工費大半出於俸金者,十之二悉遵侍郎思永公知潮州時修堤之制也。又出錢營藥劑,以給疾病之民,所愈至不可勝計。六年癸亥（1083 年）,汀、虔二寇聚掠循梅二州,複引海盜許益、黎貴,分寇甲子門等處,意謂一鼓可吞潮循也。公預簡士卒,募驍勇共得二千餘人,部伍嚴明,防禦複備,賊薄城,輒敗之。公乘勝出戰,於橋射其當先一人斃之,賊少卻。公曰：“彼眾十倍於我,然兵在智,不在力。”乃設伏城西南。賊至伏起,殺其驍將,又選勇士夜焚其營,賊始遁。未幾,悉其黨以來,城中糧且盡,人無固志,公流涕屬耄儒將校而盟曰：“士死志,將死鼓,臣死君,子死父,生人之大節也。若夫弁耄綱常,傳舍朝闕,與世轉凡,哭涕哪哪而耄焉以終者,何以自立於世？”諸耄將士皆感激,誓死以從。凡四大戰,公皆躬犯矢石,數出奇算勝之。嘗被賊斷一指弗雇也。城中國久汲絕,公令浚井三十六口。是歲大　,民無半菽,公條劃煮粥事甚詳,賑其眾。當兵荒之際,而民免於饑渴,公之力也。驛奏上賜璽書褒諭,召掌大理寺事,潮民老幼遮道涕泣,至扳留累日不得去,公乃留其子銓、　等六人,夫人許氏、黃氏,居於潮,而單車詣闕辭職　。上憐其才,欽賜一品服色,命充正使,使契丹。虜主聞其名,親獻玉卮以欽之,顧左右曰："有臣如此佳哉！"贈馬四黃,遣二虜使送之歸。由是名重京師,當事者忌之,遂致仕隱居潮之浦口村。時宋神宗元豐七年（1084）,上誥賜紫衣金帶一襲,食邑田百畝,公建四望樓,構碧漣亭,園中藥圃,軒有東堂,左松右竹,負丘面澤, 有書在架,有鶴在庭,命車載酒,社友聚應於德星,牧唱漁歌,忘返適情於伏臘。論者方之漢疏廣雲：公所詠有《浦口村居好》詩五首,載之《三陽圖志》。

夫人許氏生於祥符五年壬子（1012）五月十六卯時,先公卒,繼聚黃氏,俱誥封夫人,皆助公廉者。元祐二年（1087）誥賜襲金衣帛,紹聖二年（1095）誥賜鈔幣,是年八月初三日辰時公卒,享年 87。明年葬於浦口之浮丘山,山在紫金峰之陰,相傳浮丘翁曾遊於此。公生前自擇佳城焉,形取寶鴨,手植蘭木千章,兩肩封土為識,重崗旋其左,長江繞其右,實一方之勝概也。公六子,長銓大學生,娶廬陵歐陽氏侍講學士歐陽玄之從姑。次　,中治平丙午（1066）鄉試第二,任福建古田縣令。三鋭。四　,皆博士。五　,中神宗熙寧巳酉（1069）鄉試第一,任湖廣桂陽縣令。六鑒,大學生。孫六人。皆岐嶷傳衣缽器也。

西曆官五任,計 35 年,皆有大功德。其為理也,以剔奸辨冤為務。其為首也,以重農袪弊為先。其禦亂也,以得人心,修武備為本。民頌之曰："解結理絮,惟我彭公；複我生我,有我彭公。"公賦詩雖老不廢,識者謂有元和詞人氣格。所著述,自為機軸,不落蹊徑。凡有章奏,輒自焚其稿,雖子弟不得聞。蓋慎足以成謀,寬足以包荒,敏足之奠麗,惠足以城休,恭足以循下,廉足以造哲。六者政之善物,民之毗也。至於乘時濟蹇,決策先驅,自非風之精,而守之毅,豈能剛腸裂膽,視死如歸。百世之下,足以興下,頑廉儒立哉！！

嘗從公講學,立雪門下,而學士歐陽玄與公世姻,實　之舉主也。以故得公之世系,履歷益詳，於是為之傳。

皇宋元符二年巳卯（1099 年）春賜進士　出身左庶子秘書監丞潮陽後學　林紘拜撰

註　林紘撰撰〔宋潮州刺史延年公傳略〕，經查其乃延年公學生，為其寫傳歌功頌德的史事中，皆為北宋年號，公忤王安石乃歷史名人，公僅 87 歲，怎能活到 1275 年，去忤撞死去已 190 年的王石公呢？

「江西分宜彭氏重修家譜序」歐陽修公撰，有「*漳源之彭與防里之歐，相距一水，世代婚姻*」，北宋歐陽修公生於 1007 年，長延年公二歲，為表兄，難道會有大於八二歲的表兄吆？

(3)「江西分宜彭氏重修家譜序」　歐陽修公撰

有「漳源之彭與防里之歐，相距一水，世代婚姻」，北宋歐陽修公生於 1007 年，長延年公二歲，為表兄，難道會有大 182 歲的表兄吆？(按歐陽修與延年公為姻親，史書傳記無從查考)

(4)摘節「湖南通史」古代卷第 513 頁　歐陽玄

歐陽玄(1272~1357)，字原功，湖南瀏陽人．延祐二年(1315)進士，授岳州路平江州同知．歷官國子博士、翰林院待制兼國史院編修官、翰林直學士兼國子祭酒、翰林學士承、遼宋金三史總裁官，特授湖廣行省右致仕．著有「圭齋文集」16 卷、入「四庫全書」、「元詩選」錄有古近體詩 42 首、「沅湘耆舊集前編」收其古體詩 20 首、近體詩 86 首、詞 4 首，「王金元詞」輯入「漁家傲」12 首．

歐陽玄仕途通達，以布衣躋身高位，其詩多官場酬和之辭，也有少寫景咏物之作，題材廣泛，內容比較充實，但字裡行間，常常流露出一種躊躇滿志的神情．

註釋：一．延年公為 12 世者云「延年公生于 1009 年，卒于 1095 年」．查上述歐陽玄生歿「1272~1357」，兩者相差二百年，其寫「分宜彭氏重修家譜序」，應係他人仰慕其名聲，祈代寫序，資料當為旁人提供，按常情推理，他怎會去詳察延年公世代與出生年月日．足見其主張延年公為 12 世有誤．

主張延年公為 12 世者所云：北宋歐陽玄寫「分宜彭氏重修家譜序」，經查歐陽玄 1272 生，1357 卒，其時為南宋，非所云北宋，足證其所言有瑕疵．

(5)「彭氏惠潮始祖延年公道碑文」

為彭庚煌公撰寫，在公任大理寺丞間「上命直秘書寺丞令修『英宗實錄』(英宗在位 1064 至 1067 年)，說明公在英宗死後的神宗熙寧僴間(1068 至 1077)參與了『英宗實錄』的整理與編寫，神宗的元豐年間(1078 至 1085 年)出任佑潮州府事，是在宋哲宗紹聖二年(1095)年去逝的．」

四百多年前的先祖，寫序與續譜，受當時時代背景局限，比於今存在諸多困難，交通閉塞，有識之士不多，能續譜者更寥寥無幾，尤其我廣東族，從北宋、南宋、元、到明初四百多年間，均不見有修譜序文出再出現．明朝中後期的正德十六年 (1521)、嘉靖六年丁亥(1527 年)、萬歷元年癸酉(1573)、及七年(1579 年)，才出現有幾篇譜文，且係追敘之文．與口傳實錄有關，難免不出錯訛．民國元年方才在我國使用公元紀年的，憑帝號、干支是難看出時間破綻，又存在絕大多數先祖在世間，無帝號、又無干支的時間記載，後世續譜照原樣抄錄，亦無法考證．時間越久，轉抄續錄者愈抄愈多，則越傳越廣，憑近二、三百年間之譜，大多為訛譜，去鑽牛角尖，是無法找到出路的．我們雖不能做歷史的罪人，但亦不能作訛譜流傳的繼承傳播人，而貽誤千萬世後裔子孫。

(6)　「粵東彭氏族譜序」　梁儲　1465 年

一．「師奭公有九男一女俱登科，號九子十知州．」譜系中言公 23 歲卒，僅有一子名德顯．多譜流傳至今均如此，並無第二子名．

二．「躍公有四子，三子舜謨，諱思永，字季長，號永年，贈光祿大夫、隴西開國侯，配晏氏，名容，生二子一女，適宋之大儒程明道．」此思永公乃彭氏創修族譜之人，乃吉、壽、堯、嘉、喜，中堯公之四世孫，說成了我延年公之三兄，扯在一起，延年公乃壽公之四世孫，躍公之次子才對，世系不一，足見有錯訛存在．「彭氏源流族譜系考」彭桓公撰文：

三・同上亦有「師奭公娶諸葛氏生九子(譜系中僅生一子德顒，已公早卒，繼娶吳氏)俱登科第，號九子十知州」・
四・「而來守潮郡之延年，則壽之 10 世孫也」・此一段譜文，誤導了廣東族近五百年之久・
五・彭桓公，字景武，為師旦公之 19 世孫，乃接續「成化間有曰伯瑛者，尚能一錄其世次，以續其後，猶未蔓公於眾，以鐫諸梓(估計此時已開始錯訛，成化乃 1465 至 1488 年)迨至居，敬遂起重修之謀・」(約又過去了 50 年左右)，即 1527 年之前，才又接續修譜的・

(7)「惠潮彭氏族譜序」　　羅佩　1519 年

中交待『在明正德十四年己卯西元 1519 年冬走盡千里，有先輩彭大參與嬻其前，於嘉慶戊子西元 1528 年之春受禮(準備脫稿)，余典校歷代宗脈以序其後，受托以來常恐弗克稱意蔓戾名教，故敢借口于宗法譜為之序・偌文字之差認殘缺，則謬以己意輯之，宗脈世次斷(說明有佚載)則斷以歐陽公之法，五世一新(可惜,即佚載不稽)庶幾而已！』從羅佩公已將廣東族八、九世之後無記載的祖孫「五世一新」而排除在外・

(8)「彭氏源流族譜系考」　　彭桓

一・同上亦有「師奭公娶諸葛氏生九子(譜系中僅生一子德顒，已公早卒，繼娶吳氏)俱登科第，號九子十知州」・
二・「而來守潮郡之延年，則壽之十世孫也」・此一段譜文，誤導了廣東族近五百年之久・
三・彭桓公，字景武，為師旦公之十九世孫，乃接續「成化間有曰伯瑛者，尚能一錄其世次，以續其後，猶未蔓公於眾，以鐫諸梓(估計此時已開始錯訛，成化乃 1465 至 1488 年)迨至居，敬遂起重修之謀・」(約又過去了 50 年左右)，即 1527 年之前，才又接續修譜的・

(9)　廣東豐順縣子順公系支譜　　1996 年撰編

據諸多手抄家譜記載，以江西始祖構雲公為一世，傳至廣東始祖延年公為十八世，即構雲生滋，滋生倜，倜生輔，輔生玗，玗生彥昭，彥昭生師奭，師奭生德顒，德顒生壽，壽生嗣元，嗣元生次，次生顯，顯生昌，昌生期，期生忠念，忠念生偉，偉生躍，躍生延年・考此有很不合理之處・

(一)　構雲公出生于唐玄宗開元三年乙卯公元 715 年正月十五日，而延年公出生時間，是北宋真宗大中祥符二年己酉公元 1009 年三月七日，相距二九四年・如按上述譜系相隔 17 代計，每代平均才 17 年・按一般歷史世系，每代平均 25 年左右來看，相隔 17 代，不符事實・

(二)　在此段祖系中，有載生時間的，有部分很為出奇，尤其在後半段，有的前後兩代相距很短，甚至有的孫先祖後，最後的幾代則無記生卒時間了・

(三)　第九世壽公之弟堯公(八世德顒公生五子：吉、壽、堯、嘉、喜)的曾孫彭思永(第十二世)，曾在延年公前六任出任潮州知府，思永公是北宋天聖五年公元 1027 年登進士，慶歷間(公元 1042 年至 1048 年)任潮州知府，而延年公是于公元 1064 年登進士，1078 年出任潮州知府，其二人共八世各九世，登進士和出任潮州知府的時間，均相距不過三十年，為何一是第 12 世，一是第 18 世？裡邊是有個世系差錯問題・

(四)　根據譜載，忠念公是「高宗時受朝奉大夫(經查考應是南宋 1127 年)」，(據查高宗有唐高宗和宋高宗，唐高宗是公元 650 至 683 年間，是在構雲公之前的年代，應是南宋高宗)，南宋高宗則是公元 1127 年至 1162 年，如按原排 18 世，忠念公是延年公之曾祖父，延年公是公元 1009 生，1095 年卒，為何比延年公後一百多年前出生的忠念公是他的曾祖父？(實是曾侄孫)・據此，經再三查閱史料考證，終獲據一殘譜本(僅殘存祖系一部分，無法查明是何時何人編修的，有說可能是七十多年前梅縣彭精一宗賢主編的)編載：第十世嗣元公生二子：□(沿)、汾・□就是第 11 世躍公(字匡山，號伏庵)的原名，躍公是生延公的・這樣，延年公也應是第十二世，與思永公同一輩・那又為何會出現多「次、顯、昌、期、忠念、偉」公等六代呢？原是嗣元公的次子汾公，被誤編為「次公」，並在「汾公」派下的「顯、昌、期、忠念、偉」被誤編在嗣元公和其長子躍公中間，也即是錯把躍公的弟弟汾公，及其派下共 6 代，編作躍公頭頂上的六代・現考有據，故本譜巳作改正・由此，本譜的這段祖系與不少傳抄的老家譜有所不同・如有異議並有確據者，請予指正。

(10)贛湘粵閩桂蜀台彭氏聯宗譜　　彭偉佐　2000 年

節錄【贛湘粵閩桂蜀台彭氏聯宗譜】〔世系篇〕第 57、62 頁：十二世祖仕載次子延年，字舜章，號震峰，耀公之子，原配許大夫人，繼妣黃大夫人，子六銓、鎡、銳、鉞、　、鑑。生於真宗祥符二年己酉年三月十七日子時，歿於宋哲宗紹聖二年乙亥歲八月初三日辰時(公元 1009-1095)，享壽 87 歲。

(11)中華民族源流炎黃彭氏簡易譜　　彭伯良　2014.7.

節錄彭伯良所編「中華民族源流炎黃彭氏簡易譜」第 112 頁【依據江西彭偉佐宗長主編〔贛湘粵閩桂蜀台〕彭氏聯宗譜第 258、265、275 頁記載：北宋延年公由是江西構雲一世(出生西(公)元 715 年)之 12 世昆裔，應為徵信】。

(12)越西廳老彭宗族譜 (報本堂)　　彭俊修 2015.7.26.提供

【越西廳老彭宗族譜】卷四**延年公為始祖世系**：宋皇欽敕大理丞事潮州知府誥命一品服色契丹正使，震峰，諱延年，號舜章，江西廬陵人氏，生於宋大中祥符巳酉年（1009 年）三月十七日子時，卒于宋紹聖乙亥年（1095 年）八月初三辰時，享年八十有七

【認延年公爲構雲公 12 世論述】

(1) 延年彭公世系初探 (彭俊達 2006.3.14 在桂林彭祖學術研究會議上發言)

彭延年，字舜章，號震峰，原籍江西廬陵人，是構雲公之耳孫·從構雲公至嗣元公共十世，世系清楚，大家沒有異議·而延年公是構雲多少世？有的說 12 世，有的說 18 世·究竟是那一世？本著尊歷史，以史為鑑的原則下，求大同存小異，來共同探討，共同研究，要弄清延年公是那一世，必先要弄清楚延年公是南宋人、還是北宋人·首先，從譜牒有關記載看·

例一·廣東省州重修「彭氏族譜」序，由陸豐清進士彭如干宗孫所撰，原文:「第以名宦，落籍廣東潮州者算震峰公始，公亟西廬陵人，奉議大夫邦躍公之次子，領咸平進士第，授六道誥封，因直諫由大理寺少卿謫知潮軍州事，值農智高變，，保祐黎元，事平朝廷偉其功，晉大理寺卿·」

本節敘述三件事：一·延年公登進士于北宋「咸平」·二·公因直諫大理寺少卿，謫知潮州·「謫」即貶的意思·三·農智高變，北宋仁宗期間，在宋朝西南部，農智高發叛亂·

例二·廣西賓陽彭氏源流，記載延年公六個兒子出生年月甚詳·原文:「長子銓，生天聖庚午年六月初六日什時·三子銳，出生天聖壬申年二月二十日亥時·四子鉞，出生景祐丁丑四月廿八日申時，六子鑑，生仁宗庚辰年五月初八日辰時」·銓、鎡、銳均是「天聖」年間出生，鉞、紈是景祐年間出生，鑑是仁宗庚辰年出生·「天聖」、「景祐」、「仁宗」等都是北宋的年號和皇帝·這是說，延年公六個兒子出生都在北宋年間·

其次，從墓碑記看(錄廣東陸河族譜)·原文:「公諱延年號震峰，原籍江西廬陵人也·治平四年進士…時農智高反…會青苗法行，公因奏事剴切，上命有一秘書事丞，會修英宗實錄，數被禮遇尋遷大理寺·因忤王安石出知潮州」·此碑是明朝崇禎十四辛巳歲(1641)建立的,碑文是彭庚煌所撰·碑載四件事：

一·延年公登進士于治平四年(1064)·

二·會青苗法、公因奏事，語極剴切，上慰甚久，于是修英宗實錄(英宗是北宋皇帝)·

三·農智高反·

四·公因忤王安石佑潮州·「忤」即逆的意思·

第三，從地方志看

「潮州府志」(詹事府郭子奇修)、(摘錄新加坡譜)：原文:「彭知府故宅在官溪口村，宋元豐間府主彭諱延年，占藉所居也」·「揭陽縣志」原文:「彭延年無豐間潮州刺史，占籍官溪浦口村·」兩志記載延年公是北宋神宗元豐間(1078~1085)隱居揭陽浦口村·

第四·從「福建彭氏血緣網派」看「錄于世界彭氏源流研究專輯 49 頁」·原文:「宋神宗時，哲嗣彭延年，因官潮州刺史，遂安居廣東揭陽，為廣東彭氏始祖，後裔分支福建漳州等地·」宋神宗是北宋銳意改革，心有大志之皇帝，公元 1067 年繼承其父英宗帝位(1067~1085)十八年，公元 1070 年 12 月神宗任王安石為宰相，先實行青苗法，延年公持反對態度，于熙寧九年(1076)被貶到潮州為州官·

第五·有譜載延年公是南宋人·鹿寨縣「彭氏族譜」于 2005 年修成，世系照舊譜搬錄過來·鹿寨與化州彭氏同屬延年公鑑公系，鹿、化于第四世分開，鹿寨是秀鸞公支派，化州是秀鳳公支派·化州同鹿寨一樣舊譜載:「延年公淳祐癸卯鄉荐，甲辰(1244)登進士第」南宋人·但在清朝道光八年重修化州「彭氏族譜」己作了更正，更正原文:「敘震峰公年號有與舊譜微異之處，然稽鑑史查潮志，詳農智高之平俱在皇祐間，而舊譜謂公淳祐癸卯鄉荐甲辰登進士，上下已越百餘年，實與潮志載，公平農智高之事不合，今依鑑史與潮志改正，其有疑者，俟回揭陽口稽·」

第六·從「延年公傳」看:「宋佑潮州軍州事延年彭公傳」是皇宋元豐二年己卯(1099)春，賜進士出身左庶子秘書監丞潮州後學林紘所撰·林這樣寫道:「嘗從公講學，立雪門下，而學士歐玄(江西吉水人)與公世姻，實紘之舉也·以故得公之世系，履歷益詳，于是為之傳·」從這點看，「延年公傳」可靠、翔實·現將延年公傳有關內容簡要摘錄·原文:「震峰彭公者亟西廬陵人也·諱延年，字舜章·公之生也祥符二年己酉(1009)三月十七日子時….後果領鄉荐登進士第·未幾特授福州推官….使者歸荐之，遂大理寺評事…..農智高反，掠嶺南，諸州史棄城不足恃，奈何常用法置之死，上亦憐之，數十人皆免…..會青苗法，公因奏事，遂言祖宗之制，原無輕改，語極剴切，上尉勞甚久，會英祟實錄…尋遷大理寺少卿，奉命錄囚，□內多所平反·熙寧九年(1076)春二月，詔公督漕…..時王安石用事亦重公，諷之曰:『子少親我即階顯列矣！』公笑而不答，安石銜之，遂出公知潮州·」延年公傳摘錄內容：一·延年公出生于北宋祥符二年(1009)·二·農智高叛亂掠嶺南·三·熙寧九年(1076)延年公被王安石貶到潮州·為了便于瞭解延年公，將以上六個方面以表格形式製成延年公履歷簡況表·

姓名	出生時間	登進士時間	主　要　經　歷
彭延年 字舜章 號震峰	祥符二年 (1009)年 三月十七日 子時生	慶曆四年 (1044) 轉錄:郭忠偉(潮州寓賢志) 註：登進士說法 一·咸平甲辰 二·治平甲辰 三·慶曆四年 四·景祐年間	一·福州推官：慎審勤懇，執法無私，對犯法者不徇秴情，對受誣者，力為申辯· 二·大理評事：皇祐四年農智高反，掠嶺南，諸州史棄城者數十人，皆蜀法，公以事實奏上，仁宗亦憐，數十人免死罪· 三·秘書郎：修英宗實錄，命公檢討事故· 四·大理寺少卿：救活馬保兒，為後母誣子不孝昭雪活甚眾· 五·潮州軍知事：照寧九年()1076 春二月，詔公督漕，五月間王安石因公反對青苗法，謫知潮州·到潮州後，賑災祛弊，復業重農，修武御寇，平亂決勝，有功· 六·召掌大理寺正卿，欽賜一品服色，使契丹·

在延年公主要經歷中，有兩人令難以忘卻的事：即「農智高叛亂」和「王安石變法」·現分別結合宋史進行闡述：

一．農智高叛亂

「細說宋代十八朝」朱孟陽著，分兩冊，上冊北宋，下冊南宋，現將上冊 128 頁錄原文：「公元 1052 年位于宋朝西南地區的農智高發動叛亂，宣佈擺脫宋朝控制，建立大南國，自稱仁惠皇帝，招兵買馬，攻城掠地，一直打廣東…狄青毛遂自荐，懇請仁宗給他一次為國效力的機會．狄青果然不負仁宗所托….. 經過與農智高一番苦戰,終于取得勝利…..狄青得到仁宗；的賞識，被仁宗破格為樞密史．成了朝廷掌握軍權最高長官．」

農高智叛亂於宋朝西南地區，即在今廣西南寧、賓陽一帶．據「賓陽縣志」載，「農智高廣源人(今屬越南廣淵)宋仁宗祐四年(1052)叛亂，四月至十月掠邕(州)、賓(州)、桂柳、橫(州)、梧(州)直到廣州．」化州族譜「農智高之平在皇祐間」．「延年公傳」:『農智高反，掠嶺南(指南寧至廣州一帶)．』 農智高叛亂被平息後，延年公身為大理寺評事，仁宗朝廷追究棄城諸史責任，延年公參議此案．「延年公傳」載:「諸州史棄城者數十人，皆□於法，公議所守者城固兵足用，也嶺南兵與城不足恃，奈何用常法置之死，上亦憐之，數十人皆免．」這充分體現延年公經歷農智高之平亂後事處理．

通過宋史、賓陽志、譜志、延年公傳等都載農智高反于皇祐間(1052)，這裡體現譜記與史實相符．農智高反是北宋仁宗皇祐間發生，以擺脫宋朝控制另立國家，震撼全國，慌亂朝廷的農智高叛亂事件，載入史冊．

二．關于王安石變法，延年公謫知潮州．

原文：「公元 1069 年二月，宋神宗任命王安石知政事，並設置了整頓財政商議變法的專門機構【三司條例】」司，由王安石主持，開始實行變法．1072 年 12 月，又任命王安石為同中書門下評事即宰相，賦予他更大的權力，以推動變法．在任宰相執政期間，他輔助神宗實行變法，掀起了持續 16 年之久的豐熙運動．這場改革，發起于熙寧二年(1069)至元豐八年(1085)神宗病死而結束．

當時延年公被王安石劃為司馬光保守派之列，至「延年公傳」載:「會青苗法行，公因奏事，遂言祖宗之制，原無輕改，語報剴切，上尉勞甚久……照寧九年(1076)春二月，詔公督漕時，王安石用事亦重公，諷之曰:『子少親我，即階顯列矣』公笑而不答，安石銜之，遂公出知潮州．」這是王安石貶公之史實，王安石是宋神宗最重用的大人物，掀起豐照運動，內容之廣，時間之長，影響之大．延年在運動中身受其害，王安石把公降職，趕出朝廷門，貶到南疆邊陲，時古稀的延年公，從開封到潮州五千里，靠的是馬車和兩條腿，道路坎坷，這一艱苦歷程難以形容．

上述兩件大事，延年公置身于農智高叛亂之後事．王安石變法，新舊派系鬥爭，公被貶到潮之史實，不用多說，就是這兩件事，足以說明，彭延年是北宋人．

既然不可非議延年北宋人，那麼延年公是構雲公 12 世還是 18 世？就現在族譜載來說，除了豐順、梅縣、興寧、陸川等新編族譜，把延年公 18 世更正為 12 世之外，其餘的族譜還是原載延年是構雲公 18 世．12 世和 18 世之說 ,誰對誰不對,試從下面幾方面進行分析比對．

一．從同六世進行分析：

德顯公生五子：吉、壽、堯、嘉、喜六世之意．是從八世德顯起至 13 世共六世，現舉吉、堯世系與壽之元至延年之對比．

1. 吉公是德顯公長子，吉公 9 世，君邈公 10 世，克忠公 12 世，汝勵公 13 世，汝勵出生于北宋慶曆二年(1041)，治平二年(1065)鄉試第一．要是延年公比汝勵長一輩 12 世的話，他出生祥符二年(1009)，比汝勵大 32 歲，據分析合理．
2. 堯公是德顯公之三子，堯公 9 世，程公 10 世，應求公 11 世，思永公 12 世，北宋天聖丁卯(1027)登進士．要是延年公與思永公同輩．思永公出生年不詳，但延年公 18 歲時，思永登進士，看來思永與延年年齡相差無幾，從分析看延年公 12 世吻合．

二．從同五世進行分析：

壽公生七子，以嗣邦、嗣興、嗣元三兄弟世系比較，壽為 9~13 世之比對．

1. 壽公是德顯公之二子，壽九世其長子嗣邦公 10 世，文公 11 世、廣公 12 世、俞公 13 世，北宋天聖甲戌(1094)登進士．要是延年 12 世、俞公 13 世晚上輩，俞之出生時不詳，但進士于公元 1094 年，延年公登進士在公元 1044 年，那麼延年公登進士，與俞公登進士剛差 50 年．延年公大一輩，兩代人相差 50 左右是正常之事，世傳古言：「白頭孫，磨地叔．」何況他倆不同一輩，算正常．
2. 壽公之二子嗣興 10 世、昉公 11 世、齊公 12 世，北宋祥符戊申(1008)登進士．要是延年公齊公同輩，年紀相差 25~30 歲左右，正常．

茲將六世、五世列表如下：

8 世	9 世	10 世	11 世	12 世	13 世
德顯	長子吉	君邈	克忠	超公`	汝勵公慶曆二年(1041)生治平二年(1065)鄉試第一
	三子堯	程公	應求	思永公，天聖丁卯(1027)登進士	
	二子壽	長子嗣邦	文公	廣公	俞公紹聖甲戌(1094)登進士
		二子嗣興	昉公	齊公，祥符戊申(1008)登進士	
		五子嗣元	躍公	延年公祥符二年(1009)生,1044 登進士	

註：1. 以上慶曆、治平、紹聖、祥符、天聖等年號，皆北宋年號．

　2. 吉公、壽公、之子嗣邦、嗣興、堯公等資料均錄自渝西彭氏魁五郎、元六郎支派(三瑞堂)162~173 頁．、

三．從代距進行分析：　構雲公生於唐玄宗開元三年(715)，延年公出生於宋朝祥符二年(1009)，相距 294 年．

1. 先從 12 世分析，將相距數 294 除以代數 11，得出的商為 26.7，即是代距．
2. 再從 18 世分析，將相距數 294 除以代數 17，得出的商為 17.3，即是代距．

將上列兩個數字比較，18 世代距僅 17.3，年代偏小，不符合情理．12 世代距是 26.7 年，符合公認代距 25~30 年左右，那麼延年公是構雲之 12 世，符合情理．

四．從已更正的依據進行分析：

廣東省豐順縣銳公系于 1996 年新編譜 82 頁載，原文：「經再三杳史料考證，終獲據一殘存譜本(僅列存祖系一部份，無法查

明何時何人編修的，有說是七十多年前精一宗賢主的)編載：第 10 世嗣元公生二子：　(沿)、汾·【　】就是第 11 世躍公(字匡山，號伏庵)的原名，躍公就是生延年公的父親」·此材料是單一的，難以使人信服·但現在又發現有同豐順縣的材料，在世彭源流研究專輯(2)第 6 頁(四川省銅梁縣彭強所作)原文:「最近我閱讀了重慶市潼南縣桂南鎮八角村『彭氏族譜 1995 年版』古代部分完全轉錄其舊存手抄本，片字不改·該譜載:『嗣元生二子：躍、次·躍生祖年、延年、椿年』，並沒有【顯、昌、期、忠念、偉】這五代人的記載，該宗支是延年公第三子銳公的後代·」

這麼說來，廣東豐順資料和重慶潼南縣八角村的資料，基本相同，差別地方：豐順開頭嗣元生二子:【　(沿)、汾】·潼南八角村，嗣元生二子:【躍、次】·兩地資料說銳公是嗣元公之長子·總的來說，嗣元生躍，躍生延年，則延年公是構雲公之 12 世，那麼更正延年公為構雲公 12 世，由豐順獨證成為多證了·

綜上所述，以世系比較同輩異輩年齡差，符合常理·12 世之代距待合公理；豐順、潼南兩證俱證實延年公是構雲公之 12 世，那麼分析和證件是經得起歷史檢驗和推敲·過去錯把傍系之【次、顯、昌、期、忠念、偉】六代回歸嗣元公之次子，而這六位聖主不再是公之祖父，曾祖和高曾祖了·彭延年是構雲公之 12 世，正本清源，還世系之本來面目，理所當然·

延年公的一生，是偉大的一生，在大理寺時，剔奸辯冤，秉公執法，高公亮節，入潮州後，賑災祛弊，復業重農，功德無量，修武御寇，平亂決勝，功勳卓著·充分體現延年公文足以安邦，武足以戡亂，雄才大略，不可多得·于是朝廷偉其功，召掌大理寺正卿，官一品，使契丹，實屬吾族之光然·正如浦口楹聯所贊:「忠在為民浚義井修長埸德澤無韓夫子，心存報國使契丹平亂寇猷不讓將軍」·這副楹聯給予延年公評價，非常貼切·其功大矣，其德高矣，其業宏矣，其績偉矣，令後人敬佩。

(2)「廣東惠潮始祖延年公為北宋、南宋人之拙見」彭俊修　2004.3.12

(一)以江西構雲公為一世祖，得詳觀通譜下溯祖系方可知曉·

1·五世安定王玗公生于 836 年距構雲公 715 年生時距 131 年，代距 32·75 年，且 2、3、4 世祖與妣已皆有時間記載，勿容置疑·

2·玗公之五世孫廣陵節度使壽公，生于後唐天祐三年兩寅 906 年，歷時僅 70 代距，僅為 17.5 年，代距偏少，乃癥結之所在·

註：後唐明宗長興元年 930 年，朝廷有給壽公的誥敕命下，贈給公玉帶、錦袍·壽公之長子嗣邦、次子嗣興，在天成四年己丑 929 年俱中神童科，亦有誥敕命下，公早婚早育，故公之出生年是可信的·另通譜未見有嗣邦公七兄弟之出生時間，此次「釋疑」卻有邦公生于 944 年，已晚于誥敕命下 15 年，邦公應是廿八歲，已該是成家立業了·

3·從壽公至我惠潮始祖延年公生于大中祥符二年己酉 1009 年，歷時僅 103 年，而出現了世祖名，代距僅為 11.44 年，是不待常理常情，此乃訛譜流傳了幾百年，是有旁間插其中·

(二) 廣東興寧「彭氏宗譜」2002 年版十五頁有延年公之學生林紘，乃賜進士出身左庶子秘書監丞，在公去逝後四年西元 1099 年寫有「宋潮州刺史延年公傳略」，故北宋之林紘，不可能寫出(南宋)延年公之傳略來.·

(三)堯公四世孫思永生于 999 年，比壽公四世孫延年長十歲，先公在潮州任職乃正常現象，而輩份絕對不可能高六世；又吉公五世孫汝礪，又小于公 36 歲，反而高出五世，亦悖常理常情；又今會資宗賢寫有「震峰公傳奇」一書，歐陽修公生于 1007 年，長公二歲為表兄，歐公為北宋，我祖延年公絕不是南宋之人·

(四) 俊修乃延年公幼子鑑公之 30 世孫，入川始祖君祿公，系廣東韶州府乳源縣北牛坪垻下生長人氏，在康熙 51 年西元 1712 年，由湖南郴州的桂陽縣益漿鄉入川·俊修 1989 年潛心譜牒考究，為詳考祖，從原始標杆插東西南北若干點，可測繪出山川河流之地形圖的啟示，90 年創自了一卷「中國歷史長河圖」忠縣家華宗賢觀後，認為可取，建議曰「中國彭氏歷世直系長河圖」，將有時間記載之先祖定位于歷史的座標中，當時僅曉江西構雲生于 715 年，五世玗公生于 836 年，代距為 32.75 年，以此間隔定位圖中，其餘如法下溯泡制·故壽公生于 906 年，延年公生于 1009 年，歷時 103 年，疑有傍支間插，只能從世次與譜序中找尋疑點：

1·世系中次公(汾)字宜義，而顯公字宜教，不是父子關係，應視為弟兄或堂弟方妥·

2·序文中有載，玗公之六世孫嗣元采初，由廬陵源山口徙居分宜縣漳源，八世孫(邦)躍，宋初授大理寺評事·故將躍公頭上五世作為傍系間插，亦知忠念為南宋高宗時人，佔前了延年公四世之矛盾·

當今科科技發達，全國各地宗賢們一定要審慎而為之，散發容易，更正特難，續譜不能依樣畫葫蘆，訛譜流傳，上對住列祖列宗，下則有愧于千萬世子孫，盡力將錯訛程度越少越好·

(3)為迎合延年公為構雲公１２世篡改【江西廬陵吉水分宜傳流詩】詞

避	難	江	西	祖	構	雲		隱	居	不	仕	號	徵	君	
					1										
茲	與	倜	輔	登	春	榜		安	定	王	玗	太	尉	聞	
2		3	4								5				
太	保	彥	昭	官	一	品		領	兵	十	萬	樹	功	勳	
		6													
數	傳	師	□	德	□	貴		壽	統	廣	陵	節	度	軍	
		7		8				9							
更	有	嗣	元	詩	句	在		躍	公	三	子	派	支	分	
		10						11							
延	年	為	粵	開	基	祖		誥	贈	屢	屢	裕	後	昆	
12															

江西萍鄉宗譜延年公爲構雲公 15 世

世次	名字		生年		卒年		代距	備註
	譜名	字、原名	帝紀	西元	帝紀	西元		
1	構雲	雲	唐開元乙卯正月15日巳時	715	大曆丁未10月1日子時	767		子五：涇、治、江、海、滋
2	滋	茲、世臣	唐至德丙申年	756			41	唐元和丁亥(807)科進士,子三:伉、倜、儀
3	倜	維賢	唐大曆癸醜年	773			17	唐貞元丁未(791)科進士.子三:轉、輔、霽
4	輔	國相		812		886		唐開成己未(839)進士,黃巢之亂棄官,子五:玨、彬、□、玕、瑊
5	玕	叔寶	唐開成丙辰年7月7日	836		939	與倜63	太尉,安定王98歲妻妾5人,生子11人.彥昭為其第三子.
6	彥昭	仲穆	唐大中甲戌	854	後唐長興癸巳3月2日	972	28	壽119歲妻妾11人,子15人,師奭為其第九子.
7	師奭	元召	唐光啟丙午8月15日辰時	886	梁開平戊辰6月21日子時	908	32	22歲,子一允顒.
8	允顒	德禺、子昂	唐天祐丁卯3月3日午時	907	宋開平7年2月26日酉時	974	21	南塘衬馬,68歲 子五:文吉、文壽、文堯、文喜、文喜.
9	文壽	壽、潛、得夫	後唐天成丙戌10月1日子時	926	宋淳化庚寅7月12日戌時	990	19	65歲,子七:儒邦、儒興、儒簡、儒慶、儒元、儒藹、儒嚴、
10	儒元	嗣元、康國						宋太宗時徙分宜漳源,葬龍窟前路邊,配劉氏,子二:仕載,字長公,子孫仍居漳源,仕凱
	仕凱	宣義、次						葬樹下蛇右眼穴,配劉氏,太尉廟前,子四:思頤、思□、思頌、思源.均居漳源.
11								
12	思顯	顯正						葬本裏潭上,配戴氏與夫合塚,子四:汝鼎、汝曇、汝景、汝昌.
13	汝昌	昌、興高						宋辟薦授大理寺評事芹源塘背,配謝氏,子四:忠期、忠偉、忠躍、忠念.
14	忠躍	邦躍、匡山						贈大理寺評事,屢晉朝奉大夫,配周氏,封汝南縣君.子四:壽年、祖年、延年、椿年.
15	延年	舜章、震峰	宋大中祥符己酉3月17日子時	1009	宋紹聖己亥8月3日辰時	1095	壽與延年相距83年代距16歲	
16	大銳	新三	宋明道壬申2月21日亥時	1032	元祐辛未8月14日子時	1091		葬揭陽洗馬潭,配羅氏,子一:公瀹.
17	公瀹	永堅						配宋,氏子一公秀實.
18	秀實	君壽、五郎						宋邑庠生,配李氏,子一:週墳,字豁軒,配李氏子三:漢龍、漢輝、漢鳳.

認延年公爲構雲公 17 世論者

(1)福建彭氏族志(真榮公系)

一・西元 1995 年彭高衡宗長主篇之「福建彭氏族志(真榮公系)」，第十九頁記載，延年公為構雲公第十七代・

①構雲－滋－輔－玕－○－彥昭－師奭－德顒－壽－嗣元－次－顯－昌－期－忠念－偉－躍－延年－

(註：其中漏列構雲公三世倜公，而應是①構雲－滋公－倜公－輔公－....... －躍－延年－並說明如次)

少典	構雲	先祖	生 歿 年 代	備 註
125 世	一世	構雲	西元 715~767，享年 53 歲	唐憲宗時代並非西元 720 年，應更正為唐憲宗元和元年西元 806 年至 820 年，共計 15 年・蓋西元 720 年是唐玄宗開元 8 年，時構雲公一世才滿六歲・
126 世	二世	滋	西元 755~841，享壽 87 歲	
127 世	三世	倜	西元 772~851，享壽 80 歲	
128 世	四世	輔	西元 812~886，享壽 75 歲	

彭高衡宗長西元 2003 年十一月十日來函，略以延年公出生年，如由北宋 1009 年改為南宋 1189 年，推遲了三個花甲子 180 年，則廣東譜，延年公長子銓公 1028 年生、次子鎡公 1030 年生、三子銳公 1032 年生、四子鉞公 1034 年生、五子泮公 1037 年生、六子鑑公 1040 年生，出生年就會全部亂了・再以二世鑑公以下子孫出生，三世涼公 1067 年、四世淇 1143 年、五世德隆 1146 年、六世杰夫 1190 年、七世日亮 1234 年、八世益甚 1292 年、九世受章 1131 年等以下子孫出生年，也都要改了，值得研究・我不是構雲公後裔，更不是延年公的子孫，真實情況不甚瞭解，宜再求證求實・廣州彭海康 1998 年「世彭第三屆特刊」提出「重要更正：延年公是構雲公十二世孫，宣公卅七世孫」，梅州彭欽文 1999 年編寫「梅縣彭氏族譜」，重點考察了這問題，查對多出六世，誤把嗣元公次子，以次寫成他們的

子孫，六世加入，反而把長兄躍公列為十七世，故延年公成為十八世·到目前為止，多數偏重延年公為構雲公十二世，有待延年公後裔與全彭氏宗親族人，多予求證確定·

(2)彭高衡宗長來函 2003.11.10.

略以延年公出生年，如由北宋 1009 年改為南宋 1189 年，推遲了三個花甲子 180 年，則廣東譜，延年公長子銓公 1028 年生、次子鎡公 1030 年生、三子銳公 1032 年生、四子鉞公 1034 年生、五子紈公 1037 年生、六子鑑公 1040 年生，出生年就會全部亂了·再以二世鑑公以下子孫出生，三世淙公 1067 年、四世淇 1143 年、五世德隆 1146 年、六世杰夫 1190 年、七世日亮 1234 年、八世益甚 1292 年、九世受章 1131 年等以下子孫出生年，也都要改了，值得研究·我不是構雲公後裔，更不是延年公的子孫，真實情況不甚瞭解，宜再求證求實·廣州彭海康 1998 年「世彭第三屆特刊」提出「重要更正：延年公是構雲公 12 世孫，宜公卅七世孫」，梅州彭欽文 1999 年編寫「梅縣彭氏族譜」，重點考察了這問題，查對多出六世，誤把嗣元公次子，以次寫成他們的子孫，六世加入，反而把長兄躍公列為 17 世，故延年公成為 18 世·到目前為止，廣東嗣裔多數偏重延年公為構雲公 12 世，有待延年公後裔與全彭氏宗親族人，多予求證確定·

(3)2004 年四川忠州崇仁堂彭氏通譜 彭家華

一. 第 78 頁「彭構雲(徵君)後 22 代脈派圖(三)」延年公世代為構雲公 12 世：
構雲－滋－倜－輔－玗－彥昭－師奭－允顒－文壽－儒元－仕載－延年－
二. 第 521 頁記載：湖南善化坪山彭氏宗譜「唐徵君歷代世次圖」，延年公為構雲公 17 世：
構雲－滋－倜－輔－玗－彥昭－師奭－德顒－壽－嗣元－次公－顯－昌－期－忠念－躍－延年－
(該譜即延年公弟椿年公之子壽公世系譜·其中漏列忠念公之子偉公)·
註:：延年公弟椿年公子壽公譜影本全套 33 卷，卷三第 12 頁明顯記載，椿年公為構雲公 18 世，考延年、椿年為同胞兄弟，自然延年公亦為構雲公 18 世·其世代血緣為：(該譜即延年公弟椿年公之子壽公世系譜·其中漏列忠念公之子偉公)·

構雲公世代	1	2	3	4	5	6	7	8	9	10	11	12	13	14	15	16	17	18
延年公血緣	構雲	茲	倜	輔	玗	彥昭	師奭	德顒	壽	嗣元	次	顯	昌	期	忠念	偉	躍	延年

(4)湖南善化坪山彭氏宗譜「唐徵君歷代世次圖」，延年公為構雲公 17 世

構雲→滋→倜→輔→玗→彥昭→師奭→德顒→壽→嗣元→次公→顯→昌→期→忠念→躍→延年→
(該譜即延年公弟椿年公之子壽公世系譜·其中漏列忠念公之子偉公。)
註：延年公弟椿年公子壽公譜影本全套 33 卷，卷三第 12 頁明顯記載，椿年公為構雲公 18 世，七省聯宗譜之謬。

延年公世代各論

(1)族人論延年公世代

一·「宋人傳記資料索引」，1994 年出版，彭會資(1936 年 11 月出生)彭強民(1970 年四月出生)著，查閱 273 至 281 頁彭氏名人錄，宋朝彭延年，無生歿年月·震峰公傳寄第六十二頁，延年公進京應考時，年 33 歲·宋仁宗寶元三年冬(註:北宋仁宗寶元只有二年西元 1038 至 1039 年)，以前鄉里別人叫他的號震峰，是因他參加射箭奪魁，第 72 至 78 頁歐陽稱表弟，彭延年既是神箭手，又當神筆手，有武功，但延年公自語只能進軍鼓·上列述詞，多有矛盾，無從理解·

二·四川銅梁縣彭強(棟宇)2004 年四月廿八日來函：有關延年公為 12 世、抑 18 世的問題，探討經年，一宜未有定論，二種觀點論述我都看過，本人對兩者資料中，存有一些疑點：

(一) 延年為十二世的疑點：

贊同延年為十二世的，以北宋元祐二年(1049)林紘所撰「震峰彭公傳」為證，證明延年生于北宋大中符己酉(1009 年)，從而映證延年公為十二世，佰筆者發現一些問題·傳中記載「歐陽玄為林紘的舉主」，歐陽玄即歐陽元，因避清帝康熙諱，改「玄」為「元」，是元朝人，他既為林紘舉主，那麼林紘也應該是元朝人·」

又如既然為元祐二年(1049)所撰，怎麼又紀載「汝方知衢州方腊隱城而死」的事，因為按「資治通鑑」的記載「宣和三年(1121)春正月方腊陷婺州，又陷衢州，守臣彭汝方死之」，請問林紘怎麼會知廿二年後的事·看來林紘是元朝人的可能性更大·

「廣東梅縣彭氏族譜」稱其民國老譜中，有「嗣元生二子，長子『長』因殘廢看不到，次子『次』」，推定所殘缺看不到的名字就是『躍』，但這僅是「推定」，說不出具體的根據·

(二) 延年公為十八世的疑點：

誠然如果要堅持延年公為 18 世，延年就不會生于北宋大中祥符己酉(1009)·那麼又考證延年公應生于南宋淳熙十六

年(1189)己酉．這樣忠念公是南宋建炎元年丁未科解元，又授朝奉大夫，這樣一位為家族大增其光的人物，且在林紘(暫不論其為宋或元朝人)所撰「震峰彭公傳」中隻字未提，而「傳」中不但提到了「宣、樂、景直、構雲、玗、德顒、壽、汝礪」等人，其父「躍」，其兄祖年，其弟椿年也提及．且獨獨沒有提到其曾祖父建炎丁未科解元、朝奉大夫「忠念」，這樣一個重要人物，會被漏記掉了嗎？不無懷疑．「忠念」是延年公的曾祖父嗎？實在是疑雲重重．

(三) 我閱讀重慶市潼南縣桂林鎮八角村 1995 年版「彭氏族譜」，古代部分完全轉錄其舊存手抄本，片字未改．該譜載「嗣元生二子：躍、次．躍生祖年、延年、椿年」，並沒有「顯、昌、期、忠念、偉，這五代人的記載」．該宗支系為延年公第三子「銳」公後代．可是譜中又載「延年生于淳熙己酉年淳祐癸卯年舉鄉薦」，「許氏生紹熙壬子年．」根據以上記載，前面部份似符合十二世之說，後面部份又符合十八世之說，令人費解．

(四) 彭強(楝宇)認為有關延年公世代錯亂，可能在元代時期就已經開始了，所以才會造成許多族譜記載出現出生年代與世代，相互矛盾模糊的地方．如一時不能作成正確定論，弄清楚，最好暫時擱置存疑，按上兩種說法並存，期待澄清之日來臨．

(2)四川忠州崇仁堂彭氏通譜　2004 年

(一)第 78 頁「彭構雲(徵君)後廿二代脈派圖(三)」延年公世代為構雲公十二世：

構雲－滋－倜－輔－玗－彥昭－師奭－允顒－文壽－儒元－仕載－延年－

(二)第 521 頁記載：湖南善化坪山彭氏宗譜「唐徵君歷代世次圖」，延年公為構雲公十七世：

構雲－滋－倜－輔－玗－彥昭－師奭－德顒－壽－嗣元－次公－顯－昌－期－忠念－躍－延年－

(該譜即延年公弟椿年公之子壽公世系譜．其中漏列忠念公之子偉公)．

註:：編者擁有延年公弟椿年公子壽公譜影本全套卅三卷，卷三第十二頁明顯記載，椿年公為構雲公十八世，考延年、椿年為同胞兄弟，自然延年公亦為構雲公十八世．其世代血緣為：

構雲－滋－倜－輔－玗－彥昭－師奭－德顒－壽－嗣元－次公－顯－昌－期－忠念－偉－躍－椿年－

肆．延年公兄弟人數、名字、長幼次序，各譜記載不一，茲分述記載如下：

譜　　別	編譜年	長子	次子	三子	四子	備　　註
湖南長沙椿年公子壽公五修族譜	1770	祖年	延年	椿年		欽定四庫全書卷三十三赤城志「彭龜年….與弟彭椿年號二彭，歷常德府僉判終朝請郎子藻今．
江西彭氏族譜	1829	祖年	延年	椿年		
湖南瀏南沙溪河口彭氏支譜	1855	祖年	延年	椿年		
中華彭氏源流譜	2002	祖年	延年	椿年		
贛湘粵閩桂蜀台聯修彭氏聯宗譜	2000	祖年	延年	椿年		
台灣彭氏族譜	1990	祖年	延年	椿年		
泰國彭氏族譜	1998	祖年	延年	椿年	永年	
湖南長沙青山彭氏敦睦譜	1856	椿年	祖年	壽年		
彭朝寶宗系族譜	1990	祖年	延年	椿年	壽年	
廣東省豐順縣子順公支系譜	1996	祖年	延年	椿年		
2003.1.29 潮州信息網	2003	不知名	延年	不知名	鶴年	

(3)彭志雄宗親看延年公世系　彭志雄　2006.3.

作為廣東始祖的延年公是我彭氏族史上著名的人物，距離我們也不過千年，但對他的世系卻存在很大的爭論。本人對此已經寫了專論（見世彭武夷山六會《論文選編》)，證明他只能是南宋時代人。後來看了不少有關的文章，就正反觀點反復加以研究，至今仍然認為他只能生活在南宋時代。

延年公世系與年代出錯，早在 500 多年前的明朝就存在了，甚至還錯上官修的府志、縣誌。那時都用干支紀年，時間對比不明顯，人們似乎並沒有發現。現在用西元紀年，換算成統一直觀的數字，這才發現世系與年代嚴重不合情理，於是需要糾錯。有些人拿延年公的生年西元 1009 年為基準，推算他往前到構雲公不可能有 18 代人，應該刪掉六代所謂“旁系祖先”。也同樣是以延年公 1009 年生為基準，推算出他的 9 世孫仲球公生於 1487 年為錯誤。其實前後兩項都沒有錯，而是延年公的生年座標定錯了。用錯了的座標去定位，自然得不出正確結論，反而將本來就正確的也要搞錯，越弄越亂，成了一團亂麻。

有人說，延年公是歷史上著名的人物，史書文獻都有記載，其明確記載的生年都不能拿來做推算的座標，那還有什麼可以充當的呢？我認為，從彭祖到自己本人這長長的世系“鏈條”上的每一個人都可以拿來做座標，生卒年記得越詳細，生平事記得越具體就越可靠，但最可靠的標準座標莫過於自己。我們完全可以從自己往上推，再配合有詳細記載的先祖座標，一段一段地用代距公式計算，再結合別的方法，就很容易發現問題。當然必須注意有無斷代。一般說來，近祖部分是很少斷代的，不要輕易懷疑。如果祖名符合家族取名用字，除直系祖外還另有多位同字輩的旁祖，更不要懷疑斷代。我用這種方法推算延年公的生年 1009 年絕對是錯誤的，而往後推延三個甲子即生於 1189 年，則上下世系都可以順暢自然，合情合理。在他之前的六代先祖絕對不能刪掉，因為缺了那六代人，往下的世系就無法理順了。後面世系離我們較近，而且記載詳明，我們總不能又把後面的世系改動再去遷就前面的改動吧？如此前改後改，左改右改以適應所謂“代距公式”的族譜，到底還有多少真實的成分？我認為，沒有完全可靠的古譜直接證據證明其錯，絕對不能更改，更不能用推測的方式證明其錯而改動。譜系出現了問題，出現了矛盾，應該廣泛全面地分析探討，看看問題究竟出在哪里，那些要素是最易出錯的，嘗試用最合理的方式去解決。既要知其一，也要知其二，甚至知其三、其四……。

如果我們真的無法否定有大量記載的北宋的延年公的存在，那結論很可能就是有兩個彭延年，一個是北宋的，一個是南宋的。按照我古譜的記載，廣東彭氏始祖只能是南宋的彭延年，是幾百年後的裔孫把他和北宋的彭延年弄混了。很可能是原來僅有干支紀年，後人為求其詳加上帝皇年號，因干支紀年 61 輪回，結果加錯了也不知道，致使世系與年代相差了三個甲子 180 年，給今人留下了極大的迷惑。當然，我這裏也是推測，實際情形是不是這樣還有待進一步的研究。但不管怎樣，如果沒有直接證據，我是絕對不敢更改黃紙黑字記了幾百年的老譜的。我們絕不能因一時所謂的“發現”而愧對先祖，特別是愧對那六世被刪除的先祖。

關於延年公世系問題，他們已經有自己的定論，說什麼可以結案了，並不想真的聽取別人意見。與他們意見一樣的俊達可以長篇大論地說，意見相佐就幾分鐘。其實俊達對源流問題並沒有深入研究，他盡用一些本身就不可靠的論據證明自己的觀點，還有雲釗念世軒的材料也是不可靠的。證據本身就錯，怎能得出正確結論？延年公如果真像林紘寫的在北宋做了那麼多年的官，為何秩官表中會沒有記錄？可見林紘的傳記值得質疑。

“12 世說”者只知江西八世祖德顒(生於 907 年)至延年有十代人的代距太小不合理，不顧及延年（如果生於 1009 年）至 2 世、3 世、7 世（我古譜明確記載了具體時間）代距太大也同樣不合理。他們只想到刪去前面六代人延年公生年就合理了，卻不顧及往後的世系卻又無法擺平了。往後的世系不能成立便說我這支系起碼斷代了六世先祖。我這古譜記得詳細，各代先祖有兄有弟，字輩相符，到我 28 世，與現在世的大多數延年公後裔大體一致，怎能讓我相信有斷代呢？要承認延年公生於 1009 年，我就得在前面刪掉六代人，在後面再補上六代人才能自圓其說，這種拆東牆補西牆的族譜還有多少可信度呢？

古人的傳記是值得尊重的，但古譜更值得尊重。傳記採自民間傳說，府志縣誌的資料也從民間採集，時間久了就有可能因誤傳而失實。而族譜為世代相傳的，誰敢虛構？族譜專案如生歿年具體到年月日時，應該是準確的。因此，我認為我的古譜是沒有斷代的，就是延年公生日寫錯了。

（4）延年公史略考

彭嘉慶　　2006.4.10.

彭公延年，江西廬陵（今吉安）人，字舜章，號震峰，北宋特科進士。延年公“幼勤學善文，六經子史，研究甚精”。于《易》更有獨到的見解，認為其意無須疏注，“但熟讀則見”。公之為文以先秦、兩漢為范，不屑于六朝的綺麗文風；為詩則宗李、杜，有元和氣格。其遠房表兄歐陽修嘗見其所賦，“稱賞不已”，說必能名於今傳於後，“後果領鄉薦，登進士第”（出自宋林紘《宋知潮州彭延年傳》）。延年西曆任福州推官、大理寺評事、大理寺少卿、知潮州軍州事等職，一生烈膽剛腸，以民為本，深得民心，曆官凡五任，每一任上，他都有卓越表現。延年公儘管沒有為後人留下可供深入探索的章奏學說，但在揭陽縣誌及後人的文章中都有記述，其中以宋元符二年已卯（西元 1099 年）春賜進士出身、左庶子秘書監丞、潮陽人林紘所著《宋知潮州彭延年傳》較為詳細。這裏對彭延年中進士和任福州推官兩事進行一些查考的情況作一彙報。

（一）

彭延年登進士時間，各地的族譜記載不一，有多種說法。一是黃贊發彭楚斌在《烈膽剛腸以民為本——論北宋知潮州軍州事彭延年》中提到崇禎年間彭賡煌所撰《宋始祖延年公墓道碑記》上載其“登宋治平元年（按 1064 年）進士”。二是郭偉忠《潮州寓賢志》說是慶曆四年（1044 年）。三是陳作宏主編的《揭陽縣文化志》則說是景佑年間（1034 年至 1039 年）。四是彭會資教授在校訂林紘《宋知潮州彭延年傳》文按中提到，通過考之《宋史》及其他文獻資料，延年公當在慶曆三年癸未（1043 年）領鄉薦，慶曆四年甲申（1044 年）登進士第，而任福州推官。而林紘在《宋知潮州彭延年傳》一文中未記載延年公中進士的具體時間。遵照世彭會永久秘書處和會資教授的指示，本人先在福建省內查考。從福建省圖書館查找《福建通史》和一些彭氏族譜尚未查到相關記錄；在清末陳寶琛點校的《宋元科舉》一書中，記載了北宋末、南宋及元初的一些科舉名錄，因為記載不全，也未查到延年公的中進士記錄；另外查到一本專門記載宋朝科舉中第人員名單的古籍《登科錄、題名錄》，但著者和刻印的年代不詳，資料也不完整，從裏面中第和題名人員名單中也未查到延年公名字。然後向省外查考，本人通過電話及書面聯繫北京孔廟辦公室和南京江南貢院辦公室，請求幫忙查找進士名錄。但北京孔廟只有明朝以後的進士名錄，江南貢院因為北宋科舉的歷史資料多為丟失，無法查找。今年 1 月份，就委託廣東省中山圖書館特藏部主任林子雄查找了廣東當地的族譜和《廣東通志》、揭陽的一些縣誌等書，沒有記載他的中進士時間。2 月份又委託江西省圖書館特藏部主任何振作查找了江西的省志及吉安的一些地方誌，只查到在清朝乾隆年間編撰的《四庫全書——廣東通志》中記載延年公任廣東潮州知軍州事的時間。

（二）

關於延年公擔任福州推官的情況，在林紘所著《宋知潮州彭延年傳》、彭氏族譜和廣東揭陽地方誌裏都有記載，而且在一些文章裏對延平公在福州任職期間發生的事情都有詳細的陳述，但都沒有記載他的任職具體時間。本人從去年開始查閱了福州市圖書館、福州市檔案館和福建省圖書館的有關歷史文獻資料，均未找到有關延年公在福州任職情況的介紹文章。查考福建省圖書館特藏部有兩冊圖書：《福建職官表》和《三山志》，都對福州當地官員介紹的比較詳細。《福建職官表》為歷代官府衙門傳抄的檔案文書，內容比較齊全，真實性高，書分四冊，詳細介紹了福建從唐代到清代的地方政府衙門機構設置和官員任職情況，書中也介紹了北宋時期福州推官的機構設置和官員任職介紹，但沒有彭延年的名字。《三山志》為福州的最早地方誌，原系陳傅良等撰寫，由梁克家署名，南宋淳熙九年成書，共四十卷，分地理、公廨、版籍、財賦、兵防、秩官、人物、寺觀、土俗九門，是研究福州地方史和宋史的重要資料。兩冊書中未提到延年公在福州的任職資料，但提到了福州司法機構的設置和任職官員的更換情況，其中對福州推官的敍述是這樣：“簽書節度判官、廳公事節度推官、觀察推官各一員。唐大曆六年，福州刺史兼都團練、觀察等使。觀察使有支使判官、掌書記、推官、巡官；團練使有副使、支使判官、掌書記、推官、巡官；元和八年，判官武自和，觀察判官、朝請郎、試大理評事楊邵伯，觀察大使、試秘書省校書郎盧昂，觀察推官、試秘書省校書郎馮審，團練巡官、登仕郎、前率府倉曹參軍權幼公。太和初，團練副使李貽孫、觀察判官候績、團練判官李敬彝。會昌五年，福建路判官只止留五員；團練、副使、判官、觀察判官、支使推官。乾甯三年，改巡撫軍節度，有節度使幕。國朝兩使各置判官、推官一員，節度置掌書記，觀察置支使。咸平元年，觀察推官曹，觀察支使杜。景德元年，有觀察推官、節度推官、節度掌書記。天聖二年，按籍載職官止三員，蓋其後六員亦不並置。天聖中，有知節度判官、權發遣本廳公事王玨，猶未有以簽書系銜者。《慶曆記》惟言本府幕三。嘉佑三年，董汶簽署節度判官廳公事。八年，避禦諱，改署為書。治平四年，簽判陳公琰、觀察判官沈唐、觀察推官李思義。大觀二年簽判改司錄，節推改戶曹兼兵曹，察推改刑曹兼工曹並參軍。政和三年，分曹建掾，改正官名，司錄參軍改司錄事，戶曹、刑曹參軍改為司戶曹、刑曹事。建炎元年，司錄依舊為簽判，曹官判依舊為推、判官”。文章中提到宋朝曾任福州推官有名字記錄李思義一人，有姓氏無名字記錄一人，無姓名記載的幕官十二人。

綜合對延年公中進士和擔任福州推官的查考，林紘與彭延年為同時代人，林紘曾“從公（按-指延年公）講學，立雪門下”，故所撰可信度較高。書裏所載，延年公中進士後，皇上曾“召問”，並曾召至隆儒殿，後授福州推官，主管一州司法，專掌推勘、刑獄、訴訟。延年公到任之後，“勤於案牘”，不善交朋接友，卻頗能詳察聞見，即使“窮民賤胥“，也得以轉達衷曲，由於他秉公執法，政聲上達，被提拔為大理寺評事。可見延年公中進士與擔任福州推官是同一年，而且他在福州擔任推官是真實可靠的。《宋知潮州彭延年傳》有這麼兩句：“由是名重京師，當事者忌之，遂致仕隱居潮之浦口村。時宋神宗元豐七年也（西元 1084 年）”、“西曆官五任，計三十五年”，根據這點推算，延年公中進士的時間當在 1048 年（慶曆八年）和 1049 年（皇祐元年）之間，而根據《三山志》裏所記載的福州推官人員更換情況，如果延年公剛好在這本志書屬於缺乏記載的人員，則這一時間應該是吻合的。而崇禎年間彭賡煌所撰《宋始祖延年公墓道碑記》上載其“登宋治平元年（按 1064 年）進士”，延年公生於 1009 年，中進士時已經五十五歲，為官三十五年，這於他 1095 年逝世時間不能相符，應該是不準確的說法。陳作宏主編的《揭陽縣文化志》說是景佑年間（1034 年至 1039 年），是否相距較遠，缺乏依據。而郭偉忠《潮州寓賢志》說是慶曆四年（1044 年）和會資教授查考的比較接近，比較合理。

考證延年公情況，尚有兩點存在質疑，必須作進一步的繼續查考。一是《四庫全書》裏說延年公擔任知潮州軍州事的時間是皇祐年間（西元 1049 年——1052 年）。《四庫全書》為朝廷組織編撰，依據的官方材料是真實可靠的，所編內容也是可信的，但與林紘所著《宋知潮州彭延年傳》裏說他擔任知潮州軍州事的時間：從“熙寧九年（西元 1076 年）春二月，詔公督漕，……公笑而不答，安石銜之，遂出公知潮州。”到“元豐二年（西元 1079 年）海夷入寇，潮循二州受禍尤慘。公策曰：……六年癸亥（西元 1083 年），汀、虔二寇聚掠循梅二州……公預簡士卒，募驍勇共得二千餘人”，這裏推算的時間是西元 1078 年——1083 年，顯然不相符合。二是彭延年曾經擔任北宋大理寺評事和大理寺少卿，北宋大理寺總掌斷刑及治獄之政，卿總寺左斷刑，右治獄之事。少卿分二，左少卿佐掌斷刑事，右少卿佐掌治獄事，左廳官設左少卿（斷刑少卿）、斷丞、司直、評事。大理寺在北宋時應該是比較重要的中央司法機構，大理寺評事和大理寺少卿官位級別、權力和影響都比較大，史料特別是地方史料應該會記錄任職官員名單，但在查找大量文史資料，包括委託查找的江西吉安（北宋廬陵）地方史料中卻尚未能查找到延年公的資料。因而我們仍要努力查考。

⑸桂林彭祖文化學術研討【延年】公世代感懷

彭建方 2006.8.3.

今(2006)年 3 月 10～16 日桂林世彭會「彭祖文化暨彭氏源流學術研討會」，對「延年公是構雲公 12 世、抑 18 世」所作結論：【彭延年，字舜章，號震峰，生于 1009 年，卒于 1095 年，是構雲公 12 世孫(還有 15 世、17 世、18 世之說，留待後考)】·一件悠關彭氏歷史最重大事故，未能作充份民主學術性探討，深入確切相互交換意見，倉促遽下「結論」，似嫌草率，深感遺憾·

會中點滴值得省思的：

一·彭嘉慶宗長宜提出四庫全書「北宋彭延年資料」，與「南宋彭延年資料」，兩相對照查考·

二·彭俊達宗長冗長文稿，唸唸有詞，未見提出確切史證·當時他手上拿的「光緒四年化州彭氏族譜」，其中即記載延年公為構雲公 18 世，為何不指出何處有錯，錯在什麼地方，提出有力關鍵的辨正，讓人瞭解·

「福建譜」中，資料記載「延年、祖年、椿年三公，明顯記載為構雲公 18 世」，福建譜歷史相當悠久，難道也有錯，我國尚古幾百年前全部所編的彭氏族譜，豈都是錯的？

三·彭雲釗創始會長對世界彭氏宗親聯誼會的貢獻，出錢出力，辛勞備至，厥功至偉，族人咸表同感·然而此次他唸讀「彭世軒教授彭氏五千年簡譜」作為史證，則有待商榷·豈知該作品曾受到絕大多數族人批判，不表認同，而竟拿出來作為評定延年公為 12 世，有欠學理史證，不尊重大多族人的看法，難為族人接受苟同·當時提出反對論者，被他攔阻不准發，明顯有偏見，未能作充份辯論，倉促擅自作結論，將來遭人物議，預期可見。

四·北宋林紘「潮州刺史延年公傳略」，經查明、清兩朝均有林紘其人，相隔年代久遠，資料是否正確，有待考證·歷史上人物，對某人某事著述論者甚多，各有不同看法，相左意見者亦不少，豈能拿一人專著作為佐證，認定延年公為構雲公 12 世，值得廣求證據，廣泛探討·

五·經查「湖南通史」，南宋歐陽玄(1272~1357)，字原功，湖南瀏陽人·延祐二年(1315)進士，授岳州路平江州同知·歷官國子博士、翰林院待制兼國史院編修官、翰林直學士兼國子祭酒、翰林學士承、遼宋金三史總裁官，特授湖廣行省右致仕北宋無歐陽玄之人，其撰寫「分宜彭氏志」，其中並無延年公為構雲公 12 世詞句，只是敘述延年公為官傳略而已·

六·潮州府志、揭陽縣志，何時、何人撰寫？所提資料，寥寥數語，未見詳細記載延年公史實功名年代，不足證明延年公為構雲公 12 世，而只能作為參考·

七·2006.3.14.09：30 臨會議開始前，擔任主席彭會資教授致詞說：「剛送來一部族譜，通報說：【嗣元配劉氏，生二子：躍(號匡山)、汾·兩兄弟名、字、號全有】·但是，有的族譜卻把躍兄錯亂成汾弟的七世孫·構雲公至延年公世系錯亂，就從這裡開始，值得注意」·宣佈後隨即宣佈開會，時間倉促，未能即時當場索閱該譜，不知其譜名，何時、何人編纂？血緣世系演繹情形·我國各地家乘、家譜、族譜何其多，何止千百部，如果拿來相互對照，不敢說該譜有錯，無庸置言，值得懷疑，有待考證·

福建譜資料中有述，「彭祖至延年公及其子」則多與其他譜牒有別，因編幅有限，恕不能詳述，我在彭祖血緣世系表中有詳細記載，可以相互比對查證，即可知之·質而言之，會資宗長出示的某譜，值得懷疑·

八·南宋、北宋兩個朝代，都有彭延年之人，會中只討論到【北宋彭延年】，蓄意不提【南宋彭延年】，是何用意？既是學術研討，為何不深入探討，求真求實，兩者史實年代差異，相互官爵功名年代何在？找出真正癥結點？如此匆忙倉促遽下結論，失卻史學家研究歷史，考證古史辨正的精神．族譜是留傳千秋萬世歷史文物，如果草率從事，將遺誤後人，成為彭氏族人歷史的罪人．

九．鐵證如山數千年前江西古老彭氏譜牒【江西廬陵吉水分宜傳流詩】，幾乎全國所有彭氏族譜都有記載的「古譜詩詞」，上面明確記載延年公為構雲公 18 世，那不是強而有力的證據嗎？為何不採信？而硬要用非彭姓的「林紘」所作的文章為信物，強詞以構雲公為 12 世，不卜作何解釋？

詩中「次公生顯」，為何不寫「次公生躍」，明顯史證，延年公為構雲公 18 世，豈容歪曲歷史．

有人篡改該首詩詞，平仄不符，音韻不順，詞語不相連，未敢註明作者為誰？日月可鑑，其詞如下：．

避難江西祖構雲，隱居不仕號徵君；滋與偶輔登春榜，安定王玗太尉聞；

太保彥昭官一品，領兵十萬樹功勳；數傳師□德□貴，壽統廣陵節度軍；

更有嗣元詩句在，躍公三子派支分；延年為粵開基祖，　誥贈屢屢裕後昆．

十．嗣元公之下子嗣：顯、昌、期、忠念、偉諸公跑到那裡去了？世系血緣應有明確交代，不能無所出去，突然失蹤．

十一．持延年公為構雲公 12 世孫者，舉北宋林紘「潮州刺史延年公傳略」、北宋歐陽玄「分宜彭氏重修家譜序」、「廣東通志」、「潮州府志」、「揭陽縣志」、和族譜有關記載，主持人會資教授宣佈(實際是世彭會會長彭運釗宣佈的)【彭延年，字舜章，號震峰，生于 1009 年，卒于 1095 年，是構雲公 12 世孫(還有 15 世、17 世、18 世之說，留待後考)】．

十二．彭會資主席結論，宣佈延年公為構雲公 12 世，但書括孤(究 15、17、18 世留待後考)，這是迫不得已的權宜之計，卻失掉此次開會的意義，多數與會人員咸認我們是去作「配相」，濫竽充數，湊合開會人數而已．

十三．「世彭會訊第 11 期」有關「彭祖文化暨彭氏源流學術研討會紀要」上面記載：「彭延年，字舜章，號震峰，生于 1009 年，卒于 1095 年，是構雲公 12 世孫(還有 15 世、17 世、18 世之說留待後考)」．隨該世彭會訊「世彭會秘書處」95.7.1. 通知：「今後各地族譜及世彭總譜的編修，都必須遵照所達成共識編寫，不應再存有異議．已出版的族譜，亦應修正」．

這謂免太武斷了，是否強姦民意？這次學術研討會，僅是數百萬彭姓子孫中少數中的少數，所謂達成「共識」，恐都是延年公後裔子嗣認同，但不要勿略延年公子嗣中，有持反對意見者，更有與會非延年公嗣裔持相反的看法．

主張「延年公為構雲公 12 世」者，在開會先前一個晚上舉行「秘密座談」和「沙盤推演」，誰先首先發言，那些人附議，還電話通知延年公嗣裔，在開會時要每人都舉手贊成．這種暗度陳倉的作法，是民主嗎？能令大多數族人心悅誠服？

認真的作法，世彭會宜將桂林彭祖學術研討會對「延年公世代」所謂之「延年公世代共識」作成專案列印，詳述各方意見，透過全國各地彭姓研究員、連絡員，大量散發小冊，廣泛徵求全球世界各地族人意見，共同搜尋族譜史證，彼此考證查核，集思廣益，較為妥切，諒必從中可獲得絕大多數人的共識，再來權衡認定延年公應是構雲公那一世代的人，是否要較合情合理，面面俱到．

側面可知，在會場中非延年公世系彭氏族人，絕大多數都持不同看法，只是大家為了維持大會彼此面子，保持沉默和諧，作無言的抗議，沈默不講話而已，回憶彭雲釗會長作結論後會場中的嚴肅氣氛，鴉雀無聲，人人面面相噓，相對無言納木表情，大家應當體會得出來那種「結論」的效果．

(6)延年公世代疑雲探討　　　　彭志雄

延年公世代問題，攸關歷代史書，綿延後代，茲事體大，其歷程緣自：

一．伯良宗長與建方彙編「中華彭氏源流譜」時，發現延年公世代多少數譜牒記載不一，頗令困惑，在撰編「世系昭穆派字排行輩份」束手無策，因於 2003 年 11 月 27 日發出「延年公世代釋疑」一文，臚陳各方意見，呼籲族人共同審慎探討，尋找根源．

二．惠蒙「世界彭氏宗親聯誼會永久秘處」於 2004 年初以「彭氏源流研究專輯」刊載，廣開言路，徵求真知酌見，以求真諦史實．

三．2004 年 11 月福建武夷山世彭會議共識：【有關彭祖至宣公，構雲公至延年公世系所存在的一些疑點，在還沒有釐清真相之前，應繼續存疑，並繼續搜集資料，根據史實深入研究，最後由專家學者共同商訂】．

四．2006 年 3 月 10~16 日世彭會在桂林召開開「彭祖文化暨彭氏源流學術研討會」，時間倉促，未經充分討論，遽下結論：【彭延年，字舜章，號震峰，生于 1009 年，卒于 1095 年，是構雲公 12 世孫(還有 15 世、17 世、18 世之說，留待後考)】．

五．2006 年 7 月 1 日「世彭會秘書處」通知：「今後各地族譜及世彭總譜的編修，都必須遵照所達成共識編寫，不應再存有異議．已出版的族譜，亦應修正」．

一件攸關彭氏歷史上最重大事故，未能作充份民主學術性交流探討，深入確切相互交換意見，又缺確切史證，倉促遽下「結論」，何來共識．如斯草率，深感遺憾，倘日後找出更有力具體新歷史證據，將作何解釋？如何補救？去年參加會議者，豈不都成為罪人，不寒而慄，惶恐之至．對該未經深入思考，無十足考證的『結論與通知』，深不以為然．主觀者迷，旁觀者清，那次與會非延年公系者，絕大多數都不表贊同，即使延年公子嗣中亦不乏反對者，不卜當局者知否？豈能不顧眾多鐵證，而憑一兩篇野史以偏概全，遽下定論歟！

十八世		十二世		十七世	
族譜及文史	修譜年	族譜及文史	修譜年	族譜及文史	修譜年
湖南椿年公子壽公五修族譜	1770	廣東省豐順縣子順公系譜	1996	福建彭氏族志真榮公系	1995
江西族譜	1829	贛湘粵桂蜀台彭氏聯宗譜	2000	湖南善化坪山彭氏族譜	2002
廣東分派福建支系譜序	1829	重慶潼南縣桂南鎮八角村譜	1995	彭氏淵源集	1662
湖南瀏南沙溪河口彭氏支譜	1855	廣東豐順子順公支系譜	1996		
湖南長沙青山彭氏敦睦譜	1856	江西彭氏支譜	1999		

台灣彭茂松公派族譜	1958	贛湘粵閩桂蜀台彭氏聯宗譜	2000		
台灣彭氏大族譜	1965	廣西陸川博白浦北益公系彭氏族譜	2003		
舉英公派下彭氏族譜	1988	廣東梅縣彭氏族譜	2006		
河南夏邑彭氏大族譜	1996	廣東興寧縣彭氏族譜	2006		
泰國彭氏族譜	1996	廣東陸川縣彭氏族譜	2006		
中華彭氏源流譜	1999	江西省彭氏源流聯譜	2006		
廣西鹿寨縣彭族譜	2005				
詩：江西古譜	北宋時				
文獻：彭氏淵源集	北宋時				
吉康彭氏淵源集序	北宋時				

註：一．1996 年廣東豐順譜：七十年前殘存古譜記載，第十世嗣元公二子：（沿）、汾．十一世【 】即是躍公，躍公三子：祖年、延年、椿年．故延年公為 12 世．

二．四川省銅梁縣彭強發現重慶市潼南縣桂南鎮八角村 1995 年彭氏族譜：11 世嗣元公二子：躍、次．躍生祖年、延年、椿年．

三．上列各譜記載延年公為構雲公 12 世者，可說全部在最近二十年以內之事，當然我們不否認百分之百認為延年為構雲公 18 世是對的，但中國土地之大，幅地之廣，彭氏子孫之多，為何尚古都云延年公為構雲公 18 世，今天突然硬要改為 12 世，令人費解．

(7)延年世代問題難解

認延年公為構雲公 12 世者，截至目前為止，尚未見明確史實依據可供佐證憑考，然上海圖書館、湖南圖書館尚珍藏有「西元 1770 年湖南善化(長少)坪山彭氏族譜(椿年公之子壽公世系)」、「西元 1855 年湖南瀏南沙溪河口彭氏支譜」、「西元 1856 年湖南長沙青山彭氏敦睦譜」，譜中均明確記載延年公為構雲公十八世，史實諸在，明證可考，同時依據延年公先祖血脈源流演繹，再核對黃帝紀年表，揆諸史料鑑定，延年公並非生於北宋真宗大中祥符二年己酉公元 1009 年三月七日，亦不是構雲公 12 世．觀今宜鑑古，任何史書記載，必須有據可尋．惜少數譜牒或專文論者，未能客觀翔實評量歷代寶鑑，審慎參考古本彭氏古譜，誤認延年公為構雲公 12 代．姑不論延年公為構雲公 12 世、抑 18 世，深切期盼彭氏後代子孫，尤以延年公後裔及史學族譜研究者，客觀謹慎，深入廣泛蒐尋資料，小心求證，深入探討，以求其真．

一．「宋人傳記資料索引」，1994 年出版，彭會資(1936 年十一月出生)彭強民(1970 年四月出生)著，查閱 273 至 281 頁彭氏名人錄，宋朝彭延年，無生歿年月．震峰公傳寄第 62 頁，延年公進京應考時，年 33 歲．宋仁宗寶元三年冬(註:北宋仁宗寶元只有二年西元 1038 至 1039 年)，以前鄉里別人叫他的號震峰，是因他參加射箭奪魁，第 72 至 78 頁歐陽稱表弟，彭延年既是神箭手，又當神筆手，有武功，但延年公自語只能進軍鼓．上列述詞，多有矛盾，無從理解．

二．四川銅梁縣彭強(棟宇)2004 年四月廿八日來函：有關延年公為十二世、抑十八世的問題，探討經年，一宜未有定論，二種觀點論述我都看過，本人對兩者資料中，存有一些疑點：

(一)延年為十二世的疑點：

贊同延年為十二世的，以北宋元祐二年(1049)林紘所撰「震峰彭公傳」為證，證明延年生于北宋大中符己酉(1009 年)，從而映證延年公為十二世，佰筆者發現一些問題．傳中記載「歐陽玄為林紘的舉主」，歐陽玄即歐陽元，因避清帝康熙諱，改「玄」為「元」，是元朝人，他既為林紘舉主，那麼林紘也應該是元朝人．」

又如既然為元祐二年(1049)所撰，怎麼又紀載「汝方知衢州方腊隱城而死」的事，因為按「資治通鑑」的記載「宣和三年(1121)春正月方腊陷婺州，又陷衢州，守臣彭汝方死之」，請問林紘怎麼會知廿二年後的事．看來林紘是元朝人的可能性更大．

「廣東梅縣彭氏族譜」稱其民國老譜中，有「嗣元生二子，長子『長』因殘廢看不到，次子『次』」，推定所殘缺看不到的名字就是『躍』，但這僅是「推定」，說不出具體的根據．

(二)延年公為十八世的疑點：

誠然如果要堅持延年公為十八世，延年就不會生于北宋大中祥符己酉(1009)．那麼又考證延年公應生于南宋淳熙十六年(1189)己酉．這樣忠念公是南宋建炎元年丁未科解元，又授朝奉大夫，這樣一位為家族大增其光的人物，且在林紘(暫不論其為宋或元朝人)所撰「震峰彭公傳」中隻字未提，而「傳」中不但提到了「宣、樂、景直、構雲、玕、德顯、壽、汝礪」等人，其父「躍」，其兄祖年，其弟椿年也提及．且獨獨沒有提到其曾祖父建炎丁未科解元、朝奉大夫「忠念」，這樣一個重要人物，會被漏記掉了嗎？不無懷疑．「忠念」是延年公的曾祖父嗎？實在是疑雲重重．

(三) 重慶市潼南縣桂林鎮八角村 1995 年版「彭氏族譜」，古代部分完全轉錄其舊存手抄本，片字未改．該譜載「嗣元生二子：躍、次．躍生祖年、延年、椿年」，並沒有「顯、昌、期、忠念、偉，這五代人的記載」．該宗支系為延年公第三子「銳」公後代．可是譜中又載「延年生于淳熙己酉年淳祐癸卯年舉鄉薦」，「許氏生紹熙壬子年．」根據以上記載，前面部份似符合 12 世之說，後面部份又符合 18 世之說，令人費解．

(四) 彭強(棟宇)認為有關延年公世代錯亂，可能在元代時期就已經開始了，所以才會造成許多族譜記載出現出生年代與世代，相互矛盾模糊的地方．如一時不能作成正確定論，弄清楚，最好暫時擱置存疑，按上兩種說法並存，期待澄清之日來臨．

三．「世界彭氏宗親聯誼會」第六次大會 2004 年十一月十八日在福建武夷市舉行，綜合編修族譜意見如次．

(一)彭祖至宣公，構雲公至延年公世系所存諸多疑點，在無史實考證釐清真相之前，應暫存疑，繼續搜集資料，根據史實深入研究，最後由專家學者共同鑑訂．當前最重要的是先將各省市、各地區之宗支族譜，並向上溯源，然後對各地區、各分支系族譜相互查照滙總，最後得出一部「世界彭氏大族譜」。

(二)先編訂世界性的「彭氏簡譜」，以區域性為主，源流為輔，開基祖名？何時(以紀元為宜)、從何處遷來，落業何地？，翔實敘明世系、代別、宗支，至今繁衍多少代？人口多少？又幾代孫名、分支何處？

(三)爭取 2010 年完成「世界彭氏大族譜」·

註：編者擁有延年公弟椿年公子壽公譜影本全套 33 卷，卷三第 12 頁明顯記載，椿年公為構雲公 18 世， 按延年、椿年為同胞兄弟，自然延年公亦為構雲公 18 世·其世代血緣為：

(該譜即延年公弟椿年公之子壽公世系譜·其中漏列忠念公之子偉公)·

構雲公世代	1	2	3	4	5	6	7	8	9	10	11	12	13	14	15	16	17	18
延年公血緣	構雲	茲	倜	輔	玗	彥昭	師奭	德顒	壽	嗣元	次	顯	昌	期	忠念	偉	躍	延年

註：上述「彭氏先祖源流」是上古文獻，世系血緣無缺，更足以證明延年公為構雲公 18 世。

此中明顯記載: “延年次子，字舜章，號震峰，別號竹甫，生祥符二年已酉〈1009〉三月十七子時，” 是北宋人而非南宋人也！此世系雖然無缺，但其中巳蘊含了傍系間插之蔽，根本上無“血緣” 可談。有錯不糾，非今人修譜之目的。當今快速的交通，便捷的音訊，歷史資源分享，人腦與電腦並用的科學發展年代，不去糾錯訛。一對不住列祖列宗，二對不住後嗣裔孫，而也會以訛傳訛。江西萍鄉宗譜 － 延年公為構雲公 15 世

注 此33卷在2004年11月我去參加福建武夷山“六彭會” 繞道長沙時已翻閱過 。為清光緒十八年(王辰 1892 年)信述堂《彭氏五修族譜》閱後發現其中世系為錯訛承接。

一, 彭椿年: 邦躍公三子, 官授武職, 自江右來衡州府靈縣第四郡地名銅囗灣落業. 生子壽, 後徙長沙, 居坪山.有延年公弟椿年公子壽公譜影本全套 33 卷, 迭加厚約近五十公分 但是其中明載:

二,此椿年之子名壽, 至明洪武二年巳酉〈1369 年〉四月徙長沙, 落業本邑, 好明顯的板援附會. 與北宋延年公相距約差近三百年; 就有南宋延年生於 1189 年, 也要約差 120 年左右, 不然怎能會在明初〈1368 年後〉進入湖南，明顯可知世系不實，為扳援附會之譜。用錯訛與不實之譜來證明我延年公為構雲公之十八世孫，怎能叫我不為公鳴冤叫屈呢？……。

三，彭在村宗長，他以下斷章，延年公就是海陽縣浦囗村的學究彭延年生於 1069 年，也是北宋人才是。但是晚了一個花甲，他也承認我們的鑑公在西元的 1066 年遷居興甯縣黃桐鄉生諒（而不應為凉，其弟名詔生於 1076 年，

今廣東吳川市國家稅務局塘綴分局，的副局長彭華平是其裔孫。手機:13809730006）該如何解釋？幼子之子能長祖父三歲麼？我延年公生於 1009 年，去年公千年華誕，兩岸三地巳舉辦了慶典活動，應該是準確的。我們不能順延他的若干世裔孫的出生年、月、日、時，一個人的出生時間，一旦面世，則成為歷史長河中的定局。就父、子關係一旦成立，在時空上也成為定局，即不可延長，也不可壓縮，這是不能放開成見。同理我與延年公相距 935 年，我是公之 31 世孫，其代距為 31.17 年是正常的。如減掉三輪花甲僅相距 755 年，代距為 25.17 年不是正常的，因為代距偏低，不符合 31 世人之說。

(8) 延年公世系之辨正　彭志雄　2015.7.5.

摘要：古譜所記延年公為構雲公十八世正確無誤，其不能自圓其說的原因是誤記了延年公的生年。他不是生於北宋大中祥符年的己酉歲（西元 1009 年），而是生於南宋孝宗淳熙年的己酉歲（西元 1189 年）。

關鍵字：彭延年；世系；辨正

宋朝的彭延年官爵顯赫，地位崇高，是彭氏家族中一位重要的歷史人物，其後裔更是將其當作劃時代的代表，推崇為廣東始祖。遺憾的是，像這樣一位重要的族史人物，在不少古譜中都出現了自相矛盾的記載，致使後裔們對其世系疑惑不解，各有說法，莫衷一是。目前最大的分歧就在於：延年公究竟是構雲公的十八世孫還是十二世孫？認為是十八世的主要見諸古譜，認為是十二世的主要見於今人的新譜。從目前的發展趨勢看，“十二世說”大有取代“十八世說”之勢。請看近年新出的延年公系族譜，幾乎都以“去偽存真”為名將古譜中六世先祖汾（次）公至偉公刪除了，使構雲公至延年公由所謂“不合理”的十八世變成了所謂“合理”的十二世。對此，筆者深感憂慮，趁著這幾年也在編修族譜之機，頗下功夫做了一番細緻的考證，欲求弄個清楚明白，掌握真相。惟恐一念不慎而以訛入譜，愧對列祖列宗，特別是愧對這六世被刪除的祖宗。

本人考證的結果是：古譜所記延年公為構雲公十八世是完全正確的，當中不能自圓其說的原因是前人編錯或抄錯了延年公的出生年份。延年公不是生於北宋大中祥符年的己酉歲（西元 1009 年），而是生於南宋孝宗淳熙年的己酉歲（西元 1189 年）。以下試作具體闡述，祈望得到方家和宗賢們的批評和進一步的探討。

一、　“十二世說”之不可靠性

近年來，“十二世說”之所以被提出並流行，是因為古譜記載有矛盾，無法自圓其說。在我們所能見到的延年公系古譜中，都把延年公作為構雲公的十八世。同時，絕大部分也都記其生於北宋真宗大中祥符二年己酉歲（西元 1009 年），這與八世祖德顒公的生年——後樑開平丁卯年（西元 907 年）只隔 102 年。102 年怎能繁衍十代人呢？這引起了族中一些有識之士的懷疑。他們考證後認為：是直系中錯誤地插入了六世旁系汾（次）公至偉公造成的。他們認為延年公之父躍公不是偉公的兒子，而是再往前六代嗣元公的兒子。證據之一就是一殘本古譜載嗣元公生二子：□、汾，□就是第十一世躍公（字匡山，號伏庵）的原名，躍公是生延年公的，這樣延年公也就是十二世。（見廣東《豐順子順公系彭氏族譜》）

對此觀點，本人實在不敢苟同。首先，說那□就是躍公的原名，很難令人信服。其實，漢語中的□是一個缺文號，表示此字未知，它可以是這個字，也可以是那個字，何以見得就一定是個“躍”字呢？我手頭這本乾隆年間續編的古譜在這位置寫的可是個“𠔌 ，而且注明早逝了，只有其弟汾公傳下後代。據我所知，大多數古譜都實記了嗣元公的兩子名“𠔌(長)、汾（次）”。個別譜本未能記全，大概是因為早逝者未取名，或者名字被忘掉了，只好用個缺文號“□”代替。此種現象在當今修譜中也是經常出現的。

其次，把德顒公至延年公由原來的十代人改成了四代人，使平均代距變為 102÷4＝25 年多一點，從而達到了世系與時間的吻合，邏輯上也行得通了。但這樣的改動是以德顒公生於西元 907 年、延年公生於西元 1009 年為前提的，問題是這兩個年份就那麼可靠？他們會不會記錯或抄錯了呢？我們搞族譜研究，面對世系與時間的矛盾，完全應該先懷疑時間，再懷疑世系。可先認定德顒公至延年公本來就是十代人，十代人才隔 102 年，肯定有一個時間寫錯了，應改變時間去適應世系。如果經嚴格考證後證明時

間沒有錯，其次才是考慮是否世系出錯，因為在族譜所記各項目中，世系人名比生卒年重要得多，也好記得多，相對的也就不容易出錯。即便口耳相傳都可記住好幾代。人們可以輕易地記住父親、祖父、曾祖父等幾代人的名字，如果利用譜系詩句來記憶，還可記得更多，但卻不一定能記住他們的生卒年，甚至根本就不知，也認為並不怎樣重要，於是古譜中許多先祖是只記了名而沒有記年的。

在沒有來自古譜充分而又有力證據的前提下，"十二世說"以更改不易出錯的世系遷就容易出錯的時間的做法，實在叫人難以相信。我知道修譜必須去偽存真，有錯則改，但在沒有絕對把握認定誰偽誰真、誰對誰錯之前，我實在不敢將黃紙黑字記了幾百年的六世祖宗一筆勾銷。為了能真正解決問題，只好一頭鑽進古譜去考證了。

二、　古譜資料之縱向考證

要證明孰是孰非，最可靠的辦法是找到真實而充分的證據，再通過合理的論證推出結論，這樣才能解決問題，也才能令人信服。為了避免用上錯誤的證據推出錯誤的結論，我沒有使用今人現成的材料，而是不帶任何偏見地直接核查古譜。從我本人開始一代代地往上追溯，由近及遠，由已知到未知，一項項地核對、推敲，看看到底是哪兒出了問題。我認為，離我越近的祖宗錯誤率越小，可信性就越大。遇到某些世祖沒標記生卒年的，我就用代距公式推算，推出個大體時間。這一查還真在延年公處查出了問題。為便於分析，特將古譜資料清單如下：

世系	祖名	生　　年	卒　　年	享　　年
一世	延年	北宋大中祥符二年己酉歲（1009）	南宋德佑元年（1275年）	譜記為87歲（但據此生卒年推算為267歲）
二世	銓 鎡 銳 鉞 鐠 鑑	南宋開禧丙寅歲（1206年） 南宋嘉定戊辰年（1208年） 南宋嘉定壬申年（1212年） 南宋嘉定甲戌年（1214年） 南宋嘉定丁醜年（1217年） 南宋嘉定庚辰年（1220年）	元貞乙未年（1295年）	76歲
三世	京 沼			
四世	秀鸞　秀鳳			
五世	德清　德興			
六世	宗夔　宗慶	明洪武壬申年（1392年）	明洪熙乙巳年（1425）	34歲
七世	伯富	明永樂庚子年（1420年）	明弘治己酉年（1489）	70歲

從上表所列資料推算，延年公享年竟達276歲，與譜中文字表述八十有七嚴重不符，這裡存在錯誤是肯定的。但到底是生年有誤還是卒年出錯呢？從其六子已知的八項生卒年資料推算，延年公的卒年是合理的，錯的只能是其生年了。延年公德佑元年（1275年）卒，享年87歲，其生年只能是南宋孝宗淳熙己酉歲（1189年）。

再者，若認定延年公生於大中祥符二年己酉歲即西元1009年為正確，其長子銓生於南宋開禧丙寅年即西元1206年，比他晚生197年，其餘五子則分別晚生199、203、205、208、211年，這豈不荒唐可笑？若以六子生年以及延年公卒年、享年為正確，則延年公的生年得往後再推三個甲子方能自圓其說。這樣，他上頭不是多出了六代人，而是必須有那六代人才是合理的。

用延年公六子的生年及其本人的卒年和享年推算其生年，得出的結論當是可靠的。因為古譜抄本雖有可能抄錯，但若認為只是延年公的生年抄對而其卒年及其六子的生卒年都同時抄錯，對與錯的比例為1:8，這種可能性是極其微小的，簡直就是不可能的。如果我們真要吹毛求疵，硬要懷疑延年公六子生年的正確性，不妨再進一步看看第六世、第七世的生卒年，以他們的生卒年為基準推測六子生年是不是合理。第七世伯富公生於1420年，比第六世晚生28年，說明第六世的生年合理。第六世宗慶公是鑑公的五世孫，比鑑公晚生172年，172年間出生五代人，平均每代相隔約34年，也符合代距要求，說明鑑公的生年是無誤的。而延年公與宗慶公六代人相隔383年，代距高達64年，這是絕對不合理的，也就是說延年公的生年肯定是錯誤的。至此，當我們肯定了鑑公六兄弟的生年是準確可信的，就必須否定延年公的生年，因為二者是不可能同時成立的。

三、　古譜資料之橫向比較

有了以上古譜的縱向對比論證，結論已明，似乎無需再證明了。但我還在擔心，古人編譜由於受多種因素的影響，難免錯訛，如果我這古本上許多項目都編錯了，我得出的結論自然還是不可靠的。為了讓自己的考證具有更大的可信性，我於是盡可能多地搜集族譜資料，廣作橫向比較。以下是我至今所能搜集到的古譜關於延年公及其六子的材料，列表如下：（因今譜大多被更改，不論其與本人觀點是否相符，均不予採用。）

(一)關於延年公生卒年

譜　　別	生　年	卒　　年	享　　年
廣東恩平譜（1770）	大中祥符二年己酉（1009年）	宋德佑元年乙亥（1275）	譜記為87歲（據此所記生卒年推算為267歲）
廣東潮陽譜（1753）	祥符二年己酉歲（1009）	紹聖乙亥年（1095）	87歲
廣西容縣譜（未知）	宋真宗祥符二年己酉（1009）	宋德佑元年乙亥（1275）	譜記為87歲（據此所記生卒年推算為267歲）
廣西蒙山譜（未知）	大中祥符二年己酉（1009）	宋德佑元年乙亥（1275）	譜記為87歲（據此所記生卒年推算為267歲）
湖南瀏陽譜（1855）	南宋孝宗淳熙己酉（1189年）	宋德佑元年乙亥（1275）	87歲
湖南青山譜（1856）	南宋孝宗淳熙己酉（1189年）	宋德佑元年乙亥（1275）	87歲

（二）關於延年公六子生年

譜　別	銓	鎡	鋭	鉞	鐺	鑑
廣東恩平譜（1770 年）	開禧丙寅 1206	嘉定戊辰 1208	嘉定壬申 1212	嘉定甲戌 1214	嘉定丁丑 1217	嘉定庚辰 1220
廣東潮陽譜（1753 年）	天聖丙寅 1026	（無記載）	嘉定壬申 1212	嘉定甲戌 1214	嘉定丁丑 1217	嘉定庚辰 1220
廣西容縣譜（未知）	開禧丙寅 1206	嘉定戊辰 1208	嘉定壬申 1212	嘉定甲戌 1214	嘉定丁丑 1217	嘉定庚辰 1220
廣西蒙山譜（未知）	開禧丙寅 1206	嘉定戊辰 1208	嘉定壬申 1212	嘉定甲戌 1214	嘉定丁丑 1217	嘉定庚辰 1220

從這些橫向比較的材料看，絕大多數都把他們父子當作或可證明是南宋時人，都把延年公的生年當作或經證明後可當作淳熙己酉年（西元 1189 年）。只有廣東潮陽譜把延年公及其長子銓記為北宋時人，第二子未注明，但後面四個兒子都是南宋嘉定時生人。同是生活在一起的一家子，生活年代竟相差三個甲子，這裡出錯是無疑的。認為他們父子是北宋人、南宋人二者的比例為 2:4，根據懷疑少數，肯定多數的原則，仍可整體上把他們一家都看成南宋時人，即最終仍說明延年公生於西元 1189 年。

在上表中，有一項的錯誤帶有普遍性，這就是延年公的生年幾乎都記為大中祥符二年己酉歲。這個錯誤是怎樣造成的呢？為什麼南宋的淳熙己酉年會被誤記為大中祥符己酉年呢？本人的推測是：最初記的是己酉年（如廣東化州譜就是只記干支年的），並無帝王年號，後來續譜者欲求更詳細具體而加上，或者受別的資料影響而加上。由於干支紀年不像現在西元紀年形象直觀，以致誤加年號後多出了三個甲子也沒能發現。許多讀譜者看了“生於大中祥符己酉年……卒于宋德佑乙亥年”後，自然順著接下來的敘述理解為享年八十有七歲，誰能想到它們竟相隔了 267 年呢？要不是換算為西元紀年，要不是對照歷史紀年表核對，我們怕是誰也不會懷疑其錯誤的。

至此，我們再回頭看看構雲公至延年公世系，那種十二世的說法顯然是站不住腳的。將古譜中的十八世減為十二世，那是認為延年公生於北宋大中祥符二年即西元 1009 年的緣故，是減少世系以遷就年代。殊不知，用一虛假的數字作證據，得出的結論自然是虛假的，不可靠的。這樣一來雖把延年公往上的世系理順了，卻造成了後面世系的嚴重矛盾：延年公哪可能在文字敘述中是八十七歲，在數字推算時又達到 267 歲？在兩百多歲時生下六個兒子則更是荒誕不稽。那種縮減世系以求暫時平衡的做法就像是拆東牆補西牆，表面看是把西牆補好了，結果卻壞了東牆。如果西牆本來就是好的，這一拆一補的倒把兩面牆都弄壞了。因此，族譜直系中那六代祖宗決不能刪除，只有維持構雲公至延年公的十八世，方能上下貫通，合情合理，這也是還家族歷史的真實。至於延年公出生年的不合理，用其卒年數減去享年數改過來就是了。

四、尚未解決的問題

“十二世說”之所以被那麼多當代後裔接受，除了古譜所記不盡合理外，另一重要原因就是我們手頭上有太多的文字資料證明延年公是北宋時人了。特別是林紘所寫的《宋潮州府太守震峰彭公傳》擺在那兒，裡面敘述得非常具體，涉及到的年份大約有十次，無一不說明他是北宋時人。後來浦口修建的墓碑、墓道及祠堂等，也都把他當作北宋時人。現在舉行的許多紀念活動，無不把他當作北宋時人。正如一位宗親所說的，如果延年公的生年要改，接下來的許多世人的記載也要改了，真可謂牽一髮而動全身。因此很不願相信延年公的生年西元 1009 年是錯誤的。

在判斷族史的是非問題上，我認為毫無疑問應該尊重歷史，相信最該相信的。什麼是最該相信的呢？那就是世代相傳的族譜。族譜是自家人記自家事，就某一個人而言，他藏譜傳譜所做的事無外乎兩件：一是記下長輩祖父母、父母的去世時間；二是記下晚輩兒子、孫子的出生時間。對祖宗的恭敬虔誠，續譜的莊嚴神聖，約束著他絕不可能弄虛作假，也幾乎是不可能出錯的。如果出錯也只能是傳抄中無意識的弄錯。相對而言，外人所作的傳記則不會這麼嚴肅認真，當中加入一些道聽塗說的成分也是可能的。再有，歷史上同名同姓的人很多，據考歷史上的彭延年就有好幾人，後人是很容易將他們弄混淆的。這就要求我們在修譜時，對搜集到的資料必須經嚴格的考證，證明確實無誤後方可採用，要不一念不慎，就要以訛傳訛，將祖上傳下的真族譜弄成了假族譜。

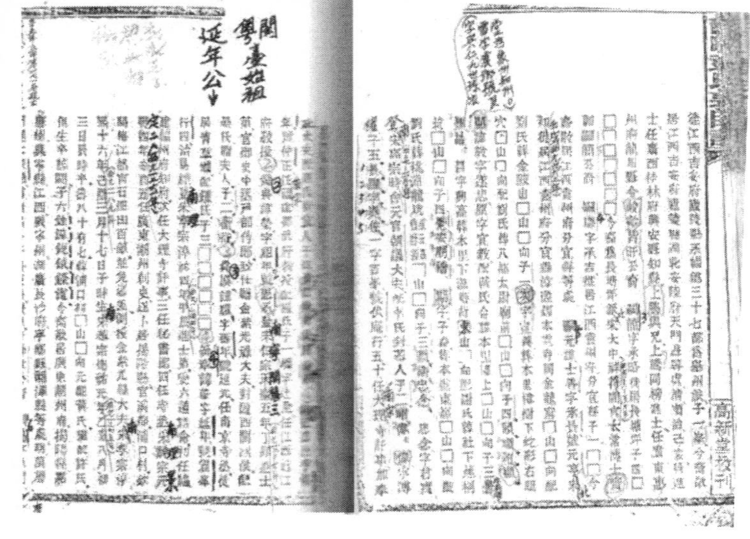

※我使用的古譜是乾隆三十五年（1770 年）續編的，距今已 230 多年。惟恐前人手抄有誤，我還想方設法又找到了另兩本抄自同一母本的古譜，彼此對照核對，因此基本免除了引用誤抄資料的可能。

(9)與伯良宗長探討〔中華民族源流炎黃彭氏簡易譜〕延年公世代問題 彭建方 2014.9.1

彭伯良宗長對彭氏族譜有深入研究，對各族譜疑難，頗有見地，尤對延年公世代問題，一慣認為延年公為構雲公18世。然2014年7月其所撰編【中華民族源流炎黃彭氏簡易譜】第112頁，註記〔依據江西彭偉佐宗長主編〔贛湘粵閩桂蜀台〕彭氏聯宗譜第258、265、275頁記載：北宋延年公由是江西構雲一世(出生西(公)元715年)之12世昆裔，應為徵信〕，又第147頁〔彭氏源流嫡系表〕記載延年公為構雲公14世，再第126頁〔附錄諸多地域彭氏宗親世代、祖名表之二(9)〕記載延年公為構雲公18世。建方見之不敢苟同，去信伯良宗長求教，其文如下：

伯良宗長：

十年前你不眠不休，不辭辛勞來往樹林、台北之間，協助我完成四大本，重約六公斤的〔中華彭氏源流譜〕，功不可沒。今天你九旬高齡，又不厭其煩地幫我校對〔中華彭氏源流表〕，由衷感激，刻骨銘心，無可言諭。

我編〔中華彭氏血緣表〕，參考你新近出版編的〔中華民族源流炎黃姓氏簡易譜〕，發現簡譜中，你根據江西彭偉佐主編的〔**贛湘粵閩桂蜀台彭氏聯綜譜**〕，將延年公由18世改為構雲公12世，一反往日你的一貫主見，又未作明確交待，令人驚奇困惑訝異！你〔簡易譜〕上寫的原文如下：

【中華民族源流炎黃姓氏簡易譜】第112頁記載：【附錄諸多地域彭氏宗親世代、祖名表(一)】(北宋延年公依據江西聯譜登錄)考註。【本表依據江西聯譜(故彭偉佐宗長主編)第258、265、275頁記載：北宋延年公由是江西構雲1世(出生西(公)元716年)之12世昆裔，應為徵信】等語。

人之相知，貴相知心，恕我言重不客氣，你這種做法，有悖情理，你〔聰明一世，懵懂一時〕〔搬石頭打自己的腳〕〔自打嘴巴〕〔自毀清譽〕〔更有辱你直系先祖所編的〔青山彭氏敦睦譜〕。質言之，你對你自己過去一貫主張〔延年公為構雲公18世〕一些作為，反覆無常，作何解釋：

一・1999年12月25~28日，你為延年公世代問題，冒著風寒雪雨，千里超超，遠渡台灣海峽去江西萬載，親自拜訪正在趕修〔贛湘粵閩桂蜀台彭氏聯宗譜〕理事長兼主修的彭偉佐，兩人澈夜長談，盤桓四日，最後你兩人達成共識，認定延年公為構雲公18世，作為編譜論據。今天你突然180度的轉彎，明知彭偉佐所編〔江西七省聯宗譜〕認延年公為構雲公12世是錯的，竟還引證將錯錯之，殊令困惑不解。

二・2001年你我合作撰寫〔延年公世代疑雲〕送世彭會，承世彭會秘書處專輯刊印，分寄各宗親研討，那白紙黑字的文章論述，又有何意義？不是白花腦筋，徒耗精力，又有可意義？

三・2006年3月16日，你我同時參加桂林彭氏學術研討會議，會中討論到延年公世代問題時，你義憤填膺，引經據典，口沫橫飛，慷慨陳詞，痛斥主張延年公為12世者的錯誤，力主延年公為18世，斯時情景，歷歷猶在眼前。今天你否定自己一貫的想法與立場，此種行徑，令人費解。

四・桂林開會前夕夜晚，彭海康宗長召集主張延年公為12世的族人秘密座談，沙盤推演，安排開會討延年公世代問題時，誰發言，誰附議，點名要他們一齊舉手贊成〔延年公12世〕的旁門左道行為？事後你得知，大發雷霆，大聲喧喊，以致族人群情急憤，你和彭志雄、彭國璜等人，痛斥彭海康行為不軌，偷偷摸摸的陰謀行徑無恥嗎？

五・當年江西聯綜譜主編彭偉佐修譜，幾度來電話及來信，力邀我參加他們〔七省修譜〕撰編工作，我聽到彭建偉等人對彭偉佐為人評語，與其理念不同，一再予以婉拒。他為感謝我的支援，還在該譜中將我的相片及簡歷，在〔七省聯譜〕中刊登出來，並親自將七省聯宗譜寄來台北給我，另一套寄去我瀏陽官橋老家，這是你親眼目睹看見過的。彭偉佐宗親為人，你我曾談過，不能與其為伍，你為何反其道而行，不顧及自己清譽，不做素受人尊仰的長者，明知〔彭偉佐七省聯譜〕為火坑，還硬要往火坑裡跳呢？

六・今天你將延年公構雲公18世改為12世，又如同彭偉佐一樣，晚年名節不保？何其可惜！誠令痛心。你我志趣相投，數十年交往，情同手足，無話不談，研討族譜問題，觀點多亦相同，惟獨此次你編的〔中華民族源流炎黃姓氏簡易譜〕，引證錯誤，未敢苟同。

現在水過三坵，木己成舟，此簡易譜之成，你可能會成為千古罪人，遭人唾罵，誤導彭氏子孫，影響深遠。我事先不知情況，被矇在鼓裡為你譜作序，無枉之災，可能會連帶受到影響。

我想你或許耄耄九旬之年，年事己高，一時某種情況，利令智昏，一改幾十年來的立場。你引證其他的譜牒猶可，情有可原，惟明知故犯，引證彭偉佐認延年公為12世的譜是錯的，自毀長城，明明你親自去狡窟談論延年公為18世，卻自反常態，將延年公改列為12世，違背理念，改變立場，不可原諒。

今天唯一補救辦法，希望你在我撰編的〔彭氏世系脈流〕中，在〔延年公世代疑雲〕文中，寫幾句懇切將延年公12世改回18世的話語，挽回你的清譽，不違背〔青山敦睦譜〕祖傳史實，更不要成為絕大多數彭氏族人的罪人。

春秋責備賢者，今天我所說的是由衷肺腑之言，忠言逆耳，你能否聽得進去，不得而知？倘若你另有看法，亦不強求，但我會將此函，刊載在〔彭氏世系脈流〕書中，並寄送〔世彭會訊〕，昭告族人，以明是非，分清黑白。

憑心而論，到目前為止，我對延年公18世抑或12世沒有成見，只是覺得認定延年公為構雲公12世者，史證不足以說服認為延年公是構雲公18世的人，同時延年公12世說，起自1949年及大陸改革開放以後，人們尋根問祖，修譜之風方興未艾，中途殺出〔程咬金〕，胡謅亂編。睽諸史實，難到全中國各地彭氏三百年前古老譜牒，認延年公為構雲18世，千篇一律，都錯了嗎？或有人說，古時編譜，相互抄襲，以訛傳訛，造成世代紊亂，請問，縣與縣、省與省，相距數十里、數百里、數千里之遙，會長途跋涉，跑去抄襲嗎？即使有謄文公，豈能全國各地修譜全都是謄文抄襲而來的？況且先祖宗賢修譜，每30年一小修，60年一大修，聚集族間德望重耆宿長者族人於一堂，何其隆重謹慎，對嫡系、旁系、血緣，絲毫不苟，豈能否認？會將世系代別弄錯嗎？

語重情意長，文不盡意，拳拳之衷，切盼三思而行，不要親痛仇快，慎思明辨，你自行了斷。引頸企盼賜復，匆此擱筆，專此順頌 福安。

建方　敬上　2014.9.1.

(10)彭伯良宗長就〔延年公世代問題〕覆建方函　彭伯良 2014.12.20

(北宋、南宋各有一位彭延年世系混亂淺見)

北宋彭思永公出生西(公)元1000年，與歐陽修出生西（公）元1007年同朝為官，歐是大文豪，交遊舉要問學論道之友，對大他七歲的彭思永之才華忌憚，然而北宋延年公出生西(公)元1009年，少歐陽修二歲，亦同朝為官，因知朝中大臣如蔣之奇、歐陽修等專司朋黨，陰事思永公，蓋慎處世之道理，凡有章奏，輒自焚其稿，雖子弟不得聞，所著述自為機軸，不落踐徑之故。再因歐陽修與彭姓爭官侵產挖墳械鬥，彭姓避難遠徙隱姓埋名，矧當亂世，家乘譜牒焚毀，代遠年煙，千年歲月，後代裔孫僅鮮有手抄本流傳或口述先祖名序世代。又因元朝岐視漢人、南人，禁准官私修漢姓譜，且遭毀損散失，繼之文革破四舊，倖存者鮮矣。

西(公)元2006年3月16日出席桂林彭祖學術研討會中，主席突然提出延年是構雲公的12世嗣孫案，因前一日沒有分組討論，本人等臨時動議，延後再議。回台灣後，經多年搜集有關延年公譜牒家乘資料校對求證北南宋，各有延年公一人，淺見釋疑如下：

一、依據北宋彭思永(構雲公一世之12世裔孫)為彭氏通譜撰定30個派字世代表，肯定構雲公一世之11世「仕」字輩派，請參閱摘錄「彭氏宗親世代祖名表二(一)至二(二十二)九世吉、壽、堯、嘉、喜」，10世君邈、嗣幫、興、慶、元、嚴；11世仕泰、炳、昉、玕、明、箕、謨、凱、杞、放、期、采、言、柬、載。見北宋12世、南宋18世延年譜證對照表，另摘錄新舊譜牒構雲公裔孫與北宋、南宋延年公之支系世代相距年數表。

二、湖南新化總祠彭氏四修通譜記載：構雲公一世之16世偉公生子五：長躍、次邦寶、三邦定、四邦基、五介，17世偉公長子躍，生子二：長祖年、次椿年，是18世，但無「延年」。此總祠通譜史證校對江西彭宜甦宗親提供萍鄉宗譜延年公15世，即是南宋西(公)元1189年出生的延年，再校對湖南長沙彭定國、廣西彭志雄宗親、湖南寧鄉彭氏五修族譜、彭定華宗親主編族譜皆相符。

三、錯誤部份，如湖南青山敦睦譜卷四源流圖九頁記載，思永公、延年親兄弟、出生年、任職至仕干支，多不相符。江西聯譜錯亂更張，加之簡體字音同異意，且不按輩派、祖序、祖孫三代顛倒，僅以名號述之，令後世裔孫披閱分析探討迷惑迷離。

宗末耄殘，探源十年，竭盡心力，廣泛探討搜尋北宋、南宋各有一位延年，相距六代，各有一位思永，相距五代，均有裔孫沒有斷代，如前表列。　承蒙建方宗長於2014年9月1日專函訓示，特此申復，並請建方宗長電送世彭會訊刊，敬請宗親大眾公審指正是幸。　中華民國2014年12月20日於台北文史哲出版社　彭伯良

綜論〔延年公世系疑雲〕結語　彭建方　2015.8.30.

建方自探討延年公世代問題以來，感概良多，我非延年公後裔，延年公世代，雖與我同為彭祖後裔，但無直接血脈源流血緣關係，更無切膚之痛，我沒有主觀意識，完全是站在學術研究探討立場，以客觀赤子之心，虛懷若谷，一心求教，並不堅持延年公為某一世代，只求真理史實所在。

編譜如寫史，不容偏頗，今以研究族譜歷史立場，探討這個久存疑惑的問題，我將已蒐集有關延年公史實資料，照本宣科，將各宗賢所寫原本卓著，絲毫無改，照實臚陳，赤膽衷心，提供族人以客觀立場參考探討，懇切徵求有識之士，指點迷津，究竟何者是正確答案。

個人今所撰編之「彭氏世系脈流」，特將「延年公世代」疑竇，再次公諸族人，廣徵賢者卓見，如有提供1949年改革開放以前延年公的真實確鑿史料，更為期待，讓族人及後代子孫追考有憑。

歷史是一面鏡子，幾十年甚至幾百年後，它終會將是非曲折、慎思明辨，浮現真像，求得真諦答案，是所企盼。

台灣彭氏

大陸渡海來台先祖

明末清初鄭成功來台灣，彭氏族人隨之由大陸渡海來到臺灣者，不乏其人，如延年公子嗣，受進、子順、漢卿、漢用、漢銘諸公後裔者甚多。

清康熙六十年西元 1721 年左右，彭朝旺自廣東遷居來台灣屏東東港一帶，乾隆中葉約西元 1747 年，茂松公攜眷帶子來台，在台灣桃園縣開基創業。爾後陸續相繼來台灣者，日有增加。台灣各地延年公子孫，佔絕大部份。

1945 七七抗日戰爭勝利，台灣回歸祖國，隨政府官員及部隊來到台灣者可說最多，尤以 1949 年國共內戰，中華民國政府轉遷台灣，百姓不堪大陸清算鬥爭等迫害，相繼逃亡來台灣彭氏子孫，更是絡繹不絕。

因之今日台灣彭氏子孫可分：明、清早期、台灣光復、大陸政權轉移三個主要不同時期。以先後時間論，約略可概分：

時期	年代	紀要
早期	1721	彭朝旺自廣東來台居住屏東一帶
	1736	彭育天、彭玉泰由廣東來台入墾曲栗銅鑼. 彭用忠入墾曲栗頭份.
	1747	彭茂松攜眷及子來台居住桃園縣一帶
	1768	彭祥萬、彭祥懿來入墾菓苗栗. 彭祥周入墾苗栗後龍. 彭雲聚來台入墾苗栗. 彭祥瑤(1712-1791)入墾苗栗。繼子雲程(1746-1795)生四子：朝和、朝助、朝露、朝寶。彭朝寶(1794-1862)，字章彩，號光裕，貢生，生子七：清水、清德、清台、清賢、清雲、清淋。1978 改建彭氏墓園，1995 年改建彭朝寶宗祠.
	1771	彭乾順自廣東陸豐來台居住新竹九芎林樹杞村
	1807	彭義勝由廣東來台在新竹樹杞村墾殖
	1811	彭開耀、彭光彩由廣東入墾樹杞村坡。彭錦祥由廣東來台入墾新竹竹東鎮上館里
	1821	彭祥操等來台灣苗栗墾殖.
	1836	延年 25 世孫彭朝祥(1781-1833)偕妻林氏(1792-1875)與弟連祥、禎祥夫婦,以及承助、承協、承春、承魁,並媳詹氏、宋氏等來台居住新竹北埔大隘面寮墾殖.
	1871	彭延珍與鍾石村等四人來台入新竹縣的大山背
中期	1945	台灣回歸祖國，政府官員、國防軍事、及商賈經商者來台
近期	1950	大陸政權轉變，政府播遷來台，及大陸土地改、清算鬥爭、文化大革命，逃亡來台灣者。
	1979	兩岸改革開放，人民兩相往來，相互工作居住者。

延年公台灣嗣裔

壹。廣東惠州府陸豐縣來者：

一.漢用公派下：

1.雍正四年彭開耀入墾新竹竹東。
2.乾隆初葉彭廷球入墾今桃園中壢.
3.彭上波入墾今新竹新埔。
4.乾隆中葉彭成龍入墾今新竹北埔。
5.彭瑞輝入墾今竹東，
6.彭烈瑞入墾今新埔，
7.彭月箭月彩兄弟入墾今台中東勢。
8.彭開(定煜)入墾今桃園楊梅，
9.廿一世彭茂松公攜眷及瑞熙、瑞樸入墾今桃園觀音鄉大潭村塘尾濱海一帶。
10.彭祥萬彭祥懿兄弟入墾今苗栗鎮，
11.彭祥周入墾苗栗後龍。
12.乾隆末葉，彭玉芝入墾桃園楊梅，
13.彭祥麟入墾苗栗西湖。
14.嘉慶年間，彭雲聚、彭朝和、彭朝寶等，同時入墾今後龍。
15.道光年間彭祥操入墾今苗栗三義。

二.漢卿公派下：

1.乾隆初葉，彭育天、彭玉泰入墾今苗栗銅鑼，
2.彭帝祥、彭盛祥兄弟，入墾今桃園八德。
3.乾隆中葉，彭舉英彭名英兄弟，入墾今北埔。
3.乾隆末葉，彭顯英入墾今新埔。
4. 乾隆末葉，彭象日入墾今竹東。
5.嘉慶年間，彭源發入墾今八德，
6.彭維發入墾今新埔。

三.漢銘公派下：

1.乾隆初葉彭用忠入墾苗栗頭份。
2.乾隆中葉彭俞成彭俞烈兄弟分別入墾新竹竹東與湖口。
3.乾隆末葉彭雲生偕子起麒入墾今竹東
4.乾隆年間，彭元智入墾今屏東市，
5.道光年間，彭成章入墾今北埔，來自廣東梅縣者：
6.乾隆年間，彭文全入墾今後龍。

貳。 來自廣東嘉應州者：長樂隊(今五華)縣受進公派下：

一. 乾隆初葉，彭永譽入墾今台中新社，
二. 乾隆初葉，彭橋森入墾今北埔，
三. 乾隆末葉，彭相高入墾今苗栗鎮。

叁。來自廣東潮州府者：豐順縣子順公派下：

一. 雍正年間，彭朴茂入墾今彰化田尾，
二. 乾隆中葉，彭文元入墾今新竹關西，
三. 乾隆末葉，彭肇華入墾今田尾，
四. 乾隆末葉，彭東旺入墾今新社。

來台 21 世祖茂松公

延年公 **21** 世孫茂松公，原籍廣東山惠州府陸豐縣大安墟吉康都五雲洞歐坑鄉人，生於清康熙丁丑西元 **1697** 年 **8** 月 **14** 日戌時，乾隆中葉約西元 **1747** 年，年約五十歲，攜眷林氏及二子：瑞熙、瑞樸，渡海來台灣墾殖，在現今桃園縣觀音鄉大潭村塘尾濱海地，開疆闢土，櫛風沐雨，奠基創業。瑞熙公在原地以農漁為業未動，瑞樸公則轉遷新屋鄉社子另求發展，一脈相傳。

血緣：延年－鑑－諒－棋－德隆－傑夫－日華－益盛－受章－漢用－仕達－守信－伯富－康(崑山)－文節(崙庒)－京周－韶川－康餘－士立－永揖－茂松(來台)、茂端、茂養(兩弟留陸豐老家)

21	22	23	24	25	26	27	28	29	30	31	32
茂松	瑞熙	宏相	新元	春達	清日	雲池	振和	木廷			
								金安	裕豪	志鈞	
二子	二子	四子	七子						永鋼		
瑞熙	宏相	新元	春達					金泉	國烘		
瑞樸	宏仕	新亨	春輝						國彬		
		新利	春葵						國華		
		新貞	春富						國資		
			春芳			雲唐	盛郎	春治	(出	嗣)	
			春榮					永涼			
			春尾					永統			
							勤妹	春治	(入	嗣)	
							石全	色龍	榮澧		
									文忠		
								有嘉			
								有德			
								有雄			
				春輝	清章	永福	紅河	阿合			
								阿共			
					清禮	雲頓	石古	庭玉	阿添	來旺	
										來興	
									金煥		
								庭棟	(出蕭	俊)	
							石河	庭貴	明光	冠峯	
									明安		
									明進	聖鈞	
									明富	昭憲	
										昭寰	
									勝銘	(出黃)	
								庭有	明俊		
									沐森		
									宗委		
									日章		
							石威	(出	雲桶)		
							石清	木霖			
								庭英	明煥		
									明選		
茂松	瑞熙	宏相	新元	春輝	清禮	雲頓	石清	阿定			
								信壽			
								信明	文建		
									文力		
								信山			
								信德			
							仁智	(出	藤井)		
							石秋	信福	日正		
									日亮		
								信祿	日暉		
									日昇		
								信光	日清		
				春葵	清路	雲秀	陳湖	通流			
								輝	新太郎		
									光榮		
									永基	聖文	
										聖宇	
								東英			
					清際	雲盤	孟蕉	國慶			
								國禎			
					清可	(出	嗣春	富)			
				春富	清可	雲桶	石金	玉光	合妹	雲祥	
									鳳嬌	建興	
										新權	
								玉景	木公		
									庭瑞	俊卿	
										榮彬	
									壽良	冠錦	
										振祥	
									尚德	百健	
										百崧	
									建華		
									金龍		
							石威	玉明			
								玉連			
								祖木			
								玉爐	明昌		
									明盛	木翰	
									明接		
								劍生	明鑑		
									明益		
								達泉	光星		
									嘉瑾		
							石生	信	炫皓		

21	22	23	24	25	26	27	28	29	30	31	32
								世明	文君		
								金標	瑞雄	建中	
									瑞鄉	建清	
茂松	瑞熙	宏相	新元	春芳	清栗	雲旺	振輝	金標	瑞鄉	建興	
									瑞鎮	建瀚	
										幼邦	
									瑞成	建翔	
										建斌	
									瑞國		
							振土	金蘭	瑞良		
									瑞發		
									瑞明		
									瑞源		
								金秀	永祥		
								金龍	(出嗣	立火)	
						雲灶	金還	財丁	傑明		
						雲林	振鑑	錦坤			
							金還	(出	雲灶)		
							立火	金龍	永祥		
									永富	(出嗣)	
					清桅	雲明	振生	永益			
						雲坤	振生	(出	嗣雲	明)	
							振寶	永堅			
								永正			
							振東	永堅	(出	振寶)	
								永松			
								永興	(出	振香)	
							振香	永興			
							振塘	永益	(出	振生)	
								永淇			
								永正	(出	振寶)	
								永達			
				春榮	清房	藤井	仁智	世勳	(出	雲呈)	
								德運	明聰		
								德財			
						雲呈	－	世勳	明標		
									明鐘		
						雲城	國棟	義雄	明達		
									明清		
								文忠	成立		
									成德		
								文勝	善謙		
								文炎			
							國樑	文生	貴朗		
									竣晟		
								文鉦	成右		
							國柱	文爐	泳鴻		
									志德		
								文金	乾明		
								文金	志遠		
								文竹	貴加		
茂松	瑞熙	宏相	新元	春榮	清房	雲城	國柱	明康	仲玄		
									京玄		
								明峯			
					清強	(出	嗣春	對)			
					清廣	雲謹	振壕	明道			
								明榮			
								明章			
							振漢	明之	柏錚		
									柏鈞		
								明力			
								明川	柏凡		
							振淮	（出	嗣雲	清）	
							振滄	明乾			
								明達			
								明文			
						雲清	振然				
							振泉				
							振淮	明正			
								明生			
							振瑞	明麒			
								明智			
							振德	明熯			
								明弘			
							振陽	明燦			
								明源			
							振相	明立			
								明世			
							振森	信穎			
							振國				
					清關	雲棹					

21	22	23	24	25	26	27	28	29	30	31	32
						雲和	楊芳	義夫	淼奇		
								保安	（出	葉）	
								榮淼	（出	楊波	
							木火				
							木爐				
							木盛				
							木蓮	泯雄			
							流花				
							木發	水寶			
							淮町	逢生			
								玉龍			
								錦龍			
							陸滿	宇民			
							仁忠				
					清捷						
					清涼						
					清學	雲通	楊波	榮淼			
							楊芳				
茂松	瑞熙	宏相	新元	春榮	清學	雲通	孟蕉	（出	嗣雲	盤）	
							孟姜				
							永盛	榮銘			
								榮豐			
						雲威	振勇				
※						雲和	（出	嗣雲	關）		
				春尾	清欽	雲傑	振廳	永基	仁裕	富忠	
									仁鈞	富正	
									仁鴻		
									仁霖	（出 ）	
									仁銓		
									仁祥		
								永禎	仁鈺		
									仁炤		
								永垣	仁俊		
									仁德		
									仁洲		
								永煙	仁霖		
							振棟	永田	家光	創炘	
									家亮		
									家炎		
									家煒		
								永湖	家明		
									家豐		
								永海	家炫		
								永山			
							振調	永堂	仁泓		
									仁燮		
									仁錦		
									仁濤		
								永雙	仁勳		
								永朋	仁煥		
									仁熠		
								永彬	仁暉		
								永崧			
							禮官	（出	嗣徐	姓）	
							振乾	永煌	仁照		
									仁瑞		
								永璪			
							振榮	永興	仁郁		
									仁暘		
								永鎮	仁鉅		
									仁志		
								永銘			
								永成			
							振貴	永煜	仁正		
									仁杰		
								永浩			
茂松	瑞熙	宏相	新元	春尾	清欽	雲傑	振達	永昇			
								永森			
					清船	雲輝	振源	永成			
								永錦			
								永君			
							振武	永箴			
							振世				
						雲甜	振璋	永棋			
								永昇			
								永旭			
								永明			
							振源	（出	嗣雲	輝）	
							振煥	永河			
								永溪			
								永流			
								永昌			
							振操	永全			

21	22	23	24	25	26	27	28	29	30	31	32
								健嘉			
							振平	永逸			
							振業	永良			
								永佳			
							秋源	（出	嗣羅	姓）	
						雲桃	振義	永崇			
								永金			
								永城			
								永碩			
								永喜			
					清蓬	雲獻	振炳	運秉	來富		
									明炫		
									明國		
								運財	明添		
									仁桂		
								永金			
								運淮	宏偉		
							振祿				
							振殿	玉蘭	福財		
									証鴻		
							振線	永富			
							振水	運藤	紹華		
									宏焱		
								運松			
								運治			
							振順	三松			
					清樹	雲妹					
						雲明					
						坡頭	進良	發民			
							振勝	永情			
								永光			
茂松	瑞熙	宏相	新元	春尾	清樹	坡頭	振勝	永淦			
								永誌			
							振溪	依凡			
						雲圳	（出	嗣	徐姓 ）		
						雲溝					
					清墻	雲景	振昌	永智			
								永川			
							振隆	永信	家源		
									家旺		
								永專	家煬		
							振旗	永程			
								永琛			
							振羅	永金			
								永正			
							振添				
							振堯				
							振恭				
						殿景	振宏	永賢			
							振蘭	永彰			
								永達			
								永兆			
							振金	凱鉦			
						雙景	振火	永仁			
								永漢			
							振德				
							振燦				
						華景	振安	佳偉			
								佳文			
							振明				
							振朗				
					清祥	貴景	振發	永清			
								永霖			
							振興				
						香景	振來				
							振有	永順			
								永福			
							振亮				
							振金				
							振偉	（出	嗣陳	姓）	
						龍景	振添	永洪			
								俊傑			
							振交				
						芝景					
					清助	新坤	金鑾	永明			
								永進			
							金順	永志			
						新坤	振文				
						土連	春貴	永彰			
茂松	瑞熙	宏相	新元	春尾	清助	土連	振興				
							振光				
						賢英	振松				
							振聲				
							振芳				

21	22	23	24	25	26	27	28	29	30	31	32
						土財	(出	嗣黃	姓)		
						細英					
			新亨	春德	清象	雲開	振泉	世淋	成光		
								世孟	成達		
								世枝	君華		
								世來	成斌		
									成良		
									成宏		
								世旺	成達	(出)	
								世昌	君華	(出)	
							振貴				
							泉水	世瓊			
								世東	智輝		
									智佑		
								珍光	誠		
									義		
									德		
								世明	正吉		
								世春	冠傑		
								世福	鈺琥		
				春法	清錢	雲玉	振谷	文郎	家愷		
								文生			
							振盆				
				春成	清才	雲火	振合	世英			
								世豪			
								世珍	育文		
								世賓	成璋		
									成青		
									成淦		
								世雄	成峰		
									成毅		
								世利			
								世俊			
								世廣			
							盛其				
							振龍	(出	嗣雲	慶)	
							振鳳	世昭			
								信雄	軍力		
									元佑		
								世煙			
								世全	松賢		
								世全	立翔		
								世明			
茂松	瑞熙	宏相	新亨	春成	清才	雲火	振鳳	世亮			
						雲慶	振龍	世奎	文忠		
								世邦	文杰		
								世通	聖文		
								世達	文漢		
								世勝			
						雲集	振芳	世賜			
							振欄	世德			
							振富	世宏	國熙		
								世杰			
								世盛			
								世強			
							振貴				
							振祿				
					清門	雲清					
						雲窓					
					清銓	雲有	全妹	漢子			
								世武	勝龍		
								世力	(冠	王)	
								世明	(冠	王)	
								世日			
				春安	清喜	雲汴	振庭	永祿			
						雲跟	振善	世勇	成偉		
								世松			
								世耀	(出	振敬	
							振敬	世耀	成清		
									成彬		
								世孟	國峻		
									國展		
								世長			
							順津	世養	瑞祥		
									俊欽		
									俊中		
									俊平		
								世潤	瑞勝		
								世孟	(出	振敬	
								世良			
							秀卿	(出	嗣雲	兼)	
							秀景	世政			
								世長			
								虹傑			

21	22	23	24	25	26	27	28	29	30	31	32
								科棋			
							維新	世旺			
								怈科			
								世文			
						雲兼	秀卿	世東			
						雲兼	秀卿	世程			
						雲貴					
茂松	瑞熙	宏相	新亨	春安	清喜	雲賢	金火				
							振森	世論			
						清秋					
						清李	雲盈				
						清二	雲仍				
			新利	春梅	雲順						
					雲磚						
					雲訓	光榮	奎源	建彰			
								建量			
							英雄				
						昌世	國源				
							本源				
							整源				
							森源				
							裕源				
						嘉照	俊元				
							俊仁				
						宏興					
						隆運	國峰				
							國富				
						國朝					
						關潤					
						慶良					
				春對	清強	雲台	光被	福龍			
								元烱			
								義珍			
						雲訓	(出	嗣清	來)		
						雲棹	(出	嗣清	關)		
						雲滕					
					清道	雲炎	國義	彥豪			
								柏蒼			
					清增	雲竹	鏡妹	永業			
								永雄			
								永亮	軍傑		
						雲應	光有	興世			
								興國			
								興業			
								興茂			
						雲春	光有	（出	嗣雲	應）	
							國貴	政一			
							國義	（出	嗣雲	炎）	
						雲福	桂穗	金茂			
								金玉			
						雲檢	（出	嗣清	滿）		
						雲赦	東妹	淑貞			
					清文	雲科	國森	（出	嗣雲	科）	
					清文	雲科	國勝				
							國淮				
茂松	瑞熙	宏相	新利	春對	清滿	雲檢	金欄	滄基			
								弘鈺			
							振鐸	明佑			
								明忠			
							振雙	金德			
							振煙	俊雄			
			新貞	春娘	清元	雲華	振忠	玉連	明國		
									明富		
								玉利	明偉		
									明遠		
								玉萬	明志		
									勝亮		
								世町	明修		
									明弘		
								世意	淳淵		
									淳儒		
							振義	玉棋			
								珍海	明縣		
									鴻運		
									鴻凱		
									鴻銘		
								珍溪	明寬	貽農	
								珍梅			
								珍潭	（出	振正	
								珍湖	明達		
									明聰		
								珍灣	韋傑		
								珍走			
							振正	榮生			

21	22	23	24	25	26	27	28	29	30	31	32
								珍潭	明亮		
					清添	賀妹	振錦	連勝	明樂		
								連興	明章		
								連發			
								連貴			
								連財			
								連旺			
					清登						
		宏仕	新保	春甲	清星	雲上					
						雲紅	振走	玉霖	光宗		
							振木	玉松			
								玉霖	（出	振走	
								玉麒			
							振連	冠傑			
								政傑			
						雲清	振田	玉麟	彥鈞		
								天賦			
							振利	志維			
							振金	國書			
茂松	瑞熙	宏仕	新保	春甲	清星	雲清	振金	國育			
								國附			
						雲錦	世通	玉壽			
								仁達			
								仁兆			
							振興	玉信			
								玉儀			
							振隆	榮鉅			
								運宏			
							振盛	玉明			
								玉龍			
							振吉	富林			
								富國			
							振廉	鈞達			
							振團	士爵			
								士臣			
							振園	雨農			
					清鼎						
					清業	雲枝	振祿	斯平			
								宋富			
				春立							
				春宗							
				春志							
	瑞濮	宏標	琳寶	阿萬	阿明	中和	逢波	秀皇	輝龍		
									輝虎		
								秀浪	成龍		
									成意		
							金波				
				阿奔	阿千						
					東山	蘭妹	黃彭協	春妹			
								義助			
							黃彭力	雙淡			
								金水			
								阿城			
				阿穩	澄山	乾和	雲富	枝本			
								枝祥			
								聖良			
							雲貴				
							雲華	枝茂			
						乾興	雲晉	聖漢			
								枝堂			
							義土	宬章			
								保章			
							志彬	益郎			
					木山	乾勝	炳坤	華錦			
								華琳	嘉賀		

21	22	23	24	25	26	27	28	29	30	31	32
								華琳	嘉鴻		
								華明			
茂松	瑞濮	宏標	琳寶	阿穩	木山	乾勝	炳坤	華榜			
								華標			
						乾增	炳坤	（出	嗣乾	勝）	
							桂生	師誠			
							朝龍	勝民			
					木泉	乾亮					
						乾廣					
						唐福	德財	發明	（出	德丁	
								瑞康	（出	德義	
								瑞益			
							德丁	發明	元軍		
							德良				
							德義	瑞康			
							德仁	(出	嗣王	姓)	
							清泉	(出	嗣李	姓)	
					阿春	乾錦					
						乾珍	志祺				
							志宏				
						乾君	(出	嗣吳	姓)		
				細麟	南山	阿乾	俊龍				
					如綱	乾隆	逢雙	朝鐘			
								聖文			
							鴻傑	兆顯			
							鴻章	朝南			
								朝聲			
							家賢	朝陽			
								朝營			
						乾福	鐵堯				
							鐵舜				
							俊龍	(出	嗣阿	乾)	
茂松	瑞濮	宏標	琳寶	細麟	如綱	乾福	俊華				
						乾祿	榮芳	梓誠			
							榮昌	新發			
							榮源	朝聖			
						乾全	俊誠				
					金生	乾樹	清雄	騰億			
							清榮	騰億	(出	清雄	
								嚴傑			
							清光	耀德			
								勤富	(出	清漢	
								勤堡			
							清漢	勤富			
							清良				
						乾火					
						乾廣	(出	嗣)			
						乾慶	武男				
							武章				
							武聲				
						乾旺	武田				
						乾發	武照				
							世英				
			阿[illegible]	天傳	登科	高陽	漢卿				
						信夫					
					阿妹	富生	世正				
							世杰				
						萬榮	毓民				
							毓正				

台灣協春堂(26 世承協、承春)支系

延年公廿五世孫朝祥公，諱五福，清乾隆四六年辛丑西元 1781 年五月廿四日生，道光十三年癸巳西元 1833 年三月廿三日寅時逝，在洞裡去世，享年五三歲，妣林氏，諡勤慈，生於清乾隆五七年壬子歲西元 1792 年十一月十一日辰時，卒於光緒元年乙亥西元 1875 年三月十八日辰時。骸骨運歸故里，與廿三世祖雪瑞公、妣江氏，合葬歸廣東五雲故鄉馬塘肚赤留頭乙山。

公於清道光十六年丙申歲西元 1836 年，偕妻室林氏，與弟連祥、禎祥夫婦，及子承助、承協、承春、承魁，並媳詹氏、宋氏等，自廣東省惠州府吉康都陸豐縣五雲洞渡海來台灣，西元 1836 年定居台灣省新竹縣北埔鄉大隘面寮居住。

清道光三十年庚戌歲西元 1850 年，創家立業，興建協春堂祖祠，在台灣新竹縣面盆寮及竹東兩地創置祭祀公業，以承協、承春兄弟「協、春」二字，號曰「協春堂」，永遠為記，春秋祭祀。

廿五世連祥公，諱帛生，生於清乾隆五五年庚戌元 1790 年五月廿五日申時卒於清同治七年戊辰西元 1868 年二月初四日申時，享壽七十九歲，公一生未娶，過繼朝祥公子承春為嗣，洎丙申歲春季全家移居台灣大隘面盆寮居住，葬埔尾田尾寅山申向，一九九六年與承春公

遷回面盆寮廿五號餘慶居後山彭氏墓園。

廿五世祖禎祥公，諱貴生，生於清乾隆癸丑西元 1793 年六月十九日亥時，享年六十三歲，一子承魁，號官龍。妣蔡氏，清嘉慶壬戌西元 1802 年七月二辰時生，享年卅五歲。

派序 (延年公 25－54 世)

				派			序				
25	26	27	28	29	30	31	32	33	34	35	36
祥	承	慶	榮	清	雲	開	治	台	興	仁	義
37	38	39	40	41	42	43	44	45	46	47	48
光	世	德	禮	智	信	昌	隆	浦	口	維	木
49	50	51	52	53	54						
本	吉	水	定	根	源						

				血			緣				
1	2	3	4	5	6	7	8	9	10	11	12
延年	鑑	諒	栱	德隆	傑夫	日華	益盛	受章	漢用	賢達	本禮
13	14	15	16	17	18	19	20	21	22	23	24
伯雍	祖鋒	子華	逍	紹賢	不易	益新	不易	元彩	廷坤	雪瑞	俊傑
25	26	27									
朝祥	承助	慶長	慶發								

※

25	26	27	28	29	30	31	32	33	34	35	36
朝祥	承助	慶長	榮日	清潭	雲斗	大焜	治中				
					明龍	文賢					
四子						文志					
承助				清浪	捷正	逸君	治琪				
承協						逸雄					
承春					雲璠	永廷					
承魁						永松					
					雲達						
				清潘	正男	開明					
						開弦					
						開易					
					雲謀	文松					
						文強					
					雲聲	開豪					
					雲光	文正					
						文賢					
					雲明	文志					
			榮新	紹光	金政	開鑑	閔鴻				
							俊諺				
						開廣					
						開展					
					金源	開水					
						開榮					
						勇松					
					金盛	開發					
						國進					
						世鴻					
			榮立	清通	紹良	開濱					
						營煲					
					紹朋	世炘					
					正宏	進添					
						進福					
						文煜					
				清名	紹德	增智	建祥				
						增強					
					紹蘭	增壽	俊發				
							俊銘				
							國熊				
					紹尉	增龍					
						增鳳					
						增獅					
						增樟	志琨				
					紹麟	增寶					
						增財					
						增淇					
						增旺					
						增炎					
					紹達	增熊					
						增治					
					紹田	彥治					
				清源	紹雄	耀文	士傑				
						耀武					
					紹雄	盛昌					
						信燕					
					紹彩	文志					
						文孝					
						文俊					
					紹松	炘南					
						金祥					
						國霖					
	承助	慶財	榮超	增華	琳乾	煥章	群捷				
							浩銘				
						煥珍					
						煥展					
						煥青	上祐				
						煥雄	博楷				
					琳榮	煥箱					

※

25	26	27	28	29	30	31	32	33	34	35	36
						煥智					
						煥樓	棉祿				
							棉彬				
						煥森	凱奇				
						煥裕	梓思				
					琳秀	煥添	志傑				
							志文				
						煥進					
						煥振					
					琳竹	煥源					
						煥泉					
						煥正					
					琳井	煥燕					
						煥瑞	文龍				
						煥堂	明盛				
						煥良					
				清鑑	景傳	仲仁	文龍				
							文相				
							文城				
						仲泥	文慶				
							文國				
						仲能					
						仲勇	文麟				
							文宏				
					景富	紹榮	國隆				
						義夫	家俊				
							家源				
							家煌				
						義祥	竣明				
							冠維				
							志偉				
						福增	俊豪				
							峻傑				
						景貴	茂榮	天佑			
							煥章	志銘			
								國楨			
							煥良	政龍			
						景全	茂鑫	鴻雁			
								懷志			
							明英	兆良			
								維優			
				清韞	錦田	春明					
						春寶	敬傑				
					錦和	春進	振城				
						春源					
						春容					
					錦南	國斌					
					錦球	春增					
						春建					
						春賢	智偉				
				清岳	德欽	明光	讚軒				
						明亮	洋港				
							洋鴻				
						明進	新左				
							新右				
					德金	燕苗	文正				
						燕輝	仲豪				
						燕宏					
					德喜						
					德炆	國珍	家裕				
						國忠					
					良治	偉君					
						偉浚					
			榮鳳	清吉							
				清接	振藤	仁俊					
					振南	英樹					
				清福	振銘	君祺					

25	26	27	28	29	30	31	32	33	34	35	36
						胤竹					
					振烺						
					振雄	榆均					
					振源	偉翔					
	承助	慶昌	榮水	清光	錦彬	意鈞					
					錦奎	意行					
						意泓					
					錦南	意煒					
						意堯					
				清明	錦棕	益謙					
				清北	錦燭						
					錦增	國霖					
					錦隆	意承					
					錦桓	煜					
				清雄	錦燈	建誠					
					錦淇	建三					
				清章	錦根	意航					
					錦崇						
			榮火	清正	錦驤	君琳					
						君濠					
					錦龍	欣祥					
					錦烽						
				清德	錦權						
					錦榔						
				清爐	錦堂	玉澤					
					錦						
				清信	錦弘						
					錦殿						
			乾煥	家棟	顧鈞						
				家樑	子建						
					品文						
	承協	慶進	榮興	清華	振森	泉章	育慶	冠程			
							育毅				
						武正	年聖				
							年裕				
							年瑞				
						作宏	育俊				
							育揚				
					振波	德奎					
					火爐	木林					
						秀銘	彥凱				
					成金	文淇	敏軍				
							喬				
						文龍					
						文鳳	國雄				
							子軒				
							宇晨				
						文彬					
				清河	水梅	銘達					
						銘志					
						銘享	逸群				
							逸文				
					明鑑	連生					
						連德					
					明東	永康	晨旭				
							冠侖				
						得順					
				清漢	振松	益宣					
						益滔					
					逢樹	賢超	彥翔				
							彥鈎				
					逢己	良煜					
						良盟					
						良棟					
					正雄	建彰					
						建平					
				清訓	大晃						
					俊雄						
				清殿	建雄						
					文敏						
					文偉						
				榮枝	（過	繼慶	發）				
				榮旺	錦秀	石增	乾輝	旭廷			
							麒融				
						石吉	玉堂	安琪			
								國基			
							玉家				
						石崇	玉雄				
							玉鈞				
				清周	仁棕	瑞彩	志賢				
						世琨	皓倫				
					仁雄						
				清和	昭棕	智明	建勳				
							建凱				

25	26	27	28	29	30	31	32	33	34	35	36
						智誠	建倫				
						智舜					
						智昌	建鈞				
					茂雄	智樂					
				清欽	春蘭						
					水蓮						
			榮祿	清富	雲貴						
					雲龍						
				娘送	雲龍	偉權					
					雲雙	建通					
					雲斗	建翰					
						建偉					
				清燕	雲強						
					雲雄	浩岷					
			榮先	清萬	贊書						
					贊道						
					贊士						
					贊力						
				清意	瑞金	昕					
					瑞超						
					瑞金	懷逸					
						懷戊					
					瑞文	鈺翔					
					瑞良						
	承協	慶發	榮枝	清耀	兆青						
					少軒						
					兆乾						
				清銹	連博						
					瑞勇						
					兆萬						
				清禎	紹熙						
					紹資						
					紹騰						
				清鑾	寶銘						
					冠源						
					冠華						
			榮文	木芳	兆謀	世雄					
					森田	金龍					
					遠湖						
			榮開	（過	繼慶	友）					
			榮淦	清淡	洞任	國昇	惟均				
					洞癸	國全					
					洞園	（出	嗣）				
					洞滿	國忠					
						國信					
						國昌					
				清鍊	上紘	信翰					
				清東	洞園	國強					
			榮煙	清狄	信吉						
					瑞本						
				清燕	正雄	開熙					
					紹宗	昌基					
					紹達	金隆					
						信堯					
					紹勇						
				清麟	紹之						
					紹郎	華龍					
						華正					
					增福	正全					
						正有					
					增壽						
				清朋	雲汀	建凱					
					雲生	竣瑋					
						鍵揚					
						竣湖					
						康益					
		慶友	榮開	泉紅	雲燈	彬鈞					
			茂盛	雲捷	兆燈						
					紹月						
		慶昌	(過	繼承	助)						
連祥	承春	慶業	石水	紹賢	耀毅						
					耀慶						
				紹文	耀台						
					耀民						
				大成	耀弘						
			榮康	清能	紹強	開升					
					紹雄						
					紹眉	開發					
						開謹					
					紹惠	開芳					
				清勇	靜枝	勝邦					
					超雄	開典					
						開源					
				清蘿	錦秀	敬倫					

25	26	27	28	29	30	31	32	33	34	35	36
						敬文					
		慶夏	榮立								
			榮秋	清平	紹展	開棟					
						開烜					
						開鑑					
					紹穎	開鋒					
						開樹					
					紹煜	國鑫					
						國誠					
					紹強	瑋偲					
				清彬	紹楠	宗港	治棠				
							治捷				
							治寰				
						宗憲					
					紹球	宗和					
					紹燐	宗烰	治凡				
						宗河					
						宗增					
					紹竹	宗文	治勤				
						宗仁	治誠				
						宗建	治齊				
							治學				
					紹銘						
					信久						
				清查							
				清煥	紹法	開旺					
						開烘					
						開堯					
					信弘	開亮					
					信治	開瓊					
					紹松	開勛					
					紹孟	開斌					
					紹達	助育					
				清乾	澄雄						
					澄武	祖治					
						國榮					
					紹謹						
					紹隆						
					紹偉						
					紹信						
					紹玄						
			石水								
			榮茂	清喜	紹梅	修建	治閔				
						修淦					
						修釧					
					紹銓						
					文正						
					紹松						
				清振	紹銘	修泰	治淳				
						修鋒	治瑜				
				清輝	紹雄	修桂	治烽				
							治樺				
						修杰					
					紹倉	修炎					
						修港					
					紹武	修棟					
						修棋					
						修煒					
					紹金	修俊					
					紹成	修炫					
				清騰	紹吉	修訓					
						修森					
						修祥					
					紹光	修炫					
						修志					
					紹青	俊程					
					紹樓	修傑					
					紹鈞						
					紹鏡						
					紹達	修宏					
						修國					
			榮忠	清榜	紹勝	修榕	文熾				
						修德	文慶				
							文辰				
				清生	紹達						
			榮陸	清海	紹爐	東垣					
						東宣					
						東鄉					
					紹田	文仁					
						文信					
						文政					
				清政							
				清欽							
			榮林	清院	紹智	修焜					

25	26	27	28	29	30	31	32	33	34	35	36
						修煥					
					紹亮	修俊					
						修德					
						修勳					
		慶堂	榮日								
			榮安	清瑩	雲璋	伊中					
						智宇					
					紹郎	智鵬					
						智銘					
						智煒					
						伊良					
						伊棟					
						伊煥					
				清源	錦春	廷龍					
					雲禎						
			榮城	清採	雲統	開敬					
						守裕					
					雲生	開力					
						開俊					
					雲港	開煒					
						開銘					
				清棋	雲威	新舜					
					雲添	如麟					
					雲宏	裕鈞					
					雲全	騰					
						柏頤					
				清笙	雲翼	暉焙					
						暉然					
						鈞煒					
					雲謀						
		慶寶	榮新								
			榮泉	清順	紹	德彬	柏修				
						德本	奇偉				
							彥龍				
						德坤	學彥				
						德雄	子杭				
					紹井	德港					
						德浩	允文				
					紹南	美仁					
						慶仁					
						德仁					
					紹乾	杜仁					
						鈺仁					
						煒仁					
				清富	紹青	開銓	治豪				
						開佑	治威				
					新貴						
					紹永	國書					
						國鎮					
					紹尉						
			榮牧	紹謙	金土	英祥					
						順裕					
				清禮	金德	旭明					
				清壽	金田	國書					
					金雙	錦龍					
					金山	堉柏					
					金春	錦城					
				清統	金章						
					金能	玉麟					
					金亮						
					金隆	星皓					
						星翔					
					金宗	畯澤					
			榮習	紹欽	金隆						
					金堂						
				清圳							
				清涼	金時	開增					
				清榜	雲珊						
					金燦						
				清爐	雲之	柏元					
				雙喜	建發						
					建中						
				清道	世成						
			榮相	金聲	紹淮	開新					
						雲錕					
					紹鉅	開宣					
						志揚					
					紹慧	開成					
						開瑾					
					紹勛	開民					
					紹家	開聖					
				清智	紹賢	開宗					
					雲煌	開偉					
					雲福	開奕					

25	26	27	28	29	30	31	32	33	34	35	36
			榮炎	清柯	紹謀	開田					
					紹堯	開鴻					
						開讚					
					紹榮						
				清深	雲台						
					雲聰	慶福					
					雲芝						
			榮鏡	清輝	雲台	開聖					
					雲財						
					雲德	偉倫					
				清森	紹華	開揚					
						開明					
					雲旭	開慶					
						開宏					
					雲鋒	開震					
						開晨					
						開辰					
					雲榮	開焌					
				清申	雲國	開祥					
						開銘					
					雲煜						
禎祥	承魁	慶土	福傳	清潭	紹松	添泉					
						埏熠					
				清朋	紹基	銘盛					
					紹銜						
				清璋	紹瑩	智愃					
					紹烈	智煒					
					紹懋	智暉					
				清振	紹鋕	健桓					
					紹淮	健鈞					
				清掄	紹煖						
					紹斌						
				清聲	瑞堃	聖軒					
					紹標	聖祐					
		慶星	傳水	清福	紹毅	文正	皓偉				
						文康					
						文發					
					紹琦						

25	26	27	28	29	30	31	32	33	34	35	36
				清成	紹泰	文樫					
						文良					
					紹維	文明					
					紹瑾	冠偉					
					紹武						
					紹雄						
				清懿	紹孟						
					紹詮						
				清漢	紹勇	書尉					
					紹鍊	千丸					
				清璿	紹楠						
					紹樺	文軍					
		慶雲	水炎	清浪	紹衍	明春					
						文濱					
					紹球	明樟					
						健右					
					紹焦	明德					
				清熙	紹增	正光					
					紹洪						
				清達	紹文						
				清澄	紹煜	聖驊					
					紹興	鈺理					
			阿杞	清幼	建興						
					建旺						
				清統	建昌						
				清治	建泰						
				清熾							
				清沐							
			阿林	清梅	紹源						
					紹宗						
			榮金	清強	紹棟	煒淳					
						煒均					
					紹樑						
				清堂	紹洲						
					紹綸						

台灣新竹縣竹東鎮 32 世會忠公

32	33	34	35	36	37	38	39	40	41	42	43
忠	高	先	生	進	學	弘	武				
會忠	高秀	先福	東生	日進	學台	弘毅	武新				
						弘剛	武建				
	四子					州平	仁謙				
	先福						武群				
	先添				學榜						
	先發				學虎	弘彰					
	先科					弘裕					
						弘勝					
					學耿	弘洋					
						弘享					
					國亮						
				合進	學豹	志遠	正鑾				
							正晉				
					鴻飛	弘勛					
		先添	木生	有進	學棟						
					學堯	文華					
						文舉					
					學樓	文品					
						文釜					
						文求	武宏				
				瀛進	學俊	文育					
						文委					
						文廷					
					學渾						
					學柱	維軍					
				深湘							
				森進							
			榮生	盧進	學邦	文君					
						文辰					
					學恭						
				泉地	學錕	文霖					
					學銑						
					學烘	文升					
						晉欽					
				紹進	學椿	文翰					
					學紹	文賢					
					學助						
		和生									
		先發	禮生	監進	學梁	文德					
					學政	弘泌	武一				

32	33	34	35	36	37	38	39	40	41	42	43
忠	高	先	生	進	學	弘	武				
					學院	文修					
					學振	文春					
						文峰					
					學平	文志					
						文祥					
					學勇	文業					
						文伸					
						文明					
						文遠					
						文隆					
			秋生	杍進	學毫	耀康					
					學中	文意					
						文秋					
						文駿					
				昭南	學洪						
				昭俊							
			松生	毓進	學信						
					學士						
					學誠						
				如進	學智	文樺					
					學憲						
				煊進	學舜						
					學雷						
					學彪						
				良進	學淵						
				盛百	學泰						
		先科	南生	寶進	學鏡	弘煜					
						弘汀					
				灯進	學俊	弘槿					
						弘禎					
						弘臣					
				步進							
				演進	月湖	以文					
				崇進	學光	偉鎧					
						偉皓					
					學懿						
				叠進	學健	大倫					
						則恩					
					學致	文澤					
				忠進	芳誠						

32	33	34	35	36	37	38	39	40	41	42	43
忠	高	先	生	進	學	弘	武				
					芳尉						
				通進							
				玉堂	彬書	浚項					
					賓州						
				銜金	學奬						
					學鋒	星淳					
						元景					
			立生	雍進	學棋	彥能					

32	33	34	35	36	37	38	39	40	41	42	43
忠	高	先	生	進	學	弘	武				
					學麟						
					學獅						
				謙進	學聖						
					學彥	成					

台灣新竹市波羅汶 33 世俞荐公

33	34	35	36	37	38	39	40	41	42	43	44
俞荐	友新										
	友奇										
	友熾	云財	榮旺								
		云寶	榮金	湯文	坤岳	水源	茂雄	誠尉			
								誠忠			
								志宏			
							及復	錦川			
								建川			
						水泉	及伸				
							及進				
						水秀	義雄	國雄			
								國書			
							明雄	智遠			
							及通				
							及福				
							及佳				
							及隆				
						水清	源茂				
							及能				
						水圳	及財				
							柔盛				
							益昌				
						水田	及正				
							及豐				
							茂椿				
						水井	大章	廣港			
							鴻程				
			榮宗	阿良	唐山	火爐					
				文浚	登鳳	石潭	月華				
							明裕				
						石松	銘芳				
						石忠	明鴻				
								政杰			
				阿德	登亮	木琳	添發				
							景義				
							景震				
						茂林	源森				
							源宏				
							源裕				
							源田				
						進富	元君				
							世英				
						雲龍	逢時				
							世明				
							金日				

33	34	35	36	37	38	39	40	41	42	43	44
							世芳				
				阿春							
			榮鹽	乾登							
			榮發	煌輝	煥梯	兆達	彥穎				
							彥楷				
						兆武	仁祥				
						兆能	仁松				
						兆強					
					景波	兆振	國展				
							聖昌				
			榮慶	春輝	金勝	兆堂					
					錦紫	富林					
						武銘					
						武欽					
		云盛	仁恭	清輝	煥鸞	譽泉					
						譽忠					
						譽宣					
						譽光					
					煥彩	美政					
						美俊					
						美建					
					煥勛						
					煥達						
			仁敬	阿漢	坤宗	茂源	及全				
							及鴻				
							及權				
						武生	瑞麟				
					期蘭	瑞禎	慶能				
							簡美				
							慶福				
							修儀				
							坤煌				
						義雄	世宏				
							世良				
						吉平	任鴻				
					木火	炳輝	嘉文				
							嘉興				
						炳堂	□成				
							安盛				
						益墩	茂佶				
							游派				

來台祖 24 世維錫公三房業祥公派下

祖籍廣東省惠州府陸豐縣吉康都五雲洞

24	25	26	27	28	29	30	31	32	33	34	
維錫	業祥	水娘	承生	慶元	坤榮	清河					
					欽榮	和明					
						和順					
						和春					
						和煥					
					海榮	和祿	仁鋒				
					瑞榮	和順					
					美榮	雲妹	礽寶				
							文銘				
					鏡榮	和添	文正				
							文淮				
							文龍				
						和訓	國狄				

					賜榮	和進	仁堂				
							仁建				
							仁禮				
						和棟					
						和珍					
					福榮	和展					
						和耀					
				慶華							
			永生	慶月							
				兆豐							
			桂生	兆豐							

來台祖 22 世祖祥瑤公嗣廿四世朝和支

祖籍廣東省惠州府陸豐縣吉康都東坑鄉黃坭嶺

22	23	24	25	26	27	28	29	30	31	32	33
祥瑤	雲程	朝和	清春	榮學							
				石妹							
				學添							
				榮來	華孟	達先	賢螺				

22	23	24	25	26	27	28	29	30	31	32	33
						達永	賢螺	維鈞			
							賢宏	維康			
							賢恭	建彰			
								建銘			

22	23	24	25	26	27	28	29	30	31	32	33
								建文			
							賢標				
							賢聘				
							賢麟	維質			
						達彬	賢聘	維壽			
				榮養							
				榮祿	華義	乙酉	賢增	澤俊	旭光		
								節郎	棍鈺		
								維良	粹光		
									吉光		
							賢德	維新	兆旭		
									兆宇		
							賢品	維財			
								維洸			
						達堯	賢錦	明藤			
								明男			

22	23	24	25	26	27	28	29	30	31	32	33
								明福			
								明耀			
								明松			
							選賢	吉川			
								吉平			
						達及	賢燈	松吉	竹毅		
									健棋		
								維恭			
								維榮			
								維華			
						達連	賢富				
							賢貴				
							賢祖				
						達光	清錦	維錕			

來台祖 22 世祖祥攀公支 祖籍廣東省惠州府陸豐縣吉康都五雲洞

1	2	3	4	5	6	7	8	9	10	11	12
延年	鑑	諒	棋	德隆	傑夫	日華	益盛	受章	漢用	賢達	本禮
13	14	15	16	17	18	19	20	21	22		
伯益	秉熙	智	良	明所	萬選	毅可	子文	兆軼	祥攀		

22	23	24	25	26	27	28	29	30	31	32	
祥攀	雲漢										
	雲敬										
	雲明										
	雲輝	朝生	清泰								
			清玉								
			清貞								
			清居	榮德	華昌	阿錢	新年	雙貴			
								隻煌			
								雙安			
							新財				

22	23	24	25	26	27	28	29	30	31	32	
							新梅	子松			
					華盛						
					華發						
					華隆	添傳	基明	阿貴			
							阿文				
					振興	添喜	阿華	木森			
								木川			
								木金			
								維原			
								維雄			
						添龍	賢秋	維忠			
							賢樹	維正			
						添鳳	賢煙	為漢			
							賢石				
					華全						

來台 24 世祖祖昌斗公支祖籍廣東省惠州府陸豐縣吉康都

24	25	26	27	28	29	30	31	32	33	34	35
昌斗	勝期	惠秀									
		劉傳	劉維	瀏添							
				春星							
				春梅	欽福						
					欽明						
					欽麟						
			阿桂	春星	木枝						
					及相						
					及勇						
			新德	春田	國忠						
					國揚						
				春富	及進						
					國宏						
				松雄							
				春喜							
				春開							
		惠有									
		阿滿	和□	成鑑	永井						
					義文	康銘					
					義雙						

24	25	26	27	28	29	30	31	32	33	34	35
					義業						
				阿龍	天福						
			新泉	阿鳳							
			新水	坡田	金昌						
					金福						
					金尚						
			新榮	順河							
				順坡							
				順通							
				順振							
			新化	照順							
				照雄							
				照宏							
				照和							
				照墻							
				照政							

來台 23 世祖雲聚公嗣廿四世翰仁公支 祖籍廣東省惠州府陸豐縣吉康都五雲洞田螺塘

23	24	25	26	27	28	29	30	31	32	33	34
雲聚	翰仁	清發	承長	永昌	阿敬						
					阿俊	菊英					
					阿綿						
					阿廷						
					番婆						
					阿水	新城	森松				
							漢澄				
							炳煥				
						金華	紹松				
					阿麟	貴雄					
						貴香					
						貴榮					
						振榮					
				永義	土勝	五妹	國椿				
							國清				
							國楨				
						貴圓	國楨				
					佛佑	逢郎					

23	24	25	26	27	28	29	30	31	32	33	34
						逢春					
						逢森					
					德勝	洪源	鏡明				
							志宏				
							治堂				
							淦和				
						貴樑					
				永安	番婆	登妹	癸妹				
		清華	承旺	運浪	文義	明陞					
						明紹					
						明律					
						明煌					
					文鑑	明達					
						明珍					
						明鉅					
				運春	文森	明正					
					文乾	澄淵					
						喜榮					

23	24	25	26	27	28	29	30	31	32	33	34
						發榮					
						晨榮					
						鴻昌					
					文添	兆賢					
						明正					
						明中					
				運芳	關妹	添水					
						金水					
				運秀	文基						
					文欽						
					粉妹	明盞					
						明安					
			承雙	永康	添英						
					添松	金盛					
				永來							
			承三	運河	阿君						
				運冉	日妹						
		清金	承亮	阿瑞	富生	總養	金明				
							金生				
					木生	立財					
						財寶					

23	24	25	26	27	28	29	30	31	32	33	34
						立松					
					火生	立郎					
						阿乾	德炎				
						阿坤					
				添盛	阿富	阿財					
						阿炎					
					源海	錦銅					
						錦森					
						錦煌					
					源松	錦華					
						鴻坤					
						錦榮					
					源滿	國華					
					源水						
					正明						
			承琳	阿達	金松						
					金發						
					金榮						
			承接	永金	煥光						
					銘光						

來台 24 世祖維勉公支

祖籍廣東省惠州府陸豐縣吉康都五雲洞大盆嶺

1	2	3	4	5	6	7	8	9	10	11	12	13	14	15	16	17	18	19	20	21	22	23	24
延年	鑑	諒	棋	德隆	傑夫	日華	益盛	受章	漢用	賢達	本禮	伯雍	峰	子華	南溪	紹賢	清宇	作新	多謀	捥	紹官		

22	23	24	25	26	27	28	29	30	31	32	33
文魁	維勉	勤祥									
		信祥									
		寬祥	錦發								
			錦蔭	蒸水	阿龍						
					阿鳳	阿成					
						盛照					
				蒸妹	雅福	化枝	榮坤				
							作坤	正良			
								欽火			
								正雄			
						化華	作霖	衡雲			
								衡開			
								衡澄			
							作城	子仁			
								信達			
								俊龍			
							作棟	建南			
								建國			
							作文	俊榮			
							作慶	建順			

22	23	24	25	26	27	28	29	30	31	32	33
						華光	招妹	邱久雄			
								彭丘炎			
							士珍	賜郎			
								子能			
								子欣			
						化海	瑞霖	賜宏			
								賜賢			
								賜運			
								賜輝			
								賜彰			
							士珍				
							士昌	天成			
								文成			
								自成			
							士銘	嘉崙			
								俊富			
								聰裕			

來台 24 世祖維財公支

祖籍廣東省惠州府陸豐縣吉康都五雲洞

維財、維進、維義三兄弟，清乾隆年間，由廣東省陸豐縣五雲洞相偕渡海來台灣，落腳台灣新竹縣湖口鄉三條圳開基立業。

1	2	3	4	5	6	7	8	9	10	11	12	13	14	15	16	17	18	19	20	21	22	23	24
延年	鑑	諒	棋	德隆	傑夫	日華	益盛	受章	漢用	仕達	守惠	伯貴	弘文	雲峰	思竹	光遠	嘉宏	述席	必聰	振德	開文		

23	24	25	26	27	28	29	30	31	32	33	34
鳳芝	維進										
	維財	崇和	春湯	榮德	明錦	阿水					
	維義			(文德)		雲台	中正				
							中華				
							中賢				
					明良	盛坤	仕仁				
						盛雲					
						盛木	水源				
				萬登	武訓	鼎房	劉添				
				(文登)			忠吉	淑娟			
							忠坤	宗賢			
							忠宗				
						及夏	成賢				
							成明				
							成功				
						及秋	成國				
							成德				
					武清	添勝	成一	康源			
								康均			
								康淦			
							正宗	柏學			
								保霖			
							成俊	少威			
							成業				
							成全				
							成龍				
							成港				

23	24	25	26	27	28	29	30	31	32	33	34
							成汶				
						盛通	成木				
							成梅				
							成華				
						盛壽	源發				
						勝福					
						勝雄	成源				
			榮湯	萬登	武進	勝福	成標				
							成熒				
							信凱				
					武財	勝枝	成寶				
							成銘				
							成振				
						及漢	成國				
							成富				
				文檢							
				文松	武祥	祖壽	辛泉				
							運泉				
							運昌				
							運興				
							運源				
						祖乾	錦泉	新枝			
								鎮富			
					武健						
					武河						
				文興	武殿	及雲	成坤	康彥			
							成鑑				
							成謙				
							成讓				

23	24	25	26	27	28	29	30	31	32	33	34
							成俊				
							成海				
※		崇順	富湯	文興	武清						
					武廷						
				文增							
				文耀	武安	盛煥					
				文鳳	武泉	盛相					
					武田	盛裕	年至				
							年利				
						盛玉					
					武錦	盛和					
				文旺	福來	勝生	漢堂				
							銘源				
							潮敦				
							永松				
						盛周	孝淵				
							茂仁				
							洋智				
						博盛	能輝				
						德昌					
						雲棟					
					福騫						
					金福	勝敏	敬凱				
							敬峰				
						勝勳					
						勝舉					
						勝紀	敬峰				
						勝亮					
						勝權					
						勝煜					
				文隆	武水	勝銈					
						勝梓					
				文業							
			貴湯	文相	武楊	連盛	賢豐				
							賢明				
							賢能				
						煜盛	賢明				
							賢忠				
						龍盛	賢仁				
						德盛	信嘉				
					武海	秀蘭					
						春蘭					
				文石	武立	錢盛	成晃				
							成縣				
							成鎮				
						木盛	成浩				
							成勳				
							成裕				
						錦盛	成威				
							成驥				
							成均				
							成春				
							成滿				
						榮盛	成淋				
							成昭				
							成銀				
							成燈				
					武福	東盛	成增				
							成土				
							成業				
						淦盛	成讚				
							成廣				
							成財				
						和盛					
						鴻盛					
						日盛	成添				
							成源				
						月盛					
					武桃	春蘭					
						春菊	成麟				
							德龍				
							誠德				
				文友	武壽	勝淼					
					彩香	勝淼	賢銳				
							賢斌				
						勝鑑					
						勝發					
						勝達					
						千枝					
					武炎	勝達					
					武堂	勝鑑	賢智				
					武銘	勝榮					
				文城	武泉	盛雄	賢順				
							賢才				

23	24	25	26	27	28	29	30	31	32	33	34
						盛宏					
						盛增					
						盛山					
						盛全					
						盛國					
					武銅	國楨					
					武爐	盛祥					
						聖霖					
						盛嵩					
						盛遠					
						盛昌					
						盛慶					
					武清	盛強					
					武輝	盛家					
						盛聲					
					武欽	盛壽					
						盛照					
						盛桄					
						盛華					
			喜湯	文源	武基						
					武添	盛發	成乾				
							成坤				
							成樑				
							成財				
						盛生	成章				
							成昌				
							成建				
						安男	成煥				
							成益				
						盛中	成水				
							成通				
			永湯								
			對湯								
		崇賢	統湯								
			傳湯	進丁	福騫	勝枝	煒琦				
							煒寰				
						勝謙	煒玄				
							煒震				
						勝宏	煒華				
							煒國				
							煒強				
				日妹							
			發湯								
	維義	崇喜	岸湯	文湖							
				文泉	武錦						
					石勇						
					武海						
					庚祿						
					庚木	成棟					
				文番							
				文蔭							
				文照	阿良						
					義發						
					義秀						
					義文						
			炭湯	福講							
				福妹	武庚	聖陂					
					武祿						
				福山	武冉	聖標					
						聖隆					
						成豐					
					武松						
				福嚴	祥爐						
					祥燈						
					祥錦						
				福亮	武壽	成鵬					
						成利					
					接枝	成田					
					武魁						
					武科						
				福為	武俊	成鑫					
					武卿						
			水湯	文火	武喜						
					武丁						
				文美							
				文炎	武箱						
					武接						
			林湯	盆河							
				文健	錦梅						
					錦雲						
					錦勝						
			隻湯	成業	源富	成鈞	康宏				
							康治				

23	24	25	26	27	28	29	30	31	32	33	34
				福春	統妹	成童	康生				
							康任				
			見傳	福友	武勳	聖傑					
						聖曾					
					武洪						
					武昭						
					武朗						
				福忠							
		崇財									
		崇業	金連	文盛							
				文榮	武榮	聖孟					
						成楷					
						成棋					
					武良	成進	光輝				
						成章					
						成源					
						成崇					
				文乾	坤榮	福龍					
				文千							
				文和							
			龍湯	文陞	武海	聖上					
					武煌	成忠					
						成棟	康福				
						成堂					
						成鑾					

23	24	25	26	27	28	29	30	31	32	33	34
					武鑑	成瀧	康洪				
						成共					
			應湯	文全	武台						
					武東						
					武廳						
					武統						
				文明	武潭						
					武河						
					武銘						
				文井	阿錦						
			興湯	文燕	武德						
					武富						
				文成	武昌						
					武庫						
					武鑑						
					武嘉						
				文通	武威						
					武儒						
					武嶽						
				文海							
				文秋							
			清湯	文慶	武來	成營	康詠				
						成謙					
						成裕					
					武漢	成煜					

來台 23 世祖祥泰公嗣 24 世意雅公支 祖籍廣東省惠州府陸豐縣吉康都田心谷

23	24	25	26	27	28	29	30	31	32	33	34
祥泰	意雅	繼生	進登	明亮	德清	萬金					
						萬智					
						萬承					
					滿妹	運福					
				明輝	德松	貴金					
					德添						
				明煌	鳳嬌	接發					
						傳文					
					國光						
				明香	德秋	萬達					
						萬台					
						萬燕					
				明滿							
			進蘭	明土	德水						
					德業						
					德宗						
				明榮	德財						
					德鑫						
					德發						
				明拔	玉泉						

23	24	25	26	27	28	29	30	31	32	33	34
					德喜						
					德安						
			進保	榮昌	德南						
				榮華	玉蓮						
			進木	連合							
				連壽							
				連傳							
				鼎							
		庚福	進木								

漢銘公嗣來台祖 23 世宏略公支 祖籍廣東省惠州府陸豐縣吉康五雲洞

1	2	3	4	5	6	7	8	9	10	11	12	13	14	15	16	17	18	19	20	21	22	23	24
延年	鑑	諒	棋	德隆	傑夫	日華	益盛	受章	漢銘	高	惟忠	伯祥	秉芳	祖齡	宗漢	諫	良躬	朝簪	王寅	宗殷			

21	22	23	24	25	26	27	28	29	30	31	32
宗殷	亮德										
	瑞廷	宏廉									
		宏略	旋芳								
			旋梁								
			旋正								
			旋彪	慶春	庚富						
				李保	朝富						
					立富	石妹	仁坑	德興	光榮	智謙	
									光明		
									光耀		
									光梁		
								德欽	耀郎		
									俊啓		
									俊浩		
									俊財		
								德爐	俊城		
								德鴻	俊麟		
									俊勇		
							仁井	德平	燕振		
								德材			
								德煜			
					庚富						
					登富	蘭標	來勝	金水	榮獻		
									榮皓		
									榮洲		
								金田			

21	22	23	24	25	26	27	28	29	30	31	32
								金興			
						阿龍	阿來	梅英			
								梅錦			
						成生					
						成健	賢水	德錦			
							春林	武雄			
								德茂			
							望月				
							岩子				
							坤相				
						水松	桂山	富雄			
								久男	阿清		
								吉良			
							美容	英雄			
								永和			
								阿瑞			
								阿進			
					有富						
					王富	禮妹	金廣	德通	月明		
								德雙	照明		
								德全	光明		
								德進			
						來旺	森榮				
					添富	阿海					
						阿泉	清灶	德常	榮光		
									榮華		

21	22	23	24	25	26	27	28	29	30	31	32
									榮耀		
								德貴	榮仁		
									榮恩		
									榮道		
								德郎	申甫		
									榮生		
								德修			

21	22	23	24	25	26	27	28	29	30	31	32
								德政			
				陳安							
			旋知								
		宏聲									
		宏容	旋芳								
	瑞汪										

來台 23 世祖阿祿公支 祖籍廣東省惠州府陸豐縣吉康都

23	24	25	26	27	28	29	30	31	32	33	34	35	36	37	38	39	40	41	42	43	44	45	46
阿祿	觀興	阿統	林保	金勝	阿明	錦章	友仁	國彥															
								國勛															
							友義																
							友宏																
						廷芳	友忠																
							友誠																
						錦茂	友恭																
							友平																
						錦球																	
					滿堂	廷芳																	
				金水																			
				金安	秀鳳																		
					進福	木來	崇斌																
						榮昌	玉林																
						榮慶																	
						榮哲																	
						金隆																	
					進祿	清順	淑慧																
							淑菁																
						泙平																	
					德坤																		

來台祖廿四世維錫公三房業祥公派下

祖籍廣東省惠州府陸豐縣吉康都五雲洞

24	25	26	27	28	29	30	31	32	33	34	35
維錫	業祥	水娘	承生	慶元	坤榮	清河					
					欽榮	和明					
						和順					
						和春					
						和煥					
					海榮	和祿	仁鋒				
					瑞榮	和順					
					美榮	雲妹	礽寶				
							文銘				
					鏡榮	和添	文正				
							文淮				
							文龍				
						和訓	國狄				
					賜榮	和進	仁堂				
							仁建				

24	25	26	27	28	29	30	31	32	33	34	35
							仁禮				
						和棟					
						和珍					
					福榮	和展					
						和耀					
				慶華							
			永生	慶月							
				兆豐							
			桂生	兆豐							

延年公第廿五代孫朝祥公(遷台灣)子嗣世系表

一	二	三	四	五	六	七	八	九	十	十一	十二	十三	十四	十五	十六	十七	十八	十九	二0	廿一	廿二	廿三	廿四	廿五
延年	鑑公	諒公	棋公	德隆	傑夫	日華	益盛	受章	漢用	賢達	本禮	伯雍	祖鋒	子華	逌公	紹賢	鎬公	益新	不易	元彩	廷坤	雪瑞	俊傑	朝祥

廿六世	廿七世	廿八世	廿九世	三0世	卅一世	卅二世	卅三世	卅四世	卅五世	卅六世	卅七世
承助公配詹氏	慶長公配福氏	榮日配劉、何氏	清潭 配曾氏	雲斗配溫氏	大焜	治中					
				明龍配劉氏	文賢						
					文志						
			清浪配陳氏	捷正配曾氏	逸君	治琪					
					逸雄						
				雲璠配范氏	永廷						
					永松						
				雲達							
			清潘 配溫氏	正男	開朋						
					開弦						
					開易						
				雲謀	文松						
					文強						
				雲聲	開豪						
				雲光	文正						
					文賢						
				雲明	文志						
		榮新 配邱氏	紹光 配劉氏	金政配葉氏	開鑑	閔鴻					

廿六世	廿七世	廿八世	廿九世	三0世	卅一世	卅二世	卅三世	卅四世	卅五世	卅六世	卅七世
						俊諺					
					開廣						
					開展						
				金源配張氏	開水						
					開榮						
					勇崧						
				金盛配高氏	開發						
					國進						
					世鴻						
		榮立　配范氏	清通　配邱氏	紹良	開濱						
					營僾						
				紹朋	世炘						
				正宏	進添						
					進福						
					文煜						
			清名　配王氏	紹德	增智	建祥					
					增強						
					增浪						
				紹蘭	增壽	俊發					
						俊銘					
					增辰	俊瑩					
						國熊					
				紹尉	增龍						
					增鳳						
					增獅						
					增樟	志琨					
				紹麟	增寶						
					增財						
					增淇						
					增旺						
					增炎						
				紹達	增熊						
					增治						
				紹田	彥治						
			清源　配林氏	紹維	耀文	士傑					
					耀武						
				紹雄	盛昌						
					信燕						
				紹彩	文志						
					文孝						
					文俊						
				紹松	炘南						
					金祥						
					國霖						

受進公嗣來台 18 世祖永譽公支

1	2	3	4	5	6	7	8	9	10	11	12
延年	鑑	諒	棋	德隆	傑夫	曰華	益盛	受進	有賢	念一	法淵
13	14	15	16	17	18	19	20	21	22		
伯一	應球	法宥	觀松	煥	永譽	益相	居友	學文	智寬		
22	23	24	25	26	27	28	29	30	31	32	
智寬	開昇	石英	陳榮張	阿埔	金和	阿鼎					
						晉賢	石龍				
二子						立賢	義雄				
開昇							國昌				
登年						崇修	俊雄				
							俊喜				
					阿全						
					陳福						
					陳祿	陳新	添丁	坤火			
								茂林			
								茂吉			
							添秀				
							添財				
							添貴	文正			
						陳合	明豐				
							正明				
						陳城					
						陳在					
						發	國楨				
							國榮				
							國彬				
					陳有						
		動良									
		石海	阿意								
			阿勇	阿生	丁旺	瑞昇	協和				
							文東				
							增榮				
							海源				
						唐秀	國欽				
							秋連				
							榮貴				
							榮進				
						昇田	光明				
					丁財						
				阿傳	廖春妹						
				阿河							
	登年										

受進公嗣來台 24 世祖相高公支

1	2	3	4	5	6	7	8	9	10	11	12
延年	鑑	諒	棋	德隆	傑夫	曰華	益盛	受進	有賢	念一	法淵
13	14	15	16	17	18	19	20	21	22	23	24
伯一	應球	法宥	觀松	文	永康	益宣	居垣	奇峰	善斌	元秀	相高

24	25	26	27	28	29	30	31	32	33	34	35
相高	必璠	青香									
	必彥	恭香									
		德香									
	必旺	良香	火興	享富							
				享貴	朝英	淑敏					
						琦芳					
					朝光	建雄					
					朝榮	耀德					
						耀賢					
					朝玉						
				享雙							

24	25	26	27	28	29	30	31	32	33	34	35
				亨全							
				亨發	朝綜						
					朝海						
		劍香									
		琳才									
		繼香	來興	亨松							
			捷興	亨禎	兆球	詠峰					
						詠明					
					兆棠						
					兆瑚						
					兆瑾						
					兆銘						
					兆佐						
				亨任	兆琦	元志					
						舜得					
						元寸					
					兆璋						
					兆勳						
					兆藤						
					兆瑄						
				亨裕	兆琮						
					兆鵬						
		慶香	賢妹	亨仁	兆瓊	詠洙					
						詠鈿					
						詠鉦					
					兆瑢						
					兆瑲						
				亨義							
				亨禮	兆宏						
					兆光	詠昆					
						詠傑					
					亨智						
	必敏	澄香	細興								
	必君	春香									
		容香									
		福香									
		祿香									
		添香	木興	康隆	兆騰						
					兆業						
					兆炎						
					兆票						
					兆毅						
				森隆	兆裕						
					兆國						
					兆垣						
					兆成						
				錦隆	兆浩						
					兆均						
		華香									

來台20世祖肇華公支系

20	21	22	23	24	25	26	27	28	29	30	31
肇華	光喜	和南	春秋	阿琴	樹讚						
(刪耀)	(克善)				清林						
					樹林						
					友火	仁貴					
						仁潭					
						仁治					
						仁彰					
				阿木	江懷						
				阿溪	株檔						
					柏廉						
					蒼濃						
					阿炳						
					能雄						
				阿炮	大敏	國棟	威陽				
							俊智				
						國樑					
					金鐘	志勝					
					永福	國政					
						國治					
					萬立	國英					
						國守					
				再枝	火盛						
		阿生	阿助								
			阿根	阿澗	進有						
					進山						
					火旺						

20	21	22	23	24	25	26	27	28	29	30	31
				清水	阿郁						
					阿管						
					長仕						
					長利						
				明通	武雄						
					武烈						
			阿塗	金龍	順安						
				萬春	慶亨						
					松標						
					永正						
		阿結	阿排	賜啓	永昌	文憲	思翰				
						復興					
						國華					
					清炫	寬裕					
						寬容					
						寬國					
					坎澤						
					清景						
					清標						
					清火						
				萬賀	老松						
					獻堂						
					烈堂						
				仲輝	旺欉	梅科					
						鴻欣					
						鴻文					
						源圖					
					旺坤	九齡					
						順齡					
						士齡					
						讚齡					
						仁齡					
					旺苗	錦舜					
						世仰					
					旺卿	佳政					
						誠彬					
						玉斗					
					旺種						
			闉	文祥	阿川	伊助					
						鐵樹					
						成財					
						隆國					
					石虎	慶爐					
						全水					
						順興					
						隆財					
					石獅						
					石象						
					石港						
					康雄						
					萬福						
				文柱	清泉	由愷					
						和愷					
						奏愷					
						振愷					
						捷愷					
					清井	國雄					
						祐宏					
						國田					
					清波	國禎					
						國鍊					
					清遠	國義					
						國成					
						國顯					
					清淵	國安					
						國豈					
					清秀	道雄					
						世志					
						慶上					
				文珍	朝日	欽國					
					朝信						
					勝夫	俊達					
					勝隆						
			朝榮	俊德	茂鑄						
					茂桂						
					茂盛						
				明德	鏗鏘						
					玉盤						
					玉定						
					益勝						
					益裕						
				懷德	梓柏						
					正雄						
					徹男						

20	21	22	23	24	25	26	27	28	29	30	31
					裕兒						
			天恩	如勳	銀漢						
					銀海						
					銀河						
					銀蒼						
					嘉哲						
				如森							

來台 20 世祖東旺公支系

20	21	22	23	24	25	26	27	28	29	30	31
東旺	洪彥	才振	榮德								
			如日	廷庚	阿清						
					阿塗	坤麟	士民				
							士語				
						坤龍	士政				
							士益				
						三雄	士顏				
						武田					
				阿成	阿英	鐵	奎光	文森			
								文欽			
								文賢			
								文君			
							耀光	國榮			
								國興			
							春光	煌			
							信光				
				廷宗	煥郎	聯喜	伊呂				
							念國				
							伯洲				
						貴章	世和				
							世裕				
							世民				
							世寬				
						憲章	志康				
							志文				
						玉衡	乃一				
						憲正	思哲				
						正良	志強				
						道明					
						道生					
			如朱	阿慶	阿盞	阿隘					
						阿條	義聰	志宏			
								增永			
						阿閣	昭添				
							水金	國貞			
								國忠			
								國威			
							文明				
							錦明	國峰			
							思恭				
						阿在	旭榮	文揚			
								敏源			
								敏章			
							旭千	文政			
							旭照	文憲			
							金通				
							明貴				
							明裕				
						阿能	水金				
					安信	萬枝	明柾				
							天助				
					阿木	阿足					
				阿來	下骨	阿樹	光裕				
							瑞森				
							瑞欽				
						火盛	瑞森				
				阿宗	運祿	進連	天生	東建			
						進乾	闖雄				
							武猛				
							文忠				
							文秀				
							文和				
							文華				
						進坤	光豐				
							光國				
							光仁				
						進墻	振江				
					運富						
					運喜	榮海	炳松				
							炳文				
						江河	炳秋				
							炳耀				
						榮華					
						榮貴					

20	21	22	23	24	25	26	27	28	29	30	31
			如接	春霖	阿桶	阿辨					
					阿安	銘傳	阿矗	良造			
								正富			
								正瑩			
								正標			
							職作				
							阿士	彥穎			
						田福	賢坤				
							柱	進榮			
							謹芳	忠一			
							振陽				
							韓琪	進輝			
								進維			
							韓台	博淵			
							大山				
							雪官				
						甲	光榮				
					阿錦	阿珍					
						阿祥					
						萬	先	重俊			
								重志			
							榮貴				
						金寶	光隆	玄州			
						阿王	應騰	玄巧			
								玄武			
								玄法			
							慶治				
				春發	阿火	除妹	狄憲				
							憲三				
							憲雄				
						阿雲	明江				
							東灝				
					阿朗	永松	國鎮				
							仲榮				
							榮進				
							進憲				
						石松	文義				
							三江				
							文星				
						永炎	星榮				
							文祥				
							榮森				
							富興				
						永寬					
			如進	阿添	阿舉	秋華	專				
							福來	生德			
								生進			
					阿烈	秋華					
						秋遠	文龍	士平			
							勝雄	志忠			
								志民			
							文通				
							文光				
						秋達					
					阿勳	秋達	憲貴				
							憲榮				
					阿謀	吉聲					
						秋武	國祐				
							匡生				
							匡正				
						南山	忠政				
							健民				
							利源				
					阿藤	騫					
						飛					
						乾	鴻鈞				
						緩枝	文星				
							文輝				
				水源	阿谷						
					阿潭	阿良	應豐	鑫業			
							秋雄				
							裕隆	炳仁			
								志榮			
				春源	福明	乾君	光輝				
						乾龍	光田				
							光宏				
						乾鳳					
			如亂	耀宗	砂連	阿南	陽宏	煉森			
								慎權			
								水柳			
						欽陞	雲意				
							國州				
							國亮				
					春維	榮華	一司				

20	21	22	23	24	25	26	27	28	29	30	31
							次強				
							三明				
						里仁	海松				
							志寧				
							志明				
						榮波					
					江漢	啟賢	以信	士杰			
							以政				
							以恒				
						啓輝	明洲				
							以占				
							以貫				
						啓超	以松				
							以仲				
						啓聰	以丞				
							建維				
							育德				
						啓仁	以屏				
							以聖				
				立宗							
				豪宗	阿傳	阿初	學而				
							第一				
							子曰				
							時習				
						初昌	健治	鑫堂			
								棼杞			
						阿相					
						初櫃	文正				
							文進				
							文慶				
						初君	大學				
							孟書				
							上孟				
							離婁				
							享彬				
					傳房	六	幸意				
							火勝				
							炳燊				
						賜文	演鋒				
							演欽				
							演州				
					等宗						
			如送								
		洪參									

來台祖朴茂公支

朴茂	得成	林秀		(先祖	世代	不明)					
		信閣									
		忠轉	烏番	友來							
				來好							
			世	天賜							
			頂盛	阿風	萬金						
					朝漢	慶裕					
						慶煌					
						慶模					
					萬春	文聰					
						文斌					
						文吉					
				阿江	水金	文章	玉常				
							國輝				
						啓明	文海				
							協宗				
						金連	秋利	正熙			
								耀新			
						玉連	仁海				
							文清				
							文福				
							順卿				
				清交							
			福星								

來台 24 世祖道英公支

24	25	26	27	28	29	30	31	32	33	34	35
道英	廣侯	文昌									
		武昌	禮旺								
			禮相	永安							
				永欽	蘭清	秀富					
						秀鳳					
						秀乾					
					倍基	振淵					
						振鐣					
						振華					
					紹基						

24	25	26	27	28	29	30	31	32	33	34	35
				永金	泰源	忠道		(居	日本)		
						智道		(居	日本)		
						義道		(居	日本)		
					華源	縱道					
						德潤					
						貴潤					
						新潤					
						達潤					
				永寶							
				永雙	富源	德勝					
						德貴					
						德福					
					振源						
				永對	廣源	達雄					
						達祥					
					進源	達宏					
						達勳					
					維源	達仁					
						達煥					
						達燕					
					新源	達富					
						達貴					
			雲生								
			雲開	金富	文生	穩成					
						見成					
			雲月	阿志							
				雙貴	錦泉						
					錦源	憲宗					
						憲達					
					錦城						
					錦昌						
				阿賢	俊寅						
					錦芳	定國					
					錦東						
		元昌									
		解昌									

來台 21 世祖啓振公支

21	22	23	24	25	26	27	28	29	30	31	32
啓振	振謦	裕彩	瑞命	福元	李安	清濆	進業				
					立傳	送來	金萬	添增			
								添燈			
							金寶	添城	桂林		
								添雲	桂堂		
									桂雄		
								添松	桂梁		
									桂平		
									桂堯		
								添爐	桂明		
									桂銘		
								添勝			
								添榮	桂煌		
									桂發		
							金全	添富			
							金水	娘德	桂福		
									勝興		
								添財			
					永傳	來興	春貴	雲淡			
							秋貴	文山			
							冬貴	雲峰	政銘		
								國珍	進奇		
								雲對	建章		
									利特		
									建達		
							蘭貴				
						霖興	秋龍	雲乾			
								雲坤			
								雲上			
								雲光			
							秋鳳	雲陞	樞正		
									樞明		
								雲階	敏超		
									政鈞		
								雲翔	朝湖		
									朝嶽		
								雲瑞			
							秋慶	雲明			
								雲秀			
								雲宏			
								雲欽			
							秋茂	德修			
								雲燦			

來台 26 世祖阿勳公支

26	27	28	29			30	31	32	33	34	35
阿勳	天送	煒湘	森河	森忠							
		作宏	森明	森正	森榮						

漢卿公嗣來台 21 世祖育天(肇浩)公支

10	11	12	13	14	15	16	17	18	19	20	
漢卿	仲可	仁忠	伯聰	瑤	東泉	紀	立竹	大爵	載鉉	善長	

21	22	23	24	25	26	27	28	29	30	31	32
育天	嘉廉	捷鳳									
(肇浩)		捷仁	貴福	春秀	潤長	衍初	宏毅				
						衍麟					
						衍煜					
					潤古	成安	德水	衍凱			
								衍任			
							德業	衍田			
								衍清			
								衍豐			
						進安	德添	衍慶	照宏		
						榮安	德貴	衍集			
						雲安	德昌	衍浩			
							德相	衍和			
								衍兆			
						盛安	德財	衍鍏			
								衍禮			
								衍南			
							德宗	永邦			
								衍齡			
						源安	德恩				
							德豐				
					潤亮	錦安	德全	衍標			
								衍桔			
							德銓	衍清			
								衍鏡			
							德欽	衍良			
								衍明			
							德鎮	衍興			
								衍順			
								衍富			
				春蘭	潤石						
					潤亮						
					潤輝	阿雙	德勳	衍政			
								衍化			
								衍象			
								衍福			
							德湧	衍彬			
							德銘	衍華			
				春富	潤華	立安	德祥	衍雨	熉宏		
									清宏		
								衍炈			
								衍掀			
							德禎	衍斌			
								衍文			
								衍棟			
							德裕	衍章			
								衍誠			
					潤龍	仁安	德煥	衍祝			
							德光	衍順			
								衍泰			
						義安	德祺	衍鑫			
								衍民			
							德煌	衍嶽			
								衍俊			
								衍霖			
							德垣	衍博			
								衍國			
							德堂				
						禮安	德木	衍淦			
								衍卿			
							德謙	衍璽			
							德訓	衍芳			
								衍璽			
								衍堃			
							德誦				
							德鋒				
							德錠				
					潤滿	文安	錦妹				
						庚安	德端	衍寰			
								衍寬			
								衍鴻			
				春生	潤坤	鼎安	德振	衍淦			
							德光	衍智			
						鍾岳	定妹				
							德宗				
						廷安	德榮				
							德琳				
			貴壽	春傳	足妹	泉安	德業				
							德秀				
						水安	德壽	信豪			
							德順	阿章			
								阿煥			
								坤文			
								郁文			
								錦文			
								耀文			
							德和	阿貴			
								兆成			
								忠垣			
								文玉			
							德合	慕飛			
								祀逸			
				春富							
				春貴	潤禮	對妹	連財				
				春盛	潤新	泰安	德龍	喜城	國樑		
							德麟				
						明安	德瑞				
							德聰				
						增安					
						土安					
					潤海	顧秋	俊宏	衍琦			
							德文				
							南球				
						兆安	金鳳				
						金安	勝夫				
						雙安	德熊				
							德炎				
							德欽				
						萬安	德合	志勇			
								志浩			
							德能				
							玄能				
					潤來	戊安	德權	翼本			
								軍賜			
								垣均			
								智男			
							良修				
	嘉節										
	嘉德										
	嘉揚										

漢卿公嗣來台 22 世祖玉泰公支

10	11	12	13	14	15	16	17	18	19	20	21
漢卿	仲可	仁忠	伯聰	瑤	東泉	紀	立竹	大爵	載鉉	仁重	

21	22	23	24	25	26	27	28	29	30	31	32
涵容	玉泰	星仁	春乾	繼生	傳興	昌錦	瑞全				
							瑞煌				
							瑞應				
						昌堂	瑞安	信宗	成傑		
									成柔		
									成清		
								信織	成毅		
							瑞增	信君	成強		
								信溪	成路		
									成雙		
									成條		
								信照	成頭		
							瑞接				
							瑞相				
						昌燕	瑞英	信淮	成鑑		
								信春	成福		
								信團	成恒		
								信祖	成一		
								信銘			
							瑞榮	信雨			
								信浪			
							瑞捷	信晃			
								信介			
								信印			
						昌賢	瑞相	信朋			
								信常			
							瑞南				
							瑞足				
						昌欽	瑞謙				
					傳連	昌文	瑞鳳	信德	成俊		
									成璧		
								信善	成和		

21	22	23	24	25	26	27	28	29	30	31	32
									成廣		
									成科		
									成肇		
								信良			
								信霖			
							瑞華	信初	成卿		
									成正		
						昌炎	瑞廷	信育	成北		
									成福		
									成杞		
									成安		
							瑞基	信遠	成峰		
									成銓		
									成成		
								信可			
						昌河	瑞火	梅蘭			
								信宏	成偉		
									成彥		
								信濱	成功		
								信惠			
							德	勳平			
								治平			
								建平			
						昌亮	瑞漢	信豐	成淼		
								信森	成樓		
								信標	成賢		
									成泉		
								信麟			
								信墩			
								信光			
							瑞養	信景	成偉		
									成果		
								信雄			
							瑞球	信夫	成伯		
								信貞	成操		
								信淵			
								信和			
								信里			
							瑞藤	信雄	成家		
									成農		
					傳添	昌城					
						昌坤					
						昌輝	瑞沐	信耀	成清		
									成村		
							瑞明	信吉	成通		
								信喜			
							瑞尚	信煜			
								信昭			
							瑞寶	信茂			
								達祥			
								信誠			
						昌雲					
						昌慶	瑞冉	信松	成炎		
									成治		
								信田			
								信勝			
								信豪			
								信謀			
						昌壽					
						昌祿					
					傳富						
					傳業						
			春隆	潤生	傳富	昌蘭	瑞其	望起	成淦		
									成璿		
							瑞梅	信石	成銘	道光	
										道文	
									成樟		
									成清		
									成炎		
									成樹		
								信墩			
								信吉	成凱		
								信讓	成彬		
								信銀			
						昌進					
						昌志	瑞正	信通			
								信雄			
								信義			
							瑞岳	信寬			
								信標			
								信光			
							瑞海				
							瑞浤				
							瑞渠				

21	22	23	24	25	26	27	28	29	30	31	32
							瑞溪				
				繼生							
				宙生	傳珍	昌財					
						昌源					
						昌郎					
						昌利					
						昌冉					
					傳妹	昌能	瑞情				
							瑞廷				
						昌維	瑞煥				
						昌魁	瑞立				
						昌松	炳輝				
						昌琳					
						昌廣	瑞永	信禮			
								信榮			
								信華			
								信窘			
						昌集	瑞光				
							瑞立				
				冬生							
			春寶	立生							
			春旺	萬生	傳喜	昌鼎					
						昌炳					
					傳意	昌炳	瑞香				
						昌茂					
						昌浪	瑞聰	信銘			
							瑞春				
						昌右	瑞基	榮海			
							瑞隆	盛火			
							瑞景	信志			
								信薀			
						昌享	瑞冉				
					傳盛	昌鼎	瑞振	信忠	成林		
								信光	成銘		
									成全		
								信志	成榮		
								信溪			
								信雄			
								信禮	成源		
							瑞田	信輝	成元		
							瑞章				
						昌義	瑞添				
						昌粦	瑞檢	信溪			
							瑞谷	信芳			
							瑞恭	信福			
						昌通	瑞森	信雄	成發		
							瑞焱	信相			
								信源			
								信斐			
							瑞轟	信相			
						昌石	瑞坪	信河			
								信祥			
								信財			
				發生	傳和						
					傳華	昌清	瑞戇				
							瑞能				
							瑞煥				
							瑞接				
					傳鏡	昌來	瑞長	彩枝			
							瑞友	信火	成良		
									成文		
									成源		
								信男	成康		
								信輝			
								信強			
								信欽			
							瑞增				
							瑞恩				
							瑞歡	信雄			
								信正			
							錦華	信廷			
								信鑫			
						昌佐					
						昌平	瑞戊	信福			
								信鎮			
								信霖			
								信江			
								信德			
								信春			
							瑞甲	信興			
								信基			
						昌寬	瑞金	信立			
								信朋			
								信邦			

21	22	23	24	25	26	27	28	29	30	31	32
							瑞科	信龍			
								信榮			
								信宏			
								信富			
								信貴			
							瑞要	信坤			
								信明			
							瑞基				
						昌化	瑞丁	信見			
								信富			
							瑞財	信弘			
								信知			
					傳德	昌佐	瑞松	信成			
								信貞			
								信水			
								信田			
								信安			
			春貴	立生							
				福生	傳盛						
				龍生							

漢卿公嗣來台 22 世祖玉良公支系

10	11	12	13	14	15	16	17	18	19	20	21
漢卿	仲可	仁忠	伯聰	瑤	東泉	紀	立竹	大爵	載鉉	仁重	涵容

21	22	23	24	25	26	27	28	29	30	31	32
涵容	玉良	建仁	春安								
			春廷								
			春德								
			春慶								
		禎仁	春振	盛華							
			春明								
			春恭	雲華							
				月華							
				立華	傳富						
				亮華	河隆						
				新華	崑山	昌遠	瑞煜				
							昌正	瑞忠			
							明光				
				發華							
		和仁	春慶	盛華	傳漢	賢昌					
						瓊昌	瑞龍	信誠			
								信昌			
							瑞德				
						英昌	瑞彬	信坤			
								信杰			
								信欣			
						榮昌	瑞松				
							瑞禎				
				添華							
			登財								

漢卿公嗣來台 23 世象日公支系

10	11	12	13	14	15	16	17	18	19	20	21
漢卿	仲可	仁忠	伯聰	瑤	東麓	綺	環崗	懷江	偕車	時恒	

21	22	23	24	25	26	27	28	29	30	31	32
伯史	宗善	象日	萬仲	昌貴							
				昌富	德華	廷龍	長才				
							長丁	金傳	錦祥		
									榮祥	茂松	
								金鼎	榮傑	俊榜	
										俊源	
									榮鑑	俊鵬	
										俊洪	
									榮光	俊棠	
					德隆	廷清	天鏹	泰山	逢春		
									元春	傳芳	
										傳燕	
									慶春		
									李春	傳義	
										傳和	
									明春	傳立	
									瑞春		
									合春		
								金山	雙春		
									宏春		
									貴春		
								玉山			
								丁山	木春	傳智	
										傳信	
										傳枝	
									祝春	傳香	

30	31	32
李春	傳義	文亮

21	22	23	24	25	26	27	28	29	30	31	32
							天銘	成山			
								蘊山	秀春	建一	
										建次	
										建廷	
										建文	
									榮春	康宏	
										康熙	
									華春	崇洸	
										崇倫	
									富春	康寧	
										康才	
									科春	康源	
										康鴻	
										康壽	
										康崧	
									飛春	康勇	
										康韶	
						廷鳳	東岳				
							西岳				
							發生				
							南岳				
							北岳				
					德祿	廷彩					
						廷運					

30	31	32
榮春	康宏	琦森
富春	康寧	顯斐

漢卿公嗣來台 23 世祖帝祥公支系

10	11	12	13	14	15	16	17	18	19	20	21
漢卿	仲可	仁忠	伯聰	瑤	東麓	綺	環崗	懷江	偕車	時泰	

21	22	23	24	25	26	27	28	29	30	31	32
伯照	宗桂	帝祥	勝元	觀養							
				觀福							
				觀喜							
				觀龍	添瑞						
					添伸						
					添全						
					添祥	如生	秀春				
							錦鴻				
							秀英	明輝			
						火坤	英聲				
							英財				
					添玉						
			勝恩								
			勝旺	觀興	琳壽						
					琳載	如錢	魁充	新泉			
								新鍾			
						如倡	魁亮	新拖			
								二郎			
							魁玉	怡生			
						如鋼	魁茂	新魯			
								新發			
								春發			
							魁益	新銀	明祥		
									明義		
									明得		
									仲賢		
						如托	魁蘭	顯孟			
							魁根	新建			
								新海			
								新政			
								新治			
								新定			
							魁芳				
							魁榜	新鑫			
					琳運	如釗	魁松	琴棋	成威		
						如釧	魁坪	新村			
								新次			
								新志			
								新映			
								新詠			
							魁松				
				觀祿	琳德	如金	魁語	新景	秀源		
									秀炎		
									秀禎		
									秀榮		
									秀鋒		
							魁讓				
							魁詎	新秋	秀廉		
									秀永		
									秀森		
									秀旺		
									秀丁		
								新煥	秀博		
									秀豪		

21	22	23	24	25	26	27	28	29	30	31	32
									秀鋒		
									秀來		
									秀球		
							魁誥	阿鼎	秀鳳		
									文樂		
								新居	秀龍		
									秀濬		
									秀宗		
									秀城		
				觀連	琳慶	如鏞	魁斗	新增	秀乾		
									秀章		
									秀運		
								新龍	秀才		
									秀量		
									秀煌		
									秀雲		
						如萬	魁接	新坤	秀文		
									秀銓		
								新成	秀武		
									秀合		
									秀焜		
					琳和	如錦	魁明				
							魁習	光郎	秀銓		
									秀銘		
						如尚					
				觀如							
			勝昂								

漢卿公嗣來台 24 世祖舉英公支系

10	11	12	13	14	15	16	17	18	19	20	21
漢卿	仲可	仁忠	伯聰	瑤	東泉	縉	一初	大節	載廣	儲	
21	22	23	24								
成胤	孫芳	志琨	舉英								

24	25	26	27	28	29	30	31	32	33	34	35
舉英	雲侯	成翼	輝榮	松科	阿妹	運秀	高寶				
							金龍				
					阿坤						
					逢登	運煌					
						運德					
				松海							
			乾旺	進業	金賜	鼎漢	有福	真金			
						鼎浪	有相	錦榮			
								錦統			
								錦堂			
								錦雲			
								錦廷			
							有德	錦文			
								錦政			
								錦宏			
								錦勳			
							有保	錦章			
								錦淵			
								錦銘			
							有圓	國昌			
								國恒			
								國軒			
							有連	昌裕			
						鼎海	有進				
							祠坤				
							有華				
							有振				
						鼎財					
					金和	大來					
						鼎福					
					金房	鼎發	有生	錦烽			
								春秀			
							有政	錦貴			
								錦謀			
						鼎福	清霖	春榮			
							有松				
							有煥				
							清明				
							有清				
						鼎祿	春平				
							有崇				
						石勝	有勳				
							有謙	文忠			
							有富				
					金祥	天送	傳傳				
					金尾						
		成聰	水旺								
			琴旺								
		成連	應								

24	25	26	27	28	29	30	31	32	33	34	35
	雲侯	成教	觀養	嘉本							
				金盛							
		成圓	譜亮								
		成相	華亮	嘉政							
				嘉邦	維光	榮勝	煃芳				
							煃政				
							煃穎				
						榮昌					
						榮潑	煃元				
							煃憲				
							煃鑑				
							煃霑				
						榮福					
					維振	子文	鳴鐘				
							仁洲				
							仁君				
							仁宏				
						子霖					
					維乾	榮錦					
						達興					
						榮基					
					維坤	榮治					
						榮德					
						榮義					
						榮禮					
					維將						
				嘉定	維雙	榮源	貴森				
							新營				
							貴良				
						榮糖	貴森				
						榮泉	貴良				
					維土	國峰	劍誠				
							劍華				
						國恩					
						國恭					
						國修					
						國城					
						國和					
						國坤					
						國松					
						國濱					
					維火	國坤					
			普亮								
		成學	騰旺								
			應旺								
			龍旺								
	麟侯	成君	雙貴	可德	新有	錦球					
						日寶					
						日富					
						日珍					
						日忠					
				萬德	新亮	日光	勝國				
							建修				
						光次	明浩				
						勇三					
						日康					
						日健					
						日殿					
				連德	新有						
					新開	嫦娥	慶堃				
							慶康				
							慶蒼				
					新旺	日次郎					
						日章					
						信義					
						信常					
						日棟					
						日良					
					新龍	良富					
						宏政					
						宏岳					
						宏隆					
				勝德							
				志德	新雲	日清	紹棠				
							紹俊				
						日興					
						日田					
					新發	阿進	國旗				
							國安				
							國彩				
						日增	國慶				
						日光					
					新丁	日沐					

24	25	26	27	28	29	30	31	32	33	34	35
						日相					
						日祥					
						日財					
					新客						
				政德	新水	日達	文星				
							文熙				
						日球					
					新城	武雄	文正				
							文昌				
					新亮						
					新元	勇三					
				佳德	新添	日坤	國和				
						日成	國台				
							國和				
					新松	日壽					
						日紅					
					新福	日紅					
	籍侯	成蘭									
		成登	名揚	金祿	玄火	錦昌					
					連春	秀雄	宏文				
						水生					
					春源	仁添	明達				
						正雄					
						仁貴					
				金亮	長妹	瑞孟	益珍				
						瑞和					
				金有							
			賜海	阿月	石清	榮盛	仁港				
							仁震				
							春霖				
						榮興	昌富				
							瑞彬				
						德華					
						榮宗	瑞釧				
					金泉						
				阿土	正妹	文德					
						文富					
					阿蔭	義芳	棠熙				
						華光	明鴻				
							明傑				
						英男	庭崧				
		成章									
	經侯	成財	雙喜	金壽	萬和	紅來	錦棟				
							景淙				
						紅源					
						紅財					
				金松	傳路	桂琳	文忠				
							宏忠				
						桂楠	機雄				
						桂蘭					
						桂田					
					萬欽	國明					
						國雄	哲彥				
				金祿	萬秀						
					萬祥	雲福					
						雲沐					
						雲青					
						雲貴					
						雲淇					
				金安	萬昌						
					萬東	紹良	仁俊				
							仁相				
							仁政				
						紹邦	仁星				
							仁建				
						紹竑					
						紹文	仁宣				
						紹彩					
						紹銘					
						紹琴					
						紹棠					
				金房	阿漢	芳雄					
					萬錦	阿生					
						芳雄	志成				
							志平				
							志勇				
						秀青	志勇				
						建富	志平				
				金榮	萬春	雲慶	木貴				
							木華				
							木國				
					萬進	錦坤	木智				
							木仁				
					萬勝	雲芳	木泉				

24	25	26	27	28	29	30	31	32	33	34	35
							木田				
							木來				
							木旺				
							木富				
					萬基	雲木					
						雲煥					
						雲源					
				金秋	萬意	雲華	木生				
							木英				
					萬火						
					萬鑑	雲青					
						雲開					
					萬中	雲清					
						雲義					
			維發	金柳	萬鐘	運清	兆明				
							兆宏				
							兆平				
							兆亮				
						運元					
						運田	兆有				
						運富					
				金月							
				金焱	萬乾	富雄	慶榮				
						繁雄					
						民貴					
					萬立	瑞兆	國鴻				
							國源				
						正雄					
						瑞祥					
						瑞森					
				金水	萬海	阿廣	文欽				
							文正				
						雲開	國文				
						秀男					
						雙全					
			維興								
			維鳳								
		成泰									
		成科									

漢卿公嗣來台 24 世祖名英(海中)公支

10	11	12	13	14	15	16	17	18	19	20	21
漢卿	仲可	仁忠	伯聰	瑤	東泉	縉	一初	大節	載廣	儲	成胤
22	23	24									
孫芳	志琨	名英									

24	25	26	27	28	29	30	31	32	33	34	35
名英	聯侯	耀昌	長生								
			其生	新發	仁亮	福炎	丁祥	昌定			
							丁清	敏雄			
						福興	炳增	光榮			
								光雲			
							丁文	光朋			
								光輝			
							丁財				
						金木					
			財生								
			有生	傳發							
				棟發							
				殿發							
				杯發	仁龍	福田					
						福祥					
						福輔					
						福清					
						福賢					
					仁鳳	福金					
						福松					
						福增					
						福春					
						福南					
						福新					
					仁皇	福雄					
						福文					
						福武					
						福堅					
					仁添						
					仁滿	福慶					
						福德					
						福壽					
			斗生								
			成昌	福生	石松	坤	文忠	玄宏			
							深海	嘉聖			
							阿平				
							傳馨				

24	25	26	27	28	29	30	31	32	33	34	35
				鼎生							
				娘生							
				雙生							
			添昌	謹生							
				水生	土發	仁松	福源	榮鏢			
								榮貴			
								榮輝			
						仁坤	福漢	鋒旗			
								鋒文			
								國俊			
							福霖	逢彬			
								逢洲			
								逢寶			
								逢炫			
							福清	逢燊			
								逢茂			
							福添				
							福榮				
						仁煥					
						仁田	登男				
				立生	彩發	仁萬					
						仁日	福雲				
						仁富					
					糊發	仁順	福宏				
							福閑				
							福建				
					金發						
					增發	英順	福正				
							福麒				
						英和	福賜				
							福祥				
							福堂				
			進昌	天生	來發	義妹					
				榮生	良發	唐妹	福東	兆灃			
							德權	國峰			
								國書			
				伸生	妹發						
					燕發						
					崇發	仁盛	福泉				
						仁德					
						仁梅					
				統生	日發						
					城發	仁隆	福全				
							福鎮				
							福添				
						仁金	福賢				

漢卿公嗣來台 24 世祖顯英公支

10	11	12	13	14	15	16	17	18	19	20	21
漢卿	仲可	仁忠	伯聰	瑤	東泉	縉	一初	大節	載廣	儲	成胤
21	22	23	24	25	26	27	28	29	30	31	
成胤	孫芳	志琮	顯英	纖							
				有浪	北旺	添水	增潭	永政			
								克光			
								紹英			
							增權	克明			
								道堯			
								道宏			
							增坤	國珍			
								國書			
								國光			
								國亮			
							增榮	道宏			
						添火					
					東旺						
					雙旺						
					藤旺						
				新							

漢卿公嗣來台 25 世祖源添公支

10	11	12	13	14	15	16	17	18	19	20	21
漢卿	仲可	仁忠	伯聰	瑤	東麓	綺	環崗	懷江	偕車	時泰	伯獻

21	22	23	24	25	26	27	28	29	30	31	32
伯獻	德芝	參高	萬達	源添	丁巳	阿全					
						桂德	石喜	永妹	明燕		
							石祥	榮金			
								榮基			
						阿三	阿冉	新進	文淡		
									生淡		
								運進			
								順乾	文德		
							阿盛	木昌	文君		
									文祥		

21	22	23	24	25	26	27	28	29	30	31	32
									文宏		
								英龍			
								中秀			
								新增			
								新松			
						阿玉					
						阿華					
					丁名						
					丁戌	慶立	石富				
							石來				
							石寶	阿樹	成業		
						慶妹	緞妹	金鐘	森枝		
									森煌		
									成標		
									成能		
									成竣		
						慶水					
						慶龍	石水	勝增	成朝		
									成雍		
								勝棠			
								勝樑	成熙		
									成鑑		
									成達		
						慶華					
						慶旺	石泉	勝秋			
								勝財			
								勝營			
								勝祿			
								勝昌			
						慶安	石錦	勝棠	成本		
									成港		
								勝吉	成義		
								勝滿			
							石連	勝銓	成智		
								勝隆			
								勝炎			
								勝營			
								勝傳			
							日欽	勝木			
								勝渙			
								勝斌			
								勝春			
								勝廷			
								勝癸			
					丁研						
					丁秀						

漢卿公嗣來台 25 世祖維發公支

10	11	12	13	14	15	16	17	18	19	20	21
漢卿	仲可	仁忠	伯聰	瑤	東泉	縉	一初	大節	載序	際寧	肇胤

21	22	23	24	25	26	27	28	29	30	31	32
肇胤	啓燕	興彩	友春	維發	永生	連石	榮芳	金蕉	漢松	錦滄	
										錦宏	
										錦堂	
									坤輝		
						連勇	接宗				
							阿琳	阿帝			
					永勝	連才	坤辰	蘭桂	瑞棠	寶翼	
									瑞宏		
									瑞德		
						阿兵					
						連添					
					永業	來旺	阿琳				
							阿安				
							阿傳				
							阿福				
							阿食	金清	森泉		
									東閔		
					永清	連登	琳海	阿炳			
								榮秋	秀鎮		
						文輝	阿美	德金			
					永華	連茂	坤和	金榜	瑞洲	寶先	
										寶峰	
									瑞清		
									瑞權	茂維	
										茂仁	
									瑞應		
									瑞福	韻生	
								阿慶			
							坤辰				
							阿棟	蘭廷	瑞源	寶煒	
									瑞炫		

21	22	23	24	25	26	27	28	29	30	31	32
									瑞照		
								蘭瑞			
								蘭芳	瑞淵		
							坤貞	蘭春	瑞樑		
									瑞仁		
								蘭富	瑞增		
									瑞鑑		
									瑞金		
								蘭雲	瑞明		
									瑞銘		
									瑞港		
								蘭鳳	瑞晶		
									瑞泉		
									瑞湖		
									瑞河		
								蘭崇			
								蘭芳			
								蘭義	瑞文		
									瑞君		
						連龍					
						連有	阿習				
							煥統	蘭淇			
								增發			
								明山			
								蘭開			
								蘭茂			
								明光			

漢用公嗣來台 21 世祖熙榮公支

10	11	12	13	14	15	16	17	18	19	20	21
漢用	仕達	守惠	伯貴	弘武	屏山	啓南	實裏	奕鑑	贊碩	必佑	熙榮

21	22	23	24	25	26	27	28	29	30	31	32
熙榮	龍章	松敏	澄橋								
			東勝	德源	大順	石火	鴻基				
							鴻志	世雄			
								耀南			
							漢真				
							彰行				
							文隆				
							俊達				
					炳貴	石傳	光武	嘉煒			
								及彬			
							漢明				
						權印	鳴和	正澤			
								恒修			
								壯樹			
							譪朗	元良			
							高通	森照			
							高見	仁亮			
						權祿					
						權有	寅雄	麗玲			
								麗娟			
								裕華			
								裕隆			
					增發						
				振泰							

漢用公嗣來台 21 世祖嶂明公支

10	11	12	13	14	15	16	17	18	19	20	21
漢用	賢達	本禮	伯益	秉熙	智	良	明所	萬達	建良	有華	嶂明

21	22	23	24	25	26	27	28	29	30	31	32
嶂明	定湖	雲清	連順	福妹	德財	阿水					
						水寶					
						源水					
						明水					
						東水					
					德旺	源水	貴福				
							志福				
							添福				
					德開	家信					
					(阿開)	潤松					
						潤發					

漢用公嗣來台 21 世祖祥萬公支

10	11	12	13	14	15	16	17	18	19	20	21
漢用	賢達	本禮	伯益	秉熙	智	良	明所	萬達	毅可	子文	兆千

21	22	23	24	25	26	27	28	29	30	31	32
兆千	祥萬	雲起	朝選	清環							
				清珠							
				清瑞							

21	22	23	24	25	26	27	28	29	30	31	32
				清璣							
				清球	福元	乾德	慶文	從發	瑞禎	奕嘉	
									智宏		
									智明		
						俊德	阿坤	昌壽			
								昌松	天賜		
						木德	金坤	松本			
								松洸			
								松源			
						文德	慶祿	松淼	世賢		
								松輝	任尉		
								松泉	任賢		
							錦蘭				
							天祿				
		雲儀									

漢用公嗣來台 22 世祖祥周公支

10	11	12	13	14	15	16	17	18	19	20	21
漢用	賢達	本禮	伯益	秉熙	智	良	明所	萬選	毅可	子文	兆千

21	22	23	24	25	26	27	28	29	30	31	32
兆千	祥周	雲化	朝生	清禮							
				清義							
				清忠							
				清信							
				清泗							
				清海	時期	勝對	進發	建登	錦貴		
							琳枝	建平	錦煌		
									錦池		
									錦煥		
									錦龍		
									錦德		
								建明	錦涼		
									錦文		
								建泉	錦隆		
									錦淦		
							進昌	建燐	錦源		
									錦熙		
								建祥	錦芳		
								建城			
								建堂			
								建營			
							進祿	承俊			
						娘恩	阿標				
							阿欽				
				清名							
				清揚							
		雲燦									
		雲猷	朝飛	清輔							
				清蕊	榮金						
					榮城						
					榮玉						
			朝金								
			朝達								
			朝玉	清昌	慶雲	應和					
						水生					
						金水					
					慶傳	德福	秋金	新喜	豐勳	彥智	
									豐章		
								新城	宏宇		
								錦湘			
							石金	賢鎮	維耀		
									維浩		
								賢焜	維鐵		
							進金	賢添			
							進發	賢鑑			
								松村	維政		
									維國		
							天生				
						德海	王秀	庚喜			
								庚河			
								紹基			
							木貴	添財			
							王生	阿泉			
						德旺	木生	天送			
								天德			
								天雲			
							日生	仲義			
						德水	火貴	賢錦			
								賢隆			
								賢欽			
							春星	賢森			
							金星				

21	22	23	24	25	26	27	28	29	30	31	32
							秋星				
					慶坤	琳坤					
						定山					
						定光					
					慶榮	增才	青雲	尚宏			
								尚志			
							紫雲	尚清			
								尚賢			
							瑞雲	尚德			
							雙雲	尚茂			
								尚明			
							騰雲				
							漢雲	俊超			
								琮舜			
							景雲	尚興			
								士晃			
								俊勝			
						增志	騰雲				
						增華	梓庭				
							達弘	財寶			
								財金			
							正弘	文宗			
							仁弘				
							富弘				
					慶六	廣成	登雲	伯平			
								治平			
								延平			
						廣德	錦雲	漢平			
								杉平			
						增來	合英	元傑			
								元田			
					慶全	雙鳳	丁祥	健捷			
								賢威			
								賢彥			
						雙龍	阿興	桂發			
						增才					
				清文	慶傳						
				清仁	慶春	漢元	秀安				
							枝全				
							秀順				
						巫妹	秀龍				
							秀生				
							秀連				
							秀友				
						添福					
					慶仲	華業	喜妹	鼎傳			
							源安	阿火	添盛		
									永錢		
								水星			
								木生			
								德財			
							源甲	鼎傳	春榮		
									春賢		
									春郎		
						華忠	楊沐	清金	楊傳		
									楊盛		
							蘭偱	添喜	保祥		
								添福			
							士秀	添貴			
								添湖			
								添財			
								添鈴			
								添富			
							海源	棍煇			
								棍泉			
								永鋒			
						華煌	增添	森明	志雄		
								森榮			
								森基	志傑		
								森振			
								森松			
						阿全	樹梅	士文			
					慶松	火炎	新財				
						萬壽	新水				
						李坤	新財	世權			
								世文			
								世朝			
							新水	世雄			
								世勳			
							新鼎	世裕			
								世勇			
							新和	世宏			
								世誠			

21	22	23	24	25	26	27	28	29	30	31	32
								世堯			
							新貴	世鑫			
								世賢			
							新明	世楷			
								世熒			
							新興	世維			
								世朋			
					慶逢						
				清芳	榮華	華英					
						華生					
						華城	甘才	阿北			
								智遠			
								墩燦			
								嘉宏			
							庚來	慶水			
							阿信	麒鳳	鏡清		
								麒煥	永昌		
								麒瑞			
								錦文			
							進福	森郎			
								增榮			
								秀錦			
								添富			
						華鐵					
						華盛					
						華滿					
						華德					
					榮義	阿秀	庚福	阿松			
								阿傳			
						水金	明顯	坤森			
								志裕			
								志朗			
								志煥			
						金蘭	鼎富	玉坤			
								玉堂			
								瑞章			
						金連	進郎	明欽			
								福順			
								福強			
							進來	福煥			
							進泉				
						連安	木生				
					榮三	阿統	添喜	保清			
								保旺			
								保晴			
								保景			
							金喜				
							接喜				
			朝隆								
		雲仰	朝俊	清智	來興						
					琳興						
					德興						
					進興						
					接興	春乾					
※						春石					
						春雲	王祥	運平			
								意忠			
							元祥	榮盛			
								榮旋			
							達光	榮櫻			
								榮欽			
					水興						
					添興						
		雲錦	朝天								
			朝洞	清榮							
				清興							
				清發	榮貴	阿進	謝立	秀雄			
								瑞火			
								先志			
							東安	政文			
							東儒				
							武安	文龍			
						阿秀	立安	建郎			
								建全			
								建宏			
							達勳	天良			
								天文			
								天明			
							耀宗	賢開			
								賢政			
						阿春	達章	欽呵			
								錦海			
								錦溪			
								天榮			

21	22	23	24	25	26	27	28	29	30	31	32
								天華			
							達晃	天育			
							正行				
							正吉	志夫			
					榮添	阿基					
					榮德	阿賢					
						財旺	傑耀	安弘			
							傑正				
							佳傑	大慶			
						傳旺	傑正				
						興旺	傑瑞	文弘			
							傑麟	文德			
								文俊			
							傑明	志忠			
							傑勇	文華			
							傑鐘				
					榮來	溫乾					
						溫成	達宏				
						阿坤	達剛				
							達湧	仁信			
								信義			
						阿五	達欽				
							達雄				
						阿運					
					榮業	阿田	錦輝				
							良雄				
						元	蘭英				
						輝	傳淵				
						木金	益淳				
							汎賑				
				清滿							
			朝登	清蘭	增古	達送					
					增富	阿香	天送	新運			
							來旺	統生			
								文彬			
							廷財				
							達送	水仙			
								良順			
								良海			
								雲清			
								廷松			
			朝應								
			朝勝								
			朝義								
		雲秀	朝聲								
			朝發								
			朝萬	清琳							
				清傳							
				清南							
				清財	榮耀	華盛	達福				
							達祿				
							達富	賢集			
								賢安			
								賢柴			
								賢田			
							達貴				
							松德	賢龍	禎啓		
									禎翔		
								賢鳳			
								賢麟			
					榮忠	華進	煥基	賢賜			
								賢銘			
								賢鶴			
								賢化			
								賢灝			
							達正	賢貞			
								賢象			
								賢品			
								賢考			
								賢餘			
								賢德			
							達欽	賢稀			
								賢尚			
								賢浪			
								賢夢			
								賢觀			
							欽永	賢郎			
						華寶	達松	賢君			
							達炎	賢信			
							達金	賢雄			
								賢茂			
							達木	賢芳			
								賢章			
								賢淋			

21	22	23	24	25	26	27	28	29	30	31	32
								賢其			
								賢坤			
				清來							
				清星							
			朝智	大娘							
			朝德	義妹	傳富	路德	錦鴻	釗銀			
								木生			
								增生			
							煥君	松炫			
								松正			
						德全					
		雲泰	朝進								
			朝來								
			朝田								
			朝味	清土							
		雲波	朝祖	清榮	明敬	春盛	中平	煥金	烈宏		
									治宏		
									昆宏		
								煥清	鎮宏		
								煥祥			
						春貴	日送	澄漢	勇雄		
									勇輝		
									勇光		
							進達				
						春鼎	進添				
							仁添	榮宏			
								信英			
								義英			
								貞英			
								焜英			
					明敏	春旺	細欽	煥來	金龍		
								煥雲	金生		
								煥錦			
								森吉	一峰		
									品學		
						春富	新德	煥基			
								煥生	瑞良		
								煥連			
								煥源	國魂		
									國文		
							阿財	煥連	國慶		
									國軒		
									國沛		
							日昌	煥光	清河		
								煥泉	松壽		
									松增		
									松耀		
								煥興	仕宏		
								煥郎			
								煥宗			
							日辰	增光			
							日香	清一			

漢用公嗣來台 22 世祖祥懿公支

10	11	12	13	14	15	16	17	18	19	20	21
漢用	賢達	本禮	伯益	秉熙	智	良	明所	萬選	毅可	子文	兆千

21	22	23	24	25	26	27	28	29	30	31	32
兆千	祥懿	雲集	朝恭	庚生	登傳	賜華	城福	火興	智晃		
									智章		
								和興	智明		
									智文		
									智仁		
								順興	智強		
								增興	智邦		
								松興			
								添興			
						添華					
						漢華	阿田				
					桂傳						
					旺傳	添華	阿水	清政	世君		
									世淵		
									世堯		
								清斌	兆民		
									佩文		
									兆樞		
								阿海	清賢		
						立華	源福	鎮雄			
								鎮松			
								鎮宏			
								清明			
				己生	娣妹	月來	五妹	鼎香			
						徐雲	瑞城	生錦			
							瑞和				

21	22	23	24	25	26	27	28	29	30	31	32
						雲富	榮昌	徐洲			
								國政			
								國全			
							金誠				
		雲香									
		雲盛	朝寬	清貴	榮養	華欽	阿立	新榮			
								新豐			
								新喜			
								新連			
							立財				
					榮琳	華金	清增	鴻鵬	建運		
									建雲		
						華滿	仕龍				
							榮梅	進財	銀樟		
									銀禮		
									銀來		
									銀水		
									銀忠		
									銀賢		
									銀田		
								定寶	月琴		
								景鴻	友國		
									友彬		
							阿亮	安南			
								阿炎			
								火松			
								錦源			

漢用公嗣來台 22 世祖祥瑤公支

10	11	12	13	14	15	16	17	18	19	20	21
漢用	賢達	本禮	伯益	秉熙	智	良	明所	萬選	毅可	子文	兆千

21	22	23	24	25	26	27	28	29	30	31	32
兆千	祥瑤	雲彩									
		雲程	朝和	清春	榮學	華發	達壽				
						華坤	達德				
							達壽				
							達水				
							達錢				
							達仁				
							達朋				
						華六					
					石妹	華善	達任	賢東			
								賢炎			
							達儒	賢枝			
					榮添						
					榮來	華桃	達見	紹賢			
								賢珠			
							達回	賢潤			
								賢港			
							達麒	賢京			
								賢暖			
								賢聰			
								賢廉			
								賢貝			
							達謙	賢鑫			
								賢豪			
								賢雅			
								賢權			
							達晉				
							達墉	賢勳			
								賢贊			
								賢郎			
								賢樓			
							華善				
						華立	達晉	賢佳			
								賢祝			
								賢清			
								賢金			
								賢鈴			
								賢貞			
							達本	健吉			
						華孟	達先	賢螺			
							達水	賢螺			
								賢宏			
								賢恭			
								賢標			
								賢寬			
							達彬	賢聘			
					榮祿	琳順	承基	賢南	維正	劍龍	
										劍文	
									維送		
									維清		
									維賜		

21	22	23	24	25	26	27	28	29	30	31	32
							承昌	賢台	文宗		
							承恩	賢官	海池		
									維杰		
									維鼎		
									維逢		
								賢鑑	維沐		
									維崇		
									維洞		
								賢三			
								賢取			
						華義	達及	賢灯			
						華喜	達俊				
							達慶				
							達讓				
							達向				
							達良				
							達光				
						華龍	達生	賢潭	德豐	智煇	
								賢河	為雄		
									為坤		
						華禮	達時				
							達日				
					榮養	華興	進能	賢鴻			
								賢勝			
							達鳳	賢珍			
								嘉肇			
							達謹				
							達曉	賢智			
						華瑞	達繼	賢東			
								弘			
								威勝			
								原祥			
							達郎	賢隆			
								賢昌			
							錦傳	健芳			
								健雲			
								健鐘			
						華湘	達裕	賢必			
								賢修			
							達梅	賢雄			
								賢俊			
								賢明			
							達帛	賢盛			
								賢錠			
								賢保			
							達勇				
							達浪				
							達湖				
				清福	榮耀	華芳	達田				
							達九	賢文			
								賢玉			
								賢鼎			
							達貴	賢金			
								賢基			
							達城	賢坤			
							達業	賢偉			
							達彩	賢王			
								賢逢			
								賢庚			
								賢德			
						華芬	達旺	賢坤	東海	浩洋	
									東振	彥舜	
										彥清	
							達就	森松	孟文		
							達錦	森光	孟國		
									孟淇		
								森松			
								火金			
					榮蘭	華石	達信	賢登			
								賢光			
								賢順			
								賢照			
								賢梅			
							達近	賢土			
								賢富			
						華康	達新	阿來			
						華芳	達金	賢棟			
								賢崧			
								賢尉			
								賢越			
							達雙	賢明			
								賢謨			
								賢深			
							達錦	賢寬			

21	22	23	24	25	26	27	28	29	30	31	32
					榮通	華仁	達亮	木秋			
							達超	賢富			
								賢開			
								賢梓			
							達裕	賢壎			
								賢篪			
								文雄			
					榮安						
					榮華	華送	進蘭	賢初			
								賢材			
								鉉雄			
								杰雄			
						華戊	達日	賢淵			
							達烘				
							達灶	賢彥			
								賢春			
							達官				
							達均	賢為			
							達祖				
							達修	賢安			
					榮沐	華火	達琳	賢廣			
								賢銍			
								賢接			
							達基	賢集			
							達敬	賢征			
							聰明	永玄			
						華元	天生	賢坡			
								兆吉			
						華唐	達山	賢爐			
								賢財			
								賢礦			
								賢祥			
								賢森			
								瑞鳳			
								瑞發			
						華漢	達煌	增榮			
								賢祥			
						華驥	達寶	福龍			
								福鳳			
								福麟			
								福榮			
				清賜	榮陞	華冉	達英	賢鏡			
								賢歡			
							達松				
							達煥	賢欽			
								賢川			
								早川			
							達志				
						華捷	達書	賢萬			
					榮添	華魁	達森	賢文	維忍		
								賢鳴	維騰	春生	
										春進	
									維雲		
									維國		
									維忠	春能	

21	22	23	24	25	26	27	28	29	30	31	32
										春展	
										春得	
										仕安	
									維滿		
									維良		
								賢羌			
							達火	賢羌			
								賢梓			
							達貞				
						華乾	達球	賢化			
							達盛				
						華水	達相	賢東	維田		
									維圓		
									維光		
								賢榜	維松		
									維春		
									維城		
								賢王	維船		
									維廣		
									維忠		
						華鳳	達有	賢接			
					榮安	華捷					
						華炳	玉記				
							達道	阿賢			
						華統	達香	賢錦	芳政		
								賢寅	維嵩	文愷	
										源奎	
									維幸	聖介	
										聖尹	
								賢摺	維熾		
									正樞		
									明豪		
								賢褒	志中		
									真		
								賢錫	貴祥		
									國光		
									瑞光		
								賢階	維章		
									維博		
									棟材		
								賢榜	一國		
									一中		
									一盟		
								賢濂			
								賢鄉	維政		
									維洋		
								賢俊			
			朝助								
			朝露								
			朝寶								

來台 22 世祖祥瑤公嗣朝寶公支系

雲程公四子，生於乾隆甲寅年六月廿七日卯時，例貢生，號光裕，字章彩。卒於同治壬戌年九月三十日卯時，享壽六十九歲。諡敦樸，後于光緒五年巳卯五月初五日什時墓葬鴨母坑丙山兼什向。妣劉氏，生於嘉慶辛酉九月初三日，卒于光緒己丑五月十三日，享壽八十九歲。諡慈操後于光緒廿八年壬寅九月廿八日戌時，墓葬於二湖斧頭坑坪，埔辛山兼酉向。七子清水、清德、清增、清台、清賢、清雲、清琳，清水過繼三兄朝露為嗣，清增過繼宗謹為嗣，自己仍有五子，德、台、賢、雲、琳。

1	2	3	4	5	6	7	8	9	10	11	12
延年	鑑	諒	棋	德隆	傑夫	日華	益盛	受章	漢用	賢達	本禮
13	14	15	16	17	18	19	20	21	22		
伯益	秉熙	智	良	明所	萬選	毅可	子文	兆千	祥瑤		

23	24	25	26	27	28	29	30	31	32	33	34
雲彩											
雲程	朝和										
	朝助										
	朝露										
	朝寶	清水		(	出嗣	朝露	公為	嗣)			
		清德	榮應	萃鳳	阿傑	金塘	裕謙	德忠			
							裕永	德態			
								德啓			
							裕遠	德銘			
								德偉			
						欽火	裕隆	德睿			
							裕千				
						欽相	裕和	德松			
								德揚			

23	24	25	26	27	28	29	30	31	32	33	34
								德元			
							肇國	德棋			
					阿文	阿乾	裕君	港基			
								凱基			
							清貴	誌璋			
							維海				
							清達				
						錦球	維鎮				
							維福				
						火金	維國				
							維富	廣揚			
					阿明	貴桶	金星				
							裕政	啓斌			
								啓堂			
							裕財				
							裕寶				
							裕源	智隆			
								晨育			
							裕滿				
						石水	維政	凱聖			

23	24	25	26	27	28	29	30	31	32	33	34
							維樑	智偉			
	朝寶	清德	榮應	萃鳳	阿明	石水	維鋒				
						松發	裕嵩				
						團烈	維定				
							維祥				
						森琳	維均				
				華壽	肇基	祠獻	志忠	俊強			
							維岳				
							維棟				
			昶興	成運	森海	玉山	孟愷				
						玉光	良福				
						英宏	彗蘭				
							慧雅				
					森瀾	玉章	斯鈺				
						玉泉	皓炘				
							皓崢				
					森漢	日良		旅日			
						日昭					
						日興					
						日隆					
				松壽	森濤	玉祥	俊凱				
						啓輝	俊華				
					森洲	玉麟	煊良				
							煊文				
			榮翰								
		清增		(	出嗣	祥禹	公嗣	朝謹	公為	子)	
		清台	榮振								
			榮盛	鼎長	秀松	德興	澄清	為彬			
							豐昌				
						德春	信明				
							建仁				
						德勳	泰仁				
							鎮岡				
							鎮樑				
							鎮山				
						德榮	正才				
							厚才				
					鶴漢	慶發	垣榜				
							信鈞				
						慶榮	元忠				
							元豐				
						森雄	文信				
	朝寶	清台	榮盛	鼎長	鶴漢	森雄	文良				
				阿旺	來水	春發	仁勇				
							文正				
						源貴	昇得				
				華結	錦城	天明	國寶				
							國楨				
							國和				
							國強				
					錦像	鑑修	瑞琳	俊達			
								俊傑			
								俊忠			
							瑞炘				
							瑞峰	展奎			
								尚奎			
						錦輝	志宏	侃浩			
							家宏	國忠			
								文忠			
			榮良	華繼	阿超	桂妹	雲鑫				
							雲清				
							雲宏				
					阿逢	炳垣	永城				
							永均				
						炳福					
						慶水	永志				
							永宏				
						文銘	永忠				
						文祥					
				華真	阿仁	泉妹	春魁				
					阿禮	錦堂	喜鴻				
							喜隆				
						宏源	家福				
							衡山				
						文光	志偉				
							志華				
						宏源	家福				
							衡山				
						文光	志偉				
							志華				
			榮順	阿鳳							
				春經							
				阿煌							
				阿城	阿鵬						

23	24	25	26	27	28	29	30	31	32	33	34
					阿成	雲水					
						雲興	紹育				
					阿祥	雲鏡	維正				
						鏡先	維智				
						文建					
						銘遠	維梓				
	朝寶	清台	榮順	阿城	阿輝	雲堂	昭揚				
						欽堂					
						海源					
						金堂					
					添喜	文欽	炳鈞				
						文俊					
						文海					
						文煌					
					靜安	文光	智賢				
						文生	俊偉				
						文森	維榮				
						文盛					
				阿郎	丑妹	雲章	海圓	意歆			
							海明	意勳			
							維亮				
						雲康	維權				
							維恭				
						忠雄	志仁				
						雲東	建皓				
							建達				
					阿陸						
		清賢	榮順								
			榮生	興福	阿田	彭氏					
				城福	光北	森漢	志浩				
							志仲				
						森華	炤偉				
							炤鈞				
						森慶	政宏				
							政發				
						森財	于軒				
						金來					
				祥福	阿葵	阿忠	欽賢				
							欽良				
							欽龍				
							文正				
							文凱				
						金玉	峻威				
					阿球						
				琳福	雙妹	桂芳	增坤	順才			
								順彥			
							增祥	子明			
						金松					
						喜安	享儀				
				永福	玉其	錦原	博宏				
							博廷				
						錦文					
					玉基	錦來	博崙				
							博尉				
	朝寶	清賢	榮生	仁福	阿火	－	－	賢漢			
								賢清			
								賢忠			
								賢良			
					阿炎	金水	嘉正				
							毓正				
							豪正				
							睿正				
						金寶	建屏				
							建穎				
					阿訂	－	國和	建憶			
								美君			
								松憶			
							國財	一帆			
								詩怡			
							國文				
				春福	威棟	錦海	建偉				
							軍凱				
						國榮					
						國章	信翰				
					金發	省一	英侃				
							雋屹				
							栩均				
					金乾	炳輝					
			榮香	華富	光圓	－	文達	森火			
								森忠			
							文雄	健傑			
								貴源			
							文發	凱強			
								進存			

23	24	25	26	27	28	29	30	31	32	33	34
							文智	俊樵			
							文欽				
							文清				
				華秀	光輝	明順	瑞欽				
						金珍	瑞寶				
						雙全					
						隻旺					
					光連	松雄					
						春雄	創舜				
							創治				
						德榮	金祥				
						德安	凱文				
					光任	松源					
						劉發					
						松能	義翔				
				華揚	光明	永昌	乾坤				
							乾信				
						政治	乾峰				
							乾彰				
					光鴻	政隆	文貴				
							文生				
						彩沐	文忠				
					光科	朝騰	定得				
							文賢				
				華富							
				華秀							
				華揚							
				華進	光萬	福安	士峰				
						添發	家俊				
						運來	憲俊				
						滿榮					
					光裕	彩龍					
						彩平					
					光全	福龍	耀德				
						彩榮					
				華祿	光英	彩鑫					
					光芹						
					光業	彩和	國昌				
						彩淦					
						彩安					
					光康	彩松	敬元				
						彩榜	彥翔				
						彩毅					
				華祿							
			榮傳	華松	楸森	德昌	書敏				
				華廷	炎山	文正					
						文材					
						文欽					
					炎春	秀榮					
				華燕	炳樹	火欽					
						錦坤	承堯				
						增文					
					春木	新東					
						新志					
					忠寶	錦章					
					煥垣	智峰					
						智勇					
						鎮大					
				華瑞	光彬	志強					
						志榮					
					國光	仁鴻					
				輝廷	秀財	天佑					
					秀明	彥君					
						卯恒					
				和廷	國強						
					國賢						
	朝寶	清賢	榮傳	和廷	國雄						
			榮容								
		清雲	榮坤	華元	金輝	麟標	秀海				
							秀火				
							秀富				
						麟水	光郎				
							炳郎				
						麟壎	俊秀				
						麟燈	正雄				
						麟泉	少邑				
							少歆				
					阿秋	麟澄	英俊				
							超俊				
							國俊				
							偉俊				
					阿田	麟鏡					
						麟相					
						麟貴					

23	24	25	26	27	28	29	30	31	32	33	34
						麟增					
						麟福					
						麟壽					
			榮坤	華漢	增發	天基	維光				
						健次					
						貴湧	建棠				
						貴裕					
					達鑑	秀炳	彥森				
							宇楓				
						文俊	詩現				
						炘盛					
						錦隆					
				華	德昌	貴煌	維麒				
							維寬				
						賢忠					
					德松	賢耀					
						炘烽					
						賢祿					
						錠彥					
						貴宏					
				華王	富鶴	貴權					
						貴營					
						貴亮					
					煥騰	貴椿					
						貴良					
						三民					
				華木	達魁	賢浩					
						賢章					
					學堯	琦勳					
						琦志					
						琦任					
					舜謙						
					吉勝						
					正義	貴火					
					禎祥						
				華甲	達錦						
					毓誠						
					富雄						
				華岳	達銘	顧荃					
						顯力					
					俊雄	偉書					
						偉鈞					
					泰治	賢瑞					
					泰明	賢德					
						賢順					
						賢瑞					
						賢勝					
					金富	貴亮					
						貴海					
						鈺翔					
					泰智						
				細妹	金鼎						
					德政	賢賓					
						賢通					
					煥堂						
					瑞瑞						
			來成	石水	錦蘭	振煥	文誌				
							文德				
						振盛	群茵				
						振勇					
					錦章	振勇	治維				
							安廸				
					占寅	燕珍	焜恒				
							焜銘				
							焜寶				
							焜志				
						燕基					
						少琳					
				華泉	富元	煥琳	文暄				
							文煜				
						煥松					
						國勳					
						國泰					
					富堂	發祥					
						貴祥					
					富連	貴宏					
						貴忠					
					富永	國勳					
	朝寶	清雲	興龍	華新	杏初	鑑麟	雲光				
							雲鑫				
							雲芳				
						明水	文棋				
							文彥				
							文俊				

23	24	25	26	27	28	29	30	31	32	33	34
						明星					
						學明					
					杏村	漢明	紹寬				
							政寬				
						漢淵	國璽				
							國璿				
							國瑋				
						漢標					
					瑞村	漢城					
					錦煌	漢達	俊清				
						漢鈞	家聲				
						漢平					
						漢輝					
					海村	漢能					
						漢堯					
					庚銅						
				乾賜	振洋						
					振益						
				乾佑	仁烘	奕鈞					
					仁奎						
					振倫						
					振虹						
				乾恩	仁杰	奕璋					
					仁鍾						
				乾添	振華						
		清琳	榮梅	華熠	光煥	國申	正伍	韋誌			
						國康	賓賢				
							逢發				
						國樣	耀芳				
							耀忠				
							仁龍				
							智明				
					光壁	國平	樹勛				
							樹藩				
							建鈞				
						國盛	志雄				
						國貞	芳旻				
							佳添				
						國興	正達				
						國昌					
						國先	思維				
				華森	光照	松炎	政文				
	朝寶	清琳	榮立	華森	光照	松炎	政二				
						達營	志堅				
						達興					
				華彬	光錫	雲香					
						雲祥	國維				
						雲堯	修君				
						春貴					
					光錦	雲慶	俊哲				
							俊燊				
						雲福					
						賜寶					
					光鑑	富林					
						富宗					
				華瓊	昌茂	通明	怡文				
						道明					
						道堯					
					光炎	裕明					
						政明					
					木松	俊月					
						俊文					
				華澤	光昱	兆成					
						兆賢					
					光裕	世賢					
					光典						
			榮坤								
			榮立	華森							
			榮立	華彬							
			榮金	華丁							
				華欽	春郎	國峰					
						國樟					
						國龍					
					洸遠						
				華秋							
			榮富	華來							
				華喜							
				華勳							
				華榮	光輝	春艷					
						春棠					
			榮全								
			榮財	華漳	光炳	春明	尚志				
							世安				
						鈺明	彥博				

23	24	25	26	27	28	29	30	31	32	33	34
							啓瑞				
						政明	祈恩				
					光煌	福明	昱璿				
							伯蒼				
						祿明					
					國威	富明					
		清琳	榮財	華漳	國威	貴明					
					國勝	振榮					
						俊源					
			榮開	華彩	祺淵	元君					
					光基	浩德					
				華堂	吉雄						
					光勇						
					國俊	清源					
					光亮	孝軍					
			榮城	華星	光憲	春晏					
						春憲					
				華潤	光明	志偉					
					光霖						
					光源						
				華旺							
				華鑾	光銀	智豪					
					光輝						
					光文						
					光國						
					光正						
					光裕						
				華泉							
			榮昂	華標	光宏	信明					
						信武					
					光順	冠嘉					
						冠傑					
					光貴	信忠					
						信和					
				華木	光雄						
					光宏						
					光榮						
				華鑫	光義	志偉					
					光能	聖弘					
					光燕						
				華鏡	光銘	孟戈					
						孟凡					
					光煙	淇泰					
				華秋	光相						
					光裕						
				華樑	光賢						
					光達						
				華添							

來台 22 世祖祥麟公支系

廣東惠洲州府陸豐縣吉唐都東坑鄉黃坭嶺

10	11	12	13	14	15	16	17	18	19	20	21
漢用	賢達	本禮	伯益	秉熙	智	鼎	宜秀	萬滾	美新	世廣	兆點

21	22	23	24	25	26	27	28	29	30	31	32
兆點	祥麟	雲端	朝賢	清仁	榮信	金生	進財				
							阿登				
						阿福					
		雲龍	朝玉	—	—	華龍	阿戊	雲和	豐日		
									永光		
									富安		
							宙成	阿錦	坤城		
									盛興		
									進樑		
							阿添	阿財	昌輝		
									進興		
									樹明		
								阿義			
								阿郎			
								阿水			
								木郎	樹明		
								義男	光明		
							添富	鴻欽			
								鴻金			
								金連			

21	22	23	24	25	26	27	28	29	30	31	32
								金源			
								金田			
		雲發	朝鎮	清寶							
				清秀							
				清文							
				清忠							
				清信	榮傳	華龍					
				(阿旺)		華鳳					
						華貴	鼎貴	盛雄			
								增福			
								運金			
							鼎裕	慶章			
						愛妹					
						細妹	鼎貴				
					榮安						
					榮來						
					榮萬						
					榮生						
				清和							
			朝國								
		雲貴	朝慶	清長	阿才	華廷					
					進興	統養	萬傳	阿丁	里進	淑惠	
										淑珠	
兆點	祥麟	雲貴	朝慶	清長	進興	統養	萬傳	阿松	金隆	進興	
										阿平	
										阿雄	
									金喜		
								阿開	阿金	阿妹	
							萬清	阿亮	金明		
									金安		
									金傳	阿生	
									金城		
									金水		
									金南		
							萬盛	阿沐	享福		
									火霖	椿蓉	
										春櫻	
										惠美	
								阿妹	源水		
							萬榮	德松	森光		
									錦源		
									錦泉		
									錦坤		
									錦相		
								德鳳	鴻光		
									煜光		
								德華			
					陳生	華德					
					阿王	阿賜					
						阿秋					
				清捷	觀妹						
					進興						
			朝榮	清和	金齡	鄭五妹	傳添	錦財	逢源	讚緒	
										讚生	
										讚明	
									瞻源	讚雄	
										讚德	
										漢宏	
										漢仁	
										漢恭	
										詹恩	
						立基					
					李秀						
					阿廷	立基	水來				
							阿火				
							阿河				
			朝華	阿送							
			朝光	清雅	新喜	華連	戊生	松發			
						華水	來春				
						華浪					
					榮興	華海	阿貞	有其	正德	縫桄	
兆點	祥麟	雲貴	朝光	清雅	榮興	華海	阿貞	有其	正業		
									正金		
								翺英	正隆	逢源	
								時爋	正璿		
									昰札		
									正鑅		
								文爋	鉦熹		
									正康		
									正松		
								國爋	正鑅		
								烮爋	正金		

21	22	23	24	25	26	27	28	29	30	31	32
							阿標	阿煥	政源	水榮	
									政淵	增錦	
										增強	
										增尚	
									政書		
									政亮		
								重英	政崇	耀德	
									政旺		
								群英	政富		
									政貴		
							阿紅	樂乎	政浩	松福	
										松祿	
										松壽	
									正輝	阿富	
										阿貴	
									坤煌		
									政台		
									政光		
								重金	茂田		
									正學		
									政堂		
								廷英			
							阿榜	紹英			
								宏英	炡應		
									集裕		
								蘭爋			
								國田	政寬		
									政芳		
								楠爋	正善		
						東海					
					榮昌						
				清志							
		雲仕	朝賢								
			朝榜	清龍	榮恩	阿城					
						阿順	恩妹	炳財	天來	錦煥	
										錦楨	
										錦明	
										錦亮	
									森來	錦東	
										錦文	
								炳春	裕鴻		
									裕坤		
									裕裘		
									裕昌		
					榮信						
					榮蘭	己生	阿振	乾萬	阿森		
									光輝		
									光明		
									光勇		
								乾火			
								文雄	阿坤		
									國清		
									國忠		
							阿發	坤火	尹正		
									國正		
									忠正		
							阿連	松樹			
								松德	榮瑞		
								水亮			
								松增			
							阿清	松增			
								坤炎			
						華添	阿興	炳春			
								炳漢			
								紅春			
								貴春			
							阿旺	阿秀			
								阿台			
								阿喜			
								阿春			
								阿財			
								阿金			
								金水			
						添盛					
					東山	錦妹	石養	乾坤	正雲		
									良富		
								火申	德全		
									德禮		
								金和	正明		
								金來	正源		
									添發		
								鼎福			
			朝富	清鳳	榮招	成長	阿城	火運	天來		
								新妹	春木	龍泉	

21	22	23	24	25	26	27	28	29	30	31	32
								奄妹	天來	維彬	
						成長	阿城	奄妹	天發		
						阿義	阿福	四妹	萬全		
									文全		
									文松		
						阿貴					
						阿賜					
						阿昂					
					雙喜						
					雙貴						
					榮安	大送					
		雲貴	朝恩	清義	阿英	來富	傳華	趙妹	阿海	言吉	文星
										信雄	
										信德	
										金鐘	
									添水		
									添木		
									阿土		
				清生	慶龍						
					慶鳳	來旺					
						來春	鼎盛	立員	國華		
									文宏		
								立松	東城		
									崇城		
									煥城		
									宏順		
								立郎			
								立祥			
								家宏			
								永森			
					慶算						
					慶照						
					慶明	來福					
						來鳳	進昌				
						來發	進富	順年			
							進雲	順德			
								順財	文壽		
						來滿	進華	順和	紹南		
									紹章		
									紹焜		
									紹彥		
								順松	紹鈞		
								順德			
								順全			
							進賢	順登	貴來		
									桂榮		
									貴霖		
								順財			
								順城			
						來滿	進六	順德	紹焜		
				清榮	阿連						
				清和	廷禎	阿盛	傳福	阿月	蒼吉	進財	
										慶豐	
								阿貳	欽祥	清華	
										清源	
									慶安		
							水寶	阿財	秋明		
									秋陽		
								添喜	武郎		
									漢雄		
							金和	照贏	阿春		
									淑真		
									淑惠		
							金城	响苔	春木		
									兆松		
									木榮		
								水養			
							阿明	添木			
								安松	俊豪		
									俊龍		
								安昌	玉郎		
									阿助		
								安祥			
								安春			
								安康			
						阿新	阿水	進興	木祥		
								雲生	文達		
									文貴		
									賢駐		
								照男	國全		
									坤國		
							萬傳				
							萬安	櫻碧	美惠		
								華增			

21	22	23	24	25	26	27	28	29	30	31	32
								金海			
								建青			
							萬元	功明			
								錦標			
								錦榮			
						阿德					
					觀送	阿喜					
		雲柱	朝武	清秀	榮衡	翱英	長水				
							石安	劉鼎	阿禮		
									火炎		
								逢春			
							天賜	賢根			
						翱英	天賜	承宗	文宏		
								進賢	有德		
									文邦		
								聯勝	文亮		
								增貴			
					榮檢	華暾	達水	賢進	錦和	伯峰	
									錦業		
									正昭		
							呈城	石坤	添福		
									添財		
									濤壽		
							就光	進發	慶賜		
									福壽		
									旺壽		
									昌壽		
									萬壽		
								進樑	煥雄		
									煥榮		
									煥輝		
						木養	接傳	欽漢	德清		
									德明		
									德財		
								振良	德聞		
								貴華			
					阿妹						
					連生						
			朝玉								
			朝寧								
			朝科								

來台 22 世祖瑞教公支系

廣東惠洲州府陸豐縣吉唐都東坑鄉黃坭嶺

10	11	12	13	14	15	16	17	18	19	20	21
漢用	仕達	守信	伯富	崑山	崙庄	監周	理育	耳黃	士程	永邵	昭韻

21	22	23	24	25	26	27	28	29	30	31	32
昭韻	瑞教	盛厚	阿亮								
			春福	進旺	統妹	隻鼎	興旺	淼泉			
								武麟			
							勝雄	淼坤			
								武銘			
								文忠			
					統雲	官和	元清	筆文			
							元寶	聖峰			
								聖道			
							元昌	仁山			
								仁丁			
				進興							
				進丁	統生	石華	阿泉	金南			
昭韻	瑞教	盛厚	春福	進丁	統生	石華	阿泉	文忠	宏俊		
								沐連	國文		
								沐興	衡棟		
									衡恭		
									衡君		
									衡雲		
									玉書		
								政雄	金水		
								政本	鴻元		
									元山		
						石松	錦增	金聲	雲禎		
									棟亭		
									良豐		
									良富		
								金柚			
							錦添	金爐			
								金耀			
								金龍			
								金榜	仲德		

21	22	23	24	25	26	27	28	29	30	31	32
								金盛			
								金福			
							錦樟	金柚	瑞斌		
									文昌		
						阿相	錦秀	廣基	鏡銓		
									鏡宏		
								玉鈿	炳爐		
									榮源		
									年春		
								欽茂	智賢		
									智謀		
								欽淡	國進		
									士雄		
									石爐		
							錦標	明乾	阿森		
									阿淼		
								成樂	添桂		
								鑫煥	國枝		
								明夫			
								政雄			
								金榜			
							錦鏞	俊雄			
								義雄			
								仁雄			
						永通	錦泉	煥基	睦庭		
									德業		
									秋星		
								達洲	德奎		
								美池			
							錦河				
							錦樑				
							錦清	達棟			
								達樓			
								達鎮			
								達權			
							錦漢	煥炎			
								高派			
								學宣			
							錦輝	達權			
						永發	錦唐	沐浪	焱進		
									焱順		
									焱和		
							錦滿	雲開			
						永海	桂嶺	志剛			
							和光				
							高明				
						阿城	錦濤	振台			
							錦銘				
							炳南				
							青波				
							深淋				
					進才						
					進來	魁	松茂				
						水生	阿清				
					進壽						
				新春							
		盛育									

來台 22 世祖瑞紫公支系

廣東惠洲州府陸豐縣吉唐都東坑鄉黃坭嶺

10	11	12	13	14	15	16	17	18	19	20	21
漢用	仕達	守信	伯富	崑山	崙庄	斗岸	韶川	康餘	士立	永揖	茂養

21	22	23	24	25	26	27	28	29	30	31	32
茂養	瑞紫	宏富	新康								
			新乾	春水							
				春坑	阿枝	松炎	隻龍				
							凌雲				
							明雲				
						火炎	凌志				
					金生	利房	英雄				
							英明				
						華春	英景				
							英梭				
					金榮	文土	武光				
							武淦				
						文德	武照				
							武吉				
茂養	瑞紫	宏富	新乾	春坑	金科	五妹	木町				
							勝旺				
					金永	桂森	肇明				
							士弘				
							兆玄				

21	22	23	24	25	26	27	28	29	30	31	32
						桂安	兆廷				
						文雄	敏智				
						文周					
						桂保	雙桂				
							武添				
						桂林	毓中				
							正中				
							元鵬				
						文滿					
						文賓	武釧				
				春結							
			新維								
		宏貴									

來台 22 世祖瑞連、瑞宴公支

廣東惠洲州府陸豐縣吉唐都東坑鄉黃坭嶺

10	11	12	13	14	15	16	17	18	19	20	21
漢用	仕達	守信	伯富	崑山	崙庄	斗岸	韶川	康餘	士立	永揖	茂穆

21	22	23	24	25	26	27	28	29	30	31	32
茂穆	瑞連	宏雲	堯雙	舜庫							
				舜可	乾信	仁華	森永				
							森志				
					進發	貴生	金盛				
							德盛				
							武盛				
						福生	于耀				
							睦棠				
						雲生					
						明生					
						順生					
				泉水	阿昌						
	瑞宴	堯榮									
		堯英	舜發	裕才	昌定	石口	武有				
							武番				
							英騰				
						石旺	武劍				
						文火					
						石木					
					昌雲						
					昌安						
					昌傳						
					昌華	文榮	武為				
						金土	武球				
							武炎				
							武照				
							武勝				
						文塘	武欽				
							木霖				
						文貴	武煙				
							武鈴				
						文漢	運勝				
							武鏡				
					昌鼎	金富	武泉				
							武帝				
						金輝	武先				
							武橋				
							武廳				
					昌登	春茂	武勇				
							武輔				
							武明				
							武威				
							武奎				
							武庚				
						贊城	俊器				
							世冠				
							志先				
							志光				
					昌斗	明水	金發				
							源添				
						文山	武海				
						文其					
						文正	武源				
							武煌				
							武國				
						銀山					
					昌萬	文祿	武達				
							武狄				
							武夫				
							順士				
							武春				

21	22	23	24	25	26	27	28	29	30	31	32
							順秋				
							盟光				
						文讚	武輝				
							武亮				
							少三				
							國民				
				裕房	里仁	石窻					
						石川	鑑				
						石保	清秀				
							武興				
						娘保					
茂穆	瑞宴	堯英	舜發	裕進	昌康	文健	石千				
							武義				
							武三				
					石枝	欽田	家郎				
							家有				
							辰旺				
						金茂	豐活				
							豐萬				
				裕來	昌鑼	金鳳	武發				
							武竹				
							武德				
							武二				
						金土	武銅				
							運添				
					昌帆	金城					
					昌清	金昌	武台				
							武業				
							武祥				
							武松				
							武明				
						金祿					
						金石	武雄				
							武業				
							武勝				
							武學				
							武旺				
					昌達						
					坤灶	文治	武忠				
				裕海	昌甜	石苟	武德				
							添福				
							文竹				
							文振				
							文必	武舉			
					枝石						
					昌尚	永清	武堂				
							武財				
						永和	清溪				
					枝和	文振	武順				
							武演				
							武會				
							武鴻				
					昌謹	添福	武通				
							武能				
							武泉				
				裕賢							
				裕蘭	昌石	娘保	武樑				
							武亮				
							武浪				
茂穆	瑞宴	堯英	舜發	裕進	昌連	文謙	武傑				
							武隆				
							武慶				
							武職				
							武舉				
						文福					
						文春	武鎬				
						文利					
						文鑑					
※				裕生	昌鐳	文貴	武見				
							武亮				
							武光				
							武現				
					昌端	長元	武仁	德海			
								德民			
								德賢			
							武德	金志			
								金標			
								金福			
							武霖				
							武勇	德芳			
								德偉			
							武炎				
					昌增	明通	武龍	德弘			
							武洪				

21	22	23	24	25	26	27	28	29	30	31	32
							武麒				
							武鵬				
						文明	武意				
							武釧				
					昌壽	文翔	武崇				
							武禎				
							武遠				
						益興	武陵				
						益勝					
						文金					
			舜發	裕九	昌乾	明土					
						文球	武成				
					昌忠	文球	武隆				
					昌相	金順	武管				
							武元				
							武雄				
							武安				
			舜科	開生	昌福	文標	鉞東				
					昌添						
					昌八	德業	武欽				
							武千				
						德元	阿熾				
							鉞北				
茂穆	瑞宴	堯英	舜科	開生	昌八	德元	鉞西				
					昌廣						
				丙生	錢和						
					金和						
					瑞和						
				戊生							
				來生	昌銅	辛寅	武光				
							武盆				
							武科				
						傳發					
				運生	龍						
					虎						
			舜開	裕德	昌錦	文仁	富壽				
							富興				
						文成					
						華秋	富托				
						華信					
						華芳	泉順				
							泉鑑				
							泉和				
							泉興				
							泉有				
							泉維				
							泉國				
						華堂	武俊				
							武煙				
							武鐵				
							武吉				
							武訓				
					昌倉						
					昌盆						
					昌再	文殿					
						華信	武源				
							武炎				
							武鑑				
							武男				
						文漳					
				裕德	昌睦						
				裕義	枝石	華帝	富發				
							富松				
						華土	富湧				
							富和				
							富達				
							富雲				
							富坡				
							富概				
						華庚	富新				
							富胤				
茂穆	瑞宴	堯英	舜開	裕義	枝石	華庚	富宏				
							富才				
				裕文	昌立	華照	富彩				
							武彬				
							武雄				
						華田	武銘				
							武夫				
						華山	滿昌				
				裕慶	石水	華讚	武台				
							武灣				
							武杜				
						華印	武林				

21	22	23	24	25	26	27	28	29	30	31	32
							武郎				
							武祥				
							武楊				
							武浪				
							武浩				
						華送	武海				
						華近	武萍				
					榮波	華房					
						華宏					
					榮水						
					榮勝						
				裕秀	昌睦	德貴	武炎				
							武城				
							武龍				
							武榮				
							武章				
						華王	武勝				
			舜金	裕養							
				松公	窻						
				裕統							
				裕水	操						
					福						
					穎						
				裕興	明						
					雙貴						
			舜榜								
		堯魁									
		堯章									

來台 22 世祖會忠公支系

廣東惠洲州府陸豐縣吉唐都

10	11	12	13	14	15	16	17	18	19	20	21
漢用	仕達	守惠	伯貴	弘文	國	龍屏	襟一	維和	曉鏡	自經	清溪

21	22	23	24	25	26	27	28	29	30	31	32
清溪	會忠	宋秀									
		耀秀									
		己秀									
		高秀	先福								
			先添								
			先發								
			先科								

來台 22 世祖廷明公支系

廣東惠洲州府陸豐縣吉唐都東坑鄉黃坭嶺

10	11	12	13	14	15	16	17	18	19	20	21
漢用	賢達	本禮	伯雍	峰	子華	南溪	紹賢	清宇	作新	多重	拘

21	22	23	24	25	26	27	28	29	30	31	32
拘	廷明	紀瑞									
(韞美)		聘瑞	維恭	義祥	阿盛						
				寶祥	立旺						
					立財	源秀	新添				
							木發				
							進發				
							進貴	建禎	德福		
									靖宏		
									靖文		
									德鈞		
									德雄		
									文當		
									文坤		
								阿土	炳銘	裕容	
										俊豪	
								阿康	德勝		
									德榮		
									天賜		
									明統		
									富坤		
									富斌		
							進河	連統			
								連金			
								連倓			
							進圳	連江	運炫		
								連	運淦		
								連輝	清鵬		
								連煒	運炫		
								運淇			
拘	廷明	聘瑞	維恭	寶祥	立財	源秀	進圳	連煒	運崑		

21	22	23	24	25	26	27	28	29	30	31	32
								連波			
								連枝			
								富雄	嘉亮		
						雙泉					
					金壽						
					金盛						

來台 22 世祖開耀公支系

廣東惠洲州府陸豐縣吉唐都

10	11	12	13	14	15	16	17	18	19	20	21
漢用	仕達	守惠	伯貴	弘文	雲峰	思竹	光遠	嘉宏	述席	必聰	振德

21	22	23	24	25	26	27	28	29	30	31	32
振	開	芝	維	崇	湯	文	武	及	成	康	
振中											
振德	開耀	祥芝	維端	崇喜	富湯	文通					
						文廷	武傳				
							土成	盛煥	及龍		
									勇吉	建榮	
									賢春		
									賢輝		
									泓智		
								盛結	賢洲		
							土城	盛坤	賢禎		
									賢正		
									賢銘		
								盛川	昶皓		
									郁芳		
							武委	盛意	誠和		
									誠添		
								運金	弘榮		
									昱大		
									國庚		
								三郎	國真		
									國梁		
								紀平	國書		
								盛德			
								盛財			
								盛壽			
								監勳			
						文滿	武秋	勝鴻	恭震		
									恭祥		
								勝福			
								勝鏈			
								勝鑾			
							武二				
							武三				
							武淦				
						文統	武業	勝明	成治		
									成財		
								勝田			
								圓光			
							武磚	懋眾	崇原		
									崇智		
								懋寶			
								懋豐			
								懋騰			
								懋祥			
							武進				
					祿湯	文華					
						文本					
						文木					
						文榮					
						文枝					
						文尾	武程				
							武梅				
							武樣				
							武登				
						文香					
					寬湯	文水					
						文旺	武忠				
							武操				
							武聲				
						文枝	武帶				
					水湯	文火					
						文麟					
						文印					
						文勝	武科	盛龍			
								及第			
							武新	及宏			
								及鑫			
								及田			
						文娘	武嵩				

21	22	23	24	25	26	27	28	29	30	31	32
振	開	芝	維	崇	湯	文	武	及	成	康	
							武灶				
						文開	武多	捷書			
					六湯	文康	武倉				
							武章				
						文亮	武上	德財			
							武竹	增男	成禎		
								及龍			
								德財			
				崇來							
				崇金	元湯						
					日湯	添壽	武德				
						添宗	武廳				
							武德				
						添海	武圳	盛金			
							武坑	盛福			
								盛和			
					天送	全福	文貴	俊彥			
								俊二			
								俊發			
								俊國			
								俊龍			
								俊琪			
						全進	武丁	勇			
								祥貴			
								阿洲			
								其山			
						全己					
						全德	武球	及正			
								及應			
								及櫻			
							武棋				
							武鐘				
							武森				
				崇合							
				崇春							
			維政	月德	安湯	文漢	石戇	乾沐	聖星		
									聖楦		
									聖榕		
								乾喜	聖祥		
									聖霖		
								乾勳	成鑑		
									成瑞		
								乾桄			
							石華	及振			
								及之			
								及寶			
							石昌	勝松	瑞生		
							石富	乾逢			
								及基			
								及銘			
								及淦			
								及欽			
							石有	及標			
								及台			
						文兵					
						文勇	永來	接福	成中		
									成仲		
									成東		
									鑑鈴		
						文勇	永來	接福	洞仙		
							石河	乾清	成煥		
								乾旺	成煥		
									成良		
							石送	及光			
							石貴	國雄	裕仁		
							石妹				
						文相	石妹	及琳			
							石龍	洪生			
							石金				
						文克	石榮	勝增			
								勝吟			
								勝雄			
							石來	及全			
								勝添			
								勝祥			
								勝應			
							石鳳	盛炳			
								及興			
								盛林			
							石松	聖雲			
								聖星			
							石源	勝欽			
								勝庭			

21	22	23	24	25	26	27	28	29	30	31	32
振	開	芝	維	崇	湯	文	武	及	成	康	
					和湯						
					廣湯	石火	木貴	聖逢	成茂		
									成金		
								聖忠			
								聖賢			
							木春	聖權	成溪		
								聖雄			
								聖棋			
								聖遠			
								增鑑			
								聖銘			
								聖宏			
							阿富	聖欽			
								聖興			
								聖旺			
							木開	聖堃			
								聖錦			
								聖明			
				元德	財湯						
					丁財						
				全德	和湯	天來	金水	盛喜			
								盛城			
								岦殿			
								盛洋			
							添水	盛鑑			
								盛讚			
								酋釜			
								按旻			
							武松				
							武海	景賢			
								盛光			
							武清				
				向德	阿荀	文明	武龍				
							武枝				
						文佑	武王				
							武灝				
						雲水	武達				
							錦城				
					金勝	文宏	武生				
							武淡				
						益妹	武忠	照威			
							雙貴				
							慶和				
			維定	崇心							
				崇松	娘湯						
					羅湯	阿全	武浪	炳樟			
								炳南			
								炳煌			
								金龍			
								銀鳳			
							武滾	標山	東土		
								金山			
								明山			
							武抱	增洋			
								寶龍			
								森茂			
							武戰				
							兆廉				
						文筆	武船	盛宏			
								盛維			
							武壇	盛財			
							武澄	盛雄			
								盛寶			
							北海				
					鼓湯						
					同湯	文題	武蓋	勝欽			
								勝寶			
							武貴	勝泉			
								勝賢			
							武界	春進			
								春國			
					同湯	文題	武潘				
						文賓	武潘	勝鑑			
								勝雲			
						文及	武郎				
							武富				
						文書					
						文墨					
				崇裕							
				崇盛							
			維乾	記生	燕湯	文訓	武肇	明光			
								明貴			
								明添			

21	22	23	24	25	26	27	28	29	30	31	32
振	開	芝	維	崇	湯	文	武	及	成	康	
								明富			
							武國	明光			
						文育					
					輝湯						
					雲湯						
			維坤								
		亮芝	維漢	崇利	湯能	文方	武振	盛庚			
								盛進			
								盛步			
								吉財			
							武敬	盛欽			
								盛景			
							武殿	盛榮			
								盛松			
								盛帆			
							武善	福光			
								裕豐			
								盛隆			
							武聲				
						文鐵	武藤	土金			
							武己	雙來			
								阿森			
								阿雄			
						文妹	武聲	成奇			
								成梯			
								成宏			
						文寶					
						文海	武鑑				
							武台				
							武俊				
				崇寶	立湯						
					元湯						
					雲湯						
					源湯						
				崇纘	珍湯						
					珠湯						
					瑛湯	文炳	武庭				
						文威	武藏				
							武順				
							武南				
							武帝				
							武家				
					瓊湯	文炎	武生				
							武免				
							武東				
							武西				
							武澄				
						文浪	武煙				
							武振				
							武全				
						文勇	武漢				
							武松				
							武淡				
							武明				
						文彩					
						文纂	武海				
							武井				
							武良				
							武平				
							武源				
							武連				
							武台				
						文龍					
						文鳳					
					碧湯	文練	武昌				
							武禮				
						文溪	武考	聖富			
								聖來			
								聖聰			
							武勝	聖旭			
								聖斌			
						文河	武仁	勝飛			
								勝龍			
							武義	勝來			
								勝球			
								勝楸			
								勝財			
							武春	勝強			
							武金	勝騰			
							武信	勝男			
							武岳				
							武嶺				
						文彬	武松				

21	22	23	24	25	26	27	28	29	30	31	32
振	開	芝	維	崇	湯	文	武	及	成	康	
							武竹	盛財			
								盛宏			
							武榮				
							武茂				
						文光	武生				
							德泰				
						文華	武初				
				崇成							
		亮芝	維純	崇成	賜湯						
					蔭湯	文城	武讚				
							武葵				
							武挑				
							熒火				
							武艾				
							武宏				
							武雄				
							武湧				
						文蘭	武傑				
							武動				
							銘滈				
							武銓				
						文娘	武潭				
							武樓				
							明幸				
							武楷				
					送湯	文連					
					秀湯	文先	武景				
							武維				
							武超				
							武光				
					富湯	文達	武番				
							武台				
						文淡	日添				
							武登				
							武進				
							武財				
							武寬				
							武景				
						文先					
				崇發							
			維高	天寶	湯立	文祥	武特				
							武錦	裕滄	旭銘		
									世明		
								裕仲			
								裕滿			
							武隆				
							武增	樹春			
						文金					
						文門					
					湯元	文乾					
					湯雲	石金					
					湯洪	文秀	武雄				
						文山	武勇				
						文聰					
				天財	湯華	文煥					
						文禮					
						文左					
				崇發							
				崇對	阿榮	文東					
					阿扶	文福	阿謙				
							武龍				
						文祿	武春				
							武權				
						文壽	武松				
					阿青	文生					
				崇尾							
		捷盛	(	出嗣	興茂	公為	孫)				
振德	開耀	祥芝	維坤	崇雙	發湯	元廟	檢生	春木			
								成基			
								成良			
							正雄				
							振祥				
						金水	勝富	成彥			
						武炎	盛旺	成德			
							及禮				
						武錦					
					香湯	文華	阿榮	福盛	成基		
								及漢			
								及扶			
								及泉			
							武濚	及財			
								及亮			
								建璋			

21	22	23	24	25	26	27	28	29	30	31	32
振	開	芝	維	崇	湯	文	武	及	成	康	
							武安	及澄			
							武淡	及焱			
								及援			
								及廉			
								及慎			
								及祺			
						文添	武金	鴻盛			
								及懋			
							武錦	及青			
							武庭	及造			
								及圳			
								及寅			
								及田			
								及富			
								及貴			
								及伸			
							武雄	及志			
								及生			
						文鳳	武欽	及木			
								仁傑			
								之修			
							武明	子建			
						文過	武彩	及煥			
								及財			
								和宗			
								新民			
					振湯	文火	河路	盛建			
						木清	松相	金福			
								進乾			
								宣增			
						細鳳					
				崇斗	東湯	文祥	武上	盛鑑			
								及權			
								櫻松			
								及永			
							武慶	得財			
								壤德			
							武銘	英俊			
								福堂			
							武棟	得財			
								英俊			
						文海	武源	明通			
							武雄				
							武煥				
						文山	武上				
					勝湯	文琳	武森	及彥			
								及奕			
							武財				
							武湧				
						文增					
						文水					
					梅湯						
					□湯						
					多湯						
				崇賢	勸湯	福來					
						文清					
						茂松	勝郎				
							信福				
							文龍				
					房湯	文蘭	武溪				
							武源				
							武權				
							武坤				
						文香	武總				
							武明				
						文江	武麟				
							武德				
						文通	秋華				
							武漢				
					立愛						
					桂湯						
				崇來	李湯	日順	武青	及雲			
								及圳			
								及全			
						文龍	武盛				
						文枝	武水				
							武增				
							武盛				
							武興				
							武建				
					房木	益妹	金助				
					泉水	火松					
					榮泉	金土	世松				

21	22	23	24	25	26	27	28	29	30	31	32
振	開	芝	維	崇	湯	文	武	及	成	康	
							世明				
				崇十	理湯						
					遠湯	文強	武茂				
							武勝				
						文晚					
						文章	武富				
						文財					
						文土					
						文光					
						文貴					
					浮湯	義枝					
						文連					
				崇滿	盛湯	鼎房					
						火玉	炯浩				
							炯宏				
							炯博				
					福盛						
					房清	蘭嬌	黃彭振				
振德	開耀	啟英	乾勝	雲月							
			乾文	天德							
				天恩							
			乾志	坤興							
				坤發							
			乾和	天佑	俊	資燧	文連				
							文登				
							文科				
					榮傑	錦祥	達慶				
							達恭				
						錦泉					
				天祿	大振	石統					
						紹先					
					星慶	正安					
						正杞	達柔	鏡湖	瑞亭		
									瑞城		
								鏡澄	瑞鑫		
							達崧				
							達春				
						正德	達裕				
					星魁	石統					
						石水	達熙	鏡炎			
								鏡森			
								鏡清			
								明浪			
							達勳	敏雄	俊華		
									俊凱		
								恒光	俊文		
								正光			
								崇光			
							達謙	弘光	俊維		
								盈光			
								松光			
								泉光			
								毓光			
							達煉	觀光			
						俊川					
						石勇	炳爐				
							達浩	鏡鋒			
								鏡良			
								鏡華			
					星斗	汝霖					
						汝樹					
					星紅	紹先					
						鑑先	盛茂				
				龍生	蘭香	成忠	達麟				
							達璧				
						石榮	達上	祖年	兆平		
									兆昌		
振德	開耀	啟英	乾和	龍生	蘭香	石榮	達上	祖疇	明正		
								祖修			
								祖光			
								祖育			
							達琛	祖訓	鈺喜		
									省吾		
									旭堂		
									慶堂		
									滿堂		
								祖信	立誠		
									立勛		
									立禎		
								祖蔭	晉廷		
									晉瓊		
								祖惠			

21	22	23	24	25	26	27	28	29	30	31	32
振	開	芝	維	崇	湯	文	武	及	成	康	
								春松			
								春軒			
								春寧			
							達謨	祖壽	佐卿		
								祖文	崇照		
									崇禧		
								祖賢			
								祖茂	裕能		
									裕品		
								祖貴	大維		
									大慶		
								祖武			
					蘭芳	成東	繼志	澄聲	锳康		
									永昌		
									吉浮		
						石榮					
						成健	達基	子瑾			
								子俊			
								子明			
								子榆			
						成錦					
						成樂	達銓	廷幹			
								廷標			
								廷俊			
								廷嘉			
								廷亮			
								廷禎			
								廷炘			
								廷甫			
								廷獻			
							達洲	廷書			
								廷樞	國松		
振德	開耀	啓英	乾和	龍生	蘭芳	成樂	達洲	廷樞	紹熏		
								廷光			
								廷玉			
			乾順								

來台 22 世祖啓遠公支

廣東惠洲州府陸豐縣吉唐都

10	11	12	13	14	15	16	17	18	19	20	21
漢用	賢達	木信	伯凱	秉穆	清	志通	憒	三科	緣	席寵	世受

21	22	23	24	25	26	27	28	29	30	31	32
世受	啓遠	上龍	緣								
			標	新旺							
				新達							
				新愛							
				新發							
				華伍	德昌	娘福	澄炎	玉鏡	光桓		
									光義		
									光賢		
									光良		
									光南		
								玉錦	健文		
									泰山		
									英作		
									文亮		
							澄安	正明	修權		
									修謙		
									修立		
							澄添	烈雄	精一		
									精志		
					德進	清源					
						清福					
						清和					
						清漢					
					德立	清水	雙和	有泉	春郎		
								有林	春宏		
									春萬		
									春山		
									春城		
								有連	春隆		
									春德		
									春增		
								有銀	春增		
							雙仁	有樹	玉郎		
									文通		
									文志		
								有興			
								有三	鴻文		
							雙全	有杞	國民		

21	22	23	24	25	26	27	28	29	30	31	32
									囧安		
									國寶		
								有海	春榮		
								有坑			
								有圳			
								漢衡			
							雙景	春生			
							雙發	有富	春洪		
									春財		
									春煥		
							隻桂	有木	春政		
									正雄		
								有奎	春森		
									春炳		
								有枝	國星		
									國良		
								有田			
								有輝			
					德松	清傳					
					德對	清盛	雙祥	添燈	福增		
									永宏		
									永坤		
									成煖		
							雙來	有喜	春河		
									永成		
									賢能		
									賢虎		
									賢寶		
								英妹	義華	鴻祺	
										鴻俊	
							隻鼎	有財			
								添燈			
								有生	火城		
									墻		
									肇焜		
									宇良		
								有乾	成波		
									成彬		
								有郎			
								有蘭			
							隻錦	有石	順明		
									成光		
									成鐘		
								有瓦	成東		
									成昌		
								有華	成廣		
									成豪		
									成概		
								有福			
								有專			
				戍							
			飛								
			滿								

來台 22 世祖月箭、月彩公支

廣東惠洲州府陸豐縣黃鷺埔東坑水唇

10	11	12	13	14	15	16	17	18	19	20	21
漢用	仕達	守德	伯琥	東棠	鎮崗	吉雲	庸弼	書昇	超康	傑新	熙賢

21	22	23	24	25	26	27	28	29	30	31	32
熙賢	月箭	崇端	友星	明富							
				貴榮	傳福	明祥					
						明忠					
						明政					
						明龍					
					添丁	珍寶					
						珍立					
					傳文	明欣	達銘				
							達勉				
							達鵬				
						明貞	達瑤				
							達瑄				
					全文	明田					
					春文	明順					
						明光					
						明國					
					元文	明魁	達彬				
							達進				
						明玉	達英				
							達勇				
						明章					
				貴登	鏡文	明坤	達裕				
						明城	達麒				

21	22	23	24	25	26	27	28	29	30	31	32
							達麟				
					秀文						
					輝文	明喜					
						憲次	達強				
						明科					
						明禎					
				貴來	開文						
					亮文						
					金文						
				貴滿	卓文						
					阿文						
		崇壽	李妹	貴華							
				貴番	賢文						
					振文						
					舉文						
熙賢	月彩	崇遠	友帶								
		崇義	友龍	貴瑞							
			友鳳	貴興	聰文	阿明	達珍				
						阿義	達珍	增桂			
								增隆			
							達香	金妹			
								碧蓮			
							達雲	國峰			
								增喜			
								瑞麟			
					添文						
					鼎文						
					接文	明宗	達霖				
							達焜				
						明保	達源				
							達鵬				
						明才	達彬				
							達彥				
					水文	玉田					
						明錦					
						明梅	仁泰				
							乾泰				
						明祥	聖權				
							聖台				
				貴傳	進文	雲錦	肇勳	孟璋			
								崑彬			
					坤文						
					申文						
				貴喜	申文						
				貴登	接文						
			友業	貴生	來文	開明	達東				
							達福				
							達鈞				
							達燊				
						炎明	達光				
						煌明	達叡				
				貴旺	集文	明海					
						明宏	達興				
							達全				
			友帶	貴統							
				貴瑞	立文						
					乾文	明昌	朝康				
							韓輝				
						明鳳					
					喜文	明德	鈞翊				
							恩萬				
						亮明					
						上明					
					昌文	明順					
					北文	明勇					
			友蘭	貴連	慶文						
					德文						
				貴松	飛文	明森					
						明霖					
						明桂					
						明焜					
						明華					
					振文	明清					
						明智					
					源文						
				貴河	錦文	明建					
						明欽					
		崇保	友龍								

來台 23 世祖雲聚公支系

廣東惠洲州府陸豐縣吉康都五雲洞田塘

10	11	12	13	14	15	16	17	18	19	20	21
漢用	賢達	本禮	伯益	秉熙	智	前康	明所	萬選	毅可	聖睿	兆龍

21	22	23	24	25	26	27	28	29	30	31	32
兆龍	祥義	雲聚	翰仁	清發	承長	永昌	阿敬				
							阿俊	菊英			
							阿綿				
							阿廷				
							番婆				
							阿水	新城	森松		
									漢澄		
									炳煥		
								金華	紹松		
							阿麟	貴雄			
								貴香			
								貴榮			
								振榮			
						永義	木勝				
							土勝	五妹	國椿		
									國清		
									國禎		
								貴圓	國禎		
							佛佑	逢郎			
								逢春			
								逢森			
							德勝	洪源	鏡明		
									志宏		
									治堂		
									淦和		
								貴樑			
						永安	番婆	登妹	癸妹		
				清華	承旺	運海					
						運浪	文財				
							文義	明陞			
								明紹			
								明律			
		雲聚	翰仁	清華	承旺	運浪	文義	明煌			
							文鑑	明達			
								明珍			
								明鉅			
						運春	文森	明正			
							文乾	澄淵			
								喜榮			
								發榮			
								振榮			
								鴻昌			
							文添	兆賢			
								明正			
								明中			
						運芳	關妹	添水			
								金水			
						運秀	文基				
							文欽				
							粉妹	明盛			
								明安			
					承雙	永康	添英				
							添松	金盛			
							永來				
					承三	運河	阿君				
						運冉	日妹				
				清金	承亮	阿瑞	富生	總養	金明		
									金生		
							木生	立財			
								財寶			
								立松			
							火生	立郎			
								阿乾			
								阿坤			
								金祥			
						添盛	阿富	阿財			
								阿炎			
							源海				
							源松				
							源滿				
							源水				
							正明				
					添進	永生	木林				
							榮輝				
							立輝				
							新明				
							福興				
					承輝						
					承琳	阿達	金松				
							金發				
		雲聚	翰仁	清金	承琳	阿達	金榮				

21	22	23	24	25	26	27	28	29	30	31	32
					承文						
					承接	永金	煥光				
							銘光				
			翰義	清福	德傳	玉應					
						玉壽					
						玉書	克實	進來			
								進添			
								泉春	森田		
									森鉅		
								炳戊	俊雄		
									俊欽		
									俊彥		
							阿番	崇基			
						玉燕	雲終	貴香	權鴻		
									權鵬		
									權鶴		
								貴榮	文傑		
								貴麟			
								貴炎			
							金火	貴賢			
								貴能			
								貴樑			
							金龍	貴樹			
								貴明			
					德榮	錦鐘					
						元水	王祥	逢淵			
								逢浪	國勳		
								欽標			
								秋權			
							貴芳	通明	壽卿		
								達明			
								松明			
							阿開	乾興			
								煥來	瑞敏		
								煥財	瑞明		
								正雄			
							添進	乾興	俊文	萬屏	
									俊源		
								維福	仕鴻		
									仕文		
							新來	富泉	貴鎮		
									貴汶		
									貴明		
								富萬	貴輝		
									貴松		
								富錦	貴政		
									貴海		
		雲聚	翰仁	清福	德榮	新來	富滿				
					德昌	金旺	錦科	貴連			
								陽州			
							富秀	貴麟			
								貴章			
							富海	貴登			
								貴龍			
								貴錢			
						金喜	富坤	貴堂			
								貴寶			
							富廷	貴南			
							富鑫				
							富宏				
							富振				
					鼎盛	華欽	富增	貴逢	權煥		
									權本		
									權浩		
							富雙				
							富爐	貴星			
								貴輝			
						華貴	富源	政明			
							富春	貴銘			
								貴雄	檯章		
							富洲	政雄	進興		
									乙瑯		
								正治	建維		
									建能		
								政明			
								政績			
								政菊			
							富鋒	貴生			
							富森	貴進			
							富才	貴通			
								貴進			
								貴興			
								貴申			
							富祥				

21	22	23	24	25	26	27	28	29	30	31	32
						華瑞	富光	義明			
								貴香			
								金桶			
							富禎	貴達			
								貴連			
								貴國			
								貴園			
								貴寶			
								貴安			
						金旺					
					榮富						
		雲聚	翰義	清賜	鼎盛						
			翰禮	清城	榮蘭	李永	玉堂	貴澧	皆興		
								坤泉	凱龍		
									凱璋		
								榮煥			
								木榮			
								木水			
								萬得			
							富丁				
							富棠	運全	江弘		
								德賢			
								德貴			
							慶麟				
							富枝	金華			
							慶財				
							木成				
							富安	貴木			
								貴連			
							天生				
							富隆	祺財			
							富君	大龍			
								家鵬			
					榮萬	華俊	富玉	貴龍			
								阿義			
								阿松			
							富泉	貴光			
								貴福			
								貴清			
								貴源			
								貴輝			
							富秋	貴維			
								貴忠			
							富水	貴臨			
								貴煌			
								貴斌			
							富增	任賜			
								貴煥			
							石金	貴燦			
								貴彥			
						華存	富國				
						華全	富國				
				清水	榮賓	華紅	富生	貴春			
								貴光			
							富漢				
							富本				
							富乾	貴仁			
							富安	貴明			
								貴堂			
		雲聚	翰禮	清水	榮賓	華紅	富安	貴隆			
								貴君			
								貴臣			
						永保	輝盛	貴銀			
								貴王			
						華田	富珠				
						華文	富珠	貴有			
								貴煜			
								貴芳			
					榮添	華珍	富福	貴湖			
							富祿	貴輝			
								欽泓			
								貴煌			
							富壽	貴章			
								貴成			
							富榮				
				清湧	榮來	華見	阿標				
							細滿	永德			
						華開					
						華郎	富泉				
							阿龍	貴火			
								貴朝			
							阿鳳	貴淼			
								貴明			

21	22	23	24	25	26	27	28	29	30	31	32
								貴宗			
						華廣	阿油				
						永發	富德	阿喜			
								阿生			
								貴君			
							富金	貴昌			
							富藏	貴琳			
							富玉				
							富鳳				
							富旺				
							富國				
						永錢	細水				
							富全	貴森			
								貴賢			
								貴相			
							國吉	貴田			
					榮瓩	華立	蘭妹	庭坤			
								登茂			
								貴清			
							富錦	貴清			
								孝文			
							富甲	文			
								裕源			
		雲聚	翰禮	清湧	榮瓩	華習					
						華佃	富林	貴陽			
								貴堂			
								貴祥			
							富王	貴龍			
								自助			
							富榮				
						華連	富庭	貴彬			
								貴安			
							富進	貴男			
							富祿				
							福樹				
				清滿							
				清番	榮娘	德妹	富秀	貴文			
								貴錫			
								貴盛			
							富麟	貴卿			
								貴森			
								貴順			
						華木	桂香	貴煌			
								貴鐘			
							富甜	吉民			
							富輝	貴樹			
								貴志			
							富耀	貴照			
							富鹽	貴和			
							富國				
					榮養	永殿	富能	貴民			
								貴臣			
								貴龍			
								貴福			
							富德	貴芳			
								貴彬			
							富源	貴煜			
								貴淋			
							富煙	貴松			
							富金	貴南			
						華涼	富士	貴鑫			
							富川	貴敏			
								貴勇			
								貴志			
							富發				
							富才				
						華木					
						華炳	富村				
							富友				
							富坤				
						華良	富蘭	貴友	清松		
		雲聚	翰智	清祿	德龍	華良	富蘭	貴友	振福		
								貴旺	振福		
								貴煌	國雄		
									國忠		
							富桂	貴源	炳岡		
									錫明		
									萬興		
									慶霖		
								貴銘	瑞頎		
								貴麟			
								貴煥			
							富騰	貴添			
								貴湖			

21	22	23	24	25	26	27	28	29	30	31	32
								貴南			
								貴海			
								貴士			
								陸豐			
								永全			
							富芳	貴寶	國憲		
									國典		
									國興		
						華漢	富娘	榮嬌	進球		
						華梅	油妹	春吉			
								春秀			
								春寶			
								芳貴			
					德鳳	華增	富統	淞永	貴賓		
								松富	貴和		
							富田	松光			
								松輝	森亮		
									森良		
								松耀			
							金發	松喜			
								松堂			
								松文			
							運金	松雄			
						華賢	富春	閔忠			
								閔榮			
							金福	清彩			
							細滿	貴松			
							金琪	裕南			
							炳秋	文興			
								文芳			
								裕恭			
						華海	運明				
					德房						
					德森	華坤	蘭妹	錦章			
						華壽	富權	滄浪			
		雲聚	翰智	清祿	德森	華壽	富權	貴村			
								貴堂			
							富松	貴麟			
							富峰	貴勇			
								貴明			
						華登	阿相				
							阿祥				
							阿田	文正			
							阿煙	俊傑			
						華水	富應	貴龍			
								光明			
								貴進			
							富興	嘉雄			
						華六	富茂	貴盛			
								貴藝			
								貴喜			
							富上	貴得			
								貴發			
								貴清			
								貴偉			
							富添				
							富田	貴能			
								國英			
							富泉	貴文			
								貴章			
							富明				
							富生				
							富亮				
						華沐	添傳				
							添來	朝俊			
							添雄				
							添桂				
						華欽	富平	永杰			
								永義			
								永誠			
							富水				
						華任	富郎	志成			
								志忠			
							富江				
						華山	富江				
					德河	金安	波濤	貴棟			
								貴欽			
							波興	騰輝			
								貴雄			
								貴松			
								貴烽			
							波康				
						阿金	阿海	進福			
		雲聚	翰智	清祿	德河	阿金	阿海	進生			

21	22	23	24	25	26	27	28	29	30	31	32
								進賢			
						阿林	幸一				
							幸榮				
							信雄				
							幸德				
					德財	金奎	富春	文宏			
								瑞宗			
							富盛	貴銘			
								貴源			
								瑞榮			
							富標	貴聰			
						細水	富松				
							富全				
				清滿	德煥	阿七	火盛				
					德炎	銀漢	正松	仁標			
								仁坤			
								仁榮			
							正乾	仁坊			
							國光				
						銀桂					
						銀海					
			翰信	清湘	鵠臣	華明	金魁	焙震	俞偉		
								阿立	文聰		
									文誠		
								正華	文喜		
									文田		
							阿平	貴登	發昌		
									發榮		
									發泉		
									發文		
								貴清	發郎		
									發龍		
									發增		
									發生		
									發強		
								貴寶	勝池		
									勝堃		
									勝川		
								貴專	勝國		
									勝義		
									勝吉		
							阿敬	貴禮	志宏		
									光輝		
									志宏		
									國宏		
									益宏		
								遠協	隆建		
		雲聚	翰信	清湘	鵠臣	華明	阿丙				
							阿裕				
							阿己	貴象	哲宏		
									志雄		
									政國		
						華貴	富松	遠香	權煌		
									權忠		
								水木	建峰		
								三郎	權宏		
									權振		
								金騰			
							富光	遠彩			
								英妹			
								蘭英			
						華富	逢辛	貴榮	發添		
									鈺麟		
								貴華			
								貴南			
								貴東			
							阿智	貴忠			
								貴賢			
								貴堂			
								貴宗			
								貴來			
							逢全	貴祥			
							逢勳	貴標			
								貴源			
								貴琳			
								貴龍			
								貴賓			
						華業	阿裕	貴福	添星		
									添興		
									添旺		
								貴祿	添秀		
									添得		
									添吉		
									添誠		

21	22	23	24	25	26	27	28	29	30	31	32
								貴壽			
								貴文			
					榮坤	華梅	景松				
						華新	富基	貴宗	億庫		
									億億		
								政明	億長		
								貴三	億慢		
								貴國			
							富連	貴化			
								貴學			
								貴誠			
		雲聚	翰信	清湘	榮坤	華新	富連	為宏			
							富濱	貴發			
								貴春			
								貴塘			
								珍岳			
							富應	貴發			
								貴春			
						華達	富水	貴勇			
								鴻鵬			
								鴻飛			
							富全	琦宏			
								貴獻			
								貴泉			
							富吉				
							富秋				
					榮浩	華祥	阿丙	貴發	煥郎		
									喜郎		
								正田			
								貴田			
								貴財			
						華槙	金生	貴寶	俊賢		
								貴榮			
								貴華			
								貴興			
					榮生						
					榮海	華瑞	富琳	貴科			
								貴德			
							富銘	貴靖			
						華鳳	富壇				
							富益				
							富沂				
						華仁	木火				
							富福				
				清興	榮順	華要	富成	貴根	銀漢		
									春進		
								貴東	錦鐘		
									政源		
									松樹		
								貴國			
							富義				
							富崁	貴福	權台		
									權德		
							富發	貴明			
								貴宏			
								貴財			
						華申	富義	貴宏			
					榮乾	華冉	富鑫	松彬			
						華壽	富森	燦烽			
		雲聚	翰信	清興	榮乾	華壽	富森	松彬			
								仁傑			
							富淼	仁傑			
							富雄	貴賢			
						華山	富旺	彥懷			
								富添			
					榮盛	華開	富日	清勝	孟良		
									欽章		
							富泉				
						華恩	富炎				
							富錦				
						華賜	富德				
					榮郎	華生	富彩	貴海			
								貴峰			
							富泉				
							富瑩	貴君			
						華增	富麟	貴錦			
								貴勳			
							富森	貴煌			
								貴洲			
								貴烱			
							富象	貴樟			
								貴鑫			
								貴澄			
								貴熙			

21	22	23	24	25	26	27	28	29	30	31	32
							富鑑				
							富雄				
							富溪				
							阿綢				
						華慶	富鑑	貴釗			
							富彬				
							富珍				
							富淼				
							富權				
					榮財	華王	富鏡	新貴			
								新煥			
								新發			
						華石	富政				
							富國				
							賢國				
							美國				
						華輝	富勇				
							富勳				
							富章				
							富銘				
					榮尾	華榮	富火				
							富燈	貴睦			
							富康	貴邦			
		雲聚	翰信	清興	榮尾	華欽	富河				
							富堂				
						華仁					

漢用公嗣來台祖 23 世烈瑞公支

廣東惠洲州府陸豐縣吉康都五雲洞田塘

10	11	12	13	14	15	16	17	18	19	20	21
漢用	賢達	本禮	伯雍	峯	子輝	迢	紹宗	希道	選新	世框	文漣

21	22	23	24	25	26	27	28	29	30	31	32
文漣	麗梅	烈瑞	榮玉	陳旺	祿健	阿康	彭土	金水			
								東海	相榮		
									文榮		
								垣堃			
					石妹						
				唐恩	石賢	松和	金來	木火	衡相	康庭	
									衡通	康益	
										康智	
									衡達		
								火壽			
								灶興			
								仁煥	衡斌		
									成忠		
									成義		
									成庚		
							火枝				
					石傳						
				禎祥	永寬	松和					
						火亮	水枝	火興	成源		
								興財	衡文		
									衡坤		
									土懿		
									久勇		
							金求				
						阿慶	金榮	得銘	宏鑑		
									盛登		
									宏棟		
								得興	乾統		
									成雄		
									成鈞		
								得順	松旗		
									松燕		
								得芳	松喜		
									成功		
								得明			
							金泉	得欽	瑞麟		
								煥松	琪蓉		
									豐政		
								錦城			
								得財			
							金有	得明	光燦		
									文正		
									文竹		
									茂峰		
							金土	廷鈞			
								廷瑞			
						火祿					
					永華	火祿	金台	錦淮	成煇		

21	22	23	24	25	26	27	28	29	30	31	32
									成坤		
						陳土					
						彩景	金全	彥寬	怡風		
									怡淮		
									怡凌		
								彥政			
								彥乾			
								彥才			
							玉堂				
					永水						
					石福	火昌	金淡	國章			
								國源			
								國財			
								及淵			
							應鏡				
							金善	玉美			
								玉蓉			
								美華			
								蘭錦			
						火恩	金爐	德貴			
							金興	德明			
								阿鑑			
								德財			
								德發			
								德政			
								德富			
							金龍	坤意			
								及登			
								及海			
						木立					
						木枝					
					石娘	陳榜	金鳳	國宏			
								國勇			
								國山			
								國鋒			
							金順	文忠			
							金福	義民			
								義忠			
							金日				
					永善						
				捷貴							
				五貴	阿坤 阿德	阿林 阿檢	阿田	增土	錡淮		
								金增	成通		
									成庚		
								增福	成森		
					阿赤	來富					
					阿房	阿業	阿蘭	春梅			
						阿東					
					阿源						
					阿蘭	阿清					
					阿丁						
			廣進	淋興	阿海	阿松	阿丕	信通	志鑑		
									榮泉		
								金潭			
						阿吉					
					阿添						
					阿生						
					琳安	阿河	新和	來勇	信雄	宏光	
							阿保				
							阿古	金水	文雄		
									春福		
									春友		
									春樹		
						阿茂	石亮	春泉			
							新祿	春貴	火星	錦達	
										成田	
										宏光	
										錦洋	
										錦源	
									金順		
									金森		
								春平	火土	慧美	
										慧芬	
										慧芳	
						阿勝	水清	土漢			
							和郎	得興	錦城		
								金章			
								金木			
							阿標				
						明郎	金雲	鎮連			
					阿養	阿標	阿添	阿甜	盛財		
					阿有						
					阿尾						

21	22	23	24	25	26	27	28	29	30	31	32
					阿滿						
			廣財	鳳娘							
				阿龍	萬成	阿唐					
				阿蘭							
				雲生							
				阿情							
				六滿	永發						
				阿七	記妹	春魁	文光	德雙			
								德雄			
							文金				
			廣福	捷貴	李強	阿山	秋來	樹枝			
								樹根	得義		
									春堂		
									得金		
								樹生			
								樹禎	水興	瑞忠	
										康達	
									榮興		
									成旺		
									成金		
						乾和	澄錦	及炬			
								及勝			
								及煌			
								及富			
						阿運	添來	成生	豐松	瑞銘	
										瑞祥	
									東烽		
									東煒		
							添壽	義雄			
								義政			
							添財	春吉	鴻洲		
								春友			
						阿連	仁添	次郎	文海		
									明堂		
							阿恩	火坤	政宏		
									政達		
								清漢			
							阿發	應龍	建國		
						應和	添水	及勝			
							澄錦				
							澄木	錦淮			
								及聲			
				雲生	立勝	陳富	阿欽	德生			
								寶旺			
						陳祿					
					阿木	造化					
						金榜	文廣	國棟			
								德昌			
							煌順	德春			
								德桂			
								德鴻			
						金榜	明光	德乾			
								德煒			
								德雄			
								德能			
							榮光	德旺			
								德淵			
								木源			
							政光	德財			
								德本			
								德全			
							弘光	德桂			
						金連	理光	德誠			
								德惠			
								德孟			
								德忠			
							增光	特森			
								廷源			
								國書			
							淮光	碧櫻			
								美娟			
						春魁					
					阿	土炎	添水	輝雲			
							增金				
							進水	建財			
								建明			
								建龍			

漢用公嗣來台 23 世祖上鳳公支

廣東惠洲州府陸豐縣吉康都五雲洞駱埔寨虎岩

10	11	12	13	14	15	16	17	18	19	20	21
漢用	賢達	本信	伯凱	秉穆	清	志遺	恂	三輔	紹	方進	尊泰

21	22	23	24	25	26	27	28	29	30	31	32
尊泰	捷浪	上鳳	鵬英	敬燦	陳強						
					官寶						
					卯生	雙喜					
						天來	傳勝	渭川	玉麟	壽乾	
										壽財	
									玉振		
									玉承	壽霖	
										壽仙	
									玉美		
									世增		
									世泉	子旺	
									世滿		
								渭龍	玉振	壽森	志文
										壽寧	
									玉美	永楠	
尊泰	捷浪	上鳳	鵬英	敬燦	卯生	天來	傳勝	渭龍	玉美	永煒	
				敬輝	祿壽	陳英					
						阿傳					
						金生					
						阿福	娘清				
							娘細				
				敬耀							
				敬煌	四妹	阿雲	阿元	貴發	初雄		
									明宗		
									明堂		
									明坤		
								展和	成昌		
									成政		
									成智		
							龍貴	士林			

漢用公嗣來台 23 世祖上波公支

廣東惠洲州府陸豐縣吉康都

10	11	12	13	14	15	16	17	18	19	20	21
漢用	賢達	本信	伯凱	秉穆	清	志遺	恂	三樂	純	應明	荊玉

21	22	23	24	25	26	27	28	29	30	31	32
荊玉	啓英	上波	乾昭	招林	阿等						
					進財	德業	明蘭	雲和	大昂		
									細昂		
								雲漂	細苟		
								雲滿			
							明祥	雲樞	金水		
									金港		
								雲山	金榮	元岐	
							明盛	雲枝	彭德		
				30	31	32			彭壽	榮泉	
				彭壽	榮泉	志煌				榮機	
										榮生	
										榮國	
						德順					
			乾廣	生							
				周	進福	慶洪					
					進寶	慶元					
						慶濃					
					進本						
					進興	慶文					
					進昌						

漢用公嗣來台祖 23 世玉芝公支

廣東惠洲州府陸豐縣吉康都五雲洞田塘

10	11	12	13	14	15	16	17	18	19	20	21
漢用	仕達	守惠	伯貴	弘文	雲峰	思竹	光遠	嘉宏	述席	必聰	振德

21	22	23	24	25	26	27	28	29	30	31	32
振德	開章	玉芝	維上	崇娘	鼎湯	文早	義昌				
							義成				
							水秀				
							武山				
						文卯	武英				
							武杰				
							武信	勝雄			
								勝玉			
								勝全			
							武健				
							武水				
						文三					
						文達	永泉				
							清助				
							中元				
					石湯	文忠	武炎				
							武欃				

21	22	23	24	25	26	27	28	29	30	31	32
							武門				
							武吉				
							武閑				
							武燕				
						慶祥					
					輔湯	文長					
						文蘭					
					乾湯						
				崇房	鼎湯						
				崇有							
				崇潤							
			維士								
			維遊	崇瑞	天雲	連科	良朋				
							忠朋	亮茂			
								亮國			
								亮達			
							友朋	亮竹			
								亮德			
								亮輝			
								亮琪			
							義朋	亮省			
								亮光			
							幼朋				
							訓朋	亮祿			
							訓朋	亮華			
								亮鴻			
								亮燕			
								亮兆			
							謹朋	啓原			
								乾釗			
					天王	連應	克朋	元洪	吉田		
									福田		
								元春	狀文		
									萬順		
								宣統	金田		
								勝光			
							泰山	元紹	有田		
									宏田		
									寶田		
									壽田		
							鶴壽				
							鶴年	仁添			
								仁義			
								仁生			
						連質	石松	勝雄	臣佐		
								凌雲			
							甫翰				
						連加					
						連謙					
						連傑					
						連能					
				崇鉞							
				觀妹							
				阿干							
				阿萬							
				崇餘							
				崇鐘							
				崇科							
			維山	崇來							
				崇養							
				崇輝							
				崇東							
				崇西	傳湯	文鼎	武發	盛標			
							武雄	盛祥			
								盛平			
							武芳				
							武光	盛乾			
						文煥	武雲				
							武開				
							武進				
							武強				
							武松				
							武慶				
							武男				
							武保				
						文章	武才	盛滄			
								盛鉅			
							武淵	盛銓			
								盛照			
								盛海			
							武國	盛沅			
								盛青			
								盛頤			
							武棟				

21	22	23	24	25	26	27	28	29	30	31	32
						文達					
						文庭	武良	盛鑫			
								盛源			
							武順				
							武俊				
							武水				
						文沼	武金				
							武爐				
							武清				
				崇南							
			維水	崇輪	富湯	文榮	武淡	盛祿			
								盛番			
								盛志			
							武城				
							武桶				
							武相	盛萬			
								盛意			
						文土	武棟				
							武騰				
							武炳	步雲	康松		
								成開	康勇		
									康壽		
							阿春	成恩	康明		
									康登		
									康兆		
									康平		
								成義	康振		
									康雄		
								成順			
								成浪			
							阿和	成亮			
								成有	康安		
									康金		
									康星		
								成三			
								成德	康英		
					富湯	文土	阿和	成昆	康霖		
								成火			
							武合				
							武等	成健	康洪		
									康孟		
								成溪			
								成增			
								成木			
							武威	成泉			
								成業			
								成旺			
							武訓	成燕			
								王泉			
								成立			
						文蘭	武海	春雄			
							武招	成雄			
							武來	盛勇			
								盛豐			
						文石	武占	瑞銘			
								瑞燕			
								瑞杞			
								瑞滄			
					秀湯	文枝	金長	慶鐘	阿勳		
									阿木		
									建福		
									成榮		
							金勝				
							金懷	慶千			
							金送				
							金泉				
						文瑞	金宏	普照			
								普天			
								普地			
								普明			
					順湯	文華	武仁	聖盟			
								聖國			
								聖治			
							武欽	盛業			
						文桂	武光				
							武炎				
							武協				
							武藤				
							武松				
						文元	武唐				
							武添				
						文保					
					甲湯	文皇	武良	慶勳	憲輝		

21	22	23	24	25	26	27	28	29	30	31	32
					甲湯	文帝	武廷	聖江			
							武祥				
							武乾	聖清			
								聖鑑			
							武水	聖登			
								聖旺			
								聖全			
							武祿	聖坤			
								聖青			
						文俊	武發				
							武吉	聖振			
								聖楨			
								聖雄			
						文安	武錦	聖富			
								聖堂			
								聖台			
								聖昌			
							武金				
							武景	聖亮			
								聖喜			
								聖鈿			
							武烘	聖鈞			
								聖國			
							武炫	聖興			
								聖源			
							武杉				
					辰湯	文鶴					
						文昌					
						文樟					
						文谷					
					通湯	文財					
						文來	武新				
							武強				
							武莊				
							武知				
							武交				
							武勇				
						文道					
						文遠	武統	聖棋			
								聖龍			
							武火	聖宏			
								聖亮			
							武忠				
					林湯						
				崇軫	九湯	文應	武金				
						文幼	琳武				
							琳海	阿聖			
								盛土			
					九湯	文幼	琳海	盛財			
								盛亮			
							運				
							運水				
							炳金	監忠			
							琳溪	盛聰			
								春年			
							武鴻	盛松			
								盛濱			
								監木			
							武樓	盛喜			
								盛城			
								盛良			
						文坤	武縣	盛水			
								明淵			
								明沂			
							武生	桂欽			
								明耀			
							武來	清枝			
								清朝			
						文春	吳童	永爐			
								聖次			
						文陸	武鎮	勝浪			
								勝楨			
							武吉	勝君			
								勝民			
							武男				
							武杉				
							武連				
							武華	勝祥			
					十湯	芳進	武台				
							武香				
						阿香					
						阿藏	武財	瑞章			
								瑞清			
							連文	運福			

21	22	23	24	25	26	27	28	29	30	31	32
						阿開					
				崇連							
				崇傳	醮湯	文賓	武彩				
							武舟				
							武揚				
							武坤				
						文漢	武朋				
							武有				
							武來				
							武貴				
						文林	武發	聖亮			
								聖明			
					醮湯	文林	武發	聖國			
								聖源			
							武舉	聖欽			
								聖隆			
								聖光			
								聖昌			
							武財	聖雄			
							武榮				
						文勝	武芳	盛男			
								盛宏			
							武添	聖清			
						文盆	武麟				
							武日				
						文文	武等				
							武雄				
					壇湯	文益	武秀				
							武台	聖良			
								聖正			
							武燈	聖東			
						文義	武志	盛通			
								盛達			
								盛全			
						文三					
						文四					
					壇湯						
					錢湯	文枝	武龍	勝銘			
								盛輝			
								盛德			
							武崗				
							武嶺				
						文傳					
						文和					
					湯介	文傑	武轉				
						文海	武球				
							武封				
							武春				
						文開	武廣				
							武欽				
					湯河	文章					
						文富	武明	聖錦			
							武泉				
						文斗					
				崇允	讚湯	勝茂	武堂	新貴	成志		
								新發			
								新隆			
								新動			
							武勇	新進			
								新昌			
					讚湯	勝賢	武熾	新崧			
								新裕			
							武俊	新鑑			
						勝忙	武榜	新騰			
								新綱			
								新源			
								新添			
							武考	新明			
								新興			
								新一			
							武潘	新潮			
								新榮			
								新煜			
								新旋			
								新康			
							武坎	新琪			
								新治			
						文群	武善	新宏			
						文儉	武熙				
							武昭				
							英毅				
							武皓				
					荊湯	文錦	武昌				
						義君	武鑾	聖洲			

21	22	23	24	25	26	27	28	29	30	31	32
							武銅				
							武雲				
						文宏					
					利湯	文判	飛雄				
						文聲	武恭	雲富			
								雲惠			
								雲福			
						文鵬	武謙	逢源			
							武恭				
							武禮	洪詔			
						文訓	武良				
							武東				
							武森				
							武尚				
						文青					
						文浪	武科	元龍			
								元相			
								元正			
								元鼎			
					和湯	文銘	年政				
						文炎	廷俊				
							廷光				
							廷偉				
					鳳湯	文演	煥榮				
					鳳湯	文演	義禎				
							騰煜				
						文焜	武典				
							武麒				
						文樞	俊釗				
						文溱	武炫				
							武能				
						文鴻	武元				
							武淳				
						文銑	玉文				
						文勳	立賢				
				崇春	勞湯	文峯	武泉	成沛			
							武喜				
					秋湯	文義	武昌	盛炫			
							武強				
						文厚	武殿	勝龍			
								建源			
								勝寶			
							武台				
					清湯	文祥	武乾				
						文峰					
						文等	武孟				
							武增				
							武練				
							武鑑				
						文錡	武松				
							武龍				
							武燭				
							武船				
						文藤	武慶				
							武垣				
							武賢				
						文樹	武省				
							武尚				
							武銀				
				崇安							

來台 23 世祖祥英、祥泰支

廣東省惠州府陸豐縣吉康都秋溪庄田心谷

10	11	12	13	14	15	16	17	18	19	20	21
漢用	仕達	守信	伯富	崑山	崙庄	監周	理育	耳黄	士程	永邵	懿望

21	22	23	24	25	26	27	28	29	30	31	32
懿望	裕祥	祥英	澄娘								
			澄秀	蘭旺							
				運發	慶和	萬興					
						萬星	乾水	啓成			
								啓明			
							乾政				
							乾祥				
							乾鑫				
							乾己				
						萬香					
						萬金					
					慶統						
					慶南	萬貴	乾榮				
							乾城				
							乾坤				

21	22	23	24	25	26	27	28	29	30	31	32
					慶傳	萬祥	秀妹	國龍			
						萬貴					
						萬塘					
						萬相	乾鑫				
							乾鈞				
							乾銘				
						萬錦	乾源				
						萬輝	乾淋				
							乾賢				
					慶華	萬塘	乾鋐				
							乾福				
				福旺	添德	萬榮	燕香				
							燕宏				
							燕滿				
						萬麟	燕勳				
							燕安				
							燕明				
					添勝	萬振					
						萬亮					
						萬雙					
					添來						
					阿添						
					添才	萬亮					
			沙春								
懿望	裕祥	祥泰	意雅								
			阿清								
			三茂	旺興	雙賢	金奎	信爐				
							龍生				
						金玉	任達				
							榮清				
							達成				
						金堂	達時				
						金松	涼生	振福			
								振權			
							日生	亨鴻			
								亨清			
								亨文			
					雙財	金統	達鼎				
						金昌	達宗	志國			
							達井	偉傑			
							達鼎				
							達文				
						金煌	達霖				
							達棋				
							達雄				
					雙富						
					雙貴	松森					
					雙和	金坤	憲治				
							武鉅				
							達平				
						金乾					
						添水					
						金開	達淦				
							達展				
							達庸				
						華進					
						華集	國逢				
					雙盛	錦坤	春梅				
						金發	達福				
							達宗				
							春梅				
					雙喜	金火	達雄	力文			
					雙麟	添水	達寶				
							達志				
							達輝				
							達源				
						炳光					
						炳珍	達本				
							達明				
							達景				
							達科				
						日清					
						華明	顯煜				
							達正				
					雙玖						
					雙拾						
				成耀	阿雲	天養					
						天賜					
						華竹					
					阿卿	天河					
						煥郎					
						煥平					
					阿增	天飛					
						華琳					

21	22	23	24	25	26	27	28	29	30	31	32
					阿方	辛業					
						華基					
					阿立	順妹					
					阿康	通華	達青				
							達欽				
						華智	仕鉉				
						華禮					
						華政					
				成恩	阿傳	秀龍					
						水風					
						鼎水					
						華坤					
						華昌					
						華圳					
					阿來	華文	達光				
							達能				
							達銘				
							達樟				
					阿元	華城					
					阿安	華榮					
				成添							

來台 24 世祖舜仁（漢銘公嗣）支

廣東省惠州府陸豐縣吉康都黃坭嶺

10	11	12	13	14	15	16	17	18	19	20	21
漢銘	高	惟忠	伯祥	秉蘭	—	—	—	—	—	用廚	
21	22	23	24	25	26	27	28	29	30	31	
—	—	—	舜仁	永添	振球	日紅					
					振望	日耿					
					振舜	日源					
						日港					
						日秋					
						日對					

漢用公嗣來台 24 世祖維尚支

廣東省惠州府陸豐縣吉康都五雲洞

10	11	12	13	14	15	16	17	18	19	20	21
漢用	賢達	本禮	伯雍	峯	子華	南溪	紹賢	清宇	作新	多謀	捖
22	23	24	25								
麗琬	雍元	維尚	成祥	清祥	攸祥	從祥	麟祥	潤祥			

24	25	26	27	28	29	30	31	32	33	34	35
維尚	成祥	錦旺	蒸煥	雅華							
			蒸日								
		錦興	蒸科	雅玉	化魁	作英	朋海				
							朋泉				
						作水	朋增				
				雅煌	化鼎	作順					
					化清	作松					
						作浪					
		錦發	蒸連	雅石							
	清祥										
	攸祥	錦仁	蒸江	雅昌	化月						
					化茂						
					化陵						
				雅舒	化玉						
					化帛						
				雅詩							
			蒸華								
			蒸河								
			蒸海								
		錦智	蒸輝	雅立	化生						
				雅仁	化沐	作茂					
						登強	福隆	昇增			
								維禎			
								昇泓			
							福榮	昇安			
							柏達				
							福田	昇琦			
								昇勇			
								清江			
							福興				
							東華	昇揚			
						紹基	福昌	文慶			
								文龍			
							燕雄	倉輝			
								志忠			
							福明				
					忠雨	作坤					
						如棟					
			蒸幹	雅銀							
維尚	攸祥	錦智	蒸幹	雅王							

24	25	26	27	28	29	30	31	32	33	34	35
			蒸達	雅昌							
		錦湧	蒸柱								
		錦雙	蒸連	雅榮							
				雅廷							
			蒸石	雅奎							
				雅傑							
			蒸勝	雅鼎							
			蒸月	雅先							
				雅清							
				雅欽							
				雅東							
			蒸生								
			蒸國	雅球							
	從祥										
	麟祥										
	潤祥	錦山	蒸東	雅來	化萼	作權	初萍				
							朋釗				
						作衡	廷焜	紀超			
							朋佳	聿秀			
								覺民			
							洪森	兆良			
							英次	昇陽			
						作霖	朋彥	昇平			
								昇堂			
								昇崧			
						作楫	朋谷	儒亮			
							朋銑	史民			
								昇杰			
							鄉三	志尚			
								昇瑄			
						煜光	壽亭				
							朋銓				
							瑞琪				
							俊松				
							朋秀				
							陸雲				
							朋釧				
						杏南	誠晃	馨賢			
							誠浩	騰德			
							誠亮	嗣翔			
							朋清				
						文苑	安繁	介均			
							元正				
							賢正				
						步洲					
					化進						
				雅寶							
維尚	潤祥	錦山	蒸東	雅喜							
			蒸西	雅慶							
			烝南	雅樑							
			蒸北	雅和							
				雅添							
				雅朋							
			蒸喜	雅勇							
			蒸雍	雅生							
				雅明							
				雅華							
				雅孟							
		錦智									
	芳祥	錦添	蒸貴	雅元							
				雅榮							
				雅龍							
				雅壽							
				雅武							
				雅文							
			蒸開	雅安							
			蒸傳								
			蒸成								
		錦寬	蒸統	雅欽							
		錦信	蒸陵	雅亮							
				雅福							
		錦敏	蒸俊								
			烝建								
		錦惠	蒸德	雅祿							
	貴祥	錦慶	蒸傳								
		錦昌	蒸倉	雅基							
			蒸金								
			蒸福	雅聰							
				雅桃							
			蒸能								
			蒸全								
			蒸運								
		錦珀	蒸石								
		錦雙	蒸石	雅魁	如玉	作梅					

24	25	26	27	28	29	30	31	32	33	34	35
						作櫻	森龍				
					如淮	作賡	千明				
							正明				
							萬明				
							兆明				
						作輝	明山				
							崑元				
							明智				
						化木					
						如華	文子	皓亮			
			蒸月								
維尚	貴祥	錦雙	蒸國								
		錦陞	蒸恩	煥彩	如增	作水					
				煥彰	如龍						
			蒸星	煥霖	如習						
					如相						
					如近						
			蒸傳	煥琪	如城	作德	朋樹				
							朋正				
						作燕	朋歛				
						作武	朋杰				
						作福					
						作華					
				煥明	如藩	作金	士銓				
							士賢				
						作謹	雄生				
							逸勇				
						作樓					
						作基					
						作業					
					如蘭	作登					
						作富	建翔				
						作德					
						作祿					
						作隆					
						作誠					
					如棟						
					如樑						
					如達						
				煥文	如樑	作基	鐵鏡				
				煥海							
				煥浪	如琴						
					如何						
			蒸標	煥源	如桐						
				煥堂	如拔	俊夫					
					如鶴	隆貴					
						志宏					
						志煌					
						志鵬					
						志乾					
				煥泉	如春						
				煥光	如琛	雲鄉					
						雲洲					
						雲鴻					

漢用公嗣來台 24 世祖維文公支

廣東省惠州府陸豐縣吉康都五雲洞

10	11	12	13	14	15	16	17	18	19	20	21
漢用	賢達	本禮	伯雍	峯	子華	南溪	紹賢	清宇	作新	多謀	挄
22	23	24	25	26	27	28	29	30	31		
麗琬	雍元	維文									

24	25	26	27	28	29	30	31	32	33	34	35
維文	昇祥	乾日									
		錦月	榮華	雅露	丁運	作信	天財				
						作上	朋煙				
							朋源				
							朋金				
						作鳳	朋喜				
					丁會	作龍	朋添				
							朋忠				
					丁兆						
				雅霜	化枝						
					化松						
					化千						
				雅雪	化來	作麒	朋閔				
							朋湖				
							朋雍				
						作亮	國彰				
							國書				
						作明	朋鎮				
							朋燦				
							朋壎				
					化沐						

24	25	26	27	28	29	30	31	32	33	34	35
					化浮	作相					
						作洲					
						作豐					
					化曆	作榮	朋川				
							朋仁				
							朋德				
							朋智				
						作貴					
					化壁	作祐					
						作豐					
						作園					
			灶生								
			榮昌	欽水	化元	作能	朋賓				
							朋誼				
							朋貴				
						作城	朋仁				
							朋義				
							朋禮				
						作郎	朋祺				
維文	昇祥	錦月	榮昌	欽水	化元	作郎	朋順				
					化萬	作連	朋賢				
							朋達				
						作乾	朋深				
							朋宏				
						作鹽	朋志				
						作政					
						作麟					
					化斗	作棟	朋淡				
							朋蒸				
							朋俊				
							朋熙				
						政雄	朋炫				
						政宗					
					阿陞	作光	朋鴻				
							朋崧				
							朋煦				
							朋楨				
						作進	英峯				
						作豪					
				雅統	化鑑	作鐮	朋洲				
					化項	作當	朋煜				
							朋益				
						作明	朋煜				
							朋栓				
						作亮	朋益				
							朋堂				
							朋暄				
							朋意				
					化柯	卓春					
					化霖	富煥					
					丁海	作杜					
		乾玉									
		乾進									
	學祥	錦明	清貴	娘送	日有	盛茂	增雲				
							增富				
							增凱				
					日田	盛發	瀛崧				
							瀛洲				
						盛茂					
						盛輝					
						盛華					
	輝祥										
	拔祥										
	靜										

漢用公嗣來台 24 世祖維錫支

廣東省惠州府陸豐縣吉康都五雲洞

10	11	12	13	14	15	16	17	18	19	20	21
漢用	賢達	本禮	伯雍	峯	子華	南溪	紹賢	清宇	作新	多謀	挄
22	23	24	25	26	27	28	29	30	31		
麗琬	雍元	維錫									

24	25	26	27	28	29	30	31	32	33	34	35
維錫	玉祥	春錢									
	聖祥	錦相									
		錦科	蒸新	成才							
				成枝	炳麟	露泉	森源	陞平			
								陞亮			
						鎮垣					
						鎮驤					
					阿運	作興	武雄	銘政			
								鉊治			
								銘定			
								銘國			

24	25	26	27	28	29	30	31	32	33	34	35
							武忠	銘勤			
								銘文			
								銘志			
				成宗	一	露泉					
				成俊	樹榮	煌輝					
						作良					
						作仁					
					煥松	卓東					
						作桄					
					煥沐	作杞					
						作添					
			蒸華	欽清	林土	烘彰	朋芳				
							朋漢				
						烘均					
						鴻發					
						茂政					
					李澡	作南	增偉				
							暄偉				
							佳偉				
						作乾	燕君				
						作宏					
						作洲					
						作奎					
					東松	作懷					
						作其					
						作安					
				欽江							
				欽明	成炎	作燈					
		晞全									
維錫	聖祥	潤勝									
		潤國									
		阿寶									
	業祥	水娘	承生	慶元	坤榮						
					欽榮	和順					
					海榮	和祿	仁鋒				
					瑞榮						
					美榮						
					鐘榮	和添	文正				
							文淮				
							文龍				
						和訓	國狄				
					賜榮	和進					
						和棟					
						和珍					
					福榮	和展					
						和耀					
				慶華	乾榮	清木	鵬舉				
						清泉	武雄	佳崢			
							紀政				
							武俊				
						清河					
					寬榮	清河	德照				
							德智				
							德仁				
							德惠				
						清標	德深				
							德鴻				
							德浪				
			永生	慶月	阿坤	進福					
						木火					
						進旺					
						進烘					
						進武					
						國慰					
						進龍					
				兆豐							
			桂生	兆豐	五賢	明燕	槙煒				
					乘光	文珍	武棕				
							武洲				
							武璋				
							武奎				
						文亮	一芳				
							漢忠				
					秉昌	袒興					
					乘振	袒進					
						袒發	國政				
							國誠				
維錫	業祥	水娘	桂生	兆豐	乘振	袒發	國通				
							國隆				
							國上				
							國炎				
							國仁				
						袒達	國上				
							國炎				

24	25	26	27	28	29	30	31	32	33	34	35
							國祐				
						明燕					
						和添					
					乘機	守財					
						守信					
	顯祥	春魁									
		錦業	蒸運	雅仁	和生	志雄	國書				
							國訓				
						勝雄	茂書				
							茂原				
						芳雄					
						昭雄					
						幸六					
					和金	乾鳳					
						乾煙					
						乾雄					
						乾道					
						乾瑞					
				雅益	銀和	文松					
					金堂	文燕					
						文蘭					
					金坤	文見					
					金添						
					秋雄						
				雅忠	和勳						
					阿滿	文雄					
						文紹					
						文珍					
						文海					
						文龍					
		永興									
	有祥	錦源									
		錦壽	林康								
			周生								
		錦堂	蒸道								
			蒸金								
			蒸玉	欽揚	化梅						
					佳岳	作銘					
						作軒					
						作頡					
					紹岳	作爐					
維錫	有祥	錦堂	蒸玉	欽揚	紹岳	作火					
					煥震						
					煥美						
				雅水	佳岳						
			蒸貴								
			蒸榮								
		錦明									

來台 24 世祖維卿(仍忠)支

廣東省惠州府陸豐縣吉康都鐵寮坑

10	11	12	13	14	15	16	17	18	19	20	21
漢用	賢達	本禮	伯雍	峯	子華	南溪	紹賢	漢廷	鼎新	多見	藩
22	23	24	25	26	27	28	29	30	31		
麗炆	得元	維卿									

24	25	26	27	28	29	30	31	32	33	34	35
維卿	勉芝	承千	捷慶	永發							
(仍忠)			捷霖	永傳	阿芳	榮華					
						榮富					
						阿海					
						阿元					
						榮貴					
					德財	榮貴					
						榮欽	源崑	聖孚			
								聖星			
								聖龍			
							源祥				
							源燃				
						榮漢	健郎				
						榮茂	宏棟				
						榮鑾	國勳				
						榮銓	國某				
							國賢				
			捷科	永來							
				永興							
			捷發	永泉							
			捷錦	永明							
		承長	捷相	龍驤	蘭枝	勝添	達初	明光			
								明德			
								明龍			
								明昆			
							達釪				
							達賓	建生			

24	25	26	27	28	29	30	31	32	33	34	35
								建華			
								建隆			
							達雄	金源			
								金文			
						勝前	玉麟				
維卿	勉芝	承長	捷相	龍驤	蘭枝	勝前	玉山				
							玉凱				
							玉政				
							玉璽				
					蘭康	勝雲	煌樹				
							湧鑑	國紀			
								文均			
							湧川	振豐			
								振榮			
							湧堂	文沐			
								文山			
								文吟			
						勝亮	湧順	照光			
								照國			
								照民			
							湧昌				
						勝業					
					蘭茂	勝紅	隆烟	育皓			
							宏章	育皓			
								育彬			
								育健			
						勝業	明政				
							明洋				
							明彥				
							明俊				
		承元									
	萬芝	承元	捷華	進寶	蘭芳	勝慶	鑫垚				
				金	蘭河	勝海					
						勝裕					
					蘭周	勝烈	克忠				
						錦	鏡發				
							鏡堂				
							鏡祥				
						作權	兆謀				
							兆君				
							兆發				
					蘭城	作權					
				銀	蘭福	勝文	鑫垚	武雄	賢煦		
								誠煒			
								誠炤			
							仲衡	誠炤			
							克樑	兆淇			
								洮榮			
							克忠	誠治			
								誠湧			
					蘭祿	勝	晴雄	明志			
								宇峰			
							義雄	康育			
維卿	萬芝	承元	捷蘭	銀	蘭祿	勝勳	國源				
							國棟				
							囿樑				
							國榮				
							國光				
						健治					
				鳳鳴	蘭科	勝裕	仁生	錦益			
								錦峰			
							仁貴				
							仁東				
							仁正				
							仁清				
				鳳儀	蘭標	勝輝	維新				
				鳳祥							
			捷相								

來台 24 世祖戊龍支

廣東省惠州府陸豐縣吉康都五雲洞

10	11	12	13	14	15	16	17	18	19	20	21
漢用	賢達	本禮	伯雍	峯	子輝	迢	紹宗	希道	義新	荐	朝俊
22	23	24	25	26	27	28	29	30	31		
麗杖	發元	戊龍									

24	25	26	27	28	29	30	31	32	33	34	35
戊龍	新福	雲清	進來								
			石連	阿鼎	慶威	辰庚	茂松				
						金田	東發				
							東亮				
						辰源					
						辰鑑	光炫				
							正湧				

24	25	26	27	28	29	30	31	32	33	34	35
						華泰					
						榮耀					
						華興					
						復興					
						桂星					
						子南					
						金城					
					金鏞	長庚					
						桂星					
						榮興					
					慶廉	辰田					
					文球	鏡興					
						金海					
						金山					
					文漢	榮興					
						國榮					
						丙寅					
戊龍	新福	雲清	石連	阿番	錦泉						
					沐土						
					炳春						
				阿常	英火	久田	韻琳				
						有正					
						青松					
			維生	阿鼎							
			皇順	阿番							
			明	阿算							
				阿糖							
				新妹	日旺						
					金文	秀錦					
						秀春					
						秀章					
	新興	雲開	石元	阿榮	阿德	文章	瑞來				
						聰明					
						新屏					
						新園					
					福	新屏					
			阿己								
			阿英								
		雲恩	石妹								
			阿娘								
			阿惠	阿棋	錦城						
					錦昌						
					錦堂						
					錦源						
				沐火	錦國						
					錦相						
				沐紹	錦盛						
					錦聲						
					錦正						
					錦祥						
			阿標	水妹							
		雲松									
		雲冬	阿石	阿廷	錦灶	新貴					
						新華					
	新祿										
	新運										
	新月	雲傳	進長	榮秀							
				榮泉	瑞坤						
					瑞祥						
				榮光	瑞仁						
					瑞華	志濤					
					瑞昌	伯俊					
					瑞文	志偉					
					瑞明						
					瑞良						
戊龍	新月	雲傳	進欽								
			木聰								
			進寶								
			進安	榮昌							
				榮蘭							
				榮亮							
				榮浪							
			進寧	榮任	華雄	俊明					
						俊良					
					文雄	俊麒					
				榮瑞	華尉						
					華貴						
		雲統	元奎	肇波	義雄						
				肇濤	浩然						
					鑫齡						
					裕棠						
				肇墩	文煌						
			元楨								
			元俊	肇汀							

24	25	26	27	28	29	30	31	32	33	34	35
				肇湘							
				肇桓							
		雲芳	元楨	肇蘭	民雄						
					桓沂						
					志雄						
				肇鴻	志雄						
	新和	雲添	宜妹	金和							
				阿南							
		雲財									
		雲富	阿紅								
			阿榜								
		雲旺	阿彩								
			阿文								
			阿賢	金泉	明惠						
				重針	衍珏						
					孟鵬						
					孟譜						
					孟維						
					孟譯						
				國金	偉庭						
			阿霜	正廣							
				正南							
			阿北	廣志							
				金明							
		雲堂	娘妹								
		雲喜	阿乾	瑞鵬							
				瑞振							
			阿貴								
			娘送								

來台 25 世祖賓華支

廣東省惠州府陸豐縣吉康都五雲洞

10	11	12	13	14	15	16	17	18	19	20	21
漢用	賢達	本禮	伯雍	峯	子輝	南溪	紹賢	漢亭	鼎新	振明	永馨
											永求
											永輝
											永杏
22	23	24	25	26	27	28	29	30	31		
奕隱	仁瑞	憐									
		高									
		楝									
		賢業	秀華	日海							
			彥華								
			良華								
			天華								
			賓華								

24	25	26	27	28	29	30	31	32	33	34	35
賢業	賓華	日河	阿蘭	鐵昌	滿盛	晴光					
						清亮	錦龍				
				炳昌							
				德昌	立盛	浮水	振雄				
							錦富				
						添水	錦威				
						榮水	錦權				
							錦富				
						森水	錦威				
							錦機				
							錦權				
			阿鳳	貴昌	添盛						
					水盛						
			阿和	炳昌	立盛						
					阿皇	萬水	秀梅				
					滿盛						
			阿明								
		日清									
		日海									
		日晏									

來台 25 世祖連祥支系

廣東省惠州府陸豐縣吉康都五雲洞

10	11	12	13	14	15	16	17	18	19	20	21
漢用	賢達	本禮	伯雍	峯	子輝	南溪	紹賢	清宇	益新	宣幽	
										不易	以成
											文祥
											元彩

21	22	23	24	25	26	27	28	29	30	31	32
以成											
文祥											

21	22	23	24	25	26	27	28	29	30	31	32
元彩	廷有										
	廷坤	璠瑞									
		璵瑞									
		雪梅	俊傑	朝祥	承春						
30	31			連祥	承春	慶業	榮水	清富	紹賢		
紹強	開信								紹文		
紹眉	開君								大成		
	玉發						榮康	清能	紹強		
紹惠	開芳								紹眉		
	開明								紹惠		
靜枝	勝邦							清勇	靜枝		
超雄	開豐								超雄		
	開年							清籠	錦秀		
						慶夏					
						慶山					
						慶寶					
				禎祥							
	廷豐										
	廷弼										
	廷奇										
賓質											

來台 27 世祖紫美支系

廣東省惠州府陸豐縣吉康都五雲洞

9	10	11	12	13	14	15	16	17	18	19	20
受章	漢用	賢達	本禮	伯雍	峯	子華	逍	紹賢	鎬	作新	多謀
21	22	23	24	25	26	27	28	29	30		
撕	廷金	奎春	維超	武祥	慶華	紫蘭					
						紫通					
						紫降					
						紫美	國英	惠憑	成超		
								惠閩	思駿		
									思元		
								惠□			
		(中建	旅居	馬來	西亞	)	中建				
							中諾				
							中馨				
							中艇				

來台 20 世祖耀芝支

廣東省惠州府陸豐縣吉康都五雲洞

9	10	11	12	13	14	15	16	17	18	19	20
受章	漢用	仕達	守惠	伯貴	弘道	東沂	友山	儀若	積厚	述盛	耀芝

20	21	22	23	24	25	26	27	28	29	30	31
耀芝	詹鳳	元輝	石應	啓望							
				啓振	萬龍						
					萬對						
					萬標						
					萬恩						
				啓盆							
			石番								
			石勝	啓聲	阿秤						
					為正	連春	新常				
							新彬				
							新良				
							木蘭				
						連雙	新錦	明達			
								明德			
						連聲	新樞				
							新燕				
							新貴				
	詹近										
	詹信	元賜	石明	啓乾	阿招	天送					
				啓坤	高操						
					高添	新妹					
						梅英					
				啓富	阿鑑	木漢	錦樹				
							錦地				
							阿梅				
						木清	麗英				
							麗針				
						木城					
						欽皇					
						木增					
						欣喜					
					樑極	秋海					
						金土					

來台 25 世祖世廩(治平)公支

廣東省惠州府陸豐縣吉康都五雲洞黃京埔

10	11	12	13	14	15	16	17	18	19	20	21
漢銘	高	惟忠	伯祥	秉堅	宥	淮	益強	良饑	錫玉	宗選	
										宗長	
										宗倍	
										宗勳	俞恭
											俞蘭
											俞芳

21	22	23	24	25	26	27	28	29	30	31	32
俞芳	友禎										
	友麟										
	雲琪										
	起譽	吉承									
		吉集									
		吉尚	金華	世廩							
			金典	世廩	偉如	如皓					
					偉汀	成廣					
						成東					
					偉夫						
					偉中						
					偉國						
					偉民						
					偉族						
				世玩	偉拉	駿龍					
						駿義					
					偉棟						
					偉櫝						
		吉題	金蘭	—	偉汀						
			金鳥								

來台 20 世祖用忠公支系

廣東省惠州府陸豐縣吉康都五雲洞黃京埔

10	11	12	13	14	15	16	17	18	19	20	21
漢銘	高	惟忠	伯祥	秉堅	宥	澤	奕吾	如璧	皇彩	用忠	宗南

22	23	24	25	26	27	28	29	30	31	32	33
俞謹	玉爵										
	玉相		宗南	宗燕	隨母	移居	台灣	頭份			
	玉和		山下	庄居	住開	墾水	田百	公頃			
	玉振										
	玉進										
	玉明	繼周	永祥	春梅	友乾	雲勝	增源				
						雲富	萬源				
							黎興				
						雲珍	金源				
						雲光					
					友火	雲欽	雙喜				
							炎喜				
						雲木	連喜				
						雲華					
					友蔭						
					友炳	雲森					
						雲生					
					有標	雲見					
				春泉							
				春松							
				春根	友增	文光					
						文平					
					友祿	正一	東山				
							東原				
							東新				
						正雄	介山				
							介順				
						清郎					
						正國					
					友仁						
					友鑑	世章					
					友來						
					友方						
					秋銀						
				春琳							
			立祥								
		瑞方	德								
			招								
		榮方									
俞章											
俞道											
俞雲	玉亮	財生									
		財義									
		財鳳	永金	春祿							
			永寶	春鴻	松興	金發	仁淵				
							仁章				

22	23	24	25	26	27	28	29	30	31	32	33
							仁傑				
						全錦	仁宗				
							仁義				
							仁福				
						金火	仁明				
							仁貴				
						正忠	國銘				
							國書				
							國華				
					松齡	全喜	景飛				
							景芳				
						平雄	炎興				
							景章				
							景聰				
					錦泉	清政	國龍				
							士騰				
					松盛	英雄	宏達				
							冠端				
					松富	文郎					
				春海	源						
	玉亮	財鳳	永寶	春海	庚	漢麟	敏智				
							敏煌				
							敏星				
							敏龍				
					庚雲	武雄	仁和				
					雲蘭	建肇	培倖				
							律游				
						建明					
						建珠					
					雙廷	成茂	成隆				
					日旺	明富					
					日清	明桔					
						明祖					
						明權					
				春榮	松坤	丁興					
						郡興					
						建興	煜文				
							子泰				
						財興	子銓				
						信興					
						鴻興					
			永錢								

22 世祖安仁(存一)公支

廣東省惠州府陸豐縣吉康都落布寨

10	11	12	13	14	15	16	17	18	19	20	21
漢銘	高	惟忠	伯祥	秉芳	祖齡	宗漢	諫	良躬	子彬	學奇	洲
22	23	24	25	26	27	28	29	30	31		
安仁											

22	23	24	25	26	27	28	29	30	31	32	33
安仁	周易	宏昭	慶瑞	逸文	世玉	德卿	啓聿	汝白	榮勸	學倫	
										學樓	
									榮宙	學政	
										學義	
										學文	
										學中	
									榮固		
									榮集		
								汝樂	榮貴		
									榮記		
								汝益	雪蛟		
									雪鳳		
									雪華		
						德碗					
				垣文	世傳	德鏡	信溽	宜冊			
								宜訪			
								宜額			
								宜節			
							信傲	宜養			
								宜石			
								宜考	仁和		
									永枝		
							信標	宜籌	展豐		
									展常		
									展侃		
								宜祖			
								宜幹			
								宜班			
								宜富			
							信畫				
						阿傳					
	周峨										

22	23	24	25	26	27	28	29	30	31	32	33
	周康										
	周丞										

來台 22 世祖俞成、俞烈公支

廣東省惠州府陸豐縣吉康都

10	11	12	13	14	15	16	17	18	19	20	21
漢銘	高	惟忠	伯祥	秉堅	宥	淮	益強	良璣	際泰	用赤	宗經
22	23	24	25	26	27	28	29	30	31		
俞成											
俞烈											

22	23	24	25	26	27	28	29	30	31	32	33
俞成	友舒	雪捷	仁	運發	阿台	昂妹	欽榮	玉富	碧珠		
								玉坤			
								玉清			
							欽考				
						盛昌	欽蘭	賢隆			
								賢求			
								賢益			
							欽菊				
					琳強	盛昌					
						木昌	欽梅	賢育			
								賢忠			
							阿連				
							欽燭				
							欽峯				
							欽漳	賢岳			
								賢股			
							欽宏				
							欽清				
						貴昌	欽春				
							欽財				
						貴昌	欽福				
							欽政				
						瑞昌	賢森				
							賢芳				
		雲報									
	友衡	雲東	起酔	耀祖	冉妹	兆麟	正道	俊賢			
							正宏				
							正宗				
						兆清	正財				
							正源				
						桂治	正雄				
					昌裕	煥章	秋澄	寶泉			
								寶魁			
								寶亮			
							秋貴	寶坤			
								寶生			
						煥榮	金城				
							金銘				
				發勝	維漢	天生	明德	廉翔			
						木泉	琴燀				
					維貞						
		雲考									
		雲文									
		雲武									
俞烈	堯庚	舜勝	禹仁	湯海	文燕						
					文榮						
					文算						
					文楝						
				湯占	文裕						
					文發						
					文浮						
					文荀						
				湯位	文傳	武學	燦傑	成雄			
								成秋			
							及圓	成上			
								成鳳			
							及貴				
							及明				
						武共	及召	國波			
						金相	及孟	貞彥			
								資熙			
							及萱	鴻英			
								正			
								成章			
							及受				
						武彩	及國				
							及全				
					文乾	金鐘	及焜	郁久			
					文乾	金鐘	及勇				
							及釗				
					文姜	武光	及標				
							及煙				

22	23	24	25	26	27	28	29	30	31	32	33
						武麟	夋換				
							夋鋒				
						武淦	裕豐				
					文安	武超					
						武隆					
						武金					
						武鑫					
						武欽					
				湯泉	文福						
					文藩						
				湯題	文春						
					文強						
					文斗						
俞烈	堯庚	舜勝	禹珍	湯題	文茂						
				湯業	文興						
					文旺						
					文喜						
					文廷						
					文瑞						
					文滿						
				湯增	文寧	永昌	國鑑				
							國讚				
							國信				
							國俊				
						炎山	金池				
							金星				
					文爐	靜妹	國照				
							國楨				
					土水	漢鑾	國江				
							國淇				
							國章				
						正行	囼芳				
							國泉				
			禹珍	湯來	文財	雲通	清溪				
						武霖	蘭生				
							冬隱				
						武枝	及樊				
							及景				
							及樸				
					文水	武漢	及瑩				
							及遠				
							及桐				
							及柱				
					文華	武和	及桂				
				湯來	文華	武和	及洲				
							及杭				
						武炎	茂雄				
							及鎮				
							及填				
						武棋	及浩				
							及城				
						武樹	及潭				
							及展				
							及教				
			禹輝	湯寶	文添						
					文祥						
					文火						
		舜亮									
		舜香	有名	相源	阿淡	木泉					
						木波	東雄				
							東晃				
俞烈	友庚	舜香	有名	相源	阿淡	木波	東斌				
		雲康	新傳								
			來傳								
		雲翰	新傳	湯茂	成奔	蘭勳	及權	成謙			
								成君			
							東明				
							東正				
							東銘				
							東光				
						蘭桂	子川	奎元			
								奎洲			
							宇都				
						蘭芳					
						蘭生					
					永清						
					阿興	武廣	志新				
							志剛				
						紅生	志中				
							志平				
						武添					
					永貞						
					阿滿	蘭生	及炎				
						福祥	及達				

22	23	24	25	26	27	28	29	30	31	32	33
							及江				
							明政				
							明俊				
						武德	金標				
				湯華	文昌	石枝	金田				
							盛火				
							金土	成煇			
								成業			
	友澄	雲翰	新傳	湯華	文昌	石枝	金水	成烱			
							金船				
					文養	石河	逢章				
							逢達				
							及成				
							乃政				
						石漢	金福	錦池			
								成焜			
								成鍶			
								成鏗			
							及來	成南			
							子綱				
						石海	義祿	成銘			
								成訓			
							及鑌	成龍			
								成維			
							金煥				
俞烈	友澄	雲翰	新傳	湯華	文養	石漢	勝發				
							及彩				
						石榜	及泉	祥益			
							錦城				
							金生				
							金寶				
					文超	明遠	及潘	成忠			
								成勇			
								成正			
							及坪				
							及財				
							誠全				
						石金	及平				
						武欽	及富				
							及平				
							及興				
					文萬						
				湯慶	阿木	阿早					
						阿坡					
						添貴					
						廷貴					
						廷香					
					阿源						
					阿妹						
				湯統	見和	宇棟	梅貴	俊光			
								俊軒			
								俊傑			
								傑輝			
							舉亮	大峯			
								大哲			
						青錢	志民	成訓			
				湯統	見和	青錢	志民	成傑			
							志政				
							志光				
						意標					
					金和						
					阿榮	煥坤	瑞明				
							瑞誠				
							瑞達				
							鷹揚				
					和廷	銘波	兆樞				
							兆戭				
					火爐	武鑑	及源				
							及力				
						武舉					
						武瀏					
						武正					
				有春							
				龍華	能寬						
				陳仁							
			陳受								
			阿旺								
		雲端	剛烈	彌茂							
				義和							
				阿祥							
				阿妹	成港	世雄	維軒				
						國招					
						世光					
						世騰					

22	23	24	25	26	27	28	29	30	31	32	33
						世恭					
					阿欽	世民					
						世正					
						瑞貞					
						世文					
						世興					
					阿亮	世光					
					岷峰						
				德福							
			友明								
			進來	阿祥	鳳枝	明輝					
					訓添	榮華					
						文秀					
						進賢					
						賢榮					
					富廷	金蒼					
						石松					
						勝田					
		雲瑞									
		雲松	來傳	右春	榮耀	永連					
俞烈	友澄	雲翰	新傳	右春	榮添	永統					
						永淮					
						永己					
					榮錦	永廣					
						永清					
					榮坤	永欽					
					榮生	永霖					
						永欽					
						永富					
						永樑					
			進來								
			盛傳	萬城							
				秋騰							
			德傳								

來台 23 世祖宏略公支

廣東省惠州府陸豐縣吉康都落布寨

10	11	12	13	14	15	16	17	18	19	20	
漢銘	高	惟忠	伯祥	秉芳	祖齡	宗漢	諫	良躬	朝簪	王寅	

21	22	23	24	25	26	27	28	29	30	31	32
宗殷	瑞廷	宏略	旋梁	慶興	志才						
					志茂						
					志福	阿統	雲龍				
							雲安	錦泉	宗仁		
									宗鑫		
									宗乾		
						阿生	雲師	錦微			
								元妹	宗松		
							雲桂	錦紹	宗明		
							雲壽	錦□	宗正		
								錦助			
								錦俊			
								錦秀			
							雲振	錦光	宗棋		
									宗建		
									宗裕		
						阿恷	雲乾				
							見日				
						永生	雲海	錦珠	宗聖		
									藏賢		
									宗傳		
							雲山	錦郎	宗財		
									宗銀		
						志昌	雲本	錦春			
							雲沐	錦泉			
							雲城	錦興			
								錦煥			
					志昌	德星	雲城	錦炎			
								錦燮			
								錦政			
								錦樵			
							木文	麒麟			
								麒象			
								麒健			
								麒鈞			
								麒得			
						石養	雲鳳	錦堂	國政		
								錦清	宗宏		
									宗權		
								錦垣			

21	22	23	24	25	26	27	28	29	30	31	32
								錦魁			
								銓錦	宗欽		
									宗揚		
								錦樑			
								錦淵			
							雲月	錦球			
								錦步			
								錦富			

來台 24 世祖雲生公支

廣東省惠州府陸豐縣吉康都落布寨

10	11	12	13	14	15	16	17	18	19	20	21
漢銘	高	惟忠	伯祥	秉堅	宥	淮	益強	良璣	朝綵	學文	宗耀

22	23	24	25	26	27	28	29	30	31	32	33
元維	友安	雲生	起麒	發福	榮進	華杞	富來	貴聰	百顯		
									百達		
									百志		
									百崇		
							富永	貴洲	百祥		
									百輝		
									百賢		
									百慶		
									百添		
								貴棠	保仁		
									俊榮		
									俊仁		
									俊正		
								貴源			
								貴煌			
						華光	富金				
							富玉				
							富滿				
						華茂	富仁	貴呈	貴呈		
								富義	俊霖		
						華茂	富禮				
						華錦	富順	貴碧	百忠		
								貴珍			
								貴璋			
								貴浪			
						華英	俊雄				
							燕生				
					榮成						
					榮明						
					榮春						
				發祿							
				發壽							
				發全							
			起麟								

來台 25 世祖慶萬公支

廣東省惠州府陸豐縣吉康都落布寨

10	11	12	13	14	15	16	17	18	19	20	21
漢銘	高	惟忠	伯祥	秉芳	祖齡	宗漢	諫	良躬	朝擅	學奇	洲
22	23	24	25	26	27	28	29	30	31		
純仁	宏詔	旋高	慶萬	展揚	義芳						

25	26	27	28	29	30	31	32	33	34	35	36
慶萬	展揚	義芳									
		武秀									
		錦秀	記仁	永龍	鎮芳						
					林泉						
					炳芳						
					鏡芳						
			記和	永發	承芳	盛銓	家光				
							家茶				
							家駒				
							家賢				
							家正				
						盛海					
						盛松	家能				
					竹芳	盛功					
					煉芳	桂春					
						盛煜	家慶				
							家彥				
						監壇	家君				
					嵩芳						
					瑞芳	盛雄					
						盛強					
					燮芳	盛爐					
						盛祥					
				永龍							
				永奎	明芳						
		錦秀	記和	永奎	文芳						
					玉芳						

				永景	烈芳						
					杞芳						
					木芳						
					海芳						
		春秀									
	展成										
	展富	武秀									

來台 24 世祖維川公支

廣東省惠州府陸豐縣吉康都

10	11	12	13	14	15	16	17	18	19	20	21
漢銘											
22	23	24	25	26	27	28	29	30	31		
		維川									

24	25	26	27	28	29	30	31	32	33	34	35
維川	勳芝	拔原	奇全	嘉發	新財						
					新保	榮房	秀泉	水鑒	錦仁		
									錦鑫		
									錦華		
							秀福				
							秀炎	水燕	志煇		
									元祺		
								煥勳	文俊		
									文聰		
								吉松	文信		
							秀燈	水沐	文德		
									文賢		
								水彬	文進		
									文輝		
						榮鬮	阿火				
						榮桶					
						榮民					
			奇祿								
		拔生	奇恩	嘉仁	新鳳	榮玉	蓬聯	康德			
								康雄			
							蓬棠	燕陵	信雄		
								文陵			
								元陵			
								芳陵			
						榮春	蓬焱				
							蓬燥				
							蓬灶	統陵			
								海陵			
								杰陵			
								盈陵			
			奇恩	嘉仁	新鳳	榮春	蓬檢				
							蓬欽				
						榮香	蓬棋				
							蓬鏘				
							蓬鎮				
						榮楨					
					新雲	榮華					
						榮富					
						榮貴					
				嘉萬							
			運恩	嘉昌							
				嘉串	新松	漢榮					
						漢銘	吉光	國樑			
							雲梯				
							蓬雲				
						漢昌	俊霖				
							賢聞				
					新城	榮銀	天貴	忠林			
						阿添	鼎乾	煥陵			
							乾郎	聲陵			
								國陵			
						火榮	木良				
						榮虎	蓬錦				
							蓬炎				
					新石	榮英	蓬明				
						榮泉	蓬貴	國洋			
							蓬德				
							蓬祥				
							蓬章				
						榮金	蓬醮				
							蓬鴻				
						榮清	蓬初				
							蓬浩				
					新耀						
				嘉惠							

來台 27 世祖萬榮公支

廣東省惠州府陸豐縣吉康都

10	11	12	13	14	15	16	17	18	19	20	

21	22	23	24	25	26	27	28	29	30	31	32
						萬榮	阿增	金標			
								金彰			
								金土	玉柱		
									朝陽		
									進財		
									泉富		
								金土	至誠		
								金濤			
								金木			
								炳衡			
								金波			
							阿能				
							昌維	金熖	彩祥		
									德財		
									明華		
									盛隆		
									文進		
								整煥			
								金淦			
								煜硷			
								金春			
								宏勇			
	※				※				※		
						連生	昌盛	金龍	玉堂		
									玉璋		

來台 27 世祖連興公支

廣東省惠州府陸豐縣吉康都

10	11	12	13	14	15	16	17	18	19	20
21	22	23	24	25	26	27	28	29	30	31
						連興				
24	25	26	27	28	29	30	31	32	33	34
			連興	昌杰	金祿	玉添	康渠	依鴻		
							康正			
							康泰			
							康龍			
					金輝	玉梅				
						玉來				
					金樣	國隆	康凌			
					金海	玉田	敬貴			
						萬生				
					金潭	玉爐	嘉福			
							嘉興			
							嘉君			
						信宏				
						玉明				
						玉麟				
						玉東				
				昌業	金滿	玉華				
						玉錦				
						玉唐				
					金德					
					金發					

來台 27 世祖華廷公支系

廣東省惠州府陸豐縣吉康都

10	11	12	13	14	15	16	17	18	19	20
21	22	23	24	25	26	27	28	29	30	31
						華廷	阿古			

24	25	26	27	28	29	30	31	32	33	34
			華廷	阿古	天送	火興				
						潤興				
					阿妹	琳源	村錦			
							村榮			
						阿燦	村旺			
							源海			
						阿塘	村明			
							村樑			
							村祥			
						木郎	村南			
							村成			
							村湖			
							昭益			
						添發	村潭			
							永慶			
					坤源					

來台 20 世祖耀芝公支

1	2	3	4	5	6	7	8	9	10	11	12
延年	鑑	諒公	棋公	德隆	傑夫	日華	益盛	受章	漢用	仕達	守惠
13	14	15	16	17	18	19	20	21	22		
伯貴	弘道	友山	東沂	儀若	積厚	述雲					
						述尊					
						述建	耀清				
							耀華				
							耀玉				
						述盛	耀日				
							耀德				
				(遷	台祖)		耀芝	詹鳳			
								詹近			
								詹信			

20	21	22	23	24	25	26	27	28	29	30	32
耀芝	詹鳳	元輝	石勝	啓獻	萬富	連康					
					連鳳	新福	瑞蘭				
三子	四子	四子	二子			新生	志傑				
詹鳳	元輝	石勝	啓獻	啓聲	阿秤						
詹近	元華	石番	啓聲		為正	連春	新常	明炫			
詹信	元達	石應						明焜			
	元德	石田					新彬	文定			
							新良	松江			
								茂枏			
							木蘭				
						連雙	新錦	明達			
								明德			
						連聲	新樞				
						(連城)	新燕				
							新貴				
			石番								
			石應	啟望	阿金	阿度	新雲				
							新聞	彭明			
								明權			
								明保			
								明安			
						阿增					
				啓振	萬能	漢燈	新茂	基原			
								欽麟			
						連逢	新垣	仲平			
							新慶				
						連遇					
					萬對	連送	立成	佳奇			
							錦鑫				
							木堂				
							新合				
							新燮				
							新順				
						連遠	新海				
							金旗				
							木旗				
						連造	金堂				
							新煌				
							新發				
						坤增	新富				
							新煥				
							文彥				
							新友				
							新升				
					萬標	日生	新治	明鍊			
								明湧			
							新枝	明樟			
							新政				
							新裕				
							新昌				
						連邁	新泉	文紹			
							新桂				
							新棟				
					萬恩	連近					
						連遂					
				啓盆							
			石田								
		元華	石應								
			石通	(	三房	共承)					
			石相								
		元達	大								
			次								
			石通								
		元德	大								

20	21	22	23	24	25	26	27	28	29	30	32
			次								
			石相								
	詹近	元佑	石傳	啓明							
				啓榮	李胡	阿喜	百川				
	三子					阿連	百川				
	元佑						百明	維宗			
	元欽				登和	水田					
	元賜					珍土					
						金城	福生				
							福照				
							光正				
						炤興	信貴				
				啓發							
			石讓	天來	萬生	木土	(	承曾	姓)		
						木城	文勇				
							文正				
						木旺	(	承曾	姓)		
					蘭生	翁炳	(	承翁	姓)		
						錦堂	宏明				
				阿枝							
		元欽									
		元賜	石明	啓乾	阿招	天送					
				啓坤	高操						
					高添	新妹					
						梅英					
				啟富	阿鑑	木漢	錦樹				
							錦地				
							阿梅				
						木清	麗英				
							麗針				
						木城					
						欽皇					
						木增					

20	21	22	23	24	25	26	27	28	29	30	32
						欣喜					
					樑極	秋海					
						金土					
	詹信	源海	石財	區佳	順秀	雲清	文錦				
					順料						
	二子				順興	阿欽					
	源海				順成	春輝					
	元和					春龍					
						春田					
						春吉					
			石旺	區蘭	金龍	木連					
						木忠					
					金虎	木貴					
					金豹						
			石隶	蘭妹	向祿	進來	美子				
							美雲				
							美華				
			石坑								
		元和	石保	度廣	阿安	金有	文海	榮璋			
								榮輝			
						金奎	雲發				
							雲峰				
							雲龍				
							雲青				
						萬勝	雲祥				
							雲昇				
					阿妹	運妹	玉蓮	清霖			
								榮光			
				度龍							
			石冉	度檢	照妹	進財	明忠				
				度生							

來台 22 世祖玉泰公支

大陸遷台祖玉泰公，為涵容公次子，生於清雍正五年，嘉慶元年西元一七九六年丙辰歲，挈眷渡海來台，時年七十歲，為遷台灣始祖。初居新竹芎林、北埔，在北埔建有「彭氏祠堂」，後輾轉遷居苗栗銅鑼一帶。歿葬新雞隆屋坑，坐西向東。今銅鑼、三義地區，多為其裔。育二子：長子星仁，生於清乾隆廿三年，育六子：春乾、春隆、春通、春寶、春旺、春貴。長子春乾公，生於清隆四十四年，承繼春隆公之子繼生公為嗣，生於嘉靖廿四年，清道光廿六年廿八歲時，與族人等自銅鑼豬哥寮崎下(今芎蕉灣附近)，遷至新雞隆墾殖，創基立業，自立一庄，曰「彭厝」。春生公五子：傳興、傳連、傳業、傳富、傳添。傳業無嗣，傳富公過房。「彭屋庄」之祠堂，係由傳興、傳連、傳添三大房子孫供奉，其餘宗親分居各地。

22	23	24	25	26	27	28	29	30	31	32	33
玉	仁	春	生	傳	昌	瑞	信				
玉泰	月仁										
	星仁	春隆	潤生	傳富	昌蘭	瑞其	望起				
						瑞梅	信石				
						瑞波	信吉				
							信讓				
							信銀				
					昌進						
					昌志	瑞正	信通				
							信雄				
							信義				
						瑞岳	信寬				
							信標				
							信光				
							信豪				
						瑞海					
						瑞浤	信明				
							信勇				
						瑞渠					
						瑞溪	健群				
							健中				
			繼生		(	出嗣	春乾	)			
			宙生	傳登	昌成	瑞謹	信本				
						瑞振	家騏				
					昌開	信忠					
						信存					
				傳妹	昌能	瑞情					
						瑞廷					
					昌維	瑞煥					
					昌魁	瑞立					
					昌松	炳輝					
					昌琳						
					昌廣	瑞永	信禮				
							信榮				
							信華				
							信窘				
					昌集	瑞光					
						瑞立					
				傳秀	昌祥	瑞接	信栐				

22	23	24	25	26	27	28	29	30	31	32	33
玉	仁	春	生	傳	昌	瑞	信				
							信友				
							信龍				
					昌古						
				傳珍	昌財	瑞懋	信遷				
							信堯				
							信瑜				
							信欽				
						瑞或	信彬				
						瑞或	信彬				
						瑞雀					
						瑞甲	悅效				
					昌源	瑞桓					
						瑞棌					
						瑞銘					
						瑞慍					
					昌郎	瑞玉	信超				
							信洋				
							信允				
							信澄				
							信電				
						瑞景					
						瑞獻					
						瑞勳					
						瑞霖					
					昌利	瑞森	信忠				
							信來				
						瑞榮					
						瑞欽	信民				
						瑞碧	火生				
						瑞易					
			冬生								
		春通									
		春寶	立生								
		春旺	萬生	傳喜							
				傳裕	昌炳	瑞香	信達				
							信標				
							信欽				
					昌茂						

22	23	24	25	26	27	28	29	30	31	32	33
玉	仁	春	生	傳	昌	瑞	信				
					昌浪	瑞聰	信銘				
						瑞春					
					昌右	瑞基	榮海				
						瑞隆	盛火				
						瑞景	信誌				
							信溫				
					昌享	瑞冉	信次				
							信國				
				傳盛	昌鼎	瑞振	信忠				
							信光				
							信志				
							信溪				
							信雄				
							信禮				
						瑞田	信輝				
						瑞章					
					昌義	瑞添					
					昌鄰	瑞檢	信溪				
						瑞谷	信芳				
						瑞恭	信福				
					昌通	瑞森	信雄				
						瑞焱	信相				
							信源				
							信斐				
						瑞轟	信相				
					昌石	瑞坪	信河				
							信祥				
							信財				
			發生	傳和							
				傳華	昌清	瑞憨					
						瑞能					
						瑞煥					
						瑞接					
				傳鏡	昌來	瑞友	信火				
							信男				
							信輝				
							信強				
							信欽				
						瑞增	(	傳林	姓)		
						瑞思	(	傳林	姓)		
						瑞歡	信雄				
							信正				
							信湧				
						錦華	信廷				
							信鑫				
					昌佐						
					昌平	瑞戊	信福				
							信鎮				
							信霖				
							信江				
							信德				
							信春				
						瑞甲	信興				
							信基				
					昌寬	瑞金	信立				
							信朋				
							信邦				
						瑞科	信龍				
							信榮				
							信宏				
							信富				
							信貴				
						瑞要	信坤				
							信明				
						瑞基					
					昌化	瑞丁	信見				
							信富				
						瑞財	信弘				
							信知				
							信謙				
				傳德	昌佐	瑞松	信成				
							信貞				
							信水				
							信田				
							信安				
		春貴	立生								
			福生	傳盛							
			龍生								
		春乾	繼生	傳連	昌文	瑞鳳	信德				
							信善				
							信良				
							信霖				
						瑞華	信初				

22	23	24	25	26	27	28	29	30	31	32	33
玉	仁	春	生	傳	昌	瑞	信				
					昌炎	瑞廷	信育				
						瑞基	信遠				
							信尊				
							信可				
					昌河	瑞火	信宏				
							信濱				
							信思				
						瑞恩	動平				
							治平				
					昌亮	瑞漢	信豐				
							信森				
							信標				
							信墩				
							信麟				
							信光				
						瑞養	信景				
							信雄				
						瑞球	信夫				
							信貞				
							信淵				
							信和				
							信里				
						瑞藤	信雄				
				傳業							
				傳富							
				傳添	昌城	瑞芳	信狀				
							信榜				
							信淡				
					昌坤	瑞長	信勇				
							信章				
							信訓				
							信政				
							信國				
						瑞鴻	信灝				
					昌輝	瑞沐	信耀				
							信北				
						瑞明	信古				
							信凱				
							信喜				
						瑞尚	信昱				
							信釗				
						瑞寶	信茂				
							達祥				
							信誠				
					昌雲	瑞發	信祝				
					昌慶	瑞冉	信松				
							信田				
							信勝				
							信合				
							信謀				
					昌禱						
					昌壽	大妹	信泉				
				傳興	昌錦	瑞全	信康				
						瑞煌	火秀				
							信穀				
						瑞應	信筆				
							信道				
					昌堂	瑞安	信宗				
							信織				
						瑞增	信君				
							信溪				
							信照				
					昌燕	瑞瑛	信淮				
							信春				
							信團				
							信祖				
							信孟				
						瑞榮	信兩				
							信浪				
						瑞捷	信晃				
							信介				
							信仁				
					昌賢	瑞相	信常				
							信朋				
						瑞南					
						瑞足	信東				
					昌欽	瑞謙	信溫				
							錦雲				
							龍雄				

來台 22 世祖俞烈公支

廿二世祖俞烈公，原籍廣東省惠洲府陸豐縣吉康都五雲洞黃京埔祠，渡海來灣，移居台灣湖口庄王爺壟，育七子，堯庚、友澄、有清、其餘四子不詳，俞烈公仙命癸丑西元 1792 年，妣何太孺人，仙命戊午年西曆 1797 年。

22	23	24	25	26	27	28	29	30	31	32	33
俞烈	友澄		(居	台灣	桃園	楊梅	照鏡	羊喜	窩)		
	有清		(居	台灣	新竹	竹北	新社	)			
	堯庚	舜亮	禹煌	湯友	文發	武送	庚金	仁坤	義太		
								仁輝			
三子	三子							仁傑			
堯庚	舜勝						李炎	仁城			
友澄	舜亮							仁政			
有清	舜香							仁富			
							三奇				
						武水	漢忠				
						炳欽	漢章				
							漢忠				
		舜香	有名	相源	祠淡	木波	東雄	(居	花蓮	)	
							東晃				
							東斌				
		舜勝	禹仁	湯海	文燕	武德	貴生				
							貴清	成在	康銘		
		三子	七子	五子				成助			
		禹仁	湯海	文燕				成殿			
		禹珍	湯占	文榮				成君			
		禹輝	湯位	文聰			及堂	成章			
			湯泉	文算				慶龍	康祺		
			湯題	文棟					康毅		
			湯業			武祿	阿竹	成煥	振興		
			楊寶				(及竹)	成恩	若遠		
			湯增					成進	禹川		
									威棠		
								成男			
								成彰			
							阿清	成勝	康齊		
									康維		
								成田			
							及明				
						武台	文桂				
							雙桂	成龍	士修		
									冠東		
								成宏	康豪		
									康睿		
									康政		
							隻春	承泉	杜平		
							文光				
					文榮						
					文聰						
					文算						
					文棟						
				湯占	文裕	金水					
						金鳳					
						金煌					
						金達	涼潭				
							佳生	銓斌			
							昭明	成龍			
							成家	振保			
								進興			
							合家				
							錦河	富淵			
							彭海	永年			
								承世			
							佳演	憲薪			
					文發						
					文浮	金松	英雄				
							清吉				
							文雄	江賜			
								江慶			
							正細				
							正堂				
					文荀	金盛	及栓				
							及圳	成富			
								信章			
							及正				
							及任	國禎			
								欽榮			
							及峰	茂霖			
						金榜	及煥				
							及財				
				湯位	文連						
					文傳	武學	燦傑	成雄	恭螢	依楷	
										依桓	

22	23	24	25	26	27	28	29	30	31	32	33
									康銘		
								成秋	康仁		
									康瑞		
								成田	俊誠		
							及圓	成上	堡奕		
								成鳳	湛權		
									湛歡		
							及貴	彥興	梓祥		
								成偉			
							及明	成坤			
								俊彥			
						武共	及召	國波			
						金相	及孟	貞彥			
								睿熙			
							及萱	鴻英			
								鴻正			
								鴻章			
							及受	仕杰			
								志宇			
								志中			
						金彩	及國	光代			
								光平			
							及全	光立			
					文乾	金鐘	及焜	郁清			
								奎棟			
								世瑋			
							及勇	彥鈞			
								懿正			
								耀賢			
							及釗				
							及省				
					文姜	武光	及標	勝祥			
							及煙	成盛			
								成榮			
						武麟	勝宏	永澤			
							玖鋒				
						武淦	裕豐	成翔			
							裕富				
					文安	武超	及杏	建豪			
							及鉉	普順			
							木陵				
							治平				
						武隆	及檀	尉真			
								詩堯			
							及沅	玉誠			
						武金	及亮				
							及英	炘堉			
								晟軒			
								博硯			
						武鑫	國棟				
						武欽	罡煜				
							罡□				
				湯泉	文福	武見	及焜	成楷			
								成惟			
								國薰	冠傑		
									英翔		
					文藩	彭錦					
						雙來	謙吉	國智			
								國城			
							忠松	禮暐			
								禮君			
							勝水				
							盛榮				
						雙全	及耀	成翰			
							及照	成運			
							及宏	成恩			
						武聲	火聖	成偉			
								成義			
							源勝	俊欽			
				湯題	文春	維忠	武逸	己宸			
								己庭			
							英祥				
							昇陽	經倫			
								匡正			
							習遠	建銘			
						有義	幸水	晨修			
							幸俊	立偉			
							幸裕	震穎			

22	23	24	25	26	27	28	29	30	31	32	33
								震漢			
					文強	煥清	建琳	安			
								祥			
						煥枝	建發	冠偉			
								冠智			
						飛龍	照明	皓暘			
							照政				
					文斗						
					文茂	維梯	奎彰	成順			
								成閔			
								成安			
							裕文				
							元華				
						武楷	一珍				
							一欽				
						武台	上華	麒軒			
				湯業	文興	勳妹	及立	坤仁	俊毓		
								坤堂	玄禎		
									宇寰		
								坤盛	昱欽		
									昱城		
					文旺	武登	及嚴				
							及煌	成義	紹稜		
								成家			
								成玄	啓陽		
							及郎	成章			
							石金	成祥			
								康纮			
								成敏			
								厚誠			
						武燥	廣隆				
							鏡鍾	久衡			
								彥皓			
								彥霖			
							上銘	馨由			
								柏翰			
								冠穎			
						武運					
						武通	國書	貞誌			
							一朗	俊傑			
								俞銓			
							一康				
					文喜	武郁	金菊				
						武土	及爐				
							及城				
							及鑑				
						武桂	及聖				
					文廷						
					文瑞						
					文土						
					文滿						
				湯業	文廷	武漢	及樑				
							盛城	詮毅			
							盛牆	智奎			
								智彥			
							盛鏜				
						武杜	建國	紹欽			
							國昌	威瑀			
								渙博			
						郎浤	瀚億				
						武洲	嘉厚				
					文瑞	建發	義榮				
							一騰				
						武龍	及田	仁宏			
								仁泉			
					文土						
					文滿	武潭	鴻才				
							鴻上				
							鴻珽				
							鴻祥				
						武清	鴻宇	翊華			
							鴻千				
							鴻有				
						武良	正龍				
							俞凱				
				湯增	文寧	永昌	國村				
							國鑑	煒員			
							國鑽	煒倫			
							國信	煒翔			
							國俊				
						炎山	金池	紹銘			
							金星	宇帆			
						文爐	靜妹	國照			
								國楨			

22	23	24	25	26	27	28	29	30	31	32	33
						土水	漢鑾	國江	明毅		
									明得		
								國淇	春霖		
									坤祥		
									志弘		
								國章	志豪		
									志凱		
							正行	國芳			
								國泉			
			禹珍	湯來	文財	雲通	及順				
							清溪	識宇			
						雲霖	及濟				
							蘭生	志民	康閔		
									康瑜		
								志弘			
							冬隱	志洋			
								志親			
						永枝	及樊	萬松			
								萬錦			
								琮偉			
							冬景	勇彰			
							及樣	子豪			
								璽安			
								義峻			
							國榮	晟堂			
						石水	永漢	及瑩	皓偉		
								及遠	成國		
									成家		
								及銅	鈐木		
									振翔		
								及柱			
						李華	永和	及桂	紀銘		
								及州	成傑		
								及杭	成仕		
									成助		
							永炎	茂雄	元均		
									崇鈞		
								及楨	孝丞		
								及填	崎祐		
									尉嘉		
									尉銘		
							武棋	及浩	俊捷		
									俊崴		
								及城	政業		
							武樹	及潭	英哲		
								大展			
								及教			
			禹輝	湯寶	文添	木清	金和	成浪			
								成鍬	建霖		
									建順		
								成秀	景達		
								成隆	建喬		
									建蒼		
									建壇		
								成港	建均		
									建樺		
								成鋇	建憲		
								成進	建豪		
									俊嘉		
							及彬	成樓	康星		
									康瑋		
								成波	康禹		
						武章					
						鴻鼎	正雄	貴鈺			
							泉湳				
							盆盛	琪稜			
								昆政			
					文祥	紅光					
					文火	錦球					
						武順					
						義勳	寅田	琮筠			
					文發	武送	庚金	仁坤	義太		
俞烈	堯庚	舜亮	禹煌	湯友	文發	武送	庚金	仁輝			
								仁傑			
							李炎	仁城			
								仁政			
								仁富			
							三奇				
						武水	漢忠				
						炳欽	漢章				
							漢忠				
		舜香	有名	相源	阿淡	木泉					
						木波	東雄				
							東晃				

22	23	24	25	26	27	28	29	30	31	32	33
							東斌				

22	23	24	25	26	27	28	29	30	31	32	33

來台 22 世祖俞薦公支

廣東省揭西縣五雲鎮京埔彭氏宗祠，同祠堂良璣公嗣 22 世祖俞薦、俞烈、俞成公均渡海來台

1	2	3	4	5	6	7	8	9	10	11	12	13	14	15	16	17	18	19			
延年	鑑	諒	棋	德隆	傑夫	華	益盛	受章	漢銘	高	惟忠	伯祥	秉堅	宥	淮	益強	良璣	朝紳	朝組	朝纓	朝綰
(舜章)	(辛陸)	(永利)	(文錦)	(大興)					(逸豐)	(創始)	(纘緒)	(南園)	(仁山)	(廷赦)	(隱溪)	(國忠)	(天奇)	朝綵	朝絹	朝紱	朝際
(震峰)	(益慎)		(秀鳳)											(愛榕)	(宗湖)	(就吾)	(毓崑)				

19	20	21	22	23	24	25	26	27	28	29	30	31
朝縉												
朝紳												
朝組												
朝纓												
朝綰 (錫玉)	用連											
	用集											
	用參	宗寬	亥生	(遷	四川	)						
			覲妹	(遷	四川	)						
			滿	(遷	四川	)						
			美	(遷	四川	)						
		宗標	子三									
		宗奇	巳	(五	雲京	埔)						
			三陣	(五	雲京	埔)						
			四娘	(五	雲京	埔)						
			五娘	(五	雲京	埔)						
		宗堯	俞薦									
			俞龍									
		宗儒		(遷	四川	)						
		宗廉		(遷	四川	)						
朝綵												
朝絹												
朝紱												
際泰	用赤	宗經	俞薦	友新	(22	世俞	薦公	為渡	海來	台開	基祖	)
				友奇								
				友熾	雲財							
					雲昌							
					雲寶	榮金	陳文	阿坤	水源	茂雄	誠尉	
											誠忠	
											志宏	
										及復	(出	繼)
									水泉	及伸		
										及進		
									水秀	義雄		
										及富		
										明雄		
										及通		
										及福		
										及佳		
										及隆		
									水清	源茂		
										及能		
									水圳	及詳		
										及財		
										及盛		
										益昌		

19	20	21	22	23	24	25	26	27	28	29	30	31
									水田	及正		
										及豐		
										及椿		
									水井	大章	顗文	
										鴻程		
										嫈娥		
										美玲		
									八郎		(幼	殤)
						榮宗	阿良					
							阿俊					
							阿德					
							阿青					
						榮福	乾丁					
							乾茂					
							乾麟					
						榮鹽	乾登	(遷	花蓮	)		
						榮發	煌輝	煥梯	兆達			
									兆武			
									兆能			
									兆強			
								錦波	兆振	國展		
										聖倉		
						榮慶	春輝	錦柴				
								金勝				
						榮養						
					雲盛	仁恭	清輝	煥鷺				
								煥彩				
								煥勳				
								煥達				
						仁敬	阿漢	坤宗	茂源	及全		
										及鴻		
										及權		
									武生	瑞麟		
								期蘭	瑞禎			
									義雄			
									吉平			
								期火	炳輝			
									炳堂			
									益墩			
			俞烈									
			俞成									

1949 年由大陸來台灣彭氏

湖南瀏陽官橋彭家塅明宗公嗣裔旅居台灣子孫

緣由

中華民國 38 年西元 1949 年，大陸政權轉移，政治制度丕變，社會型態迥異，土地改革，清算鬥爭，人民不堪其苦，紛紛離鄉別井，遠走他鄉，成為歷史上罕見的大遷徙洪流。

彭氏子孫避走海外輾轉來台灣、及去歐美日本等國家者，不乏其人，其中以設籍台灣者居多，湖南瀏陽官橋彭家塅明宗(文柏)子嗣來台灣已知者有：彭光煥（順鵬）、彭士學(祥玉)、彭士賢(建方)、彭士伸(勛甫)、彭士信、彭麗華、彭業華、彭亮臣、彭友清等人。

離開家鄉半個世紀，成家立業，兒孫滿堂，各有其所，落地生根，將來返回故鄉老家者，機會鮮少，年代久遠之後，子嗣不知先祖血緣，為便其尋根祭祖，乃有「中華彭氏源流譜」誕生，其中有台灣彭氏章節湖南瀏陽一篇(其他各省無法連絡，不知其情形，今尚厥如)，藉茲知血緣、曉世系、悉派別、明輩份、悉來自，慎終追遠，不忘宗先祖德。

血緣

構雲－滋－倜－輔－玗－彥昭－師奭－德顯－壽－嗣興－仕明－思治－汝正－長－熊－護－余遠－君佐－宏行－信卿－景雲－方賢－奇善【「三子：文華、文松(清茂)、文柏(明宗)】－文柏(明宗)－思正－紹連－廷倫－時珍－書房－偉倫－興其－忠明－啟儒、啟鏞－

開派 少典	受姓 彭祖	江西 構雲	湘瀏 明宗	先　祖	紀　　事
164	147	40	17	彭 光 焕 配 賓鳳清	觀冕公次子，字順鵬。 湖南瀏陽市鎮頭鎮百星橋楊眉人，客居台灣台北市。 1909 年二月初二日生，1978 年一月十五日逝世台灣台北市中興醫院。 年少參軍，在陸軍預四師任通訊電台台長，解甲回鄉，賦閑在家，因頗讀詩書，知情達禮，甚受鄉讜敬仰，成為地方仕紳，替人排難解紛，不遺餘力，頗得人們好感。 曾任鄉鎮保長，大覺寺彭氏族校校長。1949 年大陸政權轉變，避走上海，旋去香港，與侄建方異地相逢，以小販為生。 1953 年來台灣，承瀏陽百星橋江東沈若葵先生介紹，在台灣肥料公司新竹廠工作，後得瀏陽鎮頭鎮井龍同學又同鄉婁曉陽先生相助，以土木營造為業，再轉前鋒日報社工作，以迄因騎單車不慎將腿跌斷，行動不便，閑下無法工作。 配賓鳳清，生一子士泉。1950 年土地改革時，丈夫離家出走，生活無著，被迫改嫁，遠去湖南岳陽，其子士泉隨行。一女俊仁，幼殤。 在台灣曾續娶妻室，惜雙方意見不合，不久離異。 晚年年邁體衰，又因腿斷行動不便，無力謀生，幸得台灣侄媳潘端人各地奔走，央人救助，申請得台北市政府救濟，安置在台北市廣慈博愛院，頤養天年，衣食住行全由政府免費供應，生活無虞，平淡安適，悠遊自在，頤養天年。 1978 年正月十五日因病，在台灣台北市中興醫院病逝，享年七十三歲。台灣彭姓侄輩彭友清、彭士學、彭勛甫、彭士信、彭建方、侄媳潘端人等，親殮成佛，依鄉俗焚燒紙紮錢帛衣物屋宇，舉行葬禮，火葬後，骨灰安放在台灣台北市廣慈博愛院靈骨塔。 血緣：明宗(文柏)－思正－紹連－廷倫－時珍－書房－偉倫－興其－忠明－啟鏞－世英－應德－開涵－雯樑－運恕－觀策－光焕－士泉、(女)俊仁－喜揚－
165	148	41	18	彭 士 賢 建 方 樹 光 配 潘端人	光球(子述)公長子，字建方，號樹光，派名士賢。 西元 1927 年丁卯歲二月初三日卯時，湖南瀏陽鎮頭鎮楊眉出生。 湖南長沙團立二小、湖南瀏陽楊眉井灣初小、金江高小、南京私立五卅中學、貴陽青年中學、國立廣西大學、國立中興大學、美國儒西師棣專校畢業。 幼年隨父居住湖南長沙市連陞街，抗日戰爭回瀏陽鎮頭市楊眉老家，1938 年徙居瀏陽市官橋鄉梅村灣，1951 年因土地改革清算鬥爭，遠走海外，1954 年 4 月 12 日來台灣，客居台灣台北市和平東路一段 55 巷一弄八號 19 樓。 曾在瀏陽官橋大覺寺彭氏族校、麻衣廟、官橋五美小學學校執教。考取國立廣西大學，負笈桂林，取得公費及獎學金，以半工半讀在附中任教。 1950 年冬國共政權轉移，棄學遠走海外，偕內子潘端人流落香港，以小販為生，1951 年八月去日本，1954 年四月十二日轉輾來到台灣，在國立中興大學寄讀畢業，完成大學學業。 考試院甲級技術人員特種考試及格，步入社會，從事水土保持工作，參加中華民國駐外農業技術顧問團工作，相繼在美國、日本、沖繩、塞班、關島、越南、泰國、菲律賓、印尼、馬來西亞等國，從事農、林、漁、牧、農業技術顧問及田間工作，漂泊海外十餘年。 歷任行政院農業委員會、台灣省建設廳水利局、農林廳、林務局、農牧局，及行政院國軍退除役官兵輔導委員會等機關，擔任技術員、技士、組員、科員、技正、工程師、隊長、組長、秘書、主任等職。 1992 年五月卅一日公職退休，在私立文化大學進修電腦，利用電腦編有「中華彭氏源流譜」、「湖南瀏陽官橋彭家塅彭氏族譜」、「建方札記」，「中華紀元年表」，曾榮獲一九九九年國家電腦資訊獎。 妻室潘端人，湖南省瀏陽市官橋鄉一江村會同高家園潘元叨公之女，1931 年正月初十日生，中學畢業，隨夫奔波，離鄉別井，受盡苦難，最後來到台灣。曾任 生產事業機構文書、辦事員、視導等職。1991 年退休。 隨夫客居台灣台北市和平東路一段 55 巷一弄 8 號 19 樓。 一子：業揚。 二女：伯麗、沁揚。 血緣：構雲－滋－倜－輔－玗－彥昭－師奭－德顯－文壽－嗣興－仕明－思治－汝正－長－熊－護－余遠－君佐－宏行－信卿－景桀－方賢－奇善－明宗(文柏)－思正－紹連－廷倫－時珍－書房－偉倫－興其－忠明－啟鏞－世英－應德－開涵－雯樑－運恕－觀常(紹春)－光球(子述)－士賢(建方)－業揚、(女)伯麗(適曾先梅)、沁揚－(外孫)曾潤秋、曾志良、廷姍－雅崙、洪亮
166	149	42	19	彭 業 揚	士賢(建方)之子。 湖南瀏陽官橋梅村灣人，1974 年四月十日(農曆三月十八日)在台灣台北市出生。隨父母客居台灣台北市和平東路一段 55 巷一弄八號 19 樓。 私立再興幼稚園、再興中學，光武工專、崇佑專科畢業。 從事電腦、電子業，電腦維裝修及網路工程。 血緣：明宗(文柏)－思正－紹連－廷倫－時珍－書房－偉倫－興其－忠明－啟鏞－世英－應德－開涵－雯樑－運恕－觀常－光球(子述)－士賢(建方)－業揚－
166	149	42	19	女 彭沁揚	士賢(建方)次女，湖南省瀏陽市官橋鄉梅村灣人。 民國七十一年西元 1982 年十一月三日(農曆九月十八日)戌時，台灣台北市出生。 隨父母現住台北市和平東路一段五五巷一弄八號十九樓。 新民幼稚園、小學、中正國中、中國技術學院、清雲大學畢業。夫婿袁　　中興大學森林碩士 血緣：明宗(文柏)－思正－紹連－廷倫－時珍－書房－偉倫－興其－忠明－啟鏞－世英－應德－開涵－雯樑－運恕－觀常－光球(子述)－士賢(建方)－沁揚－廷姍－
166	149	42	19	彭 業 華 配 楊桂英	士□子。湖南瀏陽官橋郭家塤人，客居台灣高雄鳳山。 民國六年西元 1917 年一月二日生，卒於民國五十五年西元 1966 年一月廿七日。 黃埔軍官學校十九期畢業，1949 年隨軍來台灣，曾任排、連長、後勤彈藥庫長等職，盡忠職守。 配楊桂英，民國九年西元 1920 年一月十五日生。 血緣：啟鏞－世英－應德－開涵－雯□－運□－觀□－曉秋－士□－業華－長安、肇麟、(女)肇琴、肇妮、肇敏－

開派少典	受姓彭祖	江西構雲	湘瀏明宗	先　祖	紀　事
167	150	43	20	彭 長 安 配 傅田豐	業華長子，現住台灣高雄縣鳳山市民安街五六巷十五號。 配傅田豐，民國四十四年西元 1955 年九月廿二日生。在台灣石油公司任職。 血緣：啟鏞－世英－應德－開涵－雯　－運　－觀　－光　－士□ －業華－長安－偉帆－
167	150	43	20	彭 肇 麟 配 張志麗	業華次子，現住台灣高雄縣鳳山。 血緣：啟鏞－世英－應德－開涵－雯　－運　－觀　－光　－士□－業華－長安－偉航－
167	150	43	20	女 彭肇琴 婿 汪台生	業華長女。湖南瀏陽官橋郭家垻人，住台灣高雄縣鳳山市武營路 278 巷 11 號。 民國四十二年西元 1953 年五月歿。夫婿汪台生，二子：汪皖儀、汪金漢 血緣：明宗－思正－紹連－廷倫－時珍－書房　－偉倫－興其－忠明－啟鏞－世英－應德－開涵－雯　－運　－觀－光　－士□－業華－肇琴－汪皖儀、汪金漢－
167	150	43	20	女 彭肇妮 婿 邱鳳松	業華次女。湖南瀏陽官橋郭家垻人，現住台灣高雄縣鳳山市凱旋路三七五巷卅三號。 西元 1958 年八月廿二日生。 血緣：明宗－思正－紹連－廷倫－時珍－書房　－偉倫－興其－忠明－啟鏞－世英－應德－開涵－雯　－運　－觀－光　－士□－業華－肇妮－邱鳳妮、邱尚奇－
167	150	43	20	女 彭肇敏 夫 Colin Wall	業華三女。湖南瀏陽官橋郭家垻人，現定居英國。夫婿 Colin Wall，英國人。現住英國 Granary Stanford road west Deeping Peterborough. PE6 9JD England. 血緣：啟鏞－世英－應德－開涵－雯　－運　－觀　－光　－士□－業華－肇敏－佳思敏、亞力山大－
165	148	41	18	彭 士 學 配 蘇安休	光法(植人)公次子，字祥玉，號仲維，1923 年七月六日生，血型Ａ。 現住台灣省高雄縣岡山鎮金興街五十八號。電話：07-6262109 黃埔陸軍官校廿一期，陸軍步兵學校初、高級班，空軍指揮參謀大學畢業。歷任空軍機校區隊長、中隊長、大隊長，空軍訓練基地指揮官。妻室蘇安休，台灣屏東縣崁頂鄉人，1936 年一月二十一日生，血型Ｏ型。 一女慧玲，　三子：業聰，業明，業湘。 血緣：明宗(文柏)－思正－紹連－廷倫－時珍－書房－偉倫－興其－忠明－啟儒－世吉－應川－開堯－雯懋－運熫－觀濂－光法－士學(祥玉)－業聰，業明，業湘。(女)慧玲－崇軒，崇凱，崇傑。(女)欣洁，婉媚，婉怡。(外孫)廖書辰，廖書涵－
166	149	42	19	女 彭慧玲 夫 廖昭揚	光法（植人）公之孫女，士學之女。西元 1957 年六月卅日在台灣岡山出生。血型Ｏ型。 樹德高商畢業。原藉湖南省瀏陽縣普蹟善沖，現住台灣台中市長安路二段 71 巷九弄 50 號六樓之一電話 (04) 22992290 夫婿廖昭揚，台灣省雲林縣虎尾鎮人，1949 年七月十三日生，東海大學機械系畢業。 二子：廖書辰，廖書涵，大專畢業。血緣：啟儒－世吉－應川－開堯－雯懋－運熫－觀濂－光法－士學(祥玉)－(女)慧玲－廖書辰、廖書涵－
166	149	42	19	彭 業 聰 妻 胡秋英	光法（植人）公之孫，士學長子，1960 年八月廿七日生。原藉湖省瀏陽縣普蹟善沖， 落藉台灣省台中國光路二段三四五巷廿七號。電話 04-4930883 國防醫學院畢業。榮民醫院醫師，旋懸壺濟世，自行經營順和眼科診所。妻室胡秋英，1963 年十月二日生，血型Ｏ型。台北醫學院藥學系畢業，夫唱婦隨，合力經營眼科事業。原藉江西省豐城縣。 生一子崇軒，一女韻潔。 血緣：啟儒－世吉－應川－開堯－雯懋－運熫－觀濂－光法(植人)－士學－業聰－ 崇軒、(女韻潔－
167	150	43	20	彭 崇 軒	光法（植人）公之曾孫，士學之孫，業聰之子，1997 年六月九日生原藉湖南省瀏陽縣普蹟善沖， 落藉台灣省台中國光路二段 345 巷 27 號 血緣：啟儒－世吉－應川－開堯－雯懋－運熫－觀－光法(植人)－士學－業聰－崇軒－
167	150	43	20	女 彭韻潔	光法（植人）公之曾孫，士學之孫女，業聰之女，生於 1989 年九月廿八日。原藉湖南省瀏陽縣普蹟善沖， 落藉台灣省台中國光路二段三四五巷廿七號 血緣：啟儒－世吉－應川－開堯－雯懋－運熫－觀濂－光法(植人)－士學－業聰－韻潔－
166	149	42	19	彭 業 明 妻 張淑美	光法（植人）公之孫，士學次子。1962 年十一月廿四日生，血型Ａ原藉湖南省瀏陽縣普蹟善沖， 落藉台灣省高雄縣鳳山市中崙二路五八一巷二之一號二樓。電話：(07) 7534087。空軍官校畢業， 歷任參謀官，營長，專員。妻室張淑美，血型Ｂ型，新世專校觀光科畢業。原藉四川省遂寧縣。 一子崇凱，一女婉娟 血緣：啟儒－世吉－應川－開堯－雯懋－運熫－觀濂－光法(植人)－士學－業明－崇凱、(女)婉娟。
167	150	43	20	彭 崇 凱	光法（植人）公之曾孫，士學之孫，業明之子。生於 1993 年八月十六日，血型Ａ。 湖南省瀏陽縣西鄉普蹟善沖，落藉台灣省鳳山市中崙二路五 81 巷二之一號二樓。 血緣：啟儒－世吉－應川－開堯－雯懋－運熫－觀　－光法(植人)－士學－業明－崇凱－
167	150	43	20	女 彭婉娟	光法（植人）公之曾孫女，士學之孫女，業明之女。生於 1995 年七月卅日，血型Ｂ。 原藉湖南省瀏陽縣普蹟善沖，落藉台灣省鳳山市中崙二路五 81 巷二之一號二樓。 血緣：啟儒－世吉－應川－開堯－雯懋－運熫－觀濂－光法(植人)－士學－業明－婉娟－。
166	149	42	19	彭 業 湘 妻 楊毓玲	光法（植人）公之孫，士學三子。1965 年九月廿日生，血型Ｏ型。高職畢業。原藉湖南省瀏陽縣普蹟善沖， 落藉台灣省高雄縣鳳山市中崙二路五七六巷十之一號四樓 電話：(０七) 7530004 妻室楊毓玲，生於一九六八年七月一日，血型Ａ型。高職畢業。原藉台灣省高雄縣。 育有一子崇傑，血型Ａ型，一女婉怡，血型Ａ型。 血緣：啟儒－世吉－應川－開堯－雯懋－運熫－觀濂－光法(植人)－士學－業湘－崇傑、(女)婉怡－。
167	150	43	20	彭 崇 傑	光法（植人）公之曾孫，士學之孫，業湘之子，生於 1993 年四月廿三日，血型Ａ。 原藉湖南省瀏陽縣普蹟善沖，落藉台灣省高雄縣鳳山市中崙二路五七六巷十之一號四樓 血緣：啟儒－世吉－應川－開堯－雯懋－運熫－觀濂－光法(植人)士學－業湘－崇傑－
167	150	43	20	女 彭婉怡	光法（植人）公之曾孫，士學之孫，業湘之女，生於 1993 年四月廿三日，血型Ａ。原藉湖南省瀏陽縣普蹟善沖， 落藉台灣省高雄縣鳳山市中崙二路五七六巷十之一號四樓 血緣：啟儒－世吉－應川－開堯－雯懋－運熫－觀濂－光法(植人)士學－業湘－(女)婉怡－
165	148	41	18	彭 士 伸 勛 甫 配 雷天松 續配 蘇雅宜	光鑫公獨子，字勛甫，民國十六年丁卯歲西元 1927 年七月十九日出生。 原籍湖南省瀏陽市官橋鄉彭家塅德慎，客居台灣省桃園縣平鎮市金陵路二段四五四巷五弄四號。 大覺寺彭氏族校小學、金江高小卅三班、金江初中、建國高中、政幹班一期、台灣政治幹部訓練班第一期、政工幹校初高級班、測量學校測繪科結業。1949 年考入黃埔軍校廿四期，在海南島文昌縣清瀾港受訓，隨軍校來到台灣。歷任小學教員、中學教務員、陸軍少校、經理、課長、組長等職。軍中退役後經營農場，從事畜牧，養雞、種菜，嗜好攝影、會開車、做包子、饅頭、菜食，八般武藝，樣樣俱全。

開派少典	受姓彭祖	江西構雲	湘瀏明宗	先　祖	紀　事
					2001 年為摯友唐玉式，用電腦編輯「留痕」，2002 年續編「消氣集」。協助士賢(建方)編輯「中華彭氏源流譜」，又用電腦自導自編自打自印自訂，將照片與文字相互配合，以藝術眼光，圖文並茂，素描編寫「彭氏五桂堂紀念冊」，分送族人，罕見傑作，族人稱許。 首配雷天松： 1926 年三月十一日生，1944 年元月初三日姑表聯姻。 湖南省長沙市長沙中醫院研習班四年畢業，長沙中醫院住院醫師。 生二子：業精、業惠，一女淑琴。 來台灣再配蘇雅宜(蘇杏)： 1945 年一月廿一日生，台灣省屏東縣崁頂鄉人，屏東縣東港中學畢業。1964 年八月初二日結婚，生一子業煌，二女：長女湘瀏適陳正平，生二子陳勇峻、陳淆汶，次女湘伶適李厚德，生一子李文皓，一女李文心。 1988 年，兩岸開放，十二月返鄉「四郎探母」，時母患直腸癌，翌年五月廿三日十四時辭世，享年八十二歲，未克返里奔喪，終身憾事。 1996 年五月，率台灣妻小全家返鄉祭祖歸宗，大陸兒女數度來台灣團聚。 血緣　明宗(文柏)－思正－紹連－廷倫－時珍－書房－偉倫－興其－忠明－啟儒－世吉－應川－開堯－雯懋－運爌－觀序－光鑫－士伸(勛甫)－(子)業精、業惠、業煌。(女)淑琴、湘瀏、湘玲－(孫)彭海、(孫女)紅玲、群英、彭琪、(外孫)張星輝、張星龍、李文皓、陳勇峻、陳浠汶、(外孫女)張寒梅、李文心－(外玄孫)張銳－
166	149	42	19	彭業精	士伸(勛甫)長子。陷大陸。1948 年三月初九日生。湖南省瀏陽市官橋鄉彭家塅德慎人配劉香蓮，二女群英，彭琪。 血緣　啟儒－世吉－應川－開堯－雯懋－運爌－觀序－光農－士伸(勛甫)－業精－(女)群英、彭琪－
166	149	42	19	彭業惠	士伸(勛甫)次子，陷大陸。1949 年九月初一日生，湖南省瀏陽市官橋鄉彭家塅德慎人。配易俊輝一子彭海血緣　啟儒－世吉－應川－開堯－雯懋－運爌－觀序－光農－士伸(勛甫)－業惠－彭海、(女)紅玲－
166	149	42	19	彭業煌	士伸(勛甫)三子。1966 年正月卅一日生，原籍湖南瀏陽官橋德慎，現住台灣桃園平鎮金陵路二段四五四巷五弄四號。桃園中壢國小、平鎮國中、桃園農工、南亞技術學院、元培技術學院畢業、新加坡焚化爐訓練班結業。中興電機工程師，焚化爐控制室工程師，環工部工程師等職。一九九六年五月隨父母返回湖南瀏陽老家尋根祭祖。 妻室 郭淑伶 建國商學院畢業　血緣　啟儒－世吉－應川－開堯－雯懋－運爌－觀序－光農－士伸(勛甫)－業煌－
166	149	42	19	女 彭淑琴 婿 張水培	士伸(勛甫)次女，陷大陸。1945 年二月初二日生，湖南省瀏陽市官橋鄉彭家塅德慎人。 夫婿張水培，現住湖南瀏陽官橋，經營商業。二子：張星輝，張星龍。 血緣　啟儒－世吉－應川－開堯－雯懋－運爌－觀序－光鑫－士伸(勛甫)－(女)秀琴－張星輝、張星龍、(女)張寒梅－張銳、易靖淞－
166	149	42	19	女 彭湘瀏 婿 陳正平	士伸(勛甫)次女，1967 年五月廿四日(農曆四月十六日)生，湖南瀏陽官橋德慎人，落籍台灣台中縣龍井舊車路七巷五三號。育達高商畢業，曾任會計工作，與夫婿獨資自行業。 夫婿陳正平，1973 年年八月廿五日生，台灣台中縣龍井鄉茄投人，中原大學化工系畢業。 生二子：陳勇峻，2002 年四月廿二日生。陳浠汶　2004 年生. 血緣　啟儒－世吉－應川－開堯－雯懋－運爌－觀序－光鑫－士伸(勛甫)－(女)湘瀏－陳勇峻、陳浠汶－
166	149	42	19	女 彭湘玲 婿 李厚德	士伸(勛甫)三女。1972 年七月二十日(農曆六月十日)生。籍湖南省瀏陽市官橋鄉德慎， 現客居台灣桃園縣中壢龍岡龍東路二五五巷五六弄十六號。桃園縣東勢國小、平鎮國中、育達高商、明星技術學院畢業，曾任會計、秘書工作。夫婿李厚德，山東人，1969 年五月五日(農曆三月十九日)生，勤益技術學院畢業，中強電子公司副理。生一子李文皓，一女李文心。 血緣　啟儒－世吉－應川－開堯－雯懋－運爌－觀序－光鑫－士伸(勛甫)－湘玲－李文皓、(女)李文心－
166	149	42	19	女 彭麗華 元英 夫 姜玄同	士林次女，字元英，1923 年七月初二日生，原籍湖南瀏陽普蹟官橋後背隴，1950 年來台灣， 現客居台灣桃園縣內壢長樂街五四巷一之二號三樓。夫婿姜玄同，安徽懷寧人，1911 年十二月十五日生，1991 年十二月十八日逝，隨軍來台，陸軍中校退役，曾任政治部主任。生一女慧玲，一子自強。 血緣：啟儒－世吉－應川－開堯－雯懋－運爌－觀度－光瀏－士林(桃生)－元英(麗華)－姜自強 1962 年九月十九日生。(媳李鈺川 1969 年十一月十日生)，(女)姜慧玲 1947 年七月十六日生。(婿蔣俊雲)－(孫)姜敬晏 1996 年六月十三日生。(孫女)姜敬怡 1991 年十二月廿六日生，姜霆芝 1993 年十月五日生。(外孫)蔣安傑，蔣安忠，蔣安華－
165	148	41	18	彭士信 妻 紀雅芳	光戶公五子。湖南瀏陽官橋彭家塅人。1929 年 10 月 18 日生。 國立八中畢業，1949 年隨軍來台灣，裝甲兵退役。現住台北市臥龍街 5 號 5 樓 55 室。配紀雅芳，台灣大甲人， 血緣　啟儒－世□－應□－開饒－雯師－運桀－觀咸－光戶－士信－
166	149	42	19	彭亮臣	士洋之子。湖南瀏陽官橋彭家塅人。1949 年隨軍來台，退役後在花蓮榮家安養。 血緣　啟儒－世□－應□－開饒－雯師－運桀－觀咸－光□－士洋－亮臣－

湖南瀏陽躍龍鴨塘志道公系旅居台灣嗣裔

少典	彭祖	構雲	鴨塘	先　祖	紀　事
170	153	46	25	彭友清 配 羅富美	孝禧長子，字灘，民國十年辛酉西元 1921 年九月十二日寅時生，　2006 年三月逝。 原籍湖南瀏陽鎮頭鎮躍龍村弄坑組， 客居台灣台北市內湖康寧路一段 189 號一樓。 陸軍官校十八期、步兵學校高級班三期、化學兵學校一期、陸軍參謀大學正規班十一期、三軍聯大聯參班一期。歷任連、營、團、旅長、士官學校副校長。1949 年隨軍來台灣，轉戰大江南北，參加大小戰役不計其數。退役後曾任世盟主席谷正綱秘書，擅長書法，出版有「書法選集」。 妻室羅富美，新加坡人，民國廿三年癸酉西元 1934 年七月廿四日巳時生， 一子培中，一女培蘭(薪曄)。 血緣：構雲－滋－倜－輔－玨－彥章－師導－允相－文畯－儒生－仕職－思宜－汝　－忠完－義郁－大秉－公先－世俞－德明－述－夔－志道－仁四－進士－聲雷－子美－宏源－均平－惟玉－景福－萬源－福麒－崇大－單瓏－國榮－朝文－廷爵－添用－順朝－鍾江－清梃－樹觀－耀來－坤煜－孝禧－友清－－培中、(女)培蘭(薪曄)　－琪鈞、琪霈－
171	154	47	26	彭培中 妻江淑惠	友清之子，民國五十年辛丑西元 1961 年十月廿二日生， 原籍原籍湖南瀏陽鎮頭鎮躍龍村弄坑組， 客居台灣台北市內湖民權東路六段 280 巷 155 弄七之一號二樓。 淡江大學統計系畢業，歷任上海銀行、中國信託商銀、美國銀行行員，現任南山人壽抵押放款部經理。 妻室江淑惠，祖籍山東青島市，民國四九年庚子西元 1960 年四月廿五日申時生，淡江大學圖書管理學系畢業，鈞霈公關公司負責人.

少典	彭祖	構雲	鴨塘	先　祖	紀　事
					二女：琪鈞、琪霈。 血緣：志道－仁四－進士－聲雷－子美－宏源－均平－惟玉－景福－萬源－福麒－崇大－單瓏－國棻－朝文－廷爵－添用－順朝－鍾江－清梃－樹觀－耀來－坤煜－孝禧－友清－培中－(女)琪鈞、琪霈－
171	154	47	26	女 彭培蘭 (薪 曄)	友清之女，民國五二年癸卯西元 1963 年三月卅一日辰時生， 原籍原籍湖南瀏陽鎮頭鎮躍龍村弄坑組， 現住灣台北市內湖區康寧路一段 189 號一樓。 淡江大學日文系畢業，台灣 NEC 電腦公司企劃部襄理。 血緣：志道－仁四－進士－聲雷－子美－宏源－均平－惟玉－景福－萬源－福麒－崇大－單瓏－國棻－朝文－廷爵－添用－順朝－鍾江－清梃－樹觀－耀來－坤煜－孝禧－友清－(女)培蘭(薪曄) －
172	155	48	27	女 彭琪鈞	培中長女 原籍原籍湖南瀏陽鎮頭鎮躍龍村弄坑組， 客居台灣台北市內湖民權東路六段 280 巷 155 弄七之一號二樓。 民國七十八年己巳西元 1989 年十一月十七日寅時生。 血緣：志道－仁四－進士－聲雷－子美－宏源－均平－惟玉－景福－萬源－福麒－崇大－單瓏－國棻－朝文－廷爵－添用－順朝－鍾江－清梃－樹觀－耀來－坤煜－孝禧－友清－培中－(女)琪鈞－
172	155	48	27	女 彭琪霈	培中次女 原籍原籍湖南瀏陽鎮頭鎮躍龍村弄坑組， 客居台灣台北市內湖民權東路六段 280 巷 155 弄七之一號二樓。 民國八十年辛未西元 1991 年三月初五日巳時生。 血緣：志道－仁四－進士－聲雷－子美－宏源－均平－惟玉－景福－萬源－福麒－崇大－單瓏－國棻－朝文－廷爵－添用－順朝－鍾江－清梃－樹觀－耀來－坤煜－孝禧－友清－培中－(女)琪霈－

大陸彭氏來台、澎、金、馬者(已知名者)

省	縣	首 次 遷 來 台 開 基 祖 (不包括台灣出生子嗣)
湖南	瀏陽	彭順鵬、彭建方、彭士學、彭勛甫、彭士信、彭業華、彭麗華、彭友清、彭和欽、彭煥章、彭秉彝、彭客塵、彭兆民、彭德厚、彭崇杰、彭 奇、彭 彪、彭傳華、、、、、
	湘陰	彭伯良、彭子珂、彭森湝、彭聖師、彭佳俊、彭揚庥、彭希憲、彭令豐、彭肯堂、彭須源、彭三光、彭熙同、彭曙、彭子華、彭烈峰、彭振剛、彭綏來、彭錫球、彭式黎、彭拜賡、彭建勳、彭達遵
	平江	彭富伯、彭雁初、彭堃、彭神佑、彭和初、彭牧人、彭柱中、彭拯民、彭彤彬、彭意存、彭阜康、彭意堅、彭努康
	湘潭	彭芳谷、彭商育、彭安忠、彭耀環
	湘鄉	彭志遠、
	桑植	彭清泰、彭長盛、
	長沙	彭長貴、彭拯民、彭復奇、彭仲傑
	寧鄉	
	衡陽	彭馭群
	常德	彭建中
	新化	彭元海、彭鐵軍
	臨澧	彭如洲
	慈利	彭安漢
	桂陽	彭靜逸
	永興	彭煥楚
	其他	彭超杰、彭季麟、彭安仁、彭勃、彭立川、彭才訓、彭天翼、彭立求、彭玉禮、彭正良、彭竹波、彭安陵、彭金玉、彭河清、彭良裕、彭時胄、彭曼華、彭揚良、彭靖寰、彭漢清、彭維新、彭輝、彭鴻、彭鵬、、、、、、、
湖北		彭孟緝、彭蔭剛、彭震剛、
河南		彭飛、

註：大陸來台灣彭氏散居各地，統計不易，遺漏者至少萬人。

福建彭氏

福建彭氏源流

吾閩始祖，厥帷裕公諱伯溫于唐高祖，武德戊寅年，由江西瑞州府由昌縣，移居溫州府平陽縣開基，傳十三世祖景賢公娶婆楊氏，士五子，長思逝，次思鶴，三思鍾，四思芳，五思董·思邈公者開州司馬，宗兵部尚書，生於唐末，壯於五代，老於有宋，景賢公長子也，從王入閩，宅福州西湖而肇基，由是枝蕃派衍，而彭姓遂滿閩中，若公者，蓋吾閩百世不祧之矣。娶王氏生二子，長文裝，次文姜，姜公仕閩金吾將軍，娶荀氏生五子，長信，次壽，三康，四古，五義·信公娶王氏，生一子，諱金公，仕閩王右丞，娶余氏生五子，長官次安三寵四泰五密，官公于清泰乙末年，發兵入閩到古邑杉洋，觀其仙奇水秀，愛而居焉。其實天下擾攘：植立門盧實厥艱難，年十七歲時，傳法閭山，獲西犀角金鞭而還，因信公妄置更鼓，其財產悉遭官沒。幸官公以巫咸之術，因旱祈雨得免其難，封為彭大真人，實由此也·享壽七十二歲，娶李氏生五子，長沭，次游，三潤，四渥，五淵·沛公娶謝氏，肇基熟洋村舊譜。沭公號朝奉，生三子，長當，次德，三稜·當公娶陳氏，生五子，長曦，次暉，三暘，四曜，五旺·曜公生二子，長淮，次泗·淮公娶林氏生三子，長應壽，次應昭，三應珠·應珠公娶周氏、繆氏生四子，長顯，次進，三源，四潼·自是瓜瓞綿長，歷八世祖愛棠公，子崇禎十三年庚辰歲創祠宇，祖思邈公而宗應珠公者，其亦由禮以義也雲爾。

福建彭氏子孫由不同地域轉輾遷來，支系繁多，宗祖各有不同，其中以構雲公世系者居多，但福建作邑彭氏，則非構雲公世系·西元 1942 年福建「崇安縣新志」卷四「氏族」首列彭姓，是該縣最古的望族之一·有三支，同姓不同宗·一支在唐初從潤州丹陽遷入，始祖彭遷，任建州武官·另一支從江西吉安遷入，居曹墩·第三支居住新陽，稱是彭越後人·其中以彭遷後裔最興盛，人數占彭姓總人口一半以上，主要居住溫嶺、崇嶺、大將、五夫、嵐谷、吳屯等地·溯源可分不同世系·

福建彭氏宗系概略

福建彭氏	紀　　要
武夷山支系	據「崇安縣志」『史記·封禪書』相傳四千年前，彭祖擕子彭武、彭夷隱居於此，後人以其名曰武夷山·「武夷山志」云：彭祖姓籛名鏗，有二子：曰武、曰夷，在昔彭祖獻堯雉羹，幔亭峰下，遁跡養生，茹芝吸露，歌如舜英，厥有二子，武、夷得名·武夷山市的前身－崇安縣－崇安場－溫嶺鎮－新豐鄉 據「武夷山－人物志」記載：唐貞觀初年彭遷，青年時輔佐李世民平治隋末之亂，封左牛衛軍，提督建州(今歐市)，年老辭官退隱定居建陽北鄉，捐資招募民力墾荒，上括信州，下折建平，斬草除棘，弔水灌田，占地三千餘公頃，築室崇嶺，集民萬計，遂名其鄉「新豐」· 彭遷之子彭漢，永徽二年生于建州，漢博學力行，經監試部推荐，授洪縣令，擢升台州判官·唐垂拱四年繼父遺志，奏准「新豐鄉」改名「溫嶺鎮」，設官署·彭遷之孫彭當，生于唐貞元十年，幼年；聰穎，勇武過人，隱襲建州兵馬殿中都監兼攝郡政，有政聲·溫嶺鎮日趨繁榮，人丁興旺，賦稅充足·彭當奏請將「溫嶺鎮」於唐會昌五年升為「崇安場」·宋淳化五年升為「崇安縣」，至 1989 年撤縣建市，名「武夷山市」·彭遷、彭漢、彭當祖孫三代開闢鄉土，邑人緬懷功績，在城西建「彭氏三代祠」(今已廢)·子嗣分佈于五夫、大將、嵐谷等處，為一旺族，還有曹敏等地彭姓，是同姓不同宗系也·
福建作邑(崇安縣) 彭遷、彭漢、彭當 三代入閩	彭邁十數傳至彭遷(606~694)，妣徐氏，子長曰淇，次曰漢·於唐貞觀初(627~649)自丹陽以武官任建州，挂冠後卜居建北鄉築室崇嶺，並出資募民萬餘，墾三千餘頃，置村九十，名新豐鄉，即新豐原·子彭漢，生於建州官舍，配翁氏·武則天垂拱三年西元 687 年，奏准立為溫嶺鎮，從而成為丹陽遷崇彭姓初祖·彭漢曾孫彭瑫，娶李、張氏，生子三·繼官於此，瑫在武宗會昌五年西元 845 年奏准，改場立鎮，名為崇安·北宋太宗淳化五年西元 994 年，升崇安場為縣·如此三代建功作邑，是稱作邑彭氏·祠堂在五夫、嵐谷，還有清獻三丈祠·宋代朱熹任官建州，對彭氏先賢創業功勋，崇仰題詩贊美：「彭侯戴武弁，政則宗吾儒；士茂先興學，允賢勤讀書；猷為莫不善，才力蓋有餘；西北溫嶺鎮，新豐可久居」· 彭遷，宋代崇安新豐鄉人，唐大業二年西元 606 年出生，輔佐秦王李世民平治隋末之亂，唐貞觀初年約西元 625－630 年，封左牛衛將軍，提督建州(今甌市)·遂由潤州(今江蘇鎮江)丹陽遷閩·旋偃武修文，隱居建陽北鄉，開荒墾殖，占地三千餘頃，聚族而居，名其鄉曰「新豐」，唐宏道二年西元 684 年逝世，享年 76 歲，葬武夷當源· 彭漢，字雲宵，彭遷之子，永徽二年西元 651 年，生于建州·博學力行，經監試部使推荐，授洪縣令，隨擢升台州判官·唐垂拱四年西元 683 年繼父遺志，奏准新豐鄉為溫嶺鎮，設立官署·在台州任職二年因母病離任回鄉，侍奉湯藥，並拓荒造田，從事開發，後補判南劍軍(治署南平市)州廳事，頗具政績·唐開元四年西元 716 年十二月病逝于建陽界墩，享年 65 歲· 彭當，為彭遷之孫，生于唐貞元十年西元 804 年，聰穎，勇武過人，蔭襲建州，兵馬殿中都監兼攝郡政，唐會昌五年西元 845 年奏請獲准將溫嶺鎮升為崇安場，後改為縣· 崇安縣志：唐貞觀初，潤州人彭遷授建州左牛衛將軍，遂居于溫嶺東岸之潺口，墾辟荒地九十餘處，移民居之，名曰新豐鄉·其子漢，請以新豐鄉為溫嶺鎮，孫當，請以溫嶺鎮為崇安場·邑人高其功，以【三代祠】·子孫蕃衍于五夫，大將，嵐谷等處，為一望族·然曹墩彭姓由吉安遷入，新陽彭姓為彭越後人，蓋同姓不同宗也· 作邑彭氏出自三國彭闇，先祖彭邁，西晉懷帝永嘉元年西元 307 年南渡，首居京口(今江蘇鎮江市)丹陽·東晉元帝即位，被封為西都郡王，子孫散居江南一帶，這是繼漢代彭宣公後裔南遷之後，彭姓又一次大南遷，與原有江南彭姓會聚，使彭姓人口影響力繼續擴大·彭邁十數傳至彭遷，唐貞觀(627-649)自丹陽出官建州,官拜千牛衛上將軍·挂官後卜室建平北鄉·出資募民萬餘，墾田三千餘頃，置村九十，名日新豐鄉·彭遷子彭漢，生於建州官舍，官拜台州軍事判官·武則天垂拱三年(687)，彭漢奏垃為溫嶺鎮，而成為丹陽遷崇安之彭姓始祖·彭漢曾孫彭瑫任官，在武宗會昌五年(845)奏准，改鎮立場，名為崇安·彭瑫，通達經史，家饒財富，性喜釋典，與當時名僧扣遊禪師友好，曾于所居之東建精廬，與師居焉·南唐時為建州兵馬都監，詣金陵上書，請以溫嶺鎮改為崇安場，他本人後則仕至殿中監·後人為彭遷、彭漢、彭瑫建有「三丈祠」紀念·其孫彭奭亦登南宋紹興二十四年(1154)進士·北宋宗學錄彭拯，登政和二年(1112)進士及第，其子彭昌言，曾知桂陽軍·南宋彭岩肖，獲得甲子(1144)薦官邑宦·詩人彭止，字應明詩風典雅，著「刻鵠集」·彭九萬，工詞賦，力主抗元遇害，著有「淩波辭賦水仙花」·1942 年「福建崇安縣新志族」：崇安彭氏有三支，同姓不同宗·一支在唐初從潤州丹陽遷入，始祖彭遷，任建州武官；一支從吉安遷入，居住曹墩；一支居新陽，稱是彭越後人·
福建莆田彭氏	福建莆田之彭也，其始兄弟三人，曰念三、念四、念五·念四遷中州，三、五俱由港內遷涵口·而念五子伯福，伯福之子奉，為橫塘陳氏贅婿，居橫塘·歷世貴顯，乘朱輪拖珪者，相望於里閈·念三之七世孫，即弘治時刑部尚書，謚惠安，韶為有明名臣·奉七世孫兵部侍郎，汝楠力擊權閹，幾罹「楊左」之禍·十世孫鵬，為廣東巡撫，清剛忠正，風烈蓋世，事具國史·其譜略曰：「入莆不知何代·在宋雅稱望族，有西門彭、前門彭」·祭酒椿年，以清要顯太學生，受廬陵墓致白鵲之祥·文學興旨，明進易傳·凡彭

福建彭氏	紀　　　　要
	有三、四支，其初皆一族．宋末郡城被屠，譜亦不存．按此開莆族亦為師爽公後矣．爽公之後，號為重．閔豫之近，柝聲相連，各派下注外出者，不可勝計．宋有天下三百餘載，遷徙之後閱數世，戶族滋大，況以名流輩出，安得不為望族．此猶約擬之祠也．而椿年者，實侍郎思永公玄孫，爽公之十世孫也．少遊學遍歷域中，惟閩有族，即附居焉．所謂三、四支者，椿年其一也．江西譜內，椿年下載失緒，蓋未考其所後裔耳！莆以椿年為先世，則為徵君後也，明矣． 莆田市「彭氏大宗祠」又名「彭氏歷史名人紀念館」，座落莆田市郊涵口村．1993 年重建完成，祠內供奉始祖彭祖等延年公、彭受公、彭春湖公、彭汝礪公、彭詔公、彭鵬公等各先祖畫像．、、
福建虹山彭氏	福建虹山彭氏，武丁 43 年西元 1282 年，商滅彭城國，彭氏後裔向中原播遷，有入河南汝水者．春秋時，上大夫彭仲爽，西漢時長平侯彭宣居淮陽，從而派衍河南中原．虹山彭氏六世祖英公譜序：彭氏厥後支派蔓延已不佑其幾也，吾祖派在河南汝寧府光州固始縣，乃宣其後，今亦難考其幾世矣．唐僖宗廣明元年西元 880 年，黃巢起義戰事中，吾祖隨軍過江始居於閩之泉(即泉州)．次遷城西南安，自根公，原名錢避，後遷晉江中山，舍於琄峰山下．由於祖公上世失傳，故以根公為我虹山一世祖，子二，二世福州監倉曹相齡公，廣州司戶曹相榮；三世燁公，子三；四世延進；五世謙公，子二；六世瑛公，子二；　七世順公；八世軒公，子二；九世如高；十世漢湖，子二；十一世卿月；十二世潛公；十三世必后；十四世孔暉；十五世天與，子三；十六世源有、濟有，分為東西兩房；而一脈遁下是弔山總聚之盛，傳至今已有四十世，字行(昭穆)：秉文子仕宜，恒喬于茂孫；為可中叔秀，永建乃嘉芳；詩書綿世澤，忠孝紹先賢；餘慶昌謨烈，發祥益壽年． 虹山彭氏自一世祖根公，入閩至今己 1100 餘年，海內外子孫眾多，其中可考者，二世祖相榮公，宋高宗年間，官任廣州，子孫居粵，6 世 21 公，字天祿，諱賢，宋乾道年間分居莆北頭(橫塘)；23 世恒解、及子鳥治，遷居興化城後常大里漲城社邊；13 世連發其子桀秀，宋末遷居仙游中埔；22 世紀琚公及子時成、時玉、時三，遷仙游西鄉；20 世思亮，號振玄，子：一心、仁心、存心，遷西鄉打石兜；16 世明德，移居仙游龔乾；30 世執公居仙邑城內；31 世紀金公與子彬移居仙游城內，分居永春；23 世香子，30 世來成，32 世月喜分居大田，30 世豪公，31 世綢分居福清，32 世秀搗，33 世福春、以聲，34 世炮昌，35 世金水，分居泉州城內，25 世孔公，31 世其英，33 世通公，分居廈門；34 世生財，分居漳州；33 世永昆分居建寧，30 世子榮，31 世叔粘，32 世族公、臨公、善耀，32 世秀尾，33 世光輝，遠遷浙江溫州，26 世茂桀子孫遷南安德化，遷台灣者清朝 25 人，民國 15 人，分居東南各國一百多人，現已衍成人數眾多之族派．
福州彭氏	「福建彭氏族志」載，彭思邈曾仕開州司馬，廣明元年(880)隨王(潮)入閩，宅福州西湖而肇基，子孫遍佈閩棟村寨，蕃衍閩北和浙江蒼南以及南洋諸島，彭思邈被尊為閩東彭氏開基祖．「福州府志」，福州人彭億，字宋延，紹興間(1131-1162)，南宋高宗與入侵金人簽訂「紹興和議」，對金屈辱稱臣．金貴族欺壓人民，彭億招募勇士，訓練墾殖齊進，保住家鄉．「尚友錄」彭公永，南宋紹興進士，二子：彭渙、彭演，相繼中進士，顯赫一時．彭演曾在唐玄宗年間(713-741)興建的「興慶宮」題詩:「長安宮闕米蓬蒿，塵暗虹梁羯縚；惟有水天明月夜，一條空碧見秋毫．」
泉州德化縣彭姓有霞碧村和南箕村	根據「隴西德化大宗彭譜志」，德化縣始祖為世臣公，唐太宗時進士，任洪州進賢令．其世系為彭構云(唐天寶)後裔，唐中期到德化縣，為第三支入閩祖．子孫分佈德化縣關西門街、北門外，霞碧村、番坑村、上圓村、蘇洋村、和碧潭村等地，以及閩清縣上蓮鄉的新村和溪坪等地． 德化彭姓肇基有四系, 謂之南箕, 陶趣, 上圍, 鳳陽(部系歷史遺失)。不同其祖雲所由來,然而溯流窮順勢萬殊一率也,稽查唐迂吳(江西)開基始祖構雲公源流世系,第十七祖邦躍公號匡山,配周氏贈恭人,生三子：祖年、延年、椿年，從德化南箕系稽查亟接乃祖年派系也。 錄康熙巳卯 38 年(1699)士斌稿雲:派出城西,景炎之變,故居蕩析,子性散處,莫知其分合之說,兼以早譜遭亂失火難稽,又如陶趣,風陽,上圍人往前先祖源流,幾度建譜間斷,直至民國 37 年丁亥(1947)聘連景柞為總纂,左昭右穆德化彭姓三系合一草本,隔 44 年於 1993 年加風陽一系,由十九世孫鍾洛續修“德化大宗彭譜主動志”由於上述之故,致德化彭歷史失載,亟待探索,現只能連景柞先生為總纂記載及臺灣等地參照雲。 隴西德化大宗彭譜志卷一：始祖是世臣公，憲宗時進士，任洪州進賢令． 福建彭氏族志編者彭高衡註釋：世臣公即是構雲公之第五子滋公．年代和官職以及宗承相符，滋公於西元 720 年左右，憲宗時進士，任洪州進賢令，生三子，次子輔公，年十九，登進士第，官宜春令，這是唐末又一支入閩祖． 民國 37 年丁亥(1947)德化彭姓為統,立譜“隴西彭氏大宗譜”陶趣,上圍從南箕系第三世亟接,風陽二世,眾議各系截止 20 世起統一字諱,至鍾洛續修“隴西德化大宗彭譜志”之際,各系各董事以南箕為主的在霞碧“慶餘堂”列入德化彭姓雲宗祠。“慶余堂”創建於明嘉靖 26 年丁未(1547)距今 456 年,經先後六次整修,煥然一新。
南箕系	慶公臣忠公四子,原籍江西盧陵吉水洪武扒軍泉州府,衛後千戶所(小旗役)世居後彭 ,其子閏公,照洪武二十年,丁州報丁歲,二十九年丙子補小旗役,永樂元年撥屯種,德化縣惠民裏霞碧村絕民莊,德義田土,崇禎年王追諡祥發公,其父慶公追諡肇基公,開拓霞碧,蟠 ,碧潭蘇洋等村,系德化彭姓人丁居首位。
陶趣系	陶趣系史亥公字文己,姓林氏四娘,原自長洲移江右,由江右遷泉州,再由泉州徒德化,先居西門,後遷北門外陶趣,生育一男欽。現人口次雲。
上圍系	上圍系頂生公定生公長子,原籍江西,因助洪武建國有功,洪武二十三年以紅牌事例,扒軍來泉,居虹山遷德化,往上圍建奠聯支祖廟,現人丁列第三位。
風陽系	風陽系:源德公,原籍失說,據直系相傳,自　定居風陽,架宇劇阪堂,為奠其祠宇,斯後發展緩慢,派下子孫奔散他鄉,移居不定,現徒居西門人丁幾十。
閩清縣彭姓	閩清縣彭姓在上蓮鄉的新村和溪坪村，根據隴西德化大宗彭譜志記載，是來自德化縣霞碧村，是德化同宗同系．
祖年、延年公嗣裔遷閩南祖世系	「中國文化大博覽」姓氏考略記載：後唐時彭構雲後裔彭玕【安定王】，居江西吉水之山口，裔彭嗣元再遷分宜縣． 德化彭姓肇基有四系, 謂之南箕, 陶趣, 上圍, 鳳陽(部系歷史遺失)。不同其祖雲所由來,然而溯流窮順勢萬殊一率也,稽查唐迂吳(江西)開基始祖構雲公源流世系,第十七祖邦躍公號匡山,配周氏贈恭人,生三子：祖年、延年、椿年，從德化南箕系稽查亟接乃祖年派系也。 宋神宗時，哲嗣彭延年，因官潮州刺史，遂安居廣東揭陽，為彭姓廣東始祖．後分支來福建漳州等地．又云：秦誠楚後彭遷于隴西，唐時彭氏始稱盛世于江西，玄宗時彭構雲遷居袁州宜春(今江西宜春縣)，其後裔再輾轉分衍福建、廣東各地． 祖年、延年公嗣裔遷閩南祖世系福建彭氏族志記載血緣：(1)構雲－②滋－③倜－④輔－⑤玕－⑥彥昭－⑦師爽－⑧德順－⑨壽－⑩嗣元－⑪次－⑫顯－⑬昌－⑭期－⑮忠念－⑯偉－⑰邦躍－⑱祖年、延年、椿年 一．　莆田市：「港內譜」始祖宋狀元吏部尚書，資政殿大學士少師，謚文政，春湖公之后． 1.世祖宋太學生旌表孝行卓異，受公． 2.世祖宋特奏名第一，溫州府學教授甫公 3.世祖宋處士渥公． 4.世祖宋文學宇伯公 又考宋李俊甫「莆陽叱事」:【西市彭，前街彭】，註云：“祭酒椿年，教授奎之族，祭酒答寓天台”說明宋代居興化軍城的彭姓有彭椿年後裔，和彭奎族屬，而彭椿年子孫，有一支後遷浙江天台縣．子孫分佈莆田市的新度港利、新度、郊尾、城廂的南箕、下店，黃石的錢塘，梧塘的楓林、林外，福興社，以及華亭的下皋石、塘尾等地．

福建彭氏	紀　要
	二· 同安縣：同安縣的彭厝，沙美，后肖等村的彭姓，根據彭炳華的「同安彭氏溯」記載，與莆田彭姓同宗，都是彭延年公後裔· 三· 仙游縣：仙游縣金山村的彭姓，賴店鎮張坡村的彭姓，度尾镇陂头村彭姓及鲤城镇万福村彭姓· 則是來自泉州虹山鄉振公的後裔·
閩東祖思邈公系	本系以唐初彭裕公為一世祖，裕公字伯溫，江南楊州府江都縣人，唐兵部尚書，秘書少鑒·配陳氏(杉洋譜余氏)，子二令全、令庄·唐高祖武德戊寅年西元 618 年，從江西省新昌縣(新昌今屬浙江省)，遷淅江省溫州府平陽縣，創立鴻基，卒葬平陽上里·其血緣： 1 裕公－2 令全－3 源公－4 純公－5 達公－6 文昌－7 泰公－8 祖英－9 瑰公－10 芝公－11 閣公—12 景賢－13 思邈(遷福建祖)－14 蘭胤－15 寶勝－16 文姜-17 祖信－18 金公－19 官公－20 沐公－21 稷公－22 明公－23 季五－24 深公－25 進公－26 得英－27 子貴－28 文顯－29 五郎－30 河公－31 明德－32 世緒－33 克承－34 真榮(古田前坪開基祖)
古田前坪開基祖真榮公世系	其宗來自入閩祖思邈公系,杉洋金公總祠,又都是涼傘樹分支. 卅四世真榮公，古田前坪開基祖，現屬福建省古田縣大橋鎮·卒葬前坪佛殿嶺之原·子嗣散居福建、江西、安徽、四川、廣東、湖南、台灣，及新加坡、馬來西亞、泰國等世界各地·
泉州市虹山彭氏	「虹山族譜」記載：吾祖在唐僖宗廣明元年，隨潮遷江(入閩祖思邈公)，始居于閬之泉，次遷城西之南安粵·開基祖振公復遷晉江之中山·思邈公任閩王兵部尚書，其孫寶振公任泉州參軍·故虹山祖厝石刻門聯有：「武祖虫山千古壯，門環石鼓四時春」之句，每年農曆八月十五日祠堂祭祀，緬懷祖德，啟迪後人· 彭根為虹山始遷祖，約在北宋天聖年間(1023-1032)·唐僖宗廣明元年西元 873 年，黃巢起義,吾祖隨王潮過江,始居於閩之泉,次遷城西之南安粵，已近千年，已傳四十餘代·自根公復遷晉江之中山，舍于瑁峰之居焉,斯祖之上世次失真，故以根公為中山之一世祖也· 泉州虹山祖祠，明正德皇帝賜聯：【支分唐朝歷百載，祠占泉山第一家】·泉州虹山祖厝石刻門聯：【武祖虹山千古壯，門環石鼓四時春】·從 16 世開始，西、東兩大房祧·至 18 世啟用啟穆：「秉文子仕宜，恒喬于懋孫；為可仲叔，季永建乃嘉芳·」後續『詩書綿世澤，忠孝紹先賢；餘慶昌謨烈，發祥益壽年·』目前最高輩為「叔」字最低至「綿」字輩·外遷鄰縣較大者有 14 支： 1. 小橫塘彭，始遷祖為六世彭天祿(都從彭根算起，下同)，爾後 23 世彭恒解父子徙居遊禦史嶺，後定居興化軍所城常太里· 2. 中埔彭與金山彭：始遷祖為 14 世彭桀，嗣裔集中在賴店中埔和龍華金山· 3. 寮山彭：聚居南安縣羅東鎮飛雲村的寮山· 4. 湯洋彭與雲峰彭：兩支均為 23 世彭香仔，徙居今永春縣東平鄉外碧村湯洋，及 32 世彭月喜父子，徙居永春縣外山鄉雲峰村之雲峰· 5. 舊館驛彭：25 世；彭于孔，清康熙年間「居住泉城」·乾隆初，于孔後裔置地業舊館驛，漸成城西大戶·現多外遷，舊館驛彭成了古居民遺址· 6. 九都彭：25 世彭于鼎,自移居南安潭邊開基始，後彭扯等廿人徙居九都、雷厝、苦頭、劉林等村落· 7. 大田彭：30 世彭仲豪，31 世彭叔粘、32 世彭季臨、季尾、善耀、33 世彭光輝等均徙居寧府· 8. 漳州彭：33 世彭永昆，徙居漳州· 9. 福清彭：32 世彭季搗，攜二子、33 世彭以聲攜三子、34 世彭抱昌、35 世彭金水,均徙居福清縣. 10. 廈門彭：34 世彭生財、遷春、季春,俱徙廈門山場定居· 11. 廣橋彭：多為上世紀 60 年，代虹山大隊組建「遠耕隊」出墾廣橋祖業、復耕林田，移居泉州洛江區羅溪鎮廣橋村，遂成虹山彭新聚地· 12. 清流彭：35 世彭乃帶隊於上世紀 60 年代，響應開發山林徙居清流縣嵩溪、嵩口、林斜、高地等 13. 青陽彭：35 世察、36 世國勝,於 70 年代舉家移居晉江縣城廂青陽鎮· 遷鄰省有兩支： 1. 金鄉彭：26 世彭懋桀「往浙江溫州平陽金鄉後刈居焉」 2. 台灣彭：從清康熙年們 26 世彭懋肇開遷台首例·清光緒年間，34 世彭建搭止，遷台人數達 24 戶·至 36 世齊英齊止，總計人數為 114 人·分別遷居新加坡、菲律賓、馬來西亞、印度尼亞諸國·
周寧縣彭姓	周寧縣彭姓始由巡公于正魏年間,在寧德縣虎埧鄉彭家村遷到咸村水龍頭,巡公子夢公,攜帶長子迎公于宋代至和二年西元 1055 年,移居石竹灣,地名八蒲嶺頭,其後分三支,嶺頭村,芹洋村,和龍溪村.龍溪村開基祖是七世祖景善公於未嘉熙西元 1237 年移居龍溪.
福建長汀彭氏	長汀縣彭氏始祖福祥公，玕公七世孫，原籍江西省寧都州鍾鼓鄉白鷺樹下·後唐庄宗二年西元九二三年遷入福建汀州府寧化縣合同里龍湖寨(今寧化縣治平鄉)，公見吳蚣塅土地肥沃，遂築宝於兹，並將不雅之地名蜈蚣塅改名為彭坊(又稱彭屋)，於是綿衍，枝繁葉茂·主要有：福祥公九世孫德誠公，遷居寧化縣彭家庄，德誠公之子進儀公，遷長汀縣南山鄉朱坊彭屋，子孫遠播閩、粵、贛諸省·福祥公十世孫德誠公第四子仕滿公，諱振范，是長汀縣童場鄉彭坊村開基祖，歷七百餘年，發廿八世，子孫除主居本地外，尚有遷住江西瑞金，廣東梅縣，以及寧泉上者，清流嵩口，汀州黃坑里、四都、新，還有江西黃沙葉坪、廣東興寧、梅縣、湖南桂東、以及四川等地·
福建寧德彭氏	閩東寧德縣彭姓始祖彭仲修(622~709)，生於虎貝鄉彭家墩，宗出構雲公南遷之裔，唐貞觀廿二年西元 648 年，仲修赴京考中武探花，在兵部任職，剛毅果敢，清廉正直，唐高宗李治詔封武毅大夫，告老還鄉居寧德城關西隅後場·仲修公「少年頗知樹，手植數萬株」，少年時在彭家墩劈一杉樹枝，倒插村中，不料成活為肇基之樹·至今樹已達 1370 多年，被林業部列為全國十大「杉木王」之一，並榮獲「綠色壽星」「奇異風采」之美稱· 彭仲爽遷居城關後，在西山白岩下建草堂(書齋)鑿水井取名「定泉井」，「鶴場漫志」記載：近郭水，首定泉井，相傳昔卜邑於四都陳唐洋，以此井水獨重，乃令今所·唐長興四年西元三三年，寧德由場升縣，選擇縣址時取決於此井水·又云：宋陳普先生為省會第一樓(即鍾樓)製造的銅制刻漏壺使用此井水，確保晝夜時刻，浮沉不爽· 「西山草堂」是仲修告老還鄉後興辦教育事業，在西山白岩下大坑前建造的，是寧川最早的一座書齋·鄉人迷信，認草堂後面有道流水坑，有坑煞，危邑人，宜建一寺以壓坑煞，則通縣皆獲福矣·彭家將草堂改為靈溪禪寺，望佛招僧，並捐田糧作為香火燈油糧米之用·彭家乃靈溪禪寺之檀越主也·歲月流逝，一千三百多年「涼爽樹」仍枝繁葉茂，「定泉井」水盈不竭，「靈溪禪寺」香火不斷·尤其西元 709 年所建彭仲爽墓，1985 年寧德人民政府立碑保護，使仲爽公在寧德諸多史蹟，渙發蓬勃的生機·
平川彭氏世系引	人生稟氣成形，莫不肇始於祖。譬水之浩瀚汪洋，有源以為之；自木之暢茂條達，有根以為之。盤故人之聚族群居，繩繩繼繼，皆統於一祖之系。然則為人後者，昧祖功宗德之所由來，是何異水之失源，木之忘根，其為不孝也甚矣！予荷祖陰，早入泮林，每於讀書之暇，取先人之道德文章而悉數之，愧不能紹述以闡其萬一。又因養晦公支派蕃衍，子姓熾昌，常以譜牒未修為憾。爰是邀集同宗，手訂一冊。其間綱舉目張，若族規、族禁、像圖、志傳、婚配、卒葬以及昭穆、次序，鹹載靡遺。雖數十世之後無俟問祖尋宗，而子孫之有志修譜者，亦可展卷而了然於目矣。謂非貽家之珍奇也哉！為後嗣者，尚其繼而述之，各盡親睦之道，庶有以追先哲之芳蹤，而孝思不匱矣。是為引。

武夷山作邑彭氏－遷公世系

彭嘉慶

【史記·封禪書】記載，相傳彭祖子嗣中有二子：武、夷，隨父隱居福建山林，後人便名此山曰武夷山，武夷山幔亭峰下曾有彭祖舊故址(初曰雲龍道院，又曰一水草盧)，後建為彭祖基，子孫綿延至今．現在，武夷山成為彭姓三大聖地之一．2004 年世界彭氏第六屆宗親聯誼會就在武夷山市舉辦，祭拜彭祖及彭武、彭夷．

1942「崇安縣志」卷四「氏族」中，彭姓列為第一，是開發武夷山之祖，是崇安最古的望族之一．始祖遷公，在唐初從潤州丹陽(今江蘇省鎮江市)遷入，後裔分天、地、乾、坤四房，人丁興旺，於今約有五千多人．

遷公，字紫喬，潤州丹陽人，隋大業二年(606)出生，唐貞觀初年(627-649)因輔佐李世民有功，授前八部都尉，擢升中郎將，拜武威太守．在封為左牛衛上將軍，提節建州(今建甌市)諸軍事後，就由潤州丹陽遷閩，年老辭官後偃武修文，隐居建平北鄉，因欽仰彭祖故廬，喜愛九曲山水，便雇募鄉民萬餘人，上括信州，下折建平，斬草鋤蒿，挖湖築陂，引水灌溉田地三千餘公頃，創立九十餘村，聚族而居，取名「新豐鄉」．南周延載元年(694)逝世，享壽 89 歲，贈上柱國、河間郡公，葬武夷當源中乳，被尊為丹陽遷崇彭姓始祖．夫人徐世勣妹，二子：長名溟，次名漢．

漢公，字雲宵，遷公次子，唐永徽二年(651)生于建州官舍，居住建溫嶺．幼年博學力行，經監部使推荐授為洪縣令，後擢升台州判官．漢公在台州任職二年，因母病回鄉，侍奉湯藥，並拓荒造田，從事桑梓開發事業，德才兼備，深受民眾擁戴．後補判南劍軍(台治署南平市)州廳事，頗具政績．武后垂拱三年(687)繼父遺志，奏准將新豐鄉立為溫嶺鎮，北面立街，設官守土．唐開元四年(716)逝于建陽界墩，享年 63 歲，被尊為作邑彭氏初祖．

瑨公，字武仲，漢公曾孫，生于唐貞元二十年(804)，自幼聰穎，精通經史，勇武過人，唐開成元年(836)蔭襲建州兵馬殿中監兼攝郡政．唐會昌五年(845)，瑨公奏准將溫嶺鎮升為崇安場．崇安場遷立彭城街中，並設立官署．昭宗乾寧三年(896)卒，享壽 94 歲．北宋淳化五年(994)崇安場晉升為縣．

「崇安縣志」記載，因遷公、漢公、和瑨公三代開疆闢土，建功作邑，崇安「先有彭，而後有崇」，故稱彭姓為【作邑彭氏】．崇安民眾於南唐時，在營嶺縣署義門旁建造「作邑彭氏三丈祠」，又稱「崇德報功祠」，每年春秋兩次祭祀，贊頌他們功德．遷公子孫蕃衍於嵐谷、五夫、大將、吳屯、溫嶺、崇嶺等處，成為崇安最古的望族．作邑彭氏出自三國彭羕，先祖邁公於西晉永嘉元年(**307**)南渡首居京口丹陽．東晉元帝即位，受封為西都郡王，子孫散居於江南一帶，邁公十數傳至遷公．這是繼漢代宣公後裔南遷之後，彭姓又一次較大的南遷．

世居曹墩的平川彭氏，係遷公長子溟公的曾孫塘公起分立的天房後裔．瑭公生二子：長繼苗公生文舉公，文舉公生鉦公，鉦公生斯健公，斯健公生組公，組公生揆公，揆公生二子，次昌季公，乃遷公十三世孫．昌季公字如玉，在南宋景炎丁丑二年(**1277**)正月，因元阿剌罕兵入境，攜眷避居於吉安永豐，歷三世至子誠公，字瑞意，號養晦，於元至正廿八年(**1368**)年秋，復由永豐遷回崇安曹墩，築室安家，從此肇基曹墩，十五世子誠公為曹墩始祖．子誠公長子護公生二子：長僖，公立忠房；次偏公，立恕房．忠房生四子，鑾公，鑿公，鏨公，敏公，又分立恭房，寬房，信房，敏房．

曹墩十八世起昭穆為：**培德基長厚，敦仁道大昌，詩書延世澤，楨幹作邦光．**

居住新陽的彭氏，據考乃遷公世系乾房裕公派下子孫，遷公世系分天、地、乾、坤四房，乾房支下分居城隅的後裔，定居在新陽．其中有從嵐穀鄉遷興國鎮雙西村，後又從雙西村遷新陽宗支，另傳說為彭武，彭夷，彭越之後，缺譜仍待查考．

作邑彭氏歷代賢能輩出，自瑨公以下，繼苗公登唐昭宗天復辛酉年（901）進士，至大司馬，兵部尚書；繼嗣公登唐光化己未年(899)進士，官至兵部尚書左仆射；保廉公登後唐莊宗癸未年(923)進士,官至京兆尹，吏部侍郎．至宋朝更為顯赫，北宋崇寧三年(1104)特奏狀元路公,其孫奭公又舉南宋紹興廿四年(1154)進士，官拜刑部侍郎，樞密副使兼理平章事，升左丞相．宋代朱熹曾任官建州，崇仰彭氏先賢創業功勛，題詩贊美：

彭侯戴武弁，則宗吾儒；士茂先興學，允賢勤讀書；猷為莫不善，才力蓋有餘；西北溫嶺鎮，新豐可久居．

「作邑彭氏族譜」現藏於上海圖書館，首修於南宋紹興甲寅四年(1134)間，相繼南宋紹興丁丑年(1157)，元大德九年(1305)，明天啟元年(1621)，清康熙辛酉年(1681)，乾隆廿二年(1757)，清道光七年(1827)，清同治九年(1870)，民國七年(1918)八修，1995 年彭德煌彭德寶又率眾重修，並修復五夫彭氏宗祠，重塑遷公座像．「平川彭氏族譜」首修於清乾隆丁丑(1757)，之後兩次續修，清道光七年和同治九年，**2001** 年彭長榕也曾重修．

泉州虹山彭氏－棖公世系

彭國胜

據「虹山彭氏族譜」記載：虹山彭氏先祖派在河南汝寧府光州固始縣(今河南信陽市固始縣)，乃是宣公後裔，只是現在難以考證世次．唐僖宗廣明元年(**880**)在黃巢起義戰爭中，先祖隨軍過江，起初居住在福建泉州，然後遷城西的南安．自棖公起就遷到江的中山，便在瑁峰山下蓋房居住．由於先祖的世次失考，就以棖公為虹山一世祖．

虹山彭氏子孫蕃衍，人才踵接，二世祖相齡公，宋時任福州監倉曹；相榮公任廣州司戶曹，三世祖燁公任團練節度使，歷高州安撫使，四世祖延進公和五世祖謙公，均任承務郎，六世祖膜公任南劍洲教授，七世祖鎮公任通議大夫，兵部侍郎，八世祖輕公任儒林郎，九世祖如高公任宣議大夫，十世祖漢湖公任遂昌教諭，十一世祖卿月公任徽猷閣侍制，十二世祖潛公任宣教郎，在明、清時期，也不乏人．卅二世秀村公民國陸軍少將，任永德警備司令．自十六世源有、濟有公起，虹山彭氏開始分東、西兩大房祧．從此一脈遁下，形成虹山人口發展的鼎盛時期，從十八世開始，啟行昭穆「**秉文子仕宜，恒喬于茂孫，為可仲叔季，永建乃嘉芳**」．又續：「**詩書綿世澤，忠孝紹先賢，餘慶昌謨烈，發祥益壽年**」．**虹山彭氏家廟，創於北宋天聖年間**(1023-1032)，**大門古聯「支分唐朝歷百載，祠占泉山第一家」**．現在虹山鄉全鄉彭姓約有一萬二千多人，位居泉州洛江五大姓之列，是福建全省彭姓最大的集居地．

虹山彭氏自一世祖棖公入閩，至今已一千一百多年，比廣東始祖延年公尚早一百年，因而衍徙海內外的子孫眾多，有載可考的達三百多人，其中遷移台灣的有三十多人，較早遷移台灣的二十六世懋彬公，生於清康熙卅八年(1699)．以後廿七世五人，廿八世五人，廿九世三人，三十至卅五世也有十六人，相繼往台者，生歿婚娶，譜牒均記載，惟惜沒有記載入台時間．從廿六世懋彬公遷台迄今，已近 280 年，按虹山彭氏繁衍頻率推算，台灣現有虹山系人口應在千人戶以上．虹山彭氏遷往九洋的也有 114 戶人，僑居地主要分布在印度尼西亞、馬來西亞、菲律賓、新加坡等地．1923 年在印尼錫江就已興建彭氏祠堂、墓園，依故鄉名為「虹山亭」．

南宋乾道七年(1171)，六世迪功郎膜公首修「虹山彭氏族譜」，隨後七次續修，近幾年彭國勝、彭德斌等人，又率眾第八次重修，並將族譜全部涙光掃瞄製作成光牒。「虹山彭氏族譜」自首修至今，先後跨越 845 年，形成全套 23 冊(首卷一,冊宗支四冊，世紀卷十八冊)，卷帙浩瀚，史料詳實，且保存完整姓氏資料，這在福建全省是屈指可數的。

閩東彭氏－思邈公世系

彭嘉慶

依據杉洋、上塘、穆陽、馬坑、溪邊族譜查考，閩東彭氏先祖乃唐初裕公，思邈公為閩東彭氏始祖。

一世祖裕公，字伯温，生於隋開皇壬子年（592 年），卒于唐龍朔壬戌年（662 年），江南揚州府江都縣人，官唐兵部尚書。生二男：長令全，次令荘。唐高祖武德戊寅年（618 年）從江西省新昌縣（今宜豐縣），遷浙江省溫州府平陽縣，創立鴻基。 二世令全公(616-683 年)，字世聞，任太常卿考功郎。生一男：源(各譜生男記載多有不同)。三世源公(641-701 年)，字藐浩，任唐河北節度使兼太子洗馬。生二男：長純，次紹。四世純公（665-731 年），字淑德，任唐河東太守，又從浙江平陽遷到江蘇常州。生二男：長達、次遂（次子遂公仍在平陽）。五世達公（687-765 年），字子方，任唐河東光祿大夫。生二男：長敬恩、次敬叔。六世敬恩公（710-774 年），字子恭，任河東通判，生四男：瑰、瑛、瑕、璸。其弟敬叔任雁門太守。七世瑰公（735-805 年），字季玉，任考功郎、禦史。生二男：芝、傑。其弟瑛公任莆田邑宰、瑕公任浦城邑宰、璸公任浦城支侯使。八世芝公（760-822 年），字芳淑，任晉潭州太守，由江蘇常州遷居湖南潭州，生一男名曄。其弟傑公任太封君、考功郎。九世曄公（784-856 年），任考功郎。生五男：景賢、景聖 、景哲、景直、景聰。十世景賢公（809-868 年），字俊卿，任河東節度使。生三男：長思邈、次思聰，三思恭。

十一世思邈公，乃閩東彭氏始祖，字有闕，生於唐太和丁未年（827 年），卒于唐同光甲申年（924 年），曾任開州司馬（今四川開縣）。唐僖宗廣明元年（880 年），黃巢攻陷長安，思邈公隨王潮入閩，後官升禮部尚書。生三男：長蘭胤，次蘭居，三蘭膺。

從先祖裕公到閩東始祖思邈公，目前所能尋見的支譜均有差異：一是思邈公為裕公第十三代裔孫；二是思邈公為裕公第十一代裔孫。本文取十一世次，每代平均 21.45 年，比較合理。這仍有待今後進一步查證。

思邈公二世蘭胤公〔854-924 年〕，字永祚，號芳谷，官任閩省侯官令，與父喬居福州西湖。蘭胤公生二男：長寶勝，次寶振。蘭居公遷往建寧府，生一男亶遷居邵武。蘭膺公官任寧遠統軍使，生二男：長仲修，官武毅大夫，遷甯德為始祖；次仲輔，遷莒洲十四都為始祖。

思邈公五世金公〔908-975 年〕，字品南，號麗川，官任閩王右丞，生四男。金公於後唐清泰二年（935 年）因閩王審知之子互相爭鬥，與長子官公發兵入閩，先寓福州西湖。四年後，即後晉天福三年（939 年），金公、官公父子因往甯德，路經古田縣杉洋，因愛其佳山秀水，就決心定居楓灣。金公被尊為古田杉洋始祖，長子官公肇基杉洋。後人為紀念官公肇基之德，在杉洋建造“玉峰宮”（俗稱彭厝宮），並立有官公本相。金公次子安公遷居涺溪，三子宏公回平陽，四子密公遷寧德飛鑾渡頭，複遷石後室頭村。

思邈公六世官公〔923-994 年〕，字公信，號德孚，官任行軍使。有飽學之才、過人之志，閩王封號彭大真人。後晉天福四年〔939 年〕官公在楓灣建造屋宇，成為杉洋開基祖。官公生五男：長子沭公〔947-1021〕，號東山；次子游公遷長溪，後遷甯德霍童；三子潤公遷張際；四子渥公先居東洋，後遷興化，子仁公又遷回東洋；五子淵公居杉洋，為**杉洋**本支。

七世潤公，乃官公三子，在遷張際居住數載後，複回杉洋菴前，披荊斬棘，擇地而居。傳至三十二世蘭老公（太封君，贈儒林郎）擇居登瀛，為登瀛開基祖。並選擇吉地，創建金公總祠，堂勢莊嚴，頗為壯觀。

八世泰公，乃沭公長子，遷居福源塘邊。八世壽公〔968-1048 年〕，乃沭公四子，字朝奉，號松亭，遷居玉湖（又名常熟洋彭家墩）。

九世當公，壽公次子，生五男。長義公遷甯德石後室頭；次暉公與子伯賢公遷官井；三陽公遷霍童邑板；四曜公遷古田大甲，其長子淮公又遷鶴塘南陽，次子泗公為大甲本支。九世稷公，壽公三子，生一男明公。明公三子志伯公之次子文輝公遷寧德洋中陳園村。明公長子季五公，曆四世至得英公，於南宋淳熙年間（1174-1189 年）又自熟洋彭家墩返回古田靈黽彭洋，遂使彭氏得傳靈黽。得英公為靈黽開基祖。靈黽祖厝修建於南宋嘉泰年間（1201-1204 年）。曆八世至河公從靈黽遷到 45 都吉巷**寮裏**。曆十二世至真榮公，又遷居古田前坪村，為前坪開基祖。

閩東彭氏早期播遷的歷程，在乾隆四十年（1775 年）編修的《前坪家譜總序》明確記載：“遷平陽，隸常州，徙西湖，籍杉城，彭之先有自來矣。至於**熟洋**、**長溪**、**張際**、**東洋**等派，無非彭氏一線傳。厥後肇基**靈黽**，拓址**寮裏**，創業**前坪**，此皆彭氏之食根而綿統於無窮也”。而後閩東彭氏逐步向寧德及周邊各縣擴展繁衍。

據福安市穆陽和周甯縣溪邊的道光元年譜序記載，在壽公遷熟洋，魏公遷鹹源長巷底之後，到元至正乙未年（1355 年），迎公遷八蒲嶺頭苦竹灣；明弘治年間（1488-1505 年），愈整公遷芹洋；清康熙丙申年（1716 年）於朕公由芹洋遷粵底；清乾隆已未年（1739 年）又遷到甯邑溪邊。溪邊彭氏自建恩公創業芹洋，繼遷粵底，旋住溪邊起，迄高二公計二十七世。高二公提為溪邊開基祖，傳到道光元年（1821 年），又經歷十二世。

唐咸通辛卯年（871 年），甯川彭姓始祖、思邈公二世蘭膺公之長子仲修公生於甯德虎貝鄉石洋村〔現彭家墩〕，後遷寧德西隅後場面開基。仲修公自幼喜愛武藝，17 歲考上武秀才，20 歲考中武魁元，留任武教官。後到兵部任職，剛毅果敢，清廉正直，後詔封武毅大夫。仲修公少年時在石洋村劈一杉木枝倒插於村中，第二年成活後成為肇基之樹，其頂端向四面撐開，狀若大傘，被稱作“涼傘樹”。至今樹齡已達 1100 多年，被林業部列為全國十大“杉木王”之一，成為甯德極富盛名的人文、自然景觀，廣為流傳。仲修公告老還鄉後，曾在西山白岩下建“西山草堂”。這是寧川最早的一座書齋，後改為靈溪禪寺。草堂右側還鑿一口水井，取名“定泉井”。唐長興四年（933 年），寧德由場升為縣，選擇縣址時取決於此井水。一千一百多年過去了，“涼傘樹”仍枝繁葉茂，“定泉井”水盈不竭，靈溪禪寺香火不斷。仲修公卒於後周顯德丁已年（957 年），葬于蕉城區南福山街北山。仲修公墓已在 1980 年公佈列為縣級文物單位，寧德縣政府立碑保護。

閩東彭氏遷移臺灣的傑出人物有清朝副將彭日光，生於明崇禎十六年（1643 年），甯德城關海濱南隅筱場人。清康熙十八年（1679 年）海寇群起侵擾我沿海，彭日光召集鄉勇與海寇浴血苦戰，屢戰屢勝，被巡撫吳興祚提為千總。康熙二十二年（1683 年）升為副將，後隨同靖海將軍施琅自福州港出發，先克澎湖，繼入臺灣，收復政權。彭日光為臺灣回歸祖國創建奇勳，晉升為從一品，而後康熙帝在台駐兵屯守，設立府、縣，彭日光因此居台任職，為祖國統一鞠躬盡瘁。之後閩東彭氏也陸續有人遷移臺灣定居。

閩東彭氏後裔遍佈甯德各市縣，古田近萬人，寧德六千多人，福安、周寧各有三千多人，屏南、福鼎、霞浦、柘榮也各有數百上千人。福州羅源縣碧裏鄉還有七百多人的分支。杉洋金公總祠保存的《彭氏家乘》族譜在明弘治甲子年（1504 年）因火災焚毀，所幸草稿沿存，明正德年間（1506-1521 年）重新創譜，在杉洋金公總祠保存的《登瀛彭氏續修譜序》中記載，《彭氏家乘》族譜在明弘治甲子年（1504 年）因火災焚毀，所幸草稿沿存，明正德年間（1506-1521 年）重新創譜，後又經清雍正甲辰年（1724 年）、嘉慶庚申年（1800 年）、道光戊子年（1828 年）和光緒辛醜年（1901 年）多次續修。光緒辛醜年〔1901 年〕邑庠生林維謦執筆修撰的譜序和續修譜，是閩東族譜中最為完整的資料。六十世至七十九世昭穆字式如下：科教興邦，瑞啟升平，盛世興建，名立宜秉，崇德明時。

入閩祖思邈公嗣裔「金公總祠」

其家乘興歷代遷移是：自始祖至唐初二千多年之間的列祖，只知彭爽(楚・遷隴西)，彭宣(漢)，其他列祖遷閩無考・只以唐以後有文字記載的【裕公】起，作為本系一世祖・

世祖	先祖	紀　事
1	裕公	字伯溫，唐兵部尚書、秘書少鑒，生二子：令全、令壯・唐高祖武德戈寅年徙江西達浙江平陽縣・
2	令全	字世聞，迪功郎・生三子：源、瀟、潤・
3	源公	字克浩，河北節度使・一子男純・
4	純公	字叔德，河南太守，二子：達、遂・純公由浙江平陽遷江蘇常州・
5	達公	字子方，沄南光祿大夫，三子：文昌、文顯、文潛・
6	文昌	字昌越，潭州太守，散騎司馬・一子子泰・
7	泰公	字伯康，晉兵部尚書，二子：恭、英・
8	英公	字人杰，莆田縣・一子子瑰・
9	瑰公	字玫玉，考功郎、御史・二子：芝、蘭
10	芝公	字芳叔，潭州御，史子一子閣・芝公又常州遷潭州・
11	閣公	字若台，奉議郎，二子：景賢、景長・
12	景賢	字有德，浦城宰，一子思邈・
13	思邈	字仲明，入閩祖・開州司馬，唐末隨王入閩，官至兵部尚書，宅福州西湖，枝繁派衍，子孫遍滿全閩及海外各地・二子：蘭胤、蘭居・
14	蘭胤	字惠候，候官令・二子：寶騰、寶振(寶振公仕泉州參軍)
15	寶騰	字克捷，元參軍・二子：文裝、文姜・
16	文姜	閩王上將軍・四子：信、壽、康、古・
17	信公	字君忠，閩王右丞，一子金公・
18	金公	字財寶，行軍使，五子：官、安、寵、泰、蜜・金公于後晉石敬堂二年(933)帶長子宮公(時 15 歲)遷古田杉洋楓彎見山奇水秀，卜宅而居，為古田杉洋開基祖・金公總祠座落古田縣杉洋鎮中心街，建近千年，數度修葺，春秋二祭，香火旺盛・1958 年古寧公咯穿越宗祠，只剩四百平方米，集資整修，1995 年十月一日落成・
19	官公	金公長子，嗣裔分佈甚廣，其較大重要居住點約為： 1. 古田縣：杉洋村、大甲彭厝里、南陽村、鶴塘村、鐵遼村、雲龍村、汶洋村、松行村、大橋村、前坪村、前新村、官洋村、龜頭廣村、吉巷後井村、後寨村、南路後井村、寶溪村、水口村等・ 2. 寧德市：城關、梓彎彎、七都鎮、霍童村、彭溪村、吳山村、際山村、苔上村、石後室頭、洋中邑保、陳圓、虎填天村、西坑村、上南洋、上洋、胡蘭里、塘邊村、彭家村等・ 3. 龍源縣：城關、碧里凛尾村等・ 4. 霞埔縣：藍田、遷洋村等・ 5. 福安市：甘棠鎮、上塘村、南安村、穆陽村、東源村、溪柄坑里村等・ 6. 枯榮縣：暇利洋村、暖嶺村等・ 7. 福鼎縣：點頭村等・ 8. 周寧縣：城關、龍溪村、溪邊村、芹菜丘村、那坑村、七步嶺頭村等・ 9. 屏南縣：壽山白凌、北山村、上七房村、天湖山村、路下村等・ 10. 建陽縣：玉田村等・ 11. 閩南興化、閩北建甌、邵武等地・ 12. 還有浙江省蒼南縣的橋墩、金鄉鎮等地・
	安公	金公次子，遷居涪溪・
	寵公	金公三子，遷回平陽・
	泰公	金公四子，
	密公	金公五子，

福建金公支系

1 裕公－2 令全－3 源公－4 純公－5 達公－6 文昌－7 泰公－8 祖英－9 瑰公－10 芝公－11 閣公—12 景賢－13 思邈(遷福建祖)－14 蘭胤－15 寶勝－16 文姜－17 祖信－18 金公－19 官公－20 沐公－21 稷公－22 明公－23 季五－24 深公－25 進公－26 得英－27 子貴－28 文顯－29 五郎－30 河公－31 明德－32 世緒－33 克承－34 真榮

18	19	20	21	22	23	24	25	26	27	28	29	30	31	32	33	34	35	36	37	38
金公	官公	沐公	當公	義公			(遷	寧德	石堂	室頭	)									
				暉公	伯賢		(遷	官井	)											
				陽公			(遷	霍童	邑板	)										
				曜公	淮公		(遷	鶴塘	南陽	)										
					泗公		(遷	古田	大甲	本支	)									
				旺公																
			德公																	
			稷公	明	季五	深公	進公	得英	子貴	德居										

18	19	20	21	22	23	24	25	26	27	28	29	30	31	32	33	34	35	36	37	38
										文顯	五郎	海公								
												河公	明德	世緒	克承	真榮	(遷	前坪)		
												江公								
							康公													
							寧公	得秀	旋公			(遷	雙坑							
									玑公			(遷	古田	35 都						
									玳公			(遷	寧德	洋中	邑保	村)				
									璋公			(遷	寧德	洋中	天湖	村)				
					次二															
					志伯	教仲														
						文輝						(遷	寧德	洋中	陳國	村)				
						文觀														
		游公		(遷	長溪	霍童)														
		潤公		(遷	張際	又遷	寧德	城關)												
		渥公		(遷	東洋	又遷	興化)													
		淵公		(遷	杉洋	本支)														
	安公			(遷	涪溪)															
	寵公			(遷	回平	陽)														
	泰公			(遷	福源	塘邊)														
	密公			(遷	寧德	飛鑾	渡頭)													

福建古田真榮公世系派序

構雲公																				
真榮公系	40	41	42	43	44	45	46	47	48	49	50	51	52	53	54	55	56	57	58	59
派　　序	以	文	其	國	端	維	進	士	高	人	能	克	于	家	必	為	成	功	繼	志
構雲公																				
真榮公系	60	61	62	63	64	65	66	67	68	69	70	71	72	73	74	75	76	77	78	79
新續派序	科	教	興	邦	瑞	啟	升	平	盛	世	業	建	名	立	宜	秉	崇	德	明	時

福建古田彭姓世系派序對照表

世系	真榮公系	南路后井	靈龜村系	南陽村系	大甲村系	彭家村系	杉洋村系
18	金	金	金	金	金	金	金
19	官	官	官	官	官	官	官
20	沐	沐	沐	沐	沐	沐	淵
21	稷	稷	稷	當	當	當	
22	明	明	明	曜	曜	義	
23	季五	季五	季五	淮	泗	芳	
24	深	深	深	應	端	金	
25	進	進	進	運	憲	德	
26	得英	得英	得英	啟	基	衢	
27	子貴	子貴	子貴	鴻	禹	洪	
28	文顯	文顯	圖	百一	欽		
29	五郎	五郎	五郎	椒	春		
30	河	江	海	衍	泰		
31	明德		陳郅	瓜	忠		
32	世緒		張滿	綿	新		
33	克承		二郎	培	冠		
34	真榮		賤弟	植	盛		
35	春堂		養	本	得		
36	志朝		文	根	福		
37	良景		杰	延	亮		
38	名標		銘	祖	光		
39	梅軒		升	澤	調		
40	以		延	匡	有		
41	文	可	保	時	祿		
42	其	文	亨太	宏	騰		
43	國	永	利	駿	禮		
44	端	九	貞	積	主	隆	
45	維	世	仙	蘭	種	積	
46	進	同	同	芬	伯	慶	
47	士	居	如	桂	潮	忠	
48	高	錦	澤	茂	君	孝	
49	人	仰	匡	藩	福	際	際
50	能	能	時	滋	元	運	運

世系	真榮公系	南路后井	靈龜村系	南陽村系	大甲村系	彭家村系	杉洋村系
51	克	克	宏	技	國	咸	咸
52	于	于	俊	葉	佳	亨	亨
53	家	家	積	振	作	欽	欽
54	必	必	蘭	孫	金	宗	宗
55	為	為	芬	謀	玉	國	國
56	成	成	桂		滿	典	典
57	功	功	茂		堂	仁	仁
58	繼	繼	藩		義	義	
59	志	志	滋		為	為	
60	科	科	枝		本	本	
61	教	教	葉		啟	啟	
62	興	興	振		耀	耀	
63	邦	邦	孫		光	光	
64	瑞	瑞	謀		邦	邦	
65	啟	啟					
66	升	升					
67	平	平					
68	盛	盛					
69	世	世					
70	業	業					
71	建	建					
72	名	名					
73	立	立					
74	宜	宜					
75	秉	秉					
76	崇	崇					
77	德	德					
78	明	明					
79	時	時					
80							

福建莆田彭氏(一)(節錄「彭氏通訊」2004.6.15.第14期「彭氏大宗祠1993.9月」撰文)

彭氏先祖，出自黃帝軒轅氏．黃帝廿五子，正妃嫘祖生昌意，昌意生顓頊，顓頊生老童，老童生祝融，祝融生陸終，陸終第三子籛鏗，孔子稱之為老彭，庄子稱之為彭祖．

籛鏗，堯時人，受封國于大彭，故亦稱為彭鏗．國傳至商武丁四十三年(1282)滅，其子孫遂以國為姓曰「彭」．籛鏗子嗣中「武、夷」居于閩，後人因名其所居山曰「武夷山」．

春秋時期楚文王有賢大夫彭仲爽，及戰國時楚為秦所滅，遷各族于隴西郡，故今彭姓郡望稱「隴西」．在戰國時有彭更，孟子弟子；秦漢間有昌邑人彭越，助劉邦定天下，為呂后所害族誅；漢武帝時有彭吳，辟地及朝鮮，遂置滄海郡；西漢季年有陽夏人彭宣，官大司空封縣平侯．

唐貞觀時(627-649)丹陽人彭遷，來閩定居于今崇安縣新豐鄉，筑陂種田，其後有彭姓支派從居莆田者．按「宋史．列傳」：彭汝勵，鄱陽(今西省景德鎮市波陽縣)人，字器資．治平二年乙巳(1065)科進士第一人，官至吏部尚書、資政殿大學士，贈少師，謚文政．彭汝勵有第二人，彭汝霖，進士出身，官侍御史、終顯謨閣待制；彭汝方，知衢州，死于方腊之亂，謚忠毅．彭汝勵後裔何人何時過來莆田？待考．

「港內譜」記：『祭酒椿年，以清要顯；太學生受，廬墓致白鵲之祥，旌表孝行單異．』又記：『椿年為宋御思永之玄孫，唐徵群師爽之十世孫也．』按宋史彭思永，廬陵(今江西省吉安市吉安縣)人．天聖朝(1023-1031)進士出身，官至戶部侍郎．其裔從居莆田，估計當在徽宗朝(1101-1125)．

考莆田彭姓自南宋著科舉人物：紹興廿七年丁丑(1157)科進士榜有彭姓兄弟二人；彭澤宗，官終衡州教授；彭樂休，官終永福縣主簿；同年又有特奏名進士彭興，官泰州文學，曾進呈其所著「易傳」.而彭澤宗弟彭奎，登乾道二年丙戌(1166)科進士，官德慶府教授；淳祐七年丁未(1247)科特奏名進士第一人彭彝甫，官溫州教授．「港內譜」于『始祖宋狀元吏部尚書資政殿大學士少師謚文政春湖公』之后列『世祖宋太學生旌表孝行單異受公；世祖宋特奏名第一溫州府學教授彝甫公；世祖宋處士渥公；世祖宋文學宇伯公』四人．又考宋李俊甫「莆陽叱事」載有：「西市彭、前街彭」注云：「祭酒椿年、教授奎之族．祭酒後寓天台．」說明宋代居興化軍城的彭姓有彭椿年後裔和彭奎族屬，彭椿年子孫有一支後來遷去浙江省天台縣的．

宋末，興化軍遭元兵屠城慘禍，人家譜牒散失無存．彭彝甫之後入莆，今港內彭尊為本派祖的為元承務慈利縣丞念一及其子處士安仁、安美、安吉；潮州刺史彭延年之裔念三、念四、念五．念四從居中州；念三、念五具由港內遷涵口．念五名彭天祿，官潮州路海陽縣，生二子：長伯福、次子安．

彭伯福，官興化路宣差，生一子彭奉，贅于棋塘陳姓，生五子，其第五子歸宗彭姓；彭子安，依母舅浯洲監司馬家，居浯洲與(今金門縣，元代屬同安縣轄)，娶浯洲金沙里後學村羅大亨女尾娘．生三子：長用乾、次用吉(庶郭氏出)、三用斌．彭子安卒于明洪武廿五年壬申(1392)六月十三日，終年六十八歲；羅尾娘卒于永樂甲申(1404)四月初二日，終年八十歲．夫婦合葬于浯洲嶼沙尾．

莆田彭與同安彭分派始自伯福、子安兄弟．今莆田港內北厝彭族聚居村，傳統以每年正月十二日夜慶賞元宵；而同安彭厝、沙尾、從蕭等村彭姓，同樣是于這個晚上開祠門做元宵．

福建莆田彭氏(二)　　節錄中華彭姓通志

福建莆田彭氏，在宋時有彭彝甫入莆，南宋淳佑七年特奏名狀元，官溫州教授．明代道教學者彭在，號「從野逸人」，著有「讀丹錄」，論證修煉法強身．明太子少保彭韶，字鳳儀，為莆田縣東南人．天順丁丑(1457)進士，授刑部主事，明英宗重定(1457-1464)至明憲宗在位期間(1464-1487)官至刑部尚書退隱，卒諡惠安，著有「彭惠安集」．『莆陽比事』記有：兩市彭，前街彭，為祭酒椿年、教授之奎之族．後代人才輩出：彭大治、彭文質、彭憲範、彭汝楠等．彭汝楠，字奮斯，號無山，一號古愚，順治舉人．官至兵部侍郎，祖孫父子被朝廷贈三代司馬，故明末莆城建有一石坊：「三代司馬，四世名宦」，頌揚莆田．官至巡撫，清苦刻厲，罷官後貧困無依．著有「古愚心言」．莆田彭姓近萬人，分佈該縣甚廣，並有漂洋過海，外遷台、港、澳門、印尼、馬來西亞等地．1994年在莆田的港利建有「彭氏大宗祠」，寄託鄉情．

福建莆田彭氏(三)

福建莆田之彭，其始兄弟三人，曰念三、念四、念五。念四遷中州，三、五俱由港內遷涵口。而念五子伯福，伯福之子奉，為橫塘陳氏贅婿，居橫塘。曆世貴顯，乘朱輪拖，組者相望於裏巷。念三之七世孫，即弘治時刑部尚書諡惠安韶，為有明名臣。奉七世孫兵部侍郎汝楠，力擊權閹，幾罹楊左之禍。十世孫鵬為廣東巡撫，清剛忠正，風烈蓋世，事具國史。其譜略曰："入莆不知何代？在宋雅稱望族，有西門彭、前街彭。"祭酒椿年，以清要顯太學生受廬墓致白鵲之祥。文學興詣，關進易傳。凡彭有三、四支，其初皆一族。宋末郡城被屠，譜亦不存。按此開莆族亦為師爽公後矣，爽公之後號為最重閔豫之近，櫟聲相連，各派下注外出者，不可勝計。宋有天下三百餘載，遷徙之後閱數世，戶族滋大，況以名流輩出，安得不為望族。此猶約擬之詞也。而椿年者，是侍郎思永公玄孫爽公之十世孫也。少遊學遍曆域中。惟閩有族，即附居焉。所謂三、四支者，椿年其一也。江西譜內椿年下載失緒，蓋未考其後裔耳

莆田彭氏來源有三：一支自崇安縣(武夷山市)開基祖彭遷之後遷入，另支是允顒(亦名德顒)公長子文吉子汝礪、汝方之後．彭汝礪(**1041~1094**)原家鄱陽(今江西上饒波陽縣)，宋英宗治平二年西元1065年舉進士第一，歷任保信軍推官、武安軍掌書記、潭州軍事推官，謚號文政．彭汝方，知衢州，政聲卓著，死於方腊之亂；第三支是允顒次子文壽公派下椿年之後，今港內彭氏尊弈甫為一世祖，就出自椿年．弈甫生三子，長曰安仁，次曰安美，三曰安吉．安美子念三、念四、念五．念三移居莆田涵口，子孫分居新眉里等十三地，以及泉州鯉城區、仙游縣．今涵口彭氏大宗祠供有五祖(籛鏗、汝礪、延年、弈甫、彭韶)畫像，子孫每年到此謁拜．

莆田派字：聖朝崇俊杰，世代守忠貞；雲礽能繼志，國祚永垂興．自清康熙「聖」字輩傳玉今「礽」字輩計三百年，十二代．念三公七世孫彭韶，明天順(1457~1464)進士，享有「三朝元老一代名臣」之美譽，在莆田縣城東門內建有彭韶紀念石坊，

供人瞻仰・念四子孫遷州，念五又名天祿，生伯福、子安二子・伯福子彭奉，贅於陳姓，生五子・後五子歸宗彭姓，有名彭縱者、縱侄彭甫、彭申、彭球・甫子彭大治，治子文質，質子憲安、憲章・憲安子汝相，柏子彭鵬，官至廣東巡撫，清康熙舉天下賢第一・莆田城內彭鵬故居，莆田市政府定為文物保護單位・

念五次子子安，生三子：用乾、用吉、用斌・用乾子孔道，是同安一世祖，其後裔一支遷安溪縣；用吉由涪州漳州詔安縣徑口鄉，成為其他地開基祖・用斌子孔敬、孔仕、孔學，由涪州遷同安縣肖鄉・孔敬長子敬宏居竹浦，後裔遷台灣・

福建莆田彭氏（四）－汝礪公，椿年等世系 彭嘉慶

莆田彭氏，共有三、四支的族系，初期都出自同一宗派。明、清兩朝雖有續修族譜的記載，但迄今一直未能尋見。目前僅以彭鵬公《古愚心言》和港內世德祠神主牌名諱的手抄譜為依據,所以莆田彭氏的考證最為困難。

港內譜記載，**莆田開基始祖**為“宋狀元及第、吏部尚書、資政殿大學士、少師，謚文政，春湖公。”按《宋史列傳》：彭汝礪（1041-1094），鄱陽（今江西上饒陽縣）人，字器質 號春湖，宋治平二年（1065 年）乙巳科進士第一人，歷任保信軍推官、武安軍掌書記、潭州軍事推官，官至監察禦史、吏部尚書，資政殿大學士，贈少師，謚文政，被譽為宋朝一代直諫名臣。汝礪公系允顒公（亦名德顒公）長子文吉公五世孫。港內本支世祖“宋文學宗伯公”，乃汝勵公長孫。一世祖元承務郎慈利丞念一公，二世祖處士安仁公、安美公、安吉公。原譜缺三世祖，據林祖韓、彭元輝考證，三世祖乃念三公，由港內徙涵口。念三西曆七世至韶公。九世祖韶公，號鳳儀，字從吾，生於明宣德四年（1429 年），天順元年丁醜科（1457 年）進士，官至刑部尚書，贈太子少保。卒於弘治七年（1494 年），享年 66 歲，謚惠安。生二子：長瀚，先韶公卒，恩贈宿遷縣丞；次濬，中成化十九年（1483 年）舉人。韶公曾對修譜留下“上不遠引，次不旁及”的訓導，因此族人對“列祖義例，至簡至嚴”。明弘治五年（1492 年）朝廷曾在港內涵口村奉旨建“大司寇”牌坊（韶公晉升刑部尚書，即周朝大司寇），弘治八年（1495 年）又奉旨在莆田府城東門內建“一代名臣”、“三朝元老”的牌坊（韶西曆事明英宗、憲宗、孝宗三朝），紀念韶公這位功垂千古的名臣。港內譜記述本支先祖至十九世祖為止。

第二支是港內譜記載的“世祖宋太學士、旌表孝行卓異，諱受公”。又記述“祭酒椿年，以清要顯，太學生受廬墓致白鵲之祥”。“而椿年者，實侍郎思永公玄孫，奭公之十世孫也。少遊學，遍曆域中，惟閩有族，即附居焉。所謂三、四支者，椿年其一也”。經考證：椿年公乃宋紹興二十七年（1157 年）丁醜科進士，曆國子監主簿、編修官。淳熙未年提舉福建（泉州）市舶，遂卜居興化軍所城。後擢知處州、太常丞吏部郎中、國子監司業、江東轉運副使，終右文殿修撰。宋時《莆陽比事》載有：“（一）西市彭，（二）前街彭”，注雲“祭酒椿年、教授奎之族，祭酒後寓天臺”，這說明宋代居興化軍所城的確有祭酒椿年公和教授奎公，而椿年公後裔中有一支遷往浙江天臺縣。

彭鵬公撰寫的《重修橫塘族譜序》記述，受公字爾修，廬墓六年，白鶴隨之，世稱白鶴孝子。受公生應承公，應承公生澤公，澤公生啟伯公，啟伯公生念五公。念五公為孝子五世孫，自念五公以上，世次不紊。念五公生一子直夫公，諱百福。百福公傳二子：長足翁公，諱奉，由港內徙橫塘，為橫塘始祖。“橫塘肇基自足翁公始”;次以忠公，諱泗。泗公傳二子：長慶公，**世居後彭**；次積公，傳一子濟公，字宏週，徙居清江，為清江始祖。《古愚心言》記載，足翁公派下兆一、兆二、兆三、兆四為二世祖，分仁義禮智四房。兆一公傳億二公，傳愨庵公〔諱邦彥，封版部主政，贈督學〕，傳忍庵公（諱甫，官戶部，廣西督學，湖廣觀察），傳定軒公（諱大治，官戶部，曆楊州、敘州、韶州守，升長蘆都運未任），傳從野公（諱文質，官揭陽令，由戶部出守桂林，任廣西左參，贈兵部左侍郎），傳後從公（諱憲安，官廣東陽山令），傳汝伯公（字伯梁，號一複，行五，贈給諫公）。汝伯公生於明萬曆壬寅年〔1602 年〕，傳三子：鵬公、鵾公、鴻公。足翁公十世孫鵬公在順治十七年（1660 年）中庚子科舉人後，曆官廣西左參政、贈兵部左侍郎，官至廣東巡撫。因為官清廉，業績昭著，康熙帝褒獎其為“天下廉能第一”。

第三支是“世祖特奏名第一、溫州府教授彝甫公”。彝甫公，字有來，南宋淳祐七年丁未科（西元 1247 年）特奏名進士第一人，官溫州府教授。彝甫公後裔除定居莆田的之外，尚有一支留居溫州。

第四支是“世祖宋處士諱渥公”。渥公乃閩東彭氏始祖思邈公後裔，系思邈公六世官公之四子，先居古田東洋，後遷興化，估計當在北宋太宗年間（976 年）。渥公長子仁公後遷回東洋，而渥公的其他後裔仍留居莆田。

又據《作邑彭氏族譜》記載，遷公後裔乾房思溫公（官福州府學教授）同弟思傅公因元至正年間（約 1359 年）閩省紛擾，而舉家遷居莆田。再據《虹山彭氏族譜》記載，虹山始祖根公六世天祿公在南宋紹興年間（1311——1162 年）“移居莆田北頭，即今莆田小橫塘”。而後根公二十三世恒解公又率子烏治公在先遷仙邑禦史嶺後移居到興化城後常太裏。在明萬曆六年（1578 年）尚遺公《重修彭氏族譜序》中又記載，“莆之族，若尚書惠安公韶之子孫，先時嘗稱為我中山之派”。作邑彭氏和虹山彭氏後裔在莆田的繁衍，也是今後彭氏考證的重要內容。

由於年代久遠，譜牒缺失，加上受莆田地理優勢影響，彭氏子孫居地頻繁遷徙，宗派多有交叉。現今居住在新度鎮港內村的舊厝裏、新厝裏、後湖、灰壁和港西村尾厝，以及居住在華亭鎮霞皋村（含從霞皋遷往城廂府後和仙遊陂頭）的彭氏，多數系“世德祠”汝礪公後裔。現今居住在黃石鎮橫塘村和新度鎮白埕村、港內村後彭、社兜以及城廂區張鎮村南箕的彭氏，多數系“清德祠”足翁公後裔。莆田彭氏還有一支與同安彭氏二世祖子安公同是天祿公的後裔。同安“始祖天祿公，別號念五”，其長子伯福公曾任興化路宣差，據傳仍有後裔居住在港西村北厝等處。現居梧搪鎮楓林村，新度鎮新度村，下阪村，郊尾村，城廂區霞岱村，步雲村，鯉埔村，江口鎮港下村，黃石鎮黃園村，林墩村和笏石鎮街道等處的彭氏先祖均待進一步查證。莆田彭氏後裔約一萬多人，港內約二千八百多人，橫塘約一千二百多人，南箕約一千五百多人，霞皋約三百五十多人，黃霞和楓林各約三百多人。

足翁公五世忍菴公（即彭甫）開始纂修《橫塘彭氏族譜》。明正德壬申年（1512 年）六世定軒公（即彭大治），明隆慶壬申年（1572 年）七世從野公（即彭文質），明崇禎壬申年（1632 年）八世景從公（即彭憲範）和九世讓木公，這前後五世中的傑出後裔都相繼續修過族譜。清彭鵬公又在康熙壬申年（1692 年）重修，並撰寫了《重修橫塘族譜序》。現在這篇珍貴的譜序尚存，而每過六十年都必定續修一次的《橫塘彭氏族譜》卻石沉大海，未能尋見，而且更沒有後來續修的訊息，不能不說是件令人痛心的憾事！

莆田彭氏是名流輩出的世系。自南宋祭酒椿年公以下，登宋紹興丁醜科（1157 年）進士榜有澤宗公、奕休公兄弟二人

（澤宗官衢州教授，奕休官永福縣主簿）。同年又有特奏名進士與公（官泰州文學，曾進呈其所著《易傳》）。澤宗公之弟奎公，又登乾道二年丙戌科（1166 年）進士（官德慶府教授）。淳祐七年丁未科（1247 年）特奏名進士第一彝甫公，世稱"特魁"。足翁公五世甫公于明成化辛醜年（西元 1481 年），與其弟申公于成化丁未年（西元 1487 年），在前後七年間兄弟聯登進士，當時美稱"雙鳳"。甫公之子大治公登正德甲戌科（1514 年）進士；孫文質公登嘉靖乙未科（1535 年）進士；玄孫汝楠公登萬曆丙辰科（1616 年）進士。在 136 年間祖孫四代繼登進士，受到朝廷褒獎。到清朝，足翁公十世鵬公舉"天下廉能第一"後，康熙又欽賜其父汝柏、祖父憲安、曾祖父文質官皆光祿大夫。時直隸巡撫于成龍也手書"帝眷忠清"匾額相賀（此匾列為市第二批文物保護單位）。

莆田彭氏原有的"名臣彭惠安祠"、"世德祠"、"清德祠"、"清源祠"和"彭汝楠祠堂"等均已廢，現僅存彭鵬祠堂，在莆田縣城內大度街。1993 年在涵口原祠舊址上，由彭元輝率眾重建彭氏大宗祠。祠堂中祀奉彭氏七祖畫像，為彭祖、彭汝礪、彭延年、彭彝甫、彭韶、彭汝楠、彭鵬。明代遺物僅存一對由尚書林貞肅撰句、福建巡撫龐尚鵬手書的石柱聯："大彭之後，本支百世；子孫千億，源遠流長"。莆田彭氏昭穆字式，現通用鵬公所定二十字："聖朝崇俊傑，世代守忠貞，雲礽能紹志，國祚永重興"。迄今三百年已傳至"志"字輩。

莆田彭氏分布與發展（五）

彭用乾，明洪武十八年(1385)舉人，官山東青州府臨朐縣丞，升廣東雷州府徐聞知縣·生子彭孔道，由浯洲嶼遷居同安縣松山，為同安彭東派祖，此派後有一支從居安溪縣為安溪彭；彭用吉由浯洲嶼從居漳州府詔安縣徑口鄉為詔安彭；彭用斌由浯洲嶼從居同安縣長興里後蕭鄉為同安彭西派祖·用斌生三子：長孔敬、次孔仕、三孔學·

彭孔敬有三子：長敬宏，從居竹浦，其後遷入台灣，居竹暫康壠庄，為治灣彭派祖；次敬亮，仍居后蕭；三敬肅，從居西溪四口圳·

彭孔仕，先徙居南安縣院上，後居鵲山赤埕下·彭孔學，生子彭敬初，徙居胡垢沙尾·

以上為同安彭分布發展情形，以下述莆田彭的分布與發展：

涵口彭：念三之七世孫彭韶(1429-1494)明天順元年丁丑(1457)科進士，官至刑部尚書，贈太子少保，謚惠安·追贈其父彭永副都御史·子彭瀚、彭睿·瀚先韶卒，恩贈宿遷縣丞；睿中成化十九年癸卯(1483)科舉人.
由涵口分支的有：新厝里、后厝里、后湖、社兜、后彭、灰壁、尾厝、前面、北厝；又有遷南箕的，再遷泌后、步云、新度；又有遷晉江羅溪(今泉城市鯉城區)的號彭寨；有由彭寨分居仙游縣鎮居者·

樹塘彭：彭奉第五子彭錠，天順六年壬午(1462)科舉人，官永寧州知州·從侄彭甫、彭申·甫成化十七年辛丑(1481) 科進仕，官南京戶部主事；申弘治二年己酉(1459)科舉人,官平樂縣通判，從侄孫彭球，弘治十四年辛酉(1501)科舉人，官長樂縣知縣·甫子彭大治，正德九年甲戌(1514)科進士，官運使·大治子彭文質十九歲中喜靖卅八年己未(1559)科進士，官參政·文質子彭宪范、彭宪章·宪范萬曆十六年戊子(1588)科舉人，官副使·宪章子彭汝楠，萬曆四十四年丙辰(1616)科進士，官至兵部侍郎，贈父宪章兵部侍郎·汝楠子彭士英，恩蔭國子監生，參加抗清義軍殉國難，年僅二十餘歲·汝楠弟汝亨，崇禎三年庚午年(1630)科舉人·

入清後，文質曾孫彭鵬，順治十七年庚子(1660)科舉人，官至廣東巡撫，康熙朝舉天下廉能第一·贈父汝柏、祖父宪安、曾祖文質，官皆光祿大夫·鵬子彭聖壇，官州同知；孫彭戈，侯選翰林院孔目；曾孫彭昂發，候選州判·

宪范曾孫彭聖培，順治九年壬辰(1652)科進士；彭聖城，順治十一年甲午(1654)科舉人，官魯山知縣，贈父彭日靈官知縣·聖培侄彭銘，康熙二十年辛酉(1681)科舉人，官處州同知贈父彭聖均官同知·

又有彭士右，康熙五年丙午(1666)科舉人，彭霖雨，乾隆十七年壬申(1752)科舉人·

南箕彭：有彭希賢，明嘉靖十七年戊戌(1538)科進士，官兵部郎中·其從弟彭希顏，嘉靖廿八年己酉(1549)科舉人，官昌化知縣·

府后彭：有彭景，明成化廿三年丁未(1487)進士，官參義·弟彭昆，弘治八年乙卯(1495)科舉人·

黃石彭：有彭悌，明萬曆十九年辛卯(1591)科舉人,官河陽縣知縣·

明代在莆田縣城東門內建一座「三朝元老、一代名臣」石坊；在涵口建有一座「大司冦」石坊，皆為彭韶立·在莆田城內文峰宮前建有一座「三代司馬、四世名宦」石坊，為彭甫、彭大治、彭文質、彭憲范、彭憲章、彭汝楠立·在棋塘建有「累世進士」石坊，為彭甫、彭大治、彭文質、彭汝楠立·在小棋塘有一座「雙鳳」石坊，為彭甫、彭申兄弟立·

彭韶墓葬在文賦里從吾亭，明弘治七年(1494)彭韶卒，年六十六歲，九年(1496)奉旨賜葬.正德元年(1506)興化府知府陳效，以墓旁官道上路亭改名從吾亭(原名新亭，從吾為彭韶字)，並立碑亭中·萬曆五年(1577)福建巡撫龍尚鵬修，重監華表·彭甫、彭大治父子墓葬在國清里氏園·彭文質墓葬在安樂里金山·彭汝楠墓葬在大龍山·彭鵬墓葬在今華亭雲峰村，彭鵬康熙四十三年卒，年六十八歲，同年(1704)賜葬·

彭韶祠堂在莆田縣城東門內，正德朝福建參政魏瀚建，嘉靖倭變毀，萬曆初，分守陰武鄉重建，知府呂一靜捐俸助建，匾曰「名臣彭惠安祠」.萬曆廿三年(1595)福建巡撫許孚達、巡按陳子貞命地方官修，清康熙四十二年(1703)族孫彭鵬重修，今廢·彭汝楠祠堂在莆田縣城內井頭街，今廢·彭鵬祠堂在莆田城內大度街，今存·

彭韶「尚書第」舊址，即今坊巷的興化賓館地，今廢·只存一對雕刻精美的抱鼓石和原來花園的一角疊石假山，經現代古園林建築專家陳從周教授鑑定，它是福建地方典型的園林建築的明代實物，極有價值·

彭汝楠柳橋庄「岸圃大觀」園林建築在柳橋(今城廂區城南柳橋)，今廢·原有園林建築憑人工建成，有東、西二園；其從叔彭家景居柳橋村，汝楠常來游，愛其古荔二十多株，流水交匯，于天啟五年(1625)九月購地經營，閱時三年建成，當時名書法家董其昌題曰:「岸圃大觀」·有古柳橋、林澤游、烟波閣、烟波曉鏡、鶴池、荔徑、可步亭、瓠亭、情依軒、便愚軒、蕉聲館、剩水居、花徑、渚步、搖碧齋、棹謦閣、密庵、玉照台、蒼幂、壼天，為西園二十景·

從壼天建飛閣回廊通東園，有從雲谷、且止台、華滋軒、涌香廊、樾庵、浮山舫、飽綠亭、雲來榭、見山亭、聽屐廊、隱花閣、爽閣．於東園之東另有水庄，有寸草庵、吉雲精舍(為其父家廟)十四景，共卅四景．為莆田廿四景之一「柳橋春曉」．可惜於清順治五年(1648)清兵攻興化時被毀滅淨盡，今數塊石刻如林澤游、且止台、吉雲精舍、古柳橋、(一石仍在柳橋頭)四石存市博物館碑園．

彭鵬故居在莆田城內劉橋，保存完整．尚存康熙間于成龍手書「帝眷忠清」木匾一塊．今為莆田市人民政府第二批文物保護單位．

今涵口彭大宗祠中祀五祖畫像，為彭祖籛鏗、彭汝礪、彭延年、彭彝甫、彭韶．

莆田彭氏昭穆字行是：**聖朝崇俊杰，世代守忠貞；雲初龍繼志，國祚永重興**．二十字，自十八世紀初康熙年間「聖」字輩起迄今約三百年，已傳至「志」字輩了．

現居港內(渠橋鎮港利村)人丁約二千五百多人，居橫塘(黃石鎮橫塘村，包括大橫塘、小橫塘．同是正月十二夜元宵)人丁約一千多人；居南箕(城廂區張鎮村)人丁約三百五多人．此一支原由涵口遷此，守護吾亭尚書墓者，到清末塘尾有家兄弟十人，其因人遷居城內梅峰街後塘巷．

宋明兩代末年，地方變亂，莆田人民遭到屠殺，我彭氏族人因之四散，多遷居各地．尚未查明，現聯繫到的有：梧塘鎮林外村、新慶鎮下板村、涵江區霞霄村、城廂區下戴村；泉州市鯉城區虹山鄉四村；及分居仙游縣賴店張坡村、龍華金山村；德化縣南箕鄉霞壁村；古田縣大橋、杉洋鎮；同安縣新店鎮彭厝、沙尾、后蕭三村；廈門市馬巷、東園；台灣省新竹市等地．

1978 年二月初一日，莆田彭氏代表與同安彭氏宗親會晤，核對譜牒，原為一本至親，還有從遠居國外支裔，當再聯系以續成完譜．

在涵口原明建彭尚書祠，於 1959 年拆掉，1993 年農曆五月十五日就原址奠基重建「彭氏大宗祠」,明代遺物尚存福建巡撫龍尚鵬的石柱聯云：「**盛德大功，四世國家元老；孤忠峻節，百年天地一人**」．

大彭之後本支百世，子孫千億，源遠流長！　　彭氏大宗祠　**1993** 年 **9** 月

仙游彭氏－連發公支系　彭嘉慶

因仙遊縣與虹山鄉山水相連，又有古代開鑿的官道相通，所以自南宋景炎年間（約 1276 年）起，虹山彭氏後裔就頻繁移居仙遊。據《虹山彭氏族譜》記載，十三世連發公之子傑秀公最早從虹山遷居仙遊中埔，隨後代有虹山族人移居仙游縣城、東鄉和西鄉各處，有案可稽的高達 49 人次之眾。

根公十二世上春公生三男，長連發公，官居興化郡職授郎，因慕仙遊中坡乃風水寶地，便置田拓荒，率子肇基中坡。連發公為**中坡開基祖**。迄今七百多年，形成了一千七百多人的賴店中坡（張埔）彭姓聚居地。現在中坡古跡中有開宗彭氏宗祠、古和美石橋和先祖手植的杜樟、銀杉等三棵古樹等。每當逢年過節，中坡後裔都會翻山越嶺到虹山祭掃祖墳。而後，自清嘉慶二十年（1815 年），根公三十世恂瑾公派下奎公隨母遷往仙遊（今鯉城城東萬福村）和同治八年（1869 年），根公三十三世恂瑾公派下永曜公遷往仙遊仁德里（今龍華金山）起，虹山族人不斷移居仙遊。現在也形成一千五百多人在龍華金山和三百多人在城東萬福等彭姓聚居地。

居住仙遊城關的陂頭彭氏宗支，始祖德輝公即泉州虹山彭氏东二房二派二十九世贵成公，系中山公后裔，于明朝末年由虹山迁仙邑西乡，经莆田霞皋后定居仙游文賢裏陂頭村（今度尾鎮洋阪村郊邊鳳嘴口）。清咸豐年間三十世祖通成公又由陂頭遷居城關，迄今已繁衍至三十七世，族中人才輩出，頗具影響力。

仙游彭氏──金山支系彭金亮

仙遊金山彭氏均來自泉州虹山。自清乾隆十五年開始，泉州虹山彭氏多祧裔在 240 年間陸續拓居本境，或首遷南安縣樂峰鎮飛雲村山當自然村後再遷本境。金山三面高山環抱，南山寨為主峰，狀如太師椅，以此形勝；北部山腰案山橫貫東西，形成東西走廊，其間山巒疊嶂，凹地星羅棋佈，土壤肥沃，山青水秀，是以宜居。皆因虹山人多地少，金山地廣人稀，又在毗鄰，故遷入者眾。

現簡錄各祧裔首遷金山者：一是長房長愧斯派（洋厝）27 世存義公六子裔孫：

長房慕德派：

最早遷入金山是 29 世克家公諱可藻（1725-1166），到林口建房定居，後裔再遷橫路尾。29 世論語公諱助（1757-1817）遷象頭格；30 世如彩公諱澄字徹（1773-1829）遷詹厝，後裔 1953 年再遷蔡厝；30 世如林公諱柏（1749-1789）遷林口，後裔再遷內苦垵；31 世如通公諱薑（1780-1823）遷林口，後裔再遷橫路尾；31 世其藏公諱冬桂（1784—1830）遷牛角，後裔再遷象頭格。31 世誠馳公諱驅（1783-1851），遷頂苦垵。33 世如水公、永梭公（1863-1919）遷埔後，1961 年後裔再遷象頭格；

二房如陵派：

29 世溫撲公（如陵公次子，雍正-乾隆三十五年）自白鳳遷陳幕；29 世克樓公諱塔(如陵公四子，1740—往臺灣)首遷南安山當，後裔再遷如下：長房 30 世如成公諱量裔孫：31 世如林公諱樹（1801-1873，如成公之子），居山當，約在 1850 年於馬路建屋，五子及裔孫在此後百餘年間由山當陸續再遷金山；其中

長子裔孫：35 世羅來公（1905-1971），1950 年春從山當遷新田，借居陳宅，1953 年與侄佘忠公、族弟乃陵公合建彎垢大厝；1969 年羅來公再建南山大厝。

35 世乃烏公、36 世加頂公、啟瑞公、加國 1985 年自山當遷坪尾大厝。37 世土水、土成、土金 1987 年自山當遷南山。

次子裔孫：36 世加天公於 1991 遷居馬路。

三子裔孫：自山當遷馬路再遷南山大厝。

四子裔孫：自山當遷馬路。

五子裔孫：自山當遷馬路再遷四垢大厝；

二房30世如前公諱習蓼裔孫：34世杯來公（1898-1961）自山當遷四圻大厝護厝樓，1961年再遷蔗埔園大厝；
如陵公派下裔孫全部遷居金山，1991年後山當已無人居住；
三房克勤派：29世成英公諱粲（1743-1806）遷杉林頭，後裔1951年再遷坤門後大厝。
四房如邦派：31世能米公諱糠（1809-1861）遷塔林；
32世國朝公諱聘（1846-1910）遷塔林；
五房則齋派30世如誦公諱口（1765-1832）遷山當。31世明信公諱東來（1813-1878）自山當遷水門。35世乃水公1981年自山當遷水辦。35世乃沙公、來成公、36世加善公、坑絳公、加忠1987年自山當遷水辦。
六房修齊派29世昌盛公諱巫（1762-1815）遷陳幕；30世如明公諱元宵（1790-1869）遷陳幕。。
存義公六子，次子如陵公裔孫全部遷居金山，其餘五子裔孫分居虹山、金山兩地。
長房長德齋派鳳吟四吉。35世吉慶公諱祥（1869-1915）遷石牛頭，後裔再遷五壟深；35世乃庚公（1880-1914）、禮郎公遷下坑。
長房二錦亭派29世益恭公諱茂（1773-1845）遷下苦垵；
長房三順懷派29世秦用公諱如元（1834-1900）遷山上，後裔再遷後溪。
金山彭氏各派下裔孫之後有遷往福州、泉州、廈門、漳州、廣州、株州等地定居、事業有成者眾多。

同安彭氏－天祿公世系　　彭嘉慶

同安彭氏，又稱松山彭氏，自明正德丁卯年(1507)創譜起，「不以遠祖為譜，而斷以子安公」使彭氏之譜，真而可據.

一世祖天祿公，生平因舊譜屢經兵燹而無法查考，僅有先世所藏世系小冊首帙注明「始祖天祿公，別號念五」九個字.

二世子安公，諱紹祖，生於元泰定二年(1325)，原居廣東潮州府海陽縣西門內第三巷，天祿公生二子，長伯福，次子安·伯福公任福建興化路宣差，因天祿公及婆早逝，子安公即由長兄伯福公扶養，不幸兄嫂也相繼去世，子安公無處委依，便隨有同安縣所屬浯州(金門)鹽司任職的母舅馬氏生活，時值元末兵亂，子安公便未回原籍，而客居金門翔風里十七都，娶金沙里後學村羅大亨之女尾娘為妻，後又娶妾孫氏，生三子，裏羅氏生長子乾公，三子用斌公，妾孫氏生次子用吉公·子安公為人言行篤實，識時務，卒於明洪武壬申年(1392)，享年68歲·羅氏卒於明永樂甲申年(1404)，享年80歲，合葬浯州沙美鄉·同安彭氏聚居地之一沙美這個村名，係沿襲自浯州沙美·深含不忘祖籍之意·1994年9月17日辰時，台灣彭炳進、彭武雄等重修金門子安公墓，於祭祖動土時在墓碑下挖掘出紅磚墓志「該墓志現收藏在台灣新竹南寮祖祠」，為這段歷史找到了真實的依據·

子安公定居浯州沙美後，人丁興旺，所以自三世用乾公、用斌公起，協議分東、西兩派(注:子安公次子用吉公，諱仁祐，自陟遷到紹安縣徑口鄉後，無子嗣訊息)·

三世用乾公，於明洪武十四年(1381)以孝悌力田舉授山東青州府臨朐縣縣丞、迪功郎，後升調任廣東雷州府徐聞縣知縣、文林郎，因有惠政，家歌戶頌·其子孔道公自浯州遷居同安，因地處沿海一帶，故稱「東派」·孔道公創業駿發後，就長居彭厝，與其五子：敬瓚公、敬源公、敬懋公、敬厚公、敬森公，一同在1383年起興建祠堂，而後在祠堂背後種植百株松樹，公後分三房，長克誠公、二克敬公、三克恭公·敬源公後分二房：長克全公、二克文公·敬懋公後分為五房：長克讓、二克思公、三克剛公、四克猷公、五克雍公·敬厚公後分為二房：長克明公、二克清公·敬森公後分二房：長克和公、二克靜公·

三世祖用斌公由浯州遷居同安之西，屬丘陵地帶的後尚村，故稱「西派」·為紀念彭氏先祖之大堂號「隴西堂」，又稱「隴西衍派」·用斌公生三子：長孔敬公、次孔仕公、三孔學公·孔敬公亦生三子：長敬宏公，先居竹甫，為竹甫開基祖，傳一房克堅公，後裔中有遷台灣竹塹屬康壠庄，現是台北的彭氏支派之一；次敬亮公，傳一房克誅公，仍居同安後尚村，敬亮公為後尚村開基祖；三敬肅公，傳一房克裕公，遷居西溪四口圳，後又遷他處，有一支遷出擇居安溪縣依仁里觀山後宅(今龍門鎮觀山村)·孔仕公生一子敬明公，孔學公生一子敬初公，同為胡圻沙美開基祖·

同安彭氏，至今已有六百多年，現在六千多人，其中彭厝有四千多人，沙美一千七百多人，後尚三百多人·前昭穆 23字，光緒丁酉又新添20字，昭穆字式如下：

廿三字昭穆：　**天子用孔敬克欽甫大堯君禹汝榮煌培鍾洵楷炳垂銘淑·**

二十字昭穆：　**松煥堂鉅清棣焜堅銓沛楧烈坊錦永森熾基錫泰·**

同安彭氏在克堅公後裔遷台灣竹塹屬康壠庄後，因受十三世汝灝公影響，自十三世「汝」字輩起，陸續有許多後裔如汝次、汝登、汝銳、汝忠、汝礪、汝篪、汝東等人為發展事業，甘冒海峽怒濤駭浪，而與親人生離死別，揚帆渡海遷居台灣·

「同安彭氏族譜」因有河泉公十多年精心整理，資料保存完整·自明正德丁卯年(1507)創修，相繼續修五次，尤其民國甲辰年(1964)由十八世彭洵英、彭金隆、彭金山，和十九世彭玉振在台灣重修，使「同安彭氏族譜」更為珍貴·

「同安彭氏溯源」曾記述天祿公是延年公三房銳公後裔，由于廣東浦口流傳世系譜詳實，銳公後裔景福公(1298-1306)生盛子公(1281-1359)，盛子公生六男：君和、君德、君玉、君美、君瑞、君達，分六大房編列世系，記載完整，所以天祿公先祖仍須進一步考證·

東山彭氏－用吉公支系　　彭嘉慶

彭氏現居漳州人口約一千八百餘人，近千人居東山·東山彭氏主畏居住在杏陳鎮徑口村(含磧頭)，約250戶，另有百餘人住銅陵鎮和西埔鎮·清乾隆戊辰年(**1748**)，徑口村曾建有彭氏宗祠，但譜牒闕失，一直認脈，郡望不詳·經多方考證，該支應是同安子安公二世用吉公後裔，用吉公之子原遷詔安縣徑口鄉·因歷史變遷，民國五年(**1916**)設置東山縣時，徑口鄉劃歸東山管轄，同安彭氏從詔安查不到用吉公子嗣訊息·

由于广东彭氏的谱牒比较完整，虽经查考迄今仍无迁陟到径口乡的记载，而径口乡彭氏居住在此从未有过大的迁移，这就证实径口乡彭氏必是用吉公后裔。明洪武年间漳州设置镇海卫后，曾有彭姓居镇海卫。明万历十三年〔1585 年〕还出过顺天榜举人彭荣科。而后虽有外来彭氏在漳州府及各县任职，并留居创业，但其子嗣均不可能迁到较为边远的径口乡居住。1949—1950 年间，径口村彭响银、彭水纯等及铜陵镇彭坤等十多人曾迁往台湾。

長汀彭氏－福祥公世系

彭嘉慶

長汀彭氏始祖福祥公，原籍江西贛州府寧都州鐘鼓鄉白鷺樹下。後唐莊宗同光二年（924 年）遷入福建汀州府甯化縣合同裏龍湖寨（今甯化縣治平鄉）。福祥公往游時見蜈蚣　土地肥沃，就在這裏築室定居，並將蜈蚣　地名改為彭坊（又稱彭屋），於是綿綿衍衍，派繁支分，不斷向四周擴展。

福祥公九世德誠公，曾於南宋淳熙年間（約 1180 年）複遷甯化縣曹坊鄉彭家莊。嘉熙年間（約 1238 年）。德誠公與父進儀公攜子十郎公又遷到長汀縣南山鄉朱坊彭屋。福祥公十世、即德誠公第四子仕滿公，諱振範，是長汀縣童場鄉彭坊開基祖，曆七百多餘年，發二十八世，人口約四千多人。其子孫除主居本地外，也有遷往江西瑞金、廣東梅縣及寧化泉上、清流嵩口、汀州黃坑裏等地。

世居長汀縣古城鎮的彭氏子孫，據考亦是彥昭公後裔。彥昭公妾孔氏生二子：師範公、師俊公。師範公十七世孫新祖公在明永樂年間從江西寧都黃坑遷居福建汀州，奉為一世祖。傳至六世孫日贊公，號森寧，生於明嘉靖辛卯年（1531 年），又遷居古城鎮橫街。日贊公為古城開基祖。九世孫祖惠公創建古城鎮彭氏祠堂，原名敦睦堂，後稱淮陽堂。因浩劫中被毀，現由彭德海、彭金泉率眾修葺一新。

據崇仁堂《彭氏通譜》考證，福祥公出自構雲公系，乃玕公七世孫。玕公生彥昭公，彥昭公生師俊公，師俊公生允酇公，允酇公生文輪公，文輪公生儒韶生，儒韶公生爵祿公，爵祿公生福祥公。福祥公與廣東延年公均系構雲公十二世孫，同在宋時，福祥公南遷福建汀州，延年公因官落居廣東，兩系應是同宗共祖。

據清咸豐元年（1851 年）《隴西郡彭氏甯化治平彭坊譜序》記載，彭坊原祠堂遭火，至二十余世重建宗祠，重修族譜。此前在清康熙壬戌年（1682 年）、乾隆辛醜年（1781 年）和嘉慶癸酉年（1813 年）都曾續修族譜。1994 年三十一世彭紹愛和三十四世彭佑康率眾重修《閩汀隴西郡彭氏家譜》。

治平原族譜記載，福祥公派下昭穆字諱如下：**“福仕文世正，茂發星高元，達富必貴旺，榮宗耀祖興”**。自 1995 年起，加三十一世至四十世**“必友懷登慕，道定家邦國”**。新編族譜的昭穆字諱長達 160 世。

德化大宗彭氏

彭嘉慶

德化彭氏共有四個支系，即霞碧南箕系、陶趣系、上圍系、鳳陽系，雖不同其祖之所由來，然溯流窮源，萬殊一本·便四系合一為隴西德化宗彭氏，樹立了彭氏敦親睦族的典範·

一·**南箕系**　德化現存譜牒「隴西德化大宗彭譜志」，是 1947 年聘請德忠公學校長連景祚先生擔任總纂編修的. 以該「譜志」所錄「南箕族譜序」(明萬曆椿芳撰寫)和「重修南箕族譜序」(清康熙彭士斌稿)為依據，德化霞碧南箕系彭氏「派出臨川，洪武初千城清源，永樂初什一龍潯，綿迄於今」. 肇基祖慶公，生於元至順二年(1331)，原住江西省撫州府臨川縣八十二都第九社，明洪武八年乙卯(1375)，調援泉州府衛後千戶所為小旗役，卒於洪武廿九年(1396). 其次子閏公，生於明洪武九年(1376)，於洪武二十年丁卯(1387)報丁，廿九年父卒，補小旗役，永樂元年(1403)撥屯遷住德化縣惠民里霞碧村，得義田土，開拓霞碧、蟠龍、碧潭、蘇洋等村. 閏公卒於明永樂十二年(1414)，為南箕系開基祖.

二. **陶趣系**　開基祖史亥公，字文已，原自長洲(今蘇州)移江右(今江西)，由江右遷泉州. 洪武初年，奉命率泉州右衛所援撥軍駐德化潯中涂厝格，先居西門泮嶺，後遷北門外陶趣格；清乾隆廿九年(1764)，建陶趣堂，為陶趣彭氏祖宇.

三. **上圍系**　開基祖頂生公，原籍江西，因助洪武建國有功，洪武廿三年(1390)以紅牌事例奉調率江西軍隊入駐福建泉州，後遷德化上圍村，曾建有建美堂祖宇·

四·**鳳陽系**　開基祖源德公，原籍失考，據直系相傳，元末加入明軍，於洪武十八年(1385)軍到德化潯中鳳陽定居，曾建剧坡堂為鳳陽開基祠宇·

在明初次第駐防德化的幾支援軍，墾荒屯田，繁衍生息，成為德化獨特的彭氏軍制族群，德化彭氏在編修「隴西大宗彭氏譜志」時，也形成各支系融合統一的昭穆，從廿一世起，暫編至卅六世的昭穆字諱如下：

諱行為：欽承愛敬 舉念謙恭 雲礽繼作 財業興隆　字行為：詩書啟瑞 理學精通 賢能集福 俊傑留芳

2002 年 8 月彭榮新、彭江漢、彭華德等發起在德化縣龍門灘鎮蘇洋村新建彭祖祠，德化彭氏人口現在約二千四百多人·

閩清彭氏－玉裁公支系

彭嘉慶

閩清彭氏居住在上蓮鄉的新村和溪坪村，根據《隴西德化大宗彭譜志》及彭澄（諱永保，慶公十七世孫）于清咸豐二年（1852 年）撰寫的《豔乾彭氏家譜序》等資料，遷居閩清十一都的開基祖玉裁公，是德化南箕系慶公十二世孫、長房天錫公的六世孫，字淑知，生於清順治丁酉年（1657 年），卒于乾隆庚申年（1740 年），享年 84 歲，因繩其祖武，而四端（仁、義、禮、智）齊備，被尊為遷梅始祖。玉裁公約於西元 1700 年到閩清十一都溪坪肇基，三百多年繁衍生息，已經發展至二十四世，現延用德化大宗昭穆到“啟”字輩，人口六百多人。另有部分宗親遷居到將樂、順昌、邵武等地，也有因工作而定居到梅城、福州和廈門或旅居國外的。

武平高埔彭氏－禎祥、榮公世系　　彭嘉慶

居住在武平氏彭高埔村的彭氏，是在公元十六世紀初從武平的岩前東峰村遷移而來的，可能是廣東始祖延年公後裔梅縣君達公派下的一個宗支，但因世次缺失，目前無法聯譜．

高埔開基祖榮公，生於明萬曆年間(約 1574)，因明末戰亂，災荒嚴重，迫于生計，陟遷謀生．先經差千洋坑，後到大中打子石，最後輾轉到武平高埔村定居．而後將其高祖禎祥公骸骨也遷到高埔下窩老地坪，建墳立碑，每年八月初一祭祀，並尊禎祥公為高埔世系一世祖．榮公生二子：長廷才，次廷選．廷才公生一子錦，公居雁嶺，建有「獅形」家祠；廷選公建「象形」家祠，與雁嶺「獅形」家祠並稱為「獅象把水口」．高埔彭氏傳至十一世元富、元隆、元英、元華起，分為四大房，長房已繁衍至廿一世，人口七百多人．2001 年 9 月，十八世加麟率眾創修「高埔彭氏族譜」．

上杭彭氏－五九郎支系　　彭嘉慶

「上杭縣志」『氏族志』載，「入杭始祖五九郎，二世後二郎，開基縣南上都青潭鄉，至七世福聰分居縣東安鄉(今廬豐鄉上坊村)」．又據「客家姓氏源流滙考」曹永英查考，上杭彭氏屬廬陵吉水分宜傳流世系，遷入青潭的始祖應是延年公第五子　公的後裔，徙遷路線為揭陽－大埔－梅縣－蕉嶺－武平岩前伏虎村－上杭．二世後二郎生二子：念二郎，念三郎．三世念三郎生二子：齡四郎，德七郎．自四世起分兩大房繁衍．齡四郎系仍留祖居地青潭村，但五至十三世世系己失，至十四世分恩九、崇九兩大房．恩九生一男麗玉，崇九生三男：洪玉、賓玉、安玉．現已繁衍到廿四世．清乾隆年間，該村建有「齡四郎公祠」一座，橫聯「好古堂」，楹聯為「好古家聲遠，隴西世澤長」．該祠現已毀壞．德七郎係世序為：德七郎生義公，義公生養吾公，養吾公生德聰公，七世德聰公遷到安鄉開基，並將祖義、義養吾公骸骨也移到安鄉安葬．德聰公生景玉公，景玉公生相塘公(九世相塘公之後裔文盛公，於清乾隆十三年(1748)遷到長汀濯田、江西萬安等地)．至十六世又分玉章、衡章兩房，現已繁衍到廿三世．

另外，散居上杭蛟洋鄉梅子坝村的彭氏，可能是延年公第三子銳公的後裔，但其入杭始祖己無法考證，而在梅子坝村己繁衍到廿三世。

福建作邑(崇安)彭氏聯派詩

聯派詩一(照清乾隆丁醜修譜錄)：　天開文連洽　正士立名時　守善志為大　伯仲述先猷
聯派詩二(照清道光丁亥修譜錄)：　天開文連洽　正士立名時　樂善為萬大　聯芳濟美宜
聯派詩三(民國丁巳修譜)：　修齊守乃常　嗣續自延長　衍慶滋榮日　先人亦有光

閩東寧川彭氏行第次序

通族房號：上為乾下為坤。乾開長 234 房。長既分為福祿壽。天地人是二房根。三由開來元別號。日月星號四房：
坤也開作忠與信。忠歷數代未曾分，信辟東西南北向。東縱原號未開群。西分仁義禮智信。
仁作春夏夥冬雲。義房迄今仍舊號，禮以元亨利貞開。聞智惟一脈承接。信自身後便無存。
南北兩房派皆盡。細看房分自無紛。

據此房數之多，祠堂遭遇三次回祿，字行第次不一致，各房各自立行再兼家譜焚燒殘缺，無從稽考。現有字行是墓碑或神主牌所隸,呈字止以下無字行。1992 年十月間由唐朝始祖武毅大夫彭公仲修墓文物保護小組研究確定為男女各 50 個字行第次序排列(48 世至 97 世)以傳後代。

男用 50 字行第次序(48 世至 97 世)

48 松 49 瑞 50 呈 51 輝 52 鶴. 53 錦 54 庭 55 喜 56 慶 57 樂. 58 雲 59 騰 60 龍 61 文 62 劍. 63 振 64 鳴 65 飛 66 舞 67 斌. 68 周 69 隋 70 為 71 民 72 臣. 73 德 74 開 75 福 76 祿 77 善. 78 忠 79 孝 80 禮 81 義 82 傳. 83 仁 84 慈 85 智 86 賢 87 發. 88 國 89 強 90 齊 91 安 92 泰. 93 家 94 和 95 萬 96 業 97 興

女用 50 個字行第次序(48 世至 97 世)

48 珊 49 珠 50 玉 51 淑 52 美. 53 媚 54 嬌 55 仙 56 姿 57 秀. 58 揚 59 柳 60 青 61 蕊 62 燕. 63 連 64 藍 65 潔 66 貞 67 心 68 嬋 69 娟 70 嫦 71 皓 72 月　73 冰 74 晶 75 瑩 76 華 77 露. 78 菊 79 蕙 80 秋 81 花 82 蜜 83 梅 84 節 85 冬 86 雪 87 玲. 88 紫 89 鶯 90 吟 91 碧 92 瑤. 93 翠 94 苗 95 映 96 曉 97 霞

古田前坪真榮公系輩序

以文其國端維進士高人，能克于家必為成功繼志. 科教興邦瑞啟升平盛世，業建名立宜秉崇德明時.

福建莆田彭氏昭穆

構雲世代																				
莆田世代																				
莆田派字	聖	朝	崇	俊	傑	世	代	守	忠	貞	雲	礽	能	繼	志	國	祚	永	重	興

注:康熙年間彭鵬之後“聖”字輩起,迄今約 **300** 年,已傳至“礽”字輩了。

廈門同安彭氏昭穆

我祖先支分浯島派演松山於今四百有餘年矣前制 23 字以為昭穆相續之序今年湮代遠經 22 代所用字式尚存一字僉儀仍添 **20** 字記為定式其新舊字式謹列于左

開子用孔敬克欽甫大堯群禹汝榮煌培釗洵楷炳垂銘淑(舊疑昭穆字式 23 字)

松煥堂钜清棣焜堅銓沛模烈坊錦永森熾基錫泰光緒丁酉舉人福同新添

德化彭姓昭穆四系開拓定居,從 1 世至 20 世各系諱行

南箕系:　前四世①慶公②閏公③興文公④道成公,

五世起諱行　德功天大,萬國士玉聯登科甲,富貴榮華,連前 20 世.

上圍系:　①始祖頂生公②福州公後諱行為:　崇宣祖一文百玉士諸春振仲叔季永華

陶趣系:　①聞其拾祖二世史亥公②欽公,後諱行為:　黃超天發子日登鴻必進元亨利貞仁華

風陽系:　①始祖源德公②元育公,後編諱行:　剋星容真　天有(廷)宙(啟)良元光瑞益(全)江貴榮

自入德化彭姓西元 **1323—2003** 年 **680** 年已 **23** 世。為全縣彭統一,從議 **21** 世起以南箕系所紡字諱定名,其諱行為:欽承愛敬,舉念謙恭,雲仍繼作,財業興隆。字行為:詩書啟瑞,理學精通,賢能集福,俊傑留芳。16 世思邈公福建省輩序詩

應連啟鴻圖　椒衍瓜綿培植本根延澤　匡時本宏駿績　蘭芬桂茂　蕃滋枝葉振勝謀

注:此詩以 12 世“應”字開始,以 43 世“謀”字結尾

福建甯化治平福祥公世系詩

必友懷登慕　道定家邦國　德澤潤益百世　賢魁慶顯科哲　仁聖瑞傳千秋　通達賀昭憲典
義禎輔政祺祥　佩羨豐甯卓舒　禮喜謙和守誼　克正恭厚明朗　志遠洪堅乃興　勤謹宏建隆基
信譽彰揚欽仰　奮晉勇立偉業　文豪奇珍輝耀　捷翰總銘馥勳　武傑聲震華宇　玄希剛異馨延
鴻儒啟開嘉美　敬熹福祿廣增　富貴繁榮萬代　如林比茂永恆

福建仙遊陂頭通成公派下
乾房富春公支

彭祖－？－泉州虹山始祖根公--2 世相齡公--3 世燁公--4 世延進公--5 世謙公--6 世仕仙公--7 世順公--8 世軒公--9 世如高公--10 世漢湖公--11 世卿仙公--12 世潛公--13 世必俊公--14 世孔暉公--15 世天興公--16 世源有公--17 世盛公--18 世秉容公--19 世清軒公,東二房二派開基祖--20 世樸敏公--21 世毅齋--

22 世中山公,諱尚遺--23 世翼搏公--24 世志孔公--25 世一童公--26 世樸馨公--27 世忍氣公--28 世成昆公--29 世德輝公,諱貴成,成昆公長子,遷仙邑西鄉,肇基陂頭,陂頭彭氏開基祖。

29 世遷仙祖德輝(貴成)－30 世通成－31 世公甫－32 世富春－33 世伯貢－34 世玉榜－35 世加湄－36 世世椿－37 世錦山－38 世城

富春公,字登侯,國學生,翰林院典簿銜,授修職郎,生於道光二十年(1840 年),卒於光緒二十八年(1902 年),配頂莊林氏。

32	33	34	35	36	37	38
富春	長男鴻書公,字伯貢,乳名榮金,別號品三授翰林院待詔銜咸豐丙辰六年生光緒丁亥 13 年卒 1856.5.13~1897.4.26 配眉山蘇氏 1858---1902	男玉榜公,字子禮 生卒未詳 配潭邊吳氏	长男加谋公,字男诸,生卒未详			
			次男加典公,字男藉(1900-1948)配王雪雲,生卒未詳	女佩芹　1928 年 適劉開枝　1930 年	長男劉新年　1957 年	女劉豔嬌 1983 年
					次男劉新春　1964 年	女劉豔豔 1995 年

32	33	34	35	36	37	38
					配鍾素芹 1975年	
					長女劉愛英 1952年	長女林豔莉 1980年
						次女林怡 1982年
					次女劉愛珍 1954年 適陸清玉 1950年	男陸靖 1982年
						女陸奕心 1980年
					三女劉愛華 1970年 適伊向莘 1956年	男伊文謙 1998年
						女伊佩蓉 1993年
			三男加湄公，字男台 （1909-1974） 配吳雪玉, 別名露珠 （1913-1994）	長男世椿（1936-1992） 配王玉蒼（1942-1996）	長男錦雄 1963年 配王愛金 1966年	女奕瑾 1989年
					次男錦銘 1965年 配林美愛 1968年	女奕瑩 1996年
					三男錦標 1967年 配張琪 1969年	女奕翌 1996年
					四男錦鋒 1972年 配李愛姐 1969年	女奕楠 1997年
					五男錦山 1977年 配佘麗華 1976年	男 珹 2004年 女奕娴 2002年
				次男世華（1939-1998） 配方金美 1943年	男錦添 1972年	
					長女麗娟 1963年 適凌錦敏 1959年	男凌楠 1990年 女凌航 1984年
					次女麗娥 1966年 適何伯堂 1965年	男何秋楠 1992年
					三女麗仙 1967年 適魏平昇 1966年	女魏静 1992年
				三男世澄 1941年 配黃清連 1948年	長女麗萍 1977年 適林亞陽 1979年	
					次女麗紅 1978年	
				四男世林 1949~1991 配 黃彬 1954年	男錦平 1977年	
					女 嫚嫚 1980年 适李雄伟 1978年	
富春	伯貢公	玉榜公	加湄公	長女佩容 1931年 適莊葉（1929-1979）	長男莊雲金 1959年 配余阿香 1968年	長男莊劍雄 1986年
						次男莊劍鷹 1988年
					次男莊焰 1962年 配王少生 1968年	男 莊旭 1996年
						長女莊梅娟 1991年
						次女莊梅芳 1991年
					三男莊枝 1967年 配林玉鳳 1968年	男莊星 1997年
						長女莊明明 1992年
						次女莊婷婷 1994年
					長女莊愛金 1954年 適 陳 會 1947年	男陳仙假 1978年
						女陳仙妹 1982年
					次女莊愛芹 1965年 適黃玉禧 1967年	男黃餘耕 1993年
						長女黃彬彬 1989年
						次女黃航仔 1990年
					三女莊愛珍 1970年 適林偉中 1970年	男林旭星 1995年
				次女佩英 1934年 適陳玉良 1931年	男陳如鵬 1962年 配郭秀香 1963年	男陳秉彥 1988年
					女陳如燕 1957年 適吳理華 1955年	男吳學毅 1983年

32	33	34	35	36	37	38
				三女炳英　1944 年 適阮木霖　1942 年	長男阮星晃　1971 年 配袁藝　1971 年	男阮俊瑋 2003 年
					次男阮星宇　1979 年	
					女阮麗雙　1975 年 適傅少榮　1972 年	男傅梓劼　2001 年
				四女淑英　1954 年 適陳禮秋　1954 年	男陳 曦　1982 年	
富春	伯貢公	玉聰公 配	加彬公 （1917—1983） 配林苍哥　1921 年	长男金明　1957 年 配蔡凌琴 1960-2003	女林苹　1983 年	
				次男金清　1959 年 配薛玉兰　1964 年	長男林偉　1984 年	
					次男林泉　1990 年	
				长女金英　1946 年 适林大林　1944 年	男林 震　1974 年	
					長女林俊峰　1970 年 次女琳賽峰　1072 年	
				次女金珠　1952 年 适黄宗熙　1947 年	長男黃 峰　1975 年 次女黃 輝　1977 年	
	伯貢公	女金莺 适郑文翰	男郑希西　1922 年 配黄永福　1923 年	长男郑维樵 1947 年 配 许聪哥 1948 年	男鄭 勇　1971 年 配陳黎紅　1975 年	男郑亦晟 1999 年
					女鄭 莉　1974 年 適謝高順 1972 年	
				次男郑维雍 1949 年 配 刘鹭滨 1959 年	女鄭 岿 1984 年	
				三男郑维椎 1957 年 配 朱美英 1961 年	女鄭 頵　1986 年	
				长女郑维雅 1951 年 适 陈亚德 1949 年	女陳 穎　1979 年	
				次女郑维惟 1953 年 适 陈国权 1952 年	男陳 頡　1982 年	
				三女郑维佳 1955 年 适 林锦涛 1954 年	女林 頻　1986 年	
	次男:伯宴公乳名周廷配溪頭林氏	長男玉璉公 生卒未詳	女國美　1919 年 適遊嘉新　1910 年	長男遊錦鮮　1936 年 配林福珠　1938 年	長女遊華　1968 年 適高海林　1967 年	女高靈　1995 年
					次女林蓉　1970 年 適潘文雄　1968 年	女潘虹霓 1995 年
					三女遊蕾　1975 年 適許勁松　1974 年	
				次男遊錦康　1942 年 配付紅玉　1945 年	男遊建成　1971 年 配劉任蘭　1974 年	女遊琬婷　1996 年
					女遊雪珍　1975 年 適黃元泳　1972 年	女林琬晶　1999 年
				長女遊秀福　1939 年 配鄭良澤　1932 年	男鄭建飛　1968 年 配嚴兆華　1969 年	男鄭瀚傑　2000 年
					女鄭建彬　1965 年 適胡雄飛　1967 年	女胡文婷　1994 年
				次女遊秀英　1950 年 配朱美通　1941 年	長男朱建欣　1971 年 配陳建萍　1967 年	長女朱余靜 1994 年
						次女朱余凡 2001 年
					次男朱建達　1975 年 配陳霞　1976 年	
				三女遊秀香　1954 年 適遊德賜　1954 年	長女遊莉　1981 年 次女遊覽　1983 年	
		次男玉錦公,入贅後山陳家 配戴氏,	男 陳文濤 配 梅氏	男陳輝　年		
	伯宴公	三男玉盤公 1893.8.24~1961.10.12 配下厝陳氏 1902-1994	長男嘉清　（1921-1995） 配張聰治　1922 年	長男世明 1948—1957		
				次男世忠　1955 年 配鄭麗仙　1958 年	男錦暉　1982 年	
				三男世福　1958 年	男偉　1985 年	

32	33	34	35	36	37	38
				配張惠芳 1961 年		
				四男世容 1962 年 配李愛清 1963 年	男㻋 1988 年	
				女淑華 1952 年 適林元庭 1950 年	男林丹楠 1980 年	
			二男嘉源 1926 年~?			
	伯宴公	玉盤公	長女春治 1924 年 適林玉滿（1921—1982）	(迁居印尼泗水)		
			二女福哥 1931 年 適肖開焰 1928 年	長男肖益民 1950 年 配林美香 1955 年	女肖穎 1978 年	
				二男肖建民 1953 年 配阮玉英 1951 年	男肖劍峰 1989 年	
					女肖梅 1986 年	
				三男肖偉民 1955 年 配付雅謙 1963 年	長女肖靖 1984 年	
					次女肖嫻 1988 年	
				四男肖志民 1959 年 配劉世華 1959 年	女劉瑜 1983 年	
※			三女林治 1937 年 適曾昭明 1934 年	長男曾少雄 1963 年 配李麗生 1963 年	女曾婷 1992 年	
				二男曾少教 1966 年 配陳琳萍 1977 年	男曾堯年 1997 年	
	伯宴公	玉榜公		三男曾少洪 1968 年 配李素珠 1967 年	男曾煜 1999 年	
				四男曾少英 1971 年 配陳愛萍 1973 年	女曾慧斌 1999 年	
			四女梅貴 1942 年 適黃元錦 1938 年	男黃文豪 1968 年 配吳建雙 1969 年	女黃怡菲 1998 年	
				女黃麗菁 1971 年 適張德東 1970 年	女黃芷琪 1998 年	

坤房貴春公支

彭祖－？－泉州虹山始祖枨公--2 世相龄公--3 世烨公--4 世延进公--5 世谦公--6 世仕仙公--7 世顺公--8 世轩公--9 世如高公--10 世汉湖公--11 世卿仙公--12 世潜公--13 世必俊公--14 世孔晖公--15 世天與公--16 世源有公--17 世盛公--18 世秉容公--19 世清轩公，东二房二派开基祖--20 世朴敏公--21 世毅斋--22 世中山公，讳尚遗--23 世翼搏公--24 世志孔公--25 世一童公--26 世朴馨公--27 世忍气公--28 世成昆公--29 世德辉公，讳贵成，成昆公长子，迁仙邑西乡，肇基陂头，陂头彭氏开基祖。
29 世迁仙祖德辉（贵成）公－30 世通成公－31 世公甫公－32 世貴春公－33 世榮鏗公－34 世玉衡公－35 世嘉慶－36 世骞--37 世麒玮
貴春公，字陽侯，別號廉川，生於道光二十五年（1845 年），卒於光緒二十三年（1892 年）·配學巷吳氏。

32	33	34	35	36	37	38	39
貴春	長男榮鏜公 字伯鶯號鴻 1872-1907 配林氏,	男玉振公,字子德 道號誠一 1902.5.16~1970.1.1.4 配林氏 1908-1931 續王氏 1906-1986	長男嘉煌 1924 年 配臺灣陳雙 1930---1998	長男松林 1949 年 配呂玲真 1951 年	女 陈芷芸 1975 年		
				次男松濤 1952 年 配許美珠 1955 年	男 奕翔 1985 年 女 佩琪 1982 年		
				三男松淦 1954 年 配許麗鳳 1955 年	長男敬仁 1984 年 次男健銓 1988 年		
				四男松江 1956 年 配蘇惠敏 1965 年	長男寶寬 1987 年 次男寶廣 1993 年		
				女毓秀 1951 年 適呂明益 1948 年	男呂昱鋒 1978 年 女呂盈鍬 1981 年		
	荣镗公	玉振公	长男嘉煌 1924 年 配林绍治 1929 年	女淑霞 1946 年 适陈宇梅 1941 年	長男陳峰 1969 年 配呂芳 1969 年	男陈禹韬 1997 年	
					次男陳暉 1971 年 配吳珠華 1975 年	女陈禹欣 2003 年	
					三男陳勇 1975 年 配黃雪麗 1976 年	男陈禹睿 2003 年	
			次男嘉水 1937 年 配吴梅生 1938 年	男 艇 1970 年 配陈世珍 1978 年	男楊曦 1984 年		
				女 航 1968 年 适杨国豪 1967 年			
			三男嘉全 1940 年 配倪嫣瑜 1945 年	长男 伟 1971 年 配陈丹 1971 年	男逸強 1998 年		
				次男 华 1974 年 配叶丽莉 1975 年	男逸軒 2007 年		
	荣镗公	玉振公	长女美兰 1927—1998 适林德山 1929—1985	长男林文森 1953 年 配徐碧钦 1958 年	長男林錦沐 1978 年 配郭鳳媛 1977 年		

32	33	34	35	36	37	38	39
				次男林忠钦 1962 年 配林姐哥 1962 年	男林錦尉 1987 年 女林群 1988 年		
				三男林文忠 1968 年 配李秀媛 1968 年	男林錦傑 1993 年 女林 貞 1994 年		
			次女明治 1932 年 适谢錫齡 1928 年	男彭建平 1959 年 配魏碧蓉 1961 年	男彭巍巍 1987 年		
				长女彭淑仙 1955 年 适杨文杰 1955 年	女楊蓓娜 1984 年		
				次女彭淑箎 1957 年 适林清洪 1955 年	女林彥 1984 年		
				三女彭淑琴 1966 年 适李毅阳 1967 年	男李昊 1994 年		
貴春	榮鏜公	玉振公	三女興治 1935 年 適黃如湖 年	長男黃金勇 1959 年 配林明英 1961 年	長女黃少珊 1981 年 次女黃少琳 1983 年		
				次男黃金敢 1965 年 配黃麗新 1966 年	長女黃姬鳳 1988 年 次女黃姬蓉 1991 年		
				三男黃金挺 1968 年 配黃秀蓮 1969 年	男黃统 1990 年 女黃梅芳 1989 年 次男黃嬰幾 2002 年		
				四男黃金帥 1972 年 配詹素紅 1971 年	长男黃書晴 1993 年		
			四女梅英 1944 年 適朱麟鎖 1939 年	長男朱茲松 1971 年 配黃淩嵐 1971 年			
				次男朱茲柏 1973 年 配謝添紅 1973 年	男朱紀澄 1999 年		
				長女朱曉紅 1966 年 適唐冠英 1965 年	男唐濟衡 1992 年		
				次女朱雍真 1968 年 適謝平健 1965 年	女謝君淩 1992 年		
			養女黃珍治 1921-1946				
貴春	次男榮鏗公, 字伯爾號瑟 希,雅稱六叔 1887.2.12~1959.12 .配 王春治 1898—1934 续 陳愛德 1909—1976	長男玉輝,字子光， 1921 年 配傅慶福 1920 年	長男嘉恩 1942—1970				
			二男嘉德 1954 年 配張興華 1955 年	男德華 1981 年			
			三男嘉來 1958 年 配葉曉輝 1959 年	男 晟 1985 年			
			長女端嫚 1949 年 適林慶晃 1942 年	長男林曙東 1970 年 配黃連蘇 1983 年			
				次男林曙明 1975 年 配林貴雙 1976 年	女心羽 2006 年		
			次女端明 1952 年 适戴青年 1953 年	女戴娟 1980 年			
		次男玉衡,字子权 1925 配林芹哥 1924 年	長男嘉慶 1945 年 配刘瑶 1943 年	长男鶱 1972 年 配潘兰 1984 年	男麒瑋 2012 年 女麒蓉 2009 年		
				次男智 1975 年 配杨詠茹 1979 年	長男新景 2006 年 次男新淇 2009 年 女宣蓉 1999 年		
				女 騰 1970 年 适霍泉 1969 年	男霍宏王景 1996 年		
貴春	榮鏗公		次男嘉興(永)1947 年 配茅素蘭 1952 年	女 琦 1977 年 適吳世明 1976 年	長男宜澤 2004 年 次男 2007 年		
			三男嘉建 1951 年 配吳文君 1951 年	男 憲 1983 年 配宋晶晶 1985 年			
			長女端英 1949 年 適楊玉聯 1941 年	男楊為民 1974 年 配洪燕鳴 1974 年	女楊紫弈 2004 年 男楊 2007 年		
				女楊雪晶 1972 年 適林東興 1971 年	女林蘭 1999 年		
			次女端麗 1963 年 適張明昭 1955 年	女張斯翎 1985 年 適郑晓鸣 1984 年	男鄭允浩 2009 年		
		三男玉儒 1928— 1949					
		四男玉順 1934 年 配林美蓮 1944 年	長男嘉霖 1967 年 配林美琴 1969 年	女 程 1995 年			
			次男嘉星 1971 年 配林雪梅 1975 年	男 宸 2005 年			
			三男嘉仁 1973 年 配黃 寒 1973 年	女			
			四男嘉福 1973 年	男			
		長女美玉 1915 年 適游壽曙 1913— 1950	長男游文篤 1938 年 配林美哥 1946 年	長男黃雄模 1970 年 配溫世洪 1970 年	男益騰 2002 年 長女明敏 1992 年 次女雅婷 1999 年		
				次男游雄偉 1971 年 配李美琦 1967 年	男如騰 1995 年 長女琳琳 1991 年 次女雅婧 1993 年		
				三男黃雄達 1974 年	長男志騰 1997 年		

32	33	34	35	36	37	38	39
				配蔣紅嬰 1975年	次男景騰 2004年		
			次男游文駕 1945-1996 配林淑雲 1946年	長男遊新福 1971年 配遊愛珠 1971年	長女游雅儀 1990年 次女游紫亿 2002年		
				次男遊新澤 1978年 配楊林花 1980年	男如翔 2005年		
貴春	榮鏗公	長女美玉	長女游文蘭 1942年 適郭永祥 1938年	男郭加楊 1969年 配林麗珠 1969年	長男郭彬 1992年 次男郭傑 1995年		
				長女郭秉燕 1963年 適郭各瑞 1958年	男郭智謀 1995年 長女郭夢靜 1984年 次女郭夢真 1990年		
				次女郭秉愛 1965年 適陳元梅 1963年	長女陳偉萍 1984年 次女陳偉娟 1990年		
				三女郭秉建 1967年 適陳穎鋒 1972年	男陳智榮 2000年 女陳智瑩 1991年		
				四女郭秉菊 1972年 適遊飛勝 1972年	男遊翰樺 1996年		
			次女游文維 1947年 適黃良鳳 1937年	男黃文勇 1975年 配付曉麗 1975年	女黃藝舟 2002年		
				長女黃秀娟 1968年 適郭劍峰 1963年	男郭 毅 1991年		
				次女黃秀貞 1971年 適施國臻 1968年			
貴春	榮鏗公	次女美愛 1924年 適陳德良 1921—1964	長男陳培如 1950年 配陳秋萍 1949年	女陳 玲 1980年			
			次男陳喜如 1952年 配劉昭坤 1963年	女陳佳音 1985年			
			三男陳景如 1954年 配程瑞彬 1958年	男陳軍 1981年			
			四男陳建如 1963年 配陳展眉 1962年	女陳 虹 1993年			
			長女陳珍如 1947年 適陳清坤 1946年	長男陳景勇 1976年 次男陳景偉 1978年			
			次女陳躍如 1958年 適程慶祥 1954年	女程佳莉 1985年			
貴春	榮鏗公	三女美珠 1930年適 葉桂芳 1930年	長男葉希偉 1958年 配林敏 1958年	長女葉 霞 1984年 次女葉 婷 1985年			
			二男葉希力 1962年 配高培琳 1964年	男葉龍豪 1990年			
			女葉希強 1951年 適陳玉灶 1951年	男陈翔 1980年 配陈嫦 1980年	男陈海胜 2006年		
		四女瓊英 1931年 適段章锦 1929 -1996	長男段明華 1952年	男段申 1977年			
			次男段志華 1954年 配鞏紅 1963年	男段威 1992年			
			三男段華華 1958年 配陳翠萍 1963年	女段夢婍 1987年			
			長女段珍華 1956年				
		適林鶴聲 1929年	男林劍華 1968年	女林偉婷 1994年			
			女林梅華 1963年 適趙援湘 1962年	女趙琳琳 1986年			
楊侯	榮隆公	亦尊公	男加成公(1910- 配龍媽	長男世琰 1930年 配楊龍英 1928年	長男元森 1952年 配楊玉清 1854年	長女春珍 1986年 次女春英 1988年 三女明珠 1992年	
					次男元林 1955年 配蘇海英 1963年	長男和傑 1987年 次男和龍 1988年	
					三男元棟 1960年	女燕坊 1995年	
					四男元德 1966年	長男勇 1998年	
						次男勝 1990年	
					女明玉 1964年	長男彬 1985年 次男洪 1989年	
			加成公 配龍媽	次男 世桂 1942年	男慶祥 1963年 配劉鳳美 1966年	男奇志 1994年 女海英 1991年	
楊侯	榮隆公	亦尊公	加成公 續配後廳媽	男程永坤 1932年 配劉春哥 1936年	長男建洪 1958年 配劉碧英 1960年	男奇龙 1983年 女凤琴 1985年	
					次男建國 1963年 配黃素全 1966年	男航龙 1990年 女雪燕 1987年	
					适吴元瑞 1970年	男吴俊杰 1994年	

福建彭氏源流初探彭嘉慶　2008年

福建彭姓源遠流長，彭氏子孫多由不同地域輾轉遷徙而來，支系繁多，各有不同宗祖，溯源可分為幾個不同世系。入閩最早的作邑彭氏、虹山彭氏和閩東彭氏等世系，都是以唐之後有文字記載起的世祖作為一世祖而立譜，所以源流探索僅能以此作為依據。

一、武夷山作邑彭氏——遷公世系

《史記·封禪書》記載：相傳彭祖子嗣中有二子，名武、名夷，曾隨父隱居于福建山林，後人便名此山曰武夷山。武夷山幔亭峰下曾有彭祖舊廬故址〔初曰雲龍道院，又曰一水草廬〕，後建為彭祖基，成為彭氏遠祖居住武夷山的佐證。彭祖後裔，綿延至今。現在，武夷山成為彭姓的三大聖地之一。2004年，世界彭氏宗親聯誼會就在武夷山市舉辦第六屆大會（國內首次），祭拜彭祖及彭武、彭夷。

在1942年編寫的《崇安縣誌》卷四《氏族》中，彭姓列為第一，是開發武夷山之祖，是崇安最古的望族之一。始祖遷公在唐初從潤州丹陽（今江蘇省鎮江市）遷入。後裔分天、地、乾、坤四房，人丁興盛，於今約有五千多人。

遷公，字紫喬，潤州丹陽人，隋大業二年（西元606年）出生，唐貞觀初年（627～649年）曾輔佐李世民平治隋末之亂，初授官前八部都尉，擢升中郎將，拜武威太守。在封為左遷牛衛上將軍、提節建州（今建甌市）諸軍事後，就由潤州丹陽遷閩。年老辭官後偃武修文，隱居建平北鄉，因欽慕彭祖故廬，愛九曲山水，便雇募鄉民萬余人，上括信州，下折建平，斬草鋤蒿，鑿湖築陂，引水溉田三千余頃，創立九十餘村，聚族而居，取名"新豐鄉"。南周延載元年（694年）逝世，享年89歲，贈上柱國、河間郡公，葬武夷當源中乳，被尊為**丹陽遷崇彭姓始祖**。夫人徐氏乃徐世勣妹，生二子，長名溟，次名漢。

漢公，字雲宵，遷公次子，唐永徽二年（651年）生於建州官舍，居住建州溫嶺。幼年博學力行，經監試部使推薦，授為洪縣令，後擢升台州判官。漢公在台州任職二年後因母病離任回鄉，侍奉湯藥，並拓荒造田，從事桑梓開發事業。因德才兼備，深受民眾擁戴，後補判南劍軍（治署南平市）州廳事，頗具政績。武後垂拱三年（687年）繼父遺志，奏準將新豐鄉立為溫嶺鎮，北面立街，設官守土。唐開元四年（716年）病逝于建陽界墩，享年63歲，被尊為**作邑彭氏初祖**。

瑺公，字武仲，為漢公曾孫，生於唐貞元二十年（804年），自幼聰穎，精通經史，勇武過人。唐開成元年（836年）蔭襲建州兵馬殿中監兼攝郡政。當時溫嶺鎮已日趨繁榮，人丁興旺，賦稅充足，瑺公也在唐會昌五年（845年）奏請獲准將溫嶺鎮升為崇安場。崇安場遷立彭城街中，並設立官署。昭宗乾寧三年（896年）卒，享年94歲。北宋淳化五年（994年）崇安場晉升為縣。

《崇安縣誌》記載，因遷公、漢公和瑺公三代開疆辟土，建功作邑，崇安"先有彭，而後有崇"，故稱彭姓為作邑彭氏。崇安民眾于南唐時在營嶺縣署義門旁建造"作邑彭氏三丈祠"，又稱"崇德報功祠"，每年春秋兩次祭祀，讚頌他們的功德。遷公子孫蕃衍于嵐穀、五夫，大將、吳屯、溫嶺、崇嶺等處，成為崇安最古的望族。　　作邑彭氏出自三國彭蒙。其先祖邁公，西晉永嘉元年（307年）南渡，首居京口丹陽。東晉元帝即位，被封為西都郡王，子孫散居江南一帶。邁公十數傳〔作邑彭氏譜中此處有錯頁之誤：邁公於西元269年出仕，遷公606年出生，間隔337年，約十多世，譜載為63世。而遷公之後卻缺不少世次，應予補正。〕至遷公。這是繼漢代宣公後裔南遷之後，彭姓又一次較大的南遷。

世居曹墩的平川彭氏，按其族譜源流圖所示，系遷公長子溟公的曾孫瑭公起分立的天房後裔。瑭公生二子，長繼苗公生文舉公，文舉公生鉦公，鉦公生斯健公，斯健公生組公，組公生揆公，揆公生二子：次昌季公，乃遷公十三世孫。昌季公（字如玉）在南宋景炎丁醜二年（1277年）正月因元阿剌罕兵入境，而攜眷避居於吉安永豐，曆三世至子誠公（字瑞意，號養晦）於元至正二十八年（1368年）秋複由永豐遷回崇安曹墩，築室安家，從此肇基曹墩。十五世子誠公（字瑞意，號養晦）為**曹墩始祖**。子誠公長子護公生二子，長僖公，立忠房；次偏公，立恕房。忠房僖公生四子：鑾公，鍪公、鏊公、敏公，又分立恭房、寬房、信房、敏房。曹墩十八世起昭穆為：培德基長厚，敦仁道大昌，詩書延世澤，楨幹作邦光。

居住新陽的彭氏，據考乃遷公世系乾房裕公派下子孫。遷公世系分天地乾坤四房，乾房支下分居城隅的後裔定居在新陽。其中也有從嵐穀鄉遷往興國鎮雙西村，而後又從雙西村遷入新陽的宗支。另有傳說或是早年人閩的彭武、彭夷後裔，或是彭越之後，但因該宗支缺失譜牒，仍待今後查考。

作邑彭氏歷代賢能輩出，累有建樹。自瑺公以下，繼苗公登唐昭宗天複辛酉年〔901年〕進士，官至大司馬、兵部尚書；繼嗣公登唐光化己未年〔899年〕進士，官至內殿承宣運使、兵部侍郎；保宴公登後唐明宗己醜年〔929年〕進士，官至兵部尚書左仆射；保廉公登後唐莊宗癸未年〔923年〕進士，官至京兆尹、吏部侍郎。至宋朝更為顯赫，北宋崇寧三年（1104年）特奏狀元路公，其孫奭公又舉南宋紹興二十四年〔1154年〕進士，官拜刑部侍郎、樞密副使兼理平章事，升左丞相。宋代朱熹曾任官建州，崇仰彭氏先賢創業功勳，題詩讚美："彭侯戴武弁，政則宗吾儒。士茂先興學，允賢勤讀書。猷為莫不善，才力蓋有餘。西北溫嶺鎮，新豐可久居"。應該肯定，今天世界著名的"雙遺"風景名勝區——武夷山的發展，離不開唐代彭姓的首創性開發，離不開彭姓子孫的世代貢獻。彭姓將深深銘刻在武夷山水之中。

《作邑彭氏族譜》極其珍貴，現藏於上海圖書館，是在南宋紹興甲寅四年（1134年）間首修的，之後南宋紹興丁醜年（1157年）、元大德九年（1305年）、明天啟元年（1621年）、清康熙辛酉年（1681年）、清乾隆二十二年（1757年）、清道光七年（1827年）、清同治九年（1870年）和民國七年（1918年）相繼八次進行了續修。1995年彭德煌、彭德寶又率眾重修族譜，並修復五夫彭氏宗祠，重塑遷公坐像。《平川彭氏族譜》首修于清乾隆丁醜年（1757年），之後在清道光七年和同治九年兩次續修。2001年彭長祓也率眾重修。

二、泉州虹山彭氏——根公世系

據《虹山彭氏族譜》記載，虹山彭氏先祖派在河南汝寧府光州固始縣（今為河南信陽市固始縣），乃是宣公的後裔，只是現在難以考證世次了。唐僖宗廣明元年（880年）黃巢起義戰事中，先祖隨軍過江，起初居住在福建的泉州，然後遷到城西的南安。自根公起就遷到晉江的中山，便在瑁峰山下蓋房居住。由於先祖的世次失傳，就以根公為虹山一世祖。

虹山彭氏子孫蕃衍，人才踵接。二世相齡公，宋時任福州監倉曹；相榮公任廣州司戶曹。三世燁公任團練節度使，曆高州安撫使。四世延進公和五世謙公均任承務郎。六世膜公任南劍洲教授。七世鎮公任通議大夫、兵部侍郎。八世輕公任儒林郎。九世如高公任宣議大夫。十世漢湖公任遂昌教諭。十一世卿月公任徽猷閣侍制。十二世潛公任宣教郎。在明、清時期，也代不乏人。三十二世秀村公授民國陸軍少將，任永德警備司令。自十六世源有、濟有公起，虹山彭氏開始分為東、西兩大房祧。從此一脈遁下，形成虹山人口發展的鼎盛時期，從十八世開始，啟行昭穆："秉文子仕宜，恒喬于茂孫，為可仲叔季，永建乃嘉芳"，又續："詩書綿世澤，忠孝紹先賢，餘慶昌謨烈，發祥益壽年"。

虹山彭氏家廟初創於北宋天聖年間(1023～1032年)，大門柱古聯為："支分唐朝曆百載，祠占泉山第一家"。現在，虹山鄉下設虹山、松角山、蘇山、張阪、白鳳等五個村，全鄉彭姓約有一萬二千多人，位居泉州洛江五大姓之列，是全省彭姓最大的集居地。

虹山彭氏自一世祖根公入閩，至今已一千一百多年，比廣東始祖延年公尚早一百年。因而衍徙海內外的子孫繁多，有載可考的達 300 多人。二世相榮公，任廣州司戶曹，其子孫居粵；六世二十一公，字天祿，諱賢，宋乾道年間分居莆田北頭（橫塘）；二十三世恒解公及子烏治公遷居興化城後常太裏張城社邊；十三世連發公之子貅秀公，宋末遷居仙遊中埔；二十二世紀琚公及子時成、時玉、時三遷仙遊西鄉；二十世思亮公及子一心、仁心、存心遷西鄉打石兜；十六世明德公遷仙遊冀乾；三十世執公居仙邑城內；三十一世紀金公與子彬遷仙遊城內，分居永春；二十三世香子公，三十世來成公，三十二世月喜公居大田；三十世豪公，三十一世綢公分居福清；三十二世季搗公，三十三世福春公、以聲公，三十四世炮昌公，三十五世金水公，二十五世孔公，居泉州城內；三十一世其英公，三十三世通公，分居廈門；三十四世生財公，分居漳州；三十三世永昆公分居建寧；三十世子榮公，三十一世叔粘公，三十二世族公、臨公、善耀公，三十二世季尾公，三十三世光輝公，遠遷浙江溫州；二十六世茂桀子孫遷南安。其中遷移臺灣的 30 多人。較早遷移臺灣的是二十六世懋彬公，出生於清康熙三十八年（1699 年）。以後二十七世 5 人、二十八世 5 人、二十九世 3 人、三十至三十五世也有 16 人相繼往台。譜記有“往臺灣”、“攜眷往台”、“往臺灣不歸、無回”、“娶白姓香娘臺灣人”、“娶臺灣林氏悅娘”及“歿在臺灣”等，但譜中未記錄往台時間。從二十六世懋彬公遷台迄今已近 280 年，按虹山彭氏繁衍頻率推算，臺灣現有虹山系的人口應在千人戶以上。虹山彭氏遷住夷洋的也有 114 人戶，僑居地主要分佈在印尼、馬來西亞、菲律賓和新加坡等地。1923 年在印尼錫江就已興建彭氏祠堂，墓園依故鄉名為“虹山亭”。在頗具數量的虹山彭氏僑民群體中，也湧現了不少海外精英。

南宋乾道七年（1171 年），六世迪功郎瑛公首修《虹山彭氏族譜》。隨後有明嘉靖已醜年（1529 年）十九世珙公；嘉靖已未年（1559 年）二十一世任公；明萬曆丁醜年（1577 年）二十一世仕迪公、希陵公、二十二世宜達公；明崇禎丙子年（1636 年）二十二世尚遺公；清康熙十六年（1677 年）二十四世俞肅公；清康熙三十七年（1698 年）二十四純庵公（字喬美，諱鍾）和民國二十年辛未（1931 年）秀春公七次續修。近幾年，彭國勝、彭德斌等又率眾第八次重修，並將族譜全部鐳射掃描製作成光碟。《虹山彭氏族譜》自首修至今，先後跨越 845 年，形成全套 23 冊（卷首 1 冊、宗支卷 4 冊、世紀卷 18 冊），卷帙浩翰、史料詳實且保存完整的姓氏宗譜資料。這在福建全省是屈指可數的。

三、閩東彭氏──思邈公世系

依據杉洋、上塘、穆陽、馬坑、溪邊族譜查考，閩東彭氏先祖乃唐初裕公，思邈公為閩東彭氏始祖。

一世祖裕公，字伯溫，生於隋開皇壬子年（592 年），卒于唐龍朔壬戌年（662 年），江南揚州府江都縣人，官唐兵部尚書。生二男：長令全，次令莊。唐高祖武德戊寅年（618 年）從江西省新昌縣（今宜豐縣），遷浙江省溫州府平陽縣，創立鴻基。　二世令全公(616-683 年)，字世聞，任太常卿考功郎。生一男：源(各譜生男記載多有不同)。三世源公(641-701 年)，字藐浩，任唐河北節度使兼太子洗馬。生二男：長純，次紹。四世純公（665-731 年），字淑德，任唐河東太守，又從浙江平陽遷到江蘇常州。生二男：長達、次遂（次子遂公仍在平陽）。五世達公（687-765 年），字子方，任唐河東光祿大夫。生二男：長敬恩、次敬叔。六世敬恩公（710-774 年），字子恭，任河東通判，生四男：瑰、瑛、瑕、璸。其弟敬叔任雁門太守。七世瑰公（735-805 年），字季玉，任考功郎、禦史。生二男：芝、傑。其弟瑛公任莆田邑宰、瑕公任浦城邑宰、璸公任浦城支侯使。八世芝公（760-822 年），字芳淑，任晉潭州太守，由江蘇常州遷居湖南潭州，生一男名曄。其弟傑公任太封君、考功郎。九世曄公（784-856 年），任考功郎。生五男：景賢、景聖　、景哲、景直、景聰。十世景賢公（809-868 年），字後卿，任河東節度使。生三男：長思邈、次思聰，三思恭。

十一世思邈公，乃閩東彭氏始祖，字有闕，生於唐太和丁未年（827 年），卒于唐同光甲申年（924 年），曾任開州司馬（今四川開縣）。唐僖宗廣明元年（880 年），黃巢攻陷長安，思邈公隨王潮入閩，後官升禮部尚書。生三男：長蘭胤，次蘭居，三蘭膺。

從先祖裕公到閩東始祖思邈公，目前所能尋見的支譜均有差異：一是思邈公為裕公第十三代裔孫；二是思邈公為裕公第十一代裔孫。本文取十一世次，每代平均 21.45 年，比較合理。這仍有待今後進一步查證。

思邈公二世蘭胤公〔854-924 年〕，字永祚，號芳谷，官任閩省侯官令，與父喬居福州西湖。蘭胤公生二男：長寶勝，次寶振。蘭居公遷往建寧府，生一男亶遷居邵武。蘭膺公官任寧遠統軍使，生二男：長仲修，官武毅大夫，遷甯德為始祖；次仲輔，遷莒洲十四都為始祖。

思邈公五世金公〔908-975 年〕，字品南，號麗川，官任閩王右丞，生四男。金公於後唐清泰二年（935 年）因閩王審知之子互相爭鬥，與長子官公發兵入閩，先寓福州西湖。四年後，即後晉天福三年（939 年），金公、官公父子因往甯德，路經古田縣杉洋，因愛其佳山秀水，就決心定居楓灣。金公被尊為古田杉洋始祖，長子官公肇基杉洋。後人為紀念官公肇基之德，在杉洋建造“玉峰宮”（俗稱彭厝宮），並立有官公本相。金公次子安公遷居涺溪，三子宏公回平陽，四子密公遷寧德飛鑾渡頭，複遷石後室頭村。

思邈公六世官公〔923-994 年〕，字公信，號德孚，官任行軍使。有飽學之才、過人之志，閩王封號彭大真人。後晉天福四年〔939 年〕官公在楓灣建造屋宇，成為杉洋開基祖。官公生五男：長子沭公〔947-1021〕，號東山；次子游公遷長溪，後遷甯德霍童；三子潤公遷張際；四子渥公先居東洋，後遷興化，子仁公又遷回東洋；五子淵公居杉洋，為**杉洋**本支。

七世潤公，乃官公三子，在遷張際居住數載後，複回杉洋菴前，披荊斬棘，擇地而居。傳至三十二世蘭老公（太封君，贈儒林郎）擇居登瀛，為登瀛開基祖。並選擇吉地，創建金公總祠，堂勢莊嚴，頗為壯觀。

八世泰公，乃沭公長子，遷居福源塘邊。八世壽公〔968-1048 年〕，乃沭公四子，字朝奉，號松亭，遷居玉湖（又名常熟洋彭家墩）。

九世當公，壽公次子，生五男。長義公遷甯德石後室頭；次暉公與子伯賢公遷官井；三陽公遷霍童邑板；四曜公遷古田大甲，其長子淮公又遷鶴塘南陽，次子泗公為大甲本支。九世稷公，壽公三子，生一男明公。明公三子志伯公之次子文輝公遷寧德洋中陳園村。明公長子季五公，曆四世至得英公，於南宋淳熙年間（1174-1189 年）又自熟洋彭家墩返回古田靈毛彭洋，遂使彭氏得傳靈毛。得英公為靈毛開基祖。靈毛祖厝修建於南宋嘉泰年間（1201-1204 年）。曆八世至河公從靈毛遷到 45

都吉巷**寮裹**。曆十二世至真榮公，又遷居古田前坪村，為前坪開基祖。

閩東彭氏早期播遷的歷程，在乾隆四十年（1775 年）編修的《前坪家譜總序》明確記載："遷平陽，隸常州，徙西湖，籍杉城，彭之先有自來矣。至於**熟洋、長溪、張際、東洋**等派，無非彭氏一線傳。厥後肇基**靈聑**，拓址**寮裹**，創業**前坪**，此皆彭氏之食根而綿統於無窮也"。而後閩東彭氏逐步向寧德及周邊各縣擴展繁衍。

據福安市穆陽和周甯縣溪邊的道光元年譜序記載，在壽公遷熟洋，魏公遷鹹源長巷底之後，到元至正乙未年（1355 年），迎公遷八蒲嶺頭苦竹灣；明弘治年間（1488-1505 年），愈整公遷芹洋；清康熙丙申年（1716 年）於賟公由芹洋遷粵底；清乾隆已未年（1739 年）又遷到甯邑溪邊。溪邊彭氏自建恩公創業芹洋，繼遷粵底，旋住溪邊起，迄高二公計二十七世。高二公提為溪邊開基祖，傳到道光元年（1821 年），又經歷十二世。

唐咸通辛卯年（871 年），甯川彭姓始祖、思邈公二世蘭膺公之長子仲修公生於甯德虎貝鄉石洋村〔現彭家墩〕，後遷寧德西隅後場面開基。仲修公自幼喜愛武藝，17 歲考上武秀才，20 歲考中武魁元，留任武教官。後到兵部任職，剛毅果敢，清廉正直，後詔封武毅大夫。仲修公少年時在石洋村劈一杉木枝倒插於村中，第二年成活後成為肇基之樹，其頂端向四面撐開，狀若大傘，被稱作"涼傘樹"。至今樹齡已達 1100 多年，被林業部列為全國十大"杉木王"之一，成為甯德極富盛名的人文、自然景觀，廣為流傳。仲修公告老還鄉後，曾在西山白岩下建"西山草堂"。這是寧川最早的一座書齋，後改為靈溪禪寺。草堂右側還鑿一口水井，取名"定泉井"。唐長興四年（933 年），寧德由場升為縣，選擇縣址時取決於此井水。一千一百多年過去了，"涼傘樹"仍枝繁葉茂，"定泉井"水盈不竭，靈溪禪寺香火不斷。仲修公卒於後周顯德丁已年（957 年），葬于蕉城區南福山街北山。仲修公墓已在 1980 年公佈列為縣級文物單位，寧德縣政府立碑保護。

閩東彭氏遷移臺灣的傑出人物有清朝副將彭日光，生於明崇禎十六年（1643 年），甯德城關海濱南隅筱場人。清康熙十八年（1679 年）海寇群起侵擾我沿海，彭日光召集鄉勇與海寇浴血苦戰，屢戰屢勝，被巡撫吳興祚提為千總。康熙二十二年（1683 年）升為副將，後隨同靖海將軍施琅自福州港出發，先克澎湖，繼入臺灣，收復政權。彭日光為臺灣回歸祖國創建奇勳，晉升為從一品，而後康熙帝在台駐兵屯守，設立府、縣，彭日光因此居台任職，為祖國統一鞠躬盡瘁。之後閩東彭氏也陸續有人遷移臺灣定居。

閩東彭氏後裔遍佈甯德各市縣，古田近萬人，寧德六千多人，福安、周寧各有三千多人，屏南、福鼎、霞浦、柘榮也各有數百上千人。福州羅源縣碧裏鄉還有七百多人的分支。杉洋金公總祠保存的《彭氏家乘》族譜在明弘治甲子年（1504 年）因火災焚毀，所幸草稿沿存，明正德年間（1506-1521 年）重新創譜，在杉洋金公總祠保存的《登瀛彭氏續修譜序》中記載，《彭氏家乘》族譜在明弘治甲子年（1504 年）因火災焚毀，所幸草稿沿存，明正德年間（1506-1521 年）重新創譜，後又經清雍正甲辰年（1724 年）、嘉慶庚申年（1800 年）、道光戊子年（1828 年）和光緒辛醜年（1901 年）多次續修。光緒辛醜年〔1901 年〕邑庠生林維謦執筆修撰的譜序和續修譜，是閩東族譜中最為完整的資料。六十世至七十九世昭穆字式如下：科教興邦，瑞啟升平，盛世興建，名立宜秉，崇德明時。

四、莆田彭氏——汝礪公、椿年公等世系

莆田彭氏，共有三、四支的族系，初期都出自同一宗派。明、清兩朝雖有續修族譜的記載，但迄今一直未能尋見。目前僅以彭鵬公《古愚心言》和港內世德祠神主牌名諱的手抄譜為依據,所以莆田彭氏的考證最為困難。

港内譜記載，**莆田開基始祖**為"宋狀元及第、吏部尚書、資政殿大學士、少師，諡文政，春湖公。"按《宋史列傳》：彭汝礪（1041-1094），鄱陽（今江西上饒陽縣）人，字器質 號春湖，宋治平二年（1065 年）乙巳科進士第一人，歷任保信軍推官、武安軍掌書記、潭州軍事推官，官至監察禦史、吏部尚書，資政殿大學士，贈少師，諡文政，被譽為宋朝一代直諫名臣。汝礪公系允顯公（亦名德顯公）長子文吉公五世孫。港内本支世祖"宋文學宗伯公"，乃汝勵公長孫。一世祖元承務郎慈利丞念一公，二世祖處士安仁公、安美公、安吉公。原譜缺三世祖，據林祖韓、彭元輝考證，三世祖乃念三公，由港内徙涵口。念三西曆七世至韶公。九世祖韶公，號鳳儀，字從吾，生於明宣德四年（1429 年），天順元年丁醜科（1457 年）進士，官至刑部尚書，贈太子少保。卒於弘治七年（1494 年），享年 66 歲，諡惠安。生二子：長瀚，先韶公卒，恩贈宿遷縣丞；次濬，中成化十九年（1483 年）舉人。韶公曾對修譜留下"上不遠引，次不旁及"的訓導，因此族人對"列祖義例，至簡至嚴"。明弘治五年（1492 年）朝廷曾在港内涵口村奉旨建"大司寇"牌坊（韶公晉升刑部尚書，即周朝大司寇），弘治八年（1495 年）又奉旨在莆田府城東門内建"一代名臣"、"三朝元老"的牌坊（韶西曆事明英宗、憲宗、孝宗三朝），紀念韶公這位功垂千古的名臣。港内譜記述本支先祖至十九世祖為止。

第二支是港内譜記載的"世祖宋太學士、旌表孝行卓異，諱受公"。又記述"祭酒椿年，以清要顯太學生，受廬墓致白鵲之祥"。"而椿年者，實侍郎思永公玄孫，奭公之十世孫也。少遊學，遍曆域中，惟閩有族，即附居焉。所謂三、四支者，椿年其一也"。經考證：椿年公乃宋紹興二十七年（1157 年）丁醜科進士，曆國子監主簿、編修官。淳熙未年提舉福建（泉州）市舶，遂卜居興化軍所城。後擢知處州、太常丞吏部郎中、國子監司業、江東轉運副使，終右文殿修撰。宋時《莆陽比事》載有："（一）西市彭，（二）前街彭"，注雲"祭酒椿年、教授奎之族，祭酒後寓天臺"，這說明宋代居興化軍所城的確有祭酒椿年公和教授奎公，而椿年公後裔中有一支遷往浙江天臺縣。

彭鵬公撰寫的《重修橫塘族譜序》記述，受公字爾修，廬墓六年，白鶴隨之，世稱白鶴孝子。受公生應承公，應承公生澤公，澤公生啟伯公，啟伯公生念五公。念五公為孝子五世孫，自念五公以上，世次不紊。念五公生一子直夫公，諱百福。百福公傳二子：長足翁公，諱奉，由港内徙橫塘，為橫塘始祖。"橫塘肇基自足翁公始";次以忠公，諱泗。泗公傳二子：長慶公，**世居後彭**；次積公，傳一子濟公，字宏週，徙居清江，為清江始祖。《古愚心言》記載，足翁公派下兆一、兆二、兆三、兆四為二世祖，分仁義禮智四房。兆一公傳億二公，傳慤庵公〔諱邦彥，封版部主政，贈督學〕，傳忍庵公（諱甫，官戶部，廣西督學，湖廣觀察），傳定軒公（諱大治，官戶部，曆楊州、敘州、韶州守，升長蘆都運未任），傳從野公（諱文質，官揭陽令，由戶部出守桂林，任廣西左參，贈兵部左侍郎），傳後從公（諱憲安，官廣東陽山令），傳汝伯公（字伯梁，號一複，行五，贈給諫公）。汝伯公生於明萬曆壬寅年〔1602 年〕，傳三子：鵬公、鵾公、鴻公。足翁公十世孫鵬公在順治十七年（1660 年）中庚子科舉人後，曆官廣西左參政、贈兵部左侍郎，官至廣東巡撫。因為官清廉，業績昭著，康熙帝褒

獎其為“天下廉能第一”。

第三支是“世祖特奏名第一、溫州府教授彝甫公”。彝甫公，字有來，南宋淳祐七年丁未科（西元 1247 年）特奏名進士第一人，官溫州府教授。彝甫公後裔除定居莆田的之外，尚有一支留居溫州。

第四支是“世祖宋處士諱渥公”。渥公乃閩東彭氏始祖思邈公後裔，系思邈公六世官公之四子，先居古田東洋，後遷興化，估計當在北宋太宗年間（976 年）。渥公長子仁公後遷回東洋，而渥公的其他後裔仍留居莆田。

又據《作邑彭氏族譜》記載，遷公後裔乾房思溫公（官福州府學教授）同弟思傳公因元至正年間（約 1359 年）閩省紛擾，而舉家遷居莆田。再據《虹山彭氏族譜》記載，虹山始祖根公六世天祿公在南宋紹興年間（1311——1162 年）“移居莆田北頭，即今莆田小橫塘”。而後根公二十三世恒解公又率子烏治公在先遷仙邑槳史嶺後移居到興化城後常太裏。在明萬曆六年（1578 年）尚遺公《重修彭氏族譜序》中又記載，“莆之族，若尚書惠安公韶之子孫，先時嘗稱為我中山之派”作邑彭氏和虹山彭氏後裔在莆田的繁衍，也是今後彭氏考證的重要內容。

由於年代久遠，譜牒缺失，加上受莆田地理優勢影響，彭氏子孫居地頻繁遷徙，宗派多有交叉。現今居住在新度鎮港內村的舊厝裏、新厝裏、後湖、灰壁和港西村尾厝，以及居住在華亭鎮霞皋村（含從霞皋遷往城廂府後和仙遊陂頭）的彭氏，多數系“世德祠”汝礪公後裔。現今居住在黃石鎮橫塘村和新度鎮白埕村、港內村後彭、社兜以及城廂區張鎮村南箕的彭氏，多數系“清德祠”足翁公後裔。莆田彭氏還有一支與同安彭氏二世祖子安公同是天祿公的後裔。同安“始祖天祿公，別號念五”，其長子伯福公曾任興化路宣差，據傳仍有後裔居住在港西村北厝等處。現居梧塘鎮楓林村，新度鎮新度村，下阪村，郊尾村，城廂區霞岱村，步雲村，鯉埔村，江口鎮港下村，黃石鎮黃園村，林墩村和笏石鎮街道等處的彭氏先祖均待進一步查證。莆田彭氏後裔約一萬多人，港內約二千八百多人，橫塘約一千二百多人，南箕約一千五百多人，霞皋約三百五十多人，黃霞和楓林各約三百多人。

足翁公五世忍菴公（即彭甫）開始纂修《橫塘彭氏族譜》。明正德壬申年（1512 年）六世定軒公（即彭大治），明隆慶壬申年（1572 年）七世從野公（即彭文質），明崇禎壬申年（1632 年）八世景從公（即彭憲範）和九世讓木公，這前後五世中的傑出後裔都相繼續修過族譜。清彭鵬公又在康熙壬申年（1692 年）重修，並撰寫了《重修橫塘族譜序》。現在這篇珍貴的譜序尚存，而每過六十年都必定續修一次的《橫塘彭氏族譜》卻石沉大海，未能尋見，而且更沒有後來續修的訊息，不能不說是件令人痛心的憾事！

莆田彭氏是名流輩出的世系。自南宋祭酒椿年公以下，登宋紹興丁醜科（1157 年）進士榜有澤宗公、奕休公兄弟二人（澤宗官衢州教授，奕休官永福縣主簿）。同年又有特奏名進士與公（官泰州文學，曾進呈其所著《易傳》）。澤宗公之弟奎公，又登乾道二年丙戌科（1166 年）進士（官德慶府教授）。淳祐七年丁未科（1247 年）特奏名進士第一彝甫公，世稱“特魁”。足翁公五世甫公于明成化辛醜年（西元 1481 年），與其弟申公于成化丁未年（西元 1487 年），在前後七年間兄弟聯登進士，當時美稱“雙鳳”。甫公之子大治公登正德甲戌科（1514 年）進士；孫文質公登嘉靖乙未科（1535 年）進士；玄孫汝楠公登萬曆丙辰科（1616 年）進士。在 136 年間祖孫四代繼登進士，受到朝廷褒獎。到清朝，足翁公十世鵬公舉“天下廉能第一”後，康熙又欽賜其父汝柏、祖父憲安、曾祖父文質官皆光祿大夫。時直隸巡撫于成龍也手書“帝眷忠清”匾額相賀（此匾列為市第二批文物保護單位）。

莆田彭氏原有的“名臣彭惠安祠”、“世德祠”、“清德祠”、“清源祠”和“彭汝楠祠堂”等均已廢，現僅存彭鵬祠堂，在莆田縣城內大度街。1993 年在涵口原祠舊址上，由彭元輝率眾重建彭氏大宗祠。祠堂中祀奉彭氏七祖畫像，為彭祖、彭汝礪、彭延年、彭彝甫、彭韶、彭汝楠、彭鵬。明代遺物僅存一對由尚書林貞肅撰句、福建巡撫龐尚鵬手書的石柱聯：“大彭之後，本支百世；子孫千億，源遠流長”。

莆田彭氏昭穆字式，現通用鵬公所定二十字：“聖朝崇俊傑，世代守忠貞，雲礽能紹志，國祚永重興”。迄今三百年已傳至“志”字輩。

五、同安彭氏——天祿公世系

同安彭氏，又稱松山彭氏，自明正德丁卯年〔1507 年〕創譜起，“不以遠祖為譜，而斷以子安公”，使“彭氏之譜，真而可據”。

一世祖天祿公，生平行實舊譜因屢經兵燹而無法查考，僅有先世所藏世系小冊首帙注明“始祖天祿公，別號念五”九個字。

二世子安公，諱紹祖，生於元泰定二年（1325 年），原居廣東省潮州府海陽縣西門內第三巷。天祿公生二子：長伯福、次子安。伯福公任福建興化路宣差。因天祿公及婆早逝，子安公即由長兄伯福公扶養。不幸兄嫂也相繼去世，子安公無處委依，便隨在同安縣所屬浯州（金門）鹽司任職的母舅馬氏生活。時值元末兵亂，子安公便不回歸原籍，而客居金門翔風裏十七都，娶金沙裏後學村羅大亨之女尾娘為妻，後又娶妾孫氏。子安公生三子：妻羅氏生長子用乾公、三子用斌公；妾孫氏生次子用吉公。子安公為人言行篤實，識時務，卒於明洪武壬申年（1392 年），享年 68 歲。婆羅氏卒於明永樂甲申年（1404 年），享年 80 歲，合葬浯州沙美鄉。同安彭氏聚居地之一沙美這個村名，應有沿用浯州沙美，深含不忘祖地的意思。1994 年 9 月 17 日辰時，臺灣彭炳進、彭武雄等重修金門子安公墓，于祭祖動土時在墓碑下挖掘出紅磚墓誌（該墓誌現收藏於臺灣新竹南寮祖祠），為這段歷史找到真實的依據。

子安公定居浯州沙美後，人丁興旺，所以自三世用乾公、用斌公起，協議分東、西兩派。而子安公次子用吉公，諱仁祐，則遷往紹安縣徑口鄉。

三世用乾公，於明洪武十四年（1381 年）以孝悌力田薦舉授山東青州府臨朐縣縣丞、迪功郎，後升調任廣東雷州府徐聞縣知縣、文林郎，因有惠政，家歌戶頌。其子孔道公自浯州遷居同安，因地處沿海一帶，故稱“東派”。孔道公創業駿發後，就長居在彭厝，與其五子敬瓚公、敬源公、敬懋公、敬厚公、敬森公一同在 1383 年起興建祠堂，而後在祠堂背後種植百株松樹，因樹得名松山，俗稱“松山衍派”。孔道公成為彭厝開基祖。敬瓚公後分三房：長克誠公，二克敬公，三克恭公。敬源公後分二房：長克全公，二克文公。敬懋公後分為五房：長克讓公，二克思公，三克剛公，四克猷公，五克雍公。敬厚公後分為二房：長克明公，二克清公。敬森公後分為二房：長克和公、二克靜公。

三世用斌公由浯州遷居同安之西、屬丘陵地帶的後肖村，故稱“西派”。為紀彭氏先祖之大堂號 “隴西堂”，又稱“隴西衍派”。用斌公生三子：長孔敬公，次孔仕公，三孔學公。孔敬公亦生三子：長敬宏公，先居竹甫，為竹甫開基祖。傳一房克堅公，後裔中有遷臺灣竹塹屬康壟莊，現是臺北的彭氏支派之一。次敬亮公傳一房克誅公，仍居同安後肖村。敬亮公為後肖開基祖。三敬肅公傳一房克裕公，遷居西溪四口圳，後又遷他處。有一支遷出擇居安溪縣依仁裏觀山后宅（今龍門鎮觀山村）。孔仕公生一子敬明公和孔學公生一子敬初公，同為胡坵沙美開基祖。

同安彭氏，至今已有六百多年，現有六千多人，其中彭厝有四千多人，沙美一千七百多人，後肖三百多人。前昭穆 23 字，光緒丁酉又新添 20 字。昭穆字式如下：

天、子、用、孔、敬、克、欽、甫、大、堯、君、禹、汝、榮、煌、培、鍾、洵、楷、炳、垂、銘、淑, 松、煥、堂、鉅、清、棣、焜、堅、銓、沛、模、烈、坊、錦、永、森、熾、基、錫、泰

同安彭氏，俊偉繼起，人文昌熾。自用乾公以下，九世大金公，官任大同府通判，授奉政大夫;九世大經公，明萬曆乙巳年〔1605 年〕經拔貢任汀州府長汀縣學博，官至湖廣衡州府教授，署知縣事;十世堯興公任南京省祭;堯相公，任江西永豐縣丞署縣事，後升益王府工科;堯敦公，康熙四十二年（1703 年）贈榮祿大夫;十一世君英公任仙霞關參將;君擢公贈榮祿大夫;十二世禹標公任福建中路總鎮左標中軍：禹璘公贈榮祿大夫。十三世汝灝公，少樂詩書，長習戎備，智慮膽力過人。清順治辛醜年（1661 年）受鄭藩衛將，康熙甲辰年（1664 年）以遊擊歸清後，曾隨靖海將軍侯施琅進取澎湖臺灣，兵部劄受左都督後。因軍功覲見康熙，特簡升任浙江黃岩鎮標中軍遊擊兼管中營事，誥封榮祿大夫，為統一祖國建功立業。十五世誅登公，任山西隍州、直頳州知州。

同安彭氏在克堅公後裔遷臺灣竹塹屬康壟莊後，因受汝灝公影響，自十三世“汝”字輩起，陸續有許多後裔，如汝次、汝登、汝銳、汝忠、汝磃、汝篪和汝東等人為發展事業，甘冒海峽怒濤駭浪，而與親人生離死別，揚帆渡海遷移臺灣。

《同安彭氏族譜》因有河泉公十多年精心整理，資料保存完整。自明正德丁卯年（1507 年）創修，相續在正德辛未年（1511 年）、嘉靖壬辰年（1532 年）、萬曆已酉年（1609 年）、萬曆辛亥年（1611 年）和清康熙癸酉年（1693 年）五次續修，尤其是在民國甲辰年（1964 年）由十八世彭洵英、彭金隆、彭金山和十九世彭玉振在臺灣重修，使《同安彭氏族譜》更為珍貴。

《同安彭氏溯源》曾記述天祿公是延年公三房銳公後裔〔延年公-銳公-鑰公-秀實公-五郎公-念五公（諱賢，號天祿）〕。由於廣東浦口流傳世系譜牒詳實，銳公後裔景福公（1298-1306）生盛子公（1281-1359）。盛子公生六男：君和、君德、君玉、君美、君瑞、君達，分六大房編列世系記載完整。所以對天祿公先祖仍須進一步考證。

六、長汀彭氏——福祥公世系

長汀彭氏始祖福祥公，原籍江西贛州府寧都州鐘鼓鄉白鷺樹下。後唐莊宗同光二年（924 年）遷入福建汀州府甯化縣合同裏龍湖寨（今甯化縣治平鄉）。福祥公往游時見蜈蚣　土地肥沃，就在這裏築室定居，並將蜈蚣　地名改為彭坊（又稱彭屋），於是綿綿衍衍，派繁支分，不斷向四周擴展。

福祥公九世德誠公，曾於南宋淳熙年間（約 1180 年）複遷甯化縣曹坊鄉彭家莊。嘉熙年間（約 1238 年）。德誠公與父進儀公攜子十郎公又遷到長汀縣南山鄉朱坊彭屋。福祥公十世、即德誠公第四子仕滿公，諱振範，是長汀縣童場鄉彭坊開基祖，曆七百多餘年，發二十八世，人口約四千多人。其子孫除主居本地外，也有遷往江西瑞金、廣東梅縣及寧化泉上、清流嵩口、汀州黃坑裏等地。

世居長汀縣古城鎮的彭氏子孫，據考亦是彥昭公後裔。彥昭公妾孔氏生二子：師範公、師俊公。師範公十七世孫新祖公在明永樂年間從江西寧都黃坑遷居福建汀州，奉為一世祖。傳至六世孫日贊公，號森寧，生於明嘉靖辛卯年（1531 年），又遷居古城鎮橫街。日贊公為古城開基祖。九世孫祖惠公創建古城鎮彭氏祠堂，原名敦睦堂，後稱淮陽堂。因浩劫中被毀，現由彭德海、彭金泉率眾修葺一新。

據崇仁堂《彭氏通譜》考證，福祥公出自構雲公系，乃玗公七世孫。玗公生彥昭公，彥昭公生師俊公，師俊公生允酇公，允酇公生文輪公，文輪公生儒留生，儒留公生爵祿公，爵祿公生福祥公。福祥公與廣東延年公均系構雲公十二世孫，同在宋時，福祥公南遷福建汀州，延年公因官落居廣東，兩系應是同宗共祖。

據清咸豐元年（1851 年）《隴西郡彭氏甯化治平彭坊譜序》記載，彭坊原祠堂遭火，至二十余世重建宗祠，重修族譜。此前在清康熙壬戌年（1682 年）、乾隆辛醜年（1781 年）和嘉慶癸酉年（1813 年）都曾續修族譜。1994 年三十一世彭紹愛和三十四世彭佑康率眾重修《閩汀隴西郡彭氏家譜》。治平原族譜記載，福祥公派下昭穆字諱如下：“福仕文世正，茂發星高元，達富必貴旺，榮宗耀祖興”。自 1995 年起，加三十一世至四十世“必友懷登慕，道定家邦國”。新編族譜的昭穆字諱長達 160 世。

七、德化大宗彭氏

德化彭氏共有四個支系，即霞碧南箕系、陶趣系、上圍系和鳳陽系。“雖不同其祖之所由來，然溯流窮源，萬殊一本”，便四系合一為隴西德化大宗彭氏，樹立了彭氏敦親睦族的典範。

南箕系　德化現存譜牒《隴西德化大宗彭譜志》，是 1947 年聘請德化公學校長連景祚先生擔任總纂編修的。以該《譜志》所錄《南箕族譜序》（明萬曆張椿芳撰寫）和《重修南箕族譜序》（清康熙彭士斌稿）為依據，德化霞碧南箕系彭氏“派出臨川，洪武初幹城清源，永樂初什一龍潯，綿迄於今”。肇基祖慶公，生於元至順二年（1331 年），原住江西省撫州府臨川縣八十二都第九社，明洪武八年乙卯（1375 年）調撥泉州府衛後千戶所百戶黃清總旗梁福下為小旗役，卒於洪武二十九年（1396 年）。其次子閏公生於明洪武九年（1376 年），於洪武二十年丁卯（1387 年）報丁，二十九年父卒補小旗役，永樂元年（1403 年）撥屯種遷住德化縣惠民裏霞碧村，得義田土，開拓霞碧、蟠龍、碧潭、蘇洋等村。閏公卒於明永樂十二年（1414 年），為南箕系開基祖，

陶趣系　開基祖史亥公，字文巳。原自長洲（今蘇州）移江右（今江西），由江右遷泉州。洪武初年，奉命率泉州右衛所

撥軍入駐德化潯中塗厝格。先居西門泮嶺，後遷北門外陶趣格。清乾隆二十九年（1764 年）建陶趣堂為陶趣彭氏祖宇。

上圍系　開基祖頂生公，原籍江西，因助洪武建國有功，洪武二十三年（1390 年）以紅牌事例奉調率江西撥軍入駐泉州。後遷德化上圍村，曾建有建美堂祖宇。

鳳陽系　開基祖源德公，原籍失考，據直系相傳，元末參加明軍，於洪武十八年（1385 年）撥軍到德化潯中鳳陽定居。曾建劇阪堂為鳳陽開基祠宇。

在明初次第駐防德化的這幾支撥軍，墾荒屯田，繁衍生息，成為德化獨特的彭氏軍制族群。德化彭氏在編修《隴西大宗彭氏譜志》時，也形成各支系融合統一的昭穆，從二十一世起，暫編至三十六世的昭穆字諱如下：

諱行為：欽承愛敬　舉念謙恭　雲礽繼作　財業興隆

字行為：詩書啟瑞　理學精通　賢能集福　俊傑留芳

2002 年 8 月，由彭榮新、彭江漢、彭華德等發起，在德化縣龍門灘鎮蘇洋村新建彭祖祠，奉祀始祖彭祖。德化彭氏人口現有二千四百多人。

八、閩清彭氏——玉裁公支系

閩清彭氏居住在上蓮鄉的新村和溪坪村，根據《隴西德化大宗彭譜志》及彭澄（諱永保，慶公十七世孫）于清咸豐二年（1852 年）撰寫的《豔乾彭氏家譜序》等資料，遷居閩清十一都的開基祖玉裁公，是德化南箕系慶公十二世孫、長房天錫公的六世孫，字淑知，生於清順治丁酉年（1657 年），卒于乾隆庚申年（1740 年），享年 84 歲，因繩其祖武，而四端（仁、義、禮、智）齊備，被尊為遷梅始祖。玉裁公約於西元 1700 年到閩清十一都溪坪肇基，三百多年繁衍生息，已經發展至二十四世，現延用德化大宗昭穆到"啟"字輩，人口六百多人。另有部分宗親遷居到將樂、順昌、邵武等地，也有因工作而定居到梅城、福州和廈門或旅居國外的。

九、仙游彭氏——連發公支系

因仙遊縣與虹山鄉山水相連，又有古代開鑿的官道相通，所以自南宋景炎年間（約 1276 年）起，虹山彭氏後裔就頻繁移居仙遊。據《虹山彭氏族譜》記載，十三世連發公之子傑秀公最早從虹山遷居仙遊中埔，隨後代有虹山族人移居仙游縣城、東鄉和西鄉各處，有案可稽的高達 49 人次之眾。

根公十二世上春公生三男，長連發公，官居興化郡職授郎，因慕仙遊中坡乃風水寶地，便置田拓荒，率子肇基中坡。連發公為**中坡開基祖**。迄今七百多年，形成了一千七百多人的賴店中坡（張埔）彭姓聚居地。現在中坡古跡中有開宗彭氏宗祠、古和美石橋和先祖手植的杜樟、銀杉等三棵古樹等。每當逢年過節，中坡後裔都會翻山越嶺到虹山祭掃祖墳。而後，自清嘉慶二十年（1815 年），根公三十世恂瑾公派下奎公隨母遷往仙遊（今鯉城城東萬福村）和同治八年（1869 年），根公三十三世恂瑾公派下永曜公遷往仙遊仁德里（今龍華金山）起，虹山族人不斷移居仙遊。現在也形成一千五百多人在龍華金山和三百多人在城東萬福等彭姓聚居地。

居住仙遊城關的陂頭彭氏宗支，始祖德輝公于明朝末年由莆田港內遷往仙游，世居文賢裏陂頭村（今度尾鎮洋阪村郊邊鳳嘴口）。清咸豐年間十五世祖通成公又由陂頭遷居城關，迄今已繁衍至二十三世，族中人才輩出，頗具影響力。

十、武平高埔彭氏——禎祥、榮公世系

居住在武平氏彭高埔村的彭氏，是在西元十六世紀初從武平的岩前東峰村遷移而來的。可能是廣東始祖延年公後裔梅縣君達公派下的一個宗支，但因世次缺失，目前無法聯譜。

高埔開基祖榮公，生於明萬曆年間（約 1574 年），因明末戰亂，災荒嚴重，迫于生計，陟遷謀生。先經差幹洋坑，後到大中打子石，最後輾轉到武平高埔村定居。而後將其高祖禎祥公骸骨也移遷到高埔下窩老地坪，建墳立碑，每年八月初一祭祀，並尊禎祥公為高埔世系一世祖。榮公生二子，長廷才，次廷選。二世廷才公生一子錦，公居雁嶺，建有"獅形"家祠；廷選公住"象形"家祠，與雁嶺"獅形"家祠並稱為"獅象把水口"。

高埔彭氏傳至十一世元富、元隆、元英、元華起分為四大房，長房已繁衍至二十一世，人口七百多人。2001 年 9 月十八世加麟率眾創修《高埔彭氏族譜》。

十一、上杭彭氏——五九郎支系

據民國《上杭縣誌》"氏族志"載，"入杭始祖五九郎，二世後二郎，開基縣南上都青潭鄉，至七世福聰分居縣東安鄉（今廬豐鄉上坊村）"。又據《客家姓氏源流彙考》曹永英查考，上杭彭氏屬廬陵吉水分宜傳流世系，遷入青潭的始祖應是延年公第五子營公後裔，徙遷路線為揭陽—大埔—梅縣—蕉嶺—武平岩前伏虎村—上杭。二世後二郎生二子：念二郎、念三郎。三世念三郎生二子：齡四郎、德七郎。自四世起分兩大房繁衍。

齡四郎系仍留祖居地青潭村，但五至十三世世系已失，至十四世分恩九、崇九兩大房。恩九生一男麗玉；崇九生三男：洪玉、賓玉、安玉。現已繁衍到二十四世。清乾隆年間該村建有"齡四郎公祠"一座，橫聯"好古堂"，門聯為"好古家聲遠，隴西世澤長"。該祠現已毀壞。

德七郎系世序為：德七郎公生義公，義公生養吾公，養吾公生德聰公。七世德聰公遷到安鄉開基，並將祖父義公、義養吾公骸骨也移到安鄉安葬。德聰公生景玉公，景玉公生相塘公（九世相塘公之後裔文盛公，於清乾隆十三年（西元 1748 年）遷到長汀濯田、江西萬安等地）。至十六世又分玉章、衡章兩房，現已繁衍到二十三世。

另外，散居上杭蛟洋鄉梅子壩村的彭氏，可能是延年公第三子銳公的後裔，但其入杭始祖已無法查考，而在梅子壩村已繁衍到二十三世。

十二、東山彭氏——用吉公支系

彭氏現居漳州人口一千八百餘人，而近千人聚居在東山。東山彭氏，主要居住在杏陳鎮徑口村〔含礁頭〕，有 250 多戶。另有百餘人居住在銅陵鎮和西埔鎮。清乾隆戊辰年〔1748 年〕，徑口村曾建有彭氏宗祠，但因譜牒缺失，一直認為支脈、郡望不詳。經多方查考，此應是同安子安公二世用吉公的後裔。用吉公之子原遷詔安縣徑口鄉。因歷史變遷，民國五年〔1916 年〕設置東山縣時徑口鄉劃歸東山管轄，同安彭氏從詔安再也查不到用吉公子嗣的訊息。由於廣東彭氏譜牒完整，迄今尚無遷陟徑口鄉的記載。明洪武年間漳州設置鎮海衛後，有彭姓居鎮海衛。明萬曆十三年〔1585 年〕還出過順天榜舉人彭榮科。而後雖有外來彭氏在漳州府及各縣任職，並留居創業，但其子嗣均不可能遷到較為邊遠的徑口居住。東山徑口宗支的來源可以確認，也應繼續考證。1949—1950 年間，徑口村彭響銀、彭水純等及銅陵鎮彭坤等十多人曾遷往臺灣。

源流探索是個經久不衰的課題。為迎接省姓氏源流研究會召開《海峽百姓論壇》，筆者依據多年來搜集的族譜資料，整理成這篇文稿。因譜牒缺失，難免挂一漏萬。由於十年“浩劫”對歷史文化的破壞和摧殘，許多族人曾經珍藏的珍貴族譜（包括我家先祖的家乘），都在浩劫中焚毀。這就給歷史考證造成無法彌補的永遠缺憾。文章中對一些存疑的問題，對一些未能尋見譜牒的彭氏宗支（如建甌等），筆者會繼續去認真查證，留待修改時再作補充。

莆田彭氏－汝礪公，椿年公世系　附：《世彭會訊》第 16 期，第 15 頁

宋史《莆陽比事》記載，莆田彭氏宋朝時就有“名門望族“的雅稱，有西門彭，前街彭的族系記述，共有三、四支的族系，開莆的族親初始出自同一個宗派，都是師奭的後裔。

莆田彭氏開基始祖汝礪公，汝礪公（1041－1094 年）鄱陽（今江西上饒陽縣）人，字囂質、號青湖；宋治平二年（1065 年），乙巳科進士第一人，官至監察禦史、史部尚書、資政殿大學士；贈少師、譜文政，被譽為宋朝一代直諫名臣。港內（今莆田市港利村）本支世祖“宋文學宗伯公“乃汝礪公長孫，宗伯公三世祖念三公，從港內遷涵口，念三公的七世孫彭韶，韶公號鳳儀、字從吾，生於明宣德五年（1430 年），天順元年丁醜（1457）年（科進士，官至刑部尚書，一生為官廉正，秉公執法，深得民心，有“彭青天”之稱，卒於弘治七年（1494 年），享年 66 歲，贈太子少保，溢惠安。明弘治五年（1492 年），朝廷曾在港內涵口村建“大司寇”牌坊；弘治八年（1495 年），又在莆田府城東門內建“一代名臣”、“三朝元老”的牌坊，紀念韶公這位功垂千古的名臣，港內譜記述本支先祖至十九世祖為止。

莆田彭氏開基始祖椿年公，椿年公是奭公十世孫，宋紹興二十七年（1157 年）丁丑科進士，曆國子監主薄，編修官，淳熙未年提舉福建（泉州）市舶司。由於身居要職而且清廉，揚名於太學生之間，文學造詣明快，廣為流傳。港內世祖念五公是椿年公五世孫，念五公從港內遷居涵口，念五的兒子名伯福，伯福的兒子彭奉，入贅橫塘陳氏為婿，為橫塘（今莆田市橫塘村）始祖，歷代高貴顯赫，賢才輩出，都是乘彩車，佩玉帶的。十世孫彭鵬，順治七年（1660 年）中庚子科舉人，官曆廣西右參政、贈兵部左侍郎，廣東巡撫，清廉剛強、忠誠正直、風紀嚴明、廣受稱讚，因業績昭著，康熙帝褒獎其為“天下廉能第一”。彭鵬公在康熙壬申年（1692）重修《橫塘彭氏族譜》，並親自撰寫《重修橫塘族譜序》，如今這篇珍貴的譜序尚存。莆田彭氏昭穆表德字式，如今通用彭鵬公所定二十字：“聖朝崇俊傑，世代守忠貞，雲礽能繼志，國祚永重興”迄今三百年已傳至“志”字輩。

港內譜還有記載莆田彭氏其他支系，由於年代已遠，彭氏子孫居地頻繁遷徙，宗派多有交叉。莆田彭氏原有的“名臣彭惠安祠”、“世德祠”、“清德祠”、“清源祠”和“彭汝楠祠堂”等均已廢，現僅存彭鵬祠堂在莆田市城內大度街。1993 年莆田彭氏族人在港利涵口村原“名臣彭惠安祠”遺址上興建“莆田彭氏大宗祠”暨“彭氏歷史名人紀念館”。祠堂供奉彭祖及彭氏先祖名人神像。祠內現收藏有：臺灣故宮博物院藏的原文淵閣《四庫全書》與《彭惠安文集》十集；莆田縣閣書館藏原刻《古愚心言》（彭鵬文集）十六集複印本，以及《彭公案》等有關珍貴歷史文獻。祠堂面積由原來舊祠堂的 100 多平方米，擴建至 1000 多方米，供族人學習，休閒及舉行祭祖，祭祀紀念活動。　大宗祠董事長 彭育賢　2008 年 9 月 9 日

附：莆田彭氏昭穆字行：聖朝崇俊傑，世代守忠貞，雲礽能繼志，國祚永重興。

福建泉州虹山棖公

秉文子仕宜　恒喬于懋孫　為可仲叔季　永建乃嘉芳

詩書綿世澤　中孝紹先賢　餘慶昌謨烈　發祥益壽年

作邑（崇安）彭氏聯派詩

聯派詩一（照清乾隆丁醜修譜錄）：　天開文連洽　正士立名時　守善志為大　伯仲述先猷

聯派詩二（照清道光丁亥修譜錄）：　天開文連洽　正士立名時　樂善為萬大　聯芳濟美宜

聯派詩三（民國丁巳修譜）：　修齊守乃常　嗣緒自延長　衍慶滋榮日　先人亦有光

（以棖公為一世祖，派序係自十八世始）

少典																				
彭祖																				
棖公	1	2	3	4	5	6	7	8	9	10	11	12	13	14	15	16	17	18	19	20
派序	棖公																	秉	文	子
少典																				
彭祖																				

根公	21	22	23	24	25	26	27	28	29	30	31	32	33	34	35	36	37	38	39	40
派序	仕	貴	恒	喬	于	懋	孫	為	可	仲	叔	季	永	建	乃	嘉	芳	詩	書	綿
少典																				
彭祖																				
根公	41	42	43	44	45	46	47	48	49	50	51	52	53	54	55	56	57	58	59	60
派序	世	澤	中	孝	紹	先	賢	餘	慶	昌	謨	烈	發	祥	益	壽	年			

福建虹山根公血脈源流

少典世代	黃帝世代	彭祖世代	宣公世代	構雲世代	景直之子	江西構雲公始祖									
						派字	子序祖名	世代							
125世	115世	108世	26世	1世	構雲	天	景直之子構雲								
126世	116世	109世	27世	2世	五子滋	地	長子東里								
127世	117世	110世	28世	3世	次子倜	初	之子仲								
128世	118世	111世	29世	4世	次子輔	開	長子佐良								
129世	119世	112世	30世	5世		日	長子廣								
130世	120世	113世	31世	6世		詒	之子高顯								
131世	121世	114世	32世	7世		謀	長子發元								
132世	122世	115世	33世	8世		己	長子秀瑞								
133世	123世	116世	34世	9世		善	長子根公	1世	虹山先祖 祖名	祖名	子序祖名	子序祖名	子序祖名	子序祖名	子序祖名
134世	124世	117世	35世	10世		良	長子相齡	2世	長子相齡	根公長子相齡	根公長子相齡	根公長子相齡	根公長子相齡	根公長子相齡	根公長子相齡
135世	125世	118世	36世	11世		功	之子燁	3世	之子燁	之子燁	之子燁	之子燁	之子燁	之子燁	之子燁
136世	126世	119世	37世	12世		深	之子延進	4世	之子延進	之子延進	之子延進	之子延進	之子延進	之子延進	之子延進
137世	127世	120世	38世	13世		垂	長子謙	5世	長子謙	長子謙	長子謙	長子謙	長子謙	長子謙	長子謙
138世	128世	121世	39世	14世		史	長子仕遷	6世	長子仕遷	長子仕遷	長子仕遷	長子仕遷	長子仕遷	長子仕遷	長子仕遷
139世	129世	122世	40世	15世		策	次子順	7世	次子順	次子順	次子順	次子順	次子順	次子順	次子順
140世	130世	123世	41世	16世		茂	之子軒	8世	之子軒	之子軒	之子軒	之子軒	之子軒	之子軒	之子軒
141世	131世	124世	42世	17世		績	長子如高	9世	長子如高	長子如高	長子如高	長子如高	長子如高	長子如高	長子如高
142世	132世	125世	43世	18世		簡	長子漢湖	10世	長子漢湖	長子漢湖	長子漢湖	長子漢湖	長子漢湖	長子漢湖	長子漢湖
143世	133世	126世	44世	19世		稱	次子卿偲	11世	次子卿偲	次子卿偲	次子卿偲	次子卿偲	次子卿偲	次子卿偲	次子卿偲
144世	134世	127世	45世	20世		揚	次子潛	12世	次子潛	次子潛	次子潛	次子潛	次子潛	次子潛	次子潛
145世	135世	128世	46世	21世		偉	長子必俊	13世	長子必俊	長子必俊	長子必俊	長子必俊	長子必俊	長子必俊	長子必俊
146世	136世	129世	47世	22世		傑	之子孔暉	14世	之子孔暉	之子孔暉	之子孔暉	之子孔暉	之子孔暉	之子孔暉	之子孔暉
147世	137世	130世	48世	23世		邦	四子天與	15世	四子天與	四子天與	四子天與	四子天與	四子天與	四子天與	四子天與
148世	138世	131世	49世	24世	子	家	天與長子源有	16世	天與長子源有	天與長子源有	天與長子源有	天與長子源有	天與長子源有	天與長子源有	
149世	139世	132世	50世	25世	子	幸	次子盛	17世	次子盛	次子盛	次子盛	次子盛	次子盛	次子盛	
150世	140世	133世	51世	26世	子	賢	長子顏	18世	長子顏	長子顏	長子顏	長子顏	長子顏	長子顏	
151世	141世	134世	52世	27世	子	才	長子魁	19世	清軒	清軒	清軒	清軒	清軒	子清軒	
152世	142世	135世	53世	28世	子	旅	次子棋(素軒)	20世	樸敏	樸敏	樸敏	樸敏	樸敏	子樸敏	
153世	143世	136世	54世	29世	子	舍	長子仕(仕用)	21世	毅齋	毅齋	毅齋	毅齋	毅齋	子毅齋	
154世	144世	137世	55世	30世	子	香	長子江(宜方)	22世	中山	中山	中山	中山	中山	子中山	

155世	145世	138世	56世	31世	子	好	之子(新泉)	23世	翼博	翼博	翼博	翼博	翼博	子翼博	
156世	146世	139世	57世	32世	子	古	長子喬陲(一樑)	24世	孔公	孔公	孔公	孔公	孔公	子孔公	
157世	147世	140世	58世	33世	子	欣	三子兼琇	25世	一童	一童	一童	一童	一童	子一童	
158世	148世	141世	59世	34世	子	能	次子希文	26世	樸謦	樸謦	樸謦	樸謦	樸謦	子樸謦	
159世	149世	142世	60世	35世	子	述	次子洪溥	27世	忍氣	忍氣	忍氣	忍氣	忍氣	子忍氣	
160世	150世	143世	61世	36世	子	佑	長子郁園	28世	成崑	成崑	成崑	成崑	成崑	子成崑	
161世	151世	144世	62世	37世	子	我	之子敏齋	29世	貴成(德輝)	貴成(德輝)	貴成(德輝)	貴成(德輝)	貴成(德輝)	子貴成	
162世	152世	145世	63世	38世	子	樂	次子懷直	30世	通成	通成	通成	通成	通成	子公輔	
163世	153世	146世	64世	39世	子	安	次子慇成	31世	公輔	公輔	公輔	公輔	公輔	次子貴春	
164世	154世	147世	65世	40世	子	康	長子才禮	32世	貴春	貴春	貴春	貴春	貴春	子榮鏗	
165世	155世	148世	66世	41世	子	俊	嗣子足容	33世	榮鏗	榮鏗	榮鏗	榮鏗	榮鏗	次子玉衡	
166世	156世	149世	67世	42世	子	哲	之子和厚	34世	玉衡	玉衡	玉衡	玉衡	玉衡	長子嘉慶	
167世	157世	150世	68世	43世	子	承	三子益春	35世	嘉慶	嘉慶	嘉慶	嘉慶	嘉慶		
168世	158世	151世	69世	44世	子	先	長子錦聰	36世	長子彭騫	長子彭騫	次子彭智	次子彭智	次子彭智	之女彭騰	
169世	159世	152世	70世	45世	子	緒	長子高明	37世	長子麒瑋	長女麒蓉	長子新景	次子新淇	長女宣蓉		
170世	160世	153世	71世	46世	子	英		38世							

1	2	3	4	5	6	7	8	9	10	11	12	13	14	15	16	17	18	19	20	21	22	23
根公	相齡	燁公	延進	謙公	朕公	頑公	(止)															
						順公	軒公	如高	漢湖	卿月												
										卿仙	擇公	必得	孔昭	止								
											潛公	必俊	孔暉	治才	(止)							
														美才	(止)							
														洞才	(止)							
														天與	宣公	昌公						
																盛公	顏公	魁公	琴公	傑公	澄公	
															富有	(止)						
															睿公	添麟						
												必連	孔明	天才	(止)							
											禮公	必選	孔時	89	(止)							
														92	(止)							
														93	(止)							
									漢昭	宗後	(僧)											
										清公	(僧)											
										卿雲	弁疾	75										
												77	元亮									
										五十三												
									漢輔	六十	(止)											
										六十二	(止)											
										卿龍	(止)											
										應打	(止)											
										應新	(止)											
										六十五												
								如山	嚴之	泰公												
										容公	上春	蓮發	傑秀									
										誠公	(僧)											
					二十一																	
				誘公																		
				恭公																		

1	2	3	4	5	6	7	8	9	10	11	12	13	14	15	16	17	18	19	20	21	22	23
	相榮	十公	十二	十五																		
	相議																					

虹山棖公

1 棖公－2 相齡－3 燁公－4 延進－5 謙公－6 腅公－7 順公－8 軒公－9 如高－10 漢湖－11 卿仙－12 潛公－13 必俊－14 孔暉－15 天與－16 宣－17 **盛公**、顏公、魁公、琴公、傑公、澄公－

17	18	19	20	21	22	23	24	25
盛公	顏公	魁公	琴公	傑公	澄公			
					泊公			
				儼公				
			棋公	任公	江公	桐公	一樑	萃琇
								萬琇
								兼琇
							一美	蓼琇
							一標	藩琇
								蒼琇
								荃琇
					潮公	憲公	彬公	(止)
							模公	(止)
							楷公	(止)
				傳公	河公	天在	(止)	
					漢公	應知	(止)	
					泮公			
					溥公	應知	(出	嗣)
						應星	一森	寬
								柔公
						應紀	一岱	
							一袞	
							一盤	建公
							一愈	彥琇
								佐琇
								德琇
								積琇
				佳公	淵公	立言	樞公	哉公
								明公
						應育	惠公	芳公
								勳公
								安公
								梅公
							夏公	集公
								篆公
					海公	應亮	顯公	
							三公	
						應造	(止)	
						應試	(止)	
					泗公	香仔		
			書公	僖公	璋公	神保		
						應傅	千公	(止)
					琮公	(止)		
					珪公	應傅		
						應秀	己公	(止)
							二公	(止)
							三公	(止)
					瑚公			
				信公	瓚公			
		良公	銓公	天祉	尚義	若源	纘公	瑜公
								瑚公
								珊公
								四公
								琯公
								未公
							給公	

17	18	19	20	21	22	23	24	25
						若湛	緝公	配公
								巘公
							繹公	(止)
							纏公	琬公
							許公	璉公
							續公	瑌公
								任公
								習公
							順公	
						尚友	(過	繼
					天民	尚節	夢鯤	光先
								光緣
								光綷
								光寵
								光龍
							光愷	郡國
								郡友
							光猷	胤公
								興公
						夢洙	喬會	紹業
								紹芳
								希鑨
								克俊
							佳會	廷琦
								廷璧
								廷瑗
					尚綱	若濂	楝公	琦公
							獻捷	廷燕
								廷選
							綽公	挺公
								特公
							鎮公	隆兆
								準英
								繩英
							綣公	琛公
								營公
			鎬公	天沈	尚遺	若泳	(止)	
						夢瀾	俞超	宗憲
								宗望
								宗周
							俞總	宗玉
								宗琛
								宗璵
							俞祚	宗庖
						若混	俞鼐	宗忠
								宗恕
								宗愫
							俞佳	宗選

17	18	19	20	21	22	23	24	25
								宗典
								宗陞
								宗哲
						若浩	俞起	宗祿
								宗享
								宗郁
							俞練	宗闔
								宗侃
								宗與
		聚公	寶公	華山	守約	應琚	祖協	朔公
						應巽	乾望	文一
								文二
				華舟	守卿	三孫		
			鉎公	仲夏	芽公	應辰		
						應佛	太公	順公
							雙公	智公
							超公	(止)
							四公	(止)
							五公	(止)
					莘公	(止)		
					荄公	應騰	(止)	
						應勝	榮公	馬奇
							復公	
						應臚	翔公	濟公
								多公
								士公
								正公
								衛公
							監公	甲公
								尾公
							臨公	衛公
						應皇	品公	錦公
								習公
								錠公
								頌公
								保公
								奏公
								璟公
								卿公
							來公	頌公
						蘭公	天賜	遷公
								就公
								殿公
								五老
							天盛	
					望夏	蕚公	應詔	楠公
								栢公
							應昭	(止)
							應紹	相公

17	18	19	20	21	22	23	24	25
						苗公	應元	梓公
				鑑公	岳公	養志	應機	
							應會	晏公
						養謙	恒解	烏治
						養元	(止)	
					崧公	養正	(止)	
						養端	應奎	
							應參	
							應璧	
						養執	福孫	
							季孫	耆公
						圓公	進公	鳳公
								雎公
						團公	妹英	(殤)
						好公	震公	鶒公
								實公
				崑公	養譽	應祖	亥公	(止)
							月公	(止)
							遴公	璧使
							庚公	
							平公	進使
		試公	鈔英	德公	詢公	愛英	晏公	
					誥公	育新	丁公	長公
								愛公
						育沂	吼公	孔公
								彩公
								瑗公
						愛公	(出	繼)
						育所	(止)	
					誠公	育富	良公	(止)
					詳公	(止)		
				齊公	學舜	際寅	(止)	
						際安	(止)	
						際寵	(止)	
					學康	際宓	迎公	新公
							乳公	(止)
							連公	啓公
								團公
								端公
						際奭	(止)	
						際寀	(止)	
				饒公	歆公	七恒		
						宗恒		
						太頂		
				禹公	(止)			
				智公	(止)			
				廣公	(止)			
	濬公	椿公	(止)					
		鬆公	榮公	望秋	旭公	毓庚	(止)	
						敏癸	率公	(止)
							憲公	旺公
				望冬				
			愷公	攀公	(止)			
				繼公	日儲			
				紐公	日偉			
				絜公				
			悌公	兒公				
				孫公	(止)			
添麟	澤公	肅公	燦公					
			烔公	謨公	思敏	(止)		

17	18	19	20	21	22	23	24	25
			烜公	韜公	思嚴	(止)		
					思敏	(出	繼)	
				論公				
			燭公	省公	思遜	殿昺	祥公	(止)
					思儉	殿球	喬祐	(止)
							喬西	(止)
							喬禪	(止)
							喬褒	(止)
					思復	殿沛	春公	(止)
							七公	(止)
							郎公	(止)
						殿儻	喬在	(止)
				治公	思太	(止)		
					思進	(止)		
		森公	雲漢	大興	(止)			
				大頤	(止)			
			雲霄	守英	思瑗	(止)		
	淮公	鸞公	相公	揚公	思信	(止)		
				拯公	(止)			
				操公	晚公	(止)		
		鶉公	(止)					
		珙公	遠隆	覺公	思忠	(止)		
					思稷	世侃	坤公	(止)
							三公	(止)
					思產	世輝	(止)	
						世培	(止)	
					思聖	世至	(止)	
						世鬱	桐公	(止)
					思由	世嬌	(止)	
				譽公	思籍	殿恩	(止)	
					思策	(止)		
				舉公	(止)			
			遠蕃	讜公	(止)			
				詠公	思學	世孔		
						世厚		
						世案	及公	(止)
							習公	(止)
					思椿	世亥	仲	
							聘公	
						世添	秀公	
							文公	
				誦公	(止)			
	洪公	栢公	益孫	泰英	(止)			
			媽福	琚公	朝貴	時成		
						時玉	初公	
							義公	娘哥止
							秋公	三公止
								旺公止
							仁公	四璋止
								大妹止
						時三		
			媽祖	韓公	思亮	一心	臨娘	
							梅姐	
						仁心	祖鎬	珩止
								璝止
								琳止
							祖鎰	珠止
						存心	祖錦	璋止
		楨公	貫公	熊公	思聰	世欽	璟公	
						世鎮	科公	亮止
								斗止

17	18	19	20	21	22	23	24	25
							老公	暢止
					思箴	世報	忍公	德止
							器公	乾止
								巽止
							和公	台止
								酒止
						世項	(止)	
						產三	(止)	
						鼎捷	(止)	
				羆公	思明	天選	(止)	
						天從	(止)	
						天昂	(止)	
				熊公	思溫	天印	六娘	
					思篤	世英	(止)	
						世富	(止)	
						世為	(止)	
				能公	思敬	世璋	長英	實公
							望公	質止
							約公	(止)
							錐公	充止
						世祿	所英	(止)
						世冑	(止)	
					思睦	世星	良公	凜止
								素公
								建止
						世惜	(止)	
					思登	世元	龍公	
							鴻公	
		桂公	(止)					
		棨公	性公	鵲公	(止)			
		果公	錫公	有典	思琰	世湘	(止)	
					思環	世沿	(止)	
					思琦	世演	然公	
						世潤	(止)	
					思瑤	(止)		
				有師	觀保	世琳	(止)	
						世源	五使	(止)
			鐙公	(止)				
			鑰公					
			鎡公					

1 根公－2 相齡－3 燁公－4 延進－5 謙公－6 朕公－7 順公－8 軒公－9 如高－10 漢湖－11 卿仙－12 潛公－13 必俊－14 孔暉－15 天與－16 宣公－17 盛公－18 顏公－19 魁公－20 棋公－21 任公－22 江公－23 桐公－24 一樑－25 萃琇、萬琇、兼琇

25	26	27	28	29	30	31	32	33
萃琇	肇解	齊公	守公					
			孝公	蔭公				
			悌公	君公	?	盤公	催公	獼公
								標止
								右止
							居公	
萬琇	曾公	(止)						
	兩公	八公	享公	(止)				
			禮公	(止)				
		便公	次公	神祐	外來	鏡公	樹榮	禧公
								陞公
								糾公
								川公
							玉子	(出嗣)
							力只	呈
							欲桂	糾
							比山	(出嗣)
							讓公	(出嗣)
							迴公	(出嗣)
							賢德	(出嗣)
						藍公	玉子	烈忠
				祖德	梅公	京師	讓公	川止
					權公	金公	衫公	
						六北		
						菓公		
					奧公	京師	(出	嗣)
					嫣公	(止)		
			文公	漸公	(止)			
				恕公	(止)			
			俊公	吉來	秋連	元很	縣益	
							新科	耀公
						元鳳	縣益	三評
								團圓
				竹公	住來	(止)		
				舫公	暖公	元道	轉公	慶蕓
						密公	魁月	(止)
					寶公	成畝	(止)	
					鷺公	路公	長公	順禮
						燕公		
					就允	欽公	基公	(止)
				月公	搏公	宜蘭	禎公	(出嗣)
					祇尚	再興	彥公	福元
								順禮
							成仁	(止)
							鵝	(止)
			高公	参公	緞公	日新	敦仁	桃止
							業書	(止)
							臣公	桃(續)
								進(嗣)
								仕(嗣)
							招公	(出嗣)
						肸公	招公	進止
						郎公	鼎公	(止)
						邱陵	朝仕	轉
								祥止
								秧
							思忠	
					會公	兵公	蟯公	(止)
							連敬	陞
						巧公	(止)	
						麒麟	(止)	
					奈公	陸公	君公	禧
						萬福		
				標公	斗公			
					挽公	改公	褫公	光珠
								光定
							昨公	瑤
								潑
								帳
								麵(嗣)
						蚶公	端公	配
								文答
								告子
							褫	(嗣)
							皇公	告子
							案公	塗
								秧
								蔭
						纙公	由天	(止)

25	26	27	28	29	30	31	32	33
				情公	(止)			
				于公	(止)			
			教公	謀公	秋季	(止)		
			低公	蘊公	惹公	富公	(止)	
						我公	(止)	
						欸來	(止)	
						其蘇	(止)	
					祥來	(止)		
				欣公	約公	盈車	(止)	
						鉗公	搗公	(嗣)
							海公	順仕
								添才
						全公	搗公	選來
								福春
				妹公	冬菊	連好	同公	水英
					功亨	香公	城	薄
								赤
					世來			
					典來	詠公	(止)	
						郤公	城	
						蜂公	(嗣)	
					忍來	蜂公	鄴	缺
		豆公	壽公	泮公	檜公	姜公	網來	成奎
								雪來
								逆郎
								糊
							貌來	(止)
						禾	(殤)	
						木	(出	嗣)
					栢公	片	(止)	
						苧	(止)	
						梅	(出	嗣)
						驅	進益	秉
								山
							窰來	溪河
								江河
								飛河
								愛河
					柿公	木	(止)	
						鬱	煥	(止)
							義	(嗣)
							衫	(嗣)
					桃公	(出	嗣)	
				沃公	桃公	梅	石	禧
								袋
							賞	遷
								買
							淺	友
								權
						冬桂	銅	思
								蘭
								為
							恭	蘭
								悅
							窰來	(嗣)
				全公	携公	長肯	向元	(止)
							別	奎
							齒	齊
								套
							威	(止)
							連理	概
								庫
							帝	再
								學
							臻	有貫
							攀	(止)
						長枝	擬	(止)
							良	(止)
							都	政
								禹
								傑
							堯	(嗣)
							臨	(止)
							皇	(嗣)
					澄	駕	梅香	油福
								計
							交友	(嗣)
							西	(嗣)
						捧	躍	(止)
							厚	(止)

25	26	27	28	29	30	31	32	33
							炮	(嗣)
							兜	(嗣)
						亦開	交友	砌
								寬
								莉
								佃
						潛	炮	梭
								泉
								講
						悔	妹	建
							賚	靡
								墊
							富	靡
							述	親
								建
								尚
							竈	建
								尚
			崑公	兼公	摯仲	(止)		
				好公	天公	新興		
					呸公	新來	(止)	
						雲	見	(止)
							景	(嗣)
							籐	伐
								竈
								心拼
						棟	(止)	
						予	(止)	
						音	景	分
								滾
								請
				官公	檬公	網		
					農公			
				塔公	量公	樹	走來	妙
								海
							和義	春
							焰光	全孝
								昂
								根
							西涼	賞
								分
								金連
								獺
							溪	鎮
								沉香
							竭	根
					習蓼	添元	鳳	得
								泰
								糾
								情
								丁
							力	寶
								糧
								滿
							俊	茂
				九公	笑山	糕才	華	俊
								祿
								塗
								昂
						主	(出	嗣)
					銃	主	(止)	
				堂公				
			川公	彥公	素香	居來	纖	(嗣)
							目	稟
							清	(嗣)
							縷	佳
							尾力	閩
								尾
						舛來	經元	
						誥來	纖	徹
								折
								笑
								進
						且來	清	折
						冊來	(嗣)	
						曲來	(嗣)	
						老	熟	(止)
					艾	朋	單	貽
								水

25	26	27	28	29	30	31	32	33
						茶	簪	瞈
				美公	快	法		
						完	仕	興
					墻	釀	雅	
					味	叫	象	措
								擔
						釀	(嗣)	
						完	(嗣)	
						硯	仕	
				粲公	浮	?	諸光	忠
								甕
							兜	
					張	汝	(殤)	
				隙公	?	冊來	錦	註
								燕
								欲
							傳	欲
				助公	耦才	曲	章	迓
								董
							白	(止)
							傳	(嗣)
							象	(嗣)
							日	恒
							牽	錶
				妥公				
			利公	動公	醉	揚	裔	呈
						盤	裔	
						琴	滿	(止)
							吉	(止)
					須	悅	膺	案
								蕪
								波
								鎮
								郡
							比山	隨
								麟
								鼇
							成	烈
								壇
								昔
							本立	庚
								墨
							杰	鼇
						資	段	中
								敦
								芋
								親
							姐	中
							迴山	樣
								慈
							榜	拿
								聰
								擇
								齊
							禎	樣
								慈
					榮	辣	賢德	糾
								有章
							姣	壽山
								得芳
								軒昂
								欽祥
							元	有財
								有土
								有用
								有章
							很	有土
							心	嫖
							爐	欽祥
				瑤公	哇	連芳		
						連環	夜	(止)
							他	(止)
						連親	(止)	
					循	眾	(止)	
						秈此	素	(止)
					杍	等	水	褫
								海
								廉
							貢	(嗣)
							印	(止)

25	26	27	28	29	30	31	32	33
							華	鑽來
						眾	(嗣)	
						堆鳳	貢	廉
						摺		
				虎公	規	叩	連琛	返
								和
								油
								瑞
								納
								欣
								俊
								桶
						淵	(止)	
						雙鳳	(止)	
						孫財	梗	(止)
					克	照元	?	(止)
							輝	(止)
						插來		
				畏公	侶公	糖	聘	福地
								情地
							富以	睦仁
							涉	睦仁
						自	(止)	
						馨	(止)	
						摘	(止)	
						居	(止)	
			哲公	廣公	察	潤	於哉	乞
							獅	(止)
						葵	能	蠏
								?
								積
								進
						富	頭	?
							能	(嗣)
							嶺	園
								恩
							隔	(止)
					口	挑宗	蒲	(殤)
							全來	(止)
							敏	奚
								協
								看
							回	鶴
								壹
						廷蘭	財元	樓
							通元	愛
								池
						趁蘭	條	金寶
						珠文	博	拼
								匹
								卯
								韜
						建功	碩	(止)
						東來	水	侍
								趕
								保
							出	趕
								鎖
							木	行
								銀
								志
							租	奇
								龍
								藩
								發
								胡
								讀
								侯
						簥來	(嗣)	
						間	碩	
					星	(出	嗣)	
				速公	朗	貨	(止)	
						珍	蟲	
					標	(出	嗣)	
				所公	星	身	厲	褅
								隨
								省
							博	(嗣)
							好	球
								群

25	26	27	28	29	30	31	32	33
								庫
							統	(嗣)
							吟	(嗣)
							蟲	(嗣)
					標	簥來	統	隨
								很
								閒
								柴
			治公	偕公	台	荷	德	(止)
							鞏	(止)
						笋	(止)	
						卯	(止)	
					若	歲日	(止)	
					枹	草	落	準
							聽	(止)
					繆	(出	嗣)	
				堂公	意	坤	來	井
								到興
								服衣
								霜
								鎮
						乾	(止)	
						樹	(嗣)	
						宣	交	(止)
							偷	(止)
					玉	降	盞	霜
							洽	和
						恨	(止)	
					佳	四	罕	(殤)
				慊公	繆	從甫	順	(止)
					俱來	從善	柒	(止)
							順	(嗣)
							福瓞	體
								寫
								碧
							福集	反
								麵
							明旦	貽
							原生	碧
							獻謀	示
						從澤	泡	悄
							力	(止)
							總	悄
							兒	壬癸
								菊月
						從甫	(嗣)	
				巫公	元宵	則	裕	(止)
							舌	(止)
							昌	心
						飽	串	耽
								籠
							僻	(嗣)
						誨	僻	耽
								籠
					連招	鍊	甲	銀水
						進	(止)	
	淑公	陟岵	闓公	正莊				
			登公	(止)				
			回公	(止)				
			延公	正莊	樟	合元	周全	
							杏裕	(止)
							連鮒	(止)
							華	(止)
	嚴公	立公	開公	期公	義德	(止)		
			宗公	來公	沙公	生	搬	看
						淨	炮	(止)
							康	(嗣)
							伍	(止)
						歲	康	好
				傳公	一蘭	賞	文繡	範疇
			仲公	黨公	水	信	煎	捷
								謳
							白	瞈
							尾	(止)
						訖	(止)	
						仰	(止)	
					兵	初	(止)	
						送	(止)	

25	26	27	28	29	30	31	32	33
				期公				
			道公					
			賽公	泡公	瓜	緩	泰	益
								銀
								水
								湖
						孔	妙	簡
							苟	簡
								新
								示
							壩	俊
								勸
							泰	(嗣)
					鉗	勇	(止)	
				章公	(止)			
				才公	(嗣)			
			七公	才公	(止)			
				榔公				
		雙公	蘇公	選公	殼	(止)		
					欺	(止)		
				眾公	(止)			
				杯公	秋金	甜	柳興	錐
								邊
								煥
						辦	(止)	
				帛公	濟	貼	棟	撥
								鴻儒
							泉	(止)
							丙	(止)
							程	
						卜	(嗣)	
						論	(止)	
					恐	?	程	火石
								包瑛
								蟬
								河水
					聽	苗	(止)	
					進	甘	(止)	
					走	徙	(止)	
						欲	(止)	
				軫公	平	粽	(止)	
					色	(止)		
					連義	春	(止)	
						挨	(止)	
						佞	(止)	
			經公	衫公	文尚	(止)		
					文魁	(止)		
					文我	(止)		
			寅公	匏公	(止)			
				鬱公	蒼	(止)		
				班公	(止)			
				粒公	(止)			
				仕公	(止)			
兼琇	大來	袓公	家公	鎮公	元爽	嘵	佰	準
								麵
								審
							郤	麵
							道	彩雲
								慶雲
						璣	胤	枉
							梭	甑
								甫
								杻
							寬	獺
								文淺
							讒	習
					清和	昌	亥	抱來
							羨	(止)
							宣	(止)
							衍	(止)
						亮	朱	(止)
							禾	慊
						體	暢	蹇來
								草來
								動
						斗	魁元	(止)
							八駿	(止)
					娉	朕	茅蘭	(止)
							惜英	(止)
						鶯	冬月	(嗣)

25	26	27	28	29	30	31	32	33
				鈴公	嘉猷	邁	秋香	郡來
								旺來
							戩穀	地來
								春安
								探郎
							次香	(嗣)
							丹香	贊來
								元春
						爾	萬億	勇
								農
								明輔
								敏
						迎	雲總	旺來
							蘅香	
							光彩	
							喬香	
						得	馬幼	牒來
								吻來
							久香	蔄來
						述	次香	錢郎
								烏丁
						順	貞王	(止)
							錬香	志
								惠
								賡
					占春	尊元	波瀾	(嗣)
							嬩	候謁
								繞
								禦
								重
								伍
							炘	科
								奪
								珍
								扐
						淑元	竈	翰墨
								璧治
								專心
								拔茅
							楓	廷燦
							騰	動
								貢
								情
								兼文
								道
								倪
								榮來
							慨	福揚
								崇
								藩
								邊
								面
						聯元	(嗣)	
						核元	潑	經旋
								經鑒
								新禧
								百來
						納元	波瀾	乞
								詒謀
								黨評
								珪璋
								鈞深
								綴衣
					占模	聯元	鬱	阿絨
								成業
							眼	萬裏
								萬選
							送	黨
								致儼
							普	開成
								托成
					占夏	忠元	秋菊	系郎
							行義	集興
							三善	到興
								臣興
								佳興
								做興
							奕祼	長成
								最成
								接成

25	26	27	28	29	30	31	32	33
						懋元	棟仕	光輝
						憲元	瑞田	儀興
								南興
							戴	耀
								南興
								甲
								麟
							貨	盾興
						惠元	復	藝興
								廷賴
							犀	勳錬
								朗
								皎
					占高	揖元	宗炎	(嗣)
							宗杰	來成
								創成
							宗族	石光
								創成
								貞成
							宗挺	猪來
						搆元	宗寶	方見
								團月
							宗盛	偶成
								套成
								河成
							宗褅	甘棠
								雨
								瓢
								有光
								潤川
						撾元	宗炎	廷堅
								圭光
								闍郎
						掛元	宗培	熾光
								真光
								假光
								旦光
							宗蒲	典
							宗文	旦光
								金成
			奮	(出	嗣)			
		曉公	(出	嗣鐘	琬)			
		暹公	奮公	貞公	商	汭	守	(止)
							澤	(止)
							坑	(止)
						灘	(止)	
						洗	(止)	
					綏	玉蘭	週甲	(止)
							週庚	榜
							週雲	(止)
						契蘭		
						富蘭	秋月	(止)
							院月	雪來
						瑤蘭	月喜	引
							月嬌	柿
					謳	契蘭	廣裕	踏宗
							篆	廷
								敬
								川
								標
				聰公	耿	珍	惟福	蘇
							惟嶽	萬
								純熙
								洗
								桐
								拱成
						珆		
						睹	球	含
								分
						科	球	(嗣)
							達	芽
								看
							勢	看
							應	祿
								索
							麟	禧
								著
							三	禧
							亨	
					吟	珆	冬春	舉

25	26	27	28	29	30	31	32	33
								赤
								超
							萬春	忍
								摘
					勘	雄	地坤	煥宗
								誥宗
							良蘭	君英
							文蘭	君英
						妍	邦瑞	嘉猷
								嘉肆
								嘉算
							邦僅	嘉種
								嘉力
								嘉筆
								嘉象
							邦睿	嘉祉
								嘉揚
								喜鰲
								滿香
							邦敏	嘉染
								嘉積
								嘉成
								嘉素
						假	邦彥	(止)
							邦韻	滿香
							邦出	(止)
							邦習	乂
						遏	衛	桂
								龐
								買
							拜緜	龐
						夾	美	張
								扇
								與
								謨
								雙
								耽
							慶	汀
								炭
								丕
								塔
							所	侫
								敦
								樓
							知	偉
								曝
								驅
								臓
								密
								審
					藹	葛	寶	椿
								彩
							程	瞨
								井
								均
							巨	彩
						埒	特	
							雙會	庭宗
							立	(止)
							沛	(止)
						嚴	禮	(止)
							願	(止)
							好	寮來
								突
							喬	寮來
								突
							追	(止)
				鏗公	汲	啓	藝	林郎
							協	
						山	三省	(止)
							三多	(止)
							華明	長江
								長棗
								長鎮
								差中
								湖只
								長能
							添明	宣纙
								宣茂
								宣浪

25	26	27	28	29	30	31	32	33
								宣硯
								宣墨
						吉蘭	海	節
								燕春
								尋
							赤	榮
								款
							魁	榮
								款
							清	尋
					彬	粕	田	東南
								東北
								振興
							回	東來
								東印
								東蘊
								東漢
							秩	卯
								胚
								成基
								滿
							形春	葉向
							等	東蘊
						談	歆	建里
								九里
							月	元亨
						持	接	影
							提	聽
								影
					紹	旁	水	悻
								亞
							映	旗
								粵
							圖	樞
								紡
								避
						卿	勸	便宗
							醬	通元
							妥	(止)
						遷	交	樞
							虔	
							城	(止)
				適公	亢	土	昭明	進興
								錫類
							繼明	秉燭
								錫類
								智
						黽	杏林	莆田
								為田
								在田
								藝田
								新田
							維明	定祥
								佳祥
						賢	昆明	報祿
								開統
								埼生
							低明	吹壎
								砌
								埼
								讓
						暖	劍明	顯宗
								聘恩
								唱恩
						懷	培長	團書
							培創	緒
							培姣	承基
	祥來	果公	賡公	驥公	燿	助	亮	六光
						尾	(止)	
						呂	(止)	
						盛	(止)	
					咧	勢	就	(止)
						劼	欽賜	萬紀
								表
								文答
							移桃	教
								覺
							重賜	寬
						貫	赤	掇
								拚

25	26	27	28	29	30	31	32	33
							煌	愛
								髻
							全棋	耀來
								徙來
								秋林
							全盒	耀來
					裔	增	饗朝	(止)
						均	(止)	
			廉公	駿公	存心	蔭	(止)	
						賜	(止)	
						成	涼	(止)
							春	(止)
					存禮	元	(止)	
					棿	命宗	(止)	
					興	(止)		
					再興	葵	(止)	
				騑公	栩			
					拱			
				駓公	知禮			
					彩鳳			
			康公	騅公	嚴	(止)		
					涯	(止)		
				駰公	瑞	親	(嗣)	
					祥	親	(嗣)	
						元	(嗣)	
						于	(止)	
						蔡	(止)	
					擔	(止)		
				驪公	禀	(止)		
					保	(止)		
					天從	右	(止)	
				駴公	沿	(止)		
					採芹			
					子燕	(嗣)		
					彩鳳	(嗣)		
				騧公	紫荷	(止)		
				驔公	秦			
				騎公	紫燕	買	良	(止)
							貞	土
	任來	叟公	應公	潒公	璉	愈	敬賜	來
								戴來
								住來
							向賜	先
								所
							臘賜	聖賢
						點	(嗣)	
						慈	新春	知來
								返來
								謹來
								尋來
						必	遄存	(止)
					理	點	陽名	
							祠名	
			庭公	純樸	厚益	成武	長興	正
							儀興	(止)
							儀	炳
								炮
							思興	(止)
							習元	赫
								苟
						成文		
					溫厚	日誦	(止)	
				純定	從權	別	(止)	
					克清	仙	(止)	
						衢	(止)	
						嚴	者	恩來
							兩	賜來
						作	錦	
							梗	世脫
								世讓
								世晏
								世察
						侯	?	
						六	(止)	
					全順	瑜	(止)	
						玥	(止)	
						瑋	(止)	
						琯	(止)	
						玖	(止)	
						玢	(止)	

25	26	27	28	29	30	31	32	33
						璞	(止)	
						璽	(止)	
			荐公	深公	柳	伐	萬	博興
								新興
							杉	洗
								書興
								謙
								他
						藤	寬	書興
							全	(止)
							晏	鶴
								沐
							章	升廩
							對	百來
					格	推	(止)	
					柝	(止)		
				池公	植	由來	(止)	
						能	(止)	
						滾	(止)	
						榴	(止)	
				汝公	梭	(止)		
					枰	(止)		
					楝	(止)		
				告公	杨	勇元	合圭	(止)
							菜	(止)
						保元	(止)	
						永元	(止)	
						粽元	春來	(止)
				範公	南山	府	選來	幼爾
								援英
							偏來	落海
								沉
								登士
							其興	尚
						色蘭	方來	順企
								旺
								郡
								登士
								群
							華	仲
								勅
								援
							連來	邊
								輕
								高
							獻瑞	摘
								邊
							隔來	
						底蘭	順興	
							合興	援
							其興	(嗣)
							春來	
						取來	(止)	
					福壽	(止)		
				溽公	樵	神撥	(止)	
						窄	(止)	
					淡	擯	會同	每
							宋興	(止)
						雲香	宗廟	(止)
		庇公	紀公	到	王子	(止)		
					夫子	光願	任癸	
							文金	
							王蘭	
						連基	(止)	
					明以	(止)		
					剖	悔		
				歷公	意	(止)		
					惹	(止)		
				絺公	情	朝春	(止)	
						夜香		
	鐘琬	曉公	纘公	瑞公	蘭齋	坤	茶	出
								為
							玉	(止)
						文興	(止)	
						文質	(止)	
						文炳	(止)	
					海濤	於	深	買
						克	(止)	

25	26	27	28	29	30	31	32	33
						膺	(止)	
					壯明	樸敏	(止)	
						寬懷	(止)	
					康壽	敏成	(止)	
						茂篤	(止)	
					宣福	行謙	(止)	
						到遠	(止)	
						嘉獻	(止)	
					秉素	獻金	(止)	
						升桐	(止)	
				取公	蔚堂	輔世	衷	吉
							鈎	瀟
								溪
						團	(止)	
						磨	興	旺
								叫
								禮
							謀	(止)
							延	(止)
						科	(止)	
						銻	(殤)	
					晴巖	漉	偉	斗
							曲	蘊
						釪	培	土
							世緜	佳
							瓊璋	(止)
						彪	(止)	
						悄	榜	清
								安
								蘊
								夏
								每
							培	(嗣)
					敦德			
			緝公	篤公	軌	嚴顏	衍	志高
								欜
								且
								有
							窗	欜
						梗	拔	且
						錢	(殤)	
					晁	腆	連比	(止)
							魋元	(止)
							博厚	(嗣)
				等公	溫來	柱	?	明篆
					及來	圭連	(止)	
						究連	(止)	
					仲山	畝連	奚月	儉
							兩月	(止)
							嬌月	
						凱連	奚月	
					五德	(止)		
蓼琇	昉公	(止)						
	群	琴公	(止)					
		魯公	(止)					
藩琇	允參	(止)						
	允程	(止)						
	允升	肯公	彪公	寬公	指	(殤)		
					溪	惜	招	(止)
							篤	(止)
				春公	坎	忍	(止)	
						屢	畜	(止)
					溪	(嗣)		
					學	插	火	(止)
							象	(止)
					介	興	鄂	(止)
						登	西	(止)
						三	陳	陽
								亶
								樹
						盛	長	(嗣)
					南	(嗣)		
			運公	和公	(止)			
				春公	(嗣)			
				長公	六	(止)		
					題	(止)		
					田	(止)		
					華	(止)		
					巡	(止)		
					羨	(止)		

25	26	27	28	29	30	31	32	33
				寧公	隨	賀	開	(止)
							水	連
							族	(止)
						醋	(止)	
						省		
						清	香	根
								情
								包
								和
								璽
							春	情
					申	絹	轉	
						偷	(止)	
						閨	(止)	
					藜	堅	團	有
							柔	變
							梓	秋月
								冬
								早
								術
								榮
							高	(嗣)
						瞨		
					外	尋	永	
						墨	吟	閒
							永	言
						遠	高	律
								云1
								星
								脫
								言
								冬
			猛公	楝釓	南	溫	都	證
								兩
								傑
								磽
							堯	尺
								姣
								芼
		奏公	(出	嗣允	則)			
	允則	奏公	思公	時公	秋桂	(止)		
				且公	(止)			
			珠公	願公	荔	(止)		
			會公	但公	(止)			
				落公	(止)			
			王公	初公	(止)			
蒼琇	郎公	澄公	淡公	(止)				
			壯公	(止)				
		渫公	雪公	(止)				
			宇公	(止)				
	是公	璇公	方老	菊公	拔	點	摺	永有
							挑	(嗣)
							抒	
							鄴	(嗣)
					國	周明	標	
						耍	(止)	
						點	(嗣)	
						分	挑	
				麟公	蘭	(止)		
					再	(止)		
	垣公	賀公	貢公	化公	瑤	(止)		
			雅公	巧公	創來	(止)		
			蓮公	路公	石	(止)		
	益公	倡公	執公	旺公	壁	(止)		
				偏公	(止)			
			本公	丁公	五	心	圭	趁
								蚌
						二老	圭	
					仁	心		
					石	(嗣)		
				通公	占	(止)		
			喜公	識公	(止)			
				瓶公	(止)			
		興公	儀公	進祖	(止)			
			起公	(止)				
			課公	(止)				
			聘公	(止)				
			至公	喜公				
荃琇	增豐	光公	炎公	恩公	(止)			
				擾公	(止)			

25	26	27	28	29	30	31	32	33
				八公	(止)			
				永公	(止)			
				使公	(止)			
		顯公	博公	淵公	(止)			
				詩公	(止)			
				冬公	(止)			
	增珣	佛漢	樞公	秦公	讀	發	衷	參
								瓜
								便
								企
						眉	創	(止)
							抱	等
								煖
				皎公	(嗣)			
			暢公	皎公	元首	魚桃	(止)	
					勅來			
					福元			
	增瓏	魁公	(止)					
寬公	嘉公							
	鑣公	(止)						
柔公	座公	仰公	良元	變公	愛	文珍		
				錦公	再	只雲	清水	晾
								瓊
							泮水	廣
								撼
								薄
								瓊
						文珍	(嗣)	
						坦	(止)	
					榮和			
				砥公	冬	(止)		
				斗公	鶯	姜	聽	等
								飯
								華
							楓	等
								華
						陽	(止)	
						梅通	聽	
					荔	信	牛	昆
								仲
						霞	投	成
								裕
						審	水	孫發
							註	(止)
							守	(止)
						從	(嗣)	
						蕨	海	成
							投	(嗣)
					鳳	(止)		
		占公	雙美	(止)				
	創公	均公	存己	桃公	生來	謀	摘	魚
								洿
						探	買	永箭
								勇
								蠟
								金土
						洗	(嗣)	
		宗體	存立	(止)				
			存巧	充公	白	俊	(止)	
						祿	疢	
						滏		
					衣	(止)		
		後公	(止)					
		屋公	(止)					
	甫公	(止)						
	吉公	(止)						
建公	隱公	蘭公						
	居公	(止)						
彥琇	超公	(止)						
	富公	(止)						
德琇	回公	(止)						
積琇	媽賜	貼公	(止)					
		班公	(止)					
		寮公	(止)					
		設公	廣南	士倒	(止)			
				廷蘭	才長	靡		
						眼	(嗣)	
						涼		
					蛟龍	眼		

25	26	27	28	29	30	31	32	33
					騫	(嗣)		
			雲南	來成	太山	尊		
						籠		
						冉		
					武王	天寶		
						養成		
明公	外使	敬公	春公	弗公	尚論	頂	輝	(止)
							為	(嗣)
							著	火良
						養	(止)	
						運	(嗣)	
					仁貴	(止)		
				殷公	秦	(止)		
					世	(止)		
					仙來	運	為	乞
								跳
								降
				度公	(止)			
			趙公	(嗣)				
			秋公	膽公	顃	辣	列	紫
								詩
								緞
								巨
							泰	紫
								壽
								潛
							丰	壽
								閈恩
							告	強
								潛
								耕
					蕊	(止)		
					幼	通	(止)	
						瑤	闕	跳
				文公	次	(止)		
				入公	(嗣)			
				勿公	(止)			
			越公	倩公	義	(止)		
					商	(止)		
					八	(止)		
				盼公	林	各	(止)	
						火	(嗣)	
					金	盾	(止)	
						壁	(止)	
						聚	(止)	
						吆		
				妙公	方	輕	(嗣)	
						業	魚	
							惡	(殤)
						土	于	
							瓟	
							鬱	
						枹	(嗣)	
						薛	(止)	
						仕	傑	
							法	
					凱	輕	狡	
					正	枹		
				貌公	(出)			
		仲公	趙公	入公	一成	闕	(出)	
						配	(止)	
			改公					
			補公					
	佐公	恭公	尊公	成罕	(止)			
			二公	璇公	(止)			
			柔公	(止)				
芳公	賜養	傳公	貓公	梭公	(止)			
				庚公	巧言	甲辰	福	咱
							錫	葵
								任
								田
								水龍
							猛	貯
								醋
							返	樟
								得成
								杉成
								基成
						血氣	保	首
								後

25	26	27	28	29	30	31	32	33	
							隱	(止)	
							葉	罔	
								眉	
								疆	
								四	
								塅	
								攀	
								浮	
								孔	
							堯	喜	
							株	虎	
								熊	
								超群	
						伯適	備	著	
								潤	
								徠	
								酬	
								拿	
								助	
								走	
							閃	(止)	
							接	反	
					雲程	突	冷	敬忠	
								永綏	
								仁義	
								密	
								鶻鴣	
								頂	
							滾	太平	
								用	
								萬	
							竄	密	
							躍	(殤)	
							再	(殤)	
							瑛	(殤)	
							趖	(殤)	
							丙	鶻鴣	
						早	場	(止)	(殤)
							欽	(止)	(殤)
							城	乾	鶻鴣
								崇	
						老	捷	朝基	
						甕	城	(嗣)	
							昌	金鸞	
							騰		
							雄		
						龍	纂	榮華	
								丕承	
							捷	(嗣)	
							伏元		
							淺水	(殤)	
					秩元	卯	存	義	
							新		
						敏	慮		
							糧		
						素	(止)		
						倪	亮		
							遣		
							環		
							銓		
							言		
						洪	糧		
						欣	添	芽	
								宗	
							丁	(殤)	
							進		
							未		
						缺	存		
							新		
				歸公	普	元利	暖	汲	
								土	
								欺	
								板	
							騫	弄	
								宋	
								培	
							踏	(嗣)	
							珯		
							悄	(嗣)	
						重輕	(嗣)		

25	26	27	28	29	30	31	32	33
						重實	挨	粥
							麥	貽謀
								燕翼
							廣	獅
							套	燕翼
							係	獅
								緜
								烟山
						尋	踏	
							悄	
						雪	冬	秉
								梓
								求
							瑛	
							西	
					靖	重輕	瓦來	塔
								軟
								文
							秧	軟
					夜	治	朗	
							在	
						扶	宣	(嗣)
							朝	
						有	宣	
					菊	梅	興	
					近悅	齊	孫	
							連	
							千	
						串	黑	
						欲	分	
							千	(嗣)
						砂	黑	(嗣)
							大	
							滃	(殤)
							丹	
			判公	渴公	抄	諏	擔	針
								金器
							皎	雨水
								金安
								段
							鏗	金桔
						般	皎	
							鏗	
						查	毬	金成
								走
						宇	(嗣)	
					胡	(嗣)		
				灣公	胡	尊	降來	在位
								泉隆
						訓	開	耀
								焜
							章	
						號		
				寅公	(嗣)			
				濕	(嗣)			
			做公	寅公				
			撥公	紅日	正	坪	唱	字
						帛	雲梯	度
						按	(止)	
						省	接成	
						南	鍪	(殤)
							唱	(嗣)
							有木	
						賢	(嗣)	
					蜂	(殤)		
					頓			
					畝	印	圈	
							爽	(嗣)
						臟	爽	
						慈	(止)	
					縣	(嗣)		
				紅抽	頓			
					畝			
				紅土	縣	暢	達	
							于高	
							楓	
操公	樓公	請公	妍公	怎	專	嗹		
					全記	進成	款	
						東		
					杭	(止)		

25	26	27	28	29	30	31	32	33
				瘦	(止)			
				固	(嗣)			
			鑿公					
			玩公	龍眼				
				歇				
				伯連				
			撻公	王申	諸侯	(止)		
				語來	(嗣)			
				登山	根	(止)		
					皆	(止)		
		湊公	咔公	見				
				執				
			衍公	炭	窗	桶	遠	
						反		
						全	(出)	
					叠	圳	影	思
						岸	順	
							尸	
							臣	
					科	流	(止)	
						每	拱	
							嬌	
							膽	
						馨		
						賢		
					段	全		
	易公	築公	來助	花公	把			
				圭公				
			市公	(止)				
		傳公	(嗣)					
		鵬公	龐公	納公	地寶	(止)		
			鵝公	濕				
			波公	嚴和	咸	(止)		
					魚別	吩	謙	
							樹	
					中七	(嗣)		
					容力	(止)		
					自新	(殤)		
				遇公	中土	才		
				衛公	敦			
勳公	讓公	崇公	闊公	地厚	成美			
					徙	突	惟	通
								金祥
								金情
						對	再	
					恥			
					色厲	(止)		
				待月	(嗣)			
			閭公	最公	仁和	勇	(止)	
						舉	愁	(殤)
							選	
						表	(嗣)	
					東海	云云	茅	(殤)
						馨	(嗣)	
					齊輝	榮	(出)	
				禁公	吉	(止)		
					好	表	(止)	
					言	(止)		
				粒公				
				扯公				
			闖公	索公	四端	光禮	凫	(殤)
							溪	(嗣)
							参	自來
							進	(殤)
							拿	
					團圓	先禮	(嗣)	
						鐿	溪	兩水
						蠟	(止)	
						別	(止)	
						踪	(嗣)	
						問	(嗣)	
						星	(嗣)	
					天送	德	(出)	
					趨賜	寬	深	奏成
							次	(殤)
							蘊	(殤)
				家善	篤志	(止)		
					奪來	抛	學	有用
								龍水
							肅	(止)

25	26	27	28	29	30	31	32	33
							貶	
						攝	改	(嗣)
							歡	(嗣)
							超	(殤)
						苡	路	(止)
							雙	(止)
							彼	
							膽	(出)
							丟	合
							綠	合
								鵬
						杭	改	
							歡	
				辨來	楚	謁	足	
						坦	(嗣)	
						迓	由	
						帕	(止)	
						八		
						傳	(止)	
					鈎	坦	惟	(嗣)
							郤	金水
							本	
						傳	(續子)	
					儒	麟(止)		
					澄	(殤)		
				杏仁				
				綿遠	回春	崇	願	
							杯	
					五車	星	謙	
							火	(殤)
							體	
						池水	(止)	
						燦	(嗣)	
			鬮公	和修				
				牧童				
				永則	來成	(出)		
				菜連				
			吾	待月	八士	(止)		
					益友	房	此貶	(嗣)
					祖	(止)		
					池	(嗣)		
安公	長公	帝公	都公	漢公	珠玉	洗	山	寧
							賜	(似子)
					文質	(嗣)		
					生來	(嗣)		
					彩雲	(止)		
				平公				
			怡公	文鏘	勅賜	(止)		
					西川	(止)		
					真似	(止)		
				天作				
				皈公				
			豹公	(往	台灣	)		
			聚公	窕公				
				鬢公				
				妾公				
				夾公	董	(止)		
			瞶公	(往	台灣	)		
			狐公					
		宰公	測公	特公	光全	發	營	
						賓	(嗣)	
						莉	營	
						興	(嗣)	
						珵	(出)	
					磋來	客	烹	
							眠	(嗣)
							裁	
							送	(出)
							杉	(出)
						川	(殤)	
						斗	眠	
						砌		
				杤公	網	亞元	捉	命
								良
								來
							邊	
						仲春	妹	文輝
								文超
							隴	文初

25	26	27	28	29	30	31	32	33
								金珠
							琴	
						黨	潑	
							先先	
							邊	(嗣)
						蛤	滿	
							坡	
						權	(嗣)	
					標	權		
						鎮	(嗣)	
					炮	的	耽	
						於	耽	
							金	
						獺	盤	
							燕	
							簣	
						秋	產	
						佔	水	
						鎮	水	
					親	仲春		
						黨		
						蛤		
			齊連	買公	叫	(止)		
					椓	(止)		
					雍	(止)		
					桶	(止)		
				雙來	剖元	香	響	
							朕	
							壩	
						藹	蟬	土乾
								東來
						思		
						賀		
					高山	紅娭	魁	(嗣)
							瓢	
						興	必	
							鎗	
							營	(嗣)
							盤珠	
					江泉	尚	杏	
							培	
							宣	
							漂	
						纙	壩	
					偶才	性	墻	
							派	
						顏	鈺	
						煨	(止)	
						銅	著	(嗣)
						吟	著	
					查	思		
			沙公	攢公				
			搬公	加祿	光道	及		
					清廉	雨水	想	新
								春
							扼	
							出	木
							尺	
						及	(嗣)	
						涵	袋	
							潀	
							泰山	
						榮	扼	
							出	
							尺	
				良進				
				顯達	周元	溪	得成	
						貨	得成	
			答公	拈英				
			明月	忝	林蘭	元娥	約	順
							教	順
								列
								起成
								畏
					賞	細	(止)	
						良	(止)	
						千	(止)	
						貨		
				阮來	潮	撻	泉	
					賜	搗		

25	26	27	28	29	30	31	32	33
						令	田	
							柴	
						撻	(嗣)	
					拯	(止)		
					樓	顯	聚才	
						約		
						長		
					墘	搗		
						令		
						撻		
				開宗	算	乞	(止)	
					火	乞		
						切		
				黃鳥	然	居	(止)	
						積	劉	
						迎	鮑	
							樹	
						見	鮑	
						聲	福	
							道	
							劉	(嗣)
							貢	(嗣)
						摽	貢	
					泡	佳	(止)	
						府	拔	
							己	
						立		
						區	拔	
							己	
				守提	來興	爻	在土	(止)
							坵	(嗣)
							柳	(出)
							針	
						纖		
					走來	琛	坵	
						曝		
					九來	(止)		
					藻來	纖		
		三公						
		篇公	隨公	稿公	文機	秋雁	述	侯
								金成
								金火
							瓊	(嗣)
							格	(止)
							餘	(止)
							極	評
							計	(出)
						秋庭	(止)	
						秋陳	(止)	
						秋民	瓊	(止)
					鬆茂	鑾		
						免		
						翠		
					烟景	鳳	禀	
						昏		
						饒	床	
							友	
						毛	床	
					冬	(殤)		
				妾公	今汝	翠	(止)	
梅公	騰公	舉公	院公	(止)				
			亭公	成宗				
	忠公	千公	(台	灣)				
		智公	(止)					
	懇公	螢公	箸公	往來	絨	圈	(止)	
						隻	底	
							宋	
							相隨	
					安	種	搭	
							彩	
						祛	求	
							居	
							生	
						丰	王癸	
						宣	熾綿	
							章	
							昆衣	
						鏡		
					水			
				斜元	客	遠水		

25	26	27	28	29	30	31	32	33
						明		
						講		
					傳	逐	坤	(殤)
							葵	(殤)
						銅		
					細	越	全	(殤)
					瓶	璊		
				汝元	洋	新全	異	
						沙來	(止)	
						雁	(止)	
						池	(止)	
						麟		
						六片		
					百	鏡	淵春	
					郡	添	錐	
						執	(止)	
						丑		
					橋	伏	甘成	
					且	吹	(嗣)	
						思		
						三	(出)	
		涼公	石公	鳩公	渙來	木		
					沃水	木	(嗣)	
						捧,	(殤)	
						顛		
						蒼	(出)	
						笑	(出)	
					築興	瓜情		
					稽首	顛		
						蒼		
						笑		
				匹山				
		愴公	款公	(止)				
			丹桂	匹山	澤水	奚煅		
					看			
					誥	堅		
						洋		
				嫦娥	(殤)			
			皎月	(出)				
集公	科公	江公	巨公	聖塈	(止)			
			田公	由來	金榜	(止)		
				聖塈	(嗣)			
				合仁	金榜	(嗣)		
					青才	轉來	活	
	賞公	所公	興來	(止)				
			掌公	雙路				
				雙喜	(出續)			
			獻公	協公	微	燦來		
					得寅			
					苧			
				有利				
				培公				
				雙喜	得寅			
					苧			
	撥公	(嗣)						
	悅公	爾公	苟公	戴來	北海	(止)		
			巢公	(止)				
			毅公	雙全	他來	泉來	(止)	
				和成				
				贊成	藝來	心	養	亨
							傳興	
							都興	
			寬公	(殤)				
		簪公	分來	(止)				
		學公	看公	(止)				
			魁公	締公				
	扳公	管公	招客	(止)				
		水公	(止)					
篆公	拔公	交公	整公	(止)				
			鑾公	(止)				
			跳公	盤德	蓮士	(止)		
				應咸	(嗣)			
				六英				
		翁公	(止)					
		柳公	纂公	應帳				
				跳來	(嗣)			
				棕公	(往	台灣	)	
		只公	(止)					
		极公	(止)					
瑜公	忠公	(止)						

25	26	27	28	29	30	31	32	33
未公	福公	(止)						
	會公	(止)						
巘公	念祖	(止)						
	歆公	(止)						
琬公	養公	(止)						
宗政	韜公							
	傑公							
宗輔	雍英	白英	悻公	古公	禱應	袋	(止)	
				煖公				
				猛公				
			懷公	禹公	賞	孝	(嗣)	
						令	(止)	
						云云	(嗣)	
						捧	(嗣)	
				中公				
				壁公				
			奉公	(止)				
宗理	雍公	(嗣)						
	雲公	清公	鶴公	尚義				
				評公	名	茂	(嗣)	
					獺	捧	(止)	
				詠公				
				虎公	鑠	(止)		
					艷	托	(止)	
				誣公	捷	粘	(止)	
						挨	(止)	
						道	(嗣)	
					裁	道	(止)	
					鼠	(嗣)		
			閣公	勸公	超	孝	(止)	
				志公				
			森公	鈴公				
				共公	敦			
宗性	署公	壹公	遠公	姜公	沸	曾	郡	
							蘇	
							額	見
								景
							竹	見
								景
						梅		
					印	(止)		
					文	(止)		
					蔥	(止)		
				琊公	笑	(止)		
					嬌	(止)		
				強公	案元	掇	三多	(止)
							三國	(止)
						否	(止)	
						綏	(止)	
						締	鷁	(止)
							銀	(止)
						順	(嗣)	
					尋元	順	(止)	
					岱元	進	仁	閣
								和自
								烏隴
								鑽
							乞	閣
								和
								烏隴
								鑽
							營	和自
							祿	猛
							鏗	
						純	(殤)	
			近公	向英	錯來	尊	(止)	
			兜公	湊景	把	(止)		
				江公	譽	長賜	河北	(止)
							夏至	(止)
						樓	(殤)	
			爵公					
		信公	義公	針公	騰瑞	(止)		
					和元	盤	(止)	
					姜元	(止)		
				先公	來	(止)		
				草公				
			所公	科公				
				仲公				
				廩公	鼠	涯	(止)	
	睿公							

25	26	27	28	29	30	31	32	33
	植公							
癸公	懷公							
	鸞公	華公	然公	滾公	春興	坦	澤	
						長	(止)	
						習	(嗣)	
					紅興	習		
					春昭	(止)		
				掌公	麟	顧家	華	(止)
							於成	(止)
							彥成	
					菊	令行	(止)	
						國垂	鉀	玉成
								永年
							軒	
							奏	
							的四	
						紅	鉀	(雙嗣)
							軒	
							奏	
							的四	
					甲	涼	(止)	
						王癸	(止)	
					比	俊	(止)	
						真	(嗣)	
						禧	金	(嗣)
							次	(嗣)
					搖	錸	(殤)	
						蠏	鐃	永忠
						腱	好	
						紅	(嗣)	
					樹蘭	國垂		
					衫	蠏		
						腱		
						紅		
		造公	(止)					
		竹公	偉公	(止)				
	匿公	(止)						
	思公	講公	良公	(止)				
	研公	流公	(止)					
		聚公	(止)					
朔公	命公	貫公	馳公	約公	井	行	(止)	
					契	(止)		
				粧公	錢	禮	寶	叨
							寶	(嗣)
							宇	(嗣)
		萬公						
	塘公	盛公	董公	趙元	居來	賜	(止)	
						能	文	諒
								荀完
								不
								拿
								擔
						我		
					對	我		
			民公					
			歇公	合來	麗水	(止)		
				富來	維喬	臨	粥	
							汀	
			程銭	琴公	棋	(止)		
					揚	徙	(出)	
		宰公	儉公	(止)				
	協公	咸公	邊公	天寶	曉元	玉瑞	慶郎	
							銀榜	(嗣)
						反來	銀榜	
						平來	錦堂	鐘藻
								鐘椹
								鐘珍
				利貞	回	(止)		
				元亨				
				添丁				
		情公	班公	永來	心愛	文學	默	深
								遠
							近田	永超
							于田	友
								一國
								金火
								赤菜
							雙田	(嗣)
							刊姑	西寶
								智

25	26	27	28	29	30	31	32	33
								國星
								作賦
								鑽木
							諸姑	(出)
							甘棠	蟾
								擔
								永泰
								聰慧
								永綏
								永超
								聽敏
								聰懷
								詩安
						建立	川	區
							呈	
							悅	開基
						通	程	火石
								包
								瑛
								蟬
								戶
							雙田	蟬
						桂	(止)	
					青山	裕	(殤)	
						領	(嗣)	
						丰	胡成	
							起成	
							金土	
				春蘭	心法	領	城	
							烟	
					青山	(嗣)		
			亨公	韮英	品	(止)		
					水	(止)		
		佳公	車公	廣公				
				世公	(嗣)			
				尋公	皆	(止)		
				表公	火吉	(止)		
					團吉	自寶	(止)	
			黑公	世英	活泉	好業	壁	(止)
						違艾	(止)	
					他來	守業	興	賢
					衫日	顧業	岸	喜
							壁	(嗣)
							旺	(殤)
							乃	(嗣)
							飛	(殤)
						為照	瓦水	
	喊公							
	餘公	株公	(止)					
達公	解公	送公	堅公	夢公	申	(止)		
					籠	(止)		
					卜	(嗣)		
				意公	卜	舟	(止)	
			琛公	案公	才	類	(止)	
						綢	(嗣)	
				兩公	裕盛	(止)		
					廳	(止)		
					影	(止)		
			德公	(止)				
			助公	仕公	畜	興		
						秘		
						萬	砌	性
								本
								善
						垂	賀	望
								辰
					厚	輦	汪1	返
								江
								楸
							枹	楸
								不
							丕	騰
								歲
						柳	清	水
								壩
							砌	(嗣)
							恩	(止)
							親	(嗣)
							治	樹
								脫

25	26	27	28	29	30	31	32	33
								趁
						涯	(嗣)	
						蜚	(止)	
					網	(嗣)		
					傳書	(嗣)		
				對公	唱	乳	纓	差
								瓢
								三
							榮	(止)
						穴	(止)	
						錸	(嗣)	
						鵝	(嗣)	
					次	(止)		
					最	鵝	(止)	
					巖	(止)		
				群公	傳書	臘	(止)	
						馨	(嗣)	
					塔	綢	劬	泮水
								叨
								啟成
							宇	泮水
								叨
								啟成
						磨	(止)	
						三時	廠	莧
								倚溪
								泰山
				念公	網	畝	親	平
								次
								三
								四
						學	(嗣)	
			芳公	賞英	篆	緜圃	敬	梗
							田	珍
								榮
					瓜	鏗	祖基	
						潭	實	
							祖基	(嗣)
							鉗	
							墘	
							淺	(嗣)
							企	
							完	
						狂		
					派	(止)		
					逞	(出)		
					帖	(出)		
	雙公	愕	抱公	前英	撥	秋月		
			郤公	亮公	緣	考	(止)	
					包	(止)		
				梭公	科	(止)		
					篤	(止)		
					嘆	(止)		
					諸侯	(殤)		
					作亂	(殤)		
				五公	輕	音	博	拿
							金木	
						敲	流	
						售	泉	
							玉蘭	
					藝			
			的公	天祐	睿智	云云	鳳	(止)
						丁	力	竈
								盤
								順
						百	借	(出)
							諸	盤
						貞	屋	
							乃	
					梳	(嗣)		
					問	反	(止)	
				柑公	花	盾	尚	鳥菜
								微
						反	(嗣)	
					偶才	南	(出)	
						獻	(止)	
						度	(出)	
				君公	梳	仙	朝基	(止)
							閩	典
						葛	閩	(嗣)

25	26	27	28	29	30	31	32	33
							炎	典
							追	
						春熙	(嗣	外祖
					興法	(殤)		
		眾公						
調	繼公	鼎公	滘公	梯公	投	諒	(止)	
				慶公				
			聘公	倫公	廟	目	(止)	
						新春	(止)	
						雙春	纖	(外)
					飄	(止)		
					庭	臨春	音	(止)
						火	(止)	
					則	來	(止)	
						奚		
						纙		
					定	紫	見	(出)
						元	食	
							悅	
							鎖	(出)
						更	友	
							金木	(嗣)
					獅	奚		
						纙		
				吾公	府	便	(止)	
						連胎	(嗣)	
						武	添坪	着來
								捧
								欠
							賀	欠
					端	連胎	(止)	
				花公	奏	梅香	循	捧
						開族	(止)	
					春安	(止)		
				銓公				
			拱公	銓公	光彩	(止)		
					萬美	武	(嗣)	
					苟	(止)		
		胖公	長	札魁				
			述公	札魁	(嗣)			
				元尚				
				而貨				
		孫公	芬公	(止)				
			潛公	全公				
			卿公	(止)				
			灑公	(止)				
		接公	(止)					
		孫	(止)					
	臘公							
奇公	遷公	條公	走公	(止)				
			陣公	(嗣)				
		理公	陣公	虔公	土	(止)		
					貢	壹	淺	(止)
					衫	聲	(出)	
					批	(嗣)		
					總			
				鳳公	通仲			
					奎	(出)		
				郤公	批	(止)		
振公	翰公	(止)						
	福公	(止)						
妥公	植公	(止)						
	宣公	蒲公	舉公	破公	斟			
					敦	(嗣)		
		紀公	炳公					
			頭公	斜公				
				金公	義	柔	(止)	
						圍棋	(止)	
					珪	(出)		
				眉公	(嗣)			
				雌公				
			快公	(止)				
	照公	嚴公	(止)					
		晏公	(止)					
	彬松	(止)						
	業公	(止)						
郡國	漢老	(止)						
郡友	天公	(止)						
	地公	長公	(止)					
		朱公	(止)					

25	26	27	28	29	30	31	32	33
	人公	(止)						
	善公	曆公	(止)					
胤公	我公	(止)						
紹業	合公	荔公	與公	田英	章	園	(止)	
						路	(止)	
						剖	(止)	
			生公	(止)				
		蒂公	比公	錦公	廣	(止)		
				鑑公				
				鐵公				
				撫時	成罕	(止)		
			獅公	載公	貝米	巖炮	沛	餘
								絨
								潛
								標
							直	來
								葉
								護
							奇	添
								牒
							暢	絨
								潛
								標
							着	
						涼	(嗣)	
					蘇秦	涼	排	(止)
							寶	(止)
							祿	崇
								進
								水
								土
								油
								企
								出
							歪	(殤)
				用公				
				冉公				
				示公	夏蘭	(止)		
					均蘭	(止)		
				雄	好	(止)		
				寶成	邦	(止)		
					好	(嗣)		
					凡	(止)		
				浮公				
			象公	秀來	省明	(止)		
					隨蘭	(止)		
				禎祥	登吉	連發	孫	(嗣)
					滿夜	連	(出)	
						往	(出)	
				顯榮	鶴舞	就元		
					贊春			
		賽公	臨公	丁秋	兜	裕	海棠	
							柳絮	
							科來	
						等		
						紅		
			果來	(止)				
紹芳	鴻英	嶷公	(止)					
		葛公	三英	友成				
	鴻逵	洋公	純公	研英	旺	(止)		
					臘	(止)		
					勤	(嗣)		
					田	(止)		
			儉公	祿英				
			三公	(嗣)				
			麟公	(嗣)				
		澤公	麟公	研公	(嗣)			
				鰍公	甘露	(止)		
				謁公				
				鷺公	勤	發		
						沸	闕世	益
								蟳
					埔	發		
						沸		
				祿公	(嗣)			
				玉	倉廪	謁公		
		壽公	(止)					
希鑣	鴻淵	翼公	(止)					
		煜公	(止)					

25	26	27	28	29	30	31	32	33
	鴻浩	(止)						
	惠溥	(止)						
克俊	沉公	茅公						
		保公						
		齊公						
		泰公	梅公	買英	普	月	邊	熙
								猫
							送	聘
								侯
								連
								僕
								載
							院	炳
								台
								扭
								拔
								執
							同	
						喜	溫	沙
								颩
							徙	(止)
						居	側	蓼
								蟳
							顯	芬
								田
							慶	謙
								蓮
								座
						科	侃	瓶
								爺
								霹
							良	
						轉	決	誇
								蛤
							趨	德
								鏘
								創
								桑
							院	(嗣)
							苗	蔭
								歲
								并
								便
							炎	秩
								煦
								香
							祖	志
								聰
								老
							乞	餡
								包
								交
								榮
					契	冬風	網	(殤)
						西川	樹	
						回	禰	(止)
							淑	錢
								纏
							千	(止)
							土	(止)
					老	評	孫	婆
								簡
								和
						耀	孫	(嗣)
							福	蔡
								嗡
						迎	(止)	
					抄	準		
						成		
						遣	江	瓶
						受		
						質		
			景公	珍國	瑞	(止)		
					琨	鶯	(嗣)	
						捧	(止)	
					瑯珩	(止)		
					瑤琳	鶯		
				誠興	珍	(止)		
					珏	飛雁	烈	繼
								明

25	26	27	28	29	30	31	32	33
							竹	計
								柴
								抹
							方	柴
							智	(出)
							聚	明
				福溪	岳	讀	雀	建
								章
							秧	天才
						有	欽	鉗
								泉
								酬
								靠
						度	搴	品
								用
							店	生財
								集來
							門	
							門	
						合		
					作	碖	降	(止)
							約	(止)
							丰	伏
								快
								盤
						所	賜	任
								錦
								吉
								近
								教
							忠	閩
							體	葉
								木水
							偏	(嗣)
							祥	近
						信	鑾	措
							雄	幸
								本
							鰲	
						管	偏	羅
								位
							琴	帝典
						石	极	
							越	
							維	
							金龍	
						坦	鰲	
					重	波	諒	乾
								蟾
							丹	蟾
							晏	
						料	慈	
						從	金	
							貢	
						頡	郎	
							犀	
							捍	
							倍	
							贊	
						爐	全財	
							榮	
			星公	辣公				
				習公	瑙	燕	(止)	
				圳公	茶	(止)		
					盤	漢	註	
							開	(殤)
					訓	(止)		
			辰公	守公	茂	(止)		
					佞	(止)		
					吹	(止)		
				且公	麟踐	(止)		
					呈祥	(止)		
				仰公	光仁	(止)		
					光騰	(止)		
			樹公	虹山	朝宗	素蘭	(止)	
						改	(止)	
					京	接	備	
				迎春	亨	改	(嗣)	
				教英	稟	鶴	原	捷

25	26	27	28	29	30	31	32	33
							借	(嗣)
						垣	(出)	
					新	麔		
					臘雪	南	(出)	
						麔	陳	
	煥公	衷公	漢公	柯英	添全	忍居	(往	台灣
						飛雁	(出)	
						回	(出)	
	相公	(止)						
廷琦	鬱公	從公	簡公	文洪	會元	周易		
						山瑚		
					以元	(出)		
					角元	(止)		
				願呂	以元	先來	賜歲	(止)
							賜品	(止)
							賜野	(殤)
							賜擯	(殤)
							賜妹	賞
								良
								猛
							賜諒	(出)
							賜七	賞
								良
								猛
						摛芳	仁	成財
							賜七	(續)
廷壁	算公	冬金	(止)					
廷瑗	文攝	東公	振成	霜厚				
				霞厚				
		壯公	團練	應皇	素衣	淡	劉	(出)
							籠	
							深	
							交	
							阮	
						治	劉	
					等	淡	(續)	
						治	(續)	
						天	深	
				金錠	因元	爆竹	坑	望
								走
								財
							寅	(出)
							卯	針
							摳	靈水
								培玉
							吸	靈水
						動竹	瓦	
						芽竹	瓦	(嗣)
							鉗	金龍
							濃	
							參	(出)
						帛竹	協	
							欍	
							店	
							大源	
					羔裘	玸	纏	
							沙	
							朝	(殤)
						積		
						蠶	貯	
							閂	
						遠	肯	
							隨	
							貴	
							賞	
							蚶	
						串	沙	
					素			
			文炙	香	巡狩	坤	添	
				蓮公				
				王公	邑	闕世	寅	炭
								灘
								裕
								嘆
								宗
				幹公				
			文燔		籠			
					深			
					交			
					阮			

25	26	27	28	29	30	31	32	33
				治	劉			
		耳甚	文熼	陸二	蒲榮	總		
						從	(嗣)	
					子榮	(止)		
					旋榮	(止)		
				謙公				
				石公				
				勅使	(嗣)			
			文燁					
			文弁					
			文熽	勅使	慶花	(止)		
	文摳	滔公						
		踏公	蟄保	嶺公				
				周粗	安	承	土	
							仙	
						堅		
					秋	逢		
						蚵		
						蝗	(殤)	
						見		
					錐	(嗣)		
			墘公	(止)				
			闡公	(嗣)				
			場公	周粗				
				周海	箕	樹	(殤)	
						培	(殤)	
						創		
						份		
						民		
					來	旺		
						甘		
				周山				
				周衍	雪	(止)		
					得	(止)		
					纘	(止)		
			放公	長宏	嘉魚	雙	(殤)	
					嘉賓	狡		
						戶		
					嘉向	(止)		
					嘉生	狡		
						戶		
					嘉牽	(止)		
				長更	樂水	(止)		
		色公	闡公	長盛	窜	(止)		
					詩	墘	奠	
					湊			
				長瓜	水來	刺		
					浸來	甚	文珍	
							楓	(殤)
							喬木	(殤)
							文彩	(嗣)
					寢來	春	耀	
						刺	(嗣)	
						溪		
						火	(殤)	
					思來	(嗣)		
				長宏	(嗣)			
				長更	(嗣)			
				長華	專	察	(殤)	
						腰	(嗣)	
						浚		
					門	腰	(出嗣)	
						浚		
					育			
					艮			
				長陸	思	甚	文彩	
		瞀公	鵲公	自英				
				攔公				
				返公				
			扶公					
			居公					
延燕	愷公	績公	取公	牌公	霞元	語言	(止)	
						長事	(嗣)	
						稔事	(止)	
						芥恭	(止)	
					入元	連理	(止)	
					春元	(止)		
					乾元	(嗣)		
				歡公	福才	(止)		
					萬秀	御林		

25	26	27	28	29	30	31	32	33
					宗廟	(嗣)		
			走公	葉公	昭明	(止)		
				兌公	令	溪水		
						其		
					鍾煖	白	春	(止)
					久元	(止)		
					博厚	多		
						賢		
						馬	占	啓
							鳥	
							黃	(殤)
							命	
				求公	流泉	漱	(止)	
						御林	須	
							堅	
							沙	
						深淵	揪	冬
								鴛鴦
							拖	好
								戶
								強
							紂	金初
							須	錦衣
							豎	(嗣)
							沙	
						鳥情	扭	翰
							卻	徙
								開諒
								海水
					鳩山	倪	(止)	
					景元	委	豎	往
								永昌
					宗廟	禦林		
						深淵		
						鳥情		
			廿九	(止)				
		勝公						
	君公	賜公	錐公	切公	願	連瑞	(止)	
						迎來	(止)	
						玉	額	來發
							瑛	
								(嗣)
					分	(止)		
				調公	巧	簪	兜	(止)
					瓜	從	泰	
					魚	克	懇	佑
								底
							兜	(嗣)
							謙	才
							尊	
						簪	(嗣)	
				挽公	知	車	(止)	
					涼	(止)		
					木	淡	(止)	
						車	(嗣)	
						倪	(嗣)	
				邀公				
		齋懷	存本	紫英	平良	(止)		
					追來	(嗣)		
			存心	綠公	追來	自成	(止)	
					乾元	志成	(止)	
						意成	(止)	
						自成	(嗣)	
						兩成	(止)	
						陳成	(嗣)	
			存厚	(止)				
			存德	(止)				
			存成	(止)				
		祥懷	祐公	茂英	德興	珠	(止)	
						刊	(嗣)	
						同	(嗣)	
					采良	張	(止)	
						樹林	(嗣)	
					完方	刊	(止)	
			丙公	教英	才	(止)		
			面公	(止)				
			內公	旭蘭	蘊	重宜	楚	齊
								雙
								耀
							為	明

25	26	27	28	29	30	31	32	33
							助	賽
								流
								丑
								經
							朕	開仁
							顏	困
								候
							企	
					瞞	維成	墘	候
							麵	(嗣)
						永成	麵	(止)
					科進	洛思	飲	靈
							亥	放
								甫
							戌	
						遠慮	(止)	
						宣哲	隨	
							壩	
							會	
					繼本	砵	(止)	
				驕連	就通	樹林	勢	(止)
							福來	油
						屬宗	棟	
							尾	
						武	圈	涉
								順
								碩
							榮	(殤)
							欠	(殤)
							辨	
						吸	賴	
							井	
						殷光	萬	
							棟	
							尾	
				必捷	養	吉安	蹣	畏
							吞	祥
								永居
							閩	(嗣)
							濃	水
							寒	祿
						扳安	玲	全
							崇	全
							蟾	洪水
						所安	滔	(殤)
							閩	土
						察安	呱	
						廋安	存	
							梓匠	(殤)
							輪輿	(殤)
							騰	
						簪纓	蟾	
					百源	跨鳳	報	聰
								掩
								走
								子龍
							秉	聰
								永美
							恐	永美
					快便	同		
						伉	志	碧
								培
								闊
								連絡
								戇
						囉	樟	
					池	現	隴	文章
							三成	
							老婆	(嗣)
							三元	
						藝	老婆	
						魯	三成	
							三元	
				巨川	洋	翰奇	庇	口
							擔	
							躍	
						下澤	班	練
								潤
								洋
							摘	拱

25	26	27	28	29	30	31	32	33
								柱
							摸	友
								足
						恍來	贈來	沌成
							炭	
							拈	
						且來	(殤)	
						遐邇	(止)	
						六	爬	
							創	
						冰	摸	
					交	(止)		
					卜	陳	朝	羅
						恬	抒	(殤)
							腰	
						惠	不	
							火	
							等	
					廚	縈	墻	圳
							沈	圳
							跳	
						覲	煦	
							溜	
						斗	插	
							竈	
							使	
						扳	秋	
							進成	
						典	番	
							屋	
							執	
						翁	(止)	
					絨	謹	(止)	
					瑞	冰	(出似)	
廷選	祿公	(止)						
	喬	(止)						
特公	贊公	(止)						
隆兆	奬公	考世	(止)					
	申公	(止)						
準公	符公	(止)						
宗望	進九	芋公	殷公	(止)				
			泰公	貴成				
				輕公				
				典公	畝	遮	(嗣)	
				每公				
			時公	內公				
				辦公	坐	洗	稟	
						蔗	(止)	
					回	嗹	王	
							擔	
							稟	
						甝	撟	(殤)
					耳	(出)		
			老公	(止)				
		毓公						
宗周	進九	(出家)						
	進燁	(止)						
	進碩	士雍	(止)					
宗琛	進贊	(止)						
	進起	(止)						
宗琠	進初	復公	脫公	(止)				
		烈公						
		善正	表公	鬣引	呂	孽	雲	
							敦	(出)
						倉	(止)	
					詐	凜	(止)	
					琹	藍	(止)	
				仍順	杯	于	澗	科
								溪
						庚	篙	沈
								查
								教
				稅蘭	三褫	煥	潤澤	
							賜	(出)
							譽	(嗣)
							藍	(嗣)
						題	(止)	
						吟	登	去南安
					三鑽	茯苓	元	(止)
							月	自盛

25	26	27	28	29	30	31	32	33
								沖侯
							唱	箬
						貞子	尊	(嗣)
						康	流	(出)
						歸	唱	
					三鋪	雌雄	碧	滐
								糧
								燕
								陳
								世順
						藝	一	糧
					利記	暨	籃	團
								傳
							卯	(止)
						皇	機	
						胎	羌	添
								明
								吸
								養
				守竹				
宗忠	胤衿	(止)						
	胤禩	念公	(止)					
		姐公	(止)					
		義公						
宗恕	胤祥	丁公	適公	(止)				
			達公	(止)				
		曾公	突公					
			夜公					
		霞公	(止)					
		思公	(出	嗣祈	)			
		完公	諒公	角公				
				蓋二	程圃	文賓	捧	(止)
							往	滐洄
						文滔	乾	省
								甘
							問	黍
								福建
							朕	(止)
							有	黍
								甘
								三
								深
								淵深
								福建
							鬣	
							秋霖	往
			詩公	(止)				
			三公	天擇				
		孌公	西公	(止)				
			迎公	(止)				
			璉公	學公	玉匹	玩	月	扐
								扭
						晚	挨	扭
						螳	挨	(續)
					韮	螳	(雙嗣)	
				熙章	持	(止)		
					玉匣	(止)		
					玉匹	(雙嗣)		
					玉帛	(止)		
					韮	(雙嗣)		
	胤祉	(止)						
	胤祈	思公	(往	台灣	)			
		厚公	桂公	祿公	印	西窗	秧	(嗣)
							清	(嗣)
							奚	(止)
					地利	倩	秧	元
								典
						西	(嗣)	
						準	清水	經
				豆公	喊是	返	朕	
			花公	(止)				
			坎公					
			柔公	麒麟	錦	(出似)		
				親英				
			六公	論公	萍	為	完	謙
							月	(嗣)
							曉	(止)
						闕		
						博		
					蔭	(止)		

25	26	27	28	29	30	31	32	33
					順	(止)		
					看	闕	砌	級
		重公	拱公	(止)				
			節公	文玉				
				宣和	茂	(止)		
宗懐	胤祐	願公	(止)					
	胤禮	琳公	(止)					
		環公	沛公	貞平	扐	(止)		
					餜	(止)		
					科	(止)		
				戰勝	姜	(止)		
					倪	(嗣)		
					硯	(止)		
					墨	差	挺	再興
								壽興
							回春	
						艾	(止)	
						恩	(止)	
				合公	倪	(止)		
				乃英				
	胤祐	脫公	挺公	水公	用	全裕	順	(止)
							蔡	服
								嗹
								着
							縷	加
								晉
								田
								省
								蘊
								益
							更	梓
								宇
							溪	梓
								宇
						擿	架	明生
								賜
							輕	賜
								踏
								慮
							桃	滐洄
								文鏡
							佔	注
								殊
								守
							郤	籃
								配
						金	取	獺
							胖	蕘
								等
								弄
								磚
								鏗
								德
							魚	磚
								暢
							陳	暢
								蜨
								鍊
								梓
					制	永	窗	(止)
					綏	(嗣)		
					悔	三朝	軫	點
							咸	(止)
							銅	(止)
							走	(止)
						嚴	搬	木
								庵
							良	(止)
							桐	戇
								凱
								庵
								扁
								流傳
							育	木
								獅
							陸	啟明
								鎮成
							陽	禍
								戇
								啟

25	26	27	28	29	30	31	32	33
							雙	獅
								園
					己	最	珠	春
								發
								實
								戶
							理	信
								玉
								龍
								彩
							王	才
								葵
						笑	罕	顯
								海
							珍	由
								撥
							乞	
						漢	交	(止)
							孔	蟰
							標	坑
								香
							自祥	
						嚴	(嗣)	
						梭	(止)	
						東	梅	朝基
								烏墨
							琴	扳
							治	扳
							泰	有利
								湖利
					培	贊成	舉	竈
							粵	謙
						企	仕	落
								寅
								忠
								九十
					化	(嗣)		
				德華				
				德儀	綏	秋霖	(出似)	
						房	(止)	
						會	(止)	
				英世				
				德香	化	接明	(止)	
						靳	(止)	
						捷	(止)	
						及	(止)	
						手	(止)	
				鑾公				
			哲公	存忠	浮	真	(止)	
						早	爆	
			游公	挑公	百言	奪來	----	服
					百機	(止)		
					于招	(止)		
					建	(止)		
					百扶	(止)		
					勤和	(止)		
					窗前	(止)		
				天終	活			
			國公					
		腸公	探公					
			等公					
			貢公	雪公	褫			
					鎮			
					託			
					買			
				都公				
				月公				
		膝公	亢公					
		元公	景公	墻	惟	(止)		
				鬢				
			挽公	普	(嗣)			
				契	(嗣)			
				厲	體興	秋	輝	
						爐	善	
							浪	
					切	(殤)		
				樹	郡	委	措	
							樓	
						從	城	

25	26	27	28	29	30	31	32	33
						土	栽	
						清蘭		
						蒲		
				傳	泉	(止)		
					布	萬	水	
							順	
						紅		
						遠		
				錦	泉			
					布			
				孝公				
			片					
		襄公	天與					
宗典	胤秀	俊公	南公	霜公	鶯	(止)		
					朝陽	仁	(止)	
					冊	經	江	嘔
								摘
							網	嘔
					連	三習	營	(止)
							袋	(止)
							江	(嗣)
						鶴	辨	志
								坤
								鷺
							貨	鷺
							寬	(止)
							篇	(止)
							網	(嗣)
							派	坤
						仁	(嗣)	
						經	(嗣)	
				贖公	文	麥	(殤)	
						徙	(嗣)	
					道	徙		
					杼			
				排	天恩	熾	坑來	騫
								鏡
								套
								自來
								纏
								婆
								鎖金
								玉金
							麵來	鎖
						拐		
					獻瑞	拐	降來	相
								紅
								科
								賞
							麵來	(嗣)
							坪來	容
			讀公	慶公				
				通公				
				輕公	葛	(止)		
				葵公	神祐	禮	(止)	
						雲騰	栽	(止)
							貨	(殤)
							喜	(殤)
							仲突	
							汀	(止)
							榮	(止)
						竭	(止)	
						海雁	閣	(止)
							準	
	胤森	(止)						
宗陛	顏公	綿公	孔明	蛟公				
				莪公				
		緒公	旺公	攀桂	惜	(止)		
					蠟	(嗣)		
					福元	(止)		
				樟公				
				楓公	蠟	玉看	標	良才
								片
								墻
							統	(嗣)
						玉斗	統	墻
						玉銀	(止)	
						玉鉛	其莽	隨興
宗哲	興公	富公	來公	赤公	往	(止)		

25	26	27	28	29	30	31	32	33
					玉盛	做	耀	灑
								斜
								品
						長宜	思	淵
							飛	顯
						最	狗	(止)
							鄭	品
						孫	鄭	
					耕田	(止)		
				老二	佛保	生	(止)	
						東	(止)	
						禾	(嗣)	
						遮	且	聰
								樹
								妙
								約
							載	(殤)
					添丁	存	派	(嗣)
							莪	顯
							芳	膽
							象	(嗣)
							森	(嗣)
						領	森	膽
								囉
								笑
								魯
								宋頁
							鎮	夢
								住才
						重	象	籠
						燕	(止)	
			橋公	喜梅	周	(止)		
					尹	(止)		
					賞	(止)		
					鳥觀	白	(出似)	
				秋香				
				文				
				湊六	丙	別	(止)	
						初	亞元	
						木	亞元	
							向水	
					雪	(止)		
					夏	(止)		
				東海	即	(止)		
					隨	(止)		
			但公	致公	照	和	豫	晦
								椒
							維瓊	
						鐵	(嗣)	
						協	(嗣)	
						足	(嗣)	
						淺	(止)	
					欽	鐵	(止)	
						足	立	言
								梓
								尊
					常	協	高	(止)
							立	(嗣)
			馬祈	草山	千言	(止)		
					文章	賜		
					賢	(止)		
					全	(止)		
				科公	業	(止)		
				樹枝				
			天助	在公	素月	商湯	絨姜	瓦
							豆訓	瓦
					辰宿	均泉	(止)	
						萬肯	我藝	論廻
								永廻
							中庸	安
								丹
							謹勅	
							世尊	
							保元	徠
						商暘		
						形端	回堂	纓
								堅
								仙
							夷澤	堅
							全	

25	26	27	28	29	30	31	32	33
						愛育	恭維	德建
							珍維	良
							維聲	膽
							瓊維	(出似)
							吉維	美
								紅
						安定	謹勅	丹謗
						成	回堂	
							夷澤	
							全	
					暮春	純謀	頂元	欠
							耳元	扯
						漢惠	文默	百
								莽
								其土
							文孝	(止)
							文區	(嗣)
							文豁	德年
								永年
								逢年
				運公	指新	成	(出)	
						武	摘	(出)
					專新	宜	鳳眼	壇
								甫
							池	灘
								闖
								快
								芓
							儒	班
								甫
							恢	起
							泉	起
				飛鶯	廷	懷玉	砵	
						奕	砵	朝
							改	
					衍	旋	(止)	
						秩	(止)	
						南	(止)	
						茅	(止)	
				良朋	彩龍	三才	苟	
							切	
						琛	(嗣)	
						多士	(嗣)	
					彩新			
					平皆	多士	探	
							播	
						述士	區	創來
								徙來
							梓	
						炎士	(嗣)	
					朝聘	琛	苟	泰山
								籐枝
							切	籐枝
							鑠	(殤)
						炎士		
					忝	述士		
						炎士	(嗣)	
	岳公	慥公	屈世					
			元椿	安公	碧	(止)		
				德公	劉	炮	俊	也
								碩
							泮	(嗣)
							署	(嗣)
						謗	(止)	
						諸	(嗣)	
						任		
					肯	諸	泮	揪
								係
						任	署	語
				真公	盾	益	(止)	
				星公		水	欔	(嗣)
				員公				
				劍公				
			元檜	瑜公	嘉	漂	(止)	
					朗	配	鳳	振
								旦
					極	嫖	興	(嗣)
							鳳	(嗣)
							核	玉梅
								揪

25	26	27	28	29	30	31	32	33
							尊	賞
						菊	興	賞
					纂	瑞草	番	搬
						梨	暖	(止)
							錫	貯
								落
							島	(嗣)
							番	(嗣)
						連居	島	寅
								塔
						丑	(止)	
				台明	玉遠	追	滾	得
								兵
								合
								壩
							等	
						朝	(止)	
					玉昌	(止)		
			元宅	龍公	瓜	列	後	(止)
							設	(止)
							三	(殤)
							西	
							尊	
				登公	實	酒	莉	
							汝蘭	
						記	(嗣)	
						透	(止)	
					赫	記	汝蘭	(嗣)
				雲公	兩公	開華		
						本	球球	祿謙
								土登
							思皇	火
								文頓
								煦
								城
							蘭	(止)
							清	趙州
								漳州
								備
								杏林
						穰	崇	(止)
							泉水	(出)
							欔	(止)
						情	讓	玉金
							出	晏水
								岸直
								搛
								霜
							耀	丁財
								丁平
							鏘	(止)
						趁	思皇	
							蘭	
							清	(嗣)
					先	奎宗	通來	喜
								聖
							進來	連枝
							春貴	(止)
							太山	(止)
				味公				
		悅公						
		慨公	鈎公	世春	亥	秦令	遐邇	灝水
								井水
								景
							省恭	潑水
								二
								溜
								水
							告答	(嗣)
					詠	扮	告答	景
								溜
						秦令	(嗣)	
					此	(嗣)		
				從意	竈	(止)		
				衿槨	此	(止)		
			餅公					
			贈公					
		恢公	(止)					
		恒公	軒公	甘桃	巢	(止)		

25	26	27	28	29	30	31	32	33
					忝	(嗣)		
				寬公				
			註公					
			轉公					
			軫公					
				皆得	(止)			
				春	(止)			
宗祿	建公	搗公	寮池					
			告塔					
		三公	點公	荷公	詩	(止)		
					春	(止)		
				粧公	濟	(止)		
					窗	(止)		
				朕公	井	(止)		
		本公	(止)					
		日公	勅公	創來	稿	賞		
					嗡	賞		
				愈來	妙	(止)		
					梭	(止)		
			雅公	志公	能鄉	(止)		
					戢衣	(止)		
					燦			
					燦盤	老	(出)	
				高尚	燦	家興	旺	喑
							柳	依
								命
							川	沙
								越
							藤	
							乞	(嗣)
						寧興	乞	(嗣)
							借	
							仕	(嗣)
						純興	仕	
				傲公	好	(止)		
					胡	(止)		
			路公	對英				
	光公	仕權	祜公	人貴				
				維英				
				殿英	罕	明德	連響	(嗣)
							連訓	
						蟶良	連響	
					髻	(止)		
					求	亦	(止)	
						越	(止)	
						尾	(止)	
					請	元興	(嗣)	
						徵來	木	揪
								言
							述	(出)
							添	
							寒	
					返	元亨	雙路	扯來
								蝦水
								雅來
								續來
							潤澤	(出)
			治公					
			辰平					
宗享	捷高	衍公	蘭公					
			莉公	(嗣)				
		沐公	(嗣)					
		平回	莉公					
		丑公						
		部公						
	授高	徵公	邑公	(止)				
		沐公	恭公	梯英	分	軍	滾	得
								兵
								合
								壩
						然國	露	(出)
							深	(出)
							鏘	杏元
							轉	(出)
						畫		
						迎		
						桃		
						賞	深	
							鏘	
					茶	(止)		

25	26	27	28	29	30	31	32	33
	招高	麟公	祖公	桃公	瑞	(止)		
				琚公				
				樑公	壽	(止)		
					棟公			
					材公			
			榮公	秋元				
				澄秀				
				鬆生				
				竹生				
			宗公	淮生				
				天生				
			炎公	宏蔚				
				鑒生	用	(止)		
					春	(止)		
					奪	(止)		
					堛	鴻	尊貴	
							尊怨	
							尊壹	
						才	富	忠信
						瑞	尊森	
							尊德	
			輝公	榜公	涑	檜	任太	茂郎
								金鳳
							任華	金鳳
							任交	清水
							任榮	芹
								坤
								正錦
						柏	元章	
						高	兆清	
							兆建	
							兆芹	壘
								桂
							德修	
						泉	世分	
							世水	麟
								聚
								坤
							世玉	
							世藻	開發
					同	讓	文	錦祥
								錦水
								錦孝
						澧	有慶	水
						秋	金總	
						開梅	金火	
							金妹	秀春
					菼	宗緘	貞	玉輝
							木	
						宗椿	開龍	
						宗明	元富	
							元寶	忠發
							元漢	
						宗澤	阿漢	
						宗根		
					圭	雄	煥	(止)
							葉	勳
								文池
							魁	(止)
						勇	開金	
							開全	
宗閶	先公	(止)						
宗興	乾公	苞公	文貌	波公	六信	集	端	啓
								長
								權
								達
								樹
							強	(止)
							慶	(嗣)
				浪公	文	(止)		
					鵬	光明		
					不	(止)		
				頂公				
			文報	參公	首	槐		
					節			
				贊公				
			文曲	進公				
				岑公				
		葉公	謀公	茅公				
				芹公	敬			

25	26	27	28	29	30	31	32	33
					玉免			
				艾公				
				燕公				
				莊公				
			謨公	舉善				
				孝慈				
			讓公	祖蔭				
				奕茂				
				式志				
				芻公				
				乾公				
		志縉	誠德	寅公	納	眾	蘭	
					約	鑒	义	
							蘭	(嗣)
					閱	選	遙	
							佛	
							述	意來
								鉗
								鵬
								助成
							假	
						知	立	
						八月	完	粟
								蚵
								府
					高	尹	有	(嗣)
			英公	翁公	敏	玖	(止)	
					筝	(止)		
				富公	鉗	(止)		
					欣	(止)		
					敦調	(止)		
				超公				
	武公	賢公	聰明	(止)				
		宰公	有公	(止)				
		託公	發公	(止)				
朔公	秀公	禮公	(止)					
	編公	(止)						
	公	(止)						
	老公	(止)						
女二	福奇	(止)						
智公	杜機	(止)						
馬奇	任公	(止)						
	瑛公	(止)						
濟公	孔公	(止)						
	語公	(止)						
多公	琰公	(止)						
	球公	(止)						
士公	晃公	(止)						
	載公	(止)						
	珍公	(止)						
正公	交公	(止)						
	茂公	(止)						
甲公	別公							
	則公							
	前公							
錦公	巖公							
敬公	威公	越公	紂公	(止)				
		炳公						
尊公	根公	聽公	(止)					
		喝公	(止)					
意公	秦公	(止)						
	楚公	(止)						
百公	惠公	自來	(止)					
	想公	(止)						
儔公	錫公							
	偶公							
	盤公	通公	(往	台灣)				
		心公	得意	(止)				
			彩鳳	(止)				
		鴉公	有道	(止)				
			有朋	(止)				
			有志	(止)				
		真公	(止)					
		聚公	(止)					
俶公	宜公	波公	(止)					
	知公	出公	照來	(止)				
	三公	燦公	(止)					
		藹公	終公	(止)				
			祿公	(止)				
			慶公	(止)				

25	26	27	28	29	30	31	32	33
			窕公	(止)				
			崴公	(止)				
		柔公	(止)					
		冉公	(止)					
		澤蘭	(止)					
	香公	沐公	(止)					
		潭公	(止)					
		郭公	(止)					
仲公	乾姐	(止)						
煥公	開老	(止)						
鳳公	信姐	(止)						
孔公	老使							
啓公	環公	卡公	(止)					
		國公	邑公	(止)				
			擕公	(止)				
		周公	成美	長				
				連興				
			吟公	(止)				
	御公	(止)						
一	一	一	懷美	檢公				
				甕公				
				裕後	腰	看	長謀	
							文	(殤)
							圓	
							王	(嗣)
							尾	(出)
						竈	才	(殤)
							寅	(殤)
							好	(殤)
							森	(殤)
							再	
					遐			
					七	竈		
					象			
實公	回公	摘公						
	僖公	南公	望稽					
			足公	昌英				
		棗公	潤公	新公	錐			
				舊公				
			有公	蔭公	江水			
				壇公				
			天元	安公				
				轉公				
素公	開公	(止)						

四川彭氏

入蜀史事

(節錄 2003 年五月四川、重慶彭氏宗族譜)

清文獻史記，湖廣填四川移民浪潮澎湃洶湧，不同省份彭姓子孫，披星戴月，勞累奔波，吃苦耐勞，移民到四川，據史料記載，古時歷代向四川移民規模較大的，前後有六次·

第一次：秦滅蜀國、巴國之後，秦稱民萬家蜀，以一戶四、五人口計，約四、五萬人·

第二次：兩晉間，成漢李雄據成都(304)五胡亂華，流民乘機起衅，巴蜀上著，東逃荊襄，南入七郡，城邑皆空，野無烟火，後李壽徙民入川·西晉末年開始，全國性的北方人口南遷，鄰近四川的陝西、甘肅移民，大量從秦嶺入川·

第三次：宋元年間，元騎入蜀(1214)，宋人抗拒大小戰爭數百次，殺戳甚烈，歷史僅見，以至蜀人盡絕，全省烟隱·元世祖勿必烈在中年(1264)徙民入川·全國性的北民南遷，陝甘移民大量入川·南宋後期，四川經過長達半個世紀的抗蒙戰爭，玉元廿七年(1290)，全省在籍人數只有六十一萬人，不及南宋嘉定十六年(1223)的十分之一·

第四次：元朝至正十一年(1351)八月徐壽輝與彭瑩玉、鄒普勝等人在蘄州路、黃洲路(今湖北黃崗地區南半部)紅巾軍起義，與元兵的鎮壓，漆及今湖北大部份地區，戰爭殘酷慘烈，迫使百姓紛紛外逃避難，但元兵從北方與南方兩路逼進，下游的今安徽、江西，也是起義軍與元兵的戰場，只有西遷四川·

至正十七年(1357)徐壽輝部將明玉珍率部下西征，溯江而上入川建大廈國·十二月攻克重慶，十八年攻克成都，占有今四川省大部份，明玉珍是隋州(今湖北隋縣)人，所帶十幾萬大軍，及隨之而來的大批缺地少田的農民，多來自今湖北地區，是為「湖廣填四川」之始·

至正二十年(1360)陳友諒殺徐壽輝，後自立稱帝，明玉珍不服·至正廿二年又自立稱帝，國號夏·一些反對陳友諒的徐壽輝舊部，入川投奔明氏政權·由於明氏政權在四川輕徭薄賦，保意安民，又吸收了大批湖人入川·這次湖北居民為主的移民入川，標誌著移民來源，發生了首次以南方人居多的變化·

第五次：明洪武七年(**1374**)明玉珍政權滅亡，朱元璋命諸將所率軍隊就地駐守，又有部份湖北籍兵士定居四川·

從史料看，明朝的湖北移民四川各地，連西南漢彝雜居地區，也有他們的踪跡，今湖北省長江以北部分，元代屬河南江北行省，明朝屬湖廣布政使司(俗稱行省或省)，簡稱湖廣·湖廣包含今湖南省，但元末明安遷處四川的移民，主要來自湖廣北部，即今湖北·

明初，朝廷又組織大批以湖廣(今湖南、湖北)為住的南方農民入川開荒種地，至洪武十四年(**1381**)，四川在籍人口已上升到 **146** 萬人·

明末清初，張獻忠兩次竄擾，受其荼毒，數百里無人烟，而姚黃、楊展、曹勛、袁韜、曾品、武大定、于定海等，各據地相犯，且旱潦荐至，疫癘為殃，田園荒蕪，民室懸罄，骸骨成丘，幸存人民，無以為活，採芹掘蕨，殺人為糧，致使人口銳減·清康熙，詔兩湖三江，陝、甘、閩

、廣入川開墾，除此之外，亦有天災人禍等因，流入四川者，不一，而是常言張獻忠剿川後，填來的實不盡然，言多附和·

四川經歷約八十餘年的戰亂和自然災害，至順治十八年(1661)，全省在籍人丁僅存一萬六千餘戶，按每戶五口計，合約八人左右·從順治十年(1653)開始，清朝即推行獎勵移民，鼓勵生產等諸多政策·從湖北、湖南、陝西、江西、福建、廣西、廣東等省，招來大量移民(主要是湖南、湖北人，而以湖北人最多)，進川立戶，開荒落業·清代前期十餘省，為移民入川最高潮，因以湖北、湖南(當時行區叫「湖廣省」轄湖北，湖南和廣西一部份)，俗稱「湖廣填四川」移民達一百萬人·

康熙卅三年甲戌(1694)正月元日發出「聖祖仁皇帝招民蜀詔」:(註：各譜記載文字略有差別不同)

奉天承運，皇帝詔曰：朕承先帝遺統，稱制中國，自愧無能，守成自惕·今幸四海同風，八荒底定，貢賦維周，適朕意也·獨痛四川西蜀一隅，自獻賊蹂躪以來，土地未辟，田野未治，荒蕪有年，貢賦維艱，雖微毫米，不能供在位之費·尚起江西江南助解應有，朕甚憫焉·茲據溫、盧二卿，具奏陳言，湖南民有伏擊肩摩之風，地有一粟難加之勢·今特下詔：著仰戶部飭行，川省湖南等文武官員知悉，招民徙蜀，凡有開荒百姓，任從通往，毋得關隘阻撓，俟六年外，候旨起科，凡在位官員，招撫有功者，另行嘉欽旨。

歷史上著名的「湖廣填四川」，包括以往從江西遷入湖和移民後裔，所以人們在「湖廣填四川」前面，往往會再加上一句「江西填湖廣」·雖然「湖廣填四川」的說法到清朝才形成，但這一事實，出現在此前四百年的元末、明初，並持續到清朝中期，既是康熙皇帝年間，庚寅歲(1710)，已是三百年的移民運動，遷出和遷入地區都是如此集中，在中國移民史上，也是不多見·　　清初移民一直延續到乾隆中期，歷經一個多世紀，到乾隆四十九年(1784)，人口已達七百多萬人·至嘉慶十七年(1712)，達二千一百萬人·至咸豐元年(1851)年，猛增到四千四百萬人，占全國總人口的 10.36%·

入川主要為北、南兩方向，北方大部分來自湖廣省黃州府麻城月孝感鄉(今湖北紅安縣)高坎堰等地，史稱「黃麻人入川」；南方多來自廣東韶州府新會、樂昌等縣，史稱「嶺南人入川」；亦有其祂各地入川者·入川的移民多屬，或帶官、或隨軍、或經商、或強迫、或逃難等·

第六次：抗日戰爭前期，江蘇、浙江等省的京、津、滬、寧的學校、工廠、機關，和居民疏散入蜀，據統計，戰火中約有七百多萬人，從北方沿海入川·抗戰勝利後，雖有相當部分機關學校和部份工業復員返回原地，但仍有不少人定居四川，至今是第三至第四代·

川渝彭氏入川最早，是宋理宗嘉熙三年(1239)構雲公十六世孫彭大雅，任四川安撫制置副使兼重慶知府，其玄孫均祥遷蜀，世居竹(大竹縣)鄰(鄰水縣)兩邑·(詳見大雅公房系簡介)

其餘吾族均係元、清時期入川，大多數是清康熙、乾隆年間，由湖南、湖北、廣東等地遷徙入川。(詳見各房系簡介)

川渝彭氏聯宗新議五十字派

少典	176	177	178	179	180	181	182	183	184	185	186	187	188	189	190	191	192	193	194	195	196	197	198	199	200
黃帝	166	167	168	169	170	171	172	173	174	175	176	177	178	179	180	181	182	183	184	185	186	187	188	189	190
彭祖	159	160	161	162	163	164	165	166	167	168	169	170	171	172	173	174	175	176	177	178	179	180	181	182	183
宣公	77	78	79	80	81	82	83	84	85	86	87	88	89	90	91	92	93	94	95	96	97	98	99	100	101
構雲	51	52	53	54	55	56	57	58	59	60	61	62	63	64	65	66	67	68	69	70	71	72	73	74	75
川渝																									
派字	淵	源	續	殷	昶	族	旺	珀	輝	煌	祠	裔	皆	睿	智	勵	耘	譜	新	硲	俊	雅	風	頌	羕
少典	201	202	203	204	205	206	207	208	209	210	211	212	213	214	215	216	217	218	219	220	221	222	223	224	225
黃帝	191	192	193	194	195	196	197	198	199	200	201	202	203	204	205	206	207	208	209	210	211	212	213	214	215
彭祖	184	185	186	187	188	189	190	191	192	193	194	195	196	197	198	199	200	201	202	203	204	205	206	207	208
宣公	102	103	104	105	106	107	108	109	110	111	112	113	114	115	116	117	118	119	120	121	122	123	124	125	126
構雲	76	77	78	79	80	81	82	83	84	85	86	87	88	89	90	91	92	93	94	95	96	97	98	99	100
川渝																									
派字	英	杰	倍	祜	強	川	渝	廣	竹	滙	昕	悅	上	京	榜	宸	靈	佑	公	直	弘	宇	晉	五	洋

一．聯宗新字派係於 2001 年 12 月 29 日在四川省大竹城召開的川渝「彭氏宗族譜」編審會議上，廣安市前鋒鎮彭明述執筆，經與會代表審議通過．

二．川渝彭氏族人聯宗修譜後，字輩一律用到彭氏遠祖世次第 158 代，即構雲公世次第 50 代止，新字派一律自彭氏遠祖第 159 代、宣公第 76 代、構雲公第 51 代起，均用聯宗統一字輩「淵」．

三．鑑於各地宗親世俗、習慣、人口、世代等諸多因素，採用聯宗字派與否，自行決定．

四川省大英縣隆盛鎮入川始祖 36 世志孔公 50 派字 ．

(構雲公第 19 世「明」字派開始五十字派)

雲 19	20	21	22	23	24	25	26	27	28	29	30	31	32	33	34	35	36	37	38	39	40	41	42	43
明	達	敏	宗	伯	仁	友	彥	仕	敬	常	興	中	子	立	永	代	志	斯	文	經	術	深	先	哲
44	45	46	47	48	49	50	51	52	53	54	55	56	57	58	59	60	61	62	63	64	65	66	67	68
科	名	啟	俊	英	光	昭	千	奕	盛	炳	著	萬	傳	新	世	德	余	勞	遠	嘉	祥	厚	澤	陳

大雅公房系

血緣：①構雲－茲－倜－輔－玗－彥昭－師奭－德顒(德庸)－吉⑩儒綿－仕和－思超－汝芳－明璵－宗伯－大雅

遷蜀之鼻祖，係構雲公第十六代孫大雅(汝芳第四代孫)，南宋時饒州鄱陽(今江西波陽)人，字子文，南宋嘉定七年甲戌(1214)進士，號太極翁，配諸葛氏．宋理宗嘉熙三年(1239)，雅公任四川安撫制置副使兼重慶知府，其玄孫均祥(構雲公二十世)，字文聰，明太祖年間遂占籍邻水(當時大竹一邑，至成化二年(1466)始分為邻水縣)石船里老君山坎下龍洞溪、大竹縣四合鄉彭家垻．五世祖彭齡，字永年，生于 1364 年，乃大雅公後裔，游竹邑泮，永樂十六年(1418)，登丁酉科鄉荐進士，明朝宣宗宣德五年(1431)，授湖北直隸安陸州京山縣教諭，明英宗正統六年(1441)任雲南大理府雲南縣知縣，三載秩滿飭命，享壽 85 歲，1449 年卒于大竹縣四合鄉老屋，移葬于石船里龍洞溪祖地；妣黃氏、傅氏，生三子：崇教、崇雲、崇京．三兄之後，第遭明季之變，逆賊屠蜀，□有孑遺，流離播遷，譜牒云亡，其在竹邑崇教而後，遂失其次．四合鎮只知有喬曉、正鶴二人，古家場、高穴場只知有文友一人，中間之失次者，不佑凡幾世矣．即邻邑雖世次未失，亦僅知思賢為崇教之後，而思道、思通未知為何祖所出，昔蘇氏之譜，三世而下失其次．

崇教，字鎮都，號六，由貢任湖廣衡州府衡陽知縣，終于附葬祖地(今邻水縣復盛鄉蓮村彭家大灣之後)，父墳之左，先後共五墳焉(永年、黃氏、傅氏、崇教、崇雲)．大明正德二年(1507)丁卯仲春立碑，其後邻水有思賢、思道、思通，大竹有文友、文寅．

自此以來，根深枝茂，源遠流長，支分派別，星落棋布，由大竹縣四合鄉而分居之彭家垻、彭家梁、東河、西河、王家山、陳家溝、古家場之彭家嘴、高穴場牌坊嘴之洗馬灘、姚市坡之王家灣、周興灣、斜坡場之江家垻、媽媽場甘家大地垻之葉家嘴、由邻水縣石船里龍洞溪而分居袁市場之母豬石、蕭家岩、蹇家場、王家場之石牛河、豐禾場之洲泗灘、么灘場之嶺洞、石稻場之章家河垻、涼水井、石永鎮、八耳灘之彭家口、荊坪場之章家岩、古路鄉之艾家溝、冷家嘴、桃子園等處．

總而言之，俱源自構雲公嗣大雅公之後裔．

遷居大竹、鄰水兩縣者，大都皆安撫制副使彭大雅公之後裔，籍隸江西省吉安府廬陵縣十二都山口彭家庄(今江西吉安縣油田鎮花橋山口村)．自大雅公玄孫均祥遷蜀以來，世居邻水、大竹兩縣，宋元以迄明季，先世議之班序．熹懷二帝，後荒日熾，東道不通，于班序之各立錯出者紛紛矣．即鄰水搭步灘場，龍安場等派，則議立曰：文尚應仲，繼述方承，存宗子志，得見富貴．

彭大雅公後裔彭思賢，有子：一憲、一章、一文、一武(武贅張氏承嗣)．章、文之後去處不詳；一憲後裔分居地牌坊灣、章家河壩等地；田道有子：一洪、一湖，一洪後裔分居章家岩、冷家嘴、橫山子；一湖後裔分居辣子溝、章家灣等處；思通有子：一耀、一傑、一騰．居彭家口下灣、右路口八耳鎮等處．

清世宗雍正八年(**1730**)庚戌歲，乃至江西廬陵宗祠內，晉謁族長，敘明世系，將近議之班序刪去，仍遵江西廬陵正派曰：一良學正興，加貴立青云，應(治)試(世)天明道,書中禮義存．故我房于學字班改文字，至仲字班，則糾正為加字．於今已中數代矣，若搭步灘等派，至今尚未糾正，稱謂有乖，所謂名不正，則言不順也，茲續通譜，當以聯世系為先，自宜公(共)同改正，以歸劃一，以序改之．朝九三學士，即一良學正興，今當以朝九字，即一良字，以下尋序更改，則班序乃定．其竹、邻兩邑，猶兩邑，猶有舛錯未糾正者，俱宜赴局會敘，共同改正，則上至高曾，下至云礽，以此貯之石函，昭茲來許，庶宗支明，而世系奠矣，謂非一道同風之盛事哉．(清道光十九年西元 1 1839 年己亥仲秋月牌坊青藜撰)．

道光十二年(1840)庚子歲嘉平月大雅公後裔貴曉撰「字輩不同考辨」稱：我派舊譜之字輩則曰：「一良學正興．加貴立青云．應試天明道．書中禮義成」．考茶陵舊譜字輩則曰：「友子大曰鼓．芳應均思成．世啟家聲遠．名揚宗祖榮」．他若各派族人各自為字輩，大率類此，于是各省宗人相會及班行不合，遂以為非，我族類有之，不知按厥世系，由構雲公至彼派祖．我派祖大雅公與軭之八世孫國寶公，則屬同班兄弟，此而論之．我派祖字輩即友也，可知友即一也，班行等也．字輩異而世系則同，凡我各族宗人，邂逅相遇，但言同姓，即當念木本水源，聯為同氣，親如同體，幸勿以不合字輩，遂謂服窮親，盡而與視之焉．

光緒二十年(1894)竹邑牌坊嘴炳公之派青緩撰「宗祠通譜序」，自今以後，凡大雅祖之裔與朝奉郎九祖之裔，通遵貴曉、道古二人議立之班序．即：「肇籍西江．支開邻陽．來川鍾秀．長發其祥．經魁虎榜．典贈龍章．南宮羔雁．奕葉流芳．源鴻超萬國．品望重朝庭．盛業繼先繼先代．平侯德澤深」．

宣統元年(1909)己酉歲孟夏月，鄰水縣石牛河應國公之派中林撰：「竹邻二邑合字派小引」，字派不合，難免無疏遠之憾，凡大雅祖舊派：「一良學正興．加貴立青雲．應(治)試(世)天明道．書中禮義存」．凡朝奉郎九公舊派：「朝九三學士．登雲月正綱．天開時化育．家國世代昌．」「應」字輩即「天」字輩，萬派同源其本，以後「書中禮義存」與「家國世代昌」丟五輩不取，道字育字下，續取新派肇字，僉稱妥善，自此一律無班輩不合之憾，余意今後之人開卷了然，同篤一本之誼．

註：川渝彭氏聯宗修譜在世最高字輩(治)，大雅公派最低字輩「成」或「支」後取名冠聯宗新字派「淵」，即構雲公第51代．

構雲公第四十三代、大雅公廿七世孫　彭天富　撰於 **2002** 年 12 月 30 日

36 世志孔公直系血緣

構雲	祖名	朝代	出生時間			歿年時間				壽年	備註
			帝王年號	干支	紀元	朝代	帝王年號	干支	紀元		
1	構雲	唐	玄宗開元 3 年	乙卯	715	唐	代宗大曆 2 年	丁未	767	53	
2	茲	唐	玄宗天寶 14 年	乙未	755		武宗會昌元年	辛酉	841	87	
3	倜	唐	代宗大曆 7 年	壬子	772		宣宗大中 5 年	辛未	851	80	
4	輔	唐	文宗元和 7 年	壬辰	812		僖宗光啟 2 年	丙午	886	75	
5	玕	唐	文宗開成元年	丙辰	836	五代	五代後唐長興 4 年	癸巳	933	98	
6	彥昭	唐	宣宗大中 8 年	甲戌	854	北宋	太祖開寶 5 年	戊子	972	119	
7	師奭	唐								23	
8	德顒	唐								68	
9	壽	唐	昭宗天祐 3 年	丙寅	906	北宋	太祖開寶 4 年	辛未	971	65	
10	嗣興										
11	明										
12	霓										
13	能										
14	復										
15	用治										
16	護										
17	熊										
18	如玉										
19	明遠	南宋	高宗紹興 32 年	壬午	1162	南宋	理宗寶慶 2 年	丙戌	1226	65	
20	達夫		寧宗慶元元年	乙卯	1195		理宗景定 2 年	辛酉	1261	67	
21	敏一		理宗淳祐 4 年	甲辰	1244	元	仁宗至治 3 年	癸亥	1323	80	
22	宗興	元	世祖至元 11 年	甲戌	1274		惠宗至至元年	辛巳	1341	68	
23	伯富		成宗大德元年	丁酉	1297		惠宗至至 13 年	癸巳	1353	57	
24	仁尚		仁宗延祐 7 年	庚申	1320		惠宗至至 25 年	乙巳	1365	46	
25	友圓		惠宗至正 4 年	甲申	1344	明	成祖永樂 16 年	戊戌	1418	75	
26	彥清	明	太祖洪武 2 年	己酉	1369		宣宗宣德 7 年	壬子	1432	64	
27	仕賢		太祖洪武 30 年	丁丑	1397		孝宗弘治 4 年	辛亥	1491	95	
28	祿敬		英宗正統 5 年	庚申	1440		孝宗弘治 13 年	庚申	1500	61	
29	常用		憲宗成化元年	乙酉	1465		世宗嘉靖 2 年	癸未	1523	59	
	常憲		憲宗成化 18 年	壬寅	1482		穆宗隆慶 2 年	戊辰	1568	87	
30	興禮		孝宗弘治 14 年	辛酉	1501		世宗嘉靖 20 年	辛丑	1541	41	
31	中權		世宗嘉靖 4 年	乙酉	1526		穆宗隆慶 2 年	戊辰	1568	44	
32	子逵		世宗嘉靖 33 年	甲寅	1554						
33	立汶		神宗萬曆 6 年	戊寅	1578		明毅宗崇禎 13 年	庚辰	1640	63	
34	永歷		神宗萬曆 44 年	丙辰	1616	清	清世祖順治 15 年	戊戌	1658	43	
35	代福	清	清順治 2 年	乙酉	1645		清康熙 32 年	癸酉	1693	49	
36	志孔		清康熙 16 年	丁巳	1677		清乾隆 13 年	戊辰	1748	72	雍正 6 年(1728)入川
37	斯華		清康熙 51 年	壬辰	1712		清乾隆 44 年	己亥	1779	68	
38	文錦		清乾隆 25 年	庚辰	1760						
39	經盛		清嘉慶 15 年	庚午	1810		清咸豐元年	辛亥	1851	41	
40	術福		清道光 29 年	己酉	1849		民國 14 年	乙丑	1925	75	
41	深揚		清光緒 6 年	庚辰	1880		民國 18 年	己巳	1929	50	
42	先福		清宣統 2 年	庚戌	1910	中共	中華人民共和國 9 年	戊戌	1958	49	
43	哲沛	民國	民國 32 年	癸未	1943						
44	科昇	中共		丁未	1967		中華人民共和國 55 年	甲申	2004	38	

構雲	祖名	朝代	出　生　時　間			歿　年　時　間				壽年	備　註
			帝王年號	干支	紀元	朝代	帝王年號	干支	紀元		
45	星全			庚午	1990						

渝西彭氏支系源流及遷徙簡介

節錄重慶銅梁彭強撰文

重慶西部地區(簡稱渝西)合川、潼南、銅梁、大足、雙橋、永川、榮昌等七個縣市區・彭姓人丁興旺，約十餘萬人，據調查脈流有六十五宗支，世系源流清楚者有卅二支・均屬江西唐徵君構雲公子嗣・其中倜公系有卅一支、儀公系一支・倜公系均為七世孫壽公、嘉公之後裔・壽公系廿六支，嘉公系五支・壽公系主要分為：長子嗣邦公系一支，次子嗣興公系二十支，五子嗣元公系五支・嘉公系主要分為：其十一世孫千七郎一支，千十一郎四支・

儀公系：先祖崧公(又名作嵩)，官御史中丞等職，遷金陵(今南京)，經考證崧(嵩)公，乃儀公之孫，後裔文進公又轉遷湖廣衡陽・七世孫明季公，遷四川重慶府合州安壩禮渡河孫家溪西岸燕窩屋基(在今重慶合川市龍市鎮)開基創業・明季之孫玉庭兵荒馬亂時，避難豐都等地，平定後重返孫家溪，子孫後代繁衍至今，其後裔分布在重慶合川市等處・

壽公長子嗣邦公系：其譜載：嗣邦生充，文允七世孫士哲，士哲十世孫浪，浪生三子，長子子全公，子全公之裔於清康熙末自湖廣辰州麻陽縣入川，潼川府蓬溪縣檬梓壩大荒溝(今重慶市潼南縣檬梓鄉)，後裔居住至今・

壽公次子嗣興公系：其譜載：嗣興公之孫齊公，北宋大中祥符元年進士，以文章轟動當時・宋真宗御題江西三瑞・齊公孫聞聰，官龍泉尉自江西吉水縣白珏遷安福西溪・聞聰九世孫學叟，明洪武四年西元一三七一年遷湖廣邵陽南沖・其次子富公，於永樂二年西元 **1404** 年遷祁陽縣白地，生六子，分為六大房，分居祁陽、衡陽等地，至清康熙雍正年間，其次子桂二郎、五子魁五郎、六子元六郎後裔共二十支遷四川，繁衍至今・桂二郎後裔主要居今潼南縣群力鄉、寶龍鎮等處・魁五郎後裔居今合川市、大足縣、潼南縣、銅梁縣、永川市等處・元六郎後裔居今合川市太和鎮、佛鹽鎮、隆興鎮、潼南縣上和鎮等處・

壽公五子嗣元公系：其譜載：嗣元公自江西吉水縣遷居分宜縣漳源，後裔延年公，官潮州知州・生六子：銓、鎡、鋭、鉞、　(鑅)、鑑・後裔散居廣東各地，至清康熙末，銳公之裔懋仕公，自廣東嘉應州興寧縣南廂外五里藍塘堡墩子上，入川潼川府遂寧縣上安里四甲下縣壩(今潼南縣梓潼鎮)・今後裔居住潼南縣新林鄉等地・銳公廿五世孫伍友公，於清康熙五十二年西元 **1713** 年自廣東和平縣玫水塘，遷四川重慶府榮昌縣仁義場・子孫居住至今・鑑公廿二世孫璘玉公，於清乾隆六年西元 **1736** 年，自廣東嘉應州興寧縣入川重慶府大足縣安賢里郵亭鋪(今大足縣郵亭鎮)，子孫居住至今・鑑公廿二世孫玉連公，自廣東嘉應州興寧縣，遷川潼川府遂寧縣大埝口(今潼南縣大埝鄉)，子孫居住至今・

嘉公系：其譜載：嘉公曾孫九公，自廬陵隱源山口遷泰和縣街口月池，九公五世孫仲文仕宦遷湖廣茶陵州黃堂・曾孫千七郎之八世孫萬富公，於洪武二年西元一三六九年，自湖廣道州進賢鄉遷四川合州昌元縣高橋里落角灣(今榮昌縣雙河鎮)，子孫延居至今・千七郎之弟千十一郎之五世孫潮信，遷居湖廣祁陽縣土橋，潮信公長子從瑚，次子從瑛・從瑚十一世孫成達公、光弦公於清康熙年間，自湖廣永州府祁陽縣入川大足、銅梁等地，子孫居住至今・從瑛十三世孫正輝於清康熙年間，自祁陽入川大足縣錫山里雍溪廟(今大足縣雍溪鎮)，子孫居住至今・潮信兄潮偉，潮偉十二世孫仲光於清康熙年間，自祁陽入川重慶府安居縣新興里又四甲大深溝(今銅梁縣太平鎮響塘溝)，子孫居住至今・

今渝西各宗支人丁興旺，人才濟齊，敦親睦族，相互勉勵，各自發展家業，投身國家貢獻建設・

構雲公四十五世孫、魁五郎公廿二世孫　重慶銅梁　彭強(棟宇) 敬撰於 **2004** 年九月一日

唐至民國年間彭氏遷徙渝西地區概況

節摘重慶銅梁 彭強 2007.4.

唐初時，渝西地區巴岳山、涪江、瓊江、大足川、小安溪等流域，尚未開發處女地，多為山巒丘陵，少數經濟較為發展・均田制瓦解後，人口逐漸增加，拓荒墾殖逐漸展開・武周末期，入墾漸多，與當地土居僚民相互融洽，有石鏡、萬壽、赤水、遂寧、青石、崇龕六縣・武周末到唐中期，拓廣有銅梁縣(704)、巴川縣(714)、昌元縣(758)、大足縣(759)、靜南縣(775)、永川縣(776)・在涪江、瓊江流域的合州銅梁縣有彭市鎮，這是彭氏族人在渝西地區聚居最早記載・

宋時該地區有十一個縣：合州所轄的石照、漢初、赤水、銅梁、巴川；和昌州所轄的大足、昌元、永川；遂寧府所轄的遂寧・小溪、青石・宋史記載：天僖年間(1017~1021)華陽人(今四川成都市)，彭乘在與合州銅梁相鄰的普州(今四川安岳縣)出任知州一職・江西「萍城彭徵君祠宗譜」載：『安福彭允雲咸平進士，任益州判官，討平合州王均叛軍升益州防御使(合州即今合川區)』,「光緒永川縣志」載：『寶慶有永川知縣彭運達，奉理宗舉賢良詔刊石立碑揭學宮』・

元初四川人烟稀少，本地區州縣大量撤併，只存合州、銅梁縣、遂寧縣・元末戰亂頻起，四川人口驟降，一部分移民隨明玉珍入川(明玉珍妻彭氏)・大夏滅亡後，明政府召示：【江西填湖廣，湖廣填四川】，方大量由江西、湖廣、河南湧入四川，人口大增，元朝廢置的州縣復置・合州轄銅梁、定遠(今四川武勝縣)、安居縣(分銅梁、遂寧置)、榮昌縣、永川縣、均直隸重慶府・以及隸屬潼川府的遂寧縣、蓬溪縣・

這一時期入川的有：

湖廣道州遷榮昌縣高橋里的萬富宗支(該宗支明末避亂返回原籍，清初又二次入川)・

湖廣衡陽遷合州長安鄉安壩里孫家溪燕窩屋基的玉庭宗支・

遷永川縣的彭瑄家族宗支・

遷銅梁縣瓊池鄉彭儉家族宗支・

遷合州清平鄉豐谷里的彭福家族宗支

自楚遷大足縣錫山里干壩子可倫宗支・

麻城遷遂寧彭王垣家族宗支・

有遷瀘州鳳儀鄉、永川樂善鄉彭振東家族宗支・

外地族人：彭子龍湖廣武崗州人，明初任銅梁知縣・彭昌成化間任大足縣丞・彭謹福建閩縣進士嘉靖中任合州同知、銅梁知縣・彭文憲嘉靖間任銅梁主簿、彭瑩遂寧縣主簿・

本地族人：彭福永樂六年(1408)戊子科合州舉人，雲南曲靖府同知，官至少卿．彭文合州貢生，官西平縣丞．彭旭、彭忠合州藥局典科．彭儉景泰元年(1450)庚午科銅梁舉人，官雲南太和縣訓導．彭乾，萬曆四十三年(1615)乙卯科永川舉人．彭琯，永川人，萬曆四十六年(1618)戊午舉人，崇禎七年(1634)甲戌科進士，官至監察御史，甲申之之變殉節(載四川通志)．

清康熙卅三年(1694)詔書激勵百姓入川後，即有大量湖南、湖北、貴州、雲南、福建、廣東等地人遷入．過去廢置的州縣恢復建制．如銅梁 1722 年、大足 1728、璧山 1729 年相繼復置．彭氏入川者有：

構雲公十二世孫「江西三瑞」之一，大中祥符元年進士，太常博士齊公位下(原居江西吉水縣其後遷安福縣,明初又有後遷湖廣邵陽、祁陽、衡陽)．

構雲公之廿四世孫桂二郎之裔，商惠、商達，於 1696 年自湖南永州府祁陽縣普樂鄉十四都荷葉塘（今湖南祁陽縣三口塘鎮五星村三社彭家院）遷四川潼川府蓬溪縣寶龍場（今重慶市潼南縣），重慶府合州二郎場(今重慶合川區二郎鎮)等處宗支．

商恒於 1731 年自永州府祁陽縣遷川蓬溪縣胡家樓、古溪(今潼南縣古溪鎮)等處宗支．

商遇於清雍正間遷川蓬溪縣寶龍場等處宗支．禎祚於 1691 年自永州府祁陽縣普樂鄉十三都奧子嶺黃泥坪遷川蓬溪縣茸山鄉八甲熊門子溝老宅場(今重慶市潼南縣群力鎮)等處宗支．

桂二郎之弟魁五郎之裔三祝，於 1709 年自湖南永州府祁陽縣上和坪鄉卅七都洪橋鋪石盤頭(今湖南祁東縣洪橋白雲村)遷入合州來蘇里七甲渭沱場連三灣(今重慶市合川區渭沱鎮白灣村)等處宗支．

三伯配譚氏於 1704 年，自湖南永州府祁陽縣上和坪鄉卅七都洪橋鋪石盤頭入川合州來蘇里七甲渭沱場連三灣等處宗支．

三禹配周氏，於 1727 年自祁陽縣石盤頭入川合州安居新興里又四甲鍋厂仙塘溝書房院子(今重慶市銅梁縣安居鎮葫蘆村)等處宗支．

三雲於 1728 年自祁陽縣石盤頭入川安岳縣咸通鄉羅坪山(今四川安岳縣頂新鄉與重慶潼南縣新勝鎮交界處)處宗支．

三思於 1702 年自祁陽縣石盤頭入川合州來蘇里七甲渭沱場連三灣等處宗支．

可聖自祁陽縣入川大足縣寶鼎龍頭山銅鼓包等處宗支．

惠龍自祁陽縣入川合州(今合川區)等處宗支．

賓賢於康熙末自祁陽縣排山入川合州永清里一甲楊柳溝等處宗支．

大湖、三昊於康熙末自祁陽縣排山入川合州安居新興里又四甲劉家溝(今重慶市銅梁縣白羊鎮)等處宗支．

三鳳、三凰於康熙末自祁陽縣排山入川合州，安居安樂里高房子(今白羊鎮石船村)等處宗支．

彭梅於康熙末自祁陽縣入川合州永清里照鏡壩(今合川區鹽井鎮)等處宗支．

龍躍自貴州安花縣遷入川大足縣樂安山(今大足縣雍溪鎮)等處宗支．

魁五郎之弟元六郎之裔、興祖配譚氏於 1706 年自湖南衡州府衡陽縣清花(華、化)鄉興平里易家山(在今湖南衡南縣)入川合州大河壩桐子溝(今合川區太和鎮石嶺村彭家老院子)等處宗支．

興能配張氏，於 1706 年自湖南衡陽縣清花鄉入川合州來蘇里十甲金家溝(今合川區佛鹽鎮高拱村)等處宗支．

桂元、魁五郎、元六郎之伯父貴公之裔，學曾 1693 年、學序 1732 年自湖南寶慶府邵陽縣小東路南沖畔山遷川遂寧縣南下安里五甲龍橋壩(今重慶市潼南縣柏梓鎮)云居寺等處宗支．以上皆彭齊公嗣裔．

構雲公十六世孫湖廣茶陵守仲文公之裔(原居江西泰和縣因官居湖廣茶陵,子孫分居各處)．1719 年自湖南永州府祁陽縣上歸陽鄉卅七都山田大王土橋塘入川重慶府合州，安居新興里又四甲响塘構(今重慶市銅梁縣太平鎮碉堡村)等處仲光宗支．

1720 年自祁陽縣遷川合州銅梁土橋場琵琶橋(今銅梁縣土橋鎮)等處朝柱宗支．

康熙四十幾年自祁陽縣遷川重慶府大足縣雍溪廟(今大足縣雍溪鎮)等處成達宗支．

乾隆年間自祁陽縣永昌鄉四十五都白公大王祠下新興土地屋基入川大足縣雍溪等處正輝宗支．

1697 年自湖廣武崗州遷榮昌縣直升鄉彭家岩太誠宗支．以上皆仲文公嗣裔．

清初自湖廣辰州麻陽縣遷川潼川府蓬溪縣檬梓壩大荒溝之構雲公十世孫舉神童科嗣邦公之裔元其宗支．

原由江西廬陵縣遷湖南永州府祁陽縣坪上甸、橫陵堰、桂魚池等處，1684 年又遷川潼川府遂寧縣中安里四甲毛家壩(今重慶市潼南縣)彭鍾宗支．

湖北麻城縣孝感鄉遷川蓬溪縣檬梓壩(今重慶市潼南縣)等處朝雲、必文宗支．

原江西吉水縣遷酉陽州三岔壩(今屬重慶市酉陽縣)，又遷遂寧縣田家場五郎廟、蒲家河等處高沖、高騰、高政等宗支．

構雲公十一世孫宋雍熙進士太子洗馬明公之裔，原江西安福縣棠溪遷湖南安化縣資江鄉思久堡雷神殿瓦子坪．1716 年遷遷川遂寧縣下安里五甲高石壩(今重慶市潼南縣柏梓鎮)等處代琇、代禮、代伍宗支．

1696 年自湖廣永州府零陵縣孝悌鄉魯塘遷榮昌縣玉侮鄉彭潛宗支．

1718 年自永州府遷榮昌縣峰高鋪滴水村三寵宗支．

湖廣湘鄉縣遷榮昌縣豐高鋪千丘塝永建宗支．

1707 年自湖廣永州府零陵縣福田鄉諫山嶺遷榮昌縣石河鄉、千佛鄉、響水灘，辛九郎之裔盈秀、藤秀、恒秀、挺秀宗支．

廣東遷榮昌縣油菜鄉彭家坳彥成宗支．

1699 年自湖廣永州府零陵縣福田鄉崇信里冒公塘遷榮昌縣梅石壩(今雙河鎮)一和宗支．

1704 年自湖廣衡州府耒陽縣平林鄉大橋里三元沖遷銅梁縣城內，東門外彭家巷等處公科、合順宗支．

湖廣永州府祁陽縣上和坪鄉卅七都蜈蚣塘土地大江邊遷銅梁關濺場柏樹溝國誠等宗支．

1714 年自湖廣衡州府衡陽縣四十都二十區正義鄉招仁里乾民塘土地遷銅梁大東門外石壩溝，虎峰彭家灣等處遐齡等宗支．

貴州遵義府綏陽縣包桂山遷銅梁大廟場雙河口彭鴻宗支．

1697 年自湖廣永州府祁陽普樂鄉十四都鵝公大丘遷定遠縣岸灘，又遷銅梁縣大廟場，太平彭家岩(今石魚鎮)等處朝相、朝選宗支．

1710 年自湖廣永州府零陵縣正顏鄉都府三郎祠遷銅梁六贏山大埡口朝諫、朝誠宗支.

康熙間自貴州遵義府遵義縣通平里九甲彭家荷包通灣老屋基遷銅梁平灘土紅堡維璠宗支．

乾隆初自湖廣寶慶府武崗州二甲第四都車浪沖青山白沙鹿角廟遷銅梁縣平灘場仁合劉家沖天仁宗支．

1669 年自湖廣麻城縣高家老院子遷銅梁石魚場龍門橋鳳敖宗支·
康熙末年自貴州桐梓縣石堰溝遷銅梁虎峰場久遠橋小河垻在玉宗支·
明自山西平陽府太平縣遷貴州正安州三江里龍井灣，1666 年又遷四川合州永清里四甲嵐槽深水井尚志宗支·
湖廣寶慶府邵陽縣(今屬湖南邵東縣)遷永川縣紅爐場(今紅爐鎮)大足縣龍水、登雲鋪等處,構雲公七世孫都知軍馬指揮使師旺公之裔冉思宗支，
1697 年自湖廣零陵縣福田鄉田溪口遷永川縣青峰鄉彈子垻壽樹宗支·
湖廣寶慶府銅梁三教場、壽永場(今屬永川區)方才宗支·
湖廣湘鄉縣七十二都遷合州西里十里老山堡彭彬宗支·
湖廣麻城縣遷合州太和場水口廟三綱宗支·
江西吉安遷湖廣麻城又遷貴州遵義，再遷合州太和場彭家堡(今太和鎮清平村)世爵宗支·
構雲公十世孫嗣嚴之裔，原由江西吉安遷湖南新化，又遷永川縣太平場永壽兄弟宗支·
構雲七世孫師旦位下，明天順甲申科狀元彭教之裔，原江西泰和縣遷湖廣衡州府衡陽縣太平鄉，朝祿 **1736** 年，朝堂 **1740** 年遷川巴縣、江津，其後裔分居永川等處宗支·
貴州遵義遷永川縣陳食場高明宗支.
湖廣邵陽縣遷永川縣河埂場世虎宗支·
貴州遷合州安居泥巴嘴(今銅梁縣安居鎮琵琶村)宗支·合州永與藿麻灣宗支·合州金子沱宗支·合州尖山宗支·銅梁舊市垻大元公宗支等八十餘支·尤以桂二郎、魁五郎、元六郎、仲文公後裔宗支、尚志宗支等，人數眾多，分支廣泛·

湖南遷四川 24 世祖魁五郎、元六郎考

節錄「三瑞堂渝西彭氏魁五郎、元六郎支派續修族譜」(重慶銅梁彭強「棟宇」**2004** 年撰編)

構雲－滋－倜－輔－玗－彥昭－師奭－德顒－壽－嗣興－昉－齊－說－聞聰－光遠－弘道－蘊綸－像山－景顏－梦驥－壽初－學叟－富－雲一郎、桂二郎、見三郎、見四郎、魁五郎、元六郎

入川史跡

按我房清乾隆廿八年癸未西元 **1763** 年所修族譜記載，一世祖構雲公居江西宜春縣東廿五里合浦，善易學，通曉陰陽·唐天寶、寶應間玄宗、代宗三次召見，他不願為官隱居而終·生五子，幼子滋，字世臣，號中理，貞元進士，官洪州進賢令。生三子：伉、倜、儀，倜公貞元間進士官宜春令，遷居廬陵隱源山口，生三子：輈(輖)、輔、軸(齎)·輔公開成間進士，官信州長史，歿葬相公坪又名王嶺(在今吉安縣油田鎮七里村)，生五子：珏、瑄(彬)、璋(　)、玗、瑊·玗、瑊二公為五代風雲人物，玗公封安定王·其事迹詳載＜十國春秋＞、＜吉州圖志＞·瑊公官辰州刺史，子孫世袭，為土家族彭氏之祖·玗公生十一子，彥武(旺)、彥暉、彥昭、彥旼、彥　、彥　、彥晠、彥琳(晽)、彥琛(昇)、彥規(曉)、彥澄(瞪)·個個顯宦，名噪一時·第三子彥昭，官靜(靖)江節度使等聽，配十一妻，生十五子：師庠、師遇、師簡、師旺、師服、師孔、師璉、師旦(十八世孫彭教中，明天順己卯科狀元)、師奭、師孟、師亮、師浩、師建、師範、師俊·彥昭公歿葬江西吉水縣折桂鄉明善里三十一都·師奭公生子德顒(允顒)，時遇兵亂，後復居隱源山口，大興宅第，重振故鄉·

德顒公生五子吉、壽、堯、嘉、喜·長子吉公(四世孫汝礪，北宋治平二年乙已科狀元)；三子堯公(四世孫思永，北宋天聖進士官戶部侍郎)；四子嘉公，五子喜公(十五世孫方迴，南宋寶祐四年丙辰科會元)·五公子孫散居吴楚間，人才輩出·今我川渝宗支多為次子壽公，四子嘉公之裔·壽公又名潜，字用藏，官南唐廣陵節度使，生七子：嗣邦（彭家珍大將軍、彭德怀元帥為公之裔孫)、嗣興、嗣簡、嗣慶、嗣元（後裔彭延年知潮州開惠潮祖派)、嗣藹、嗣嚴·其中嗣興與嗣邦同登後唐天成四年己丑(**929** 年)神童科·嗣興公官至奉議郎，居江西吉水白珏，生三子：昉、明(子霓，號季澤，北宋進士，官至江淮，轉運使兵部尚書，居江西安福棠溪)、盰(徙居廬陵永福鄉三十七都，為奉州派祖)·

昉公字文初，北宋贈大理評事，生一子齊，字孟舒，景德四年丁未科解元，大中祥符元年戊申科進士，歷官太常博士，秘書省校書郎，零陵縣令，建寧節度使推官，南丰縣令，以文章著名，為"江西三瑞"之首，時稱"江西夫子"歿誥至"太傅"生二子：說、衡·說公官朝議郎，生四子：聞睿、聞聰、聞明(北宋元祐六年辛未科進士，歷官杭州主簿，弋陽縣令，瀛州防御使)、聞智·聞聰公，北宋徽宗授龍泉縣 (今江西遂川縣)尉招討，遷居江西安福西溪，為我派西溪始祖，生一子光遠；聞明公長子慶遠，建炎四年庚戊科進士，官臨安府余杭縣令，紹興間首修我房族譜自撰譜序·光遠公安福庠生，生四子：弘道、弘德、弘仁、弘義·弘道公生二子：蘊經、蘊綸·蘊綸號西溪翁，吉安府廩生，與周必大(官至右丞相)相友善·生一子像山·像山公生一子景顏，號竹軒，國子監生，生四子：梦鵬、梦龙(鄉貢官潯州府通判)，于咸淳間二修我房族譜·梦鯉、梦驥·梦龙公生三子：復初(精易學官，四川保寧府儒學教授)；誠初，元文林郎，慶王府經歷，(至正十年庚寅【**1350** 年】三修我房族譜，元翰林侍講學士，揭傒斯作序)；泰初，元鷺洲書院山長，四世孫仲篪，明云陽縣儒學訓導，永樂八年庚寅(**1410** 年)四修我房族譜（明狀元翰林侍講曾棨作序)；梦驥公生三子：宇初、壽初、性初·宇初公生六子，三子學廷，任桃川司巡檢；壽初公生一子學叟，于明洪武四年(**1371** 年)，由江西吉安府安福縣携眷，遷湖廣寶慶府邵陽縣小東路南沖，生四子：貴、富、荣、華為四大房·貴、荣、華三房事迹，詳載邵陽湘鄉房譜·富公于明永樂二年甲申(**1404** 年)遷祁陽縣，生六子，云一郎居祁阳白地；桂二郎居祁阳大高塘；見三郎居祁阳赤溪甸；見四郎居郎阳馬渡(杜)橋；魁五郎居祁阳洪橋鋪石盘頭；元六郎居衡阳坡石頭，分為六大房·前四竹房詳載邵阳湘鄉房譜·

魁五郎歿葬湖南祁阳青竹堡，後遷葬洪洪橋石盘頭·生五子：子誠、子訓(七世孫福洋，生子仁遜、仁秀·仁遜後裔龍躍，自貴州思南府安花縣入川，至大足縣雍溪樂安山；福洋三世孫國堯生二子，朝寶、朝貴·朝寶公于清康熙三年乙已(**1665** 年)自湖廣祁阳縣普樂鄉十四都入川，至廣安州明月鄉優龙里)、子誨、子樂、子棠·我川渝支派多為子誠、子訓之裔·子誠生四子：添祐、添富、添福、添祿·添祐公生三子：忠友、忠通、忠華·忠友公生三子：昌富、昌貴、昌源·昌富四世孫應鳶、應軫·應鳶公七世孫惠龙，自湖廣永州府祁阳縣洪橋鋪石盘頭入川，落業合州(今重慶合川市)；應軫公生三子：汝東、汝西、汝北·

汝東公生子得能、得志·得能公生七子：鼎成、鼐成、　成、　成、羲成、褚成、淑成·鼎成公孫正科，自祁阳縣洪橋鋪石盘頭入川，落業廣安州崇義鄉全里學荣灣·鼐成公生二子：三祝、三裕·三祝于清康熙四十八年己丑(1719 年)自祁阳縣上和坪鄉三十七都洪橋鋪石盘頭入川，落業合州來蘇里七甲連三灣(在今合川市渭沱鎮白灣村)，歿葬連三灣大坟山(在今白灣村七社)，墓至今尚存；三裕公之孫惠木，清乾隆初自連三灣遷江津縣十一都八甲長八間，開江津縣房·羲成公生二子：三伯、三仟·三伯公生四子：正倉、正福、正壽、正容；三仟公生二子：正昆、正先；清康熙四十八年(1709 年)三伯、三仟均歿，堂兄弟六人隨譚氏祖妣（三伯妻）自祁阳縣洪橋鋪石盘頭入川，落業合州來蘇里七甲連三灣·譚氏祖妣歿葬連三灣大坟山，墓至今尚存·淑成公生三子：三禹、三堯、三舜·淑成妻李氏祖妣，于清雍正六年戊申(1728 年)率子孫入川，落業銅梁縣，李氏祖妣中途病故·撿骨葬銅梁縣巴岳里(後改六寅里舊七甲)石橋溝，今墓尚存俗呼“彭家坟”(在今銅梁縣石魚鎮巴岳村六社)·三禹遷六寅里舊七甲左家垻，歿葬石倉屋後，妻周氏遷安居縣新興里又四甲鍋廠塘溝書房院子，歿葬院後，今墓尚存(在今銅梁縣安居鎮葫芦村二社彭家灣)；三堯遷大足縣錫山里雍溪庙·

汝西公生子得位·得位公生三子：自成、胜成、君成·君成生五子：三學、三泰、三吾、三云、三魁·三云公于清雍正六年(1728 年)自祁阳縣洪橋鋪石盘頭入川，至安岳縣咸通鄉十甲罗坪(盘)山(在今四川安岳縣頂新鄉，與重慶潼南縣新胜鎮境內)·三云公歿葬在罗坪(盘)山興隆屋基後，今墓尚存(在今安岳縣頂新鄉青松村二社)，生三子，次子正梓，字梁志，是清乾隆二十八年癸未(1763 年)族譜主修之一·三學公長子正權，于清雍正八年庚戌(1730 年)入川，亦落業罗坪(盘)山·

汝北公生子得壽，得壽公生四子：生成、玉成、大成、立成·生成公長子三義，三義公長子正龙，正龙次子惠鈺，字上金，五子惠勅，字綸錫，兄弟二人至孝至善，不怕遠隔千里，于清乾隆二十六年辛巳(1761 年)跋涉來川，倡議重修族譜，並主持了乾隆癸未族譜的編修工作，為我族文獻宗支傳承，作出了極大的貢獻·立成公生三子：三公、三會、三湘；大成公生四子：三第、三綱、三春、三思·三思公于清康熙四十一年壬午(1702 年)自祁阳縣洪橋石盘頭入川，落業合州來蘇里七甲連三灣，配張氏，歿葬均在小坟山中嘴(在今白灣村七社，據說三思公張氏墓已在上世紀六十年代開荒時夷為平地)·三春公于清雍正六年戊申(1728 年)入川，落業宜宾縣義合鄉核桃屋基·三公長子正祿，于清雍正十一年癸丑(1733 年)入川，落業合州渭沱連三灣·汝東、汝西、汝北三公尚有後裔留居祁阳縣洪橋石盘頭，並分散居住各處·忠友公次子昌貴生三子：志通、志祥、志遠·志通公長子思荣·思荣公五世孫常吉·常吉之孫仕成入川，落業安岳縣生三子：惠科、惠忠、惠思；志遠公長子思瑞四世孫興庸，庸公三子楚荣，楚鼎、楚鼐·鼎公二子可聖、可賢；鼐公四子：可仕、可禮、可見、可甲·可聖公于清康熙末年由祁阳入川，落業大足縣寶頂龙頭山銅鼓包；可仕公亦于康熙末入川，落業合州·

忠友弟忠通生四子：隆、鳳、琦、琳·隆公第三子志網六世孫大衢生二子：國、玉；國公四子三廣、三容(撫出外姓)、三慶、三應·三慶公撫為玉公子，玉公于清康熙末雍正初從祁阳入川，落業廣安州荣祿鄉石獅子；鳳公生三子：長子志紀生二子：萬瑚、萬美·萬瑚公六世孫茂生三子：三鳳、三凰、三麒·三鳳公等亦于清康熙末雍正初自湖廣衡州府衡阳縣入川，落業安居縣安樂里一甲高房子(在今銅梁縣白羊鎮石船村)·三鳳公歿葬高房子後，今墓尚存·萬美公生二子：龔、襲·龔公四世孫大慶生四子：懋、态、蔥、意·蔥公于清康熙末雍正初從祁阳縣入川，落業巴州(即今四川巴州區)下在誠里五甲毛家垻皂角屋基·襲公生世科·科公二子:有棟、有梁·有棟之孫柿公入川,居合州永清里一甲楊柳溝，生六子：三友、三益、三多、三湘、三代、三接·有梁公生三子：大賢、胜賢、宾賢·宾賢公于清康熙末年自祁阳入川，落業合州永清里一甲楊柳溝，生四子：柏、楠、極、梁·胜賢第三子梅，自祁阳于清康熙末年入川，落業合州永清里照鏡垻(今合川市盐井鎮照鏡村)·琳公二子：志叙五世孫禮宗生二子：大湖、大海·大湖于清康熙末年自祁阳排山驛入川，落業安居縣新興里又四甲劉家溝·大海公之孫三賢，于清康熙末年自祁阳排山驛入川，亦落業劉家溝·

元六郎生六子：子聰、子千、子受、子仁、子厚、子建·子聰公九世孫仲斗生二子：良臣、良富·良臣公生四子：任福、任德、任有、任余·任德公生五子：興运、興能、興華、興賢、興鳳·任余公生三子：興祖、興裕、興俊·興祖公生四子：惠照、惠功、(三子名失考)、惠聰·興裕公生二子：惠省、惠美·興祖妻譚氏祖妣于清康熙四十五年丙戌(1706 年)率子孫自湖廣衡州府衡阳縣(乾隆二十一年分衡阳置清泉縣後属清泉縣，民國元年仍並入衡阳縣)清花鄉興平里易家山入川，落業合州大河垻桐子溝(在今合川市太和鎮石岭村)·譚氏祖妣歿葬蓬溪縣田家溝·子受公八世孫大冊生二子：永襲、永龔·龔公生二子：宗堯、宗舜·宗堯于清康熙末自衡州府衡阳縣(乾隆二十一年分衡阳置清泉縣後属清泉縣，民國元年仍並入衡阳縣）三都興平里清湖坪入川，落業廣安州望溪鄉金魚里何家溝·子仁公五世孫仲春生四子：萬明、萬宠、萬實、實鈳·萬宠公四世孫永胜生四子：興享、興亮、興高、興寧·興享公生三子：宗讓、宗乾、宗誠·宗讓公生朝庭、朝迪、朝科、朝宣·宗乾公生朝銓、朝欽、朝鎮、朝錦、朝銘·宗誠公生朝汉、朝达、朝选·萬鈳公五世孫興宗生七子：宗堂、宗选、宗鼎、宗魁、宗胜、宗尚、宗華·興宗公與妻何氏祖妣于清康熙六十年辛丑(1721 年)自衡州府清泉縣入川·興宗公歿于途中，葬在貴州。何氏祖妣落業廣安州東阳鋪·幼子宗華生四子：朝凱、朝文、朝龙、朝虎·

以上是我魁五郎、元六郎二公入川渝兩地部分宗支源流概況·目前的世系繁衍情況，魁五郎之汝東公派下淑成支系最高為“美”字輩，最低為“積”字輩·而元六郎任余公派下興祖支系，最高為「樹」字輩，最低為「啟」字輩，總的來說“美”字輩人員已十分稀少，“彰”字亦輩很少，“樹”字輩較多，“棟、梁”兩輩占主要部份·自唐朝徵君構雲公始傳至“啟”字輩，已是四十九世了·

構雲公 45 世魁五郎 22 世四川銅梁 彭棟宇(彭強)謹記　　2004 年甲申二月廿九日

派序字輩

少　典	161	162	163	164	165	166	167	168	169	170	171	172	173	174	175	176	177	178	179	180	181	182	183	184
黃　帝	151	152	153	154	155	156	157	158	159	160	161	162	163	164	165	166	167	168	169	170	171	172	173	174
彭　祖	144	145	146	147	148	149	150	151	152	153	154	155	156	157	158	159	160	161	162	163	164	165	166	167

少　　典	161	162	163	164	165	166	167	168	169	170	171	172	173	174	175	176	177	178	179	180	181	182	183	184
黃　　帝	151	152	153	154	155	156	157	158	159	160	161	162	163	164	165	166	167	168	169	170	171	172	173	174
宣　　公	62	63	64	65	6	67	68	69	70	71	72	73	74	75	76	77	78	79	80	81	82	83	84	85
構　　雲	37	38	39	40	41	42	43	44	45	46	47	48	49	50	51	52	53	54	55	56	57	58	59	60
魁五郎元六郎	14	15	16	17	18	19	20	21	22	23	24	25	26	27	28	29	30	31	32	33	34	35	36	37
川渝銅梁大足	惠	迪	家	聲	振	美	彰	樹	棟	樑	積	善	啟	綿	遠	存	心	肇	禎	祥	乘	規	傳	奕
湘邵東重慶	惠	迪	家	聲	振	美	彰	樹	棟	樑	積	善	啟	綿	遠	存	心	肇	千	祥	乘	規	傳	奕
湖南祈東等地	惠	迪	家	聲	振	美	彰	肇	發	揚	觀	光	運	盛	世	懷	寶	煥	宗	邦	駿	起	人	文

少　　典	185	186	187	188	189	190	191	192	193	194	195	196	197	198	199	200							
黃　　帝	175	176	177	178	179	180	181	182	183	184	185	186	187	188	189	190							
彭　　祖	168	169	170	171	172	173	174	175	176	177	178	179	180	181	182	183							
宣　　公	86	87	88	89	90	91	92	93	94	95	96	97	98	99	100	101							
構　　雲	61	62	63	64	65	66	67	68	69	70	71	72	73	74	75	76							
魁五郎元六郎	38	39	40	41	42	43	44	45	46	47	48	49	50	51	52	53							
川渝銅梁大足	祀	簡	書	增	琳	瑯	建	譜	儲	鑫	斯	謨	烈	壯	紀	綱							
湘邵東重慶	葉	簡	書	增	琳	琅	建	譜	敦	仁	孝	謨	烈	壯	紀	綱							
湖南祈東等地	萃	聯	開	甲	第	長	千	秋	同	貴	顯	百	代	紹	琳	琅							

漢宣公/構雲公為一世至「惠」字輩為六十二世/三十七世

一・魁五郎、元六郎原有字派各房不同，魁五郎房以現在分佈人數較多的汝東公房為例，自彥昭公起派字：

彥師德文嗣，仕思汝聞遠，弘蘊山景梦，初學富魁子，添忠昌志定，應汝得成三正・

二・清時會同祖籍湖南邵陽重新制定字派，重慶合川、銅梁、大足、江津、潼南、四川安岳、廣安、巴州等地宗支使用派序字輩(自構雲公 37 世起)

惠迪家聲振 美彰樹棟樑 積善啟綿遠 存心肇禎祥 乘規傳奕祀 簡書增琳琅 建譜儲鑫斯 謨烈壯紀綱

三・湖南祁東等地宗支使用字輩、重慶合川、等地宗支使用派序字輩(自構雲公 37 世起至 66 世)

惠迪家聲振 美彰肇發揚 觀光運盛世 懷寶煥宗邦 駿起人文萃 聯開甲第長 千秋同貴顯 百代紹琳琅・

四・湖南邵東、重慶永川等地宗支使用字輩

惠迪家聲振 美彰樹棟梁 積善啟綿遠 存心肇千祥 乘規傳奕葉 簡書增琳琅 建譜敦仁孝 謨烈壯紀綱・

五・元六郎原有派序字輩，以仲斗公房為例

初學富元子，福惟祖添應，世萬仲良任，興成(從「成」字輩起為為「惠」字輩)

其他省入蜀彭氏　(節摘 2004 年崇仁堂彭氏通譜)

「湖廣填四川」諺語，家喻戶曉，流傳千百年・湖廣者，湖廣行省也，元置・轄今湖北東南部、湖南廣西全部、廣東雷州半島、海南島、以及貴州大部，治武昌路・明朝仍稱湖廣，轄區大髒為今湘鄂二省・清朝始分湖南、湖北兩省，清湖廣總督正名稱為湖南湖北總督・

元末，蒙古族及封建地方對農民剝削壓詐，民不聊生，激起農民揭竿而起，元軍鎮壓，「元史・順帝本紀」拔其地，屠其城，百姓逃亡，十室九空・元至正年間，明玉珍統帥的紅巾軍攻進三峽，定都重慶，建立大夏國農民政權・明玉珍於明至正十二年西元 1352 年人紅巾軍，被徐壽輝任命為統軍元帥，後升統兵都元帥・至正十七年西元 1357 年，奉命率湖廣兵西征，由巫峽入蜀，相繼平定川東諸州縣，並克漢中廣元後進兵重慶，拜隴屬四川行省參政，結束了元朝在四川鄰近地區殘暴統治，斯時湖廣不少人因避亂隨紅巾軍入川・元至正廿三年西元 1363 年明玉珍在重慶稱帝，三年後病故，傳位幼子明升・明洪武四年西元 1371 年，朱元璋派湯和、廖永忠取蜀・廖永忠從奉節北翻山越嶺攻入，在奉節大戰取勝，明升投降，夏亡・朱元璋平定大夏後，攻夏明軍大部分留守三峽地區，留居成為軍事占領式移民・

四川連年戰亂，百姓逃亡，田地荒蕪，明朝制定優惠政策，鼓勵百姓遷移入川，明洪武二年西元 1369 年興起「湖廣填四川」浪潮，才有大批外來人口進入四川・四川「忠縣姓氏志」當時全縣九十萬人口中，絕大部分屬於填川移民之後裔・湖廣長沙衛彭氏始祖彭勝，洪武 12 年己未西元 1379 年，移官忠州落籍四川崇仁鄉一甲野鴨池，乃「世襲千戶」半民田、半軍田，一官半職，隨優惠移民政策所致・

「湖廣填川」與「張獻血洗四川」多有人誤解相題並論，云張獻忠清剿四川殺得雞犬不留，才湖廣填川・其實不然，張獻忠是明末農民起義軍首領，兩次入川，第一次是崇禎 13 年西元 1640 年，第二次是崇禎 17 年元 1644 年，與明初開展的湖廣填川相去 271 年，何來「先殺後填」？明洪武 27 年西元 1394 年詔令「額外墾荒,永不起課」，移民可插草為標，劃地結戶，圈墾荒地，開亩鹵池，因河為堰，築園樹桑・百姓聞訊而來，不幾年，四川即變成「高櫟相望，谷牧遍野」富庶之區・

明末清初，戰禍連綿，明軍、清軍、農民義軍，在四川鏖戰，禍延平民，「四鄉曠」，數十里無人烟，原填川人口，大半死於戰難・清康熙七年西元 1668 年四川巡撫張德地憂心忡忡上奏，「增賦無策，稅款難征….要重振四川天府之美名,惟有招來移民開墾土地，重建家園，除此似無別的良方上策」(明清史・戶部題本)・

清熙十年西元 1671 年出台政策:「無論本省外省文武各官，有能招民三十家入川安插成都各州縣者，量與紀錄一次，有招募六十家者，量與紀錄二次；或至一百家者，不論俸滿，即准升轉」・將移民成績和地方官員的政績結合，促進各地官員的積極性・

清康熙卅三年西元 1694 年「招民填川詔」書，命令從湖廣南、湖北、廣東等地大舉向四川移民・一時風起雲踴,兩湖、廣東、江西、雲貴等地移民,大量湧入·「江西填湖廣，湖廣填四川」的「兩填」，因戰亂悲涼而來，無形中掀心酸如昨，感慨萬端，表現出世代不忘往日悲壯歷史，作為中華民族發展史上傳奇典故，代代相傳。

湖廣填川紀略

<table>
<tr><th>四川重慶彭氏</th><th>入　　川　　史　　跡</th></tr>
<tr><td>四川新繁之彭</td><td>四川新繁之彭，徵君之五世孫，曰敬先·唐末以左拾遺隨僖宗入蜀，家于普州，敬先孫，曰濟民，攜二子由普徙益州·長子生福，次子生乘·乘于宋仁宗時為翰林學士，乘卒，三子皆不克歸，居汴·史稱「乘為華陽人」，因華陽新繁皆屬成都也·乘以太平興國八年生于新繁，故待制韓駒為跨鼇先生李公新序曰：「繁上，則彭乘之文辭益甚美之也」·福生顯行，顯行曾孫賓登，政和二年進士，第官至左朝散大夫，知彭州，贈其父望官朝議大夫·二子極以補官·季子杰、從子仁徹，同年貢于鄉·仁徹登第官文材郎，後極亦登第，不待年而致政·元明以來，蜀中氏族之盛，猶為稱首·成化乙未經登進士，嘉靖壬戌范亦成進士，其鄉舉荐辟者甚多·今又歷已久，山川萬里，不能細考矣·(轉錄彭家屏著述)</td></tr>
<tr><td>四川綿竹彭氏</td><td>彭億璋，字德輝，永超公四子，謚義中·清康熙 24 年西元 1685 年生，清乾隆 36 年西元 1771 年卒，享壽 87 歲·子四：成文、成秀、成榮、成華·自成字一派系分四大房，都土居蜀西綿竹南里·
　　清道光 13 年西元 1834 年，綿竹後裔彭有福「彭氏遷葬綿竹始祖萬能公譜序」,【夫物本乎天，人本乎祖·世系之相傳有由來也·稽諸簡冊，始祖為宗，遠廟為祧·始祖者，籍貫所由肇也，遠祧者，始祖所分派也如胖嚐·然親親之杀，世愈降而愈遠焉·而始祖之源，又各因其地與時世為遞嬗·如我彭氏家譜，始于粵東豐縣人，以延年公當宋為潮州太守，入籍於粵，為一世祖·而延年公又籍貫於江右之廬陵人·自上而追之，封彭城者有彭祖，彭祖又本於陸終氏，昌意，黃帝之裔·始祖之上更有始祖焉。】
　　延年公 22 世萬能公，原葬廣東，子 23 世億璋公，於清雍正五年(1727)年攜眷入蜀，遷居綿竹縣南里新市鎮東林寺附近，後旋移萬能·公歿葬綿南，為入川始祖墓·億璋公四子，係入川所發派者·
　　雍正五年西元 1727 年二月，億璋公挈妻鄒氏，攜子成文、成秀，在「召民填蜀」下，由廣東豐順入蜀，在綿竹縣南里新市鎮東林寺附近落籍開墾，經營絲綢布業，發家致富，又生下成華、成榮二子·清乾隆 17 年西元 1742 年，著長子成文攜貲束裝返回廣東潮州豐順，搬移永超和嚴的筋骸回四川綿竹奉安宅地，奉為遷川始祖·億璋長子成文娶妻王氏(謚淑操)，生九子，次子成秀，三子成榮考上邑庠生，四子成華，捐資成國學生·躋身士林，一改亦農亦商的門庭·清乾隆 18 年西元 1753 年十二月廿二日，子孫遷萬能公夫婦葬於東林寺附近·55 年西元 1790 年十二月初十日午時豎碑紀念·</td></tr>
<tr><td>四川簡陽彭氏</td><td>四川簡陽始祖彭可興公，明天啟七年西元 1627 年生，清康熙四十年西元 1701 年卒·明末四川戰亂，可興高堂母親逃難，不知去向，父親彭繼業過世，背負遺體進古穴安埋，幸免於難·由於兵燹禍亂，對先祖源流茫然無知，世次不明，只知曾從湖廣麻城縣入蜀，居住簡陽城東，只此一家·清宣統三年西元 1911 年修譜，可知的己歷七世，從簡陽可興開始，一傳祖字排，再傳商字排·以可興為始祖，遠追繼業，可興下分三大房：肇祖、耀祖、光祖·商字派分十三房·
繼業妣王氏，子一：可興·字友富·明天啟七年西元 1627 年生，清康熙四十年西元 1701 年卒·與遷骸重葬的始祖繼業公，合葬簡陽柏樹灣回龍山，共冢·子三：肇祖、耀祖、光祖·
肇祖：字堯臣，號子暹·清順治八年西元 1651 年生，康熙六十一年西元 1722 年卒·歷任成都府城守左營千總·婿為邑舉人陶紹虞·子四：商杰、商堡、商瓊、商璽·子孫有彭誠，為府庠生·世繹，恩授從九品，歷任廣東高州府信宜縣督廳右堂·
耀祖：字子榮，武庠生，清順治十六年西元 1659 年生雍正四年西元 1726 年卒·子四：商祚、商灿、商琳、商璠·
光祖：</td></tr>
<tr><td>四川成都彭氏</td><td>北宋時，益州華陰(今四川成都市)有彭乘之人，好學進士及第，常與同好生登梘國寺閣，皆瞻顧鄉關，有從宦之樂·乘獨西望悵然曰：「親老矣，安敢舍晨昏之奉，而圖一生之榮乎？」翌日，奏乞侍養，居數日，授漢陽軍判官，遂得請以歸·久之，有薦其文行者，召試，為館閣校勘，固辭還家，後復除鳳州團練推官·</td></tr>
<tr><td>四川南充彭氏</td><td>明末清初，蜀中多戰亂，十室九空，土地荒蕪，百姓中才有「奉旨入川」之舉·湖南永州零陵彭三遵及妻高氏，攜子承舉、承章及其家室舉家入蜀,旅途中彭三遵不幸染病去逝，清乾隆 48 年(1783)始達四川南充縣東境萬家溝·開墾上下五十里許，皆彭氏鴻基，後人並建有「彭氏宗祠」·
入川前湖廣原籍族人共議「字輩」：祖德三承聖，元洪文大庭；朝邦昭俊秀，嘉惠啟芳馨·
清乾隆至嘉慶 12 年(1807)年間，湖廣彭氏有恩賜翰林彭省非，學士彭鶴年，和嘉慶 7 年(1802)狀元彭俊等·</td></tr>
<tr><td>四川簡陽彭氏</td><td>始祖彭可興,繼業之子,字友富,明天啟七年丁卯西元 1627 年生.清康熙 40 年辛巳西元 1701 年卒.明末四川戰亂時,可興之母逃逸無踪,逃難途中,父彭繼業逝世,背父遺體進入古穴,手奉泥土埋葬.傳聞由湖廣麻城入蜀,居住簡陽城東.子三：肇祖、耀祖(子四,商祚、商灿、商琳、商璠)、光祖(子五失考)·清宣統三年西元 1911 年修譜,已歷七世,從簡陽可興公開始,一傳祖字輩,再傳商字輩,可興以上繼業.可興以下,族分三大房,至商字派則分 13 房·
血緣：　構雲－茲公－伉、倜、儀</td></tr>
<tr><td>眉州丹稜彭氏</td><td>
<table>
<tr><th>3 世</th><th>4 世</th><th>5 世</th><th>6 世</th><th>7 世</th><th>8 世</th><th>9 世</th><th>10 世</th><th>11 世</th><th>12 世</th><th>13 世</th><th>14 世</th><th>15 世</th><th>16 世</th><th>17 世</th><th>18 世</th><th>19 世</th><th>20 世</th></tr>
<tr><td>伉</td><td>達</td><td></td><td></td><td></td><td></td><td></td><td></td><td></td><td></td><td></td><td></td><td></td><td></td><td></td><td></td><td></td><td></td></tr>
<tr><td></td><td>遠</td><td></td><td></td><td></td><td></td><td></td><td></td><td></td><td></td><td></td><td></td><td></td><td></td><td></td><td></td><td></td><td></td></tr>
<tr><td>倜</td><td>軥</td><td></td><td></td><td></td><td></td><td></td><td></td><td></td><td></td><td></td><td></td><td></td><td></td><td></td><td></td><td></td><td></td></tr>
<tr><td></td><td>輔</td><td></td><td></td><td></td><td></td><td></td><td></td><td></td><td></td><td></td><td></td><td></td><td></td><td></td><td></td><td></td><td></td></tr>
<tr><td></td><td>齎</td><td></td><td></td><td></td><td></td><td></td><td></td><td></td><td></td><td></td><td></td><td></td><td></td><td></td><td></td><td></td><td></td></tr>
<tr><td>儀</td><td>弈</td><td>嵩</td><td>仁禎</td><td>師德</td><td>奇</td><td>仕忠</td><td></td><td></td><td></td><td></td><td></td><td></td><td></td><td></td><td></td><td></td><td></td></tr>
<tr><td></td><td></td><td></td><td></td><td></td><td>成</td><td></td><td></td><td></td><td></td><td></td><td></td><td></td><td></td><td></td><td></td><td></td><td></td></tr>
<tr><td></td><td></td><td></td><td></td><td></td><td>敏</td><td></td><td></td><td></td><td></td><td></td><td></td><td></td><td></td><td></td><td></td><td></td><td></td></tr>
<tr><td></td><td></td><td></td><td></td><td>師求</td><td></td><td></td><td></td><td></td><td></td><td></td><td></td><td></td><td></td><td></td><td></td><td></td><td></td></tr>
<tr><td></td><td></td><td></td><td></td><td>師慶</td><td>郊</td><td>烈</td><td>復</td><td></td><td></td><td></td><td></td><td></td><td></td><td></td><td></td><td></td><td></td></tr>
</table>
</td></tr>
</table>

							瑤	—	—	—	—	—	—	—	—	文進	榮卿
																	榮祖
																	彭景
																	應祥
							照										
							勛										
							熙										
							涉										
						郛	褒										
			仁癸														
			仁美														
			仁耀														
			仁海	帥蘭	伯熊	繼祖	—	—	—	—	—	尹	武陵				
					伯寮	儉							遠陵				
					伯羔	紹祖											

據丹稜譜載,來川始祖三人於明洪武二年己酉西元 1369 年(仁壽譜稱四年),由湖廣麻城入川,一居渝州,一居嘉州(今樂山)之犍為,一居眉州之丹稜.犍為榮卿,落籍三溪鋪;丹稜祖榮祖,落籍桑黃垻;渝州祖,仁壽譜稱是彭景、應祥,但落居地不詳.榮卿三兄弟均出自元順帝時遷湖南衡陽西鄉 12 都二區之彭文進.文進以上十代無考,再其上彭嵩至彭復、彭瑤,清乾隆年間,彭端淑在他所著「原籍備考」中,云是構雲公之孫倜公三子齊之後,而據 2003 年通考,實際出自構雲公第三孫儀公派下．丹稜派榮祖以下十餘傳無記．後人以 13 世作一世祖,其下是衡子九,九子可,可子萬崑,崑子古、珣,古傳端、方、正三子.已到 12 世.丹稜彭氏除明末有遷仁壽之嘉仲,還有遷廣東及海外的.

四川金堂彭氏

構雲公 33 世孫彭材柏，清康熙四十九年(1710)，從湖南常寧縣南鄉水口老宅入蜀為宦，遷居縣東門外萬安鄉老虎頭．傳至 38 世彭盛廣新建第宅迟金堂縣姚 渡鄉石籠三堰金雞窩.再傳至 41 世民初烈士彭家珍.建有「彭家珍大將軍祠」編有「清光緒金堂彭氏續修支譜」．
派字：材開成能，美盛貞恒，家傳信述，紹道之先．

四川犍為彭氏

犍為三溪始祖彭榮卿，於明洪武二年(1369)入川，落業丹稜桑黃垻的榮祖是弟兄，榮卿八子：其中必賢子文忠之子占魁，於明中期遷成都雙縣青杠垻,成為該地發祥祖外,其餘子：必先、必進、必隆、必成、必光、必富、必清,世居犍為,榮卿 21 世孫彭世珍清末編有「三溪鋪彭氏族譜」．
大房彭必先，分居和尚壩解下沖、粒子沖等處．今三溪鋪瓦場壩有彭大謨一支後裔．
二房彭必進，分居李子溪、桔寺院等處．今大井壩蓑衣氹有彭永仁十支後，還有桔寺即今九皇廟觀磬，便知其廟後中嘴上一支郎二房之後．
三房彭必賢，分居新塘棺木村，今雙流縣青扛壩有彭丹鼇一支後．
四房彭必隆，分居大岩灣等處，今有彭恩俸一支後裔．
五房彭必成，分居棺木塘等處，今有西道彭忠一支後裔．
六房彭必光，分居道觀沖等處．
七房彭必富，分居塘等處，今有七房溝彭現璠一支後．
八房彭必清，分居土地壩等處，今有高嘴上彭永琦一後裔．
其他子嗣在明末避戰亂，分遷雲南屏山、洪雅、青神、眉州、新津、溫江、雙流、武陽、峨眉、丹棱等處．
訂新訂行派為:永大洪宗　世紹先德　商賢遠繼　同登長齡　基開忠厚　學啟憲章　家修廷獻　國益有光　多高知第　孝友成仁　時遷隆運　福自天申

四川雙流青杠垻彭氏

雙流縣青杠垻祖彭占魁,是犍為榮卿公三世孫文忠之子,約明中葉三溪鋪遷青杠垻.賢能輩出,彭陽春武狀元,清宣宗時以武舉身份帶「家狀」「文解」赴京參君道光 30 年西元 1850 年庚戌科殿試,皇授武狀元.為我彭姓當時唯一的武狀元.係彭姓繼景直、汝礪、春湖、義甫、彭時、彭教、定求、啟豐、彭浚之後第十位狀元公.
彭陽春新族派:「文學廣大,名振家邦,如其守敬,爾世克昌」

云 22	23	24	25	26	27	28	29	30	31	32	33	34	35	36	37	38	39	40	41	42	53
千七郎	仁貴	添從	楚文	朝慶	友忠	原隆	孟昂	伏五	成受	仕權											
(千七郎)										仕音											
										仕海											
								伏六	成旺	仕志	梓忠	宗顯	文富	廷聰	朝忠						
														廷曉	朝漢						
															朝濟						

															廷隧	朝鳳						
																朝樓						
																朝鸞	均啟	太濟				
																		太斌				
																		太潤				
																朝松						
														文貴	廷舜	朝棟	均襟	太誠				
													宗華									
													宗太									
													宗義									
													宗榮	文石								
														文左								
														文遴								
												梓憲	宗奇	文聖	廷偉							
															廷侮							
														文椿	廷你							
														文松	廷儼							
														文彬	廷僖							
															文柏	廷儀	朝鑒	均安	太義			

四川仁壽彭氏	嘉仲	宗周	應祥	商賢	珪、璋、瑛、珍	仁壽縣順六區鰲陵場彭家溝 1932 年所撰「彭氏宗譜卷一」記載,一世祖嘉仲於明末由丹稜桑黃埧遷彭家溝,前五代如左.嘉仲自丹稜桑黃埧遷仁壽彭家溝,四百多年共衍 16 世,現已傳至「德」字輩.其行派:嘉宗應賢單鳳啟,子學思明萬世聰;敬德成文光大紹,聯元必正慶興隆．
				述賢	碧、瑾、聖、瓚	
				象賢	璉、瑗、琦、珩	
			應瑞			
			應現	信賢	瑪、玫、琇	
				仕賢	珏、璠、琳、琯	

宜賓山內鄉彭氏	山內鄉祖國昱,係隆昌縣龍上鄉(原屬富順縣管轄)入川始祖重二公之後.據龍市上鄉譜記載：九公為一世祖,重二是第十六代孫.譜疑稱之九公,可能為彭玗公第 11 子中排行第九之彥琛.大竹縣城西、川主鄉彭譜也有類似誤記.其實,九是人名,係文嘉孫國材之子,而排行第 9 的彥琛,係文嘉高祖彥昭之弟,高出九公六代.有離奇之嫌,宜按崇仁堂通譜構雲公世系排列. 山內鄉彭譜對九公以下歷世記敘較譜,茲照錄如下:	
	九	疑是彥琛(珍)公,授朝奉郎,宋景佑間避長沙馬殷之亂,徙泰和街口.永樂王什月池譜載,九公葬康家壠石頭嶺.配賈氏,生六郎、四郎、逵三子.
	逵	九公三子,授事郎,徙城西月池,葬盤石山桐木崗.配康氏,葬十里豐塘虎形.生子五,述,餘失考.
	述	授宣議,葬桐木崗.配肖氏,生子五,琮,餘失考.
	琮	授朝奉郎,配肖氏,合葬吹塘.生子: 仲弼、仲文.
	仲文	字彥秀,登進士,授清江令,後拜湖南茶陵守,績優擢河南歸德府尹,辭不就,士民臥轍攀轅,是於城南十里許卜吉左瀨,更名黃堂,蓋不忘莅官之意也.配陳氏,生子:思永、思賢、思默、思旦.
	思賢	登進士,官監察御史.解文毅有詩曰:莫道秩溪無好景,五更猶聽讀聲.配陳氏,生子汝历.
	汝历	宣議郎.配譚氏,生子: 千十一郎、千十郎、千九郎、千七郎.號稱「四千」.
	千七郎	千七郎為汝历四子,生子仁貴.
	仁貴	生子添從、忝成、添麟、添驥.
	添麟	生子楚斌、楚文.
	楚斌	生子朝用.
	朝用	生子友玖.
	友玖	長子紹隆,餘失考.

	紹隆	生子孟貴.
	孟貴	生伏一、伏二、伏三,俱住湖南寶慶常德府. 萬一、萬二、萬三、萬富.萬二即重二,1369 年遷富順龍市上鄉,後劃歸隆昌縣,萬富 1369 年遷榮昌雙河落腳灣.
彭水縣靛水何家溝		始祖彭首章,約清初自江西寧江府城街大柏樹遷來彭水.據民國九年刻於七代孫彭洪揚墓碑上江西派是:治世文章首，相國燦朝廷，本立能開永，崇修道體興· 來彭水後改寫派字：騰朝昌興志，洪開先澤永，作述啟人文，立德昭前緒，佐國樹奇勛·
武隆鴨江鎮潭坪村		始祖彭尚首,與彭水何家溝祖彭首章是兄弟,同由江西入川,落籍武隆· 命派字: 尚戶單仕仁，應明朝達廷；國正天心順，臣相萬年君；孝友傳世代，文明樹金生·
四川新繁之彭		四川新繁之彭，徵君之五世孫曰敬先，唐末以左拾遺隨僖宗入蜀，家於普州。敬先孫曰濟民，攜二子由普陟益州。長子生福，次子生乘。乘于宋仁宗時為翰林學士，乘卒，三子皆不克歸，居汴。史稱乘為華陽人，因華陽新每皆屬成都也。乘以太平興國八年生於新每，故待制韓駒為跨鶩先生李公新序曰：每上則彭乘之文辭益甚美之也。福生顯行，顯行曾孫賓登，政和二年進士，遞官至左朝散大夫，知彭州，贈其父望官朝議大夫。二子極以蔭補官季子傑，從子仁徹同年貢於鄉，仁徹登弟官文材郎，後極亦登弟，不待年而致政。元明以來，蜀中氏族之盛猶為稱首成化乙未經登進士。嘉靖壬戌范亦成進士，其鄉舉薦者甚多。今又歷年已久，山川萬里，不能細考矣！
四川丹棱之彭		四川丹棱之彭，明初由麻戲填陟入蜀者也。兄弟三人，其家于丹禾麥者為第三房，自明而來，戶曉桑麻，家傳經誦，吉吉人偉士，代不乏有，即以今言端范恩貢士端節，康熙癸巳武舉侍衛，現守天津遊擊將軍，端策翹翼，雍正丙午同舉武榜，端笏雍正巳酉武舉，端弟乾隆丙辰武科進士，六人亦同產也。端洪乾隆丙辰舉人，端淑肇洙癸醜同榜進士，瀚林改授駕部。端羊辛酉舉人，大澤乙卯武舉，端徵國子學生，七人亦同產也，與六人又為同祖兄弟也。文登宣室螭頭，武遇甘泉豹尾，琳琅輝映，彪炳一門，游談之士，亦爭道也！若夫，親支近族，文武科名，封胡遏末之流，更難悉數。其譜雲:師爽公後，居麻遷蜀，明末獻賊之亂，舊牒散佚，略忘世次。夫吾族陟麻者，鏡一派為最多，而爽公後止一人，柏祖派二十三世景祥也。爽公孫壽，壽生嗣嚴，嚴生杞，杞生炳，炳生德載，德載生旺，旺生詠，詠生珠，珠生明信，明信生仲舒，仲舒生萬春，萬春生九高，九高生仁淑，仁淑生宣甫，宣甫生景祥，陟麻之後失緒無考，則明其世系，尋流於蜀其在麻族之士乎！
隆昌石碾鎮兩邊岩		入川祖友仁,源出延年公三子銳公之裔,原籍廣東興寧南鄉五里,1759 年落居兩邊岩. 字派為: 有啟廷世大　德厚正祥光　雲程萬代興　富貴榮華盛　歷祖享朝爵　福祿與天長.
隆昌涼亭鄉彭宗大房		入川祖能拔、能振　、能捷、能揚四兄弟,源出汝綱(鑒公八世孫),仲球一脈.原籍廣東興寧縣南五里蘭塘堡上倉祖屋.1751 年入籍隆昌發迹後,於城郊洗馬池修建彭宗大房子,涼亭等處.使用字派: 能朝如顯達　耀祖復光宗　積善照餘慶　思誠繼德風　理明為杰士　自立乃英雄　恩澤宜繩武　錦長大化同.現分住石碾、周家寺馬兒坡、魚箭鄉、榮昌高橋等地.
隆昌縣李市鄉彭氏		入川祖彭君祿,原籍廣東韶州府汝源縣,1712 年來李市,字派: 君萬振朝綱　榮華大吉昌　修成上國瑞　盛德煥文章.子嗣散居隆昌、崇州、榮昌廣順、瀘州良錦、嘉明等地.
大足郵亭		入川祖彭璘玉,原籍廣東嘉塵州興寧縣無坑堡赤泥咀,1736 年來大足,入川七世方編派字: 紹先宏祖澤　富貴永昌榮世化秉忠信　邦家慶文明.子嗣散居郵亭、雍溪、龍水、榮昌豐高、永川太平等地.
永川紅爐場彭氏		入川祖彭再思,原籍湖南邵東縣, 字派為: 濟思天源祖　仁永定安邦　文武再興隆　萬福啟太康.後人在「康」字後又續「惠迪家聲振,美彰樹棟梁」.子嗣分居大足龍水及重慶市區.彭汝尊於民國年間修譜,記載 1910 年回湖南三修族譜.
永川彭壽樹支派		壽樹公係湖南永州府零陵縣福田鄉崇信里溪口人,1697 年入川,分住永川各鄉鎮.派字: 紹啟雄德生尚賢　志相才學聯三元　明星純良正安定　方如君臣有萬年.該支手抄譜記載,先九十五郎,後二二郎,生於江南鎮江府金壇縣,遷零陵縣生四子:千十五郎居地下譜.壽樹公生椿、榆、桊三子.椿公二子文召生於 1709 年,傳至四世祖紹柏為太子太傅.1883 年卒,有現存墓碑志銘可考.
榮昌雙河梅石垻		1697 年入川祖彭一和,原籍湖南永州府零陵縣福田鄉崇信里冒公塘,落業梅石垻. 派字: 一聯正仕世　大廷萬年安　福之從天佑　興旺夕遠昌　學足惟守德志高時香. 嗣裔散治安、千佛等鄉.譜載一和公系冒公塘八世孫,先居湖南邵陽縣黃溪,清康熙 36 年丁丑西元 1697 年遷居榮昌縣南門外廿里許正七甲高橋里,落業梅石垻.
榮昌縣石河股家廟		1707 年入川祖盈秀兄弟四人,原籍湖南零陵縣福田鄉諫山嶺,派字: 大正有道國　元守天星說　文繼承先德　時思必自傑　.嗣裔散居千佛、治安、廣順等地.
榮昌峰高鋪千坵塝		清乾隆年間入川之永建公,原籍湖南湘鄉.字派: 富祖志太遠　孟應大永昌　安玉乾坤正　韓中光耀明. 1994 年續增: 建高定家邦　禮義榮華長　繼仁德孝順　後代蘭桂強. 嗣裔散居榮昌隻河等地
永川三教壽永彭氏		入川祖彭方才,原籍湖南寶慶府,源出千十一郎之述古堂. 首訂派字: 崇顯思定永　志興萬全方　曰壽文武正　世代祖宗昌. 續訂派字: 湘裔登貴遠　賢倫蜀棠庄　遺讀家聲旺　廿君福翔康　書義孝倬俊　梁才燦浩邦. 四十年代彭十年更增派字:商嗣淵泉遠　賢倫勝宏光　遺傳忠孝第　風晉歐美邦　述著順天成　古信肇書香　家訓勤耕讀　聲名建國綱.　嗣裔散居三教、壽永等鄉.直至五世孫武常公於咸豐庚申西元 1860 年,始有記載.
榮昌峰高玉侮鄉彭氏		1696 年自湖南零陵縣孝悌鄉魯塘入川之潛(承祝)、三寵二人係堂兄弟,源出明初因軍功授永州府指揮千戶官職的江淮無為州巢縣松高鎮人彭勝,乃勝公之十一世孫.潛、寵先後入川.

彭勝	晟	俊									
		杰									
		儉	璽	升	發鑾	執中	善教	仲行	永祝	(漘)	
			全	節	大源	戍齡	加信	光虎	三寵		
		仙									

潛為玉梅祖,派字:
宏大光明　登思仁義　再存德澤　永世其昌.
寵為峰高祖,衍派:
國正天心順　家和世澤隆
祥仁崇紹述　廣美裕朝宗

湖南湘鄉青蘭彭氏清初入川彭氏	一.　青蘭 15 代祖尚志,字隱之,1650 年左右攜眷入川綏定府(今南充市)東鄉縣垻塘下八廟花廠坪落業.至 18 世紀中頁,族裔將該衍生八代名冊,以通訊方式送回湘鄉燕堂房.2000 年青蘭四修譜時,派員來渝未去南充,致本支嗣跡,青蘭未譜. 二.　青蘭 17 祖宗知字昭明,清乾隆年間徙四川夔州(今奉節)城東觀音寺泡樹灣.2000 年查考,現奉白帝鎮紫陽村(原名觀音村)12 組就是以前的泡桐樹灣.現有彭美清、美元、美全等 12 戶,餘約三百戶早年移居草堂鎮隻潭鄉石崗坪.祖籍失聯,宗知公帶來派字只有「中懷先賜美」,1959 年續派 15 字: 智仁信禮成　孝弟友愛本　國家德和平. 三.　青蘭 17 代祖繩巽(讀里),字禹璉,清乾隆年間遷徙四川雲陽縣北岸孫家中甲梁子.清同治 6 年丁卯西元 1867 年,清蘭升堂房正富、正榮二人負譜來川,沿三峽逆流而上,找到本支入譜二百餘人.二人賡續上溯萬州龍安鄉家

	溝,因山高路險無法成行,而未到忠州野鴨折返,從而給彭勝遺留忠裔孫造成宗源不詳之迷,直到新世紀初收編「忠縣彭氏志」時,派人查訪方得.
湖南州祁東縣遷川彭氏	據湖南永州祁東縣黃土鋪石亭子鄉銀星村三紹彭氏宗祠「紹遠堂」1995年七修族譜,其上分派為汝历公長子千十一郎三世孫楚珍四子勸善一脈,世居祁東士橋.分遷芝山區梳子鋪鄉(原孝悌鄉).流子鋪三丘田班序: 一. 仕景鴻懋炳,致治為安定,錢財普載支,繩良師克孝,作爾遠維繼,只要重龍順,長懷任太石,壽增福祿厚,萬載慶咸宜,世代榮昌久. 二. 國正天心順,官清民自安. 三. 朝宗永,家必達,榮昌世代;期文章,延厚澤,德業擴前基;自正康定,致書香遠,因多福壽宜,宏才欣振起,令緒樂昭垂. 千十一郎祁東派遷四川者,計有26批: 一. 遷銅梁縣者: 1. 朝棟、朝陽、朝瑞三兄弟,清康熙47年戊子西元1708年遷銅梁土橋. 2. 能生、以生,遷銅梁,德生遷開縣,坤生遷安居. 3. 成采、成武、成璋,三人遷銅梁. 4. 再元、正海,遷銅梁. 二. 遷大足縣者: 1. 成文、成達(千十一郎15世),清康熙年間遷大足雍溪石寶,該支彭代昭持有族譜. 2. 成鳳、成政、成錫、成倫、成彬、成天、成玉、成華,遷安居. 三. 遷開縣者: 1. 朝寶、朝宦、朝憲、朝彩、朝禹、朝松、朝羽、朝科、朝第,清乾隆六年辛酉西元1741年遷開縣,同一家尚有朝柏、朝株. 2. 習學、楚學、家學、迎學、近學、貴學、鰲學,分別於清乾隆16、47年西元1751、1782年遷開縣. 四. 其他: 1. 代明遷彭山彭祖廟, 世友遷峨眉市綏山鎮彭橋, 世泉遷彭縣彭家灣. 2. 群益、堯益、昌益、共益,遷重慶. 3. 永賢、永仲、永臯、永宏、永相、永監、永程、永選、永源、永薈、永萱、永俊,遷營山縣. 五. 遷四川不佑縣名的有: 1. 成佑、成位、成信、成善、成有、成魁、成科、成照、成龍. 2. 康元、康生、康才、康有、康大、康道、必運. 3. 子容、子亮、子太、子仁、子松、子公. 4. 應茂、文茂、銀茂、福茂、伯茂、親茂、欲茂、紹茂、子茂、是茂、元茂、賢茂、富茂. 5. 朝科、朝友、朝棟、朝英、朝聖、朝遴,清熙61年壬寅西元1722年遷川. 6. 朝祿父子清乾隆6年辛酉西元1741年遷川. 7. 斗洙、科洙、遜洙、元洙、祥洙 8. 宗堯、宗舜、宗禹、宗義、宗萬. 9. 榮仲、永宗、永湛、永吾、永海、永清、永福、永全.清乾隆16年西元1751年入川. 10. 光輝、光文、光斗、光斌、光容、光視. 11. 吉人父子清康熙47年西元1782年遷川. 12. 文海、明雲、耀台、海台、學亮. 13. 仁壽、仁輝、仁粹、仁熾,由湖南零陵魯塘遷川. 14. 崇、湘、潛.
四川姚渡鄉石龍三堰金雞窩	始祖彭材柏,清康熙49年庚寅西元1710年,自湖南常寧縣南鄉水口山遷蜀成都府金堂縣東門外萬安鄉老虎頭,五傳至盛廣創業,新建宅第於金雞窩.頗著盛名的彭盛廣(子貞洁、貞宜、貞祥、貞垂、貞寮)、貞吉(五子:復恒「子四:家珍、家元、家和、家祥」.彭家珍,號席儒,復恒長子,1888生,參加革命1912.1.26.因炸良弼犧牲,孫中山贈陸軍大將軍.
四川隆昌彭氏	一. 千七郎18世孫彭高榮，清康熙年間自湖南遷隆昌涼亭鄉，已傳13世．派字:大文高聰德　天光日月明　成宗開顯達　肇祖啟隆榮　建立安邦國　立功定太平　宏圖昌裕遠　基永派家聲. 大益公為字派開列之祖,高榮為三世,四世聰瓊生於1678年,始有記載. 二. 延年公子彭鑒的19世孫彭君祿，1712年由廣東孔源縣遷入四川隆昌，部分居瀘州市衣錦鄉．原字輩：「君萬振朝綱，榮華大吉昌，修成上國瑞，盛德煥文章…」．嗣有延年公子彭銳，25世孫彭友仁，1723年，由廣東興寧縣南鄉五里遷入隆昌石碾．鎮原派字：「有啟庭世大，德厚正祥光，雲程萬代興，富貴榮華盛，曆祖享朝爵，福祿與天長．」彭鑒的22世孫彭能振，1751年由廣東興寧縣南塘入川隆昌縣城．原派子：「能朝如顯達，耀祖復光宗，積善照餘慶，學誠繼德風….」 三. 構雲公九世孫彭嘉後裔千七郎8世孫彭重二(構雲公27世)，1369年由湖南遷四川隆昌縣石碾鎮車家堰．原有派字：「大起光先志，宏開裕永基，高文明著世，英武續匡時…」現最小字輩為『英』字派. 四. 構雲37世、彭嘉37世、千七郎18世彭高榮，由湖南寶慶遷入四川隆昌涼亭．原派字：「大文高聰德，天光日月明，承宗開顯達，紹祖啟隆榮…」
四川廣安濃洄彭氏	彭自蛟,字汲門,父文欽,當屬千十一郎之裔,生卒葬失考.清康熙41年壬午西元1702年,汲門遺孀陶氏率子濱元及李氏,自湖 南永州府零陵縣孝感鄉高坎鵝觀大丘,移居四川蜀北道順慶府廣安縣明月鄉麻柳、深溝二處,落業居住,三傳至宗元,字魁彰.宗極,字永彰.宗茂,字武彰.宗芳,字儀彰.宗;惠六子.除宗極、宗惠無傳,以長、三、四、五房傳世.,至今12世. 源自湖南舊派:天星玉宗良　富貴永華長. 由於時派巳盡,補增班序為:國正賢才輔　家和孝友揚　春光明海澤　世代顯文章　清定熙朝治　敦人啟德芳. 註:湖南零陵縣無孝感鄉之地,僅有孝弟鄉,自然高坎(干)堰和鵝觀(掌)大丘,也就不存存孝弟鄉,而在其先祖居地湖廣江西.依據多數譜記載,高干堰在湖北麻城孝感鄉,此乃當年大舉填川時,移民登船的主要口岸.而鵝掌大丘,多說在江西泰和.
梁平縣蔭平鎮彭家塝	遠祖彭佑生,湖廣長沙府郴州西鳳鄉台上洞鄧家塘彭家灣,子化楠,字爵,生於清康熙23甲子西元1684年九月初九日.率子廿良、世俊、世臣三兄弟,經梁邑東山(毗鄰忠縣金雞)三角庄歇息後,分落忠、梁兩縣.長子世良居梁邑清平鄉(今蔭平鎮)水里二甲叩字山坎下,成為彭家塝祖. 三子世臣居竹山百里槽,次子世俊後裔居忠縣金雞和梁平馬家場.彭家塝自世良子祖堯命派:祖德堯舜　憲章文武　欽明溫恭　懷綏安撫　道宗先賢　學啟東魯　本源商祚　昌盛南浦

	芳傳百代 光昭萬古 後有達人 永肇鴻圖 顯耀維新 端基善述.
四川川南彭氏	川南一帶其中又分資中縣、井研縣，分別由明萬曆年間和清康熙年間遷入；宜賓縣白馬鄉和橫山鄉、隆昌縣、資陽縣等彭氏·資陽金台鄉還存有古蹟彭氏祠堂·
四川渠縣彭氏	四川渠縣彭氏，原籍湖北省麻城縣高坎堰，落業金鑼鄉石盤村彭家壩· 原用字輩：久登君國尚，雲松龍有德，家成天開化，朝庭永華達·
四川宣漢彭氏	四川宣漢有六支彭氏： 一. 明月鄉彭氏：原籍重慶市開縣天白鄉尖山村(又名大象山)1933 年軍閥戰爭，彭永保帶妻兒逃至宣漢縣王家場(今紅嶺鄉)會家溝·1936 年遷明月鄉二村·湖南湘陰口傳派語：「仁民有萬子孫光，定應諸賢元國房，志廷修幸崇豪顏，永遠世代顯名揚·」又有漢豐續修派語：「永遠洪恩世代昌，文章經綸啟明良，書香繼美承家範，祖德相傳遺澤長·」 二. 三河鄉彭氏千九郎七世孫彭權，字仲常，可亭，又號謹·配余氏，子二：瓏、琥·1641 年攜眷由湖北省麻城縣孝感鄉高坎堰遷四川萬縣、開江、天生、到東邑德里(今三河鄉)鐵溪溝北岸皂角壩,和高岩洞之上罔溪旁定居·彭琥遷開縣大錢山·原因派字：「權龍義陽，應學榮儉，仲可修澤，言作恩躬，德能光宗，良才守道，廷升必豐，其祥汝錫，開元廣紅，家邦定達，昌大永隆·」 三 黃石鄉彭氏，原籍開縣，遷黃石鄉五村·原用字輩：「年山維祖澤，模仁仲應心，學正能開道，懷恭欲達天，公廣尚國，長髮紹忠先·」 四. 馬渡鄉彭氏，原住四川開縣中和鎮、三合鎮彭家坪(今轄重慶市)，彭定純之孫祚成、祚三、祚本、祚乾·於 1935 年遷馬渡鄉七村劉家溝，和六村歐家坪· 五. 花池鄉彭氏，原居開縣中和、三合等鎮·1935 年彭國斌之子：祚明、祚先、祚權、祚盛、作祠、及女祚鳳等，遷居花池鄉·原用字輩：「仕朝天玉定，國祚必昌興…」 六. 上峽鄉彭氏，彭茂生於清康熙四年(1665)，自湖南湘鄉縣遷四川東鄉峽口場(今上峽鄉和涼風鄉)·原有輩字：「道安宗永泰，德大子長祥，修志承先烈，英明萬代光，忠貞國朝正，文高本源清，和厚崇仁敬，榮發全家興·」
四川達縣彭氏	達縣有二支彭氏： 一. 木子、申家彭氏，清康熙年約 1670 年左右，流居申家、木子、馬家、雙廟，四鄉和趙家鎮等地十三個村落·木子、申家鄉原用字輩:「書曙經文永紹先,德成仁立志如天,自能大有三元貴,登仕朝堂定萬年·」 趙家鎮原用字輩：「遠才正紹鳳，應永在公廷，一鵬九毓桂，主人慶中興，立志培先德，丕振大家聲·」木子鄉九村彭氏由四川萬縣城口遷入，其原用字輩：「國正天心順，宮清聖懷安，德澤傳盛世，福祿萬代全，祠紹宗功遠，顯祖永長綿，富貴承上品，榮華滿金鑾」 二. 趙家鎮、碑高鄉彭氏，原籍江西、湖南、廣東，彭坤遠在明朝時入東川青雲、定固居住，至五世「鳳」字輩(派字同上)，中途因戰亂離川，清康熙十三年(1674)左右，第二次入川，六世應碧，七世永興兩叔侄遷入達縣，落業趙家鎮田家溝，分房於雙廟鄉、大竹縣二郎鄉等地·趙家鎮祠堂碑上刻有上述字輩外，另還刻詩：「展譜問本原，咸日商之賢，金剛長現世，壽高八百年·由江以及湖，明季入東川，青雲卜其居，發祥成萬千·海河嶽岱固，生養教訓聯，信古宜聖師，風韻足流傳·」
四川廣安彭氏	四川廣安彭氏有九支： 一. 彭朝寶、彭朝貴，清康熙三年(1664)秋，奉旨由湖南永州府祁陽縣孝弟鄉(普樂鄉)十四都黃家渡，家人由水路入四川東道廣安縣 明月鄉伏龍里(今廣安區前鋒鎮大佛村八社)·官府分派，朝寶赴廣安州，朝貴到涪州·祖宅前有古堰，左右柏杉相拱，後為臥牛山(洞梁子)，為一吉祥地，因命名為「彭家大塘」·原用字輩：「國朝一字(仕)水，詩元萬代昌，文明光百世，福祿壽華長·」『國』字即構雲公 33 世，彭壽宗為構雲公 9 世孫· 二. 彭尚選，四十八歲時奉旨於清康熙卌七年(1698)，從湖南永州府零陵縣遷入川東道廣安縣生勝堰塘，後取名「彭家堰塘灣」，後裔分居廣福、化龍、朝陽、穿石等地·原用字輩：「尚一成玉國，開元啟永昌，朝廷有仕子，德志顯宗邦·」『尚』字輩為構雲公世系第 35 世· 三. 三溪彭氏於清康熙五十年乙巳(1785)，奉旨由湖北麻城縣高坎堰入四川，初到夔府梁山(現梁平)，後由梁山移居廣安州三溪河劉碧灣·字輩為：「在玉學雲水，開朝宗大興，仁壽昭祖德，善樹廣賢因·孝廉為家正，文有輔國君·明祿世光顯，福澤喜長存·」『在』字輩係構雲公第 35 世·該支屬彭壽後裔· 四. 代市鎮彭氏，於清乾隆五十年乙巳(1785)，由湖北麻城縣高坎入川東道重慶府廣安州代市鎮堰塘灣·字輩「益尚辰宗祖，萬世永興隆，國泰皇恩大，時懷地財長·」『益』字即構雲公 39 世·屬彭壽世系· 五. 協興、太安鎮彭氏，於清乾隆五十年乙巳(1785)，由湖南麻陽縣入川東道重慶府廣安州(今廣安市廣安區)·字輩：「宗元永昌，洪開家章，先澤定國，繼紹文光，遠志久長·」『宗』字輩為構雲公 38 世，屬彭壽宗支· 六. 彭永倫，清康熙 51 年丙午(1786)，由湖南麻陽縣入川東道重慶府廣安 州馬壩、悅來、楊坪等地·字輩：「永世為昌泰，興隆刻正家，高宗隆憲祖，福祿壽天華·」『永』字輩為構雲公 35 世，彭壽宗支· 七. 彭自蛟携子彭濱元，於清康熙 49 年甲辰(1784)，由湖南永州府零陵縣孝感鄉高坎堰峨公大丘，移居川北道順慶府(南充)廣安縣明明鄉省雲里麻柳灣及渠縣·入川字輩：「天星玉宗良，富貴永華長·」後續派字「國正賢才輔，家和孝友揚，春光明海澤，世代顯文章；清定熙潮治，敦仁啟德芳·」 八. 東嶽彭氏，原籍湖廣三楚衡州府清泉縣長塘大坡堰，清乾隆 25 年庚辰(1765)入川東道重慶府廣安州(現廣安市)東嶽鄉·係元六郎後裔·原字輩：「萬世大永興，宗祖維宋承；榮華光繼遠，輔佐聖朝庭」·光緒 17 年己亥(1899)重修譜續派字：「惠迪家聲振，美彰樹棟樑，積善啟綿遠，存心肇禎祥，乘規傳交祀，簡書增琳琅，建譜儲□斯，謨烈壯紀綱·」 九. 彭子通之子彭榮趙，清康熙 57 年戊戌(1718),率子尚富、尚貴、尚友、尚福、尚壽，從湖南衡州府衡陽縣重江鄉第七甲三都入川，居廣安州姚坪里(現協興鎮)鄴溝耕田為業·在白鶴嘴、爛大坵置產建宗祠·原字輩：「庭正希子榮，尚應宗祖興，中懷天賜美，智仁信義存·」
四川廣漢彭氏	彭羕，字永年，宣公 10 世、9 世仕敏之子·三國初年在四川為官，做州里書佐類小官，劉備入蜀作傳達軍令、指導教授將領，劉備欣賞，在 214 年作益州牧時，提拔彭羕為治中從事·諸葛亮告劉備：「彭羕心大志高，難保以後會作出什麼事來」，因而疏遠，調他作江陽(今四川瀘市)太守,彭羕不快，說劉備壞話而被捕下獄遭除，時年 37 歲·
四川華鎣彭氏	四川華鎣彭氏有四支： 一. 雙帽碑彭清民之先祖，於清乾隆 56 年辛亥(1791)，由湖北麻城縣孝感鄉入川，依附「天池」早入川彭氏建房居住·派字：「國正天心順，官清民自安，朝廷文運選，世代永遠長·」 二. 彭世柱遺孀周氏，由湖南衡州府衡陽縣金蘭鄉河塘里新興回龍，於清康熙 49 年庚寅(1710)率子：大勝、大倫、大琦、大瑜等入居川夔府梁山，母逝攜母骸 1 入廣安州，大倫·大琦定居廣安長五鄉，大勝、大瑜定

<table>
<tr><td></td><td>居重慶巴縣明月鄉伏龍里陳家構，今華鎣市鎮內・原派字：「必以朝天景，顯福紹良忠，世大承祖繼，文運永興隆；詩書達治道，禮樂振綱常；廣德聲名遠，鴻仁祿定昌」・『世』字為構雲公 35 世・
三.　彭傳慧，1620 年生，妻李氏，清康熙 12 年癸丑(1673)，攜長子彭信豪遷四川重慶府廣安州廣安縣明月里仁和場(今天池鎮)老屋嘴建祠居住・其派字：「傳信欽宗祖，志立更自祥，存心一代啟，文明永世昌・」
四.　構雲公 35 世孫彭宗鵬之子彭世惠、彭世敏，原籍湖南衡州府西鄉鹽田橋光政鄉梁川里大町，清隸熙 41 年壬午(1702)，遷西蜀重慶府合川縣東里慶合場(今華鎣市慶華鎮)，場西四腳碑芋河溝、椒子溝一帶・彭宗鵬次子彭世恩、三子彭世蔚之後代，居合川梅子塘・彭世敏長子彭仁珍、次子彭仁珠、三子彭仁琦，居合川苟家沖(寶華山)・
原字派：「文添原升政，九明時祖宗；世仁朝大科，萬枝永興隆・」</td></tr>
<tr><td>四川宜賓彭氏</td><td>延年公之子彭銳之 26 世孫彭元麟，1759 年由廣東遷四川宜賓,散居貴金沙縣禹讀・
原派字：「元榮玉文必，正開光明星，仁義禮智信，科榜中先天・」</td></tr>
<tr><td>四川屏山彭氏</td><td>彭瑩兄弟三年，明末清初(1600~1660)從湖北州麻城縣孝感鄉東高坎月爾池遷蜀，長房落業成都青石溪，二、三房入宜賓兩江上游・傳云：「彭瑩兄弟真貧分開時，將一面鑼打成四塊，各執一塊以作紀念」・現宜賓縣白花區白馬場彭姓字派與屏山相同・彭瑩二房先在雲南過世，其子彭應祿、彭應祖，後遷入屏山縣城西之富榮鄉的紅灣居住・第三世彭仕昌之曰彭文通、彭文奎，因故分居・文奎於清雍正四年(1726)徙龍溪山(今龍華鄉)晏家山辟基而居，迄今 260 餘年・因族譜被焚，口傳派字：「應昌文玉(王)大，世運永興隆，道德傳宗遠，儒學(詩書)訓千秋(儒書擇後良)・」</td></tr>
<tr><td>四川富順彭氏</td><td>構雲公 31 世孫彭爵祿，明末由江西九江府湖口縣春橋鄉八橋村羅家渡，遷入四川富順縣，後來有子孫移居貴州仁懷三台・原派字：「祿世春正洪，子奇仕升崇，元朝興登發，文貴應光宗・」</td></tr>
<tr><td>四川安岳彭氏</td><td>彭魁五郎 11 世孫彭三雲、彭仕成，湖南祁陽人，於 1728 年，彭三雲從橋入川，分居石羊鎮、頂新鄉；彭仕成從青竹堡入川，居安嶽・原派字：「惠迪家聲振，美彰樹棟樑，積善啟綿遠，存心肇禎祥…」</td></tr>
<tr><td>四川巴中彭氏</td><td>彭魁五郎 11 世孫彭蔥，湖南祁陽縣排山泉塘遷四川巴中市明陽鄉，原派字與安岳彭氏同・</td></tr>
<tr><td>四川岳池彭氏</td><td>四川岳池彭氏又分喬家鎮和石埡鎮兩支，喬家鎮支由湖南麻陽遷入四川東道重慶府廣安州岳池縣喬家鎮，派字輩：「善繼先君志，增榮世永昌；安成福德久，學位顯忠良・」石埡鎮支亦由湖南麻陽遷入四川東道重慶府廣安州岳池縣石埡鎮(今彭家龍溝)落業・原派字：「朝興有仁德，良善益久長，富貴永隆昌，肖憲榮世代・」</td></tr>
<tr><td>四川武勝彭氏</td><td>四川武勝縣彭氏又分五支：
一.　構雲公 37 世孫彭朝標(天壽)，由湖南永州府祁陽縣下祁陽鄉楊家灣，於清康熙 54 年乙未(1715)遷四川東道重慶府定遠縣(今武勝縣)包家壩，現散布新學、秀觀、中心等地・原派字：「泰仕成有定，鴻基何自肇，惟向書中尋，經典須詳閱，詞章務顯明，才高科捷發，時至級聯升，永遠達隆世，長承聖主恩・」
二.　構雲公 35 世孫彭愈祉，清康熙 36 年丁丑(1697)從湖南永州府祁陽縣普樂鄉十四都鵝公大坵，遷入四川東道重慶府廣安州定遠縣沿口鄉岸灘橋畔定居，現散布飛龍、長安、白坪等地・派字為：「愈國金朝廷，天生大德星，全家傳孝友，世代啟文明・」
三.　構雲公 37 世孫彭朝釗，於清康熙 31 年壬申(1691)，從湖南祁陽縣土橋鎮入川武勝縣興隆鄉彎刀橋，嗣又有彭朝宗，於清康熙 51 年壬辰(1712)，率家從湖南永州府祁陽縣彭家沖入川東道重慶府廣安州定遠縣(今武勝)，居太山鄉，鳴鍾鄉、沿口鎮等地.派字：「朝永宗必達，榮昌世代期，文章純祖武，敏勉廣前基，運字深山遠，應多福壽宜，鴻財歡振啟，令聚樂交泥・」
四.　構雲公 37 世孫彭興元，清乾隆 50 年乙巳(1785)由湖北麻城入川，定居武勝縣萬善鎮・
派字：「啟守明在顯，民盛天運開，萬代文昌茂，國朝繼世才・」
五.　烈面鎮彭氏於清康熙 50 年辛卯(1711)由湖北麻城縣孝感鄉花園村孫家灣入武勝縣，並建祠堂・原派字：「國朝登水仕，禮承大家興，福壽重來久，榮華富貴有・」</td></tr>
<tr><td>四川內江彭氏</td><td>構雲公 12 世、延年 2 世彭銳後裔彭伍友，清康熙 52 年癸巳(1713)從廣東平縣玫水上塘，遷四川榮昌縣(今轄重慶市)仁義鎮・其子彭國信，又分遷內江市東興區白鶴鄉姚家灣・原派字：「友國文榮聯，繼志承先代，賢才應運隆，朝廷良正選，勳業萬年宗・」</td></tr>
<tr><td>重慶西陽三岔壩潼南田家場</td><td>據西陽彭啟前譜記載,入川祖彭程,官雍衛將軍,因荊蠻辰叛亂,自江西去安府吉水縣領兵與土司冉啟忠戰於辰州.亂平得犒賞,落業石場,為守苗蠻營參軍.按土司襲爵制,程傳如海、如玉、如鼎;海傳瑚、鎔、珊;瑚傳陽春、時春、暮春、異春、景春;春傳文學,學傳大倫,倫傳道泓、道揚、道德等.至德成、宗器旋落業西陽忠孝里三岔壩.迨至清乾隆,一支遷遂寧(民國元年劃出一部份加蓬溪一部份為潼南縣)田家場.
嘉道年間合修譜派為: 高之德應長(廣)明良 再啟文學世祖昌(長) 奇洪永裕宗正子 隆盛佐朝(萬興時維)續玉環 .
西、潼彭氏源流不確,據老譜云: 長房彭時內閣大學士,吏部尚書,明朝禮部尚書彭華,兵部侍郎彭虬,天順科狀元,文學殿大學士彭教,皆長房子孫,人人在朝,吉水故豈無人耶？彭程乃四房之裔,未得立志,是有領攻辰州之舉.由是可知彭程源出廬陵德顒公四子嘉公之裔.</td></tr>
<tr><td>重慶巴南區小龍村安瀾彭氏</td><td>始祖安厚、享厚二人，清乾隆八年西元 1744 年自湖廣寶慶府邵陽縣新寧下一都
<table><tr><td>經濟</td><td>億？</td><td>炳讓</td><td>時大</td><td>克溥</td><td>祥祖</td><td>宗聖</td><td>顯修</td><td>德政</td><td>安厚</td></tr><tr><td></td><td></td><td></td><td></td><td></td><td></td><td>宗賢</td><td>明修</td><td>德興</td><td>享厚</td></tr></table>青茅崗淡泉塘祖籍,率室攜子入重慶府巴縣.譜載,遷邵陽祖經濟公,生於江西泰和縣鵝掌大丘,可能出自嘉公派下九公血脈・同炳讓公系下入川者尚有：博厚、成厚、智厚、曉厚、九厚、俱厚、星厚三子世應等・但去向不明・
原祖籍派字：　濟億炳時克，祖宗修德厚，世代錫榮昌，詩禮傳家永，易書兆慶長・
來巴縣後續派：奇瑞先聲振，典銘前烈揚・</td></tr>
<tr><td>重慶梁平七橋岩霧山</td><td>始祖彭安龍等四兄弟,於清康熙 45 年丙戌西元 1706 年,自湖南寶慶府邵陽縣查林廟瓦窰塘,遷移四川之梁山縣安龍、騰龍、泰龍,業岩霧山(今七橋鎮彭家溝).四弟禹龍落梁山虎城一甲馮家溝.「四龍」乃彭希用之孫,彭月亮之子.派字為:定元希月龍 世代永朝宗 德積先昌美 文光太運崇 學道應明通 佑啟詒謀遠 祥本澤洪.子嗣散居七橋明陽、邱寨、巨奎、流水等村.</td></tr>
<tr><td>重慶梁平土墩壩彭氏</td><td>這支原居忠縣磨盤寨野鴨池・清康熙十四年乙卯(1675)中秋，始遷祖彭貴林棄忠移居梁山(今平)龍門鄉土墩壩(今樂勝村).據云:始祖彭宥,由湖北遷四川忠縣南岸落，插標為業・分佈龍門、新盛、文化、開江縣、任市一帶・嘉慶年門建有家祠・
原用派字：「貴萬應仕學，純心樂善道，忠良定國安，孝友治家寶…」</td></tr>
<tr><td>重慶涪陵縣仁義鄉馬伏嶺</td><td>涪陵仁義鄉吉安村新灣彭氏族譜載:江西吉安文吉公後代有名忠泰者,宋哲宗時,以判官知安福因家焉.七傳元五,鄉丞.其子定三,遷鐵梅樹下.再傳祥翁,生子芳遠,遠生古清,清生二子:長欽樂,其子毓敬,與貫俱登進士,孫彭華登景泰會元,官太仆寺卿,工部右侍郎,左部都御史遷廣東羅定始祖.次務威,生子毓義,配王氏,生子彭時,彭時字時道,正統戊辰狀元,歷相三朝至文淵閣大學士、光祿大夫.時子頤,字延慶,為中書舍人.頤四傳至子仁,登成化孝廉,任龍陽令.因下</td></tr>
</table>

	業於湖廣麻城.其弟子高偕明夫人遷蜀,居涪陵馬伏嶺,以馬至此伏地不前故名,因家焉,卒葬馬伏嶺乙山辛向.子高生五子:長朝佐,子孫居湖北宜昌.次子朝用,子孫居江西婺川;彬散居定遠、彭水、武隆.五朝榮子孫居眉山之丹稜;惟三日朝興,世居涪陵,以祖宗廬陵在馬守居.朝金生二子,長曰文通,次曰文達.達生潭,潭生大田、大學.田生子萬舟.舟生貴山.山生仲玉,列膠庠,配陳氏生正心,配李氏生義方.明末避難彭水,治平後復居馬伏嶺彭家垻,國初傳里長,積善修德長齋四十年,壽 75 歲.配葉、朱氏,生四子:而述、而信、而好、而比.從此分為四大房.概括如下： 一. 仁義鄉大雅公(1522~1573)，由楚宦蜀二世祖宗祀、宗應、宗賢三公遷涪陵楊柳堂，為入川始祖．原派字：上才公派系「大宗單上，春儒祖家，書禮相傳，金玉光華」上益公派系:「大宗單上，春儒體單，德治熙正，隆慶道鹹」 二. 仁義鄉朝興房彭姓，原西構雲公 9 世、吉公 8 世孫彭文傳，有子：彭高，娶妻明氏，生五子：長子朝佐，居湖北宜昌、次子朝用，居江西婺川、 三. 三子朝興，世居涪陵仁義鄉馬伏嶺．朝興生文通、文達，達生潭，潭生大田、大學，田牛萬舟，舟生貴山，山生仲玉，仲玉生正心、義方，正心生里長，長牛而述、而信、而好、而比． 四. 四子朝彬，散居定遠、彭水、武隆、五子朝榮，居眉山之丹棱(清名人彭端淑一支)． 原派字:「子高開基，義方復業，啟賢時春，豫順學承，忠孝治家，詩禮相傳，克遵先志，世代光榮．」
重慶大渡口南海村	派字：國正天心順，官清民自安；開基宏祖德，永遠繼書香．其派字與忠縣金雞鎮(原黃龍鄉)石泉村系派字相同.「國」字先祖約清乾隆年間遷來小南海七組落業.
重慶壁山丁家彭氏	三合鄉彭家益持丁家彭氏宗譜: 江西遠祖仲文公宋進士,匡山月池人,繼居泰和街口,官湖南茶陵太栽而留居黃堂.其後一支舒文遷四川隆昌石鵝及榮昌雙河,業商.;另一支紹源出湖南,其子高明於清康熙年間由貴州桐梓縣遷永川陳食場(原屬永昌州)開銀匠鋪,德配何氏,生四子: 錫琛、玉琛、秀琛、瑞琛. 錫、玉、秀三房留居陳食場,惟四子瑞琛南遷壁山,成為彭家但丘開派祖.瑞琛生 璋、瓊、瑛三子.璋、瑛留住但丘,瓊遷馬坊.從第三代起改派字:「仕尚德澤，永振家傳；元超智大，祥應蜀川」
重慶榮昌彭氏	重慶榮昌彭氏有九支之多： 一. 榮昌彭家岩彭氏:據榮昌彭後修考證,直升鄉彭家岩入始祖太誠,係 1697 年自湖南寶慶府武崗縣首遷四川大足縣,後遷居榮昌直升鄉彭家岩,旋裔徙居城內及永榮鎮等地,傳十有二代.由隆昌縣龍市上鄉舊譜,及渝北高咀鎮遺留殘譜,得知榮昌祖太誠與渝北太濟太羲等同宗共祖,同出一源,於清初先後入川.太誠公以上血緣可參見渝忠高咀鎮譜,可知伏五,伏六脈絡,以及與伏一,伏二,伏三,萬富等關係.太誠公下傳世:元值－明祿－良武－國祚－永滇－正堂－孝筠－友富． 派行：成仕梓宗文，廷朝均太元，明良國永正，孝友胤光先，榮達宏通柱，祥開金玉賢，萬代興佐志，德利定安邦．渝北高咀鎮彭氏，將「胤」改成了「應」，如彭應康，彭應時． 早年湖南武崗劉迪康曾為榮昌彭家岩彭氏宗譜拜題歌詠一首： 世譜由來頌莫先，尼山有語竊商賢；屢彰神鑒惊民判，幾獻葴規范御篇；十策雄才魁宗史，雙輝雅□續明聯；今朝紹振淵源派，慶衍青流萬古天． 二. 榮昌雙河鐵爐垻：萬富公 1369 年入川,源出嘉公裔千七郎,原籍湖南永州府道州進賢鄉瑊墻坪,分住雙河、治安、安富、廣順、昌元鎮等地派字: 大啟光先志 宏開裕永基 高文明著世 英武績匡時 功業傳雲裔 聲聞炳象儀 多賢昌祚遠 再紀宜孫詩.明末戢亂,直到清嘉慶 19 年甲戌西元 1814 年,在祖籍道州負譜來川合派後,從「永」字輩取用,沿襲至今. 三. 榮昌仁北鄉彭氏：伍友公 1713 年入川,源出延年公三子銳公之後,原籍廣東惠州府和平縣汶水上園,分居仁義、仁北、涼平、廣順等地. 派字: 發國文榮元 仕一朝萬乾 中新高明久 富貴仁華宣 四. 榮昌德和鄉雷台：入川祖桂松,原籍廣東興寧,1759 年經商入川,落居雷台.派字: 永維世澤 宏發家祥 克繩祖武 茂著前方 存心謹厚 立志端庄 敦詩曰禮 顯忠遂良 傳之久遠 長續書香.
重慶渝北區高咀鎮彭氏	渝北區高咀鎮海堂垻彭氏族譜記載，清康熙五十年辛卯西元 1711 年自湖南寶慶府遷徙入川，落籍重慶府巴縣江北里毛家屋基(今高咀鎮)的開基太濟，攜子元亨、元慶、及元高之子明瑞、明理，還有太斌、太潤、太羲、和先於此前落居榮昌彭家岩的太誠，均是千七郎八世孫伏六後裔． 血緣：構雲－茲－倜－輔－玗－彥昭－師奭－德顒－嘉－儒斌－國材－九－逵－述－仲明－琮－彥秀－思賢－汝历－千七郎－仁貴
重慶長壽彭氏	重慶長壽有二大彭姓： 一. 黃葛鄉尚倫房彭姓，湖北麻城城縣（今紅安縣）城東南部孝感鄉(今雙橋鄉)高坎堰(劉河村)．彭尚倫、彭尚霞遷四川，尚倫落業長壽縣黃葛鄉雙土村五社(彭家灣)，生子：應年、應中、應門．應年居祖居彭家灣，應中居涪陵，應門居墊江縣硯台鎮白雲村八社，原派字:「應顯簡卿相，啟元祖德長，萬代朝天子，學士大文章．」、尚霞失考． 二. 古佛鄉正興、正發彭姓，居湖北孝感鄉(今雙橋鄉)．原派字:「文愈維仲朝，元肇慶孫堂，志世同良佐，君臣和德彰，詩書崇甲第，忠孝必留芳，治國傳先祖，辭家厚克昌．」
重川永川彭氏	一. 構雲公 7 世師旺之後德洪之子悟的 26 世孫彭再思房系，湖南邵東，遷永川爐鎮，原派字:「濟思天源祖，仁永定安邦，文武再興隆，萬福啟泰康．」 二. 黃瓜山彭氏，相傳清朝族人朝廷做官，歿後回黃瓜山，後裔居黃瓜山斑竹灣．原派字:「國正天心順，家和萬事興，必達文昌永，承繼應君恩．」 三. 三教鎮、壽永鄉，方才為第 10 世，入川近三百年，派字:「崇顯思定永，志興萬全方，曰壽方武正，世代祖宗昌」．現派字已用完．
重慶合川彭氏	一. 魁五郎房系：合川市渭淪鎮彭魁五郎後第十一世：三思、三伯、三祝，第 12 世正祿房系，原湖祁陽縣洪橋鋪．三思於 1702 年，三伯、三祝於 1709 年入蜀．第 10 世彭賓賢，由湖南祁陽八號坵，遷張橋鎮、九嶺鄉、小河鄉．第 11 世彭可仕，從祁陽縣青竹堡遷入合川市．第 11 世彭梅、12 三友，從祁新塘灣遷入張橋鎮、九嶺鄉．第 13 世彭惠聰於 1706 年從湖南清泉茂鄉遷入合川太平鎮．各房原用派字:「惠迪家聲振，美彰樹棟樑，積善啟綿遠，存心肇禎祥…」 二. 玉庭房系，是指彭丞崧遷金陵後 4 世孫彭文進，遷衡陽吳楚六府十三邑，明季年間，構雲公第 32 世【明】字輩，由湖南衡陽徙蜀合川之安壩里相宅禮渡河孫家溪西岸窩屋基．清順治元年(1644)張獻忠奪重慶，玉庭隻身乘牛巴浮沈渡河得脫，避居長壽，繼投豐都，播遷流在外十九年始歸故里．後裔分居合川孫家場，及鍌慶華鎮等地． 派字:「玉金正良，明文榮光，承廷燦國，仕朝安邦．」、 三. 江津市魁五郎房系：其始遷祖彭惠木、彭三雲，湖南祁陽洪橋鋪，惠木是魁五郎 13 世、三雲是 11 世孫．1728 年入川．原派字:「惠迪家聲振，美彰樹棟樑，積美啟綿遠，存心肇禎祥」．

	四. 壁山縣五龍鄉彭氏，因無譜可查，不知始遷祖名諱，只知二十派字：「朝上學志定，安邦國正興，爵祿登高位，天地永長春·」
重慶開縣彭氏	磴岩「彭氏族譜」記載：明洪武年間入蜀，明末有彭宗奇任把總，曾與張獻忠交戰，清末民初，有彭定芳(1847~1892)一族·出了近三十位名人·彭定芳，諱國清，字泉源·父玉奇，世居開縣江里中和場街後陳家大灣·其彭作楨(翹勤軒文集)載:「君定芳,二歲，父卒，母改適潘，為祖父母所鞠育·警悟天成，讀書一遍能誦，塾師異之，以貧故不克久讀，改業商，往來綏定安渝萬間·其賬目注明天時晴雨，及甲乙丙丁交接，故事隔數年，而債務昭晰，人不敢欺·尤精珠算，兩手持籌，期於合符，摯交某賬目紛雜，無法澄徹，客狡辯不認，款鉅事繁，請君往算，幽微軒露，客遂折服·性樂箴·」
重慶忠州彭氏(崇仁堂)	仕貴公，諱勝，通遠公三子，臨江彭氏始祖·元至正二年辛巳西元 1341 年冬月 11 日卯時生於湖南湘鄉 65 都長沖·1372 年以功授長沙衛，明洪武 12 年己未西元 1379 年楚王遣戍四川西蜀忠州，攜眷劉、劉二氏，由湖南長沙赴衛，落籍忠州崇仁里(今石柱王場鎮)一甲野鴨池，迄今六百二十餘年，繁衍二十餘世，為臨江望族·臨江即今忠縣(西漢時縣名)· 永樂 18 年辛丑西元 1421 年二月初八日子時逝世，葬四川忠州崇二鄉野鴨池機匠干墻·元配劉氏，湖南湘鄉 65 都梅口土地人，次配副室劉氏，湖南邻縣第七都新塘人·子六：文富、文祥、文祿、文福、文壽、文聰，世稱「老六房」，世襲千戶，代有名門，文武兼收，子孫廣佈臨江等十餘縣，及遠遷湘鄂滇等省· 註：重慶市彭勝公與貴州彭氏開基祖，均來自湖南茶陵，同屬構雲公 16 世彥秀(仲文)公後裔· 血緣：構雲－茲－倜－輔－玕－彥昭－師奭－德顒－嘉－斌－國材－千九郎－逵－逑(逑公，字仲明，為同一個人，並非兩代)－琮－仲文
銅梁大足彭氏	重慶市銅梁、大足兩縣相連，共有 15 個彭氏房系： 一. 銅梁彭成達房，為構雲公 9 世、嘉公後裔、千十一郎嗣孫，湖南永州府祁陽縣下河平鄉卅八都龍坡大王毛塘土地祠下，清康 59 年(1721),彭成達攜三子朝倫入川，居銅梁土橋鎮彭家大屋，在縣城巴川鎮朵子園建有祠堂，子嗣散居銅梁、大足、永川、璧山等縣·原派字輩：「朝永宗必達，榮昌世代期，文章延厚澤，德業擴前基…」 二. 彭三堯房，魁五郎 11 世孫，原籍湖南祁陽縣洪橋，鋪 728 年入蜀大足雍溪,鎮和銅梁安居·原派字輩：「惠迪家聲振，美彰樹棟樑，積善啟綿遠，存心肇禎祥…」 三. 彭合順(1674~1750)，1704 年由湖南衡州府耒陽縣平林鄉大橋里三元沖祀土主祠刁侯三祠下，遷合川玉銅梁巴嶽里四甲東門外·原字輩：「子邦萬正信，榮任合必昌，世代賢聖永，承天祚文明，德大安家國，恩鴻啟後人·」 四. 巴川鎮彭公科房，籍同彭合順，康熙末雍正初，遷四川銅梁城內，子嗣散居各地·原字輩：「子邦萬正信，應太公其仕，發達生卿相，久遠知繼純，雙全源光明，仁仲滿天星·」 五. 少雲鎮彭國誠(1662~1736)房，湖南祁陽縣上和坪鄉卅七都伯父大王祠下吳公塘土地大江邊，清康熙末遷四川銅梁柏樹溝·原字輩：「思志偉恩道，正尚楚國芳，文宗維世永，習學定安寧，盛朝雍熙治…」 六. 全德、二坪、虎峰、西泉鎮彭遐齡(1554~1720)房，湖南衡陽四十都二十區正義鄉招仁里石日落大王乾民塘，清康熙 53 年(1714)三月初六日播遷四川合川玉銅梁大東門外石壩溝· 原字輩：「世代興隆，安邦定國，長髮其祥，克承祖德，登仕立朝，永建鴻業·」 七. 大廟鎮彭鴻房，貴州遵義府綏陽縣包桂山，入學涪州補生遷巴縣梁灘，壩後至銅梁長安里新九甲大廟場雙河口·原字派：「鴻天熙壇，金淇椿煥，載錫汝材，輝升銀漢…」 八. 彭仲光、彭朝棟房，原籍湖南祁陽縣，彭仲光，構雲 9 世、嘉公後裔、千十一郎 15 世孫， 1719 年遷四川銅梁 太平·彭朝棟 1708 年遷銅梁土橋鎮,千士一郎 16 世孫·原派字：「朝(三)永宗必達，榮昌世代期，文章延厚澤，德業擴前基…」 九. 彭鴻，構雲公 35 世孫，貴州綏陽縣遷四川巴縣，後移居銅梁大廟鎮·原字輩：「鴻梓熙塤，金洪椿煥，載錫汝才，輝望銀漢，樹烈堂錦，永樂營封…」 十. 彭正輝,構雲公 9 世、嘉公之後、千十一郎 17 世孫·1747 年遷入大足縣雍溪鎮·原派字：「自正家必達，榮昌世代期，文章延後澤，德業擴前基…」 十一.彭可聖，魁五郎 11 世孫，湖南祁陽青竹堡，遷四川大足縣創業·原字輩：「惠迪家聲振，美彰樹棟樑，積善啟綿遠，存心肇禎祥…」 十二.彭大湖，魁五郎 10 世孫，12 世三鳳、三昊、三賢，湖南省，清康熙元年(1662)，三鳳從衡陽擔水塘遷四川銅梁白羊鎮；三湖、三昊、三賢，均從祁陽入蜀，三湖落業白羊鎮，三昊落白羊鎮與合川銅溪鎮；三賢落業安居、白羊鎮·各房均用字輩：「惠迪家聲振，美彰樹棟樑，積善啟綿遠，存心肇禎祥…」 十三.彭逢振房，廣東嘉應州興縣天坑堡赤泥嘴，清乾隆元年(1736)遷四川榮昌縣羅會里(今峰高鎮)三甲魚池壩，後轉大足縣郵亭鄉·新編派字：「紹先宏祖澤，富貴永昌榮，世代炳忠信，邦家慶文明·」 十四.彭朝誠房，入川始祖彭鄒氏(1550~1735)、與二叔彭朝誠(1545~1713)，清康熙四十九年(1710)自湖南零陵縣正方都府三郎祠，遷四川銅梁巴嶽里四甲五里墩(今巴川鎮鐵石村)，清雍正五年遷六寅里六甲六贏山下，後裔散居巴川鎮大埡村、安居鎮、潼南縣臥佛鎮等處·原派字：「祖祭立周朝，一任忠臣明，永樂壽世昌，隆德嘉靖福，天合無私興·」 十五.彭龍躍房，構雲 34 世、宣公 66 世，居大足縣雍溪鎮彭家壩·

明洪武十二年彭仕貴(勝)公遣戍四川忠州考略(節摘 2004 年重慶市忠州崇仁堂彭氏通譜)

清代、民國年間，我彭氏相關譜序關於明初遷四川忠州始祖彭勝，受朝廷藩王調戍守忠州之由來，有三處大體相同的記敘：

一·清乾隆廿七年忠州(臨江彭氏族譜)記載：「彭勝，字仕貴，元辛巳十一月十一日卯時生於湖廣長沙府湘縣六十五都長沖，明洪武四年以功受長沙衛，十二年調四川忠州所官，世襲千戶·」據考，忠州所即當時忠州之衛所，明初屬軍隊編制·史載：京師及各地要害處設立衛所，連郡設衛，大體三千六百人稱衛，一千百二十人稱千戶所，一百一十二人稱百戶所·千戶分行軍千戶，屯田千戶，守城千戶，欽察千戶等·

二·民國 34 年萬州龍安鄉彭家溝「彭氏修飾家譜序」載：自明洪武十二年千戶公諱勝，由楚南長沙衛調往四川忠州戍守，軍紀嚴明·

三·清同治三年湖南湘鄉「青藍彭氏族譜」人物卷載：通遠公三子仕价，更名仕貴，字勝，洪武四年任長沙衛，十二遣戍西蜀忠州武寧鎮(武陵鎮原屬忠州地，北周 562 年析出置原陽縣，隋 612 年改原陽為武寧縣，同時析出所屬西界地置南賓郡，是成石柱建縣之始)·正由於後來彭勝戍守的西界沱曾經是武寧縣屬地，故千里之外的湖南祖籍將其記載記成「武寧鎮」亦在情理之中．

從以上記述中可以看出，明初彭勝因功自湖南湘西而入長沙，任職八年後洪武十二年西元 1379 年，距朱元璋自湖廣大舉遷民填川，已整整十年．為更好地融合主、客籍川民關係，強化地方管理，以進一步恢復發展戰後巴蜀農業生產，降旨其擔任楚藩王朱元璋庶六子朱楨，從湘楚地方官員中抽調一批骨幹來川戍守，於是携眷率子，同時又屬官調性質的移民填川．與勝公戍忠同時來忠的還有守城千戶陶璋，當年巨資重修的忠州古城墻，便是彭勝公任內完成的．故今日忠縣陶姓，將始祖築城、守城的典故，編作其族譜派序首詞「守城唯祖志…」．同屬忠州衛所的彭姓，初來時住城內鼓樓街，約在今夏王廟一帶，後派調州東北千戶所，兵民統領，兼有行軍、屯田千戶之職，由於防地主要在沱，是將家室落居附近崇仁鄉野鴨池．發源繁衍，成為明初遷忠彭氏始祖．

崇仁鄉，以前叫崇仁里，管轄忠縣長江以南、方斗山以北長約百里，寬約三十里狹長地帶，有若忠州東南的屏障，它東與石柱、北與萬州相接，面對忠、石、萬，乃至湖北交界處，地位險要，明初在此設置千戶所，派功臣彭勝鎮守，保護了忠州半壁河山的安寧與發展繁榮．

彭勝公長子文富公墓刻：「黃蓮山下垂科甲，雙河口內報書香」、「文富公於洪武二十年宦遊墊江」，說明野鴨池等地區的經濟繁盛與人文氣息，社會已相當進步，彭勝公建立了不可磨滅的功績．

源同派異各支派別	派　字
青蘭、升堂三修族譜統一班序	祖興、中懷先賜美　貽訓允恭承　孝順家聲振　詩書世業徵　續學裕才能
青蘭族燕堂房	機拳通仕文，信仲友博，廷正希子榮，尚應宗祖興．
湘鄉青蘭派行(仁佳公為青蘭開基祖)	千仁通仕文　信仲友博　　廷正希子榮　尚應宗祖興　中懷先仁賜美　貽訓允恭承　孝順家聲振　詩書世業征　存心惟篤敬　續學裕才能
彭德懷宗氏派語	景汝邦宗孟，添思自漢興；朝世代忠良，臣正安民清，康際運愈昌，其鴻緒以長，遠紹先祖德，步履繼淮陽．
月山鎮白龍彭氏	鉷朝思廷良一文，登復光宗定國封，祿位榮隆徵厚澤，英才盛起建奇勛，聲華永振長平第， 瑞藻增場太付芬．
三修族譜增續	經日存聖道，本立衍家傳；孝友灰光緒，匡時仰右賢．
棋梓鎮毛田彭氏	才遠汝世詞仲程，守國忠良天心願，繩宗光大祖繼承．
梁平土墩壩彭氏字派	貴萬應仕學　純心樂善道　忠良定國安　孝友治家寶　慶衍光先德　詩書裕后昌　文明相繼起　　世代永發長
崇仁堂統一派行	崇仁開新宇，臨江展宏圖；淮陽紀厚澤，吉安肇文武． 註：使用新派時，宇、臨、安、文宜排在下，餘俱排于中．原「忠縣彭氏志」(72 頁)所訂班派作廢，一律以此為準)．無論用原派抑改用新派，應將新派首字套入彭勝以下 22 代，即 22 代為「崇」字輩，23 代為「仁」字輩．如野鴨池老二房「永」套「崇」,「光」套「仁」,「昌」套「開」，依次類推．
彭勝二分支發祥地毛村壩	學心樂善道，家運永光昌，孝弟傳源遠，詩書啟后長．
彭勝四分支野鴨池爊家田	純心樂善道，家國益光昌，詩禮承先業，忠禎啟后長．
彭勝長支任家鎮鐵山彭家壩	文學廣大，名振家邦；如其守敬，爾世克昌．
石柱游槳池彭毓蕭支派	毓待庭中正，自天萬世朝；文明光遠佑，廣大德先昭；有學宜登第，多才應尚超； 常懷忠順志，吉慶一家高．
善廣鄉三星村	天倫恩愛大，學元和名揚；忠子德富貴，永遠入朝庭．
東溪、復興鎮	長萬應仕文，純心樂善道；家國永光昌，詩禮傳先業，忠誠啟后長．
萬州區龍沙鎮彭家溝	純心樂善道，家國永安康；詩禮承先業，忠誠啟后長；尚志詣聖域，必定佑朝堂；孝弟年綿遠，榮華萬代昌．
萬州區武陵鎮三塊石分支	純心樂善道，家國永光昌；詩禮繼(承)先業　，忠誠(禎)啟后長．
忠縣東溪鎮彭家灣	祖壽天大長，萬仕應犬良；純心樂善道，家國永光昌．
烏楊鎮約清乾隆末年訂	子繼文學，永定國家，興(盛)朝作育，世代光華，祥綜龍鳳，彩煥雲霞，祖功宗德，倫與　崇喜．「彭家場天光村碑記」祥綜龍鳳系祥仲麟鳳，彩煥雲霞系彩雲魂，倫與崇嘉系論劾崇嘉．
天塹寶珠村台盤子彭家河修	子繼文學永，光耀朝選擇，家道興隆慶，正世以為德
汝溪鎮白廟九亭鍾鳴左家灕	金邦應仕文，學心樂善道，家國榮光昌，詩禮承先業，宗禎啟後長．
野鸖鎮南丫村朱家壩	國天一統清，禮義傳家寶．後與野鴨池合派善道，家國益光昌，詩禮承先業，忠禎啟後長．
梁邑土敦貴林支	貴萬應仕學，純心樂善道，忠良家國安，孝友治家寶，慶衍光先德，詩書裕后昌，文明相繼起，世代永發長．
干井大嶺遷金涼泉彭家灣	天心正順，信古傳述，德澤孔長，家修廷獻，桂秀蘭芳，忠良學仕，萬代榮昌．
新立鎮新立村彭家橋文筆	萬世文宗，克明正學，德紹孔孟，道成先覺．
新立村龍井灣	長因國山明　，興必黃茂福，大宗世有晉，德元克弟彭(？)
長崗門扣村彭家廟子村鹽井	仕承先單大，登自明光宗，萬善朝思政，永遠孝帝松．
永鎮東方牌坊自高凋大坪	志尚修祠堂，財源福壽康，文章光世澤，道德永傳揚．
西河鄉白村	代自祖德，堯舜詩章，文武雙全．去麻柳接續：府承應金有，仁義道德興，書番傳萬代，福壽永長青，朝廷治國正，光前裕后坤．
豐收彭家嶺碾盤彭家灣	友登文仕，學啟先德，明善復初，齊家治國，純一宗伝． 實元後裔增派：正肇人心，立本居元，懷智循禮，克禮守順天．
官壩石黃支	宗應萬啟登，大朝時正興；世守懷清玉，松柏發科香．
馬貫、黃欽	信名永慶，克正仁良，文學光大，百代榮昌．
金雞鎮白仙村	仕俸連興發，光宗義恩德，永世正泰清，榮華富貴增．
金雞白岩寨白灣	天啟忠良，世代永昌，國正運泰，明文興邦，德澤紹繼，成定傳家，思祖發達，崇懷宗細．
黃龍石泉村	仕忠應海，國正天心順，官清民自安，益普永祥林．
梁平紅岩壩彭述古	發仕忠正元，世代榮昌，文學天心順，子微定朝臣． 1982 年彭學太續編：由湖走進川，相傳百年，譜書將快過，捌陸重新翻．
豐都樹人彭毓尚支	萬國文永世，朝崇忠大榮；福厚德長久，元和美家成．
忠縣彭氏志編委會	龍傳源淵遠，人文世業興；繼承先祖德，萬代錦綉．

四川魁五郎世系派別

少　典	161	162	163	164	165	166	167	168	169	170	171	172	173	174	175	176	177	178	179	180
黃　帝	151	152	153	154	155	156	157	158	159	160	161	162	163	164	165	166	167	168	169	170
彭　祖	144	145	146	147	148	149	150	151	152	153	154	155	156	157	158	159	160	161	162	163
宣　公	62	63	64	65	6	67	68	69	70	71	72	73	74	75	76	77	78	79	80	81
構　雲	37	38	39	40	41	42	43	44	45	46	47	48	49	50	51	52	53	54	55	56
魁五郎元六郎	14	15	16	17	18	19	20	21	22	23	24	25	26	27	28	29	30	31	32	33
川渝銅梁大足	惠	迪	家	聲	振	美	彰	樹	棟	樑	積	善	啟	綿	遠	存	心	肇	禎	祥
湘邵東重慶	惠	迪	家	聲	振	美	彰	樹	棟	樑	積	善	啟	綿	遠	存	心	肇	千	祥
湖南祈東等地	惠	迪	家	聲	振	美	彰	肇	發	揚	觀	光	運	盛	世	懷	寶	煥	宗	邦

少　典	181	182	183	184	185	186	187	188	189	190	191	192	193	194	195	196	197	198	199	200	
黃　帝	171	172	173	174	175	176	177	178	179	180	181	182	183	184	185	186	187	188	189	190	
彭　祖	164	165	166	167	168	169	170	171	172	173	174	175	176	177	178	179	180	181	182	183	
宣　公	82	83	84	85	86	87	88	89	90	91	92	93	94	95	96	97	98	99	100	101	
構　雲	57	58	59	60	61	62	63	64	65	66	67	68	69	70	71	72	73	74	75	76	
魁五郎元六郎	34	35	36	37	38	39	40	41	42	43	44	45	46	47	48	49	50	51	52	53	
川渝銅梁大足	乘	規	傳	奕	祀	簡	書	增	琳	瑯	建	譜	儲	鑫	斯	謨	烈	壯	紀	綱	
湘邵東重慶	乘	規	傳	奕	葉	簡	書	增	琳	琅	建	譜	敦	仁	孝	謨	烈	壯	紀	綱	
湖南祈東等地	駿	起	人	文	萃	聯	開	甲	第	長	千	秋	同	貴	顯	百	代	紹	琳	琅	

構雲世代	祖名	出生時間				歿年時間				壽年
		朝代	帝王年號	干支	紀元	朝代	帝王年號	干支	紀元	
1	構雲	唐	玄宗開元 3 年	乙卯	715	唐	代宗大曆 2 年	丁未	767	53
2	茲		玄宗天寶 14 年	乙未	755		武宗會昌元年	辛酉	841	87
3	倜		代宗大曆 7 年	壬子	772		宣宗大中五年	辛未	851	80
4	輔		憲宗元和 7 年	壬辰	812		僖宗光啟 2 年	丙午	886	75
5	玕		文宗開成元年	丙辰	836	五代	五代後唐長興 4 年	癸巳	933	98
6	彥昭		懿宗咸通 11 年	庚寅	870	北宋	太宗端拱元年	戊子	988	119
7	師奭		昭宗乾寧 3 年	丙辰	896	五代	後梁末帝貞明 3 年	丁丑	917	22
8	德顯	五代	後梁太祖開平 1	丁卯	907	北宋	宋太祖開寶 7 年	甲戌	974	68
9	壽									
10	嗣興									
11	明									
12	霓									
13	能									
14	復									
15	用治									
16	護									
17	熊									
18	如玉									
19	明遠	南宋	高宗紹興 32 年	壬午	1162	南宋	理宗寶慶 2 年	丙戌	1226	65
20	達夫		寧宗慶元元年	乙卯	1195		理宗景定 2 年	辛酉	1261	67
21	敏一		理宗淳祐 4 年	甲辰	1244	元	仁宗至治 3 年	癸亥	1323	80
22	宗興	元	世祖至元 11 年	甲戌	1274		惠宗至正元年	辛巳	1341	68
23	伯富		成宗大德元年	丁酉	1297		13 年	癸巳	1353	57
24	仁尚		仁宗延祐 7 年	庚申	1320		25 年	乙巳	1365	46
25	友圓		惠宗至正 4 年	甲申	1344	明	成祖永樂 16 年	戊戌	1418	75
26	彥清	明	太祖洪武 2 年	己酉	1369		宣宗宣德 7 年	壬子	1432	64
27	仕賢		“ 30 年	丁丑	1397		孝宗弘治 4 年	辛亥	1491	95
28	祿敬		英正統 5 年	庚申	1440		13 年	庚申	1500	61
29	常用		憲宗成化元年	乙酉	1465		世宗嘉靖 2 年	癸未	1523	59
	常憲		18 年	壬寅	1482		穆宗隆慶 2 年	戊辰	1568	87
30	興禮		孝宗弘治 14 年	辛酉	1501		世宗嘉靖 20 年	辛丑	1541	41
31	中權		世宗嘉靖 4 年	乙酉	1525		穆宗隆慶 2 年	戊辰	1568	44
32	子達		33 年	甲寅	1554					
33	立汶		神宗萬曆 6 年	戊寅	1578		明毅宗崇禎 13 年	庚辰	1640	63
34	永歷		44 年	丙辰	1616	清	清世祖順治 15 年	戊戌	1658	43
35	代福	清	清順治 2 年	乙酉	1645		清康熙 32 年	癸酉	1693	49
36	志孔		清康熙 16 年 (雍正六年入川)	丁巳 戊申	1677 (1728)		清乾隆 13 年	戊辰	1748	72
37	斯華		清康熙 51 年	壬辰	1712		清乾隆 44 年	己亥	1779	68
38	文綿		清乾隆 25 年	庚辰	1760					
39	經盛		清嘉慶 15 年	庚午	1810		清咸豐元年	辛亥	1851	41

構雲世代	祖名	出生時間				歿年時間				壽年
		朝代	帝王年號	干支	紀元	朝代	帝王年號	干支	紀元	
40	術福		清道光 29 年	己酉	1849		民國 14 年	乙丑	1925	75
41	深揚		清光緒 6 年	庚辰	1880		民國 18 年	己巳	1929	50
42	先福		清宣統 2 年	庚戌	1910		中華人民共和國 9	戊戌	1958	49
43	哲沛	民國	民國 32 年	癸未	1943	中共				
44	科昇	中共		丁未	1967		55 年	甲申	2004	38
45	星全			庚午	1990					
46										

漢宣公　　　　　　　　六十二世
構雲公為一世至「惠」字輩為三十七世

一・魁五郎、元六郎原有字派各房不同，魁五郎房以現在分佈人數較多的汝東公房為例，自彥昭公起派字：

彥師德文嗣，仕思汝聞遠，弘蘊山景梦，初學富魁子，添忠昌志定，應汝得成三正・

二・清時會同祖籍湖南邵陽重新制定字派，重慶合川、銅梁、大足、江津、潼南、四川安岳、廣安、巴州等地宗支使用派序字輩(自構雲公 37 世起)

惠迪家聲振 美彰樹棟樑 積善啟綿遠 存心肇禎祥 秉規傳奕祀 簡書增琳琅 建譜儲鑫斯 謨烈壯紀綱

三・湖南祁東等地宗支使用字輩、重慶合川、等地宗支使用派序字輩(自構雲公 37 世起至 66 世)

惠迪家聲振 美彰肇發揚 觀光運盛世 懷寶煥宗邦 駿起人文萃 聯開甲第長 千秋同貴顯 百代紹琳琅・

四・湖南邵東、重慶永川等地宗支使用字輩

惠迪家聲振 美彰樹棟梁 積善啟綿遠 存心肇千祥 秉規傳奕葉 簡書增琳琅 建譜敦仁孝 謨烈壯紀綱・

五・元六郎原有派序字輩，以仲斗公房為例

初學富元子，福惟祖添應，世萬仲良任，興成(從「成」字輩起為為「惠」字輩)

彭三遵及二子承舉、承章清乾隆 48 年西元 1783 年由湘入川前字輩(摘自 2005.2.15.彭氏通訊彭邦炯文)

祖德三承聖，元洪文大庭；朝邦昭俊秀，嘉惠啟芳馨・

六・清乾隆 18 年（1679 年）彭城述修、宣統三年（1911 年）彭鍾模總篡的《彭氏宗譜》記載，

四川簡陽彭姓乾隆十八年連續輩分派語 10 字即:“鍾國家良彥,育君親子臣。”

同治二年（1863 年）續修 50 字分即:

“元善成正遠,大德定光乾,朝廷尚進舉,榮華富貴先,有為增學憲,

其才在爾全,志士興萬美,懷道安邦權,天開文遠口,宗功永久傳。”

四川犍為彭氏	犍為三溪祖彭榮卿，與明洪武二年同時入川落業丹稜桑黃垻的榮祖是弟兄，榮卿八子：其中必賢子文忠之子占魁，於明中期遷成都雙縣青杠垻,成為該地發祥祖外,其餘子:必先、必進、必隆、必成、必光、必富、必清,世居犍為,榮卿 21 世孫彭世珍清末編有「三溪鋪彭氏族譜」訂新訂行派為：**永大洪宗　世紹先德　商賢遠繼　同登長齡　基開忠厚　學啟憲章　家修廷獻　國益有光　多高知第　孝友成仁　時遷隆運　福自天申**
四川雙流青杠垻彭氏	雙流縣青杠垻祖彭占魁,是犍為榮卿公三世孫文忠之子,約明中葉三溪鋪遷青杠垻.賢能輩出,彭陽春武狀元,清宣宗時以武舉身份帶「家狀」「文解」赴京參君道光 30 年西元 1850 年庚戌科殿試,皇授武狀元.為我彭姓當時唯一的武狀元.係彭姓繼景直、汝礪、春湖、義甫、彭時、彭教、定求、啟豐、彭浚之後第十位狀元公. 彭陽春新族派：「**文學廣大,名振家邦,如其守敬,爾世克昌**」
仁壽縣順六區鰲陵場彭家溝	仁壽縣順六區鰲陵場彭家溝 1932 年所撰「彭氏宗譜卷一」記載,一世祖嘉仲於明末由丹稜桑黃垻遷彭家溝,前五代如左.嘉仲自丹稜桑黃垻遷仁壽彭家溝,四百多年共衍 16 世,現已傳至「德」字輩.其行派:**嘉宗應賢單鳳啟，子學思明萬世聰；敬德成文光大紹，聯元必正慶興隆・**
重慶榮昌彭家岩彭氏	據榮昌彭俊修考證,直升鄉彭家岩入始祖太誠,係 1697 年自湖南寶慶府武崗縣首遷四川大足縣,後遷居榮昌直升鄉彭家岩,旋裔徙居城內及永榮鎮等地,傳十有二代.由隆昌縣龍市上鄉舊譜,及渝北高咀鎮遺留殘譜,得知榮昌祖太誠與渝北太濟太羲等同宗共祖,同出一源,於清初先後入川.太誠公以上血緣可參見渝忠高咀鎮譜,可知伏五,伏六脈絡,以及與伏一,伏二,伏三,萬富等關係.太誠公下傳世:元值－明祿－良武－國祚－永滇－正堂－孝筠－友富・ 派行：**成仕梓宗文，廷朝均太元，明良國永正，孝友胤光先，榮達宏通柱，祥開金玉賢，萬代興佐志，德利定安邦**・渝北高咀鎮彭氏，將「胤」改成了「應」，如彭應康，彭應時・ 早年湖南武崗劉迪康曾為榮昌彭家岩彭氏宗譜拜題歌詠一首： **世譜由來頌莫先，尼山有語竊商賢；屢彰神鑒惊民判，幾獻蔵規范御篇；十策雄才魁宗史，雙輝雅□續明聯；今朝紹振淵源派慶衍青流萬古天・**
重慶大渡口南海村	派字：**國正天心順，官清民自安；開基宏祖德，永遠繼書香**・其派字與忠縣金雞鎮(原黃龍鄉)石泉村系派字相同.「國」字先祖約清乾隆年間遷來小南海七組落業.
重慶壁山丁家彭氏	三合鄉彭家益持丁家彭氏宗譜: 江西遠祖仲文公宋進士,匡山月池人,繼居泰和街口,官湖南茶陵太栽而留居黃堂.其後一支舒文遷四川隆昌石鵝及榮昌雙河,業商.;另一支紹源出湖南,其子高明於清康熙年間由貴州桐梓縣遷永川陳食場(原屬永昌州)開銀匠鋪,德配何氏,生四子: 錫琛、玉琛、秀琛、瑞琛. 錫、玉、秀三房留居陳食場,惟四子瑞琛南遷壁山,成為彭家但丘開派祖.瑞琛生璋、瓊、瑛三子.璋、瑛留住但丘,瓊遷馬坊.從第三代起改派字:「**仕尚德澤，永振家傳；元超智大，祥應蜀川**」
同炳讓公系	同炳讓公系下入川者尚有：博厚、成厚、智厚、曉厚、九厚、俱厚、星厚三子世應等・但去向不明・ 原祖籍派字：　**濟億炳時克，祖宗修德厚，世代錫榮昌，詩禮傳家永，易書兆慶長・** 來巴縣後續派：**奇瑞先聲振，典銘前烈揚・**
彭水縣靛水何家溝	始祖彭首章,約清初自江西寧江府城街大柏樹遷來彭水.據民國九年刻於七代孫彭洪揚墓碑上江西派是:**治世文章首，相國燦朝廷，本立能開永，崇修道體興・** 來彭水後改寫派字：**騰朝昌興志，洪開先澤永，作述啟人文，立德昭前緒，佐國樹奇勛・**
武隆鴨江鎮潭坪村	始祖彭尚首,與彭水何家溝祖彭首章是兄弟,同由江西入川,落籍武隆・ 命派字: **尚戶單仕仁，應明朝達廷；國正天心順，臣相萬年君；孝友傳世代，文明樹金生・**
重慶西陽	嘉道年間合修譜派為: **高之德應長(廣)明良 再啟文學世祖昌(長) 奇洪永裕宗正子 隆盛佐朝(萬興時維)續玉環** .

三岔垻潼南田家場	
榮昌雙河鐵爐垻	萬富公 1369 年入川,源出嘉公裔千七郎,原籍湖南永州府道州進賢鄉絨墻坪,分住雙河、治安、安富、廣順、昌元鎮等地派字: 大啟光先志 宏開裕永基 高文明著世 英武績匡時 功業傳雲裔 聲聞炳象儀 多賢昌祚遠 再紀宜孫詩. 明末戰亂,直到清嘉慶 19 年甲戌西元 1814 年,在祖籍道州負譜來川合派後,從「永」字輩取用,沿襲至今.
榮昌仁北鄉彭氏	伍友公 1713 年入川,源出延年公三子銳公之後,原籍廣東惠州府和平縣汶水上園,分居仁義、仁北、涼平、廣順等地. 派字: 發國文榮元 仕一朝萬乾 中新高明久 富貴仁華宣
隆昌石碾鎮兩邊岩	入川祖友仁,源出延年公三子銳公之裔,原籍廣東興寧南鄉五里,1759 年落居兩邊岩. 字派為: 有啟廷世大 德厚正祥光 雲程萬代興 富貴榮華盛 歷祖享朝爵 福祿與天長.
榮昌德和鄉雷台	入川祖桂松,原籍廣東興寧,1759 年經商入川,落居雷台.派字: 永維世澤 宏發家祥 克繩祖武 茂著前方 存心謹厚 立志端庄 敦詩曰禮 顯忠遂良 傳之久遠 長續書香.
隆昌涼亭鄉彭宗大房	入川祖能拔、能振 、能捷、能揚四兄弟,源出汝綱(鑒公八世孫),仲球一脈.原籍廣東興寧縣南五里蘭塘堡上倉祖屋.1751 年入籍隆昌發迹後,於城郊洗馬池修建彭宗大房子,涼亭等處.使用字派: 能朝如顯達 耀祖復光宗 積善照餘慶 思誠繼德風 理明為杰士 自立乃英雄 恩澤宜繩武 錦長大化同. 現分住石碾、周家寺馬兒坡、魚箭鄉、榮昌高橋等地.
大足郵亭	入川祖彭璘玉,原籍廣東嘉塵州興寧縣無坑堡赤泥咀,1736 年來大足,入川七世方編派字: 紹先宏祖澤 富貴永昌榮 世化秉忠信 邦家慶文明.子嗣散居郵亭、雍溪、龍水、榮昌豐高、永川太平等地.
隆昌縣李市鄉彭氏	入川祖彭君祿,原籍廣東韶州府汝源縣,1712 年來李市,字派: 君萬振朝綱 榮華大吉昌 修成上國瑞 盛德煥文章.子嗣散居隆昌、崇州、榮昌廣順、瀘州良錦、嘉明等地.
永川紅爐場彭氏	入川祖彭再思,原籍湖南邵東縣, 字派為: 濟思天源祖 仁永定安邦 文武再興隆 萬福啟太康.後人在「康」字後又續「惠迪家聲振, 美彰樹棟梁」.子嗣分居大足龍水及重慶市區.彭汝尊於民國年間修譜,記載 1910 年回湖南三修族譜.
永川彭壽樹支派	壽樹公係湖南永州府零陵縣福田鄉崇信里溪口人,1697 年入川,分住永川各鄉鎮.派字: 紹啟雄德生尚賢 志相才學聯三元 明星純良正安定 方如君臣有萬年.該支手抄譜記載,先九十五郎,後二二郎,生於江南鎮江府金壇縣,遷零陵縣生四子:千十五郎居地下譜.壽樹公生椿、榆、棻三子.椿公二子文召生於 1709 年,傳至四世祖紹柏為太子太傅.1883 年卒,有現存墓碑志銘可考.
榮昌雙河梅石垻	1697 年入川祖彭一和,原籍湖南永州府零陵縣福田鄉崇信里冒公塘,落業梅石垻. 派字: 一聯正仕世 大廷萬年安 福之從天佑 興旺夕遠昌 學足惟守德志高時香. 嗣裔散治安、千佛等鄉.譜載一和公系冒公塘八世孫,先居湖南邵陽縣黃溪,清康熙 36 年丁丑西元 1697 年遷居榮昌縣南門外廿里許正七甲高橋里,落業梅石垻.
榮昌縣石河殷家廟	1707 年入川祖盈秀兄弟四人,原籍湖南零陵縣福田鄉諫山嶺,派字: 大正有道國 元守天星說 文繼承先德 時思必自傑 .嗣裔散居千佛、治安、廣順等地.
榮昌峰高鋪千坵塝	清乾隆年間入川之永建公,原籍湖南湘鄉.字派: 富祖志太遠 孟應大永昌 安玉乾坤正 韓中光耀明. 1994 年續增: 建高定家邦 禮義榮華長 繼仁德孝順 後代蘭桂強. 嗣裔散居榮昌隻河等地
永川三教壽永彭氏	入川祖彭方才,原籍湖南寶慶府,源出千十一郎之述古堂. 首訂派字: 崇顯思定永 志興萬全方 曰壽文武正 世代祖宗昌. 續訂派字: 湘裔登貴遠 賢倫蜀棠庄 遺讀家聲旺 廿君福翔康 書義孝倬俊　梁才燦浩邦. 四十年代彭十年更增派字:商嗣淵泉遠 賢倫勝宏光 遺傳忠孝第 風晉歐美邦 述著順天成 古信肇書香 家訓勤耕讀 聲名建國綱.　嗣裔散居三教、壽永等鄉.直至五世孫武常公於咸豐庚申西元 1860 年,始有記載.
榮昌峰高玉侮鄉彭氏	1696 年自湖南零陵縣孝悌鄉魯塘入川之潛(承祝)、三寵二人係堂兄弟,源出明初因軍功授永州府指揮千戶官職的江淮無為州巢縣松高鎮人彭勝,乃勝公之十一世孫.潛、寵先後入川.
湘鄉青蘭彭氏川	「中懷先賜美」,1959 年續派 15 字: 智仁信禮成 孝弟友愛本 國家德和平.
四川姚渡鄉石龍三堰金雞窩	始祖彭材柏,清康熙 49 年庚寅西元 1710 年,自湖南常寧縣南鄉水口山遷蜀成都府金堂縣東門外萬安鄉老虎頭,五傳至盛廣創業,新建宅第於金雞窩.頗著盛名的彭盛廣(子貞浩、貞宜、貞祥、貞垂、貞寮)、貞吉(五子:復恒「子四:家珍、家元、家和、家祥」.彭家珍,號席儒,復恒長子,1888 生,參加革命 1912.1.26.因炸良弼犧牲,孫中山贈陸軍大將軍.
四川隆昌涼亭彭氏	千七郎 18 世孫彭高榮,清康熙年間自湖南遷隆昌涼亭鄉,已傳 13 世.派字:大文高聰德 天光日月明 成宗開顯達 肇祖啟隆榮 建立安邦國 立功定太平 宏圖昌裕遠 基永派家聲. 大益公為字派開列之祖,高榮為三世,四世聰瓊生於 1678 年,始有記載.
四川廣安濃洄彭氏	湖南舊派:天星玉宗良 富貴永華長. 由於時派巳盡,補增班序為:國正賢才輔 家和孝友揚 春光明海澤 世代顯文章 清定熙朝治敦人啟德芳.
重慶梁平七橋	定元希月龍 世代永朝宗 德積先昌美 文光太運崇 學道應明通 佑啟詒謀遠 祥本澤洪.
梁平蔭平鎮彭家塝	祖德堯舜 憲章文武 欽明溫恭 懷綏安撫 道宗先賢 學啟東魯 本源商祚 昌盛南浦 芳傳百代 光昭萬古 後有達人 永肇鴻圖 顯耀維新 端基善述.

源同派異

源同派異各支派別	派字
青蘭、升堂三修族譜統一班序	祖興、中懷先賜美　貽訓允恭承　孝順家聲振　詩書世業徵　續學裕才能
青蘭族燕堂房	機拳通仕文，信仲友博，廷正希子榮，尚應宗祖興．
湘鄉青蘭派行(仁佳公為青蘭開基祖)	千仁通仕文　信仲友博　廷正希子榮　尚應宗祖興　中懷先仁賜美　貽訓允恭承　孝順家聲振　詩書世業征　存心惟篤敬　續學裕才能
彭德懷宗氏派語	景汝邦宗孟，添思自漢興；朝世代忠良，臣正安民清，康際運愈昌，其鴻緒以長，遠紹先祖德，步履繼淮陽．
月山鎮白龍彭氏	鉷朝思廷良一文，登復光宗定國封，祿位榮隆徵厚澤，英才盛起建奇勛，聲華永振長平第，瑞藻增場太付芬．
三修族譜增續	經日存聖道，本立衍家傳；孝友灰光緒，匡時仰右賢．
棋梓鎮毛田彭氏	才遠汝世詞仲程，守國忠良天心願，繩宗光大祖繼承．
梁平土墩垻彭氏字派	貴萬應仕學　純心樂善道　忠良定國安　孝友治家寶 慶衍光先德　詩書裕后昌　文明相繼起

源同派異各支派別	派字
	世代永發長
崇仁堂統一派行	崇仁開新宇，臨江展宏圖；淮陽紀厚澤，吉安肇文武・ 註：使用新派時，宇、臨、安、文宜排在下，餘俱排于中・原「忠縣彭氏志」(72 頁)所訂班派作廢，一律以此為準)・無論用原派抑改用新派，應將新派首字套入彭勝以下 22 代，即 22 代為「崇」字輩，23 代為「仁」字輩・如野鴨池老二房「永」套「崇」,「光」套「仁」,「昌」套「開」，依次類推・
彭勝二分支發祥地毛村垻	學心樂善道，家運永光昌，孝弟傳源遠，詩書啟后長・
彭勝四分支野鴨池燸家田	純心樂善道，家國益光昌，詩禮承先業，忠禎啟后長・
彭勝長支任家鎮鐵山彭家垻	文學廣大，名振家邦；如其守敬，爾世克昌・
石柱游槳池彭毓蕭支派	毓待庭中正，自天萬世朝；文明光遠佑，廣大德先昭；有學宜登第，多才應尚超； 常懷忠順志，吉慶一家高・
善廣鄉三星村	天倫恩愛大，學元和名揚；忠子德富貴，永遠入朝庭・
東溪、復興鎮	長萬應仕文，純心樂善道；家國永光昌，詩禮傳先業，忠誠啟后長・
萬州區龍沙鎮彭家溝	純心樂善道，家國永安康；詩禮承先業，忠誠啟后長；尚志詣聖域，必定佑朝堂；孝弟年綿遠，榮華萬代昌・
萬州區武陵鎮三塊石分支	純心槳善道，家國永光昌；詩禮繼(承)先業　，忠誠(禎)啟后長・
忠縣東溪鎮彭家灣	祖壽天大長，萬仕應犬良；純心樂善道，家國永光昌・
烏楊鎮約清乾隆末年訂	子繼文學，永定國家，興(盛)朝作育，世代光華，祥綜龍鳳，彩煥雲霞，祖功宗德，倫與　崇喜・「彭家場天光村碑記」祥綜龍鳳系祥仲麟鳳，彩煥雲霞系彩雲魂，倫與崇嘉系論勃崇嘉・
天塹寶珠村台盤子彭家河修	子繼文學永，光耀朝選擇，家道興隆慶，正世以為德
汝溪鎮白廟九亭鍾鳴左家灙	金邦應仕文，學心樂善道，家國榮光昌，詩禮承先業，宗禎啟後長・
野鸖鎮南丫村朱家垻	國天一統清，禮義傳家寶・後與野鴨池合派善道，家國益光昌，詩禮承先業，忠禎啟後長・
梁邑土敦貴林支	貴萬應仕學，純心樂善道，忠良家國安，孝友治家寶，慶衍光先德，詩書裕后昌，文明相繼起，世代永發長・
干井大嶺遷金涼泉彭家灣	天心正順，信古傳述，德澤孔長，家修廷獻，桂秀蘭芳，忠良學仕，萬代榮昌・
新立鎮新立村彭家橋文筆	萬世文宗，克明正學，德紹孔孟，道成先覺・
新立村龍井灣	長因國山明　，興必黃茂福，大宗世有晉，德元克弟彭(？)
長崗門扣村彭家廟子村鹽井溝	仕承先單大，登自明光宗，萬善朝思政，永遠孝帝松・
永鎮東方牌坊自高凋大坪	志尚修祠堂，財源福壽康，文章光世澤，道德永傳揚・
西河鄉白村	代自祖德，堯舜詩章，文武雙全・去麻柳接續：府承應金有，仁義道德興，書番傳萬代，福壽永長青，朝廷治國正，光前裕后坤・
豐收彭家嶺碾盤彭家灣	友登文仕，學啟先德，明善復初，齊家治國，純一宗伝・ 實元後裔增派：正肇人心，立本居元，懷智循禮，克禮守順天・
官垻石黃支	宗應萬啟登，大朝時正興；世守懷清玉，松柏發科香・
馬貫、黃欽	信名永慶，克正仁良，文學光大，百代榮昌・
金雞鎮白仙村	仕俸連興發，光宗義恩德，永世正泰清，榮華富貴增・
金雞白岩寨白灣	天啟忠良，世代永昌，國正運泰，明文興邦，德澤紹繼，成定傳家，思祖發達，崇懷宗細・
黃龍石泉村	仕忠應海，國正天心順，官清民自安，益普永祥林・
梁平紅岩垻彭述古	發仕忠正元，世代榮昌，文學天心順，子微定朝臣・ 1982 年彭學太續編：由湖走進川，相傳百年，譜書將快過，捌陸重新翻・
豐都樹人彭毓肖支	萬國文永世，朝崇忠大榮；福厚德長久，元和美家成・
忠縣彭氏志編委會	龍傳源淵遠，人文世業興；繼承先祖德，萬代錦綉・

源同派異各支派別	派字
四川梁平聚寶譜派	金邦應仕文，學心樂善道，家國永光昌，詩禮承先業，忠禎啟後長・
萬州高升鎮鳳山村	純心樂善道，家國日光昌，詩禮承先業，忠誠啟後長・
文友公房	原字輩：　　文尚應仲，繼述方承，存宗子志，得見富貴・ 江西廬陵正派：一良學正興，加貴立青雲，應試天明道，書中禮義成・ 文友公房：　　一良文尚應，加貴立青雲，治世天明道，書中禮義成・ 1894 班序：　　肇籍西江，支開鄰陽，來川鍾秀，長發其祥，經魁虎榜，典贈龍章，南宮羔雁，奕葉流芳，鴻猷超萬國，品望朝廷，盛業繼先代，平侯德澤深・
四合鄉字輩	一良學正興，加貴立青雲，應世天明道，書中禮義成・
四合鄉白鶴林村	一良學正興，加貴立應世，書中禮義成，肇籍西，支開邻陽・
吉星鄉應覺房	一良學正興，加貴立應世，書中禮義成，紹(肇)志(籍)西江，支開邻陽，來川鍾秀，長發其祥，經魁虎榜，典贈龍章，南宮羔雁，奕葉流芳・
亶星鄉維幫房	大宗政貴印，萬志秀碧永，維尚朝天慶，鳳(仁)銀世代春，文明開國運，仁安家道成・
黃灘鄉孔珍房	紹龍子孔德維正，家有先賢道必光，大士學成選上國，榮華富貴萬年昌・
周家鎮仁先房	原字輩：友文德元志，天應裕時昌，仁士盛明際，賢良集樂邦，書田宗澤遠，忠厚祖傳長，百代守前訓，承家有餘光・ 續序：　國太平安定，恩顯知心情，修富人題發，學永禮義榮・
高灘鄉	景坤碧祥真，朝興世書應，富貴宇榮華，萬代永恒昌・
人和鄉玉蘭房	原字輩：榮華正世明，文武作天星・ 1928 年續序：富貴永遠久，光緒煥朝廷，仁義禮智信，福祿壽長春・
田垻鄉賓興房	相時維以仕，正大作朝綱，基緒承謨烈，紹祖世代昌・ 續奉以下字輩：洪開先澤茂，意樹顯仁隆，立志月德盛，吉祥萬年興・
石橋鋪鎮庚倫房	賜庚述德成，宗盛顯家廷，開會從天毓，昌榮世代臻・ 復纂字輩：　青雲光朗日，明月卜晴春，志士心長意，英賢性遠情・
石橋鋪鎮國慶房	廷國懷裕興，令名遠大光周漢，學業敦崇信孔曾，應致中和廷世澤，宜照福祿顯家盛・

源同派異各支派別	派字
新橋鄉正桂房	貽承應興，正子臣仕，世代榮華，光宗耀祖，永定國家．
歐家鄉榮富房	季全忠孝克應壽，希顯先祖志榮華，富貴綿延依錦綉，書香世繼頌名家．
歐家鄉作尊房	在作瑞應貴，聯科吉第先，書相惟繼世，福祿自綿延．
東柳鎮顯武房	資用一顯子，尚國元正長，永遠大富貴，久有達朝廷，明星光宗祖，英才定邦昌．
朝陽鄉鏡、玉二公	登一三天開，興德永繼昌，應世光宗祖，先宜達義方，朝廷來選試，文武定安邦，秉正忠君國，棟梁名遠彰，盛代賢才顯，富貴享壽長．
竹北鄉	舜三承聖，大志士一，五世其昌，有德忠良，九成名正，源遠長光．
城西鄉啟通房、啟賢房	啟通房：　大啟光先志，宏開裕永基，高文名著世，英武續匡時，瑞業傳雲裔，芳聲炳象儀，多賢昌祚遠，再繼宜孫詩． 啟賢房：　大啟光先志，宏開裕永基，高文名著世，英武續匡時，功業傳雲裔，聲聞炳象儀，多賢昌祚遠，再紀宜孫詩． 1998 年統一派行：大啟光先志，宏開裕永基，高文名著世，英武續匡時，瑞業傳雲裔，芳聲炳象儀，多賢昌祚遠，再繼宜孫詩．
竹陽鎮彭威房	泰明正和章，永葆美齊祥，佑仲武興奎，庭守榮新昌，連金道(體)(大)殿(振朝)，玉(作自愛均)長(福)獻孝(紀)光(雲)，呈耀龍翔飛， 宣世德崇揚，進學步穩健，仁義忠賢良．
邻水縣	一良學正興，加貴立青雲，應試天明道，書中禮義成．
古路鄉思賢房	一良學正興，加貴立青雲，應試天明道，書中禮義成．
復盛鄉朝曖房	朝九三學士，登雲月正綱，天開時化育，家國世代昌．
龍安鎮三通房	原字派：　朝九三學士，登雲月正綱，天開時化育，家國世代昌． 續字派：　厚德儀英俊，雍賢度泰康，賓興傳格廣，詩書永隆祥． 再續派：　達善洪修遠，斯文孟啟良，宗顯懷尚志，克典繼廷侯．
柑子鎮開文房	祖厚仕君相，宗正典清常，發祥皓宇惠，華廿仲玉光．　西蜀新立排律：開先德永元，興賢世代昌，學仕登科貴，成名佐朝綱．
渠縣金鑼鄉	久登君國尚，雲松龍有德，家成天開化，朝庭永華達．
宣漢縣明月鄉	湘陰口傳派語：　仁民有萬子孫光，定應諸賢元國房，志廷修幸崇豪顏，永遠世代顯名揚． 漢豐續修派語：　永遠洪恩世代昌，文章經綸啟明良，書香繼美承家范，祖德相傳遺澤長．
三河鄉彭權房	原派：　權龍義陽，應學榮儉，仲可修澤，言作恩躬，德能光宗，良才守道，廷升必豐，其祥汝錫，開元廣紅，家邦定達，昌大永隆． 支派：　權龍義陽，應學榮儉，仲可修澤，言譾啟文，德謨玉潤(其後同上) 支派：　權龍義陽，應學榮儉，仲可明澤，王仕紹昌，有能光宗(其後同上)
黃石鄉	年山維祖澤，模仁仲應心，學正能開道，懷恭欲大天，公孫廣尚國，長發紹忠先．
馬渡鄉玉載房	仕朝天玉定，國祚必昌興，仁德宏聖道，忠孝志大登，良能安居正，文學顯榮曾，從宗開源本，永啟時代明．
花池鄉玉友房	仕朝天玉定，國祚必昌興，仁德宏聖道，忠孝志大登，良能安居正，文學顯榮曾，從宗開源本，永啟時代明．
上峽鄉茂生房	道安宗永泰，德大子長祥，修志承先烈，英明萬代光，忠貞國朝正，文高本源欽，和厚崇仁敬，榮發全家興．
達縣木子申家鄉	書曙經文永紹先，德成仁立志如天，自能大有三元貴，登仕朝堂定萬年．
木子鄉九村	國正天心順，宮清聖懷安，德澤傳盛世，福祿萬代全，祠紹宗功遠，顯祖永長綿，富貴承上品，榮華滿金鑾．
木子趙家鎮	遠才正紹鳳，應永在公廷，一鵬九毓桂，主人慶中興，立志培先德，丕振大家聲．
應碧、永興房	遠才正紹鳳，應永在公廷，一鵬九毓桂，主人慶中興，立志培先德，丕振大家聲．展譜問本源，咸曰商之賢，金剛長現世， 壽高八百年，由江以及湖，明季入東川，青雲卜其居，發祥成萬千，海河岳岱固，生養教訓聯，信古宜聖師，風韵足流傳．
廣安前鋒鎮朝寶房	原字輩：　國朝一字(仕)水，詩元萬代昌，文明光百世，福祿壽華長．續字派：仁義誠心地，忠厚廣福田，富貴傳家遠，科名發萬年．
尚選房	尚一成玉國，開元啟永昌，朝廷有仕子，德志顯宗邦．
三溪	在玉學雲永，開朝宗大興，仁壽昭祖德，善樹廣賢因，孝廉為家正，文有輔國君；明祿世光顯，福澤喜長存．
代市鎮	益尚辰宗祖，萬世永興隆；國泰皇恩大，時懷地財．
協興、太安鎮	宗元永昌，洪開家章，先澤定國，繼紹文光，運志久長．
永倫房	永世維昌泰，興隆刻正家；高宗呈憲祖，福祿壽天華．
濃洄鎮、協興鎮	天星玉宗良，富貴永華長；國正賢才輔，家和孝友揚；春光明海澤，世代顯文章；清定熙潮治，敦仁啟德芳．
濃洄鎮、東岳鄉	萬世大永興，宗祖維宋承；榮華光繼遠，輔佐聖明廷；惠迪家聲振，美彰樹棟梁；積善啟綿遠，存心肇禎祥，乘規傳奕祀，簡書增琳琅；建譜儲螽斯，謨烈壯紀綱．
協興鎮子通房	庭正希子榮，尚應宗祖興，中懷天賜美，智仁信義存．
華鎣市永興鎮	國正天心順，官清民自安，朝廷文遠選，世代永遠長．
祿市鎮	必以朝天景，顯福紹良忠；世大承祖繼，文運永興隆；詩書達治道，禮樂振綱常，廣德聲名遠，鴻仁祿定昌．「世」字為構雲第 35 代
天池鎮傳慧房	傳信欽宗祖，志立更自祥；存心一代啟，文明永世昌．
慶華鎮宗鵬房	原字派：　文添原升政，九明時祖宗；世仁朝大科，萬扳永興隆．　新字派：傳家惟厚道，得瑞應榮昌；桂馥瞻庭秀，詩書定揚顯． 現字派：　風雲慶際會，甫福佐承平；億兆多才德，方譽海宇稱．
岳池縣喬家鎮	善繼先君志，增榮世永昌；安成福德久，學位顯忠良．

源同派異各支派別	派字
石埡鎮	朝興有仁德，良善益久長；富貴永隆昌，肖憲榮世代．
武勝新學鄉包家垻	泰仕成有定，鴻基何自肇；惟向書中尋，經典須詳閱；詞章務顯明，才高科捷發；時至級聯升，永遠逢隆世，長承聖主恩．
朝釗、朝宗房	朝永宗必達，榮昌世代期；文章純祖武，敏勉廣前基；運字深山遠，應多福壽宜；鴻財歡振啟，令聚欒交泥．「朝」字輩為構雲 37 代
萬善鎮	啟守明在顯，民盛天運開；萬代文昌茂，國朝繼世才．「啟」字輩為構雲 37 代．
烈面鎮	國朝登水仕，禮承大家興；福壽重來久，榮華富貴有．「國」字輩為構雲 35 代．
內江白鶴鄉國信房	友國文榮聯，繼志崇先代；賢才應運隆，朝廷良正選，勛業萬年宗．
隆昌縣有仁房	有啟庭世大，德厚正祥光；雲程萬代興，富貴榮華盛；歷祖享朝爵，福祿與天長．
隆昌縣能振房	能朝如顯達，耀祖復光宗；積善照餘慶，學誠繼德風；理明為杰士，自立乃英雄；恩澤宜純武，綿長大化同．
隆昌縣君祿房	君萬振朝綱，榮華大吉昌；修成上國瑞，盛德煥文章；才學廣世方，興旺加宏光；治理亮高杰，武能安定邦；禮義……
隆昌縣石碾鎮重二	大起光先志，宏開裕永基；高文明著世，英武績匡時；功業傳雲裔，聲聞炳象儀；多賢昌祚遠，再紀宜孫詩．
隆昌縣高榮房	大丈高聰德，天光日月明；承宗開顯達，紹祖啟隆榮；建立安邦國，文功定太平；宏圖昌裕遠，基永振家聲．
响石鎮達東房	夫相尼成鳳，宗祖永正年；榮華顯後代，富貴達先賢；功德一時見，方聲萬古傳；源流皆遠發，世澤同長綿．
油房鄉輝明房	明榮其樹尚，春有守宗邦；傳家本忠孝，顯達貴文章；謙和崇大道，禮義煥隆光；祖德善餘慶，益世定霞昌． 碧達振光仁，大基永守成；傳家崇信義，治國尚精明；俊秀欽元作，賢才應運生；祖先開澤後，萬世定和鳴．
宜賓市元麟房	元榮玉文必，正開光明星；仁義禮智信，科榜中先天．
屏山縣彭瑩房	應昌文玉(王)大，世運永興隆；道德傳宗遠，儒學(詩書)訓千秋(儒書擇後良)
簡陽市善桂房	成發朝正國，遠世榮光久，昌道家富興．
富順縣爵祿房	原字輩：　祿世春正洪，子奇仕升崇；元朝興登發，文貴應光宗． 續新修：　禮義善明彰，孔育後昌，金樑碧柱亮，詩詞有剛常，書在康寧福，旭陽照東方，華封慶國，獨占永翱翔．
安岳縣三雲仕成房	惠迪家聲振，美彰樹棟□，積善啟綿遠，存心肇禎祥…
巴中市彭葱房	惠迪家聲振,，美彰樹棟□，積善啟綿遠，存心肇禎祥…
成都青白江家珍房	才開成能，美盛貞恒；家傳信述，紹道之興．
犍為縣榮卿房	原字輩：永大洪宗，世紹先德．　　　新派：商賢遠繼，同登(享)長齡． 續派：基開忠厚，學啟憲章，家修廷獻，國典有光，多高品弟，孝友成仁，時遇隆運，福自天申．
重慶江北區太濟房	成仕梓宗文，廷朝均太元，明良國永正，孝友胤光先，榮達宏通祚，祥開經裕賢．
巴南區南彭鎮	期世國全學，梦昌自爾興；君子之澤，家用平康，長發吉祥．
彭水縣	自善登金祖，廷大永正光，壽德盛再顯，忠志思天文，定安國仕美，祥應世吉昌．
梁平縣土墩垻	貴萬應仕學，純心樂善道，化良定國安，孝友治家寶，慶衍光先德，詩書裕後昌，文明相繼起，世代永發長．
棓陵市仁義鄉	上才公派：大宗單上，春儒祖家，書禮相傳，金玉光華． 上益派：大宗單上，春儒體單，德治熙正，隆慶道咸． 上兩支續修字派：同紹緒統，權五民三，忠孝仁愛，信義和寬，紀律責任，四維以端，整齊清洁，朴素簡單，政教固有，生活新頒，過好長比，族世永蕃．
仁義鄉朝興房	子高開基，義方復業，啟賢時春，豫順學承，忠孝治家，詩禮相傳，克遵先志，世代光榮．
百勝雙河鄉朝仁房	仲朝啟東仕，大文世學盛，榮德玉有貴，春揚金銀在，國正永興定，福壽明月開．
長壽黃葛鄉尚倫房	應顯簡卿相，啟元祖德長，萬代朝天子，學士大文章．
古佛鄉正興正發房	文愈維仲朝，元肇慶孫堂，志世同良佐，君臣和德彰，詩書崇甲弟，忠孝必留芳，治國傳先祖，辭家厚克昌．
榮昌伍友桂松璘玉	紹先宏祖澤，富貴永昌榮，世代炳忠信，邦家慶文明．
榮昌縣太誠房	成仕梓宗文，廷朝均太元，明良國永正，孝友胤光先，榮達宏通祚，祥開金裕賢，萬代興佐志，德利定安邦．
榮昌縣萬富房	祖啟思尚泰，守登三貴正，大仕明永基，高文名著世，英武績匡時，功業傳雲裔，聲聞炳象儀，多賢昌祚遠，再紀宜孫詩．
雙河鄉	大起光先志，宏開裕永基，高文明著世，英武績匡時，功業傳雲裔，聲聞炳象儀，多賢昌祚遠，再紀宜孫詩．
玉梅鄉	宏大光明，登思仁義，再存德澤，永世其昌
峰高鄉彭勝房	國正天心順，家和世澤隆，得仁崇紹述，廉善裕朝宗．
峰高鄉永建房	富祖志太遠，孟應大永昌，安玉乾坤正，韓中光耀明． 1994 年新字派:建高定家邦，禮義榮華長，繼仁德孝順，後代蘭桂強．
銅鼓鄉	忠信正尚，開必賢良，興祖德國，世代榮昌，永遠發達，文學增光，佑啟家聲，維新顯揚，通順明禮，定能安邦．
石河鄉辛九郎房	一思秀仕世，大正有道國，元守天星悅，立志承先德，時思自自杰．
油菜鄉啟財房	財發應重貴，學成父再興，士彥宗祖顯，永遠志氣高，文章傳世澤，詩書紹先賢，忠孝為國寶，百代啟英才．
隻和鎮一和房	一聯正仕世，大廷萬年安，福之從天佑，興旺久遠昌，學足惟守德，志高待時香．
銅梁大足縣成達房	朝永宗必達，榮昌世代期，文章延厚澤，德業擴前基，定致書香遠，因多福壽宜，宏才欣振起，令緒樂昭垂．

源同派異各支派別	派　　字
三堯房	惠迪家聲振，美彰樹棟樑，積善啟綿遠，存心肇禎祥，乘規傳奕祀，簡書增琳瑯，建譜敦仁孝，謨烈壯紀綱．
合順房	子邦萬正信，榮任合必昌，世代賢聖永，承天祚文明，德大安家國，恩鴻啟後人．
巴川鎮彭公科房	子邦萬正信，應太公其仕，發達生卿相，欠遠佑繼純，雙全源光明，仁仲滿天星．
少雲鎮國誠房	思志偉恩道，正尚楚國芳，文宗維世永，習學定安寧，盛朝雍熙治，名登士先榮，開元常懷德，碧玉獻高庭．
全德二坪虎峰遐齡	世代興隆，安邦定國，長發其祥，克承祖德，登仕立朝，永建鴻業．
大廟鎮彭鴻房	鴻天熙壇，金淇椿煥，載錫汝材，輝升銀漢，樹烈堂錦，永樂營封，鍾澤極煒，基鎮泰東．
仲光房	三(朝)永宗必達，榮昌世代期，文章延厚澤，德業擴前基，定致書香遠，因多福壽宜，宏才興振起，令緒樂昭垂．
朝棟房	朝永宗必達，榮昌世代期，文章延厚澤，德業擴前基，定致書香遠，因多福壽宜，宏才興振起，令緒樂昭垂．
彭鴻房	鴻梓熙埴，金洪椿煥，載錫汝才，輝望銀漢，樹烈堂錦，永樂營封，鍾澤極煒，基鎮泰東，燮匡溶濟，梁然堪欽，法權炳在， 銘海策勛，培鑄范模，耀奎銓治，懋熾增鉅，滋榮炎緒，監清楓照，孝錄源根，榮坤均森，森焱□鑫．
正輝房	自正家必達，榮昌世代期，文章延厚澤，德業擴前基…
可聖房、魁五郎房	惠迪家聲振，美彰樹棟樑，積善啟綿遠，存心肇禎祥，乘規傳奕祀，簡書增琳瑯，建譜敦仁孝，謨烈壯紀綱．
逢振房	紹先宏祖澤，富貴永昌榮，世代炳忠信，邦家慶文明．
巴川鎮朝誠房	祖祭立周朝，一任忠臣明，永樂壽世昌，隆德嘉靖福，天合無私興．
大足縣雍溪鎮龍躍	登聯正大光，明孝仁鍾齡，祥發……
永川市再思房	濟思天源祖，仁永定安邦，文武再興隆，萬福啟泰康．
黃瓜山	國正天心順，家和萬世興，必達文昌永，承繼應君恩．
太平鄉	永清知昌太，祖澤招貽訓，忠孝著家邦，一本開濟會，萬代正綱常，吳楚金張煥，江淮玉汝懷，讀書仲三點，衣冠蓮上台．
青峰鄉壽樹房	紹啟維德生尚賢，志相才學聯三元，明星純良正安定，方知君臣有萬年．
三教鎮、壽永鄉方才房	原字派：崇顯思定永，志興萬全方，曰壽文武正，世代祖宗昌． 1980 年續議：商嗣淵泉遠，賢倫勝宏光，遺諫傳宗孝，風晉敔美邦，述著順天成，古信紹書香，家訓勤耕讀，聲名建國綱．
合川市魁五郎房	惠迪家聲振，美彰樹棟樑，積善啟綿遠，存心肇禎祥，乘規傳奕祀，簡書增琳瑯，建譜敦仁孝，謨烈壯紀綱．
玉庭房	文進公派：文添厚升政，九明時祖宗，世仁朝大科，萬枝永興隆． 續議字：玉金正良，明文榮光，承廷灿國，仕朝安幫． 續新字派：佑賢輔德，遵周紹唐，功超百代，恩施四方，聲宏實大，源遠澤長．
江津市魁五郎房	惠迪家聲振，美彰樹棟樑，積善啟綿遠，存心肇禎祥，乘規傳奕祀，簡書增琳瑯，建譜敦仁孝，謨烈壯紀綱．
壁山縣五龍鄉	朝上學志定，安邦國正興，爵祿登高位，天地永長春．
攀枝花支系	玉其爾仕文，予正大家興；國光昌永世，天瑞顯宗仁．
彭陽春授派	文學廣大，名振家邦；如其守敬，爾世克昌．
忠州崇仁堂新派	崇仁開新宇，龍鳳呈華祥；德澤潤乾坤，立達吉樂康．
歷代舊派	永遠職元必　世天立大三　善義福真勝　興隆仲盛紹　以一宗永成　顯慶欽忠兆　敏德瑞祥呈　象賢光先緒　支繩振家聲　長平貽燕翼　淑嗣繼尊榮
重慶忠州崇仁堂	崇仁開新宇，臨江啟宏風，淮陽紀厚澤，吉安兆瑞祥
四川重慶巴縣(巴南)龍井灣	濟億炳時克，祖宗修德厚，世代錫榮昌，惠澤興家永，忠良仕國長．(四川重慶巴縣(巴南)龍井灣安厚公、享厚公由湖廣寶慶邵陽新寧下一都青芓崗淡泉塘，垂五百餘年，旋遷四川重慶巴縣(巴南)安瀾鎮，再遷詞會于龍井灣，修譜訂定排行)
湖南來四川合修	濟億炳時克，祖宗修德厚，世代錫榮昌，詩禮傳家永，而書兆慶長．(湖南家族來四川合修族譜，共商修改排行)
四川仁壽	嘉宗應賢單鳳啟，子學思明萬世聰；敬德成文光大紹，聯元必正慶興隆． (四川仁壽縣丹稜桑黃垻遷彭家溝四百多年一世祖嘉仲公派序)
四川犍為彭氏	永大洪宗，世紹先德，商賢遠繼，同登長齡；基開忠厚，學啟憲章，家修廷獻，國典有光；多高知第，孝友成仁，時迂隆運，福自天申．
四川雋流青本垻	文學廣大，名振家聲；如其守敬，爾世克昌．
重慶榮昌彭家岩	成仕梓宗文，廷朝均太元；明良國永正，孝友胤光先；榮達宏通往，祥開金玉賢；萬代興佐志，德利定安邦．
重慶大渡口區南海村	國正天心願，官清民自安；開基宏祖德，永遠繼書香．
重慶壁山丁家彭氏	仕尚德澤，永振家傳；元超智大，祥應蜀川．
重慶巴南小龍村安瀾	濟億炳時克，祖宗修德厚；世代錫榮昌，詩禮傳家永，易書兆慶長．來巴縣後續派：奇瑞先聲振，典銘前烈揚．
彭水縣靛水河家溝	江西老派：治世文章首，相國燦朝廷；本立能開永，崇修道體興．　後改今派：騰朝昌興志，洪開先澤永，作述啟人文，立德昭前緒，佐國樹奇勛．
武隆鴨江鎮潭坪村	尚戶單仕仁，應明朝達廷；國正天心川順，臣相萬年君；孝友傳世代，文明樹金生．
榮昌雙河鐵爐垻	大啟光先志，宏開裕永基；高文明著世，英武績匡時；功業傳雲裔，聲聞炳象儀；多賢昌祚遠，再紀宜孫詩．
榮昌雙河梅石垻	一聯正仕世，大廷萬年安；福之從天佑，旺久遠昌；學足惟守德，志高待時香．
榮昌石河鄉殷家廟	大正有道國，元守天星悅；文繼承先德，時思必自傑．
榮昌縣峰高鋪千坵塝	富祖志太遠，孟應大永昌；安玉乾坤正，中光耀明．

源同派異各支派別	派　　　字
	1994 年續增：建高定家邦，禮義榮華長；繼仁德孝順，後代蘭桂強．
榮昌峰高、玉侮鄉	宏大光明，登思仁義；再存德澤，永世其昌．　衍派：國正天心順，家和世澤隆；祥仁崇紹述，廉善裕朝宗．
隆昌涼亭鄉彭宗大房	能朝如顯達，耀祖復光宗；積善照餘慶，思誠繼德風；理明為杰士，自立乃英雄；恩澤宜繩武，錦長大化同．
大足郵亭彭氏	紹先宏祖澤，富貴永昌榮；世化秉忠信，邦家慶文明．
隆昌縣李市彭氏	君萬振朝綱，榮華大吉昌；修成上國瑞，盛德煥文章．
永川彭壽樹支	紹啟雄德生尚賢，志相才學聯三元；明星純良正安定，方如君臣有萬年．
永川三教壽永彭氏	湖南寶慶派：崇顯思定永，志興萬全方；日壽文武正，世代祖宗昌． 續派為：　湘裔登貴遠，賢倫蜀棠庄；遺讀家聲旺，廿君福翔康；書義孝倬俊，梁才燦浩邦；述著順天成，古信肇書香；家訓勤耕讀，聲名建國綱．
魁五郎遷川廿一支	惠迪家聲振，美彰樹棟梁；積善啟綿遠，存心肇禎祥；秉規傳奕祀，簡書增琳琅；建譜儒□斯，謨烈壯紀綱． (湖南祁陽洪橋魁五郎遷川廿一支)
四川廣安濃回彭氏	天星玉宗良，富貴永華長．　補增派序：國正賢才輔，家和孝友揚；春光明海澤，世代顯文章；清定熙朝治，敦人啟德芳．
重慶梁平七橋岩霧山	定元希月龍，世代永朝宗；德積先昌美，文光太運崇；學道應明通，佑啟詒謀遠；祥本澤洪．
梁平縣蔭平鎮彭家塝	祖德堯舜，憲章文武；欽明溫恭，懷綏安撫；道宗先賢，學啟東魯；本源商祚，昌盛南浦；芳傳百代，光昭萬古；後有達人，永肇鴻圖；顯耀維新，端基善述．
四川綿竹彭氏字派	億成士有年，嘉正德元先；禮淑敦邦憲，洪維福永金．
四川簡陽彭氏班行	一．清乾隆十八年西元 1753 年五世孫彭誠建譜預擬排行十字：鉀國家良彥，育君親子臣． 二．清同治二年西元 1863 年建祠勒石，六世孫崇渥有預擬續排行五十字：元善成正遠，大德定光乾；朝廷尚進舉，榮華富貴先；有為增學憲，其才在爾全；志士興萬美，懷道安邦權；天開文運日，宗功永久傳。

構雲公嗣八世祖裔遷蜀巴渝世次昭穆派序

(構雲－茲－倜－輔－玕－彥昭－師奭－德顒－吉、壽、嘉)

構雲公世系		9	10	11	12	13	14	15	16	17	18	19	20	21	22	23	24	25	26	27	28	29	30	31	32	33	34	35	36	37	38	39	40	41	42	43	44	45	46	47	48	49	50	51
四川武勝縣	新學鄉	壽	嗣興	昉	思奇	說	聞聰	光遠	弘道	蘊綸	像山	景顏	梦驤	壽初	學叟	男富	魁五	字訓	添松	仲達	龍濟	照	萬琪	福祥	仁秀	國清	正	應	君	朝	泰	仕	成	有	定	鴻	基	何	自	肇	惟	向	書	淵
	飛長白龍安坪鄉	壽														(魁	五	郎)										愈	國	金	朝	廷	天	生	大	德	星	全	家	傳	孝	友	世	淵
	太鳴沿山鐘口鎮	壽																												朝	永	宗	必	達	榮	昌	世	代	期	文	章	純	祖	淵
	萬善鎮	壽																											啟	守	各	在	顯	名	盛	天	運	開	萬	代	榮	昌	茂	淵
	烈面鎮	壽																										國	朝	登	永	仕	禮	成	大	家	興	福	壽	重	來	久	榮	淵
岳池	喬家鎮	壽																								善	繼	先	君	志	增	榮	世	永	昌	安	成	福	德	久	長	富	貴	淵
	石埡鎮	壽																														朝	興	有	仁	德	良	善	宜	久	長	富	貴	淵
廣安區	前鋒鎮(一)	壽																						福海	仁義	國堯	朝	一	字	永	詩	元	萬	代	昌	文	明	光	百	世	福	祿	壽	淵
	前鋒鎮(二)	壽																																仁	義	誠	心	地	忠	厚	廣	福	田	淵
	代三長市溪五鄉	壽																										在	玉	學	榮	永	開	朝	宗	大	興	仁	壽	昭	福	德	善	淵
	代市鎮	壽																														益	善	辰	宗	祖	萬	世	永	興	龍	國	泰	淵
	悅楊馬來坪壩鄉	壽																										永	世	維	昌	泰	興	隆	克	正	家	高	宗	呈	憲	祖	福	淵
	協太興安鎮	壽																													宗	元	永	昌	洪	開	家	章	先	澤	定	國	繼	淵
	廣化川朝福龍石陽	壽																										尚	一	成	玉	國	開	元	啟	永	昌	朝	廷	有	仕	子	德	淵
	濃東洄岳鎮	壽									萬	世	大	永	興	宗	祖	惟	宋	承	榮	華	光	繼	遠	輔	佐	聖	明	廷	惠	迪	家	聲	振	美	彰	樹	棟	梁	積	善	啟	淵
華鎣市	天池鎮	壽																								傳	宗	欽	信	祖	自	力	更	志	祥	存	心	一	代	啟	文	明	永	淵
	永興鎮	壽																														國	正	天	心	順	官	清	民	自	安	朝	廷	淵
	祿市廣安長五鎮	壽																	必	以	朝	天	景	顯	福	紹	良	忠	世	大	承	祖	繼	文	運	永	興	隆	詩	書	達	治	道	淵
	渠縣金鑼鄉	壽																								久	登	君	國	尚	云	松	龍	有	德	家	成	天	開	化	朝	廷	永	淵
宣漢縣	明月鄉	壽												仁	民	有	萬	子	孫	光	定	應	諸	賢	元	國	房	志	廷	修	幸	崇	豪	顏	永	遠	洪	思	世	代	昌	文	章	淵
	黃三石河鄉	壽																						年	山	維	祖	澤	模	仁	仲	應	心	學	正	能	開	道	懷	公	子	達	天	淵
	上涼峽風鄉	壽																										道	安	宗	永	泰	德	大	子	長	祥	修	志	承	先	烈	英	淵
	馬花渡池鄉	壽																											仕	朝	安	玉	定	國	作	必	昌	興	仁	德	宏	聖	道	淵
	三河鄉	壽																						言	作	思	功	德	能	光	宗	良	才	守	道	延	開	必	豐	其	祥	汝	錫	淵
鄰子縣	柑子鎮(一)	壽								祖	厚	仕	君	相	宗	正	典	清	常	發	祥	維	宇	惠	華	孟	仲	玉	光	開	先	德	永	元	興	賢	世	代	昌	學	仕	登	科	淵
	柑子鎮(二)	壽																								吉	福	世	洪	昌	宗	朝	有	名	揚	盛	傳	賢	良	仕	國	家	真	淵
	復龍石盛安永鎮	壽																						朝	九	三	學	士	登	雲	月	正	綱	天	開	時	化	育	家	國	世	代	昌	淵
	豐古長禾路灘鄉	吉	君邈	克忠	思超	汝方	–	–	–	大雅	–	均祥	–	–	–	–	–	–	–	–	齡	崇教	思	一	良	學	正	興	加	貴	立	青	雲	應	試	天	明	道	書	中	禮	義	成	淵
大竹	姚市媽高穴神合	吉																								文	尚	應	加	貴	立	青	雲	治	世	天	明	道	肇	籍	西	江	支	淵
	四合鄉	吉																						一	良	學	正	興	加	貴	立	青	雲	應	世	天	明	道	書	中	禮	義	成	淵
	四吉星楊通童家	吉																						一	良	學	正	興	加	貴	立	應	世	書	中	禮	義	成	肇	籍	西	江	支	淵
	吉星鄉	吉																		大	宗	政	貴	印	萬	志	秀	碧	永	維	尚	朝	天	慶	鳳	銀	世	代	春	文	明	開	淵
	黃灘鄉	吉																							紹	龍	子	孔	德	維	正	家	有	先	賢	道	必	光	大	士	學	成	選	淵
	周白家壩鎮	吉																	友	文	德	元	志	天	應	裕	時	昌	仁	士	盛	明	際	賢	良	集	樂	邦	書	田	宗	澤	遠	淵
	高明灘童家中河	吉																									景	坤	碧	祥	真	朝	興	世	書	應	富	貴	宇	榮	華	萬	代	淵
	石橋鎮(一)	吉																										廷	國	懷	裕	興	令	名	遠	大	光	周	漢	學	業	敦	崇	淵
	石橋橋(二)	吉																							賜	庚	述	德	成	宗	盛	顯	家	廷	開	會	從	天	毓	昌	榮	世	代	淵
	歐家鄉(一)	嘉	儒斌	國材	九	逵	述	仲明	琮	彥秀	思賢	汝历	千11郎	–	–	–	–	秀	全	忠	孝	克	應	壽	希	顯	先	祖	志	榮	華	富	貴	綿	延	依	錦	秀	書	香	世	繼	頌	名

	構雲公世系	9	10	11	12	13	14	15	16	17	18	19	20	21	22	23	24	25	26	27	28	29	30	31	32	33	34	35	36	37	38	39	40	41	42	43	44	45	46	47	48	49	50	51
縣	歐家鄉(二)	嘉																											在	作	瑞	應	貴	連	科	及	第	先	書	相	惟	繼	世	福
	新橋鄉	嘉																								貽	承	應	興	正	子	臣	仕	世	代	榮	華	光	宗	耀	祖	永	定	國
	四堉鄉	嘉																					相	時	維	以	仕	正	大	作	朝	綱	基	緒	承	謨	烈	紹	祖	世	代	昌	洪	開
	仁和鄉	嘉																														榮	華	正	世	明	文	武	作	天	星			
	東柳鎮	嘉																						資	用	一	顯	子	尚	國	元	正	長	永	遠	大	富	貴	久	有	達	朝	廷	明
	竹北鄉	嘉																									舜	三	承	聖	大	志	士	一	五	世	其	昌	有	德	忠	良	九	成
	朝陽鄉	嘉																								登	一	三	天	開	興	德	永	繼	昌	應	世	光	宗	祖	先	宜	達	義
	城川主清水牌坊	嘉											千七郎	仁貴	朝慶	友惠	子和	靈璧	旺三	敬	聰	有	清	天	宗	斗	大	啟	光	先	志	宏	開	裕	永	基	高	文	名	著	世	英	武	續
相關世系派別	榮昌雙河鎮	嘉											千七郎	仁貴	添	楚	朝	友	子	凌	萬富	致	以	祖	啟	思	尚	泰	守	登	三	貴	正	大	仕	明	永	智	高	文	明	著		
	湘雙豐九溪	壽	嗣邦	仕憲	思賢	汝襄	以功	雄飛	大年	公偉	祥符	禧祖	啟論	層壁	景祥	邦	宗	孟	添	思	自	漢	興	朝	世	代	忠	良	臣	正	安	民	德懷	康	際	愈	昌	其	其	源	緒	以	長	遠
	四川金堂姚渡鄉	壽	嗣邦	仕炳	思珠	汝楷	優正	振淮	迁賢	禮讓	世傳	助慎	長滌	佩吉	永言	開新	慶雲	廷桂	日寅	大用	希遇	維達	三省	才柏	開泰	成伸	能忠	典	盛廣	貞仲	復恒	家珍	傳直	信超										
	四川隆昌李市鎮	壽	嗣邦	仕炳	思珠	汝楷	優正	振淮	迁賢	禮讓	世傳	助慎	長滌	佩吉	永言	開新	慶雲	廷桂	日寅	大用	希遇	維達	三省	才柏	開泰	君祿	萬	振	朝	綱	榮	華	大	吉	昌	修	成	上	國	瑞	盛	德	煥	文
	重慶大足雍溪鎮	嘉	儒斌	國材	九	逵	述	仲明	琮	彥秀	思賢	汝历	千11郎	–	–	–	–	–	–	–	–	–	–	–	–	–		成達	朝	永	宗	必	達	榮	昌	世	代	期	文	章	延	后	澤	德
	忠州宗仁堂	嘉	儒斌	國材	九	逵	述	仲明	琮	彥秀	思賢	汝历	千九郎	仁佳	通遠	勝	文福	友諒	慣	金鷟	雄	表	以明	仁	滿宗	邦啟	應兆	璠	文	純	心	樂	善	道	家	國	益	光	昌	詩	禮	承	先	業
	奉白樹節帝泡灣	嘉	儒斌	國材	九	逵	述	仲明	琮	彥秀	思賢	汝历	千九郎	仁佳	通遠	仕	文	信	仲	友	博	廷	正	希	子	榮	尚	應	宗知	祖	興	中	懷	先	賜	美	智	仁	信	禮	成	孝	弟	友
	雲陽中甲梁子	嘉	儒斌	國材	九	逵	述	仲明	琮	彥秀	思賢	汝历	千九郎	仁佳	通遠	仕	文	信	仲	友	博	廷	正	希	子	榮	尚	應	禹璉	祖	興	中	懷	先	賜	美	貽	訓	允	恭	承	孝	順	家
	貴州大方縣	嘉	儒斌	國材	九	逵	述	仲明	琮	彥秀	思默	汝嘉	達叟	重華	子敬	助隆	雯賦	祖聖	嗣鼎	本勝	元倫	榮漢	文顯	義胥	仕鄂	月倫	仁	尚	登	維	聲	大	遠	詩	書	華	國	基						

四川彭氏直系血緣源流(一)

血緣：構雲－茲－倜－輔－玗－彥昭－師奭－德顯－壽

	先		祖		1	2	3	4	5	6	7	8	9	10	11	12	13	14	15	16	17	18	19	20	21	22	23	24	25	26	27	28	29	30	31	32
開派始祖少典	受姓彭祖	淮陽宣公	江西構雲公世系	四川大雅公世系	川武勝縣新學鄉朝標	川武勝飛龍長安白坪	川武勝太山鳴鐘沿口	川武勝縣萬善鎮	川武勝縣烈面鎮	川岳池縣喬家鎮	川岳池縣石埡鎮	川廣安區前鋒鎮(1)	川廣安區前鋒鎮(2)	川廣安區代市三溪長五	川廣安區代市鎮	川廣安悅來楊坪馬埧	川廣安區協興太安鎮	川廣安廣福化龍朝陽	川廣安區濃洄鎮東岳鄉	川廣安區濃洄協興六欽	川廣安區協興鎮子通	川華鎣市天池鎮傳慧	川華鎣市永興鎮	川華鎣市祿廣安長五	川渠縣金鑼鄉	川宣漢縣明月鄉永保	川宣漢縣黃石三河鄉	川宣漢縣上峽涼風鄉	川宣漢縣馬渡花池玉載	川宣漢縣三河鄉	川邻水柑子鎮開文	川邻水柑子鎮雲盤村	川邻水復盛龍安石永	川邻水豐禾古路長灘	川大竹姚媽媽高穴神合	川大竹縣四合鄉學孔
133	116	34	9		壽	壽	嘉	壽	壽	嘉	嘉	壽	壽	壽	壽	嘉	壽	嘉	壽	壽	壽	嘉								嘉				吉	吉	吉
134	117	35	10		嗣興	嗣簡	嗣斌					嗣興	嗣興						嗣興											嗣斌				君遴	君遴	君遴
135	118	36	11		仕昉	仕旰	國才					仕昉	仕昉						仕昉											國才				克忠	克忠	克忠
136	119	37	12		思齊	思功	九公					思齊	思齊						思齊											九公				超	超	超
137	120	38	13		汝說		逵					汝說	汝說						汝說											逵				汝芳	汝芳	汝芳
138	121	39	14		聞聰		述					聞聰	聞聰						聞聰											述				忠	忠	忠
139	122	40	15		光遠		琮					光遠	光遠						光遠											琮				義	義	義
140	123	41	16		宏道		仲文					宏道	宏道						宏道											仲文				大雅	大雅	大雅
141	124	42	17		蘊綸		思賢					蘊綸	蘊綸						蘊綸											思賢	祖			公	公	公
142	125	43	18		像山		汝勵					像山	像山						像山											汝勵	厚			世	世	世
143	126	44	19		景顏		千一郎					景顏	景顏						景顏											千九郎	仕			遠	遠	遠
144	127	45	20		梦驤		仁杰					梦驤	梦驤						梦驤											仁佳	君			均祥	均祥	均祥
145	128	46	21		壽初		天祥					壽初	壽初						壽初							仁				通華	相			齡	齡	齡
146	129	47	22		學叟		楚珍					學叟	學叟						學叟							民				仕斌	宗			崇教	崇教	崇教
147	130	48	23		男富		潮信					男富	男富						男富							有				文富	正			開	開	開

開派始祖少典	先受姓彭祖	淮陽宣公	祖江西構雲公世系	四川大雅公世系	1	2	3	4	5	6	7	8	9	10	11	12	13	14	15	16	17	18	19	20	21	22	23	24	25	26	27	28	29	30	31	32
					川武勝縣新學鄉朝標	川武勝飛龍長安白坪	川武勝太山鳴鐘沿口	川武勝縣萬善鎮	川武勝縣烈面鎮	川岳池縣喬家鎮	川岳池縣石埡鎮	川廣安區前鋒鎮(1)	川廣安區前鋒鎮(2)	川廣安區代市三溪長五	川廣安區代市鎮	川廣安悅來楊坪馬塤	川廣安區協興太安鎮	川廣安廣福化龍朝陽	川廣安區濃洄鎮東岳鄉	川廣安區濃洄協興六欽	川廣安區協興鎮子通	川華鎣市天池鎮傳慧	川華鎣市永興鎮	川華鎣市祿廣安長五	川渠縣金鑼鄉	川宣漢縣明月鄉永保	川宣漢縣黃石三河鄉	川宣漢縣上峽涼風鄉	川宣漢縣馬渡花池玉載	川宣漢縣三河鄉	川鄰水柑子鎮開文	川鄰水柑子鎮雲盤村	川鄰水復盛龍安石永	川鄰水豐禾古路長灘	川大竹姚媽媽高穴神合	川大竹縣四合鄉學孔
148	131	49	24		魁五郎		從瑛					魁五郎	魁五郎						元六郎							萬				暹	典			美	美	美
149	132	50	25		子訓		帷貴					子訓	子訓						子壽							子				仲春	清			利	利	利
150	133	51	26		添松		添雲					添松	添松						鯤					必		孫				權	常			孝	孝	孝
151	134	52	27		仲達		富					仲達	仲達						獄					以		光				龍	發			友	友	友
152	135	53	28		能濟		永梓					能濟	能濟						春					朝		定				義	祥			自	自	自
153	136	54	29		照		星					照	照						必容					天		應				陽	皓	法興		崇	崇	崇
154	137	55	30		萬琪		應浩					萬琪	萬琪						萬瑜					景		諸				應	宇	俸		思	思	思
155	138	56	31		福祥		大方					福海	福海						世福					顯		賢				學	惠	廷	朝	一	一	一
156	139	57	32		仁秀		學宦					仁義	仁義						大冊					福		元				榮	華	金	九	良	良	良
157	140	58	33		國清		中和			善		國堯	國堯						永龔		庭	傳		紹	久	國	年			儉	孟	積	三	學	文	學
158	141	59	34		正		以象			繼		朝	朝						興鵠		正	宗		良	登	房	山			仲	仲	福	學	正	尚	正
159	142	60	35		應	愈	朝		國	先		一	一	在		永		尚	宗堯	天	希	欽		忠	君	志	維	道		可	玉	世	士	興	應	興
160	143	61	36		君	國	永		朝	君		字	字	玉		世		一	祖林	星	子	信		世	國	廷	祖	安	仕	修	光	鴻	登	加	加	加
161	144	62	37		朝	金	宗	啟	登	志		水	水	學		維		成	惠	玉	榮	祖		大	尚	修	澤	宗	朝	澤	開	昌	雲	貴	貴	貴
162	145	63	38		泰	朝	必	守	水	增		詩	詩	雲		昌	宗	玉	迪	宗	尚	志		承	云	幸	模	永	天	言	先	宗(文)	月	立	立	立
163	146	64	39		仕	廷	達	明	仕	榮	朝	元	元	永	益	泰	元	國	家	良	應	立	國	祖	松	崇	仁	泰	玉	作	德	朝(學)	正	青	青	青
164	147	65	40		成	天	榮	在	禮	世	興	萬	萬	開	尚	興	永	開	聲	富	榮	更	正	繼	龍	豪	仲	德	定	思	永	有	綱	雲	雲	雲
165	148	66	41		有	生	昌	顯	承	永	有	代	仁	朝	辰	隆	昌	元	振	貴	祖	自	天	文	有	顏	應	大	國	躬	元	名	天	應	治	應
166	149	67	42		定	大	世	民	大	昌	仁	昌	義	宗	宗	刻	洪	啟	美	永	興	祥	心	遠	德	永	心	子	祚	德	興	揚	開	試	世	試
167	150	68	43		鴻	德	代	盛	家	安	德	文	誠	大	祖	正	開	永	彰	華	中	存	順	永	家	遠	學	長	必	能	賢	聖	時	天	天	天
168	151	69	44		基	星	期	天	興	成	良	明	心	興	萬	家	家	昌	樹	長	懷	心	官	興	成	洪	正	祥	昌	光	世	傳	化	明	明	明
169	152	70	45		何	全	文	遠	福	福	善	光	地	仁	世	高	章	朝	棟	國	天	一	清	隆	天	恩	能	修	興	宗	代	賢	育	道	道	道
170	153	71	46		自	家	章	開	壽	德	益	百	忠	壽	永	宗	先	廷	梁	正	賜	代	民	詩	開	世	開	志	仁	良	昌	良	家	書	肇	書
171	154	72	47		肇	傳	純	萬	重	久	久	世	厚	昭	興	呈	澤	有	積	賢	美	啟	自	書	化	代	道	承	德	才	學	仕	國	中	籍	中
172	155	73	48		惟	孝	祖	代	來	學	長	福	廣	祖	隆	宪	定	仕	善	才	智	文	安	達	朝	昌	懷	先	宏	守	仕	富	世	禮	西	禮
173	156	74	49		向	友	武	文	久	位	富	祿	福	德	國	祖	國	子	啟	輔	仁	明	朝	治	廷	文	恭	烈	聖	道	登	貴	代	義	江	義
174	157	75	50		書	世	敏	昌	榮	顯	貴	壽	田	善	泰	福	繼	德	綿	家	信	永	廷	道	永	章	欲	英	道	廷	科	應	昌	成	支	成
175	158	76	51		中	代	勉	茂	華	忠	永	華	富	樹	皇	祿	紹	志	遠	和	文	世	文	禮	華	經	大	明	忠	升	貴	榮	厚	開	開	開
176	159	77	52		尋	啟	廣	國	富	良	隆	長	貴	廣	恩	壽	文	顯	存	孝	存	昌	運	樂	達	綸	天	萬	孝	必	成	長	德	邻	邻	邻
177	160	78	53		經	文	前	朝	貴		昌		傳	賢	大	天	光	宗	心	友			選	振		啟	公	代	志	豐	名	國	儀	陽	陽	陽
178	161	79	54		典	明	基	繼	有		肖		家	因	時	華	遠	邦	肇	楊			世	綱		明	孫	光	大	其	佐	家	英	來	來	來
179	162	80	55		須	祖	遠	世			宪		遠	孝	;懷		志		禎	春			代	常		良	廣	忠	登	祥	朝	禎	俊	川	川	川
180	163	81	56		詳	宗	字	才			榮		科	廉	地		久		祥	光			永	廣		書	尚	貞	良	汝	綱	祥	雍	鐘	鐘	鐘
181	164	82	57		閱	根	深				世		名	為	財		長		乘	明			遠	德		香	國	國	能	錫		瑞	賢	秀	秀	秀
182	165	83	58		詞	基	山				代		發	家	長				規	海			長	聲		繼	長	朝	安	開		君	度	長	長	長
183	166	84	59		章	厚	遠							正					傳	洋				名		美	發	正	居	元		道	泰	發	發	發
184	167	85	60		務	子	應							文					奕	世				遠		承	留	文	正	廣		永	康	其	其	其
185	168	86	61		顯	孫	多							有					祀	代				鴻		家	忠	高	文	紅		照	賓	祥	祥	祥

	先		祖		1	2	3	4	5	6	7	8	9	10	11	12	13	14	15	16	17	18	19	20	21	22	23	24	25	26	27	28	29	30	31	32
開派始祖少典	受姓彭祖	淮陽宣公	江西構雲公世系	四川大雅公世系	川武勝縣新學鄉朝標	川武勝飛龍長安白坪	川武勝太山鳴鐘沿口	川武勝縣萬善鎮	川武勝縣烈面鎮	川岳池縣喬家鎮	川岳池縣石埡鎮	川廣安區前鋒鎮(1)	川廣安區前鋒鎮(2)	川廣安區代市三溪長五	川廣安區代市鎮	川廣安悅來楊坪馬塓	川廣安區協興太安鎮	川廣安廣福化龍朝陽	川廣安區濃洄鎮東岳鄉	川廣安區濃洄協興六欽	川廣安區協興鎮子通	川華鎣市天池鎮傳慧	川華鎣市永興鎮	川華鎣市祿廣安長五	川渠縣金鑼鄉	川宣漢縣明月鄉永保	川宣漢縣黃石三河鄉	川宣漢縣上峽涼風鄉	川宣漢縣馬渡花池玉載	川宣漢縣三河鄉	川邻水柑子鎮開文	川邻水柑子鎮雲盤村	川邻水復盛龍安石永	川邻水豐禾古路長灘	川大竹姚嫣嫣高穴神合	川大竹縣四合鄉學孔
186	169	87	62		明	培	福							輔					簡	顯				仁		范	先	本	學	家		常	興	經	經	經
187	170	88	63		才	植	壽							國					書	文				綠		祖		源	顯	邦			傳	魁	魁	魁
188	171	89	64		高	勤	宜							君					增	章				定		德		欽	榮	定			格	虎	虎	虎
189	172	90	65		科	富	鴻							明					琳	清				昌		相		和	曾	達			廣	榜	榜	榜
190	173	91	66		捷	貴	財							祿					琅	定						傳		厚	從	昌			詩	典	典	典
191	174	92	67		發	恭	歡							世					建	熙						遺		崇	宗	大			書	贈	贈	贈
192	175	93	68		時	儉	振							光					譜	潮						澤		仁	開	永			永	龍	龍	龍
193	176	94	69		至	守	啟							顯					儲	治						長		敬	源	隆			隆	章	章	章
194	177	95	70		級	榮	令							福					鑫	敦								榮	本				祥	南	南	南
195	178	96	71		聯	華	聚							澤					斯	仁								發	永				達	宮	宮	宮
196	179	97	72		升	禮	樂							喜					謨	啟								全	啟				善	羔	羔	羔
197	180	98	73		永	讓	交							長					烈	德								家	時				洪	雁	雁	雁
198	181	99	74		遠	敦	泥							存					壯	芳								興	代				修	奕	奕	奕
199	182	100	75		逢	詩													紀										明				遠	葉	葉	葉
200	183	101	76		隆	書													綱														斯	流	流	流
201	184	102	77		世	為																											文	芳	芳	芳
202	185	103	78		長	恒																											孟	鴻	鴻	鴻

四川彭氏直系世次昭穆派序(二)

	先		祖		33	34	35	36	37	38	39	40	41	42	43	44	45	46	47	48	49	50	51	52	53	54	55	56	57	58	59	60	61	62	63	64
開派始祖少典	受姓彭祖	淮陽宣公	江西構雲公世系	四川大雅公世系	川大竹四合吉星楊通	川大竹縣吉星鄉維邦	川大竹縣黃灘鄉孔珍	川大竹縣周家白塓仁先	大竹高灘明灘童家中和	川大竹縣石橋鋪鎮國慶	川大竹縣石橋鋪鎮庚倫	川大竹縣歐家鄉榮富	川大竹縣歐家鄉作尊	川大竹縣新橋鄉正桂	川大竹縣田塓鄉賓興	川大竹縣人和鄉玉蘭	川大竹縣東柳鎮顯武	川大竹縣竹北鄉聖聯	川大竹縣朝陽鄉鏡玉	大竹城西川主清水牌坊	川大竹縣竹陽鎮彭威	川達縣木子申家鄉	川達縣木子鄉	達縣趙家碑高雙廟映山	忠縣石柱王場野鴨池	渝涪陵百勝雙河隆興	渝墊江長壽縣尚倫	渝梁平縣土墩塓貴林	渝涪陵仁義鄉上才	渝涪陵仁義鄉上益	渝涪陵仁義鄉朝興	川內江白鶴鄉國信	川華鎣慶華鎮二甲	渝合川孫家場玉庭	渝萬州市龍沙	渝梁平縣三官溝
133	116	34	9		吉							嘉								嘉					嘉				吉	吉	吉	壽	壽	壽		
134	117	35	10		君邈							嗣斌								嗣斌					嗣斌				君邈	君邈	君邈	嗣元	嗣興	嗣興		
135	118	36	11		克忠							國才								國才	泰				國才				克忠	克忠	克忠	次	仕昉	仕昉		
136	119	37	12		超							九公								九公	明				九公				超	超	超	顯	名齊	名齊		
137	120	38	13		汝芳							逵								逵	正				逵				汝芳	汝芳	汝霖	昌	汝說	汝說		
138	121	39	14		忠							述								述	和				述				忠	忠	明典	期	聞聰	聞聰		
139	122	40	15		義							宗								宗	章				宗				義	義	式劉	忠義	光遠	光遠		
140	123	41	16		大雅							仲文								仲文	永				仲文				大雅	大雅	宇文	偉	宏道	宏道		
141	124	42	17		公							思賢								思賢	葆				思賢				公	公	少新	邦躍	蘊綸	蘊綸		
142	125	43	18		世							汝勵								汝勵	美				汝勵				世	世	忠泰	延年	像山	像山		
143	126	44	19		遠							千一郎								千十一郎	齊				千九郎				遠	遠	亮輔	銳	景顏	景顏		
144	127	45	20		均祥							仁杰								仁貴	祥				仁佳				長	長	惟正	瀹	梦驥	梦驥		
145	128	46	21		齡							天祥								添驥	佑				通遠				貽	貽	仕益	秀實	壽初	壽初		

	先		祖		33	34	35	36	37	38	39	40	41	42	43
開派始祖少典	受姓彭祖	淮陽宣公	江西構雲公世系	四川大雅公世系	川大竹四合吉星楊通	川大竹縣吉星鄉維邦	川大竹縣黃灘鄉孔珍	川大竹縣周家白垻仁先	大竹高灘明灘童家中和	川大竹縣石橋鋪鎮國慶	川大竹縣石橋鋪鎮庚倫	川大竹縣歐家鄉榮富	川大竹縣歐家鄉作尊	川大竹縣新橋鄉正桂	川大竹縣田垻鄉賓興
146	129	47	22		崇教							楚珍			
147	130	48	23		開							朝偉			
148	131	49	24		美							友和			
149	132	50	25		利							季			
150	133	51	26		孝			友				全			
151	134	52	27		友			文				忠			
152	135	53	28		自			德				孝			
153	136	54	29		崇	宗		元				克			相
154	137	55	30		思	政		志				壽			時
155	138	56	31		一	貴		天				希			維
156	139	57	32		良	印	紹	應			賜	顯		貽	以
157	140	58	33		學	萬	龍	裕			庚	先		承	仕
158	141	59	34		正	志	子	時	景		述	祖		應	正
159	142	60	35		興	秀	孔	昌	坤	廷	德	志	在	興	大
160	143	61	36		加	碧	德	仁	碧	國	成	榮	作	正	作
161	144	62	37		貴	永	維	士	祥	懷	宗	華	瑞	子	朝
162	145	63	38		立	維	正	盛	真	裕	盛	富	應	臣	綱
163	146	64	39		應	尚	家	明	朝	興	顯	貴	貴	仕	基
164	147	65	40		試	朝	有	際	興	令	家	綿	聯	世	緒
165	148	66	41		書	天	先	賢	世	名	廷	延	科	代	承
166	149	67	42		中	慶	賢	良	書	遠	開	依	及	榮	謨
167	150	68	43		禮	鳳	道	集	應	大	會	錦	弟	華	烈
168	151	69	44		義	銀	必	樂	富	光	從	秀	先	光	紹
169	152	70	45		成	世	光	邦	貴	周	天	書	書	宗	祖
170	153	71	46		肇	代	大	書	宇	漢	毓	香	相	耀	世
171	154	72	47		籍	春	士	田	榮	學	昌	世	惟	祖	代
172	155	73	48		西	文	學	宗	華	業	榮	繼	繼	永	昌
173	156	74	49		江	明	成	澤	萬	敦	世	頌	世	定	洪
174	157	75	50		支	開	選	遠	代	崇	代	名	福	國	開
175	158	76	51		開	國	上	忠	永	信	臻	家	祿	家	先
176	159	77	52		邻	運	國	厚	恒	孔	青		自		澤
177	160	78	53		陽	仁	榮	祖	昌	曾	雲		綿		茂
178	161	79	54		來	安	華	傳		應	光		延		意
179	162	80	55		川	家	富	長		致	朗				樹
180	163	81	56		鐘	道	貴	百		中	日				顯
181	164	82	57		秀	成	萬	代		和	明				仁
182	165	83	58		長		年	守		廷	月				隆
183	166	84	59		發		昌	前		世	卜				立

	44	45	46	47	48	49	50	51	52	53	54
開派始祖少典	川大竹縣人和鄉玉蘭	川大竹縣東柳鎮顯武	川大竹縣竹北鄉聖聯	川大竹縣朝陽鄉鏡玉	大竹城西川主清水牌坊	川大竹縣竹陽鎮彭威	川達縣木子申家鄉	川達縣木子鄉	達縣趙家碑高雙廟映山	忠縣石柱王場野鴨池	渝涪陵百勝雙河隆興
146					楚文	仲				勝	
147					朝慶	武				文祥	
148					友惠	興				友	
149					子和	奎				林	
150					凌璧	庭				恩	
151					旺三	守			遠	祖	
152					敬	榮			才	湍	
153					聰	新			正	繼	
154		資			有仁	昌		國	紹	賢	
155		用			濂	連		正	鳳	宗	仲
156		一		登	天興	金		天	應	洪	朝
157		顯	舜	一	宗顯	道		心	永	應	啟
158		子	三	三	斗	有		順	在	仕	東
159		尚	承	天	大	殿		宮	宮	學	仕
160		國	聖	開	啟	玉	書	清	廷	純	大
161		元	大	興	光	長	曙	聖	一	心	文
162	榮	正	志	德	先	獻	經	懷	鵬	樂	世
163	華	長	士	永	志	孝	文	安	九	善	學
164	正	永	一	繼	宏	光	永	德	毓	道	盛
165	世	遠	五	昌	開	呈	紹	澤	桂	家	榮
166	明	大	世	應	裕	耀	先	傳	主	運	德
167	文	富	其	世	永	龍	德	盛	人	永	玉
168	武	貴	昌	光	基	翔	成	世	慶	光	有
169	作	久	有	宗	高	飛	仁	福	中	昌	貴
170	天	有	德	祖	文	宣	立	祿	興	孝	春
171	星	達	忠	先	名	世	志	萬	立	第	揚
172	富	朝	良	宜	著	德	如	代	志	傳	金
173	貴	廷	九	達	世	崇	天	全	培	源	銀
174	永	明	成	義	英	揚	自	祠	先	遠	在
175	遠	星	名	方	武	進	能	紹	德	詩	國
176	久	光	正	朝	績	學	大	宗	丕	書	正
177	光	宗	源	廷	匡	步	有	功	振	啟	永
178	緒	祖	遠	來	時	穩	三	遠	大	後	興
179	換	英	長	選	瑞	健	元	顯	家	長	定
180	朝	才	光	試	業	仁	貴	祖	聲		福
181	廷	定		文	傳	義	登	永	展		壽
182	仁	邦		武	雲	忠	仕	長	譜		明
183	義	昌		定	裔	賢	朝	綿	問		月

	55	56	57	58	59	60	61	62	63	64
開派始祖少典	渝墊江長壽縣尚倫	渝梁平縣土墩塤貴林	渝涪陵仁義鄉上才	渝涪陵仁義鄉上益	渝涪陵仁義鄉朝興	川內江白鶴鄉國信	川華鎣慶華鎮二甲	渝合川孫家場玉庭	渝萬州市龍沙	渝梁平縣三官溝
146			謀	謀	子	伍郎	崧公	承崧		
147			開	開	高	永公	仁貞	仁		
148			美	美	開	子順	慕德	慕		
149			利	利	基	思恭	□	□		
150			孝	孝	義	慈仁	文進	文進		
151			友	友	方	景福	添綠	添		希祖
152			自	自	復	盛子	原亮	原		淑
153			崇	崇	業	君玉	升雨	升		維
154			先	先	啟	仕杰	政昌	政		賢
155			宗	宗	賢	靜養	九耘	九	文炳	朝宗
156			單	單	時	宗榮	明灯	明	春	邦
157	尚倫	貴	上	上	春	積慶	時策	時	萬	試
158	應	萬	春	春	豫	啟先	祖芳	玉廷	維	仕
159	顯	應	儒	儒	順	維新	宗鵬	金	應	學
160	簡	仕	祖	體	學	芳	世	正	仕	純
161	卿	學	家	單	承	廷鸞	仁	良	文	心
162	相	純	書	德	忠	文虎	朝	明	純	樂
163	啟	心	禮	治	孝	坤	大	文	心	善
164	元	樂	相	熙	治	德俊	科	榮	樂	道
165	祖	善	傳	正	家	銀	萬	光	善	家
166	德	道	金	隆	詩	惟綱	枝	承	道	運
167	長	忠	玉	慶	禮	起麟	永	廷	家	一
168	萬	良	光	道	相	伍友	興	灿	國	光
169	代	定	華	咸	傳	國信	隆	國	永	昌
170	朝	國	同	同	克	文詩	傳	仕	安	孝
171	天	安	紹	紹	遵	榮芳	家	朝	康	弟
172	子	孝	緒	緒	先	聯元	惟	安	詩	傳
173	學	友	統	統	志	繼模	厚	邦	禮	源
174	士	治	權	權	世	志柄	道	佑		
175	大	家	五	五	代	崇國		賢		
176	章	寶	民	民	光	先睿		輔		
177		慶	三	三	榮	代		德		
178		衍	忠	忠		賢		遵		
179		光	孝	孝		才		周		
180		先	仁	仁		應		紹		
181		德	愛	愛		運		唐		
182		詩	信	信		隆		功		
183		書	義	義		朝		超		

	先		祖		33	34	35	36	37	38	39	40	41	42	43	44	45	46	47	48	49	50	51	52	53	54	55	56	57	58	59	60	61	62	63	64
開派始祖少典	受姓彭祖	淮陽宣公	江西構雲公世系	四川大雅公世系	川大竹四合吉星楊通	川大竹縣吉星鄉維邦	川大竹縣黃灘鄉孔珍	川大竹縣周家白垻仁先	大竹高灘明灘童家中和	川大竹縣石橋鋪鎮國慶	川大竹縣石橋鋪鎮庚倫	川大竹縣歐家鄉榮富	川大竹縣歐家鄉作尊	川大竹縣新橋鄉正桂	川大竹縣田垻鄉賓興	川大竹縣人和鄉玉蘭	川大竹縣東柳鎮顯武	川大竹縣竹北鄉聖聯	川大竹縣朝陽鄉鏡玉	大竹城西川主清水牌坊	川大竹縣竹陽鎮彭威	川達縣木子申家鄉	川達縣木子鄉	達縣趙家碑高雙廟映山	忠縣石柱王場野鴨池	渝涪陵百勝雙河隆興	渝墊江長壽縣尚倫	渝梁平縣土墩垻貴林	渝涪陵仁義鄉上才	渝涪陵仁義鄉上益	渝涪陵仁義鄉朝興	川內江白鶴鄉國信	川華鑾慶華鎮二甲	渝合川孫家場玉庭	渝萬州市龍沙	渝梁平縣三官溝
184	167	85	60		其			訓		澤	晴				志	禮			安	芳	良	堂	富	本		開		裕	和	和		廷		百		
185	168	86	61		祥			承		宣	春				月	知			邦	聲		定	貴	源				后	寬	寬		良		代		
186	169	87	62		經			家		照	志				德	信			秉	炳		萬	承	咸				昌	紀	紀		正		恩		
187	170	88	63		魁			有		福	士				盛	福			正	象		年	上	曰				文	律	律		選		施		
188	171	89	64		虎			余		祿	心				吉	祿			忠	義			品	商				明	責	責		勛		四		
189	172	90	65		榜			光		顯	長				祥	壽			君	多			榮	之				相	任	任		業		方		
190	173	91	66		典			國		家	意				萬	長			國	賢			華	賢				繼	四	四		萬		聲		
191	174	92	67		贈			太		盛	英				年	春			棟	昌			滿	金				起	維	維		年		宏		
192	175	93	68		龍			平			賢				興				梁	祚			金	剛				世	以	以		宗		實		
193	176	94	69		章			安			性								名	遠			鑾	長				代	端	端				大		
194	177	95	70		南			定			遠								遠	再				現				永	整	整				源		
195	178	96	71		宮			恩			情								彰	繼				世				發	齊	齊				遠		
196	179	97	72		羔			顯											盛	宜				壽				長	清	清				澤		
197	180	98	73		雁			知											代	孫				高					洁	洁				長		
198	181	99	74		奕			心											賢	詩				八					朴	朴						
199	182	100	75		葉			情											才					百					素	素						
200	183	101	76		流			修											顯					年					簡	簡						
201	184	102	77		芳			富											富					由					單	單						
202	185	103	78		鴻			人											貴					江					政	政						
203	186	104	79																																	

四川彭氏直系世次昭穆派序(三)

	先		祖		65	66	67	68	69	70	71	72	73	74	75	76	77	78	79	80	81	82	83	84	85	86	87	88	89	90	91	92	93	94	95	96
開派始祖少典	受姓彭祖	淮陽宣公	江西構雲公世系	四川大雅公世系	渝石柱縣王場廟橋	渝石柱西沱毛村垻	渝石柱野鴨池四房	渝萬州市培文	渝萬州市武陵	渝忠縣九亭彭家垻	渝忠縣野鶴朱家垻	渝忠縣任家長房	渝石柱火金鈴垻	渝石柱縣橋頭垻	渝石柱三滙土老坪	渝忠縣烏楊	忠縣烏楊曹家北屏	渝忠縣東溪	渝忠縣東溪台盤子	渝忠縣東溪盤子	渝忠縣豐收彭家嶺	渝忠縣官垻鯉魚	渝忠縣官垻茶園	渝忠縣官垻固國	渝忠縣新立	渝墊江縣大石	渝豐都縣樹人	渝豐都縣粟子	渝忠縣長嶺彭家廟	(1)墊江家家溝三房	(2)墊江家家溝三房	(3)墊江家家溝三房	川隆昌縣｜重二	川隆昌縣｜有仁	川隆昌縣｜能振	川隆昌縣｜君祿
133	116	34	9																																	
134	117	35	10																														嘉	壽	壽	壽
135	118	36	11																														嗣斌	嗣元	嗣元	嗣元
136	119	37	12																														國才	次	次	次
137	120	38	13																														九公	顯	顯	顯
138	121	39	14																														逵	昌	昌	昌
139	122	40	15																														述	期	期	期
140	123	41	16																														琮	忠義	忠義	忠義
141	124	42	17																														仲文	偉	偉	偉
142	125	43	18																														思賢	邦躍	邦躍	邦躍
143	126	44	19				千九郎					千九郎																					汝勵	延年	延年	延年
																																	千七郎	銳	鑑	鑑

	先		祖		65	66	67	68	69	70	71	72	73	74	75	76	77	78	79	80	81	82	83	84	85	86	87	88	89	90	91	92	93	94	95	96
開派始祖少典	受姓彭祖	淮陽宣公	江西構雲公世系	四川大雅公世系	渝石柱縣王場廟橋	渝石柱西沱毛村堓	渝石柱野鴨池四房	渝萬州市培文	渝萬州市武陵	渝忠縣九亭彭家堓	渝忠縣野鶴朱家堓	渝忠縣任家長房	渝石柱火金鈴堓	渝石柱縣橋頭堓	渝石柱三滙土老坪	渝忠縣烏楊	忠縣烏楊曹家北屏	渝忠縣東溪	渝忠縣東溪台盤子	渝忠縣東溪盤子	渝忠縣豐收彭家嶺	渝忠縣官堓鯉魚	渝忠縣官堓茶園	渝忠縣官堓固國	渝忠縣新立	渝墊江縣大石	渝豐都縣樹人	渝豐都縣粟子	渝忠縣長嶺彭家廟	(1)墊江家家溝三房	(2)墊江家家溝三房	(3)墊江家家溝三房	川隆昌縣—重二	川隆昌縣—有仁	川隆昌縣—能振	川隆昌縣—君祿
144	127	45	20				仁佳					仁佳																					仁貴	淪	諒	諒
145	128	46	21				通遠					通遠																					添麟	秀實	文盛	文錦
146	129	47	22				勝					勝																					楚斌	五郎	德清	德隆
147	130	48	23				文福					文富																					朝用	永公	宗魁	杰夫
148	131	49	24				友					級	善																				友玖	子順	伯教	日華
149	132	50	25				慣						毓肖			毓佑	毓明				永坤												原隆	思恭	汶綱	益盛
150	133	51	26				金						代			代	代				中						代龍						孟昂	茲仁	仲□	受章
151	134	52	27		遵祖	法祖	宏						廷			廷	廷				瑤						廷						重二	景福	□	漢宗
152	135	53	28		年	潤	表						宗			宗	旺				山						宗						壽昌	盛子	□	法任
153	136	54	29		吾	古	以						正			正	重				朝						正			如	光	元	盛祖	君玉	□	□
154	137	55	30		賢	賢	賢						自	自明		自	正				世				子俊		自	彭華	仕	太	應	應	瑜	仕杰	□	□
155	138	56	31		偉	嵩	宗	意宗					天	天		天	自	長根			元			宗世	宗明		文	凌	承	有	有	有	志貞	靜養	□	□
156	139	57	32		洪	洪	邦	邦	邦林		洪木	士	萬	萬		萬	天	萬	萬舉		現			應	先		朝	堅	先	先	國	國	子質	宗榮	□	□
157	140	58	33		榆	應	應	應	應	應兆	應	年	世	世		應	藻	應	應		宗		耀宗	萬	萬	萬	萬	林	單	王	王	金	方宗	積慶	□	□
158	141	59	34		如	仕	仕	仕	仕	仕	國	仕	朝	朝		仕	漢	仕	仕		友	友朋	友	啟	世	世	國	仕	大	仕	世	正	名世	啟先	仲球	通
159	142	60	35		坤	大	文	文	文	文	正	方	文	文	文貴	子	清	文	子		登	登	登	登	文	思	文	育	登	在	文	朝	大貴	維新	權	梦桂
160	143	61	36		純	維	純	學	學	純	一	世	明	明	明	繼	孔	純	繼		文	文	文	文	宗	宗聖	永	代	自	洪	明	明	起	華	以訓	友
161	144	62	37		心	心	心	心	心	心	統	鳳	光	光	光	文	仕	心	文	文炳	世	世	仕	朝	克	正	世	廷	明	聯	統	大	光	廷桂	應雲	玉麟
162	145	63	38		樂	樂	樂	樂	樂	樂	清	文	遠	遠	遠	學	萬	樂	學	學	學	學	學	時	明	大	朝	宗	光	玉	邦	清	先	文佐	曉俊	君祿
163	146	64	39		善	善	善	善	善	善	善	學	佑	佑	佑	永	繼	善	光	永	啟	秀	秀	正	正	光	崇	正	宗	宇	泰	遵	志鎮	安	文著	萬祥
164	147	65	40		道	道	道	道	道	道	道	廣	廣	廣	廣	定	文	道	耀	光	先	作	作	與	學	明	忠	自	萬	丕	克	章	宏湘	欽才	雲鵬	振剛
165	148	66	41		家	家	家	家	家	家	家	大	大	大	大	國	學	家	朝	耀	德	玉	玉	世	德	克	大	天	善	煥	家	錦	開耀	善蒼	能振	朝龍
166	149	67	42		國	國	國	國	國	國	國	名	德	德	德	家	永	國	選	朝	明	明	永	守	紹	旬	榮	萬	朝	正	惟	盛	裕志	惟思	朝	綱聰
167	150	68	43		永	永	益	榮	永	益	益	振	先	先	先	興	定	永	澤	選	善	善	流	懷	孔	豪	福	世	思	豪	豪	豪	永清	文如	如壽	榮芳
168	151	69	44		光	光	光	光	光	光	光	家	昭	昭	昭	朝	國	光	家	澤	復	復	芳	清	孟	杰	厚	朝	政	杰	杰	杰	道基	有仁	顯藻	華國
169	152	70	45		昌	昌	昌	昌	昌	昌	昌	邦	有	有	有	作	家	昌	道	家	初	初	桂	玉	道	緒	德	文	永	緒	緒	緒	高輝	啟龍	達祿	大銓
170	153	71	46		孝	孝	詩	詩	詩	詩	詩	如	學	學	學	育	興	詩	興	道	齊	齊	榮	松	成	崇	長	明	遠	崇	崇	崇	文章	庭章	耀廷	吉斌
171	154	72	47		弟	弟	禮	禮	禮	禮	禮	其	宜	宜	宜	世	朝	禮	隆	興	家	家	昭	柏	先	敬	久	光	孝	敬	敬	敬	明貴	世洪	祖漢	昌烈
172	155	73	48		傳	傳	承	承	承	承	承	守	登	登	登	代	作	承	慶	隆	治	治	代	發	覺		元	遠	弟				著斌	大聯	復成	俊修
173	156	74	49		源	源	先	先	先	先	先	敬	第	第	第	光	育	先	正	慶	國	國	鳳	科			和	佑	松				世	德春	光葵	成亮
174	157	75	50																														英	厚地	宗	上琪
175	158	76	51																														武	正揚	積	國
176	159	77	52																														績	祥泰	善	瑞
177	160	78	53																														匡	光煉	照	盛
178	161	79	54																														時	雲耀	余	德
179	162	80	55																														功	程	慶	煥
180	163	81	56																														業	萬	學	文
181	164	82	57																														傳	代	誠	章
182	165	83	58																														雲	興	繼	才

開派始祖少典	先受姓彭祖	淮陽宣公	祖江西構雲公世系	四川大雅公世系	65 渝石柱縣王場廟橋	66 渝石柱西沱毛村埧	67 渝石柱野鴨池四房	68 渝萬州市培文	69 渝萬州市武陵	70 渝忠縣九亭彭家埧	71 渝忠縣野鶴朱家埧	72 渝忠縣任家長房	73 渝石柱火金鈴埧	74 渝石柱縣橋頭埧	75 渝石柱三滙土老坪	76 渝忠縣烏楊	77 忠縣烏楊曹家北屏	78 渝忠縣東溪	79 渝忠縣東溪台盤子	80 渝忠縣東溪盤子	81 渝忠縣豐收彭家嶺	82 渝忠縣官埧鯉魚	83 渝忠縣官埧茶園	84 渝忠縣官埧固國	85 渝忠縣新立	86 渝墊江縣大石	87 渝豐都縣樹人	88 渝豐都縣粟子	89 渝忠縣長嶺彭家廟	90 (1)墊江家家溝三房	91 (2)墊江家家溝三房	92 (3)墊江家家溝三房	93 川隆昌縣｜重二	94 川隆昌縣｜有仁	95 川隆昌縣｜能振	96 川隆昌縣｜君祿
183	166	84	59																														裔	富	德	學
184	167	85	60																														聲	貴	風	廣
185	168	86	61																														聞	榮	理	世
186	169	87	62																														炳	華	明	方
187	170	88	63																														象	盛	為	興
188	171	89	64																														儀	勵	杰	旺
189	172	90	65																														多	祖	士	加
190	173	91	66																														賢	享	自	宏
191	174	92	67																														昌	朝	立	光
192	175	93	68																														祚	爵	乃	治
193	176	94	69																														遠	福	英	理
194	177	95	70																														再	祿	雄	亮
195	178	96	71																														紀	與	恩	高
196	179	97	72																														宜	天	澤	杰
197	180	98	73																														孫	長	宜	武

四川彭氏直系世次昭穆派序（四）

開派始祖少典世系	先受姓彭祖	淮陽宣公	祖江西構雲公世系	四川大雅公世系	97 川隆昌縣｜高榮	98 渝榮昌縣｜萬富	99 渝榮昌縣｜伍友	100 渝榮昌縣｜桂松	101 榮昌縣大足縣｜璘玉	102 渝榮昌縣｜太誠	103 大足縣銅梁縣｜三堯	104 渝銅梁縣｜仲光	105 渝銅梁縣｜朝棟	106 銅梁縣大足縣｜成達	107 渝大足縣｜正輝	108 渝銅梁｜鴻	109 渝永川市｜再思	110 川宜賓市｜元麟	111 川屏屏山縣｜彭瑩	112 川米易縣｜善桂	113 渝富順縣爵祿	114 貴州安順谷鎮	115 仁遜支系	116 延年嗣受章系	117 彥昭後德順系	118 渝合川渭滄鎮三思	119 渝合川渭滄鎮三伯	120 渝合川渭滄鎮三祝	121 渝銅梁縣白羊三鳳	122 渝銅梁縣白羊大湖	123 渝銅梁縣白羊合川	124 渝銅梁縣安居白羊	125 合川張橋九嶺三友	126 合川張橋九嶺彭梅	127 合川張橋九嶺賓賢	128 渝大足縣可聖
133	116	34	9		嘉	嘉	壽	壽	壽	嘉	壽	嘉	嘉	嘉	嘉		悟	壽		壽	壽	壽	壽	壽	壽	壽	壽	壽	壽	壽	壽	壽	壽	壽	壽	壽
134	117	35	10		嗣斌	嗣斌	嗣元	嗣元	嗣元	嗣斌	嗣興	嗣斌	嗣斌	嗣斌	嗣斌			嗣元		嗣元		嗣興	嗣興	嗣元	嗣邦	嗣興	嗣興	嗣興	嗣興	嗣興	嗣興	嗣興	嗣興	嗣興	嗣興	嗣興
135	118	36	11		國才	國才	次	次	次	國才	昉	國才	國才	國才	國才			次		次		仕昉	仕昉	次	世宪	仕昉	仕昉	仕昉	仕昉	仕昉	仕昉	仕昉	仕昉	仕昉	仕昉	仕昉
136	119	37	12		九公	九公	顯	顯	顯	九公	齊	九公	九公	九公	九公			顯		顯		名齊	名齊	顯	思賢	名齊	名齊	名齊	名齊	名齊	名齊	名齊	名齊	名齊	名齊	名齊
137	120	38	13		逵	逵	昌	昌	昌	逵	說	逵	逵	逵	逵			昌		昌		汝說	汝說	昌	汝襄	汝說	汝說	汝說	汝說	汝說	汝說	汝說	汝說	汝說	汝說	汝說
138	121	39	14		述	述	期	期	期	述	聞聰	述	述	述	述			期		期		聞聰	聞聰	期	以功	聞聰	聞聰	聞聰	聞聰	聞聰	聞聰	聞聰	聞聰	聞聰	聞聰	聞聰
139	122	40	15		琮	琮	忠義	忠義	忠義	琮	光遠	琮	琮	琮	琮			忠義		忠義		光遠	光遠	忠義	雄飛	光遠	光遠	光遠	光遠	光遠	光遠	光遠	光遠	光遠	光遠	光遠
140	123	41	16		仲文	仲文	偉	偉	偉	仲文	宏道	仲文	仲文	仲文	仲文			偉		偉		宏道	宏道	偉	大年	宏道	宏道	宏道	宏道	宏道	宏道	宏道	宏道	宏道	宏道	宏道
141	124	42	17		思賢	思賢	邦躍	邦躍	邦躍	思賢	蘊綸	思賢	思賢	思賢	思賢			邦躍		邦躍		蘊倫	蘊倫	邦躍	公偉	蘊倫	蘊倫	蘊倫	蘊倫	蘊倫	蘊倫	蘊倫	蘊倫	蘊倫	蘊倫	蘊倫
142	125	43	18		汝勵	汝勵	延年	延年	延年	汝勵	像山	汝勵	汝勵	汝勵	汝勵			延年		延年		像山	像山	延年	世符	像山	像山	像山	像山	像山	像山	像山	像山	像山	像山	像山
143	126	44	19		千七郎	千七郎	鋭	鑑	鑑	千七郎	景顏	千十一郎	千十一郎	千十一郎	千十一郎			鋭		鑑		景顏	景顏	鑑	禧祖	景顏	景顏	景顏	景顏	景顏	景顏	景顏	景顏	景顏	景顏	景顏
144	127	45	20		仁貴	仁貴	淪	諒	諒	仁貴	梦驥	仁杰	仁杰	仁杰	仁杰		孟懿	淪		諒		梦驥	梦驥	諒	啟倫	梦驥	梦驥	梦驥	梦驥	梦驥	梦驥	梦驥	梦驥	梦驥	梦驥	梦驥
145	128	46	21		添驥	添驥	秀實	文盛	文盛	添□	壽初	天祥	天祥	天祥	天祥		道春	秀實		文錦		壽初	壽初	文錦	層璧	壽初	壽初	壽初	壽初	壽初	壽初	壽初	壽初	壽初	壽初	壽初
146	129	47	22		楚文	楚文	五郎	德清	德清	□	學叟	楚珍	楚珍	楚珍	楚珍		和成	五郎		德隆		學叟	學叟	德隆	達祥	學叟	學叟	學叟	學叟	學叟	學叟	學叟	學叟	學叟	學叟	學叟
147	130	48	23		朝慶	朝慶	永公	宗魁	宗慶	□	富	潮偉	潮信	潮信	潮信		濟美	永公		杰夫		男富	男富	杰夫	觀文	男富	男富	男富	男富	男富	男富	男富	男富	男富	男富	男富
148	131	49	24		友忠	友忠	子順	伯教	伯富	□	魁五郎	友和	從湖	從湖	從瑛		思政	子順		日華		魁五郎	魁五郎	日華	用信	魁五郎	魁五郎	魁五郎	魁五郎	魁五郎	魁五郎	魁五郎	魁五郎	魁五郎	魁五郎	魁五郎
149	132	50	25		子和	子和	恩恭	汶綱	克智	□	子誠	清	惟德	惟德	惟貴		天奇	思恭		益盛		子訓	子訓	益盛	永琢	子誠	子誠	子誠	子誠	子誠	子誠	子誠	子誠	子誠	永琢	子誠

	先		祖		97	98	99	100	101	102	103	104	105	106	107	108	109	110	111	112	113	114	115	116	117	118	119	120	121	122	123	124	125	126	127	128
開派始祖少典世系	受姓彭祖	淮陽宣公	江西構雲公世系	四川大雅公世系	川隆昌縣—高榮	渝榮昌縣—萬富	渝榮昌縣—伍友	渝榮昌縣—桂松	榮昌縣大足縣璘玉	渝榮昌縣—太誠	大足縣銅梁縣三堯	渝銅梁縣—仲光	渝銅梁縣—朝棟	銅梁縣大足縣成達	渝大足縣—正輝	渝銅梁—鴻	渝永川市—再思	川宜賓市—元麟	川屏屏山縣彭瑩	川米易縣—善桂	渝富順縣爵祿	貴州安順谷鎮	仁遜支系	延年嗣受章系	彥昭後德順系	渝合川渭滄鎮三思	渝合川渭滄鎮三伯	渝合川渭滄鎮三祝	渝銅梁縣白羊三鳳	渝銅梁縣白羊大湖	渝銅梁縣白羊合川	渝銅梁縣安居白羊	合川張橋九嶺三友	合川張橋九嶺彭梅	合川張橋九嶺賓賢	渝大足縣可聖
150	133	51	26		凌壁	凌壁	茲仁	仲榮	冉	□	添祐	大顯	良珍	良珍	添榮		源通	茲仁		受進		添松	添松	受章	尚央	添祐	添祐	添祐	添祐	添祐	添祐	添祐	添祐	添祐	添祐	添祐
151	134	52	27		旺三	萬富	景福	福	一郎	伏六	忠友	洪列	洪	洪	昌		祖隆	景福		有賢		仲達	仲達	漢用	魁緒	忠友	忠友	忠友	忠通	忠通	忠通	忠通	忠通	忠通	忠通	忠友
152	135	53	28		敬	致	盛子	瑾	一郎	成旺	昌富	棟例	志邀	志通	永梓		仁遠	盛子		念一		能濟	能濟	成達	以謀	昌實	昌實	昌實	鳳	琳	鳳	琳	鳳	鳳	鳳	昌貴
153	136	54	29		忠	以政	君玉	法鎮	□	仕志	志通	景祿	正宪	正維	星		永左	君玉		涓		照	照	本仁	宗教	志通	志通	志通	志紀	志叙	志紀	志叙	志紀	志紀	志紀	志遠
154	137	55	30		友良	祖泰	仕杰	賞	□	梓宗	定紀	壁	虎	中	應浩		定時	仕杰		百一		萬琪	萬琪	伯凱	御雲	定紀	定紀	定紀	萬瑚	萬全	萬美	萬全	萬美	萬美	萬美	思瑞
155	138	56	31		端	啟政	靜養	協一	□	宗榮	應軫	宗堯	再宗	再鎬	大方		安善	靜養		應球	爵祿	福祥	福祥	秉穆	維秀	應軫	應軫	應軫	讓	福松	龔	福松	龔	龔	龔	萬宪
156	139	57	32		□	思恩	宗榮	秀標	□	文貴	汝東	大仁	一彎	一袞	學宦		邦瑜	宗榮		法宥	世敬	仁秀	仁遜	清	應廉	汝北	汝東	汝東	世金	永年	世用	永年	世科	世科	世科	上富
157	140	58	33		□	尚松	積慶	鼎元	□	廷舜	得能	旦	卷學	震學	中和	□	文吉	積慶	彭瑩	觀松	春	國相	國用	志遠	世宗	得壽	得能	得能	有宪	禮宗	有仰	禮宗	有棟	有棟	有棟	興庸
158	141	59	34		□	泰清	啟先	飛雄	□	朝棟	淑成	仲光	光弦	成達	以象	□	武義	啟先	應祿	文	正泰	成德	正南	惺	家淳	大成	義成	鼎成	大讓	大湖	大慶	大海	成賢	勝賢	賓賢	楚鼎
159	142	60	35		大益	守存	維新	祖甲	□	均襟	三堯	三貴	朝棟	朝倫	自亮	鴻	再思	維新	仕昌	永康	洪訓	茂榮	應龍	三儒	元喜	三思	三伯	三祝	茂	桂	态	榜	柿	梅	楠	可聖
160	143	61	36		文耀	登儒	芳	亢爵	□	太誠	正海	永祥	永達	永發	正輝	天樞	興貴	華	文奎	益宜	子貴	宗文	興宗	續	善謀	正朝	正崙	正會	三鳳	三煥	三昊	三賢	三友	三禮	三綱	仕昌
161	144	62	37		高榮	三畏	廷鸞	靜	世立	元值	惠用	宗禮	宗泰	宗介	家銀	熙成	隆榜	廷桂	玉	居坦	奇山	興科	道珍	方元	啟翰	惠懋	惠棟	惠學	惠祿	惠琮	惠盛	惠鳳	惠理	惠璉	惠年	惠相
162	145	63	38		聰琮	貴先	文虎	鎮靜	永開	明祿	迪富	必仕	必亨	必偉	必興	塤壇	萬達	文佐	大	奇勛	仕級	樹	貴軒	宣齊	鴻九	迪球	迪蘭	迪辰	迪映	迪倫	迪	迪祝	迪武	迪龍	迪雲	迪升
163	146	64	39		德高	正義	坤	煜	君樂	良武	家和	達乾	達武	達光	達通	金灿	福科	安	世	善桂	升	永松	文宣	啟聘	猷銘	家倬	家珵	家	家	家	家	家	家	家	家	家
164	147	65	40		天貴	大鵬	德俊	達儒	逢振	國祚	聲華	榮前	榮和	榮開	榮高	洪寬	啟印	欽才	運	成漢	崇德	大盛	純武	堯相	樹	聲德	聲釗	聲	聲	聲	聲	聲	聲	聲	聲	聲
165	148	66	41		光泰	仕元	銀	純標	璘玉	永滇	振明	昌烈	昌政	昌琮	昌銀	椿成	泰榮	善莒	永	發開	元重	德升	龍躍	舜剛	立	振光	振山	振	振	振	振	振	振	振	振	振
166	149	67	42		日旦	明機	惟綱	英昌	學魁	正堂	美成	世正	世章	世洪	世才	煥華	康	惟簡	興	朝綱	朝甫	榮富	登朝	禹	芳	美銀	美清	美	美	美	美	美	美	美	美	美
167	150	68	43		月寬	永茂	起麟	桂松	清年	孝均	彰榮	代語	代文	代釗	代華	載琳		三云	隆	正統	興奎	應旭	聯學	湯	型	新清	新煜	彰	彰	彰	彰	彰	彰	彰	彰	彰
168	151	69	44		明元	智基	伍友	瑞才	德銓	友富	樹高	期祥	期祥	期欣	期明	錫家		有瑞	道	國重	登亮	聲	正位	文	裕	樹榮	樹	樹	樹	樹	樹	樹	樹	樹	樹	樹
169	152	70	45		承芳	高遷	國才	永錢	應選	胤彬	棟方	文	文章	文彩	文	汝		元麟	德	遠恕	發	友	大和	武	遠	棟明	棟	棟	棟	棟	棟	棟	棟	棟	棟	棟
170	153	71	46		宗淵	文海	文浩	維新	多洋	光	樑忠	章	章	章	章	才		榮贊	傳	世芬	文	祥	光國	及	謀	樑川	樑	樑	樑	樑	樑	樑	樑	樑	樑	樑
171	154	72	47		開泰	名毅	榮章	世英	紹財	先	積懷	延	延	延	延	輝		玉章	宗	榮初	貴	耕	明俊	成	信	積	積	積	積	積	積	積	積	積	積	積
172	155	73	48		顯政	著彧	碑元	澤潤	先福	榮	善	厚	厚	厚	厚	望		文山	遠	光明	應	讀	孝先	康	好	善	善	善	善	善	善	善	善	善	善	善
173	156	74	49		達	世	仕海	宏猶	宏銓	達	啟	澤	澤	澤	澤	銀		必信	儒	久	光	立	壽仁	依	尚	啟	啟	啟	啟	啟	啟	啟	啟	啟	啟	啟
174	157	75	50		紹	英	一亮	發榮	祖洋	宏	綿	德	德	德	德	漢		正芳	學	昌	宗	業	鍾益	序	宜	綿	綿	綿	綿	綿	綿	綿	綿	綿	綿	綿
175	158	76	51		祖	武	朝坤	家建	澤君	通	遠	業	業	業	業	樹		開銀	訓	道	禮	本	祥齡	傳	崇	遠	遠	遠	遠	遠	遠	遠	遠	遠	遠	遠
176	159	77	52		啟	績	萬財	祥志	富鵬	祚	存	擴	擴	擴	擴	烈		光盛	千	家	義	後	祥峰	來	祖	存	存	存	存	存	存	存	存	存	存	存
177	160	78	53		隆	匡	乾德	克	貴	祥	心	前	前	前	前	堂		明松	秋	富	善	裔	發	譜	訓	心	心	心	心	心	心	心	心	心	心	心
178	161	79	54		榮	時	中東	純	永	開	肇	基	基	基	基	錦		星研		興	明	涌		系	文	肇	肇	肇	肇	肇	肇	肇	肇	肇	肇	肇
179	162	80	55		建	功	新	祖	昌	金	禎	定	定	定	定	永		仁			彰	賢		彰	明	禎	禎	禎	禎	禎	禎	禎	禎	禎	禎	禎
180	163	81	56		立	業	高	武	榮	裕	祥	致	致	致	致	樂		義			孔	良		燕	蔚	祥	祥	祥	祥	祥	祥	祥	祥	祥	祥	祥
181	164	82	57		安	傳	明	茂	世	賢	乘	書	書	書	書	營		禮			孟	志		冀	起	乘	乘	乘	乘	乘	乘	乘	乘	乘	乘	乘
182	165	83	58		邦	雲	久	著	代	萬	規	香	香	香	香	封		智			育	堅		貽	振	規	規	規	規	規	規	規	規	規	規	規
183	166	84	59		國	裔	富	前	炳	代	傳	遠	遠	遠	遠	鍾		信			后	守		謀	前	傳	傳	傳	傳	傳	傳	傳	傳	傳	傳	傳
184	167	85	60		立	聲	貴	方	忠	興	奕	因	因	因	因	澤		科			昌	法		前	修	奕	奕	奕	奕	奕	奕	奕	奕	奕	奕	奕
185	168	86	61		功	聞	仁	存	信	佐	祀	多	多	多	多	极		榜			金	紀		有		祀	祀	祀	祀	祀	祀	祀	祀	祀	祀	祀
186	169	87	62		定	炳	華	心	邦	志	簡	福	福	福	福	煒		中			樑	文		創		簡	簡	簡	簡	簡	簡	簡	簡	簡	簡	簡
187	170	88	63		太	象	宜	謹	家	德	書	壽	壽	壽	壽	基		先			碧	武		鳳		書	書	書	書	書	書	書	書	書	書	書
188	171	89	64		平	儀		厚	慶	利	增	宜	宜	宜	宜	鎮		天			柱	鎮		鳴		增	增	增	增	增	增	增	增	增	增	增

	先		祖		97	98	99	100	101	102	103	104	105	106	107	108	109	110	111	112	113	114	115	116	117	118	119	120	121	122	123	124	125	126	127	128
開派始祖少典世系	受姓彭祖	淮陽宣公	江西構雲公世系	四川大雅公世系	川隆昌縣—高榮	渝榮昌縣—萬富	渝榮昌縣—伍友	渝榮昌縣—桂松	榮昌縣大足縣璘玉	渝榮昌縣—太誠	大足縣銅梁縣三堯	渝銅梁縣—仲光	渝銅梁縣—朝棟	銅梁縣大足縣成達	渝大足縣—正輝	渝銅梁—鴻	渝永川市—再思	川宜賓市—元麟	川屏屏山縣彭瑩	川米易縣—善桂	渝富順縣爵祿	貴州安順谷鎮	仁遜支系	延年嗣受章系	彥昭後德順系	渝合川渭滄鎮三思	渝合川渭滄鎮三伯	渝合川渭滄鎮三祝	渝銅梁縣白羊三鳳	渝銅梁縣白羊大湖	渝銅梁縣白羊合川	渝銅梁縣安居白羊	合川張橋九嶺三友	合川張橋九嶺彭梅	合川張橋九嶺賓賢	渝大足縣可聖
189	172	90	65		宏	多		立	文	定	琳	宏	宏	宏	宏	泰					亮	朝		葉		琳	琳	琳	琳	琳	琳	琳	琳	琳	琳	琳
190	173	91	66		圖	賢		志	明	安	瑯	才	才	才	才	東					詩	綱		占		瑯	瑯	瑯	瑯	瑯	瑯	瑯	瑯	瑯	瑯	瑯
191	174	92	67		昌	昌		瑞		邦	建	興	興	興	興	燮					詞	信		后		建	建	建	建	建	建	建	建	建	建	建
192	175	93	68		裕	祚		庄			譜	振	振	振	振	理					有	義		其		譜	譜	譜	譜	譜	譜	譜	譜	譜	譜	譜
193	176	94	69		遠	遠		敦			敦	起	起	起	起	溶					剛	禮		昌		敦	敦	敦	敦	敦	敦	敦	敦	敦	敦	敦
194	177	95	70		基	再		詩			仁	令	令	令	令	濟					常	孝		圭		仁	仁	仁	仁	仁	仁	仁	仁	仁	仁	仁
195	178	96	71		永	紀		說			孝	緒	緒	緒	緒	梁					書	廉		山		孝	孝	孝	孝	孝	孝	孝	孝	孝	孝	孝
196	179	97	72		振	宜		禮			謨	樂	樂	樂	樂	然					在	顯		世		謨	謨	謨	謨	謨	謨	謨	謨	謨	謨	謨
197	180	98	73		家	孫		顯			烈	昭	昭	昭	昭	堪					康	躍		業		烈	烈	烈	烈	烈	烈	烈	烈	烈	烈	烈
198	181	99	74		聲	詩		忠			壯	垂	垂	垂	垂	欽					寧	倫		欣		壯	壯	壯	壯	壯	壯	壯	壯	壯	壯	壯
199	182	100	75					遂			紀					法						安		恒		紀	紀	紀	紀	紀	紀	紀	紀	紀	紀	紀
200	183	101	76					良			綱					權						康		學		綱	綱	綱	綱	綱	綱	綱	綱	綱	綱	綱
201	184	102	77					傳								炳								吉												
202	185	103	78					之								在								水												
203	186	104	79					久																家												
204	187	105	80					遠																聲												
205	188	106	81					長																喜												
206	189	107	82					讀																揚												
207	190	108	83					書																遠												
208	191	109	84					香																												

四川彭氏直系世次昭穆派序(五)

	先		祖		129	130	131	132	133	134	135	136	137	138	139	140	141	142	143	144	145	146	147	148	149	150	151	152	153	154	155	156	157	158	159	160
開派始祖少典	受姓彭祖	淮陽宣公	江西構雲公世系	四川大雅公世系	渝合川市可仕	渝合川渭滄鎮正祿	渝合川太和鎮惠聰	渝江津市惠木	渝江津新勝鎮三雲	川安岳石羊頂新	川廣安市三元	川巴中市明楊彭葱	川廣安市榮祿彭玉	川安岳縣仕成	川廣安市恒升朝庭	川廣安市恒升宗華	渝榮昌玉傳鄉彭勝	渝榮昌峰高鄉彭勝	渝榮昌縣一和	渝榮昌油菜鄉啟財	渝榮峰高鄉永建	渝榮昌縣銅鼓鄉	渝榮昌石河辛九郎	渝永川市太平鄉	渝永川青峰鄉壽樹	永川三教壽永方才	汽永川黃瓜山	渝大足郵亭逢振	渝璧山五龍鄉	渝長壽縣古佛鄉	渝銅梁巴川合順	汽銅梁巴川公科	渝銅梁少云國城	銅梁全德西泉遐齡	渝銅梁縣大廟彭鴻	渝銅梁巴川朝誠
133	116	34	9		壽	壽	壽	壽	壽	壽	壽	壽	壽	壽	壽	壽																				
134	117	35	10		嗣興	嗣興	嗣興	嗣興	嗣興	嗣興	嗣興	嗣興	嗣興	嗣興	嗣興	嗣興																				
135	118	36	11		仕昉	仕昉	仕昉	仕昉	仕昉	仕昉	仕昉	仕昉	仕昉	仕昉	仕昉	仕昉																				
136	119	37	12		名齊	名齊	名齊	名齊	名齊	名齊	名齊	名齊	名齊	名齊	名齊	名齊																				
137	120	38	13		汝說	汝說	汝說	汝說	汝說	汝說	汝說	汝說	汝說	汝說	汝說	汝說																				
138	121	39	14		聞聰	聞聰	聞聰	聞聰	聞聰	聞聰	聞聰	聞聰	聞聰	聞聰	聞聰	聞聰																				
139	122	40	15		光遠	光遠	光遠	光遠	光遠	光遠	光遠	光遠	光遠	光遠	光遠	光遠																				
140	123	41	16		宏道	宏道	宏道	宏道	宏道	宏道	宏道	宏道	宏道	宏道	宏道	宏道																				

	先		祖		129	130	131	132	133	134	135	136	137	138	139	140	141	142	143	144	145	146	147	148	149	150	151	152	153	154	155	156	157	158	159	160
開派始祖少典	受姓彭祖	淮陽宣公	江西構雲公世系	四川大雅公世系	渝合川市可仕	渝合川渭滄鎮正祿	渝合川太和鎮惠聰	渝江津市惠木	渝江津新勝鎮三雲	川安岳石羊頂新	川廣安市三元	川巴中市明楊彭葱	川廣安市榮祿彭玉	川安岳縣仕成	川廣安市恒升朝庭	川廣安市恒升宗華	渝榮昌玉侮鄉彭勝	渝榮昌峰高鄉彭勝	渝榮昌縣一和	渝榮昌油菜鄉啟財	渝榮峰高鄉永建	渝榮昌縣銅鼓鄉	渝榮昌石河辛九郎	渝永川市太平鄉	渝永川青峰鄉壽樹	永川三教壽永方才	汽永川黃瓜山	渝大足郵亭逢振	渝璧山五龍鄉	渝長壽縣古佛鄉	渝銅梁巴川合順	汽銅梁巴川公科	渝銅梁少云國城	銅梁全德西泉遐齡	渝銅梁縣大廟彭鴻	渝銅梁巴川朝誠
141	124	42	17		蘊倫	蘊倫	蘊倫	蘊倫	蘊倫	蘊倫	蘊倫	蘊倫	蘊倫	蘊倫	蘊倫	蘊倫																				
142	125	43	18		像山	像山	像山	像山	像山	像山	像山	像山	像山	像山	像山	像山																				
143	126	44	19		景顏	景顏	景顏	景顏	景顏	景顏	景顏	景顏	景顏	景顏	景顏	景顏																				
144	127	45	20		梦驤	梦驤	梦驤	梦驤	梦驤	梦驤	梦驤	梦驤	梦驤	梦驤	梦驤	梦驤																				
145	128	46	21		壽初	壽初	壽初	壽初	壽初	壽初	壽初	壽初	壽初	壽初	壽初	壽初																				
146	129	47	22		學叟	學叟	學叟	學叟	學叟	學叟	學叟	學叟	學叟	學叟	學叟	學叟																				
147	130	48	23		男富	男富	男富	男富	男富	男富	男富	男富	男富	男富	男富	男富																				
148	131	49	24		魁五郎	魁五郎	魁五郎	魁五郎	魁五郎	魁五郎	魁五郎	魁五郎	魁五郎	魁五郎	魁五郎	魁五郎				財																
149	132	50	25		子誠	子誠	子聰	子聰	子誠	子誠	子誠	子誠	子誠	子誠	子仁	子仁				發																
150	133	51	26		添祐	添祐	福功	添祐	添祐	添祐	添祐	添祐	添祐	添祐	景華	景華				應						崇										
151	134	52	27		仲達	忠友	惟富	忠友	忠友	忠友	忠友	忠通	忠通	忠友	思銘	思銘				重						顯							如龍			
152	135	53	28		昌貴	昌富	祖沖	昌富	昌富	昌富	昌富	鳳	隆	昌貴	慶	慶				貴	富					思							思聰			
153	136	54	29		志遠	志通	添旺	志通	志通	志通	志通	志紀	志綱	志通	仲春	仲春				學	祖					定						子	志壽			
154	137	55	30		思瑞	定紀	應通	定紀	定紀	定紀	定紀	萬美	萬鋪	思榮	萬寵	萬鈳				成	志	忠				永					子冕	邦	偉達			
155	138	56	31		萬宪	應軫	世金	應軫	應軫	應軫	應軫	龔	章	萬鳳	世韓	世泰				父	太	信	一			志					邦玉	萬	恩			
156	139	57	32		上富	汝北	萬相	汝東	汝西	汝東	汝西	世用	世東	上羡	大位	大信				再	遠	正	思			興			朝		萬載	正	道給			
157	140	58	33		興庸	得壽	仲斗	得能	得位	得能	得位	有仰	有曉	興支	永勝	永茂			一	興	孟	尚	秀	永		萬			上		正明	信	正表		世啟	國彥
158	141	59	34		楚鼎	立成	良臣	鼎成	君成	鼎成	君成	大慶	大衢	常吉	興享	興宗			聯	士	應	開	仕	清		全			學		信	應	尚貴		正國	朝諫
159	142	60	35		可仕	三公	任余	三裕	三雲	三裕	三雲	葱	玉	登高	宗讓	宗華		國	正	彥	大	必	世	知		方	國		志		榮	太	楚慶	遐齡	鴻	章
160	143	61	36		仁星	正祿	興祖	正文	正樟	正文	正樟	三策	三慶	仕成	朝庭	朝文		正	仕	宗	永	賢	大	昌		曰	正		定		任	公科	國誠	世仁	天樞	仕烈
161	144	62	37		惠鑒	惠榜	惠聰	惠木	惠用	惠用	惠用	惠通	惠昆	惠科	惠瑛	惠		天	世	祖	昌	良	正	太		壽	天		安	文	合順	其福	芳	代貴	熙成	忠聯
162	145	63	38		迪吉	迪乾	迪錫	迪早	迪麟	迪麟	迪甲	迪德	迪榮	迪富	迪龍	迪		心	大	顯	安	興	有	祖	紹	文	心		邦	愈	必暹	仕玉	文明	興榮	壇	臣堯
163	146	64	39		家	家	家訓	家	家義	家義	家賓	家	家	家	家	家	宏	順	廷	永	玉	祖	道	澤	啟	武	順		國	維	昌學	發亮	宗	隆准	金灿	明榮
164	147	65	40		聲	聲	聲級	聲	聲忠	聲忠	聲	聲	聲	聲	聲	聲	大	家	萬	遠	乾	德	國	招	維	正	家		正	仲	世瀛	達富	維	安問	淇寬	永銘
165	148	66	41		振	振	振鳳	振	表祿	表祿	振	振	振	振	振	振	光	和	年	志	坤	國	元	貽	德	世	和	紹	興	朝	代廉	生錫	世	邦	椿成	東祥
166	149	67	42		美	美	美塘	美	美福	美福	美	美	美	美	美	美	明	世	安	氣	正	世	守	訓	生	代	萬	先	爵	元	賢佑	瑞卿	永	定發	煥華	壽星
167	150	68	43		彰	彰	彰明	彰	彰品	彰品	彰	彰	彰	彰	彰	彰	登	澤	福	高	韓	代	天	忠	尚	祖	世	宏	祿	肇	聖紋	相祿	習	國俊	載林	世棟
168	151	69	44		樹	樹	樹輝	樹	樹紅	樹紅	樹	樹	樹	樹	樹	樹	思	隆	之	文	中	榮	星	孝	賢	宗	興	祖	登	慶	永福	久鴻	學	長富	錫	昌谷
169	152	70	45		棟	棟	棟渝	棟	棟軍	棟軍	棟	棟	棟	棟	棟	棟	仁	得	從	章	光	昌	悅	著	志	昌	必	澤	高	孫	承雲	遠金	定	發萬	汝	隆春
170	153	71	46		樑	樑	樑浪	樑	樑	樑	樑	樑	樑	樑	樑	樑	義	仁	天	傳	耀	永	立	家	相	商	達	富	位	堂	承磊	知	安	其偉	材	德
171	154	72	47		積	積	積	積	積	積	積	積	積	積	積	積	再	崇	佑	世	明	遠	志	邦	才	嗣	文	貴	天	志	祚	繼	寧	祥第	輝	嘉
172	155	73	48		善	善	善	善	善	善	善	善	善	善	善	善	存	紹	興	澤	建	發	承	一	學	淵	昌	永	地	世	文	純	盛	克	升	靖
173	156	74	49		啟	啟	啟	啟	啟	啟	啟	啟	啟	啟	啟	啟	德	述	旺	詩	高	達	先	本	聯	泉	永	昌	永	同	明	雙	朝	承	銀	福
174	157	75	50		綿	綿	綿	綿	綿	綿	綿	綿	綿	綿	綿	綿	澤	廉	久	書	定	文	德	開	三	遠	承	榮	長	良	德	全	雍	祖	漢	天
175	158	76	51		遠	遠	遠	遠	遠	遠	遠	遠	遠	遠	遠	遠	永	善	遠	紹	家	學	時	濟	元	賢	繼	世	春	佐	大	源	熙	德	樹	合
176	159	77	52		存	存	存	存	存	存	存	存	存	存	存	存	世	裕	昌	先	邦	增	思	會	明	倫	應	代		君	安	光	治	登	烈	元
177	160	78	53		心	心	心	心	心	心	心	心	心	心	心	心	其	朝	學	賢	禮	光	必	萬	星	勝	君	炳		臣	家	明	名	仕	堂	和
178	161	79	54		肇	肇	肇	肇	肇	肇	肇	肇	肇	肇	肇	肇	昌	宗	足	忠	義	佑	自	代	純	宏	恩	忠		和	國	仁	登	立	錦	興
179	162	80	55		禎	禎	禎	禎	禎	禎	禎	禎	禎	禎	禎	禎			惟	孝	榮	啟	杰	綱	良	光		信		德	恩	鍾	士	朝	永	

	先		祖		129	130	131	132	133	134	135	136	137	138	139	140	141	142	143	144	145	146	147	148	149	150	151	152	153	154	155	156	157	158	159	160
開派始祖少典	受姓彭祖	淮陽宣公	江西構雲公世系	四川大雅公世系	渝合川市可仕	渝合川渭滄鎮正祿	渝合川太和鎮惠聰	渝江津市惠木	渝江津新勝鎮三雲	川安岳石羊頂新	川廣安市三元	川巴中市明楊彭葱	川廣安市榮祿彭玉	川安岳縣仕成	川廣安市恒升朝庭	川廣安市恒升宗華	渝榮昌玉侮鄉彭勝	渝榮昌峰高鄉彭勝	渝榮昌縣一和	渝榮昌油菜鄉啟財	渝榮峰高鄉永建	渝榮昌縣銅鼓鄉	渝榮昌石河辛九郎	渝永川市太平鄉	渝永川青峰鄉壽樹	永川三教壽永方才	汽永川黃瓜山	渝大足郵亭逢振	渝璧山五龍鄉	渝長壽縣古佛鄉	渝銅梁巴川合順	汽銅梁巴川公科	渝銅梁少云國城	銅梁全德西泉遐齡	渝銅梁縣大廟彭鴻	渝銅梁巴川朝誠
180	163	81	56		祥	祥	祥	祥	祥	祥	祥	祥	祥	祥	祥	祥			守	為	華	家		帶	正	遺		邦		彰	鴻	滿	先	永	樂	
181	164	82	57		乘	乘	乘	乘	乘	乘	乘	乘	乘	乘	乘	乘			德	國	長	聲		常	安	諫		家		詩	啟	天	榮	建	營	
182	165	83	58		規	規	規	規	規	規	規	規	規	規	規	規			志	寶	繼	維		昊	定	傳		慶		書	後	星	開	鴻	封	
183	166	84	59		傳	傳	傳	傳	傳	傳	傳	傳	傳	傳	傳	傳			高	百	仁	新		楚	方	宗		文		崇	人		元	業	鍾	
184	167	85	60		奕	奕	奕	奕	奕	奕	奕	奕	奕	奕	奕	奕			待	代	德	顯		金	如	孝		明		甲			常		澤	
185	168	86	61		祀	祀	祀	祀	祀	祀	祀	祀	祀	祀	祀	祀			時	啟	孝	楊		張	君	風				弟			懷		极	
186	169	87	62		簡	簡	簡	簡	簡	簡	簡	簡	簡	簡	簡	簡			香	英	順	通		煥	臣	晉				忠			德		煒	
187	170	88	63		書	書	書	書	書	書	書	書	書	書	書	書				才	後	順		江	有	歐				孝			碧		基	
188	171	89	64		增	增	增	增	增	增	增	增	增	增	增	增					代	明		淮	萬	美				必			平		鎮	
189	172	90	65		琳	琳	琳	琳	琳	琳	琳	琳	琳	琳	琳	琳					蘭	禮		玉	年	邦				留			獻		泰	
190	173	91	66		瑯	瑯	瑯	瑯	瑯	瑯	瑯	瑯	瑯	瑯	瑯	瑯					桂	定		汝		述				芳			高		東	
191	174	92	67		建	建	建	建	建	建	建	建	建	建	建	建					強	能		懷		著				治			庭			
192	175	93	68		譜	譜	譜	譜	譜	譜	譜	譜	譜	譜	譜	譜						安		讀		順				國						
193	176	94	69		敦	敦	敦	敦	敦	敦	敦	敦	敦	敦	敦	敦						邦		書		天				傳						
194	177	95	70		仁	仁	仁	仁	仁	仁	仁	仁	仁	仁	仁	仁								仲		成				先						
195	178	96	71		孝	孝	孝	孝	孝	孝	孝	孝	孝	孝	孝	孝								三		古				祖						
196	179	97	72		謨	謨	謨	謨	謨	謨	謨	謨	謨	謨	謨	謨								點		信				辭						
197	180	98	73		烈	烈	烈	烈	烈	烈	烈	烈	烈	烈	烈	烈								衣		紹				家						
198	181	99	74		壯	壯	壯	壯	壯	壯	壯	壯	壯	壯	壯	壯								冠		書				厚						
199	182	100	75		紀	紀	紀	紀	紀	紀	紀	紀	紀	紀	紀	紀								蓮		香				克						
200	183	101	76		綱	綱	綱	綱	綱	綱	綱	綱	綱	綱	綱	綱								上		家				昌						
201	184	102	77																					台		訓										
202	185	103	78																							勤										

四川彭氏直系世次昭穆派序(六)

	先		祖		161	162	163	164	165	166	167	168	169	170	171	172	173	174	175	176	177	178	179	180	181	182	183	184	185	186	187	188	189	190	191	192
開派始祖少典	受姓彭祖	淮陽宣公	江西構雲公世系	四川大雅公世系	渝彭水縣	渝南彭鎮	渝江北渝北太濟	成都青白江家珍	隆昌响石鎮達東	川隆昌油房鄉輝明	川隆昌油房鄉碧端	川犍為三溪鄉榮卿																								
133	116	34	9					壽																												
134	117	35	10					嗣邦																												
135	118	36	11					仕炳																												
136	119	37	12					思珠																												
137	120	38	13					汝楷																												
138	121	39	14					優正																												
139	122	40	15					振淮																												

	先		祖		161	162	163	164	165	166	167	168	169	170	171	172	173	174	175	176	177	178	179	180	181	182	183	184	185	186	187	188	189	190	191	192
開派始祖少典	受姓彭祖	淮陽宣公	江西構雲公世系	四川大雅公世系	渝彭水縣	渝南彭鎮	渝江北渝北太濟	成都青白江家珍	隆昌响石鎮達東	川隆昌油房鄉輝明	川隆昌油房鄉碧端	川犍為三溪鄉榮卿																								
140	123	41	16					遇賢																												
141	124	42	17					禮讓																												
142	125	43	18					世傳																												
143	126	44	19					勖慎																												
144	127	45	20					長漾																												
145	128	46	21					佩吉																												
146	129	47	22					永言																												
147	130	48	23					開新																												
148	131	49	24					慶榮																												
149	132	50	25				伏	廷桂																												
150	133	51	26				成	仕官	夫																											
151	134	52	27				仕	大用	相																											
152	135	53	28				梓	希禹	尼																											
153	136	54	29				宗	維達	成																											
154	137	55	30				文	三省	鳳																											
155	138	56	31		自		廷	才柏	宗																											
156	139	57	32		善		朝	開	祖																											
157	140	58	33		登		均	成	永																											
158	141	59	34		金	期	太	能	正	明	碧																									
159	142	60	35		祖	世	元	美	年	榮	達	永																								
160	143	61	36		廷	國	明	盛	榮	其	振	大																								
161	144	62	37		大	全	良	貞	華	樹	光	洪																								
162	145	63	38		永	學	國	恒	顯	尚	仁	宗																								
163	146	64	39		正	梦	永	家	後	春	大	世																								
164	147	65	40		光	昌	正	傳	代	有	基	紹																								
165	148	66	41		壽	自	孝	信	富	守	永	先																								
166	149	67	42		德	爾	友	述	貴	宗	守	德																								
167	150	68	43		盛	興	胤	紹	達	邦	成	商																								
168	151	69	44		再	君	光	道	先	傳	傳	賢																								
169	152	70	45		顯	子	先	之	賢	家	家	遠																								
170	153	71	46		忠	之	榮	興	功	本	崇	繼																								
171	154	72	47		志	澤	達		德	忠	信	周																								
172	155	73	48		思	家	宏		一	孝	義	登																								
173	156	74	49		天	用	通		時	顯	治	長																								
174	157	75	50		文	平	祚		見	達	國	齡																								
175	158	76	51		定	康	祥		方	貴	尚	基																								
176	159	77	52		安	長	開		聲	文	精	開																								
177	160	78	53		國	發	經		萬	章	吸	忠																								
178	161	79	54		仕	吉	裕		古	謙	俊	厚																								

	先		祖		161	162	163	164	165	166	167	168	169	170	171	172	173	174	175	176	177	178	179	180	181	182	183	184	185	186	187	188	189	190	191	192
開派始祖少典	受姓彭祖	淮陽宣公	江西構雲公世系	四川大雅公世系	渝彭水縣	渝南彭鎮	渝江北渝北太濟	成都青白江家珍	隆昌响石鎮達東	川隆昌油房鄉輝明	川隆昌油房鄉碧端	川犍為三溪鄉榮卿																								
179	162	80	55		美	祥	賢		傳	和	秀	學																								
180	163	81	56		祥				源	崇	欽	啟																								
181	164	82	57		應				流	大	元	宪																								
182	165	83	58		世				皆	道	作	章																								
183	166	84	59		吉				遠	禮	賢	家																								
184	167	85	60		昌				發	義	才	修																								
185	168	86	61						世	煥	應	廷																								
186	169	87	62						澤	隆	運	獻																								
187	170	88	63						同	光	生	國																								
188	171	89	64						長	祖	祖	典																								
189	172	90	65						綿	德	先	有																								
190	173	91	66							善	開	光																								
191	174	92	67							餘	澤	多																								
192	175	93	68							慶	後	高																								
193	176	94	69							益	萬	品																								
194	177	95	70							世	世	弟																								
195	178	96	71							定	定	孝																								
196	179	97	72							霞	和	友																								
197	180	98	73							昌	鳴	成																								
198	181	99	74									仁																								
199	182	100	75									時																								
200	183	101	76									遇																								
201	184	102	77									隆																								
202	185	103	78									運																								

註：「四川彭氏血緣網脈」係轉摘 **2003.5.**四川、重慶彭氏宗族譜．

四川構雲公 23 世祖彭勝(仕貴)公遷川子嗣新、舊世次昭穆派序對照表

構雲公世系	23	24	25	26	27	28	29	30	31	32	33	34	35	36	37	38	39	40	41	42	43	44	45	46	47	48	49	50	51	52	53	54	55	56	57	58	59	60	61	62	63	64	65
彭勝（仕貴）公系	1	2	3	4	5	6	7	8	9	10	11	12	13	14	15	16	17	18	19	20	21	22	23	24	25	26	27	28	29	30	31	32	33	34	35	36	37	38	39	40	41	42	43
勝公崇仁堂新、舊派別	勝	文		毓	代	廷	宗	正	自	天	萬	應	仕									崇	仁	開	新	宇	臨	江	展	宏	圖	淮	陽	紀	厚	澤	吉	安	肇	文	武		
忠縣任家嶺	勝	文富	級	毓奇	—	—	—	—	—	—	仕	年	仕	方	世	鳳	文	學	廣	大	名	振	家	邦	如	其	守	敬	爾	世	克	昌											
石柱金鈴垻橋頭鎮三滙鄉漆遼垻			善	毓尚	代	廷	宗	正	自	天	萬	世	朝	文	明	光	遠	佑	廣	大	德	先	昭	有	學	宜	登	第	多	才	應	尚	超	常									
忠縣善廣三星										天祥	倫	思	壽	大	學	源	河	明	楊	宗	支	德	富	貴	永	遠	如	朝	廷														
石柱沿溪鎮											萬春	文	繼	天	學	永	世	國	大	興	順	朝	廷	德	光	天	地																
忠縣東溪跳磴河												文	繼	天	世	朝	學	善	良	元	家	玉	永	光	昌	孝	第	傳	源	遠	詩	書	啟	后									
忠縣烏楊彭家垻				毓佑	代	廷	宗	正	自	天	萬	應	仕	子	繼	文	學	永	定	國	家	興	朝	作	育	世	代	光	華	祥	鍾	龍	鳳	彩									
忠縣烏楊彭家場														子寶	繼	文	學	永	定	國	家	玉	朝	作	育	世	代	光	華	祥	鍾	龍	鳳	彩									

構雲公世系	23	24	25	26	27	28	29	30	31	32	33	34	35	36	37	38	39	40	41	42	43	44	45	46	47	48	49	50	51	52	53	54	55	56	57	58	59	60	61	62	63	64	65
彭勝（仕貴）公系	1	2	3	4	5	6	7	8	9	10	11	12	13	14	15	16	17	18	19	20	21	22	23	24	25	26	27	28	29	30	31	32	33	34	35	36	37	38	39	40	41	42	43
勝公崇仁堂新、舊派別	勝	文		鏣	代	廷	宗	正	自	天	萬	應	仕									崇	仁	開	新	宇	臨	江	展	宏	圖	淮	陽	紀	厚	澤	吉	安	肇	文	武		
石柱萬朝鄉												應香	仕	倫	宗	廣	世	永	定	國	家	興	朝	作	育	世	代	光	華	祥	鍾	龍	鳳	彩									
烏楊石高曹家北屏				鏣明	代	廷	旺	重	正	自	天	藻	漢	清	孔	世	萬	繼	文	學	永	定	國	家	興	朝	作	育	世	代	光	華	祥	鍾									
忠縣東溪鎮										長銀	萬	應	仕	文	純	心	樂	善	道	家	國	永	光	昌	詩	禮	承	先	業	忠	禎	啟	后	長									
東溪石盤子											萬舉	應	仕	子	繼	文	學	永	光	耀	朝	選	澤	家	道	興	隆	慶	正	世	以	為	德										
梁平龍門土敦垻										貴林	萬	應	仕	學	純	心	樂	善	道	忠	良	定	國	安	孝	友	治	家	寶	慶	衍	光	先	德									
豐都董家彭家灘										長樹					萬	應	樂	善	道	德	勝	永	世	昌																			
豐都飛龍彭教組忠縣巴云平嶺村										長	萬	應	仕	文	純	心	樂	善	道	家	國	永	光	昌	詩	禮	承	先	業	忠	禎	啟	后	長									
忠縣凌云彭家嶺										長	萬	應	仕	文	正	宗	學	有	萬	世	芝	明	治	國	大	光	順																
忠縣固國村										宗世	應	萬	啟	登	大	朝	時	正	興	世	守	懷	清	玉	松	柏	發	科	香														
忠縣新立鎮									子俊	宗	先	萬	世	文	宗	克	明	正	學	德	紹	孔	孟	道	成	先	覺																
墊杠家沙河鄉												萬	世	思	宗	正	大	光	明	克	旬	豪	杰	緒	崇	敬																	
墊江大石鄉												萬	世	思	宗	正	大	光	明	孔	孟	道	成	先	覺																		
豐都公平村樹人豹子灣					代虎	廷	宗	正	潤	克	國	文	永	世	朝	明	登	澤	玉	成	宗	之	慶	正	大	志	其	天															
樹人玉石王家灣													萬	世	德	應	天	朝	廷	金	鼎	盛																					
聯豐大溝勝利村																	國	正	春	長	秀朝	登官	千澤	世玉	遠貴	方子	福德	如賢															
三元寺五公灣											應	文	永	世	朝	明	登	澤	玉	國	方	正	春	長	壽	蘭	紅	萬	秀	容													
樹人大樓腳村														朝	廷	丹	登	澤	永	國	正奇	榮呂	天達	秀	碧	強	光	地	萬	事	奇	昌	林										
石河村石壁山岩灣					代龍	廷	宗	正	自	天	朝	啟	榮龍	天萬	文	丹單	登	繼際	會	明	昌	華	光	正勝	世	富	貴	慶雙	長	榮													
公平村四公灣										萬	國	文	世	朝	崇	宗	大	榮	福	厚	德	長	久	元	和	美	家	成															
公平村柏木橋										萬	國	文	世	朝	明	興	應	盛	恩	厚	子	其	昌	富	和	美	家	成															
石虎寨二組												文	永	志	朝	洪	倖	應	登	仕	廷	朮	芝	成	孝	友	信	余	學	中	明												
周家河何家灣土老溝										家	聲	朝自	萬述	世根	啟榮	賢茂	俊時	金達	桂壽	溢金	源清	成觀	宗光	良維	懷學	福士	澤尚	信國	古芳	繼名													
樹人鎮石河村大屋														朝	廷	明	登	澤	玉	國	正	源	天																				
樹人高家鎮支派											芬	正	春	長	壽	嫗	蓋	瑞	國	英	蘭	紅	權	秀	容	克	勇	照	芬	沛													
豐都栗子鄉									彭華	凌	堅	林	仕	育	代	廷	宗	正	自	天	萬	世	朝	文	明	光	遠	佑	廣	大	德	先	昭	有									
豐都羊子岩社壇後草山										貴	世	永	德	方	仕	學	永	昌	紹	登	朝	廷	忠	孝	承	先	志	萬	世	慶	恩	榮											
社壇八角廟													德	方	仕	學	永	昌	紹	登	國	正	文	光	大	先	志	萬	世	慶	恩	榮											
豐都仁沙李家坪													龍	萬	仕	德	應	天	朝	世	代	榮	昌	禹	正	齊	光	福	壽	德	安	康											
豐都許明萬美派													萬美	啟	朝	學	正	大	文	德	天	光	榮	耀	廷	中	福	乾	坤	定	遠	長											
許明天寶寨彭家溝												昌琦	萬	單	仕	啟	正	大	永	興	仁	天	文	堯	舜	邦	國	清	吉	太	平												
忠縣黃金涼泉村															天	心	正	順	信	古	傳	述	德	澤	孔	長	家	修	廷	獻	桂	秀	蘭	芳									
二房 石柱王場鄉	勝	文祥	友	林	恩	祖	湍	繼	賢	宗	洪	應	仕	學	純	心	樂	善	道	家	遠	永	光	昌	孝	弟	傳	源	遠	詩	書	啟	后	長									
梁平龍門三官構						希祖	淑	維	賢	朝宗	邦	試	仕	學	純	心	樂	善	道	家	遠	一	光	昌	孝	弟	傳	源	遠	詩	書	啟	后	長									
王場廟橋村						遵祖	年	吾	賢	偉	洪	榆	如	坤	純	心	樂	善	道	家	國	永	光	昌	孝	弟	傳	源	遠	詩	書	啟	后	長									
石柱西沱毛村垻						法祖	潤	古	賢	嵩	洪	應	仕	大	純	心	樂	善	道	家	國	永	光	昌	孝	弟	傳	源	遠	詩	書	啟	后	長									
梁平明達紅岩垻													述古	紋滌	純																												
忠縣石寶漕溪								古	賢	崇	洪	應	仕	大	維	心	樂	善	道	家	國	永	光	昌	孝	弟	傳	源	遠	詩	書	啟	后	長									
忠縣涂井山村												應麟	仕	文	學	心	樂	善	道	家	國	永	光	昌	孝	弟	傳	源	遠	詩	書	啟	后	長									
忠縣豐收彭家嶺	勝	文祿	正吾	永坤	中	瑤	山	朝	世	元	現	宗	友	登	文	仕	學	啟	先	德	明	善	復	初	齊	家	治	國	純	一	宗	儒											
忠縣官垻鯉魚村													友朋	登	文	仕	學	秀	作	玉	明	善	復	初	齊	家	治	國	純	一	宗	儒											

構雲公世系	23	24	25	26	27	28	29	30	31	32	33	34	35	36	37	38	39	40	41	42	43	44	45	46	47	48	49	50	51	52	53	54	55	56	57	58	59	60	61	62	63	64	65
彭勝（仕貴）公系	1	2	3	4	5	6	7	8	9	10	11	12	13	14	15	16	17	18	19	20	21	22	23	24	25	26	27	28	29	30	31	32	33	34	35	36	37	38	39	40	41	42	43
勝公崇仁堂新、舊派別	勝	文		毓	代	廷	宗	正	自	天	萬	應	仕									崇	仁	開	新	宇	臨	江	展	宏	圖	淮	陽	紀	厚	澤	吉	安	肇	文	武		
官垻茶元村												耀宗	友	登	文	仕	學	秀	作	玉	永	流	芳	桂	榮	昭	代	鳳	鳴	起	懋	德	昌	隆									
官垻碾盤大彭家灣													友	登	文	仕	大	啟	先	德	明	善	復	初	齊	家	治	國	純	一	宗	儒											
開江市任市																	學月	啟	先	德	明	善	復	初	齊	家	治	國	純	一	宗	儒											
湖北利川團堡																	學	啟	先	德	明道	善	復	初	齊	家	治	國	純	一	宗	儒											
石柱黃水冷水鄉												武宗	友臣	登乾	文堂	仕	學	啟	先	德	明	善	復	初	齊	家	治	國	純	一	宗	儒											
忠縣精華彭家廟									世顯	承	先	單	大	登	志	明	光	宗	萬	善	朝道	思家	政國	永	遠	孝	弟	松															
四房 石柱王場鄉	勝	文福	友	慣	金	雄	表	以	賢	宗	邦	應	仕	文	純	心	樂	善	道	家	國	益	光	昌	詩	禮	承	先	業	忠	禎	啟	后	長									
萬州培文幺台灣										意宗	邦	應	仕	文	學	心	樂	善	道	家	國	榮	光	昌	詩	禮	承	先	業	忠	禎	啟	后	長									
培文劉家坪梁平聚寶鄉石安鄉萬州武陵鎮											邦	應	仕	文	學	心	樂	善	道	家	國	榮	光	昌	詩	禮	承	先	業	忠	禎	啟	后	長									
萬州燕山鄉															學壽	希	樂	善	廷	家	國	永	光	昌	詩	禮	承	先	業	忠	禎	啟	后	長									
忠縣汝溪長安村												應兆	仕	文	純	心	樂	善	廷	家	國	益	光	昌	詩	禮	承	先	業	忠	禎	啟	后	長									
忠縣野鶴朱家垻													洪木	正	一	統	清	善	廷	家	國	益	光	昌	詩	禮	承	先	業	忠	禎	啟	后	長									
汝溪鍾鳴左家溝、香爐彭家溝、鎖口芭蕉坪												應	仕	文	學	心	樂	善	廷	家	國	益	光	昌	詩	禮	承	先	業	忠	禎	啟	后	長									
萬州高升鎮											邦堯	應	淮	文	學	心	樂	堯	善	道	家	國	日	光	昌	詩	禮	承	先	業	忠	禎	啟	后									
高升彭家村														世	開	安	國	正	天	文	興	順	成																				
大碑桐槽村														文斗	學	乾	坤	才	月	華	家																						
萬州萬二橋												應國	洪	文	學	心	發	光	大	德	峰澤	密	施	民銘	眾重	國	家																
開縣東陽鎮													浩	忠	良	盛	德	克	讓	振	高	明	博	古	伢	家	緒	通	經	占	國	程	光	輝									
萬州龍沙响水鎮	勝	文壽	—	—	—	—	—	—	—	文	春	萬	維	應	仕	文	純	心	樂	善	道	家	國	永	安	康	詩	禮	承	先	業	忠	誠	啟									
武陵柳沱村											春成	萬	維	世	文	學	心	樂	善	道	家	國	永	光	昌	詩	禮	承	先	業	忠	誠	啟	后									
王場四明石柱力場白雲忠縣干井甘田	勝	文聰	竹峰	—	—	—	兆	維	慶	朝	松	天	洪	文	學	心	樂	善	道	家	國	益	光	昌	詩	禮	承	先	業	忠	禎	啟	后	長									

四川彭氏各系

崇仁堂

(摘錄 **2004** 年四川忠州崇仁堂彭氏通譜)

仕貴公，諱勝，通遠公三子，臨江彭氏始祖．元至正二年辛巳西元 **1341** 年冬月 11 日卯時，生於湖南湘鄉 65 都長沖．**1372** 年以功授長沙衛，明洪武 12 年己未西元 **1379** 年楚王遣公戍四川西蜀忠州，乃攜眷劉、劉二氏，由湖南長沙赴衛，落居忠州崇仁里(今石柱王場鎮)一甲野鴨池，迄今六百二十餘年，繁衍二十餘世，為臨江望族．臨江即今忠縣(西漢時縣名)．

永樂 18 年辛丑西元 **1421** 年二月初八日子時逝世，葬四川忠州崇二鄉野鴨池機匠干墻．元配劉氏，湖南湘鄉 65 都梅口土地人，次配副室劉氏，湖南邻縣第七都新塘人．子六：文富、文祥、文祿、文福、文壽、文聰，世稱「老六房」，世襲千戶，代有名門，文武兼收，子孫廣佈臨江等十餘縣，及遠遷湘鄂滇等省．

四川彭勝公與貴州彭氏開基祖，均來自湖南茶陵(始末詳譜序)，同屬構雲公 **16** 世彥秀(仲文)公後裔．

血緣

譜　別	1	2	3	4	5	6	7	8	9	10	11	12	13	14	15	16	17	18	19	20	21	22	23
崇仁(P.44)	構雲	茲	倜	輔	玕	彥昭	師奭	德顒	嘉	儒斌	國材	九	逵	述	仲明	琮	彥秀(仲文)	思賢	汝历	千九郎	仁佳	通遠	仕貴(勝)
貴州彭氏	構雲	茲	倜	輔	玕	彥昭	師奭	德顒	嘉	斌	國材	九	逵	述	琮	彥秀(仲文)	思旦						

註：一．崇仁堂世系與貴州彭氏同出一脈，皆彥秀(仲文)公子嗣，但世系則各有不同，貴州譜載仲文公為構雲公 16 世，而崇仁堂譜則記載為構雲公 17 世．

二．經查湖南老譜，15 世琮公，字仲明，四川崇仁堂譜誤將「仲明、琮」寫成二人，實際上仲明即琮公係為一人，為構雲公 16 世．

三．老譜記載：嘉公三子：儒安(安)、儒完(完)、儒賓(斌、彬、賓、文質)

湘鄉青蘭派行　(仁佳公為青蘭開基祖)

千仁通仕文　信仲友博　廷正希子榮　尚應宗祖興　中懷先仁賜美
貽訓允恭承　孝順家聲振　詩書世業征　存心惟篤敬　續學裕才能

崇仁堂統一派行

崇仁開新宇．臨江展宏圖；淮陽紀厚澤．吉安肇文武．

註：一．使用新派時，宇、臨、安、文宜排在下，餘俱排于中．原「忠縣彭氏志」(72 頁)所訂班派作廢，一律以此為準)．

二．無論用原派抑改用新派，應將新派首字套入彭勝以下 22 代，即 22 代為「崇」字輩，23 代為「仁」字輩．如野鴨池老二房「永」套「崇」，「光」套「仁」，「昌」套「開」，依次類推．

明洪武十二年彭仕貴(勝)公遣戍四川忠州考略

(節摘 2004 年四川忠州崇仁堂彭氏通譜)

清代、民國年間，我彭氏相關譜序關於明初遷四川忠州始祖彭勝，受朝廷藩王調戍守忠州之由來，有三處大體相同的記敘：

一．清乾隆廿七年忠州(臨江彭氏族譜)記載：「彭勝，字仕貴，元辛巳十一月十一日卯時生於湖廣長沙府湘縣六十五都長沖，明洪武四年以功受長沙衛，十二年調四川忠州所官，世襲千戶．」據考，忠州所即當時忠州之衛所，明初屬軍隊編制．史載：京師及各地要害處設立衛所，連郡設衛，大體三千六百人稱衛，一千百二十人稱千戶所，一百一十二人稱百戶所．千戶分行軍千戶，屯田千戶，守城千戶，欽察千戶等．

二．民國 34 年萬州龍安鄉彭家溝「彭氏修飾家譜序」載：自明洪武十二年千戶公諱勝，由楚南長沙衛調往四川忠州戍守，軍紀嚴明．

三．清同治三年湖南湘鄉「青藍彭氏族譜」人物卷載：通遠公三子仕价，更名仕貴，字勝，洪武四年任長沙衛，十二遣戍西蜀忠州武寧鎮(武陵鎮原屬忠州地，北周 562 年析出置原陽縣，隋 612 年改原陽為武寧縣，同時析出所屬西界地置南賓郡，是成石柱建縣之始)．正由於後來彭勝戍守的西界汜曾經是武寧縣屬地，故千里之外的湖南祖籍將其記載記成「武寧鎮」亦在情理之中．

從以上記述中可以看出，明初彭勝因功自湖南湘西而入長沙，任職八年後洪武十二年西元 1379 年，距朱元璋自湖廣大舉遷民填川，已整整十年．為更好地融合主、客籍川民關係，強化地方管理，以進一步恢復發展戰後巴蜀農業生產，降旨其擔任楚藩王朱元璋庶六子朱楨，從湘楚地方官員中抽調一批骨幹來川戍守，於是携眷率子，同時又屬官調性質的移民填川．與勝公戍忠同時來忠的還有守城千戶陶璋，當年巨資重修的忠州古城墻，便是彭勝公任內完成的．故今日忠縣陶姓，將始祖築城、守城的典故，編作其族譜派序首詞「守城唯祖志…」．同屬忠州衛所的彭姓，初來時住城內鼓樓街，約在今夏王廟一帶，後派調州東北千戶所，兵民統領，兼有行軍、屯田千戶之職，由於防地主要在汜，是將家室落居附近崇仁鄉野鴨池．發源繁衍，成為明初遷忠彭氏始祖．

崇仁鄉，以前叫崇仁里，管轄忠縣長江以南、方斗山以北長約百里，寬約三十里狹長地帶，有若忠州東南的屏障，它東與石柱、北與萬州相接，面對忠、石、萬，乃至湖北交界處，地位險要，明初在此設置千戶所，派功臣彭勝鎮守，保護了忠州半壁河山的安寧與發展繁榮．

彭勝公長子文富公墓刻：「黃蓮山下垂科甲，雙河口內報書香」、「文富公於洪武二十年宦遊墊江」，說明野鴨池等地區的經濟繁盛與人文氣息，社會已相當進步，彭勝公建立了不可磨滅的功績．

野鴨池老一房(文富)公早期系 (譜123)

彥秀(仲文)－思永－汝勵－千十一郎－仁佳－通遠－仕貴(勝)－文富、文祥、文祿、文福、文壽、文聰

云24	25	26	27	28	29	30	31	32	33	34	35
勝2	3	4	5	6	7	8	9	10	11	12	13
文富	善	毓佐									
		毓懷									
		毓肖	代銀								
			代金	庭高							
				庭廣							
				庭福	宗玉	正北					
						正東					
						正魁	自旺	天福	萬美	世元	
										世祿	
										世爵	
									萬品		
								天吉			
								天斗	萬銀		
								天佑			
								天祥	倫芝		
							自發	宗明			
							自興	宗世	應衡	萬洪	
						正南					
						正刪	自龍	天聰	萬貴		
							自明	天祿	萬春		
							自德	天璽	萬鎰		
									萬臣		
									萬宰		
									萬相		
									萬舉		
				庭吉							
				庭才							
			代鳳								
			代龍	庭□	宗道	正官	彭華				
					宗德	正意					
					宗美	正斗					
			代虎								
		毓先									
		毓清									
		毓林									
		毓盛									
		毓佑	代生	庭元	宗新	正立	自尚	長根			
								長慶	萬祥		
								長源			
								長發	萬顯	應錦	
										應香	
								長禮			
								長林			
								長樹			
								長枝			
		毓明	代凱	庭展	旺雄	重陽	正堂	自來	天祿		
									天位		
	桂軒	毓奇	－	－	－	－	－	仕朝	松年		
									逢年	德傳	
										世傳	
									新年		
									齊年		
									開年		
	級	－	－	－	－	－	－	仕綱	大年	遴	
										巡	
										育	
									仲年	蓬	
										逢	
									錫年	途	
									玉年	治	
										瑛	
										聰	
										珠	

塾江縣大石鄉彭世祿支 (譜124)

世隆文宗祖及第早登科金玉滿堂紅富貴榮華興

仕貴(勝)－文富－善－毓肖－代金－庭福－宗玉－正魁－自旺－天福－萬美－世祿－隆—文－宗－祖－及卿－第堯、第舜

云40	41	42	43	44	45	46	47	48	49	50	51
勝18	13	14	15	16	17	18	19	20	21	22	23
第堯	早富	登福	科孝	曉華							
				金權							
				芙容							
				秀瓊							
		登祿	科茂	金全							
			科堂	鐵育	玉宸						
				曉梅							
				永容							
				玉潔							
				效連							
第舜	早會	登槐									
		大妹									
		登海	科榮	金平	向陽						
					玉霞						
				志權	海鴻						
					海煌						
			素瓊								
*				趙洲							
			永勝	金理							
				金樹							
				建容							
	早鳳	登銀	科文	金育	彭紅						
					彭娟						
				金蘭							
				秀容							
	早周	登銅	科發	金強	彭彬	鈺婷					
				金財	彭亮						
				金梅							
			科維	金華	彭鵬						
					玉容						
					玉杰						
				金蘭							
				金木	彭波						
				金瓊							
	早勝	登林	科義	金容							
				金明	彭滔						
					彭晉						
	早陽	登惠	淑瓊								
			樹成	錢余							
			淑英								
		登秀									
		登淑									

石柱六壙遼埧彭世爵嗣裔(譜125)

世爵公源出橋頭遷三滙祖萬美,約清雍正時遷黃鶴鄉山坪,三傳到明宣遷漆遼埧.彭德英家舊譜,郤稱來自湖南寶慶府高干堰,與三滙「華美祠叢書」所載宗源相違.

血緣：仕貴(勝)－文富－善－毓肖－代金－庭福－宗玉－正魁－自旺－天福－萬美－世爵－朝啟－文賢、文良

雲35	36	37	38	39	40	41	42	43	44	45	46
勝13	14	15	16	17	18	19	20	21	22	23	24
朝啟	文賢	明宣	光朝	遠興	佑軍	廣厚	大川	德英	先發		
									先明	昭兵	
										昭蓉	
									先雲		
								德芝			
								德全	先友	昭洪	
										彭妹	
									先林		
									先才	昭強	
										彭妹	
						廣善	大成	德培	先宇	大妹	
										二妹	
									先桂		
									先珍		
									先蘭		
								德豐	先文		
						廣義	大賓				
						廣祿	大斌	德彪	彭令		
								德勝			
							大桂				
					佑楚	廣美	大寬	德波			
								德江			
								德瓊			
							大蘭				
							大春				
							大英				
						廣業	大啟	德俊			
								德惠			
								德平			
								德雲			
							大香				

雲35	36	37	38	39	40	41	42	43	44	45	46
勝13	14	15	16	17	18	19	20	21	22	23	24
			光福								
			光學	遠科	佑祥	廣銀	大海				
						廣昌	大海	德洋			
						廣華	大龍	德友			
								紅霞			
							大蓮				
							大菊				
							石群				
					佑武						
					佑祿						
					佑柏						
				光如							
				光廷	佑恩	廣發	大樹	德富			
							大森	彭磊			
								春燕			
							大芝				
							大良	春花			
								二妹			
					佑槐	廣居	大榮	彭濤			
								雪琴			
							大春				
							大華	彭瀟			
								彭濬			
							大明				
						廣蘭					
						廣英					
						廣蓮					
				遠倫							
		明安	光元	遠□							
			光級	遠貴							
				遠信							
				遠方							
			光弟	遠繩							
				遠米							
				遠選							
				遠進							
	文良	明宇	光東	遠登	佑齊						
				遠發	佑□						
				遠坤	佑□						
				遠相	佑□						
				遠順							

忠縣善廣鄉三星村鄧家溝天祥房(譜 126)

血緣：仕貴(勝)－文富－善－毓尚－代金－庭福－宗玉－正魁－自旺－天福、天吉、天斗、天佑、天祥

雲31	勝9	自旺									
32	10	天福				天吉	天斗	天佑	天祥		
33	11	萬美			萬品	萬亨	萬銀	宗明	倫芝		
34	12	世元	世祿	世爵							

雲32	33	34	35	36	37	38	39	40	41	42	43
勝10	11	12	13	14	15	16	17	18	19	20	
天福	萬美	世元									
		世祿									
		世爵									
	萬品										
天吉											
天斗	萬銀										
天佑											
天祥	倫芝	思恩	壽興	大林	學思						
			壽泰								
			壽富	大順							
				大玉	學榜	元灿	河漢	明玉	彭洪	忠林	
									揚珍		
									揚方		
									揚英		
								明石			
								明定	揚洪		
									秀花		
								明友			
							河明				
							河珍				
						元相	河晏	明金	彭平	彭力	
									啟彤	彭梁	
									桂瓊		
									孟瓊		
								祥珍			
								明芳			
								淑明			
								素珍			
							河四	明潔			
								明清			
								明秀			
								明芳			

雲32	33	34	35	36	37	38	39	40	41	42	43
勝10	11	12	13	14	15	16	17	18	19	20	
							河銀				
						元春	河清	明孝	彭軍	建峰	
										雪峰	
									揚宏	先鋒	
										玲紅	
									淑芳		
									淑蘭		
									淑華		
								明弟	彭忠	邯峰	
										鄲峰	
										銀屏	
										梅娟	
									桂芳		
									桂蘭		
									成軍		
									桂英		
							河南	明富			
								明德			
							河會	明康	林國		
									揚明	建芳	
										建蘭	
									揚聲	忠文	
										忠渝	
									揚忠	彭鑫	
										陳燕	
									揚權	忠軍	
										誠誠	
								明樂	素瓊		
								月珍			
								英華			
							河林	明智	揚生	忠平	
										彭燕	
									揚鴻		
									正瓊		
									陳圖		
									玉珍		
							河珍				
					學元						
					學相						
				大興							
				大孝							
				大財	學碧	元倫	河德	明禮			
								明義	揚明		
									揚平	一召	
									華芳		
								明康	揚軒	彭鑫	
									桂蘭		
									桂芳		
								明生	艷陽		
									艷瓊		
								明芳			
								泰明			
						元壽	河友	明國			
								明龍			
						元成	河弟	明才	彭華	小峰	
									建國	弘雨	
									桂華		
							河忠	明德	桂蘭		
									桂芳		
								明華	彭偉		
									秀瓊		
								明權			
								明龍	彭川		
									曉紅		
								明蘭			
							河友	明國	小燕		
									春紅		
								明英			
							河珍				
						元子	河明	彭勇			
								彭洪			
								紅梅			
							六秀				
							河珍				
					學魁	元三	河海				
					學維	元培	河學	彭波			
								彭濤			
							素明				
							素華				
						元沛	河銀	明魁	君臣	彭敏	
									揚飛		
									曉玲		
									陳潤		
									華玲		
								淑珍			

雲 32	33	34	35	36	37	38	39	40	41	42	43
勝 10	11	12	13	14	15	16	17	18	19	20	
								淑明			
							元安				
							元順	河禮	興忠	揚峰	
										素華	
										北川	
										東川	
										彭媛	
										何毅	
								河義	彭文	江月	
									彭革		
									江鳳		
									淑芳		
								河貞			
								素梅			
							元河	河廉	明興	彭瓊	
									淑梅		
								河恥	明富	彭冬	
										雪芹	
									明貴		
									明雙	彭林	
									明榮	彭杰	
									彭軍	康麗	
							元海	河州	明貴		
								素蘭			
							元開	河生	向陽		
									秀英		
								河英			
								河芳			
					學興						
					學洪						
					學舉						
					彭妹						
		思美									
	倫師	思壽									

石柱縣沿溪鎮濱江村土墻院(譜 130)

血緣：仕貴(勝）－文富－善－毓肖－代金－庭福－寶玉－正剛－自明－天祿－萬春－文□－繼魯、繼學

雲 35	36	37	38	39	40	41	42	43	44	45	48
勝 13	14	15	16	17	18	19	20	21	22	23	24
繼魯	天宇	學詩	永剛	世榮	國福	大樹	興明				
							福香				
					國壽	大志	興玥	順和	朝榮	彭博	
									朝秀		
									朝華	彭杰	
										彭洋	
									朝富	飛龍	
										飛鳳	
									朝貴	彭宣	
									朝芳		
						大妹					
						二妹					
						三妹					
						四妹					
						幺妹					
					國楷	大順	興春	順安	晉瓊		
									紅梅		
								順珍			
								順秀			
							興發	順文	彭爽		
								順才	桂玲		
								景春			
							興珍				
					大妹						
					幺妹						
			永照	世華	國剛	潤林					
						大俊	興文	順華	金林		
							興才	杜碧			
								杜華			
						丙姑					
						大芬					
			永恒	世富	國瑞	大孝	興亮	順安	彭川		
									大妹		
									二妹		
								曉東			
								玉華			
							興端	順清	義文		
									秀瓊		
									秀勇		
								順祥	武林		
						大木	興真	順碧	彭亮		
								順蘭			
								順瓊			
							興洪	順發			
								順福			
								順利			
								順勇	彭力		
							腊妹				
							顯英				
						大妹					
						二妹					
						大榮	興德	順民	朝權	大妹	
										二妹	
									朝安	彭毛	
									朝華	彭毛	
									彭妹		
							興忠	順榮	朝蘭		
									朝華		
								順瓊			
								順華	大妹		
									二妹		
							興煥				
						大楝	興強	順秀			
				世貴	國珍						
					八婆						
繼學	天翔	學剛	永忠	世長							
				世祿							
				世明							
				世才							
			永強	世祥	國發	大朝	興育	順成	彭悬		
								順蘭			
								彭敏			
						大珍					
						大廷	興壽	順元			
								順權	彭婷		
								順芳			
								順香			
							興育	(出	繼)		
							興安				
							興芝				
							興蘭				
						辛娣					
						洁蓮					
						大珍					
						五妹					
						幺妹					
					國旺	潤香					
						來香					
					大妹						
					幺妹						
			永相	世潤	國會	大衡	興富				
							興貴				
				世海							

忠縣東溪鎮興旺村世興公房(譜 131~132)

世	朝	學	善	良	元	家	玉				
世興	朝喜	學連	善元	良芝	元金	家廷	玉明				
							玉霞				
						家芳					
						家祝	宜蓉				
				良德	元官	家文	彭軍	宥衡			
						家元	彭華				
							彭雙				
						家權	彭磊				
							彭巧				
							彭莉				
						家祿	彭婷				
					元琴	家武	彭浪				
							彭蓉				
						家成	彭杰				
							彭蕾				
						家秀					
						家蘭					
						家碧					
					元芬	家林	玉花				
						家清	彭丹				
							彭瑜				
						家華					
						家紅					
					元朋	家樹	小梅				
						家香					
						家輝					
				良發	元太	家群	海林				
							玉梅				
					元孝	家明	彭濤				
						家生	駿豐				
						家文	彭柳				
							新年				

世	朝	學	善	良	元	家	玉				
						家瓊					
					元才	家林	彭斌				
						家棋	彭松				
							彭歡				
						家福	海燕				
							淑蓮				
						家偉	建蓉				
							淑英				
					元明	家翠					
						家建	建雄				
							彭帥				
						家富	彭洋				
						家萬	思偉				
						家平					
				良富	元壽	家懷	彭濤				
						家軍	玉媛				
						家芬					
					元福	家金					
						家貴					
						彭華					
					元長	志勇					
						桂蘭					
						彭茜					
			善坤	良模							
				良義	元慶	彭奎	金鳳				
						彭文	嬌嬌				
					元珍						
					元芳						
					元秀						
		學信	善□	良儒	元林	家福	彭勇	小梅			
						家蘭					
					元生	家雲					
						家蘭					
					元清						
				良義	元萬	家渝					
						家淑					
					元珍						
			善章	良□							
				大妹							
				良順	元美	小紅	彭俊				
							彭華				
						彭亮					
						秀美					
						秀蘭					
						秀珍					
					元福						
					元和	家國					
						家珍					
					元芬						
				良珍							
				良英							
				良珍							
		學科	大妹								
			二妹								
?	一	一	善祥	良貴	元珍						
					元安	家興	兵彬				
						家瓊					
						家蘭					
						家芳					
					元芬						
					元蘭						
				良芬							
?	一	學登	善興	良舉	太元	家清	彭平				
						家雲	桂蘭				
						家英					
						家芬					
						家翠					
?	一	善貴	良福	元忠	家文	滄海					
					家林	浩杰					
					家芳						
					家香						
				元興	家成						
					家忠						
					家偉						
			良元	元祥	澤民						
					香珍						
					香梅						
					紅燕						
世貨	朝友	學升	善源	良友	元金						
					元發	家貴	國洪				
							國瓊				
						家文	國軍				
						家國					
						家雲	國勇				
						家明	彭靜				
				良福							

世	朝	學	善	良	元	家	玉				
?	一	一	善鵬	道全	大剛						
				道友	彭吟						
				素容							
				道初							
				道芹							
?	一	一	善章	良福	元武	家清	玉和	彭浪			
						家瓊					
				良玉	元盛	家珍	玉龍	素芳			
						家禮	玉祥	和興	彭楊		
								和明	彭倫		
								興華	香瑜		
								建瓊			
								和汞			
								紅梅			
					元和	家才					
						家友	玉明	彭川			
								彭鳳			
							玉芬				
							玉珍				
						家英					
				良發	元太						
					元寶	家富	玉林				
							玉忠				
					元香	家瑞	玉輔	彭明	金華		
									錢煒		
								彭健	彭恒		
								彭川	彭景		
								彭掙			
							玉文	彭杰	世偉		
								彭華			
								彭紅			
							玉清	小英			
								小莉			
						家雲					
?	一	一	吉成	良華	忠丹						
				良英							
				良秀							

豐都樹人公平村四公灣潤宇房(譜 133~134)

血緣？－31 潤宇－32 克啟－33 國楨、國柱、國太

雲 33	34	35	36	37	38	39	40	41	42	43
勝 11	12	13	14	15	16	17	18	19	20	21
國	文	永	世	朝	明	登	澤	玉	成	宗
國禎	文章	永修	世官	朝忠	明高					
					明位					
					明祿					
				朝文	明開	登厚	高華	玉德		
							高賢			
			世宦	紹林	明魁	登榮	澤福	玉發		
						登山	澤壽			
							澤喜	玉金		
			世杰							
	文誠	永遐								
		永齡	世道	紹恒	明相	登貴				
						登富	澤忠			
					明海					
					明毓	登魁				
						登澤				
						登高				
					明興	登琦				
						登朝	澤富			
							澤貴			
						登琳				
						登品				
			世璽	紹福	玉春	光漢	金龍			
							金鳳	玉源		
								玉樹		
					新春	光華	金輝			
							廷魁			
					長春					
					青春					
				紹祿	應春	光榮	宗輝	玉龍	成發	彭忠
									成運	忠林
						光耀	宗輝	玉灿		
						光卓				
					時春					
					占春	光永	星輝			
							斗輝			
							興輝	玉台	成富	
									成奉	
									成龍	
									成英	
								玉虎	成發	江于
								玉光	成香	
									成德	秦波

雲33	34	35	36	37	38	39	40	41	42	43
勝11	12	13	14	15	16	17	18	19	20	21
國	文	永	世	朝	明	登	澤	玉	成	宗
										彭海
						光達	德輝			
							國輝			
							家輝			
	文元	永昌	世權							
		永和	世太							
			世秀	朝德						
				朝槐	倖達					
		永固	世珊	朝喜						
				朝奉						
			世珍	朝元	明太					
				朝舉						
			世權	朝忠	明高	登壽				
						登福				
					明章					
					明位	登科				
			世寶	朝占	明孝					
					明忠					
					明仁					
			世湖	朝簡						
				朝梁	廷柱					
			世美	朝智	明富	登海	澤興	玉平	成發	
								玉順		
						登太	澤州	玉富	成明	彭毫
										雪琴
									成英	
								玉貴	成方	
									成柏	小明
										小林
		永章	世桂	朝仲	明福					
				朝斗						
			世相	朝福						
				朝橡	明登	登倫	澤禮			
							澤名	玉碧		
								玉淑		
								玉成	彭偉	劉陽
									彭江	
							澤高	玉柏	彭勇	
									淑蘭	
							澤華	玉奎		
								玉忠	淑瓊	
									淑蘭	
								玉明	彭勇	
									彭娟	
				朝榮	明杰					
				朝華						
國柱	文秀	永相	世德	紹玉	明月	登弟	澤發			
				紹碧						
		永倖	世茂							
			世佑							
			世先							
*			世忠	朝周	明林					
				朝弟	明安					
					明春					
					明楨					
		永先	世儒	朝林	明紹					
					明才	登洪	澤海	玉柱	成平	彭鋒
									成烈	
									成會	
							澤河	玉梁		
								王木	成軍	彭建
										彭艷
									成珍	
									成權	宗容
										晉娟
							澤深			
						登清	澤洪	玉福		
								玉祿		
								玉禎		
								玉祥		
					明喜	登坤	澤安			
				朝普	明載	登興	澤春	玉生	成禮	
									成秀	彭兵
										小娟
									成美	
								玉珍		
								玉河	成龍	彭虹
										月華
									成明	
									成雲	宗碧
						登祿	澤貞			
						登榜	澤福	玉太	春秀	
									成芳	

雲33	34	35	36	37	38	39	40	41	42	43
勝11	12	13	14	15	16	17	18	19	20	21
國	文	永	世	朝	明	登	澤	玉	成	宗
									成香	
									成洪	宗華
										宗緩
									成英	
									成碧	
								玉林	華維	
									小雲	林森
										晉杰
									淑華	
							澤金	玉權	成銀	宗勝
										宗萬
									成富	
							澤銀	玉堂	成發	宗秀
										宗美
									成興	
								玉滿	成富	光偉
										攀偉
										正偉
										宗偉
										彭偉
										彭茜
									成榮	代虹
										代董
										代華
										代磊
								玉華	成忠	
									成周	銀梅
									成珍	
									成秀	
									成芳	
					明達					
					明緒					
			世學	朝壽	明剛	登勝	澤富			
						登長	澤長			
				朝貴	明鏡					
				朝玉	明貴					
					明慶					
	文英	永堅	世國	朝明	明元	登華				
						登毅				
				朝龍	明遠					
				朝鳳	明永					
		永遠	世宗							
		永福	世錫							
		永敦	世壽	朝升	明貴					
					明富					
			世才							
			世禮							
			世義	紹信						
	文信	永富	世舉	朝用	明耀					
					明欽					
		永成	世堯	紹倖	明模					
					明鏡					
				紹明						
			世郎							
		永明	世惠							
			世成	紹金						
			世聰	紹富	明生	登忠				
						登明				
						登相				
					明目	登弟	澤發			
				紹生						
			世悟							
			世穎	紹貴						
				紹良						
國太	文運	永任	世福							
			世龍	紹文	明玉					
					明龍					
		永厚	世標							
			世品							
		永潤	世貴	朝興	明佐					
			世享							
	文太	永定	世祥							
			世顯	紹德	明哲	澤善				
						澤祿				
					明群					
				紹元	明智					
				紹級	明榮	登友	澤德	彭松		
						登啟	澤祥	玉林	小容	
									小鴻	
									星容	
								玉蘭		
								玉書		
								玉忠		

21	22
宗	之
光偉	雋茜
攀偉	彭揚
正偉	之堯
宗偉	卓妮
彭偉	
彭茜	瓊月
代虹	凱茜蔡

雲33	34	35	36	37	38	39	40	41	42	43
勝11	12	13	14	15	16	17	18	19	20	21
國	文	永	世	朝	明	登	澤	玉	成	宗
						登發				
				紹祥	明折	登見				
					明興	登朝	澤富			
						登品	澤貴			
	文明	永安	世義	紹信						
			世先							

大樓腳村山坎腳房 (譜 134)

朝	廷	丹	登	澤彥	永科	國旗	正斌	榮福	彭楊	
								榮華	陳陳	
								榮珍		
								榮海	彭莉	
								榮蘭		
								榮發	彭杰	
							淑蘭			
						國強	正林	榮芬		
								榮香		
								榮奎	渝豐	
									彭莉	
							正華	春蓉		
								雪玲		
							正海	鈞霞		
							正洲	彭丹		
							正河	露嬌		
							正英			
						國勝	正明	榮輝		
								源洪	益恒	
							小玲			
							建明	浩建		
							秀珍			
							晉蓮			

豐都栗子鄉構雲公31世彭華派育珍房 (譜 135)

派一：毓代廷宗正　自天萬世朝　文明光遠佑

廣大德先昭　有學宜登第　多才應尚超

常懷忠順志　吉慶一家高

派二：華凌堅林仕育代廷宗正自天萬世朝文明光遠佑廣大德先昭有

血緣？-27 心怡-28 樂堃-29 堯蓮-30 善余-31 彭華-32 凌雲-33 猶堅-34 彭文-35 仕謨-36 育珍

36	37	38	39	40	41	42	43	44	45	46
14	15	16	17	18	19	20	21	22	23	24
育	代	廷	宗	正	自	天	萬	世	朝	文
育珍	代宇	廷雄	宗貴	正玉	自德	天喜	萬林			
							萬鈞	世濤		
								世杰		
						天柱				
						天祿	萬林			
							萬明			
				正田	自習	天佑	萬銀	世英		
							萬明	世勇		
			宗華	正祿	自忠	天凡	俊偉			
							俊杰			
					自孝	天懷				
						天輝	彭潤			
							彭和			
						天勇	彭波			
				正喜	自奇	秀英				
				正模	自修	天遂	萬里	雯芸		
							向陽	詩蕊		
							芙君			
						汝蘭				
						天德	立新			
							立群			
							立輝			
						汝英				
				正常	自高	天松	萬杰	存輝		
							萬豪	世文		
								偉培		
							萬俊	世宏		
							萬勇	學鋒		
						天柏	彭紅			
							彭英			
							玉蓮			
							春節			
						天友	彭燕			
					自祥					
					自珍	天連	萬雄	彭鵬		
							萬昌	彭斌		

36	37	38	39	40	41	42	43	44	45	46
14	15	16	17	18	19	20	21	22	23	24
育	代	廷	宗	正	自	天	萬	世	朝	文
						天宇	萬華	文杰		
							萬東			
						天生	萬飛			
			宗萬	正益	自來					
					自銀	天英				
					自才					
					自發					
	代裕	廷松	宗梅	正派	自然	天順	聯華	彭奎		
								彭榮		
							聯明			
						天才				
						天學	興華	彭沖		
							中華	詩茜		
				正煒	自烈	天常	萬剛	小波		
						天厚	乃銀	紅權		
								彭建		
						天階	乃于	曙光		
								黎明		
							海燕			
					自楷	天術				
						天文				
				正沛	自安	天元	子云	建文		
							子成	世剛		
				正煜	自田	天珍				
						天秀				
						天連				
					自漢	天益				
						天會				
					自倫	天福	萬忠			
							幼瓊			
							素嵐			
							萬娟			

豐都樹人玉石村王家灣嗣裔(譜 137)

派字：萬世德應天朝廷金鼎盛(構雲公 35 世、勝公 13 世起)

雲40	41	42	43	44	45	46	47	48	49	50
勝18	19	20	21	22	23	24	25	26	27	28
朝	廷	金	鼎	盛						
？	錫之	金剛	秋碧							
			秋蘭							
		金丹	鼎福	武林	彭勇					
					素紅					
				武洪						
				武濱	俊霏					
					俊豪					
				武華						
				武芳						
				武容						
		金鳳								
		金惠								
朝壽	孝廷	金龍	鼎平							
			鼎蘭							
		金虎	鼎權							
	友廷	金珍								
		金文	紹平	彭聰						
			春容							
			芙蓉							
			菊蓉							
朝中	炳芳									
	炳廷	金洪	紹平	彭江						
			繼川	鍾琴						
			繼鋒	文琴						
			繼周	仙月						
			淑蘭							
			玉蘭							
			琴玲							
朝禮	銀廷	金林								
		金平	陳蓉							
朝洲	海廷	金順	紹芳							
		金碧								
	應廷	金武	彭明	彭毛						
			紹英							
			紹蓉							
			紹瓊							
			紹珍							
			紹蘭							
		金祥	紹林							
			彭華							
			平民							
	江廷	金銀	紹珍							
			紹芳							
			紹英							
			紹美							

雲40	41	42	43	44	45	46	47	48	49	50
勝18	19	20	21	22	23	24	25	26	27	28
朝	廷	金	鼎	盛						
			紹蓉							
		金貴	紹芳							
			紹蘭							
			紹權	彭波						
			紹明	彭飛						
			紹奎	彭露						
		金連	紹兵	彭靜						
			紹文	彭庚						
			紹瓊							
			紹秀							
			淑英							
			淑碧							
朝忠	樹廷	金彪	晉麗							
		金明	禮興							
		金勝	正策							
	洪滿									
	洪雲	松柏	彭杰							
		彭勇								
		小玲								
	洪廷	建華								
		曾荇								
朝□	廷□	明□	登□	澤□	玉平	國富	彭征			
							彭麗			
							凱鑫			
							彭雪			
						國平	富悅			
						國美				
				澤□	玉谷	國銀	正明	成東		
								雲波		
							正華	何飛		
								彭翔		

雲35	36	37	38	39	40	41	42	43	44	45
勝13	14	15	16	17	18	19	20	21	22	23
萬	單	仕	啟	正	大	永	興	仁	天	文
萬年	彭超	世發	啟林	正華	大滾	永山	大妹			
							揚二			
							興壽	仁榮	江雲	彭丹
									海雲	
									淑媛	
									海蓉	
								仁華	小蓉	
									芙蓉	
									華蓉	
									淑蓉	
							二妹			
							興英			
							興貞			
							幺妹			
							興發	仁禮	萬德	
								仁義		
								仁志		
								仁信	德華	海波
										海林
									黃瓊	
									均平	航飛
										麗秀
									昆倫	志鵬
								仁珍		
								仁友	小華	
									秀容	
									秀梅	
								仁英		
						永亭	興聯	仁金	天仁	彭川
										彭華
									天凡	文蘭
									天明	文軍
										紅翠
								仁銀	天金	
									天華	文彬
									天瓊	
									天會	
									天秀	
								仁財	朮華	麗華
									朮梅	
									朮茂	文俊
										習佳

雲40	41	42	43	44	45	46	47	48	49	50
勝18	19	20	21	22	23	24	25	26	27	28
朝	廷	金	鼎	盛						
						國金	正清	河淋		
								彭妃		
							正明	彭霜		
							正勇	彭玲		
					玉福	國富				
						國貴	正權	彭亮		
							洪偉	彭雪		
								彭渝		
							正香			
							正英			
							小玲			
							紅梅			
							小紅			
?	—	—	官烈	澤凡	玉開	國樹	彭瑤			
						國生	周杰			
							彭莉			
						國蘭				
						國珍				
					玉珍					
樹	人	大	屋							
彭寶	學成	朝仲	廷元	明治	登岱	澤陽	玉福	國棟		
								蜀莎		

豐都許明鎮彭家溝天寶寨34世昌琦嗣(譜106、138)

派字：昌琦(構雲公34世)-萬-單一仕-啟--正--大-永-興-仁-天-文-堯-舜-
邦-國-清-吉-太-平

雲35	36	37	38	39	40	41	42	43	44	45
勝13	14	15	16	17	18	19	20	21	22	23
萬	單	仕	啟	正	大	永	興	仁	天	文
								仁寶	彭宏	文軍
										淑娟
							興科	仁貴	小兵	文豪
									天芬	
								仁貞		
								仁英		
								仁秀		
								仁海		
								仁淑		
							興吉			
							興第			
				正興	大雲	彭妹				
						永堂	興華	仁濤	彭闖	
								彭勇		
								紅芬		
								仁瓊		
					大山	永發	興英			
							興書	仁明	一峰	
									翠容	
								仁國	淑玲	
									淑敏	
								仁梅		
								仁秀		
							幺妹			
							興貴	劍南	瓊瑤	
									凌斌	
							興明	秀瓊		
							興珍			
		世癸	啟孝	正榮	大典					
				正華	大禮	永福				
						永祿				
						永壽				
						永喜	興朝	仁興	文成	彭鋒
										秀瓊
									天才	
									文林	海波
										海霞
									天全	

雲36	37	38	39	40	41	42	43	44	45	46
勝14	15	16	17	18	19	20	21	22	23	24
單	仕	啟	正	大	永	興	仁	天	文	堯
				大成	永發					
					永登	興元	仁照	天龍	文奎	冬冬
								天淑		
								天芬		
								天瓊		
					永癸	興安	仁義			
							仁禮	天祿	文碧	
									文樹	志容
									文瓊	
									文英	
								天蘭		
							仁智	天菊		
								天丙		
							仁信	天芬		
								天福	文兵	
									文將	紅英
									文帥	
						興仁	仁孝	天于	文之	
									文平	
									文彬	
									文英	
								天明	文清	
									文華	
									文娟	
									文蘭	
								天玉	小林	
									文淑	
							仁弟	天光	文權	
									文國	
									文福	
									文秀	
									文芳	
									文英	
								天爵	文國	
									文民	
									文海	
									文芳	
							仁忠	天榮	東瓊	
									文斗	
									文權	
									東海	
								天貴	文學	
									秀瓊	
								天文	文峰	
									香瓊	
							仁誠	天富	文勇	
									文建	
						興定				
						興國	仁海	天余	文軍	冬玉
									文明	海麗
									文東	心陽
									文秀	
									文清	
								天書		
							仁懷			
							仁會			
							仁蓮			
						興管	仁發			
							仁育			
							仁萬	天梅		
							仁世			
							秀珍			
			正萬	大舉						
				大貢						
		啟弟	正朝	大福	永興	興發				
					永明	興邦				
				大相						
				大奎						
				大斌	永香	興炳	仁芳			
						興權	仁坤			
							仁乾	天華	文瓊	
								天學	小麗	
					永和	興孝	仁生	彭軍		
								彭民		
							仁貞			
							仁英			
							仁芬			
						興銀	仁杰	天平	彭柯	
								愛瓊		
								小容		
				大坤	永慶					
					永廉	興科	仁福	天蘭		
								天吉	文永	小霞

雲36	37	38	39	40	41	42	43	44	45	46
勝14	15	16	17	18	19	20	21	22	23	24
單	仕	啟	正	大	永	興	仁	天	文	堯
						興福				
			正明	大秀						
				大儒						
				大賢						
				大財	永照	興祿	仁華	天貴	文濤	
									文俸	
					永臣	興祥				
			正月	大元						
				大國	永方	興沐				
						興田	仁富	天發	南川	
							仁貴	天國	文婭	
								天輝	文祥	
							仁榮	天海		
								天忠	華林	
									華祥	
						興科				
					永洪	興茂				
						興盛				
		啟忠	正福	大琦	永富					
					永貴					
					永榮					
				大學						
			正祿	大文	永烈					
					永松					
					永柏					
			正佑	大璋	永盛					
				大珍	永孝					
					永弟	仁明	小林			
							小維			
						仁清	彭榮			
							小華	彭劍		
						仁芳				
						仁淑				
				大河	永福	興詩	仁恩	天舜	文斌	麗玲
									文軍	芳燕
									智勇	
								天堯		
								天禹	文華	彭博
									文明	彭杰
									文智	彭月
							仁德	天樹		
							仁澤	天權		
					永祿	興國				
				大發						
				大宣	永枝					
					永椿	興文				
						興武				
			正祥	大瑞	永長					
				大瓊	永龍					
					永孝	興禮	仁松	天乾	文林	
									文彪	
								天坤	文波	
							仁和			
						興義	仁俊	天華	慶輝	
									文雷	
								建國		
								建于		
							仁權	小明	文歡	
								小洪		
							仁壽	小路		
						興廉				
						興道	仁懷	天雲	彭飛	
								天進	彭麗	
								天兵	彭霞	
							仁明	天勇		
				大瑜	永才					
				大珩	永聯					
					永科					
					永甲					
					永高					
					永第	興壽				
		啟信	正倖							
			正位	大定	永清					
				大鑫						
				大德	永元	與林				
					永紹					
				大周						
				大清	永萬					
					永林					
					永東					
				大明	永順					
					永青					

雲36	37	38	39	40	41	42	43	44	45	46
勝14	15	16	17	18	19	20	21	22	23	24
單	仕	啟	正	大	永	興	仁	天	文	堯
					永春	興發				
						興隆				
						興順				
					永奉					
					永泰	仁超	天孝	文福	佳佳	
								文于	兵兵	
									婷婷	
							天書	森林		
							天軍			
							華平	洪廷		
							天會			
							小容			
							小梅			
						仁珍				
				大廷						

豐都許明鎮彭萬美嗣（譜 106、140）

萬美(構雲 35 世、勝 13 世)－啟－朝－學明－正興－大一文－德－天－光－榮－耀－廷－中－福－乾－坤－定－遠－長

雲35	36	37	38	39	40	41	42	43	44	45
勝13	14	15	16	17	18	19	20	21	22	23
萬美	啟	朝	學	正	大	文	德	天	光	榮
	啟柱									
	啟仁	朝華	學剛	正剛						
		朝佐	學孝	正清						
		朝祿	學成	正發						
		朝富	學盞							
		朝滿	明科							
		朝海								
		朝位	學奎	正富	大明	桂芝				
						文林	德淑			
							德興	天雲		
								天河	光成	彭芳
									光榮	彭燕
									光洪	
									光秀	
									光惠	
								天華		
							子娣			
						文斗	長娣			
							德金	天淑		
								天維		
								天秀		
							德玉			
				正榮						
				正貴	長林					
					大桂					
			學明							
			學亮	正武	大貴					
		朝勇	明勝	興富	國爵	小瓊				
					國軒	盛培	凡其			
							麗容			
						盛瓊				
					國成	盛樹	建波			
							麗瓊			
							麗容			
						盛清	德斌			
							德聰			
						盛榮	彭勇			
							娅華			
						盛祥	小明			
						盛偉	君麗			
						盛碧				
						盛菊				
					國林	盛權	彭華	文飛		
								春燕		
							秀英			
						盛會				
						盛芬				
						盛梅				
					國祿	盛明	德樹	大奎		
								彭東		
							德軍	文平		
							德科	文		
					國媛	盛常				
	啟秀	朝文	明忠							
		朝陽	明華	興國	國緒	盛龍	小明			
							小平	大臣		
								大相		
							麗華			
						盛清	小瓊			
					國綸	盛禮	德淑			
							德瑜	智軍	曉楓	

雲35	36	37	38	39	40	41	42	43	44	45
勝13	14	15	16	17	18	19	20	21	22	23
萬美	啟	朝	學	正	大	文	德	天	光	榮
								小紅		
								智碧		
								智會		
								智容		
								智瓊		
							德梅			
							德華			
							德蘭			
							德瓊			
							德金	彭源		
								桂芹		
								會芹		
						盛春	德軍	小		
							德學	春洪		
							德平	彭亮		
							德維			
							德芝			
							德容			
					國紀	盛達	德中	建蘭		
								建華		
								建于		
								建波		
								建梅		
							德秀			
							德孝	彭威	爽君	
								彭挺	子陽	
								彭松		
								彭滔		
								彭青		
							德芬			
							德斌	彭偉		
						盛淑				
						盛忠	德仁	小軍		
							德文			
							德淑			
							淑瓊			
					國綱	盛詩				
						盛書				
						盛義	德祥			
							德珍			
							玉蘭			
					國常	盛元	小軍	彭俊		
							小明	彭乙		
								彭孔		
					國福	盛才	德才			
							德勝			
							孟嬌			
						盛成				
						盛會	洪衛	大學		
							小平			
							德權			
						盛珍				
					國壽	盛孝	德成	勇軍	華軍	
								麗容		
							德林	小軍		
								秀英		
							德茂	愛軍		
							德勝			
							德翠			
							德芝			
							德秀			
							德芳			
					國喜		盛菊			
							盛仕	德友	晉芳	
									春芳	
								德英		
								德會		
				興廷	國周	盛英				
						盛珍				
					國憲					
					國安					
					國民	昭權	桂俊			
						武林	海濤			
						衛兵	小芹			
							春萍			
						盛浩				
						革建	彭飛			
					國英					
					國蘭					
					國淑					
				興爵	國和	盛國	彭勇			
					國于	彭濤				

雲35	36	37	38	39	40	41	42	43	44	45
勝13	14	15	16	17	18	19	20	21	22	23
萬美	啟	朝	學	正	大	文	德	天	光	榮
					國英					
					國芳					
				春香						
				臘梅						
			明亮	興文	國信	盛明				
				興學						
				興榜	國選	盛富	彭勇			
							盛淑			
							盛強	德華		
								秀瓊		
					國梁					
				興鼎	國萬	盛文	建娟			
							彭紅			
							彭明	毅儒		
							海燕			
						盛武	建華	彭勇		
							建國	彭兵		
							德秀			
						盛志	海瓊			
							海英			
							海濱			
						盛友	彭江			
							彭建			
						盛德	娜娜			
						盛才	彭真			
							彭霞			
						彭芳				
						彭淑				
					國英					
				興吉	國禮					
					國義	盛福				
						盛樹				
						盛廉				
						素英				
					國恥	小林				
						衛東				
			明佑	興祥	國玉	盛楷				
						盛嬌				
				興朝	國海	盛龍				
						盛平				
				興倫	國龍					
					國俸	盛周				
						盛斌	彭渝			
							彭虹			
						彭華	雪芹			
						小芳				
						小蓮				
						小芬				
						小燕				
					國琪					
					國玖					
					國梅					
		朝鼎	明松	興孝	國樹	盛河	晉娟			
							彭玲			
						小瓊				
						盛萬	敏超			
							麗華			
						淑容				
					國蛟	盛兵	彭濤			
						盛菊				
						小容				
						小芬				
					國仕	小平	德發			
							德財			
						盛芳				
					國淑					
				興英						
				興弟	國成	盛棟				
						盛梁				
						盛材				
						盛惠				
					國之	盛華	俊林			
						盛淑				
					國民	盛勇	利劍			
							小倩			
						盛跃				
					國淑					
					國英					
					國蘭					
				興忠	國才	小文	彭余			
						小明	彭茜			
					國秀					
					國維					
	啟潤	朝萬	明清							
	啟相	朝廷	明仕							
		朝卿	明倫							

豐都社壇高橋村關聖寨彭貴房（譜 142~143）

彭貴，字玉環，下傳至今 14 代，何時入川，無譜可考，訪房中派中有派，先祖血緣世代不明．姑以彭貴公為一世．

派字：德方仕貴永昌紹登朝廷忠孝承先志萬世慶思榮

彭貴	1	2	3	4	5					
派別	貴	世	遠	德	方					
先祖	彭貴	世方	遠年	德于	方林	方茂	方策	方周	方典	方圓
				德明	方齊	方遐	方榮			
		世耀	遠富	德寶	方□					

4	5	6	7	8	9	10	11	12	13	14
德	方	仕	貴	永	應	紹	登	光	廷	忠
德于	方林	仕□	貴□	永□						
	方英	仕□	貴□	永□						
	方茂	仕緒	貴福	永齡						
		仕榮	貴祿	永萬						
				永吉						
				永賢						
		仕明	貴朝	永文						
				永仁						
				永懷						
		仕義	貴隆	永祥						
				永發						
				永季						
	方策	仕元	貴□	永應	應必	紹柏	登科	光榮	廷周	
							登第	朝舉	廷祥	
						紹俊	登方	朝偉	彭旭	
							登銀	光福	先鳳	
							登乾	朝文		
								朝武		
						紹祿	登凡	朝佐		
								朝勝	彭波	
							登森	衛明	小文	
							登攀	彭凱		
						紹祥				
					海洲	紹昌				
						紹武				
					俊山	紹基	登發	朝洪	廷林	
								朝斌	彭剛	
									彭強	
								朝勝	廷波	
						紹碧	登權	江華	廷輝	
							登義	小東	廷祥	
								小文		
		仕玉	貴□	永□						
	方圖	仕進	貴興	永益	厚昌	紹禮	定堯			
							定臣			
							淑瓊			
				永珍	昌裕	紹柏	登祥	光華		
								光芳		
								淑芳		
							登祿	光美		
								光英		
						紹松	登懷	光武	彭磊	
									紅霞	
								光瓊		
		仕舉	貴賢	永吉						
				永享						
		仕元	貴涵	永登						
				永保						
	方典									
	方圓	仕倫	貴槐	永楷	應模	紹明	登明	光榮	先華	莉蓉
									先權	惠蓮
								光華	先平	林柱
								光富	彭娟	
								光貴	彭濤	
						紹德	登元	光文	先容	
								光成	先進	
									先燕	
								光奎	利娜	
									金志	
							登廷	小鳳		
								超群	薪錦	
							登林	光瓊		
								勁松		
								光軍		
						紹洪	登全	光木	先明	莉燕
									先華	姍姍
								光榮	先江	
									先波	

4	5	6	7	8	9	10	11	12	13	14
德	方	仕	貴	永	應	紹	登	光	廷	忠
								光明	先苗	
									先祥	
								光忠	彭紅	
								光源	小敏	
					應洪					
					應寬					
				永廷						
				永清						
			貴俸							
			貴祿	永貴	應甲	紹模	登模	光華	東圖	
								光倫	小紅	
						紹訓	登安	彭龍	客容	
					應乙	紹發	登明	桂華		
						紹斌	登清	光榮	先祥	
							登凡	光洪	廷廷	
							登柏	光瑞	先喜	
								光興	先容	
							登相	小紅	先艷	
						紹廷	登壽	光海	素芬	
						紹義	登權	光清	雲	
								光林	先紅	
					應剛	紹禮	登鳳	冰雪	先亮	
							登友	光福	廷文	
									廷明	
						紹成	登根	光佑		
								光華		
								光文		
								光武		
					應欽	紹平				
					應必	紹德	登瓊			
							登珍			
					應科	紹權	登茂	光秀		
								光珍		
							登普	光貴		
								光榮		
								光倫		
							登文	光平		
					應祥	紹極	登福	光華		
							登國	光林		
						紹東	登文	光貴		
							啟才	光亮		
						紹柳	登河	光炳		
					應禮	紹銀				
						紹九	登仁	光堯		
				永忠	應鳳	紹緒	登順	德鳳		
					應昆	紹成	登銀	光文		
								光武		
							登樹	光奎		
						紹俊	登梁	素芬		
				永燮	應瑞	紹許	登德	光清		
								光祥		
						紹廷	登壽	光海		
								光明		
						紹士	登發	光勤		
							登模	光祿		
				永棟						
				永弟						
		仕裔								
		仕奏	貴□	永□						
德明	方齊	仕榮	學忠							
			學思	永智	昌谷	紹舉	登灿	光明	先茂	忠濤
										紅梅
									先勇	
								光珍		
				永興						
				永龍						
		仕華	學洪							
			學涵							
			學源	永昌	昌洪	紹欽	登銀	光福	廷壽	
								光倫	廷祥	
						紹洪	登榮	光祿	廷	
								光海	廷龍	
						紹發	登高	光珍		
								光財	廷華	志紅
										忠偉
									廷昌	
									小紅	
						紹萱	登山			
							登清	光志	廷江	
							登志			
							登吉	光福		
								光友		
								光品		
								光山		

4	5	6	7	8	9	10	11	12	13	14
德	方	仕	貴	永	應	紹	登	光	廷	忠
						紹禮	登孝	光發	廷斌	忠林
								光榮	廷均	忠瓊
										忠梅
									廷華	忠琴
							登弟	光模	廷榮	志三
								光權	嘉陵	
									江陵	忠榮
										忠印
									江平	
									江瑜	
							登義	光文	廷孝	忠琴
									廷樹	忠群
								光武	廷勝	忠會
										忠華
								光江	廷昌	瑜波
									小莉	
								光海	廷貴	連軍
										忠渝
									廷澤	忠華
										忠國
									廷明	忠軍
								光珍		
							登壽			
						紹璧	登發	光廷		
								光珍		
							登厚	光賢		
					昌福	紹祥	登榮			
							登貴			
							登福			
							登發			
				永林						
			學溶	永富						
	方遐	仕盛	學道							
			學思	永文	昌華	昭義				
						紹興	登品			
						紹修				
						紹貴				
						紹川				
			學于							
	方榮	仕伊	貴槐	永默	應廷					
					應清					
					應棋	紹洪	登權	光模	興明	麗艷
									興華	麗蓉
								光明	彭楊	
									興茵	
								光瓊		
								光榮	興江	
									興波	
								光忠	彭虹	
						紹明	登明			
						紹德	登元			
							登廷			
							登□			
						紹奎				
						紹先	登發	光源		
								光蓉		
					應楷					
德寶	方□	仕□	貴□	永富						

豐都社壇羊子岩彭家埧彭貞學房（譜 144）

彭貞學傳由樹人石壁山遷出,源出長房毓肖派下,現傳八代,約乾隆末喜慶初遷籍社壇羊子岩

貞學文世家壽德先發明方永貴仕昌紹登衍玉福

貞	學	文	世	家	壽	德	先	發	明	方
貞學	學俸	文富	世海	家福	壽真	德華	先光	發軍		
							先茂	發東		
						德珍				
						德會				
					壽福	德明	先權	發軍		
								應雪		
							先瓊			
					壽祿	德忠	淑娟			
							小瓊			
							翠平			
							翠華			
						德成				
						德和	先軍	發揚		
							先玲			
						壽銀	德榮	先華		
								先玲		
							德斌	先杰		
			世達	家龍	壽富					
					壽榮	德模	先東			

貞	學	文	世	家	壽	德	先	發	明	方
						德友	先霍			
					壽貴	德東				
						德江				
				家鳳	壽德	德國				
						德川				
					淑蘭					
					淑芳					
			世才	家國	壽倫	德恒	先偉			
						德偉	先梅			
							先麗			
					壽和					
					壽堂	德俊	先聲			
				家泰	壽廷					
					壽郁	德昌	先武			
						德秦	先榮			
					壽芳					
			世興	家貴	壽虞	德高				
					壽祥	德權				
				家財	壽平	德文	先進			
					壽華	德學	先杰			
						德貴	先濤			
						德偉	先懷			
				家齊	壽昌	德烈	先紅			
							先海			
						德祥	先波			
						德于	先蘭			
						德芳				
					壽明	德明	先焱			
						德懷	先濤			
						德鳳	先洁			
						德香				
						德容				

豐都仁沙鄉李家坪彭龍房（譜 145~146）

彭龍約清康熙年間由大柏樹遷李家坪.

龍萬仕德應天朝世代榮昌禹正齊光福壽德安康

雲35	36	37	38	39	40	41	42	43	44	45
勝13	14	15	16	17	18	19	20	21	22	23
龍	萬	仕	德	應	天	朝	世	代	榮	昌
彭龍	萬爵	仕德								
	萬里									
	萬國									
	萬德									
	萬臣									
	萬相									
	萬才	仕顯	德祥	應武	天元	朝佑	世超			
							世發			
							素芳			
							素瓊			
							素芬			
							淑梅			
							世祿			
				應棋	天明	朝太	世品	代貴	榮祥	彭鑾
										昌勝
									榮模	俊彪
										翠容
									榮會	
									榮蘭	
									余昌	
									榮芳	
									榮淑	
								代芳		
						朝榮				
				應宗	天銀	朝鑾	世文	代清	榮華	彭泉
										彭燕
									榮富	彭林
									榮明	彭鑫
										彭容
									榮昌	
									榮蘭	
				應元	天斗	朝普				
					天聯	朝美				
				應文	天甲	朝榮				
					天吉	朝相	世召	代玉	榮生	昌貴
										昌富
										昌發
										昌淑
										昌貞
										昌貞
							世紹	代茂	榮洲	
									榮奎	
								代勇		
						朝觀	世渠	代貞		

22	23	24
榮生	昌貴	禹青
		禹春

雲35	36	37	38	39	40	41	42	43	44	45
勝13	14	15	16	17	18	19	20	21	22	23
龍	萬	仕	德	應	天	朝	世	代	榮	昌
								代學	榮海	昌容
										昌燕
									榮明	彭吉
										小霞
									榮昌	彭林
										春容
									小梅	
								代芳		
							世長	代秀		
								代英	彭榮	
									小紅	
						朝炳	世星			
							世和			
							世品	大煜	榮雙	小芳
										小珍
									榮德	
									榮林	
								玉珍		
								大森	榮剛	
									榮春	祿東
										桂蘭
									榮清	
						朝宗				
						朝芳	世萬	大鑫	榮貴	昌谷
										麗紅
									榮芳	
					天中	朝江				
						朝山	世模	代清	淑芳	
							世恒	代文	榮權	彭偉
									彭君	
									彭英	
							世孝	代孝	榮忠	國良
									榮秀	
									秀梅	
							世烈	代貞		
								代淑		
								代祿	彭飛	
					天祿	朝安	世發			
						朝成				
						朝應	世勤	代榮	榮祥	
									榮發	
									榮輝	
							世澤	代碧	榮烈	昌平
										昌秀
									榮英	
		仕林	德松							
			德柏							
			德久	應柱						
				應梁	天儻	朝達	世春	代勝		
								代國		
								代強		
						朝福				
						朝楷	世國	代良	洪波	昌偉
									金梅	
									余安	
									興瓊	
									陶明	
									興美	
									淑紅	
									向勇	
								代長		
					天培	朝伸				
						朝江	世祥	代瓊		
								代會		
								雪梅		
								雪容		
								小玲		
								小娟		
								婭紅		
							世玉			
							世英			
				應相						
			德長							
	萬福	仕良								
	萬壽	應發								
		應榮								
		應科	天福							
			天祿							
			天禎							
			天朝	朝瑛	世金	代桂				
						代賢	榮龍	麗蓉		
								寧婷		
							榮蘭			

雲 35	36	37	38	39	40	41	42	43	44	45
勝 13	14	15	16	17	18	19	20	21	22	23
龍	萬	仕	德	應	天	朝	世	代	榮	昌
							榮秀			
						代花				
						代海	榮霞			
						代均	榮國			
							榮慶			
					世銀	代榮	小平	麗瓊		
							小蘭			
						秀蘭				
						代貞				
					世秀	素貞				
						華秀				
					世學	代成	榮祥			
						代乾	紅梅			
							春蘭			
						玉梅				
						代英				
				朝倫	世芳					
					世貞					
				朝清	世珍					
					世芳					
					世安	代昌	榮金	彭濤		
					世瓊					
				朝謙	世芳					
				朝剛	世忠	代俸				
						代國	玉蘭			
							榮權	彭健		
							小洪	彭亭		
					世培	代瓘	金榮	彭東		
							榮貞			
							淑娟			
						代秀				
						代蜀	小明			
							小權	彭波		
							彭勇	彭燕		
				朝年	世柏	代會				
						代澤	彭波			
							小蘭			
				朝祥	紹升	彭鋒				
						代表				
					紹華	彭春				
				朝會	紹文					
				朝柏	世超	代永	榮華	昌樹		
								露芳		
							榮化			
							彭騰			
		應及	天仁	朝瓊						
			天俸	朝泗	世和	代江	榮山	昌軍	楷文	
								昌勇		
						代淮	榮滿	海軍		
							榮安	昌杰		
						代洲	榮福	桂花		
								昌秀		
							榮會			
							榮昌	彭權		
							榮炳	自豪		
							榮禮	自強		
							淑瓊			
						代漢	榮清	彭浩		
								麗容		
							榮澤	昌順		
							榮兵	彭峰		
							淑芳			
							淑芬			
							榮貞			
			天賜	朝均	世郁	雪青				
						雪梅				
						雪峰				
						雪海	雲程			
			天在	朝銀	世德	大興	榮光			
						大明				
					世朝					
					世國	秀芬				
						秀芳				
						秀香				
					世榮					

石柱萬朝鄉萬康村江陽壩裔（譜 147）

江陽壩彭氏除龍登壩國興房出自鳥楊石高老鴉山應錦一脈;餘皆應香之後.應香五傳至廣祿,遷石柱金鈴壩;廣寧長子世桐遷沿溪赶家橋;世椿、世梅後代世居江陽壩.應錦、應香源出忠縣鳥楊祖毓佑六世孫長發房.應香約清康熙年間生于老鴉山,1720 年左右遷石柱石渠里八甲黃泥沖,成為其地開基祖.血緣:彭勝－文富－善－毓佑－代生－廷元－宗新－正立－自尚－長發－萬顯－應錦、應香

構雲	34	35	36	37	38					
彭勝	12	13	14	15	16					
	應錦	仕雲	彭和	宗元	廣沅					
	應香	仕□	彭倫	宗岱	廣祿	廣寧				

構云 37	38	39	40	41	42	43	44	45	46	47
彭勝 15	16	17	18	19	20	21	22	23	24	25
宗	廣	世	永	定	國	家	興	朝	作	育
宗沅	廣沅	世奎	永貫	定漢	國興	家春	智慧			
							智洪			
						家榮	勝利			
							勝紅			
宗岱	廣祿									
	廣寧	世桐	永	定	國太	家發	興華	江林	彭斌	
								茂生		
								彭沖		
							興珍			
							興安	順華		
								順英		
							興秀			
		世椿	永福							
			永祿	定河	國民	家清	興華	彭達		
							興陵			
							興惠			
						家泉	彭川			
							彭東			
						家碧	興芳			
							興容			
						家安	彭運			
						家林	彭瓘			
					國政	彭強	彭超			
							彭月			
						家秀				
						家虎	彭沖			
							彭歡			
						家香				
				定海	國光	家敏	偉大			
							興秀			
						家蘭				
						二妹				
			永興	定學						
				定安						
				定元						
		世梅	永河							
			永發							
			永才	定江	國福	祥托				
					國清	光英				
						家芬				
					國祿	家英				
						家珍				
					國許	家芬				
						家芳				
					國選	家洪				
						家瓊				
						家惠				
				定清	國忠	家華	彭逍			
						吳娟				
						書晉				
					國英					
				定登	國珍					
					國友					

豐都董家鎮紅岩村彭家灘裔（譜 149~150）

紅岩彭家灘祖彭長樹、飛龍彭教祖彭長枝、與忠縣東溪祖彭長根、梁土墩壩祖彭長(貴)林,同出鳥楊彭家壩皂角池.皂角池祖彭毓佑歷六代單傳,至自尚派生七子.自忠縣鳥楊彭家壩遷出約清康熙時,其中長樹一支在來彭家灘前,有可能在他地居住.樹、枝兩派均無譜存,僅憑忠、豐、梁各地相互對照,始為明朗.

構云 33	34	35	36	37	38	39			
彭勝 11	12	13	14	15	16	17			
長樹	萬□	應□	仕□	文□	萬美				
					萬才	應壽	應貞	應福	
					萬發	應本	應海	應山	
長枝	萬發	應文	仕厚						
			仕佐	文才	純德				
				文暉					
				文生	純秀	純楷	純才	純達	
			仕爵						

長樹公房

血緣：？－構雲 33 世長樹－萬□－應□－仕□－文□－萬美、萬才、萬發

云 38	39	40	41	42	43	44	45	46	47	48

勝16	17	18	19	20	21	22	23	24	25	26
萬	應	樂	善	道	德	勝				
萬美	應章	樂成	善文	道富	德才	小偉				
						彭霞				
					德濤					
					德秀					
				道貴	德秀					
				道華	德明					
			善堂	道仁						
				道義	小洪					
					小瓊					
					淑娟					
		樂香								
		春秀								
		樂元	善孝	道金	靜波					
					彭芳					
					小玲					
				道玉	淑華					
					小琴					
					淑蓉					
				譚淑梅	娟麗					
				道國						
				向丹	建娟					
			善弟	彭斌	彭優					
				建華						
				小鳳						
			立志	向海						
				彭瓊						
				周波						
				彭玲						
				立銘	彭勇					
				素貞						
				善英						
		樂太	善珍							
			善芬							
			善芳							
萬干	應輝									
	應德	樂明	善學	知青	彭勇					
				華青						
				淑媛						
				淑碧						
			善位	道海	海霞					
				道白						
				道成						
				自強						
				治國						
		樂月	善田	道宇	彭渝					
					彭浪					
				素英						
				淑瓊						
				淑秀						
			善聯	素碧						
				道蘭						
				道芳						
			善禮	海權						
					素萍					
					素容					
			善義	樹東	文豪					
				小瓊						
			善友	中華	依婷					
				玉華						
			冬娣							
萬才										
萬發										
萬美										
萬才	應壽	樂金	善海	江峰						
				彭靜						
		樂銀	彭杰							
			小芬							
			小會							
		樂財	海燕							
		樂英								
		樂芳								
		樂秀								
	應貞									
	應福	樂佑	小東							
			春霞							
		樂友	建輝							
			東梅							
		樂貞								
		樂英								
萬發	應本									
	應海	樂相	善權	道清	向陽					
					小蘭					
				道明						
				道波	小芹					

云38	39	40	41	42	43	44	45	46	47	48
勝16	17	18	19	20	21	22	23	24	25	26
萬	應	樂	善	道	德	勝				
					彭秋					
				道梅						
				道會						
				淑梅						
			善成	道超	小波					
					桂花					
				道安	海雲					
					海濱					
				道洪	海霞					
					海容					
				道英						
				道蘭						
				秀玲						
			善貴	道平	小軍					
					桂花					
					桂容					
				道英						
				道芳						
				淑德						
				淑芬						
		樂周	善林							
			善珍							
			善梅							
			善美							
		樂信	善忠	宏偉						
				江雄						
				衛國	芳華					
					彩紅					
			善茂	清良						
				清曲						
			善國	瓊玲						
			善英							
			善惠							

豐都董家鎮紅岩村彭家灘長枝裔（譜 150）

血緣？－長枝(構雲 33 世)－萬發－應文－仕厚、仕佐、仕爵

云34	35	36	37	38	39	40	41	42	43	44
勝12	13	14	15	16	17	18	19	20	21	22
萬	應	仕	文	純	心	樂	善	道	家	
萬發	應文	仕厚								
		仕佐	文才	純德	心田	樂清	善福	道珍		
						樂鍾	善廣	道榮	家發	小蓉
										玉蓉
										清華
								道文	家孝	
									家蘭	
									家君	彭旺
										小花
									家英	
					心如	樂育				
						樂善	善和	道軍	小濤	
									小洁	
								道理	彭超	
									江燕	
								道華	家淑	
									龍霞	
							善富			
							善明	道生	小波	
								道權	龍劍	
									小霞	
								道義		
							善英			
							善貞			
							善秀			
					心培	樂愷				
						樂融	善元	道珍		
							善發	道才	家陵	
									家瓊	
			文暉							
			文生	純秀	心發					
					心撰					
					心俊					
					心武					
				純才	心榮	樂偉				
					心太					
				純達	心瑾	樂展				
					心慎	樂宏				
						樂圖				
		仕爵								
萬達										

忠縣凌云普同村彭家嶺裔（譜 151~152）

萬應仕文 正宗學有 萬世芝明 治國大光 順云定珍 林生中德

血緣：？－萬(構雲 33 世、彭勝 11 世)－萬□－應□－仕□－文□－正爵、正朝、正華

云37	38	39	40	41	42	43	44	45	46	47
勝15	16	17	18	19	20	21	22	23	24	25
正	宗	學	有	萬	世	芝	明	治	國	大
正爵	宗海	學文								
		學德	有揚	萬元	世珍	芝忠	明杰	晉軍		
								晉瓊		
							明勝	紅艷		
							明澤	宏志		
							淑梅			
						芝政	明權	彭告		
							明剛	彭沖		
							淑瓊			
						芝和	江林			
							芙蓉			
							春花			
							秀瓊			
						芝樂	明祥	彭磊		
								彭麗		
							明華	婭玲		
							明勇	麗娟		
							桂花			
				世良						
				世發						
				大妹						
				幺妹						
		學才	有月	萬江	世德	芝文	明富	海波		
	宗江	學舉	有田							
	宗山	學朝	有貴	萬珍						
				萬福	世瓊					
					世橋	芝樹	明宏			
						芝華	彭維			
						芝國				
						小瓊				
						小淑				
						芝媛				
					世和					
				萬興						
				萬秀						
		學孝	有源	萬富	世金	真樹				
						真洪				
						真富				
			有興							
			有梁							
*				萬才	世源	芝學	明瓊			
						芝于	海霞			
						芝虎				
					世明	芝德	彭章			
							彭燕			
						芝英				
						芝軍	彭超			
							芳芳			
					世蓮					
					世銀	彭卓	海娟			
						彭華				
					世梅					
					世珍					
正朝	宗奎	學壽	有能	萬忠	世坤	彭亮				
					世華	彭波				
						彭峰				
					世譜					
					世珍					
					世菊					
				萬誠	淑芳					
					淑蓮					
					世文	秋珍				
						莉珍				
					淑梅					
				萬珍						
			有志	萬貞						
				萬芬						
正華	宗楷	學科	有理	萬同	世灿					
					世澤	芝云	德權	玉洪		
								玉梅		
								玉芳		
							德華	玉晉		
							德明			
							德成	玉祥		
					世三					
					彭妹					
				萬財	世煥	芝榮	明龍	小其		
							彭剛			
						芝華	彭黃			
						群君	燕茹			

云37	38	39	40	41	42	43	44	45	46	47
勝15	16	17	18	19	20	21	22	23	24	25
正	宗	學	有	萬	世	芝	明	治	國	大
						芝秀				
						彭瓊				
					世國	彭彪	亥雄			
						彭勇				
						彭倫				
						彭萍				
						彭瑤				
						彭維				
					世梅					
			有旬	萬興	世芳	芝云				
						芝武	建華			
							建平			
						芝長	光權			
							光蘭			
		學奉	有發	萬信	彭剛	建軍				
					孟祥	詩禮				
					彭勇	莉蓉				
					彭明					
					淑良					
					淑惠					
				萬弟						
				萬淑						
			有樹	萬理	世高	小東				
						雪琴				
					世道	貴平				
						海燕				
					世超	彭照				
					淑翠					
*				萬周						
		學善	有綱							
			有常							

野鴨池老二房文祥公早期系（譜 153）

血緣：彭勝(構雲公 23 世)－文祥－友清、友亮、友先

云24	25	26	27	28	29	30	31	32	33	34
勝2	3	4	5	6	7	8	9	10	11	12
文祥	友清	端	-	-	-	-	-	-	邦宗	
		林	恩	希祖	潢					
					淑	維戶	荐賢	朝宗	邦安	應開
									邦胤	試
							啟賢			
							進賢			
							知賢			
					淵					
					潛					
				成祖						
				光祖	藻	尚古	約賢			
					潤	信右	景賢	嵩	洪續	彬
										棟
										極
										楨
									洪綸	應楷
										應模
										應皇
									洪統	應孔
										應孟
										應曾
*			珊	朝祖						
				遵祖	年	格吾	先賢	澍	洪范	椿
									洪局	相
										柄
										棟
										樽
							冠賢	書	洪緒	楷
										杞
										松
									洪業	權
										榆
										槐
									洪祖	梅
								卓	洪翥	長春
										迂春
									洪略	
									洪烈	先春
						舉吾				
						信吾				
					吉	繼世	鼎賢			
							鍾賢			
							象賢	述	邦顯	
									邦興	應杞
										應榆
										應璽
										應遂

云 24	25	26	27	28	29	30	31	32	33	34
勝 2	3	4	5	6	7	8	9	10	11	12
						繼統				
					珠					
			欽	榮祖						
				法祖	湍	以大	嘉賢			
						可取	希賢	澤	旭	輻
										軾
	33	34	35							轍
	旭	軻	述古							軻
								仙	邦奭	轔
						繼良	達賢	洪宗	邦干	應璋
										應琪
										應瑤
										應琮
							配賢	旭宗	洪恩	
									洪澤	
								勛宗	洪卓	應龍
										應鳳
										應麟
										應山
										應岳
					江	繼申	會賢			
				向祖	沼	繼學	聘賢			
							立賢	叔宗	邦本	應梅
							育賢			

自毛村填遷王場三星幺台 (譜 153)

善廷	道英									
	道發	家福	國成	彭兵						
				彭揚						
			書成	彭超						
				彭瓊						
			國武	彭勇						
				彭芹						
			書蘭							
			書華	彭杰						
			國祥	彭俊						
				彭盛						
		家蘭								
		家生	建華	福林						
				彭堯						
		家富	衛華	梁宇						
			金華							
	道蘭									
	道之	家德	國安	彭妹						
			大妹							
			細妹							
	道遠									

野鴨池老三房文祿公早期系（譜 154）

血緣：彭勝(構雲公 23 世)－文祿－正吾－永坤－

云 24	25	26	27	28	29	30	31	32	33	34
勝 2	3	4	5	6	7	8	9	10	11	12
文祿	正吾	永坤	景中	瑤	經元					
					綸元	現早				
						現榮				
						現厚				
			鑾中	奎	世貴					
					世彩					
					世論					
			鳳中	宣	萬山	朝聰	世望	梓元	如堯	齡童
										龍瑞
										三鳳
								析元		
								松元		
							世代	棟元		
								權元		
							世興	恒元		
								柱元		
						朝慧	世現	貴元		
								奉元		
								敬元		
							世壽	申元		
							世株	福元		
							世洲	盛元		
								茂元		
						朝萬	世守	照成		
					麟山	朝政	世景	方元		
								正元	現甫	仁宗
									現枝	
									現弟	
					玉山	朝信	世仁			
							世劍			
							世武			
						朝遠	世友	宇元	現周	福宗

云 24	25	26	27	28	29	30	31	32	33	34
勝 2	3	4	5	6	7	8	9	10	11	12
										壽宗
										榮宗
										天宗
								實元	現校	大宗
										應宗
										陸宗
										璉宗
									現玉	明宗
										耀宗
									現朝	麟宗
										武宗
										長宗
									現才	朝宗
								守元	現寸	開宗
									現魁	文宗
								宗元		
						朝杰	世道			
							世顯			
			大中	鑾						

忠縣豐收彭家嶺彭友賢支（譜 155~158）

派字(構云 39 世勝 17 世)學啟先德明善復初齊家治國純一宗儒

？－(構雲 34 勝 12)福宗－友賢－登會－文榜－世潤、世琳、世鳳、世昱

構云 34	35	36	37	38				
彭勝 12	13	14	15	16				
福宗	友賢	登會	文榜	世潤	世琳	世鳳	世昱	
		登學	文福	世富				

構云 37	38	39	40	41	42	43	44	45	46	47
彭勝 15	16	17	18	19	20	21	22	23	24	25
文	世	學	啟	先	德	明	善	復	初	齊
文榜	世潤	學貫	啟英							
			啟偉							
			啟任	先春						
				先輝	德茂	明以	善淑			
							素貞			
						明陽	善聯	海燕		
					德順	明仁	善宇	復洲		
							淑英			
						明貞	吉祥	瓊華		
							吉臣	彭林		
						明業				
				先禎						
			啟仲							
			啟信							
		學通	啟桂							
			啟欄	先瑤	德清	明國	善軍			
				先玲	進德					
					福德					
					德盛	清明				
						靜明				
				先瓏	德明					
				先琇	德勝	明生	善貴	復冬		
							善富	雪蓮		
							建勇			
							金梅			
							金蘭			
					德玖	明庚	彭玥			
			啟梧	先慧	德忠	明萬	善雲	復斌		
							善政	淑英		
							善直	復華	初河	
								復光	初亮	
									渝芳	
								海清		
								衛東	彭榮	
									蘇芳	
								小紅		
						明朝	善聯	復忠	春花	
								海于	浩粵	
								金平		
							善偉	海鷹		
								冬梅		
							善勇	彭挺		
								曉寧		
							善義	彭瓊		
								彭娟		
							善洪	珏洁		
					德信	明慶	信善			
							義善			
						明南	善福			
							善清			
						明培				
			啟桐							

構云 37	38	39	40	41	42	43	44	45	46	47
彭勝 15	16	17	18	19	20	21	22	23	24	25
文	世	學	啟	先	德	明	善	復	初	齊
			肇棟	先琳						
				先琢						
				先瓊						
				先珉						
				先聰	德順	明玉				
		學澈	啟和	先知	德福	明喜	善春	復英		
							善權	素洁		
					德壽	明才				
						明禮				
						明政				
				先進						
				先忠	德禎	明文	戀楊			
						明虎	陽			
						明凡	彭健			
						麗華				
					德祿	明星	彭宏			
							彭偉			
						明亮	彭朴			
						明月	小鳳			
						明陽				
					臘妹					
				素清						
			啟容							
		學清	啟悅							
			啟儀	先典	德韓	明珍				
					德軒	明河	善良	復川		
							善成	復綱		
							善芳	復春		
								復江		
	世琳	學貴	啟興							
			啟玉	先煥	德斌	書明	善軍			
						書凡	貴生			
							小梦			
						華英				
						華洁				
						淑華				
					德庫	建明	善鴻			
							彭亭			
						明英				
			啟剛	先福	德爵					
					德位	明發	翠蓉			
							海秀			
						惠貞				
						明秀				
			啟江	先茂	德貞					
					德山	明理	善田	小飛		
							善琪	復軍		
							玉洁			
						淑英				
						明貞				
						明義	善春	復焱		
							玉淑			
							玉芳			
						淑媛				
						明廉	善奎			
							善祥			
							善芳			
	世鳳	學奎	啟常	先早	德芬					
				先鑾	德善	明貞				
						明春	善平			
						明生				
						明淑				
				先才	德鈫	明權				
						明淑				
						明英				
				先仕	德倫	康華	小紅			
						康國	彭成			
							彭斌			
						彭瓊				
						洪霞				
	世昱	學玉	啟悟	先法	德近	明貴	善成	彭剛	禹佳	
								彭紅		
							善全	玉華		
								玉平	建斌	
							善美	復明	小娟	
								復蘭		
								復瓊		
							善國	復林	小麗	
								復勇	彭攀	
					德遠	明英				
						明貞				
						明淑				
						明澤	善安			

構云 37	38	39	40	41	42	43	44	45	46	47
彭勝 15	16	17	18	19	20	21	22	23	24	25
文	世	學	啟	先	德	明	善	復	初	齊
						明武	善輝	耀龍		
				先蒲	德欽					
					瓊華					
				先科						
		學照	啟禎	先童						
				先舉	德清					
					德賢	明松	善全	巧蓉		
							善勇	彭柳		
							玉華			
						明發	善祥			
					德運	明富	彭榮			
						明貴	桂花			
							金花			
							銀花			
						明芬				
					德英					
					德發	明香				
						明鳳				
						祖壽				
						壽高				
						相明				
				先茂	德禎	明發	彭飛			
							彭云			
						明淑				
						明洋	彭林			
							彭瓊			
						明滿				
						明載				
						明穎				
						明孝				
						明才	彭偉			
					德妹					
		學孔	啟玫	先佐	福德					
					福祿	明果	孝生	蘭華		
							善斌	路		
							小英			
							小瓊			
						明貞				
						明丙				
						明乙				
						明菊				
						明秀				
					德祥	明聰	安瓊			
						明聯	善政			
							雙梅			
						明聲	善榮			
							善淑			
					德禎					
					春香					
					德祠	正明	善杰	路花		
							春花			
						顯明	彭瓊			
							彭菊			
						新明	彭勇			
							金花			
						蒲秀				
						腊秀				
					德禮					
					德社	明闔				
						明開				
						明閑	善忠	娅瓊		
							善毅	彭軍		
							善媛			
							善瑤			
							善惠			
							善梅			
						明潤				
						福秀	善平	秋林		
						明秀	善安			
					德佑					
					德祚	明海	善瓊			
							玉蘭			
							玉珍			
						明仕				
						寅秀				
						從明	善秀			
					德补	明亮	彭飛			
						彭雷				
						明芳				
						彭瓊				
					瓊英					
					桂英					
文福	世富	學邦	啟春	先庚	德貞					

構云 37	38	39	40	41	42	43	44	45	46	47
彭勝 15	16	17	18	19	20	21	22	23	24	25
文	世	學	啟	先	德	明	善	復	初	齊
					德應	明孝				
						明順				
						玉珍				
					德榮	明英				

忠縣豐收彭家嶺彭友明支（譜 155~158）

派字(構云 39 世勝 17 世)學啟先德明善復初齊家治國純一宗儒

血緣：？－(構雲 34 勝 12)福宗－友明－登孝－文潮、文德、文仕

構云 37	38	39	40	41	42	43	44	45	46	47
彭勝 15	16	17	18	19	20	21	22	23	24	25
文	世	學	啟	先	德	明	善	復	初	齊
文潮	世奎	學厚								
		學毓	啟憲	先起	德榮					
					德華	明國				
						明仕				
				先群	德孝	光明	淑萍			
						翠平				
						明玉				
				先祿	德廷	明善	小華			
							東華			
						明喜	麗芳			
							旬梅			
						明孝				
						玉明				
			啟龍	先永	樹生					
					德甫	淑惠				
						小紅				
				先國	德培	明芳	善飛			
							玉蓉			
						明武	善洪			
							淑蘭			
					德植	明文	善柏	復春	海軍	
								復會	秋菊	
									玉琴	
								建光	彭奉	
								玉翠		
							善清	復斌		
								復軍		
					德林	明澤	善華			
							善奉			
							善榮	艷蓉		
							善凡			
						明潤	善興	鳳蘭		
							衛東	建芳		
								小華		
								小燕		
						明政	善廷	復貴	彭毅	
								春梅		
								春華		
								春蘭		
						明國	善道	復光	市民	
									鳳蓉	
									小蓉	
								復蘭		
								復秀		
								素貞		
								素英		
								媛蘭		
							善果	復榮	婭軍	
								玉平	彭玕	
								復彪	晉軍	
								復蓉		
							善超	復生		
								復波		
								復媛		
					德明	明亮				
						明英				
						建華				
						明發				
						明貴	雪梅			
					德美	明書	善春	麗娟		
						明貞				
文德	世春	學樹	先河	德富	明橋	淑清				
				淑媛						
			先模	金成	勝明					
				德凡	翠蓉					
					淑凡					
				德平	小君					
			先海	華榮	奉榮	金花				
				淑蘭						
				玉蘭						
			先蓮							

構云 37	38	39	40	41	42	43	44	45	46	47
彭勝 15	16	17	18	19	20	21	22	23	24	25
文	世	學	啟	先	德	明	善	復	初	齊
		學興								
	世海									
文仕	世發	學明								
	世良									

忠縣官埧、豐收彭友潮支（譜 160~161）

血緣：？－(構雲　勝　)朝宗－友潮－登才、登殿、登堯、登鰲、登耀

友	登	文	世	大	啟	先	德	明	善	
友潮	登才	文禎	世與	大福	啟富	先舉				
				大壽	濤					
				大喜	啟雙	先葵				
		文祥	世爵	大倫	啟久					
				大興	啟長					
				大任	啟元					
				大學						
			世杰	大海						
				大潮	啟華					
					啟安	先壽	德茂	明文	彭靜	
								明武	彭魏	
									彭慶	
							德生	明超	彭印	
								中華		
								國華		
			世禹	大順	啟孟					
				大河	啟睿					
					啟芳					
				大潤	啟孝					
			世橋	大美	啟貴	先沖				
					啟順	先沛	德祥	明淑		
							德祠	明金	善祿	
								明凡	善軍	
							德裕	明貴		
						先源	孝林			
						先澄	德初	明清	彭勇	
								明文	彭平	
								明貞		
								明華		
							德淑			
							德素			
							德華			
							德珍			
							德梅			
							德蘭			
				大純						
				大秀	啟位	先欽				
						先釗				
					啟梁	先益				
						先銘				
	登殿	文典	世棟	大智	啟福					
					啟祿	彭均				
			世梁							
			世柱	大元	啟全	先智				
				大品	啟龍	先廷	玉德			
							德銀			
							德名	明財		
						先朝				
						先華				
						先富				
						先鑄	德玉			
							德欽	明富	善國	
								明貴	善歡	
							德耀	淑華		
							秀蘭			
					啟柱					
					啟廷					
					啟余	先貞				
						先丙	德明	明生	善蘭	
									善貴	海燕
									善成	慧玲
									善權	慧英
								明福		
								明相	善偉	
									善華	
		文睿	世正	大聯	啟金	先鈞				
					啟玉	先騰				
					啟滿					
					啟瑩					
	登堯	文濾								
		文保								
	登鰲	文瑞	世魁	大維						
				大旭	啟禎	先童	德立	明初	善富	
								明生	善蘭	
								明吉	善文	天星
									善英	

友	登	文	世	大	啟	先	德	明	善	
									善貞	
								明大	善元	
									善忠	林山
										彭季
		文應								
	登躍	文保	世宣	大珍	啟浩	先思	乙生			
						先金	玉蓮			
							德貞			
							德秀			
						先台				
					啟源	先鴿	德貞			
							德美	生明	彭衛	
								小平	彭東	
								明學	彭琳	
								淑華		
							德英			
							德滿			
						先鵬	德平	彭凌		
								彭瑩		
							德權	彭婷		
							玉凡			
							玉梅			
							玉華			
						先淑				
				大月	啟屈	先道	德錫			
							德金			
							德銀			
				大楊	啟云	先隆				
						先興				
				大生	啟優	先國	德輝	彭軍		
							德淑			
						先淑				
					啟喜	先林	德福	海平	偉云	
								海瓊		
							德生	彭超		
								海燕		
								甜飛		
							德淑			
						先才	德道	孝蓉		
							德貞			
							玉華			
						先書	德發			
							德玖			
							德香			
							紅蘭			
				大春	啟旬	先文				
						先武				
					啟知	先禹	書林			
					啟芹	先宣				
						先久				
					啟耀	先貴	曉麗			
						先發	德山			
						先國	嬌嬌			
						先華				

忠縣豐收七星村老彎彭友國支（譜 162）

？－(構雲　勝　)開宗－友國－貴聯－登宇－文照－世聯－學綱、學統、學繹、學維

登	文	世	學	啟	先	德	明	善		
登宇	文照	世聯	學綱							
			學統	啟高	先禎					
					先友	德秀	明華	衛洪		
						德金	明福	彭丹		
							明剛	殷鳳		
							明蘭			
					先玉	德碧	明聰	善貞		
					先福	德祥	明聯	善政		
								善梅		
							明生	善于		
						德壽				
					先祿	德成	美瓊			
							曉麗			
						德江	宏偉			
							明秋			
						德淑				
					繼蘭					
			學繹	啟端	先元					
				啟熏						
				啟柳						
				啟芳						
			學維	啟堯	先政	德文	明才	善軍	小平	
									彭磊	
									復瓊	
						秋蘭				
					先田	德煥	明英			

登	文	世	學	啟	先	德	明	善		
							明欣			
							明貞			
							明淑			
						德卜	明秀			
						德理	明樹			
						德潤				
					先清	德美	明祥	善友		
						德友	明德			
						德法				
				啟舜	先榮	德凡	明月	建華	小鳳	
								興洪	復濤	
								良群		
							明生	善忠	亮亮	
								桂英		
								素英		
							明星	彭松	劉洋	
								秀英		
						德漢	明權	建國	麗瓊	
								淑媛		
								淑梅		
							明香			
							明祥	彭榮	小涵	
								善淑		
							明蘭			
							清明			
							秀華			
							明長	衛平		
								素華		
					先忠	德元	明玉			
						德壽	明文	善輝		
								美瓊		
							明淑			
					先誼	大妹				
						德位	淑蘭			
							秋菊			
						德貞				
						德英				
				啟周	先貴	德富	明惠	麗娟		
								劍群		
						德貞				
						德娟				
						德秀				
						德權	明成			
							彭洪			
							彭明			
							淑華			
							淑清			
							明洁			
							蘭貞			

忠縣官壩太平、鯉魚村彭友朋支（譜 163）

？－(構雲　勝　)文宗－友朋－登庸、登洋、登弟、登武、登禮

友	登	文	世	學	秀	作	玉	明	善	
友朋	登庸									
	登洋									
	登弟	文亨	世興	學孝	秀興					
					秀聯	作禮	玉忠	明金	彭鋒	
								明釗		
								明木		
								明井		
								雙妹		
							玉成	明春	善文	
									善蓉	
								明華		
							玉荷			
							胡蘭			
							香蘭			
							玉保	明良	善勇	靜蓉
									善祥	
									善香	
									善英	
								明貴	善江	陳瑞
								明權	善軍	
								明斌	善虎	
								明淑		
								明素		
								明英		
							玉國			
					秀科	作楊				
			世漢							
		文興								
	登武	文九								
	登禮	文善								

補錄豐收彭友品支（譜 163）

陸宗	友品	登亨								
		登元	文泉	世元	學文					
			文禎	世貴	學壽	啟銀	先良	德蘭		
							先本	德令	明倫	
									素芳	
								德介	小洋	
									秀蘭	
								德余	明彪	
							玉貞			
				世錫	學福	啟定	先興	德濤	明柱	彭徐
									慶偉	
									慶榮	
						啟本				
			文龍							

補錄豐收大彭家灣彭友仁支(譜 163)

大宗－友仁－登香－文魁－世潤－大禮－啟漢－先錫

先錫	德聯	明文	善權							
			善瓊							
		明全	善福							
	德山	明官	彭偉							
		明宦	麗萍							
		明喜	將軍							
		明禎	聲科							
	德級	明元	善峰							

忠縣豐收、興峰、官彭友禎支(譜 164)

？－(構雲　勝　)榮宗－友禎－登俊、登麟、登禮、登古

登	文	世	學	啟	先	德	明	善	復	
登俊										
登麟	文表	世以	學立	啟奎	先林	德忠	明敬	善國	復祿	
								善友	復森	
								善強	復榮	
						德誠				
	文讓	世海	學清	啟長	先貞					
					先朝	德權	明秀			
						德中	彭劍			
							小瓊			
						中國	彭剛			
						淑媛				
						彭英				
					先妹					
					先貴	德福	明花			
							明進			
						德軍				
						德華	明洪			
							彭波			
						素貞				
				啟保						
				啟志						
				啟高	先蘭					
					先英					
					先珍					
				啟富	先元	德安	彭慶			
						德春	彭波			
						德祿				
						德淑				
						德秀				
登禮	文鼎	世松	學佑	啟章	先洲	德喜	明國	善貴	復平	
		世碧	學魁	啟忠	先明	德書				
					先萬	德斌	金明			
							瓊英			
						德畔	彭華	善江		
							彭平	彭偉		
								曉玲		
			學禮							
		世興	學武	啟楠	先佑					
				啟棟						
			學科							
登古	文龍	世山	學賢	啟鉚	腊妹					
					先清	德遠	明春	小龍		
							明懷	小玲		
								小花		
							玉成	桂香		
							明蘭			
						德娣				
						德斌	海云	彭聰		
							海清	彭偉		
							明香			
			學惠	啟緒	先潤	德明	明忠	松林		
							明海	松平		
							明祥	媛媛		
						德娣				
						德亮	明勝	海蓉		
							明奎	彭榮		
							明堯	玉婷		

登	文	世	學	啟	先	德	明	善	復	
							明淑			
				啟潤	先福					
					先壽	德生	明叔	俊威		
							明英			
							明瓊			
						德祥	華平	江林		
							勝利			
						德春	華川			
					彭妹					

忠縣豐收石柱冷水彭友位嗣(譜 165)

？－榮宗－友位－登甲、登華、登洪、登義、登智

登	文	世	學	啟	先	德	明	善	復	
登甲										
登華										
登洪										
登義	文潮									
	文望	世安								
		世倫	學恩	啟椿	先國	德金	海生			
					先朝	德滿	明確	晉凡	慶齡	
								浦英		
								俊英		
							明志	南川		
								晉飛		
					先斗	德保	明武	雪琴		
								雪蓮		
							明淑			
							權明	雪梅		
							明文	善平		
							明貞			
							秀明			
					先見					
				啟清						
				啟沛						
				啟統						
				啟樹	先金					
					先才	德盤	明華			
							興淑			
							江來			
							明英			
		世騰	學敏	啟柳	先提					
				啟桂	先庸					
				啟傅	先唐					
				啟楊	先林					
				啟武	先長					
				啟藻	彭印					
			學儒	啟佑	先造					
					先進					
					先端					
		世謨	學元							
	文偉	世崇	學春	啟東	先坤	德祿	明春			
							明桂			
							明金	善文	復良	
									復燕	
								善武	復君	
									復穎	
									復渝	
								善蘭		
								善梅		
								善英		
							明珍			
						德樹				
						德炳	明鳳	善兵	復海	
									復麗	
								善和	復波	
								善林	復英	
								善敏		
								善春		
							明虎	善勇	復瓊	
								善謀		
								善芳		
						仁娣				
						德輝	明華	善征		
								善蓉		
							明忠	善飛		
								善宇		
							明剛			
				癸酉						
				丙子						
				啟發	先元					
					先劍					
					先富	德明	明堯			
							明萬			
							明河			
							明珍			
						德洪	明揚			

登	文	世	學	啟	先	德	明	善	復	
							明秀			
				啟興						
	文學									
登智	文賓	世壽	學品	啟爵	先樂	德蓉				
						德秀				
						德芳				
				啟金	彭妹					
				啟雄	先發	德文	利軍			
							利娟			
						淑梅				
						德淑				
					先財					
					先珍					
				啟珍	文					
登榮	文富	世皇	大倫	啟應	先白	德禮	明興	小波		
							明珍			
							明國	蘊豪		
								小爽		
							明蘭			
							明祥	春蓉		

忠縣豐收石柱冷水彭友位嗣(譜 166)

？－榮宗－友貢－登運、登雄

登	文	世	學	啟	先	德	明	善	復	
登運	文職	世錫	學鋼	啟發						
			學璋							
		世銘								
登雄	文琳	世杰	學旺	啟良	先忠					
					先福					
					先廣	德力	玉林	海明		
							淑華			
							玉洁			
							翠華			
				啟聯	先海	德積	彭明	俊涵		
								彭莉		
							和明	彭娟		
							彭峰	彭濤		
					先欽					
					先淮					
			學維	啟科	先孝	德貴	明華	善銀		
							明德	善明		
							明中	善權		
							桂林			
							彭妹			
	文瑞	世千	學根							
			學杉							
		世恬	學偉	啟程						
		世貴	學裕	啟彥						

補錄豐收碾盤大彭家灣彭璉宗嗣(譜 166)

宗	友	登	文	世	大	啟	先	德	明	善
璉宗	友政	登麟	文柄							
			文禮	世元	大禮					
					大德	啟品	先興	德祿	明富	
									明祥	
						啟蛟	先廣			
							先超			
							先純			
							先信	德雙	明田	善洪
										善貞
									明吉	小瓊
									明久	燕
									明媛	
									明秀	
								德貴	明生	
									明華	
									明平	
								德金	明倫	
									明興	海臣
										海軍
									明英	
								德江	明文	秋平
									明貞	
							先中			
					大智					
				文潤						
	友乾									
	友福	登營								
		登寶	文治	世龍						
				世朝	大美					
					大衢	啟芳	先迪			
					大雄	啟釗	先連	德文	江勤	
							先芳	德應	明肖	
									明華	
								德治	明潤	
									鳳榮	
				世倫						

四川銅梁世系

彭強

一、巴川街道辦事處營盤巷等處宗支

明朝時，先祖彭子冕江西人在湖廣作官，因留戀茶陵山水名勝遂家於此，其後又遷耒陽縣平林鄉，子冕配紅氏蘭娘，生邦玉，玉生萬載，載生正明，配賀氏，生彭信。清·康熙四十三年（1704年）甲申，彭信曾孫和順、和定以及同輩的公科、公貴等自湖南衡州府耒陽縣平林鄉大橋裏三元沖祀土主刀候三王祠入川合州銅梁縣先到北門外沙河灣，又遷小東門、小南門等處落業，和順，和定歿葬今營盤巷鳳形地公科等葬太保墳。今其後裔分居巴川街道彭家巷、仙魚塘社區、東城街道塔山社區、南城街道、南城社區、桐梓園玄天湖等處。

自子冕公啟用字派如下：

（一）子邦萬正信，榮任和必昌，世代賢聖永，承天祚文明，德大安家國，思鴻啟後人。

（二）子邦萬正信，應太公其仕，發達生卿相，久遠之繼純。現本宗友最高為“永”字派，最低為“文、繼”字派。

二、南城街道辦事處大埡村等處宗支

本宗支其先國彥、國積、國堯三兄弟，原藉湖南永州府零陵縣正顏鄉水東裏都府三郎祠。國彥四子朝諫、朝誠、朝達、朝訓。朝諫配蔣氏生四子一章、一位、一星、一魁。一章配鄒氏生子仕烈。清·康熙四十九年（1701年）庚寅五月朝誠、鄒氏、仕烈3代人入川到達重慶府合州銅梁縣巴嶽裏四甲五裏墩（在今南城街道鐵石村），朝誠歿葬五裏墩。雍正五年（1727年）丁未歲十一月初二日，鄒氏，仕烈又遷六寅裏六甲六贏山大埡口即今大埡村處，後裔世居於此。尚有後裔遷居侶俸、安居高石坎等處。

自國彥字派如下：國朝一仕忠成明，永樂壽世昌，隆德嘉靖福，天啟元和興，現本宗友最高為“世”字派，最低為“德”字派。

三、土橋鎮舊市壩茅草坡等處宗支

始祖大元公配盧氏，生啟是非曲直，賢生自倫，倫生應模，模配李氏，繼黃氏，黃氏生髮文、發堯分為二房。此派原藉系何處待考。

自啟賢字派如下：　啟自應發正，鴻登聯弟長，春高……

注：本宗支1995年乙亥歲與大足雍溪七修族譜合譜。以“聯”字派與雍溪“世”字派為一輩。

四、土橋鎮大界、太平鎮大碉樓響塘溝等處宗支

始祖構雲公居江西宜春，以下遞傳、茲、倜、輔、玗、彥昭、師奭、德顒，顒生五子，吉、壽、堯、嘉、喜為五大派，嘉遞傳、嗣斌、國才、九、逵、述、琮、仲文（茶陵州守）思賢、汝勵、千十一郎、仁傑、楚珍（元未義士）。生四子，潮儀、潮仁、潮偉、潮信。

潮儀即今土橋鎮等派之祖（注：原譜作朝信，今據2007年7月2日湖南衡陽彭和陵宗長在網上發佈的永州府祁陽縣土橋彭氏開派始祖勸善公重大更正公告更正），潮儀字勸善，行岳一郎。儀生從瑚、從瑛。從瑚11世孫成達、12世孫朝棟，自湖南祁陽入川銅梁土橋、大足雍溪一帶。本支1995年乙亥歲修有《七修族譜》代釗宗長主修。

自朝棟字派如下：朝永宗必達，榮昌世代期，文章延後澤，德業擴前基
定致書香遠，因多福壽宜，宏才興振起，令緒樂昭垂

潮偉12世孫仲光入川安居縣新興裏又四甲響塘溝（在今銅梁太平鎮碉堡村）生子三貴。

字派為“三永宗必達”，後面與土橋宗支相同。其後裔有遷居安居鎮波崙等處。

現本支最高為“昌”字派，最低為“延”字派。

五、舊縣鎮嵐槽等處宗支

本支始祖祖堂（諱本榮）原藉山西平陽府（今臨汾市）太平縣文星岩石泉壩配高氏生三子澤沛、澤溥、澤海。明朝時遷居遵義府真安州（今貴州正安）三江裏九甲龍井灣。傳至7代孫尚志公於清·康熙五年（1666年）九月初八入川，先在重慶府巴縣西城裏七甲太師埡韋家灣及依來鄉梧榔坪居住約20餘載，後遷合州永清裏四甲地名嵐峰槽深水井雷家灣（今彭家灣在合川區鹽井鎮深水村）後裔居住至今，今後裔居於合川、銅梁、璧山等處。

自祖堂（本榮）啟用字派如下：現本宗支最高為“順”字派，最低為“先”字輩

祖澤玉枝金、宗尚應仁文、國正啟昌順、時純開錦新、承先育英賢、登科峰振夏、揚華威冠宇、錫民富怡康
功高繼大進、詩書生俊良、棟才發祥遠、仕族永顯長

六、安居鎮琵琶咀等處宗支

本宗支乃廣東惠潮始祖彭延年之裔，延年為唐構雲公12世孫。延年六子，第三子銳，銳弟傳淪、秀實、子順、思恭、慈仁、景福、盛子、君玉、英傑、德榮、定福、積善、啟充、惟忠、銘（法銘）、法達、伯鶚（法鶚）。普誠配劉氏生一恭、一聖，繼李氏生一敬、一魁。普誠歿葬廣東嘉應州興甯縣彭峒堡朱虎塘。一恭生五子：諮、謨、諾、課、調（永捷、舜、仕、泰、厚）五人之孫大猷、大常、大球、大瑜、大瑞、大麟、大謀、大為、大略、大和、大熾、大道、大光共13人清·康熙年間遷湖南長沙、善化、寧鄉、湘潭另立支派，成為一派之始遷祖。

一聖生二子秀、謹，謹字思田，遞傳永選、友聞、應宏、懋仕（即構雲公37世孫）康熙年間自廣東嘉應州興甯縣南廂五裏外蘭塘堡墩上入川葬潼川府遂甯縣上安裏四甲下縣壩，其後居蓬溪縣茸山鄉東八甲姬家壩大竹林（今重慶市潼南縣新林八角村彭家院）世居於此，傳至第五代清字派有人順涪江而下遷居銅梁縣安居鎮琵琶嘴後裔繁衍至今。

自懋仕公其字派如下：　懋奇玉時清，忠厚永光明，世澤昭本重，紹開必大成

本宗支現最高為“永”字派，最低為“　　”字派。

七、安居鎮葫蘆村書房院子彭家灣等處宗支

源自唐征君構雲公、遞傳洪州進賢令茲公、宜春令偶公、信州長史輔公、後唐太尉、封安定王玕公，後唐靜江節度使檢校太保彥昭公、處士師奭公、德顒公、南唐廣陵節度使壽公、南唐神童科奉議郎嗣興公、宋大理評事昉公、宋太常博士齊公、宋朝議郎說公、宋龍泉尉招討聞聰公（自吉水遷居安福縣西溪）、光遠公、弘道公、蘊綸公、像山公、宋國學生景顏公、夢驥公、壽初公、學叟公（明洪武四年 1371 年，自江西安福縣遷居湖廣寶慶府邵陽縣小東路南沖）。學叟生四子貴、富、榮、華分為四大房，富公者構雲公 23 世孫生六子雲一郎、桂二郎、見三郎、見四郎、魁五郎、元六郎。今有貴公後裔聚居潼南縣古溪、璧山縣九塘、八塘等處。桂二郎後裔聚居潼南縣群力、寶龍等處，元六郎後裔聚居合川區太和、佛鹽、龍鳳等處。魁五郎後裔聚居湖廣雍溪鎮彭家灣、永川區三教鎮花橋鄉、四川廣安區等處。

子誠遞傳添祐，添祐三子：忠友、忠通、忠華，是為 1995 年湖南祁東七修家乘所稱“友、通、華”三房。忠友生昌富，富傳志通，通生志紀，志紀生應軫，應軫公三子汝東、汝西、汝北。今汝西公入川後裔聚居四川安岳、重慶潼南交界之羅坪山；汝北公入川後裔聚居重慶合川祁陽縣洪橋鎮石盤頭。生五子：子誠、子訓、子誨、子樂、子棠。子訓後裔入川者有聚居大足縣區銅溪鎮童家溝等處。

汝東生二子得能、得志，得能生七子長子鼎成，成之孫正科入川廣安州崇義鄉月山。次子鼐成二子三祝、三裕。三祝入川合州渭沱連三灣，三裕子正文入川江津縣十一都八甲長八間。五子羲成生二子三伯、三仟。三伯配譚氏入川合州渭沱連三灣（今合川區渭沱鎮彭家溝）。七子淑成配李氏，生三子三禹、三堯、三舜。雍正五年來川，三堯插占銅梁縣巴岳裏石橋溝，其後遷大足雍溪鎮。三禹配周氏，自湖南永州祁陽縣上和坪鄉三十七都益城大王洪橋鋪石盤頭（今湖南祁東縣洪橋鎮，白雲村石盤頭組），遷居安居縣新興裏又四甲鍋廠仙塘溝書房院子，即今安居鎮葫蘆村彭家灣。生二子正大、正香。

惠迪家聲振、美彰樹棟樑、積善啟綿遠、存心肇楨祥。秉規傳奕祀，簡書增琳瑯、建譜儲鑫斯、謨烈壯紀綱。

本宗支目前最高為“彰”字派，最低為“積”字派。

注：本派“美”字派與雍溪“世”字派同輩。

八、白羊鎮石船村倉灣等處宗支

魁五郎曾孫忠友、忠通、忠華。忠通次子鳳，鳳長子志紀，，志紀長子萬瑚，萬瑚生讓，讓長子世金，金子有憲，憲子大讓，大讓子茂（又名義茂），茂配江氏生三子，三鳳、三凰、三麒。清·康熙未彭茂舉家自湖廣永州府祁陽縣永豐鄉二十九都烏子黃明大王泉塘入川重慶府安居縣新興裏又四甲地名劉家溝倉灣（在今銅梁縣白羊鎮石船村）後裔聚居于此，有遷安居鎮、水口鎮等處者。本宗支字派與安居鎮葫蘆村宗支同。

九、平灘鎮立燈堡、小林鄉、侶俸鎮等處宗支

始祖仕泰生三子，永芬、永君、永章。永芬生五子：天保、天富、天榮、天華、天貴。永君生一子天仁。天仁配蔣氏、向氏生四子心榮、心華、心富、心貴。乾隆初自湖廣寶慶府武崗州二甲第四都車浪沖青山白沙鹿角廟入川先至安嶽縣五甲中峰寺，又遷銅梁縣安居鄉安正裏六甲劉家沖，其後裔今分居平灘鎮小林鄉、侶俸鎮等處。

自仕泰啟用字派如下：**仕永天心順、朝廷世上安、官（忠）清（厚）德昌遂、**

禮義定本源、倫常發達遠、邦家治國全、萬代成正大、光明學聖賢。

十、平灘鎮土紅堡等處宗支

原藉湖廣始祖彭廷忠，配沈氏、文氏，貴州遵義軍民府遵義縣通平裏九甲彭家荷包通灣人氏。有三子興祿、興貴、興華。興祿配陳氏、馮氏，生四子以文、升文、商文、宗文。宗文生十子其中維璠、維仕、維瑄康熙時來川插占，維璠插占合州安居縣（今屬銅梁縣安居鎮）安正裏土紅堡。維仕、維瑄插占轉龍場（今銅梁圍龍鎮）新場（銅梁縣原新民鄉）又插立東門、打春壩、柯梓園、關濺場（今銅梁少雲鎮），遂甯縣柏梓鎮牛市壩（今潼南縣柏梓鎮）各立各業，各守一方。維璠配梅氏生六子龍、鳳、惠、澤、清、宗分為六房。

自宗文公啟用字派如下：**文維昭太仕、世國正家（安）邦、永遠登和順（承先光大德）**

萬代安吉昌（萬載祥榮昌）

目前本宗支最高為“邦”字派，最低為“和”字派。

十一、虎峰鎮彭家灣、蒲呂鎮沙心、東城街道青雲等處宗支

入川始祖彭遐齡字長生，生於順治十一年庚寅歲九月二十四日辰時，系湖廣衡州府衡陽縣四十都二十區正義鄉招仁裏石日落大王乾民塘土地生長人氏。康熙五十五年丙申歲（1716 年）又三月初六日上川至合州後入銅梁落業大東門外石壩溝，歿於康熙六十一年壬寅歲（1722 年）九月二十九日亥時，蔔葬大梨樹，俗呼蛇形盤螺地巽山乾向立墳石工包砌。（筆者注：今跡其地俗呼“螺斯墳”荒塚累累何為遐齡公之墳已無法考證。）配鐘氏生六子世仁、世義、世禮、世智、世信、世治。今其後裔分居虎峰、蒲呂、全德等處。彭遐齡二弟雲生、三弟俊生在原藉未入川。

其字派如下：**世代興隆、安邦定國、長髮其祥、克承祖德、登仕立朝、永建鴻業。**

本宗支目前最高為“長”字派，最低為“克”字派。

十二、虎峰鎮久遠橋等處宗支

入川始祖彭在玉，原藉貴州遵義府桐梓縣石堰溝康熙未遷合州銅梁長安裏八甲彭家灣屋基，後裔聚居久遠橋一帶。

字派　**在正祖玢仕世、天宗治國成。孝友拜嘉隆、景興慶吉祥。榮華富貴春、萬代永久昌。**

十三、石魚鎮彭家岩等處宗支

其先有彭其一，配沈氏，彭其二配閔氏，彭其三配蔣氏，彭其四騫氏。傳有彭學五配肖氏，彭學初配唐氏。下傳有彭友奉配劉氏，彭友儒配曾氏，友助配劉氏。下傳勝宇、光宇、騰宇、祥宇。彭勝宇先後居於湖南永州府祁陽縣三十八都白地銀池，普樂鄉十四都鵝公大丘。配馮氏生三子愈祉、愈祚、愈祝。愈祉配鄭氏生三子國禎、國榜、國標。康熙三十六年（1697 年）由湖廣永州府祁陽縣來川貿易，定居于重慶府合州定遠縣長樂裏三甲沿口岸灘（在今四川武勝縣沿口鎮）愈祉夫婦歿葬岸灘橋頭鴿子山壬山丙向。國禎生金茂，金茂配李氏生二子朝相、朝選；金茂

早逝。因家貧李氏率二子遷銅梁，朝相居巴岳裏太平場（注：原安平鄉現併入石魚鎮）朝選居長安裏九甲大廟場（今大廟鎮）街後五裏沖坎土騎龍穴屋基。李氏隨朝相居太平場彭家岩跳蹬河坎上家焉。今其後裔聚居彭家岩等處。

字派　愈國金朝廷、天生大德星、全家傳孝友、世代啟文明、榮華禮讓敦、詩書為恒業、仁義定作程、善積有餘慶、道隆保長春。

本宗支現最高為“星”字派，最低為“傳”字派

十四、石魚鎮龍門橋等處宗支

入川始祖彭鳳敖配吳氏自湖廣麻城縣孝感鄉高家院子（疑即高坎堰）入川銅梁石魚場（今石魚鎮）龍門橋大溝插占為業，今名彭家大溝。生子茂芳配晏氏，茂芳三子天琪、天厚、天富分為三房，今後裔聚居于此。

字派　茂天能仕正德、世有文昌定國邦、忠厚承先澤、思禮義久恒、富貴歷代永、福祿慶長春、積善揚德敬、君懷賢儒恩、剛志超群雄、資商躍越民、國興山何旺、城堅草木生、幹時花建内、聞聲盼京新、鋒火連三月、家書地萬金、壽比洛河源、曉鳴報雙成。

十五、虎峰鎮天錫唐家灣等處宗支

其先可倫公配鄭氏生子應榜配孫氏明末居大足縣雍溪幹壩子。子孫繁衍于此，應榜四子國泰、國柱、國玉、國梁。國梁配胡氏生三子朝宣、朝俊、朝輔。朝宣配趙氏生二子學剛、學周。學剛配冉氏生二子文炳、文秀。文秀配趙氏遷銅梁天錫場（原天錫鄉今併入虎峰鎮）唐家灣，以贖鐵致富，為人樂善好施人稱“彭義士”子孫遂居於此，文秀一子運雄。　字派　可應國朝學、文運德成明、世在天忠孝、詩書光世澤、威好紹先賢。

注：本宗支 1995 年乙亥歲與大足雍溪七修族譜合譜。以“世”字派與雍溪“世”字派為一輩。

十六、少雲鎮、安居鎮、中和鄉等處宗支

先祖彭如龍字半歸（1372—1456 年），配武氏明初自江西廬陵縣（今江西吉安）遷湖廣永州府祁陽縣東隅地名坪上甸橫陵渡桂魚池。兄弟二人如虎、如鈺在原藉。彭如龍三子思聰、思銘、思進。思聰生三子志壽、志德、志清。因人居稠密志壽置地於蜈蚣塘，志清遷河埠塘並高家甸馬窩塘，分為三房。志壽生偉達，偉達生彭思，彭思六子道綱、道經、道紀、道絡、道綬、道門分為大六房。

道經五世孫國用，國用生三子，次子彭鏜于康熙四十一年（1702 年）壬午秋，自湖南永州府祁陽縣上和坪鄉三十七都益城大王錦帶沖入川潼川府遂甯縣中安裏四甲，歿葬毛家壩，生八子文經、文銀、文標、文榜、文奎、文堯、文舜，發派今潼南縣臥佛鎮五桂鎮、小渡鎮、銅梁縣中和鄉一帶。國明三子，長子彭鎬，雍正五年（1727 年）丁未入川遂甯縣彭家溝，次子彭鍉，乾隆五年（1740 年）來銅梁配周氏生三子文秀、文委、文香，後裔今多居安居鎮一帶。三子彭錠雍正十二年（1734 年）甲寅來川。上川的還有道絡五世孫國諫、國讚、國誠，自祁陽縣上和坪鄉三十七都伯父大王祠下蜈蚣塘入川重慶府安居縣藿麻溝（在今銅梁縣少雲鎮皂角村）青草灣（在今銅梁縣少雲鎮團山村）等處，後裔眾多。

字派系乾隆十六年（1751 年）辛未彭文龍返祁陽錄回：文宗維世永、習學定安寧、盛朝雍熙治、名登士先榮、開元常懷德、碧玉獻高庭。

十七、維新鎮哨樓村等處宗支

本宗支源自湖南湘西土家族彭氏，其先彭瑊唐未為辰州刺史，子孫世襲，瑊乃玕之弟均為唐征君構雲公五世孫。瑊以下遞傳彥晞、師裕、允林、文勇、儒猛、仕義、師寶、福石寵、安國、勝祖、萬潛、天寶、源、仲、世雄、瑄、顯英、世麒、明臣（兄明輔永順宣慰使），明臣子宗儒遷酉陽。宗儒五子，長子志奇官走京把總，志齡官把總，進齡、瑞齡官把總鎮守石堤巡查司，遐齡官上京把總鎮守龔灘巡查司（筆者注：把總土家人稱為舍把，亦稱幹辦舍人，經辦具體事務，如處理文字訴訟，上京或省城走差等，一般由土司支庶兄弟擔任）。瑞齡有四子高沖、高騰、高舉、高翔（官把總）。遐齡有五子高政、高志、高選、高魁、高合。其中高沖、高騰、高政等自酉陽忠孝裏三岔壩遷遂甯縣田家場兩會溪（今屬重慶市潼南縣田家鄉）以及銅梁縣安居鄉西北一帶（今屬銅梁縣維新鎮）。子孫世居繁衍至今。

字派高之德應廣明良，在啟文學世祖昌長）奇洪永裕宗正子，隆（萬）盛（興）仕（時）相（維）高之還

十八、維新鎮張家坪宗支

世系何支，祖系何名均失考，據縣婦幼保健院彭先述介紹，其先自合川銅溪遷來。

字派為“正大啟洪先”。

注：本支民國時與關濺宗支聯宗“啟”與“學”為一輩。

十九、大廟鎮雙河口等處宗支

先祖世啟配韓氏，生子正國配左氏，正國二子，長諱洪字大也，次諱清字廉溪。彭洪（1664—1729 年）配瞿氏。彭洪生於上川東道遵義軍民府綏陽縣包桂山，長入涪州（今重慶涪陵區）州學、補廩生，後遷巴縣，終至合州銅梁長安裏新九甲大廟場插占東山，雙河口開基為業。子孫聚居今大廟鎮一帶。彭洪 8 世孫煥華字選三為民國時我縣知名人士，為人正直，仗義執言，興辦實業與學校造福一方，人稱“選老師”。

字派　洪天熙壇，金淇椿煥，載錫汝材，輝升銀漢；樹烈堂錦，永樂營封，鐘澤極煒，基鎮泰東；燮理榮坤均淼，森鎔濟，果然堪欽，法權炳在，銘海策勳；培鑄範楧，耀奎銓治，杼熾增鉅，滋榮炎緒；鑑清相照，孝錄源根，焱垚鑫。注：本支民國時與雍溪聯宗“煥”與“世”字派為一輩。

二十、永嘉鎮等處宗支

入川始祖彭光樊構雲公 34 世孫，原藉湖南永州府祁陽縣普樂鄉十都，屬祁陽土橋彭氏支派，其子彭朝作入川銅梁縣永嘉鎮一帶。彭朝作配江氏生三子，永華、永貴、永連。永華字玉伯配肖氏生子宗成、宗武。永貴字升伯配周氏生子宗義。永連配石氏生子宗魁、宗林遷雲陽縣潘子場。後裔居今永嘉鎮等處。

字派　朝永宗必達，榮昌世代興，文章光大國，士子紹明新（目前最高為“?字派，最低為“章”字派)。

廿一、西河鎮新民等處宗支

本支自貴州入川至銅梁縣上鄉羊燕裏尹家市新場一帶，後裔分居銅梁縣永嘉鎮、西河鎮等處。

字派　義大榮昌化世祖，永遠發達萬代興。孝順仁義先齊家，道德忠友信常能。

注：疑與平灘鎮宗支同支分派。

廿二、安居鎮賽龍古樓等處宗支

該支原從今合川區油橋鎮馬家渡一帶遷來，後裔分居原安居區賽龍鄉、古樓鄉一帶。

字派　仁義禮智孝，富國光登朝，建業世代昌，正興學大賢，福壽錫鄉天，祖德芳春遠，明陽定紹先。

廿三、巴川街道辦事處宗支

該支原藉為犍縣羅城鎮（或敖家）遷井研縣王村鎮石坎村，二OO三年後裔彭軍（再字輩）來銅梁縣東門菜市經營“彭記烤鴨店”遂居銅梁。

字派　源本正澤可，世代永昌鴻（洪）。祖宗恩德厚，萬再啟文龍（隆）。

渝西地區彭氏宗支選錄

合川區

一、太和、佛鹽、渭沱、銅溪、草街等處宗支　　皆構雲公二十四世孫，魁五郎、元六郎之裔

字派：惠迪家聲振、美彰樹棟樑、積善啟綿遠、存心肇禎祥。秉規傳奕祀，簡書增琳瑯、建譜備彝斯、謨烈壯紀綱。

二、雲門等處宗支

其先彭勝公傳至六相公居湖廣永州府零陵縣慶源裏魯塘尾、沙塘尾。後遷廣西桂林全川鄉平康裏二十九都五裏地旺塘坊。康熙四十五年（1706年）丙戌彭濱率子彭胡生遷四川合州明月裏億甲大鼇寺坎下。

字派：仕文榮永茂，時景興國昌，應錫宏世德，忠良鎮朝邦。

三、香龍鎮等處宗支

原藉湖廣永州府零陵縣仁裏壩白雲大王祠，彭雲（字天祥）康熙二年（1663年）癸卯入川合州東裏五甲石龍場川王廟黎峰寨。

字派：有忠維仲承，天一先國大，應世光宗德，家修定顯達，科開行正道，仁義安華夏，朝廷重俊賢，永遠紹鳴　化，萬代長吉祥。

四、金子、錢塘等處宗支

彭學開，順治間（1644—1661年）自湖廣益陽縣五潭鄉入川合州。

字派：　友正應光則，學問勤忠德，榮華萬國書，長興宗子立，永代至斯文。

五、隆興等處宗支

彭世榮生於乾隆二年（1737年）十六、七歲時（1754—1755年）因事避禍，自湖廣岳州府甯鄉縣陽鄉里白果灣入川合州隆興場藿麻灣落業。　字派：　世德樹望，孝思召祥，高原帝翼，立學勝章，國恩永錫，家聲有光。

六、太和彭家壩宗支

其先源自江西廬陵（今吉安），後遷麻城縣，又遷貴州遵義縣，順治初世爵遷川合州來蘇裏大河壩洪漆灣落業今彭家壩。配姚氏生子正乾。　字派：正朝君子，國作忠臣，以肇先志，克振家聲。

七、太和水口廟宗支

原藉未祥，據說是“本地彭”，是否屬明代合州豐谷裏彭氏後裔待考。其先一相公配呂氏，生金秀配段氏，秀生三綱配湯氏，綱生國清配孫氏。　字派：國正天心順，官清民自安，種讀文章秀，奪得錦衣歸

八、錢塘泥溪罎子墳宗支

其先彭彬自湖廣湘鄉縣七十二都入川合州西裏十甲地名老山堡坎下。

字派：洪代國，忠厚邦家顯，親和世代昌，仁義禮智信，元亨利貞光

九、木蓮、尖山宗支

其先自湖廣入川至今合川木蓮堰口。　字派：大世上永昌，其家治國遠，正順從明德，光應尚照學。

十、梅子塘、寶華山宗支

文進公十世孫宗鵬生四子世惠、世恩、世蔚、世敏，於康熙四十一年（1702年）自湖廣衡州陽縣光政鄉（西鄉）梁川裏鹽田大町入川合州東裏慶合場，梅子塘、茍家沖等處。

字派：文添原升致，九明時祖宗，世仁朝大科，萬技永興隆，傳家惟厚道，得瑞應榮昌，桂馥瞻庭秀，詩書定揚顯。

永川區

一、三教桅子坪等處宗支

其先朝都公系魁五郎次子子訓公十一世孫，康熙四十一年（1702年）壬午自湖廣永府祁陽縣下歸陽鄉三十都楊家灣側面虎入川先至巴縣涼灘壩居三載，後遷合州銅梁羊燕裏十甲桅子坪落業（今屬永川區三教鎮），生六子泰浩、泰角、泰潤、泰瀛、泰湖、泰溢，是為構雲公三十六世孫。

字派　泰三有榮定，鴻基何自肇，惟問書中尋，經典須詳閱；詞章務顯明，才高科捷發，時至級聯升，永遠逢隆盛，長承賢主恩。　目前最高“何”字派，最低為“書”字派。

二、三教、壽永等處宗支

入川始祖方才公原藉湖廣寶慶府（今湖南邵陽）。　字派　崇顯恩定永，志興萬全方，日壽文武正，世代祖宗昌。

三、青峰等處宗支

入川始祖壽樹公原藉湖廣永州府零陵縣福田鄉田溪口、於康熙三十六年（1697年）丁醜入川永川縣青峰彈子壩。長子椿，椿四世孫紹柏曾于嘉慶間返湖南錄譜。

字派　紹啟維德生尚賢，志相才學聯三元，明星純良正安定，方如君臣有萬年。

四、太平彭家溝宗支

其先國清公系構雲公十世孫嗣嚴公之嗣，生六子永壽、永年、永貴、永儒、永爵、永祿，自楚於康熙三十五年（1696年）丙子入川永川落業。 字派 **永清知昌泰，祖澤昭貽訓，忠孝著家邦，一本開際會，萬代振綱常，吳楚金章煥，江淮玉樹培，圖書重先典，衣冠列上臺。**

五、紅爐宗支

入川始祖再思公系構雲公三十五世孫，自湖廣寶慶府邵陽縣大塘（在今湖南邵東縣流澤鄉）遷四川大足、永川二縣相鄰一帶。 字派 **濟思天源祖，仁永定安邦，文武再興隆，萬福啟泰康。**

六、黃瓜山斑竹灣宗支

字派 **國正天心順，家和萬事興，必達文昌永，承繼應君恩。**

榮昌縣

一、仁義等宗支

入川始祖伍友公系延年公之裔為構雲公三十八世孫，康熙五十二年（1713年）癸巳自廣東和平縣玟水上塘入川。

字派 **友國文榮元，仕一朝萬乾，中新高明久，富貴仁華宣**

二、河包等宗支

桂松公原藉廣東，乾隆二十四年（1759年）已卯入川榮昌河包場。

字派**永維世澤，宏發家祥，克純祖武，茂著前方，存心謹厚，立志端莊，敦詩説禮，顯忠遂良，傳之久遠。**

三、直升彭家岩宗支

太誠公系彭公派下千七郎八世孫伏六公之裔構雲公三十六世孫，康熙三十六年（1697年）丁醜自湖廣武崗州入川。同輩兄弟太濟、太斌、太潤等於後入川巴縣江北裏毛家屋基（今渝北區高咀鎮）。

字派 **成仕梓宗文，廷朝均太元，明良國永正，孝友胤光先，榮達宏通祚，祥開金裕賢，萬代興任志，德利定安邦。**

四、雙河落角灣宗支

萬富公嘉公派下千七郎之裔，構雲公二十七世孫，洪武二年（1369年）已酉自湖南道州入川，明未蜀亂後裔複回道州，十世孫登儒康熙四十二年（1703年）重返榮昌。

字派 **祖啟思尚泰，守登三貴正，大仕明永基，高文名著世，英武績匡時，功業傳雲裔，聲聞炳象儀，多賢昌祚遠。**

五、玉佛宗支

其先彭勝傳至十一世孫彭潛，康熙三十六年（1696年）丙子自湖廣永州府零陵縣孝悌鄉魯塘入川。

字派 **宏大光明，登思仁義，再存德澤，永世其昌。**

六、峰高宗支

其先彭勝十世孫三寵公於康熙五十七年（1718年）戊戌自湖南入川。

字派 **國正天心順，家和世澤隆，得仁崇紹述，廉善裕朝宗。**

七、峰高千秋塝宗支

永建公原藉湖南湘鄉縣。 字派 **富祖志太遠，孟應大永昌，安玉乾坤正，韓中光耀明。**

八、石河鄉宗支

其先辛九郎傳九世有盈秀、藤秀、恒秀、挺秀兄弟于康熙四十六年（1707年）丁亥自湖廣永州零陵縣福田鄉諫山嶺入川榮昌分居核桃溝、餘家橋、響水灘、胡家河壩。

字派 **一思秀仕世，大正有道國，元守天星悦，立志承先德，時思必自傑。**

九、雙河梅石壩宗支

入川始祖一和原藉湖廣永州府零陵縣福田鄉崇信裏冒公塘，後移居邵陽縣黃溪順水神祠下，康熙三十六年（1697年）丁醜入川榮昌高橋裏正七甲梅石壩。

字派 **一聯正仕世，大廷萬年安，福之從天佑，興旺久遠昌，學足惟守德，志高待時看。**

大足縣

一、郵亭宗支

入川始祖逢振公、延年公之裔，構雲公三十五世孫，乾隆元年（1736年）丙辰，自廣東嘉應州興寧縣天坑堡赤泥嘴入川榮昌縣羅會裏三甲魚池壩，後遷大足崇勝裏郵亭鋪。派 **紹先宏祖澤，富貴永昌榮，世代炳忠信，邦家慶文明。**

二、雍溪團結村彭家灣宗支

魁五郎次子子訓公之裔，從貴州安花縣入川。 字派 **登聯正大光，明孝仁鐘齡。**

注：本宗支1995年與大足雍溪七修譜合譜以“鐘”字派與“代”字派為一輩。

潼南縣

一、群力、寶龍等鄉宗支

其舊譜載“先祖子華公湖廣祁陽縣普樂鄉14都荷葉塘人氏，其曾孫恩生三子琦、瓊、珊。琦公、珊公之後裔于康熙年間入川至蓬溪縣葺山鄉(民國六年設潼南縣後劃歸潼南)至今，現經考證子華公乃桂二郎之子，(筆者先祖魁五郎乃桂二郎之弟)，子華應為構雲公25世孫。該宗支字輩為“商世三朝宗，文明正大通”。

二、雙江鎮、柏梓鎮等處宗支

該宗支原籍湖廣安化縣資江鄉思久堡瓦子坪，其先祖代繡、代禮、代伍，於康熙五十七年(1718年)入川至潼川府(今四川三台縣)遂甯縣下安裏五甲高石坎插占為業。潼南建縣時劃歸管理。

字輩為：**明達敏宗伯，仁友彥仕敬，常興中子立，永代志斯文，經術深先哲，科名啟後英·光昭千奕盛，炳著萬傳新，世德餘芳遠，嘉祥厚澤存，綿長瓜與瓞·蟄昌複榮純。**

三、大墊、花岩鄉等處宗支

本宗支原籍廣東嘉應州興寧縣，人川始祖玉連公。經考證，玉連公乃延年公長子鑒公之裔，鑒公生諒、諒生文盛，文盛生德清，德清生宗慶，宗慶六世孫法端，玉連公乃法端十四世孫。

字輩為 **“永君達玉學三元，正大光明定遂安，任開樂仕昌和順，成仁純義智周全。”**

四、新林鄉宗支

本宗支原籍廣東嘉應州興甯縣南廂外五裏藍塘堡墩子上，入川至遂甯縣上安裏四甲下縣壩。其族譜載延年公三子鋭公五世孫，子順公，子順七世孫英傑，英傑十世孫誠(又作普誠)生四子：一恭，一聖，一敬，一魁。一恭生五子，五子後裔康熙未遷湖南，後裔居今長沙、寧鄉、善化、湘潭等處。一聖 6 世孫即懋仕公為本宗支入川始祖。懋仕玄孫“清”字派有遷銅梁安居琵琶咀。　字輩 **“懋奇玉時清，忠厚永光明，世澤昭本重，紹開必大成”**。

五、檬子鄉大荒溝宗支

經筆者考證，該宗支原籍湖廣辰州府麻陽縣，其先嗣邦公乃南唐廣陵節度使壽公長子。嗣邦生文允，文允 7 世孫士賢遷衡州(今湖南衡陽市)，士哲，士哲 10 世孫浪，浪生三子，長子子全公，該宗支應為子全公之商。

字輩：**“子永興仲志，待學啟文宗，元嘉維君可，育少世必隆，祖德克昌遠，賢嗣繼裕豐，寶貴科甲顯，英俊雲秀鍾，恩澤成天錫，朝廷欽義忠，明良昭盛代，泰運際時雍。”**

六、田家鄉宗支

有進齡、瑞齡、遐齡三兄弟，瑞齡生四子，化羽、坤羽、高寰、高翔。遐齡生五子，高政、高志、高遠、高魁、高啟。此堂兄弟九人後裔分居今酉陽縣、潼南縣、銅梁縣等處，今居酉陽縣者已劃為土家族，居潼南、銅梁者為漢族。

字輩 **“高之德應廣明良，再啟文學世祖長，奇洪永裕宗正子，萬興時維輔朝綱。”**

七、小渡宗支

入川始祖茂常公自廣東揭西五雲洞入川，系延年公之裔。字派 **永茂方紹德，大全玉正國，文光高天上，禮義開世澤。**

璧山縣

一、保家鞍子山宗支

先祖榮甫公系江西吉安府永新縣六十四都楓江照烈大王祠人氏，明初“江西填湖廣”遷湖廣永州府零陵縣黃陽司廟山下。十一世孫二瑞公遷祁陽縣永隆鄉五十七都鷓鴣塘定興大王祠下。生五子三梧、三椿、三梅、三柏、三棕。三椿子四德于雍正十三年（1735 年）乙卯入川重慶府巴縣祥裏七甲鞍子山（今屬璧山縣保家鎮）落業。

字派　**一二三四世，大在存良方，安定朝忠遠，鴻恩顯紹康。**

二、三合宗支

少懷公原系湖廣麻城孝感鄉人，遷貴州遵義桐梓縣尖山坡李子沱屋基，其子高明到重慶銀匠鋪當學徒，娶永川縣陳食場開銀鋪的何氏女遂居陳食場側朱家壩白鶴屋基，生四子錫珍、玉珍、秀珍、瑞珍。玉珍、秀珍移居璧山縣登裏二甲鵝公咀、三丘田。　字派 **仕上德澤，永振家傳，元超世大，祥映蜀川，耀宗榮祖，裕後光前，忠孝仁淑，和厚端全。**

四川彭氏世系脈流

彭忠東　2014.9.8.

構雲－茲－倜－輔－玗－彥昭－師奭－壽

先祖世系代別離					1	2	3	4	5	6	7	8	9	10	11	12	13	14	15	16
少典	彭祖	宣公	構雲	四川大雅公世系	川武勝縣新學鄉朝標	川武勝飛龍長安白坪	川武勝太山鳴鐘沿口	川武勝縣萬善鎮	川武勝縣烈面鎮	川岳池縣喬家鎮	川岳池縣石垭鎮	川廣安區前鋒鎮(1)	川廣安區前鋒鎮(2)	川廣安區代市三溪長五	川廣安區代市鎮	川廣安悅來楊坪馬埧	川廣安區協興太安鎮	川廣安廣福化龍朝陽	川廣安區濃洄鎮東岳鄉	川廣安區濃洄協興六欽
133	116	34	9		壽	嘉	壽	壽	壽	嘉	嘉	壽	壽	壽	壽	壽	壽	壽	壽	壽
134	117	35	10		嗣興	嗣簡	嗣斌					嗣興	嗣興						嗣興	
135	118	36	11		仕昉	仕玕	國才					仕昉	仕昉						仕昉	
136	119	37	12		思齊	思功	九公					思齊	思齊						思齊	
137	120	38	13		汝説		逵					汝説	汝説						汝説	
138	121	39	14		聞聰		述					聞聰	聞聰						聞聰	
139	122	40	15		光遠		琮					光遠	光遠						光遠	
140	123	41	16		宏道		仲文					宏道	宏道						宏道	
141	124	42	17		蘊倫		思賢					蘊倫	蘊倫						蘊倫	
142	125	43	18		像山		汝勵					像山	像山						像山	
143	126	44	19		景顏		一郎					景顏	景顏						景顏	
144	127	45	20		梦驥		仁杰					梦驥	梦驥						梦驥	
145	128	46	21		壽初		天祥					壽初	壽初						壽初	
146	129	47	22		學		楚珍					學	學						學	
147	130	48	23		男富		潮信					男富	男富						男富	
148	131	49	24		魁五郎		從瑛					魁五郎	魁五郎						元六郎	
149	132	50	25		子訓		帷貴					子訓	子訓						子壽	
150	133	51	26		添松		添雲					添松	添松						鯤	
151	134	52	27		仲達		富					仲達	仲達						獄	
152	135	53	28		能濟		永梓					能濟	能濟						春	
153	136	54	29		照		星					照	照						必容	
154	137	55	30		萬琪		應浩					萬琪	萬琪						萬瑜	
155	138	56	31		福祥		大方					福海	福海						世福	
156	139	57	32		仁秀		學宦					仁義	仁義						大冊	
157	140	58	33		國清		中和			善		國堯	國堯						永龔	

先祖世系代別離					1	2	3	4	5	6	7	8	9	10	11	12	13	14	15	16
少典	彭祖	宣公	構雲	四川大雅公世系	川武勝縣新學鄉朝標	川武勝飛龍長安白坪	川武勝太山嗚鐘沿口	川武勝縣萬善鎮	川武勝縣烈面鎮	川岳池縣喬家鎮	川岳池縣石埡鎮	川廣安區前鋒鎮(1)	川廣安區前鋒鎮(2)	川廣安區代市三溪長五	川廣安區代市鎮	川廣安悅來楊坪馬埧	川廣安區協興太安鎮	川廣安廣福化龍朝陽	川廣安區濃洄鎮東岳鄉	川廣安區濃洄協興六欽
158	141	59	34		正		以象			繼		朝	朝						興鵠	
159	142	60	35		應	愈	朝		國	先		一	一	在		永		尚	宗堯	天
160	143	61	36		君	國	永		朝	君		字	字	玉		世		一	祖林	星
161	144	62	37		朝	金	宗	啟	登	志		水	水	學		維		成	惠	玉
162	145	63	38		泰	朝	必	守	水	增		詩	詩	雲		昌	宗	玉	迪	宗
163	146	64	39		仕	廷	達	明	仕	榮	朝	元	元	永	益	泰	元	國	家	良
164	147	65	40		成	天	榮	在	禮	世	興	萬	萬	開	尚	興	永	開	聲	富
165	148	66	41		有	生	昌	顯	承	永	有	代	仁	朝	辰	隆	昌	元	振	貴
166	149	67	42		定	大	世	民	大	昌	仁	昌	義	宗	宗	刻	洪	啟	美	永
167	150	68	43		鴻	德	代	盛	家	安	德	文	誠	大	祖	正	開	永	彰	華
168	151	69	44		基	星	期	天	興	成	良	明	心	興	萬	家	家	昌	樹	長
169	152	70	45		何	全	文	遠	福	福	善	光	地	仁	世	高	章	朝	棟	國
170	153	71	46		自	家	章	開	壽	德	益	百	忠	壽	永	宗	先	廷	梁	正
171	154	72	47		肇	傳	純	萬	重	久	久	世	厚	昭	興	呈	澤	有	積	賢
172	155	73	48		惟	孝	祖	代	來	學	長	福	廣	祖	隆	宪	定	仕	善	才
173	156	74	49		向	友	武	文	久	位	富	祿	福	德	國	祖	國	子	啟	輔
174	157	75	50		書	世	敏	昌	榮	顯	貴	壽	田	善	泰	福	繼	德	綿	家
175	158	76	51		中	代	勉	茂	華	忠	永	華	富	樹	皇	祿	紹	志	遠	和
176	159	77	52		尋	啟	廣	國	富	良	隆	長	貴	廣	恩	壽	文	顯	存	孝
177	160	78	53		經	文	前	朝	貴		昌		傳	賢	大	天	光	宗	心	友
178	161	79	54		典	明	基	繼	有		肖		家	因	時	華	遠	邦	肇	楊
179	162	80	55		須	祖	遠	世			宪		遠	孝	懷		志		禎	春
180	163	81	56		詳	宗	字	才			榮		科	廉	地		久		祥	光
181	164	82	57		閱	根	深				世		名	為	財		長		乘	明
182	165	83	58		詞	基	山				代		發	家	長				規	海
183	166	84	59		章	厚	遠							正					傳	洋
184	167	85	60		務	子	應							文					奕	世
185	168	86	61		顯	孫	多							有					祀	代
186	169	87	62		明	培	福							輔					簡	顯
187	170	88	63		才	植	壽							國					書	文
188	171	89	64		高	勤	宜							君					增	章
189	172	90	65		科	富	鴻							明					琳	清
190	173	91	66		捷	貴	財							祿					琅	定
191	174	92	67		發	恭	歡							世					建	熙
192	175	93	68		時	儉	振							光					譜	潮
193	176	94	69		至	守	啟							顯					儲	治
194	177	95	70		級	榮	令							福					鑫	敦
195	178	96	71		聯	華	聚							澤					斯	仁
196	179	97	72		升	禮	樂							喜					謨	啟
197	180	98	73		永	讓	交							長					烈	德
198	181	99	74		遠	敦	泥							存					壯	芳
199	182	100	75		逢	詩													紀	
200	183	101	76		隆	書													綱	
201	184	102	77		世	為														
202	185	103	78		長	恒														

壽公之後彭祖152世孫事

彭忠東 2014.9.8.

2014年09月07日，臺灣彭建方老宗賢《四川彭氏直系血緣源流(一)》，忠東就《16川廣安區濃洄協興六欽》是“壽公”之後，愚所屬“國”字輩列“彭祖152世孫”事談點管見。

這個表源于大竹彭天富（主編）、廣安彭明述（副主編，已辭世），還有彭俊修、彭強任副主編，西元2003年5月編撰的《川渝彭氏宗族譜》（以下簡稱“宗族譜”）收錄139個宗支（其中四川98個宗支、重慶41個宗支）。他們編撰的《川渝彭氏宗族譜》，應該是當時四川彭氏的一件大事、喜事，他們為川渝彭氏做了一個集大成的譜，成了吃“螃蟹”第一人。他們製作了《川渝彭氏源流直系表》（第46-87頁），若果全部都找到真正的“根”和“源”，則是對的；但實際上，並非每個宗支都找到“根”與 “源”。因此，我認為：這個表不十分科學。

【“壽公”之後的緣由】我所在的宗支是清·康熙年間（彭明述整理時定為康熙四十九年·西元1700年）“湖廣填四川”插占廣安（賨城）明月麻柳溝深溝。1997年，我剛從父親手裡接到愚這個宗支的資料，愚以父親手抄本曰“彭氏族譜”整理成電腦列印本。適忠縣彭家華老通過電話找到我（但當時一直未謀面），他後來告知將這個資料郵寄給大竹彭開富。我就郵寄給他，並附有一封信，信的祝福語用的“揚我彭氏榮光，弘我中華文明”。其實，我不知他們正在收集資料編撰“宗族譜”。之後不久，成都彭商澤（已辭世）又來找到愚，並提供給我他手裡的“宗族譜”給我看，印有占1/3頁面的我的題詞“揚我彭氏榮光，弘我中華文明”，故我托在大竹工作的同行在彭開富處購買了7本（一本精裝）。請他們給我帶到成都，仔細一看，一是列表有問題，再是原有《序》未錄入，而他們編撰了一段文字（《川渝彭氏宗族譜》第390頁），將我宗支列為“壽公”〖表列《川渝彭氏源流直系表》（第46-52頁）〗之後。

後來彭明述到成都，我見了他，提出：感謝他們的努力把川渝彭氏各宗支的族譜收集，整理成一本。接著我告知這個“宗族譜”存在兩大問題：一是將收集的原譜的“譜序”刪除未編入；二是亂接源頭、搞了一個規範性的表。2004年我退休後，才有幸與彭天富謀面，亦向他當面提出上述問題。

【“千十一郎之裔”的來源】我宗支（四川廣安濃洄彭氏）在彭家華編的《忠州·崇仁堂·彭氏通譜》第568頁和《重慶·雲陽·智善堂·彭氏族譜》第494頁中，“當屬千十一郎之裔”。愚尚不認可。

【愚宗支多年研究尚未考證亦無結論】近十年，愚一直在湖南尋找本宗支的線索，尚未找到“根”和“源”。據湖南宗親瞭解我宗支現屬湖南永州零陵區梳子鋪的。請他們提供相關資料，他們尚未提給。我又還沒有前往實地考證，亦無結論。

【多起矛盾實例】㈠廣安市武勝縣的彭義進老宗賢，對“宗族譜”所在的“根”和“源”，全部推翻重新編撰了《武勝彭氏族譜》。㈡今年我在江津參加重慶彭氏聚會，在彭永康手裡花200元買到一本他主編的《涪陵彭氏族譜》（基本按“宗族譜”格式編撰）；後來彭國泰來成都與我和涪陵一個宗親（叫不出名字）見面，這位宗親與彭國泰發生爭論，談不同意他們給他聯的“根”和“源”；彭國泰說“我們是把各宗支的八十以上的老人家請到涪陵開會一起認定的。”這位宗親說“那時亂整。”㈢廣安市岳池縣彭氏宗親去冬今春編撰了兩本族譜。一本是全縣的由彭達先主編《四川岳池·彭氏宗譜》（基本按“宗族譜”編撰），一本是一個宗支的由彭益清主編《四川省岳池縣花板橋鄉彭朝龍溝·彭氏族譜》。兩本一對照就發生問題，宗支的譜否認岳池縣的譜，給他們聯的“根”和“源”。㈣我的故鄉廣安，同一個村的兩個宗支，平時稱兄道弟，前兩年修譜，雙方的老人家發話了，說我們不是一個宗支，“你那個宗支要矮一輩”、“我比他高一輩”。他們要我裁判，我說“各修各的譜，各編各的譜”。

據我所知川渝彭氏多數應該是無法找到真正的“源”和“根”。因當時入川的先祖們：

㈠　多數很窮；

㈡　沒有文化（文字資料）、靠口傳（記憶）在有錢時修譜、自立一個支系；

㈢　交通不便，入川後又未回過“老家”；

㈣　從有關史料看，“湖廣填四川”一般經過了湖北麻城這個中轉站，才入川；

㈤　“文革”中焚毀了（我宗支在光緒二十六年有一個比較完整的族譜，現在顯身也殘缺不全）。

【建議】《四川彭氏直系血緣源流(一)》及類似的川渝彭氏族譜的表，請您不要收錄在您的大作之中。原因：

一是將原來還未找到“根”的硬套一個“源”。

二是“湖廣填四川”的宗支十分龐雜，多數宗支入川時未帶族譜資料。多數尚在考證中。一旦形成文字的，要改需要花費很多時間和精力。

【結論】後人或稍有一點對族譜研究的宗人都會把這個給您們否定了。後人一定會比我們聰明。

祝 編撰順利 。

愚宗：忠東2014年9月8日中秋日 成都 愚翁齋

河南彭氏

(摘錄自河南省夏邑縣旅台彭氏宗親會族譜)

世　系	先　祖	開派少典	派　別　排　行
徐州世系	受姓彭祖	18 至 72 世	祖、　、伯、振、康、獻、寧、夢、秉、可、積、頌、團、忠、瑞、琮、繼、景、崗、白、欽、度、賢、施、端、列、東、才、佐、音、輝、圭、咸、壽、寶、士、治、超、達、自、程、昶、凝、丁、寅、能、貴、和、友、略、郎、榮、忽、仲
隴西世系	隴西仲爽	72 世至 100 世	仲、建、俊、林、名、宏、益、元、訓、敖、萬、嗣、時、實、更、金、紹、吾、文、令、坤、、越、綬、斐、佑、瓊、維、勳、宣
淮陽世系	淮陽宣公	100 世至 125 世	君、臣、定、鼎、珍、德、、宗、純、心、金、景、秀、明、百、順、壽、方、和、聰、敏、俊、揆、福、英、端、乾
江西始祖	構雲徵君	125 世至 147 世	乾、坤、興、寶、章、彥、師、會、輪、召、祿、郎、臣、為、岩、享、球、金、德、尚、琢、寬、悠
河南夏邑	悠久公系	147 世至 191 世	悠、中、古、吾、堯、舜、禹、湯、文、武、周、孔、孟、儒、承、道、統、世、衍、心、傳、修、齊、誠、正、裕、后、光、前、治、平、和、善、德、高、智、遠、天、人、合、一、大、同、實、現

悠久公世系、派別、排行表　（1~45 世止(總編世別 147~191 止)

開派少典	147	148	149	150	151	152	153	154	155	156	157	158	159	160	161
夏邑世系	1	2	3	4	5	6	7	8	9	10	11	12	13	14	15
派　名	悠	中	古	吾	堯	舜	禹	湯	文	武	周	孔	孟	儒	承
開派少典	162	163	164	165	166	167	168	169	170	171	172	173	174	176	177
夏邑世系	16	17	18	19	20	21	22	23	24	25	26	27	28	29	30
派　名	道	統	世	衍	心	傳	修	齊	誠	正	裕	后	光	前	治
開派少典	178	179	180	181	182	183	184	185	186	187	188	189	189	190	191
夏邑世系	31	32	33	34	35	36	37	38	39	40	41	42	43	44	45
派　名	平	和	善	德	高	智	遠	天	人	合	一		同	實	現

從吾公

血緣：構雲－中理(茲) －偶－輔－玕－彥昭－師俊－郇－輪－開召－慕祿－正臣－偽－岩－享－球－金－德盛－尚達－琢－仲寬－悠久－中美、中孚－好古－從吾－堯封－

世系	1	2	3	4	5	6	7	8	9	10	11	12	13	14	15	16	17	18	19	20	21	22	23	24	25
派別	悠	中	古	吾	堯	舜	禹	湯	文	武	周	孔	孟	儒	承	道	統	世	衍	心	傳	修			
少典	147	148	149	150	151	152	153	154	155	156	157	158	159	160	161	162	163	164	165	166	167	168	169	170	171
黃帝	137	138	139	140	141	142	143	144	145	146	147	148	149	150	151	152	153	154	155	156	157	158	159	160	161
彭祖	130	131	132	133	134	135	136	137	138	139	140	141	142	143	144	145	146	147	148	149	150	151	152	153	154
仲爽	59	60	61	62	63	64	65	66	67	68	69	70	71	72	73	74	75	76	77	78	79	80	81	82	83
宣公	48	49	50	51	52	53	54	55	56	57	58	59	60	61	62	63	64	65	66	67	68	69	70	71	72
構雲	23	24	25	26	27	28	29	30	31	32	33	34	35	36	37	38	39	40	41	42	43	44	45	46	47
先祖	悠久	中美	准古																						
			好古	從吾	堯封	舜京	禹貢	應培	文禎	卯襲															
								應寵	毅																
				七子				應估	文禎	(出	繼)														
				從吾					毅	(出	繼)														
				健吾				應旗	文諒	備武	(失	傳)													
				淑吾						則武	接成	孔魁	景純	卓然	玉豐	道存	統欽								
				徵吾									景存	(無	嗣)										
				行吾									景昇	卓智	玉根										
				端吾											玉豐	(出	繼)								
				七賢									景和	卓桂	啟鳳	道元									
				八士												道方									
													景岳	(無	嗣)										
												孔學	景春	(無	嗣)										
		中孚	學古										景泰	知白	啟航	道隆									
			崇古													道禹									
			遵古													道清	統良								
																	統標	世君	衍華						
																			坦						
																			號						

世系	1	2	3	4	5	6	7	8	9	10	11	12	13	14	15	16	17	18	19	20	21	22	23	24	25
派別	悠	中	古	吾	堯	舜	禹	湯	文	武	周	孔	孟	儒	承	道	統	世	衍	心	傳	修			
																		世金							
																		世春							
																		世秋							
																	統亮	世卿	衍超						
							禹謨	重	文端	允武	運周	孔子	金貴	天資	玉珊	道顏	(失	考)							
																道印	(失	考)							
											悅周														
							禹開	(無	嗣)																
							禹疇	泓	大順	壯行	(失	考)													
							禹疏	文載	文載	坤	二桂														

健吾公

血緣：搆雲－中理(茲) －倜－輔－玕－彥昭－師俊－鄶－輪－開召－慕祿－正臣－偽－岩－享－球－金－德盛－尚達－琢－仲寬－悠久－中美－好古－健吾－堯讓、堯薦、堯贊、堯論－

5	6	7	8	9	10	11	12	13	14	15	16		5	6	7	8	9	10	11	12	13	14	15	16	
堯	舜	禹	湯	文	武	周	孔	孟	儒	承			堯	舜	禹	湯	文	武	周	孔	孟	儒	承		
堯讓	舜臣	楚伯	衍	孝標	無難	(無	嗣)										采	爾康	振宇	繼孔					
					選運	(早	卒)													步孔					
					南山	(早	卒)													孔安					
				聯標	次宗	(失	考)											爾華	玉召	本立	品	泗溪			
		源	火昌	璽	(無	嗣)											烟	應節	(早	卒)					
	舜夔	鵬	(無	嗣)														經武	桂姿	克壯	正位	清溪	玉璽		
堯薦	舜鼎	粹奇	鎮	開先	從善	載道	宗孔	楸	引銓														玉謹		
四子		四子				載德	復孔	端祥													相位	浚溪	玉聚		
舜鼎		鎮					述孔	軒													有位	泳溪			
舜命		鐵						階石	淋溪	玉從												泮溪			
舜倫		鑨								玉清											立位				
舜鳳								青山	經											克廣	鈞石	澗溪	玉領		
				預先	永存	(無	嗣)																玉岡		
				學先																			玉歧		
			鐵																				玉嵐		
			鑨	方藷	啟賢																	涇溪	出繼		
					啟能	進誠	月累	蒼禹	淨溪	玉盤											得位	沍溪	玉峰		
										玉展													玉岩		
										玉山			堯薦	舜命	淑奇	鐵	甄	保忠	如琮	發祥	孟成	學力			
					啟德	獻周	謹	太占														學田			
								孟占	明珠												孟仁	儒剛			
				方恒	福至	樂育	乾元	存義	宗溪													儒明			
									增溪	玉彬											孟斗	永溪	玉卿		
									山溪														玉林		
						樂群	興孔																玉振		
							習孔	存仁															玉美		
						樂民	(早	卒)														汝田	玉著		
						樂天	(無	嗣)														四溪	玉昌		
					學至	一直														鍾祥	世昌	卯	玉清		
						雨膏																振溪	玉亮		
						雙卯															世瑞	金山	玉先		
				寅	爾德	芝	(無	嗣)											如璠	(出	繼)				
						彬	東熏	仲魁	長	書進									如璣	(無	嗣)				
									春	書田								保和	如璠	大壯	孟啟	溪中	承存		
						懷周	克浴																承友		
							克修	富願	洋溪														承韓		
							克慎															溪全	承知		
							克昂																承獻		
						桂姿	(出	繼)															承明		
				采	爾康	振宇	士陸	(無	嗣)													溪開	承東		
							繼孔	(無	嗣)														承洋		
							步孔	(無	嗣)														承雲		
							孔安	十全										保慧	述周	遺勛					
					爾華	玉召	本立	品	泗溪	玉群									宗周						
					牧	清臣	振甲	敬傳	行山	自然											武友	效身	雲清		

5	6	7	8	9	10	11	12	13	14	15	16	
堯	舜	禹	湯	文	武	周	孔	孟	儒	承		
								欽傳	(無	嗣)		
								丙寅	(早	卒)		
							振德	迎傳	松山	同然		
								元魁	松山	出繼		
									俊山	同然		
										行然		
										士然		
				僑	全武	興周	(無	嗣)				
					牧	清臣	振甲	欽傳	(無	嗣)		
								丙寅	(早	卒)		
							振德	迎傳	松山			
								元魁	松山	出繼		
									俊山			
						清翰	振昌	心傳	昆山			
								緒傳	梅山	穩中		
							振址	出繼				
					芸	清廉	孔紱	開太	君山			
									雲山			
									歧山			
								逢太	(無	嗣)		
							孔坤	易太	鳳山	坦然		
										斐然	出繼	
										桂然		
										浩然		
								永太				
堯薦	舜倫	征肅	(無	嗣)								
		粹奇	(出	繼)								
		珣	立	允思	國表	林昇	來義	成法	保亭	慶德		
										慶貴		
								成德	保福	金明		
										金田		
								成林	保德	金明		
										振伏		
								成毅	保珠	金亭		
									保仁	金田		
								效章	士科	聖軒		
									士德	聖奠		
										聖訓		
										付文		
									士俊	聖嚴		
									士祥	聖田		
								效孟	士榮	聖賢		
									士法	聖年		
										聖先		
										金斗		
							明義	武法	效言	雪峰		
										玉方		
								治民	綿溪			
								宜民	沈溪	玉河	鐵頭	
											銅頭	
						榮	(出	繼)				
				玉書								
			礦	建祿	長柱	作楝	振址	學顏	予諤	山源		
								學孟	予認	錦波		
										錦河	耀先	
					信友	三畏	念祖	忻				
								綸	連溪	玉珠	出繼	
										玉占		
										玉炳		
										玉岩		
								勃				
							繼祖	蘭	景溪	玉堂		
									虎溪	玉科		
										桂榮		
										玉山		

5	6	7	8	9	10	11	12	13	14	15	16	
堯	舜	禹	湯	文	武	周	孔	孟	儒	承		
										德壽		
										錫壽		
									效孟	雲奇		
										雲霄		
									效文	雲輕		
										雲衢		
										雲亭		
								武才	效宗	雲登		
								武變	效然	雲漢		
										雲從		
										雲行		
									效順	雲祥		
								武關	效謙	雲昌		
										雲路		
									效明	志林		
										志義		
										志禮		
										志信		
										志善		
								武杰	效堂	雲彩		
										雲方		
										雲啟		
									效瑞	雲現		
									效武	雲旺		
										雲江		
										雲合		
				永思	國表	(出	繼)					
					世表	周禮	(無	嗣)				
					宗表							
					邑表							
		瑄	鈞	文升	(無	嗣)						
				文行	寶	(無	嗣)					
			時遇	林士	(無	嗣)						
				南士	(無	嗣)						
			宏邵	賢書	八愷	重	(無	嗣)				
						二成	(失	考)				
						效曾	紹	安民	約溪	可繼		
									緒溪	玉法		
										玉柱		
								育民	金魁	相林		
									仲魁	無嗣		
								惠民	潔溪	震龍		
							繡	仁民	清溪			
									見溪	玉義		
										玉廷		
										玉元		
								豹變				
								樂軒				
							孔祥	海觀	吉安	無嗣		
							孔時	海奇	本獻			
							五英	台				
								書成	允安			
									允修	出繼		
									萬			
									同溪	全柱		
								智	允修			
							六言					
							七政	(夭	折)			
						慕春	孔唯	如意				
							孔嘉					
							孔楷					
						山立	十郎					
						四端						
				應斗								
				應璧	宜昧	初秋	孔門	(出	繼)			

5	6	7	8	9	10	11	12	13	14	15	16	
堯	舜	禹	湯	文	武	周	孔	孟	儒	承		
								均	湖溪	桂芳		
										福祥		
									泮溪			
			珍	萬福	起宗	普	尚義	從	綠溪	玉水		
										玉竹		
										玉行		
									泗溪			
					榮宗	全忠	尚義	(出	繼)			
							永義					
				萬壽	(無	嗣)						
堯薦	舜鳳	爾宗	震	聚奎	謙	(無	嗣)					
					武烈	企周	守常	鳳陽	安溪			
								鳳陶				
								鳳賓	喜文			
									雲溪			
							有朋	元				
				文奎	論	(無	嗣)					
					語	(無	嗣)					
					武烈	(出	繼)					
					宜	(出	繼)					
			霖	維新								
				維長								
			寅亮	樹芝	丑	宋	全					
				大翼	壽元	(無	嗣)					
					源	(無	嗣)					
					長庚	(無	嗣)					
				大軫	丑	(出	繼)					
			雯	應張	之元	恒春	填虎	象賢				
										玉山		
								貴林	天舍	無嗣		
									天默			
								耕林				
							孔修	相林	祥林			
									二瓜	玉洗		
										玉亮		
								考林	中溪	玉龍		
								科林	江溪	玉卿		
										玉兵		
									錫作	無嗣		
									錫鈍	俊		
										承賢		
								經林	(出	外)		
						增周	孔賢	學道	堂溪	玉贊		
							孔儒	學道				
								敏學	來溪	玉升		
										承璧		
									德溪	玉臣		
										承瑞		
									渭溪			
								孟占				
堯贊	舜澤	承禹	相湯	文誼	振武	成周	正蒙	宗躍	合珠	繼詮		
										永昌		
五子	九子		四子	五子						長齡		
舜澤	承禹		文豐	振武	方武	度	習詩	雙虎	曲珠	廠		
舜治	祖禹		文新	方武		庠	五福	初珩	懷珠			
舜海	懷禹		文典	接武					藏珠	天榜		
舜法	心禹		文熙	召武				初琯	元珠	三疇		
舜浩	宗禹			九武		序	正心	(早	卒)			
	如禹						正言	乙巳	永珠	耕		
	繼禹					廩	務本	初璽	象珠	繼西		
	紹禹							初印	二象	(無	嗣)	
	景禹								三象	煥然		
					召武	岱伯	我芝	里舉	身成	再勤		
								行舉	修成	再傳		

5	6	7	8	9	10	11	12	13	14	15	16	
堯	舜	禹	湯	文	武	周	孔	孟	儒	承		
						仲夏	孔弟					
堯薦	舜鳳	爾玫	霈	樹	庭樸	炷周	辛酉	藩	天宣	玉山		
									天思	玉金		
							辛鵬	孟義				
							辛至	明	(夭)			
								路成	航	金玉		
										金珠		
										金兌		
								連先	(出	繼)		
							辛巳	年升	聖	金哲		
								孟津	與溪			
									鵝溪			
									三元			
									運溪	天恩		
								孟義				
								孟智	郎溪			
								孟信	(無	嗣)		
							辛午	連先	松溪	玉賓		
										玉坤		
										永生		
										承立		
					庭柱							
					庭式							
				溱	庭槐	坊周	孔諭	倫笙	(無	嗣)		
								來運	登雲			
							孔傳	永超	萬蒼			
						榮周	孔訓	富林	見溪	玉升		
										玉成		
						仲崇	我棠	付拳	安成	書聲		
									既成	(出)		
								市拳	既成	書聲		
										同聲		
								益拳	檢成	中立		
										中正		
						叔華	我瑄	奮舉	田成	(夭)		
									東成	長路		
								彙舉	(出	繼)		
							我班	臯舉	善成	中林		
								檢成	(出	繼)		
								直舉	序成	千林		
									信成	貴麟		
									西成	千林		
										浩林		
							我珩	尹舉	管成	邦傳		
									以成	承先		
							我琪	舉	全成	曾傳		
										廣傳		
										幫傳		
										心傳		
					九武	康華	孟禮	耀德	萬珠	玉樹		
										玉瓚		
										玉衡		
										玉璜		
							潤	宏德	歲辰	無嗣		
									獻榮	出繼		
									士珠	出繼		
							貫	宏德	獻珠			
						廉華	正喜	有德	清溪	樂蘭		
							正印	成德	士珠	玉潤		
							正理	有謙	雪雷	玉璜		
								興				
							正智	絹	雨雷	玉溫		
				文新	起渭	兆枚	祖彭	士盎	德興			
							太來	士擎	鳴琴			

5	6	7	8	9	10	11	12	13	14	15	16		5	6	7	8	9	10	11	12	13	14	15	16	
堯	舜	禹	湯	文	武	周	孔	孟	儒	承			堯	舜	禹	湯	文	武	周	孔	孟	儒	承		
										再勤	出繼						五子					玥棋			
							我蘭	孝舉	竹成	森木	德明						起渭					書為	奪		
									榮成	森木	雙祧						起年			瑞彭					
									謙成	長生	法存						起汴			耀彭	秉醇	為先			
											法昕						起南					得瑤	新山		
											法余						起第						小山		
									事成								起嚴					得璠			
								恒舉	一成	留印	金牛										秉正	得璐			
									可成	長春											秉善	穩盤	名山		
										長生	出繼												六一		
									九成	超群	明德												明來		
								秉良	丕振												三振	念之	永謙		
							五臣																福謙		
							六吉													世祥	大河	成	(夭)		
					起年	兆采	瑞彭	維翰	啟宗	冰林												路	(夭)		
										三喜											大海	(夭)			
									可宗	冰偉											三恩	(無	嗣)		
									予宗	(夭)								起第	尚賢	官印	己己	東那	新榮		
								維垣	元宗	(無	嗣)												新收		
								維舟	峻嶺	新春												響鳴			
										新安											己修	(出	繼)		
										新紹											六三	(無	嗣)		
										新士										得印	己修	九初	新蘭		
									桐	廣業										付印	(無	嗣)			
										潤五								起岩	丹書	伯塤	其鉢	(早	亡)		
										韶朱											其鍏	事君			
					起汴	登三	天申	一士	隨緣	朝宜												寬			
										朝選									簡書	盍簪	勸	遣	留椎		
							五子		扈人	朝建													留奎		
							一士		勃言	出繼												累	鵬		
							兩全	兩全	乾	謙謙												繼三	(夭)		
							鑫			朝品												繼升	(夭)		
							式玉			朝鳳											勉	明新	紀春		
							森		燦	朝棟													綱紀		
							式金			朝安										思欽	書忝				
									敏	朝喜										思誠	(無	嗣)			
									七師	朝舉			堯贊	舜澤	承禹	相湯	文典	之彝	學周	祖裔	日桂	懷寶			
										朝用												懷璽	永峰		
										朝鼎												懷璧	永岱		
									同人	朝輔													永士		
									家仁	朝品											日松	懷凡	永祿		
								鑫	田	關關													永繼		
									亮	興成											日竹	懷聚	永繼		
									雷	冶熔												懷智			
										芳熔												懷璇			
								式玉	大有	朝璽											日梅	懷珣	永山		
										朝卿										祖庚	日梓	懷琮			
									大富	朝珍												懷璋	永需		
										朝保											日楠	懷谷	(夭)		
								森	咸恒	朝從									效周	祖榮	明珠	懷智	坤		
									大壯	朝選									法周	祖風	海珠	穩行	玉潔		
									津人	九疇									從周	祖德	新福	丹桂	永剛		
									履泰	朝棟													三剛		
									啟蒙											祖賢	新科	桂昂	永發		
								式金	勃	朝順													士龍		
					起南	宏暮	世祺	雙聚	耕萃	勤											新泰		士龍		
						宏訓	世祺	(出	繼)											振清	新福	(出	繼)		
							世禧	雙聚	(出	繼)											新起	雙桂	永晏		
										永莪													守五		
									二富											礪吉	人檀	忠恪	金崇		
								新迎	春齡	永我													守耕		
					之璉	華珠	保吉	民		守田													守明		
								安福	允中	守田												恭恪	守明		
										守成			堯贊	舜澤	承禹	相湯	文熙	庭悟	鰲育						
								五	居										鵬育	題吉	人認	聚恪	守望		

5	6	7	8	9	10	11	12	13	14	15	16	
堯	舜	禹	湯	文	武	周	孔	孟	儒	承		
						學珠	自立	書義	宗林	守強		
									玉林	春		
										田		
										小九		
										三蒙		
								書升	松林	守臻		
								書田	鳳林			
									雙林	守芬		
								書秀	允溪	守寨		
										守堂		
										守境		
堯贊	舜澤	承禹	相湯	文熙	庭杼	念育	隨吉	三茂	(無	嗣)		
						申育	升吉	人範	和尚			
				四子				人軾	(無	嗣)		
				庭杼				人轍	(無	嗣)		
				庭悟		參育	恒吉	人坊	時格	守松		
				庭莪						守梅		
				庭敘				人亮				
						龍育	履吉	(無	嗣)			
							造吉	人豪	節路	守禮		
										守義		
									三友			
					庭悟	鰲育	韞吉	人博	元	守硯		
									軒	守蘇		
							群吉	五昌	榮格	守重		
										守正		
							卜吉	人曉	瑞格	守勤		
									常格	春山		
										玉閣		
							貞吉	人秀	立格	守固		
										守剛		
										守忠		
									執格	守剛		
									言格	守純		
										守爵		
									賢格	守芝		
										守法		
								人藹	榮格	出繼		
									茂格	守順		
										守信		
										山良		
								人啟	彩彰	崇喜		
									天章	守質		
								人善	含章	守循		
										守生		
									秩章	守謙		
										守恭		
									憲章	守常		
										守信		
										守欽		
										守述		
									潤章	守生		
							滌吉	人璜	繼昂	虎臣		
									繼軒	無嗣		
									繼祿	守紀		
								人珩	繼章	丙辰		
										北辰		
										俊臣		
									繼元	北辰		
									繼勛	棟臣		
									繼先			
									繼彥	棟臣		
										千臣		
									繼述	虎臣		

5	6	7	8	9	10	11	12	13	14	15	16	
堯	舜	禹	湯	文	武	周	孔	孟	儒	承		
							韜吉	人厲	套榮			
							慧吉	人崢	占魁			
								人杰	乾格	守寬		
									允格			
							慰吉	人樹	邦榮	守倫		
									勛榮			
							愈吉	人樹	(出	繼)		
								人厲	(出	繼)		
								人誠	華榮	守則		
										守範		
										守瞻		
										守進		
									川榮	守範		
								人標	金榮	守德		
							懇吉	西彭	光榮	楊五		
									奪榮	守印		
										守璽		
									春榮	守相		
										守望		
										守義		
									坤榮			
堯贊	舜澤	承禹	相湯	文熙	庭莪	錦育	愷吉	人山	若晴	守度		
									若霖	守堂		
									若谷	出繼		
							惺吉	人駿	若谷	守業		
							慎吉	人歧	若愚	守經		
									若思			
							憬吉	人驥	松高	藏珠		
										倉寶		
										先立		
							恂吉	人歧	(無	嗣)		
								人嵩	世亨	無嗣		
								人山	(出	繼)		
								人峰	世亨	出繼		
							惇吉	人駿	(出	繼)		
								人癸	若蘭	守田		
						春育	(夭)					
					庭敘	延育	浴吉	人哲	甫章	守詩		
										守易		
								人和	奏章	本良		
									復格			
								人增	乾格			
								人坦	坤格	守卿		
									豫格	守卿		
									銘格	守廉		
									百格	守廉		
						馨育	來吉	人璞	咸榮	監梅		
										嶺梅		
									恩宗	觀梅		
										如梅		
									向榮	尋梅		
										映梅		
									志榮	嶺梅		
									敷榮	守初		
										蕁梅		
									欽榮	作梅		
堯贊	舜澤	祖禹	日躋	大成								
				叙	(出	繼)						
		懷禹	雯	玉駿	士杰	存忠						
					士英	存信						
						存樸						
						存孝						
						存德						
			霖	汎愛								

5	6	7	8	9	10	11	12	13	14	15	16
堯	舜	禹	湯	文	武	周	孔	孟	儒	承	
										蘦臣	
								人琦	繼讓	俊臣	
						同育	烺吉	人壘	(無	嗣)	
							炤吉	人壘	(出	繼)	
								人基	清恪	金標	
										守治	
								人至	名舉	守正	
									事恪	無嗣	
								人堃	士杰	守郡	
										守總	
										守經	
									本恪	守總	
									良恪	守經	
							煉吉	人階	太和	(夭)	
									志和	(夭)	
								人圻	三杰	守仁	
										守儀	
										守身	
									映五	九恩	
								人垣	百忍		
									汝霖	無嗣	
									謙恪	天恩	
							輝吉	人均	震恪		
										玉樹	
								心領	志謹		
									志勤	玉昆	
										玉山	
								心元	志明	玉昆	
									志修	玉興	
								心傳	志善	玉珍	
										玉奇	
堯贊	舜治	敏	貞一	陟	恭	大章	無爭	孟選	俊和	子眷	
								孟亭	士俊	芝蘭	
							無黨	(無	嗣)		
					心識		無黨				
				文卓	心武						
			貞魯	文儐	(出	家)					
				文價	繩武	(無	嗣)				
					法武	成喜					
						效成					
堯贊	舜治	徵	嘉睿								
			嘉祉	名失	永年						
			嘉喜	文士							
堯贊	舜海	禹楝	炳	文德	崇振	澍德	景林	啟級	蘭平		
								啟箱	蘭香	百魚	
	三子						景山	啟徵	蘭治	百歌	
	禹楝									百才	
	禹宣							啟勛	蘭盛	成光	
	禹梁									成進	
										成亮	
									蘭德	百舉	
										成義	
					興嗣	(無	嗣)				
					文純	(無	嗣)				
					文燦						
			輝	(出	繼)						
			忻	文瑞	思武						
		錦宣	輝	文學	悅	伯震	景堯	啟田	蘭士	百海	
										百貞	
							景武	(無	嗣)		
						伯崎	景清	啟元	蘭賓	承章	
									蘭品	百喜	
										承美	
		禹梁	煌	興業	繩武	士公	景先	(無	嗣)		
							景田	啟明	憲章	(無	嗣)

5	6	7	8	9	10	11	12	13	14	15	16
堯	舜	禹	湯	文	武	周	孔	孟	儒	承	
				伸	蔚起	存正					
						存誠					
				份	棨起						
					華起						
					藩起						
				儀							
		心禹	軫湯	叙							
				儀							
		如禹	(無	嗣)							
		繼禹	貞	逸芳	開運	立成					
				筠芳	沂	(無	嗣)				
					泗	宗嗣					
					崇振	(出	繼)				
			商愫	一璋							
				又璋	須武	雙喜					
					龍武	士魁					
				三璋	庠						
					福順						
					得祿	士元					
堯贊	舜治	信	貞元	(無	嗣)						
			貞嘉	文明	武寅	須成	六順	心貞	志謹	玉轂	
										玉光	
										玉藩	
							景全	啟昆	文章	玉正	
										玉堂	
									明章	百錫	
							景連	啟緒	蘭芬	百珍	
										百鈞	
									蘭秀	百忍	
									蘭全	百福	
							景潤	啟疆	蘭	百臣	
								啟用	蘭義	百松	
							景行	啟法	蘭杰	百昆	
									蘭彩	百田	
										得勝	
										得功	
								啟善			
					繼武						
					接武	士賢	景成	啟學	蘭溪	百耕	
									蘭閣	百榮	
							景舜	相廷	蘭全	玉林	
										玉平	
								彥廷	蘭森	承六	
								啟吉	蘭石	百信	
								啟俊	蘭蔚	百祿	
									蘭月	無嗣	
								雙魁	寶珠	錫軒	
										錫明	
					承武						
堯贊	舜法	日楝	炯	廷坦	毓錞	精					
					毓喜						
					毓釗	克公					
					毓錫	大鵬					
				廷垣	毓式						
				廷圻	福祿						
				廷台	毓鈞	孟成					
					毓臣	泰占					
堯贊	舜浩	禹善	湯霖								
		禹德									
堯論	昌祚	(無	嗣)								
	舜德	珩	元福	如南							
				如意							
			元善	磐	棨先	應乾					
						京成					
				砳							

5	6	7	8	9	10	11	12	13	14	15	16		5	6	7	8	9	10	11	12	13	14	15	16	
堯	舜	禹	湯	文	武	周	孔	孟	儒	承			堯	舜	禹	湯	文	武	周	孔	孟	儒	承		
								啟運	蘭哲	(無	嗣)						磊								
								啟予	蘭英	(無	嗣)					元長	如來								
									蘭興	百藻					琚	元吉	文秀	繼先							
										百穀						元祥	倫	正立							
								啟年	世英	(無	嗣)						備	復立	(出	繼)					
					正立																				
		琦																							
		璲	元位	勺	武基																				
			元兆	(出	繼)																				
			元輔																						
			元鼎	文召	質																				
			元佐	篤																					
			元薰	起念	需武																				
					顯武																				

淑吾公

血緣：搆雲－中理(玆) －倜－輔－玗－彥昭－師俊－郮－輪－開召－慕祿－正臣－偽－岩－享－球－金－德盛－尚達－瑑－仲寬－悠久－中美－好古－淑吾－堯年－舜標、舜哲、舜文、舜印、舜華－

5	6	7	8	9	10	11	12	13	14	15	16		5	6	7	8	9	10	11	12	13	14	15	16	
堯	舜	禹	湯	文	武	周	孔	孟	儒	承			堯	舜	禹	湯	文	武	周	孔	孟	儒	承		
堯年	舜標	(無	嗣)																			名失	守明		
	舜哲	禹錫	永元	士琦	寬	承印	嘉仁													名失	失名	克倫			
							嘉會	宗思												科	希昌	金柱	守玉		
五子	三子							宗魯															守印		
舜標	禹錫						嘉智													惠	希先	克敬	守立		
舜哲	禹書				闓	承業	尌	興仁	茂林	無嗣											希周	克恭	無嗣		
舜文	禹碣								玉林	恩信									永高						
舜印						承印	(出	繼)								榮宗									
舜華					駢	(夭)										光宗									
				士謹	企武	國棟	理邦								禹碣	扶	顯曾								
						國柱											士謹	企武	國柱	為邦	賡揚	佳賓	喻默		
					希武	國禎	光洲																喻成		
						國翰														明邦	賡昌	運興	心賞		
						國儒	步洲	賡泰	靖臣	無嗣													心彥		
									靖位													世興	無嗣		
				士連	弘武	成義														元邦	賡順	世興	心彥		
					建武	成仁										搖									
					繩武											摶									
			永利	(無	嗣)									舜文											
			永貞	(無	嗣)									舜印	禹紳	相卿	士炎								
		禹書															士正	喜	良	喜	詩	德興			
			璣	帥之	萬壽	永寬	名失	名失	克仁													德敬			
			大化						克義								士魁	(無	嗣)						
									克法							相乾	士讓	武安							
									克祥								士遠	武知							
									克中	信								武寧	道成						
									金伏	孝曾	學亮							武超	起成	本立	得仲	雲岫			
											學思										得科	雲箱			
										孝義	學禮											雲山			
											學信								集成						
										孝文	學讓						士祥	武安	(出	繼)					
							名失	希珍	克瑞	守言	樹志							聞錫	振南	大智	世俊	謹範			
								希寶	克盛	守君	天富											肇範	宗堯		
											天才											守範	宗閔		
								希仲	名失	金會	志修												宗虞		
										金仁	志田										玉坤	道範	宗引		
											志安												宗冉		
											志方												宗乾		
											志德												宗彥		
									名失	大狀	樹德											欽範			
										守仁	樹林											殿範	宗京		

5	6	7	8	9	10	11	12	13	14	15	16		5	6	7	8	9	10	11	12	13	14	15	16	
堯	舜	禹	湯	文	武	周	孔	孟	儒	承			堯	舜	禹	湯	文	武	周	孔	孟	儒	承		
											樹單				禹仲	相成									
									單	守動	全德				禹熙	相坤	士善								
											二怪			舜華	卓	相辰	士忠	武聘	成書	輝軒	賡載	清溪	玉潤		
										玉言															
										玉衡															
										玉貞															
					武峻																				
				士恕	武任																				
					武杰																				
			輔辰	士愈																					

行吾公

血緣：搆雲－中理(茲) －倜－輔－玕－彥昭－師俊－鄶－輪－開召－慕祿－正臣－偽－岩－享－球－金－德盛－尚達－琢－仲寬－悠久－中美－好古－行吾－堯輔、堯轂、堯範－

5	6	7	8	9	10	11	12	13	14	15	16		5	6	7	8	9	10	11	12	13	14	15	16	
堯	舜	禹	湯	文	武	周	孔	孟	儒	承			堯	舜	禹	湯	文	武	周	孔	孟	儒	承		
堯輔	舜英	潤	眉	勤																樂山	桂一	俊領	心重		
				助	丑	夢韓	世和	效印	繼彰	金熔												體治	心元		
								效儒	繼賢	金陵													心彥		
									繼善														心亮		
							永和	效冉	繼文	金鋒												輔治	心芳		
						夢錫	世爵	效顏	繼程	金玉												士可	心貞		
									繼秀													輔亭	新安		
						師珠	世泰	效程	繼參	金修												方亭	新芒		
										金錫											品一	喜秀	心樹		
								效曾															心德		
						師周	世貴														志一	廷秀	玉範		
							世瑞	效喜	繼泗	金書						天祿	文松	丙辰							
						師詔	世官	效藍	繼光	金平							文相								
				勤	建										禹竭	(出	繼)								
		渭													禹洧	湯興	文仲								
堯轂	舜和	禹文	湯乾														文祥								
			天爵														文法								
		禹沔	湯乾	文勝	武周											湯望	文新								
				文彬												湯彥	(無	嗣)							
		禹方	湯坤	文奇	秉彝	先立	依山	金聲	如意					舜田	禹竭	湯	(無	嗣)							
									德意	心寬						湯澹	文欽								
										心用			堯範	舜臨	(無	嗣)									
										心秋				舜智	禹平	(無	嗣)								
								嵩峰	萬喜	心保				舜昆	禹震	琬									
								金名	萬春	心好						琰	文禎	惟	福至						
										心科								執	永立	林山	經常	富端	玉啟		
								孟選	萬里	心魁										漢山	化南	富榮	常緒		
						禧全	據山	青標	雙印												化邦	郎	玉精		
								聞一	獻廷	玉智												喜	玉金		
										玉禮													玉堂		
								孟彬	百斗	玉田												景	豹		
								士賢	百珩	玉龍							文光	心							
										玉江								持							
									小二	玉海								懷							
										玉新								摧							
															禹秀										
															禹啟										
															禹勤										

端吾公

血緣：搆雲－中理(茲) －倜－輔－玕－彥昭－師俊－鄶－輪－開召－慕祿－正臣－偽－岩－享－球－金－德盛－尚達－琢－仲寬－悠久－中美－好古－端吾－堯論、堯詢、堯泰－

5	6	7	8	9	10	11	12	13	14	15	16		5	6	7	8	9	10	11	12	13	14	15	16	
堯	舜	禹	湯	文	武	周	孔	孟	儒	承			堯	舜	禹	湯	文	武	周	孔	孟	儒	承		

5	6	7	8	9	10	11	12	13	14	15	16		5	6	7	8	9	10	11	12	13	14	15	16	
堯	舜	禹	湯	文	武	周	孔	孟	儒	承			堯	舜	禹	湯	文	武	周	孔	孟	儒	承		
堯諭	舜岳	(無	嗣)														文復								
	虞彥	連如	甲遇	自省	念祖	步雲	孔順	永科	全溪	鬱淵							文聘								
									湘溪					環											
	八子								浚溪					復	(出	繼)									
	舜岳						孔先	(出	繼)					鴻臣	萬	多過	域	武仁	遵一	(殤)					
	虞彥						順先	(無	嗣)									武智	(無	嗣)					
	大業		兆衷														樸	武智	(出	繼)					
	章		兆桂	文述	聖賢	致遠	道德	繼元	永泰	日仁					連珂	(出	繼)								
	虎臣									日義					荃	閔	一來	武選	(無	嗣)					
	環									曰禮								武召	(無	嗣)					
	復									曰哲						閑	(出	繼)							
	鴻臣			文承	(無	嗣)										湯琴	(出	繼)							
				文纘	(無	嗣)							堯詢	大業	連雲	惠	體謙								
				文繩	(出	繼)										潢	體益	孟明							
			兆駿	文龍	頁武	凌雲	繼先	申孟	(無	嗣)						擢	體乾	宣	樂	其緒	春著	道成			
								學孟	玉珠	增信												道榮	(夭)		
							效先	(出	繼)													啟榮	三省		
						慶雲	效先	體心	溪杭	增高											春芳	啟行	作梅		
										增仁												啟運	作霖		
										增義												三多	作彬		
									溪秀	雅言											春茂	啟祥	作雨		
									溪林	增義													濟川		
									溪岣	增德													冬		
										增禮												啟壯	作棟		
						翔雲	孔先	伯亮	溪長														作雨		
								伯訓		增禮													廣恒		
						步雲																	廣欽		
	大業																					啟賢	廣照		
	章		兆麟	文開	成																		廣田		
				文運	(出	繼)																	廣宗		
			兆驥	文運																	春莊	啟瑞	香田		
		翔																			春蔚		廣田		
	虎臣	連城	貽畹	(無	嗣)											芾	體壯	衍							
		連珂	閑	兩	武英	法志	允吉	孟詮	廣漢	質彬								去玷	留住						
						興周	常馨									攝	體觀								
				四維	武進																				
				五典	武炘																				
			閣	八凱	武德																				
			聞	三喜																					
				七元	武漢																				
				九吉	武煒																				
					武燔																				
				千從	武煌																				
堯泰	九齡	慶孫	(無	嗣)																			喻震		
		桂	熹	弘嗣	長年	瀛海														皓	知機	元恩	喻振		
八子						瀛濱															知非	九儀			
九齡						瀛洋														暄	興言	天喜	喻仁		
永齡						瀛渤																敬堂	喻囊		
舜齡						瀛滄														旼	知止	升堂	作棟		
鶴齡		相	薰	型	鑄	宗立	汝存	伯讓	(無	嗣)									輔	(出	繼)				
嵋齡							汝眷		(無	嗣)									黻	(出	繼)				
興齡		五子					汝科	銳					堯泰	九齡	相	熹	坤	昭華	輔	甫	蟑	知認	雙成		
望齡		薰					汝登		(無	嗣)													賀成		
錫齡		熹				以昌	汝翼	孟雪	青溪	廷獻											曙	知省	金金		
		熏					汝廉																錄		
		杰				中立	汝佑	伯和	春溪													知順	銘		
		燕					汝寅																鏞		
堯泰	九齡	相	薰	型	鑄	四順	汝舟	孟業	廷章												昀	知方	鵬飛		
							汝揖	(無	嗣)													知本			
							汝賓	(無	嗣)				堯泰	九齡	相	熹	坤	綸華	黻	皚	德薄	呈祥			
						五錫	汝金	伯亮														呈端			
								伯賀	(出	繼)											德衡	(無	嗣)		
						六德	汝辰	孟業	(出	繼)											德容	芳林	出繼		
			熹	宏輝	仁	恩贈	謙		(出	繼)												凌漢	作舟		

5	6	7	8	9	10	11	12	13	14	15	16	
堯	舜	禹	湯	文	武	周	孔	孟	儒	承		
							誠	同書	世榮	成三		
							誠	福航	寄生			
								福昌	德全	鳴山		
								福祉	(出	繼)		
							諶	福麟	繼垣			
							誼	振起	天賜	銘鍾		
										銘凱		
										銘智		
								光照	繼龍	銘金		
								紀光	繼屏			
								隋寶	世卿			
								淑寶				
					松年	恩晛	謙	福恒	永祀	鈞萬		
										成三		
								晉光	濱	仲萬		
						恩祝						
				弘嗣	(出	繼)						
				坤	瑚	畱	昕	知緘	忱堂			
									季堂	喻道		
									蕊堂	喻真		
								知剛	景堂	喻義		
										喻理		
										喻智		
										喻知		
								知德	印堂	喻欽		
									玉堂	喻申		
							耿先	鳳岐	禹山	無嗣		
									仿山	漢文		
									峻山			
							際卓	會謹	錫爵	漢陽		
										漢彬		
										漢川		
									錫卯	漢升		
									德修			
									錫臣	漢珠		
								會行	卯川	外出		
									錫純	滅子		
									錫珍			
								會章				
						瀛滄	保煜	孰緒	錫瑞	無子		
									錫紅	無子		
								孰操	欽宣	漢宗		
									欽明	溪鼎		
										漢溪		
							恒安	長庚		明三		
							南勛	會議	錫藍	明三		
										樂治		
										樂善		
									仲珩	明禮		
								會論	廷瑞	無嗣		
									仁山	百川		
										百玲		
			杰	塾	鉅	瀛洲	貴周	乾一	預防	俊卿		
										俊士		
										俊才		
							貴章	心啟	池溪	俊何		
							汝禮	景堂	(無	嗣)		
							占奎	百賀	知枋	俊杰		
										俊海		
										俊秀		
										俊成		
							箱	慶俊	玉禮	舉		
							汝參	慶田	玉章	載		
										曾		
										三		

5	6	7	8	9	10	11	12	13	14	15	16	
堯	舜	禹	湯	文	武	周	孔	孟	儒	承		
										作用		
							煥	慶林	安民	倫		
			熹	弘嗣	長年	瀛海	際昌	應品	欽甫	無嗣		
							際改	朝聘	繼周	漢金		
									從周			
						瀛濱	聚田	丕四	繼錫	漢綱		
										漢黨		
								丕五				
							理田	丕善	書印	漢昌		
								鳳岐				
							慶田	丕信	同山	漢邦		
										漢卿		
								勤業	香山	漢本		
										漢中		
										漢會		
										漢居		
						瀛洋	燕燦	熟興	錫孟	漢江		
										漢舉		
									錫元			
									錫齡	善言		
						瀛渤	長安	鳳	登山	漢友		
								鳳苞	懷山	漢池		
										漢章		
										漢東		
										漢斗		
									青山			
							章	狼	溪	玉龍		
							失考	失考	登山	永清		
					銅							
					錦	瀛淮	青標					
					鏗	瀛漢	青標	心誠	茂蘭	百興		
									茂全	百臣		
									茂德	百聚		
										百斗		
										百糧		
										百福		
								心元	茂軒	百榮		
								心科	俊鋒	大良		
										二良		
									昆鋒	玉良		
									超鋒	良才		
										善才		
					銘							
				復起								
				增								
					絹							
					鐸							
			燕	坣	銑							
					鋙							
					鑠							
					鈖							
					鈊							
					鐸	士立	書勤	鳳高	汝溪	賡德		
										賡雲		
										賡山		
								鳳卜	汝溪	出繼		
									熔溪	玉山		
										玉生		
										玉金		
				王	鑠							
					來邦							
					興邦							
					安邦							
		聖	(無	嗣)								
堯泰	永齡	琦	守清									

5	6	7	8	9	10	11	12	13	14	15	16		5	6	7	8	9	10	11	12	13	14	15	16	
堯	舜	禹	湯	文	武	周	孔	孟	儒	承			堯	舜	禹	湯	文	武	周	孔	孟	儒	承		
						瀛溪	樓	同升	妮	玉德					可比	士毅	三畏							
									年溪	中															
										玉金							居毅	(出	繼)						
										歡					可觀	居毅	奮飛	友信						
										玉勛									友諒						
								斗	朱	玉中									友直						
										作中									友德						
									運溪	玉豐								得壽	六龍						
		瑛	奕慎														三至		(出	繼)				
			奕佑	秉謙	俊官	魯義	贊具	大為	道溪	玉寬						四明	德至							
									化溪									秋至	書潤	知非	景元	百辰			
						魯信	(無|嗣)															百萬			
					雙連		(無|嗣)															百三			
				二雅	丕緒		(無|嗣)														心升	湯溪	肅		
					顯緒																良元	闖	屋		
				二典	合理	繼庸	孔立	孟元	興合	玉成														妮			
								孟視										并璜	平著	湘雲	松峰			
					恩科	魯庸	孔惠	孟羅								奕	五常	儀超	銘鑒						
						繼庸	(出|繼)										五惇	儀彰							
			奕禧	三益	之瀚	魯得	筠	金斗	雲龍	仰三						五服	三至							
					之洽	魯瞻	集	熙										五桂	諒武							
								煦	宗培	運疇								贊武							
								燕	宗城	疇先							五臣	(出	繼)						
										晉先						復祖	五臣	同來							
										憲先								同會							
										振先						光宗	自立	體方	潛修	景堂	心景	善	明亮		
								照					堯泰	舜齡	浣	貞峻	志爽	芝林	集成	孔固	遵三	旼	子機		
							果	警杰	宗培	出繼															子佑		
									宗堂								四子							子枋		
								警盤	伯玉	魁						志爽			信成	孔鐸	孟莪	晏	子冥		
								警箴	松濤								志溯						景	子福		
									伯濤								志過							子祿		
									夢鶴								志階				孔傳	(夭)				
						魯連	梅	開第	福增	欽建										孔增	廷瑞	昂	子棋		
										仰三															子凌		
									祿增	欽								繩次	勉成	孔昭					
										欽韶									智成	(無	嗣)				
									如增	欽韶									罵成	(無	嗣)				
								開元	仲台	禎祥								劍光	輔成	來晛	熾	士龍	天德		
									仲哲	鎮予														士駿	天德		
										鎮錡															玉臻		
									仲潤	振河															玉禮		
										有猷															玉堂		
								開陽	淑怡	椿年									藝成						
									肇豐	椿年								寶穎	明成	孔強	瓚	百泉	玉山		
										松年											璋	百泉	出繼		
								開麗	驥超															心田	玉山		
			奕陶	鳳如	大至	王戍	懷童	心廣	松獄	玉琢										孔仁	玢	心貞	子立		
										玉和															隔繼		
								心元																	玉山		
						王寅	(無|嗣)														前		隔繼		
						王午	懷童	(出|繼)													旺	登高	玉禮		
							懷仲	心元	(出	繼)											坦	伯黨	玉虎		
					春至	大尋	(無	嗣)																	玉狼		
						次尋	(無	嗣)												孔申	河	新山	容彰		
							孔振	珍齋	心廣	容彬															喻仁		
										容彰														雲龍			
									心士	壽昌														化龍	超然		
								興												二留	官農	季龍	天申		
								芳熏	新畲	玉狼											官虞	子龍	會瀛		
									新祥	出繼														攀龍	海清		
									新山													官夏	從龍	(夭)		
								官保	(夭)														乘龍	喻德		
				志溯	繩次	勉成	孔昭	四運	蘭亭	還初															天申		

5	6	7	8	9	10	11	12	13	14	15	16	
堯	舜	禹	湯	文	武	周	孔	孟	儒	承		
										相承		
								金銘	福凝	建寅		
								瑞清	桂生	冬至		
										玉仁		
										玉珍		
									葵生			
								克昌	萱生	縉笏		
										縉廷		
										縉等		
						智成	(無	嗣)				
						篤成	(無	嗣)				
				志過	寶茂	程韶	款	(無	嗣)			
							累	(無	嗣)			
					寶發	程誼	大耀	永祥	心平	子良		
										子敬		
								永祺	(出	繼)		
							二耀	二虎	(無	嗣)		
							三耀		(無	嗣)		
							四耀					
						程時	子敬	寶令	貴凡	世風		
								寶祿	屏凡	世坤		
									營凡	出繼		
									竹生	(夭)		
									統凡			
									統雷	無嗣		
									統義	世俊		
										隨亭		
								寶箴	維凡	世和		
								寶筵	蓉凡	世倫		
										世和		
								寶笱	統彬	出繼		
									統仁	出繼		
								寶珠	統彬	秦嶺		
								寶篪	統仁	余亭		
										春亭		
										象亭		
										四高		
				志階	寶堅	銘	大留	官周	夢龍	喻璜		
									心服	保佑		
										玉生		
					書載	可群	華齋	恒萱	德舉	紫宸		
								恒蓋	德舉	出繼		
									德鳳	出繼		
									德林	占魁		
										永魁		
						超群	世勛	萬榮	德鳳	法海		
						軼群	孔誨	恒心	德良	肇基		
								萬新	德良	肇修		
								萬榮	(出	繼)		
							孔恕	常春	德圖	子賢		
										子純		
		澱	肱誼	志荷	喬	長益	蘭芳	瑞麟	百坤	玉勝		
										六法		
									百忍			
						師周						
						見心						
						霽						
			友其	豫謙	成儒	作舟	志瀛	煥亭	九思	耀祖		
								明珠	奉君	俊成		
						作楫						
					成倫							
				志遂	成儲	炳輝	士珍	人保	正生	朝勛		
										二辰		
									龍雲	玉業		
				豫藏		作楫	士驥	居仁	巳	(夭)		

5	6	7	8	9	10	11	12	13	14	15	16	
堯	舜	禹	湯	文	武	周	孔	孟	儒	承		
						鋇	四留	萬鍾	雲龍	喻禮		
							六留	(無	嗣)			
							十二留	百福	(無	嗣)		
						鈺	七留	貴生	(夭)			
							十留	伯益	璋	登瀛		
							十三留	彰常	耀龍	海瀛		
										振瀛		
										玉山		
							六肆	伯遂	(無	嗣)		
								伯揆	(無	嗣)		
					寶好	錦	三留	銀娃	省三	元麟		
						鈿						
					寶栗	鈞	十六留	纘緒	啟祥	喻琳		
										喻從		
										出瀛		
										香瀛		
			貞維	志曾	書場	映璧	孔溪	霖普	向午	賡颸		
										賡歌		
							孔楷	沂	向榮	玉和		
										玉貴		
										勤修		
									向平	毓琦		
										毓珩		
										毓琮		
										毓琨		
									向曉	毓桐		
									向卯	毓俊		
						映奎						
					書紳	大略	鳴谷	會五	(無	嗣)		
								福全	(無	嗣)		
								原青	向春	無嗣		
									心儉	治凡		
										學凡		
							鳴野					
							鳴有					
						周和						
						周南	鳴崗	(夭)				
							虎	福欽	心和			
							阿仕	(出	繼)			
					芝金							
					如金	熏						
				守柯	龍紀	潤	尚	(無	嗣)			
				聰彝	世倫	鈞						
						鎰						
						銓						
						鐸						
					逢原	佛送	舉田	(無	嗣)			
					逢甲	郎						
				汝勵	洛雋	朗	得閏					
						朝	祿	鳳鳴	觀瀾	承先		
										承高		
										承祖		
										承曾		
										承宗		
									觀濤	承宣		
									次元			
							祺	鳳廂				
					洛耆	豹變	夢鯉	(無	嗣)			
堯泰	舜齡	溶	子將	旭初	國馨	浩然	蘊	—	楹動	子枋		
							衡					
							玕					
							陵蘊					
堯泰	舜齡	溶	子將	讓笏	(無	嗣)						
			嘉問	直枋	少蓋	翼然	佑	增高	德彰			
									楹動	出繼		

5	6	7	8	9	10	11	12	13	14	15	16
堯	舜	禹	湯	文	武	周	孔	孟	儒	承	
									什	玉清	
										玉祥	
							士驛	相麟	百鈞	光祖	
										耀祖	
								瑞麟	(出	繼)	
								祥麟	百忍		
				象觀	成倫	作霖	喜元	履仁	惇信	卿祥	
										景祥	
						作梅					
						作捋					
		溶	子勵	樹本	蒔	題	乾	湄湄	新錢		
						蹈	乾	(出	繼)		
							翰	(無	嗣)		
							幹	湄湄	(出	繼)	
			邵誼	志範	鯨	灼	(出	繼)			
						煒	□				
					檢	灼	壇	(無	嗣)		
				廷琳	南金	袓	阿仕				
						晟	阿明				
							阿新	(無	嗣)		
							祜	鋮	(出	繼)	
								館	世恩		
						駿	望祖	作元	多福		
									承恩	永立	
										本立	
										森立	
								慶元	朝輔	本立	
					選	鯤	方啟	志淳	廣成	根雲	
								志超			
								志伊	廣陽		
									廣成	出繼	
									廣仁	出繼	
								志尹			
							方維				
							方智	萬年			
							方懋	志尹	士龍	長有	
							方轂	(無	嗣)		
						瑷	方授	志道	倜儒	敬賢	
										希賢	
										文賢	
										友賢	
						瑨	方向	志憬	(無	嗣)	
								志淹	紹先		
								方田	志喬	無嗣	
									志灝		
						瑊	方岳	陵岡	修儒	毓璋	
										毓璉	
									信儒	步雲	
										登雲	
										清雲	
									俊儒		
								旭全	偉儒		
									儀儒	宏雲	
										蔚雲	
										浮雲	
										凌雲	
						瑜	方維	志韓	元振		
									元恩	百祥	
										百忍	
									百恩	曉蘭	
										曉閣	
										曉峰	
										曉樓	

5	6	7	8	9	10	11	12	13	14	15	16
堯	舜	禹	湯	文	武	周	孔	孟	儒	承	
						浩然	(出	繼)			
					少芬	諤	毅	京	(雙	祧)	
							琴	(出	繼)		
						超然	琴	京			
					少隆	吉					
						吉伍	孔道	鳳珠	征印	毓柱	
										毓真	
								鳳林			
								鳳芝			
				壽朋	藜照	長庚					
						長源					
				樹葵	冠	驥	祖銘	作霖	福臻	毓祥	
										毓珍	
							祖勛	作霖	(出	繼)	
								作忠	福臻	出繼	
						驤	祖修	鋮	廷恩	毓琪	
									世恩	出繼	
									恩培	毓琪	
										毓珊	
										毓琛	
									金聲	連登	
										萬御	
										贊廷	
							方城	志蘇	元勛	春	
								志韓	(出	繼)	
							方苞	志展	振乾		
									振坤	承先	
										治敏	
										治業	
									振宇		
								志彬			
								志道			
							方體	志顏			
								志閔			
								志昌	贊廷	執中	
						失考					
						琛	方增	鳳苞	朝俊	世元	
									朝杰	世元	
										世卿	
										世廉	
									朝卓	世祥	
										世棟	
									朝偉	世棟	
									朝忭	世勛	
										世猷	
							方臣	志彬	貫一	俊英	
										俊杰	
									貫之		
						璥	方玉				
							方書	－	廣陰		
堯泰	舜齡	溶	嘉問	倚華	于潞	果	函	鳳竹	式敏	丙辰	
								鳳	式敏		
									式度	法守	
										法言	
										法身	
									式範		
					于湘	楷	煜	鳳思	漢章	寶貴	
						楝	炯	赫			
							煌				
							炳	鳳午			
					于洛	鼎	熿	鳳濤	朝策	世仁	
								鳳翥	朝儀		
									朝笏	世渥	

5	6	7	8	9	10	11	12	13	14	15	16		5	6	7	8	9	10	11	12	13	14	15	16	
堯	舜	禹	湯	文	武	周	孔	孟	儒	承			堯	舜	禹	湯	文	武	周	孔	孟	儒	承		
						名號	方紀	志基	玉振	浚川											鳳苞	出繼			
										百川										烜	鳳舉	朝弼	世綏		
										滄川													世績		
										世緒									俁	定	麟昌				
									朝佐	世偉										三	(夭)				
										世紱										四	(夭)				
									朝輔									賓廬	穎	慰祖	萬金	廷聘			
									輔鏞	世經											萬珠	(出	繼)		
										世綸											萬寶	(夭)			
								鳳誥	朝瑞	世楨									預	陽月	萬珠				
									朝元							家植	肅徂	(無	嗣)						
								鳳昌									肅坤	(無	嗣)						
							輝	鳳詔	朝杰	世爵							肅綸								
										世祿						紹宗	儒蘭	同樸	程	道	(無	嗣)			
									朝熙	世瓚									失名	恒謙	鳳起	(無	嗣)		
										世琦								崇樸	翔	鑒	鳳五	長肅	孟禮		
									朝勛	世功													貴禮		
								鳳墀	朝楨	世清										鎮	濟				
									朝幹	世清									翎						
										世廉									翊	銳					
									朝梁	世潔						甲聲	桂枝	(無	嗣)						
								鳳梧	朝綱	世欽							桐枝	失名	士貴	勝					
										世鑄						準	(殤)								
									朝紀	世錦						步青	磐	球	振升						
									朝經	世安									晉升	身起	鳳喈	成			
									朝綸	世鋅											鳳先	玉	利德		
									朝勃	世銓												彥	朝廷		
										世鐸										身榮					
						高	姚	鳳河	朝明	守林							幫秀	失名	逢吉						
										守知								琳	沛然	桂林	允韶	子欽			
										守全												志溪	出繼		
						鼐	烘	鳳藻	士彥	元崇												志源			
										元達												志鑒			
									邦彥	元達												志清			
									汝彥	元禮										萬倉					
										元樂								失名	勃然	林翰	允鐸	志鈞	珠		
									時彥	元逵													升		
										元道													科		
								鳳瀛	廷彥														奎		
									宗彥	元熊													陸		
								鳳彬	宏彥													志學			
									偉彥	元紹												志讓	仲		
							熉	麟昌	奎彥	元道			堯泰	舜齡	溶	步青	邦秀	失名	勃然	林翰	允鐸	志謙	興		
								鳳章	毓彥	元猷											振鐸	志學			
										元模											金鐸	志進	進		
									華彥													志綸	玉卿		
									嵩彥				堯泰	舜齡	宸祿	苞米	興嗣	正訓	映奎						
					于潮	鼐												守訓	師周						
			燕貽	登善	春	祿祿	保									蕁采	升恒	應炎	以述	汝相	協孟	貴良	玉中		
			家屏	傳芴	光廬	尊	定													汝樸	協萬	貴倉			
							汝楷	協蘭	貴良	出繼											福慶				
									貴升	玉泉										裕均	(出	繼)			
								協珍	貴倉	出繼										裕助					
				寶琭	應擢	以珍	明遠	永祥	化雨	潤身								應會	一	裕均	心傳	歷與	鹿蘋		
									化龍	出繼											聖傳	有年	聘三		
							明俊	永祥	出繼														明德		
								永初	無子													歷珂	出繼		
						以遂	明善	一	化龍	省身												;武	貴生		
										守身												陸	守彬		
										言慎						藻采	石麟	逢盛	朝梧	雙欣	(無	嗣)			
										講										雙宜	永臣	天益			
					應台	以紱	高升	孟勛	相成	修身												天元	建功		
							瑞升	協薰	耀會	嘉謨												天基	新年		
										丕顯													新正		
									弘會														新春		

5	6	7	8	9	10	11	12	13	14	15	16
堯	舜	禹	湯	文	武	周	孔	孟	儒	承	
									紹會		
						以緒	體升	孟建	漢溪		
									漢章		
								—	經山	穩安	
										穩學	
						以紹	元升	孟杰	濟溪	修身	
										立身	
										信身	
										義身	
									作霖	淑身	
										敬身	
										澍身	
						以綸	宜儉				
							東泗				
							錫恩	歷珂	榮光	道修	
									合田	夫從	
										道貫	
									保身	道連	
										道德	
						以縉	式玖	孟建	(出	繼)	
								孟祿			
							式金	孟琴	汝溪	承德	
										檢身	
									朝相	成立	
									朝選		
					應奎	(無	嗣)				
					應枚	以任					
					應九	德潤	(出	繼)			
						富潤					
				惠田	應銓	繼周					
					應盛	以昂	裕增	重慶	金堂	建立	
										建海	
				文止	鳳翔						
					鸞祥						
					俊祥						
					鵜翔						
				文謨	芝田						
					樂荊	(夭)					
					朔雲	(夭)					
					朔實						
					鄰業						
			其恕	文聰	武毅	璨	步哀	榮基	春溪	玉珠	
								心成	春遇	玉珠	
										寶珠	
							保學	(無	嗣)		
							保一	心元	浚溪	玉明	
									淵溪	玉全	
							步青				
					武訥						
				文悅	大武						
					臣武						
堯泰	嵋齡	澄	筠初	衍彭	俊英	朝玉	孔昭	(無	嗣)		
							孔德				
			馳黃								
		淳	祥麟	安居							
				安全							
				安吉							
				安福							
堯泰	興齡	動	因篤	復起	映辰	賜倫	常綬	汝禎	利勤		
							常予	(出	繼)		
						賜祿	常予	汝梅	利仁	無嗣	
									利用	無嗣	
						賜鄰	常瑞	汝賢	科		
									名		

5	6	7	8	9	10	11	12	13	14	15	16
堯	舜	禹	湯	文	武	周	孔	孟	儒	承	
								永成	天祥	玉山	
										玉文	
										玉海	
								永升	天祿	新田	
										新垣	
										玉振	
						朝桂	(出	繼)			
						朝柱					
			荔采	觀成	祖武						
				觀光	蔭南						
					梯南						
					梓南						
					斗南						
堯泰	鶴齡	憲	其文	文蔣	佐武						
					承武						
				文莊	欽武						
					翼武	浚舸	彌征	天福	春山	玉德	
							彌啟	永和	春信	玉賓	
							彌漢	毓和	春元	玉美	
								太和	春亭	玉鎖	
			其懋	技多	武勛						
					武纘						
				彤沼	武澤						
					武吉						
				干城	武猶	升絡	清奇	(無	嗣)		
							翠奇	心領	春先	明立	
							允奇				
					武誥						
					武命						
堯泰	鶴齡	憲	其忠	文穆	贊武	卤	門三	光全	春隆	無嗣	
					景武	軍	門成	孟林	春芳	玉昆	
										玉藏	
									利和	無嗣	
									利庸		
						賜琪	常安	汝舟	麗生	聚寶	
									體正	出繼	
							常德	汝梁	體生		
									偉生	出繼	
							常榮	汝舟	體正	守森	
							常幹	汝梁	偉生	守身	
					映宿	叔墉	常英				
						賜俊	常魁	汝智	利忠	光店	
									利德	出繼	
							常瑞	(出	繼)		
							常修	汝智	利德	光勝	
										光友	
					映斗	賜坤	常敏	汝梅	(出	繼)	
								汝庚	利民	生銀	
										明銀	
									清泉		
								汝霖			
								汝龍	利行	光庭	
										光顯	
									利川	光中	
										光亞	
									利見	光前	
										光亮	
									利和	光璧	
										新生	
									利貞	光宋	
										光華	
										光輝	
									利田	光紹	
								汝楠			

5	6	7	8	9	10	11	12	13	14	15	16		5	6	7	8	9	10	11	12	13	14	15	16	
堯	舜	禹	湯	文	武	周	孔	孟	儒	承			堯	舜	禹	湯	文	武	周	孔	孟	儒	承		
						賜芬	常繼	汝昌	海昌	海生			堯泰	興齡	懷寧	湯琴	九經	若愚	心學	常珍	汝池	其昌	無嗣		
										寅生												慎昌	玉亮		
								汝林	利亭	玉良												永昌	無嗣		
									利升	無嗣											汝和				
									利才	玉金											汝鳳	運昌	玉秀		
										玉番													玉潮		
					映曜	賜琨	常祿	汝棟	利見	守先													玉官		
										守文											常備	汝金	興昌	玉白	
										守對												順昌	玉雲		
堯泰	興齡	動	因篤	復起	映曜	賜琨	常祿	汝棟	利見	守強												隆昌	玉升		
									利彰	無嗣										常泰	蔭昌	仁先	玉體		
							常恩	汝禎															玉金		
							常舉	會卿															玉山		
							常輔	會卿	利勛	元良												仁壽			
									利貞	守印												仁秀	玉光		
										玉明															
					若桂	心平																			
					若桐	心舉																			
堯泰	望齡																								
堯泰	錫齡	憲章	聿	啟	(無	嗣)																			
			肅	志珂	岑	朝柱																			
				啟	(出	繼)																			

七賢公

血緣：搆雲－中理(茲) －倜－輔－玕－彥昭－師俊－鄫－輪－開召－慕祿－正臣－偽－岩－享－球－金－德盛－尚達－琢－仲寬－悠久－中美－好古－七賢－堯潢、良玉－

5	6	7	8	9	10	11	12	13	14	15	16		5	6	7	8	9	10	11	12	13	14	15	16	
堯	舜	禹	湯	文	武	周	孔	孟	儒	承			堯	舜	禹	湯	文	武	周	孔	孟	儒	承		
堯潢	虞巒	(無	嗣)												元盛	(無	嗣)								
	虞粵	恒	輔湯											虞年	元盛	輔									
	虞岱	敦	大用	忻												湯存									
	虞俊	禹業	長山	萬更	振之	青雲	光祖	彥超	恩俊	本良			良玉	修齡	訓貞	迪會	文望	梧	慎平						
										本雲					豸	迪轂	文孟	武式							
									錫增	本利								武略	懷珠	太來	為分	(無	嗣)		
										本初											高孟	喜郎			
									錫壁	連連							仲文	(無	嗣)						
										連文							季文	武平	成著	福全	得歲	心春			
								彥彪	錫和	本賢										福林	失考	建文	流芳		
										本方					麗	迪畏	文西	成武	(夭)						
								彥田	錫從	無嗣								步武	(夭)						
									錫福	公平						迪卷	文經	雙進							
										建國							文靜	紹武	(無	嗣)					
										勝利							文炳	武備	桂光	玉合	景相				
										吉祥											景學				
							失考	彥峰	錫占	連居										玉書	(無	嗣)			
							德	彥邦	錫祥	連信										玉聘	景斗	卯一			
									錫亮	連信										玉從	耿一				
										連志										玉順	(無	嗣)			
									錫武	連知						迪轂	(出	繼)							
							金鐘	彥成	舟桂	本立						迪誠	文倫	武臣	秘						
										本元									稠	鳳林	永				
							德新	彥士	金玉	無嗣										夢周	景升	心為	玉修		
									金舉	秋華													玉芝		
									金山	福安													玉山		
				戚樓	失考	失考	長嶺	孟卿	景元	玉倫											景琴				
									仲										樟						
									京詩	無嗣								武安	應元	瑞徵	景陽	心容	如意		
							東嶺	輔卿	景龍	體忠												心誠	出繼		
										玉忠												心鑒	兌		
									景泰	玉臻												心忠			
										玉廷											景顏	心誠	占林		
										玉勤										瑞祥	景泰	心廣	玉身		

5	6	7	8	9	10	11	12	13	14	15	16		5	6	7	8	9	10	11	12	13	14	15	16	
堯	舜	禹	湯	文	武	周	孔	孟	儒	承			堯	舜	禹	湯	文	武	周	孔	孟	儒	承		
									景升	立忠											景昌	心廣			
										克忠												心田	敬全		
										孝忠													玉忍		
										其忠													玉官		
									景順	無嗣												心書	玉石		
		禹度	(無	嗣)																			玉奇		
	虞會	元厚	(無	嗣)																		心黨	玉珍		
		元志	湯居	(無	嗣)																		玉送		
			湯宜	忻	(出	繼)																心慰	玉喜		
				貴																			玉初		
										玉龍												勇溪	玉玲		
								景華	心哲	伯虎								一本	方型	兆祥	清和	(無	嗣)		
										伯仲											清元	(無	嗣)		
										伯塤											清露	坤溪	玉津		
									心惠	伯齡											清齋				
										伯海											清選				
										省三								心田	(無	嗣)					
							瑞兆	景會																	
								景思	中	玉才								四教	方治	兆亨	唯一	心正	敬賓		
										玉蘭												心躊	玉科		
				文理	武雲	桂元	霞年	京魚	紹聞	望月											俊一	汝溪	金盤		
										喻傳													金赫		
								景堂	效冉													渭溪			
									效舜	青山												順溪			
										金山									方庭	學孔	伯一	(雙	祧)		
					武敬	菜元	輔治	良													謙一	汝兵	玉花		
								山												志孔	孟訓	鎖			
								雪										五枝	方體	兆瑞					
							輔周	好					良玉	遷	元烈	鎮	永浩	爾厚	門五						
							于治	喧											迎喜						
							祥治											爾轂							
						善元												爾濤							
						連元												爾祿							
						惠元											永文	(出	繼)						
				文德	武俊	體元	遵路	景星	心亮	榮							炳文	錫晉	萬德	友民	心傳	秋天			
									心朗	玉方										富民	(失	考)			
										玉中										福慶	(無	嗣)			
										玉蒼								錫洛							
								景高	心化									錫韓							
									心士	陸							汝白	尺五							
										法								春榮							
							遵義	景隆	心瑞	成							雲鴻	(出	繼)						
								景運	心坦	科						湯華	煥文	騏	登瀛	逸民	—	曾彥	永承		
										考													玉璽		
										興								驥	登第	長民	席珍	曾學	心悅		
									心航	玉升													玉田		
										玉友												曾彥	出繼		
								景豐	心陽										登達	逸民	(出	繼)			
							遵道	景孟	心長							湯遺	毓文	興除							
									心彥	石頭							純文								
										玉章						湯獻									
										玉欽			良玉	遷	元烈	湯咸	雲鴻								
良玉	修齡	麟	迪尚	文進	志實	方苞	兆基	青雲	漳溪	玉聰															
										玉津															
										玉興															
										玉玲															

八仕公

血緣：搆雲－中理(茲) －倜－輔－玗－彥昭－師俊－鄶－輪－開召－慕祿－正臣－偽－岩－享－球－金－德盛－尚達－琢－仲寬－悠久－中美－好古－八士－堯賓、堯亮、堯寅、振飛、堯翼、堯敬、堯煥－

5	6	7	8	9	10	11	12	13	14	15	16	
堯	舜	禹	湯	文	武	周	孔	孟	儒	承		
堯賓	喬齡	汝偉	兆盛	士賓	如水							
				士楷								
			汝儀	福啟	(無	嗣)						
			汝全	兆興	士魁	(無	嗣)					
				兆隆	(無	嗣)						
			汝任	兆曾	學詩	茂武						
						盛武						
				德守	學書							
	璧	(無	嗣)									
	鑿	禹昌										
		禹至										
	衡	禹姜	彪	頌	兆武	(夭)						
					繼武	(出	繼)					
					成儲							
			豹	順	繼武							
	重華	(無	嗣)									
堯亮	舜廉	胤華										
		胤茂	建									
			湯省									
		胤藩	湯勵	庚寅								
			湯銘	宏								
			湯新									
堯寅	鳳瑞	體仁	湯瑚	九振	世興	明泰	青雲	兆瑞				
								兆文	溪燕	玉啟		
								兆魁				
								兆友	溪林	玉臣		
					世榮							
					世荃							
			仁可	文魁	武美	金銀	鶴領	好孟	溪軒	玉成		
										玉振		
									溪濱	玉榮		
								喜孟				
								孟山	溪昌			
								士孟	出繼			
						金書	(無	嗣)				
				文群								
				文會								
			行可									
			際可	文爵	衣武	繼周	錫孔	夢星				
					思武	景周						
						光周						
					揚武	興周	孔聚	孟洛				
								孟德	進才			
									汝才	玉臣		
									溪清	玉坤		
									溪正	玉民		
堯寅	舜梁	元順	湯露	文軻	武則	心榮	孔謙					
							孔諭	齊				
							孔三					
				文成	武安	相周	孔陽	彥彬	應雪	玉臣		
										玉林		
									應溪	玉修		
										玉豐		
										玉龍		
										玉良		
					憲武	訪周	孔昭	彥彰	溪月	玉標		
										英華		
										玉珍		
									溪勝			
					武儀	相周	(出	繼)				

5	6	7	8	9	10	11	12	13	14	15	16	
堯	舜	禹	湯	文	武	周	孔	孟	儒	承		
										玉民		
										玉林		
										玉見		
										玉全		
				文敕								
堯寅	鳳瑞	體仁	際可	文仲	作禎	成京	孔德	孟賢	儒年	玉林		
									儒廷			
								孟聖				
							孔恩	孟臣	溪春			
									溪先	玉元		
									溪付	玉民		
								孟秀	溪興	玉朋		
									溪忠	玉亮		
								孟晉	溪營	玉峰		
										玉真		
										玉平		
					作棟	新科	孔彰	孟興	溪春	玉連		
										玉保		
									溪清	玉戰		
									溪良	玉根		
										玉領		
										玉山		
							孔修	孟興	(出	繼)		
								孟全				
堯寅	鳳瑞	體仁	時文	文貴								
			可									
	延齡	立仁										
	舜梁	元順	湯璐	文軻	武臣	景周	春山	禧孟	載溪			
									貴珍			
									貴溪			
								月孟	出繼			
							鶴渚					
							鶴領	(出	繼)			
						影周	群山	月孟	和尚			
						學周	富山	好	(夭)			
					武則	心標	遇隆	敬一				
								盛一				
								仕一	寶聚	玉春		
										玉光		
										三富		
								位一				
								槳一	巨溪	玉升		
										玉行		
										振法		
										安		
									偉才			
									鍾才			
							好德	孟禮	心照	玉修		
										玉田		
									心相			
								孟學	吉利	玉信		
										玉山		
									吉祥	玉柱		
										玉固		
								孟獻	儒堂	無嗣		
				文治	保儀	保安	遂孔	孟昌	近全	玉先		
										玉坤		
									近興			
							孔昆	水德	近溪	玉瑛		
										玉領		

5	6	7	8	9	10	11	12	13	14	15	16		5	6	7	8	9	10	11	12	13	14	15	16	
堯	舜	禹	湯	文	武	周	孔	孟	儒	承			堯	舜	禹	湯	文	武	周	孔	孟	儒	承		
						訪周	(出	繼)															玉琛		
		元祿	(無	嗣)																			玉峰		
堯寅	舜丁	立仁	(出	繼)																	孟千				
		義																							
振飛	去疾	禹選	效伊	文林	登賢	允廷	孔德	孟卿	鴻修	玉彬										孔從	孟全	近田	玉修		
									繼儒	玉彬													玉良		
								孟傳	聲儒	玉恆									保泰	兆孔	孟平	荀勝	玉恒		
										玉彬												近喜	玉理		
					登榮	際廷	俊德	孟善	振海	玉珠													玉雲		
						清溪	福德	孟高	桂枝	玉忠							文化	中珩	顯周	孔白	孟惠				
								孟訓	(出	繼)									顯明	運興	孟義	振孚	玉亭		
							恆德	孟典	一	玉良											孟新	振東	玉光		
							有德	孟訓	振龍	玉啟			振飛	喆	繩祖	佐湯	文澤	曉武	玉成	念孔	孟宜	春年			
									見龍	玉良									永成	孔會					
										玉啟					禹勛	輔湯	文配								
										玉金						佐湯	(出	繼)							
										玉美						湯箴	(無	嗣)							
							懷德	孟平	(無	嗣)						湯籍	(出	繼)							
								孟恩	振軒	無嗣					輝祖	方峒	(無	嗣)							
					守榮	周順	立德									方岩	(夭)								
					安榮	祭泰	存德	孟臣	英才	承迪						方凱	文舉								
										承運				去鈍	元英	湯籍	文杰								
										承超				伯奇	(出	繼)									
										承達			堯翼	德鳳	禹仁	湯蕸	超南	備武	化成						
									良才	承先								行武	秀成	啟運	孟士	恩	玉田		
									佐才	承超												連溪	玉璽		
								孟廉	棟才	海雲													玉中		
										祥雲													玉申		
										召雲													玉懷		
										同雲												清溪	新貴		
									育才	正													福貴		
									溪忠	玉和					禹畿	(無	嗣)								
					聚武	書成							堯煥	伯龍	言	乾									
						報成							堯煥	伯龍	言	仲	一	武城	懷清	孔芳	東	溪生	玉全		
堯翼	淑鳳	禹疇	湯耆	本立	復武	興周	孔順																玉仲		
						相周	龍輝	又新															玉光		
							虎變												懷德	孔芳	(出	繼)			
			湯獻	文德	安武	三興														孔治	孟傳	溪雲	玉祥		
					修武	莊周																			
					古武														興周	啟昌	寬	儒田	玉法		
					講武																		玉文		
			湯勇	文業	復武																		玉崢		
					光武	席珍	孔昌															儒良	金亭		
					耀武	懷珍	孔寅																金重		
						玉珍	孔俊																長金		
						荊珍																	金長		
				文德	(出	繼)																	金義		
		禹畋	湯恭																		祥				
			湯寬										堯煥	舜坤	禮	湯謨	行文	武溪	士秀	連仲	(無	嗣)			
			湯信	文升	尚武	學周	為憲	孟田	溪雲	無嗣									瑞林	成	巴	馬			
							常憲													中倫	士				
						學忠	繼孔	孟燦													舞	溪才	玉良		
								孟建	溪亮	永生													玉亭		
										玉生									相林	(無	嗣)				
										銀生									孟林	珠					
					心武	養閑											式文	武鯨							
						養正	孔紹	孟然	溪占	玉山							義文	武善	相林	孔彥	聰				
										玉結											忠				
									溪升	玉修										孔思	秋				
										玉文											升				
										玉清						湯訓	文華	大望	現周	景隆					
										玉民										道隆	舉				
								孟敬	軍汝	玉英										孔欽	伯齡				
								孟用										二望	保周						

5	6	7	8	9	10	11	12	13	14	15	16	
堯	舜	禹	湯	文	武	周	孔	孟	儒	承		
								孟士				
			湯敏	文魁	富武	聘周	孔彰	孟茁	鴻溪			
						俊周	效孔	孟益	溪堂	玉蘭		
										玉先		
										玉杰		
										玉卓		
										玉輕		
							希孔	孟訓	汶溪			
								孟考	溪林	玉才		
									溪路			
		禹駿	(無	嗣)								
								孟學	汝賢	玉振		
									汝朝			
				文杰	武振	遵周						
堯煥	舜坤	禮	湯訓	文觀	繼武	體周	孔心					
							孔敬	理	溪安	玉顯		
								晉	溪陸	大爭		
										險峰		
									溪來	永利		
								如	溪瑞	玉杰		
								繼孟	溪發	新建		
								效孟	溪文	朝		
										貞		
										三		
										鎮		
										世界		
						會周	孔舉	科	溪蘭	玉強		
									溪連	玉欽		
										玉坤		
								性	(出	繼)		
								序	溪良			
									溪功	學功		
							孔行	性	溪水	玉勤		
										玉英		
										玉金		
									溪山	玉德		
			湯敬	文報	斐然	從周	心殿	孟三	虎	玉月		
									賓	玉領		

5	6	7	8	9	10	11	12	13	14	15	16	
堯	舜	禹	湯	文	武	周	孔	孟	儒	承		
					三福							
				文燦	武宗	經周	孔善	孟好	汝俊	玉啟		
										玉發		
							孔順	孟超				
							孔中	孟元				
					武栗	賓周	孔欽	孟魁	汝昌	玉林		
										玉明		
										玉光		
									汝喜	玉領		
									汝長	玉民		
								孟升				
					武賢	(無	嗣)					
					武坤	桂周	孔邦	孟一	鹿山	玉蘭		
									鹿群	玉德		
						慶雲	失考	失考	眾元	玉德		
										玉祥		
										玉福		
									眾合	玉禮		
										玉明		
										玉任		
	舜璧	禹良										
						京周	(夭)					
					武魁	景雲	耀	失名	印坡	鳳起		
									印川	子元		
										來榮		
	賜玉											

淮古公

血緣：搆雲－中理(茲) －倜－輔－玕－彥昭－師俊－鄶－輪－開召－慕祿－正臣－偽－岩－享－球－金－德盛－尚達－琢－仲寬－悠久－中美－准古－雋吾－堯敬－伯奇－

8	9	10	11	12	13	14	15	16	17	18	19	
湯	文	武	周	孔	孟	儒	承	道	統	世		
	悠久	中美	准古	雋吾	堯敬	伯奇	禹敷					
						三子	五子					
						禹敷	湯蔚					
						禹烈	庭訓					
						禹獻	承訓					
							迪訓					
							啟訓					
禹	敷	公	系									
湯蔚	文超	武漢	廣周	孔錫	心掌	倉仁	玉留	道林	彥領			
								西征	彥周			
								三夫	彥兵			
									彥周			

8	9	10	11	12	13	14	15	16	17	18	19	
湯	文	武	周	孔	孟	儒	承	道	統	世	衍	
										新軍		
									統華	世海		
									統化	新立		
								振陵	統亞	世欣		
										世森		
									統建	世兵		
							揩卿	蘊藏	統婼	磊		
										水淼		
						玉						
庭訓	文普	聚武	保周	孔惠	鳳賓	志田	偉卿	良才	統社	碧		
									統營	世歡		
										世佳		
						廣田	俊卿	良才	(出	繼)		
								啟才	小華			
								英才	(出	繼)		

8	9	10	11	12	13	14	15	16	17	18	19	
湯	文	武	周	孔	孟	儒	承	道	統	世		
								紅安	向向			
								五更	彥禮			
									鵬程			
					心盛							
	文述	學武										
		存武										
	文煥											
	文起	武德	周祥	孔永	孟雲	溪順	玉山	道清				
							玉良	道雨	統攀			
									統磊			
								道建				
								道興	統冲			
								道遠	統超			
								道忠				
						溪田	玉堂	道光	統鑫			
									統聖			
						溪升	玉立	道連	統振			
									統新			
									統固			
								道廷	統川			
								道運	統濤			
									統寧			
							玉明	道彬	統燦			
								道林	統祥			
								道森				
							玉民	道珠				
庭訓	文普	興武	如周	孔彥	得歲							
		聚武	保周	孔惠	鳳儀	志田	掄卿	金陵	統修	新疆		
								道峰				
					孟貞	(出	繼)					
		成武	景周	孔獻	孟樹	(無	嗣)					
				孔友	(出	繼)						
			舉周	孔友	孟兌	如才	玉啟	振廣				
							承光					
					孟望	如喜	玉興	飛				
							玉廣	帥				
庭訓	文全	武揚	學周	孔新	進善	儒友	玉魁	(無	嗣)			
			漢周	尚義	孟旬	守固						
						舉	玉升	振雲	統州	干		
								二雲	永州			
								起雲	楊州			
									中			
								道雲	中州			
								五團	鄭州			
									忠心			
								根雲	統聚			
									統通			
庭訓	文全	武呈	柱周	景高	孟承	福報	玉才	道丑	董董			
								道想	琛琛			
									深洋			
								道凡	委委			
							承杰	道臭				
								道海				
							承彩	冬曉	濤			
								春曉	統順			
			往周									
庭訓	文全	武榮	萬山	孔乙	敬臨	福金	明賢	道軒	統冲	世向		
		成武					玉明	道勤	統欽			
									統勛			
								道賞	統杭			
								道杭				
								道破				
								道振	賓			
						福沾	永豐	(無	嗣)			

8	9	10	11	12	13	14	15	16	17	18	19	
湯	文	武	周	孔	孟	儒	承	道	統	世	衍	
				孔春	鳳班	義溪	玉成	道理	統少			
				孔彰	法理	體道	玉卿	新啟	統田			
							漢卿	(無	嗣)			
							玉坤	新獻	統凱			
								偉獻				
					法紹	振東	玉良	道波	統勛			
									統超			
						義溪	(出	繼)				
						振山	成官	道興	勝利	無嗣		
							玉德	發展				
								興修	統賀			
									統慶			
						百溪	運良	道修	慶稀			
			廣周	(出	繼)							
			貴周	孔士	同清	書吉	(無	嗣)				
			俊周	孔方	孟同	春						
						柏						
						三						
					孟玉	(無	嗣)					
					孟山	(無	嗣)					
					孟重	位臣	承良	道遠	統雷			
							伯斗	振峰	統璞			
								海濤				
						如田	玉新	超軍				
								輝				
							玉進	擴軍	統賓			
							余良	軍民				
							存良	道禮				
								道春	攀			
								六高	猛			
							繼賢	道君	長鎖			
								道臣	晴晴			
									晴禮			
							承先	建軍				
								建華				
							玉光	建西	優			
								建黨				
						福田	玉生	新開				
								新輝				
								新偉				
							玉宗	建峰	鵬			
								西峰				
								金峰				
								淨				
							德玉	鋒輝				
承訓	文世	超武	榮光	大成	心田	近仁	玉月	道公	喜全			
							玉學					
				立然	步瀛	好仁						
						存仁	玉修	超群	新花	永臣		
									統喜			
									統廣			
									統輝			
								道公	(出	繼)		
				福昌	穩田	狷仁	玉奎	道遠	統升	大典	大賽	
											二傲	
										良杰	正芳	
										洪英		
								道義	洪亮	留次	勛	
								道田	華	大栓		
										理	出繼	
								道德	華	(出	繼)	
									毛業	理		
									合業			
									四平			

8	9	10	11	12	13	14	15	16	17	18	19		8	9	10	11	12	13	14	15	16	17	18	19	
湯	文	武	周	孔	孟	儒	承	道	統	世			湯	文	武	周	孔	孟	儒	承	道	統	世	衍	
						福浩	增賢	(無	嗣)							龍光	心成	心運	依仁						
							承祥	志輝										心傳	依仁	(出	繼)				
							玉臻	志偉	管管										好仁						
								道體	統帥								立升	保智	守仁						
									統訓										寬仁	玉魁	道存	統科	永良	運才	
								道岸																衍華	
						福運	宗言	道良	統華															戰勝	
									統州															豐收	
								二毛	根壯														麥良	出繼	
								三棟															秋良	洪偉	
								道民	寧寧															安偉	
						昭仁	玉秀	一	一	麥良											洪杰				
					涉瀛	(出	繼)													中堂					
				立元	心靈	任仁	玉琢	道明	福雲	大玄			承訓	文世	進武	祥光	立中	洪智	開印						
										朋朋								心和	守印						
									登雲							觀光	立柱	心貞	大興	玉記					
								道海	留記	大威										玉振	作林	統華	四化		
										二納													東風		
									統領	大彪												春生	世民		
									統志	湃湃												統周	威亞		
									統建	大勇													西亞		
			春光	玉昌	心有	愛仁	玉書	道瑞	穩當	大賀											道欽				
									長傳												道山				
							玉聯	獻文	占良	漢卿										忍					
									占立										宗智						
								獻彩	(出	繼)			承訓	文世	志修	奎光	立廷	心智	雙印	玉峰	永信	統慶	永清	申	
								文獻	贊華														永富	歡迎	
						格顏	(出	繼)																占斗	
						格超																		占洪	
					心泰	申印	鳳臣	道銀	統社	開封														洪征	
										北京													永路	紅星	
									統禮														富強	坤	
								得歲	(出	繼)														旭	
							鳳全	得歲	統領	輝														申	
										科									樂仁						
									統真	偉								心安	位臣	玉昆					
										彬										玉彬	道和	統才	留強	世沖	
									統軍	坤													毛蟬	正國	
										飛													向陽		
							五魁	(出	繼)												道存	統杰	雲成		
						長印	玉昌	道祥	建黨	小偉												統文	松華		
								道江	新房	衛東													二華		
										衛曉													英鴿		
							成俊						迪訓	文新	武廉	清光	孔彰	孟禮	朝仲	玉進	志敬	雪雲	金榮	松松	
					心坦	輕溪																	留金		
				立行	心知	格顏	鳳士															雲亭	永凱		
							玉鳳	獻彩	理想													新亭			
			德一	立周	昆山																	紅亭			
				獻周	金山	懷仁	子明	濤	彬													蘭亭			
									二長											桂					
									三冬										朝龍	玉會	存良				
								海濤	飛												新良				
									躍									奉臣	(出	繼)					
								保庫								霞光	孔彰	(出	繼)						
								咪咪									立興	奉臣							
							子久	滿意								輝光	孔嘉	孟春							
							子堂	衛彝						文明											
								二盟																	

8	9	10	11	12	13	14	15	16	17	18	19		8	9	10	11	12	13	14	15	16	17	18	19	
湯	文	武	周	孔	孟	儒	承	道	統	世			湯	文	武	周	孔	孟	儒	承	道	統	世		
禹	烈	公	系										明訓	文化	武瑞	復周	玉自	世守	允從	一	道欽	統旗	世順		
啟訓	(出	繼)																				統華			
禹	獻	公	系																允恭	留坦	道欽	(出	繼)		
湯廉	文品																				明欽	分田			

8	9	10	11	12	13	14	15	16	17	18	19	
湯	文	武	周	孔	孟	儒	承	道	統	世		
湯尹	文著											
	文錦											
	文肅	志咸	耿光									
	文組											
明訓	文斯											
	文卓											
	文化	武瑞	宗周	棟廷	世永	允德	玉先	道雲	景峰			
									統彥			
								道義				
								道柱				
							玉清	道忠	統立	振		
										興開		
									統林			
									統啟			
									統發			
				桂廷	世傳	允修	玉成	道營	俊峰			
								道福	松峰			
								道賢	統帥			
							玉勝	連君	前鋒			
									統濤			
								還君	統明			
								海君				
								全君	統勛			
			孟周	贊廷	世則	書從						
					世修	聯溪	義賢	道綱	統岸			
									統謙			
								道升				
				輔廷	世永	(出	繼)					
					世穎	汝全	玉章	愛民	鎖柱			
					世明	汝聚	玉潔	道民	統慶	世飛		
									統召			
								道理	大沖			
								道林	向南			
						占元	玉章	(出	繼)			
							玉潔	(出	繼)			
							承義	民生	統帥			
									統立			
								道坤	大遠			
									勇			
								轉運	深濠			
							玉波					
									典典			
								三印	統舉			
									威子			
					世卓	送水						
						送溪	玉珍	金良	統委			
									建委			
								啟良	況委			
						送堂						
					世超							
明訓	文化	武瑞	繼周	金榜	世大							
明訓	文化	武瑞	有周	展廷	世龍	溪盼	玉彥	金橋	(出	繼)		
								道宗	(出	繼)		
								道各	統崗	計委		
										可可		
									統懷			
							玉燕	(出	繼)			
							玉山	金橋	統義	世才		
										存財		
									社會			
									三高			
									四高			
						溪珠	玉秋	道平	統軍	世標		
									統營	世輝		

8	9	10	11	12	13	14	15	16	17	18	19	
湯	文	武	周	孔	孟	儒	承	道	統	世		
									統班			
								道雲	寶寶			
							青雲	星晨	海慶	笑笑		
									海峰			
									海鷗			
								永臣	海洋			
									慶洋			
				振廷	世芳	福耕	華廷	振乾	海江			
									滿意			
							承信	振法	統凱			
								振軒	統路			
									統營			
								振良	統一			
							玉光	振花	統運			
								道理	代麗			
									代領			
									北領			
								支明				
								建民				
					世清	福訓	廣黃					
							玉金	道修	統連	淮海		
										淮濱		
									統團	海偉		
										黨委		
										世盼		
									統	世偉		
										彥偉		
					世昌							
					世貴	允忠	東亮	增語	統林	雪		
										雪抗		
								增產	沖			
									賽			
					世貞							
					世哲	允讓	成賢	道軍	鑫			
								道良	統立			
				心賞	世勛	迎先	西羌	道全	大建	猛		
										憲		
					世俊	迎先	(出	繼)				
明訓	文化	武瑞	有周	桂廷	世盈	溪恩	玉賀	道科	統果			
									統興	世根		
								道明	統運			
							玉岡	大央				
								道峰	統威			
					世瑞							
						允先	四川	道德	海軍	所所		
									統閥			
							長安	道存	統銳			
明訓	文化	武瑞	有周	對廷	世敦	石頭	溪中	玉清				
								玉強				
								玉田	道良	解放		
										凱子		
									新屋	紅星		
						箴三						
						馬陵						
			升周	失名	孟讓	允執						
						朝選	玉連	道元	統貴			
									統陽			
								道其	統中			
									統西			
								道義	統容			
									統生			
									統峰			
					孟羅	溪白	壽卿	道祥	統英	世彥		
										世江		

8	9	10	11	12	13	14	15	16	17	18	19		8	9	10	11	12	13	14	15	16	17	18	19	
湯	文	武	周	孔	孟	儒	承	道	統	世			湯	文	武	周	孔	孟	儒	承	道	統	世		
									三高												道文	統華	紅		
								道顯	(出	繼)													威		
							喜文	道顯	統信	濤濤										玉堂					
									統啟	歡歡										玉山					
							玉山													鐵錘	道良	統振			
							玉勤	道宗	留銀	懂懂															
										懂領															
						洪山	—	道宗	統銀	世賓															
										世寧															
										世超															
									二高	兵兵															
									三狀	世界															
									四高																
						溪先	玉燕																		
						鳳溪	成華	道利	統偉																

河南夏邑悠久(久塘)公次子中孚公

血緣：搆雲－中理(茲) －倜－輔－玕－彥昭－師俊－鄶－輪－開召－驀祿－正臣－偽－岩－享－球－金－德盛－尚達－琢－仲寬－悠久－中孚－學古、崇古、遵古－

世系	1	2	3	4	5	6	7	8	9	10	11	12	13	14	15	16	17	18	19	20	21	22	23	24	25
派別	悠	中	古	吾	堯	舜	禹	湯	文	武	周	孔	孟	儒	承	道	統	世	衍	心	傳	修			
先祖	悠久	中美	准古																						
			好古																						
		中孚	學古	佑吾	堯楠	(無	嗣)																		
				湛吾	堯勛	(無	嗣)																		
			崇古	(無	嗣)																				
			遵古	仰吾	堯相	舜裔	禹德	(無	嗣)																
							禹健	安福	文思	武慶	(無	嗣)													
								良福	文賢	武鶱	仲庭														
											仲明														
									文選																
					堯勛	(出	繼)																		
					堯尊	舜凝	禹功	(夭)																	
							禹印	湯忠	文純	承武	仲時	孔仁	心正	寨溪	為倫	(無	嗣)								
															為光	道春	統華	世觀	大松						
																		世欽	生產						
																			猛猛						
																		世杰	衍展						
																			衍新						
																		世坤							
																		世五							
																道忠	統美	世堂	乾坤						
																	統昌	東冬							
																		寧寧							
																道友	統建	秋峰							
																	統軍	朋朋							
																		宣宣							
													心廣	(出	繼)										
												孔義	心廣	潤溪	穩雨	道丕	素雲	向麗							
																道顯	統禮	警衛							
															穩龍	道生	統華	亞麗							
																		亞飛							
																	衛峰								
																福生	允峰	世旭							
																		世杰							
																	統海	世標							
																		世興							
																	長江	勃							
																	統周								
											仲獄	(出	繼)												
								湯佑	文綱	(無	嗣)														
							禹綬	湯衡	文只																

世系	1	2	3	4	5	6	7	8	9	10	11	12	13	14	15	16	17	18	19	20	21	22	23	24	25
派別	悠	中	古	吾	堯	舜	禹	湯	文	武	周	孔	孟	儒	承	道	統	世	衍	心	傳	修			
									文木																
								湯隆	文倡	書武	仲獄	孔堂	思孟	儒廉	玉羌	道盈	統領	太慶							
																		世習							
																	統軍	凱凱							
														儒成	玉月	道洪	保江								
																	衛滿								
																道新	江濤								
																	保濤								
																道理	保壘								
																	遠園								
																	亭亭								
															玉林	道良	留栓	洋洋							
																道品									
									文益	宗武	西周														
											寧周	瑞祥	(無	嗣)											
											安周														
										書武	(出	繼)													
										承武															
										敬武	仲望	孔傳													
								湯誥	文科	雙喜															
									文賜																
									文福																
								湯聘	文龍	殿武	書升	孔昭													
											書玉	(出	繼)												
											書道	(出	繼)												
											書封														
									文虎	金武	書玉														
						舜承	禹元	湯扶																	
							禹會																		
悠久	中孚	遵古	仰吾	佐吾	堯舉	舜明	禹疆	武	以敬	成紀	須奎	金玉	漁溪	為狷											

13	14	15	16	17	18	19	20	21	22	23	24		13	14	15	16	17	18	19	20	21	22	23	24	
孟	儒	承	道	統	世	衍	心	傳	修				孟	儒	承	道	統	世	衍	心	傳	修			
金玉	漁溪	為臣	道坤	統治															自旺						
			道義	統祥	世杰														自超						
					世海											雲飛									
				統林												雲龍	學治	自成							
		心學	雲啟	學停	自華	紅軍												自啟							
					自海	磊												自民	雷						
					自國	翠												自行							
					自車													自超							
				學禮	自江	軍偉											學強	自建							
						亞軍										雲亮	學義	自祥							
					自海	亞林												自華							
						軍林									俊德	富軍	秀成	建國	賓賓						
					自河	中原												建華	江						
				學習	自友	帥												紅亮	沉沉						
						自富	軍濤											濤	大偉						
							軍輝																		

廣西彭氏

廣西鹿寨縣《彭氏族譜》序　彭志雄　2004 年

我太始祖是黃帝八世孫，堯帝時分封彭城（今江蘇徐州），因而得姓，世稱彭祖。史傳彭祖有延年益壽之術，閱世八百餘年。後世子孫散居華夏及海外各地，至今在世人數高達 650 多萬。

隴西一脈繁衍至宋代潮州刺史延年公，其後世裔孫尊之為廣東始祖。六房子孫遷徙各地，其中鑑公一支向東發展，由揭陽到興寧，到東安，到新興，到恩平。由於土客械鬥，又被迫逃難，西遷入廣西。或居容縣，或居蒙山，或居柳城，或居鹿寨。

幾百年來，桂中一帶習慣上將十五世貴公脈下思學、思道、思謹、思誠、思定五子後代按房稱呼。因前頭兩房無傳或下落不明，餘下三房經約定俗成為大房（思謹）、二房（思誠）和殑房（思定）。為使後世子孫譜系分明，歷代諸公訂下世譜芳名，供我族人世代沿用。

世輩：21 22 23 24 25 26 27 28 29 30 31 32 33 34 35 36 37 38 39 40

大房：伯 子 大 興 昌，賢 才 達 帝 邦。雲 礽 奕 世 繼，接 續 萬 年 長。

二房：伯 子 振 朝 光，仟 登 創 國 基。禮 義 樹 楷 模，勤 奮 功 輝 煌。

殑房：伯 子 振 元 業，榮 華 萬 載 春。聯 英 高 尚 久，道 學 遠 流 清。

房：官 貴 曰 立 德，榮 華 嘉 奕 永。聯 長 傳 忠 孝，族 世 遠 承 昌。

（注：1.此字譜各地稍有變化，並未嚴格執行，但族人當熟記所屬世輩。2.二房字譜後十字本與大房相同，為了盡可能避免同名出現，經族中長老卓越等人共同商議，特作如上更改。3.居蒙山、柳城殑房另有字譜為：伯子振嘉聲，賢才達帝邦。雲礽奕世繼，接續萬年長。）

我鹿寨縣域世居彭氏，全部屬於中原南遷客家人，清朝年間大多居住廣東恩平縣。咸豐四年（1854 年），當地幾縣爆發土客械鬥，雙方冤冤相報，越鬧越大，死傷慘重，歷時十餘年均無法調和。至同治五年（1866 年），所有剩餘客家人全被遣離。我彭氏先祖除貴祿公族系稍早遷來外，其餘都是這十來年陸續遷入，或在蒙山、荔浦住了一段時間後再遷入。

原居恩平縣大人山 22 世祖貴祿公，最早于清朝道光年間遷入修仁縣“五牛之地”上坪村。隨後又有居平塘村的二十三世祖振寶公、振耀公、振仁公等逃難至此。此後，陸續有興德公及興連公由修仁三諂等地遷來，業義公、水保公由柳城遷入。

雒容彭氏于清朝咸豐年間遷入。時二十三世祖振揚公亦因土客械鬥，攜帶四個兒子離開廣東恩平平塘村，輾轉永州(今蒙山）等地多年，于咸豐戊午年（1858 年）落籍雒容縣惠中（龍婆）村。隨後陸續有振蔚公、振芬公、振芳公、振濟公後裔以及大房賢德公等從蒙山遷來，共同開發基業。

香山彭氏由貴祿公第六子繁衍而成。清朝同治年間，23 世曰璣公、曰琳公率子孫從上坪遷至蒼蠅嶺下從當村爛屋嶺，幾經定址，最後在兩裡外山坡下造屋定居。因後山盛長香桂樹而取名香山村。

寨沙彭氏也同樣因為土客械鬥，由廣東恩平或附近遷入，計有興文公、興房公、順昌公等大房支系，也有殑房振乾公子孫。寨沙後山因彭氏最先開墾而得名彭家嶺。

龍江熬塘是彭氏逃難廣西的又一落腳點，當時落戶的有二十四世興振公等。至民國十幾年，其長孫賢理公率家人遷居上坪村，約二十年後仍回熬塘，部分子孫再遷鹿寨高棉。

近兩百年來，鹿寨縣域彭氏尊祖睦親，艱苦創業，業興人旺。西元二十世紀八十年代後，我彭氏族人逐漸由鄉村外遷城鎮，或經商務工，或為仕從教，憑自己的聰明才智勤奮創業，成就非凡。沒有外遷的務農發家，勤勞致富，也都過上了幸福安康的生活。

廬陵祖德源流遠，浦口宗功世澤長。續譜敘事，扶今追昔，感慨萬千。念天地之悠悠，歷史如江河之水奔流不息。承先啟後之彭氏子孫，當遵循祖訓，刻苦奮鬥，讓先輩的光榮傳統發揚光大，萬古流芳。

延年公二十八世孫 志雄 敬撰　西元 2004 年仲秋于桂林

(1) 廣西鹿寨貴公系 (節摘 2005 年彭志雄編著【廣西鹿寨縣彭氏族譜】)

廣東彭氏始祖延年公第六子鑑公後裔，一支向西發展，由揭陽到興寧、東安、新興、恩平等地，由於土客械鬥，又被迫西遷入廣西，客居蒙山、容縣、柳城、鹿寨等處。數百年來，廣西中部多為延年公十五世孫貴公子嗣。貴公為元柱公(四子：富、貴、宗、爵)次子，度名振二郎，妣練氏生五子：思學、思道、思謹、思誠、思定。貴公原居興寧縣龍歸洞黃陂圩店上，後遷居羅定州東安縣富霖堡(今雲浮縣富林鎮)鴨藪村．卒葬巒洞村大湖山，大坐仙人陰門穴，坐艮兼丑。公卒後，妣練氏攜五子又轉遷新興縣簕竹圩獅子崗。卒後，明崇禎丁卯歲西元 1627 年四月初六日葬新興縣柱居村，坐艮向坤兼丑。

血緣

延年－鑑－諒－秀鸞－德清－宗慶－伯富－克禮－仲宗－祁－珍－寅－惟用－元柱－貴－思學、思道、思謹、思誠、思定

派字

房別	21	22	23	24	25	26	27	28	29	30	31	32	33	34	35	36	37	38	39	40	41	42	43
思謹公房	伯	子	大	興	昌	賢	才	達	帝	邦	雲	礽	奕	世	繼	接	續	萬	年	長			
思誠公房	伯	子	振	朝	光	仟	登	創	國	基	禮	義	樹	楷	模	勤	奮	功	輝	煌			

思定公(一)	伯	子	振	元	業	榮	華	萬	載	春	聯	英	高	尚	久	道	學	遠	流	清			
思定公(二)	伯	子	振	嘉	聲	賢	才	達	帝	邦	雲	礽	奕	世	繼	接	續	萬	年	長			
□□□房	官	貴	曰	立	德	榮	華	嘉	奕	永	聯	長	傳	忠	孝	族	世	遠	承	昌			

世居鹿寨縣域彭氏，全屬中原南遷客家人。清時大多居廣東恩平縣，咸豐四年(1854)，臨近幾縣爆發土客械鬥，死傷慘重，歷久無法和解，至清同治五年西元 1866 年，剩餘客家人全被迫遷離。

原居恩平縣大人山的廿二世貴祿公，道光年間遷修仁縣「五牛之地」上坪村，後廿三世振寶、振耀、振仁公亦逃難至此．其後興德、興連公由修仁三諾等地遷來，業義公、水保公由柳城遷入。

雒容彭氏，於清咸豐年間遷入。時廿三世祖振揚公亦因土客械鬥，攜四子離開廣東恩平平塘村，輾轉永州(今蒙山)，咸豐戊午西元 1858 年落籍雒容縣惠中(龍婆)村。先後有振蔚公、振芬公、振芳公、振濟公後裔，以及大房賢德公等，從蒙山遷來，共同開基立業。

香山彭氏，由貴祿公第六子繁衍而成．清同治年間，廿三世曰玑公、曰琳公，率子孫從上坪遷至蒼蠅嶺下從當村爛屋嶺，後到兩里外山坡下造屋定居，因後山長香桂樹而取名香山村。

寨沙彭氏，亦因土客械鬥，由廣東恩平遷入，有興文公、興房公、順昌公等大房支系，也有振乾公子孫。寨沙後山因彭氏最先開墾而得名彭家嶺。

龍江熬塘落戶彭氏，有廿四世興振公等。民國年間，長孫賢理公率家人轉遷上坪村，二十年後又返回熬塘，部份子孫再遷鹿寨高棉。

近兩百年來，鹿寨縣域彭氏，業興人旺。後又多遷市鎮另謀發展，工農商教各界均有，勤奮創業，成就非凡。

血脈源流

1	2	3	4	5	6	7	8	9	10	11	12	13	14	15	16	17	18	19	20	21	22	23	24	25
延年	銓	澄	樗	燁	朝封																			
			杰	焜	(無	嗣)																		
			植	煒	廷封	坤戴	光叔																	
						朝圭	延三																	
						朝雅																		
		泳																						
	鎡	浚	棫	光廷	熏	顯叟	景長																	
				(炳壽)	(植祥)		景陽																	
						顯名	(揭	陽榕	城祖	)														
						顯全	(普	寧南	山祖	)														
					式	顯瑞	(廣	洲南	海祖	)														
					(汪江)																			
				光宇	肖家	顯著	(揭	陽浦	口祖	)														
				(爍壽)	(崇山)																			
						顯成	(揭	陽赤	步祖	)														
					成家	顯政	家政	紹績	(潮	州浮	洋祖	)												
					(崇海)																			
					旺家	顯績			(潮	州江	東祖	)												
					(崇羽)																			
	銳	淪	桂坤	五郎	念一	泰六郎	(遷	廣西	欽州	)														
						泰七郎	(遷	廣西	合浦	)														
					念二																			
					念三																			
					念四																			
					永	子順	思恭	慈仁																
								慈慶																
							思敬		(居	仙洞	坑)													
						子開	思□																	
							允成	慈廉	景商	弘														
										應霄														
										益														
								□顯	孔載															
									孔學															
									孔昂															
									孔彰															
				六郎																				
	鉞	湟	有林	頤																				
			(秀端)	順																				
			拱星	長順	朝岱				(江	東都	祖)													
					朝仕	顯悰	文寶	吉																
								昌																

1	2	3	4	5	6	7	8	9	10	11	12	13	14	15	16	17	18	19	20	21	22	23	24	25
								孟																
						顯撰	文宦	鎬																
								鈺																
								鏜																
			拱長	顗	(	澄海	南陽	祖)																
		澤	梅	自然	迪	學海	奉思	蕃																
(	鑅	)	(秀冬)		嗣祖																			
					光祖																			
				孔生																				
			桂	自迪	啟崗	心啟	林隱	道敬																
			(秀華)		啟璧	松山	璞倫																	
						欖山	富隱	東平																
							懸隱	繼縣																
							松隱																	
						養山	仰峰																	
							寅峰																	
					啟后	歷山																		
						坦山																		
	鑑	諒	秀鷺	德清	宗夔	伯效	汝統	仲端	繼善															
		(永利)	(校)	(煒)	(垣)			仲明	繼業															
		(涼)	(梧)				汝綱	仲球																
			(文盛)				汝紀	仲湖	近仁															
	子二	子二							近智															
	涼	秀鷺							近勇															
	沼	秀鳳						仲璉	斯絕															
									斯興															
								仲珪	日貴	樂														
	延年	公嗣	派字	兒輩	含金	孫輩				成														
	含水	再下	輩含	木				仲環	穆															
								仲琦	新															
									親															
									本															
								仲璋																
							汝經	仲璧	棟															
									梁															
									祥															
									林															
									桴															
								仲磷																
*							汝綸	仲珍																
								仲珠																
							汝緒	仲理																
								仲璵																
								仲瑛																
								仲瑞																
								仲玉																
							汝□	仲爾	天蔭															
									天輅															
					宗慶	伯齡	汝玉	世隆	繼光															
					(坤)				繼祥															
									繼芳															
									繼魁															
									繼哲															
								世輔	繼昌															
									繼宗															
								世興	繼思															
						伯富	克仁																	
							克義	(失	傳)															
							克禮	仲榮	禎	瑛	元琛													
						九子	(汝廉)			瑢	均政													
						克仁	(伯三郎)			瑄														
						克義				璉														
						克禮			祥															
						克智			福	璘	元鳳													
						克信					元勇													
						克溫					元滔													

1	2	3	4	5	6	7	8	9	10	11	12	13	14	15	16	17	18	19	20	21	22	23	24	25
						克良				璋														
						克恭				琮	元札													
						克儉					元貴													
										瓚														
										珞														
										瑾	元爵													
											元祿													
											元禧													
									裕	(遷	龍川	、江	西)											
									袓	瑞	元廣													
											元斌													
											綱													
										己	元淅													
											(劉氏)													
										珠	經													
											龍													
											淪													
									祿															
								仲宗	祁	珍	寬	(無	後裔	)										
								(文興)			寅	惟琛	元祿	軒										
								(法通)						昂										
														從										
								三子	二子	四子				容										
								祁	珍	寬		惟瑄	元富	宇										
								禮	瑤	寅		惟政	元福	玹										
								祛		安				琇										
										淵				璁	思麒									
															思麟									
															思象									
														亨										
														瑚										
														璉										
													元礽	鎮										
												惟理	元祐	金										
														玉										
														舜										
													元祖	壽										
														贅										
													元祥	王孫										
														王旋										
												惟用	元襦	真										
														正										
													元褓	進										
														雍										
													元裾	琨										
														琦										
														理										
														瓊										
													元柱	富	思仁									
													四子		思義									
													富		思禮									
													貴		思智	能廷								
													宗			啟廷								
廣	西	鹿	寨	貴	公	系	詳	後					爵	貴	思學	仰田								
															思道	(失	傳)							
															思謹	心斗	仕堯	祖昌	鼐鼎	伯瓏	子福			
																					子祿			
																				伯琫	子灌			
																				伯堋	子贇			
																					子質			
																				伯璘				
																			象鼎	伯仁	(無	後)		
																				伯栻				

1	2	3	4	5	6	7	8	9	10	11	12	13	14	15	16	17	18	19	20	21	22	23	24	25
																				伯悝				
																				伯憘				
																		祖盛	瑞鼎	伯良	(無	後)		
																				伯行				
																		祖儒	臣鼎	伯仕				
																				伯信				
																				伯元				
																				伯揚				
																				伯睿				
																				伯咏				
																		祖宦	君鼎	伯位				
																			輔鼎	(無	後)			
																			佐鼎	伯傳				
																	仕孔	宗桂	朝鼎	(無	後)			
																		宗奇	桂鼎	(無	後)			
																心云	仕信	(遷	桂容	縣招	里木	匣村		
																	仕忠	宗華	成泰					
																		宗裕	成猷					
																			成松	伯壽				
																心廷	仕安	祖球	肇鼎	伯淇				
																				伯淳				
																				伯漢				
																			科鼎	伯貴				
																			政鼎	伯松				
																				伯茂				
																				伯操				
																	仕勛	祖理	瀚鼎	(無	後)			
																	仕進	祖秀	佳鼎	聯廣				
																				□				
																				□				
																				□				
																			作鼎	聯興				
																				聯泰				
																			仁鼎					
																		祖鳳	權鼎					
																		祖惠	安鼎	聯宗				
																				聯祖				
																		祖龍	仕鼎	聯益				
																桂廷	仕亮	(無	後)					
																	仕爵	祖尚	文鼎	伯興				
																				伯典				
																			秦鼎	伯壽				
																		祖祥	昌鼎	伯運				
																			用鼎	伯立				
																				位志				
																				伯經				
																			才鼎	伯球				
																				伯道	(無	後)		
																				伯璉				
																			進鼎	伯云				
																				伯電				
																		祖升	洪鼎	伯俊	(無	後)		
																				伯杰				
																			永鼎	伯厚				
																				伯歡				
																			高鼎	伯堅				
																				伯坤				
																				伯堂				
																				伯型				
																				伯城				
																		祖連						
															思誠	連科								
																新科								
																富科								
															思定	佐廷								

1	2	3	4	5	6	7	8	9	10	11	12	13	14	15	16	17	18	19	20	21	22	23	24	25
																仰廷								
																贊廷								
																玉廷								
														宗	思寶	開廷								
																關廷								
														爵	未龍									
															戌龍									
											安	惟瑛	元琥	俊										
														俸										
														叔										
														傳										
													元珍	麗										
														吉										
														化										
											淵	廷鳳	(遷	居他	鄉)									
										瑤														
									禮	敢														
									祛															
								仲耀	富															
									旺															
									達															
								仲祖	海	萬一郎	法晨													
									(念二郎)		法旺													
											法通													
											法深													
											念五													
											法強													
											孟瑝													
											法高													
										萬二郎	來科													
								仲光	慼	恭福	(遷	龍川	)											
										恭祖	貴寬													
											貴安													
										恭宗														
									忠															
								仲先																
							克智	(五子)																
							克信	(二子)																
							克溫	(四子)																
							克良	(四子)																
							克恭	(失	傳)															
							克儉	(三子)	(遷	江西	于都	油麻	坑)											
				德興	宗貴	鐸	祖忠																	
							祖信																	
						鏗	祖穆																	
							祖美																	
				德彰																				
			秀鳳	德隆	杰夫	日亮	益舉	(紫	金中	政祖	)													
						日清	益昌	伯蘭	彥通															
									彥文															
									彥忠															
								伯蔥	宗德															
									宗茂															
									宗杰															
									宗念															
									宗智															
									宗迪															
								伯寬																
								伯明																
						日華	益茂	月溪																
								達英																
								奇忠																
							益盛	受章	漢卿															

1	2	3	4	5	6	7	8	9	10	11	12	13	14	15	16	17	18	19	20	21	22	23	24	25
									漢擧															
									漢鄮															
									漢用															
									漢宗															
									漢銘															
								受進	思賢															
									有賢															
									本賢															
								受春																
		沼	積善																					
		(永欽)	積慶																					

貴公為延年公 15 世孫，明末由粵東興寧縣遷粵西東安縣富霖堡鴨藪村，後裔再遷恩平平塘村，清咸豐年間躲避土客械鬥禍亂，復轉遷廣西省鹿寨縣等地．

延年－鑑－諒－秀鸞－德清－宗慶－伯富－克禮－仲宗－祁－珍－寅－惟用－元柱－貴－思學、思道、思謹、思誠、思定

15	16	17	18	19	20	21	22	23	24	25	26	27	28	29	30	31	32	33	34	35	36	37	38	39
貴	思學																							
	思道																							
	思謹	心斗	仕堯	祖昌	鼐鼎	伯瓏	子福																	
							子祿																	
	四子					伯琫	子灌																	
	心斗					伯堋	子贊																	
	心雲						子質																	
	心廷					伯璘	子強																	
	桂廷						子配																	
							子吉																	
							子連																	
							子茂																	
							子用																	
							子煥																	
							子穆																	
					象鼎	伯仁																		
						伯忒	子信																	
						伯悝																		
						伯憘	子杏																	
				祖盛	瑞鼎	伯良	(子	嗣不	詳)															
						伯行	(子	嗣不	詳)															
				祖儒	臣鼎	伯仕	子忠																	
							子□																	
						伯信	子芳																	
							子和																	
						伯元	子占																	
							子貞																	
						伯揚																		
						伯睿																		
						伯咏																		
				祖宦	君鼎	伯位																		
					輔鼎	(無	後)																	
					佐鼎	伯傳																		
			仕孔	宗桂	朝鼎	(無	後)																	
				宗奇	桂鼎	(無	後)																	
		心雲	仕信	(遷	廣西	容縣	招里	林匣	村)															
			仕忠	宗華	成泰																			
				宗裕	成猷																			
					成松	伯壽	子遠																	
							子隆																	
		心廷	仕安	祖球	肇鼎	伯淇	子善	利大	興傳															
									興任															
									興偉															
								見大	興俊	瑞昌														
										徵昌														
										瑜昌														
										瑚昌														
									興傑	璘昌														

15	16	17	18	19	20	21	22	23	24	25	26	27	28	29	30	31	32	33	34	35	36	37	38	39
										理昌														
									興儒	正昌														
										官昌														
										同昌														
									興倫	琳昌														
										瓚昌														
										現昌														
										琚昌														
										瓏昌														
										東保														
								亮大	興作	福昌														
										壽昌														
										兼昌														
										全昌														
									興佑	記昌														
									興佐	辛昌														
									興仁	德昌														
										本昌														
									興伍															
									興伴															
									興保															
								鍾大	興俅	遠昌														
										運昌														
									興□															
									興□															
									興伐	旋昌														
										森昌														
										水運														
								乾大	興旋	年昌														
										丙昌														
							子義	福大	興元	繼昌														
										統昌														
									興瓊															
									興讓															
									興光															
							子羨	富大	興文	佑昌	彭繼													
											樹養	祖明	(過	繼阿	賢)									
												日喜	秋艷											
													志松											
													志鋒											
												石林	彭娟											
												阿秀	彭磊											
													彭濤	震寰										
													雪琴											
													秋琴											
												石玉												
												阿華	彭博											
													彭廣											
											阿日													
										阿二	火秀													
											阿年													
											秀龍													
											阿扭													
											秀英													
										阿養														
										彭武	火保	瓊芳												
												友德	彭柱											
												國亮												
												小鳳												
											光明	耐德	彩艷											
													彩媚											
												耐文	喬姿											
												春蓮												
												靈強												

15	16	17	18	19	20	21	22	23	24	25	26	27	28	29	30	31	32	33	34	35	36	37	38	39
											旦引													
											玉鳳													
										滿妹														
									興武															
									興盤															
									興□															
								官大	興業															
								宏大	龍保															
									火秀															
								家大	興華															
						伯淳	子耀	昌大																
								甫大																
								孟大	興開															
									興超															
								阿四																
								益大	興忠															
									興恩															
									興魁															
									興松															
									仁生															
								阿六																
								阿七																
								阿八																
							子雅	阿貴																
								丁保																
								恩大	立長															
								慰大	北安															
							子維	禮大																
								佑大																
								丁二																
								祥大																
							子集	乾大	興長															
									興漩	年昌														
										丙昌														
									興宏															
								政大																
								成大	□															
									□															
									□															
								軒大	阿安															
									阿讓															
									官秀															
									華福															
									李壽															
								和大	□															
									□															
									□															
						伯漢	子林	仁大	興象															
									興相															
								祥大																
								時大																
							子材	灶大																
							子梧	甲大																
								禮大																
							子桐																	
							子桂																	
					科鼎	伯貴	子謙	珍大																
								珠大																
								寶大																
								貝大																
							子讓	元大																
								亨大																
								享大																
								淇大																
								□大																
							子誠	光大	興振	乙昌	賢理	信才	達富	秀珍	運鶯									

15	16	17	18	19	20	21	22	23	24	25	26	27	28	29	30	31	32	33	34	35	36	37	38	39
															彭軍									
															運發	小琬								
															□									
														帝華	麗娟									
															麗媛									
															志強									
														秀榮										
														秀雲	(幼	殤)								
													達裕	保華	斌斌									
													達榮	慶珍	覃龍									
															覃玲									
															彭燕									
														慶德	彭倩									
															彭慎									
														慶秀										
														慶忠										
														慶華										
														慶萍										
														慶蘭										
													達華	土姣	雪珍									
															楊勇									
															志超									
														鳳姣										
														田姣										
														慶旺	志國									
														愛姣										
													達茂	慶文	思雨									
														慶興	彭倩									
														慶福	佳文									
												順才												
												盛才	達洪	艷萍										
														慶光	邦□									
														春萍										
														冬萍										
														艷玲										
														慶鋒										
													達勝	艷華										
														彭濤										
														彭波										
													達利	文一	□									
														□										
														□										
														土貴										
											賢壽	□												
												東先	桂英											
													桂瓊											
													玉瓊											
													細瓊											
													愛瓊											
													喜新	思琳										
										西昌	賢秀													
											賢福													
										廷昌	賢金													
									興才															
									興□															
								剛大																
								發大																
								長大																
								集大	興廉															
									興義															
							子訓	廣大	興景															
									□															
									□															
									□															

15	16	17	18	19	20	21	22	23	24	25	26	27	28	29	30	31	32	33	34	35	36	37	38	39
									□															
								慶大	興鳳															
									興潤															
									興佩															
									興磷															
								文大	興龍															
									龍鳳															
								庸大	興戊															
									興雙															
									興華															
									興陸															
									興鵬															
								康大	興和															
									興穆															
									興利															
							子誼	經大	興榮															
								綸大	興增															
								純大	興金															
									興閏															
									興樹															
								紀大	興生															
									興梅															
									興標															
								綏大	興接	佩昌	大妹													
											賢朝	忠財	達文	彭丹										
													達軍											
													燕華											
												丙妹												
												蘇財	達芬											
													達勇											
													喜華											
													達孟											
												二妹												
												團財	彭疆											
													艷嫦											
							子誘	敬大																
								義大																
								致大																
								效大	興和	任昌	賢德	紹才												
												餘才	長秀											
													達榮	柳芬										
														締偉	邦幸									
														綠英										
														明珠										
													群秀											
													達貴	締球										
														締珍										
														締明										
													運秀											
													春秀											
												裕才	達光	柳江										
														柳清										
														柳瓊										
														柳歡										
														秋燕										
													丙秀											
													丁秀											
													木秀											
												甲英												
												惠英												
								社大																
								□																
								阿七																
								阿八																
							子咏	寬大																
								南保																

15	16	17	18	19	20	21	22	23	24	25	26	27	28	29	30	31	32	33	34	35	36	37	38	39
								日養																
								阿□																
								阿長																
					政鼎	伯松	子寧	芳大	興期															
									興旺															
								芬大	興江															
									興海															
									興河															
									興湖															
									興潭															
							子寬	顯大	興赤															
									興亦															
								恒大	興從															
								龍大	有生															
								增大	□															
								嫩大	金長															
									阿安															
							子宏	萬大																
								君大																
								阿三																
								阿鳳																
							子定	賢大																
								煥大	吳壽															
								明大	北養															
									官養															
							子宋	進大	興長															
									官佑															
									乙保															
									興俊															
									聰華															
								賞大	興傳															
							子登	欽大	賴生															
								錦大	興祥															
									興盛															
									興全															
						伯茂	子發	鴻大	興玉															
								源大	□															
									□															
								清大	□															
									□															
									□															
							子現	英大	興洪															
									興謀															
								芹大																
								蘭大																
							子行	裕大	興順															
							子告	記大	福義															
									石秀															
							子珍	幹大																
							子玫	科大																
								穆大																
							子效	潮大	興幹															
									興俊															
									興亮															
								漣大	官保															
									李保															
								浩大	興揚															
									興輝															
									華德															
								亦大	□															
									□															
									□															
								浚大	興遂															
								漩大																

15	16	17	18	19	20	21	22	23	24	25	26	27	28	29	30	31	32	33	34	35	36	37	38	39
							子槐	德大	興培															
									興增															
									興祠															
									興埠															
									興均															
									興蘭															
								衡大																
								循大	興盤															
									興盛															
									興甫															
								衜大																
						伯操	子現	英大	興洪															
									興謀															
								芹大																
								蘭大																
							子告	記大	福義															
									石秀															
							子珍	幹大																
							子玟	穆大																
								科大																
								□																
								□																
							子行	裕大	興順															
			仕勛	祖理	瀚鼎	(無	後)																	
			仕進	祖秀	佳鼎	聯廣																		
						□																		
						□																		
						□																		
					作鼎	聯興																		
						聯泰																		
					仁鼎																			
				祖鳳	乾鼎																			
				祖惠	安鼎	聯宗																		
						聯祖																		
				祖龍	仕鼎	聯益																		
		桂廷	仕亮	(無	後)																			
			仕爵	祖尚	文鼎	伯興	子紹																	
						伯典	子奕																	
					秦鼎	伯壽	子遠																	
							子隆																	
				祖祥	昌鼎	伯運																		
					用鼎	伯立	子開																	
							子關																	
						伯志	子象																	
							子彬																	
						伯經	子旺	連大	興□															
							子職	順大	興連	營昌	賢光	美財												
						三子					□													
						子旺					賢志	玉英												
						子職						玉香												
						子明						愛香	燕芬											
													秋英											
													燕梅											
													德雄											
												桂秀												
												春蘭												
												民財	彭慧											
												新財												
							子明	海大																
								曰大	興德	恒昌	賢賓	寶財												
											賢仁	藍姣	美玉											
												益財	彭昌	玉玲										
													彩蘭											
													彩鳳											
													彩英											
													彭勝											

15	16	17	18	19	20	21	22	23	24	25	26	27	28	29	30	31	32	33	34	35	36	37	38	39
													富民											
												玉琴												
												桂萍												
												秋琴												
												清鳳												
											戊妹													
											小妹													
										源昌	賢貴	蘭鳳	應中											
													俐群											
													俐萍											
											桂姣													
											燈妹													
											賢發	奇財	達飛											
													達強											
												樹財												
												獻財												
												玉鳳												
										華昌	賢雁	俊財												
												慶財	雲鳳											
													達芳											
													達雲											
													喜鳳											
												喜財	達春											
													達光											
												玉花												
												福財	雪華											
													雪英											
												榮財	彭巧											
											賢坤	順英												
												順財												
											賢忠	世蘭												
												世財												
										新昌	（早	逝）												
					才鼎	伯球	子晃																	
							子星	昌大																
						伯道	(無	後)																
						伯璉	子盛																	
							子增																	
					進鼎	伯雲																		
						伯電																		
				祖升	洪鼎	伯俊	(無	後)																
						伯傑	子槐	德大																
								衡大																
								循大																
								銜大																
					永鼎	伯厚	子璠	宜大	興金															
									興福															
									興全															
									興式															
								樞大																
								宇大																
								寵大																
								還大	興龍															
									興鳳															
								思大	興房	□昌	阿賢	祖明	寒春											
											英姣													
							子琰	傳大																
								仗大																
								倬大																
								修大																
							子列																	
							子康	煥大																
								熠大	李生															
									阿新															

15	16	17	18	19	20	21	22	23	24	25	26	27	28	29	30	31	32	33	34	35	36	37	38	39
									乙秀															
							子馨																	
						伯歡	子譪	勷大																
								職大	阿立	（無	嗣）													
									興謙															
								阿生																
							子蔭	元大																
								金大																
								才大																
								瑞大																
							子世	道大	□															
									□															
									□															
									□															
								耿大																
								進大																
								宙大																
								喜大																
							子蕩	職大																
							子茗																	
							子模	辛大																
								接大																
							子楷	燮大																
								簡大																
								饕大																
					高鼎	伯堅	子近	金福																
								東蘭																
								章大																
						伯坤	子勸	義大																
								威大																
								俞大																
								群大																
								桃大																
							子效	潮大	興幹															
									興俊															
									興亮															
								漣大	官保															
									李保															
								浩大	興楊															
									興輝															
									華德															
								亦大	□															
									□															
									□															
								浚大	興遂															
								漩大																
							子匡	任大																
								仰大																
								優大																
							子勉	占大																
								標大																
								林大																
								南生																
								水生																
						伯堂	子香																	
							子潤																	
							□																	
							□																	
						伯型	□																	
							□																	
						伯城																		
				祖連																				
	思誠	新科	(無	嗣)																				
		連科	仕高	子壽																				
	三子		仕龍	宗勝																				
	新科			宗雲	元立	綸	（無	嗣）																

15	16	17	18	19	20	21	22	23	24	25	26	27	28	29	30	31	32	33	34	35	36	37	38	39
	連科					禎	(由	容縣	自良	遷平	南，	詳情	不明	)										
	富科					祥	（無	嗣）																
						經	（無	嗣）																
				宗茂	元正																			
					元高																			
					元科																			
			仕鳳	(無	嗣)																			
			仕魁	祖榮	周鼎	尚才	公富																	
							公貴																	
					玉鼎	伯友	子權																	
							子亮																	
							子棣																	
					連鼎	伯端	子仁																	
							子位																	
							子信																	
							子儒																	
						伯瑞	（無	嗣）																
				祖華	朝鼎	伯佑																		
					爵鼎	伯儒	（無	嗣）																
						伯生	子經																	
							子綏																	
					業鼎	伯訓																		
						伯詔																		
						伯訪																		
					立鼎	伯璿	子暉	振開																
								振江																
							子昭	振標																
							子晗																	
							子覭	振蔚	朝槐	秋光	啟仟	登端	創智	(無	嗣)									
													創明	學軍	友媛									
							七子								友玲									
							振蔚							鳳群										
							振芹							建軍										
							振芬							艷瓊										
							振蓮							崇軍										
							振芳							偉軍										
							振葵						年英											
							振英					登瑞	求保	勝軍										
														麗君										
													雙保	振軍										
														靈軍										
														麗冬										
													玉秀											
													雙德	志軍										
														俊軍										
														信軍										
												阿嬌												
												社妹												
									朝棟	熠光	福仟	大妹												
												小妹												
											祥仟	大妹												
												小妹												
											裕仟	登球	甲有	小英										
														小蓮										
											六子			金龍	彭科									
											登球				彭麗									
											登順			金養	華軍									
											登明				華勝									
											登富			金福	彭練									
											登榮				彭茜									
											少華			玉香										
											(登華)			玉文										
														國能	俊蘭									
													鳳姣											

15	16	17	18	19	20	21	22	23	24	25	26	27	28	29	30	31	32	33	34	35	36	37	38	39
													阿努											
												登順	新有	永和	興俊									
												(阿二)			麗媛									
															麗妮									
														永華	麗娜									
															麗莉									
														巧玲										
														巧雲	惠惠									
												登明	創德	(無	嗣)									
													冬蓮											
												登富	創基	火秀										
														國強	彭義									
															彭旋									
														玉清										
														國雄	彭萍									
															彭樂									
														國飛	卯芳									
															龍芳									
															申芳									
												登榮	小九	彭燕										
														國濤										
														彭慈										
													小華	思夢										
														國平										
													阿香											
												少華	文亮	彭翔										
												(登華)		彭娜										
													文忠	彭飛										
													文榮	彭劍										
													文生	彭慧										
													桂華											
												阿庚												
												滿妹												
									朝楨	(去	向不	明)												
								振芹																
								振芬	朝丙	繼光	發仟	秀明												
											求仟	登揚	創傑	小珍										
														秋玉										
													創文											
													創英											
													彭熊											
											榮仟													
								振蓮																
								振芳	朝楷															
									朝模															
									朝桂															
									朝桓	日光	孟仟													
											均仟													
											本仟													
											甫仟													
											俊仟													
										永光	德仟	秀榮												
												五秀												
												潤秀												
											順仟	登安	月琴											
													創光	國龍										
														國歡										
													創華	國福										
													月芳											
											來仟	阿年	丙有											
													長姣											
													鳳姣											
													年姣											
										鳳光	立仟	登和												
												登祥												
												登紀												

15	16	17	18	19	20	21	22	23	24	25	26	27	28	29	30	31	32	33	34	35	36	37	38	39
												登文												
												登安												
												登洪												
											廣仟													
											勝仟													
										喜光														
									朝林															
									朝進															
								振葵																
								振英																
							子昡	振聲	朝祥															
									朝福															
									朝祿															
								振輸																
								振顯																
								振揚	朝琮	祈光	南仟	建興	丹陽	顯聽										
										(其光)			丹立											
												小珍												
												小華												
												小志	重威											
												小青												
									朝瓊	殿光	崇仟	鳳華												
										(電光)		德華	吳端	彭俊										
														丹丹										
													吳榮	國斌										
														國菊										
													吳林	彭樂										
														彭萄										
													吳剛											
													吳清											
													吳妝											
													小妝											
												龍華												
											永仟	三妹												
												建威	全德	彭強										
													振濤	蔣中										
													全東											
												阿鳳												
												水玉												
												美華												
												建明	創雄	國磊										
													創勇	國娟										
													創軍											
										韶光	佐賢	佩珍												
											佐忠	登發	金國	彭純										
														彭琴										
													金堯											
													金土											
													金梅											
													金紅											
											伍仟	(幼	殤)											
											佐仁	有亮	彭慧											
													彭聰											
												有明	彭婷											
													彭博											
													彭飛											
												瓊華												
											佐倫	志雄	飛燕											
													飛雲											
													文斌	雪曉										
														艷陽										
													文傑	夢園										
														永蔚										

15	16	17	18	19	20	21	22	23	24	25	26	27	28	29	30	31	32	33	34	35	36	37	38	39
												志堅	小紅											
													文軍											
													小萍											
												志富	文學											
													飛玲											
												玉華												
									朝玉	訓光	長嬌													
											慶仟	彭立	嘉峥											
													一嶸											
													嘉惠											
													嘉玉											
												璧彰	(義子)											
													小琴	(改	姓姜)									
													小妹	(改	姓姜)									
												衛華	程遠											
												建華	創奇											
													創芝											
												素珍												
												素玲												
												素娟												
											應仟	群珍												
												群英	彭宇	譯萱										
												庚生	知明											
												群莎												
											道仟	榮芳	創寧											
													雲珠											
													小珠											
											德仟	彭芊												
												彭峥	彭亮											
												彭茵												
											九仟	建樹												
												建文												
											長嬌													
										璧光	雲仟	偉民	創華											
													創波	國詩雨										
													創萍											
												秀英												
												新民	創新	國晉										
													創月											
													創寧											
												德民	創雲											
													創猛											
													創區											
												秀瓊												
												秀華												
											雨仟	求德	彭宇											
													彭靖											
													彭嬋											
												桂珍	彭權											
												求生	彭勇											
													彭芬											
													彭春											
												潤鳳												
											懷仟	(早	逝)											
											智仟	華芬												
												立明	創輝	國慶										
													創斌	國睿										
													創利											
													創強											
												華芳												
												華清												
									朝球	聯光	順仟	桂福	革建											
													革剛											
												桂生	玉蘭											
													年雄	學明										

15	16	17	18	19	20	21	22	23	24	25	26	27	28	29	30	31	32	33	34	35	36	37	38	39
														學文										
													小雄	梓豪										
														嘉悅										
												貴友	革純											
													文清											
											矩仟	沅貞												
												頌貞												
												苑平												
												立平	彭潔											
													彭玲											
													創震											
												建平	海倫											
											理仟	子方	彭敏											
													彭彥											
												子英												
												子平	彭捷											
													彭坤											
													彭娟											
												子元	彭雪											
													彭丹											
													彭覺											
											南仟	(過	繼祈	光為	嗣)									
											澤芳													
											澤青	(前	四子	姓張	)									
												彭非	鯤鯤											
										龍光	鳳珍													
											淑珍													
											淑娟													
											淑華													
											壽仟	丁園												
												開雲	琪軒											
												丁榮												
											福仟	凌雲	彭璐											
													嘉寶											
												超雲												
												春元												
												春林												
											祿仟	凌橋	(早	逝)										
												袓璿												
												凌媛												
											喜仟	彭飛												
												麗雲												
												麗霞												
										文光	健仟	安生	宇舟											
												安梅	力靖											
													可兒											
											卓寰													
											雋仟	映春												
												彭江												
								振濟	朝瓏															
									朝琚															
									朝瑾															
									朝琅															
									朝瑛	文光														
										漢光														
										亮光														
										洪光	羅仙	福才	玉珍	紅虹										
														月元										
													貴明	彭軍	彭妮									
															寧寧									
															向科									
														彭慶										
														彭群										

15	16	17	18	19	20	21	22	23	24	25	26	27	28	29	30	31	32	33	34	35	36	37	38	39
												秀才												
												阿辛	四九	韋生										
														韋軍										
														庚養										
													阿滿	(轉	為他	姓)								
												苟弟												
												滿妹												
										習光	□	登權	金美											
													金鳳											
													創業	國仁										
														國懷										
														彭云										
											□													
											三桂	惠珍												
											□	阿登												
												登貴	運蓮											
													運鳳											
													運三											
													運四	(幼	殤)									
													土生	國慶										
														玲玲										
													順才	秋月										
														國成										
											木保	水保	(無	嗣)										
												老二	阿花											
													阿陽											
												阿蓮												
												登志												
											火保	繼英												
					建鼎	伯玑																		
			仕貴		(是	否為	思誠	公子	待考)															
			仕志		(是	否為	思誠	公子	待考)															
		富科	(去	向不	明)																			
	思定	佐廷	仕旺	祖興	芳鼎	伯湖																		
						阿四																		
	四子				清鼎	伯玉	子略																	
	佐廷						子韜																	
	仰廷						(道)																	
	贊廷						子秀																	
	玉廷					伯洪	子鉅																	
							子鏢																	
							子釧																	
						伯瑗	子南																	
					順鼎	伯寧																		
						(能)																		
						伯維																		
						(為)																		
						伯和																		
			仕朝	祖通	源鼎	南壽	(無	嗣)																
				祖達	(無	嗣)																		
				祖英	(無	嗣)																		
		仰廷	仕廣	宗顯	維鼎	伯盛	□																	
					亮鼎	伯瑋																		
		三子				(阿生)																		
		仕廣				伯瑝																		
		仕寬				(阿五)																		
		仕攸				伯琦																		
						(碧)																		
				宗輝	金鼎	伯升	子淵																	
							子源																	
							子深																	
							子浚																	
						伯旺	子洪																	
							子淇																	
							子洋																	

15	16	17	18	19	20	21	22	23	24	25	26	27	28	29	30	31	32	33	34	35	36	37	38	39
							子潭																	
							子漢																	
						伯魁	子瑚																	
							子璉																	
					萬鼎	(無	嗣)																	
					足鼎	伯文	子清																	
							子漣																	
							(濂)																	
							子灝																	
							(浩)																	
							子傑																	
						伯章	子肇																	
							子慶																	
							子參																	
							子凰																	
							子雍																	
							(子純)																	
					興鼎	伯宏	□																	
							□																	
						伯榮																		
						伯華																		
						伯全																		
						伯祥																		
						伯芳																		
					(	伯福	)																	
					(	伯禎	)																	
					(	伯芙	)																	
				宗超	名鼎	伯昌	子常																	
							子就																	
				四子			(龍)																	
				名鼎			子帝																	
				揚鼎		伯成	子稱																	
				泰鼎			子利																	
				奕鼎			子稠																	
						伯相	子珍																	
							子傑																	
						伯干	子峰																	
							子昆																	
							子岐																	
						伯勛	子觀																	
							(官)																	
						伯猷	子暢																	
							(錕)																	
							子翰																	
							(輸)																	
					揚鼎	伯彬	子慶																	
							子新																	
							子基																	
							子業																	
						伯彩	子莊																	
							子燕																	
							子萊																	
							子萼																	
							子普																	
						伯彲	子逵																	
						伯彤	子敬																	
							子敏																	
					泰鼎	伯瓊	子綱	振香																
								振秀																
								振季																
								振梅																
								振開																
								振隆																
							子紀																	

15	16	17	18	19	20	21	22	23	24	25	26	27	28	29	30	31	32	33	34	35	36	37	38	39
							子繪																	
							子祥																	
							子福																	
							子輯																	
					奕鼎	伯蘭																		
						伯義																		
						(丁二)																		
						伯川																		
						(阿三)																		
			仕寬	宗元	超鼎	伯英	子拔																	
							子揚																	
			三子			伯錦	子連																	
			宗元				子文																	
			宗政				子科																	
			宗泰			伯秀	子允																	
							子光																	
							子堯																	
					俊鼎	伯鎮	子裕	振仁	俊元	業昌	榮斌	阿魯												
												阿桂												
										業貴	榮春	玉香												
												有福	萬權											
													小珍											
													萬超											
												有財												
												玉蘭												
											榮光	(無	嗣)											
							子禮																	
						伯欽	子廣	(無	嗣)															
						伯均	子全	振鳳																
								振鳴																
								振楠	(過	繼子	仝為	嗣)												
							子金	振履	(幼	殤)														
							子仝	振楠																
						伯鎬	子滄	振輝																
							子海	振輝	(過	繼子	滄為	嗣)												
								振耀	兆元	業雲	代英													
											榮秋	桂雲												
												華均												
												春娥												
												華群	鳳妮											
													秋妮											
													春妮											
												華安												
												艷菊												
									繼元															
									鼎元															
								振乾	富元	業修	榮良	華瑞	萬雄											
												春秀												
												華勤	洪軍	晶晶										
													洪麗											
													麗菊											
												秋燕												
												松萍												
												華邦												
											榮安	華喜	洪彬											
													洪盛											
													慧敏											
													慧娟											
												華林	萬興											
													佳敏											
													萬民											
												華仁	雪梅											
													秋梅											
													萬金											
													於家											
												華強	萬程											

15	16	17	18	19	20	21	22	23	24	25	26	27	28	29	30	31	32	33	34	35	36	37	38	39
													萬松											
												華忠	萬偉											
													鈺琳											
												華玉	彭曉											
													萬俊											
											榮德													
											榮光	少華	妍婕											
										業生	榮才													
											榮魁													
											榮亮													
											榮姣													
											樹姣													
											榮慶	華桂	嘉俐											
													韋韋											
													思雨											
												日珍												
												小妹	(接	入韋	家)									
									富嘉	業繼	得桂	志剛	田坤	彭芳										
														夢慧										
														燕芳										
														獻軍										
													玉坤	治強										
														秀珍										
													日鳳											
													月鳳											
													新鳳											
												□												
									富乙															
								振維																
					盛鼎	伯忠																		
						伯軒	子蘭																	
							□																	
							□																	
							□																	
							□																	
						伯輯	子恩																	
							子政																	
						伯輪	子協																	
				宗政	賢鼎	伯珍	子德																	
					友鼎	伯瑾	子潛																	
							子勤																	
						伯琳	□																	
				宗泰	臣鼎	(無	嗣)																	
			仕攸	宗權	旋鼎	伯安																		
						伯恩																		
						伯思	子超																	
					定鼎	伯聰	子隆																	
							子何																	
					威鼎	伯暢																		
						伯敏	子進	振寶	(從	日璉	公過	繼阿	土為	子改	名魁	元)								
									魁元	業榮	榮乾	華松	萬隆	愛瓊										
														彭全										
									四子					雪瓊										
									榮乾					鳳瓊										
									榮廷															
									榮光				萬億	友玉	林玲									
									榮善					戊德	彭敏									
														彭健	詩寧									
														雲英										
														秋英										
														丙德										
													萬宏	瓊英										
														文歡										
													翠香	文萍										

15	16	17	18	19	20	21	22	23	24	25	26	27	28	29	30	31	32	33	34	35	36	37	38	39
													萬雄	冬蘭										
														振繁										
														冬玲										
													友玉											
													翠香											
													鳳香											
												華盛	菊英											
											榮廷	華新												
													日鳳											
													萬祥											
													萬奇											
													萬年											
												阿歪												
												阿運												
												華義	芳燕											
													萬平	彭俊										
														彭寧										
													桂燕											
													麗燕											
													少春	柳富										
													美燕											
													□											
											榮光	華燕	秋蘭											
													萬明	載全										
													萬興	載茂										
														載良										
													萬林	載成										
														載鋒										
													萬軍	載利										
														載平										
														載英										
													六鳳											
													萬文											
												華書	萬東	載濤										
													萬芬											
													萬芳											
												權英												
												玉姣												
												泉英												
											榮善	火妹												
												阿姣												
												進喜												
											大妹													
											二妹													
											三妹													
										業華	榮球	蓮英												
												己鳳												
												華臣	萬昌	茂林										
													萬全	文麗										
														文靜										
													玉明											
													萬明	文慧										
													敏玲											
													曉麗											
												小鳳												
											戊妹													
※											榮琪	華桂	志雄	江浩										
													志蘭											
													志華											
													志強	宇翀										
													志鷺											
												華甫	萬奎	彭燕										
														彭靖										
														彭慧										
													桂榮											
													桂蓮											

15	16	17	18	19	20	21	22	23	24	25	26	27	28	29	30	31	32	33	34	35	36	37	38	39
													萬榮	彭方										
														彭媛										
													麗華											
												愛瓊												
											榮琨	華金	春梅											
													志武	斯奕										
													志兵	敏睿										
													志和											
												玉紅												
												玉蘭												
												華南	贇麗											
													彭鑫											
												華強	彭濤											
												蘭芳												
												玉芳												
											阿姣	(幼	殤)											
											木英													
											馬瓊榮	(義	女)											
										大妹														
										阿鳳														
							子遷	(無	嗣)															
						伯錫	子壽																	
							子爵																	
					元鼎	伯平																		
						伯交																		
						(帝佑)																		
						伯易																		
						(阿滿)																		
					儒鼎	伯恒	子喬																	
						伯懷	子鵬																	
						伯性																		
					楚鼎	伯煥	子創																	
							子釗																	
						伯獻																		
					授鼎	伯敬	子綸																	
						伯義	(無	嗣)																
						伯政	子湘																	
				宗任	居鼎	伯明	子趈																	
							子憐																	
						伯朗	子韋																	
							子章																	
							子容																	
					廣鼎	伯綱	子良																	
						伯綰	□																	
						(統)																		
							□																	
						阿水																		
		贊廷	仕志	(無	嗣)																			
			仕梁	宗榮	成鳳	德輝																		
						德勝																		
			四子			德華																		
			宗榮			德惠																		
			宗義			德廣																		
			宗禮			德英																		
			宗耀		成富																			
				宗義	成旺	德純																		
						德萬																		
						德配																		
						德辛																		
					成恩	德遠																		
						德千																		
						德源																		
					成俊	德慼																		
						德潤																		

15	16	17	18	19	20	21	22	23	24	25	26	27	28	29	30	31	32	33	34	35	36	37	38	39
					成美	德崇																		
						德著																		
						德楊																		
				宗禮	成林	德隆																		
						德魁																		
						德仲																		
						德忠																		
				宗耀	成祖	德寬																		
					成捷	德坤																		
						德嵩																		
						德顯																		
					成興	德周																		
						德裕																		
		玉廷	仕韜	宗湖	(無	嗣)																		
				宗源	成光	德耀																		
						德高																		
					成君	德惠																		
					(乾)	德賢																		
						德信																		
					成兆	德章																		
						德恒	(無	嗣)																
			仕略	宗海	成球	德相																		
						德柱																		
					成佩	德榕																		
						德模																		
					成瑜	德桂																		
						德棋																		
					成瑛	德槐																		
						德基																		
						德化																		
				宗潮	成志	德芳																		
						德茂	(無	傳)																
						德良																		
					成廣	德開	(無	傳)																
				宗渭	成東	德新																		
						德全	(無	傳)																
						德綱																		
						德陸	(無	傳)																
					成舉	德才	(無	傳)																
						阿木	(無	傳)																
					成芳	德翰																		
					成亮	德綱																		
	宗	思賢	開廷																					
			聯廷																					
	爵	未龍																						
		戌龍																						
					不	明	先	祖	血	緣														
其一	貴祿	公支		?	自生	□																		
（鹿	寨譜	148	頁）			□																		
						官保	貴長																	
							貴珠																	
							貴贊	(無	傳)															
							貴華	(遠	行無	訊)														
							貴福	(無	傳)															
							貴祿	(過	繼官	龍公	為嗣	)												
						官龍	貴祿	曰球	立德															
									立福															
							七子		立財															
							曰球		立鳳	德順	榮慶	添貴	嘉先	清林										
							曰瑱							清華										
							曰璉							清蓮										
							曰琢						阿土											
							曰瑛						阿四											
							曰玑						阿滿											
							曰琳						運先	孟熊										

15	16	17	18	19	20	21	22	23	24	25	26	27	28	29	30	31	32	33	34	35	36	37	38	39
														孟京										
														孟華										
													阿愛											
												松妹												
											榮發	玉姣												
												華明	運想											
													春秀	柳英										
														柳花										
														日斌										
													蓮秀											
													秀鳳											
													秀紅											
													秀萍											
													英蘭											
													英萍											
										阿房	榮昌	華喜	新蘭	彩雲										
														志強	(入	徐姓)								
														志貴	(入	徐姓)								
												華福	嘉麟	媛媛										
													嘉勝	玉春										
														秋鳳										
														秋林										
													龍鳳											
													桂鳳											
												華光	彭敏											
											榮茂	華仁	萬金											
													雪梅											
													秋梅											
													於家											
										阿日														
									阿六															
								日瑱	(無	傳)														
								日璉	立富	德茂	榮盛	華龍	嘉文	日貴	彭聖									
														日旺	永紅									
								四子							永祥									
								立富						長英										
								阿丙						日輝	永福									
								阿土							彭靜									
								(魁元)						新姣										
								己酉						日遠	永龍									
															永強									
														鳳英										
														日軍	麟傑									
													嘉貴	國萍										
														國敏										
														彭艷										
													嘉雲	鳳蓮										
														東泉	佳佳									
														東海	寒英									
														玲燕										
														東魁										
													蘭香											
												阿橋	(幼	殤)										
											阿尖													
											妹仔													
											關妹													
									阿丙															
									阿土															
									己酉															
								日琢	(無	傳)														
								日瑛	立權	德榮	火保	(無	傳)											
											榮芳	華忠	嘉喜	孟香										
								三子	三子					日剛	睿涵									
								立權	德榮					新田	(改	姓田)								

15	16	17	18	19	20	21	22	23	24	25	26	27	28	29	30	31	32	33	34	35	36	37	38	39
								立清	德彰					日林	(改	姓田)								
								立相	德威					日海	(改	姓田)								
													嘉善	日榮	彭程									
														孟蓮										
														日耀	彭宇									
														孟花										
													素珍											
													阿潤											
													嘉年	孟芳										
														日連										
												華美	嘉有	日新	麟惠									
														銀姣										
														銀秀										
														日雄	霈語									
														銀花										
													嘉義	六新										
														甲辰										
														桂英										
														日福										
													嘉隆	桂香										
														菊英										
														日華	彭飛									
															□	(改	他姓)							
														菊芳										
														日權										
														日光										
													嘉英	(未	娶)									
													鳳英											
											甲六	(無	傳)											
											阿石	(無	傳)											
											□	(幼	殤)											
										德光	(過	繼立	清為	嗣改	名德	禮)								
										德彰	榮麟	華仁	嘉純	艷琴	永江									
														日忠										
													嘉琪											
												華珍	阿榮	(隨	母過	堂)								
													嘉忠	(隨	母過	堂)								
													嘉安	日歡										
														燕歡										
													阿英	(隨	母過	堂)								
													嘉祖											
										德威	金城	華甲	嘉玉	茂盛	(幼	殤)								
														蓮萍										
														秋萍										
														春萍										
														燕萍										
														新萍										
													嘉慶	巧萍										
														日禎										
														巧燕										
														巧雲										
												華春	嘉全	丹妮										
														奕寧										
													嘉能	彭惠										
														奕峰										
													玉香											
											榮珠	華耀	嘉權	日安	麗春									
														秋蓮										
														日財	麗香									
														冬雲										
													嘉君											
													嘉仁	婷梅										
														婷雪										
													春姣											
													鸞姣											
													蓮姣											

15	16	17	18	19	20	21	22	23	24	25	26	27	28	29	30	31	32	33	34	35	36	37	38	39
												華勛	麗萍											
													健平											
													加東											
													加成											
													倩雲											
											榮瑤	運財	加順	日旭										
														秋菊										
													家宏	彭鑫										
													慶福	雯文										
														彭益										
													慶芳	覃星										
													鳳姣											
													鳳友											
													鳳桂											
												華平	鳳秀											
													鳳香											
													嘉源	奕輝										
													鳳林											
													鳳仙											
												阿來	(接	女)										
											己妹													
											阿妹													
											滿妹													
									立清	德禮	榮貞	華清	秀姣											
													秀珍											
													玉英	日道										
														日德	永志									
														日仁										
														日義										
														雪艷										
													阿蘭											
													嘉和	雪蓮										
														柳燕										
														柳琴										
														日亮										
													秀玉											
													秀蓮											
									立相	德均	榮華	華啟	嘉明	日強										
														日坤	雪麗									
															永輝									
														日清	永生									
														日存	雪萍									
															雪梅									
														樹英										
													明妹											
												西秀												
											榮富	福松	(幼	殤)										
												華堂	嘉奎	志紅										
														志梅										
														志萍										
													嘉祚	燕珍										
														燕君										
														日毅										
													嘉確	日恒										
													嘉雄	日鑫										
													嘉學	燕妮										
												冬蘭												
												三妹												
												玉琴												
										德銘														
										德欽	榮城	龍姣												
												阿四												
											榮珍	華英	阿愛	(隨	母過	堂)								
													金蘭											

15	16	17	18	19	20	21	22	23	24	25	26	27	28	29	30	31	32	33	34	35	36	37	38	39
													嘉福											
													桂蘭											
													鳳蘭											
													翠蘭											
													加成											
												八妹												
												華振	桂明											
													秀蘭											
													春蘭											
													冬蓮											
													蘭花											
								曰璣	立華	德健	榮貴	昌明	繼鳳											
												(木生)	阿寒											
								四子					繼福	桂華	冬蘭									
								立華							繼榮	文鋒								
								立慶							春蘭									
								立仁						秀華										
								立忠						清華	秋萍									
												火姣												
												華昌	九妹											
													家志	艷艷										
														奕龍										
													九英											
													九連											
													運榮	奕鳳										
														艷飛										
												華林	(入	贅廖	姓)									
											阿繼													
										德秀														
									立慶	德開	榮秀	福安	桂鳳	秋蘭										
														玉蘭										
														冬英										
														石蘭										
														愛蘭										
												華球	家福	少波										
														秋玲										
														少軍										
													家友	小聰										
													家強	少斌										
														少虹										
													家雄	巧玲										
														巧麗										
													石英											
													秋瓊											
													秀瓊											
												華祥	家財											
												福妹												
										德魁	榮馨	彭明	水德	建華										
														建英										
														建芬										
												昌鳳	福松	建菊										
														建雄										
														建歡										
													連英											
													石喜	柳紅										
													(加仁)	雙梅										
													連姣											
													水德											
													連新	舒建										
													家榮	文君										
														琬婷										
												華東	(幼	殤)										
												滿妹												
											榮昌	星福	家長											
													家權											
													群暉											

15	16	17	18	19	20	21	22	23	24	25	26	27	28	29	30	31	32	33	34	35	36	37	38	39
													蘭暉											
												秀英												
										德崇														
										德興	榮茂	桂英	漢龍	彭程										
													漢香											
													文斌											
													文勝											
													文利											
													文傑											
												喬鳳												
												庚鳳												
												蘭鳳												
											榮林	華保	少峰	彭濤										
													劍峰	彭偉										
													海峰											
										德潤	榮典	華明	田鳳											
													漢英											
													小英											
													家秀	豔玲										
														芳玲										
													家進											
													家紅											
												華順												
											榮亮	春妹												
												華吉	丙英											
													家旺	現誠										
													球英											
												桂英												
												華全	家貴	彭浩										
													家才	龍飛										
													家寶	碧雨										
													鳳姣											
												春鳳												
												華有	家富	愛華										
														麗華										
									立忠	德雲	榮光	華春	家文	麗娟										
														麗梅										
														奕亮										
													家榮	劉招										
													貴榮											
													貴才	子明										
													愛珍											
											榮瑞	華喜	六一											
													貴六	陸秋										
													金水											
													連弟	彭慧										
													新連											
												華東	雪玲											
													雪峰											
												華四												
										德芳														
										德純	榮盛	華開	家清											
													家修	志鵬										
													家星											
													土鳳											
												華德												
												應連												
												田英												
											紅妹													
											七妹													
											妹姣													
										德華	榮開	華進	長妹											
													愛英											
													長生	江麗										

15	16	17	18	19	20	21	22	23	24	25	26	27	28	29	30	31	32	33	34	35	36	37	38	39
														江琦										
													七英											
													金玉	秋麗										
														彭坤										
													文鳳											
													連鳳											
													金勇											
										德坤	榮楨	（無	嗣）											
											榮甫	華強	翠芸											
													翠香											
													翠蘭											
													翠瓊											
													家威											
												華良	家飛											
													善君											
												華斌	家興											
													家慶											
													秋梅											
												華忠	嫚婷											
												華欽	家俊											
													彭瓊											
												新妹												
												玉秀												
											阿玉													
											四妹													
								曰琳	立鴻															
									立和															
其二	（按	字輩	推測	當屬	思謹	公裔）			興□	順昌	有弟	葡萄												
（鹿	寨縣	譜牒	304	頁）								朝珍												
												阿桂												
										水生	阿清	漢忠	玉瓊											
													勝民	彭露										
													玉蘭											
												崇喜												
												財勝	溫政											
													政國											
										阿龍	運姣													
											運二													
											阿關	長妹												
												運娣												
											桂蘭	友松	菊芬											
													黎明											
													桂芬											
												田才												
												建明	艷瓊											
													榮發											
												木英												
												新英												
											秀蘭													
											桂香													
											七四													
其三	（鹿	寨譜	145	頁）						業義	榮明	長妹												
1930	年匪	亂從	柳城	縣遷	居上	坪村						阿達												
												彭均	阿鳳											
													萬華	銘煜										
													萬忠	麗萍										
														麗莉										
													鳳琴											
													萬良	彭睿										
													萬球											
												梅四												
												阿日												
											寒妹													
									火生	水保	繼福													
										石運														
其四	（鹿	寨譜	317	頁）						？	火生	阿想												

15	16	17	18	19	20	21	22	23	24	25	26	27	28	29	30	31	32	33	34	35	36	37	38	39
												阿玉	水福	官姣										
														石喜	(改	姓戴	)							
													德忠	桂姣										
													(二龍)	阿喜	紅梅									
															代威									
														新雲										
														桂光	柳燕									
															秋燕									
															運強									
													群鳳											
													德禮	石基	彭軍									
													(灶養)	小英										
														建立	瓊婕									
														建明	彭宏									
															彭娟									
														彭靜										
														金明	(改	姓何	)							
													水龍	光明	榮靈									
															玉秀									
														光華	文濤									
															丹妮									
														桂蘭										
														光政	丹鳳									
														光強	永康									
												阿秀	建英											
												彭斌												
												(七二)												
其五	(鹿	寨譜	321	頁)					?	亨遠	靜萍													
											肇璋	金寧												
												觀寧												
												石養	彭舟											
													彭戟											
												明鳳												
											玉英													
其六	(鹿	寨譜	339	頁)							世代	26	27	28	29	30								
												德□	志光	思□										
喜賓	公由	廣東	惠州	遷入	廣西	平南	定居							思信	秀群									
派字	：一	喜	成	德	志	思	忠	惠	…	…					才忠	彭杰								
														思全										
														思輝	年英									
															貴忠									
															明忠									
															秋琴									
													志武											

彭華公世支系

1	2	3	4	5	6	7	8	9	10	11	12	13	14	15	16	17	18	19	20	21	22	23	24	25
彭華	大紀	彭城	茂容	妙鸞	繼元	□																		
						玄佑	一龍	獻謀	日勝	洪福	喜茂	仕？	宗鳳	志？	長祥	權志	富德	祖添	大妹					
																			二妹					
																			三妹					
																			瑞康	水養	芬芬			
																					芬建			
																					芬強			
																				日鳳				
																				玉姣				
																				四妹				
																				球德				
																				球喜				
																				忠慶	丹丹			
																			小妹					

1	2	3	4	5	6	7	8	9	10	11	12	13	14	15	16	17	18	19	20	21	22	23	24	25
																	榮德	祖連	運康					
																			先康					
																			貽康					
																			水姣					
																			王姣					
																			□					
																			□					
																		□						
																		□						
																	貴德							
																	華德							
														志順										
														志丑										
													宗琳											
													宗廣	志達										
														志連										
														志選										
														志通										
														志道	福祥									
															祿祥	權進	華德							
																權續								
														志遠	(幼	殤)								
												仕成												
												仕恒												
												仕爵												
									□															
									□															
								獻諫																
								獻詔																
								獻爭																
							□																	
						□																		
						□																		
							□																	
					繼光																			
					繼先																			
			廣容																					
		□																						
		□																						
	小紀																							

廣西省鳳山縣

(一)原始字輩

遷廣西祖	派　字	備　註
師廷公八大房	啟守成再顯，明勝天元景． 文龍騰雲際，彩鳳鳴高崗；繼述純祖武，祥開百世昌． 帷善克光大，作述與憲章．	第一次十個字派． 清嘉慶年間加二十個字輩． 清咸豐年間再加十個字輩
萬德公系	子永興仲志，時景延大宗；世天毓萬象，必定光祖興．	湖南遷廣西系
策虎公系	祖策昭明月，萬世聚家邦；壹本開貴會，永遠定綱常．	
應統公系	宗應正兆連興啟，國舉忠心定安朝； 文筆選躍宏意美，子孫仁義良才高．	湖北遷廣西子孫
宏祥公系	大道宏熙勝，錫上廣雲昌；祖籍昭明月，世代好綱常．	四川遷廣西子袍里鄉仁安村
明哲公系	高芝德應廣明良，再啟文學世祖長；其宏永玉鍾正子， 萬興時維高之還．	四川遷廣西鳳山江洲村始祖

(二)修譜統一字輩

昭彰詒善政，謨烈思鴻功；好信訓傳遠，治安策上從；群英逞運會，全體沐澧豐；緒佑勛存舉，警貞這自隆；令學孚望廣，深造達原逢；學裕恆勤得，書多習頌融；篤修徽素位，贊化見中庸；良易槃經載，溫敦禮節同；蕃盈占炳蔚，雍睦協寅恭；繼起或能後，碧連齊躍宗。

註：此字派後裔只用 99 個字，「宗」字不能用作字輩來取名，到光天字即轉祖．即從原第一個字輩開始承用．

廣西益公世系

(陸文里彭祠書記、或稱大明天下天福二年陸川縣文里村宗祠紀錄)(輩序始自六世)

澤鏗章志年錦昌，際會熙朝益顯揚；世育賢才為宰輔，安邦定國振乾綱。

6	7	8	9	10	11	1 2	13	14	15	16	17	1 8	19	20	21	22	23	24	25	26	27	28	29	30	31	32	33
澤	鏗	章	志	年	錦	昌	際	會	熙	朝	益	顯	揚	世	育	賢	才	為	宰	輔	安	邦	定	國	振	乾	綱

血緣

延年公系	1	2	3	4	5	6	7	8	9	10	11	12	13	14	15	16	17	18
益公先祖	延年	銓																
		鎡																
		鋭	淪	桂坤 (秀實)	五郎	永	子順											
							子開	思										
								允成	慈廉	景商	弘							
											應霄							
											益							
											榮							
											儒							
											鵬							
											忠							
		鉞																
		鑠																
		鑑																

廣西(祖籍江西)官龍、官保公系

構雲公世系																				
官龍官保系	21	22	23	24	25	26	27	28	29	30										
派　字	官	貴	曰	立	德	榮	華	嘉	奕	永										

(2)鹿寨貴公上坪系

先祖為構雲公後裔，清時居廣東恩平縣。道光年間世亂，貴祿公遷離恩平大人山，來到廣西上坪村。幾十年後又有振寶、振仁、振耀、興德、興接等公躲避土客械鬥之難，輾轉來到。曾居上坪附近香龍山、麼王沖。1883 年新貴公等倡議在修仁三諳建立宗祠。

21 世祖伯經公系

血緣：延年－鑑－諒－秀鸞－德清－宗慶－伯富－克禮－仲宗－祁－珍－寅－惟用－元柱－貴－思謹－桂廷－任爵－祖祥－用鼎－伯經－子旺、子職、子明

21	22	23	24	25	26	27	28	29	30	31	32
伯經	子明	海大									
		曰大	興德	恒昌	賢賓	寶財					
					賢仁	蘭姣	美玉				
						益財	彭昌	玉玲			
							彩蘭				
							彩鳳				
							彭勝				
							富民				
						玉琴					
						桂萍					
						秋琴					
						清鳳					
					戊妹						
					小妹						
				源昌	賢貴	蘭鳳	應中				
							俐群				
							俐萍				
					桂姣						
					灯妹						
					賢發	奇財	達飛				
							達強				
						樹財					
						獻財					
						玉鳳					
				華昌	賢雁	俊財					
						慶財	雲鳳				
							達芳				
							達雲				
							喜鳳				
						喜財	達春				
							達光				
						玉花					
						福財	雪華				
							雪英				
						榮財	彭巧				
					賢坤	順英					
						順財					
					賢忠	世蘭					
						世財					
				新昌							
伯經	子職	順大	興連	營昌	賢光	美財					
					賢志	玉英					
						玉香					
						愛香	燕芬				
							秋英				
							燕梅				
							德雄				
						桂秀					
						春蘭					
						民財	彭慧				
						新財					

21 世祖伯貴公系

延年－鑑－諒－秀鸞－德清－宗慶－伯富－克禮－仲宗－祁－珍－寅－惟用－元柱－貴－思謹－心廷－仕安－祖球－科鼎－伯貴－子誼、子謙、子讓、子誠、子訓、子誘、子咏

21	22	23	24	25	26	27	28	29	30	31	32
伯貴	子誼	經大									
		綸大									
		綬大	興接	佩昌	大妹						
					賢朝	忠財	達文	彭丹			
							達軍				
							燕華				
						丙妹					
						蘇財	達芬				
							達勇				
							喜華				
							達孟				
						二妹					
						團財	彭疆				
							艷嫦				
		紀大									
		純大									

16 世思定公系

延年－鑑－諒－秀鸞－德清－宗慶－伯富－克禮－仲宗－祁－珍－寅－惟用－元柱－貴－思定－仰廷－仕攸－宗權－威鼎－伯敏－子進、子遷

21	22	23	24	25	26	27	28	29	30	31	32
伯敏	子進	振寶	魁元	業榮	榮乾	華松	萬隆	愛瓊			
※								彭全			
								雪瓊			
								鳳瓊			
							友玉				
							萬億	戊德	林玲		
								彭健	彭敏		
									詩寧		
								雲英			
								秋英			
								丙德			
								瓊英			
							萬宏	文歡			
								文萍			
							翠香				
							萬雄	冬蘭			
								振繁			
								冬玲			
							風香				
						華盛	菊英				
					榮廷	華新	日鳳				
							萬祥				
							萬奇				
							萬年				
						阿歪					
						阿運					
						華義	芳燕				
							萬平	彭俊			
								彭寧			
							桂燕				
							麗燕				
							少春	柳富			
							美燕				
							□				
					榮光	華燕	秋蘭				
							萬明	載全			
							萬興	載茂			
								載良			
							萬林	載成			

21	22	23	24	25	26	27	28	29	30	31	32
								載鋒			
							萬軍	載利			
								載平			
								載英			
							六鳳				
							萬文				
						權英					
						玉姣					
						華書	萬東	載濤			
							萬芬				
							萬芳				
						泉英					
					榮善	火妹					
						阿姣					
						進喜					
				業華	榮球	蓮英					
						己鳳					
						華臣	萬昌	茂林			
							萬全	文麗			
								文靜			
							玉明				
							萬明	文慧			
							敏玲				
							曉麗				
						小鳳					
					戊妹						
					榮琪	華桂	志雄	江浩			
							志蘭				
							志華				
							志強	宇翀			
							志鸞				
						華甫	萬奎	彭燕			
								彭靖			
								彭慧			
							桂榮				
							桂蓮				
							萬榮	彭方			
								彭媛			
							麗華				
						愛瓊					
					榮琨	華金	春梅				
							志武	斯奕			
							志兵	敏睿			
							志和				
						玉紅					
						玉蘭					
						華南	賓麗				
							彭鑫				
						華強	彭濤				
						蘭芳					
						玉芳					
					木英						

19 世宗元公系

延年－鑑－諒－秀鸞－德清－宗慶－伯富－克禮－仲宗－祁－珍－寅－惟用－元柱－貴－思定－仰廷－仕寬－宗元－

19	20	21	22	23	24	25	26	27	28	29	30
宗元	超鼎										
	俊鼎	伯鎮	子裕	振仁	俊元	業昌	榮斌	阿魯			
								阿桂			
						業貴	榮春	玉香			
								有福	萬權		
									小珍		
									萬超		
								有財			
								玉蘭			
		子禮									

19	20	21	22	23	24	25	26	27	28	29	30
		伯欽									
		伯鈞									
		伯鎬	子滄	振輝							
			子海	振耀	兆元	業雲	代英				
							榮秋	桂雲			
								華均			
								春娥			
								華群	鳳妮		
									秋妮		
									春妮		
								華安			
								艷菊			
					繼元						
					鼎元						
				振乾	富元	業修		（遷	寨沙	）	
						業生		（遷	寨沙	）	
	盛鼎										

26 世榮明公系(先祖血緣不明)

21	22	23	24	25	26	27	28	29	30	31	32
?	—	—	—	業義	榮明	長妹					
						阿達					
						彭均	阿鳳				
							萬華	銘煜			
							萬忠	麗萍			
								麗莉			
							鳳琴				
							萬良	彭睿			
							萬球				
						梅四					
						阿日					
—	—	—	火生	水保	繼福						
				石運							

22 世貴祿公系(先祖血緣不詳)

20	21	22	23	24	25	26	27	28	29	30	31
自生	官保	貴長									
		貴珠									
		貴福									
		貴贊									
		貴華									
	官龍	貴祿	日球	立德							
				立福							
				立才							
				立鳳	德順	榮慶	松妹				
							添貴	嘉先	清林		
									清華		
									清蓮		
								阿土			
								阿四			
								阿滿			
								運先	孟熊		
									孟京		
									孟華		
								阿愛			
						榮發	玉姣				
							華明	運想			
								春秀	柳英		
									柳花		
									日斌		
								蓮秀			
								秀鳳			
								秀紅			
								秀萍			
								英蘭			
								英萍			

20	21	22	23	24	25	26	27	28	29	30	31
					阿房	榮昌	華喜	新蘭	彩雲		
							華福	嘉麟	媛媛		
								嘉勝	玉春		
									秋鳳		
									秋林		
								龍鳳			
								桂鳳			
							華光	彭敏			
						榮茂	華仁				
					阿日						
				阿六							
			日瑱								
			日璉	立富	德茂	榮盛	華龍	嘉文	日貴	彭聖	
									日旺	永紅	
										永祥	
									長英		
									日輝	永福	
										彭靜	
									新姣		
									日遠	永龍	
										永強	
									鳳英		
									日軍	麟杰	
								嘉貴	國萍		
									國敏		
									彭艷		
								嘉雲	鳳蓮		
									東泉	佳佳	
									東海	寒英	
									玲燕		
									東魁		
								蘭香			
							阿橋				
						阿尖					
						妹仔					
						關妹					
				阿丙							
				阿土							
				己酉							
			日琢								
			日瑛	立權	德榮	火保					
						榮芳	華忠	嘉喜	孟香		
									日剛	睿涵	
								嘉善	日榮	彭程	
									孟蓮		
									日耀	彭宇	
									孟花		
								素珍			
								阿潤			
								嘉年	孟芳		
									日連		
							華美	嘉有	日新	麟惠	
									銀姣		
									銀秀		
									日雄	需語	
									銀花		
								嘉義	六新		
									甲辰		
									桂英		
									日福		
								嘉隆	桂香		
									菊英		
									日華	彭飛	
									菊芳		
									日權		
									日光		
								嘉英			

20	21	22	23	24	25	26	27	28	29	30	31
								鳳英			
						甲六					
						阿石					
						□					
					德彰	榮麟	華仁	嘉純	艷琴	永江	
									日忠		
								嘉琪			
							華珍	阿榮			
								嘉忠			
								嘉安	日歡		
									燕歡		
								阿英			
								嘉祖			
					德威	金城	華甲	嘉玉	茂盛		
									蓮萍		
									秋萍		
									春萍		
									燕萍		
									新萍		
								嘉慶	巧萍		
									日禎		
									巧燕		
									巧雲		
							華春	嘉全	丹妮		
									奕寧		
								嘉能	彭惠		
									奕峰		
								玉香			
						榮珠	華耀	春姣			
								嘉權	日安	麗春	
									秋蓮		
									日財	麗香	
									冬雲		
								鸞姣			
								蓮姣			
								嘉君			
								嘉仁	婷梅		
									婷雪		
							華勛	麗萍			
								健平			
								加東			
								加成			
								倩雲			
						榮璐	運財	鳳姣			
								鳳友			
								加順	日旭		
									秋菊		
								鳳桂			
								家宏	彭鑫		
								慶福	雯文		
									彭益		
								慶芳	覃星		
							華平	鳳秀			
								鳳香			
								嘉源	奕輝		
								鳳林			
								鳳仙			
				立清	德禮	榮貞	華清	秀姣			
								秀珍			
								玉英	日道		
									日德	永志	
									日仁		
									日義		
									雪艷		
								阿蘭			
								嘉和	雪蓮		
									柳燕		

20	21	22	23	24	25	26	27	28	29	30	31
									柳琴		
									日亮		
								秀玉			
								秀蓮			
				立相	德均	榮華	華啟	嘉明	日強		
									日坤	雪麗	
										永輝	
									日清	永生	
									日存	雪萍	
										雪梅	
									樹英		
								明姝			
							西秀				
						榮富	冬蘭				
							三妹				
							玉琴				
							福松				
							華堂	嘉奎	志紅		
									志梅		
									志萍		
								嘉祚	燕珍		
									燕君		
									日毅		
								嘉確	日恒		
								嘉雄	日鑫		
								嘉學	燕妮		
					德銘						
					德欽	榮城	龍姣				
							阿四				
						榮珍	華英	阿愛			
								金蘭			
								嘉福			
								桂蘭			
								鳳蘭			
								翠蘭			
								加成			
							八妹				
							華振	桂明			
								秀蘭			
								春蘭			
								冬蓮			
								蘭花			
			日璣	立華	(遷	崇頂	坪今	香山	)		
				立慶	(遷	崇頂	坪今	香山	)		
				立仁	(遷	崇頂	坪今	香山	)		
				立忠	(遷	崇頂	坪今	香山	)		
			日琳	立洪	(遷	崇頂	坪今	香山	)		
				立和	(遷	崇頂	坪今	香山	)		

雒容部份

雒容老街西方約三里處龍婆村，彭氏族人聚居。廿三世祖振揚、振蔚公為避世亂，攜眷由廣東恩平平塘村，輾轉到此定居，旋又有振芬、振芳、振濟等公後裔遷來。

思謹公(大房)系

血緣：延年－鑑－諒－秀鸞－德清－宗慶－伯富－克禮－仲宗－祁－珍－寅－惟用－元柱－貴－思謹－心廷－仕安－祖球－科鼎－伯貴－子誘

21	22	23	24	25	26	27	28	29	30	31	32
伯貴	子謙										
	子讓										
	子誠										
	子訓										
	子誼										

21	22	23	24	25	26	27	28	29	30	31	32
	子咏										
	子誘	效大	興和	任昌	賢德	紹才					
						余才	長秀				
							達榮	柳芬			
								締偉	邦幸		
								綠英			
								明珠			
							群秀				
							達貴	締球			
								締珍			
								締明			
							運秀				
							春秀				
						裕才	達光	柳江			
								柳清			
								柳瓊			
								柳歡			
								秋燕			
							丙秀				
							丁秀				
							木秀				
						甲英					
						惠英					

思誠公(二房)系

血緣：延年－鑑－諒－秀鸞－德清－宗慶－伯富－克禮－仲宗－祁－珍－寅－惟用－元柱－貴－思學、思道、思謹、思誠、思定

15	16	17	18	19	20	21	22				
貴	思學										
	思道										
	思謹										
	思定										
	思誠	新科									
		富科									
		連科	仕高								
			仕龍								
			仕鳳								
			仕魁	祖榮							
				祖華	朝鼎						
					爵鼎						
					業鼎						
					建鼎						
					立鼎	伯璇	子暉				
							子昭				
							子晗				
							子晛				
							子昡				

延年－鑑－諒－秀鸞－德清－宗慶－伯富－克禮－仲宗－祁－珍－寅－惟用－元柱－貴－思誠－連科－仕魁－祖華－立鼎－伯璇－子暉、子昭、子晗、子晛、子昡

21	22	23	24	25	26	27	28	29	30	31	32
伯璇	子暉	振開									
		振江									
	子昭	振標									
	子晗										
	子晛	振蔚	朝槐	秋光	啟仟	登端	創智				
							創明	學軍	友媛		
									友玲		
								鳳群			
								建軍			
								艷瓊			
								崇軍			
								偉軍			
							年英				
						阿嬌					

21	22	23	24	25	26	27	28	29	30	31	32
						社姝					
						登瑞	求保	勝軍			
								麗君			
							雙保	振軍			
								靈軍			
								麗冬			
							玉秀				
							雙德	志軍			
								俊軍			
								信軍			
			朝棟	熠光	福仟	□					
					祥仟	□					
					裕仟	登球	鳳姣				
							甲有	小英			
								小蓮			
								金龍	彭科		
									彭麗		
								金養	華軍		
									華勝		
								金福	彭鍊		
									彭茜		
								玉香			
								玉文			
								國能	俊蘭		
							阿努				
						阿庚					
						登順	新有	永和	興俊		
									麗媛		
									麗妮		
								永華	麗娜		
									麗莉		
								巧玲			
								巧雲	惠惠		
						登明	創德				
							冬蓮				
						登富	創基	火秀			
								國強	彭義		
									彭旋		
								玉清			
								國雄	彭萍		
									彭樂		
								國飛	卯芳		
									龍芳		
									申芳		
						登榮	阿香				
							小九	彭燕			
								彭濤			
								彭慈			
							小華	思梦			
								國平			
						少華	文亮	彭翔			
								彭娜			
							文忠	彭飛			
							文榮	彭劍			
							文生	彭慧			
							桂華				
			朝楨								
		振芹									
		振芬	朝丙	繼光	發仟	秀明					
					求仟	登揚	創杰	小珍			
								秋玉			
							創文				
							創英				
							彭熊				
					榮仟						
		振蓮									
		振芳	朝楷								

21	22	23	24	25	26	27	28	29	30	31	32
			朝模								
			朝桂								
			朝桓	日光							
				永光	德仟	秀榮					
						五秀					
						潤秀					
					順仟	登安	月琴				
							創光	國龍			
								國歡			
							創華	國福			
							月芳				
					來仟	阿年	丙有				
							長姣				
							鳳姣				
							年姣				
				繼光							
				鳳光	立仟						
				喜光							
			朝林								
			朝進								
		振葵									
		振英									
	子昡	振聲	朝祥								
			朝福								
			朝祿								
		振輸									
		振顯									
		振揚	朝琮	祈光	南仟	建興	丹陽	顯聽			
							丹立				
						小珍					
						小華					
						小志	重威				
						小青					
			朝瓊	殿光	崇仟	鳳華					
						德華	吳端	彭俊			
								丹丹			
							吳榮	國斌			
								國菊			
							吳林	彭樂			
								彭萄			
							吳剛				
							吳清				
							吳妝				
							小妝				
						龍華					
					永仟	三妹					
						建威	全德	彭強			
							振濤	蔣中			
							全東				
						阿鳳					
						水玉					
						美華					
						建明	創雄	國磊			
							創勇	國娟			
							創軍				
				韶光	佐賢	佩珍					
					佐忠	登發	金土				
							金國	彭純			
								彭琴			
							金梅				
							金紅				
							金堯				
					伍仟						
					佐仁	瓊華					
						有亮	彭慧				
							彭聰				
						有明	彭婷				

21	22	23	24	25	26	27	28	29	30	31	32
							彭博				
							彭飛				
					佐倫	志雄	飛燕				
							飛雲				
							文斌	雪曉			
								艷陽			
							文杰	梦圓			
								永蔚			
						志堅	小紅				
							文軍				
							小萍				
						玉華					
						志富	文學				
							飛玲				
			朝玉	訓光	長嬌						
					慶仟	彭立	嘉峥				
							一嶸				
							嘉惠				
							嘉玉				
						璧彰					
						素珍					
						衛華	程遠				
						素玲					
						素娟					
						建華	創奇				
							創芝				
					應仟	群珍					
						群英	彭宇	譯萱			
						庚生	知明				
						群莎					
					道仟	榮芳	創寧				
						雲珠					
						小珠					
					德仟	彭芊					
						彭峥	彭亮				
						彭茵					
					九仟	建樹					
						建文					
				壁光	雲仟	偉民	創華				
							創波	國詩 雨			
							創萍				
						新民	創新	國晉			
							創月				
							創寧				
						德民	創雲				
							創猛				
							創區				
					雨仟	求德	彭宇				
							彭靖				
							彭嬋				
						桂珍	彭權				
						求生	彭勇				
							彭芬				
							彭春				
						潤鳳					
					懷仟						
					智仟	華芬					
						立明	創輝	國慶			
							創斌	國睿			
							創利				
							創強				
						華芳					
						華清					
			朝球	聯光	順仟	桂福	革建				
							革剛				
						桂生	玉蘭				
							年雄	學明			

21	22	23	24	25	26	27	28	29	30	31	32
								學文			
							小雄	梓豪			
								嘉悅			
						貴友	革純				
							文清				
					矩仟	沅貞					
						頌貞					
						苑平					
						立平	彭浩				
							彭玲				
							創震				
						建平	海倫				
					理仟	子方	彭敏				
							彭彥				
						子英					
						子平	彭捷				
							彭坤				
							彭娟				
						子元	彭雪				
							彭丹				
							彭覺				
					南仟		(過	繼祈	光)		
					澤芳						
					澤青	彭非	鯤鯤				
				龍光	鳳珍						
					淑珍						
					淑娟						
					淑華						
					壽仟	丁圓					
						開雲	琪軒				
						丁榮					
					福仟	凌雲	彭璐				
							嘉寶				
						超雲					
						春元					
						春林					
					祿仟	凌媛					
						昶璇					
					喜仟	彭飛					
						麗雲					
						麗霞					
				文光	健仟	安生	宇舟				
						安梅	力靖				
							可儿				
					雋仟	映春					
						彭江					
		振濟	朝瓏								
			朝琚								
			朝瑾								
			朝琅								
			朝瑛	文光							
				漢光							
				亮光							
				洪光	羅仙	福才	貴明	彭軍	彭妮		
						秀才			寧寧		
									向科		
								彭慶			
								彭群			
						阿辛	四九	韋生			
								韋軍			
								庚養			
							阿滿				
						苟弟					
						滿妹					
				習光	□	登權	金美				
							創業	國仁			
								國懷			
								彭雲			

21	22	23	24	25	26	27	28	29	30	31	32
							金鳳				
					□						
					三桂	惠珍					
					□	阿登					
						登貴	運蓮				
							運鳳				
							運三				
							土生	國慶			
								玲玲			
							順才	秋月			
								國成			
					木保	水保					
						老二	阿花				
							阿陽				
						阿蓮					
						登志					
					火保	繼英					

部份香山

香山村位于寨沙南部偏東，蒼蠅嶺西北腳下，現屬關庄村委管轄．清同治年間，貴祿公第六、第七子曰璣、曰琳，率眷從上坪遷蒼蠅嶺下崇當村之爛屋嶺暫居，最後在兩里外山坡下造屋定居．因後山盛長香桂樹，而名曰香山村．

22 世貴祿公嗣 23 世曰玑公房

先祖不明－自生－官龍－貴祿－曰球、曰瑱、曰璉、曰琢、曰瑛、曰玑、曰琳

22	23	24	25	26	27	28	29	30	31	32	33
貴祿	曰璣	立華	德建	榮貴	昌明	繼鳳					
						阿寒					
						繼福	桂華	冬蘭			
								繼榮	文鋒		
								春蘭			
							秀華				
							清華	秋萍			
					火姣						
					華昌	九妹					
						家志	艷艷				
							奕龍				
						九英					
						九連					
						運榮	奕鳳				
							艷飛				
					華林						
			德秀								
		立慶	德開	榮秀	福安	桂鳳	秋蘭				
							玉蘭				
							冬英				
							石蘭				
							愛蘭				
					福妹						
					華球	石英					
						家福	少波				
							秋玲				
							少軍				
						家友	小聰				
						家強	少斌				
							少虹				
						秋瓊					
						家雄	巧玲				
							巧麗				
					華祥	家財					
			德魁	榮馨	彭明	水德	建華				
							建英				
							建芬				

22	23	24	25	26	27	28	29	30	31	32	33
					昌鳳	福松	建菊				
							建雄				
							建歡				
						連英					
						石喜	柳紅				
							雙梅				
						連姣					
						連新	舒建				
						家榮	文君				
							琬婷				
					華冬						
					滿妹						
				榮昌	星福	家長					
						家權					
						群暉					
						蘭暉					
					秀英						
			德崇								
			德興	榮茂	喬鳳						
					庚鳳						
					蘭鳳						
					桂英	漢龍	彭程				
						漢香					
						文斌					
						文勝					
						文利					
						文杰					
				榮林	華保	少峰	彭濤				
						劍峰	彭偉				
						海峰					
			德潤	榮典	華明	田鳳					
						漢英					
						小英					
						家秀	艷玲				
							芳玲				
						家進					
						家紅					
					華順						
				榮亮	春妹						
					華吉	丙英					
						家旺	現誠				
						球英					
					桂英						
					華全	家貴	彭浩				
						家才	龍飛				
						家寶	碧雨				
						鳳姣					
					華有	家富	愛華				
							麗華				
		立仁									
		立忠	德雲	榮光	華春	家文	麗娟				
							麗梅				
							奕亮				
						家榮	劉招				
						貴榮					
						貴才	子明				
						愛珍					
				榮瑞	華喜	六一					
						貴六	陸秋				
						金水					
						連弟	彭慧				
						新連					
					華東	雪玲					
						雪峰					
					華四						
			德芳								
			德純	榮盛	華開	家清					

22	23	24	25	26	27	28	29	30	31	32	33
						家修	志鵬				
						家星					
						土鳳					
					應連						
					華德						
					田英						
			德華	榮開	華進	長妹					
						愛英					
						長生	江麗				
							江琦				
						七英					
						金玉	秋麗				
							彭坤				
						文鳳					
						連鳳					
						金勇					
			德坤	榮禎							
				阿玉							
				四妹							
				榮甫	華強	翠雲					
						翠香					
						翠蘭					
						翠瓊					
						家威					
					華良	家飛					
						善君					
					華斌	家興					
						家慶					
						秋梅					
					新妹						
					玉秀						
					華忠	嫚婷					
					華欽	家俊					
						彭瓊					
	曰琳	立鴻									
		立和									

寨沙部分

寨沙位于鹿寨縣城東部30公里處，鹿荔公路旁，是民國時期榴江縣府所在地，現改屬寨沙鎮．彭氏先祖由廣東恩平附近地區遷入，有興文、興房、順昌等大房支系，也有振乾公子孫，寨沙後山因彭氏最先開墾而得名彭家嶺．

23 世富大公

血緣：延年－鑑－涼－秀鸞－德清－宗慶－伯富－克禮－仲宗－祁－珍－寅－惟用－元柱－貴－思謹……富大

20	21	22	23	24	25	26	27	28	29	30	31
肇鼎	伯淇	子羨	富大	興文	佑昌	彭繼					
						樹養	祖明	(過	繼阿	賢)	
							日喜	秋艷			
								志松			
								志鋒			
							石林	彭娟			
							阿秀	彭磊			
								彭濤	震寰		
								雪琴			
								秋琴			
							石玉				
							阿華	彭博			
								彭廣			
						阿日					
					阿二	火秀					
						阿年					
						秀龍					
						阿扭					
						秀英					
					阿養						
					彭武	火保	瓊芳				
							友德	彭柱			
							國亮				

20	21	22	23	24	25	26	27	28	29	30	31
							小鳳				
						光明	耐德	彩艷			
								彩媚			
							耐文	喬姿			
							春蓮				
							靈強				
						旦引					
						玉鳳					
					滿妹						

24 世興房公

血緣：15世貴－思謹－桂廷－仕爵－祖升－永鼎－伯厚－子璠－思大－興房－□昌－阿賢－祖明－寒春

22	23	24	25	26	27	28	29	30	31	32	33
子璠	思大	興房	□昌	阿賢	祖明	寒春					
				英姣							

24 世興□公

血緣：延年－……貴－思謹……

22	23	24	25	26	27	28	29	30	31	32	33
		興□	順昌	有弟	葡萄						
					朝珍						
					阿桂						
			水生	阿清	漢忠	玉瓊					
						勝民	彭露				
						玉蘭					
					崇喜						
					財勝	溫政					
						政國					
			阿寵	運姣							
				連二							
				阿關	長妹						
					運娣						
					桂蘭	友松	菊芬				
							黎明				
							桂芬				
						田才					
						建明	艷瓊				
							榮發				
						木英					
						新英					
					秀蘭						
					桂香						
					七四						

26 世火生公(先祖不明)

22	23	24	25	26	27	28	29	30	31	32	33
?	－	－	－	火生	阿想	水福	官姣				
							石喜				
						德忠	桂姣				
							阿喜	紅梅			
								代威			
							新雲				
							桂光	柳燕			
								秋燕			
								運強			
						群鳳					
						德禮	石基	彭軍			
							小英				
							建立	瓊婕			
							建明	彭宏			
								彭娟			
							彭靜				
							金明	（改	姓何	）	
						水龍	光明	榮靈			
								玉秀			
							光華	文濤			
								丹妮			
							桂蘭				
							光政	丹鳳			

22	23	24	25	26	27	28	29	30	31	32	33
							光強	永康			
					阿秀	建英					
					彭斌						

25 世亨遠公(先祖不明)

22	23	24	25	26	27	28	29	30	31	32	33
?	—	—	亨遠	靜萍							
				肇璋	金寧						
					觀寧						
					石養	彭舟					
						彭戟					
					明鳳						
				玉英							

思定嗣 23 世振乾公房

血緣:延年－鑑－淙－秀鸞－德清－宗慶－伯富－克禮－仲宗－祁－珍－寅－惟用－元柱－貴－思定－仰廷－仕寬－宗元－俊鼎－伯鎬－子海－振乾

22	23	24	25	26	27	28	29	30	31	32	33
子海	振乾	富元	業修	榮良	華瑞	萬雄					
					春秀						
					華勤	洪軍	晶晶				
						紅麗					
						麗菊					
					秋燕						
					松萍						
					華邦						
				榮安	華喜	洪彬					
						洪盛					
						慧敏					
						慧娟					
					華林	萬興					
						佳敏					
						萬民					
					華仁	雪梅					
						秋梅					
						萬金					
						于家					
					華強	萬程					
						萬松					
					華忠	萬偉					
						鈺玲					
					華玉	彭曉					
						萬俊					
				榮光	少華	妍婕					
			業生	榮才							
				榮魁							
				榮亮							
				榮姣							
				榮慶	華桂	嘉俐					
						韋韋					
						思雨					
					日珍						
					小妹						
				樹姣							
		富嘉	業繼	得桂	志剛	田坤	彭芳				
							梦慧				
							燕芳				
							獻軍				
						玉坤	秀珍				
							治強				
						日鳳					
						月鳳					
						新鳳					
					□						

22	23	24	25	26	27	28	29	30	31	32	33
		富乙									

龍江－高棉部分

龍江熬塘村位于龍江街南數里，地處鰲魚嶺麓，下有一塘，形若鰲魚而得名，後「鰲」訛傳為「熬」· 約 150 年前，廿四世興振公落籍此村 · 民國年間，長孫賢理公家人遷居上坪，約二十年後仍回熬塘，部分子孫再遷鹿寨高棉 ·

27 世信才公

延年－鑑－淙－秀鸞－德清－宗慶－伯富－克禮－仲宗－祁－珍－寅－惟用－元柱－貴－思謹－子誠－光大－興振－乙昌－賢理－信才

22	23	24	25	26	27	28	29	30	31	32	33
子誠	光大	興振	乙昌	賢理	信才	達富	秀珍	運鸞			
								彭軍			
								運發	小琬		
							帝華	麗娟			
								麗媛			
								志強			
							秀榮				
						達裕	保華	斌斌			
						達榮	慶珍	彭燕			
							慶德	彭倩			
								彭慎			
							慶秀				
							慶忠				
							慶華				
							慶萍				
							慶蘭				
						達華	土姣	雪珍			
								楊勇			
								志超			
							鳳姣				
							田姣				
							慶旺	志國			
							愛姣				
						達茂	慶文	思雨			
							慶興	彭倩			
							慶福	佳文			
					順才						
					盛才	達洪	艷萍				
							慶光	邦□			
							春萍				
							冬萍				
							艷玲				
							慶鋒				
						達勝	艷華				
							彭濤				
							彭波				
						達利	文一	□			
							土貴				
							□				
							□				
				賢壽	東先	桂英					
						桂瓊					
						玉瓊					
						細瓊					
						愛瓊					
						喜新	思琳				
			西昌								
			廷昌								

巴敢嗣裔志光公系(字輩：喜成德志思忠惠….)

（先祖血緣世代不明）

22	23	24	25	26	27	28	29	30	31	32	33
？	—	—	—	德□	志光	思□					
						思信	秀群				
							才忠	彭杰			
						思全	（居	平南	）		
						思輝	年英				
							貴忠				
							明忠				
							秋琴				

廣西省北流縣 20 世雲亭公系

20	21	22	23	24	25	26	27	28	29	30	31
雲亭	任甫	松齡	遇亨	世樞	仲乾	紹富					
				世椿	代祥	紹元	福榮				
							幸榮				
							偉榮				
						紹章	榮光				
							基榮				
							榮新				
							榮生				
							榮強				
						紹榮	志榮				
							君榮				
							福榮				
				世權	代豪	紹明	長興				
							竣河	子綱			
								子乘			

廣西省容縣 20 世成亮公系

20	21	22	23	24	25	26	27	28	29	30	31
成亮	德綱	甫常	大生	鳳文	宗華	相書					
						棣書	紹進	毓文			
								毓英			
							紹球	毓泉			
								毓召			
								毓林			
								毓成			
								毓財			
							紹和	毓南			
								毓榮			
						桂書	紹新	佑成			
								東成			

廣西鳳山縣袍里鄉仁安村開派始祖宏祥公系

彭昌鵬

本支現居廣西省鳳山縣袍里鄉仁安村，開基始祖彭宏洋，清乾隆年間從四川省重慶府西陽州沙河垻，遷徙西粵鳳山州(今山縣)城鎮弄者村喬見「」，彭熙騰、彭勝義二代單傳，後勝公又搬遷本縣袍里鄉仁安村毛垌定居，至今遞遞十一代，約 240 年之久，現有若五百多人口，後裔忠厚勤儉，睦鄰相處。

祖籍字輩：　大道宏熙勝，錫上廣雲昌。

後續十字：　祖籍昭明月，世代好綱常。

陪神對聯：　八百高年傳我祖，萬千景福介吾孫。

貴州彭氏

貴州思南之彭　清　彭家屏著「彭氏溯源紀略」

貴州思南之彭，上彭有廿三世守朴、守質，先居思南，然失緒已久．其近世由楚貴州所遷一支，則班班可考也．明世有諱則明者，世居黃安縣中和鄉．子曰漢文，以孫吉貴，俱贈榮祿大夫．吉于明末以進士起家，為湖南五寨長官司，歷升總兵官鎮守黃州，永明王加寧沅將軍，晉太子少保．時西川亂極，提師赴任，授至保寧府，勢已不支，遂殉節焉．吉子順慶，寄居思南，補入府庠，生二子：郁、郴．郁，歲進士，司訓清鎮縣．郴，康熙乙卯舉人，思州教授．郁子之錦、郴子之瑤，康熙庚子同榜舉人．之錦，現官江西貴溪令．之瑤，雲南知縣．按初徙貴州者，徵君二十五世孫師旺公後、大園派秉均也．師旺生天益，天益生匡，匡生瑾，瑾生昌，昌生珍，珍生賢，賢生汝明，娶明生大成，大成生務聞，務聞生南喬，南喬生維光，維光生斯義，斯義生豐亨，豐亨生可大，始遷大園；可大生致祥，致祥生文衡，文衡生俊賢．俊賢三子：長秉初，次秉奕，明初司李黃州，以城陷事降教授，旋升清遠令；幼秉均，隨兄之任．王都司招贅為婿，因襲其職，家焉．衍裔甚繁，「通譜」所如此．今考黃之族，其在前代；鳳來，弘治庚戌進士，官御史；鳳儀，正德己卯舉人；台，嘉靖己酉舉人；好古、遵古，萬曆丙戌兄弟進士．好古任僉事，遵古任尚寶卿文章政事，號稱「兼科」．好古著有「彭氏雜說」六卷，博採子史，士林詠炙．應會，萬曆庚子舉人，之任、繩祖，皆順治選貢，而繩祖官至太守；魏燮，康熙戊子舉人；之華，康熙癸巳舉人；際泰，康熙丁酉舉人．所知者如右．近科以來，尚未得詳，則譜云甚毓，誠非虛謬！惟是秉均至則明中間六、七世，名字莫考，必得黃譜而讀之方快耳！至于沅公之食祿死事，忠節凜然，天之報施，未嘗吝也．黔族之盛，詎有量乎！

貴州彭氏源自湖南衡山黃堂仲文公 (字彥秀、構雲公 16 世)

(摘錄 1997 年貴州彭氏家譜二)

謹按彭氏系出皇帝，皇帝廿六子得姓者十有二人，昌意其嫡脈也，昌意生帝瑞項高陽氏，高陽氏娶勝潰氏之女日卷章，生黎及回黎為高辛火正回繼之封于吳為祝融回生老童，老童生陸終，陸終娶鬼方氏之女，生六子，長樊、次惠連、四惠人、五曹姓、六連、其三曰籛鏗(右出帝王世紀)，少習恬靜以養神生事，為大夫，不與政事，尤好觀覽古籍，以政故大夫，以宦教士，以技教庶人，綴以德行，不任以言．堯時封于大彭之墟，自虞夏商七百八十一歲，壽至八百，彭故世稱老彭(右出劉句說苑)，即今江南徐州彭城縣州城東北彭墓焉，或四川彭縣眉州彭山縣，上有彭婆在焉冢雲右出廣，曰武曰夷，隱閩山中，亦數百歲，其秀以國為姓，商之咸周之蒙及弟更，皆其裔也．春秋楚文王時有賢大夫仲爽者，子孫世居楚，秦滅楚于隴西故邵隴西名曰眉壽，由秦夷大姓于西彭其一也，故後世之隴西郡，由秦逮漢高祖提三尺劍定天下，誅秦滅項梁王越功與淮陰侯埒然世遠代湮世次莫考．漢哀平時，彭公宣，以明經官尤馮翔拜大司空封長平侯居淮陽，故吾族以淮陽稱者，自宣公分昉也(本漢書以下雖本舊譜校正)，淮陽之後，若武若閎若修若乘若景直，或以節，或以功名學問，載在史傳，班班可考．自宣公歷二十餘世，為唐徵君構雲，生茲字世臣，為進賢令，茲生伉及倜與儀，儀早亡，伉分廬陵南港，倜生輔，輔生安定王玗，為唐將伐淮陽，為張溫徐顯所攻，出依楚王馬殷于湖南長沙，時有避馬殷之亂，徙居廬陵白下街口者，是為吾族始祖朝奉九公也，舊譜據為孝公墓志，自徵君下十二世即朝奉九公，按玗公遷長沙，與朝奉九公遷廬陵，俱在唐光啟龍記間，不應于公去徵才四世，而朝奉公距徵君十有一世也，或疑玗公十一子其九曰彥璽即朝奉公，然傳記無考，譜無明文，不敢意承，今但以朝奉公為泰和月池始祖，從所知也．朝奉公生逵，逵生述，述生琮，琮生仲文、仲弼，弼生惟忠孝，世居月池，有沙溪桃園諸派，仲文以宋進士任茶陵守，以宦為家，居茶陵城南之左漱，更名為黃堂，今譜以仲文公為一世祖，崇始遷也．仲文公生四子，長思承居黃堂前巷，歷九世，嗣壽公徙沙陂，嗣公徙世和堂，嗣貴公徙灣子口凡魚坪青溪，皆其派．次子思賢分居秩堂四世十九公，分湘鄉安福九世和公，居石隴友諒公居溫塘友良居衡山吳集凡潞水嚴溪鬆岡虎山，悉其派也．三子思默居黃堂前巷凡上蕪四西關城內及神符港，皆其派也．四子即吾戶太祖思旦公，居黃堂後巷，旦公生二子，長汝佐生忠憲，願慜，四子鄰縣，次女敏生質定寧宣宣缺實為黃堂派祖也．定寧宣之後，如溢隆公所作墳墓記序成譜牒，然寧公子孫分遷無考，而定公生明述明遷，分居陸鄉長堂，遷公生方儒，儒生懷隆，隆生文斌，斌生祖佑，居長堂．述公生方仕，仕生勳隆，又由長堂遷東江口舊名黃灣，勳隆生子高子成子仁，成公諱文斌，生昌雲志雲，公諱祖聖，生四子，長嗣隆仍居東江口，次嗣鼎生子本滕分居攸之彭家園，三子嗣沅生子本鈺，子元向開派攸之石子塘．四子嗣乾由東江徙廬陵同完越七世坤潤子小州，又由同完遷衡山草市．嗣鼎後四世文攸公開派衡陽文琳公開派來陽之馬水，汝敏公之子定公派也．惟我實汝敏公長子生明遠，遠生方佳方僖，佳為黃堂派，凡扶坤彭家灣小潭堯水火田滙江雲陽山下，皆自黃堂遷者也．僖公下三世道正公徙居衡陽，子惟慶居板被，惟文居小衡堰，其餘或居衡府，或居湘潭背，皆至板陂小衡兮者也．溯其源則方佳公黃堂後巷之支祖也，志雲公則東江口彭家園石塘，始遷之祖也．通正公未可考，衡陽始遷之支祖也，而思旦公則本房太祖仲文公，則始遷茶陵之祖，朝奉公則又月池黃堂之鼻祖也．沂其流，則由泰和而茶陵而永新安福湘鄉衡山衡陽湘潭醴陵來陽攸縣鄰縣，千枝萬派要之皆同一本也，吾族自高陽至今四千一百有餘年，望族聽所不能及也，故自長公以上，謹記其得姓之由，自長平公而後，約紀其顯晦之迹，而追溯其本源則斷，自朝奉公始祖，朝奉公後分遷不一，子在其略，至于非思旦公一派者，不敢妄紀，故謹述其嫡派端使閱是譜者有所據雲。　　黃堂十八世孫　能證謹述

淮陽郡貴州構雲公十六世仲文公源流

血緣：構雲－茲－倜－輔－玗－彥昭－師奭－德顯－嘉－斌－國材－九－逵－述－宗－仲文

仲文公，字彥秀，行珊二郎．宋仁宗天聖二年甲子賜進士，授清江令，八年升湖南茶陵州守，擢升河南歸德府尹，不仕，越九年，留家州城南之十里地名黃堂，為茶陵始祖．清康熙二年乙酉正月十九日申時生，至和元年甲什九月十三日歿，葬黃

堂本里廿六都南衡，牛形丙什山壬子向，墓碑志記·
妣陳氏，西陽山田人，生歿失考，葬黃堂，虎形·生四子：思永、思賢、思默、思旦·女三，長適陳，次適譚，三適陳·

思永居黃堂前巷，歷九世，嗣壽公徙沙陂灣子口車步·嗣隆公徙世和堂，嗣貴公徙灣子口，凡漁坪，清溪皆其派也·思賢公登進士，官監察御史，徙居秩堂·明內閣學士解縉，配陳氏，生汝勵，字可安，授宣議郎，汝勵生四子，長千十一郎，開衡山黃子堂，賀家沖，衡湘大圫賀家橋，吳集船形，烏石鋪派；次千十郎，州府學正，次千郎，開濠頭派，千七郎，開楓梓沖，師姑橋一郎派，千十郎，生子仁高，仁高生子添瑞，天瑞生五子，第五子楚金，行保五郎，開衡山沙泉派，凡露水岩，溪松岡，虎山，皆思賢派也·思默公居黃堂前巷，凡上蕪田，西關城內及神符巷，皆其派也·
思旦公，居黃堂後巷，公生二子：長汝佐，次汝敏，佐生忠、憲、原、懿四子，派分鄰縣·敏生實、定、寧、宣四子，宣缺，實為黃堂派也，定、寧之裔如溢隆公所作墳墓記序成譜牒，然寧公子孫分遷無考·而定生明遷、明述，分居陸鄉，長堂遷公生方儒，儒生懷隆，隆生文斌，斌生祖佑，世居長堂·述公生方仕，仕生勳隆，又由長堂遷東江口(舊名黃沙灣)，勳隆生子高、子成、子仁，成公諱文賦，賦生昌雲、志雲，志雲公諱祖聖，生四子：長嗣龍，生三子：鸞、淨、果，仍居東江口；次子嗣鼎，生子本勝，分居攸縣彭家園，；三子嗣沅，生子本鈺，鈺子元向，開派攸之石子塘；四子嗣乾，由湖南東江徙江西廬陵之同完，子利道，、利達、利榮·越七世坤潤公，字小洲，公弟兄又由同完徙湖南衡山草市、石頭塘(今石潭)·逾四世，以蕙、以芬、以菁、以艾、以儒諸公，自湖南衡山石頭塘徙遷貴州之大城南門居·

貴州彭氏源流分遷引

摘錄 1997 年貴州彭氏家譜二

蓮池支系、泰公後裔、登爵公九世孫、新譜主編　奠基　謹識　於 1991 年 9 月

彭氏起源于籛鏗，根系于黃帝(軒轅氏)·黃帝娶西陵氏之女嫘祖為正妃，生昌意及玄器，居若水(今河北境)·昌意娶蜀山氏之女昌仆，生顓頊(高陽氏)居于帝丘(今河南濮陽東南)·顓頊娶勝潰氏之女卷章，生老童·老童生重黎(祝融氏)，祝融火施化，光榮天下，號赤帝，帝嚳時為火官，人尊為火神(據出「辭海」、「辭源」)·火神生陸終，陸終娶鬼方氏(西北民族之一)之女，生六子：長曰樊己，次曰惠蓮，三曰籛鏗，四曰惠人，五曰安曹，六曰季蓮(據出舊譜)·籛鏗少習恬靜，以養神治身，不與政事，善教德行，被堯帝封于大彭之墟彭城(今徐州市)，以地為姓·因其道可祖，故謂之彭祖(源)·彭祖尤好觀覽古籍，研傳經史，孔子在論語中特別提到「述而不作，信而好古，竊比于我老彭」，並常以彭祖之德行教育學生，可見孔子對彭祖尊崇之至·彭祖經過虞、夏、商三朝，活七百八十一歲(據出舊譜)，世人常以「彭祖壽高八百春」之句，寫條作聯向親友祝壽道賀，並贊譽彭姓「八百歲籛鏗後裔，幾千年詩禮名家」·

春秋楚文王時，彭祖後裔仲爽公，及其子孫世居楚國，秦滅楚，又有遷于甘肅、陝西一帶居住，郡名曰隴西，堂名曰眉壽，楚漢相爭時，諸侯王彭越聚眾起兵，率兵三萬餘歸附劉邦于垓下(今安徽靈碧南)，擊滅項羽，功績卓著，封為梁王，因奸妄陷害被殺(據出于「源」)·漢袁帝劉欣建平四年(西元前三年)，淮陽陽夏之彭宣公，字子佩，傳禹學，以禹力入為佑扶風，拜大司空，封長平侯，執政淮陽，年老榮歸，仍居淮陽，歷二十餘代·其子孫世有顯達，若武若閎，講信修睦，盡忠守孝，史績可考·彭氏神祇上楹聯為「漢史流芳，永享千秋俎頭；淮陽著績，長綿百世簪纓」(見漢唐彭氏源流圖)·晚唐時，宣公後裔構雲徵君生茲，字世臣，為唐進賢令，茲生伉、倜、儀三子·儀早亡·伉與倜分居廬陵南巷·倜生輔，輔生安定王玕，為唐寸伐淮陽，被張溫徐瀾所攻，出依長沙楚王馬殷·唐龍紀時，馬殷叛，長沙亂，公後裔彭九，任朝奉郎，因避亂遷江西廬陵，故稱江西吉安泰和之始祖·朝奉九公之五世孫彭仲文，字彥秀，進士及第，任清江縣令，升茶陵守，因茶陵民風淳樸，而定居城南左瀨，更名為黃堂·黃堂分長堂和秩堂·公生四子：長曰思承，居黃堂前巷；次曰思賢，分居秩堂；三曰思默，仍居堂前巷；四曰思旦，分居黃堂後巷·彭氏由黃堂分支入黔者多，居四川、雲南也不乏其人·

思旦公之後至第八世孫祖聖，字志雲，生四子：長曰嗣龍，次曰嗣鼎，三曰嗣沅，四曰嗣乾·

嗣龍公，字代龍，分居東江口，生鑾、净、果三子，鑾、净生月宗、月聖，由東江口去江西轉湖北漢口，又隶漢口經湖南常德，進貴州鎮遠，在鎮遠經商一十八年，元末明初，月宗、月聖由鎮遠遷入貴陽，宗、聖二公及二母去世後，均葬貴陽大南門至大十字的牌坊邊·由于歷史變遷，墳墓早已不存在·二公共有六子，即治鸞、治玄、治乾、治坤、治剛、治富，均遷居清鎮東苗沖·于明永樂年間從東曲沖分遷異地，現散居黔西大方及納雍、織金、水城、畢節、安順、馬場老彭寨、坡腳長沖、及麗猫場等地，均屬東苗沖分而來·由于時長，支亂、字派各異，很不統一·

今有嗣鼎公後蓮池公子孫理緒修譜，在查支尋脈中，方知代龍(嗣龍)子孫與嗣鼎後裔(亡場金鍾山)蓮池支系子孫，及嗣沅公後裔尚巩(拱)支系，分居以那架、鼠場、納雍老場打鐵街、以角等地·嗣乾公由東江遷廬陵，越七世至坤潤公，遷湖南居衡山草市，于清代入黔·為國捐軀的彭佳秀將軍，及大方書法家彭漢卿老人，皆為嗣乾公後裔，其子孫散居大方南門、新場、白布營頭、瓜仲河、德基等地·四房子孫均于祖聖公派下，早年是同鍋吃飯，同室居住的一家人，從今後嚴禁再分彼此·

嗣鼎公生本勝，分居攸縣之彭家園，到第七世孫仕謌公之子大秀，字蓮池，于明初萬曆二年與蕭氏攜子名高入黔，辭世後合葬于鼠金鍾·出其子孫有遷雲南、四川、湖北、黑龍江、貴州者，有遷畢節、威寧、水城、赫章、納雍、織金、黔西、金沙者，不佑凡幾，本縣各區皆有公之子孫，上千戶萬餘人·

今作此文，其因有二：一，舊譜「引」是清初在湖南茶陵告成，不可能涉及黔事，更不會言及今事，二，此次修譜，在浩如烟海的史籍中核實查對，發現舊「引」及舊譜在史時上，均有錯訛之處，今日吾輩修譜，本著「續史之無，補史之缺，參史之錯」之原則，嚴肅認真真地對待，和尊歷史，前人之誤，今人有責更正，否則，上有愧于祖先，下有遺誤兒孫，罪及大矣！此「引」從軒轅氏起至今，幾經查史校正，若再有誤，還望後賢正之·

淮陽郡彭氏源流分遷考部分摘錄 (摘自甲戌譜)

彭氏源于籛鏗，根系於黃帝(姬姓軒轅氏)，相傳黃帝娶西陵氏之女嫘祖為妻，生昌意及玄器等廿六子．昌意娶蜀山氏之女昌仆，生顓頊(高陽氏)等若干子．顓頊娶勝濆氏之女卷章，生老童等若干子．老童生黎及回等若干子；黎為高辛火正，回繼之「封」于吳為祝融(人尊為火神)，回生陸終等若干子；陸終娶鬼方氏之女，生六子：長曰樊，次曰惠蓮，三曰籛鏗，四曰惠人，五曰安曹，六曰季蓮．籛鏗少習恬靜養神治身，不與政事，善教德行，帝堯「封」于大彭之墟(古為彭城，今江蘇徐州市)，以其地為姓，因其道可祖，故尊之為彭祖，彭祖甚好觀覽古籍，研傳經史，曾得孔子稱贊「述而不作，信而好古，竊比于我老彭」(見論語)．

彭祖歷虞、夏、商，享 781 歲，世人常以「彭祖壽高八百春」、「享彭籛之壽」等句，祝賀親友壽辰，在贊譽彭姓時常以「八百歲籛鏗後裔，五千年詩禮名家」．相傳彭祖先後娶 49 妻生 54 子．子孫世系繁衍，分支散居，上古時，居于今江蘇、安徽、河南、山東、河北、湖北、四川諸省帶，春秋時，在河南一帶之彭祖後裔子孫傳至仲爽，仲爽為楚文王賢大夫，世居楚國，子孫繁衍至戰國時，仲爽支系分為兩大支，橋支分為若棋、若俞、若穎三房；股卷支有十七房，其中若侗、若舟，與前三房合稱彭姓五房，屬楚國之大姓，秦滅楚，中國統一，遷楚大姓于京都管轄之隴西，彭其一也，子孫繁衍于陝甘一帶，郡名曰隴西，堂名曰眉壽，稱隴西五房．股卷支未遷走之十五房子孫，仍在河南一帶繁衍，秦末農民大起義，居山東之彭祖後裔子孫彭越，率領一支義軍，助漢統一中國，封為梁王，後為劉邦所殺，並滅三族，然有子孫逃匿繁衍者焉．西漢劉欣建平四年西元前三年，居淮陽陽夏（今河南太康縣)之彭祖子孫，即仲爽支系股卷支後裔彭宣，以御史大夫拜大司空，封長平侯執政淮陽，其子孫世居淮陽地區(即今河南、湖北、安徽等省一帶），稱淮陽郡，宣公為我淮陽始祖．

從宣公起，我彭氏世系相連代代銜接，其子孫有昌達，既有統治階級之王侯將相，也有被統治階級之廣大勞動人民，然忠厚傳家，盡忠守孝，講信修睦，乃我彭氏家規，至「禎」字輩止，凡七十二代皆有史績可考．過去彭神龕上之楹聯「派衍淮陽人文鵲起，家傳黔右甲第蟬聯」、「漢史流芳永享千秋俎豆，淮陽著績長綿百世簪纓」，乃歷史見證．

宣公之後，彭氏子孫逐漸向江南擴展，歷三十六代，經東漢、三國、東西晉、南北朝、隋、唐等諸王朝後，五代十國之南唐年間，仕朝奉郎之彭九字產爾公，遷居江西泰和月池．朝奉九公為我江西之始祖，淮陽三十七世祖也．北宋仁宗天聖八年西元 1030 年，朝封九公之四世孫(淮陽四十一世祖)彭仲文，字彥秀公，仕湖廣茶陵，民風淳樸，遂由西泰和月池遷家居茶陵城南左瀨，更名為黃堂，黃堂即我彭氏之堂名．宋、元以來，其後裔子孫拆散，居于今湖南醴陵、　縣、興陵、衡陽、湘潭、湘鄉、永興一帶，元朝中期，朝奉公之十世孫(淮陽四十七世祖)彭襄隆公，率家自黃堂後巷，遷居湖南雲陽東江口．

彭氏由黃堂分支進入貴州者多，入四川、雲南者也不少．根據彭家園傳來之湖南老譜傳抄本，現已查明，自湖南雲陽東江口，先後進入貴州者有兩支，此兩支均源于朝奉公之十二世孫(淮陽四十九世祖)彭祖聖公．相聖公字志雲，居雲陽東江口，生四子，即嗣龍、嗣鼎、嗣源、嗣乾．其長子嗣龍，號代龍，生鑾、淨、果三子，果公乏嗣，鑾公生子月宗，淨公生子月聖，鑾、淨兄弟倆(淮陽五十一世祖)率家外出經商，由東江口去江西轉湖北漢口，又由漢口經湖南常德，西進貴州鎮遠歷十八年，後于元末明初貿易入黔，居于貴陽城南門十字街口，出于貿易原因入黔第二代六位祖公，于明永樂間先後遷貴州各地和外省…．祖聖公次子嗣鼎，字福德，配劉氏，生本勝、本富、本貴、本榮、本華五子，于明洪武年間，應明太祖朱元璋墾屯豁軍之詔捐資雇募閑丁，自雲陽東江口攜家下屯湖南攸縣，開墾田 9,800 餘畝，全家居于斯，取名彭家園，子孫世系繁衍．

明世宗嘉靖中期，嗣鼎公之七世孫(淮陽五十七世祖)彭大秀，字連池，公因慕攝貴州宣慰使安萬銓招賢之名，自湖南攸縣之彭家園，攜蕭氏孺人及子彭高(湖南老譜上的名字來貴州，後學名月升)，遷來貴州水西白禮果阿作(今貴州省大方縣馬場鎮鼠場村)，為水西安氏家族之數慕色(彝音，漢學教諭也)．大秀公為我支系入黔始祖，大秀公生四子：長子月升(即高)，次子月現，三子月彩，公皆仕于水西．

日隆慶年間，宣慰使安國享無道，而導致水安氏家族內訌，因助安智反國享被迫出走雲南菜海子，及四川古藺分支雲南和四川，四子月倫公仍襲父職為水西之數慕色，世居阿作，水西被占後，隨次子逃匿今納雍核桃園，憂忿而卒．月倫公配陳氏孺人生三子：長子名魁，字祖庇(屬湖南「仁」字派)仕貴州水西之罵色(彝音，將軍也)，于清熙三年(西元 1664 年)七月，與吳三桂率領之軍隊激戰于大方九層衙門南端之閬風台，因寡不敵眾，英勇戰死，「蜘蛛織網蓋之螞蟻含土葬之」，曰將軍螞蟻墳，公配陶氏孺人生二子，長子登先，次子登念．月倫公之次子名官，字祖蔭，仕貴州水西之穆魁(彝音，丞相也)，水西被占，舉家逃匿今納雍核桃園，憂忿而卒．公配周氏孺人生二子，長子登義，次登奇，月倫公第三子名泰，字祖佑，仕貴州水西宣慰使安坤之捍把(彝音，衛士也)．康熙三年臘月，在阿叱屯簣土為保衛安坤，與吳兵苦戰不支，跳岩而卒．公配鍾氏孺人生子登爵．清康熙三年，吳三桂帶著距霸滇黔分裂祖國之目的，對貴州水西的入侵和占領(吳王剿水西)，給水西人民帶來沉重的災難，然在十八年後的 1673 年吳三桂也難逃復滅下場，安勝祖(安坤之子)仍為水西宣慰使入主大方，我彭氏家族和水西人民一起生息繁衍至今，我大秀支系子孫，遍及縣內，省內至國內外。

入黔始祖尚公

尚公原住湖廣寶慶府新化縣地名沙土，明末清初，其子良英公由湘入黔，住大定府屬平遠州以那架，良英公三子，長子思齊，次思發(又名思學)，三子思敬．思齊遷大定屬鼠場，思發徙大定屬納雍河，思敬徙大定屬大兔場半邊街(此係清光緒三年丁丑平遠州登瀛科文庠家曾祖澤鈞公親記)

原尚巩公支系排行

尚良思念功　祖澤照明月　一本皆聚會　萬代立綱常　蘭桂馨香遠　華國大文章

上排行「明」字原為『日』字，鴻模公將「本皆聚會」四字更為「倫重孝友」，後十字亦屬鴻模公會同族人增加．
註：貴洲「彭氏家譜(一)」92頁記載尚巩公三子，良英、良仕、良貴．第947頁云，尚拱公支系，二世為良仕公，與前矛盾，且先祖、世代不明．良英三子：思齊、思敬、思學；但思學子應是念字派，然缺子名，以【功】字派功祥為嗣，似有瑕疵，應考證．

良仕公

尚拱公屬於嗣源公支系，原居湖南寶慶新化縣，清康熙初年，攜眷入黔，居大定南鄉以那架，二世良仕，三世思齊，李氏素英，生念學、念理、念智、念宏四子．念學分遷左西鄉西鄉鼠場，念理分居納雍路廣，念智移鼠場中街，念宏以土木為藝，移居納雍大河．

尚拱公

尚良思念功　祖澤照日月　一倫崇孝友　萬代立綱常　蘭桂馨香遠　華國大文章
註：前系尚巩公三子：良仕、良英、良貴，貴州「彭氏家譜(一)」第948頁尚拱公子三，亦為良仕、良英、良貴，是否尚巩、尚拱二公為同一人，抑或是兄弟，應予考證．

祖拳公

血緣：構雲－茲－伉－遠－中－彥良－克乾－信啟－以賞－廷昉－進德－可道－平叔－祖拳

本支原籍江西吉安府太和縣，祖拳公任職貴州安順府太守，卸任籍楚南武崗州，明永樂年間編共里役，屬萬安一都二甲．嗣裔應登、應亮公商賈入黔落籍貴州水城縣法耳鄉，應登公子嗣由雲南雄縣遷法耳，應仑公貿易入黔落籍貴州水楊梅，應亮公落籍壽宮，即今法耳小學後．

應登公原排行

應之啟添國　恩大洪宗獻　肇慶文明顯　祥光學仕榮　家興純祖德　孝義振徽音　鵬程伸遠志　書田裕厚坤

水城縣土城比得立火竿生真公

血緣：？(先祖世代血緣不明)－生真－達－文坤、文鼎
生真公原居江西吉安泰和，仲文公四思旦後裔，原屬黃堂派，散居扶坤、彭家灣、小潭繞水火田、滬江、雲陽山下等地，皆其嗣．汝敏公長子生明遠，遠生方佳、僖，僖公下三世道正，移居湖廣衡陽，子惟慶居板坡，惟文居小沖堰．我支入黔始祖生真公直屬湖廣衡府衡陽縣小沖堰．於清康熙年間，經商入黔，定居原威寧縣七家灣，即今赫章縣七家灣區，再轉赫章黑羊箐石板河至今．其原居衡府湘潭均屬板坡、小沖堰支系．
原排行：　生達洪遵仕　貞永啟明倫　祖德流芳正　義廿惟長春

盤縣火鋪鎮李子樹二組明萬公系

明萬原居隴西郡詔人溝．遷居江西湖廣堯家巷，明末入黔至盤縣火鋪老龍樹落業，後遷李子樹定居，至今約四百餘年．
原排行：　明廣尚文甲　成榮炳光華　雲凱江政璧　學永吉萬家

貴州大方大秀(蓮池)公

大秀公，字蓮池，少典139世、宣公57世、構雲公32世，貴州大方開基始祖．生于明武宗正德九年甲戌(1514)，書香門第，耕讀世家，家風薰陶，勤讀詩書，知識淵博．明世宗嘉靖年間，貴州宣慰使安萬銓在湖南招賢納士，開發建設水西，嘉靖28年(1549)，公受聘由原籍湖南攸縣彭家園，攜眷蕭氏、子彭高(湖南老譜記載的名字)，來貴州後改名月升．居貴州水西白札困阿作(今貴州大方縣馬場鎮鼠場村)，為水西彝族安氏家族之漢學教諭(彝音：慕色)．曾對水西漢學文化的傳播，作出重大的貢獻，受到安氏家族崇敬，特別是歸宗、以義、阿武、阿戶等宗支的愛戴，晚年以「走馬一圈」之地謝之．

大秀於明神宗萬曆卅七年己酉(1609)逝世，享年九十五歲，葬阿作金鐘山．後裔子孫考支功名，立石桅杆壹對，上聯「水本自西江源流聲長三百年辟甲第，存心欺腐敗愿將來抬恒未中奎壁功臣．」石桅下聯「六十載勤儉持家幸積牛眠金鐘馬鼠；九萬俚風雲聚會愿將功鶩職奏鷹揚．」石桅立於墓前，石桅斗立於阿作陽宅門前．墓前石桅雖數百年，現仍存在，石桅斗及中堂神榜「孔聖人竊比以來禮樂詩書垂萬古；唐天子征東而後衣冠文物紹千秋．」被毀無存．

大秀公四子：月升(即高)、月現、月彩、月倫．月昇、月現、月彩三公均在水西為官，明隆慶年間，宣慰使安國享無而導致水西安氏家族內訌，因助安智反國亨被迫出走遷雲南萊海子(今滇池)、蒼谷山、大理、及四川．第四子月倫公仍襲父職，為水西漢學教諭，世居阿作，水西被占後，隨次子逃匿今納雍核桃園，懮忿而卒．月倫公配陳氏，生三子：長子名魁，字祖

庇(屬湖南『仁』字派)，仕貴州水西木胯則溪之罵色(彝音,，將軍也)，清康熙三年(1664)七月與吳三桂卒領軍隊涙戰於大方九層衙門南端之閱兵台，因寡不敵眾，公及次子登念等三百人英勇戰死，「蜘蛛織網蓋之，螞蟻含土葬．」因曰將軍螞蟻墳，公配陶氏，生二子：長子登先，次子登念．月倫公之次子名宦，字祖蔭，仕貴州水西火著，則溪之穆魁(彝音．丞相也)，水西被占，舉家逃匿納雍桃園慢憤而死，公配周氏，生二子：長子登義，次子登奇；月倫公第三子名泰，字祖佑，仕貴州水西宣慰使安坤之捍把(彝音．貼身衛士也)，清康熙三年臘月在阿叱屯籌上為保衛安坤，與吳三桂兵苦戰不支，跳巖而卒．公配鍾氏，生子登爵，清康熙三年，吳三桂踞霸滇黔，入侵占領(吳王剿水西)，給水西災難，十八年後 1673 年吳三桂覆滅，安勝祖(安坤之子)仍為水西宣慰使任主大方．彭氏從大秀公入黔至『祥』字輩止，凡十七代，子孫遍及全國．大秀支系派字起自北宋慶曆年間湖南茶陵黃堂族譜所定．先後經明弘治甲寅譜、清康熙甲午譜、及乾隆丁丑譜續定而傳來為四十代．【琮仲思汝叟明方隆雯祖嗣本元榮文義仕大月仁登維聲大 9 尚世家聲】遠詩書華國基佑啟孫枝守以紹而德其】，入黔後繼承部分字派，經清咸豐乙卯譜，和 1963 癸卯譜之修定統一，又經 1991 年辛未，我族百人代表大會集體審定為一百代：【登維聲大遠詩書華國基佑啟禎祥瑞永紹盛隆時修金光克以厚德燦松枝再承先業端元發風儀淮陽如雲涌湘黔梓紅綿江泰毓英秉方郘福祿泉忠孝明正杰守信愛友賢勤學祖傳訓仁義蔚鶴延青天開彩霞碧玉滿堂榮文武雄才藍殿壽萬年】

(1992 年貴州彭氏家譜(一)672 頁記載大秀公於大明萬曆二年甲戌西元 **1574 年入黔始祖**)

貴州大方彭氏大秀(蓮池)派字

(自構雲公 25 世”嗣”字派至 134 世”年”字派)

25	26	27	28	29	30	31	32	33	34	35	36	37	38	39	40	41	42	43	44	45	46	47	48	49	50	51	52	53	54	55	56	57	58	59	60	61
嗣	本	元	榮	文	義	仕	大	月	仁	登	維	聲	大	遠	詩	書	華	國	基	佑	啟	禎	祥	瑞	永	紹	盛	隆	時	修	金	光	克	以	厚	德
62	63	64	65	66	67	68	69	70	71	72	73	74	75	76	77	78	79	80	81	82	83	84	85	86	87	88	89	90	91	92	93	94	95	96	97	98
燦	松	枝	再	定	承	先	業	端	元	發	鳳	儀	淮	陽	如	雲	涌	湘	黔	梓	紅	綿	江	泰	毓	英	秉	方	郡	福	祿	泉	忠	孝	明	正
99	100	101	102	103	104	105	106	107	108	109	110	111	112	113	114	115	116	117	118	119	120	121	122	123	124	125	126	127	128	129	130	131	132	133	134	
杰	守	信	愛	友	賢	勤	學	祖	傳	訓	仁	義	蔚	鶴	延	青	天	開	彩	霞	碧	玉	滿	堂	榮	文	武	雄	才	富	蘭	殿	壽	萬	年	

大秀支系字派，起至北宋慶歷年間黃堂族譜所定，先後經弘治甲寅譜，康熙甲午譜及乾隆丁丑譜，續定而傳來，為四十代：「琮仲思汝叟明方隆雯祖嗣本元榮文義仕大月(登維聲大．尚世家聲)遠詩書華國基佑啟孫枝守以紹而德其」．

入黔後，繼承部分字派，經清咸豐乙卯譜，和 1963 癸卯譜之修定統一，又經 1991 辛未年，族人代表大會集體審定為一百代：

登維聲大遠　詩書華國基　佑啟禎祥瑞　永紹盛隆時　修金光克以　厚德燦松枝
再定承先業　端元發鳳儀　淮陽如雲涌　湘黔梓紅綿　江泰毓英秉　方郡福祿泉
忠孝明正杰　守信愛友賢　勤學祖傳訓　仁義蔚鶴延　青天開彩霞　碧玉滿堂榮
文武雄才富　蘭殿壽萬年

一．【百字排行】1992 年 8 月彭氏家譜(一集)記載，前二十派字為「佑啟尊典禮　朝新景常琪　宇佳嗣顯偉　智高安邦廷」，後八十派字相符．

二．各支派皆從「佑」字起改諱名，為避免今後排行出現混亂，百字用完後應翻頭再用，不容另改排行派字．

新編排行詩百字

佑啟尊典禮　朝新景常琪　宇佳嗣顯偉　智高安邦廷　修金光克水　厚德灿松枝　再定承先業　端元發鳳儀
淮陽如雲涌　湘黔梓紅棉　江泰毓英秉　方郡福澤泉　忠孝明正傑　守信愛友賢　勤學祖傳訓　仁義蔚鶴延
青天開彩霞　碧玉滿堂榮　武雄才富　芝殿壽萬年

原用派字老排行

各支房系	原用派字老排行
原用排行	其一：　尚世家聲遠　詩書華國基　佑啟孫枝守　以紹而德其 其二：　登維聲大遠　詩書華國基　佑啟孫枝守　以紹而德其 註：(一)原本「尚世家聲遠」，因先年遷于貴州，路程遙遠，隔數代而更為「登維聲大遠」，至遠字代始得閱譜，自遠字以後排行皆同． (二)道光六年廩生彭學遠復作排詩(係大定府西鄉阿作人)： 修金光克永　厚德燦芳枝　復定承先甲　端元發鳳儀
嗣龍公系	祖嗣鑾月治正進單起槐永興繼化良志　伏自世國仕芝登尚士
嗣鼎公系	祖嗣本元榮文義仕詩書華國基佑啟禎　蓮月仁登維聲大遠祥
嗣乾公佳秀系	以大賢佳，煌大貴德，四季昌明，顯謨承烈．
大方北門彭洪系	啟宇希顯達，立新尚忠恕，萬世永長發．(立與基字同輩) 註：嗣龍、嗣鼎、嗣沅、嗣乾四支，從「祖」字派下到第十代「自」字派，基本統一，從第十一代後，由於人多意見各殊，嗣龍公支系百分之九十不按老排行字，各自為政，隨心篡改排行字句，混亂雜陳．為明確某字與某字是一派序，特從第十一代起，擬附各支排行對照表於後，請從上到下各支對號入座，切勿爭論小，更不能以字相同來論輩份，影響老少不分．
大方縣百納鄉	祖發成陸應　萬文永世德　富殿文興全　歷崇國泰安
大方縣百納龍峰	商維大元開　盛廷樂端社　必定顯雲來(祖籍江西遷四川堆市 1962 轉遷貴州)

各支房系	原用派字老排行
大方縣百納縣楊柳村	應年起祿主 指染尊國先 學業坐實正 施恩自汝全 明良永厚德 忠紹慶倫宣 世代為人卓 芳聲萬古傳
恩府公系	恩源文壽貴　啟志希顯達　立新尚忠恕　萬世永長發 註:「新」字相當於百字排行「佑」字，餘類推·
文柏公系	國德洪中遠世代永流昌 註「遠」字下一代起按百字排行「佑」字起定名，餘類推·
祖拳公嗣應登系	應之啟添國　恩大洪宗獻　肇慶文明顯　祥光學仕榮　家興純祖德　孝義振徽音 鵬程伸遠志　書田裕厚坤　註:聯譜後，經理順祖拳公同派行對比排列起應登公系之「宗」字與應亮公之「昌」子相似百字排行之「佑」字，今後停止用原排行，改按「百字排行」更正
尚巩公系	尚良思念功　祖澤照日月　一本皆聚會　萬代立綱常　蘭桂馨香遠　華國大文章
尚文公系	尚萬登應焜　起述信思　先正文明　開選良材　中朝守成　祖德維長 襄治隆平 世繼嘉祥　澤遠源清
良貴公系	尚良仁義禮　智祖澤昭餘　信倫崇孝友　萬代立剛常
祖祥、倫鈞系	生達洪遵仕　貞永啟明倫　祖德流芳正　義世惟長春 註:「祖」字起合百字排行「佑」字，餘類推
納雍樂嶺彭家寨	明登草洪　尚大國朝興照進榮華
貴州盤縣火鋪鎮	明廣尚文甲　成榮炳光華　雲凱江政壁　學永吉萬家 註:「炳」字即改百字排行「佑」字
秀美公系	秀美公支派：德茂文魁信　秀以永思宋　紹春天明正　大啟應時良　源熙寧太昌 畢節支接「昌」字後增加派字： 忠正開先定發祥　顯揚祖德廣榮昌　源遠玉長承俊彥　孫枝茂盛慶緣良 註：今後「忠」字以「佑」字為準，「正」字以後停用·
文祖公系	登思大正興　連永士祥　入德為國富　發顯上忠雲 註:「和」字相同百字排行「佑」字，該字以後啟用按新排行字·
仁表公系	仁義禮智　應文開昌　發達其祥　萬福全登　有德純粹　玉美廷興
永欽公系	萬朝應祖顯　永遠志氣高　文興進學士　子良師正廷　發昌榮昌富　長春點翰林 壽如南山海　以便布青雲
納雍縣龍場區系	岳秀忠南國　香雲正德昌　永其光全化　福勝錦文章
湖南武崗原排行	祖仁汝文子弟(第六代為單名)　再景祖宋　仁汝文子 應有宏仕大　佳育永昌達　隆盛承先澤　光榮百代昭　傳裔維厚德　國撥輔升朝 正良啟遠慶　銘祥錫元高　崇積恩周繼　廣裕登臻堯 註：應登公系「宗」與應亮公「昌」字相似百字排行「佑」字，以後字應新排行
湖南湘鄉東江鄉	祖宗培植後　蘭樹在庭芳　立德通經學　書緒以長

世系派別排行

大秀支系字派，起至北宋慶歷年間黃堂族譜所定，先後經弘治甲寅譜，康熙甲午譜及乾隆丁丑譜，續定而傳來，為四十代:「琮仲思汝叟明方隆雯祖嗣本元榮文義仕大月(登維聲大·尚世家聲)遠詩書華國基佑啟孫枝守以紹而德其」·

入黔後，繼承部分字派，經清咸豐乙卯譜，和 1963 癸卯譜之修定統一，又經 1991 辛未年，族人代表大會集體審定為一百代：

登維聲大遠　詩書華國基　佑啟禎祥瑞　永紹盛隆時　修金光克以　厚德燦松枝
再定承先業　端元發鳳儀　淮陽如雲涌　湘黔梓紅綿　江泰毓英秉　方郡福祿泉
忠孝明正杰　守信愛友賢　勤學祖傳訓　仁義蔚鶴延　青天開彩霞　碧玉滿堂榮
文武雄才富　蘭殿壽萬年

一·【百字排行】1992 年 8 月彭氏家譜(一集)記載，前二十派字為「佑啟尊典禮　朝新景常琪　宇佳嗣顯偉　智高安邦廷」，後八十派字相符·

二·各支派皆從「佑」字起改諱名，為避免今後排行出現混亂，百字用完後應翻頭再用，不容另改排行派字·

各支派序排行對照表

開派少典	158	159	160	161	162	163	164	165	166	167	168	169	170	171	172	173	174	175	176	177	178
黃　帝	148	149	150	151	152	153	154	155	156	157	158	159	160	161	162	163	164	165	166	167	168
受姓彭祖	141	142	143	144	145	146	147	148	149	150	151	152	153	154	155	156	157	158	159	160	161
淮陽宣公	59	60	61	62	63	64	65	66	67	68	69	70	71	72	73	74	75	76	77	78	79
江西構雲	34	35	36	37	38	39	40	41	42	43	44	45	46	47	48	49	50	51	52	53	54
湖南仲文	19	20	21	22	23	24	25	26	27	28	29	30	31	32	33	34	35	36	37	38	39
大秀公	3	4	5	6	7	8	9	10	11	12	13	14	15	16	17	18	19	20	21	22	23
嗣龍公支	世	國	仕	芝	登	尚	起	槐	永	興	繼	忠	良	志							
嗣鼎公支	仁	登	維	聲	大	遠	詩	書	華	國	基	佑	啟	禎							
嗣源公支	尚	良	思	念	功	祖	澤	照	明	月	一	本	皆	聚							
永富公支	世應	國芳	仕相	天明	登國	尚發	起友	槐順	永詳	興俊	繼芳										
起興公支	世應	國芳	仕勝	天祿	永清	德俊	諒祿	登貴	仲芳	啟明	槐榮	永洪									
祥雲公支	世應	國鈺	相恒	朝聘	啟蛟	學顏	世耀	金魁	成銀	發萬	祥雲	禎友	盛華								
光華公支	世應	國選	文通	應元	二齋	登榜	朝佐	金元	應堂	祖昌	光華	宗友									
恩全公支	世應	國選	文通	應生	朝相	登祥	興雲	開銀	永芳	恩訓	洪書	德學									
榮福公支	世應	國選	文基	朝聘	啟順	登元	世鳳	雲珍	金鳳	成海	發昌	榮福	彭剛								

開派少典	158	159	160	161	162	163	164	165	166	167	168	169	170	171	172	173	174	175	176	177	178
黃　帝	148	149	150	151	152	153	154	155	156	157	158	159	160	161	162	163	164	165	166	167	168
受姓彭祖	141	142	143	144	145	146	147	148	149	150	151	152	153	154	155	156	157	158	159	160	161
淮陽宣公	59	60	61	62	63	64	65	66	67	68	69	70	71	72	73	74	75	76	77	78	79
江西構雲	34	35	36	37	38	39	40	41	42	43	44	45	46	47	48	49	50	51	52	53	54
湖南仲文	19	20	21	22	23	24	25	26	27	28	29	30	31	32	33	34	35	36	37	38	39
大秀公	3	4	5	6	7	8	9	10	11	12	13	14	15	16	17	18	19	20	21	22	23
德榮公支	世應	國漢	守本	芝秀	永龍	朝柱	登鳳	啟仕	仕順	興順	德祥	光成									
洪林公支	世應	國漢	守本	芝先	登科	朝佑	士聰	學珍	興貴	元斌	開銘	洪林	彭江								
恩達公支	世應	國漢	守本	芝先	朝龍	金林	紹龍	宗福	永周	恩華	光彩	大華									
恩元公支	世應	國漢	守本	芝先	朝相	洪科	元林	貴榮	學以	宗順	德全	世才									
加明公支	世應	國漢	文秀	天才	登貴	正員	元友	良友	吉芳	加明	永江										
恩發公支	世應	國漢	文秀	天才	登亮	尚賢	元林	良貴	永先	興發	繼雲										
忠友公支	世應	國漢	守本	芝秀	永龍	朝明	金玉	應禎	顯林	興合	維明	忠友	彭勇								
發彬公支	世富	子佩	雲飛	良號	大朝	萬貴	紹奎	啟國	天德	祖福	發喜	俊才	顯輝								
光彩公支	世富	子佩	雲秀	良舉	朝明	金坤	應周	顯聰	祝宣	光華	忠心										
大華公支	世富	國文	益愷	登貴	朝剛	金亮	紹富	宗盛	永福	恩安	光才	大華	德亮								
大軍公支	世富	國文	益品	登玉	朝亮	金魁	紹乾	宗達	永亮	恩元	光有	大明	德軍								
超龍公支	世仲	芝南	朝富	尚品	正元	宗賢	開科	元品	春林	發文	榮貴	禎海									
發吉公支	世仲	芝南	朝富	尚品	正興	在位	良鳳	玉山	永闊	發吉	昌前										
榮志公支	世仲	芝南	朝富	尚文	正先	宗文	開明	元德	春富	發開	榮貴	行林									
超龍公支	世仲	芝南	朝富	尚品	正元	宗賢	開科	元品	春林	發文	榮貴	禎海									
永發公支	世仲	國安	金玉	維正	良棟	登華	萬文	興忠	元科	開武	發恩	永昌	飛雲								
正昌公支	仲朝	君先	雲照	登舉	啟龍	在朝	忠靈	大貴	有達	正昌	仕舉	克俊	永洪								
永達公支	仲先	朝雲	良舉	萬元	子仲	成學	國興	啟元	天富	開友	鳳清	兆華	文昌								
繼武公支	雙美	國聘	仕俊	洪才	朝富	尚武	起聰	紹禮	永德	興詩	繼全	忠友	良坤								
繼發公支	雙美	國聘	仕俊	洪連	朝舉	尚品	起祥	紹昌	永林	興祥	紹先	忠華									
世遠公支	雙美	國聘	仕俊	洪道	朝相	尚學	起清	紹瑜	大昌	興文	發安	真忠									
繼明公支	雙美	國聘	仕俊	洪貴	朝虎	尚萬	起相	紹堂	大興	興才	繼文	忠友	良軍								
兆瓊公支	世虎	國贊	仕才	子龍	君相	雲開	登貴	玉林	光耀	發軍	兆祥	忠文	良彬								
德華公支	世虎	國贊	仕才	子貴	良才	洪正	登科	玉崇	光銀	發友	兆賢	德仁	明國								
發斌公支	世虎	國贊	仕魁	春凡	朝舉	金文	紹龍	啟壽	樹清	發俊	兆友	忠榮									
成科公支	世虎	國贊	登璠	子春	玉恩	明開	元文	大武	宗鳳	開周	興雲	成貴	禮科	義良							
興文公支	世虎	國贊	登璠	子春	玉恩	學文	天富	大華	啟林	開元	興雲	成貴	禮祥								
興發公支	世虎	國贊	登璠	子春	玉恩	文才	慶元	祖德	朝明	樹清	興發	彭剛	彭江								
元素公支	世虎	應科	仕昌	子桂	雲相	紹雲	德明	大連	開祥	壽仁	益章	加榮	松萬	泰華							
考武公支	世虎	應科	仕昌	子明	雲龍	紹賢	德珍	大連	開福	壽清	考貴	如貴	松義								
興昌公支	世奇	國英	子龍	正坤	洪元	國印	守忠	應興	開元	起敬	朝安	元芳	益志	躍江							
興文公支	世龍	國清	仕敏	天益	登甫	尚才	學仁	紹勛	永康	興全	繼華	忠林									
紹芝公支	世龍	國清	仕敏	天益	登甫	學詩	國祖	祖貴	春福	發芝	榮志	竹芳	仁江								
彭維公支	世龍	國清	仁虞	天文	尚義	朝虎	登富	起發	光明	發林	兆倫	德義									
興昌公支	世龍	國清	仕德	天錫	登禮	尚文	學元	紹周	永安	興昌	繼賢										
行雲公支	世發	國武	仕禎	芝斌	大用	學孟	洪仁	元友	春茂	發斌	向榮	竹文	仁勇								
永德公支	世周	國禮	文仲	芝秀	朝珍	洪亮	啟發	萬全	紹林	炳文	永昌	忠學	良槐								
志忠公支	守道	國良	仕啟	芝才	登明	尚才	啟開	朝龍	金沖	廷元	紹安	志忠	良舉								
紹倫公支	守仲	國泰	仕金	芝朝	朝杰	文成	登元	啟富	汝清	興國	紹珍	正華									
金賢公支	守銀	國清	玉升	芝孔	再雲	尚林	大興	正國	世貴	德配	有龍	金林	萬珍	全文							
發政公支	世禮	國舉	子俊	占明	天鳳	守禹	紹貴	學友	元福	發育	永祥	明全	均富	秀全							
恩舉公支	應杰	啟雲	士學	正乾	朝珠	金雲	紹貴	宗寶	永昌	恩榮	光富	大春	德林								
光前公支	應林	啟瑞	益愷	登仲	朝仁	金先	紹禎	宗士	永壽	四貴	景合	大文	德全								
興耀公支	仲玉	仕進	文俊	彭濤	有貴	守邦	朝山	廷翠	尚金	國友	興全	明學	禮文								
國周公支	世富	子佩	雲秀	良舉	朝相	成龍	詩達	啟賢	天朝	開富	洪昌	慶元	明友	光軍							
繼德公支	守根	應崗	啟元	國太	登朝	朝學	玉鳳	尚元	金祥	廷彬	繼德	智勇	光才	文松							

湖南、貴州兩地仲弼、仲文公世系主流派序排行對照表

開派始祖少典	黃帝世系	彭祖世系	仲爽公系	宣公世系	江西構雲	貴州仲文公	湖南衡東灣頭洲系	湖南衡東縣黃子堂	湖南衡山縣沙泉世系	貴州大方坡腳世系	貴州大方鼠場下街	貴州大方鼠場上街	貴州大方白布新場	貴州大方縣東關系	衡東石潭新虎吉公	
140	130	123	69	41	16	1	仲弼	仲文	仲文	仲文	仲文	仲文	仲文		文友	
141	131	124	70	42	17	2	惟忠	思賢	思賢	思旦	思旦	思旦	思旦		彥信	
142	132	125	71	43	18	3	遇	汝礪	汝礪	汝敏	汝敏	汝敏	汝敏		國寶	
143	133	126	72	44	19	4	楠	千十一郎	千十郎	定	定	定	定		寶	
144	134	127	73	45	20	5	吉老	仁杰	仁高	明述	明述	明述	明述			
145	135	128	74	46	21	6	呂	添祥	添瑞	方仕	方仕	方仕	方仕			
146	136	129	75	47	22	7	成孫	楚珍	楚金	勷隆	勷隆	勷隆	勷隆			
147	137	130	76	48	23	8	庭貴	潮偉	仁存	文賦	文賦	文賦	文賦			
148	138	131	77	49	24	9	與智	有良	善	祖聖	祖聖	祖聖	祖聖			

開派始祖少典	黃帝世系	彭祖世系	仲爽公系	宣公世系	江西構雲	貴州仲文公	湖南衡東灣頭洲系	湖南衡東縣黃子堂	湖南衡山縣沙泉世系	貴州大方坡腳世系	貴州大方鼠場下街	貴州大方鼠場上街	貴州大方白布新場	貴州大方縣東關系	衡東石潭新虎吉公	
149	139	132	78	50	25	10	彥晦		淑	嗣龍	嗣鼎	嗣沅	嗣乾			
150	140	133	79	51	26	11	吉顯		景	鑾	本勝	本鈺	利道			
151	141	134	80	52	27	12	公居		惟斌	月宗	元倫	元向	時輔			
152	142	135	81	53	28	13	子章		郁年	治玄	榮漢	玄真康真	子鏞			
153	143	136	82	54	29	14	恕忠		榮科	正唐	文顯	文道文達	文威文高			
154	144	137	83	55	30	15	雲騰		怡	進常	義霄	俊子佩子仁	欽佩徙雄			
155	145	138	84	56	31	16	文忠		叙典	坤	仕諤				東	
156	146	139	85	57	32	17	湖汪漢淵		良翰	伏奇	大秀		坤潤		楚	
157	147	140	86	58	33	18	仲		占魁	自宴	月輪					
158	148	141	87	59	34	19	道		祖	世龍	魁官魁泰	尚		思	書	
159	149	142	88	60	35	20	思宏澤遠		宗	應科	登	良		源	地	
160	150	143	89	61	36	21	守		培	仕富	維	思	開	文	南	
161	151	144	90	62	37	22	啟單明		植	子桂	聲	念	以	壽	邦	
162	152	145	91	63	38	23	祖		后	雲	大	光	大	貴	禮	
163	153	146	92	64	39	24	宗		蘭	紹	遠	祖	賢	啟	義	
164	154	147	93	65	40	25	世		樹	德	詩	澤	佳	志	家	
165	155	148	94	66	41	26	仕		在	大	書	照	煌	希	支	
166	156	149	95	67	42	27	林		庭	開	華	明	天	顯	開	
167	157	150	96	68	43	28	軒		芳	壽	國	月	貴	達	由	
168	158	151	97	69	44	29	英		立	益	基	益	德	立	一	
169	159	152	98	70	45	30	賢		德	如	佑	倫	世	新	本	
170	160	153	99	71	46	31	中		通	松	啟	從	際	尚	同	
171	161	154	100	72	47	32	楚		經	泰	尊	孝	昌	忠	望	
172	162	155	101	73	48	33			學	明良昌	祥	友	明	恕	發	
173	163	156	102	74	49	34				含會	瑞				英華	

江蘇彭氏

溧陽

江蘇溧阳彭氏迁移繁多。有迁南京、長沙、建平阮(院)橋徐兵馬司庄、建平殿揚渡西冈村、廣德、新昌、寧國宣城縣、高淳、溧水西冈村、宜興、武进、无錫、河南許州、蘇州閶門、水阳、黃山等地。
它的宗譜卷帙浩繁，體例庞大，犹如國史。卷 44 專列＜八科小傳＞有仕宦、荐舉、奇童、篤行、隐逸、文學、耆德、女德。

溧陽彭氏彭氏與蘇州彭氏聯系密切。兩家世代論派行，如清代彭启丰被稱為叔祖。

此支始祖是溧阳同城西門彭氏外甥張氏。因明初家庭遭難，他得到居住城西劉家灣的舅父彭侑救助，改姓抚養，予產分家成立，視同兒子。因家族嚴格血統，只得另立一支，居住南門，仍姓彭氏，追根尋源同于彭氏。子孫繁衍，功名發达。

明清溧阳彭氏老彭即西門彭氏的人才，有衰落之勢，明代进士有嘉端時彭謙。清代进士仅一人：嘉慶時程萬。大不如成為新貴的南門彭效一支。南門彭姓崇禎特科进士有敦歷，彭君穀的六世祖。清代进士有六人：順治士俊、康熙會淇、乾隆南錄、同祖、嘉慶虎文、同治君穀。

迁居湖廣江夏的彭崧毓(毓嵩)，道光 11 年辛卯西元 1831 年優貢生，15 年乙未科进士二甲四名，任永昌知府。他是彭君穀的從堂叔。則江夏亦是南門彭姓的分支。

宋末從江西遷居，譜中有「豫章遠祖來裔圖」，先列「唐徵君公自河澗瀛州徙居宜春合浦，繁衍吳楚六府十三邑各派世系」，自構雲公至彭顯，共十九世：構雲－玆－倜－輔－玗－彥昭－師奭－德容－壽－嗣邦－沂－廣－愈－文通－龜年－鉅－洵－夷仲－顯－

「忠肅公譜系備考圖」中彭龜年為始祖，為宋代名臣學者。始遷溧陽之祖是宋末彭顯。

此支始祖是溧陽同城西門彭氏外甥張氏，情因明初家庭遭難，住城西劉家灣的舅父彭侑救助，改姓撫養，予產均分，視同己子，由於家族嚴格血統，只得另立一支，居南門，仍姓彭姓，追根溯源同于彭氏。明嘉靖進士彭謙，清代進士六人，士俊、會淇、南錄、同祖、虎文、君。彭崧毓貢士亦是南門彭氏。

蘇州始祖彭學一，原籍江西清江縣崇鄉(清朝為梓樹鎮)，元末練兵保衛鄉里，歸順明朝後，明洪武年改隸蘇州衛左千戶所軍籍，是居蘇州。學一卒後，第四代孫長子彭浩於明孝宗弘治十三年寄書江西清江，尋根問祖，毫無結果，到清嘉慶十八年，蘇州彭蘊琳出任清江縣丞，始查明祖籍，源出廬陵始祖彭構雲公，南宋彭龜年為遷清江始祖，在清江崇學彭氏祖廟內，供奉有蘇州彭瓏，彭定求的神位，與先世祖先神位一起祭祀。

宋代名臣彭龜年，為江蘇溧陽直接奉祀始祖，始遷溧陽之祖為宋末彭顯，江西譜中有明確記載。
血緣：構雲－玆－倜－輔－玗－彥昭－師奭－德容－壽－嗣邦－沂－廣－愈－文通－龜年－鉅－洵－夷仲－顯

溧陽專門做了彭龜年「忠肅公譜系備考圖」，在「溧陽初祖避地居士一祖三宗圖」中，記載溧陽始遷祖事跡。顯公為夷仲公之子，字克明，號避地居士，行三。江西清江白珏完塘人。宋龍圖閣學士

構雲	顯公	先祖	紀事
19	初祖	顯	夷仲公之子，字克明，號避地居士。行三。江西清江白珏完塘里。宋龍圖閣士。忠肅龜年公四世孫。由進士任真州判、宋運使趙淮辟參幕府，又荐知溧陽州，因此徙居溧陽城西迎恩街(一說時值宋末國難，簽王事到溧陽。宋亡，因而定居)。宋理宗淳祐元年西元 1241 年生，元武宗至大三年西元 1310 年卒，葬大石山白龍同新阡。 南宋亡於 1279 年，時顯公年 39 歲，正年富力強，他借著在溧陽上任之機，宋亡後甘做遺民隱士，不仕新朝，居號避地居士，此舉一直為人稱道。清嘉慶八年西元 1803 年，朝廷為他「義不背君，忠堪風世，欽奉恩旨，崇祀忠義孝弟祠」。 顯公三子：俊、杰、英。最盛是二房。
20	2	俊	克明長子，字子美，行一，居城西。宋度示咸淳元年西元 1265 年生，元文宗天曆二年西元 1329 年卒。子一：刪甫。剛甫子一：真。居金巷。元順帝至元元年西元 1335 年生，明正統八年西元 1443 年卒，109 歲，子孫世居金巷。
		杰	克明仲子，字子豪，號鳩拙，行二，居城西，任元潭州路總管。宋度宗咸淳三年西元 1267 年生，元順帝至正十年西元 1350 年卒，壽 84 歲。子五：紹卿，子一：德明，授本邑儒學教諭。 彥文，號龍圖後人，徙馮塍。子二：元德，勤於稼穡。萬里，通五經，任本邑司文學即為教授。 衡甫，一子：獻，西元 1334-1374 年,41 歲。獻授刑部主事，居從山彭庄。 壽之，元世祖至元 31 年西元 1294 年生，元成宗大德八年西元 1304 年卒，年僅 11 歲，舉奇童，任待詔。 正德，字伯仁，號菊甫，居城西。元仁宗皇慶二年西元 1313 年生，明洪武七年西元 1374 年卒。洪武初中乙榜進士，授福建憲史，有「菊甫詩集」。 正德子三：長子勉，處士。居城西。生六子二女。次子飭，居城西。 三子中，居城西。年 72 歲，二配，五子一女。正德有女一：玉英。
		英	字子華。行三。克明季子。居城西。 宋度宗咸淳六年（公元 1270 年）生，元文順帝至正十五年（公元 1355 年）卒。86 岁。子一：荣。 荣生二子：長子范 40 岁，邑庠生。次子文，王府工正。文生三子。英的子孫世居戴坊（今戴埠）。※對于以彭构云公以來的彭氏譜系怎樣理解，理智的彭氏子孫不是一味盲目信從老譜所載的先祖官簪顯赫，而在認真推敲祖宗的事實和發展。乾隆 35 年西元 1770 年湖南坪山彭昌位講：“我曾讀譜，至各彥公位下，見他們爵秩崇隆，多膺袍笏，心中暗自生疑。等到會考各種記載，才認為實屬可憑。而老譜也說：‘舊譜傳流，不敢增損。敍述的官爵，只有彭玗的在史書略可見到，其余都無法考實，然而先人的遺澤孔長，聲名赫奕，子孫荣貴，正有不必深疑者。于是，今遵老譜登載。希望今後的閱覧者應當不胜景仰前徽，心生羨慕。” 這是先疑後信。經過了不信以後的信。其實，譜牒中的一些內容是被隐瞞、誇大、失實的。時間、功名、官爵等不無混亂。以上的彭譜世系，我們已經過許多校正，肯定還會有錯訛遺存。但是，譜牒的功績也是已被學術界所公認的。因此，我們在講述彭氏在唐宋發展的時期，就不厭其煩地列舉萍城彭氏的譜牒記載為証，希望從構云公相對完整的世系中，看到彭姓子孫的繁衍、流布過程，科舉人文的發達情況。它是宋代以後中國彭氏的大宗。
22	4	勉	字仲勤，號燕山處士。居城西。元順帝至元二年西元 1336 年生，明永樂 12 年西元 1414 年卒，79 岁。屢征不就。六子：伸、侑、玘、倬、佛、彝。女二：琼英，适張仲彬。瑤英，适史與言。
23	5	侑	字公佑，號一清子，行公六。勉次子。居城西。元至正 20 年西元元 1360 年生，明正統八年西元 1443 年卒，84 岁。任

構雲	顯公	先祖	紀事
			鄉欽大宾十余年。生三子：宪、濟、洪。女一：妙貞。 長子名效，字敬思。本姓張，是外甥。當時效的家族遭難。侑成全他，并為他擇配析產。恩義與父相同。因宗譜嚴格世系，故分开另立，即南門一支。
		玘	仲勤三子，招贅宜興。元至正 21 年西元 1362 年生，永樂 21 年西元 1423 年卒，62 岁。居宜興，另开一支。以才能推為屺亭萬石粮長。他以恕服人，因稱其里為招賢里。葬招賢里。子四：晉达、晉英、晉杰、晉能（長子旭，屢推萬石長，掌賦均平。子三女三）。女一，适官村王主事子仲吾。晉达子一昱。昱子一全，字惟德，行八，葬招賢。贅居江寧久未歸宗。至 13 世孫鑫始來會敍补入。玘徙居江寧正阳門内，為金陵始祖。子二：龙、風。 鳳，字朝阳，徙居江寧正阳門。子二：長子景春，生二子：應文、應舉。應舉子一德慶，永平千总。次子景阳，子一應武。應武子四：善慶、余慶、肇慶、熙慶。長子善慶，由江寧徙居長沙，為長沙始祖。子四：13 世鑫，字秋水，知縣(生子一曙，長沙縣庠生，生子一)。 琦，字子喬，寧鄉知縣，入名宦祠，子一大采，太學生。大采子－廩貢生。 琯，字昭華，國學生，子三：明，附生、太學生。生子三：次子長沙縣增生，有子二：次子長沙郡庠生。生子三：次子副舉人、府教授。 珏，字仓水，增生入國學。曾孫喜舉、嘉麒均徙常德。長沙－支後修譜轉信無答复，失修。
		彝	勉(共六子)之第六子，即仲勤季子，字公敍，號退翁，明洪武 14 年(西元 1381 年)生，景泰二年(西元 1451 年卒，71 歲。授邵武府同知。子五，女一。 守學，字惟文，景宗三子，明建文己卯科(西元 1399 年)舉人，永樂改元(西元 1403 年)重試复中。後征修大典。授雅州學正。升嘉定知州。子二，女三。 鷗，明正統 12 年西元 1447 年生，弘治 15 年西元 1502 年卒，56 歲。歲貢生。清崇祀忠孝祠。子五。
		伸	字公直，仲勤長子，後居西門、前宋、華笪、週城、胡橋，都是休的後裔。
		偉	字公讓，仲勤五子，子孫居華嚴庵側。子三：經，號竹坡老人。子二：長鼎，號半隐子，字文鉉，舉人，壽昌縣教諭。子一：和。生子四。伦，子四。第四子大有，字文謙。
24	6	男	子 50 人，已居住招賢、下河、金巷、灣里、堰前、夏林、下林埠、淦東、梅园及城内，均在明初之後。
27	9	綽	居城西，予翔季子，鄉欽大宾，崇祀忠義孝悌祠。長子，字德華，經魁，子二：若龙，晉魁；若騤，由廪生入太學。若龙長子充秀，太學生，子二：長子貞治，兵馬指揮。次子貞教，廪貢生，序班。貞治子三：次子遵度，字師立，鴻臚寺序班。三子遵錡，字古臣，舉人、侍御。貞教子－遵亮，字明甫，舉人。子二：征儀，游擊；次子期生，庠生。遵度子一：銓，貢生。銓子五：長士振，庠生，次魯譜，三令宜，均為州同、貢生。子孫庠生不少。遵琦，長子新，字于民，經魁，臨清知州。 試，綽次子，魯府典膳。子二：長子若愚，布政司經歷。次子若年，序班。若愚子－欽寧，兵馬司官。子二：尚德，光祿署丞。次子尚忠，太學生。尚德子應瑞，字天錫，附例生。尚德子－旭，舉人，壽州學正。旭子三：次子懷古，字羅生，懷集知縣。季子征兰，字馨符，迪功郎。尚忠子一：之澤（嗣勉次子嗣尚忠），字君詒，舉人、寧海知縣。子五：長子庠生燧。若年子二：長子信古，太學生，信古子一：嗣勉，縣丞。嗣勉子五：四子泰彥，太學生。五子之韶，庠生。則圣，榜名蘊韜，怀之子，舉人。長子文熊，名錫珪，邑庠生，武德佐騎尉。 桂，字愛琴，培和長子。附監生。候選州同知。康熙 17 年西元 1678 年荐舉博學鴻詞科。子二：長子叟，國學生，候選州同。次子櫄，增廣生。叟次子－奎，字弗盈，舉人，候選知縣。
		謙	字德光，綽三子，明嘉靖甲辰西元 1544 年进士。子若思，選貢生，鴻臚署丞。若思子二：欽宇、庠生。欽宇子：四：屢淳、屢溥、庠生；道沖，府庠生。屢溥子三，第三子(彤)禕，增廣生，無嗣。道沖子四，長子祉，庠生。
31	13	虎臣	字展儀，武舉人。 海，銑長子，榜名启光，舉人。 程萬，字翰夫，进士，歷任安慶府教授，樂平、青阳知縣。封文林郎。子三。父受益仅一子。祖勛可、曾祖武耜，均無功名。 紹詩，字孟文。殿采子。舉人。子三。 若龙，號少白，明嘉靖舉人。

蘇州彭氏

蘇州始祖彭學一，可能是江西清江人，元末土兵保衛鄉里，歸投於明，明太祖洪武年間，改隸蘇州衛左千戶所軍籍。無嗣。官方勾取他的姐夫楊海忠及妻彭氏補役，生子楊仲英，娶妻陳氏，生子彬，因軍頭姓，便頂姓彭。因以忠海子仲英繼為子，而不是以楊海忠頂彭門。裔孫彭紹升也認為是官取楊仲英為學一嗣子，改姓彭，頂替軍籍的。於是以楊氏承祀彭氏，在蘇州置家。

蘇州彭氏譜從明萬曆时纂修，自明初彭學一始，仲英生子彥洪，彥洪生子三：老大彭浩，生二子：長子傳二代而止，次子無子。老二彭滐，生二子：長子無子，次子生三子，傳三代至八世斷嗣。老三彭滀，字至朴，以貲財雄於鄉里，而秉性慷慨，有貧民交負欠他錢財字條，他焚燒借據，不再過問。說「吾世代習武，子孫當以文顯」，因此教子讀書非常嚴厲。是明智轉折的一代。

彭滀長子彭時，字中之，號南窗，讀書未成，以耆儒仕鄉飲大賓，在鄉里德高望重。嘉靖 31 年西元 1552 年卒，年 88 歲。子四：天錫、庠生、天翔。天翔歲貢生，歷任楊州、汝寧、池州學博、國子監博士；天瑞，庠生，天秩，嘉靖辛西舉人。

彭滀的次子彭昉，治易經，終于中上明武宗正德進士，知公安、新會縣，了願父親一片辛苦心愿。歸家杜門沉涵書卷，寄暢賦詩，與文征明交游最舊。世宗嘉靖七年西元 1528 年卒，年 59 歲。生子二：次子科無嗣。長子彭年，不習舉業，志高節勵，與文征明從游，以詩文翰墨采當時，名載「明史」文苑傳，可惜傳三代而絕。

他的三子彭暐，善治生，以富厚稱，積而能施。見犯能容，嘉靖 19 年西元 1540 年卒年 67 歲。子三：彭庚，太學生，生二子：長子忠無子，次子屢道，歲貢生，有二子：之齡無子，正先生四子，傳到 12 世無嗣斷絕。彭辛，漳平主簿，傳二代而絕；彭宸，無子。

彭滀的三房，自稱是彭時的長房，但人丁發達，不如二房，只是子孫儒學書香，人才輩出，科甲極盛，名震天下，成為清代彭氏最繁榮昌的一支。

蘇州彭氏始祖學一公，終身未聚。無嗣，也無兄弟前來探詢，或扶柩歸山安葬，似無直系親屬，只吊來楊氏頂戶，彭氏弄不清自己祖籍親族。明孝宗弘治 13 年西元 1500 年，遷蘇州，第四代長子彭浩，寄書清江原籍，尋根問祖，毫無結果。約清嘉慶18年西元1813年，彭蘊琳出任清江縣丞，查悉清楚學一的家世，其洪武四年西元1371年遷吳始祖學一的故里為崇學鄉，即清梓樹鎮。清初清江縣三十餘都，裁併了十七都。崇學所管就是清朝14、15都，上祖源出算廬陵始祖構雲公。南宋彭龜年為遷清江始祖。在清江崇學彭氏祖廟裡，居然把蘇州彭瓏、彭定球神位和彭氏先世的神位放在一起，一併祭祀。於是才知道蘇州彭氏派出清江，源自江西廬陵，接上四百多年前未接上的祖脈血緣。蘇州彭氏子孫發奮圖強，造就不少顯赫功名之士，為彭氏增添光采，贏得老彭族的認同和接納。清江彭氏自動供奉蘇州彭氏支派牌位了。

蘇州彭氏傳揚後代的是彭時南窗。13世裔孫彭紹升云，在他的時代，南窗後裔如今猶在者有百餘人，居住盤門、葑門十泉街(今彭義里、尚書里)、城中草橋、張家巷、沿倉巷、葑門外郭巷、車坊為醫，遠者有尹山為農。在蕭家巷者為東樓(彭暐)之後，惟獨隆池(彭年)無嗣。玉庭以下頗眾，傍南園而居。瞻庭(彭寧求)後有十餘人，居住閶門、馬大箓巷，頗多讀書人，遍布蘇州城內外。早就自稱隴西彭氏，如彭時、彭蘊策。

蘇州彭氏廟中，族祭時主獻神位從第一世學一公始，依序為仲英、彥洪、湋、時、天秩、汝諧、德先，到第十世定求夫婦，附祀從第四世彭浩到第十八世泰士，共七十二位家族先祖。

清初宋之繩在彭德先六十壽序裡稱：「彭故江右甲族，明興，隸籍吳門。兩地科名聯綿標映，其在吾者人人善書，且能詩洁清自好。吳門固多高閥，然數門第者必首推彭氏云。蓋以敦詩禮，重清德也」。

淅江鹽官彭孫適，撰彭德先墓志銘，自稱犹子(侄子)，和蘇州彭氏續結親情。彭氏居長洲(今蘇州市)者由清江，居海鹽者由吉安，都自江西來徙。明萬曆28年西元1600年，他的祖父御史彭宗孟與蘇州族祖彭汝諧同舉於鄉，始通譜系，派為兄弟行。經過六十年，到清順台16年西元1659年，孫適與汝諧之孫彭瓏同登進士，觀政吏部，因此再修世好，次序昭穆，歡如同氣。

蘇州彭氏科舉人才輩出，明初從江西清江由軍籍來蘇州，更換環境，轉而崇尚文學，用心科舉，經過幾代努力，終於明代有舉人三名，進士二名，實授官職僅一人，只有知縣，處於通過科舉發家初期。

清初功名大發，文武留學回鄉的共有舉人卅三名，進士十四名，近代進學堂，留學，功高名多，解元，晉元，庶吉士，不時出現，更為驚異的是祖孫會元，狀元，全國獨一無二，還有探花都在一家，翰林，尚書，巡撫，接二連三出現。清代蘇州出了兩個軍機大臣，其中就有彭蘊章。

明清時期，各種秀才多達176人，無功名而擁有各種職務官銜者，明時一人，清時有106人。這是清朝彭氏科舉人才最繁榮昌盛的一支，是我國科舉人才史上，絢麗輝煌時代。

政治人才如：彭啟豐、彭蘊章、彭祖賢，文化人才更是層出不窮。宗教哲學(理學)有：彭瓏、彭定球、彭紹升，畫家藝術人才濟濟，書法家有：彭昉、彭年、彭汝諧、彭行先、彭定球；畫家有彭兆楨、彭啟豐、彭紹谥、彭進、彭希姚、彭珊、彭恭甫、彭望謙、彭翊，諸多書畫兼才。才藝俱全，珠聯璧合。

蘇州始祖彭學一，可能是江西清江人，元末土兵保衛鄉里，歸投於明，明太祖洪武年間，改隸蘇州衛左千戶所軍籍。無嗣。官方勾取他的姐夫楊海忠及妻彭氏補役，生子楊仲英，娶妻陳氏，生子彬，因軍頭姓，便頂姓彭。因以忠海子仲英繼為子，而不是以楊海忠頂彭門。裔孫彭紹升也認為是官取楊仲英為學一嗣子，改姓彭，頂替軍籍的。於是以楊氏承祀彭氏，在蘇州置家。

蘇州彭氏譜從明萬曆时纂修，自明初彭學一始，仲英生子彥洪，彥洪生子三：老大彭浩，生二子：長子傳二代而止，次子無子。老二彭滐，生二子：長子無子，次子生三子，傳三代至八世斷嗣。老三彭湋，字至朴，以貲財雄於鄉里，而秉性慷慨，有貧民交負欠他錢財字條，他焚燒借據，不再過問。說「吾世代習武，子孫當以文顯」，因此教子讀書非常嚴厲。是明智轉折的一代。

彭湋長子彭時，字中之，號南窗，讀書未成，以耆儒仕鄉飲大賓，在鄉里德高望重。嘉靖31年西元1552年卒，年88歲。子四：天錫、庠生、天翔。天翔歲貢生，歷任楊州、汝寧、池州學博、國子監博士；天瑞，庠生，天秩，嘉靖辛酉舉人。

彭湋的次子彭昖，治易經，終于中上明武宗正德進士，知公安、新會縣，了願父親一片辛苦心愿。歸家杜門沉涵書卷，寄暢賦詩，與文征明交游最舊。世宗嘉靖七年西元1528年卒，年59歲。生子二：次子科無嗣。長子彭年，不習舉業，志高節勵，與文征明從游，以詩文翰墨采當時，名載「明史」文苑傳，可惜傳三代而絕。

他的三子彭暐，善治生，以富厚稱，積而能施。見犯能容，嘉靖19年西元1540年卒年67歲。子三：彭庚，太學生，生二子：長子忠無子，次子屢道，歲貢生，有二子：之齡無子，正先生四子，傳到12世無嗣斷絕。彭辛，漳平主簿，傳二代而絕；彭晨，無子。

彭湋的三房，自稱是彭時的長房，但人丁發達，不如二房，只是子孫儒學書香，人才輩出，科甲極盛，名震天下，成為清代彭氏最繁榮昌的一支。

蘇州彭氏始祖學一公，終身未娶。無嗣，也無兄弟前來探詢，或扶柩歸山安葬，似無直系親屬，只吊來楊氏頂戶，彭氏弄不清自己祖籍親族。明孝宗弘治13年西元1500年，遷蘇州，第四代長子彭浩，寄書清江原籍，尋根問祖，毫無結果。約清嘉慶18年西元1813年，彭蘊琳出任清江縣丞，查悉清楚學一的家世，其洪武四年西元1371年遷吳始祖學一的故里為崇學鄉，即清梓樹鎮。清初清江縣三十餘都，裁併了十七都。崇學所管就是清朝14、15都，上祖源出算廬陵始祖構雲公。南宋彭龜年為遷清江始祖。在清江崇學彭氏祖廟裡，居然把蘇州彭瓏、彭定球神位和彭氏先世的神位放在一起，一併祭祀。於是才知道蘇州彭氏派出清江，源自江西廬陵，接上四百多年前未接上的祖脈血緣。蘇州彭氏子孫發奮圖強，造就不少顯赫功名之士，為彭氏增添光采，贏得老彭族的認同和接納。清江彭氏自動供奉蘇州彭氏支派牌位了。

蘇州彭氏傳揚後代的是彭時南窗。13世裔孫彭紹升云，在他的時代，南窗後裔如今猶在者有百餘人，居住盤門、葑門十泉街(今彭義里、尚書里)、城中草橋、張家巷、沿倉巷、葑門外郭巷、車坊為醫，遠者有尹山為農。在蕭家巷者為東樓(彭暐)之後，惟獨隆池(彭年)無嗣。玉庭以下頗眾，傍南園而居。瞻庭(彭寧求)後有十餘人，居住閶門、馬大箓巷，頗多讀書人，遍布蘇州城內外。早就自稱隴西彭氏，如彭時、彭蘊策。

蘇州彭氏廟中，族祭時主獻神位從第一世學一公始，依序為仲英、彥洪、湋、時、天秩、汝諧、德先，到第十世定求夫婦，附祀從第四世彭浩到第十八世泰士，共七十二位家族先祖。

清初宋之繩在彭德先六十壽序裡稱：「彭故江右甲族，明興，隸籍吳門。兩地科名聯綿標映，其在吾者人人善書，且能詩浩清自好。吳門固多高閥，然數門第者必首推彭氏云。蓋以敦詩禮，重清德也」。

浙江鹽官彭孫適，撰彭德先墓志銘，自稱犹子(侄子)，和蘇州彭氏續結親情。彭氏居長洲(今蘇州市)者由清江，居海鹽者由吉安，都自江西來徙。明萬曆28年西元1600年，他的祖父御史彭宗孟與蘇州族祖彭汝諧同舉於鄉，始通譜系，派為兄弟行。經過六十年，到清順台16年西元1659年，孫適與汝諧之孫彭瓏同登進士，觀政吏部，因此再修世好，次序昭穆，歡如同氣。

蘇州彭氏科舉人才輩出，明初從江西清江由軍籍來蘇州，更換環境，轉而崇尚文學，用心科舉，經過幾代努力，終於明代有舉人三名，進士二名，實授官職僅一人，只有知縣，處於通過科舉發家初期。

清初功名大發，文武留學回鄉的共有舉人卅三名，進士十四名，近代進學堂，留學，功高名多，解元，晉元，庶吉士，不時出現，更為驚異的是祖孫會元，狀元，全國獨一無二，還有探花都在一家，翰林，尚書，巡撫，接二連三出現。清代蘇州出了兩個軍機大臣，其中就有彭蘊章。

明清時期，各種秀才多達176人，無功名而擁有各種職務官銜者，明時一人，清時有106人。這是清朝彭氏科舉人才最繁榮昌盛的一支，是我國科舉人才史上，絢麗輝煌時代。

政治人才如：彭啟豐、彭蘊章、彭祖賢，文化人才更是層出不窮。宗教哲學(理學)有：彭瓏、彭定球、彭紹升，畫家藝術人才濟濟，書法家有：彭昉、彭年、彭汝諧、彭行先、彭定球；畫家有彭兆楨、彭啟豐、彭紹益、彭進、彭希姚、彭珊、彭恭甫、彭望謙、彭翊，諸多書畫兼才。才藝俱全，珠聯璧合。　蘇州彭氏源流，依據清初第13世孫彭紹升所講，南窻後裔今有約百餘人，居盤門、葑門十泉街(今彭義里、尚書里)、城中草橋、張家巷、沿倉巷、葑門外郭巷、車坊為醫，遠者有尹山為農，在肖家巷者為東樓(彭緯)之後，惟隆池(彭年)無後。玉庭以下頗眾，傍南園而居。瞻庭(彭寧求)後有十餘人，居住閶門、馬大篆巷，遍布蘇州城內外。他們有自稱隴西彭氏，如彭時、彭蘊策。。

蘇州彭氏人才輩出，明起舉人三，進士二，授知縣者一。清代功名大發，包括出國留學者，舉人**33**進士**14**，更驚奇的祖孫會元、狀元、探花，空前舉國無雙。翰林、尚書、巡撫，接二連三。清時蘇州彭蘊章為軍機大臣，亦政治與文化人才。其他政治人才尚有：彭啟豐、彭祖賢；文化人才如：彭瓏、彭定球、彭紹一，書法家更是才輩出如：彭昉、彭年、彭汝諧、彭行先，畫家如彭蘊灿等。

1	2	3	4	5	6	7	8	9	10	11	12
克明	俊	剛甫	真								
(顯)	杰	紹卿	德明								
		彥文	元德								
			萬里								
		衡甫	獻								
		壽之									
		正德	勉	伸							
				侑	憲						
					濟						
					洪						
					妙貞						
				玘	晉達	昱	全				
					晉英						
					晉杰						
					晉能	旭					
					龍						
					鳳	景春	應文				
							應舉	德慶			
						景陽	應武	善慶	(遷居	長沙)	
								餘慶			
								肇慶			
								熙慶			
								綽	德華	若龍	
										若騤	
									試	若愚	
										若年	
				倬							
				偉	經	鼎	和				
				彝	守學						
					鵑						
				瓊英							
				瑤英							
			飭								
			中								
			玉英								
	英	榮	范								
			文	(生	三子)						
							懷	則聖	熊		
							培和	桂	叟	奎	
									檩		
							綽	謙	若思	欽宇	
13	14	15	16	17	18	19	20	21	22	23	24
蠡	曙										
	琦	大采	廪								

1	2	3	4	5	6	7	8	9	10	11	12
	琯	明									
	珏										
若龍	允秀	貞治	遵度	銓	士振						
			遵錡	新							
		貞教	遵亮	征儀							
				期生							
若愚	欽寧	尚德	應瑞								
			旭	懷古							
			征蘭								
		尚忠	之澤	燧							
若年	信古	嗣勉	泰彥								
			之韶								
欽宇	屢淳										
	屢溥	彤									
	道沖	祉									
虎臣											
海											
程萬											
紹詩											

徐州彭氏

西周彭城彭宗，字法先，今江蘇山縣人，彭祖氏滅國後的彭祖傳人，人們稱他為藥物醫學專家。相傳周厲王(前878至842年在位)，曾遣仙官迎彭宗進宮，禦敕他為太清真人，住在赤宮作禦醫。有人認為彭宗像彭祖，住在彭城一個多少代表彭姓人的集體名字，因為「宗」與「祖」同義，可引申為彭姓人的祖宗。

北宋時兩浙提舉彭戢，亦是徐州人。淡泊名利，不願作官，他馴養了一對鶴以怡情，他離官時，曾為餞行者賦了「扁舟載雙鶴，萬卷貯群書」以明志。

揚州彭氏 (摘錄中華彭氏通志)

元代學者彭罕，字仲愈，通五經，性行純謹，學者多師之，著有「仲愈集」。

明代彭天翔，字鵬父，明萬曆癸丑(1613)進士，官副總兵。為寫「遼東戢爭奏摺」，陳述「五不可」，違背朝廷意旨下獄，後遼東戰爭兵潰，他預言踐實，朝廷覺悟恢復官職，受命東征白蓮教大捷。後因奸臣魏忠賢建生祠成風，他不往拜再度被削官職，魏忠賢、魏瑺失勢，又再度恢復官職。其子彭以功，明崇禎辛未(1631)進士。

分佈各省彭氏

浙江彭氏

浙江海鹽(節錄中華姓氏譜)

彭勝為海鹽彭氏始祖，江西安福51都彭觀受第四代孫，元末自安福徙居全椒，觀受子崇，字茂脩，子二：貴、禮，歿葬安福·貴娶李氏，字足娘，生子二：陸榮、雲魁·彭貴逝葬全椒南山之左，為全椒彭氏始祖·

禮，居鳳陽府全椒縣黃道鄉廿五都，曾遊越地，卒葬全椒南山左側·生平越公彭勝，為海鹽彭氏始祖·

彭勝，足跡遍天下，未到過浙江，逝於南後，始授平越衛指揮僉事·經再傳，調官任於海鹽·彭勝生於元順帝至正14年西元1354年，朱元璋部張成總下從軍征戰，先後取和州、太平、常州、寧國、宣州、湖州、江西、潭州、淮安、蘇州等地，明太祖洪武四年西元1371年，授他為青州衛管軍百戶、昭信校尉，正式步上軍職仕途，調守代縣、密雲、真定、壽州等衛，隨征雲南，歷副千戶、加武略將軍，十九年四月得患勞怯病症，十二月身故·升平越衛世襲指揮僉事，因病故未上任·次年由兄彭壽繼任指揮僉事，授四川行都司建昌前衛指揮僉事·

彭壽調任東昌養馬操練，因馬死事充軍，不久復職·卅一年調撥濟南左衛管軍，行到通州病故·只有庶子名鑾兒彭玉，四歲·由彭壽陸氏告准，先讓彭壽弟彭海代替襲前職，等鑾兒長，成再還他襲職·結困彭海調任浙江海寧衛指揮僉事世襲·惠帝建文三年西元1401年到任署事·

成祖永樂五年西元1407年因令軍屬趙買兒抬轎，，違犯軍法，充軍立功，隨行告准年巳十七歲的彭玉襲職，仍在海寧衛就任，從此世襲武職，世代成為海鹽人，到昭毅將軍彭紹賢，已有七世·

彭玉傳彭程(椒山)，素負膽略，善天文，懂兵略·英宗正統13年西元1448年，他率軍征討福建鄧茂七、浙江葉宗留，擒斬三百餘人，撫降數千，加一級為指揮同知·

彭程之子彭紳(朝用)，股療母，紳子彭雲(晚松，英宗天順時生)，篤行有孝義·

端(潮溪)，守御澉浦秦山，享壽91歲，娶黃粮長女黃淑人·黃家富甲一邑，所以資辛豐厚·他生當成化弘治年間，博大練達，衛事綰篆，最稱練能·喜好與海內名公達士交遊，如蘇州著名畫白陽山人陳淳等·他遺留兒子大年(蠡湖,貽孫高祖)析著書，房室之外，別無長物，只有戴文進畫一軸，園小弟一部，銅鼓一具而已·他向慕文風，實文墨嚆矢，為海鹽彭氏由武轉文關鍵人物·

大年(蠡湖)娶談淑人，談父是侍郎，他不樂武職，折節讀書，終於中了秀才，倭寇侵犯唐家灣時，潮溪駐守澉浦，守卒僅二十餘人，他發羽毛信告急·蠡湖當即投筆從戎，以身赴難·談淑人傾倒私財，使他能够招募死士四十餘人，衛帥也簡拔驍健邵阿曾等五十餘人，檄交蠡湖統率，前往應援，盡管刀槊都不具備，人持白梃鋤犁，卻奮勇死鬥·蠡湖仗劍拚殺，在石之間共擊殺倭寇七人，手下犧牲四人，倭寇見不能勝，匆忙揚帆逃遁·唐家灣得以保全，戰畢，蠡湖不樂上首功，朝廷亦無論賞，他以一介書生退敵，傳為家話·潮溪致仕，他以長子身份勉就武職·

蠡湖有弟舜年(字少溪)、祖年(字仙湖)兩人，很有詩才，但祖年人品不好·

彭輅，明威將軍，子孫已絕·墓在烏木橋，土人呼為彭將軍墓，傳說風雨之夜，每見將軍白馬，陳兵出入·孫日華，任學官，彭輅後裔式微，日華是彭的再從侄，沒有附葬烏木橋，反而共葬大宗祖墳·彭紳推愛同堂，與他共兆穴·據彭孫貽推測，這是因為海鹽彭氏讀書窮經，以儒術起家實自日華開始·

大年子紹賢(對薇)，左目重瞳，中式武舉人，膺官蘇松參將·以子貴，晉階昭毅將軍·配鄭淑人，端簡季女，生宗孟(承天)·

宗孟登神宗萬曆29年西元1601年進士，任滕縣知縣，行取南京吏部考功主事，授河南道御史，巡按湖廣·崇祀邵邑鄉賢祠、朝城、滕縣、武昌名宦祠·生子五：長長宜，字上海，二、三夭折早逝、四原廣，字孝起，文學·五期生，六弘保，字應侯、太學·

明生，萬曆21年西元1593年生，清順治三年西元1646年歿，年54歲·字孝弱，改字觀民，號弱水道人母孕周年而生，故名·幼沉默寡笑，讀書畢，兀坐凝然不動，不好喜戲，人們對他高深莫測，經常閱讀書報，對民生利弊事務，熱心探究原委·與兄孝起，同中明神宗萬曆42年西元1614年諸生，次年舉人·四十四年西元1616年中進士三甲，授徽州教授、御史、太常寺卿，為南明殉難·謚節愍·子三：孫求、邑庠生，孫貽，選貢生·孫茂，邑庠生·光曾，郡庠生·子德培、德塏·女一·

孫貽，字羿仁，明清鼎革後，閉門不出，奉母孝養，終生不仕，平生耿介自守，精書畫，孝行聞名當時，鄉人謚他為孝介·生子二：企曾，郡庠生，女四·騫曾，女三。

浙江黃岩潮溪文壹公(摘錄2004.8.15.第15期彭氏通訊)

文壹公，在宋元年間從平平洞遷居黃岩新界，為始祖一世，三世彭從善於至正年間，從新界遷居黃岩溪(焦坑)，生三子，長子永堅居焦坑化鳳形，次子永剛居焦坑，三承永正居焦坑鳳洋，傳今廿六世蔚為巨族·子嗣散佈浙江黃岩西郊瓷江鳳洋、焦坑、化江、東江河、頭陀新界、斷江、山岸等地·

行第，彭文公為始祖一世，從十五世開始：

名行：　熕增須澤，材召坊鍾，派森燦岳，綿洪桂榮・
字行：　兆占利用，豫卜嘉猷，象賢濟美，祖德作求・

淅江黃岩潮溪彭氏宗譜修譜過程：

創修於洪武七年西元 1374 年，編纂者彭秉禮，有名人方孝孺作序・
二修於明嘉靖五年西元 1526 年，有子婿進士應大猷作序・
三修於明曆廿二年西元 1594 年，有外曾孫進士盧明諏作序・
四修於清康熙元年西元 1662 年・有進士王湄甫作序・
五修於清康熙廿七年西元 1678 年，
六修於清乾隆四十三年西元 1778 年，十四世孫彭文豹主編・
七修於清道光十四年西元 1834 年,
八修於清光緒五年西元 1879 年，
九修於民國九年西元 1920 年，由主修彭處南、彭措如，聘請鄉人胡萬程續修，共十卷，保存完好・

仕隆公(少典 98 世、黃帝 88 世、彭祖 81 世)（轉摘世界彭氏宗親聯誼會「彭氏源流研究專輯」）

譜序

嘗謂考古者，必求其真，尋源者，貴得其本，凡事皆然・況人自受姓以來，雖云歷世久遠，而考其所從出，寧無可微，而可信者乎？彭氏之先，籛鏗之後也，功在王室，周天王封其國於彭，食邑三百戶，其子孫遂以為姓・若彭宣者，著易象春秋講義，為世名臣・唐時，則有彭密、彭昭，俱以書經顯世・所謂世襲詩書之教，人稱翰墨之苑者，二公殆繼述之・彥歃昭之后，至李唐之亂，其後裔有曰燮公者，徙居赤岸長溪，六傳至高祖仕隆公，於五代之天福五年(註：後晉高祖石敬瑭天福五年庚子歲西元 940 年)遷居昆陽之金舟鄉、鵬山里，於今八世矣・其故譜之書舊已無傳，令惟以仕隆公為始遷之祖，號稱一世，至五世服盡另提於後・其法取蘇氏成式列支圖於前，次詳生娶卒葬於後，分為成書，其間有一二稍著者，復紀為本傳，至若先世之行狀、墓、志、及詩賦雜錄，匪翳名人翰墨之所寓，抑亦先世之事實系焉，皆謹紀之以垂不朽，嗚呼！殳兮生我母兮，鞠我方將圖報之不暇，況祖有功，而宗有德者，可不推從出之由以為報本之地哉，觀斯譜也，實以廣孝詳出處也，於是乎序・

時大宋咸淳甲戌西元 1274 年秋七月乙亥之吉　江西路鈐陳　煥拜撰

血緣轉摘彭鳴皋撰文

少典	黃帝	彭祖	仕隆	先祖	朝代	子嗣					備考
18	8	1		彭祖 (籛鏗、彭翦)		彭祖 49 妻 54 子・夏后氏二子，長子武乙，次子夷丙・					宋譜記載，武乙為始，次子夷丙居彭城芳盛本系武乙為二世祖・
19	9	2		武乙		辛啟					夏后氏生武乙，為彭祖第 53 子.
20	10	3		辛啟		立均					商太甲时封大夫，居德州，今山東濟南府・
21	11	4		立均		淮五					
22	12	5		淮五		景祖	如祖				
23	13	6		景祖		泰乙	泰丙				
24	14	7		泰丙		正久	正允				
25	15	8		正久(綱)		良所					
26	16	9		良所		便五	便九				
27	17	10		便九		任仲					
28	18	11		任仲		興					
29	19	12		興		選					
30	20	13		選		敏時	敏政				
31	21	14		敏政		言丁					
32	22	15		言丁		建德					
33	23	16		建德		時需	時鉢				德公以下，居鎬高流芳發達・
34	24	17		時深		愿政	愿治				居鎬京流
35	25	18		愿治		茂					
36	26	19		茂		再興	再才				
37	27	20		再才		普					
38	28	21		普		請	諫				居德州流
39	29	22		諫		喜					
40	30	23		喜		三奉八					
41	31	24		三奉八		重義	重信				
42	32	25		重信		同仁					
43	33	26		同仁		愿二					
44	34	27		愿二		傅	伸				
45	35	28		伸		尚衣	尚錦	尚賢			
46	36	29		尚賢		積久					
47	37	30		積久		衢	巷				
48	38	31		巷		見九					
49	39	32		見九		八佑					春秋時魯用之，為幽州牧，后為安定侯・
50	40	33		八佑		寶					
51	41	34		寶		景					周定王時，封為大夫・
52	42	35		景		晉					

少典	黃帝	彭祖	仕隆	先　祖	朝代	子　嗣					備　考
53	43	36		晉		房三	房四				
54	44	37		房四		僖					
55	45	38		僖		川					
56	46	39		川		富	完				
57	47	40		完		福					
58	48	41		福		智九	智十				居山東濟南府
59	49	42		智十		洋					
60	50	43		洋		越	純	紀			
61	51	44		純		許	計				
62	52	45		許		樂義	樂隱				居東洋世系，公避漢隱居東洋桑梓里為東洋祖
63	53	46		樂隱		少	恩	連			公以避世得名，故名樂隱·
64	54	47		少		仁	宣				張訓荐公，公愿不仕·
65	55	48		宣		位一	位二				武帝因張禹之荐封公扶風伯後袁帝封長平侯
66	56	49		位一		奎	璧				長子為軍政太尉·
67	57	50		璧		材	格				名肢事漢中興封司隶校尉隨駕渡江仍居東洋·
68	58	51		格		炳	榮				
69	59	52		炳		則輝					
70	60	53		則輝(崇禎)		袍	因				
71	61	54		因		大武					
72	62	55		大武		煥	禮	祥	禎		行政十四，妣柳氏，移居淮東，任南康尹·
73	63	56		煥		永澤					
74	64	57		永澤		性	初	由	康		
75	65	58		初		景三	景十				
76	66	59		景三		日東	日宗				
77	67	60		日東		亮					
78	68	61		亮		元文	元隆				元文居福州
79	69	62		元隆(八五)		亨					妣楊氏，官封福州知府，住福州，子孫繁盛·
80	70	63		亨		裁二					
81	71	64		裁二		才富	才賢	才修	才益		
82	72	65		才富		真	明				
83	73	66		真(百三)		玑	瑚				妣周氏，官兵部尚書，后由大學士封少保·
84	74	67		瑚		良在					
85	75	68		良在		仁一	仁二				
86	76	69		仁一		積學	積存	慶			
87	77	70		慶		堅					
88	78	71		堅(孟玉)		五成					妣夏氏，公巨富子孫貴顯盛族以家岙改家洋·
89	79	72		五成		華	信	敬			
90	80	73		信		操					妣朱氏，住家垟·
91	81	74		操(普八)		公清	公正	公真	公如	公昭	妣李氏，三歲失怙，任至山尹，又任石泉尹·
92	82	75		公真		權	彬	相			
93	83	76		相		汝勵	汝克	汝勤	汝振	汝元	
94	84	77		汝元		台	吾	言			
95	85	78		吾		允泰	允寧				
96	86	79		允寧		恩					
97	87	80		恩		仕隆	仕達				
98	88	81	1	仕隆(信)	北宋	堪	明	載			北宋乾德元年癸亥西元 963 年生
99	89	82	2	堪		雄	洪	洙			咸平庚子年西元 1001 年生
100	90	83	3	洪		忠	志				天聖癸亥年西元 1023 年生
101	91	84	4	忠		溢					皇佑己丑年西元 1049 年生
				志		滇	旦				至和甲午年西元 1054 年生
102	92	85	5	溢		芬	芳				熙寧辛亥年西元 1072 年件
				誼		秀	權	俊彥			
103	93	86	6	芳		勉流					
				俊彥		鞠	鑑				
104	94	87	7	勉流		仲來	仲輝				
				鑑		仲剛	仲光				
105	95	88	8	仲來		倍	值				
				仲剛		庠	噩				紹興壬戌年西元 1142 年生.
				仲光		爾					
106	96	89	9	值		靜云	光云	章云	漢云		
				爾(龜年)		敬佳					紹興癸酉年西元 1153 年生
107	97	90	10	章云		碧南	碧楚				淳佑丁未年西元 1247 年生
				敬佳(一美)		衡	沖				
108	98	91	11	碧南		次季					景定庚申年西元 1260 年生
				沖(有來)		敏珮					嘉定元年戊辰西元 1208 年生
109	99	92	12	次季	元	天益	天民				至元甲申年西元 1284 年生
				敏佩	南宋	京邦	京龍				嘉定 16 年癸未西元 1223 年生
110	100	93	13	天民							瑞安市蔡橋始祖
				京龍							蒼南縣金鄉始祖淳佑四年甲辰西元 1244 年生.

浙江省里安市上馬前隴西郡彭氏世系彭俊修 2009.7.30

81 代一世；仕隆〈又名信〉三子堪、明、載〈隆生於北宋乾德元年癸亥西元 963 年，卒景？乙亥年，配黃氏，公自福建長溪來遷溫州橫陽鵬山而家焉〉

82 代二世；堪　　三子雄、雄、洪〈堪生於咸平庚子西元 1000 年〉

83 代三世；雄　四子鏡、釵、錦、鋒〈雄生於天禧庚寅年，卒元豐癸亥年，　配李氏生子四，派下居

84 代四世； 釵 一子源〈釵生於慶曆壬子年，卒熙甯丁巳年，配王氏生一子〉
85 代五世；源 一子遠〈源號中山，至閩遷澧瀆，生熙甯庚戌年，卒紹興癸亥年，配陳氏生一子〉
86 代六世；遠 一子俊流〈遠生紹興丙子年，卒紹興丁醜年，配黃氏生一子〉
87 代七世；俊流 一子仲長〈俊流生宣和丙午年，卒淳熙乙丑年，配王氏生一子〉
88 代八世；仲長 一子逢年〈仲長生紹興丁醜年，卒紹興癸醜年，配江氏生一子〉
89 代九世； 逢年 二子綱、紀〈逢年號福一，進士宋封忠滑候，生乾道癸巳年卒端平乙未年，配黃氏生二子〉
90 代十世；綱 一子必榮〈綱號岫一，生嘉泰任戌年，卒寶祐丁巳年，生一 子〉
91 代十一世；必榮 一子良輔〈必榮生紹定戊子年，卒鹹淳丙子年，配金氏生一子〉
92 代十二世；良輔 一子家慶〈良輔生開慶乙未年，卒延祐乙卯年，配江氏生一子〉
93 代十三世；家慶 二子品端、品方〈家慶生鹹淳乙酉年，卒至正戊戌年，配李氏生二子〉

浙江省溫州里安市平陽坑鎮彭氏世系

94 代一世；品端〈里安市平陽坑汪嶼始祖〉、品方〈里安市平陽坑上霧前始祖〉兄弟二人自平陽縣澧瀆遷居瑞邑四十八都上澤而共居鄢，後兄分居汪嶼。

說明： 浙江省溫州地區彭氏主要居住在今之里安、蒼南、泰順、平陽、文成、洞頭等，現約有五萬多人，大多是仕隆公後裔。

郡 號： 隴西郡。

字輩詩是： **傳來希繼祖，奕世慶榮昌。 學富聲名達，淩雲步顯揚。**

此系編撰的“遠祖世次”太始彭祖之子為武乙公，下溯至加封長平侯彭宣僅為四十八世，跨越約 2250 年之長，其代距約為 47·87 年,可能麼? 太始彭祖與仕隆公相距約 3288 年, 其代距約為 41.1 年，可能麼? 它巳是違背了人類蕃衍的自然規律，難道還可稱其為:標準的“彭氏通譜世系圖（表）的格式”？

在一世仕隆下溯至 13 世家慶的諸多帝號、干支的記錄中,可能巳出現 90%左右的錯訛,也出現有時倒置的怪現象,也可稱其為:標準的“彭氏通譜世系圖（表）的格式”麼?如果作為《彭氏通譜》收集在內，絕對是以訛傳訛……。望慎重為之。

考鑒結果:

代	世	先祖	事略
81	1	仕隆(信)	生於北宋乾德元年癸亥西元 963 年，卒景？乙亥年，配黃氏三子堪、明、載，公自福建長溪來遷溫州橫陽鵬山而家焉
82	2	堪	生於咸平庚子西元 1000 年，三子雄、雄、洪。
83	3	雄	生於天禧庚寅年〔注:天禧從 1 017→1021 年，無庚寅干支,1020 年為庚申。皇佑二年庚寅是 1050 年〕卒於元豐癸亥〈1083〉年， 配李氏生子四鏡、釵、錦、鋒〈雄，派下居浙閩。
84	4	釵	生於慶曆壬子年，〔慶曆從 1041→1048 年無壬子干支;熙寧五年壬子為 1072 年〕卒熙甯丁巳(1077)，配王氏生一子源
85	5	源	號中山，至閩遷澧瀆，生熙甯庚戌〈1070 年〉卒紹興癸亥〈1142 年〉，配陳氏生一子遠
86	6	遠	紹興丙子(1156)生，卒於紹興丁丑(1157)，配黃氏生一子俊流.
87	7	俊流	宣和〔1119→1125 僅七年〕，卒淳熙〔1174→1189〕，配王氏一子仲長。
88	8	仲長	紹興 27 年丁丑(1157)生，卒於紹興癸丑〈1133 年〉配江氏生一子逢年
89	9	逢年	號福一，進士，宋封忠滑候，生乾道〈1165→癸巳 1173 年〉其父巳死 40 年，卒端平乙未〈1235〉年，配黃氏生二子二子綱、紀
90	10	綱	綱,號岫一，生嘉泰任戌年，卒寶祐丁巳年，生一子必榮
91	11	必榮	紹定元年戊子(1228 年)生，咸淳(1265→1274)丙子年卒，配金氏生一子良輔
92	12	良輔	開慶元年己未(1259)生，一子家慶
93	13	家慶	咸淳乙亥(1275)年生,至正戊戌年卒，配李氏生二子品端、品方

安徽彭氏

安徽太湖等地宜春彭氏派目小引記載

一·各屬總派，即都昌、湖口、彭澤、星子、太湖的派字：

孔甫再成明，顯榮嘉爵祿；守德永清寧，玉樹序昭穆·

二·清同治六年西元 1867 年續修新派，於江西總派顯榮嘉爵下斟酌意義擴大的字更修廿八派：顯榮嘉爵，克守鴻章；崇文發族，立道安邦；樹藝端本，脩治維常；務全天性，萬代傳芳·

清光緒廿二年西元 1896 年江西吉安「嚴溪彭氏三房二修支譜」世系派字：

知仁信義中和，孝友睦姻任恤，禮樂射御書數·

本來只有六字，已不夠用，彭飛麃增加十二字，使它合乎六德、六行、六藝之數·

民國八年西元 1919 年「彭氏七修族譜」始修於清順治七年西元 1950 年彭而述・譜中分房立派字，匯總一譜，比較少見・

一・衡山保公房：　祖宗培植厚，蘭樹在庭芳；立德通經學，詩書緒以長・
二・賀家沖房與湘潭中路鋪房：友子大曰鼓，芳應均思成；世啟家聲遠，名揚宗祖榮・
三・本房：　光承先締澤，代有仕名揚；忠孝維國政，相傳繼永昌・
四・濠頭房：　智勇仁為達，福從大德生；前卿芳自遠，繼善必其誠・
五・揚子坪房：　江右貽謀遠，秩堂繼起興；後來宜華芳，名位振而升・
林子沖房：　盛世明良會，忠臣起若雲；衡湘金玉秀，積慶肇元勛・

湖北彭氏

派字

其一・景己時洪茂　友啟克為良　義結欣宗應　世彥漢如光　傳家貴禮燕　華國美文章
其二・汝堯念添泰　彥千慶辛丙　鍾開文初諱　德萬時月必　欲大光宗祖　先宜達義方

鄂邑彭氏(鄂城葛鎮)

始遷祖善卿公，明禮部尚書，明太祖洪武十三年西元 1380 年，從江西遷居葛仙鎮(又名葛鎮、葛店、葛里，原屬武昌縣，民國改屬鄂城縣，故稱鄂邑彭氏)，為湖北武昌葛仙鎮彭氏一世祖，鄂城葛仙彭氏宗譜，是清道光廿六年創修，光緒二十年續修，1936 年三修「武葛里彭氏宗譜」・歷明清民國以還，世凡廿三代，逾萬千子嗣，環居大江之右，門第繁昌，家聲濟濟

1	2	3	4	5	6	7	8	9	10	11	12	13	14	15	16	17	18	19	20	21	22	23	24
善卿	文秀	仁政	永良	璞	(子	一)																	
			永端	玹	(子	四)																	
			永漢	琰	(子	一)																	
			永鶴	琬	(子	一)																	
				彗	(子	三)																	
				瓌	(子	一)																	
			永盛	璋	(子	一)																	
			永昌																				
			永幹	葛																			
			永容																				
		仁義																					

一世	善卿	鄂城彭氏始祖，官名君弼，明太祖洪廿九年丙子西元 1396 年鄉魁，丁丑西元 1397 年進士，官禮部尚書・一子文秀，歿江西原籍・
二世	文秀	官名聰，字書升，穎圃・明成祖永樂廿一年癸卯西元 1423 年舉人，甲辰西元 1424 年進士，官巡按御史，歿葬界牌嶺・子二：仁政、仁義・
三世	仁政	官名定邦，號葛村・明宣宗四年己酉西元 1429 年舉人，任山東知州，旋升布政，歿葬界牌嶺・子六：永良、永瑞、永漢、永鶴、永盛、永昌・
四世	永良	號醇菴，明憲宗成化四年戊子西元 1468 年舉人，歿葬界牌嶺・子一璞，為大分之祖，居後墩・
四世	永瑞	號庄菴，國學生，歿葬界牌嶺・子一玹，為二分之祖，居瓦窰嘴・
四世	永漢	號東菴，邑庠生，歿葬界牌嶺・子一琰・為三分之祖，居前墩・
四世	永鸛	字鳴皋，上庠生，歿葬界牌嶺・子三：琬、慧、瓌・為四分之祖，居鄭庄・
四世	永盛	字際唐，歲貢生，歿葬界牌嶺・子一璋・為五分之祖，居江家堰・
四世	永幹	官名國濟，以武舉授前步先鋒，後封為忠義侯，出征腰刀在家族流傳，成為傳家之寶，歿葬古姆山・子一葛・為六分之祖，居泉井・
四世	永容	邑庠生・為明燕王留守・
四世	永昌	為明魯王儀賓，永容永昌兩人各以仕為家，因年湮世遠，後裔失考・
五世	璞	字懷玉，邑庠生，歿葬界牌嶺・子五・
五世	玹	字先黃，號懷青，邑廩生，子一・
五世	琰	字有玉，郡優廩生，歿葬界牌嶺，子四・
五世	琬	字明玉，邑庠生，歿葬界牌嶺，子一・
五世	彗	字衡玉，太學生，歿葬界牌嶺，子三・
五世	瓌	字佩玉，邑廩生，歿葬界牌嶺，子三・
五世	璋	字岳齋，邑庠生，歿葬界牌嶺，子一・
五世	葛	字有城，歲貢生，歿葬界牌嶺，子一・
沔陽彭氏		民國卅一年西元 1942 年 10 月，彭進之編纂「湖北沔陽彭氏族譜」，自認為彭祖 105 世，彭祖第 94 世孫彭重公，於明神宗萬曆年間約西元 1573-1620 年，遷居湖廣竟陵(今湖北大門縣)・95 世孫彭然，又由竟陵遷居湖北沔陽北部義禮村・沔陽南臨長

	江，北跨漢江沔水，號為澤國，十年九水，民諺「沙湖沔陽洲，十年九不收」·使得先世家規遺失無考，人口發展緩慢·江漢河床日高，沔南湖地為沃地所積，沔北日陷低下，必須遷徙，民國二十年，彭惇珊偕子彭進之，選擇武昌東湖鳳鳴山，經營五年，建設勞園(後改名紫園)、超園、楚園、健園，在洪山東南置田百餘畝，維持家計，而把沔北老四百餘畝田地變賣，只剩百畝地留養，由長子起超留住，看守祖墓，其餘子女九人移居東湖·今沔陽大興水利排灌溉完善，長久的水患，變成「沙湖沔陽洲，年年慶豐收」的江漢糧倉，地名也改為仙桃市，彭氏子孫世守的故土已安然處，可以真正安家立業·
龍泉彭氏	龍泉，湖北江陵縣之北· 1351 年元朝末年，人民反對元朝殘暴統治，紛紛起義，如彭大遠、彭文遠等彭氏族人與徐壽輝等結合抗元，結果彭大遠被俘，文遠全家十九人遇難·
竹山彭氏	「竹山縣誌」：明代知府彭忠，為竹山傑出代表，為官清廉，勤政愛民，累官常州知府·
麻城彭氏	麻城彭氏聚居人數眾多，如明朝光祿少卿彭遵古，副總兵彭漠·
長陽彭氏	長陽有「書香門第」之稱彭氏大家族，如彭秋潭、彭淦在·詩書文集甚多·如長陽竹枝詞等聞名詩壇·
鄂邑彭氏	鄂邑原屬湖北武昌，現改為鄂城縣，隸屬武漢市武昌區·1936 年三修「武葛里彭氏宗譜」始遷祖彭善卿，明洪武十三年(1380)從江西遷居鄂城縣的葛仙鎮,故稱鄂邑彭氏.1397 年丑科進士.二世彭文秀：1424 甲辰進士. 三世彭仁政：己酉 1429 科舉人,旋升布政使.四世永良、永瑞等八名男丁皆為舉人、國學生、邑庠生、歲貢生. 五世璞、玹、琰、琬、彗、瓖、璋、葛，均庠生、貢生·六世名男丁·詳如前述.

湖北孝感彭氏

湖廣孝感彭氏，蓋居黃州安陸而再迁者，族姓甚繁，近則有名體仁者，為直隸雄縣令；履仁為江南如臬令；居仁為貴州貴築令。三人乃同產兄弟也，與餘家素亦通好，尚未考其派系，俟問訊再詳。

彭孟緝節摘泰國彭氏族譜

彭將軍孟緝，字明熙，民前四年八月十七日，生於湖北省武昌縣金口鄉，西元 1997 年十二月十九日逝於台灣省台北市·

高祖之堯彭公，曾祖彭必聰，世代耕讀傳家，祖父振鋒公，改業經商遷居省城。先嚴彭晟公，字蘇青，好學入仕，清末參加革命工作，民國創立以後，歷任大元帥府秘書、及國民政府文書科長、文官局長等職。

將軍幼承庭教，深受革命熏陶，志慮非凡，好讀書，初就讀湖北漢陽丈德書院，畢業後轉入廣州中山大學，西元 1926 年年四月入黃埔陸軍軍官學校習砲科，勤奮鑽研，術理俱精，為校長 蔣公所賞識。畢業後負笈東瀛，考入日本野戰砲兵學校，學藝精湛，造詣更深，展其所學，為我國新砲兵奠定其礎。篤信三民主義，意志之堅強，殆種因於早年也。

西元 1931 年由日本返國，任砲兵學校主任教官，1936 年調任砲兵團團長，旋調砲兵第一旅旅長，歷經第一、二次北伐，福建剿匪、西安事變及抗戰中淤滬、九江、台兒莊、桂柳、騰衝諸戰役，所向戰功輝煌。1945 年擢升中國陸軍總司令中將砲兵指揮官，部署反攻，擘劃周詳。

八年抗日戰爭勝利，轉任台灣高雄要塞司令，銳意整建，期年頓復舊觀。1947 年五月晉升台灣省警備司令，安定社會，又曾任台灣省保安副司令，台灣省衛戍司令等職，愛民保民，除暴安良，功績昭彰，故台灣治安良好，人民安居樂業，1954 年升任副參謀總長，1955 年晉升參謀總長。

「八二三砲戰」苦戰，時與國軍首長策劃支援外島作戰，運籌帷幄，謀算精確，決戰千里之外，使台海外圍島嶼，安然無恙，戰功彪凜。1965 年轉任總統府參軍長·

兩任參謀總長任內，為國軍建立良好制度，國盛兵強，提高戰鬥力量，功績至鉅，當時國防部長蔣經國先生代表總統頒贈青天白日勳章。1967 年一月受命派任泰國特命全權大使，1969 年二月又奉總統命派駐日本全權大使，克盡天職，斯時與泰、日兩國邦交最為密切，以迄屆齡退休。

渠任事嚴謹，盡忠職守，統率部屬，寬猛相濟，獎罰分明，理事周慎，履踐篤實，任軍官訓練團、及革命實踐研究院主任期間，風興夜寐，獎液後進，培育多士。歷任軍事外交教育等重要職歷 50 餘年，厥功甚偉。

台灣二二八事件，時任高雄要塞司令，奉令鎮壓除暴，及時弭平動亂，禍患死亡人數雖多，遭人物議，但功過誰屬，留待後人史實鑑評·

山東彭氏

滕縣彭氏 中華姓氏譜

1962 年山東滕縣彭氏支譜記載：永昌公，豐縣華山人，五代後周顯德二年約(西元 954-960 年)進士，穎悟博學，始任承(丞)邑令，察判兖州，官至朝奉大夫，在滕縣西偏庄里村落籍安家，成為始遷祖·

子四：金、溫、宗、讓·

讓生海，海生端、恭、宗·端無嗣·恭起家河南，子二：進、立；宗置產河北，子六：揮、厚、珪、近、希、存，因號河南北彭家·子孫性都豪邁，權握鄉棧，人皆敬畏，成為鄉黨勢豪之家·

大定五年西元 1165 年，家族重立墳墓，各為袝葬·時傳二百多年，世替六代，有三十餘家，一百五十餘人·分住庄里、大彭庄、南彭庄、馮李堂、朱庄、宗村、孫寨、大張庄、韓橋、賈庄、姬庄、來泉庄、前孟、兩滿庄、黎壚、郗山、北彭庄、苗庄、兩水泉．庄裡全是祖塋與家族發源地．
後裔彭德正(愛民)先祖居庄里，後遷彭口閘，十四世祖遷黎壚．
朱浩熙在「彭祖」書中，附錄了金世宗大定25年西元1185年鄉貢士技庭撰朝奉大夫彭永昌墓志銘．該支先祖，遙接大彭、彭仲爽、彭宣．
該族喜用石刻族譜，清同治12年西元1873年，彭松、彭根、彭獻瑾、彭獻瑢等，立「古滕孫寨彭氏族譜䃅」，1962年春，滕縣彭氏創紙本線裝鉛印「彭氏支譜」．
滕氏彭氏宗親宣稱先祖為大彭彭祖、彭仲爽、彭宣諸公，非江西構雲公世系，然其世系血緣網脈不明，僅知始遷祖彭永昌，為五代後周顯德二年進士，溯本清源不易，盼追縱史書遺跡，理出端倪．
滕縣彭氏非江西構雲公後代，與江西吉安嚴溪彭氏、福建作邑彭氏一樣，是目前已知江西宜春世系彭氏血緣．其先祖脈絡源流有待追考．
中華彭姓通志：
滕縣，今屬滕州市管轄，秦代置，治所在今山滕州市西南．與江蘇豐、沛兩縣相鄰，與微山湖一水之隔，它是「彭城世系」．滕縣彭氏祖先，在殷夏時有豕韋氏，春秋時有楚令尹彭仲爽，漢有大司空彭宣(彭祖37世孫)．至五代顯年間(954-959)，有高祖彭永昌，世居江蘇豐縣華山，穎悟博學，舉顯德進士，始為丞邑令，察判兗州，官至朝奉大夫．四子：金、溫、宗、讓．讓生海，海生端、恭、宗．端無嗣．恭起家河南，生二子：進與立宗．置產河北，六子：揮、厚、珪、近、希、存．因號河南北彭家，性各豪邁，權掌鄉村，人皆敬畏．
自高祖永昌至同，凡五世，至實、六世，皆進義校尉．實，享壽98歲．如今滕縣彭氏已歷數十世．1962年續譜,24世至43世，排行字20派：【崇邦宜顯厚，惟慎延世長，賢愚登文殿，輝恭光大祥】．又據「豐縣誌」1994年3月村莊記載：西南片村莊裡有劉玉樓鄉榮莊村的彭莊及范樓鄉幸福村的彭莊寨(1958年更名為躍進寨)；西北片村莊裡有馬樓鄉大李莊村的彭樓，因彭姓人在此居住建村蓋樓．西北片村莊裡有常店鄉孔莊村的前彭莊和後彭莊；師寨鄉、古廟村的彭莊，薛、彭莊村裡有彭莊；東北片村有歡口鎮的彭姓人集居地彭莊村，歡口村裡亦彭莊．

泰安彭氏

周代春秋戰國時期，山東為齊魯之邦，緊鄰蘇北徐州，春秋時，泰安即有彭姓彭名，多認為山東彭氏是直接從徐州遷徙而來．早在先秦就有彭氏「定陶世系」．定陶，即今山東定陶縣，秦署，治所在今定陶縣西北．「定陶世系」一世祖彭交錦，是彭祖的32世孫．晉楚之戰，彭名保駕，楚共王才沒有被俘．

諸城彭氏

該支為正宗的「定陶世系」．在秦漢時，有梁王彭越雄逞山東．彭越，字仲，昌邑人，彭祖34世孫，彭端次子，彭文錦之孫．今昌邑在山東諸城縣金鄉西北．彭越助劉邦討楚有功，封為梁王，定都定陶．劉邦誅韓信，擊陳豨，徵兵于梁，彭越稱不應，派部將往邯鄲，劉邦怨，責彭越心存反叛，廢為庶民，遣西蜀，呂后對劉邦說：「彭越是個壯士，留下恐生後患」，遂殺彭越及其家屬，僅存遺腹子彭淩之得雪，後徙居甘肅隴西縣為一世祖，後彭越子孫稱其郘望為【隴西】．

臨沂彭氏

山東「沂州志」記載：明末有彭文炳，字太嚴，由沂州衛指揮，歷任順天(今北京大興縣)巡撫標下遊擊將軍，駐守今河北遵化縣，明崇禎二年(1629)邊徼之變，清貴族大舉侵進遵化，彭文炳及巡撫都禦史王元雅戰死．彭文炳弟：文煒、文炯、文燦，子遇颷，闔家罹難，成為山東臨沂地方滿門英烈，在地方誌及彭族史上有悲壯的一頁．

章丘彭氏

山東「章丘縣誌」記載，明末有彭敬叔，字叔儀，畢生從事高監察彈劾工作，回家途為義軍所擄，寧死不屈，被處死，朝廷追贈為兵部尚書隴西侯．

山西彭氏

安邑彭氏

山西安邑彭氏，蓋由豫州再徙者也，族雖云盛，而素未相通．康熙辛丑與余同舉進士者，曰人瑛，字山公，初授廣東東莞令，未任而調易州．時陵初建，將作官吏，繕部匠役，云集州境．人瑛條目秩理，大工畢舉，而治民如故．上官交荐，握知保寧府，洊升清河道副使、湖南按察使．乾隆二年見出都，卒于道中．為人伉爽而和易，與人無竟．居官治績，人皆思之．退食之餘，脫巾徙倚，觴咏自若，有國士風．無子，以兄子為嗣，中汪允汪杜林有傳．

忻州彭氏

約 **516** 年前，從朔州遷來，朔州最初為北魏時設置，治所在今內蒙古和林格爾縣西北土城，後移置今山西文水縣東雲周村，一說在今山西祁縣東·北齊後，治所在今山西朔縣西南，彭氏子孫分佈：北至播明、北趙、頓村、河拱，南至山京、左磨、關城、亞羅，西至奇村、東香、紫岩、東村，市中心東、西街、南街、南關、樊野，子孫繁衍龐大，稱為「貴門中人」，聲望突出·

忻州始祖彭孝禮，太學生贈修職郎，明洪武二年**(1369)**從朔州遷民而來，有一子二孫，其功名為一進士，兩大夫，後裔均居官高位·

海南島彭氏

(摘自泰國西元 1995 年彭氏族譜但先祖血緣世代不明)

輩序詩：　中和運開　名正修昌

12	13	14	15	16	17	18	19	20	21	22	23	24	25	26	27	28	29	30	31	32	33		
										文謨	運傳	茂璝	盛維	家仁	興福	開益	名鋼	正鋒					
																		正舫					
																	名樑	正運					
																	名揚						
																	名輝	正博					
																	名沙						
												樂施	中山	和敬	運華								
															運松								
														和林	運楷	開達	強名	俊正					
																		祈正					
																	富名	利正					
																	勇名	行正					
																開連	波名						
																	偉名						
																開通	福名						
																開進	彬名						
																	興名						
																	密名						
																	提名	統正	業文	修豐			
																				修炎			
																				修才			
																				修炳			
																				修進			

甘肅彭氏

隴西彭氏

西漢梁王彭越遺腹子彭淩，為甘肅省隴西縣始祖。

安定彭氏

東魏陳留王彭樂為甘肅安定縣始祖，並稱「安定世系」，子嗣散居甘肅、寧夏、內蒙、陝西、山西一帶，到唐朝有遷移至瀛州，再南遷至江西，形成宜春及廬陵世系。

襄武彭氏

襄武在今甘肅省隴西縣東南．西晉時有彭祈，歷任西郡(今甘肅永昌縣西北)、酒泉(今酒泉縣)、弘農(今河南靈寶縣東北函谷關城)、略陽(今甘肅秦安縣東南)等四郡太守，晉爵封為晉侯。

涇川彭氏

甘肅涇川彭氏亦稱安定彭氏，西漢時置安定縣，彭姓人稱為自己的郡望為「安定郡」．南北朝時有構雲公 102 世、宣公 19 世的彭樂，字子興，安定人，勇猛善戰，時北魏孝明帝元詡正光年間（520~525）戰亂，彭樂相繼投軍杜洛周、爾朱榮、神武帝高歡、韓樓等軍麾下，被封為樂城縣公、汨陽郡公、任肆州刺史．東魏天平四年(537)，彭樂討伐西魏，俘擄西魏的臨洮王元東、蜀郡王元榮宗等、及督將僚佐 48 人大敗西魏，被封為陳留王，居安定．配夏氏，生子彭龍韜，為賀州太守，孫彭君材，為柳州太守，曾孫彭履真，為隴州府尹，至六世孫彭景直(彭祖 108 世孫、宣公 25 世孫)，居河北河澗、及山東瀛州．嗣聖元年甲申(684)登進士第，永昌元年己丑(689)中狀元，官厌常寺博士，武后(武則天)時任禮部尚書，唐中宗景龍二年戊申(708)禮部侍郎。

蘭州彭氏

明朝，蘭州彭澤，字濟物，弘治三年(1490)進士，累任工部主事、刑部郎中、徽州知府．正德初年任河北真定知府、浙江副使、河南按察使、右僉都禦史、巡撫遼東和保定．因平賊有功，晉升右都禦史、太子少保、蔭封其子孫為世襲錦衣百戶，最終提升為左都禦史、兵部尚書、太子太保．彭澤為官，清廉正直，忠心為國．惜被人誣害，一度削職為民，鬱鬱不樂而終．死後五年，隆慶初(1567)被平反昭雪，恢復官位，賜謚襄毅。

甘肅枹罕羌族彭氏

甘肅枹罕羌，為今甘肅臨夏縣所轄，古時曾設縣、郘、鎮．西漢時置枹罕縣，西晉廢，十六國前涼(317~376)年復置，西秦國王乞伏熾磐(412~428)在位，曾建都於此．晉代有枹罕羌人首領彭奚念(？~409)，於東晉孝武帝太元十四年(389)，率羌人歸附鮮卑族，西秦國王乞伏乾歸(熾磐之父，388~412 年在位)，任北河州刺史．十七年(392)，奚念打敗氐族後涼國王呂光(386~399)年在位之子呂纂的進攻．後遭呂纂襲，擊兵敗枹罕退回甘松(今甘肅迭部縣一帶)．東晉安帝隆安元年(397)，奚念被乾任為衛將軍．安帝義熙三年(407)，歸降鮮卑族南涼國王禿發傉檀，而與西秦結怨，終被西秦乞伏熾磐打敗身亡。

甘肅安定羯族彭氏

西漢少數民族盧水胡(亦稱安定胡)，原是匈奴族統治下的月氏．其首由彭氏充任．進入邊塞與羌族彭姓雜居通婚，形成一支龐大彭氏族群．五胡十六國時，有後秦鎮軍將軍彭白狼、楊威將彭彭蠔，後涼張掖太守彭晃等，還有盧水胡首領彭沛谷，東晉孝武帝太元十二年(387)，與休屠胡(屠各胡)董成、張龍世、新平羌雷惡地等起兵，附從前秦大司馬符纂，擁軍十餘萬人．後來終被後秦國王姚萇(384~393)打敗，丟失彭沛谷堡，奔向杏城(今陝西黃陵縣西南故邑)，歸降後秦．他的子孫與漢族融合，就在陝北一帶繁衍　。

雲南彭氏

順寧彭氏

雲南順寧彭氏，明時由廬陵徙居，世派無考．初居騰越衛，世以孝義聞．明末有諱懋賢者，學問純粹，言規行矩，笑言不苟．衛近邊鄙，民風椎魯，而敬若父師，遠近化之．知府余懋學重其經明行修，延為賓師，遂居順寧．余屢為置田宅，介然不受．授教終身，年九十餘卒，咸稱為「天南夫子」．子名高運，亦有聲庠序，篤于孝友，克繩其武，年亦九十餘，世稱長者．

上海彭氏

松江彭氏　(摘錄中華彭氏通志)

上海松江彭氏家族文風鼎盛：
明代彭輅，少年聰穎，會作對聯，當時人一時稱絕．明嘉靖丁未(1547)進士，畢生獻身教育，為朝廷偵選人材．
明彭賓，字燕又，一字穆如，明崇禎舉人，清朝時任寧推官，文章另成一格，其孫彭士超，清康熙時時輯成「搜遺稿四卷」．
清時彭師度，字古晉，號省廬，吳偉業稱其與吳兆騫、陳維崧為「江左三鳳」，著有「彭省廬詩文集」
清代彭開祐，字孝緒，號椒岩，登康熙進士，官武岡知州，工詩，著有「彭椒岩詩稿」．

彭家珍大將軍家譜

註：轉摘 2007 年 8 月 15 日「彭氏通訊」第 33 期第 13 頁摘自「義烈千秋」第 239-242 頁成都出版社 19919 月出版，再以譜牒式予以整理

開派少典	受姓彭祖	江西構雲	彭家珍系	先　祖	紀　實
			12	材　柏	清康熙四十九年始自楚遷蜀成府金堂縣東門外萬安鄉老虎頭
			17	盛　廣 配 張氏	彭盛廣,字漢亭,生於 1828 年(清嘉慶廿一年二月初二日午時), 卒於 1896 年(清光緒廿一年十月初七日辰時). 配張氏, 五子三女：貞吉、貞宜、貞祥、貞偅、貞寮、等. 在金堂縣姚渡鄉石籠三堰金雞窩,趙鎮開辦紙館,辛勤創業.
			18	貞　吉 配 邱氏	盛廣長子,字甫生,生於 1848 年(清光緒廿八年正月廿二日日午時),卒於 1911 年(清宣統三年辛亥正月初二日戌時) 配邱氏,五子：復恒、泰恒、孚恒、履恒、萃恒., 十四孫,十孫早逝,四成器,家珍、家元、家和、家祥. 血緣：盛廣－貞吉－復恒、泰恒、孚恒、履恒、萃恒
			18	貞　宜	盛廣次子血緣；盛廣－貞宜
			18	貞　祥	盛廣三子血緣；盛廣－貞祥
			18	貞　偅	盛廣四子血緣；盛廣－貞偅
			18	貞　寮	盛廣五子血緣；盛廣－貞寮
			19	復　恒 配 陳氏續配楊氏	貞吉長子，名仕勛,生於 1868 年(清同治七年戊辰五月十八日巳時),卒於 1941 年(民國三十年八月). 配陳氏,後配楊氏, 六子二女：家珍、家承、家元、家蘭、家蕙、家芳、寶金、轉轉(乳名).留學日本回國,在成都尊經書院、叙州府師範學校教書、參與四川保路運動,曾擔任金堂縣視學、四川軍政府高等顧問、民國政府總統府顧問、陸軍部參議等職.有著作一百卷,包括哲學、近代科學等書籍. 血緣：盛廣－貞吉－復恒－家珍、家承、家元、家蘭、家蕙、家芳、(女)寶金、轉轉(乳名)
			19	泰　恒	貞吉次子，字少甫,行二,生於 1872 年(清同治十一年壬申四月廿七日亥時), 卒於 1893 年(清光緒十九年癸巳三月廿八日戌時),享年廿一歲. 血緣：盛廣－貞吉－泰恒
			19	孚　恒 配 劉氏 續配 趙氏	貞吉三子，字履中,行三,1883 年(清光緒九年癸未十月初八日亥時)生,卒於 1954 年十月廿二日. 配劉氏,續配趙氏, 三子二女:家和、家俊、家祥、海蒼、金玉.曾任北伐軍廣東軍站部副官. 血緣：盛廣－貞吉－孚恒－家和、家俊、家祥、(女)海蒼、金玉
			19	履　恒 配 沈氏 續配 儲氏 再配 蕭氏	貞吉四子，字禮先,行四,生於 1886 年(清光緒丙戌年二月初六日申時),卒於 1970 年十月. 元配沈氏,續配儲氏,再配蕭氏, 四子五女:家麟、家驥、家震、家鑫、淑媛、次媛、子清、滿妹、家玉. 曾任四川陸軍少校副官、首任彭大將軍專祠管理委員會會長. 血緣：盛廣－貞吉－履恒－家麟、家驥、家震、家鑫、(女) 淑媛、次媛、子清、滿妹、家玉.
			19	萃恒 配李牟苟氏	貞吉五子，字贊堯,行五,生於 1889 年(清光緒己丑三月初十日寅時),卒於 1958 年八月十五日元配李氏,續配牟,再配苟氏,二子：家駒、家學. 血緣：盛廣－貞吉－萃恒－家駒、家學.
			20	家　珍 配 王清貞	復恒長子,號席儒,行一,1888 年四月九日(清光緒十四戊子二月廿八日戌時)生於彭宅,1921 年一月廿六日(清宣統三年辛亥十二月初八日夜半時),因炸良弼犧牲於北京紅羅良宅前.為推翻帝制,創立民國的開國元勳之一,孫中山大;總統追贈為陸軍大將軍,葬北京. 配王清貞,生於 1888 年,卒於 1964 年.家珍犧牲後守節終身. 初撫彭家元長子傳棟為繼子,1938 年八月傳棟在四川大學就讀,不幸溺水而亡, 繼撫家元四子傳直.傳直生於 1929 年十二月十七日,四川大學土木系畢業,曾任山西省公路局副局長,總工程師,妻曾啟宗,二子一女:彭剛,彭強,彭梅.血緣：盛廣－貞吉－復恒－家珍－傳棟、傳直、(女)彭梅－
			20	家　承	復恒次子,血緣：盛廣－貞吉－復恒－家承
			20	家　元 配 王菊逸	復恒三子,行三,1897 年七月廿七(清光緒廿三年六月廿八日)生,卒於 1966 年九月六日. 妻王菊逸, 五子:傳棟、傳樑、傳正、傳直、傳誠,撫一女名健利(彭家和之女).1924 年留學美國,回國後,歷任北京大學、廈門集美學校、廣東中山大學、武漢大學、四川大學農學院教授、主任、院長.為著名土壤學專家. 血緣：盛廣－貞吉－復恒－家元－傳棟、傳樑、傳正、傳直、傳誠、(女)健利
			20	家　蘭	復恒四子,血緣：盛廣－貞吉－復恒－家蘭
			20	家　蕙	復恒五子,血緣：盛廣－貞吉－復恒－家蕙
			20	家　芳	復恒六子,血緣：盛廣－貞吉－復恒－家芳
			20	女 寶金	復恒長女,血緣：盛廣－貞吉－復恒－(女)寶金
			20	女 轉轉	復恒次女,血緣：盛廣－貞吉－復恒－ (女)轉轉
			20	家　和	孚恒長子，行四,生於 1908 年二月廿四日(清光緒卅四年二月廿四日),卒 1970 年七月.

開派少典	受姓彭祖	江西構雲	彭家珍系	先　祖	紀　　實
				配 鍾玉樹	妻鍾玉樹,四子一女:傳林、傳斌、傳勛、傳芳、健利(過繼家元為女).從事糖米商業. 血緣：盛廣－貞吉－孚恒－家和－傳林、傳斌、傳勛、傳芳、(女)健利
			20	家　俊	孚恒次子・血緣：盛廣－貞吉－孚恒－家俊
			20	家　祥	孚恒三子,名海寧,行十三,生於 1933 年正月十八日,1950 年十二月參加工作,妻何開雲,三子一女:傳勇、傳強、傳雲、小蘭. 繼任彭大將軍專祠管理委員會會長、管理所長. 血緣：盛廣－貞吉－孚恒－家祥－傳勇、傳強、傳雲、小蘭
			20	女 海蒼	孚恒長女,血緣：盛廣－貞吉－孚恒－(女)海蒼
			20	女 金玉	孚恒次女,血緣：盛廣－貞吉－孚恒－(女)金玉
			20	家　麟	履恒長子，血緣：盛廣－貞吉－履恒－家麟
			20	家　驥	履恒次子，血緣：盛廣－貞吉－履恒－家驥
			20	家　震	履恒三子，血緣：盛廣－貞吉－履恒－家震
			20	家　鑫	履恒四子，血緣：盛廣－貞吉－履恒－家鑫
			20	女 淑媛	履恒長女,血緣：盛廣－貞吉－履恒－(女) 淑媛
			20	女 次媛	履恒次女,血緣：盛廣－貞吉－履恒－ (女) 次媛.
			20	女 子清	履恒三女,血緣：盛廣－貞吉－履恒－(女) 子清
			20	女 滿妹	履恒四女,血緣：盛廣－貞吉－履恒－ (女) 滿妹
			20	女 家玉	履恒五女,血緣：盛廣－貞吉－履恒－(女)家玉.
			20	家　駒	萃恒長子,血緣：盛廣－貞吉－萃恒－家駒、家學.
			20	家　學	萃恒次子,血緣：盛廣－貞吉－萃恒－家駒、家學.
			21	傳　棟	家珍承繼長子(家元長子過繼為嗣),但溺水不幸早逝. 血緣：盛廣－貞吉－復恒－家珍－傳棟－止
			21	傳　直	家珍承繼次子(家元四子過繼為嗣), 生於 1929 年十二月十七日,四川大學土木系畢業,曾任山西省公路局副局長,總工程師,妻曾啟宗, 二子一女：彭剛,彭強,彭梅. 血緣：盛廣－貞吉－復恒－家珍－傳直－彭剛、彭強、(女)彭梅
			21	女 彭梅	傳直之女,血緣：盛廣－貞吉－復恒－家珍－傳直－ (女)彭梅
			21	傳　棟	家元長子,過繼家珍為嗣.血緣：盛廣－貞吉－復恒－家元－傳棟
			21	傳　樑 配 陳世倩	家元次子,生於 1919 年五月十六日. 美國西點軍校畢業,歷任國民黨空軍大隊長,聯隊長,空軍副司令,總統府侍衛長,二級上將等職. 妻陳世倩, 二子:智信、忠信,家居美國. 血緣：盛廣－貞吉－復恒－家元－傳樑－智信、忠信
			21	傳　正	家元三子血緣：盛廣－貞吉－復恒－家元－傳正
			21	傳　直	家元四子,過繼家珍為嗣血緣：盛廣－貞吉－復恒－家元－傳直
			21	傳　誠	家元五子血緣：盛廣－貞吉－復恒－家元－傳誠
			21	女 健利	家元撫養女(承繼家和之女為嗣),血緣：盛廣－貞吉－復恒－家元－ (女)健利
			21	女 健利	家和之女,血緣：盛廣－貞吉－孚恒－家和－(女)健利
			21	傳　林	家和長子,血緣：盛廣－貞吉－孚恒－家和－傳林
			21	傳　斌	家和次子,血緣：盛廣－貞吉－孚恒－家和－傳斌
			21	傳　勛	家和三子,血緣：盛廣－貞吉－孚恒－家和－傳勛
			21	傳　芳	家和四子,血緣：盛廣－貞吉－孚恒－家和－傳芳
			21	傳　勇	家祥長子，血緣：盛廣－貞吉－孚恒－家祥－傳勇
			21	傳　強	家祥次子，血緣：盛廣－貞吉－孚恒－家祥－傳強
			21	傳　雲	家祥三子，血緣：盛廣－貞吉－孚恒－家祥－傳雲、
			21	女 小蘭	家祥之女血緣：盛廣－貞吉－孚恒－家祥－(女)小蘭
			22	彭　剛	傳直長子,血緣：盛廣－貞吉－復恒－家珍－傳直－彭剛
			22	彭　強	傳直次子,血緣：盛廣－貞吉－復恒－家珍－傳直－彭強
			22	女 彭梅	傳直之女血緣：盛廣－貞吉－復恒－家珍－傳直－(女)彭梅
			22	智　信	傳樑長子，血緣：盛廣－貞吉－復恒－家元－傳樑－智信
			22	忠　信	傳樑次子，血緣：盛廣－貞吉－復恒－家元－傳樑－忠信

海外彭氏華僑

泰國彭氏

(摘自泰國 1995 年泰國彭氏族譜但遷居泰國先祖不明)

潮安歸湖山洋彭氏

歸湖山洋彭是延年公子銓公,**1158** 年創鄉(鎮誌鄉誌記載),歷史有歸湖先有山洋彭,是五世祖從金城巷移居到歸湖山洋創山洋彭,建有報本堂祠堂,宋墓一口因解放後拆除,對聯「吉安源流遠,潮州振家聲」.

世　代	21	22	23	24	25	26	27	28	29	30	31	32	33	34	35	36	37	38	39	40
書名輩序	仁	尚	大	興	文	學	業	俱	貞	純	鴻	恩	連	敏	澤	千	載	振	乾	坤
諱號輩序	爾	廷	有	耀	宗	樹	德	開	源	宏	佳	名	成	美	作	萬	世	長	豐	隆

1	2	3	4	5	6	7	8	15	16	17	18	19	20	21	22	23	24	25	26	27	28	29
延年	銓	澄																				
		泳	樗	燁	朝封																	
			傑	焜																		
			煒	封	廷封	坤載	光叔															
						朝雅																
						朝圭	延三	樂林	大興	(	失	考	)	成美	※							
									維興	素吾	達廷	聲偉	瑞章	汝庸	※							
														爾山	※							
										替吾	耀台	希舜	捷臣	旭廣	※							
														旭瑞	※							
									再興					爾章	※							

21	22	23	24	25	26	27	28	29	30	31
成美	傳公	亞大	耀大	宗銘	樹臣	木興	兩得	煥基		
					光輝	如溪	漢秋	元傑		
						欽生				
				宗成	潮林	如火	國全	志新		
								志升		
							南全	楚建		
							愈	照忠		
								照群		
								照豐		
						如龍				
						如彬	錫坤	延文		
								釗文		
							錫光	衍文		
							錫漢	宗文		
								永文		
							清漢			
							坤漢			
							細弟			
						尚樹				
						大樹				
						大發	志武	梓毅		
							志傑			
				宗品	林州	嬋清	建亮			
成美	傳公	亞大	耀大	宗品	成州	錫仿	升文	澄桂		
							升武			
							敬耘	澤浩		
					江州	嬋彬				
			細耀	科公	和鑾	應順				
						金鎮	懷勝	春盛		
							捷勝			
				猴公	如平	獅古				
						尚獅				

21	22	23	24	25	26	27	28	29	30	31
					鄧安	瑞深	增深	亞彤		
						瑞高	金仁	亞峰		
		亞二	（失	考）	亞魚	木潮	金華	文枝		
							金通	亞輝		
							金得			
					亞隆	榮鎮	深得	國斌		
								少斌		
					亞武	炳昌				
						貴昌	紹孝			
						如昌				
						木平	森榮			
							森揚			
							吉揚			
				（失	考）	瑞興	得謙	振遜		
成美	傳公	亞二	（	失考	）	奇炳	莫樹	建生		
				（失	考）	錦泉	紹福	繼華		
								繼川		
				（失	考）	銀城	歆然	宏群		
								億群		
			（失	考）	木音	坤祥	文生	亞輝		
							卓生	元泳		
							得生	元峰		
							加生			
					應根	俊江	偉正	建新		
								元新		
					如磷	寶泉	振謙	永智		
							振遜			
							振邦	亞佳		
					失考	亞如	鎮仿	增福		
								增存		
								增強		
			繼仿	大宗	炳炎	漢仿	兩義	文勛		

21	22	23	24	25	26	27	28	29	30	31
						漢泉				
					炳茂	楚發				
					炳怪	成權				
						金權	家生			
							立生	元泳		
					炳疆	金盛				
					炳從	德豐				
						金發				
				小宗	瑞書	貴州				
					瑞平	喜旭	文秋	亞韓		
								小聰		
							學和			
					瑞林	喜仿				
						喜榮				
						洽榮	少文	亞賢		
		亞三	（失	考）	亞懷	岳裝	偉華			
							偉雄			
						岳忠	民生			
汝庸	聯可	有謙	耀溍	宗暢	樹莊	成旭	楚欽			
							楚臣	順華	學彬	
									學群	
							楚居			
						安烈	松坑	興華	亞棟	
								孟華	亞樑	
									宏均	
						其烈	鎮勳	源華	勝炎	
									勝木	
								智華		
						錦烈	彬勳			
							春勳	亞全		
汝庸	聯可	有謙	耀溍	宗暢	樹莊	錦烈	春勳	亞敬		
								亞翌		
							龍勳	浩華	宏鵬	
									宏泰	
								健華	宏翔	
								少華	宏宇	
									宏葵	
								逸華		
								衛華		
						亞五	振勳	禮華	海亮	
								楷華	亞敏	
								瑞華	少波	
									波弟	
								崇華	亞東	
							通勳			
							文勳	卓雄		
								偉雄		
								再雄		
								世雄		
旭廣	榮可	有霸	宗修	光業	樹立	繼祥	應深	元銘	武鴻	
							平章	瑞龍		
					樹芝	鎮南	鏡秋	進生	潮才	
								權生	潮非	
									潮榮	
								淡生		
							鏡波			
							鏡湖	旭義		
								旭坤		
			宗副	有仿	香炎	清雄	開傑			
					香松	培華	開榮			
						培民	玉煌			
						培國	敬賢			
							委賢			
					德廣	欽池	利宣	遠得		
							楚宣	吉才		
							楚光			
爾山	鵬可	有志	耀仿	三陽	春吉	盛仿	群生	亞相		
					春深					
				瑞陽	純強	業農				
						業崇				
				勝陽	純江	業宏				
						華華				
					純仁	樹欣	梅生	志民		

21	22	23	24	25	26	27	28	29	30	31
							韓生	重喜		
				稿公	樹蔭	欽輝	俱權	文華	桂海	
								炎華	桂朝	
									昭傑	
								湘華		
爾山	鵬可	有志	耀仿	稿公	樹蔭	欽輝	俱生	俊武		
				秀才	丙甲	國平	俱服	梓華		
								梓榮		
							俱木	志堅		
							俱明			
							俱堯	少文		
							俱賢	錦松		
					和尚	亞逵				
						亞濤				
					錦池	映堂	湘宇			
					錦都	映欽	宏偉	亞元		
							宏生			
					錦城	煥章	鏡群			
							鏡生			
旭瑞	鵬可	有仿	耀公	宗公	亞樹	明豐	利昌	卓群	貴永	
								卓銳	應豪	
						欣聲	振祥	金中		
								源中		
							義祥			
						春茂	鎮昌			
						再發	欽維	源長		
					樹仿	德公	成裕	鎮林	寶貴	
								鎮榮		
							成高	來彬	俱波	
								來存	義輝	
					樹三	芝初	鎮祥	煥堂	少揚	
									澤揚	
						芝俊	木生	廣標	慶榮	
									慶中	
					樹四	德仿	高周	來喜	俊生	
									文生	
									裕生	
									明生	
							得泉	大好		
								先振		
					樹五	登榜	錦昌	明星	澤武	
								明芳	志雄	
						木炎	清元	建生		
							清聲	明思	介宏	
								明華	介亮	
爾章	延光	有仿	耀公	永旗	慶文	德昌	彥輝	銳思	偉中	
									偉彬	
								銳傑	偉堅	
							俊輝	明良	亞榮	
							榜輝	建生	雙生	
								建群	林敏	
									躍敏	
								建武		
爾章	延光	有仿	耀公	永旗	慶文	德昌	榜輝	建偉		
							再輝	建南		
					樹仿	鳥狗	寶輝	楚華	智榮	
								楚雄		
								楚平	友文	
									榮文	
					樹公	利發	木輝			
							長鎮	義英	仕傑	
									仕德	
									仕豪	
									仕雄	
								義育	良生	
									良浩	
							長泉	煥通	財榮	
								煥墩	澤榮	
									玉榮	
									昇榮	
									欽榮	
							貴炎	應斌		
								煥斌	華新	

21	22	23	24	25	26	27	28	29	30	31
									華生	
					樹瑤	德春	開釗	煥奎	樂和	
									樂貴	
								煥深	樂崇	
									樂海	
									樂欽	
							開之	煥祥	宏利	
								煥瑞		
								煥良	培生	
									培欽	
									培財	
							開成	進祥		
								進楚		
								進福		

1	2	3	4	5	6	7	8	9	10	11
延年	鎡	聰禹	秀桐	光廷	直祥	顯叟		潮陽	市仙	村祖
						顯名		揭陽	市榕	城祖
						顯全		普寧	市南	山祖
					汪江	顯瑞		廣州	市南	海祖
				光宇	崇山	顯著		揭陽	市浦	口祖
						顯成		揭陽	市赤	埔祖
					崇海	顯政		潮州	市浮	洋祖
					崇翼	顯績		潮州	市江	東祖

7	8	9	10	11	12	13	14	15	16	17
顯叟	景長	希易	平齋							
			仁齋							
			頤齋		遷居	台灣				
			文齋	思萬	毅齋					
					棉隱	謙叟	宏			
							安			
							宣			
							實			
						竹川	宇			
							儉約	敦厚	南軒	仰南
										懷軒
						誠篤	龍			
							守			
							完			
							環			
							尚			
						由素	宙			
							寅			
				思復	(	遷居	龍港	鄉始	祖)	
17	18	19	20	21	22	23	24	25	26	27
仰南	桂元	可則	若泉	會齋						
				善長	松庵					
					爵庵	運齋	敬亭	耀孟	(失	考 1)
								李平	失考	慈心
								潛齋	春苑	靜軒
										穆齋
						肅齋				
						維則	直齋	誠齋	弘毅	祖公
										德軒
										壁如
					成庵	敬于				
						介臣				
		紹文	文川	殿金	寶服	成揚				
		悟意								
懷軒	利玄	錫啫	(	失考	)	德齋				

27	28	29	30	31	32	33	34	35	36	37
(失	考 1)	清城	烈根							
			烈深							
			烈興							
慈心	桂宣	宗偉								
		光欽								
靜軒	貴山	承信	介生	大俊	亞鎧					
				大川						
				大釗						
				大颶	亞標					

21	22	23	24	25	26	27	28	29	30	31
								進河	雄偉	
									雄群	
									翌雄	
									翌武	
							開基	煥攀	澤湘	
									澤鵬	
									澤平	
								煥光	崇華	
							開山	煥明	澤宜	
									澤雄	
								貞忠	武豪	
								新民	亞宏	
								建民	偉宜	
						德恭				

27	28	29	30	31	32	33	34	35	36	37
			應生	志英						
				志強						
			民生	志豪						
			光生							
	德三	甲榮	錫標							
			錫鴨							
			錫亮							
		甲振	錫為							
			錫泉							
		甲科	錫梁							
			錫得							
			錫逵							
		甲欽	錫強							
			錫光							
			錫忠							
	子耕	甲順	杜生							
			永生							
		甲錦	越生							
		甲好								
		甲兵								
		甲逢			移居	美國				
		甲桂	宇生							
			練生							
		甲賢								
		甲會								
		甲成								
		甲弟			移居	澳州				
	德章	甲洲								
穆齋	邦希									
	邦雁	松龍	迪吉							
			瑞麟							
			楚根	亞湖						
			楚理	大華						
			楚智	大岳						
			楚五							
		松青								
		松鎮								
祖公	泉公	大旭	漢龍							
		大興								
		大溪	林強							
			林奎							
		大河	阿璋							
	榮公	阿成								
		炳梅								
德軒	開隆	如雲	宏彬							
			宏亮							
			宏進							
		成器	夢三							
			夢瑜							
			夢成							
			夢就							
			夢國							
			夢龍							
		國揚	梓澄							
		成陰								
壁如	大平	鉬林	沃仔							

27	28	29	30	31	32	33	34	35	36	37
			沃弟							
		鈤光								
		鈤金								

27	28	29	30	31	32	33	34	35	36	37
		鈤銀								
		鈤良								
	宗財									

潮陽縣窖墘下鄉

16	17	18	19	20	21	22	23	24	25	26	27	28	29	30	31	32	33	34	35	36
壽山	綢祖	少祖	祥祀	順祖	醻祖	初泉	俸福	繼福	耀安	媽順	光福	信之	鎮江	桂標	大添					
														桂豐						
														桂欽						
													鎮余	開州						
														開源						
													鎮鐘	鑑湖						
														鑑宏						
													鎮湖	俊奇						
														俊穎						
											亞兩	炳坤	承美	紹忠						
														紹仁						
														紹義						
													承潔	紹孝						
														紹愛						
													承烈	紹信						
														紹和						
														紹平						
													榮貞	紹安						
												炳生								
												炳南	記南	鐘貴	偉龍					
															偉生					
														鐘聲						
												炳錫	記林	松榮						
														松裕	大貴					
														松豐						
													記廷	漢初						
													記賢	裕雄						
														裕濱						
												炳鎮								
壽山	綢祖	少祖	祥祀	順祖	醻祖	初泉	俸祿	(	失考	)	亞戶	亞宣								
												亞泉	國宜	亞游	林光					
															林強					
														松發						
壽山	綢祖	少祖	祥祀	順祖	醻祖	初泉	俸祿	(	失考	)	亞戶	亞泉	瑞進	南童	達明					
															達金					
															達龍					
														俊通						
							俸禱	(	失考	)	豬耳	炳豐								
												炳章	少彬							
													少武							
													少文							
												宗正	初鵬							
											豬仔	炳松								
												炳和	展池							
							俸祺	(	移居	大連	鄉)									
						仰泉	繼賢	宗福	清和	進盛	亞輝	松仁								
												春弟								
												亞春	紹求							
													芋蛋							
													芋葉							
										進高										
										進武	春仁	旭大	承愛	木金	明波					
															明登					
															明心					
															明清					
															明輝					
															明香					
														木隆	大順					
															大達					
															大明					
														木瑞	育宏					
											春成	龍茂	亞玉	永通	亞標	宋文				
																烈文				
																烈聲				
																烈宣				

16	17	18	19	20	21	22	23	24	25	26	27	28	29	30	31	32	33	34	35	36
															偉光					
															偉華					
															偉浩					
													春科	鏡川	愛發	錫文				
															貴永					
														鏡如	鍾輝					
															鍾宏					
												龍青	連明	炳加	亞鵝					
															炳財					
														炳豐						
														炳如	紹光					
														雞再						
													連勝	亞伍						
													國順	紹科						
														紹榮						
														紹理						
壽山	綢祖	少祖	祥宇	玉公	吉至	定位	和明	崇福	失考	成榮	和明	清林	繼宗	俊英	桂海					
															桂州					
														俊傑	培中					
															培良					
														俊豪	桂生					
													繼業	俊鍾	桂忠					
															桂雄					
															桂顯					
														俊雄	初標					
													繼強	俊平						
												清泉	戌申	俊旭	明雄					
														俊光						
														俊明						
													戌炎	俊和						
														俊武						
														俊忠						
													戌城	漢文						
														漢周						
														漢彬						
											亞市	姣運	炳耀	承武						
													炳光							
													炳輝							
													炳熔							
												姣水	捷盛	永昌						
														錦逢						
													炳成	永源						
												姣茭	榮振							
													榮耀							
													榮豐							
													榮利							
													榮財							
											亞茶									
壽山	綢祖	少祖	繩成	廣裕	(	失			考	)	希賢	朝廷	松林	炎平						
														炎城						
													松江	炎坤	偉雄					
														炎財	亞生					
															亞強					
														炎文	亞鵬					
															亞彬					
													松山	永培						
														永德						
														永忠						
														亞水						
													松太	永明						
														永全						
												朝香	亞徐	福庇	光雄	錫標				
																澤標				
															仕雄					
壽山	綢祖	少祖	繩成	廣裕	(	失			考	)	希賢	朝香	亞徐	南城	永忠					
															永平					
															永秋					
												朝欽								
壽山	直祖	南祖	繩武	可受	珠祿	岳珠	維新	垂軒	善金											
								得軒	大成	啓先	亞鳥	錦秋	承高							
													承泰							
											亞鴿	月龍								
												月順								

16	17	18	19	20	21	22	23	24	25	26	27	28	29	30	31	32	33	34	35	36
										務先										
										禮先										
										開先	祥啓	光峰	財振	宏家	澤美	烈標	佳榮			
																烈宜				
																烈鐘	傑波			
																烈森				
																烈桂	佳偉			
																	佳鴻			
																烈耀				
															大亮					
															大苗					
														娘林	錫坤					
															仕果					
															細暖					
														仕大	大帆	大嗳				
																細嗳				
															大香	俊龍				
																俊豪				
																俊盛				
																俊宏				
																俊偉				
													國珠							
													承伴							
												裕後	智公	德家	松發	炎宣				
																炎華				
																文宜				
																文雄				
															松清					
															松錫					
															松展					
														三兩	茂松					
															茂利					
															茂源					
															茂財					
														水河						
													秋公	大年						
													失考	娘創	欽漢	亞鳥				
																亞華				
															丁漢					
壽山	直祖	南祖	繩武	可受	珠祿	岳珠	維新	得軒	大成	開先	祥啓	裕後	失考	娘良	漢茂					
											炎孝									
											光振	德後	炳奎	貞明						
														丙丁						
													昌振	紹廣	彭龍	彭鋒				
															彭春					
														紹倫	炎城	錦昇				
																錦平				
															鎮堅					
															鎮濤					
														紹明	桂河					
													炳進	木池	林炎					
														木法						
														木海	鎮雄					
壽山	直祖	南祖	繩武	可受	珠祿	岳珠	維新	得軒	大成	則先	俊德	貞後	玉和	篤初	聲賢	德青	武建			
																	武強			
																	武森			
																德文	賓鴻			
																德欽	武林			
																	武平			
															聲捷	楚江				
																楚廷				
																楚賢				
															大揚	楚國	武鴻			
																	武弟			
																德榮	大弟			
																	細弟			
																德雄	亞蔣			
																	細弟			
																鐵明	德國			
																	亞扁			
															大利					
														斗初	亞秋					
															秋灶					

16	17	18	19	20	21	22	23	24	25	26	27	28	29	30	31	32	33	34	35	36
															灶喜					
														歸初	榮光	開城	大頭			
																	曲毛			
																開和	大弟			
																	細弟			
																開利				
																開發				
															榮深	開明				
																開貴				
															榮枝	初明				
																初鎮				
														元初	堅松	俊城				
																俊炎				
															堅林	俊華				
															堅財	初鴻				
															堅發	鎮泉				
																鎮文				
																俊龍				
																俊宏				
																俊達				
																細弟				
													玉榮	陳順	鏡周	錫標				
																創亮				
															慶波	偉立				
													玉川	世本	加仁	添益	偉忠			
																	偉豪			
																	偉武			
																添喜	義濤			
																	義亮			
																	義勇			
																添銳	鳥仔			
																	亞八			
															加順					
															加彬					
															加發					
														鳥撈						
													玉章	炳端	榮明	錦展	創發			
																	創興			
																	創龍			
																錦文	昭雄			
																錦武	再發			
																	再興			
															木炎					
															達輝					
壽山	直祖	南祖	繩武	可受	珠祿	岳珠	維新	得軒	大成	則先	振啓	光耀	元耀	貽之	水和					
															加弟					
														謀之	大標					
															大青					
															大發					
														燕之	大智					
															大久					
															大隆					
														翼之	大俊					
															大偉					
															大雄					
															大竿					
												端紹	俊利	仕流	利坤					
															利泉					
														仕益	欽池					
															欽松	漢城	亞彬			
																	亞育			
																	歷鴻			
																漢典	育國			
																漢川	歷衷			
																	歷周			
															大山					
															欽海					
														仕清	錫元					
															錫坤					
															元枝					
														仕高	松和					
															松堅					
															添盛					

16	17	18	19	20	21	22	23	24	25	26	27	28	29	30	31	32	33	34	35	36
														仕江	大文					
															添榮					
															添振					
															添武					
														彭慶	林金					
															松枝					
壽山	直祖	南祖	繩武	可受	珠祿	岳珠	維新	得軒	會成	奕先	佳啓									
										貴先	格啓	成后	寬振	木奎	大奇					
														木欽	大龍					
														木和	大慰					
															大庭					
															大豬					
															大嗳					
													國乾	金崇	大道	偉麒				
																偉麟				
																偉民				
															大立	偉宣				
														金添	大德	煥玉				
																煥財				
																煥三				
															大宏	煥林				
															大豪	煥輝				
																煥亮				
															大烈	釗淳				
																釗炫				
																釗俊				
															鎮順					
											育啓	紫軒	振長	齊家	炳原	錫鴻				
																錫賓				
															原金	錫端				
																錫輝				
															原利	錫濤				
														穆家	龍添	時季				
															大海	賢智				
															大流					
															大永	德平				
													清裕	木德	堅明					
壽山	直祖	南祖	繩武	可受	珠祿	岳珠	維新	得軒	會成	貴先	育啓	紫軒	清裕	木德	堅文					
											三啓	亞柳	木智							
													木嬌							
												亞淡	良先							
													良琴							
										崇先	榮啓	林千	鳥奴							
												失考	老大	娘孫						
														娘添						
													老二	歐欽	松任					
															松海					
														歐林	松池	鎮州	亞偉			
																鎮興	旭揚			
																鎮裕				
													老三	林泉	金榮					
															坤榮					
														娘河	錫堅	松德				
																松財				
																松輝				
															錫榮					
															錫順					
															錫發					
														娘永	汀發					
															鳴坤					
															大信					
															大明					
														娘真	大林	漢申				
																漢坤				
											亞猿	喜財	漢源	炳和						
														炳茂						
														炳英						
													漢長	木江						
														木河						
														木振						
											亞猴	娘選	慶河							
													金城							
													金清							

16	17	18	19	20	21	22	23	24	25	26	27	28	29	30	31	32	33	34	35	36
													阿連							
								順成												
壽山	直祖	南祖	明傳	翼再	亦樂	文言	龍峰	(	失考	)	亞哲	木水	錫泉	紹波	大進	倚天				
																倚龍				
															大得					
														紹塞						
														頌逢						
														蒙空						
														細弟						
													錫溪	楚坤						
														楚明						
														楚強						
壽山	直祖	南祖	明傳	翼再	亦樂	文言	龍峰	(	失考	)	亞哲	木水	錫溪	楚聲						
							武峰													
							平峰	(	失考	)	亞禮	朝錦	怡福	俊奇	威成					
															威錦					
														俊貞	威孟					
														俊建						
							坤峰													
							吉峰													

鎡公派下潮陽縣龍港鄉(11 世思復公 16 世孫居素公龍港鄉始祖)

16	17	18	19	20	21	22	23	24	25	26	27	28	29	30	31	32	33	34	35	36
居素	平波	正古																		
		正齊																		
	平河	正孝																		
		正光	維鑛	慶忠																
				慶悌																
				慶信																
			維鎬	慶旆	彥明															
				慶旟	彥伸															
					彥譽	爾輝														
						爾造														
						爾薦	奕功	世良	啓鈞											
								世貞	啓明											
									啓德	昌發	光盛									
											光淳	寄公								
											光敬	肖公								
											光乾	朝水	茂蘭							
													瑞淑							
													嘉祥							
													德林							
												朝賽	錦洪							
													錦奎							
													錦江							
													錦標							
												朝慶	承珠	紹成	大展	德英				
															大創	德奎				
																德長				
															大連					
														紹海	大孝					
															大剛					
															大坤					
														紹財	大堯					
															大宣					
															大欣					
															大航					
													承澄	紹興						
														紹明						
居素	平河	正光	維鎬	慶旟	彥譽	爾薦	奕功	世貞	啓德	昌發	光乾	朝慶	承富	紹秋						
													承武	紹宗						
													承鳴	太彬						
														太榮						
														太溪						
														太明						
								世茂												
								世選												
							奕任	世德												
					彥良															
					彥蘭															

16	17	18	19	20	21	22	23	24	25	26	27	28	29	30	31	32	33	34	35	36
				慶旃																
				慶旗	彥俊	兆嶙														
						兆峋														
					彥博															
					彥甲	兆嶽	奕罔													
							奕頻													
							奕良													
						兆岱	士祥	世烈												
								世崇												
								世秉												
								舜來												
							士英	廷仁												
								廷義												
								廷禮												
								廷智												
							士鳳	廷欽	態											
									程											
								廷笑	紹興											
									紹慶											
								廷木	烏潛	載	失	考	清光	興水						
														興泉	堅梭					
															亮梭					
										頂	樟	梧桐	俊川							
													俊規							
													俊灼							
													俊廷	允祥	業成					
															業堅					
											瑞	枝紹	大目	秋城	金和					
															玉和					
														秋武	國賢					
													小目	柏堅	柳波					
															柳強					
															柳勝					
												枝祿	金發							
													西四	周松	文鵬					
												枝宏	石鄰							
													石宣							
居素	平河	正光	維鎬	慶旗	彥甲	兆岱	士鳳	廷木	烏潛	頂	瑞	枝宏	石明							
											灌	淑庚	松芝	金泉	順雄					
															順勤					
															順明					
															順發					
														金添	良廷					
															良順					
															良光					
													松森	錦烈						
														龍						
												淑貞	振耀	炯南	業生					
															英龍					
													振民	於建						
												淑金	振榮							
													振和							
											昂	偉金	清河	德發	大生					
														振貴	大勇					
															欣勇					
									裁	雨	大奴	錫藩	集良	楚宣	運忠					
														楚彬						
														楚尾	烈豐					
												錫全	美州	楚忠	燕彬					
														楚義						
													美賢	楚財						
														楚順						
													四洲	楚鵬						
														楚偉						
											大豬	榮揚								
												榮盛	桂成	億華	偉綿					
															曉綿					
														億民						
													桂根	傑才						
														紹興						
														紹茂						
														紹輝						
												榮枖								

16	17	18	19	20	21	22	23	24	25	26	27	28	29	30	31	32	33	34	35	36
												四畝	喜成	楚波	偉欽					
														楚羅						
														楚雄						
												亞啞								
												榮仔								
												進盛								
												崇文								
												九歹	宏貞							
													長坤							
													明泉	奕強	烱釗					
														奕龍						
														奕堅						
居素	平河	正光	維鎬	慶旗	彥甲	兆岱	士鳳	廷木	裁	雨	大豬	九歹	明喜	奕豪						
														奕雄						
													明裡	韶彬						
														韶安						
													明溪	奕壥						
													明通	曉鵬						
														曉偉						
										鳥										
										質										
										逸叟	北	應奇	錦清	炳海						
														炳茂						
												應運	亞扁							
											衡	來吉								
												添興								
												添順								
											坐									
											陳									
											飄									
								廷章												
					彥候															
			維瀻	慶旌																
			維銘	慶建																
				慶立																
				慶衍																
		亞位	維鐲																	
		正伋	維靛																	
		正禮	維鏡																	
			維鈺																	
		正僖	維靜	慶斌	輵士															
					篤行	兆坤	用之	俊利												
								啓和												
								元利												
								尾叔												
							和之													
							明之													
							廷耀													
					錦興															
			維護																	
居素	平江	正儀	維瑗	慶翼	彥信															
					彥育															
					彥禮															
				慶衍	彥佐															
					彥佑															
					彥偉															
					彥侯															
				慶典	彥甸	友成	失考	創承	希爵	錦榮	桂園	禮端								
												禮中								
												禮孝								
居素	平江	正儀	維瑗	慶典	彥甸	友成	失考	創承	清和	錦來	宋水	志宏								
											和平	志偉								
										錦成	新堅	澤鴻								
												澤彬								
											新烈	松濤								
												錫濤								
									清厚	榮城										
										榮金										
										文炳										
									匹書	榮貞										
										榮河										
								創傳	亞腳	貞寒	金裕									
											金河									

16	17	18	19	20	21	22	23	24	25	26	27	28	29	30	31	32	33	34	35	36
										貞宜	金鴻	漢標								
												漢初								
												漢成								
										貞輝	宗泰	承雲								
										貞音										
							(	失考	)	糧枝	陳榮	鎮河	林炎							
											陳源	鎮江	育財							
													育南							
												鎮浮	偉建							
											陳和	宗賢	承水							
						維吉	(失	考)	亞織	亞錫	鴻江	如祥	烏梅							
													細弟							
											鴻河	宗君	光耀							
													光亮							
												宗澄	文傑							
													文雄							
													文偉							
					彥圻															
					彥同															
					彥資															
				慶發	彥敬															
					彥敏															
			維爵	慶士																
				慶志																
				慶嘉																
				慶萬																
			維璘	慶仁																
				慶任																
			維琯	慶宏	彥廣	兆剛	士秀													
							士智													
							士聰													
							士明													
						兆豐	裕德													
							裕盛	上達												
								上裡												
居素	平江	正儀	維琯	慶宏	彥廣	兆豐	裕盛	上廣	(失	考)	亞城	熙忠	王水	桂坤	金龍					
															金富					
														桂生						
														清和	金海					
															金有					
														清祥						
														桂民						
													王乾	楚彬						
														楚豪						
														楚平						
													木森							
								上益	俊林											
									俊利											
									俊發											
									俊光											
									俊卿	香閣	裕興	炳泉								
												炳龍	漢松							
													漢亮							
													漢強	育光						
														育平						
											光有									
											光振									
											良堂									
											樂電									
											熙勝									
								上懷												
							裕德													
						兆朝	士光													
							士通													
							士傑													
						兆德	士儀													
							士忠													
							士僖	智達	嘉隆	順德	綿齋	朝賓	鴻欽	紹營						
														紹俠						
														紹其						
														紹池						
													鴻城	令學						
														錦昌						

16	17	18	19	20	21	22	23	24	25	26	27	28	29	30	31	32	33	34	35	36
													鴻喜	亞忠						
														亞誠						
														亞信						
														亞實						
													承偉	進榮						
												長泰	秋根	松堅						
											受謙	有恭	欽貴	海雄						
														海英						
														海鷗						
													欽好	海燕						
居素	平江	正儀	維瑄	慶宏	彥廣	兆德	士僖	智達	嘉隆	順德	受謙	有恭	欽好	海如						
												有道	開貞	錫清						
													開甲	紹端						
														紹福						
														紹祥						
														紹攀						
														桂中						
											拱高	恭德	春榮	紹運						
														紹鋒						
														餘堅						
													春和	少鶴						
														少裕						
													春明	士南						
														士嚴						
													春成	澤挺						
														澤弟						
										順齋										
										亞圓	照德	永淑	羅成	陳添						
											熙貞	宗和	榮輝	楚鎮						
														楚奴						
													榮城	紹燕						
														燕雄						
									老龍											
								光創	失考	元家	三益	德勝								
												德傭	承流							
													承愛							
													錦進							
												德章	秋明	學練						
														學長						
														學文						
													秋月	漢清						
														漢堅						
														漢州						
														漢育						
														偉育						
														漢榮						
												德華								
												德合								
								篤誠	善作	達聲	(失	考)	松江	亞大						
														亞小						
													亞魯							
											熙傭	開榕	如州	漢心	大武					
															大宏					
												開植	耀東							
													耀茨	鎮通						
														鎮順						
														鎮興						
														鎮洪						
居素	平江	正儀	維瑄	慶宏	彥廣	兆德	士僖	篤誠	善作	達聲	失考	朝踴	紹欽	大成	楚嶽					
															楚揚					
															海門					
											熙傭	開植	耀傑	記公						
													耀仰	美榮						
														美輝						
												開祥	耀琛	廣韋						
														廣訓						
														廣輝						
												開佑	月德	紹衡						
													承美							
													承運	楚鵬						
														楚彬						
													承薌							
											熙傭	亞潤	國長	長彬	偉強					

16	17	18	19	20	21	22	23	24	25	26	27	28	29	30	31	32	33	34	35	36
															偉和					
														長發	少俊					
															少和					
														惜藩	輝元					
															輝勝					
															輝和					
														惜木	輝智					
															輝強					
															輝南					
											厚薌	朝美	潮輝	燦榮						
														燦松						
														燦彬						
													潮梅							
											(失	考)	承福	錦龍	澤凱					
														錦州	澤勇					
															澤鵬					
														錦章	昭雄					
										達道	失考	和尚	松泉							
													松盛							
													松興							
										達興	亞曹	亞歪	廷雙	漢堅						
													廷庚	友光						
														友仁						
													廷南	俊堅						
														俊林						
														烏必						
												亞青	秋洪	慈輝						
														邦輝						
													秋明							
													秋榮	少豐						
														少雄						
														少偉						
														少俊						
														少弟						
												亞正	亞窗	沐欽	暹州					
														沐點	紹光	鳴獅				
																鳴球				
															紹水	鳴鵬				
																金亮				
															紹合	亞雄				
															紹發	亞勇				
																細弟				
															紹民	亞豬				
																亞牛				
													宗香							
													宗風							
													宗流							
													奴仔	鎮釗						
														鎮州						
												失考	大昇	拱順	惠龍					
														拱生						
												失考	大鐵	漢波						
														漢強	澤宏					
															漢雄					
														漢隆						
													大莊	錦洪	暹雄					
															暹武					
												亞漆	媽惜	文龍						
										達化	亞夕	永廷	光松	紹貞						
														紹輝						
														紹文						
													光茂	紹堅						
														老蔣						
													光發	紹貴						
														紹庚						
														振精						
														振輝						
												永順								
											亞惡	紹基	烏筆							
													烏硯							
													烏墨							
												紹州	烏獅	釗光						
														釗山						

16	17	18	19	20	21	22	23	24	25	26	27	28	29	30	31	32	33	34	35	36
														釗佳						
													烏象	釗輝						
														釗鎮						
														釗隆						
													烏龍	二奴						
														三奴						
													烏虎	釗興						
														釗利						
											亞柳	應江	榮財	家深						
													榮儀							
												應春								
											亞篆	春花	碧龍							
											亞七	木欽	承光							
									善創	耀澤	失考	廷芝	沐釗							
													紹平							
													紹成							
												貞禮	紹興							
													紹澤							
											阿丙	洪坤	德安	梅輝						
														進輝						
														和輝						
														明輝						
												溪東	娘城	紹達						
														紹凱						
											失考	洪泰	炳章	如初						
														如見						
												亞抛	淑添	烏有						
													沐賢	炳堅						
														炳君						
													如松	紹烈						
													如蘭	雞雷						
													如愛	梅宣						
										詎謙	亞鵝	豐順	春茂	紹鴻						
														紹邦						
													春羅	剪城						
居素	平江	正儀	維琯	慶宏	彥廣	兆德	士僖	篤誠	善創	詎謙	麟閣	錫奎	廷標	紹盛						
														鎮藩						
														鎮春						
														鎮城						
													廷芳	紹昌						
												錫元	廷勇	紹明						
													伏元	紹友						
														紹平						
														紹貞						
														喜吉						
												修田	廷漢	必昌						
														必潮						
													漢松	建良						
														建全						
												失考	紹敬	烏錐						
														烏國						
														烏智						
														烏密						
												介臣	伏才	童堅						
														桂良						
													伏萬	仕亮						
														仕豪						
											亞三	記淑	哥羅	裕貞						
														裕榮						
														裕標						
														裕元						
												記烈	春哥	憶三						
													春宗	良榮						
														良合						
														良雄						
													承元	映波						
														映文						
												記坤	金慶	錦良						
														錦乾						
													金成							
												記炎	春意	堅城						
													春欽	建美						
													春樹	堅明						

16	17	18	19	20	21	22	23	24	25	26	27	28	29	30	31	32	33	34	35	36
													春貞	育宏						
												記房	炳漢							
													炳□							
										耀齋	失考	水治	木盛	紹滿						
														紹楚						
												亞水	春發	烏鐵						
									善守	麟	盧宏	春木	錫坤	林彬						
										隆										
										天	亞溪	武端	錫泉	漢林						
													鐵牛	志堅						
居素	平江	正儀	維琯	慶宏	彥廣	兆德	士僖	篤誠	善守	天	亞溪	武端	鐵牛	志雄						
										琴										
										奇	陳開	得卯	良松	貞強						
														貞雄						
									善緒	宣	亞海	金泉	承木	紹恭						
												金興	陳洪	紹建						
													永全	紹春						
												金暢	松本							
												金榮	奇文	澤平						
														澤賢						
													奇武							
													奇和							
													奇順							
											亞河	振德								
												振花	承普	友龍						
														友平						
												振開								
											亞水	亞勤	發明	楚業						
													洪發	楚洲						
														楚弟						
											桂香									
									善繼	壽山	失考	亞志	英傑	亞松						
													英園	漢明						
														漢弟						
											亞崇	伯僑	怡和							
													怡成							
													怡美							
													怡強							
												亞款								
												松雪	良標							
													良坤	紹奕						
														紹吉						
														紹維						
														紹樸						
														紹財						
													良基	紹冷						
													良財	紹突						
												少廷								
												蔚文	漢蘇	奇榮						
														奇才						
														奇俊						
														奇俊						
														奇明						
														俊弟						
											亞蕭	亞穎	賢順	紹豐						
														紹昌						
														紹杭						
														紹池						
														紹宣						
居素	平江	正儀	維琯	慶宏	彥廣	兆德	士僖	篤誠	善繼	壽山	亞蕭	亞穎	賢順	紹智						
														紹明						
										仁讓	媽鑾	朱林	映坤	育盛						
													映池							
													映海							
												亞炳	元泰	錫文						
														錫武						
														錫標						
														錫展						
													元海							
													元發							
												木金								
											亞薑	奴才	承興	喜雄						
										仁澤	亞勇	廷胡								

16	17	18	19	20	21	22	23	24	25	26	27	28	29	30	31	32	33	34	35	36
												胡弟								
											勇弟	振青	老傀							
													鎮釗							
													釗洲							
													亞雄							
												錫榮	意文							
													意木							
													美龍							
													美獅							
													美象							
												錫喜	承尉							
													承民							
													江波							
													江義							
										仁爵	熊	金水	銀欽	明良						
												金鐘								
												金刪								
												金財								
												金錢	承樂	紹奇						
													承雙							
													承喜	興全						
													承笑							
											虎	如真	鎮洲	佳彬						
													鎮鴻							
													鎮光	佳武						
												如意								
												如財	承興	喜雄						
												如見								
												如泉								
											豹									
											彪	貴齡	奇發							
													奇良							
													永尖							
平江	正儀	維瑄	慶容	彥通																
平江	正儀	維瑄	慶容	彥達																
				彥遜																
			慶武																	
			慶文																	
		維璟	慶之																	
			慶甲																	
	正俠	維瑱																		
		維理																		
	正備	維瑤																		
		維瑄	慶奎																	
			慶洪																	
			慶守																	
			慶法																	
龍川	正俶																			
	正坤																			
	正僑																			
	正偉																			
	正仕																			

18	19	23	24	25	26	27	28	29	30	31
正古	(失	考)	世盛	崑崗	失考	車公	亞鱶	錫河	大宏	
									大鴻	
								錫溪		
								紹順	海鵬	
									海生	
								紹雄	丹偉	
									佳偉	
						輋公				
						倆公	娘意	錦潮		
								錦進	華強	
							娘嬌	木池		
								木林		
						撐公	朝然	寶春	漢英	楚華
										楚洲
										楚安
									漢雄	楚坤

18	19	23	24	25	26	27	28	29	30	31
										楚河
									漢豪	
								寶林	貴宣	海任
										海明
										海鳥
										海標
									貴泉	
								寶通	鎮鐘	文城
										金池
										金偉
									鎮豪	偉傑
									鎮明	永義
									鎮興	
									鎮雄	偉斌
								寶成		
						覶公	失考	有傳	娘徐	楚明

18	19	23	24	25	26	27	28	29	30	31
										楚亮
				崑岳	失考	光流	任桂	承真	澤奇	
									嗣先	
									雅文	
							炳坤			
							炳成	松聲		
								二弟		
								細弟		
							炳德			
							炳枝			
					失考	失考	娘錦	德泉	楚南	英明
								德盛		
				崑峰	義成	娘亞	宗理	應葵	羅輝	創明
										創林
									羅旭	德明
										德盛
							朝良	承流	楚乾	太平
										澤楷
									楚岩	釗群
								承木	楚城	大文
										大武
									楚松	澤鑫
										澤偉
									楚豐	錦秋
										錦坤
						亞彬				
						崇裕	坤水	木深	楚招	洪強
										洪波
										洪濤
							坤錦	木炎	潮強	
									文強	大發
										大茂
										大勝
									海強	
								木輝	紹俊	
									紹亮	
									紹文	
									紹奇	
								木權	紹強	
								木城	洪武	
									洪文	
									洪財	
								木英	史光	

18	19	23	24	25	26	27	28	29	30	31
									史忠	
									史通	
								木溪	俊義	
									俊彬	
									俊健	
							坤河	承壯		
							坤枝	木湖	紹武	
									紹中	
									紹端	
							坤進	承維		
								承雁	紹平	
							坤耀	承堅	紹發	
									紹展	

廣東揭揚市榕城西門派

(廿一世輿參公於前清光緒年間由浦口徙居榕城)

21	22	23	24	25	26	27	28	29	30	31
輿參	爾標	奕和	世慶	衍直	昌德					
					昌仁	欽亮	朝悅			
							朝寶	培賢		
								培克		
							朝松	培烈		
								國偉		
							朝山	秋生		
						欽若	松輝	培忠	少健	
								培雄		
						欽祥	朝輝	國雄		
								國偉		
						欽光	惠成	慶成		
			浦	口	世	系				
			清點	衍藩	昌榜	陳松	木榮			
							木漢			
						錦松	鎮光	旭鑫		
								鑫弟		
							鎮鵬	弟仔		
							炎鵬			

廣東揭揚縣赤步下鄉崇山世系

(鎡公派下第六世崇山公開基糸祖)

6	7	8至	15世	16	17	18	19	20	21	22	23	24	25	26	27	28	29	30	31	32
崇山	顯成	(失	考)	碧山	見埜	(	失考	)	衍裕	醒金	仕珍	紹吉	秉興	昌會	熙旺	朝惜	國協	柱賢	澤書	
																		柱聲	建吟	
																			建通	
																			建標	
																		柱成	建全	
																			建禹	
																	國芳			
															熙蕾	朝發	國岸	徐堅	澤隆	
																			作新	
																			少青	
																			表青	
																		徐良		
																		柱響		
																		井音		
																		柱聲	恰飛	
																			越飛	
																		柱生	奕飛	
																	國河			
																朝性	國伴	紹發		
																		紹龍	長林	
																			澤滿	
																			漢生	
														昌武	熙飛	朝岳	芝娘			
																	大江	吳贈	建安	

6	7	8至	15世	16	17	18	19	20	21	22	23	24	25	26	27	28	29	30	31	32
																			建樂	
																			建書	
																		吳向	偉忠	
																	寄謙	映寬		
																		雪寬		
																		兩寬		
																朝榕	國事	柱銀	素標	
															熙赤	朝快	炎	柱海	澤飛	
																			澤秋	
																			澤波	
崇山	顯成	(失	考)	碧山	見埜	(	失考	)	衍裕	醒金	仕珍	紹吉	秉興	昌武	熙赤	朝快	炎	柱海	澤龍	
																	誥	其蕊	真漢	
																			耿漢	
																	豐	柱滿	澤初	
																		御尋	聲華	
																			聲傑	
																		御景	澤坤	
																			扼礫	
																			扼海	
																		御高	澤韓	
																			龍章	
																			龍書	
																			玉書	
																		習葉	瑞春	
																			瑞安	
																朝企	昆	柱武	惜來	
																	耳	必應	錫明	
																			錫輝	
																			錫文	
																			錫武	
																朝勇	國潤	清忠		
																		清貴	亞啞	
																		柱寶	小和	
																			小平	
																老宅	鄧逢			
																	鄧光	海鵬		
																		容海		
																	鄧明	楚水		
																老禾	柱德	錦雄		
																		三雄		
																	柱富	錦延		
																		錦泉		
																		錦光		
														昌大	熙書	朝好	亞兒	瑞標		
																	亞子	桂全		
																		柱舜	客光	
																			武生	
																			建光	
																		錦聲		
																		柱足	曉偉	
																			曉填	
																			曉權	
															熙曉	朝華	木賢	淡卿		
																	木會	淡松		
																		淡文		
																		松傑		
																亞養	亞芳	林貴	少波	
																			少細	
																		林安		
																		林春		
																		林愛		
															熙地	朝想	國勤	文卿	佳納	
																		文光		
														昌歲	熙步	朝商	國衡	亞未	炳林	
																		柱木	春松	
																			春海	
																			華弟	
																		柱生	銀春	
																			鎮輝	
																			鎮傑	
																			鎮聲	
																			少傑	
																	國回	柱耿		

6	7	8至	15世	16	17	18	19	20	21	22	23	24	25	26	27	28	29	30	31	32
																		柱成		
																		柱就		
																		敦業		
															熙二	亞甲	國愛	柱忠	育成	
																			育濤	
																朝木	國忠	盧傑	填才	
																	國盛			
																	國就	漢傑		
																		漢章		
																		漢才		
													秉陞	昌良	熙節	朝許	國茂	映葵		
																		步青	東海	
																			東陽	
																			東魯	
																	國強	漢龍	吳順	
																			吳潔	
																		歙清	樹忠	
																			樹宏	
																		夏松	少彬	
																	國壯	柱華	洪波	
																			銀波	
																			耿波	
																		柱輝		
																		建旭		
																		建業	暹雄	
																		建眾	澤標	
																			客標	
																	木亮	柱文	紅忠	
														昌省	友信	大鎮	御泉			
																	御通			
																朝甲	國成	柱旭		
																		柱雲		
																	敬森			
															熙第	朝森	國聖	柱靜	澤亮	
																			龍傑	
																			東青	
																	國唐	柱珠	玉章	
																			玉波	
																	國堂	春泉		
																		春貴		
																	國榮	冰全		
																		冰發		
																朝業	亞吳	申賢	利忠	
																	吳從			
																	吳舜	柱山	克鵬	
																	烏仁			
																	烏弟			
																朝希	國和	大敬	耿彬	
																		坤祥		
																		木祥		
														昌熙	亞南	永清	喬璧	劍城		
																		劍平		
																	璧奎			
																	璧松			
																	璧龍			
															亞北	從發				
																從岱				
															王美	陳貴				
																陳安	棟波			
																陳斗	棟衛			
																	棟才			
															王鋼	盧錐				
																盧侈				
																盧弟	璧漢			
																盧春				
															連輝	李個	璧光			
														亞昌	老佑	自和	情波			
																	苗波	秋意		
																自好				
																自窗	耿隊	夏忠		
																	耿賜			
																自寬				
															仕佳	國暢	深記	利武		

6	7	8至	15世	16	17	18	19	20	21	22	23	24	25	26	27	28	29	30	31	32
																		大啞		
																		二啞		
																	柱高	慶生		
																		育生		
																		偉生		
																	柱家	澤泉		
																		澤陽		
																	深漢			
																	深潔	大鼻		
																炳欽	深壯	曉豐		
																	深利	奕填		
																	深弟			
																	深足	狗弟		
												紹堯	秉材	亞昌	武吉	兩意	從興	明哲		
																		武哲		
																	從好	惠江		
																		惠書	建偉	
																			建忠	
																			建榮	
																亞李	清贈	錦坤	靜耿	
																			耿頌	
																		錦松		
																		金松	老特	
																	清泉	秀傑		
																	清在	楚龍	耿彬	
																		楚輝		
												紹堯	秉材	亞昌	武吉	亞李	清在	楚漢		
											仕平	紹仿	秉仿	昌園	熙韓	朝賢				
																朝聲	永泉			
																	清泉			
																朝田	暹武	柱偉		
																		柱煥		
																	暹文	冬瓜		
																朝森				
																愈緘				
														昌泰	熙仿	雪文	菱貴	木龍		
																		木虎		
																	碧樣	利傑		
																	清安	聲遠		
																		遠龍		
																		遠明		
																		遠征		
																		遠武		
																		遠虎		
																	再安			
															熙有	亞潞	國然	錫坤	老屯	
																		錫江		
																		惠松		
															熙省	兩好	梅清			
																	梅從	陳川		
																		海坤		
																		少坤		
																	梅安	紹海	銳波	
																		紹州		
																	伍德	炎林		
																兩森	美仁	巧發	惠波	
																			樹強	
																			少強	
														昌聽	亞熙	朝呵	國固			
																	國夏	日明		
																		日武		
																		海明		
																	國能			
											仕道	亞紹	亞秉	昌傳	林和	駱駝	老虎	旭輝	秋濤	
																		建輝		
																		耿輝		
																	國獅			
											仕堯									
											仕英	紹業	秉正	昌福	熙賢	朝歌	國巖	柱輝	澤林	
																			澤雙	
																			三懷	
																			書懷	
																	石部			

6	7	8至	15世	16	17	18	19	20	21	22	23	24	25	26	27	28	29	30	31	32
																亞為	國章	靜光	漢姚	
																		大光		
																		大龍	何平	
																			何存	
																			廣平	
																		大虎	松元	
																			利元	
																		大象		
														亞昌	亞熙	朝愛	批	芳仔	澤文	
																		柱清	澤光	
																	戊	陳才	澤榮	
																			澤任	
																			比寬	
																		陳音	坤松	
崇山	顯成	(失	考)	碧山	見埜	(	失考	)	衍裕	啟煥	(失	考)	秉進	昌地	熙大	錦德	戊柱			
															熙細	陳待	國才	錫逢		
																		錫良		
																		錫緘		
																		錫宏		
																		利宏		
																	國音	奕強		
														昌田	熙道	朝傑	國良	柱枝	楚群	
																		柱岸	錫波	
																			潔波	
																			錫鵬	
																			炎鵬	
																			潔鵬	
																		柱舜		
															熙度	朝定	國棟	木烘		
																		木環		
																		木廷		
																	國貴	電安		
																		電文		
																		電武		
																		電全		
																		電鋼		
																	國光			
														昌興	熙午	朝松	國興	逢芳	少鵬	
																			奕鵬	
																		木逢	志豐	
																	國林	柱植	湧波	
																		卓富	桂豐	
																	國閱	紹懷		
																		懷英		
																朝益	故龜	玉龍	亞愚	
															亞糯	亞斜	國賀	柱守	澤紫	
																			建武	
																	順發	陳坤	忠弟	
																		陳要	梅彬	
															熙校	朝河	暹江			
														昌山	熙炮	亞殿	清亮			
														失考	亞照	老異	吳靜			
										啓穆										
					廷舉	(	失考	)	學利	英七	時鐘	鏡平	亞炎	正喜	陳敏	炎輝	老大			
																	老二			
																	老三			
																炎文				
																文傑				
																文選				
																文哲				
														亞通	錦逢	炳光				
																漢光				
																漢德				
																漢明				
																同財				
																越財				
														亞三						
														亞思	徐真	春鉗				
																春廷				
															徐強					
											奕誦	世妙	衍著	昌池	熙龍					
															武奎	旭明				
																潔波				

6	7	8至	15世	16	17	18	19	20	21	22	23	24	25	26	27	28	29	30	31	32
																潔明				
															武服					
															武應					
														昌謀	熙勤	俊堡				
															瑞隆	偉水				
															松奎	壯水				
														昌音	淑奎					
															淑龍					
															老久					
														昌存	建隆	曉丹				
															建奎					
															建仲					
													李仁	宜令						
														伙謙						
														宜補	長君					
															建君					
													李徵							
													李相	靜炳	建華					
															文華					
															建魯					
															潔文					
															建萬					
														炳林	志文					
															文有					
													李通	伍祥	其達					
															少達					
															細達					
														爾祥	勤輝					
											時傅	輯	衍運	木溪	陳傑					
															陳衛					
															陳立					
															陳輝					
												要	亞衍	再遠	建才					
										英傳	失考	有	衍大	亞昌	猴卵	亞闊	大泉			
																	再泉			
																亞裂	國禎	磐輝		
																	黃先			
																	黃賢	俊勤		
																撓咀	玉泉	榜昌		
																		劉芳	旭榮	
																			愚弟	
																陳順	再賢			
																	轉賢			
																陳盛	謙德			
																	德安	俊明	旭填	
																		俊豪	曉元	
																		俊仕	超能	
																			超達	
																陳應	明智			
																	明惠			
													衍二							
													衍三	亞義	亞蟹					
															愛仁					
															愛德					
															愛世	文興	旺猜			
																	旺察			
																錦興	握			
															大章					
														杞	相清	朝忠				
															長毛					
														黃	平利					
															內淑					
															其款					
															其孝					
															其傑	來光				
																來告	仲謀			
																	少謀			
																陳告				
															其足					
															本足					
														裕	亞敬	徐立	石龍			
																	舜龍			
																	石霸			

6	7	8至	15世	16	17	18	19	20	21	22	23	24	25	26	27	28	29	30	31	32
																	石虎			
																	石標			
															書琴	育立				
																加立				
															亞望					
															樂音					
															老五					
										英有	傳大	世友	衍勤	亞突	亞榮	朝和	國輝	文生		
																		文傑		
																		文忠		
																	國俊	少揚		
																		少雄		
																		少余		
																	國華	文良		
																	國民	樹傑		
																	國裕	延平		
																		秋平		
												失考	衍勉	羅呵	案	林興	尊從	尉樂		
																		勤樂		
																		勤衛		
																		勤勉		
																		特勉		
																	服從	志敏		
															尿龜	加亮				
																知德	漢松			
																	海松	旭水		
																也韓				
												失考	衍忠	亞朝	額	清旺	如欽			
																	如明			
																清來	建明			
																	樹明			
															存	懷茂	惠武			
																	耀武			
																東茂	惠平			
																	惠州			
																	惠揚			
											細傳	失考	衍厚	亞昌	串	取				
																榜				
																咁	協書	夏松		
																	協式			
																音潤	明強	燕鵬		
																面清				
															臥	再賜				
																再金	木松	坤廷		
																		坤偉		
																	木堅			
																	木生			
																	木仲			
															熙	亞泉	魏清			
																亞為				

揭陽市大蓮鄉世系

12	13	14	15	16	17	18	19	20	21	22	23	24	25	26	27	28	29	30	31	32
					綢祖	失考	祥禮	繼裕	廣裕	偉福	乃武	國泰	和映	昌新	熙義	朝珠	福清	仕燕	小周	亞賓
												國安	和利	昌盛	熙香	朝健	福長	仕森	創業	潔波
												國歉	和良	昌光	熙裕	朝木	福大	仕明	曉文	賢春
											尚達	喜廷	和福	昌意	熙利	加鍼	國安	仕量	惜米	賢順
														昌祥	熙若	加嵩	立科	仕平	澤柱	
														來興	熙迎	加貴	福祥	仕木		
														保豐	永水	加義	福引	靜癸		
											尚文	平宜	相公	府公	財公	林雄	琴龍	愈安	漢潮	
																			漢營	
																		再安	炳潮	
																			炳秋	
																			炳立	
																		再勤	碩輝	
																		惜勤	順潮	
																		勤城	少強	
															培公	秀謙	龍江	春發	列廷	
																			列波	
																		秋明	錦廷	

12	13	14	15	16	17	18	19	20	21	22	23	24	25	26	27	28	29	30	31	32
																			錦波	
																	來龍	春留	列辟	
																			列仲	
																			列逢	
																		春松		
																	紅龍	惜松		
																		仕弟		
																		立松		
																		立明		
																		松明		
																秀拱	龍貴	仕雲	速辟	
																開飛	清泉	秋	友俊	

浮洋系

	23	24	25	26	27	28	29	30	31	32	33	34	35	36	37	38
書名輩序	鳳	凰	煥	彩	文	章	顯	揚	禎	祥	王	國	世	澤	榮	綿
諱號輩序	南	山	崇	岫	長	發	睿	聰	昭	茲	來	許	光	耀	漢	中

潮州浮洋鎮系

1	2	3	4	5	6	7	8	9	10	11	12		
延年	鎡				崇海	顯政	家振	紹績	淳睦	樂道	1房居詩	3房敦政	5隱德
									藝農	月塘	2房質齊	4房隱義	

鎡公派下四代孫崇海公號龍起於元朝成宗乙亥歲1335年間自揭陽縣彭厝徙居浮洋市開創浮洋彭厝鄉

11	12	13	14	15	16	17	18	19	20	21	22	23	24	25	26	27	28	29	30	31	32
樂道	居詩	坦厚	(		失			考		)	樂瑞	(	失考	)	愉盛	錦標					
																錦頤	德貴				
																	德榮				
																玉嬋					
															來盛	亞昌	巧梅				
															搖杏	玩仙					
																宗根					
												(	失考	)	愉上	錦財	顯英				
																	顯團				
																	顯庭				
															愉天	錦勝	期書	旭生			
																	德書	桂真	金濤		
															愉義	錦松	顯芳				
												失考	子眼	崇信	錦合	文河	金豐				
																	章豐				
																	章群				
																木海	章廣				
																	章勤				
																木宏	章坤				
																	章民	雁弟			
																		顯雁			
																木雄					
																木長	子華				
																木森	章鵬	顯源			
																		顯輝			
															錦泉	仰隆					
																文龍	章明				
																	章平	顯行			
																仰海	國華				
													失考	崇全	千合	文波	章雄	顯俊			
																	順心				
																	仁心				
											(	失		考	)	大坤	木城	順成			
																		順明			
																		順清			
																	木好				
	敦政	守瑾	(		失		考		)	極臣	文漢	(	失	考	)	多年	和清	潮坤	利鵬		
																			利群	偉沖	
																				禎偉	
																		潮欽			
																		目弟	利昭	禎銳	
																			揚昭		
																		目伯			
																	和文				
																	和木				

11	12	13	14	15	16	17	18	19	20	21	22	23	24	25	26	27	28	29	30	31	32
																	和成				
											文賢	源漢	俊盛	崇慶	岫錦	長福	發舜	潮成			
																		振成	錫喜	楚輝	
																		再成	文泰		
																		耀成	湖喜		
																	發魁	開成	揚理	芳	曉舟
																			揚芝	力弟	育
																					商
																				增滿	
											文榮	源祥	俊大	崇高	岫秀	長貴	木炎	牛俠	松明		
																	木龍				
																	木春	成標	樹澤		
																		成金	惜秋	宏開	
											文省	(失	考)	崇湖	春林	燕秋	章明				
																	章亮				
																	章綿	少宏			
															春南						
															春生						
															春發	祝鈿					
																祝生	錦輝	合盛			
	隱德	清趣	誠確																		
			泰寧	坦洋																	
				蓮湖	光漢																
					光臨	俠初															
						完初	明祥														
							錫光	秀榮	君萬												
									友士	玉輝	應法	源順	秀貞								
													泰來	興勝	澤坤	繼全					
															澤盛	清坡					
																清榮					
																清禮					
																清輝					
														興弟	瑞弟						
															澤瑞						
														興武							
														興文							
														亞興							
													膠走								
													俊英	煥文	正欽	文光					
																文昭					
																文亮					
															貴欽	文庭	楚賢				
																	章旭				
																	章發				
																輝弟					
																炳煇	慶生				
																	慶□				
																	慶忠				
															瑞欽	文耀					
																文振					
																智輝					
																漢秋					
															方欽	文國	根發				
																	根彪				
																	根揚				
																炳亮	根綿				
																	根偉				
																	根豐				
																樹亮	根潮				
																	根坤				
																	根明				
														煥武							
														煥耀							
														蚤母	朝乾	樹豐	銳明				
																樹秋	金明				
																	潮明				
												鳳鷹	鳳標	崇高	岫陞	孟皆	浩慶	鎮坤	少沖		
																			少鵬		
																	宏鷹	鎮國			
																		鎮祥			
																孟鑾	再慶				
																	榮氷	顯光	煥		
																			卷		

11	12	13	14	15	16	17	18	19	20	21	22	23	24	25	26	27	28	29	30	31	32
															亞雄	坤合	慶輝	鎮財			
																		鎮昭			
																		鎮平			
																		鎮連			
																	浩輝	鎮鴻			
																		鎮茂			
																		鎮松			
												鳳翔	失考	菜頭	進春						
															進盛						
															和尚						
														白菜	兩喜	若邊					
															振喜	若金					
																宗明	曉松				
※															漢森	子鴻	鎮輝				
																	培英				
																河祥					
																河思					
												鳳奎	振喜	方順	澤江	智徐					
																智財					
																智華	蘭芳	鎮湖			
														方桂	澤生	智永	章榮				
																	章華				
																	章國				
																智成	章福				
																	章祿				
																	章壽				
																智力	章勤				
																	章達				
																智祥					
															澤書	智光	章輝				
															澤忠	智興					
																智強					
															澤民	智坤					
											應兆	源鳴	泰營	美如	澤光	樹波					
																金培	曉標				
																金乳	海彬				
															宏禧	亞文	斯平				
													俊飛	崇達	炎廣	麟嘉	希德				
																	希義				
																	希華				
																	希富				
															炎堂	麟芳	維浩	冠群			
																	紹輝				
												(失	考)	萬賢	彩成	舜豐	錦忠				
															隆芝	木光					
														萬炳	澤耀						
														萬公	業矮	木照	章偉				
																	章宏				
																	章鴻				
																木鑾	子映				
																	子輝				
																	子南	顯亮			
																		顯民			
																		顯深			
																		顯如			
																		顯瑞			
																		顯庭			
												源道	俊亮	崇階							
														崇海	厚力	舜田	章圃	玉榮			
														崇德	敬賢	作孟	維忠	顯耀	揚鋒		
																		顯俊	揚銳		
																			揚雁		
																作義	維鑫	顯龍			
																作謀	任定	子山	業龍		
																			業敏		
																			業沖		
															彩耀	文忠	廣南	顯華	健雄		
																		顯發	健福		
																			健壽		
																		顯金	健霜		
																			健昕		
																		顯揚	健釗		
																		顯桂	健弘		

11	12	13	14	15	16	17	18	19	20	21	22	23	24	25	26	27	28	29	30	31	32
																			健祥		
																		顯禮	健鋒		
																			健榮		
																			健浩		
																			健生		
																			健銘	宏楷	
												源德	俊劼	鏡波	澤潛						
															澤榜	財盛	章家	顯光			
																		顯榮			
																	章聲	顯川			
																		顯東			
																	章和				
									悟士												
							勤鏞														
						秉初															
				慧聰																	
		嚴重																			
月塘	質齊	明德	平鳴	篤居	錦川	景址	平公	俊友	元明	其賢	世達	道科	成輝	榮進	岫遠	文徵	志強				
																文彪	國強				
															遺臣	文興	廣成	俊豪			
																		俊傑			
																	立三	顯宏			
																	立順	志強			
																		志盛			
															遺基	應勳	章春				
												道德	成權	煥端	耀正	松坡	章材				
																	章鎮				
																	章浩				
														崇禮	岫谷	長銓	章泰	潮宜			
																		潮明			
																		潮亮			
																		潮宏			
															岫標	錫坤	國強				
																	民強				
																	自強				
																	增強				
																	智強				
																	利華				
																錫永					
														崇楷	岫鵬	應坤	楚強				
																耀坤	鎮強				
															錦全	戊坤					
													成宏	崇裕	岫芝	松濤	序釗	顯忠	培標		
																			培林		
																			培群		
																	序強	憲華			
																		憲南			
																		憲廷			
															岫桐	振佑	章鑑	紅仕	披財		
																			泰叻		
																		紅象	大叻		
																		紅炮	抑實		
																		紅中			
																		紅魚	節攀		
																	章儀				
																	江河	敬謀			
																		敬煥	啓揚		
																			大就		
																			大英		
																	夢生	思德			
																		思傑			
																		思雄			
																	志生	學騰			
																		學章			
																	榮生	蓬財			
																		蓬烈	亞暖		
																	西生	顯發			
																		顯實			
													鳳捷	崇雅	岫鴻	應照	楚彬				
																	章凱				
												道琳	成賽	崇禮	岫植	長河	木照	佩鑾	銳耀		
																	木良				
																理五	樹鈿	忠鴻			

11	12	13	14	15	16	17	18	19	20	21	22	23	24	25	26	27	28	29	30	31	32
																		忠寧			
																	岳樹				
															岫鎮	長釗	隆浩				

11	12	13	14	15	16	17	18	19	20	21	22	23	24	25	26	27	28	29	30	31	32	33	34
																	隆浦						
																	隆漢						
																	隆章	顯武					
																		顯威					
																理照	隆春						
																	隆鐘	顯洪					
																	隆凱	顯群					
																	隆宜	顯盛					
															岫恭	理勳	壯光	宏成					
																		宏東	旭				
																		宏生	博				
																理芳	壯樹	雄坤	揚豐				
																		雄端					
																		雄宏	揚揚				
												道名	成器	學鏞	金發	振木	福昇	富華					
																		富民					
																		富成					
															控頭	財興							
															春光	亞扁							
																四弟							
					月川																		
	隱義	順發	源公	木公	親公	族公	賢公	忠裕	達萬	瑞烈	振源	鳳富	俊瑞										
													俊傑	源大	岫益	秋坤	錫權	顯培	銳鈿				
																			銳標				
																		顯波	銳鴻				
													俊聲										
												鳳心	俊香	崇志	岫雲	旭亮	金興						
																	金水						
																旭林							
																旭英	金乾	兆松					
																		兆喜	天銳				
													俊義	丁清									
														丁宜	永烈	全謙	夏朝	則斌	顯富				
																		寶斌					
																		冠斌					
																		賢斌					
															永興	旭非	庭珍	顯豪	銳城				
																			傑				
																			雄				
																旭森	鴻圖						
																	國珍	顯鑫	銳海				
																	章智						
																旭芳							
																旭精							
															永權	旭書	錦朝	若明					
																		若群	曉				
																		若昭					
											振聲	源英	俊欽	崇周	德善	仕證	紹泉	映宣					
																	紹榜	映昭	春民				
																		映加					
																		映深					
																	紹榮	映忠					
																		映培					
																		映林					
																	紹漢						
																仕熙	章權	卓偉					
																	紹鎮						
																	紹威	卓明					
																		卓鑫					
																		卓廣					
																	紹堅						
														崇道	德茂	仕貞	攄庭	勝利					
																	照庭	顯達	銳生				
																			銳彬				
																			銳民				
																			銳良				

11	12	13	14	15	16	17	18	19	20	21	22	23	24	25	26	27	28	29	30	31	32	33	34
																		顯智	銳平				
																仕章							
																慶春	漢藩	映潮					
																		培煌					
																	鎮藩						
										瑞平	振先	鳳貴	有公	傳公	春松	炳鑾	宏藩	顯洲	揚安				
																		顯德	揚宗				
																		顯龍	揚漢				
																		顯民					
																		顯榮					
																		顯坤					
																		顯生					
																	宏信	慶懋					
																炳泉							
															細弟	玉坤	發成	顯華					
																		顯源					
																		顯才					
																	發茂						
																	發松						
		順繼	榮公	宗公	相公	志公	業公	慈公	孝公	禮公	愛公	誠公	發公	崇舉	廷源	德標	愛聲	仙武					
																	愛名	仙水					
																	愛金	顯茂					
																		顯彬					
																		顯浩					
																		顯民					
																德搥							
															廷達								
														亞美	業美	卓坤	章齊	煩平					
																敬宜	章輝	顯賢					
																		顯宗					
																		顯輝					
																		顯鋒					
																		顯威					
																坤江							
														亞盛	亞傅	亞松							
														細弟	亞聘	和尚							
									敬公	登公	財公	進公	寶公	崇達	長秀	木森	旭全	大孫	勳臣				
																		二孫					
																		三孫					
																		四孫					
																		五孫					
																	旭義	漢潮	悠揚				
																			子彬				
																			小平				
																			志揚				
																		顯桂	揚浩				
																			揚鈿				
																			揚明				
																		顯泰					
																	旭泉	勝泰					
																		勝宏	揚生				
																木河	旭欽	顯立	錦宜				
																			錦慶				
																			錦文				

鎡公派下雷嶺地鄉

19	20	21	22	23	24	25	26	27	28	29	30	31	32	33	34						
東山	淨線	清溪	東陽	榮雄																	
				榮濠	仕志	文謙	兆富	立本	開泰	宜利											
									開蓋	義文											
									開信	承文	禮長	智開	信旺	月龍							
									開花	成舉	禮開	智光	媽朝	貞輝	紹傑						
															宏傑						
														貞茂							
													媽興	貞彬							
														貞賢	滿心						
															亞扁						
															加雄						
														烏記							
													媽有	貞河	宏波						
															宏彬						

														貞文	海波						
															海水						
															海強						
														楚容	宏林						
															宏滇						
														武才	宏雄						
															宏輝						
														秋利							
										成甲											
			少月	張綱	有恒	德美	榮毫	振彩	盛興	義之	禮和	開文	亞榮								
													木有								
													木金								
													木德								
													錦存								
												欽河	成邱	進雄							
														進龍							
													炎林								
											禮興	木初	松清	鎮清							
														鎮城							
														鎮偉							
													松江								
												永貞	水松	錫廷							
													坤河								
									盛智	義春	禮善	智載	國長	大順	亞歷						
															松海						
															松坤						
															松文						
															松堅						
														亞合	桂金						
														合有							
													明龍	春發							
											禮明	智熙	國忠	文通	育輝						
															育彬						
														永欽							
														永清	朝雄						
															朝東						
														永明	光輝						
															光亮						
															光昂						
														永良							
														永龍	佳武						
															佳城						
															耀輝						
							雄傑	立千	南溪	義謹	禮響	智新	國長	清江	錫榮						
															錫泉						
															錫平						
														清良	堅虎						
															堅彪						
														清盛	文濤						
															文輝						
														清和	才松						
															才城						
															鎮武						
															鎮欽						
													娘賢	金木	紹東						
															紹明						
														木容							
														木財	劍彪						
															劍輝						
				立順																	
				立萬	開金	朝進															

24	25	26	27	28	29	30	31	32	33	34
						明香	亞雅	丙榮	錫欽	
									錫元	
									錫林	
								奴仔	亞傑	
							烏毛	丙林	坤靈	
									坤才	元泉
										元發
									坤松	木堅
										木苗
										木南

24	25	26	27	28	29	30	31	32	33	34
								丙心	暹發	
									暹來	
									暹江	
									暹榮	
								金城	坤三	
									坤輪	
									坤亮	
									坤英	
							仁桐	清水	坤河	
									坤泉	

24	25	26	27	28	29	30	31	32	33	34
									興泉	
									興春	
								順來	海泉	
									木河	
						明賢	利昇	貞烈	落潮	
									亞鐵	
									坤發	
								寶才		
							利元	永才	炳文	
									炳城	
								亞坪	文清	
									松耀	
									松利	
								朱貞	錫坤	
									有水	
									余松	
								錫光	江水	益武
										益斌
										益坤
										益青
									江德	
									江林	

19	20	21	22	23	24	25	26	27	28	29
廣	東	普	寧	南	山	打	鐵	寨	世	系
士忠	鑽業	朝五	漢照	春隆	弘龍	衍色	國柱	致勇		
							國雄	偉傑		
						衍茂	何南	少宏		
							何心	松深		
							何章	少民		
								少漢		
							昌漢	松茂		
								松波		
								松標		
					弘音	衍勝	昌耀	錫川		
								錫躬		
								錫金		
								錫榮		
							昌發	木榮		
					弘遠	文財	和春			
						衍輝	昌禮	廣天		
		朝龍	漢義	春祿	弘應	三源				
						亞武	亞進			
							炳進	永田		
								永忠		
								永光	崇輝	
						亞文	合想	錫章	鎮海	
									鎮松	
									鎮炎	
									鎮河	
							合適	坤池	錦才	
								坤榮		
								坤明		
								坤江		
								坤泉		
					弘興	衍龍				
						月利	良吉	初明		
							金興			
							金生			
	鑽豐	朝興	漢生	春茂	衍松	弘宏	昌有	熙金	振開	
									振家	國強
										國平
					弘盛	衍才	昌喜	熙樂	秀忠	
									秀正	國江
									秀榮	國濱
									秀通	金華
										金漢
士忠	鑽豐	朝興	漢生	春茂	弘盛	衍才	昌喜	熙樂	秀文	國盛
									秀水	坤城
								大粒	亞木	
									春木	
				春瑞	弘熙	衍順	昌琴	亞鶴	義合	

19	20	21	22	23	24	25	26	27	28	29
									義央	
								錦木	漢明	
									漢光	
							昌錦	熙遠	輝波	
									輝松	國濱
									亞雄	國泉
										國明
							昌精	熙清	惜來	文漢
										文龍
									惜元	少喜
										少生
									亞扁	俊明
										俊標
										俊平
							失考	熙網	兆明	漢輝
										漢奇
										漢寶
										漢強
					弘和	衍威	昌記	熙富		
								熙深		
								熙作	楚其	
									楚榮	
								熙安	楚松	
					弘新	衍武	昌仁	熙隆	秀龍	
									秀裕	
									兆明	
									兆安	
					弘福	衍隆	昌普	明全		
								明輝		
							昌響			
							昌氣	亞賢	俊傑	
									俊義	
								亞芝	奮昇	
									昇勇	
									漢昇	
							亞水	國泉		
							亞溪	炳香	漢欽	
									漢城	
								明利	松澤	來興
										來好
								弟仔		
								松坤		
								松財		
士忠	鑽豐	朝興	漢生	春瑞	弘福	衍隆	庭榜	木龍		
							昌氣	亞僑	俊城	
									俊光	
						衍球	木清	源財		
								源利		
								源興	錦來	
									錦河	
									通財	
							木弟			
							木春			
							四佰			
							如合	錦森	澤波	
									澤濤	
								錦心	俊喜	
									俊慶	
							春成			
							木坤	松財		
								松漆		
						衍香	敬通	金峰		
								淑亮		
							敬好	如石		
								偉文		
								偉強		
							敬源	國賢	朝裕	
								國興	朝貴	
			漢標	春水						
				泰豐	弘春	衍貴	昌香	熙氣		
								熙天	坤海	
									坤光	
									坤龍	

19	20	21	22	23	24	25	26	27	28	29
							昌得	熙益	永亮	
									永紀	
									永財	
								熙國	瑞坤	
									瑞其	
							昌食	熙情	少民	
									少兵	
								良光	崇輝	
								熙調	永和	清松
									永坤	建平
									永隆	俊國
									永年	建成
										志偉
								熙財	兆文	啓豪
										啓發
										啓海
									兆澤	
							昌怜	添源	瑤坤	鎮
士忠	鑽豐	朝興	漢標	泰豐	弘春	衍貴	昌怜	添源	瑤心	俊勉
										俊濤
								添庚		
								暹貞	瑤財	
							昌瑤	熙亮	永伍	
									兆榮	鎮沖
										鎮基
										鎮城
										鎮南
										鎮波
									兆強	亞豐
									兆盛	錫漢
										錫光
										錫坤
		朝舉	振川	春華	弘日	林河				
						娘座	六平			
							五平			
							錢果			
士忠	鑽豐	朝舉	振川	春華	弘日	娘座	油睢			
							亞團			
							昌光	明弟	漢川	
									漢初	
									漢宏	
									漢忠	松炎
										茂林
								明春		
						衍利	昌福	熙享	永海	鎮江
										鎮林
										堅里
									永強	建籌
										建良
									永利	漢炎
										漢枝
										漢偉
									永意	鎮義
										鎮雄
									永治	
								春興	鎮海	
									鎮江	
									木漢	之光
								熙貴	永鎮	國虎
										國茂
										國鴻
									永光	勝虎
									永開	
									永通	
									永溪	
							長南	春飽		
士忠	鑽豐	朝舉	振川	春華	弘日	衍利	長南	春順		
		朝昭	振祖	春輝	弘實	衍蘭	昌葉	林坤	松才	
									松貴	
									松寶	
								林榮	錦波	
									錦隆	
							昌盛	春得	少龍	

19	20	21	22	23	24	25	26	27	28	29
									少泉	
						衍德	昌敬	熙利	文俊	
									文忠	
									文忠	
							昌學	春源	建偉	
									建松	
	失		考		先		祖			
							昌河	海清		
								海亮		
								海民	鎮泉	炎城
							昌潮	東海	炳城	坤標
									炳耀	佳濱
										燦業
								品成	朝別	
									亞別	
									亞華	
									朝華	
								東水	周炎	宏亮
										宏興
									周榮	金榮
										松秋
										松弟
									周倫	俊宏
										漢城
										漢錄
										漢綠
										漢樸
									周光	國仁
									周恭	宏如
										宏豐
									錦財	翁
										炎
									財源	初明
								東來	俊龍	木河
										木林
									俊慶	金豐
										金泉
										金木
									俊有	顯量
										顯能
									俊國	金盛
									俊邦	宜盛
										飾盛
								東好	和興	偉濤
										偉隆
									兆南	俊懷
										俊龍
									兆坤	俊宏
										俊升
										俊雄
										俊國
									和祥	俊佳
										俊強

潮州市江東鎮橫坑村

六世祖崇翼公徙創江東棋坑鄉始祖

九世祖東湖朝廷誣江東棋出真主進行剿鄉而失考

15	16	17	18	19	20	21	22	23	24	25
				進吉	老媽	軍南	(失	考	1)	進宏
							(失	考	2)	亞萬
										亞利
							茂明	(失	考 3)	孝庭
										玉林
				順吉	20 至	24 世	(	失考	4)	福泰
										祿泰
										四丙

21	22	23	24	25	26	27	28	29	30	
軍南				進宏	亞復	亞八	舜賢			
							舜強			

21	22	23	24	25	26	27	28	29	30	
							舜光			
							舜廷			
				亞萬						
				亞利	潮源	添富	清光			
						添正				
						添欽	清豐	煥明		
								煥輝		
							清屆	錫浩		
								錫義		
						添照	國昇			
							國平			
					長龍	標	清榜			
							紹榜	偉彬		
								偉宏		
							如榜			
							鎮榜	培雄		
							鎮河			
	茂明			孝庭	振炎	力富				
						力成	義彬			
	茂明			玉林	振聲	添崔				
						添弟				
		興回	失考	孝玉	亞風	炳田				
						炳潮				
						科財				
					振來	應炳				
						炳盛				
						炳財				
						炳如				
			利嬌	進江	振烈	金水	錫秋			
							錫彬			
						金炳	錫輝			
							錫明			
							錫平			
						金財	楚水			
							楚原			
							楚宏			
					振木	錦波	滿傑			
							滿板			
							滿同			
				孝謙	振合	淑風	楚群			
							楚標			
						淑天	亞鑫			
						淑歸	煥坤			
					九淑	錦潮				
						錦中	小桂			
							小林			
						錦河	啓鑫			
						錦城	小文			
							啓文			
						錦平				
						錦華	文彬			
						錦清				
				福泰	榮城	芝松				
						芝中	鎮藩			
							鎮平			
							鎮如			
							鎮加			
						芝河				
				祿泰	昌耀	精文	瑞炎	清武	偉莫	
								清輝	楚鑫	
									銳鑫	
									勝鑫	
								森清	楚榮	
									鎮榮	
									桂榮	
						又江	朝木	惠強	利榮	
							展徐	惠彬		
					昌發	又儒	紹深	惠鎮		
								惠植	金浩	
							紹攀	惠良	金墘	
									金弟	
								惠宜		
								惠平		
								惠坤		
								惠坤		
								惠勤		
						又美	振紹	惠標	楚成	
				四丙	榮源	炳植	美賢	漢亮		

18 世馥范公徙創江東紅砂鄉始祖
19 至 22 世失考

18	19	至 22	失考	23	24	25	26	27	28	29
馥范	(	失考	)	世合	陽開	照明	失考			
							學天	大弟	俊發	
									俊傑	
								二弟	煥傑	
									廣標	
									廣傑	
								喜林	俊鵬	
									繼鵬	
							學國	速賢	惠平	
									文平	
								速江	俊茂	
									俊青	
									俊河	
									郁茂	
								速周		
							學富	速正		
								速興	俊強	
									俊永	
						照輝	天勝	林成	從浩	
								林初	俊泰	
									俊鑫	
									俊龍	
									俊旭	
								林芝	俊鎮	
							木勝	林長	金良	
								林根	從輝	
									從光	
									從武	
								林宏	從泰	
									金泰	
									文泰	
									世泰	
									五泰	
								福林	然貞	
									然泰	
							失考			

不明先祖

19	20	21	22	23	24	25	26	27	28	29
一房	長						海勝	吉和		
								吉彬	紹元	
									元泰	
									元德	
								吉炳	沛元	
									沛龍	
									沛浩	
								熙名	鎮權	
									立權	
							賢生	慶木	彥峰	
									彥鑫	
								亞木	彥昭	
								慶松	彥沖	
							失考	亞興	梅輝	
									朝梅	
							油佬	木平	德茂	
							毛球	楚漢	維悅	
								楚秋	繼思	
									繼河	
									繼浩	
								漢坤	繼峰	
									繼旭	
									繼偉	
							木道	裕金	培森	

19	20	21	22	23	24	25	26	27	28	29
							亞勝	楚賢		
								定賢	桂修	
								欽賢		
								理賢	銳德	
									銳春	
									銳利	
								吉賢		
							亞有	炳賢	鏡泰	
二房	長						隆	峰	鳳	南國
							亞鴨	猷閱	妙瑞	培文
							朝中	藩宏	俊開	
									俊梅	
							亞愚	楚申		
三房	次					榮欽	章彩	猷姜	起瑞	
									起士	
									江河	
								猷存	起龍	
									起元	
								猷靜	金茂	
								猷厚	起繡	
									起益	
								猷滿	桂城	
									桂河	
							章先	猷春	裕彬	
								猷禎	裕潮	
									裕民	
						孝明	章祥	猷估	沛良	
									沛塘	
								猷直	沛悅	
									煥成	
							木進	明經		
							海進	俊鴻	學銳	
									銳鑫	
									銳豐	
									銳勤	
									銳安	
三房	長					愈好	坤得	入名	茂賢	

19	20	21	22	23	24	25	26	27	28	29
								武長	楚豪	
							亞林	福全	大豪	
									偉豪	
						孝強	兩得	猷全	映平	
									烈平	
									敏平	
								猷寶	大年	
									鶴平	
									大平	
									泰平	
								紹潮	煥沖	
						愈命	鳥番	利華	友俊	
							亞豬	紹藩	世龍	
									龍文	
									世沖	
									世昭	
									亞五	
三房	次					天合	應元	成喜	少哲	
								成錦	乾民	
							應心	利興	仙民	
									仙浩	
								利長	仙武	
									仙文	
									仙隆	
						子男	兩順	松興	楚福	
									楚鑫	
							木順	桂河	楚龍	
									楚春	
								松河	楚啥	
									楚輝	
						安秋	其聲	煥章	創偉	
								煥彬	浩亮	
						明如	昌平	春松	澤泰	
								炳松	澤欽	
									培欽	
									仙欽	

銳公世系

銳公裔孫居廣東揭陽縣赤步鄉金玉鎮溪頭鄉外洋尾村豐順縣豐良鎮黃金市留隍鎮、廣西南寧市梧州容縣柳州與寧縣新墟鄉官寨水口墟水西鄉坭坡墟梅縣白土鄉爐勝鄉、台灣等地。

1	2	3	4	5	6	7	8	9	10	11	12	13	14	15	16	17	18	19	20	21	22	23
延年	銳	鑰	秀實	五郎	永	子順	思墉	慈仁	景福	盛子	君和	文甫	子政	宗成	福壽							
															石瑤	順鋕						
															福榮							
													子昌									
												崇甫	德興	宗受								
													中興									
											君德	章甫	德賢	崇義	孔義	亞旺						
															孔方	貧養						
														崇禮	孔倫	亞生						
													子賢	崇德	亞日							
															亞三	彭貞						
														崇實	仲敏	輪						
													德玉	仕榮	阿扁							
															阿酋	阿勾						
																阿義						
																阿五						
延年	銳	鑰	秀實	五郎	永	子順	思墉	慈仁	景福	盛子	君德	章甫	德玉	仕榮	阿凱							
															仲文	秉權						
																秉福						
															仲真	清						
																緝						
																維						
														仕華	幼孫							
															阿細							
															阿老	恭						
																仁						
																和						
																養						

1	2	3	4	5	6	7	8	9	10	11	12	13	14	15	16	17	18	19	20	21	22	23
														仕富	仲政							
																	仲信							
														仕貴	黑古	阿孫						
													德宗	永全	岩	六一						
																普貴						
													德志	永忽	景暘	天福						
																天祥						
																日鏞						
																日員						
															景和	巳生						
															景原	土生						
														永安	景昇	錢						
																鎰						
																鐘						
															景明	銍						
																欽						
																鎚						
														永富	景通							
															景達							
														永達								
														永貴	景善	錝						
															景傳	鈕						
															景睦							
														永順	景雲	鎬						
																銓						
																悠						
																鋫						
															景星							
												子美	萬一	思泰								
														思遠	仲齡							
															仲正							
															仲瑜	彭辛						
															仲理							
														思昺	仲齊	日轔						
																日較						
																日軒						
延年	銳	鑰	秀實	五郎	永	子順	思堪	慈仁	景福	盛子	君德	子美	萬一	思昺	仲奇	日輪						
															仲輝	日輅						
														思明	仲欣	行公	震南	敦真	念義	梅峰	定然	旭日
																						旭余
																						旭如
															仲實	景開	剛烈	朝塘	孟榮	傑長	天厚	登來
																		敦善	古潭			
																			古思	崑山	奮南	廷器
																				崑崗	鬥華	
																					翰華	燮元
																					讓華	演九
																					錦華	京嶼
																			古松			
																	善士	華唐	以順	翠松	士仁	
																		華林	秀梅	玉振	永超	
																				玉繩	永伯	
																					元超	
																					永桂	
																		華池	旋溪	玉鉉	鬥膽	子魁
																						子達
																					具膽	
																					尹膽	
																				東鉉	繹如	廷繡
																						廷藩
																					翼膽	
																				文郁	亦三	廷輔
																景全						
																景添	隱林					
																	溪叟					
																	龍溪	蓮池	環溪	眾益	養特	旦阜
																						萬如
																						萬富
																						萬興
																				聲遠	宏基	
																					宏可	
																			環岡	勳鼎		
																				定一	韜任	廷膽

1	2	3	4	5	6	7	8	9	10	11	12	13	14	15	16	17	18	19	20	21	22	23
																						廷忝
																					希聖	廷峰
																						廷聘
																						廷康
																						翰桂
															仲明							
															仲顗							
														思德	仲寬	賜						
																昂						
																曜						
																晧						
															仲玉	暄						
																晦						
																曙						
															仲璇	春						
																才						
																星						
															仲衡	時						
																昭						
																晟						
																紋						
																晤						
															仲瑛							
															仲器	世光						
																世顯						
													萬五	思顯								
														思本	仲敬	世紀	居補					
																	居易	桃園				
																		桃山				
延年	銳	鑰	秀實	五郎	永	子順	思塨	慈仁	景福	盛子	君德	子美	萬五	思本	仲敬	世紀	居易	桃元	梅亭	伯先		
																				醒先	海濤	發任
																						發韬
																				錦先	熙敬	發傑
																						發奇
																						發魁
																				六頂		
																			梅洲			
																		桃軒				
																世瑛						
																世延						
※															仲璋	世光	(	前面	記載	世興	)	
																世顯						
														思順	仲璉	世源						
																世常						
											君玉	俊傑										
												永傑										
												英傑	德明									
													德榮	定福	積成							
															積善	啓光						
																啓充	惟宗					
																	惟忠	法鐙				
																		法銘	讚			
																			法達	伯鷚	法繹	益生
																						益福
																						益祿
												士傑										
											君美	廷福										
												廷貴										
												廷甫										
											君瑞	子文										
												子義										
												子愛										
											君達	民膽	琛									
												(銓)	璿									
													琬					畬台	(20	至	26失	考)
													琰									
												民仰	隱軒	篤儀								
												(鑾)		應明	文	宗仁						
																宗義	德從	少奇	尚珍			
																		紹所	尚新			
																			尚魁			
																		復所	尚登			
																			尚科	以楠	其煌	

1	2	3	4	5	6	7	8	9	10	11	12	13	14	15	16	17	18	19	20	21	22	23
																					其通	夢喬
																						夢坊
																						夢垣
																						夢玗
																						夢保
																					其從	
													南軒									
													儒仕	武城	奉政	殷勤	勤創	勤樸	步雲			
																			攀雲	以盛		
																				以興	永秀	任聯
																						任捷
																					永生	
																			聚雲			
																			仰雲			
																			會雲			
												民敬										
												(鑒)										
						子開	思公	慈公	景公	弘	積瑚	紳	德盛	光顯								
														光容	瑞龍	九宵	達洋	建邦				
																		建朝	炘公			
																			熾公			
																			烑公	達揚	敬祖	
																					義祖	啓崇
																					法祖	
																			熺公			
※																			憂公			
※																			移公			
																	達洋					
																	達章					
														光漢								
													德錫									
													德思									
												經										
												聯										
											積璉											
											積盤											

1	2	3	4	5	6	7	8	9	10	11	12	13	14	15	16	17	18	19	20	21	22	23
延年	銳	鑰	秀實	五郎	永	子順	思堪	慈仁	景福	盛子	君和	文甫	子政	宗成	福壽							
															石瑤	順鎵						
															福榮							
													子昌									
												崇甫	德興	宗受								
													中興									
											君德	章甫	德賢	崇義	孔義	亞旺						
															孔方	貧養						
														崇禮	孔倫	亞生						
													子賢	崇德	亞日							
															亞三	彭貞						
														崇實	仲敏	輪						
													德玉	仕榮	阿扁							
															阿酋	阿勾						
																阿義						
																阿五						
延年	銳	鑰	秀實	五郎	永	子順	思堪	慈仁	景福	盛子	君德	章甫	德玉	仕榮	阿凱							
															仲文	秉權						
																秉福						
															仲真	清						
																絹						
																維						
														仕華	幼孫							
															阿細							
															阿老	恭						
																仁						
																和						
																養						
														仕富	仲政							
															仲信							
														仕貴	黑古	阿孫						
													德宗	永全	岩	六一						
																普貴						

1	2	3	4	5	6	7	8	9	10	11	12	13	14	15	16	17	18	19	20	21	22	23
													德志	永忽	景暘	天福						
																天祥						
																日鏞						
																日員						
															景和	巳生						
															景原	土生						
														永安	景昇	錢						
																鎰						
																鐘						
															景明	銍						
																欽						
																鎚						
														永富	景通							
															景達							
														永達								
														永貴	景善	錝						
															景傳	鈕						
															景睦							
														永順	景雲	鎬						
																銓						
																悠						
																黎						
															景星							
												子美	萬一	思泰								
														思遠	仲齡							
															仲正							
															仲瑜	彭辛						
															仲理							
														思昺	仲齊	日轔						
																日較						
																日軒						
延年	銳	鑰	秀實	五郎	永	子順	思塨	慈仁	景福	盛子	君德	子美	萬一	思昺	仲奇	日輪						
															仲輝	日輅						
														思明	仲欣	行公	震南	敦真	念義	梅峰	定然	旭日
																						旭余
																						旭如
															仲實	景開	剛烈	朝塘	孟榮	傑長	天厚	登來
																		敦善	古潭			
																			古思	崑山	奮南	廷器
																				崑崗	門華	
																					翰華	燮元
																					讓華	演九
																					錦華	京嶼
																			古松			
																	善士	華唐	以順	翠松	士仁	
																		華林	秀梅	玉振	永超	
																				玉繩	永伯	
																					元超	
																					永桂	
																		華池	旋溪	玉鉉	門膽	子魁
																						子達
																					具膽	
																					尹膽	
																				東鉉	繹如	廷繡
																						廷藩
																					翼膽	
																				文郁	亦三	廷輔
																景全						
																景添	隱林					
																	溪叟					
																	龍溪	蓮池	環溪	眾益	養特	旦阜
																						萬如
																						萬富
																						萬興
																				聲遠	宏基	
																					宏可	
																			環岡	勳鼎		
																				定一	韜任	廷膽
																						廷忝
																					希聖	廷峰
																						廷聘
																						廷康
																						翰桂

1	2	3	4	5	6	7	8	9	10	11	12	13	14	15	16	17	18	19	20	21	22	23
															仲明							
															仲顗							
														思德	仲寬	賜						
																昂						
																曜						
																晧						
															仲玉	暄						
																晦						
																曙						
															仲璇	春						
																才						
																星						
															仲衡	時						
																昭						
																晟						
																紋						
																晤						
															仲瑛							
															仲器	世光						
																世顯						
													萬五	思顯								
														思本	仲敬	世紀	居補					
																	居易	桃園				
																		桃山				
延年	銳	鑰	秀實	五郎	永	子順	思堪	慈仁	景福	盛子	君德	子美	萬五	思本	仲敬	世紀	居易	桃元	梅亭	伯先		
																				醒先	海濤	發任
																						發幍
																				錦先	熙敬	發傑
																						發奇
																						發魁
																				六頂		
																			梅洲			
																		桃軒				
																世瑛						
																世延						
※															仲璋	世光	(	前面	記載	世興	)	
																世顯						
														思順	仲璉	世源						
																世常						
											君玉	俊傑										
												永傑										
												英傑	德明									
													德榮	定福	積成							
															積善	啓光						
																啓充	惟宗					
																	惟忠	法鐙				
																		法銘	讚			
																			法達	伯鶚	法繹	益生
																						益福
																						益祿
												士傑										
											君美	廷福										
												廷貴										
												廷甫										
											君瑞	子文										
												子義										
												子愛										
											君達	民膽	琛									
												(銓)	璿									
													琬					崙台	(20	至	26失	考)
													琰									
												民仰	隱軒	篤儀								
												(鑾)		應明	文	宗仁						
																宗義	德從	少奇	尚珍			
																		紹所	尚新			
																			尚魁			
																		復所	尚登			
																			尚科	以楠	其煌	
																					其通	夢喬
																						夢坊
																						夢垣
																						夢圩
																						夢保

1	2	3	4	5	6	7	8	9	10	11	12	13	14	15	16	17	18	19	20	21	22	23
																					其從	
													南軒									
													儒仕	武城	奉政	殷勤	勤創	勤樸	步雲			
																			攀雲	以盛		
																				以興	永秀	任聯
																						任捷
																					永生	
																			聚雲			
																			仰雲			
																			會雲			
												民敬										
												(鑒)										
						子開	思公	慈公	景公	弘	積瑚	紳	德盛	光顯								
														光容	瑞龍	九宵	達洋	建邦				
																		建朝	炘公			
																			熾公			
																			烑公	達揚	敬祖	
																					義祖	啓崇
																					法祖	
																			熺公			
※																			憂公			
※																			移公			
																	達洋					
																	達章					
														光漢								
													德錫									
													德思									
												經										
												聯										
											積璉											
											積盤											

原廣東惠陽淡水鄉遷居廣西賓陽縣界村十七代啓祥公世系(先祖不明)

17	18	19	20	21	22	23	24	25	26	27	28	29	30
啓祥	定朝	祖揚	元清	相隆	有仿	廣滿	正英	志高	世祥	英全			
										英七			
										英立			
										英進			
										英班			
								志亮	世明	英新	耀先		
											耀欽		
										英申	耀通		
											耀權		
									世珍	英和			
										英盛			
				永富									
			元魁										
			元隆	永新									
				永禎									
				亞三									
			元景	永昌									
				永盛									
			元鳳	隆輦	信勝								
					信順								
					信倍								
		祖茂											
		祖華											
		祖亮											
	定儒												
	定邦									應宵			
	定廣												

原廣東省恩平縣遷居廣西省柳州市大埔鎮廿四代茂清公世系(先祖不明)

24	25	26	27	28	29	30	31	32		
茂清	履禎	宏元								
		宜元	招長							
			招賢	財綱						
				財紀	達芳					

					達芬					
			招德							
		安元								
		賽元								
		宦元	招興	財貴						

				財興						
		定元	招龍							
			招鳳							
	履福									
	履祿	寶元	招發	財盛						
				財緒						
				財達						
				財順						
	履祥	貴元	招華	財源	達亮	彭奇				
					達明					
			招祥	財乾						
				財坤						

潮州市南春路彭厝廿六世康概世系

24	25	26	27	28	29	30	31	32		
		康概	亞豬	大奴						
				二奴						
				唐貞	謙益	繼浩				

24	25	26	27	28	29	30	31	32		
						繼宗				
				木炎	錦海					
					錦榮	偉鑫				
			壽年	木書	添慶					
					文鎮					
					文亮					
				梓南	文強					
					文葵	國清				
						國元				
						國漢				
						國周				
					文光	國權				
						國泰				
						國愉				
					文傑					
					文周					
				德忠	漢森	亞宜				
					鎮森	大頭				
					樹懷					
				德建	澤森					
					澤坤	穎榮				
						奕榮				
					澤榮					

廣東豐順縣龍崗鎮松梅村二十代祖梅峰公世系

20	21	22	23	24	25	26	27	28	29	30	31	32	33	34	35	36	37	38	39	40	41
梅峰	定垣	旭日	玉明	學芝																	
				學臣	仕等	贊榮	德舉	元槐	新添	文概	家水										
									新福	文坤	巨英	雲發	華怡	心木							
													善怡								
													善當								
													漢橫	得水							
														得金							
													善雄								
													善導								
												蘭台	慶華	思穎							
														思宴							
													旭鵬	思棋							
												錦光	旭葵								
													旭才								
												錦堯	慶隆								
													慶榮								
													慶升								
													慶吉								
										文宏	家森	國精	東濤								
													東洲								
												國勝	東挺	字健							
													東瑜	字龍							
											家暢										
											家實	育根	東成								
													東瑤								
												育堤	永金								
													永仿								
													永宣								
												育高	陰輝								
												育俊	水床								
													竟豐								
													東禮								
												育旬	東方								
													永尖								
													永堅								
										文林	述芝	德偕									
												德讓	世良								
													世義								
												德強	世語								
													世在								
													世宜								
													世周								

20	21	22	23	24	25	26	27	28	29	30	31	32	33	34	35	36	37	38	39	40	41
										文璇	柳村	桂榮									
								元浦	新春	文澡	家情										
											家名	來接	玉雨								
													玉峰								
						浮榮	德祥														
							德貞	元隆	新祝	文茂	揚樓										
											寶常	廣洲	彭鵬								
												劍洲									
											均托	奕明									
												均濤									
											金祥	鐵峰									
											均選	慶輝									
												朝輝	信豐								
													俊豐								
											均烊	彭雨									
												彬文									
											金天										
										文居	揚欣	均治	雨廷								
													輝廷								
													雙廷								
												均丙	彭區								
											揚標	均江	永林								
													東源								
												均針	訊源								
													運洲								
												均孟	新華								
											揚炮	均喜	小達								
													小捷								
													小立								
												均珠	奕源								
													思源								
												銀鉗									
											揚鄉										
											揚墀										
										文青	揚振	均濟	廣生								
													廣豐								
													廣州								
												均浪	獻明								
													仕明								
												均校	國昌								
									新魁	文滔											
										文拱											
									新曾	文哉											
										文取											
										文交	耀輝	昌湖	世悅								
												昌煥									
									新良	文練											
										文煥	加儀	昔湯	瑞球								
												昔潛	環才								
													雙華								
													振柳								
												李常	瑞滿								
													瑞靈								
													瑞汪								
													瑞海								
											加淡										
											加杜										
						寬榮															
				學友	仕欽	失考	鼎福	榮華	新勤	松科											
										松永											
										松珍	瑤丹										
											瑤思										
											瑤寬										
											瑤村	錫臣	洪鈕								
													歸梅								
													歸章								
												錫康									
			玉成	學堯	仕靈	敬捷	明思	騰桂	景香	運葵	仿旺	應福	子盟								
												應響									
										運蒼	仿普	應友	仕塔								
													仕柳								
													慕唐								
									景美	奉安	祖仿										

20	21	22	23	24	25	26	27	28	29	30	31	32	33	34	35	36	37	38	39	40	41
											祖潭	壇敏	慶文								
													家文								
												壇銀									
												壇丁	遜邁								
													樹生								
												壇丙	德文								
													繼文								
								騰芳	景超	廣發	舉漸	時算	啓祿								
													啓足								
												志誠	曉峰								
													陰峰								
									景昌												
						攻捷	明德														
							明東	雲芳													
								雲芝													
								雲葉	秋香	衣季											
										衣皇											
										衣點											
										衣英											
										衣仁	聲創	時翠	式武								
													式其								
													尚田								
											聲袍	見習	式藊								
													式希								
													式琴								
													式岳								
													式生								
									書香												
						敏捷															
			玉旦	學典																	
				學弘																	
				學正	秀文	盛將	金蘭	理祥	薪仿	雙全	同和	賞架	平原								
													平海								
												賞典	新文								
												賞嫠	彭柱								
													彭棋								
													彭全								
												石泉	裕源								
													定源								
													幼源								
													紹源								
													德源								
											國雄	錦春	彭焱								
												錦城	潤利								
													潤錫								
												錦洲	彭健								
											善珍	彭強	彭竟								
										雙林	同枋	展明	驛文								
													驛先								
											同慶	賞涯	奕竟								
													奕繪								
													平洲								
												賞權									
												賞明									
											同梧	賞佐									
												賞納									
												賞培									
										雙溪	光環	引明									
												適明	宴輝								
												映明	永頌								
													永沖								
											志環	尚品	偉楠								
												蒙德	棟楠								
												尚靄	彭雲								
												尚洪	文煥								
												尚操	文忠								
											灰環	賞平									
												賞德									
												賞宜									
												圭璋									
											同協										
											同環	賞生	得力								
												賞聽									

20	21	22	23	24	25	26	27	28	29	30	31	32	33	34	35	36	37	38	39	40	41
											同杏										
								致祥	來寶	友忠	草爐	添濃									
												添才									
												添衣									
												添湘									
												添發									
											草猛	添長									
												添留									
											草床										
											草湖										
										友義	草屋										
											草合										
											草解										
											利源										
									精郎												
									天賜												
								性祥													
								貴祥													
							芳蘭	富祥	慈庇	木機	同炒	衍福									
												文貌									
												金亮									
												曉營									
								榮祥	激仿	嘉謹	同泉	亞烹									
												亞點									
												亞育									
											同鐵	招足									
												招玉									
												招班									
												招添	文峰								
											同曖	潮新	年焱								
													年豐								
												潮建	勤慎								
													潤林								
													茂林								
											同甘										
										嘉詩											
									激濤	嘉謙	同好	昔金	炬亮								
													炬揚								
												昔謙									
												昔辦									
											同做	竟先	華南								
													華東								
													華北								
												獻青	旺生								
												式累	彭榕								
											同偉										
									激浪	嘉斗	同淵	廣燦	曉明								
												廣理									
												廣恒									
											同沐	慶懷									
												慶平									
											同理	廣增									
										嘉月	其源	彭靈	曉彬								
												彭敏									
												彭總									
											同堆										
											同活	水仟	曉炬								
													曉才								
								呈祥	激洲	承長	鴻棟	育條									
												育科									
												育紹									
											進修	育彬									
												育彪									
												育倫									
												育聰									
											鴻篇	永明									
												育宜									
											鴻廣	育楚									
									激浮	躍超	鴻良	榮獲									
												榮利									
												榮崇									
												榮注									
											鴻擔										

20	21	22	23	24	25	26	27	28	29	30	31	32	33	34	35	36	37	38	39	40	41
											鴻輝	省沾									
												榮信									
												定法									
											永安	志華									
										木橋	鴻發	練生									
												健民									
												東生									
												運生									
											鴻丙	海旋									
												海華									
												志璋									
											後光	振昆									
										俊聲	鴻昌	國賢									
												則成									
												國武									
											鴻謀										
											鴻之	育廷									
											鴻我										
										七旬	喜方	彭哲									
											梅方	志林									
												彭樞									
											春光	志欽									
												志巧									
												志平									
												志勇									
											裕光	啓遠									
												啓練									
										開一											
									激潘	炳火	偉敦	展意									
												達意									
												育航									
									激銳	承口											
										承彩	鴻深										
											鴻川										
											鴻淺										
											鴻坪										
											鴻壁	育幸	德三								
													德忠								
													德發								
												育浩									
												思環	運玲								
										重華	鴻放										
											鴻份	志寶									
												江湖									
											照光	萬源									
												旦源									
											鴻羅	育完									
												育慶									
												讓銘									
												育連									
												思昌									
												哲源									
									激樹	家東											
										家南											
							錦蘭														
						盛韜															
					土揖	盛聯															
						盛謹															
						盛揚	桐華														
							芝蘭														
	旭如	玉彩	秀倫	傑榮																	
				好榮	遴華																
					振華																
					仔華	寶曾	尚靜	炳之	百秋	漢文											
									錦鴻	佐賓											
							尚茶														
							尚田	家壇	德訪												
									德綱												
									德松	方椅											
									德河												
									德康												
				秀欣	敬華	凌雲	南貴	崇耿													
								德炎													

20	21	22	23	24	25	26	27	28	29	30	31	32	33	34	35	36	37	38	39	40	41
								崇奕	家在												
									家蒙	端沛	日室										
											日皇										
									家聲	湊興	春來										
											思鑫										
											思台										

雷嶺鵝地鄉十六世行莊公世系

16	17	18	19	20	21	22	23	24	25	
行莊	玉崑	左玉	榮爵	壽南	華坤					
					欽尚					
					明韜					
					欽隆					

21	22	23	24	25	26	27	28	29	30	31
華坤	(	失	考	)	義宋					
					義安	禮祥	合春	榮坤	海金	
	30	31							海武	
								榮才		
							合盛	輝茂	亞忠	
	灶盛	堅利							亞亮	
		堅宏							亞斌	
									亞傑	
								坤耿		
							合興	泉利	水來	
									水通	
									水長	
									水昌	
								永福		
								永得		
								永輝		
欽尚	廷贊	紹青	文	仁	義	禮程	智旺	亞文	林坤	國清
										金輝
									林城	
									林松	
									林海	
							智奎	賽興		
								日利	灶盛	堅利
										堅宏
								財和	海賢	
									金峰	
							智惠	信雄		
								信筍		
								信暢		
						禮財	木坤	廷林		
								月德	振城	
									映泉	
									映生	
							和水	錦泉		
								錦發	昭賢	
									昭清	
								錦弟	傑輝	
									傑偉	
									阿三	
						禮光	朝展	國泰		
								水合		
						泰和	松榮			
							松南			
欽尚	廷弟									
	廷薦	紹寬	文來	仁舜	義財	禮烊	德應	國進	成文	榮松
										榮奇
									林周	金海
										梅炎
	30	31							成明	海城
										海華
									武成	瑜海

21	22	23	24	25	26	27	28	29	30	31
								國亮	均坤	源城
										裕城
									均清	錫海
										錫河
									均彪	
									均龍	
									文光	
									文堅	
						禮賓	朝光	國乾	仕秦	
									豐欽	
								國豐	甲申	
									長才	
									輝才	
									良才	
								振耿	榮堅	
									智賢	
									漢通	
								國生	漢喜	
									豐興	
									智旺	
									榮耀	
									裕輝	
									凱斌	
							智鈴	清發	海桂	
									海榮	
								長發	錦海	
						禮興	娘城	水成		
								水通		
								亞水		
								水弟	喜勝	
									喜忠	
		紹宜	文雅	失考	義臣	亞禮	得利	增光		
								森泉		
								細奴		
							得才			
						弟仔				
		紹敬	文意	仁表						
				仁燕	義炎	禮綏	朝枝	亞雲		
							朝榮	紹賢		
								紹雲		
								紹華		
欽尚	廷薦	紹敬	文意	仁燕	義炎	禮綏	朝榮	紹偉		
							朝盛	寶雄		
					義偉					
					義業					
	廷貴	失考	文達	仁昇						
			文江	仁科	義森	禮雲	朝通	鎮洲		
								鎮喜		
								鎮邦		
								鎮發		
						禮虎	朝石	志忠		
								志明		
								志賢		
								漢堯		
								祥輝		
							朝振	炳堅		
								炳盛		
								明權		
								海輝		
								明利		
								周才		
							金來	蘇華		
								蘇容		
								蘇州		

21	22	23	24	25	26	27	28	29	30	31
						禮成				
						智榮				
						禮悅				
明韜	廷輝	時權	文枝	仁	義	吉合	松希	楚海		
							松盛	家海		
								容武		
								容文		
							文金			
						禮	智崇	秋金	周海	
									周揚	
								雄水	輝彬	
									紹彬	
									堅彬	
				仁猛	義和	禮萬	朝勇	國正	春松	
									文元	
									春周	
									文利	
								信輝	輝耀	
									輝利	
								信發	俊彬	
									俊鑑	
									俊波	
			文葉	仁房	義暢	禮進	朝茂	國堅	仕榮	
									仕洪	
								國盛	仕春	
明韜	廷輝	時權	文葉	仁房	義暢	禮進	朝茂	國盛	仕忠	
									仕龍	
									仕文	
									仕強	
						禮袍	木河	松江	文坤	
									文森	
								松有	子偉	
								松佳	少川	
									少波	
									少敏	
								松城	曉文	
							木金	鎮泉	添輝	
									添洪	
								鎮有	桂耿	
									桂洪	
								鎮才		
		時成	文							
			仁	失考	義	禮在	良光	桂龍	河城	
								桂秋		
							良城	春周	鎮奎	
									鎮才	
									鎮發	
								春盛	振強	
									振文	
									木金	
								春榮		
								春桂		
								春弟		
明韜	達容	時長	文龍	仁旦	義會	禮前	德長			
						禮鄰	智盛			
							智永			
							智順	惜坤	水通	
									水賢	
								惜海		
						禮新	梅周	友松	永文	
									永彬	
								友才		
							坤銀	興松	耿彬	
									耿有	
									耿文	
									耿武	
								興祥	海偉	
									海輝	
								興喜	增亮	
									增耀	
								興進	楚賢	
									楚文	
									楚金	

21	22	23	24	25	26	27	28	29	30	31
明韜	達容	時長	文龍	仁旦	義會	禮新	坤銀	興盛	楚宏	
									楚偉	
				仁本	義審	禮	金福	水松	楚忠	
									楚傑	
									宏佳	
								水森		
								水才		
								王才		
						禮添	朝河	光遠		
								光峰		
								光偉		
								光耀		
							振木	煥忠		
					義威	在敬	明和	玉盛	木漢	
									木弟	
								玉松		
								玉興		
							花合	錫順		
								錫盛	文忠	
									文旭	
									文洪	
								錫輝		
						在華	成水	河盛	曉東	
									曉強	
								河龍	曉成	
									曉文	
								河元		
								河發		
							成彬	南容	林吉	
								南鵬		
								南科		
						禮瑞	水順	錫隆		
								錫秋		
								錫南		
								錫林		
								錫有		
						為烈				
					義抬					
					義易					
					義量					
				義監						
				仁喜	義豐	禮憲	炳坤	和興	漢生	
									漢強	
									漢斌	
									漢亮	
								金茂	木清	
									木雄	
							炳軒	金興	炎鵬	
明韜	達和	時合	文葉	仁喜	義豐	禮憲	炳軒	金興	炎亮	
								記興	炎彬	
									炎盛	
							炳光	金發	文昌	
									亞江	
								金財	炎龍	
									炎標	
									龍文	
								金喜	桂洪	
						禮榜		清泉	漢柱	
									漢耀	
									漢瑞	
									漢堅	
				智榮						
				才有						
				仁璧	義包	禮餘	來元	漢福		
								漢武		
								漢中		
明韜	達和	時合	文裕	仁照	義	禮悔	炳合	玉青	南容	
							炳益	周木		
							炳城			
※			文□	仁	義	禮秋	智利	國興	明德	
									容明	
								國振	漠喜	
									豐興	

21	22	23	24	25	26	27	28	29	30	31
				仁禮	義華	禮碧	智昭	國生	智旺	
									榮耀	
									裕輝	
									凱斌	
								國章	學智	
									學禮	
					義燕	失考	朝茂	國堅	紹榮	
									紹鴻	
								貞利	子忠	
									子松	
									子龍	
									子義	
									子強	
									子斌	
				仁都	失考	禮洲	朝賢	國玉		
								國旺		
								國才		
								國齊		
※			文強	仁傑	失考	禮某	智興	國春	江松	
									明江	
					義靜	禮堯	朝順	向合	水城	
									水河	
									理河	
明韜	達和	時合	文強	仁傑	義靜	禮堯	朝順	向合	國春	
								國榮	俊雄	
									俊喜	
									俊清	
								向明	鎮水	
									鎮炎	
				啓猷	義聲					
					義谿	禮特	智貞	國澄	堅松	
									堅泉	
									堅勇	
						禮鳳				
					義利	禮井	成豐	國坤		
								元坤		
								良坤		
								明坤		
								水坤		
								漢明		
				啓監	義金	禮水	朝金	洽盛	鎮文	
									坤榮	
									鎮松	
									鎮林	
									鎮海	
						禮振	智通	貞城	鎮彬	
									嘉輝	
								貞榮	紹文	
								貞金	嘉文	
								貞發		
				啓龍	失考	禮運	德源	炳青	文海	
									文金	
				啓寔	義利	吉盛	松林	俊炎		
								俊輝		
								俊標		
							松清	鎮漢		
								鎮利		
								鎮川		
								鎮開		
								南開		
							松耀	春耀		
								春文		
								青乾		
							林有			
					義興	禮貌	智才	國賢	仕桂	
									仕通	
									仕祥	
									仕吉	
								國忠	仕豐	
									仕富	
									仕長	
明韜	達和	時合	文強	啓寔	義興	禮貌	智才	國忠	仕錦	
								國盛	仕學	

21	22	23	24	25	26	27	28	29	30	31
									仕待	
									仕昌	
									仕啓	
								國旺	仕德	
									仕存	
									仕強	
									仕龍	
							朝清	國龍	振宏	
									育宏	
									育彬	
								國進		
				仁政	義練	禮莫	炳江	彬城		
								城坤		
							炳金	光松	創奎	
									創金	
									創傑	
								光城		
							朝興			
		時院	文存	仁封	義吉	禮遠	智良	順合	應初	
									應長	
									應盛	
									應林	
								順有	仁光	
									仕輝	
									仕加	
								水利	南城	
									南坤	
									添榮	
									添華	
明韜	達和	時院	文存	仁封	義吉	禮遠	智良	水利	添林	
			文堂	仁秀	失考	禮發	朝花	承才	明成	
								坤松	楚文	
									楚輝	
								坤發	科旭	
									煥標	
							朝合	和桂	漢輝	
									漢光	
									漢榮	
								林枝	秋松	
									秋光	
								和興		
								和春		
			開振							
明韜	達和	時見	開國	仁和	義佑	禮言	理有	喜坤	鎮漢	
									鎮全	
								喜元		
							長春			
				啓珍	銘來	長龍	智就	信湖	丙和	
									丙元	
								信澤	木海	
									木廷	
						禮鵬	智仁	信源	任明	
									任彬	
						禮肅	智從	珠元	木秋	
									木明	
									木添	
									木銀	
								珠興	水元	
									水南	
								珠利	添金	
									添松	
									添德	
								珠貞	錫坤	
									余水	
									余松	
									文松	
					銘標	禮貫	智忠	國松		
					銘川	禮璣	智榮	豐江	作新	
									作民	
									作桂	
									作彬	
									作得	
									佳鵬	

21	22	23	24	25	26	27	28	29	30	31
								文泉	育達	
									育光	
									育建	
						禮敬				
明韜	達和	時見	開國	啓珍	銘川	禮敦	德秋	海松		
								亞拱	鴻榮	
									繼榮	
									鴻志	
								海棠		
					銘長	禮申	朝安	財心	錦貞	
									錦春	
							雙隆	記財	輝強	
									輝清	
									輝文	
									輝虎	
									輝光	
									輝偉	
								記明	柏春	
									柏賢	
									柏雄	
							雙豐	財泉	庚輝	
									庚亮	
								財林	弻君	
									弻臣	
									沁硯	
							文隆	財合	桂炎	
									桂平	
									桂忠	
								財盛	輝炎	
								財良	鴻強	
									鴻義	
			開□							
明韜	達和	式德	文懷	(	失考	)	德應	財元	成文	
									林周	
							德應	財元	成明	
									武成	
								錦元	均坤	
									均清	
									均彪	
									均龍	
									文光	
									文堅	
			文振	仁錦	義瀚	禮鰲	智豐	德成	錫州	
									錫城	
								德耀	水金	
									楚標	
									亞雄	
								德平	偉清	
								德來	錦亮	
									錦明	
									錦升	
									錦添	
								德發	曉明	
									曉東	
									銳敏	
									銳強	
							炳榮	萬成	錦水	
									錦龍	
									錦河	
								萬順	梓金	
									梓福	
									豐昌	
								萬盛	水傑	
									傑城	
								萬有		
								萬財	漢泉	
									漢俊	
									漢灶	
									漢偉	
							來興	添有	良金	
								錫鴨		
			文鄰	仁為						

30	31
錦貞	炎登
	炎成
	炎青

21	22	23	24	25	26	27	28	29	30	31
				仁月	義廷	禮盛	進英	國和	武平	
								國順	武良	
									武得	
									武添	
									武元	
									武傑	
								蘇和		
								國強	武輝	
									武賢	
							松金	漢廷	偉權	
									偉濤	
								漢盛		
						禮珍	福金	海容		
						在河	春水	國謹	漢傑	
									漢民	
								國榜	武精	
									榮武	
									耿明	
								國程		
							木興	彥衡		
								彥濤		
								彥揚		
							秋榮			
							秋盛	光林		
								創州		
								創彬		
							秋發			
					義瓊					
					義逢					
明韜	達和	時美	文周	仁當	義肅	禮王	朝瑞	清城		
							元春	坤盛	澤強	
								國盛	澤勇	
					義友	禮鳴	元興	錦財	寶水	
									寶清	
									寶發	
				仁啓	義進	禮容	智曉	再有	錫添	
									錫標	
								漢林	偉鑫	
									偉宏	
									偉炎	
							正德	廷清	創喜	
									仙泉	
								福清		
								廷城	金鎮	
									金標	
								福元		
					義福	禮龍	朝旺	國柱	海成	
									海忠	
								國奇	輝勇	
									輝海	
							智盛	福有	澤偉	
				仁和	義有	禮明	智合	雄光	才榮	
									豐榮	
								坤泉	炎賢	
									炎鵬	
							福坤	喜成	貴隆	
									貴洪	
								財金	炳奎	
明韜	達和	時美	文周	仁和	義有	禮明	福坤	財金	宏海	
									錫義	
								元城	旭全	
									旭升	
								喜秋	珠龍	
					義來	禮安	智輝	惠宏		
								惠南		
								惠標		
								惠慶		
			開銘	仁輝	義津	才有	振貴	紹亮		
								紹勝		
							振榮	少軍		
							振國	錫江		
						才龍	鎮榮			
							鎮成	木輝		

21	22	23	24	25	26	27	28	29	30	31
								木利		
								木強		
							鎮河			
							鎮通	水雄		
						才福	丙林	文榮		
							丙坤	俊江		
								俊榮		
					義浦	臣德	水欽	楚周		
								光周		
							木炎	奎監		
								長輝		
								廣生		
				仁東	義福	禮風	三朱	桂城	喜奇	
									青海	
								桂坤	青文	
								桂順	陽貞	
									陽金	
								桂水		
								桂標	金文	
									金武	
							三豐	炳欽	惠城	
									惠州	
				仁澤	義根	禮申	遼歌	國成	少豐	
						禮電	淑水	得清	榮江	
									榮元	
								國茂	豐盛	
									永柱	
								國輝		
								喜清	榮濱	
							淑崇	秋金	國海	
									國揚	
								雄水	惠彬	
									肖彬	
									堅彬	
							朱德	木春	三盛	
									三輝	
								木心	亞長	
								木龍	亞俊	
									亞傑	
									亞豪	
					義戴					
					義耀					
					義詹	禮開	福發	輝德		
					義開	禮蜂	海梅	水心		
								水榮		
								水福		
							海樹	隆光		
								隆盛		
				仁信						
				仁免	義容	禮題	文才	堅鵬		
								堅輝		
								輝亮		
								四強		
					義榮	禮慶	江梅	水木		
								水貞		
								水金		
							寶平	榮金		
								榮添		
								暹榮		
							寶江	楚福		
								滿容		
								惠福		
			開錦	聯輝	義進	禮隆	明才	錫豐	輝鵬	
									坤鵬	
									輝澤	
									輝群	
							明子	春成	漢德	
									漢發	
									漢川	
									漢傑	
						禮彬	嫣琴			
							朝顏	國義	仕光	
									世輝	

21	22	23	24	25	26	27	28	29	30	31
									世雄	
									世盛	
									世川	
									世傑	
								國河	世順	
									世明	
					義深	禮堂	炳和	國平	喜生	
									喜才	
									喜同	
								漢平	耀崇	
							炳昌	松坤	瑞先	
									光祖	
							炳輝	鎮盛	宏賢	
								鎮坤	錫榮	
									則容	
								鎮全		
								鎮元		
					失考					
					名芳	禮軍	智國	甲才		
								豐才		
							智鐘	人歹		
							智榮			
							智輝			
							明珠	德桂		
								舜奎		
							智尉	漢才		
							智朝	森豐		
								舜豐		
				聯耀						
			開容	仁祖	義昌	寶林	貞坤	合榮		
								江城		
								榮宏		
							貞才	興榮		
								興成		
							貞良	輝耀		
								輝忠		
							貞福	鎮偉		
								鎮明		
				啓昌	義成	福長	朝德	海泉		
								海周		
								鎮炎		
								海元		
						禮雲				
				聯科	義有	禮和	王水	艷榮		
								長武		
								艷弟		
							王泉			
							坤清			
							坤和			
				仁餘	義孫	炳泉	春喜			
						金松	水明			
							水春			
						喜林	添成			
							錫添			
				仁鏡						
				啓平	義生	失考	吉昌	智佳	福龍	
									貞文	
								朝光	楚洪	
									楚武	
									洪武	
								振輝	偉坊	
									偉南	
								振忠	堅偉	
									堅澤	
									堅炎	
								振松	欽洪	
									欽亮	
									欽勇	
							吉盛			
							吉合			
							進順			
							永泉			
				啓昌						

21	22	23	24	25	26	27	28	29	30	31
				仁鵬	貢爺	禮書	智清	灶金	榮葵	
									榮光	
									榮國	
									榮利	
								灶松	榮茂	
									榮盛	
					義芳	耀明	記清	國武		
								國文		
							記巽			
				聯科						
				啓愛	義光	禮錫	錦成	春林		
								清榮		
								國清		
								國良		
							錦州	春心		
								昌松		
							記有	昌盛		
								昌輝		
								國明		
						禮通	智存	利宏		
								楚宏		
								加宏		
								益宏		
							智堅	春容		
								春添		
								春城		
								水心		
							錦河	紹鵬		
								文宏		
								紹宏		
					義柏	才通	坤利			
							坤金			
							坤亮			
							坤有			
						禮克	坤元	耿鵬		
							坤炎	澤新		
								澤川		
			開鐘	啓敏	陽春	禮吉	朝福	國壽	漢秋	
									立擁	
						禮享	永豐			
							永良	松河		
								松明		
								松周		
							永通			
					義剛	禮鳳	和英	炎坤		
								炎城		
				仁傳	義祥	禮俊	坤水			
							坤豐	玉波	南偉	
									南松	
									南亮	
								玉皆		
								玉聲		
								玉河	貴海	
									貴鴻	
								玉明		
							坤勇			
					失考	禮榮	炎松	春春		
								春盛		
								春興		
							坤林			
							玉林	紹輝		
								紹才		
								紹盛		
				仁拔	陽輝	禮珍	朝喜	元泉	振堅	
									振龍	
									振利	
									振順	
									振偉	
								廷初	才順	
									楚龍	
									楚有	
							來興			
						江福				

21	22	23	24	25	26	27	28	29	30	31
						秋水				
						禮榮	才發	漢水		
								漢坤		
							桂松	亞廣		
								理攙		
								理鴻		
				仁天	義平	禮鎬	成昌	清松		
							木昌	少豐		
								少明		
						禮駱	吉成	坤江		
								坤明		
								坤炎		
							木錦			
							木林	錫宏		
								錫欽		
				仁翼	義守	日光	何東			
							何嶽			
							何友			
						秋溪	旭才			
							漢城			
							漢欽			
							漢奎			
							漢標			
					義錦					
				仁洋	義舉					
					義乾	進昌	丙丁	鎮添		
								鎮和		
						進木				
						進榮	林河			
							木河			
					桂林	進盛	永溪			
							永炎			
明韜	達容	時長								
		時盛								
		時光	文遜	仁雅	義鷹	進順	松貴	錦亮		
								錦雄		
明韜	達容	時光	文遜	仁雅	義鷹	進順	松貴	俊弟		
						禮星	智生	揚成	立興	
									榮宗	
									榮來	
									榮有	
								漢林	新廷	
									海城	
									艷明	
									明鎮	
						禮協	水蓮			
					義加	禮進	智茂	松彬		
								松泉	益輝	
									益林	
									鎮基	
								松水		
								漢光	瑞強	
明韜	達容	時光	文遜	仁雅	義加	禮進	智茂	漢坤	超強	
								漢文	小強	
									小龍	
									小林	
							朝鑫	漢龍	建新	
									建基	
								漢員	彭超	
								漢有	慶傑	
									慶彬	
									慶樺	
				仁佳	義羽	禮聲	智在	國森	東昇	
							水龜	錫耀	澤賢	
									祥龍	
								春和	雄龍	
									煥龍	
									鎮龍	
								春才		
							水佳			
						禮炮				
					義相	禮題	智道	錫豐	輝鵬	
									坤鵬	

21	22	23	24	25	26	27	28	29	30	31
									坤彬	
									輝群	
							朝來	振長		
								振泰	峰元	
									峰強	
								振喜		
								振弟		
								振發		
								振才		
								振春		
							周明			
							周盛			
							周順	來和		
								和添	利富	
								和坤		
								和松		
				仁才						
	達和									
欽隆	達美	紹乾	文規	仁信	義盛	禮在	錦江	松興		
							錦順			
						禮仁	木盛	亞輝		
								亞全		
							木枝	鎮興		
								鎮輝		
								鎮宏		
							永合	文有		
								文河		
欽隆	達美	紹乾	文規	仁好	義富	禮戚	朝德			
							朝成	國旭		
								國旺		
								國升		
							智惠	信雄		
								信筍		
								信暢		
							朝長	信容		

21	22	23	24	25	26	27	28	29	30	31
								信得		
								信庫		
								信才		
						禮葛				
						禮春				
				仁葵	義深	禮旺	朝喜	木泉	錫奎	
									錫合	
							月明	信潮	文容	
									文林	
									旭金	
						禮瓚				
						禮莊	智就	木合		
								德水	炳耀	
									炳松	
								來水		
							智色	世清		
								桂河	升乾	
									升容	
								桂盛	林宏	
									林華	
	達聘	時顯	文宗	失考	亞義	禮上				
						禮民	朝豐	庚生	來明	
									來榮	
									明君	
									明貞	
									亞五	
								庚元	偉明	
								庚平	河水	
									河德	
									河三	
						禮通	朝岡	金合		
	達正	(失	考)	仁昭	(失	考)	朝藩	松元		
								松如		

十八世雙林公從外洋尾遷至廣東揭陽縣赤步村白山鄉世系

雙林－萬興、萬榮

	21	22	23	24	25	26	27	28	29	30	31	32	33	34	35	36	37	38	39	40
族號詩	殿	殷	維	世	德	傳	述	道	光	隆	應	運	成	均	濟	聲	名	輔	助	崇
書號詩	家	國	學	文	先	英	華	映	日	天	聖	朝	開	大	典	錫	爾	福	長	綿

19	20	21	22	23	24	25	26	27	28	29
萬興	欽正	殿侯	殷廣	維賢	世霞					
					世達	德郭	傳安	華賞	映通	日森
										日華
										日子
									映富	
								華駐	映充	日東
										日風
							傳心	華豐	映光	日理
										日童
19	20	21	22	23	24	25	26	27	28	29
萬興	欽正	殿侯	殷廣	維賢	世達	德郭	傳心	華豐	映風	
								華耀		
								華章	映立	日滋
萬興	欽正	殿侯	殷廣	維賢	世達	德郭	傳心	華章	映轉	日煌
		29	30					華遠	映祥	
		日理	天英					華豪	映書	日光
		日光	天倫							日明
			天樂						映彩	日道
										日群
									映善	日早
									映壽	日文
								華彩	映誠	日銳
									映昆	日高
								華彩	映昆	日滿
									映大	日碩
									映佳	日上
萬興	欽正	殿侯	殷廣	維賢	世達	德郭	傳心	華業	映澄	日志

19	20	21	22	23	24	25	26	27	28	29
									映添	日旋
										日宏
										日鏡
										日青
		殿祥	殷源							
			殷遠	維略	世揚	德言	傳欽	華泉	映湖	省三
										省娛
									海彪	
									道通	來興
									映紡	
									映德	
									映里	
									偉昌	亞鐵叻
										亞鐵越
										裕塔財
			殷川							
		朝望	絕嗣							
萬榮	欽友	式爵	元道	奕定	世忠	衍睦	有仿	熙真	朝濤	
							昌禮	熙興	朝佳	
	二子	一子	二子						朝鵬	國超
	式爵	元道	奕定				昌仿	熙清	朝升	
	朝士		奕真						朝東	
									朝權	
									朝木	
							昌鳳	熙睦	朝福	國盛

19	20	21	22	23	24	25	26	27	28	29
										國平
									朝財	國永
										國武
							昌香			
							昌對	熙來	朝豐	
									朝波	
				奕真	世羅	衍和	昌翼	熙瑜	朝江	
								熙安	朝強	
									朝弟	
							昌聯	熙傑	朝漢	
									朝林	
									朝方	國海
										國元
								熙佩	朝業	國彬
									朝城	國忠
										國波
萬榮	欽友	朝士	元捷	奕啓	世營	衍春	昌田	熙業	朝學	國弟
		一子	三子					熙務	朝運	國明
		元捷	奕吞	奕坤	世宏	衍盼	昌晶	熙並	朝坤	國麗
			奕坤				昌森	熙觀	朝俊	
			奕乾						朝進	國旺
									朝惠	國成
萬榮	欽友	朝士	元捷	奕坤	世宏	衍盼	昌森	熙觀	朝先	國茂
								熙桃	朝標	國輝
										國明
									朝雄	國理
									朝龍	國喜
					世雲	衍寶	昌蕊	熙情	朝堂	國桂
										國竹
									朝感	國章
									朝誠	國坤
										國弟
									朝信	國養
										國深
										國德
							昌弟	熙誦	朝成	國欽
									朝尊	國武
										國永
				奕乾	世音	衍達	昌源	熙仿	朝錦	國松
										國春
				七子	三子	衍南	昌力	熙省	朝輝	國益
				世音	衍達					國裕
				世美	衍南					國會
				世春	衍鹿				朝祿	國城
				世鐘						國坤
				世合						國賢
				世連				熙鳴	朝奇	國西
				世賢						國來
									朝隆	國存
										國漢
										國植
										國松
							昌勃	熙仁	朝林	國安
										國炳
								熙河	朝加	
									朝福	國套
										國明
										國豐
									朝時	國成
										國海
							昌徐	熙吉	朝木	國亮
										國清
								熙瑤	朝通	國科
										國校
										國新
										國忠
										國美
									朝鋒	國文
										國榮
								熙第	朝榮	國輝
萬榮	欽友	朝士	元捷	奕乾	世音	衍南	昌徐	熙第	朝榮	國光
									朝安	國平
									朝波	國雄

19	20	21	22	23	24	25	26	27	28	29
										國友
									朝文	國惜
										朝建
									朝建	國龍
						衍鹿	昌恭	熙源	朝佳	
								熙星	朝信	國良
									朝貞	國義
									朝祥	國順
										國波
							昌印	熙湖	朝林	國平
										國江
										國端
										國強
									朝員	國禧
										國清
								熙弓	朝裕	國和
					世美	衍甜	昌羽	熙錐	朝合	國福
										國添
									朝和	國平
										國明
						衍雄	昌霸	熙門	朝興	國財
										國發
						衍炮	昌森	熙坤	朝文	
								熙田	朝鵬	國洪
									朝輝	國份
										國先
									朝龍	國江
							昌軒	熙渡	朝祥	國林
									朝枝	國東
										國彬
										國雄
									朝盛	國光
										國澤
									朝復	國武
								熙英	朝平	國旭
										國日
									朝放	國來
									朝福	國亮
										國傑
					世春	衍清	昌親	熙來	朝喜	國明
										國來
										國文
					世鐘	衍巳	昌輝	熙愛	朝國	國強
								熙洪	朝添	國林
					世合	衍酌	昌銘	熙權	朝達	國海
萬榮	欽友	朝士	元捷	奕乾	世合	衍酌	昌銘	熙權	朝達	國城
									朝南	國文
										國雄
						衍柳	昌銅	熙球	朝慶	國星
										國文
										國木
										國溪
									朝題	國華
										國南
									朝寄	國貴
										國明
					世連	衍忠	昌龍	熙往	朝泉	國計
					世連	衍忠	昌龍	熙亭	朝坤	國波
										國文
										國英
										國平
									朝準	國學
						衍勇	昌強	熙貴	朝平	
									朝海	國大
										國二
										國三
									朝如	國先
									朝明	國榮
										國雄
								熙瓜	朝金	國宇
									朝口	國星
										國松
									朝濃	國文

19	20	21	22	23	24	25	26	27	28	29
								熙漢	朝元	
									朝心	國有
						衍柔	昌個	熙燦	朝福	國信
									朝財	國雄
										國光
									朝木	國龍
										國鎮
										國茂
										國盛
					世賢	衍健	昌時	熙彬	朝興	國發
										國際

銳公嗣廣東揭陽縣砂松鄉始祖 17 世玄機公世系

玄機－瑞明－如昇－毓萬－睦夫－明耀

20	21	22	23	24	25	26	27	28	29	30
毓萬	睦夫	明耀	聚賢	失考	英典	昌開	熙芳	朝成	國俊	舜卿
										舜河
										舜彪
							熙弟	朝弟	國庭	映周
										映松
			聚發	群敬	英佐	昌恭	熙讓	朝亮	國夏	序華
										序和
									國雙	
								朝立	林宏	序楊
									國波	
								朝禹	國堃	序潔
										序浩
									國帳	序彬
								朝安	國和	
									國靄	序德
										序聲
						昌善	熙大			
							熙享	朝孝	國富	序敬
										序安
										序凱
									國華	序揚
									國祥	序積
								朝存	國藏	序青
										序烈
										序聲
									國梅	序威
									國疇	序園
									寶順	
									寶壯	
									國輕	
									寶城	旭光
						昌善				
					英統	昌遜	熙隨	朝睦		
								朝錦	再全	序平
									朝創	
								朝意	良釗	序秀
									龜鰍	序春
								朝五		
								朝議	國英	宏才
										宏裕
										宏華
										宏亮
毓萬	睦夫	明耀	聚發	群敬	英統	昌遜	熙隨	朝議	國喜	序廣
										序邑
							熙城	朝澡	木才	亞順
									木徐	德業
								朝弟	映南	惠嵩
									友南	岳松
										岳欽
										岳喜
								朝樓	國煌	德明
										德坤
									國興	金泉
										金池
										金發
										勝發

19	20	21	22	23	24	25	26	27	28	29
									朝久	國傑
										國光
										國通
										國漢
										國箏
								熙豐	朝有	國福
						衍康	昌瑞	熙標	朝堂	國庭
										國勤
									朝啓	國祥
萬榮	欽友	朝士	元捷	奕乾	世連	衍康	昌瑞	熙標	朝啓	國穆
										國榮

20	21	22	23	24	25	26	27	28	29	30
										永發
										序夏
						昌懷	亞熙	朝美	國幹	
									國羅	
									國璧	
								朝佳		
								朝某	美壯	
								朝極	寶勇	
									寶全	
								朝報	國堆	林福
										清松
										清和
										和弟
										清足
									大準	
									木林	
									糧源	
									亞宏	
									亞長	序清
								厚彌	國欽	序嶺
								朝高	糧勤	炎松
										炎正
毓萬	睦夫	明耀	聚發	群敬	英某	昌禮	熙墜	朝正	清逢	
								朝潤	光華	少岳
										宏岳
										宏東
									國祥	序標
								美坤	御秋	林來
										林江
							熙四	朝枝	木河	漢寬
										老八
									木羅	南洋
								朝貌	如甜	老陳
										山柑
						昌禮	熙四	朝貌	如甜	標山
									如炎	林科
										林漢
										林江
							熙三	玉南	瑞泉	金聲
										金喜
										金順
										錦標
										鎮標
										惜太
										惜才
							熙用	大貴	清波	少明
										少輝
									清甘	健欽
										健才
										健先
									清燕	
							熙學	朝尚	蘇在	以才
									蘇黨	
								朝舟	國準	才宣
						昌禮	熙學	朝舟	國準	漢宣
										開宣
										序切
										錫音
									國楷	錫水
										錫隆
					英德	亞昌	熙榮	朝有	國城	

20	21	22	23	24	25	26	27	28	29	30
									國輝	序生
										序堯
							熙序	寶齊	金照	漢潔
										懷河
										懷泉
										懷波
								朝斗		
								朝祥	國裕	序龍
										序義
毓萬	睦夫	明耀	聚發	群敬	英德	亞昌	熙序	朝祥	國裕	漢明
									木勤	漢用
										漢能
										漢周
										漢高
										漢松
								寶和	雪	序通
				群響	英富					
					英貴	昌文				
						昌容	熙利	朝管	國章	起榮
										起賢
										老弟
				群響	英貴	昌容	熙利	朝管	國長	忠排
										瑞光
									國霞	序岳
										序泳
										序芳
										序樂
									國騎	序政
										亞標
										序旭
										序林
										序發
										序則
										序章
								朝平	國軒	再添
										亞意
									亞坤	序茂
								朝敬	國甘	序毫
										序青

20	21	22	23	24	25	26	27	28	29	30
										序平
									國真	
									國窗	序勝
										序池
						昌志	熙順			
							熙尊			
							熙福			
				群響	英貴	昌志	熙敘			
							熙鳳			
					英鵬					
					英萊					
					英關					
					英榮					
毓萬	睦夫	明耀	聚祥	(	失考	)	熙業	朝夏	戊雄	序達
										烈全
										序音
									戊巳	
								朝塘	坤源	序青
毓萬	睦夫	明耀	聚祥	(	失考	)	熙業	朝雅	羅坤	序漢
									國彩	序德
							熙道	朝行	國洞	序炎
									國道	序東
							熙潤			
							熙蘇			
							熙發	朝珍	海泉	標亮
									國澄	松弟
										松周
								朝芝	國汕	烈標
毓萬	睦夫	明耀	聚祥	(	失考	)	熙發	朝芝	坤河	
									國成	靜標
										靜光
										靜敏
									國昌	序湖
			聚參							
			聚香							
			聚高							
			聚攀							

鉞公嗣潮州市澄海縣世系

鉞公嗣裔番衍陽平寶山潮州府前街饒平縣澄海縣南陽東隴南洋等鄉潮州府前街祖

澄海東隴輩序詩

14	15	16	17	18	19	20	21	22	23	24	25	26	27	28	29	30	31	32	33
允	德	維	三	世	克	光	宗	親	福	仁	孝	昌	又	啓	功	業	必	同	天

1	2	3	4	5	6	7	8	9	10	11	12	13	14	15	16	17	18	19	20	21	22	23
延年	鉞	煌	拱星	長順	朝岱																	
					朝仕	顯悰	文寶	吉公														
								昌公	均公	厚公	膜公											
											暘											
											耾											
											聝公											
											[illegible]公	慎公	勗守	恩性	維豫							
															維鼎	容也	朝英	名舉	統生	(失	考)	賢之
																		名士	充先	(失	考)	貴信
																		名盛	著先	登葵	利高	
																					授高	奕紹
																						奕先
																						奕鑑
																					典高	
																				登隆		
											職公											
											聯公											
								孟公														
						顯撰	文臣	鎬公														
								鈺公														
								鏜公														
			拱辰	顗公																		
									失考	循良												

										伯靜	萬義											
											寬和											
※											鑑塘	達奄	簡重									

十八世朝英公世系

19	20	21	22	23	24	25	26	27	28	29
名擧	統先	(失	考)	賢之	失考	來附	從正	又泰	啓順	
									啓中	
						金星	昌德	鎮欣	啓申	
									啓升	
名擧	統先	(失	考)	賢之	仁興	孝刁	從儀	又振		
							昌炎	又義	啓風	國和
										國炎
										國深
								又義	啓輝	國先
										國強
									啓庭	國明
										國然
								又明	淡輝	國壯
									金輝	國秋
										國生
									啓智	國深
						孝刁	昌炎	又明	啓智	國慶
										國師
										國安
						孝昌	清塗	又松	惜明	
									惜文	
									國明	
								松之	啓中	
									啓明	
							清亮	綿順	啓真	
									啓雄	
						孝先	文桂	春茂	庭奎	通財
								春炎	鎮鴻	
									金標	信喜
										相貴
							文通	順財		
								順孝	啓業	
								又存		
名士	充先	(失	考)	貴信	仁讓	孝榮	昌慶	又謙	啓傑	
									啓盛	
名盛	著先	登葵	利高							
			授高	奕紹	鑾	孝孟	南山	又泉	啓文	
							昌旺	又昂		
	二子		三子	三子				又康	啓木	
	登葵		奕紹	鑾				又德		
	登隆		奕先	揚		孝隆	昌昭	又群	啓森	
			交鑑	叔			昌博	又蘭	啓泰	
						孝仲	文伯			
							文煥	鳳統		
						孝鑫	文典	又鏘		
							文炳	又振	啓茂	
								又柱	啓超	
					揚	孝治	昌一	又章	啓迪	
							昌仲	又烔		
							昌時	又煌	啓聰	
							昌友			
							昌五	又偉	啓正	
名盛	著先	登葵	授高	奕紹	揚	孝治	昌五	又全	啓堅	
								又賢	啓一	
									啓烈	
								又得	啓鵬	
									振鵬	
							昌朝	又雄		
								又誠		
								又實		
							昌徵	又新		
						孝儒	昌貼	澄宇		
								振宇		
								啓宇		
								昌哲		
								昌瀘		

19	20	21	22	23	24	25	26	27	28	29
								昌祿		
								昌繁	又臣	
									又理	啓深
										啓鑑
										啓釗
									又臣	啓容
									又燾	啓周
										啓海
										啓宏
								昌慰	又填	
									又平	
								昌吉	又添	
									又家	
									又贈	
									又賞	
							孝陞	昌文	又通	
									又堅	
									又精	
								昌藝		
						叔	孝慶	從禮	又丕	
									又亮	
								從霸		
							孝仁	昌言	又儂	
									又俊	
				奕先	昌美					
					昌洽	春泉				
					楚芝	海標	森才			
							森宏			
							森輝			
				奕鑑						
			典高	丁聲	揚城					
				昌滿	為成	啓華				
名盛	著先	登隆	(	失	考	)	昌若	輝亮	再榮	
									啓平	
名盛	著先	登隆	(	失	考	)	昌若	輝亮	啓盛	
								耀金	啓源	
									啓豐	
									啓堯	
								耀芝	啓雄	
									啓德	
							昌仁	武生	永鎮	
									成鎮	
									隆鎮	
							昌宏	武綿	啓先	
									鎮漢	
									鎮川	
名盛	著先	登隆	(	失	考	)	昌宏	武坤		
								武烈	啓惠	

13	14	至	22	23	24	25	26	27	28	29
達庵	(	失考	)	賢公	仁嘉	孝喜	昌木	又奇		
						孝閘	昌雄	又泉		
								連居		
								連淮		
								連輝		
								能義		
						孝江	昌得			
							昌民			
						孝弟	昌定			
							昌泰			
							昌吉			
						孝家	昌才	楚耀		
								楚國		
								又楚		
								又宜		

13	14	至	22	23	24	25	26	27	28	29
						孝忠	從炳	錦漢	亞弟	
									亞文	
								錦鎮	紹輝	
									紹明	
									紹光	
								錦葵	木材	
									木有	
									木炎	
									木亮	
							昌有	矮鑼	啓武	
									啓文	
									啓標	
									啓豐	
									啓聯	
								矮鼓	啓順	
									啓榮	
									啓梅	
達庵	(	失考	)	賢公	仁嘉	孝忠	昌富	錦齊		
								錦海		
								錦深		
								錦家	錫耀	仰生
										仰喜
										仰坤
										仰家
										仰松
									錫全	仰平
										仰明
										仰光
									錫鋒	明弟
							昌富	錦家	錫鋒	欽明
							從得	鴻泉	永途	
									永茂	
									永林	
									永森	
								錦鵬	耀欽	玉生
										燈亮
									耀勳	鎮明
					仁哲	孝潤	昌俊			
							昌茂			
							昌犁			
				賢曖	仁保	清水				
				賢曖	仁保	清泉				
					仁全	孝再	愛群			
							漢群			
							良群			
							茂群			
						孝發	昌興			
							昌順			
							晶富			
				賢樂	仁澤	孝祿	昌綿			
					仁輝	孝珍	昌盛	又業		
								又高		
							昌勝	又清		
達庵	簡重	(	15 至	24 世	)	成如	昌誥	宏揚		
							昌宏	又諸		
								又發		
								又錦		
							昌旭	欽河		
								欽為		
								坤河		
								又深		
						淡如	昌藤	又釗		
								又旭		
								又烈		
							昌茂	又昭		
達庵	簡重	(	15 至	24 世	)	淡如	昌茂	又介		
								又財		
								又之		
							昌藩	又德		
								又安		
								又沛		
								又楷		
								又達		

13	14	至	22	23	24	25	26	27	28	29
※							南勝	明來		
							美宜	振炎		
							財星	啓漢		

南洋遷饒平 19 世子綿公世系

19	20	21	22	23	24	25	26	27	28	29
子綿	緒開	捷士	眉公	逢時	友成	得元	保清	二苜	啓南	
		武勝					保榮	鐵馬		
								湧潮	啓昇	
									啓明	
									啓河	
							保華			
							昌鑑	鏡湖	龍山	
									龍華	
								又坤	啓順	
									啓勳	
									啓龍	
					元基					
					光德					
			守朴							

清時由東隴鄉遷徙澄海縣南砂鄉彭厝 25 世孝欽公世系(先祖不明)

20	21	22	23	24	25	26	27	28	29	30
					孝欽	禮雲	木德	啓隆	亞浩	
									浩弟	
								啓明	亞創	
									創弟	
							木龍	啓東		
							木成	啓得		
						禮忠	丁喜	金氣	木真	
							丁高			
							丁卯	裕進	家水	亞任
									家田	海雄
										茂雄
									家祿	
							丁裕	彭乾	立團	
									立煥	
									立鴻	
								彭沖		
								彭營		
								彭豐	立昇	
									立壯	
								啓耀	立克	振國
								啓安	澤波	
									澤廷	彭川
								彭七	立忠	
									立發	文渠
										文滿
						猿溪	丁富	良滿		
								良右		
							丁義	錦松	英傑	文財
						任財	金寶	大頭		
							銀寶	亞愚	亞偉	
澄	海	縣	南	洋	鎮	世	系	(先	祖不	明)
		秀振	奕星	仁芝	孝煌					
				仁鏘	孝光					
		秀哆	奕欠	仁林	孝民	昌平				
						昌岩				
						昌奇				
			奕曖	仁江	孝裕					
				仁金						
		秀仔	奕欽	仁龍	孝郊					
					孝未					
				仁雲	孝文	昌發				
						昌合				
		秀勳	奕儒	仁榮	孝順	昌正				
						昌馬				

20	21	22	23	24	25	26	27	28	29	30
						昌修				
					孝思	昌河				
						昌弟				
					孝明	澤平				
						澤安				
						澤群				
				仁得						
				仁財						
				仁興	孝後					
					孝輝					
		秀發	奕芳	仁厚	孝新	昌靈	又德			
							又藩	啓達		

20	21	22	23	24	25	26	27	28	29	30
						昌隆	又孚	啓武		
								啓鵬		
								啓勇		
				仁澤	孝明					
					孝保	昌加	又明			
							又簡			
							又弟			
							又元	啓榮		
								啓生		
								啓深		

三世祖澤公世系

(四世祖桂公西元 1255 年間由潮州遷居廣東東莞續遷寶鳳粉嶺始祖)

1	2	3	4	5	6	7	8	9	10	11	12	13	14	15	16	17	18	19	20	21	22	23
延年		澤	梅	自然	迪	學海	奉思	番	雲礽	振繼	元正	惠良										
												惠恭	彰福	世斌								
														世聰								
														世振								
														世旺	國政	卿	德宣					
																	德光	瓊公				
																		瑤公	兆鰲			
																			兆虬			
																	德賢					
																賓						
																賢						
																資						
															國順	安山	德泮	衍楫	宗燃			
																			宗煥			
																			宗熾			
																			宗耀	家驥	朝轉	
															國隆							
													彰祿									
												惠敬										
											元鉅											
											元亨											
											元會											
延年		澤	桂	迪然	啓崗	心啓	興遠															
							汝存															
				三子			喬相															
				啓崗			林穩	道敬	近林	獻新	清連	瑞鰲	其昌	土福	丹書	樂言	慶貴	彝兄				
				啓璧														興業				
				啓後													木德	成業				
														利仁								
														達邦								
														安邦	周書	平章	宗壽	火彝				
																		金全				
																		博全	燦權			
																			權煜			
																			澤權			
																			耀工	桂福		
																				桂球		
																				美球		
																建章	榮昌	嘉福	河東	偉全	木添	永昌
延年		澤	桂	迪然	啓崗	心啓	林穩	道敬	近林	獻新	清連	瑞鰲	其昌	安邦	周書	建章	榮昌	嘉福	河東	偉全	木添	永新
																					志成	慶龍
																					就發	
																					潤森	子健
																						子文
																					喜興	
																		發有				
																炳章	文亮					
																	文懷	火德				
																		火賢	添有	永堂		
																				銳堂		
																				國森		
																			根有	國波		
																				嘉和		
																			桂有	家文		
																				家輝		
																				家亮		
																盛章	懷樂	同福				

1	2	3	4	5	6	7	8	9	10	11	12	13	14	15	16	17	18	19	20	21	22	23
																		根賢	木林	志輝		
																				志健		
																				志勇		
																			林發			
																		日金				
																	卓大					
																	善蓋	伙光				
																		繼明				
																		義德	水祥	國信	家豪	
																				國良	希文	
																			業龍			
																			偉祥	國雄		
																				國輝		
																			龍生			
																		同壽				
																宏章	成亮	進壽	林穩	澤新		
																				偉東		
																				偉邦		
																				偉基		
																	家亮					
																	耀文	培壽	水福	一宇		
																				展飛		
																			水發			
																			均福	展鋒		
																興章						
													其聖	友邦	洛書							
															鳳書							
															貫書	榮章	水壽					
																	水保					
																	富興	金發				
延年		澤	桂	迪然	啓崗	心啓	林穩	道敬	近林	獻新	清連	瑞鰲	其聖	友邦	貫書	榮章	富興	連發	建灶	沛貴	子傑	
																				錦棠	子豪	
																				漢波	家進	
																				錦輝	子維	
																					子健	
																				志剛	子倫	
																			日華			
																	富全					
													其高	正邦	正書	伯有	英發	樹福				
																		禮福	統桂	醮喜		
																			有才			
																正有	樹福					
																	兆發					
																	水安	廣仲	桂文			
																			火興			
																			英樹			
																			桂良	燕南	偉傑	
																					偉豐	
																				桂廷	正勇	
																					正中	
																				燕騰	耀基	
																					浩基	
																			相炳			
																	兆財					
															樂書							
															楚書							
															滔祿							
															喜樹							
													其度	德仁	保叔	拔壽	睿達	穩泰				
																		天祥	嘉安			
																			金賢	日福	煥楷	
																				載福	渭彬	嘉豪
																					炳基	
																				柱泰		
													其禹	律秀	日新	彥光	容興	天佑	炳秀			
																			水秀			
																			田中			
																			醮祿	廣大	錦添	志榮
																						志恒
																				廣運	滿雲	志忠
																					照發	志揚
																					有新	
																		金發	醮效			

1	2	3	4	5	6	7	8	9	10	11	12	13	14	15	16	17	18	19	20	21	22	23
																		亞天				
																		先鏘				
																	連興	勝富	炳興			
																			加福	銓發		
																			金福	長大		
延年		澤	桂	迪然	啓崗	心啓	林穩	道敬	近林	獻新	清連	瑞鰲	其禹	律秀	日新	彥光	連興	勝富	金福	重發	禮德	
																					勝錢	浩然
																						浩榮
																				祥發		
																			細福			
																			美福	雪浦	耀初	凌舉
																						博興
																		勝富	美福	雪浦	耀初	思行
																					永新	
																					振東	
																					大明	
																					小明	
																	正興	祥九				
																	齊興	火泰				
																		美福				
										蒼梧												
									彩林													
									失考	前川	伯岳	宣猶	旭文	柱石	必壽	清泰	博文	成有	長粦	有祿	連福	
																					水福	澤成
																						澤林
																					培福	滿球
																						興球
																					美福	
																			美祿			
																			正粦	金福	伙鴻	
																		成康	福粦	饒積	惠祖	志天
																						傑球
																						傑才
																						傑綿
																					海祖	
																					泰祖	
																					桂祖	
																					牛京	
																					后信	
																					偉池	家驅
																						家健
																	禮文	朝舉	鐸粦	萬成	泰祥	偉金
																						偉康
																						偉區
																						偉明
																				萬添	連達	耀培
																						耀明
																				廷德		
																				添貴	興枝	
																					興福	浩瑞
																					興球	
																					興財	
																					枝沛	
延年		澤	桂	迪然	啓崗	心啓	林穩	道敬	失考	前川	伯岳	宣猶	旭文	柱石	必壽	清泰	禮文	朝舉	鐸粦	貴南	偉昌	榮新
																						榮佳
																					偉財	
																					偉良	
																	錦文	華祿	壽粦			
																			炳粦			
																		群壽	錦粦			
																	錦文	群壽	醮粦			
																			森粦	開枝	培穩	偉基
																						偉業
																				福枝	樹穩	
																					誠穩	
																			德粦			
																		義舉	廣粦	潭湘		
																			富粦	定堅		
																				堅革		
																				向軍		
																				向輝		
																			土壽	慶培	澤康	

23	24
偉金	啓俊
耀培	喜健
	嘉俊
耀明	嘉裕

1	2	3	4	5	6	7	8	9	10	11	12	13	14	15	16	17	18	19	20	21	22	23
																					澤寧	
																			清粦	汝林	潤球	啓章
																					興球	啓安
																						吞寧
																					偉球	
																				火乾		
															必祿							
															必敬							
														殿仟								
													熙明	殿相	卓才	英壽	正東	英才	逢祥	英華	江牛	志成
																						文貴
																						火財
																					福錦	福貴
																						淵明
																						成就
																						城光
																				水椿		
																				興照		
																			達富	結福		
																			松壽			
																			美玉	朱嬌	旭文	
																					來興	旭林
																						柱穩
																						和平
																				先仔		
																	旭元					
																	天喜					
															康福							
					啓璧	松山	璞倫	耕隱														
延年		澤	桂	迪然	啓璧	松山	璞倫	鈞隱														
						欖山	富隱	東平	心悅	環霄	懷嶺	彩行	樂沂	美彥	學錦	振萬						
																振茂	福興	旭華	醮泰	錦芳		
																				榮壽		
																				榮祥		
																			木發	正芳	炳培	天佑
																						照亮
							富隱	東平	心悅	環霄	懷嶺	彩行	樂沂	美彥	學錦	振茂	福興	旭華	木發	正芳	炳培	照權
																						照華
																						慶華
																						志榮
																					福齊	就南
																						就東
																						就西
																						就北
																						就輝
																						就森
																					齊龍	
																				英芳	炳泰	耀棠
																						惠棠
																						惠池
																				有芳		
												華弟	英宗	偉茂	廷光	振緒	殿勤	錦華	奉泰			
																			成賢	怡貴	錦壽	
																					泰佳	
																					石穩	慶連
																						建號
																	天保	志英	立誠	潤信	培穩	煥堂
																						慶堂
																					燦培	鴻波
																						聲華
																						志華
																						世華
																	先保					
																	厚德	成大	巨鴻	信禮	雲駒	沚維
																					雲軒	
																				素和	智利	
																			叔壽	炳福	金麟	
																					雲龍	
																				炳林		
																				清福	保華	
																				清培	英豪	

23	24
志成	家健
	家進
成就	永倫
	天倫
柱穩	文傑
	禮歉
和平	偉俊

23	24	25
照權	志榮	
	志健	
照華	家俊	
	家銘	
志榮	善暘	
惠棠	啓安	
	寶安	
惠池	啓忠	
	啓信	
慶連	國輝	梓軒
	國彬	
滿然	梓祥	
才謙	耀宗	
	漢宗	

1	2	3	4	5	6	7	8	9	10	11	12	13	14	15	16	17	18	19	20	21	22	23
																					英傑	
																				敬福	韋廉	
																				炳祥	鎮盛	
																				福祥		
																				炳光	祖信	滿然
																					祖耀	俊宇
延年		澤	桂	迪然	啓璧	欖山	富隱	東平	心悅	環霄	懷嶺	華弟	英宗	偉茂	廷光	振緒	厚德	成大	叔壽	炳光	祖耀	澤厚
																						展華
													英煥	偉臣	捷才	有發	柱才	伙有	壽發			
																			潤壽			
																		奉全	水泰			
																			火泰	興和	偉鴻	家華
																						家豪
													英煥	偉臣	捷才	有發	柱才	奉全	火泰	興祥		
																				興福		
															乾可	亞乙						
															敏上							
													英彝	偉功	天隔							
															九德	英福	水容	百金	國池			
																			國林			
																		土安	桂龍			
																			振龍			
																			天龍	光榮		
																				光廷		
																	成保					
															閏舉							
							懸隱	繼縣	孔興	悅南	成積											
										后湲	觀悟	凌漢	尚德									
													尚璉	冠泗								
													尚偉	業泗								
												潤漢	尚明	習泗								
													尚藩	述泗	昌龍	世焯						
															昌鳳	世烈	槐受	瓊業	火文			
																	與受	大穩	創富	喜壽	培貴	國芬
																						浩芬
																				喜祥		
																				惠祥		
																			彝富	樹祥	國財	
															昌富	世大	信道	潤業	廣運	益壽	焯坦	才謙
																						健芬
																						賢芬
																						裕芬
																						細芬
																					樹權	勝天
																				益善	誠華	煥新
																						煥明
																					孝昭	文烈
																						文堅
																					孝廉	
																					孝忠	
																					孝慈	明明
																				益和		
																				煜坤		
																				容光		
延年		澤	桂	迪然	啓璧	欖山	懸隱	繼縣	孔興	后湲	觀悟	潤漢	尚藩	述泗	昌富	世大	信道	潤業	廣運	德光		
																			效靈	鑑鴻		
																		書特				
																		永年	耀采	炳榮	海雲	煥堂
																						志堂
																			裕昌	燈桂	瑞祥	鎮培
																						德培
																		永年	裕昌	燈桂	瑞祥	智培
																						興培
																						家駒
																					燦祥	
																					燦華	
																					順華	
																		溫良				
																	敏道	安泰				
																	協道	年久				
																		增業	軒玉			
																			軒雲	孫穩	宗傑	
																					世傑	俊彥

1	2	3	4	5	6	7	8	9	10	11	12	13	14	15	16	17	18	19	20	21	22	23
																					世君	
																		遂業	金可			
																			崇遇			
																			炳興			
																			炳成			
																	仗道					
																	闡道	榕穩	景興			
																		日明	亞九			
																		效邦				
															昌貴							
															昌華	世光	成貴	榮耀				
																世雄	登道	天德	繼福	光祖	偉洪	志文
																						志明
																						志華
																			顴信	樹穩	志文	
																					理文	
																				水林	國慶	
																					根祥	孝思
																						孝宗
																	發道					
																	敏道	安泰				
																	協道	年久				
																		增業	軒玉			
																			軒雲	孫穩	宗傑	
																					世傑	俊彥
																					世君	
																		遂業	金可			
																			崇遇			
																			炳興			
延年		澤	桂	迪然	啓璧	欖山	懸隱	繼縣	孔興	后湲	觀悟	潤漢	尚藩	述泗	昌華	世雄	協道	遂業	炳成			
																	仗道					
																	闡道	榕穩	景興			
																		日明	亞九			
																		效邦				
															昌貴							
															昌華	世光	成貴	榮耀				
																世雄	登道	天德	繼福	光祖	偉洪	志文
																						志明
																						志華
																			顴信	樹穩	志文	
																					理文	
																	發道					
										后湲	心溪	騰漢	尚遠	穎泗	瑞士							
													尚忠	服泗	昌裕							
															昌裘							
												玉漢	尚千	誦泗								
												蓮漢	尚固									
													尚侯									
													尚伯	子昌								
													尚侃									
													尚仁	子良	昌傑	世望	興創	金祥	喜安			
																			安壽	水福		
																				火納		
																			敬全	壽穩	滿兒	國良
																				永貴	萬財	廷輝
																					惠興	
																			照全	百根		
																				齊發		
																			伯安			
																		新祥				
																		萬發				
																		水秀				
																世林						
													尚儀									
													尚斗									
											彬儔											
									元標	以茂												
										以崗												
										以猷												
							松隱	懷隱	談山	壙去	燦隆											
											柱日	雲漢										
												亞壽										

1	2	3	4	5	6	7	8	9	10	11	12	13	14	15	16	17	18	19	20	21	22	23
												亞福										
											燦日	英宣										
											炳隆	粵梅										
									敬松	一方	廷任	遇漢										
延年		澤	桂	迪然	啓璧	欖山	松隱	懷隱	敬松	一方	廷任	遇亨										
												遇君										
										一見	奕信											
										一鷺	信任	岳漢										
									敬梧	悅海	元器											
										樂海												
									敬楠	良弼												
									敬楠	良輔												
								思隱	守仁	東湖	燦台	晴漢	尚戊	從先	光若	朝器						
																亞榮						
																玄福						
																亞舉						
																弟壽						
														卓先	煥若	廷器	展書	齊發				
																	公壽					
															象若	宗器						
																宸用	清德	九仔				
													尚俊	兆先	芝瑤	牛可						
														滿先	芝琮	弟發	公福	天穩				
															亞科							
														仁先	亞懷							
															芝居	福如						
																東海						
																亞容	牛仔	潤為	信珠			
											燦運	喬璧	尚友	煥先	芝琇	成器	華發					
																	悅盛	瓊玉	文望	祖發		
																			容炳			
																		潤影				
																		財喜				
														子傑								
														子超								
													尚彩	光澤	芝馨							
													尚瓊	周先	勤文	步卓	興全	智義	錦榮	韻祥	維德	
																					安德	
																					萬權	堅緯
																						添達
																			三全			
																			錦祥			
																			裕壽	枝祥		
																				春發		
																				醮發		
																有舉						
															王受	步青	麗猷					
														望先	經耀	步元	衍猷	占魁	福澤			
																		品魁				
																		廷魁				
																	亞龍					
																步瓊						
延年		澤	桂	迪然	啓璧	欖山	松隱	思隱	守仁	東湖	燦運	喬璧	尚瓊	倫先	聖耀	進朝	壯猷					
																	鴻猷					
															廣耀	登朝	大猷	元魁	興發	鏡全	公壽	永輝
																						永堅
																						裕泰
																					土壽	永昌
																						永強
															廣耀	登朝	大猷	元魁	興發	廣泉		
																				培泉		
																		紹魁	炳發			
																			裕發	毓祥		
																			念發			
																			日發			
																			兆良			
																		倫魁	壽發			
																			全發	佳可	運祥	
																		鼎魁	根發	火安	國柱	
																					偉清	
																				土壽		
																				錦朝	至池	志榮
																					桂清	

1	2	3	4	5	6	7	8	9	10	11	12	13	14	15	16	17	18	19	20	21	22	23
																				亞光		
																	彰譽					
																	清譽					
																	廣平					
																	澤猷	傑魁	鎮泰			
																			醮泰			
																			森泰	榮祿	銍堅	振慶
																						振強
																						振財
																					銍厚	振芬
																				榮壽		
																				榮祥	揮雄	偉兢
																				滿池	俊雄	
																			渭泰			
																			美泰			
																		彥魁	怡泰	英林	漢楷	逸明
																					敬祥	
																					世昌	
																					滿望	
																				多有		
																				源有		
																				樹有	銳琴	啓超
																					銳忠	
																		榮魁	聰穩	天佑	耀光	
																					耀明	
																				柏森		
																			水穩	國石	國物	
延年		澤	桂	迪然	啓璧	欖山	松隱	思隱	守仁	東湖	燦運	喬璧	尚瓊	倫先	廣耀	登朝	澤猷	榮魁	水穩	國石	振華	
																				成有		
																			煌培	國明		
																				國安		
																				國平		
																				國生		
																			水全	家權		
																			水全	家和	梓楓	
																				家發		
																				鑑波		
																				鑑雄		
																				鑑輝		
																			炳金			
																			藉全			
																			煊全	偉樑	世業	
																					兆峰	
																					永業	
																				偉傑		
																				偉光		
																				偉豪		
																			日華	志恒		
																				志忠		
																	安猷	美興	水業	彭南	梅章	
																					槽章	
																					燦章	
																					權章	
																					權章	
																					啓章	
																				運連	沛祺	少汶
																						少強
																					沛粦	少俊
																						詠佳
																					志偉	
																					志強	
																				坤祥	永年	
																					永雄	
																		梅魁	煦光	錦渭	澤文	
																					世朝	建恒
																						建承
																				銳堂		
																				基雲	叔耀	
																					叔堅	
																			明光			
																	時譽	高魁	鑄南			
																			澤英			
															廷耀	重朝	宏猷	承美				

1	2	3	4	5	6	7	8	9	10	11	12	13	14	15	16	17	18	19	20	21	22	23
																		創業	福日			
																	達猷	榮華				
延年		澤	桂	迪然	啓璧	欖山	松隱	思隱	守仁	東湖	燦運	喬璧	尚瓊	倫先	廷耀	重朝	達猷	啓連				
																	陞猷	興言	樹生			
																	天求	彥才	美九			
																		厚發	就福	火運	鎮培	炳雄
																						國雄
																					達興	宇光
																						宇榮
																	天求	厚發	就福	火運	達朝	宇新
															輝耀							宇湲
															寵耀	均朝	宣猷					
																偉朝	才善	加壽	來發	晉源		
																				晉豪		
																			玲發			
																先朝						
															贊耀	陞朝	獻猷	效善				
																		效梅				
																		效良	美德			
																	煥猷	仁魁	廣泰	裕翰	啓榮	
																					維益	
																					沛林	宏基
																					沛清	
																		義魁	炳泰			
																		禮魁	醮祥	興全		
																		智魁				
																		信魁	喜風			
																	楨猷	聯魁				
																		捷魁				
																拔朝	遠猷	金存	水九			
																			壽齊			
																			灶喜			
																			萬培			
																熙朝	英猷	效文	啓康			
																			恒三	林發	日桂	創雄
																						創川
																				均發		
																			鎮德	庚申		
																				木全		
																				興倫		
																				興業		
																		效付	水祥	英球		
																				英齊	澤明	
																				英發	漢楷	
																					明楷	
																				英兆		
																			水穩	根有	國光	
																				金發	國東	
																				金有	國熙	
																					國榮	
延年		澤	桂	迪然	啓璧	欖山	松隱	思隱	守仁	東湖	燦運	喬璧	尚瓊	倫先	贊耀	熙朝	英猷	效付	水穩	金耀		
																				鳳球	浩然	
																					景然	
															文耀	燦朝	輯猷	源發				
																	殿猷	長福				
																	成付					
														業先	彤耀	步泰	美猷	金保				
														業先	彤耀	步泰	美猷	殿魁				
															成權							
														雲先	有賢	步高	啓瑞	球雅				
																	興弟					
																步成	福英	兆泰				
																		容大				
																	英隆	天英	容佳			
																			容昌			
																			廣容	惠棠	興龍	
																					興國	
																					興權	
																					興旋	
																步魁	有福	英乾				
																	天福					
																受和						
															有奇	華興	連福					

1	2	3	4	5	6	7	8	9	10	11	12	13	14	15	16	17	18	19	20	21	22	23
																	金重					
															有蓮	火保	亞全					
																天祐	齊興					
																興位						
												喬玉	尚元	土祐	帝福							
															亞庸							
														德先	九聖	亞福	天生	興祖				
																		水大				
																	林有					
																天受	梅仔					
																	喜月					
																希聖						
																有成						
													尚賢	光啓	達耀	英祖	平安					
																	安好					
																英付	發興					
													尚衡	光勉	有義	華保	金壽					
														光榮	華仙	土受						
																長祖						
																華枝						
																華興	金發					
														光耀	義秀							
														光儀	卓耀	廣有	兆祥	連壽	來發			
																			均泰	錫輝		
																				錫華		
延年		澤	桂	迪然	啓璧	欖山	松隱	思隱	守仁	東湖	燦運	喬玉	尚衡	光儀	卓耀	廣有	兆祥	連壽	均泰	錫培		
																				錫波		
																乙福	兆安					
															葉和							
											燦遇											
										居濱	燦鳳											
											燦麟	偉漢	尚旭	睿先	觀保							
										居濱	燦麟	偉漢	尚旭	睿先	意保							
														品先	亞得							
														梅先	夢禎							
													尚融	遂先	三福							
															四福							
															夢龍							
														璧先	夢蘭	順昌						
																顯科	昌升					
																	安樂					
																顯耀	燦業					
															夢葵	顯德						
														羽先	夢桂	顯魁	啓廷					
																	煌剛	運泰				
※																	傑廷	貴容				
																	美廷					
																顯聖	美廷	秉樞	汝平			
																			春平	容壽		
																			基平	廣壽		
																				廣全	世強	德禮
																					世亮	偉倫
																					世裕	德彰
																					世為	
																			燦平			
																			東平			
																			祿業			
																		運樞	桃穩	龍科	正全	永聰
																						永健
																				炳壽		
																				信壽		
																			富穩	日壽	毓乾	智遠
																						智昇
																					未齊	漢彥
																				木全		
																			炳宜			
																			林憶			
																		衍樞	理文	就紅		
																				石乾		
																				業懷		
																				仙家		
																				祖添	子明	
																					子榮	

1	2	3	4	5	6	7	8	9	10	11	12	13	14	15	16	17	18	19	20	21	22	23
延年		澤	桂	迪然	啓璧	欖山	松隱	思隱	守仁	居濱	燦麟	偉漢	尚融	羽先	夢桂	顯聖	美廷	衍樞	理文	祖添	子林	
																					子堅	
																			海全			
																			金全	集貴	永欽	健強
																						健進
																						健偉
																					華發	
																顯聖	美廷	衍樞	金全	集貴	永發	志雄
																					永財	
																	燠廷					
																	煜堂					
																	偉廷	興大				
																	汝廷	連豐				
																		成豐				
																顯文	觀耀					
																	火德					
																	登耀					
																顯富	柱廷	厚生				
																	麗廷	連發	壽祥	英財	偉民	
																					偉國	
																		桂發				
																		就發	喜壽			
																			金壽			
																			醮祥	柱炳	少忠	
																					少良	
																		萬發	木穩			
																			火穩	坤泉		
																				坤霖	逸鴻	
																					逸基	
									孔成	華賢	順廷											
											燦廷	位相	尚衍	允先	芝淳	拔常	裕元					
																	祖發					
																	裕澤					
																	裕芳					
															芝湘	兆得						
											茂廷	喬遇	文仲	貫先	芝蘭	拔元	鳳儀	秉禮	澄清	水付		
																				金發		
											23	24								全太		
											錫齊	福德								英泰	祿根	振聲
											國華	家豪										澤聲
												家傑							享清			
											海興	祖健							亞福			
												傑森					朝珍	維禮	尚江	福全	錦韶	錫齊
											宗盛	永亨				英喜	朝任	崇禮	啓護	壽全	正福	志雲
												永亮										永康
																				壽祿	水貴	
																					添貴	醮強
																						國華
延年		澤	桂	迪然	啓璧	欖山	松隱	思隱	孔成	華賢	茂廷	喬遇	文仲	貫先	芝	英喜	朝任	崇禮	丙護	木容		
																				榮壽		
																				商鄰		
																拔鰲	朝聘	長壽	慶保	來就	水九	海興
																						宗盛
																						家敏
																					福興	
															芝蘭	兆熊						
															芝荇	德興						
															芝連	德壽						
																長壽						
									心仁	三懷	燦平											
											燦倫	德裕	尚瑤	水長								
														明英								
											燦常											
									孔成													
									心仁													
						養拙	仰峰	樂義														
							寅峰	樂忍	思峰	覽川	榮煥	席錦	世表	冠三	焯燦	善福	作聖					
																	萬福	喜龍				
																		閏龍				
																		德龍	敦華			
																			桂華			
																			貴倫			

1	2	3	4	5	6	7	8	9	10	11	12	13	14	15	16	17	18	19	20	21	22	23
																			木倫	宇光		
																				智明		
																				錦堂		
																				合春		
																				鎣堂		
																				國光		
																				國耀		
																				國宗		
														詔三	毓燦	焯立	沖宵	運泰	亞培			
																			洪芳	興祥	廣全	志聰
																					火全	德成
																					合泰	
																					金全	嘉輝
																					鏡全	
																					福全	
																			錦桂	惠良	家樂	
																					家輝	
																成立	英福	喜泰	品貴	根穩	興就	見邦
																						見雲
																						見偉
																					滿兒	
																				根和	潤權	
																					興權	
																	新福	炳泰	錦裕	鏡壽	兆基	
延年		澤	桂	迪然	啓璧	養拙	寅峰	樂忍	思峰	覽川	榮煥	席錦	世表	詔三	毓燦	成立	新福	炳泰	錦裕	鏡釗	國偉	
																					家偉	
																				鏡華		
																			錦榮	鏡清	振聲	
																					振亮	
																				鏡莊		
																中立	鴻宵	聯泰	水清	灶光	健文	
																中立	鴻宵	聯泰	水清	灶光	立文	
																				灶才	耀基	
																					耀南	
																					耀東	
																				灶發		
																				諾球	智偉	
																					智傑	
																					智倫	
																強立	連福	來泰	新貴			
																			丁貴			
																			德森	國輝		
																				國雄	家麒	
																					家麟	
																		興泰				
																		成泰				
																		全泰				
																	樹福	國泰	新橋	添祥	伙壽	
																					福壽	
																				家良	鑫源	
																	添福					
														某三	偉燦	庚福	乙有					
																	興容	馬壽	金安			
																			桂麥			
																			安麥	偉倫		
																				偉立		
																				尚羽		
																			世麥			
																			世海			
																			樹穩			
															大燦	失考	觀興	鳳文				
																		鳳龔	水福	志光		
																				有光		
																				偉光		
																			松福			
																		鳳達				
												席璋	(	失	考	)	勳立					
																	安泰	同興				
																		閏魁				
																		彥龔	觀保			
																			貴水			
																			閏立			
延年		澤	桂	迪然	啓璧	養拙	寅峰	樂忍	思峰	覽川	榮煥	席璋	(	失	考	)	安泰	彥龔	根大			

1	2	3	4	5	6	7	8	9	10	11	12	13	14	15	16	17	18	19	20	21	22	23
																			金祥	滿金		
																				皆池		
																				美球		
																				納培		
																				容鉅		
																				康球		
																			金祥	榕發		
												席惠	(	失考	)	天福	水生	連發				
																		英發				
									復興	(	11世	至	18世	失		考	)	華旭	成保			
																			錦泰			
																			錦成			
																			木成	鳳常		
																				炳禧		
																				炳仲		
																				炳洪		
																			水金			
																			廣業			
					啓後	歷山																
						坦山																

20	21	22	23	24	25	26	27	28	29	30
兆鰲	弘禮	良玉	裕華	欽章	失考	始麒	丕蒼	楚邦	家讓	
									國璋	創安
	30	31								錫安
	創安	安剛								美安
										新安
					師還	始麟	丕浪	頂邦	家俊	
								銳邦	家傑	
								策邦		
								安邦	家光	
									家雄	
									家森	
								龍邦		
								虎邦		
						始更	丕賽	醒邦	家賢	
								伉邦	家聖	
						始刨	丕錐	源邦	家奇	
									家耀	
								適邦	家威	
									家駿	
								佐邦		
								德邦		
								禮邦		
						始奎	丕火	健邦	家沭	
									家雨	
									家錦	
									家汪	
								鐵邦	家俊	
									家雄	
					湊還	始抄	丕展			
							丕戴			
							丕黨			
兆鰲	弘禮	良玉	裕華	欽章	湊還	始抄	丕晃			
							丕創			
							丕坪	效邦	家烈	
									家妍	
								勤邦		
								安邦	家彪	
									家偉	
								福邦	家燈	
宗熾	如韻	肇方	邦縉							
			邦紳	依泗	仁照	節和				
						榮和				
					仁第	調和	幼喪			
					仁騫	超和	智勤			

20	21	22	23	24	25	26	27	28	29	30
							智避	信甬	修賢	
								信澄		
					仁欲	石和	智柄			
						知和	智邁			
						拙和	智仁			
							智運	信雄		
							智在	信實		
						宜和	智契	信剛	修鶴	
									修虎	
									修雁	
		綱方	能樂	依漢	仁豪					
		營方	邦懷	依思						
				依通	仁枋					
					仁史	禮耀	智上	信忠	修增	
									修從	
						禮博	智當			
							智鏡			
							智囊			
	如杏	藩方	邦衛	依綸						
			邦對	依霞	仁水	禮儀	智俊	信富	修福	
	如鏗	靖方	邦聘	依勝	仁眾	禮海				
						禮養	智來			
				依合	仁實	禮崇				
						禮蒙	智房	信溪	修練	
									修鴻	
								信香		
								信洪		
								信賓		
								信喜		
								信浦		
								信聰		
							智滄	信烈	修真	
									國慶	
								信潔		
								信汪	修何	
									修落	
								信鎮		
								信炘		
						禮行	智東	信今		
								信滔		
								信祿		
							智村	信強	修勤	
									修敏	
								信國		
								信民		
						禮志	智傅	信香		

20	21	22	23	24	25	26	27	28	29	30
								信烈		
					仁奧					
					仁興					
			邦興	依谷						
		套方								
	如郊	廷方								
		霈方	能森	依泰	仁待	禮定	智仁			
			能營							
宗耀	朝轉	蘭賀	仰曾	開成	伴賢	煠有	自田	進煥		
							自堆			
							自崔	進沐		
							自杏			
						鐸有	自思			
							自源			
			瑞曾	開傑	傳賢	江有	自波			
								自炎	進廣	
							班有	自茂	進澄	
									進浚	
								自增	進軍	
									進千	
									進萬	
								自培	進土	
				金曾	開濃	賢	章有	自遠	進和	上峰
										上權
										上貴
										上海
									進鑑	上平
										上照

20	21	22	23	24	25	26	27	28	29	30
										上電
										上光
								自赤	進泮	永忠
			範疇	義曾	開琴	著賢	豐有	自煥	進燦	上修
										上春
										上品
							鐵有	自渥	進記	上艷
										上巽
									進柑	上木
									進堤	
								自江		
								自柏	進鈞	
								自信		
							庫有	自澹	進奇	
									進林	
								自沛	進開	
									進吹	
								自培	進九	
								自連	進港	
									進釗	
									進榮	
									進岳	
									進純	
								自王	進館	
									進深	

30	31
上修	榮輝
	榮鈞
	榮淞

海外彭氏華僑

美國、新加坡、馬來西亞、香港

美國彭氏

彭啓洪嫡系血脈源流 2015.7.21.

(祖居湖南湘潭現旅居美國紐約).

世系						先祖	派字	子			嗣		
少典	黃帝	彭祖	宣	搆雲	湘潭系			長子	次子	3	4	5	
125	115	108	26	1		搆雲		東里(涇)	南華(治)	西華(江)	北叟(海)	中理(滋)	
126	116	109	27	2		滋		伉	倜	儀			
127	117	110	28	3		倜		�	輔	軸(黌)			
128	118	111	29	4		輔		珏	璌	璋	玗	瑊	
129 至 153	119 至 143	112 至 136	30 至 55	5 至 29									
154	144	137	56	30									
155	145	138	56	31									
156	146	139	57	32									
157	147	140	58	33									
158	148	141	59	34									
159	149	142	60	35				應球（派字……應運啟明賢……）					
160	150	143	61	36		應球	應	長子: 運鋒(有二子三女) 長子：啟志－峻林－思睿 次子：福全 次子：運其（又名漢生，有一子三女） 三子：運清（有二子二女）：長子：啟明 次子：啟文－從卉					
161	151	144	62	37		運其	運	長子：啟洪；　長女：月娥，次女：森林，三女：金蓮					
162	152	145	63	38		啟洪	啟	子：程　女：屹楠					
163	153	146	64	39		程	明	長子：友嘉　次子：睿嘉					
164	154	147	65	40		友嘉	賢						
						睿嘉							
165	155	148	66	41									
166	156	149	67	42									

新加坡彭氏

延年－鑑－諒－棋－德隆－傑夫－日華－益盛－受章－漢銘－名達、名富、名高

11	12	13	14	15	16	17	18	19	20	21	22
名達	維通	伯亮									
	維廣										
名富											
名高	維忠	伯徽									
		伯祥	秉瑁	名潤							
			秉權								
五子	二子	六子	秉芳	祖傳							
維忠	伯徽	秉瑁		祖聰	洛						
維成	伯祥	秉權			渾	公生					
維茂		秉芳			沆						
維智		秉堅		祖齡	漢	謨	良知				
維政		秉蘭				誦	良能	（移	台灣	）	
		秉華			五子	誥	我韞				
					謨	諫	良躬	朝箴			
					誦			朝籥			
					誥			朝第			
					諫			朝簪			
					訓			朝慧			
								朝穜	學奇	巫	
										洲	
										洞	
									學凌	宗利	

11	12	13	14	15	16	17	18	19	20	21	22
									學湞	宗凰	
									學泙	宗賜	
							良佐	朝聘			
								朝耿			
								朝職			
								朝脏			
						訓					
			秉堅	愛榕							
				宿							
				傳上							
			秉蘭	西山							
				宗儀							
			秉華	洞							
				□							
				□							
				□							
名高	維成	伯良									
	維茂	伯宏									
	維智	伯器									
	維政	伯奎									
宗凰	安祿	拱									
宗凰	安祿	星									

11	12	13	14	15	16	17	18	19	20	21	22
	安福	富	戊娘	(	三兄	弟均	移民	台灣	)		
			辛娘								
			天賜								
巫											
洲	安仁	象升									
		秀升									
七子		振升									
安仁		文升									
利仁	利仁	捷升	旋飛								
輔仁			旋凌								
顯仁	五子	奮升	旋麗								
志仁	宏撰		旋朗								
純仁	宏薦		旋桂								
全仁	宏進		旋恭								
	宏堅	上升	旋耀								
	宏東	明升	旋盛	成學							
				成國							
				成元							
				成筥							
				晉寧							
				晉鏡							
				晉録							
			旋芝	成器							
				成勳							
			旋香	成德	就雲	應祿					
						應龍					
						應潭	維斗	新藤	民生		
				四子	六子				細牛		
				就雲	應祿				德祥		
				就華	應龍				文才		
				就玉	應潭		維約				
				就瓊	應科		維謙	晉梯	日生		
					應橋				日貴		
					應倉				日威		
									日光		
								新谷			
								新米	裕強		
									裕華		
									裕安		
						應科	(過	繼就	瓊為	子)	
						應橋	維番	新展	錫坤	建川	
								(女)	玉蘭		
									玉英		
洲	利仁	明升	旋香	成德	就雲	應橋	維番	新展	玉嬌		
									玉梅		
									玉霞		
						應麟	維邦	新興	志福	世明	
										世晴	
									志庭		
									志年		
									志春		
									志康		
								新展			
								新賀	志爭		
									志員		
								新烱	旭林		
							(女)	惠廉			
								容香			
							維晉				
					就華	應龍	維翰	新居	成禮	康民	
								新悅	成森		
									成丁		
							維屏	新裁			
						(女)	順正				
							象妹				
							喜妹				
						應倉	維榦	忠君			
							維存	新勝			
						(女)	遜麻				
							金麻				
							銀麻				
							三多				
							梅英				
					就玉	應潭	維斗	新藤			
							維約				
							維謙	晉梯			
								新谷			
								新米			

11	12	13	14	15	16	17	18	19	20	21	22
							(女)	油妹			
								禾麻			
					就瓊	應科	維操	□			
								新鈞	樹芳	世亮	
						三子	(	思俊	)	世偉	
						維操	三子	六子	(女)	文娟	
						維晉	不詳	樹芳		晉萍	
						維邦	新鈞	九如		文浩	
						四女	石平	順芝	九如	康富	
						王妹		順發		康盛	
						習妹		順福		康妮	
						妙妹		順昌	順芝	佳恩	
						不詳				佳音	
洲	利仁	宏堅	旋香	成德	就瓊	應科	維操	新鈞	順發		
									順福	群育	
										紹揚	
									順昌		
								(女)	蘭邦	林瑞達	
									(女)	淑貞	
										淑斌	
										淑錦	
										淑婷	
									蘭芳	銘恩	
										銘惠	
									秀花		
									麗華		
									秀英	偉明	
									秀英	麗慧	
									秀容		
								石平	順昌		
							維晉	甜妹			
								夠妹			
								味妹			
							維邦				
						(女)	王妹	滿勤			
								習麻			
							習妹	晉甘			
								晉禮			
								晉廬			
							妙妹	六妹	道合		
									道深		
							不詳				
		日升	旋喜								
			旋堯								
			旋田								
			旋天								
	輔仁	大進									
		恒升									
		連升									
		命升									
		翰升									
	顯仁	榮升									
		旦升	祥文	紹興	佐清						
					佐瀛						
	志仁										
	純仁	宏九									
		宏乾									
		宏嵩									
	全仁	書升									
		翔升									
		彥升									
洞	安義										
	允中										
	高俊										
	安泰										
	安居										
	安國										
	舉鰲										
宗利											
戊娘											
辛娘											
天賜											
宗賜											

新加坡彭氏嗣孫血緣網脈

血緣：延年－鑑－諒－棋－德隆－傑夫－日華－益監－受章－漢銘

開派少典	受姓彭祖	江西構雲	延年公系	先祖	紀事
			9	受章 樂豐	益盛長子,號樂豐,子孫由長樂遷居海豐五雲,故號樂豐.生於元武宗至大辛亥五月十四日未時,葬長樂秋溪洞口,今屬永安.游魚上水形,俗名鯉地巽乾兼已亥. 妣何氏,生於大德乙巳二月,葬揭陽霖田都東頭埔金雞出籠形,俗名蟻子地落地梅花穴甲山庚向. 子六: 漢卿,漢舉,漢弼,漢用,漢銘,漢宗. 血緣：延年－鑑－諒－棋－德隆－傑夫－日華－益監－受章－漢卿,漢舉,漢弼,漢用,漢銘,漢宗.
			10	漢銘	受章五子,名忠,號逸豐. 生於明太祖洪武三十年丁丑西元 1397 年. 妣李氏,合葬三塘坐北向南. 子三: 名達,名富,名高. 血緣：延年－鑑－諒－棋－德隆－傑夫－日華－益監－受章－漢銘－名達,名富,名高
			11	名達	漢銘長子,妣宋氏,葬下塘腹,子二: 維通,維廣 血緣：延年－鑑－諒－棋－德隆－傑夫－日華－益監－受章－漢銘－名達－維通，維廣·
			11	名富	漢銘次子,無嗣.血緣：延年－鑑－諒－棋－德隆－傑夫－日華－益監－受章－漢銘－名富－止
			11	名高 創始	漢銘三子,號創始,妣黃氏,邱氏,俱合葬雞麻湖田中鳥落洋形. 子五: 維忠,維成,維茂,維智,維政. 血緣：延年－鑑－諒－棋－德隆－傑夫－日華－益監－受章－漢銘－名高－維忠,維成,維茂,維智,維政
			12	維忠	名高長子,號纘緒,葬楊梅塘後,坐北向南. 妣梁氏,庶何氏. 子二: 伯徽,伯祥 血緣：延年－鑑－諒－棋－德隆－傑夫－日華－益監－受章－漢銘－名高－維忠－伯徽,伯祥
			12	維成	名高次子,妣何氏,一子伯良. 血緣：延年－鑑－諒－棋－德隆－傑夫－日華－益監－受章－漢銘－名高－維成－伯良
			12	維茂	名高三子妣張氏,子一伯宏. 血緣：延年－鑑－諒－棋－德隆－傑夫－日華－益監－受章－漢銘－名高－維茂－伯宏
			12	維智	名高四子妣黃氏,子一伯器. 血緣：延年－鑑－諒－棋－德隆－傑夫－日華－益監－受章－漢銘－名高－維智－伯器
			12	維政	名高五子妣廖氏,子一伯奎. 血緣：延年－鑑－諒－棋－德隆－傑夫－日華－益監－受章－漢銘－名高－維政－伯奎
			12	維通	名達長子,妣梁,氏子一伯亮 血緣：延年－鑑－諒－棋－德隆－傑夫－日華－益監－受章－漢銘－名達－維通－伯亮
			12	維廣	名達次子.無嗣・止・ 血緣：延年－鑑－諒－棋－德隆－傑夫－日華－益監－受章－漢銘－名達－維廣－止
			13	伯亮	維通之子, 血緣：延年－鑑－諒－棋－德隆－傑夫－日華－益監－受章－漢銘－名達－維通－伯亮
			13	伯徽	維忠長子, 無嗣,止 血緣：延年－鑑－諒－棋－德隆－傑夫－日華－益監－受章－漢銘－名高－維忠－伯祥－止
			13	伯祥 南園	維忠次子,號南園,處士,葬高橋瀝鷓鴣曬翼形. 妣徐氏,葬廟山下庵前坑鳳吹羅帶形. 庶妣鍾氏,葬雞麻湖游魚形. 子六: 秉瑁,秉權,秉芳,秉堅,秉蘭,秉華. 血緣：延年－鑑－諒－棋－德隆－傑夫－日華－益監－受章－漢銘－名高－維忠－伯祥－秉瑁,秉權,秉芳,秉堅,秉蘭,秉華－
			13	伯良	維成子血緣延年－鑑－諒－棋－德隆－傑夫－日華－益監－受章－漢銘－名高－維成－伯良
			13	伯宏	維茂子血緣延年－鑑－諒－棋－德隆－傑夫－日華－益監－受章－漢銘－名高－維茂－伯宏
			13	伯器	維智子血緣延年－鑑－諒－棋－德隆－傑夫－日華－益監－受章－漢銘－名高－維智－伯器
			13	伯奎	維政子血緣延年－鑑－諒－棋－德隆－傑夫－日華－益監－受章－漢銘－名高－維政－伯奎
			13	伯亮	維通子血緣延年－鑑－諒－棋－德隆－傑夫－日華－益監－受章－漢銘－名達－維通－伯亮
			14	秉瑁	伯祥長子,妣余氏,合葬佛子吧掛樹蛇形南北向.子一名潤.傳五,六世俱止. 血緣：延年－鑑－諒－棋－德隆－傑夫－日華－益監－受章－漢銘－名高－維忠－伯祥－秉瑁－名潤
			14	秉權	伯祥次子,葬黃木嶺,南北向.妣羅氏,生於壬子十二月,葬楊梅塘東西向.先居田螺塘,後遷後門港.子一不卜名. 血緣：延年－鑑－諒－棋－德隆－傑夫－日華－益監－受章－漢銘－名高－維忠－伯祥－秉權－□
			14	秉芳 商山居士	伯祥三子,號商山居士,生於明英宗正統十四年己巳九月十六日,歿於甲子三月十六日.葬阜口槽権背獅形丑山未向. 妣莊氏,生於正統乙丑十二月廿五日,歿於嘉靖癸未十一月十七日,葬宮子瀝綉針落窠形東西向, 庶妣羅氏,生於己卯十一月十六日,歿於乙丑八月初二日葬阜口錫塘. 子三: 祖齡,祖傳,祖聰. 血緣：延年－鑑－諒－棋－德隆－傑夫－日華－益監－受章－漢銘－名高－維忠－伯祥－秉芳－祖齡,祖傳,祖聰
			14	秉堅	伯祥四子,號仁山,處士,生於景泰丙子,葬祠背埔.妣巫氏,葬火雲下.子三: 愛榕,宿,傳上(黃京埔祠祖). 血緣：延年－鑑－諒－棋－德隆－傑夫－日華－益監－受章－漢銘－名高－維忠－伯祥－秉堅－愛榕,宿,傳上
			14	秉蘭	伯祥五子,妣林氏,子二: 西山,宗儀. 血緣：延年－鑑－諒－棋－德隆－傑夫－日華－益監－受章－漢銘－名高－維忠－伯祥－秉蘭－西山,宗儀
			14	秉華	伯祥六子,號五雲,生於丙戌八月十一日,歿於丙午正月十八日,葬祠堂右邊石墳己亥向.妣羅氏,生於癸巳八月十五日,歿於庚辰. 子四: 洞□□□,嶺下祖. 血緣：延年－鑑－諒－棋－德隆－傑夫－日華－益監－受章－漢銘－名高－維忠－伯祥－秉華－洞
			15	名潤	秉瑁之子, 血緣：延年－鑑－諒－棋－德隆－傑夫－日華－益監－受章－漢銘－名高－維忠－伯祥－秉瑁－名潤
			15	祖齡 誠和	秉芳長子,號誠和,生於成化己丑三月十九日,歿於正德戊戌三月十一日葬田螺塘田心,鳥鴉落洋形乾巽向. 妣楊,氏,生於成化甲什正月初一日,歿於己酉,葬竹園下虎形. 子一漢 血緣：延年－鑑－諒－棋－德隆－傑夫－日華－益監－受章－漢銘－名高－維忠－伯祥－秉芳－祖齡－漢
			15	祖傳	秉芳次子,無嗣.血緣：延年－鑑－諒－棋－德隆－傑夫－日華－益監－受章－漢銘－名高－維忠－伯祥－秉芳－祖傳－止
			15	祖聰	秉芳三子,字廷明,生於甲子三月十七日,歿於丙申八月十一日.妣羅氏,生於癸亥九月十三日亥時,歿於甲子十二月廿六日,葬田螺塘.子二: 洛,渾,沆. 血緣：延年－鑑－諒－棋－德隆－傑夫－日華－益監－受章－漢銘－名高－維忠－伯祥－秉芳－祖聰－洛,渾,沆
			15	愛榕	秉堅長子, 血緣：延年－鑑－諒－棋－德隆－傑夫－日華－益監－受章－漢銘－名高－維忠－伯祥－秉堅－愛榕

開派少典	受姓彭祖	江西構雲	延年公系	先 祖	紀 事
			15	宿	秉堅次子, 血緣：延年－鑑－諒－棋－德隆－傑夫－曰華－益監－受章－漢銘－名高－維忠－伯祥－秉堅－宿
			15	傳 上	秉堅三子, 血緣：延年－鑑－諒－棋－德隆－傑夫－曰華－益監－受章－漢銘－名高－維忠－伯祥－秉堅－傳上
			15	西 山	秉蘭長子, 血緣：延年－鑑－諒－棋－德隆－傑夫－曰華－益監－受章－漢銘－名高－維忠－伯祥－秉蘭－西山
			15	宗 儀	秉蘭次子, 血緣：延年－鑑－諒－棋－德隆－傑夫－曰華－益監－受章－漢銘－名高－維忠－伯祥－秉蘭－宗儀
			15	洞	秉華長子, 血緣：延年－鑑－諒－棋－德隆－傑夫－曰華－益監－受章－漢銘－名高－維忠－伯祥－秉華－洞
※			16	漢 宗 海 澗 松	祖齡之子,字宗海,號澗松,生於弘治乙卯十一月十四日申時,歿於嘉靖甲寅五月十七日,葬田螺墩羅磨形巽向. 妣黃氏,生於弘治丙辰四月初五日辰時,歿於己未十二月初十日,黃坭嶺下牛欄窩人形申山寅向. 子五: 謨,誦,誥,諫. 血緣：延年－鑑－諒－棋－德隆－傑夫－曰華－益監－受章－漢銘－名高－維忠－伯祥－秉芳－祖齡－漢－謨,誦,誥,諫.訓.
			16	洛	祖聰長子,字宗程,號伊山,葬下屋塹埔.妣溫氏,繼包氏,李氏,吉溪吉富隆祖.血緣：延年－鑑－諒－棋－德隆－傑夫－曰華－益監－受章－漢銘－名高－維忠－伯祥－秉芳－祖聰－洛
			16	渾	祖聰次子,字宗全,號成山,妣余氏,繼甘氏,公捐資創建宗祠,享譽千秋.子一公生,止 血緣：延年－鑑－諒－棋－德隆－傑夫－曰華－益監－受章－漢銘－名高－維忠－伯祥－秉芳－祖聰－渾－公生－止
			16	沆	祖聰三子,血緣：延年－鑑－諒－棋－德隆－傑夫－曰華－益監－受章－漢銘－名高－維忠－伯祥－秉芳－祖聰－沆
			17	謨	漢長子,號前川,生於嘉靖乙卯,歿庚戍.葬狐狸塘面.妣余氏,生於己卯十月初一日,歿己丑,葬船腰裡.子一良知,止・血緣：延年－鑑－諒－棋－德隆－傑夫－曰華－益監－受章－漢銘－名高－維忠－伯祥－秉芳－祖齡－漢－謨－良知－止
			17	誦	漢次子,號悅庵,生於壬午七月十三日歿辛亥.妣溫氏,生於乙亥十一月十六日歿隆慶戊辰四月二日辰時,葬高園角,子一良能.遷台灣. 血緣：延年－鑑－諒－棋－德隆－傑夫－曰華－益監－受章－漢銘－名高－維忠－伯祥－秉芳－祖齡－漢－誦－良能
			17	誥	漢三子,字繼封,號前峰,生於嘉靖甲申八月三日子時,歿萬曆壬辰六月初十日,鎮上黃龍洞形.妣葉氏,生於甲申四月十三日丑時,歿隆慶元年五月初六日,葬宋坑口石橋邊.庶古氏,生於庚子九月三十日丑時,歿萬曆壬午三月十五日,葉妣合葬,繼黃氏,生於癸巳正月廿六日,歿庚戌正月初一日. 子一我韞. 血緣：延年－鑑－諒－棋－德隆－傑夫－曰華－益監－受章－漢銘－名高－維忠－伯祥－秉芳－祖齡－漢－誥－我韞
			17	諫 繼 忠 盡 吾	漢四子,字繼忠,號盡吾,生於嘉靖辛卯十一月十七日申時,公性坦直,敏而多藝,家庭敦仁讓,閭里解紛爭,相險避虜,一鄉庇護,仗宗建祠,創田垂祭. 歿於甲寅二月十八日未時,葬霖田南坑丙壬向飛鳳形,俗名雄雞打翼. 妣葉氏,生於嘉靖八月初一日酉時,歿於癸酉五月十二日. 繼妣溫氏,生於丁酉十一月,歿於庚子,葬公墳下丑未向. 子二: 良躬,良佐. 血緣：延年－鑑－諒－棋－德隆－傑夫－曰華－益監－受章－漢銘－名高－維忠－伯祥－秉芳－祖齡－漢－諫－良躬,良佐.
			17	訓	漢五子,無嗣. 血緣：延年－鑑－諒－棋－德隆－傑夫－曰華－益監－受章－漢銘－名高－維忠－伯祥－秉芳－祖齡－漢－訓－止
			18	良 知	謨之子, 血緣：延年－鑑－諒－棋－德隆－傑夫－曰華－益監－受章－漢銘－名高－維忠－伯祥－秉芳－祖齡－漢－謨－良知－止
			18	良 能	誦之子,號我從,遷台灣. 血緣：延年－鑑－諒－棋－德隆－傑夫－曰華－益監－受章－漢銘－名高－維忠－伯祥－秉芳－祖齡－漢－誦－良能
			18	我 韞	誥之子, 血緣：延年－鑑－諒－棋－德隆－傑夫－曰華－益監－受章－漢銘－名高－維忠－伯祥－秉芳－祖齡－漢－誥－我韞
			18	良 躬 天秩我敦	諫長子,字天秩,號我敦.生於明嘉靖丁巳正月初十日寅時,歿於甲寅十月初五日,葬大水坑口宮埔丁癸向. 妣鄧氏.生於戊午三月廿四日酉時,葬宮背埔酉東向月形. 子六: 朝箴,朝籥,朝第,朝簪,朝慧,朝穜. 血緣：延年－鑑－諒－棋－德隆－傑夫－曰華－益監－受章－漢銘－名高－維忠－伯祥－秉芳－祖齡－漢－諫－良躬－朝箴,朝籥,朝第,朝簪,朝慧,朝穜.
			18	良 佐	諫次子, 血緣：延年－鑑－諒－棋－德隆－傑夫－曰華－益監－受章－漢銘－名高－維忠－伯祥－秉芳－祖齡－漢－諫－良佐
			19	朝 箴	良躬長子,字士獻,號廷標,生於萬曆戊寅,習禮補縣學生. 歿葬阜口,妣葉氏,歐氏,張氏. 血緣：延年－鑑－諒－棋－德隆－傑夫－曰華－益監－受章－漢銘－名高－維忠－伯祥－秉芳－祖齡－漢－諫－良躬－朝箴
			19	朝 籥	良躬長子,字士守,號歸白,憩梳子金. 妣范氏,葬阿公墳下,子一(名不詳) 血緣：延年－鑑－諒－棋－德隆－傑夫－曰華－益監－受章－漢銘－名高－維忠－伯祥－秉芳－祖齡－漢－諫－良躬－朝籥－子一名不詳
			19	朝 第	良躬長子,字士登，號瀛卿，庠生，妣莊氏，子一(名不詳) 血緣：延年－鑑－諒－棋－德隆－傑夫－曰華－益監－受章－漢銘－名高－維忠－伯祥－秉芳－祖齡－漢－諫－良躬－朝第－子一名不詳
			19	朝 簪	良躬長子,字士揚，號銘赤，葬梳子金・妣葉氏,子一(名不詳) 血緣：延年－鑑－諒－棋－德隆－傑夫－曰華－益監－受章－漢銘－名高－維忠－伯祥－秉芳－祖齡－漢－諫－良躬－朝簪－子一名不詳
			19	朝 慧	良躬長子,字士揆,號聖孩,葬黃三塘.妣戴氏,葬浮子塘麻埔,徐氏葬徑口,子四(名不詳) 血緣：延年－鑑－諒－棋－德隆－傑夫－曰華－益監－受章－漢銘－名高－維忠－伯祥－秉芳－祖齡－漢－諫－良躬－朝慧－子四(名不詳)
※			19	朝 穜 士 質 子 彬	良躬四子,字士質,號子彬,生於萬曆甲辰正月初十日巳時,歿於丁亥十一月初八日戌時.,葬九斗山甲寅向. 妣朱氏,生於萬曆甲辰七月十九日酉時,歿於丙申四月廿二日未時,葬湖洋窩寅申向. 子四: 學奇,學凌,□,學尹, 血緣：延年－鑑－諒－棋－德隆－傑夫－曰華－益監－受章－漢銘－名高－維忠－伯祥－秉芳－祖齡－漢－諫－良躬－朝穜－學奇,學凌,學滇,學洴,
			19	朝 聘	良佐長子, 血緣：延年－鑑－諒－棋－德隆－傑夫－曰華－益監－受章－漢銘－名高－維忠－伯祥－秉芳－祖齡－漢－諫－良佐－朝聘－
			19	朝 耿	良佐長子, 血緣：延年－鑑－諒－棋－德隆－傑夫－曰華－益監－受章－漢銘－名高－維忠－伯祥－秉芳－祖齡－漢－諫－良佐－朝耿－
			19	朝 職	良佐長子, 血緣：延年－鑑－諒－棋－德隆－傑夫－曰華－益監－受章－漢銘－名高－維忠－伯祥－秉芳－祖齡－漢－諫－

開派少典	受姓彭祖	江西構雲	延年公系	先　祖	紀　　事
					良佐－朝職－
			19	朝 畦	良佐長子, 血緣：延年－鑑－諒－棋－德隆－傑夫－曰華－益監－受章－漢銘－名高－維忠－伯祥－秉芳－祖齡－漢－諫－良佐－朝畦－
			20	學 奇 用 美 嘗 君	朝穜長子,字用美,號嘗君生於崇正丁卯十二月初三日寅時,廿七歲進吧庠生,純謹篤學,教受有方,從遊最眾.歿於康熙辛亥七月廿八日午時,葬水流田寅山申向走馬翻鞍形. 妣楊氏,生於丁卯三月初四日,歿於順治乙未十一月廿六日辰時,葬犂頭山丙王向.續陳氏,生於戊辰十月初十日子時,歿於康熙甲子七月初二日戌時,葬坑尾高凸寅山甲向. 子三: 巫,洲,洞. 血緣：延年－鑑－諒－棋－德隆－傑夫－曰華－益監－受章－漢銘－名高－維忠－伯祥－秉芳－祖齡－漢－諫－良弼－朝穜－學奇－巫,洲,洞.
			20	學 凌	朝穜次子,字用灝,號潛波,妣范氏,合婦芳嶺尾,子一宗利,早逝. 血緣：延年－鑑－諒－棋－德隆－傑夫－曰華－益監－受章－漢銘－名高－維忠－伯祥－秉芳－祖齡－漢－諫－良弼－朝穜－學凌－宗利－止
			20	學 湞	朝穜三子,字用賡,葬竹園下腦.子一鳳 血緣：延年－鑑－諒－棋－德隆－傑夫－曰華－益監－受章－漢銘－名高－維忠－伯祥－秉芳－祖齡－漢－諫－良弼－朝穜－學湞－鳳－安祿－拱,星,安福－戊娘,辛娘,天賜(往台灣)
			20	學 泋	朝穜四子,字用舉,號東洋,葬阜口錫塘. 妣廖氏,子一宗賜,母子卜葬烏石右. 血緣：延年－鑑－諒－棋－德隆－傑夫－曰華－益監－受章－漢銘－名高－維忠－伯祥－秉芳－祖齡－漢－諫－良弼－朝穜－學泋－宗賜
			21	巫	學奇長子，字宗寧，生於壬辰十二月十四日寅時，歿癸亥十一月廿四日戌時，葬未坑，無嗣 血緣：延年－鑑－諒－棋－德隆－傑夫－曰華－益監－受章－漢銘－名高－維忠－伯祥－秉芳－祖齡－漢－諫－良弼－朝穜－學奇－巫－止
			21	洲 宗 郡 翠 峯	學奇次子,字宗郡,號翠峰,太學生,生於順治辛丑八月廿五日酉時.公幼失怙,自創基業,凡祖父墳塋,皆親覓卜葬.好學延師,義方式訓,敦宗睦族守端嚴,其懿行有如此.歿於雍正丁末三月初十日酉時,葬赤窖高棚肚坤山艮向鳳形. 妣鄧氏,生於康熙王子正月廿五日酉時,持家有道性喜讀書,翁辭世後,另建學圃「茁蘭軒」,殷勤延師,訓課兒孫,女流中最難得者.歿於乾隆甲子三月初一日戌時,葬海豐長砂. 子七: 安仁,利仁,輔仁,顯仁,志仁,純仁,全仁. 一女適東坑下瑤朱姓,外孫朱孔揚(副榜). 血緣：延年－鑑－諒－棋－德隆－傑夫－曰華－益監－受章－漢銘－名高－維忠－伯祥－秉芳－祖齡－漢－諫－良弼－朝穜－學奇－洲－安仁,利仁,輔仁,顯仁,志仁,純仁,全仁.
			21	洞	學奇三子，字宗庭,號肖雲,生於乙巳二月初八日酉時,七歲失怙,勵志自立,古為祖.妣馮氏,生於康熙丁巳六月十一日戌時,歿乾隆庚午三月廿三日丑時,葬徑仔裡.七子: 安義,允中,高俊,安泰,安居,安國,舉鰲. 血緣：延年－鑑－諒－棋－德隆－傑夫－曰華－益監－受章－漢銘－名高－維忠－伯祥－秉芳－祖齡－漢－諫－良弼－朝穜－學奇－洞－安義,允中,高俊,安泰,安居,安國,舉鰲.
			21	宗 利	學凌之子, 血緣：延年－鑑－諒－棋－德隆－傑夫－曰華－益監－受章－漢銘－名高－維忠－伯祥－秉芳－祖齡－漢－諫－良弼－朝穜－學凌－宗利
			21	宗 凰	學湞之子, 血緣：延年－鑑－諒－棋－德隆－傑夫－曰華－益監－受章－漢銘－名高－維忠－伯祥－秉芳－祖齡－漢－諫－良弼－朝穜－學湞－宗凰－安祿,安福
			21	宗 賜	學泋之子, 血緣：延年－鑑－諒－棋－德隆－傑夫－曰華－益監－受章－漢銘－名高－維忠－伯祥－秉芳－祖齡－漢－諫－良弼－朝穜－學泋－宗賜
			22	安 祿	宗凰長子, 血緣：延年－鑑－諒－棋－德隆－傑夫－曰華－益監－受章－漢銘－名高－維忠－伯祥－秉芳－祖齡－漢－諫－良弼－朝穜－學湞－宗凰－安祿－拱,星.
			22	安 福	宗凰次子, 血緣：延年－鑑－諒－棋－德隆－傑夫－曰華－益監－受章－漢銘－名高－維忠－伯祥－秉芳－祖齡－漢－諫－良弼－朝穜－學湞－宗凰－安福－富
			22	安 仁	洲長子,字瑞長,號存一,生於康熙庚午正月廿三日酉時,性敏嗜學,垂髫試輒冠軍.庚子進邑庠,歿於雍正甲寅六月十一日卯時,妣莊氏,生於康熙辛未三月廿六日丑時,歿乾隆己丑六月三十日酉時,合葬黃塘鴨麻坑.子四: 象升,秀升,振升,文升 血緣：延年－鑑－諒－棋－德隆－傑夫－曰華－益監－受章－漢銘－名高－維忠－伯祥－秉芳－祖齡－漢－諫－良弼－朝穜－學奇－洲－安仁－象升,秀升,振升,文升
			22	利 仁 瑞 諳 清 河	洲次子,字瑞諳,號清河.生於康熙丁丑十月十九日戌時.公敦厚嚴,好學廷師垂訓兒侄,如同一體,鳩集文會,善處族戚.卒於甲辰四月初八日酉時,享壽八十八歲.葬祠堂頂烏石右下甲山庚向. 妣黃氏,生於康熙戊寅二月廿四日午時,歿於乾隆贡申十一月廿四日未時.葬黃砂庵. 子五; 長子宏撰,次子宏薦(貢生)三子宏進(庠生),四子宏堅(監生),五子宏東. 血緣：延年－鑑－諒－棋－德隆－傑夫－曰華－益監－受章－漢銘－名高－維忠－伯祥－秉芳－祖齡－漢－諫－良弼－朝穜－學奇－洲－利仁－宏撰(捷升),宏薦(奮升),宏進(上升),宏堅(明升),宏東.
			22	輔 仁	洲三子,字瑞友,號會德,生於康屆壬午九月初三日酉時,太學生.歿於乾隆戊辰五月二十日巳時,葬本都之峰.妣葉氏,生於康熙辛巳九月十四日卯時,葬磜仔裡. 子五:大進,恒升,連升,命升,翰升. 血緣：延年－鑑－諒－棋－德隆－傑夫－曰華－益監－受章－漢銘－名高－維忠－伯祥－秉芳－祖齡－漢－諫－良弼－朝穜－學奇－洲－輔仁－大進,恒升,連升,命升,翰升
			22	顯 仁	洲四子,字瑞梧,號鳳棲,生於康熙丙戌四月九日午時,歿於乾隆丙寅八月十一日巳時,金葬霖田都坪門徑.妣張氏,生於康熙丁亥十一月廿四日酉時,歿於乾隆王子十月廿三日戌時,金華吉溪柏樹徑.子二: 榮升,旦升 血緣：延年－鑑－諒－棋－德隆－傑夫－曰華－益監－受章－漢銘－名高－維忠－伯祥－秉芳－祖齡－漢－諫－良弼－朝穜－學奇－洲－顯仁－榮升,旦升
			22	志 仁	洲五子,字瑞端，早逝· 血緣：延年－鑑－諒－棋－德隆－傑夫－曰華－益監－受章－漢銘－名高－維忠－伯祥－秉芳－祖齡－漢－諫－良弼－朝穜－學奇－洲－志仁（止）
			22	純 仁	洲六子,字瑞居,號玉樓,妣葉氏,庶謝氏,子三: 宏九,宏乾,宏嵩. 血緣：延年－鑑－諒－棋－德隆－傑夫－曰華－益監－受章－漢銘－名高－維忠－伯祥－秉芳－祖齡－漢－諫－良弼－朝穜

開派少典	受姓彭祖	江西構雲	延年公系	先 祖	紀 事
					－學奇－洲－純仁－宏九,宏乾,宏嵩
			22	全 仁	洲七子,字瑞涵，號象淵，妣葉氏，子三：節升,翔升,彥升. 血緣：延年－鑑－諒－棋－德隆－傑夫－日華－益監－受章－漢銘－名高－維忠－伯祥－秉芳－祖齡－漢－諫－良弼－朝穡－學奇－洲－全仁－節升,翔升,彥升
			23	拱	安祿長子， 血緣：延年－鑑－諒－棋－德隆－傑夫－日華－益監－受章－漢銘－名高－維忠－伯祥－秉芳－祖齡－漢－諫－良弼－朝穡－學湞－宗凰－安祿－拱.
			23	星	安祿次子， 血緣：延年－鑑－諒－棋－德隆－傑夫－日華－益監－受章－漢銘－名高－維忠－伯祥－秉芳－祖齡－漢－諫－良弼－朝穡－學湞－宗凰－安祿－星.
			23	富	安福之子， 血緣：延年－鑑－諒－棋－德隆－傑夫－日華－益監－受章－漢銘－名高－維忠－伯祥－秉芳－祖齡－漢－諫－良弼－朝穡－學湞－宗凰－安福－富－戊娘,辛娘,天賜.
			23	宏 撰 捷 升	利仁長子,字捷升,號周握,妣葉氏,子二: 旋飛,旋淩. 血緣:延年－鑑－諒－棋－德隆－傑夫－日華－益監－受章－漢銘－名高－維忠－伯祥－秉芳－祖齡－漢－諫－良弼－朝穡－學奇－洲－利仁－宏撰(捷升)－旋飛,旋凌
			23	宏 薦 奮 升	利仁次子,字奮升,號同紳(貢生),妣余氏,子四: 旋麗,旋朗,旋桂,旋恭(監生) 血緣:延年－鑑－諒－棋－德隆－傑夫－日華－益監－受章－漢銘－名高－維忠－伯祥－秉芳－祖齡－漢－諫－良弼－朝穡－學奇－洲－利仁－宏薦(奮升)－旋麗,旋朗,旋桂,旋恭
			23	宏 進 上 升	利仁三子,字上升,號周騰,學名大觀(郡庠生). 妣張氏,庶許氏,一子旋耀(九品官職) 血緣:延年－鑑－諒－棋－德隆－傑夫－日華－益監－受章－漢銘－名高－維忠－伯祥－秉芳－祖齡－漢－諫－良弼－朝穡－學奇－洲－利仁－宏進(上升)－旋耀
			23	宏 堅 明 升	利仁四子,字宏堅,號周仰,太學生.公性勤儉,自創基業,以光前烈,親建挹翠山房(藝園)以裕後人.生於雍正辛亥九月初五日子時.歿於嘉慶庚申五月三十日午時.葬上洞榕樹山背,一斗金獅形艮向.配莊氏,生於雍正癸丑六月廿八日丑時,歿於嘉慶庚申正月十六日戌時,葬牛眠嶂觀音石下子山午向.子三: 長子旋盛(監生),次子旋芝(監生),三子旋香(監生) 血緣:延年－鑑－諒－棋－德隆－傑夫－日華－益監－受章－漢銘－名高－維忠－伯祥－秉芳－祖齡－漢－諫－良弼－朝穡－學奇－洲－利仁－宏堅－旋盛,旋芝,旋香
			23	宏 東 日 升	利仁五子,字日升,號周恒,生於雍正丙辰四月初一日,歿於乾隆壬辰四月二十日辰時,妣莊氏,子四: 旋喜，旋堯，旋田，旋天. 血緣:延年－鑑－諒－棋－德隆－傑夫－日華－益監－受章－漢銘－名高－維忠－伯祥－秉芳－祖齡－漢－諫－良弼－朝穡－學奇－洲－利仁－宏東(日升)－旋喜，旋堯，旋田，旋天·
			23	大 進	輔仁長子,邑庠生,加捐衛千總. 血緣:延年－鑑－諒－棋－德隆－傑夫－日華－益監－受章－漢銘－名高－維忠－伯祥－秉芳－祖齡－漢－諫－良弼－朝穡－學奇－洲－輔仁－大進
			23	恒 升	輔仁次子, 血緣:延年－鑑－諒－棋－德隆－傑夫－日華－益監－受章－漢銘－名高－維忠－伯祥－秉芳－祖齡－漢－諫－良弼－朝穡－學奇－洲－輔仁－恒升
			23	連 升	輔仁三子, 血緣:延年－鑑－諒－棋－德隆－傑夫－日華－益監－受章－漢銘－名高－維忠－伯祥－秉芳－祖齡－漢－諫－良弼－朝穡－學奇－洲－輔仁－連升
			23	命 升	輔仁四子, 血緣:延年－鑑－諒－棋－德隆－傑夫－日華－益監－受章－漢銘－名高－維忠－伯祥－秉芳－祖齡－漢－諫－良弼－朝穡－學奇－洲－輔仁－命升
			23	翰 升	輔仁五子,九品官職. 血緣:延年－鑑－諒－棋－德隆－傑夫－日華－益監－受章－漢銘－名高－維忠－伯祥－秉芳－祖齡－漢－諫－良弼－朝穡－學奇－洲－輔仁－翰升
			23	桀 升	顯仁長子,大學生. 血緣:延年－鑑－諒－棋－德隆－傑夫－日華－益監－受章－漢銘－名高－維忠－伯祥－秉芳－祖齡－漢－諫－良弼－朝穡－學奇－洲－顯仁－桀升
			23	旦 升	顯仁次子,九品官職,孫祥文(郡庠生),曾孫紹興(邑庠生),玄孫佐清(邑庠生),佐瀛(邑庠生) 血緣:延年－鑑－諒－棋－德隆－傑夫－日華－益監－受章－漢銘－名高－維忠－伯祥－秉芳－祖齡－漢－諫－良弼－朝穡－學奇－洲－顯仁－旦升－祥文－紹興－佐清,佐瀛
			23	宏 九	純仁長子, 血緣:延年－鑑－諒－棋－德隆－傑夫－日華－益監－受章－漢銘－名高－維忠－伯祥－秉芳－祖齡－漢－諫－良弼－朝穡－學奇－洲－純仁－宏九
			23	宏 乾	純仁次子, 血緣:延年－鑑－諒－棋－德隆－傑夫－日華－益監－受章－漢銘－名高－維忠－伯祥－秉芳－祖齡－漢－諫－良弼－朝穡－學奇－洲－純仁－宏乾
			23	宏 嵩	純仁三子, 血緣:延年－鑑－諒－棋－德隆－傑夫－日華－益監－受章－漢銘－名高－維忠－伯祥－秉芳－祖齡－漢－諫－良弼－朝穡－學奇－洲－純仁－宏嵩
			23	書 升	全仁長子, 血緣:延年－鑑－諒－棋－德隆－傑夫－日華－益監－受章－漢銘－名高－維忠－伯祥－秉芳－祖齡－漢－諫－良弼－朝穡－學奇－洲－全仁－書升
			23	翔 升	全仁次子, 血緣:延年－鑑－諒－棋－德隆－傑夫－日華－益監－受章－漢銘－名高－維忠－伯祥－秉芳－祖齡－漢－諫－良弼－朝穡－學奇－洲－全仁－翔升
			23	彥 升	全仁三子, 血緣:延年－鑑－諒－棋－德隆－傑夫－日華－益監－受章－漢銘－名高－維忠－伯祥－秉芳－祖齡－漢－諫－良弼－朝穡

開派少典	受姓彭祖	江西構雲	延年公系	先　祖	紀　　　事
					－學奇－洲－全仁－彥升
			24	戊娘	富長子, 血緣:延年－鑑－諒－棋－德隆－傑夫－日華－益監－受章－漢銘－名高－維忠－伯祥－秉芳－祖齡－漢－諫－良躬－朝穜 －學湞－宗凰－安福－富－戊娘
			24	辛娘	富次子, 血緣:延年－鑑－諒－棋－德隆－傑夫－日華－益監－受章－漢銘－名高－維忠－伯祥－秉芳－祖齡－漢－諫－良躬－朝穜 －學湞－宗凰－安福－富－辛娘
			24	天賜	富三子, 血緣:延年－鑑－諒－棋－德隆－傑夫－日華－益監－受章－漢銘－名高－維忠－伯祥－秉芳－祖齡－漢－諫－良躬－朝穜 －學湞－宗凰－安福－富－天賜.
			24	旋盛 文英 世章	宏堅(明升)長子,字文英,號世章,太學生,妣黃氏,繼蕭氏,子七:成學,成國,成元,成筥,晉寧,晉鍈,晉錄. 血緣:延年－鑑－諒－棋－德隆－傑夫－日華－益監－受章－漢銘－名高－維忠－伯祥－秉芳－祖齡－漢－諫－良躬－朝穜 －學奇－洲－利仁－宏堅－旋(文英）盛－成學,成國,成元,成筥,晉寧,晉鍈,晉錄.
			24	旋芝 蘭英	宏堅(明升)次子,字蘭英，號蘭溪,太學生,妣葉氏,繼黃氏,子二:成器,成動 血緣:延年－鑑－諒－棋－德隆－傑夫－日華－益監－受章－漢銘－名高－維忠－伯祥－秉芳－祖齡－漢－諫－良躬－朝穜 －學奇－洲－利仁－宏堅－旋芝(蘭英)－成器,成動
			24	旋香 秋英 月圓	宏堅（明升）三子，名丹桂，字旋香，號月圓，太學生，生於乾隆癸己八月十五日酉時，卒於道光丁亥十二月初九日.子一成德.一女六妹.嫁甌田羅家政 血緣:延年－鑑－諒－棋－德隆－傑夫－日華－益監－受章－漢銘－名高－維忠－伯祥－秉芳－祖齡－漢－諫－良躬－朝穜 －學奇－洲－利仁－宏堅－旋香－成德
			24	旋飛	宏撰(捷升)長子, 血緣:延年－鑑－諒－棋－德隆－傑夫－日華－益監－受章－漢銘－名高－維忠－伯祥－秉芳－祖齡－漢－諫－良躬－朝穜 －學奇－洲－利仁－宏撰(捷升)－旋飛
			24	旋凌	宏撰(捷升)長子, 血緣:延年－鑑－諒－棋－德隆－傑夫－日華－益監－受章－漢銘－名高－維忠－伯祥－秉芳－祖齡－漢－諫－良躬－朝穜 －學奇－洲－利仁－宏撰(捷升)－旋凌
			24	旋麗	宏荐(奮升)長子, 血緣:延年－鑑－諒－棋－德隆－傑夫－日華－益監－受章－漢銘－名高－維忠－伯祥－秉芳－祖齡－漢－諫－良躬－朝穜 －學奇－洲－利仁－宏薦(奮升)－旋麗
			24	旋朗	宏荐(奮升)次子, 血緣:延年－鑑－諒－棋－德隆－傑夫－日華－益監－受章－漢銘－名高－維忠－伯祥－秉芳－祖齡－漢－諫－良躬－朝穜 －學奇－洲－利仁－宏薦(奮升)－旋朗
			24	旋桂	宏荐(奮升)三子, 血緣:延年－鑑－諒－棋－德隆－傑夫－日華－益監－受章－漢銘－名高－維忠－伯祥－秉芳－祖齡－漢－諫－良躬－朝穜 －學奇－洲－利仁－宏薦(奮升)－旋桂
			24	旋恭	宏荐(奮升)四子, 血緣:延年－鑑－諒－棋－德隆－傑夫－日華－益監－受章－漢銘－名高－維忠－伯祥－秉芳－祖齡－漢－諫－良躬－朝穜 －學奇－洲－利仁－宏薦(奮升)－旋恭
			24	旋耀	宏進(上升)之子. 血緣:延年－鑑－諒－棋－德隆－傑夫－日華－益監－受章－漢銘－名高－維忠－伯祥－秉芳－祖齡－漢－諫－良躬－朝穜 －學奇－洲－利仁－宏進(上升)－旋耀
			24	旋喜	宏東(日升)長子, 血緣:延年－鑑－諒－棋－德隆－傑夫－日華－益監－受章－漢銘－名高－維忠－伯祥－秉芳－祖齡－漢－諫－良躬－朝穜 －學奇－洲－利仁－宏東(日升)－旋喜，旋堯，旋田，旋天
			24	旋堯	宏東(日升)次子, 血緣:延年－鑑－諒－棋－德隆－傑夫－日華－益監－受章－漢銘－名高－維忠－伯祥－秉芳－祖齡－漢－諫－良躬－朝穜 －學奇－洲－利仁－宏東(日升)－旋喜，旋堯，旋田，旋天
			24	旋田	宏東(日升)三子, 血緣:延年－鑑－諒－棋－德隆－傑夫－日華－益監－受章－漢銘－名高－維忠－伯祥－秉芳－祖齡－漢－諫－良躬－朝穜 －學奇－洲－利仁－宏東(日升)－旋喜，旋堯，旋田，旋天
			24	旋天	宏東(日升)四子, 血緣:延年－鑑－諒－棋－德隆－傑夫－日華－益監－受章－漢銘－名高－維忠－伯祥－秉芳－祖齡－漢－諫－良躬－朝穜 －學奇－洲－利仁－宏東(日升)－旋喜，旋堯，旋田，旋天
			25	成學	旋盛(文英,世章)長子, 血緣:延年－鑑－諒－棋－德隆－傑夫－日華－益監－受章－漢銘－名高－維忠－伯祥－秉芳－祖齡－漢－諫－良躬－朝穜 －學奇－洲－利仁－宏堅－旋(文英）盛－成學
			25	成國	旋盛(文英,世章)次子, 血緣:延年－鑑－諒－棋－德隆－傑夫－日華－益監－受章－漢銘－名高－維忠－伯祥－秉芳－祖齡－漢－諫－良躬－朝穜 －學奇－洲－利仁－宏堅－旋(文英）盛－成國
			25	成元	旋盛(文英,世章)三子, 血緣:延年－鑑－諒－棋－德隆－傑夫－日華－益監－受章－漢銘－名高－維忠－伯祥－秉芳－祖齡－漢－諫－良躬－朝穜 －學奇－洲－利仁－宏堅－旋(文英）盛－成元

開派少典	受姓彭祖	江西構雲	延年公系	先祖	紀事
			25	成筥	旋盛(文英,世章)四子, 血緣：延年－鑑－諒－棋－德隆－傑夫－日華－益監－受章－漢銘－名高－維忠－伯祥－秉芳－祖齡－漢－諫－良弼－朝穜－學奇－洲－利仁－宏堅－旋(文英）盛－成筥
			25	晉寧	旋盛(文英,世章)五子, 血緣：延年－鑑－諒－棋－德隆－傑夫－日華－益監－受章－漢銘－名高－維忠－伯祥－秉芳－祖齡－漢－諫－良弼－朝穜－學奇－洲－利仁－宏堅－旋(文英）盛－晉寧.
			25	晉鋔	旋盛(文英,世章)六子, 血緣：延年－鑑－諒－棋－德隆－傑夫－日華－益監－受章－漢銘－名高－維忠－伯祥－秉芳－祖齡－漢－諫－良弼－朝穜－學奇－洲－利仁－宏堅－旋(文英）盛－晉鋔.
			25	晉録	旋盛(文英,世章)七子, 血緣：延年－鑑－諒－棋－德隆－傑夫－日華－益監－受章－漢銘－名高－維忠－伯祥－秉芳－祖齡－漢－諫－良弼－朝穜－學奇－洲－利仁－宏堅－旋(文英）盛－晉録.
			25	成器	旋芝(蘭英,芝溪)長子, 血緣：延年－鑑－諒－棋－德隆－傑夫－日華－益監－受章－漢銘－名高－維忠－伯祥－秉芳－祖齡－漢－諫－良弼－朝穜－學奇－洲－利仁－宏堅－旋芝(蘭英)－成器
			25	成勳	旋芝(蘭英,芝溪)次子, 血緣：延年－鑑－諒－棋－德隆－傑夫－日華－益監－受章－漢銘－名高－維忠－伯祥－秉芳－祖齡－漢－諫－良弼－朝穜－學奇－洲－利仁－宏堅－旋芝(蘭英)－成勳
			25	成德 鏡 直義	旋香公之子,名鏡,諡直義(冠帶),生於嘉氷丁卯十一月初七日辰時,歿於咸豐己未年六月十五日子時,戊辰年冬金葬新塘壬山兼子分金.妣莊太,葬坑尾頭東西向. 子四: 紫娘(就雲),菊娘(就華),潤娘(就玉),李娘(就瓊),. 血緣：延年－鑑－諒－棋－德隆－傑夫－日華－益監－受章－漢銘－名高－維忠－伯祥－秉芳－祖齡－漢－諫－良弼－朝穜－學奇－洲－利仁－宏堅－旋香－成德－就雲,就華,就玉,就瓊,
			26	就雲 紫娘	成德公長子,妣吳氏.合葬老屋拖鈀壠漢用公墓右側,子六: 應祿,應龍,應潭,應科,應橋,應麟. 血緣：延年－鑑－諒－棋－德隆－傑夫－日華－益監－受章－漢銘－名高－維忠－伯祥－秉芳－祖齡－漢－諫－良弼－朝穜－學奇－洲－利仁－宏堅－旋香－成德－就雲－應祿,應龍,應潭,應科(過繼就瓊為嗣),應橋,應麟.
			26	就華 菊娘	成德公次子,字菊娘,號蔚園,榜名庭華,生於道光壬辰九月三十日亥時,丁卯卅六歲進邑庠生.妣黃氏,子二: 應龍,應倉. 血緣：延年－鑑－諒－棋－德隆－傑夫－日華－益監－受章－漢銘－名高－維忠－伯祥－秉芳－祖齡－漢－諫－良弼－朝穜－學奇－洲－利仁－宏堅－旋香－成德－就華－應龍,應倉
			26	就玉 潤娘	成德公三子,名潤娘,生於道光己亥九月十九日丑時,歿於同治四年乙丑九月十七日巳時,諡勤樸.妣張氏,生於道光癸卯正月廿二日酉時,子一應潭. 血緣：延年－鑑－諒－棋－德隆－傑夫－日華－益監－受章－漢銘－名高－維忠－伯祥－秉芳－祖齡－漢－諫－良弼－朝穜－學奇－洲－利仁－宏堅－旋香－成德－就玉－應潭
			26	就瓊 李娘	成德公四子,名李娘,諡恬厚,生於光丁酉三月初四日子時,卒於咸豐辛酉四月十九日寅時,妣張氏,生於道光辛亥十二月未時,承繼就雲公四子應科為嗣. 血緣：延年－鑑－諒－棋－德隆－傑夫－日華－益監－受章－漢銘－名高－維忠－伯祥－秉芳－祖齡－漢－諫－良弼－朝穜－學奇－洲－利仁－宏堅－旋香－成德－就瓊－應科
			27	應祿	就雲公長子,生於道光己酉五月初四日.配劉氏,笁於咸豐乙卯. 血緣：延年－鑑－諒－棋－德隆－傑夫－日華－益監－受章－漢銘－名高－維忠－伯祥－秉芳－祖齡－漢－諫－良弼－朝穜－學奇－洲－利仁－宏堅－旋香－成德－就雲－應祿
			27	應龍	就雲公次子,生於道光辛亥十二月十六日.子二:維翰,維屏. 血緣：延年－鑑－諒－棋－德隆－傑夫－日華－益監－受章－漢銘－名高－維忠－伯祥－秉芳－祖齡－漢－諫－良弼－朝穜－學奇－洲－利仁－宏堅－旋香－成德－就雲－應龍－維翰,維屏
			27	應潭	就雲公三子,過繼就玉公為呞,生於同治四年乙丑二月初六日時.配劉氏,生於同治戊辰正月廿六日辰時.子三: 維斗,維約,維謙. 血緣：延年－鑑－諒－棋－德隆－傑夫－日華－益監－受章－漢銘－名高－維忠－伯祥－秉芳－祖齡－漢－諫－良弼－朝穜－學奇－洲－利仁－宏堅－旋香－成德－就玉－應潭(就雲三子過繼就玉為嗣)－維斗,維約,維謙.
			27	應科 懷登 仙游	就雲公四子(過繼就瓊公為嗣),號懷登,諡仙游.生於咸豐六年丙辰十二月十二日申時,卒於 1935 年 7 月 14 日未時,享壽 84 歲. 配劉晉嫻(良田,劉楊慶孫女),同治乙丑四月八日申時生,卒於 1944.7.4..歿與夫於 1976.9.17 丙辰八月十七日合葬老屋家拖鈀壠,漢用公墓右側. 子三：維操,維晉,維邦(過繼應麟為嗣).後二子孿生.幼子過繼應麟公為嗣.　四女：玉妹習妹,妙妹四女不詳。 血緣：延年－鑑－諒－棋－德隆－傑夫－日華－益監－受章－漢銘－名高－維忠－伯祥－秉芳－祖齡－漢－諫－良弼－朝穜－學奇－洲－利仁－宏堅－旋香－成德－就雲－應科－維操,維晉,維邦.
			27	應橋	就雲公五子,一子維番. 血緣：延年－鑑－諒－棋－德隆－傑夫－日華－益監－受章－漢銘－名高－維忠－伯祥－秉芳－祖齡－漢－諫－良弼－朝穜－學奇－洲－利仁－宏堅－旋香－成德－就雲－應橋－維番
			27	應麟 懷書	就雲公六子, 號懷書,生於同治癸亥五月初六日亥時.配莊氏,合葬漢用公墓右下邊.一子由應科幼子維邦過繼為嗣. 血緣：延年－鑑－諒－棋－德隆－傑夫－日華－益監－受章－漢銘－名高－維忠－伯祥－秉芳－祖齡－漢－諫－良弼－朝穜－學奇－洲－利仁－宏堅－旋香－成德－就雲－應麟－維邦(應科子維邦過繼為嗣).
			27	應龍	就華(菊娘,蔚園)長子 血緣：延年－鑑－諒－棋－德隆－傑夫－日華－益監－受章－漢銘－名高－維忠－伯祥－秉芳－祖齡－漢－諫－良弼－朝穜－學奇－洲－利仁－宏堅－旋香－成德－就華－應龍
			27	應倉	就華(菊娘,蔚園)次子,字懷高,生於同治壬申三月初八日未時,任辰科考武奕生,妣鄧氏,生於光緒元年乙亥二月十五日卯時,子二:維榦,維存, 女五:遜麻,金麻,銀麻,三多,梅英. 血緣：延年－鑑－諒－棋－德隆－傑夫－日華－益監－受章－漢銘－名高－維忠－伯祥－秉芳－祖齡－漢－諫－良弼－朝穜－學奇－洲－利仁－宏堅－旋香－成德－就華－應倉－維榦,維存,(女)遜麻,金麻,銀麻,三多,梅英
			28	維操 家存 林榜	應科公長子，號家存，契名林榜，諡勤直・生於光緒 14 年西元 1888 年戊子十月十六日戌時..1955 年 7 月 5 日到新加坡.入境證為 106064 號.1944 年 5 月 23 日甲申四月初二日辰時歿,享壽 54 歲.　配張想娘,Chog Sum MOI(1/C 0670075)1977 年 5 月 9 日 0910 丁巳三月廿二日巳時生.　子三: 長子幼殤,次子新鈞,三子石平(二歲夭折). 血緣：延年－鑑－諒－棋－德隆－傑夫－日華－益監－受章－漢銘－名高－維忠－伯祥－秉芳－祖齡－漢－諫－良弼－朝穜－學奇－洲－利仁－宏堅－旋香－成德－就雲－應科－維操－長子幼殤無名,次子新鈞,三子石平幼殤

開派少典	受姓彭祖	江西構雲	延年公系	先　祖	紀　　事
			28	維晉	應科公次子，號祥生,生於壬寅正月廿一日亥時,配莊和,生於 1911 年農曆九月初六日,子一新團,女三:甜妹,夠妹,味好(秀清) 血緣:延年－鑑－諒－棋－德隆－傑夫－曰華－益監－受章－漢銘－名高－維忠－伯祥－秉芳－祖齡－漢－諫－良矜－朝穡－學奇－洲－利仁－宏堅－旋香－成德－就雲－應科－維晉－新團(女):甜妹,夠妹,味好(秀清)
			28	維邦	應科公三子， 血緣:延年－鑑－諒－棋－德隆－傑夫－曰華－益監－受章－漢銘－名高－維忠－伯祥－秉芳－祖齡－漢－諫－良矜－朝穡－學奇－洲－利仁－宏堅－旋香－成德－就雲－應科－維邦
			28	維斗	應潭公長子, 子新藤·　血緣:延年－鑑－諒－棋－德隆－傑夫－曰華－益監－受章－漢銘－名高－維忠－伯祥－秉芳－祖齡－漢－諫－良矜－朝穡－學奇－洲－利仁－宏堅－旋香－成德－就玉－應潭(就雲三子過繼就玉為嗣)－維斗－新藤
			28	維約	應潭公次子, 血緣:延年－鑑－諒－棋－德隆－傑夫－曰華－益監－受章－漢銘－名高－維忠－伯祥－秉芳－祖齡－漢－諫－良矜－朝穡－學奇－洲－利仁－宏堅－旋香－成德－就玉－應潭(就雲三子過繼就玉為嗣)－維約.
			28	維謙	應潭公三子,配葉好.子三: 晉梯,新谷(早逝),新米. 女二: 油妹,禾麻. 血緣:延年－鑑－諒－棋－德隆－傑夫－曰華－益監－受章－漢銘－名高－維忠－伯祥－秉芳－祖齡－漢－諫－良矜－朝穡－學奇－洲－利仁－宏堅－旋香－成德－就玉－應潭(就雲三子過繼就玉為嗣)－維謙－晉梯,新谷,新米,(女) 油妹,禾麻
			28	維翰	應龍長子,契名林衡,生於光緒十四年戊子二月廿三日丑時,妣莊氏,生於光緒丙申六月廿四日申時,享壽 67 歲,葬葉公塘.子二:新居,新悅 血緣:延年－鑑－諒－棋－德隆－傑夫－曰華－益監－受章－漢銘－名高－維忠－伯祥－秉芳－祖齡－漢－諫－良矜－朝穡－學奇－洲－利仁－宏堅－旋香－成德－就雲－應龍－維翰－新居,新悅
			28	維屏	應龍次子,生於光緒十九年癸已正月初一日寅時,配莊氏,一子新裁. 血緣:延年－鑑－諒－棋－德隆－傑夫－曰華－益監－受章－漢銘－名高－維忠－伯祥－秉芳－祖齡－漢－諫－良矜－朝穡－學奇－洲－利仁－宏堅－旋香－成德－就雲－應龍－維維屏－新裁
			28	維邦 家彥	應麟公之子,號家彥(與維晉為雙胞胎),生於 1902 年二月廿三日,歿於 1976 年曆十二月十六日子時,享壽 76 歲.葬九斗新塘面辛山兼. 配莊省妹,生於 1901 年農曆五月初六日辰時,卒於 1971 年三月十七日農曆二月廿一日辰時.享壽 70 歲.葬漢用公墓右下癸山兼子女宿八度. 子四: 新興,新展(過繼維番公為嗣),新賀,新烱. 女二: 長女侵妹(惠廉),夫劉炳榮,移居台灣花蓮. 次女客香,夫婿張凛. 血緣:延年－鑑－諒－棋－德隆－傑夫－曰華－益監－受章－漢銘－名高－維忠－伯祥－秉芳－祖齡－漢－諫－良矜－朝穡－學奇－洲－利仁－宏堅－旋香－成德－就雲－應麟－維邦(應科子維邦過繼為嗣)－新興,新展(過繼維番公為嗣),新賀,新烱,(女)侵妹(惠廉),客香.
			28	維榦	應倉(懷高)長子,生於光緒辛丑四月初二日申時,配莊氏,繼蔡氏,一子忠君. 血緣:延年－鑑－諒－棋－德隆－傑夫－曰華－益監－受章－漢銘－名高－維忠－伯祥－秉芳－祖齡－漢－諫－良矜－朝穡－學奇－洲－利仁－宏堅－旋香－成德－就華－應倉－維榦－忠君
			28	維存	應倉(懷高)次子,生於癸丑十一月廿九日子時,配張氏,生於己未十二月初九日卯時.一子新勝. 血緣:延年－鑑－諒－棋－德隆－傑夫－曰華－益監－受章－漢銘－名高－維忠－伯祥－秉芳－祖齡－漢－諫－良矜－朝穡－學奇－洲－利仁－宏堅－旋香－成德－就華－應倉－維存－新勝
			28	維番	應橋公之子,承繼維邦次子新展為嗣,與公 1947 年.移居灣,以商為業. 就雲公五子,一子維番. 血緣:延年－鑑－諒－棋－德隆－傑夫－曰華－益監－受章－漢銘－名高－維忠－伯祥－秉芳－祖齡－漢－諫－良矜－朝穡－學奇－洲－利仁－宏堅－旋香－成德－就雲－應橋－維番－新展
			29	(缺名)	維操(家存、思俊)公長子. 幼殤無名. 血緣:延年－鑑－諒－棋－德隆－傑夫－曰華－益監－受章－漢銘－名高－維忠－伯祥－秉芳－祖齡－漢－諫－良矜－朝穡－學奇－洲－利仁－宏堅－旋香－成德－就雲－應科－維操(家存)－幼殤無名
			29	新鈞 思俊 石崇	維操(家存、思俊)公次子，學名思俊，契名石崇·生於 23.6.1916.1PM 農曆丙辰五月廿三日，1936 年秋移民新加坡及馬來西亞居住·曾在中國接受中華文教,及新加坡教育學院師資教育·歷任馬來西亞、新加華校教師共 32 年至 5.6.1976.于正學校退休·持有紅色居民證 Pang Sze Choon. 1/c 0220968-C(20.6.1996) 妻室馬金蓮 Kim Len. 1/C 0670077-B(15.9.1966)·生於 13.4.1921·王戌四月十三日辰時· 子六：　樹芳，九如，順芝，順發，順福，順昌(過繼石平為嗣) 女六：　蘭邦，蘭芳，秀花，麗華(過繼賀素珍為嗣)，秀英，秀容· 血緣:延年－鑑－諒－棋－德隆－傑夫－曰華－益監－受章－漢銘－名高－維忠－伯祥－秉芳－祖齡－漢－諫－良矜－朝穡－學奇－洲－利仁－宏堅－旋香－成德－就雲－應科－維操(家存)－新鈞(思俊)－樹芳，九如，順芝，順發，順福，順昌(繼房)·(女) 蘭邦，蘭芳，秀花，麗華(過繼賀素珍為嗣)，秀英，秀容
			29	石平	維操(家存、思俊)公三子，嬰兒時體弱多病，兩歲幼殤，以思俊之子順昌過繼為嗣· 血緣：家存－石平－順昌(新鈞之子過繼石平公為孫) 血緣:延年－鑑－諒－棋－德隆－傑夫－曰華－益監－受章－漢銘－名高－維忠－伯祥－秉芳－祖齡－漢－諫－良矜－朝穡－學奇－洲－利仁－宏堅－旋香－成德－就雲－應科－維操(家存)－石平－順昌－順昌
			29	新藤	維斗公之子，號萬生(謙公之子過繼為嗣)，配蔡玉珍·子四：民生，細牛，德祥，文才 血緣:延年－鑑－諒－棋－德隆－傑夫－曰華－益監－受章－漢銘－名高－維忠－伯祥－秉芳－祖齡－漢－諫－良矜－朝穡－學奇－洲－利仁－宏堅－旋香－成德－就玉－應潭(就雲三子過繼就玉為嗣)－維斗－新藤－民生，細牛，德祥，文才
			29	晉梯	維謙長子,配蔡水花,子四: 日生,日貴,日威,日光. 血緣:延年－鑑－諒－棋－德隆－傑夫－曰華－益監－受章－漢銘－名高－維忠－伯祥－秉芳－祖齡－漢－諫－良矜－朝穡－學奇－洲－利仁－宏堅－旋香－成德－就玉－應潭(就雲三子過繼就玉為嗣)－維謙－晉梯,新谷,新米, 血緣:延年－鑑－諒－棋－德隆－傑夫－曰華－益監－受章－漢銘－名高－維忠－伯祥－秉芳－祖齡－漢－諫－良矜－朝穡－學奇－洲－利仁－宏堅－旋香－成德－就玉－應潭(就雲三子過繼就玉為嗣)－維謙－晉梯－日生,日貴,日威,日光.
			29	新谷	維謙次子,幼殤. 血緣:延年－鑑－諒－棋－德隆－傑夫－曰華－益監－受章－漢銘－名高－維忠－伯祥－秉芳－祖齡－漢－諫－良矜－朝穡－學奇－洲－利仁－宏堅－旋香－成德－就玉－應潭(就雲三子過繼就玉為嗣)－維謙－新谷
			29	新米	維謙三子,配周英生. 子三裕強,裕華,裕安. 血緣:延年－鑑－諒－棋－德隆－傑夫－曰華－益監－受章－漢銘－名高－維忠－伯祥－秉芳－祖齡－漢－諫－良矜－朝穡－學奇－洲－利仁－宏堅－旋香－成德－就玉－應潭(就雲三子過繼就玉為嗣)－維謙－新米－裕強,裕華,裕安.

開派少典	受姓彭祖	江西構雲	延年公系	先祖	紀事
			29	新興	維邦長子,生於 1925 年農曆十一月初一日丑時,歿於 1980 年農曆十二月初四日,享年 55 歲.配張玉蘭,生於 1932 年農曆四月廿三日巳時. 子五: 志福,志庭,志年,志春,志康. 血緣:延年－鑑－諒－棋－德隆－傑夫－日華－益監－受章－漢銘－名高－維忠－伯祥－秉芳－祖齡－漢－諫－良躬－朝橦－學奇－洲－利仁－宏堅－旋香－成德－就雲－應麟－維邦(應科子維邦過繼為嗣)－新興－志福,志庭,志年,志春,志康.
			29	新展	維邦次子,生於 1928 年農曆十二月廿二日亥時,過繼維番公為嗣,1947 年移居台灣台北.子錫坤. 血緣:延年－鑑－諒－棋－德隆－傑夫－日華－益監－受章－漢銘－名高－維忠－伯祥－秉芳－祖齡－漢－諫－良躬－朝橦－學奇－洲－利仁－宏堅－旋香－成德－就雲－應麟－維番－新展(過繼維番公為嗣)－錫坤
			29	新賀	維邦三子,生於 1932 年農曆十二月廿六日申時. 配彭順花,生於 1934 年農曆九月廿五日寅時. 子二: 志爭,志員. 血緣:延年－鑑－諒－棋－德隆－傑夫－日華－益監－受章－漢銘－名高－維忠－伯祥－秉芳－祖齡－漢－諫－良躬－朝橦－學奇－洲－利仁－宏堅－旋香－成德－就雲－應麟－維邦(應科子維邦過繼為嗣)－新賀－志爭,志員.
			29	新炯	維邦四子,生於 1944 年農曆六月廿日亥時,配彭錦蓮,生於 1960 年農曆十一月廿三日辰時.一子旭林,生於 1985 年栢七月廿二日卯時. 血緣:延年－鑑－諒－棋－德隆－傑夫－日華－益監－受章－漢銘－名高－維忠－伯祥－秉芳－祖齡－漢－諫－良躬－朝橦－學奇－洲－利仁－宏堅－旋香－成德－就雲－應麟－維邦(應科子維邦過繼為嗣)－新炯－旭林
			29	新居	維翰長子,字寶山,生於 1917 年農曆正月十四日丑時,畢生行地理師. 配貝蘭清,生於 1918 年農曆七月十四日午時,子成札,孫康民. 血緣:延年－鑑－諒－棋－德隆－傑夫－日華－益監－受章－漢銘－名高－維忠－伯祥－秉芳－祖齡－漢－諫－良躬－朝橦－學奇－洲－利仁－宏堅－旋香－成德－就雲－應龍－維翰－新居－成札－康民
			29	新悅	維翰次子,生於１９２３農曆十一月初七日巳時，配貝蘭花，生於 1933 年農曆七月廿五日,子二:成森,成丁 血緣:延年－鑑－諒－棋－德隆－傑夫－日華－益監－受章－漢銘－名高－維忠－伯祥－秉芳－祖齡－漢－諫－良躬－朝橦－學奇－洲－利仁－宏堅－旋香－成德－就雲－應龍－維翰－新悅－成森，成丁
			29	新團	維晉之子, 血緣:延年－鑑－諒－棋－德隆－傑夫－日華－益監－受章－漢銘－名高－維忠－伯祥－秉芳－祖齡－漢－諫－良躬－朝橦－學奇－洲－利仁－宏堅－旋香－成德－就雲－應科－維晉－新團(女):甜妹,夠妹,味好(秀清)
			29	新裁	維屏之子, 血緣:延年－鑑－諒－棋－德隆－傑夫－日華－益監－受章－漢銘－名高－維忠－伯祥－秉芳－祖齡－漢－諫－良躬－朝橦－學奇－洲－利仁－宏堅－旋香－成德－就雲－應龍－維屏－新裁
			29	忠君	維榦之子,生於壬午五月十七日辰時,歿於乙酉四月初九日卯時,因火藥桶燃爆灼傷殞命. 血緣:延年－鑑－諒－棋－德隆－傑夫－日華－益監－受章－漢銘－名高－維忠－伯祥－秉芳－祖齡－漢－諫－良躬－朝橦－學奇－洲－利仁－宏堅－旋香－成德－就華－應倉－維榦－忠君
			29	新勝	維子之子,辛卯十月三十日午時生. 血緣:延年－鑑－諒－棋－德隆－傑夫－日華－益監－受章－漢銘－名高－維忠－伯祥－秉芳－祖齡－漢－諫－良躬－朝橦－學奇－洲－利仁－宏堅－旋香－成德－就華－應倉－維存－新勝
			29	女 甜妹	維晉長女,1931 年三月三日辛未正月十五日酉時生,夫婿劉天庚,居新加坡. 血緣:延年－鑑－諒－棋－德隆－傑夫－日華－益監－受章－漢銘－名高－維忠－伯祥－秉芳－祖齡－漢－諫－良躬－朝橦－學奇－洲－利仁－宏堅－旋香－成德－就雲－應科－維晉－新團(女):甜妹,夠妹,味好(秀清)
			29	女 夠妹	維晉次女,嫁九斗村,鎮歷,1972 年患肺病去世. 血緣:延年－鑑－諒－棋－德隆－傑夫－日華－益監－受章－漢銘－名高－維忠－伯祥－秉芳－祖齡－漢－諫－良躬－朝橦－學奇－洲－利仁－宏堅－旋香－成德－就雲－應科－維晉－新團(女):甜妹,夠妹,味好(秀清)
			29	女 味妹 秀清	維晉三女,夫婿張旭(厚埔)業教師. 血緣:延年－鑑－諒－棋－德隆－傑夫－日華－益監－受章－漢銘－名高－維忠－伯祥－秉芳－祖齡－漢－諫－良躬－朝橦－學奇－洲－利仁－宏堅－旋香－成德－就雲－應科－維晉－新團(女):甜妹,夠妹,味妹(秀清)
				女 侵妹 惠廉	維邦長女,夫婿劉炳榮,戰後移居台灣花蓮縣鳳林鎮生街 33 號經商.子三:美田,美輪,美德,女二:雪珠,雪英. 血緣:延年－鑑－諒－棋－德隆－傑夫－日華－益監－受章－漢銘－名高－維忠－伯祥－秉芳－祖齡－漢－諫－良躬－朝橦－學奇－洲－利仁－宏堅－旋香－成德－就雲－應麟－維邦(應科子維邦過繼為嗣)－,(女)侵妹(惠廉夫婿劉炳榮)
				女 容香	維邦次女,張凛(河婆北坑). 血緣:延年－鑑－諒－棋－德隆－傑夫－日華－益監－受章－漢銘－名高－維忠－伯祥－秉芳－祖齡－漢－諫－良躬－朝橦－學奇－洲－利仁－宏堅－旋香－成德－就雲－應麟－維邦(應科子維邦過繼為嗣)－(女)容香
			30	樹芳	新鈞(思俊)長子, Pang Soo Pong 1/c 0540319-G 生於 1940 年十月七日 1330 庚辰九月初七日未時,于柔佛士乃誕生,證列 365/40 受中英文中學教育. 配周揚娣(秀蓮)Chew Yong Kwai 生於 1942 年八月九日壬什六月廿八日卯時. 子二世亮,世偉. 女三:文娟,晉萍,文洁 血緣:延年－鑑－諒－棋－德隆－傑夫－日華－益監－受章－漢銘－名高－維忠－伯祥－秉芳－祖齡－漢－諫－良躬－朝橦－學奇－洲－利仁－宏堅－旋香－成德－就雲－應科－維操(家存)－新鈞(思俊)－樹芳－世亮,世偉.(女)文娟,晉萍,文洁
			30	九如	新鈞(思俊)次子,Pang Kan I/C 0271989-D4-7-(1966) 生於 1942 年八月五日 0315 壬什六月廿四日寅時於柔佛古來誕生.證列(日本年號)14580/02.武吉班讓中學肄業,眼睛因日據日代缺乏營養,醫治無效失明. 配蔡晉嬌 Chai Ah Kiau I/C 02113706-E(1-11-1966) At (8-12-1986). 生於 1947 年十一月廿九日 子二: 康富,康盛. 一女康妮 血緣:延年－鑑－諒－棋－德隆－傑夫－日華－益監－受章－漢銘－名高－維忠－伯祥－秉芳－祖齡－漢－諫－良躬－朝橦－學奇－洲－利仁－宏堅－旋香－成德－就雲－應科－維操(家存)－新鈞(思俊)－九如－康富,康盛.(女)康妮
			30	順芝	新鈞(思俊)三子, Pang Soon Cheer I/C0271954-A(9-7-1966). 生於 1949 年三月四日乙丑二月初五日子時. 受華英文教育,任華洋行電訊員. 配嚴寶寶 Negen Pom I/C 01329036-I(6-9-1977).生於 1958 年 11 月 8 日.證列 66613.受英文教育,任洋行電話書記.子一佳恩 Peng Jiaen(Hisgya) 一女佳音 Joanna Peng Jiayin. 血緣:延年－鑑－諒－棋－德隆－傑夫－日華－益監－受章－漢銘－名高－維忠－伯祥－秉芳－祖齡－漢－諫－良躬－朝橦－學奇－洲－利仁－宏堅－旋香－成德－就雲－應科－維操(家存)－新鈞(思俊)－順芝－佳恩(女)佳音
			30	順發	新鈞(思俊)四子, Pang Soon Fati I/C 0221368-J(20-6-1966) 生於 1954 年五月八日甲午四月初六日卯時 0600 于林厝港晉媽宮村誕生,證列 361322.德能高中工藝科畢業,自營裝修工程. 血緣:延年－鑑－諒－棋－德隆－傑夫－日華－益監－受章－漢銘－名高－維忠－伯祥－秉芳－祖齡－漢－諫－良躬－朝橦－學奇－洲－利仁－宏堅－旋香－成德－就雲－應科－維操(家存)－新鈞(思俊)－順發

開派少典	受姓彭祖	江西構雲	延年公系	先祖	紀事
			30	順福	新鈞(思俊)五子, Pang Soon Cheong I/C 01278401-E(26-9-1969)生于 1957 年五月十日 2150 丁酉四月十一日亥時于林厝港(伯公港)誕生,證列 547732/57()10-51957. 文禮職中畢業在機械廠工作. 妻鍾玉鑾 Cheng Gek Long I/C 01387011-Z 生於 1959 年七月二十日.子二: 群育,紹揚 血緣:延年—鑑—諒—棋—德隆—傑夫—日華—益監—受章—漢銘—名高—維忠—伯祥—秉芳—祖齡—漢—諫—良躬—朝穡—學奇—洲—利仁—宏堅—旋香—成德—就雲—應科—維操(家存)—新鈞(思俊)—順福—群育,紹揚
			30	順昌	新鈞(思俊)六子,過繼石平公為子. Pang Soon Cheong I/C 01598210-A(8-7-1975) 生於 1963 年九月五日 1350 癸卯七月十八日未時,于竹腳醫院誕生,證列 965241. S27240/63(5-9-1963) 至華中學二年征召服務警界.1960 年由張太親自拜祖公石平公過繼為嗣 血緣:延年—鑑—諒—棋—德隆—傑夫—日華—益監—受章—漢銘—名高—維忠—伯祥—秉芳—祖齡—漢—諫—良躬—朝穡—學奇—洲—利仁—宏堅—旋香—成德—就雲—應科—維操(家存)—石平—順昌(繼房)·
			30	志福	新興長子，1955 年農曆 11 月 23 日己時生,妻彭扇妹,1966 年農曆 7 月 11 日生.子二世明世晴 血緣:延年—鑑—諒—棋—德隆—傑夫—日華—益監—受章—漢銘—名高—維忠—伯祥—秉芳—祖齡—漢—諫—良躬—朝穡—學奇—洲—利仁—宏堅—旋香—成德—就雲—應麟—維邦(應科子維邦過繼為嗣)—新興—志福—世明,世晴
			30	志庭 玉庭	新興次子，1962 年農曆四月初九日已時生, 妻余燕容,1967 年農六月生. 血緣:延年—鑑—諒—棋—德隆—傑夫—日華—益監—受章—漢銘—名高—維忠—伯祥—秉芳—祖齡—漢—諫—良躬—朝穡—學奇—洲—利仁—宏堅—旋香—成德—就雲—應麟—維邦(應科子維邦過繼為嗣)—新興—志庭
			30	志年	新興三子，1965 年農曆二月初七日申時生. 血緣:延年—鑑—諒—棋—德隆—傑夫—日華—益監—受章—漢銘—名高—維忠—伯祥—秉芳—祖齡—漢—諫—良躬—朝穡—學奇—洲—利仁—宏堅—旋香—成德—就雲—應麟—維邦(應科子維邦過繼為嗣)—新興—志年
			30	志春	新興四子，1967 年農曆三月廿二日卯時生. 血緣:延年—鑑—諒—棋—德隆—傑夫—日華—益監—受章—漢銘—名高—維忠—伯祥—秉芳—祖齡—漢—諫—良躬—朝穡—學奇—洲—利仁—宏堅—旋香—成德—就雲—應麟—維邦(應科子維邦過繼為嗣)—新興—志春
			30	志康	新興五子，1971 年農曆五月廿八日卯時生. 血緣:延年—鑑—諒—棋—德隆—傑夫—日華—益監—受章—漢銘—名高—維忠—伯祥—秉芳—祖齡—漢—諫—良躬—朝穡—學奇—洲—利仁—宏堅—旋香—成德—就雲—應麟—維邦(應科子維邦過繼為嗣)—新興—志康.
			30	錫坤	新展之子,妻邱郁評. 一子建川. 血緣:延年—鑑—諒—棋—德隆—傑夫—日華—益監—受章—漢銘—名高—維忠—伯祥—秉芳—祖齡—漢—諫—良躬—朝穡—學奇—洲—利仁—宏堅—旋香—成德—就雲—應麟—維番—新展(過繼維番公為嗣)—錫坤—建川
			30	志爭	新賀長子,1966 年農曆十二月廿八日生. 血緣:延年—鑑—諒—棋—德隆—傑夫—日華—益監—受章—漢銘—名高—維忠—伯祥—秉芳—祖齡—漢—諫—良躬—朝穡—學奇—洲—利仁—宏堅—旋香—成德—就雲—應麟—維邦(應科子維邦過繼為嗣)—新賀—志爭
			30	志員	新賀次子,1969 年農曆十月初六日卯時生. 血緣:延年—鑑—諒—棋—德隆—傑夫—日華—益監—受章—漢銘—名高—維忠—伯祥—秉芳—祖齡—漢—諫—良躬—朝穡—學奇—洲—利仁—宏堅—旋香—成德—就雲—應麟—維邦(應科子維邦過繼為嗣)—新賀—志員.
			30	旭林	新烱之子,1985 年農曆七月廿二日卯時生. 血緣:延年—鑑—諒—棋—德隆—傑夫—日華—益監—受章—漢銘—名高—維忠—伯祥—秉芳—祖齡—漢—諫—良躬—朝穡—學奇—洲—利仁—宏堅—旋香—成德—就雲—應麟—維邦(應科子維邦過繼為嗣)—新烱—旭林
			30	成札	新居之子,一子康民. 血緣:延年—鑑—諒—棋—德隆—傑夫—日華—益監—受章—漢銘—名高—維忠—伯祥—秉芳—祖齡—漢—諫—良躬—朝穡—學奇—洲—利仁—宏堅—旋香—成德—就雲—應龍—維翰—新居—成札—康民
			30	成森	新悅長子, 血緣:延年—鑑—諒—棋—德隆—傑夫—日華—益監—受章—漢銘—名高—維忠—伯祥—秉芳—祖齡—漢—諫—良躬—朝穡—學奇—洲—利仁—宏堅—旋香—成德—就雲—應龍—維翰—新悅—成森
			30	成丁	新悅次子, 血緣:延年—鑑—諒—棋—德隆—傑夫—日華—益監—受章—漢銘—名高—維忠—伯祥—秉芳—祖齡—漢—諫—良躬—朝穡—學奇—洲—利仁—宏堅—旋香—成德—就雲—應龍—維翰—新悅—成丁
			30	女 蘭邦 婿 林輝民	維操(家存、思俊)公長女,Phan Lan Pang I/C 0221723- (20-6-1966) 生於 1945 年三月九日 0100 乙酉正月廿五日丑時于柔佛古來誕生.日本統治戒嚴時期出生證遺失,受華文中教育. 1971 年四月十八日 0950 與林輝民結婚,一子林瑞達, 女四: 淑貞,斌,淑錦,淑婷. 血緣:延年—鑑—諒—棋—德隆—傑夫—日華—益監—受章—漢銘—名高—維忠—伯祥—秉芳—祖齡—漢—諫—良躬—朝穡—學奇—洲—利仁—宏堅—旋香—成德—就雲—應科—維操(家存)—新鈞(思俊)—(女)蘭邦(婿林輝民)—林瑞達,(女)林淑貞,林斌,林淑錦,林淑婷
			30	女 蘭芳 婿 朱華章	維操(家存、思俊)公長女,Pnan Lan Pang I/C 02017971-F (20-6-1966) 1947 年十一月二十日 140 丁亥十月初八日丑時在柔佛古出生. 受華英文教育,中四畢業,轉入教育學院畢業,任小學教師.1972 年四月十二日與朱華章結婚,一子銘恩,一女銘惠. 血緣:延年—鑑—諒—棋—德隆—傑夫—日華—益監—受章—漢銘—名高—維忠—伯祥—秉芳—祖齡—漢—諫—良躬—朝穡—學奇—洲—利仁—宏堅—旋香—成德—就雲—應科—維操(家存)—新鈞(家存、思俊)—(女)蘭芳(夫婿朱華章)—朱銘恩,(女)朱銘惠
			30	女 秀花 曉華 婿 郭西民	維操(家存、思俊)公長女,Pang Sien Far I/C 0227997-E(22-6-1966) 1952 年一月廿七日 1100 辛卯十二月二十日午時生於柔佛古來,證列 66/52 受華英文高中教育.夫婿郭西明, 血緣:延年—鑑—諒—棋—德隆—傑夫—日華—益監—受章—漢銘—名高—維忠—伯祥—秉芳—祖齡—漢—諫—良躬—朝穡—學奇—洲—利仁—宏堅—旋香—成德—就雲—應科—維操(家存)—新鈞(家存、思俊)—(女)秀花(夫婿郭西明)
			30	女 麗華	維操(家存、思俊)公長女,Pang Lee Fa 1955 年八月十四日 1420 乙未六月廿七日申時在林厝港伯公港誕生.因謎信送與賀素珍為養女,改名為鍾麗明 Chong Loo Meng

開派少典	受姓彭祖	江西構雲	延年公系	先祖	紀事
					血緣:延年－鑑－諒－棋－德隆－傑夫－日華－益監－受章－漢銘－名高－維忠－伯祥－秉芳－祖齡－漢－諫－良弼－朝穜－學奇－洲－利仁－宏堅－旋香－成德－就雲－應科－維操(家存)－新鈞(家存、思俊)－(女麗華(過繼賀素珍為嗣)
			30	女 秀英 婿 卓聯興	維操(家存、思俊)公長女,Pang Siew YIN i/c 01387279-a()3.8.1971. 1959 年九月十五日己亥八月十三日子時生,受華校教育.夫婿卓聯興. 一子卓偉明,一女卓麗慧 血緣：延年－鑑－諒－棋－德隆－傑夫－日華－益監－受章－漢銘－名高－維忠－伯祥－秉芳－祖齡－漢－諫－良弼－朝穜－學奇－洲－利仁－宏堅－旋香－成德－就雲－應科－維操(家存)－新鈞(家存、思俊)－(女)秀英(婿卓聯興)－卓偉明,(女)卓麗慧
			30	女 秀容	維操(家存、思俊)公長女,Pang Siew Yong 1965 年五月十九日生於竹腳醫院,證列 A066112 S14304()2205.1965. 歿於 1966 年九月十一日 1600 丙什七月廿七日申時,在水池失足溺斃.. 血緣:延年－鑑－諒－棋－德隆－傑夫－日華－益監－受章－漢銘－名高－維忠－伯祥－秉芳－祖齡－漢－諫－良弼－朝穜－學奇－洲－利仁－宏堅－旋香－成德－就雲－應科－維操(家存)－新鈞(家存、思俊)－秀容
			30	女 玉蘭	新展長女血緣:延年－鑑－諒－棋－德隆－傑夫－日華－益監－受章－漢銘－名高－維忠－伯祥－秉芳－祖齡－漢－諫－良弼－朝穜－學奇－洲－利仁－宏堅－旋香－成德－就雲－應麟－維番－新展(過繼維番公為嗣)－
			30	女 玉英	新展次女 血緣:延年－鑑－諒－棋－德隆－傑夫－日華－益監－受章－漢銘－名高－維忠－伯祥－秉芳－祖齡－漢－諫－良弼－朝穜－學奇－洲－利仁－宏堅－旋香－成德－就雲－應麟－維番－新展(過繼維番公為嗣)－玉英
			30	女 玉嬌	新展三女, 血緣:延年－鑑－諒－棋－德隆－傑夫－日華－益監－受章－漢銘－名高－維忠－伯祥－秉芳－祖齡－漢－諫－良弼－朝穜－學奇－洲－利仁－宏堅－旋香－成德－就雲－應麟－維番－新展(過繼維番公為嗣)－玉嬌
			30	女 玉梅	新展四女 血緣:延年－鑑－諒－棋－德隆－傑夫－日華－益監－受章－漢銘－名高－維忠－伯祥－秉芳－祖齡－漢－諫－良弼－朝穜－學奇－洲－利仁－宏堅－旋香－成德－就雲－應麟－維番－新展(過繼維番公為嗣)－玉梅
			30	女 玉霞	新展五女血緣:延年－鑑－諒－棋－德隆－傑夫－日華－益監－受章－漢銘－名高－維忠－伯祥－秉芳－祖齡－漢－諫－良弼－朝穜－學奇－洲－利仁－宏堅－旋香－成德－就雲－應麟－維番－新展(過繼維番公為嗣)－玉霞
			31	建 川	錫坤之子, 血緣:延年－鑑－諒－棋－德隆－傑夫－日華－益監－受章－漢銘－名高－維忠－伯祥－秉芳－祖齡－漢－諫－良弼－朝穜－學奇－洲－利仁－宏堅－旋香－成德－就雲－應麟－維番－新展(過繼維番公為嗣)－錫坤－建川
			31	世 明	志福長子, 血緣:延年－鑑－諒－棋－德隆－傑夫－日華－益監－受章－漢銘－名高－維忠－伯祥－秉芳－祖齡－漢－諫－良弼－朝穜－學奇－洲－利仁－宏堅－旋香－成德－就雲－應麟－維邦(應科子維邦過繼為嗣)－新興－志福－世明
			31	世 晴	志福次子, 血緣:延年－鑑－諒－棋－德隆－傑夫－日華－益監－受章－漢銘－名高－維忠－伯祥－秉芳－祖齡－漢－諫－良弼－朝穜－學奇－洲－利仁－宏堅－旋香－成德－就雲－應麟－維邦(應科子維邦過繼為嗣)－新興－志福－世晴
			31	康 民	成禮之子,血緣：延年－鑑－諒－棋－德隆－傑夫－日華－益監－受章－漢銘－名高－維忠－伯祥－秉芳－祖齡－漢－諫－良弼－朝穜－學奇－洲－利仁－宏堅－旋香－成德－就雲－應龍－維翰－新居－成禮－康民
			31	世 亮	樹芳長子, Pang Ser Lang 1964 年二月十六日 2000 生于竹腳醫院. 證列 801526(16.2.1964)大(14-9-1964) 血緣:延年－鑑－諒－棋－德隆－傑夫－日華－益監－受章－漢銘－名高－維忠－伯祥－秉芳－祖齡－漢－諫－良弼－朝穜－學奇－洲－利仁－宏堅－旋香－成德－就雲－應科－維操(家存)－新鈞(思俊)－樹芳－世亮
			31	世 偉	樹芳次子, 血緣:延年－鑑－諒－棋－德隆－傑夫－日華－益監－受章－漢銘－名高－維忠－伯祥－秉芳－祖齡－漢－諫－良弼－朝穜－學奇－洲－利仁－宏堅－旋香－成德－就雲－應科－維操(家存)－新鈞(思俊)－樹芳－世偉
			31	康 富	九如長子,Pang Khang Foo I/C S74225031()11-6-1986. 生於 1974 年七月十七日 1009 于竹腳醫院.證列 7122503(24-7-1974). 血緣:延年－鑑－諒－棋－德隆－傑夫－日華－益監－受章－漢銘－名高－維忠－伯祥－秉芳－祖齡－漢－諫－良弼－朝穜－學奇－洲－利仁－宏堅－旋香－成德－就雲－應科－維操(家存)－新鈞(思俊)－九如－康富
			31	康 盛	九如次子,Pang Khang Surn I/C S7530731-D(28-4-1987). 生於 1975 年十月十二日 0750 乙卯九月初八日辰時于竹腳醫院,證列 75-30731-D(22-101975) 血緣:延年－鑑－諒－棋－德隆－傑夫－日華－益監－受章－漢銘－名高－維忠－伯祥－秉芳－祖齡－漢－諫－良弼－朝穜－學奇－洲－利仁－宏堅－旋香－成德－就雲－應科－維操(家存)－新鈞(思俊)－九如－康盛
			31	佳 恩	順芝之子.英文名字 Peng Jiaen(Hisgya) 血緣:延年－鑑－諒－棋－德隆－傑夫－日華－益監－受章－漢銘－名高－維忠－伯祥－秉芳－祖齡－漢－諫－良弼－朝穜－學奇－洲－利仁－宏堅－旋香－成德－就雲－應科－維操(家存)－新鈞(思俊)－順芝－佳恩
			31	群 育	順福長子,Pang Qunyu 1984 年二月廿五日生. 血緣:延年－鑑－諒－棋－德隆－傑夫－日華－益監－受章－漢銘－名高－維忠－伯祥－秉芳－祖齡－漢－諫－良弼－朝穜－學奇－洲－利仁－宏堅－旋香－成德－就雲－應科－維操(家存)－新鈞(思俊)－順福－群育,紹揚
			31	紹 揚	順福次子, Pang Shaoyang 1988 年一月四日生 血緣:延年－鑑－諒－棋－德隆－傑夫－日華－益監－受章－漢銘－名高－維忠－伯祥－秉芳－祖齡－漢－諫－良弼－朝穜－學奇－洲－利仁－宏堅－旋香－成德－就雲－應科－維操(家存)－新鈞(思俊)－順福－群育,紹揚
			31	女 康妮	九如之女, 血緣:延年－鑑－諒－棋－德隆－傑夫－日華－益監－受章－漢銘－名高－維忠－伯祥－秉芳－祖齡－漢－諫－良弼－朝穜－學奇－洲－利仁－宏堅－旋香－成德－就雲－應科－維操(家存)－新鈞(思俊)－九如－(女)康妮
			31	女 文娟	樹芳長女, 血緣:延年－鑑－諒－棋－德隆－傑夫－日華－益監－受章－漢銘－名高－維忠－伯祥－秉芳－祖齡－漢－諫－良弼－朝穜－學奇－洲－利仁－宏堅－旋香－成德－就雲－應科－維操(家存)－新鈞(思俊)－樹芳－世亮,世偉.(女)文娟,晉萍,文浩

開派少典	受姓彭祖	江西構雲	延年公系	先祖	紀事
			31	女 晉萍	樹芳次女, 血緣:延年－鑑－諒－棋－德隆－傑夫－日華－益監－受章－漢銘－名高－維忠－伯祥－秉芳－祖齡－漢－誎－良矟－朝穡－學奇－洲－利仁－宏堅－旋香－成德－就雲－應科－維操(家存)－新鈞(思俊)－樹芳－世亮,世偉.(女)文娟,晉萍,文洁
			31	女 文洁	樹芳三女, 血緣:延年－鑑－諒－棋－德隆－傑夫－日華－益監－受章－漢銘－名高－維忠－伯祥－秉芳－祖齡－漢－誎－良矟－朝穡－學奇－洲－利仁－宏堅－旋香－成德－就雲－應科－維操(家存)－新鈞(思俊)－樹芳－世亮,世偉.(女)文娟,晉萍,文洁
			31	女 佳音	順芝之女, Joanna Peng Joshua 血緣:延年－鑑－諒－棋－德隆－傑夫－日華－益監－受章－漢銘－名高－維忠－伯祥－秉芳－祖齡－漢－誎－良矟－朝穡－學奇－洲－利仁－宏堅－旋香－成德－就雲－應科－維操(家存)－新鈞(思俊)－順芝－(女)佳音
			31	林瑞達	林輝民之子. 血緣:延年－鑑－諒－棋－德隆－傑夫－日華－益監－受章－漢銘－名高－維忠－伯祥－秉芳－祖齡－漢－誎－良矟－朝穡－學奇－洲－利仁－宏堅－旋香－成德－就雲－應科－維操(家存)－新鈞(思俊)－(女)蘭邦(婿林輝民)－林瑞達
			31	女 淑貞	林輝民長女. 血緣: 延年－鑑－諒－棋－德隆－傑夫－日華－益監－受章－漢銘－名高－維忠－伯祥－秉芳－祖齡－漢－誎－良矟－朝穡－學奇－洲－利仁－宏堅－旋香－成德－就雲－應科－維操(家存)－新鈞(思俊)－(女)蘭邦(婿林輝民)－(女)林淑貞
			31	女 林斌	林輝民次女. 血緣:延年－鑑－諒－棋－德隆－傑夫－日華－益監－受章－漢銘－名高－維忠－伯祥－秉芳－祖齡－漢－誎－良矟－朝穡－學奇－洲－利仁－宏堅－旋香－成德－就雲－應科－維操(家存)－新鈞(思俊)－(女)蘭邦(婿林輝民)－ (女)林斌
			31	女 淑錦	林輝民三女. 血緣:延年－鑑－諒－棋－德隆－傑夫－日華－益監－受章－漢銘－名高－維忠－伯祥－秉芳－祖齡－漢－誎－良矟－朝穡－學奇－洲－利仁－宏堅－旋香－成德－就雲－應科－維操(家存)－新鈞(思俊)－(女)蘭邦(婿林輝民)－(女)林淑錦
			31	女 淑婷	林輝民四女. 血緣:延年－鑑－諒－棋－德隆－傑夫－日華－益監－受章－漢銘－名高－維忠－伯祥－秉芳－祖齡－漢－誎－良矟－朝穡－學奇－洲－利仁－宏堅－旋香－成德－就雲－應科－維操(家存)－新鈞(思俊)－(女)蘭邦(婿林輝民)－(女)林淑婷
			31	卓偉明	卓聯興之子. 血緣:延年－鑑－諒－棋－德隆－傑夫－日華－益監－受章－漢銘－名高－維忠－伯祥－秉芳－祖齡－漢－誎－良矟－朝穡－學奇－洲－利仁－宏堅－旋香－成德－就雲－應科－維操(家存)－新鈞(家存、思俊)－(女)秀英(婿卓聯興)－卓偉明
			31	女 麗慧	卓聯興之女. 血緣:延年－鑑－諒－棋－德隆－傑夫－日華－益監－受章－漢銘－名高－維忠－伯祥－秉芳－祖齡－漢－誎－良矟－朝穡－學奇－洲－利仁－宏堅－旋香－成德－就雲－應科－維操(家存)－新鈞(家存、思俊)－(女)秀英(婿卓聯興)－(女)卓麗慧

不明世代血緣

				民生	萬生長子,妻蔡玉花
				細牛	萬生次子,
				德祥	萬生三子,妻蔡美蓮/
				文才	萬生四子,
				日生	晉梯長子,
				日貴	晉梯次子.
				日威	晉梯三子.
				日光	晉梯四子.
				裕強	新米長子.
				裕華	新米次子.
				裕安	新米三子.
				旭錦	新團長子, 1971 年農曆七月十一日寅時生.
				旭華	新團次子, 1973 年農曆八月廿七日辰時生.
				朝暉	新團長女.
				成禮	新居之子, 1945 佃農曆六月廿六日巳時生.
				康民	1982 年農曆正十八日辰时生
				成森	新悅長子, 1967 年十月十四日生
				成丁	新悅次子, 1972 年正月二十日子時生.

馬來西亞彭氏

	紀　　　　　要
昔加木彭氏	地　　區馬來西亞昔君木彭氏子孫散居覺談邊、馬來甲、居鑾、古來、新山等地·1957 年成立昔加木彭氏聯宗會.彭江海任首屆會長,彭德芝副之.1994.8.20.彭雲釗倡議成立「世界彭氏宗親聯誼會」為首任會長·
雪蘭莪彭氏	1955 年在巴沙律成立聯宗會,首屆會長彭長江 1972 年改在換甲洞蒂沙再也 21 號新會所.
沙巴湖彭氏	這支甚早成立「彭祖會」、「述古堂」,每年農曆六月十二日祭祖聯歡,1966 年改「彭祖會」為「彭氏福利會」,彭麟玉為首任主席.1990 年買下拔士路四英里成功園店屋,樓上作會所,樓下出租.

香港彭氏

粉嶺彭氏　(節錄中華姓氏譜·彭姓卷)

香港粉嶺彭氏，成為新界中特別是北部地區一個古老的大規模強勢宗系，現在人口約有二萬四千人，幾乎全是彭姓·

據「寶安縣粉嶺彭氏族譜」記載，源出彭氏廣東潮州揭陽始祖延年公支派，延年公第六子彭　(鏾)(另譜載為鑒，生二子，次子下不傳)之子彭澤，生二子·次子彭桂，在宋代末年從廣東陽遷居新安縣龍山(今香港新界北部龍躍頭)，為新安始祖·因東莞鄧氏的到來，對彭氏造成壓力，不利於生存，他們又移居樓村·明萬曆年間，再轉遷今日粉嶺·建村庄，造四十二間房，立祠堂·清初分遷，在新界粉嶺圍、掃杆浦建村·

彭桂子迪然，生三子，次子啟璧，生子三：覽山、松山、養拙·是為第四世·松山傳子一，孫二；養拙生子二，各生子一，均兩代而止·覽山子三：松隱、懸隱、富隱·松隱生二子：思隱、懷隱·

思隱傳至尚瓊(第十一世)，生子五，子為昌盛·十四世登朝，名步進，例贈儒林郎，生子七·第三子澤猷，也有例贈·父子兩代依靠財力捐買了功名，抬高社會地位，並且強固經濟優勢·他們泰坑文氏共建南方大埔新墟市場，反映彭氏成為新興勢力，參與地方經濟活動·登朝在道光 26 年西元 1846 年修祠宇，重建祖墓，增君六世祖思隱公祭祀將近一百石·澤猷繼父志，把它他擴大到一百多石·他又親訪始遷祖彭桂老家，搬回大始祖延年公牌位，供祭在粉嶺彭氏祠堂·

由於戰亂等因素，由中國內地遷移香港彭姓子嗣繁多，人才突出，不勝枚舉，較顯耀者如：彭立珊，湖南長沙人，香港企業家，投資支援家鄉建設·彭震海，香港勞工領袖·彭耀臣，企業家，活躍社會活動，廣東番禺人·彭襲明，江蘇人，畫家·

彭氏宗親個人嫡系脈流

湖南瀏陽官橋彭家塅明宗(文柏)公嗣裔個人直系脈流表(一)

少典	黃帝	彭祖	宣公	構雲		明宗(文柏)		鎮頭楊眉	湖南瀏陽官橋梅村灣							瀏陽官橋郭家壩		彭家塅
				世代	派字	世代	派字	彭光煥	彭建方1	彭建方2	彭建方3	彭建方4	彭建方5	彭鳳奇	彭士灝	彭業華	彭士信	
125	115	108	26	1	天			構雲	構雲	構雲	構雲	構雲	構雲	構雲	構雲	構雲	構雲
126	116	109	27	2	地			滋	滋	滋	滋	滋	滋	滋	滋	滋	滋
127	117	110	28	3	初			倜	倜	倜	倜	倜	倜	倜	倜	倜	倜
128	118	111	29	4	開			輔	輔	輔	輔	輔	輔	輔	輔	輔	輔
129	119	112	30	5	日			玕	玕	玕	玕	玕	玕	玕	玕	玕	玕
130	120	113	31	6	詒			彥昭	彥昭	彥昭	彥昭	彥昭	彥昭	彥昭	彥昭	彥昭	彥昭
131	121	114	32	7	謀			師奭	師奭	師奭	師奭	師奭	師奭	師奭	師奭	師奭	師奭
132	122	115	33	8	己			德顒	德顒	德顒	德顒	德顒	德顒	德顒	德顒	德顒	德顒
133	123	116	34	9	善			壽	壽	壽	壽	壽	壽	壽	壽	壽	壽
134	124	117	35	10	良			嗣興	嗣興	嗣興	嗣興	嗣興	嗣興	嗣興	嗣興	嗣興	嗣興
135	125	118	36	11	功			仕明	仕明	仕明	仕明	仕明	仕明	仕明	仕明	仕明	仕明
136	126	119	37	12	深			思治	思治	思治	思治	思治	思治	思治	思治	思治	思治
137	127	120	38	13	垂			汝正	汝正	汝正	汝正	汝正	汝正	汝正	汝正	汝正	汝正
138	128	121	39	14	史			長	長	長	長	長	長	長	長	長	長
139	129	122	40	15	策			熊	熊	熊	熊	熊	熊	熊	熊	熊	熊
140	130	123	41	16	茂			護	護	護	護	護	護	護	護	護	護
141	131	124	42	17	績			餘遠	餘遠	餘遠	餘遠	餘遠	餘遠	餘遠	餘遠	餘遠	餘遠 (明遠)
142	132	125	43	18	簡			君佐	君佐	君佐	君佐	君佐	君佐	君佐	君佐	君佐	君佐
143	133	126	44	19	稱			宏行	宏行	宏行	宏行	宏行	宏行	宏行	宏行	宏行	宏行
144	134	127	45	20	揚			信卿	信卿	信卿	信卿	信卿	信卿	信卿	信卿	信卿	信卿
145	135	128	46	21	偉			景榮	景榮	景榮	景榮	景榮	景榮	景榮	景榮	景榮	景榮
146	136	129	47	22	傑			方賢	方賢	方賢	方賢	方賢	方賢	方賢	方賢	方賢	方賢
147	137	130	48	23	邦			奇善	奇善	奇善	奇善	奇善	奇善	奇善	奇善	奇善	奇善
148 **裕**	138 **后**	131 **祠**	49 **世**	24 **系**	家	1	明	明宗 (文柏)	明宗 (文柏)	明宗 (文柏)	明宗 (文柏)	明宗 (文柏)	明宗 (文柏)	明宗 (文柏)	明宗 (文柏)	明宗 (文柏)	明宗 (文柏)
149	139	132	50	25	幸	2	思	思正	思正	思正	思正	思正	思正	思正	思正	思正	思正
150	140	133	51	26	賢	3	紹	紹連	紹連	紹連	紹連	紹連	紹連	紹連	紹連	紹連	紹虎
151	141	134	52	27	才	4	廷	廷倫	廷倫	廷倫	廷倫	廷倫	廷倫	廷倫	廷倫	廷倫	廷倫
152	142	135	53	28	旅	5	時	時珍	時珍	時珍	時珍	時珍	時珍	時珍	時珍	時珍	時珍
153	143	136	54	29	舍	6	登	書房	書房	書房	書房	書房	書房	書房	書房	書房	書房
154	144	137	55	30	香	7	芳	偉倫	偉倫	偉倫	偉倫	偉倫	偉倫	偉倫	偉倫	偉倫	偉倫
155	145	138	56	31	好	8	興	興其	興其	興其	興其	興其	興其	興其	興其	興其	興其
156	146	139	57	32	古	9	忠	忠明	忠明	忠明	忠明	忠明	忠明	忠明	忠明	忠明	忠明
157	147	140	58	33	欣	10	啟	啟鏞	啟鏞	啟鏞	啟鏞	啟鏞	啟鏞	啟鏞	啟鏞	啟鏞	啟儒
158	148	141	59	34	能	11	世	世英	世英	世英	世英	世英	世英	世英	世英	世英	世吉
159	149	142	60	35	述	12	應	應德	應德	應德	應德	應德	應德	應德	應德	應德	應○
160	150	143	61	36	佑	13	開	開涵	開涵	開涵	開涵	開涵	開涵	開涵	開涵	開涵	開饒
161	151	144	62	37	我	14	雯	雯樑	雯樑	雯樑	雯樑	雯樑	雯樑	雯樑	雯	雯	雯師
162	152	145	63	38	樂	15	運	運恕	運恕	運恕	運恕	運恕	運恕	運恕	運	運	運樂
163	153	146	64	39	安	16	觀	觀冕	觀 (紹春)	觀 (紹春)	觀 (紹春)	觀 (紹春)	觀 (紹春)	觀 (紹春)	觀	觀	觀咸
164	154	147	65	40	康	17	光	光煥	光球	光球	光球	光球	光球	光球	曉秋	光	光戶

少典	黃帝	彭祖	宣公	構雲		明宗(文柏)		鎮頭楊眉	湖南瀏陽官橋梅村灣						瀏陽官橋郭家壩		彭家塅
				世代	派字	世代	派字	彭光煥	彭建方1	彭建方2	彭建方3	彭建方4	彭建方5	彭鳳奇	彭士灝	彭業華	彭士信
								(順鵬)	(子述)	(子述)	(子述)	(子述)	(子述)	(子述)			(永祿堂)
165	155	148	66	41	俊	18	士	士泉 俊仁	士賢 (建方)	士賢 (建方)	士賢 (建方)	士賢 (建方)	士賢 (建方)	鳳奇	士灝	士	士信
166	156	149	67	42	哲	19	業	喜揚	業揚 (郭淑伶)	伯麗 (曾先梅)	伯麗 (曾先梅)	沁揚 (哀力　)	沁揚 (哀力　)	朱雪生 朱　明 朱小強 朱燕伸	伯永仲良 季來幼鳴 再輝淑雲	業華	
167	157	150	68	43	承	20	叢			曾建良	曾志良	哀廷姍		朱瑛 朱博楊 朱亦欣 王曉宇		長安肇麟 (女)肇琴 肇妮肇敏	
168	158	151	69	44	先	21	維			曾洪亮	曾崙雅			王書瑤			
169	159	152	70	45	緒	22	常										
170	160	153	71	46	英	23	施										
171	161	154	72	47	豪	24	以										

湖南瀏陽官橋彭家塅明宗(文柏)公嗣個人直系脈流表(二)

開派始祖	國君始祖	受姓始祖	淮陽始祖	江西始祖構雲公系		湖南瀏陽　官　橋　彭家塅　裕　后　祠											
						明宗公系		德　　　慎						善　　　沖			
少典	黃帝	彭祖	宣公	世代	派字	世代	派字	彭勛甫1	彭勛甫2	彭勛甫3	彭勛甫4	彭勛甫5	彭勛甫6	彭士學1	彭士學2	彭士學3	彭士學4
125	115	108	26	1	天			構雲	構雲	構雲	構雲	構雲	構雲	構雲	構雲	構雲	構雲
126	116	109	27	2	地			滋	滋	滋	滋	滋	滋	滋	滋	滋	滋
127	117	110	28	3	初			倜	倜	倜	倜	倜	倜	倜	倜	倜	倜
128	118	111	29	4	開			輔	輔	輔	輔	輔	輔	輔	輔	輔	輔
129	119	112	30	5	日			玕	玕	玕	玕	玕	玕	玕	玕	玕	玕
130	120	113	31	6	詒			彥昭	彥昭	彥昭	彥昭	彥昭	彥昭	彥昭	彥昭	彥昭	彥昭
131	121	114	32	7	謀			師奭	師奭	師奭	師奭	師奭	師奭	師奭	師奭	師奭	師奭
132	122	115	33	8	己			德顯	德顯	德顯	德顯	德顯	德顯	德顯	德顯	德顯	德顯
133	123	116	34	9	善			壽	壽	壽	壽	壽	壽	壽	壽	壽	壽
134	124	117	35	10	良			嗣興	嗣興	嗣興	嗣興	嗣興	嗣興	嗣興	嗣興	嗣興	嗣興
135	125	118	36	11	功			仕明	仕明	仕明	仕明	仕明	仕明	仕明	仕明	仕明	仕明
136	126	119	37	12	深			思治	思治	思治	思治	思治	思治	思治	思治	思治	思治
137	127	120	38	13	垂			汝正	汝正	汝正	汝正	汝正	汝正	汝正	汝正	汝正	汝正
138	128	121	39	14	史			長	長	長	長	長	長	長	長	長	長
139	129	122	40	15	策			熊	熊	熊	熊	熊	熊	熊	熊	熊	熊
140	130	123	41	16	茂			護	護	護	護	護	護	護	護	護	護
141	131	124	42	17	績			餘遠	餘遠	餘遠	餘遠	餘遠	餘遠	餘遠	餘遠	餘遠	餘遠
142	132	125	43	18	簡			君佐	君佐	君佐	君佐	君佐	君佐	君佐	君佐	君佐	君佐
143	133	126	44	19	稱			宏行	宏行	宏行	宏行	宏行	宏行	宏行	宏行	宏行	宏行
144	134	127	45	20	揚			信卿	信卿	信卿	信卿	信卿	信卿	信卿	信卿	信卿	信卿
145	135	128	46	21	偉			景榮	景榮	景榮	景榮	景榮	景榮	景榮	景榮	景榮	景榮
146	136	129	47	22	傑			方賢	方賢	方賢	方賢	方賢	方賢	方賢	方賢	方賢	方賢
147	137	130	48	23	邦			奇善	奇善	奇善	奇善	奇善	奇善	奇善	奇善	奇善	奇善
148 **裕**	138 **后**	131 **祠**	49 **世**	24 **系**	家	1	明	明宗 (文柏)	明宗 (文柏)	明宗 (文柏)	明宗 (文柏)	明宗 (文柏)	明宗 (文柏)	明宗 (文柏)	明宗 (文柏)	明宗 (文柏)	明宗 (文柏)
149	139	132	50	25	幸	2	思	思正	思正	思正	思正	思正	思正	思正	思正	思正	思正
150	140	133	51	26	賢	3	紹	紹連	紹連	紹連	紹連	紹連	紹連	紹連	紹連	紹連	紹連
151	141	134	52	27	才	4	廷	廷倫	廷倫	廷倫	廷倫	廷倫	廷倫	廷倫	廷倫	廷倫	廷倫
152	142	135	53	28	旅	5	時	時珍	時珍	時珍	時珍	時珍	時珍	時珍	時珍	時珍	時珍
153	143	136	54	29	舍	6	登	書房	書房	書房	書房	書房	書房	書房	書房	書房	書房

開派始祖	國君始祖	受姓始祖	淮陽始祖	江西始祖構雲公系		湖南劉陽 官 橋 彭家塅 裕 后 祠											
						明宗公系		德 慎						善 沖			
少典	黃帝	彭祖	宣公	世代	派字	世代	派字	彭勛甫1	彭勛甫2	彭勛甫3	彭勛甫4	彭勛甫5	彭勛甫6	彭士學1	彭士學2	彭士學3	彭士學4
154	144	137	55	30	香	7	芳	偉倫	偉倫	偉倫	偉倫	偉倫	偉倫	偉倫	偉倫	偉倫	偉倫
155	145	138	56	31	好	8	興	興其	興其	興其	興其	興其	興其	興其	興其	興其	興其
156	146	139	57	32	古	9	忠	忠明	忠明	忠明	忠明	忠明	忠明	忠明	忠明	忠明	忠明
157	147	140	58	33	欣	10	啟	啟儒	啟儒	啟儒	啟儒	啟儒	啟儒	啟儒	啟儒	啟儒	啟儒
158	148	141	59	34	能	11	世	世吉	世吉	世吉	世吉	世吉	世吉	世吉	世吉	世吉	世吉
159	149	142	60	35	述	12	應	應川	應川	應川	應川	應川	應川	應川	應川	應川	應川
160	150	143	61	36	佑	13	開	開堯	開堯	開堯	開堯	開堯	開堯	開堯	開堯	開堯	開堯
161	151	144	62	37	我	14	雯	雯懋	雯懋	雯懋	雯懋	雯懋	雯懋	雯懋	雯懋	雯懋	雯懋
162	152	145	63	38	樂	15	運	運爌	運爌	運爌	運爌	運爌	運爌	運爌	運爌	運爌	運爌
163	153	146	64	39	安	16	觀	觀序	觀序	觀序	觀序	觀序	觀序	觀濂(清溪)	觀濂(清溪)	觀濂(清溪)	觀濂(清溪)
164	154	147	65	40	康	17	光	光鑫	光鑫	光鑫	光鑫	光鑫	光鑫	光法(植人)	光法(植人)	光法(植人)	光法(植人)
165	155	148	66	41	俊	18	士	士伸(勛甫)	士伸(勛甫)	士伸(勛甫)	士伸(勛甫)	士伸(勛甫)	士伸(勛甫)	士學(祥玉)	士學(祥玉)	士學(祥玉)	士學(祥玉)
166	156	149	67	42	哲	19	業	業精	業精	業惠	業惠	業煌	(女)淑琴 (女)湘瀏 (女)湘玲	業聰	業明	業湘	慧玲
167	157	150	68	43	承	20	叢	群英	彭琪	彭海	(女)紅玲	(女)翊庭		崇軒 (女)韻潔	崇凱 (女)婉娟	崇傑 (女)婉怡	廖書辰 廖書涵
168	158	151	69	44	先	21	維	卜彭彭	胡騰躍	甜心	何微						
169	159	152	70	45	緒	22	常										
170	160	153	71	46	英	23	施										
171	161	154	72	47	豪	24	以										

湖南瀏陽官橋彭家塅明宗(文柏)公嗣個人直系脈流表(三)

少典	黃帝	彭祖	宣公	構雲		明宗		湖南劉陽官橋彭家塅明宗(文柏)公嗣裔										
				世次	派字	世次	派字	彭士量(秋湖)	彭秋羅	彭士覺(禎迪)	彭士譽(祐珊)	彭士爨(奇士)	彭士現(樂川)	彭士現(月芝)	彭士現(月蓮)	彭士現(艷輝)	彭士民(清潭灣)	彭士銳(梅村灣)
125	115	108	26	1	天			構雲	構雲	構雲	構雲	構雲	構雲	構雲	構雲	構雲	構雲	構雲
126	116	109	27	2	地			滋	滋	滋	滋	滋	滋	滋	滋	滋	滋	滋
127	117	110	28	3	初			倜	倜	倜	倜	倜	倜	倜	倜	倜	倜	倜
128	118	111	29	4	開			輔	輔	輔	輔	輔	輔	輔	輔	輔	輔	輔
129	119	112	30	5	日			玕	玕	玕	玕	玕	玕	玕	玕	玕	玕	玕
130	120	113	31	6	詒			彥昭	彥昭	彥昭	彥昭	彥昭	彥昭	彥昭	彥昭	彥昭	彥昭	彥昭
131	121	114	32	7	謀			師奭	師奭	師奭	師奭	師奭	師奭	師奭	師奭	師奭	師奭	師奭
132	122	115	33	8	己			德顯	德顯	德顯	德顯	德顯	德顯	德顯	德顯	德顯	德顯	德顯
133	123	116	34	9	善			壽	壽	壽	壽	壽	壽	壽	壽	壽	壽	壽
134	124	117	35	10	良			嗣興	嗣興	嗣興	嗣興	嗣興	嗣興	嗣興	嗣興	嗣興	嗣興	嗣興
135	125	118	36	11	功			仕明	仕明	仕明	仕明	仕明	仕明	仕明	仕明	仕明	仕明	仕明
136	126	119	37	12	深			思治	思治	思治	思治	思治	思治	思治	思治	思治	思治	思治
137	127	120	38	13	垂			汝正	汝正	汝正	汝正	汝正	汝正	汝正	汝正	汝正	汝正	汝正
138	128	121	39	14	史			長	長	長	長	長	長	長	長	長	長	長
139	129	122	40	15	策			熊	熊	熊	熊	熊	熊	熊	熊	熊	熊	熊
140	130	123	41	16	茂			護	護	護	護	護	護	護	護	護	護	護
141	131	124	42	17	績			餘遠	餘遠	餘遠	餘遠	餘遠	餘遠	餘遠	餘遠	餘遠	餘遠	餘遠
142	132	125	43	18	簡			君佐	君佐	君佐	君佐	君佐	君佐	君佐	君佐	君佐	君佐	君佐
143	133	126	44	19	稱			宏行	宏行	宏行	宏行	宏行	宏行	宏行	宏行	宏行	宏行	宏行
144	134	127	45	20	揚			信卿	信卿	信卿	信卿	信卿	信卿	信卿	信卿	信卿	信卿	信卿
145	135	128	46	21	偉			景榮	景榮	景榮	景榮	景榮	景榮	景榮	景榮	景榮	景榮	景榮

少典	黃帝	彭祖	宣公	構雲		明宗		湖南劉陽官橋彭家堧明宗(文柏)公嗣裔										
				世次	派字	世次	派字	彭士量(秋湖)	彭秋羅	彭士覺(禎迪)	彭士譽(祐珊)	彭士饗(奇士)	彭士現(樂川)	彭士現(月芝)	彭士現(月蓮)	彭士現(艷輝)	彭士民(清潭灣)	彭士銳(梅村灣)
146	136	129	47	22	傑			方賢	方賢	方賢	方賢	方賢	方賢	方賢	方賢	方賢	方賢	方賢
147	137	130	48	23	邦			奇善	奇善	奇善	奇善	奇善	奇善	奇善	奇善	奇善	奇善	奇善
148 **裕**	138 **后**	131 **祠**	49 **世**	24 **系**	家	1	明	明宗(文柏)	明宗(文柏)	明宗(文柏)	明宗(文柏)	明宗(文柏)	明宗(文柏)	明宗(文柏)	明宗(文柏)	明宗(文柏)	明宗(文柏)	明宗(文柏)
149	139	132	50	25	幸	2	思	思正	思正	思正	思正	思正	思正	思正	思正	思正	思正	思正
150	140	133	51	26	賢	3	紹	紹連	紹連	紹連	紹連	紹連	紹連	紹連	紹連	紹連	紹連	紹連
151	141	134	52	27	才	4	廷	廷倫	廷倫	廷倫	廷倫	廷倫	廷倫	廷倫	廷倫	廷倫	廷倫	廷倫
152	142	135	53	28	旅	5	時	時珍	時珍	時珍	時珍	時珍	時珍	時珍	時珍	時珍	時珍	時珍
153	143	136	54	29	舍	6	登	書房	書房	書房	書房	書房	書房	書房	書房	書房	書房	書房
154	144	137	55	30	香	7	芳	偉倫	偉倫	偉倫	偉倫	偉倫	偉倫	偉倫	偉倫	偉倫	偉倫	偉倫
155	145	138	56	31	好	8	興	興其	興其	興其	興其	興其	興其	興其	興其	興其	興其	興其
156	146	139	57	32	古	9	忠	忠明	忠明	忠明	忠明	忠明	忠明	忠明	忠明	忠明	忠明	忠明
157	147	140	58	33	欣	10	啟	啟儒	啟儒	啟儒	啟儒	啟儒	啟鏞	啟鏞	啟鏞	啟鏞	啟鏞	啟儒
158	148	141	59	34	能	11	世	世吉	世吉	世吉	世吉	世吉	世英	世英	世英	世英	世英	世吉
159	149	142	60	35	述	12	應	應川	應川	應川	應川	應川	應德	應德	應德	應德	應德	應川
160	150	143	61	36	佑	13	開	開堯	開堯	開堯	開堯	開堯	開涵	開涵	開涵	開涵	開涵	開堯
161	151	144	62	37	我	14	雯	雯懋	雯懋	雯懋	雯懋	雯懋	雯桃	雯桃	雯桃	雯桃	雯桃	雯懋
162	152	145	63	38	樂	15	運	運爌	運爌	運爌	運爌	運爌	運恕	運恕	運恕	運恕	運恕	運煒
163	153	146	64	39	安	16	觀	觀庠	觀濂	觀濂	觀濂	觀濂	觀恩	觀恩	觀恩	觀恩	觀恩	觀崙
164	154	147	65	40	康	17	光	光普(清安)	光法(植人)	光法(植人)	光法(植人)	光法(植人)	光其	光其	光其	光其	光其	光薰(梅先)
165	155	148	66	41	俊	18	士	士量(秋湖)	(女)秋羅	士覺	士譽	士饗	士現	士現	士現	士現	士民	士聰士敏士銳
166	156	149	67	42	哲	19	業	業袞紀俊紀倫紀德	鄧南托鄧瑜多劉路明	業超業群業周	業波毛玉毛新	業陽彭向彭甦崇文	樂川	(女)月芝(婿)朱福祿	(女)月蓮(婿)劉萬祿	(女)艷輝	衛平固平(女)愛平	業其業求業明業可業忠
167	157	150	68	43	承	20	叢	果林果克彭凱彭方彭源	歐陽曉希朱曉昂彭曉欣李旻李雯	成立潔玲良	敏華			朱海生	劉文鋼劉首東劉首楠			
168	158	151	69	44	先	21	維	彭登康定康平彭渤彭程彭博彭飛	袁睿卿					朱江朱穎	劉超劉越(女)趙姍			
169	159	152	70	45	緒	22	常											
170	160	153	71	46	英	23	施											
171	161	154	72	47	豪	24	以											

湖南潑公等彭氏個人直系脈流

少典	黃帝	彭祖	宣公	構雲		湖南湘陰		湖南長沙		湖南瀏陽永安鄉			湖南湘潭			湖南瀏陽	
				世次	派字	彭伯良(延杞)	彭聖師(慶埊)	彭定國(椿年系)	彭鐵	彭佩雲	彭格林	彭立山	彭商育彭商祐	彭代岳	彭啟洪	官橋彭麗華	躍龍鴨塘彭友清
125	115	108	26	1	天	構雲	構雲	構雲	構雲	構雲	構雲	構雲	構雲	構雲	(旅美華僑)	構雲	
126	116	109	27	2	地	滋	滋	滋	滋	滋	滋	滋	滋	滋		滋	
127	117	110	28	3	初	倜	倜	倜	倜	倜	倜	倜	倜	倜		倜	
128	118	111	29	4	開	輔	輔	輔	輔	輔	輔	輔	輔	輔		輔	
129	119	112	30	5	日	玨	玨	玕	瓊	瓊	瓊	瓊	玕	玕		玕	
130	120	113	31	6	詒	潑	潑	彥昭	彥韜	彥韜	彥韜	彥韜	彥昭	彥昭		彥昭	
131	121	114	32	7	謀	鄹	鄹	師奭	師陶	師陶	師陶	師陶	師奭	師奭		師奭	
132	122	115	33	8	己	子高	子高	德顒	允方	允方	允方	允方	德顒	德顒		德顒	
133	123	116	34	9	善	罡祖	罡祖	壽	文繡	文繡	文繡	文繡	喜	嘉		壽	
134	124	117	35	10	良	介	介	嗣元	儒圭	儒圭	儒圭	儒圭	大	嗣斌		嗣興	

少典	黃帝	彭祖	宣公	構雲		湖南湘陰		湖南長沙		湖南瀏陽永安鄉			湖南湘潭			湖南瀏陽	
				世次	派字	彭伯良(延杞)	彭聖師(慶垄)	彭定國(椿年系)	彭鐵	彭佩雲	彭格林	彭立山	彭商育 彭商祐	彭代岳	彭啟洪	官橋 彭麗華	躍龍鴨塘 彭友清
135	125	118	36	11	功	再榮	再榮	仕凱	仕東	仕東	仕東	仕東	晏	國材		仕明	
136	126	119	37	12	深	仁宗	仁宗	顯	思肇	思肇	思肇	思肇	杞	九		思治	
137	127	120	38	13	垂	守暹	守暹	昌	汝合	汝合	汝合	汝合	爽	逵		汝正	
138	128	121	39	14	史	思善	思善	期	忠漢	忠漢	忠漢	忠漢	渙	述		長	
139	129	122	40	15	策	文德	文德	忠念	義敷	義敷	義敷	義敷	充	琮		熊	
140	130	123	41	16	茂	公	公	偉	大典	大典	大典	大典	極	仲文		護	
141	131	124	42	17	績	汝通	汝通	躍	公弼	公弼	公弼	公弼	延休	思賢		餘遠(明遠)	志仁
142	132	125	43	18	簡	希廣	希廣	椿年	化龍	化龍	化龍	化龍	甲(公弼)	汝歷		君佐	仁四
143	133	126	44	19	稱	應龍	應龍	壽	孟	孟	孟	孟	君舉	千七郎		宏行	進士
144	134	127	45	20	揚	興海	興海	燮	再生	再生	再生	再生	從周	仁貴		信卿	聲電
145	135	128	46	21	偉	子政	子政	仲亨	仕彰	仕彰	仕彰	仕彰	得遠	添從		景榮	子美
146	136	129	47	22	傑	允堅	允堅	鐫	應祖	應祖	應祖	應祖	思成	楚杰		方賢	宏源
147	137	130	48	23	邦	添弼	添弼	子榮	廷宗	廷宗	廷宗	廷宗	祖禮	朝芳		奇善	均平
148	138	131	49	24	家	原繕	原繕	志能	志隆	志隆	志隆	志隆	惟化	友諒		明宗(文柏)	惟玉
149	139	132	50	25	幸	世宜	世宜	瑤	泰英	泰英	泰英	泰英	文瀰	子輿		思正	景福
150	140	133	51	26	賢	光憲	光憲	仕奇	伯倫	伯倫	伯倫	伯倫	太安	清		紹虎	萬源
151	141	134	52	27	才	玉竣	玉竣	芳	輝方	輝方	輝方	輝方	宗正	廣祥		廷倫	福麒
152	142	135	53	28	旅	仲果	仲果	應知	伏奇	伏奇	伏奇	伏奇	興儒	珠		時珍	崇大
153	143	136	54	29	舍	龠	龠	文哉	日曜	日曜	日曜	日曜	伍信	祿至		書房	單瓏
154	144	137	55	30	香	啟志	啟志	守賢	榮用	榮用	榮用	榮用	伯泰	承宗		偉倫	國榮
155	145	138	56	31	好	以吾	以吾	思智	科華	科華	科華	科華	年鳴	慶遠		興其	朝文
156	146	139	57	32	古	從明	從明	效先	富仁	富仁	富仁	富仁	念碣	吉祥		忠明	廷爵
157	147	140	58	33	欣	必院	必院	大乾	貴稷	貴稷	貴稷	貴稷	徵錀	章		啟儒	添勝
158	148	141	59	34	能	勝珪	勝珣	湘傑	金喜	金喜	金喜	金喜	有誨	?		世英	順朝
159	149	142	60	35	述	永伸	永炳	國棣	王岑	王岑	王岑	王岑	傑慧	永銓		應傑	鍾泗
160	150	143	61	36	佑	正緒	正超	之燦	懷瑱	懷瑱	懷瑱	懷瑱	士鄖	言侯	應球	開學	清楹
161	151	144	62	37	我	廷本	本嵩	上均	陶仁	陶仁	陶仁	陶仁	述景	配勝	運其	雯憲	樹謙
162	152	145	63	38	樂	清馥	清理	瑞鍾	行欽	行欽	行欽	行欽	當信	命彰	啟洪	運煜	耀來
163	153	146	64	39	安	源道	源菊(象九)	家潤	義廉	義廉	義廉	義廉	繼綈	輝回	程	觀度(浤量)	坤焯
164	154	147	65	40	康	錫志	錫斌(德榮)	運梓	萬敬	萬善	萬敬	萬敬	商育 商祐	先士	友嘉 睿嘉	光濼(漢溪)	孝紀
165	155	148	66	41	俊	福鴻	福桂(曉耕)	維羲	珊珊	格林	立山	立山		德瑣		士凱	友清
166	156	149	67	42	哲	延杞(伯良)	延熹(鑑鍾)	定國			彭石	彭鐵		世侗		麗華	培中 (女)薪曄
167	157	150	68	43	承	慶平	慶垄(聖師)				雅婷 淑婷	家旺		代岳		姜小強	基鈞 基霈
168	158	151	69	44	先	(女)景蒂	景鐸(祥麟) (女)蔚文 薏文倩文 啟文嘉璇							芳糧 芳國		姜敬晏	
169	159	152	70	45	緒	琛運	運隆 (女)美齡							傳楷 傳承			
170	160	153	71	46	英												
171	161	154	72	47	豪												

開基先祖	國君始祖	受姓始祖	淮陽始祖	江西始祖（遷吳始祖）		麻田鄉石溪村水峽源	蘆溪縣東路陳家灣	上埠夏源村南路龍王橋	南坑鎮張家坑鄉東路楊家田	南坑鎮張家坑鄉東路楊家田	南坑鎮張家坑鄉東路楊家田	南坑鎮家坑鄉東路楊家田	南坑鎮張家坑鄉東路楊家田	荷堯鎮長平鄉亭子嶺	荷堯鎮長平鄉亭子嶺	吉安縣油田鎮隱源山口村
少典	黃帝	彭祖	宣公	世代	派字											
125	115	108	26	1	天	構雲	構雲	構雲	構雲	構雲	構雲	構雲	構雲	構雲	構雲	構雲

開基先祖	國君始祖	受姓始祖	淮陽始祖	江西始祖（遷吳始祖）		麻田鄉石溪村水峽源	蘆溪縣東路陳家灣	上埠夏源村南路龍王橋	南坑鎮張家坑鄉東路楊家田	南坑鎮張家坑鄉東路楊家田	南坑鎮張家坑鄉東路楊家田	南坑鎮家坑鄉東路楊家田	南坑鎮張家坑鄉東路楊家田	荷堯鎮長平鄉亭子嶺	荷堯鎮長平鄉亭子嶺	吉安縣油田鎮隱源山口村
少典	黃帝	彭祖	宣公	世代	派字											
126	116	109	27	2	地	滋	滋	滋	滋	滋	滋	滋	滋	滋	滋	滋
127	117	110	28	3	初	倜	倜	倜	倜	倜	倜	倜	倜	倜	倜	倜
128	118	111	29	4	開	輔	輔	輔	輔	輔	輔	輔	輔	輔	輔	輔
129	119	112	30	5	日	玗	玗	玗	玗	玗	玗	玗	玗	玗	玗	玗
130	120	113	31	6	詒	彥昭	彥昭	彥昭	彥昭	彥昭	彥昭	彥昭	彥昭	彥昭	彥昭	彥昭
131	121	114	32	7	謀	師奭	師奭	師奭	師奭	師奭	師奭	師奭	師奭	師奭	師奭	師奭
132	122	115	33	8	己	德顯	德顯	德顯	德顯	德顯	德顯	德顯	德顯	德顯	德顯	德顯
133	123	116	34	9	善	吉	吉	吉	吉	吉	壽	壽	壽	壽	壽	壽
134	124	117	35	10	良	君邈	君邈	君邈	君邈	君遠	嗣邦	嗣邦	嗣邦	嗣邦	嗣邦	嗣邦
135	125	118	36	11	功	仕泰	仕和	仕泰	仕泰	隆	文謅	仕竦	仕允	仕炳	仕憲	世帛
136	126	119	37	12	深	思業	思超	思業	思業	儒	友言	廣	思瑱	思珠	思賢	思瑾
137	127	120	38	13	垂	汝高	汝勵	汝高	汝高	鑑	徽	季愈	汝饒	汝凱	汝襄	汝謨
138	128	121	39	14	史	忠益	明佩	忠益	忠益	琮		萬里	忠平	優正	以勤	忠開
139	129	122	40	15	策	義祥	式劉	義祥	義祥	成富		龜年	義聖	振淮	雄翔	知新
140	130	123	41	16	茂	大倫	大雅	大倫	大倫	文友		大欽	大徵	大達	大舉	處厚
141	131	124	42	17	績	公盈	公厚	公盈	公盈	彥信		公潭	公舜	禮讓	公價	德積
142	132	125	43	18	簡	世經	世繩	世經	世經	國璽		世森	世行	世傳	世籌	子能
143	133	126	44	19	稱	日利	達承	穩安	穩安	季明		遠暐	遠孔	勳慎	禎祖	衡甫
144	134	127	45	20	揚	穩欽	長聯	長裕	長裕	信夫		長墀	長善	長漾	啟讀	師文
145	135	128	46	21	偉	貽名	貽宗	貽前	貽前	貞叔		貽德	貽	佩吉	層漢	泰初
146	136	129	47	22	傑	謀從	謀芝	謀章	謀章	壽吾		和卿	謀	永言	謀守	民章
147	137	130	48	23	邦	開祖	開圭	悅翁	悅翁	思霖		叔季	開	開新	開瑞	克勉
148	138	131	49	24	家	美榮	美先	芳遠	芳遠	萬章		尚斌	美	慶陞	美發	寅恭
149	139	132	50	25	幸	利	利倉	古清	復安	天球		存武	利	順吉	泰旺	學武
150	140	133	51	26	賢	孝耀	孝徵	務威	同升	節制		顏秀	孝	祥忠		希達
151	141	134	52	27	才	友珍	友基	琇	貫			希誠		友升		扑公
152	142	135	53	28	旅	可年	自葆	暵	華					楚善		燿公
153	143	136	54	29	舍	崇獻	崇南	廷頁	勉敬					見泉		敎公 啟爹
154	144	137	55	30	香	先度	先志	峦	先繼					先道		世善
155	145	138	56	31	好	榮裕	榮鼎	模	榮坎					榮芳		鳳翮
156	146	139	57	32	古	華見	華望	德光	華貴					渙七		夢德
157	147	140	58	33	欣	東朝	輝鴻	惟綏	映台					守先		志逢
158	148	141	59	34	能	茂昌	堪郁 堪吉	宗瑜	叔林					惟賚		日照
159	149	142	60	35	述			功信	其鼎					茹山 尚友		板桂
160	150	143	61	36	佑				進偶					賁		盛魁
161	151	144	62	37	我											譜惠
162	152	145	63	38	樂											丕根
163	153	146	64	39	安											谷貽
164	154	147	65	40	康											黃香
165	155	148	66	41	俊											厚生
166	156	149	67	42	哲											雄輝
167	157	150	68	43	承											秋勇
168	158	151	69	44	先											
169	159	152	70	45	緒											
170	160	153	71	46	英											

少典	黃帝	彭祖	宣公	構雲	派字	吉安縣油田鎮隱源上爐村				萍鄉市湘東鎮彭海于			吉安縣登能鄉舉州村			
125	115	108	26	1	天	構雲	構雲	構雲	構雲	構雲	構雲	構雲	構雲	構雲	構雲	構雲
126	116	109	27	2	地	滋	滋	滋	滋	滋	滋	滋	滋	滋	滋	滋
127	117	110	28	3	初	倜	倜	倜	倜	倜	倜	倜	倜	倜	倜	倜
128	118	111	29	4	開	輔	輔	輔	輔	輔	輔	輔	輔	輔	輔	輔
129	119	112	30	5	日	玕	玕	玕	玕	玕	玕	玕	玕	玕	玕	玕
130	120	113	31	6	詒	彥昭	彥昭	彥昭	彥昭	彥昭	彥昭	彥昭	彥昭	彥昭	彥昭	彥昭
131	121	114	32	7	謀	師奭	師奭	師奭	師奭	師奭	師奭	師奭	師奭	師奭	師奭	師奭
132	122	115	33	8	己	德顯	德顯	德顯	德顯	德顯	德顯	德顯	德顯	德顯	德顯	德顯
133	123	116	34	9	善	壽	壽	壽	壽	壽	壽	壽	壽	壽	壽	壽
134	124	117	35	10	良	嗣邦	嗣邦	嗣邦	嗣邦	嗣邦	嗣興	嗣興	嗣興	嗣興	嗣興	嗣簡
135	125	118	36	11	功	世帛	世帛	世帛	世帛	世帛	昉(仕昉)	昉(仕昉)	吁(仕吁)	吁(仕吁)	吁(仕吁)	吁(仕吁)
136	126	119	37	12	深	思瑾	思瑾	思瑾	思瑾	思瑾	功	思齊	思峯	思峯	思峯	思峯
137	127	120	38	13	垂	汝謨	汝謨	汝謨	汝謨	汝謨	茂富	汝說	冠	冠	冠	冠
138	128	121	39	14	史	忠開	忠開	忠開	忠開	忠開	遺連	聞聰	聞達	聞達	聞達	聞達
139	129	122	40	15	策	知新	知新	知新	知新	知新	忠志	光遠	元哲	元哲	元哲	元哲
140	130	123	41	16	茂	處厚	處厚	處厚	處厚	大翩	開建	大任	子良	子良	子良	子良
141	131	124	42	17	績	德威	德稽	德稽	德稽	必元	鳶	蘊綸	叔景	叔景	叔景	叔景
142	132	125	43	18	簡	幼文	子能	子能	子能	萬子	臣庚	世相	白三郎	白三郎	白三郎	白三郎
143	133	126	44	19	稱	行夫	衡甫	衡甫	衡甫	君寶	啟宇	遠顏	德用	德用	德用	德用
144	134	127	45	20	揚	士宏	師文	師文	師文	成功	泓	夢鵰	宣二	宣二	宣二	宣二
145	135	128	46	21	偉	廷發	泰初	泰初	泰初	宗可	秀龍	定翁	道珍	道珍	道珍	道珍
146	136	129	47	22	傑	西萍	民章	民章	民章	恭先	德滿	謀立	仕楫	仕楫	仕楫	仕楫
147	137	130	48	23	邦	竟持	克謹	克謹	克謹	鐵虎	晃魁宗魁	開秋	瑞祺	瑞祺	瑞祺	瑞祺
148	138	131	49	24	家	已真	子坦	子坦	子坦	聖海	伯奇仲八	美南	元章	元章	元章	元章
149	139	132	50	25	幸	大雅	學宣	學興	學序	夭祈	仲賓	利淵	永振	永振	永振	永振
150	140	133	51	26	賢	承公	清公	渙公	希贊	應枝	師彥	孝徽	權	權	權	權
151	141	134	52	27	才	倫公	枋公	梓公	機公	春會		友熙	汝通	汝通	汝通	汝通
152	142	135	53	28	旅	用行	爆公	煽公	炫公	國賢		白珊	應龍	應龍	應龍	應龍
153	143	136	54	29	舍	仲嵩	超公	仁山	堅公	廷祿		子盤	時仲	時仲	時仲	時仲
154	144	137	55	30	香	維新	起鵬	親仁	起鳳	登相		怡洪	育翱	育翱	育翱	育翱
155	145	138	56	31	好	來崇	惟科	孝緒	世福	溢		光初	雲洪	雲洪	雲洪	雲洪
156	146	139	57	32	古	瑞明	翔霄	組修	泰吉	耀祖		益風	忠恕	忠恕	忠恕	忠恕
157	147	140	58	33	欣	天衢	周靜	夢桂	熙載	占鰲		安所	日鑑	日鑑	日鑑	日鑑
158	148	141	59	34	能	坤元	以忠	長齡	其武	世騰		祚中	勗齡	勗齡	勗齡	勗齡
159	149	142	60	35	述	應讓	謙孫	兆友	日輝	崇		連生	泰經	泰經	泰經	泰經
160	150	143	61	36	佑	玉樹	轉春	思煉	茂桂	洪景		景新	宇棟	宇棟	宇棟	宇棟
161	151	144	62	37	我	明文	合瑞	啟堯	祥魁	揚發			嘉模	嘉模	嘉模	嘉模
162	152	145	63	38	樂	如湧	大元	椿行	維垣	曙模			祥瑞	祥瑞	祥瑞	祥瑞
163	153	146	64	39	安	捷清	江生	淦麒	金華	海于			會元	會元	會元	會元
164	154	147	65	40	康	報騰	炎保	蹈之	朗清	利群			慎安	慎安	慎安	慎安
165	155	148	66	41	俊	魁連	春象	義山	銀堂	皋建			修齊	修齊	修齊	修齊
166	156	149	67	42	哲	學棒	建文	歡文	言正				光定	光定	光定	光定
167	157	150	68	43	承	長貴	水平		生輝				遠華	遠芝	遠蘭	遠菊
168	158	151	69	44	先				彭斌				祖興	祖旺	祖發	祖達
169	159	152	70	45	緒											
170	160	153	71	46	英											

少典	黃帝	彭祖	宣公	構雲	派字	吉安縣登能鄉舉州村	吉安縣登能鄉舉州村	吉安縣登能鄉舉州村	登能鄉舉州村	吉安縣登能鄉舉州村	分宜西田公支系	東源鄉河口石峽塘				
125	115	108	26	1	天	構雲	構雲	構雲	構雲	構雲	構雲	構雲	構雲			
126	116	109	27	2	地	滋	滋	滋	滋	滋	滋	滋	滋			
127	117	110	28	3	初	倜	倜	倜	倜	倜	倜	倜	倜			
128	118	111	29	4	開	輔	輔	輔	輔	輔	輔	輔	輔			
129	119	112	30	5	日	玕	玕	玕	玕	玕	玕	玕	玕			
130	120	113	31	6	詒	彥昭	彥昭	彥昭	彥昭	彥昭	彥昭	彥昭	彥昭			
131	121	114	32	7	謀	師奭	師奭	師奭	師奭	師奭	師奭	師奭	師奭			
132	122	115	33	8	己	德顯	德顯	德顯	德顯	德顯	德顯	德顯	德顯			
133	123	116	34	9	善	壽	壽	壽	壽	壽	壽	壽	壽			
134	124	117	35	10	良	嗣興	嗣興	嗣興	嗣簡	嗣興	嗣慶	嗣慶	嗣元			
135	125	118	36	11	功	吁(仕吁)	吁(仕吁)	吁(仕吁)	吁(仕吁)	吁(仕吁)	仕箕	仕謨	仕凱			
136	126	119	37	12	深	思峯	思峯	思峯	思峯	修峰	有德	思嶺	顯			
137	127	120	38	13	垂	冠	冠	冠	冠	冠	仲謀	汝持	昌			
138	128	121	39	14	史	聞達	聞達	聞達	聞達	明達	伯隆	忠斗	期			
139	129	122	40	15	策	元哲	元哲	元哲	元哲	元咨	知來	義言	忠念			
140	130	123	41	16	茂	子良	子良	子良	子良	子高	登瀛	大有	昭			
141	131	124	42	17	績	叔景	叔景	叔景	叔景	叔	原四	公告	先懷			
142	132	125	43	18	簡	白三郎	白三郎	白三郎	白三郎	白三郎	均可	世和	蕁			
143	133	126	44	19	稱	德用	德用	德用	德用	德用	顯卿	遠繪	紹宗			
144	134	127	45	20	揚	宣二	宣二	宣二	宣二	?	仁壽	長芬	榮福			
145	135	128	46	21	偉	道珍	道珍	道珍	道珍	德珍	子才	貽容				
146	136	129	47	22	傑	仕楫	仕楫	仕楫	仕楫	東堂		謀幹				
147	137	130	48	23	邦	瑞祺	瑞祺	瑞祺	瑞祺			開宿				
148	138	131	49	24	家	元章	元章	元章	元章			美利				
149	139	132	50	25	幸	永振	永振	永振	永振			利仁				
150	140	133	51	26	賢	權	權	權	權			孝全				
151	141	134	52	27	才	汝通	汝通	汝通	汝通			友松				
152	142	135	53	28	旅	應龍	應龍	應龍	應龍			自高				
153	143	136	54	29	舍	時仲	時仲	時仲	時仲			崇秀				
154	144	137	55	30	香	育翱	育翱	育翱	育翱			先枝				
155	145	138	56	31	好	雲洪	雲洪	雲洪	雲洪			榮茂				
156	146	139	57	32	古	忠恕	忠恕	忠恕	忠恕			華俊				
157	147	140	58	33	欣	日鑑	日鑑	日鑑	日鑑			訓賜				
158	148	141	59	34	能	勗齡	勗齡	勗齡	勗齡			興榮				
159	149	142	60	35	述	泰經	泰經	泰經	泰經			恭達				
160	150	143	61	36	佑	宇棟	宇棟	宇棟	宇棟			子麟				
161	151	144	62	37	我	嘉模	嘉模	嘉模	嘉模							
162	152	145	63	38	樂	祥瑞	祥瑞	祥瑞	祥瑞							
163	153	146	64	39	安	會元	會元	會元	會元							
164	154	147	65	40	康	慎安	慎安	慎安	慎安							
165	155	148	66	41	俊	修齊	修齊	修齊	修齊							
166	156	149	67	42	哲	光定	光定	光定	光定							

167	157	150	68	43	承	遠茂	遠蓬	遠蓬	遠蓬							
168	158	151	69	44	先	祖永	祖昌	祖隆	祖偉							
169	159	152	70	45	緒											
170	160	153	71	46	英											

開基先祖	國君始祖	受姓始祖	淮陽始祖	江西始祖（遷吳始祖）		湖南萍鄉	麻山鎮善洲村南路	麻山鎮善洲村南路	麻山鎮善洲村南路	麻山鎮善洲村南路			蓮花縣升坑鎮浯塘村				赤山鎮赤山橋分月山下支系	赤山鎮赤山橋分月山下支系	赤山鎮赤山橋分月山下支系	
少典世代	黃帝世代	彭祖世代	宣公世代	構雲世代	構雲派字	彭世宇(自乾)	火食沖	火食沖	火食沖	火食沖										
125	115	108	26	1	天	構雲	構雲	構雲	構雲	構雲	構雲	構雲	構雲	構雲	構雲	構雲	構雲	構雲	構雲	構雲
126	116	109	27	2	地	滋	滋	滋	滋	滋	滋	滋	滋	滋	滋	滋	滋	滋	滋	滋
127	117	110	28	3	初	倜	倜	倜	倜	倜	倜	倜	倜	倜	倜	倜	倜	倜	倜	倜
128	118	111	29	4	開	輔	輔	輔	輔	輔	輔	輔	輔	輔	輔	輔	輔	輔	輔	輔
129	119	112	30	5	日	玕	玕	玕	玕	玕	玕	玕	玕	玕	玕	玕	玕	玕	玕	玕
130	120	113	31	6	詒	彥昭	彥昭	彥昭	彥昭	彥昭	彥昭	彥昭	彥昭	彥昭	彥昭	彥昭	彥昭	彥昭	彥昭	彥昭
131	121	114	32	7	謀	師奭	師奭	師奭	師奭	師奭	師奭	師奭	師奭	師奭	師奭	師奭	師奭	師奭	師奭	師奭
132	122	115	33	8	己	德顯	德顯	德顯	德顯	德顯	德顯	德顯	德顯	德顯	德顯	德顯	德顯	德顯	德顯	德顯
133	123	116	34	9	善	壽	壽	壽	壽	壽	堯	堯	堯	堯	堯	堯	堯	堯	堯	堯
134	124	117	35	10	良	嗣嚴	嗣嚴	嗣嚴	嗣嚴	嗣嚴	英	英	程	程	程	程	程	程	程	程
135	125	118	36	11	功	仕杞	仕杞	仕杞	仕杞	仕杞	齊	齊	應通	應通	應求	應求	應求	應求	應求	應求
136	126	119	37	12	深	思炳	思炳	思炳	思炳	思炳	春	春	文旺	文明	思言	思醇	思永	思永	思永	思永
137	127	120	38	13	垂	德載	汝載	汝載	汝載	汝載	君芳		仲素	仲素			汝衛	汝衛	汝衛	汝衍
138	128	121	39	14	史	旺	忠曉	忠曉	忠曉	忠曉	知古		士忠	士忠			諮	諮	諮	新
139	129	122	40	15	策	俊	義	僎	僎	僎	玖遠		珩	珩			義林	義林	義林	椿年
140	130	123	41	16	茂	達	大	暹	暹	暹	璨			合			方遂	方遂	方遂	火雲
141	131	124	42	17	績	汝霄	公祥	汝能	汝成	汝霖				楚老			公鐸	公鐸	公鐸	文祝
142	132	125	43	18	簡	思敏	世忠							老弼			世瑞	世瑞	世瑞	堯卿
143	133	126	44	19	稱	佐然	遠高							嶷			遠知	遠知	遠知	浩
144	134	127	45	20	揚	景屋	長綱							渲			長玟	長玟	長玟	興助
145	135	128	46	21	偉	啟堯	貽俊							仕櫄			貽極	貽極	貽極	添籠
146	136	129	47	22	傑	大郎	謀瑞							德遜			謀吉	謀吉	謀吉	貫帷
147	137	130	48	23	邦	嗣連	萬							九萬			開沂	開沂	開沂	定麒
148	138	131	49	24	家	煊	鯤							習			美節	美節	美節	作霖
149	139	132	50	25	幸	進								鳳高			利時	利時	利時	德照
150	140	133	51	26	賢	鐸											孝英	孝英	孝英	九萬
151	141	134	52	27	才	濟											友瓊	友瓊	友瓊	持謙
152	142	135	53	28	旅	鋐											自邱	自邱	自邱	
153	143	136	54	29	舍	愷											崇紳	崇紳	崇紳	
154	144	137	55	30	香	照											先仁	先仁	先仁	
155	145	138	56	31	好	鼐											資訓	資訓	資訓	
156	146	139	57	32	古	愈											煉	煉	煉	
157	147	140	58	33	欣	可潮											玟桐	玟桐	玟桐	
158	148	141	59	34	能	用	用	用	用	用							瑞音	瑞音	瑞音	
159	149	142	60	35	述	日	日	日	日	日							惟龍	惟龍	惟龍	
160	150	143	61	36	佑	修	修	修	修	修							君美	君美	君美	
161	151	144	62	37	我	昭	昭	昭	昭	昭							匡良	匡合	匡清	
162	152	145	63	38	樂	垂	垂	垂	垂	垂										
163	153	146	64	39	安	序	序	序	序	序										
164	154	147	65	40	康	盛	盛	盛	保康	盛										
165	155	148	66	41	俊	圖														
166	156	149	67	42	哲	業														
167	157	150	68	43	承	文														

開基先祖	國君始祖	受姓始祖	淮陽始祖	江西始祖（遷吳始祖）		湖南萍鄉彭世字(自乾)	麻山鎮善洲村南路火食沖	麻山鎮善洲村南路火食沖	麻山鎮善洲村南路火食沖	麻山鎮善洲村南路火食沖			蓮花縣升坑鎮浯塘村				赤山鎮赤山橋分月山下支系	赤山鎮赤山橋分月山下支系	赤山鎮赤山橋分月山下支系	
少典世代	黃帝世代	彭祖世代	宣公世代	構雲世代	構雲派字															
168	158	151	69	44	先	章														
169	159	152	70	45	緒	啟														
170	160	153	71	46	英	世字(自乾)														
171	161	154	72	47	豪															
172	162	155	73	48	裕															

少典	黃帝	彭祖	宣公	構雲	派字	青山鎮湯盤村	富竹村下龍仔彭開揚	泰和水槎鄉新橋村	江西宜春萬載彭氏	江西宜春萬載彭氏	江西宜春萬載彭氏	江西宜春萬載彭氏	安源區青山鎮駱家堂	贛縣田村老街彭開洋	吉安官田彭建華系	江西銀河鎮天柱江村		
125	115	108	26	1	天	構雲	構雲	構雲	構雲	構雲	構雲	構雲	構雲	構雲				
126	116	109	27	2	地	滋	滋	滋	滋	滋	滋	滋	滋	滋	構雲	構雲		
127	117	110	28	3	初	倜	倜	倜	倜	倜	倜	倜	倜	倜	滋	滋		
128	118	111	29	4	開	輔	輔	輔	輔	輔	輔	輔	輔	輔	倜	倜		
129	119	112	30	5	日	玕	玕	玕	玕	玕	玕	玕	玕	玕	輔	輔		
130	120	113	31	6	詒	彥武	彥昭	彥昭	彥昭	彥昭	彥昭	彥昭	彥昭	彥昭	玕	玕		
131	121	114	32	7	謀	師漢	師奭	師奭	師奭	師奭	師奭	師奭	師奭	師奭	彥昭	彥昭		
132	122	115	33	8	己	允受	德顯	德顯	德顯	德顯	德顯	德顯	德顯	德顯	師奭	師奭		
133	123	116	34	9	善	文連	喜	喜	喜	喜	喜	喜	喜	喜	德顯	德顯		
134	124	117	35	10	良	嗣占	興	興	興	興	興	興	嗣興	嗣興	嘉	文嘉		
135	125	118	36	11	功	仕采	慶餘	慶餘	11 郎	11 郎	11 郎	11 郎	仕放	仕言	斌	嗣安		
136	126	119	37	12	深	思九	日新	日新	公三	公三	公三	公三	思濟	思鈺	廷材	仕期		
137	127	120	38	13	垂	汝逵	思敬	思教	接宗	接宗	接宗	接宗	汝爽	汝祖	瑞敖	思興		
138	128	121	39	14	史	忠述	均杰	均杰	伯遠	伯遠	伯遠	伯遠	忠醇	忠蔭	天樂	汝宮		
139	129	122	40	15	策	義琮	玉樓	玉樓	澄	澄	澄	澄	義洵	義澄	文湛	忠肇		
140	130	123	41	16	茂	仲文	宗甫	宗甫	盛昌	盛昌	盛昌	盛昌	中孚	大期	明理	義堯		
141	131	124	42	17	績	公旦	德琮	德琮	日新	日新	日新	日新	公沂	公鼎	克祥	大首		
142	132	125	43	18	簡	世佑	伯壽	伯壽	思文	思文	思文	思文	世榮	世旻	煥	公翠		
143	133	126	44	19	稱	遠悫	志高	志高	均超	均超	均超	均超	遠元	遠均	敦	世焐		
144	134	127	45	20	揚	長麟	尚忠	法鎰	玉樓	玉樓	玉樓	玉樓	長恪	長樓	自梁	遠波		
145	135	128	46	21	偉	貽功	????	積佩	貽舜	貽舜	貽舜	貽舜	貽麟	貽舜	德裕	長天		
146	136	129	47	22	傑	謀善	積嬰	????	謀良	謀良	謀良	謀良	謀合	謀良	長宣	貽厚		
147	137	130	48	23	邦	開泰	朝任	秉直	伯壽	伯壽	伯壽	伯壽	開善	伯壽	顏春	謀金		
148	138	131	49	24	家	遠含	承擔	玉華	美高	美亮	美亮	美亮	忠淑	美高	子惠	開彩		
149	139	132	50	25	幸	玟俊	映斗	欽舜	尚志	尚寬	尚寬	尚寬	遠會	尚忠	合蘭	義坤(美)		
150	140	133	51	26	賢	孝翔	受榮		瓊	鎰	鎰	鎰	敷教	瓊	隨初	利微		
151	141	134	52	27	才	友珣	舜年		積纓	積玲	積佩	積佩	原政	積纓	利敦	孝魁		
152	142	135	53	28	旅	自宣	上清		朝任	朝綱	朝宰	朝宰	用禮	朝任	弟德	友安		
153	143	136	54	29	舍	崇佾	集大		承擔	承瑜	承標	承概	崇鶯	承擔	尚卿	自齡		
154	144	137	55	30	香	先威	人蘭		思	與	先位	秋	先寧	欽斗	思堂	崇爵		
155	145	138	56	31	好	榮宴	文振		體盛	選盛	宏盛	晉盛	榮漳	綾盛	學倉	先旺		
156	146	139	57	32	古	華間	應禎		書年	雲年	祖年	儲年	金榮		而下	榮朝		
157	147	140	58	33	欣	昌永	麟遠		上慶				祥炳		世亢	國四		
158	148	141	59	34	能	仲光	生奉		魁大				敬		鳳啟	泰臨		
159	149	142	60	35	述	仁浚	宏昌						祖魁		光照	民五		
160	150	143	61	36	佑	式諧	開揚						宏達		孔開			
161	151	144	62	37	我								世爵		孝先			
162	152	145	63	38	樂										子陽			
163	153	146	64	39	安										齊發			

少典	黃帝	彭祖	宣公	構雲	派字	青山鎮湯盤村	富竹村下龍仔彭開揚	泰和水槎鄉新橋村	江西宜春萬載彭氏	江西宜春萬載彭氏	江西宜春萬載彭氏	江西宜春萬載彭氏	安源區青山鎮駱家堂	贛縣田村老街彭開洋	吉安官田彭建華系	江西銀河鎮天柱江村		
164	154	147	65	40	康										家敦			
165	155	148	66	41	俊										治國			
166	156	149	67	42	哲										國興			
167	157	150	68	43	承										正寶			
168	158	151	69	44	先										宜德			
169	159	152	70	45	緒										光榮			
170	160	153	71	46	英													

四川彭氏個人嫡系脈流

少典	黃帝	彭祖	宣	構雲	派字	四川忠縣彭　　氏														
125	115	108	26	1	天	構雲	構雲	構雲	構雲	構雲	構雲	構雲	構雲	構雲	構雲	構雲				
126	116	109	27	2	地	滋	滋	滋	滋	滋	滋	滋	滋	滋	滋	滋				
127	117	110	28	3	初	倜	倜	倜	倜	倜	倜	倜	倜	倜	倜	倜				
128	118	111	29	4	開	輔	輔	輔	輔	輔	輔	輔	輔	輔	輔	輔				
129	119	112	30	5	日	玗	玗	玗	玗	玗	玗	玗	玗	玗	玗	玗				
130	120	113	31	6	詒	彥昭	彥昭	彥昭	彥昭	彥昭	彥昭	彥昭	彥昭	彥昭	彥昭	彥昭				
131	121	114	32	7	謀	師奭	師奭	師奭	師奭	師奭	師奭	師奭	師奭	師奭	師奭	師奭				
132	122	115	33	8	己	德顒	德顒	德顒	德顒	德顒	德顒	德顒	德顒	德顒	德顒	德顒				
133	123	116	34	9	善	嘉	嘉	嘉	嘉	嘉	嘉	嘉	嘉	嘉	嘉	嘉				
134	124	117	35	10	良	嗣斌	嗣斌	嗣斌	嗣斌	嗣斌	嗣斌	嗣斌	嗣斌	嗣斌	嗣斌	嗣斌				
135	125	118	36	11	功	國材	國材	國材	國材	國材	國材	國材	國材	國材	國材	國材				
136	126	119	37	12	深	九	九	九	九	九	九	九	九	九	九	九				
137	127	120	38	13	垂	逵	逵	逵	逵	逵	逵	逵	逵	逵	逵	逵				
138	128	121	39	14	史	述	述	述	述	述	述	述	述	述	述	述				
139	129	122	40	15	策	琮	琮	琮	琮	琮	琮	琮	琮	琮	琮	琮				
140	130	123	41	16	茂	仲文	仲文	仲文	仲文	仲文	仲文	仲文	仲文	仲文	仲文	仲文				
141	131	124	42	17	績	思永	思賢	思默	思默	思默	思默	思默	思默	思旦	思旦	思旦				
142	132	125	43	18	簡	汝霖	汝歷	汝嘉	汝嘉	汝嘉	汝泰	汝安	汝安	汝佐	汝敏	汝敏				
143	133	126	44	19	稱	禮臾	千九郎	達臾	達臾	達臾	義臾	淵臾	淵臾	忠寅	定	宣				
144	134	127	45	20	揚	方周	仁佳	重華	重諒	重泰	景	方升	方哲		明述	明進				
145	135	128	46	21	偉	峻中	通遠								方仕					
146	136	129	47	22	傑	以清	仕貴								襄隆					
147	137	130	48	23	邦	菖奇	文富								文賦					
148	138	131	49	24	家		善								祖聖					
149	139	132	50	25	幸		毓佑								嗣鼎					
150	140	133	51	26	賢		代生								本勝					
151	141	134	52	27	才		遷元								元倫					
152	142	135	53	28	旅		宗								雲漢					
153	143	136	54	29	舍		正立								文顯					
154	144	137	55	30	香		自尚								義霄					
155	145	138	56	31	好		長發								仕鍔					
156	146	139	57	32	古		萬顯								大秀					
157	147	140	58	33	欣		應香													
158	148	141	59	34	能		仕口													
159	149	142	60	35	述		彭倫													
160	150	143	61	36	佑		宗岱													
161	151	144	62	37	我		廣寧													

少典	黃帝	彭祖	宣	構雲	派字	四川忠縣彭　　氏														
125	115	108	26	1	天	構雲	構雲	構雲	構雲	構雲	構雲	構雲	構雲	構雲	構雲	構雲				
162	152	145	63	38	樂		世梅													
163	153	146	64	39	安		永才													
164	154	147	65	40	康		定清													
165	155	148	66	41	俊		國忠													
166	156	149	67	42	哲		家華													
167	157	150	68	43	承		彭逍													
168	158	151	69	44	先															
169	159	152	70	45	緒															
170	160	153	71	46	英															

延年公嗣個人嫡系脈流

延年公		天祿公系	廣西彭會資系	台灣用乾炳進	台灣炳聰聰敏	天祿用斌公系	天祿用斌公系	湖南瀏陽以侃	台北彭培基系	台灣彭凌雲系	台灣彭杏南系	台灣彭贊道系	台北樹林彭紹賢	台灣彭賢清系	台灣彭賢珍系	廣西彭志雄系	台灣彭嘉肇系	台灣彭嘉肇系
世代	派字																	
1	金	延年	延年	延年	延年	延年	延年	延年	延年	延年	延年	延年	延年	延年	延年	延年	延年	延年
2	益	銳	銳	銳	銳	銳	銳	鑑	銳	銳	銳	銳	銳	鑑	鑑	鑑	銳	銳
3	永	鑰	鑰	鑰	鑰	鑰	鑰	諒	諒	諒	諒	諒	諒	諒	諒	諒	諒	諒
4	一	桂坤	桂坤	桂坤	桂坤	桂坤	桂坤	校(秀鸞)	棋(秀鳳)	棋(秀鳳)	棋(秀鳳)	棋(秀鳳)	棋(秀鳳)	棋(秀鳳)	棋(秀鳳)	校(秀鸞)	棋(秀鳳)	棋(秀鳳)
5	本爾	五郎	五郎	六郎	六郎	六郎	六郎	德清	德隆	德隆	德隆	德隆	德隆	德隆	德隆	德清	德隆	德隆
6	宗	永	永	天祿	天祿	天祿	天祿	宗慶	傑夫	傑夫	傑夫	傑夫	傑夫	傑夫	傑夫	宗慶	傑夫	傑夫
7	宣世	子開	子開	子安	子安	子安	子安	伯富	曰華	曰華	曰華	曰華	曰華	曰華	曰華	伯富	曰華	曰華
8	敬	思恭	允成	用乾	用斌	用斌	用斌	克禮	益盛	益盛	益盛	益盛	益盛	益盛	益盛	克禮	益盛	益盛
9	誠昌	慈仁	慈廉	孔道	孔敬	孔敬	孔敬	仲宗	受章	受章	受章	受章	受章	受章	受章	仲宗	受章	受章
10	知熙	景福	景商	敬懋	敬宏	敬宏	敬宏	祖	漢卿	漢用	漢用	漢用	漢用	漢用	漢用	祁	漢用	漢用
11	創	盛子	益	克猶	克堅	克堅	克堅	世磯	仲可	賢達	賢達	賢達	賢達	賢達	賢達	珍	賢達	賢達
12	自	君德	旺	時仲	欽浩	欽浩	欽浩	協	仁忠	本禮	本禮	本禮	本禮	本禮	本禮	寅	本禮	本禮
13	因	子美	所獨	甫敬	甫棟	甫橋	甫棟	科	伯聰	伯雍	伯雍	伯雍	伯雍	伯益	伯益	惟用	伯益	伯益
14	商	萬一	貴	大祺	大進	大美	大進	敬台	瑤	峰	峰	峰	峰	秉熙	秉熙	元柱	秉熙	秉熙
15	賢	思明	迺顯	堯拔	堯茅	堯伯	堯茅	以侃	日新	華	華	華	華	智	智	貴公	智	智
16	隆	仲實	澤瑜	君謹	君炳	君肅	君炳	廷祿	縉	遙	逍	逍	逍	日良	日良	思定	日良	日良
17	德	右潭	信鏗	禹笏	禹集	禹億	禹集	世祿	一初	紹嘉	紹賢?	紹賢?	紹賢?	明所	明所	仰廷	明所	明所
18	行	崑崗	剛正	汝琜	汝德	汝聯	汝德	宗舜	大節	鍊	鎬	鎬	鎬	萬選	萬選	仕政	萬選	萬選
19	訓	翰華	志康	榮宣	牒甲	榮貴	榮就	亦貫	載廣	濬新	作新	玉南	玉南	毅可	毅可	宗權	毅可	毅可
20	誥	燮元	頤年	煌固	煌乙	煌	煌禮	萬玉	儲	松	多謀	不易	不易	子文	子文	威鼎	子文	子文
21	守	殿寶	錦蘭	培妙	培農	芊員	春榮	朝發	成胤	文高	捖	元彩	元彩	兆千	兆千	伯敏	兆千	兆千
22	家	啟周	英昌	鍾寧	鍾存	鍾浪	國泰	興貴	孫芳	夢煌	麗琬	廷坤	廷坤	祥瑤	祥瑤	子進	祥瑤	祥瑤
23	聲	立朝	際堃	定金	洵春	進鵬	長基	德倫	志琨	姚元	雍元	雲瑞	雲瑞	雲程	雲程	振寶	雲程	雲程
24	成	文元	會資	坤	火獅	清和	千祥		道英	象良	維尚	俊傑	俊傑	朝和	朝和	魁元	朝和	朝和
25	務	輝明	強華	炳進	炳聰	國全	炳童		廣厚	應賢	閏祥	連祥	連祥	清春	清春	業華	清春	清春
26	詩	讚和		世滔	考唐	秋銘	垂濱 垂森 垂鋒		武昌	升嬌	錦山	承協	承協	榮來	榮養	榮琪	榮養	榮養
27	書	錦生							禮相	西成	蒸東	慶進	慶進	華立	華興	華桂	華興	華興
28	好	亦昌							永欽	永德	雅來	榮先	榮相	達晉	達凰	志雄	達凰	達凰
29	惟	玉琴							培基	凌雲	化蕁	清萬	清智	賢清	賢珍	江浩	嘉肇	嘉肇
30	德								振淵	國良	杏南	贊道	紹賢	潤中	維傑	奕翔	思堯	思齊
31	慈								承宗		誠晃 繼晃	國振 國竣	開宗		俊穎		文廷	

延年公		天祿公系	廣西彭會資系	台灣用乾炳進	台灣炳聰聰敏	天祿用斌公系	天祿用斌公系	湖南瀏陽以侃	台北彭培基系	台灣彭凌雲系	台灣彭杏南系	台灣彭贊道系	台北樹林彭紹賢	台灣彭賢清系	台灣彭賢珍系	廣西彭志雄系	台灣彭嘉肇系	台灣彭嘉肇系
世代	派字																	
32	孝																	
33																		
34																		
35																		

延年公		台灣彭賢珍系	台灣彭賢珍系	台灣彭賢珍系	台灣台北彭文正系	台灣新竹彭正雄系	台灣北埔彭學堯系	台灣彭連生系	台灣彭武桂系	台灣板橋彭水井系	新加坡彭新鈞系	四川重慶彭俊修系	江西萬載茭湖鄉系	江西奉新縣仰山程源	袁州區慈化鎮冲下村龍塘冲	江西袁州區水江鄉小洞村	江西宜春市萬載先源	
世代	派字																	
1	金	延年	延年	延年	延年	延年	延年	延年	延年	延年	延年	延年	天祿	天祿	子順	禮貴	伯富	壽年
2	益	鑑	銳	銳	銳	鑑	鑑	銳	銳	銳	銳	鑑	仁貴	仁貴	思恭	大秀	克禮	鈞
3	永	諒	諒	諒	諒	諒	諒	諒	諒	諒	諒	諒	思智	思智	慈慶	克立	仲榮	濤
4	一	棋(秀鳳)	棋(秀鳳)	棋(秀鳳)	棋(秀鳳)	棋(秀鳳)	棋(秀鳳)	棋(秀鳳)	棋(秀鳳)	棋(秀鳳)	棋(秀鳳)	文錦	定隆	定隆	時顯	四鳳	祖	炳耀
5	本爾	德隆	德隆	德隆	德隆	德隆	德隆	德隆	德隆	德隆	德隆	德隆	珖	珖	雲軒	先六	璣	皇
6	宗	傑夫	傑夫	傑夫	傑夫	傑夫	傑夫	傑夫	傑夫	傑夫	傑夫	傑夫	成連	成連	簡崇	君益	協七	日墀
7	宣世	日華	日華	日華	日華	日華	日華	日華	日華	日華	日華	日華	輅	輅	雲憲	日雲	科	惟元
8	敬	益盛	益盛	益盛	益盛	益盛	益盛	益盛	益盛	益盛	益盛	益盛	德立	德立	范經	文生	敬台	挺
9	誠昌	受章	受章	受章	受章	受章	受章	受章	受章	受章	受章	受章	應賢	應賢	由穆	桂芳	以侃	
10	知熙	漢用	漢用	漢用	漢用	漢用	漢用	漢用	漢銘	漢銘	漢銘	漢宗	萬珍	萬珍	炳越		雲華	
11	創	賢達	賢達	賢達	仕達	仕達	仕達	仕達	名高	名高	名高	法任	永祥	永祥	文質		世美	
12	自	本禮	本禮	本禮	守信	守信	守惠	守惠	惟忠	惟忠	惟忠	佚載	連生	連生	艮和 標萬		宗朝	
13	因	伯益	伯益	伯益	伯富	伯富	伯貴	伯貴	伯祥	伯祥	伯祥	佚載	上坪	上坪				
14	商	秉熙	秉熙	秉熙	康	崑山	弘文	弘道	秉堅	秉熙	秉芳	佚載						
15	賢	智	智	智	文節	崙庄	萬國	萬春	宥	宥	祖齡	佚載						
16	隆	日良	日良	日良	監周	肖倫	有定	清沂	淮	淮	名漢	佚載						
17	德	明所	明所	明所	理育	理育	光揭	儀若	益強	益強	諫	通						
18	行	萬選	萬選	萬選	耳黃	耳黃	嘉讓	積厚	良璣	良璣	良躬	夢桂						
19	訓	毅可	毅可	毅可	士程	士程	逑晃	逑盛	際撞	朝綰	朝橦	友						
20	誥	子文	子文	子文	永祥	永郡	自經	耀芝	用赤	用參	學奇	玉麟						
21	守	兆千	兆千	兆千	懿望	昭韻	清溪	詹鳳	宗經	宗堯	洲	君祿						
22	家	祥瑤	祥瑤	祥瑤	裕祥	瑞教	會忠	元輝	俞烈	俞荐	利仁	萬祥						
23	聲	雲程	雲程	雲程	祥英	盛厚	高秀	石勝	堯庚	友熾	明升	振剛						
24	成	朝和	朝和	朝和	春秀	春福	先[illegible]	啟聲	受勝	雲寶	秋英	朝龍						
25	務	清春	清春	清春	辛運	進丁	木生	為正	禹仁	榮金	成德	綱聰						
26	詩	榮養	榮養	榮養	富盛	統生	有進	連生	湯業	陳文	就雲	榮方						
27	書	華興	華興	華興	貴亮	阿相	學堯	新樞	文喜	坤岳	應科	華國						
28	好	達凰	達凰	達凰	文正	錦標	文華		武桂	水井	維操	大銓						
29	惟	賢珍	賢珍	賢珍	啟明	正雄	武康		及聖	大章	新鈞	吉斌						
30	德	維銘	偉弘	偉憲		志弘 志良					樹芳	昌烈						
31	慈	彥博	毅超 昱翔	博睿							世亮	俊修						
32	孝											成亮						
33												上琪						
34																		
35																		

延年公		台灣台北市彭誠晃 1	台灣台北市彭誠浩 2	台灣台北市彭誠亮	台灣台北市彭明清	台北文史哲出版社彭正雄 1	台北文史哲出版社彭正雄 2	台北文史哲出版社彭正雄 3	台北文史哲出版社彭正雄 4	台北文史哲出版社彭正雄 5	台北文史哲出版社彭正雄 6					
世代	派字															
1	金	延年	延年	延年	延年	延年	延年	延年	延年	延年	延年	延年	延年	永年	永年	永年

延年公		台灣台北市彭誠晃 1	台灣台北市彭誠浩 2	台灣台北市彭誠亮	台灣台北市彭明清	台北文史哲出版社彭正雄 1	台北文史哲出版社彭正雄 2	台北文史哲出版社彭正雄 3	台北文史哲出版社彭正雄 4	台北文史哲出版社彭正雄 5	台北文史哲出版社彭正雄 6					
世代	派字															
2	益	鑑	鑑	鑑	鑑	銳	銳	銳	銳	銳	銳	大銳	大銳	大錦	大錦	大錦
3	永	諒	諒	諒	諒	諒	諒	諒	諒	諒	諒	公鑰	公鑰	公河	公河	公河
4	一	棋	棋	棋	棋	棋(秀鳳)	棋(秀鳳)	棋(秀鳳)	棋(秀鳳)	棋(秀鳳)	棋(秀鳳)	秀實	秀實	秀榮	秀榮	秀榮
5	本爾	德隆	德隆	德隆	德隆	德隆	德隆	德隆	德隆	德隆	德隆	遠璝	遠璝	遠耀	遠耀	遠耀
6	宗	傑夫	傑夫	傑夫	傑夫	傑夫	傑夫	傑夫	傑夫	傑夫	傑夫	漢龍	漢龍	長增	長增	長增
7	宣世	日華	日華	日華	日華	日華	日華	日華	日華	日華	日華	貽恭	貽恭	貽修	貽修	貽修
8	敬	益盛	益盛	益盛	益盛	益盛	益盛	益盛	益盛	益盛	益盛	慈仁	慈仁	洪疇	洪疇	洪疇
9	誠昌	受章	受章	受章	受章	受章	受章	受章	受章	受章	受章	景福	景福	開敬	開敬	開敬
10	知熙	漢用	漢用	漢用	漢用	漢卿	漢卿	漢卿	漢卿	漢卿	漢卿	美盛	美盛	逸才	逸才	逸才
11	創	賢達	賢達	賢達	賢達	仲可	仲可	仲可	仲可	仲可	仲可	鈞和	鈞玉	辰保	辰保	辰保
12	自	本禮	本禮	本禮	本禮	仁忠	仁忠	仁忠	仁忠	仁忠	仁忠	文甫	俊杰	儒禮	學禮	崇禮
13	因	伯雍	伯雍	伯雍	伯雍	伯聰	伯聰	伯聰	伯聰	伯聰	伯聰		德崇			
14	商	峰	峰	峰	峰	瑤	瑤	瑤	瑤	瑤	瑤		定福			
15	賢	華	華	華	華	日新	日新	日新	日新	日新	日新		積善			
16	隆	逍	逍	逍	逍	縉	縉	縉	縉	縉	縉		啟充			
17	德	紹賢	紹賢	紹賢	紹賢	一初	一初	一初	一初	一初	一初		惟宗			
18	行	鎬	鎬	鎬	鎬	大節	大節	大節	大節	大節	大節					
19	訓	作新	作新	作新	作新	載廣	載廣	載廣	載廣	載廣	載廣					
20	誥	多謀	多謀	多謀	多謀	佩	佩	佩	佩	佩	佩					
21	守	扰	扰	扰	扰	肇華	肇華	肇華	肇華	肇華	肇華					
22	家	麗琬	麗琬	麗琬	麗琬	先喜	先喜	先喜	先喜	先喜	先喜					
23	聲	雍元	雍元	雍元	雍元	阿結	阿結	阿結	阿結	阿結	阿結					
24	成	維尚	維尚	維尚	維尚	闉	闉	闉	闉	闉	闉					
25	務	閏祥	閏祥	閏祥	閏祥	蟾公	蟾公	蟾公	蟾公	蟾公	蟾公					
26	詩	錦山	錦山	錦山	錦山	正順	正順	正順	正順	正順	正順					
27	書	蒸東	蒸東	蒸東	蒸東	為公	為公	為公	為公	為公	為公					
28	好	雅來	雅來	雅來	雅來	春福	春福	春福	春福	春福	春福					
29	惟	化蕚	化蕚	化蕚	化蕚	正雄	正雄	正雄	正雄	正雄	清騰					
30	德	杏南	杏南	杏南	杏南	漢平	手鴻	(女)雅雲	(女)雅玲	(女)雅芳	文銘					
31	慈	誠晃	誠浩	誠亮	明清											
32	孝	繼賢	騰德	嗣翔	建堯											
33		奕勝 敬荃	瑋辰													

彭氏個人宗族脈流

湖南瀏陽來台灣彭氏個人嫡系家屬脈流

彭光煥(順鵬)嫡系血脈源流(湖南瀏陽鎮頭市楊眉)

少典 165 世、黃帝 155 世、彭祖 148 世、宣公 66 世、搆雲公 40 世、明宗公 17 世

世系						先祖	派字		子									嗣
少典	黃帝	彭祖	宣	搆雲	明宗		搆雲	明宗	長子	次子	3	4	5	6	7	8	9	10
125	115	108	26	1		搆雲	天		東里(涇)	南華(治)	西華(江)	北叟(海)	中理(滋)					
126	116	109	27	2		滋	地		伉	倜	儀							
127	117	110	28	3		倜	初		�	輔	軸(齎)							
128	118	111	29	4		輔	開		玨	璸	璋	玕	珹					
129	119	112	30	5		玕	日		1 彥武(旺)	2 彥暉	3 彥昭	4 彥旼	5 彥昫	6 彥晍	7 彥晠(澄)	8 彥啉	9 彥琛(昇)	0 彥曉(規)
									11 彥　(澄)									
130	120	113	31	6		彥昭	詒		1 師庠	2 師連	3 師建	4 師奭	5 師遇`	6 師旺	7 師孔	8 師簡	9 師服	10 師旦
									11 師孟	12 師亮	13 師浩	14 師俊	15 師範					

世系						先祖	派字		子							嗣		
少典	黃帝	彭祖	宣	構雲	明宗		構雲	明宗	長子	次子	3	4	5	6	7	8	9	10
131	121	114	32	7		師奭	謀		德顯	(又名	允顯德	容)						
132	122	115	33	8		德容	己		吉	壽	堯	嘉	喜					
133	123	116	34	9		壽	善		嗣邦	嗣興	嗣簡	嗣慶	嗣元	嗣藹	嗣嚴			
134	124	117	35	10		嗣興(儒興)	良		仕明(明)	仕昉(昉)	仕盱(盱)							
135	125	118	36	11		仕明	功		思治	思修	思頊?							
136	126	119	37	12		思治	深		汝正									
137	127	120	38	13		汝正	垂		長									
138	128	121	39	14		長	史		熊									
139	129	122	40	15		熊	策		護									
140	130	123	41	16		護	茂		餘遠(明遠)	聖遠								
141	131	124	42	17		餘遠	績		君佐	達夫								
142	132	125	43	18		君佐	簡		宏行									
143	133	126	44	19		宏行	稱		信卿									
144	134	127	45	20		信卿	揚		景榮									
145	135	128	46	21		景榮	偉		方賢									
146	136	129	47	22		方賢	傑		奇善									
147	137	130	48	23		奇善	邦		文華	(留居祖	居地江	西安福)						
									文松(青茂)	(由江西	遷湖南	瀏陽市	彭家塅	再轉遷	瀏陽市	北鄉)		
									文柏(明宗)	(明初時	由江西	安福遷	湖南瀏	陽官橋	彭家塅)			
148	138	131	49	24	1	明宗(文柏)	家	明	思正									
149	139	132	50	25	2	思正	幸	思	紹虎	紹連								
150	140	133	51	26	3	紹連	賢	紹	廷倫	廷偉								
151	141	134	52	27	4	廷倫	才	廷	時珍									
152	142	135	53	28	5	時珍	旅	時	書房									
153	143	136	54	29	6	書房	舍	登	偉倫									
154	144	137	55	30	7	偉倫	香	芳	興其									
155	145	138	56	31	8	興其	好	興	忠明									
156	146	139	57	32	9	忠明	古	忠	啟儒	(啟儒公	有六子	世英世	吉世祿	世遠世	明世泰)			
									啟鏞	(啟鏞公	無出過	繼啟儒	公之子	世英公	為嗣)			
157	147	140	58	33	10	啟鏞	欣	啟	世英	應？	應？	應德						
158	148	141	59	34	11	世英	能	世	應德									
159	149	142	60	35	12	應德	述	應	開涵	開沛	開澍,	開濱	開濤	開瀾	六子)			
160	150	143	61	36	13	開涵	佑	開	雯樑	雯檲	雯桃							
161	151	144	62	37	14	雯樑	我	雯	(運乾	運益	運尊	運恕)						
162	152	145	63	38	15	運恕	樂	運	觀策	(光樫	光桅)							
									觀	(光球)								
									觀冕	(光潛	光煥	光珍	(女仁貞)					
									(女)蓮貞 夫程武石	(程碧吾	女繡球)							
163	153	146	64	39	16	觀冕 (妣妻、傅氏)	安	觀	光潛	光煥	光珍	(女)仁貞 適黃立柱						
164	154	147	65	40	17	光煥 (順鵬) (配賓鳳清)	康	光	士泉	(女)俊仁 (幼殤)								
165	155	148	66	41	18	士泉 (配杜小滿)	俊	士	喜揚									
						(女)俊仁												
166	156	149	67	42	19	業喜(喜揚)	哲	業										
167	157	150	68	43	20		先	叢										

彭士賢(建方)嫡系血脈源流(湖南瀏陽官橋梅村灣)

少典 166 世、黃帝 156 世、彭祖 149 世、宣公 67 世、構雲公 41 世、明宗公 18 世

世系						嫡系先祖	昭穆派字		子					嗣		
少典	黃帝	彭祖	宣	構雲	明宗		構雲	明宗	1	2	3	4	5	6	7	8
125	115	108	26	1		構雲	天		東里(涇)	南華(治)	西華(江)	北叟(海)	中理(滋)			
126	116	109	27	2		滋	地		伉	倜	儀					
127	117	110	28	3		倜	初		�	輔	軸(霽)					
128	118	111	29	4		輔	開		玨	瓊	璋	玕	瑊			
129	119	112	30	5		玕	日		1 彥武(旺)	2 彥暉	3 彥昭	4 彥旼	5 彥晌	6 彥晍	7 彥晠(澄)	8 彥啉
									9 彥琛(昇)	10 彥曉 (規)	11 彥 (澄)					
130	120	113	31	6		彥昭	詒		1 師庠	2 師連	3 師建	4 師奭	5 師遇	6 師旺	7 師孔	8 師簡
									9 師服	10 師旦	11 師孟	12 師亮	13	14 師俊	15 師範	

世			系			嫡系先祖	昭穆派字		子				嗣			
少典	黃帝	彭祖	宣	構雲	明宗		構雲	明宗	1	2	3	4	5	6	7	8
131	121	114	32	7		師爽	謀		德顯	(又名	允顯德	容)				
132	122	115	33	8		德容	己		吉	壽	堯	嘉	喜			
133	123	116	34	9		壽	善		嗣邦	嗣興	嗣簡	嗣慶	嗣元	嗣藹	嗣嚴	
134	124	117	35	10		嗣興(儒興)	良		仕明(明)	仕昉(昉)	仕盱(盱)					
135	125	118	36	11		仕明	功		思治	思修	思頊?					
136	126	119	37	12		思治	深		汝正							
137	127	120	38	13		汝正	垂		長							
138	128	121	39	14		長	史		熊							
139	129	122	40	15		熊	策		護							
140	130	123	41	16		護	茂		餘遠(明遠	聖遠						
141	131	124	42	17		餘遠	績		君佐	達夫						
142	132	125	43	18		君佐	簡		宏行							
143	133	126	44	19		宏行	稱		信卿							
144	134	127	45	20		信卿	揚		景榮							
145	135	128	46	21		景榮	偉		方賢							
146	136	129	47	22		方賢	傑		奇善							
147	137	130	48	23		奇善	邦		文華	(留居祖	居地江	西安福)				
									文松(青茂)	(由江西	遷湖南瀏	陽官橋彭	家塅再遷	瀏陽南	北鄉)	
									文柏(明宗)	(明初時	由江西安	福遷遷湖	南瀏陽官	橋彭家塅)		
148	138	131	49	24	1	明宗(文柏)	家	明	思正	(湖南省	瀏陽官	橋彭家	塅世系)			
149	139	132	50	25	2	思正	幸	思	紹虎	紹連						
150	140	133	51	26	3	紹連	賢	紹	廷倫	廷偉						
151	141	134	52	27	4	廷倫	才	廷	時珍							
152	142	135	53	28	5	時珍	旅	時	書房							
153	143	136	54	29	6	書房	舍	登	偉倫							
154	144	137	55	30	7	偉倫	香	芳	興其							
155	145	138	56	31	8	興其	好	興	忠明							
156	146	139	57	32	9	忠明	古	忠	啟儒	(啟儒公	有六子	世英世	吉世祿	世遠世	明世泰)	
									啟鏞	(啟鏞公	無出過	繼啟儒	公之子	世英公	為嗣)	
157	147	140	58	33	10	啟鏞	欣	啟	世英	應 ?	應 ?	應德				
158	148	141	59	34	11	世英	能	世	應德							
159	149	142	60	35	12	應德	述	應	開涵	開沛	開澍,	開濱	開濤	開瀾	六子)	
160	150	143	61	36	13	開涵	佑	開	雯樑	雯楊	雯桃					
161	151	144	62	37	14	雯樑	我	雯	運乾	運益	運尊	運恕				
162	152	145	63	38	15	運恕 (妣潘氏)	樂	運	觀策	(光樫	光桅	(女)存貞) (黃立秋)				
									觀	(光球	(女)四貞 (張少存)					
									觀冕	(光潛	光煥	光珍	(女)仁貞) (黃立柱)			
									(女)蓮貞 適程武石	(程碧梧	女程繡 球) 適李維 三					
163	153	146	64	39	16	觀 (紹春) (妣張氏)	安	觀	光球	(女)四貞						
164	154	147	65	40	17	光球(子述) (黃梅清妻仕梅	康	光	士賢 (建方)	士博 (竹懷)	士取 (元方)	士名 (甫方)	(女)鳳奇 (適朱珍)			
						(女)四貞 (適張少存)			張水欽	張桶成						
165	155	148	66	41	18	士賢(建方) (配潘端人)	俊	士	業揚	(女)伯麗	(女)沁揚					
						士博(竹懷)			(幼殤)							
						士取(元方) (配王素藍)			文勝	(女)豫湘	(女)豫花					
						士名(甫方) (配李文敏)			勝西	(女)素純	(女)育紅					
						(女)鳳奇 (適朱珍)			朱雪生 妻龐曉春	朱明 妻王萍	朱小強 妻王萍	(女)燕申 夫王國偉				
166	156	149	67	42	19	業揚 (配郭淑鈴)	哲	業								
						(女) 伯麗 (夫曾先梅)			曾潤秋	曾志良						
						(女) 沁揚 (夫哀力)			(女)哀廷 姍							

世	系					嫡系先祖	昭穆派字		子				嗣			
少典	黃帝	彭祖	宣	構雲	明宗		構雲	明宗	1	2	3	4	5	6	7	8
167	157	150	68	43	20	曾潤秋 (傳見林)	承	叢	曾洪亮							
						曾志良 (配袁圓)			(女)曾雅斎							
						(女)哀廷姍										
168	158	151	69	44	21	(女)曾雅斎	先	維								
169	159	152	70	45	22		緒	常								
170	160	153	71	46	23		英	施								
171	161	154	72	47	24		豪	以								
172	162	155	73	48	25		裕	德								

彭士學(祥玉)嫡系血脈源流(湖南瀏陽官橋善沖)

少典 166 世、黃帝 156 世、彭祖 149 世、宣公 67 世、構雲公 41 世、明宗公 18 世

世系						先祖	派字		子					嗣				
少典	黃帝	彭祖	宣	構雲	明宗		構雲	明宗	長子	次子	3	4	5	6	7	8	9	10
125	115	108	26	1		構雲	天		東里(溼)	南華(治)	西華(江)	北叟(海)	中理(滋)					
126	116	109	27	2		滋	地		伉	倜	儀							
127	117	110	28	3		倜	初		�	輔	軸(齋)							
128	118	111	29	4		輔	開		珏	璸	璋	玕	瑊					
129	119	112	30	5		玕	日		1 彥武(旺)	2 彥暉	3 彥昭	4 彥旼	5 彥晌	6 彥晍	7 彥晠(澄)	8 彥啉	9 彥琛(昇)	0 彥曉(規)
									11 彥 (澄)									
130	120	113	31	6		彥昭	詒		1 師庠	2 師連	3 師建	4 師奭	5 師遇`	6 師旺	7 師孔	8 師簡	9 師服	10 師旦
									11 師孟	12 師亮	13 師浩	14 師俊	15 師範					
131	121	114	32	7		師奭	謀		德顒	(又名	允顒德	容)						
132	122	115	33	8		德容	己		吉	壽	堯	嘉	喜					
133	123	116	34	9		壽	善		嗣邦	嗣興	嗣簡	嗣慶	嗣元	嗣藹	嗣嚴			
134	124	117	35	10		嗣興(儒興)	良		仕明(明)	仕昉(昉)	仕旰(旰)							
135	125	118	36	11		仕明	功		思治	思修	思項?							
136	126	119	37	12		思治	深		汝正									
137	127	120	38	13		汝正	垂		長									
138	128	121	39	14		長	史		熊									
139	129	122	40	15		熊	策		護									
140	130	123	41	16		護	茂		餘遠(明遠)	聖遠								
141	131	124	42	17		餘遠	績		君佐	達夫								
142	132	125	43	18		君佐	簡		宏行									
143	133	126	44	19		宏行	稱		信卿									
144	134	127	45	20		信卿	揚		景榮									
145	135	128	46	21		景榮	偉		方賢									
146	136	129	47	22		方賢	傑		奇善									
147	137	130	48	23		奇善	邦		明宗									
148	138	131	49	24	1	明宗(文柏)	家	明	思正									
149	139	132	50	25	2	思正	幸	思	紹虎	紹連								
150	140	133	51	26	3	紹連	賢	紹	廷倫	廷偉								
151	141	134	52	27	4	廷倫	才	廷	時珍									
152	142	135	53	28	5	時珍	旅	時	書房									
153	143	136	54	29	6	書房	舍	登	偉倫									
154	144	137	55	30	7	偉倫	香	芳	興其									
155	145	138	56	31	8	興其	好	興	忠明									
156	146	139	57	32	9	忠明	古	忠	啟儒	(啟儒公	有六子	世英世	吉世祿	世遠世	明世泰)			
									啟鏞	(啟鏞公	無出過	繼啟儒	公之子	世英公	為嗣)			
157	147	140	58	33	10	啟儒	欣	啟	世英	世吉	世祿	世遠	世明	世泰				
158	148	141	59	34	11	世吉	能	世	應傑	應川								
159	149	142	60	35	12	應川	述	應	開學	開益	開賢	開堯						
160	150	143	61	36	13	開堯	佑	開	雯憲	雯偲	雯惠	雯懋						
161	151	144	62	37	14	雯懋	我	雯	運煜	運炯	運煒	運爌						
162	152	145	63	38	15	運爌	樂	運	觀度 (浤量)	觀濂 (清溪)	觀庠 (芝苔)	觀序 (伯俊)	觀 (雲龍)					
163	153	146	64	39	16	觀濂	安	觀	光瀠 (植本)	光法 (植人)								
164	154	147	65	40	17	光法	康	光	士覺 (禎迪)	士學 (祥玉)	士譽 (祜珊)	士釁 (奇士)	(女)秋羅	雪喬	秋明	降君	復元	

世系						先祖	派字		子嗣									
少典	黃帝	彭祖	宣	構雲	明宗		構雲	明宗	長子	次子	3	4	5	6	7	8	9	10
165	155	148	66	41	18	士學(祥玉) (配蘇安休)	俊	士	業聰	業明	業湘	(女)慧玲						
166	156	149	67	42	19	業聰 (配胡秋英)	哲	業	崇軒	(女)韻潔								
						業明 (配張淑美)			崇凱	(女)婉娟								
						業湘 (配楊毓玲)			崇傑	(女)婉怡								
						(女) 慧玲 (夫廖昭揚)			廖書辰	廖書涵								
167	157	150	68	43	20	崇軒	承	叢										
						崇凱												
						崇傑												
168	158	151	69	44	21		先	維										
169	159	152	70	45	22		緒	常										
170	160	153	71	46	23		英	施										

彭士伸(勛甫)嫡系血脈源流(湖南瀏陽官橋彭家塅德慎)

少典 166 世、黃帝 156 世、彭祖 149 世、宣公 67 世、構雲公 41 世、明宗公 18 世

世系						先祖	派字		子嗣									
少典	黃帝	彭祖	宣	構雲	明宗		構雲	明宗	長子	次子	3	4	5	6	7	8	9	10
125	115	108	26	1		構雲	天		東里(溼)	南華(治)	西華(江)	北叟(海)	中理(滋)					
126	116	109	27	2		滋	地		伉	倜	儀							
127	117	110	28	3		倜	初		�	輔	軸(齊)							
128	118	111	29	4		輔	開		玨	瓆	璋	玗	瑊					
129	119	112	30	5		玗	日		1 彥武(旺)	2 彥暉	3 彥昭	4 彥旼	5 彥晌	6 彥晍	7 彥晠(澄)	8 彥啉	9 彥琛(昇)	0 彥曉(規)
									11 彥 (澄									
130	120	113	31	6		彥昭	詒		1 師庠	2 師連	3 師建	4 師奭	5 師邁`	6 師旺	7 師孔	8 師簡	9 師服	10 師旦
									11 師孟	12 師亮	13 師浩	14 師俊	15 師範					
131	121	114	32	7		師奭	謀		德顒	(又名	允顒德	容)						
132	122	115	33	8		德容	己		吉	壽	堯	嘉	喜					
133	123	116	34	9		壽	善		嗣邦	嗣興	嗣簡	嗣慶	嗣元	嗣藹	嗣嚴			
134	124	117	35	10		嗣興(儒興)	良		仕明(明)	仕昉(昉)	仕盱(盱)							
135	125	118	36	11		仕明	功		思治	思修	思頊?							
136	126	119	37	12		思治	深		汝正									
137	127	120	38	13		汝正	垂		長									
138	128	121	39	14		長	史		熊									
139	129	122	40	15		熊	策		護									
140	130	123	41	16		護	茂		餘遠(明遠)	聖遠								
141	131	124	42	17		餘遠	績		君佐	達夫								
142	132	125	43	18		君佐	簡		宏行									
143	133	126	44	19		宏行	稱		信卿									
144	134	127	45	20		信卿	揚		景榮									
145	135	128	46	21		景榮	偉		方賢									
146	136	129	47	22		方賢	傑		奇善									
147	137	130	48	23		奇善	邦		明宗									
148	138	131	49	24	1	明宗(文柏)	家	明	思正									
149	139	132	50	25	2	思正	幸	思	紹虎	紹連								
150	140	133	51	26	3	紹連	賢	紹	廷倫	廷偉								
151	141	134	52	27	4	廷倫	才	廷	時珍									
152	142	135	53	28	5	時珍	旅	時	書房									
153	143	136	54	29	6	書房	舍	登	偉倫									
154	144	137	55	30	7	偉倫	香	芳	興其									
155	145	138	56	31	8	興其	好	興	忠明									
156	146	139	57	32	9	忠明	古	忠	啟儒	(啟儒公	有六子	世英世	吉世祿	世遠世	明世泰)			
									啟鏞	(啟鏞公	無出過	繼啟儒	公之子	世英公	為嗣)			
157	147	140	58	33	10	啟儒	欣	啟	世英	世吉	世祿	世遠	世明	世泰				
158	148	141	59	34	11	世吉	能	世	應傑	應川								
159	149	142	60	35	12	應川	述	應	開學`	開益	開賢	開堯						
160	150	143	61	36	13	開堯	佑	開	雯憲	雯偲	雯惠	雯懋						
161	151	144	62	37	14	雯懋	我	雯	運煜	運炯	運煒	運爌						
162	152	145	63	38	15	運爌 (妣 氏)	樂	運	觀度 (浤量)	觀濂 (清溪)	觀庠 (芝苔)	觀序 (伯俊)	觀 (雲龍)					
163	153	146	64	39	16	觀序 (妣 氏)	安	觀	光農 (漢庭)	光渚 (雪松)	光陞 (細七)	光雯 (文彬)	光鑫 (金球)					

世系						先祖	派字		子嗣									
少典	黃帝	彭祖	宣	構雲	明宗		構雲	明宗	長子	次子	3	4	5	6	7	8	9	10
164	154	147	65	40	17	光鑫 (妣 氏)	康	光	士伸 勛甫)	(女)夢蘭								
165	155	148	66	41	18	士伸(勛甫) (配蘇杏)	俊	士	業精	業惠	業煌	(女)淑琴)	(女)湘瀏	(女)湘玲				
166	156	149	67	42	19	業精 (配劉香蓮)	哲	業	(女)群英	(女)彭琪								
						業惠 (配易俊輝)			彭海	(女)紅玲								
						業煌 (配王麗貞)			(女)翊庭									
						(女)淑琴 (配張水培)			張星輝	張星龍	女張寒梅							
						湘瀏 適陳正平			陳勇峻	陳勇皓								
						湘玲 適李厚德			李文心	李文皓								
167	157	150	68	43	20	彭海	承	叢	甜心									
						(女)紅玲			何 微									
						群英 適卜慶友			卜彭彭									
						彭琪 適胡濱			胡騰躍									
						翊庭												
168	158	151	69	44	21	(女)何微	先	維										
						卜彭彭												
						胡騰躍												
169	159	152	70	45	22	甜心	緒	常										
170	160	153	71	46	23		英	施										
171	161	154	72	47	24		豪	以										
172	162	155	73	48	25		裕	德										

彭士信嫡系血脈源流(湖南瀏陽官橋彭家塅江邊)

少典 166 世、黃帝 156 世、彭祖 149 世、宣公 67 世、構雲公 41 世、明宗公 18 世

世系						先祖	派字		子嗣									
少典	黃帝	彭祖	宣	構雲	明宗		構雲	明宗	長子	次子	3	4	5	6	7	8	9	10
125	115	108	26	1		構雲	天		東里(涇)	南華(治)	西華(江)	北叟(海)	中理(滋)					
126	116	109	27	2		滋	地		伉	倜	儀							
127	117	110	28	3		倜	初		�	輔	軸(霽)							
128	118	111	29	4		輔	開		珏	瓆	璋	玕	珹					
129	119	112	30	5		玕	日		1 彥武(旺)	2 彥暉	3 彥昭	4 彥旼	5 彥晌	6 彥晍	7 彥晠(澄)	8 彥晽	9 彥琛(昇)	0 彥曉(規)
									11 彥 (澄									
130	120	113	31	6		彥昭	詒		1 師庠	2 師連	3 師建	4 師奭	5 師遇`	6 師旺	7 師孔	8 師簡	9 師服	10 師旦
									11 師孟	12 師亮	13 師浩	14 師俊	15 師範					
131	121	114	32	7		師奭	謀		德顒	(又名	允顒德	容)						
132	122	115	33	8		德容	己		吉	壽	堯	嘉	喜					
133	123	116	34	9		壽	善		嗣邦	嗣興	嗣簡	嗣慶	嗣元	嗣藹	嗣嚴			
134	124	117	35	10		嗣興(儒興)	良		仕明(明)	仕昉(昉)	仕旰(旰)							
135	125	118	36	11		仕明	功		思治	思修	思頊?							
136	126	119	37	12		思治	深		汝正									
137	127	120	38	13		汝正	垂		長									
138	128	121	39	14		長	史		熊									
139	129	122	40	15		熊	策		護									
140	130	123	41	16		護	茂		餘遠(明遠)	聖遠								
141	131	124	42	17		餘遠	績		君佐	達夫								
142	132	125	43	18		君佐	簡		宏行									
143	133	126	44	19		宏行	稱		信卿									
144	134	127	45	20		信卿	揚		景榮									
145	135	128	46	21		景榮	偉		方賢									
146	136	129	47	22		方賢	傑		奇善									
147	137	130	48	23		奇善	邦		明宗									
148	138	131	49	24	1	明宗(文柏)	家	明	思正									
149	139	132	50	25	2	思正	幸	思	紹虎	紹連								
150	140	133	51	26	3	紹連	賢	紹	廷倫	廷偉								
151	141	134	52	27	4	廷倫	才	廷	時珍									

世系						先祖	派字		子嗣									
少典	黃帝	彭祖	宣	構雲	明宗		構雲	明宗	長子	次子	3	4	5	6	7	8	9	10
152	142	135	53	28	5	時珍	旅	時	書房									
153	143	136	54	29	6	書房	舍	登	偉倫									
154	144	137	55	30	7	偉倫	香	芳	興其									
155	145	138	56	31	8	興其	好	興	忠明									
156	146	139	57	32	9	忠明	古	忠	啟儒	(啟儒公	有六子	(世英	世吉	世祿	世遠	世明	世泰)	
									啟鏞	(啟鏞公	無出過	繼啟儒	公之子	世英公	為嗣)			
157	147	140	58	33	10	啟儒	欣	啟	世吉									
158	148	141	59	34	11	世吉	能	世	應									
159	149	142	60	35	12	應○	述	應	開饒									
160	150	143	61	36	13	開饒	佑	開	雯師									
161	151	144	62	37	14	雯師	我	雯	運棨									
162	152	145	63	38	15	運棨	樂	運	觀咸									
163	153	146	64	39	16	觀咸	安	觀	光戶									
164	154	147	65	40	17	光戶(永祿堂)	康	光	士憬	士悟	士仔	士弘	士棟	士信	(女)金霞	雪梅		
165	155	148	66	41	18	士信 (配紀雅芳)	俊	士										
166	156	149	67	42	19		哲	業										
167	157	150	68	43	20		承	叢										

彭業華嫡系血脈源流(湖南瀏陽官橋郭家壩)

少典 167 世、黃帝 157 世、彭祖 150 世、宣公 68 世、構雲公 42 世、明宗公 20 世

世系						先祖	派字		子嗣									
少典	黃帝	彭祖	宣	構雲	明宗		構雲	明宗	長子	次子	3	4	5	6	7	8	9	10
125	115	108	26	1		構雲	天		東里(涇)	南華(治)	西華(江)	北叟(海)	中理(滋)					
126	116	109	27	2		滋	地		伉	倜	儀							
127	117	110	28	3		倜	初		�	輔	軸(齋)							
128	118	111	29	4		輔	開		玨	瓊	璋	玕	瑊					
129	119	112	30	5		玕	日		1 彥武(旺)	2 彥暉	3 彥昭	4 彥旼	5 彥晌	6 彥晍	7 彥晸(澄)	8 彥晽	9 彥琛(昇)	0 彥曉(規)
									11 彥 (澄									
130	120	113	31	6		彥昭	詒		1 師庠	2 師連	3 師建	4 師奭	5 師遇`	6 師旺	7 師孔	8 師簡	9 師服	10 師旦
									11 師孟	12 師亮	13 師浩	14 師俊	15 師範					
131	121	114	32	7		師奭	謀		德顯	(又名	允顯德	容)						
132	122	115	33	8		德容	己		吉	壽	堯	嘉	喜					
133	123	116	34	9		壽	善		嗣邦	嗣興	嗣簡	嗣慶	嗣元	嗣藹	嗣嚴			
134	124	117	35	10		嗣興(儒興)	良		仕明(明)	仕昉(昉)	仕旴(旴)							
135	125	118	36	11		仕明	功		思治	思修	思項?							
136	126	119	37	12		思治	深		汝正									
137	127	120	38	13		汝正	垂		長									
138	128	121	39	14		長	史		熊									
139	129	122	40	15		熊	策		護									
140	130	123	41	16		護	茂		餘遠(明遠)	聖遠								
141	131	124	42	17		餘遠	績		君佐	達夫								
142	132	125	43	18		君佐	簡		宏行									
143	133	126	44	19		宏行	稱		信卿									
144	134	127	45	20		信卿	揚		景榮									
145	135	128	46	21		景榮	偉		方賢									
146	136	129	47	22		方賢	傑		奇善									
147	137	130	48	23		奇善	邦		明宗									
148	138	131	49	24	1	明宗(文柏)	家	明	思正									
149	139	132	50	25	2	思正	幸	思	紹虎	紹連								
150	140	133	51	26	3	紹連	賢	紹	廷倫	廷偉								
151	141	134	52	27	4	廷倫	才	廷	時珍									
152	142	135	53	28	5	時珍	旅	時	書房									
153	143	136	54	29	6	書房	舍	登	偉倫									
154	144	137	55	30	7	偉倫	香	芳	興其									
155	145	138	56	31	8	興其	好	興	忠明									
156	146	139	57	32	9	忠明	古	忠	啟儒	(啟儒公	有六子	世英世	吉世祿	世遠世	明世泰)			
									啟鏞	(啟鏞公	無出過	繼啟儒	公之子	世英公	為嗣)			
157	147	140	58	33	10	啟鏞	欣	啟	世英	世吉	世祿	世遠	世明	世泰				
158	148	141	59	34	11	世英	能	世	應									
159	149	142	60	35	12	應德	述	應	開饒									
160	150	143	61	36	13	開涵	佑	開	雯師									
161	151	144	62	37	14	雯	我	雯	運棨									
162	152	145	63	38	15	運	樂	運	觀咸									
163	153	146	64	39	16	觀	安	觀	光戶									

世系						先祖	派字		子嗣									
少典	黃帝	彭祖	宣	構雲	明宗		構雲	明宗	長子	次子	3	4	5	6	7	8	9	10
164	154	147	65	40	17	曉秋	康	光	士憬	士悟	士仔	士弘	士棟	士信	(女)金霞	雪梅		
165	155	148	66	41	18	士	俊	士										
166	156	149	67	42	19	業華	哲	業	長安	肇麟	(女)肇琴	肇妮	肇敏					
167	157	150	68	43	20	長安	承	叢										
						肇麟												
						(女) 肇琴												
						肇妮												
						肇敏												
168	158	151	69	44	21		先	維										
169	159	152	70	45	22		緒	常										
170	160	153	71	46	23		英	施										

彭麗華(元英)嫡系血脈源流(湖南瀏陽官橋彭家塅後背壠)

少典 166 世、黃帝 156 世、彭祖 149 世、宣公 67 世、構雲公 41 世、明宗公 18 世

世系						先祖	派字		子嗣									
少典	黃帝	彭祖	宣	構雲	明宗		構雲	明宗	長子	次子	3	4	5	6	7	8	9	10
125	115	108	26	1		構雲	天		東里(溼)	南華(治)	西華(江)	北叟(海)	中理(滋)					
126	116	109	27	2		滋	地		伉	倜	儀							
127	117	110	28	3		倜	初		�	輔	軸(霽)							
128	118	111	29	4		輔	開		珏	瓊	璋	玕	珹					
129	119	112	30	5		玕	日		1 彥武(旺)	2 彥暉	3 彥昭	4 彥旼	5 彥晌	6 彥晍	7 彥暙(澄)	8 彥啉	9 彥琛(昇)	0 彥曉(規)
									11 彥 (澄)									
130	120	113	31	6		彥昭	詒		1 師庠	2 師連	3 師建	4 師奭	5 師邁`	6 師旺	7 師孔	8 師簡	9 師服	10 師旦
									11 師孟	12 師亮	13 師浩	14 師俊	15 師範					
131	121	114	32	7		師奭	謀		德顒	(又名	允顒德	容)						
132	122	115	33	8		德容	己		吉	壽	堯	嘉	喜					
133	123	116	34	9		壽	善		嗣邦	嗣興	嗣簡	嗣慶	嗣元	嗣藹	嗣嚴			
134	124	117	35	10		嗣興(儒興)	良		仕明(明)	仕昉(昉)	仕盱(盱)							
135	125	118	36	11		仕明	功		思治	思修	思項?							
136	126	119	37	12		思治	深		汝正									
137	127	120	38	13		汝正	垂		長									
138	128	121	39	14		長	史		熊									
139	129	122	40	15		熊	策		護									
140	130	123	41	16		護	茂		餘遠(明遠)	聖遠								
141	131	124	42	17		餘遠	績		君佐	達夫								
142	132	125	43	18		君佐	簡		宏行									
143	133	126	44	19		宏行	稱		信卿									
144	134	127	45	20		信卿	揚		景榮									
145	135	128	46	21		景榮	偉		方賢									
146	136	129	47	22		方賢	傑		奇善									
147	137	130	48	23		奇善	邦		明宗									
148	138	131	49	24	1	明宗(文柏)	家	明	思正									
149	139	132	50	25	2	思正	幸	思	紹虎	紹連								
150	140	133	51	26	3	紹連	賢	紹	廷倫	廷偉								
151	141	134	52	27	4	廷倫	才	廷	時珍									
152	142	135	53	28	5	時珍	旅	時	書房									
153	143	136	54	29	6	書房	舍	登	偉倫									
154	144	137	55	30	7	偉倫	香	芳	興其									
155	145	138	56	31	8	興其	好	興	忠明									
156	146	139	57	32	9	忠明	古	忠	啟儒	(啟儒公	有六子	世英世	吉世祿	世遠世	明世泰)			
									啟鏞	(啟鏞公	無出過	繼啟儒	公之子	世英公	為嗣)			
157	147	140	58	33	10	啟儒	欣	啟	世英	世吉	世祿	世遠	世明	世泰				
158	148	141	59	34	11	世吉	能	世	應傑	應川								
159	149	142	60	35	12	應川	述	應	開學`	開益	開賢	開堯						
160	150	143	61	36	13	開堯	佑	開	雯憲	雯偲	雯惠	雯懋						
161	151	144	62	37	14	雯懋	我	雯	運煜	運炯	運煒	運爌						
162	152	145	63	38	15	運爌	樂	運	觀度(浤量)	觀濂(清溪)	觀庠(芝苔)	觀序(伯俊)	覲(雲龍)					
163	153	146	64	39	16	觀度	安	觀	光濼(漢溪)	光瀏(常卿)	光濬(禹臣)	光浤(湘帆)						
164	154	147	65	40	17	光瀏	康	光	士凱	士林	士芴	士元	士奇					
165	155	148	66	41	18	士林(桃生)	俊	士	(女)秀存	麗華	福華	桂芝	杏華	杏芝	建文			
166	156	149	67	42	19	麗華(元英)	哲	業	姜小強	姜慧玲								

世			系			先祖	派字		子									嗣
少典	黃帝	彭祖	宣	構雲	明宗		構雲	明宗	長子	次子	3	4	5	6	7	8	9	10
167	157	150	68	43	20	姜小強	承	叢	姜敬晏	姜敬怡	姜靈芝							
						(女)姜慧玲												
168	158	151	69	44	21		先	維										
169	159	152	70	45	22		緒	常										
170	160	153	71	46	23		英	施										
171	161	154	72	47	24		豪	以										
172	162	155	73	48	25		裕	德										

彭友清嫡系血脈源流(湖南瀏陽躍龍鴨塘)

世			系			嫡系先祖	派字		子							嗣
少典	黃帝	彭祖	宣	構雲	鴨塘		構雲	鴨塘系	長子	次子	季子	4	5	6	7	8
125	115	108	26	1		構雲	天		東里(涇)	南華(治)	西華(江)	北叟(海)	中理(滋)			
126	116	109	27	2			地									
127	117	110	28	3			初									
128	118	111	29	4			開									
129	119	112	30	5			日									
130	120	113	31	6			詒									
131	121	114	32	7			謀									
132	122	115	33	8			己									
133	123	116	34	9			善									
134	124	117	35	10			良									
135	125	118	36	11			功									
136	126	119	37	12			深									
137	127	120	38	13			垂									
138	128	121	39	14			史									
139	129	122	40	15			策									
140	130	123	41	16			茂									
141	131	124	42	17			績									
142	132	125	43	18			簡									
143	133	126	44	19			稱									
144	134	127	45	20			揚									
145	135	128	46	21		夔	偉	夔	志仁	志道	志允	志和				
146	136	129	47	22	1	志道	傑	志	仁四	仁五	仁九	(一女)				
147	137	130	48	23	2	仁四	邦	仁	進士	連士	平士					
148	138	131	49	24	3	進士	家	進	聲電	(女)庚姑						
149	139	132	50	25	4	聲雷	幸	聲	子美							
150	140	133	51	26	5	子美	賢	子	宏源	福源						
151	141	134	52	27	6	宏源	才	宏	均平							
152	142	135	53	28	7	均平	旅	均	惟玉	惟璞						
153	143	136	54	29	8	惟玉	舍	惟	景福							
154	144	137	55	30	9	景福	香	景	萬源	萬鍾						
155	145	138	56	31	10	萬源	好	萬	福麒	福麟						
156	146	139	57	32	11	福麒	古	福	崇大	崇觀	崇智					
157	147	140	58	33	12	崇大	欣	崇	單瓏							
158	148	141	59	34	13	單瓏	能	單	國榮	國富	國望	國福				
159	149	142	60	35	14	國榮	述	國	朝文							
160	150	143	61	36	15	朝文	佑	朝	廷爵	廷棟	廷順	廷添				
161	151	144	62	37	16	廷爵	我	廷	添勝	添佑	添明	添成	添用	添德		
162	152	145	63	38	17	添用	樂	添	順朝							
163	153	146	64	39	18	順朝	安	順	鍾泗	鍾湖	鍾漣	鍾江				
164	154	147	65	40	19	鍾江	康	鍾	清楹	清杬	清梃	清標	清渠	清朗		
165	155	148	66	41	20	清梃	俊	清	樹謙	樹觀						
166	156	149	67	42	21	樹觀	哲	樹	耀來	耀吾						
167	157	150	68	43	22	耀來	承	耀	坤焯	坤煥	坤煜	(一女)				
168	158	151	69	44	23	坤煜	先	坤	孝紀	孝禧	(三女)					
169	159	152	70	45	24	孝禧	緒	孝	友清	友順	(女)玉蓮	雪英	金貞			
170	160	153	71	46	25	友清 (配羅富美)	英	友	培中	培蘭 (薪曄)						
171	161	154	72	47	26	培中(配江淑惠)	豪	培	基鈞	基霈						
						培蘭(薪曄)										
172	162	155	73	48	27	基鈞	裕									
						基霈										
173	163	156	74	49	28		後									

湖南淩公(旭湖郡侯)世系脈流

彭伯良嫡系血脈源流

世			系			先祖	子						嗣		
少典	黃帝	彭祖	宣	搆雲	淩(旭湖)		長子	次子	3	4	5	6	7	8	9
125	115	108	26	1		構雲	東里(涇)	南華(治)	西華(江)	北叟(海)	中理(滋)				
126	116	109	27	2		滋	伉	倜	儀						
127	117	110	28	3		倜	�	輔	軸(聱)						
128	118	111	29	4		輔	玨	瓆	璋	玕	瑊				
129	119	112	30	5		玨	淩								
130	120	113	31	6	1	淩(漢霖)	鄒	鄭	鄧		圖	道			
131	121	114	32	7	2	鄒	子高	子達	子敖	子祿	子懸				
132	122	115	33	8	3	子高	罡								
133	123	116	34	9	4	罡祖	介	念							
134	124	117	35	10	5	介	再榮	再鑾	再敏	再金					
135	125	118	36	11	6	再榮	仁宗	仁賓	仁萬						
136	126	119	37	12	7	仁宗	守暹	守道`	守遺						
137	127	120	38	13	8	守暹	思善	思齊							
138	128	121	39	14	9	思善	文德	文珣	文琮	文琇					
139	129	122	40	15	10	文德	公								
140	130	123	41	16	11	公	汝通								
141	131	124	42	17	12	汝通	希廣								
142	132	125	43	18	13	希廣	應龍	應澄	應己						
143	133	126	44	19	14	應龍	興海	興饒	興饒	興湖					
144	134	127	45	20	15	興海	字政	子雲	子膳	子啟					
145	135	128	46	21	16	子政	允誠	允信	允堅						
146	136	129	47	22	17	允堅	添弼	添貴							
147	137	130	48	23	18	添弼	原仁	原智	原信	原繕	原德	原琛			
148	138	131	49	24	19	原繕	世騫	世宗	世宜						
149	139	132	50	25	20	世宜	光泰	光憲	光勝	光瑛					
150	140	133	51	26	21	光憲	玉湖	玉鈿	玉竣						
151	141	134	52	27	22	玉竣	仲榛	仲果	仲森	仲積					
152	142	135	53	28	23	仲果	龕	隱(失傳	字雙塘	配歐氏	(子)啟后	啟仁)			
153	143	136	54	29	24	龕	啟志								
154	144	137	55	30	25	啟志	以吾								
155	145	138	56	31	26	以吾	從光	從明	從大	從遠					
156	146	139	57	32	27	從明	必院								
157	147	140	58	33	28	必院	勝珣	仕偉	永煥	永炳	永熾	永照	永燦	永拔	
158	148	141	59	34	29	勝珪	永隆	永伸	永健	永盛	永清				
159	149	142	60	35	30	永伸	正宜	正緒	正賢	正瀠					
160	150	143	61	36	31	正緒	本耀	本元	致本	廷本	楷本	望本			
161	151	144	62	37	32	廷本	清旭	清景	清伍	清曉	清馥				
162	152	145	63	38	33	清馥	源道	源運	源適	源遵					
163	153	146	64	39	34	源道	錫惠	錫慈	錫志	錫恩	錫忠				
164	154	147	65	40	35	錫志	福濃	福鴻	福祥	福深	(女)淑慧				
165	155	148	66	41	36	福鴻	延杞	(女)允純	允均						
166	156	149	67	42	37	延杞(伯良)	慶平								
167	157	151	68	43	38	慶平	(女)景蒂	景鈿							
168	158	152	69	44	39	(女)景蒂	琛運	(女)斯運	嵇運						
169	159	153	70	45	40	琛運									

彭聖師(慎思、慶堃)嫡系血脈源流 2014.9.18.

世系						先祖	子						嗣		
少典	黃帝	彭祖	宣	搆雲	淩(旭湖)		長子	次子	3	4	5	6	7	8	9
125	115	108	26	1		構雲	東里(涇)	南華(治)	西華(江)	北叟(海)	中理(滋)				
126	116	109	27	2		滋(中理)	伉	倜	儀						
127	117	110	28	3		倜	輞	輔	軸(聱)						
128	118	111	29	4		輔	玨	瓆	璋	玕	瑊				
129	119	112	30	5		玨	淩								
130	120	113	31	6	1	淩(漢霖)	鄒	鄭	鄧		圖	道			
131	121	114	32	7	2	鄒	子高	子達	子敖	子祿	子懸				
132	122	115	33	8	3	子高	罡								
133	123	116	34	9	4	罡祖	介	念							
134	124	117	35	10	5	介	再榮	再鑾	再敏	再金					

世系						先祖	子				嗣				
少典	黃帝	彭祖	宣	搆雲	淩(旭湖)		長子	次子	3	4	5	6	7	8	9
135	125	118	36	11	6	再榮	仁宗	仁賓	仁萬						
136	126	119	37	12	7	仁宗	守暹	守道	守遺						
137	127	120	38	13	8	守暹	思善	思齊							
138	128	121	39	14	9	思善	文德	文珣	文琮	文琇					
139	129	122	40	15	10	文德	公								
140	130	123	41	16	11	公	汝通								
141	131	124	42	17	12	汝通	希廣								
142	132	125	43	18	13	希廣	應龍	應澄	應己						
143	133	126	44	19	14	應龍	興海	興饒	興饒	興湖					
144	134	127	45	20	15	興海	字政	子雲	子膳	子啟					
145	135	128	46	21	16	子政	允誠	允信	允堅						
146	136	129	47	22	17	允堅	添弼	添貴							
147	137	130	48	23	18	添弼	原仁	原智	原信	原繕	原德	原琛			
148	138	131	49	24	19	原繕	世騫	世宗	世宜						
149	139	132	50	25	20	世宜	光泰	光憲	光勝	光瑛					
150	140	133	51	26	21	光憲	玉湖	玉鈿	玉竣						
151	141	134	52	27	22	玉竣	仲榛	仲果	仲森	仲積					
152	142	135	53	28	23	仲果	龕	隱(失傳	字雙塘	配歐氏	(子)啟后	啟仁)			
153	143	136	54	29	24	龕	啟志								
154	144	137	55	30	25	啟志	以吾								
155	145	138	56	31	26	以吾	從光	從明	從大	從遠					
156	146	139	57	32	27	從明	必院								
157	147	140	58	33	28	必院	勝珣	仕偉	永煥	永炳	永熾	永照	永燦	永拔	
158	148	141	59	34	29	勝珣	仕偉	永煥	永炳	永熾	永照	永燦	永拔		
159	149	142	60	35	30	永炳	文虎	正超	正考						
160	150	143	61	36	31	正超	本嵩								
161	151	144	62	37	32	本嵩	清美	清璵	清瑛	清瑞	清理	清瓚	清瑚	清現	清珴
162	152	145	63	38	33	清理	源菊								
163	153	146	64	39	34	源菊(象九)	錫斌								
164	154	147	65	40	35	錫斌(德榮)	福桂	福樟	福森	福楧					
165	155	148	66	41	36	福桂(曉耕)	延熙	(慶垚	慶王	慶甾	慶茔	慶垄)			
							延熹	(慶璽(舜師	慶崟(慎思)						
							延熊	(敏思[慶墉]	博文(慶址)	(女)蓼蘭	(女)慶恆	(女)邁羣			
							(女) 翠卿								
							(女) 梅卿								
							(女) 淑卿								
166	156	149	67	42	37	延熹(鑑鍾)	慶璽(舜師)								
							慶崟(慎思)								
167	157	150	68	43	38	慶崟(慎思)	景鐸	(運隆	(女)美齡)						
							(女)蔚文	(王捷	(女)王瑄)						
							(女)薏文	(陳天任	(女)陳天心)						
							(女)倩文	(女廖柔光)							
							(女)啟文	(朱宴庭)							
							(女)嘉璇								
168	158	152	69	44	39	景鐸(祥麟)	運隆	(女)美齡)							
						(女)蔚文	(王捷	(女)王瑄)							
						(女)薏文	(陳天任	(女)陳天心)							
						(女)倩文	(女廖柔光)								
						(女)啟文	(朱宴庭)								
						(女)嘉璇									
169	159	153	70	45	40	運隆	(女)美齡								
						(女)美齡									
170	160	154	71	46	41										
171	161	155	72	47	42										

彭啓洪嫡系血脈源流 2015.7.21.校正

(湖南湘潭人旅居美國).

世系						先祖	派字	子			嗣		
少典	黃帝	彭祖	宣	搆雲	湘潭系			長子	次子	3	4	5	
125	115	108	26	1		構雲		東里(溼)	南華(治)	西華(江)	北叟(海)	中理(滋)	
126	116	109	27	2		滋		伉	倜	儀			
127	117	110	28	3		倜		�	輔	軸(齎)			
128	118	111	29	4		輔		珏	瓆	璋	玕	瑊	

世系						先祖	派字	子嗣					
少典	黃帝	彭祖	宣	構雲	湘潭系			長子	次子	3	4	5	
129至156	119至146	112至139	30至57	5至32									
157	147	140	58	33									
158	148	141	59	34									
159	149	142	60	35				應球 (派字……應運啟明賢……)					
160	150	143	61	36		應球	應	長子: 運鋒(有二子三女) 長子: 啟志－峻林－思睿 次子: 福全 次子: 運其(又名漢生，有一子三女) 三子: 運清(有二子二女):長子：啟明 次子：啟文－從卉					
161	151	144	62	37		運其	運	長子：啟洪； 長女：月娥，次女：森林，三女：金蓮					
162	152	145	63	38		啟洪	啟	子: 程 女: 屹楠					
163	153	146	64	39		程	明	長子：友嘉 次子：睿嘉					
164	154	147	65	40		友嘉	賢						
						睿嘉							
165	155	148	66	41									
166	156	149	67	42									

彭月蓮嫡系脈流(祖居湖南瀏陽官橋清潭灣現住河南鄭州)

少典 167 世、黃帝 157 世、彭祖 150 世、宣公 68 世、構雲公 42 世、明宗公 19 世

世系						嫡系先祖	世次派別		子女嗣裔							
少典	黃帝	彭祖	宣公	構雲	明宗		構雲	明宗	1	2	3	4	5	6	7	8
125	115	108	26	1		構雲	天		東里(涇)	南華(治)	西華(江)	北叟(海)	中理(滋)			
126	116	109	27	2		滋	地		伉	倜	儀					
127	117	110	28	3		倜	初		輞	輔	軸(霽)					
128	118	111	29	4		輔	開		玨	璸	璋	玕	瑊			
129	119	112	30	5		玕	日		1 彥武(旺) 9 彥琛(昇)	2 彥暉 10 彥曉(規)	3 彥昭 1 彥 (澄)	4 彥旼	5 彥晌	6 彥晍	7 彥晠(澄)	8 彥晽
130	120	113	31	6		彥昭	詒		1 師庠 9 師服	2 師連 10 師旦	3 師建 11 師孟	4 師奭 12 師亮	5 師遇 13	6 師旺 14 師俊	7 師孔 15 師範	8 師簡
131	121	114	32	7		師奭	謀		德顒	(又名	允顒德容)					
132	122	115	33	8		德容	己		吉	壽	堯	嘉	喜			
133	123	116	34	9		壽	善		嗣邦	嗣興	嗣簡	嗣慶	嗣元	嗣藹	嗣嚴	
134	124	117	35	10		嗣興(儒興)	良		仕明(明)	仕昉(昉)	仕盱(盱)					
135	125	118	36	11		仕明	功		思治	思修	思頊?					
136	126	119	37	12		思治	深		汝正							
137	127	120	38	13		汝正	垂		長							
138	128	121	39	14		長	史		熊							
139	129	122	40	15		熊	策		護							
140	130	123	41	16		護	茂		餘遠(明遠)	聖遠						
141	131	124	42	17		餘遠	績		君佐	達夫						
142	132	125	43	18		君佐	簡		宏行							
143	13	126	44	19		宏行	稱		信卿							

世系						嫡系先祖	世次派別		子女嗣裔							
少典	黃帝	彭祖	宣公	構雲	明宗		構雲	明宗	1	2	3	4	5	6	7	8
	3															
144	134	127	45	20		信卿	揚		景榮							
145	135	128	46	21		景榮	偉		方賢							
146	136	129	47	22		方賢	傑		奇善							
147	137	130	48	23		奇善	邦		文　華	(留居祖居	地江西安	福)				
									文松(青茂)	(由江西遷	湖南劉陽	官橋彭家	再轉遷	瀏陽南鄉)		
									文柏(明宗)	(明初由江	西安福遷	湖南瀏陽	官橋彭家	埰)		
148	138	131	49	24	1	**明宗(文柏)**	**家**	**明**	**思正**	**(湖南省**	**瀏陽官橋**	**彭家埰**	**世系)**			
149	139	132	50	25	2	思正	幸	思	紹虎	紹連						
150	140	133	51	26	3	紹連	賢	紹	廷倫	廷偉						
151	141	134	52	27	4	廷倫	才	廷	時珍							
152	142	135	53	28	5	時珍	旅	時	書房							
153	143	136	54	29	6	書房	舍	登	偉倫							
154	144	137	55	30	7	偉倫	香	芳	興其							
155	145	138	56	31	8	興其	好	興	忠明							
156	146	139	57	32	9	忠明	古	忠	啟儒	(啟儒公	有六子	世英世吉	世祿世遠	世明世泰)		
									啟鏞	(啟鏞公	無出過繼	啟儒公之	子世英公	為嗣)		
157	147	140	58	33	10	啟鏞	欣	啟	世英	應 ?	應 ?	應德				
158	148	141	59	34	11	世英	能	世	應德							
159	149	142	60	35	12	應德	述	應	開涵	開沛	開澍,	開濱	開濤	開瀾	六子)	
160	150	143	61	36	13	開涵	佑	開	雯樑	雯楊	雯桃					
161	151	144	62	37	14	雯桃	我	雯	運？							
162	152	145	63	38	15	運？	樂	運	觀恩							
163	153	146	64	39	16	觀恩	安	觀	光其							
164	154	147	65	40	17	光其	康	光	士現	士民						
165	155	148	66	41	18	士現(配潘玉香)	俊	士								
166	156	149	67	42	19	月蓮(夫劉萬祿)	哲	業	子)劉首東							
167	157	150	68	43	20				劉首楠							
									(女)劉首鋼							
168	158	151	69	44	21	(子) 劉首東	先	維								
						劉首楠										
						(女) 劉首鋼										
169	159	152	70	45	22		緒	常								
170	160	153	71	46	23		英	施								
171	161	154	72	47	24		豪	以								
172	162	155	73	48	25		裕	德								

彭俊修嫡系家族脈流彭俊修　2015.6.8.

世系						嫡系先祖		派字		子			嗣			
少典	黃帝	彭祖	宣	搆雲	延年	祖名	生歿日期	構雲	延年	長子	次子	季子	4	5	6	7
125	115	108	26	1		構雲	715~767	天		東里(涇)	南華(治)	西華(江)	北叟(海)	中理(滋)		
126	116	109	27	2		滋	755~841	地		伉	倜	儀				
127	117	110	28	3		倜	773~851	初		軥	輔	軸				
128	118	111	29	4		輔	812-886	開		珐	璸	璋	玕	瑊		
129	119	112	30	5		玕	836-933	日		11 彥						
130	120	113	31	6		彥昭	854-972	詒		15 师						
131	121	114	32	7		師奭	?-?	謀		德顯						
132	122	115	33	8		德顯	?-?	己		吉	壽	堯	嘉	喜		
133	123	116	34	9		壽	906-971	善		嗣邦	嗣興	嗣简	嗣庆	嗣元	嗣藹	嗣嚴
134	124	117	35	10		嗣元	?-?	良		耀	輝					
135	125	118	36	11		耀	?-?	功		祖年	延年	椿年				
136	126	119	37	12	1	延年	1009-1095	深		銓	鎡	銳	鉞	鏶	鑑	
137	127	120	38	13	2	鑑	1040-1115	垂		諒	詔					
138	128	121	39	14	3	諒	1066-?	史		文盛	文錦					
139	129	122	40	15	4	文錦	1113-?	策		德隆						
140	130	123	41	16	5	德隆	1146-?	茂		傑夫						
141	131	124	42	17	6	傑夫	1190-?	績		曰亮	曰清	曰華				
142	132	125	43	18	7	曰華	1239-?	簡		益茂	益盛					
143	133	126	44	19	8	益盛	1294-?	稱		受章	受進	受春				
144	134	127	45	20	9	受章	1311-?	揚		漢卿	漢舉	漢弼	漢用	漢銘	漢宗	
145	135	128	46	21	10	漢宗	?-?	偉		法富	法先	法任				
146	136	129	47	22	11	法任	?-?	傑		?						
147	137	130	48	23	12	佚载 1	?-?	邦								
148	138	131	49	24	13	佚载 2	?-?	家								
149	139	132	50	25	14	佚载 3	?-?	幸								
150	140	133	51	26	15	佚载 4	?-?	賢								
151	141	134	52	27	16	佚载 5	?-?	才								
152	142	135	53	28	17	通	?-?	旅								
153	143	136	54	29	18	夢桂	?-?	舍								
154	144	137	55	30	19	友	?-?	香								
155	145	138	56	31	20	玉麟	?-?	好		君祐	君祿					
156	146	139	57	32	21	君祿	1665-1738	古		萬祥	萬禮	萬裕				
157	147	140	58	33	22	萬祥	1700-1786	欣		振剛						
158	148	141	59	34	23	振剛	1733-1813	能		朝龍	朝陽	朝柱	朝棟	朝樑		
159	149	142	60	35	24	朝龍	1756-1831	述		綱聰						
160	150	143	61	36	25	綱聰	1784-1852	佑		榮方	榮富	榮茂	榮翰	榮僱		
161	151	144	62	37	26	榮方	1804-1838	我		華堂	華國					
162	152	145	63	38	27	華國	1829-1905	樂		大林	大傑	大亨	大銓			
163	153	146	64	39	28	大銓	1867-1917	安		吉卿	吉斌	吉權				
164	154	147	65	40	29	吉斌	1904-1979	康		昌烈	昌如	昌君	昌華	昌永		
165	155	148	66	41	30	昌烈	1925-2000	俊		懋修	俊修					
166	156	149	67	42	31	俊修	1944-	哲		成亮						
167	157	150	68	43	32	成亮	1970-	承		上琪						
168	158	151	69	44	33	上琪	2000-	先								
169	159	152	70	45	34			緒	國							
170	160	153	71	46	35			英	瑞							
171	161	154	72	47	36			豪	盛							
172	162	155	73	48	37			裕	德							
173	163	156	74	49	38			後	煥							
174	164	157	75	50	39			光	文							
175	165	158	76	51	40			蜚	章							
176	166	159	77	52	41			聲	才							
177	167	160	78	53	42			標	学							
178	168	161	79	54	43			上	广							
179	169	162	80	55	44			苑	世							
180	170	163	81	56	45			勳	方							
181	171	164	82	57	46			名	興							
182	172	165	83	58	47			世	旺							
183	173	166	84	59	48			久	加							
184	174	167	85	60	49			長	宏							
185	175	168	86	61	50			科	光							
186	176	169	87	62	51			甲	治							

世	系					嫡系先祖		派字		子	嗣					
少典	黃帝	彭祖	宣	搆雲	延年	祖名	生歿日期	構雲	延年	長子	次子	季子	4	5	6	7
187	177	170	88	63	52			蟬	理							
188	178	171	89	64	53			聯	亮							
189	179	172	90	65	54			起	高							
190	180	173	91	66	55			庚	傑							
191	181	174	92	67	56			堂	武							
192	182	175	93	68	57			鳳	能							
193	183	176	94	69	58			翥	安							
194	184	177	95	70	59			翔	定							
195	185	178	96	71	60			有	邦							
196	186	179	97	72				根								
197	187	180	98	73				書								
198	188	181	99	74				裏								
199	189	182	100	75				種								
200	190	183	101	76				蘭								
201	191	184	102	77				桂								
202	192	185	103	78				慶								
203	193	186	104	79				騰								
204	194	187	105	80				芳								
205	195	188	106	81												
206	196	189	107	82												
207	197	190	108	83												

彭正雄(文史哲)嫡系血脈源流 2015.6.9.

延年世系	嫡系血緣		派字		子				女				備註
	祖名	生歿	構雲	延年	長子	次子	三子	四子	五子	六子	七子	八子	
	耀		功		祖年	延年	椿年						
1	延年	1009-1095	深	金	銓	鎡	銳	鑑	鉞				
2	銳	1040-1115	垂	益	詎	煌	諒	鑰	澤	濬	澄		
3	諒	1066-?	史	永	積善	積慶	棋	桂坤					
4	棋(秀鳳)		策	一	五郎	德隆							
5	德隆		茂	本	水	傑夫							
6	傑夫		績	宗	子順	日亮	日華	日清					
7	日華		簡	宣	思恭	益舉	益盛	益成	益昌				
8	益盛		稱	敬	受進	受章	受春						
9	受章		揚	誠	漢卿								
10	漢卿		偉	佑	仲可								
11	仲可		傑	創	仁忠								
12	仁忠		邦	自	伯聰								
13	伯聰		家	因	瑤								
14	瑤		幸	商	日新								
15	日新		賢	賢	縉								
16	縉		才	隆	一初								
17	一初		旅	德	大節								
18	大節		舍	行	載廣								
19	載廣		香	訓	佩								
20	佩		好	誥	肇華								
21	肇華		古	守	先喜								
22	先喜		欣	家	阿結								
23	阿結		能	聲	圍								
24	圍		述	成	蟾								
25	蟾		佑	務	正順								
26	正順		我	詩	為								
27	為		樂	書	春福								
28	春福	1915-1994	安	好	正雄	清騰							
29	正雄	1939-	康	惟	漢平	文銘	(女)雅雲	(女)雅玲	(女)雅芳				
30	漢平	1961-1999	俊	德	子鴻								
31	子鴻	1991-	哲	慈									
32			承	孝									
33			先	榮									
34			緒	義									
35			英	言									
36			豪	兼									

彭誠晃嫡系血脈源流 2015.4.6.

延年 世系	嫡系血緣		派字		子嗣								備註
	祖名	生歿	構雲	延年	長子	次子	季子	第4子	第5子	第6子	第7子	第8子	
	耀		功		祖年	延年	椿年						
1	延年	1009-1095	深	金	銓	鎡	鋭	鑑	鉞				
2	鑑	1040-1115	垂	益	詎	煌	諒	鑰	澤	濬	澄		
3	諒	1066-?	史	永	積善	積慶	棋	桂坤					
4	棋		策	一	五郎	德隆							
5	德隆		茂	本	水	傑夫							
6	傑夫		績	宗	子順	曰亮	日華	日清					
7	日華		簡	宣	思恭	益舉	益盛	益成	益昌				
8	益盛		稱	敬	受進	受章	受春						
9	受章		揚	誠	漢用								
10	漢用		偉	佑	成達	貴達	賢達	仕達					
11	賢達		傑	創	本仁	本禮	仕達						
12	本禮		邦	自	伯初	伯益	伯瑞	伯雍	伯昌	伯盛			
13	伯雍		家	因	城	峯							
14	峯		幸	商	子華	子輝							
15	子華		賢	賢	逍	遙							
16	逍		才	隆	紹賢								
17	紹賢		旅	德	鏞	鎬	錠						
18	鎬		舍	行	益新	作新	自新						
19	作新		香	訓	多福	多進	多謀	多重	多譽				
20	多謀		好	誥	援	撕	捖	摶					
21	捖		古	守	麗琚	麗瑤	麗琬	麗球	麗瑜				
22	麗琬		欣	家	豐元	希元	雍元	選元	錫元				
23	雍元		能	聲	維文	維連	維錫	維尚	維福	維鐮	維應	維疆	
24	維尚		述	成	成祥	攸祥	清祥	閏祥	從祥	麟祥	芳祥	貴祥	
25	閏祥		佑	務	錦山								
26	錦山		我	詩	蒸西	蒸南	蒸東	蒸北	蒸喜	蒸維			
27	蒸東		樂	書	雅喜	雅來							
28	雅來		安	好	化進	化萼							
29	化萼		康	惟	作權	作衡	作霖	作楫	煜光	杏南	文苑		
30	杏南		俊	德	誠晃	誠浩	誠亮	朋清					
31	誠晃		哲	慈	繼賢								
32	繼賢		承	孝	奕勝	敬荃							
33	奕勝 敬荃		先	榮									
34			緒	義									
35			英	言									
36			豪	兼									

家族稱謂

一．直系血親

先　　祖	世代稱謂	後　　裔	世代稱謂
生己者為父母	父	父之子為子	子
父之父為祖	祖父	子之子為孫	孫
祖父之父為曾祖	曾祖父	孫之子為曾孫	曾孫
曾祖之父為高祖	高祖父	曾孫之子為玄孫	玄孫
高祖之父為天祖	天祖父	玄孫之子為來孫	來孫
天祖之父為烈祖	烈祖父	來孫之子為晜孫	晜孫(音昆)
烈祖之父為太祖	太祖父	晜孫之子為仍孫	仍孫
太祖之父為遠祖	遠祖父	仍孫之子為雲孫	雲孫
遠祖之父為鼻祖	鼻祖父	雲孫之子為耳孫	耳孫
書中說：因人懷胎，鼻先受形，故鼻祖為始祖。		書中說：耳孫者，謂祖甚遠，僅耳目聞之也。	

二．祖宗十八代的稱呼

祖宗十八代是指自已上九代、下九代的宗族成員。按次序稱謂為：

往上按次序稱謂	往下按次序稱謂
1 生己者為父母，	1 父之子為子，
2 父之父為祖，	2 子之子為孫，
3 祖父之父為曾祖，	3 孫之子為曾孫，
4 曾祖之父為高祖，	4 曾孫之子為玄孫，
5 高祖之父為天祖，	5 玄孫之子為來孫，
6 天祖之父為烈祖，	6 來孫之子為晜（讀 kun=昆）孫，
7 烈祖之父為太祖，	7 晜孫之子為仍孫，
8 太祖之父為遠祖，	8 仍孫之子為雲孫，
9 遠祖之父為鼻祖。	9 雲孫之子為耳孫。
即：父、祖、曾、高、天、烈、太、遠、鼻。 書中說：因人懷胎，鼻先受形，故鼻祖為始祖。	即：子、孫、曾、玄、來、晜、仍、雲、耳。 書中說：耳孫者，謂祖甚遠，僅耳目聞之也。

三．九族圖

				高祖父母				
			曾祖姑	曾祖父母	曾伯叔祖父母			
		族祖姑	祖姑	祖父母	伯、叔祖父母	族伯叔祖父母		
	族姑	堂姑	姑	父母	伯叔父母	堂伯叔父母	族伯叔父母	
族姐妹	再從姐妹	堂姐妹	姐妹	己身	兄弟	堂兄弟	再從兄弟	族兄弟
	堂侄孫女	堂侄女	侄女	子	侄	堂侄	再從侄	
		堂侄孫女	侄孫女	孫	侄孫	堂侄孫		
			曾侄孫女	曾孫	曾侄孫			
				玄孫(元孫)				

四．父系親屬稱謂

稱呼對象	稱　呼	自　稱	他人敬稱	向他人謙稱
父親之遠祖父(母)	鼻祖父(母)	耳孫		
父親之太祖父(母)	遠祖父(母)	雲孫		
父親之烈祖父(母)	太祖父(母)	仍孫		
父親之天祖父(母)	烈祖父(母)	晜孫		
父親之高祖父(母)	天祖父(母)	來孫		
父親之曾祖父(母)	高祖父(母)	玄孫		
父親之祖父(母)	曾祖父母）	曾孫(女)	今曾祖父(母)	家曾祖父(母)
父親之伯祖父(母)	曾伯祖父(母)	曾侄孫(女)	令曾伯祖父(母)	家曾伯祖父(母)
父親之叔祖父(母)	曾叔祖父(母)	曾侄孫(女)	令曾叔祖父(母)	家曾叔祖父(母)
父親之父(母)親	祖父爺爺公公	孫(孫女)	令祖、令祖母	家祖、家祖母
父親之伯父(母)	伯祖父(母)	侄孫(侄孫女)	令伯祖父(母)	家伯祖父(母)
父親之叔父(母)	叔祖父(母)		令叔祖父(母)	家叔祖父(母)

稱呼對象	稱　呼	自　稱	他人敬稱	向他人謙稱
父親之姑母(父)	姑祖母(姑奶奶)	內侄孫(女)	令姑祖母(父)	家姑祖母(父)
父親之舅父(母)	舅祖父(舅爺爺)	外孫(女)	令舅祖父(母)	家舅祖父(母)
父親之姨父(母)	姨祖父(姨爺爺)	姨外孫(女)	令姨祖父(母)	家姨祖父(母)
父(母)親	父親爸爸(母親娘)	子、兒子(女)	令尊尊君(母)	家父(母)家嚴家慈
父親之繼妻	繼母繼娘媽媽	繼子(女)	令繼母,令堂	家繼母、家慈
父親之兄(嫂)	伯父、伯伯	侄子(侄女)	令伯、(令伯母)	家伯父(母)
父親之弟(嫂)	叔父(母)季父(母)		令叔、(令叔母)	家叔父(嬸母)
父親之姐妹	姑母姑姑	內侄、內侄女	令姑母(父)	家姑父(母)
父親之堂兄(嫂)	堂伯父(母)	堂侄、堂侄女	令堂伯(母)	家堂伯父(母)
父親之堂弟(嫂)	堂叔父(母)		令堂叔(母)	家堂叔父(母嬸)
父親之表伯父(母)	表伯祖父(母)	表侄孫(女)	令表伯祖(母)	家表伯父(母)
父親之表叔父(母)	表叔祖父(母)		令表叔祖(母)	家表叔父(母)
父親之表兄(嫂)	表伯父(母)	表侄、表侄女	令表伯(母)	家表伯父(母)
父親之表弟(嫂)	表叔父(母嬸)		令表叔(母)	家表叔父(母)
父親之堂姐妹(夫)	堂姑(父)	內堂侄(女)	令堂姑(父)	家堂姑父(母)
父親之侄兒(媳)	堂兄(弟)	堂兄(弟)堂姐(妹)	令堂兄(弟)(嫂)	家堂兄(弟)(嫂)
父親之侄女(婿)	堂姐妹堂姐妹夫		令堂姐(妹)(夫)	家堂姐(妹)(夫)

五．母系親屬稱謂

稱呼對象	稱　呼	自　稱	他人敬稱	向他人謙稱
母親之祖父(母)	外曾祖父(母)	外曾孫(女)	令外曾祖(母)	家外曾祖(母)
母親之父(母)	外祖父(母) 外公、外婆	外孫 外孫女	令外尊父(母)	家外祖父(母)
母親之伯父(母)	外伯祖父(母)	外侄孫(女)	令外伯祖父(母)	家外伯祖父(母)
母親之叔父(母嬸)	外叔祖父(母)	外侄孫(女)	令外叔祖父(母)	家外叔祖父(母)
母親之舅父(母)	外舅祖父(母)	外孫、外孫女	令外舅祖(母)	家外舅祖父(母)
母親之姨父(母娘)	外姨祖父(母)	外姨孫(女)	令外姨祖(母)	家外姨祖父(母)
母親之姑父(母)	外姑祖父(母)	外侄孫(女)	令外姑祖(母)	家外姑祖父(母)
母親之表伯父(母)	外表伯祖父(母)	外表侄孫(女)	令外表伯祖(母)	家外表伯祖父(母)
母親之表叔父(母嬸)	外表叔祖父(母)	外表侄孫(女)	令外表叔祖(母)	家外表叔祖父(母)
母親及父親	母親媽媽娘 父親,嚴父,爹	子、男、孩子 女、女兒	令尊、令嚴 令堂令母令慈	家父家嚴 家母家萱家堂
母親之後夫	繼父(爸爸)	繼子(女)	令繼父	家繼父
母親之兄弟(嫂)	舅父、舅母	外甥(女)	令舅父(母)	家舅父(母)
母親之姐妹	姨母、阿姨	姨外甥(女)	令姨母(阿姨)	家姨父
母親之姐丈妹夫	姨丈、姨爹	姨外甥(女)	令姨父(姨丈)	家姨父(姨丈)
母親之堂兄弟(嫂)	堂舅父(母)	堂外孫(女)	令堂舅父(母)	家堂舅父(母)
母親之表兄弟(嫂)	表舅父(母)	表甥(女)	令表舅父(母)	家表舅父(母)
母親之表姐妹(夫)	表姨母(父)	表姨甥(女)	令表姨父(母)	家表姨父(母)

六．兄弟姐妹親屬稱謂

稱呼對象	稱　呼	自　稱	他人敬稱	向他人謙稱
兄(兄之妻)	兄長兄嫂嫂	弟妹夫弟夫妹	令兄尊兄令嫂	家兄(家嫂)
弟(弟之妻)	弟弟、 弟婦弟媳	兄、姐 夫兄、夫姐	令弟淑弟介弟 令弟婦	舍弟、家弟 舍弟婦
姐(姐之丈夫)	姐姐、姐夫	弟妹內弟內妹	令姐、令姐夫	家姐、家姐夫
妹(妹之丈夫)	妹妹、妹夫	兄姐內兄內姐	令妹、令妹夫	舍妹、舍妹夫
叔伯之子(媳)	堂兄弟、堂嫂	堂兄弟、堂姐妹	令堂兄弟令堂嫂	家堂兄弟家堂嫂
叔伯之女(丈夫)	堂姐、堂妹 堂姐丈、堂妹夫	堂兄(姐)堂弟(妹) 內堂兄、夫堂姐	令堂姐(妹) 令堂姐丈(妹夫)	家堂姐、家堂妹 家堂姐丈(妹夫)
姑父舅父姨父兒(媳)	表兄弟、表嫂	表兄弟、表姐妹	令表兄弟令表嫂	家表兄弟家表嫂
姑父舅父姨父女(夫)	表兄弟妹表嫂	表兄弟、表姐妹	令表兄弟令表夫	家表兄弟表姐丈
嫂嫂、弟媳、姐夫 妹夫等之父母	姻家父(姻翁)姻家母	姻家侄 姻家侄女	令姻翁令姻母	家姻翁家姻母
嫂嫂、弟媳、姐夫 妹夫等之伯父母	姻家伯父(姻翁)姻家伯母	姻家侄 姻家侄女	令姻家伯父 令姻家伯母	家姻伯父 家姻伯母
嫂嫂、弟媳、姐夫 妹夫等之叔父母	姻家叔父(姻翁)姻家叔母	姻家侄 姻家侄女	令姻家叔父 令姻家嬸母	家姻叔父 家姻嬸母
嫂嫂弟婦之兄弟(嫂)	姻兄弟姻嫂	姻兄弟、姻姐妹	令姻兄弟令(嫂)	家姻兄弟(嫂)
嫂嫂、弟婦之嫂 姐丈、妹夫之嫂	姻嫂	姻弟姻妹	令姻嫂	家姻 嫂
嫂嫂、弟婦之弟媳 姐丈、妹夫之弟媳	姻弟婦	姻弟姻妹	令姻弟婦	舍姻弟婦

稱呼對象	稱　呼	自　稱	他人敬稱	向他人謙稱
嫂嫂、弟婦之姐妹	姻姐、姻妹	姻兄、姻弟 姻姐、姻妹	令姻姐、令姻妹	家姻姐、家姻妹
姐丈、妹夫之姐妹				
嫂嫂、弟媳之姐夫	姻姐丈(夫)	姻弟、姻妹	令姻組丈(夫)	家姻組丈(夫)
姐丈、妹夫之姐夫				
嫂嫂、弟媳之妹夫	姻妹夫	姻兄、姻姐	令姻妹夫	家姻妹年
姐夫、妹夫之妹夫				

七・夫系親屬稱謂

稱呼對象	稱　呼	自　稱	他人敬稱	向他人謙稱
丈夫	夫君郎君卿良人	妻	令夫(令夫君)	拙夫(外子)
丈夫之祖父(母)	祖翁爺爺奶奶	孫媳	令祖翁令祖婆	家祖翁家祖婆
丈夫伯祖父(母)	伯祖翁伯祖婆	侄孫媳	令伯祖翁(婆)	家伯祖翁(婆)
丈夫叔祖父(母)	叔祖翁叔祖婆		令叔祖翁(婆)	家叔祖翁(婆)
丈夫之父(母)	公公爸爸婆婆	媳(兒媳)	令翁尊翁(母)	家翁、家婆
丈夫之伯父(母)	伯父、伯母	侄媳	令伯翁(母)	家伯翁(母)
丈夫之叔父(母)	叔父、嬸娘		令叔翁(嬸)	家叔翁(母)
丈夫之兄弟(嫂)	阿哥阿弟嫂嫂	弟媳、弟婦、嫂	令阿伯叔(母)	夫兄弟、夫嫂
丈夫之姐妹(夫)	阿姑姐姐姑爺		令姑、令姑爺	家姑、家姑爺
丈夫之姑母(父)	姑母、姑父	內侄媳	令姑母(姑爺)	家姑母(姑爺)
丈夫之舅父(母)	舅父、舅母	甥媳	令舅父(母)	家舅父(母)
丈夫之姨父(母)	姨父、姨母	姨侄媳	令姨父(母)	家姨父(母)

八・妻系親屬稱謂

稱呼對象	稱　呼	自　稱	他人敬稱	向他人謙稱
妻　子	妻愛人老婆	夫	夫人尊夫人	內人內子掘荊
妻之曾祖父(母)	岳曾祖父	曾孫婿、曾孫女婿	令曾岳祖父(母)	家曾岳祖父(母)
妻之伯祖父(母)	岳伯祖父(母)	侄孫婿侄孫女婿	令岳伯祖父(母)	家岳伯祖父(母)
妻之祖父(母)	岳祖父(母)	孫婿、孫女婿	令岳祖父(母)	家岳祖父(母)
妻之叔祖父(母)	岳叔祖父(母)	侄孫婿侄孫女婿	令岳叔祖父(母)	家岳叔祖父(母)
妻之父(母)	岳父母丈人泰山	婿、女婿	令岳父尊岳	家岳父(母)
妻之伯父(母)	岳伯父(母)	侄婿、侄女婿	令岳伯父(母)	家岳伯父(母)
妻之叔父(嬸母)	岳叔父(母嬸)	侄婿、侄女婿	令岳叔父(母)	家岳叔父(母)
妻之兄	內兄、舅子	妹夫(妹婿)	令舅(令內兄)	家內兄(敝內兄)
妻之嫂	內嫂(舅嫂)	姑丈	令舅嫂(令內嫂)	家內嫂
妻之弟	內弟(舅子)	姐夫(姐丈)	令舅(令內弟)	舍內家(敝內弟)
妻之弟媳	內弟媳	姑丈	令內弟媳	舍內弟媳
妻之姐	姨姐(姨子)	姨妹夫	令姨姐	家姨姐
妻之姐丈	姨夫(襟兄)	襟兄(姨夫)	令姨夫(令襟兄)	家襟兄
妻之妹	姨妹(姨子)	姨姐丈	令姨妹	舍襟妹
妻之妹夫	姨夫(襟弟)	襟弟(姨夫)	令姨夫(令襟弟)	舍襟弟
妻之姑母	內姑母	內侄婿	令內姑母	家內姑母
妻之姑父	內姑父	內侄婿	令內姑父	家內姑父
妻之姨母	內姨母	內姨侄婿	令內姨母	家內姨母
妻之姨父	內姨父	內姨侄婿	令內姨父	家內姨父
妻之舅母	內舅母	內甥婿	令內舅母	家內舅母
妻之舅父	內舅父	內甥婿	令內舅父	家內舅父
妻之表伯父	內表伯父	內表侄婿	令內表伯	家內表伯父
妻之表伯母	內表伯母	內表侄婿	令內表伯母	家內表伯母
妻之表叔父	內表叔父	內表侄婿	令內表叔	家內表叔父
妻之表叔母	內表嬸母	內表侄婿	令內表嬸	家內表嬸母
妻之表兄	內表兄	內表兄	令內兄	家內表兄
妻之表弟	內表弟	內表弟	令內表弟	家內表弟

妻妾稱呼：髮妻、內子、內人、拙荊、山荊、荊妻、荊室、小君、細君、髮室、繼室、續弦、妾、小妻、小妻、小星、如妻、如夫人、側室、偏室、偏房、室、副妻、小老婆

九・晚輩親屬稱謂

稱呼對象	稱　呼	自　稱	他人敬稱	向他人謙稱
兒子(子媳)	兒子幾子媳婦	父、母	令郎公子	小兒犬子舍兒
女兒(丈夫)	女兒、女婿	父、母、岳父母	令愛令媛令婿	小女犬女小婿
子之子(媳)	孫、孫媳	祖父(母)	令孫、令孫媳	舍孫舍媳
子之女(丈夫)	孫女、孫女婿	祖父(母)岳祖父(母)	令孫女令孫婿	舍孫女(婿)

稱呼對象	稱　呼	自　稱	他人敬稱	向他人謙稱
兄弟之子(女)	侄(侄兒) 侄女	伯父、叔父	令侄令侄女	舍侄舍侄女
兄弟之媳	侄媳	伯翁、叔翁	令侄媳	舍侄媳婦
兄弟之女婿	侄婿(侄女婿)	岳伯父、岳叔父	令侄婿	舍侄女婿
兄弟之孫	侄孫	伯祖父、叔祖	令侄孫	舍侄孫
兄弟之孫女	侄孫女	伯祖父、叔祖父	令侄孫女	舍侄孫女
兄弟之孫媳	侄孫妩	伯祖翁、叔祖翁	令侄孫媳	舍侄孫媳婦
兄弟之孫女婿	侄孫女婿	岳伯(岳叔)祖父	令侄孫女婿	舍侄孫女婿
姐妹之子	甥(外甥)	舅父(母舅)	令甥	舍外甥
姐妹之女	甥女(外甥女)	舅父(母舅)	令甥女	舍外甥女
姐妹之媳	甥媳(外甥媳)	舅父(母舅)	令甥媳	舍外甥媳
姐妹之女婿	外甥女婿	岳舅父	令甥女婿	舍甥女婿
姐妹之孫	外孫	舅祖父(舅爺爺)	令外孫	舍外孫
姐妹之孫女	外孫女	舅祖父(舅爺爺)	令孫女	舍外孫女
姐妹之孫媳	外孫媳	舅祖父(舅爺爺)	令外孫媳	舍外孫媳
堂兄弟之子	堂侄、堂侄兒	堂伯父、堂叔父	令堂侄	舍堂侄兒
堂兄弟之女	堂侄女	堂伯父、堂叔父	令堂侄女	舍堂侄女
堂姐妹之子	堂甥(堂外甥)	堂舅父	令堂甥	舍堂外甥
堂姐妹之女	堂外甥女	堂舅父	令堂甥女	舍堂甥女
表兄弟之子	表侄(表侄兒)	表伯父、表叔	令表侄	舍表侄兒
表兄弟之女	表侄女	表伯父、表叔	令表侄女	舍表侄女
表姐妹之子	表外甥	表舅父	令表甥	舍表外甥
表姐妹之女	表外甥女	表舅父	令表甥女	舍表外甥女

十．非親屬稱謂

社　交　對　象	稱　　呼	自　　稱
老師、老師妻子	老師(先生)、師母	學生
父母同事、朋友	世伯、伯伯、叔叔、阿姨	侄、侄女、後輩
同事朋友的父母親	世伯、叔叔、阿姨	侄、侄女、後輩
同事、朋友	仁兄、世兄、仁弟、朋友	兄、弟、姐、妹
同學	同學、同窗、學友、同硯	同學、同窗、學友、同硯
兒女的同事、朋友	侄、侄女	伯、伯母、叔、叔母
同事的兒女	侄、侄女	伯、伯母、叔、叔母

居　喪	稱　　謂
父去逝	先父、先嚴、先考、顯考、公、太公、大人、府君
母去逝	先母、先慈、先妣、母、氏、太夫人、老太、老太孺人、顯妣
同輩去逝	亡妻、喪偶、亡兄、亡妹、亡姐、、、、
	夫去逝：稱妻為寡、遺孀、喪偶. 妻去逝：稱夫

十一．喪禮守孝人稱謂

逝 世 者 簡 況	守　孝　人　稱　謂
父親去世母親猶在	孤子
母親去世父親猶在	哀子
父母均去世	孤哀子
父不在，父母去世	承重孫、承服孫、期服孫、
祖母在祖父去世	孤孫
祖父在祖母去世	哀孫
祖父母俱去世	哀孤孫
同胞兄弟去世	期服弟、期服兄
兄弟之妻去世	期服夫弟、兄
妻去世	杖其夫
父母在妻去世	期服夫
子去世	反服生（父自稱）
父母去世	降服子（指出繼子自稱）
父去世期年（周年）	常事子（孝子自稱）
父去世兩周年	祥事子（孝子自稱）
祖去世喪未除而父去世	在承制孤子（嫡孫自稱）　在齊期孤子（眾孫自稱）
父去世喪未險而祖去世	在制承重孫（嫡孫自稱）　在制齊期孫（眾孫自稱）
後母在而前母去世	前哀子
前母在後母去世	後哀子

彭○○嫡系血脈源流表 (空白表)

(族人如願將自己家屬直系血脈源流載入族譜者，可填好此表寄來再版時登錄)

世			系			嫡系先祖	世次派別		子	女	嗣	裔				
少典	黃帝	彭祖	宣公	構雲	某公		構雲	某公	1	2	3	4	5	6	7	8
125	115	108	26	1		構雲	天		東里(涇)	南華(治)	西華(江)	北叟(海)	中理(滋)			
126	116	109	27	2		滋	地		伉	倜	儀					
127	117	110	28	3		倜	初		�	輔	軸(轚)					
128	118	111	29	4		輔	開		珏	瓊	璋	玕	瑊			
129	119	112	30	5		玕	日		1 彥武(旺)	2 彥暉	3 彥昭	4 彥旼	5 彥晌	6 彥晍	7 彥晠(澄)	8 彥啉
									9 彥琛(昇)	10 彥曉(規)	1 彥　(澄)					
130	120	113	31	6		彥昭	詒		1 師庠	2 師連	3 師建	4 師奭	5 師遇	6 師旺	7 師孔	8 師簡
									9 師服	10 師旦	11 師孟	12 師亮	13	14 師俊	15 師範	
131	121	114	32	7		師奭	謀		德顒	(又名	允顒德容)					
132	122	115	33	8		德容	己		吉	壽	堯	嘉	喜			
133	123	116	34	9												
134	124	117	35	10												
135	125	118	36	11												
136	126	119	37	12												
137	127	120	38	13												
138	128	121	39	14												
139	129	122	40	15												
140	130	123	41	16												
141	131	124	42	17												
142	132	125	43	18												
143	133	126	44	19												
144	134	127	45	20												
145	135	128	46	21												
146	136	129	47	22												
147	137	130	48	23												
148	138	131	49	24												
149	139	132	50	25												
150	140	133	51	26												
151	141	134	52	27												
152	142	135	53	28												
153	143	136	54	29												
154	144	137	55	30												
155	145	138	56	31												
156	146	139	57	32												
157	147	140	58	33												
158	148	141	59	34												
159	149	142	60	35												
160	150	143	61	36												
161	151	144	62	37												
162	152	145	63	38												
163	153	146	64	39												
164	154	147	65	40												
165	155	148	66	41												
166	156	149	67	42												
167	157	150	68	43												
168	158	151	69	44												
169	159	152	70	45												
170	160	153	71	46												

國家圖書館出版品預行編目資料

彭氏世系脈流／彭建方編纂. -- 初版. -- 臺北市：
文史哲，民 104.08
頁； 公分
ISBN 978-986-314-272-0（平裝）

1.彭氏 2.譜系

789.2　　104017238

彭氏世系脈流

編纂者：彭建方
出版者：文史哲出版社
http://www.lapen.com.tw
e-mail：lapen@ms74.hinet.net
登記證字號：行政院新聞局版臺業字五三三七號
發行人：彭正雄
發行所：文史哲出版社
印刷者：文史哲出版社
臺北市羅斯福路一段七十二巷四號
郵政劃撥 16180175 傳真 886-2-2396-5656
電話 886-2-2351-1028 886-2-2394-1774

實價新臺幣一六〇〇元

2015年（民一〇四）八月初版

ISBN 978-986-314-272-0　　78926